Anonymous

Meyers Hand-Lexikon des allgemeinen Wissens

Zweite Hälfte: H - Z

Anonymous

Meyers Hand-Lexikon des allgemeinen Wissens
Zweite Hälfte: H - Z

ISBN/EAN: 9783741171314

Hergestellt in Europa, USA, Kanada, Australien, Japan

Cover: Foto ©Andreas Hilbeck / pixelio.de

Weitere Bücher finden Sie auf **www.hansebooks.com**

MEYERS

HAND-LEXIKON

DES ALLGEMEINEN WISSENS

IN EINEM BAND.

MIT VIELEN KARTEN DER ASTRONOMIE, GEOGRAPHIE, GEOGNOSIE,
GESCHICHTE etc.

Zweite Hälfte

H bis Zzubin. — Seite 741 bis 1746.

HILDBURGHAUSEN

VERLAG DES BIBLIOGRAPHISCHEN INSTITUTS

1872.

H.

H, als Zahlzeichen = 200; anf franz. Münzen La Rochelle, anf österreich. (früher) Günzburg; als chem. Zeichen: Hydrogën.

Haag (der Haag, eigentl. 's Gravenhage, fr. la Haye), Stadt in der niederländ. Prov. Südholland, Residenz des Königs, 1 Stunde von der Nordsee, (1869) 90,058 Ew. Liebl. Gemisch von Stadt- nnd Landleben, mehr Luxus- als Fabrik- und Handelsstadt 6 gr. Plätze (Wolher, Buitenhof, Binnenhof), Paläste und Staatsgebände, 14 Kirchen (Jakobskirche, von 1309); Pr. Moritzhens (Museum), Bibliothek (100,000 Bde.) und andere Sammlungen. Unweit ,het Bosch', ein Lustwald mit königl. Schloss. Am Strande Bad Scheveningen. — 17. Febr. 1717 *Friede* zwischen Oesterreich, Spanien und Savoyen.

Haagengebirge, Gebirge im Salzburgischen, westl. von der Salzach, 7210'.

Haarbeutel, gefütterter Beutel von schwarzem Taffet zur Aufnahme des Haarzopfs, verschwand mit diesem; s. v. a. Rausch.

Haare, hornige Gebilde der Haut, bes. der Sängethiere, bestehen aus Mark, Rindensubstanz und Oberhäntchen, stecken mit der Wurzel in dem Haarbalg, welcher in der Lederhaut ruht. Die Wurzel sitzt mit der Haarzwiebel anf der Haarpapille, von welcher aus das Wachsthum erfolgt. Ein kleiner Muskel kann des H. bewegen. Seitlich von der Haarwurzel mündende Talgdrüsen bewirken die Einfettung. Gefärbtes Fett in der Rinde und Luft bedingen die Färbung der H. Das Ergranen beruht auf dem Schwund des Fetts und der Austrocknnng. H. sind sehr hygroskopisch, trockne H. werden beim Reiben elektrisch. *Haarpflege:* vorsichtiges Kämmen ohne heftiges Kratzen und Bürsten, Reinlichkeit, Einölung bei ungenügender Hanttalgbildung. Nach akuten Krankheiten ausfallende H. wachsen schnell nach, so lange die Papillen lebensfähig sind. *Färbemittel:* Bleikämme, Höllenstein, Pyrogallussäure. Enthaarungsmittel: Calcinmsulfhydrat, welches die Wurzeln schont, oder Psilothron, das beim Abreissen auch die Wurzeln entfernt. Vgl. *Pfaff*, ,Das menschl. H.', 1866.

Haargefässe, Kapillargefässe, vgl. *Gefässe*.

Haarholz, s. v. a. Rhemnus cathartica *L.*

Haarkies (*Nickelkies, Millerit*), Mineral aus der Klasse der Kiese, Schwefelnickel mit 64,8 % Nickel, bei Joachimsthal etc.

Haarkrone, s. v. a. Pappus.

Haarlem (*Harlem*), Stadt in der niederländ. Prov. Nordholland, 3/4 M. östl. von der Nordsee, an der Spaarne, (1869) 30,916 Ew. Schöne Strassen, gr. Hanptkirche (ber. Orgel); Teylersches Museum, Akademie der Wissenschaften; viele Fabriken in Gold- und Silberstoffen, Seide, Leinen, *haarlemer Bontjes* (Zeuge aus Baumwolle und Leinen); Bleichen; von Alters her bed. Zucht von Blumen und Handel damit (Hyacinthen). Dabei der *haarlemer Busch* mit Lustschloss.

Haarlemer Meer, ehemals Binnensee in

Holland, zwischen Haarlem, Leyden und Amsterdam, 1810—53 trocken gelegt, 3½ QM.

Haarlingen (*Harlingen*), befest. See- und Handelsstadt in der niederländ. Prov. Friesland, an der Znidersee, 10,500 Ew.

Haarlingerland (*Harlingia*), Landschaft in der Prov. Hannover, an der Nordsee, 7 QM. und 23,000 Ew., umfasst die ehemal. Herrschaften Esens, Wittmund und Stadesdorf und die Inseln Spikeroog und Langeroog.

Haaröle, s. *Pomaden.*

Haarröhrchen, s. *Kapillarität.*

Haarsalz, haarförmig ausgeschiedene Krystalle, z. B. natürlich vorkommendes Bittersalz (Epsomit), bes. einfach schwefelsaure Thonerde (Keramohalit), auf Alaunschiefer, Braunkohle etc. [schnepfe, s. *Schnepfe.*

Haarschnepfe, s. v. a. Heer- nnd Moor-

Haarseil (*Eiterband*, setaceum, fr. séton), Mittel zur Hervorrufung starker Eiterung, bestehend in einem durch die Haut gezogenen Wollfaden, früher gegen Entzündungen von Nachberorganen angewendet.

Haarsilber, gediegenesbaarförmiges Silber.

Haarstern, s. v. a. Komet.

Haarsterne (*Stylastriden*, Crinoidea), Familie der Strahlthiere, aus einem von einer Säule g-tragenen Kelch und zahlreichen Armen bestehende, am Meeresgrunde oder an Felsen festgewachsene Stachelhäuter; meist fossil; s. *Eakriniten.*

Haarstrang (*Haar*), kahler Bergrücken in Westphalen, am rechten Ufer der Möhne und Ruhr, um Herdecke *Ardey* genannt, 700—1000' h.; Steinkohlen, Salzquellen.

Haarwurm, Haarkrankheit der Thiere, bei welcher die Haare infolge von kleinen Geschwüren angehen.

Haarzirkel, s. *Zirkel.*

Haase, Nebenfluss der Ems im Hannöverschen, entspr. am teutoburger Wald, mündet bei Meppen; 17 M.

Haase, *Friedr.*, Schauspieler, geb. 1824 zu Berlin, bildete sich das. unter Tiecks Anleitung für das Theater, seit 1854 in Wien, später in Petersburg engagirt, machte Kunstreisen in Amerika, gegenwärtig Direktor des Stadttheaters zu Leipzig. Namhafter Charakteristiker.

Habab, Volksstamm im nördl. Abessinien, am areb. Meerbusen, Mohammedaner, ca. 68,000 Köpfe. Ihr Land gebirgig, ca. 113 QM., mit den Orten Af-Abed und Dolka.

Habakuk, hebr. Prophet, lebte 600 v. Chr. zur Zeit der ersten Einfalle der Chaldäer in Juda, daher sich seine Weissagungen bes. auf diese beziehen.

Habauer, in Ungarn die Nachkommen der zu Anfang des 17. Jahrh. eingewanderten mährischen Brüder, jetzt katholisch.

Habeas-Corpus-Akte (lat. *habeas corpus*, d. i. habe deinen Leib, nämlich frei), in England die berühmte Akte von 1679, wonach kein engl. Unterthan ohne gerichtliche Untersuchung in Haft gehalten werden darf; kann in Fällen der dringendsten Noth (wie

1793, 1794 n. 1817) durch Parlamentsbeschluss zeitweilig ausser Kraft gesetzt werden.

Habeat sibi (lat.), Er behalte es für sich, schreibe es sich selbst zu.

Habelschwerdt, Kreisstadt im preuss. Regbz. Breslau, 3649 Ew. Das *Habelschwerdtgebirge*, Theil des Glatzer Gebirges (s. d.)

Haben, das Credit oder Guthaben in der kaufmännischen Buchführung.

Habeneck, *Franz Anton*, franz. Musiker, geb. 1. Juni 1781 zu Méziéres, deutscher Abstammung, seit 1821 Direktor der grossen Oper und Generalinspektor des Konservatoriums in Paris; † 8. Febr. 1849. Verdient durch Einführung der Werke Beethovens.

Haberfeldtreiben, im bayer. Hochlande Art Volksgericht über Vergehen, welche dem Arme der Justiz nicht erreichbar sind (Geiz, Wucher, geschlechtl. Vergehen etc.), besteht meist in einer sogen. Katzenmusik und Strafpredigt in Knittelversen unter Vermummung der Betheiligten.

Habesch, s. v. a. Abessinien.

Habicht (*Astur* Cuv.), Vögelgattung der Falken. *Gemeiner Hühnerhabicht, Taubensiösser, gr. Sperber* (A. palumbarius L.), fast 2' 1., in Europa, Nordamerika, kühner Räuber. *Finkenhabicht, Sperber* (s. d.).

Habichtsinseln, s. *Azoren*.

Habichtswald, zum hess. Berglande gehöriger basalt. Bergrücken, Wasserscheide zwischen Fulda, Eder und Diemel, im Hohen Gras 1900' h. An der Ostseite Wilhelmshöhe bei Kassel.

Habil (lat.), geschickt, gewandt, fähig; *Habilität*, Geschicklichkeit, Fähigkeit. *Sich habilitiren*, sich als fähig anweisen, bes. zum Halten von Vorlesungen an einer Universität, geschieht durch Disputation über eine zu diesem Zwecke verfasste Abhandlung (*Habilitationsschrift*).

Habiliren (fr., spr. abilj-), ankleiden; geschlachtetes Geflügel zum Kochen und Braten zubereiten.

Habit (fr.), Kleidung.

Habitabel (lat.), bewohnbar; *Habitation*, Wohnung, Wohnungsrecht.

Habitaculum (lat.), Wohnung; Kompasshäuschen (*Habitakel*) auf Schiffen.

Habitude (fr., spr. Abitübd), Gewohnheit, Gewandtheit, körperl. Anstand. *Habitué* (spr. Abitüeh), Stammgast.

Habituell, zur Gewohnheit geworden; *h.e Krankheit*, eine solche, die, da sie zur Gewohnheit geworden, das Gesammtbefinden nicht wesentlich beeinträchtigt.

Habitus (lat.), die Art des äussern Erscheinens, Haltung; in der Medicin der äussere Ausdruck der Konstitution, aus welchem man auf eine Neigung zu bestimmten Krankheiten schliessen kann, daher *apoplektischer, gichtischer, schwindsüchtiger H.*   [Aufschneiderei.

Hablerie (fr., spr. Abl-), Grossprecherei,

Habsburg, Stammburg des gleichnam. Fürstenhauses, im Kant. Aargau, rechts an der Aar, auf dem Wülpelsberge, um 1020 vom Bischof Werner zu Strassburg erbaut, gegenwärtig in Verfall. Ahnherr des habsburg. Geschlechts *Guntram der Reiche* im 10.

Jahrh., angebl. Nachkomme Ethicos I., Herzogs von Alemannien. Werner II. († 1096) nannte sich zuerst Graf von H. Werner III., der Reiche († 1199), erhielt von Friedrich I. die Landgrafschaft Elsass. Mit ihm beginnt die sichere Stammesfolge. Sein Sohn Rudolf II., Vogt von Uri, Schwyz und Unterwalden, erwarb die Grafschaft im Aargau und die Herrschaft Lauffenburg. Dessen Söhne Albrecht IV. und Rudolf III. theilten 1232; jener erhielt das Schloss H. und die Güter im Aargau und Elsass, dieser die Güter im Breisgau, die Grafschaften Klettgau, Rheinfelden und Lauffenburg. Des letzteren Linie theilte sich später in 2 Zweige: Grafen von H. zu Lauffenburg, 1408 erloschen, und Grafen von Kyburg, 1415 erloschen. Albrechts IV. Sohn, Rudolf IV., ward 1273 deutscher Kaiser. Ueber seine Nachkommen s. *Oesterreich, Gesch.*

Habzelia *Dec.*, Pflanzengattung der Anonaceen. H. aethiopica *Dec.*, Strauch in Nord- und Ostafrika, liefert den äthiopischen oder Guineapfeffer (s. d.); H. aromatica *Dec.*, in Guinea und auf den Antillen, den Maniguetto-, Neger-(Guinea-) pfeffer.

Maché (fr., spr. -scheh), Gericht aus gehacktem und stark gewürztem Fleisch.

Hachiren (fr., spr. Hasch-), mit dem Wiegemesser hacken; auch schraffiren; daher *Hachure* (spr. -schühr), Schraffirung.

Hacienda (span.), Landgut, Meierei.

Hackbord, bei Schiffen mit breitem Hintertheil der obere Rand des letzteren.

Hackenfuss, s. *Klumpfuss*.

Hackert, *Phil.*, Landschaftsmaler, geb. 15. Sept. 1737 zu Prenzlau, ging 1768 nach Italien, ward 1786 Hofmaler des Königs von Neapel; † 28. April 1807 auf Villa Careggi bei Florenz. Unter seinen Gemälden die ber. Seeschlacht bei Tschesme (für die K. Katharina von Russland). Biogr. von *Goethe* (nach H.s Aufzeichnungen, 1811). Auch seine 4 jüngeren Brüder geschätzte Maler.

Hackfrüchte, Kulturgewächse, die während der Vegetation behackt und behäufelt werden; Wurzel-, Knollengewächse etc.

Hackländer, *Friedr. Wilh.*, Schriftsteller, geb. 1. Nov. 1816 zu Burtscheid, seit 1849 in Stuttgart. Schr. die vielgelesenen ,Bilder aus dem Soldatenleben im Frieden' (7. Aufl. 1862), ,Wachtstubenabenteuer' (4. Aufl. 1862), ,Humorist. Erzählungen' (3. Aufl. 1862), ,Bilder aus dem Leben' (3. Aufl. 1862) etc.; Lustspiele: ,Der geheime Agent' (1850), ,Magnetische Kuren' (1851) und ,Der verlorne Sohn' (1865), sowie zahlr. Romane und novellist. Arbeiten: ,Eugen Stillfried' (1852), ,Europ. Sklavenleben' (1854), ,Tag und Nacht' (2. Aufl. 1861), ,Die dunkle Stunde' (1863), ,Fürst und Kavalier' (1865), ,Künstlerroman' (1866) n. A. ,Werke' (Gesammtausg. 1863—66, 48 Bde.). Gab 1855—67 mit *Höfer* die ,Hausblätter', seit 1859 die Zeitschrift ,Ueber Land und Meer' heraus.

Hackwald, Betriebsart des Niederwaids wobei der Boden zwischen den Mutterstöcken so lange behackt und mit Hafer etc bebaut wird, als der Stockausschlag es gestattet, in Süddeutschland gebräuchlich.

Haddington (spr. Hĕddingt'n), Grafschaft im südöstl. Schottland, 13,1 QM. und 37,634 Ew. Die *Hauptstadt* H., an der Tyne, 3597 Ew. Hauptgetreidemarkt Schottlands.

Hadeln, Landschaft im preuss. Regbz. Stade, am Ausflusse der Elbe, 5½ QM. und 17,862 Ew. (Abkömmlinge der Chauken). Marschboden; Hauptort Otterndorf.

Haden, s. v. a. Buchweizen.

Hadersleben, Stadt in Schleswig, an einer tiefen Bucht (*h.er Fjord*) des kleinen Belt, 8596 Ew. Ehemals freie Reichsstadt.

Hades (gr.), die Unterwelt.

Hadhesi, die Städtebewohner in Arabien.

Hadlaub, *Johannes*, Minnesänger, aus Zürich, um 1300; schildert neben sehr sentimentalen Vorgängen die Freuden der Landleute. Ausgabe von *Ettmüller* (1840).

Hadramaut, Küstenlandschaft in Arabien, am Golf von Aden; im Innern wenig bekannt. Haupthandelsplatz Makulla. Vgl. *Wrede*, „Reise in H.", 1870.

Hadrian, Name von 6 Päpsten: *H. I.*, reg. 772—795, rief 774 Karl d. Gr. gegen die Longobarden zu Hülfe, erhielt von jenem die Bestätigung der pipinschen Schenkung. — *H. II.*, reg. 868—872, setzte den Kampf mit der griech. Kirche fort, berief 868 ein Koncil nach Worms, welches die Klostergebäude für lebenslänglich bindend erklärte und den Klerikern Cölibat auferlegte. — *H. III.*, reg. 884—885, Beginn der Parteikämpfe der italien. Grossen. — *H. IV.*, reg. 1154—59, Engländer von Geburt, begann den langen Kampf der Päpste gegen die Hohenstaufen, ward zu Anagui erstickt. — *H. V.*, reg. vom 12. Juli bis 18. Aug. 1276. — *H. VI.*, reg. vom 9. Jan. 1522 bis 14. Sept. 1523, geb. zu Utrecht aus niederer Familie, erst Professor in Löwen und Kaiser Karls V. Lehrer, seit 1517 Kardinal, mönchisch streng, auf Abstellung kirchlicher Missbräuche und Zurückführung des röm. Hofs auf apostol. Einfachheit bedacht, aber ohne Einsicht in die Zeit und ihre Forderungen.

Hadrians Wall, s. v. a. Piktenwall.

Hadrianus, *Publius Aelius*, röm. Kaiser 117—138 n. Chr., geb. 76, verwaltete unter Trajan höhere Staatsämter, war 117 Statthalter in Syrien, vom dortigen Heere zum Kaiser ausgerufen, begab sich 118 nach Rom, befestigte sich in der Herrschaft durch Freigebigkeit dem Volk gegenüber und gransame Strenge gegen seine Widersacher, bereiste 119—126 die Provinzen des Reichs, 130 den Orient, schmückte Athen mit Bauwerken (Ausbau des Jupitertempels); † 10. Juli 138 zu Baja. Unter ihm Sicherung der Grenzen des Reichs (Piktenwall), Beschränkung des Senats durch das Edictum perpetuum, Ordnung des Staatshaushalts, Bauten (Moles Hadriani, H.s Mausoleum, die jetzige Engelsburg). Vgl. *Gregorovius* (1851).

Hadschi (arab.), bei den Mohammedanern Einer, der wenigstens einmal die Wallfahrt nach Mekka zum Grabe des Propheten gemacht hat. *Hâddsch*, die Pilgerfahrt dahin.

Häckse (*Hässe*), der Kniebug grösserer Thiere, bes. an den Hinterfüssen.

Häcksel (*Hückerling, Sinde*), klein geschnittenes Stroh oder Heu, Viehfutter, wird auf der *Häckselmaschine* (Richmond-Chandler, salmansche, lessersche) geschnitten.

Häher, zwei Gattungen der Rabenvögel. *Holz-*, *Eichelhäher*, *Markolf*, *Gartenkrähe* (*Garrulus glandarius L.*), 13½″ lang, in Europa, lernt sprechen. *Tannen-*, *Nusshäher* (*Nucifraga caryocatactes L.*), in Nordenropa; beide zerstören Nester.

Hähnel, *Ernst Julius*, Bildhauer, geb. 1811 in Dresden, erst Architekt, wandte sich dann in Rom und Florenz der Skulptur zu, liess sich 1835 in München nieder, seit 1848 Prof. an der Akademie zu Dresden. Treffl. Statuen: Beethoven (Bonn), Karl IV. (Prag), Raphael, Cornelius und Friedrich August II. (Dresden) u. a.; auch Reliefs (Bacchuszug, Fall der hellen. Götterwelt).

Hämagoga (gr.), blutentziehende Mittel, wie Blutegel, Schröpfköpfe, Aderlass.

Hämanthus *L.* (*Blutblume*), Pflanzengattung der Amaryllideen. Der Zwiebelsaft von H. toxicarius *Ait.* in Südafrika ist Bestandtheil des Pfeilgiftes der Hottentoten; Zierpflanzen.

Hämatin (*gr.*, *Blutroth*, *Blutfarbstoff*), krystallinischer Farbstoff, entsteht durch Einwirkung von Säuren oder Alkalien auf *Hämatokrystallin*; die salzsaure Verbindung (*Hämin*) bietet das sicherste Merkmal zur Erkennung von Blutflecken.

Hämatinôn (gr.), rothe antike Glasmasse zu Mosaiken und Wandbekleidungen (Porporino aus Pompeji), dem Aventuringlas (s. d.) nahe stehend, von Pettenkofer nachgeahmt.

Hämatit, s. v. a. Blutstein. [geahmt.

Hämatokrystallin (*Hämatoglobin*, *Hämaglobin*), der eisenhaltige Farbstoff der rothen Blutkörperchen, besteht aus Hämatin und einem Eiweisskörper (Globulin), ist der Träger des eingeathmeten Sauerstoffs nach den Körpertheilen und deshalb für die Ernährung von höchster Wichtigkeit.

Hämatôsis (gr.), Blutbildung.

Hämatoxylon *L.* (*Blut-*, *Blauholzbaum*), Pflanzengattung der Leguminosen. H. campechianum *L.*, Baum von Honduras- und Campechebai, knitivirt in ganz Westindien, liefert das *Campeche-*, *Blau-* oder *Jamaikaholz*, welches in der Färberei und dessen Extrakt auch als desinficirendes Mittel auf Wunden benutzt wird.

Hämaturia (gr.), s. *Blutharnen*.

Hämmling, s. *Kastrat*.

Hämopathologie (gr.), Lehre von den Krankheiten des Blutes.

Hämorrhagie (gr.), s. *Blutung*.

Hämorrhoïdarius (gr.), ein an Hämorrhoïden Leidender.

Hämorrhoïden (*goldene Ader*, *Mastdarmblutfluss*), entstehen durch chronischen Katarrh der Mastdarmschleimhaut, wobei es zur Anschwellung der Venen kommt (*Hämorrhoïdalknoten*). Entleerung derselben (Abgang von Blut aus dem After) schafft meist vorübergehende Erleichterung. Bei *blinden* H. geht nur Schleim ab. Vollsaftige Menschen und solche mit sitzender Lebensweise sind bes. zu H. geneigt. Die oft schmerzhaften Stuhlentleerungen veranlasaen Verdrieselichkeit und Hypochondrie; Kopfweh, Ohrensausen, Beklommenheit sind Begleiter der H. Behandlung: einfaches Leben, Bewegung, Schwimmen, Sorge für regelmässige Stuhlentleerung durch Klystiere.

Händel, *Georg Friedr.*, Grossmeister des Oratoriums, geb. 23. Febr. 1685 in Halle, schon als Knabe ausges. Orgelspieler, dann Schüler Attilios in Berlin, ging von hier nach Hamburg, wo er neben Matheson die Oper leitete und seine erste Oper ‚Almira‘ komponirte, 1707 nach Italien, ward 1710 Hofkapellmeister in Hannover; siedelte 1712 nach-England über, wo er bis gegen 1740 als Opernunternehmer (Haymarket) und Dirigent wirkte, um sich dann dem Oratorium ausschliesslich zuzuwenden, erblindete 1751; † 14. April 1759; seine Gruft mit Denkmal in der Westminsterabtei. Schr. ca. 45 Opern und 26 grosse Oratorien, darunter ‚Messias‘ (1741), ‚Samson‘, ‚Alexanderfest‘, ‚Saul‘, ‚Israel in Aegypten‘, ‚Judas Maccabäus‘, ‚Josua‘, ‚Salomon‘, ‚Hercules‘, ‚Jephtha u. a., mit ihren erhabenen Chören und einfach innigen Arien (diese allerdings formell Kinder ihrer Zeit) Dokumente seines genialen, ächt deutschen Geistes. Engl. Gesammtausg. der Werke von *Arnold* (1786, 36 Bde.); Ausg. der deutschen Handelg-gesellschaft seit 1858. Biogr. v. *Chrysander* (1858 f., 1.—3. Bd.).

Händel-Schütz, *Joh. Henr. Rosine*, Schauspielerin, geb. 1770 zu Döhelu, 1796—1806 unter Iffland am berliner Theater thätig, verheirathete sich 1811 (zum 4. Male) mit dem Prof. K. J. Schütz in Halle, entfaltete in dessen Begleitung auf Kunstreisen in glänzender Weise ihr deklamat. und mimisch-plast. Talent, liess sich 1830 von Schütz scheiden; † 4. März 1849 in Köslin.

Hänfling (*Linaria Bechst.*), Vögelgruppe der Finken. *Gemeiner H.*, *Bluthänfling*, *Leinfink*, *Grauärtsche* (Linaria [Fringilla] cannabina *L.*), 5″ l., in Europa, bei uns häufiger Strichvogel. *Berghänfling* (L. [F.] flavirostris *L.*). 5″ l., in Nordeuropa Stubenvögel.

Hängematte, s. *Hangmatte*.

Hängewerk, im Gegensatz zu Sprengwerk eine Vorrichtung, mittelst welcher Balken auf bedeutendere Länge, als dieses ihrer Natur nach ohne Unterstützung von unten möglich wäre, von oben unterstützt oder getragen werden. [*Iiker, Ketzer.*

Häresie (gr.), Ketzerei, Irrlehre; *Häretiker,*

Häring, *Wilh.*, pseud. *Willibald Alexis*, Romanschriftsteller, geb. 29. Juni 1797 in Breslau, lebt seit 1852 in Arnstadt. Glücklicher Nachahmer W. Scotts; Hauptromane: ‚Walladmor‘ (1823), ‚Schloss Avalon‘ (1827), ‚Cabanis‘ (1832), ‚Hans Düsterweg‘ (1835), ‚Roland von Berlin‘ (1840), ‚Der falsche Waldemar‘ (1842), ‚Die Hosen des Herrn von Bredow‘ (1846), ‚Isegrim‘ (1856) u. a.; ferner ‚Novellen‘ (1830, 4 Thle.). Begann mit *Hitzig* die bekannte Sammlung von Kriminalgeschichten ‚Der neue Pitaval‘ (1842 ff.). ‚Gesammelte Werke‘ (1861—66, 18 Bde.).

Häringe (Clupeacei), Fischfamilie der Bauchflosser. Gattungen: Häring, Alse, Sardelle, Blindfisch, Knochenhecht. Gattung: *Häring* (Clupea *L.*). *Gemeiner H.* (C. haren-

gus *L.*), 10—12″, Raubfisch, lebt in den Tiefen der Nord- und Ostsee, kommt zur Laichzeit (Jan. bis April, Juli bis Dec.) in uuermessl. Schaaren empor und drängt nach den Küsten. Die Ostsee hat die kleinsten, Holland und England mittlere, Norwegen und Shetlandsinseln die grössten und fettesten H. *Jungfern-*, *Fett-* oder *Matjesháringe* sind nicht geschlechtsreif (Gegensatz: *Vollhäringe*, nach dem Laichen *Hohlhäringe*). Ein Weibchen hat 50—70,000 Eier. Das Erscheinen der Züge ist sehr unsicher, deshalb in Norwegen Signalisirung durch den Telegraphen. Häringsfischerei wurde durch Benkeiss († 1397) Erfindung des Einsalzens grossartig und zuerst von Holländern, dann Hanseaten und Norwegen, jetzt am meisten von Engländern betrieben. Der H. der nordamerikan. Küste ist eine andere Art. Einfuhr in Deutschland 1869: 647,056 Tonnen.

Härte, der Widerstand, den ein Körper dem Eindringen eines andern entgegensetzt; wichtig für die Bestimmung der Mineralien. *Härteskala* von Mohs, in welcher jedes Mineral das vorhergehende ritzt und von dem folgenden geritzt wird: 1) Talk, 2) Gyps, 3) Kalkspath, 4) Flussspath, 5) Apatit, 6) Feldspath, 7) Quarz, 8) Topas, 9) Rubin, 10) Diamant. Zur Bezeichnung der H. erhält das Mineral die Zahl desjenigen Normalkörpers, dessen H. es besitzt.

Häusser, *Ludwig*, Geschichtschreiber, geb. 26. Okt. 1818 zu Kleeburg im Unterelsass, ward 1845 Prof. su Heidelberg, Nov. 1848, 1850 und 1860 Mitglied der 2. bad. Kammer, 1863 des Sechsunddreissiger-Ausschusses, bekämpfte die ultramontane Partei; † 17. März 1867. Schr. ‚Die Sage von Tell‘ (1840); ‚Geschichte der rhein. Pfalz‘ (1845, 2 Bde.); ‚Deutsche Gesch. vom Tode Friedrichs d. Gr. bis zur Gründung des deutschen Bundes‘ (4. Aufl. 1869, 4 Bde.); ‚Denkwürdigkeiten zur Gesch. der bad. Revolution‘ (1851); ‚Zur Beurtheilung Friedrichs d. Gr.‘ (1862); ‚Geschichte der franz. Revolution‘ (herausgeg. von *Oncken*, 1868); ‚Gesch. des Zeitalters der Reformation‘ (1868); ‚Gesammelte Schriften‘ (1870, 2 Bde.); gab Lists Schriften (1850, 3 Bde.) heraus. Vgl. *Wattenbach* (1867).

Häutige Bräune, s. *Croup*.

Häutung, period. oder auf gewissen Entwickelungsstufen erfolgende Abstreifung der Haut bei Amphibien, Insekten, Spinnen etc.

Hafen, am Meeresstrande oder am Ufer grösserer Seen und Ströme zur Aufnahme von Schiffen eingerichteter Raum, der Schutz vor Stürmen bietet. *Kriegshäfen* stark, *Handelshäfen* weniger befestigt. *Freihäfen* sind solche Häfen, worin den Schiffen und Waaren aller Nationen besondere Zollbegünstigungen zu Theil werden; *Ebbe-* und *Fluthhäfen* sind nur bei einem bestimmten Wasserstande zugänglich. *Hafenkapitän*, *Hafenmeister*, Aufsichtsbeamter im H., in Kriegshafen ein höherer Seeoffizier.

Hafenbrücke, s. v. a. Molo.

Hafer (Avena *L.*), Pflanzengattung der Gräser. *Gemeiner Saathafer*, *Rispenhafer* (A. sativa *L.*), seit 2000 Jahren in Deutschland kultivirt, reicht bis Island und Lapptend. Hauptvarietäten: weisser Grannen-hafer n. Spät- oder Kartoffelhafer. Stangen-, Fahnen-, Trauben-, türkischer H. (A. orientalis Schreb.). Wildhafer sind: Rauh-, Sandhafer (A. strigosa Schreb.), auf armen Sandfeldern gebaut, sonst Unkraut; ebenso Sperlingshafer (A. brevis Roth) und nackter H., Grütz-, tatarischer H. (A. nuda L.). Wiesenhafer: Goldhafer (A. flavescens L.), sehr gutes Futtergras; weniger gut Rainhafer (A. pubescens L.) und Trift-, Berghafer (A. pratensis L.). H. wird als Nahrungsmittel (zu Brod) gegenwärtig noch in Schottland und Skandinavien benutzt; bei uns dient er als Grütze, in Belgien zu Bier, am meisten als Viehfutter.

Haferei, s. Havarie.

Haff (niederdeutsch), in der Ostsee Meerestheil an einer Flussmündung mit vorliegender schmaler Landzunge (Nehrung).

Hafis, Scheme-eddin Mohammed, pers. Dichter, aus Schiras, † das. 1389; sein Grab Wallfahrtsstätte. Der grösste Lyriker des Orients, durch tiefe, dabei lebensfreudigste Weltanschauung und künstlerisch vollendete Form ausgezeichnet. Ausg. von Brockhaus (1854–1862). Uebers. von Hammer-Purgstall (1812 f.) und Daumer (1846). (rorer Rosenarten.

Hagebutte (Hanbutte, Hiefe), Frucht mehrerer Rosenarten.

Hagedorn, s. Oratägus.

Hagedorn, Friedr. von, Dichter, geb. 23. April 1708 zu Hamburg, seit 1733 Sekretär bei dem English court (Handelsgesellschaft) das.; † 28. Okt. 1754. Ausgezeichnet im heitern Gesellschaftslied, in der leichten Satire und der poet. Erzählung. Werke herausgeg. von Eschenburg (1800, 5 Thle.).

Hagel, atmosphärischer Niederschlag, aus körnigem Eis bestehend. Die Hagelkörner sind rund oder eckig, bis 18 Loth schwer, bestehen aus einem von konzentrischen Eisschalen umgebenen Schneekern, haben hisweilen strahliges Gefüge. Hagelwetter dauern meist nur einige Minuten, treffen bes. in der wärmsten Tageszeit und in mittleren Breiten ein und sind von starken elektr. Erscheinungen begleitet; ihre Bahn ist schmal, aber oft sehr lang. Ueber die Entstehung des H.s zahlr. Theorien.

Hagelableiter, dem Blitzableiter ähnliche Vorrichtungen zur Verhinderung oder Verschenchung des Hagelwetters, beruhen auf falschen Vorstellungen und sind unwirksam.

Hagelsberg, Dorf bei Belzig im preuss. Regbz. Potsdam; 27. Aug. 1813 siegr. Gefecht der Preussen gegen die Franzosen.

Hagelzucker (Streuzucker), gefärbte Zuckerkörnchen zum Verzieren von Backwerk.

Hagen, Kreisstadt im preuss. Regbz. Arnsberg, an der Volme, 11,305 Ew. Eisenfabr.

Hagen, 1) Friedr. Heinr. von der H., geb. 19. Febr. 1780 zu Schmiedeberg (Uckermark), seit 1810 Prof. der deutschen Literatur zu Berlin; † das. 11. Juli 1856. Einer der Hauptbegründer des Studiums der ältern deutschen Dichtkunst; führte die altdeutsche Philologie in die Reihe der Universitätsstudien ein. Schr. ,Grundriss der Gesch. der deutschen Poesie' (1812); besorgte Ausgaben des Nibelungenlieds' (1820), der ,Minnesänger' (1838–56, 5 Bde.) etc. — 2)

Ernst Aug., Dichter und Kunstschriftsteller, geb. 12. April 1797 zu Königsberg, seit 1831 das. Professor. Bes. bekannt durch seine Künstlergeschichten; ,Norica' (4. Aufl. 1871), ,Chronik seiner Vaterstadt vom Florent. Ghiberti' (2. Aufl. 1861) etc. Schr. noch ,Die deutsche Kunst in unserm Jahrh.' (1857), ,M. von Schenkendorfs Leben' (1863) u. A.

Hagenau, Stadt im untern Elsass, im gr. hagenauer Forst, 11,427 Ew.; alterthüml. Befestigungen. Lebh. Industrie, bes. Krappfabr. (jährl. 10,000 Ctr.). Ehedem Hauptort der deutschen Landvogtei H., die 1648 an Frankreich kam. 7. Aug. 1870 von Badensern durch Handstreich genommen.

Hagen von Tronje, einer der Haupthelden des Nibelungenlieds, Vasall des Königs Gunther von Burgund, Feind und Mörder Siegfrieds; später am Hofe Etzels gefangen und von Chriemhild getödtet.

Hagestolz, unverheiratheter Mann.

Haggai, hebr. Prophet, um 520, Zeitgenosse Serubabels, eughersiger Eiferer für Herstellung des levitischen Tempelkults.

Hagiographen (gr.), heil. Schriften, s. Bibel. Hagiolatrie, Verehrung der Heiligen.

Hagion Oros, s. Athos.

Hagn, Charlotte von, Schauspielerin, geb. 23. März 1813 zu München, seit 1833 Mitgl. des Hoftheaters zu Berlin, heirathete 1846 den Gutsbesitzer von Oven, von dem sie 1851 wieder geschieden ward. Glänzend in der Darstellung des Graziös-neckischen.

Hahn, das Männchen der hühnerartigen und der Singvögel, insbes. das männl. Huhn, Symbol der Wachsamkeit und Kampflust. Daher Hahnenkämpfe, im Alterthum bei den Griechen und Römern und jetzt noch in England wie in China, Persien, Java etc. beliebte Volksbelustigung. In der Landwirthschaft ,H.' und ,Henne' der männl. und der weibl. Hanf. In der Technik Vorrichtung zur Regelung des Ab- und Zustromens von Flüssigkeiten und Dampfen.

Hahnemann, Samuel Christian Friedrich, Erfinder der Homöopathie, geb. 10. April 1755 in Meissen, seit 1820 in Köthen, seit 1835 in Paris; † das. 2. Juli 1843. Schr. ,Organon der rationellen Heilkunde' (5. Aufl. 1833), ,Reine Arzneimittellehre' (1811, 6 Bde.; 3. Aufl., 1. und 2. Bd. 1830–33), ,Die chron. Krankheiten' (2. Aufl. 1835–39, 5 Bde.).

Hahnemannsche Weinprobe, Schwefelcalciumlösung zur Prüfung der Weine auf Biel.

Hahnenfuss, s. Ranunculus.

Hahnenkamm, s. Celosia.

Hahnentritt, das Keimbläschen im Eigelb.

Hahn-Hahn, Ida, Gräfin von, Romanschriftstellerin, geb. 22. Juni 1805 zu Tressow, liess sich 1829 von ihrem Gatten, dem Grafen Friedr. von Hahn (auf Basedow) scheiden, machte grosse Reisen, wurde 1850 katholisch und trat 1852 in ein Kloster. Ihre Romane (,Gräfin Faustine' 1841, ,Sigismund Forster' 1843, ,Cecil' 1844 etc.) Schilderungen des Lebens höherer Stände, bei greller und blendender, aber oft unwahrer Darstellung; gesammelt unter dem Titel ,Aus der Gesellschaft' (1844, 21 Bde.). Schr. auch ,Gedichte' (1835 und 1846), und später ,Maria Regine' (2.

Aufl. 1861), „Bilder aus der Geschichte der Kirche' (1850—59, 3 Bde.) u. A.

Hahnrei, Mann einer Ehebrecherin.

Haidinger, *Wilh. Karl,* Geolog, geb. 5. Febr. 1795 zu Wien, nach längeren Reisen 1840 Bergrath in Wien; 1849—66 Direktor der geolog. Reichsanstalt; † 19. März 1871 in Wien. Leitete die Ausführung der geognost. Karte von Oesterreich und eines Theils von Südamerika. Schr. „Handbuch der bestimmenden Mineralogie' (2. Aufl. 1850).

Haiducken (ungar., *Treiber*), ursprüngl. Viehhirten, später Fussmilis, die Jedem für Sold diente, erhielt von Bocskai 1605 einen eigenen Distrikt als Wohnsitz angewiesen, ward mit Adelsrechten ausgestattet. Ihr Wohnsitz, der *Haiduckendistrikt,* im Komitat Szabolcs, 17,5 QM. mit 65,000 magyar. Ew., steht unmittelbar unter der Regierung. Im 18. Jahrh. ging der Name H. auf die Diener der ungar. Behörden und Grossen über (auch an deutschen Höfen eingeführt).

Haie (fr., spr. Häh), Hecke; Truppenaufstellung in 2 Glieder, so dass eins gegen das andere Front macht.

Haifische (Squalini), Fischfamilie der Quermäuler, gebären meist lebendige Junge. Gattungen: Hai, Engelhai, Hammer- und Sägefisch. *Haifisch* (Squalus *L.*), *Seehündchen, Rousette* (S. canicula *L.*), 3' l., gemein in allen europ. Meeren; ebenso *Katzenhai* (S. catulus *L.*), 3' l. *Gemeiner, Menschen-, Jonashai* (S. carcharias *L.*), bis 30' l., in allen Weltmeeren, gefrässiges Raubthier. *Milander, gemeine Meersau* (S. canis), 5—6' l., gemein im Mittelmeer. *Riesenhai, Pferdehai* (S. maxima *L.*), bis 40' l., im N., liefert Leder u. Thran.

Haimonskinder, die 4 Söhne Haimons, Grafen von Dordogne, deren jüngster Reinold einen Pair Karls d. Gr. mit dem Schachbret erschlug, woraus sich ein 16jähr. Kampf entspann. Die Sage, in Frankreich entstanden, wurde zuerst vom *Huon de Villeneuve* („Regnault de Montauban') um 1200 poet. bearbeitet, seit dem 15. Jahrh. ein vielgelesenes pros. Volksbuch (deutsch zuerst 1535).

Hainan, chines. Insel, zur Prov. Kanton gehörig, 2 M. vom Festland, 758 QM. und 1½ Mill. Ew. (zum Theil noch wild). Im Innern die Schneelinie erreichende Ta-Utschi-Schan. Ungesundes Klima. Kostbare Holzarten, Goldkörner. Hafenstadt Khiangtschön, 200,000 Ew. (seit 1858 auch den Europäern geöffnet).   [nitz, 4719 Ew.

Hainau, Kreisstadt in preuss. Regbz. Lieg-

Hainblase, s. *Luzula.*

Hainbuche (*Hagebuche, Weissbuche, Hornbaum,* Carpinus *L.*), Laubholzgattung der Kupuliferen. C. Betulus *L.*, Waldbaum in Europa von den Alpen bis 57° n. Br. und in Nordamerika, liefert Nutz- und Werkholz; Heckenpflanze.

Hainbund (*Göttinger Dichterbund*), 1772 gestifteter Verein junger Dichter in Göttingen, der sich bes. an Klopstock anschloss. Mitglieder: Bote, Voss, Hölty, Miller, Gebr. Stolberg, Leisewitz, Claudius u. A. Ihr Organ der „Gött. Musenalmanach' (seit 1771). Vgl. *Prutz,* „Der Göttinger Dichterbund', 1841.

Hainburg, Stadt in Unterösterreich, an

der Donau, 4142 Ew. Alte Burg, neues Schloss. Grösste kaiserl. Tabaksfabrik.

Hainich, Bergrücken in Thüringen, südl. von Mühlhausen, bis 1326' hoch.

Hainichen, Fabrikstadt im sächs. Regbz. Leipzig, 7703 Ew.; Streichgarnwebereien und Streichwollspinnereien, Fabriken für leonisch vergoldete Waaren. Gellerts Geburtsort (Denkmal seit 1865).

Hainleite, Höhenzug in der schwarzburg. Unterherrschaft, Fortsetzung der Finne, im Possen 1419' hoch.

Haircords (fr., spr. Häcord), weisse Baumwollgewebe mit erhabenen farbigen Längsstreifen.

Haiti, Insel, s. *Hayti.*

Hakenbüchse, ältestes Handfeuergewehr mit 4—5löthigem Geschoss u. Luntenschloss, wurde beim Abfeuern auf einem Gestell mit einem Haken befestigt; auch s. v. a. Arkebuse.

Hakenmörser, kleine Mörser, die 1—2pfündige Handgranaten werfen.

Hakenschützen, mit Hakenbüchsen bewaffnete Truppen, Arkebusiere.

Hakenzähne, die einzeln stehenden Zähne zwischen Vorder- und Hinterzähnen der Pferde, brechen im 4. oder 5. Jahre hervor; meist nur bei Hengsten.

Hakim (türk., d. i. Weiser, Philosoph), bei den Türken Titel der Aerzte und, mit näher bestimmendem Zusatz, der Richter.

Hakodadi, Hafenstadt auf der Südküste der Insel Jesso (Japan), 10,000 Ew.; seit 1854 den Fremden geöffnet.

Halagebirge, s. *Brahuigebirge.*

Halbaffen, s. *Affen.*

Halbblut, ein Thier, dessen Vater von edlerer Race ist als die Mutter.

Halbbrillanten, geschliffene Diamanten ohne Untertheil, z. B. Rosetten.

Halberstadt, Kreisstadt im preuss. Regbz. Magdeburg, an der Holzemme, nahe dem Harz, 25,336 Ew.; alterthümlich mit vielen Thürmen; goth. Dom, Liebfrauenkirche, Schloss, Petershof. Bibliothek (10,000 Bde.). Fabriken (Tabak, Zucker, Chemikalien etc.). Im 18. Jahrh. Wohnsitz Gleims, G. Jacobis u. A. (*halberstädter Dichterkreis*). Seit 9. Jahrh. Bischofssitz; dann Hauptst. des aus dem Bisthum 1648 gebildeten brandenburg. *Fürstenthums* H., 33½ QM. [turen.

Halbflügler, Insektenordnung, s. *Hemip*-

Halbgeschwister, Geschwister, welche entweder nur den Vater oder die Mutter mit einander gemein haben, unrichtig als *Stiefgeschwister* bezeichnet, welches eigentlich zusammengebrachte Kinder aus verschiedenen Verbindungen sind, deren Vater und Mutter nach der Geburt jener einander geheirathet haben. Letztere stehen in keiner Verwandtschaft zu einander.

Halbig, *Johann,* Bildhauer, geb. 13. Juli 1814 zu Donnersdorf (Unterfranken), Schüler der Akademie zu München, seit 1845 Prof. das. Zahlr. Statuen (Befreiungshalle bei Kelheim) und Büsten (neue Pinakothek), Heiland am Kreuz, Nymphengruppe, Emancipationsgruppe für Newyork (1868) u. A.

Halbinsel, s. *Insel.*

Halbiren, in zwei Hälften theilen.

Halbkugel (*Hemisphäre*), in der Astron.

und Geogr. Hälfte der Erd- und Himmelskugel. Man unterscheidet: nördl. und südl. H., durch die Ebene des Aequators, östl. und westl. H., durch die Ebene des Meridians geschieden.

Halbmesser (lat. *Radius*, d. i. Strahl), beim Kreis und bei der Kugel die Hälfte des Durchmessers. Alle H. eines Kreises sind einander gleich. [Arsen, Antimon etc.

Halbmetalle, die spröden Metalle, wie **Halbmond**, Zeichen des annehmenden Mondes, Insignie des türk. Reichs.

Halbopal, s. *Opal*.

Halbporzellan, s. v. a. Steingut.

Halbtuch (*Damentuch*), leichtes, nicht fest gewalktes, aber gut appretirtes Tuch.

Halcyone (gr.), Eisvogel, Sinnbild tiefer Ruhe; daher *halcyonisch*, still, ruhig.

Halde, aufgeschütteter (gestürzter) Haufe tauben Gesteins und Erde.

Haleb, s. *Aleppo*.

Halec (lat.), bei den alten Römern eingesalzener Fisch (nicht der Häring).

Halévy, *Jacq. Fromental*, franz. Opernkomponist, geb. 27. Mai 1799 zu Paris, Direktor am Konservatorium das.; † 17. März 1862 zu Nizza. Hauptwerk „Die Jüdin" (1835).

Halfter, Pferdezaum ohne Gebiss.

Halicarnassus (a. G.), ber. Stadt in Kleinasien, am ägäischen Meer, Residenz der Könige von Karien, von Alexander d. Gr. zerstört. Das. das Mausoleum (s. d.).

Halicore, s. *Dugong*.

Halicz (*Halitsch*), Stadt in Galizien, am Dnjestr, 2813 Ew.; einst Hauptstadt des *Grossfürstenthums* H., woraus der Name Galizien entstand. [redungskunst.

Halieutik (gr.), Fischerkunst; Ueber-

Halifax (spr. Hällifacks), 1) Fabrik- und Handelsstadt in der engl. Grafschaft York, am Calder, 37,014 Ew. Grosse Tuchhalle. — 2) Hauptstadt von Neuschottland, an der Südostküste, 29,021 Ew. Citadelle, ausges. Hafen, gr. Dock; Hauptmarinedepot von Brit.-Nordamerika; lebh. Handel (1865 Einfuhr 11½ Mill. Doll.). [hauchen, dünsten.

Halitus (lat.), Dunst, Hauch; *halitiren*,

Hall, 1) Salzstadt im tirol. Kr. Innsbruck, am Inn, Sitz der tiroler Berg- und Salinendirektion, 4327 Ew.; ber. Saline (jährl. ca. 300,000 Ctr. Salz), Soolbäder, Salzlakfabr. 1 M. nördl. der *Salzberg* (5088' h.), von wo der in Wasser aufgeloste Salzstein zum Versieden nach H. geleitet wird. — 2) (*Schwäbisch-Hall*) Stadt in württemberg. Jaxtkreise, am Kocher, 7251 Ew.; goth. Michaelskirche; Salzwerk (Soole aus dem Salzbergwerk Wilhelmsglück, jährl. 91,800 Ctr. Salz), Soolbäder. Ehedem freie Reichsstadt, welche die ersten Heller schlug.

Halland, Landschaft in Südschweden, am Kattegat, das Län Halmstad bildend, 99 QM. mit 124,417 Ew. Hauptst. Halmstad.

Halle, 1) (*H. an der Saale*) Kreisstadt im preuss. Regbz. Merseburg, aus der eigentl. Stadt und den Nebenstädten *Glaucha* und *Neumarkt* bestehend, 45,946 Ew. Universität (1694 gegr.), die *franckeschen Stiftungen* (grösste Anstalt der Art in der protestant. Kirche: Pädagogium, latein. Schule, Real-

schule, Bürger- und andere Schulen mit ca. 3500 Schülarn, Bibelanstalt, gr. Bibliothek, Kunst- und Naturaliensammlung etc.); Provinzialirrenanstalt; gr. Strafanstalt; starke Salzquellen und Salinen (jährl. 250,000 Ctr. Salz); gr. Wasserleitung (seit 1868); Statuen von Francke und Handel. In der Nähe Schloss Giebichenstein und Bad Wittekind. — H., zuerst 806 erwähnt (Burg Halla), kam unter Otto I. an das Erzbisth. Magdeburg, führte im 13. und 14. Jahrb. Kriege gegen den Landesherrn, ward 1478 vom Erzbischof erobert, welcher die Moritzburg erbaute; kam 1648 an Brandenburg und gehörte 1807—13 zum Königr. Westphalen. — 2) Kreisst. im preuss. Regbz. Minden, 1503 Ew.

Hallein, Stadt im Herzogth. Salzburg, an der Salzach, am Dürnberg, 3646 Ew. Gr. Salzwerk (jährl. 300,000 Ctr.), Soolbad.

Hallelujah (hebr.), d. i. lobet den Herrn!

Haller, *Albr. (von)*, Dichter und Gelehrter, geb. 8. Okt. 1708 zu Bern, ward 1736 Professor in Göttingen, später beständiger Präsident der königl. Societät der Wissenschaften, 1749 vom Kaiser geadelt, seit 1753 wieder in Bern; † das. 12. Dec. 1777. Gross als Anatom, Physiolog, Botaniker und Arzt. Als Dichter nahm er die Engländer zu Mustern. Werke: Oden und Lehrgedichte („Die Alpen", „Ursprung des Nebels"), Satiren („Die verdorbenen Sitten") und Romane („Usong" etc.). Gedichte (1732; 12. Aufl. 1828).

Hallerde, gypshaltiger Salzthon aus der Muschelkalkformation, vorzüglicher Dünger.

Halley (spr. Hälli), *Edmund*, engl. Astronom, geb. 29. Okt. 1656 zu Haggerston bei London, verfasste 1677 auf St. Helena ein Verzeichniss der Fixsterne des südl. Himmels, begründete die Benutzung der Venusdurchgänge für die Bestimmung der Sonnenparallaxe und bestimmte die Richtung der Magnetnadel an verschiedenen Punkten der Erde (1701 die erste grössere Karte der magnet. Deklination). Seit 1703 Prof. in Oxford, berechnete er 1705 die Wiederkehr des nach ihm benannten Kometen, ward 1719 königl. Astronom in Greenwich; † 14. Jan. 1742.

Halligen, 15 kleine, nicht durch Deiche geschützte Inseln an der schleswig-holstein. Nordseeküste, flaches Grasland, 2—3' über dem gewöhnlichen Stand der Fluth.

Hallische Erde, s. *Aluminit*.

Halliwell, *James Orchard*, engl. Publicist, geb. 21. Juni 1820 zu Chelsea; verdient als Shakespeareforscher („Life of Shakespeare", Prachtausgabe des Dichters, 1853 f., 20 Foliobde. u. a.); schr. ausserdem „History of freemasonry in England" (2 Aufl. 1844; deutsch 1842); „Diction. of archaic words" (6. Aufl. 1868) u. A.

Halloren, die Arbeiter in den Salinen zu Halle, mit eigenthüml. Kleidung, bes. Dialekt und verschiedenen Privilegien; früher kastenartig abgeschlossen.

Hallstadt, Flecken im Salzkammergut, am *hallstädter See*, 1600 Ew.; Salzsiederei. Die Soole des Salzbergs wird zum grössern Theil nach Ischl und Ebensee geleitet.

Hallucinationen (lat.), Sinnestäuschungen, die sich in unwillkürlichen Vorstellungen von nicht vorhandenen Objekten äussern, so dass die mit ihnen Behafteten Gegenstände zu sehen, oder Klänge zu hören angeben. Oft bei Vergiftungen mit narkot. Mitteln; auch bei gesunden Menschen und in Geisteskrankheiten.

Hallymetrische Bierprobe, Bestimmung des Extraktgehalts im gekochten Bier durch Ermittelung der in dem Bier löslichen Menge Kochsalz; gibt gute Resultate, weniger gute die Bestimmung des Alkoholgehalts des Biers durch Ermittelung der Differenz der im gekochten und im ungekochten Bier löslichen Menge Kochsalz.

Halm, *Friedr.,* s. *Münch-Bellinghausen.*

Halmahera, Insel, s. *Dschilolo.*

Halmfrüchte, s. v. a. Getreide.

Halmstad, Hauptstadt des schwed. Läns H. oder Halland (s. d.), 4488 Ew. Seebäder.

Halochemie (gr.), s. *Halurgie.*

Halogēne (gr.), Salzbilder: Haloïde, Chlor, Brom, Jod, Fluor, Cyan, welche mit andern Elementen Verbindungen eingehen, die den Sauerstoffsalzen gleichen (*Haloïdsalze*). Die Verbindungen der H. mit Wasserstoff gleichen den Hydraten der Sauerstoffsäuren (*Wasserstoffsäuren*).

Haloïde, s. v. a. Halogene.

Haloïdsalze, s. *Halogene.*

Halometer (gr.), Salzwage.

Hals (Collum), der zwischen Rumpf und Kopf gelegene Körpertheil, enthält die Halswirbelsäule, an welche verschiedene Muskeln befestigt sind. Vor derselben liegt der obere Theil der Speiseröhre, das Zungenbein mit den Zungen- und grossen Kehlkopfsmuskeln, der Kehlkopf, die sogen. Kopfnicker (musculi sternocleidomastoidei), die spitzwinklig nach unten verlaufen und deutlich hervorspringen; rechts und links die Halsschlagader (arteria carotis), grosse Nervenstämme und die Drosselvene.

Halsbandgeschichte, s. *Lamothe, Gräfin de.*

Halsbräune, s. *Bräune.*

Halsentzündung, s. *Bräune* und *Croup.*

Halsgericht, veralteter Ausdruck für Gericht über schwere, mit harter Leibes- oder Lebensstrafe bedrohte Verbrechen, auch mit dem Zusatz ,hochnothpeinlich'. *Halsgerichtsordnung,* s. *Carolina.* [sucht.

Halsschwindsucht, s. *Luftröhrenschwind-*

Haltēren (gr.), Wuchtkolben der Griechen bei Springübungen; Gleichgewichtskugeln und Balancierstangen der Seiltänzer.

Halurgie (*Halochemie,* gr.), Theil der technischen Chemie, handelt von der Gewinnung des Salzes.

Haiver, Dorf im preuss. Regbz. Münster, über 6000 Ew. Hammerwerke, Messerfabr.

Halys (a. G.), Fluss, s. *Kisil-Irmak.*

Ham (spr. Hang), Stadt im franz. Depart. Somme, a. d. Somme, 2723 Ew. Festes Kastell, jetzt Staatsgefängniss (darin 1840—46 Louis Napoleon, der ,Gefangene von H.').

Ham, Sohn Noahs, dessen Nachkommen Kanaan, Aegypten und Afrika bevölkerten.

Hamadān, Stadt in der pers. Provinz Irak Adschemi, am Elwendgebirge, an der Stelle des alten Ekbatana, 70,000 Ew. Wegen der angebl. Gräber Esthers und Mardochais Wallfahrtsort der Juden.

Hamah (*Homath*), befest. Stadt in Syrien, Ejalet Damask, am Orontes, 40—50,000 Ew.

Hamadryaden, s. *Dryaden.*

Haman, Günstling des pers. Königs Ahasverus, wollte letzteren zur Ausrottung der Juden bestimmen, fand durch Esther und Mardochai selbst den Tod am Galgen. Zur Erinnerung daran das Purimfest (s. d.).

Hamann, *Joh. Georg*, philosoph. Schriftsteller, genannt ,Magus aus Norden', geb. 27. Aug. 1730, nach einem unstäten Leben 1777—87 Packhofverwalter in Königsberg, besuchte dann F. H. Jacobi und die Fürstin Galitzin in Münster; † das. 21. Juni 1788. Von grossem Einfluss auf die bedeutendsten Männer (Herder, Goethe, Jacobi etc.); seine zahlr. kleinen Schriften reich an tiefen und neuen Ideen, aber in dunkler Sprache abgefasst: ,Sokrat. Denkwürdigkeiten', ,Kreuzzüge des Philologen $\Pi AN'$, ,Aesthetica in nuce' etc. Vgl. *Gildemeister,* ,H.s Leben und Schriften', 1857—68, 5 Bde.

Hamāsa (arab., d. i. Tapferkeit), Sammlung altarab. Heldenlieder, zusammengestellt durch *Abu Temam.* Ausg. von *Freytag* (1828—51, 2 Bde.); metr. Uebersetzung von *F. Rückert* (1846, 2 Bde.).

Hambach, Dorf bei Neustadt in der Rheinpfalz, 2100 Ew.; Schloss (jetzt *Maxburg* gen.); 27. Mai 1832 das. das *hambacher Fest.*

Hamburg, deutsche freie Stadt und Bundesstaat des deutschen Reichs, an der untern Elbe, zerfällt in 3 Theile (Stadtgebiet, Amt Ritzebüttel und Amt Bergedorf), 7,44 QM. u. 305,196 Ew. (darunter 3509 Reformirte und 13,457 Juden). Das Gebiet theils Geestland, im Holsteinischen vertheilt (Roggenbau), theils Marschland (sehr fruchtbar). Verfassung (vom 28. Sept. 1860) demokratisch. Höchste Staatsgewalt ausgeübt vom Senat (1871: 2 Bürgermeister, 3 Syndici und 16 Senatoren) und der Bürgerschaft (192 Mitgliedern, auf 6 Jahre gewählt). Hauptrechtsquelle: das Stadtrecht (zuletzt 1605 revid.). Seit 1860 Gewerbefreiheit. Oberste richterliche Instanz das Oberappellationsgericht in Lübeck. Rechnung nach Mark Banco (imaginär) = 15,2 Ngr. und Mark Courant (wirkl. Münze) = 12 Ngr. Finanzen 1870:

Einnahme	5,462,464 Thlr.
Ausgabe	5,575,062 -
Staatsschuld (1869) .	30,619,023 -

Die Stadt mit einem Theil des Gebiets ist *Freihafen,* das Uebrige gehört zum Zollverein. Militärkonvention mit Preussen vom 30. Sept. 1867. Handelsflagge: Dreithürmige Burg weiss auf rothem Grunde.

Die *Stadt* H., rechts an der Elbe, 15 M. von der Nordsee, 224,974 Ew., zerfällt in Altstadt (am linken Ufer der Alster) u. Neustadt (am rechten) mit den Vorstädten St. Georg (im O.), St. Pauli (im W.). Der Hafen am Ost- und Nordostende, stets mit lebhaftem Treiben erfüllt. Bauart in den vom Brande 1842 verschont gebliebenen Theilen schlecht, die neuen Stadttheile imposant. Alsterbassin Glanzpartie, schönster Punkt innerhalb der

Stadt die Elbhöhe mit dem Elbpavillon. Zahlreiche öffentl. Gebäude: die neue prachtvolle St. Nicolaikirche, die Börse, die Bank, das neue Schulhaus (mit der 200,000 Bde. und 5000 Manuskripte starken Stadtbibliothek und dem naturwissenschaftl. Museum)etc.; grossartige Stadtwasserkunst. Höhere Bildungsanstalten: das akadem. u. Realgymnasium, das Johanneum, Navigationsschule, Handelsakademie u. a. Ansehnliche Bibliotheken u. wissenschaftl. Sammlungen, ein botan. und zoolog. Garten; daneben zahlr. Anstalten der Wohlthätigkeit. *Handel* grossartig. H. erster Seehafen des europäischen Festlandes und nächst London und Liverpool die bedeutendste Handelsstadt. Regelmässige Verbindungen mit allen überseeischen Hauptstädten. Postdampfschifffahrt nach Newyork, Neworleans, Westindien und Brasilien. Schifffahrtsverkehr 1869: eingelaufen 5192 Schiffe mit 1,069,208 Lasten, abgegangen 5201 Schiffe mit 1,063,964 Lasten; die Flussschifffahrt auf der Oberelbe (H. und Altona) 5962 Fahrzeuge mit einem Inhalt von 7,044,266 Zollctr. Einfuhr (1869): 427,870,000 preuss. Thlr.; Ausfuhr infolge der Aufhebung der Ausfuhrzölle nicht mehr nachweisbar. Rhederei umfasste 1868: 467 Schiffe mit 81,771 Kommerzlasten. Dabei ausgedehntes Seeversicherungswesen (1867: 716,952,400 M. Bco. mit 1,25 % Durchschnittsprämie) und umfangreiches Wechselgeschäft (1868: 78,016 Wechsel im approximativen Werth von 678,977,000 M. Cour.). 3 Banken: die hamburger (Giro-) Bank (seit 1619; Gesammtumsatz 1868: 2,017,728,836 M. Bco.), die norddeutsche (Zettel-) Bank (Grundkapital: 20 Mill. M. Bco., Totalumsatz 1868: 3,548,075,071, Nettogewinn 1,848,886 M. Bco., Dividende 9¹⁄₂ %) und die Vereinsbank (Kapital 4 Mill. M. Bco., Totalumsatz 1868: 2550,8 Mill., Gewinn 479,090 M. Bco., Dividende 9¹⁷⁄₁₈ %). Bedeut. Auswanderungsgeschäft (1861—65 durchschnittl. 25,419, 1868: 50,050 Personen, zumeist nach Newyork). Die Handelspolitik H.s stets freihändlerisch. — *Industrie* ansehnlich und bes. seit Aufhebung der Zünfte in Aufschwung begriffen; Hauptzweige derselben: Schiffbau (grossartige Werften), Zuckersiederei, Tabak- und Cigarrenfabr., Eisengiesserei, Wagenbau (bes. für Eisenbahnen), Fabr. von Fischbein, Stöcken etc. Färberei. — Von Karl d. Gr. 811 als Burg gegr.; 1224 Auflösung der dän. Hoheitsrechte, 1241 Gründung der Hansa, 1292 Erlangung der Küre (Autonomie), 1510 durch K. Max I. zur freien Reichsstadt erhoben; inzwischen Ausdehnung des Gebiets durch Kauf und Eroberung; seit Ende des 18. Jahrh. (nordamerikan. Freiheitskrieg) Welthandelsstadt. II.er Brand 5. — 8. Mai 1842. Vgl. *Lappenberg*, ‚H.er Urkundenbuch‘, 1842, und ‚H.ische Chroniken‘, 1860; *Gallois*, ‚Geschichte der Stadt H.‘, 1867.

Hamburgerblau, s. *Bremerblau*. [weiss.

Hamburgerweiss, weniger gute Sorte Biel-

Hameln, Kreisstadt im preuss. Regbz. Hannover, am Einfluss der *Hamel* in die Weser (Kettenbrücke), ehem. Festung, 7480 Ew. Sage vom ‚Rattenfänger von H.‘.

Hamerling, *Robert*, Dichter, geb. 24. März 1832 in Kirchberg am Walde (Unterösterr.), war Prof. in Wien, Grätz und Triest, privatisirt seit 1866 in Grätz. Anzez. im Epischen: ‚Ahasverus in Rom‘ (1866, 5. Aufl. 1869), ‚König von Sion‘ (1869); auch treffl. Lyriker: ‚Venus im Exil‘ (1858), ‚Schwanenlied der Romantik‘ (1862), ‚Sinnen und Minnen‘ (3. Aufl. 1870), ‚Germanenzug‘ (1868). Dramatisch: ‚Robespierre u. Danton‘ (1871).

Hamilcar, Name mehrerer karthagischen Heerführer. *H. Barcas*, Hannibals Vater, behauptete sich im ersten punischen Kriege in Sicilien bis zum Frieden, warf die aufrührerischen Söldner nieder, eroberte einen Theil Spaniens für Karthago; † 228 v. Chr.

Hamilton (spr. Hämmilt'n), 1) Stadt in der schott. Grafschaft Lanark, am Einflusse des Avon in den Clyde, 10,688 Ew.; dabei *Hamilton Palace* mit ber. Gemäldesammlung. — 2) Hafenstadt in Westcanada, am Westende des Ontariosees, 22,000 Ew.

Hamilton (spr. Hämmilt'n), 1) *James*, geb. 1769 zu London, lebte in Hamburg, seit 1815 in Nordamerika; † 31. Okt. 1831 zu Dublin. Erfinder der *hamiltonschen Methode* für den Unterricht in fremden Sprachen. Danach eignet sich der Schüler erst die Kenntniss des Sprachstoffs, d. i. Wörter, Phrasen und Sätze der fremden Sprache, an, übersetzt sie wörtlich und lernt erst am Schluss die Grammatik. Verschieden davon die jacototsche Methode. Vgl. *Wurm*, ‚H. u. Jacotot‘, 1831; *Schwarz*, ‚Kritik der h.schen Sprachlehrmethode‘, 1837. — 2) *Lady Emma*, geb. um 1770 in der Grafschaft Chester, natürliche Tochter eines Dienstmädchens aus Wales, Namens Harte, ward als Mätresse von Charles Gerville aus der Familie Warwick seinem Oheim, dem engl. Gesandten Sir Will. Hamilton in Neapel, überlassen, 1791 dessen legitime Gemahlin, Vertraute der Königin Karoline, dann Nelsons Geliebte, den sie in die blutige Reaktionspolitik des neapolit. Hofs verflocht; † 16. Jan. 1815 bei Calais. Brachte die Kunst der Attitude zur Vollendung; gab Nelsons Briefe (1815, 2 Bde.) heraus.

Hamm, Kreisstadt im preuss. Regbz. Arnsberg, an der Lippe, 16,021 Ew., wichtiger Eisenbahnknotenpunkt; ehedem Festung und Hauptstadt der Grafsch. Mark.

Hamme, Marktflecken in der belg. Prov. Ostflandern, an der Schelde, 10,142 Ew.

Hammel, s. *Schaf*.

Hammelburg, Stadt im bayer. Regbz. Unterfranken, an der Saale, 2778 Ew.; 10. Juli 1866 *Gefecht* zw. den Preussen und Bayern.

Hammer, Werkzeug zum Schlagen, in verschiedener Gestalt, Konstruktion und Grösse bes. bei Bearbeitung der Metalle (Eisen) in Anwendung; am wichtigsten der *Stempel*- oder *Fallhammer*, bei dem der senkrecht auf- und abgehende Hammerstiel durch Hebedaumen, Friktionsrollen oder durch den Kolben einer Dampfmaschine bewegt wird (*Dampfhammer*; Krupps Dampfhammer wiegt 1000 Ctr.).

Hammer, *Jul.*, Dichter, geb. 7. Juni 1810 zu Dresden, lebte zu Leipzig u. (seit 1845) in

Dresden; † 23. Aug. 1862 zu Pillnitz. Hauptwerke die lyr.-didakt. Dichtungen ,Schau um dich und schau in dich' (12. Aufl. 1863), ,Zu allen guten Stunden' (2. Aufl. 1857), ,Fester Grund' (2. Aufl. 1862), ,Auf stillen Wegen' (1859), ,Lerne, liebe, lebe' (1862). Erster Anreger der ,Schillerstiftung'.

Hammerfest, norweg. Stadt in Finnmarken, nördlichste Stadt Europas (70° 39' n. Br.) auf der Insel Kvalö, 1125 Ew. Dampfschiffverbindung mit Drontheim.

Hammerfisch (Zygäna *Cuv.*), Gattung der Haifische mit an beiden Seiten hammerartig hervorragendem Kopf. *Gemeiner H.* (Z. malleus *Cuv.*), 7—12' l., im atlant. und Mittelmeer, gefährlich, liefert Chagrin.

Hammer-Purgstall, *Jos., Freih. von*, ber. Orientalist, geb. 9. Juli 1774 zu Grätz, 1799—1806 meist in Konstantinopel als Dolmetsch, später kaiserl. Hofrath in Wien; † 23. Nov. 1856. Histor. Hauptwerke: ,Geschichte des osman. Reichs' (2. Aufl. 1834—1836, 4 Bde.); ,Gemäldesaal moslem. Herrscher' (1837—39, 6 Bde.); ,Geschichte der Ilkhane' (1843); ,Gesch. der Khane der Krim' (1856); literargeschichtliche: ,Geschichte der schönen Redekünste Persiens' (1818); ,Gesch. der osman. Dichtkunst' (1836, 4 Bde.); ,Literaturgeschichte der Araber' (1850—57, 7 Bde.). Ausserdem Uebersetzungen oriental. Dichter (z. B. Hafis), Sammelwerke, Abhandlungen etc. Vgl. *Schlottmann*, ,J. v. H.', 1857.

Hammerschlag, die von ausgeglühtem Metall unter dem Hammer abspringenden Stücke, bes. *Eisenhammerschlag* (Eisenoxyduloxyd), dient als garendes Mittel beim Frischen des Eisens, zum Putzen etc.

Hammersmith, Dorf westl. bei London, jetzt Theil von diesem, 24,519 Ew.

Hammonia, neulat. Name für Hamburg.

Hamon, *Jean Louis*, franz. Maler, geb. 5. Mai 1821 zu Plouha (Nordküsten), Schüler Delaroches, lebt in Paris. Begründer eines eigenen antiken (des neupompejan.) Genres.

Hampshire (spr. Hämmschir, auch *Hants*), Grafschaft im südöstl. England, 78,5 QM. und 584,373 Ew. Hauptst. Winchester.

Hamptoncourt (spr. Hämmpt'nkohrt), Dorf an der Themse, westl. bei London, 2700 Ew. *Schloss* (1514 vom Kardinal Wolsey erbaut, dann Heinrich VIII. geschenkt, lange Wohnsitz der engl. Könige) mit ber. Gemäldegallerie (Mantegnas Triumphzug Cäsars.)

Hamster (Cricetus *Pall.*), Gattung der Nagethiere. *Gemeiner H.* (C. vulgaris *Cuv.*), 10'' l., in Mitteleuropa, sammelt Korn in selbstgegrabenen Gängen, liefert Pelzfutter.

Hanau, Kreisstadt im preuss. Regbz. Kassel, an der Kinzig und am Main, 19,225 Ew. Schloss; bed. Industrie (Bijonterie- und Seidenwaaren, Handschuhe, Teppiche). *Schlacht* bei H. 30. Okt. 1813, die letzte, welche Napoleon in Deutschland schlug.

Hand (Manus, Palma), der vorderste Theil der oberen Extremität, besteht aus 27 kleinen Knochen, die mehr oder weniger beweglich mit einander verbunden sind (die am Arme liegenden *Handwurzelknochen*, die *Mittelhand-* und *Fingerknochen*). Die Beugemuskeln für die Finger liegen an der Innenfläche, die Streckmuskeln an der Aussenfläche des Vorderarms; sie entspringen gemeinsam und trennen sich nur in einzelne, nach den Fingern gehende Sehnen; der Zeigefinger besitzt einen eignen Streckmuskel. Die Empfindung wird durch ein reiches Nervennetz vermittelt, welches grösstentheils in dem elastischen Polster der Fingerspitzen endigt, welche durch den Nagel die nöthige Festigkeit erhalten.

Handel, gegenseitiger, freiwillig und um des Gewinnes willen erfolgender Austausch von Eigenthums- u. Nutzungsrechten an Sachen oder Leistungen. Eigenthumsrechte bilden den Gegenstand des *Kaufhandels*, Nutzungsrechte den Gegenstand des *Miethhandels*. Ferner sind Gegenstände des H.s bald Gewerbsmittel (Arbeit, Land und Kapitalien), bald Genussmittel. Der H. mit Kapitalien und Genussmitteln, meist Kaufhandel, begreift insbes. den *Waarenhandel* in sich. Auch der Geld- und Effektenhandel, sowie Häuser- und Wohnungsvermiethung gehören hierher. Je nachdem beim H. Geld in Anwendung kommt oder nicht, unterscheidet man *Geldhandel* und *Tauschhandel*; je nach der Ausdehnung der Handelsoperationen *Gross-* und *Kleinhandel*; je nach der Art der Betheiligung der handeltreibenden Personen *Eigenhandel (Proprehandel)* und *Auftragshandel (Kommissionshandel)*, *Einzelhandel* und *Gesellschaftshandel*. Die Eintheilung des Waarenhandels in Land-, Fluss-, See-, Küstenhandel etc. berührt nicht das Wesen des H.s, sondern betrifft nur die Art des Transports. Wichtiger ist die Unterscheidung von *Binnenhandel* und *ausländischem H.*, welcher letztere bald als ausländischer Verbrauchs- oder *Auf-* und *Einfuhrhandel*, bald als *Zwischenhandel* auftritt. *Aktivhandel* treibt eine Nation, wenn sie ihre Produkte und Fabrikate auf eignen Schiffen ausführt und fremde ebenso einführt; *Passivhandel*, wenn sie ihre Handelsobjekte durch andere schifffahrttreibende Völker aus- und einführen lässt. Vgl. über die Theorie des H.s die Lehrbücher der Volkswirthschaftslehre von *Schulze, Rau, Roscher, Smith, Stuart Mill* etc.; über die Technik des H.s die Schriften von *Büsch* und *Noback*; über die Geschichte des H.s *Heeren*, ,Ideen etc.', 4. Aufl. 1824—26, 5 Bde.; *Gülich* (1830—44, 4 Bde.); *Scherer* (1852—53, Bde.); *Falke* (1858—60, 2 Bde.); *Beer* (1860 ff.); *Engelmann* (2. Aufl. 1866); *Andree*, ,Geographie des Welthandels', 1864—70, 2 Bde.

Handelsbilanz, der Werthunterschied zwischen der Gesammteinfuhr und Gesammtausfuhr eines Landes. Vgl. *Merkantilsystem*.

Handelsfreiheit (*Freihandel*, engl. *Freetrade*, spr. Frihtrehd), Handelssystem, welches die künstlichen Beschränkungen des Angebots und der Nachfrage verwirft, wie Luxusverbote, Zunftgesetze, Erschwerungen der Niederlassung, Bäcker- und Fleischtaxen, Zins- und Kornwuchergesetze, Koncessionswesen, Privilegien, Monopole etc., namentlich aber Ein-, Aus- und Durchfuhrzölle. Dieselben wirken nachtheilig, insofern sie unangemessene, d. h. dem wirthschaftlichen Bedürfnissen, nicht entsprechende Preise erzeugen, und lassen sich auf die sogen. staatswirthschaftlichen Systeme, bes. das Merkantilsystem (s. d.) zurückführen. *Freihändler* (engl. *Freetraders*), sind diejenigen, welche die Verwirklichung des Freihandels anstreben. Die freihändlerischen Bestrebungen beginnen mit Adam Smith († 1790). Freihändlerische Principien verfochten die preuss. Regierungsinstruktion vom 26. Dec. 1808 und das preuss. Gesetz vom 26. Mai 1818, welches alle Beschränkungen des inneren Handels und Verkehrs beseitigte. Bekämpft wurde der Freihandel bes. durch Friedrich List auf Grund der Nothwendigkeit des ‚Schutzes der nationalen Arbeit'. In England ward in den zwanziger Jahren eine Freihandelspartei gegründet, deren Programm 1826 zuerst Huskisson im Parlament verkündigte. Cobden, Bright etc. gründeten die Anti-Cornlaw-League (s. d.). Die ersten grossen Erfolge der Bestrebungen der engl. Freihändler war die Beseitigung der Kornzölle (1846) und der cromwellschen Navigationsakte. In Frankreich verfochten den Freihandel Bastiat, Chevalier, Garnier-Pagès u. A. Ein neues handelspolit. System zu Gunsten freihändlerischer Reformen beginnt in Europa mit dem Abschluss des engl.-franz. (1861) und des deutsch-franz. Handelsvertrags (1865). Mittelpunkt der deutschen Freihandelspartei ist der 1858 gegründete Kongress deutscher Volkswirthe.

Handelsgerichte, besondere Tribunale zur Entscheidung von Rechtsstreitigkeiten, die in Handelsangelegenheiten entstehen, durch abgekürztes Verfahren, wo möglich ohne prozessualische Weiterungen und nach Billigkeit. Das deutsche Bundes-Oberhandelsgericht hat seinen Sitz in Leipzig.

Handelsgesellschaft (*Handelssocietät, Kompagnie*), Vereinigung mehrerer Personen zu Betreibung von Handelsgeschäften auf gemeinschaftliche Rechnung. Eine H. ist eine *offene*, wenn alle Theilnehmer mit ihrem ganzen Vermögen solidarisch haften; eine *Kommanditgesellschaft*, wenn die einen Theilnehmer nur mit beschränkten Vermögenseinlagen, die anderen aber ohne Beschränkung solidarisch haften; eine *Aktiengesellschaft*, wenn jeder Theilnehmer nach Massgabe seiner Aktien an Gewinn und Verlust betheiligt, darüber hinaus aber nicht haftbar ist. Im Allgemeinen deutschen Handelsgesetzbuch sind die eigentlichen H.en eingetheilt in offene (II. Buch, 1), Kommanditgesellschaften (II, 2) und Aktiengesellschaften (II, 3). Dann folgen Bestimmungen über stille Gesellschaften (III, 1) und über Vereinigungen zu H.en für gemeinschaftliche Rechnung (III, 2).

Handelsgewächse, Kulturpflanzen, welche zu technischen Zwecken gebaut werden: Oel-, Farb-, Gewürz-, Arzneipflanzen etc. Vgl. *Löbe*, ‚Anbau der H.', 1868.

Handelskammern (*Handelskollegien*), s. Gewerbe- und Handelskammern.

Handelskonsuln, s. Konsul.

Handelsmarine, die Gesammtheit der Schiffe einer Nation, welche den friedlichen Verkehr zu Wasser vermitteln, insbes. der Seeschiffe. [s. Ausfuhr.

Handelsprämien, s. v. a. Ausfuhrprämien.

Handelsrecht, Inbegriff derjenigen Rechtssätze, welche sich auf die im Handelsverkehr vorkommenden Rechtsgeschäfte beziehen. Das *Privathandelsrecht* gibt Regeln über die aus dem Handel (incl. das Wechsel-, Speditions-, See- und Landfracht- und Versicherungsgeschäft) zwischen Privatpersonen erwachsenden Ansprüche und Verbindlichkeiten. Das *öffentliche* H. ist *Handelsstaatsrecht*, insofern es die Rechte und Pflichten des Handelsstandes als solchen in einem bestimmten Staate festsetzt; *Handelsvölkerrecht*, insofern es die zur Regelung und Sicherung des internationalen Verkehrs nöthigen Bestimmungen gibt. Eigentliche Handelsgesetzgebung findet sich erst bei den neueren Kulturvölkern. Hervorzuheben sind namentlich Ludwigs XIV. ‚Ordonnances pour le commerce' (1673) und ‚Ord. de la marine' (1681), welche Napoleons I. ‚Code de commerce' von 1807 zu Grunde liegen, der bei der ital., span., portugies., niederländ. und russ. Handelsgesetzgebung benutzt ist. In Deutschland besass geraume Zeit nur Preussen in dem ‚Allgem. Landrechte' (Th. II, Tit. 18, Abschn. 7—14) ein erschöpfendes H., die übrigen deutschen Staaten hatten nur Einzelgesetze (Markt-, Wechsel-, Krämer-, Börsen- und Mäklerordnungen) oder mussten sich mit dem gemeinen Recht behelfen. Infolge des Bundesbeschlusses vom 18. Dec. 1856 trat eine aus Abgeordneten von 17 Staaten und den 4 freien Städten beschickte Konferenz 15. Jan. 1857 zu Nürnberg zusammen, welche auf Grund des preuss. Gesetzentwurfs 2. Juli 1857 den Entwurf (erste Lesung) eines Deutschen Handelsgesetzbuchs zu Stande brachte, welcher nach mehrfachen Verathungen (2. Lesung bis 3. März 1858, 3. Lesung bis 12. März 1861) seine endgültige Fassung erhielt. Das Seerecht war von einer besonderen Konferenz zu Hamburg (26. April 1858 bis 22. Aug. 1860) bearbeitet worden. Dem hierauf ergangenen Bundesbeschluss vom 31. Mai 1861 wurde nach und nach durch Annahme des Handelsgesetzbuchs von Seiten der einzelnen deutschen Staaten entsprochen. Staaten, welche, wie England, kein Handelsgesetzbuch besitzen, behelfen sich mit einzelnen Statuten und dem Gewohnheitsrechte. Vgl. über H. die Handbücher von *Goldschmidt* (1864 f.) und *Endemann* (2. Aufl. 1868). Eine Zeitschrift für H. gibt seit 1858 *Goldschmidt* heraus.

Handelsregister, öffentliche, der Einsichtnahme eines Jeden zugängliche Verzeichnisse über alle in dem Bezirk eines Handels- oder gewöhnlichen Gerichts bestehenden Firmen, deren Inhaber und die von denselben bestellten Vertreter. Sie sollen den Publikum jederzeit über die Personen, welche eine Handlung durch ihre Erklärungen verbindlich machen, sowie über die Grenzen des Gesellschaft mit beschränkter Haftbarkeit der Theilnehmer zu gewährenden Kredits Auskunft geben, daher bei Kompagniegeschäften die Stellung der Gesellschafter und der Betrag, zu welchem ein Kommandittist betheiligt ist, bei Aktiengesellschaften Zahl und Betrag der Aktien aus dem H. zu entnehmen ist.

Handelsreisende (*Reisediener*, commis-voyageurs), Gehülfen eines Handels- oder Fabrikhauses, welche in dessen Auftrag die regelmässigen Geschäftsreisen machen, Bestellungen entgegennehmen und die fälligen Rechnungen durch Einkassirung ihrer Beträge abmachen und rechtlich als Deponenten mit beschränkter Vollmacht zu betrachten sind. Der *Provisionsreisende*, welcher gleichzeitig die Interessen mehrerer nicht konkurrirender Häuser wahrnimmt, gehört zu den Handelsagenten. Die rechtliche Stellung der H.n bestimmt Art. 49 des Allgem. deutschen Handelsgesetzbuchs.

Handelsschulen, Unterrichtsanstalten für junge Leute, welche sich dem Handel oder dem höheren Gewerbsbetriebe widmen wollen, theils vollständige Handelslehranstalten, die für den Beruf des Kaufmanns die umfänglichste Vorbildung geben sollen, theils mehr Fortbildungsschulen für Handelslehrlinge. Erste Anstalt dieser Art die Handelsakademie in Hamburg (seit 1768).

Handelsverträge (*Kommerztraktate*), zwischen zwei Staaten über ihre gegenseitigen Handelsverhältnisse geschlossene Verträge, betreffen insbes. Ein- und Ausfuhr, Zölle, die Rechte der Handelsleute in dem Gebiete des anderen Staats, die Ausschliessung anderer Staaten oder die Begünstigung vor diesen, die Gerichtsbarkeit, namentlich der Konsuln, die Neutralität etc., und bezwecken Milderung des Systems der Isolirung und des Nichtzulassens fremder Einfuhr und Rechtsschutz der Handelsleute im fremden Gebiete. Seit dem Handelsvertrag zwischen Frankreich und England von 1860 pflegt man sich gegenseitig Behandlung auf dem Fusse der meist begünstigten Nationen zuzusichern und Tarifermässigungen im fremden Lande mit Ermässigungen des eignen Zolltarifs zu erkaufen.

Handfeste, eine zur Sicherung eines Rechts ausgefertigte, dem Berechtigten einzuhändigende Urkunde; das darin gesicherte Recht selbst; in Norddeutschland Verschreibung über Rentenkäufe.

Handflügler, s. v. a. Chiroptera.

Handgeld, s. Arrha.

Handicap (engl., spr. Händikäp), bei Rennen, wenn die Reiter gewogen und nach den Kräften der Pferde verschieden beschwert werden, um die Chancen des Sieges zwischen den Konkurrenten auszugleichen.

Handlungsbücher, s. Buchhaltung.

Handschar (türk.), messerförmige, gerade Waffe der türk. Polizeibeamten.

Handschrift (Chirographum), im Rechtswesen schriftlich gegebene Erklärung, insbes. Schuldbekenntniss. Vgl. Manuskript.

Handschuhe, waschledern, sind aus sämischgarem Wild-, Schaf-, Ziegenleder; Glacehandschuhe aus weissgarem Leder von jungen Ziegen und Lämmern, werden mit Ausschlageisen zugeschnitten und mit der Hand oder Maschine genäht. Hauptfabrikation in Grenoble und Paris (Frankreich liefert jährl. 12 Mill. Paar H.), Luxemburg, Wien, Prag, Berlin; England arbeitet für Amerika. *Gewebte* und *gewirkte* H. sind Erzeugnisse der Strumpfwirkerei.

Handwerk, Gesammtbezeichnung aller derjenigen Gewerbe, welche Rohprodukte entweder zum Verkauf oder um Lohn nach mechanischen Regeln zum Gebrauch der Konsumenten verarbeiten. Das H. verhält sich zur Fabrik (s. Fabriken) wie der kleine Betrieb zum grossen; doch ist die Grenze zwischen H. und Fabrikation nicht scharf zu ziehen. Die Eintheilung der H.e in zünftige und unzünftige, geschlossene und ungeschlossene (offene), je nachdem die Zahl der Meister an einem Orte bestimmt war oder nicht, gesperrte und ungesperrte, je nachdem sich eine Stadt den Betrieb derselben ausschliesslich vorbehalten hat oder nicht, hat nach Aufhebung des Zunftwesens keine Bedeutung mehr.

Handzeichnungen, Zeichnungen, die bloss mit Kreide, Blei- oder Rothstift ausgeführt sind, theils vollständig durchgeführt, theils flüchtig hingeworfen (Skizzen). Die H. grosser Meister sind geschätzt und gesucht als der unmittelbarste Ausfluss ihres Geistes.

Hanf (Cannabis L.), Pflanzengattung der Urticeen. Gemeiner H. (C. sativa L.), aus Persien und Ostindien, wird als Gespinnst- und Oelpflanze kultivirt. Sommerhanf, Fimmel, Hanfhahn ist die männliche, Winter-, Kopf-, Saathanf, Hanfhenne die später reifende und gröbere Fasern liefernde weibliche Pflanze. Fasergewinnung ähnlich wie beim Flachs (s. d.). 1000 Th. grüner entwurzelter H. geben 44 — 68 Th. Hanfhanf, 1—6 Th. Schäbe, den Rest als Werg. Die Hanffaser ist der Flachsfaser ähnlich, aber stärker, am Ende öfter gegabelt, mit ziemlich weiter Mittelhöhle und oft mit Längsstreifen. Sie dient zur Erzeugung von Zwirn, Segeltuch, Packleinwand und Seilerwaaren; Russland exportirt durchschnittlich 44,067 Tonnen. — Die getrockneten Blüthenschwänze des weiblichen H.s aus Persien und Ostindien sind officinell (Herba Cann. indicae), sie enthalten ätherisches Oel, Harz etc. Letzteres scheidet sich in Indien an der Pflanze aus, wird gesammelt (Churrus) und bildet die Grundlage des Haschisch und and. Präparate, die etwa 200 Mill. Menschen als narkotisches Genussmittel ähnlich wie Opium benutzen.

Hanffilz, Filz aus Hanffasern mit Fetten und Harzen getränkt, dient zu Elmern etc.

Hanföl, fettes Oel aus Hanfsamen, gelb, schmeckt mild, trocknet, erstarrt bei 27° C., dient zur Bereitung von Seifen, Oelgas, Theer, zum Malen, als Brennöl etc.

Hanfstängl, Franz, Lithograph, geb. 1. März 1804 zu Bayernrain im bayer. Hochlande, gebildet zu München und Paris, seit 1835 in Dresden, gab hier die ber. lithograph. Nachbildungen der dresdner Galerie heraus (1836—52, 190 Bl.), liess sich 1844 in München nieder, wo er sich seit 1853 bes. der Photographie zuwendete. Ausgez.

die Sammlung der vorzügl. Gemälde der königl. Galerie in Dresden in photograph. Nachbildungen (120 Bl.).

Hangendes, s. *Bergbau.*

Hangmatte, Matte oder Stück Segeltuch, das an den 4 Ecken aufgehängt wird und als Bett dient, bes. auf Schiffen.

Hang-tschëu, Hauptstadt der chin. Prov. Tsche-kiang, unweit des Meers, ca. 1 Mill. Ew. Bed. Seiden- und Goldstoffindustrie.

Hanka, *Wenzeslaus,* czech. Sprachforscher und Schriftsteller, geb. 10. Juni 1791 in Horenowes, seit 1823 Bibliothekar am Nationalmuseum zu Prag; † 12. Jan. 1861. Förderer der czech. Literatur, bes. bekannt als Herausgeber der „Königinhofer Handschrift".

Han-kau, Stadt im innern China, am Jantsekiang, 800,000 Ew. Traktatshafen.

Hanke, *Henriette,* geb. *Arndt,* Schriftstellerin, geb. 24. Juni 1785 zu Jauer, † das. 5. Juli 1862. Schr. zahlr. Romane: ‚Der Braut Tagebuch', ‚Der Frau Tagebuch', ‚Die Pflegetochter' etc. Ges. Schriften (1841—50, 108 Bde.). [Stafford, 14,678 Ew.

Hanley, Fabrikort in der engl. Grafschaft

Hanna, fruchtbare Landschaft in Mähren, 23 QM. mit ca. 412,000 czech. Ew. (*Hannaken*).

Hannibal, ber. karthagischer Feldherr, Sohn des Hamilcar Barcas, geb. 247 v. Chr., schwur als 9jähr. Knabe den Römern lebenslängliche Feindschaft, begleitete seinen Vater nach Spanien, ward 221 durch den Willen des Heeres Oberbefehlshaber das., unterwarf das Land bis zum Ebro, 219 Sagunt, was den Ausbruch des zweiten punischen Kriegs zur Folge hatte. Er ging im Sommer 218 über die Pyrenäen und in 15 Tagen über die Alpen (wahrscheinl. am Mont Genèvre), langte Nov. mit ca. 26,000 Mann in Italien an, schlug die Römer am Ticinus und an der Trebia, drang 217 in Etrurien ein, siegte am trasimenischen See, 216 bei Cannä in Apulien, bezog in Capua Winterquartiere, focht dann mit wechselndem Erfolg in Unteritalien und behauptete sich zuletzt in Bruttium in fester Stellung. 203 nach dem von Publius Cornel. Scipio bedrohten Karthago zurückgerufen, ward er 19. Okt. 202 von jenem bei Zama geschlagen. In Karthago an die Spitze der Regierung gestellt, floh er, als die Römer seine Auslieferung verlangten, 195 zum syr. Könige Antiochus nach Ephesus, suchte vergebl. ein Bündniss zwischen diesem und den Karthagern zu Stande zu bringen und erhielt den Oberbefehl über die syr. Flotte gegen die Rhodier. Da die Römer auf seine Auslieferung drangen, begab er sich zum König Prusias von Bithynien, den er zum Krieg gegen die Römer aufreizte. Von Prusias aufgegeben, tödtete er sich 183 durch Gift.

Hanno, 1) kartbag. Suffet um 550 v. Chr., umschiffte die Westküste von Afrika und widmete eine Tafel mit Nachrichten über seine Expedition dem Tempel des Kronos zu Karthago. Die ältesto. Uebers. dieser Nachrichten, betitelt ‚Periplus', d. i. Umschiffung, herausgeg. von *Kluge* (1829) und *Hirscher* (1832). — 2) *H. der Grosse,* zu Ende des ersten punischen Kriegs kartbag. Statt-

halter in Libyen, Gegner Hannibals u. Haupt der zum Frieden mit Rom geneigten Partei in Karthago, vermittelte 202 den Frieden.

Hanno, Erzbischof von Köln, s. *Anno.*

Hannover, bis 1866 selbständ. Königreich, jetzt preuss. Prov., 698,74 QM. und 1,937,637 Ew.; zumeist der norddeutschen Tiefebene angehörig, nur etwa ⅓ Bergland (Harz); bewässert von der Elbe, Weser und Ems mit zahlr. Zuflüssen. An der Küste die fries. Inseln mit besuchten Seebädern. Sprache des Volks plattdeutsch. Hauptnahrungszweig Ackerbau (bes. in den Marschen erfolgreich) in Verbindung mit Viehzucht (her. Pferde); ausserdem sind Leinen- und Metallindustrie (bes. Maschinenbau) von Wichtigkeit; im gebirgigen Süden (bes. im Harz) Waldkultur und Bergbau mit Hüttenbetrieb; in Ostfriesland bed. Schiffbau, dazu Seefischerei und blühender Handel. Eintheilung in 6 Regierungsbezirke (Landdrosteien): Stade, Lüneburg, Hildesheim, H., Osnabrück, Aurich. — Die gleichnam. *Hauptstadt* der Prov. u. des Regbz. H. (105,4 QM. und 385,957 Ew.), an der schiffbaren Leine, Knotenpunkt verschiedener Eisenbahnen, 73,979 (mit der Vorstadt *Linden* 85,187) Ew. Bed. Industrie; polytechn. Schule. Sitz des Generalkommandos vom 10. deutschen Armeecorps. Militärreitschule. Waterloomonument, 156' hoch. Vor der Stadt die Schlösser Welfenschloss und Herrenhausen. Ueber die frühere Geschichte des ehemaligen *Königreichs* H. s. *Sachsen* und *Braunschweig.* Stifter der Linie Braunsobweig- Lüneburg, die in dem depossedirten königl. Hause H. noch fortbesteht, war *Wilhelm der Jüngere,* welcher 1569 mit seinem Bruder Heinrich, dem Stifter der jetzigen herzoglichen Linie Braunschweig, theilte. Wilhelm residirte in Celle, † 1592. Ihm folgten nach einander die Brüder Ernst II., † 1611, Christian, † 1633, August, † 1636, und Friedrich, † 1648. Erwerbung von Kalenberg und Göttingen. Friedrichs Söhne Christian Ludwig und Georg Wilhelm begründeten 1648 die Linien Celle und H. Erstere erlosch mit dem Gründer 1665, worauf ein 3. Bruder Joh. Friedrich den lüneburg. Antheil an sich, ihn aber durch Vergleich nebst Celle an Georg Wilhelm abtrat. Nach dessen unbeerbtem Tode (1705) fiel sein Land an die Linie H., wo auf Joh. Friedrich 1679 sein jüngster Bruder Ernst August gefolgt war. Derselbe führte die Primogenitur ein und ward 1692 zum Kurfürsten erhoben. Ihm folgte 1698 sein Sohn Georg Ludwig, der 1705 von seinem Ohelm und Schwiegervater das Herzogthum Celle erhielt und 1714 als Urenkel König Jakobs I. und nächster protestant. Verwandter der Königin Anna als *Georg I.* den Thron von Grossbritannien bestieg. Ueber seine Nachfolger Georg II., seit 1727, und Georg III., seit 1760, s. *Georg.* 1801 kurze Besetzung H.s durch Preussen, 1803—5 durch die Franzosen, 1806 wieder durch Preussen. 18. Aug. 1807 ward ein Theil, 1. März 1810 das Uebrige zum Königreich Westphalen, dann die Küstenstrich zum franz. Kaiserreich geschlagen. 4 Nov. 1813 Restitution der brit. Regierung; Herstellung feudaler Institutionen. 1814 Erhebung H.s zum Königreich. 1815 Vergrösserung des Landes durch Ostfriesland, Meppen, Lingen und das nördl. Elbcbfeld. 1816 Ernennung des Herzogs von Cambridge zum General-gouverneur von H., Febr. 1831 zum Vice-könig. 13. März 1833 Annahme einer neuen Staatsgrundgesetzes von Seiten der Stände, 26. Sept. Bestätigung desselben mit Modi-fikationen durch den König. 20. Juni 1837 *Ernst Augusts* Thronbesteigung. Herstellung des Grundgesetzes von 1819 durch Patent vom 1. Nov.; Beginn des hannöv. Verfas-sungsstreits. 19. März 1840 Annahme des von der Regierung vorgelegten Verfassungs-entwurfs von Seiten der Stände. Umge-staltung der Verfassung in liberalem Geiste durch Gesetz vom 5. Sept. 1848. 7. Sept. 1851 Anschluss an den Zollverein. 16. Nov. 1851 Georgs V. Thronbesteigung. 31. Juli 1855 Berufung des reaktionären Mini-steriums Borries. Aufhebung vieler Para-graphen des Grundgesetzes von 1848 und Zurückgreifen auf das von 1840. Die Re-gierung den deutschen Einheitsbestrebun-gen abhold. 14. Juni 1866 Beitritt H.s zum Bundesbeschluss gegen Preussen; 15. Juni Ablehnung der Sommation Preussens; 17. Juni Besetzung des Landes durch preuss. Truppen; 27. Juni Kampf bei Langensalza zwischen den preuss. und hannöv. Truppen; 28. Juni Kapitulation der letztern. 17. Aug. Einverleibung H.s in Preussen. Die Ge-schichte H.s bearbeiteten *Spittler* (1798, 2 Bde.), *Havemann* (1853—57, 3 Bde.), *Schau-mann* (1864), *Oppermann* (1. Bd., 1860).

Hansa, im Altd. s. v. a. Kameradschaft, im Mittelalter Verbindung deutscher Kauf-leute im Auslande zu gemeinsamer Betrei-bung von Handelsgeschäften und zu gegen-seitigem Schutz und Beistand, insbes. der deutsche Städtebund, der vom 13. bis ins 17. Jahrh. bestand und sich über 90 See- und Binnenstädte von Reval bis Amsterdam er-streckte. Die ersten derartigen Verbindun-gen wurden um die Mitte des 13. Jahrb. zwischen niederdeutschen Städten, namentl. zwischen Hamburg und Lübeck geschlossen. Sie kämpften erfolgreich gegen Dänemark und Norwegen und erweiterten dadurch ihre Handelsprivilegien. Eine eigentl. Bundes-verfassung bestand nicht, und selbst die Leistungen für Bundeszwecke wurden für einzelne Fälle vertragsmässig festgestellt. Früher theilte sich der Bund in 3, seit dem 16. Jahrb. in 4 Drittel (Quartiere), jedes mit einer Hauptstadt: Lübeck mit den wendi-schen, Köln mit den westphälischen, Braun-schweig mit den niedersächs. und Danzig mit den preuss.-livländ. Städten. Vorort der ganzen H. war Lübeck, wo die Hanse-tage abgehalten wurden. Die in Deutsch-land erstarkende Fürstengewalt zwang die meisten Binnenstädte, sich vom Bunde los-zusagen (1500). Infolge innerer Zerwürfnisse schieden noch viele andere Städte aus. Doch behauptete der Bund noch zu Ende des 15. und im 16. Jahrb. den skandinav. Königen

gegenüber die Herrschaft auf der Ostsee (1523 Entthronung Christians II. von Däne-merk und Auflösung der kalmar. Union). Später sank derselbe zu einer losen Städte-verbindung zu kommerciellen Zwecken herab. Um 1612 gehörten demselben nur noch 14 stimmberechtigte Städte an: Lübeck, Wis-mar, Rostock, Stralsund, Greifswald, Stettin, Danzig, Magdeburg, Braunschweig, Hildes-heim, Lüneburg, Hamburg, Bremen und Köln. 1630 schlossen Lübeck, Bremen und Hamburg ein engeres Bündniss, das 1641 erneuert ward. Der letzte Hansetag 1669 verlief ohne Resultat. Der Name und die geringe Erbschaft fiel den genannten 3 Städten zu. Vgl. *Lappenberg* (1830, 2 Bde.), *Barthold* (1854, 3 Bde.), *Falke* (1862).

Hanság, 6½ QM. grosser Sumpf am Süd-ostufer des neusiedler Sees in Ungarn, durch einen Damm (seit 1780) von diesem getrennt; neuerdings entwässert.

Hansemann, *David Justus Ludwig*, preuss. Staatsmann und Publicist, geb. 12. Juli 1790 in Finkenwerder bei Hamburg, etablirte sich 1817 als Wollhändler zu Aachen, gründete 1824 die Feuerversicherungsgesellschaft das., ward 1838 Präsident der Handelskammer, 1847 Mitglied des vereinigten Landtags, Ende März 1848 Finanzminister, bildete 25. Juni mit Auerswald, Kühlwetter etc. ein neues Kabinet, trat 10. Sept. zurück, ward Chef der preuss. Bank, musste im Kampf mit der Reaktion März 1851 diese Stelle aufgeben und gründete eine Discontogesellschaft; † 4. Aug. 1864 in Schlangenbad. Schr. ,Die deutsche Verfassungsfrage' (1848) u. A.

Hansen, *Peter Andreas*, ber. Astronom, geb. 8. Dec. 1795 in Tondern, seit 1825 Di-rektor der Sternwarte in Gotha, berühmt durch seine ,Mondtafeln' (1857) u. ,Sonnen-tafeln' (mit *Olufsen* 1854). Schr. ,Die gegen-seitigen Störungen des Jupiter und Saturn' (1831); ,Geodät. Untersuchungen' (1865); ,An-wendung der Methode der kleinsten Quadrate auf Geodäsie' (1868) u. A.

Hanslick, *Eduard*, Musikgelehrter, geb. 11. Sept. 1825 zu Prag, Prof. der Musik an der Universität zu Wien. Schr. ,Vom Mu-sikalisch-Schönen' (3. Aufl. 1865), ,Gesch. des Koncertwesens in Wien' (1869—70, 2 Bde.).

Hanswurst (*Pickelhäring*, *Harlekin*), Possen-reisser, stehende Figur im deutschen Lust-spiel seit 16. Jahrh. bis auf Gottsched.

Han-yang, Stadt im innern China (Prov. Hu-Pe), am Jantsekiang, über 1 Mill. Ew., in dem Bürgerkrieg gänzl. zerstört.

Haparanda, Hauptstadt im schwed. Lapp-land, am botn. Meerbusen, Tornea gegen-über, 801 Ew. Meteorol. Station.

Haptisch (gr.), den Tastsinn betreffend. *Haptische Täuschungen*, s. *Tastsinn*.

Harafures, s. *Alfuren*.   (Propheten.

Haphtharen (hebr.), Lesestücke aus den

Harald, Name mehrerer Könige von Däne-mark (s. d., Gesch.), England (s. *Grossbri-tannien*, Gesch.) u. Norwegen (s. d., Gesch.).

Haranguiren (fr., spr. -ghiren), eine feier-liche Anrede (*Harangue*) halten.

Harassiren (fr.), ermüden, abmatten.

Harburg, Kreisstadt im preuss. Regbz.

Lüneburg, an der Elbe (prachtvolle neue Brücke der paris-hamburger Eisenbahn), 1½ M. südl. von Hamburg, 14,168 Ew. Alte Citadelle. Neuer Seehafen mit regem Dampfschiffverkehr; Schiffswerften. Wichtiger Speditions- und Transitohandel, Schifffahrt, Fabriken (Tabak, Segeltuch, Asphalt).

Harceliren (fr., spr. bars-), durch fortwährende Angriffe nicht zur Ruhe kommen lassen; einen feindl. Posten alarmiren.

Hardenberg, 1) *Karl Aug.*, *Fürst*, preuss. Staatsmann, geb. 31. Mai 1750 zu Essenroda in Hannover, ward 1787 Präsident des Kammerkollegiums zu Braunschweig, 1790 Minister des Markgrafen von Ansbach-Baireuth, 1791 zugleich preuss. Staatsminister, 1797 preuss. Kabinetsminister, 1807 Minister des Auswärtigen, nach Steins Rücktritt 6. Juni 1810 Staatskanzler, wirkte mit Auszeichnung während der Freiheitskriege, ward 2. Juni 1814 in den Fürstenstand erhoben und mit der Standesherrschaft Neuhardenberg beliehen, beim Kongress zu Wien und bei den pariser Verträgen 1815, später bei den Kongressen zu Troppan, Laibach und Verona betheiligt, ward 1817 Präsident des Staatsraths, organisirte das neue preuss. Abgabenwesen; † 26. Nov. 1822 zu Genua. Biogr. von *Klose* (1851). — 2) *Friedr. Georg von H.*, pseud. *Novalis*, Dichter der romant. Schule, geb. 2. Mai 1772 zu Widerstedt im Mansfeldischen, ward 1795 Assessor beim Salinendepart. in Weissenfels, 1798 Amtshauptmann das.; † 25. März 1801. Hauptwerke: der Roman „Heinr. von Ofterdingen" und geistl. Lieder. Sämmtl. Schriften herausgeg. von *Tieck* (5. Aufl. 1837—46, 3 Thle.).

Harderwijk (spr. -wijk), befest. Hafenstadt in der niederländ. Prov. Geldern, an der Zuidersee, 6581 Ew. Athenäum.

Hardiesse (fr., spr. Ardiäss), Dreistigkeit.

Hardt (*Hart*, d. i. Wald, Bergwald), Gebirgszug in der bayer. Rheinpfalz, Fortsetzung der Vogesen, im Kalmit, bei Neustadt, 2120' hoch; schön bewaldet, mit zahlr. Burgen, Wein- und Obstpflanzungen.

Harem (arab.), das Heilige, Unverletzliche, bei den Mohammedanern das abgesonderte Frauengemach, nur dem Gatten zugänglich.

Harfe (ital. *Arpa*, franz. *Harpe*), uraltes Saiteninstrument. Am vollkommensten die *Pedalharfe*, mit 5—7 Pedalen (zur Erhöhung der Stimmung um ⅓ Ton), 1720 von Hochbrucker erfunden, neuerdings von *Erard* wesentlich verbessert, dessen H. (mit doppelter Verschiebung) den Umfang von Ces unter der Kontraoktave bis zum viergestrichenen F hat, und zwar chromatisch, so dass auf derselben in allen Tonarten gespielt werden kann. Vorzügl. Komponisten für die H.: *Nadermann*, *Steibelt*, *Alvars* u. A.

Harfe (*Georgsharfe*), Sternbild zwischen Stier und Eridanus, östlich vom Walfisch.

Hariri, *Abu-Mohammed Kasem ben Ali*, arab. Dichter, geb. 1054 zu Basra, † das. 1121. Berühmteste Werke die „Makamen', Erzählung der Fahrten und Abenteuer des Vagabunden Abu Seid aus Serug (Ausg. von *Sacy* 1822; meisterhafte deutsche Nachbildung von *Rückert*, 3. Aufl. 1844).

Harkort, *Friedr. Wilh.*, Industrieller, geb. 22. Febr. 1793 auf dem Familiengute Harkorten in der Grafschaft Mark, verdient um Anlage von Eisenbahnen, Beförderung der Dampfschifffahrt, des Associationswesens etc., auch Volksschriftsteller, seit 1830 Abgeordneter des westphäl. Landtags, seit 1848 Mitglied der Nationalversammlung, dann des Abgeordnetenhauses, mit Bockum-Dolffs Gründer des linken Centrums. Schr. „Ueber Volksbanken' (1851); „Wahlkatechismus pro 1852 für das deutsche Volk'; „Ueber das Proletariat etc.'(1853); „Beleuchtung der Eisenzollfrage' (1859) u. A.

Harlekin, s. v. a. Hanswurst, vgl. *Arlechino*.

Harless, 1) *Gottlieb Christoph Adolf*, Theolog, geb. 21. Nov. 1806 zu Nürnberg, ward 1845 Prof. zu Leipzig, 1850 Oberhofprediger und Vicekonsistorialpräsident zu Dresden, 1852 Präsident des protest. Konsistoriums und Reichsrath zu München. Schr. theol. Werke („Christl. Ethik', 6. Aufl. 1864); gibt die „Zeitschr. für Protestantismus u. Kirche' heraus. — 2) *Emil*, Physiolog, geb. 22. Okt. 1820 in Nürnberg, seit 1849 Professor in München; schr. „Wirkung des Schwefeläthers' (mit *v. Bibra* 1847); „Muskelirritabilität' (1851); „Lehrbuch der plast. Anatomie' (1856—58); „Molekulare Vorgänge in der Nervensubstanz' (4. Abth., 1858 — 61); „Zur innern Mechanik der Muskelzuckung' (1863).

Harmalin, Alkaloïd aus dem Samen von Peganum Harmala, gelb, in Wasser wenig, in Alkohol leichter löslich, erzeugt bei Digestion mit letzterem rothes Porphyrharmin, welches in der Färberei benutzt wird; violetter Anilinfarbstoff.

Harmattan, heisser Wind auf der Westküste von Afrika, weht periodisch 7—8 Tage.

Harmodius und **Aristogiton,** athenische Jünglinge, ermordeten 514 v. Chr. bei der Feier der Panathenäen den Pisistratiden Hipparchus, aus Rache für ihre beschimpfte Schwester, büssten dafür mit dem Leben; durch Bildsäulen und Lieder geehrt.

Harmonichord, Tasteninstrument, dessen Töne durch die Reibung eines Cylinders an Metallsaiten erzeugt werden. 1812 von Kaufmann in Dresden erfunden.

Harmonie (gr.), Uebereinstimmung, Zusammenklang; in der Musik s. v. a. Akkord, daher *Harmonik(Harmonielehre)*, die Wissenschaft von den Akkorden und Modulationen etc., auch von den Intervallverhältnissen, Tonleitern und Tongeschlechtern etc.; vgl. die Werke von *Richter* (8. Aufl. 1870), *Köhler* (2. Aufl. 1871), *Hauptmann* („Natur der Harmonik', 1853, und „Die Lehre von der Harmonik', 1868) u. A.

Harmoniemusik, s. *Orchester*.

Harmonika, Musikinstrument, bestehend aus einer Walze mit einer Reihe gestimmter Glasglocken, die beim Drehen jener durch Streichen mit nassen Fingerspitzen zum Erklingen gebracht werden; von Delaval erfunden, von B. Franklin verbessert. In der Folge auch Benennung unbedeutenderer Instrumente (Mund-, Zieh-, Glasharmonika etc.). — *Chemische H.*, kleine Gasflamme im unteren Ende eines senkrecht stehenden

Rohrs, die infolge ungleichmässiger Verbrennung u. nach den Schwingungsgesetzen der Luftsäulen in Pfeifen Töne erzeugt.

Harmoniren (gr.), zusammenstimmen, in richtigen Verhältnisse, in gutem Einvernehmen stehen; *harmonisch*, zusammen-, wohlklingend; *harmonisiren*, in Einklang bringen.

Harmonium (*Physharmonika*), orgelartiges Tasteninstrument mit zarten Zungenstimmen.

Harn (*Urin*, urina), wird durch die Thätigkeit der Nieren ausgeschieden, enthält gelöste, für den Organismus nicht mehr verwendbare Stoffe, reagirt schwach sauer, 1,005—1,030 spec. Gew., enthält Wasser, *Harnstoff* (s. d.), *Harnsäure*, Xanthin, Hypoxanthin, *Kreatin*, Kreatinin, Farbstoffe, phosphorsaure und schwefelsaure Salze, Chlornatrium, bisweilen Hippursäure, Allantoïn, Taurin, Cystin, Leucin, Tyrosin. Eiweiss und Zucker in erheblicher Menge deutet auf einen krankhaften Zustand des Körpers. Je koncentrirter, desto dunkler wird der H. und desto mehr Salze scheidet er beim Erkalten ab, z. B. bei reichlichem Schweisse, bei Fieber. Beim Stehen an der Luft bildet sich in ihm anfangs Milchsäure, (saure Gährung), später Ammoniak (alkalische Gährung). Normale Harnmenge eines Erwachsenen pr. Tag: 550—3500 Gramm; krankhaft kann die Menge sich verzehnfachen. Der *Harnapparat* (Harnwerkzeuge) besteht aus den beiden Nieren, aus welchen die Harnleiter den Urin der Blase zuführen, und der Harnröhre (beim Weib 3, beim Mann 20 Ctm. lang). Bei niederen Thieren fliesst der H. in den Darm (Kloake) ab.

Harnabfluss, *unwillkürlicher*, entsteht durch Lähmung des Schliessmuskels der Blase und kennzeichnet sich entweder im Abträufeln oder in dem Unvermögen des Kranken, den Harndrang zu überwinden. Das sogen. nächtliche Bettpissen ist meist Folge übler Angewohnheit oder zu festen Schlafs. Das Harnträufeln erfordert ärztliche Hülfe; beim Bettnässen vermeide man Abends reichliches Getränk, wecke die damit Behafteten und lasse sie uriniren, wende aber nie mechanische Mittel an.

Harnisch, die ganze Ritterrüstung, insbes. das Brust- und Rückenstück derselben, verschwand bei der Infanterie erst ganz mit Abschaffung der Pike, von der schweren Kavallerie als Kürass beibehalten.

Harnruhr (Polyuria), jede über das Normale gesteigerte Vermehrung der Harnsekretion und der festen Bestandtheile des Harns. *Honig-* oder *Zuckerharnruhr* (Diabetes mellitus) zeigt Traubenzucker im Harn und nach und nach enorme Vermehrung desselben. Ursachen sind unbekannt, die ersten Anfänge der unheilbaren Krankheit oft nicht nachgewiesen. Meist endet die Krankheit nach jahrelangem Bestehen mit Tuberkulose, oft tritt aber auch unter Konvulsionen der Tod plötzlich ein. Behandlung: reichlicher Fleischgenuss, Trinkkuren in Karlsbad, Ruhe. Die *zuckerfreie* H. (Diabetes insipidus) kommt selten vor, bisweilen in Anschluss an syphilitische Erkrankung und ist bei dem entsprechender Kur heilbar.

Harnsäure, thierisches Ausscheidungsprodukt, findet sich im Harn, besonders der Vögel und Schlangen, bisweilen im Blut, in den Gichtkonkrementen, im Guano, farb-, geruch- und geschmacklos, in Wasser sehr schwer, in Alkohol nicht löslich, gibt mit Salpetersäure Alloxan (s. d.) und Harnstoff, dient zur Darstellung des Murexids. Saures harnsaures Natron scheidet sich oft aus koncentrirtem Harn als Pulver aus.

Harnsteine, harte Körper, die in den Harnwegen (s. *Harn*) entstehen, kommen meist in der Harnblase vor, haben geschichteten Bau und bestehen aus harnsauren Salzen (bräunlich), phosphorsaurer Ammoniak-Magnesia (weiss, kreidig), oxalsaurem Kalk (Maulbeer- und Hanfsamensteine). Die kleinsten H. bilden den *Harngries*. *Nierensteine* sitzen im Nierenbecken, veranlassen oft heftige Schmerzen (Nierenkolik) und unterhalten einen Katarrh der oberen Harnwege (Schleim und Eiter im Harn). *Blasensteine*, oft faustgross und einzeln, oder zahlreich und klein, geben dann bisweilen mit dem Harn ab, veranlassen heftigen Schmerz, Beschwerden beim Uriniren und Abgang von Blut, Eiter und Schleim. Man erkennt sie durch Untersuchung mit einer Sonde, an dem Klang und der Härte. Entfernt werden sie durch Eröffnung der Blase (Steinschnitt, s. d.) oder Zertrümmerung des Steins mit einer Zange (Lithotripsie), um den Abgang der Bruchstücke durch den Harn zu veranlassen. Zur Vermeidung der Steinbildung wird rechtzeitiger Gebrauch alkalischer Wässer (Ems, Bilin, Vichy) empfohlen.

Harnstoff, thierisches Ausscheidungsprodukt im Harn, Blut, Schweiss etc., ist isomer mit cyansaurem Ammoniak (s. *Cyan*), farb- und geruchlos, schmeckt kühlend, neutral, in Wasser und Alkohol löslich; letztes Zersetzungsprodukt stickstoffhaltiger Nahrungsmittel. Tritt bei mangelndem Harnabfluss ins Blut und erzeugt Urämie.

Harnstrenge (Dysuria), erschwerter Abgang des Harns, Harnverhaltung, Harnzwang, Symptome des Blasenkatarrhs.

Harnzucker, Bestandtheil des Harns von Kranken, die an Harnruhr (s. d.) leiden.

Harpax oder **Harpagon** (gr.), Geizhals, Filz.

Harpers-Ferry, Stadt in Virginien (Nordamerika), in reizender Lage am Potomac und an den blauen Bergen, 7000 Ew. Gr. Waffenfabr. Im Bürgerkriege mehrfach genannt (Handstreich Browns 16. Okt. 1859).

Harpune, pfeilförmiges, 2' langes Eisen mit Widerhaken, einem 4—5' langen Schaft und einem Ring zum Befestigen einer Leine, wird beim Walfischfang geworfen.

Harpyie, s. *Adler*.

Harpyien, bei den griech. Dichtern Art von Strafgöttinnen, Vögel mit jungfräulichem Gesichtern, raubgierig u. unersättlich.

Harrisburg, Hauptst. von Pennsylvanien (Nordamerika), am Susquehannah, 23,109 Ew.

Harrowgate (spr. Härrogeht), Badeort in der engl. Grafschaft York, 4737 Ew. Stärkste Schwefelquelle Englands.

Harrow on the Hill (spr. Härro-), Dorf bei London, 4950 Ew.; ber. Erziehungsanstalt.

Harsdörffer, *Georg Phil.*, Dichter, geb. 1. Nov. 1607 in Nürnberg, † 22. Sept. 1659. Mit Klaj Stifter des Pegnitz- oder Blumenordens. Zahlr. Lieder etc., ‚Gesprächspiele‘ (1641, 8 Bde.), der ‚Poet. Trichter‘ 1648).

Hartblei (*Antimonial-*, *Abstrichblei*), unreines, bes. antimon-, arsen-, kupferhaltiges Blei, wird gereinigt oder zu Letternmetall, Zapfenlagern, Schrot etc. benutzt.

Hartenstein, Stadt im sächs. Regbz. Zwickau, 2506 Ew. Schloss. Unfern die Prinzenhöhle (sächs. Prinzenraub).

Hartford (spr. -förd), Hauptst. von Connecticut (Nordamer.), am Connecticut, 37,180 Ew. Papier-, Eisenwaaren-, Waffenfabr.

Hartguss, in eiserne Formen gegossenes, schnell abgekühltes und an der Oberfläche sehr hartes Eisen; techn. viel verwendet.

Harthen, s. *Hypericum*.

Hartleibigkeit, s. *Stuhlverstopfung*.

Hartlepool (spr. Hartl'puhl), Seestadt in der engl. Grafschaft Durham, 12,250 Ew.

Hartloth, s. *Loth*. [Seebad.

Hartmäuligkeit, geringe Empfindlichkeit des Pferdes gegen den Eindruck des Gebisses, bedingt schwere Lenkbarkeit.

Hartmangancrz, s. *Braunstein*.

Hartmann, 1) *Jakob*, *Ritter von H.*, bayer. General, geb. 4. Febr. 1795 zu Maikammer (Rheinpfalz), machte als franz. Offizier die Feldzüge von 1814 und 1815 mit, trat 1816 in bayer. Dienste, ward 1861 Generallieutenant, befehligte im Krieg von 1866 die 4. bayer. Division, focht bei Rossdorf und Dermbach, ward 1869 General der Infanterie und Oberbefehlshaber des 2. Armeecorps, das er 1870 im Feldzug gegen Frankreich führte; 1871 zum Grafen ernannt. — 2) *Richard*, deutscher Industrieller, geb. 8. Nov. 1809 zu Barr bei Strassburg, baute seit 1837 in Chemnitz Spinnmaschinen, Dampfmaschinen, Turbinen etc., vervollkommnete namentlich auch die Arbeitsmaschinen. Seine Fabrik eine der grossartigsten und vielseitigsten in Deutschland. — 3) *Moritz*, Dichter u. Schriftsteller, geb. 15. Okt. 1821 zu Duschnik in Böhmen, 1848 Mitglied des deutschen Parlaments, seit 1849 als Flüchtling im Ausland, seit 1863 in Stuttgart, jetzt in Wien. Poet. Werke: ‚Kelch und Schwert‘ (3. Aufl. 1851), ‚Neuere Gedichte‘ (1847), ‚Reimchronik des Pfaffen Mauritius‘ (1849), ‚Adam u. Eva‘ (Idylle, 1851); ‚Schatten‘ (1851); so hr. auch Novellen, Reiseberichte u. A.

Hartmann von Aue, mittelhochd. Dichter, geb. um 1170 wahrscheinl. in Schwaben, nahm an dem Kreuzzug von 1197 Theil; † zwischen 1210 und 1220. Schr. die epischen Gedichte ‚Erek‘ (übersetzt von *Fistes* 1851), ‚Iwein‘ (übers. von *Baudissin* 1844), beide aus dem Sagenkreis von König Artus; ‚Gregorius‘ (Legende, übers. von *Fistes* 1851) und ‚Der arme Heinrich‘ (übers. von *Simrock* 1830); auch Lieder (bes. Kreuzlieder). Werke herausgeg. von Bech (1869). Vgl. *Barthel* (1854), *Lemcke* (1863). [Zink, 1 Zinn.

Hartmetall, Legirung aus 24 Messing, 3

Hartriegel, s. *Cornus*.

Hartschiere, s. *Archers*.

Hartschlächtigkeit (richtiger *Herzschlä-*

gigkeit), Pferdekrankheit, kurzer Athem nach geringer Anstrengung, geht leicht in Dampf- und Lungensucht über.

Hartschlaglooth, s. *Loth*.

Hartschwingel, s. *Schwingelgras*.

Hartzenbusch, *Juan Eugenio*, span. Literarhistoriker und Bühnendichter, geb. 6. Sept. 1806 zu Madrid, Sohn eines Deutschen, seit 1853 Oberrichter des Theaterraths zu Madrid. Dramen: ‚Amantes de Teruel‘ (1856), ‚Alfonso el Casto‘ (1841), ‚La madre de Pelayo‘ (1846) u. A. Besorgte Ausgaben von Tirso de Molina, Alarcon, Calderon u. A.

Hartzinn, Zinnblei, Zinnkupfer oder Zinnantimonlegirung, ähnlich dem Britanniametall und wie dieses verwendbar.

Harûn al-Raschid (d. i. H. der Gerechte), der. Khalif, reg. seit 786, erhob Bagdad zur blühendsten Stadt des Orients, liebte Wissenschaften und Künste, siegte über die Byzantiner und Chasaren, in Liedern und Erzählungen (‚Tausend und eine Nacht‘) gefeiert; † 23. März 809 zu Tus.

Haruspices (lat., Plur. von *haruspex*), etrusk. Wahrsager und Zeichendeuter. *Haruspicium*, Wahrsagung aus der Opferschau.

Harvey (spr. -wi), *William*, ber. engl. Arzt, geb. 1. April 1578 zu Folkstone, 1615 Prof. der Anatomie in London; † 3. Juni 1658 zu Hemstead. Entdecker des Blutkreislaufes (1628), Begründer der neuen Zeugungstheorie (‚Omne animal ex ovo‘).

Harwich (spr. Haritsch), befest. Seestadt in der engl. Grafschaft Essex, an der Mündung des Stour, 5070 Ew. Schiffswerften, Seebad. Hauptüberfahrtsort nach Holland.

Harz, waldiges Massengebirge in Norddeutschland, zwischen Leine und Saale, 5 M. breit, von NW. gegen SO. 15 M. lang, 37 QM., wovon 21,4 auf Preussen, 13,4 auf Braunschweig, 2,2 auf Anhalt kommen; zerfällt in den *Oberharz* im NW., plateauartig, 2000' h. (höchster Gipfel der Brocken 3510'), rauh und düster, mit Nadelholz und wichtigem Bergbau (Thäler: das Oker- und Ilsethal), und den *Unterharz* im SO., 1500' h. (Victorshöhe 2045'), mit Laubholz, wechselvoller und reicher an pittoresken Scenerien (Bodethal mit der Rosstrappe und Hexentanzplatz; Selkethal mit Mägdesprung und Alexisbad). Der Südwest- und Nordostfuss scharf abgeschnitten; der Nordwest- und Südostfuss in Hügelland übergehend. Hauptmasse des Gebirges: Thonschiefer, Grauwacke und Granit. Bergbau (seit 10. Jahrh.) auf Silber, Eisen, Blei, Kupfer, Zink, Arsenik; im sog. *Kommunionharz* auf gemeinschaftl. Rechnung von Preussen und Braunschweig. Binnen Kurzem von einer Eisenbahnlinie umgürtet, mit Zweigbahnen in das Gebirge. Vgl. *Berlepsch*, ‚H.‘, 4. Aufl. 1870.

Harzburg, Burgruine am Harz, bei Goslar, mit köstl. Aussicht, einst Lieblingsschloss Kaiser Heinrichs IV., 1068 erbaut, um 1650 geschleift. Am Fusse des Schlossbergs der Marktfl. *Neustadt-H.*, 1578 Ew., die nördl. Haupteingangspforte zum Harz; Soolbad und Molkenkuranstalt Julushall.

Harze, vegetabilische Stoffe, fest, meist amorph, schmelzbar, in Alkohol, Aether,

Fetten und ätherischen Oelen, nicht in Wasser löslich, brennbar, Nichtleiter der Elektricität, werden durch Reiben negativ elektrisch; indifferent oder sauer und dann mit Alkalien Resinate (Harzseifen) bildend, geben bei trockener Destillation Kohlenwasserstoffe. Sie finden sich in den Pflanzen meist mit Farbstoffen, ätherischen Oelen, auch Gummi (Gummiharze) und zum Theil fossil (Bernstein). Die wichtigsten: Fichtenharz, Elemi, Sandarak, Mastix, Dammar, Gummilack, Kopal, Drachenblut, Storax, Benzoë, Botanybalharz, Guajak etc. Sie dienen zu Lacken, Firnissen, Kitten, Seifen, zur Gasbeleuchtung etc. Vgl. *Wiesner* (1870).

Harzessenz, s. *Kolophonium.*

Harzfirnise (*Harzlack*), Lösungen von Fichtenharz, Kolophonium in fetten Oelen, Terpentinöl, Spiritus, dienen als Anstrich auf Holz, zum Tränken von Tauwerk etc.

Harzseifen, Verbindungen von Harzsäure mit Alkalien, Thonerde etc., werden aus ihren Lösungen durch Kochsalz nicht gefällt, dienen zum Leimen des Papiers etc.

Haschisch, s. *Hanf.*

Hase (Lepus *L.*), Gattung der Nagethiere. *Gemeiner H.* (L. timidus *L.*), 2' l. (Männchen Rammler, Weibchen Setzhase), Jagd Ende Sept. bis Anfang Febr., liefert Pelzwerk, Leder, Haar zu Hüten. Gutes Pelzwerk liefern auch der *veränderliche H., Alpenhase* (L. variabilis *Pall.*), im Winter weiss, 2', auf den Centralalpen, in Nord- n. Osteuropa; der *Prairiehase* (L. virginianus *L.*), 22", und der *Schneehase* (L. americanus *Erxl.*), 17—25", in Nordamerika (jährl. 4½ Mill. Felle).

Haselhuhn (*Rothhuhn,* Tetrao bonasia *L.*), Vögelart aus der Familie der Feldhühner, 13" l., Standvogel der nord- und mitteleurop. Bergwälder, geniessbar; ebenso *Kragenwaldhuhn* (T. umbellus *Gm.*), in Nordamerika.

Haselmaus, s. *Siebenschläfer.*

Haselnussöl (huile de noisette), fetten Oel der Haselnüsse, hellgelb, klar, geruchlos, schmeckt mild, trocknet nicht, erstarrt bei —15° C. Toiletten- und Speiseöl.

Haselstrauch (Corylus *L.*), Pflanzengattung der Kupuliferen. *Gemeiner H.* (C. Avellana *L.*), in Europa, Nordasien, liefert Nüsse, Oel, Ruthen zu Flechtwerk und Reifen, feine Holzkohle. Grossfrüchtige Varietät: *Zellernuss* (C. sativa *L.*). *Lambertnuss, rothe Zellernuss*(C. tubulosa *Willd.*), aus Südeuropa, vielfach kultivirt. *Türkhacker, byzantin. H.* (C. colurna *L.*), Baum in Ungarn und der Türkei, liefert die türkischen Haselnüsse.

Haselwurz, s. *Asarum.*

Hasenauge (*Hasenschlaf, Augenliderverkürzung*), Offenbleiben des Auges durch Verkürzung (Narbenschrumpfung) des Augenlides oder durch Lähmung des Schliessmuskels (bei Gesichtslähmung). Heilung durch Operation oder durch den galvan. Strom.

Hasenbrod, s. *Briza.*

Hasenclever, *Joh. Peter*, Genremaler der düsseldorfer Schule, geb. 18. Mai 1810 zu Remscheid, † das. 16. Dec. 1853. Ausgezeichnet durch humor. Auffassung des Spiessbürgerthums, am bekanntesten durch seine Scenen aus der ,Jobsiade'; auch Porträtmaler.

Hasenhacke (*Rehbein*), Geschwulst an der hintern Seite des Sprunggelenks der Pferde, entsteht nach starker Anstrengung bei Schwäche, ist selten ganz zu zertheilen.

Hasenheide, s. *Berlin.*

Hasenscharte (Labium leporinum), angeborene ein- oder doppelseitige Spalte in der Oberlippe; ist gleichzeitig Spaltung des harten u. welchen Gaumens vorhanden, so nennt man den Zustand *Wolfsrachen;* beides führt zur Erschwerung des Saugens und des Sprechens. Heilung durch Operation bald nach der Geburt oder in etwas späterer Zeit.

Haslithal, Thal im Kanton Bern, von der Aar durchströmt, 12 M. lang vom brienzer See bis zum Grimselhospiz. Die Ew. der schönste Menschenstamm der Alpenbewohner. Hauptort Meiringen am *Haslberg.*

Haspel, Hebezeug, besteht aus einer in zwei Zapfenlagern ruhenden horizontalen Welle, welche mittelst Kurbel in Umtrieb gesetzt wird und dabei ein Seil aufwickelt, an welchem die Last hängt. *Garnhaspel, Weife,* Vorrichtung zum Abwickeln des Garns von den Spindeln, mit Zählapparat und gesetzlich geregeltem Umfang.

Hasse, *Joh. Adolf*, Komponist und Sänger, geb. 25. März 1699 zu Bergedorf bei Hamburg, seit 1724 in Italien (Schüler Porporas und Scarlattis), 1727 Kapellmeister zu Venedig, wo er die ber. Sängerin Faustina Bordoni (geb. 1700) heirathete, 1731 — 63 Hofkapellmeister in Dresden, lebte später in Wien, seit 1770 in Venedig, † das. 23. Dec. 1783. Tenorist von europ. Rufe; schr. zahlr. Opern (nach ital. Schablone), Kirchensachen.

Hasselt, Hauptstadt der belg. Prov. Limburg, 10,448 Ew. Schlacht 8. Aug. 1831.

Hassfurt, Stadt im bayer. Regbz. Unterfranken, am Main, 2325 Ew. Marienkapelle. Nördlich die *Hassberge,* bis 1540' hoch.

Hasskarl, *Justus Karl*, Naturforscher, geb. 6. Dec. 1811 in Kassel, 1836 — 46 am botan. Garten auf Java angestellt, brachte 1854 den Chinabaum nach Java; seit 1856 wieder in Europa, lebt in Kleve. Zahlr. Arbeiten über die ind. Botanik.

Hasta (lat.), Spiess, insbes. der bei den Römern bei öffentl. Versteigerungen aufgepflanzte Spiess, daher ad hastam publicam, zu öffentl. Versteigerung; sub hasta verkaufen, öffentl. versteigern; vgl. Subhastation.

Hastenbeck, Dorf unweit Hameln; 26. Juli 1757 Sieg der Franzosen über die Verbündeten unter Cumberland, worauf die Konvention von Kloster Seven folgte.

Hastings (spr. Hehst-), Stadt in der engl. Grafschaft Sussex, am Kanal, 29,837 Ew. Seebäder. 14. Okt. 1066 wichtiger Sieg Wilhelms des Eroberers über Harald.

Hastings (spr. Hehst-), *Warren*, geb. 6. Dec. 1732 zu Chnrobill (Worcester), erhielt 1749 eine Schreiberstelle in Ostindien, ward 1761 Mitglied der Regierung von Bengalen, dann der von Madras, 1771 Gouverneur von Bengalen und 1773 Generalgouverneur von Ostindien, vergrösserte durch glückliche Kriege gegen Tippo - Sahib das Gebiet der Kompagnie. 1785 abberufen, ward er von Burke 17. Febr. 1786 vor dem Unterhause des Willkürregiments und der Erpressung angeklagt, 23. April 1793 freigesprochen, aber in die Kosten verurtheilt, von derentind. Kompagnie durch ein Jahrgeld von 4000 Pfd. St. entschädigt; † 22. Aug. 1818.

Hatras, Stadt in der brit.-ostind. Präs. Agra. 20,500 Ew. Hauptmarkt für Baumwolle.

Hattenheim, Dorf im Rheingau, am Rhein, 1204 Ew., Weinbau (Markobrunner).

Hattingen, Stadt im preuss. Regbz. Arnsberg, Kr. Bochum, 5590 Ew.

Hattischerif (türk., d. i. erhabenes Schreiben), Reskript des Sultans. H. von Gülhane, das türk. Grundgesetz vom 3. Nov. 1839.

Hatto, Name zweier Erzbischöfe von Mainz: H. I., Ende des 9. Jahrh., als Vormund des unmündigen Ludwig IV. (des Kindes) und als Rathgeber des Königs Konrad I. politisch bedeutend, lieferte den Grafen Adalbert von Babenberg verrätherischer Weise in die Hände des Königs, der ihn hinrichten liess; † 913. H. II., Erzb. seit 968, liess nach der Sage bei einer Hungersnoth arme Leute in einer Scheune verbrennen und ward dafür im Mäusethurm bei Bingen von Mäusen gefressen; † 970.

Haube, der obere Theil eines Dings; Kopfbedeckung besonders für verheirathete Frauen, daher *unter die H. kommen, s. v. a.* heirathbar; bei Vögeln ein Federbusch auf dem Kopfe; bei Wiederkäuern der zweite Magen; am Hammer und Beil der Theil, in welchem der Stiel befestigt ist; in der Baukunst ausgeschweiftes Thurmdach.

Haubergswirthschaft, s. v. a. Hackwald.

Haubitze, Wurfgeschütz für Granaten, Shrapnels und Brandgeschosse, in der Feldartillerie 3- und 7-Pfünder, in der Festungsartillerie 10-, 12-, seit 1870 auch 24-Pfünder. Die H. hat den Zweck, das Geschoss unter höheren Richtungswinkeln und mit schwächeren Ladungen zu werfen als die Kanone, um über Deckungen hinweg zu treffen. (Mit der H. wurde 1870 bei Strassburg indirekt Bresche geschossen.)

Hauch, *Joh. Carsten von*, dän. Dichter, geb. 12. Mai 1790 zu Frederikshald, 1846—1848 Prof. der nord. Literatur zu Kiel, lebte seitdem zu Frederiksborg bei Kopenhagen. Hauptwerke: 'Lyriske Digte' (2. Aufl. 1854), 'Hamadryaden' (episch-dram., 1830), zahlr. Tragödien, durch psychol. strenge Charakteristik ausgezeichnet ('Bajazet', 'Liberius', 'Gregor VII.' etc.) und histor. Romane (am besten 'Wilhelm Zabern'). Schr. auch 'Die nord. Mythenlehre' (1848) u. A.

Hauenschild, *Richard Georg Spiller von*, pseud. *Max Waldau*, Dichter, geb. 24. März 1822 zu Breslau, † 20. Jan. 1855 auf seinem Gute Tschaldt in Schlesien. Gedichte: 'Blätter im Winde' (1847); 'Kanzonen' (1848); 'O diese Zeit!' (Kanzone, 1850); 'Cordula' (episch, 2. Aufl. 1855); 'Rahab. Ein Frauenbild aus der Bibel' (1854); Romane: 'Nach der Natur' (2. Aufl. 1851), 'Aus der Junkerwelt' (1850).

Hauenstein, Bergkette des schweizer Jura, auf der Grenze der Kantone Solothurn und Baselland, 3350' h. Tunnel der schweiz. Centralbahn, 8400' l. (seit 1858).

Hauenstein, Stadt im bad. Kr. Waldshut,

am Rhein, 400 Ew.; die Bewohner der Umgegend (ehem. *Grafsch.* H.) noch durch alterthümliche Tracht und Sitte ausgezeichnet.

Hauer, *Franz, Ritter von*, Geolog und Paläontolog, geb. 30. Jan. 1822 in Wien, seit 1866 Direktor der geol. Reichsanstalt das. Um Geologie und Paläontologie der Alpen und Karpathen verdient. Lieferte geolog. Karten von Siebenbürgen (1861) und Oesterreich (1867 ff.); schr.: 'Geolog. Uebersicht der Berghaue Oesterreichs' (mit *Fötterle*, 1855); 'Geologie Siebenbürgens' (mit *Stacho*, 1863).

Hauer, männliches Wildschwein.

Hauff, *Wilhelm*, Novellist, geb. 29. Nov. 1802 in Stuttgart, Redakteur des 'Morgenblatts' das.; † 18. Sept. 1827. Schr. 'Lichtenstein' (Roman, 1826); 'Phantasien im bremer Ratbskeller' (1827); 'Märchen' (9. Aufl. 1861); 'Memoiren des Satans' (1827); 'Der Mann im Monde' (Verspottung Clauren's, 1827) und treffl. kleinere Erzählungen. Sämmtl. Werke (13. Aufl. 1865, 5 Bde.).

Haug, *Joh. Christoph Friedr.*, Dichter, geb. 9. März 1761 zu Niederstotzingen in Würtemberg, Zögling der Karlsschule (mit Schiller), seit 1816 Bibliothekar und Hofrath zu Stuttgart; † 30. Jan. 1829. Bes. im Epigramm durch hyperbolischen Witz ausgezeichnet. 'Sinngedichte' (1791); 'Epigramme auf Herrn Wahls ungeheure Nase' (1804); 'Epigramme u. vermischte Gedichte' (1805); 'Epigramm. Spiele' (1807). Gedichte (1827).

Haugwitz, *Christian Heinr. Kurt, Graf von, Freiherr von Kroppitz*, preuss. Staatsmann, geb. 11. Juni 1752 zu Pauke bei Oels, ward 1792 preuss. Kabinetsminister, leitete als solcher 1795 die Friedensverhandlungen zu Basel, trat 1803 zurück, brachte 1805 die Konvention mit Napoleon I. zu Stande, worin Preussen Ansbach, Kleve und Neuenburg an Frankreich abtrat und dafür Hannover erhielt, ward dann Minister des Auswärtigen; † 19. Febr. 1832 auf einer Villa bei Este. Vgl. *Minutoli* (1844).

Hauk, Illius- und Knorpelhaut am unteren Angenwinkel der Pferde und des Rindviehs. *Haukenblindheit* entsteht durch theilweise Ueberlagerung des H.s über die Hornhaut.

Haupt, *Moritz*, Germanist und Philolog, geb. 27. Juli 1808 zu Zittau, seit 1843 Prof. zu Leipzig, 1850 wegen Betheiligung an der nationalen Bewegung seines Amtes entsetzt, 1853 als Lachmanns Nachfolger nach Berlin berufen, seit 1861 beständiger Sekretär der dortigen Akademie. Lieferte werthvolle Ausgaben lat. (Ovid, Horaz etc.) und mittelhochdeutscher Dichter; gibt die 'Zeitschrift für das deutsche Alterthum' (1841 ff.) heraus.

Hauptmann, Titel des Kompagniechefs in der deutschen und österr. Armee, wird auch von andern Offizieren im Generalstab etc. geführt, welche im Rang zwischen Premierlieutenant und Major stehen.

Hauptmann, *Moritz*, Musiker, geb. 13. Okt. 1792 in Dresden, im Violinspiel Schüler Spohrs, seit 1842 Kantor an der Thomasschule und Lehrer am Konservatorium in Leipzig; † das. 3. Jan. 1868. Ausgezeichnet als Komponist (geistl. Gesänge, Lieder, Violinsonaten etc.) und Theoretiker ('Die

Natur der Harmonik und Metrik', 1853, ‚Die Lehre von der Harmonik', herausgeg. von Paul, 1868).

Hauptquartier, Aufenthaltsort des Kommandirenden und seines Stabes im Frieden wie im Kriege, in der Regel in oder hinter der Mitte der befehligten Truppen befindlich.

Hauptsteinkohlenformation, produktives Kohlengebirge, s. *Steinkohlengebirge*.

Hauptwort, s. *Substantivum*.

Hauran (im Alterth. *Auranitis*), Landschaft in Syrien, südl. von Damaskus, zwischen dem See Tiberias und dem *Gebirge H.*, mit zahlreichen Stadtruinen; neuerdings durch *Wetzstein* (1859) näher erforscht.

Hausen, Dorf im bad. Kr. Lörrach, an der Wiese, 623 Ew. Gr. Eisenhüttenwerk (jährl. 13,000 Ctr. Roheisen). Geburtsort Hebels.

Hausen, *Friedr. von*, Minnesänger, aus der Rheingegend, nahm am Kreuzzug Friedrichs I. Theil, fiel vor Philomelium 1190.

Hausen (*Bjeluga*, Acipenser Huso L.), Fischart aus der Gattung Stör, 24' l., im schwarzen Meer und zur Laichzeit in den Flüssen, liefert geniessbares Fleisch, Haut zu Fensterscheiben, Kaviar und Hausenblase.

Hausenblase (*Fischleim*), Schwimmblase des Hausen, Sterlets, Störs, Schergs, Seehechts, Kabeljaus (amerikanische) etc. Die beste aus Russland, farb- und geruchlos, quillt in kaltem, löst sich in heissem Wasser, in verdünntem Spiritus und Wein, die Lösung bildet beim Erkalten eine Gallerte, dient zum Klären von Wein, Bier, zum Leimen, Kitten, Appretiren, zu engl. Pflaster, Gelatinepapier, künstl. Parlen etc. Surrogat: Gelatine, Präparate aus Blutfibrin.

Hausfriedensbruch, unberechtigtes Eindringen und Verweilen in der Wohnung eines Andern gegen dessen ausdrücklichen Willen, wird auf Antrag des Verletzten mit Geld- oder Gefängniss bestraft.

Hausgötter, s. *Laren* und *Penaten*.

Hausirhandel, Kleinhandel, welcher von wandernden Handelsleuten (*Hausirern*) durch Angebot und Absatz der Waaren in den Häusern der Konsumenten betrieben wird; unterliegt polizeil. Beschränkungen.

Hauslaub, s. *Sempervivum*.

Hausmann, *Johann Friedrich Ludwig*, Mineralog, geb. 22. Febr. 1782 zu Hannover, seit 1811 Prof. zu Göttingen; † das. 25. Dec. 1859. Begründer eines mineralog. Systems. Schr. ‚Handb. der Mineralogie' (2. Aufl. 1847); ‚Untersuchungen über die Formen der leblosen Natur' (1821); ‚Bildung des Harzes'

Hausmannit, s. *Braunstein*.　　　　　[(1842).

Hausmeier, s. *Major Domus*.

Hausmittel, Heilmittel, die bei Krankheiten ohne ärztlichen Beistand angewendet werden. Vgl. *Osiander*, ‚Volksarzneimittel', 6. Aufl. 1865; *Michaelis* (1860).

Hausruck, Gebirge in Oberösterreich, Wasserscheide zwischen Inn und Traun, 2500' hoch. Danach ben. der *Hausruckkreis* 66,7 QM. und 237,084 Ew. Hauptst. Wels.

Haussa, Landschaft im mittlern Sudan, zwischen dem Niger und Bornu, früher selbständ. Negerstaat, jetzt in die Reiche Sokoto und Gando zerfallend.

Hausschwamm (*tropfender Faltenschwamm*, Merulius destruens *Pers.*), Pilz aus der Familie der Hymenomyceten, dessen fadiges Mycelium das Gebälk in Häusern durchzieht und zerstört. Vorbeugende Mittel: Trockenheit, Ventilation, Lagerung des Holzes in Asche, Schlacken, Anstrich mit Karbolsäure, Imprägniren mit Eisenvitriol; durch letzteres, wie durch Schwefelsäure, Quecksilberchlorid wird 'der H. zerstört.

Hausse (fr., spr. Hoss), das Steigen der Staatspapiere etc. *Spekulation à la h.*, darauf gerichtete Spekulation; *Haussier* (spr. Hossieh), Spekulant auf Steigen der Papiere.

Haussmann, *Georges Eugène*, geb. 27. März 1809 zu Paris, seit 1853 Präfekt des Departements Seine, führte Napoleons III. Pläne zur Verschönerung der Stadt Paris energisch durch, stürzte die Stadt in Schulden, ward 1851 Senator, verliess nach Napoleons Sturz Paris, kehrte Mai 1871 dahin zurück.

Haussuchung, Durchsuchung eines Hauses zum Behuf der Auffindung von Spuren eines begangenen Verbrechens oder eines Verbrechers, darf nur auf Grund einer vorzuweisenden schriftl. Verfügung des Gerichts vorgenommen werden.

Haustruppen, s. v. a. Leibwachen, Garden.

Hausverträge (*Hausgesetze*), in Vertragsform oder in Form von Testamenten oder einseitigen Anordnungen des Oberhaupts gegebene Familiengesetze über Ehe, Erbfolge, Primogenitur, Seniorate und Majorate, Unveräusserlichkeit der Güter etc., bezwecken das Zusammenhalten der Macht und des Besitzes adeliger und dynastischer Geschlechter, widerstreiten dem neueren Staatsrechte, sind in Frankreich ungültig, müssen in Deutschland von Seiten des Staats genehmigt werden.

Hauswurz, s. *Sempervivum*.

Haut, äussere Umkleidung organ. Körper, bes. der Thiere, und Auskleidung innerer Theile. Höhlen und Organe (Schleimhäute [s. d.], seröse Häute [s. d.] etc.). H. des Menschen: unterste Lage, das *Unterhautzellgewebe*, ist fasrig und dünn oder fettreich und dick (Fettbaut, bes. an Bauch und Schenkeln); mittlere Lage, die *Lederhaut*, aus strafferem Bindegewebe und elastischen Fasern gebildet, reich an Gefässen, endet nach oben in dicht bei einander stehende Zäpfchen (Papillen mit Gefässschlingen und Nervenendigungen, Tastkörperchen); oberste Lage, die *Oberhaut* oder *Epidermis*, besteht aus platten Epithelzellen (Epithelium, vgl. *Schleimhäute*), von denen die unteren weich (Schleimschicht, Sitz der Farbstoffe), die oberen trocken (Hornschicht) sind. Die Oberhaut schickt in die Lederhaut Haare, Talg- und Schweissdrüsen; letztere bes. reichlich in der Achselhöhle, an Stirn und Händen, 2 Millionen). Die H. dient zum Schutz, als Ausscheidungsorgan (Hauttalg und Schweiss) und Organ für den Tastsinn. Vollständiger Verschluss aller Hautdrüsen führt zum Tode (Wichtigkeit der Hautpflege); flüchtige Stoffe werden durch die H. aufgenommen, ob auch nicht flüchtige, ist noch fraglich.

Hautelisse (fr., spr. Hohtlìss), hochkettige Teppichwebereien mit senkrechter Kette, gleichen schönen Gemälden; s. *Tapeten*.

Haute volée (fr., spr. Hoht vóleh), der höhere Adel; vornehmere Gesellschaft.

Hautflügler, s. *Hymenopteren*.

Hautgoût (fr., spr. Hohgu), hoher, d. i. pikanter Geschmack, bes. der eigenthümliche Wildgeschmack.

Hautrelief (fr., spr. Hoh-), s. *Relief*.

Hautschwiele, s. *Callus*.

Hautwassersucht, s. *Anasarka*.

Havana (San Cristoval de la H.), befest. Hauptstadt der span. Insel Cuba, wichtigster Seeplatz Westindiens, 206,000 Ew. (ca. 140,000 Weisse, 6000 Kulis); ausgezeichneter Hafen (für 1000 gr. Schiffe); Citadelle und 6 Forts; Universität; Kathedrale (Columbus Asche); Schiffswerfte, Cigarrenfabr. (ausgeführt 1866: 156,837 Mille Cigarren).

Havarie (fr. *Avarie*), Bezeichnung der Schäden, welche ein Schiff oder dessen Ladung während einer Seereise betrifft; entweder *grosse* (allgemeine), welche diejenigen Schäden umfasst, die einem Theile der Ladung oder dem Schiffe zum Behuf der Rettung des Uebrigen freiwillig angefügt worden sind (Ueberbordwerfen von Waaren, freiwilliges Stranden, Zuflucht und Verluste in einem Nothhafen etc.) und von den Eigenthümern des Schiffs und der Ladung gemeinsam getragen werden; oder *besondere* (partikulare), welche die durch höhere Gewalt verursachten Schäden und Verluste begreift, die dem Eigenthümer des betreffenden Objekts zur Last fallen; oder *kleine* (ordinäre), d. h. die Ausgaben, welche zur ungehinderten Vollendung der Fahrt erforderlich sind (Lootsen-, Lichtergelder etc.). Schutz gegen die grosse und partikulare H. gewährt die Assekuranz (s. d.).

Have (ave, lat.), Sei gegrüsst! Lebe wohl! *H. pia anima*, Lebe wohl, fromme Seele!

Havel, rechter Nebenfluss der untern Elbe, entspringt 1½ M. nordwestl. von Neu-Strelitz, wird bei Fürstenberg schiffbar, berührt Spandau, Potsdam, Brandenburg, mündet unterhalb Havelberg. Länge 47½ M. Die H. bildet grösstentheils eine Kette von Seen und steht durch den Finowkanal in Verbindung mit der Oder, durch den plauenschen Kanal mit der Elbe; sie umschleusst das aus Brüchen und Mooren bestehende, wenig kultivirte *Havelland*. Zuflüsse: Rhin, Dosse, Spree.

Havelberg, Stadt in der preuss. Prov. Brandenburg, Kr. Westprignitz, auf einer Havelinsel, 4002 Ew.; schöner Dom. Schon 946 als Stadt (Bisthum) genannt.

Havelock, *Sir Henry*, engl. General, geb. 5. April 1795 zu Bishops-Wearmouth bei Sunderland, trat 1815 in die Armee, machte 1824 den ersten birmanischen, 1839 den afghanischen Feldzug, 1843 und 1844 den gegen die Sikhs mit, führte 1856 im Krieg gegen Persien als Brigadier eine Division, übernahm 1857 den Oberbefehl über das zum Entsatz von Khanpur und Lakhnau bestimmte Corps, schlug die Insurgenten unter Nena Salib bei Fattipur, dann bei Lakhnau; †

25. Nov. 1857 zu Alumbagh bei Lakhnau. ,Memoirs', von *Marshman* (2. Aufl. 1870).

Haverei, s. *Havaria*.

Havre (H. de Grace, spr. Hahwr dö Grahs), befest. See- und Handelsstadt im franz. Depart. Niederseine, an der Mündung der Seine, 74,900 Ew. Vortreffl. Hafen (Vorhafen und 4 Bassins), Citadelle, gr. Arsenale, Schiffswerfte; wichtiger Auswanderungsplatz; Fabriken, besuchte Seebäder.

Hawaii (Owaihi), grösste der Sandwichsinseln, mit 3 mächtigen Bergen (bis 13,090' h.), 229 QM. und 21,480 Ew.; an der Ost- und Westseite treffl. Häfen.

Hawthorne, *Nathaniel*, nordamerikan. Romanschriftsteller, geb. 4. Juli 1804 zu Salem, † 19. Mai 1864 zu Plymouth (Massachusetts). Hauptwerke: ,Twicetold tales' (2. Aufl. 1851), ,The scarlet letter' (1851), ,Transformation' (1860), ,Our old home' (1863). Werke, deutsch von *Du Bois* (1851—52).

Haydn, *Joseph*, Komponist, geb. 31. März 1732 zu Rohrau (österr.-ungar. Grenze), bildete sich durch eigenes Studium in Hainburg und Wien, 1760—90 Kapellmeister des Fürsten Esterhazy (theils in Eisenstadt, theils in Wien lebend), war dann zweimal in London; † 31. Mai 1809 in Wien. Der Schöpfer der Symphonie und des Streichquartettes und Begründer der neuern instrumentalmusikkunst; ausserordentl. fruchtbar: 118 Symphonien, 83 Streichquartette, zahlr. Klavierkoncerte, Trios, Sonaten; Opern, Oratorien (,Die sieben Worte', ,Heimkehr des Tobias'), zahlr. andere Kirchenstücke; unsterblich aber bes. durch die orator. Werke: ,Die Schöpfung' (1799) und ,Die Jahreszeiten' (1801). Vgl. *Ludwig*, J. H.' 1867. — Sein Bruder *Michael*, geb. 14. Sept. 1737, † 10. Aug. 1806 als Kapellmeister in Salzburg, Kirchenkomponist.

Haym, *P. Th. Rudolf*, Schriftsteller, geb. 5. Okt. 1821 zu Grünberg in Schlesien, 1848 Mitglied der deutschen Nationalversammlung, redigirte die berliner ,Konstitutionelle Zeitung', ward Nov. 1850 das. ausgewiesen, seit 1860 Prof. zu Halle. Hauptwerke: ,W. v. Humboldt' (1856); ,Hegel u. seine Zeit' (1857); ,Die romantische Schule' (1870).

Haynau, *Julius Jakob, Freiherr von*, österr. General, Sohn des Kurfürsten Wilhelm I. von Hessen und der Frau von Lindenthal (geb. Reb. Ritter, aus Hanau), geb. 14. Okt. 1786 zu Kassel, machte in österr. Diensten die Freiheitskriege mit, ward 1848 Kommandant in Verona, leitete die Belagerung von Peschiera und warf den Aufstand in Brescia (31. März und 1. April 1849) mit blutiger Gewalt nieder. Mai als Feldzeugmeister mit dem Oberkommando in Ungarn betraut, erstürmte er Raab, besetzte Szegedin und führte bei Temesvar die Entscheidung herbei, zog sich aber durch die Exekutionen in Pesth und Arad (6. Okt.) heftigen Tadel zu, ward 6. Juli 1850 abberufen; † 14. März 1853 in Wien. Biogr. von *Schönhals* (1853).

Hayti (Haiti, San Domingo), Insel der grossen Antillen, 1318 QM. und 708,500 Ew.; Küste buchtig, das Innere gebirgig und waldreich (Cibaogebirge 7090' h.), wohl bewässert, ausserordentlich fruchtbar, aber gegenwärtig nicht genügend kultivirt. Hauptprodukte: Kaffee, Kakao, Baumwolle, Tabak, treffl. Hölzer. — II. zerfällt in 2 Republiken: 1) *Republik H.* (Negerrepublik) im W., der ehemals franz. Theil, 480 QM. und 572,000 Ew. (mit franz. Sprache). Verfassung vom 14. Juni 1867. Staatsausgaben: 4,15 Mill. Thlr., Schuld 14,2 Mill., Papiergeld 5,4 Mill. Thlr. Stehendes Heer: 10,000 M. Kriegsflotte: 7 Schiffe mit 16 Kanonen, Handelsflotte 144 Schiffe mit 28,000 Tonnen. Einfuhr 1866: 8,41, Ausfuhr 11,6 Mill. Thlr. Exporte: Kaffee (55 Mill. Pfd.), Campeche, Kakao etc. Eingelaufen 1864: 879 Schiffe, ausgelaufen 875. Rechnung nach Piaster forte = ca. 15 Papierdollars = 1 Thlr. 13½ Sgr. Hauptst. Port au Prince. — 2) *Republik San Domingo* (Mulattenrepublik) im O., der ehemals span. Theil, 838 QM. und 136,500 Ew. (meist mit span. Sprache). Verfassung vom 24. Nov. 1844. Ausgaben 3,45 Mill. Thlr. Einfuhr 1867: 530,000 Doll., Ausfuhr 690,000 Doll. Exportartikel: Tabak, Guano, Kaffee, Leder, Wachs, Campecheholz etc. Hauptst. San Domingo. — H. ward 1492 von Columbus entdeckt und *Hispaniola* genannt; auf der Nordküste die erste span. Niederlassung in Amerika. Der westl. Theil ward 1697 an Frankreich abgetreten; 1801 Lossagung von Frankreich und Bildung eines selbständ. Negerstaats unter Toussaint l'Ouverture, dessen Nachfolger Dessalines 1804 die Kaiserwürde annahm. Der östliche (span.) Theil der Insel, 1795 ebenfalls an Frankreich abgetreten, 1814 wieder mit Spanien vereinigt, schloss sich 1822 an den Westtheil an, und die ganze Insel bildete nun eine einzige Republik, bis sich 1844 der Osttheil wieder als Republik San Domingo selbständig machte. Der westl. Theil ward 1849 durch Soulouque (s. *Faustin I.*) wieder in ein Kaiserreich umgewandelt, das 1859 mit der Vertreibung Faustins endete, worauf wieder die Republik H. unter dem Präsidenten Geffrard proklamirt wurde. Darauf Parteikampf zwischen Geffrard und General Salnave, der sich 1867 zum Präsidenten machte, aber 4. April 1868 bei Gonaives geschlagen und 15. Jan. 1870 erschossen wurde. Jetziger Präsident Nissage Saget. — In der Republik San Domingo häufiger Präsidentenwechsel; seit 1861 Besetzung derselben durch span. Truppen, 1863 Aufstand und Krieg gegen die Spanier, die 1865 die Insel wieder räumen mussten. Jetziger Präsident General Baez. Ueber die Geschichte H.s vgl. *Jordan* (1846—49), *Handelmann* (1860).

Hazard (fr., spr. -sahr), das Ungefähr, Zufall, Wagniss; *hasardiren*, wagen, aufs Spiel setzen. *Hasardspiele*, Spiele mit Karten, Würfeln oder Nummern, wobei der Zufall entscheidet, z. B. Faro, Rouge et noir, Roulette etc.; in Frankreich seit 1839, in Deutschland 1848 vom Parlament verboten, dann wieder geduldet, durch die norddeutsche Bundesgesetzgebung 1867 wieder verboten, aber bis zum Ablauf der Verträge hie und da gestattet.

Hazlitt (spr. Häs-), *William*, engl. Publicist, geb. 10. April 1778 zu Maidstone (Kent), † 18. Sept. 1830 in London. Schr. geistvolle Essays (,Table talk‘, ,Spirit of the age‘ etc.) und die treffl. ,Characters of Shakespeare's Plays‘ (1817). Minder gelungen seine ,Hist. of Napoleon‘ (1828); ,Memoirs‘ (1867, 2 Bde.).

Hb., auf Recepten s. v. a. *Herba*, Kraut.

Heautontimorumenos (gr., d. i. Selbstpeiniger), Titel eines Lustspiels von *Terenz*.

Hebamme (*Wehmutter*), Frau, die sich auf Hebammenschulen und durch amtliche Prüfung das Recht erworben hat, Hülfeleistungen während der Schwangerschaft, der Geburt und dem Wochenbette zu verrichten. Sie muss die dabei möglichen krankhaften Zustände kennen, um rechtzeitig den Arzt herbei zu rufen. Ueber die Pflichten und die der H. gezogenen Grenzen bestehen *Hebammenordnungen*.

Hebbel, *Friedr.*, Dichter, geb. 18. März 1813 zu Wesselburen in Dithmarschen, seit 1842 in Wien; † das. 13. Dec. 1863. Hervorragender Dramatiker, durch grosse Erfindungsgabe und Gestaltungskraft ausgezeichnet, aber dem Ungeheuerlichen und Unnatürlichen zuneigend. Tragödien: ,Judith‘ (1841), ,Genoveva‘ (1843), ,Maria Magdalena‘ (1844), ,Herodes und Mariamne‘ (1850), ,Agnes Bernauer‘ (1855), ,Gyges und sein Ring‘ (1856), ,Die Nibelungen‘ (1862), ,Demetrius‘(1864); Lustspiele: ,Der Diamant‘ (1847) und ,Der Rubin‘ (1851). ,Gedichte‘ (2. Aufl. 1848). Werke (1866—68, 12 Bde.).

Hebdomas (gr.), Woche; *Hebdomadarius*, der den Wochendienst hat.

Hebe (lat. *Juventas*), Göttin der Jugend, Tochter des Zeus und der Here, Mundschenkin im Olymp, mit Trinkschale dargestellt.

Hebel, einfache Maschine, besteht aus einer graden oder gekrümmten Stange, welche sich um einen Unterstützungspunkt (Hypomochlion) drehen kann, und auf welche Kräfte wirken, die sie nach entgegengesetzten Richtungen zu drehen suchen. Beim *einarmigen* H. befinden sich die angreifenden Kräfte auf einer, beim *zweiarmigen* auf beiden Seiten des Unterstützungspunktes. Beim H. ist Gleichgewicht, wenn sich die einwirkenden Kräfte umgekehrt zu einander verhalten, wie ihre Entfernungen vom Drehpunkt. In demselben Verhältniss, in welchem man bei einem H., sobald Gleichgewicht stattfindet, an Kraft gewinnt, verliert man bei eintretender Bewegung an Geschwindigkeit u. umgekehrt (güldene Regel der Mechanik). Anwendungen: Hebebaum, Radwelle, Pumpenschwengel, Wage etc.

Hebel, *Joh. Peter*, Dichter u. Volksschriftsteller, geb. 11. Mai 1760 in Basel, ward 1808 Direktor des Gymnasiums zu Karlsruhe, 1819 evangel. Prälat; † 22. Sept. 1826 auf der Reise zu Schwetzingen. Hauptwerke die vorzügl. ,Gedichte im allemann. Dialekt‘ (1803, 11. Aufl. 1860; hochdeutsch von *Reinick* 1853), das ,Schatzkästlein des rhein. Hausfreunds‘ und ,Bibl. Geschichten‘ (beides Meisterstücke volksthüml. Darstellung). Sämmtliche Werke (1832—34, 8 Bde.; neue Ausg. 1871 f.).

Hebelade, Vorrichtung zur Hebung von Lasten, wobei der Unterstützungspunkt des Hebels allmählig erhöht werden kann.

Heber, knieförmig gebogenes Rohr, dessen einer Schenkel länger ist als der andere, dient zum Ablassen von Flüssigkeiten aus Gefässen. Taucht man den kürzern Schenkel in die Flüssigkeit und saugt diese an, bis der lange Schenkel gefüllt ist, so fliesst die Flüssigkeit ab, so lange das Niveau der abgeflossenen niedriger bleibt als ihr eignes; Wirkung des Drucks der Luft.

Hébert (spr. Ebähr), *Jacques René*, franz. Revolutionär, geb. 1755 zu Alençon, Herausgeber des revolution. Blattes „Père Duchesne", danach genannt, ward 10. Aug. 1792 Mitglied des revolutionären Gemeinderaths, bei den Septembermetzeleien sehr betheiligt, Führer der *Hebertisten*, ward auf Robespierres Veranstalten 1794 verhaftet und 24. März guillotinirt.

Hebeschaufel, Vorrichtung zur Hebung von Wasser auf kleine Höhen, gleichsam ein grosser Löffel, welcher bei Senkung der Höhlung sich mit Wasser füllt und bei Senkung des rinnen- oder röhrenförmigen Stiels durch diesen sich entleert.

Hebeschraube, Maschine zur Hebung von Lasten durch Schraubenwirkung.

Hebräer (*Ebräer*), d. i. die Jenseitigen, nämlich die von jenseits des Euphrat Gekommenen, nach der biblischen Ueberlieferung die Nachkommen Abrahams (s. d.) die unter seinem Enkel Jakob, zusammen 70 Seelen, nach Aegypten übersiedelten und hier während eines Aufenthalts von 430 Jahren zu einem zahlreichen Volke (Israel) anwuchsen, welches Moses und nach ihm Josua nach 40jährigem Umherziehen in der Wüste in die alte Heimat Kanaan (Palästina) zurückführte. Hauptmomente ihrer Geschichte: die Theilung des Landes unter die 12 Stämme; theokratisch-republikanische Verfassung unter einem Hohenpriester, Leviten und sogen. Richtern (Häuptlingen); 1095 v. Chr. Einführung des Königtums, Saul erster Königg; 1055 David vom Stamm Juda zum König erhoben, 1048 König über das ganze Volk; 1025 Salomo König, Erbauung des Tempels zu Jerusalem, Glanzperiode des Volks. 975 Theilung des Reichs in die 2 Staaten *Juda*, den Stamm Juda mit einem Theile des Stammes Benjamin, und *Israel*, die übrigen 10 Stämme umfassend. Allmähliger Verfall beider Staaten infolge innerer Zerrüttung und der Angriffe von Seiten der Nachbarvölker (Assyrier). 722 Fall Israels durch Salmanassar; 588 Fall Judas durch Nebukadnezar, Zerstörung Jerusalems und Wegführung d. H. in das babylon. Exil. Weiteres s. *Juden*. Die Geschichte der Israeliten bearbeiteten *Ewald* (3. Aufl. 1864—60, 7 Bde.), *Weber* und *Holtzmann* (1867, 2 Bde.), *Hitzig* (1869 f.).

Hebräische Sprache, die Sprache der Hebräer oder Israeliten zur Zeit ihrer polit. Selbständigkeit, Zweig des vorderasiatischen (semitischen) Sprachstamms, eine der ältesten Sprachen, deren Denkmäler, die Bücher des A. T.s (s. *Bibel*), meist aus der Zeit von David bis zu den Makkabäern herrühren. Im nachexilischen Zeitalter verlor sich das Hebräische durch Annahme des Chaldäischen (s. *Chaldäa*) aus dem Munde des Volks und blieb bloss Sprache der Priester und Gelehrten. Die jetzt übliche *hebräische Schrift*, nach ihrer Form Quadratschrift, nach ihrem Ursprung assyrische (babylon.) Schrift genannt, trat erst nach dem Exil, zu Esras Zeit, an die Stelle der älteren nationalen Buchstabenschrift. Grammatiken von *Gesenius* (20. Aufl. 1866) und *Ewald* (8. Aufl. 1870); Lexika *Gesenius* (7. Aufl. von *Dietrich*, 1869, 2 Bde.) und *Fürst* (neue Bearb. 1869).

Hebriden (*Western Islands*, im Alterthum *Ebudae insulae*), Gruppe von ca. 300 felsigen Inseln (87 bewohnt) an der Westküste von Schottland, zu den Grafsch. Argyle, Inverness und Ross gehörend, 147,7 QM. und 150,000 Ew.; 2 Gruppen, durch den Minchkanal getrennt: 1) westl. oder äussere Gruppe (ocean. Inseln): Lewis, Nord- und Süduist, Barray etc.; 2) östl. oder innere Gruppe (Gestadeinseln): Skye, Mull, Islay, Jura, Jona, Staffa etc.; Viehsucht und Kohlenbau ansehnlich; zahlr. Fische und Vögel (Eidergänse). — Ehedem selbständ. Inselreich unter Clanen (die Macdonalds bes. mächtig), 13. Jahrh. nach harten Kämpfen von den schott. Königen unterworfen.

Hebron (arab. *El Khalil*), alte Stadt in Palästina (Stamm Juda), südl. von Jerusalem, einst Wohnsitz Abrahams, eine Zeitlang auch Residenz Davids, 5000 Ew. Patriarchengräber, schöne Moschee.

Hecate, bei Griechen und Römern Göttin alles nächtlichen Spuk- und Zauberwesens, Tochter des Titanen Perses und der Asteria, bes. an Kreuzwegen verehrt.

Hechel, kammartiges Werkzeug, zum Ordnen, Verfeinern und Sortiren der Flachs- und Hanffasern. Für grossen Betrieb dienen *Hechelmaschinen*.

Hechingen, ehemal. Hauptst. des Fürstenthums Hohenzollern, an der Starzel, 3424 Ew.; Villa Eugenie. Unfern Burg Hohenzollern.

Hecht (*Esox L.*), Fischgattung der Bauchweichflosser. Gemeiner H. (*E. lucius L.*), in Flüssen und Seen Europas und Nordamerikas, bis 8' lang, gieriger Raubfisch, wird gesalzen und geräuchert.

Heck, der äussere Theil des Hinterschiffes, worin sich die Kajütenfenster befinden.

Heckenrose, s. v. a. Rosa canina, s. *Rosa*.

Hecker, *Friedr. Karl Franz*, geb. 28. Sept. 1811 zu Eichtersheim in Baden, ward 1838 Obergerichtsadvokat in Mannheim, 1842 Mitglied der bad. zweiten Kammer, schlagfertiger Oppositionsmann, dann mit Struve Führer der republikan. Partei, Mitglied des Vorparlaments, versuchte 12. April von Konstanz aus eine republikan. Schilderhebung, die 20. April mit dem Zusammenstoss bei Kandern scheiterte, siedelte Sept. 1848 nach Nordamerika über, widmete sich hier der Bewirthschaftung einer Farm bei Belleville in Illinois, seit 1856 Agitator für die republikan. Partei, befehligte im Bürgerkriege bis März 1864 als Oberst eine Brigade in der Cumberlandsarmee.

Heckmünze, ehedem heiml. Münzanstalt; das daraus hervorgehende schlechte Geld.

Heckscher, *Joh. Gustav Moritz*, geb. 26. Dec. 1797 zu Hamburg, Advokat daselbst, Mitglied des Vorparlaments, des Fünfzigerausschusses und des Parlaments, ward Juli 1848 Justiz-, dann Minister des Auswärtigen im Reichsministerium. Entschiedener Gegner des gagernschen Programms, bemühte er sich, die Partei der Grossdeutschen zu organisiren. Seit 1863 hamburg. Ministerresident in Wien; † 7. April 1865.

Hecūba, Gemahlin des Königs Priamus von Troja, Mutter Hectors und Paris, nach Trojas Zerstörung Gefangene der Griechen.

Hede, s. v. a. Werg, s. *Flachs*.

Hedemarken, Landschaft im norweg. Stift Christiania, am Mjösensee.

Hedĕra *L. (Epheu)*, Pflanzengattung der Araliaceen. H. Helix *L.*, *Eppich*, *Mauerewig*, immergrüner Strauch in Europa, Asien, Nordafrika. Varietäten: H. hibernica, aus Irland, und H. canariensis, Zierpflanzen.

Hedonismus (gr.), Genusslehre; *Hedoniker*, Anhänger derselben; s. *Aristippus*.

Hedschas, der nördl. Theil der Westküste Arabiens, meist unfruchtbares Land mit den heil. Städten Mekka und Medina und den Hafenplätzen Yambo und Dschidda; 1867 dem Vicekönig von Aegypten übergeben.

Hedschra (arab.), Flucht, Auswanderung, insbes. die Flucht Mohammeds von Mekka nach Medina, welche 15. Juli 622 n. Chr. stattfand, Anfang der mohammed. Aera.

Hedwig, Heilige, geb. 1174, Tochter des Herzogs Berthold von Meran, Gattin des Herzogs Heinrich von Schlesien, verpflanzte deutsche Kultur und Sitte dahin; † 15. Okt. 1243, kanon. 1268. Von ihrem Schmuck gründete Heinrich 1203 das Kloster zu Trebnitz.

Hedysarum sativum, s. v. a. Onobrychis sativa; *H. gyrans*, s. v. a. Desmodium gyrans.

Hedysma (gr.), Milderungsmittel.

Heem, *Joh. David de*, niederl. Maler, geb. 1600 zu Utrecht, † 1674 zu Antwerpen; einer der ausgezeichnetsten Blumenmaler.

Heer, s. *Armee*.

Heerbann (*Haribann*), Aufgebot aller waffenfähigen Freien zu einem Nationalkrieg, von Karl d. Gr. anstatt der früheren *Heermannis* und der Gefolgschaften im fränk. Reiche eingeführte Kriegsverfassung, bestand bis zu Ende des 10. Jahrh., wo das Dienstgefolge der Herzöge und Herzöge die Heere der Kaiser zu bilden begann und den vom Kriegsdienst befreiten Gemeinen eine *Heersteuer* auferlegt ward.

Heergeräth (*Heergewette*), im alten deutschen Recht die fahrende Habe, die sich auf Bewaffnung und Rüstung des Mannes bezieht und nur auf den Mannsstamm und auf Verwandte männlicher Seite (Schwertmagen) forterben kann. Vgl. *Gerade*.

Heermeister, ehedem der Vorgesetzte einer einem Ritterorden gehörigen Provinz.

Heerwurm (*Wurmdrachen*), ein Zug zahlloser Larven der Trauermücke (Sciara Thomae *L.* aus der Familie der dickhörnigen Fliegen, in Nordeuropa), oft 20' l. und handbreit, Gegenstand vieler Fabeleien.

Hefe, als Fermente wirkende, Gährung veranlassende Pilze; bes. der die weinige Gährung (bei Wein-, Bier- und Branntweinbereitung) veranlassende Pilz, dessen Keime durch die Luft verbreitet werden und sich in zuckerhaltigen Flüssigkeiten unter passenden Verhältnissen entwickeln, scheidet sich an der Oberfläche (*Oberhefe* bei obergährigem Bier) oder am Grunde der gährenden Flüssigkeit aus (*Unterhefe* bei Weingährung, untergährigem Bier); schmutzig gelbgrauer oder röthl. Schlamm von unangenehmem Geruch und saurer Reaktion, besteht aus mikroskop. kugelförmigen oder ellipsoïdischen Zellen. Wird in der Bier- u. Branntweinfabrik., Brodbäckerei etc. benutzt. 100 Thle. Zucker vergähren durch 2½—3 Thle. H. *Presshefe*, s. d.

Hefele, *Karl Joseph von*, Kirchenhistoriker, geb. 15. März 1809 zu Unterkochen, ward 1840 Prof. in der kath.-theol. Fakultät zu Tübingen, 1870 Bischof von Rottenburg. Erst Gegner der Infallibilitätsdogmas, erkannte er dasselbe später stillschweigend an. Schr. ,Konciliengeschichte' (Bd. 1—7, 1855—69) u. A.

Heffter, *Aug. Wilh.*, Rechtsgelehrter, geb. 30. April 1796 zu Schweinitz bei Torgau, seit 1835 Prof. zu Berlin, zugleich seit 1849 Obertribunalrath und Mitgl. des Kriminalsenats daselbst. Hauptwerke: ,Lehrbuch des gemeinen deutschen Strafrechtes' (6. Aufl. 1857); ,Das europ. Völkerrecht' (5. Aufl. 1867) u. A.

Hefner-Alteneck, *Joh. Heinr.*, Kunst- und Kulturhistoriker, geb. 1811 zu Aschaffenburg, seit 1868 Konservator der bayer. Kunstdenkmäler und Direktor des Nationalmuseums zu München. Gab heraus ,Trachten des christl. Mittelalters' (1840), ,Kunstwerke des Mittelalters und der Renaissance' (mit *Becker*, 1848), ,Eisenwerke und Ornamente der Schmiedekunst etc.' (1861) u. A.

Hegan, Landschaft in Baden, westl. am Bodensee zwischen Rhein und Donau, mit den Bergkegeln: Hohenstoffeln 2588', Hohentwiel 2174', Hohenhöwen 2596' n. a.

Hegel, *Georg Wilh. Friedr.*, ber. Philosoph, geb. 27. Aug. 1770 zu Stuttgart, ward 1801 Docent der Philosophie zu Jena, 1808 Rektor des Gymnasiums zu Nürnberg, 1816 Professor zu Heidelberg, 1818 zu Berlin; † 14. Nov. 1831. Hauptschriften: ,Phänomenologie des Geistes' (1807) u. ,Encyklopädie der philosoph. Wissenschaft' (1817). Biogr. von *Rosenkranz* (1844 u. 1870), *Küstlin* (1870). Werke (1832—1841, 18 Bde.). H.s Philosophie beruht auf der Voraussetzung der absoluten Identität zwischen Wissen und Sein. Seine dialekt. Methode soll ein mit dem Prozesse der Sache selbst identischer Prozess des Denkens sein, welcher durch Auflösung jedes Begriffs in sein eignes Gegentheil sich zum absoluten Wissen fortarbeitet. — H.s Schule trennte sich infolge des Streits über Strauss ,Leben Jesu' in die Partei der *Althegelianer* (Hinrichs, Gabler, Göschel, Hotho, Marheinecke, Rosenkranz u. A.) und in die der *Junghegelianer* (Michelet, Vatke, Gans etc.).

Hegemonie (gr.), Oberbefehl, bei den alten Griechen seit den Perserkriegen 500

v. Chr. der Vorrang eines |Staats vor den anderen und die damit verknüpfte oberste Leitung der gemeinsamen Angelegenheiten.

Hegner, *Ulrich,* Schriftsteller, geb. 1759 in Winterthur, † das. 3. Jan. 1840; Hauptschriften: „Salys Revolutionstage" (1814) und „Die Molkenkur" (1812). Werke (1828, 5 Thle.).

Hegyallya (spr. Hedjalja), Gebirgszug im ungar. Kom. Zemplin, zwischen den Flüssen Toronal und Topla, 7 M. l., 1500' h.; insbes. die südl. Hälfte mit den Weingebirgen der Ortschaften Tokay, Toronal, Keresztur etc.

Heher, Vogel, s. v. a. Häher.

Heiberg, 1) *Peter Andreas,* dän. Dichter, geb. 16. Nov. 1758 zu Vordingborg, ging 1800, wegen seiner liberalen Gesinnung des Landes verwiesen, nach Paris; † das. 30. April 1841. Bes. fruchtbarer Lustspieldichter. Sammlung seiner Stücke 1806 — 19, 4 Bde. — 2) *Joh. Ludwig,* dän. Dramatiker, Sohn des Vor., geb. 14. Dec. 1791, seit 1822 Prof. zu Kiel, 1849—56 Direktor des Theaters in Kopenhagen; † das. 25. Aug. 1860. Seine Dramen (z. B. „Kong Salomon og Jörgen Hattemager", „Den otte og tyvende Januar", „Aprilsnarrene", „Kjoge Hunskors", „De Uadskillelige" u. v. a.) durch treffl. Charakterzeichnung und nationale Färbung anziehend. „Poet. Skrifter" (1848 f., 8 Bde.). Schr. auch „Nord. Mythologie" (1849) u. A.

Heide *(Heidekraut),* s. Calluna und Erica.

Heideerde, leichte humusreiche und sandhaltige Erde von Heideland, wichtigste Erdart für Kunstgärtnerei; Handelsartikel.

Heidel, *Herm. Rudolf,* Bildhauer, geb. 20. Febr. 1810 zu Bonn, Schüler Schwanthalers in München, seit 1843 in Berlin; † 29. Sept. 1865 auf der Reise zu Stuttgart. Hauptwerke: Oedipus und Antigone, Iphigeniestatue (in Sanssouci), Händelstatue (Halle), Eberhard Ranschebart u. a.

Heidelbeere, s. Vaccinium.

Heidelberg, bad. Kreis, 17,6 QM. und 129,631 Ew. Die *Hauptst.* H., am Neckar, in prachtvoller Gegend, 16,327 Ew.; ber. Universität (1356 gestiftet, mit gr. Bibliothek, botan. Garten, Sternwarte und anschnl. Sammlungen). Ueber der Stadt, auf der Mitte des Geisbergs, die grossartige Ruine des *h.er Schlosses* (1689 von den Franzosen gesprengt, dann zum Theil wieder hergestellt, 1769 durch Brand bis auf die Kirche zerstört); im Keller desselben das grosse „h.er Fass", 250 Fuder fassend.

Heideloff, *Karl Alex.,* Baumeister, geb. 2. Febr. 1768 zu Stuttgart, Sohn des Bildhauers und Malers *Victor Peter H.* († 1804), seit 1829 Prof. in Nürnberg; † 29. Sept. 1865 zu Hassfurt. Zahlr. treffl. Bauten und Restaurationen im Geiste des Mittelalters. Schr. „Ornamentik des Mittelalters" (1838—1852, 24 Hefte); „Der christl. Altar" (1838); „Die Bauhütte des Mittelalters" (1844) u. A.

Heidenheim, Oberamtsstadt im württemberg. Jaxtkreis, an der Brenz, 4574 Ew.; rege Industrie. Dabei Ruine Hallenstein.

Heideschnucke, s. Schaf.

Heigel, *Karl Aug.,* Dichter und Novellist, geb. 1835 zu München, längere Zeit Bibliothekar auf Schloss Karolath in Schlesien, seit 1863 in Berlin. Schr. „Bar Cochba" (episches Gedicht, 1856), Novellen (1866) u. A.

Heilbronn, Oberamtsstadt im württemberg. Neckarkreis, am Neckar, 16,730 Ew. Kilianskirche (11. Jahrh.), Götzenthurm (Götz von Berlichingen 1519 das. gefangen), deutsches Ordenshaus (wo Oxenstierna 1633 den *h.er Vertrag* zur Fortsetzung des 30jähr. Kriegs abschloss, jetzt Kaserne). 741 zuerst erwähnt, später freie Reichsstadt, jetzt wichtige Fabrik- und Handelsstadt (Eisenbahnknotenpunkt), Hauptort für die Neckarschifffahrt; grossartige Champagnerfabr. (Ausfuhr jährl. an 100,000 Fuder). In der Nähe wichtige Gypsgruben.

Heilbrunn, Badeort in Oberbayern, an der Loisach; Adelheidsquelle (eisen-salzhaltig).

Heiligbutt, s. Schollen.

Heilige (Sancti), nach der kathol. Kirchenlehre Verstorbene, welche wegen ihres frommen Lebens auf Erden nach ihrem Tode als Fürsprecher bei Gott und Christus von den Menschen verehrt und angerufen werden sollen (*Heiligendienst*). Das Recht der *Heiligsprechung (Kanonisation)* erklärte Papst Alexander III. 1170 für ein ausschliessliches Vorrecht der röm. Stuhls. Voraus geht die *Beatifikation* (s. d.).

Heilige Allianz, der zwischen den Kaisern von Russland und Oesterreich und dem König von Preussen zu Paris durch Akte vom 26. Sept. 1815 geschlossene Regentenbund, dem dann alle andern christl. Monarchen mit Ausnahme des Papstes und des Prinzregenten von England beitraten, bildete in der Restaurationsperiode die Handhabe der gemeinsamen Interventionspolitik gegen konstitutionelle Bestrebungen.

Heilige Liga, s. Liga.

Heiligenbeil, Kreisst. im preuss. Regbz. Königsberg, 3272 Ew.

Heiligenblut, Dorf in Kärnthen, am Grossglockner (4508' üb. M.), schöne alte Kirche. Von hier Besteigung des Grossglockners.

Heiligenholz, s. Guajacum.

Heiligenkreuz, Dorf in Unterösterreich, bei Baden, alte Cistercienserabtei (seit 1136), mit den Grabmälern der Babenberger.

Heiligenstadt, Kreisstadt im preuss. Regbz. Erfurt, im Eichsfeld, 5655 Ew.

Heiliges Bein, s. Kreuzbein.

Heilige Schrift, s. Bibel.

Heiliges Grab, s. Jerusalem.

Heilkunde *(Heilwissenschaft),* Inbegriff des zum ärztl. Berufe erforderlichen Wissens, zum Unterschied von der *Heilkunst,* die in der Anwendung der medicin. Kenntnisse auf die Krankenbehandlung besteht.

Heilmittel, s. v. a. Arzneimittel.

Heilmittellehre, s. Pharmakologie.

Heilsberg, Kreisstadt im preuss. Regbz. Königsberg, an der Aller, 5887 Ew. Bischöfl. Schloss. Alter Hauptort des Ermelandes.

Heilsbronn, Städtchen im bayer. Regbz. Mittelfranken, 996 Ew.; ehedem ber. Cistercienserabtei (1555 aufgehoben), mit den Gräbern der Burggrafen von Nürnberg und Markgrafen von Ansbach (durch Friedrich Wilhelm IV. von Preussen restaurirt).

Heimat, der Ort, wo Jemand ansässig ist, bes. wo er im Gemeinde- oder Staats- verbande steht und wo ihm im Nothfalle Aufenthalt und Verpflegung gewährt wer- den muss (*Heimatsrecht*). Nach dem nord- deutschen Bundesgesetz vom 6. Juni 1870 über den Unterstützungswohnsitz wird das Heimatsrecht durch längeren Aufenthalt an einem Orte erworben.

Heimchen, s. *Grille*.

Heimweh (Nostalgia, Nostrasis), besondere Form der Melancholie, bedingt durch unbe- friedigte Sehnsucht nach der Heimat.

Heine, *Heinr.*, Dichter und Schriftsteller, geb. 12. Dec. 1799 zu Düsseldorf von jüd. Eltern, trat 1825 zum Christenthum über, lebte abwechselnd in Berlin, Hamburg, München, seit 1830 in Paris; † das. 17. Febr. 1856. Bedeutender Lyriker, als Pro- saist durch geistvolle scharfe Satire hervor- ragend. Poet. Werke: „Buch der Lieder‘ (1827; 29. Aufl. 1869), „Neue Gedichte‘ (1844), „Atta Troll‘ (1847), „Romanzero‘ (1851), „Doc- tor Faust‘ (1851); „Letzte Gedichte‘, aus dem Nachlass (3. Aufl. 1870). Prosa: „Reisebilder‘ (1826—31, 4 Thle.), „Beiträge zur Geschichte der neuern schönen Literatur in Deutsch- land‘ (1833, 2 Bde.), „Der Salon‘ (1835—40, 4 Bde.), „Die roman. Schule‘ (1836), „Heine über Börne‘ (1840). Sämmtliche Werke (1867 bis 1868, 18 Bde.). Biogr. von *Strodtmann* (1869, 2 Bde.). Vgl. *M. Heine*, „Erinnerung an H.‘, 1868.

Heinrich, 1) *deutsche Kaiser und Könige:* a) *H. I.*, der *Finkler* oder *Vogelsteller*, Sohn Ottos des Erlauchten, Herzogs von Sachsen, geb. 876, folgte jenem 912, kämpfte mit König Konrad I. um den Besitz Thüringens, ward, von jenem auf dem Sterbebette em- pfohlen, von den Franken und Sachsen zu Fritzlar zum König gewählt, stellte die Einheit des Reichs her, indem er den Her- zog Burchard von Alemannien zur Unter- werfung zwang und den Herzog Arnulf von Bayern durch Zugeständnisse zu seiner Anerkennung bewog, brachte 923 Lothrin- gen ans Reich zurück, schloss mit den Ungarn einen Waffenstillstand auf 9 Jahre, während dessen er Deutschland in ge- hörigen Vertheidigungszustand setzte, grün- dete befestigte Städte als Zufluchtsorte für die Landbewohner, unterwarf die angren- zenden slav. Stämme, schlug 933 die Ungarn bei Sondershausen und Merseburg; † 936 zu Memleben. Vgl. *Waitz*, „Jahrbücher des deutschen Reichs unter H. I.‘, 1837. — b) *H. II.*, der *Heilige* oder *Lahme*, letzter Kaiser aus dem sächs. Fürstenhause, Sohn des Herzogs Heinrich des Zänkers von Bayern, geb. 972, ward 6. Juni 1002 zu Mainz gekrönt, bekriegte den Herzog Bo- leslaw von Polen, entriss ihm Böhmen und unterwarf ihn (1013), zog 1004 und 1013 nach Italien, stürzte den zum König er- hobenen Markgrafen Harduin von Ivrea, ward in Rom vom Papst Benedikt VIII. zum Kaiser gekrönt, focht 1022 in Italien glücklich gegen die Griechen, hatte dann in Deutschland mehrere Empörungen zu bekämpfen; † 13. Juli 1024 zu Grona bei

Göttingen; Freund der Geistlichen, Erbauer des Doms zu Bamberg, von Papst Eugen III. nebst seiner Gemahlin Kunigunde kanoni- sirt. Vgl. *Hirth*, „Jahrbücher des deutschen Reichs unter H. II.‘, 1862—64, 2 Bde. — c) *H. III.*, der *Schwarze*, Sohn Kaiser Kon- rads II., geb. 1017 zu Osterbeck in Geldern, ward 1027 Herzog von Bayern, 1038 von Schwaben und Burgund, 1039 Kaiser, einer der gewaltigsten Herrscher Deutschlands, brachte die verfallenen Herzogthümer an sich und seine Familie oder vergab sie, wie Bayern und Kärnthen an minder mächtige Dynasten, machte Böhmen 1041 und Ungarn 1047 lehnspflichtig, die Normannen in Apu- lien und Kalabrien zu Vasallen, erhielt Lothringen dem Reiche, liess 1046 3 Päpste absetzen und den Bischof Suitger von Bam- berg als Clemens II. zum Papst wählen; † 1056 zu Botfeld am Harz, Freund und Be- förderer der Wissenschaft und Kunst. — d) *H. IV.*, Sohn des Vor., geb. 1050, stand erst unter Vormundschaft seiner Mutter Agnes, dann unter der der Erzbischöfe Hanno von Köln und Adalbert von Bremen. 1065 für mündig erklärt, brachte er sich die Grossen durch Gewaltsmissbrauch gegen sich auf, musste 1074 zu Goslar einen demüthigenden Frieden mit ihnen schliessen, bekriegte und unterwarf sie 1075. Wegen Verkaufs geistlicher Aemter von Gregor VII. zur Verantwortung nach Rom geladen, liess er den Papst auf einer Versammlung deut- scher Bischöfe zu Worms (24. Juni 1076) absetzen, ward von demselben in den Bann und für abgesetzt erklärt, was auf einem Reichstag zu Tribur bestätigt ward. Zu Canossa im Büssergewande (25.—28. Jan. 1077) vor dem Papste erscheinend, erlangte er Lossprechung, sammelte in Deutschland ein Heer, unterlag bei Melrichstadt (1078) und Fladenheim (1080) dem zum Gegen- könig erhobenen Herzog Rudolf von Schwa- ben, ward von Neuem mit dem Bann be- legt, erschien 1081 mit einem Heer vor Rom, bemächtigte sich 1084 der Stadt und liess sich von dem von ihm eingesetzten Papst Clemens III. krönen. Nach einem 3. Zuge nach Italien 1090 versöhnte er 1096 die ihm feindlichen Fürsten in Deutsch- land durch Zugeständnisse, musste seine Krone gegen seinen Sohn Heinrich ver- theidigen, ward von ihm gefangen und zur Abdankung gezwungen, entfloh; † 7. Aug. 1106 zu Lüttich. Vgl *Floto* (1855—57, 2 Bde.). — e) *H. V.*, Sohn des Vor., geb. 1081, ward 1098 zum deutschen König erwählt, folgte seinem Vater 1106 als Kaiser, suchte die schwindende Macht des Kaisers den wider- spenstigen Grossen gegenüber herzustellen, zog 1110 nach Italien, nahm Rom durch Unterhandlung ein, ward 1111 vom Papst Paschalis zum Kaiser gekrönt, kämpfte un- glücklich gegen die sächs., rhein. und west- phäl. Grossen, bemächtigte sich 1116 in Italien der mathildischen Erbschaft, setzte Gregor VIII. als Papst ein, legte auf dem Reichstage zu Worms 1122 den Investitur- streit dahin bei, dass die Wahl der Bi- schöfe den Domkapiteln, ihre Bestätigung dem Papste, ihre Belehnung mit weltlichen Gütern und Rechten dem Kaiser anstehen solle; † 23. Mai 1125. Vgl. *Gervais* (1841—1812, 2 Bde.). — f) *H. VI.*, Sohn des Kaisers *Friedrich I.*, geb. 1165, ward 1169 zum deutschen König gekrönt, mit Konstantia, der Tochter und Erbin des sicil. Königs Wilhelm II., vermählt, 1188 Reichsverweser in Deutschland, 1191 in Rom zum Kaiser gekrönt, unterwarf bis Nov. 1194 Neapel und Sicilien, wüthete schonungslos gegen die Anhänger des normann. Königshauses, gedachte die deutsche Königskrone in seinem Hause erblich zu machen; † 28. Sept. 1197 zu Messina. — g) *H. VII.*, Sohn des Grafen Heinrich II. von Luxemburg, geb. 1262, ward 1308 zum Kaiser erwählt, verlieh das Königreich Böhmen als erledigtes Reichslehn 1309 seinem Sohne Johann, suchte das kaiserl. Ansehn in Italien herzustellen, liess sich 1312 in Rom zum Kaiser krönen, gedachte das Königreich Neapel zu erobern; † 24. Aug. 1313 zu Buonconvento, durch einen Dominikanermönch beim Abendmahle vergiftet. Vgl. *Barthold*, „Der Römerzug König H.s etc.', 1830—31, 2 Bde.; *Dönniges*, „Acta Henrici VII', 1840—41, 2 Bde.

2) *Könige von England*: a) *H. I.*, gen. *Beauclerc*, 3. Sohn Wilhelms des Eroberers, geb. 1068, folgte 1100 seinem Bruder Wilhelm II. auf dem Thron, behauptete sich mit Hülfe der Pfaffen gegen seinen zur Thronfolge mehr berechtigten Bruder Robert, gab die Charta überstatum; † 1135. — b) *H. II.*, Sohn des Grafen Gottfried Plantagenet von Anjou und Mathildes, der Tochter des Vor., geb. 3. März 1133 in der Normandie, erbte von seinem Vater 1151 Anjou und Maine, ward durch Verheirathung mit Ludwigs VII. von Frankreich geschiedener Gemahlin, Eleonore von Poiton, Allodialherr des 3. Theils von Frankreich, von seinem Grossvater zum Nachfolger auf dem engl. Throne bestimmt, von seinem Vetter Stephan von Blois verdrängt, folgte diesem 1154 auf dem Thron, setzte den Uebergriffen des Papstes und des Klerus Schranken, musste am Grabe Thomas Beckets, dessen Ermordung man ihm schuld gab, Busse thun, eroberte 1171—72 Irland, machte den schott. König lehnspflichtig, theilte das Land in Gerichtsbezirke, führte die Assisen ein, milderte die Jagdgesetze, hatte Empörungen seiner Söhne zu bekämpfen; † 6. Juli 1189. — c) *H. III.*, Enkel des Vor., Sohn Johanns ohne Land, geb. 1206 in Winchester, folgte diesem 1216 auf dem Thron, stand unter der Leitung seiner Räthe, focht ohne Erfolg gegen Frankreich und die Barone; † 20. Nov. 1272 in Westminster. — d) *H. IV.*, Sohn Johanns von Gannt, Herzogs von Lancaster, Enkel Eduards III., geb. 4. April 1367 zu Bolingbroke in Lincolnshire, ward von Richard II. als gefürchteter Rivale aus England verwiesen, fand am franz. Hofe Aufnahme, landete mit anderen Unzufriedenen in der Grafschaft York, erzwang von Richard 29. Sept. 1399 eine Cessionsakte und ward vom Parlament als König ausgerufen, behauptete

sich gegen zahlreiche Feinde; † 20. März 1413. — e) *H. V.*, Sohn des Vor., geb. 9. Aug. 1388 zu Monmouth, folgte seinem Vater 1413, landete Aug. 1415 in der Normandie, schlug die Franzosen 25. Okt. bei Azincourt, eroberte 1417—18 fast die ganze Normandie, vermählte sich nach dem Vertrag von Blois (21. Mai 1420) mit Karls VI. von Frankreich Tochter Katharina und übernahm die Regentschaft in Frankreich unter der Bedingung, dass nach Ableben des wahnsinnigen Königs die franz. Krone ihm und seinen Nachkommen aus dieser Ehe zufallen solle; † 31. Aug. 1422 zu Vincennes. — f) *H. VI.*, Sohn des Vor., geb. 6. Dec. 1421, erbte als Kind von 9 Monaten die engl. Krone, ward 1430 auch zu Paris gekrönt, verlor bis 1453 sämmtliche Eroberungen in Frankreich bis auf Calais, willenloser Spielball der Parteiführer in den Kämpfen zwischen den Häusern York und Lancaster (weisse und rothe Rose), ward 1471 im Tower ermordet. — g) *H. VII.*, Sohn Margarethes von Beaufort, der Erbtochter des Hauses Lancaster, und Edmund Tudors, Grafen von Richmond, geb. 26. Juli 1456 auf Schloss Pembroke, landete 6. Aug. 1485 von der Bretagne aus in Südwales, schlug Richard III. 22. Aug. bei Bosworth und wurde als König ausgerufen, hatte zwei Prätendenten zu bekämpfen, ordnete das zerrüttete Reich, schwächte die Macht des Adels, begünstigte das Bürgerthum, beförderte Handel und Schifffahrt, tüchtiger Politiker; † 22. April 1509 zu Richmond. — h) *H. VIII.*, Sohn und Nachfolger des Vor., geb. 28. Juni 1491 zu Greenwich, verband sich 1512 mit Kaiser Maximilian I. gegen Ludwig XII. von Frankreich, dann mit Franz I. von Frankreich gegen Karl V., schloss Nov. 1521 mit diesem einen geheimen Vertrag, nach welchem er Juni 1522 Krieg mit Frankreich begann, 1525 wieder ein Freundschaftsbündniss mit Frankreich. Anfangs Vertheidiger des Papstes gegen Luther (daher „Defensor fidei' betitelt), sagte er sich, als der Papst sich weigerte, seine Ehe mit Katharina von Aragonien, der Tante des Kaisers Karl V., zu trennen, vom Papste los, liess Mai 1533 durch ein geistl. Gericht seine Scheidung von Katharina aussprechen, sich vom Parlament zum Protektor und Oberhaupt der anglikan. Kirche ernennen, stellte 1539 in 6 Artikeln die Lehre derselben fest, verfolgte alle anders Denkenden, missachtete die Freiheiten des Parlaments; † 28. Jan. 1547. Gemahlinnen nach Katharina von Aragonien: Anna Boleyn, Johanna Seymour, Anna von Kleve, Katharina Howard, Katharina Parr. Vgl. *Turner* (1826, 2 Bde.), *Tytler* (1836), *Audin* (1847, 2 Bde.), *Brewer* (1869).

3) *Könige von Frankreich*: a) *H. I.*, jüngster Sohn des Königs Robert, Enkel Hugo Capets, geb. 1005, erst Herzog von Burgund, folgte 1031 seinem Vater auf dem Thron, kämpfte erfolglos gegen die Uebermacht des Adels und der Geistlichkeit; † 1060 zu Vitri. — b) *H. II.*, Sohn Franz I. und der Claudia, der Tochter Ludwigs XII.,

geb. 31. März 1518, bestieg 1547 den Thron, seit 1533 mit Katharina von Mediol vermählt, überliess die Staatsverwaltung den Guisen, schloss 15. Jan. 1552 mit dem Kurfürsten Moritz von Sachsen und dessen protest. Bundesgenossen zu Chambord ein Bündniss gegen den Kaiser, nahm Toul, Verdun und Metz, schloss Febr. 1556 einen fünfjähr. Waffenstillstand mit dem Kaiser, erhob nach der Niederlage der Franzosen bei St. Quentin den Herzog von Guise zum Statthalter über das ganze Königreich, entriss den Engländern 1558 Calais, schloss 3. April 1559 mit Spanien und England den Frieden von Château-Cambresis, verfolgte die Protestanten; † 10. Juli 1559 infolge einer Verwundung im Auge bei einem Turnier (s. *Montgomery*). — c) *H. III.*, dritter Sohn des Vor., Herzog von Anjou, geb. 19. Sept. 1551, erhielt durch Intriguen seiner Mutter die poln. Krone und wurde 15. Febr. 1574 zu Krakau gekrönt, verliess schon 18. Juli Polen heimlich, um die durch den Tod seines Bruders Karl IX. erledigten franz. Thron anzunehmen. Verschwenderisch, sittenlos und bigot setzte er den Krieg gegen die Protestanten fort (s. *Hugenottenkriege*), liess sich erst ganz von den Guisen beherrschen, trat dann mit Heinrich von Navarra in Unterhandlung, liess die Guisen (23. und 24. Dec. 1588) durch Meuchelmord aus dem Wege räumen, floh nach Tours, warf sich Heinrich von Navarra in die Arme, zog mit diesem gegen Paris, ward von dem Dominikanermönch Jacques Clement 1. Aug. 1589 ermordet, der letzte Sprössling des Hanses Valois. — d) *H. IV.*, Sohn Antons von Bourbon und der Johanna d'Albret, der Tochter und Erbin des Königs Heinrich von Navarra und Béarn, geb. 4. Dec. 1553 zu Pau in Béarn, nach Condés Tod Haupt der Protestanten, vermählte sich 18. Aug. mit Margarethe von Valois, der Schwester Heinrichs III., ward in der Bartholomäusnacht verschont, stellte sich 1576 wieder an die Spitze der Protestanten, siegte 20. Okt. 1587 bei Coutras, führte sein durch Heinrichs III. Anhang verstärktes Heer vor Paris, erhielt als erster Prinz von Geblüt kraft des salischen Gesetzes nach Heinrichs III. Tod Anwartschaft auf die Krone von Frankreich, in deren Besitz er aber erst nach schwerem Kampf gegen die kathol. Ligue und nach seinem Uebertritt zum Katholicismus gelangte. 27. Febr. 1594 zu Chartres gekrönt bewilligte er den Protestanten durch das Edikt von Nantes (13. April 1598) freie Religionsübung, hob die inneren Zustände des zerrütteten Reichs, liess Kanäle und Strassen bauen, förderte Handel und Gewerbe; ward 14. Mai 1610 von Ravaillac ermordet. Nach der Scheidung von Margarethe von Valois mit Maria von Mediol vermählt. Biogr. von *Poirson* (1857, 3 Bde.), *Jung* (1855), *Freer* (1861). — 4) *H. der Jüngere, Herzog von Braunschweig*, Sohn Heinrichs des Aelteren (Bösen), geb. 1489, reg. seit 1514, als Gegner der Reformation oberster Feldherr des gegen den schmalkald. Bund geschlossenen kathol.

Gegenbundes, in der Schlacht beim Kloster Höckelem gefangen, 1547 wieder freigelassen, focht mit Moritz von Sachsen bei Sievershausen (9. Juli 1553); † 1568. — 5) *H. I., das Kind*, erster alleiniger *Fürst von Hessen*, Sohn Heinrichs von Brabant und Sophiens von Thüringen, geb. 1244, erhielt nach dem Ausgange des thüring. Erbfolgestreits 1263 Hessen, nebst dem landgräfl. Titel, schlug seinen Sitz in Kassel auf, regierte mit Kraft, unterstützte K. Rudolf I. gegen Ottokar von Böhmen; † 1308. — 6) *H. der Erlauchte, Markgraf von Meissen*, geb. 1218, Sohn Dietrichs des Bedrängten, kämpfte mit Sophie von Brabant um das thüring. Erbe, erhielt 1263 Thüringen; † 1288. Auch Minnesänger. — 7) *H., Fürsten von Reuss*, s. *Reuss*. — 8) *H. der Löwe, Herzog von Bayern und Sachsen*, Sohn H.s des Stolzen, geb. 1129, erhielt 1154 von Kaiser Friedrich I. das seinem Vater entrissene Bayern zurück und gebot von der Nord- und Ostsee bis zum adriat. Meere, bekämpfte die norddeutschen Bischöfe, machte 1172 eine Kreuzfahrt, folgte dem Kaiser 1174 auf dessen 5. Zuge nach Italien, trennte sich aber bei der Belagerung von Alessandria von ihm, infolge dessen der Kaiser bei Legnano (1176) geschlagen ward. Zur Verantwortung geladen, stellte er sich nicht, ward 1180 in die Acht und seiner Lehen verlustig erklärt, setzte sich erst mit Erfolg zur Wehr, floh vor der Uebermacht seiner Gegner nach England zu seinem Schwiegervater Heinrich II., erhielt 1182 seine Erblande, Braunschweig u. Lüneburg, zurück, focht gegen Dänen und Dithmarschen, eroberte Hamburg und Lübeck, zerstörte Bardewick, förderte Gewerbe und Handel; † 1195. Vgl. *Prutz* (1865), *Philippson* (1867 f.). — 9) *H. Raspe, Landgraf von Thüringen*, 2. Sohn des Landgrafen Hermann I., verdrängte nach dem Tode seines älteren Bruders, Ludwigs des Frommen, dessen Gemahlin, die heil. Elisabeth, kam nach dem Tode seines Neffen, Hermann II., 1242 in den alleinigen Besitz Thüringens, Hessens und der Pfalzgrafschaft Sachsen, ward Reichsverweser, 1246 von geistl. Fürsten zu Friedrichs II. Gegenkönig erhoben, schlug den König Konrad Aug. 1246 bei Frankfurt; † 17. Febr. 1247 auf der Wartburg. — 10) *H. der Seefahrer, Prinz von Portugal*, 4. Sohn des Königs Johann I., geb. 4. März 1394 zu Oporto, veranstaltete mehrere Entdeckungsfahrten an der Westküste Afrikas (1420 Porto-Santo und Madeira, 1444—53 Azoren entdeckt, 1445 grünes Vorgebirge erreicht), kämpfte mit Erfolg gegen die Mauren; † 13. Nov. 1460 zu Sagres. — 11) *H. (Friedrich H. Ludwig), Prinz von Preussen*, Bruder König Friedrichs II., geb. 18. Jan. 1726 zu Berlin, focht 1742 bei Czaslau, 1745 bei Hohenfriedberg, im siebenjähr. Krieg bei Prag und Rossbach, befehligte seit 1758 die zweite Armee, drang 1759 in Böhmen ein, hielt nach der Schlacht bei Kunersdorf das österr. und russ. Heer durch geschickte Manöver so lange in Unthätigkeit, bis Friedrich seinen Verlust ersetzt hatte, entsetzte 1760 Breslau, siegte 29. Okt. 1762 bei Freiberg, lebte dann in Rheinsberg, rückte Juli 1778 im bayer. Erbfolgekrieg mit 90,000 M. in Sachsen ein; † 3. Aug. 1802.

12) *H., Herzog von Bordeaux, Graf von Chambord*, s. *Chambord*.

Heinrich, Name mehrerer mittelhochd. Dichter: *H. von Freiberg*, zu Ende des 13. Jahrh., setzte Gottfrieds ‚Tristan‘ fort. — *H. der Glichezäre*, um 1160, Verf. eines ‚Reinhart Fuchs‘ (nur Bruchstücke übrig). — *H. von Meissen*, s. *Frauenlob*. — *H. von Morungen*, nm 1215, ein Niederdeutscher, vorzügl. Minnesänger. — *H. von Mügeln*, aus dem Meissnischen, lebte (nm 1370) am Hofe K. Karls IV., schr. ‚Der Maide Kranz‘ (Allegorie), Fabeln etc. — *H. von Osterdingen*, zweifelhafter Dichter, um 1200, spielt im Wartburgkrieg eine Rolle. — *H. der Teichner*, Spruchdichter aus Oesterreich, um 1350. — *H. von dem Türlin*, aus Kärnthen, um 1220, Verf. der ‚Krone‘ (Vereinigung aller Abenteuer der Ritter der Tafelrunde, Ausg. von *Scholl*, 1852). — *H. von Veldecke*, ein Niederländer, lebte am Hofe an Kleve um 1175—90; Dichter der ‚Eneit‘ (Ausg. von *Ettmüller*, 1852) und dadurch Begründer des mittelhochd. höfischen Epos; auch Lieder. [Aachen, 1976 Ew.

Heinsberg, Kreisstadt im preuss. Regbz.

Heinse, *Joh. Jak. Wilhelm*, Romanschriftsteller, geb. 16. Febr. 1749 zu Langewiesen in Thüringen, 1780 in Italien, wurde 1787 Vorleser und Bibliothekar des Kurfürsten von Mainz, flüchtete in den Kriegsunruhen mit der Bibliothek nach Aschaffenburg; † das. 22. Juni 1803. Hauptwerke, durch geistreiche glühende Darstellung und sinnliches Feuer ausgezeichnet: ‚Laidion‘ (1774), ‚Ardinghello‘ (1787), ‚Hildegard von Hohenthal‘ (1795 f.). Sämmtl. Schriften, herausg. von *Laube* (2. Aufl. 1857, 5 Bde.).

Heiserkeit, Aenderung der menschlichen Stimme, bestehend in Verlust der Klangreinheit und Beimischung verschiedener Geräusche. Meist Folge von Kehlkopfkatarrh, doch auch (bei längerem Bestehen) Zeichen schwerer Kehlkopferkrankung. Behandlung: Vermeiden alles Sprechens und Singens, Einathmung reiner, warmer Luft, milde, reizlose, lauwarme Kost, Warmhalten des Halses. Verschwindet die H. hierbei nicht, so wird Untersuchung des Kehlkopfes mit dem Kehlkopfspiegel nöthig.

Heitersheim, Stadt im bad. Kreis Freiburg, am Schwarzwald, 1327 Ew. Ehedem Residenz des Johanniter-Grossmeisters.

Heizung, für Wohnungen am üblichsten: *Kaminheizung*, wirkt nur durch Strahlung, ist sehr unvollkommen, ventilirt aber gut; *Kanalheizung*, für Treibhäuser, Leitung der Verbrennungsgase durch Kanäle unter dem Fussboden; *Ofenheizung* (russische und schwedische Thonöfen mit vertikalen, fellnersche mit liegenden Zügen; eiserne Oefen verderben die Luft, wenn sie anhaltend glühen); *Luftheizung*, bei welcher die Luft in einer Heizkammer erwärmt und durch Kanäle ins Zimmer geleitet wird, erzeugt

grosse Trockenheit, ist für Wohnräume nicht tauglich; vermieden werden diese Uebelstände durch die Caloriferes; *Wasserheizung*, mit einem grossen Kessel, von welchem aus ein Röhrensystem das heisse Wasser in die Zimmer und aus diesen zurück wieder in den Kessel führt; ganz ähnlich ist die *Dampfheizung*, welche beim Vorhandensein einer Hochdruckmaschine fast kostenlos ist; *Gasheizung*, mit Gas als Brennmaterial, nur für bestimmte Zwecke vortheilhaft. Das Gas wird vor der Verbrennung mit Luft gemischt und russt dann nicht (*bunsenscher Brenner*). Vgl. *Schinz*, ‚Wärmemesskunst‘, 1858; *Péclet*, ‚Traité de la chaleur‘, 3. Aufl. 1861—67, 3 Bde.

Hekatombe (gr.), Opfer von 100 Stieren; überh. jedes grosse feierliche Opfer.

Hekla, Vulkan auf Island (im SW.), 20 QM. einnehmender Gebirgsstock, fast 5000′ h., mit 3 Spitzen. Seit 1104 18 grosse Eruptionen, die letzte Sept. 1845 bis April 1846.

Hektare, = 100 Aren (s. *Are*).

Hektik (gr.), in der Medicin ein Zustand, der durch beständige Abnahme des Körpergewichts infolge von Schwund der Weichtheile ausgezeichnet ist und von Fieber begleitet wird, dem sich ermattende Schweisse anschliessen. Entsteht bei vorgeschrittener Tuberkulose etc.

Hektogramm, = 100 Gramm (s. d.).

Hektoliter, = 100 Liter (s. d.).

Hektometer, = 100 Meter (s. d.).

Hel (*Hellia*), nordische und deutsche Göttin der Unterwelt, Tochter Lokis, nimmt im Dunkel der Erde alle an Alter oder Siechthum Verstorbenen in Empfang.

Heldburg, Stadt in S.-Meiningen, südl. von Hildburghausen, 1260 Ew. Dabei die *Veste* H.

Heldenbuch, Titel einer Sammlung mittelalterlicher Heldengedichte, enthaltend den ‚Otnit‘, ‚Wolfdietrich‘, den ‚Grossen Rosengarten‘ und ‚Laurin‘, zuerst 1491 gedruckt (neue Ausg. von *A. v. Keller* 1867). Das neue *H. von Kasp. von der Rön*, nm 1450, enthält ausser einer Bearbeitung der genannten Gedichte noch die Epen ‚Ecken Ausfahrt‘, ‚Sigenot‘, ‚Dietrich und seine Gesellen‘, ‚Hildebrandslied‘, ‚Herzog Ernst‘, ‚Meerwunder‘ u. A. Neudeutsche Bearbeitung des H.s von *Simrock* (6 Bde., 2. Aufl. 1851 f.).

Helder, befest. Stadt auf der äussersten Spitze von Nordholland, durch den *Helderkanal* mit dem nordholländ. Kanal verbunden, 17,563 Ew. ¼ St. davon der Hafen *Willemsoord* oder das *Nieuwe Diep*, Stapelplatz der Kriegsflotte. Der grossart. *Helderdeich*, 2 St. l., oben 40′ br., schützt das Land gegen die Ueberschwemmung des Moers.

Helena, Tochter der Leda und des Zeus, Gemahlin des Menelaus, ward vom Trojaner Paris entführt (Anlass zum trojan. Krieg); als Vorbild weibl. Schönheit verherrlicht.

Heléna, Heilige, Mutter Konstantins des Gr., um Verbreitung des Christenthums verdient, Erbauerin der Kirche des heil. Grabes zu Jerusalem; † als Nonne 80 Jahre alt.

Helgoland, Felseninsel in der Nordsee, den Mündungen der Elbe und Weser gegenüber, 200′ hoch, hat 0,25 QM. und 2800 Ew.

(Friesen). Ber. Seebad. Früher dem Herzögen von Holstein-Gottorp gehörig, 1712—1807 dän., seitdem brit. u. von einem Gouverneur regiert. Vgl. *Haickens* (1844), *Oetker* (1853).

Heliand, alliterirendes Gedicht in altsächs. Sprache aus dem 9. Jahrh., das die Geschichte Jesu nach den Evangelien in kräftiger Sprache und volksthümlich poet. Auffassung erzählt. Ausgabe von *Schmeller* (1830) und *Heyne* (1866); Uebers. von *Kannegiesser* (1847), *Rapp* (1856), *Simrock* (2. Aufl. 1866). Vgl. *Windisch*, „Der H. und seine Quellen', 1867.

Helianthus L. (*Sonnenblume*), Pflanzengattung der Kompositen. H. *tuberosus* L., Erdapfel, Erdbirne, Topinambour, aus Brasilien, europ. Kulturpflanze, liefert in Knollen und Kraut Gemüse, Viehfutter. H. **annuus** L. (*gr. indianische S.*), aus Mexiko, Garten- und Kulturpflanze (bes. in Russland, in sumpfigen Gegenden zur Verbesserung des Klimas), liefert ölreiche Samen (s. *Sonnenblumenöl*), Kaffeesurrogat und Fasern zur Papierbereitung.

Helichrysum *Gärtn.* (*Strohblume, Sonnengold*), Pflanzengattung der Kompositen. H. arenarium *Dec.*, Gnaphalium Aren. L., Sandimmortelle, Fuhrmannsröschen, in Europa, Blüthen als Sandruhrkraut officinell; viele andere Arten Zierpflanzen, getrocknet und gefärbt Handelsartikel.

Helicon (jetzt *Zagora*), Gebirge im westl. Böotien, zwischen dem Kopaissee und dem Golf von Korinth, 4700' hoch. Der Musensitz der Alten, mit Tempel und heil. Hain; unfern die Quellen *Aganippe* und *Hippocrene.*

Heliochromie (gr.), photographische Darstellung farbiger Bilder, s. *Photographie.*

Heliogabalus, röm. Kaiser, eigentl. Varius Avitus Bassianus, Enkel der Julia Mäsa, der Schwester der Julia Domna, der Gattin des Septimius Severus und Mutter des Caracalla, war zu Emesa in Syrien Oberpriester des syr. Gottes Elagabalus, dessen Namen er selbst annahm, ward auf Anstiften seiner Grossmutter 217 von den Legionen zum Kaiser angerufen, zog 219 in Rom ein, verpflanzte den orgiastischen Dienst seines syr. Gottes dahin, schwelgerisch und wollüstig, 222 von den Prätorianern ermordet.

Heliographie (gr.), Vervielfältigung photographischer Darstellungen mittelst Druckerschwärze und Presse.

Heliometer (gr.), Instrument zur Messung sehr kleiner Winkel am Himmel, besteht aus einem Fernrohr, dessen Objektiv durchschnitten ist und welches daher zwei Bilder gibt, wenn sich die Centra der beiden Objektivhälften nicht decken. Die Messungen werden durch Verschiebung der Objektivhälften mit Mikrometerschrauben ausgeführt.

Heliopolis (gr., d. i. Sonnenstadt), 1) s. v. a. Baalbek; — 2) (*Om*) Stadt in Unterägypten, am Kanal vom Nil zum arab. Meere, Sitz des ägypt. Sonnendienstes. 25. März 1800 *Sieg* Klebers über die ägypt.-türk. Truppen.

Heliopsis *Pers.* (*Sonnenauge*), Pflanzengattung der Kompositen. H. platyglossa *Cass.*, in Abessinien und Ostindien als Oelpflanze kultivirt.

Helios (gr., lat. *Sol*), der Sonnengott, Sohn des Titanen Hyperion und der Theia und Führer des mit 4 Rossen bespannten Sonnenwagens, hat im Osten hinter Colchis seinen Palast, später mit Apollo oder Phöbus identificirt. Seine 7 Söhne die *Heliaden.*

Helioskop (gr.), Fernrohr zur Beobachtung der Sonne.

Heliostat (gr.), Instrument, bei welchem ein Spiegel mittelst eines Uhrwerks dem Lauf der Sonne entsprechend gedreht wird, so dass derselbe einen Sonnenstrahl stets in derselben Richtung reflektirt.

Heliotrop (gr.), Sonnenwendestein, seladon- bis lauchgrün gefärbter Quarz mit gelben oder rothen Punkten und Flecken; Schmuckstein; im Orient, in Sibirien etc.

Heliotrop (gr.), Instrument für geodät. Operationen, wirft das Sonnenbild mittelst eines Planspiegels dem selbst 100,000 Meter entfernten Beobachter als Signalpunkt zu.

Heliotropium L. (*Sonnenwende*), Pflanzengattung der Boragineen. H. peruvianum L., Vanillenheliotrop, aus Peru und Chile, vanilleduftende Zierpflanze.

Helläda (*Alamani*, im Alterth. *Sperchius*), Fluss in Griechenland (Livadien), mündet in den Golf von Zeitun.

Hellas (gr.), der mittlere Theil des alten Griechenland; auch Griechenland überhaupt.

Helldunkel (ital. *Chiaroscuro*), in der Malerei eine eigenthümliche Farbenbehandlung, innigste Verwebung des Lichtes mit dem Schatten, welche das Gemälde hell und zugleich dunkel erscheinen lässt. Hauptmeister darin: *Correggio* und *Rembrandt.*

Helle, Schwester des Phrixus und Tochter des Athamas und der Nephele, stürzte bei der Flucht vor ihrer Stiefmutter ins Meer, das davon den Namen Hellespont erhielt.

Helleberte, mittelalterl. Stosswaffe, an der Spitze der Pike mit einem breiten beilähnlichen Eisen versehen.

Helleborus L. (*Nieswurz*), Pflanzengattung der Ranunculaceen. H. niger L., schwarze Nieswurz, Christwurz, Weihnachtsrose, in Süddeutschland, Oberitalien, mit sehr giftiger officineller Wurzel. Ebenso H. viridis L., grüne, schwarze Nieswurz, in Europa und Nordamerika. H. foetidus L., stinkende Nieswurz, in Süd- und Westeuropa, als wilde Christwurz früher gleichfalls officinell.

Hellénen, Hauptstamm der Urbewohner Griechenlands, nach Hellen, dem Sohne des Deucalion und der Pyrrha, genannt; später s. v. a. Griechen überhaupt.

Hellenisten, gelehrte Kenner des griech. Alterthums, bes. der griech. Sprache und Literatur. *Aegyptische* H., um 600 v. Chr. und durch Alexander d. Gr. nach Aegypten übergesiedelten, griechisch redenden, sowie überhaupt die unter Griechen lebenden Juden. Ihr Idiom das *hellenistische*, griechisch mit hebräisch-jüdischem Kolorit, dessen sich die alexandrin. Uebersetzer der A. T.s (s. *Septuaginta*), sowie die Verfasser der neutestamentl. Schriften bedienten.

Heller, 1) *Jos.*, Kunstschriftsteller, geb. 22. Sept. 1798 zu Bamberg, † das. 4. Juni 1849. Schr. „Gesch. der Holzschneidekunst'

(1822), „Leben und Werke A. Dürers‘ (1827—1831, 3 Thle., unvollendet), „Monogrammenlexikon‘ (1831), „Handbuch für Kupferstichsammler‘ (2. Aufl. 1850) u. A. — 2) *Robert*, Schriftsteller, geb. 24. Nov. 1813 zu Grossdrebnitz (Sachsen), seit 1851 in Hamburg, Redakteur des Feuilletons der „Hamburger Nachrichten‘; † das. 7. Mai 1871. Zahlr. Novellen und Romane, z. B. „Der Prinz von Oranien‘ (1843), „Florian Geyer‘ (1848), „Das Geheimniss der Mutter‘ (1859) etc. — 3) *Stephan*, Musiker, geb. 15. Mai 1815 in Pesth, seit 1838 in Paris. Ausges. Pianist und treffl. Klavierkomponist; schr. über 100 Werke: Etüden, Charakterstücke etc.

Hellespont (gr.), im Alterthum Name der Dardanellenstrasse, heu. nach Helle (s. d).

Hellsehen, s. *Somnambulismus.*

Hellweg, Ebene im preuss. Regbz. Arnsberg, um Dortmund und Bochum.

Helm, kriegerische Kopfbedeckung von Leder oder Metall; wird in Preussen und Russland von der ganzen Armee, mit Ausnahme der Husaren und Ulanen, getragen, in den übrigen Armeen nur von den Kürassieren und Dragonern; ehedem in den verschiedensten Formen Kopfbedeckung der Alten und der Krieger des Mittelalters. — In der Baukunst das pyramidenförmige spitze Dach der goth. Thürme (*Thurmhelm*), gewöhnlich masswerkartig durchbrochen und mit einer Kreuzblume gekrönt.

Helme, Nebenfl. der Unstrut, entspr. am südl. Harz, durchfliesst die goldene Aue, mündet südöstl. von Artern, 12 M.

Helmholtz, *Hermann Ludwig*, Physiker und Physiolog, geb. 31. Aug. 1821 in Potsdam, erst Militärarzt, ward 1849 Prof. der Physiologie in Königsberg, 1855 in Bonn, 1858 in Heidelberg, 1870 Prof. der Physik in Berlin. Miteutdecker und Begründer des Gesetzes von der Erhaltung der Kraft, bestimmte die Fortpflanzungsgeschwindigkeit der Nervenerregung, erfand den Augenspiegel, förderte die Farbenlehre und begründete die neuere Lehre vom Sehen und von den Tonempfindungen (physiologische Aesthetik). Schr. „Erhaltung der Kraft‘ (1847); „Wechselwirkung der Naturkräfte‘ (1854); „Beschreibung des Augenspiegels‘ (1851); „Ueber das Sehen‘ (1855); „Physiolog. Optik‘ (1867); „Lehre von den Tonempfindungen‘ (3. Aufl. 1870); „Populäre Vorträge‘ (I. 1865, II. 1870).

Helminthen, s. v. a. Eingeweidewürmer.

Helminthica (gr.), Wurmmittel, Arzneimittel gegen Eingeweidewürmer.

Helmstadt, Marktflecken im bayer. Regbz. Unterfranken; 25. Juli 1866 Zusammenstoss der Bayern und Preussen.

Helmstedt, Kreisstadt im Herzogthum Braunschweig, unweit der Elm, 6833 Ew. Ehedem ber. Universität (1575—1809).

Heloise, s. *Abälard.*

Heloten (gr.), ursprüngl. die Bewohner der Stadt Helos in Sparta, welche um 700 v. Chr. unterjocht wurden und deren Abkömmlinge in Sparta Staatssklaven waren. Sie trieben Ackerbau und Handwerke, dienten im Kriege als Schildträger und Knechte, seufzten un-

ter hartem Druck, daher sie zu Empörung geneigt waren u. bei Helotenjagden (Cryptia) decimirt wurden. Daher *helotisch*, sklavisch.

Helsingborg, Hafenstadt in der schwed. Landschaft Schonen, am Sund, Helsingör gegenüber, 6602 Ew. Ueberfahrt nach Dänemark. Durch verschiedene Reichstage und Belagerungen histor. denkwürdig.

Helsingfors, stark befest. Hauptstadt von Finnland, am finnischen Meerbusen, 19,653 Ew. Wichtiger See- u. Handelsplatz. Universität (1829) von Abo hierher verlegt). Kaiserl. Palais, Senatsgebäude. Besuchtes Seebad.

Helsingör, Handelsstadt auf der dän. Insel Seeland, am Sund, Helsingborg gegenüber, 8442 Ew. Dabei Festung Kronburg.

Helvetier, altes celt. Volk in der Schweiz, wollte, durch Orgetorix, einen ihrer Edlen, veranlasst, nach Gallien übersiedeln, ward von Casar bei Bibracte (59 v. Chr.) zur Rückkehr in die alten Sitze genöthigt und unterworfen. Ihr Land (*Helvetia*), in 4 Gaue getheilt, erstreckte sich vom Genfer- bis zum Bodensee. [von 1798 bis 1814.

Helvetische Republik, Name der Schweiz

Helvetius, *Claude Adrien*, franz. Philosoph, geb. Jan. 1715 zu Paris, Generalpächter, dann Hofbeamter bei der Königin, ward 1764 von Friedrich II. mit Auszeichnung aufgenommen; † 26. Dec. 1771 zu Paris. Schr. „De l'esprit‘ (1758), als irreligiös 1759 auf Befehl des Parlaments öffentlich verbrannt; „De l'homme‘ (1772, 2 Bde.). Werke (1795, 14 Bde.).

Helwig, *Amalie*, geb. *von Imhoff*, Dichterin, geb. 16. Aug. 1776 in Weimar, Hofdame der Herzogin, seit ihrer Verheirathung in Stockholm, dann in Berlin; † 17. Dec. 1834. Schr. Idyll. Dichtungen („Die Schwestern von Lesbos‘ 1800), „Sage vom Wolfsbrunnen‘ (1821), Romanzen, Legenden etc.

Hemans (spr. -mäns), *Felicia Dorothea*, engl. Dichterin, geb. 25. Sept. 1794; † 16. Mai 1835 zu Redesdale bei Dublin. Unter ihren Gedichten hervorzuheben: die „Cidgesänge‘, das „Waldheiligthum‘ (deutsch von *Freiligrath*) und die religiösen Lieder.

Hemeralopie (gr.), Nachttuebel, Nachtblindheit; Augenkrankheit, bei welcher zum ordentlichen Sehen ungewöhnlich hohe Lichtgrade erforderlich sind, so dass die Kranken in der Dämmerung meist nichts sehen, am Tage alles wie in Nebel gehüllt erscheint. Entsteht infolge greller Lichteinwirkung, z. B. scharf beleuchteten Schnees (Schneeblindheit). Heilmittel: Schutz der Augen durch Schirme etc.

Hemi (gr.), halb.

Hemiopie (gr.), Halbsehen, Abart des schwarzen Staars, wobei das Gesichtsfeld zur Hälfte verfinstert ist, indem Lichtstrahlen, welche auf die kranken Theile treffen, nicht empfunden werden. Entsteht infolge von Sehnervenerkrankung, durch Blutung, Druck von Geschwülsten etc.

Hemiptēren (*Hemiptēra*, *Halbflügler*, *Schnabelkerfe*) Ordnung der Insekten mit gegen die Brust zurückgeschlagenem Saugrüssel oder Schnabel, unvollkommener Verwandlung, 4 Flügeln od. ungeflügelt; Land- n. Wasserwanzen, Zirpen, Pflanzen-, Schildläuse, Läuse,

49*

Hemlock-oder Schierlingstanne, s. *Tanne.*

Hemmung, Vorrichtung zur Regelung des Ganges der Uhren.

Hems (*Homs*), Handelsstadt in Syrien, am Orontes, 20,000 Ew., das alte Emesa (s. d.).

Hemsterhuis (spr. -heus), *Tiberius*, holl. Philolog, geb. 9 Jan. 1685 zu Gröningen, † 7. April 1766 zu Leyden. Begründer einer eigenen Schule, lieferte werthvolle Ausgaben griech. Autoren. — Sein Sohn *Frans H.,* geb. 1722, † 1790, ästhet. und philos. Schriftsteller.

Hendeka (gr.), elf. *Hendekagōn.* Elfeck. **Hendekasylläben** (gr.. eigentl. Elfsilben, *Phalöcische Verse),* antikes Versmass, bestehend aus 4 Trochäen und einem nach dem ersten Trochäus eingeschobenen Dactylus.

Hendricks, *Hermann,* Schauspieler, geb. 1812 zu Köln, früher in Hannover und Hamburg, 1844—45 Mitglied des berliner Hoftheaters. Vorzügl. Darsteller von Helden und Heldenliebhaberrollen.

Hengist und Horsa, sagenhaftes Brüderpaar, Gründer der angelsächs. Herrschaft in Britannien 449 v. Chr. S. *Angelsachsen.*

Hengstenberg, *Ernst Wilhelm,* Theolog, Hauptvertreter der protest. Orthodoxie, geb. 20. Okt. 1802, seit 1826 Prof. in Berlin; † das. 28. Mai 1869. Gab seit 1827 die ‚Evangel. Kirchenzeitung‘ heraus, das angesehenste Organ der orthodoxen Richtung; schrieb: ‚Christologie des A. T.‘ (2. Aufl. 1854—58, 3 Bde.); ‚Beiträge zur Einleitung ins A. T.‘ (1831—39, 3 Bde.) und Kommentare etc.

Henneberg, ehemalige gefürstete Grafschaft in Franken, benannt nach der 1 M. südwestl. von Meiningen liegenden, im Bauernkrieg zerstörten *Burg* H., bald erweitert, bald durch Erbtheilungen und Veränderungen geschmälert, 1274 unter die Linien H.-Hartenberg-Römhild, H.-Ascha (H.-Römhild) und H.-Schleusingen getheilt, von Graf Wilhelm VII. 1549 wieder vereinigt. Das Grafengeschlecht erlosch 1583, worauf kraft eines 1554 mit dem Hause Sachsen abgeschlossenen Erbvertrags Kurfürst August von Sachsen das Land (etwa 34 QM.) für sich und seine Mündel, die Herzöge von Sachsen-Weimar, in Besitz nahm. Infolge der Theilungen unter den sächs. Häusern ist es gegenwärtig unter Preussen, Sachsen-Weimar, Sachsen-Koburg-Gotha und Sachsen-Meiningen, welches den grössten Theil davon besitzt, vertheilt.

Hennegau (lat. *Hannonia,* fr. *Hainaut),* ehemal. Grafschaft im nordwestl. Deutschland, schon im 9. Jahrh. im Besitz eines mächtigen Grafengeschlechts (der *Rainier),* kam im 10. Jahrh. durch Erbschaft an Flandern und, nachdem Jakobäa von Holland ihre Staaten 1433 an Burgund abgetreten hatte, mit diesem 1477 an Habsburg. Der südl. Theil (mit Valenciennes) wurde 1659 im pyrenäischen Frieden franz. (Theil des jetzigen Depart. Nord); das übrige Land bildet seit 1815 den Hauptheil der heut. belg. Prov. H., 67,6 QM. mit 868,177 Ew. (Wallonen) und der Hauptst. Mons (Bergen).

Henoch, Patriarch, der Sage nach auf geheimnissvolle Weise von der Erde entrückt. Das ihm zugeschriebene prophet. Buch,

in Äthiop. Uebersetzung erhalten, enthält Weissagungen; übers. von *Dillmann* (1853).

Henosis (gr.), Vereinigung. *Henotikon,* Schrift zur Vereinigung streitender Parteien.

Henriade (spr. Hangriahd), Epos v. Voltaire.

Henriquatre (fr., spr. Hangrikatt'r), der Zwickelbart unter der Unterlippe.

Henriquinquisten (fr., spr. Hangrikängkisten), Name der franz. Legitimisten, insofern sie den Grafen von Chambord (s. d.) als Heinrich V. von Frankreich anerkennen.

Hensel, *Wilh.,* Maler, geb. 6. Juli 1794 zu Trebbin, † 26. Nov. 1861 als Prof. an der Akademie zu Berlin. Christus und die Samariterin, Mirjam, Christus vor Pilatus, Zeichnungen zu Tiecks ‚Genoveva‘ etc.; zahlr. Portraits. — Seine Gattin *Fanny H.* († 14. Mai 1847), Schwester Mendelssohn-Bartholdys, Komponistin.

Henselt, *Adolf,* Pianist, geb. 12. Mai 1814 in Schwabach, Schüler Hummels, seit 1839 kaiserl. Hofmusiklehrer in Petersburg. Schr. nicht zahlr., aber werthvolle Klavierwerke: Etüden, Phantasien, Nokturnen etc.

Hepar (gr.), Leber; in der Chemie und Pharmacie Verbindungen von Schwefel mit Alkalien und Metallen (s. *Schwefelleber):* Spiessglanz-, Antimonleber (H. Antimonii), früher officinell, dient zur Bereitung von Kermes und Goldschwefel. Flüchtige Schwefelleber (H. sulfuris volatile), ein Gemenge von Ammoniumpersulfureten, raucht an der Luft. **Hepatica,** s. *Anemone.*

Hepatisation (lat.), leberartige Beschaffenheit der entzündeten Lunge. [ähnl. Geruch.

Hepatischer Geruch, schwefelwasserstoff-

Hepatitis (lat.), Leberentzündung.

Hephästus, griech. Name des Vulkan.

Heppenheim, Kreisstadt in der hess. Prov. Starkenburg, an der Bergstrasse, 4511 Ew. Uralte Kirche. Ruine Starkenburg (1016).

Heptachord (gr.), das Intervall der Septime; auch diatonische Folge von 7 Tönen.

Heptaëder (gr.), Siebenflächner. *Heptāgon.* Siebeneck. *Heptagonalzahl,* Polygonalzahl der 5. Reihe mit der Differenz 7.

Heptagynisch (gr.), mit 7 Griffeln oder Narben; *Heptagynia,* im linnéschen Pflanzensystem Ordnungsbezeichnung.

Heptamēter, Vers von 7 Füssen.

Heptandrisch (gr.), siebenmännig, mit 7 freien Staubfäden. *Heptandria,* die 7. Klasse des linnéschen Pflanzensystems.

Heptarchie (gr.), Siebenherrschaft, s. *Angelsachsen.*

Heptasylläbisch (gr.), siebensilbig.

Heracleä (gr., d. i. Herculesstadt), Name mehrerer Städte des Alterthums: *H. in Lukanien* (Unteritalien), Sitz der Kongresse der Städte Grossgriechenlands; H. *Pontica,* Hafenstadt in Bithynien, am schwarzen Meere, bis zum mithridat. Krieg sehr blühend.

Heracléum *L. (Bärenklau, Heilkraut),* Pflanzengattung der Umbelliferen. H. Sphondylium *L.,* in Europa, früher officinell.

Heraklīden, die Söhne und Nachkommen des Herakles, bes. diejenigen, welche nach der Sage mit Hülfe der Dorier das von ihrem Ahnherrn erworbene Recht auf den Peloponnes geltend machten und 80 Jahre nach dem trojan. Krieg in Argos, Lakonien und Messenien Horrschaften gründeten.

Heraklit, griech. Philosoph aus Ephesus, um 500 v. Chr., schr. das philos. Gedicht ‚Nusa‘, worin er das Feuer als Grundwesen aller Dinge hinstellte. Vgl. *Lassalle*, ‚Die Philosophie H.s‘, 1858, 2 Bde.

Heraldik (gr.), Wappenkunde. *Herolde*, *Heralde*, Wappenkundiger.

Herat, Staat im nordwestl. Afghanistan, cs. 3200 QM. und 900,000 Ew. Die *Hauptst.* H., an der Königsstrasse von Persien nach Kabul und Indien, ca. 45,000 Ew., in kommercieller wie strateg. Hinsicht wichtig. Bis 1715 persisch, auch später mehrere Male (zuletzt 1856) von den Persern vorübergehend erobert (s. *Afghanistan*).

Hérault (spr. Heroh), Küstenfluss in Südfrankreich, mündet unterhalb Agde, 19 M. Danach ben. das *Depart.* H., am Mittelmeer, Theil von Languedoc, 112,6 QM. und 427,345 Ew. Hauptst. Montpellier.

Herba (lat.), Kraut.

Herbarium (H. vivum, lat.), Sammlung getrockn. ter Pflanzen zu wissenschaftl. und Unterrichtszwecken. Grosse öffentliche Herbarien: British Museum, Kew, Leyden, Paris, Berlin. Kleine von H. Wagner, Husadel etc. Vgl. *Auerswald* (1860).

Herbart, *Joh. Friedr.*, Philosoph, geb. 4. Mai 1776 zu Oldenburg, ward 1809 Prof. in Königsberg, 1833 in Göttingen; † das. 14. Aug. 1841. Schr. ‚Psychologie, als Wissenschaft neu gegründet auf Erfahrung, Metaphysik und Mathematik‘ (1824—25, 2 Bde.); ‚Allg. Metaphysik‘ (1828—29, 2 Bde.); ‚Encyklopädie der Philosophie‘ (2. Aufl. 1841). Werke herausg. von *Hartenstein* (1850—52, 12 Bde.). Vgl. *Ziller* (1871). Er betrachtete die Vorstellungen oder inneren Zustande der Seele als psychische Krafte und unterwarf die Wirksamkeit derselben auf einander einem exakten mathemat. Kalkül; daher nennt sich seine Schule die ‚exakte‘ und im Gegensatz zum transscendentalen Idealismus Kants die Schule des Realismus.

Herbert, *Sidney, Lord*, engl. Staatsmann, geb. 16. Sept. 1810 zu Richmond, trat 1832 ins Parlament, schloss sich den Konservativen unter Peels Führung an, ward 1841 Sekretär der Admiralität, 1845 Kriegssekretär und Mitglied des Kabinets, ging 1846 mit Peel ins Lager der Freihändler über, ward 1852 abermals Kriegssekretar, trat 1855 infolge der gegen die Armeeverwaltung erhobenen Anklagen zurück, 1859 wieder Kriegsminister; † 2. Aug. 1861 zu Wilton.

Herbort von Fritzlar, mittelhochd. Dichter, aus Hessen, lebte um 1210 am Hof des Landgr. Hermann von Thüringen; Verf. des ‚Liet von Troye‘ (herausg. v. *Frommann*, 1837).

Herbst, *Eduard*, Rechtsgelehrter u. Staatsmann, geb. 9. Dec. 1820 zu Wien, ward 1847 Prof. an der Universität Lemberg, 1858 zu Prag, 1861 Abgeordneter des bohm. Landtags und des Reichsraths, hier Führer der deutschen und konstitutionellen Partei als hervorragender Redner, Dec. 1867 bis April 1870 Justizminister. Schr. ‚Handbuch des österr. Strafrechts‘ (3. Aufl. 1865, 2 Bde.) u. A.

Herbstzeitlose, s. *Colchicum*.

Herculano de Carvalho (spr. -nu de Korwalju), *Alexandro*, portug. Dichter u. Historiker, geb. 1790 zu Guimarães, schr. religiös-polit. Gedichte (‚A voz do propheta‘ 1826, ‚A harpa do crente‘ 1838), den Roman ‚Eurich, der Priester der Gothen‘ (deutsch 1847), ‚Hist. de Portugal‘ (1845—53, 4 Bde.), ‚Da origem e estabelecimento da Inquisição em Portugal‘ (1854 f., 2 Bde.) u. A.

Herculanum (a. G.), eine der bedeutendsten Städte Kampaniens, zwischen Neapel und Pompeji, nahe der Küste, 79 n. Chr. nebst Pompeji und Stabiä bei einem Ausbruch des Vesuv durch einen Lavastrom und Aschenregen (70—100′ tief) verschüttet, 1720 wieder entdeckt und zum kleineren Theil ausgegraben. Auf H. liegt jetzt *Portici*.

Hercules (gr. *Herakles*), ber. Heros der griech. Sagengeschichte, Sohn des Zeus und der Alcmene, erfuhr von seiner Geburt an die Ungunst der Here (Juno), erwürgte in der Wiege zwei von dieser gesandte Schlangen, weidete bis zum 18. Jahre die Heerden Amphitryons, des Gemahls der Alcmene, begab sich auf Geheiss des delphischen Gottes in den Dienst des Eurystheus und vollendete 12 von diesem ihm auferlegte Arbeiten: Erlegung des nemeischen Löwen, Tödtung der lernäischen Hyder, Fang der cerynitischen Hindin, Fang des erymanthischen Ebers, Reinigung der Ställe des Augias, Tödtung der Stymphaliden, ungeheurer Raubvogel, Fang des kretischen Stiers, Fang der menschenfressenden Rosse des Diomedes, Herbeischaffung des Gürtels der Amazonenkönigin Hippolyte, der Rinder des dreileibigen Geryones, der goldnen Aepfel aus dem Garten der Hesperiden und Heraufführung des Cerberus aus der Unterwelt; verrichtete noch viele andere Thaten (Nebenarbeiten, Parerga): Kampf mit den Centauren, Theilnahme am Argonautenzuge, Befreiung des gefesselten Prometheus etc. Um seinen im Wahnsinn vollbrachten Mord des Iphitus zu sühnen, liess er sich einem Orakelspruch zufolge auf 3 Jahre an Omphale, Königin der Lydier, als Sklave verkaufen, heirathete dann des Oeneus Tochter Dejanira, die ihm ein vergiftetes Gewand sandte, um sich seiner Liebe zu versichern. Von Schmerzen gepeinigt, verbrannte er sich selbst auf dem Berge Oeta, ward in den Himmel entrückt und mit Hebe vermählt.

Herculessäulen (a. G.), die beiden Vorgebirge an der Meerenge von Gibraltar: Calpe (Gibraltar) und Abyla (Ceuta).

Hercynischer Wald (a. G.), das Waldgebirge Mitteldeutschlands vom Rhein bis zu den Karpathen, von den Alten auf unbestimmte Grenzen ausgedehnt oder auf besondere Theile des genannten Gebietes beschränkt.

Herder, *Joh. Gottfr.* (von), geb. 25. Aug. 1744 zu Mohrungen (Ostpreussen), 1762 in Königsberg (Bekanntschaft mit Kant und Hamann), 1764 in Riga, 1767 in Frankreich, 1770 in Strassburg (Freundschaft mit Goethe), 1771 Kunsthistorialrath in Bückeburg, 1775 durch Goethes Vermittlung Hofprediger,

Generalsuperintendent u. Oberkonsistorialrath in Weimar, 1793 Vicepräsident das., 1801 Präsident des Oberkonsistoriums, ward vom Kurfürsten von Bayern geadelt; † 18. Dec. 1803. Denkmal in Weimar seit 1850. Bes. bedeutend durch den ausserordentlichen und heilsamen Impuls, den der ganze Kulturzustand Deutschlands durch ihn erhielt. Hauptschriften: Uebertragungen und Nachbildungen älterer und neuerer Dichtungen (‚Volkslieder‘ 1778, ‚Griech. Anthologie‘ 1791, ‚Cid‘ 1805 u. A.), lyr. Gedichte, Epigramme, Legenden, Paramythien, Parabeln, Dramen etc. Literarästhetisch: ‚Fragmente über die neuere deutsche Literatur‘ (1769), ‚Krit. Wälder‘ (1769), ‚Ueber Ossian‘ und ‚Shakespeare‘ (1773), ‚Vom Geist der ebräischen Poesie‘ (1782). Histor.-philosophisch: ‚Ueber den Ursprung der Sprache‘ (1772), ‚Aelteste Urkunde des Menschengeschlechts‘ (1774), ‚Ideen zur Philosophie der Geschichte der Menschheit‘ (1784—91), ‚Briefe zur Beförderung der Humanität‘ (1796 f.) und zahlr. theolog., pädagog. und andere Schriften. Werke (1806—29, 45 Bde.). Ausgewählte Werke, revidirt von H. Kurz (1871, 4 Bde.). — Seine Gattin Marie Karoline, geb. Flachsland, geb. 28. Jan. 1750 zu Rothenweyen im Elsass, † 15. Sept. 1809 in Weimar; schr. ‚Erinnerungen an H.s Leben‘ (1820, 2 Bde.). — Seine Söhne: 1) Sigmund August Wolfgang, geb. 18. Aug. 1776 zu Bückeburg, † 29. Jan. 1838 als Oberberghauptmann zu Dresden; 2) Emil Gottfried von H., † 27. Febr. 1855 zu Erlangen als bayer. Forst- und Regierungsrath; schr. ‚H.s Lebensbild‘ (1846, 6 Thle.). Vgl. ‚Von und an H.‘ (1861—1862, 3 Bde.); ‚Aus H.s Nachlass‘ (1856, 3 Bde.).

Here, s. *Juno*.

Heredia, Stadt in Costarica, 17,000 Ew.

Hereditiren (lat.), erben; *hereditär*, erblich.

Hereford (spr. Herriford), Grafschaft im westl. England, 30,8 QM. und 123,712 Ew., fruchtbarer Ackerbaudistrikt. Die *Hauptst.* H., am Wye, 15,585 Ew. Goth. Kathedrale.

Heres (*haeres*, lat.), der Erbe, Erbnehmer.

Herford (*Hervorden*), Kreisst. im preuss. Regbz. Minden, an der Werre und kölnmindner Eisenbahn, 10,829 Ew., Fabrikplatz (Baumwoll- und Flachsspinnerei, Teppichfabr.). Ehedem freie Reichsstadt mit freiweltl. Nonnenabtei (789 gestiftet, 1803 sakularisirt). Seit 1647 brandenburgisch.

Hering, s. *Häring*.

Heringsdorf, Dorf und besuchtes Seebad, an der Ostsee, bei Swinemünde.

Herisau, Flecken im Kant. Appenzell (Ausserrhoden), an der Glatt, 9518 Ew., Mittelpunkt der appenzeller Industrie.

Herstall (*Herstal*), industr. Marktflecken in der belg. Prov. Lüttich, an der Maas, 9360 Ew. Denkwürdig als Stammort der fränk. Pipine und öfterer Aufenthalt Karls d. Gr., genannt das *fränk.* H., zum Unterschied der *sächs.* H. (Jetzt Dorf *Herstelle* an der Weser, im preuss. Regbz. Minden.)

Herjeadalen, Gebirgslandschaft im nördl. Schweden, Theil des Oesternnndläns. Bed. Viehzucht (der bar. Kronkäse).

Hermandad (span.), Verbrüderung, Name der Verbindungen, welche die Städte Kastiliens und Aragoniens Mitte des 13. Jahrh. zur Aufrechthaltung des Landfriedens gegen den raublustigen Adel schlossen, 1488 als heilige H. förmlich organisirt; im 16. Jahrh. zu einer Art Gendarmerie herabgesunken.

Hermann, 1) Cheruskerfürst, s. *Arminius*. — 2) *H. I.*, Pfalzgraf von Sachsen seit 1181 und Landgraf von Thüringen seit 1190, Sohn Ludwigs des Eisernen, Neffe Kaiser Friedrichs I., Freund des Minnegesangs, veranstaltete 1207 auf der Wartburg den Sängerwettkampf (Wartburgkrieg); † 1216 zu Gotha. Sein Enkel *H. II.*, *der Jüngere*, Sohn Ludwigs des Frommen und der heil. Elisabeth, folgte 1227 seinem Vater unter der Vormundschaft seines Oheims Heinrich Raspe; † kinderlos 1241.

Hermann, *Joh. Gottfr. Jak.*, ber. Philolog, geb. 28. Nov. 1772 zu Leipzig, seit 1798 Prof. das.; † 31. Dec. 1848. Gefeierter akadem. Lehrer und Schriftsteller. Schr. epochemachende Werke über Metrik und griech. Grammatik, bearbeitete zahlr. alte Klassiker (Sophocles, Aeschylus etc.). Vgl. *Jahn* (1849).

Hermannstadt (lat. *Libinium*), Hauptstadt von Siebenbürgen und insbes. des siebenbürg. Sachsenlandes, am Zibin, 18,588 Ew. Schön gebaut, 12 Kirchen (eine luther. im goth. Stil), das bruckenthalsche Palais mit Museum. Sitz eines griech. nichtunirten Bischofs und eines evangel. Oberkonsistoriums. Tuch- u. Lederfabr., ausehnl. Handel.

Hermaphrodit, Sohn des Hermes und der Aphrodite, von den Göttern mit der Nymphe Salmacis, auf deren Bitten, in Einen Leib (halb Mann, halb Weib) vereint.

Hermaphroditismus (*Hermaphrodisie, Zwitterbildung, Zwitterhaftigkeit*), Vereinigung beider Geschlechter auf Einem Individuum. Bei niederen Thieren und den meisten Pflanzen normal, abnorm bei höheren Thieren. Zeigt in letzterem Fall entweder Vermehrung der Theile (äussere Geschlechtstheile männl. oder weibl., innere männl. und weibl.), oder die äusseren Theile gehören dem einen, die innern dem andern Geschlecht an. Bei ächtem H. sind die Theile stets sehr unvollkommen. Häufig beruht der H. auf Täuschung.

Hermelin (*Grosses Wiesel*, Mustelina Erminea *L.*), Art der Marder, in Europa, Asien, Nordamerika, 12—14″ l., im Sommer braun, unten gelb, im Winter weiss mit schwarzer Schwanzspitze, kostbares Pelzwerk (jährl. 400,000 Stück). Der Hermelinmantel Bezeichnung der Fürstenwürde.

Hermen (gr.), Brustbilder oder Köpfe, welche nach unten in einen vierkantigen Pfeiler oder in eine Säule auslaufen, nach Hermes gen., der von den alten Pelasgern ohne Hände und Füsse abgebildet ward, die ersten Anfänge der Bildhauerkunst.

Hermeneutik (gr.), Theorie der Auslegungskunst; vgl. *Interpretation*.

Hermes, s. *Mercurius*.

Hermes, 1) *Joh. Timoth.*, Romanschriftsteller, geb. 31. Mai 1738 zu Petznick bei Stargard, † 24. Juli 1821 als Prof. der Theologie zu Breslau. Hauptwerke: ‚Fanny Wilkes‘ (1796) und ‚Sophiens Reise von Memel nach Sachsen‘ (1770—75, 5 Bde.). — 2) *Georg*, Begründer einer philos.-dogmat. Schule in der kathol. Kirche, geb. 22. April 1775 zu Dreyerwalde im Münsterschen, seit 1820 Prof. zu Bonn; † 26. Mai 1831. Suchte in seiner ‚Einleitung in die christl.-kathol. Theologie‘ (2. Aufl. 1831) im Gegensatz gegen Kant und Fichte die kathol. Dogmatik philosophisch zu begründen, doch ward seine Lehre *(Hermesianismus)* 26. Sept. 1835 durch päpstl. Breve verdammt.

Hermes Trismegistus (d. i. der dreimal grösste H.), griech. Name des ägypt. Gottes *Thot*, Personifikation des ägypt. Priesterthums, Gesetzgeber, Erfinder der Schriftzeichen, sowie der Künste und Wissenschaften. *Hermetische Schriften*, die nach ihm benannten heil. Schriften der Aegypter, die nur den Priestern zugänglich waren und bei den Neuplatonikern eine grosse Rolle spielten, Quelle von myst. Geheimlehren. Daher auch *hermetischer Verschluss*, s. v. a. luftdichter Verschluss.

Hermióne (a. G.), blühende Handelsstadt in Argólis (Peloponnes); ber. Tempel.

Hermon *(grosser H., Dschebel-esch-Schech)*, südl. Gipfel des Antilibanon in Syrien, 8470′ h., stets mit Schnee bedeckt. Der *kleine H.* nordwestl. vom See Genezareth, 2740′ h.

Hermosillo, Stadt im mexikan. Staate Sonora, am Sonora, 14,000 Ew. Weinbau.

Hermunduren, ausgebreiteter german. Volksstamm, bes. im jetzigen Thüringen und Sachsen ansehaft, kämpften 59 mit den Katten um die Salzquellen zu Kitzingen, tauchen zuletzt im markomann. Kriege auf.

Hermupolis *(Neu-Syra)*, Hafenstadt an der Ostküste der griech. Insel Syra, Hauptort der Nomarchie der Cykladen, 18,511 Ew. Hauptsitz des griech. Handels und Hauptstapelplatz der Levante; bedeut. Werften.

Hernad, rechter Nebenfluss der Theiss, kommt von der Kralowa Hola, wird unterhalb Kaschau schiffbar; 33 M. l.

Hernals, Dorf nordwestl. bei Wien, 14,437 Ew.; bed. Fabriken; Mineralbäder.

Hernia (lat.), s. *Bruch*.

Herniker, altital. Volk sabin. Ursprungs, im mittlern Apennin, mit der Hauptstadt Anagnia; 306 v. Chr. als Theilnehmer am samnit. Kriege von den Römern unterjocht.

Hernösand, Hauptst. der schwed. Landsch. Angermanland, auf der Insel *Hernöe*, an der Mündung der Angermanelf, 3312 Ew. Hafen.

Hero, Priesterin der Venus zu Sestus an der thrac. Küste, Geliebte des Leander aus Abydus, der allnächtl. über den Hellespont schwamm, um sie zu besuchen, stürzte sich, als derselbe hierbei umkam, ins Meer.

Hero *(Heron)*, aus Alexandria, Mathematiker und Mechaniker um 215 v. Chr., schr. ‚Ueber die Verfertigung der Automaten‘ u. A.

Heródes, 1) *H. der Grosse*, König in Judäa, Sohn des Edomiters Antipater, des Prokurators des jüd. Fürsten Hyrcanus II., geb. 63 v. Chr. zu Askalon, ward 48 v. Chr. Statthalter in Galiläa, dann auch in Samaria und Cölesyrien, von Antonius zum Tetrar-

chen, dann zum König von Judäa ernannt, liess seine Gemahlin Mariamne, 3 seiner Söhne und andere Glieder seiner Familie hinrichten, staatskluger, aber argwöhnischer und grausamer Tyrann, wusste sich auch in der Gunst des Augustus zu erhalten, baute den Tempel zu Jerusalem prächtiger als zuvor wieder auf, gründete mehrere Städte; † 2 n. Chr. — Söhne: *H. Archelaus*, Ethnarch von Judäa, seiner Grausamkeit wegen 11 n. Chr. nach Vienne in Gallien verbannt; *H. Antipas*, Tetrarch von Galiläa; † in Spanien im Exil; liess Johannes den Täufer hinrichten; *H. Philippus*, Tetrarch von Trachonitis etc.; † 34 n. Chr. — 2) *H. Agrippa I.*, Enkel H. des Grossen, lebte in Rom, erhielt durch die Gunst des Caligula und des Claudius mit dem Königstitel ganz Judäa zu eigner Verwaltung; † 44 n. Chr. — Sein Sohn *H. Agrippa II.*, letzter König der Juden und letzter Sprössling der Familie, unterstützte die Römer bei der Eroberung Jerusalems; † 95 n. Chr.

Herodian, griech. Geschichtschreiber, um 170—240 n. Chr. in Rom; Verf. einer röm. Kaisergeschichte von Commodus bis Gordianus III. (Ausg. von *Bekker* 1855, u. A.; Uebers. von *Stahr* 1858).

Heródot, ältester griech. Historiker, der ‚Vater der Geschichtschreibung‘, geb. 484 v. Chr. in Halicarnassus, machte weite Reisen, war seit 456 wieder in Griechenland, ging 444 nach Thurii in Italien; † das. 408. Sein Werk (im jon. Dialekt) umfasst den Zeitraum von 720—479. Zahlr. Ausgaben (von *Bähr*, 2. Aufl. 1856—61, 4 Bde.; *Stein*, 1856 — 60, 5 Bde.), Uebersetzung von *Schöll* (2. Aufl. 1853—57) u. A.

Heröen (Plur. vom gr. *Heros*), bei Homer die Könige u. Fürsten, dann überhaupt durch Körperstärke, Muth, Einsicht und Erfahrung ausgezeichnete Helden der Vorzeit; später sagenhafte, von Göttern abstammende und wegen ihrer Verdienste göttl. verehrte Helden (Halbgötter). *Heroisch*, auf H. bezüglich; heldenmüthig. *Heroïsmus*, Heldenmuth.

Heroïde (gr.), Heldin; Gedicht in Briefform, worin der Dichter eine aus Sage oder Geschichte bekannte Person ihre Gefühle aussprechen lässt (meist erot. Inhalts).

Herold, öffentl. Ausrufer; unverletzliche Person, die etwas (Krieg, Frieden) feierlich anzukündigen, auch Gäste zu geleiten hat; im Mittelalter insbes. Aufseher bei Turnieren etc., welcher die Ahnen und Wappen der Theilnehmenden zu prüfen hatte; überhaupt s. v. a. Verkündiger.

Heronsball, hydraulische Maschine, bei welcher durch Verdichtung der über dem Wasserspiegel in einem Gefäss enthaltenen Luft das Wasser im Strahl ausgetrieben wird. Anwendungen: Windkessel der Feuerspritze, Spritzflasche, Springbrunnen.

Heronsbrunnen, Heronsball, bei welchem die Verdichtung der Luft durch den Druck einer Wassersäule bewirkt wird.

Heroopólis (ägypt. *Ramses*, auch *Pythom*, a. G.), Stadt im nordöstl. Aegypten, am Trajanskanal, unweit dessen Mündung in den *heroopolitan. Meerbusen* (jetzt Golf von Sues).

Heros, s. *Heroen.*

Herostrātus, Ephesier, der, bloss um seinen Namen auf die Nachwelt zu bringen, 356 v. Chr. den prachtvollen Dianentempel bei Ephesus in Brand steckte, büsste die Unthat mit dem Leben. [Flechte.

Herpes (gr.), Hautkrankheit, insbes.

Herpetologie, Lehre von den Reptilien; Lehre von den Flechten.

Herrenbank, die Gesammtheit der adeligen Beisitzer in einem Kollegium, im Gegensatz zu der sogen. Gelehrtenbank.

Herrenhaus, seit 1855 offic. Bezeichnung der ersten Kammer des preuss. Landtags.

Herrenhausen, Lustschloss bei Hannover, vormal. Sommerpalais des Königs von Hannover. Mausoleum des Königs Ernst August.

Herrenwörth, s. *Chiemsee.*

Herrēra, 1) *Fernando de H.*, span. Dichter, geb. um 1520 zu Sevilla, † 1597 als Geistlicher; berühmt als Oden- und Kanzonendichter (Hymne auf den Sieg von Lepanto, auf Ferdinand den Heiligen, auf den Tod des Königs Sebastian, Ode an den Schlaf etc.); auch Historiker und Biograph. — 2) *Francisco de H.* (gen. *der Aeltere*), ber. span. Maler, geb. um 1576 zu Sevilla, † 1656 zu Madrid; zugleich Maler (bes. ausgezeichneter Kolorist nach dem Vorbild der Venetianer), Bildhauer, Architekt und Bronzearbeiter. Sein Sohn *Francisco (der Jüngere)*, geb. 1622, † 1685 zu Madrid als Hofmaler Philipps IV., ebenfalls ausgez. Maler.

Herrnhut, Flecken im sächs. Regbz. Bautzen, am Hutberge, 1000 Ew.; Stammort der Brüdergemeinde (s. d.), 1722 erbaut.

Hersch, *Hermann*, dramat. Dichter, geb. 1821 in Jüchen (Rheinpreussen), † 27. Juli 1870 zu Berlin; Verf. der oft gegebenen Lustspiele ,Anna-Liese', ,Modepuppen' u. a.

Herschel, 1) *Friedr. Wilhelm*, ber. Astronom, geb. 15. Nov. 1738 in Hannover, Musiker, ward 1766 Musikdirektor in Bath, widmete sich seit 1774 der Astronomie und entdeckte mit selbst gebauten Spiegelteleskopen von bis dahin ungekannter Grösse den Uranus, zwei Saturnsmonde, zahlr. Doppelsterne, Sternhaufen und Nebelflecken, bestimmte die Natur der Doppelsterne, gab eine erst jetzt verlassene Theorie der Sonne und der Milchstrasse und lieferte zahlreiche Beobachtungen der Planeten; † 25. Aug. 1822 zu Slough bei Windsor.—Seine Schwester *Karoline Lucretia*, geb. 16. März 1750 in Hannover, entdeckte 6 Kometen; † 9. Jan. 1848 in Hannover. — 2) *Sir John Frederick William*, Astronom, Sohn des Vor., geb. 7. März 1792 in Slough, setzte die Untersuchungen seines Vaters über Doppelsterne, Sternhaufen und Nebelflecken fort, beobachtete 1834—38 am Kap der guten Hoffnung, war 1850—55 Direktor der königl. Münze; † 11. Mai 1871 in Collingwood. Lieferte auch physikal. Untersuchungen und förderte namentlich die Photographie. Schr. ,On the theory of light' (1828, deutsch 1831); ,Outlines of astronomy' (10. Aufl. 1869); mehrere Kataloge von Doppelsternen (1825—36); ,Results of astronomical observations made at the Cape of Good Hope' (1847).

Hersfeld, alterthüml. Kreisstadt im preuss. Regbz. Kassel, an der Fulda, 6328 Ew. Ruine der Stiftskirche. Bed. Tuchfabr. (jährl. 17,000 Stück). 16. Okt. das Lullusfest. — Das ehemal. *Reichs/Urstenthum H.* (10¼ QM.), ursprüngl. Benediktinerabtei, 769 von Bischof Lullus von Mainz gegr., fiel 1648 an Hessen-Kassel.

Herstal, s. *Heristall.* [Kassel.

Hertford (spr. Harfurrd, *Herts*), Grafschaft im mittleren England, 28,7 QM. mit 173,280 Ew. Die *Hauptstadt* H., am Lea, 6769 Ew.

Hertha, s. *Nerthus.*

Hertz, 1) *Henrik*, dän. Dichter, geb. 25. Aug. 1798 zu Kopenhagen, jüd. Abkunft, trat später zum Protestantismus über; † 26. Febr. 1870. Sehr. Charakterlustspiele und romant. Dramen, darunter ,König Renés Tochter' (deutsch von *Leo*, 10. Aufl. 1869), ,Scheik Hassan' (deutsch von *Baudissin* 1861) etc.; auch als Lyriker und Romanschreiber geschätzt. Dramat. Dichtungen (1853—63, 15 Bde.). Lyr. Dichtungen (1857 ff., 4 Bde.). — 2) *Wilhelm*, Dichter, geb. 24. Sept. 1835 zu Stuttgart, lebt in München. Treffliche epische Dichtungen: ,Lanzelot und Ginevra' (1860), ,Hugdietrichs Brautfahrt' (1863), ,Heinrich von Schwaben' (1869). Gedichte (1859).

Herūler, altgerman. Volksstamm, urspr. am schwarzen Meere sesshaft, um die Mitte des 3. Jahrh. Gefährten der Gothen auf ihren Kriegszügen, dann Verbündete der Hunnen unter Attila, gründeten nach Auflösung des Hunnenreichs am Ende des 5. Jahrh. ein mächtiges Reich an der Donau; verschwunden mit der Besiegung der Ostgothen aus der Geschichte.

Herve, Stadt in der belg. Prov. Lüttich, westl. von Limburg, in dem gras- und viehreichen *Hervelande* (16 QM.), 4163 Ew.

Herveyinseln, s. v. a. Cooksarchipel.

Herwarth von Bittenfeld, *Eberhard*, preuss. General, geb. 4. Sept. 1796, trat 1811 in die Armee, machte die Freiheitskriege 1813—15 mit, ward 1848 Oberst, befehligte März d. J. im Strassenkampf in Berlin, ward 1863 General der Infanterie, 1864 Vertreter des kommandirenden Generals des 1. mobilen Armeecorps gegen Dänemark, 1865 Kommandant des 8. Armeecorps, im Feldzug 1866 Kommandant der Elbarmee, focht bei Hünerwasser, Münchengrätz und Königgrätz, ward 1870 zum Feldmarschall ernannt.

Herwegh, *Georg*, Dichter, geb. 31. Mai 1817 zu Stuttgart, erregte 1841 mit seinen polit.-revolutionären ,Gedichten eines Lebendigen' (9. Aufl. 1871) grosses Aufsehen, ward infolge eines Briefs an den König von Preussen aus Preussen verwiesen, betheiligte sich 1849 an dem Aufstande in Baden, lebte seitdem in Zürich, seit Kurzem in Berlin.

Herz (Cor, Cardia), das Hauptorgan (Pumpwerk) für die Blutbewegung im thierischen Körper. Das menschliche H. ist ein etwa faustgrosser hohler Muskel, der einem unregelmässigen Kegel gleicht, dessen Grundfläche nach oben, dessen Spitze nach unten und links gerichtet ist. Es liegt in einer Einstülpung des Herzbeutels, der ihm freie Bewegung gestattet. Es besteht aus 2 grossen Höhlen (Kammern, Ventrikeln), zu denen je eine weitere Höhle (der Vorhof) gehört. In der linken Höhle sammelt sich das aus der Lunge in den linken Vorhof gelangende Blut (arterielles Blut), um von hier aus durch die Aorta in sämmtliche Körpertheile gepumpt zu werden. Der rechte Ventrikel treibt das aus dem Körper kommende, im rechten Vorhof sich sammelnde venöse Blut durch die Lungen (kleiner Kreislauf). Zur Vermeidung des Rückflusses befinden sich zwischen den Vorhöfen und den Herzkammern *Klappen*, und zwar links eine aus 2 Häuten bestehende (valvula mitralis) und rechts eine aus 3 Häuten gebildete (valvula tricuspidalis). Die aus den Ventrikeln gehenden Arterien, die Aorta und die Arteria pulmonalis, werden durch je 3 taschenartige Klappen verschlossen, nachdem sämmtliches in den Kammern enthaltene Blut in sie ergossen ist. Durch das Anschlagen des Blutes an diese Klappen entstehen die *Herztöne*. Das H. befindet sich während des Lebens abwechselnd im Zustande der *Zusammenziehung* (Systole), wobei das in ihm angesammelte Blut nach dem Körper und der Lunge entleert wird, oder der *Ausdehnung* (Diastole), während welcher das aus dem Körper und den Lungen kommende Blut sich sammelt. Die wichtigsten *Herzerkrankungen* bestehen in Missverhältnissen dieser Zustände und sind wesentlich durch das unvollkommene Schliessen der Herzklappen bedingt. Erkannt werden sie durch Beklopfen und Behorchen, wobei sich anstatt der reinen Töne Geräusche zeigen.

Herz, *Henriette*, geb. 5. Sept. 1764 in Berlin, Tochter des jüd. Arztes de Lemos, seit 1779 mit dem Arzte *Marcus H.* († 1803) verheirathet, machte, durch Geist und Schönheit ausgezeichnet, ihr Haus zum Sammelplatz vieler berühmten Männer (darunter die Gebrüder Humboldt), trat 1817 zum Christenthum über; † 22. Okt. 1847. Vgl. *Fürst*, ,Henr. H.', 2. Aufl. 1858, und ,Briefe des jungen Börne an Henr. H.', 1861.

Herzberg, *Ewald Friedr., Graf von*, preuss. Staatsmann, geb. 2. Sept. 1725 zu Lottin bei Neustettin, seit 1757 Staatssekretär, verfasste alle Staatsschriften unter Friedrich II., schloss 1763 den hubertsburger Frieden ab, ward darauf Staatsminister, förderte die Theilung Polens, spielte bei Abschluss des Fürstenbundes (1785) eine bed. Rolle, zog sich 1791 zurück; † 27. März 1795.

Herzbeutel (Pericardium), aus seröser Haut gebildeter Sack, der das Herz enthält und mit diesem verwachsen ist; ermöglicht die freie Bewegung des Herzens. *H.entzündung* besteht in Ansammlung von Eiter, Fibrin und Serum im H. *H.wassersucht*, Füllung des H.s mit reinem Serum.

Herzegowina, türk. Landschaft, den südwestl. Theil von Bosnien umfassend, mit der Hauptstadt Mostar; früher Prov. Kroatiens, später selbständ. Herzogthum, 1406 durch Sultan Mohammed II. erobert.

Herzen, *Alexander*, russ. Publicist, geb. 1816 zu Moskau, ward als Student 1834 nach Wjätka verbannt, 1839 amnestirt und im Ministerium des Innern angestellt, wegen Hinneigung zum Radikalismus nach Nowgorod versetzt, 1842 aber aus dem Staatsdienst entlassen; ging 1847 ins Ausland, lebte seit 1852 in London, in den letzten Jahren in Genf; † 21. Jan. 1870 in Paris. Errichtete in England eine sog. ,freie russ. Presse', d. h. Buchdruckerei für Schriften, die in Russland nicht veröffentlicht werden durften, gründete 1856 die russ. Zeitung ,Kolokol' (d. i. Glocke), worin er die Gebrechen des russ. Regierungssystems schonungslos blosslegte. Veröffentlichte: ,La France et l'Angleterre' (1858); ,Mémoires de l'Impératrice Cathérine' (1859); ,Le monde russe et la révolution' (1860—62); ,Blioe i Domui' (1864); ,Le vieux monde et la Russie' (1864) u. A.

Herzerweiterung, Ausdehnung der Herzhöhlen ohne Gewichtszunahme der Herzmuskulatur, entsteht durch Hindernisse in der Fortbewegung des Bluts oder durch Erschlaffung des Herzfleisches. Folgen: Herzklopfen, schwacher Puls, Ohnmachten. Behandlung: Kräftigung des Allgemeinzustandes durch gute Nahrung.

Herzhypertrophie, Vermehrung der Herzmuskulatur, entsteht durch vermehrte Leistung des Herzens, namentlich infolge von Hindernissen, die sich der Blutbewegung entgegenstellen; ist als eine Art Naturheilung zu betrachten, die aber nur die Störungen so lange ausgleicht, als die Muskeln normal beschaffen sind. Eine falsche H. ist die *Verfettung* des Herzfleisches, wobei das Herz ebenfalls grösser erscheint. Behandlung wesentlich diätetisch.

Herzkirschen, s. *Kirschbaum.*

Herzklappen, s. *Herz.*

Herzklopfen, vermehrte Thätigkeit (häufigere Zusammenziehungen) des Herzens, die nicht durch organische Fehler (Klappenfehler) bedingt ist, entsteht infolge von Blutarmuth, bei geistiger Aufregung (bes. in den Entwicklungsjahren), bei Hysterischen und Hypochondern. Die Behandlung ist auf Beseitigung der Ursachen gerichtet.

Herzmuschel (Cardium *L.*), Gattung der Seemuscheln. Essbare H. (C. edule *L.*), in den europ. Meeren, wird in Holland, England, Südeuropa gegessen.

Herzog (lat. *dux*), bei den alten Germanen Anführer im Krieg, später erbl. Oberhaupt eines Volksstamms, noch später mit Civil- und Militärgewalt bekleideter Oberstatthalter des Königs in einer Provinz, Würde, die unter Kaiser Heinrich IV. erblich ward (H. von Sachsen, Franken, Bayern, Schwaben, Ober- und Niederlothringen); gegenwärtig bloss Titel für Fürsten von einem bestimmten Rang mit dem Prädikat Hoheit, auch für nicht regierende Prinzen (H. ,zu Sachsen' und ,in Bayern').

Herzogenbusch (holl. *'s Hertogenbosch, Den Bosch*), stark befestigte Hauptstadt der niederländ. Prov. Nordbrabant, am Zusammenfluss der Dommel und Aa, 25,038 Ew.; St. Janskirche; bed. Industrie.

Hesekiel, Prophet, s. *Ezechiel.*

Hesekiel, *Georg Ludwig*, Schriftsteller, geb. 12. Aug. 1819 zu Halle, lebt seit 1849 in Berlin. Schr. zahlr. Romane sehr konservativer Tendenz, patriot. Gedichte und Soldatenlieder (,Patronentaschenbuch', ,Preuss. Kriegs- und Königslieder', 1870), ,Das Buch vom Grafen Bismarck' (2. Aufl. 1870) u. A.

Hesiod, griech. Dichter, aus Askra in Böotien gebürtig, † zu Orchomenos um 900; das Haupt der sogen. böotischen oder pierischen Sängerschule. Werke (didaktisch): ,Theogonie', ,Werke und Tage' und ,Schild des Hercules' (unächt). Ausgabe von Göttling (2. Aufl. 1843); Köchly & Kinkel (1870 f.). Uebers. von Voss (1806) und Uschner (1865).

Hesperia, Abendland, bei den Griechen Italien, bei den Römern Spanien.

Hesperiden, die Töchter des Hesperus, bewachten mit dem hundertköpfigen Drachen Ladon in ihren Gärten die goldenen Aepfel der Here. Die Gärten der H. lagen nach Hesiod im äussersten Westen. Vgl. Hercules.

Hesperis L. (Nachtviole), Pflanzengattung der Kruciferen. H. matronalis Lam. (rothe N., Matronenblume), in Europa, Nordamerika, Zierpflanze; früher officinell.

Hesperus, der Morgen- und Abendstern, nach der Mythe Sohn des Asträus und der Aurora, Vater der Hesperiden, Freund der Astronomie, verschwand, bei Beobachtung der Sterne vom Atlas gestürzt, spurios.

Hess, Heinr. Herm. Joseph, Freiherr von, österr. Feldherr, geb. 17. März 1788 zu Wien. trat 1805 in die österr. Armee, focht bei Aspern und Wagram, machte die Feldzüge von 1813 und 1814 mit, ward 1829 Oberst, 1831 Generalstabschef in Italien, 1843 Feldmarschalllieutenant, 1848 u. 1849 wieder Chef des Generalstabs Radetzkys im Krieg mit Piemont, 1850 Feldzeugmeister und Generalstabschef des Kaisers, 1851 und 1853 mit militär. Missionen nach Warschau, Petersburg und Berlin betraut, 1859 Feldmarschall, 1861 lebenslängl. Mitglied des Herrenhauses, war beim Krieg mit Preussen 1866 nicht betheiligt, da sein Plan, Besetzung der Gebirgspässe, nicht angenommen ward; † 13. April 1870. Schr. ,Der prakt. Dienst im Felde' (5. Aufl. 1868).

Hess, Name mehrerer ber. Maler: 1) Karl Adolf Heinr., Pferde- und Schlachtenmaler, geb. 1769 zu Dresden, † 3. Juli 1849 zu Wilhelmsdorf bei Wien. — 2) Peter von H., ber. Schlachtenmaler, geb. 29. Juli 1792 zu Düsseldorf, Sohn des Kupferstechers Karl Ernst Christ. H. († 1828), machte 1813—15 im Generalstabe des Fürsten Wrede den Krieg in Frankreich mit, war später in Wien, in der Schweiz, in Italien, Griechenland, Petersburg; † 5. April 1871. Schlacht bei Arcis sur Aube, Gefecht am Engpass bei Bodenbühls, Gefecht bei Wörgel, Schlacht bei Leipzig u. v. a. — Seine Söhne Eugen H., geb. 1824, † 1859, treffl. Genremaler, und Max H., geb. 1826, † 1868, Historienmaler. — 3) Heinrich von H., Historienmaler, Bruder des Vor., geb. 19. April 1798, seit 1827 Prof. an der Akademie zu München; † 29. März 1863. Kartons zu den Glasgemälden im regensburg. Dom, Fresken in der Allerheiligenkirche und der Basilika zu München u. A. — Sein Bruder, Karl H., geb. 1801, Genremaler (Alpenleben, Thierstücke).

Hesse, Eoban, lat. Dichter, geb. 6. Jan. 1488 bei Bockendorf (Hessen), † 5. Okt. 1540 als Prof. der Dichtkunst zu Marburg. Anhänger der Reformation; berühmt seine ,Heroiden' (1537) und die metr. Uebersetzung der Iliade (1540). Biogr. von Hertz (1860).

Hessen, alter deutscher Volksstamm, früher unter dem Namen Katten (s. d.) in dem heutigen Ober- und Niederhessen bis nach Thüringen hinein ansässig, dann in dem Frankenbunde aufgehend. Der Infolge der Auswanderung der Franken nach Belgien und Gallien von Sachsen besetzte Theil des Hessenlandes bliess auf sächs. Hessengau. Der fränk. Hessengau und der Oberlahngau wurden unter fränk. Herrschaft von Grafen regiert, von denen Konrad Herzog von Franken u. deutscher König ward. Nach ihm herrschten in Hessen mehrere Grafen- und Dynastengeschlechter, unter denen die Gisonen, Grafen von Gudensberg, hervorragten. Durch Vermählung mit der Erbtochter des letzten derselben erhielt Landgraf Ludwig I. von Thüringen die Grafschaft Gudensberg und ward daun von den hess. Grossen als Landesherr anerkannt. Nach dem Aussterben der thüring. Landgrafen im Mannsstamme mit Heinrich Raspe (1247) erhielt dessen Nichte, Sophie, die Tochter Landgraf Ludwigs des Frommen und Gemahlin Herzog Heinrichs von Brabant, nach langem Kampf mit ihrem Rivalen, dem Markgrafen Heinrich dem Erlauchten von Meissen, Heinrich Raspes Schwestersohn, durch Vertrag von 1263 statt des ganzen thüring. Erbes nur Hessen. Ihr Sohn, Heinrich I., das Kind, Stammvater des hess. Fürstenhauses, nannte sich, obwohl sein nunmittelbarer Besitz nur die Grafschaft Gudensberg war, als Reichsfürst Landgraf von H., nahm seinen Sitz zu Kassel. Seine Nachfolger brachten nach und nach die einzelnen dynastischen Territorien an sich und erwarben ausserdem am Mittelrhein bedeutende Besitzungen. Nach mehreren Theilungen vereinigte Wilhelm II. 1500 die gesammten hess. Lande wieder und hinterliess sie seinem Sohne Philipp I. (s. d.), dem Grossmüthigen, nach dessen Tode (1567) sie zufolge Testaments von 1562 unter seine 4 Söhne getheilt wurden: Wilhelm IV. erhielt die Hälfte der Lande mit Kassel; Ludwig IV. ein Viertel mit Marburg; Philipp II. ein Achtel mit Rheinfels; Georg I. ein Achtel mit Darmstadt. Da Philipp II. 1583 und Ludwig IV. 1604 ohne Erben starben, so blieben nur die beiden Hauptlinien H.-Kassel (s. d.) und H.-Darmstadt (s. d.) übrig. Vgl. Rommel, ,Gesch. von H.', 1820—58, 10 Bde.

Hessen-Darmstadt, Grossherzogthum, 6. Staat des deutschen Reichs, 139,86 QM. und 823,138 Ew. Zwei getrennte Haupttheile: 1) die Prov. Starkenburg und Rheinhessen, südl. des Maius, 2) Prov. Oberhessen im N., von preuss. Gebiet umschlossen. — Boden theils ebon, theils gebirgig. In Oberhessen das Vogelsgebirge und die fruchtbare Wetterau; in Starkenburg der Odenwald nebst einem grossen Theil der Rhein- und Mainebene; Rheinhessen nur Hügelland. —

Hauptflüsse: Rhein, Main, Nidda u. Schwalm. — Die *Bevölkerung* rheinfränk. Stamms, 32% städtisch, 68% ländlich; der Religion nach 68% protestant., 27,9% rom.-kath., 3,4% israelit. — *Erwerbszweige:* Ackerbau (Ertrag über Bedarf), Wein- (jährl. 120,000 Ohm) und Tabakbau (26,500 Ctr.), Bergbau (in Oberhessen, auf Eisen, Salz, Braunkohlen, Produktion ca. 922,000 Thlr.). — *Industrie* (Hauptsitze Mainz und Offenbach): Metallbearbeitung, Fabrik. von Leder- und Holzwaaren, Chemikalien, Möbeln und Wagen, Portefeuillewaaren. — *Handel* ansehnlich (Centrum Mainz). 2 Banken: Bank für Süddeutschland (seit 1855, 20 Mill. Fl. Grundkapital) und Bank für Handel und Industrie (50 Mill. Fl. Kapital), beide in Darmstadt. Eisenbahnen 1868: 42,8 M. — *Bildungsanstalten:* 1 Universität (Giessen), 6 Gymnasien, 10 Realschulen, 2 Lehrerseminare (1 kathol.), ca. 1760 Volksschulen. — Die *Regierung* nach dem Staatsgrundgesetz vom 17. Dec. 1820 konstitutionell-monarchisch und im Mannsstamm erblich. Gegenwärtiger Regent: Ludwig III. (seit 1848). Civilliste: 631,000 Fl. (auf Domänen radicirt). Die Landstände (nach Gesetz vom 6. Sept. 1856) aus 2 Kammern bestehend. In der Rechtspflege Oeffentlichkeit und Mündlichkeit nebst Schwurgerichten. Höchste Gerichtsstelle: das Oberappellations- und Kassationsgericht in Darmstadt. — *Finanzen* 1871 (Voranschlag): Einnahmen 10,311,922 Fl., Ausgaben 10,000,017 Fl. Von den Einnahmen kommen 2,40 Mill. auf Domänen, 3,59 Mill. auf direkte und 3,72 Mill. Fl. auf indirekte Steuern. Staatsschuld (1869): 14,724,000 Fl. (darunter 9,881,700 Fl. Eisenbahnschuld). 4,3 Mill. Fl. Staatspapiergeld. — Die *Armee* bildete bereits seit 1. Okt. 1869 eine eigene (11.) Division des 11. norddeutschen Armeecorps mit einer bes. Artillerieabtheilung; Stärke 15,000 M. Feldtruppen und 5800 M. Reserve. — *Orden:* der Ludwigs-Verdienstorden (seit 1807) und Orden Philipps des Grossmüthigen (seit 1840). — *Wappen:* im blauen Grunde ein von Silber und Roth quer gestreifter Löwe mit Doppelschwanz, mit erhobener Vordertatze ein Schwert haltend. Landesfarben: weiss u. roth. Haupt- u. Residenzstadt: Darmstadt.

Geschichte. H.-D., die jüngere Linie des hess. Hauses, gestiftet von Georg I. (1567–1596), dem jüngsten Sohn Philipps des Grossmüthigen, der bei der Theilung von 8. Theil, die Obergrafschaft Katzenellenbogen mit der Residenz Darmstadt, nach dem kinderlosen Tod seines Bruders Philipp von Hessen-Rheinfels den 3. Theil von dessen Besitzungen erhielt. Ludwig V. (1596–1626) erbte nach dem kinderlosen Tode seines Oheims Ludwig von Hessen-Marburg 1604 einen Theil von Oberhessen und führte die Primogenitur ein. Georg II. (1626–61). Ludwig VI. (1661–1678) förderte Künste und Wissenschaften. Unter Ernst Ludwig (1678–1739) Verheerung des Landes durch die Franzosen. Ludwig VIII. (1739–68) beendigte den langen Streit mit H.-Kassel über die Erbfolge in der Grafschaft Hanau und erwarb die Herrschaft Lichtenberg. Unter Ludwig IX. (1768–90) Refor-

men in der Staatsverwaltung durch den Freiherrn von Moser. Ludwig X. (1790–1830) erbielt zur Entschädigung für Verluste (zusammen 40 QM. mit 100,000 Ew.) durch den Frieden von Luneville (1801) und durch den Reichsdeputationshauptschluss (1803) das Herzogthum Westphalen, Theile von Kurmainz, Kurpfalz und dem Hochstift Worms (110 QM. mit 220,000 Ew.), trat dem Rheinbunde bei, nahm 14. Aug. 1806 die grossherzogl. Würde an als *Ludwig I.*, schloss sich 2. Nov. 1813 durch den Vertrag von Dornigheim den Alliirten an, verlor durch den wiener Kongress Westphalen an Preussen, Anderes (Amorbach, Miltenberg) an Bayern und erhielt dafür Rheinhessen, gab 18. Mai 1820 dem Lande eine' neue Repräsentativverfassung, die aber 17. Dec. durch ein mit den Ständen vereinbartes Staatsgrundgesetz ersetzt ward. Unter Ludwig II. (1830 bis 1848) Differenzen zwischen Regierung und Ständen über Finanzfragen, Unabhängigkeit der Richter etc. 5. März 1848 Berufung H. von Gagerns, Mitte Juli Janps zum Minister. Verheissung von Pressfreiheit, Volksbewaffnung, freiem Petitions- und Versammlungsrecht, Schwurgerichten etc. durch Edikt vom 6. März. Unter *Ludwig III.* (seit 16. Juni 1848) Juni 1849 Beitritt zur preuss. Union. Anfang 1850 Restaurationspolitik und Hinneigung zu Oesterreich. Juni 1850 Berufung des Ministeriums Dalwigk. Rücktritt von der preuss. Union. 3. Okt. Verbot der polit. Vereine. Beschränkung der Pressfreiheit; 9. Okt. Aufhebung des Wahlgesetzes von 1849. Sommer 1853 Spannung mit Preussen und Abbruch der diplomat. Beziehungen mit diesem bis Anfang 1855. 1859 Wiedererwachung des polit. Lebens. Vergebl. Einschreiten der Regierung gegen die Mitglieder des Nationalvereins. Unzufriedenheit über die 22. Aug. 1854 abgeschlossene, aber erst 26. Okt. 1860 zur öffentl. Kenntniss gebrachte mainz-darmstädter Konvention in Betreff der Regelung der Verhältnisse des Staats zur kathol. Kirche. Herbst 1864 Beitritt zum preuss.-franz. Handelsvertrag. 24. März 1866 Anfall Hessen-Homburgs an H.-D. 16. Mai die Mobilisirung der hessen-darmst. Armeedivision angeordnet. Infolge der Zustimmung H.-D.s zum Bundesbeschluss vom 14. Juni Koncentrirung der Armeedivision bei Frankfurt. Antipreuss. Stimmung im Volke. 15. Juli Uebersiedlung des Grossherzogs nach München. 1. Aug. Waffenstillstand mit Preussen zu Nikolsburg. 3. Sept. Friede mit Preussen; H.-D. zahlt 3 Mill. Gulden Kriegskosten an Preussen, tritt an dieses die Landgrafschaft Hessen-Homburg mit Meisenheim, die Kreise Biedenkopf und Vöhl, den nordwestl. Theil des Kreises Giessen, Rödelheim und Niederursel ab, wofür es Nauheim, Rumpenheim und einige andere bisher kurhess. und nassauische Ortsbezirke erhält, und tritt mit seinen nördl. vom Main gelegenen Gebietstheilen dem norddeutschen Bunde bei. 7. April 1867 Militärkonvention mit Preussen, die hess. Division ein Theil des norddeutschen Bundesheeres. 11. April Schutz- und Trutzbündniss mit Preussen.

April 1868 Differenzen mit Preussen betreffend Ausführung der Militärkonvention. 14. April H.-D.s Fügung in die preuss. Anforderungen; Elurichtung der Militärverwaltung durch preuss. Offiziere. 16. Juli 1870 Mobilmachung der hess.-darmst. Truppen; 15. Nov. Vertrag zu Versailles über den Beitritt des südl. Theils von H.-D. zum neuen deutschen Bunde und vorläufige Vereinbarung betr. die Militärverhältnisse H.-D.s. 1871 Entlassung Dalwigks. Die Gesch. des Grossherzogth. H.-D. bearbeiteten *Walther* (1841), *Steiner* (1833—34, 5 Bde.). Vgl. *Buchner*, ,Das Grossherzogthum H. in seiner polit. und socialen Entwicklung', 1850.

Hessenfliege, s. *Mücken*.

Hessen-Homburg, bis 1866 deutsche Landgrafschaft, 5 QM. mit 26,817 Ew.; war früher als Amt Homburg ein Theil der Landgrafschaft Hessen-Darmstadt, kam 1622 an Friedrich I. († 1638), den jüngeren Sohn Georgs I. 1626 Einführung der Primogenitur. Unter Friedrich II. (1638—170e) Einwanderung franz. Refugiés. Friedrich III. Jakob (1708 bis 1746)erhält die his dahin sehr beschränkte volle Landeshoheit in H.-H. Auf Friedrich IV. (1746—51) folgt Friedrich V. (1751—1820) unter Vormundschaft seiner Mutter und des Landgrafen Ludwig VIII. von Hessen-Darmstadt. 1806 Mediatisirung und Eluverleibung der Landgrafschaft in H.-Darmstadt, 1815 Wiederherstellung der Souveränetät und 1817 Hinzutritt H.-H.s zum deutschen Bund. Es folgen 5 Brüder: Friedrich VI. Joseph (1820—29), Ludwig Friedrich Wilhelm (1829 bis 1830), Philipp August Friedrich (1830 bis 1846), Gustav Adolf Friedrich (1846—48) und Ferdinand Heinrich Friedrich (1848—1866). April 1849 Berufung eines Landtags; 3. Jan. 1850 Publikation einer Verfassung, welche 20. April 1852 wieder aufgehoben wird. Mit Ferd. Heinr. Friedr. stirbt die Linie H.-H. 24. März 1866 aus, worauf das Land an Hessen-Darmstadt fällt.

Hessen-Kassel (*Kurhessen*), bis 1866 deutsches Kurfürstenthum, 173,7 QM. mit 738,500 Ew., seitdem Theil der preuss. Prov. Hessen-Nassau. Die ältere Linie des Hauses Hessen, gestiftet von dem ältesten Sohne Philipps des Grossmüthigen, dem Landgrafen *Wilhelm IV.*, dem Weisen (1567—92), der bei der von Philipp angeordneten Theilung die Hälfte der hess. Lande mit der Residenz Kassel erhielt. Sein Nachfolger Moritz trat zur reform. Konfession über und überliess 1627 die Regierung seinem Sohne Wilhelm V., der 1628 die Primogenitur einführte und 1637 †. Sein Bruder Hermann stiftete die Nebenlinie *H.-Rotenburg*, der jüngste Bruder Ernst *H.-Rheinfels*. Unter Wilhelm VI. (1637—63) im westphälischen Frieden Erwerbung des grössten Theils der Grafschaft Schaumburg und der Abtei Hersfeld als Fürstenthum. Auf Wilhelm VII., der 1670 minderjährig †, folgt sein Bruder Karl (1670—1730); ein 3. Bruder, Philipp, wird Stifter der Linie *H.-Philippsthal*. Karls Sohn, Friedrich I., seit 1720 König von Schweden als Gemahl der Ulrike Eleonore, der Schwester und Nachfolgerin Karls XII., ernennt

seinen Bruder Wilhelm zum Statthalter in H., der ihm 1751 als Landgraf Wilhelm VIII. folgt; † 1760. Sein Sohn Friedrich II. (1760 bis 1785) vermehrt das Heer bedeutend und lässt von 1776—84 22,000 Mann in engl. Sold in Nordamerika kämpfen, wofür ihm 21,276,778 Thlr. gezahlt werden. Sein Sohn Wilhelm IX. nimmt 1. Mai 1803 die Kurfürstenwürde an als Wilhelm I., verliert im Frieden vom Tilsit (1807) sein Land, das dem neuerrichteten Königreich Westphalen einverleibt wird, übernimmt 21. Nov. 1813 die Regierung wieder, erhält zu seinem früheren Besitz den grössten Theil des Fürstenthums Fulda, mehrere Enklaven im Kurhessischen etc., gibt 4. März 1817 ein Staatsgrundgesetz. Ihm folgt 27. Febr. 1821 sein Sohn Wilhelm II., der 9. Jan. 1831 ein neues Staatsgrundgesetz gibt und 30. Sept. dem Kurprinzen Friedrich Wilhelm als Mitregenten die Regierung überträgt. 1833 bis 1835 Missehelligkeiten zwischen dem Ministerinm Hassenpflug und den Ständen. 20. Nov. 1847 übernimmt der Kurprinz-Mitregent die Regierung als Kurfürst Friedrich Wilhelm I. März 1848 Reform der Gesetzgebung im liberalen Sinne. Anschluss an die preuss. Union. 22. Febr. 1850 Einsetzung des reaktionären Ministeriums Hassenpflug. 31. Aug. Verweigerung der direkten Steuern von Seiten der Stände wegen mangelnden Finanznachweises. 2. Sept. Auflösung der Ständeversammlung. Das Ministerium befiehlt durch Verordnung vom 4. Sept. einseitig die Forterhebung sämmtlicher Steuern; die Gerichte und Verwaltungskollegien verweigern die Vollziehung dieser Verordnung als verfassungswidrig. 17. Sept. Verlegung des Regierungssitzes nach Wilhelmshad. 21. Sept. Aufforderung der Regierung von Seiten des Bundestags, die bedrohte landesherrliche Autorität sicher zu stellen. Widerspruch Preussens gegen das Einschreiten des Bundestags als einer nicht anerkannten Behörde. 25. Okt. Beschluss des engeren Raths des Bundestags, die von Hassenpflug angerufene Bundeshülfe zu gewähren. 1. Nov. Besetzung Hanaus durch österr.-bayer. Exekutionstruppen, worauf preuss. Truppen Kassel und Fulda besetzen. 8. Nov. Zusammenstoss bei Bronzell. Infolge der Verabredung zu Olmütz (29. u. 30. Nov.) Mitwirkung Preussens bei der Bundexekution. Durchführung der Septemberverordnungen, Unterdrückung der Presse, gewaltsame Eintreibung der Steuern, Kriegsgerichte statt der gesetzlichen Rechtspflege. 27. Dec. Rückkehr des Kurfürsten nach Kassel. Politische und kirchl. Reaktion. März 1852 erklärt die Bundesversammlung die Verfassung von 1831 mit den Zusätzen von 1848 und 1849 ausser Wirksamkeit und genehmigt den von der Regierung vorgelegten Verfassungsentwurf, der 13. April als neue Verfassung publicirt wird. 16. Okt. 1855 Entlassung Hassenpflugs. Seit Ende 1859 lebhafte Agitation in der kurhess. und deutschen Presse für Herstellung der Verfassung von 1831. 30. Mai 1860 Publikation der geänderten neuen Verfassung von 1852 infolge des Bundesbeschlusses vom 24. März 1860. 21. Juni 1862 Herstellung der Verfassung von 1831 und des Wahlgesetzes von 1849 auf Grund eines Bundesbeschlusses vom 24. Mai. Neue Streitigkeiten zwischen Regierung und Ständen über die Rechtmässigkeit der während der provisor. Verfassungen ergangenen Erlasse. Der vom ständ. Ausschuss wiederholt konstatirte Stillstand in Gesetzgebung und Verwaltung veranlasst 14. März 1866 die Stände zur Klage wegen verfassungswidriger Besetzung des obersten Gerichts und zur Verwahrung gegen die Folgen der bestehenden Missregierung. Hinneigung der Regierung zu Oesterreich. Infolge der Beistimmung ders. zum Bundesbeschluss vom 14. Juni Mobilisirung der hess. Truppen, wogegen die Ständeversammlung auf Einhaltung der Neutralität dringt. 15. Juni Ablehnung der preuss. Sommation. 16. Juni Besetzung des Landes durch preuss. Truppen. 22. Juni Abweisung der preuss. Anträge zum Behuf der Verständigung von Seiten des Kurfürsten, daher 23. Juni Abführung dess. nach Stettin. 17. Aug. Einverleibung Kurhessens in den preuss. Staat. Die Gesch. Kurhessens bearbeiteten *Rommel* (1820—58, 10 Bde.), *Röth* (1855) und *Wippermann* (1850).

Hessen-Nassau, infolge des Krieges von 1866 durch Erlass vom 7. Dec. 1868 neu gebildete preuss. Prov., besteht aus dem vormal. Kurfürstenth. Hessen, dem vormal. Herzogth. Nassau, der vormal. freien Stadt Frankfurt und bisher bayer. und grossherzogl. hess. Gebietstheilen, 283,2 QM. und 1,379,745 Ew. (34,942 Juden). Vorherrschend Bergland, doch 3000' Höhe nicht erreichend (Spessart, Rhön, Meissner, Westerwald, Taunus und Ausläufer des Vogelsgebirges etc.). **Flüsse:** Main und Rhein (Süd- und Westgrenze) mit Kinzig u. Lahn, Weser mit Fulda etc. **Erwerbszweige:** Landwirthschaft und Viehzucht, ausgedehnter Waldbetrieb (im Hessischen) und weltberühmter Weinbau (im Rheingau). Technische Kultur namentlich in Tuchen, Bijouterie-, Eisen- und Thonwaaren bedeutend entwickelt. Ausserdem Bergbau und ausgebreiteter Handel. Eisenbahnen 101,8 M. Ber. Bäder in Menge (Ems, Selters, Homburg, Wiesbaden, Schlangenbad, Schwalbach etc.). Universität (Marburg), 9 Gymnasien, 2 lat. Schulen, 18 Realschulen, 5 Seminarien. 2 Regbz.: Kassel und Wiesbaden (mit 11 Kreisen).

Hessen-Philippsthal, jüngere Nebenlinie von Hessen-Kassel, ohne Landeshoheit, von Philipp, dem 3. Sohne des Landgrafen Wilhelm VI., 1663 begründet nach dem 1685 von ihm als Residenz bezogenen Philippsthal genannten Kloster Kreuzberg benannt, gegenwärtig durch den Landgrafen Ernst, geb. 20. Dec. 1846, repräsentirt, succed. 12. Febr. 1868. Eine Nebenlinie dieses Hauses begründete Philipps 2. Sohn Wilhelm, *H.-P.-Barchfeld,* gegenwärtig durch den Landgrafen Alexis, geb. 13. Sept. 1829 repräsentirt, succed. 17. Juli 1854.

Hessen-Rheinfels-Rotenburg, ältere Nebenlinie von Hessen-Kassel, gestiftet von Ernst, dem jüngsten Sohne des Landgrafen Moritz, der 1627 Rheinfels erhielt und 1658 alleiniger Inhaber der sogen. *rotenburger Quart,* d. h. der sämmtlichen den jüngeren Söhnen des Landgr. Moritz unter Hoheit der ältesten Linie überlassenen Aemter etc. ward. Die Linie erlosch 1834 mit Victor Amadeus, der seinen Landerbesitz (Ratibor, Korvei u. A., 1841 ihm als Entschädigung für verlorne Gebietstheile zuerkannt) auf die Neffen seiner 2. Gemahlin, die Prinzen Victor und Clodwig von Hohenlohe-Schillingsfürst vererbte. Die Einkünfte der rotenburger Quart fielen nach langem Streit zwischen den Ständen und dem Kurhause 1848 dem Staatsvermögen zu.

Hestia, die röm. Göttin Vesta.

Hetären (gr.), Genossen, Freunde; insbes. bei den alten Griechen Frauenzimmer, die freiern Umgang mit Männern pflegten (Aspasia, Lais etc.); Buhlerinnen.

Hetärie (gr.), Genossenschaft, insbes. Geheimbund der Neugriechen zu Vorbereitung ihrer Befreiung von der türk. Herrschaft, 1795 von Konstantin Rhigas gestiftet, 1814 bis 1817 erneuert, bes. in Russland verbreitet, löste sich nach dem verfrühten Ausbruch der griech. Revolution 1821 auf.

Heterodox (gr.), d. i. andersgläubig, vom festgestellten kirchlichen Lehrbegriff abweichend; *Heterodoxie,* b.er Glaube, Gegensatz von Orthodoxie.   [von homogen.

Heterogén (gr.), ungleichartig; Gegensatz

Heterolalie (gr.), unrichtiges Sprechen, Sichversprechen, bedingt durch Erkrankung der Zungennerven an ihrem Ursprunge im Gehirn; auch die geänderte Sprache der Typhösen, Croupösen, Lungenkranken.

Heteröcis (gr.), s. *Enallage.*

Hetman (*Ataman*), das Oberhaupt der Kosaken, jetzt ganz vom russ. Kaiser abhängig. *Grosshetman,* seit 1581 Titel des Oberfeldherrn des poln. Heeres, dem der *Feldhetman,* mit Vertheidigung der Grenzen des Reichs gegen die Tataren betraut, zur Seite stand.

Hettner, *Hermann,* Kunst- und Literarhistoriker, geb. 12. März 1821 zu Leisersdorf (Schlesien), seit 1855 Direktor der Antiken- u. histor. Sammlung und Prof. der Kunstgeschichte zu Dresden. Hauptwerk: ,Literaturgesch. des 18. Jahrh.' (1856—70, 6 Thle.); schr. ausserdem ,Vorschule zur bildenden Kunst der Alten' (1848); ,Die romant. Schule' (1850); ,Das moderne Drama' (1852); ,Griech. Reiseskizzen' (1853); ,Die Bildwerke der königl. Antikensammlung zu Dresden' (1856).

Hettstedt, Stadt im preuss. Regbz. Merseburg, Gebirgskr. Mansfeld, an der Wipper, 5120 Ew. Ansgiebige Kupferwerke.

Heu, getrocknetes Wiesengras des ersten Schnitts. Zeit der Ernte: hohe Grasblüthe, weil dann das Gras am reichsten an Nahrungsstoffen ist. 1 Morgen Wiese liefert 10—100 Ctr. H. *Süsses* H. enthält nur Gräser (Gramineen), *saures* viel Halbgräser (Cyperoiden). *Brauнheu* ist gegohrenes H. Behufs Versendung des H.s benutzt man *Heupressen,* welche das H. auf ¼ seines Volumens reduciren.

Henberg, s. *Rauhe Alp.*   [duciren.

Heuglin, *Theodor von,* Afrikareisender,

geb. 1825 im Würtembergischen, bereiste 1850 — 54 zum ersten Male Aegypten und Abessinien, erforschte 1856—58 die afrikan. Küstenländer des rothen Meers und am Golf von Aden; reiste 1861, mit der Leitung der Expedition zur Aufsuchung Vogels betraut, durch das rothe Meer bis Massena, von da durch die Bogosländer bis Axum und Gondar, wandte sich dann, der Leitung der Expedition enthoben, nach Chartum, schloss sich hier 1862 der Expedition der Med. Tinné an, mit der er bis Knlanda (5° n. Br.) und zum Dembofluss vordrang, und kehrte Nov. nach Europa zurück. Im Sommer 1870 unternahm er eine Fahrt nach Spitzbergen (s. *Gillisland*). Schr. ‚Systemat. Uebersicht der Säugethiere Nordafrikas‘ (1867); ‚Reise nach Abessinien, den Galaländern etc.‘ (1868); ‚Reise in das Gebiet des weissen Nil‘ (1869); ‚Ornithologie Nordost-Afrikas‘ (1860 f.) u. A.

Heun, *Karl Gottlieb*, pseudon. *Heinr. Clauren*, Romanschreiber, geb. 20. März 1771 zu Dobrilugk, † 2. Aug. 1854 als geh. Hofrath zu Berlin. Einst Liebling des Lesepublikums durch seine seichten Erzählungen: ‚Die graue Stube‘, ‚Mimili‘ u. v. a.

Heuréka (gr., d. i. ich habe es gefunden), sprichwörtlicher Ausruf bei einer plötzlich gemachten Entdeckung, von Archimedes (s. d.) zuerst gebraucht bei Entdeckung des hydrostat. Gesetzes.

Heuristik (gr.), Kunst oder Methodik des Erfindens; *heuristische Lehrmethode*, den Schüler zum Selbstfinden von Wahrheiten, Lehrsätzen etc. anleitende Lehrmethode.

Heuscheuer, s. *Glatzer Gebirge*.

Heuschrecken (Saltatoria), Insektenfamilie der Geradflügler (Orthoptera). A. *Feldheuschrecken*. Aus der Gattung Feldheuschrecke (Acridium *Latr.*) weiden grosse Arten in Asien, Nordafrika und am Senegal gegessen. *Wanderheuschrecke* (A. migratorium *L.*), 2'' l., zieht aus den russ. und asiat. Steppen die Felder verheerend strichweise bis ins südliche Schweden. B. *Laubheuschrecken*. *Grosses Heupferdchen* (Locusta viridissima *L.*), 1'' l., in Europa, Nordafrika. *Warzenbeisser* (Decticus verrucivorus *L.*), 12 — 14''' l., in Mittel- und Nordeuropa. C. *Grabheuschrecken*, Grillen (s. *Grille*).

Heuschreckenbaum, s. *Hymenäa*.

Heuschreckenkrebs, s. *Krebse*.

Heveen, bei der trocknen Destillation des Kautschuks sich bildender flüssiger Kohlenwasserstoff.

Heveller, slav. Volksstamm, zu K. Heinrichs I. Zeit an der Havel sesshaft, seit 12. Jahrh. von den Sachsen unterworfen. Hauptstadt Brennaborch (Brandenburg).

Heves (*H. und Ausserssolnok*), Komitat in Ungarn, Kr. diesseits der Theiss, 119,8 QM. mit 295,000 Ew.; fruchtbar an Wein, Getreide und Metallen. Hauptst. Erlau.

Hex, **Hexa** (gr.), sechs. *Hexachord*, Sechsklang, Sexte. *Hexadisch*, die 6 zur Grundzahl habend. *Hexaëmeron*, Sechstagewerk, insbes. die Schöpfung nach der Genesis.

Hexagōn (gr.), Sechseck; *hexagonāl*, sechseckig; *Hexagonalzahlen*, s. *Figurirte Zahlen*.

Hexagramm (gr.), Schrift von 6 Zeilen.

Hexagynisch (gr.), sechsweibig, von Pflanzen mit 6 bis auf den Fruchtboden getrennten Griffeln; daher *Hexagynia*, Ordnungsbezeichnung des linnéschen Systems.

Hexaméter (gr.), Versart, bestehend aus 6 Füssen, von denen die 4 ersten Daktylen oder Spondeen sind, der 5. ein Dactylus, der 6. ein Spondeus oder Trochäus.

Hexandrisch (gr.), sechsmännig, von Pflanzen mit 6 gleich hohen Staubgefässen; *Hexandria*, die 6. Klasse des linnéschen Systems.

Hexangulär (gr.), sechswinkelig.

Hexapla (gr.), Werk in 6 Sprachen; insbes. derartiges Bibelwerk. [Casus bat.

Hexaptôton (gr.), Wort, welches alle 6 Hexaatichon (gr.), sechszeiliges Gedicht.

Hexe, eigentl. weise (weissagende) Frau, dann Weib, welches durch ein mit dem Teufel eingegangenes Bündniss in den Stand gesetzt sein sollte, auf Menschen und Thiere auf schädliche Weise einzuwirken. Der Glaube an H.n entstand unter den german. Völkern erst nach ihrer Christianisirung und entwickelte sich aus der Lehre vom Teufel. Die *Hexenprozesse* wurden veranlasst durch eine Bulle des Papstes Innocenz VIII. von 1484 gegen vermeintliche Bündnisse mit dem Teufel. Sprengers ‚Hexenhammer‘ (‚Malleus maleficarum‘, Köln 1487) regelte das gerichtl. Verfahren gegen die H.n (Erpressung des Geständnisses mittelst der Folter und Verbrennung). Auch in den protestant. Ländern fanden die Hexenprozesse Eingang, bes. im 16. und 17. Jahrh. Widerspruch dagegen erhoben zuerst die Jesuiten Tanner († 1632) und Spee († 1635), dann der niederländ. Theolog Balthasar Bekker (‚Bezauberte Welt‘ 1691 — 93), am erfolgreichsten aber Thomasius (†1718). Doch wurden noch im 18. Jahrh. H.n prozessirt; die letzten 1749 zu Würzburg, 1754 und 1756 zu Landshut, 1782 zu Glarus. Vgl. *Soldan* (1843), *Haas* (1865).

Hexenmehl, s. *Lycopodium*.

Hexenschuss (Lumbago), rheumatischer Kreuzschmerz, welcher plötzlich eintritt und den Kranken hindert, sich zu bücken und sich seitlich zu biegen. Heilung durch elektrischen Strom oder Senfteig.

Hexentanzplatz, Felsplatte am Rande des Bodethals (834' darüber), der Rosstrappe gegenüber, mit Hotel; vielbesuchter Punkt.

Heyden, *Friedr. Aug. von*, Dichter, geb. 3. Sept. 1789 zu Neriken (Ostpreussen), Oberregierungsrath in Breslau; † das. 5. Nov. 1851. Ausgezeichnet als Epiker. Hauptwerke: ‚Das Wort der Frau‘ (1843; 16. Aufl. 1868), ‚Der Schuster zu Ispahan‘ (1850), ‚Die Königsbraut‘ (1851). Schr. auch Dramatisches und inhaltreiche lyr. Gedichte.

Heydt, *August von der*, preuss. Staatsmann, geb. 15. Febr. 1801 zu Elberfeld, erst Associé des Bankhauses v. d. H., 1841 Mitglied des rhein. Provinziallandtags, 1847 des vereinigten Landtags, übernahm Dec. 1848 im Ministerium Brandenburg-Manteuffel das Portefeuille des Handels, der Gewerbe und öffentl. Arbeiten, 1851 Chef der preuss. Bank, März 1862 Finanzminister, suchte in dem Konflikt zwischen der Krone und dem Abgeordnetenhause zu vermitteln, trat 24. Sept. 1862 zurück, hielt sich seitdem im Abgeordnetenhause zu den Konservativen.

Heyse, 1) *Joh. Christian Aug.,* deutscher Grammatiker, geb. 21. April 1764 zu Nordhausen, zuletzt Direktor der Töchterschule in Magdeburg; † 27. Juni 1829. Schr. ,Theoret.-prakt. deutsche Grammatik' (5. Aufl. 1838—49, 2 Bde.); ,Deutsche Schulgrammatik' (21. Aufl. 1868); ,Allg. Fremdwörterbuch' (14. Aufl. von *G. Heyse* u. *Wittich* 1859). — 2) *Karl Wilh. Ludw.,* Sohn des Vor., geb. 15. Okt. 1797 zu Oldenburg, seit 1829 Prof. zu Berlin; † das. 25. Nov. 1855. Schr. ,Handwörterbuch der deutschen Sprache' (1833—49, 3 Bde.); ,System der Sprachwissenschaft' (herausg. von *Steinthal* 1856). — 3) *Paul Joh. Ludw.,* Dichter, Sohn des Vor., geb. 15. März 1830 in Berlin, längere Zeit in Italien, seit 1854 in München. Ausgez. als Epiker (,Urica' 1852, ,Braut von Cypern' 1856, ,Thekla' 1858 u. a.), wie als Dramatiker (,Ludwig der Bayer', ,Marie Maroni', ,Hans Lange', ,Die Sabinerinnen', ,Colberg' etc.), dazu fruchtbarer Novellist (,Novellen', 8 Sammlungen 1855—70).

Hezareh, Volksstamm in Afghanistan (s. d.).

Hiatus (lat.), gähnende Kluft, Lücke; in der Grammatik Zusammentreffen eines auslautenden mit einem anlautenden Vokal.

Hibernal (lat.), winterlich; *Hibernation,* Winterschlaf. [tige Irland.

Hibernia (*Ierne, Iuerna,* a. G.), das heutige Irland.

Hibiscus *L.* (*Eibisch, Ketmie*), Pflanzengattung der Malvaceen. H. Abelmoschus *L., Bisamstrauch,* in Indien, gibt die bisamduftenden Abelmoschuskörner (Räuchermittel). H. cannabinus *L.,* in Ostindien kultivirt, liefert Gemüse, Oel und, wie mehrere andere Arten in Abessinien und China, Fasern zu Tauwerk und Gespinnsten (Bombaybanf), zu Papier etc. Zierpflanzen.

Hickorynuss, s. *Carya.*

Hidalgo (span.), span. Edelmann.

Hiddensöe, schmale Insel an der Westseite der Insel Rügen, 2½ QM. l.

Hidröa (gr.), Hitzblatter.

Hidrotica (gr.), schweisstreibende Mittel.

Hiefhorn, kleines gerades Jagdhorn.

Hiemal (lat.), winterlich.

Hien-fung, Kaiser von China, geb. Aug. 1831, reg. seit Febr. 1850, schloss 3. Juli 1858 den Frieden von Tientsin mit den Engländern und Franzosen, der jedoch erst nach der Eroberung von Peking (13. Okt. 1860) zur Ausführung kam; † 22. Aug. 1861.

Hierapölis (a. G.), der Cybele heilige Stadt in Grossphrygien, am Mäander, bekannt durch schädliche Dünste verbreitende Höhle Plutonium.

Hierarchie (*Hierokratie,* gr.), Priesterherrschaft; Rangordnung von Würdenträgern, bes. geistlichen; nach kathol. Kirchenrechte die von Christus den Aposteln und deren Nachfolgern gegebene Befugnis, die Kirche zu regieren; daher im Allgem. die Herrschaft des Papstes und der Bischöfe (*römische* H.).

Hieraticum (*Bema,* gr.), in den griech. Kirchen der Raum für die Geistlichen.

hieratischer Stil, der auf den ältesten griech. Skulpturen herrschende, für Weihgeschenke auch später noch festgehaltene Stil, charakterisirt durch steife Behandlung der Körperformen und Gewandung.

hieratische Schrift, s. *Hieroglyphen.*

Hiëro, Name zweier Herrscher von Syrakus: *H. I.,* Bruder und Nachfolger Gelons, reg. 477—467 v. Chr., tapfer, weise und gerecht, Freund der Dichtkunst, an dessen Hofe Simonides, Aeschylus und Pindar lebten. — *H. II.,* Sohn des Hierocles, eines vornehmen Syrakusaners, ward 268 nach einem entscheidenden Siege über die sogen. Mamertiner zum König erhoben, tüchtiger Regent, Bundesgenosse der Römer; † 215.

Hierodrāma (gr.), geistl. Schauspiel.

Hierodulen (gr.), alle zum Tempeldienst einer Gottheit gehörigen Personen, dann insbes. Tempelsklaven, denen die niederen Dienstleistungen oblagen.

Hieroglyphen (gr., d. i. heilige Schriften), die altägypt. Bilderschrift, vorzugsweise Monumentalschrift. Bei den alten Aegyptern waren 3 verschiedene Schriften in Gebrauch: 1) die eigentl. *hieroglyphische* Schrift, die ,Schrift der göttlichen Worte', die älteste; ihre Zeichen, meist in der Vertiefung erhaben herausgemeisselt, Abbildungen von Gegenständen aller Art; 2) die *hieratische* oder *Priesterschrift,* tachygraph. Abkürzung der vorigen, von den Priestern zu gelehrten Aufzeichnungen gebraucht, nur ausnahmsweise auf Monumenten vorkommend; 3) die *epistolograph.* oder *demotische* (*enchorische*) Schrift, aus der vorigen entstanden, Art Schnellschrift für das gewöhnliche Leben, bis in die Zeit der Psammetiche (7. Jahrh. v. Chr.) zurück zu verfolgen. Diese 3 Schriftarten blieben bis in die ersten Jahrh. n. Chr. in Gebrauch, wurden dann aber durch das mit 6 der hierat. Schrift entlehnten Lautzeichen vermehrte griech. Alphabet verdrängt. Die ägypt. Schrift, ursprünglich Ideograph. Wortschrift, entwickelte sich nach und nach zur Lautzeichenschrift, ohne aber ihr erstes Gepräge ganz zu verlieren. Die 1. Klasse der H., die der ideograph. oder Begriffszeichen, begreift a) solche, welche die zu bezeichnenden Gegenstände mehr oder weniger direkt darstellen; b) solche, welche schwer darzustellende Gegenstände, insbes. abstrakte Begriffe symbolisch oder andeutend bezeichnen; c) determinative Zeichen, welche nur zur näheren Bestimmung eines vorausgehenden Worts dienen. Die 2. Klasse der H. enthält phonetische oder Lautzeichen, die aus den Ideograph. H. so ausgewählt sind, dass der zu bezeichnende Laut der Anfangslaut des Namens des abgebildeten Gegenstandes war, der Zahl nach circa 30. Die 3. Klasse der H. sind zugleich Ideograph. und phonetischer Art und daraus entstanden, dass man die bestimmte Wörter ausdrückenden H. auch als Anfangsbuchstaben derselben Wörter gebrauchte und ihnen die übrigen Laute des Worts aus dem phonet. Alphabete hinzufügte. In der hierat. und bes. in der demot. Schrift traten die Ideograph. Zeichen mehr und mehr gegen die phonetischen zurück. Die Versuche zu Entzifferung der H. beginnen mit der Auffindung der Inschrift von Rosette (1799), welche einen und dens. Text in hieroglyph., demot. und griech. Schrift gibt. Zu nennen sind als Entzifferer bes. *Champollion-Figéac*, *Young*, *Lepsius*, *Rosellini*, *Salvolini*, *Leemans*, *Hincks*, *Brugsch*, *Birch*, *de Rougé*, *Chabas*, *Le Page*, *Renouf*, *Lauth*, *Dümichen*. Vgl. *Bunsen*, „Aegyptens Stellung in der Weltgeschichte", Th. 1, 1845.

Hierogramm (gr.), geheime Priesterschrift; *Hierogrammatist*, ein derselben Kundiger.

Hierokratie (gr.), s. v. a. Hierarchie.

Hieronymus, *Sophronius Eusebius*, Heiliger und Kirchenvater, geb. 331 (342) zu Stridon in Dalmatien, lehrte seit 363 zu Rom, ging 386 nach Palästina; † 420 zu Bethlehem. Eiferer gegen jegliche Heterodoxie, Uebersetzer des A. T.s (vgl. *Vulgata*). Werke, neue Ausg. 1770, 15 Bde.

Hieronymus von Prag, Gefährte und Leidensgenosse des Joh. Huss, aus dem Geschlecht von Faulfisch, geb. zu Prag, ward 1399 Magister der freien Künste und Baccalaureus der Theologie, bekämpfte mit Huss die Missbräuche der Hierarchie und die Sittenlosigkeit der Geistlichen, nicht ohne gewaltthätigen Eifer, ward, April 1415 in Hirschau verhaftet, nach Konstanz gebracht, widerrief den 23. Sept., nahm seinen Widerruf 26. Mai 1416 wieder zurück, ward 30. Mai verbrannt. Biogr. von *Heller* (1835) und *Becker* (1858).

Hierophant (gr.), der erste Priester oder Vorsteher bei den Mysterien in Eleusis.

Hieroskopie (auch *Hieromantie*, gr.), Wahrsagung aus der Betrachtung der Opferthiere.

Hierosolyma, s. v. a. Jerusalem.

Hietzing, Vorort von Wien, 3009 Ew.; prächt. Landhäuser. Seit 1866 Wohnsitz des Exkönigs Georg V. von Hannover.

High Church (engl., spr. Hei Tschörtsch), die anglikanische (Hoch-) Kirche.

Highland (engl., spr. Heiländ), Hochland, bei den Engländern insbes. Hochschottland.

High Stewart (engl., spr. Hei Stuart), der Grosskanzler an den engl. Universitäten.

Highwayman (engl., spr. Heiwehmäbu), Hochwegmann, Strassenräuber.

Higumenos (*Mandritus*), Vorsteher der Klöster in der griech. Kirche.

Hilarius, 1) *H. der Heilige*, eifriger Verfechter der athanasian. Lehre; † 13. Jan. 368 als Bischof von Pictavium (Poitiers). — 2) Papst 461 — 468, brachte den Supremat des röm. Stuhls den meisten gall. und span. Bischöfen gegenüber zur Geltung.

Hildburghausen, Stadt in S.-Meiningen, an der Werra, 5129 Ew. Appellationsgericht, Schloss (Garnison); Landesirrenanstalt; Meyers bibliograph. Institut. Von 1695—1827 Residenz der Linie Sachsen-H. [gor VII.

Hildebrand, Geburtsname des Papstes Gregor VII.

Hildebrandslied, das älteste erhaltene Bruchstück der deutschen Heldensage, zu Ende des 9. Jahrb. von 2 Mönchen in Fulda niedergeschrieben; der Form nach alliterirend. Herausg. von *Grimm* (1812), *Vollmer* (1850), *Grein* (1858). Vgl. *Lachmann* (1833).

Hildebrandt, *Eduard*, ber. Landschaftsmaler, geb. 9. Sept. 1817 in Danzig, machte zu künstlerischen Zwecken weite Reisen (1862 — 64 Reise um die Welt; erzählt von *Kossak*, 2. Aufl. 1869, 3 Bde.); † 25. Okt. 1868 in Berlin, als Hofmaler und Mitglied der Akademie. Der „Maler des Kosmos"; hes. treffl. Aquarellen. Biogr. v. *Arndt* (1869).

Hildesheim, Regbz. der preuss. Prov. Hannover, 93,61 QM. und 410,210 Ew. — Die uralte *Hauptstadt* H. (*Bennoburg*), an der Innerste und den Vorbergen des Harzes, 19,547 Ew.; Bischofssitz; Dom (eherne Thüren von 1015, Irmensäule, Christussäule, 800 Jahre alter Rosenstock), Michaelis- und Godehardikirche (1863 restaurirt). In der Nähe 1868 reicher Fund antik-röm. Silbergeschirres (vielleicht Tafelgeräthe des Varus, jetzt in Berlin) — Das ehemal. *Hochstift* H., von Karl d. Gr. gegr., bes. unter den fränk. Kaisern blühend, kam 1803 an Preussen, 1807 an Westphalen, 1813 an Hannover.

Hill, *Sir Rowland*, Reformator des engl. Postwesens, geb. Okt. 1795 zu Kidderminster, brachte 1838 die Einführung einer gleichmässigen Rate von 1 Penny in Vorschlag, der 1840 vom Parlament angenommen ward, seit 1854 Obersekretär des Generalpostmeisters, trat März 1864 in den Ruhestand.

Hillah, türk. Stadt am Euphrat, 30,000 Ew. Ringsum die Trümmer von Babylon.

Hiller, *Ferdinand*, Komponist, geb. 24. Okt. 1811 in Frankfurt a/M., Schüler Hummels in Wien, 1829 — 36 in Paris, 1839 — 40 in Italien, ward 1847 Kapellmeister in Düsseldorf, seit 1850 Musikdirektor in Köln, wo er die „Rhein. Musikschule" gründete. Schr. Symphonien, Ouvertüren, Koncerte, zahlr. Klaviersachen, die Oratorien „Die Zerstörung Jerusalems" und „Saul", Opern („Die Katakomben", „Der Deserteur"), Kantaten („Lorelei", „Die Nacht" etc.), zahlr. Lieder. Auch literarisch thätig („Aus dem Tonleben unserer Zeit", 1868, 2 Bde.; neue Folge 1871).

Hilmend, Fluss in Afghanistan, entspr. am Hindu-khu, mündet in den Hamunsee, 100 M.

Himálaya (d. i. Schneewohnung), höchste Gebirge der Erde, der Südrand von Hochasien, zwischen den Strömen Indus und Brahmaputra, fast 350 M. lang und 30—40 M. br., Grenzscheide des Klimas der Pflanzen- und Thierwelt, der Völker und der Kultur zwischen Central- und Südasien; steht mit dem Nordfuss auf den öden, 15,000' hohen Plateaus von Tübet, mit dem Südfuss auf der versteinernd. Tiefebene; letzterer zu unterst gesäumt von einem 5—7 M. br. Streifen heissen Sumpflandes mit undurchdringlichem Gestrüpp (Dschangel), hinter welchem sich rasch ansteigend die *untere* H. erhebt, in 2—3 reichbewaldeten Vorketten von 3—6000 und 6—10,000' H., mit wohlbebauten, ausserordentlich fruchtbaren und dichtbevölkerten Thälern, worauf dann erst mauerartig die *hohe* H. in immer höheren und öderen Stufen und Schneekämmen emporsteigt (im NW. Parallelketten bildend, im Uebrigen eine lange Reihe von Hochgebirgsgruppen). Mittlere Kammhöhe 14,800', Pässe (spärlich und nur schwer zugänglich)

17—19,000', zahllose Gipfel über 20,000' h. Schneelinie auf der Nordseite (16,300') höher als im S. (15,200'); dort Dörfer bis zu 14,000' und mehr, hier bis 12,000' Höhe. Theile: a) der West-H., vom Indus bis zum Gangesbecken und zum 24,145' h. Dschawahir (28° ö. L.), die Landschaften Baltistan, Ladakh, Kaschmir, Garwal etc. bildend; nördl. von Kaschmir jenseits des Indus die Kailas- und die Karakorumkette mit dem Mustaghpass (17,840') und dem Dapsang (26,516'); b) der mittlere H., bis zum Tschamalari (107° ö. L.) mit Dhawalagiri (25,300'), Mount Everest (27,212', höchster Berg der Erde) und Kintschindjinga (26,400'); c) der östl. H., bis zum Brahmaputra, noch sehr wenig bekannt. Vgl. v. Schlagintweit, ,Physik.- geograph. Schilderung von Hochasien', 1865, und Reisen in Indien', 2. Bd., 1870.

Himbeerstrauch, s. Rubus.

Himéra (a. G.), griech. Stadt auf der Nordküste Siciliens, 409 v. Chr. zerstört.

Himjariten, s. Arabien.

Himmel (Himmelsgewölbe, Firmament), das scheinbar halbkugelige Gewölbe über der Erde, erscheint blau wegen der äusserst zarten Wasserpartikelchen, welche in der Luft schweben u. nur blaues Licht reflektiren.

Himmel, Friedr. Heinr., Komponist, geb. 20. Nov. 1765 zu Treuenbrietzen, † 8. Jan. 1814 als Kapellmeister in Berlin. Am bekanntesten das Singspiel ,Fanchon' und das ,Vaterunser' (Text von Mahlmann).

Himmelsaxe, s. Axe.

Himten, Getreidemass, s. Hohlmasse.

Hind, John Russell, engl. Astronom, geb. 12. Mai 1823 in Nottingham, seit 1853 Superintendent des ,Nautical Almanac'; entdeckte 10 Planetoiden, viele veränderliche Sterne und entwarf sorgfältige Himmelskarten.

Hindu, die Bewohner Vorderindiens, insbes. das Volk arischen Stammes im Gangesgebiete. Daher Hindustan, die ganze vorderind. Halbinsel und insbes. der nördl. Theil derselben im Gegensatz zum südl. (Dekan). Hindustani, die Verkehrssprache in Vorderindien; Hindui, die ind. Sprache des Mittelalters (modernisirt Hindi).

Hindu-khu (Hindukusch, ind. Kaukasus), Gebirge in Asien, Nordrand des Hochlandes von Iran, die westl. Fortsetzung des Himalaya (Karakorum) wildes, fast unübersteigliches Alpenland (Kaferistan), gegen N. nach Turkistan (Pass Bamiyan), gegen S. zum Kabulthal abfallend, mit Gipfeln von 14,000— 19,000' H. (Kuhi-Baba 16,980', Knud 18,980').

Hinken (Cholosis), ist entweder angeboren und Folge von fehlerhafter Beschaffenheit der Knochen, Muskeln oder von Nervenkrankheiten, oder erworben (freiwilliges H.), durch Krankheiten des Hüftgelenks bedingt. Sind beide Seiten erkrankt, so entsteht das Watscheln. Behandlung nach der Ursache.

Hinterhalt, versteckte Truppenaufstellung, welche den Feind durch unerwarteten Angriff schädigen soll. In der Regel versucht man durch verstellte Flucht den Feind an den gefährlichen Ort zu locken, aber auch Knirrau, Patrouillen etc. wird H. gelegt.

Hinterindien, die grosse indochines. Halb-

insel zwischen dem bengal. Meerbusen und dem südchin. Meer, ca. 39,600 QM. mit 32½ Mill. Ew., von N. her von unbekannten Gebirgen erfüllt und von den Strömen Irawaddy, Saluen, Menam und Mekhong durchströmt; umfasst 1) die Reiche Annam, Siam, Kambodscha und Birma, 2) mehrere kleine Malayenstaaten auf der Halbinsel Malakka, 3) Französisch-Cochinchina, 4) die engl. Besitzungen Arachan, Pegu etc.

Hinterrhein, s. Rhein.

Hintersassen (Hintersiedler, Kossathen), früher die von einem Grundherrn abhängigen, demselben zins- und dienstpflichtigen Bauern; jetzt Gärtner, Häusler oder Kuhbauern, welche nur ein Haus, Gärten und einzelne Felder, kein Bauerngut besitzen.

Hinterwäldler, s. Backwoodsmen.

Hiob, auch Job im A. T., Lehrgedicht in dialog. Form, bekämpft die altjüd. Vergeltungslehre, nach welcher jedes Leiden des Menschen Strafe für ein entsprechendes Vergehen sei, und führt den Gedanken durch, dass Gott auch über den Frommen Leiden verhänge, ohne dass dieser an seiner Weisheit und Gerechtigkeit zweifeln dürfe; reich an poet. Schönheiten und erhabenen Sentenzen. Kommentare von Hirzel (2. Aufl. von Olshausen 1852); metr. übers.

Hiobsthränen, s. Coix. [von Spiess (1852).

Hipparchus, 1) Sohn des Pisistratus, mit seinem Bruder Hippias dessen Nachfolger in der Herrschaft über Athen, 514 v. Chr. am Feste der Panathenäen aus Privatrache von Harmodius und Aristogiton ermordet. — 2) H., aus Nicäa in Bithynien, Gründer der wissenschaftlichen Astronomie, lebte um 160 — 125 v. Chr., bestimmte zuerst die Länge des Jahres, sowie die Grösse der Sonne und des Mondes genauer, berechnete die ersten Sonnen- und Mondtafeln, entdeckte das Vorrücken der Tag- und Nachtgleichen, lehrte geograph. Längen und Breiten zur Bestimmung der Lage von Oertern auf der Erde anwenden etc.

Hippel, Theodor Gottlieb von, Schriftsteller, geb. 31. Jan. 1741 zu Gerdauen (Ostpreussen), seit 1780 Oberbürgermeister in Königsberg, später mit dem Charakter als geh. Kriegsrath; † 23. April 1796. Einer der bedeutendsten deutschen Humoristen. Hauptwerke: ,Lebensläufe nach aufsteigender Linie' (1778); ,Kreuz- und Querzüge des Ritters A bis Z' (1793 f.); ,Ueber die Ehe' (1774); ,Handzeichnungen nach der Natur' (1795); Lustspiele (,Der Mann nach der Uhr') u. A. Werke (1828—39, 14 Bde.). — Sein Neffe Gottlieb Theodor von H. † 1843, Verf. des 1813 von Friedrich Wilhelm III. erlassenen Rufs ,An mein Volk'.

Hippias, Sohn des Pisistratus, mit seinem Bruder Hipparchus dessen Nachfolger in der Herrschaft über Athen, ward durch des letzteren Ermordung zu grausamen Massregeln veranlasst, suchte beim Perserkönig Hülfe, was den ersten Krieg der Perser gegen die Griechen zur Folge hatte, fiel in der Schlacht bei Marathon (490).

Hippiatrik (Hippiatrie, gr.), Ross- oder Thierheilkunde. Hippiater, Thierarzt.

Hippo (*H. regius*, a. G.), Haupt- und Residenzstadt Numidiens, am mittelländ. Meer, später Bischofssitz; jetzt Bona.

Hippocrátes, der berühmteste Arzt der Griechen, geb. 460 (456) v. Chr. auf Cos, bereiste Griechenland, Kleinasien, Scythien, Libyen; † in Cos 377 v. Chr. Er führte die Geheimnisse der Asklepiaden ins Leben ein, begründete die Lehre von den Krisen und die Diätetik. Werke herausg. von *Littré* (1839—53, 8 Bde.), *Reinhold* (1865—66, 2 Bde.), deutsch von *Grimm* (1781—92, 4 Bde.).

Hippocrēne (gr., Rossquell), Quelle dichterischer Begeisterung am Helicon, durch den Hufschlag des Pegasus entstanden.

Hippodamia, in der griech. Mythologie Tochter des Oenomaus, Königs von Pisa in Elis, und der Plejade Asterope, ward von Pelops durch dessen Sieg im Wagenwettrennen gewonnen und dessen Gemahlin, von ihm Mutter des Atreus u. Thyestes.

Hippodrōm (gr.), s. *Rennbahn*.

Hippogryph (gr.), d. i. Rossgreif, vom ital. Dichter Bojardo erfundener Name eines fabelhaften Thieres, von Wieland nachmals auf den Pegasus übertragen.

Hippokampen (gr.), fabelhafte Seethiere von Rossgestalt mit aufwärts gebogenem Fischschwanze, von den Künstlern den Seegöttern beigegeben.

Hippokratisches Gesicht (facies Hippocratica), der Verfall der Gesichtszüge, welcher sich bei höchster Ermattung, sowie unmittelbar vor dem Tode einstellt.

Hippolog (gr.), Pferdekenner.

Hippolyte, Amazonenkönigin, Tochter des Mars und der Otrera, kam im Kampf mit Hercules um, als er auf des Eurystheus Befehl ihr den Gürtel raubte.

Hippolytus, Stiefsohn der Phädra (s. d.).

Hippolytus, Kirchenlehrer zu Ende des 2. und Anfang des 3. Jahrh., aus Kleinasien gebürtig, Schüler des Irenäus, lebte seit 190 in Rom, zum Gegenbischof gegen Callistus gewählt; † um 235 als Märtyrer. Schr. ,Widerlegung aller Häresien' etc. Vgl. *Bunsen*, ,H. und seine Zeit', 1853, 2 Bde.; *Döllinger*, ,H. und Callistus', 1853; *Vollmar*, ,H. u. die röm. Zeitgenossen', 1855.

Hippomachie (gr.), Kampf zu Pferde.

Hippomāne L. (*Manschinellenbaum*), Pflanzengattung der Euphorbiaceen. H. Mancinella *L.*, Baum in Mittelamerika und Westindien, fast ausgerottet, besitzt sehr giftigen Milchsaft; Gegenstand vieler Fabeleien.

Hippomantie (gr.), Wahrsagung aus dem Wiehern der Pferde.

Hippopathologie (gr.), Lehre von den Krankheiten der Pferde.

Hippophaë L. (*Sanddorn*), Pflanzengattung der Elaagneen. H. rhamnoides *L.*, See-, Weiden-, Rheindorn, Strauch in Europa und Nordasien, dient zur Befestigung des Flugsandes, liefert Nutzholz, Zierstrauch.

Hippophagen (gr.), d. i. Pferdeesser, im Alterthum scyth. Volksstamm nordöstl. vom kasp. Meere. *Hippophagenvereine*, Vereine zu Einführung des Pferdefleisches als gewöhnlichen Nahrungsmittels.

Hippopotāmus, s. *Flusspferd*.

Hippotrophie (gr.), Pferdezucht.

Hipparitenkalk (*Rudistenkalk*), durch eigenthümliche Muscheln (Hippariten, Rudisten) charakterisirter, sehr fester Kalkstein der Kreideformation, bildet grosse Felsmassen, am Rande der Alpen (Pilatus), in Südeuropa, Nordafrika, Westasien.

Hippursäure, Bestandtheil des Harns pflanzenfressender Säugethiere, auch des Menschen, wird aus Kuh- oder Pferdeharn dargestellt, farblose Krystalle, geruchlos, schwer in kaltem, leicht in heissem Wasser und Alkohol löslich, zerfällt beim Kochen mit Säuren oder Alkalien in Benzoësäure und Glykokoll und dient zur Darstellung der Benzoësäure.

Hiram, König von Tyrus, um 1033—999 v. Chr., verkehrte als grosser Bauliebhaber mit den jüd. Königen David und Salomo.

Hirn, s. *Gehirn*.

Hirnsteine, Verkalkungen innerhalb der Haute oder der Substanz des Gehirns, fast stets symptomenlos.

Hirsau (*Hirschau*), Fabrikdorf im württemberg. Schwarzwaldkreis, an der Nagold, 700 Ew. Ruine eines ehem. ber. Benediktinerklosters (,Chronicon Hirsangiense' und ,Codex Hirsangiensis', Geschichtsquellen).

Hirschberg, Kreisstadt im preuss. Regbz. Liegnitz, am Bober und am Fuss des Riesengebirges, 16,464 Ew. Mittelpunkt des schles. Leinwandhandels.

Hirsche (Cervina), Gattung der Wiederkäuer mit abwerfbarem soliden Geweih. Gattungen: *Moschusthier* (s. d.) und *Hirsch* (Cervus *L.*). a) *Geweihe hand- oder schaufelförmig*: Elenthier (s. d.), Rentbier (s. d.), Damhirsch (C. dama *L.*), in Nordafrika, Südwestasien, in Europa gezähmt, 2½' h. b) *Geweihe drehrund und ästig*: Edelhirsch, Rothhirsch, Rothwild (C. elaphus *L.*), in Europa bis 64° n. Br., in Asien bis zur Lena, 3½—4' h. Weibchen: Hindin, Thier, Hirschkuh, einjährig Wildkalb, zweijährig Schmalthier, alt und unfruchtbar Geltthier, einjähriges Männchen Spiesser, zweijähriges Gabler. Der H. wird nach den Aesten benannt, welche man an beiden Geweihen zusammenzählt, wirft im Febr. das Geweih ab. Canadischer H., Wapiti, Elk, Elen (C. canadensis *Briss.*), 5' h., und der virginische H. (O. virginianus *L.*), 3' h., in Nordamerika; der Axis (C. Axis *L.*), 2½' h., und der schwarze oder Rothhirsch (C. Aristotelis *L.*), über 4' h., in Ostindien; e) *Geweihe kurz, dreiprossig*: das Reh (s. d.). Die H. liefern Wildpret, Häute zu Leder (bes. amerikan. H.), Pelzwerk, Polsterhaare, Geweih und Klauen zu Verzierungen und technischem Gebrauch, sind der Feld- und Waldkultur sehr schädlich und Hauptgegenstand der hohen Jagd.

Hirscheber (Porcus *Wagl.*), Gattung der Schweine. *Molukkischer H., Babirussa* (P. Babirussa *L.*), auf den Molukken und Sundainseln, 3½' l. Fleisch geniessbar.

Hirschgeweih, knochenartige Bildung als Verlängerung der Stirnbeine der männl. Hirsche, bildet sich jährl. neu, ist anfangs weich und kolbig, mit behaarter Haut

(Baut) überzogen, welche später abstirbt und abgestreift (gefegt) wird. Ein Knochenzapfen (Rosenstock) trägt das Geweih; ein knotiger Wulst (Rose) umgibt das untere Ende; die unterste nach vorn gerichtete Sprosse heisst Augensprosse, die gabeltheilige am Ende Gabelsprosse; zwischen beiden stehen die Mittelsprossen.

Hirschhorn, Hirschgeweih vom Edel- und Damhirsch, hat die Zusammensetzung der Knochen, dient zu Schnitzereien, Fourniren, geraspelt zur Darstellung von Gallerte, gibt bei trockner Destillation kohlensaures Ammoniak mit empyreumat. Substanzen (Hirschhornsalz), ebenso eine Lösung des Salzes (Hirschhornspiritus) und ein stinkendes Oel (Hirschhornöl, Dippels Oel). Als Rückstand bleibt schwarzgebranntes H., welches wie Knochenkohle benutzt wird; weiss gebranntes H. dient zum Schleifen etc.

Hirschschröter (Hirschkäfer, Baumschröter, Lucanus L.), Käfergattung. Gemeiner H., Feuerschröter (L. cervus L.), der grösste deutsche Käfer, 13–20''' l., das Männchen mit 6–15''' langem Oberkiefer, auf Eichen.

Hirschtalg, zu Salben, zum Bestreichen aufgesprungener Hautstellen dienend, wird meist durch Hammel- und Rindstalg ersetzt.

Hirse (Fennich, Pench), Pflanzengattung der Gramineen. Gemeine H. (P. miliaceum L.), Getreidepflanze, gedeiht bis zur Nordgrenze des Weinbaus. Canadischer Mohar (P. viride L.), treffl. Viehfutter.

Hirsegras, s. v. a. Milium.

Hirtenbrief, öffentliches Schreiben des Papstes, Bischofs oder eines protest. Kirchenobern an die Geistlichkeit zur Belehrung über kirchl. Zustände und Ereignisse.

Hirtius, Aulus, Römer, Anhänger Cäsars und dessen Legat im gallischen Krieg, 43 Konsul, zog mit seinem Kollegen C. Vibius Pansa und Octavian gegen Antonius, schlug denselben bei Mutina, fiel im Kampfe.

Hiskias, König von Juda 728–699 v. Chr., Sohn und Nachfolger des Ahas, stellte den Jehovahkult wieder her, kämpfte glücklich gegen die Philister, ward von den Assyrern unter Sanherib hart bedrängt, aus tödtlicher Krankheit durch den Propheten Jesaias gerettet.   [Spanien; jetzt Sevilla.

Hispalis (a. G.), bed. Handelsstadt im südl.

Hispania (lat.), Spanien.

Hispaniola, s. Hayti.

Hispid (lat.), rauh, borstig.

Hissar, Landschaft in Turkistan, von Kundus durch den Amu geschieden.

Hissen, in der Schiffersprache eine Last an einem Taue in die Höhe ziehen.

Histiodromie (gr.), das Fahren mit vollen Segeln; auch Schifffahrtskunde.

Histogenie (gr.), Bildung der organ. Gewebe. Histologie, die Lehre von denen.

Histoire (fr., spr. istoahr), Geschichte; h. scandaleuse (spr. skangdalöhs), Schandgeschichte.

Historia (lat.), Geschichte. Historik, Geschichtskunst. Historiographie, Geschichtschreibung. Historisch, geschichtlich.

Historische Vereine, wissenschaftliche Institute zu Erforschung der vaterländ.

Geschichte, der Alterthümer etc. 20. Jan. 1819 ward auf Steins Anregung die Gesellschaft für ältere deutsche Geschichtskunde zu Frankfurt a. M. begründet, welche als krit. Gesammtausgabe der Quellenschriftsteller des deutschen Mittelalters die 'Monumenta Germaniae historica' (1826 ff.) veröffentlichte. Darauf entstanden specielle Vereine für einzelne Territorien, Landestheile, Bisthümer, Städte, jetzt über 70, die seit 1852 in dem 'Gesammtverein der deutschen Geschichts- und Alterthumsvereine', sowie in dem Germanischen Museum zu Nürnberg einen Mittelpunkt haben.

Histrionen (lat.), Schauspieler, Gaukler.

Hitopadésa, sanskrit. Fabelwerk (Auszug aus dem 'Pantschatantra'), in alle Sprachen übergegangen; herausg. von Johnson (2. Aufl. 1864), M. Müller (1865), deutsch von M. Müller (1844). Vgl. Bidpai.

Hitteren, Insel an der Westküste Norwegens, Amt Süd-Drontheim, 11 QM.

Hittorf, Jak. Ignaz, Baumeister, geb. 20. Aug. 1792 zu Köln, in Paris gebildet, seit 1832 das. oberster Architekt für die Regierungsgebäude, entwickelte bes. später eine ausserordentl. Thätigkeit bei den Verschönerungsanlagen und Neubauten unter Napoleon III.; † 25. Mars 1867. Schr. 'Architecture antique de la Sicile' (1826–30, 3 Bde.), 'Archit. moderne de la Sicile' (1826 f.); 'Archit. polychrome chez les Grecs' (1830) u. A.

Hitzbläschen, kleine Erhebungen der äusseren Haut, durch Wärmeinwirkung oder reizende Mittel entstanden; füllen sich mit saurer reagirender Flüssigkeit. Behandlung durch kühle Waschungen, Einreibung von

Hitzblätterchen, s. v. a. Ekzema.   [Oel.

Hitzig, Jul. Eduard, Rechtsgelehrter, geb. 1780 in Berlin, 1827–32 Direktor des Kammergerichts-Inquisitoriats das.; † 26. Nov. 1849. Begründete die 'Annalen für deutsche und ausländische Kriminalrechtspflege' (1828 ff., fortges. von Demme und Schletter) u. den 'Neuen Pitaval' (mit Häring, 1843 ff.).

Hivernage (fr., spr. -ahsch), Ueberwinterung der Schiffe, auch der Hafen dazu.

Hjelmar, fischreicher See in Schweden, nordöstl. vom Wettersee, 8,6 QM.

Hlubek, Franz Xaver Wilhelm, landwirthschaftl. Schriftsteller, geb. 11. Sept. 1802 zu Chatischan in Schlesien, seit 1840 Prof. der Landwirthschaft in Grätz. Schr. 'Ernährung der Pflanzen und Statik des Landbaus' (1841); 'Landwirthschaftslehre' (2. Aufl. 1853, 2 Bde.); 'Betriebslehre der Landwirthschaft' (1853); 'Die wichtigsten Lehren der Landwirthschaft' (1867).

Hoang-hai (chin.), das gelbe Meer.

Hoang-ho (gelber Fluss), gr. Strom in China, entspr. im Innern Asien an der östl. Verlängerung des Küen-lün, durchbricht das chines. Alpenland, bildet einen nördl. Bogen mit doppeltem Knie, fliesst gen O. durch das chines. Tiefland zum gelben Meer; sehr reissend (jährl. gr. Ueberschwemmungen). Länge 570 M., Stromgebiet 33,600 QM.

Hobartstown (spr. Hohbärtstaun), Hauptstadt der brit.-austral. Kolonie Tasmania, am Derwent, 21,000 Ew. Gegründet 1801.

Hobbéma, *Minderhout*, niederl. Landschaftsmaler, aus Coevorden, um 1663; nächst Ruisdael der gefeiertste Meister. Werke von ihm, durch Feinheit der Charakteristik (namentl. des Laubes) ausgezeichnet, in Wien, Berlin, England etc.

Hobbes (spr. Habbes), *Thomas*, engl. Philosoph, geb. 5. April 1588 zu Malmesbury, lebte 1641—52 in Frankreich; † 4. Dec. 1679 zu Hardwicke. Behandelte zuerst das Staatsrecht als besondere Wissenschaft, und zwar im absolut-monarch. Sinne; daher *Hobbesianismus*, s. v. a. politischer Absolutismus. Hauptwerke: ,De cive' und ,Leviathan' (1651; deutsch 1794—95, 2 Bde.) u. A. ,English works' (1842—45, 11 Bde.); ,Opera latina' (1844—45, 5 Bde.).

Hobelmaschine, mechan. Vorrichtung zum Behobeln des Holzes mit rotirenden oder feststehenden Schneiden oft auf 4 Seiten zugleich. Die H.n für Metall schaben mit einem schneidig angeschliffenen Schabmeissel oder Reisshaken in langen geraden Zügen starke Späne von der sich fortschiebenden Metallfläche ab und sind den *Feilmaschinen* ähnlich. Sie ermöglichten zuerst die Bearbeitung grosser Maschinentheile.

Hoc anno (lat.), in diesem Jahre. *Hoc est*, das ist. *Hoc loco*, an diesem Orte.

Hochätzkunst, die Darstellung von Druckplatten mit erhabener Zeichnung durch Vertiefung des Grundes mittelst Aetzwasser.

Hochamt, s. *Messe*.

Hochberg, *Markgrafen von*, Stammlinie des Hauses Baden, gestiftet von Heinrich I. (1190), dem jüngeren Sohne des Markgrafen Hermann III. von Baden, theilte sich 1300 in die Linien *H.-H.*, welche 1418, und *H.-Sausenberg*, welche im Mannsstamme 1503 erlosch, worauf ihre Besitzungen an die Markgrafen von Baden fielen. Der Markgraf, spätere Grossherzog Karl Friedrich von Baden, seit 1787 in morganat. Ehe mit Luise Karolina Geyer von Geyersberg († 1820) vermählt, liess diese durch den Kaiser zur *Gräfin von H.* ernennen und seine mit ihr erzeugten Söhne 1817 zu Markgrafen von Baden und grossherzogl. Prinzen erklären. Mit dem Grossherzog Leopold gelangte diese Linie 1830 zur Regierung.

Hochbootsmann, der erste Bootsmann, folgt im Range nach dem Obersteuermann.

Hochdeutsch, s. *Deutsche Sprache*.

Hochdruckmaschine, s. *Dampfmaschine*.

Hoche (spr. Hosch), *Lazare*, franz. General, geb. 25. Juni 1768 zu Montreuil bei Versailles, ward wegen erfolgreicher Vertheidigung Dünkirchens zum Divisionsgeneral ernannt, schlug 26. Dec. 1793 die Oesterreicher unter Wurmser bei Weissenburg und vertrieb sie aus dem Elsass. Mit dem Kommando in den westl. Departements betraut, schlug er die franz. Emigranten 16. Juli 1795. bei Ste.-Barbe und beendete 1796 den Bürgerkrieg in der Vendée. Als Oberbefehlshaber der Sambre- und Maasarmee ging er 18. April 1797 bei Neuwied über den Rhein und drang bis Giessen vor; † 18. Sept. 1797 in Wetzlar.

Hochgericht, s. v. a. Schaffot, Galgen;

in Graubünden bis 1851 Name der Gemeindeverbindungen.

Hochheim, Stadt im preuss. Regbz. Wiesbaden, am Main, 2494 Ew.; ber. durch Weinbau (*Hochheimer*, beste Lage die Domdechanei und der Stein).

Hochkirch, Dorf im sächs. Regbz. Bautzen, nordwestl. von Löbau, 492 Ew. 14. Okt. 1758 *Ueberfall Friedrichs d. Gr. durch die Oesterreicher unter Daun.*

Hochschule, s. v. a. Universität.

Hochmeister, der oberste Vorsteher des deutschen Ritterordens.

Hochstetter, *Ferdinand von*, Geolog, geb. 30. April 1829 zu Esslingen, erforschte als Mitglied der Novara-Expedition bes. Neuseeland, seit 1860 Prof. am polytechn. Institut in Wien. Schr. über Madeira (1861), Neuseeland (1863, engl. 1867), lieferte einen ,Topogr.-geolog. Atlas von Neuseeland' (1863), eine ,Geologie von Neuseeland' (1864). Letztere bildet mit der Paläontologie den 1. Band des ,Novarawerkes'.

Hochstift, s. *Stift*.

Hochverrath, s. *Majestätsverbrechen*.

Hochvogel, Gipfel der algäuer Alpen, im NO. der Illerquelle. 7922' h.

Hochwald, s. *Hunsrück*.

Hochwild, Roth-, Dam-, Elen-, Gems-, Schwarzwild, Auer-, Birkgeflügel, Fasanen, Trappen, Nachtreiher, Kraniche, Schwäne, Bären, Wölfe, Luchse, Adler, im Gegensatz zum *niederen Wild*, den übrigen Jagdthieren.

Hodegetik (gr.), Methodik des akadem. Studiums.   [Meer.

Hodeida, Hafenstadt in Arabien, am rothen

Hoden (Testes, Testiculi), die Samenbereitungsdrüsen männlicher Thiere; beim Menschen wallnussgrosse Gebilde im Hodensack, bestehen aus feinen Röhrchen (Samenkanälchen), welche im *Nebenhoden* (epididymis), einem geschlängelten Anhängsel des H.s, münden. Aus diesem gelangt der Same durch den Samenleiter in die Samenbläschen (neben der Harnblase) und von da durch feine Röhrchen nach der Harnröhre. Die die H. umgebenden serösen Häute sind häufig Sitz einer Wasseransammlung (*Wasserbruch*, Hydrocele). Hodenentzündung führt meist zu Verödung des H.s. Im höheren Alter schrumpfen die H. ein.

Hodenkrebs und **Hodenmarkschwamm,** Vergrösserung und Umwandlung eines Hodens in eine feste Masse (bei älteren Leuten) oder in eine schwammige Substanz (Markschwamm bei jüngeren). Heilung nur durch Operation. *Krebs* des Hodensackes ist bes. in England bei Schornsteinfegern beobachtet worden (*Schornsteinfegerkrebs*).

Hodometer (gr.), Wegmesser, Schrittmesser, Vorrichtung, welche die Länge eines zurückgelegten Weges selbstthätig registrirt, zählt in der Tasche getragen die Schritte oder an einem Wagenrad befestigt die Umdrehungen des Rades.

Höchst, alte Stadt im preuss. Regbz. Wiesbaden, am Main und an der Taunusbahn, 2895 Ew. Schon 790 vorhanden. 10. Juni 1622 *Sieg Tillys über Christian von Braunschweig.*

Höchstädt, Stadt im bayer. Regbz. Schwaben, an der Donau, 2288 Ew. *Schlacht* bei H. 13. Aug. 1704 (s. *Blindheim*).

Höfe, grössere farbige Ringe um Sonne und Mond, erscheinen bes. bei letzterem, wenn der Himmel mit leichtem Wolkenschleier überzogen ist, entstehen durch Brechung des Lichts in den in der Luft schwebenden Eisnadeln, sind oft von Nebensonnen begleitet. Die kleineren H., welche Sonne und Mond unmittelbar umgeben, entstehen durch Beugung des Lichts an den Dunstbläschen der vor dem Gestirn vorüberziehenden Wolken.

Höfer, *Edmund*, Schriftsteller, geb. 15. Okt. 1819 in Greifswald, lebt in Stuttgart. Schr. zahlr. Novellen („Aus dem Volke‘ 1852, ‚Aus alter und neuer Zeit‘ 1854, ‚Erzählungen eines alten Tambours‘ 1855, ‚Auf deutscher Erde‘ 1860, ‚Aus der weiten Welt‘ 1861, ‚Die Alten von Ruhneck‘ u. v. a.), Gedichte (2. Aufl. 1858), ‚Wie das Volk spricht‘ (5. Aufl. 1866) etc.; ‚Erzählende Schriften‘ (1865, 12 Bde.). Begründete mit *Hackländer* die ‚Hausblätter‘ (1855—67).

Höfische Poesie, im Gegensatz zur Volksdichtung die kunstmässige epische und lyr. Dichtung des Mittelalters, wie sie in Nordfrankreich, in der Provence und in Deutschland vorzugsweise an den Höfen blühte.

Höhe, beim Dreieck der senkrechte Abstand der Spitze von der Grundlinie, beim Parallelogramm der senkrechte Abstand der Grundlinie von der gegenüberliegenden Seite. *H. eines Berges*, der senkrechte (vertikale) Abstand seines Gipfels von der (fortgesetzt gedachten) Meeresfläche *(absolute H.)* oder von seinem Fusse *(relative H.)*. *H. eines Sterns*, der Bogen des durch den Stern gelegten Vertikalkreises vom Horizont bis zu dem Stern. In der Nautik ist H. s. v. a. Polhöhe; *auf der H. eines Orts*, wenn ein Schiff in der Nähe desselben unter gleicher geograph. Breite sich befindet.

Höhenkreis (*Vertikalkreis*), jeder durch das Zenith gelegte, auf dem Horizont rechtwinkelig stehende Kreis; astronom. Instrument zur Messung der Höhe eines Sterns.

Höhenmessung (*Hypsometrie*), Bestimmung des Höhenunterschiedes zweier Orte durch trigonometrische Operationen, durch gleichzeitige Barometerbeobachtungen bei ruhiger Luft und unter Berücksichtigung des Thermometers und Hygrometers (s. *Barometer*); durch Bestimmung des mit dem Luftdruck fallenden Siedepunktes mit einem sehr empfindlichen Thermometer und Berechnung des Barometerstandes aus demselben. Tafeln zur Berechnung der Höhen aus den Barometerbeobachtungen s. *Schumachers* ‚Astronom. Jahrbuch‘ (1838).

Höhenrauch (*Haarrauch, Moorrauch*), Trübung der Atmosphäre durch Rauch, welcher sich im nordwestl. Deutschland bei der Moorkultur durch Abbrennen der obersten ausgetrockneten Erdschicht bildet; verbreitet sich oft sehr weit über Deutschland und benachbarte Länder.

Höhlenbär, s. *Bär*.

Höhscheid, Fabrikort im preuss. Regbz.

Düsseldorf, Kr. Solingen, bildet mit *Merscheid* eine Bürgermeisterei von 9393 Ew. Zahlr. Schleifkothen und Schmieden (für solinger Fabriken).

Hoeks (spr. Huhks, lat. *Hamati*, d. h. die mit Angelhaken Versehenen), Name der Anhänger der Gräfin Margaretha von Hennegau in deren Kampf mit ihrem Sohne Wilhelm V. über die Herrschaft in Holland, deren Gegner sich *Kabeljaus* (lat. *Asellati*) nannten, indem sie ihre Feinde wie der Kabeljau die bleiernen Lockfische verschlingen wollten.

Hölderlin, *Joh. Christian Friedr.*, Dichter, geb. 29. März 1770 zu Lauffen am Neckar, 1793 Erzieher im Hause der Frau von Kalb, dadurch mit Schiller bekannt, 1796 in gleicher Eigenschaft bei dem Bankier Gontard in Frankfurt, zu dessen Gattin er eine unglückliche Neigung fasste, verliess, in Schwermuth verfallen, heimlich das Haus, ging nach wechselndem Aufenthalte 1801 nach Bordeaux, von wo er 1802 in vollem Irrsinn zurückkehrte; † 7. Juni 1843. Werke: lyrische Gedichte, bes. Oden und Elegien, durch Formvollendung und Gedankenfülle ausgezeichnet; den Roman ‚Hyperion‘ (1797 f.), die Tragödie ‚Empedocles‘ (Fragment). Werke nebst Leben herausg. von *Schwab* (1846, 2 Bde.). Vgl. *Jung*, ‚H.‘, 1848.

Höllengebirge, Gebirgsgruppe im Salzkammergut, zwischen Traun- und Attersee; höchster Punkt der *grosse Höllkogl*, 5548‘.

Höllenmaschine, in der Kriegskunst mit Pulver, explodirenden Geschossen etc. gefüllte Fahrzeuge, welche man gegen Dämme, Brücken etc. treiben lässt, um diese zu zerstören; Mordwerkzeuge, wie sie gegen Bonaparte (1800) und Ludwig Philipp (1835) angewandt wurden. [s. *Silber*.

Höllenstein, salpetersaures Silberoxyd,

Hölty, *Ludwig Heinrich Christoph*, Dichter, geb. 21. Dec. 1748 zu Mariensee bei Hannover, in Göttingen Mitstifter des Hainbundes; † 1. Sept. 1776 zu Hannover. Schr. Elegien, Lieder und Oden. Gedichte (1782; neue Ausg. von *Halm*, 1869).

Hörde, Fabrikstadt im preuss. Regbz. Arnsberg, Kr. Dortmund, an der Emscher, 9738 Ew. Dabei wichtige Kohlengruben und gr. neuangelegte Eisenwerke des ‚Hörder Bergwerk- und Hüttenvereins‘.

Hörmaschinen (*Hörrohre*), an einem Ende trompetenartig erweiterte Röhren, welche mit dem engen Ende ins Ohr gesteckt werden und den Zweck haben, mehr Schallwellen als die Ohrmuschel aufzufangen und dadurch eine verstärkte Wirkung auf das Gehörorgan zu veranlassen.

Hörselberg, kahler Vorberg des thüringer Waldes, zwischen Eisenach und Gotha, längs dem *Hörselflusse* (zur Werra); Sage vom Tannhäuser und Venusberg.

Höxter, Kreisstadt im preuss. Regbz. Minden, an der Weser, 5234 Ew. Bahnhof. Einst blühende Hansestadt.

Hof (*Curtis, Curia, Aula*), Sitz eines Fürsten mit seiner Familie und obersten Beamten. *Hofstaat*, die Gesammtheit der in verschiedene Rangklassen zerfallenden Hofdiener. *Hoffähigkeit*, die Berechtigung, bei H., namentlich bei Hoffesten erscheinen zu dürfen. *Hof-* oder *Kronämter*: Kämmerer, Truchsess, Schenk und Marschall. *Hofagent*, Hofbeamter, der die Einkäufe von Waaren und sonstigen Utensilien für die Hofhaltung zu besorgen hat.

Hof (*Curia Variscorum*), wichtige Fabrikstadt im bayer. Regbz. Oberfranken, an der Saale und der sächs.-bayer. Staatsbahn, 14,397 Ew. Woll- und Baumwollfabriken, Strumpfwirkereien, gr. Brauereien. Lebh. Transitohandel. Gr. Feuersbrunst 1823.

Hofer, *Andreas*, Oberanführer der Tiroler bei deren Aufstand 1809, geb. 22. Nov. 1767 im Gasthause am Sand zu St. Leonhard im Passeyrthale, führte 1796 eine tiroler Schützenkompagnie gegen die Franzosen, bereitete 1808 unter Hormayrs Leitung den Aufstand gegen die bayer. Herrschaft vor, befehligte 1809 die Aufständischen, befreite durch die siegreichen Treffen bei Innsbruck, Hall und Sterzing (11.—13. April) das nördl. und mittlere Tirol von den Bayern und Franzosen und vertrieb durch den Sieg am Isel (25. und 29. Mai) die inzwischen wieder eingedrungenen Feinde von Neuem. Als infolge der Waffenstillstandes von Znaim Tirol von Oesterreich getrennt bleiben sollte, leistete H. mit Speckbacher, Joachim Haspinger und Peter Mayer ferneren Widerstand, zwang Lefèbvre durch siegreichen Kampf am Isel (13. Aug.) zur Räumung des Landes und führte die Militär- und Civilverwaltung bis zum wiener Frieden (14. Okt.). Nachdem er im Nov. seine Unterwerfung erklärt, begann er von Neuem Feindseligkeiten, erlag aber der Uebermacht, verbarg sich zwei Monate in einer Alpenhütte am Passeyr unter Schnee und Eis, ward hier infolge von Verrath 20. Jan. 1810 gefangen genommen und 20. Febr. zu Mantua erschossen. Seine Statue seit 1834 in der Franciskanerkirche zu Innsbruck. Die Familie ward 1818 in den Adelsstand erhoben. Biogr. von *Weber* (1852), *Rapp* (1852) und *Weidinger* (3. Aufl. 1861).

Hoffmann, *Ernst Theod. Amad.*, Novellist, geb. 24. Jan. 1776 zu Königsberg (Preussen), bis 1806 im Staatsdienst, dann Musikdirektor bei Theatergesellschaften, seit 1816 Rath beim Kammergericht, dann beim Appellationssenat in Berlin; † das. 24. Juli 1822. Vielseitiges Talent (Dichter, Komponist, Zeichner), vortreffl. in Schilderung des Wunderbaren u. Schauerlichen. Hauptwerke: ‚Phantasiestücke in Callots Manier‘ (1814), ‚Nachtstücke‘ (1817), ‚Die Serapionsbrüder‘ (1819 f.), ‚Lebensansichten des Katers Murr‘ (1821, Fragment). Ges. Schriften (1844—45, 12 Bde.), Auswahl von *Kurz* (1870, 2 Bde.). Biogr. von *Hitzig* (1823).

Hoffmann (*H. von Fallersleben*), *August Heinrich*, Dichter und Gelehrter, geb. 2. April 1798 zu Fallersleben (Hannover), ward 1830 Prof. der deutschen Sprache in Breslau, 1843 wegen seiner Freisinnigkeit abgesetzt, seit 1860 Bibliothekar des Herzogs von Ratibor zu Korvel. Zahlr. Lieder, oft im volksthüml. oder kindlichen Ton; polit.

und patriot. Gedichte (‚Unpolit. Lieder‘ 1840); viele und werthvolle Schriften über deutsche Sprache und Literatur: ‚Deutsche Philologie‘ (1836), ‚Die deutschen Gesellschaftslieder des 16. und 17. Jahrb.‘ (1844), ‚Spenden zur deutschen Literaturgeschichte‘ (1844), ‚Gesch. des deutschen Kirchenliedes bis auf Luther‘ (2. Aufl. 1854), ‚Fundgruben für Gesch. deutscher Sprache etc.‘ (1831—37), ‚Altdeutsche Blätter‘ (1835—40) etc., ‚Lieder der Landsknechte unter G. und K. von Frundsberg‘ (1868), ‚Mein Leben‘ (1866—1868, 6 Thle.).

Hoffmanns Tropfen, officinelle Mischung von 1 Th. Schwefeläther und 3 Th. Weingeist, benannt nach *Friedrich Hoffmann*, Begründer der mechan.-dynam. Schule, geb. 19. Febr. 1660, † 12. Nov. 1742 in Halle.

Hoffmann von Hoffmannswaldau, *Christian*, Dichter, geb. 25. Dec. 1618 zu Breslau, † das. 8. April 1679 als kaiserl. Rath. Mitgründer und Haupt der 2. schles. Dichterschule; schwülstig, unwahr, geschraubt. Schr. meist Gelegenheitsgedichte, ‚Heldenbriefe‘ (Heroïden, 1673), Sonette u. A.

Hofgeismar, Kreisstadt im preuss. Regbz. Kassel, Station der hess. Nordbahn, 3336 Ew. Schloss. Salin. Eisenquelle.

Hofgerichte, im Mittelalter die höheren, theils kaiserlichen, theils landesherrlichen Gerichte in Deutschland, denen die den höheren Ständen nicht angehörigen Reichsfreien, der landsässige Adel, die Prälaten etc. unterworfen waren; jetzt in einigen Ländern (Baden) die Gerichte zweiter Instanz.

Hofkriegsrath, früher das Kriegskollegium zu Wien, dem als höchster Instanz alle Militärangelegenheiten des Reichs übertragen waren, 31. Mai 1848 aufgelöst.

Hofmann, *August Wilhelm*, Chemiker, geb. 8. April 1818 zu Giessen, ward 1845 Prof. am Royal College of Chemistry in London, seit 1868 in Berlin. Höchst verdient um die organische Chemie, speciell um die Kenntniss der Anilinfarben. Schr. ‚Einleitung in die moderne Chemie‘ (3. Aufl. 1867).

Hofnarren, an den Fürstenhöfen vom 15. bis zu Anfang des 18. Jahrb. zur Unterhaltung der Herrschaften dienende Lustigmacher, ‚lustiger Rath‘. Attribute: die Narrenkappe auf geschorenem Haupte, das Narrenscepter (Kolben), Schellen, gr. Halskragen. Vgl. *Flögel*, ‚Gesch. der Hfl.‘, 1789.

Hofrath, früher Name von Kollegien zu Berathungen von Regierungsangelegenheiten, auch mit richterlichen Funktionen beauftragt; dann Titel der Mitglieder solcher Kollegien; jetzt lediglich Titulatur sehr verschiedener Personen.

Hofrecht, im älteren deutschen Recht Inbegriff der das Verhältniss zwischen dem Grundherrn und den von ihm abhängigen Bauern, Hörigen und Leibeignen betreffenden Rechtsbestimmungen, erst nur mündlich überliefert, später schriftlich aufbewahrt.

Hofwyl, Landgut, östl. von Bern, merkwürdig durch die von Fellenberg 1808 gegründete Musterwirthschaft mit Erziehungsanstalt, 1848 eingegangen.

Hogarth, *William*, engl. Künstler, geb.

20. Nov. 1697 zu London, † 26. Okt. 1764 zu Leicesterfields. Ausgez. als Zeichner, Maler und Kupferätzer, im humorist. und satir. Genrebild unerreicht. Hauptwerke: Leben der Buhlerin (6 Bl.), Leben des Liederlichen (8 Bl.), Heirath nach der Mode (6 Bl.), Punschgesellschaft, Schauspieler in einer Scheune, Der zerstreute Poet u. a. Ausgaben seiner Werke 1820—22 (Platten von *Heath*); Erklärung derselben von *Lichtenberg* (neue Ausg. 1853). Biogr. von *Sala* (1867).

Hogland, Felseninsel im finn. Meerbusen, 800 Ew.; 17. Juli 1788 *Seeschlacht* zwischen Russen und Schweden.

Hogshead (spr. Hokshedd), Oxhoft, engl. Flüssigkeitsmass, = ¹/₂ Pipe; für Wein = 63 Gallons = 286,24 Liter, für Bier = 54 Gall. = 245,347 Liter.

Hohe Acht, Basaltkuppe der Eifel, 2324′ h.

Hoheit, die höchste Staatsgewalt, deren Rechte daher *Hoheitsrechte* (s. *Regalien*, *Majestätsrechte*); dann Prädikat fürstlicher Personen, *königliche H.* der Prinzen und Prinzessinnen aus königl. Häusern und der Grossherzöge; *H.* seit 1844 der regierenden Herzöge und ihrer präsumtiven Nachfolger.

Hohe Mense, aussichtreicher Gipfel des glatzer Gebirgs, südwestl. von Reinerz, 3976′.

Hohenasperg, Bergveste in Würtemberg, ¹/₂ St. von Ludwigsburg, Staatsgefängniss.

Hohenberg, ehemal. Grafschaft im würtemb.Schwarzwaldkreis; Hauptst. Rotenburg.

Hohenelbe, Stadt im böhm. Kreis Gitschin, an der Elbe, 4712 Ew. Leinenindustrie.

Hohenems, Industrieort im Vorarlberg, 4191 Ew. 2 Schlösser. Die *Grafschaft H.* seit 1765 österreichisch.

Hohenfriedberg, Stadt im preuss. Regbz. Liegnitz, 850 Ew.; 4. Juni 1745 *Sieg* Friedrichs d. Gr. über die Oesterreicher.

Hohenheim, Schloss bei Stuttgart; berland- u. forstwirthschaftl. Anstalt (seit 1818).

Hohenlinden, Dorf in Oberbayern, 5 Std. östl. von München; 3. Dec. 1800 *Sieg* Moreaus über Erzherzog Johann.

Hohenlohe, früher Grafschaft, dann Fürstenthum im fränk. Kreise, zählte 1805 auf 32 QM. 108,600 Ew., durch die Rheinbundsakte mediatisirt und grösstentheils unter würtemberg. Hoheit gestellt. Erster historisch beglaubigter Graf Gottfried, Vertranter Kaiser Heinrichs VI.; Stammvater der jetzt noch blühenden Linien Georg, dessen Söhne 1551 die gegenwärtig bestehenden beiden Hauptlinien H.-Neuenstein und H.-Waldenburg stifteten, von denen jene 1764, diese 1744 in den Reichsfürstenstand erhoben ward. Die Hauptlinie *H.-Neuenstein*, protestantisch, blüht jetzt in 2 Aesten: 1) *H.-Langenburg*, repräsentirt durch den Fürsten *Hermann*, geb. 31. Aug. 1832, der auf Grund eines Familienvertrags vom 21. April 1860 das Fürstenthum H.-Langenburg und die obere Grafschaft Gleichen besitzt; 2) *H.-Oehringen* (früher H.-Ingelfingen), repräsentirt durch Fürst *Hugo*, geb. 1816 zu Stuttgart, seit 1849 Besitzer des Fürstenthums H.-Oehringen, seit 18. Okt. 1861 infolge der Erhebung seiner oberschles. Fideikommissherrschaften zum Herzogthum

Ujest Herzog von Ujest und seit Nov. 1854 erbliches Mitglied des preuss. Herrenhauses. Sein Oheim, *Adolf von H.-Ingelfingen*, geb. 29. Jan. 1797 zu Breslau, Besitzer von Koscheutin im schles. Regbz. Oppeln, seit 12. Okt. 1854 Mitglied des preuss. Herrenhauses, März bis Sept. 1862 preuss. Ministerpräsident. Elu 3. Ast, *H.-Kirchberg*, ist 16. Dec. 1861 erloschen. — Die Hauptlinie *H.-Waldenburg*, katholisch, theilt sich in 2 Aeste: 1) *H.-Waldenburg-Bartenstein*, 1844 erloschen, worauf ihr Besitz an die Nebenlinie *H.-Bartenstein-Jagstberg* fiel; 2) *H.-Waldenburg-Schillingsfürst*, repräsentirt in dem würtemberg. Zweig durch den Fürsten *Friedrich Karl*, geb. 5. Mai 1814 zu Stuttgart, Senior des fürstl. Gesammthauses H.; im bayer. Zweig durch den Fürsten *Ludwig zu H.-Schillingsfürst*, geb. 31. März 1819, bayer. erblichen Reichsrath, 31. Dec. 1866 bis 7. März 1870 bayer. Minister des Auswärtigen, der mit seinem älteren Bruder *Victor* (geb. 1818) von dem letzten Landgrafen Victor Amadeus von Hessen-Rheinfels-Rotenburg (s. d.) 1834 das Herzogthum Ratibor, das Fürstenthum Korvei, die Herrschaft Treffurt etc. erbte, worauf Victor vom König von Preussen 1840 zum Herzog, Clodwig zum Prinzen von Ratibor und Korvei ernannt ward. Von den übrigen Brüdern beider ist Prinz *Gustav* (geb. 26. Febr. 1823) Erzbischof von Edessa in partibus und Grossalmosenier des Papstes, Prinz *Konstantin*, geb. 8. Sept. 1828, k. k. Kämmerer u. Geheimrath in Wien.

Hohenlohe-Ingelfingen, *Friedr. Ludwig*, *Fürst von*, preuss. General, geb. 31. Jan. 1746, befehligte 1793 im Krieg gegen Frankreich eine Division, siegte 1794 bei Kaiserslautern, ward 1800 General, 1804 Statthalter in den fränk. Fürstenthümern, focht mit seinem Corps 14. Okt. 1806 unglücklich bei Jena, führte das Trümmer des Heeres der Oder zu, kapitulirte 28. Okt. 1806 mit 17,000 Mann; † 15. Febr. 1818 bei Kosel.

Hohenmauth, Stadt in Böhmen, Kr. Chrudim, an der Lautschna, 5370 Ew.

Hohenschwangau, königl. Schloss in Oberbayern, 1 St. von Füssen, auf einem Vorsprung der Alpen, in prachtvoller Umgebung; einst Sitz der Edlen von Schwangau, nach deren Aussterben (16. Jahrh.) durch Kaiser Karl V. an Johann von Paumgarten verliehen, dessen Nachkommen es 1567 an das bayer. Haus verkauften. Seit 1832 im ursprüngl. Stile restaurirt, Lieblingsaufenthalt des jetzigen Königs. Vgl. Hormayr, ,Die goldene Chronik von H.‘, 1842.

Hohenstaufen, steiler Basaltkegel im würtemb. Donaukreis, bei Göpplingen; 2100′ h.; darauf die Ruine der Stammburg des Kaisergeschlechts der H. (1525 zerstört).

Hohenstaufen, deutsches Fürstengeschlecht, dessen erster beglaubigter Ahnherr Friedrich von Büren, um die Mitte des 11. Jahrh., Erbauer der Burg H. ist. Sein Sohn war Ritter *Friedrich von Staufen*, Herr zu H., treuer Anhänger Heinrichs IV., der ihm das Herzogthum Schwaben verlieh und seine Tochter Agnes zur Gemahlin gab. 1097 nach langen Kämpfen nochmals mit dem bedeutend verkleinerten Schwaben belehnt, † er 1105. Sein ältester Sohn, *Friedrich der Einäugige*, ward von Kaiser Heinrich V. im Besitz Schwabens bestätigt, sein Bruder Konrad 1112 mit dem Herzogthum Franken belehnt. Friedrich bewarb sich nach Heinrichs V. Tode um die Kaiserwürde, die aber sein Gegner Lothar von Sachsen erhielt. Darauf Kampf zwischen beiden bis 1135, wo beide Brüder, Konrad gegen Verzichtleistung auf die von ihm angenommene Würde eines Königs von Italien, sich mit Lothar versöhnten. Herzog Konrad ward 1138 als Konrad III. zum deutschen Kaiser gewählt. Seine Nachkommen behaupteten den Thron bis 1254 (s. *Deutschland*, Gesch.). Das Geschlecht erlosch in männl. Linie 1268 mit Konradin, dem Sohn Konrads IV. Ueber Friedrichs II. sonstige Nachkommen s. *Enzio* und *Manfred*. Seine Tochter Margaretha ward mit dem Landgrafen Albrecht dem Unartigen von Thüringen vermählt und von demselben verstossen. Manfreds Tochter Konstanze vermählte sich mit Peter III. von Aragonien, der 14 Jahre später Sicilien eroberte. Die hohenstauf. Besitzungen fielen an Bayern, Baden und Würtemberg. Die Geschichte der H. bearbeitete *Raumer* (4. Aufl. 1871, 6 Bde.).

Hohenstein, fürstl. schönburg. Stadt im sächs. Regbz. Zwickau, an der zwickauchemnitzer Eisenbahn, 5605 Ew. Ein Hauptsitz der Baumwollwaarenfabr.; Mineralquelle mit Kaltwasserheilanstalt.   [mit Ruine.

Hohentwiel, Basaltkegel im Hegau, 2213' h.,

Hohenzollern, Bergschloss auf einem Bergkegel (2853' h.) der rauhen Alp, 1 St. von Hechingen, Stammburg des hohenzollernschen Fürstenhauses, 1850—54 restaurirt. — Die beiden ehemal. Fürstenthümer *H.-Hechingen* und *H.-Sigmaringen*, seit 1849 dem Königreich Preussen einverleibt, bilden den Regbz. Sigmaringen, 20,74 QM. u. 64,632 Ew.

Hohenzollern, deutsches Fürstengeschlecht, dem das preuss. Königshaus angehört, nach der *Burg H.* genannt. Aeltester bekannter Ahnherr Graf Thassilo (um 800), der die Stammburg gegründet haben soll. Den Familiennamen führen zuerst Burchard und Wezel von Zolre († 1061). Ein Nachkomme des ersteren war Friedrich I. von Zolre († um 1120), dessen Söhne Friedrich II. († nach 1142) und Burchard die Ahnherren, jener der ersten zollernschen Burggrafen von Nürnberg, dieser der zollernschen Grafen von Hohenberg (1486 erloschen) sind. Graf Friedrich III. von Zolre († 1200), vertrauter Rath Kaiser Friedrichs I., wird urkundlich zuerst 1192 als Burggraf von Nürnberg erwähnt und als solcher Friedrich I. genannt. Seine Söhne Friedrich II. († 1218) und Konrad I. († um 1230) werden als Grafen von Zolre und Burggrafen von Nürnberg bezeichnet. 1226 Trennung des Hauses in 2 Linien. Die *fränkische Linie* ward gestiftet von Konrads I. Sohn Konrad II. († 1260), Burggrafen von Nürnberg. Sein älterer Sohn, Friedrich III. († 1297), folgte ihm in der Burggrafschaft, der jüngere, Konrad III. († 1314), erhielt

einen Theil der Allodialbesitzungen. Ersterer erhielt als Gemahl der Elisabeth, einer der Allodialerbinnen des letzten Grafen von Meran, einen bedeutenden Theil der Güter dieses Hauses, namentl. Baireuth. Von seinen Söhnen Joachim I. und Friedrich IV. († 1332) erwarb letzterer durch Kauf die Stadt Ansbach. Seine Söhne Johann II. und Albrecht verglichen einen Streit 1341 durch das älteste zollernsche Hausgesetz. Auf Johann II. folgte 1357 sein Sohn Friedrich V. († 1398), der 1363 von Kaiser Karl IV. in den Reichsfürstenstand erhoben ward und einer der mächtigsten Dynasten in Franken war. Seine Söhne Johann III. († 1420) und Friedrich VI. († 1440) theilten 1403 in der Weise, dass jener Baireuth, dieser Ansbach erhielt. Friedrich VI., der nach Johanns kinderlosem Tode beide Fürstenthümer wieder vereinigte, erhielt 1415 von Kaiser Sigismund die Kurwürde von Brandenburg (s. d.) und nannte sich als Kurfürst Friedrich I. Sein 11. Nachfolger, Friedrich III., war als Friedrich I. der erste König von Preussen (s. d.).

Die *schwäbische Linie*, vom Grafen Friedr. von Zollern († 1251), dem Sohne des oben erwähnten Friedrich II., gegründet, gelangte, durch wiederholte Theilungen geschwächt, erst seit Anfang des 16. Jahrh. wieder zu einiger Bedeutung, indem Graf Eitel Friedrich IV. († 1512) von Kaiser Maximilian I. 1507 das Reichskämmereramt erhielt. Er erwarb durch Tausch gegen die schweiz. Landschaft Räzüns die Herrschaft Haigerloch. Sein Enkel, Karl I. († 1576), erhielt nach Erlöschen der Familie Werdenberg 1529 die Grafschaften Sigmaringen und Vöhringen und erliess 1575 eine Erbfolgeordnung, wonach seine Söhne die Titel und Wappen der Grafschaften H., Sigmaringen und Vöhringen und der Herrschaften Haigerloch und Wöhrstein gemeinschaftl., das Reichskämmereramt aber der Senior des Hauses führen sollte. Seine Söhne Eitel Friedrich VI. und Karl II. theilten, so dass jener H., dieser Sigmaringen und Vöhringen erhielt. Jener nahm für seine Linie den Namen *H.-Hechingen*, dieser *H.-Sigmaringen* an. Friedrichs VI. Sohn Joh. Georg erhielt von Kaiser Ferdinand 1623 die Reichsfürstenwürde, die 1638 auch dem Senior der sigmaringer Linie in Theil ward. Mit Kurbrandenburg und den Markgrafen von Baireuth und Ansbach wurden 1695 und 1707 Erbverträge geschlossen, die gleich der Erbfolgeordnung von 1575 in das Familienstatut vom 24. Jan. 1821 übergingen. Infolge der polit. Bewegungen von 1848 entsagten die Fürsten *Friedrich Wilhelm* von H.-Hechingen (reg. seit 1838) und *Karl Anton* von H.-Sigmaringen (reg. seit 27. Aug. 1848) der Regierung 7. Dec. 1849, worauf die Fürstenthümer auf Grund jener Erbverträge an die Krone Preussen fielen, welche 12. März 1850 davon Besitz ergriff. Die beiden Fürsten zogen sich mit dem Range der nachgeborenen Prinzen des königl. preuss. Hauses ins Privatleben zurück. Fürst *Friedrich Wilhelm* von *H.-Hechingen*, geb. 16. Febr. 1801, lebt seit seinem Rücktritt meist zu Hohlstein in Schlesien. Fürst *Karl Anton* von H.-Sigmaringen, geb. 7. Sept. 1811, war Dec. 1858 bis März 1862 preuss. Ministerpräsident, nahm dann als Militärgouverneur der Rheinprovinz und Westphalens seinen Sitz zu Düsseldorf. Sein 2. Sohn *Karl Eitel Friedrich Zephyrin Ludwig*, geb. 20. April 1839, ist seit 20. April 1866 durch Wahl Fürst von Rumänien; sein älterer Sohn, der Erbprinz *Leopold*, geb. 22. Sept. 1835, vermählt 12. Sept. 1861 mit Antonia, Infantin von Portugal, preuss. Oberst à la suite, ward von der span. Regentschaft Juni 1870 als König von Spanien in Vorschlag gebracht, nahm bedingungsweise an, lehnte wegen der inzwischen eingetretenen Verwicklungen 11. Juli ab. Seine Wahl war die unmittelbare Veranlassung des Kriegs 1870 u. 1871 zwischen Deutschland und Frankreich. Vgl. ‚Monumenta Zollerana‘, 1852—61, 7 Bde.; *Riedel*, ‚Die Ahnherren des preuss. Königshauses‘, 1851. [waldes, in Bayern, 3025' h.

Hoher Bogen, isolirter Gipfel des Böhmer-

Hoherpriester, der jüd. Oberpriester, dessen Würde in der Familie Aarons vom Vater auf den Sohn forterbte, von Herodes d. Gr. auch an gemeine Priester, dann von fremden weltl. Herrschern, zuletzt vom Pöbel verliehen ward. Seine Amtskleidung bestand in einem baumwollenen blauen Oberkleide, einem kurzen Leibrock von geswirntem Byssus und viereckigem doppelten Schild mit den Namen der 12 Stämme. Der Mittler zwischen Jehovah und dem Volke, der jährl. einmal im Allerheiligsten der Stiftshütte, später des Tempels, durch Gebet und Opfer das Volk mit Gott versöhnte.

Hoher Rath, s. v. a. Synedrium.

Hohes Lied (*Lied der Lieder*), das einzig übrige Erzeugniss der weltlichen Lyrik der Hebraer, aus dem 9. Jahrh. v. Chr, mit Unrecht dem König Salomo zugeschrieben; handelt in Form eines Liedercyklus von der treuen Liebe Sulamits zu einem Hirten; allegorisch auf das Verhältniss zwischen Jehovah und dem Volke Israel, dann auf das zwischen Christus und der Kirche gedeutet.

Hohe Veen, s. *Veen.*

Hohlgeschoss, Hohlkugel, s. v. a. Bombe, Granate, Shrapnel.

Hohlkehle, rinnenförmige Aushöhlung, deren Profil einen Viertel- oder Halbkreis bildet, an Gesimsen, Säulenfüssen, Fenster- u. Portalgewänden etc. vielfach angewendet.

Hohlmasse:

| Baden und Schweiz | Bayern | England | Frankreich | Hanno-ver | Oester-reich | Preussen | Sachsen | Würtem-berg |
Malter	Scheffel	Imperial Quarter	Hektoliter	Himten	Wiener Metze	Scheffel	Dresdner Scheffel	Scheffel
1	0,075	0,516	1,500	4,815	2,434	2,723	1,445	0,646
1,482	1	0,765	2,274	7,138	3,616	4,066	2,142	1,255
1,939	1,398	1	2,908	9,334	4,729	5,291	2,800	1,641
0,667	0,450	0,344	1	3,210	1,626	1,619	0,943	0,564
0,208	0,140	0,107	0,312	1	0,507	0,567	0,300	0,170
0,410	0,277	0,211	0,615	1,974	1	1,119	0,592	0,347
0,366	0,247	0,189	0,550	1,764	0,694	1	0,529	0,310
0,492	0,407	0,357	1,036	3,333	1,684	1,889	1	0,586
1,182	0,797	0,609	1,772	5,689	2,882	3,225	1,707	1

II. für Flüssigkeiten, s. *Flüssigkeitsmass.*

Hohlspiegel, s. *Spiegel.*

Hohnstein, ehemal. Grafschaft in Nordthüringen und am Harz (sogen. ‚alte Grafschaft‘ mit dem Stift Ilefeld etc.), ca. 12 QM., jetzt zum preuss. Regbz. Hildesheim, Kr. Zellerfeld, gehörig.

Hohnstein, Stadt in der sächs. Schweiz, an der Polenz, auf 1150' h. Felsen, 1410 Ew.

Hohofen, s. *Eisen.*

Holbach, *Paul Heinr. Dietr.*, Baron von, franz. Philosoph, geb. um 1723 zu Heidelsheim in der bayer. Pfalz, lebte in Paris; † 21. Juni 1789 daselbst. Geistvoller Vertreter des Naturalismus, bekämpfte das Christenthum und jede positive Religion. Schr. ‚Histoire critique de Jésus Christ‘ (um 1770); ‚Système de la nature‘ (deutsch 1843); ‚La morale universelle‘ (1776) u. A.

Holbein, 2 ber. Maler, 1) *Hans, der Aeltere*, geb. um 1460, hauptsächlich in Augsburg wohnhaft, † 1524. Werke von ihm in Augsburg, Frankfurt (städelsches Institut), München. — 2) *Hans, der Jüngere*, Sohn des Vor., geb. um 1495 zu Augsburg, war 1517 in Luzern thätig, seit 1519 in Basel, wurde 1526 nach England berufen; † Okt. 1543 in London an der Pest. Einer der grössten und edelsten Meister deutscher Kunst. Hauptwerke: Flügelaltar des heil. Sebastian (jetzt in München), Madonna mit der Familie des Bürgermeisters Meyer (2 Exempl., in Dresden und Darmstadt, letzteres wahrscheinlich das Original), Madonna von Solothurn, Passion (Basel) und zahlr. andere Gemälde in deutschen und engl. Sammlungen; ausgezeichnete Porträts: Moretto (Dresden), Jörg Gyszn (Berlin), Melanchthon (Hannover), Jane Seymour (Wien) u. v. a.; Todtentanz (40 Holzschnitte, Lyon 1538 u. öfter), Bilder zum A. T., Zeichnungen zu Erasmus ‚Lob der Narrheit‘ u. a. Vgl. *Woltmann* (1867, 2 Bde.). — Ein dritter *Hans H.* zu Augsburg, Grossvater des Vor., der seit 1848 in die Kunstgesch. eingeführt ist, beruht auf Täuschung.

Holberg, *Ludwig, Freih. (von)*, dän. Dichter, geb. 6. Nov. 1684 zu Bergen (Norwegen), Professor zu Kopenhagen, 1747 geadelt; † 27. Jan. 1754 zu Sorö. Der Schöpfer der neuern dän. Literatur, insbes. durch seine zahlr. Lustspiele (krit. Ausg. 1843 ff., 3 Bde.; deutsch in Auswahl von *Prutz*, 1868) Begründer der kom. Bühne in Dänemark. Schr. ausserdem ‚Peder Paars‘ (heroischkom. Gedicht, 1719); ‚Nils Klims unterirdische Reise‘ (lat. kom. Roman; deutsch von *Wolf*, 1847); Episteln' (1748 f., 5 Bde.) etc. Vgl. *Prutz*, ,H., Leben und Schriften', 1857.

Holcus *L.* (*Honiggras*), Pflanzengattung der Gramineen. H. lanatus *L.*, gemeines H., auf feuchten Wiesen, gutes Schnittgras. H. avenaceus *Scop.*, s. v. a. Arrhenaterum

Holda (*Frau Holle*), s. *Hulda.* [elatius, s. d.

Holfter, die zu beiden Seiten des Sattels angebrachten Futterale für die Pistolen.

Holics, Flecken im ungar. Komitat Neutra, an der March, 4811 Ew. Kgl. Schloss, grosse Porzellanfabr., span. Schäferei.

Holkar, Name des Herrschergeschlechts von Indur (s. d.) in Ostindien, das mit Mulhar-Rao (geb. 1693), einem ursprüngl. Bauer, beginnt. [Lumpen, s. *Papier.*

Holländer, Maschine zum Zerkleinern der Holländerblau, s. v. a. Neublau.

Holländerei, eine auf holländ. Art eingerichtete Milch- und Käsewirthschaft; auch die von einem Holländer unternommene Pachtung des Melkviehs auf einem Gute.

Holländerin, Wasserschöpfmaschine, besteht aus liegeschaufeln, die von einerWindmühle bewegt werden.

Holländerweiss, s. v. a. Bleiweiss.

Holland, s. v. a. Königr. der Niederlande; insbes. die alte *Grafschaft* H., welche die 2 jetzigen Prov.: *Nordholland*, 49,6 QM. und 571,433 Ew. (Hauptst. Amsterdam), und *Südholland*, 54,3 QM. und 673,761 Ew. (Hauptst. Haag), umfasste, der blühendste und bevölkertste Theil des Königreichs. Seit 8. Jahrh. zu Frankreich gehörig, stand H. unter Grafen, von denen die von Vlaardingen reichsunmittelbar waren. Nach dem Aussterben derselben (1299) fiel das Land durch Vererbung an die Grafen von Hennegau. In der Mitte des 14. Jahrh. innere Unruhen infolge des Streits zwischen Margaretha, der Gemahlin Kaiser Ludwigs des Bayern, welche das Land nach ihres Bruders, des Grafen Wilhelm IV., Tode durch Erbschaft zugefallen war, und ihrem Sohne Wilhelm V. (Hoeks und Kabeljaus), bis H. nach dem Sturze der Gräfin Jakobäa, der letzten Besitzerin desselben aus bayer. Stamme, 1430 an Burgund fiel. Weiteres s. *Burgund* und *Niederlande.*

Holland, *Henry Rich. Vassall, Lord*, engl. Staatsmann, geb. 23. Nov. 1773, ward 1797 Mitglied des Oberhauses, entschiedener Vertreter freisinniger Politik, 1806 kurze Zeit im segen. Ministerium der Talente, bekämpfte dann 24 Jahre hindurch die toryistische Politik, 1830 Kanzler des Herzogth. Lancaster, Mitglied des Reformministeriums Grey und 1835 des Ministeriums Melbourne; † 22. Okt. 1840 zu London.

Hollandsdiep, Mündungsarm der Maas in den Niederlanden, am Biesbosch beginnend.

Hollar, *Wenzel*, Kupferstecher, geb. 1607 zu Prag, † 1677 in London. Ueber 3000 Blätter; am berühmtesten: Adam und Eva und David vor Saul (Holbein), Esther (P. Veronese), Ecce homo (Tizian), der grosse Kelch (Mantegna) u. a. Vgl. *Parthey*, ,W. H., Verzeichniss seiner Kupferstiche', 1853.

Holle, Federbusch mancher Vögel; s. *Hulda.*

Hollunder, s. *Sambucus.*

Holothurien, s. *Sternwürmer.*

Holstein, Herzogth. in Norddeutschland, zwischen Ost- und Nordsee, durch den Elderkanal von Schleswig getrennt, seit 1866 Bestandtheil der preuss. Prov. Schleswig-H., 152,8 QM. und 54,600 Ew. — Die älteren Bewohner H.s gehen in der grossen Stammverbindung der Sachsen auf. Später werden die holstein. Sachsen als Nordelbinger oder Nordleute bezeichnet. Sie wurden von Karl d. Gr. unterworfen und zum Christenthum bekehrt. Darauf Einfälle der Dänen und Wenden. Heinrich I. stellte die in Verfall gerathene Mark zwischen Elder und Schley (934) wieder her. Kaiser Konrad II. überliess dieselbe 1027 dem dän. König Knud d. Gr., und seitdem bilden die Elder und die Levensau die Nordgrenze H.s. Kaiser Lothar verlieh H. 1106 dem Grafen Adolf I. von Schauenburg (1106—28). Adolf II. (1128 bis 1164) eroberte Wagrien; Adolf III. († 1225) Dithmarschen, musste aber, im Kampfe mit den Dänen gefangen, auf H. verzichten, welches nun über 20 Jahre zum Reiche Waldemars II. gehörte. Adolf IV. eroberte es 1225 wieder und behauptete es durch seinen Sieg bei Bornhöved 22. Juli 1227. Dithmarschen kam an das Erzstift Bremen. Darauf mehrfache Landestheilungen. Graf Gerhard d. Gr. gebot 1304—40 in Dänemark als unumschränkter Gebieter und erhielt Schleswig als erbliches Lehn. Nachdem im Vertrag zu Nyborg auf Fünen 1386 das Herzogthum Schleswig als erbliches dän. Fahnenlehn den holstein. Grafen von der rendsburger Linie zur gesammten Hand überlassen worden, ward Gerhard VI. förmlich damit belehnt. Das so geschaffene *Schleswig-Holstein* stand 1386 — 1459 unter dem schauenburg. Fürstenhause. Der schauenburg. Mannsstamm erlosch 1459 mit Graf Adolf VIII., worauf die Stände seiner Schwester Sohn, den Grafen Christian von Oldenburg (seit 1448 König von Dänemark), zum Landesherrn von H. erhoben. Kaiser Friedrich III. vereinigte 1474 die Grafschaften H. und Stormarn nebst Wagrien und Dithmarschen zu einem *Herzogthum* H. Seitdem war es unmittelbares Reichsland (Fahnenlehn) bis 1806. König Christian III. begründete die königl. Hauptlinie, zu welcher die Nebenlinien H.-Sonderburg-Augustenburg und H.-Sonderburg-Beck, seit 1826 H.-Sonderburg-Glücksburg stets nur im Verhältniss apanagirter Linien blieben. Herzog Adolf († 1586) gründete die herzogl. Hauptlinie H.-Gottorp, von der das jetzige russ. Kaiserhaus, das oldenburg. und das 1809 entthronte schwed. Königshaus abstammen. Darauf fortgesetzte Theilungen und Streitigkeiten. 1773 überliess der Grossfürst Paul von Russland seinen Antheil an H. dem dän. Königshause gegen die Grafschaften Oldenburg und Delmenhorst, die er als Herzogthum der jüngeren Linie abtrat. Seitdem theilte H. die Schicksale der dän. Monarchie, mit der es 9. Sept. 1806 völlig vereinigt werd. 1815 wurde es nebst Sachsen-Lauenburg in den deutschen Bund aufgenommen. Durch Gesetz vom 15. Mai 1834 ward eine provinzialständische Verfassung eingeführt. Der erste holstein. Landtag trat Herbst 1835 in Itzehoe zusammen. Weiteres s. *Schleswig-Holstein*.

Holtei, *Karl von*, Schriftsteller, geb. 24. Jan. 1797 in Breslau, seit 1819 Schauspieler in Breslau, Berlin, Darmstadt, 1837—39 Theaterdirektor zu Riga, lebte seitdem an verschiedenen Orten, zuletzt bes. in Grätz. Bürgerte das Vaudeville in Deutschland ein: ‚Wiener in Berlin‘, ‚Der alte Feldherr‘ (‚Theater‘ 1845); schrieb ‚Gedichte‘ (5. Aufl. 1861) und ‚Schles. Gedichte‘ (12. Aufl. 1871), zahlr. Romane (‚Die Vagabunden‘ 1851, ‚Christian Lammfell‘ 1851, ‚Der letzte Komödiant‘ 1863, etc.) und die Autobiographie ‚Vierzig Jahre‘ (2. Aufl. 1859), ‚Erzählende Schriften‘ (1862—69, 39 Bde.). Auch als dramat. Vorleser ausgezeichnet.

Holtzendorff, *Franz von*, Strafrechtslehrer, geb. 14. Okt. 1829 zu Vietmannsdorf in der Uckermark, seit 1861 Prof. zu Berlin, widmet sich der Reform des Strafwesens und der Gefängnissanstalten. Schr. ‚Die Deportation als Strafmittel in alter und neuer Zeit‘ (1859); ‚Die Kürzungsfähigkeit der Freiheitsstrafen‘ (1861); ‚Die Umgestaltung der Staatsanwaltschaft vom Standpunkte unabhängiger Strafjustiz‘ (1865); ‚Der Bruderorden des Rauhen Hauses und sein Wirken in den Strafanstalten‘ (1862) u. A. Gibt seit 1861 die ‚Allgem. deutsche Strafrechtszeitung‘ heraus.

Holtzmann, *Adolf*, Sprachforscher, geb. 2. Mai 1810 zu Karlsruhe, seit 1852 Prof. der deutschen Sprache und Literatur zu Heidelberg; † das. 4. Juli 1870. Werke: ‚Ueber den Umlaut‘ (1843), ‚Ueber den Ablaut‘ (1844), ‚Indische Sagen‘ (1854), ‚Kelten und Germanen‘ (1855); die Epoche machenden ‚Untersuchungen über das Nibelungenlied‘ (gegen Lachmanns Kritik gerichtet, 1854), krit. Ausgabe des Gedichts (2. Aufl. 1863); ‚Altdeutsche Grammatik‘ (1. Bd. 1870) u. A.

Holyhead (spr. Hollihedd), brit. Insel im St.-Georgskanal, westl. bei Anglesea. Darauf die *Stadt* H., Ueberfahrtsort nach Irland, 6193 *Ew.*, grossart. Hafenbau.

Holz, die Hauptmasse der Stämme, Aeste und Wurzeln der Bäume und Sträucher, besteht aus dem Mark und den von der Rinde umschlossenen Jahr- oder Holzringen, von welchen die äusseren den Splint, die inneren das durch Farbe, Härte und Dauerhaftigkeit unterschiedene Kernholz bilden. Das H. besteht aus Zellgewebe, und die Verdickung der Zellhäute durch Lignin bedingt die Härte, meist auch die Schwere desselben. Winterholz enthält Reservestoffe (Stärke), ist daher schwerer als Sommerholz. Gewicht von 1 Kubikfuss lufttrockenen H.es:

	Pfd.		Pfd.
Ahorn	45	Kirschbaum	43
Birke	44	Lärche	34
Birnbaum	45	Linde	34
Rothbuche	48	Mahagoni	54
Buxbaum	64	Nussbaum	49
Ebenholz	81	Pappel	31
Eiche	52	Pockholz	86
Erle	36	Tanne	40
Esche	46	Ulme	41
Fichte	28	Weide	30
Kiefer	40	Weissbuche	50

Der Wassergehalt des H.es schwankt mit der Jahreszeit und ist im Frühjahr am grössten; durchschnittl. enthält Hainbuche 18,6, Birke 30,6, Kiefer 39,7, Fichte 45,2, Schwarzpappel 51,8 %. Der Aschengehalt schwankt um 1%. Getrocknetes H. zieht sehr begierig Feuchtigkeit an. Die Fällzeit hat auf die Dauerhaftigkeit des H.es bei guter Behandlung nach dem Fallen wenig Einfluss. In Wind und Wetter dauern Eiche 100, Ulme 60, Kiefer 85, Fichte 40, Buche 10 Jahre. Die Fäulniss des H.es wird verhindert durch Imprägniren mit Kupfer-, Zinkvitriol, Quecksilberchlorid, Kreosot. — *Handel.* In den europ. Grosshandel kommt jährl. für 72 Mill. Thlr. H., davon stammen 30½ Mill. aus Schweden, 15⅕ aus Oesterreich, 12 aus Norwegen, 7,3 aus Russland, 4,2 aus Prov. Preussen und Polen, 5 aus Nordamerika. Vgl. *Nördlinger*, ‚Technische Eigenschaft der Hölzer‘, 1860.

Holzappel, Stadt im preuss. Regbz. Wiesbaden, nördern der Lahn, 1013 Ew.; Hauptort der *Grafsch.* H. (früher Besitzung des Erzherzogs Stephan, † 1867, jetzt des oldenburg. Prinzen Ludwig). Blei- und Silberhütte (29,014 Ctr. Blei, 35,7 Ctr. Silber). [Blau.

Holzblau, mit Blauholz hervorgebrachtes

Holzbock, s. *Zecke*.

Holzcäment, Mischung von Theer mit Cäment und Schwefel, dient zur Herstellung billiger und dauerhafter Dächer. Vgl. *Lipowitz*, ‚Portlandcämentfabrikation‘, 1868.

Holzessig (*Holzsäure*), Essig, welcher sich neben Gasen, theerigen Produkten, Methylalkohol etc. bildet, wenn man Holz in geschlossenen Gefässen erhitzt, die Dämpfe ableitet und verdichtet; entsteht als Nebenprodukt bei der Holzgasbereitung. Roher H. enthält Kreosot und dient zur Imprägnirung des Holzes, zur nassen Räucherung des Fleisches etc., wird meist durch Neutralisation mit Kalk, Röstung des essigsauren Kalks und Zersetzung desselben mit Glaubersalz auf essigsaures Natron verarbeitet.

Holzfresser (*Holzkäfer*, Xylophaga *Latr.*), Familie der vierschigen Käfer, mehrere Arten der Gattungen *Borkenkäfer* (Bostrychus *Fabr.*), *Bastkäfer* (Hylesinus *Fabr.*) und *Splintkäfer* (Eccoptogaster *Hbst.*) richten in Waldungen oft grossen Schaden an, indem die Larven in der Rinde, im Bast oder im Holz Gänge bohren.

Holzgas, s. *Gas*.

Holzgeist, s. v. a. Methylalkohol.

Holzkäfer, s. *Holzfresser*.

Holzkohle, *Kohle*.

Holzminden, Kreisst. in Braunschweig, an der Weser, 5723 Ew. Baugewerkschule.

Holzroth, aus Fernambukholz mit Zinnchloridlösung bereitete rothe Farbe.

Holzsäure, s. v. a. Holzessig.

Holzschneidekunst (*Xylographie*), eine der nachbildenden Künste, deren Technik darin besteht, dass auf die glatte Oberfläche einer Holzplatte (*Stock*), gewöhnlich die Stirnseite von Buxbaum, die Zeichnung mit Bleistift angetragen und dann alles zwischen den Linien derselben gelegene Holz bis auf eine mässige Tiefe mittelst Bohrer,

Stichel, Messer und anderer Werkzeuge herausgehoben wird, so dass die Zeichnung erhaben stehen bleibt und so, mit Farbe versehen, auf der Buchdruckerpresse abgedruckt werden kann. Von den Chinesen schon in sehr früher Zeit zum Bücherdruck, in Deutschland zuerst um 1350 zur Anfertigung von Spielkarten angewendet; die ersten grösseren Holzschnitte: der heilige Christoph (1423) und die ‚Bibila pauperum‘ (1429). Um 1460 bereits bed. Vervollkommnung der H., die während des 16. Jahrh. die grösste Verbreitung fand und fast nur in den Händen von Deutschen war. Vorzüglichste Förderer: *Wohlgemuth, A. Dürer, Scheuffelin, L. Cranach, Burgkmayr* u. A. Seit Mitte des 17. Jahrh. vom franz. Kupferstich verdrängt, kam der Holzschnitt ausser Gebrauch und gelangte erst zu Anfang des 19. Jahrh. (bes. durch den Engländer *Berwick* und die Deutschen *Unger* und *Gubitz*) wieder in Uebung und seitdem zu einer ungeahnten Vollkommenheit. Gegenwärtig beliebtestes und verbreitetstes Illustrationsmittel. Vgl. *Heller*, ‚Geschichte der H.‘, 1822; *Schauer*, ‚Schule der H.‘, 1866.

Holzschuhe (fr. *Sabots*), aus Holz geschnitzte, geschwärzte, lackirte und gefutterte Schuhe; in Frankreich allgemein.

Holzspiritus, s. v. a. Methylalkohol.

Holzstifte, aus Massholder- oder Schwarzbirkenholz gespaltene und in rotirenden Trommeln polirte Stifte zum Befestigen der Stiefelsohlen; werden in Thüringen, Schlesien, Böhmen, Nordamerika dargestellt.

Holzstoff (*Zellstoff*), s. v. a. Cellulose; auch der durch Zerkleinerung von Holz (Fichte, Ahorn, Aspe) gewonnene Rohstoff zur Papierfabrikation (s. d.).

Holztrank (Decoctum lignorum), schweiss- und harntreibendes (sogen. blutreinigendes) Mittel, bes. bei Hautkrankheiten verwendet. Bestandtheile: Guajakholz, Kletten-, Seifen- und Süssholzwurzel, Sassafrasholz.

Holzwespen (Siricidae, Xylophaga), Insektenfamilie der Hymenopteren, deren Larven 2 Jahre lang im Holz leben. *Riesenwespe, gelbe Fichtenwespe* (Sirex gigas *L.*), 15‴ l., richtet in Tannenwäldern Schaden an.

Holzwolle, fein zertheiltes und gefärbtes Holz, dient zur Darstellung der Sammettapeten, als Streusand, Packmaterial etc.

Holzwurm, s. v. a. Borkenkäfer.

Homann, *Joh. Baptist*, Kartenstecher, geb. 20. März 1663 zu Kamlach (Bayern), begründete 1702 in Nürnberg einen Landkartenhandel und lieferte selbst gegen 200 Karten, darunter den grossen ‚Atlas über die ganze Welt‘ (1716, 126 Bl.); † 1. Juli 1724.

Homberg, Kreisstadt im preuss. Regbz. Kassel, 3170 Ew. Lehrerseminar.

Homburg (*H. vor der Höhe*), Hauptstadt des Obertaunuskreises im preuss. Regbz. Wiesbaden, 2 M. nördl. von Frankfurt a/M., 8032 Ew.; bis 1866 Hauptstadt der Landgrafschaft Hessen-Homburg; eins der bedeutendsten Taunusbäder (5 eisenhaltig-salin. Quellen), mit palastartigen Gebäuden, Parkanlagen etc. Darüber das vormalige Residenzschloss. Spielbank der Gebr. Blanc.

Home (engl., spr. Hohm), Heim, Heimat, Haus.

Homer, der älteste und gefeiertste griech. Dichter, um 1000–900 v. Chr., durchaus in myth. Dunkel gehüllt, wahrscheinlich aus Jonien gebürtig, nach Ein. Sohn des Mäon (daher ‚Mäonide‘ genannt). Vater und Meister der epischen Poesie; seine Werke, die auf den griech. Kulturgang wie auf die künstlerische Bildung der ganzen europ. Menschheit den grössten Einfluss übten: ‚Ilias‘ (aus dem trojan. Kriege eine Episode von 51 Tagen umfassend: die Entzweiung des Agamemnon mit Achilles und den Zorn des letztern bis zur Leichenbestattung Hectors, 24 Gesänge) und ‚Odyssee‘ (die Abenteuer des nach Trojas Einnahme in sein Vaterland heimkehrenden Odysseus darstellend, 24 Gesänge). Dieselben sollen zuerst durch Lykurg (9. Jahrh.) aus Kleinasien nach Griechenland gebracht worden sein; 3 Jahrh. später wurde durch Pisistratus und seine Söhne eine Sammlung derselben veranstaltet; ihre jetzige Gestalt erhielten sie erst in der alexandr. Periode, bes. durch Aristarchus. Die Streitfrage über die ursprüngl. Einheit beider Gedichte, seit F. A. Wolff (s. d.) lebhaft erörtert, ist noch zu keinem endgültigen Resultate gelangt. Von den zahlr. Werken der bedeutendsten die von *Lachmann* (1847), *Nitzsch* (1830), *Lauer* (1851), *Jakob* (1857), *Kirchhoff* (1859) etc. Die dem H. zugeschriebenen Hymnen und ‚Batrachomyomachia‘ (Froschmäusekrieg) sind späteren Ursprungs. Erste gedruckte Ausgabe H.s von *Chalcondylas* (Flor. 1488); seitdem zahllose Ausgaben (von *Wolff* 1817, *Bekker* 1843 u. 1858, *Fäsi*, 5. Aufl. 1867–09, *Dindorf*, 4. Aufl. 1856, etc.) und Kommentare (von *Nitzsch, Döderlein, Nägelsbach* etc.). Uebersetzungen von *Voss* (1793), *Minckwitz* (1854–1856), *Donner* (1855 und 1865), *Ehrenthal* (‚Odyssee‘, 1865) u. A.

Homeriden, im griech. Alterthum eine auf Chios heimische Sängerschule, welche nach Homers Vorgange dichtete, auch dessen Lieder durch Ueberlieferung fortpflanzte; wahrscheinl. Verfasser der homerischen ‚Hymnen‘. Vgl. *Hoffmann*, ‚Homer und die Homeridensage von Chios‘, 1856.

Homicidium (lat.), Mord, Todtschlag.

Homiletik (gr.), wissenschaftl. Anleitung zur geistl. Beredsamkeit, Theil der Rhetorik.

Homilie (gr.), Gespräch, Rede; insbes. Auslegung eines Bibeltextes in Predigtform.

Homme (fr., spr. Omm), Mensch; *h. d'affaires* (spr. d'affähr), Geschäftsführer; *h. de lettres* (spr. dö lettr), Gelehrter. [kömmling.

Homo (lat.), Mensch. *H. novus*, Emporkömmling.

Homö- (gr.), in Zusammensetzungen, s. v. a. zusammen, gleich; *homö,* ähnlich.

Homo diluvii testis (lat., d. i. Sündfluthmensch), ein öninger tertiären Schiefer gefundenes und von Scheuchzer beschriebenes Skelet, galt zuerst für ein menschliches, stammt aber von einem Schwanzlurche.

Homöopathie, medicinisches System, von Samuel Hahnemann erfunden. Nach demselben ist die Krankheit nur durch die

Aufsuchung Ihrer Symptome zu erkennen und durch Bekämpfung derselben zu behandeln. Es sollen nun bestimmte Arzneimittel am Gesunden eine Reihe von Krankheitszeichen (Symptomen) hervorrufen, und dieselben Mittel sollen im Stande sein, wenn man sie in hinreichender Verdünnung („Potenzirung") einem Kranken darreicht, der ähnliche Symptome zeigt, letztere hinwegzuschaffen, daher der oberste Grundsatz der H.: „Similia similibus curantur". Als wesentliches Hülfsmittel dienen die homöopathischen Arzneiprüfungen an Gesunden, und es gelang Hahnemann und seinen Schülern, durch ein Medikament über 2000(!) verschiedene Symptome hervorzurufen. Die Zubereitung homöopathischer Heilmittel führt zu 3 Formen: 1) *Verreibungen* von 1 Theil der trockneu Substanz mit 99 Th. Milchzucker (1. Verreibung); die folgende wird aus 1 Theil der 1. Verreibung mit 99 Theilen Milchzucker gemacht u. s. f.; 2) *Essenzen* und *Verdünnungen*. Gleiche Theile des Saftes der Arzneipflanze und Alkohol werden gemischt und filtrirt, davon 1 Tropfen mit 99 Tr. Alkohol gibt die erste Verdünnung, 1 Tr. dieser mit 99 Tr. Alkohol die zweite u. s. f.; 3) *Streukügelchen*: feinste Zuckerkügelchen 100 Stück werden mit 1 Tr. einer Verdünnung befeuchtet und getrocknet. Dosis der Verdünnung 1—3 Tr., der Streukügelchen 1 — 3 Stück. Einzelne Homöopathen verwenden nur 1.—3. Verdünnung, viele sogar nach Decimalsystem, andere brauchen 30., ja selbst 800. Verdünnung (letztere heissen Hochpotenzen). Bei den *isopathischen* Mitteln dienen Krankheitsprodukte als Heilmittel, z. B. Odontonekrose, ausgeschabte hohle Zähne mit Zucker verrieben u. s. f. Wichtigste Werke über H. sind: *Hahnemann*, ‚Organon' (6. Aufl. 1865) und ‚Arzneimittellehre' (4. Aufl. 1856); *Rückert*, ‚Klinische Erfahrungen' (1854—61, 4 Bde. u. Suppl.); *Hirschel*, ‚Homöopath. Arzneischatz' (7. Aufl. 1870); *Kleinert*, ‚Geschichte der H.' (1862).

Homöosis (gr.), ‚Vergleichung, Gleichniss; auch z. v. a. Assimilation.

Homöusie, s. *Homousie*.

Homogam (gr.), gleichehig, von Blüthenständen, in denen nur Blüthen gleichen Geschlechts enthalten sind.

Homogen (gr.), gleichartig, in der Arithmetik Grössen, welche durch dieselbe Einheit gemessen werden; in der Analysis Grössen mit gleich viel Dimensionen.

Homolog (gr.), gleichnamig, einander entsprechend. *Homologie*, Uebereinstimmung.

Homologumena (gr.), s. *Antilegomena*.

Homonym (gr.), gleichlautend, bes. von Wörtern, die verschiedene Bedeutung haben; auch z. v. a. synonym.

Homophag (gr.), falsch statt Omophag (s. d.).

Homophon (gr.), einstimmig, von einem musik. Satze, in welchem sich alle anderen Stimmen der melodieführenden unselbständig unterordnen (Gegensatz von polyphon).

Homotonisch (gr.), gleichtönig.

Homo trium literarum (lat.), Mensch mit 3 Buchstaben, scherzhaft für Dieb (lat. *fur*).

Homousie (gr.), Wesensgleichheit; *Homöusie*, Wesensähnlichkeit; vgl. *Arianer*.

Hompesch, *Ferd.*, *Freiherr von*, letzter Grossmeister des Johanniterordens, geb. 9. Nov. 1744 zu Düsseldorf, ward 1797 zu jener Würde erhoben, verweigerte, als Bonaparte 10. Juni 1798 vor Malta erschien, diesem die Einfahrt in den Hafen und liess seine Truppen (ca. 1000 Mann) unter die Waffen treten, schiffte sich nach vergebl. Widerstand nach Triest ein, wo er seine Würde an den Kaiser Paul von Russland übertrug; † 1803 zu Montpellier.

Homunculus (*Homuncio*, lat.), Menschlein, in Goethes ‚Faust' ein durch chem. Prozess erzeugter Mensch, nach des Paracelsus Schrift ‚De generatione rerum naturalium', worin Anleitung dazu gegeben wird.

Ho-nan (*Cho-nan*), eine der inneren Provinzen Chinas, südl. vom Hoang-ho, äusserst fruchtbar, 3060 QM. mit ca. 29,070,000 Ew. Die Stadt H. war öfter Residenz der Kaiser.

Honda, Stadt in der südamerik. Republik Neugranada, am Magdalenenstrom, Flusshafen für Bogota, 3—4000 Ew.

Honduras, mittelamerik. Freistaat, am Golf von H. (dem westlichsten Theil des Antillenmeers), 2215 QM. und 350,000 Ew. (meist Mischlinge). Plateauartiges Gebirgsland (bis 7000' h.), meist mit Wald bedeckt, reich bewässert; Klima (mit Ausnahme der heissen Küstenebenen) gesund; Boden fruchtbar, reich an landwirthschaftl. und mineral. Schätzen. Gewerbthätigkeit auf niedrigster Stufe. Kathol. Kirche (Bischof von Comayagua); 2 sogen. Universitäten. Neue Verfassung vom Nov. 1865. Präsident auf 4 Jahre gewählt (gegenwärtig Medina, seit 1869); legislative Kammer (11 Deputirte) und Senat (7 Mitglieder). Einnahmen ca. 400,000 Doll., Ausgabe ca. 185,000 Doll. Schuld 1,050,000 Doll. Armee: 600 M. und 6000 M. Miliz. Ausfuhr: 1,805,000 Doll. Exportartikel: Gold und Silber (600,000 Doll.), Indigo, Rindvieh, Hölzer, Leder. Freihäfen: Trujillo und Omoa am atlant., Amapala am stillen Ocean. 7 Departements. Hauptst. Comayagua. — 1502 von Columbus entdeckt, 1523 von den Spaniern in Besitz genommen; später Theil des span. Generalkapitanats Guatemala, seit 1824 Republik. Vgl. *Squier*, ‚H.', 1870.

Honest (lat.), ehrenhaft; *Honestas*, Ehrenhaftigkeit; *honestas publica*, guter Ruf.

Honfleur (spr. Hongflöhr), Hafenstadt im franz. Depart. Calvados, südöstl. von Havre, an der Seinemündung, 9946 Ew.

Hongkong, Insel in der Mündung des Kantonstroms (China), 1½ QM. mit 125,000 Ew.; seit 1842 britisch. Darauf die neuerbaute Stadt Victoria.

Honig, Sekret der Honigbienen, wird im Frühjahr oder Herbst beim Ausschneiden der Waben gesammelt, fliesst zum Theil aus diesen freiwillig aus (*Jungfernhonig*) oder wird durch Pressen und Centrifugalmaschinen gewonnen; enthält Traubenzucker (der krystallisirt) und Fruchtzucker, Riechstoff je nach den Pflanzen, welche die Bienen besucht haben, Farbstoff etc., gährt leicht, wird durch Verdünnen, Behandeln mit Galläpfeln, Löschpapier, Kreide gereinigt (Mel depuratum), dient zur Pfefferkuchenbäckerei, in der Medicin und zur Bereitung des Meth. Sehr viel H. liefern Deutschland, Russland, Ungarn, Italien, Griechenland, Südfrankreich, Cuba, Domingo, Mexiko, Nord- und Südamerika.

Honigdrüse, in der Botanik Honigsaft aussondernde Drüse in einer Blüthe, tritt als Grube, Schuppe, Scheibe oder Ring auf.

Honiggras, s. *Holcus.*

Honigthau (Melligo), süsse klebrige Flüssigkeit auf den Blättern, wird von diesen bei abnormen Ernährungsverhältnissen, von Blattläusen und zum Theil auch von Schildläusen ausgeschieden.   [knickerig.

Honnêt (fr.), anständig, bieder, nicht **Honneurs** (fr., spr. Onnöhr), Ehrenbezeigungen, bes. militärische. *Die H. machen,* Gästen gegenüber die dem Wirth zukommenden Höflichkeitspflichten erfüllen; *par honneur,* ehrenhalber.

Honni soit, qui mal y pense (fr., spr. - söa ki - pangs), Ein Schelm, wer Arges dabei denkt! Devise des engl. Hosenbandordens.

Honolulu, Residenzstadt des Königs der Sandwichsinseln, zugleich Haupthafen und wichtigster Handelsplatz des ganzen Archipels, an der Südküste der Insel Owaihu, über 10,000 Ew. Wohnsitz vieler Europäer.

Honor (lat.), Ehre; *Honorant,* Einer, der einen Wechsel für Rechnung eines Anderen acceptirt; *Honorât,* Der, für dessen Rechnung er acceptirt. *Honorar,* Ehrensold, Vergütung für geistige, insbes. schriftstellerische, auch ärztliche Leistungen. *Honoris causa,* ehrenhalber. *Honorabel,* ehrenwerth, schätzbar. *Honortage,* s. v. a. Respekttage.   [*Honor.*

Honorât, oberer Ordensgeistlicher; vgl. **Honoration** (lat.), Beehrung; Annahme und Einlösung eines Wechsels.

Honoratioren (lat., d. i. Geehrtere), die Mitglieder der höheren Stände.

Honôre (*Honawar*), angloind. Stadt auf Malabar, an der Mündung des Gerseppa, 12,000 Ew. Station der Baseler Mission.

Honoriren (lat.), ehren; Honorar zahlen; einen Wechsel acceptiren; in der Schiffersprache *eine Klippe h.,* derselben ausweichen.

Honorius, röm. Kaiser, Sohn Theodosius I., geb. 384 n. Chr., erhielt bei der Theilung des Reichs nach seines Vaters Tod (395) den Occident, sein Bruder Arcadius den Orient, residirte erst zu Mailand, seit 403 zu Ravenna, stand erst unter der Vormundschaft Stilichos (s. d.), sah Italien von den Westgothen unter Alarich (s. d.) überschwemmt, gab seine Schwester Placidia an dessen Nachfolger Athaulf zur Gemahlin, verlor die Herrschaft über Britannien; † 423.

Honorius, Name von 4 (5) Päpsten: *H. I.,* 625—638, ward, weil er die Lehre der Monotheleten (s. d.) gebilligt, auf dem 6. ökumen. Koncil zu Konstantinopel 680 als Ketzer verdammt. — *H. II.,* vorher Peter Cadolaus, als Gegenpapst Alexanders II. 1061 in Basel unter dem Einflusse der Deutschen gewählt, von diesen verlassen, auf

Parma beschränkt; † 1072; in der Reihe der Päpste nicht mitgezählt. — *H. II.* (1124 - 30), vorher Lambert von Fagnan, beförderte die Erhebung Lothars von Sachsen zum deutschen Kaiser, musste dem Grafen Roger von Sicilien die päpstl. Lehen Apulien und Kalabrien überlassen. — *H. III.,* 1216 - 27, vorher Cencio Savelli, krönte Friedrich II. zum Kaiser, Freund der Bettelorden und des deutschen Ordens. — *H. IV.,* 1285—87, vorher Giacomo Savelli, bei den sicilian. Händeln betheiligt.

Honos (lat.), s. v. a. honor. *H. habet onus.* **Honte,** s. *Schelde.* [Würde hat Bürde.

Honth, Komitat in Ungarn, Kr. diesseits der Donau, 46,86 QM. mit 112,500 Ew.; reich an Metallen und Wald, auch an Wein und ergiebigem Ackerfeld. Hauptort Schemnitz.

Hontheim, *Joh. Nik. von,* geb. 27. Jan. 1701 zu Trier, seit 1748 Weihbischof das., bekämpfte in seinem unter dem Pseudonym *Justinus Febronius* herausg. Werke ,De statu ecclesiae liber singularis' (1763) die Uebergriffe des Papstthums, widerrief 1778 zum Theil; † 2. Sept. 1790 zu Montquintin.

Honved (d. i. Landesvertheidiger), in Ungarn 1848 Name der gegen die Kaitzen und Serben angeworbenen Freiwilligen, dann das ganze Volksheer, bes. die Infanterie.

Hood (spr. Hudd), *Samuel, Viscount,* berengl. Seeheld, geb. 12. Okt. 1724, ward 1780 Admiral, schlug 21. Febr. 1782 die Franzosen bei St.-Christoph und 14. April bei Goudeloupe, trat 1786 als Lord der Admiralität ins Oberhaus, nahm 27. Aug. 1793 Toulon, musste es 18. Dec. wieder aufgeben, eroberte Mai 1794 Korsika, ward 1796 Gouverneur von Greenwich; † 27. Jan. 1816.

Hood (spr. Hudd), *Thomas,* engl. Dichter, geb. 23. Mai 1798, † 3. Mai 1845. Hervorragend im humorist. wie im pathet. Liede (,A parental Ode', ,The bridge of sighs', ,The song of the shirt' etc.). ,Poems' (1856, 4 Bde.).

Hoogstraten, *Jak. von,* heftiger Gegner Reuchlins und Luthers, geb. um 1454 zu Hoogstraten in Brabant, Prof. an der Universität zu Köln, dann Oberketzerrichter das., liess Reuchlins Schriften öffentlich verbrennen, ward dafür in den ,Epistolae obscurorum virorum' hart mitgenommen; † 21. Jan. 1527 zu Köln.

Hooker (spr. Hukker), 1) *Sir William Jackson,* engl. Botaniker, geb. 1785 zu Exeter, seit 1839 Direktor der botan. Gärten in Kew; † das. 12. Aug. 1865. Machte die Kewgärten zum Centrum moderner Botanik, veranlasste die Gründung von engl. Kolonialgärten, führte zahlreiche Pflanzen in Wissenschaft und Praxis ein, förderte bes. die Kenntniss der Farren. Sein Sohn *Joseph Dalton H.,* geb. 1817 zu Glasgow, ist sein Nachfolger in Kew. — 2) *Joseph,* nordamerikan. General, geb. 1817 in Hadley in Massachusetts, machte 1846 den mexikan. Krieg mit, ward Mai 1861 zum Brigadegeneral der Freiwilligen ernannt, focht 1861 — 62 unter M'Clellan auf dem linken Potomacufer, an der Spitze einer Division bei Williamsburg und Malvern Hill, befehligte bei Antietam den rechten Flügel und trug wesentlich zum Sieg bei. Jan. 1863 an Burnsides Nachfolger ernannt, ward er 3. Mai bei Chancellorsville geschlagen, musste 28. Juni den Oberbefehl an Meade abgeben, ward Herbst mit dem 11. und 12. Corps nach Chattanooga beordert, wo er an Thomas und Shermans Siegen bedeutenden Antheil hatte, Ende 1864 Militärgouverneur in Ohio, dann militär. Oberbefehlshaber in Newyork.

Hoorn, befest. Hafenstadt in der holländ. Prov. Nordholland, an der Zuidersee, 9503 Ew.

Hoorn (*Hoorne*), *Philipp II. von Montmorency-Nivelle, Graf von*, geb. 1522, ward als Stiefsohn des Grafen Hoorn von diesem zum Erben eingesetzt, Chef des Staatsraths der Niederlande, Admiral von Flandern und Gouverneur von Geldern und Zütphen, focht mit Auszeichnung bei St. Quentin und Gravelingen, wirkte zum Sturz Granvellas mit, blieb mit Egmont beim Heranahen Albas im Lande, ward 1567 verhaftet u. 5. Juni 1568 mit jenem zu Brüssel enthauptet.

Hopfen (*Humulus L.*), Pflanzengattung der Urticeen. *Gemeiner* H. (*H. Lupulus L.*), in Europa, Nordamerika, wird der tannenzapfenähnlichen Fruchtähren halber kultivirt. Diese riechen gewürzhaft, schmecken bitter und besitzen unter ihren Deckschuppen zahlreiche gelbe Drüschen (Hopfenmehl, Lupulin), welche ätherisches Oel und, wie die Scheinbare, Gerb- und Bittersäure, Harz etc. enthalten. H. hält sich sehr schlecht, wird gut getrocknet, geschwefelt und zusammengepresst aufbewahrt und in der Bierbrauerei benutzt; ein Extrakt des Lupulins (Lupulit) ist officinell; die narkotische Wirkung des H.s ist dem Harzgehalt zuzuschreiben. Die Stengel des H.s werden in der Papierfabrikation, die jungen Schösslinge als Gemüse benutzt. Produktion: Bayern 260,000, Böhmen und das übrige Oesterreich 180,000, Baden 45,000, Würtemberg 60,000, Elsass, Lothringen, Burgund 80,000, Belgien 75,000, Preussen (Posen, Polen) 60,000, Altmark, Braunschweig 25,000, Grossbritannien 3,400,000 Ctr. Nordamerika mehr als ganz Europa. Vgl. *Stamm* (1854), *Saher* (1862, 2 Bde.), *Flatau* (1861), *Gosswisch* (1864).

Hopfen, *spanischer*, s. *Origanum*.

Hoplitik (gr.), Waffenlehre. *Hoplit*, schwerbewaffneter Fussoldat.

Hora (lat.), Stunde. *Horae canonicae* oder *regulares*, in den Klöstern die Betstunden und Stundengebete (Matutin, Prim, Terz, Sext, None, Vesper und Komplet).

Horaken (*Podhoraken*), czech. Volk im böhm.-mähr. Grenzgebirge; ca. 255,000.

Horatius, altröm. patric. Geschlecht, dem die 3 Horatier, Drillinge, angehörten, die nach der Sage unter Tullus Hostilius durch ihren Sieg im Einzelkampfe über die alban. Curiatier Rom die Herrschaft über Alba longa verschafften. *Publius H. Cocles* vertheidigte die Tiberbrücke 507 mit 2 Genossen gegen die andringenden Schaaren Porsennas, bis sie hinter ihm abgebrochen ward, rettete sich dann durch Schwimmen zu den Seinigen; sein Standbild im Comitium.

Horatius Flaccus, *Quintus*, röm. Dichter,

geb. 8. Dec. 65 v. Chr. zu Venusia (Apulien), Quästurschreiber in Rom, lebte später meist auf seinem Landgut Sabinum; Freund und Günstling des Macenas und Augustus; † 27. Nov. 8 v. Chr. Grösster Lyriker Roms. Werke: Oden und Epoden (zum Theil griech. Lyrikern nachgebildet), Satiren, Episteln, Sermonen u. a. Zahlr. Ausgaben (von *Orelli*, 3. Aufl. 1850—52; *Haupt* 1861 u. A.), Uebersetzungen von *Voss* (1820), *Günther* (2. Aufl. 1852), *Strodtmann* (1852), *Weber* (1852) u. A. Illgr. v. *Arnold* (1860), *Karsten* (deutsch 1863).

Hordeolum, s. *Gerstenkorn*.

Hordéum, s. *Gerste*.

Horeb (*Choreb*), im A. T. der Berg, an dem Moses das Gesetz ertheilte. Vgl. *Sinai.*

Horen, bei Homer Dienerinnen der Götter, namentl. der Aphrodite, und Pförtnerinnen des Himmels; später Göttinnen der Jahresund Tageszeiten, auch der Jugendblüthe etc.

Horen, Stundengebete, s. *Hora*.

Horismus (gr.), Begrenzung eines Begriffs, Definition. *Horismographie*, Beschreibung der Grenzen eines Landes.

Horizont, die Kreislinie, in der sich Himmel und Erde zu berühren scheinen (natürlicher H.). *Horizontfläche*, die vom H. begrenzte Fläche der Erde, in der Wirklichkeit eine krumme, als ebene gedacht *Horizontalebene* genannt. Der *astronomische* oder *scheinbare* H. ist die Kreislinie, in welcher die durch den Standpunkt des Beobachters gelegte Tangentialebene den Himmel trifft; der *wahre* H. die mit dem scheinbaren H. eines Orts parallel durch den Mittelpunkt der Erde gelegte und bis zum Himmel erweitert gedachte Ebene. *Horizontal*, wagerecht, wasserrecht.

Hormayr, *Jos., Freiherr von*, Geschichtsforscher, geb. 20. Jan. 1781 zu Innsbruck, ward 1803 Hofsekretär und Direktor des geh. Staats-, Hof- und Hausarchivs, entwarf 1809 den Plan zur Befreiung Tirols, übernahm nach der Vertreibung der Franzosen und Bayern die Verwaltung und Landesvertheidigung, ward 1815 zum Historiographen des Reichs und des kaiserl. Hauses ernannt, 1828 Ministerialrath im Departement des Auswärtigen zu München, 1832 bayer. Ministerresident in Hannover, 1839—46 bei den Hansestädten, später Direktor des Reichsarchivs zu München; † 5. Nov. 1848. Schr. „Geschichte der gefürsteten Grafschaft Tirol‟ (1806—8, 2 Bde.); „Oesterreich. Plutarch‟ (1807—20, 20 Bde.); „Allg. Geschichte der neuesten Zeit‟ (2. Aufl. 1851, 3 Bde.); „Die goldene Chronik von Hohenschwangau‟ (1842); „Das Land Tirol und der Tirolerkrieg von 1809‟ (1845, 2 Bde.) u. A.

Hormusstrasse, Meerstrasse vom pers. Golf in den arab. Meerbusen, benannt nach der *Insel* H. (einst portug. Handelsplatz).

Horn, der Auswuchs am Kopf der Rinder, Antilopen, Ziegen, Schafe, besteht aus Horngewebe, dient zu Gefässen, Blasinstrumenten, Drechslerarbeiten, Kämmen etc. Die Hornmasse lässt sich biegen, pressen, löthen, farben, wird durch Tränkung mit Fett durchsichtig (Laternenhorn). Abfälle, Späne dienen zur Fabrikation von Blutlaugensalz, Thierkohle, zum Verstählen des Eisens, als Dünger und werden in heissen Metallformen durch Druck wieder vereinigt. Ochsenhörner liefern Südamerika, Ungarn, Irland, Russland, Portugal, die schönsten Büffelhörner Kleinasien und Indien.

Horn (*Hoorn, Kap H.*), südlichste Spitze Amerikas, richtiger der zum Archipel des Feuerlands gehörigen Insel l'Hermite (55° 58' 44" s. Br.), 1578 von Drake entdeckt, 1646 von Lemaire und Schouten zuerst umschifft.

Horn, Dorf bei Hamburg; daselbst das bekannte 'Raube Haus'.

Horn (*Waldhorn*), transponirendes Messingblasinstrument im Umfang (theilweise bloss akkordisch fortschreitend) vom grossen C bis 2gestrichenen G; Ton 16füssig (d. h. eine Oktave tiefer klingend), voll, wohltönend und weich. *Englisches H.* (*Alt-Oboe*), tiefe Oboenart von vollem, etwas düsterm Ton, eine Quinte tiefer stehend als die Oboe, Umfang vom kleinen f bis 2gestrichenen b.

Horn, *Gustar, Graf von*, schwed. Feldherr im dreissigjähr. Krieg, geb. 1592 zu Oberbyhus in Upland, eroberte 1625 Dorpat, 1630 Kolberg, kommandirte bei Breitenfeld den linken Flügel, focht am Lech und bei Lützen, vereinigte sich dann mit dem Herzog Bernhard von Weimar in Schwaben, wurde bei Nördlingen gefangen, erst 1642 ausgewechselt, zwang 1644 Dänemark zum Frieden; † als Reichsmarschall 1659.

Horn, *O. W. von*, s. *Oertel*.

Hornaken (*Hornyaken*), die slowakischen Bewohner der Gebirgsgegenden im nordwestlichen Ungarn (meist als Kesselflicker, Drahtstricker etc. herumwandernd).

Hornblende (*Amphibol, Tremolit*), Mineral aus der Klasse der wasserfreien Amphoterolithe, Doppelsilikat aus Kalk, Magnesia, Eisenoxydul, häufig auch Thonerde und Eisenoxyd. Varietäten: *Grammatit* weiss, grünlich, im Kalkstein, Dolomit; *Aktinolith*, Strahlstein grün- bis schwärzlichgrün, im Talk- und Chloritschiefer; H., gemeine, dunkelgrün bis schwarz, in sehr vielen Gesteinen, und basaltische, bräunlichschwarz im Basalt und Trachyt; *Asbest, Amiant* (s. d.). H. dient als Zuschlag beim Schmelzen der Eisenerze.

Hornblendefels (*Amphibolit*), lauch- oder schwarzgrünes Gestein, besteht aus Hornblende oder Strahlstein, ist körnig, faserig oder schieferig (*Hornblendeschiefer*), findet sich bes. im Gebiet des Gneises, Glimmer-, Chlorit- und Urthonschiefers, im Erz-, Fichtelgebirge, in den Alpen etc. [Gesteine.

Hornblendegesteine, s. v. a. Amphibolische

Horngewebe, thierisches, nur aus Zellen gebildetes Gewebe, dient als Schutz darunter liegender Theile. Seine meist trocknen Zellen stehen in inniger Beziehung zu jugendlicheren, tiefer gelegenen, der sogen. Schleimschicht (s. *Haut*) angehörigen Zellen. Die wichtigsten H.: Oberhaut, Nagel, Haare, Hörner, Schuppen, Federn. Das H. enthält Stickstoff und Schwefel, quillt in Kalilauge auf, gibt keinen Leim, verwest schwer.

Hornhaut, s. *Auge*.

Hornhautflecken (*Hornhauttrübung*), matte, weisse oder graue Flecken der Hornhaut des Auges, die ein deutliches Sehen verhindern und theils Folge früherer Entzündungen, theils Alterserscheinungen sind; durch schwach ätzende Augenwässer oder Operation zu entfernen.

Hornisse, s. *Wespe*. [tion zu entfernen.

Hornschlange, s. *Ottern*.

Hornsilber, s. *Silberhörnerz*.

Hornstrauch, s. *Cornus*.

Hornung, s. v. a. Februar.

Hornviper, s. *Ottern*.

Hornwerk, Festungswerk, welches aus zwei halben Bollwerken mit verbindender Kurtine besteht; wird meist als Verstärkung langer Kurtinen des Hauptwalls benutzt.

Horológium (lat.), Stundenzeiger, Uhr; in der griech. Kirche das Buch mit den Stundengebeten.

Horométer (gr.), Stundenmesser.

Horópter (gr.), diejenige Fläche, in welcher alle die Punkte liegen, die bei bestimmter Augenstellung nur einfach, nicht doppelt erscheinen.

Horoskóp (gr.), die Deutung des Schicksals eines Menschen aus dem Stand der Gestirne bei seiner Geburt. [lich.

Horrend (lat.), grauenerregend, schreck-

Horreur (fr., spr. Orröhr), Abscheu; auch etwas Abscheuliches, Greuel.

Horríbel (lat.), s. v. a. borrend. [sagen.

Horríbile dicta (lat.), es ist furchtbar zu

Horrid (lat.), starrend, rauh, struppig.

Horripilation (lat.), Fieberschauer.

Horror (lat.), Schrecken, Abschou.

Horror vacui (lat.), Scheu vor dem Leeren, wurde der Natur angedichtet, um das Aufsteigen des Wassers in Röhren mit verdünnter Luft zu erklären.

Horsa, s. *Hengist und Horsa*.

Hors d'oeuvre (fr., spr. hohr d'öhwr), Bei-, Nebenwerk, Zugabe; Nebenspeise.

Horsens, Hafenstadt in Jütland (Stift Aarhus), am *Horsensfjord*, 8960 Ew.

Horstmar, Grafschaft im preuss. Regbz. Münster, 31 QM., den Fürsten von Salm-H. gehörig. Die *Stadt* H., 1083 Ew.

Hortation (lat.), Ermahnung; *hortativ, hortatorisch*, ermahnend, ermunternd.

Horten, Stadt in Norwegen, am Christianiafjord; neu angelegtes Marineetablissement, Hauptstation der norweg. Flotte.

Hortensia (*Hortense*, spr. Ortangs), Eugenie Beauharnais, Mutter Napoleons III., s. *Bonaparte* 6).

Hortensie, Pflanze, s. *Hydrangea*.

Hortikultur (lat.), Gartenbau; *Hortologie, Gartenbaukunde*. [s. *Barbarossa* 1).

Horuk Barbarossa, Herrscher von Algier.

Horus, ägypt. Gott, mit dem griech. Apollo identificirt, daher auch *Horapollo* genannt, Symbol der Sonne, gewöhnlich mit einem Sperberkopfe dargestellt.

Horváth, *Michael*, ungar. Geschichtschreiber, geb. 20. Okt. 1809 zu Szentes im Komitat Csongrad, ward 1844 Prof. der ungar. Sprache und Literatur am Theresianum zu Wien, 1847 Propst zu Hatvan, 1848 Bischof von Csanad, 14. April 1849 Kultusminister, lebte nach Unterdrückung der ungar. Revolution in Paris, Brüssel, Italien etc. Schr.

‚Gesch. von Ungarn' (1859–63, 6 Bde.); ‚Fünfundzwanzig Jahre aus der Gesch. Ungarns' (1863, 2 Bde.; deutsch 1867); ‚Gesch. des Unabhängigkeitskriegs in Ungarn 1848 und 1849' (1865, 3 Bde.).

Hosēa, 1) hebr. Prophet, weissagte unter den jüd. Königen Usia, Jotham, Ahas und Hiskias und unter dem israelit. König Jerobeam II., 8. Jahrh. v. Chr. Seine Schrift ist die erste der sogen. kleinen Propheten. — 2) Letzter König von Israel, ward mit dem besten Theile seiner Unterthanen von Salmanassar (722) ins Exil geführt.

Hesemann, *Theodor,* Zeichner und Maler, geb. 1807 zu Brandenburg, in Düsseldorf ausgebildet, seit 1857 Prof. an der Akademie zu Berlin. Ausges. Illustrationen (Münchhausen, Andersens Märchen etc.) u. Genrebilder.

Hosenbandorden (*Order of the Garter*), höchster engl. Orden, von König Eduard III. 1349 gestiftet, nur für regierende Fürsten und Eingeborne von hohem Adel. Zahl der Mitglieder 26, mit Ausschluss des Königs und der Prinzen, sowie der auswärtigen Mitglieder. Ausserdem ernennt der König noch 26 sogen. ‚arme Ritter' (gewöhnlich alte Hofdiener), die verpflichtet sind, gegen eine jährl. Pension von 300 Pfd. St. für die anderen Ritter zu ‚beten'. 23. April Ordenskapitel in der Kapelle zu Windsor. Dekoration: dunkelblausammtnes Band, mittelst goldner Schnalle unter dem linken Knie befestigt, mit dem Motto: ‚Honni soit qui mal y pense' (s. d.); ein gleichfarbiges breites Band mit der Figur des Ritters Georg in Gold und Brillanten, von der linken Schulter nach der rechten Hüfte getragen; dazu auf der linken Brust ein achtstrahliger silberner Stern. Ordenstracht: dunkelblauseidenes Unterkleid, rothsammtner, goldgestickter Mantel, schwarzes Baret mit weisser Feder.

Hospenthal, Dorf im Kant. Uri, im Urserenthal, an der Reuss und St. Gotthardstrasse, 4660' üb. M., 500 Ew. · (Gastwirth.

Hospes (lat.), ein Fremder; Gastfreund.

Hospital, Krankenhaus, zweckmässig gelegenes und eingerichtetes Gebäude, in welchem vor Allem auf Reinlichkeit und gute Ventilation zu sehen ist. Bestrebungen in dieser Richtung führten zur Besetzung von *Baracken* mit hohlem steinernen Unterbau, fensterreichen Wänden und durchbrochenem Dach (Dachreiter), Ventilationsvorrichtungen, Gaswasserleitung und desinficirbarem Abtritt. Bei neueren Hospitälern werden grosse freiliegende Gebäude (für Verwaltung, Wohnungen u. chron. Kranke) mit Barackenlagern kombinirt.

Hospitalbrand, gefürchtete, in schlecht gelüfteten Hospitälern entstehende ansteckende Krankheit, bei welcher die Wunden anstatt zu heilen und gutartigen Eiter abzusondern sich mit einem missfarbigen Belag bedecken, der alsbald zu Verjauchung der unterliegenden Weichtheile führt, endet gewöhnlich unter Fieber (Hospitalfieber) mit dem Tode; bisweilen gelingt durch Isoliren, gute Lüftung, Reinigung und Aetzung der Wunde die Heilung.

Meyers Hand-Lexikon.

Hospitalbrüder, s. v. a. Johanniter.

Hospitalfieber, s. *Hospitalbrand.*

Hospitalität (lat.), Gastfreundschaft.

Hospitiren (lat.), einer Lehrstunde oder akadem. Vorlesung als Gast beiwohnen.

Hospiz (*Hospitium,* lat.), Fremdenhaus, insbes. Name der auf der Höhe frequenter Alpenpässe von Mönchen errichteten Behausungen zur Aufnahme und Verpflegung von Reisenden. Die bekanntesten auf dem grossen St. Bernhard, St. Gotthard, Simplon und kleinen St. Bernhard.

Hospodár (slav.), früher Titel der Fürsten von der Walachei und Moldau.

Hostien (lat., d. i. unblutige Opfer), auch *Oblaten* (d. i. Opfergaben), die aus ungesäuertem Weizenteig gebackenen, meist mit einem Lamm oder Krucifix versehenen Scheiben, deren man sich in der röm.-kathol. und luther. Kirche beim Abendmahle statt des Brodes bedient, seit dem 12. Jahrh. anstatt des letzteren eingeführt.

Hôtel (fr.), Wohnung einer vornehmen Familie oder eines hohen Staatsbeamten; Gasthaus ersten und zweiten Rangs; der Gastgeber *Hôtelier* (spr. Oteljeh). *H. garni,* Gasthaus, welches nur Wohnungsräume darbietet ohne Beköstigung. *H. de ville,* Stadthaus, Rathhaus. *H. Dieu* (spr. -djö), grosses Krankenhaus in Paris.

Hotho, *Heinr. Gustav,* Kunsthistoriker, geb. 22. Mai 1802 in Berlin, seit 1859 Direktor der Kupferstichsammlung des königl. Museums das. Hauptwerke: ‚Geschichte der deutschen und niederländ. Malerei' (1840–1843, 2 Bde.); ‚Die Malerschule Huberts van Eyck' (1855–58, 2 Bde.); ‚Die Meisterwerke der Malerei seit Ende des 3. Jahrh. in photographischen Nachbildungen' (1865 ff.); ‚Geschichte der christl. Malerei' (1867 f.).

Hottentotten (*Quaqua*), die Ureinwohner der Südspitze Afrikas, eine in Sprache und Körperbildung von den übrigen afrikan. Völkern verschiedene, überaus hässliche Race, innerhalb der Kapkolonie in ihrer Ursprünglichkeit fast ganz erloschen. Merkmale: graugelbe Haut, abgeplatteter Schädel, das Haar in warzenartigen Wollbüscheln wachsend, wulstige Lippen und platte Nase mit grossen Löchern. Vier Hauptstämme: die Korana am Oranjefluss, Namaquas, Buschmänner und Griquas.

Houchard (spr. Huschahr), *Jean Nicolas,* franz. General, geb. 1740 zu Forbach, befehligte 1792 unter Custine ein Reiterregiment, erhielt nach Custines Abgang den Oberbefehl über die Nordarmee, nahm Hondscoote, zwang dadurch den Herzog von York, die Belagerung Dünkirchens aufzugeben, schlug die Holländer bei Maine, werd 15. Sept. bei Courtray von den Oesterreichern geschlagen, deshalb des Verraths beschuldigt und 17. Nov. 1793 guillotinirt.

Hovas, Volk im Innern von Madagaskar, jetzt über die ganze Insel herrschend.

Hoya, Kreisstadt im preuss. Regbz. Hannover, an der Weser, 2026 Ew.; Hauptort der Grafsch. H., 494½ QM. (seit 1585 lüneburgisch).

Hoyerswerda, Kreisst. im preuss. Regbz. Liegnitz, an der schwarzen Elster, 2601 Ew.

51

Hrabanus Maurus, Gelehrter, geb. um 776 zu Mainz, gründete 804 zu Fulda oine Klosterschule, ward 822 Abt zu Fulda, 847 Erzbischof von Mainz; † 856. Lehrer der deutschen Nation, suchte Aufklärung zu verbreiten, für Ausbildung der deutschen Sprache sehr thätig. Sein lat.-deutsches Glossar über die Bibel (abgedr. in Graffs ‚Diutiska' Bd. 3) wichtiges Denkmal der ältesten deutschen Sprache. Werke (Köln 1627). Vgl. *Kunstmann* (1841) und *Spengler* (1856).

Hradisch, Kreisstadt in Mähren, 3100 Ew.

Hradschin, schönster der 4 Stadttheile Hronwitha, s. *Roswitha*.   [Prags.

Huara, Grabstätte der alten Peruaner.

Huallaga (spr. Ualjágha), rechter Nebenfluss des Amazonenstroms, im östl. Peru, entspringt auf dem Gebirgsknoten von Huanuco und Pasco; 140 M.

Huasco, Hafenstadt in Chile, Prov. Coquimbo, ca. 7000 Ew.; Ausfuhr von Minenprodukten (2½ Mill. Thlr.).

Huastéken (*Huaztecatl*), Indianervolk, am Golf von Mexiko.

Huber, *Ludw. Ferdin.*, Schriftsteller, geb. 1764 zu Paris, 1787 sächs. *Legationssekretär* in Mainz, wo er sich der Familie seines Freundes G. Forster annahm, 1798—1803 in Stuttgart Redakteur der ‚Allgem. Zeitung'; † 24. Dec. 1804. ‚Sämmtl. Werke' (1806—9, 4 Bde.). — Seine Gattin *Therese*, geb. 7. Mai 1764 in Göttingen, Tochter des Philologen Heyne, ward 1784 Georg Forsters, nach dessen Tod 1794 H.s Gattin; † 15. Juni 1829 in Augsburg. Schr. geistvolle ‚Erzählungen' (1830—33, 6 Bde.), den Roman ‚Die Ehelosen' (1829); gab ‚Forsters Briefwechsel' (1828—29, 2 Bde.) heraus. — Beider Sohn, *Victor Aimé H.*, geb. 10. März 1800 zu Stuttgart, 1843—50 Prof. in Berlin; † 19. Juli 1870 in Wernigerode. Feiner Kenner der roman. Literatur. Werke: ‚Gesch. des Cid' (1829) und ‚Chronica del Cid' (1844); ‚Die neuromant. Poesie in Frankreich' (1833); ‚Skizzen aus Spanien' (1828—35, 4 Thle.); ‚Reisebriefe aus Belgien etc.' (1855) u. A.

Hubertsburg, ehemal. königl. Jagdschloss im sächs. Regbz. Leipzig, aufern Mügeln, 1721 erbaut, jetzt Straf-, Landeskranken- und Irrenanstalt. Der *Friede von H.* (15. Febr. 1763) beendete den siebenjähr. Krieg.

Hubertus, der Heilige, aus Aquitanien gebürtig, Hofmeister des fränk. Königs Theodorich, später Bischof zu Mastricht; † 727; 827 kanonisirt. Patron der Jäger, soll, früher ein leidenschaftl. Jäger, durch die Erscheinung eines Hirsches mit einem Kreuz zwischen dem Gewelh gewarnt, sich einem beschaulichen Leben gewidmet haben.

Hubertsorden, ältester und erster bayer. Orden, gestiftet von Herzog Gerhard V. von Jülich 1444 wegen seines Siegs am Hubertstag (3. Nov.) über Herzog Arnold von Geldern, 1709 und 1808 ernauert. Dekoration: goldnes weissemaillirtes Kreuz mit 8 Spitzen, goldnen Strahlen in den Winkeln, auf der Vorderseite mit der Bekehrungsscene des heil. Hubartus mit der Umschrift: In Trau (Treue) vast; auf der Rückseite Reichsapfel mit Kreuz.

Huc (spr. Hük), *Everist Regis*, franz. Reisender, geb. 1. Aug. 1813 zu Toulouse, seit 1839 Missionär in China, bereiste Hochasien und Tübet, seit 1852 wieder in Europa; † 26. März 1860 in Paris. Schr. ‚Souvenirs d'un voyage dans la Tatarie, le Tibet et la Chine' (1853; deutsch von *Andree* 1855); ‚L'empire chinois' (1855; deutsch 1856); ‚Le christianisme en Chine' (1858, 4 Bde.).

Hucbald, Musiker und Dichter, geb. um 840, Benediktinermönch zu St. Amand in Flandern; † 930. Verdient um die Ausbildung des Gesangs, indem er die ersten Anfänge der Harmonie lehrte. Nach Ein. Verfasser des ‚Ludwigsliedes' (s. d.).

Huddersfield (spr. Höddersfild), Stadt in der engl. Grafschaft York, am Colne, 34,877 Ew. Ein Hauptsitz der Wollenindustrie; Maschinenbau.

Hudson (spr. Hödds'n), Hauptfluss des nordamer. Staats Newyork, mündet bei Newyork in die Bai von Newyork, 65 M. lang, bis 25 M. oberhalb Newyork für grosse Seeschiffe zugänglich.

Hudson (spr. Hödds'n), *Hendrick*, engl. Seefahrer, geb. um 1550, machte 1607—10 vier Nordpolarreisen, entdeckte auf der letzten derselben die nach ihm benannte *Hudsonstrasse* und *Hudsonsbai* (Binnenmeer an der Nordküste von Nordamerika, 200 M. l. und 120 M. br., durch jene mit dam atlant. Ocean in Verbindung stehend), ward auf der Rückreise von den meuterischen Matrosen den Wellen preisgegeben.

Hudson Lowe, s. *Lowe*.

Hudsonsbailänder (*Rupertsland*), der ausgedehnteste Theil von Brit.-Nordamerika, seit 1869 zur ‚Dominion of Canada' gehörig, umfasst das weite Gebiet der früheren Hudsonsbaigesellschaft, d. i. die Länder zunächst um die Hudsonsbai (Neu-Nordwales, Neu-Südwales, Ost-Maine etc.) mit dem Hauptort York, nebst Labrador und dem Nordwestgebiet (Stikinterritorium), 136,013 QM. mit ca. 110,000 Ew. (95,000 Indianer, 4000 Eskimos, 11,000 Mischlinge und Weisse). Die *Hudsonsbaigesellschaft* (Pelzkompanie), mit bürgerl. Gewalt und Gerichtsbarkeit über das Land), seit 1670 bestehend, anietzt 200 Mitglieder mit Kapital von 400,000 Pfd. St., 1863 aufgelöst; ihre Rechte gingen an einen andern Verein von Kapitalisten über (‚International-Financial-Company').

Hué (*Fuschan*), Haupt- und Residenzstadt von Annam (Cochinchina) in Hinterindien, an der Mündung des *Flusses* H., 80—100,000 Ew.; von franz. Ingenieuren stark befestigt, der bedautendste Waffenplatz Asiens; Hafen, Schiffswerfte; grosse Kanonengiesserei.

Hübner, *Julius*, Historienmaler, geb. 1806 zu Oels, gebildet unter Schadow in Berlin und Düsseldorf, später in Italien, ward 1842 Prof. an der Akademie zu Dresden, 1871 Direktor der Gemäldegallerie das. Zahlr. Werke aus dem Gebiete der Romantik, der Historien. Antike, des naiven Genres wie des Porträts. Auch Dichter (‚Helldunkel', 1871).

Hübner, *Joseph Alex.*, Freih. von, österr. Diplomat, geb. 26. Nov. 1811 zu Wien, 1844—1848 österr. Generalkonsul zu Leipzig, seit

1849 bevollmächtigter Minister beim Präsidenten der franz. Republik und dann beim Kaiser der Franzosen, 1856 Vertreter Oesterreichs auf dem pariser Kongress, 1859 österr. Gesandter zu Rom, Aug. und Sept. d. J. Polizeiminister, dann seit Ende Sept. 1865 bis Nov. 1867 wieder Gesandter in Rom.

Hübsch, *Heinrich*, Baumeister, geb. 1795 zu Weinheim, bereiste Griechenland und Italien, seit 1827 in Karlsruhe; † das. 3. April 1863 als Oberbaurath. Baute mit Vorliebe im Rundbogenstil. Bauten: die Finanzkanzlei, polytechn. Schule, Kunsthalle und das Theater in Karlsruhe, Trinkhalle in Baden-Baden, Kirchen in Bulach und Ludwigshafen u. A. Schr. ‚In welchem Stile sollen wir bauen?‘ (1828); ‚Die Architektur und ihr Verhältniss zur heutigen Malerei u. Skulptur‘ (1847); ‚Die altchristl. Kirchen‘ (1857—63).

Hückeswagen, Fabrikstadt im preuss. Regbz. Düsseldorf, Kr. Lennep, an der Wupper, 2733 (mit dem Landort H. 8889) Ew.

Hüfte (Coxa, Iphion), diejenigen Körpertheile, welche die Verbindung zwischen Rumpf und Oberschenkel (Hüftgelenk) zusammensetzen und umgeben.

Hüftweh (Coxalgia, Neuralgia, Ischiadica), Nervenschmerz, der sich längs des Verlaufs des Hüftnerven und seiner Enden, also vom Gesäss nach der Fusssohle hinzieht. Kann Jahre lang anhalten und die Kranken vollständig am Gehen hindern. Ursache meist heftige Erkältung; Behandlung durch Schröpfkopfe, Senfteige, am besten Anwendung des konstanten elektr. Stromes.

Hügel, *Karl Alex. Anselm*, *Freiherr von*, Reisender und Naturforscher, geb. 25. April 1796 zu Regensburg, nahm 1821 an der Expedition nach Neapel Theil, blieb hier als Attaché der österr. Gesandtschaft bis 1824, bereiste seit 1831 Griechenland, Syrien und Ostindien, 1833 Australien und Neuseeland, ging dann über den Himalaya und durch Kaschmir nach Tibet, von da nach dem Pendschab und kehrte um das Kap 1837 nach Wien zurück. Dec. 1850—59 österr. Gesandter in Florenz; † 2. Juni 1870 auf der Reise zu Brüssel. Schr. ‚Kaschmir und das Reich der Sikhs‘ (1840—42, 4 Bde.); ‚Das Becken von Kabul‘ (1851—52, 2 Bde.).

Hühnerauge (*Leichdorn*, *Krähenauge*, *Elderauge*), umschriebene kleine Hautstelle, an welcher die Oberhaut stark verdickt ist und bisweilen die unterliegenden Gewebe zum Schwund gebracht hat; wird beseitigt durch Ausschneiden. *Hühneraugenpflaster* erzielen sämmtlich Erweichung.

Hühnerfalke, s. v. a. gemeiner Habicht.

Hühnerhund, s. *Hunde*.   [Vgl. *Huhn*.]

Hühnerologie, Kunde der Federviehzucht.

Hühnertod, s. v. a. Hyoscyamus niger.

Hühnervögel (Gallinae), Ordnung der Vögel, mit Gangbeinen, steifen Schwingen, Bindehäuten an den Vorderzehen, atzen die Jungen nicht. Familien: Feldhühner, Fasanen, Steisshühner, Jakuhühner.

Hülfsvollstreckung, s. *Exekution*.

Hülfszeitwort, s. *Verbum*.

Hülse (Legumen), in der Botanik einfächrige zweiklappige Fruchtkapsel mit 2 neben einander liegenden Samenträgern, z. B. bei Erbsen, Bohnen (Hülsengewächse).

Hülsse, *Julius Ambrosius*, geb. 2. Mai 1812 zu Leipzig, ward 1840 Direktor der königl. Gewerbschule zu Chemnitz, 1850 der polytechn. Schule zu Dresden, 1863 geh. Regierungsrath; schr. ‚Allg. Maschinen-Encyklopädie‘ (1839—44, 2 Bde.); ‚Technik der Baumwollspinnerei‘ (2. Aufl. 1863); ‚Die Kammgarnfabrikation‘ (1861) u. A.

Huelva, span. Prov. in Andalusien, am atlant. Ocean, 193,7 QM. mit 184,043 Ew. Die *Hauptstadt* H., zwischen der Mündung des Odiel und Tinto, 8400 Ew.

Hümmling (*Huimling*), sandiger Landstrich im Osnabrück'schen, Kr. Meppen, 5 M. im Umfang, 200' über die umliegende sumpfige Ebene sich erhebend, wenig kultivirt.

Hüne (*Henne*), s. v. a. Riese, ursprüngl. s. v. a. Hunne; Magyare, Avare. *Hünengräber*, in Norddeutschland Name der Steindenkmäler aus der Heidenzeit, welche als Grabstätten gelten.

Hünfeld, Kreisstadt im preuss. Regbz. Kassel, an der Hann., 1898 Ew. Bahnhof.

Hüningen, Stadt im obern Elsass (Sundgau), am Rhein, 1844 Ew. Ehemals starke Festung (1681 angelegt, 1815 geschleift).

Huerta (*Guerta*), im südl. Spanien die nächste gartenreiche Umgebung der Städte.

Huerta, *Vicente Garcia de la*, span. Dichter und Kritiker, geb. 1734 zu Zafra, königl. Oberbibliothekar zu Madrid; † 12. März 1817. Eifriger Verfechter des altspan. Nationalgeschmacks gegen die eindringenden franz. Klassicismus. ‚Obras‘ (1778 f., 2 Bde.); ‚Teatro español‘ (1785 f., 17 Bde.).

Huesca (spr. Uéska), span. Prov. im NO. von Aragonien, 276,2 QM. mit 272,692 Ew.; schwach bevölkertes Bergland. Die *Hauptstadt* H. (das röm. Osca), am Isuela, 10,000 Ew. Sonst Universität. Goth. Dom.

Hüttenkunde, s. *Metallurgie*.   [kirche.

Hüttenrauch, bei Hüttenprozessen sich entwickelnde Dämpfe von Schwefel- und schwefliger Säure, arseniger Säure, staubförmige Metalloxyde und Salze, der Vegetation sehr schädlich, jetzt häufig in bisweilen meilenlangen Kanälen verdichtet und gesammelt (Freiberg, Allenhead).

Huf (Ungula), der hornartige Ueberzug des Endgliedes der Zehen bei Dickhäutern, Ein- und Zweihufern, besteht aus dem hornigen Schuh (Hornwand), der in 2 Aeste gespaltenen Hornsohle und dem inneren weichen Hornstrahl. Die von den hornigen Theilen umgebenen Fleischtheile heissen das Leben, in denselben steckt das kleine Hufbein. Zum Schutz des H.es und zur Sicherung des Trittes dient das Hufeisen. Man benutzt die H.e zu Hornarbeiten, zur Darstellung von Blutlaugensalz etc.

Hufe, Ackerloos, befasst im Allgem. so viel Land, als mit einem Pfluge oder Gespann bestellt werden kann, gewöhnl. 30 Morgen; später Ackermass zur Bestimmung der Grösse der Bauerngüter.

Hufeland, *Christoph Wilhelm von*, ber. Arzt, geb. 12. Aug. 1762 in Langensalza, 1793 Prof. der Medicin in Jena, 1795 Leib-

arzt in Berlin, 1809 Prof. das.; † 25. Aug.
1836. Schr. ‚Makrobiotik‘ (8. Aufl. 1860);
‚Guter Rath an Mütter‘ (11. Aufl. 1869); ‚Geschichte der Gesundheit‘ (3. Aufl. 1810);
‚Enchiridion medicum, Anleitung zur medi-
cinischen Praxis‘ (9. Aufl. 1851). Biogr. von
Augustin (1836), Selbstbiographie herausgeg.
von *Göschen* (1863).

Huflattich, s. *Tussilago*.

Hugenotten (fr. *Huguenots*, von *Eiguenot*,
dem französirten ‚Eidgenossen‘), früher
in Frankreich Spottname der Anhänger der
Reformation. Letztere, seit Franz I. hart
verfolgt, setzten sich unter dem Prinzen
Ludwig I. Condé zur Wehr. Durch die
gegen sie gerichtete Verschwörung von Amboise starben 1200 Protestanten durch Hen-
kershand. Infolge des Edikts von 1561,
welches die Todesstrafe für Ketzer aufhob,
und des Religionsgesprächs zu Poissy (3.
Sept.) traten die H. vereinigt und kühner
auf; durch Edikt vom 17. Jan. 1562 ward
dem protest. Adel auf seinen Gütern freie
Religionsübung gewährt. Infolge der Metze-
lei zu Vassy (1. März 1562) zwischen dem
Gefolge des Herzogs von Guise und den
Protestanten brach der *1. Hugenottenkrieg* aus.
11. Sept. 1562 Eroberung von Rouen durch
die Hoftruppen; 19. Dec. Niederlage der H.
bei Dreux. 19. März 1563 Friede von Amboise,
der den Protestanten mit Ausnahme gewisser
Bezirke und Städte freie Religionsübung gewährt. Aug. 1564 Beschränkung derselben
durch das Edikt von Roussillon. Sept. 1567 beginnt der *2. Hugenottenkrieg*. 10. Nov. Schlacht
bei St.-Denis (2700 H. gegen einen 7mal
stärkeren Feind). Condé, durch ein 10,000
Mann starkes Hülfscorps des Pfalzgrafen
Joh. Kasimir verstärkt, bedroht Paris. 27.
März 1568 Friede von Longjumeau. Dessen
ungeachtet fortgesetzte Verfolgungen der
H. Daher Ausbruch des *3. Hugenottenkriegs*.
13. März 1569 Niederlage der H. bei Jarnac,
Condés Tod. Heinrich von Navarra Haupt
der H.; Coligny, Heerführer derselben, wird
3. Okt. bei Moncontour von dem Herzog
von Anjou (spätern König Heinrich III.)
geschlagen, erobert aber noch in demselben
Jahre Nimes u. entsetzt La-Rochelle. 8. Aug.
1570 Friede von St.-Germain-en-Laye: den
H. freie Religionsübung ausser in Paris
zugestanden und Sicherheitsplätze eingeräumt. 25. Aug. 1572 Niedermetzelung der
H. (gegen 5000, darunter Coligny) zu Paris,
dann in den Provinzen (30,000 binnen 2
Monaten) auf Anstiften des Hofs (die sogen.
pariser Bluthochzeit, wegen der gleichzeitigen
Vermählung Heinrichs von Navarra mit
Margarethe von Valois, oder *Bartholomäusnacht*). Infolge davon *4. Hugenottenkrieg*.
24. Juni 1573 Friede, worin die H. freie
Religionsübung in ihren Sicherheitsplätzen
Montauban, Nimes u. La-Rochelle, im Uebrigen sogen. Gewissensfreiheit zugestanden
erhalten. Nach Karls IX. Tode (1574) *5.
Hugenottenkrieg*. Der Hof im Nachtheil, der
Herzog von Alençon auf Seiten der H., die
wieder durch pfälz. Hülfstruppen verstärkt
werden. 8. Mai Friede zu Beaulieu, der
den H. volle Religionsfreiheit und viele

neue Sicherheitsplätze gewährt. Stiftung
der heiligen Ligue als kathol. Gegenbünd-
nisses. Infolge des Beitritts König Heinrichs III. zu derselben *6. Hugenottenkrieg*,
schon Sept. 1577 durch den Frieden von
Bergerac auf Grund der früheren Bedingungen beendigt. Infolge Vertragsbruchs
von Seiten des Hofs Nov. 1579 *7. Hugenottenkrieg*, der 12. Sept. 1580 durch den Frieden
von Flex beendigt wird. 1585 Erneuerung
der Ligue und Verbindung der Guisen mit
Spanien und dem Papste zu Ausrottung der
Ketzerei. 7. Juli 1585 Vergleich von Nemours, durch welchen Heinrich III. genöthigt wird, die H. ihrer Rechte verlustig
zu erklären. Fanatische Ligue der Sech-
zehner in Paris. Die H., wieder von
Deutschland her mit Truppen, von England mit Geld unterstützt, beginnen den
8. Hugenottenkrieg (Krieg der drei Hein-
riche). 8. Okt. 1587 Sieg Heinrichs von
Navarra bei Coutras. Das Rencontre
von Rouen 19. Juli 1588 proklamirt die
Ausrottung der Ketzer durch das Schwert
und Heinrichs von Navarra Ausschliessung
vom Throne. Sept. 1588 Ermordung der
Guisen zu Blois auf Heinrichs III. Anstiften. Heinrich III. wirft sich den Protestanten in die Arme, zieht mit Heinrich
von Navarra gegen Paris, wird 1. Aug. 1589
von Clement ermordet. Heinrich von Navarra gibt durch seinen Uebertritt zur
kathol. Kirche (Juli 1593) dem Reiche den
Frieden, sichert durch das Edikt von Nantes
(13. April 1598) den Protestanten freie Religionsübung. 1620 gewaltsame Herstellung
des Katholicismus in Béarn und völlige
Vereinigung der Provinz mit der Krone.
Infolge davon 1621 Erhebung der Protestanten unter dem Herzog von Rohan und
dem Prinzen von Soubise. 21. Okt. 1622
Kapitulation von Montpellier, durch welche
das Edikt von Nantes bestätigt wird. 1625
infolge der Wortbrüchigkeit des Hofs neuer
Krieg. 5. Febr. 1626 Friede unter Englands
Vermittelung. Gegenseitiges Misstrauen
führt zu neuem Kampf. 28. Okt. 1628 La-
Rochelle nach 12 monatl. Belagerung zur
Uebergabe gezwungen. 27. Juni 1629 Vertrag von Alais, worin den Protestanten
Schleifung ihrer festen Plätze auferlegt,
aber freie Religionsübung zugesichert wird.
Neue Verfolgungen der Protestanten seit
1684, Massenauswanderung der Protestanten (Réfugiés) in die Schweiz, die Niederlande, nach England und Deutschland. 23.
Okt. 1685 Aufhebung des Edikts von Nantes. 1702—6 Cevennenkrieg. Nachlass der
Verfolgungen infolge der Verbreitung von
Toleranz und Aufklärung. Ludwig XVI.
gibt den Protestanten durch Edikt von 1787
die bürgerl. Rechte zurück. Der Code Napoléon ertheilt denselben gleiche bürgerl.
und polit. Rechte mit den Katholiken.
Nach neuen Verfolgungen der Protestanten
in den städt. Provinzen proklamirt die nach
der Julirevolution reformirte Charte Freiheit des religiösen Kultus. Vgl. *Thuanus*,
‚Historia sui temporis‘, 1620, 7 Bde., u. öfter;
Lacretelle, Hist. de France pendant les

guerres de la religion', 1814—16, 4 Bde.; dentsch 1815, 2 Bde.

Hugenottenkriege, s. *Hugenotten.*

Hugli, s. *Ganges.*

Hugo, *Victor Marie,* franz. Dichter, das Haupt der Romantiker, geb. 26. Febr. 1802 zu Besançon, erregte frühzeitig in Paris als Dichter Aufsehen, anfangs mit royalistischen und katholischen Neigungen, dann sich dem Liberalismus zuneigend, ward 1841 Mitglied der Akademie, 1845 von Louis Philipp zum Pair ernannt, ohne der Opposition untreu zu werden, stand seit 1848 in den Vorderreihen der entschiedenen Demokratie, entwickelte eine glänzende polit. Beredsamkeit, nahm, nach dem Staatsstreich von 1852 exilirt, seinen Wohnsitz auf der Insel Guernsey. Sept. 1870 eilte er nach Paris, wo er während der Belagerung blieb, durch hochtönende Manifeste zum Kampf anfeuernd. Dichterisch am bedeutendsten als Lyriker: ‚Odes et Ballades' (1824), ‚Les Orientales' (1829), ‚Les feuilles d'Automne' (1831), ‚Les Chants du crépuscule' (1835), ‚Les Voix intérieures' (1837), ‚Contemplations' (1856) und ‚Chansons des rues et des bois' (1865), fast sämmtlich an reicher poet. Färbung, an Kraft und Schönheit der Sprache unübertroffen; sein Epos ‚Légende des Siècles' (1859) durch glänzende Einzelheiten ausgezeichnet. Auch hervorragend als Dramatiker (Sieger über das klassische Drama): ‚Cromwell' (1827), ‚Hernani' (1829), ‚Marion Delorme' (1829), ‚Le roi s'amuse' (1832), ‚Lucrèce Borgia' (1833), ‚Ruy Blas' etc. Romane: ‚Han d'Islande', ‚Bug Jargal' (1826), ‚Notre Dame de Paris' (1831), ‚Le dernier jour d'un condamné' (1829), ‚Les Misérables' (1862) und ‚Les travailleurs de la mer' (1866). Schr. ausserdem ‚Napoléon le petit' (1851), ‚Les châtimens', ‚Shakespeare' (1864) etc. Zahlr. Ausgaben seiner Werke, die auch sämmtlich mehrfach ins Deutsche übersetzt wurden (die poet. Werke von *Seeger,* 1860—62). — Seine Söhne *Charles Victor H.,* geb. 1826, † 14. März 1871 zu Bordeaux, Publicist und radikal - polit. Schriftsteller, und *Franz. Victor,* geb. 1829, Uebersetzer von Shakespeares Dramen und Verf. mehrerer Romane.

Hugo Capet, s. *Capetinger.*

Hugo von Trimberg, Dichter, 1260—1309 Rektor der Schule am Kollegiatstift der Theurstadt vor Bamberg. Verf. des Lehrgedichts ‚Der Renner' (neue Ausg. 1833).

Huhn (Gallus *Briss.*), Gattung der Hühnervögel. Haushuhn (G. domesticus *Briss.*), soll vom Bankivahuhn (G. Bankiva *Temm.*) auf Java, Sumatra und in Cochinchina abstammen und wird in zahlreichen Varietäten gezüchtet (am verbreitetsten: das Cochinchinahuhn aus China, Spanier, Kräher, Polands, mit Hauben), engl. Dorkings, Pariser, Crève cœur, Houdau, Laflèche, Zwerghühner: Bantams, Japanesen. Hühnerzucht bes. in Frankreich ausgebildet nach zwei Richtungen: Fleischproduktion (kastrirte Hähne: Kapaunen, kastr. Hennen: Poularden und jungfräul. Hähne und Hennen) und Eierproduktion. Die Henne legt während ihrer

9 Lebensjahre ca. 600 Eier; sehr gute Legehennen von einer Mauser zur andern 150 bis 200 Eier. Vgl. *Drechsler* (3. Aufl. 1857), *Wegener* (1861), *Oettel* (1863), *Tegetmeier,* ,Poultry Book', 1867; ‚Blätter für Geflügelzucht'; ‚Hühnerologisches Monatsblatt'.

Huissiers (fr., spr. Üissjeh), am franz. Hofe Thürhüter; Saaldiener für Audienzzimmer, Gerichts-, Parlaments- oder Kammersitzungen; Gerichtsdiener, welche die Vorladungen etc. auszurichten haben.

Hulda (*Holda*), die Freundliche, Milde, deutsche Göttin der Ehe und Fruchtbarkeit, *Frau Holle* genannt, überwacht die häuslichen Geschäfte, namentl. das Spinnen.

Huldigung, das eidliche Versprechen der Treue und das Gehorsams von Seiten der Unterthanen gegen den Landesherrn.

Hull (*Kingston-upon-H.*), Handelsstadt in der engl. Grafsch. York, Haupthafen der Nordostküste Englands, am Humber, (1870) 130,869 Ew. Kastell. Wilberforces Denkmal.

Hullin (spr. Hülläng), *Pierre Aug., Graf,* franz. General, geb. 6. Sept. 1758 zu Genf, ward 1796 Generaladjutant Bonapartes, 1802 Divisionsgeneral, 1806 Gouverneur von Berlin, 1809 von Wien. Während der russ. Feldzuge Kommandant von Paris, begleitete er 1814 die Kaiserin nach Blois, ward 1816 verbannt, kehrte 1819 nach Frankreich zurück; † erbildet 10. Sept. 1865. Er führte den Vorsitz bei dem Kriegsgericht über den Herzog v. Enghien und bezeichnete noch 1824 in einer Schrift Savary als den Schuldigen.

Human (lat.), menschlich, menschenfreundlich, lentselig, wohlwollend; *Humaniora,* die rein menschl. Bildung fördernden Studien, namentlich die alten klass. Sprachen und Lkeraturen als Bildungsmittel; *Humanismus,* Erziehungs- und Unterrichtssystem, welches die klass. Studien als Hauptbildungsmittel bevorzugt wissen will; *Humanist,* Anhänger dieses Systems; auch Einer, der Humaniora treibt; *Humanität,* Menschlichkeit, Inbegriff alles dessen, was den Menschen zum Menschen macht, im Gegensatz zum Versunkensein ins Thierische (Bestialität oder Brutalität); insbes. die harmonische Ausbildung der den Menschen als solchen auszeichnenden ethischen und intellektuellen Eigenschaften. *Humanisiren,* vermenschlichen, sittigen. *Humanitarismus,* im Gegensatz zum klass. Humanismus Streben nach Humanität im philosoph. Sinne.

Humber, Fluss in England, entsteht aus dem Zusammenfluss des Trent und der Ouse, mündet unterhalb Hull in die Nordsee.

Humboldt, 1) *Karl Wilh., Freiherr von H.,* Staatsmann und Gelehrter, geb. 22. Juni 1767 zu Potsdam, lebte 1789 u. 1790 in Erfurt und Weimar, seit 1794 in Jena in engem Verkehr mit Schiller (s. ‚Briefwechsel zwischen Schiller und W. von H.' 1830), 1797 bis 1799 mehrfach auf Reisen, in Paris und in Spanien, ward 1801 preuss. Ministerresident, 1806 bevollmächtigter Minister in Rom, erhielt dann als geh. Staatsrath die Leitung der geistlichen und Unterrichtsangelegenheiten im Ministerium des Innern. An Preussens Wiedergeburt, insbes. an der

Schöpfung der berliner Universität wesentl. betheiligt, ward er 1810 bevollmächtigter Minister in Wien, unterzeichnete mit Hardenberg den ersten pariser Frieden, wohnte 1815 dem wiener Kongress bei, dann bei Errichtung des deutschen Bundes mitthätig und Mitglied des Staatsraths, 1819 des Staatsministeriums, nahm als Vertreter liberaler Principien in dem. Jahre seinen Abschied, ward erst 1830 wieder zu den Sitzungen des Staatsraths berufen, Mitglied der bedeutendsten Akademien und gelehrten Gesellschaften; † 8. April 1835 in Tegel bei Berlin. ‚Sämmtl. Werke' (1841—52, 7 Bde.). Höchst verdient um die vergleichende Sprachforschung namentl. durch sein Werk ‚Ueber die Kawisprache auf der Insel Java' (1836—40, 3 Bde.). Vgl. Schlesier, ‚Erinnerungen an W. von H.', 1843—46, 2 Bde.; Haym, ‚W. v. H.', 1856. Grosse Verbreitung fanden seine ‚Briefe an eine Freundin' (1847, 6. Aufl. 1860). — 2) Friedrich Heinrich Alexander von H., ber. Reisender u. Naturforscher, Bruder des Vor., geb. 14. Sept. 1769 zu Berlin, war 1792—1797 Oberbürgermeister in den fränkischen Fürstenthümern, bereiste 1799—1804 mit Bonpland Südamerika, Mexiko und Cuba, lebte bis 1827 in Paris, reiste 1829 mit Rose und Ehrenberg nach dem Ural, Altai, der Dsungarei und dem kasp. Meer, lebte seitdem in Berlin; † das. 6. Mai 1859. Höchst verdient bes. um die geogr. Wissenschaften. Er benutzte zuerst das Chronometer zur Bestimmung geogr. Langen im Innern der Kontinente, entwarf mit Hülfe des Barometers das erste Höhenprofil (quer über Spanien), erdachte die stereometrische Geognosie (Feststellung der mittleren Höhe der Festlande durch Rechnung), lehrte bei Gebirgen die Passhöhen und die Gipfelhöhen unterscheiden, entdeckte die Abnahme der Intensität der magnet. Kräfte von den Polen nach dem Aequator zu, die Ordnung der Vulkane in Reihen (auf Spalten), sog zuerst Isothermen, schuf die Pflanzengeographie und erforschte die Anordnung der Gebirge Innerasiens in parallelen Ketten. Sein grosses Reisewerk erschien 1807—27, 29 Bde. mit 1425 Kupfertafeln, der erzählende Theil deutsch 1859, 2 Bde.; ‚Reise in die Aequinoktialgegenden' (deutsch 1859—60, 4 Bde.); ‚Asie centrale' (1843, 3 Bde.; deutsch 1843—44, 2 Bde.). Ferner schrieb er: ‚Fragments de géologie et climatologie asiatique' (1831, 2 Bde.; deutsch 1832); ‚De distributione geogr. plantarum' (1817; deutsch 1831); ‚Vue des Cordillères' (1810); ‚Examen critique de la géogr. du Nouveau Continent' (1835—38, 5 Bde.; deutsch neue Ausg. 1852, 3 Bde.); ‚Ansichten der Natur' (3. Aufl. 1849, 2 Bde.); ‚Kosmos, Entwurf einer physischen Weltbeschreibung' (1845—62, 5 Bde.). Vgl. H.s Briefe an Varnhagen von Ense, 5. Aufl. 1861; an Bunsen, 1869; an Cancrin, 1869; Bastian, ‚A. v. H.', 1869; Klencke, ‚A. v. H.', 6. Aufl. 1870.

Humboldtfluss, Fluss im nordamerikan. Territorium Utah, kommt von den Humboldtbergen, mündet in den Humboldtsee; 70 M. lang, nicht schiffbar. Längs desselben die alte Emigrantenstrasse nach Kalifornien.

Humbug (spr. Hömbögg), nordamerikan. Ausdruck für Aufschneiderei, Mystifikation, Schwindel; auch s.v.a. Schwindler, Charlatan.

Hume (spr. Jubm), David, engl. Geschichtsschreiber und scharfsinniger Skeptiker, geb. 26. April 1711 zu Edinburgh, seit 1752 Aufseher der Advokatenbibliothek das., 1767—69 Unterstaatssekretär; † 25. Aug. 1776 zu Edinburgh. Schr. ‚Treatise upon human nature' (1738—40, 3 Bde.; ‚Enquiry concerning the human understanding' (1748; 1793); ‚History of England from the invasion of Jul. Caesar to the revolution of 1688' (1763, 6 Bde., und öfter; neueste Aufl. 1865, 8 Bde.). Autobiographie (1777). Vgl. Burton (1846, 2 Bde.).

Humectantia (lat.), anfeuchtende Arzneimittel, Wasser, Milch, Glycerin, Schleime; Bäder.

Humeral (lat.), auf die Schulter oder den Oberarm bezüglich. Humerale, das Schultertuch unter dem Messgewand der kathol. Priester.   [Feuchtigkeit.

Humid (lat.), feucht, nass; Humiditäs, **Humil** (lat.), demütig, niedrig; Humiliation, Demüthigung, Erniedrigung.

Humin, s. Humus.

Hummel (Bombus Latr.), Insektengattung der Bienen; viele Arten leben in unterirdischen Wohnungen ähnlich wie die Bienen (Männchen, Weibchen und Arbeiter).

Hummel, Joh. Nepomuk, Komponist und Klaviervirtuos, geb. 14. Nov. 1778 zu Pressburg, Schüler Mozarts; † 17. Okt. 1837 als Kapellmeister in Weimar. Zahlr. Klaviersachen, Trios, Sextett u. A.; grosse Pianofortesschule.

Hummelshain, Dorf im s.-altenburg. Amt Kahla, 380 Ew.; Herzogl. Jagdschloss.

Hummer (Homarus Edw.), Krebsgattung. Gemeiner H. (H. vulgaris Milne Edw.), 1½' l., in den europ. Meeren, bes. bei Helgoland, Norwegen, Holland, wohlschmeckend.

Humör (lat.), Feuchtigkeit, von deren richtiger Disposition im menschlichen Körper nach den älteren Aerzten das geistige und körperliche Wohlbefinden bedingt sein sollte; daher s.v.a. gute Stimmung, heitere Laune; seit Ende des 18. Jahrh. übliche Bezeichnung derjenigen Form der Komik, die über die Thorheiten der Menschen lacht, aber mit Gutmüthigkeit und Theilnahme. Humorist, Schriftsteller von H.

Humoralpathologie, medicinische Theorie, welche die Krankheiten aus Veränderungen der flüssigen Körperbestandtheile herleitete.

Humulus, s. Hopfen.

Humus, braunes oder schwarzes Zersetzungsprodukt von Pflanzensubstanz, bildet oft in starker Schicht den Boden der Wälder und Wiesen und mit Mineralsubstanzen gemischt die Acker- und Dammerde; besteht aus mehreren Substanzen (braune Ulmin- und schwarze Huminstoffe, die mit Basen lösliche humussaure Salze geben), bindet mit grosser Kraft Ammoniak, reducirt Eisenoxyd, zerfällt zuletzt in Kohlensäure und Wasser und wirkt chemisch und physikalisch günstig auf das Pflanzenwachsthum (nach der Humustheorie war H. die einzige oder vorzüglichste Quelle der

Pflanzennahrung). Vgl. *Mulder*, ‚Chemie der Ackerkrume', 1862, 2 Bde.; *Senft*, ‚Humus-, Marsch-, Torf- und Limonitbildungen', 1862.

Hu-nan (*Chu-nan*), Prov. im Innern von China, im S. des grossen Landsees Tungting, von mächtigen Nebenflüssen des Jantse-kiang durchzogen, 4720 QM. und 26,800,000 Ew. Hauptstadt Tschang-tscha-fu.

Hund, zwei Sternbilder: der *grosse* H. zwischen Schiff, Orion und Hasen, 20 Sterne (Luis und Sirius) und der *kleine* H. zwischen Wasserschlange, Krebs, Zwillingen, Orion, gr. H. und Schiff. 2 oder 3 Sterne.

Hunde (*Canina*), Familie der Raubthiere mit den Gattungen *Hyäne* (s. d.) und *Hund* (Canis). Arten der letzteren: Wolf (s. d.), Schakal (s. d.), Fuchs (s. d.). Unsere zahmen H. stammen von folgenden völlig domesticirten Arten ab, geben durch Bastardirung unter einander mit den andern Hundearten die übrigen Formen: *Nackter*, *afrikan*. H. (C. caraibeus) dient in Abessinien zur Antilopenjagd; *Windhund* (C. leporarius), 2–3' l., dient zu Wolfsjagden, Bären- u. Schweinshetzen. Blendling mit dem Bullenbeisser ist der dänische Hund. Der *Bullenbeisser* (C. molossus), wahrscheinl. aus Irland, sehr muthig. Sehr nahe stehen ihm die Dogge mit der Abart engl. D. oder Bulldogg, der Bluthund, Fleischerhund, St. Bernhardshund (ausgestorben) und der Mops. Der *Dachshund* (C. vertagus) aus Spanien dient zur Dachs- und Fuchsjagd. Von den *Jagdhunden* (C. sagax) sind der Hühnerhund, Wachtelhund und Saurüde am bekanntesten. Der *Seidenhund* (C. extrarius) stammt aus Italien; Abarten: Wachtelhund, Pudel, Neufoundländer (Bastard von Pudel und franz. Fleischerhund?). Der Pintscher gibt mit dem Bulldogg gekreuzt die eigentlichen Rattenpintscher. Zu den *Haushunden* (C. domesticus) gehört der Schäferhund, Spitz, Eskimohund. Der Dingo (C. Dingo), 2½ l., lebt wild in Australien. Vgl. *Walther* (1817), *Reichenbach* (1835), *Götz* (1834 und 1855), *Ehrenkreuz* (1855).

Hundert Tage, s. *Cent-Jours*. [Grafschaft.

Hundred (spr. Höndrd), Gau einer engl.

Hundredweight (spr. Höudrdweht, abgek. Cwt.), Handelsgewicht in England, = 4 Quarter à 28 Pfd. avdp. = 50,802 Kilogr.

Hundsgrotte (Grotta del cane), kleine Höhle am See von Aguano, unfern Neapel; berüchtigt durch ihre Mofetten, welche kleinere Thiere tödten.

Hundswuth (*Wasserscheu*, *Tollwuth*), entsteht durch den Biss wuthkranker Thiere (Hund, Wolf, Katze, Fuchs, Rind), meist nach 5–10 Tagen, bisweilen erst nach 1 Jahr. Symptome: Gemüthsverstimmung, Angstgefühl, Krampf der Athemmuskeln, Erstickungsnoth beim Versuch zu trinken und deshalb Wasserscheu und Auswurf des Speichels, allgemeine Krämpfe, Toben, Selbstmordversuche; der Tod erfolgt meist im Zustande der Erschöpfung. Bisswunden müssen energisch geätzt werden.

Hungerkur (*Entziehungskur*), Heilverfahren, das bezweckt, die Ernährung herabzusetzen und das Anlegen neuer Stoffmengen zu verhindern, besonders verwendet bei vollsaftigen, fetten Menschen, sowie in einzelnen Krankheiten, namentlich bei Syphilis. Wenig Milch, Weissbrod, Mineralwasser, Holztrank, Schwitzen, viel Bewegung.

Hunnen, asiat. Nomadenvolk, überschritt unter Balamirs Anführung nach Besiegung der Alanen mit diesen vereint 375 den Don, zerstörte das goth. Reich Ermanrichs und bewohnte dann, in viele von einander unabhängige Stämme getheilt, die Ebenen zwischen der Wolga und Donau. Unter Attila (s. d.) bildete die Theissebene den Mittelpunkt ihrer Herrschaft. Nach Attilas Tode (453) entstand Streit unter seinen Söhnen. Die unterworfenen Völker befreiten sich; Ellak, den Attila zu seinem Nachfolger bestimmt hatte, fiel im Kampf mit den Gepiden, und die H. zogen sich über den Pruth und Dnjepr zurück, wo sie wieder unter einzelnen Fürsten standen. Seit 468 verschwindet ihr Name aus der Geschichte. Unter dem Namen der *Kutriguren* (Kuturguren) und *Utriguren* (Uturguren) erscheinen sie später westl. und östl. vom Don, noch im 6. Jahrh. dem oström. Reich durch verwüstende Einfälle furchtbar. Einige halten die H. für die von chines. Schriftstellern erwähnten mongolischen Hiongnu, Andere für Finnen und Insbes. für die Vorfahren der Magyaren. Vgl. *Thierry*, ‚Hist. d'Attila etc.', 3. Aufl. 1864; deutsch 2. Aufl. 1865.

Hunsrück (d. i. hoher Rücken), wildes Grauwackenplateau in Rheinpreussen, zwischen Nahe und Mosel, Rhein und Saar, im SW. *Hochwald* (Erbeskopf 2528' h.), in der Mitte *Idar* (Idarkopf 2275'), im O. *Soonwald* (2041') genannt; zum Theil angebaut, im S. vom pfalz. Kohlenbecken umsäumt; Quecksilber- und Achatgruben, Salinen.

Hunt (spr. Hönnt), *James Henry Leigh*, engl. Dichter und Publicist, geb. 19. Okt. 1784, † 28. Aug. 1859 zu Putney. Beste Gedichte: ‚The story of Rimini' (Gedicht nach Dante, 1816) und ‚The palfrey' (1842). Schr. ausserdem ‚Lord Byron and some of his contemporaries' (1828), ‚The fourth estate' (Geschichte der engl. Presse, 1852), ‚Autobiography' (2. Aufl. 1861), Kritiken etc.

Hunte, linker Nebenfluss der Weser, entspringt im Osnabrückschen, durchfliesst den Dümmersee und mündet bei Elsfleth, 18 M.

Huntingdon (spr. Hönntingd'n), Grafsch. im östl. England, 21,7 QM. mit 135,287 Ew.; sehr fruchtbar. Die *Hauptst.* H., an dem Ouse, 3446 Ew. Geburtsort Cromwells.

Hunyad, *Johannes Corvinus*, ungar. Held, geb. 1387 zu Hunyad in Siebenbürgen, ward 1438 Banus von Severin, 1442 Wojwode von Siebenbürgen, focht ruhmvoll gegen die Türken und drängte sie über den Balkan zurück, führte nach Wladislaws I. Fall bei Varna (10. Nov. 1444) als Reichsstatthalter die Regierung bis 1453 für den minderjährigen Wladislaw II., ward Okt. 1448 in Serbien geschlagen und gefangen, vertheidigte, freigelassen, Belgrad heldenmüthig; †11. Aug. 1456 zu Semlin. Sein zweiter Sohn, *Matthias Corvinus H.*, bestieg 1458 als Matthias I. den ungar. Thron.

Hu-Pĕ (*Chu-bei*), Prov. im mittlern China,

nördl. des Sees Tong-ting, 3650 QM. und 39,412,940 Ew.; reiche Kornkammer. Hauptstadt Wu-tschang-fu.

Hurdwar (*Hardwar, Ganga-Dwara*), ber. Wallfahrtsort der Hindu in der brit.-ostind. Präsid. Agra, am Austritt des Ganges aus dem Gebirge. Im März und April grosse Messen. Jährl. über 2 Mill. Pilger.

Huris (d. i. die blendend Weissen), die Jungfrauen, welche in Mohammeds Paradies den Seligen zu Theil werden sollen.

Huron (*Huronensee*), einer der grossen canadischen Seen in Nordamerika, zwischen Untercanada und den Verein. Staaten, 1150 QM., 542' üb. M., bis 42 M. br., 65 M. lang, 940' tief; erhält durch den French-River den Abfluss des Nipissingsees und ist durch die Mackinawstrasse mit dem Michigan verbunden. Fischreich. Benannt nach dem Indianerstamm der *Huronen* (Wyandots).

Hurricane (engl., spr. Hörrikahn), Drehsturm, s. v. a. Tornado.

Husaren, leichte Reiterei in den meisten Armeen, in ungar. Nationaltracht: knappe Jacke (Dolman), von der Schulter hängende Ueberjacke (Attila, jetzt meist abgeschafft), enge Hosen, Pelzmütze (Kolpak), dazu Säbeltasche und als Waffe Säbel u. Karabiner.

Huss (richtiger *Hus*), *Johannes*, böhm. Reformator, geb. 1373 zu Hussinecz im böhm. Kreis Pisek, ward 1402 Prediger an der Bethlehemskirche in Prag, gerieth als Realist und Verehrer Wicliffes in Streit mit den nominalist. deutschen Professoren in Prag, wirkte als Beichtvater der Königin Sophia 1409 vom König Wenzel IV. ein Edikt aus, wodurch die 3 Nationen der Polen, Sachsen und Bayern zu Gunsten der Böhmen an ihren bisherigen Rechten bedeutende Einbusse erlitten, was die Uebersiedelung von 5000 Studenten nach Leipzig zur Folge hatte. Gegen die Verderbtheit der Mönche und Kleriker eifernd, ward er vom Erzbischof Sbinko in Rom verklagt, vom Volk, Hof und von der Universität geschützt. Als er sich aber gegen die Ablassbulle des Papstes Johann XXIII., worin zum Kreuzzug gegen Windislaw für das päpstliche Lehn Neapel aufgefordert ward, erklärte, erfolgte 1413 ein Interdict gegen ihn. Hierauf griff er in einer Schrift „Ueber die Kirche" die päpstl. Hierarchie an, indem er sich auf die Bibel berief und an ein allgem. Koncil appellirte. Mit einem Geleitsbrief des Kaisers Sigismund versehen begab er sich nach Konstanz, ward aber hier 28. Nov. 1414 eingekerkert, 6. Juli 1415 auf Grund von 39 aus seinen Schriften gezogenen Sätzen ohne eigentliches Verhör als Ketzer verdammt und verbrannt. Biogr. von *Krummel* (1863), *Hofler* (1864).

Hussiten, die Anhänger des Huss in Böhmen, die nach Wenzels Tode 13. Aug. 1419 den Kaiser Sigismund nicht anerkannten, den Kelch als Bundeszeichen annahmen und gegen Klöster und Kirchen, Priester und Mönche wütheten (*Hussitenkrieg*). Sie theilten sich in 2 Parteien, *Calixtiner*, die mildern, welche das Abendmahl unter beiderlei Gestalt und freie Predigt des

göttl. Worts forderten, und *Taboriten* (von ihrer Burg Tabor gen.), die strengeren, welche alle unbiblischen Satzungen der Kirche verwarfen. Ziska, der Führer der Taboriten, schlug 1422 die Kaiserlichen bei Deutschbrod und in kleineren Gefechten. Nach seinem Tode 1424 standen der grosse und der kleine Procopius an ihrer Spitze, unter deren Führung sie 1431 die deutschen Kreuzheere bei Miess und Tachau entscheidend schlugen und in die benachbarten Länder verwüstende Streifzüge machten. 1433 verglichen sich die Calixtiner mit dem baseler Koncil (prager Kompaktaten). Die Taboriten unterlagen ihnen und den Katholiken gegenüber bei Böhmischbrod (30. Mai 1434). Im Vertrag von Iglau verhiess Kaiser Sigismund den H. religiöse und polit. Freiheit. Doch dauerten die Zwistigkeiten fort, bis König Wladislaw im Religionsfrieden von Kuttenberg 1485 den Calixtinern und Katholiken ihren Besitzstand sicherte. Die Reste der Taboriten verloren sich in den aus ihrer Mitte entstandenen mährischen Brüdern (s. d.). Vgl. *Schubert*, ‚Geschichte des Hussitenkriegs', 1825.

Husten, stossweises Ausathmen, entsteht bes. durch Reize, welche auf die Kehlkopfschleimhaut einwirken, also durch fremde Körper, Staub, Schleim aus der Nase und den Luftröhren (daher konstantes Symptom bei der Entzündung derselben), durch giftige Gase etc. Durch den H. erfolgt die Entfernung dieser Reize mittelst eines kräftigen Luftstroms, sehr anhaltender H. veranlasst Blutstauungen (Blauwerden). Die Behandlung des H.s richtet sich nach seiner Ursache. Vgl. *Bronchitis*.

Husum, Kreisstadt im preuss. Regbz. Schleswig, nahe der Ostsee, 4967 Ew.

Hut, Kopfbedeckung; *Filzhüte* aus Hasen-, Kaninchen-, Ziegen-, Kamelhaar, Schafwolle, bisweilen plattirt mit Haaren von Biber, Bisamratte, Fischotter, Vigogne, Affenhaar, meist mit Maschinen dargestellt; *seidene Hüte* aus Seidenplüsch, oft mit Filzunterlage; Panamahüte (aus Panama, Granada, Ecuador) sind aus gespaltenen Blattrippen der Carludovica palmata geflochten. Ueber Strohhüte s. *Strohflechterei*.

Hutcheson (spr. Höttschs'n), *Francis*, Stifter der Schule der schott. Moralphilosophen, geb. 8. Aug. 1694 im nördl. Irland, † 1747 als Prof. zu Glasgow. Schr. ‚Essay on the nature and conduct of passions and affections' (1728); ‚System of moral philosophy' (1755, 3 Bde.) u. A.

Hutten, *Ulrich von*, muthiger Kämpfer für Geistesfreiheit zur Zeit der Reformation, geb. 21. April 1488 auf der Burg Steckelberg im Fuldaischen, führte ein unstetes Wanderleben, war 1504 in Erfurt, 1506 in Frankfurt a/O., 1509 in Greifswald und Rostock, 1511 in Wittenberg, dann in Pavia und Bologna, 1513 in kaiserl. Kriegsdiensten, 1515 wieder in Italien, 1517 von Kaiser Maximilian I. in Augsburg zum Ritter geschlagen, 1518 in Diensten des Erzbischofs Albrecht von Mainz, 1519 am Kampfe des schwäb. Bundes gegen den Herzog Ulrich von Würtemberg betheiligt, dann in Mainz und auf seiner Burg Steckelberg, von wo er in Schriften die röm. Klerisei bekämpfte, darauf mit Luther im Verkehr; von allen Seiten verfolgt, bei Franz von Sickingen ein Asyl findend, dann wieder wandernd; † 23. Aug. 1523 auf der Insel Ufnau im Zürichersee. Schriften gesammelt von Böcking (1859—62, 5 Bde.). Biogr. von Strauss (2. Aufl. 1871, 2 Bde.).

Huy (spr. Hüih), Stadt in der belg. Prov. Lüttich, an der Maas, 11,055 Ew. Starke Citadelle (jetzt Staatsgefängniss). Die Umgegend reich an Eisen, Galmei, Schwefel, Steinkohlen. Dabei Zinkhütte (jährl. 500,000 bis 600,000 Kilogr. Rohzink).

Huyghens (spr. Heugens), *Christian*, ber. Physiker, geb. 14. April 1629 im Haag, 1666 Mitglied der Akademie der Wissenschaften in Paris, kehrte 1681 nach dem Haag zurück; † das. 8. Juni 1695. Gab die erste wissenschaftliche Darlegung der Wahrscheinlichkeitsrechnung, verbesserte die Teleskope, begründete die Undulationstheorie des Lichts, entdeckte einen Saturnsmond, die wahre Gestalt des Saturn und die Rotation des Mars, erfand die Pendeluhren und entdeckte das Gesetz der Doppelbrechung des Kalkspaths und der Polarisation des Lichts durch Refraktion. ,Opera omnia'(1721, 4 Bde.).

Huysum (spr. Heusöm), *Jan van*, holländ. Maler, geb. 1682, † 1749 zu Amsterdam. Landschaften, bes. aber Blumenstücke.

Huzulen, ruthen. Volk in den Bergen Ostgaliziens und der Bukowina, ca. 450,000.

Hvalöerne, norweg. Inselgruppe, am Eingang des Christianiafjords, 3000 Ew.

Hyacinth, s. *Zirkon*.

Hyacinthus, Sohn des spartan. Königs Amyclas, schöner Jüngling, Geliebter des Apollo, von diesem beim Diskuswerfen auf Veranlassung des eifersüchtigen Zephyrus getödtet. Aus seinem Blute entspross die gleichnamige Blume.

Hyacinthus L. (*Hyacinthe*), Pflanzengattung der Liliaceen. *Gemeine* H. (H. orientalis L.), aus Westasien und Nordafrika, in zahlreichen Varietäten als Zierpflanze bes. in Holland und Berlin kultivirt.

Hyaden, Nymphen, Töchter des Atlas und der Pleione, beweinten ihren auf der Jagd von einem Löwen getödteten Bruder Hyas so anhaltend, dass sie von den Göttern aus Mitleid unter die Sterne versetzt wurden; daher Name einer Sterngruppe am Kopfe des Stiers.

Hyäne (Hyäna *Briss.*), Gattung der Hunde. *Gestreifte* H. (H. striata *Cuv.*), 3½' l., in Nordafrika, Mittelasien, sehr feig, Fleisch und Fett bei den Arabern sehr beliebt. *Gefleckte* H., *Tigerwolf* (H. crocuta *Gm.*), 3¾' l., in Südafrika, Abessinien, scheu, nützlich durch Vertilgung des Aases.

Hyänenhund (*Steppenhund*, Canis pictus), Vertreter einer Unterabtheilung der Gattung Hund, 3' 3'' l., vom Kap bis Kordofan, lebt rudelweise, schädigt die Schafheerden.

Hyalith, s. *Opal*.

Hyalographie (gr.), Verfahren zur Darstellung von Druckplatten aus Glas; Glas-

platten werden mit Aetzgrund überzogen und nach Radirung der Zeichnung mit Fluorwasserstoffsäure geätzt.

Hyalurgie (gr.), Glasmacherkunst.

Hybla (a. G.), 1) (*H. major*) Stadt in Sicilien, am Aetna, zu Ciceros Zeit blühendes röm. Municipium. — 2) (*H. minor*, *Megara*) Stadt an der Ostküste Siciliens, nördl. von Syrakus, durch den *hybläischen Honig* berühmt.

Hybridus (lat.), von zweierlei Herkunft; *Bastardpflanze*, durch Vermischung verschiedener Gattungen erzeugt.

Hydaspes, altgriech. Name des Flusses *Dschelam* im Pendschab, bekannt aus der Geschichte der Feldzüge Alexanders d. Gr.

Hydatiden, s. v. a. Blasenwürmer.

Hydepark (spr. Heid-), grosser, öffentl. Park in London (s. d.).

Hyder (gr.), Schlange, Drache.

Hyderabad (*Hueberabad*, d. i. Löwenstadt), 1) eine der bedeutendsten Städte Ostindiens, Residenz des Nizam, inmitten des Dekan, am Mussy, 200,000 Ew. Viele Moscheen, Hindutempel, Paläste; Baumwollenweberei. Edelsteinschleiferei, Juwelenhandel. Der *Staat von* H. (Gebiet des Nizam), auf dem Plateau von Dekan, 4485 QM. mit 10½ Mill. Ew.; brit. Schutzstaat. — 2) Stadt in der Präsid. Bombay, am Anfang des Indusdeltas, 24,000 Ew., Festung; bis 1845 Hauptstadt von Sind. Waffen- und Seidenfabr.

Hyder-Ali (spr. Heider-), Beherrscher von Mysore in Ostindien, geb. 1717, Sohn eines mohammedan. Gouverneurs der Bergveste Bangalore, schwang sich zum Befehlshaber des Heeres empor, in welchem er europ. Kriegs- und Mannszucht einführte, stürzte 1759 den Radscha von Mysore, eroberte Kalikut, Bednor, Onor, Kananor, führte mit der britisch - ostind. Kompagnie mit wechselndem Glück zwei Kriege, beförderte Kultur, Gewerbe und Handel, mild von Sitten; † 7. Dec. 1782 zu Tschitore. Sein Sohn und Nachfolger war Tippo-Sahib.

Hydra (*Hydria*), griech. Felseninsel an der Südostküste der Landzunge von Argolis, 2,7 QM. und 30,000 Ew. (*Hydrioten*, geschickte Seeleute und kühne Krieger). Die schöne *Hauptstadt* H., 9592 Ew., treffl. Hafen.

Hydra (*Armpolyp*). Gattung der Polypenquallen. H. *viridis* L., *grüner Süsswasserpolyp*, *Armpolyp*, ½'' l. mit 8—10 Fangarmen, in Gräben und Teichen an Wasserlinsen.

Hydrämie (gr.), krankhafte wässerige Beschaffenheit des Bluts.

Hydrangëa L., Pflanzengattung der Saxifrageen. H. *Hortensia Sieb.*, *Hortensie*, aus China und Japan (blüht in eisenhaltiger Erde blau), und viele andere Arten Ziersträucher.

Hydrangium (gr.), Lymphgefäss.

Hydrarchus, s. *Zeuglodon*.

Hydrargyriäsis und **Hydrargyrösis** (gr.), Merkurialkrankheit.

Hydrargyrum (gr.), s. v. a. Quecksilber.

Hydrate (gr.), Verbindungen einfacher und zusammengesetzter Körper, bes. der Säuren und Basen, mit Wasser, z. B. Chlor-, Schwefelsäure-, Kalihydrat.

Hydraulik, s. v. a. Hydromechanik.

Hydraulische Presse (*Brahmsche Presse*), mechanische Vorrichtung, besteht aus zwei mit einander kommunicirenden und mit Wasser gefüllten Cylindern von sehr ungleichem Querschnitt; den grossen Cylinder verschliesst ein auf- und abschiebbarer Kolben, der kleine ist eine Pumpe, deren Kolben mit Gewalt niedergedrückt wird. Der dadurch ausgeübte Druck pflanzt sich im Wasser fort, und der grosse Kolben wird mit einer Kraft gehoben, welche im Vergleich zu dem Druck des kleinen Kolbens so viel mal grösser ist, als der Querschnitt des grossen Kolbens den des kleineren übertrifft. Auf dem grossen Kolben ruht eine Platte, welche die zu pressenden Stoffe gegen eine andere festliegende Platte presst. Die h. P. dient zur Gewinnung des Oels, Stearins, des Runkelrübensaftes, zum Glätten der bedruckten Bogen, zum Heben schwerer Lasten etc.

Hydraulischer Mörtel, s. *Ciment*.

Hydraulischer Widder (*Stossheber*), Wasserhebungsmaschine, welche in der Weise wirkt, dass in einer horizontalen Röhre fliessendes Wasser, plötzlich in seiner Bewegung gehemmt, durch den Stoss das Ventil zu einem Steigrohr öffnet und emporsteigt, bis Gleichgewicht hergestellt ist, worauf das Spiel von Neuem beginnt.

Hydrencephalitis (gr.), Gehirnwassersucht.

Hydrätik (gr.), Wasserheilkunde. [Hydra.

Hydrioten, Bewohner der griech. Insel

Hydrobät (gr.), Wassertreter. [sucht.

Hydrocardium (gr.), Herzbeutelwasser-

Hydrocele (gr.), Wasserbruch, s. *Hoden*.

Hydrocephalus (gr.), Wasserkopf, s. *Gehirnwassersucht*.

Hydrodynamik, s. *Hydromechanik*.

Hydrogen (gr.), s. v. a. Wasserstoff.

Hydrographie (gr.), Theil der physikal. Geographie, behandelt die physikal. Verhältnisse des Wassers auf der Erdoberfläche; als Theil der beschreibenden Geographie Beschreibung der Quellen, Flüsse, Seen etc., bes. aber der Meere mit Rücksicht auf Nautik.

Hydrokarbür, s. v. a. Schieferöl.

Hydrologie (gr.), Lehre vom Wasser, bes. auch von den Mineralwässern.

Hydrologium (gr.), Wasseruhr.

Hydromanie (gr.), unstillbarer Durst; übertriebene Vorliebe für Kaltwasserkuren.

Hydromechanik (*Hydraulik*, gr.), Lehre von den tropfbarflüssigen Körpern in mechanischer Hinsicht; zerfällt in *Hydrostatik*, die Lehre vom Gleichgewicht und Druck der Flüssigkeiten auf ihre eigenen Theile, die Gefässwände und auf die in ihnen befindlichen Körper, und in *Hydrodynamik*, die Lehre von den Bewegungsgesetzen der Flüssigkeiten. Ueber deren Principien, insbes. Ausflussgeschwindigkeit s. *Wasser*.

Hydrometeore, Thau, Nebel, Wolken, Regen, Schnee etc.

Hydrocnus (gr.), Wassergeschwulst.

Hydrooxygengas-Mikroskop, s. *Mikroskop*.

Hydropathie (gr.), Kaltwasserheilkunde.

Hydrophän, s. *Opal*. [wuth.

Hydrophobie (gr.), Wasserscheu, s. *Hunde-*

Hydrophthalmie (gr.), Augenwassersucht.

Hydropica (gr.), Mittel gegen Wassersucht.

Hydrops (gr.), Wassersucht.

Hydrosarka (gr.), Hautwassersucht.

Hydrostatik, s. *Hydromechanik*.

Hydrostatisches Bett, mit Wasser gefüllte Gummimatratze (Wasserkissen) zur Vermeidung des Aufliegens. [baukunst.

Hydrotechnik (gr.), Wasserbau-, Deich-

Hydrotherapie (gr.), s. *Kaltwasserkur*.

Hydrothorax (gr.), Brustwassersucht.

Hyères (*Hières*, spr. I-ähr), Stadt im franz. Depart. Var, ½ M. vom Meer, in äusserst fruchtbarer Gegend mit sehr mildem Klima, 10,878 Ew. Vielbesuchter klimat. Kurort. Vor der Rhede von H. die 4 sterilen *Ayérischen Inseln* (die *Stöchades* der Alten).

Hyetometer (gr.), Regenmesser, s. *Regen*.

Hygiea (gr.), Göttin der Gesundheit, Tochter des Aeskulap, dargestellt als Jungfrau mit Schale, woraus eine Schlange trinkt.

Hygieine (gr.), Lehre von der Gesundheit und ihrer Erhaltung, Gesundheitspflege.

Hyginus, der Heilige, Papst 137—142. Tag 10. Jan. [keiten des Körpers.

Hygrologie (gr.), Lehre von den Flüssig-

Hygröm (gr.), Wasserbalggeschwulst.

Hygrometer (*Hygroskop*, gr.), Feuchtigkeitsmesser, Instrument zur Bestimmung der Feuchtigkeit der Atmosphäre. Das *Haarhygrometer* besteht aus einem gespannten und um eine Rolle geschlungenen Haar, welches sich bei feuchter Luft verlängert, bei trockner verkürzt und dabei die Rolle und einen auf dieser befindlichen Zeiger auf einem Zifferblatt umdreht. *Daniels* H. besteht aus einem vergoldeten Glasgefäss, welches durch Verdampfung von Aether allmählig so weit abgekühlt wird, bis es sich mit Thau bedeckt. Aus der Temperatur, bei welcher der Thau erscheint, wird der Feuchtigkeitsgehalt der Luft berechnet. *Augusts Psychrometer* besteht aus 2 Thermometern, von deren Kugeln die eine mit feuchter Leinwand umgeben ist. Je trockner die Luft, um so energischer verdunstet das Wasser und um so tiefer sinkt die Temperatur.

Hygroskop (gr.), s. v. a. Hygrometer.

Hygroskopische Feuchtigkeit, das Wasser, das manche Körper aus der Luft aufsaugen, ohne sich chemisch damit zu verbinden.

Hyksos (d. i. Hirtenkönige), die altägypt. Könige der 15. und 16. Dynastie Manethos, semit. Ursprungs; s. *Aegypten*, Gesch.

Hylas, in der griech. Mythologie schöner Jüngling, den die Nymphen des Ascaniusflusses bei Troja zu sich hinabzogen.

Hyle (gr.), bei den griech. Philosophen der Urstoff, die Materie. *Hylozoismus*, die Ansicht, wonach der Materie eine ursprüngliche Lebenskraft innewohnen soll, deren Wirkungen die Lebenserscheinungen seien.

Hymen oder **Hymenäus** (gr.), bei den Griechen Hochzeitsgesang beim Abzuge der Braut aus dem elterlichen Hause; personificirt der Hochzeitsgott, dargestellt als geflügelter, bekränzter Knabe mit Brautfackel und Schleier. [schlechtshäile.

Hymen (gr.), Jungfernhäutchen, s. *Ge-*

Hymenäa (*Heuschreckenbaum*), Pflanzengattung der Papilionaceen. M. Courbaril L., *Animebeum*, und andere Arten in Südamerika liefern Kopal.

Hymenopteren (*Hautflügler*, *Aderflügler*, *Immen*), Ordnung der Insekten mit 4 durchsichtigen, von wenigen Aestig verzweigten Adern durchzogenen Flügeln und vollkommener Verwandlung; Brustkasten mit harter Horndecke; Weibchen mit Legröhre oder Stechstachel. Familien: Blattwespen, Holzwespen, Schlupfwespen, Schlupfwespenverwandte, Gallwespen, Raubwespen, Bienenwespen oder Bienen. Vgl. *Taschenberg*, "Die H. Deutschlands", 1866.

Hymettus (a. G.), Berg in Attica, südöstl. von Athen, durch seinen Marmor und Honig berühmt. Jetzt Trelo-Vuno.

Hymne (gr.), Hochgesang, Lobiled, bes. religiöses zu Ehren der Götter oder Gottes. *Hymnik*, Hymnendichtung. *Hymnologie*, Hymnenlehre, bes. die Kenntniss der Geschichte und Literatur des Kirchengesanges, in neuerer Zeit von *Wackernagel*, *Daniel* u. A. gepflegt.

Hyoscyamus *L.* (*Bilsenkraut*), Pflanzengattung der Solaneen. H. niger *L.*, *gemeines B.*, *Hühnertodkraut*, in Europa, Nordasien, Aegypten, Nordafrika, narkotisch giftig, Wurzel, Kraut und Samen officinell.

Hypallage (gr.), Vertauschung, Redefigur, bestehend in der oft nur scheinbaren Vertauschung von Satztheilen, z. B. indem der Begriff eines Adjektivs in Form eines Substantivs ausgedrückt wird.

Hypatia, aus Alexandria, Tochter des Mathematikers Theon und Gattin des Philosophen Isidorus, ausgezeichnet durch Schönheit, Sittenreinheit und Gelehrsamkeit, Lehrerin der Philosophie, suchte den Neuplatonismus mit der Lehre des Aristoteles zu vereinigen, ward bei einem Aufstande des Pöbels 415 ermordet.

Hyper (gr.), über; in Zusammensetzungen im Sinn von allzu, übertrieben.

Hyperämie (gr.), Blutüberfüllung, betrifft entweder den ganzen Körper (allgemeine H., Plethora, Vollblütigkeit) oder einzelne Organe (örtliche H.). Die *allgemeine* H. ist Folge zu reichlicher Nahrungsaufnahme bei geringem Verbrauche; der Körper ist dabei gut genährt, die Haut gespannt, roth, feucht, Neigung zu Blutungen vorhanden (Nasenbluten, Hämorrhoiden, Schlaganfälle). Behandlung durch entziehende Kost, Bewegung, Aderlass. Bei *örtlicher* H. bringt übermässige Fülle der Venen (Folge von Stauungen, bei Herzkrankheiten und Lungenemphysem) das bläuliche Aussehen hervor. Die Behandlung bezweckt Ableitung des Blutes nach einem ungefährlichen Orte.

Hyperäsie (gr.), krankhaft gesteigerte Empfindlichkeit der Haut. [Schwäche.

Hyperästhenie (gr.), der höchste Grad von

Hyperbel (gr.), in der Geometrie Kegelschnitt, entsteht, wenn eine Ebene einen Doppelkegel schneidet, besteht daher aus zwei getrennten, symmetrischen, ins Unendliche fortlaufenden Zweigen oder Theilen. Die beiden Punkte, in denen sich letztere am nächsten kommen, heissen *Scheitelpunkte*, die sie verbindende gerade Linie

die *grosse* oder *Hauptaxe*, ihr Mittelpunkt der Mittelpunkt der H. Auf den Verlängerungen der grossen Axe liegen gleichweit vom Mittelpunkt die *Brennpunkte* der H., dadurch merkwürdig, dass der Unterschied der von ihnen nach irgend einem Punkte der H. gezogenen Linien (Leitstrahlen, radii vectores) stets gleich der grossen Axe ist. Errichtet man in einem der beiden Scheitelpunkte auf der grossen Axe eine senkrechte Linie, welche durch die grosse Axe halbirt wird, und zieht durch die Endpunkte derselben und den Mittelpunkt der H. zwei gerade Linien, so sind dies die *Asymptoten* der H., die, ganz ausserhalb derselben liegend, sich derselben mehr und mehr nähern, ohne jemals mit ihr zusammenzufallen. In der Rhetorik ist H. (*Hyperbole*) übertriebener, vergrössernder Ausdruck; *hyperbolisch*, übertrieben. [versetzung.

Hyperbibasmus (gr.), Accent- oder Wort-

Hyperbole (gr.), s. v. a. Hyperbel.

Hyperboreer (gr., d. i. die über den Boreas oder Nordwind hinaus Wohnenden), bei den Alten Name der unbekannten nördl. und westl. Länder, die, dem Nordwind nicht ausgesetzt, sich eines ewigen Frühlings und eines 1000jähr. Lebensalters bei jugendlicher Vollkraft erfreuen sollten, eifrige Verehrer Apollos. *Hyperboreisch*, nördlich.

Hyperbulie (gr.), Uebermass von Willenskraft, Starrsinnigkeit. [chau.

Hyperemesia (gr.), übermässiges Erbre-

Hypericum *L.* (*Johanniskraut*, *Hartheu*), Pflanzengattung der Hypericeen. H. perforatum *L.*, *Johannisblut*, *Hexenkraut*, *Konradskraut*, in Europa, officinell.

Hyperides, ber. athen. Redner und Staatsmann, Genosse des Demosthenes bei dessen Kampfe gegen die macedonische Partei, floh nach der unglücklichen Schlacht bei Crannon (322) nach der Insel Aegina, ward hier auf Befehl des Antipater hingerichtet. Fragmente seiner Reden, zum grossen Theil erst 1847 auf Papyrusrollen in ägypt. Gräbern aufgefunden, herausg. von *Babington* (1853) und *Lappe* (1859), übers. von *Teuffel* (1863).

Hyperion, in der griech. Mythe Titane, Sohn des Uranus und der Gäa, Vater des Helios.

Hyperkatalektisch (gr.), überzählig, von Versen mit einer überzähligen Silbe im letzten Versfusse. [richterei.

Hyperkritik (gr.), überstrenge Kunst-

Hyperkultur (gr. u. lat.), Ueberbildung.

Hyperlogisch (gr.), über die Vernunft hinausgehend. [gläubigkeit.

Hyperorthodoxie (gr.), übertriebene Recht-

Hyperoxyd, s. v. a. Superoxyd, s. *Oxyde*.

Hyperpathie (gr.), übermässige Empfänglichkeit für Krankheiten.

Hyperphysisch (gr.), übernatürlich.

Hypersarkösis (*Hypersarkôma*, gr.), Fleischwucherung, wildes Fleisch.

Hypersthenie (gr.), Ueberfülle der Kraft.

Hypertonie (gr.), Ueberspannung.

Hypertrophie (gr.), die Zunahme des Umfanges eines Organes, bedingt durch Vermehrung seiner normalen Bestandtheile. *Aechte* H. tritt bei Erhöhung der Leistungen eines Organes ein, z. B. H. des Herzens bei

Herzfehlern, H. der einen Niere bei Schwund der anderen, der Muskeln bei Arbeitern. *Falsche H.*, Vergrösserung der Organe durch Einlagerung fremder Gewebselemente.

Hyphäma (gr.), Blutunterlaufung.

Hyphäsis (a. G.), Nebenfluss des Indus, bis zu dem Alexander d. Gr. vordrang; wahrscheinlich der heutige Bias.

Hyphēn (gr., d. i. In-Eins), Bindezeichen (-).

Hypnobatie (gr.), Schlaf-, Nachtwandeln.

Hypnos (gr.), Schlaf; Gott des Schlafes. *Hypnotica*, schlaferzeugende Mittel. [gen.

Hypo (gr.), unter; oft in Zusammensetzungen

Hypochondrie (gr.), geringer Grad geistiger Störung. Die Kranken achten, ohne besonders schwere örtliche Leiden zu haben, in übermässiger Weise auf ihren Gesundheitszustand und erkennen in den geringsten Abweichungen vom Normalen schwere Symptome. Meist handelt es sich um vermeintliche Verdauungsstörungen, oft sind aber Vorwürfe über früheren Lebenswandel, Furcht vor Rückkehr früherer Erkrankungen die Ursache. Die Behandlung bezweckt Ablenkung der Gedanken, ist aber sonst rein symptomatisch. [Rippen.

Hypochondrium (gr.), die Gegend unter den

Hypochyma (*Hypochysis*, gr.), der graue

Hypocykloide, s. *Cykloide*. [Staar.

Hypodēma (gr.), Sohle, Sandale. [ündlich.

Hypodermatisch (gr.), unter der Haut befindlich.

Hypodrōm (gr.), bedeckter Ort zum Spazierengehen. [gastrium, Unterleib.

Hypogastralgie, Bauchschmerz. *Hypogastrium*

Hypoglossis (gr.), Geschwulst unter der Zunge; s. *Fröschleingeschwulst*.

Hypogramma (gr.), Unterschrift; Inschrift am Fuss von Säulen.

Hypogynisch (gr.), unterweibig, in der Botanik von der Blüthenhülle und den Staubgefässen, wenn sie unter dem Pistill stehen.

Hypokarpisch (gr.), unter dem Fruchtknoten befindlich.

Hypokorismus (gr.), schmeichelnder, beschönigender Ausdruck.

Hypokrisie (gr.), Gleisnerei, Scheinheiligkeit. [Protokoll.

Hypomnēma (gr.), Denkschrift, Memorial,

Hypomochlion (gr.), s. *Hebel*.

Hyponoēm (gr.), Vermuthung, Verdacht.

Hypophōra (gr.), Einwand, Einwurf.

Hypoplexie (gr.), leichter Schlaganfall.

Hyporchēma (gr.), Tanz-, Reigenlied.

Hypospadiäus (gr.), männliches Individuum mit unten gespaltener Harnröhre (der Zustand *Hypospadie*). Vgl. *Epispadiäus*.

Hypostāse (*Hypostāsis*, gr.), Bodensatz, Grundlage, Wesen, Substanz; *hypostatisch*, wesentlich, substantiell, gegenständlich.

Hyposthenie (gr.), Kraftmangel. [Portikus.

Hypostylon (gr.), bedeckter Säulengang,

Hypotenūse (gr.), die dem rechtwinkligen Dreieck die dem rechten Winkel gegenüberliegende (grösste) Seite.

Hypothek (gr.), Pfandverschreibung auf unbewegliche Güter zur Sicherung des Gläubigers. *Hypothekenbücher*, Verzeichnisse der Immobilien eines Bezirks mit Angabe der seltigen Eigenthümer und der darauf ruhenden Reallasten und Pfandrechte. *Hypo-*

thekenbanken, Banken, die Grundbesitzern, bypothekarische Darlehen unter möglichst günstigen und festen Bedingungen gewähren und zu Beschaffung der dazu erforderlichen Mittel Obligationen ausgeben, für deren Sicherheit die in ihrem Besitz befindlichen H.en haften. *Hypothekenassekuranzen* wollen gegen Zahlung einer Prämie die Hypothekengläubiger gegen mögliche Verluste und verspätete Rückzahlung sicher stellen.

Hypothēse (gr., d. i. Unterlage), Voraussetzung, auf Grund deren man für eine Vielheit von Erscheinungen eine Regel oder einen Grund aufzustellen sucht; in der Naturwissenschaft bes. unzureichend bewiesener Erklärungsgrund für Naturerscheinungen; daher *hypothetisch*, s. v. a. ungewiss, auf blosser Voraussetzung beruhend; *hypothetisches Urtheil*, ein solches, worin die Gültigkeit des Nachsatzes durch die des Vordersatzes bedingt ist.

Hypotröpe (gr.), Krankheitsrückfall.

Hypotypōsis (gr.), veranschaulichende Darstellung; auch kurzer Abriss.

Hypozeuxis (gr.), aus kurzen, aber vollständigen Sätzen bestehende Periode.

Hypsologie (gr.), Lehre vom Erhabenen.

Hypsometrie (gr.), Höhenmessung.

Hyrcānum, zwei jüd. Hohepriester aus dem Geschlecht der Hasmonäer. *Johannes H. I.*, 136—106 v. Chr. Hoherpriester mit königl. Gewalt, anfangs von den Syrern abhängig, dann selbständig, zwang die Idumäer zum Anschluss an das Judenthum, schloss mit den Römern ein Bündniss und stellte fast die davidischen Grenzen des Reichs wieder her. Seine Söhne Aristobulus und Alexander regierten als Könige. — *H. II.*, Enkel des Vor., Sohn Alexanders, 96 v. Chr. in Jerusalem als König ausgerufen, dankte ab, ward 63 von Pompejus zum Hohenpriester u. Ethnarchen ernannt, von Cäsar bestätigt, von den Parthern 40 gefangen nach Seleucia abgeführt.

Hyrkanien, alte Landschaft Irans, zwischen dem kasp. Meer, Medien, den marginischen Gebirgen und Parthien.

Hyrtl, *Joseph*, ber. Anatom, geb. 1811 zu Eisenstadt in Ungarn, seit 1837 Prof. der Anatomie in Prag, seit 1845 in Wien. Höchst verdient um die feinere Gefässlehre und die Technik der Anatomie, auch um die Kenntnisse von den Fischen. Schr. „Lehrbuch der Anatomie" (11. Aufl. 1870); „Handbuch der topograph. Anatomie" (4. Aufl. 1880); „Handbuch der prakt. Zergliederungskunst" (1860).

Hyssōpus *L.* (*Ysop*), Pflanzengattung der Labiaten. *H. officinalis L.*, in Südeuropa, Asien, früher officinell.

Hysteralgie (gr.), Gebärmutterweh.

Hysterie (gr.), Mutterweh, fast nur beim weiblichen Geschlechte vorkommende Erkrankung, durch Krankheiten der Geschlechtsorgane, aber auch durch falsche Erziehung und aufregende Lebensweise bedingt. Bei der H. ist das gesammte Nervensystem erkrankt, es zeigen sich Zuckungen, Krampfanfälle, alle denkbaren Grade von Gemüthsstimmungen; häufig steigert sich die H. bis zu dauernder Geisteskrankheit und zu Somnambulismus. Vollständige Heilang tritt fast nie ein, am ehesten noch durch totale Aenderung der Lebensweise, Entfernung aus früheren Verhältnissen.

Hysterocēle (gr., Hernia uteri), Gebärmutterbruch.

Hystĕrom protĕron (*Hysterologie*, gr.),

grammat. Figur, Umkehrung der natürlichen Reihenfolge im Gedankenausdruck.

Hysteroskopie (gr.), Untersuchung der Gebärmutter mittelst des Gebärmutterspiegels.

Hysterotokie (gr.), Geburt mittelst des Kaiserschnitts.

I (Vokal).

I, Vokal, vor C und M 100, 1000, z. B. IIC’ = 200, IIM 3000; auf ältern franz. Münzen Limoges.

Iacini (spr. I-adsch-), *Stefano*, ital. Nationalökonom, geb. 1827 zu Casalbuttano (Prov. Mailand), ward 21. Juli 1860 Minister der öffentl. Arbeiten, trat 12. Juni 1861 zurück.

Ialemos (gr.), Todtenlied. [mittellehre.

Iama (gr.), Heilmittel. *Iamatologie*, Heil-

Iatrik (gr.), Heilkunde. *Iatrotechnik*, praktische Heilkunst, bes. Wunderarzneikunst.

Iatrochemie (*Chemiatrie*, gr.), medicin. System, welches die Vorgänge im gesunden und kranken Körper, sowie die Wirkungen der Heilmittel auf chemische Prozesse zurückzuführen sucht, von Paracelsus und Helmont vorbereitet, von Franz Sylvius und G. E. Stahl ausgebildet.

Iatroleptie (gr.), Frottirheilkunde.

Iatromathematik (gr.), Anwendung der mathemat. Wissenschaften, bes. der physikal. Gesetze (*Iatromechanik*), auf die Heilkunde.

Ib., abbr. für *ibidem* (lat.), ebendaselbst.

Ibarra (*Imbabura*), Stadt in Ecuador (Südamerika), 7158’ üb. M., 13,000 Ew.

Ibbenbüren, Fabrikdorf im preuss. Regbz. Münster, Kr. Tecklenburg, 3042 Ew.; Eisenwaaren- und Glasfabr., Weberei, Bleicherei; nahebei Steinkohlengruben.

Iberia (a. G.), 1) Landschaft in Vorderasien, das heut. Grusien; — 2) (*Iberische Halbinsel*) das heut. Spanien, das vom *Iberus* (Ebro) durchflossene Land der Iberer (Nachkommen ders. die Basken). Vgl. *Celtiberier*.

Ibis (Ibis *C.*), Gattung der Reiher. *Geheiligter* I., *Abu-Hannes* (I. religiosa *Cuv.*), r’ h., in Afrika, in Aegypten als heilig verehrt. *Rother* I. (I. rubra *Cuv.*), in Südamerika.

Ibo (*Ebo*), Stadt im Negerreich Joruba (Oberguinea), im Mündungsdelta des Nun, ca. 1000 Häuser; ehedem Hauptstapelplatz des Negerhandels, jetzt des Palmölhandels.

Ibrāhim - Pascha, Adoptivsohn Mehemed-Ali’s, Vicekönigs von Aegypten, geb. 1789, befehligte 1825—28 die ägyptischen Truppen in Morea, besetzte 1831 Palästina, nahm 25. Mai 1832 St. Jean d’Acre mit Sturm, eroberte ganz Syrien, schlug die Truppen des Sultans 9. Juli bei Homs, 30. Dec. bei Konieh in Kleinasien und organisirte die neuerworbenen Provinzen. Nach Wiederausbruch des Kriegs mit dem Sultan schlug er die Türken 24. Juni 1839 bei Nisib, sah sich aber durch eine engl. - österr. Flotte Sommer 1840 in seinem Siegeslauf gehemmt

und ging nach Aegypten zurück. Juli 1848 als Vicekönig von Aegypten von Seiten der Pforte bestätigt, † er 9. Nov. 1848 zu Kairo.

Ibraïl, s. v. a. Braila.

Ibsambul, s. v. a. Abu - Simbal.

Ibycus, griech. Lyriker, aus Rhegium, lebte um 550 v. Chr. am Hofe des Polycrates in Samos. Alte Sage von seinem Tode (vgl. Schillers ‚Kraniche des I.‘). Fragm. gesammelt in *Berghs* ‚Poetae lyrici Graeci‘.

Icarius, Heros der Athener, nahm den Bacchus freundlich auf, ward von diesem im Weinbau unterrichtet, aber weil der von ihm gekelterte Wein berauschte, getödtet; als Bootes (Arcturus), seine Tochter Erigone als Jungfrau unter die Gestirne versetzt.

Icărus, Sohn des Dädalus, befreite sich mit seinem Vater mit Hülfe künstlicher, aus Wachs verfertigter Flügel aus der Gefangenschaft im Labyrinth, stürzte aber, als diese bei zu grosser Annäherung an die Sonne schmolzen, unweit der Insel Samos ins Meer (ikarisches Meer).

Ichneumon (*Manguste*, Herpestes *Ill.*), Gattung der Viverren. *Aegyptisches* I., *Pharaonsratte* (H. Ichneumon *L.*), 1’ 7’’ l., überfällt das Geflügel im Stall, zerstört Krokodilseier (deshalb den alten Aegyptern heilig). *Mungos* (H. pallidus *Cuv.*), in Ostindien, frisst die Brillenschlange.

Ichor (gr.), bei Homer das Blut der Götter; ätherische Flüssigkeit; in der Medicin der jauchige Ausfluss brandiger Geschwüre.

Ichthya, Vgl., Fischhaut zum Poliren.

Ichthyocentauren (gr.), Meergötter mit Fischschwanz und vorn mit Pferdefüssen.

Ichthyodonten (gr.), fossile Fischzähne.

Ichthyolithen (gr.), fossile Fischreste.

Ichthyologie (gr.), Lehre von den Fischen.

Ichthyophagen (gr.), Fischesser, bei den Alten zwei Völker, am arab. - pers. Meere und in Aethiopien; jetzt überhaupt Völker, deren Hauptnahrung Fische u. dergl. sind.

Ichthyosaurus (*Fischsaurier*, *Fischechse*), ausgestorbene Reptiliengattung, eidechsenähnliche Meeresbewohner von 8—40’ Länge, finden sich im Lias, Jura und in der Kreide; 15 Arten; ihre spiralig gewundenen Kothballen (Koprolithen) kommen massenhaft vor.

Ichthyosis (gr.), s. *Schuppenkrankheit*.

Icolmkill, Insel, s. *Jona*.

Iconium (a. G.), Hauptstadt der kleinasiat. Landschaft Lykaonien, im Mittelalter Sitz eines seldschuk. Sultans; jetzt Konieh.

Icosandrus (gr.), 20männig. *Icosandria*,

12. Klasse des linnéschen Pflanzensystems (mehr als 20 freie Staubfäden).

Ictĕrus (gr.), Gelbsucht.

Ictus (lat.), Stoss, Hieb, Schlag; in der Metrik der rhythmische Accent (').

Ida (a. G.), 1) (jetzt *Kas-Dagh*) Gebirge auf der nordwestlichsten Halbinsel von Kleinasien, im alten Mysien und in der Landschaft Troas. An seinem Fusse Troja; — 2) (jetzt *Ypsiloriti*) Gebirge, das Kreta von W. nach O. durchzieht, 7100' hoch.

Idaho, Territorium der Verein. Staaten von Nordamerika, auf der Westseite der Rocky Mountains, nördl. von Utah, 4277 QM. und (1870) 14,882 Ew.; reich an Gold und Silber. Seit 3. März 1863 als Territorium organisirt. Haupst. Boise City.

Idalium (a. G.), Vorgebirge und Stadt auf dem östl. Cypern, mit Tempel und Hain der Venus (*Idalia*).

Idar, Dorf im oldenburg. Fürstenthum Birkenfeld, 2074 Ew.; grossartige Achat- und Steinschleiferei.

Idarwald, s. *Hunsrück*.

Ideal (gr.), im Gegensatz zum Wirklichen das bloss in der Vorstellung Vorhandene, insbes. wenn es die der Idee von Etwas entsprechende Vollkommenheit darstellt, daher s. v. a. Musterbild, Vorbild. *Idealisiren*, ein mangelhaft Wirkliches als etwas Vollkommenes darstellen. *Idealität*, ideale Vollkommenheit.

Idealismus (gr.), im Gegensatz zum Realismus die philosophische Ansicht, welche die sinnlichen Dinge nur als Produkte der Vorstellung und das denkende Subjekt oder das Gedachte als das wahrhaft Seiende betrachtet. Idealist. Systeme: von Kant (kritischer I.: Wir erkennen die Dinge nur so, wie sie uns erscheinen, nicht wie sie an sich sind), Fichte (subjektiver I.: Identität des Denkens und Seins, des Subjektiven und Objektiven im Ich), Schelling (objektiver I.: Identität des Denkens und Seins auch unabhängig vom Ich) und Hegel (absoluter I.: das Denken, das immanente Werden des Begriffs, das allein Wirkliche und Wahre). *Idealist*, Anhänger des I.

Idee (gr.), Vorstellung, Gedanke. Nach Kant sind I.n Vernunftbegriffe im Gegensatz zu den sinnlichen Anschauungen und zu den Verstandesbegriffen oder Kategorien (theoretische I.n: Gott, Freiheit, Unsterblichkeit; praktische I.n im kategorischen Imperativ des Sittengesetzes; ästhetische I.n, die durch Beziehung der Vernunft auf die Einbildungskraft entstehenden); in den nachkant. philosoph. Systemen die Schranken der Erfahrung überschreitende Begriffe, die als Vor- und Musterbilder gelten sollen (sittliche und ästhetische I.n).

Ideell, s. *Ideal*.

Ideenassociation, unwillkürliche Verbindung und Aneihung der Vorstellungen an einander, zuerst von Hume, Reid u. Priestley erforscht, dann bes. von Herbart, Beneke, Lotze u. A. tiefer begründet.

Idéler, *Karl Wilh.*, Irrenarzt, geb. 25. Okt. 1795 zu Benditsch in der Mark, Prof. zu Berlin und Direktor der Abtheilung für

Geisteskranke in der Charité; † 29. Juli 1860. Schr. „Grundriss der Seelenheilkunde" (1835—1838, 2 Bde.); „Versuch einer Theorie des religiösen Wahnsinns' (1848—50, 2 Bde.); „Lehrbuch der gerichtl. Psychologie' (4. Aufl. 1857).

Idem (lat.), der- oder dasselbe; *i. per i.*, dasselbe durch dieselben Worte ausgedrückt.

Identificiren (lat.), zwei Gegenstände als einen einzigen betrachten.

Identität (lat.), Wesensübereinstimmung, Ununterschiedenheit, philosoph. Kunstausdruck für das Verhältniss der Gleichheit. Satz der logischen (absoluten) I.: $A = A$, d. i. jeder Begriff ist sich selbst gleich; relative I., Uebereinstimmung in gewissen Beziehungen. In der Mathematik Uebereinstimmung in Grösse und Form, s. v. a. Kongruenz. *Identisch*, s. v. a. ein- und dasselbe, kongruent. *Identitätsphilosophie*, die Philos. Schellings und Hegels, weil sie die I. des Denkens u. Seins, des Subjekts u. Objekts etc. lehrt. [der Vernunftbegriffe.

Ideokrat (gr.), Vertreter der Herrschaft

Ideologie (gr.), Ideenlehre, bei den Franzosen s. v. a. Metaphysik; auch unfruchtbares systematisches Denken und Grübeln, namentl. über polit. und sociale Verhältnisse. *Ideolog*, Grübler, Träumer.

Id est (lat., abbr. *i. e.*), das ist, das heisst.

Idiographon (*Idiocheiron*, gr.), eigene Hand- oder Unterschrift. [weibl. Blüthen.

Idiogynie (gr.), das Gesondertsein der

Idiolatrie (gr.), Selbstanbetung.

Idiom (gr.), Eigenheit; Mundart od. Sprachweise bes. der verschiedenen Volksklassen.

Idiopathie, das Einzelleiden, bisweilen örtliche Krankheit; *idiopathisch* heisst eine Krankheit, die unmittelbar aus ihren Ursachen hervorgeht.

Idiosynkrasie (gr.), die individuelle Reizbarkeit, wonach man durch gewisse physische Einwirkungen, z. B. Wohlgerüche, unangenehm, durch andere sonst unangenehme (z. B. widerliche Gerüche) angenehm afficirt wird; dann die Eigenthümlichkeit Einzelner, dass Gelegenheitsursachen, die sonst dem Körper unschädlich sind, regelmässig Erkrankungen hervorrufen.

Idiot (gr.), Privatmann, im Gegensatz zum Staatsmann; dann ein Unwissender, Ungebildeter, auch Schwach- oder Blödsinniger. *Idiotismus*, Eigenthümlichkeit eines Idioms, Spracheigenheit; auch s. v. a. Verstandesschwäche, Blödsinn. *Idiotikon*, Wörterbuch der Idiotismen.

Idistavisus (a. G.), nach Tacitus Thalebene in Westphalen, an der Weser, in der Nähe von Minden; 16 n. Chr. Sieg des Germanicus über die Germanen unter Arminius.

Idokras (*Vesuvian*), Mineral aus der Klasse der wasserfreien Amphoterolithe, Silikat von Thon- und Kalkerde, gelb, braun, grün, blau, im Vesuv, in Piemont, Tirol, im Ural, Banat, in Böhmen; Schmuckstein.

Idol (gr.), Bild, insbes. Götzenbild, Abgott. *Idolatrie* oder *Idololatrie*, Götzendienst.

Idomĕneus, König von Kreta, einer der Freier der Helena, führte die Kreter auf 80 Schiffen gegen Troja, opferte einem Gelübde zufolge für glückliche Rettung im Sturme dem Poseidon seinen Sohn, ward deshalb von Kreta vertrieben u. begab sich nach Italien.

Idria, Bergstadt in Krain, am *Flüsschen* I., 3439 Ew. Bergschule, ber. Quecksilbergruben (ca. 3000 Ctr.) und Zinnoberhütten.

Idrosee, ital. Alpensee, westl. vom Gardasee, 3 St. l., vom Chiese durchflossen.

Idstedt, Dorf in Schleswig, nördl. von der Stadt Schleswig; hier 24. und 25. Juli 1850 *Schlacht* zwischen den Schleswig-Holsteinern unter Willsen und den Dänen.

Idumäa (a. G.), s. *Edom.*

Idūna (*Idhun*), Göttin der Nordgermanen, Gattin Bragis, Hüterin der Aepfel, deren Genuss ewige Jugend verlieh.

Idus, im altröm. Kalender der 15. Tag des März, Mai, Juli und Oktober, der 13. der übrigen Monate.

Idyll (*Idylle*, gr., d. i. Bildchen), Dichtungsart, welche die Zustände und Erlebnisse einfacher und harmloser, meist im engen Verkehr mit der Natur lebender Menschen darstellt; vgl. *Bukolische Poesie.* Auch ein dem entsprechendes Gemälde.

i. e., abbr. *id est* (s. d.).

If, Felseneiland im Golf von Marseille; Schloss (früher Staatsgefängniss).

Ifferten, s. v. a. Yverdun.

Iffland, *Aug. Wilh.,* Schauspieler und Bühnendichter, geb. 19. April 1759 zu Hannover, gebildet unter Eckhof zu Gotha, seit 1779 in Mannheim, ward 1796 Direktor des berliner Nationaltheaters, 1811 Generaldirektor aller königl. Schauspiele; † das. 15. Sept. 1815. Als Schauspieler meisterhaft in chargirten und hochkomischen wie auch in gemüthlich rührenden Rollen; als dram. Dichter vorzugsweise Pfleger des bürgerlichen Schauspiels. Beliebteste Stücke: ,Der Verbrecher aus Ehrsucht' (1785), ,Die Mündel' und ,Die Jäger' (1785), ,Die Hagestolzen' (1793), ,Der Herbsttag' (1792), ,Die Advokaten' (1796) u. A. ,Werke' (1798—1802, 16 Thle.; Auswahl 1844, 10 Thle.). Vgl. *Duncker,* ,I. in seinen Schriften', 1859; *Koffka,* ,I. und Dalberg', 1864.

Igel (*Erinaceus L.*), Gattung der Raubthiere. *Gemeiner* I. (E. europaeus L.), 10'' l., in Europa, auf dem Rücken mit starken Stacheln bedeckt, vertilgt Ratten, Mäuse, Schlangen, galt fälschlich für giftfest.

Igel, Dorf an der Mosel, oberhalb Trier; dabei die 72' hohe *Igelsäule,* das schönste Römermonument diesseits der Alpen (Mausoleum der Familie der Secundiner).

Iglau, Kreishauptstadt in Mähren, an der *Iglawa* (Nebenfl. der Thaya), 17,427 Ew. Goth. St. Jakobskirche. Bed. Tuchfabrikation. Infolge des *Vertrags zu I.* 5. Juli 1436 ward Sigismund König von Böhmen.

Igname, weisse Bataten, s. *Batatas.*

Ignatia *L.* (*Ignatiusbaum*), Pflanzengattung der Apocyneen. I. amara L. *fil.,* Baum auf den Philippinen, in Cochinchina kultivirt, liefert die officinellen, Strychnin haltigen *Ignatiusbohnen.*

Ignatius, Heiliger, Bischof von Antiochia, einer der sogen. apostol. Väter (s. d.), nach der Legende unter Trajan im Circus zu Rom 108 von Löwen zerrissen. Die unter seinem

Namen erhaltenen 13 Briefe sind theils unächt, theils interpolirt, neuerlich Gegenstand lebhafter Kontroverse.

Ignatiusbohnen, s. *Ignatia.*

Ignēdia (lat.), Feueranbeter.

Ignōbel (lat.), gemein, niedrig, pöbelhaft.

Ignominia (lat.), Schmach, Schimpf.

Ignorantia (lat.), Nichtwissen, Unkenntniss. *Ignorant,* ein Unwissender; *ignoriren,* etwas nicht wissen; absichtlich keine Kenntniss von etwas nehmen. [verzeihlich.

Ignoscens (lat.), Verzeihung; *ignoscibel,*

Igualada, Stadt in der span. Prov. Barcelona, am Noya, 10,100 Ew.

Iguana, s. *Leguan.*

Iguvium, alter Name für Gubbio (s. d.).

Ihna, Nebenfluss der Oder in Pommeru, kommt aus dem einzigen See bei Nörenberg, mündet unterhalb Gollnow, 20 M. l.

Ikarier (*Ikaristen*), Kommunisten, s. *Cabet.*

Ikon (gr.), Bild, Abbild; *ikonisch,* ein Gleichbild darstellend; *ikonische* Statue, Statue in Lebensgrösse. *Ikonoborzen,* bilderstürmerische Sekte der russ. Kirche. *Ikonodulie,* Bilderanbetung. *Ikonographie,* Beschreibung der antiken und kirchl. Bilder und Statuen. *Ikonoklast,* Bilderstürmer. *Ikonolatrie,* Bilderanbetung. *Ikonomachie,* Bilderstreit, Streit über Bilderanbetung; s. *Bilderstreit und Bildersturm.*

Ikonostäse (gr.), in griech. Kirchen die mit Heiligenbildern verzierte Scheidewand zwischen dem Sanktuarium und dem übrigen Raum der Kirche, Bilderwand.

Ikonostroph (gr.), Glas, wodurch man Bilder verkehrt sieht (z. B. für Kupferstecher).

Ikosaëder (gr.), regulärer, von 20 gleichseitigen Dreiecken begrenzter Körper.

Ilanz (roman. *Glion*), Stadt im Kant. Graubünden, am Vorderrhein, 658 Ew.; ehedem Hauptort des grauen Bundes.

Ileum (gr.), der Dünndarm; *Ileus,* Darmverschlingung, Miserere. *Os ilei,* Hüftbein.

Ilex *L.* (*Stechpalme, Hülse*), Pflanzengattung der Sapotaceen. I. aquifolium *L.,* Stecheiche, *Christdorn,* Strauch in den mitteleurop. Küstenländern etc., liefert äusserst festes Nutzholz; Zierpflanze. I. paraguayensis *St. Hil.,* in Brasilien, Paraguay, liefert in den Blättern den Paraguay- oder *Matétheé.*

Ili, Fluss in Hochasien, entspringt auf dem Thian-schan, mündet in den Balkhaschsee, ca. 110 M. l. [Ilium, Darmbein.

Ilia, die Seitentheile des Unterleibes; os

Iliade (*Ilias*), s. Homer.

Ilische Tafel, antikes Basrelief, den trojan. Krieg darstellend; im 17. Jahrh. in der appischen Strasse ausgegraben, jetzt im Museum des Kapitols zu Rom.

Ilissus (a. G.), kleiner Fluss bei Athen.

Ilithyia (*Eileithyia*), die Kommende, bei den Griechen die bei der Geburt helfende Göttin, später mit Artemis identificirt.

Ilium (gr., *Ilion*), ältester Name Trojas, nach *Ilus,* dem Sohne des Tros, benannt. Westl. davon erstand später *Neu-Ilium.*

Ill, Fluss im Elsass, kommt vom Jura, mündet unterhalb Strassburg in den Rhein, 25 M. l., von Colmar an schiffbar.

Illacerabel (lat.), unzerreissbar.

Illäsibel (lat.), unverletzbar. [der Frau.
Illäta (lat.), das eingebrachte Heirathsgut
Illation (lat.), Schlussfolgerung.

Ille (spr. ihl), Nebenfluss der Vilaine im nordwestl. Frankreich. Danach benannt das franz. Depart. I.-Vilaine (spr.-Wllähn), 122 QM. und 592,609 Ew., Theil der Bretagne. Hauptstadt Rennes. [setzwidrigkeit.

Illegál (lat.), gesetzwidrig. Illegalität, Gesetzwidrigkeit.

Illegitim (lat.), ungesetzlich, von Kindern unehelich. Illegitimität, Ungesetzlichkeit.

Illenau, Ort bei Achern im bad. Kr. Baden; ber. Irrenheilanstalt (seit 1842).

Iller, linker Nebenfluss der Donau, entspringt im bregenzer Walde, bildet später die Grenze zwischen Bayern und Würtemberg, mündet oberhalb Ulm; 22 M.

Illiberal (lat.), karg, geizig, unfreisinnig.

Illicium L. (Sternanis), Pflanzengattung der Ranunculaceen. I. anisatum Loureiro, Strauch in Cochinchina, kultivirt in China, mit officin. aromat. Früchten (Sternanis), zur Liqueurfabrikation dienend.

Illimäni, Andengipfel in der Cordillere von Bolivia, 20,000' h.; in der Nähe eine nur 5500' hohe Flussspalte.

Illinois (spr.-nous), linker Nebenfluss des Mississippi, entsteht bei Dresden (südwestl. des Michigansees) aus der Vereinigung des Plaines und Kankakee, wird bei Ottawa für Dampfer schiffbar; 110 M. l.

Illinois, nordamerikan. Freistaat, durch den Mississippi von Iowa und Missouri getrennt, 2606 QM. und (1870) 2,529,410 Ew. (viele Deutsche); Agrikulturstaat mit ausgedehnten Prairien, bewässert vom Illinois, Rock, Kaskaskia etc. (zum Mississippi), Saline und Cash (zum Ohio); sehr fruchtbar; im S. Waldland. Klima gesund. Gr. Steinkohlenfeld (75 M. l., 40 M. br.), Blei (bei Galena), Salz. Werth der Ackerbauprodukte (1865): über 63¾ Mill. Doll.; Ausfuhr 4,88 Mill. Verfassung vom 1847. Staatsschuld 1867: 2,050,000 Doll. Im Kongress durch 14 Repräsent. vertreten. 102 Counties. Seit 1818 Unionsstaat. Hauptst. Springfield.

Illipööl (Mahwahbutter), bei 35° O. schmelzendes Speisefett, aus den Samen von Bassia latifolia und longifolia; Handelsartikel.

Illiquid (lat.), nicht flüssig. [artikel.

Illisiom (lat.), Quetschung.

Illiterät (lat.), ungelehrt; Illiterata, nicht durch Buchstaben auszudrückende Laute.

Illösis (gr.), das Schielen.

Illoyal (fr.), s. v. a. illegal.

Illudiren (lat.), verhöhnen, verspotten; umgehen (ein Gesetz), vereiteln.

Illuminäten (lat., d. i. Erleuchtete), Name einiger geheimen Gesellschaften in Spanien und Belgien im 16. und 18. Jahrh. Illuminatenorden, 1. Mai 1776 in Ingolstadt von Adam Weishaupt gestifteter antijesuitischer Männerverein zu Beförderung religiöser und politischer Aufklärung durch natürliche (deistische) Religion, zählte zur Zeit seiner Blüthe über 2000 der gebildetsten Männer (darunter Knigge) zu Mitgliedern, 22. Juni 1784 und 2. März 1785 vom Kurfürsten von Bayern aufgehoben.

Illumination (lat.), Beleuchtung von Gebäuden und Plätzen; Ausmaluug einer Zeichnung, eines Kupferstichs etc.

Illusion (lat.), bewusste oder unbewusste Täuschung; Illusorisch, täuschend, trügerisch.

Illustration (lat.), Erläuterung, insbes. eines gedruckten Textes durch Bilder.

Illustris (lat.), ansehnlich, vornehm; seit Konstantin d. Gr. Titel hoher Magistratspersonen, seit Karl d. Gr. der Herzöge und Grafen, auch im Superlativ Illustrissimus.

Illuviation (lat.), Schlammbad.

Illyrien, ursprüngl. das Küstenland am adriat. Meer, benannt nach den Illyriern, die 229 v. Chr. mit den Römern in Krieg geriethen und 23 v. Chr. völlig besiegt wurden. Ihr Land röm. Prov. (Illyricum). Unter Konstantin d. Gr. wurde I. Name für die gesammten gegen O. gelegenen Landestheile des röm. Reichs in Europa. Nach den Wirren der Völkerwanderung nahmen von N. her einwandernde Slaven vom Lande Besitz, und der Name I. verschwindet aus der Geschichte, bis Napoleon I. 1809 die von Oesterreich abgetretenen Länder unter dem Namen „Illyr. Provinzen' zu einem von Frankreich abhängigen Staate (900 QM. mit 1¼ Mill. Ew.) machte. Auch von Oesterreich wurde später der Name „Königr. I.' für die Provinzen Kärnthen, Krain, Görz und Gradiska, Istrien etc. bis zur neuen Reichseintheilung (1850) beibehalten.

Ilm, Nebenfluss der Saale, entspringt auf dem Thüringerwald (nahe dem Schneekopf), berührt Weimar (Ilm-Athen), mündet unterhalb Sulza bei Grossheringen; 14 M.

Ilmenau (Elmenau), Nebenfluss der Elbe, im Hannöverschen, kommt aus der lüneburger Heide, mündet bei Hoope, 15 M.

Ilmenau, Stadt in S.-Weimar, am Fusse des Thüringerwaldes und an der Ilm, 3244 Ew. Bergamt. Kaltwasserheilanstalt.

Ilmensee, Landsee im russ. Gouv. Gross-Nowgorod, 16,3 QM., fliesst durch den Wolchow in den Ladogasee ab.

Ilse, Nebenfluss der Ocker, entspringt an der Nordseite des Brockens, bildet eins der schönsten Thäler des Harzes; darin der Ilsenstein, ein 230' h. nackter Granitfelsen (mit koloss. eisernem Kreuz auf der Spitze) und gegenüber der Westerberg, eine gleichhohe Felsenmasse. Am Ausgang des Thals der Flecken Ilsenburg, zur preuss. Grafsch. Wernigerode gehörig, 2993 Ew.; Schloss mit Park, gr. gräfl. Hüttenwerk.

Iltis (Ratz, Stinkratz, Mustela putorius L.), Raubthier aus der Gattung der Marder, 16-20" l., in Europa, Mittel- und Nordasien, Hühner- und Taubenfeind, liefert Pelzwerk.

Ilz, Nebenfluss der Donau, in Niederbayern, mündet bei Passau, 7 M. Danach benannt der Ilgau, im Mittelalter Grafsch.

Imāgo (lat.), Bild, Ebenbild; das vollkommen ausgebildete, geflügelte Insekt. Plur. Imagines, im alten Rom Wachsbüsten vornehmer Personen, im Atrium aufgestellt, bei Leichenbegängnissen vorangetragen. Imaginär, nur in der Einbildungskraft beruhend; imaginäre Grössen, in der Algebra Wurzeln mit geraden Exponenten aus einer negativen Grösse. Imagination, Einbildung.

Imâm (arab.), Vorsteher, Lehrer, Titel berühmter Dogmatiker des Islam; auch überhaupt mohammed. Geistlicher. I.s heissen auch die Herrscher von Maskat (s. d.).

Imarêt (arab.), Armenküche neben Moscheen. [ebene von Quito, 14,524′ h.

Imbabura, Vulkangipfel auf der Hochimbecill (lat.), schwach, blödsinnig; *Imbecillität*, Schwäche, Blödsinn.

Imbibition (lat.), das Vermögen der thierischen Gewebe, Flüssigkeiten aufzusaugen.

Im-Bosch, s. v. a. Herzogenbusch.

Imbricatus (lat.), ziegeldachförmig, wie z. B. die Schuppen der Tannenzapfen.

Imbro, türk. Insel im ägäischen Meere, nordwestl. von der Dardanelleneinfahrt, 3½ QM. mit 6000 Ew., Hauptort Kastro.

Imbuiren (lat.), eintauchen, einweichen.

Imerethi (*Imerethien*), das alte Colchis, jetzt das transkaukas. Gouv. Kutais.

Imitation (lat.), Nachahmung.

Im Lichten, bei Massangaben hohler Raume Bezeichnung, dass die Umfassung nicht mit gerechnet ist.

Immakulät (lat.), unbefleckt. *Immakulatentid*, bei den Katholiken eidl. Versicherung des Glaubens an die unbefleckte Empfängniss (*Immaculata conceptio*) der Maria.

Imman (lat.), ungeheuer, wild, roh. *Immanität*, Ungeheuerlichkeit, Unmenschlichkeit.

Immanént (lat.), innwohnend, innerlich, im Gegensatz zu transeunt und transscendent. Nach Spinoza Gott die i.e Ursache der Welt als dem Sein nach nicht von ihr verschieden. *Immanenz*, das Innwohnen.

Immateriel (lat.), stofflos, unkörperlich.

Immatrikulation (lat.), Einzeichnung, bes. auf Hochschulen Aufnahme unter die Zahl der Studirenden.

Immaturität (lat.), Unreife.

Immediät (lat), unmittelbar. *Immediatvorstellungen*, *Immediatsachen*, solche, welche gleich der höchsten Instanz oder selbst dem Regenten vorgelegt und hier entschieden werden. *Immediatstände*, die früheren reichsunmittelbar en Stände im deutschen Reiche.

Immemorial (lat.), undenklich, woran man sich nicht mehr erinnert. *Immemorialverjährung*, Verjährung über Menschengedenken.

Immen, s. v. a. Bienen. [ken hinaus.

Imménsa (lat.), unermesslich; *immensurabel*, unmessbar.

Immenstadt, Städtchen im bayer. Kr. Schwaben, nahe der Iller, 1857 Ew.; Schloss, Bahnhof. Ehemals Hauptort der Grafsch. Königsegg-Rothenfels. Unfern die Grünten.

Immergiren (lat.), ein- oder untertauchen.

Immergrün. Wiederläufer. [pervivum.

Immergrün, s. v. a. Hedera, Vinca, Sempervivum (lat.), unverdienter Weise.

Immermann, Ka l Leberecht, Dichter, geb. 24. April 1796 in Magdeburg, seit 1827 Landgerichtsrath in Düsseldorf, führte 1834—38 die Direktion des Theaters das.; † 25. Aug. 1840. Ausgezeichnet im Drama (,Trauerspiel in Tirol‘ 1827, ,Friedrich II.‘ 1828, ,Die Verkleidungen‘, Lustspiel 1828, ,Alexis‘, Trilogie 1832, ,Merlin‘ 1832 u. a.), wie bes. im Roman (,Epigonen‘ 1836, ,Münchhausen‘ 1838). Schr. ausserdem das Märchen ,Tulifäntchen‘ (1830), das epische Gedicht ,Tristan und Isolde‘ (Fragment 1841) und ,Memorabilien‘ (1840). Schriften (1835—43, 14 Bde.). Biogr. herausg. von *Putlitz* (1870, 2 Bde.).

Immersion (lat.), das Ein- oder Untertauchen; der Moment, in dem ein Himmelskörper in den Schatten eines anderen tritt.

Immigration (lat.), Einwanderung.

Imminent (lat), nahe bevorstehend, drohend. [mend.

Immisclbel (lat.), unvermischbar.

Immission (lat.), Einsetzung (in ein Amt).

Immobil (lat.), unbeweglich, von Truppen nicht im Zustande der Kriegsbereitschaft. *Immobilien*, unbewegliche, liegende Güter, Liegenschaften. *Immobiliarvermögen*, unbewegliches, in Grundstücken, Häusern etc. bestehendes Vermögen. *Immobilisiren*, bewegliche Güter zu unbeweglichen machen.

Immoderät (lat.), unmässig.

Immodest (lat.), unbescheiden.

Immolation (lat.), Opferung, Aufopferung.

Immoralisch (lat.), unsittlich.

Immoralität (lat.), Unsterblichkeit.

Immortelle, s. v. a. Helichrysum, Gnaphalium und andere Pflanzen, deren Blüthen aus strohartigen Blättern bestehen und sich beim Trocknen nicht verändern.

Immunität (lat.), das Freisein von Diensten, Abgaben, Lasten etc.; auch Exemtion vom gewöhnlichen Gerichtsstand.

Immutäbel (lat.), unveränderlich.

Imnau, besuchter Badeort im preuss. Regbz. Sigmaringen, an der Eyach, 485 Ew. Erdig-salin. Eisenquellen.

Imôla, Stadt in der ital. Prov. Forlì, am Santerno, in weinreicher Gegend, 10,916 Ew.

Impalpabel (lat.), unreifbar, unantastbar.

Impanation (lat.), Einbrodung, das Einswerden des Leibes Christi mit dem Brodeheim Abendmahl. [ungleichem Kriegsglück.

Impar (lat.) ungleich. *Impäri Marte*, mit

Impardonnabel (fr.), unverzeihlich.

Imparochirt (gr.), eingepfarrt.

Impartial (lat.), unparteiisch.

Impartibel (lat.), untheilbar.

Impass (fr.), Sackgasse.

Impassibel (fr.), unwegsam, unzugänglich.

Impassibel (fr.), unempfindlich.

Impastation (lat.), Verteigung; dicke, markige Farbenauftragung, bes. bei der Untermalung (*Impasto*); in der Kupferstecherei Verwischung der Punkte und Striche.

Impatibel (lat.), unerträglich, unleidlich.

Impatiens L. (*Springkraut, Balsamine*), Pflanzengattung der Balsaminen. I. noli tangere L. (gelbes Springkraut), in Europa, Nordasien, früher officin. I. Balsamina L., aus Indien, Zierpflanze.

Impatroniren (impatronisiren, lat.), sich als Herr in etwas festsetzen. [bar.

Impayabel (fr., spr. engpajabl), unbezahlbar.

Impediment (lat.), Hinderniss. *Impedition*, Verhinderung, Aufenthalt.

Impegno (ital., spr. -penjo), Verpfändung, Obliegenheit, Verwickelung in etwas und Verantwortlichkeit dafür.

Impenetrabel (lat), undurchdringlich.

Impensen (lat.), Aufwand, Kosten.

Imperativ (lat.), befehlender Modus; *kategor. I.*, das unbedingte Gebot der Pflicht.

Imperator (lat.), Feldherr, Kaiser.

Imperatoria L. (Meisterwurz), Pflanzengattung der Umbelliferen. I. ostruthium L., Kaiserwurz, in Europa, Wurzel officinell.

Imperceptibel (lat.), unwahrnehmbar.

Imperdibel (lat.), unzerstörbar.

Imperfekt (lat.), unvollkommen. Imperfaktibel, nicht vervollkommnungsfähig; Imperfektum, Zeitform der unvollendeten Vergangenheit.

Imperforabel (lat.), undurchbohrbar.

Imperiäl (lat.), kaiserlich, grossartig.

Imperiäl, russ. Goldmünze, = 10 Silberrubel, seit 1817 werden nur halbe I. geprägt.

Imperiäle (fr., spr. Ängp-), das mit Sitzen versehene Deck eines Post- oder Reisewagens.

Imperialismus (lat.), auf militär. Gewalt gestützte Regierungsweise.   [feiner Wolle.

Imperials, span. Merinoschafe mit bes.

Imperial Standard, mit engl. Masseinheiten zusammengesetzt, bedeutet die jetzt gesetzlichen Normalmasse.

Imperium (lat.), Oberherrschaft; Oberbefehl; obrigkeitliche Gewalt; Kaiserreich.

Impermanent (lat.), unbeständig.

Impersonal (impersonell, lat.), unpersönlich. Impersonale, unpersönliches Zeitwort.

Impertinent (lat.), ungehörig, ungeziemend, naverschämt. Impertinenz, Grobheit. Impertinentien, Nebendinge, nicht zur Sache gehörige Fragartikel.

Imperturbabel (lat), unerschütterlich.

Impetigo (lat.), Hautausschlag, bes. chron., Grind, Flechten; impetiginös, damit behaftet.

Impetrant (lat.), Derjenige, der in Prozesssachen durch sein Vorbringen wider seinen Gegner (den Impetraten) ein Reskript erwirkt; Kläger.   [impetuös, mit Ungestüm.

Impetus (lat.), heftiger Angriff, Anfall;

Impfung, s. Kuhpocken.

Impietät (lat.), Gegensatz von Pietät.

Impinguentia (lat.), fettmachende Mittel.

Impitoyable (fr., spr. ängpitojabl), unerbittlich.

Implakabel (lat.), unversöhnlich.   [bittlich.

Implantation (lat.), Einpflanzung.

Implement (lat.), Ergänzung, Erfüllung.

Implikation (lat.), Verwickelung; implicite, mit inbegriffen.   [trant und Impetrat.

Implorant und Implorät, s. v. a. Impe-

Impluvium (lat.), im Atrium des altröm. Hauses der in der Mitte (unter der Dachöffnung) befindliche Theil zur Aufnahme des Regenwassers; Vorhof einer Kirche; Regenbad, Douche.   [höflichkeit.

Impolitesse (fr., spr. Ängpolitess), Un-

Imponderabilien (lat.), äusserst feine, elast., leicht bewegliche und unwägbare Stoffe (welche nach jetzt verlassener Ansicht die materielle Grundlage von Wärme, Licht, Elektricität und Magnetismus bilden.

Imponiren (lat.), Eindruck machen; imposant, bedeutend.   [rend; unverständlich.

Impopulär (lat.), der Volksgunst entbeh-

Import (lat.), Waareneinfuhr.

Important (lat.), wichtig, erheblich.

Importun (lat.), unbequem, lästig, aufdringlich.   [Hände, von Steuern.

Imposition (lat.), Auflegung, z. B. der

Impossibel (lat.), unmöglich.

Impost (lat.), Anflage, Steuer; das vor-

springende Gesims eines Pfeilers, worauf ein Bogen ruht, Kämpfer.

Impostor (lat.), Betrüger.

Impotenz (lat.), das Unvermögen des Mannes, den Beischlaf auszuüben. Ursachen: Bildungsfehler oder gewisse Erkrankungen der männlichen Geschlechtstheile, allgem. Schwächezustand, hohes Alter u. psychische Einflüsse (Widerwille).

Imprägnation (lat.), die Durchtränkung eines Stoffes mit einem andern, z. B. des Holzes mit Salzlösungen behufs Konservirnng, oder organischer Reste im Erdreich mit sich bildendem Gestein, wodurch die Versteinerungen entstehen.

Impräskriptibel (lat.), unverjährbar.

Impraktikabel (lat.-gr.), unthunlich.

Imprecireu (lat.), verwünschen, verfluchen.

Impresario (ital.), Schauspielunternehmer.

Imprimatur (lat., d. i. es möge gedruckt werden), die vom Censor gegebene Erlaubniss zum Druck einer Schrift.   [lich.

Improbabel (lat.), unerweislich, verwerf-

Improbation (lat.), Missbilligung.

Improbität (lat.), Unredlichkeit.

Improduktiv (lat.), nichts hervor-, einbringend, unfruchtbar.   [reifwitz.

Impromptu (fr., spr. Ängprongtüh), Stegreif.

Improperien (lat.), Verse, worin der gekreuzigte Christus den Juden ihre Undankbarkeit vorhält, werden am Charfreitag früh in kathol. Kirchen gesungen.

Improportion (lat.), Missverhältniss, mangelnden Ebenmass.   [besserung.

Improvement (engl., spr.-pruhw-), Ver-

Improvisatoren (ital.), Dichter, die ein aufgegebenes Thema aus dem Stegreife (ex improviso) sofort ausführen und vortragen; bes. in Italien häufig. Deutsche I.: O. L. B. Wolf, Langenschwarz u. A. Improvisiren, aus dem Stegreife sprechen.

Impubertät (lat.), Unmannbarkeit.

Impudent (lat.), unverschämt, schamlos, unkeusch. Impudicität, Unzucht.

Impugnation (lat.), Bestreitung; Impugnationsschrift, Beweisanfechtung.

Impuls (lat.), Antrieb. Impulsoriales, Erinnerungs-, Mahnschreiben.   [losigkeit.

Impune (lat.), straflos. Impunität, Straf-

Impurismus (lat.), Sprachmengerei.

Imputabel (lat.), zurechnungsfähig, verantwortlich. Imputation, Beschuldigung.

Imst, Flecken im tiroler Kr. Innsbruck, im Gurgithal, unfern dem Inn 2309 Ew. Der Bergbau und ehemals ber. Handel mit Kanarienvögeln haben aufgehört.

Inabstinenz (lat.), Unenthaltsamkeit.

Inacceptabel (lat.), unannehmbar.

Inaccessibel (lat.), unzugänglich.

Inachus, Fluss im Peloponnes, fliesst durch die Ebene von Argos, mündet in den argolischen Meerbusen (Golf von Nauplia).

Inadäquat (lat.), unangemessen, unpassend.

Inadmissibel (lat.), unzulässig.

Inadvertens (lat.), Achtlosigkeit.

Inäquäl (lat.), ungleich, ungleichförmig.

In aeternum (lat.), auf ewig.

Inaffektation (lat.), Ungezwungenheit.

Inaktiv (lat.), unthätig, amtlos; Inaktivität, Amt-, Dienstlosigkeit.

Inalienäbel (lat.), unveräusserlich.
Inalterabel (lat.), unveränderlich.
In ambiguo (lat.), in Zweifel, ungewiss.
Inamovibel (lat.), unversetz-, unabsetzbar. *Inamovibilität*, Unabsetzbarkeit der Beamten.
Inän (lat.), leer, eitel. *Inanität*, Nichtigkeit. *Inanition*, Entkräftung durch Blutleere. *Inanitionskur*, Hungerkur. [den.
In angustiis (lat.), in bedrängten Umständen.
Inanimation (lat.), Unbeseeltheit, Leblosigkeit; *inanimirt*, unbelebt, ungeweckt.
Inappellabel (lat.), wo keine Appellation Statt finden kann.
Inappetenz (lat.), Mangel an Esslust.
Inapplikabel (lat.), unanwendbar. *Inapplikation*, Mangel an Fleiss oder Geschick.
Inapprehensibel (lat.), unbegreiflich.
In armis (lat.), unter den Waffen.
Inartikulation (lat.), Undeutlichkeit der Aussprache; *inartikulirt*, nicht unterscheidbar.
Inattent (lat.), unaufmerksam. [bar.
Inauguraldisputation (lat.), s. *Disputation*.
Inauguration (lat.), feierliche Einsetzung in ein Amt, eine Würde; auch feierliche Einweihung eines Orts zu einem bestimmten.
Inauration (lat.), Vergoldung. [Zwecke.
In bona pace (lat.), in guter Ruhe.
In brevi (lat.), in Kurzem. [Gelde.
Incasso (ital.), Einziehung von baarem
Incendiarius (lat.), Mordbrenner. *Incendium*, Feuersbrunst. *Incensorium*, Räucherfass. *Incension*, Anzündung. [mittel.
Incentiv (lat.), anregend, anreizend; Reiz-
Inception (lat.), Beginn, Anfang.
Incest (lat.), Blutschande, Beischlaf zwischen den nächsten Blutsverwandten, Eltern und Kindern, Geschwistern; im weiteren Sinne zwischen solchen Personen, die wegen naher Verwandtschaft einander nicht ehelichen dürfen; wird in den neueren Gesetzgebungen mit Gefängniss- oder mehrjähriger Zuchthausstrafe bedroht.
Inchoativ (lat.), einleitend, beginnend. *Inchoativa*, s. v. a. Initiative, s. *Initia*.
Incident (lat.), einfallend, zufällig, beiläufig. *Incidentsachen*, Nebensachen, im Civilprozesse solche Rechtssachen, welche bei einer bereits anhängigen Hauptsache nachträglich in Frage und zugleich mit jener in demselben Akten verhandelt werden. *Incidentverfahren*, die dadurch oder auf deshalb eingewandte Rechtsmittel veranlasste Verhandlung. [sche Heilmittel.
Incidentien (lat.), einschneidende, drastiIncidenz (lat.), das Einfallen eines Lichtstrahls auf eine Fläche; *Incidenzwinkel*, Einfallswinkel. *Incidenzfall*, Zwischenfall.
Incineration (lat.), Einäscherung.
Incipient (lat.), Anfänger.
Incision (lat.), Einschnitt, Eröffnung eines Abscesses. *Incisiven*, Schneidezähne.
Incitabilität (lat.), Reizbarkeit, Erregbarkeit; *incitativ*, anregend, reizend.
Incivil (lat.), unhöflich, unmanierlich; *incivilisirt*, ungesittet, roh.
Incl., abbr. *inclusive* (lat.), einschliesslich.
In coena Domini (lat.), d. i. beim Mahle des Herrn, *Nachtmahlsbulle*, die von Urban V. (1362—70) herrührende, von Pius V. 1567 und Urban VIII. 1627 erneuerte und abgeänderte

Bulle, welche die Darlegung der Rechte der päpstl. Hierarchie und die Verfluchung der Ketzer enthält, sollte nach einer Verordnung Pius V. jährl. am Gründonnerstag in allen Kirchen vorgelesen werden, was aber jetzt nur noch in Rom geschehen soll.
Incognito (lat.), unerkannt; i. reisen, unter anderem Namen reisen.
In continenti (lat.), auf der Stelle, sofort.
In continuo (lat.), ununterbrochen. [mus.
In contumaciam (verurtheilen), s. *Contu-*
In corpore (lat.), zusammen, in Masse.
Incroyable (fr., spr. ängkroajabl), unglaublich; dreieckiger Hut mit übergrosser
Incubus (lat.), Alpdrücken. [Krämpe.
In curia (lat.), auf dem Rathhause, an öffentlicher Gerichtsstelle.
I. N. D., abbr. *in nomine Dei* (lat.), im Namen Gottes. [suchung unterworfen.
Indagabel (lat.), aufspürbar, einer Unter-
Indebite (lat.), ohne Verpflichtung. *Indebitum*, Leistung ohne Verpflichtung dazu; *indebiti solutio*, eine solche Zahlung.
Indécent (lat.), unanständig, unschicklich.
Indecis (lat.), unentschieden.
Indecorum (lat.), ungeziemend, Mangel an Anstand. [Unterlassung.
In defectu (lat.), in Ermangelung, durch
Indefensibel (lat.), nicht zu vertheidigen, unhaltbar.
Indefinite (lat.), unbestimmt.
Indeklinabel (lat.), unbeugsam, nicht deklinirbar (von Wörtern).
Indelebel (lat.), unvertilgbar.
Indelikat (lat.), unzart, grob.
Indemnisiren (lat.), entschädigen.
Indemnität (lat.), Straflosigkeit; *Indemnitätsbill*, in England Bill, wodurch die Regierung von etwas, wofür sie verantwortlich ist, vom Parlament Erklärung der Straflosigkeit nachsucht (Gegensatz Voransnahme der Begnadigung vor erfolgter Verurtheilung).
Independent (lat.), unabhängig, ungebunden. *Independenten*, engl. Dissenters (s. d.), welche, seit 1610 in Holland auftretend, sich bes. nach England und Nordamerika verpflanzten, seit 1805 mit den Presbyterianern und Baptisten in engerem kirchl. Verband, erklären jede Gemeinde für selbständig und unabhängig von oberen Kirchenbehörden, verwerfen kirchl. Symbole, wählen ihre Seelsorger, Aeltesten, Diakonen etc. Ihre Grundsätze sind enthalten in Robinsons ‚Apologia justa et necessaria‘ (1619) und im sogen. ‚Savoy-Bekenntniss‘ (1658).
In deposito (lat.), in Verwahrung.
Indestruktibel (lat.), unzerstörbar.
Indeterminabel (lat.), unbestimmbar. *Indetermination*, Unbestimmtheit, Unentschlossenheit; *indeterminirt*, unentschieden, unentschlossen. *Indeterminismus*, s. *Determinismus*.
Indevot (lat.), unehrerbietig; andachtslos.
Index (lat.), Verzeichniss. *I. librorum prohibitorum*, das Verzeichniss derjenigen Bücher, welche von der kathol. Kirche wegen der angeblich darin ausgesprochenen ketzerischen Lehren überhaupt und bes. den Laien zu lesen verboten sind, seit 1557 von Rom aus veröffentlicht. Papst Sixtus V. ernannte eine besondere Kongregation des

52 *

I. zn Fortsetzung desselben. Der letzte
röm. I., 1819 veröffentlicht, erschien 1835
und 1841 vermehrt. Der I. ist jetzt selbst
in kathol. Ländern für die weltl. Behörden
nicht mehr unbedingt massgebend.

Indexterität (lat.), Ungeschicklichkeit.

Indiana, nordamerik. Freistaat, im O. des
Mississippi; 1530 QM. und 1,350,941 Ew.;
grossentheils welliges Prairieland, reich bewässert (Ohio, Wabash, Withe etc.) und
sehr fruchtbar. Bed. Steinkohlenlager und
zahlr. Salzquellen. Mittl. Temperatur 11° R.
Landwirthschaft blühend (Produkte bes.
Mais, Weizen und Wolle); auch Industrie
(Eisenwerke, Wollfabrik., Destillationen,
Maschinenfabr.) und Handel im Aufschwung
begriffen. Konstitution von 1852. Im Kongress vertreten durch 11 Repräsentanten.
Schulfonds(1867): 1,193,155 Doll. Ausgaben:
6,408,276 Doll. Staatsschuld: 10,582,390 Doll.
92 Grafschaften. Hauptstadt Indianopolis.
Seit 1816 Unionsstaat.

Indianer, die Urbewohner Amerikas, eine
eigene Menschenrace (die rothe oder amerik.),
haben durch den ganzen Kontinent einen
und denselben Typus (im Allgem. kupferrothe Farbe, schlichtes, schwarzes Haar,
breites Gesicht etc.) und gleiche geistige
Eigenthümlichkeit und zerfallen dabei in
zahlr. Volkerschaften und Stämme, mit 422
Sprachen. Die merkwürdigsten in Nordamerika: die Eskimo (am Eismeer), Kolo-
schen (Nordwestküste), Algonkins, Komant-
schen (Texas), Oregonvölker, Kalifornier,
Azteken (Alt- und Neumexiko und Centralamerika); in Südamerika: Karaiben (Guiana,
Orinoco), Guarauos, Otomaken, Guaranis,
Botokuden (Brasilien), Inkavölker (Peru),
Araukaner (Chile), Puelchen (Laplata), Patagonier und Pescheralis (Feuerland). Die
I., meist zum Christenthum bekehrt und
von sehr verschiedener Gesittung, haben
zum Theil alles Eigenthümliche, selbst
Sprache und Religion, aufgegeben und leben
unter der Herrschaft der Weissen in festen
Wohnsitzen von Landwirthschaft und Bergbau (*Indios reducidos* oder *fideles*); andere
erkennen, ohne ihre Eigenthümlichkeit aufzugeben, die Oberhoheit der Weissen an;
noch andere (*Indios bravos*), im Ganzen ca.
2 Mill., streifen als unstete Fischer- und
Jägerstämme unabhängig und ungetauft
umher. Vgl. *Waitz*, „Anthropologie der
Naturvölker", 3. u. 4. Bd., 1862 u. 1864.

Indianergebiet (*Indian Territory*), Territorium der Verein. Staaten von Nordamerika,
nördl. von Texas, weites Prairieland, vom
Arkansas, Canadian und Redriver durchströmt, 6127 QM. Die Ew. verschiedene
Indianerstämme, zum Theil aus den östl.
Staaten hierher verpflanzt (z. B. Seminolen,
Cherokesen, Creeks, Choctaws u. a.). Hauptort Talequai; mehrere Forts.

Indianopolis, Hauptst. von Indiana (Nordamerika), am Whiteriver, 18,611 Ew. Lebh.
Industrie (Wollfabr., Eisenindustrie etc.).

Indicator (lat.), Instrument zur Ermittelung des Dampfdrucks im Treibcylinder der
Dampfmaschine, besteht aus einem Cylinder,
in welchem der aus dem Treibcylinder eintretende Dampf einen durch Federkraft
niedergedrückten Kolben zu heben sucht.
Ein Zeiger am Kolben verzeichnet auf sich
abrollendem Papier die Bewegung desselben.

Indicien (lat.), Anzeichen, Vermuthungs-,
Verdachtsgründe. *Indicíren*, anzeigen; worauf hindeuten, hinweisen.

Indien, das Land jenseits des Indus, bis
ins Mittelalter nur sagenhaft bekannt, aber
wegen seines Reichthums an Edelsteinen,
wohlriechenden Stoffen und and. Kostbar-
keiten berühmt; später *Ostindien* genannt,
im Gegensatz zu *Westindien*, d. h. dem
mittelamerik. Archipel, in welchem Columbus I. entdeckt zu haben glaubte. Daher
Indianer als Bezeichnung der Urbewohner
Amerikas, während die Bewohner Ostindiens
seitdem *Indier* genannt werden.

Indienne, s. *Gingang*.

Indifferent (lat.), ununterschieden, gleichgültig. *Indifferentismus*, Gleichgültigkeit,
bes. in polit., kirchlichen, moral. Dingen.

Indigbitter, s. v. a. Pikrinsäure.

Indigéna (lat.), Eingeborner. *Indigénat*,
Staatsangehörigkeit, Staatsbürger- oder
Unterthanenrecht (Inkolat), wird durch Abkunft von einheimischen Eltern, durch ausdrückliche Verleihung (*Naturalisation*), Berufung zu einem öffentl. Amte, Verheirathung mit einem einheimischen Manne,
nicht durch blossen Aufenthalt an einem
Orte erworben, gibt das Recht, die an
der Staatsangehörigkeit erwachsenden Vortheile zu geniessen, polit. Befugnisse auszuüben, Aemter zu bekleiden und im Auslande den Schutz des eignen Staates in
Anspruch zu nehmen, begründet die Pflicht,
zu den Staatsabgaben beizutragen und für
den Staat Kriegsdienste zu thun.

Indigent (lat.), bedürftig, arm.

Indigestion (lat.), Verdauungsbeschwerde.

Indigéten (lat.), Schutzgötter; Heroen.

Indigirka, Fluss in Ostsibirien, vom dau-
rischen Gebirge, mündet ins Eismeer, 200 M.

Indigkarmin, löslicher, gefällter Indigo,
Chemisch-Blau, Wunderblau, indigsch wefel-
saures Kali, entsteht beim Lösen des Indigo
in Schwefelsäure und Fällen der Lösung
mit kohlensaurem Kali, löst sich in 140 Th.
Wasser, dient zur Woll- und Seidenfärberei
(*Sächsischblau*), in der Aquarellmalerei, zur
Darstellung des Neublau etc.

Indignation (lat.), Entrüstung, gerechter
Unwille. *Indignität*, Unwürdigkeit.

Indigo, blauer Farbstoff, entsteht aus dem
in vielen Pflanzen vorkommenden farblosen
Indican durch einen Gährungsprozess, wird
durch einen solchen bes. aus Indigofera-
Arten dargestellt und bildet eine blaue,
erdige, auf Wasser schwimmende, gerieben
kupferrothe Masse, welche als wesentl. Bestandtheil *Indigblau* enthält. Letzteres kann
durch Sublimation rein erhalten werden,
löst sich in koncentr. Schwefelsäure, Anilin,
siedendem venet. Terpentin, Petroleum etc.,
ist unlöslich in Wasser und Alkohol und
wird bei Gegenwart von Alkali durch re-
ducirende Körper (Eisenvitriol, Traubenzucker, Zinkstaub) in lösliches *Indigweiss*
verwandelt, welches sich an der Luft wieder

zu **Indigblau** oxydirt. Hierauf beruht die Anwendung des I. in der Färberei. Jährl. Produktion 14½ Mill. Pfd., davon in Indien 12 Mill. Pfd. Bester I. der bengalische.

Indigo, *chinesischer*, s. *Chinesisches Grün*.

Indigo, *falscher*, s. v. a. Waid.

Indigo, *mineralischer*, s. v. a. Molybdänblau.

Indigo, *rother*, s. v. a. Persio. [blau.

Indigofera *L.* (*Indigpflanze*), Pflanzengattung der Papilionaceen. I. tinctoria *L.*, Halbstrauch in Bengalen, Malabar, Madagaskar, Isle de France, Westindien, liefert die grösste Menge Indigo; I. pseudotinctoria *R. Br.*, in Ostindien, den besten Indigo. Auch I. Anil *L.*, in Ost- und Westindien, und I. argentea *L.*, in Afrika, kultivirt. Andere Arten Zier- oder Arzneipflanzen.

Indikativ (lat.), anzeigend; bestimmte Aussageweise des Zeitworts, s. *Modus*.

Indiktion (lat.), Ansage, Ankündigung; kirchliches Aufgebot; Ausschreibung des Römerzinses und danach Jahreszählung nach dem sog. Indiktionencyklus (s. *Cyclus*). Die I. en beginnen mit 313 n. Chr. u. umfassen je 15 Jahre. Man findet das Jahr der I., wenn man zur Jahreszahl 3 addirt und die Summe mit 15 dividirt; der Rest gibt das Jahr der I.; bleibt keiner, so ist die I. 15.

Indirekt, nicht gerade, mittelbar.

Indische Literatur, s. *Sanskrit*.

Indischer Archipel (*Australasien*), die grosse südostasiat. Inselwelt, zwischen Hinterindien und Australien, 37,400 QM. und 27—28 Mill. Ew. (ca. 25½ Mill. Malayen, einschliesslich ca. 3 Mill. Mischlinge oder Lippiappen, 2 Mill. Chinesen, ca. 60,000 Europäer); zerfällt in 1) eine äussere Inselreihe, im O. und NO. (die Molukken mit der Banda-, Amboina- und Ternategruppe und die Philippinen); 2) eine innere Reihe, im S. und SW. (Sumatra, Java, die kleinen Sundainseln, Andamanen und Nikobaren!; 3) eine Mittelgruppe (Borneo und Celebes). Fast der ganze Archipel steht unter Herrschaft der Europäer, bes. der Niederländer (28,923 QM. mit über 20½ Mill. Ew.) und der Spanier (Philippinen etc.). Verbreitetste Religion der Islam.

Indische Religion. Entwickelungsformen derselben: 1) Die alte Lehre der Vedas: Verehrung der Naturkräfte (Sonne, Mond und Indra, d. i. das sichtbare Firmament oder die Region der Wolken), dabei Glaube an einen einzigen unendlichen Urheber der Welt, Brahmā, durch welchen die als Gottheiten personificirten Naturkräfte walten. 2) Der spätere Naturdienst der Purānas und des Epos: Naturkräfte als Gottheiten; drei Hauptgottheiten: Brahmā (s. d.), Siva und Vischnu; Siva, d. i. der Glückliche, das Weltall belebend und zerstörend, Hauptgegenstand der Verehrung der Sivaiten; seine Gattin Bhavāni, d. i. Natur, oder Pārvati, d. i. Tochter des Berges, oder Durgā, d. i. die Schwernahbare, oder Kali, als Zerstörerin der Welt; Vischnu, d. i. der Durchdringer, verehrt. von den Vischnuiten verehrt, der verbreitetsten Religionspartei in Indien. Der ihn betreffende Mythenkreis behandelt seine körperlichen Erscheinungen in der Welt zur Bekämpfung des Bösen. Neben ihm erscheinen im Volksglauben zahlreiche Untergötter, meist Personifikationen von Naturgegenständen, Halbgötter, Dämonen, Heilige, Helden etc., die durch Opfer, Gebete, Wallfahrten, Büssungen etc. verehrt werden. Nach den indischen Priestern, den Brahmanen, wird diese Form der i. n R. gewöhnl. *Brahmanismus* genannt. 3) Der Buddhismus oder die Lehre des Buddha (s. d.). 4) Die Religion der *Dschainas* oder der Anhänger des Dschina, wahrscheinl. Abzweigung des Buddhismus, im 5. Jahrb. n. Chr. entstanden und bes. im südl. Indien verbreitet. Ausserdem eine Menge Sekten, insgesammt monotheistische. Die wichtigste unter ihnen die der Sikhs (s. d.). Vgl. die Werke von *Lassen*, *Benfey*, *Roth*, *Weber*, *Kuhn*, *Spiegel* etc.

Indischer Ocean, eins der 5 Hauptmeere der Erde, auf der östl. Halbkugel zwischen Asien und dem südl. Eismeer, Afrika und dem Grossen Ocean, ca. 1,380,001 QM. umfassend; wird durch den südl. Wendekreis in eine nördl. und eine südl. Hälfte getheilt; erstere und drei Seiten von Landmassen eingeschlossen und im N. 3 grosse Golfe (das rothe Meer, der pers. und der bengal. Meerbusen), im NO. ein vielgegliedertes Inselmeer bildend und stark befahren; letztere ganz offen, ohne Gliederung, fast ohne Inseln, eins der ödesten Meere der Erde.

Indische Sprachen (*indo-arische Spr.*), die zu dem indogerman. Sprachstamm gehörenden Sprachen Vorderindiens: das *Sanskrit* (die klass. Hochsprache) und als Abkömmlinge desselben das *Prakrit* (Volksdialekte), das *Pali* (heil. Sprache der Buddhisten), das *Hindi*, *Hindostani* (jetzt Sprache der nichtmohammed., dieses der mohammed. Bewohner Hindostans), das *Dakhni* (im Dekan), *Bengali*, *Sindi* u. a.

Indische Vogelnester, s. *Schwalbe*.

Indisciplinirt (lat.), zuchtlos; ungeübt.

Indiskret (lat.), rücksichtlos, unbesonnen, nicht verschwiegen. *Indiskretion*, Rücksichtslosigkeit, Schwatzhaftigkeit.

Indispensabel (lat.), unerlässlich.

Indisponibel (lat.), unverfügbar; *indisponirt*, übel aufgelegt, übellaunig.

Indisputabel (lat.), unbestreitbar.

Indissolubel (lat.), unauflöslich.

Indium, bleigraues, welches Metall, von spec. Gew. 7,36, an der Luft unveränderlich, löst sich in verdünnter Salz- und Schwefelsäure, findet sich in freiberger Zinkblende, in den Zinkerzen des Rammelsberges.

Individuum (lat.), Einzelwesen; *individuell*, das, worin die Besonderheit eines solchen besteht; *Individualität*, die ein Einzelwesen von den übrigen seiner Gattung unterscheidende Besonderheit, auch ein Einzelwesen in Bezug auf diese Besonderheit; *individualisiren*, ein Einzelwesen in seiner Besonderheit bestimmt und anschaulich hervorheben.

Indivisibel (lat.), untheilbar.

Indochinesische Halbinsel, s. v. a. Hinterindien. *Indochinesische Sprachen*, die monosyllab. Sprachen Hinterindiens: das Birman., Siamesische, Annamitische etc.

Indocïl (lat.), ungelehrig.

Indogermanische Sprachen (indoeurop., auch arische Sprachen), Gesammtbezeichnung für die unter einander verwandten Sprachen einer Anzahl von Völkern, die, dem kaukas. Menschenstamm angehörig, über einen grossen Theil Asiens, fast ganz Europa und von da über andere Erdtheile, bes. Amerika, verbreitet sind; die grammat. vollendetsten und eigentl. Kultursprachen der Menschheit. 5 Hauptgruppen (oder 8 Familien): 1) die celt. Sprachen (jetzt nur noch im äussersten W. Europas), 2) die german., 3) die letto-slavischen Sprachen (letztere in 2 Familien: a) Lettisch, das Lithauische, Altpreussische und Lettische umfassend, b) Slavisch, wozu das Russ., Bulgarische, Illyrische, Polnische, Czechische und Wendische gehört); 4) die pelasgische Gruppe (2 Familien: a) Hellenisch, b) Italisch mit ältern Dialekten und dem Latein); 5) die arischen Sprachen (2 Familien: a) Iranisch mit Westarisch, Zend, Persisch, Armenisch etc. umfassend; b) Indisch oder Ostarisch, wozu Sanskrit, Prakrit und die neuindischen Dialekte gehören). Vgl. Rapp, ‚Grundriss der Grammatik des Indoeurop. Sprachstammes‘, 1859; Schleicher, ‚Die Sprachen Europas‘, 1852; Ders., ‚Compend. der vergleichenden Grammat.‘, 1862.

Indolent (lat.), träg, lässig, schlaff; Indolenz, Schlaffheit, Trägheit.

Indomäbel (lat.), unzähmbar.

Indore, s. Indur.

Indossament (Indosso, ital.) oder Giro, die Uebertragung eines Wechsels vermittelst einer Bemerkung auf der Rückseite, wodurch der Wechsel den Besitzer wechseln und als Zahlungsmittel gelten kann; indossiren, einen Wechsel übertragen; Indossent, der Uebertragende, Indossat, Der, auf den er übertragen wird. Jeder Indossent haftet für die Wechselsumme ebenso wie der Aussteller.

Indra, s. Indische Religion.

Indre (spr. Aengdr), Nebenfl. der Loire im mittl. Frankreich, mündet unterhalb Tours; 30 M. — Danach benannt das Depart. I., 123,4 QM. mit 277,860 Ew., Hauptst. Chateauroux, und das Depart. I.-Loire, 111 QM. mit 325,193 Ew., Hauptst. Tours.

In dubio (lat.), in Zweifel. [Schuldner.

Inducien (lat.), Waffenstillstand; Frist für

Induktion (lat.), Einführung, in der Logik Schlussfolgerung von dem Besondern auf das Allgemeine; induktorisch, auf I. gegründet; induktive Wissenschaften, solche, welche im Wesentl. auf I. beruhen. Vgl. Apelt, ‚Theorie der I.‘ 1854.

Induktion, elektrische, die Erregung eines momentanen galvanischen Stroms in einem geschlossenen Leiter, z. B. einem Metalldrahtbogen, durch die Einwirkung eines andern elektrischen Stroms (Voltainduktion) oder durch Magnete (Magnetinduktion). Bei Erzeugung, Verstärkung oder Annäherung des inducirenden Stromes (vertheilender oder primärer Strom) an den Leiter ist der in diesem entstehende Induktions-, Vertheilungs- oder secundärer Strom in seiner Richtung dem ersteren entgegengesetzt, beim Verschwinden,

bei Schwächung oder Entfernung desselben aber ihm gleich gerichtet. Bei der Magnetinduktion entspricht die Richtung der inducirten Ströme der ampèreschen Theorie, nach welcher der Magnetismus auf parallel laufenden Kreisströmen beruht. Die Induktionsströme bringen alle Wirkungen der gewöhnlichen Ströme, bes. aber kräftige physiolog. hervor, und man benutzt sie zur Konstruktion der magnetelektr. Maschinen.

In dulci jubilo (lat.), in süssem Jubel, Anfang eines alten Weihnachtsliedes; auch s. v. a. in Saus und Braus. [losbes. Ablass.

Indulgenz (lat.), Nachsicht, Straferlass;

Indult (lat.), Nachsicht, Zugeständnis; die Jemandem zur Erfüllung einer Verbindlichkeit gestellte Frist; auch s. v. a. Moratorium; das Fürsten, Kardinälen zustehende Recht, den Genuss einer geistl. Pfründe zu überweisen oder hohe geistl. Aemter nach Gefallen zu verleihen; hier und da (München) I. oder Dult, s. v. a. Jahrmarkt, Messe.

In duplo (lat.), doppelt, zweifach.

Indur (Indore), brit. Schutzstaat in Centralindien (Landsch. Malwa), Besitzung der Familie Holkar, 400 QM. und ca. 815,000 Ew. Herrschendes Volk die Mahratten. Die Hauptst. I., am Katkl, 15,000 Ew.

Induräbel (lat.), nicht dauerhaft.	[heit.

Induration (lat.), Verhärtung; Verstockt-

Indus (Sind), Strom in Vorderindien, entspr. am Kailasgebirge in Tübet, in 17,000' Höhe, durchströmt gegen NW. die Landsch. Ladakh und Baltistan, durchbricht dann, gegen SW. gewendet, den Himalaya (40 M. br.), tritt unterhalb Attok (940' h.) in die Ebene und fliesst durch die Landsch. Sind, meist mehrarmig und träge, dem arab. Meere zu, unterhalb Hyderabad ein grosses, sandiges und baumloses Delta bildend. Hauptnebenflüsse: Kabul, Tschinab.

Industrie (lat.), Fleiss, Betriebsamkeit, die Gesammtheit derjenigen Arbeiten, welche die Erhöhung des Werths der Urstoffe, also die Stoffveredelung mittelst technischer Verrichtungen zum Zwecke haben, im Allgemeinen gleichbedeutend mit Gewerbsthätigkeit, Gewerbsfleiss. Industrieller, s. v. a. Fabrikant. Industrialismus, das Vorherrschen der Gewerbsthätigkeit in einem Lande. Industriös, betriebsam, erfinderisch.

Industrieritter, Gauner, Betrüger.

Inedita (lat.), noch nicht herausgegebene

Ineffektiv (lat.), unwirksam.	[Schriften.

In effigie (lat.), im Bildnisse.

Inept (lat.), unpassend, albern. Ineptien, Abgeschmacktheiten.	[heit, Trägheit.

Inertia (lat.), Trägheit; vis inertiae, Träg-

In essentiali (lat.), im Wesentlichen.

Inessentiell (lat.), unwesentlich.

Inevitäbel (lat.), unvermeidlich.

Inexakt (lat.), ungenau, fehlerhaft.

Inexigibel (lat.), nicht eintreibbar.

Inexkusäbel (lat.), unentschuldbar.

Inexoräbel (lat.), unerbittlich.

In expensas verurtheilen, in die Kosten verurtheilen.

Inexpressibel (lat.), unaussprechlich, unbeschreiblich. Inexpressibles (engl.), die Unaussprechlichen, scherzhaft für Beinkleider.

Inexpugnabel (lat.), uneinnehmbar.

In extenso (lat.), ausführlich, vollständig.

Infallibel (lat.), unfehlbar. *Infallibilität*, Unfehlbarkeit, bes. in Sachen des Glaubens und der Lehre, von Alters her der kathol. Kirche, insbes. den Koncilien als den Repräsentanten derselben beigelegt, dann seit processus III. von den Päpsten in Anspruch genommen, durch das jüngste ökumenische Concil 1870 denselben zugesprochen.

Infam (lat.), ehrlos, verrufen. *Infamie*, Ehrlosigkeit, nach röm. Recht theils gesetzliche Folge gewisser strafbarer Handlungen, theils Strafe eines schimpfl. Benehmens oder Gewerbes, in der neueren Gesetzgebung auf Entziehung gewisser bürgerl. Befugnisse beschränkt. *Infamirende* richterl. Erkenntnisse beschränkt.

Infant, **Infantin** (*Infante* und *Infanta*, vom lat. *infans*, Kind), in Portugal und Spanien Titel der Prinzen und Prinzessinnen des königl. Hauses. *Infantado*, das einem Infanten als Leibgedinge zugewiesene Gebiet. *Infantagium*, Apanage eines Inf.en.

Infanterie, Fussvolk, die am leichtesten herzustellende und zugleich unabhängigste Waffengattung, der Hauptbestandtheil der Armee; marschirt und kämpft in jedem Terrain, geschlossen und zerstreut, gegen jede Waffengattung und jede taktische Verbindung. Taktische Einheit: Bataillon-formation in *Kolonne* zu Märschen, zum Sturm, in *Linie* zum Feuern, in *Quarré* offensiv gegen Kavallerie, *zerstreut* (Tirailleurs) in coupirtem Terrain. Der I. liegt im Gefecht die Durchführung und Entscheidung ob, während die Artillerie einleitet und unterstützt, die Kavallerie unterstützt und verfolgt. Eintheilung in Kompagnien zu administrativen und taktischen Zwecken, 4—6 Komp. bilden ein Bataillon, 2—3 Bat. ein Regiment. Die I. muss beweglich und marschfähig, deshalb möglichst leicht ausgerüstet und bepackt sein; Ausbildung im Schiessen die Hauptsache.

Infanticidium (lat.), Kindermord.

Infarctus (lat.), Anschoppung, früher für die Schwellung eines Organes, auch für Verstopfung des Darmkanals, jetzt für Blutungen in das Gewebe einzelner Organe, bes. der Lunge und Nieren, sowie für Ablagerung einzelner Stoffe in dasselbe gebraucht.

Infatigabel (lat.), unermüdlich. [etwas.

Infatuation (lat.), närrische Vorliebe für

In favorem (lat.), zu Jemandes Gunsten.

Infektion (lat.), Ansteckung, Seuche; *infeciös*, ansteckend, seuchenartig.

Inferi (lat.), die Bewohner der Unterwelt, noch letztere selbst; *ad inferos*, zu den Todten. *Inferiae*, Todtenopfer.

Inferiorität (lat.), Unterordnung.

Infernal (lat.), höllisch, teuflisch.

Infertilität (lat.), Unfruchtbarkeit.

Infestation (lat.), feindlicher Angriff, Befehdung. [fehdung.

Infeudation (lat.), Belehnung.

Infibulation (lat.), Operation, wobei ein Ring durch die Vorhaut oder die Schamlippen gelegt wird, um den Beischlaf zu verhindern. [fullen, auch anstecken.

Inficiren (lat.), mit schlechter Luft erfüllen, auch anstecken.

Infidèles (lat.), die Ungläubigen.

In fidem (lat.), zur Beglaubigung.

Infigiren (lat.), einheften, einprägen.

Infiltration (lat.), Einlagerung von fremdartigen Stoffen (Kalk, Fett etc.) in Gewebstheile, bedingt Funktionsstörungen, sowie Formänderung und Schwund der Gewebe.

Infimus (lat.), der Unterste.

In fine (lat.), am Ende.

Infinit (lat.), unbegrenzt, unendlich. *Infinitum*, das Unendliche, Unbegrenzte. *Infinitesimal*, auf das unendlich Kleine bezüglich.

Infinitiv (lat.), Form des Verbs, welche die Handlung oder den Zustand ohne Beziehung auf ein Subjekt bezeichnet.

Infirm (lat.), schwach, kraftlos. [saal.

Infirmerie (lat.), in Klöstern der Kranken-

In flagranti (lat.), auf frischer That.

Inflammation (lat.), Entzündung, Brand.

Inflation (lat.), Anschwellung, Aufblähung.

Inflatus (lat.), aufgeblasen.

Inflexion (lat.), Beugung, Ablenkung, bes. der Lichtstrahlen. *Inflexioskop*, Vorrichtung zu Beobachtung der Inflexionserscheinungen. *Inflexibel*, unbeugsam; *Inflexibilia*, Wörter ohne Flexion.

Infliktion (lat.), Strafvollzug.

Inflorescentia (lat.), Blüthenstand.

In floribus (lat.), in der Blüthe.

Influens (lat.), Einfluss, Einwirkung.

Influenza (lat.), Grippe.

In folio (lat.), in Bogengrösse.

Informät (lat., *Informatgutachten*), Entscheidung, die nur zur Belehrung der streitenden Parteien ausser dem Prozesse eingeholt wird. *Informativprozess*, gerichtliches Verfahren zu Ermittelung der für ein vorliegendes Verbrechen in Anklagezustand zu versetzenden Personen. *Information*, Unterweisung, Belehrung. *Informator*, Hauslehrer.

Informität (lat.), Unförmlichkeit.

In foro (lat.), vor Gericht.

Infortiatum, Theil des Corpus juris, die beiden ersten Theile der Digesten begreifend.

Infraktion (lat.), Bruch; Vertragsbruch, Gesetzesübertretung. [des Gesetzes.

In fraudem legis (lat.), mit Umgehung

Infrequent (lat.), wenig besucht. [lassen.

Infrigidation (lat.), Abkühlen, Erkalten-

Inful (lat. *infula*, *vitta*), bei den Römern weisswollene Stirnbinde der Priester, jetzt Bischofsmütze, bestehend aus 2 flachen, oben spitz zulaufenden Deckeln von Blech oder Pappe, die mit seidenem Zeug von der Grundfarbe des Messgewandes überzogen, meist reich gestickt, oft mit Gold und Edelsteinen besetzt sind, vorn mit dem Kreuze geziert, von Bischofen bei Amtsverrichtungen getragen. *Infuliren*, einem Abte, Propste etc. das Tragen der I. gestatten.

Infusion (lat.), das Aufgiessen (s. d.); in der Medicin die (früher gebräuchliche) Einspritzung von Arzneistoffen in eine Vene; *Transfusion*, die Einspritzung von gesundem menschlichen Blut (ca. 200 Gramm durch Aderlass frisch gewonnen) in die Venen eines anderen Menschen, kann bei grossen Blutverlusten lebensrettend sein.

Infusorien (*Infusions-, Aufgussthierchen*), Ordnung der Urthierchen, farblose oder gefärbte mikroskop. Thierchen von bestimmter Gestalt, mit von Wimpern, Borsten, Griffeln überkleideter äusserer Körperbedeckung, Mundöffnung, pulsirender Höhlung, männl. und weibl. Geschlechtsorganen, aber grossentheils durch Sprossung und Theilung sich fortpflanzend. Die I. leben meist im Wasser, sind weit verbreitet, und die gepanzerten Formen finden sich oft in grossen Massen fossil. Vgl. die Werke von *Ehrenberg* (1838), *Dujardin* (1841), *Claparède* u. *Lachmann* (1858 — 60), *Stein* (1854 und 1859).

Infusorienerde, s. v. a. Kieselguhr.

Infusum (lat.), Ein- oder Aufguss.

In futurum (lat.), für die Zukunft.

Inga *Willd.*, Pflanzengattung der Leguminosen. I. Unguis Cati *W.*, Baum auf den Karaiben und bei Cumana, liefert das antillische Kieselholz.

Ingamios (*Igname*), s. Dioscorea.

Ingelheim, zwei Marktflecken in Rheinhessen: *Ober-I.*, an der Selz, ehedem Reichsstadt, 2708 Ew.; uralte evangel. Kirche; Weinbau. — *Nieder-I.*, 2429 Ew.; Ruinen einer kaiserl. Pfalz (angebl. von Karl d. Gr. erbaut, 1689 von den Franzosen zerstört).

Ingemann, *Bernh. Severin*, dän. Dichter, geb. 28. Mai 1789 auf Falster, 1843—49 Director der Akademie zu Soröe; † 24. Febr. 1862 zu Kopenhagen. Schr. romant. Epen (,Die schwarzen Ritter' 1814, ,Waldemar d. Gr.' 1824, ,Dronning Magrete' 1836) und Dramen (,Masaniello', ,Blanca', ,Renald', ,Hirt von Tolosa'); histor. Romane etc.

Ingenerirt (lat.), eingepflanzt, angeboren.

Ingenieur (fr., spr. Angscheniöhr), in den Armeen die ein besonderes Corps (Geniecorps) bildenden Offiziere, welche die Kriegsbauten aller Art zu entwerfen und zu leiten haben, zu deren Ausführung die Genietruppen (Pionniere) bestimmt sind; *Civilingenieur*, Bautechniker: Maschinen-, Mühlen-, Brücken-, Berg- und Strassenbau-, Eisenbahn-, Gasbelenchtungsingenieur.

Ingeniös (lat.), sinn- oder kunstreich ausgedacht. *Ingeniosität*, Erfindungsgabe. *Ingenium*, natürlicher Verstand, Mutterwitz.

Ingenuität (lat.), Stand eines Freigeborenen; Aufrichtigkeit, Offenherzigkeit.

Ingermanland(*St. Petersburg*), russ. Gouv., die ostlichste der 4 Ostseeprovinzen, 1145,7 QM. u. 1,174,174 Ew. (ca. 110,000 Deutsche). Ebenes, fruchtbares Land mit zahlr. Seen und Gewässern (352 QM.), theilweise sumpfig. Hauptstadt St. Petersburg. Benannt nach den *Ingriern*, den ursprüngl. Bewohnern (Finnen); 1617 — 1702 unter schwed. Herrschaft; seit 1721 russisch.

Ingestion (lat.), Einführung von Luft und Nahrung in den Körper.

Ingolstadt, Stadt u. Festung ersten Rangs in Oberbayern, an der Donau, 17,684 Ew. Altes Schloss, goth. Frauenkirche, vormal. Jesuitenkollegium, schöne Donaubrücke, 1472—1800 Universität (nach Landshut verlegt). Die Festung 1800 von Moreau geschleift, seit 1827 wieder hergestellt.

In gratiam (lat.), zu Gnnsten.

Ingredienzien (lat.), die zu einem aus Mischung entstandenen Ganzen gehörigen Bestandtheile.

Ingremiation (lat.), Aufnahme in eine Körperschaft, bes. eine geistliche. [Kloster.

Ingress (lat.), Eingang, Eiutritt, bes. in ein

Ingrossiren (lat.), etwas ,mit grosser Schrift' ins Reine schreiben, z. B. eine Bill nach zweiter Lesung im Parlament; etwas ins Hypothekenbuch eintragen; *Ingrossator*, Hypothekenbnchführer; *Ingrossär* oder *Ingrossät*, der eingetragene Pfandgläubiger.

In grosso (ital.), im Grossen, Ganzen.

Inguinal (lat.), die Weichen betreffend.

Ingul, Nebenfluss des Bug in Südrussland, mündet bei Nikolajew, 35 M.

Ingulez, Nebenfluss des Dnjepr, in Südrussland, mündet oberhalb Cherson, 64 M.

Ingur, Küstenfluss in Transkaukasien, mündet bei Anaklia ins schwarze Meer. 7. Nov. 1855 *Uebergang* Omer-Paschas.

Ingwer, s. Zingiber.

Inhabil (lat.), ungeschickt, unfähig.

Inhabitäbel (lat.), unbewohnbar.

Inhärenz (lat.), das Anhaften; Verhältniss zweier Dinge, zufolge dessen das eine nur in dem anderen gedacht werden kann.

Inhäsivbescheid, ein den früheren wiederholender, bestätigender Bescheid.

Inhalation (lat.), Einathmung, in der Physiologie s. v. a. Aufsaugung. *Inhalationskur*, method. Einathmung warmer, salzgeschwängerter etc. Dünste in die Lunge.

. Inhibiren (lat.), verhindern, verbieten. *Inhibition*, Verbot. *Inhibitorium* (*Inhibitoriale*), gerichtl. Untersagungsschreiben.

Inholz, die Holzstücke, aus denen die Rippen eines Schiffs gebildet werden.

In honorem (lat.), zu Ehren.

Iuhumän (lat.), unmenschlich, hart, ungebildet. *Inhumanität*, Unmenschlichkeit etc.

Inhumation (lat.), Beerdigung.

In infinitum (lat.), ins Uuendliche fort.

In integrum restituiren (lat.), in den vorigen Stand wieder einsetzen; vgl. *Restitution*.

Initia (lat., Plnr. von *initium*, Anfang), Anfangsgründe; die ersten Mysterien, daher *initiiren*, in Mysterien einweihen. *Initial*, anfänglich; *Initialen* (*Initialbuchstaben*), grosse Anfangsbuchstaben, oft verziert und farbig. *Initiation*, Einweihung. *Initiative*, die Einleitung zu einer Handlung; *I. der Gesetzgebung*, in konstitutionellen Staaten das Recht des einen Faktors der Gesetzgebung, dem anderen fertige Gesetzentwürfe zur Annahme vorzulegen, in den deutschen Staaten bis 1848 den Regierungen vorbehalten, seit 1848 meist zwischen Regierung u. Volksvertretung getheilt.

Injector (lat.), Dampfstrahlpumpe, Wasserhebungsmaschine, bei welcher ein Dampfstrahl das zu hebende Wasser ansaugt und forttreibt, während der Dampf sich kondensirt und seine Wärme auf das Wasser überträgt; bes. zum Speisen der Dampfkessel.

Injektion (lat.), Einspritzung von Wasser oder Medikamenten in Körpertheile (**Mastdarm**, Scheide, Nase, Ohr). *Subkutane* (auch *hypodermatische*) I., das Einspritzen von Medikamenten unter die Haut, geschieht mittelst einer Spritze mit spiralförmigem Rohr, welches in eine Hautfalte eingestochen wird.

Injurie (lat.), absichtliche ehrenkränkende

Beleidigung, zieht auf Antrag des Beleidigten Geld- oder geringe Freiheitsstrafe nach sich. Man unterscheidet *Real*- (thätliche) und *Verbal*- (wörtliche) I. *Injuriarum belangen*, wegen I.n verklagen. [Erhitzung.

Inkalescenz (lat.), das Warmwerden, die **Inkandescenz** (lat.), das Weissglühen.

Inkantation (lat.), Beschwörung, Bezauberung. [tigkeit.

Inkapacität (lat.), Unfähigkeit, Untüch

Inkarceration (lat.), Einklemmung.

Inkardination (lat.), Uebertragung der Verwaltung einer Kirche an einen fremden Geistlichen; auch Erwählung zum Kardinal.

Inkarnat (lat.), fleischfarben. *Inkarnadin* (fr., spr. ängkarnadang), blässeres Roth als I.

Inkarnation (lat.), Fleischwerdung, Verkörperung; Menschwerdung Christi. *Incarnantia*, fleischmachende, d. i. die Granulation der Wunden befördernde Heilmittel.

Inkartiren (lat.), in Papier einwickeln.

Inkas, die alten Beherrscher v. Peru (s.d.).

Inkastratür (lat.), Behältniss im Altarstein für Reliquien.

Inkjerman, Flecken im westl. Theile der Halbinsel Krim, am Ausgange des Tschernajathales; 5. Nov. 1854 *Sieg* der Engländer und Franzosen über die Russen.

Inklination (lat.), Zuneigung, Anhänglichkeit; Neigung zweier Ebenen gegen einander oder einer Linie gegen eine Ebene; Winkel, welche die Bahn eines Planeten oder Kometen mit der Erdbahn macht. Ueber I. der Magnetnadel s. *Magnetnadel*.

Inkliniren, ein Geschütz oder Gewehr so richten, dass die Mittellinie der Seele sich vorn unter die Horizontale neigt.

Inkludiren (lat.), einschliessen. *Inklusion*, Beischluss, Inbegriff.

Inkoërcibilien (lat.), Gase, welche sich nicht zu Flüssigkeiten verdichten lassen, Stickstoff, Sauerstoff, Wasserstoff. [haug.

Inkohärenz (lat.), Mangel an Zusammen

Inkolat (lat.), s. *Indigena*.

Inkolumität (lat.), Unversehrtheit.

Inkombustibilität (lat.), Unverbrennlich

Inkomestibel (lat.), ungeniessbar. [keit.

Inkommensurabel (lat.), ungleichmessbar, Bezeichnung gleichartiger Grössen, welche kein gemeinschaftliches Maass haben, wie die Seiten und die Diagonale eines Quadrats, der Durchmesser eines Kreises und dessen Peripherie. [Banne.

Inkommunikation (lat.), Bedrohung mit dem

Inkommiscibel (lat.), unvermischbar.

Inkommodität (lat.), Unbequemlichkeit, Lästigkeit; *Einen inkommodiren*, Einem beschwerlich fallen; *sich inkommodiren*, sich Mühe, Umstände machen. [schliessen.

Inkommunikabel (lat.), unmittheilbar, ver

Inkommutabel (lat.), unveränderlich.

Inkomparabel (lat.), unvergleichlich. *Inkomparabilia*, Adjective, welche die Komparationsgrade nicht annehmen. [einbar.

Inkompatibel (lat.), unverträglich, unver

Inkompensabel (lat.), unersetzlich.

Inkompetent (lat.), unbefugt, unzuständig. *Inkompetenz*, Unzuständigkeit, in der Gerichtssprache Mangel an denjenigen Bedingungen, von welchen das Recht einer

Behörde zu Vornahme gewisser Handlungen abhängt; s. *Kompetenz*.

Inkomplet (lat.), unvollständig.

Inkomplex (lat.), nicht zusammengesetzt, einfach. *I.e Grössen*, in der Mathematik Grössen, welche nicht aus 2 oder mehreren durch die Zeichen + und — mit einander verbundenen Theilen bestehen.

Inkomprehensibel (lat.), unbegreiflich.

Inkonceptibel (lat.), unbegreiflich.

Inkoncessibel (lat.), unzulässig.

Inkoncilïabel (lat.), unvereinbar, unverträglich. [messen.

Inkoncinn (lat.), unpassend, unange

Inkondensabel (lat.), unverdichtbar.

Inkongruent (lat.), nicht übereinstimmend.

Inkonnex (lat.), unzusammenhängend.

Inkonsequent (lat.), folgewidrig. *Inkonsequenz*, Folgewidrigkeit.

Inkonstant (lat.), unbeständig. [drig.

Inkonstitutionell (lat.), verfassungswi

Inkontestabel (lat.), unwiderlegbar.

Inkontinent (lat.), unenthaltsam.

Inkontriren (itul.), zusammentreffen, sich schicken; Rechnungen vergleichen; *In contro*, im Handel günstige Konjunktur.

Inkonvenabel (lat.), unpassend, ungelegen. *Inkonvenienz*, Uebel- oder Missstand.

Inkonvertibel (lat.), unveränderlich, unwandelbar, unbekehrbar.

Inkonvicibel (lat.), unüberzeugbar.

Inkorporation (lat.), Einverleibung, Menschwerdung Christi.

Inkorrekt (lat.), fehlerhaft, ungenau.

Inkorrigibel (lat.), unverbesserlich.

Inkorrupt (lat.), unverdorben, unverfälscht, unbestochen. [verweslich.

Inkorruptibel (lat.), unverderbbar, un

Inkrassation (lat.), Verdickung, bes. des Bluts; *Incrassantia*, diese bewirkende Heilmittel. [tät, Ungläubigkeit.

Inkredibel (lat.), unglaublich. *Inkreduli*

Inkrement (lat.), Wachsthum, Zuwachs.

Inkrepiren (lat.), schelten, schmähen.

Inkresciren (lat.), an-, einwachsen.

Inkriminiren (lat.), an-, beschuldigen.

Inkrustation (lat.), Ueberrindung eines Körpers mit mineral. Substanz, z. B. mit kohlensaurem Kalk in Quellen. *Inkrustat*, mit solcher Rinde überzogener organ. Körper.

Inkubation (lat.), bei den Alten das Schlafen in einem Tempel, um hier von dem Gotte Genesung oder Anweisung dazu zu erhalten; Bebrütung der Eier; in der Heilkunde die Zeit zwischen der erfolgten Ansteckung u. dem Ausbruch der Krankheit.

Inkulkation (lat.), Einprägung.

Inkulpabel (fr.), unschuldig, schuldlos.

Inkulpat (lat.), der Angeschuldigte, Angeklagte. *Inkulpant*, der Ankläger.

Inkumbenz (lat.), Obliegenheit.

Inkunabeln (lat. *incunabula*, Wiege), Bezeichnung der vor 1500 gedruckten Bücher. Vollstand. Verzeichniss derselben von *Hain* (,Repertorium bibliograph.', 1826—38, 2 Bde.).

Inkurabel (lat.), unheilbar.

Inkurant (fr.), nicht kurant.

Inkurat (lat.), s. v. a. Kurat, Pfarrer.

Inkursion (lat.), Einfall in fremdes Gebiet.

Inkurvation (lat.), Krümmung.

Inlet (engl.), Leinen- oder Baumwollenzeug zur Aufnahme von Bettfedern.

In loco (lat.), an Ort und Stelle.

In majorem gloriam (lat.), zu grösserem [Ruhme.

In mandatis (lat.), als Auftrag.

In manu (lat.), bei der Hand.

In margine (lat.), am Rande.

In medias res (lat.), in die Mitte der Dinge (eingehen, bei der Debatte). [zig sein.

In mora sein (lat.), im Rückstande, säumig.

Inn (im Alterth. *Oenus*), grösster Nebenfluss der Donau von den Alpen, entspr. im Oberengadinthale aus dem Lunginsee am Septimer, durchfliesst als *Sein* die Oberengadinseen, dann in Tirol das *Ober-* und *Unterinnthal*, wird bei Hall schiffbar, durchbricht bei Kufstein die Kalkalpen, mündet bei Passau. Länge 68 M. (17 M. länger als die Donau bei der Mündung). Flussgebiet 857 QM. Hauptnebenfluss die Salzach.

Innachsbel (lat.), unerzeugbar.

In natura (lat.), in natürlichem Zustande.

In naturalibus, ohne Bekleidung, nackt.

Innavigabel (lat.), unbeschiffbar.

Innere Mission, die neuerlich in der deutsch-protestant. Kirche, insbes. im Schoosse der pietistischen Partei hervorgetretenen Bestrebungen zur Neubelebung fromm-christlicher Gesinnung unter den niederen Volksklassen, infolge der Ereignisse von 1848 und unter dem Einfluss der politischen und kirchlichen Reaktion auf dem Kirchentag zu Wittenberg 23. Sept. 1848 unter einem Centralausschuss in Hamburg und Berlin vereinigt. Literar. Hauptorgan: die von Wichern veröffentlichten ,Fliegenden Blätter des Rauhen Hauses in Hamburg'.

Innerösterreich, Gesammtname für Steiermark, Karnthen, Krain, Triest, (Görz und Innerrhoden, s. *Appenzell*. [Gradiska.

Innôcenz (lat.), Unschuld.

Innôcenz, Name von 13 Päpsten: *I. I.*, 402—416, beanspruchte als Nachfolger des Apostels Petrus den Vorrang vor allen anderen Bischöfen, stimmte der Verdammung des Pelagianismus bei (416); kanonisirt, Tag 28. Juli. — *I. II.*, 1130—43, vorher Gregor Papareschi, seit 1116 Kardinaldiakon, musste vor dem von Roger von Sicilien geschützten Gegenpapst Anaklet II. nach Frankreich fliehen, fand bes. durch den Einfluss des heil. Bernhard in den ausserital. Ländern Anerkennung, seit 1138 alleiniger Papst, belegte Ludwig VII. von Frankreich mit dem Bann und das Land mit dem Interdikt, weil der König Peter von Chartres als Erzbischof von Bourges nicht anerkennen wollte. — *I. III.*, 1198—1216, vorher Lothar, Graf von Segni, geb. 1161, seit 1190 Kardinal, nahm als Stellvertreter Gottes und Christi auf Erden das Recht in Anspruch, Könige ein- und abzusetzen, Königreiche zu Lehn zu geben, führte während Friedrichs II. Minderjährigkeit die Regentschaft über beide Sicilien, genehmigte die von der 4. Lateransynods (1215) aufgestellte Lehre von der Transsubstantiation, sanktionirte das Verbot des Bibellesens, entzog den Laien den Kelch, erhob das jährl. Beichten zum Gesetz, liess

gegen Albigenser, Katharer und Waldenser das Kreuz predigen, häufte Reichthümer an. Werke (Köln 1552 und 1575). Vgl. *Hurter* (2. Aufl., 1841—43, 4 Bde.). — *I. IV.*, 1243—54, vorher Sinibald Fieschi, aus Genua, bekämpfte die Kaiser Friedrich II. und Konrad IV. mit geistl. und weltl. Waffen, floh 1244 nach Lyon, kehrte erst 1251 nach Rom zurück, unversöhnlicher Gegner der Hohenstaufen. — *I. V.*, reg. 21. Jan. bis 22. Juni 1276, vorher Peter von Tarentasia, † vor Empfang der Weihe. — *I. VI.*, 1352—1362, vorher Stephan Aubert, geb. zu Brissao, residirte zu Avignon, suchte, rechtskundig und sittenstreng, das eingerissene Verderben vergebl. zu bekämpfen. — *I. VII.*, vorher Cosmo Meliorati, geb. zu Sulmona, ward während des Schismas 1404 zu Rom gewählt (Gegenpapst Benedikt XIII.), behauptete sich bis zu seinem Tod 1406. — *I. VIII.*, 1484—92, vorher Johann Baptist Cibo, geb. 1432 zu Genua, hiess wegen seiner vielen Kinder ,Vater des Vaterlandes', kriegte mit dem König Ferdinand von Neapel, erneuerte die Gesetze gegen Zauberei und Hexerei. — *I. IX.*, 1644—95, vorher Antonio Facchinetti, reg. 29. Okt. bis 30. Dec. 1591. — *I. X.*, vorher Joh. Baptist Pamfili, geb. 1574 zu Rom, ward von der Wittwe seines Bruders, Olympia Maldachini, beherrscht, verdammte 1651 in einer Bulle den westphäl. Frieden, 1653 6 Sätze Corn. Jansens. — *I. XI.*, 1676—89, vorher Benedikt Odescalchi, geb. 1611 zu Como, Gegner der Jesuiten, verdammte die 4 Sätze der gallikan. Kirchenfreiheit 1682. — *I. XII.*, 1691—1700, vorher Anton Pignatelli, legte den Streit mit Ludwig XIV. von Frankreich bei, nannte die Armen seine Nepoten, den Lateran sein Hospital. — *I. XIII.*, 1721—24, vorher Michel Angelo Conti, belehnte den Kaiser gegen Empfang der Lehnzinses mit Neapel. [ungenannt.

Innominabel (lat.), unnennbar; *innominat*,

In nomine (lat.), im Namen, im Auftrag.

Innormal (lat.), regelwidrig. [Neuerung.

Innoviren (lat.), erneuern. *Innovation*,

Innsbruck (*Innsprück*), Hauptstadt von Tirol, inmitten 8—9000' hoher Kalkfelsen am Inn, 14,294 Ew. Freundlich gebaut; Hof- und Franciskanerkirche (Monumente Maximilians I. und A. Hofers, erzherzogl. Grabdenkmäler), Stadtpfarrkirche zu St. Jakob (schöner Hochaltar); kaiserl. Burg, das vormalige Kausicigebäude mit dem ,goldenen Dach'. Sitz des Statthalters, Universität, Ritterakademie, Landesmuseum (Ferdinandeum). Seidenbandfabr., Baumwollspinnerei, lebhafter Transithandel.

Inns of Court (spr. -Kohrt), die engl. Rechtskorporationen (*Inn*, Wohnung der früher allein zum Studium der Rechtswissenschaft zugelassenen Edelleute) mit Hörsälen (halls) zu Vorlesungen, denen die Studirenden, um später zur Praxis bei den Gerichtshöfen zugelassen zu werden, eine Zeitlang beiwohnen mussten, während man sich jetzt gewöhnlich in einem der I. o. C. einschreiben lässt und die Rechtswissenschaft durch Privatstudium oder bei einem der Adwälte, die dort ihre Bureaux haben, praktisch erlernt. [gefasst, im Kleinen.

In nuce (lat.), in einer Nuss, d. i. kurz

Innumerabel (lat.), unzählig.

Innung, s. *Zunft.*

Innuptus (lat.), unverheirathet.

Ino, Tochter des Cadmus und der Harmonia, 2. Gemahlin des böotischen Königs Athamas, wollte dessen beide Kinder erster Ehe, Phrixus und Helle, tödten, die aber, von ihrer Mutter im Traume gewarnt, entflohen, ward von Athamas im Wahnsinn verstossen und stürzte sich mit ihrem Sohne Melicertes ins Meer, ward als Leucothoe unter die Meergottheiten versetzt.

Inobediens (lat.), Ungehorsam.

Inobligat (lat.), unverbindlich.

In octavo (lat.), in Achtelbogengrösse.

Inoffensiv (lat.), unanstössig, harmlos.

Inofficiös (lat.), pflichtwidrig, widerrechtlich; ungefällig.

Inokkupation (lat.), Geschäftslosigkeit.

Inokulation (lat.), Einimpfung der Blattern, der Syphilis etc.

Inopinat (lat.), unvermuthete Ereignisse.

Inopportun (lat.), ungelegen, unpassend.

Inoptabel (lat.), unerwünscht.

In optima forma (lat.), in bester Form.

In originali (lat.), in der Urschrift.

Inowraclaw (*Jungbreslau*), Kreisstadt im preuss. Regbz. Bromberg, 6976 Ew.

In parenthesi (gr.-lat.), eingeklammert; nebenbei, beiläufig.

In partibus [infidelium] (lat.), im Gebiete der Ungläubigen, d. h. der nicht kathol. Christen. *Bischöfe i. p. i.,* seit dem 13. Jahrh. Titel solcher Bischöfe, welche ihren Sitz in Ländern der Ungläubigen, in verloren gegangenen Bisthümern haben.

In patria (lat.), im Vaterlande.

In perpetuam rei memoriam (lat.), zum ewigen Gedächtniss.

In persona (lat.), persönlich, selbst.

In petto (ital.), im Sinne, auf dem Herzen.

In pleno (lat.), bei voller Sitzung (eines Kollegiums). [höchsten Schmuck.

In pontificalibus (lat.), in Amtstracht; im

In praefixo termino (lat.), in der anberaumten Frist. [gewöhnlichen Leben.

In praxi (lat.), im Gerichtsgebrauch; im

In prompta (lat.), in Bereitschaft.

In puncto (lat.), hinsichtlich, in Betreff. *I. p. puncti* oder *sexti,* hinsichtlich des 6. Gebots, d. h. in Betreff der Keuschheit.

In puris naturalibus (lat.), ganz nackt.

In quarto (lat.), in Viertelbogengrösse.

Inquilin (lat.), Häusler, Miethbewohner.

Inquirent (lat.), der Untersuchungsrichter.

Inquisit, der Angeklagte nach Feststellung der Untersuchung gegen ihn. *Inquisitor,* s. v. a. Untersuchungsrichter; bes. auch Ketzerrichter. *Inquisitorialgericht,* peinliches Untersuchungsgericht.

Inquisition (lat.), peinliche Untersuchung, bes. das zu Aufspürung und Bestrafung der Ketzer und Ungläubigen bestimmte Glaubensgericht der kathol. Kirche, auch *heiliges Officium* genannt, anfangs mit dem bischöfl. Amte und durch die 4. Lateransynode (1215) mit dem bischöfl. Sendgerichte verbunden,

dann von Papst Gregor IX. 1232 und 1233 den Dominikanern übertragen, welche der Abhängigkeit von den Bischöfen entzogen wurden, und dadurch in ein päpstliches Institut umgewandelt, als dessen Executoren die Fürsten und weltlichen Gerichte fungiren mussten. Der Verdacht der Ketzerei genügte zur Verhaftung, die Zeugenschaft war unbeschränkt, Geständnisse konnte durch die Folter erzwungen werden. Strafen waren Verlust der bürgerlichen und kirchlichen Rechte, des Vermögens, lebenslängliche Kerkerhaft und Tod, meist auf dem Scheiterhaufen. In Frankreich bes. gegen die Albigenser angewandt, im 14. Jahrh. beschränkt, im 16. Jahrh. mit den Parlamenten verbunden (Chambres ardentes), war die I. bis über die Mitte des 18. Jahrh. in Thätigkeit. In Spanien ward die I. 1480 auf dem Reichstag zu Toledo als königl. Institut förmlich eingeführt (erstes Autodafé 1481) und zur Unterdrückung des Lehnsadels und Bereicherung des königl. Schatzes benutzt. Der Generalinquisitor Torquemada liess 1483—98 8800 Menschen lebendig verbrennen. Unter Philipp II. diente sie bes. zur Unterdrückung des Protestantismus. Auch im span. Amerika wüthete sie. Erst im Laufe des 18. Jahrh. wurden die Autosdafé seltener; 1770 und 1784 ward die I. sehr beschränkt, aufgehoben erst von Joseph Bonaparte durch Dekret vom 4. Dec. 1808, von Ferdinand VII. 1814 wieder hergestellt, durch die Konstitution der Cortes 1820 wieder abgeschafft, nach der Restauration als Inquisitionsjunta erneuert, endlich 1834 ganz beseitigt. Nach Llorente sollen von 1481 bis 1808 in Spanien 31,912 Menschen lebendig verbrannt worden sein. In Portugal ward die I. erst 1557 eingeführt, im 18. Jahrh. durch Pombal beschränkt, von Johann VI. aufgehoben. In den Niederlanden hatte die Einführung der I. den Abfall der nördl. Provinzen von Spanien zur Folge. In Italien ward die I. 1235 eingeführt, konnte aber wegen der verwickelten polit. Zustände nicht so furchtbar wüthen wie in Spanien. Die Kongregation des heil. Officiums ward aber von Pius VII. 1814 von Neuem sanktionirt und besteht noch jetzt. In Neapel gewann die I. wegen der Streitigkeiten zwischen der Regierung und dem Papst nie festen Fuss. In Sicilien ward sie 1782, in Sardinien, wo sie Gregor XVI. 1833 wieder herstellte, erst 1848 aufgehoben. In Toskana wurden 1852 die Eheleute Madai wegen Uebertritts zum Protestantismus zu den Galeeren verurtheilt. In England fand die I. nie Eingang. In Deutschland waren Konrad von Marburg († 1233) und Konrad Dorso die ersten Inquisitoren. Doch fand die Einführung der I. trotz der sie begünstigenden Edikte Kaiser Karls IV. (1369) allenthalben den kräftigsten Widerstand. Erst der Hexenglaube verschaffte ihr freiere Thätigkeit. Die Reformation brach ihre Macht völlig. Vgl. *Llorente,* ,Hist. critique de l'inquisition d'Espagne etc.', 1815—17, 4 Bde.; deutsch von *Höck,* 1820—22.

Inquisitionsprozess, diejenige Form des Strafverfahrens, bei welcher der Richter (Inquirent) als Vertreter der verletzten Rechtsordnung die Spuren und Beweise eines Verbrechens selbst aufsucht, den Verdächtigen darüber vernimmt und zum Geständniss zu bringen sucht, letzteres prüft und von Amts wegen dasjenige zu erforschen sucht, was dem Inquisiten zur Vertheidigung oder Strafmilderung dienen kann. Der I. ist im Mittelalter unter dem Einfluss des kanon. Rechts nach und nach an die Stelle des alten Anklageprozesses (s. *Anklage*) getreten und hat sich bis in die neuere Zeit fast ausschliesslich als Prozessform in Deutschland behauptet, ist aber gegenwärtig durch das Anklageverfahren ersetzt.

Inrotulation der Akten (lat.), das Einpacken der Akten von Seiten des Untergerichts behufs der Versendung an das Obergericht oder an ein Spruchkollegium.

Insaliren (lat.), einsalzen.

Insalivation (lat.), die Einspeichelung der Speisen während des Kauens.

In salvo (lat.), in Sicherheit.

Insanie (lat.), Geistesstörung, Wahnsinn.

Insatiabel (lat.), unersättlich.

Inscemiren, in Scena (n. d.) setzen. [*graphe.*

Inschriften und Inschriftenkunde, s. *Epi-*

Inscienz (lat.), Unwissenheit, Unkunde.

In sedecimo (lat.), in Sechzehntelbogengrösse; typograph. Formatbezeichnung: 16 oder *Sedez.*

Insekten (*Kerbthiere, Kerfe*), artenreichste Klasse des Thierreichs, Gliederthiere mit getrenntem Kopf, Brust und Hinterleib, 2 Fühlern am Kopf, 3 Beinpaaren und meist auch 2 Flügelpaaren an der dreigliedrigen Brust, mit beissenden, leckenden oder stechenden oder saugenden Mundwerkzeugen, Netz- und Punktaugen und zum Theil sehr künstlichen Stimmapparaten, athmen durch Tracheen und machen eine Verwandlung durch. Aus den Eiern (nur wenige gebären lebendige Junge) schlüpfen meist die Larven oder Raupen (zum Theil fortpflanzungsfähig), welche sich unter häufiger Häutung allmählig zu dem geflügelten Insekt (Imago) entwickeln (unvollkommene Metamorphose) oder zunächst ein Puppenstadium durchlaufen (vollkommene Metamorphose). Auch Parthenogenesis (s. d.) und Generationswechsel finden sich bei den I. Die I. leben von pflanzl. u. thierischen Stoffen, viele sind Schmarotzer. Ueber 100,000 Arten. Eintheilung: A. mit vollkommener Metamorphose. I. Nager: Käfer (Coleoptera), Aderflügler (Hymenoptera); II. Sauger: Schmetterlinge (Lepidoptera), Zweiflügler (Diptera). B. mit unvollkommener Metamorphose. I. Nager: Netzflügler (Neuroptera), Geradflügler (Orthoptera); II. Sauger Halbflügler (Hemiptera). Vgl. *Burmeister*, ‚Handb. der Entomologie‘, 1832—55, 4 Bde.; *Erichson*, ‚Naturgesch. der I. Deutschlands‘, 1856 f.; *Ratzeburg*, ‚Forstinsekten‘, 1837—44, 3 Bde.; *Taschenberg*, ‚Entomologie für Gärtner‘, 1870.

Insektenpulver, kaukasisches, persisches, armenisches, dalmatisches, die gepulverten Blüthenkörbchen mehrerer Pyrethrumarten,

dient zur Vertilgung des Ungeziefers und kann als solches oder in Form von Tinktur (Aufzug mit Spiritus) benutzt werden.

Insektivoren (lat.), Insektfresser, Familie der Raubthiere, meist unterirdisch lebende Thiere mit vollständigem Schlüsselbein und Rüssel: Igel, Spitzmause, Maulwürfe.

Insel (lat. *insula*), kleinere, rings von Wasser umgebene Landmasse. Die I.n zerfallen in *Gestadeinseln*, in der unmittelbaren Nähe des Festlands, und *oceanische* I.n, im offenen Ocean. *Halbinsel*, ein weit ins Meer vordringender und so auf mehreren Seiten von ihm umgebener Landestheil. *Insulaner*, Inselbewohner; *insularisch*, I.n betreffend.

Inseln der Seligen, in der griech. Mythologie Inseln am Westrande der Erde im Ocean, Aufenthaltsort der dem Tode entrückten Lieblinge der Götter.

Inselsberg, aussichtsreiche, vielbesuchte Bergspitze des nordwestl. Thüringerwaldes.

Inselt, s. v. a. Unschlitt. [2855′ h. Hotel.

Insenescenz, das Nichtaltern.

Insensible (fr., spr. ängsangsibbl), unempfindlich, fühllos.   [zertreunlich.

Inséparable (fr., spr. ängseparabl), unInséparables, Unzertrennliche, s. *Papagei.*

Inseriren (lat.), einschalten, einfügen, bes. etwas in ein öffentl. Blatt einrücken lassen. *Inserenda*, einzurückende Nachrichten oder Anzeigen; *Insertion*, das Einrückenlassen in öffentl. Blätter; *Insertionsgebühren*, die Gebühren dafür.

Insidien (lat.), Hinterhalt, Nachstellung; *insidiös*, heimtückisch, ränkevoll.

Insignien (lat.), Zeichen der Macht und Würde.   [schädigung.

Insimulation (lat.), Verdächtigung, AnInsinuation (lat.), Einschmeichelung; Einflüsterung; Einreichung einer Schrift bei einer Behörde; insbes. die Einhändigung einer gerichtl. Vorladung an die Betheiligten.

Insipid (lat.), unschmackhaft; fade, albern.

Insociabel (lat.), ungesellig; unvereinbar.

Insolation (lat.), Sonnenbad; Sonnenstich.

Insolent (lat.), frech, unverschämt.

Insolid (lat.), unhaltbar, schwach, unzuverlässig.   [darisch.

In solidum (lat.), für das Ganze, s. *Solidarisch*.

Insolubel (lat.), unlöslich.   [fällig.

Insolväbel (*insolvent*, lat.), zahlungsunInsps (lat.), in der Hoffnung, zukünftig.

In specie (lat.), im Einzelnen.

Inspektion (lat.), prüfende Besichtigung einer Sache, die sie von der vorschriftsmässigen Beschaffenheit ist; daher auch eine zu diesem Zwecke bestellte Behörde. *Inspektor*, *Inspicirt*, Aufseher. *Okular-inspektion*, genaue, bes. amtl. Besichtigung.

Inspiration (ist.), Ein- oder Bestreuung.

Inspiration (lat., gr. *Theopneustie*), Einhauchung, die unmittelbare übernatürliche Mittheilung Gottes an die Menschen, sowie der hierdurch herbeigeführte gottbegeisterte Zustand eines Menschen, namentlich der Verfasser der bibl. Bücher. Die neuere freiere Theologie fasst die I. als religiöse Begeisterung und legt die bleibende Bedeutung der heil. Schrift in ihren specifisch religiösen Gehalt.

In spiritualibus (lat.), in geistlichen Angelegenheiten. [Amt, bes. ein geistliches.

Installation (neulat.), Einweisung in ein Instant (lat.), Bittsteller, Ansucher.

Instanz (lat.), wirklicher oder erdachter Fall zu Widerlegung eines Satzes; in der Rechtssprache Abschnitt eines gerichtlichen Verfahrens, welcher durch das Ansuchen des einen Theils, die Verantwortung des anderen und die richterliche Entscheidung begrenzt wird (I. des ersten Verfahrens, Beweis-, Exekutionsinstanz etc.), sowie das durch Einwendung eines Rechtsmittels entweder vor dem nämlichen oder vor einem anderen Gericht veranlasste nochmalige Verfahren über den schon vorher (in erster I.) entschiedenen Rechtsstreit und die in dem Verhältniss der Ueberordnung stehenden Justizstellen. Für Civilsachen bestehen in Deutschland in der Regel 3 I.n, in Kriminalsachen sind sie vielfältig auf 2 beschränkt. Wo Schwurgerichte entscheiden, fällt die Einwendung eigentlicher Rechtsmittel weg; Nichtigkeitsbeschwerden gegen das Erkenntniss werden vor die Kassationshöfe gebracht. *Instanzenzug*, die Ordnung, in der diese Abstufungen der richterlichen Thätigkeit in der gerichtlichen Organisation gebildet werden. *Entbindung* oder *Freisprechung von der I.* findet Statt, wenn das Verfahren gegen den Angeklagten eingestellt wird, ohne dass seine Freisprechung erfolgt.

In statu quo (lat.), in dem Zustande, worin sich zu einer bestimmten Zeit eine Sache befindet. [Wiederherstellung.

Instauration (lat.), Wiederaufrichtung, **Insterburg**, Kreisstadt im preuss. Regbz. Gumbinnen, am Zusammenfluss der Angerap und Inster, 15,741 Ew. Maschinenfabr., bed. Getreidehandel. Ehedem Komthurei des deutschen Ordens im Lande Radrauen.

Instigation (lat.), An-, Aufreizung.

Instillation (lat.), das Eintröpfeln von Medikamenten in Augen und Ohren, geschieht am besten mit Glasstäbchen oder Löffel.

Instimulation (lat.), Anreizung, Anfregung. [Naturtrieb, bewusstlos.

Instinkt (lat.), Naturtrieb. *Instinktiv*, aus

Institer (lat.), Krämer, Trödler, Hausirer.

Instituiren (lat.), auf- oder einrichten; unter- oder anweisen. *Institut*, Einrichtung, Anstalt, insbes. Privaterziehungsanstalt.

Institution (lat.), Stiftung, Anordnung, bes. Staatsanstalt. *Institutionen*, Theil des Corpus juris, encyklopädische Uebersicht des röm. Rechts, zur Einführung in das Rechtsstudium bestimmt, ganz von Justinian 533 durch eine Gesetzgebungskommission mit Benutzung des gleichnamigen Lehrbuchs des Gajus ausgearbeitet.

Institut von Frankreich (*Institut de France*), Gesammtname der 5 zu Paris bestehenden Akademien: 1) *Académie française*, eröffnet 10. Juli 1637 zur Pflege der franz. Sprache und der schönen Literatur, mit 40 Mitgliedern; 2) *A. des inscriptions et belles-lettres*, eröffnet 16. Juni 1701, für Geschichte, Alterthums- und Sprachforschung, mit 40 Mitgliedern; 3) *A. des sciences*, von Colbert 1666 gestiftet, von Bignon 1699 neu

eingerichtet, zerfällt in 11 Sektionen (Geometrie, Mechanik, Astronomie, Geographie und Schifffahrt, allgem. Physik, Chemie, Mineralogie, Botanik, Oekonomie, Anatomie und Zoologie, Medicin und Chirurgie) mit zusammen 63 Mitgliedern; 4) *A. des beaux-arts*, aus der 1648 vom Maler Lebrun gestifteten, 1655 patentirten und 1664 als *A. royale de peinture et sculpture* von Colbert neu eingerichteten Akademie der Malerei hervorgegangen. Diese 4 Akademien wurden durch Edikt des Konvents vom 8. Aug. 1793 unterdrückt. Der 25. Okt. 1795 vom Direktorium als Institut national wieder ins Leben gerufene National-Gelehrtenverein zerfiel in 3 Klassen: für die Sciences physiques et mathématiques, für die Sc. morales et politiques und für Littérature et beauxarts, zusammen mit 144 Mitgliedern; ward von Napoleon I. 23. Jan. 1803 neu eingerichtet und in 4 Klassen getheilt (für die mathemat. und Naturwissenschaften, für franz. Sprache und Literatur, für Geschichte und alte Literatur, für die schöne Kunst), 1811 Institut impérial, 1814 Institut royal, 1848 wieder Institut national, Dec. 1852 wieder Institut impérial genannt. Durch Ordonnanz vom 21. März 1816 wurden die 4 Klassen in 4 besondere Akademien: A. française, A. des inscriptions et belles-lettres, A. des sciences u. A. des beaux-arts verwandelt. Durch Ordonnanz vom 25. Okt. 1832 ward der 1803 eingegangene Zweig für die moral. und polit. Wissenschaften als 5. Akademie, *A. des sciences morales et politiques* wieder hergestellt. Sämmtliche Akademiker erhalten einen Gehalt von 1500, die Sekretäre von 6000 Frcs. [schreiben.

Instradiren (lat.), eine Marschroute vor-

Instruktion (lat.), Belehrung, Anweisung, insbes. Verhaltungsvorschrift für einen Bevollmächtigten, z. B. Gesandten. *I. des Processes*, die richterliche Ermittelung und Feststellung der Punkte, welche den eigentlichen Streitgegenstand der Parteien bilden. *Instruktiv*, belehrend, lehrreich. *Instruktor*, Lehrer, bes. eines Prinzen.

Instrument (lat.), Werkzeug; in der Rechtssprache eine mit gewissen Förmlichkeiten aufgenommene Urkunde, z. B. Notariatsinstrument; insbes. jedes zur Klangerzeugung dienende Werkzeug. Letztere I.e zerfallen in Saiten- (Streich- und harfenartige), Blas- (Holz- und Messing-) und Schlaginstrumente (Pianoforte etc.). Das tongebende Element ist entweder ein in Schwingung gesetzter fester, elastischer Körper (Metall- und Darmsaite, Holz- und Metallblättchen oder Zunge, Glas- u. Metallglocke) oder ein gebrochener Luftstrom.

Instrumentalmusik, im Allgem. alle nicht vokale (durch die menschl. Stimme erzeugte) Musik, insbes. die durch Streich-, Blas- und Tasteninstrumente hervorgebrachte.

Instrumentation, die Kunst, eine musik. Skizze für Orchester zu übertragen. Werke darüber von *Berlioz* ('Traité d'instrumentation', deutsch von *Dörffel*, 1864), *Schubert* (1862).

Insubordination (lat.), s. *Subordination*.

Insübres, gall. Völkerschaft in Oberitalien, gründete Mailand, nach langem Kampf 222 v. Chr. von den Römern unterworfen.

In meeum et sanguinem vertiren (lat.), in Saft und Blut verwandeln, d. i. ganz in sich aufnehmen.

Insufficiens (lat.), Unzulänglichkeit.

Insulaner (lat.), Inselbewohner.

Insult, Insultation (lat.), beleidigender Angriff, Beschimpfung.

In summa (lat.), im Ganzen.

Insurgiren (lat.), in Masse sich gegen eine herrschende Macht erheben, auch aufwiegeln. *Insurgentes*, Aufständische; in Ungarn bis 1848 das allgemeine Aufgebot des Reichsadels zu Vertheidigung des Landes. *Insurrektion*, Aufstand, Empörung.

In suspenso (lat.), ausgesetzt, in Zweifel.

Intabulation (lat.), Eintragung in eine Tafel; in der Bankkunst s. v. a. Täfelwerk.

Intaglio (ital., spr. -taljo, Plur. *Intaglien*), vertieft geschnittene Gemme.

Intakt (lat.), unberührt, unverletzt.

Intĕger (lat.), unversehrt, unverdorben. *Integrität*, Unverdorbenheit, sittl. Reinheit; *integrirender Theil*, zur Vollständigkeit einer Sache nothwendiger Theil. *Intĕgrum*, ein unversehrtes Ganzes.

Integral (lat.), ein Ganzes ausmachend, für sich bestehend. [Decke, Umhüllung.

Integumentum (lat.), in der Botanik die

Intellekt (lat.), Vernunft, Verstand; *intellektuell*, auf Erkenntniss und Wissen bezüglich, begrifflich, z. B. i.e. Bildung im Gegensatz zu moralischer, ästhetischer etc.; *i.e. Erkenntnisse*, solche, welche lediglich durch Entwickelung und Verknüpfung der Begriffe ohne Beihülfe der Erfahrung oder der sinnlichen Anschauung gewonnen werden. *Intellektualismus* oder *Intellektualphilosophie*, diejen. philosoph. Ansicht, wonach Wissen und Erkenntniss der Dinge vom Geiste vermöge der ihm angebornen Ideen und Denkgesetze aus sich selbst erzeugt wird, im Gegensatz zum Empirismus und Sensualismus. *Intellektueller Urheber*, Der, welcher mittelbar durch Auftrag, Unterweisung etc. einen Andern absichtl. zu Begehung eines Verbrechens veranlasst hat.

Intelligenz (lat.), Verständniss, Einsicht, Erkenntniss, bes. durch Denken zu erlangende; das Vermögen, sich solches zu erwerben; ein durch dieses Vermögen charakterisirtes Wesen, der Mensch. *Intelligibel*, verständlich, ideal; *intelligible Welt*, die übersinnliche Welt, die Welt der Ideen.

Intemperanz (lat.), Unmässigkeit.

Intendant (lat.), Oberaufseher, Direktor; in Preussen Name der ehemal. obern Kriegskommissäre, welche bei den Armeecorps die Bezahlung, Verpflegung und Bekleidung der Truppen beaufsichtigen; auch der oberste Dirigent einer Hofbühne. *Intendiren*, beabsichtigen.

Intension (lat.), Anspannung, erhöhte innere Kraft oder Wirksamkeit; *intensiv*, innerlich, der innern Kraft nach; *intensive Grösse*, Grösse der innern Kraft, im Gegensatz der räumlich ausgedehnten (extensiven) Grösse. *Intensität*, innere Stärke.

Intensivum (lat.), Zeitwort, welches die Verstärkung einer Handlung ausdrückt.

Intention (lat.), Richtung des Wollens auf etwas, Absicht. *Intentionalismus*, die Lehre, dass der Zweck das Mittel heilige; *intentiren*, gegen Jem. etwas im Schilde führen.

Intercediren (lat.), dazwischentreten, sich ins Mittel schlagen; *Intercession*, s. v. a. Bürgschaft; im Staats- und Völkerrecht die Verwendung eines Staats bei einem andern für Privatpersonen. [befindlich.

Intercellular (lat.), zwischen den Zellen

Interception (lat.), Auffangung, Unterschlagung. [Ereignissen.

Intercident (lat.), dazwischenfallend, von

Intercision (lat.), Einschnitt, Unterbrechung. Einschiebsel, Zwischensatz.

Interdikt (lat.), in der röm. Rechtspflege Interimsverordnung des Prätors in einer Streitsache bis zu deren gerichtlicher Entscheidung; Verbot, namentl. das von dem Papste oder von einem Bischof erlassene Verbot aller kirchlichen Handlungen mit Ausnahme der Taufe, Mittel der Hierarchie zu Brechung des Widerstandes der weltlichen Macht, zuletzt vom Papst Alexander VII. 1668 über Venedig verhängt. *Interdictio ignis et aquas*, Untersagung des Feuers und Wassers, s. v. a. Verbannung.

Interesse (lat., d. h. daran gelegen sein), Antheil, den man an einer Sache nimmt, auch was Theilnahme erregt (*interessant*); Nutzen, Vortheil und die Rücksicht darauf (Privat-, Sonder-, Standesinteresse); in der Rechtssprache der Nutzen oder Schaden, welchen Jemand bei der Handlung eines Andern oder bei irgend einem Ereignisse hat. *Interessen*, Kapitalzinsen. *Interessenten*, die zu einem Geschäfte Betheiligten. *Interessiren*, Theilnahme erregen; *sich interessiren*, I. für etwas haben. *Interessirt*, eigennützig, gewinnsüchtig.

Interfektion (lat.), Tödtung.

Interferenz des Schalls und Lichts, s. *Schall* und *Licht*. [Rückseite.

In tergo (lat.), auf dem Rücken, auf der

Interieur (fr., spr. ängteriöhr), das Innere, rings umschlossener Raum.

Intĕrim (lat., d. i. einstweilen), das, etwas nur einstweilen, für eine Zwischenzeit Festgesetztes, Geltendes, namentl. in der Reformationszeit vom Kaiser erlassene Verordnung, wie es in den streitigen Religionsangelegenheiten einstweilen bis zur Entscheidung durch ein allgemeines Koncil gehalten werden sollte. *Regensburger I.*, auf Grund eines Entwurfs von Granvella von einer 1541 während des Reichstages zu Regensburg niedergesetzten Kommission vereinbart, enthielt eine Vereinigung über Dogmatisches, aber nicht über die Sakramente und die Gewalt der Kirche. Das *augsburger I.* von 1548 gestattete den Protestanten den Kelch und die Priesterweihe. Das *leipziger I.* vom 22. Dec. 1548, bes. von Melanchthon, Bugenhagen und Major zusammengestellt, nahm mehrere kathol. Gebräuche als gleichgültig an, fand bei den Lutheranern heftigen Widerspruch, ward nach dem passauer Vertrag 1552 aufgehoben.

Interimistisch (lat.), einstweilig, vorläufig. *Interimisticum*, Anordnung, welche für eine streitige Sache einstweilen getroffen wird.

Interimsbescheid, s. *Interlokut*.

Interimsschein, ein über eine fällige, aber vom Gläubiger gestundete Leistung vom Schuldner einstweilen ausgestellter Schein, insbes. ein solcher, welcher über den für einen gekauften Wechsel zu zahlenden Betrag, bisweilen in Form eines Wechsels (*Interimswechsel*) ausgestellt wird; auch eine vorläufig ausgestellte Bescheinigung über auf Aktien, Staatspapiere etc. gemachte Theileinzahlungen.

Interjektionen (lat.), Laute oder Wörter, welche zum unmittelbaren Ausdruck von Empfindungen dienen.

Interlaken, Dorf im Kanton Bern, in reizender Lage zwischen dem Brienzer- und dem Thunersee am Ausgange des Lauterbrunner Thals, 1364 Ew. Molkenkuranstalt.

Interlinear (lat.), zwischen den Zeilen geschrieben oder gedruckt; *Interlinearversion*, eine zwischen den Zeilen des Urtextes befindliche wörtliche Uebersetzung.

Interlokut (neult.), Zwischenurtheil, richterliche Verfügung, welche nur weitere Prozessabschnitte oder Prozessschritte anordnet u. die Hauptentscheidung vorbereitet.

Interludium (lat.), Zwischenspiel.

Interlunium (lat.), Neumondszeit.

Intermaxillarknochen, bei Säugethieren das zwischen den Oberkieferknochen gelegene Knochenstück, fehlt beim Menschen.

Intermedium (lat.), Zeitraum zwischen 2 Terminen; in der Chemie Stoff, dessen Vorhandensein die Verbindung anderer Stoffe vermittelt.

Intermezzo (ital.), Zwischenspiel, kleines komisches Singspiel zum Ausfüllen der Zwischenakte der Hauptvorstellung; auch komischer Zwischenfall.

Intermission (lat.), Unterlassung, das Aussetzen, z. B. eines Fiebers (intermittirendes oder Wechselfieber), des Pulses etc.

Intern (lat.), innerlich, innen befindlich. *Interne*, Einheimische, Inländer, Alumnatszöglinge, die in der Anstalt selbst wohnen. *Internat*, Unterrichtsanstalt, welche den Zöglingen Wohnung und Kost gibt. *Interniren*, von der Grenze in das Innere des Landes verweisen, bes. politische Flüchtlinge.

International (lat.), was zwischen verschiedenen Nationen besteht oder geschieht. *Ies öffentliches Recht*, s. v. a. Völkerrecht; *Ies Privatrecht*, welches zwischen den Gegensätzen zweier verschiedenen bürgerlichen Gesetzgebungen Entscheidung gibt; *Ier Verkehr*, s. v. a. Handel zwischen verschiedenen Ländern.

Internationale, socialistische und kommunistische Verbindung, Ende 1864 zu London gestiftet, mit der Tendenz der Beseitigung des Eigenthums- und Erbrechts, sowie des ganzen heutigen Staatswesens und des Aufbaus der Gesellschaft auf socialdemokrat. oder kommunistischer Basis; bei der Katastrophe in Paris Ende Mai 1871 mitbetheiligt. Als ihr Haupt gilt Karl Marx (s. d.), ihre Verbreitung erstreckt sich über alle Staaten Europas, Mitgliederzahl an 2 Millionen (?).

Internecion (lat.), Mord, Vertilgung.

Internodium (lat.), der Theil eines Stengels, welcher zwischen zwei Knoten, Blättern oder Blattkreisen liegt.

Internuntius (lat.), Botschafter, Unterhändler; insbes. Titel päpstlicher Botschafter niederen Grades als der Nuntius und des österreich. Gesandten in Konstantinopel.

Interpellation (lat.), Einrede, Unterbrechung; Anfrage, besonders eine in einer parlamentarischen Versammlung an ein Organ der Staatsregierung gerichtete, um Auskunft oder Rechenschaft über gewisse Vorgänge zu erhalten. *Interpelliren*, ins Wort fallen, Aufschluss über etwas fordern; vor Gericht fordern.   [beim Trinken.

Inter pocula (lat.), bei den Bechern, d. h.

Interpoliren (lat.), anders gestalten, insbes. in den ursprüngl. Text einer Schrift Wörter, Sätze etc. einschalten, häufig bei griech. und röm. Schriftdenkmalen vorkommend. *Interpolation*, Einschaltung.

Interponiren (lat.), sich ins Mittel legen; ein Rechtsmittel einlegen.

Interpret (lat.), Dolmetsch, Ausleger; *interpretiren*, auslegen, erklären; *Interpretation*, Auslegung von Schriften, Gesetzen etc.

Interpunktion (lat.), das Setzen der grammatischen Satz- und Lese-Zeichen; *Interpunktionszeichen*: Komma, Semikolon, Kolon, Punkt, Frage- u. Ausrufszeichen, Parenthese, Gedankenstrich, Theilungs- (Divis) und Anführungszeichen, Apostroph.

Interregnum (lat.), Zwischenreich, in Wahlreichen die Zeit zwischen dem Tod oder Abgang des bisherigen und der Einsetzung des neuen Herrschers. *Grosses I.*, in der deutschen Geschichte die Zeit vom Tode Konrads IV. bis zur Wahl Rudolfs I., 1254–73, wo kein allgemein anerkanntes Oberhaupt an der Spitze des Reichs stand.

Interrex (lat.), Zwischenkönig, der Zwischenmagistratus, welcher in Rom zur Zeit der Könige nach dem Tode eines solchen diesen vertrat.

Interrogation (lat.), Frage; *Interrogativum*, fragendes Pronomen; *Interrogatorien*, Fragestücke, die auf die Beweis- oder Gegenweisartikel des Gegners gestellt werden, eigentl. Gegenfragen.   [rung.

Interruption (lat.), Unterbrechung, Störung.   [schwelt.

Interseptum (lat.), Scheidewand; Zwerchfell.

Interstitium (lat.), Zwischenraum, Zwischenzeit.

Intertritür (lat.), Abgang durch Reibung, Abnutzung durch Gebrauch.

Interusurium (lat.), Zwischenzins, die bei Zahlung eines Kapitals vor oder nach dem Verfalltag für die Zwischenzeit zu berechnenden Zinsen.

Intervall (lat.), Zwischenraum, Zwischenzeit; in der Musik der Abstand zweier Töne von einander, von der Tiefe nach der Höhe zu gemessen, und zwar als einstufig, zweistufig etc. oder mit den üblichen Namen: Prime, Sekunde, Terz, Quarte, Quinte, Sexte, Septime, Oktave, None, Decime, Undecime etc., wovon die bis zur Oktave die wichtigsten sind. Alle Le lassen die Unterscheidung in *grosse* und *kleine*, einige auch in über-mässige oder verminderte zu; Quarte, Quinte und Oktave werden auch als *reine* Le be-zeichnet. Ausserdem unterscheidet man *konsonirende* (kleine und grosse Terz, reine Quarten und Quinten, kleine und grosse Sexte und Oktave) und *dissonirende* I.e (die übrigen). In der Taktik die Entfernung zwischen 2 nebeneinander stehenden Trup-penabtheilungen oder auch zwischen 2 Ge-schützen; verschieden von Distanz, der Entfernung nach der Tiefe.

Interveniren (lat.), dazwischentreten, in einen Streit sich als Vermittler mengen, bes. in der Rechtssprache sich in einen anhängigen Rechtsstreit als Partei ein-mischen. *Intervention*, Dazwischenkunft, die Einmischung eines Staates in die innern oder auswärtigen Angelegenheiten eines andern, angebl. zum Schutz der eignen, durch die Massregeln in letzteren gefähr-deten Interessen, und zwar entweder durch blosse Vorstellungen (*moralische I.*) oder durch Drohungen, durch geheime oder offene Unterstützung politischer Parteien durch Rathschläge, Subsidien etc. oder durch Ein-schreiten mittelst Waffengewalt (*militärische I.*). 1830 verkündete man von Frankreich aus das Princip der *Nichtintervention*, d. h. den Grundsatz, dass jede unabhängige Nation das Recht habe, ihre innern Zustände nach eigenem Ermessen zu ordnen. Vgl. *Heiberg* (1842), *Rotteck* (1845). I. bei Wechseln, s. v. a. zu Ehren des Ausstellers oder eines Giranten einlösen, wenn der Bezogene nicht bezahlt.

Interversion (lat.), Unterschlagung.

Inter vivos (lat.), unter Lebenden, bei Lebzeiten.

Intestabel (lat.), unfähig, als Zeuge auf-zutreten oder ein Testament zu machen.

Intestaterbfolge, s. *Erbrecht*.

Intestina (lat.), Eingeweide, daher *intesti-nal,* was sich auf sie bezieht.

Inthronisation (lat.), Erhebung auf den Thron, bes. feierliche Besitznahme des Throns in der Hauptkirche durch einen neu konsekrirten Bischof oder Papst.

Intim (lat.), innig, vertraut.

Intimation(int.),amtliche, bes. gerichtliche Zufertigung. Bekanntmachung.

Intimidation (lat.), Einschüchterung.

Intitulation(int.),Betitelung, Ueberschrift.

Intolerabel (lat.), unerträglich; *Intoleranz,* Unduldsamkeit, bes. in Religionssachen.

Intoniren (lat.), anstimmen, den Ton an-geben. *Intonation*, Anstimmung, Tonange-bung; auch Reinheit des Tons (Gegensatz zu *Detonation*, unreine Tonangabe); bei den Katholiken die vom Priester vor der Kol-lekte gesungenen, vom Chor beantworteten Intonationen.

Intoxikation (lat.), Vergiftung. [Sprüche.

Intra (lat.), innerhalb.

Intrade (ital.), Einleitung; mus. Eintritts-stück, bes. kurzes Trompetenstück. I.n auch s. v. a. Staatseinkünfte, Gefälle.

Intraktabel (lat., *intraitable*, fr., spr. ängträtabl), schwer zu behandeln, störrisch.

Intra muros (lat.), innerhalb der Mauern, in geschlossenem Raum, nicht öffentlich.

Intransitiv (lat.), nicht übergehend; Zeit-wort, welches kein Objekt verlangt.

Intransportäbel (lat.), nicht fortschaffbar.

Intriciren (lat.), verwickeln, verwirren.

Intrigue (fr.), Verwickelung, Knoten-schürzung, künstliche Verwickelung von Handlungen und Personen zu Erreichung einer Absicht; *intriguiren*, eine solche Ver-wickelung anzetteln, Ränke schmieden; *intriguant*, ränkevoll, verschmitzt, arglistig. Im Drama (namentl. im Lustspiel) ist I. die Verschlingung der Fäden, wodurch die Haupt-personen gehindert, geneckt, irregeführt und in Verlegenheit gesetzt werden. *Intriguen-stücke,* solche, wo das Intriguenspiel Haupt-sache ist, im Gegensatz zu den *Charakter-stücken*, in denen die I. bloss zur schärferen Hervorhebung der Charaktere dient.

In triplo (lat.), dreifach.

Introduktion (lat.), Einführung, Ein-setzung in ein Amt; Einleitung; bes. einlei-tender Satz eines Tonstücks.

Introitus (lat.), Eingang, Einleitung, z. B. einer Rede, eines Tonstücks, der kath. Messe.

Intuition (lat.), Anschauung, sinnliche Erkenntniss oder Vorstellung; *intuitiv*, an-schauend, unmittelbar wahrnehmend.

Intumescenz (lat.),　Anschwellung, Auf-**Inturgescenz** (lat.),　getriebenheit.

In turno (lat.), im Kreise, in der Reihe.

Intussusception (lat.), in der Chemie In-einandervers chmelzung zweier Körper, wo-bei der eine den andern gleichsam in sich aufnimmt; in der Medicin stülpende Ein-schiebung eines hohlen Organs in ein an-deres, z. B. eines Darmstücks.

Inula *L.* (*Alant*), Pflanzengattung der Kompositen. I. Helenium *L., wahrer Alant, Helenenkraut,* in Europa, Vorder- und Mittel-asien, liefert die officinelle Alantwurzel, früher auch Küchengewächs; enthält Inulin.

Inulin (*Helenin, Dahlin*), dem Stärkemehl ähnliche Substanz der Kompositen (Inula, Leontodon etc.), löst sich in heissem Was-ser, scheidet sich beim Erkalten wieder aus, gibt mit Schwefelsäure gährungsfähigen Zucker. Vgl. *Prantl*, „Das I.‘, 1870; *Dragen-dorff* (1870).

Inumbration (lat.), Beschattung.

Inundation (lat.), Ueberschwemmung

Inunktion (lat.), Einreibung.

Inurbanität (lat.), Unhöflichkeit.

In usu (lat.), im Gebrauch; in *usum*, zum Gebrauch.

Inv., abbr. *invenit* (lat.), hat es erfunden.

Invagination (lat.), s. v. a. Intussusception.

Invalenz (lat.), Kraftlosigkeit, Schwäche. *Invalesciren*, erstarken, an Kraft zunehmen.

Invalid (lat.), nicht mehr dienstfähig. *Invalidität*, Dienstunfähigkeit, Schwäche.

Invariabel (lat.), unveränderlich.

Invasion (lat.), feindlicher Einfall in ein Land, bes. vorübergehender, nicht bleibende Eroberung bezweckender.

Invecta et illata (lat.), vom Pächter, Miether etc. in ein Gut oder Haus einge-brachte bewegliche Sachen.

Invektive (lat.), Schimpf-, Schmähre de.

Inventärium (lat.), die Gesammtheit der zu einem Besitzstand gehörigen Dinge und deren Verzeichniss; *Inventarisation*, Bestandaufnahme eines Vermögens etc.

Invention (lat.), Erfindung, Kunstgriff; *inventiös*, erfinderisch, sinnreich.

Inventur (lat.), Lagerbestand eines Handelsgeschäfts und Verzeichniss desselben. **In verba magistri schwören** (lat.), einem Lehrer blind glauben.

Inverness, Grafsch. im nordwestl. Schottland, einen grossen Theil der Hebriden umfassend, 199,9 QM. mit 88,888 Ew. (Gaelen); meist rauhes Gebirgsland mit geringem Kulturboden; treffl. Weiden. Die *Hauptst*. L., an der Mündung des Ness in den Morayfirth, 12,509 Ew. Hafen, Lachsfang. Hauptmarktplatz für die Bergschotten.

Inversion (lat.), Umkehrung, Umdrehung, Versetzung eines Worts oder Satztheils aus seiner der Konstruktion nach ihm zukommenden Stelle an eine andere, der Hervorhebung wegen.

Invertebräta (lat.), wirbellose Thiere.

Investigation (lat.), Nachforschung.

Investitür (lat.), Einkleidung, die feierliche Einweisung in den Besitz irgend einer unbeweglichen Sache, Belehnung, insbes. eines Bischofs, mit Ring und Stab. *Investiturstreit*, der Streit über die I. der Bischöfe, hervorgerufen durch das von Papst Gregor VII. 1075 erlassene Verbot der Belehnung der Geistlichen mit Kirchengütern durch weltliche Personen, ward durch das wormser Konkordat 1122 zwischen Papst Calixtus II. und Kaiser Heinrich V. beigelegt, wonach ersterem die I. mit Ring und Stab und die Wahl der Bischöfe vom weltlicher Aufsicht, letzterem die Ertheilung der Reichslehen an die Prälaten mittelst des Scepters und der Entgegennahme des Lehnseides von denselben zustehen sollte.

Inveteriren (lat.), veralten, verjähren.

Invicem (lat.), gegenseitig.

Invincibel (lat.), unbesieghar.   [bar.

Inviolabel (lat.), unverletzlich, unantastbar.

Invisibel (lat.), unsichtbar.   [ladung.

Invitiren (lat.), einladen. *Invitation*, Einladung.

Invocavit (lat., d. i. er hat angerufen), der erste Fastensonntag, genannt nach

Invokation (lat.), Anrufung. [Ps. 91, 15.

Involucrum (lat.), Hülle.

Involution (lat.), Umhüllung, Einwickelung. *Involventia*, einhüllende Mittel (Oele etc.). *Involviren*, einhüllen, in sich begreifen.

Insucht, absichtl. Vermischung der schönsten blutsverwandten Thiere mit einander.

Io (spr. I-o), Tochter des Inachus, ward von Zeus, der sie liebte, in eine weisse Kuh verwandelt, um sie der eifersüchtigen Verfolgung der Here zu entziehen. Diese liess sich die Kuh zum Geschenk aus und liess sie von dem hundertäugigen Argus bewachen. Nachdem letzterer von Hermes auf Befehl des Zeus getödtet worden, liess Here die I. von einer Bremse durch alle Welt jagen, bis sie endlich am Nil Ruhe fand, wo sie den Epaphus gebar.

Iocaste, auch *Epicaste*, Tochter des Menöceus und Schwester des Creon, Mutter und dann Gemahlin des Oedipus (s. d.).

Ion (spr. I-on), Sohn des Apollo und der

Meyers Hand-Lexikon.

Creusa, der Tochter des athen. Königs Erechtheus, führte nach der Sage um 1406 v. Chr. eine Kolonie nach dem Peloponnes, ward nach Besiegung der Thracier König von Athen, siedelte später nach der Westküste von Asien über, wo sein Name in Ionien [fortlebte.

Ionien, s. *Jonien*.

Iowa (spr. Eiöwä), nordamerik. Freistaat, zwischen dem Mississippi und Missouri, 2589 QM. und 902,400 Ew. (ca. 40,000 Deutsche). Hügelige Hochebene, wohlbewässert (Des Moines, Red-Cedar etc.) und sehr fruchtbar. Klima gesund. Produkte: viel Getreide, Tabak, Ahornzucker; bedeut. Bleiminen (bei Dubuque). Konstitution von 1857. Staatsausgaben (1867): 689,541 Doll. Staatsschuld 1,122,296 Doll. Im Kongress durch 6 Repräsentanten vertreten. 99 Counties. Hauptst. Des Moines. Erste Ansiedlung 1788 durch franz. Canadier; seit 1846 Unionsstaat.

Ipecacuanha (*Brechwurzel*, Rad. I. grisea), die Wurzel der halbstrauchigen Cephaëlis Ipecacuanha *Willd*., aus der Familie der Rubiaceen, in Brasilien, Neugranada und Peru, officinell, enthält Emetin (s. d.). Andere Brechwurzeln stammen von Psychotria emetica L. *fl*. (Rubiaceen) in Peru u. Neugranada, Rad. I. nigra; von Jonidium Ipecacuanha *Vent*. (Violaceen) in Brasilien, Rad. I. alba lignosa etc.

Iphicrates, athen. Feldherr, zeichnete sich im korinth. Kriege 395—387 v. Chr., im theban. 378—362 durch Disciplinirung seiner Truppen und Einführung einer neuen Bewaffnung und Taktik aus, siegte bei Korinth über die Spartaner, hemmte des Epaminondas Siegeslauf, dann Führer eines griech. Söldnerheeres im Dienste des pers. Königs Artaxerxes gegen den ägypt. König Nectanebis; † um 355. Biogr. von *Corn. Nepos*.

Iphigenia, Tochter des Agamemnon und der Clytaemnestra, sollte in Aulis bei Abfahrt der Hellenen nach Troja zu Versöhnung der erzürnten Artemis geopfert werden, ward von der Göttin in einer Wolke nach Tauris entrückt und zu ihrer Priesterin gemacht, floh mit ihrem Bruder Orestes (s. d.) nach Braurou in Attica, wo sie als Priesterin †. Die Sage ward in Verbindung mit der von Orestes von den griech. Tragikern behandelt, von Goethe in „I. auf Tauris‘; auch Gegenstand zweier Opern von Gluck.

Ipomöa *L.* (*Trichterwinde*), Pflanzengattung der Convolvulaceen. I. Purga *Hayne*, in Ostmexiko, wird kultivirt und liefert die officinelle Jalapenwurzel (Gallen-, Purgirwurzel, schwarze Rhabarber), welche in Aether unlösliches Harz (Convolvulin, officinell als Resina Jalapae) enthält. I. orisabensis *Le Danois* das. liefert die Jalapenstengel, welche in Aether lösliches Harz (Jalapin) enthalten, u. I. Turpethum *R. Br.* in Ostindien die Turpithwurzel.

Ipse (lat.), selbst; i. *fecit*, er hat es selbst gemacht. *Ipsismus*, Selbstsucht.

Ipsus (*Itipsus*), Stadt in Phrygien. 301 v.Chr. Sieg des Seleucus Nicator über Antigonus.

Ipswich (spr. Ipuitsch), Hauptst. der engl. Grafschaft Suffolk, am schiffbaren Orwell, 37,950 Ew. Hafen, bed. Thranbrennerei.

Ira (a. G.), Bergveste in Messenien, im zwölten messen. Kriege Hauptstützpunkt des Aristomenes, erst nach 11jähr. Belagerung von den Spartanern erobert.

Irak Adscheml, Prov. in Persien, das alte Medien, theils eben, theils gebirgig, wichtigste Region des Reichs, mit den Städten Teheran, Kaswl, Ispahan, Jezd, Hamadan.

Irak Arabi (das alte *Babylonien*), Landschaft in der asiat. Türkei, die Tiefebene am unteren Euphrat und Tigris umfassend, an den Flussufern sehr fruchtbar, aber jetzt wenig angebaut. Die Ew. meist Araber und Nomaden. Hauptst. Bagdad und Basra.

Irän, asiat. Tafelland von 3500–4000' mittl. Höhe, vom Hindu-khu bis zum pers. Meerbusen und dem arab. Meere sich erstreckend und in *Ostirän* (Afghanistan und Beludschistan) und *Westirän* (Persien) zerfallend. — *Iranische Sprachen*, Familie des indogerman. Sprachstamms, welche mit den indischen Sprachen die arische Gruppe bildet; umfasst das Zend, das Altpersische, das Pehlwi, das Parsi u. das Neupersische, nebst dem Kurdischen, Afghanischen, Ossetischen und Armenischen.

Irawaddy, Strom in Hinterindien, Hauptfluss von Birma, entspringt auf dem Ostende des Himalaya, mündet in mehreren Armen und ein viel verzweigtes Delta bildend in den Golf von Martaban. Länge 237–250 M., Stromgebiet ca. 14,000 QM.

Irbit, Stadt im ostruss. Gouv. Perm, an der Mündung des *Flusses* I. in die Nelva (Nitza), 4189 Ew.; gr. Eisenhütte, ber. Messe.

Irene (*Eirene*), Friedensgöttin, Tochter des Zeus und der Themis, eine der Horen.

Irene, griech. Kaiserin, geistreich und schön, aber lasterhaft, geb. in Athen, 769 mit dem nachherigen Kaiser Leo IV. vermählt, tödtete denselben 780 durch Gift, bestieg mit ihrem 9jährigen Sohn Konstantin VI. den Thron, liess den Brüder ihres Gemahls als Verschwörer hinrichten, ward 790 von ihrem Sohne verdrängt, bemächtigte sich 797 von Neuem des Throns, liess jenen blenden, suchte das Volk durch Glanz und Freigebigkeit zu gewinnen, trug Karl d. Gr. ihre Hand an, ward von Nicephorus 802 nach Lesbos verbannt; † das. 803 im Kloster.

Ireton (spr. Eirt'n), Henry, engl. General und Staatsmann, geb. 1610, gewann unter Cromwell grossen Einfluss auf den Gang der Revolution, drängte denselben als eifriger Independent zu Vollziehung des über Karl I. ausgesprochenen Todesurtheils, begleitete ihn 1649 nach Irland, übernahm 1651 den Oberbefehl über die dortigen Truppen, eroberte Limerick; † 26. Nov. 1651.

Irgis, linker Nebenfluss der Wolga, kommt vom Obtschei-Syrt, wird bei Nikolajewsk schiffbar, mündet bei Wolsk; 70 M.

Iridium, Metall, welches mit Osmium oder Platin legirt in den Platinerzen sich findet und beim Behandeln derselben mit Königswasser zurückbleibt, ist noch strengflüssiger als Platin, wird mit diesem legirt zu Gefässen verarbeitet, die dem Königswasser widerstehen, und liefert fein vertheilt oder oxydirt schwarze Porzellanfarben.

Iris (gr.), der Regenbogen, personificirt Botschafterin der Götter, dargestellt als geflügelte Jungfrau mit Heroldsstab und Blume. Iris, Regenbogenhaut, s. *Auge*.

Iris L. (*Schwertel, Schwertlilie*), Pflanzengattung der Irideen. I. florentina *L.* und I. pallida *L.*, in Oberitalien, Tirol, Krain, Frankreich kultivirt, liefert die officinelle, in der Parfümerie, als Schminke, zu Rosenkränzen etc. dienende Veilchenwurzel. I. pseudacorus *L.*, *Wasserschwertel, Teichlilie*, in ganz Europa, liefert die früher officinelle Gilgenwurzel (falscher Kalmus). Andere Arten, bes. Varietäten von I. germanica *L.*, *Himmelslilie. Gilgen*, Zierpflanzen.

Irisches Meer, Theil des atlant. Oceans, zwischen Irland und England.

Irisiren, in Regenbogenfarben spielen; über Erzeugung irisirender Ueberzüge auf Metall s. *Galvanische Färbung der Metalle*.

Irismuschel (*Meerohr*, Haliotis *L.*), Gattung der Bauchfüsser. H. Iris *Gm.*, 5½", bei Neuseeland, liefert Perlmutter.

Irkutsk, russ. Gouvern. in Ostsibirien, am Baikalsee und an der chines. Grenze, 13,357 QM. mit 365,810 Ew. Vorherrschend gebirgig, von den Flüssen Amur, Lena und Jenisei bewässert. Produkte: bes. Gold, Silber u. andere Mineralien und zahlr. Pelzthiere. Die *Hauptst.* I., an der Mündung des *Irkut* in die Angara, 23,800 Ew.; wichtigster sibir. Handelsplatz, bes. für den Verkehr mit China, und administrat. Mittelpunkt für alle Marineetablissements am stillen Ocean.

Irland (*Hibernia, Erin*), ein mit Grossbritannien vereinigtes Königreich, die westl. der beiden grossen brit. Inseln, 1529.8 QM. und (1870) 5,402,750 Ew. — Der Boden vorherrschend niedrige, wellige Tiefebene, bes. das Innere, reich an Wiesen, Seespiegeln und Moorgründen, am Rande theilweise gebirgig (6 isolirte Gebirgsgruppen, 2–3000' h., am bedeutendsten die Berge von Kerry im SW., mit dem Carantual 3200'). — *Flüsse:* der Shannon, Bandon, Lee, Boyne etc.; dazu zahlreiche Seen (Neagh und Erne im N., Corrib im W., Killarney im SW. u. v. a.) u. Kanäle (76 M., darunter der Königskanal u. der grosse Kanal von Dublin zum Shannon). Die *Küste* im N. mit Basaltklippen etc. umgeben (Giants Causeway), im O. flach und niedrig, im S. u. W. sehr zerrissen und ausgezackt; im Ganzen reich an trefflichen Häfen. — *Das Klima* im Allgem. feucht und mild; der Boden fruchtbar, doch bei weitem nicht so ergiebig und so sorgfältig angebaut wie der Englands. — Die *Bevölkerung*: Iren (Ersen), ein Volk celtischer Abstammung, mit eigner Sprache (Schwester der gaelischen Sprache in Schottland) und leichten, beweglichen Sinns, vorzugsweise in den mittlern u. den westlichen Borgdistrikten; ausserdem eingewanderte Sachsen im O. und N. und Spanier (Milesier) im S. und SW. — Die *Volksbildung* früher sehr vernachlässigt, in neuerer Zeit ernstlich gefördert; seit 1845 Unterhaltung von Nationalschulen mit jährlichem Staatsaufwand von 182,208 Pfd. St.; doch nur etwa ⅓ der schulpflichtigen Kinder geniesst Unterricht. 2 Universitäten (Dublin), 4 höhere kathol. Lehranstalten (Maincoth, Belfast, Galway, Cork). — Vier kirchl. *Konfessionen:* die röm.-kathol. Kirche (4,490.583 Bekenner mit 4 Erzbisthümern: Armagh, Dublin, Tuam, Cashel, und 22 Bisthümer, ohne jeglichen Grundbesitz); die bischöfliche oder Hochkirche (691.872 Anhänger, im Besitz des ganzen Kirchenguts aus der Zeit vor der Reformation); die Presbyterianer (523.992 Seelen, ohne Antheil am Kirchengut); Dissenters (66 307 Seelen); dann noch 390 Juden. — *Hauptbeschäftigung:* Viehzucht (Rinder, Schafe, Schweine; Fleisch, Talg, Butter, Speck, Felle etc. wichtige Handelsartikel); demnächst Ackerbau auf Getreide, Kartoffeln (Hauptnahrung) und Flachs; Bergbau (Eisen, Steinkohlen, auch etwas Gold, Silber und Kupfer); Fischfang. — *Industrie* nur in Wollwaaren und Leinwand einigermassen bedeutend; ausgedehnte Branntweinbrennerei (Whisky) und neuerdings Bierbrauerei. — Der *Handel* durch vielfache Dampfschifffahrtsverbindungen (besond. mit England), ein zweckmässiges Eisenbahnnetz (380 M., Centrum Dublin) und gute Binnenland. Wasserstrassen begünstigt, daher ziemlich lebhaft. — Oberste *Verwaltung:* Lord-Statthalter (General-Governor, in Dublin, Chef der vollziehenden Gewalt), der General-sekretär (für die unmittelbaren Verwaltungsgeschäfte), der Lord-Kanzler (im brit. Ministerium zur Wahrung der irischen Interessen), der Oberbefehlshaber der Landmacht, der Generalanwalt und Oberfiskal. Vertretung im brit. Parlament durch 28 Peers und 4 Bischöfe im Oberhaus und 105 Abgeordnete der Grafschaften und Städte im Unterhaus. — Eintheilung in 4 Landschaften: Leinster, Ulster, Munster u. Connaught, zusammen mit 32 Grafschaften. Haupst. Dublin. Im Uebrigen vgl. *Grossbritannien.*

Geschichte. Aelteste Bewohner Celten. Name der Insel *Erin*, griech. Jerne, lat. Hibernia. Um 430 Verbreitung des Christenthums durch Patrik. Im 6. Jahrh. I. Sitz abendländ. Gelehrsamkeit, von welchem Apostel auf den Kontinent ausgehen. Mitte des 9. Jahrh. Eroberung der Insel durch die Normannen n. Danen, deren Herrschaft bis Anfang des 12. Jahrh. dauert. 1152 auf der Kirchenversammlung zu Drogheda Unterordnung der irländischen Kirche unter den päpatlichen Stuhl. Die Insel in 4 Königreiche: Leinster, Munster, Ulster und Connaught getheilt, von denen jedes in Stammgebiete unter Häuptlingen zerfällt, die unter einem Oberkönig mit beschränkter Lehnsherrlichkeit stehen. Verwilderung des Volks infolge häufiger Kriege. Seit 1171 Festsetzung der Engländer auf der Insel. Okt. 1175 Vergleich zwischen dem engl. König Heinrich II. und dem Oberkönig Roderich O'Connor, nach welchem jener den östlichen, dieser den westlichen Theil der Insel erhält, aber tributpflichtiger Vasall der engl. Krone wird. Darauf weiteres Vordringen der Engländer. Anarchische Zustände unter gewaltthätigen engl. Baronen. Unter Heinrich VII. Unterwerfung derselben und Regelung der Verfassung 1495 durch die Poynlngsurkunde (irländ. Parlament). Infolge der Einführung der Reformation unter Elisabeth fortwährende Aufstände, vom spen. Hofe und dem Papst angestiftet. 1598 Aufstand O'Neills, Grafen von Tyrone, erst 1601 unterdrückt. Anfang des 17. Jahrh. Unterwerfung der ganzen Insel und Vertheilung eines grossen Theils des Landes unter engl. Kolonisten. Gründung einer kathol. Hierarchie neben der anglikan. Kirche. Okt. 1641 Aufstand und Niedermetzelung von 40 — 50,000 protest. Engländern. Aug. 1649 blutige Unterdrückung des Aufstandes durch Cromwell. Anfang 1689 Landung Jakobs II. mit franz. Truppen in I., die durch zahlreiche Irländer verstärkt werden. Wilhelm III. siegt über das kathol. Heer 1. Juli 1690 am Boyneflusse und 13. Juli 1691 bei Aughrim, Konfiskation von 1,000,000 Morgen Landes und Vertheilung desselben an Engländer. Verfolgung der kathol. Bevölkerung durch die sogen. orenischen Gesellschaften (Orangemen). 1782 Gestattung legislativer Unabhängigkeit durch die Poynlngsakte. Nov. 1791 Stiftung des Bundes der vereinigten Irländer zu Einleitung einer Revolution und Verwandlung I.s in eine unabhängige Republik. Die brit. Regierung sucht den drohenden Sturm durch Koncessionen (Aufhebung der harten Strafgesetze gegen die Katholiken) zu beschwören, schafft aber nach (truchtlosem) Erscheinen einer franz. Flotte mit 25,000 Mann Landung-truppen an der Küste (1793) ihr Verhalten und stellt die Insel unter Kriegsrecht. Mai 1798 Ausbruch neuer Aufstände und Erstickung derselben in Blut; mehrere franz. Landungsversuche scheitern. 26. Mai 1800 kommt die legislative, sogen. Finalunion zwischen Grossbritannien und I. zu Stande, wonach letzterrs 32 Peers in 8 Ober- und 100 Deputirte der Grafschaften ins Unterhaus senden soll und den Irländern gleiche Rechte mit den Briten zugestanden werden. Dessen ungeacht t 1802 Stiftung des Vereins der irländ. Katholiken (Catholic association) zu Durchführung der Emancipation. Nach Erreichung derselben 1829 Stiftung der Repealassociation durch O'Connell zur Lösung der Union, der die Regierung mit der irischen Zwangsbill (Verbot der Volksversammlungen, Proklamation des Kriegsrechts etc.) entgegentritt. Dessen ungeachtet fortgesetzte Repealagitation. 1846 grosse Hungersnoth und Auswanderung in Masse. Anarchie, Gewaltthätigkeiten, agrarische Mordthaten; Umtriebe des jungen I.'. Grosse Aufregung infolge der pariser Februarrevolution 1848. Smith O'Brien vom Volk als König von Munster begrüsst. Nach ohnmächtigem Aufstandsversuch Herstellung der Ruhe. Ueber die neuesten Bewegungen in I. s. *Fenier* und *Grossbritannien*, Geschichte.

Irmin, altdeutscher Schlachtengott, wahrscheinlich nur Beiname des suev. Gottes Ziu (sächs. Tin, nordisch Tyr). Die *Irmensäule* (Irminsul) am Eresberge an der Diemel ward von Karl d. Gr. 772 zerstört.

53*

Irokesen (*Mingos*), einst mächtige Indianerfamilie in Nordamerika, im 8. des St. Lorenz und des Ontariosees, umfasste 6 Nationen: die Mohawks, Oneidas, Onondagas, Senecas, Cayugas, Tuscaroras, wozu noch die Huronen (Wyandots), die Winnebagoes, Nottoways etc. mit besonderen Dialekten kamen. Jetzt nur noch in zerstreuten Resten in Canada vorhanden.

Ironie (gr.), Spott, in der Form der Zustimmung und mit simulirtem Ernst.

Irradiation (lat.), optische Täuschung, darin bestehend, dass helle Körper auf dunklem Grunde grösser erscheinen, als sie sind, und umgekehrt.

Irrational (lat.), vernunftwidrig; in der Mathematik Bezeichnung von Zahlgrössen und Zahlverhältnissen, die sich durch ganze Zahlen oder Brüche nicht genau, sondern nur annähernd ausdrücken lassen, wie die meisten Wurzeln und Logarithmen.

Irreformabel (lat.), unverbesserlich.

Irregulär (lat.), unregelmässig, regelwidrig. *I.e Figuren*, solche, deren Seiten und Winkel ungleich sind.

Irrelevant (lat.), unerheblich, unbedeutend. *Irrelevantia*, geringfügige Gegenstände.

Irreligiosität (lat.), Religionsverachtung.

Irremonstrabel (lat), unbestreitbar.

Irrenanstalten, Heil- oder Verpflegungsanstalten für Geisteskranke, bestehen seit 1751 (die erste das St. Lucas-Krankenhaus in London); müssen alles bieten, was für die persönliche Sicherheit der Kranken nöthig ist und auf ihren Zustand günstig einwirken kann (grosse Gartenanlagen etc.). Für tobende Kranke sind Isolirräume n. Zwangsapparate vorhanden. In neuester Zeit hat man *Irrenkolonien* angelegt, durch welche das Zusammensein von viel Geisteskranken vermieden wird, auch deren Kräfte noch einige Verwendung finden. Vgl. *Griesinger*, ,Pathologie und Therapie der psych. Krankheiten', 1864. [bringlich.

Irreparabel (lat.), unersetzlich, unwiderbringlich.

Irreprehensibel (lat.), untadelig, unsträflich.

Irresistibel (lat.), unwiderstehlich. [lich.

Irresolut (lat.), unentschlossen. [eignet.

Irrespirabel (lat.), zum Einathmen ungeeignet.

Irresponsabel (lat.), unverantwortlich.

Irrevokabel (lat.), unwiderruflich.

Irrkären (lat.), verlachen, verspotten. *Irrision*, Verspottung. [rung.

Irrigation (lat.), Anfeuchtung, Bewässerung.

Irritabilität (lat.), s. *Reizbarkeit*.

Irritamia (lat.), Mittel, welche die Thätigkeit des Gefäss- und Muskelsystems erhöhen, auf der Haut demnach Röthung, Blasenbildung etc. erzeugen.

Irrlichter (*Irrwische*), angeblich hüpfende, über sumpfigem, mit verwesenden Stoffen erfülltem Boden schwebende Lichterscheinung, nicht hinreichend beglaubigt.

Irrogation (lat.), Strafzuerkennung.

Irroration (lat.), Bethauung, Besprengung.

Irrsinn, s. v. a. Irrwahn.

Irrumpiren (lat.), in feindlicher Absicht in ein Land einbrechen. *Irruption*, Einbruch.

Irrwahn, jede falsche, von Kranken für wahr gehaltene Vorstellung; vgl. *Manie*.

Irtysch, Nebenfluss des Ob im westl. Sibirien, kommt vom Altai, fliesst durch den Saisansee über Semipalatinsk und Omsk, mündet unterhalb Tobolsk; 450 M. lang. Nebenflüsse Ischim und Tobol.

Irving, 1) *Washington*, amerikan. Schriftsteller, geb. 3. April 1783 zu Newyork, bereiste England, Deutschland, Italien und Spanien, war 1841—46 amerikan. Gesandter in Madrid; † 28. Nov. 1859 auf seinem Landsitz Wolfers-Roost bei Newyork. Novellistische Hauptwerke: ,Hist. of Newyork by Dietr. Knickerbocker' (1809), ,Sketchbook of Geoffrey Crayon' (1820), ,Bracebridge-Hall' (1823), ,Tales of a traveller' (1824), ,Alhambra' (1832) etc.; historisch: ,Life and voyage of Cb. Columbus' (1828—30, 4 Bde.), ,Chronicle of the conquest of Granada' (1829), ,Hist. of Mahomet' (1850), ,Life of Washington' (1855—59, 6 Bde.) u. A. Gesammtausgabe 1851, 10 Bde., deutsche ,Auswahl' 1856. — 2) *Edward*, Hauptstifter der Sekte der Irvingianer (s. d.), geb. 15. Aug. 1792 zu Annan in der schottischen Grafschaft Dumfries, ward 1822 Prediger an der schott. Nationalkirche in London, um Wiedereinführung der apostol. Ordnung in der Kirche bemüht, als Schwärmer 1832 seiner Stelle entsetzt, 1833 von der schott. Generalsynode aus der Kirche ausgestossen; † 7. Dec. 1834 zu Glasgow. Schr.: ,Oracies of God' (1822) und ,Sermons etc.' (1828, 3 Bde.). Biogr. von *Hohl* (2. Aufl. 1851) und *Oliphant* (1862, 2 Bde.).

Irvingianer, zuerst 1830 in Schottland und England aufgetretene kathol. Sekte, nach Edward Irving benannt, verwirft die rom. Hierarchie und will, an die apostolischen Einrichtungen direkt anknüpfend (Erneuerung des Apostolats und der Geistesgaben der apostolischen Zeit, Zungenreden, Hauptdogma die Wiederkunft Christi, die ,herbeizubeten' sei, chiliastische Erwartungen), die wahrhaft apostolisch-katholische Kirche repräsentiren, hat als Kirchenämter die der Apostel, Propheten, Evangelisten und Hirten, als diesen untergeordnete Gemeindeämter die der Engel (Bischöfe), Aeltesten, Priester und Diakonen, einen prunkvollen katholisirenden Kultus, erwartete das Ende der Welt 14. Juli 1835, das dann weiter hinausgerückt ward. In Deutschland fand der *Irvingianismus* seit 1848 bes. in der exklusiv-aristokrat. Gesellschaft einflussreiche Beschützer. Vgl. *Jakobi*, ,Die Lehre der Irvingiten', 1853; *Iritis*, ,Die neuen Apostel', 1853; Parteischriften der I.: *Leia*, ,Ueber den Rathschluss Gottes mit der Menschheit und der Erde', 1847, 2 Bde.; *Thiersch*, ,Ueber christl. Familienleben', 1854.

Isaak, nach der hebr. Stammsage Sohn Abrahams und der Sara, sollte von seinem Vater auf Gottes Geheiss auf dem Berge Morijah geopfert werden, war dann Nomadenfürst in Kanaan, verheirathete sich mit Rebekka aus Mesopotamien, Vater Esaus und Jakobs.

Isabella, 1) *I. von Kastilien*, Königin von Spanien, geb. 23. April 1451, Tochter König Johanns II. von Kastilien und Leon, seit 1469 mit dem König Ferdinand V., dem Katholischen, von Aragonien vermählt. regierte seit 1474 in Kastilien, staatsklug und herrschsüchtig, unterstützte Columbus bei dessen Entdeckungsreisen, führte ein strenges Hofceremoniel, schnelle Rechtspflege, als polit. Verfolgungsinstitut die Inquisition ein; † 26. Nov. 1504 zu Medina del Campo. — 2) *I. II., Marie Luise*, Königin von Spanien, geb. 10. Okt. 1830, Tochter Ferdinands VII. und seiner vierten Gemahlin Marie Christine, folgte nach Aufhebung des salischen Gesetzes (29. März 1830) ihrem Vater 29. Sept. 1838 auf dem Throne, indem bis 10. Okt. 1840 ihre Mutter, dann bis 10. Okt. 1844 Espartero die Regentschaft und Arguelles die Vormundschaft führte, ward 8. Nov. 1843 durch Beschluss der Cortes für majorenn erklärt, 10. Okt. 1846 mit ihrem Vetter Frans d'Assis Maria Ferdinand, dem Sohne des Infanten Frans de Paula, vermählt. Suchte die Parteien zu versöhnen, anfangs liberal gesinnt und sehr populär, dann, dem Einfluss der absolutist.-klerikalen Partei sich hingebend, um Wiederherstellung des absoluten Regiments bemüht, durch O'Donnells Revolution 1854 fast gestürzt, ging bei der revolutionären Schilderhebung Prims und Serranos Sept. 1868 nach S. Sebastian, ward von der proviser. Revolutionsjunta 30. Sept. nebst ihrer ganzen Familie für abgesetzt erklärt und trat mit ihrem Günstling Marfori und ihrem Beichtvater Claret nach Frankreich über; dankte 25. Juni 1870 in Paris zu Gunsten ihres Sohnes Alfons ab.

Isabellfarbe, bräunlichgelblichweiss.

Isäos, attischer Redner aus Chalcis auf Euböa, Lehrer der Redekunst zu Athen; † nach 357 v. Chr. Erhalten sind 11 Reden von ihm, herausg. von *Schömann* (1831) und *Scheibe* (1860), deutsch von *Schomann* (1830).

Isagōge (gr.), Einleitung in eine Wissenschaft. *Isagogik*, Einleitungswissenschaft.

Isanomalen (gr.), auf Landkarten Linien durch diejenigen Punkte, wo die Temperatur um gleich viel Grade von der mittl. Temperatur des betreff. Parallelkreises abweicht.

Isar, Nebenfluss der Donau in Bayern, entspr. am lavatscher Joch in Tirol, durchbricht die Kalkalpen in der Porta Claudia, tritt bei Tölz schiffbar aus dem Gebirge, strömt durch das Dachauer- und Erdinger-Moos und mündet bei Isargmünd unterhalb Deggendorf; 47 M. Hauptznfluss: Amper.

Isaschar, Sohn Jakobs und der Lea; daum israel. Stamm am Berge Tabor.

Isātis L. (*Waid*), Pflanzengattung der Kruciferen. I. tinctoria L., *Färberwaid*, in Süddeutschland, wird in Bohmen, Schlesien, Thüringen, im Elsass, in Frankreich als Färberpflanze kultivirt; s. *Waid*.

Isaurien (a. G.), Landschaft im südl. Kleinasien, zwischen Pamphylien und Cilicien. Die Ew. (Senräuber) verbanden sich 87—84 v. Chr. mit Mithridates gegen die Römer, 67 von Pompejus geschlagen; verschwinden seit 5. Jahrh. aus der Geschichte.

Ischämie (gr.), Blutstillung.

Ischarioth, Beiname des Verräthers Judas.

Ischia (spr. Iskia), Insel im tyrrhen. Meere, am Eingange des Golfs von Neapel, 2 St. vom Festland, 1¼ QM. und 22,000 Ew.; felsig, mit dem Epomeo (s. d.); reich an heissen Mineralquellen, Wein, Obst, vortreffl. Thouerde. Die Hauptst. I. mit Kastell, 2390 Ew.

Ischias, Ischialgie (gr.), s. *Hüftweh*.

Ischim, Nebenfluss des Irtysch im westl. Sibirien, kommt aus der Kirgisensteppe, mündet oberhalb Tobolsk; ca. 100 M. zwischen ihm und dem Tobol die *ischimsche Steppe*.

Ischl, Marktfl. und ber. Badeort Oberösterreichs, in reizender Lage an der Traun, im Mittelpunkt des Salzkammerguts, 6215 Ew. Salzwerke, Soolbäder. Kaiserl. Villa.

Ischurie (gr.), Harnverhaltung, Harnzwang.

Isebel, Gemahlin des israel. Königs Ahab, Tochter des Königs Ethbaal von Sidon, ränkesüchtig und gotzendienerisch, Feindin des Propheten Elias, von Jehu getödtet.

Isegorie (gr.), Gleichberechtigung zu freier Meinungsäusserung, den Athenern schon durch Solon verbürgt.

Isel, Berg bei Innsbruck in Tirol, ber. durch die Heldenkämpfe der Tiroler 1809.

Isenburg, fürstl. Standesherrschaft im ehemal. Kurhessen und den hess. Prov. Starkenburg und Oberhessen, 15 QM., mit der Stadt Offenbach. Das *fürstliche und gräfliche Geschlecht von I.*, bis um 1290 zurückreichend, besteht noch in 2 Hauptlinien: 1) *I.-Offenbach-Birstein*, 1744 in den Reichsfürstenstand erhoben, 1815 mediatisirt, unter preuss. und hess. Oberhoheit ein Territorium von 7½ QM. mit Offenbach besitzend, mit dem gräflichen Nebenast *I.-Philippseich* mit 2¼ QM. Landbesitz; 2) *I.-Büdingen* mit den Speciallinien *I.-Büdingen* zu *Büdingen*, mit 3¼ QM., 1840 in den Fürstenstand erhoben, *I.-Wächtersbach*, mit 2 QM., und *I.-Meerholz*, 0,8 QM., beide gräflich.

Iseo (*Lago d'I.*), 2½ M. langer Alpensee in der Lombardei, vom Oglio durchflossen. Am Südende der *Flecken* I., 2100 Ew.

Iser, Nebenfl. der Elbe in Böhmen, kommt vom Riesengebirge und mündet oberhalb Althausian, 17 M. lang.

Isère (spr. Isahr), linker Nebenfl. der Rhone, entspr. am Mt. Iseran in Savoyen, mündet oberhalb Valence, 43 M. lang. Das frans. *Depart.* I., Theil der Dauphiné, 150,5 QM. und 581,386 Ew. Hauptst. Grenoble.

Isergebirge, die nordwestl. Fortsetzung des Riesengebirges, vom Quellgebiet des Zacken und der Queiss bis zur lausitzer Neisse und Wittig, rauh, waldig und wenig bewohnt, mit 4 parallelen Ketten, deren höchste der *hohe Iserkamm* (3546').

Iserlohn, Kreisst. im preuss. Reghz. Arnsberg, am Baaren, 15,341 Ew.; eine der gewerbsamsten Städte des Rheinlandes, mit Stahl-, Eisen- und Messingfabr. (bes. Drahtmühlen, Seiden- und Tuchfabr., Bleichen, Steck-, Nähl- und Stricknadeln).

Iset, linker Nebenfluss des Tobol in Westsibirien, entspringt am Ural, mündet oberhalb Jaintorowsk, 70 M.

Isidōrus Hispalensis, Bischof von Sevilla (Hispalis), geb. zu Cartagena, † 636; schr. ,Sententiarum s. de summo bono libri III',

eine Art Glaubenslehre, mehrere grammat.
und histor. Werke. Werke (1797—1803,
7 Bde.). Die sogen. pseudoisidorischen Dekretalen, vom 9. Jahrh. an gesammelt, erhielten den Namen nach Isidorus Mercator.

Isis, altägypt. Göttin, von den Griechen mit Demeter verglichen, eine der älteren ägypt. Gottheiten, mit ihrem Bruder und Gemahl Osiris (s. d.) hes. zu This in Oberägypten, später auch in Griechenland und Rom verehrt, meist mit Sonnendiskus zwischen Kuhhörnern dargestellt.

Isländisches Moos, s. Cetraria.

Islam, s. v. a. Mohammedanismus.

Island, zu Dänemark gehörige Insel im hohen N., zwischen Norwegen und Grönland, 1867 QM. (wovon 764 bewohnbar) und 66,987 Ew.; ein durchaus vulkan. Gebilde, flachgewölbtes, bis 2200′ h. Plateau mit aufgesetzten Kegeln (Jökul) und Bergmassen, bald sanft, bald in schroffen Felsenwänden zu den zersplitterten Küsten abfallend, mit tiefen Flussthälern und meergründlichen Seebecken und von Felsgeröll, Lavafeldern, Schnee und Eismassen überdeckt. Unter den zahllosen Gletscherkegeln am höchsten der Oeräfa - Jökul (6030′ h.); viele thätige oder erloschene Vulkane (z. B. Krafla im N., Hekla im S.), zahlr. heisse Springquellen (s. Geiser), Schwefelgruben, Schlammvulkane etc. Unzählige fischreiche Flüsse (der grösste die Thiorsau). Klima oceanisch; mittlere Temperatur von Reykjavik 4°1 R., in der Nordküste 0° 46 R. Luft nebllg, feucht und stets bewegt, bis zu fürchterlichen Stürmen (Mistur). Produkte: wenig und niedrige Bäume, viele essbare Beeren, isländ. Moos; Getreide fehlt. Hauptbeschäftigung Viehzucht (bes. Schafe und Pferde), Vogelfang (Eidergänse). Ausfuhr von gesalzenen Fischen, Wolle, Federn, Fleisch, Thran (ca. 4 Mill. Thlr.). Sprache der Ew. die alte norwegische (isländische) mit einem reichen Schatz von Sagen (Edden). Das Christenthum seit 1000 eingeführt, Reformation seit 1551; I. bildet ein lnthar. Bisthum mit 19 Propsteien. Eintheilung in 3 Aemter: Südamt, Westamt, Nord- und Ostamt. Hauptstadt Reykjavik. — 861 von Gardar entdeckt und Gardarsholm, später wegen des Treibeises I. genannt. Bald darauf Einwanderung zahlr. unzufriedener Norweger, die einen Staat mit aristokrat.-republikan. Verfassung bildeten, der Jahrhunderte lang bestand und hohe Bildung in Poesie und Wissenschaft gewann, bis die Insel durch innere Unruhen und die Einmischung der norweg. Könige Hakon V. Gamla und Magnus V. Lagabötter 1264 norweg. Besitzung ward mit Beibehaltung ihrer alten Einrichtungen. 1843 Einführung der jetzigen Organisation (berathende Ständeversammlung von 27 Mitgliedern). Neuere Werke über I. von Sartorius (1847), Pfeiffer (1846), Winkler (1862), Preyer u. Zirkel (1862).

Islay (Isla, spr. Eileh), südl. Hebrideninsel, 4 QM. mit 10,332 Ew.

Isle (Ile, fr., spr. Ihl), Insel.

Isle de France (spr. Ihl dö Frangs, Frankreich), alte franz. Prov. (Herzogthum), mit

Paris als Hauptstadt, das Erbland der Capetinger (seit 987) und so der eigentliche Kern des franz. Reichs, umfasst die jetzigen Depart. Seine, Seine-Oise, Oise, Aisne und Seine-Marne, 454,4 QM. und 4,005,342 Ew.

Islimne (Slivno), Stadt im türk. Ejalet Adrianopel, südl. am Balkan, 15,000 Ew. (meist Bulgaren). Wichtige Messe.

Islington (spr. -ingt'n), ursprüngl. Dorf in der engl. Grafschaft Middlessex, jetzt Stadttheil von London, mit gr. Park.

Isly, kleiner Fluss in Marokko, unfern der algier. Grenze; 14. Aug. 1844 Sieg des Marschalls Bugeaud über die Marokkaner.

Ismaël, Sohn Abrahams und der Sklavin Hagar; Stammvater der Araber.

Ismail, befest. Hafen- und Handelstadt in der Moldau, am Donauarme Kilia, mit dem dazu gehörigen Tutschkowo 25,136 Ew.; vor der Zerstörung durch Suworow 1789 blühendste Stadt Bessarabiens, kam 1812 an Russland, 1856 an die Türkei.

Ismailia, Stadt auf dem Isthmus von Suez, am nördl. Ufar des Timsahsees und dem Süsswasserkanal, 1861 bei Beginn des Kanalbaus angelegt, Sitz der Generaldirektion der Arbeiten, bereits 4000 Ew.

Ismail-Pascha, Vicekönig von Aegypten, geb. 1830 zu Kairo, zweiter Sohn Ibrahim-Paschas, trat in Opposition zu der Regierung Abbas-Paschas, ward von Said-Pascha zum Mitglied des Staatsraths ernannt, führte 1861 während längerer Abwesenheit des Vicekönige die Herrschaft, folgte 18. Jan. 1863 seinem Oheim Said - Pascha als Vicekönig, machte sich offen zu dessen Regierungsgrundsätzen, unterwarf sich in den Differenzen mit der Suezkanal - Kompagnie 1864 dem Schiedsspruche Napoleons III.

Ismid (Isnikmid, das alte Nicomedia), Hafenstadt in Kleinasien, am Marmarameer, ca. 8000 Ew.; Bischofssitz, bed. Holz- und Salzhandel; Werfte für Kriegsschiffe.

Isochimenen (gr.), auf Landkarten die Linien gleicher mittler Wintertemperatur.

Isochromatisch (gr.), gleichfarbig.

Isochröne (Tautochrone, gr.), Kurve, in der als vorgeschriebenem Weg eines fallenden Körpers dieser jeden Bogen in gleicher Zeit durchfällt.

Isochronisch (gr.), von gleicher Zeitdauer. Isochronismus, gleiche Zeitdauer, insbes. die gleiche Dauer der Pendelschwingungen an einem und demselben Ort der Erde.

Isochronismus (gr.), die völlige Gleichheit der Dauer der Schwingungen des Pendels oder der Unruhe in einer Uhr.

Isodynamisch (gr.), gleichkräftig, bes. in Bezug auf die Intensität des Magnetismus; daher Isodynamen, auf Landkarten Linien gleicher magnetischer Intensität.

Isogön (gr.), Polygon mit lauter gleichen Winkeln und Seiten. Isogonen, auf Landkarten Linien gleicher magnet. Abweichung.

Isoklinen (gr.), auf Landkarten Linien von gleicher magnet. Inklination.

Isola Bella, s. Borromeische Inseln.

Isola grossa, dalmat. Insel, zum Kr. Zara gehörig, 12,500 Ew.; Hauptort Sala.

Isola Madre, s. Borromeische Inseln.

Isolani, *Joh. Ludw. Hector*, *Graf von*, kaiserl. General im dreissigjähr. Kriege, geb. 1586, focht erst gegen den Grafen von Mansfeld, dann unter Savelli in Pommern, 1632 bei Lützen, erhielt 1634 als Feldzeugmeister den Oberbefehl über die Kroaten und für seinen Verrath an Wallenstein den Grafentitel, focht dann bei Nördlingen, 1637 in Hessen, 1648 in Pommern, 1639 am Oberrhein gegen Herzog Bernhard von Weimar und Guébriant; † 1640 in Wien.

Isoliren (lat.), absondern, einzeln dastehen machen; bes. einen Körper mit Nichtleitern der Elektricität (Glas, Harz, Siegellack, Schellack) umgeben. *Isolirschemel*, Schemel mit gläsernen Füssen, dient, einen Menschen, der darauf steht, elektrisch zu machen. *Isolator*, Nichtleiter der Elektricität.

Isolirungssystem, s. *Gefängnisswesen*.

Isomère Körper (gr.), chem. Verbindungen von gleicher procentischer Zusammensetzung, aber ungleichen Eigenschaften.

Isometrie (gr.), Massgleichheit.

Isomorphe Körper (gr.), chemische Verbindungen von gleicher atomistischer Zusammensetzung und gleicher Krystallform, können beim Krystallisiren aus Mischungen nach veränderlichen Verhältnissen in denselben Krystall eintreten. [lichen Rechte.

Isonomie (gr.), Gleichheit der bürgerlichen. [Flusse in der österr. Grafschaft

Isonzo, Fluss in der österr. Grafschaft Görz, entspringt am Tergiou, mündet als *Sdoba* in den Golf von Triest, 21 M.

Isopathie (gr.), s. v. a. Homoopathie. [fang.

Isoperimetrisch (gr.), von gleichem Umfang.

Isopolitie (gr.), Gleichheit der staatsbürgerlichen Rechte. [cher Finsthelten.

Isorachien (gr.), auf Karten Linien gleicher mittlerer Sommertemperatur.

Isotheren (gr.), auf Karten die Linien gleicher mittlerer Sommertemperatur.

Isothermen (gr.), auf Karten die Linien von gleicher mittlerer Jahrestemperatur.

Isouard (spr. -suahr), *Niccolo*, franz. Opernkomponist, geb. 1777 auf Malta, seit 1800 in Paris; † das. 23. März 1818. Hauptwerke: ,Cendrillon' (Aschenbrödel) und ,Joconde'.

Ispahan (*Isfahan*), Stadt in der pers. Prov. Irak Adschemi, am Zajen de Rud, 5017' üb. M., 80,000 Ew.; ehedem Residenz der Sofidynastie und glänzende Weltstadt mit zahlr. Prachtbauten und über 1 Mill. Ew., seit der Zerstörung durch die Afghanen (1772) zum grössern Theil Ruinenhaufe. Ber. Schulen, Industrie in Webereien u. Waffen; Stapelplatz für die Produkte der Umgegend (Baumwolle, Droguen, Tabak).

Israel (hebr.), d. i. Kämpfer Gottes, Beiname des Patriarchen Jakob, weil er mit Gott gerungen; seine Nachkommen *Israeliten*; das hebr. Zehnstämmereich (s. *Hebräer*).

Issi-kul (*Issyk-kul*), salziger Binnensee am westl. Hochasiens, südl. vom Balkaschsee, im sibir. Gebiete von Semipalatinsk, 285 QM.; von schwarzen Kirgisen umwohnt.

Issouden (spr. Issudöng), Stadt im franz. Depart. Indre, 14,261 Ew. Industrie in Wolle. In der Nähe Druidendenkmäler.

Issus (a. G.), Seestadt in Cilicien, am *Golf von I.* Hier 333 v. Chr. *Sieg* Alexanders d. Gr. über Darius. Jetzt Jüsler.

Istambul (türk.), s. v. a. Konstantinopel.

Isthmus (gr.), enger Eingang; Landenge, im Alterth. vorzugsweise die von Korinth (zwischen dem Peloponnes und Hellas), wo alle 5 Jahre die *isthmischen Spiele* (in der spätern Zeit auch mit dramat. Darstellung verbunden) Statt fanden.

Istib, türk. Stadt in Rumelien, Ejalet Uskup, am *Flusse* I. (zum Wardar). 20,000 Ew.

Istmo (*Panama*), Staat der Föderativrepublik Neugranada, 1501 QM. und ca. 180,000 Ew. (10,000 Weisse); fast ganz unkultivirte Wildniss. Hauptstadt Panama.

Istrien, Markgrafschaft in Oesterreich, Theil des sogen. Küstenlands, 89,8 QM. und ca. 240,000 Ew.; Halbinsel zwischen dem Golf von Venedig und dem Quarnero, dazu die 3 grossen Inseln: Cherso, Veglia und Osero. Städte: Capo d'Istria, Rovigno, Pola (Kriegshafen). — Im Alterthum von den *Istri* oder *Histri* (Seeräubern) bewohnt, ward das Land 300 v. Chr. von den Römern, 6. Jahrh. n. Chr. von den Gothen erobert, gehörte später zum byzant. Reich, dann den Karolingern, nach 1170 an die Grafen von Andechs, in der Folge an Venedig und (der nordöstl. Theil) an Oesterreich. Nach dem Frieden von Campo Formio besetzte Oesterreich auch den venetian. Theil, musste ihn 1809 an Napoleon abtreten, der das Gebiet zu den Illyr. Provinzen schlug; seit 1814 wieder österreichisch.

Isturiz, *Don Francesco Xavier de*, span. Staatsmann, geb. 1790 zu Cadix, war mit seinem Bruder *Thomas de I.* einer der Leiter des span. Aufstands vom 1. Jan. 1833, 1823 Präsident der Cortes, flüchtete, nach der Restauration zum Tode verurtheilt, nach England, kehrte 1834 nach Spanien zurück, ward 1835 Präsident der Kammer der Procuradoren, 1836 Minister des Auswärtigen und Präsident des Conseils, musste, beim Volke als Abtrünniger verhasst, nach der Revolution von La-Granja 12. Aug. 1836 abermals fliehen. Später wieder Mitglied der Cortes und Präsident des Kongresses, wirkte er unter Esparteros Regentschaft für die Königin Christine, war 1846 und 1847 wieder Ministerpräsident, 1848 u. 1855 und 1858—62 span. Gesandter in London, dann Präsident des Staatsraths, 1863 u. 1864 Gesandter zu Paris. † wie I; vgl. *Etucismus*.

Itacismus (gr.), Aussprache des griech.

Itacolumi, Berg, s. *Brasilien*.

Itakolumit, Gelenkquarz, krystallinischer Schiefergestein, besteht aus Quarzkörnern, durch Talk oder Chlorit mit einander verbunden, weiss oder gelblich, bildet in Brasilien Gebirge (itacolumi), ist das Muttergestein des Diamanten, führt auch Gold.

Italien, Königreich, umfasst gegenwärtig die gesammte apennin. Halbinsel zwischen dem adriat. und mittelländ. Meer (excl. der Republik San Marino, 1,3 QM., und des an Frankreich abgetretenen Savoyen u. Nizza, 215 QM.) nebst Sardinien, Sicilien und vielen kleinern Inseln, in 8a. 5375,9 QM. und (1870) 25,766,217 Ew. (wovon auf den seit Okt. 1870 mit I. vereinigten Kirchenstaat 214,1 QM. und [1863] 723,121 Ew. kommen). —

Bodengestalt. Der N. (Oberitalien) westl. und nördl. umwallt von den Alpen, an deren Fusse die lombard.-venetian. Tiefebene sich bis zum Adriameer erstreckt; im S. derselben die Apenninen (s. d.), welche die Halbinsel der Länge nach durchstreichen; die Inseln alle gebirgig, bes. Sicilien (Aetna 10,200'). — *Flüsse* nur in Oberitalien einigermassen bedeutend (Po und Etsch), geringere Küstenflüsse: Arno, Tiber, Garigliano, Volturno. *Seen:* Lago-Maggiore, Luganer-, Comer-, Iseo- und Gardasee in Oberitalien, der Trasimeno (Umbrien), die Seen von Bolsena und Bracciano (Kirchenstaat). *Kanäle* 84½ QM. (in Oberitalien). — *Klima* in Oberitalien mild und rein, im S., bes. auf der Ostseite, noch günstiger (im Winter um 2½° wärmer, im Sommer nicht heisser, auf der Westseite (Kirchenstaat) wirken in einzelnen Strichen Malaria u. erschlaffende Siroccowinde schädlich; dazu Erdbeben und vulkan. Ausbrüche nicht selten. — *Boden* grösstentheils kulturfähig, theilweise durch höchste Fruchtbarkeit ausgezeichnet. 4 Pflanzenregionen der Apenninen: a) Region der Olive (bis 1200', mit immergrünen Wäldern, Gartenkultur, Winterweiden), b) der Kastanie und Eiche (bis 3000', mit Ackerbau und Kastanienwaldungen), c) der Buchen- und Nadelhölzer (bis 6000'), d) der Sträucher und Alpenkräuter (mit Sommerweiden auf den Hochflächen des Gebirgs bis zu den nur wenige Wochen schneefreien Kuppen).

Bevölkerung. Volksdichtigkeit im Allgem. bedeutend: 4927 Ew. auf 1 QM.; am stärksten in der Lombardei (1:7670) und hier wieder in der Prov. Mailand (1:17,448), wie in der Prov. Neapel (1:43,000, ohne die Hauptstadt 1:22,260) am schwächsten auf Sardinien (1:1335) und in Umbrien (1:2933). — Der *Nationalität* nach fast nur Italiener, d. i. Abkömmlinge von den altitalischen, zuletzt unter der Römerherrschaft vereinigten und Lateinisch redenden Ureinwohnern und sehr verschiedenen Einwanderern (Griechen, Celten, Germanen, Arabern, Albanesen). Die Zahl der Nichtitaliener gering: ausser den ca. 370,000 Friaulern (Prov. Udine) mit einer dem Ital. sehr verwandten Sprache, ca. 30,000 Slavonen (an der nordöstl. Grenze), 20—30,000 Deutsche (in den Alpen und am Verona), 134,500 Franzosen, 55,500 Albanesen (Apulien und Sicilien), 20,300 Griechen, ca 25,000 Juden etc. — Herrschende *Religion* die kathol., doch sind andere Konfessionen geduldet. 1861 unter den 21,777,334 Ew. I. s (also ohne Venedig und den Kirchenstaat): 21,720,363 Kathol. (99,74%, unter 46 Erzbischöfen, darunter 1,115,964 vom ambrosian. Kultus, 75,721 Griechisch-Unirte), 32,684 Protestanten (0,13%, meist Waldenser in Piemont).

Nahrungszweige. Der *Ackerbau*, der über ⅓ der Bevölkerung (einschliessl. ca. 300,000 Hirten) ernährt, bisher sehr vernachlässigt, nur im N. und am Neapel ausgezeichnet. Zahl der Grundeigenthümer im Allgem. gering (604,437). Produkte: Getreide (den Bedarf nicht deckend), Reis (2⅘ Mill.

Scheffel), Wein (über 19 Mill. Eimer), Tabak (Regal), Baumwolle (seit dem amerikan. Bürgerkriege, bei Salerno, in Kalabrien, Apulien, auf Sardinien und Sicilien, jährl. ca. 60 Mill. Pfd.), Safran, Krapp, Flachs (Lombardei), Hanf (500,000 Ctr.), Maulbeeren, Oliven (Apulien), Kastanien, Edelfrüchte; Parmesankäse (für 8—10 Mill. Thlr. jährl.). Waldkultur unbekannt. *Bergbau* gering; Hauptprodukte Schwefel (Sicilien und lipar. Inseln, 21,000 Arbeiter), Marmor (Carrara), Pozzolauerde, Salz, Rinnstein, Alaun etc. — Die *Industrie*, im Mittelalter auf hoher Stufe stehend, in der neuen Zeit unbedeutend (Mangel an Eisen und Kohlen); in Blüthe nur die Gewerbe, die sich dem künstlerischen Betriebe nähern: Mosaikarbeiten (Florenz), Skulpturen, künstliche Blumen- und Glasfabrikation, Juwelier- und Goldschmiedearbeiten, Ceroplastik, Ceramik, künstl. Schreinerarbeiten, typograph. Gewerbe; ausserdem Seidenkultur (Lombardei, 1864: 3904 Seidenspinnereien im Betrieb), Papier- (20 Mill. Kilogr.) und Thonwaarenfabr. (für 60 Mill. Lire), Korallenfischerei und Schleiferei etc. — Der *Handel* lebhaft und ansehnlich, bes. der Seehandel; I. wichtiges Verbindungsglied zwischen West- und Mitteleuropa und der Levante. Ausfuhrartikel: Seide (gegen 160 Mill. Lire) und Seidenstoffe, Strohgeflechte (12¼ Mill. Lire), Olivenöl (an 29¾ Mill. Lire), Schwefel (über 16½ Mill. Lire), Früchte, Parfümerien, Salz etc.; Einfuhrartikel: Manufaktur-, Kolonial-, Metallwaaren, Getreide, Glas, Steinkohlen. Gesammtausfuhr (1868): 529,7, Einfuhr: 818,4 Mill. Lire; Transithandel: 82,8 Mill. Lire. Schifffahrtsverkehr 1868: eingelaufen 117,828 Handelsschiffe mit 9,546,573 Ton., ausgelaufen 115,869 Handelsschiffe mit 8,983,015 Ton. Handelsflotte Anfang 1869: 17,946 Schiffe von 882,829 Ton., darunter 101 Dampfer von 23,442 Ton. und 12,498 Pferdekraft, und zahlr. kleine Schiffe für den Fischfang (Thunfische, Makrelen, Sardellen, Anstern). Eisenbahnen 1868: 723 M. (Einnahme 82,059,714 Lire). Wichtigste Seehäfen: Livorno, Genua, Neapel, Messina, Palermo, Bari, Ancona, Venedig; Hauptbinnenplätze: Mailand, Bologna, Turin, Florenz. — *Rechnung* nach Lire (= Frcs.). — Das *Unterrichtswesen* bisher ganz vernachlässigt; in neuester Zeit wird seine Hebung mit Ernst angestrebt. 19 Universitäten (dann 2 in Rom), 6 erster Ordnung (Bologna, Neapel, Pavia, Palermo, Pisa, Turin), die übrigen nur mit gewissen Fakultäten. Ausserdem verschiedene Akademien der Wissenschaften und der Künste, Museen, 8 Sternwarten, über 250 Gymnasien, techn. Institute, Handwerks-, Kunst- und (25) Schifffahrtsschulen etc.

Staatsverfassung konstitutionell-monarchisch; Grundlage die sardin. Konstitution vom 4. März 1848; Krone im Mannsstamm des Hauses Savoyen erblich. 2 Kammern: Senat (zugleich Staatsgerichtshof über Ministeranklagen und bei Hochverrathsprozessen) und Deputirtenkammer (443 Mitglieder). Kassationshöfe zu Florenz, Mailand, Neapel, Palermo; Civil- und Strafrecht nach dem franz. — *Finanzen* 1870: Einnahmen 950,506,162 Lire, Ausgaben 1111,652,814 Lire. Der Zinsaufwand für die Staatsschuld 1870: 467,314,812 Lire. — *Militär* 1869:

Friedensfuss 183,441 Mann (14,797 Offiz.),
Kriegsfuss . 376,721 - (17,535 Offiz.),
Reserve . . 197,000 -

Stand der *Flotte* 1. Jan. 1870: 22 Panzerschiffe (mit 201 Kanonen und 11,390 Pferdekraft), 29 Schraubendampfer (mit 570 Kan. und 9256 Pferdekr.) und 32 Raddampfer (mit 113 Kan. und 6810 Pferdekr.), dazu 8 Segelschiffe (mit 104 Kan.). Matrosen 11,193 M., Marinetruppen 5688 M. und 234 Offiziere. — *Orden:* Annunciatenorden, Orden des heil. Mauritius und Lazarus, Militärorden von Savoyen, Civilorden von Savoyen. — *Landesfarben:* roth, silbern, grün. *Wappen:* silbernes Kreuz im rothen Felde. *Eintheilung* in 14 Landschaften: Piemont und Ligurien, Sardinien, Lombardei, Venetien, Emilia, Marken, Umbrien, Toskana, Abruzzen und Molise, Kampanien, Apulien, Basilicata, Kalabrien, Sicilien. Hauptstadt seit 1865 Florenz, seit Juli 1871 Rom. Vgl. *Zuccagni-Orlandini*, ,Corografia fisica, storica e statistica dell' Italia', 1845, 12 Bde.; ,Statistica del regno d'Italia' und ,Annuario statistico italiano' (seit 1864).

Geschichte. Die alte Gesch. I.s bis zur Auflösung des weström. Reichs s. *Rom. Gesch.* *I. Periode. I. unter der Herrschaft der Ostgothen und Longobarden* (476—774). 476 Odoacer, König von I. 493 Sturz desselben durch Theodorich, König der Ostgothen. 556 Ende des ostgoth. Reichs in I., das wieder unter oström. Herrschaft kommt und von einem Exarchen in Ravenna verwaltet wird. 568 Einfall der Longobarden, die einen grossen Theil der Halbinsel erobern und das Lehnswesen daselbst einführen. Beschränkung des Exarchats auf Ravenna, die Romagna, die Pentapolis (Rimini, Pesaro, Fano, Sinigaglia und Ancona). Rom nebst Umgegend, Theile von Unteritalien und Sicilien im unsichern Besitz der oström. Kaiser. Die Päpste, von den Longobarden bedrängt, werden von den fränk. Königen geschützt. 755 Pipin der Kleine schenkt das den Longobarden entrissene Exarchat dem Papste (Anfang des Kirchenstaats). 774 Einverleibung des Longobardenreichs durch Karl d. Gr. in das fränk. Reich. *II. Periode. I. unter der Herrschaft der Karolinger* (774—961). I., mit Ausnahme des Herzogth. Benevent, Neapels, Gaëtas, Amalfis und anderer Republiken in Unteritalien, die sich an Byzanz anschliessen, unmittelbarer Bestandtheil des fränk. Reichs bis zum Vertrag von Verdun (843), zufolge dessen es nebst der Kaiserwürde und Lothringen *Lothar I.* zufällt. Diesem folgt 850 sein Sohn Ludwig II. († 875). Dann Zwist, bis Karl der Dicke 880 das ganze fränk. Reich wieder vereinigt. Nach dessen Absetzung 887 Anarchie und Bürgerkriege. 888 Guido König, 891 Kaiser von I. († 894); nach ihm sein Sohn Lambert († 898) und der deutsche König Arnulf († 899). Dann

Streit zwischen dem Herzog Berengar I. von Friaul, dem König Ludwig von Niederburgund und dem König Rudolf I. von Oberburgund über die Herrschaft in I. 915 Kaiserkrönung Berengars († 924). Darauf Hugo, Graf von Provence (945 gestürzt), und dessen Sohn Lothar († 950) Herrscher in I. 951 der deutsche König Otto I., als König der Longobarden, 962 in Rom als Kaiser gekrönt. In Unteritalien fassen Griechen festen Fuss. *III. Periode. I. unter der Herrschaft der röm.-deutschen Kaiser* (961—1056). Otto I. gibt ital. Reichslehen an Deutsche und vertheilt den ital. Städten Vorrechte, die Grundlage ihrer späteren freien Verfassung. Die Päpste vom Kaiser ganz abhängig. Nach Ottos III. Tode (1002) Erhebung des Markgrafen Hardnin von Ivrea zum König von I., der aber dem Kaiser Heinrich II. gegenüber unterliegt. Innere Kämpfe zwischen den Städten und dem Adel. Rom republikanisch. Reform des Papstthums durch Kaiser Heinrich III. († 1056). *IV. Periode. I. während des Kampfs zwischen Papst- und Kaiserthum* (1056—1259). Erhebung des Papstthums unter Gregor VII. mit Hülfe der Normannen, die Unteritalien unter ihrer Herrschaft vereinigen, während Oberitalien in kleinere Staaten zerfällt. Venedig, Genua und Pisa mächtige Republiken. Kampfe um die Erbschaft der Gräfin Mathilde von Toskana. 1130 der Normannenfürst Roger I. König beider Sicilien. Kämpfe zwischen den lombard. Städten, die sich zum Theil an Mailand, zum Theil an Pavia anschliessen. Guelfen und Ghibellinen. Kampf zwischen Kaiser Friedrich I. und dem lombardischen Bunde (seit 1167). 1183 Friede zu Konstanz, welcher den lombard. Städten unter kaiserlicher Oberherrlichkeit volle Freiheit und Föderationsrecht gewährt. Heinrich VI. durch Vermählung mit der Erbtochter Konstantia König beider Sicilien († 1196). In Oberitalien Anarchie, die Herren da Romano Häupter der Ghibellinen, die Markgrafen von Este der Guelfen. Wiederherstellung der weltlichen Herrschaft der Päpste in Rom und Umgegend durch Innocenz III. 1220 Erneuerung des lombard. Bundes durch die guelfischen Städte. Kampf Kaiser Friedrichs II. († 1250) gegen die Hierarchie und die Städterepubliken, die durch Bologna zu einem guelf. Bunde vereinigt werden. Fall der Hohenstaufenherrschaft mit Konrads IV. Tod 1254. *V. Periode. I. vom Ende der Hohenstaufenherrschaft bis zur Entstehung der neueren Staaten* (1259—1530). Sieg des röm.-ital. Elements; Uebermacht der päpstlichen Gewalt; Selbständigkeit der ital. Städterepubliken; Blüthe des ital. Lebens. Karl I. von Anjou durch des Papstes Gunst König von Neapel; Guelfen Freunde, Ghibellinen Feinde der Franzosen. In den Republiken Kämpfe zwischen Adel und Volk, welches letztere schliesslich fast allenthalben siegt. Kämpfe zwischen den Seerepubliken Genua, Pisa und

Venedig. Kaiser Heinrich VII. sucht die kaiserl. Herrschaft in I. wieder herzustellen († 1313). Tyranneuherrschaft in den Städten. Wachsende polit. Zerrüttung und Entsittlichung, dabei glänzendes Aufblühen der Künste, Wissenschaften und der gewerblichen Thätigkeit. 5 Gruppen von Staaten: Unteritalien, Kirchenstaat, Toskana mit Florenz an der Spitze, Mailand unter den Visconti und Venedig. 1355 vergeblicher Versuch Kaiser Karls IV., das kaiserl. Ansehn in I. herzustellen. 1395 Belehnung Giangaleazzo Viscontis mit Mailand als Herzogthum. Nach dem Erlöschen des Hauses Visconti Franc. Sforza 1450 Herrscher von Mailand. Letzteres, Venedig, Florenz, der Kirchenstaat und Neapel halten im 15. Jahrh. das polit. Gleichgewicht in I. 1494 temporäre Eroberung Neapels durch Karl VIII. von Frankreich. 1500 Erwerbung Mailands durch Ludwig XII. von Frankreich. Karl V. infolge seines Siegs bei Pavia 1525 Herr in Oberitalien, gibt Mailand an Franc. Sforza zurück, erobert 1527 Rom, erhebt 1530 die Mediceer in den Fürstenstand.

VI. Periode. I. unter fremdem Einfluss bis zur franz. Revolution (1530 — 1769). Karl V. überlasst 1553 Mailand und Neapel seinem Sohne Philipp II., wodurch auf 1½ Jahrh. österr.-span. Einfluss in I. vorherrschend wird und das geistige und polit. Leben erlischt. In der 2. Hälfte des 16. Jahrh. langer Friede bis zum Erbfolgestreit über Mantua und Montferrat, durch den I. in den 30jährigen Krieg verwickelt wird. Dann wieder langer Friede. 1706 Eroberung Mailands, Mantuas und Montferrats durch Oesterreich, welches im Frieden von Utrecht 1714 nach Neapel und die Insel Sardinien erhält, die es gegen Sicilien an Savoyen überlässt. 1731 kommt Parma und Piacenza nach Aussterben des Hauses Farnese an den Infanten Karl von Spanien, der 1735 König beider Sicilien wird und im Frieden von Wien 1738 Parma und Piacenza an Oesterreich abtritt. Nach Aussterben der Mediceer 1737 erhält Herzog Franz Stephan von Lothringen Toskana, das er 1745 zu einer Sekundogenitur des habsburg.-lothringischen Hauses macht. 1748 erhält der span. Infant Philipp durch den Frieden von Aachen Parma und Piacenza als erbliches Herzogthum. Seitdem Ringen des österr. und span. Einflusses um die Oberherrschaft in I.

VII. Periode. I. während der franz. Revolution und bis zu Errichtung des neuen Königreichs I. (1769—1860). Sept. 1792 Einfall der franz. Truppen in Savoyen, 1794 in Piemont und Genua. 1797 Errichtung der cisalpinischen Republik (s. d.). 1798 Verwandlung des Kirchenstaats in eine röm. Republik, Genua in eine ligur. Republik (s. d.). Im Frieden von Campo Formio 1797 erhält Oesterreich das venetian. Gebiet bis an die Etsch. 1799 Verwandlung Neapels in eine parthenopeische Republik (s. d.). Im Frieden von Luneville 1801 erhält der Herzog von Parma Toskana als Königreich Etrurien, Parma Frankreich

einverleibt. Jan. 1802 Umschmelzung der cisalpin. in eine Italien. Republik, Bonaparte Präsident derselben. Piemont Frankreich einverleibt. 1805 Verwandlung der Italien. Republik in ein *Königreich I.* unter Eugen Beauharnais. Infolge des Friedens von Pressburg 1805 Einverleibung des österr. Venedigs nebst Istrien und Dalmatien in das Königreich I. (1672 QM. mit 5,657,000 Ew.). 24. Mai 1806 Guastalla, 25. Mai die ligur. Republik, 21. Juli Parma für franz. Provinzen erklärt. 31. März 1806 Einsetzung Joseph Bonapartes, 1808 Joachim Murats zum König von Neapel. 1808 Vereinigung Etruriens mit Frankreich. 1809 Verwandlung Toskanas in eine franz. Statthalterschaft unter Elisa Bonaparte und völlige Einverleibung des Kirchenstaats in Frankreich. Jan. 1814 Eindringen der Oesterreicher in I.; 23. April Abgang des Vicekönigs Eugen. Regulirung der Verhältnisse I.s durch die wiener Kongressakte vom 9. Juni 1815: Herstellung des Königreichs Sardinien nach den Grenzen von 1792 nebst der vormal. Republik Genua; Neueinrichtung eines lombardisch-venetianischen Königreichs für Oesterreich; das Haus Oesterreich-Este erhält die Souveränetät in Modena, Reggio, Mirandola, Massa und Carrara; die Kaiserin Marie Luise Parma, Piacenza und Guastalla; die Infantin Marie Luise Lucca; der Erzherzog Ferdinand von Oesterreich Toskana; Herstellung des Kirchenstaats und des Königreichs beider Sicilien unter Ferdinand IV. Begründung des österr. Uebergewichts in I. Verlangen nach Repräsentativverfassungen und nach Unabhängigkeit von fremder, namentl. österr. Herrschaft, angeregt durch die Carbonari (s. d.) und andere geheime Gesellschaften, bes. in Neapel und Sicilien, wo Ferdinand I. 1820 eine liberale Konstitution versprechen muss, und in Sardinien, wo Victor Emanuel I. 1821 zu Gunsten seines Bruders Karl Felix resignirt. Herstellung der alten Ordnung durch österr. Intervention in Neapel 7.—10. März, in Piemont 7.—9. April 1821. Darauf strenge Repressivmassregeln gemäss den auf dem Kongressen zu Laibach und Verona hinsichtl. I.s festgestellten Principien. Febr. 1831 Unruhen in Modena, Bologna, Ancona und Parma. Eine zu Bologna eingesetzte provisor. Regierung erklärt (8. Febr.) das Aufhören der weltlichen Regierung des Papstes, beruft ein Parlament und beräth die provisor. Verfassung der vereinigten Italien. Provinzen', wonach ein Präsident mit einem Ministerrath und eine gesetzgebende Versammlung au der Spitze des neuen Staats stehen sollen. 5. März Besetzung Ferraras, 13. Parmas, 21. Bolognas, 27. Anconas durch österr. Truppen und nach dem Gefecht bei Rimini (25. März) Auflösung der provisor. Regierung. Infolge neuer Unruhen Besetzung Anconas durch franz. Truppen (22. Febr. 1832 bis Dec. 1838). Fortdauer der Unzufriedenheit, namentlich durch das Wirken der von Mazzini 1834 gestifteten Geheimgesellschaft ,Junges I.‘. 16. Juni 1846 Wahl Pius IX. zum Papst.

Verkündigung liberaler Reformen im Kirchenstaat, in Toskana und Sardinien. 12. Jan. 1848 Aufstand in Sicilien; 29. Jan. Verheissung einer konstitutionellen Verfassung in Neapel; 8. Febr. in Sardinien; 17. Febr. in Toskana. 18.—23. März Aufstand in Mailand, Venedig, Parma und Modena frei. König Karl Albert von Sardinien überschreitet als Vorkämpfer der ital. Unabhängigkeit ('Schwert Ls') die lombard. Grenze. Rückzug der Oesterreicher auf die Mincioliniè und die Festungen Verona, Mantua, Peschiera und Legnago. 15. Mai Aufhebung der beschwornen Verfassung in Neapel und Bombardement der Stadt. 25. Juli Sieg der Oesterreicher bei Custozza, darauf Einnahme von Mailand durch dieselben und 9. Aug. Waffenstillstand. Uebergewicht der ultrademokrat. Partei in Mittelitalien; 24. Nov. Flucht des Papstes nach Gaëta. Febr. 1849 Proklamation der röm. Republik. 23. März Sieg der Oesterreicher bei Novara, Abdankung Karl Alberts zu Gunsten seines Sohnes Victor Emanuel II. 3. Juli Eroberung Roms durch die Franzosen. 6. Aug. Friede zu Mailand zwischen Oesterreich u. Sardinien; Herstellung der österr. Macht in der Lombardei, in Modena, Parma und Toskana. 28. Aug. Fall Venedigs. April 1850 Rückkehr des Papstes nach Rom. Absolutistische und hierarchische Reaktion in ganz I. ausser Sardinien (s. d.), wo die Ministerien Massimo d'Azeglio (1849—52) und Cavour (1852—1859) den Konstitutionalismus aufrecht erhalten. Daher gespanntes Verhältniss zu Oesterreich, das endlich zum Bruch führt. Das österr. Ultimatum vom 19. April 1859 fordert von Sardinien Entwaffnung. Infolge der Ablehnung desselben zu Turin (26. April) Einmarsch der österr. Truppen (29. April). Napoleons III. Kriegsmanifest vom 3. Mai verheisst 'ein freies I. bis zum adriat. Meere'. Nach der Schlacht bei Magenta (4. Juni) Rückzug der Oesterreicher auf die Mincioliniè und das Festungsviereck. 8. Juni Victor Emanuels Einzug in Mailand (vgl. Frankreich, Gesch.). Bildung provisorischer Regierungen in Toskana, Parma, Modena und in der Romagna und Anschluss derselben an Sardinien. 8. Juni Napoleons III. Aufruf zu Befreiung I.s unter sardin. Fahne. Nationale Begeisterung. Die Cirknlarnote Cavours vom 19. Juni bezeichnet als Ziel des Kriegs die völlige Anschliessung Oesterreichs aus der Halbinsel und die Herstellung eines obertal. Königreichs. Nach der Entscheidungsschlacht bei Solferino (24. Juni) Unterzeichnung der Friedenspräliminarien von Villafranca (11. Juni): Oesterreich tritt die Lombardei an Napoleon III. ab, der sie dem Könige von Sardinien überlässt; Projekt einer ital. Konföderation unter dem Ehrenpräsidium des Papstes. Aug. Absetzung der bisherigen Dynastien in Toskana, Modena und Parma durch Nationalversammlungen. Deun Vereinigung Parmas, Modenas und der Romagna unter dem Diktator Farini zum sogen. Gouvernement Emilia (s. d.). 10. Nov. 1859 Friede von Zürich. Definitive Abtretung der Lombardei an Sardinien, das die ital. Konföderation und die Restitution der Fürsten von Toskana, Parma und Modena ablehnt. Cavour, seit Jan. 1860 wieder am Ruder, bei seiner Annexionspolitik von England begünstigt. Napoleon III. gestattet die Annexion Mittelitaliens gegen Abtretung Savoyens und Nizzas an Frankreich (24. März 1860). Vereinigung des Gouvernements Emilia und Toskanas durch Dekrete vom 18. und 22. März mit Sardinien. Fortdauer des reaktionären Zwangssystems im Kirchenstaat und in Neapel. 14. Mai Landung Garibaldis mit Freiwilligen bei Marsala an der sicil. Westküste im Einverständnisse mit Cavour. Erhebung des Volks gegen die neapolitan. Regierung. 7. Sept. Einzug Garibaldis in Neapel. 11. Sept. Einmarsch sardinischer Truppen in den Kirchenstaat. 18. Sept. Niederlage der päpstl. Truppen bei Castelfidardo. 9. Okt. Einmarsch der sardin. Truppen ins Neapolitanische. Einschliessung Franz II. von Neapel in Gaëta. Die Annexion Unteritaliens, Thatsache, wird formell sanktioniert durch allgemeine Volksabstimmung in Neapel und Sicilien 21. Okt., in Umbrien und den Marken 4.—5. Nov. 7. Nov. Einzug Victor Emanuels in Neapel. 13. Febr. 1861 Kapitulation von Gaëta. Vereinigung I.s, mit Ausnahme des österr. Venedig, der Republik San Marino und des Patrimonium Petri, unter dem Scepter Victor Emanuels II., der seit 17. März 1861 den Titel 'König von I.' führt.

VIII. Periode. I. als Königreich. Finanznoth des neuen Staats (über 3000 Mill. Lire Gesammtschulden, jährliches Deficit von über 300 Mill.). Umtriebe der republikanischen Mazzinisten und der Anhänger der vertriebenen Dynastien. Hervortreten der althergebrachten municipalen und provinziellen Gegensätze. Opposition des Klerus gegen die neue Ordnung der Dinge. Im Süden Räuberunwesen (Brigantaggio) und Beförderung desselben durch die vertriebene neapolitan. Dynastie und durch die päpstl. Behörden. Ungestümes Drängen der Aktionspartei zur Annexion von Rom und Venedig. 6. Juni 1861 Cavour †. Sein Nachfolger Ricasoli strebt Frankreich gegenüber nach grösserer Unabhängigkeit, tritt 2. März 1862 zurück. Ratazzi Ministerpräsident. Der Papst im Besitz des Patrimonium Petri durch Napoleon III. geschützt. Garibaldi organisirt seit 29. Juni in Sicilien einen Freischaarenzug gegen Rom, eröffnet 7. Aug. den Feldzug, setzt 24. Aug. nach dem Festlande über, wird bei Aspromonte in Kalabrien 29. Aug. beim Zusammenstoss mit den regulären Truppen verwundet und gefangen. 1. Dec. 1862 Rücktritt Ratazzis. Unter den Ministerien Farini und Minghetti (seit März 1863) Regelung der inneren Angelegenheiten angestrebt. Handelsverträge mit Frankreich, England, Russland, Belgien, dem deutschen Zollverein etc. Die Regierung tritt den Umtrieben der Aktionspartei kräftig entgegen. 15. Sept. 1864 Konvention von Paris, worin Frankreich verspricht, seine Truppen aus Rom binnen 2 Jahren zurückzuziehen, und die ital. Regierung sich verpflichtet, das päpstl. Gebiet gegen jeden Angriff von aussen zu schützen. Sept. Einsetzung des Ministeriums Lamarmora. 26. April 1865 Erklärung Florenz zur Residenz. 8. April 1866 Abschluss eines Allianzvertrags mit Preussen. Kriegsrüstungen; Errichtung von Freiwilligencorps unter Garibaldi. 15. Mai Zusammenziehung der ital. Flotte in Tarent. 17. Juni Ricasoli Ministerpräsident. 20. Juni Kriegserklärung an Oesterreich. 24. Juni Niederlage der Italiener bei Custozza; Rückzug derselben hinter den Oglio; Stillstand der Operationen; nur kleine Gefechte der Garibaldiner an der tirol. Grenze. 5. Juli Abtretung Venetiens an Frankreich. 14. Juli Besetzung Paduas von Cialdini; dann Vorrücken desselben in Venetien. 20. Juli Niederlage der ital. Flotte unter Persano bei Lissa. 25. Juli Waffenruhe. 28. Juli Annahme der Vorschläge Napoleons III. bezüglich eines Waffenstillstands: Uebergabe Venetiens an I. und Plebiscit, von Seiten des Königs von L. Verzichtleistung desselben auf Wälschtirol. 11. Aug. Abschluss des Waffenstillstandes mit Oesterreich in Cormons; die ital. Truppen räumen Wälschtirol. 3. Okt. Friede zu Wien mit Oesterreich, welches darauf die Festungen Peschiera, Mantua und Verona, sowie Venedig (17. Okt.) räumt. 21. und 22. Okt. Plebiscit in Venetien über Vereinigung des Landes mit I., Ergebniss 651,758 Ja, 69 Nein. 7. Nov. Einzug des Königs in Venedig. 11. Dec. Absug der franz. Truppen aus Rom. 20. Sept. 1868 Einmarsch Garibaldis mit Freiwilligen in den Kirchenstaat; 24. Sept. Verhaftung Garibaldis (s. d.). Agitation der Presse für die Annexion Roms. 22. Okt. neuer Einfall Garibaldis in den Kirchenstaat, wo die Bevölkerung sich fast allenthalben für den Anschluss an I. erklärt. 28. Okt. Landung franz. Truppen bei Civitavecchia; 30. Okt. Besetzung Roms durch dieselben. 3. Nov. Vernichtung der Freiwilligen Garibaldis bei Mentana durch die Franzosen angesichts der ital. Armee. März 1869 Annäherung zwischen I. und Oesterreich. April 1870 allgem. Gährung; Auftreten bewaffneter Banden. 24. Juli Verkündigung der Neutralität in dem deutsch-franz. Kriege. Sept. Verlangen nach der Okkupation Roms. 6. Sept. die Regierung entscheidet sich dafür. 8. Sept. Ueberschreitung der Grenze des Kirchenstaats durch die ital. Truppen. Der König verheisst in einem Briefe dem Papst alle Prärogative der Souveränetät, diplomat. Immunität der päpstl. Nuntien und Legaten, Erhaltung aller geistl. Institutionen etc. 11. Sept. ablehnende Antwort des Papstes. 20. Sept. Besetzung Roms durch die ital. Truppen. 2. Okt. Plebiscit: 133,681 Stimmen für den Anschluss an I., 1507 dagegen. 8. Okt. Einverleibung des Kirchenstaats in das Königreich I. 22. Dec. Erklärung Roms zur Hauptstadt I.s. 2. Juli 1871 Einzug Victor Emanuels in Rom.

Literatur. Die Gesch. I.s bearbeiteten *Leo* (1829—32, 5 Bde.), *Reumont* (,Beiträge', 1853—57, 6 Bde.); die Gesch. des Mittelalters *Sismondi* (1809—16, 16 Bde.; deutsch 1807—24, 16 Bde.); die neuere Gesch. *Botta* (1832, 20 Bde.), *Ranchlin* (1859—60, 2 Bde.); die neueste Gesch. *Montanelli* (1854—55, 2 Bde.), *Bianchi* (1865), *Hey* (1864).

Italienische Sprache und Literatur. Die *ital. Sprache* ging aus der latein. Mundarten des gemeinen Volks in Italien (der sogen. Lingua romana rustica) hervor und ist schon im 10. Jahrh. neben dem Latein erkennbar; doch blieb sie gegen das Provençalische, das auch in Italien sehr beliebt war, weit zurück und trat erst gegen Ende des 12. Jahrh. (als Lingua volgare) in der Literatur auf. Zahlr. Dialekte, von denen der *sicilianische* seit K. Friedrich II. allgemeine Bedeutung gewann und sich über ganz Italien ausbreitete; im 14. Jahrh. tritt die *toskan.* oder *florent.* Sprache hervor, die bes. durch Dante, Petrarca und Boccaccio ausgebildet und für immer fixirt ward (1. gediegne Zeitalter der ital. Sprache). Nach kurzer Vernachlässigung im 15. Jahrh. höchste formelle Ausbildung derselben im 16. durch Ariosto, Guarini, Tasso, worauf sie im 17. und 18. Jahrh. dem verderblichen Einfluss des Gallicismus erliegt, um mit Beginn des 19. Jahrh. einer neuen Regeneration entgegen zu gehen. Verkehrssprache (Lingua franca) in allen Küstenländern des Mittelmeers. Erste systemat. Grammatik von *Corticelli* (1785), neue Beiträge von *Mastrofini*, *Gherardini*, *Antolini*, *Nanucci*; deutsche von *Fernow* (1804) und *Blanc* (1844). Lexikon von *Alberti* (1797—1805, 8 Bde.) und das ,Dizionario della lingua italiana' (1819—26, 7 Bde.).

Ueber die *ital. Literatur* s. *Tabelle* S. 846 und 847. Die Geschichte derselben behandelten *Tiraboschi* (1731—94), *Maffei* (2. Aufl. 1834), *Giudici* (1851), *Cereseto* (1851), *Sanfilippo* (1863), *Ginguené* (1811, 9 Bde.), *Ruth* (1844—47, 2 Bde.), *Reumont* (19. Jahrh., 1844), *Ebert* (2. Aufl. 1864).

Italisch, im Unterschied von *italienisch* alles, was sich auf das alte Italien bezieht.

Itambe, Berg, s. *Brasilien.*

Ite, missa est (sc. ecclesia, lat.), Gehet, die Gemeinde ist entlassen, Schluss der Messe.

Item (lat.), ebenso, ferner.

Iteration (lat.), Wiederholung.

Ithaca (jetzt *Thiaki*), eine der jon. Inseln, in der Sage das Vaterland des Odysseus, 1,8 QM. mit 11,910 Ew. Fortlaufende Kette von Kalkfelsen, mit freundl. Thälern. Ruinen der sogen. Burg des Odysseus. Hauptst. Vathi.

Ithome (a. G.), befest. Stadt in Messenien, auf dem Berge I. (jetzt Monte Vulcano), wo nach der Sage Zeus von den Nymphen erzogen ward; im ersten messen. Kriege, sowie im dritten 10 Jahre lang belagert.

Itinerarium (lat.), Wegweiser, Reisebeschreibung, bei den Römern insbes. Verzeichniss der auf einer Strasse zwischen 2 Hauptorten befindlichen Stationen mit Angabe ihrer Entfernungen von einander. Am wichtigsten das *I. provinciarum,* eine Anzahl

Reiserouten durch die röm. Prov. Europas Asiens und Afrikas enthaltend, und das *I. maritimum*, die bekanntesten Küsten- und Seewege anzeigend; das *I. Hierosolymitanum*, 333 n. Chr. von einem Christen für die von Burdigale (Bordeaux) nach Jerusalem Reisenden verfasst (herausg. von *Parthey* 1848).

Itio in partes (lat.), das Gehen in Theile, beim Reichstag in Regensburg das gesonderte Abstimmen der Romischkathol. und der Evangelischen in Religionssachen.

Itz, Nebenfluss des Mains, entspringt am Blessberg im Thüringerwald, mündet oberhalb Bamberg, 11 M.

Itzehoe (*Etzehoe*), Stadt im preuss. Reg.-bez. Kiel, an der schiffbaren Stör, 8336 Ew. Reiches adliges Fräuleinstift.

Itzenplitz, *Heinr. Friedr. Aug., Graf von*, preuss. Staatsmann, geb. 23. Jan. 1799 zu Gross-Behnitz bei Nauen, erst preuss. Justiz-, dann Verwaltungsbeamter, seit 1845 Regierungspräsident zu Arnsberg, ward März 1862 Minister der landwirthschaftl. Angelegenheiten, Dec. d. J. Handelsminister.

Itziba, japanische viereckige Silbermünze, z. Th. vergoldet, Silberwerth = 1,74 Frcs., Zahlwerth schwankend, nach Vertrag von 1857: 311 I. = 100 span. Doll. [12,000 Ew.

Itzmiculipan, Stadt in Mexiko, am Tula,

Itzstein, *Joh. Adam von*, bad. Liberaler, geb. 18. Sept. 1775 zu Mainz, ward 1819 Hofgerichtsrath in Mannheim, 1822 als Landtagsabgeordneter einer der Führer der Opposition, ward deshalb pensionirt, 1831—50 Hauptführer der liberalen Partei im Landtage, schlagfertiger Redner, im frankfurter Parlament Mitglied der äussersten Linken, dann des Rumpfparlaments zu Stuttgart; † 14. Sept. 1855 zu Hallgarten im Rheingau.

Iviça, grösste Insel der Pithyusen, 10,4 QM. mit 22,170 Ew. Die befestigte *Hauptst.* I., 5100 Ew. Hafen.

Ivrèa, Stadt in der oberital. Prov. Turin, an der Dora, 5854 Ew. Citadelle, Kathedrale. Hauptort der früheren *Markgrafsch.* I.

Iwan (*Joann*), Name mehrerer russ. Grossfürsten und Zare. *I. I., Kalita*, Grossfurst von Moskau 1328—40, suchte sich, obwohl noch von den Tataren abhängig, über die anderen russ. Fürsten zu erheben. — *I. II.*, reg. 1353—59, jüngerer Sohn des Vor., Nachfolger seines Bruders Simeon des Stolzen, verlor grosse Länderstrecken am Dnjepr an

die Lithauer. — *I. III., der Grosse*, als Zar *I. I. Wasiljewitsch*, Begründer des russ. Zarenthums, geb. 22. Jan. 1440, Sohn Wasilij des Dunkeln, folgte diesem 1462, vereinigte die anderen russ. Fürstenthümer nach und nach mit dem moskowit. Fürstenthum, unterwarf 1478 Nowgorod, befreite sich 1418 ganz von der Oberhoheit der Tataren, vermählte sich 1472 mit Sophia, einer Tochter des letzten byzant. Kaisers, durch welche der zweiköpfige Adler in das russ. Wappen kam, stellte die Einheit und Untheilbarkeit des Reichs als Reichsgesetz auf, nannte sich zuerst Zar von Grossrussland; † 27. Okt. 1505 zu Moskau. — *I. II. Wasiljewitsch, der Schreckliche*, geb. 25. Aug. 1530, Sohn Wasiljis IV., folgte diesem 1533, liess sich 16. Jan. 1547 zum Zaren krönen, zog deutsche Handwerker, Künstler und Gelehrte nach Russland, eroberte 1552 Kasan, 1554 Astrachan, suchte Livland den deutschen Rittern vergebl. zu entreissen; grausamer Tyrann; † 18. März 1584. — *I. III. Alexejewitsch*, Halbbruder Peters I., geb. 1668, ward 1682 Zar, an der Regierung wenig betheiligt; † 29. Jan. 1696. — *I. IV.*, geb. 24. Aug. 1740, Sohn des Herzogs Anton Ulrich von Braunschweig-Wolfenbüttel und der russ. Grossfürstin Anna Karlowna (s. Anna 7), ward von der Kaiserin Anna Iwanowna zu ihrem Nachfolger unter Birons Vormundschaft ernannt, 1741 von Peters I. Tochter Elisabeth verdrängt und eingekerkert; 5. Dec. 1764 ermordet.

Iwanówo, Flecken im russ. Gouvern. Wladimir, 5432 Ew.; bed. Industrie in Zitz, Kattun und Eisenwaaren.

Iwein, Held einer breton. Sage aus dem Sagenkreise von König Artus, deutsch bearbeitet von *Hartmann von Aue* (s. d.).

Ixion, König der Lapithen in Thessalien, entbrannte, zur Göttertafel zugelassen, in Liebe zu Here, ward von Zeus zur Strafe in den Tartarus geschleudert und mit Schlangen an ein vom Sturmwinde umgetriebenes Rad gefesselt.

Iynx, Tochter des Pan und der Echo, Dienerin der Io, war dem Zeus bei dessen Liebeshandel mit dieser behülflich, von Here dafur in einen Vogel (Wendehals, Iynx torquilla) verwandelt.

Izedu, (Genien, s. *Parsismus*.

Izvornik, Stadt, s. *Zwornik*.

J (Konsonant).

J, Halbkonsonant.

Jablonoi-Chrebet (*Jablonii-Dawa*), Gebirge in Ostsibirien, Wasserscheide zwischen Amur und Lena, im Sochondo 7745' hoch.

Jablonowski, *Joseph Alexander*, Wojwode von Nowogrodek und deutscher Reichsfürst, geb. 4. Febr. 1712, lebte seit 1768 in Leipzig; † 1. März 1777 das.; Gründer der „fürstl. jablonowskischen Gesellschaft der

Wissenschaften" in Leipzig (seit 1744), Verf. mehrerer Werke über poln. Geschichte etc.

Jablunka, Stadt in Oesterr.-Schlesien, an der Olsa, 2372 Ew.; dabei die *Jablunkaschanze*, welche die nach Ungarn führende Karpathenstrasse vertheidigt. [krause.

Jabot (fr., spr. Schabob), Hemd-, Brustkrause.

Jacaranda *Juss.*, Pflanzengattung der Bignoniaceen. *J. brasiliana Pers.*, südameri-

ITALIENISCHE LITERATUR.

Erste Periode.
(Bis Ende des 14. Jahrhunderts.)

A. Anfänge.

Sicilian. Dialekt. Die Troubadours; Otello d'Al-
cremo († 1104), ältester italien. Dichter; Kaiser
Friedrich II. und seine Söhne Manfred und
Enzio, sein Dichterhof zu Palermo: Pier delle
Vigne, Guido delle Colonne, Notajo, Mazeo
Ricco, die Dichterin Nina.

Toskan. Dialekt. Guido Cavalcanti († 1300). —
Chroniken: Ricord. Malespini, Dino Compagni,
Giov. Villani († 1348). — Novellen: Brunetto
Latini („Cento novelle antiche", um 1260).

B. Die sogenannten „Trecentisten".

Dante Alighieri (1265—1321), Schöpfer
der poetischen Sprache der Italiener.
„Divina commedia" (Vermählung der
Scholastik und der Romantik der Pro-
venzalen zu einem Kunstwerk). „Vita
nuova". Kanzonen.

Cino da Pistoia († 1336, Lyriker). —
Francesco Petrarca (1304—74, Kanzonen,
Sonette, Sestinen, Madrigale etc.). —
Anton. Pucci (satir. Sonetiki).

Giovanni Boccaccio (1313—75), Erfinder der
Octave („Teseide"), Vater der italienischen
Prosa („Decamerone"). — Nachfolger: Sacchetti
(geb. 1335). Ser Giovanni („Il pecorone", No-
vellenbuch).

„I Reali di Francia" (Roman aus dem karolingi-
schen Sagenkreise).

Rittergedichte (in Octaven): „Buovo d'Antona"
(um 1390), Zwölf („La Spagna"), „La regina
Ancroja" etc.

Zweite Periode.
Des 15. und 16. Jahrhundert (das „Cinquecento").
Aufblühen der italien. Kunst und der eleganten Hofsitte. Kampf gegen das Papsthum. Blüthezeit der italienischen Poesie.

Lyrik.

Pflege derselben in zahlreichen
Akademien (Bologna, Ra-
venna, Cesena, Foligno, Siena,
Urbino, Florenz etc.).

Sonettendichter: Gianni de Conti
(† 1449), Serafino von Aquila
(† 1446), Ant. Tibaldeo († 1537),
Ben. Accolti († 1534).
Dom. Burchiello († 1448, burlesk-
satir. Volksdichter).

P. Bembo († 1547), Castiglione
(† 1529), Fracastoro († 1518),
Giov. della Casa († 1556, Zoten-
reisser), Baldi, Michel Angelo,
Franc. M. Molza († 1544),
Torq. Tasso u. A.

Die Dichterinnen Vittoria Co-
lonna († 1547), Veronica da
Gambara († 1550), Gaspara
Stampa († 1554, die „Sappho
Italiens").

Didaktik. Rucellai („Bienen-

Drama.

Mysterien und Moralitäten bis 15.
Jahrh. (Ritetan von Belcari, um 1445).
Commedia erudita (höheres Lust-
spiel, Nachahmung der Komödie
des Terenz und Plautus): Bibbiena
(† 1470, „Calendaria"), Pomponio
Leto († 1498), Ariosto („Cassaria",
„I suppositi", „Il negromante"),
Macchiavelli († 1597, „Mandragola").
Commedia dell'arte (Volkslustspiel,
mit stehenden Masken: Dottore,
Pantalone, Arlecchino Beara-
mssno, Tartaglia etc.): P. Aretino
(† 1557, „Marescalco etc.), Lod.
Dolce, Giord. Bruno († 1600, „Il
candelajo") u. A.

Tragödie (seltener): Poliziano († 1492,
„Orfeo"), Trissino († 1550, „Sofo-
nisbe"), Rucellai († 1525, „Orest",
„Rosmunda") u. A.

Schäferspiel (hervorgegangen aus
Sannazaros Schäferroman „Arca-

Epik.

Romantische Rittergedichte:
Luca Pulci („Ciriffo Calvaneo"),
Luigi Pulci († 1487, „Il Mor-
gante maggiore"), Baronaroia
(„Libro d'arme e d'amore"),
Bello („Mambriano"), Bojardo
(† 1494, Orlando inamorato"),
L. Ariosto (1474—1533, „Or-
lando furioso"), B. Tasso († 1569,
„L'Amadigi").

Heroisches und macaron.
Poesie. Franc. Berni († 1536,
Travestie von Ariosts „Orlando"), Folengo († 1544, „Mac-
caronica", „Orlandino").

Romantisierung antiker
Sagen: Alamanni († 1556,
„Avarchide"), Jac. di Carlo („Il
Trojano"), L. Dolce.
Trissino († 1550, „Italia liberata
dal Goti", Epos in reimlosen
Versen).

Prosa.

Novellen. Masuccio („Novellino"), Matteo Bandello († 1562), Firmanola
(† 1548), L. Pulci, N. Macchiavelli,
Luigi da Porta, Franc. Straparola
(1550, „Piacevoli notti"), Grazzini
(† 1583, Schwänke). — Pietro Nelli
(Satiriker).

Historie etc. Macchiavelli († 1527,
Geschichte von Florenz, „Principe"),
Guicciardini († 1540, Geschichte
Italiens), P. Bembo (Venedig), P.
Sarpi († 1623, Tridentin. Konzil). —
Kunst: Vasari, Palladio.

Wissenschaft. Galilei († 1643, Astronom und Physiker). Evang. Torricelli († 1644, Barometer). Fazzi (1541,
Anatom). Aldovrandi († 1605, Ornitholog). Cardanus († 1576, Mathematiker). Philosophen (Vereinigung
der Mystik und Naturwissenschaft):
Giord. Bruno († 1600) und Th. Cam-
panella († 1639).

Verfall der Dichtkunst. An Stelle des wahren Gefühls tritt Affektation und Schwulst. Später gedeihlichere Pflege der Poesie (unter französischem Einfluss); Richtung auf das Nationale.

Lyrik.

Giamb. Marini, der Tonangeber des Zeitalters († 1625, Sonette, Eklogen, „Adonis", — Nachahmer: Achillini, Preti, Brazzi, Casoni u. A.
G. Chiabrera († 1637, Reformator der Lyrik), Fulvio Testi († 1640, Oden, Kanzonen; Oper: „Isola d'Alcina"), Alex. Guidi († 1712, relig. Oden, Bühnenspiel, „Endimione"), Al. Marchetti († 1714, Sonette), V. da Filicaja († 1707, patriot. Dichter, „Poesie toscane"), Giamb. Zappi († 1719) und seine Gattin Faustina Maratti, C. Frugoni († 1768), Cesarotti († 1808, „Ossian"), Giov. Meli († 1815, sicil. Volksdichter), Ippol. Pindemonte († 1828), Ugo Foscolo („Dei sepolcri"), Vinc. Monti († 1828, „Basvilliana" in Terzinen, auch Tragödien).

Epik.

Komisches Epos. Al. Tassoni († 1635, „Der geraubte Eimer"), Fr. Bracciolini († 1645, „Verspottung der Götter"), Lor. Lippi († 1664, „Wiedereroberung von Malmantile"), P. Allmucci („Torracchione desolato").
Romantisches Epos. Nic. Forteguerra († 1735, „Richardetto"), Gigli († 1720, „Fogliato" († 1742).
Volkromane. G. Cts. Crocce († 1620, „Astuzie di Bertoldo", Art Eulenspiegelsgeschichte. Im 18. Jahrh. von Anderen in Oktaven umgearbeitet).
Satiriker. Sal. Rosa († 1675), Giuseppe Giusti († 1786), Giuseppe Parini († 1799, „Il Giorno"), Giamb. Casti († 18.3, „Gli animali parlanti", „Novelle in Versen"; auch kom. Opern).

Drama.

Oper (entstanden zu Anfang des 17. Jahrh.): Opera seria und Opera buffa (in Venedig 1684). Operndichter: Rinuccini („Dafne", „Eurydice"), Apost. Zeno († 1750), Metastasio († 1763).
Komödie. Della Porta († 1715), Gigli († 1720), Fagiolo († 1742), Càferi († 1787), C. Goldoni († 1793, Charakterlustspiel), Carlo Gozzi († 1802, phantastische Komödie).
Tragödie. Scipio Maffei († 1755, „Merope"), Vitt. Alfieri († 1803, „Filippo", „Antigone", „Virginia", „Saul", „Mirra" etc.), Gio. Pindemonte († 1812, „Ginevra di Scozia").

Prosa.

Novelle. Giamb. Basile (17. Jahrh., „Pentamerone"), Ugo Foscolo († 1827, „Jacopo Ortis").
Geschichte. Davila († 1631, Gesch. der bürgerlichen Kriege in Frankreich), Muratori († 1750, Nationalgeschichte), P. Giannone (Geschichte Neapels), G. Tiraboschi († 1794, Literaturgeschichte).
Wissenschaften. Malpighi († 1694, Anatom); die Astronomen Cassini († 1712), Piazzi und T. del († 1764); Galvani († 1799, tierische Elektricität), Volta († 1827, galvanische Batterie). — Staatswissenschaften: Vico († 1744), Filangieri († 1788), Beccaria († 1793). — Altertumsforschung: Morelli, Fabroni, Bandini, Maffei, Lami, Visceroni, Mazzi etc.

Vierte Periode.

Das 19. Jahrhundert.

Verkündigung der republikanischen und philanthropischen Ideen. Nationaleinheit die Spitze aller höheren Bestrebungen.

Lyrik.

Alex. Manzoni (1784), Chorführer der Neuromantiker Lyrisches („Il cinque maggio"). Tragödien („Il conte di Carmagnola"), Roman: „I promossi sposi".
Lyriker: A. Maffei, J. Vittorelli, G. Leopardi († 1837), Tommaseo (auch Romano), Borghi, Aricì, Emiliani, Moninari, Mazzarelli, Rosa Taddei, Giitta, Giusti († 1850, politischer Dichter) u. A.

Epik.

Poet. Erzählung. Thom. Grossi („Ildegondo", auch Romane; „Marco Visconti", „La pia"), Prati („Edmenegarda"), Berchet („Parga", „Fantasie").
Roman (bes. historisch). Gior. Rosini („Luisa Strozzi"), Mass. d'Azeglio („Nicolo de' Lapi"), C. Cantù („Margherita Pusterla"), Giul. Carcano („Ida della torre"), C. Frasconi, J. Valetta, L. Fortì, G. Oslicani, Fr. Guerrazzi („Battaglia di Benevento", „Isab. Orsini"), Ranieri (Sisteronza).

Drama.

Tragödie. Silvio Pellico (1. l. 9., „Francesca da Rimini"), G. Batt. Nicolini († 1861, „Antont, Foscari", „Giov. da Procida", „Arnaldo da Brescia", „Filippo Strozzi" etc.), Venigname Marenco, Sgrini etc.
Komödie. Giraud, Nota, Rosini, Remani, Gherardi del Testa.

Wissenschaft.

Geschichte. P. Colletta († 1831, Neapel), C. Botta († 1837, Italien), P. Litta („Famiglie celebri"), C. Cantù (Universalgeschichte), M. Amaru (Sicil. Vesper), Tivelli (Piemont), Farini (Kirchenstaat), Ponelli (Venedig), La Farina (Italien 1840—50) u. A.
Philosophie. G. Romagnosi († 1835), A. Rosmini, seine Schüler: Tarditi, N. Tommaseo und G. de Cavour („Primo pitlora"); sein Gegner V. Gioberti († 1852, „Il Gesuita moderno").

kan. Baum, liefert dunkles, mit rothen Adern durchzogenes, festes Jacaranda-, Palisander-, Polyxander- und Succador- oder Znokertannenholz (feines Tischlerholz).

Jacént (lat.), liegend; herrnlos, verlassen.

Jacht (engl. *Yacht*), einmastiges Fahrzeug mit einem Verdeck, wendet leicht und segelt schnell. [Name der engl. Matrosen.

Jack (spr. *Dschäk*), abbr. für *John*, Spitz-

Jackson (spr. *Dschäcks'n*), *Andrew*, 7. Präsident der Verein. Staaten von Nordamerika, geb. 15. März 1767 zu Waxhaw in Südcarolina, ward 1796 Repräsentant Tennessees im Kongress, 1797 Senator, 1799 Oberrichter in Tennessee, dann Farmer das., 1812 nach Ausbruch des Krieges mit England Generalmajor der Besatzung zu Neworleans, organisirte dieselbe, schlug 8. Jan. 1815 einen Angriff der Engländer zurück, focht 1817—18 glücklich gegen die Seminolen, ward 1821 erster Gouverneur von Florida, 1823 wieder Senator in Tennessee, 4. März 1829 und wieder 1832 als Führer der demokr. Partei Präsident, stürzte als solcher die Vereinigts-Staaten-Bank, ermässigte den Tarif, vertrat die Souveränetät der Einzelstaaten in allen dem Bunde nicht ausdrückl. vorbehaltenen Fragen; in der auswärtigen Politik gerade und entschieden; lebte seit März 1837 zurückgezogen auf seinem Landsitze Eremitage in Tennessee; † 8. Juni 1845 das. Biogr. von *Parton* (1861, 3 Bde.). — 2) *Thomas Jonathan*, gen. *Stonewall*, General der Südstaaten im amerik. Burgerkrieg, geb. 21. Jan. 1824 zu Clarksburg in Virginien, diente als Artillerieoffizier im mexik. Kriege, ward 1852 Prof. der Mathematik an dem Militärinstitut Lexington in Virginien, erhielt Mai 1861 den Oberbefehl über das südl. Observationscorps bei Harpers-Ferry, trug zum Sieg bei Bull-Run (21. Juli 1861) wesentl. bei, ward Generalmajor, behauptete im Frühjahr 1862 das wichtige Shenandoahthal, siegte 27. Juni bei Goines-Mills über Porter, entschied auch den zweiten Sieg bei Bull-Run (29. und 30. Aug. 1862), überschritt Anfang Sept. den Potomac und nahm 14. Sept. Harpers-Ferry. Bei Antietam zum Rückzug nach Virginien gezwungen, befehligte er bei Fredericksburg den rechten Flügel der südl. Armee, verhinderte Franklins Uebergang über den Rappahanock und entschied dadurch den Tag gegeu Burnside, ward zum Generallieutenant befördert, schlug im Frühjahrsfeldzug von 1863 bei Chancellorsville (2. Mai) Hookers rechten Flügel in die Flucht; † infolge tödtlicher Verwundung 10. Mai 1863 in Guinea Station. Biogr. von *Cooke* (1866).

Jacobi, 1) *Joh. Georg*, Dichter, geb. 2. Sept. 1740 in Düsseldorf, ward 1769 Kanonikus in Halberstadt, 1784 Prof. zu Freiburg im Breisgau; † das. 4. Jan. 1814. Gemüthvoller Lyriker, dem Kreise Gleims angehörig; schrieb auch Kantaten und Singspiele und das Lustspiel „Die Wallfahrt nach Compostella". Werke (1807—13, 7 Bde.). — 2) *Friedr. Heinr.*, Philosoph und Romanschriftsteller, Bruder des Vor., geb. 25. Jan. 1743 zu Düsseldorf, anfängl. Kaufmann, führte 1763—72 das Geschäft seines Vaters, ward dann Rath bei der Hofkammer, 1779 Geheimrath und Referent über das Zollwesen in München, kehrte schon 1780 nach Düsseldorf (Pempelfort) zurück, flüchtete 1794 bei Annäherung der Franzosen nach Holstein, ward 1804 Mitgl., 1807—12 Präsident der Akademie zu München; † das. 10. März 1819. Philosoph von pantheistischer Grundanschauung, aber zu sehr zum Mysticismus hinneigend; in seinen Romanen („Allwills Briefsammlung" 1776, „Woldemar" 1777) voll lyr. Schwungs, aber ohne Gestaltungskraft. Werke (1812—24, 6 Bde.). Auserlesener Briefwechsel (1825—27, 2 Bde.). — 3) *Moritz Hermann*, ber. Physiker und Techniker, geb. 21. Sept. 1801 in Potsdam, zuerst preuss. Baubeamter, seit 1835 Prof. der Civilbaukunst in Dorpat, seit 1837 Mitglied der Akademie und des Manufakturconseils im Finanzministerium zu Petersburg. Erfinder der Galvanoplastik (1838) und der Anwendung des Elektromagnetismus als bewegender Kraft. Schr. „Die Galvanoplastik" (1840); „Mém. sur l'application de l'éctromagnetisme au mouvement des machines" (1835) u. A.

Jacobs, *Christian Friedr. Wilh.*, Humanist, geb. 6. Okt. 1764 zu Gotha, ward 1807 Lehrer am Lyceum zu München und Mitglied der dortigen Akademie der Wissenschaften, 1810 Oberbibliothekar in Gotha, 1831 Direktor der Kunstsammlungen das.; † 30. März 1847. Gab die „Anthologia graeca" (1794—1804, 13 Bde.; neue Bearbeitung 1813—17, 4 Bde.), mehrere als Klassiker und Uebersetzungen ders. heraus, verdient um den griech. Sprachunterricht durch sein „Elementarbuch der griech. Sprache" (1805 u. öfter, 4 Bde.); schr. auch Belletristisches, gesammelt in „Schriften für die Jugend" (1842—44, 8 Bde.); „Erzählungen" (1824—37, 7 Bde.); „Schule für Frauen" (1827—29, 7 Bde.) etc.

Jacobus, 3 apostol. Männer: *J. der Aeltere*, Sohn des Zebedäus, Bruder des Evangel. Johannes, ursprüngl. Fischer, mit Petrus und Johannes stets in der Umgebung Jesu, später eins der Häupter der Gemeinde zu Jerusalem, streng judenchristlicher Richtung; 44 unter Herodes Agrippa hingerichtet. — *J. der Jüngere*, Sohn des Alphäus oder Klopas, Jünger Jesu, über dessen weitere Schicksale nichts bekannt ist. — Von ihm verschieden *J., der Bruder des Herrn*, Sohn Marias und Josephs, neben Petrus und Johannes die bedeutendste Persönlichkeit der Gemeinde zu Jerusalem, obwohl kein Apostel im engern Sinne, Haupt der streng judenchristlichen Partei, nach der Tradition erster Bischof von Jerusalem, nach Josephus 62 n. Chr. gesteinigt; vielleicht Verf. des neutestamentl. *Briefs des J.*

Jacöby, *Joh.*, bekannt durch sein polit. Wirken, geb. 1. Mai 1805 in Königsberg (Preussen), seit 1830 Arzt das., ward wegen seiner Schriften „Vier Fragen, beantwortet von einem Ostpreussen" (1841) und sonstiger Fingschriften in Hochverrathsprozesse verwickelt, 1848 Mitglied des Vorparlaments und des Fünfzigerausschusses, Mitglied der preuss. Nationalversammlung, 1849 der preuss. zweiten Kammer, des frankfurter

Parlaments u. des Rumpfparlaments zu Stuttgart, 1863—65 Mitglied des preuss. Abgeordnetenhauses, principieller Gegner der seit dem deutschen Krieg 1866 angebahnten polit. Gestaltung Deutschlands, gab die ‚Zukunft‘ (bis 1870) heraus, missbilligte 1870 die Erwerbung Lothringens und des Elsasses.

Jaconets (spr. Schak-), feine leinwandartig gewebte baumwollene Stoffe mit reicher Appretur, zu Damenkleidern.

Jacotot (spr. Schakōtoh), *Jean*, geb. 4. März 1770 zu Dijou, bis 1830 Prof. der franz. Sprache und Literatur in Löwen; † 31. Juli 1840 in Paris. Bekannt durch die von ihm aufgestellte sog. Universalunterrichtsmethode, welche, wie die pestalozzische, den Geist in Thätigkeit zu setzen, zu kräftigen und zur Beherrschung der materiellen Natur zu befähigen sucht. Hauptmittel unausgesetzte Uebung und Stärkung des Gedächtnisses. Vgl. ‚I. s Universalunterricht‘, deutsch von *Krieger*, 1833.

Jacquard (spr. Schackahr), *Joseph Marie*, ber. Techniker, geb. 7. Juli 1752 in Lyon, Seidenweber das., erfand den nach ihm benannten Webstuhl für gemusterte und brochirte Seidenstoffe (1802) und eine Netzstrickmaschine; † 7. Aug. 1834.

Jacquerie (fr., spr. Schackrih), Name des Bauernaufstandes im nördl. Frankreich 1358 (von Jacques bon homme, wie die franz. Edelleute die geduldigen Bauern nannten).

Jacques (fr., spr. Schack), franz. Form des **Jade**, s. *Jahde*. [Namens Jakob.

Jägerndorf, 1) ein theils zum preuss. Regbz. Oppeln, theils zu Oesterreich.-Schlesien gehörendes Fürstenthum, ehedem Theil des Herzogth. Ratibor-Troppan. Die *Stadt* J., Hauptort des österreich., jetzt dem Fürsten von Liechtenstein gehörenden Theils an der Oppa, 6618 Ew. — 2) (*Grossjägerndorf*) Dorf im preuss. Regbz. Königsberg, zwischen Wehlau und Insterburg; 30. Aug. 1757 *Schlacht* zwischen Russen und Preussen.

Jaen (spr. Chaen), span. Prov. in Andalusien, ehemals maur. Königr., 243,6 QM. mit 379,418 Ew. Die *Hauptst.* J., am *Flusse* J. (zum Guadalquivir), 22,938 Ew. Maur. Kastell, Kathedrale, Seidenweberei.

Jaffa (das *Japho* der Bibel, und *Joppe* der Alten), befest. Küstenstadt im asiat.-türk. Paschalik Damask, der Hafen für Jerusalem, gegen 12,000 Ew. Schon im Alterth. eine feste Stadt Syriens, war J. der Hauptlandungsplatz der Kreuzfahrer und lange der Zankapfel beider Parteien, bis es 1267 für die Christen für immer verloren ging. 1799 erstürmte es Bonaparte, 1832 Mehemed-Ali; seit 1840 wieder türkisch.

Jaffamoos, s. v. a. *Agar-Agar*.

Jagd, das kunstgerechte Aufsuchen, Erlegen oder Fangen des Wildes, ist je nach dem Gegenstande *hohe* J. (auf Roth-, Dam-, Elenn-, Stein-, Gems- und Schwarzwild, Bären, Luchse, Wölfe, Schwäne, Trappen, Kraniche, Auer-, Birk- und Haselhühner, Fasanen, Adler, Uhue, zur Beize abrichtbare Falken etc.) und *niedere* J. (auf Hasen, Kaninchen, Biber, Eichhörnchen, Dachse, Ottern, Füchse, Marder, Iltis, Wiesel, wilde

Katzen, Schnepfen, Feldhühner, Gänse, Enten, Wachteln, Drosseln, Falken, Raben etc.); nach dem Verfahren: *eingestelltes Jagen*, wobei das abzujagende Revier mit Zeug und Lappen eingefasst wird; *Parforcejagen*, wobei das Wild mit Meuten von Parforcehunden gejagt und von berittenen Jägern verfolgt wird; *Treib- oder Klapperjagen*, wobei das Wild durch Treiber aufgescheucht und den Jägern zugetrieben wird; *Anstand*, wobei die Jäger des Morgens oder Abends an bekannten Wildwechseln dem Wilde auflauern; *Bürschen* (*Bürschgang*), wobei der einzelne Jäger das Wild zu beschleichen und zu erlegen sucht; *Aufsuchen* des Wildes (Hühner) mit dem Hühner- oder Vorstehhund. Hierzu kommt das Ausgraben der Dachse, das Fangen der Wölfe, Füchse, Marder etc. mittelst Eisen und Fallen, das Schiessen der Auer- und Birkhühner auf der Balz, das Fangen kleiner Vögel mit Garnen, Schlingen, Dohnen etc. Vgl. *Aus dem Winckell*, ‚Handb. für Jäger etc.‘, 5. Aufl. 1871, 2 Bde.

Jagdfolge, das Recht, auf der Jagd verwundete Thiere auf fremdes Jagdgebiet zu verfolgen und hier in Besitz zu nehmen, seit 1848 überall aufgehoben, so dass das angeschossene Wild Dem gehört, in dessen Jagdbezirk es verendet.

Jagdgesetzgebung, *neuere*, seit 1848, beruht auf dem Princip, dass die Befugniss zur Jagd auf dem Grundeigenthum hafte, gestattet aber nur grösseren Grundeigenthümern selbständige Ausübung der Jagd, legt den kleineren Bildung von Jagdverbänden und Verpachtung der so gebildeten Reviere auf, wehrt dem Andrang unberufener Schützen durch Einführung zu erkaufender Jagdkarten, nimmt das Beste des Landbaus durch Bestimmungen zum Schutze der Feldfrüchte wahr und sorgt für Erhaltung des Wildes in mässiger Anzahl durch Schonung desselben in der Hegezeit.

Jagdhoheit, das Recht des Landesherrn, die Ausübung der Jagd durch Gesetze zu regeln und über deren Befolgung zu wachen.

Jagdhund, s. *Hunde*.

Jagello (*Jagjello*), Sohn Olgerds, ward 1381 Grossherzog von Lithauen, 1386 nach Annahme des Christenthums und Vermählung mit der Königin Hedwig König von Polen als *Wladislaw II.*, schlug die deutschen Ritter entscheidend bei Tannenberg 1410, gründete das Bisthum Wilna, 1400 die Universität Krakau; † 31. Mai 1434. Stifter der Dynastie der *Jagellonen*, welche in Polen von 1386 bis 1572 regierten.

Jagreszucker, s. v. a. Palmenzucker.

Jaguar (*Unze*, *Onze*, amerik. *Tiger*, *Felis Onca L.*), grösstes Raubthier aus dem Katzengeschlecht, im heissen Amerika, 4' 7" l.; die Botokuden essen sein Fleisch und Fett.

Jahde (*Jade*), schiffbarer Küstenfluss in Oldenburg, mündet nach 3 M. in den 3½ QM. grossen, für alle Schiffe fahrbaren *Jahdebusen*. Das *Jahdegebiet*, 1219 Morgen mit 1748 Ew. zu beiden Seiten des Busens, ward 1853 von Preussen für ½ Mill. Thaler zur Anlegung eines Kriegshafens erworben.

Jahn, 1) *Friedrich Ludwig*, der sog. Turn-
vater, geb. 11. Aug. 1778 zu Lanz in der
Priegnitz, ward 1810 Hülfslehrer am köln.
Gymnasium in Berlin, eröffnete 1811 eine
Turnanstalt auf der Hasenheide, trug 1813
zu Deutschlands Erhebung durch Wort und
That viel bei, trat in Lützows Freicorps,
machte den Feldzug von 1813 und 1814 mit
u. zug 1815 mit in Paris ein. Seit 1817 in Berlin
Vorlesungen über deutsches Volksthum haltend, ward er 1819 als Demagog verhaftet,
bis zur Abtheilung als Kriegsgefangener
in Kolberg unter Aufsicht gestellt, 1824 zu
zweijähriger Festungsstrafe verurtheilt, 1825
freigesprochen. Lebte seitdem unter Beschränkung seines Aufenthaltsrechts zu Freiburg a. d. U. und Kölleda, ward 1848 in die
deutsche Nationalversammlung gewählt, wo
er sich zur äussersten Rechten hielt; † 15.
Okt. 1852 zu Freiburg. Schr. ,Das deutsche
Volksthum' (2. Aufl. 1817); ,Runenblätter'
(1814); ,Neue Runenblätter u. Merke zum deutschen Volksthum' (1833); gab mit Eiselen ,Die
deutsche Turnkunst' (1816) heraus. Biogr.
von *Pröhle* (1855). — 2) *Otto*, Philolog und
Archäolog, geb. 16. Juni 1813 zu Kiel, ward
1842 Prof. in Greifswald, 1847 in Leipzig,
1851 wegen Betheiligung an den Bewegungen 1848 und 1849 seines Amts entsetzt,
1855 Prof. der klassischen Philologie und
Archäologie und Direktor des akadem. Kunst-
museums zu Bonn; † 9. Sept. 1869 zu Göttingen. Schr. ,Archäolog. Aufsätze' (1845)
und ,Archäolog. Beiträge' (1847), bearbeitete
den Persius (1843), Juvenal (1852), die
,Electra' des Sophocles (1861) und andere
altklass. Werke. Auch geistvoller literar.
und musikal. Kritiker; schr. ,W. A. Mozart'
(1856—59, 4 Bde.; 2. Aufl. 1869, 2 Bde.) u. A.

Jahr, Zeitraum, in welchem die Erde
ihren Lauf um die Sonne einmal vollendet,
im Mittel 365 Tage 5 Stunden 48 Minuten
48 Sekunden. *Tropisches J.*, der Zeitraum
zwischen 2 aufeinander folgenden Frühlings-
oder Herbstäquinoktien, Sommer- oder
Wintersolstitien, im Gegensatz zum *sideri-
schen J.*, der Zeit eines ganzen scheinbaren
Umlaufs der Sonne am Himmel oder der
Zeit, welche die Sonne braucht, um zu dem
Fixstern, von dem sie ausgegangen, zurück-
zukehren. Letzteres wegen des Vorrückens
der Nachtgleichenpunkte, welche der Sonne
entgegenkommen, um 20 Min. 23 Sek. länger
als das tropische, also 365 Tage 6 Stunden
9 Min. 11 Sek. *Mondjahr*, Periode von 12
Mondwechseln, nach deren Ablauf die Sonne
beinahe dieselbe Stelle am Himmel wieder
einnimmt, 354 Tage 8 Std. 48 Min. 36 Sek.
Anomalistisches J., die Zeit von einer Sonnennähe oder Sonnenferne der Erde bis zur
nächsten, 5 Min. 12 Sek. länger als das
siderische, 25 Min. 35 Sek. länger als das
tropische J. *Grosses* oder *platon. J.*, die
Periode, in welcher der Pol des Aequators
seinen Umlauf um den Pol der Ekliptik vollendet, nach deren Verlauf die Nachtgleichenpunkte wieder auf dieselben Punkte der
Ekliptik fallen, beinahe 25,900 J.e. *Bürger-
liches J.*, das mit 1. Jan. beginnende.

Jahreszeiten, im astronomischen Sinne

die 4 Zeiträume zwischen den Aequinoktien
und den Solstitien: Frühling, Sommer,
Herbst und Winter; in meteorolog. Sinne
die mit den astronom. J. nicht immer zu-
sammenfallenden regelmässigen Witterungs-
wechsel, die vornehmlich von der Lage der
Orte auf der Erdoberfläche abhängig sind.

Jahrhundert (lat. *saeculum*), Zeitraum
von 100 Jahren. Das 1. Jahrh. der christl.
und jeder andern Zeitrechnung beginnt mit
dem Jahr 1 und schliesst mit 100; das 2.
beginnt mit 101 und schliesst mit 200 etc.

Jähring, s. *Holz* und *Pflanze*.

Jakob, nach der hebr. Stammsage zweiter
Sohn Isaaks und Stammvater der Israeliten,
erschlich von seinem Vater das Recht des
Erstgebornen, floh zu seinem Verwandten
Laban nach Mesopotamien, diente diesem
14 Jahre um seine Töchter Lea und Rahel
und noch 6 Jahre, um eine Heerde zu erwerben, kehrte dann nach Kanaan zurück,
siedelte später zu seinem Lieblingssohne
Joseph in das ägypt. Land Gosen über;
† hier 147 Jahre alt.

Jakob, 1) *Könige von Grossbritannien und
Irland:* a) *J. I.*, als König von Schottland
J. VI., Sohn der Maria Stuart und des
Henry Darnley, geb. 19. Juni 1566 zu Edinburgh, 1567 zum König von Schottland gekrönt, liess seinen Zorn über die Hinrichtung seiner Mutter von Elisabeth durch ein
Jahrgeld von 5000 Pfd. St. beschwichtigen,
verband sich 1588 mit Elisabeth gegen Spanien, hatte eine von hier aus unterstützte
Empörung des kathol. Adels zu unterdrücken,
ward 1603, durch seine Urgrossmutter Margarethe (s. *Tudor*) nächster männlicher Erbe
Heinrichs VII., auf den engl. Thron berufen. Despotisch, schwach und eitel, unterdrückte den Presbyterianer, begünstigte die
Episkopalen, veranlasste durch Verfolgung
der Katholiken die Pulververschwörung
(1605), griff eigenmächtig in die Befugnisse
des Parlaments ein. In der auswärtigen
Politik wankelmüthig, liess er seinen
Schwiegersohn, Friedrich V. von der Pfalz,
ohne Unterstützung; † 8. April 1625. —
b) *J. II.*, geb. 24. Okt. 1633, zweiter Sohn
Karls I., Enkel des Vor., erst Herzog von
York, focht in der franz. u. span. Armee unter
Turenne, dann in der span. unter Condé,
ward nach der Thronbesteigung seines Bruders Karl II. Grossadmiral, erklärte 1671
seinen Uebertritt zur kathol. Kirche und
legte infolge der Testakte 1673 den Oberbefehl über die Flotte nieder. Im Unterhause vom Throne ausgeschlossen, vom
Oberhause und vom König geschützt, ward
er von letzterem trotz der Testakte in den
Staatsrath aufgenommen und ihm die Regierung überlassen. Nach seiner Thronbesteigung 6. Febr. 1685 suchte er die absolute
Monarchie und die kathol. Kirche herzustellen und liess 1687 zu Gunsten der Katholiken eine allgem. Toleranzakte publi-
ciren. Als seine zweite Gemahlin 10. Juni
1688 einen Prinzen gebar, hielt das Volk
denselben für untergeschoben, und die
Häupter der Whigpartei unterhandelten mit
J.s Schwiegersohn, Wilhelm von Oranien,

über einen Einfall in England. J., dadurch eingeschüchtert, widerrief seine verhaßten Verordnungen, Bob, von Allen verlassen, 23. Dec. 1688 mit seiner Familie nach Frankreich, ward 29. Jan. 1689 vom Parlament des Throns verlustig erklärt, machte mehrere vergebliche Versuche zur Wiedererlangung des Throns; † 16. Sept. 1701 zu St.-Germain. Biogr. von Clarke (1816, 2 Bde). — c) J. III., der Prätendent, auch Ritter von Sankt-Georg gen., geb. 10. Juni 1688 in London, Sohn des Vor., ward 1701 von Frankreich, Spanien und dem Papst als König anerkannt, vom brit. Parlament aber zum Hochverräther erklärt, diente Ludwig XIV. von Frankreich als Schreckmittel gegen England, machte 1708 mit einer franz. Flotte einen vergeblichen Landungsversuch an der schott. Küste, focht dann unter Villars in Flandern, mußte infolge des utrechter Friedens Frankreich verlassen, erschien Jan. 1716 unter den jakobit. Insurgenten in den schott. Hochlanden, entwich aber 15. Febr. unverrichteter Sache nach Frankreich, wandte sich 1719 nach Madrid, von da, nachdem die zu seinen Gunsten veranstaltete span. Expedition nach England mißlungen, nach Livorno, vermählte sich mit Marie Clementine, der Tochter Jakob Sobieskis, lebte dann in Rom, rüstete, selbst zu alt und schwach, 1744 auf Frankreichs Anstiften seinen Sohn Karl Eduard mit Vollmacht aus; † 2. Jan. 1766.

2) Könige von Schottland: a) J. I., reg. 1424—37, geb. 1393, Sohn Roberts III., ward 1405 auf der Reise nach Frankreich von den Engländern gefangen, 1406 nach dem Tode seines Vaters zum König ausgerufen, aber erst 1424 freigelassen, suchte die Kultur des Landes zu befördern, das Volk zu civilisiren und den Trotz des übermüthigen Adels zu brechen, fiel 20. Febr. 1437 durch eine Verschwörung des Adels. Seine Dichtungen herausg. von Tytler (1783) u. Thomson (1824). — b) J. II., geb. 1430, Sohn des Vor., reg. 1437—60, wollte der vertriebenen Königin Margarethe von England Hülfe bringen; † vor Roxbourgh. — c) J. III., geb. 1453, Sohn des Vor., reg. 1460—88 tyrannisch, fiel gegen den aufständ. Adel 11. Juni 1488 bei Bannockburn. — d) J. IV., geb. 1472, Sohn des Vor., reg. 1488—1513, tüchtiger Regent; fiel 9. Sept. 1513 bei Floddenfield gegen die Engländer. — e) J. V., geb. 1512, Sohn des Vor., folgte demselben 1513 unter Vormundschaft, reg. seit 1529 selbständig, suchte die Ausbreitung der Reformation in Schottland zu hindern; † 13. Dec. 1542 tiefsinnig; Vater der Maria Stuart. — f) J. VI., s. v. a. Jakob I., König von Grossbritannien und Irland, s. Jakob 1) a).

Jakob I., Kaiser von Haïti, s. Dessalines.

Jakobäa, 1) J. von Holland, Erbtochter Wilhelms VI. von Bayern, Grafen von Holland und Hennegau, geb. 1401, kam nach dem Tode ihres Vaters 1417 als Wittwe des Dauphins von Frankreich in den Besitz von Holland und Hennegau, vermählte sich mit dem Herzog Johann von Brabant, dann, von diesem bald getrennt, mit dem Herzog von Gloucester u. nach Lösung dieser Ehe, einem Vertrage mit dem Herzog Philipp dem Guten von Burgund zuwider, mit einem Edelmann Franko von Borsele, mußte deshalb 1433 ihre Länder an den Herzog von Burgund abtreten; † 1436 auf Schloss Teilingen am Rhein. Vgl. Löher (1861, 2 Bde.). — 2) J., auch Jakobe und Jakobine, Tochter des Markgrafen Philibert von Baden-Baden und Mechtildes von Bayern, geb. 16. Jan. 1558, vermählte sich 1585 mit Joh. Wilhelm, dem Sohne des blödsinnigen Herzogs Wilhelm IV. von Jülich, überließ sich, nachdem ihr Gemahl ebenfalls in Blödsinn verfallen, wilder Ausschweifung, ward Sept. 1597 erdrosselt; Gegenstand dramat. Dichtungen.

Jakobiner (Jacobins), polit. Klub zur Zeit der ersten franz. Revolution, von bedeutendem Einfluss auf deren Gang, bildete sich nach dem Zusammentritt der Generalstände 1789 in Versailles als Club-Breton, versammelte sich seit Nov. 1789 in einem Saale des Jakobinerklosters als „Gesellschaft der Verfassungsfreunde", verbreitete sich durch Zweigvereine über ganz Frankreich, wirkte durch Agitation und Presse, beherrschte oder paralysirte die Nationalversammlung in wild-revolutionärem Geiste, beeinflusste nach Ausscheiden der Gemäßigteren (Feuillants, s. d.) seit Juli 1791 die Wahlen zur Legislative, bildete März 1792 das neue Ministerium, beim Zusammentritt des Nationalkonvents auf dem Höhepunkt seiner Macht, betrieb den Sturz des Königthums und der Girondisten, veranlasste die Schreckensherrschaft, ward, in Robespierres Fall verwickelt, 11. Nov. 1794 geschlossen, das Sitzungsgebäude später demolirt. Vgl. Zinkeisen, „Der Jakobinerclub", 1859 f., 2 Bde.

Jakobiten, in England die Anhänger der 1689 vertriebenen Stuarts, bes. unter dem Adel Hochschottlands zahlreich, standen in steter Verbindung mit den Vertriebenen, erhoben 1715 und 1745 die Fahne offener Empörung, verloren nach der Schlacht bei Culloden (27. April 1746) und dem Fall ihrer Führer auf dem Schaffot ihre Bedeutung. Vgl. Chambers, „Jacobite memoirs", 1834.

Jakuhühner (Penelopideae), Familie der Hühnervogel. Jaku (Penelopecristata), 3', u. der gr. Hokko (Crax alector L.), 2½', in Brasilien, auch gezähmt auf Hühnerhöfen.

Jakutsk, russ. Gebiet in Ostsibirien, 71,420 QM. mit 236,060 Ew. (Jakuten, Tungusen, Tschuktschen und Jukagiren). Unwirtbares Land, von der Lena und vielen Küstenflüssen bewässert. Die Hauptst. J., an der Lena, 6100 Ew. Hauptstapelort für den ostsibirischen Pelzhandel.

Jalapenwurzel (Gallenwurzel), s. Ipomōa.

Jalomitza, Nebenfluss der Donau in der Walachei, entspr. am torzburger Passe, mündet unterhalb Hirsowa; 50 M.

Jalon (fr., spr. Schalóng), Signalstab, Visirstange; beim Militär mit einem Fähnchen versehener Stab, der, in den Gewehrlauf gesteckt und in die Höhe gehalten, bei Aufmärschen die Flügelpunkte markirt.

Jalousie (fr., spr. Schalu-), Eifersucht; Fensterladen mit schrägen Querbretchen.

Jamaika, brit. Insel der grossen Antillen, südl. von Cuba, 301 QM. und 441,264 Ew. (kaum 14,000 Weisse). Im Innern gebirgig (blaue Berge, bis 7300' h.), reich an treffl. Häfen, fruchtbar an allen westind. Produkten, die wichtigste Besitzung der Engländer in Westindien. Ausfuhr 1865: 912,004 Pfd. St. Hauptartikel: Zucker (483,681 Ctr.), Rum (1,4 Mill. Gallonen), Kaffee (6,23 Mill. Pfd.), Piment (3,66 Mill. Pfd.), Ingwer, Kokos etc. Sitz des brit. Gouverneurs: Spanish-Town. Haupthafen: Kingston. Von Columbus 1494 entdeckt, seit 1655 britisch.

Jaman (*Dent de J.*), Berg im Kant. Freiburg, 5783'; Pass nach Waadt (4570').

Jamblichus, neuplaton. Philosoph im 4. Jahrb. n. Chr., aus Chalcis in Cölesyrien, angebl. Wunderthäter. Fragmente seiner Schriften (Leben des Pythagoras etc.) herausg. von *Kiessling* (1813 und 1815).

Jambus (gr.), Versfuss, aus einer kurzen und einer langen Silbe bestehend (∪ —); auch ein aus Jamben bestehender Vers.

James (engl., spr. Dschehms), s. v. a. Jakob.

Jamesriver (spr. Dschehmsriwwer), Fluss in Virginien (Nordamerika), mündet in die Chesapeakbai, 110 M. lang.

Jamesthee, s. v. a. Ledum latifolium.

Jamnia (*Jamnia, Jabne, a. G.*), blühende Hafenstadt in Palästina, nordwestlich von Jerusalem, nach dessen Zerstörung Hauptsitz jüd. Gelehrsamkeit. Jetzt Ibne.

Jana, Fluss in Ostsibirien (Jakutsk), kommt vom Werchojansk. Gebirge, mündet östl. von der Lena ins Eismeer; 150 M.

Jang-tse-kiang (*Blauer Fluss*), gr. Strom in China, entsteht am Küenlün, westl. vom Hoangho, durchbricht das chines. Alpenland in einem südl. Bogen, durchfliesst die chines. Tiefebene gegen O. und mündet in das gelbe Meer; sein Delta durch den Kaiserkanal mit dem Hoangho verbunden. Länge 720 M., Stromgebiet 40,000 QM.

Janhagel, s. v. a. Pöbel.

Janina, Ejalet der europ. Türkei (das südl. Albanien), 770 QM. und (mit Ejalet Selanik) 2,700,000 Ew. Die *Hauptst.* J., am *See von J.*, 25,000 Ew.; Fabr. von Goldstoffen, Seidenzeugen etc.; bed. Handel.

Janitscharen, türk. Miliz, 1329 vom Sultan Orkhan aus jungen, zum Uebertritt zum Islam gezwungenen christl. Gefangenen errichtet, von Murad I. um 1360 organisirt, mit Privilegien ausgestattet, später auch aus Türken rekrutirt, in der Blüthezeit 60,000, zuletzt noch 25,000 Mann stark, in Friedenszeiten als Polizeitruppen nur mit einem Stabe bewaffnet, im Kriege (Infanterie) wegen ihres Ungestüms beim Angriff gefürchtet, zu Greueln aller Art geneigt, 17. Juni 1826 von Mahmud II. aufgehoben und gewaltsam unterdrückt.

Janitscharenmusik, die türk. Kriegsmusik, bestehend aus melodieführenden Blasinstrumenten, welche von lärmenden Schlaginstrumenten (Becken, Trommeln, Triangel etc.) begleitet werden.

Jankowitz (*Jankonitz*), Flecken im böhm. Kreis Tabor; 24. Febr. 1645 *Sieg* der Schweden unter Torstenson über die Oesterreicher.

Jan Mayen, unbewohnte Insel im nördl. Eismeer, nordöstl. von Island, 6446' h.

Jansen, *Cornelis*, niederländ. Theolog, geb. 28. Okt. 1585 zu Acqnoi bei Leerdam, seit 1630 Prof. zu Löwen, seit 1635 Bischof zu Ypern, trat den Jesuiten als Vertreter der streng augustin. Lehre von der Gnade entgegen in seinem Werke ‚Augustinus‘ (1640); † 6. Mai 1638. Sein Buch ward vom Papst Urban VIII. 1642 als ketzerisch verboten. Der *Jansenismus* fand bes. in Frankreich im Kloster Port-Royal Anhänger und unter Gelehrten Vertreter (Arnold, Pascal etc.). Der entstandene Streit ward 1668 beigelegt, in Frankreich aber der Jansenismus von Ludwig XIV. gewaltsam unterdrückt, weshalb viele Jansenisten nach den Niederlanden auswanderten. Als Paschasius Quesnel († 1710 zu Amsterdam) durch sein erläutertes Neues Testament die Jansenist. Lehre in das Volk einzuführen suchte, verdammte Papst Clemens XI. 1713 in der Konstitution Unigenitus auf Betrieb der Jesuiten 101 Sätze jenes Werks als ketzerisch, und Port-Royal ward aufgehoben und zerstört. Der französische Klerus theilte sich in Konstitutionisten (Anhänger) und Antikonstitutionisten (Gegner der Konstitution). Letztere appellirten 1717 vom Papste an ein allgem. Koncil, wurden aber 1719 exkommunicirt und nach Erhebung der Bulle zum Reichsgesetz (1720) die Widersprechenden mit harter Strafe bedroht. In den Niederlanden bilden die Jansenisten eine eigene Partei der kathol. Kirche unter dem Bischof von Utrecht, welche den Papst als sichtbares Oberhaupt der Kirche anerkennt, aber mit der Bulle Unigenitus auch seine Untrüglichkeit verwirft, vom Papst aber mit dem Anathem belegt ist (1865 noch 19 Gemeinden mit 5402 Seelen). Vgl. *Reuchlin*, ‚Gesch. von Port-Royal‘, 1839—44, 2 Bde.

Januar (deutsch *Jänner*), der erste Monat des Jahres, nach dem röm. Gott Janus.

Januarius, Heiliger, Bischof von Benevent, unter Diocletians Christenverfolgung enthauptet. Sein Leichnam in der unterirdischen Kapelle der nach ihm genannten Hauptkirche zu Neapel beigesetzt. Sein Haupt nebst 2 Fläschchen seines Bluts wird in einer Kapelle aufbewahrt; letzteres soll flüssig werden, wenn es in die Nähe des Hauptes gebracht wird. Geräth das Wunder am Tage des Heiligen (19. Sept.) nicht, so gilt dies für ein Unglück verheissendes Zeichen.

Janus, uralter römischer Gott, dem Jahr und Tag vorgesetzt, Gebieter über Krieg und Frieden, Beschützer der Ein- und Ausgänge (janua = Thür), dargestellt mit Scepter und Schlüssel, auch mit 2 Gesichtern, einem jugendlichen und einem alten, das eine vorwärts, das andere rückwärts schauend, symbol. Bezeichnung der Vergangenheit und Zukunft schauenden Weisheit des J., nach Andern der Wiederkehr des Jahres, dessen erster Monat nach ihm genannt war. Sein Tempel in Rom, von Romulus erbaut, ward nach Numas Verordnung bei Beginn eines Kriegs geöffnet, blieb während des Friedens verschlossen, was im Laufe von 700 Jahren zur dreimal unter Numa, nach dem ersten pun. Kriege und unter Augustus der Fall war.

Japan, grosses Inselreich in Ostasien, zwischen dem japan. Meer und dem Grossen Ocean, umfasst die Inseln Nipon (4190 QM.), Jeso, Sikok, Kinsiu nebst den beiden Kurileninseln Iturust und Kunasiri und ausserdem mehrere tausend kleinere Eilande (Sachalin ist 1855 an Russland abgetreten), 7027 QM. mit ca. 35 (nach Neueren bloss ca. 30) Mill. Ew. Das Reich sehr lange den Fremden verschlossen, daher noch wenig bekannt. Die grössern Inseln gebirgig, hie und da mit Schneegipfeln und Vulkanen (Fusijana auf Nipon 11,675' hoch). Wenige grössere Flüsse (Yodogawa, Arakawa, Tonegawa etc.), dagegen bedeutende Landseen und zahllose Buchten und Meerbusen. Klima verschieden, aber im Verhältniss zur geogr. Breite ziemlich kühl. Die Bevölkerung in manchen Gegenden dicht gedrängt wohnend. Die Kulturverhältnisse ähnlich denen der Chinesen; sorgfältigster Betrieb der Landwirthschaft (hpts. Reis, Bohnen, Thee, Baumwolle, Getreide, Obst, Südfrüchte), des Bergbaues (viel Gold und Silber, bestes Kupfer, auch Blei, Quecksilber, Eisen und Schwefel), der Fischerei und der Industrie, die in manchen Zweigen (Seiden- u. Baumwollstoffen, Porzellan, lackirte Waaren, Stahl- und Kupferarbeiten) in hoher Blüthe steht. Die thätigsten Fabrikstädte: Jeddo, Miako, Osaka, Nagasaki, Kuru, Yosida. Papierfabrikation seit dem 7. Jahrh., Buchdruck (mit Holzstöcken) seit 1206 eingeführt. Grosse Lehrinstitute (zu 3—400 Schülern) durch das ganze Land vertheilt; höhere Anstalten zu Miako, Jeddo und Nagasaki. Lesen Lieblingsbeschäftigung beider Geschlechter, ebenso Musik. Die Kenntnisse der Japanesen in der Ingenieurkunst, Mechanik und Trigonometrie, Kartenzeichnung, Medicin, Astronomie nicht unbedeutend. — Die *japanische Sprache* hat einen dem Mongol., Mandschurischen und Osttürkischen verwandten Charakter und viele chinesische Wörter in sich aufgenommen; auch die Silbenschrift ist nach der chines. gebildet. Die *Literatur* (in Europa noch wenig gekannt) enthält wichtige Arbeiten über Reichsgeschichte, gr. Encyklopädien, Länderbeschreibungen, Biographien etc. und producirt fortwährend geschichtl., moral., geograph. Werke, Gedichte, Schauspiele, Reisesschilderungen etc. in Menge, zum Theil bunt illustrirt. — Die *Verfassung* despotisch mit feudalem hierarchisch-militär. Charakter und fast kastenartigen Ständeunterschieden. Der Kaiser (*Mikado*, zu Miako residirend) ward bisher nur als geistliches Oberhaupt des Staats betrachtet und als Gottheit verehrt; neben ihm stand als weltl. Oberhaupt der *Taikun* (in Jeddo), der über die Einkünfte des Landes und die Armee verfügte. Durch die Revolution von 1867 wurde der letztere jedoch beseitigt, und der Mikado, dem sich alle Fürsten des Landes unterwarfen, ist seitdem alleiniger und oberster Herrscher. Staatseinkünfte 30,590,167 Koku (à ca. 7 Thlr.), wovon

17,2 Mill. den Prinzen gehören. Erster der 8 bestehenden Stände die Daimios, reichbegüterte erbliche Lehnsfürsten, die grosse Gewalt ausüben. Die ältere Sintoreligion (Geisterglaube) ist durch den Buddhismus und die Lehre des Confucius jetzt meistens verdrängt. Die Armee besteht neuerdings aus einem Truppencorps von 12,000 M., nach europ. Muster gebildet; doch sind eventuell alle Mitglieder der Soldatenkaste (Samurai) ihrem Herrn zum Kriegsdienst verpflichtet. Seemacht erst seit den letzten Jahren im Entstehen begriffen. — Die älteste Geschichte J.s, dessen erste Bewohner Ainos waren, durchaus sagenhaft. Der erste Herrscher des Landes, Sin-mu Teno, bestieg nur 660 den Thron; die gegenwärtige Kubodynastie stiftete Joje-Jasu (Gonghin) 1617. Die ersten Nachrichten von J. kamen im 13. Jahrh. durch Marco Polo nach Europa; 1512 wurde es von den Portugiesen entdeckt und ein Handelsverkehr zwischen beiden Nationen angebahnt; Bekehrungsversuche durch die Jesuiten (Franc. Xaver). Später Vertreibung der Portugiesen aus J., während die Holländer freien Zutritt und Erlaubniss zum Handeln erhielten (1609), die später ebenfalls bedeutend beschränkt wurden. Wiederholte Versuche der Engländer und Russen, mit J. in freundschaftliche Beziehungen zu treten, scheiterten; erst den Nordamerikanern gelang der Abschluss eines Handelsvertrags mit J. (31. März 1854), dem dann die gleichen Verträge mit England (14. Okt. 1854), Russland (26. Jan. 1855), Holland (9. Nov. 1855), Frankreich (9. Okt. 1858), Portugal (3. Aug. 1860), Zollverein (25. Jan. 1861) folgten. Damit sind den genannten Staaten die Häfen Hiogo (Nipon), Kanagawa, Jokohama, Niegata, Hakodadi und Nagasaki geöffnet. Ausfuhr der 5 Häfen (1869): 18,250,189 Doll., Einfuhr 24,812,631 Doll. Eingegangen 1571 Schiffe mit 1,043,436 Tonn., ausgegangen 1475 Schiffe mit 1,019,079 Tonn. Exportartikel bes. Seide (19,000 Ballen à 100 Pfd. nach England und Frankreich), Thee (15 Mill. Pfd. nach den Verein. Staaten). Import bes. engl., deutsche, holländ. und schweiz. Manufakturen, Waffen etc. Vgl. *Steinmetz*, 'J. and her people', 1858; *Werner*, 'Die preuss. Expedition nach China, J. etc.', 1863; *Heine* (1860), *Rambert* (1870).

Japanisches Meer, Theil des Grossen Oceans, zwischen Korea, der Mandschurei und den japan. Inseln, durch die Strasse von Korea mit dem ostchines. Meer verbunden.

Japëtus, Titane, Sohn des Uranus und der Gaa, Vater des Atlas, Prometheus etc.

Japhet, dritter Sohn Noahs, dessen Nachkommen, die *Japhetiten*, sich bes. im nördl. Asien u. in Europa ausbreiteten, daher angebl. Stammvater der dort ansässigen Völker.

Japyden (a. G.), illyr. Räubervolk, 128 v. Chr. von den Römern unterworfen.

Japygia (a. G.), bei den Griechen die südöstl. Halbinsel Unteritaliens (auch *Messapia*, bei den Römern *Calabria* gen.) mit dem Vorgebirge *Japygium* (Capo di Leuca).

Jargon (fr., spr. Schargong), verderbte Mundart; auch zu einem besondern Zweck gebildete Sprache oder Redeweise, z. B. das Rothwälsch, daher s. v. a. Kanderwälsch.

Jarnac (spr. Scharnak), Stadt im franz. Depart. Charente, an der Charente, 3500 Ew.; 13. März 1569 *Treffen* zwischen den Katholiken und Hugenotten, in welchem Condé fiel.

Jaromiers, Stadt im böhm. Kr. Königgrätz, an der Aupa und der Elbe, 4695 Ew. 29. Juni 1866 siegr. *Gefecht* der Preussen (Steinmetz) gegen die Oesterreicher.

Jaroslaw, grossruss. Gouvern. (sonst Grossfürstenthum), 622,4 QM. mit 962,642 Ew., einförmige Fläche von mittelmässiger Fruchtbarkeit. Die befestigte *Hauptst.* J., am Einflusse des Kotorosl in die Wolga, 26,771 Ew. Schön gebaut, 66 Kirchen, Universität.

Jarretière (fr., spr. Scharretjähr), Strumpfband; *Ordre de la J.*, Hosenbandordon.

Jasminum L. *(Jasmin)*, Pflanzengattung der Jasmineen. J. officinale L., in Südeuropa, Nordafrika, wird vielfach kultivirt und liefert durch Maceration seiner wohlriechenden Blüthen mit fettem Oel das Jasminöl. Diese und andere Arten sind Ziersträucher. *Deutscher Jasmin*, s. *Philadelphus*.

Jasmund, Halbinsel, bildet den nördl. Theil der Insel Rügen. *Jasmunder Bodden*, der tiefe Meerbusen zwischen derselben und der Halbinsel Wittow.

Jason, Sohn des Aeson, Königs von Iolcus in Thessalien, veranstaltete den Argonautenzug, um das geraubte goldne Vliess von Colchis nach Thessalien zurückzubringen, erreichte, von Medea unterstützt, diesen Zweck, kehrte mit jener nach langem Umherirren in die Heimat zurück, musste aber die Herrschaft über Iolcus dem Acastus, dem Sohne des Pelias, überlassen und sich nach Korinth flüchten. Hier verstiess er Medea sammt ihren Kindern, um Creusa (Glauce), des korinth. Königs Creon Tochter, zu heirathen. Medea tödtete aus Rache ihre mit J. erzeugten Kinder und floh zum König Aegeus nach Athen. J. tödtet sich aus Verzweiflung selbst; nach Andern versöhnte er sich mit Medea und bestieg mit ihr den Thron von Iolcus.

Jaspis, s. *Quarz*.

Japingat, s. *Porzellan*.

Jassy *(Jaschi)*, Hauptst. der Moldau, am Baglui, 65,745 Ew. (30,000 Juden): schlecht gebaut, Akademie; lebhafter Handel.

Jász *(J.-Bérény)*, Hauptort des ungar. Distrikts Jaszygien, an der Zagyva, 17,534 Ew.

Jatropha L. *(Brechnuss, Purgirnuss)*, Pflanzengattung der Euphorbiaceen. J. Curcas L., *schwarz Brechnuss*, Strauch im tropischen Amerika, vielfach kultivirt, liefert die grossen Ricinusamen, Purgirnüsse, Pulgernüsse, welche das drastisch wirkende Ölricusöl (Oleum infernale) enthalten.

Jauche *(Mistjauche)*, aus Mist sich absondernde Flüssigkeit, besteht im Wesentlichen aus Harn, ist reich an Kalisalzen, enthält 0,23—0,48 % Stickstoff; vorzügl. Düngemittel, dessen Werth nach dem spec. Gew. mit dem Jauchemesser bestimmt wird; auch Feuerlöschmittel; in der Medicin faulender Eiter.

Jauer, Kreisstadt im preuss. Regbz. Liegnitz, an der wüthenden Neisse, 9665 Ew.

Ehedem Hauptstadt *des Fürstenth.* J. (58 QM.), das jetzt in die Kreise J., Bunzlau, Löwenberg, Hirschberg u. Schönau zerfällt.

Jaune (fr., spr. Schohn), gelb. *J. indien* (spr. -jäng), Indisch-Gelb, prachtvolle gelbe Oel- und Wasserfarbe, aus Puree bereitet. *J. brillant* (spr. -jang), s. v. a. Schwefelkadmium.

Java, grosse Sundainsel in Ostindien, östl. von Sumatra, zum grössten Theil im Besitz der Holländer, blühende Kolonie, 128 M. l., 9—26 M. br., 2445 QM. und (1860) 15,573,000 Ew. (29,130 Europäer). Gebirgig, mit 45 (21 thätigen) Vulkanen (darunter 6 über 10,000' h., Samaru 11,500'), Mofetten und vielen heissen Quellen. Kurze, aber zahlr. Flüsse (Solo und Brantes). Fruchtbarkeit im Allgem. beispiellos. Hauptprodukte: Kaffee (jährl. ca. 1 Mill. Pikol à 133 Pfd., seit 1696 eingeführt), Zucker (1¼ Mill. Pikol), Tabak, Indigo (⅓ Mill. Pfd.), Zimmt, Thee (2 Mill. Pfd., seit 1826 eingeführt), Reis (30 Mill. Pikol), Pfeffer, Chinabäume (seit 1856), Kokospalmen; Mineralien: Gold, Kupfer, Salz. Die *Javanesen* sind malayischen Stamms, ausgezeichnet in der Metallbearbeitung; ihre Religion früher der Buddhismus, seit ca. 1400 der Islam. Merkwürd. Bauten aus der Zeit des Buddhismus (Boro-Budor). Die eingeborenen Fürsten (die Sultane von Djokdjokarta und von Surakarta am bedeutendsten) von Holland abhängig. Eintheilung in 21 Residenten. Sitz des holl. Gouverneurs Batavia. Haupthäfen: Batavia, Samarang, Surabaya, Tjelatjap. Einfuhr 1864: 39,760,900 Fl., Ausfuhr: 107,851,495 Fl. — J. von Indien aus civilisirt; 1406 von den Arabern erobert. 1579 Beginn des Handels mit den Portugiesen, 1596 mit den Holländern, die 1677 bed. Landbesitz eroberten und schliesslich durch Kriege gegen die Eingebornen Herren der Insel wurden; 1811—16 vorübergehend im Besitz der Briten. 1859 Abschaffung der Sklaverei. Vgl. *Raffles*, Histor. of J.', 2. Aufl. 1830; *Junghuhn*, J.', 1852 f., 3 Bde.; *Kuijpers*, ,Der ind. Archipel', 1861. (In Turkistan)

Jaxartes, im Alterth. Name des Fl. Sir Darja.

Jaxt *(Jagst)*, wilder Nebenfl. des Neckars in Würtemberg, entspr. in den ellwanger Bergen, mündet bei Wimpfen. 30 M. Der *Jaxtkreis*, der nordöstl. Theil Würtembergs, 93,4 QM. und 382,238 Ew. Hauptst. Ellwangen.

Jaszygen, im Alterthum Völkerschaft in heut. Ungarn, zwischen Gran, Donau und Theiss; seit 13. Jahrh. Name der königl. Pfeilschützen in Ungarn, die (mit ihren Stammgenossen, den Kumanen) in besondern Bezirken lebten und grosse Vorrechte genossen. Danach benannt der Distr. *Jazygien* in den Kom. Heves und Ausser-Szolnok, 20 QM. mit ca. 60,000 Ew. Hauptort Jasz.

Jean (fr., spr. Schang), Johann. *J. Potage* (spr. -tasch, s. i. Hans Suppe), Hanswurst.

Jean d'Acre, Stadt, s. *Acca*.

Jeanne d'Arc (spr. Schann dark), *Jungfrau von Orléans*, geb. 6. Jan. 1412 zu Domremy in der Champagne, Tochter von Landleuten, glaubte sich im 13. Jahre göttlicher Offenbarungen gewürdigt, dann berufen, für den bedrängten Dauphin zu kämpfen, sog als

17jähr. Jungfrau an der Spitze einer begeisterten Schaar nach Orléans, gelangte 29. April 1429 in die von den Engländern belagerte Stadt, vertrieb durch Ausfälle die Belagerer, führte den Dauphin, wie sie versprochen, nach Rheims zur Krönung (17. Juli 1429); beim Angriff auf Paris verwundet, entschied sie durch ihre Tapferkeit bei der Eluuahme von St.-Pierre-le-Moutier den Sieg, warf sich 24. Mai mit wenig Truppen in das von den Engländern und Burgundern bedrohte Compiègne, ward bei einem Ausfall gefangen und an die Engländer ausgeliefert. In Rouen vor dem geistl. Gericht des Bischofs Cauchon von Beauvais Jan. 1431 der Zauberei und Ketzerei angeklagt, ward sie zum Feuertod verurtheilt, den sie 30. Mai erlitt. Auf Ansuchen ihrer Familie ward ihr Prozess 1450 revidirt und sie für unschuldig erklärt. Denkmäler zu Rouen und Orléans. Vgl. *Barthélemy de Beauregard* (1847, 2 Bde.), *Michelet* (1853), *Villaumé* (1863), *Barante* (1865), *Lysell* (1884). Hauptwerk: *Quicherat*, ,Procès de condamnation et de réhabilitation de J. d'A. etc.* (1841—50, 5 Bde.).

Jebusiter, kanaanit. Volk im südl. Palästina, dessen feste Stadt Jebus von David erobert und unter dem Namen Jerusalem zur Hauptstadt seines Reichs erhoben ward.

Jeddo, bedeutendste Stadt Japans, bisher Residenz des Taikun, auf der Ostküste von Nipon, an der Bai von J., 2 Mill. Ew. Regelmässig angelegt und von Kanälen durchzogen. Universität; bed. Industrie (Seiden- und Baumwollwaaren, Porzellan, Waffen, Papier), grosse Buchdruckerei.

Jefferson (spr. Dscheffers'n), *Thomas*, 3. Präsident der Vereinigten Staaten von Nordamerika, geb. 13. April 1743 zu Shadwell in Virginien, ward 1769 Mitglied der gesetzgebenden Versammlung daselbst, 1775 in den Kongress gewählt, entwarf die 9. Juli 1776 vom Kongress angenommene Unabhängigkeitserklärung, ward 1779 Gouverneur von Virginien, 1783 wieder Mitglied des Kongresses, fungirte 1784—89 als Gesandter in Paris, 1790—93 als Staatssekretär in Washingtons Kabinet, ward 1797 Vicepräsident unter John Adams, 1800 nach dem Sturz der förderalist. Partei als Haupt der Republikaner Präsident und bekleidete diese Würde infolge seiner Wiederwahl bis 1809; † 4. Juli 1826. Vater der amerik. Demokratie, bedeutender Staatsmann. Biogr. von *Tucker* (1837, 2 Bde.) und *Rundull* (1859, 3 Bde.). Gesammelte Schriften (1854, 9 Bde.).

Jehovah, nach Luthers Bibelübersetzung Gottesname des A. T.s, bedeutet: ,Ich werde sein, der ich sein werde' (2. Mos. 3, 14), d. h. die Ewigkeit und Unveränderlichkeit.

Jehu, Feldherr des israel. Königs Joram, ward zum König gesalbt, eröffnete als solcher eine neue Dynastie, die 5., reg. 884—856 v. Chr., rottete die ganze Familie Ahabs aus, zerstörte den Baalstempel zu Samaria, stellte den Jehovahkult her, verlor das Ostjordanland an die Syrer.   [Fasteu.

Jejunulum (lat.), der Leerdarm; auch s. v. a.

Jekaterimburg (*Katharinenburg*), befest.

Kreisstadt im ostruss. Gouvern. Perm, am 1sten und an der sibir. Heerstrasse, 21,920 Ew., Mittelpunkt des ural. Berg- u. Hüttenwesens. Münze, Metallfabr., Goldwäscherei, Eisen- und Kupferschmelzwerke; Handel.

Jekaterinodar, befest. Hauptstadt der tschernomorischen Kosaken und Sitz des Atamans, am Kuban, 9301 Ew.

Jekaterinoslaw, Gouvern. in Südrussland, 1223,3 QM. mit 1,234,751 Ew., zum Theil waldlose Steppe mit riesenhaftem Unkraut (Feuerungsmaterial), zum Theil fruchtbares Kulturland mit blühendem Ackerbau, treffl. Viehzucht; auch mächtige Steinkohlenlager. Die *Hauptst.* J., am Dnjepr, 23,291 Ew.; Hauptstapelplatz für den Handel nach Odessa. 1784 von Potemkin gegründet.

Je länger je lieber, s. *Lonicera*.

Jeletz, Kreisst. im russ. Gouvern. Orel, an der Sosna, 27,688 Ew.; lebh. Handel.

Jelisawetgrad, Stadt, s. *Elisabethgrad*.

Jelisawetpol, Stadt, s. *Elisabethpol*.

Jellachich (spr. -schitsch) *de Buzim*, *Joseph*, *Graf von*, österr. General, geb. 16. Okt. 1801 zu Peterwardein, trat 1819 in österr. Militärdienste, ward 1842 Oberst und Kommandant des 1. Banat-Grenzregiments, bei Beginn der Stürme 1848 auf Wunsch der Kroaten zu deren Banus, sowie zum Feldmarschalllieutenant ernannt. Auf das slav. Element gestützt, wirkte er den magyar. Tendenzen entgegen, überschritt Sept. 1848 mit 40,000 Mann Grenztruppen die ungar.-kroat. Grenze, wirkte zur Einnahme von Wien mit, stand im Winterfeldzuge 1848—49 unter dem Oberbefehl des Fürsten Windischgrätz, ward März 1849 zum Feldzeugmeister ernannt und mit der Leitung des Kampfes in Südungarn betraut. Nachdem er anfangs einige Vortheile über Bem errungen und die Bacska besetzt hatte, ward er 14. Juli bei Hegyes mit Verlust zurückgeschlagen. Nach Beendigung des Kampfes wieder Banus und Civil- und Militärgouverneur von Kroatien, ward er 1855 in den erblichen Grafenstand erhoben; † 20. Mai 1859 zu Agram. Schr. ,Gedichte' (1850).

Jemappes (spr. Schömapp), Dorf in der belg. Prov. Hennegau, westl. von Mons, 11,495 Ew. 6 Nov. 1792 *Sieg* der Franzosen unter Dumouriez über die Oesterreicher.

Jemen (*Yemen*, das *glückliche Arabien*), Landsch. in Arabien, am rothen Meer, südl. von Hedschas bis zur Meerenge Bab-el-Mandeb, 321 QM. und ca. 1 Mill. Ew.; steht unter ägypt. Botmässigkeit (Statthalter in Mokka). Produkte: Datteln, Zucker, Indigo, Sesam, Baumwolle und vorzügl. Kaffee.

Jemtland, Landsch. im nördl. Schweden, rauhes Bergland mit schönen Seen und Flüssen. Hauptstadt Oestersund.

Jena, Stadt in S.-Weimar, in einem Thalkessel an der Saale, 7784 Ew.; für den sächs. Herzogthümern gemeinschaftl. Universität (seit 1558), des Oberappellationsgerichts und eines statist. Bureaus für die thüring. Staaten. Denkmäler Okens und Johann Friedrichs des Grossmüthigen. 14. Okt. 1806 *Sieg* Napoleons I. über die Preussen.

Jenikalé, Stadt, s. *Kertsch*.

Jenische Sprache, s. v. a. Gaunersprache, Rothwälsch, s. *Kochemer Sprache*.

Jenisei (spr. séi), Strom in Sibirien, entspringt unter dem Namen *Kem* auf chines. Gebiete, durchbricht das sajan. Gebirge, durchfliesst das Gouv. Jeniseisk und mündet unterhalb Dudsinskoja in das nördl. Eismeer. Länge 748 M.; Stromgebiet 49,000 QM.

Jeniseisk (spr. -séisk), russ. Gouvern. in Ostsibirien, 45,708 QM. mit 323,014 Ew. (10,000 Schamanen); gebirgig, mit Morästen und Urwäldern, grösstenth. unbebaut, reich an Goldwäschen (jährl. 500 Pud reines Gold), Salzsiederei (jährl. 100,000 Pud); auch viel Steinkohlen und Graphit. Die *Stadt* J., am Jenisei, 7147 Ew.; Pelzhandel (im Abnehmen). Im August grosse Messe.

Jenner (spr. Dschen-), *Edward*, erster Verbreiter der Kuhpockenimpfung, geb. 17. Mai 1749 zu Berkeley (Gloucester), Wundarzt das., impfte zuerst 14. Mai 1796 einen Knaben, bei dem die später eingeimpften Menschenblattern keine Wirkung übten, machte seine Entdeckung bekannt in der Schrift 'Inquiry in to the causes and effects of the varlolae vaccinae' (1798); erhielt 1802 10,000 und 1807 20,000 Pfd. St. als Nationalbelohnung; † 26. Jan. 1823.

Jennymaschine, s. *Spinnmaschine*.

Jephtha, Richter in Israel, natürl. Sohn Gileads, Anführer einer Freibeuterschaar, ward von den Gileaditern gegen die Ammoniter zu Hülfe gerufen, besiegte diese, opferte einem Gelübde zufolge seine Tochter.

Jeremias, hebr. Prophet, der 2. der sogen. grossen Propheten, trat 628 v. Chr. zu Jerusalem als Prophet auf, ward, weil er Unterwerfung unter die Babylonier angerathen, als Landesverräther eingekerkert, von Nebukadnezar befreit, siedelte später nach Aegypten über; † das. um 570 v. Chr.

Jericho, im Alterthum blühende Stadt Palästinas, nördl. vom todten Meere. Auf seinen Trümmern jetzt das Dorf Eriha.

Jerichow, Name zweier Kreise im preuss. Regbz. Magdeburg: J. I mit Hauptst. Burg; J. II mit Hauptst. Genthin. In letzterem das *Städtchen* J., nahe der Elbe, 1739 Ew.

Jerobeam, Name zweier Könige von Israel: *J. I.*, ward nach Salomos Tode von 10 Stämmen gegen Rehabeam zum König erwählt, reg. 975—954 v. Chr., errichtete zu Dan und Bethel Stierbilder Jehovahs, um die Wallfahrten des Volks zum Tempel nach Jerusalem zu hindern. — *J. II.*, reg. 815—784, Sohn und Nachfolger des Joas, hob das Reich zu vorübergehendem Flor, Anhänger des Stierdienstes.

Jérôme (spr. Scherohm), s. *Bonaparte* 9).

Jersey (spr. Dscherrsi), 1) die grösste der brit. Kanalinseln, an der Westküste des franz. Depart. Manche, 3 QM. mit 56,078 Ew. Mehrere Forts. Hauptst. St. Heller. — 2) (*J.-City*) Stadt in Newjersey (Nordamer.), am Hudson, Newyork gegenüber, (1870) 81,744 (1850: 6856) Ew.

Jerusalem (*Hierosolymae*, *Je Kadesch*, d. i. die heilige Stadt), Hauptstadt des alten Palästina, auf mehreren Hügeln am Bache Kidron; früher *Jebus* genannt und Haupt-

stadt der Jebusiter, ward sie von David erobert und zur Residenz erhoben, durch Salomo verschönert, insbes. durch einen Palast und den ber. Tempel (588 v. Chr. von Nebukadnezar zerstört, 536 wieder aufgebaut), 320 von Ptolemäus Lagi, 161 von Antiochus Epiphanes, 63 v. Chr. von den Römern erobert und 70 n. Chr. von Titus gänzlich zerstört. Dies *alte* J. bestand zuletzt aus 2 Hauptthellen: Altstadt (in die Oberstadt auf dem Hügel Zion, die Unterstadt auf dem Hügel Akra und den Tempelberg Morijah zerfallend) und Neustadt (Bezetha, mit starken, etwa 50 Stadien langen Mauern, 2 Citadellen, der Veste Zion und Burg Antonia, und 150,000 (zur Zeit des Passafestes 2,700,000) Ew. — Die vom Kaiser Hadrian 136 auf den Trümmern des alten J. als röm. Kolonie (*Aelia Capitolina*) erbaute Stadt ward von Konstantin zur christl. gemacht, 614 von dem Perserkönig Kosroes II., 638 von Omar, 1099 von den Kreuzfahrern erobert und zum *Königreich* J. erhoben, 1187 von Saladin genommen, ging 1244 für immer für die Christen verloren; seit 1517 im Besitz der Pforte. 1841 gründeten Preussen und England in J. ein evangelisches Bisthum. — Das *jetzige* J. (Soliman, arab. *el Kuds*, türk. *Kudsi Scherif*), seit 1840 Sitz eines Paschas, „heilige Stadt" der Christen, Juden und Mohammedaner, 26,000 Ew. (9000 Christen, 4000 Juden); zerfällt in eine westl. Hälfte auf dem Hügel Zion und eine östl. mit dem höhen Morijah, Akra und Bezetha, hat 7 Thore und wird in 4 Quartiere eingetheilt: 1) das mohammed. (die Osthälfte, mit dem alten Tempelplatz, der prachtvollen Moschee Omars an der Stelle des alten salomon. Tempels, der via dolorosa, d. i. dem Schmerzenswege, und der Wohnung des Pascha); 2) das christl. (im NW. mit der Kirche des heil. Grabes, dem Kalvarienberge); 3) das armen. (im SW. um den Zion mit der Citadelle, der protest. Kirche und dem reichen Jakobskloster); 4) das jüd. (zwischen dem Zion und Morijah). Die Strassen abschüssig, düster, unreinlich, still. Haupterwerbsquelle der Verkehr mit den Pilgern, insbes. Verkauf von Reliquien. — Vgl. die Werke von *Robinson* (1847), *Williams* (1849), *Tobler* (1853 f.), *Georgi* (1856 f.), *Strauss* (7. Aufl. 1859), *Thiele* (1861), *Wolff* (1862), *Busch* (1861) u. A.

Jesd, Stadt in der pers. Prov. Khorasan, nahe der grossen Salzwüste und Mittelpunkt der Karawanenstrassen, 50,000 Ew. Hauptsitz der Parsen. Kamelzucht, Industrie in Seide und Wolle, Gold- und Silberwirkerei.

Jeso (*Jesso*), die nördl. Hauptinsel von Japan, mit den umliegenden kleinen Inseln 1465 QM.; gebirgig, wald- und metallreich. An der Südküste die Traktatshafen Hakodadi.

Jesaias, hebr. Prophet, wirkte unter den Königen Usias, Jotham, Ahas und Hiskias, 759—717 v. Chr. zu Jerusalem.

Jesuiten (*Gesellschaft Jesu*), geistlicher Orden, gestiftet 1539 von Ignaz von Loyola (s. d.) zu Rom zum Zwecke der Vertheidigung und Ausbreitung des röm.-katholischen Glaubens und der päpstlichen Universalherrschaft, 27. Sept. 1540 durch eine Bulle des Papstes Paul III. bestätigt, von letzterem und Julius III. mit den Rechten der Bettelmönche und der Weltpriester zugleich ausgestattet, nach Loyolas, des ersten Generals, Tode (1556) besonders von dessen Genossen und Nachfolger *Jakob Lainez* (1556—65) seiner Bestimmung gemäss organisirt. Klassen: *Novizen*, aus begabten Jünglingen, ohne Rücksicht auf Geburt gewählt und 2 Jahre lang in besonderen Noviziathäusern unterwiesen und in Selbstverleugnung und blindem Gehorsam geübt; *Koadjutoren* oder weltliche Mitarbeiter, nicht durch Klostergelübde gebunden, theils Untergebene und Gehülfen der Mitglieder der höheren Grade, theils Verbündete der Gesellschaft; *Scholastiker* und *geistliche Koadjutoren*, mit gelehrten Kenntnissen ausgerüstet, durch die Mönchsgelübde gebunden und insbes. zum Unterricht der Jugend verwendet, Professoren, Prediger, Hofmeister, Gewissensräthe in Familien; *Professen*, aus den erfahrensten Mitgliedern des Ordens gewählt, entweder in Professhäusern zusammenlebend, oder als Missionäre unter Heiden und Ketzern, als Beichtväter an Fürst-, Höfen und Residenten des Ordens thätig. Letztere wählen aus ihrer Mitte den *Ordensgeneral*, der seine Würde lebenslang und seinen Sitz in Rom hat, aus den Professen die Assistenten, Provinzialen, Superioren und Rektoren wählt, durch fortlaufende Berichte über alles den Orden Betreffende Kenntniss erhält und nunmehr unumschränkte Herrschaft über die Mitglieder des Ordens ausübt. 1556 zählte der Orden 1000 Mitglieder in 12 Provinzen. Als wirksamstes Gegengewicht gegen den um sich greifenden Protestantismus kam er bes. in Italien, Spanien und Portugal, im kathol. Deutschland, namentl. in Oesterreich und Bayern in Aufnahme, verbreitete sich durch Fr. Xaver 1541—52 nach Ostindien, Japan, Brasilien, Paraguay. Der 3. General, Fr. Borgia (1565—81), vermochte durch Begünstigung pietistischer Frömmelei die Richtung der Ordensbestrebungen nicht zu ändern. Der 4. General, *Claudius Aquaviva* (1581—1615), war der Schöpfer der Jesuit. Pädagogik. 1616 zählte der Orden 13,112 Mitglieder in 32 Provinzen. In Frankreich erst 1562 unter Beschränkung ihrer Vorrechte zugelassen, waren die J. bes. während der Hugenottenkriege unter dem Schutze der Guisen sehr thätig, wurden zwar 1594 infolge des Attentats ihres Schülers Chatel auf Heinrich IV. ausgewiesen, durften 1603 zurückkehren und waren bes. als Beichtväter am Hofe einflussreich. In Deutschland halfen sie als Seele der Liga bes. den 30jähr. Krieg schüren. Ihre bedenkliche Moral, welche die Grundsätze des Handelns von den Umgebungen eigennütziger Klugheit und äussern Umständen abhängig machte und die schlechtesten Mittel um des guten Zweckes willen zuliess, ihre Beschönigung von Meineid und Verbrechen aller Art durch willkürliche Wortverdrehung, verwirrende Auslegung und heimlichen Vor-

behalt (reservatio mentalis), die Seichtigkeit ihrer Lehrmethoden, sittliche Aergernisse, schmutzige Handelsspekulationen etc. erweckten dem Orden nach und nach eine starke Opposition. Ihre wahrscheinliche Mitwirkung bei dem Attentat auf König Joseph I. von Portugal hatte 3. Sept. 1759 ihre Vertreibung von dort zur Folge. Sie zählten damals 22,589 Mitglieder. Die Aufdeckung vieler Missbräuche des Ordens zog die Aufhebung desselben in Frankreich nach sich. Gesellschaft nach sich. In Spanien 1767, darauf auch in Neapel und Parma verbannt, ward der Orden von Papst Clemens XIV. durch die Bulle Dominus ac Redemtor noster vom 21. Juli 1773 aufgehoben, ohne aber völlig zu erlöschen (Schonung desselben durch Friedrich II. und die Kaiserin Katharina). Pius VII. bestätigte den Orden in Westrussland und Lithauen und stellte ihn im Stillen 1804 auf der Insel Sicilien, 7. Aug. 1814 aber durch die Bulle Sollicitudo Omnium für die ganze Christenheit in der alten Gestalt wieder her. Darauf wurde der Orden in Spanien durch Ferdinand VII. 29. Mai 1815 wieder in den Besitz aller seit 1767 ihm entzogenen Güter und Rechte eingesetzt, 1835 zwar wieder aufgehoben, aber nicht unterdrückt. In Portugal durch Dom Miguel 1832 hergestellt, von Dom Pedro 1833 wieder verboten, nistete er sich später wieder ein. In Frankreich unter der Restauration geduldet, nach der Revolution 1830 für immer aufgehoben, bestand er unter Ludwig Philipp notorisch fort und hat seit Herstellung des Kaiserthums an Einfluss bedeutend gewonnen. In Belgien, wo die J. bei der Revolution 1830 mitwirkten, sind sie seit der Trennung des Landes von Holland immer mehr heimisch geworden. Auch in England haben sie Kollegien mit Erziehungsanstalten, ebenso in Nord- und Südamerika. Russland wurde ihnen durch Ukas vom 25. März 1820 ganz verschlossen. In der Schweiz, wo sie schon seit 1818 ein Kollegium in Freiburg besassen und bes. in den Urkantonen festen Fuss fassten, wurden sie nach Niederwerfung des Sonderbundes ausgetrieben, ohne aber ihren Einfluss daselbst ganz zu verlieren. In Deutschland wurden die J. vor 1848 in Bayern und Oesterreich als Redemptoristen (s. d.) geduldet. Verhängnissvoll waren für sie die Stürme von 1848. Pius IX. musste sie aus Rom verweisen. Mit der polit. Reaktion kehrten sie hier und auderwärts zurück. Selbst in parität. Ländern liess man ihrer Thätigkeit freien Lauf (Missionspredigten). Im Königr. Italien ist der Orden gesetzlich aufgehoben. Die Zahl seiner Mitglieder hob sich von 1851 bis 1864 von 5510 auf 7734. Die Provinzen sind nach den Nationen in Gruppen zusammengefasst, 1865: ital. mit 1610, deutsche (mit Belgien und Holland) mit 2042, franz. mit 2364, span. (mit Südamerika) mit 1067, engl. (mit Nordamerika) mit 873, zusammen mit 7956 Mitgliedern. Vgl. ‚Catechismo de' Gesuiti‘ (1820); ferner *Wolf* (2. Aufl. 1803, 4 Bde.), *de Pradt* (1826), *Sylv. Jordan* (1839), *Duller* (1840), *Kortüm*

(1863), *Orténeau-Joly* (1844 — 46, 6 Bde.), *Hugenheim* (1847, 2 Bde.), *Laurent* (1864) u. A.

Jesus (d. i. Heiland, Erlöser) **Christus** (d. i. Gesalbter, Messias) von Nazareth, der Stifter der christl. Religion, geb. zu Bethlehem unter der Regierung des Kaisers Augustus (jedenfalls nicht vor 750 nach Roms Erbauung), Sohn der Maria, der Verlobten des Holzarbeiters Joseph, Sprössling des königl. Geschlechts Davids; trat in seinem 30. Lebensjahre in Galiläa auf als Prophet und Gegner der Pharisäer und Priester, den Erwartungen seiner Zeitgenossen vom Messias sich unbequemend, als Verkündiger des Reichs Gottes, als eines diesseitigen Zustandes, in welchem die Bruder- und Gottesliebe einen Menschheitsbund, beruhend auf der gleichen Würde und Berechtigung Aller, begründen solle, sammelte 12 Jünger um sich (s. *Apostel*), verband mit eindringlicher Lehre in Sentenzen und Gleichnissen ausserordentliche (wunderbare) Thaten, starb nach etwa 3jährigem Wirken als Opfer des Hasses der geistigen Leiter des Volks den Kreuzestod (zwischen 781 und 783 nach Roms Erbauung), als Auferstandener verherrlicht. Vgl. die neueren Schr. über sein Leben von *Strauss* (s. d.), *Hase* (5. Aufl. 1864), *Neander* (5. Aufl. 1852), *Rénan* (1863), *Schenkel* (1864), *Schleiermacher* (1864), *Weizsäcker* (1864) und *Keim* (3. Aufl. 1866).

Jesus Sirach, jerusalem. Jude, 3. Jahrh. v. Chr., Verf. einer in A. T. vorhandenen apokryph. Sammlung von Sittensprüchen.

Jet (engl., spr. Dschett), s. *Gagat*.

Jeu (fr., spr. Schöh), Spiel, Scherz; *j. d'esprit* (spr. -espri), Spiel, wobei es auf eine gewisse Schlagfertigkeit des Geistes ankommt. *Jeux floreaux* (spr. -floroh), Blumenspiele, Art poetischer Wettkämpfe, die seit dem 14. Jahrh. in Toulouse alljährl. gefeiert wurden und wobei die Preise goldene und silberne Blumen waren.

Jever, Stadt in Oldenburg, am schiffbaren Sieltief, 4604 Ew.; ehedem Hauptort der *Herrschaft J.* (*Jeverland*), 6 QM., die 1793 an die Kaiserin Katharina II. von Russland fiel, 1807 von K. Alexander an Holland abgetreten, 1814 zu Oldenburg geschlagen ward.

Jeypoor, Staat, s. *Dschäpur*.

J. M. N., Inschrift an den Professhäusern und anderen Gebäuden der Jesuiten, die ersten 3 Buchstaben des griechisch geschriebenen Namens Jesus *IHΣOΤΣ*, fälschlich gedeutet: *In hoc salus*, d. i. hierin das Heil, oder *Jesus hominum salvator*, d. i. Jesus, der Menschen Heiland.

Joachim, Name von 3 Kurfürsten von Brandenburg: *J. I.*, *Nestor*, geb. 1484, Sohn des Kurfürsten Johann, reg. 1499 — 1535, beförderte das Aufblühen der Städte, Künste und Wissenschaften, gründete 1506 die Universität Frankfurt a/O., Gegner Luthers, erwarb 1517 die Neumark, 1524 die Grafschaft Ruppin, schloss mit Pommern einen Erbvertrag. — *J. II.*, geb. 1505, Sohn und Nachfolger des Vor., reg. 1535 — 71, führte in seinem Lande die Reformation ein und erwarb die Anwartschaft auf Preussen. —

J. III., *Friedrich*, geb. 1546, Sohn Johann Georgs, erhielt 1585 das Erzbisthum Magdeburg, 1598 — 1608 Kurfürst, behauptete die Untheilbarkeit des Kurfürstenthums, gewann 1605 die Regentschaft in Preussen.

Joachim, *Joseph*, ber. Violinvirtuos, geb. 15. Juli 1831 zu Kittse bei Pressburg, Schüler von Böhm in Wien, später von David und Hauptmann in Leipzig, 1843 — 45 Konzertdirektor in Hannover, machte wiederholt Kunstreisen in England, Deutschland, Frankreich, seit 1868 Direktor der Musikschule in Berlin. Auch Komponist für Violine und Orchester; Ouverture zu Hamlet. Violinkoncerte, Charakterstücke etc.

Joachimsthal, 1) Bergstadt im böhm. Kr. Eger, an der Weseritz, 5841 Ew. Bergbau auf Eisen, Silber, Blei und Zinn etc. Von J. haben die Thaler (*Joachimsthaler*) ihren Namen. — 2) Stadt im preuss. Regbz. Potsdam, Kr. Angermünde, 2130 Ew. Die ehemal. Fürstenschule, von Joachim Friedrich 1607 gegr. (ca. 13,000 Thlr. Einkünfte), ward 1640 als *j. er Gymnasium* nach Berlin verlegt.

Jobber (engl., spr. Dschob-) od. *Stockjobber*, in England Name der Aktien- und Staatspapierspekulanten, dann bes. der dem Börsenspiel (*Stock-jobbery*) Obliegenden.

Jobsiade, kom. Heldengedicht von Kortüm.

Joch, ursprüngl. das hölzerne Geschirr auf dem Nacken der Zugochsen; als Feldmass ein Stück Land, welches ein Ochsengespann in einem Tage umzupflügen vermag; in Oesterreich gesetzmässiges Feld- und Waldmass (*wiener J.*), = 1600 QKlaftern = 57,600 QFuss = 5755,745 QMeter = 0,5756 Hektaren. Vgl. *Juchert*. — Bei den Römern hiess J. eine aus Spiessen errichtete galgenförmige Pforte, durch welche gefangene Heere ohne Waffen ziehen mussten.

Jochbaum, s. v. a. Hainbuche.

Jochbeine (*Wangenbeine*), platte Knochen am Äusseren und oberen Theil des Gesichts.

Jochmus, *August Giacomo*, *Freiherr von Cotignola*, geb. 1808 in Hamburg, stand 1827 — 35 in griech. Militärdienst, trat 1835 in die engl.-span. Legion, ward 1837 Brigadegeneral, begab sich 1840 nach Syrien und ward von der Pforte zum Divisionsgeneral und Pascha von 3 Rossschweifen, vom Admiral Stopford zum Chef des Generalstabs des kombinirten türk.-englisch-österr. Heeres im Libanon ernannt, wirkte als solcher Nov. 1840 bei der Einnahme von St. Jean d'Acre mit und beendete als Oberbefehlshaber der Operationsarmee Febr. 1841 den Feldzug gegen Ibrahim-Pascha. Bis Anfang 1848 im Kriegsministerium zu Konstantinopel beschäftigt, kehrte er nach den Märzstürmen nach Deutschland zurück, ward vom Reichsverweser H. Mai 1849 zum Minister des Aeussern und der Marine ernannt, zog sich Dec. 1849 ins Privatleben zurück. Mai 1859 zum österr. Feldmarschalllieutenant ernannt, dann in den Freiherrenstand erhoben. Schr. ,Der syr. Krieg' (1856).

Jockey (engl., spr. Dschocki), Diener, der die Pferde bei Wettrennen reitet. *Jockeyclubs*, Vereine von Liebhabern der Rennbahn (engl. *sporting gentlemen*).

Jocus (lat.), Scherz, Kurzweil, Possen.

Jod, dem Chlor verwandter, chemisch einfacher Stoff, findet sich in einigen seltenen Mineralien, im Meerwasser, in manchen Soolquellen und wird aus Kelp und Varec, aus den Kelppfannen und aus Mutterlaugen von Natronsalpeter durch Destillation mit Braunstein und Schwefelsäure gewonnen; schwarzgraue, metallglänzende Krystalle, von chlorähnlichem Geruch, gibt beim Erhitzen violette Dämpfe, sublimirt, löst sich leicht in Alkohol, Aether, Jodkalium, Schwefelkohlenstoff, schwer in Wasser, färbt Stärke blau, spec. Gew. 4,95, Aequivalent 126. Seine Verbindungen mit Sauerstoff, Wasserstoff, den Metallen (Jodüre, Jodide) gleichen den entsprechenden Chlorverbindungen. Jodsilber ist höchst lichtempfindlich. J. wird in der Medicin und Photographie, zur Darstellung des Jodkaliums, Jodquecksilbers, als Jodäthyl zur Gewinnung von Anilinfarben benutzt. Jährl. Produktion in Schottland und Irland 1562, Frankreich 1112 Ctr.

Jodtinktur, Auflösung von 1 Theil Jod in 10—12 Theilen Weingeist.

Joel, hebr. Prophet, weissagte im Reiche Juda um 860 v. Chr.

Jönköping, Stadt im südl. Schweden, am Südende des Wettersees, 9262 Ew.

Johann, Name von 23 röm. Päpsten: *J. I.*, reg. 523—26, † im Gefängnis in Ravenna, in welches ihn der Ostgothenkönig Theodorich hatte werfen lassen; kanonisirt, Tag 27. Mai. — *J. II.*, Mercurius, reg. 532—535, Eiferer für Orthodoxie. — *J. III.*, reg. 560—573, that viel für Verschönerung der Kirchen. — *J. IV.*, geb. zu Salona, reg. 640—642, verdammte die Lehre der Monotheleten. — *J. V.*, aus Antiochia, reg. 685—686. — *J. VI.*, Grieche, reg. 701—705. — *J. VII.*, Grieche, reg. 705—707. — *J. VIII.*, Römer, reg. 872—882, krönte Karl den Kahlen zum Kaiser kraft apostol. Vollmacht, erhielt dafür bedeutenden Länderbesitz, erlaubte sich hierarch. Uebergriffe, erkannte Photius als Patriarchen von Konstantinopel an, widerrief dann. — *J. IX.*, Benediktiner, reg. 897—900, gestand dem ital. Kaiser Lambert eine Mitwirkung bei der Papstwahl zu. — *J. X.*, reg. 914—928, Günstling der Theodora, krönte Berengar, König von Italien, 915 zum Kaiser, vereinigte die Kräfte Italiens gegen die Saracenen, ward durch Marozia eingekerkert, durch Erstickung getödtet. — *J. XI.*, Sohn der Marozia und des Papstes Sergius III., reg. 931—932, durch seinen Bruder Alberich gestürzt; † im Kerker 936. — *J. XII.*, vorher Octavianus, Sohn Alberichs, Enkel der Marozia, reg. 956—964, lasterhaft, rief den deutschen König Otto I. gegen den König Berengar II. von Italien zu Hülfe, krönte ihn, 963 abgesetzt. — *J. XIII.*, bestieg 965 den röm. Stuhl, ward bald darauf von den röm. Grossen verjagt, von Kaiser Otto I. wieder eingesetzt, reg. unter dessen Schutz bis 872. — *J. XIV.*, ward 983 durch Kaiser Otto II. eingesetzt, nach dessen Tode (983) vom Gegenpapst Bonifacius VII. verdrängt;

† 984 im Kerker. — *J. XV.*, reg. 986—996, vollzog die erste päpstliche Kanonisation an dem Bischof Ulrich von Augsburg. — *J. XVI.*, vorher Hilagathus, ward durch den Usurpator Crescentius 997 auf den päpstl. Stuhl erhoben, durch Kaiser Otto III. gestürzt und geblendet. — *J. XVII.*, vorher Sicco, 1003 Papst; † in d. J. — *J. XVIII.*, vorher Fasanus, reg. 1003—9. — *J. XIX.*, vorher Graf von Toscanello, gelangte als Laie durch Bestechung auf den päpstl. Stuhl, reg. 1024—33. — *J. XX.*, vorher Peter Julian, geb. zu Lissabon, erst Arzt, ward 1276 Papst, 1277 von einer einfallenden Decke erschlagen; nannte sich wegen der sagenhaften Päpstin Johanna (s. d.) J. XXI. — *J. XXII.*, vorher Jakob von Euse, geb. zu Cahors 1244, reg. 1316—34 zu Avignon, belegte den Kaiser Ludwig den Bayer und mehrere seine hierarch. Uebergriffe missbilligende Rechtsgelehrte mit dem Bann, nahm den von Ludwig eingesetzten Gegenpapst Nikolaus V. 1330 gefangen, erlaubte sich beispiellose Gelderpressungen. — *J. XXIII.*, vorher Balthasar Cossa, Neapolitaner, ward 1410 auf dem Koncil zu Pisa zum Papst erhoben, lud Huss nach Konstanz vor, dankte 2. März 1415 auf dem Koncil zu Konstanz ab, entfloh 21. März gegen seinen Eid, ward 70 grober Schandthaten überwiesen, 29. Mai abgesetzt, dann zu Freiburg verhaftet und auf Schloss Gottlieben bei Konstanz, später zu Mannheim und Heidelberg gefangen gehalten, 1419 freigelassen; † Nov. 1419 zu Florenz.

Johann, 1) *J. von Luxemburg, der Blinde, König von Böhmen*, Sohn des deutschen Kaisers Heinrich VII., geb. 1295, erhielt durch seine Vermählung mit Elisabeth, Tochter des böhm. Königs Wenzel IV., 1311 die böhm. Königskrone, hielt zur Partei Kaiser Ludwigs des Bayern, focht 1315 in Italien, 1324 für Frankreich in Lothringen, 1329 für die deutschen Ritter in Preussen, erwarb Mähren und Schlesien, zerfiel später mit Ludwig dem Bayer, fiel, 1340 erblindet, für Frankreich gegen die Engländer fechtend 1346 bei Crecy. Vater des deutschen Kaisers Karl IV. Vgl. *Schötter* (1865, 2 Bde.).

2) *J. ohne Land, König von England*, geb. 1166, jüngster Sohn Heinrichs II., suchte während der Gefangenschaft seines Bruders Richard Löwenherz diesem die Krone zu rauben, wurde nach Richards Tode 1199 statt seines Neffen Arthur von Bretagne, des nächst berechtigten Thronerben, durch die Gunst der Grossen König, liess jenen 1202 ermorden, verlor infolge davon, von den Vasallen verlassen, fast alle seine Besitzungen in Frankreich, ward im Streit mit Papst Innocenz III. von diesem in den Bann und des Throns verlustig erklärt, nahm sein Königreich, um es zu retten, vom Papste zu Lehn, musste den aufständischen Baronen 19. Juni 1215 die Magna Charta (s. d.) bewilligen, liess dieselbe vom Papst in einer Bulle verdammen u. wüthete in dem wieder entbrannten Bürgerkrieg mit seinen Miethtruppen so furchtbar, dass die Barone den Dauphin Ludwig, den Sohn

Philipps II. von Frankreich, zu Hülfe riefen, der sich fast das ganze südl. und östl. England unterworfen hatte, als J. 19. Okt. 1216 †.

3) *J. der Gute oder Fromme*, *König von Frankreich*, Sohn u. Nachfolger Philipps VI., geb. 1309, reg. seit 1350, ward im Kampf mit den Engländern unter dem schwarzen Prinzen 1356 gefangen, musste im Frieden von Bretigny (1360) Aquitanien an England abtreten und sich zu Zahlung einer gr. Geldsumme verpflichten; †, da er diese nicht aufbrachte, 1364 in der Gefangenschaft.

4) *Könige von Polen:* a) *J. II. Kasimir*, geb. 21. März 1609, zweiter Sohn König Sigismunds III., trat 1640 in Rom in den Jesuitenorden, ward von Innocenz X. zum Kardinalpriester ernannt, 20. Nov. 1648 nach seines Stiefbruders Wladislaw Tod zum König gewählt, hatte Russland und Schweden und innere Unruhen zu bekämpfen, verlor im Frieden von Oliva (3. Mai 1660) Esthland und Livland an Schweden, im Frieden von Audrussow (14. Jan. 1667) Weiss- und Rothrussland sammt der Ukraine bis an den Dnjepr an Russland, dankte 16. Sept. 1668 ab; † 16. Dec. 1672 zu Nevers in Frankreich. — b) *J. III. Sobieski*, geb. 2. Juni 1624 zu Olesco in Galizien, Sohn Jakob Sobieskis, Kastellans von Krakau, focht ruhmvoll gegen Russen und Tataren, ward 1665 Kronmarschall, 1667 Krongrossfeldherr und Wojwode von Krakau, nach seinem Sieg bei Choczim über die Türken (11. Nov. 1673) einstimmig 21. Mai 1674 zum König erwählt, rettete im Bunde mit deutschen Hülfsvölkern 12. Sept. 1683 das von den Türken belagerte Wien; † 17. Juni 1696.

5) *Könige von Portugal:* a) *J. I.*, natürlicher Sohn Peters des Grausamen, geb. 1357, ward 1383 nach dem Tode seines legitimen Bruders Ferdinand von den Ständen zum König erhoben, führte Krieg mit Kastilien und den Mauren, eroberte 1415 Ceuta; † 1433. Unter ihm begann der Infant Heinrich der Seefahrer seine Entdeckungsfahrten an der Westküste von Afrika. — b) *J. II.*, Sohn und Nachfolger Alfons V., reg. seit 1481, eroberte Tanger, veranlasste den Papst, die sogen. Demarkationslinie zu ziehen; † 1495. — c) *J. III.*, Sohn und Nachfolger Emanuels, geb. 1502, reg. seit 1521, machte Brasilien zur portugies. Kolonie, gab gute Gesetze, führte die Inquisition ein; † 1557. — d) *J. IV.*, Herzog von Braganza, bestieg 1640 den portugies. Thron, kämpfte 1645—54 mit den Niederländern um den gemeinsamen Besitz Brasiliens; † 1656. Stifter der jetzt regierenden Dynastie. — e) *J. V.*, Sohn Pedros II., reg. 1707—50, friedliebend, milderte die Inquisition. — f) *J. VI.*, König von Portugal und Kaiser von Brasilien, geb. 13. Mai 1767, Sohn der Königin Maria und des Infanten Dom Pedro, Enkel Josephs I., seit 1792 Regent, seit 20. März 1816 König von Portugal, trat 1793 der ersten Koalition gegen Frankreich bei, stellte sich nach dem Frieden von Basel 1795 unter engl. Schutz, ward 11. Nov. 1807 von Napoleon I. abgesetzt, schiffte sich 27. Nov. nach Brasilien ein,

nachdem er eine Regierungsjunta eingesetzt, kehrte erst 1821 nach Portugal zurück, beschwor 1. Okt. 1822 die neue liberale Konstitution, hob sie wieder auf, schwach und haltlos im Kampfe der Konstitutionellen und Absolutisten; † 10. März 1826.

6) *J. II.*, *König von Schweden, Dänemark und Norwegen*, geb. 1455, Sohn und 1481 Nachfolger Christians I., ward 1497 zum König von Schweden gekrönt, 1501 hier vertrieben; † 1513.

7) *J. III.*, *König von Schweden*, 2. Sohn Gustav Wasas, geb. 1537, bestieg 1568 nach Erichs XVI. Sturz den Thron, eroberte, mit Polen gegen Russland verbündet, fast ganz Karelien u. Ingermanland, verlor es 1590 wieder, trat 1580 zur kathol. Kirche über; † 1592.

8) *Kurfürsten von Sachsen aus der ernestin. Linie:* a) *J. der Beständige*, geb. 30. Juni 1467, Sohn des Kurfürsten Ernst, folgte 1525 seinem Bruder Friedrich dem Weisen als Kurfürst, eifriger Beförderer der Reformation, verband sich 1526 zu Torgau mit dem Landgrafen Philipp von Hessen, veranstaltete 1528 eine Kirchenvisitation in seinem Lande, war 1529 auf dem Reichstage zu Speier unter den protestirenden Fürsten, betrieb nach Zurückweisung der augsburger Konfession durch den Kaiser das Zustandekommen des schmalkald. Bundes; † 16. Aug. 1532. — b) *J. Friedrich I.*, *der Grossmüthige*, geb. 30. Juni 1503, Sohn des Vor., folgte diesem 1532 als Kurfürst, vertrieb mit den schmalkaldischen Bundesgenossen den Herzog Heinrich von Braunschweig, gerieth mit seinem Vetter, dem Herzog Moritz von Sachsen, über das Stift Naumburg in Streit, der 1542 fast zum Krieg (Fladenkrieg) geführt hätte, liess 1546 seine Truppen, in Franken zu denen des Landgrafen Philipp von Hessen stossen, ward vom Kaiser in die Acht erklärt, 24. April 1547 bei Mühlberg geschlagen und gefangen, verzichtete auf die Kurwürde, die auf den Herzog Moritz überging. Gefangener des Kaisers, ward er erst 1552 entlassen, kehrte Sept. in die ihm verbliebenen thüring. Lande zurück, erbte von seinem 1553 kinderlos verstorbenen Bruder Johann Ernst die Pflege Koburg; † 3. März 1554. Ihm folgten in gemeinschaftlicher Regierung seine Söhne J. Friedrich II., J. Wilhelm und J. Friedrich III.

9) *Kurfürsten von Sachsen aus der albertin. Linie:* a) *J. Georg I.*, geb. 5. März 1585, Sohn des Kurfürsten Christian I., folgte 1611 seinem Bruder Christian II. als Kurfürst, schloss sich 1620 an Kaiser Ferdinand II. an, erhielt 1623 die Lausitz als Unterpfand, suchte dann zwischen Gustav Adolf von Schweden und dem Kaiser zu vermitteln, vereinigte die protestant. Stände zu Leipzig zu einem ohnmächtigen Neutralitätsbündniss, schloss sich 1631, durch Tillys Einfall in Sachsen gezwungen, an Gustav Adolf an, machte 30. Mai 1635 mit dem Kaiser Frieden zu Prag, erhielt die Lausitz erbeigenthümlich, erklärte 6. Okt. 1635 an Schweden den Krieg, worauf sein Land von schwed. und kaiserl. Truppen

furchtbar heimgesucht ward, schloss 27. Aug. mit Schweden Waffenstillstand, ward im westphäl. Frieden im Besitz der Lausitz und der Bisthümer Meissen, Merseburg und Naumburg bestätigt; † 8. Okt. 1656. — b) *J. Georg II.*, geb. 31. Mai 1613, Sohn und 1656 Nachfolger des Vor., führte im Kaiser Ferdinands III. Tode 1657 das Reichsvikariat, von schwankender polit. Haltung bes. Oesterreich und Frankreich gegenüber; † 22. Aug. 1680 zu Freiberg. — c) *J. Georg III.*, geb. 20. Juni 1647, Sohn und 1680 Nachfolger des Vor., befreite 1683 im Verein mit Job. Sobieski von Polen Wien von den Türken, sandte dem Kaiser 1686 Hülfstruppen gegen diese, brach als entschiedener Gegner der Politik Ludwigs XIV. beim Ausbruche des Reichskriegs 1688 zuerst gegen diesen auf, übernahm 1690 den Oberbefehl über die Reichsarmee; † 12. Sept. 1691 zu Tübingen. — d) *J. Georg IV.*, geb. 18. Okt. 1668, Sohn und 1691 Nachfolger des Vor., schloss sich 1692 eng an Brandenburg, 1693 an den Kaiser an; † 27. April 1694. 10) *J. Nepomuk Maria Joseph, König von Sachsen*, geb. 12. Dec. 1801, Sohn des Prinzen Maximilian, erhielt nach Erwählung seines älteren Bruders Friedrich August zum Mitregenten Sitz und Stimme im geh. Rath, dann den Vorsitz im Staatsrath und ward gemäss der Verfassung Mitglied der ersten Kammer, bestieg infolge des Todes seines Bruders Friedrich August II. 9. Aug. 1854 den Thron. Das Landeswohl fördernde Massregeln seiner Regierung sind die Justizorganisation von 1855, umfassende Kodifikationen, die Einführung der Gewerbefreiheit, die Vervollständigung des Eisenbahnnetzes, der Anschluss an den preuss.-italien. Handelsvertrag etc. Resultat seiner Dante-Studien ist die unter dem Namen *Philalethes* erschienene metr. Uebers. der ,Divina commedia' mit Erläuterungen (2. Aufl. 1865, 3 Bde.). Vermählt seit 1822 mit Amalie Auguste, Tochter des Königs Maximilian Joseph von Bayern. 11) *Herzöge zu Sachsen:* a) *J. Friedrich II., der Mittlere*, geb. 8. Jan. 1529, Sohn des Kurfürsten Johann Friedrich des Grossmüthigen, focht bei Mühlberg, übernahm dann mit seinem Bruder Johann Wilhelm (geb. 11. März 1530) zugleich im Namen des noch unmündigen 3. Bruders, Johann Friedrich II. (geb. 17. Jan. 1557) die Administration der zufolge der Kapitulation von Wittenberg der ernestin. Linie zugewiesenen Lande, erhielt bei der Theilung nach J. Friedrichs III. Ableben (1565) Weimar mit Gotha, nahm den geächteten Wilhelm von Grumbach (s. d.) in seinen Schutz, ward deshalb selbst in die Acht erklärt, nach der Kapitulation des Schlosses Grimmenstein in Gotha 13. April 1567 zu ewigem Gefängniss nach Wiener Isch-Neustadt, während des Türkenkriegs 1595 nach Steier gebracht; † das. 9. Mai 1595. 12) *J., Baptist Joseph Fabian Sebastian, Erzherzog von Oesterreich*, deutscher Reichsverweser, geb. 20. Jan. 1782 zu Florenz, 9. Sohn des Kaisers Leopold II. und der span.

Infantin Marie Luise, übernahm 1800 den Oberbefehl über das österr. Heer, ward 3. Dec. bei Hohenlinden, 14. Dec. bei Salzburg von Moreau geschlagen, betrieb 1805 und 1809 den Aufstand der Tiroler, drang 1809 an der Spitze des Heeres von Innerösterreich bis an die Etsch vor, ward 6. Mai an der Piave, 14. Juni bei Raab geschlagen und kam infolge davon dem Erzherzog Karl bei Raab nicht rechtzeitig zu Hülfe. Im Feldzug von 1815 die österr. Reserven am Oberrhein befehligend, erzwang er 26. Aug. die Kapitulation von Hüningen. Den Staatsangelegenheiten und dem Hofe fernstehend, lebte er seitdem meist zu Gräts, seit 1827 morganatisch vermählt mit Anna Plochel, der Tochter eines Postmeisters, später Gräfin von Meran und Freiin von Brandhof. Mai 1848 zum Stellvertreter des Kaisers in Wien ernannt, ward er 29. Juni von der Nationalversammlung zu Frankfurt zum Reichsverweser erwählt. Als solcher mehr im österr. Interesse als in dem des Reichs thätig, resignirte er 20. Dec. 1849; † 10. Mai 1859 zu Gräts.

Johanna, *Päpstin*, angebl. zu Mainz geb., soll nach einer im 11. Jahrh. entstandenen Sage zwischen Leo IV. († 855) und Benedikt III. († 858) unter dem Namen Johannes Anglicus oder Johann VIII. den päpstlichen Stuhl inne gehabt, nach 3½jähr. Regierung durch plötzliche Niederkunft bei einer Procession ihr Geschlecht verrathen haben. Wohl Satire auf die damals in Rom herrschende Pornokratie. Vgl. *Döllinger*, ,Die Papstfabeln', 2. Aufl. 1863.

Johannes, 1) *J. der Täufer*, Sohn des jüd. Priesters Zacharias, trat 29 n. Chr. in der Wüste Juda als Busprediger und Verkündiger der nahen Ankunft des Messiasreichs auf, vollzog die Taufe als Symbol der Reinigung von Sünden im Jordan, auch an Jesus, ward, weil er den Fürsten Herodes Antipas wegen seiner unerlaubten Verbindung mit Herodias, der Gemahlin seines Halbbruders, getadelt hatte, enthauptet. *Johannistag*, 24. Juni, bes. von den Freimaurern gefeiert, weil J. d. T. früher als Schutzpatron der Bauleute galt. — 2) *J. der Evangelist*, Sohn des Fischers Zebedäus aus Galiläa, mit seinem Bruder Jacobus u. Simon Petrus dessen vertrautester Jünger, in der Gemeinde zu Jerusalem eine der Säulen des Judenchristenthums und Gegner des Paulus, lebte später zu Ephesus, ward nach der Sage unter Domitian nach Patmos verwiesen; † unter Trajan hochbetagt zu Ephesus. Das ihm zugeschriebene *Evangelium* gibt nicht eine Geschichte Jesu, sondern den Nachweis, dass Jesus als Weltheiland und Gottessohn das fleischgewordene ewige Wort (Logos) Gottes sei. Verwandten Inhalts sind die *drei Briefe des J.* Die *Offenbarung des J.* (Apokalypse), bald nach Neros Tode (68 und 69 n. Chr.) verfasst, verkündigt den Sieg des wiederkehrenden Christus über den Antichrist und die heidn. Welt u. die Herabkunft des himml. Jerusalems auf die Erde. **Johannes Secundus** (eigentlich *Jan Nicolai Everard*), neulat. Dichter, geb. 14. Nov.

1511 im Haag, † 21. Sept. 1586 zu Utrecht; Verf. der Heblichen „Basia" (d. i. Küsse, 1539; deutsch von Passow, 1807).

Johanngeorgenstadt, Bergstadt im sächs. Regbz. Zwickau, am Schwarzwasser, 3402 Ew. Silber- und Eisenbergbau, Handschuhnäherei u. Kunsttischlerei. Grosser Brand

Johannisbeerstrauch, s. Ribes.   [1867.

Johannisberg, Dorf im Rheingau, oberhalb Rüdesheim, 974 Ew. Prächtiges Schloss mit 55 Morgen ber. Weinlandes (Johannisberger), seit 1816 dem Fürsten Metternich gehörig.

Johannisblume, s. v. a. Arnica.

Johannisbrodbaum, s. Ceratonia.

Johannisburg, Kreisst. im preuss. Regbz. Gumbinnen, an der Pissek, 2675 Ew.

Johanniskäfer, s. Leuchtkäfer.

Johanniskraut, s. v. a. Hypericum.

Johanniswürmchen, s. Leuchtkäfer.

Johanniterorden, der älteste der 3 geistlichen Ritterorden, entstand durch eine Gesellschaft von Kaufleuten aus Amalfi, welche 1048 zu Jerusalem eine Kirche und ein Kloster erbauten, womit sie bald ein Hospital für Pilger nebst einer dem heil. Johannes geweihten Kapelle verbanden. Die Mönche, Johanniter oder Hospitalbrüder genannt, erhielten unter ihrem ersten Vorsteher, Gerhard Tonque, vom Papst Paschalis II. eine eigene Ordensverfassung. Der zweite Vorsteher, Raimund von Puy, fügte zu den Mönchsgelübden die Verpflichtung zum Kampf gegen die Ungläubigen hinzu, verwandelte dadurch den Orden in einen geistlichen Ritterorden, nahm den Titel eines Grossmeisters an und theilte die Mitglieder in 3 Klassen: Ritter zur Kriegführung, Kaplane zum geistlichen Dienst u. dienende Brüder zur Pflege der Kranken und Geleitung der Pilger. Von den Päpsten begünstigt u. mit Vorrechten ausgestattet, erwarb der Orden in allen christlichen Ländern grosse Besitzungen, kam aber dadurch von seiner anfänglichen Bestimmung mehr und mehr ab. Nach der Eroberung Jerusalems durch Saladin (1187) verlegte er seinen Sitz nach Ptolomais, von da 1291 nach Cypern, 1309 aber nach Rhodus, davon Rhodiserritter genannt. Hier hatten die Ritter schwere Kämpfe mit den Türken zu bestehen (berühmt ihre Vertheidigung unter dem Grossmeister Peter von Aubusson gegen Mohammed II. 1479) und mussten endlich nach tapferer Gegenwehr unter dem Grossmeister de l'Isle Adam die Insel an Sultan Soliman II. übergeben (24. Dec. 1522). Von Kaiser Karl V. 1530 mit den Inseln Malta, Gozzo und Comino belehnt und zum fortgesetzten Kampf gegen die Ungläubigen verpflichtet, nannten sie sich Malteserritter. Infolge der Reformation ihrer Güter in England, den Niederlanden und Skandinavien beraubt, verloren sie ihre Selbständigkeit durch Bonaparte, der auf seinem Zug nach Aegypten 12. Juni 1798 Malta in Besitz nahm. Im Sept. 1800 wurde die Insel von den Engländern erobert und trotz der Bestimmung des Friedens vom Amiens dem Orden nicht zurückgegeben. Nach Hompesch (s. d.) Abdankung ward 16. Dec. 1798 der Kaiser Paul I.

von Russland zum Grossmeister gewählt, aber nicht allgemein anerkannt. Zu Anfang des 18. Jahrh. wurde der Orden fast überall unter Einziehung seiner Güter aufgehoben. Nach dem Verlust Maltas hatte derselbe zu Catania in Sicilien seinen Sitz genommen. Nach Napoleons Sturz gelang die versuchte Restauration des Ordens nicht; doch bestand das Ordenskapitel (seit 1826 zu Ferrara, seit 1834 zu Rom) und 4 Grosspriorate zu Rom, Venedig, Neapel u. Prag, sowie ein Zweig des Ordens in Spanien fort — Der preuss. J., 1812 als für den Adel bestimmte Dekoration gestiftet, ward von Friedrich Wilhelm IV. 15. Okt. 1852 umgestaltet und für Krankenpflege bestimmt. Herrenmeister ist seit 17. Mai 1853 Prinz Karl von Preussen, Ordenshauptmann Feldmarschall Wrangel. Die Mitglieder zerfallen in Komthure, Rechts- und Ehrenritter, die alle adelig und evangel. Religion sein müssen. Unter den Auspicien des Ordens errichtete Genossenschaften in den preuss. Provinzen und ähnliche Institute in Würtemberg, Mecklenburg, Hessen etc. haben sich durch Errichtung von Hospitälern etc. verdient gemacht, auch in den Kriegen seit 1864, besonders 1870 und 1871 eine anerkennenswerthe Thätigkeit entwickelt. Ueber die Geschichte des J.s vgl. Falkenstein (1833, 2 Bde.) und Witleben (1859).

Johann von Leyden, eigentl. Joh. Bockelson oder Bockold, um 1510 zu Leyden geb., Schneidergeselle, Dichter und Schauspieler, kam als Wanderprophet der Wiedertäufer mit Jan Matthys 1533 nach Münster, ward 1534 dessen Nachfolger, errichtete in Münster ein Königreich Zion, kündigte sich als den apokalypt. König der Welt an, führte die Vielweiberei ein, schwelgte in Ueppigkeit und königl. Pracht, ward nach Eroberung der Stadt (24. Juni 1535) durch den Bischof gefangen genommen und 23. Jan. 1536 grausam hingerichtet.

Johann von Oesterreich, gewöhnlich Don Juan d'Austria genannt, natürlicher Sohn Kaiser Karls V. und der regensburger Bürgerstochter Barbara Blomberg, 24. Febr. 1545 in Regensburg, in Spanien erzogen, focht als Befehlshaber eines Galeerengeschwaders 1568 glücklich gegen die afrikan. Seeräuber, unterdrückte 1569 und 1570 den Aufstand der Morisken in Granada, vernichtete als Oberbefehlshaber der „ewigen Liga" 7. Okt. 1571 die türk. Flotte bei Lepanto, nahm 1573 Tunis ein, ward 1576 Statthalter in den Niederlanden, aber von den Ständen nicht anerkannt, siegte über die Aufständischen 31. Jan. 1578 bei Gemblo020; † 1. Okt. 1578 vor Namur. Biogr. von Husemann (1865).

Johann von Schwaben, genannt Johann Parricida, Sohn des Herzogs Rudolf von Schwaben, Enkel Rudolfs von Habsburg, geb. um 1290, forderte herangewachsen von Kaiser Albrecht I. vergeblich die seiner Mutter Agnes, einer böhm. Königstochter verschriebene Grafschaft Kyburg, verschwor sich mit den oberschwäb. Rittern Walther von Eschenbach, Rud. von Palm, Rud. von der Wart u. A. zu des Kaisers Ermordung die 1. Mai 1808 bei Windisch an der Reuss vollführt ward; † angebl. 1368 als Mönch.

John Bull, s. *Bull*.

Johnson (spr. Dschons'n), *Samuel*, engl. Schriftsteller, geb. 18. Sept. 1709 zu Lichfield, seit 1737 in London, † das. 15. Dec. 1784. Lexikograph, Journalist, Literarhistoriker und Satiriker. Hauptwerk: das klassische „Dictionary of the English language‘ (1755, 2 Bde.). Sein Lehrgedicht ‚The vanity of human wishes‘ (1749) und der Roman ‚Rasselas‘ poesielos. Werke herausg. von *Murphy* (neue Aufl. 1824, 12 Bde.). Treffl. Biogr. von *Boswell* (1791).

Joinville (spr.Schoängwihl), Stadt im franz. Depart. Obermarne, an der Marne, 3865 Ew. Ehedem Hauptst. der Baronie J., die K. Heinrich II. 1551 zum *Fürstenthum* J. erhob. Der 3. (4.) Sohn Ludwig Philipps, François, führt den Titel ‚*Prinz* von J.‘ (s. *Orléans*).

Jokohama, Stadt auf der japan. Insel Nipon, an der Bai von Jeddo, 90,000 Ew. Wichtigster Hafenplatz Japans für den auswärtigen Handel, seit 1865 den Europäern geöffnet (Ausfuhr 1869 über 13 Mill. Doll.).

Jolle, in Norwegen kleines, hinten länglich rund zulaufendes Fahrzeug mit 1 oder 2 Masten, Lootsenfahrzeug; bei uns Schiff kleinster Art zum Uebersetzen von einem Schiff zum andern.

Jomelli (spr. Dsche-), *Niccolo*, ital. Komponist, geb. 1714 zu Atelli (Neapel), 1748—65 Hofkapellmeister in Stuttgart; † 26. Aug. 1774 in Neapel. Zahlr. Opern; auch Kirchenmusiken („Miserere‘).

Jona (*Icolmkill*), eine der östl. Hebrideninseln, im O. von Tiree, ½ QM. u. 350 Ew. (Hochschotten), ehemals ber. Kloster, von heil. Columbanus 566 gegr., bis zur Reformation Hauptstz schott. Kultur; Ruinen einer gr. Kathedrale, zahlr. Grabdenkmäler.

Jonas, hebr. Prophet unter Jerobeam II., sollte auf Jehovahs Geheiss den Niniviten Busse predigen, ward, weil er sich dessen weigerte, bei einem Sturm von den Schiffern ins Meer geworfen und von einem Fisch verschlungen, der ihn nach 3 Tagen aus Land spie; kam nun dem göttl. Auftrag nach.

Jonas, *Justus*, Reformator, geb. 5. Juni 1493 zu Nordhausen, ward 1521 Prof. der Theologie und Propst zu Wittenberg, begleitete Luther nach Worms, half ihm bei Uebersetzung des A. T. und bei der Kirchenvisitation, nahm am Gespräch zu Marburg und am Reichstag zu Augsburg Antheil, ward 1541 Superintendent zu Halle, 1546 zu Koburg; † 9. Okt. 1555 zu Eisfeld.

Jonathan, Sohn des israel. Königs Saul, Freund Davids, fiel mit seinem Vater und seinen Brüdern im Kampf gegen die Philister bei Gilboa. [nordamerikan. Volks.

Jonathan (*Bruder J.*), Personifikation des

Jones (spr. Dschohns), 1) *Inigo*, engl. Baumeister, geb. 1572 in London, dann Hofbaumeister, dann Architekt Jakobs I. und Karls I. und Oberaufseher der königl. Gebäude in London; † das. 21. Juli 1651. Hauptbauten: der Bankettsaal im Palast Whitehall, Hospital zu Greenwich, Säulenhalle der Paulskirche und alte Börse in

London u. a. Sammlung seiner Zeichnungen von *Kent* (neue Ausg. 1770). — 2) *John Paul*, nordamerik. Seeheld, geb. 6. Juli 1747 zu Arbigland in Schottland, begann mit der kleinen Flotte der aufstand. nordamerikan. Kolonien die ersten Kämpfe gegen die brit. Seemacht, unternahm April 1778 von Brest aus mit einer Brigg eine kühne Expedition nach den brit. Küsten, landete in Whitehaven und verbrannte daselbst mehrere Schiffe, ward 1779 Commodore einer aus franz. und amerik. Schiffen bestehenden Eskadre, setzte die ganze brit. Küste in Schrecken, nahm 22. Sept. nach furchtbarem Kampfe das überlegene brit. Schiff Serapis und machte reiche Beute. Seit 1788 Contreadmiral in russ. Diensten, verliess er schon 1799 der Eifersucht Potemkins wegen denselben; † vergessen 18. Juli 1792 in Paris. Biogr. von *Simms* (1845).

Jongleurs (fr., spr. Schonglöhr, altfranz. *Jongleor*), bei den Provençalen und Nordfranzosen Spielleute von Profession, zum Unterschiede von den höfischen Kunstdichtern (Trouvadours, Trouvères); standen zum Theil im Dienst der Troubadours, um deren Dichtungen vorzutragen; später s. v. a. Possenreisser; jetzt vorzugsweise Meister in allen Uebungen der Körpergewandtheit.

Jonidium, s. *Ipecacuanha*.

Jonien, im Alterthum Küstenlandschaft in Kleinasien, den Inseln Samos und Chios gegenüber, schön und fruchtbar. Die Einw. (*Jonier*), einer der 4 Stämme des Hellenenvolks, seit ca. 1050 v. Chr. von Attica aus dort angesiedelt. Die von ihnen gegründ. freien Städte Ephesos, Smyrna, Milet, Kolophon, Clazomenä, Erythrä etc. entwickelten ein reiches Kulturleben und bildeten den Kern des jon. *Bundes*, der 560 v. Chr. von den Lydern, 548 von den Persern unterworfen wurde und sich nach Besiegung derselben durch die Griechen 479 den Athenern als Bundesgenosse anschloss. Später (seit 387 v. Chr.) abermals von den Persern abhängig, wurden die Jonier von Alexander d. Gr. wieder befreit und theilten fortan das Schicksal der Nachbarländer. Der jon. *Dialekt* durch Weichheit und Sanftheit ausgezeichnet. Ueber die *jonische Säule* s. *Baukunst*.

Jonische Inseln, Inselgruppe im jon. Meer bestehend aus 7 Hauptinseln: Korfu, Paxo Santa Maura, Ithaca, Cephalonia, Zante und Cerigo, 49 QM. u. (1865) 251,721 Ew.; früher Inselfreistaat unter brit. Hoheit, seit 1864 zu Griechenland gehörig und in die 4 Nomarchien Korfu, Cephalonia, Zante u. S. Maura zerfallend. Gebirgig, aber waldlos und quellenarm; von herrlichem Klima, reich an mineral. Produkten (Marmor, Steinkohlen, Erdpech, Schwefel, Salz) und an den Ufern an Wein, Rosinen, Korinthen, Obst, Oel, Baumwolle; Getreide nicht genügend. Tauben-, Bienen-, Seidenwürmerzucht. Industrie unbedeutend. — Im Alterthum in die Schicksale Griechenlands, bes. der beiden Kolonienmächte Korinth und Athen, mit in die Zeit des oström. Reichs eng verflochten; seit 1343 abhängige Pertinenzen von Venedig. Seit dessen Fall (1797) Spiel des Waffenglücks und der Politik von Frankreich, Russland und der Türkei. 21. März 1800 Proklamirung einer aristokrat. „Republik der 7 vereinigten Inseln' unter russ. u. türk. Schutz. 1814 Besitzergreifung sämmtl. Inseln durch die Engländer; 15. Nov. 1815 Wiederherstellung der Republik als „Verein. Staaten der j.n I.' unter dem unmittelbaren Schutze Grossbritanniens. Verfassung vom 2. Mai 1817; Unzufriedenheit mit der brit. Verwaltung. 14. Nov. 1863 Abtretung der Inseln an Griechenland; 28. Mai 1864 Vereinigung damit. Vgl. die Werke von *Bory de St.-Vincent* (1823), *Davy* (1851).

Jonisches Meer, Theil des Mittelmeers, zwischen Griechenland und Sicilien.

Jonquille (fr., spr. Schongkilj), s. *Narcissus.*

Jonson (spr. Dschonns'n), *Ben (Benjamin),* engl. dram. Dichter, geb. 11. Juni 1574 zu Westminster, † 16. Aug. 1637 zu London. Shakespeares nationaler Bühne gegenüber Vertreter des gelehrten und regelrechten Dramas. Beste Stücke „Every man in his humour' (Lustsp.) und „The Alchymist'. Werke herausg. von *Cromwell* (1838). Vgl. *Baudissin,* „Ben J. u. seine Schule', 1836; *Bodenstedt,* „Shakespeares Zeitgenossen', 1858 f.

Joppe, Stadt, s. v. a. *Jaffa.*

Jorat (spr. Schorah), deutsch *Jurten,* Gebirgserhebung im Kant. Waadt, nördl. vom Genfersee, 2858' hoch.

Jordan (arab. *Scheriat el Kebir*), der bedeutendste Fluss Palästinas, entspr. südl. am Hermon, fliesst durch den Schilfsee Merom und den See Genesareth, dann in Windungen träg und trübe durch eine reizlose Gebirgseinsenkung u. mündet, 540' breit und 3' tief, in das todte Meer; 27 M. lang.

Jordan, *Wilhelm,* Dichter, geb. 8. Febr. 1819 zu Insterburg in Ostpreussen, widmete sich der freien, schriftstellerischen Thätigkeit zu Leipzig und Bremen, ward 1848 ins deutsche Parlament gewählt und Ministerialrath bei der Marineabtheilung, privatisirt seitdem in Frankfurt. Hauptwerke: „Demiurgos, ein Mysterium' (Art Faustsage in episch-dramat. Form, 1852—54, 3 Thle.), die Dramen „Wittwe des Agis' (Trag., 1858), „Liebesleugner' (Lustsp., 1854), „Tauschen tänscht' (Lustsp., 1856), „Graf Dronte' u. „Der falsche Fürst' (Schausp., 1856), und „Die Nibelungen' (1859), gr. Epos in Stabreimen, das er an vielen Orten öffentlich vorgetragen hat. Schr. auch „Gesch. der Insel Hayti' (1846 ff., 2 Bde.), übersetzte Sophocles (1862), sowie die Sonette u. mehrere Dramen Shakespeares. n. A.

Jordanes (auch *Jornandes*), Geschichtschreiber des 6. Jahrh., Gothe, Bischof von Croton; schr. um 551 „De regnorum et temporum successione' (Abriss der Weltgesch. bis Justinian) und „De origine actuaque Getarum' (Gesch. der Gothen bis gegen den Sturz der Ostgothenherrschaft in Italien; herausg. von *Muratori* („Scriptores rerum italicarum', Bd. 1, 1723) und *Gruter* „Historiae Augustae scriptores' (1611); die Gesch. der Gothen von *Closs* (1861).

Jornandes, s. *Jordanes.*

Jorullo, Vulkan in Mechoacan (Mexiko), 3310' h.; 14. Sept. 1759 plötzlich entstanden.

Josaphat, das vom Kidron durchflossene jähe Thal zwischen dem Tempelberge und dem Oelberge bei Jerusalem.

Josefluos, s. *Afrancesados.*

Joseph, Sohn Jakobs und der Rahel, ward von seinen Brüdern an midianit. Sklavenhändler verkauft, kam nach Aegypten, stieg hier durch Traumdeutung zum ersten Minister, erhielt die Tochter Asuaths, des Oberpriesters zu Heliopolis, zur Frau, die ihm 2 Söhne, Manasse und Ephraim, gebar, zog seinen Vater Jakob und seine 11 Brüder nach Aegypten, wo sie das Land Gosen eingeräumt erhielten.

Joseph, Name zweier röm.-deutschen Kaiser: *J. I.,* geb. 26. Juli 1678 zu Wien, Sohn Kaiser Leopolds I., empfing 1689 die ungar., 1690 die röm. Königs- und 1705 die Kaiserkrone, liberal gesinnt und tolerant, beschränkte den Einfluss der Jesuiten, machte den Protestanten in Ungarn, Böhmen und Schlesien wichtige Zugeständnisse, setzte den span. Erbfolgekrieg (s. d.) mit Nachdruck fort, unterdrückte einen Aufstand der Ungarn, errichtete 1704 eine kaiserliche Staatsbank und die Akademie der Künste zu Wien, schaffte dem Bauernstande Erleichterung; † 17. April 1711. — *J. II.,* geb. 13. März 1741 zu Wien, Sohn Kaiser Franz I. und Maria Theresias, seit 1764 röm. König, seit 18. Aug. 1765 Kaiser und Mitregent in Oesterreich, machte als solcher Verbesserungen im Heerwesen, liess 22 Mill. Gulden ererbte Staatspapiere verbrennen und gab dem Staat die von seinem Vater angekauften Domänen zurück. Leutselig und voll landesväterl. Fürsorge für seine Unterthanen, hegte er grosse Reformpläne, sah sich an deren Ausführung aber durch die Bedächtigkeit Maria Theresias gehindert. Nachdem er durch deren Tod (29. Nov. 1780) freie Hand erhalten, schloss er mit Russland einen engen Bund, begann Händel mit Holland, brachte den Austausch von Pfalz-Bayern gegen die österr. Niederlande in Vorschlag, der aber an Friedrichs II. Widerspruch scheiterte, begann 1788 Krieg gegen die Türkei, dessen Ende er nicht erlebte. Im Innern entschiedener Vertreter des sog. aufgeklärten Despotismus, verband er zuerst die österr. Länder zu einem in 13 Regierungsbezirke getheilten Staatsganzen (Gesammtstaat) und suchte dasselbe durch gleiche Verwaltung und Gesetzgebung zu befestigen, drang auf Aufhebung der Leibeigenschaft, förderte Wissenschaft und Künste, Gewerbe und Handel, liess Fabriken anlegen, suchte die Volksbildung zu heben, milderte den Presszwang, unterwarf die päpstlichen Bullen und sonstigen Erlasse dem Placet regium, begann eine Reform des Klosterwesens, hob 1782—90 an 700 Klöster auf, gestattete durch das Toleranzedikt vom 13. Okt. 1781 den Protestanten und nichtunirten Griechen freie Religionsübung, stiess aber bei diesen und anderen Reformen auf Widerstand, den der kathol. Klerus eifrig schürte. In den ausserdeutschen Landen, namentl. in Ungarn, weder die bestehende Verfassung, noch die Nationalität berücksichtigend, suchte er das Land in deutsch-bureaukrat. Weise zu organisiren und rief dadurch Unruhen und Aufstände hervor. Die allgem. Insurrektion in den österr. Niederlanden infolge der Aufhebung der alten Landesverfassung (Juni 1789) und die aufs höchste gestiegene Unzufriedenheit in Ungarn bewogen ihn Jan. 1790 zur Aufhebung aller für Ungarn erlassenen Verordnungen mit Ausnahme des Toleranzedikts und der Aufhebung der Leibeigenschaft. J. † 20. Febr. 1790 zu Wien. Vgl. *Gross-Hoffinger* (1835—37, 4 Bde.), *Paganel* (deutsch 1844, 2 Bde.), *Burckhardt* (1835), *Heyer* (1848), *Arneth* (1867—69).

Josephine, *Maria Rose,* Kaiserin der Franzosen, erste Gemahlin Napoleons I., geb. 23. Juni 1763 auf Martinique, Tochter des Hafenkapitäns Joseph Tascher de la Pagerie, heiratbete 13. Dec. 1779 den Vicomte Alex. Beauharnais [s. d. 2)], ward nach dessen Hinrichtung selbst verhaftet, durch Talliens Vermittelung befreit und von Barras geschützt, mit Napoleon Bonaparte 9. März 1796 durch Civilakt vermählt (die kirchl. Einsegnung soll erst 1804 auf Verlangen des Papstes durch den Kardinal Fesch stattgefunden haben), 2. Dec. 1804 zur Kaiserin gekrönt, 16. Dec. 1809 nach langem Widerstande geschieden, lebte seitdem mit kaiserl. Titel und Aufwand zu Navarre bei Evreux; † 29. Mai 1814. Vgl. *Aubenas* (1857—59, 2 Bde.).

Josephshöhe, Berg, s. *Auerberg.*

Josephstadt *(Pless),* Festung im böhm. Kr. Königgräts, an der Mettau u. Elbe, 2550 Ew.

Josephus, *Flavius,* jüd. Geschichtschreiber, geb. 37 n. Chr. zu Jerusalem, Pharisäer, gerieth als jüd. Feldherr in röm. Gefangenschaft, erwarb sich Vespasians Gunst, lebte nach Jerusalems Zerstörung in Rom. Schr. „Gesch. des jüd. Kriegs‘ (deutsch von *Gfrörer,* 1835); ,Jüd. Alterthümer‘ (deutsch von *Martin,* 1852—53, 2 Bde.) u. A. Werke herausgeg. von *Bekker* (1855—56, 6 Bde.; deutsch 1860).

Josias, *Friedrich,* Prinz von S.-Koburg, geb. 26. Dec. 1737, 3. Sohn des Herzogs Franz Josias, trat 1756 in österr. Dienste, machte den 7jähr. Krieg mit, befehligte im Türkenkriege 1788 ein Armeecorps, schlug die Türken mit Suworow bei Fokschani, ward Feldmarschall und zog in Bukarest ein. 1792 zum Oberbefehlshaber der österr. Armee gegen Frankreich ernannt, siegte er 1793 bei Aldenhoven und Neerwinden, eroberte Belgien wieder, 1794 Condé, Valenciennes, Quesnoy und Landrecies, warf die Franzosen viermal über die Sambre zurück, musste dann, bei Fleurus geschlagen, Belgien räumen; † 26. Febr. 1815 zu Koburg. Vgl. *Witzleben* (1859, 3 Bde.).

Josquin des Prés (spr. Schoskäng dä Preh), *Jodocus Pratensis,* genialer Tonmeister, wahrscheinl. zu St. Quentin in der Picardie (s. And. in Cambray) um 1455 geb., in der Schule Ockenheims zum Kontrapunktisten gebildet, war unter Sixtus IV. († 1484) in Rom, später Musikdirektor in Cambray; † das. um 1515. Bezeichnet die höchste Blüthe des künstl. Kontrapunkts.

Josua, Nachfolger des Moses als Auführer der Israeliten, eroberte einen grossen Theil des Landes Kanaan, theilte es unter die 12 Stämme, stand 25 Jahre an der Spitze des Volks; † 110 Jahre alt. Das *Buch J.* im A. T. rührt aus der späteren Königszeit her.

Joubert (spr. Schubähr), *Barthélemy Oathérine,* franz. General, geb. 14. April 1769 zu Pont-de-Vaux (Depart. Ain), machte den Feldzug 1792 in der Rheinarmee mit, ward 1796 Divisionsgeneral, eroberte 3. Febr. 1797 Trient, drang in das Eisack- u. Pusterthal vor und vereinigte sich 8. April bei Villach mit Bonaparte. 1798 zum Oberbefehlshaber der ital. Armee ernannt, besetzte er Piemont, trat, durch das Direktorium in seinen Operationen gehemmt, vom Oberbefehl zurück, schloss sich an Sieyès an, erhielt nach dem Sturz des Direktoriums den Oberbefehl in Italien von Nonem; fiel 15. Aug. 1799 bei Novi. Bonapartes Rivale.

Jouissance (fr., spr. Schuissangs), Genuss, Nutzniessung; anob schlüpfriges Gedicht.

Joujou (fr., spr. Schuschu), Spielzeug, an einer Schnur auf- und abrollende Scheibe.

Jour (fr., spr. Schuhr), Tag; *du j.,* Tagesdienst eines Offiziers oder Civilbeamten.

Jourdan (spr. Schurdang), *Jean Baptiste, Graf,* franz. General, geb. 29. April 1762, trat 1790 als Kapitän in die Nationalgarde zu Limoges, focht als Bataillonschef unter Dumouriez, ward Juli 1793 Divisionsgeneral, dann Oberbefehlshaber der Nordarmee, 1794 der Maas- und Sambrearmee, schlug die Oesterreicher 26. Juni bei Fleurus, zog 6. Sept. 1795 bei Düsseldorf über den Rhein, ward 11. Okt. von Clerfayt bei Höchst geschlagen, ging Frühjahr 1796 von Neuem über den Rhein, ward vom Erzherzog Karl zurückgetrieben, dann, bis in die Oberpfalz vordringend, bei Amberg (24. Aug.) und Würzburg (3. Sept.) geschlagen. Im Frühjahr 1799 mit dem Oberbefehl der Donauarmee betraut, überschritt er den Rhein bei Basel (1. März), unterlag aber wieder dem Erzherzog Karl gegenüber bei Ostrach (22. März) und Stockach (25. März). Mitglied des Raths der Fünfhundert, ward er wegen seiner Opposition gegen den Staatsstreich vom 18. Brumaire ausgestossen, 1800 vom ersten Konsul mit der Verwaltung Piemonts betraut, trat 1803 in den Senat, ward 1804 Marschall und Staatsrath, dann dem König Joseph in Neapel und Spanien beigegeben, 1815 von Ludwig XVIII. zum Grafen, 1819 zum Pair ernannt, 1830 Gouverneur des Invalidenhauses; † 23. Nov. 1833.

Journal (fr., spr. Schurnäl), Tagebuch, Notizbuch, bes. kaufmännisches (s. *Buchhaltung).* Das *Schiffsjournal,* vom Schiffsführer oder Steuermann von einem Mittag zum andern geführt, enthält die Angabe der Windrichtung, des eingeschlagenen Wegs, der Schnelle der Fahrt, der Meerestiefe, astronom.-nautische Beobachtungen etc. und hat bei Unfällen und dadurch veranlassten Haverien Beweiskraft. J. ist auch s. v. a. Zeitschrift, namentlich täglich erscheinende politische; *Journalist,* für Zeitungen thätiger Schriftsteller; *Journalismus,* das gesammte Zeitschriftenwesen. *Journalisticus*, Leseverein für Zeitschriften.

Jouxthal (spr. Schuh-), Berggelände im Kant. Waadt, zwischen 2 Juraketten, 4½ Std. l., von der Orbe durchflossen; 4800 betriebsame Ew. Hauptort Le-Sentier.

Jovial (lat.), heiter, frohsinnig.

Joyeuse entrée (spr. Schoajöhs angtreh, vläm. *Blijde-Incomste*), d. i. fröhlicher Einzug, Name der Charta, welche seit Wenceslaw (1355) die Herzöge von Brabant und Limburg bei ihrem Einzug in die Residenz beschwören mussten. Zuletzt vom Kaiser Franz II. 31. Juli 1792 beschworen.

Juan (span., spr. Chuán), s. v. a. Johann; s. *Don Juan* und *Johann von Oesterreich.*

Juan Fernandez, Insel im Grossen Ocean, 66 M. von Chile; ber. als Aufenthaltsort des Matrosen Selkirk (Robinson Crusoe) 1704—1709; jetzt mit Depot für Walfischfänger.

Juarez (spr. Chuáres), *Benito*, Präsident der mexikan. Republik, geb. 1809 im Staat Oaxaca, indianischer Abkunft, ward 1834 Advokat zu Oaxaca, 1846 Mitgl. des Kongresses, 1847—52 Gouverneur des Staats Oaxaca. Unter Santa-Anna verbannt, kehrte er 1855 nach Mexiko zurück, ward unter Alvarez provisor. Präsidentschaft Okt. Minister des Auswärtigen, des Kultus und der Justiz, schaffte als solcher die kirchl. und militär. Privilegien ab, trat Dec. zurück. 1856 wieder Kongressmitglied, hatte er Hauptantheil an der neuen Konstitution von 1857, ward Präsident des höchsten Gerichtshofs und Vicepräsident der Republik, Jan. 1858 nach Comonforts Flucht Präsident, bewies als solcher grosse Energie u. staatsmännisches Talent, hatte die Priester- und Soldatenpartei zu bekämpfen, verlegte Anfang 1859 den Regierungssitz nach Veracruz. Seine von hier aus erlassenen Reformgesetze, welche das Kirchenvermögen für Nationaleigenthum erklärten und Religionsfreiheit und Civilehe einführten, hatten einen erbitterten Kampf zur Folge, der 22. Dec. 1860 durch Miramons Niederlage bei San-Miguel-Calpulaipan zu Gunsten J. auslief, der 11. Juni 1861 zum Präsidenten erwählt ward. Weiteres s. *Mexiko*, Geschichte.

Juba, König von Numidien, Sohn Hiempsals II., stand in dem Kampfe zwischen Cäsar und Pompejus auf der Seite des letztern, vernichtete 49 v. Chr. Cäsars Legaten Quintus Curio, unterlag jenem gegenüber bei Thapsus 46, tödtete sich selbst. Sein Sohn *J. II.* erhielt von Augustus einen Theil des väterlichen Reichs zurück; Verf. geogr. und histor. Schriften.

Jubeljahr, bei den Juden *Hall*- oder *Jobeljahr*, jedes 50. Jahr, in welchem nach 3. Mos. 25 die Sklaven jüd. Abkunft freigelassen, die Schulden gelöscht, die verpfändeten oder verkauften Ländereien an die ersten Besitzer oder deren Erben unentgeltlich zurückgegeben wurden; in der kathol. Kirche Ablassjahr, in dem Jubelablass ertheilt wird. Papst Bonifacius VIII. erklärte für ein solches das Jahr 1300, Clemens VI. jedes 50., Urban VI. 1389 jedes 33., Paul II. 1470 jedes 25. Jahr.

Jubiläum (lat.), Jubelfest, an welchem Jemand (Jubilar) den vor 25 (*silbernes* J.) oder 50 Jahren (*goldenes* J.) geschehenen Antritt eines Amts, einer Würde etc. feiert.

Jubiläte (lat. d. i. jauchzet), Name des 3. Sonntags nach Ostern, nach Ps. 66, 2.

Jubis (fr., spr. Schübih), an der Sonne getrocknete Trauben aus der Provence.

Jucar, Küstenfluss im östl. Spanien, entspringt an der Muela de San Juan, mündet unterhalb Cullera in das Mittelmeer; 45 M. l.

Juchert (*Joch, Jochacker*), Feldmass, in Bayern à 400 QRuthen = 34,07 Aren, in der Schweiz à 400 QRuthen = 36 Aren, in Oesterreich à 1600 QKlafter = 57,6 Aren.

Juchten, s. *Juften.*

Jucken (Prurigo, Pruritus), Hautempfindung, wird durch Hautausschläge, Ungeziefer, Veränderungen in der Ernährung der Haut (Hautjucken der alten Leute), Unreinlichkeit und durch gewisse Vorstellungen hervorgerufen. Mittel: warme Bäder.

J. U. D., abbr. *Juris utriusque doctor* (lat.), beider Rechte, des röm. und kanonischen, Doctor. [des hebr. Stammes Juda.

Juda, 4. Sohn Jakobs von Lea, Ahnherr **Judäa**, s. v. a. Palästina.

Judaismus, die mosaische Religion; dann relig. Denkungsart der späteren Juden nach den Lehren der Rabbiner und des Talmud.

Judas Ischarioth, einer der 12 Jünger Jesu, Kassenverwalter derselben, verrieth Jesum für 30 Silberseckel (= 20 Thlr.), erhenkte sich, von Reue gequält, selbst.

Judas Jacobi, d. h. Judas (der Sohn des Jacobus, einer der 12 Jünger Jesu, s. *Apostel.*

Judas Makkabi oder **Makkabäus** (d. i. Hammer), jüd. Held, aus dem Geschlecht der Hasmonäer, leitete nach dem Tode seines Vaters, des Priesters Mattathias, den Befreiungskampf der Juden gegen den syr. König Antiochus Epiphanes und dessen Nachfolger, siegte in mehreren Schlachten; fiel 160 v. Chr. im Kampfe.

Juden, die Israelíten oder Hebräer seit dem babylon. Exil als Nachkommen ihrer Vorfahren aus dem Königreich Juda. Hauptmomente ihrer Geschichte: seit 536 v. Chr. Rückkehr vieler J. aus Babylonien nach dem unter pers. Herrschaft stehenden Palästina. 521—516 Wiederaufbau des Tempels, Neubegründung des Mosaismus. 332 Eroberung Palästinas durch Alexander d. Gr. 315 Eroberung Jerusalems durch Ptolemäus Lagi und Abführung zahlreicher J. nach Aegypten. 203 Anschluss der J. an den syr. König Antiochus d. Gr. und Beginn der syr. Herrschaft, die unter Antiochus Epiphanes (seit 175) in massiosen Druck ausartet (gewaltsame Aufzwingung des Heidenthums). 166 Erhebung der J. unter Judas Makkabi, Eroberung Jerusalems und (165) Herstellung des Tempeldienstes. Nach Makkabis Fall (160) Vollendung des Befreiungswerks durch dessen Brüder Jonathan und Simon. 145 Herstellung des Synedriums. 126—106 Joh. Hyrcanus I. König und Hoherpriester, Erweiterung des jüd. Gebiets durch Eroberungen in Samaria und Idumäa. Ihm folgen seine Söhne Judas

Aristobulus und Alexander Jannai (105 — 78); letzterem seine Gemahlin Alexandra (78—69), die ihren Sohn Hyrcanus II. zum Hohenpriester macht. Sektenkampf zwischen Pharisäern und Sadducäern. Letztere erheben des Hyrcanus Bruder Aristobulus II. auf den Thron. Bruderkrieg zwischen diesem und dem ebenfalls zum König ausgerufenen Hyrcanus II. 63 Eroberung Jerusalems durch den zum Schiedsrichter angerufenen röm. Feldherrn Pompejus. Judäa zur röm. Provinz Syrien gehörige Ethnarchie. Hyrcanus II. Hoherpriester und Ethnarch. Vergebliche Erhebung Alexanders, des älteren Sohnes Aristobuls II., gegen die röm. Herrschaft. 54 Plünderung des Tempelschatzes durch Licinius Crassus. 42 Antigonus, Aristobuls jüngerer Sohn, König mit Hülfe der Parther. Herodes d. Gr., Sohn des Landverwesers Antipater aus Idumäa, als Gegenkönig von den Römern unterstützt, erobert (37) Jerusalem, stürzt den Antigonus und behauptet sich durch tyrann. Druck und röm. Hülfe, baut 19 den Tempel wieder auf; † 3 v. Chr. 6 n. Chr. Absetzung seines Sohnes Archelaus durch die Römer; Judäa der Provinz Syrien einverleibt und einem röm. Landpfleger unterstellt. Herodes Agrippa I., Enkel Herodes d. Gr., durch die Gunst des röm. Kaisers Caligula König von Judäa; † 44. Parteihass, innere Zerrüttung, Unzufriedenheit mit der röm. Willkürherrschaft führen 66 zur Empörung, welche 70 nach Eroberung Jerusalems durch Titus mit der Zerstörung des Tempels, Niedermetzelung u. Wegführung vieler Hunderttausende von J. endigt. Zerstreuung der J. über alle Länder. 120 letzte Erhebung der J. unter Bar - Cochba , 135 blutige Unterdrückung derselben.

Das ganze Mittelalter hindurch stehen die J. in den christl. und mohammedan. Ländern unter hartem Druck, der nur zeitweilig unter einzelnen Herrschern gemildert wird. Blutige Judenverfolgungen bes. zur Zeit der Kreuzzüge, dann bei Gelegenheit des schwarzen Todes 1348 — 50 in Deutschland. Verfolgung derselben durch die Inquisition bes. in Spanien und Italien bis ins 16. und 17. Jahrh. In Deutschland waren sie als sogen. ,Kammerknechte' der Kaiser verkäuflich. Die *Emancipation* derselben in Frankreich, während der Revolution 1791 begonnen, ward 1831 durch völlige Gleichstellung mit den Christen vollendet; ebenso in Belgien. In England wurden die J. 1723 zur Erwerbung von Grundeigenthum, 1833 zur Advokatur, 1845 zur Aldermannswürde, 1858 ins Parlament zugelassen. In Holland, wo 1603 die portugies. J. ein Asyl fanden, lebten sie frei, doch vom Bürgerrecht ausgeschlossen, das sie erst 1796 erhielten; ihre vollständige Emancipation ward durch das Staatsgrundgesetz von 1814 bestätigt. In Dänemark erhielten sie schon 1738 viele Freiheiten, 1814 fast volles Bürgerrecht. In Schweden sind erst seit 1778 J. in Stockholm und 3 andern Städten ansässig. Nur einzelne erhalten als Auszeichnung Bürgerrecht. Durch die Umänderung des Staatsgrundgesetzes 1855 wurde ihre Lage verbessert, ihnen aber nicht völlige Gleichstellung bewilligt. In Norwegen werden sie bis jetzt noch nicht zugelassen. Im Königreich Italien sind sie den Christen völlig gleichgestellt. In Spanien wurden sie erst seit 1857 wieder geduldet. In Portugal sind sie vom Staatsbürgerrecht noch jetzt ausgeschlossen. In Russland ist seit 1835 stufenmässige Emancipation der J. im Gang. In der Schweiz, wo sie früher nur an einzelnen Orten geduldet wurden, erhielten sie in neuester Zeit gleiche Rechte mit den übrigen Einwohnern. In Deutschland gewährte ihnen Karl V. 1530 und 1541 Reichsschutz; doch kamen Vertreibungen und Verfolgungen derselben noch oft genug vor, und die harten Schutzprivilegien und Judenordnungen dauerten bis in die 2. Hälfte des 18. Jahrh. fort. 1803 wurde der Leibzoll in ganz Deutschland aufgehoben. Ihre eigentliche Emancipation begann 1808 — 13 in Hessen, Baden, Anhalt - Dessau, Waldeck, Würtemberg, S.-Weimar, S.-Meiningen, Frankfurt, Mecklenburg und Bayern. Das preuss. Edikt vom 11. März 1812 gewährte ihnen fast völlige Gleichstellung. Seit 1814 erfolgten hier und da wieder zeitweilige Rückschritte, ebenso nach 1848. Doch ist die völlige Emancipation der J. nur noch eine Frage der Zeit. (Gesammtzahl der J. ca. 7 Mill. Die Geschichte derselben behandelten *Jost* (1858 — 59, 3 Bde.), *Grätz* (1861 - 1871, 11 Bde.).

Judenkirsche, s. *Physalis.*

Judenpech, s. v. a. Asphalt.

Judenthum, der Glaube und der durch diesen bedingte Inhalt der Gesetze und Religionsideen der Juden, deren Geschichte 4 Epochen aufweist: Mosaismus, Prophetismus, Talmudismus und das J. der Neuzeit.

Judenzopf, s. v. a. Weichselzopf.

Judex (lat.), Richter; *J. ad quem* (näml. *appellatur*), der Oberrichter, an welchen, *J. a quo,* der Unterrichter, von welchem appellirt wird. *J. Curiae,* in Ungarn Titel des Oberlandesrichters.

Judica (lat., d. i. richte), Name des 5. Fastensonntags, nach Ps. 43, 1.

Judicium (lat.), Urtheil, Urtheilsspruch; Rechtspflege; Gerichtshof; auch Urtheilsvermögen, Verstand. *Judiciös,* verständig.

Judikat (lat.), Urtheil, *Judikation,* Be-, Aburtheilung. *Judikatorisch,* richterlich.

Judith, israelit. Wittwe zu Bethulia, rettete diese von Holofernes, des Nebukadnezar Feldherrn, belagerte Stadt, indem sie denselben durch ihre Reize bethörte und dem Berauschten den Kopf abhieb.

Jüdische Literatur, die Literatur des israelit. Volks seit Ende des babylon. Exils. *1. Periode,* bis 143 v. Chr.: Auslegung des Gesetzes und der Propheten; mehrere Hagiographen, einzelne Psalmen, Sprüche Salomos, Koheleth, Bücher der Chronik, Theile von Esra und Nehemia, Esther und Daniel, Sirach (s. die Leistungen der grossen Synagoge (s. d.). Das Aramäische Volkssprache in Palästina. — *2. Periode,* 143 v. Chr. bis

135 u. Chr.: Schriftauslegung (Midrasch), die Apokryphen (s. d.) des A. T.s; der griech. Dichter Ezeobiel, Verf. des 1. Buchs der Makkabäer, Josephus, Philo, Hillel, Schamai, beide Gamaliel, Akiba u. A. — 3. Periode, 135—475: Unterweisung im Halacha und Haggada (prakt. und histor. Gesetzeskunde) Hauptgeschäft der Schulen in Galiläa, Syrien, Rom und seit 219 in Babylonien; 370—380 Entstehung des jerusalem. (palästinens.) Talmud (Gemara). Erste Versuche in Heilkunde und astronomische Abhandlungen, Erzählungen, Fabeln, Geschichtliches etc. — 4. Periode, 475—740: Abschluss des babylon. Talmud im 6. Jahrh. Babylon Mittelpunkt des geistigen und religiösen Lebens. Vom 6. bis 8. Jahrb. Ausbildung der Masora in Palästina. — 5. Periode, 740—1040: reichere Entwickelung der j.n L. unter dem Einfluss der Araber und der abendländ. Nationen. Gelehrte Rabbinen in Italien (Otranto, Bari), Spanien, Frankreich, Deutschland (Mainz). Leistungen in Heilkunde, Astronomie, Grammatik, Schrift- und Talmuderklärung. Berühmte Gelehrte (Gaonim): Saadia († 941), Scherira († 998) und Hai († 1038). Anfänge theolog. Kosmogonie (Kabbala); poet. Festgebete (Piutim). — 6. Periode, 1040—1204: Glanzepoche des jüd. Mittelalters. Die span. Juden kultiviren ausser der Nationalliteratur, Theologie, Grammatik, Poesie und Gesetzeskunde auch Astronomie, Chronologie, Mathematik, Philosophie, Rhetorik und Medicin. Samuel Halevi († 1055) und Isaak Alfasi († 1103) Gesetzeslehrer; Abraham-ben-David († 1161) Chronograph u. Theolog; Abulwalid († 1050) und Salomo Parchon († 1160) Grammatiker; Abraham-ben-Chija († 1123) Astronom und Geograph; Benjamin von Tudela († 1160) Reisender; Moses-ben-Esra († 1190) und Jehuda Halevi († 1142) Dichter; Maimonides († 1204) Philosoph und Gesetzeslehrer. — 7. Periode, 1204—1492: Mystische Religionslehre; Streit zwischen Talmudisten, Philosophen und Kabbalisten. Dichtkunst (Jehuda Charisi, Abraham Halevi, Isaak Sahola), Philosophie und Astronomie (Juda Cohen, Isaak-ben-Sid), Gesetzeskunde (Moses-ben-Nachman oder Nachmanides) bes. in Spanien, Portugal, in der Provence, in Italien und Deutschland kultivirt. Seit 1475 Druck hebr. Bücher in Italien. — 8. Periode, 1492—1755: Zerstreuung der aus dem westl. und südl. Europa vertriebenen Juden und Verbreitung ihrer Geistesprodukte durch die Buchdruckerkunst. Zahlr. Schriftsteller in hebr., rabbin., latein., span., portug., ital. u. jüdischdeutscher Sprache; in Polen Mysticismus und kleinliches Talmudstudium. — 9. Periode, von 1755 bis auf die Gegenwart: Beginn einer neuen Aera mit Moses Mendelssohn. Leistungen in Dichtkunst, Sprachen und Sprachkunde, Kritik, Erziehungslehre, jüd. Geschichte und Literatur; Uebersetzung der heil. Bücher in fremde Sprachen und fremder Werke ins Hebräische; Theilnahme an Europas wissenschaftl. und öffentlichem Leben; völliger Umschwung der jüd. Kultur.

Jülich, vormaliges Herzogth. in der preuss. Rheinprovinz, auf dem linken Rheinufer, 75 QM. mit 400,000 Ew., 1357 von einer Grafschaft zum Herzogthum erhoben. Der letzte männl. Sprosse Wilhelm VIII. hinterliess 1511 das Land mit der Grafschaft Berg seiner Erbtochter, der Gemahlin des Herzogs von Kleve. Nach dem Aussterben des Fürstenhauses von J., Berg und Kleve erhoben Sachsen, Brandenburg und Pfalz-Neuburg auf die Hinterlassenschaft Anspruch: jülich'scher Erbfolgestreit, der 1666 dahin beigelegt ward, dass Sachsen den Titel, Brandenburg Kleve nebst Mark und Ravensberg, Pfalz-Neuburg das Herzogth. J. nebst Berg erhielt. 1742 fiel J. an die kurbayer. Linie, 1801 an Frankreich, 1814 an Preussen. Die Kreisst. J., im Regbz. Aachen, ehedem Festung, an der Roer, 4741 Ew.

Jüling, Gebirge in China, zwischen dem blauen und gelben Strom, im Ostrand von Hochasien, mit dem östl. Ausläufer Peling.

Jün-nan (Tien), Prov. im südwestl. China, 5079 QM. und 8,008,300 Ew. Die Hauptst. J., bedeut. Industrie (die besten Teppiche Chinas), lebhafter Verkehr mit Birma.

Jüterbogk, Kreisst. im preuss. Regbz. Potsdam, an der bei. Eisenbahn, 6631 Ew.

Jütland (dän. Jylland), der zu Dänemark gehörige nördl. Theil der sog. cimbr. Halbinsel, zwischen Kattegat und Nordsee, 457 QM. mit 699,939 Ew., zerfällt in die 4 Stifter: Aalborg, Wiborg, Aarhuus und Ripen. Einst bewohnt von den Jüten unter eignen Königen, bis sich 9. Jahrb. der dän. König Gorm der Alte des Landes bemächtigte.

Juften (Juchten), starkes, geschmeidiges, gegen Wasser widerstandsfähiges, russisches Leder aus Pferde-, Kälber-, Rinder-, Ziegenhäuten, wird mit Weiden-, Eichenrinde, Birkentheeröl und Thran gegerbt und besitzt einen eigenthüml. Geruch.

Jug, Finss, s. Dwina.

Juggernaut, Stadt, s. Dschagarnath.

Juglans, s. Wallnussbaum.

Jugorische Strasse, Meerenge im nördl. Eismeer, zw. der Insel Waigatsch u. Russland.

Jugrier (Ugrier), im frühen Mittelalter finn. Volksstamm, an den Ufern der Wolga (Jugrien), die Vorfahren der heut. Ostjaken, Wogulen und wahrscheinl. der Magyaren.

Jugulär, auf die Kehle sich beziehend; Jugulares venae, Drosselblutadern.

Jugulation (lat.), Erdrosselung.

Jugurtha, König von Numidien, Sohn Mastanabals, liess seine Miterben Hiempsal (116 v. Chr.) und Adherbal (112) tödten, gewann die Römer durch Bestechung, ward von Q. Cäcil. Metellus am Flusse Muthul (109) geschlagen, vom mauritan. König Bocchus (106) ausgeliefert, beim Triumphzug des Marius (104) als Gefangener aufgeführt, dann dem Hungertode preisgegeben. Die Gesch. des jugurthin. Kriegs hat Sallustius.

Jujuben, s. v. a. Brustbeeren. [bearbeitet.

Jujuy, Staat der argentin. Konföderation, an der Grenze von Bolivia, 1471 QM. mit 40,362 Ew. Die Hauptstadt J., 3072 Ew.

Jukagiren, Volk in Sibirien, Gouv. Jakutsk, den Korjäken verwandt.

Jul, Fest der alten Skandinavier in der Nacht der Wintersonnenwende, daher *Jul-fest*, in Schweden Weihnachten. fals Syrup.

Julep, Zuckersaft, weniger koncentrirt

Julia, einzige Tochter des Kaisers Augustus von dessen 2. Gemahlin Scribonia, geb. 39 v. Chr., schön und geistreich, zuerst an Augustus Schwestersohn Claud. Marcellus, dann an Marcus Vipsanius Agrippa, zuletzt (11) an Tiberius verheirathet, ihrer Ausschweifungen wegen von Augustus nach der Insel Pandataria bei Neapel, später nach Rhegium verbannt; † 14 n. Chr.

Julianehaab, dän. Kolonie auf Grönland, der südwestl. Theil der Westküste, 2609 Ew.

Julianischer Kalender, s. *Kalender.*

Julianus, *Flavius*, röm. Kaiser 361—363 n. Chr., von den Christen wegen seines Abfalls zum Heidenthum *Apostata*, d. i. der Abtrünnige, gen., geb. 16. Nov. 331, Sohn des Julius Constantius, eines Bruders Konstantins d. Gr., durch mönchische Erziehung dem Christenthum abgeneigt, ward 355 zu Mailand zum Cäsar ernannt und nach Gallien geschickt, schlug die Alemannen 357 bei Strassburg, ging dreimal über den Rhein, ward 360 von seinen Truppen zum Augustus ausgerufen, 361 Alleinherrscher, gerecht und human, wirkte dem Christenthum mehr durch Entziehung früherer Vergünstigungen als durch offene Verfolgung entgegen, drang im Krieg gegen die Perser 363 bis Ktesiphon und über den Tigris vor; † 26. Juni 363. Seine Schr. (Reden, Briefe etc.) herausg. von *Heyler* (1828). Vgl. *Neander*, ‚Kaiser J.‘, 2. Aufl. 1867; *Strauss*, ‚Der Romantiker auf dem Throne der Cäsaren etc.‘, 1847; *Mücke* (1867—69, 2 Bde.).

Julierpass, Alpenpass zwischen dem Oberengadin und dem Oberhalbsteinthal in Graubünden, 7030′, mit Kunststrasse.

Julirevolution, s. *Frankreich*, Gesch.

Julius, jetzt 7. Monat, bei den alten Römern der 5., daher Quintilis, seit 45 v. Chr. nach Jul. Cäsar J. genannt, deutsch *Heumonat*.

Julius, Name von 3 Päpsten: *J. I.*, reg. 336—352, erhielt auf der Synode zu Sardica 343 das Appellationsrecht. — *J. II.*, reg. 1503—13, vorher Julianus della Novere, Nepote Sixtus IV., Krieger und Politiker, schloss mit dem Kaiser Maximilian I. und Ludwig XII. von Frankreich die Ligue von Cambray gegen Venedig, dann mit diesem gegen Frankreich die heil. Ligue; führte diesen Krieg in Person, bot sogar ein türk. Hülfscorps auf; † 21. Febr. 1513. — *J. III.*, reg. 1550—55, vorher Gianmaria de' Medici, ausschweifend, wohnte als Kardinal dem Koncil von Trient bei, erbob seinen Affenwärter zum Kardinal, gerieth mit Venedig in Streit über die Inquisition.

Julinshall, Soolbad, s. *Harzburg.*

Jumeu, Finne, s. *Dschamen.*

Jumpers (engl., spr. Dschumpers), d. i. Springer, Methodistensekte in Nordamerika.

Juncus L. (Simse, Binse), Pflanzengatt. der Juncaceen. J. effusus L., Flatterbinse, in Europa, wird zu Flechtwerk benutzt, das Mark zu Dochten.

Jung, Joh. Heinr., gen. *Stilling*, phantasie-

reicher, myst. Schriftsteller, geb. 12. Sept. 1740 zu Im-Grund im Nassauischen, erst Schneider, studirte dann Medicin zu Strassburg (hier mit Goethe verkehrend), ward 1772 Arzt in Elberfeld, 1787 Prof. der Kameralwissenschaften in Marburg, 1804 in Heidelberg; † als bad. Geheimrath 2. April 1817 zu Karlsruhe. Schr. ‚Heinr. Stillings Leben‘ (3. Aufl. 1857); ‚Theobald oder die Schwärmer‘ (3. Aufl. 1828, 3 Bde.); ‚Theorie der Geisterkunde‘ (1808) etc.; auch kameralist. Werke. Schriften (1841—44, 12 Bde.).

Jungbreslau, Stadt, s. v. a. Inowraclaw.

Jungbunzlau, Kreisst. im nördl. Böhmen, an der Iser, 7779 Ew. Bedeut. Kattunfabr.

Junges Deutschland, literar. Richtung nach 1830 in Deutschland, suchte das Veraltete in Leben, Kunst und Wissenschaft zu bekämpfen, polemisirte in Flugblättern und Zeitschriften, in lyrischen Ergüssen und Tendenznovellen, bes. auch in ästhet.-krit. Räsonnements. Die Hauptvertreter, Wienbarg, Heine, Laube, Gutzkow, Mundt und Kühne, wirkten in vieler Beziehung anregend durch geistreiche Auffassung und Behandlung der Zeitfragen, von der argwöhnischen Regierung durch Verbote ihrer Schriften etc. gehemmt. S. *Junges Europa.*

Junges Europa, in der Zeit nach 1830 Verbindung flüchtiger Republikaner zum Umsturz der bestehenden Verhältnisse in den einzelnen Staaten, ging aus vom *Jungen Italien* (Giovine Italia), bes. 15. April 1834 durch Vereinigung von Abgeordneten des *Jungen Polens*, *Neuen*, dann *Jungen Deutschlands* gebildet (Wahlspruch: ‚Freiheit, Gleichheit, Humanität‘) zunächst zu Errettung neuer Verbindungen unter den republikanisch Gesinnten aller Länder, seit 1835 mit dem *Jungen Frankreich* als Zweigverein verbrüdert, durch die Massregeln der Regierungen gesprengt.

Jungfer im Grünen, s. *Nigella.*

Jungfernblei, das reinste Blei des Handels.

Jungferngips, s. v. a. Marienglas, s. *Gyps.*

Jungfernhäutchen (Hymen), s. *Geschlechts-*

Jungfernhonig, s. *Honig.* [theile.

Jungfernmilch, Toilettenartikel, Mischung von Benzoetinktur mit Rosenwasser, schädl.

Jungfrau, Sternbild im Thierkreis, 110 Sterne, davon einer 1. Gr. (Spica), mehrere 3. Gr.; in den Anfang des Sternbilds beim Kopf fällt der Herbstäquinoktialpunkt.

Jungfrau, Alpenspitze im berner Oberlande, rings von Gletschern umgürtet, 12,828′ h., imposant, bes. von N. her gesehen.

Jungfrauschaft, geschlechtlicher Zustand des weiblichen Wesens, so lange es noch nicht den Beischlaf ausgeübt hat. Unbedingt sichere Zeichen der J. gibt es nicht; im Allgem. gelten dafür unverletztes Scheidenhäutchen (hymen) als Scheide, runder fester Muttermund und Derbheit der Brüste.

Jungfrau von Orléans, s. *Jeanne d'Arc.*

Junior (lat., abbr. *jun.*), der Jüngere. *Jnniorat*, Vorzugsrecht des Jüngeren in der Erbfolge, bei Ertheilung von Pfründen etc.

Juniperus, s. *Wachholderstrauch.*

Junius (Juni, Brachmonat), jetzt 6. Monat des Jahrs; im altröm. Kalender der 4.

Juniusbriefe, eine Reihe berühmter engl. Briefe, welche unter der pseudon. Unterschrift *Junius* 1769—73 im ‚Public advertiser' erschienen und, Muster polit. Epistolographie, die ganze Staatsverwaltung einer schonungslosen und satirisch bittern, aber sachkundigen und durchschlagenden Kritik unterwarfen. Der Name des Verf. bis jetzt noch nicht sicher ermittelt, am wahrscheinlichsten Sir Phil. Francis († 1818). Vollständig gesammelt zuerst 1812, deutsch von *Ruge* (3. Aufl. 1867). Vgl. *Crump* (1851).

Junker, Landedelmann ohne sonstigen Titel. *Junkerthum*, das neuerlich bes. in Deutschland wieder hervorgetretene Streben nach Geltendmachung der früheren Vorrechte des Adels in Staat und Gesellschaft.

Juno (gr. *Here*), griech. und röm. Göttin, Tochter des Saturnus und der Rhea, Schwester und Gattin des Jupiter, ursprünglich Luft- und Erdgöttin, dann Himmelskönigin, auch Ehegöttin, als solche Verfolgerin der von Jupiter geliebten Frauen, wie der Leto, Io, Alcmene, Semele, und der mit diesen erzeugten Söhne, namentl. des Hercules, Beschützerin der Hausfrauen, Mutter des Mars, Vulkan, der Hebe und Ilithyia. Dargestellt als Ideal gereifter weiblicher Schönheit, bekleidet, nur Hals und Arme entblösst, mit Schleier oder kranzähnlichem Kopfschmuck, Scepter, zur Seite oft den Pfau.

Junot (spr. Schünoh), s. *Abrantes*.

Junta (span., d. i. Vereinigung), in Spanien jede zu Erledigung einer polit. Angelegenheit zusammengetretene Versammlung.

Jupiter (zusammengesetzt aus *Jovis pater*, gr. *Zeus*), der oberste Gott des klass. Heidenthums, Sohn des Kronos (daher *Kronion* oder *Kronide*) und Saturnus und der Rhea, Bruder des Neptun und Pluto, sowie der Juno, Vesta und Ceres, ursprüngl. Naturgottheit, Urheber des Gewitters und des Regens, von seinem Sitz, dem Berge Olympus auf der Nordgrenze Thessaliens, *Zeus Olympios* genannt, geb. auf der Insel Kreta in einer Grotte des Berges Ida, von der Ziege Amalthea ernährt, entthront den Vater, begründet eine neue Weltordnung, die Herrschaft der olympischen Götter, König und Vater derselben, Gemahl der Juno, erzeugt mit ihr den Mars, Vulkan, die Hebe und Ilithyia, mit Dione die Venus, mit Leto den Apollo und die Diana, mit Maja den Merkur, aus seinem eignen Haupte die Minerva, mit Ceres die Proserpina, mit Semele den Bacchus, mit Themis die Horen und Parzen, mit Eurynome die Grazien, mit Mnemosyne die Musen, mit Leda die Dioskuren, mit sterblichen Frauen andere Söhne (Heroen), Hercules, Perseus, Minos etc. Im griech. Epos ist der Tragiker allmächtiger und allschonder Weltherrscher, Beschützer des Rechts und der Ordnung im Familien- und Staatsleben, König und Vater der Götter und Menschen. Dargestellt in majestät. Ruhe thronend oder stehend, mit entblösster Brust, bedecktem Unterkörper, mit Scepter und Blitz, neben sich den Adler. Am berühmtesten die Kolossalstatue aus Gold u. Elfenbein zu Olympia von Phidias.

Jupiter, der grösste Planet unseres Sonnensystems mit 19,060 M. Aequatorialdurchmesser, ist 80—130 Mill. M. von der Erde entfernt; seine Dichte beträgt 4/10 von der der Erde; ein Gegenstand von 1 Pfd. Gewicht bei uns drückt dort mit einem Gewicht von 2½ Pfd.; die Lichtstärke der Sonne ist 25mal geringer als bei uns. Er zeigt in der Richtung seines Aequators mehrere dunkle Streifen (Wolkenzüge), besitzt eine Atmosphäre und wird von 4 Monden umkreist; dreht sich wahrscheinlich in 9 Std. 55 Min. um sich selbst und in 11 Jahren 314 Tagen 20 Std. um die Sonne. Leuchtet als Stern 1. Grösse mit oft nur der der Venus nachstehender Helligkeit.

Jura (lat., Plur. von *jus*), Rechte. *J. stolae*, Pfarramtsgebühren.

Jura, Kalkgebirge, das sich vom Rhonedurchbruch in den Westalpen in nordöstl. Richtung über 100 M. weit bis gegen das Fichtelgebirge u. Mainthal erstreckt. Theile: a) *schweizer J.*, vom Rhone- bis zum Rheindurchbruch, bestehend aus mehreren dichtgedrängten, vielfach zerklüfteten und durch enge und tiefe Längenthäler getrennten Parallelketten, gegen SO. steil zur schweizer Hochebene, gegen NW. (*frans. J.*) sanft nach Hochburgund abfallend (höchste Gipfel: Réculet 5300', Mont Tendre 5170', Chasseral 4955', Weissenstein 3950'); b) *deutscher J.*, vom Rheindurchbruch bis gegen das Fichtelgebirge, ebenfalls viel zerklüftet, höhlenreich, wasserarm, plateauartig, fast ohne alle Kettenbildung und Längenthäler; mit steilem Abfall gegen NW. und W., zerfällt in den *Schwarzwald-J.*, bis zum Donauthal, *schwäb. J.* (*rauhe Alp*) bis zum Altmühlthal (Oberhohenberg 3100', Hohenzollern 2863', Hohenstaufen 2100') und *fränk. J.*, gegen N. gerichtet, eine Hochebene ohne Gipfel, nur durch tief eingeschnittene Thäler von geldgrast. Ansehn, bes. in der sogen. *fränk. Schweiz* (zwischen Baireuth und Erlangen).

Jura, franz. Depart., Theil der Franche-Comté, 90,7 QM. mit 288,477 Ew., vom Jura durchzogen; Hauptstadt Lons-le-Saulnier.

Jura (*Oolithformation*), Gebirgsformation, deren an Versteinerungen reiche Schichten zwischen Trias und Kreideformation liegen u. meist Meeresbildungen sind. Die unterste Schicht bildet der *schwarze J.* oder *Lias* mit den knochenreichen Bonebed und viel bituminösem Gestein, die mittlere der an körnigem Thoneisenstein (*Oolith*) reiche *braune J.* oder *Dogger* und die obere der *weisse J.*, meist aus hellfarbigen Kalksteinen (lithograph. Schiefer), Mergeln und höhlenreichen Dolomiten gebildet; auf diesem liegt die *Wealdenformation*, eine Süss- und Brackwasserbildung. Weit verbreitet in England, Deutschland, Frankreich, Italien, Ungarn, Russland, Asien, in den Atlasländern und in Amerika. Vgl. *Buch* (1839), *Quenstedt* (1843 und 1858), *Oppel* (1856—58).

Juramentum (lat.), Eid, Schwur.

Juraten (lat.), Geschworne; *Juration*, Beeidigung; *juratorisch*, eidlich.

Juridisch (lat.), der Rechtswissenschaft gemäss, rechtskräftig.

Jurisconsultus oder **Jureconsultus** (lat., abbr. *J. Ctus*), Rechtsgelehrter.

Jurisdiktion (lat.), Gerichtsbarkeit.

Jurisprudenz (lat.), Rechtsgelehrsamkeit.

Jurist (lat.), Rechtsgelehrter.

Juristenrecht, Inbegriff derjenigen Rechtssätze, welche weder auf dem Gewohnheitsrechte, noch auf dem Gesetz beruhen, sondern lediglich durch die Wissenschaft aus anderen Rechtssatzen durch Abstraktion oder Deduktion entwickelt worden sind. Vgl. *Beseler*, ‚Volksrecht und J.‘, 1843.

Juristische Person, ideales Rechtssubjekt, entweder Genossenschaft oder Gesammtheit mehrerer Einzelnen, z. B. eine Korporation, Gemeinde etc., welcher die Eigenschaft einer Person beigelegt wird, oder ein zu Erreichung gewisser Zwecke bestimmter Güterkomplex (milde Stiftung etc.), der durch besondere Verwalter vertreten wird.

Juris utriusque Doctor, s. *J. U. D.*

Jurte, Erdwohnung oder Hütte der Tataren, Kirgisen etc. [Schwurgericht.]

Jury (engl., spr. Dschurl, fr., spr. Schürih),

Jus (lat.), Recht, im subjektiven Sinne erzwingbare Vorschrift des Handelns, im subjektiven Sinne die der Verpflichtung gegenüber zustehende Macht, etwas zu thun oder zu fordern. *J. circa sacra*, s. *Kirchengewalt*. *J. civile*, Civilrecht. *J. civitatis*, Bürgerrecht. *J. de non appellando*, im alten deutschen Reiche Recht der Kurfürsten, selbst höchste Gerichte im Lande zu haben und die Berufung an die Reichsgerichte nicht zu gestatten. *J. in sacra*, s. *Kirchengewalt*. *J. jurandum*, Eid. *J. primae noctis*, das Recht der ersten Nacht, im Mittelalter vermeintliches Privilegium der Grundherren, bei Verheirathung ihrer weiblichen Hörigen ihnen zuerst in der Brautnacht beizuwohnen, später in eine Geldabgabe (Jungfernzins) verwandelt, am längsten in Frankreich in Geltung. *J. talionis*, Vergeltungsrecht.

Jus (fr., spr. Schüh), kräftiger Fleischextrakt zu Suppen, Sancen etc.

Jussieu (spr. Schüssioh), *Bernard de*, ber. Botaniker, geb. 17. Aug. 1699 zu Lyon, seit 1758 Aufseher des Gartens von Trianon; † 6. Nov. 1776. Stellte das nach ihm benannte, auf natürl. Verwandtschaft begründete Pflanzensystem auf, welchem sein Neffe *Antoine Laurent de J.* (geb. 12. April 1748 zu Lyon, 1770 Prof. am Pflanzengarten zu Paris; † das. 17. Sept. 1836) allg. Anerkennung verschaffte. Dieser schrieb: ‚Genera plantarum secundum ordinem naturalem disposita‘ (1789).

Jussion (lat.), Befehl; *jussu*, auf Befehl.

Juste-Milieu (fr., spr. Schüst-Miljöh), die rechte Mitte, das Einhalten des Mittelmasses zwischen den Extremen, polit. Prinzip der franz. Julimonarchie; seitdem s. v. a. Politik, die es mit allen Parteien hält.

Justifikation (lat.), Rechtfertigung, bei Appellationen und andern Rechtsmitteln Anführung der Gründe, warum man das Rechtsmittel angewendet hat; bei Rechnungen nochmalige Durchsicht und Prüfung.

Justinianus I., byzant. Kaiser, geb. 483 in Thracien, Neffe *Justinus I.*, der sich vom Bauer zum Kaiser aufgeschwungen hatte,

folgte demselben 527 auf dem Throne, erweiterte die Macht des Reichs nach aussen durch Zerstörung des Vandalenreichs in Afrika durch Belisar (535) und des Ostgothenreichs durch Belisar und Narses (553), unterwarf Italien und Sicilien wieder dem byzant. Reiche. Am berühmtesten durch seine *Gesetzgebung*, die von Tribonianus u. A. 528—533 durch Abfassung der später im Corpus Juris vereinten Bücher der Institutionen, Pandekten, Konstitutionen, Novellen zu Wege gebracht ward; Erbauer der Sophienkirche, von seiner Gattin Theodora, ehemaliger Schauspielerin und Buhlerin, beherrscht, Begünstiger der Orthodoxie den Monophysiten gegenüber; † 14. Nov. 565.

Justinus, 1) *Marcus Justinianus*, röm. Geschichtschreiber, im 3. oder 4. Jahrh. zu Rom lebend, Verf. eines Auszugs aus dem verloren gegangenen Werke des Trogus Pompejus, allgem. Geschichte in 44 Büchern; herausg. von *Dombke* und *Eitner* (1865, 2 Bde.); übers. von *Forbiger* (1866—67). — 2) *J. Martyr*, christl. Kirchenlehrer und Apologet, aus Sichem in Samaria, wurde erst als Grieche Christ, suchte das Christenthum philos. zu begründen; † 166 den Märtyrertod. Werke herausg. von *Otto* (2. Aufl. 1847—50, 3 Bde.). Vgl. *Semisch* (1840—42, 2 Bde.).

Justiren (lat.), s. v. a. adjustiren.

Justitia (lat., gr. *Themis*), Göttin der Gerechtigkeit, meist als Jungfrau mit Stirnbinde, auch mit Schwert u. Wage dargestellt.

Justitiarius (lat.), Gerichtsverwalter; rechtskundiges Mitglied einer Verwaltungsbehörde.

Justitium (lat.), Stillstand der Rechtspflege infolge von Krieg, Pest etc.; im Prozess der einer Partei bewilligte Aufschub.

Justiz (lat.), Rechtspflege.

Justizhoheit, die oberste Gewalt des Staats in Bezug auf Rechtspflege.

Justizmord, Verurtheilung eines Unschuldigen zum Tode, bes. infolge des Missbrauchs der Kriminalgewalt.

Jute (spr. Dschut), Bastfaser von Corchorus capsularis *L.* und *C. olitorius L.*, einjährigen Pflanzen aus der Familie der Tiliaceen, welche in Indien auch als Gemüse kultivirt werden; ist feinfasrig, glatt, seidenartig glänzend, flachsgelb oder bräunlich, dient in Indien zu Stricken, Seilen und Geweben, bes. zu den Gummisäcken, in welchen in Amerika die Baumwolle verpackt wird. Diese und rohe J. kommen nach Europa und werden in Dundee, Braunschweig, Bonn etc. zu Gespinnsten und Geweben verarbeitet (Hessians, Sacktuch, Baggings). Die J. lässt sich bleichen, ist gegen Feuchtigkeit etwas empfindlich und riecht eigenthümlich. Produktion in Indien 6 Mill. Ctr. Ausfuhr nach Dundee 1870 über 900,000 Ctr. Die von der Faser getrennten Wurzelenden (Roots, Cuttings) dienen zur Papierfabrikation. [burg.

Juvavum (*Juvavia*), alter Name für Salzburg.

Juvenalis, *Decimus Junius*, röm. Dichter, geb. um 42 n. Chr. zu Aquinum im Volskerland, † um 120 zu Rom; Verf. von 16 Satiren auf die Thorheiten und die Sittenverderbniss seiner Zeit, einer der grössten

Sittenmaler. Ausg. von *O. Jahn* (1851) und *Kübeck* (1859); Uebersetzung von *Berg* (1860) und *Hertzberg* (1867).   [der Jugend.

Juventa, bei den alten Römern Göttin

Juwelen, geschliffene Edelsteine; mit solchen und Perlen besetzter Schmuck.

Juwelengewicht, Karat und Grän. Das

holländ. Juwelenkarat = 20,589 Centigramm, das franz. = 20,587, das engl. = 20,530, das berliner = 20,584, das wiener = 20,609 Centigramm.

Juxtaposition (lat.), Nebeneinanderstellung, Nebenlagerung, das Aneinanderanwachsen, z. B. von Zwillingskrystallen.

K.

K, als griech. Zahlzeichen K̇ = 20, K = 20,000; im Lat. K = 250, K̄ = 250,000; auf franz. Münzen die Münzstätte Bordeaux.

Kaâba, das 4eckige, 34' hohe und 27' breite Gebäude in der heiligen Moschee zu Mekka, an dessen südl. Ecke aussen der 2 Ellen hohe, schwarze, mit Silber eingefasste Stein Hadschar-el-Aswad eingemauert ist, den der Engel Gabriel dem Abraham beim Bau der K. überbracht haben soll und Mohammed anstatt Jerusalems zur *Kiblah*, d. h. zum Gegenstand der Richtung des Gebets der Gläubigen, machte.

Kaaden, industr. Stadt im böhm. Kr. Saaz, an der Eger, 4288 Ew.; Kohlengruben.

Kaag, Fahrzeug mit hohem Bord, in Holland und auf der Niederelbe.

Kaarta, Landschaft in Senegambien, 1100 QM. mit ca. 300,000 Ew. Hauptst. Nioro.

Kabarda, Bergland am Nordfusse des Kaukasus, von Tschorkessen u. *Kabardinern* (Tataren) bewohnt, zerfällt in die (westl.) *grosse K.,* 206 QM. mit ca. 50,000 Ew., und die (östl.) *kleine K.,* 30 QM. mit 25,000 Ew.

Kabbála (d. i. die empfangene Lehre), seit dem 12. Jahrh. Name der jüd. Geheimlehre, einer mystischen Religionsphilosophie, die in zahlreichen Schriften, zuerst im Buch „Jezirah" aus dem 7. Jahrh. (deutsch von *Meyer,* 1830), dann bes. im Buch „Sohar" aus dem 13. Jahrh. enthalten ist. Die in Magie und Buchstabenklauberei ausgeartete kabbalist. Weisheit kam bes. im 16. Jahrh. in Palästina und Italien in Aufnahme. Vgl. *Franck,* „Die K." (deutsch 1844).

Kabel, Wurfankertau, Hanftau von mindestens 3" Umfang, dient zur Befestigung der Schiffe auf der Rhede; neuerdings auch zu unterseeischen Telegraphenleitungen, s. *Telegraph.*

Kabeljau, s. *Stockfisch.*   [Kajüte, Koje.

Kabine (fr.), Hütte, auf Schiffen s. v. n.

Kabinet (fr.), kleines Zimmer neben einem grösseren; Wohn-, bes. Berathungszimmer eines Fürsten; daher der Fürst und seine persönlichen Rathgeber, Mitarbeiter, das Geheimrathskollegium, im konstitutionellen Staate das Gesammtministerium; *Kabinetssachen,* alle Angelegenheiten, auf deren Behandlung und Entscheidung die Regent selbst einwirkt; *Kabinetsrath,* Privatsekretär des Fürsten; *Kabinetsschreiben,* im Gegensatz zum Kanzleischreiben Schreiben des Regenten ohne Kontrasignatur eines Ministers; *Kabinetsordre, Kabinetsbefehl,* un-

mittelbarer Befehl des Fürsten; *Kabinetsregierung,* Regierung, welche nur den Launen des Fürsten oder den Leidenschaften seiner nächsten Umgebung (Camarilla) gerecht zu werden sucht; *Kabinetsjustiz,* Einwirkung der Regierung auf den Gang vor Gericht anhängiger Civil- und Kriminalprozesse; *schwarzes K.* (Cabinet noir, spr. Kabinä noahr), Lokal, wo eine geheime Polizei der Post anvertraute Briefe erbricht und liest. K. heisst auch ein Zimmer, worin Sehenswürdigkeiten aufbewahrt werden, Kunst-, Naturalien-, Münzkabinet etc.

Kabíra (a. G.), Kastell in Pontus, Residenz des Mithridates, der hier 71 v. Chr. von Lucullus besiegt wurde; jetzt Niksar.

Kabiren, geheimnissvolle Gottheiten der samothracischen Mysterien, in Zwerggestalt.

Kabkeb, Art Holzschuhe.   [wagen.

Kabriolet (fr.), leichter, 2rädriger Gabel-

Kabul, Nebenfluss des Indus, entspr. in Afghanistan, bildet den ber. Khelberpass, mündet Attok gegenüber; 44½ M. Daran die *Stadt* K., Residenz des Schahs von Afghanistan, 60,000 Ew.; Citadelle.

Kabulistan, s. v. a. Afghanistan.

Kabylen (K'baïlen), in Algerien die Bewohner berberischer Abkunft, ca. 435,000, in den unzugänglichen Gebirgslandschaften von Tunis bis nach Marokko, braun, kräftig, sehr kriegerisch; nach langem Widerstande erst 1857 von den Franzosen unter-

Kachelot, s. *Pottwal.*   [worfen.

Kacheti (*Kachetien*), Landsch. in Transkaukasien, Gouvern. Tiflis, 44,162 Ew.

Kachexie (gr.), der schlechte Ernährungszustand infolge aufreibender Krankheiten, Krebs, Tuberkulose, Syphilis, Vergiftungen.

Kachinnation (lat.), überlautes Gelächter.

Kachom (spr. Kaschm), Mischung von Lakritzen mit Zucker u. Anisöl, Hustenmittel.

Kaddigöl (*Kadeöl*), Theeröl aus Wachholderholz, Arzneimittel.

Kadént (lat.), fallend, sinkend, von Sternen s. v. a. dem Untergang sich nahend. *Kadens (Tonschluss),* in der Musik ein dem Schluss oder einem Ruhepunkt in einem Tonstück vorangehender u. ihn vorbereitender Lauf; bei den Franz. auch s. v. a. Triller.

Kadét, militärischer Zögling, in einem Erziehungshaus oder im Regimente. *Kadetenschulen,* militär. Erziehungshäuser, theils nur Fachanstalten, theils (in Preussen seit 1834) universelle Bildungsanstalten mit militär. Einrichtungen.

Kadi (arab.), Richter, Rechtsgelehrter; Titel der Unterrichter.

Kadjak, Insel an der Ostküste der Halbinsel Alaschka; Hafenstadt St. Paul.

Kadmium, Metall, findet sich im Galmei und wird bei der Zinkgewinnung als das flüchtigere von beiden Metallen leicht gewonnen; ist zinnweiss, stark glänzend, hämmer- und dehnbar, wird an der Luft matt, spec. Gew. 8,6—9,0, Aeq. 56, schmilzt bei 360° C., lässt sich destilliren, verbrennt in stärkerer Hitze an der Luft zu braunem Oxyd, löslich in Salpeter-, Salz- und Schwefelsäure, bildet mit Blei, Zinn und Wismuth leicht schmelzbare Legirungen, die als Metallkitt dienen. *Schwefelkadmium,* eine gelbe Malerfarbe (Jaune brillant), dient zur Erzeugung von blauem Feuer. *Bromkadmium* wird in der Photographie benutzt.

Kadscharen, nomad. Wander- und Kriegerstamm in Persien, türk. Abkunft, dem die jetzt herrschende Dynastie angehört.

Kaduk (lat.), hinfällig; verfallen; *kaduciren,* etwas für verfallen erklären; *Kaducität,* etwas Verfallenes, bes. unhebautes Grundstück, von dem wegen erlittenen Brand-, Wasser- etc. Schadens die Steuern nicht bezahlt worden; auch wegen nicht vorhandener Erben dem Fiskus verfallenes Gut.

Käfer (*Deckflügler*, Coleoptera *L.*), Insektenordnung mit kauenden Mundwerkzeugen, hornigen Vorderflügeln (Flügeldecken) und vollkommener Metamorphose, über 80,000 Arten. Eintheilung: 5zehige, ungleichzehige, 4- und 3zehige. Vgl. *Lacordaire*, ‚Genera des Coléoptères‘, 1854—69, 9 Bde.; *Erichson*, ‚Coleoptera‘, 1840—68, 4 Bde.

Kälbermagen, s. *Lab.*

Kältemischungen, Mischungen verschiedener Substanzen zur künstlichen Erniedrigung der Temperatur, müssen kalt und in Quantitäten von mindestens 2 Pfd. angewandt werden: 5 Salmiak, 5 Salpeter, 8 Glaubersalz, 16 Wasser; 8 krystallisirtes Chlorcalcium (oder Kochsalz), 2 Schnee; 10 Kochsalz, 5 Salmiak, 5 Salpeter, ¼ Schnee; 5 Glaubersalz und eine Mischung von 2½ Schwefelsäure und 1½ Wasser; 1 Schnee, 1 verdünnte Schwefelsäure.

Kamelhaar (*Angorahaar*), das feine glänzende Haar der Angoraziege, weiss, grau, schwarz, dient zu Gespinnsten, kommt von Angora aus in den Handel.

Kämmerei, die Verwaltung der städt. Einkünfte, sowie die Kasse, in die letztere fliessen; *Kämmerer,* Verwalter derselben.

Kämpfer, s. v. a. Impost.

Känguruh (*Beutelhase*, Halmathurus *Ill.*), Gattung der fruchtfressenden Beutelthiere. *Grosses K.* (H. giganteus *Ill.*), 4' l., in Neuholland, liefert schmackhaftes Fleisch.

Kärnthen, Herzogthum, österr. Kronland, 188,4 QM. und (1870) 336,400 Ew. (ca. 97,000 Slowenen); Bergland, zum Theil der Alpenregion angehörig (Theile der hohen Tauern, der steierischen und karnischen Alpen mit den Karawanken; Hauptflüsse: die Drau mit der Müll, Gurk, Lavant, Gail etc.; Seen: der von Klagenfurt, der ossiacher und millstädter See. Vom Boden ¾ Wiese, über ⅜

Wald, fast ⅛ Ackerland, ⅛ unproduktiv. Hauptbeschäftigung: Viehzucht und Bergbau, bes. auf Eisen, Zink und Blei (von letzterem 1869: 63,589 Ctr.). Hauptstadt Klagenfurt. — Im Alterthum von den *Carni* (Celten) bewohnt und lange Zeit als *Carantania* ein grosses Reich bildend, erlag das Land in den Kämpfen mit den Avaren und Bayern. Karl d. Gr. machte K. 788 zur Markgrafschaft (*windische* oder *kärntner Mark*); Otto II. erhob es, durch Istrien und Friaul vergrössert, zum Herzogthum, das er an Heinrich I., den Neffen des Bayernherzogs Arnulf, verlieh. Nach Erlöschen der Herzogslinie kam K. 1269 an Ottokar von Böhmen, 1286 an die Grafen von Tirol und endlich nach deren Aussterben 1335 an Oesterreich, dem es seitdem (mit Ausnahme der franz. Okkupation 1809—13) ununterbrochen angehört hat; seit 1849 als besonderes Kronland. Vgl. *Ankershofen*, ‚Geschichte des Herzogthums K.‘, 1851—67, 4 Bde.

Käse, mehr oder weniger zersetztes Milchkasein mit wechselnden Mengen der andern Milchbestandtheile, wird aus süsser oder saurer, aus abgerahmter (magerer), nicht abgerahmter (fetter), oder aus mit Rahm versetzter Milch (Rahmkäse) dargestellt. Die süsse Milch wird durch Erwärmung mit Labmagen zum Gerinnen gebracht. Das abgeschiedene Kasein wird abgepresst, geformt, gesalzen, einigermassen getrocknet und dann auf verschiedene Weise zum Reifen gebracht. Die Blasen entstehen durch Zersetzung des Milchzuckers, wobei sich Kohlensäure entwickelt. Die Qualität des K.s richtet sich nach der Beschaffenheit der Milch, der Gerinnungstemperatur, der ferneren Behandlung und namentlich auch nach der Temperatur beim Reifen. Das Reifen (das Speckigwerden) erfolgt unter Entwicklung von Ammoniak oder Säure, oft unter Ausbildung von Pilzen. *Zieger* ist durch Säure aus Molken abgeschiedener und mit Kräutern (Melilotus etc.) versetzter K. Frankreich, England, Holland, Schweiz und Italien produciren den meisten K. Vgl. *Böttger*, ‚Milchwirthschaft‘, 1867.

Käsepappel, s. *Malva.*

Käsestoff, s. *Kasein.*

Kästner, *Abr. Gotthelf,* Mathematiker und Schriftsteller, geb. 27. Sept. 1719 zu Leipzig, bereits im 11. Jahre Student, seit 1746 Prof. in Göttingen; † das. 21. Juni 1800. Seine ‚Anfangsgründe der Mathematik‘ (1758—69, 4 Bde.) verdrängten die wolfschen Lehrbücher. Ausgez. Epigrammatist. ‚Poet. u. pros. schönwissenschaftl. Werke‘ (1841, 4 Bde.).

Kafa, 1) (*Kaffa*) Stadt, s. *Feodosia.* — 2) (*Kubba*) Landschaft im südl. Abessinien, vom Godscheb umflossen, gilt für die Heimat des Kaffeebaums.

Kaffee, die Samen des Kaffeebaums (Coffea arabica *L.*, Rubiaceae) aus Abessinien, welcher bis 36° n. Br. an vielen Orten kultivirt wird. Die röthlich violetten Steinfrüchte werden sofort oder nach einem Gährungsprozess zerquetscht und die abgesonderten Samen gewaschen und getrocknet. K. enthält 3,5—5 % Doppelsalz von Kaffeïn,

Kaffeegerbsäure und Kali, 0,86 % Kaffeïn, 10—13 % Fett, 10 % Legumin, Zucker, Eiweiss etc. Beim Rösten findet unter Bildung brenzlicher Substanzen, Verminderung des Gewichts und Vergrösserung des Volumens theilweise Zersetzung statt. Dampfkaffee ist unter Ausschluss der Berührung der heissen Trommelwände geröstet. Kaffeeextrakt ist ein sehr koncentrirter Auszug und gibt mit heissem Wasser sofort guten K. Der K. befördert die Verdauung und wirkt erregend auf das Nervensystem. Die an Kaffeïn reichen Blätter des Kaffeebaums werden als Thee benutzt. Handelssorten und Produktion 1868: Brasilien 4,262,203 Ctr., Java und Sumatra 1,400,058, Ceylon 1,023,455, Madras 300,000, Portorico 207,341, Costarica 180,000, Mokka etc. 177,000, Venezuela 163,187 Ctr. etc., zus. 8 Mill. Ctr. Konsum pro Kopf im Zollverein 4,03, in Frankreich 2,32, in Oesterreich 1,30, in England 1,32, in der Schweiz 6, in Belgien 8¹⁄₂, in Holland 10—12 Pfd. Der Gebrauch des K.s stammt aus Arabien, er kam 1615 nach Italien, 1670 nach Deutschland. Vgl. *Bibra*, ,Der K. und seine Surrogate', 1858; *Welter*, ,Essay sur l'histoire de café', 1869.

Kaffeewicke, s. *Astragalus*.

Kaffeewurzel, s. *Cyperus*.

Kaffeïn, Theeïn, Alkaloïd im Kaffee, Thee, Paraguaythee, in den Guarana- und den Gurunüssen, geruchlos, bitter, farblos, krystallinisch, in Wasser, Alkohol und Aether löslich, Arzneimittel.

Kaffern, Volk auf der Ostküste Südafrikas, von der Grenze des Kaplandes his zum Kap Delgado (350 M.), von den Hottentotten durch Grösse, Stärke, edlere Körperbildung, Muth und Gewandtheit unterschieden; von Farbe licht und rein braun, bis zu völligem Schwarz. Vier Völkerschaften: Amakosa, Amatemba (Tambuki), Amaponda (Mambuki) und Amazulah (Zulukaffern, der mächtigste Stamm, nördl. von der Kolonie Natal). Heidenthum, aber ohne Götzen; dagegen üben Zauberer und Regenmacher grossen Einfluss. Verschiedene Missionsstationen zur Bekehrung der K. In neuester Zeit häufige Kriege gegen die Kapkoloule (bes. 1852). England besitzt auf der Kaffernküste die Kolonie Natal und (seit 1847) Britisch-Kaffraria (s. d.). Der Name K. (d. i. Ungläubige) stammt von den Mohammedanern her. Vgl. *Döhne* (1843), *Holden* (1867).   [bei edln. Kirchen häufig.

Kaffgesims, Gesims unter den Fenstern,

Kafiristan, Bergländchen in Afghanistan, an den Südabhängen des Hindu-khu, 250 QM., unabhängig. Die Bewohner (*Kafirs*) indogerman. Abkunft, durch Gewerbfleiss ausgezeichnet, in fortwährendem Kampfe gegen die umwohnenden Mohammedaner begriffen.

Kaftan, schlafrockähnliches oriental. Kleidungsstück.

Kag, s. *Kaag*.

Kahla, Stadt in S.-Altenburg, an der Saale, 2760 Ew. Dabei die *Leuchtenburg* (Zuchthaus).

Kahlenberg (*Kalenberg*), der nordöstl., bis an die Donau reichende Ausläufer der norischen Alpen in Unterösterreich, zum Theil auch *Wienerwald* genannt. Der 1360' hohe *Berg K.*, 1¹⁄₂ Std. von Wien, bietet reizende

Aussicht. In dem sogen. *k.er Dörfel* am Leopoldsberg wohnte 14. Jahrh. der durch seine Schwänke bekannte *Pfaff vom K.* (*Pfarrer Wigand von Theben*).

Kahlköpfigkeit, Haarschwund, s. *Alopecie*.

Kahm, der auf Wein, Essig etc. sich ansetzende Schimmel.   [wurzelknochen.

Kahnbein, einer der Hand- und Fuss-

Kai (spr. Keh, fr. *quai*, spr. Käh), Steindamm an einem Fluss- oder Meeresufer, Ein- und Ausladeplatz der Schiffe.

Kaifung-fu, Hauptst. der chin. Prov. Honau; Hauptsitz der Juden in China. [ken.

Kaik, schmales, leichtes Fahrzeug der Türken.

Kailás (*Kailassa*), mächtiger Gebirgsstock im westl. Tübet, als Wohnstätte der ind. Götter heilig gehalten. Vgl. *Himalaya*.

Kailcedraholz, s. *Acajouholz*.

Kaimakán (arab.), Amtsverweser, in der Türkei Titel der Verwaltungsbeamten der **Kaiman**, s. *Krokodil*.   [Liwas.

Kainardschi, türk. Ort, südöstl. bei Silistria; 21. Juli 1774 *Friede* zwischen Katharina II. und der Pforte.

Kainit, Mineral aus der Klasse der wasserhaltigen Haloïde, Doppelsalz von schwefelsaurem Kali mit schwefelsaurer Magnesia, Chlormagnesium und Wasser, findet sich bei Kalusz, in den Abraumsalzen von Stassfurt, hinterlässt beim Behandeln mit Wasser Doppelsalz der Sulfate; eins der wichtigsten Rohmaterialien für die Kaliindustrie. Produktion in Stassfurt über 100,000 Ctr.

Kaiphas (*Kaïaphas*), jüd. Hoherpriester, bei der Verurtheilung Jesu und den Massregeln des Synedriums gegen die Apostel eifrig betheiligt, vom Prokonsul Vitellius 36 n. Chr. abgesetzt.

Kairo (*Kahira*), Hauptstadt Aegyptens, rechts am Nil, 313,383 Ew. der verschiedensten Nationen, meist in besonderen Quartieren; zerfällt in *Alt-K.* (Fostat, Mahr el Atikah), *Neu-K.* (Mahr el Kahira) und Hafenstadt *Bulak* (s. d.), 3 M. im Umfang; die erste Stadt der arabischen Welt, namentl. von hohem architekton. Interesse; Citadelle mit dem neuen Palast des Pascha, 400 Moscheen, 30 christl. Kirchen und Kapellen, 10 Synagogen, Bazars, Khane, mohammedan. hohe Schule, medic. Schule und. and. Lehranstalten. Bed. Industrie, Centralpunkt des Handels mit Nubien, Sudan, Arabien. Seit 1857 Eisenbahn nach Suez.

Kairwan (*Kirwân*), Stadt im Innern von Tunis, 12,000 Ew.; ,heil. Stadt', jedem Andersgläubigen unzugänglich; 20 Moscheen (die ber. Okbah-Moschee), zahlr. Kapellen. Handel mit Pelzwerk. Lederarbeiten.

Kaisariéh, Stadt in Kleinasien, nördl. am Erdschiasch, 35,000 (ehemals 400,000) Ew. Das alte Caesarea in Kappadocien.

Kaiser (lat. *Caesar*), Titel Karls d. Gr. seit seiner Krönung in Rom 800, von ihm und seinen Nachfolgern als Herren von Rom geführt; seit der Vereinigung der röm. Kaiserkrone mit der deutschen Königskrone durch Otto I. (962) Titel der vom Papst gekrönten deutschen Könige, die ohne diese Krönung bloss den Titel röm. Königs führten; seit Maximilian I. Titel aller deutschen Könige bis zum Aufhören des deutschen Reichs (1806); seit 1721 Titel der russ. Selbstherrscher, seit 1804 der österreich. Herrscher, sowie Napoleons I. u. seit 1852 Napoleons III. als K. der Franzosen, seit 1822 der Herrscher von Brasilien, seit 1871 des Königs von Preussen als K. des deutschen Reichs; auch den Herrschern von China u. Japan beigelegt.

Kaiser, Friedrich, Schlachtenmaler, geb. 1815 zu Lörrach, seit 1850 in Berlin. Ausgezeichnet in der Darstellung von massenhaften Bewegungen und dem malerischen Farbenspiel des Kriegslebens.

Kaiserblau, s. v. a. Smalte.

Kaiserchronik, mittelhochd. Dichtung, welche (meist nach lat. Quellen) die Geschichte der röm. und deutschen Kaiser von Casar bis auf den Hohenstaufen Konrad III., in wunderlicher Vermischung mit Sagen und Legenden, erzählt; um 1160 verfasst. Herausg. v. *Maszmann* (1849—52, 3 Bde.).

Kaisergrün, s. *Schweinfurter Grün.*

Kaiserkanal (chin. *Jun-ho*), grösster aller Kanäle, in China, führt vom Jang-tse-kiang, unterhalb Nanking, gen N. zum Hoang-ho und weiter bis zum Pei-ho; 160 M., geg S. noch 70 M. erweitert, im Ganzen 230 M. lang, 250—1000' breit; im 14. Jahrh. erbaut.

Kaiserkrone, s. *Fritillaria.*

Kaiserling, s. *Pilze.* [Weiss, 3173 Ew.

Kaisersberg, Stadt im obern Elsass, an der

Kaiserschnitt, geburtshülfliche Operation, bei welcher durch Aufschneiden des Bauches und der Gebärmutter die Geburt des Kindes bewirkt wird. An der *Lebenden* wird der K. ausgeführt bei hochgradig verengten Geburtstheilen, bei *Verstorbenen* gesetzlich unmittelbar nach dem Tode, wenn das Kind die 28. Schwangerschaftswoche überschritten hat und noch deutliche Lebenszeichen bietet. Der Ausgang ist für die Mutter meist ungünstig, für das Kind besser, doch haben einzelne Frauen den K. mehrmals überstanden.

Kaiserslautern (*Lautern*), Stadt in der Rheinpfalz, an der Lauter, 25,289 Ew. Bahnhof. Grosse Fruchthalle, bedeut. Industrie, Bergbau und Eisen. 28—30. Nov. 1793 siegr. *Schlacht* des Herzogs von Braunschweig gegen die Franzosen unter Hoche.

Kaiserstuhl, isolirtes Gebirge im südl. Baden, zw. Dreisam und Rhein, mit 40—50 Basalt- und Doleritkegeln auf etwa 2 QM., bis 1785' hoch; reich an Obst und Wein.

Kaiserswerth, Stadt im preuss. Regbz. Düsseldorf, am Rhein, 2407 Ew. Ber. evangel. Diakonissenanstalt, von *Fliedner* (s. d.)

Kajeputbaum, s. *Melaleuca.* [1856 gogr.

Kajeputöl, ätherisches Oel aus Blättern und Zweigen des Kajeputbaums, hellgrün, von aromatisch-kampherartigem Geruch, officinell, dient zur Vertreibung der Insekten.

Kajüte, mit Fenstern versehenes Zimmer im Hintertheil des Schiffes.

Kakadu (Cacatus C.), Gattung der Papageien, gelehrige Vögel in Indien und Australien; Stubenvögel, bes. der gelbhaubige C. galeritus und der Inkakakadu, C. Leadbeateri, beide aus Australien.

Kakao (*Kakaobohnen*), die getrockneten Samen der Kakao- oder Chokoladenbäume,

bes. von Theobroma Cacao L. (Büttneriaceen), welche in Amerika von 23° n. Br. bis 15—20° s. Br. wachsen und kultivirt werden. Die aus der gurkenähnlichen Frucht entnommenen Samen der feineren Sorten werden vor dem Trocknen einem Gährungsprozess unterworfen (gerottet). Der beste K. kommt aus Caracas u. Cumana; er enthält 1,2—1,5°/₀ Theobromin, 45—48 °/₀ Fett, 14—18 °/₀ Stärke, Farbstoff, 13—18 °/₀ Proteïnsubstanz, Zucker. Die Bohnen bilden geröstet und zerrieben die *Kakaomasse*, gepresst den *entfetten K.*, das bekannte Genussmittel, und werden meist auf *Chokolade* (s. d.) verarbeitet. Die gerösteten Schalen dienen als *Kakaothee*, zur Bereitung von Essenzen etc. Europa konsumirt jährl. 17—18 Mill. Kilogr. K. K. war Nationalgetränk in Mexiko, kam 1520 nach Spanien und 1660 nach Deutschland. Vgl. *Mitscherlich*, ‚Der K.‘, 1859.

Kakaobutter, das Fett der Kakaobohnen, wird durch Pressen gewonnen, blassgelb, schmeckt kühlend, mild, riecht schwach nach Kakao, schmilzt bei 30° C., wird nicht leicht ranzig; in der Medicin viel benutzt.

Kakerlak, s. v. a. Albino; gemeine Sobabe.

Kako (gr.), in Zusammensetzungen, s. v. a. schlecht. [der Galle.

Kakocholie (gr.), schlechte Beschaffenheit

Kakochylie (gr.), schlechte Beschaffenheit des Chylus; *Kakochymie*, solche des Chymus.

Kakodämon (gr.), böser Dämon. [ler Ruf.

Kakodoxie (gr.), schlechte Meinung; üb-

Kakodyl (*Arsendimethyl*), Verbindung von 2 Aeq. Methyl mit 1 Aeq. Arsen, entsteht bei Destillation essigsaurer Salze mit arseniger Säure, farblose Flüssigkeit, stinkt furchtbar, entzündet sich an der Luft von selbst, gibt bei langsamer Oxydation *Alkarsin.* [Theile.

Kakomorphie (gr.), Missbildung organ.

Kakophonie (gr.), Missklang.

Kakopragie (gr.), schlechte Beschaffenheit der Körperfunktionen, bes. der Verdauung.

Kakoschalk (russ.), Art weibl. Kopfputz.

Kakosilie (gr.), Widerwille gegen Speisen.

Kakosynthéton (gr.), fehlerhaft zusammengesetztes Wort.

Kakothymie (gr.), Missmuth.

Kakotrophie (gr.), Störung der Ernährungsfunktion.

Kakteen, cactusartige Pflanzen, Kräuter und Sträucher mit meist unförmlich verdicktem, aus grüner Fleischmasse bestehendem Stengel, meist ohne Blätter, mit Dornenwarzen, ansehnlichen Blüthen und beerenartigen Früchten; bes. im warmen Amerika heimisch. Nach Linné einzige Gattung Cactus, nach Neueren: K. mit kuglig verdicktem Stengel: Zitzendisteln (Mammillaria Haw.), Igeldisteln (Echinocactus Lk. et O.), Melonendisteln (Melocactus Dec.); säulenförmig: Cereus Dec.; mit ästigem, aus rundlichen Gliedern zusammengesetztem Stengel: Opuntia Trnf., Zier- und Nutzpflanzen.

Kalabasse, s. *Kalebasse.*

Kalabreser, Bewohner Kalabriens; breitkrämpiger, spitz zulaufender Hut.

Kalabrien, s. *Calabria.*

Kalahari, grosse Sand- und Buschwüste

im innern Südafrika, südl. vom Ngamisee bis zum Oranjefluss, flach und wasserlos.

Kalamaika, Nationaltanz der karpath. Slaven, ursprüngl. mit Gesang begleitet.

Kalamäta (*Kalamai*, das alte *Pherä*), Hauptst. der griech. Nomarchie Messenien, 6292 Ew.; lebh. Handel.　　　[Elend.

Kalamität (lat.), Drangsal, Unglücksfall.

Kalamiten, baumartige Equiseteu (Schachtelhalme), finden sich versteinert von der Grauwacke bis zum Keuper; wohl die ersten Bäume auf der Erde.

Kalander, Cylindermaschine, Zusammenstellung von zwei oder mehr zum Theil hohlen und heizbaren Walzen, durch welche man bei der Appretur Gewebe unter starkem Druck, auch unter Reibung hindurchgehen lässt, um ihnen Glanz zu ertheilen.

Kalandsbrüder, im Mittelalter geistliche Brüderschaft von Klerikern und Laien, welche die Bestattung armer Verstorbener etc. bezweckte und allmonatl. an den Kalenden sich versammelte, später mehr durch schwelgerische Schmäuse als Frömmigkeit ausgezeichnet und noch vor der Reformation aufgelöst.　　　[furt, am Dober, 2589 Ew.

Kalau, Kreisst. im preuss. Regbz. Frank-

Kalauria (a. G.), Insel an der peloponnes. Küste, unweit Aegina; Poseidontempel (Freistätte, wo sich Demosthenes den Tod gab).

Kalavrita, Stadt in der griech. Nomarchie Achaja, 1200 Ew. Dabei das gr. Kloster *Megaspiläon* mit 300 Mönchen (kühner Bau, 8 Stockwerk hoch anf senkrechter Felswand).

Kalb, *Charlotte von*, geb. v. *Ostheim,* geistvolle Frau, geb. 25. Juli 1761 in Waltershausen bei Gotha, seit 1787 in Weimar, stand zu Schiller, dann zu Jean Paul in Beziehungen; † erblindet 12. Mai 1843 in Berlin. Auch Schriftstellerin.　　[burg, 8096 Ew.

Kalbe, Kreisst. im preuss. Regbz. Magde-

Kalcination (lat.), Verkalkung, früher ausschliesslich die Oxydirung der Metalle durch Glühen, jetzt allgemeine Entwässerung von Salzen durch Glühprozess (z. B. bei Potasche).　　　[essbaren Gedärme.

Kaldaunen, s. v. a. Eingeweide, bes. die

Kalebasse, Flaschenkürbis, s. *Kürbis.*

Kaledonien (*Caledonia*), bei den Römern das nördl. Schottland. Der Name *Kaledonier* (*Celten*) verschwindet seit 4. Jahrh., der der Pikten und Skoten tritt an ihre Stelle.

Kaledonischer Kanal, Kanal in Schottland, vom atlant. Meere beim Fort William bis zum Murrayfirth an der Nordsee.

Kaledonisches Meer, Theil des atlant. Oceans, zw. Schottland und den Hebriden.

Kaleidoskop (gr.), optisches Instrument, bei welchem durch Spiegelung leicht verschiebbarer Glassplitter, Perlen, Federn etc. in 2 oder 3 an einander stossenden Spiegeln zahllose sternförmige Figuren gebildet werden. Dient, hem als *Typoskop,* welches sich nicht auf sternförmige Dessains beschränkt, in der Musterzeichnerei.

Kalenberg, altwolf., preuss. Regbz. Hannover gehöriges Fürstenthum, 48½ QM. Das ehemal. *Schloss* mit *Domäne* K. ist im Besitz des depossedirten Königs geblieben.

Kalender (mittellat. *Calendarium*, v. alt-

lat. *Calendae*, s. d.), die Eintheilung der Zeit in gewisse Perioden. Unser jetzt gebräuchlicher K. ist aus dem röm. entstanden. Die Römer hatten im ältesten Zeiten ein Jahr von 10 Monaten; Numa Pompilius führte ein Mondjahr von 355 Tagen 12 Monaten ein, denen von Zeit zu Zeit ein 13. (Schaltmonat) hinzugefügt wurde. Der Verwirrung, in welche diese Zeitrechnung nach und nach gerathen war, half J. Cäsar 46 v. Chr. durch Einführung des *julian.* K.s ab, wonach das Jahr 365 Tage, jedes 4. Jahr als Schaltjahr 366 Tage hat und also die mittl. Länge des Jahres 365¼ Tage beträgt. Der 1. Tag eines jeden Monats hiess *Calendae,* in den Monaten März, Mai, Juli, Oktober der 7. *Nonae,* der 15. *Idus,* in den übrigen Monaten der 5. *Nonae,* der 13. *Idus.* Von diesen 3 ausgezeichneten Monatstagen an zählte man in der Weise rückwärts, dass der ihnen unmittelbar vorausgehende Tag als solcher (z. B. pridie Calendas), der vorletzte Monatstag als 3. vor den Kalenden des nächsten Monats etc. bezeichnet wurde. Der julian. K. wurde in der abendländ. Kirche bis 1582 beibehalten und ist in der morgenländ. noch jetzt in Gebrauch. Da man aber nach demselben alle 4 Jahre mit einem ganzen Tag 44 Minuten 48 Sekunden (s. *Jahr*) oder fast ¾ Stunden zu viel einschaltete, was in 400 Jahren 3 Tage 2 Stunden 41 Minuten 16 Sekunden ausmachte, und man 1582 bereits um 10 Tage hinter der Sonne zurückgeblieben war, so dass das Frühlingsäquinoctium statt auf den 21. auf den 11. März fiel, so verordnete Papst Gregor XIII. in einer Bulle vom 24. Febr. 1582, dass im Monat Okt. jenes Jahres 10 Tage ganz ausfallen sollten. Damit aber das Frühlingsäquinoctium auch für die Zukunft unverrückt bliebe, ward zugleich angeordnet, dass im Lauf von 4 Jahrhunderten 3 Schalttage ausfallen und zu diesem Behuf diejenigen Säkularjahre, deren Anzahl der Hunderte nicht durch 4 ohne Rest theilbar sei, keine Schaltjahre sein sollten, wenn sie auch vierte Jahre wären. Dieser *gregorian.* K. wurde nur in Italien, Spanien und Portugal an dem dazu festgesetzten Tage eingeführt, in Frankreich 2 Monate später, in den kathol. Theilen Deutschlands, der Schweiz und der Niederlande 1583, in Polen 1586, in Ungarn 1587. Die evangel. Stände Deutschlands nahmen denselben als 'verbesserten K.' erst 1700 an und schrieben nach dem 18. Febr. 1700 sogleich den 1. März. Gleichzeitig geschah dies in Dänemark, den evangel. Niederlanden, 1701 auch in den evangel. Kantonen der Schweiz. England nahm den gregorian. K. erst 1752, Schweden 1753 an. Die Bekenner der nicht unirten griech. Kirche haben den julian. K. (alter Stil) beibehalten und sind daher hinter den übrigen Europäern (seit 1800) um 12 Tage zurück, die sich 1900 auf 13 Tage vermehren werden. Vgl. *Jahn,* 'Kalenderfreund', 1841.

Kalefaciren (lat.), erwärmen.

Kalewāla, Name des finn. Nationalepos. Die einzelnen Gesänge desselben, Jahrhun-

derte lang durch mündl. Ueberlieferung aufbewahrt, wurden von *Lönnrot* gesammelt,
geordnet und unter dem Namen K. (d. i.
Land des Kalewa) herausgegeben (1835; 2.
Aufl. 1849; deutsch von *Schiefner* 1852).

Kalfatern, die Ritzen der innern und
äussern Schiffsbekleidung durch Ausstopfen
mit Werg und Ueberstreichen mit geschmolzenem Pech wasserdicht machen.

Kalgujew, russ. Insel im nördl. Eismeer,
nordöstl. von der Tscheskajabucht, 50 M.
im Umfang, von einigen Samojeden bewohnt.

Kali, s. *Kalium.*

Kalialaun, s. *Alaun.* [holz.

Kaliatarholz, dunkles schweres Sandel-

Kaliber, bei Geschützen der Durchmesser
des innern Raums (Seele) und des Ge-
schosses; auch Bezeichnung der Art der
Geschütze entweder nach dem (nominellen)
Gewicht des Geschosses, z. B. 4-, 6pfün-
diges K., oder nach dem Durchmesser in
Zollen. Der Kalibermassstab 1540 von Georg
Hartmann in Nürnberg erfunden.

Kaliblau, blaue Farbe auf Wolle mit
rothem Blutlaugensalz und Zinnsalz erzeugt, sehr schön und lebhaft.

Kalibriren, s. *Graduiren.*

Kalid (lat.), warm, heiss. *Kalidität*,
Wärme; *Kalidukt*, Wärmeleiter, Heizröhre.

Kalidasa, ind. Dichter, lebte um 60 v. Chr.
zu Uddschajini im nördl. Indien am Hofe
des Königs Vikrama (nach And. erst 500
n. Chr.). Einer der grössten Dichtergenien,
durch klass. Vollendung der Form, Zartheit,
blühende Phantasie und seelenvolle Natur-
innigkeit ausgezeichnet. Hauptwerke: das
Schauspiel ‚Sakuntala‘ (beste Ausgabe von
Boktlingk 1842, Uebers. von *G. Forster* 1791,
Lobedanz 1867, *Meier* 1852 und 1867, *Rückert*
(‚Aus Fr. Rückerts Nachlass‘, 1867) und das
lyr. Gedicht ‚Der Wolkenbote‘ (Megha-duta,
deutsch von *Schütz* 1859). Die übrigen ihm
zugeschriebenen Gedichte sind unächt.

Kalide, *Theod. Erdmann*, Bildhauer, geb.
1801 zu Königshütte in Schlesien, Schüler
von Schadow und Rauch in Berlin; † 26.
Aug. 1863. Hauptwerke: Knabe mit dem
Schwan, Bacchantin, Knabe mit dem Bock u.a.

Kalifornien, Länderstrich an der Westküste von Nordamerika, zerfällt in 2 Theile:
1) *Alt-* oder *Niederkalifornien*, der südl.
Theil, eine lange schmale Halbinsel, bildet
ein zu Mexiko gehöriges Territorium, 2777
QM. und 21,000 Ew., Hauptstadt La Paz. —
2) *Neu-* oder *Hochkalifornien*, der nördl.
Theil, nordamerikan. Unionsstaat, 8889 QM.
und (1870) 549,808 (1850: 92,597) Ew., worunter 60 — 80,000 Chinesen. Kontinentales
Küstenland, östl. von der Sierra Nevada
(Hood 15,480') begrenzt, in der Mitte von
einem Küstengebirge (bis 9500' h.) durchzogen. Hauptflüsse: San Francisco und San
Joaquim. Klima verschiedenartig, im S.
halb tropisch, im N. kalt. Produkte: Gold
(1848 entdeckt, Ausbeute 1848—07: 740,832,625
Doll., seit dem letzten Jahrzehnt jedoch
stetig abnehmend; 1869: 55,310,151 Doll.,
davon ausgeführt: 57,287,117 Doll.), Quecksilber (Neu-Almaden etc., 1869: 48,700 Flaschen), Silber, Platina, Kupfer, Nickel,

Petroleum etc. Bodenkultur fortschreitend
(Getreide, Obst aller Art, Südfrüchte, Tabak, sehr viel Wein). Industrie (Maschinen-,
Zuckerfabr., Woll-, Baumwoll- und bes.
Seidenindustrie) in mächtigem Aufschwung,
ebenso der bereits sehr ausgebreitete Handel (Dampfbootverbindung mit Hongkong seit
1867 und Südamerika, Pacificbahn nach
dem Osten, 1869 vollendet). Ausfuhr 1869:
58,176,108 Doll. Schiffsverkehr 1869: abgegangen 3490 Schiffe mit 1,156,181 Tonn., eingegangen 3573 Schiffe mit 1,174,157 Tonn.
Haupthandelsstadt San Francisco. Staatsschuld 1869: 4,068,000 Doll., Einnahme
2,961,766 Doll. Im Kongress vertreten durch
3 Repräsentanten. 44 Counties. Hauptstadt
Sacramento. — Lange Zeit fanden nur vereinzelte Niederlassungen in K. statt (die
erste: San Diego, 1769 gegr.), bis 1847 das
Gold entdeckt wurde; infolge dessen ausserordentlich starke Einwanderung aus allen
Welttheilen. 1848 wurde K. von Mexiko an
die Verein. Staaten abgetreten und bereits
7. Sept. 1850 als Staat in die Union aufgenommen. Vgl. *Schlagintweit* (1871).

Kalihydrat, s. *Kalium.*

Kalikut (*Kalikod*), Stadt auf der Küste
Malabar in Ostindien, 15,000 Ew. (4000
Portugiesen); seit 1792 britisch. Hier landete
1498 Vasco de Gama zuerst in Indien.

Kalikutisches Huhn, s. v. a. Truthuhn.

Kalilauge, s. *Kalium.*

Kalisalze, Verbindungen von Kaliumoxyd
mit Säuren, finden sich in den Abraumsalzen von Stassfurt, Kalusz, in vielen Mineralien und Gesteinen, werden aus diesen
und durch Verbrennung von Pflanzen (Potasche, Kelp, Varech), aus Rübenmelasse und
Wollschweiss, Mutterlauge des Meerwassers,
als Salpeter etc. gewonnen. Sie haben
hohen Werth als Pflanzennahrungsmittel;
in der Technik hat man sie meist durch die
billigeren Natronsalze ersetzt.

Kalisch, Stadt im russ. Gouv. Warschau,
an der Prosna, 13,260 Ew. 1706 *Sieg* Augusts
von Polen über die Schweden. 28. Febr. 1813
Allianztraktat zw. Preussen und Russland;
1835 gr. Lustlager russ. u. preuss. Truppen.

Kalisch, *David*, Schriftsteller, geb. 23.
Febr. 1820 zu Breslau, seit 1847 in Berlin,
wo er 1848 den ‚Kladderadatsch‘ begründete
und seitdem mit Dohm redigirt. Verfasser
zahlr. kom. Theaterstücke, Schöpfer des
modernen Couplets. Am beliebtesten ‚Hun-
derttausend Thaler‘, ‚Berlin bei Nacht‘,
‚Der Aktienbudiker‘ u. a.

Kalium, Metall, findet sich in den Kalisalzen, wird durch Erhitzen von kohlensaurem Kali mit Kohle gewonnen, ist silberweiss, knetbar, schmilzt bei 62,5° C., destillirt, Aeq. 39, oxydirt sich schnell an der
Luft, ist leichter als Wasser, zersetzt dasselbe und entzündet den freiwerdenden
Wasserstoff, bildet mit Quecksilber Amalgam, dient als wirksamstes Reduktionsmittel. *Kaliumoxydhydrat* (Kalihydrat, Kali,
Aetzkali) wird aus kohlensaurem Kali und
Aetzkalk bereitet, ist sehr hygroskopisch,
stark ätzend, zerstört Haut und Horn, leicht
löslich in Wasser und Alkohol, zieht bo-

gierig Kohlensäure aus der Luft an, dient als Aetzmittel (Lapis causticus) und zur Bereitung von Oxalsäure; die Lösung (Kalilauge, Aetzkalilauge, Seifensiederlauge) dient zur Seifenbereitung, in der Bleicherei und Medicin; kohlensaures Kali, s. Potasche; salpetersaures, s. Salpeter; chlorsaures, s. Chlorsäuren; unterchlorigsaures, gelöst im Eau de Javelle, s. Eau und Chlorsäuren; chromsaures, s. Chrom; schwefelsaures findet sich im Kainit und Schönit, im Meerwasser, in Pflanzenaschen und Mutterlaugen, wird aus diesen und aus Chlorkalium dargestellt, ist in Wasser schwer, in Alkohol nicht löslich, bildet leicht Doppelsalze, mit Thonerde etc. den Alaun, dient zur Bereitung von Potasche, als Dünger u. in der Medicin; *kieselsaures Kali* findet sich in vielen Mineralien, bes. im Feldspath, vgl. *Wasserglas*; *Chlorkalium* findet sich im Karnallit, im Meerwasser, in Pflanzenaschen und Mutterlaugen, wird aus diesen bereitet, löst sich unter Abkühlung leicht in Wasser, schmeckt wie Kochsalz, dient zur Darstellung anderer Kalisalze und zu Kältemischungen. *Jodkalium* ist leicht in Wasser löslich, dient in der Photographie etc. *Schwefelkalium*, s. *Schwefelleber*. *Cyankalium*, s. *Cyan*. [*Kalium*.

Kaliumchlorid, s. v. a. Chlorkalium, s. *Kalium*.
Kaliumcyanid, s.v.a. Cyankalium, s. *Cyan*.
Kaliumeisencyanid,
Kaliumeisencyanür, } s. *Blutlaugensalz*.
Kaliumjodid, s. v. a. Jodkalium, s. *Kalium*.

Kalk, kohlensaurer K., kohlensaures Calciumoxyd, findet sich als Aragonit, Kalkspath, Kreide, auf Pflanzen, in Muschelschalen, Knochen etc., löst sich in kohlensäurehaltigem Wasser und scheidet sich beim Verdunsten der Kohlensäure wieder aus (Entstehung des Kalktuffs, Tropfsteins), wird in Meilern, Feld- oder Kalköfen gebrannt, verliert dabei seine Kohlensäure und hinterlässt *Aetzkalk* (gebrannten K., 56 Th. aus 100 Th.). Dieser zieht begierig Wasser an und zerfällt, erhitzt sich beim Uebergiessen mit demselben (Löschen des K.s) und gibt unter starker Volumenvergrösserung *Kalkhydrat* (reiner K. heisst fett, unreiner, magnesiahaltiger mager), mit viel Wasser *Kalkbrei* oder *Kalkmilch*. Das Kalkhydrat reagirt alkalisch, wirkt ätzend, zieht aus der Luft Kohlensäure an und löst sich in 5—700 Th. Wasser (*Kalkwasser*). Gebrannter K. dient zur Darstellung von Mörtel, Aetzkali und Aetznatron, Ammoniak, Chlorkalk, Zucker, Soda, Glas, Stearinsäure, zum Reinigen des Leuchtgases, zum Enthaaren der Felle, zum Einkalken des Getreides, zur Ausbringung der Metalle, in der Farberei etc. *Schwefelsaurer K.*, s. *Gyps*; *basisch phosphorsaurer K.* findet sich als Apatit, Phosphorit, in Knochen, Koprolithen, ist in Wasser unlöslich, löslich in Säuren, dient als Dünger, in der Medicin und Papierfabrikation. *Saurer phosphorsaurer K.* ist in Wasser löslich und gibt beim Glühen mit Kohle Phosphor; *unterchlorigsaurer K.*, s. *Chlorkalk*; *kieselsaurer K.* findet sich in vielen Mineralien. *Chlorcalcium* entsteht beim Lösen von K. in Salzsäure, wird

häufig als Nebenprodukt gewonnen, ist äusserst hygroskopisch und dient als Entwässerungsmaterial, mit Kalkbrei als Anstrich auf Holz gegen Feuersgefahr. *Schwefelcalcium*, durch Glühen von Gyps mit Kohle erhalten, leuchtet nach dem Bestrahlen durch Sonnenlicht im Dunkeln (Cantons Phosphor), *Calciumsulfhydrat* findet sich im Gaskalk und bedingt dessen Anwendbarkeit als Enthaarungsmittel in der Gerberei.

Kalkätür (lat.), das Keltern der Trauben.
Kalkblau, blaue Tüncherfarbe, besteht aus Kupferoxydhydrat; s. v. a. Bremerblau.
Kalkbrenner, Friedr., Pianist und Komponist, geb. 1788 in Berlin, gründete 1824 in Paris eine Pianofortefabrik; † 10. Juni 1849 zu Enghien. Ausgez. Pianoforteschule.
Kalkfarben, die auf Kalk verwendbaren Farben: Zink-, Barytweiss, Antimon-, Baryt-, Kadmiumgelb, Chrom-, Eisenorange, Ocker, Sienaerde, Umbra, Vandyckbraun, Marsbraun, Englisch Roth, Krapplack, Chrom-, Kobalt-, schweinfurter Grün, grüne Erde, Kobaltblau, Ultramarin, schwarze Farben.
Kalkhydrat, gelöschter Kalk, s. *Kalk*.
Kalklicht, s. *Knallgas*.
Kalkmergel, Mergel mit bedeutendem Kalkgehalt, dienen als Dünger auf kalkarmem Boden und eignen sich bisweilen auch zur Cämentfabrikation.
Kalkmilch, s. *Kalk*.
Kalksalze, Verbindungen des Calciumoxyds mit Säuren, s. *Kalk*.
Kalkschiefer, dünnplattig geschichteter Kalkstein verschiedener Formationen.
Kalkspath (*Kalcit*), Mineral aus der Klasse der wasserfreien Haloïde, farblos oder gefärbt, in grossen schönen Krystallen, die doppelte Strahlenbrechung zeigen (isländischer Doppelspath), dient als optisches Instrumenten, körnig oder kryptokrystallin (Marmor) und dicht (Kalkstein, Kalktuff); dient als Pflaster- und Bausteine und Material für Kunstwerke, zur Entwicklung von Kohlensäure, zum Ausbringen der Metalle, zur Sodafabr., zur Darstellung von Mörtel etc.
Kalkutta, Hauptstadt der brit.-ostind. Präsid. Bengalen und zugleich von ganz Britisch-Ostindien, wichtigste Handelsstadt Asiens, in ungesunder Lage am Hugli, 616,949 Ew. (11,224 Europäer); zerfällt in die von Europäern bewohnte prächtige *weisse Stadt* und die *schwarze Stadt* mit den Lehm- und Bambushütten der Eingebornen. Hafen, Fort William, schönster botan. Garten der Welt; 167 Götzentempel, 74 Moscheen, 8 anglikan., 5 kathol. Kirchen etc. Williamskollegium, Sanskritkollegium, Sternwarte. Sitz eines anglikan. Bischofs und verschiedener Missionsgesellschaften.
Kalkwasser, s. *Kalk*.
Kalle (jüd.-deutsch), Braut. [heit.
Kallidität (lat.), Schlauheit, Verschmitztheit.
Kalligraphie (gr.), Schönschreibkunst.
Kallilogie (gr.), Schönredekunst.
Kalliope (gr., d. i. die Schönstimmige), Muse der epischen Dichtung, dargestellt mit Wachstafel und Schreibgriffel.
Kallipädie (gr.), Erziehung zur phys. und moral. Schönheit. Vgl. *Schreber* (1858).

Kallipȳgos (gr.), mit schönem Hintern, Beiname der Venus, bes. einer nach hinten blickenden antiken Statue ders. (in Neapel).

Kallisthenie (gr.), Gymnastik zur Verschönerung und Kräftigung des Körpers.

Kallwoda, *Joa. Wenzel*, Violinvirtuos und Komponist, geb. 21. Febr. 1800 in Prag, 1823 bis 1854 Kapellmeister in Donaueschingen; † 3. Dec. 1866 in Karlsruhe. Bes. durch ansprechende Lieder bekannt. — Sein Sohn *Wilhelm K.*, geb. 1827, seit 1847 Musikdirektor in Karlsruhe, ebenfalls Komponist.

Kallosität (lat.), Verhärtung in den Weichtheilen des Körpers, bes. Hautschwielen; *kallös*, hornhäutig, schwielig.

Kalluhanf, s. v. a. Ramee, s. *Böhmeria*.

Kalmäuser, Grübler, Frömmler; Geizkalmauk, s. *Lasting*. [hals.

Kalmar, See- und Handelsstadt in der schwed. Landschaft Småland, auf der Insel Quarnholmen am *Kalmarsund*, 8313 Ew. Hafen, schöne Kathedrale. ½ St. davon das verfallende *Schloss* K., wo 1397 die *kalmarische Union* abgeschlossen ward.

Kalmen (lat.), die Zone, welche die Passatwinde der beiden Erdhälften trennt, etwa 6° nördl. vom Aequator, windstill bis auf die täglichen, von Stürmen begleiteten Gewitter. [machende Mittel.

Kalmiren, beruhigen; *k. de Mittel*, schlaf-**Kalmit**, Berg, s. *Hardt*.

Kalmuck, aus dickem Streichwoll- oder starkem Baumwollgarn locker gewebtes langhaariges Köperzeug zu Winterkleidern.

Kalmücken (*Kalmyken*), mongol. Völkerschaft in Asien, bewohnt nomadisirend die weiten Steppen und Gebirge der Bucharei, Dsungarei, Mongolei und des südl. Sibiriens, theils selbständig, theils unter russ. und chines. Oberherrschaft. Ihre Wohnungen filzbekleidete Jurten (Kerten), ihr Reichthum Vieh (bes. Pferde und grosse Schafe). Meist Lamaiten. 4 Hauptstämme: Koschoten, Dsungaren, Derbeten, Torgoten.

Kalmus (Acorus *L.*), Pflanzengattung der Aroideen. *Gemeiner K.* (A. Calamus *L.*), aus Asien, jetzt in Deutschland und Nordamerika verwildert, liefert die officinelle Kalmuswurzel, welche äther. Oel enthält und zu Konfitüren, Tinkturen etc. benutzt wird. [leben. Vgl. Brana (1844).

Kaloblötik (gr.), die Kunst, schön zu **Kalocsa** (spr. Kalotscha), Stadt im ungar. Kom. Pesth, unweit der Donau, 12,568 Ew. Kathedralkirche, erzbischöfl. Residenz.

Kalojer (*Kalogeri*), griech. Mönch. [heit.

Kalokagathie(gr.), Seelengüte, sittl.Schön-**Kalomel**, Quecksilberchlorür, Verbindung von 2 Aeq. Quecksilber mit 1 Aeq. Chlor, entsteht beim Erhitzen von Quecksilberchlorid mit Quecksilber und sublimirt als strahlig krystallinische, gelblichweisse Masse, ist in Wasser, Alkohol und Aether unlöslich, wird durch das Licht zersetzt. Wichtiges Arzneimittel.

Kalometrie (gr.), Schönheitsmessung.

Kalopodien (gr.), Holzschuhe.

Kalorescens (lat.), Wärmestrahlung.

Kalorifikation (lat.), Wärmeerzeugung.

Kalorimeter (lat. und gr.), Vorrichtung zu Bestimmung der Wärmekapacität. *Kalorimetrie*, Lehre von der Wärmekapacität der verschiedenen Körper.

Kalorimotor (lat.), s. v. a. Deflagrator.

Kalorische Maschine, Motor, in welchem die Ausdehnung atmosphärischer Luft beim Erwärmen als Triebkraft benutzt wird. Die Arbeitsluft entweicht entweder mit jedem Kolbenhube ins Freie (offene k. M.) oder bleibt stets dieselbe und erleidet mit jedem Hin- und Herschube des Kolbens zuerst Erwärmung und Ausdehnung, dann Abkühlung und Zusammendrückung (geschlossene k. M.). Die k.n M.n sind für den Kleinbetrieb bestimmt, die offenen haben sich bisher wenig bewährt, die geschlossenen sind zukunftsreich.

Kalospinthechromokrene (gr.), künstlich beleuchteter und dadurch in schönen Farben funkelnder Springquell. [Husaren etc.

Kalpak, hohe Mütze der Tataren, ungar.

Kalpi (engl. *Culpee*), Stadt in der brit.-ostind. Prasid. Agra, am Dschamna, 21,812 Ew.; ber. Zuckerfabr. Stapelplatz für Baumwolle. [durchsichtigen Blattes.

Kaiquiren, Durchzeichnen mittelst eines **Kaltbrüchig**, phosphorhaltiges Eisen, welches sich glühend gut bearbeiten lässt, aber kalt spröde wird und leicht bricht.

Kaltwasserkur, planmässige Anwendung des kalten Wassers zu Heilzwecken, seit den ältesten Zeiten gebräuchlich, seit Alpinus (1617) von Neuem empfohlen und von Currie († 1805) und Brand (1860) mit grösstem Erfolg bei Typhus benutzt; ward zur Modesache durch Oertel in Ansbach und Priessnitz in Gräfenberg (Schlesien) 1826. In den *Wasserheilanstalten* benutzt man kalte Bäder, Einwickelungen, Douchen etc., auch Hunger- und Schwitzkuren, gymnast. Uebungen etc. Diese K. wirkt wesentl. anregend und ist empfehlenswerth bei nervösen Leiden, Schwächezuständen, manchen Rückenmarksleiden etc.

Kaluga, Gouvern. in Grossrussland, 560,9 QM. mit 964,796 Ew.; fruchtbar und gut angebaut, grosse Steinkohlenlager. Die *Hauptstadt* K., an der Oka, 37,896 Ew.

Kalvarienberg, s. v. a. Golgatha; in kathol. Ländern Hügel mit 1 oder 3 Kreuzen, woran Jesus und die Schächer hängen (für Kalvillen, s. *Apfelbaum*. [Wallfahrer.

Kalȳdon (a. G.), Hauptstadt Aetoliens, am Evenus; bekannt durch die Mythe vom *kalydon. Eber*, den die Diana im Zorn gegen den König Oeneus zur Verwüstung der Fluren sandte, und der schliesslich von Atalanta (s. d.) erlegt wurde.

Kalypso, Tochter des Atlas, bewohnte die Insel Ogygia, an die Odysseus verschlagen ward. [Verhüllungsmittel.

Kalypter (gr.), Deckel, Hülle; *Kalypterien*, **Kama** (*kleine Wolga*), grösster Nebenfluss der Wolga, kommt, sofort schiffbar, aus den Sümpfen zwischen Perm und Wjätka, durchfliesst die Gouvern. Perm und Kasan, mündet unweit Bolgarü, 215 M. lang.

Kamala (*Wurrus*), ziegelrothes Pulver, Drüschen von den Früchten von Rottlera tinctoria *Roxb.*, dient zum Färben.

Kamaschen, Bekleidung des Unterschenkels, welche zugleich den Schuh festhält, allgemein in der franz. Armee. *Kamaschendienst*, Bezeichnung pedantischer Peinlichkeit, bes. im Soldatendienst.

Kambay (*Khambayat*), alte verfallene Stadt in der ostind. Landschaft Gudscherate, am *Golf von K.*, 37,000 Ew.; ber. Achat- und Karneolschleifereien. [Bezug hat.

Kambiál (lat.), was auf Wechsel (cambium)

Kambodscha, Landschaft in Hinterindien, das Gebiet des untern Mekhong, 1523 QM. und ca. 1 Mill. Ew.; früher mächtiges Königreich, dann Vasallenstaat von Annam, jetzt Siam tributpflichtig und seit 1863 Schutzstaat von Frankreich. Hauptst. Udong.

Kambrische Formation, s. *Grauwacke*.

Kamburg, ehemal. Grafschaft, an der Saale, von preuss. und weimar. Gebiet umschlossen, 2 QM.; seit 1826 zu S.-Meiningen gehörig. Die *Hauptst.* K., a. d. Saale, 1750 Ew.

Kambýses, König der Perser und Meder, Sohn des Cyrus, folgte diesem 530 v. Chr., eroberte 525 Aegypten, das angreuzende Cyrene und Libyen, ward auf dem Zug gegen Aethiopien durch Hunger zum Rückzug gezwungen; † 523 unterwegs. Grausamer argwöhnischer Tyrann.

Kaméen (ital.), geschnittene Edelsteine, bei denen die erhaben geschnittenen Figuren ohne andere Farbe als der Grund haben.

Kamehaméha, s. *Sandwichinseln*.

Kamel (*Camelus L.*), Gattung der Wiederkauer. *Einhöckriges* K. Dromedar (C. dromedarius L.), 5—7' h., nur als Hausthier im westl. Asien u. in einem gr. Theil Afrikas, das ,Schiff der Wüste'. *Zweihöckriges* K., Trampelthier (C. bactrianus L.), 6' h., in Centralasien. Beide liefern Fleisch, Milch, Häute und Haar (Kamelhaar, nicht zu verwechseln mit Kämelhaar), welches zu Gespinnsten, Geweben, Filz und Pinseln verarbeitet wird. Vgl. *Carbuccia* (1853).

Kamel, kastenartige Behälter, welche, unter Wasser mit einem Schiff verbunden und dann ausgepumpt, dieses heben.

Kamelhaar, s. *Kamel.*

Kamelopard, s. v. a. Giraffe.

Kamelschaf, s. v. a. Lama.

Kaménez (poln. *Kamieniec-Podolsk*), Hauptstadt des westruss. Gonv. Podolien, nahe der Mündung der Smotritscha in den Dnjestr, 21,183 Ew.; früher ber. Festung.

Kamenz, Stadt im sächs. Regbz. Bautzen, an der schwarzen Elster, 5916 Ew. Geburtsort Lessings (*Lessingstift* seit 1826, Armen- und Heilanstalt).

Kamerad (von *camera*, Gemach), Genosse, bes. Kriegsgefährte. *Kameraderie*, Kameradschaft, Clique.

Kameralwissenschaften (Cameralia), Inbegriff der den Verwaltungsbeamten nöthigen Kenntnisse: Landwirthschaftslehre (incl. der Bergbau- und Forstwissenschaft), Gewerbe- und Handelswissenschaft, Polizei- und Finanzwissenschaft.

Kamieniec-Podolsk, Stadt, s. *Kamenez.*

Kamille (*Chamille*, Matricaria L.), Pflanzengattung der Kompositen. *Feldkamille, Helmercken* (M. Chamomilla L.), in ganz

Europa, auch kultivirt, ist officinell, enthält dunkelblaues ätherisches Oel.

Kamin, offener Feuerherd in einer Wandnische, heizt nur durch strahlende Wärme und deshalb sehr unvortheilhaft; auch s. v. a. Esse, Schlot.

Kamlot, s. *Camelot.*

Kamm, der Theil des Pferdehalses, an welchem die Mähne sitzt, liefert weisses, festes, leicht schmelzbares Fett (*Kammfett*), welches zu Leder- und Maschinenschmiere, Salben, Seifen, zum Einfetten der Wolle etc. dient (wichtiger Handelsartikel).

Kammer (lat. *camĕra*, d. i. Zimmer), Behörde zu Verwaltung der fürstlichen Güter (*Kammergüter* im engeren Sinne), der Staatsdomänen und der fürstl. Einkünfte und Gefälle, später Kollegium (*Hof-*, *Rentkammer*), als solches auch mit Geschäften der allgem. Landesverwaltung betraut; im parlamentar. Sinne die das Land dem Staatsoberhaupt gegenüber vertretende Körperschaft (s. *Repräsentativsystem*). K. im Geschützrohre, Raum für die Pulverladung.

Kammerbote, eine der herzoglichen ähnliche Würde im alten Frankenreiche.

Kammergebirge, die östl. Absenkung der Dachsteingruppe im Salzkammergut.

Kammergut, s. v. a. Domäne.

Kammerjäger, Leute, die das Vertilgen d** Ungeziefers als Geschäft betreiben.

Kammerjunker und **Kammerherr**, Hofchargen, welche den unmittelbaren Dienst bei fürstl. Personen, bes. bei Festlichkeiten zu versehen haben; auch blosser Hoftitel.

Kammerknechte, sonst in Deutschland die Juden, weil sie dem Kaiser als ihrem Schutzherrn einen Zins entrichten mussten.

Kammermusik, Musik für wenige Instrumente (Trios, Quartette etc.), zur Aufführung in Zimmern bestimmt, im Gegensatz zur Kirchen- und Opernmusik.

Kammersäure, s. *Schwefelsäure.*

Kammersee, s. *Attersee.*

Kammerton (*Kapellton*, Mus.), früher die Orchesterstimmung, im Gegensatz zu dem höheren Chorton (s. d.).

Kammertuch, s. *Cambrays.*

Kammerziel, Termin, an dem ehemals die deutschen Reichsstände ihren Beitrag zur Unterhaltung des Kammergerichts zu zahlen hatten; auch der Beitrag selbst.

Kammfett, s. *Kamm.*

Kammgarn, Garn aus Kammwolle.

Kammin, Kreisstadt im preuss. Regbz. Stettin, am *kamminschen Bodden*, den die Divenow durchfliesst, 5247 Ew. Domkirche.

Kammrad, Zahnrad, bei dem die Zähne senkrecht auf der Fläche des Rads und der Axe der Welle parallel stehen.

Kammwolle, s. *Wolle.*

Kamnitz (*Bohmisch-K.*), Stadt im böhm. Kr. Leitmeritz, 3188 Ew., Hauptort der fürstl. kinskyschen *Herrschaft* K. mit 30,000 Ew.

Kamönen (*Kamēnen*), altital. Göttinnen mit einem Hain bei Rom; auch s. v. a. Musen.

Kamor, Gebirgsstock der appenzeller Alpen, am Rheinthal, 5393' h.

Kampanien (*Campania*), alte Landschaft auf der Westseite Süditaliens, die jetzigen

Prov. Terra di Lavoro, Neapel, Principato citer. und ulter. und Benevent umfassend, 326 QM. mit 2,625,830 Ew., im Alterthum ‚Regio felix‘ genannt wegen seiner Fruchtbarkeit und zahlr. Naturschönheiten. Merkwürdigste Punkte: der Vesuv, die phlegräischen Gefilde, der averner und lukriner See, das Vorgeb. Misenum. Bedeutendste Stadte: Bajä, Cumä, Neapolis, Puteoli, Herculanum, Pompeji, Salernum, Capua u. a.

Kampen, Hafen- und Handelsstadt in der niederländ. Prov. Overyssel, am Yssel, unfern der Zuidersee, 15,653 Ew.

Kamphene (*Terebonc*), Verbindungen von Kohlenstoff mit Wasserstoff im Verhältnis von 5:4, finden sich in vielen Äther. Oelen.

Kampher (*Camphora*), vegetabilisches Produkt, wird durch Auskochen von Camphora officinalis mit Wasser und Vordichtung der Dämpfe gewonnen, ist farblos, krystallinisch, sehr flüchtig, riecht aromatisch, schmeckt brennend, ist leichter als Wasser, löslich in Alkohol, Aether und fetten Oelen, schmilzt bei 175° C., ist brennbar, rotirt auf ganz fettfreiem Wasser (Reaktion auf Fett), officinell; dient an Firnissen, Feuerwerk, gegen Insekten etc. *Borneokampher* von Dryobalanops Camphora ist dem gewöhnlichen K. ähnlich. *Künstl.* K. ist Terpentinhlorür.

Kampherbaum, s. *Camphora.* [Olivenöl.

Kampheröl, Lösung von Kampher in **Kampherölbaum,** s. *Dryobalanops.*

Kampherspiritus, Lösung von Kampher in Spiritus, Heilmittel.

Kamphin, vollkommen gereinigtes (mit Kalk oder Chlorkalk und Wasser destillirtes) Terpentinöl, früher als Leuchtmaterial benutzt; auch s. v. a. Photogen.

Kampulikon, aus Kautschuk- und Korkabfällen, Faserstoffen, Haaren bereitete Masse, welche zu Platten ausgewalzt zum Belegen der Fussböden und Wände dient.

Kamptz, *Karl Alb. Christoph Heinr. von,* preuss. Staatsmann, geb. 16. Sept. 1769 zu Schwerin, ward 1817 Direktor des preuss. Polizeiministeriums und Mitglied des Staatsraths, 1825 wirkl. Geheimrath und Direktor im Justizministerium, 1830 — 42 Justizminister, wegen seiner eifrigen Mitwirkung bei Untersuchung der sogen. demagog. Umtriebe hart getadelt; † 3. Nov. 1849 in Berlin. Schr. ‚Codex der Gendarmerie‘ (1815, beim Wartburgfeste verbrannt); ‚Die Provinzialund statutar. Rechte in der preuss. Monarchie‘ (1826—28, 3 Bde.) u. A.

Kamtschatka, Halbinsel im äussersten NO. Asiens, 180 M. lang, 50 M. breit, ca. 4000 QM.; von 2 parallelen Bergketten durchzogen, mit zahlr. Vulkanen (12 thätige, darunter der 14,790‘ h. Klutschi, der höchste Vulkan Asiens). Die Bewohner *Kamtschadalen* (meist noch Schamanen, ca. 20,000), Korjäken, Lamuten. Seit 1697 russisch. Hauptniederlassung der Russen Peterpaulshafen.

Kamyschin, Stadt im russ. Gouv. Saratow, an der Wolga, 11,059 Ew.

Kanaan, Name von Palästina vor der Einwanderung der Israeliten, nach K., dem Sohne Hams (Noahs Sohn), benannt.

Kanagawa, Stadt auf der japan. Insel Nipon, an der Bai von Jeddo; Hafen, seit 1864 den Europäern geöffnet.

Kanal, Graben zur Zu- oder Ableitung des Wassers, *Bewässerungs-, Abzugs-, Entwässerungskanal;* künstlich hergestellte Verbindung zwischen Gewässern behufs der Schifffahrt. In der Oceanographie s. v. a. Meerenge, Sund, Strasse; vorzugsweise die Meerenge zwischen Frankreich und England, 75 M. lang, im Pas de Calais nur 5 M. br., das befahrenste Stück Meer der Erde.

Kanariengras, s. *Phalaris.*

Kanariennuss, s. *Canarium.*

Kanariensame, s. *Phalaris.*

Kanariensekt, dem Madeira ähnlicher Wein der kanarischen Inseln.

Kanarienvogel (*Fringilla canaria L.*), Art der Finken, 5'' l., auf den kanarischen Inseln, seit dem 15. Jahrh. bei uns gezüchtet, bes. auf dem Harz, Schwarzwald, in Tirol etc., jährl. Ausfuhr 65—70,000 Stück; Bastarde mit Stieglitz, Zeisig, Hänfling etc.

Kanarische Inseln (im Alterth. *Insulae fortunatae*), Gruppe von 7 grösseren (Ferro, Palma, Teneriffa, Gran Canaria, Gomera, Fuerteventura, Lancerote) und 5 kleineren und unbewohnten Inseln an der Westküste von Nordafrika, 15 M. vom Kap Bojador, den Spaniern gehörig (besondere Prov.), 132 QM. mit 237,036 Ew.; vulkanischer Bildung mit hohen Berggipfeln (Pic de Teyde 11,430‘) und mildem und gesundem Klima; sehr fruchtbar: Südfrüchte, Wein (Kanariensekt), Orseille, Tabak, Seide, auch Cochenille. Heimat des Kanarienvogels. Die Bewohner von span., normann. und flandr. Abkunft, aber mit dem Blut von Guanchen (den berber. Ureinwohnern) und Negern vermischt. 1402 von dem Normannen Béthencourt in Besitz genommen, 1424 an Portugal abgetreten, 1478 spanisch. [stube.

Kanzellariät, Kanzlerwürde; Kanzleikanzlei (lat.), vergitterte Schranke der Gerichtsstuben, des Kirchenchors etc.; *kanzelliren,* eingittern; Geschriebenes mit gitterförmig sich durchkreuzenden Linien durchstreichen, ‚Zeichen der Ungültigkeit.

Kandahar, Stadt in Afghanistan, an den Zuflüssen des Hilmend, 25,000 Ew., für Handel und Fabriken der wichtigste Platz des Landes. Bis 1855 Hauptstadt eines selb. Kandäre, s. Zaum. [ständigen Khanats.

Kandel, Berg im Schwarzwald, bei Waldkirch, 3827‘ h. [armiger Leuchter.

Kandeläber (lat.), hoher, gewöhnl. mehr-

Kander, Fluss im Kant. Bern, kommt vom Tschingelgletscher, bildet das prächtige *Kanderthal* (mit dem Ort *Kandersteg*), mündet in den Thunersee, 8 M. lang.

Kandern, Stadt im bad. Kr. Freiburg, 1450 Ew. 20. April 1848 *Gefecht* zwischen den Freischaaren Heckers und hess.-würtemberg. Truppen unter Fr. v. Gagern, welcher fiel.

Kandesch (*Candeish*), Landsch. in der brit.-ostind. Präsid. Bombay, im N. von Ellora, 508 QM.; von Mahratten bewohnt.

Kandia (neugr. *Kriti,* türk. *Kirid,* das *Kreta* der Alten), türk. Insel im Mittelmeere, südl. dem ägäischen Meere vorgelagert, 36 M. l., bis 10 M. br., 155 QM. mit 210,000

Bewohnern (*Kandioten*, ⅔ Griechen, darunter die freiheitliebenden Sphakioten im SW.); gebirgig (in der Mitte der Ida, 7200' h., westl. das Sphakla-, östl. das Lassitigebirge), nur zur Hälfte bebaut, reich an Olivenwäldern, Wein, Baumwolle, Ladanumsträuchern, Seide; Klima überaus mild und gesund. Gewerbfleiss und Handel liegen darnieder. Haupthafen- und Handelsplatz Kanea. — In der ältesten Zeit war auf dem „hundertstädtigen" Kreta das Königr. des weisen Minos (s. d.), die bedeutendsten Städte Cydonia (Kanea), Cnossus, Gortyna. Seit 67 v. Chr. röm., dann nach einander unter griech., arab. (823), nochmals griech. (961), genues., venetian. Herrschaft; seit 1668 türkisch. Im Jahre 1858, bes. aber 1866—67 erbitterter Unabhängigkeitskampf der Griechen auf K. mit der Tendenz des Anschlusses der Insel an Griechenland. Die Türkei erreichte die Pacifikation nur durch Zugeständnisse bedeutender Reformen und Vergünstigungen. Vgl. *Raulin*, „Descript. phys. de l'île de Crète", 1861, 2 Bde.; *Alexanian*, ,La Turquie et la Crète', 1867. — Die *Stadt* K., auf der Nordküste, vormals 15,000 Ew.; 1866 zum grossen Theil zerstört.

Kandidāt (lat.), in Rom Bewerber um ein öffentl. Amt (von der weissen Toga, die ein solcher zu tragen pflegte); Einer, der durch eine Prüfung seine Befähigung zu Bekleidung eines Amtes (bes. eines Predigt- oder Lehramts) dargethan hat. *Kandidiren*, als K. auftreten. *Kandidatur*, Bewerbung um ein Amt.

Kandiot, Bewohner von Kandia. (ein Amt.

Kandiren, eingemachte Früchte, Gewürze, Wurzeln etc. mit Zucker überziehen.

Kandis, s. *Zucker*. [Hauptst. der Insel.

Kandy, Stadt im Innern von Ceylon, ehed.

Kane (spr. Kehn), *Elisha Kent*, nordamer. Reisender, geb. 3. Febr. 1822 in Philadelphia, begleitete 1844 als Arzt die erste amerikan. Gesandtschaft nach China, besuchte die Philippinen, Indien und den Archipel, durchwanderte dann Aegypten, Nubien und Griechenland, kehrte 1846 nach Amerika zurück; nahm 1850—52 an der von Grinnell ausgerüsteten arktischen Expedition Theil und leitete 1853—55 selbst eine Nordpolexpedition, auf der er 82° 30' n. Br. und das offene Polarmeer erreichte; † 16. Febr. 1857 zu Havana. Schr. ,The United States Grinnell-expedition' (1854); ,Second expedition' (1856); ,Arctic explorations' (2. Aufl. 1868 deutsch 2. Aufl. 1869). Biogr. von *Elder* (1858).

Kanea (*Hanie*, das alte *Cydonia*), Hafenst. auf der Nordküste von Kandia, 12,000 Ew.

Kaneel, die aufgerollte Rinde exotischer Kaneelbaum, s. *Canella*. [Gewürzpflanzen.

Kanem, Landsch. im mittlern Sudan, im N. des Tschadsees, von den *Kanembu* bewohnt; früher selbständiges Reich, jetzt von Bornu, Wadaï und den Tebu abhängig.

Kanephōren (gr.), Korbträgerinnen; auch s. v. a. Karyatiden.

Kanesciren (lat.), ergrauen.

Kanevas, derbe Haufleinwand, Segeltuch; mit starkem Glanz appretirte Futterleinwand; dichter Baumwollstoff mit Streifen und kleinen Mustern; offene gegitterte

Gewebe als Grund zu Stickereien (Stramin); auch s. v. a. Kandidatur, s. *Kandidat*.

Kaninchen (*Lampert*, Lepus caniculus *L.*), Säugethierart der Gattung Hase, 15" l., lebt in selbstgegrabenem Bau, in Europa, Asien, Afrika, Neuseeland; Wildpret. Varietät: Hauskaninchen, bes. in England, Belgien, Polen, Frankreich gezüchtet (Bastarde mit dem Hasen: Leporiden), liefern Pelzwerk (jährl. 5 Mill. Stück), Haare (von mehr als 70 Mill. Stück), geniessbares Fleisch. *Seidenhase, angorisches* K. (L. c. angorensis *L.*), aus Angora, wegen der feinen Haare gezüchtet. Vgl. *Espanet* (4. Aufl. 1866), *Ravageaux* (6. Aufl. 1866).

Kankan (fr. *cancan*, spr. Kangkang), Geschwatz; wilder Frauz. Tanz mit unzüchtigen Touren; eine Ausartung der Quadrille.

Kanne, s. *Flüssigkeitsmass*; im neuen deutschen Gemässsystem s. v. a. Liter.

Kannelkohle, s. *Steinkohle*.

Kannenbäckerland, im Volksmund Landstrich am westl. Abhange des Westerwaldes, westl. von Montabaur, mit mächtigen Thonlagern, wo jährl. Millionen von Mineralwasserkrügen gebrannt werden.

Kannibale (span.), eigentl. Bewohner der karaïb. Inseln; dann s. v. a. Menschenfresser, roher, grausamer Mensch. *Kannibalismus*, Menschenfresserei, kannibal. Wesen.

Kannstadt, Stadt im würtemb. Neckarkreise, am Neckar, 8611 Ew.; orthopäd. Institut, Baumwollspinnerei und Weberei, bed. Speditionshandel. Mineralquellen.

Kano, Landsch. im mittleren Sudan, jetzt Prov. von Sokoto, sehr fruchtbar, ca. 600,000 Ew. (über die Hälfte Sklaven). Von *H. Barth* besucht und ausführlich beschrieben. Die *Hauptst.* K., Resid. des Sultans, 30,000 Ew. Rege Industrie (Indigofärberei, Baumwoll- und Lederwaaren) und lebhafter Handel.

Kanodsche (*Canoje*), Stadt in der brit.-ind. Prov. Agra, ehedem Hauptst. eines mächtigen Reichs, 16,000 Ew.

Kanoe (*Canot*, spr. -nöh), Baumkahn.

Känon (gr.), Richtschnur, Massstab; Verzeichniss als mustergültig anerkannter, klassischer Schriftsteller, insbes. der von der Kirche als inspirirt anerkannten biblischen Bücher, der *kanonischen* im Gegensatz zu den Apokryphen, daher *Kanonicität*, anerkannte göttl. Eingebung und normative Autorität bibl. Bücher; kirchl. Vorschrift, päpstl. Verordnung, Koncilienbeschluss, deren Gesammtheit das *kanon. Recht* bildet; Verzeichniss der Heiligen, daher *Kanonisation*, Heiligsprechung, der feierl. Akt, durch welchen der Papst einen Verstorbenen unter die Zahl der Heiligen aufnimmt; Gebetsformel bei der kathol. Messe; Erb- oder Grundzins. In der Musik mehrstimmiges Tonstück, worin eine Stimme nach der andern eintritt, die Melodie der ersten auf derselben oder auf einer andern Tonstufe wiederholend; auch Tonsatz, worin eine Stimme nach der andern eine Melodie aufnimmt, von den andern durch passende Melodien begleitet, bis die erste die Hauptmelodie wiederbringt. *Kanonisch*, einer Regel oder Vorschrift entsprechend; *kano-*

sixtes Alter, das zu Uebernahme eines kirchl. Amts vorgeschriebene Alter. Kanonist, Kenner oder Lehrer des kanon. Rechts.

Kanonade, Artilleriefeuer.

Kanone, grobes Geschütz aus Guss-, Schmiedeeisen, Gussstahl, Bronze, dessen Kaliber nach dem Durchmesser der Bohrung (Seele) oder nach dem Gewicht eiserner Vollkugein bestimmt wird. Die glatten Vorderlader sind jetzt meist durch gezogene K.n, in Deutschland durch gezogene Hinterlader ersetzt worden. Die K. der preuss. Feldartillerie ist der 4- und 6-Pfünder von Gussstahl. Ersterer hat 6 Ctr. Rohrgewicht, 3" Seelendurchmesser, schiesst 8½pfünd. Granaten, Treffweite 5000 Schritt, bei stärkerer Elevation viel weiter. Der 6-Pfünder wiegt 8½ Ctr. und schiesst 13½pfünd. Granaten. Die Festungsartillerie hat 6-, 12-, lange und kurze 24-Pfünder. Der lange 24-Pfünder schiesst mit 6 Pfd. Ladung 54½pfünd. Granaten auf fast 1 Meile. Frankreich hatte bisher gezog. Vorderlader (System la Hitte), Oesterreich sehr ähnliche, England Armstrong- und Whitworthkanonen, Russland gezogene Hinterlader. Die Araber hatten 1151 K.n vor Alicante. In Deutschland waren K.n bis zum 16. Jahrh. selten. Die ersten praktisch benutzten gezogenen K.n waren die frans. 1859; die grösste K. das Rodmangeschütz in Amerika mit 1 Ctr. Ladung und 10 Ctr. schwerer Kugel.

Kanonenboot, kleines flachgehendes Fahrzeug mit 1—2, auch wohl 3 und 4 Geschützen schweren Kalibers, auf Flüssen und auf dem Meere; jetzt meist gepanzertes Dampfschiff; bes. zur Küstenvertheidigung.

Kanonenschlag, Röhre von Papier oder Pappe, mit ¼—1 Pfd. Pulver gefüllt und stark mit Bindfaden umwickelt, wird durch eingelegte Zündschnur entzündet und dient als Signal bei Feuerwerken.

Kanonier, der gemeine Artillerist.

Kanonik (lat.), die auf die Verhältnisszahlen in den Schwingungen der Töne begründete Lehre der Tonkunst; in der Schule Epikurs s. v. a. Logik.

Kanoniker (Canonici), Kapitularen, Domstiftsherren. Kanonissin, Besitzerin einer Präbende an einer Stiftskirche, Stiftsdame.

Kanori, die ursprünglichen Bewohner von Bornu (Afrika), nach Barth 3—4 Mill.

Kansas (spr. Känsäs), nordamerik. Freistaat, im NW., 3825 QM. und (1870) 379,497 Ew. (ca. 8000 Indianer); vom Flusse K. (52 M. L., Nebenfluss des Missouri) und Arkansas bewässert, fruchtbar, noch wenig angebaut; im N. von der Pacificbahn durchzogen. Im Kongress durch 1 Repräsentanten vertreten. Hauptstadt Shawnee. Früher Theil des Ter. Louisiana, 1854 als Territorium organisirt, darauf heftige Kämpfe zwischen der Sklavereipartei und den Abolitionisten; seit 1861 Unionsstaat. [rika], 32,260 Ew.

Kansas-City, Stadt in Kansas (Nordamerika), Prov. im nordwestl. China, 4070 QM. und 19½ Mill. Ew. Hauptst. Lan-tschin.

Kant, Immanuel, ber. Philosoph, geb. 22. April 1724 zu Königsberg (Preussen), habilitirte sich 1755 als Docent das., ward 1770

Professor der Logik und Metaphysik; † 12. Febr. 1804. Hauptwerke: ,Kritik der reinen Vernunft' (1781); ,Kritik der prakt. Vernunft' (1788); ,Kritik der Urtheilskraft' (1790); ,Die Religion innerhalb der Grenzen der blossen Vernunft' (1793); ,Anthropologie in pragmat. Hinsicht' (1798). K.s Philosophie heisst die kritische (Kriticismus), indem er zuerst das Nothwendige und Allgemeingültige in unserer Erkenntniss im Gegensatze zu dem bloss Empirischen, Ausserwesentlichen und Zufälligen vermittelst scharfsinniger Zergliederung des Erkenntnissvermögens zu erforschen suchte. Erkenntniss nicht der Dinge an sich, sondern nur ihrer Erscheinung nach. Unmöglichkeit transscendentaler Erkenntniss. Gott, Freiheit, Unsterblichkeit Postulate der prakt. Vernunft. Kategorischer Imperativ des Sittengesetzes. Werke herausg. von Hartenstein (neue Ausg. 1867—69, 8 Bde.), Rosenkranz und Schubert (1838—40, 12 Bde.), Kirchmann (1869 f.). Vgl. Fischer (1860).

Kantabrien, alte span. Landschaft, die Nordküste bis zu den Pyrenäen (die heutigen bask. Provinzen) umfassend; bewohnt von den Kantabrern, die von Augustus im kantabr. Kriege (25—19 v. Chr.) unterworfen wurden (ihre Nachkommen die Basken). — Kantabrisches Gebirge, Bezeichnung des Küstengebirgs von Nordspanien, das sich vom Westende der Pyrenäen in ostwestl. Richtung bis an den Fluss Navia in Asturien erstreckt, in den Peñas de Europa 7104—8034' hoch, reich an Eisen und Steinkohlen.

Kantar (Cantaro), Handelsgewicht in Aegypten, der reine = 43½, in Alexandria = 44, in Kairo = 45 Oka (s. d.).

Kantäte (lat.), für die Komposition bestimmtes, aus Arien, Chören, Recitativen etc. bestehendes Gedicht (z. B. Goethes ,Walpurkantele, die Leier der Finnen. [gisnacht').

Kanten, s. v. a. Spitzen.

Kantharide (Pflasterkäfer, spanische Fliege, Lytta vesicatoria Fabr.), Käfer, 6—10''' l., in Frankreich, Italien, Spanien, an der Moldau, in der Walachei, in Russland, enthalten, wenn sie angewachsen sind, hinausziehendes Kantharidin (farb- und geruchlos, in heissem Alkohol, Aether und Oel löslich) und dienen zur Darstellung von Kantharidenpflaster, Salbe, Tinktur etc.

Kantharidenpflaster (Blasenpflaster), eine Wachsmischung mit gepulverten Kanthariden, zieht auf der Haut in 6—12 Std. eine Blase; immerwährendes K., Harzmischung mit Kantharidenpulver, und drововsches Pflaster, Harzlösung mit Kantharidentinktur auf Taffet gestrichen, wirken im Allgemeinen nur reizend und ziehen nur auf sehr empfindlicher Haut Blasen.

Kantilen (Bouillon), schraubenartig zu einem Röhrchen aufgewundener feiner Draht, dient zum Sticken, zu Borten etc.

Kantine (fr.), Feldflasche; Flaschenfutter; Feldschenke. Kantinière, Marketenderin.

Kanton (fr. canton, spr. Kangtong), Landbezirk, in Frankreich Unterabtheilung eines Arrondissements; in der Schweiz Name der als selbständige Republiken geltenden Landschaften; auch Werbebezirk; daher *Kantonirung (cantonnement)*, Ruhestellung der Truppen, wobei dieselben in den Ortschaften eines Bezirks untergebracht sind. In der Baukunst heisst *kantoniren* an den Ecken mit Säulen oder Pfeilern verzieren.

Kanton (*Kuang-tung*), Hauptstadt der gleichnam. chines. Prov. (3734 QM. und 27⅓ Mill. Ew.), am Tschu-klang (Perlfluss), 500,000 (sonst über 1 Mill.) Ew. (viele auf kleinen Schiffen wohnend); zerfällt in die Tataren-, die Chinesenstadt und in mehrere Vorstädte mit den fremden Faktoreien. 124 Tempel (darunter der prachtvolle der fünf Genien und der Buddhistentempel). Bed. Industrie. Bis zum Bombardement von 1857 Mittelpunkt des chines. Handels mit dem Auslande. Einfuhr (1867) 7,9 Mill., Ausfuhr (bes. Seide und Thee) 10,5 Mill. Shanghai-Taels (= 7½ Frcs.).

Kantonade (fr.), der Raum der Bühne hinter den Kulissen.   [an Alpenstrassen].

Kantoniere (ital.), Zufluchtshaus (z. B.

Kantor (lat.), Sänger, Vorsänger in der Kirche.   [flochtene Peitsche, Karbatsche.

Kantschu (türk.), kurze, aus Riemen ge-

Kanüle, Rohr, meist zu chirurg. Zwecken

Kanut, s. *Knut*.   [dienend.

Kanzlei (*Cancellaria*), ursprüngl. der mit Schranken (*cancellis*) umgebene Ort, wo die öffentl. Urkunden, Gerichtsurtheile, landesherrliche Reskripte ausgefertigt wurden; später s. v. a. höheres Gericht (Justizkanzlei); jetzt gewöhnl. das Subalternpersonal, welches die gefassten Beschlüsse etc. zu mundiren hat (Kabinets-, Ministerialkanzlei etc.). *Kanzleistil*, die in öffentl. Urkunden ehemals übliche steife Schreibart.

Kanzleischrift, im Gegensatz zur Kurrentschrift grössere, regelmässige, starke deutsche Schrift mit Schnörkeln, früher in den Kanzleien allgemein üblich.

Kanzler (*Cancellarius*), im Mittelalter Hofbeamter, welchem die Ausfertigung der öffentlichen Schriften oblag: Reichssiegelbewahrer. *Erzkanzler* des deutschen Reichs war der Kurfürst von Mainz, sein Vertreter der *Vicekanzler*, der eigentliche Reichsminister. Der K. (Chancelier) von Frankreich war als Justizminister der erste Staatsbeamte. In England ist der *Lord-Kanzler* (Lord High Chancellor) der erste Staatsbeamte, Präsident und Sprecher des Oberhauses, Chef der Reichskanzlei und des damit verbundenen höchsten Gerichtshofs. Neben ihm gibt es noch einen K. des Herzogthums Lancaster und einen K. der Finanzkammer (Chancellor of the Exchequer), den Finanzminister. In Preussen errichtete Friedrich II. 1746 die Stelle eines *Grosskanzlers* und Chef der Justice, die aber später wieder einging. Der Fürst Hardenberg ward zum *Staatskanzler*, der Fürst Bismarck 1867 zum K. des norddeutschen Bundes, 1871 zum deutschen *Reichskanzler*, zu letzterer Würde in Oesterreich auch den Graf Beust ernannt.

Kanzone (*Canzona*, ital.), Lied, insbes. eine bei den Provençalen entstandene, von den Italienern (bes. von Dante u. Petrarca)

weiter ausgebildete Art lyr. Gedichte, bestehend aus einer Anzahl von Strophen (gewöhnlich 5—10) mit festgesetzter Reimstellung. *Kanzonette*, kleine K.

Kaolin, s. v. a. Porzellanerde.

Kap (engl. *cape*, ital. *capo*, span. *cabo*), Vorgebirge, vorzugsweise das Vorgebirge der guten Hoffnung (Südspitze Afrikas).

Kapabel (lat.), fähig, im Stande.

Kapazität (lat.), Fähigkeit, etwas in sich aufzunehmen; geistige Fassungskraft; auch befähigter, tüchtiger Kopf.

Kapaun, kastrirter Haushahn.

Kapella, Gebirgszug im kroat. Küstenland, zwischen den Flüssen Kulpa u. Unna, zerfällt in den nördl. *grossen* (bis 5000' h.) und den südl. *kleinen* K.

Kapelle (v. span. *capa*, d. i. Decke, Gehäuse für Reliquien), kleine Kirche, Hauskirche eines Fürsten etc.; in kathol. Kirchen abgesonderter Platz zum Messelesen; in protest. Kirchen abgeschlossener Kirchenstuhl (Familienkapelle); Gesammtheit der von einem Fürsten etc. unterhaltenen, unter Leitung eines *Kapellmeisters* stehenden Musiker; s. v. a. Kapelle.

Kaper, Schiff, welches in Kriegszeiten von Privaten ausgerüstet wird, um Schiffe wegzunehmen, welche Eigenthum feindlicher Unterthanen sind. Die dazu nöthige Autorisation wird von der Admiralität des betreffenden Landes mittelst des *Kaperbriefs* gegeben. Kaperei ohne einen solchen wird als Seeräuberei betrachtet und bestraft. Die pariser Deklaration von 1856 suchte die Privatkaperei zu barbar. Unsitte abzuschaffen, ward aber nicht von allen Seemächten angenommen.

Kapernaum (a. G.), Stadt in Palästina, am See Genezareth, Lieblingsort Jesu.

Kapernstrauch, s. *Capparis*.

Kapidschi, am türk. Hofe Thorwärter im Serail; K.-Baschi, deren 12 erste Offiziere.

Kapillargefässe (*Haargefässe*), die feinsten, nur mit dem Mikroskop sichtbaren Auszweigungen der Blutgefässe, zwischen Arterien und Venen liegend, vermitteln den Austausch des Blutes mit den Geweben, in denen sie theils als feine Maschen, theils als Schlingen verlaufen. Da sie sehr dünnwandig sind, gestatten sie leicht den Austritt von Blutbestandtheilen und den Eintritt von Stoffen ins Blut.

Kapillarität (*Haarröhrchenanziehung*), Molekularwirkung zwischen festen u. flüssigen Körpern und zwischen den einzelnen Theilen der Flüssigkeiten selbst. Flüssigkeiten, welche die Wände eingetauchter Haarröhrchen benetzen, stehen in letzteren höher als ausserhalb (*Kapillarascension*) und enden mit konkaver Oberfläche; nicht benetzende Flüssigkeiten (z. B. Quecksilber in Glas) stehen tiefer (*Kapillardepression*) und enden mit konvexem Meniscus. Die K. bedingt das Aufsteigen der Feuchtigkeit im Boden, des Oels im Docht etc. Sie ist für Röhrchen aus demselben Stoff bei verschiedenen Flüssigkeiten ungleich gross und um so bedeutender, je enger die Röhrchen

Kapiren (lat.), fassen, begreifen.   [sind.

Kapistration (lat.), Vorhautverengerung.

Kapitäl (*Knauf*), der oberste verzierte Theil der Säule, bestehend aus dem Hals, dem Kern und der Deckplatte; charakteristisch für die Stilverschiedenheiten. Vgl. die Tafel *Säulenordnungen*.

Kapitän (fr., *ital.* capitano, span. *capitan*), Befehlshaber eines Schiffs, dem Rang nach verschieden: K. eines Linienschiffs mit Obersten-, einer Fregatte mit Oberstlieutenants-, einer Korvette mit Majorsrang; in der deutschen und österr. Armee s. v. a. Hauptmann. *Capitaine d'armes*, der Unteroffizier, welcher die Aufsicht über Waffen und Montirung der Kompagnie hat.

Kapital, zinstragend angelegte Summe Geldes; im volkswirthschaftl. Sinne alle diejenigen Güter, welche dazu beitragen, dass das Volksvermögen anwächst, in der Privatwirthschaft dasjenige bewegliche Vermögen, mittelst dessen neue Güter erworben werden. Ausser dem Gelde als dem wichtigsten Tauschmittel gehören zum K. die bei der gewerblichen Thätigkeit zu verarbeitenden Stoffe (Rohstoffe), die bei der Produktion und zum Behufe derselben gebrauchten Hülfsstoffe (Maschinen, Werkzeuge, Geräthe, Gebäude, Werkstätten, Nutz- und Arbeitsthiere etc.). *Betriebs-* oder *umlaufendes* K. ist ein solches, welches zum Zweck kontinuirlicher Gütererzeugung in steter Umwandlung und Erneuerung begriffen ist, im Gegensatz zum *Anlage-* oder *stehenden* K., welches als Grundlage der Produktion stets vorhanden sein muss. *Gründungskapital*, das zu Errichtung eines Geschäfts und zu seinem Betriebe erforderliche Geldkapital, welches theils als Anlage-, theils als Betriebskapital zur Verwendung kommt. *Kapitalgewinn* oder *Kapitalrente*, das Plus, welches ein produktiv angelegtes K. seinem Eigenthümer in einem gewissen Zeitraum bringt. *Kapitalzins*, eine bestimmte Summe als Kapitalrente. *Kapitalist*, Kapitalbesitzer. *Kapitalisiren*, Einkünfte in ein entsprechendes K. verwandeln.

Kapitale (lat.), Hauptstadt eines Landes; im Festungsbau die einen anspringenden Winkel halbirende Linie. [als 12 Enden.

Kapitalhirsch, starker Hirsch mit mehr

Kapitel (lat. capitulum, d. i. Köpfchen), Hauptinhalt, kurzer Inbegriff einer Schrift; dann Abtheilung einer solchen, bes. der bibl. Bücher und altklass. Schriften; in der christl. Kirche die Gesammtheit der zu einem Kloster oder Stift (bischöfl. oder Domkapitel) gehörigen Geistlichen; auch Versammlung eines geistl. oder weltl. Ordens. *Kapitular*, Mitglied eines Domkapitels.

Kapitol, s. *Rom*.

Kapitularien (lat.), die von den fränk. Königen seit Karl Martell erlassenen Verordnungen, herausg. von *Pertz*, "Monum. Germ. hist." (Bd. 1 und 2).

Kapitulation (lat.), Uebereinkommen; Vertrag, laut dessen ein Befehlshaber seine Corps oder seine Festung dem Feinde übergibt; letzteres ist „mit Ehren" zulässig, wenn der Belagerer eine gangbare Bresche geschossen hat; Vertrag, durch den sich

ein Soldat zu freiwilliger Verlängerung seiner Dienstzeit versteht. *Wahlkapitulation*, Vertrag bei der Wahl der Bischöfe, auch der deutschen Kaiser seit 1519.

Kaplaken (holl.), Prim- oder Prämiengeld, dem Schiffskapitän ausser der Fracht gezahltes Geld, ursprüngl. freiwilliges Geschenk, dann gesetzlich bestimmt.

Kaplan (*Kapellan*), einer Kapelle vorgesetzter und den Gottesdienst in derselben leitender Geistlicher; Hülfsgeistlicher.

Kapland (*Kapkolonie*), brit. Kolonie, die Südspitze Afrikas umfassend, seit 1868 9690 QM. mit ca. 680,000 Ew. Stufenförmig in 3 Terrassen ansteigend (s. *Afrika*), vom Garip (Grenzfluss im N.), dem Nu-Garip, Fischfluss etc. bewässert, von herrl. Klima, reich an Produkten: Getreide, Hülsenfrüchte, Kartoffeln, Orangen, Obst, ber. Weine, Vieh (bes. Schafe, ca. 10 Mill., die den wichtigsten Exportartikel, Wolle, liefern); ferner Kohlen, Salz, neuerdings auch ausgedehnte Goldlager. Die Ew. bestehen aus Kaffern, Hottentotten, Betschuanen etc. und ca. 200,000 Europäern: Engländer, Franzosen (Weinbauer), Holländer (Ackerbauer u. Viehzüchter), Deutsche, ausserdem Chinesen, Neger, Malayen, Indier etc. Die Kapkolonie polit. und kommerciell für England sehr wichtig, als das Mittelglied seiner Seeherrschaft, seines Welthandels, seines Walfischfangs etc., als Kornkammer für die Marine und die nächsten Kolonien, Erfrischungsstation für die Ostindienfahrer etc. Zahlr. protestant. Missionsgesellschaften. Hauptstadt Kapstadt. — Zuerst von den Holländern kolonisirt und in Besitz genommen, 1806 an England abgetreten. 1836 Auswanderung der Boers (s. d.). 1866 wurde Britisch-Kaffraria, 1868 ein Theil des Basantolandes mit der Kolonie Kapodaster, s. *Capo tasto*. [vereinigt.

Kapodistria, *Joh. Ant.*, *Graf*, Präsident Griechenlands 1827—31, geb. 1776 zu Korfu, ward 1800 Mitglied der Regierung der jon. Inseln, 1802—7 Minister des Innern, dann des Auswärtigen das., 1809 im Departement der auswärtigen Angelegenheiten in Petersburg angestellt, 1816 zum Minister des Auswärtigen ernannt. 1822 aus dem russ. Staatsdienst entlassen, unterstützte er die Sache der Griechen eifrig, ward Mai 1827 zum Präsidenten des griech. Staats ersunnt und trat 24. Jan. 1828 die Regierung das. an; erregte durch freiheitsfeindliche Handhabung der Gewalt Unzufriedenheit, ward 9. Okt. 1831 von den Brüdern Konstantin und Georg Mauromichalis ermordet. Vgl. *Mendelssohn-Bartholdy* (1864). Sein Bruder *Augustin K.*, geb. 1778, sein Nachfolger als Präsident, machtlos und schwach, trat 10. April 1832 zurück; † Mai 1857 zu Korfu.

Kapolna, Dorf im ungar. Kom. Heves, an der Torna; 26. und 27. Febr. 1849 *Sieg* der Oesterreicher über die Ungarn.

Kaponnière (fr.), bombenfeste Hütte in einer im todten Winkel liegenden Strecke, aus welcher die Befestigungswerke durch Geschütz bestrichen werden können.

Kappadocien (a. G.), Landschaft im westl. Asien, zur Zeit der Perserherrschaft alle

Länder zwischen dem Euphrat und Halys umfassend und in *Gross-K.* (das eigentl. K.) und *Klein-K.* (Pontus) zerfallend.

Kappel, Dorf im Kant. Zürich, 750 Ew.; 11. Okt. 1531 *Sieg* der Kathol. über die Züricher. Denkmal Zwinglis, der in der Schlacht fiel.

Kappen (*Gewölbekappen*), s. *Gewölbe.*

Kappzaum, Nasenband für Pferde zur Gewöhnung an gerades Tragen des Halses.

Kaprifikation (lat.), künstliche Befruchtung weiblicher Feigenbäume mittelst Feigengallwespen.   [nusse.

Kapriole (ital.), Bocks-, Luftsprung; Grikapsel

Kapsel (lat. *capsula*), in der Botanik aufspringende Frucht mit lederartiger oder holziger Schale, mit mehreren oder vielen Samen, ein- oder mehrfächerig.

Kapstadt (engl. *Cape Town*), stark befest. Hauptstadt des Kaplandes, an der Tafelbai, 25,000 Ew. (6000 Malayen) Sitz des Gouverneurs, engl. und röm. Bischofs. Sternwarte, Collego, bedeut. öffentl. Bibliothek, botan. Garten, Museum. Hauptwaffenplatz der Engländer und Hauptstation für den Verkehr zwischen Europa und Ostindien.

Kaptation und **kaptatorisch,** s. *Captatio.*

Kaption (lat.), das Fangen; verfängl. Art zu fragen; Trugschluss; *kaptiös,* verfänglich.

Kaptivation (lat.), Gefangennehmung.

Kaptur (lat.), Verhaftung.

Kapûdan-Pascha, der oberste Befehlshaber der türk. Seemacht, zugl. Gouverneur der türk. Inseln im Archipel, Mitglied des Divans.   [Strafpredigt im Volkstone.

Kapuziner, s. *Franciskaner. Kapuzinâde,*

Kapuzinerkraut, s.v.a. Nigelia damascena.

Kapuzinerkresse, s.v.a. Tropaeolum majus.

Kapuzinerpulver, Pulver aus Sabadill, Nieswurz etc. Mittel gegen Kopfläuse.

Kapweine, Weine vom Kap der guten Hoffnung, von sehr ungleicher Beschaffenheit, der beste von den 3 Gütern *Constantia,* rothe und weisse Liqueurweine 1. Klasse, dann der Rota, Witteboom, Pearl.

Karabiner, Schiesswaffe der Dragoner und Husaren, zwischen Pistol und Gewehr stehend, 32—35'' lang, Hinterlader.

Karaffe (fr.), weisse, geschliffene Glasflasche mit Glasstöpsel; *Karaffine,* kleine K.

Karagan, s. *Fuchs.*

Karagasen, kleine Völkerschaft in Ostsibirien, im Quellgebiet des Jenisei wohnhaft, wahrscheinl. samojedischen Stammes.

Kara Georgewitsch, s. *Czerny, Georg.*

Karahissar, Stadt, s. *Afium-Karahissar.*

Karaiben, Indianervolk, vor Ankunft der Europäer in zahlr. Stämmen über die kleinen Antillen (daher *karaibische Inseln* gen.) und den ganzen N. Südamerikas verbreitet, jetzt nur noch in Guiana die Hauptbevölkerung bildend, sonst ausgestorben.

Karaibisches Meer (*Antillenmeer*), Theil des atlant. Oceans, zwischen den Antillen und der Küste von Central- und Südamerika.

Karajan, *Theodor Georg von,* Gelehrter, geb. 22. Jan. 1810 zu Wien, seit 1851 Vicepräsident der Akademie daselbst. Verdient durch Herausgabe älterer deutscher Literaturwerke, z. B. M. Behaims ,Buch von den Wienern' (1843), ,Seifried Helbling' (1844),

,Deutsche Sprachdenkmale des 12. Jahrb.' (1846) etc.; schr. ,Ueber Heinrich den Teichner' (1855), ,Jos. Haydn in London 1791 und 1792' (1861), ,Abraham a S. Clara' (1867) u. A.

Karak, Insel, s. *Kerak.*

Karakal, s. *Luchs.*

Karakalpaken, türk.-truchmen. Volksstamm in Asien, am Aralsee und am Syr, zum Theil den Russen unterworfen, Halbnomaden.

Karake (span.), grosse Galeone, mehrere Stockwerke hoch.   [westl. Himalaya (s. d.).

Karakôrum (*Mustagh*), Kette des nord-

Karamanien (*Karaman-Ili*), 1) türk. Ejalet in Kleinasien, das südöstl. Viertel der Halbinsel umfassend, 1800 QM. Die Stadt *Karaman* (das alte *Laranda*), nördl. am Taurus, 8000 Ew.; — 2) pers. Prov., s. *Kerman.*

Karâmel, bittere braune Masse, welche sich neben Assamar bei starkem Erhitzen des Rohzuckers bildet, dient zum Farben von Liqueuren etc. (daher *Zuckercouleur*).

Karasu (d. i. Schwarzwasser), 1) der alte *Nestus,* Fluss im östl. Macedonien, mündet ins ägäische Meer; — 2) s. v. a. Struma.

Karasu-Basar, Stadt im südruss. Gouv. Taurien, am Fl. Karasu, 14,026 Ew. Saffianund Lederfabriken.   [wichtengewicht.

Karât, s. *Goldlegirungen, Goldgewicht, Ju-*

Karatschew, Stadt im grossruss. Gouv. Orel, an der Snesheta, 10,524 Ew.

Karatschi (engl. *Currachee*), befest. Stadt in der brit.-ostind. Präsid. Bombay, am Meer, nahe der Grenze von Beludschistan, 80,000 Ew.; mächtig aufblühender Hafenort, der den Handel mit Centralasien fast ganz in Händen hat. Eisenbahn nach Hyderabad, Telegraph über Beludschistan, Persien etc.

Karausche, s. *Karpfen.*   [nach Europa.

Karawänen (vom pers. *Kârwân,* d. i. Handelsreisender), die grossen Reisegesellschaften in Afrika, Mittel- und Vorderasien, die ausser Handelsgeschäften auch Pilgerfahrten zum Zwecke haben. *Karwan-Baschi,* Oberbefehlshaber einer Handelskarawane.

Karawanken, Zweig der krainer Alpen, 14 M. l., kahle, wild zerrissene Kalksteinkette, östl. vom Terglou, zwischen Drau und Sau, höchster Gipfel der *Stou l'rch,* 7064'.

Karawanserais, d. h. Karawanenhäuser, im Orient die in Städten und an den Landstrassen angelegten grossen öffentlichen Gebäude zum Obdach für die Reisenden.

Karbolsäure, s. *Phenylsäure.*

Karbon, s. *Diamant.*

Karbunkel (*Karfunkel, Braadschwör, fliegender Brand, Carbunculus, Anthrax*), umschriebene Hautentzündung von bedeutender Ausdehnung, namentl. im Nacken älterer Leute; sehr schmerzhaft, oft von hohem Fieber begleitet und dadurch gefährlich. Erfordert frühzeitige Behandlung durch Umschläge, Einschnitt etc.

Karcer (lat. carcer), Gefängniss, namentl. bei Schulen und Universitäten. *Karceration,*

Kardätsche, s. *Krempel.*   [Einkerkerung.

Kardamömen (*Kardamum*), Früchte von Amomum Cardamomum *Dec.* (Elettaria Card. *White*), malabar. oder kl. K. und Elettaria major *Smith,* Ceylon-K., dreikantige Kapseln mit kl. aromat. Samen, beliebtes Gewürz.

Karde und Kardendistel, s. *Dipsacus.*

Kardinal (lat.), seit Ende des 5. bis gegen das 11. Jahrh. allgem. Titel aller an einer Kirche fest angestellten Geistlichen, seit 11. Jahrh. auf das den Papst umgebende Kollegium von Bischöfen, Presbytern und Diakonen beschränkt. Demselben ward von Nikolaus II. 1059 die Wahl des Papstes zugewiesen, und seine Mitglieder erhielten von Innocenz IV. (1243—54) den Rang vor den Bischöfen und den rothen Hut, von Bonifacius VIII. zu Anfang des 14. Jahrh. den Fürstenmantel, von Paul II. 1464 den weissen Zelter mit rother Decke und goldnen Zügeln, von Urban VIII. 1630 den Titel Eminenz. Die Kardinäle bilden mit dem Papste das heilige Kollegium und zerfallen in 7 Kardinalbischöfe (von Ostia, Porto, Sabina, Palestrina, Frascati und Albano), 40 Kardinalpresbyter und 14 Kardinaldiakonen. Sie stehen dem Papste in wichtigen Angelegenheiten berathend zur Seite. Kleidung: Chorrock mit kurzem Purpurmantel und rother (in der Advents- und Fastenzeit violetter) Hut mit 2 seidenen herabhängenden Schnuren mit Quasten.

Kardinal, Vogel, s. *Kernbeisser.*

Kardobenediktenkraut (*Heildistel,* Cnicus *L.*), Pflanzengattung der Kompositen. *Bitterdistel, Bernhardinerkraut* (C. benedictus *Gärtner*), in Vorderasien, Südeuropa, officinell.

Kardöl, braune, ölige Flüssigkeit aus den Früchten von Anacardium occidentale, unlöslich in Wasser, löslich in Alkohol und Aether, wirkt höchst energisch Blasen ziehend und wird in der Medicin und zur Bereitung unauslöschlicher Dinte benutzt.

Karelien, der südöstl. Theil von Finnland, westl. und nördl. am Ladoga, seit 1721 und 1743 russisch. Die *Karelen* (Karelier) einer der beiden Hauptstämme der eigentl. Finnen.

Karfunkel, bei den Alten der rothe edle Granat, jetzt Rubin; im Mittelalter ein fabelhafter rother, unsichtbar machender Stein; in der Medicin s. v. a. Karbunkel.

Karien (a. G.), Landsch. im südwestl. Kleinasien, gehörte zum pers. Reiche. Die *Karier* wegen Treulosigkeit verrufen.

Karikal, franz. Besitzung an der Ostküste Vorderindiens, im Mündungsgebiet des Kavery, 3 QM. und 52,613 Ew.

Karikatur (*Karrikatur*), Zerrbild, bes. künstlerisches Spottbild, meist gegen eine bestimmte Person gerichtet.

Kariös (lat.), mit Knochenfrass behaftet.

Karisches Meer, Theil des nördl. Eismeeres, zwischen Nowaja Semlja und dem Festland, von der Insel Waigatsch durch die *karische Strasse* getrennt, 200 M. l., 60—70 M. br.   [frass (Wolverene).

Karkajou, Felle des nordamerikan. Vielfrass.

Karkassendraht, Haubendraht, mit ungezwirnter Seide besponnener dünner Draht.

Karl (lat. *Carolus,* fr. und engl. *Charles*). 1) *Herrscher aus dem Geschlechte der Karolinger:* a) *K. Martell,* d. i. der Hammer, Sohn des fränk. Majordomus Pipin von Heristall, geb. um 690, ward nach dem Tode seines Vaters (714) von seiner Stiefmutter Plektrude in Köln gefangen gehal-

ten, entkam, ward von den austrasischen Franken zum Herzog erwählt, schlug die Neustrier 716 bei Stablo und 717 bei Cambray, ward dann auch von ihnen als Majordomus anerkannt und herrschte als solcher über die Franken, siegte zwischen Tours und Poitiers 732 über die Araber, trieb sie auch 738 wieder zurück und beschränkte ihre Herrschaft im N. der Pyrenäen bis zur Aude, liess seit 737 den Thron unbesetzt; † 22. Okt. 741 zu Quiercy. Vgl. *Breysig* (1869). — b) *K. der Grosse,* König der Franken, geb. 2. April 742, wahrscheinlich zu Aachen, Sohn Pipins des Kleinen und Enkel des Vor., trat nach dessen Tode 768 mit seinem Bruder Karlmann die Regierung an, ward durch des letzteren Tod und die Ausschliessung seiner Söhne vom Thron 771 Alleinherrscher über alle Franken von den Pyrenäen bis zum Niederrhein und zum Meere, in Deutschland auch über Bayern, Thüringer und Alemannen. Kriegsthaten: 772 erster Feldzug gegen die Sachsen (Eroberung der Eresburg, Zerstörung der Irmensäule). 774 erster Zug nach Italien, Eroberung von Pavia, Absetzung des Desiderius und Vereinigung des Reichs der Longobarden mit dem fränkischen. 775 zweiter Feldzug gegen die Sachsen; Zurücktreibung derselben bis zur Ocker. 776 zweiter Zug nach Italien zur Züchtigung der unruhigen Longobarden. Dritter Feldzug gegen die Sachsen; K. dringt bis Lippspringe vor. 777 Reichstag zu Paderborn; K. empfängt die Huldigung vieler Sachsen. 778 Zug nach Spanien gegen die Araber; Eroberung des Landes bis zum Ebro (span. Mark). 780 vierter Feldzug gegen die Sachsen; Erbauung von Burgen an der Elbe. 782 fünfter Feldzug gegen die Sachsen. Vernichtung eines fränk. Heeres durch die Sachsen am Süntel; Bezwingung derselben (4500 Sachsen bei Verden enthauptet). 783—785 sechster Feldzug gegen die Sachsen. Erhebung des ganzen Volks derselben unter Wittekind und Albio; Schlachten bei Detmold und an der Hase. Unterwerfung und Taufe Wittekinds und Albios. 788 Absetzung des Herzogs Thassilo von Bayern und Abschaffung der Herzogswürde daselbst. 789 Feldzug gegen die slav. Wilzen. 791—796 Krieg gegen die Avaren und Zurücktreibung derselben bis hinter die Raab (österr. Mark). 794—798 Unruhen unter den Sachsen und Feldzüge gegen sie. 803 Anschluss derselben an das Frankenreich. 811 Feldzug gegen den Dänenkönig Gottfried; Festsetzung der Eider als Grenze gegen Dänemark. 800 Krönung K.s zum röm. Kaiser. Ueber die Ausdehnung seines Reichs s. *Franken.* Innere Organisation desselben: Erhaltung der Wehrkraft des Landes durch die Ordnung des Heerbanns, Sicherung der Grenzen durch Errichtung von Markgrafschaften; Abschaffung der Herzöge, Einsetzung von Gau-, Send- und Pfalzgrafen; Reichstage. Förderung des Handels und der Gewerbe, insbes. auch der Landwirthschaft. Anlegung von Ortschaften und Klöstern; Bauten in Aachen und Ingelheim; Donaumainkanal (793). Einrichtung von Schulen bei den Kathedralen und Klöstern; Gesellschaft von Gelehrten. K. d. Gr. † 28. Jan. 814. Von seinen 3 Söhnen † die begabtesten, Pipin 810, Karl 811; den 3., Ludwig (den Frommen), krönte er 813 selbst auf dem Reichstage zu Aachen. K. ward von Papst Paschalis III. kanonisirt. Biogr. von Eginhard (s. d.); neuere von Dippold (1810), Gaillard (1819), H. v. Gagern (1815), Schröder (1852). Vgl. Abel, „Jahrb. des fränk. Reichs unter Karl d. Gr.‘, 1866 f. — c) K. II., der Kahle, Sohn Ludwigs des Frommen aus dessen 2. Ehe mit Jutta, geb. 823 (823) zu Frankfurt a/M., erhielt durch den Vertrag von Verdun (843) Frankreich, nahm Aquitanien mit Gewalt, nahm Normannen in Sold, kriegte gegen Ludwig den Deutschen, liess sich 875 vom Papst zum Kaiser krönen, ward von Ludwigs des Deutschen Söhnen 876 bei Andernach geschlagen; † 6. Okt. 877. — d) K. III., der Dicke, 3. Sohn Ludwigs des Deutschen, geb. um 832, erhielt bei der Theilung mit seinen Brüdern Karlmann u. Ludwig Alemannien und einen Theil von Lotharingen, erbte nach dem Tode jener deren Länder und erhielt 884 auch die Krone von Frankreich, ward 880 in Rom zum Kaiser gekrönt, erkaufte von den Normannen den Frieden um Gebietsüberlassung, ward 887 auf dem Reichstag zu Tribur abgesetzt; † 21. Jan. 888.

2) Deutsche Kaiser und Könige: a) K. IV., geb. 14. Mai 1316 zu Prag, Sohn des Königs Johann von Böhmen, erst Markgraf von Mähren, ward 11. Juli 1346 zu Rense von 5 Kurfürsten als Gegenkönig Ludwigs des Bayern angestellt, bewog nach dessen Tode den von der Gegenpartei zum Kaiser erhobenen Günther von Schwarzburg durch eine Geldsumme zum Rücktritt, ward dann einstimmig zum Kaiser gewählt und an Aachen gekrönt. Eifrig auf Vergrösserung seiner Hausmacht bedacht, nachgiebig und unterwürfig dem Papst gegenüber, ward er 1355 zum Kaiser gekrönt, ohne die kaiserl. Rechte in Italien geltend machen zu wollen, erliess 1356 die goldene Bulle (s. d.), zog 1368 abermals nach Italien, brachte Schlesien und die Niederlausitz durch Kauf an sich, vereinigte 1373 die Mark Brandenburg mit seinem Erblande Böhmen; † 29. Nov. 1378 zu Prag. Unter ihm wüthete 1348 eine furchtbare Pest, der schwarze Tod, in Deutschland. Vgl. Pelzel (1780—82, 2 Bde.). — b) K. V., als König von Spanien seit 1516 K. I., geb. 24. Febr. 1500 zu Gent, Sohn Philipps, Erzherzogs von Oesterreich, und Johannas, der Tochter Ferdinands des Katholischen und Isabellas, Enkel Maximilians I., ward 1519 zum deutschen Kaiser gewählt, 22. Okt. 1520 zu Aachen gekrönt, berief 1521 einen Reichstag nach Worms (Luther), hatte 1522 einen Aufstand der kastilischen Städte zu bekämpfen, führte mit Franz 1. von Frankreich [s. Franz 3) a)] 4 Kriege, ward 24. Febr. 1530 zu Bologna zum Kaiser gekrönt. Er verweigerte auf dem Reichstag zu Augsburg (1530) den protestant. Fürsten die Anerkennung ihrer

Konfession, schloss mit ihnen 1532 den Religionsfrieden von Nürnberg, eroberte 1535 Tunis (Befreiung von 20,000 Christensklaven), vernichtete 1539 die alte Konstitution der span. Cortes, unternahm 1541 eine vergebl. Expedition nach Algier, besiegte, im Bunde mit dem Herzog Moritz von Sachsen und dem Papste, die schmalkald. Verbündeten (25. April 1547) bei Mühlberg, bewilligte, von dem abgefallenen Herzog Moritz bedrängt, im Vertrag zu Passau (1552) den Protestanten Religionsfreiheit, verlor infolge des Einverständnisses Moritzens mit Heinrich II. von Frankreich die Bisthümer Metz, Toul und Verdun an diesen, versuchte ihm Metz vergeblich wieder zu entreissen. Nachdem er die Regierung der Niederlande (Okt. 1555), die von Spanien und Neapel (Jan. 1556) seinem Sohne Philipp II. übertragen und zu Gunsten seines Bruders Ferdinand die deutsche Krone niedergelegt, zog er sich in das Kloster San Yuste bei Placencia zurück; † 21. Sept. 1558 das. Vgl. Guntram (1865), Maurenbrecher (1865); über K.s Klosterleben Stirling (deutsch 2. Aufl. 1858), Gachard (1854—55) und Mignet (1854). — c) K. VI., Franz Joseph, geb. 1. Okt. 1685, 2. Sohn Kaiser Leopolds I., der Letzte des habsburg. Mannsstammes, ward 1703 als Karl III. zu Wien zum König von Spanien ernannt, nahm mit Hülfe der Katalonier Barcelona und Valencia, mit Hülfe der Engländer Madrid in Besitz, ward hier 26. Juni 1706 zum König ausgerufen. Infolge des Todes seines Bruders Joseph I. (1711) Erbe der österr. Lande und deutscher Kaiser, Dec. 1711 zu Frankfurt gekrönt, setzte er, von seinen bisherigen Verbündeten verlassen, den span. Erbfolgekrieg allein fort, behielt im Frieden von Rastadt nur die span. Nebenlande: Neapel, Mailand, Sardinien (gegen das er von Savoyen Sicilien eintauschte) und die Niederlande. Im Krieg gegen die Türken durch den Prinzen Eugen siegreich, erwarb er im Frieden von Passarowics (1718) Belgrad, das nördl. Serbien, einen Theil Bosniens, Slavoniens und der Walachei und wehrte den Angriff der Spanier auf Sicilien durch Schliessung der Quadrupelallianz mit Frankreich, England und Holland ab. Nach dem Tode seines einzigen Sohnes ernannte er 1713 auf Grund eines von ihm selbst gegebenen Hausgesetzes, der erst 1731 von den europ. Mächten ausser Frankreich anerkannten pragmat. Sanktion, seine Tochter Maria Theresia zu seiner Nachfolgerin in den gesammten österr. Ländern. Mit Frankreich über die 1733 streitig gewordene Besetzung des poln. Throns in Krieg verwickelt, verlor er die Lombardei und Lothringen an die Franzosen, Neapel und Sicilien an die Spanier. Nicht glücklicher im 1736 erneuerten Krieg gegen die Türken, verlor er im Frieden von Belgrad (18. Sept. 1739) fast alle im vorigen Krieg gemachten Eroberungen wieder; † 20. Okt. 1740. — d) K. VII., Albrecht, geb. 1697 zu Brüssel, Sohn des Kurfürsten Max Emanuel von Bayern, damal. Statt-

Karl. 889

halters in den span. Niederlanden, folgte demselben 1726 als Kurfürst von Bayern, protestirte gegen die pragmat. Sanktion Kaiser Karls VI., trat nach dessen Tod 1740 mit seinen Ansprüchen auf die österr. Länder, die sich auf seine Vermählung mit der Tochter des Kaisers Joseph I. und auf eine testamentar. Bestimmung Ferdinands I. stützten, gegen Maria Theresia hervor, schloss 18. Mai 1741 mit Frankreich und Spanien zu Nymphenburg ein Bündniss zu Zerstückelung der österr. Monarchie, rückte mit einem franz.-bayer. Heere in Oberösterreich ein, wandte sich dann nach Böhmen, nahm 27. Nov. 1741 Prag durch Ueberfall und liess sich von den böhm. Ständen 19. Dec. als König von Böhmen huldigen. Hierauf zum röm. Kaiser gewählt, ward er 1742 in Frankfurt gekrönt. Durch das österr.-ungar. Heer aus Böhmen u. Bayern vertrieben, lebte er in Frankfurt in beschränkten Umständen, kehrte 19. April 1743 nach München zurück, musste Juni d. J. wieder fliehen, rettete sich nach der Niederlage seiner Verbündeten bei Dettingen (27. Juni 1743) durch das mit Friedrich II. von Preussen 22. Mai 1744 geschlossene Bündniss, kehrte 2. Okt. 1744 nach München zurück; † 20. Jan. 1745 daselbst.

3) Könige von Grossbritannien und Irland: a) K. I., geb. 19. Nov. 1600 zu Dunfermline in Schottland, 2. Sohn Jakobs I., folgte diesem 1625 auf dem Thron, gerieth durch Bedrückung der Presbyterianer mit den Schotten und infolge seiner absolutist. Bestrebungen mit dem Parlament in Streitigkeiten, die 1642 zum Krieg führten, floh nach der Niederlage der königl. Truppen bei Naseby 15. Juni 1645 in das schott. Lager, ward Jan. 1647 an das Parlament ausgeliefert, 27. Jan. 1649 als Staatsverräther zum Tod verurtheilt und 30. Jan. zu London hingerichtet; s. Grossbritannien, Gesch. Vgl. D'Israeli, ,Commentaries etc.', 2. Aufl. 1850, 2 Bde.; Fellowes, ,Trials of Charles I etc.', 1832. — b) K. II., geb. 1630, Sohn des Vor., nahm nach der Hinrichtung seines Vaters im Haag den Königstitel an, landete 23. Juni 1650 in Schottland und ward zu Anfang 1651 zu Scone gekrönt, drang in England ein, ward 3. Sept. 1651 bei Worcester von Cromwell geschlagen und floh nach Frankreich. Durch das Parlament zurückgerufen, landete er 26. Mai 1660 zu Dover und zog 29. Mai in London ein. Das Streben des Ministeriums Cabal nach Herstellung des Katholicismus und der absoluten Monarchie und nach dessen Beseitigung K.s eigne reaktionäre Gelüste führten zu heftigen Streitigkeiten mit dem Parlament. K. † 6. Febr. 1685; s. Grossbritannien, Gesch. Vgl. Sidney, ,Diary', 1843.

4) Könige von Frankreich: a) K. I., s. v. a. Karl d. Gr., s. Karl 1) b). — b) K. II., s. v. a. Karl der Kahle, s. Karl 1) c). — c) K. III., der Einfältige, geb. 879, Sohn Ludwigs des Stammlers, reg. 898 — 923; † 929; s. Frankreich, Gesch. — d) K. IV., geb. 1293, 3. Sohn Philipps des Schönen, reg. seit 1322, beseitigte Missbräuche in der

Verwaltung, gewährte dem Papst Johann XXII. zuerst den Zehnten in Frankreich; † 1. Febr. 1328 zu Vincennes. Mit ihm erlosch der gerade Mannsstamm der Karolinger. — e) K. V., der Gelehrte, geb. 21. Jan. 1337, Sohn Johanns I., übernahm 1356 für seinen bei Poitiers in die Gefangenschaft Eduards III. von England gerathenen Vater als Dauphin die Regentschaft, hatte 1357 und 1358 die unzufriedenen Generalstaaten, einen Aufstand der Pariser u. einen Bauernaufstand im Norden (Jacquerie), dann die in Frankreich einfallenden Engländer zu bekämpfen, schloss mit letzteren 8. Mai 1360 den Frieden von Bretigny, bestieg nach Johanns I. Tod (8. April 1364) den Thron, begründete die königl. Macht von Neuem, eroberte im Krieg mit England seit 1369 alle engl. Besitzungen in Frankreich bis auf einige feste Städte, hielt die Generalstaaten nieder; † 16. Sept. 1380; s. Frankreich, Gesch. — f) K. VI., der Wahnsinnige, geb. 3. Dec. 1368 zu Paris, Sohn des Vor., folgte diesem 1380 unter Vormundschaft, vermählte sich 1385 mit Isabelle von Bayern, trat 1388 die Regierung selbst an, verfiel 1392 in Wahnsinn; † 21. Okt. 1422; s. Frankreich, Gesch. — g) K. VII., der Siegreiche, geb. 21. Febr. 1403, Sohn des Vor., gebot bei seinem Regierungsantritt 1422 nur über die südl. Provinzen, ward durch Jeanne d'Arc (s. d.) gerettet, 17. Juli 1429 zu Rheims gekrönt, schloss 21. Sept. 1435 zu Arras mit dem Herzog von Burgund, seinem Hauptgegner, Frieden, zog 12. Nov. 1437 in Paris ein, vertrieb die Engländer aus Frankreich, Ordner des Finanzwesens und der Rechtspflege, Begründer der Freiheiten der gallikan. Kirche durch die pragmat. Sanktion. Unterdrückte den Aufstand der Praguerie; † 22. Juli 1461 zu Mehun; s. Frankreich, Gesch. Vgl. Vallet de Viriville (1862—65, 3 Bde.). — h) K. VIII., geb. 30. Juni 1470, Sohn und 1483 Nachfolger Ludwigs XI., gewann 1491 die Hand Annas, der Erbin der Bretagne, der Verlobten des röm. Königs Maximilian, überschritt Aug. 1494 mit einem Heere die Alpen, rückte 31. Dec. in Rom, 21. Febr. 1495 ohne Schwertschlag in Neapel ein, welches Königreich er von Papst Alexander VI. zu Lehn genommen, liess sich von dem Neffen des letzten byzant. Kaisers dessen Ansprüche auf den byzant. Thron abtreten, verlor Neapel wieder; † 7. April 1498 zu Amboise; s. Frankreich, Gesch. Vgl. Ségur (1835, 2 Bde.). — i) K. IX., geb. 27. Juni 1550, 2. Sohn Heinrichs II., folgte 5. Dec. 1560 seinem Bruder Franz II. auf dem Thron unter Vormundschaft seiner Mutter, der ränkesüchtigen Katharina von Medici, ward 1563 für mündig erklärt, aber von jener von den Geschäften fern gehalten; sittlich verderbt, wie sein Hof; † 1574. Unter seiner Regierung Anfang der Hugenottenkriege und die pariser Bluthochzeit (s. Hugenotten). Vgl. Mérimée (1865). — k) K. X., Philipp, geb. 9. Okt. 1757, 5. Sohn des Dauphins Ludwig (s. Bourbon), erhielt den Titel Graf von Artois, vermählte sich 1773 mit Maria Theresia von Savoyen, emigrirte, jeder polit. Reform abgeneigt, 14. Juli 1789 mit dem Prinzen Condé, suchte in Deutschland ein Emigrantenheer zu bilden, wohnte Aug. 1791 dem Kongress von Pillnitz bei, leitete dann von Turin aus die royalist. Intriguen und übernahm bei der ersten Invasion 1792 die Führung des Emigrantencorps. Nach Ludwigs XVI. Hinrichtung von Ludwig XVIII. zum Generallieutenant des Reichs ernannt, landete er Sept. 1706 mit Truppen von England aus auf Ile-Dieu, segelte aber unverrichteter Sache wieder ab und lebte seitdem im Genuss einer engl. Pension von 15,000 Pfd. St. erst zu Holyrood, dann zu Hartwell. Nachdem er 12. April 1814 zu Paris im Namen des noch abwesenden Ludwig XVIII. die Regierung übernommen, unterzeichnete er 23. April die Konvention, welche Frankreich auf seine früheren Grenzen beschränkte, beschwor 16. März mit dem König die Verfassung vor der Kammer, floh bei Annäherung Napoleons I. nach Gent. Nach der zweiten Restauration Mittelpunkt der Intriguen gegen die öffentl. Freiheit, folgte er 16. Sept. 1824 Ludwig XVIII. auf dem Thron, begann bald die unverhüllte Reaktion, ward durch die Julirevolution 1830 gestürzt, verzichtete 2. Aug. 1830 mit dem Dauphin zu Gunsten seines Enkels, des Herzogs Heinrich von Bordeaux, auf den Thron, schiffte sich 16. Aug. mit Familie nach England ein und bezog wieder Holyrood. Mit seiner Familie 10. April 1831 verbannt, siedelte er Sept. 1832 nach Prag, 1835 nach Kirchberg, 1836 nach Görz über; † 6. Nov. 1836 das.; s. *Frankreich*, Gesch.

5) *Könige von Neapel und Sicilien*: a) *K. I. von Anjou*, geb. 1226, 5. Sohn König Ludwigs VIII. von Frankreich, Bruder Ludwigs IX., begleitete diesen auf seinem Kreuzzug 1248 und ward mit ihm gefangen. Nach Kaiser Friedrichs II. Tod vom Papst mit Neapel und Sicilien belehnt (1262), behauptete er sich daselbst gegen Manfred, schlug Konradin (s. d.) bei Tagliacozzo und liess ihn 28. Okt. 1268 zu Neapel enthaupten, focht dann gegen Tunis, verlor infolge der sicilian. Vesper Sicilien; † 7. Jan. 1284. — b) *K. II., der Hinker*, geb. 1243, Sohn und Nachfolger des Vor., war 1283—88 in aragon. Gefangenschaft; † 1309. — c) *K. III. von Durazzo, der Kleine*, geb. 1345, Enkel des Vor., Sohn Johanns von Durazzo, von Johanna I. adoptirt, eroberte 1381 Neapel, liess jene ermorden, 1383 zum König von Ungarn erwählt; † bald darauf.

6) *K. Albert, König von Sardinien*, geb. 2. Okt. 1798, Sohn des Prinzen Karl Emanuel von Savoyen-Carignan, folgte 1800 unter der Vormundschaft seiner Mutter Marie Christine, Tochter des Herzogs Karl von Sachsen und Kurland, als Prinz von Carignan seinem Vater in dessen piemontes. und franz. Besitzungen, ward beim Aufstand in Piemont 1821 vom König Victor Emanuel I. von Sardinien zum Regenten bis zur Ankunft des Thronfolgers Karl Felix ernannt,

beschwor die span. Konstitution und setzte eine provisor. Junta ein, verliess 21. März Turin heimlich, entsagte der Regentschaft, begab sich in das österr. Hauptquartier, dann nach Modena und Florenz. Nachdem er durch seine Betheiligung an der franz. Expedition nach Spanien 1823 die Höfe versöhnt hatte, durfte er nach Turin zurückkehren, ward 1829 zum Vicekönig von Sardinien ernannt und folgte 27. April 1831 Karl Felix auf dem Throne. Hier ein Vertreter des jesuitisch-absolutistischen Systems, gab er Febr. 1848 dem Lande eine Verfassung, erklärte gleichzeitig mit dem Aufstande der Lombarden und Venetianer 23. März den Krieg an Oesterreich, machte anfangs glückliche Fortschritte, das „Schwert Italiens" genannt, ward bei Custozza 25. Juli 1848 geschlagen, begann Frühjahr 1849 den Krieg von Neuem, ward bei Novara abermals geschlagen, dankte auf dem Schlachtfelde 23. März ab, begab sich nach Portugal; † 28. Juli 1849 zu Oporto.

7) *Könige von Schweden: K. I.—VI.* sagenhaft. — a) *K. VII.*, Sohn Sverkers, König von Gothland, folgte diesem 1151, ward 1160 zum König von ganz Schweden gewählt, suchte die Macht des Klerus zu beschränken, ward 1168 von Knut Erichson, dem Sohne Erichs IX., getödtet. — b) *K. VIII. Knutson*, ward von Erich XIII. 1435 zum Reichsmarschall, 1448 zum König von Schweden, 1449 auch von Norwegen erhoben, 1457 vertrieben, 1462 zurückgerufen, nochmals vertrieben und 1467 abermals auf den Thron erhoben; † 13. Mai 1470. — c) *K. IX.*, geb. 4. Okt. 1550, jüngster Sohn Gustavs I. Wasa, stürzte 1603 seinen Bruder Sigmund, regierte kräftig, hielt die Aristokratie nieder; † 30. Okt. 1611. — d) *K. X. Gustav*, geb. 8. Nov. 1622, Sohn des Pfalzgrafen Joh. Kasimir von Zweibrücken und Katharinens, der Tochter des Vor., ward 1649 von den Reichsständen zum Thronfolger ernannt, 1654 nach Christinens Abdankung als König gekrönt, kriegte gegen Polen, Brandenburg und Dänemark; † 23. Febr. 1660 zu Gothenburg. — e) *K. XI.*, geb. 1655, Sohn des Vor., folgte demselben 1660 unter der Vormundschaft des Reichsraths und seiner Mutter. reg. seit 1672 selbständig, verlor im Krieg mit Brandenburg infolge der Schlacht bei Fehrbellin (15. Juni 1675) seine deutschen Besitzungen, erhielt sie im Frieden von St.-Germain-en-Laye (29. Juni 1679) grössentheils zurück, beschränkte die Macht des Reichsraths, setzte die weibliche Erbfolge durch; † 15. April 1697. — f) *K. XII.*, geb. 27. Juni 1682, Sohn des Vor., folgte demselben, für volljährig erklärt, 1697, zwang, von Russland, Polen und Dänemark (s. *Nordischer Krieg*) angegriffen, letzteres zum Frieden von Travendahl (8. Aug. 1700), schlug die Russen (30. Nov. 1700) bei Narwa, die Polen (1703) bei Klissow, liess Stanislaus Lesczcinski zum König von Polen wählen und diktirte August II. 1706 zu Altranstädt den Frieden. Darauf gegen Russland sich wendend, zog er, von dem Kosakenhetman Mazeppa dazu veranlasst,

in die Ukraine, ward bei Poltawa (8. Juli 1709) geschlagen und rettete sich nach Bender, wo er die Pforte zum Krieg gegen Russland bewog. Von den Türken mit Austreibung bedroht, vertheidigte er sich mit 300 Mann gegen ein Heer, ward 1. Febr. 1713 gefangen und nach Demotika bei Adrianopel gebracht. Von da reiste er nach 10 Monaten verkleidet mit 2 Offizieren in 16 Tagen durch Ungarn und Deutschland und kam 22. Nov. 1714 in Stralsund an, das er bis 23. Dec. 1715 gegen Dänen, Sachsen, Preussen und Russen tapfer vertheidigte. Er griff darauf Norwegen an, machte, im Einverständniss mit Russland, grosse Eroberungspläne, ward 30. Nov. 1718 vor Frederikshald erschossen. Energisch und tapfer, aber von unbeugsamem Starrsinn. Vgl. Lundblad (1830; deutsch 1835—40), Fryxell (deutsch 3. Aufl. 1861). — g) K. XIII., geb. 7. Okt. 1748, 2. Sohn des Königs Adolf Friedrich und der Schwester Friedrichs des Grossen Luise Ulrike, hatte an der Revolution von 1772 bedeutenden Antheil, ward zum Herzog von Südermanland ernannt, befehligte im Krieg gegen Russland 1788 die Flotte, ward dann Generalgouverneur von Finnland, trat 1792 nach Gustavs III. Ermordung an die Spitze der Regentschaft, übergab 1796 die Regierung dem mündig gewordenen Gustav IV. Adolf. Infolge der Revolution von 1809 20. Juni auf den Thron erhoben, adoptirte er erst den Prinzen Christian August von Augustenburg und nach dessen Tod den von den Ständen ausersehenen franz. Marschall Bernadotte, erwarb 1814 Norwegen; † 5. Febr. 1818. — h) K. XIV. Johann, Adoptivsohn und Nachfolger des Vor., hiess ursprüngl. Joh. Baptiste Julius Bernadotte, geb. 26. Jan. 1764 zu Pau in Frankreich, Sohn eines Rechtsgelehrten. Seit 1780 im franz. Militärdienst und bei Ausbruch der Revolution Sergeant-Major, ward er 1792 Bataillonschef unter Custine, 1793 Brigadechef und befehligte 1794 bei Fleurus eine Division. 1796 focht er mit Auszeichnung am Rhein, an der Lahn und am Main, 1797 unter Bonaparte in Italien. 1799 Kommandant der Observationsarmee am Rhein, verwaltete 3 Monate das Kriegsministerium, erhielt nach 18. Brumaire von Bonaparte 1800 den Oberbefehl über die Westarmee, übernahm 1804 das Oberkommando in Hannover und ward zum Marschall ernannt. Nachdem er 1805 bei Ulm und Austerlitz wesentl. zur Entscheidung beigetragen, ward er 5. Juni 1806 von Napoleon zum Fürsten von Pontecorvo ernannt, nöthigte nach der Schlacht bei Jena Blücher bei Lübeck (7. Nov.) zur Kapitulation, erhielt dann das Oberkommando über die franz. Truppen in Norddeutschland und Dänemark und focht 1809 im Krieg gegen Oesterreich an der Spitze der verbündeten sächs. Truppen bei Wagram. 21. Aug. 1810 vom Ausschuss der schwed. Stände zum Kronprinzen von Schweden erwählt, trat er Okt. zum Protestantismus über, ward durch Akt vom 5. Nov. 1810 von Karl XIII. adoptirt und nahm

den Namen Karl Johann an. Bald von bedeutendem Einfluss auf die schwed. Politik, vertrat er Napoleon 1. gegenüber mit Energie die Interesse Schwedens. Nachdem Schweden Aug. 1813 den Krieg an Frankreich erklärt hatte, stiess er mit 30,000 Schweden zur Nordarmee der Alliirten, erregte aber durch zögerude, zweideutige Kriegführung gegründeten Verdacht, blokirte nach der Schlacht bei Leipzig Hamburg, zwang den König Friedrich VI. von Dänemark zur Abtretung Norwegens und bewog das Land zur friedlichen Unterwerfung unter die schwed. Dynastie. Seit 5. Febr. 1818 König, reg. er in gemässigt konservativem Sinne, suchte die materielle Wohlfahrt des Landes zu heben; Freund Russlands; † 8. März 1844 zu Stockholm. Vermählt seit 1798 mit Eugenie Bernardine Désirée, der Tochter des Kaufmanns Clary in Marseille, deren Schwester mit Joseph Bonaparte verheirathet war. Vgl. Geijer (1844, deutsch von Dietrich), Sarrans (1845). — i) K. XV. Ludwig Eugen, geb. 3. Mai 1826 zu Stockholm, Sohn Oskars I., Enkel des Vor., reg. seit 8. Juli 1859, gekrönt zu Stockholm 5. Mai, zu Drontheim 5. Aug. 1860, vermählt 19. Juni 1850 mit der niederländ. Prinzessin Luise. Eifriger Anhänger der skandinavischen Ideen, protestirte er 1864 gegen die Okkupation Schleswigs und rüstete zu Wasser und zu Land, begnügte sich aber auf der londoner Konferenz Dänemark diplomatisch zu unterstützen, setzte 1865—66 die Reform der veralteten schwed. Reichsverfassung durch; s. Schweden, Gesch. Auch Schriftsteller und Dichter.

8) Könige von Spanien: a) K. I., s. v. a. Karl V., Kaiser, s. Karl 2) b). — b) K. II., geb. 6. Nov. 1661, Sohn Philipps IV., folgte diesem 1665 unter Vormundschaft, reg. seit 1675 selbständig; † 1. Nov. 1700; der letzte span. Habsburger. — c) K. III., geb. 20. Jan. 1716, Sohn Philipps V., erhielt 1739 das Königreich beider Sicilien als span. Sekundogenitur, folgte 1759 auf dem span. Thron, trat dem sog. bourbon. Familientraktat (15. Aug. 1761) bei; thätiger, einsichtsvoller Regent, beschränkte die Inquisition; † 13. Dec. 1788. — d) K. IV., geb. 12. Dec. 1748 zu Neapel, Sohn und 1788 Nachfolger des Vor., ward durch den Friedensfürsten zur Einmischung in die durch die franz. Revolution hervorgerufenen Wirren veranlasst, dankte 18. März 1808 zu Gunsten seines Sohnes, des Prinzen von Asturien, nachmal. Königs Ferdinand VII. [s. Ferdinand 5) g)], ab; † 19. Jan. 1819 zu Neapel.

9) Grossherzöge von Baden: a) K. Friedrich, geb. 22. Nov. 1728 zu Karlsruhe, Sohn des Erbprinzen Friedrich von Baden-Durlach, folgte 18. Mai 1738 seinem Grossvater, dem Markgrafen Karl Wilhelm, in Baden-Durlach unter Vormundschaft, reg. selbständig seit 22. Nov. 1746, erbte 1771 die Lande der Linie Baden-Baden, beförderte Ackerbau, Gewerbe, Handel und geistige Bildung, ward 1. Mai 1803 Kurfürst, trat 1806 dem Rheinbund bei, nahm den Titel Grossherzog an; † 10. Juni 1811; s. Baden, Gesch. Vgl.

Nebenius (1869). — b) *K. Ludwig Friedrich*, geb. 8. Juni 1786, Sohn des Erbprinzen Karl Ludwig († 15. Dec. 1801) und Enkel des Vor., seit 1808 Mitregent, seit 1811 Grossherzog; † 8. Dec. 1818; vermählt mit Stephanie, Napoleons I. Adoptivtochter; s. *Baden*, Gesch.

10) *Herzöge von Braunschweig:* a) *K. Wilh. Ferdinand*, geb. 9. Okt. 1735, Sohn des Herzogs Karl, focht im siebenjähr. Krieg, trat 1773 als General der Infanterie in preuss. Dienste, reg. in Braunschweig seit 1780, erliess 1792 als Oberbefehlshaber der österr.-preuss. Armee gegen Frankreich das Manifest von Koblenz, drang in die Champagne ein, trat Sept. den Rückzug an, nahm 1793 Mainz wieder, schlug die Franzosen unter Moreau bei Pirmasens und unter Pichegru und Hoche bei Kaiserslautern, legte 1794 den Oberbefehl nieder. 1806 wieder Oberbefehlshaber der preuss. Armee, ward er bei Auerstädt (14. Okt.) durch einen Schuss beider Augen beraubt; † 10. Nov. zu Ottensen bei Altona. — b) *K. Friedr. Aug. Wilh.*, geb. 30. Okt. 1804, Sohn des Herzogs Friedrich Wilhelm (s. *Friedrich* 9)], stand erst unter Vormundschaft des Prinzregenten, nachmal. Königs Georg IV. von England, trat 23. Okt. 1823 die Regierung an, geldgierig und tyrannisch, ward 7. Sept. durch einen Volksaufstand vertrieben, vom deutschen Bunde für regierungsunfähig erklärt, lebte seitdem meist in Paris, öfter in skandalöse Processe verwickelt.

11) *K. der Kühne, Herzog von Burgund*, geb. 10. Nov. 1433 zu Dijon, Sohn Philipps III. des Guten aus dem Hause Valois, stellte sich 1465 an die Spitze der von den franz. Grossen gegen Ludwig XI. geschlossenen Ligue du bien public, drang in Isle de France ein, bedrohte Paris, schlug den König 16. Juli 1465 bei Montlhéry und zwang ihn im Frieden von Conflans zur Abtretung der Grafschaften Boulogne, Guines und Ponthieu. Seit 1467 seines Vaters Nachfolger in den burgund. Gesammtstaaten, gedachte er das alte Königreich Burgund herzustellen, nahm Ludwig XI. gefangen, der ihn 3. Dec. 1470 von den Ständen zu Amboise als Majestätsverbrecher ächten liess, verwüstete die Picardie und schloss Juli 1474 mit Eduard IV. von England einen Bund zur Eroberung Frankreichs, liess denselben aber nach dessen Landung bei Calais ohne Unterstützung. Nachdem er Sept. 1475 Lothringen erobert, drang er zn Anfang 1476 in die Schweiz ein, eroberte Grandson in Sturm, ward aber 2. März hier und 22. Juni bei Murten von den Schweizern total geschlagen, drang Okt. in Lothringen ein, ward 5. Jan. 1477 vom Herzog René bei Nancy geschlagen und fiel im Kampfe. Vgl. *Rodt*, „Die Feldzüge K.s des Kühnen", 1844—45, 2 Bde.

12) *K.*, eigentl. *Karl V., Leopold, Herzog von Lothringen*, kaiserl. General, geb. 3. April 1643, Sohn des Prinzen Nik. Franz, ward von seinem Oheim, dem Herzog Karl IV. von Lothringen, zum Nachfolger bestimmt, musste aber auf Befehl Ludwigs XIV. Frankreich verlassen und trat in österr. Dienste, führte 1676 den Oberbefehl am Rhein, 1683—

1688 im Krieg gegen die Türken, eroberte Neuhäusel und Ofen und gewann 1687 den Sieg bei Mohacs; 1689 wieder Befehlshaber gegen Frankreich, eroberte er Mainz und Bonn; † 18. April 1690 zu Wels.

13) *Karl II.*, eigentl. *Ludw. Ferd. Karl von Bourbon*, Infant von Spanien, geb. 22. Dec. 1790, Sohn des Königs Ludwig von Etrurien und der Infantin Marie Luise, der Tochter Karls IV. von Spanien, folgte seinem Vater 27. Mai 1803 in Etrurien unter Vormundschaft seiner Mutter, den Bestimmungen des wiener Kongresses zufolge seiner Mutter 1824 in Lucca, vertragsmässig der Wittwe Napoleons I., Marie Luise, 18. Dec. 1847 in Parma, Piacenza und Guastalla, verliess 9. April 1848 nach Einsetzung einer Regentschaft das Land und dankte 14. März 1849 zu Gunsten seines Sohnes ab. Sein Sohn, *Karl III. von Bourbon*, Infant von Spanien, geb. 14. Jan. 1823, kehrte Aug. 1849 nach Parma zurück, verschleuderte ab. Sein Sohn die Staatsdomänen, legte dem Lande willkürlich Zwangsmassregeln auf, verfolgte die Liberalen aufs grausamste; † 27. März 1854 durch Meuchelmord. Seine Gemahlin, Luise Marie Theresia von Bourbon, geb. 21. Sept. 1819, Tochter des 13. ermordeten Herzogs von Berri, übernahm für ihren Sohn Robert I. (geb. 9. Juli 1848) die Regierung, musste nach der Schlacht bei Magenta 9. Juni 1859 das Land verlassen; † 1. Febr. 1864 zu Venedig.

14) *Kurfürsten von der Pfalz:* *K. Theodor*, geb. 10. Dec. 1724, Sohn des Pfalzgrafen Joh. Christian Joseph von Sulzbach, folgte Dec. 1742 dem Kurfürsten Karl Philipp, seinem Vetter, in Kurpfalz, erbte 30. Dec. 1777 Bayern, wollte einen bedeutenden Theil des Landes an Oesterreich abtreten und veranlasste dadurch den bayer. Erbfolgekrieg, stand unter der Leitung von Pfaffen und Maitressen; † 16. Febr. 1799; s. *Bayern*, Gesch.

15) *Grossherzöge von Sachsen-Weimar:* a) *K. August*, geb. 3. Sept. 1757, Sohn des Herzogs Ernst Aug. Konstantin, reg. seit 1775, trat 1786 in preuss. Kriegsdienste, machte 1792 und 1793 den Feldzug am Rhein mit, ward 1797 Generallieutenant, nach der Schlacht bei Jena entlassen, schloss sich Dec. 1806 dem Rheinbund an, nahm in russ. Kriegsdienst, an den Feldzügen von 1814 und 1815 Theil, gab seinem zum Grossherzogthum erhobenen Lande 5. Mai 1816 eine landständ. Verfassung; liberal gesinnt, seit 1775 in engem Verkehr mit Goethe; † 14. Juni 1828 in Gradltz bei Torgau. Seine „Korrespondenz mit Goethe" 1863, 2 Bde. — b) *K. Friedrich*, geb. 2. Febr. 1783 zu Weimar, Sohn des Vor., dem er 1828 folgte; suchte Landbau, Handel und Gewerbe zu fördern. Unter ihm 1848 Vereinigung des Kammervermögens mit dem landschaftlichen, Reform der landstand. Vertretung durch ein erweitertes, 1859 reformirtes Wahlgesetz und die 1850 publicirte Gemeindeordnung. † 8. Juli 1853. — c) *K. Alexander*, geb. 24. Juli 1818 zu Weimar, Sohn und 1853 Nachfolger des Vor., Freund der Kunst und Wissenschaft, Wiederher-

steller der Wartburg, Vertreter eines gemässigten Fortschritts, vermählt seit 8. Okt. 1847 mit Wilhelmine Marie Sophie, der Tochter König Wilhelms II. der Niederlande. 16) *K. Emanuel I., der Grosse, Herzog von Savoyen*, geb. 12. Jan. 1562 zu Rivoll, folgte 1580 seinem Vetter Emanuel Philibert in der Regierung, hielt in den damaligen Kämpfen bald zu Spanien, bald zum Kaiser, bald zu Frankreich, stritt mit Heinrich IV. von Frankreich um den Besitz der Markgrafschaft Saluzzo, ward dadurch mit Genf und Bern in einen Krieg verwickelt, erhielt endlich im Frieden von Lyon 1601 Saluzzo gegen bedeutende Gebietsabtretungen, gerieth über Montferrat von Neuem in Krieg mit den Franzosen, in welchem diese ganz Savoyen eroberten; † 26. Juli 1630. 17) *K. Eugen, Herzog von Würtemberg*, geb. 11. Febr. 1728 zu Brüssel, Sohn des Herzogs Karl Alexander, folgte diesem 1737 unter Vormundschaft, ward im 16. Jahre für mündig erklärt. Verschwenderisch und prachtliebend, suchte er durch Erpressung und schmählichen Diensthandel seine Kassen zu füllen, achtete die Rechte der Stände nicht; Verfolger J. J. Mosers und des Dichters Schubart. Führte im 7jähr. Kriege den Oesterreichern 14,000 Mann zu. Nach Vergleich mit den Standen 1770 mehr auf das Wohl des Landes bedacht. Erbauer der Schlösser Solitude und Hohenheim, Gründer der Karlsschule (s. d.); † 24. Okt. 1793. Seit 1776 morganat. vermählt mit Franciska Theresia von Bernardin, die er zur Reichsgräfin von Hohenheim (geb. 1748, † 1811) erhob. 18) *Karl Anton, Fürst von Hohenzollern-Sigmaringen*, s. *Hohenzollern*. 19) *K. Friedr. August, Herzog von Mecklenburg-Strelitz*, geb. 30. Nov. 1785 zu Hannover, Sohn des nachmal. Grossherzogs K. Ludwig Friedrich, Bruder der Königin Luise von Preussen, trat 1799 in preuss. Militärdienst, focht 1813 im blücherschen Corps als Oberst bei Lützen und Bautzen, als Generalmajor bei Möckern, seit 1815 Kommandeur des Gardecorps, 1825 zum General der Infanterie, 1827 zum Präsidenten des Staatsraths ernannt; † 21. Sept. 1837. Geistvoll und staatsmännisch gebildet, aber entschiedener Absolutist. Schr. unter dem Pseudonym *Weisshaupt* das Lustspiel , Die Isolirten'. 20) *K. Ludwig Johann, Erzherzog von Oesterreich, Herzog von Teschen*, geb. 5. Sept. 1771 zu Florenz, 3. Sohn Kaiser Leopolds II., Bruder Kaiser Franz I., befehligte 1793 unter dem Prinzen Josias von Koburg die Avantgarde, focht 1793 bei Aldenhoven und Neerwinden, 1794 bei Tournay, Contray und Flenrus, 1796 als Reichsfeldmarschall und Oberbefehlshaber der österr. Rheinarmee und der Reichsarmee bei Rastadt gegen Moreau, schlug Jourdan bei Amberg und Würzburg und trieb die Franzosen über den Rhein zurück. 1799 abermals Oberbefehlshaber der Rheinarmee, schlug er Jourdan bei Ostrach, Pfullendorf und Stockach. 1801 zum Hofkriegsrathspräsidenten, 1805 zum Kriegsminister befördert, kommandirte er 1805 in Italien gegen Masséna, bewerkstelligte 1.

und 2. Nov. einen meisterhaften Rückzug vom linken Etschufer nach Kroatien und wurde zum Generalissimus der gesammten österr. Armee ernannt. Nachdem er April 1809 mit der österr. Hauptmacht in Bayern bis Regensburg vorgedrungen, ward er infolge der unglücklichen Kämpfe an der Donau zum Rückzug genöthigt, schlug die Franzosen bei Aspern und Essling (21. und 22. Mai), ward bei Wagram (5. und 6. Juli) geschlagen und zog sich nach Znaim zurück. Nachdem er seine Aemter niedergelegt, lebte er zu Teschau und Wien; † 30. April 1847. Seit 1815 mit der Prinzessin Henriette von Nassau-Weilburg vermählt. Söhne: *Albrecht*, österr. Feldmarschall [s. *Albrecht* 2) d)]; *Karl Ferdinand*, geb. 29. Juli 1818, Feldmarschalllieutenant; *Friedrich*, geb. 14. Mai 1821, Contreadmiral in der Marine; Feldzug 1840] † 5. Okt. 1847 zu Venedig; *Wilhelm*, geb. 21. April 1827, Feldmarschalllieutenant und Generalinspektor der Artillerie. Schr. ,Grundsatze der Strategie' (1814, 3 Bde.), ,Geschichte des Feldzugs von 1799' (1819, 2 Bde.), ,Militar. Werke' (1862). Vgl. *Schneidawind* (5. Aufl. 1860). 21) *K. (eigentl. Christian) August, Prinz von Holstein-Sonderburg-Augustenburg, Kronprinz von Schweden*, geb. 9. Juli 1768, focht 1808 in Norwegen gegen die Schweden, ward von König Karl XIII. von Schweden 18. Juli 1809 adoptirt und zum Thronfolger in Schweden bestimmt, zog 27. Jan. 1810 in Stockholm ein, gewann grosse Popularität; † 28. Mai infolge eines Schlaganfalls, nach der Meinung des Volks an Gift, daher der Reichsmarschall Axel Fersen bei der Beerdigung als unschuldiges Opfer der Volkswuth fiel. 22) *K. Theodor Maximilian August, Herzog von Bayern*, geb. 7. Juli 1795 zu Mannheim, 2. Sohn des Herzogs Maximilian Joseph von Bayern, nachmaligen Kurfürsten und Königs, focht 1814 in Frankreich als Brigadier unter Wrede, führte 1815 die erste leichte Kavalleriedivision, übernahm dann das Generalkommando in München, trat 1822 zurück, ward 1841 Feldmarschall und Generalinspektor der Armee, 1860 Oberbefehlshaber des 7. deutschen Bundesarmeecorps, befehligte 1866 die bayer. Armee am Main, trat dann zurück. 23) *K., Prinz von Preussen*, 3. Sohn des Königs Friedrich Wilhelm III., Bruder des Kaisers Wilhelm I., geb. 29. Juni 1801, seit 1853 Herrenmeister des Johanniterordens, seit 1854 Chef der Artillerie. 24) *K. Eduard, der Prätendent*, s. *Eduard* 3). **Karlisten**, in Spanien die Anhänger des Don Carlos, in Frankreich die Karls X. oder der älteren bourbon. Dynastie.

Karlówitz, Stadt in der serb.-banat. Militärgrenze, an der Donau, 4354 Ew. Sitz des griech.-orient. Erzbischofs für Oesterreich; trefil. Wein. 26. Jan. 1699 *Friede* zwischen Oesterreich und der Türkei.

Karlsage (*Karlingische Sagen*), der an Karl d. Gr. sich anschliessende Sagenkreis, von den höfischen Dichtern des Mittelalters vielfach bearbeitet. Namhafteste Persönlickkeiten: *Roland* und *Wilhelm von Orense*,

Karlsbad, ber. Badestadt im böhm. Kr. Eger, unfern der Mündung der Tepl in die Eger, in engem, romant. Thale, 4384 Ew. 8 Thermen: der Sprudel (1347 von Kaiser Karl IV. bei einer Hirschjagd entdeckt), mitten in der Stadt (60° R.), die Hygieaquelle (der neue Sprudel), der Neu-, Mühl-, Theresien-, Bernhards-, Schloss- u. der Sauerbrunnen (37½° bis 57°), zu den kräftigsten alkal. Glaubersalzquellen zählend, von umstimmender und diuretischer Wirkung. Auch kalte Mineralquellen und Dampfbadeanstalt. Jährl. 12—14,000 Gäste.

Karlsbader Beschlüsse, die beim karlsbader Ministerkongress verabredeten, vom Bundestag sanktionirten und von allen deutschen Staaten augenommenen Beschlüsse vom 20. Sept. 1819, betrafen die Exekutionsordnung für die Bundesbeschlüsse, die Ueberwachung der Universitäten, die Censur der period. Schriften und solcher von nicht über 20 Bogen, das Recht der Bundesversammlung zu Unterdrückung von aufreizenden Schriften, die Niedersetzung einer Centraluntersuchungskommission über die revolutionären Umtriebe und die Auslegung des Art. 13 der Bundesverfassung im Sinne des monarch. Princips; 2. April 1848 wie die übrigen Ausnahmebeschlüsse aufgehoben.

Karlsbrunn (*Hinnewieder*), vielbesuchter Badeort in Oesterr.-Schlesien, an der kl. Oppa, Eisenquellen, mit Kohlensäure.

Karlsburg (ehedem *Weissenburg*), Festung in Siebenbürgen, Land der Ungarn, am Maros, 6034 Ew. Kathedrale; Weinbau.

Karlskrona, befest. Seestadt an der Südküste Schwedens, Landsch. Blekingen, 15,877 Ew. Citadelle, Kriegshafen, gr. Schiffsdocks, Schiffswerfte, Fabriken in Leinwand, Segeltuch und Leder. 80 eigene Schiffe.

Karlsruhe, Hauptstadt des Grossh. Baden, sowie des *Kreises* K. (27,s QM. u. 226,028 Ew.), 1½ M. vom Rhein, 32,004 Ew.; 1715 in Gestalt eines Fächers mit dem Schloss als Mittelpunkt angelegt und durch die „lauge Strasse‘ in einen nördl. und südl. Theil geschieden. 6 Thore, 9 öffentl. Plätze (Schlossplatz mit Monument des Markgr. Karl), gr. Schlossgarten, orang el. Kirche in röm. Stil und neue kathol. Kirche, Residenzschloss (Bibliothek von 100,000 Bdn.), Münze, Museum, neues Theater, Polytechnikum, Lyceum, Kriegs-, Thierarzneischule, Zeichnen-, Maler- und Kupferstechschule. Grosse Maschinenfabrik und andere Industrie.

Karlsschule (nachher *Karlsakademie*), ehemals höhere Lehranstalt in Stuttgart, 1770 vom Herzog Karl Eugen von Würtemberg auf der Solitude als Militärschule gegründet, 1775 nach Stuttgart verlegt, erweitert und 1781 zur Universität (ohne theol. Fakultät) erhoben, 1799 aufgehoben. Schiller Zögling derselben 1773—80. Vgl. *Wagner*, „Geschichte der hohen K.‘, 1856—58, 3 Bde.

Karlstadt (*Karlovac Garnji*), befest. Stadt in Kroatien, Kom. Agram, an der Kulpa, 5315 Ew. Schiffbau, Speditionshandel.

Karlstadt, *Andreas Rudolf*, eigentl. *Bodenstein*, kühner Reformator, geb. um 1480 zu Karlstadt in Franken, habilitirte sich 1504

zu Wittenberg, ward 1513 Prof. der Theologie, schlug 26. April 1517 152 oppositionelle Thesen an, dann Luthers eifriger Genosse im Ablassstreit und bei der leipziger Disputation, begann während Luthers Aufenthalt auf der Warthurg die Reformation in Wittenberg und Orlamünde eigenmächtig durchzuführen, ward 1524 aus Sachsen verbannt, 1534 Prof. der Theologie zu Basel; † 1541 das. Vgl. *Jäger* (1856).

Karlstein, ber. Burg im böhm. Kr. Prag, auf steilem Felsen unweit der Berann, von Karl IV. zur Aufbewahrung der Reichsinsignien und zu seinem Landsitze erbaut. Am merkwürdigsten die Katharinenkapelle (Wände mit geschliffenen böhm. Edelsteinen belegt) und die prachtvolle Kreuzkirche.

Karmarsch, *Karl*, ber. Technolog, geb. 17. Okt. 1803 in Wien, 1819—23 Assistent der mechan. Technologie in Wien, seit 1830 Direktor der polytechn. Schule in Hannover, Begründer der neueren wissenschaftl. mechan. Technologie. Schr. „Handb. der mechan. Technologie‘ (4. Aufl. 1868, 2 Bde.); „Techn. Wörterb.‘ (2. Aufl. 1854—57, 3 Bde.); Suppl. zu *Prechtls* „Encyklopädie‘ (1857—69, 5 Bde.); „Gewerbl. Fragenbuch‘ (1867 f.).

Karmel, Gebirge in Palästina, von den Quellen des Kisou bis zum *Vorgebirge* K. an der Südseite des Golfs von Acca reichend, 7 M. lang, bis 1500′ h. Darauf das Stammkloster des Karmeliterordens.

Karmeliter (*Orden Unserer Lieben Frauen vom Berge Karmel*), Mönchsorden, von Berthold, Grafen von Limoges, um 1156 als Eremitenverein am Eliasbrunnen auf dem Berge Karmel gestiftet, siedelte zwischen 1238 und 1244 nach Europa über und ward von dem Ordensgeneral Simon Stock 1247 in einen Bettelorden umgewandelt, trennte sich in 3 von einander unabhängige Korporationen: Observanten oder Karmeliterbarfüsser (unbeschuhte K.) mit strenger Regel; Konventualen (beschuhte K.) mit milderer Regel, und Tertiarier (seit 1635 mit besonderer Regel). Klöster der K. in Spanien, Portugal, Belgien, Frankreich und Bayern. Die *Karmeliterinnen*, 1452 in Frankreich gestiftet, widmen sich dem Unterricht.

Karmin, rother Farbstoff der Cochenille, in Wasser unlöslich, löslich in Ammoniak, dient in der Wassermalerei, als Schminke etc.

Karmolein (*Karmesin*), hochdunkelroth.

Karnak und Luxor, 2 Dörfer in Ober-Ägypten, rechts am Nil; ringsum die Ruinen des alten Theben.

Karnallit, Mineral aus der Klasse der wasserhaltigen Haloïde, Doppelsalz aus Chlorkalium und Chlormagnesium, bes. bei Stassfurt in den Abraumsalzen, wichtigstes Rohmaterial für die Kaliindustrie.

Karnátik, ostind. Landschaft auf der Küste Koromandel, mit der Stadt Madras.

Karnation (lat.), Fleischfarbe; in der Kunstsprache das Kolorit des Nackten.

Karnaubawachs, s. *Copernicia* und *Wachs*.

Karneöl, blut- bis fleischrother, röthlichweisser und gelber, wolkiger, durchscheinender Chalcedon, bei Birkenfeld, Waldshut in Baden, in Ostindien, Uruguay.

Karnéval (v. lat. *caro* und *vale*, d. i. Fleisch, lebe wohl), ursprüngl. die Zeit von den heil. 3 Königen (6. Jan.) bis zum Aschermittwoch, als dem Beginn der 40tägigen Fasten, später auf 3—8 Tage unmittelbar vor dem Aschermittwoch beschränkt, mit Maskeraden etc. gefeiert, bes. in Italien volksthümlich.

Karnies, architekton. Glied, dessen Profil die wellenförmige Gestalt eines S hat; dient oft als Krönung des Hauptgesimses.

Karnische Alpen, Theil der Ostalpen, vom Bürkenkogl (Drauquelle) im S. des Dreiherrnspitz gegen SO. bis zum Terglon (Sauquelle), und zwischen Drau und Sau als *Karawanken* (s. d.) weiter gen O. ziehend; 7—9000' hohe Gipfel. [s. *Ceratonia*.

Karoben, Früchte des Johannisbrodbaums, Karbeath (*K.-Beuthen*), Mediatfürstenthum im preuss. Regbz. Liegnitz, 4½ QM. und 10,000 Ew. Hauptort der *Marktflecken* K., an der Oder, 914 Ew. [= 7 Thlr. 1 Sgr. 8 Pf.

Karolin, bayer. und würtemb. Goldmünze.

Karoline Amalie Elisabeth, Königin von Grossbritannien und Hannover, Gemahlin George IV., geb. 17. Mai 1768, Tochter des Herzogs Karl Wilh. Ferdinand von Braunschweig, 8. April 1795 mit dem damal. Prinzen von Wales vermählt, der sich schon 1796 von ihr trennte, lebte seitdem auf einem Landhause zu Blackheath, seit 1814 auf Reisen, sollte bei Georgs IV. Thronbesteigung (29. Jan. 1820) gegen ein Jahrgeld von 50,000 Pfd. St. auf Namen und Rechte der Königin verzichten, verweigerte dies, sog 6. Juni in London ein, ward vor dem Parlamente auf Ehebruch angeklagt, die Anklage aber, da sich die öffentl. Meinung entschieden zu ihren Gunsten aussprach, wieder fallen gelassen; † 7. Aug. 1821.

Karoline Marie, Königin beider Sicilien, geb. 13. Aug. 1752, Tochter Franz I. und Maria Theresias, 12. Aug. 1768 mit Ferdinand I. vermählt, intriguant und herrschsüchtig, erhob Acton zum ersten Minister, fanat. Verfolgerin der Liberalen, floh bei der Invasion der Franzosen 1798 und wieder nach Besitznahme des Landes 1805 durch dieselben nach Sicilien, begab sich 1811 nach Wien; † 8. Sept. 1814 zu Schönbrunn.

Karoline Mathilde, Königin von Dänemark, geb. 22. Juli 1751, Tochter des Prinzen Friedrich Ludwig von Wales, 1766 mit dem König Christian VII. von Dänemark vermählt, von Sophie Magdalene, der verwittweten Grossmutter, und Juliane Marie, der Stiefmutter ihres Gemahls, angefeindet, in das Schicksal Struensees (s. d.) verflochten, von ihrem Gemahl 1772 geschieden, nach der Festung Kronborg gebracht, dann nach Celle verwiesen; † 10. Mai 1775 das. Vgl. *Heimbürger* (1851).

Karolinen (*neue Philippinen*), austral. Inselreihe, nördl. von Neuguinea, ca. 400 grössere (Yap, Ascension, Rug, Walan etc.) und kleinere Inseln umfassend; von den Spaniern beansprucht. Die Bewohner stehen unter kleinen Königen und sind durch Handelsgeist und kühne Seefahrten ausgezeichnet. 1817 durch Kotzebue, 1826 durch Lütke untersucht.

Karolinger, die Glieder der Familie Karls des Grossen, namentl. die derselben angehörigen Könige der 2. fränk. Dynastie. Als Stammvater gilt der Bischof Arnulf von Metz († 631), dessen Sohn Ansegisil sich mit Begga, der Tochter Pipins des Alten, Majordomus in Austrasien, vermählte. Beider Sohn, Pipin von Heristall, ward Majordomus im ganzen Frankenreich († 714). Sein natürlicher Sohn, Karl Martell (s. *Karl* 1)a)], folgte ihm in dieser Würde; † 741. Dessen beide Söhne, Karlmann und Pipin der Kurze, theilten das Reich unter sich, das Pipin, nachdem Karlmann 747 ins Kloster gegangen, allein beherrschte. Er stiess mit Genehmigung des Papstes den letzten Merovinger Childerich III. vom Thron und ward 3. Mai 752 als fränk. König gekrönt; † 768. Seine Söhne Karlmann und Karl d. Gr. (s. *Karl* 1)b)] folgten ihm. Die weiteren Glieder der Dynastie s. in folgender *Stammtafel*:

```
                          Karl d. Gr., † 814.
                                 |
   Karl, † 811.      Pipin, † 810.      Ludwig der Fromme, † 840.
                                              |
Lothar I., † 855.  Pipin, † 838.  Ludwig d. Deutsche, † 876.  Karl d. Kahle, † 877.
       |                                    |                          |
Ludwig II.,  Karl,  Lothar II.,  Karlmann,  Ludwig,  Karl d. Dicke,  Ludwig d. Stammler,
 † 875.    † 863.   † 869.      † 880.     † 882.    † 888.           † 879.
                                                                         |
        Arnulf,   Ludwig III.,  Karlmann,  Karl d. Einfältige, † 929.
        † 899.     † 882.       † 884.
           |                                   Ludwig IV., † 954.
    Ludwig das Kind,                                |
        † 911.              Lothar I., † 986.   Karl, Herzog von
                               |                Niederlothringen,
                           Ludwig V., † 987.        † 904.
```

Karosse (fr. *carrosse*), Staatswagen.

Karotis (gr.), Name der beiden Pulsadern am Halse, welche, aus der Aorta entspringend, das Blut nach dem Kopfe leiten.

Karotte, gelbe Rübe, Möhre; s. *Tabak*.

Karpäthen, Gebirge, das in einem 160 M. l. nach SW. geöffneten Bogen die ungar. Tiefebene umschliesst; 3 Theile: 1) die eigentl. K., der nordwestl. Theil, bestehend aus der *hohen Tatra* (Central-K., mit 8000' h. Gipfeln) und den *Vorkarpathen* (im N. die Beskiden 5300', im S. das ungar. Erzgebirge im Kralowahora bis 6000'); 2) das *karpath. Waldgebirge*, der mittl. Theil, vom Popraddurchbruch 45 M. weit gen SO. ziehend, bis zum 6800' h. Pietros (Quellbezirk der Theiss), mittlere

Hohe 3000'; 3) das *Hochland von Siebenbürgen*, der südöstl. Theil, ein Viereck, auf allen Seiten von Gebirgszügen umwallt, der Ostrand ca. 5500', der Südrand (transsylvan. Alpen) über 7800' hoch, Abfall nach aussen steil; der West - und Nordrand als siebenbürg. Erzgebirge bildend, ersterer im Bihar 5700', letzterer im Kuhhorn 6700' hoch.

Karpätho (*Skarpanto*), türk. Insel im ägäischen Meere, zwischen Kreta und Rhodus, 4 QM. u. 5000 Bewohner; gebirgig, wenig angebaut. Darauf der Hafen Arkassa.

Karpfen (*Cyprinus L.*), Gattung der Bauchflosser. Gem. K. (C. carpio L.), 1—4' lang, in europ. Flüssen und Seen, in Teichen gezüchtet. Varietät: *Spiegelkarpfen, Karpfenkönig*, mit wenigen sehr grossen Schuppen, sterile (Laimer, gelte, güste K.) sehr schmackhaft. *Karausche* (C. carasuins L.), 8" lang, ebendas., Varietät: *Gibel, Steinkarausche* (C. Gibello Gm.), weniger schmackhaft. *Goldkarpfen, Goldfisch* (C. auratus L.), bis 12" l., aus China, als Schmuckfisch gezüchtet, bleibt in kleinen Behältern klein.

Karpfenkönig, s. *Karpfen*.

Karrikatur, s. *Karikatur*.

Karronaden, kurze Schiffsgeschütze ohne Schildzapfen, mittelst einer angegossenen Scheibe mit der Laffete verbunden, leicht

Karrusteppe, s. *Afrika*. [beweglich.

Kars, befestigte Stadt in Türk.-Armenien, an einem Quellstrom des Aras, 10,000 (meist armen.) Ew. 1828 — 55 im Besitz der Russen.

Karsch (*Karschin*). *Anna Luise*, Dichterin, geb. 1. Dec. 1722 auf einer Meierei in Niederschlesien, hütete als Kind das Vieh, verheirathete sich (zum 2. Male) mit dem Schneider K., kam 1761 durch den Baron von Kottwitz nach Berlin; † das. 12. Okt. 1791. Am besten ihre früheren Gedichte, wegen ihres natürlichen Ausdrucks. ,Gedichte' heraug. von ihrer Tochter *K. L. von Klencke* (1792). Biogr. von *Heinze* (1866).

Karst (ital. *Carso*), im weitern Sinn s. v. a. jul. oder krainer Alpen, Theil der Ostalpen, vom Terglou (8800') gegen SO. ziehend, umfasst zunächst das kahle, höhlenreiche krainer Kalkplateau, ca. 2000' (krainer Schneeberg 5170'), dann das Felsplateau des *eigentlichen* K., ca. 1500' h., mit schroffem Abfall zum Golf von Triest, steilen Felshöhen und zahllosen kessel- oder trichterförmigen Einsenkungen (Dolinen); Ausläufer bis zum Meerbusen von Fiume (Tschitscherboden, im M. Maggiore 4300' h.) und südöstl. bis zur Felsenspitze Klek (3637').

Kartätschen, kleine Vollkugeln, in einer Blechbüchse zu Geschützladung vereinigt. Der preuss. 4-Pfünder schiesst eine solche von 48 dreilöth. Zinkkugeln. Mehr u. mehr durch die Sprenggeschosse verdrängt.

Kartäuser (*Karthäuser*), vom heil. Bruno 1086 in der Einöde la Chartreuse (Kartause) bei Grenoble gestifteter ascetischer Mönchsorden, 1134 mit Statuten versehen, 1170 vom Papst bestätigt, mit Exemption, Zehntfreiheit und vielen Privilegien ausgestattet, beobachtet ausser den gewöhnl. Mönchsgelübden beständiges Schweigen ausser den gottesdienstlichen Uebungen; enthält sich

der Fleischspeisen, dabei isolirtes Wohnen der Mönche in Zellen (laura); besteht gegenwärtig noch in Frankreich; das. auch *Kartäuserinnen* mit derselben Regel, seit 1234.

Kartaune (*Karthaune*, von *Quartana*, Viertelsbüchse), im 16. Jahrh. Geschütz, welches 25 Pfd. Eisen schoss; später von verschiedenem Kaliber; jetzt abgekommen.

Karte, s. v. a. Land-, See-, Sternkarte; *Kartographie*, Kunst des Kartenzeichnens.

Kartell (fr. *cartel*), die Kampfordnung bei den Turnieren; Herausforderung zum Zweikampf mit Angabe der Kampfbedingungen; daher *Kartellträger*, der Ueberbringer einer solchen Herausforderung; eine zwischen 2 Parteien getroffene, auf Gegenseitigkeit gegründete Uebereinkunft, z. B. zwischen 2 Staaten wegen Auslieferung von Kriegsgefangenen, Kriminalverbrechern etc.; daher *Kartellschiff*, Schiff, das zur Auswechslung von Gefangenen, Anknüpfung von Unterhandlungen etc. abgesendet wird.

Karthägo (gr. *Karchédon*), im Alterthum ber. Stadt auf der Nordküste von Afrika, in der Gegend des heutigen Tunis, auf einer Halbinsel, der Sage nach im 9. Jahrh. v. Chr. von Dido (s. d.) gegründet, mit äusserem Hafen für Kauffahrteischiffe und innerem für Kriegsschiffe, zuletzt mit 700,000 Ew. Das Landgebiet, theils durch Unterwerfung libyscher Stämme, theils durch Anschluss altphönicischer Kolonieen (Utica, Leptis etc.) erworben, erstreckte sich um Mitte des 5. Jahrh. v. Chr. südl. bis zum Tritonsee, östl. bis zu den Altären der Philänen an der grossen Syrte, westl. bis Hipporegius (J. Bona). Reger Handelsgeist gebot Streben nach Seeherrschaft und Erwerbung auswärtiger Besitzungen; bes. in Sardinien (seit 600), Sicilien, Spanien, Gallien, Westafrika. Verfassung vorwiegend aristokratisch; die Macht in den Händen einiger reichen Familien, aus denen der Senat hervorging, der die Heerführer, sowie die an der Spitze der Exekutivgewalt stehenden 2 Suffeten wählte. Die Hauptstärke des Staats beruhte in seiner Seemacht. Religion die phönicische.

Geschichte zusammenhängend erst seit 5. Jahrh. v. Chr., damals Zusammenstoss der Karthager oder *Punier* (*Poeni* von den Römern genannt, wegen ihrer Abstammung von den Phöniciern) mit den Griechen in Sicilien (480 Vernichtung eines grossen karthag. Heeres durch Gelon und Theron bei Himera). Seit 409 Fortsetzung der Karthager auf Sicilien; Eroberung von Agrigent und Gela, 395 Belagerung von Syrakus durch dieselben. 310—306 Expedition des Agathocles nach Afrika. Die Unterwerfung der südl. Italiens durch die Römer bringt diese in feindliche Berührung mit den Karthagern. Der *erste punische Krieg* (264—241) Verlust Siciliens. Darauf bringt eine Empörung der Miethstruppen K. dem Untergang nahe. Dieselbe wird durch Hamilcar unterdrückt, der darauf einen grossen Theil Spaniens unterwirft als Ersatz für die von den Römern den Karthagern im Frieden entrissenen Inseln

Sardinien und Korsika. Hannibals (s. d.)
Angriff auf Sagunt (219) veranlasst den
zweiten punischen Krieg (218—201), der für
K. mit dem Verlust Spaniens und der Kriegs-
schiffe bis auf sehr endigt und den Staat
der Willkür Roms unterwirft. Trotzdem
Wiederaufblühen desselben durch Handel;
daher Eifersucht der Römer. Der dritte
punische Krieg (149—146) endet mit der
Eroberung und Zerstörung der Stadt, deren
Gebiet seitdem die röm. Provinz Afrika
bildet. Aus der auf den Trümmern K.s
angelegten röm. Kolonie Junonia entstand
Neukarthago, bes. im 2. und 3. Jahrh. n.
Chr. blühend, 439 von den Vandalen unter
Genserich erobert und zur Hauptstadt ihres
Reichs gemacht, 533 bei dessen Zerstörung
von Belisar erobert, 647 von den Arabern
zerstört. Trümmer davon bei den Dörfern
Sidi-Bu-Saïd und Dnar-el-Schat.

Karthamin, Farbstoff des Saflors, Karme-
sinroth mit Metallglanz, in Wasser kaum,
leichter in warmem Alkohol löslich.

Karthli (Karduel, Kartalinien), Landsch.
in Transkaukasien, Theil der alten Georgien (Gouvern. Tiflis). [Pflanzeichnen.

Kartiren (fr.), aufzeichnen; Kartirung,

Kartoffel (ursprüngl. Tartuffel, ital. tar-
tufoli, Trüffel), die Knollen von Solanum
tuberosum L., aus den Gebirgen Chiles, in
mehr als 600 Varietäten und Sorten bis 7,0
z. Br. kultivirt, enthalten 75,0 Wasser,
20,2 Stärkemehl, 2,3 Albumin, 1,0 Salze, 0,4
Zellstoff und 0,2 Fett; ihre Güte (Stärkege-
halt) wird nach dem spec. Gew. beurtheilt.
Der Nahrungswerth der K. ist sehr gering,
weil ihr die eiweissartigen Stoffe fehlen;
technisch wird sie auf Stärkemehl, Dextrin,
Stärkesyrup, Stärkezucker und Spiritus verarbeitet. Die Kartoffelkrankheit beruht auf
der Wucherung eines Pilzes (Peronospora
infestans), welcher sich in und auf dem
Kraut entwickelt und in die Knolle nieder-
steigt. Bekämpfung durch zweckmässige
Auswahl der Saat und entsprechende Kultur (vgl. De Bary, 1866). Die K. kam zuerst
durch die Spanier nach Europa, 1573 durch
Franz Drake nach England; im Grossen
baut man sie seit 1590 in Belgien, 1682 in
Oesterreich, 1717 in Sachsen. Vgl. Löbe (1855),
Büchner (1853). [Fusellöle.

Kartoffelfuselöl, s. v. a. Amylalkohol, s.

Karton (fr., spr. -tong), Pappe, Papp-
schachtel; leichter Pappband; zu einem
Buch gehöriges einzelnes Blatt, bes. ein
solches, welches beim Einbinden des Buchs
an der Stelle eines zu beseitigenden einzu-
heften ist; grosse Zeichnung auf starkem
Papier als Entwurf eines Gemäldes. Kar-
tonnage (spr. -ahsch), Papparbeit.

Kartusche (fr. cartouche), Verzierung auf
Landkarten etc., bes. in Form einer halb-
aufgewickelten den Titel etc. enthaltenden
Papierrolle; verzierte Einfassung von Wappen, Namenszügen etc.; s. v. a. Patrone
für Kanonen, daher Kartuschennadel, etwa
4 lange eiserne Nadel, womit die in den
Lauf gebrachte K. durch das Zündloch
durchstochen wird, damit die Schlagröhre
das Pulver leichter entzünde.

Meyers Hand-Lexikon.

Karunkel (lat.), Fleischwarze.

Karussell (fr. Carrousel), Ritterspiel mit
feierlichen Aufzügen zu Pferde im mittelalterl. Kostüm, Ringstechen, Speerwerfen,
Fechten etc.; Kinderbelustigung, bestehend
in Reiten auf hölzernen, um eine Walze dreh-
baren Pferden; auch die Vorrichtung dazu.

Karwändelgebirge (Kahrwendel), Gebirgs-
zweig auf der Grenze von Tirol und Bayern,
nördl. von Innsbruck, östl. bis zum Achen-
see. In der gr. Karspitz 7326' h. [Athos.

Karyä, Hauptort der Moucharepublik auf

Karyatide (gr.), bekleidete weibliche, als
Säule oder Pfeiler dienende Statue.

Kasan, ostruss. Gouvern., 1116 QM. mit
1,607,122 Ew.; wellenförmige, fruchtbare
Ebene. Bis 1441 mongol. Khanat, dann
selbständig, seit 1552 russisch. Die Hauptst.
K., an der Kasanka, 2 Std. von der Wolga,
63,084 Ew. (¼ Mohammed.); Universität (seit
1814), regs Industrie, bes. Gerberei, Nankiug-
fabr., Goldstickerei auf Leder; beträchtlicher Handel nach Vorderasien.

Kasamlik, Stadt im türk. Ejalet Adrianopel, an der Tundscha, 10,000 Ew.

Kasbah (arab.), Burg. [sus, 15,300' h.

Kasbek, zweithöchster Gipfel des Kauka-

Kasbin (Kaswin), Stadt in der pers. Prov.
Irak Adschemi, 60,000 Ew. Teppich-, Sei-
den-, Säbelklingenfabrikation, Pferdezucht.

Kaschan, Stadt in der pers. Prov. Irak
Adschemi, freundlichste Stadt Persiens,
30,000 Ew. Seiden-, Kupfergeschirrfabr.

Kaschau, Hauptst. des ungar. Kom. Ubah-
Ujvar, am Hsruad, 16,500 Ew. Schöne Kathedrale, bischöfl. Residenz, Akademie. Handel mit Landesprodukten. Dabei Bad Bankò.

Kaschgar, Landschaft und Stadt in der
kleinen Bucharei, an der Westgrenze des
chines. Reichs. Reichs, 80,000 Ew. Citadelle, Fabr.
von Atlas-, Gold- und Silberwaaren, Hauptstapelort für den Verkehr Mittelasiens.

Kaschmir, Alpenlanudsch. im westl. Himalaya, vom Dschelam bewässert; ausserordentl. fruchtbar, 900 QM. und ca. 800,000
Ew. (Hindu, schön gebildet und geistvoll),
die das Kaschmiri, eine Enkelsprache des
Sanskrit, sprechen; Landbau und Viehzucht (Kaschmirziegen), ber. Shawlweberei.
Früher besonderes Königr., 1586 vom Grossmogul Akbar, 1747 von den Afghanen erobert, später mit dem Reiche der Sikhs
vereinigt. Seit 1846 mit Kohistan etc. brit.
Schutzstaat, 2830 QM. und ca. 3 Mill. Ew.
unter eigenem Fürsten. Die Hauptst. K.
(Srindgar), 40,000 (früher 150,000) Ew.

Kaschmirshawl, s. Shawl.

Kaschmirwolle, s. Ziegenhaar.

Kaschmirziege, s. Ziege.

Kaseïn, Käsestoff, schwefel- und stickstoffhaltiger Körper, dem Eiweiss ähnlich,
gerinnt nicht beim Kochen, wohl aber
durch Essigsäure und Lab und beim Verdampfen seiner Lösung in Häuten, findet
sich bes. in der Milch, bildet den Hauptbestandtheil des Käses, dient auch zu Kitten
und zum Ueberziehn vegetabilischer Fasern,
um sie leichter färben zu können.

Käsel (lat. casula), Messgewand, Chor-
hemd der kathol. Geistlichen.

57

Kasematten (ital.), bombenfeste Gewölbe mit Schiessscharten in Festungen, dienen zur Unterbringung von Mannschaften etc.

Kaserne (fr.), Gebäude zur Unterbringung von Truppen; in Festungen meist Defensionskasernen, d. h. massiv und zur Vertheidigung geeignet. *Kasemattirte K.*, K. mit bombensichern Gewölben.

Kasikumyken, lesghischer Stamm in Transkaukasien, Gouv. Derbent, ca. 30,000 Köpfe.

Kasimir (eig. *Kasimiers*), Name mehrerer poln. Fürsten und Könige. *K. I.*, Sohn Mieczyslaws II. (1025—34), musste vor dem aufrührerischen poln. Adel nach Deutschland flüchten, erlangte mit Hülfe Kaiser Heinrichs III. 1040 die Herrschaft wieder, befestigte die fürstl. Gewalt und das Christenthum, unterwarf Masovien; † 1058. — *K. II., der Gerechte*, geb. 1138, Sohn Boleslaws III., seit 1177 poln. Grossfürst; † 1194. — *K. III., der Grosse*, geb. 1309, Sohn Wladislaw Loketeks, bestieg 1333 den Thron, hatte lange Streitigkeiten mit den deutschen Rittern, eroberte fast ganz Schlesien, zwang die eingefallenen Tataren zum Rückzug, reformirte die Gesetzgebung, nahm sich der Bauern an; † 1370, der letzte der Piasten. — *K. IV.*, geb. 1427, 2. Sohn Jagellos, reg. seit 1447, führte einen 20jähr. Krieg mit dem deutschen Orden, der 1466 ganz Westpreussen an Polen abtreten musste, berief 1468 den ersten Reichstag; † 1492.

Kasimir, feine, wollene, tuchartige, schwach gewalkte und gerauhte, geköperte Gewebe; durch Beimischung von Baumwolle oder Leinen entsteht Cassinet u. dergl.

Kasimow (*Kassimow*), Stadt im grossruss. Gouv. Rjäsan, an der Oka, 12,491 Ew. (viele mohammed. Tataren). Viele Fabriken, bes. für Lederwaaren, und bedeut. Handel.

Kasino (v. ital. *casa*, d. i. Häuschen), Landhaus, Villa; geschlossene Gesellschaft und deren Versammlungslokal.

Kaskade (fr.), Wasserfall, namentl. ein solcher mit absetzweise von Fels zu Fels fallendem Wasser.

Kaskadengebirge, Theil der nordamerik. Seealpen, von 42° n. Br. durch Oregon bis zum Fraserfluss (49°) ziehend, vom Columbia mit Wasserfällen durchbrochen; die Vulkane: Mt. Shasta 13,550', Mt. Hood 10,500' u. a.

Kaskaskia (spr. *Kässkiies-*), linker Nebenfluss des Missisippi in Illinois, 55 M. l.

Kaso, türk. Insel im Mittelmeer, zwischen Kandia und Karpatho, 5000 Bew.

Kaspar von der Rhön, geb. zu Münnerstadt, lebte um 1470; angebl. Verf. des sogen. ,Neuen Heldenbuchs'.

Kaspisches Meer (*Kaspisee*), grösster Binnensee der Erde, auf der Scheide Europas und Asiens, zwischen Russland, Persien und Turkestan, 165 M. lang, 25—60 M. br., 8413 QM., bis 2770' tief, 80' tief unter dem Spiegel des schwarzen Meeres gelegen. Wichtigste Zuflüsse: Wolga, Ural, Kur, Terek, Kuma. Busen: der Mortwyibusen im NO., Karaboghaz und Balkanbai im O. Russ. Städte: Astrachan, Gurjew, Derbent, Tarku, Baku; pers.: Balfrusch, Asterabad. **Kasr** (arab.), Schloss, Burg. [Rescht.]

Kassation (lat.), Erklärung, dass ein gerichtl. Erkenntniss wegen Nichtbeachtung der nöthigen Form nugültig sei; schworste Art der Amtsentsetzung. In Italien (*cassione*) ein serenadenähnl. Instrumentalstück (zu Abendständchen); daher die Redensart ,*Kassaten gehn*', d. i. auf verliebte Abenteuer ausgehen. — *Kassationshof*, oberstes Gericht, welches über Nichtigkeitsklagen (*Kassationsgesuche*) erkennt. *Kassatorische Klausel*, der einem Vertrag beigefügte Nebenvertrag, wonach entweder der eine Kontrahent bei Nichterfüllung binnen gewisser Zeit seiner Rechte verlustig gehen oder dem Mitkontrahenten unter derselben Voraussetzung der einseitige Rücktritt freistehen soll.

Kassáva, s. *Tapioca*.

Kasse, im kaufmänn. Verkehr s. v. a. baares Geld, daher *per K.*, s. v. a. Baarzahlung.

Kassel, Regbz. der preuss. Prov. Hessen-Nassau, 184,1 QM. mit 770,569 Ew. Die *Hauptstadt* K., bis 1866 Haupt- und Residenzstadt des Kurfürstenthums Hessen, zu beiden Seiten der Fulda, 41,587 Ew.; zerfällt in die Altstadt mit der Freiheit, die Unterneustadt, die prächtige Ober- oder franz. Neustadt und die wilhelmshöher und leipziger Vorstadt. 9 Thore (Friedrichsthor im Stil eines röm. Triumphbogens), 79 Strassen (Königsstrasse, 4500' l., Friedrich-Wilhelmsstrasse), 16 öffentl. Plätze (zirkelrunder Königsplatz, Friedrichsplatz, Karlsplatz). Goth. St. Martinskirche, neue kathol. Kirche, das königl. Schloss, die kolossale moderne Ruine Kattenburg, Schloss Bellevue, neuer Galeriepalast mit ber. Gemäldesammlung, Museum mit Landesbibliothek und reichen Sammlungen, grosser Bahnhof am köln. Thore, zahlr. Kasernen. Viele höhere Lehranstalten. Aufblühende Industrie, 2 Messen. In der Nähe der Park Karlsaue mit dem Marmorbad und Wilhelmshöhe (s. d.).

Kasseler Blau, s. v. a. Bremerblau.

Kasseler Braun, s. v. a. Kesselbraun.

Kasseler Gelb, s. v. a. Mineralgelb.

Kasseler Grün, s. v. a. schweinfurter Grün.

Kassenanweisungen, s. *Papiergeld*.

Kasserole (fr.), kupferner oder messingener Koch- oder Schmortopf.

Kasside, pers. Lobgedicht, in Form eines längeren Ghaseis (s. d.). [heben.]

Kassiren (lat.), für nugültig erklären, aufheben.

Kassolette (fr.), Räucherpfännchen.

Kassonade (span.), Roh-, Farinzucker.

Kassuben (*Kaschuben*), wend. Volksstamm im westl. Theile des preuss. Regbz. Danzig, mit poln. Mundart, ca. 85,500.

Kastagnetten (span., spr. -anjetten), kleine hölzerne Klappern in Form von 2 auf einander passenden Nussschalen, die, am Daumen befestigt, durch Darübergleiten der Finger taktmässig zum tremulirenden Tönen gebracht werden, welches den Rhythmus des Tanzes angibt, bes. in Spanien gebräuchlich.

Kastalischer Quell (a. G.), Quelle am Südabhange des Parnassus, bei Delphi in Phocis, nach der Nymphe *Castalia* benannt. Ihr Wasser verlieh poet. Begeisterung; daher *Kastaliden*, Beiname der Musen

Kastamuni, Stadt in Kleinasien, Ejalet Anadoli, am Gök Irmak, 12,000 Ew.

Kastanienbaum (Castanoe *Tournef.*), Pflanzengattung der Kupuliferen. *Kasten-*, *Maronenbaum* (C. vesca *Gärtn.*), aus Mittelasien, Waldbaum in Südeuropa, bei uns Zierbaum; liefert die essbaren nahrhaften Kastanien (enthalten 37,76% Stärke, 23% Dextrin, 17,67% Zucker, 1,71% Fett, 9% stickstoffhaltige Substansen) und Nutzholz.

Kasteien (lat.), züchtigen; zur Unterdrückung der sinnlichen Begierden für sein Seelenheil körperliche Entbehrungen und Schmerz ertragen.

Kastel, befest. Stadt in Rheinhessen, am Rhein, Mainz gegenüber, gleichsam der Brückenkopf dieser Festung, 3713 Ew.

Kastell (lat.), kleine Festung, Burg, Schloss. *Kastellan*, Burgvogt, Schlosswart.

Kasten, abgeschlossene erbliche Stände, deren Mitglieder nur durch die Geburt denselben angehören und nur infolge von Ausstossung sie verlassen können, bes. in Ostindien und im alten Aegypten üblich. *Kastengeist*, das ängstliche, ausschliessliche Festhalten an Vorrechten der Geburt und des Standes.

Kastigation (lat.), Züchtigung. [Ranges.

Kastilien (*Castilla*), Landschaft in Spanien, der Kern des Reichs, zerfällt in die 2 ehemaligen Königreiche: 1) *Altkastilien*, die Nordhälfte von Centralspanien, 1194 QM. und 1,681,297 Ew., mit 8 Provinzen: Burgos, Logroño, Santander, Soria, Segovia, Avila, Valladolid, Palencia; fruchtbar, eine der Kornkammern Spaniens; 2) *Neukastilien*, die Südhälfte von Centralspanien, 316,6 QM. und 1,477,915 Ew., mit 5 Provinzen: Madrid, Toledo, Guadalajara, Cuenca, Ciudad-Real; wenig angebaut, weite Steppengebiete. Beide Theile getrennt durch das *kastil. Scheidegebirge*, 5—6000' hoch (höchste Gipfel Somo Sierra 5000', Sierra de Guadarrama 7300'). Ueber die Geschichte K.s s. *Spanien*.

Kastoröl, s. v. a. Ricinusöl.

Kasträt (*Hämmling*), ein im Kindesalter durch Ausschneiden der Hoden der Mannheit Beraubter; wechselt nie die Stimme, bleibt bartlos und ist in seiner geistigen Entwickelung gehemmt. In Italien wurde die *Kastration* häufig geübt, um Diskantsänger für die Kirchen zu erlangen; notwendige chirurg. Operation wird sie bei Entartung eines Hodens. Bei Thieren übt man sie zur Erzielung feineren Fleisches und zur Bändigung der Arbeitsthiere.

Kastri, griech. Dorf, Nomarchie Phocis, an der Stelle des alten Delphi; altes Kloster.

Kastriota, s. *Skanderbeg*.

Kastro, Hauptstadt der türk. Insel Chios, an der Ostküste, 18,000 Ew.

Kasualien (lat.), Zufälligkeiten, aussergewöhnliche Amtsverrichtungen. *Kasualreden*, Gelegenheitsreden, bes. geistliche.

Kasualismus (lat.), Lehre von der Herrschaft des Zufalls. *Kasualität*, Zufälligkeit. *Kasuistik*, Lehre, Gewissensfragen, bes. bei Kollision von Pflichten zu entscheiden, früher Theil der theolog. Moral, bes. von Jesuiten (Escobar, Busembaum etc.), den sogen. *Kasuisten*, ausgebildet.

Kasuar (Casuarius *Briss.*), Gattung der straussartigen Vögel mit straffem haarartigen Gefieder, 5 Arten, in den Waldungen Ostindiens, des Archipels u. Neuguineas, bes. der *Helmkasuar* (C. indicus *Cuv.*), 6' hoch. Noch grösser ist der *neuholländ.* K. (C. Novae Hollandiae *Lath.*), Wildpret.

Katachrese (gr.), harter oder kühner Gebrauch einer rhetor. Figur.

Katadioptrisch (gr.), Vergrösserung oder scheinbare Annäherung eines Gegenstandes bewirkend, was sowohl auf Katoptrik als Dioptrik beruht. [worauf der Sarg steht.

Katafalk (ital.), Trauergerüst in Kirchen,

Katagma (gr.), Knochenbruch; *katagmatisch*, zur Heilung eines K.s dienend.

Kataklysma (gr.), Darmbad, Klystier.

Katakomben (gr.), unterirdische, in Felsen gehauene Begräbnisstätten, zum Theil ehemalige Steinbrüche; die berühmtesten zu Rom bei S. Sebastiano, S. Lorenzo, Sta. Agnese etc., die ältesten von 111 n. Chr. herrührend, von den ersten Christen noch als Kultusstätten benutzt; andere bei Syrakus, Neapel, Paris etc.

Katakustik (gr.), Lehre vom Widerhall.

Katalaunische Felder, die Gegend zwischen Châlons (Catalaunum) und Rheims; das. 451 die ber. *Schlacht* zwischen Attila und dem siegreichen Gothenkönig Theodorich, der aber fiel.

Katalekten (gr.), Sammlung von Fragmenten, einzelnen Gedichten oder Schriften.

Katalektisch (gr.), nicht vollzählig, Vers, dessen letzter Fuss unvollständig ist.

Katalepsie (gr.), s. *Starrsucht*.

Katalog (gr.), Verzeichniss, insbes. von Büchern, zu versteigernden Gegenständen, Kunstsammlungen, Sternen etc.; *Messkatalog*, jährliches Verzeichniss der literar. Publikationen für die Buchhändlermesse.

Katalonien (span. *Cataluña*, ehemals *Gothalonia*), ehemal. Fürstenthum im nordöstl. Spanien, 587 QM. und 1,731,798 Ew. Gebirgsland, kaum zur Hälfte anbaufähig; Hauptprodukt: Kork. Die Ew. durch Gewerbfleiss und Thätigkeit ausgezeichnet. Bed. Baumwollfabr., lebh. Seehandel. 4 Provinzen: Barcelona, Gerona, Tarragona, Lerida. Im Alterthum röm. Prov. (Hispania Tarraconensis), später von den Alanen und Gothen besetzt; kam 788 an Karl d. Gr. (Haupttheil der span. Mark); seit 1137 mit Aragonien vereinigt. 1479 der span. Monarchie einverleibt.

Katalysis (gr.), Auflösung.

Katalytische Kraft, die hypothetische Kraft, vermöge welcher ein Körper, ohne selbst verändert zu werden, chemische Prozesse veranlasst, z. B. die Vereinigung von Wasserstoff und Sauerstoff durch Platin.

Katamenien (gr.), s. v. a. Menstruation.

Katapepsis (gr.), vollständige Verdauung.

Kataphora (gr.), krankhaft tiefer Schlaf.

Kataphrakt (gr.), Schuppenpanzer, Küras; Art Verband bei Knochenbrüchen.

Kataplasma, Breiumschlag, erweichender, zertheilender Umschlag auf Geschwülsten.

Kataplexie (gr.), das Starrwerden nach Schlagfluss; Stumpfwerden der Zähne.

Katapulte (gr. *Katapeltes*), transportable

Schiessmaschine der Alten, aus welcher starke Pfeile, Lanzen, Balken mittelst Stahlbogens und Sehne geschossen wurden.

Katarrakt (gr.), Wasserfall, Stromsturz aus beträchtlicher Höhe; der graue Staar.

Katarrh (gr.), Entzündung der Schleimhäute, bestehend in Röthung, Schwellung, Eiterabsonderung; s. *Schnupfen, Diarrhoe, Tripper, Weisser Fluss.* Meist versteht man unter K. nur die Entzündung der Luftwege (Kehlkopf, Luftröhre), mit Husten, Brustbeklemmung und Fieber verbunden. Behandlung durch grosse Ruhe, gleichmässig warme Luft, milde Getränke. *Katarrhfieber,* Begleiterscheinung fast aller plötzlich entstehenden K.e.

Katarrhoema (gr.), Schleimfluss.

Katarrhexis (gr.), heftiger Durchfall.

Katasarka (gr.), Hautwassersucht.

Katastaltisch (gr.), zurückdrängend, hemmend, blutstillend; *Katastaltica,* dgl. Mittel.

Katastase (gr.), Anordnung; Körperkonstitution; im Drama die festere Schürzung des Knotens.

Kataster (gr.), Grund- oder Flurbuch, wonach die Besteuerung geschieht; *katastriren,* in ein solches Buch eintragen.

Katastrophe (gr.), Umschwung, Wendung, bes. im Drama die Lösung des Knotens; überhaupt jede entscheidende Wendung im menschlichen Geschick, Völkerleben etc.

Katechese (gr.), Unterricht durch Frage und Antwort, bes. in der Religion. *Katechet,* Lehrer, welcher Religionsunterricht nach der Fragemethode ertheilt. *Katechetik,* Theorie des katechetischen Religionsunterrichts. *Katechisiren,* Unterricht, bes. in der Religion, nach der Fragemethode ertheilen; *Katechisation,* ein solcher Unterricht.

Katechismus (gr.), im Allg. ein populäres, in Fragen und Antworten abgefasstes Lehrbuch der Anfangsgründe einer Wissenschaft, insbes. ein derartiges Lehrbuch der christlichen Religion. Die verbreitetsten Religionskatechismen sind in der luther. Kirche: die Luthers von 1529 (der grosse für die Lehrer, der kleine für das Volk); in der reformirten: der *heidelberger* K., von Olevian und Ursinus verfasst (1563); in der anglikan.: der sogen. ,Church catechism', von Poinet 1552 verfasst; in der presbyterian.: ,The assembly-catechism'; in der röm.-kathol.: der *römische* oder *tridentin.* K. (1566, deutsch von Hoffaus 1568), daneben die von Petr. Canisius herausgeg. Katechismen; in der griech.-kath. Kirche: das ,Rechtgläubige Bekenntniss der kath. und apostol. Kirche des Morgenlands' (1642) von P. Mogilas.

Katechu, gerbstoffhaltige Extrakte aus dem Kernholz von Acacia Catechu (*Pegukatechu, Kutsch, Cachou*), den Zweigen von Uncaria Gambir (*Gambir, gelber K., Katagamba,* Terra japonica) und dem Samen von Areca Catechu (*Palmenkatechu*), braun, in Wasser und Alkohol grösstentheils löslich, enthalten 40—50% Gerbsäure, zum Theil Kaumittel in Indien, wird in der Gerberei u. Färberei vielfach benutzt, auch officinell.

Katechumen (gr.), Einer, der im Katechismus unterrichtet wird, insbes. Konfirmand.

Kategorie (gr.), der allgemeinere Begriff, worunter etwas gefasst wird, s. v. a. Fach, Klasse; in der Philosophie sind K.n (lat. *praedicamenta*) die höchsten Gattungsbegriffe, nach Aristoteles 10: substantia, quantitas, qualitas, relatio, actio, passio, ubi, quando, situs und habitus; nach Kant die Grund- und Stammbegriffe des menschlichen Erkenntnissvermögens, die unabhängig von der Erfahrung a priori vorausgesetzten Elementarbegriffe, eingetheilt in die K.n der Quantität, der Qualität, der Relation, der Modalität. *Kategorisch,* unbedingt, geradezu, schlechthin, Gegensatz von hypothetisch; *k.es Urtheil,* ein solches, worin das Prädikat dem Subjekt geradezu, schlechthin beigelegt wird; *k.er Imperativ,* bei Kant das Sittengesetz, insofern es geradezu oder schlechthin, d. h. ohne Rücksicht auf irgend ein anderes Interesse, gebietet oder verbietet.

Kat'exochen (gr.), vorzugsweise.

Katharer (gr., d. i. Reine), im Mittelalter seit Ende des 10. Jahrh. Sekten in Frankreich, Westdeutschland und der Lombardei mit dem gemeinsamen Merkmal der Opposition gegen die hierarch. Veräusserlichung der Kirche und des Verlangens nach apostolischer Einfachheit, in Frankreich als Albigenser hart verfolgt. Aus dem Namen K. entstand das deutsche Wort *Ketzer.*

Katharina, 1) Heilige, gelehrte Jungfrau zu Alexandria, königl. Geblüts, als eifrige Christin 307 enthauptet; Patronin der philosoph. Fakultät zu Paris; Tag 25. Nov. — 2) *K. von Siena,* Heilige, geb. 1347 zu Siena, ward Dominikanerin, rühmte sich des unmittelbaren Umgangs mit Christus, von Urban VI. 1378 nach Rom berufen; † 1380 das.; 1461 kanonisirt, Tag 30. April. — 3) *K. von Bologna,* Klarissin, geb. 9. März 1463, berühmt durch ihre ,Revelationes Catharinae Bononiensi factae', 1712 kanonisirt.

Katharina, Kaiserinnen von Russland: *K. I.,* geb. 15. April 1684, eigentl. Martha, Tochter des lithauischen Bauern Samuel Skawronski, seit 1701 Gattin eines schwed. Dragoners, fiel bei der Einnahme Marienburgs durch die Russen 3. Sept. 1702 als Gefangene in die Hände des Generals Scheremetjew, kam dann zum Fürsten Menschikow und zu Peter d. Gr., der sich 1707 heimlich mit ihr vermählte, erhielt bei ihrem Uebertritt zur griech. Kirche den Namen K. Alexjewna, ward Mutter von 3 Töchtern, Anna, Mutter Peters III., und Elisabeth, der nachmal. Kaiserin, befreite 1711 am Pruth, indem sie die Gunst des Grossveziers zu gewinnen wusste, das russ. Heer aus gefährlicher Lage, ward von Peter 1712 öffentlich als Gemahlin anerkannt, 1724 als Kaiserin gekrönt, nach Peters d. Gr. Tode 1725 auf Menschikows Betrieb als Kaiserin ausgerufen, überliess sich einer zügellosen Lebensweise; † 17. Mai 1727. Vgl. *Arsenjew* (1856). — *K. II.,* geb. 2. Mai 1729 zu Stettin, Tochter des Fürsten Christian August von Anhalt-Zerbst, 1. Sept. 1745 mit dem Grossfürsten Peter, dem Neffen und Nachfolger der russ. Kaiserin Elisabeth, vermählt, vertauschte ihren

Namen Sophie Auguste bei ihrem Uebertritt zur griech. Kirche mit K. Alexiewna. Von ihrem Gemahl vernachlässigt, knüpfte sie erst mit dem Grafen Sergéi Soltikow, dann mit Stanislaus August Poniatowski ein Liebesverhältniss an. Nachdem ihr Gemahl, der 5. Jan. 1762 als Peter III. den Thron bestiegen, durch eine Verschwörung 9. Juli nicht ohne ihr Mitwirken gestürzt worden, nahm sie selbst die Regierung in die Hand. Ueber dieselbe s. *Russland*, Gesch. Sie † 17. Nov. 1796. Ihre Leidenschaften Wollust und Ruhmsucht. Sie verkehrte mit ausgezeichneten Schriftstellern (Diderot, d'Alembert, Voltaire etc.), beförderte die Wissenschaften, Handel und Gewerbe, verbesserte die Gesetzgebung, oft aber mehr auf den Schein als die Sache bedacht. Vgl. *Herzen*, „Mémoires de l'impératrice Cathérine II', 1859, deutsch 1859.

Katharina von Aragonien, Königin von England, geb. 1483, Tochter Ferdinands II. von Aragonien und Isabellas von Kastilien, ward 1501 mit dem Prinzen Arthur von Wales, Sohn Heinrichs VII., nach dessen Tods 1502 mit dessen Bruder, Heinrich VIII., vermählt, der 1533 seine Ehe mit ihr eigenmächtig löste; † 1536 zu Kimsbolden.

Katharina von Medici, Königin von Frankreich, geb. 1519 zu Florenz, Tochter Lorenzos von Medici, Herzogs von Urbino, ward 1533 mit Heinrich, dem Sohne Königs Franz I., dem nachmal. König Heinrich II., vermählt. Während der Regierung ihres Gemahls sich klug zurückhaltend, gewann sie erst nach der Thronbesteigung ihres Sohnes Franz II. Einfluss, behielt denselben auch unter Karl IX. und Heinrich III., suchte gegen die Macht der Guisen ein Gegengewicht in der geheimen Verbindung mit den Hugenotten, suchte aber diese wie jene zu unterdrücken. Herrschsüchtig und ränkevoll, untergrub sie durch princip- und gewissenlose Politik den Thron; Hauptanstifterin der pariser Bluthochzeit (s. *Hugenotten*); † 5. Jan. 1589 zu Blois. Vgl. *Reumont* (1856).

Katharinenarchipel, s. v. a. Aleuten.

Katharinenburg, Stadt, s. *Jekaterinburg*.

Katharinensee (*Katrin-Loch*), Uebirgssee in der schott. Grafschaft Perth, bekannt durch W. Scotts „Fräulein vom See‘.

Katharsis (gr.), Reinigung, Ausleerung des Darmkanals; auch sittliche Reinigung. *Kathartica*, abführende Heilmittel. *Kathartin*, der wirksame Bitterstoff in den abführenden Sennesblättern. [scher.]

Kathéder (gr.), Lehrstuhl, bes. akademi-

Kathedrale (von *cathēdra*, Sitz, Bischofssitz), bischöfl. Hauptkirche; Dom, Münster.

Kathete (gr.), im rechtwinkeligen Dreieck die beiden den rechten Winkel einschliessenden Seiten, deren Quadrate zusammengenommen dem Quadrate der Hypotenuse gleich sind (pythagor. Lehrsatz).

Katheter (gr.), chirurg. Instrument, langes gebogenes Rohr, wird zur künstlichen Entleerung der Harnblase durch die Harnröhre, oder zum Einblasen von Luft in die Paukenhöhle des Ohrs durch die Nase in die eustachische Trompete eingeführt.

Kathetometer, Apparat zur Messung kleinerer und grösserer Höhenunterschiede, bes. von Flüssigkeiten; besteht im Wesentlichen aus einem vertikalen Maasstab und einem an demselben verschiebbaren horizontalen Fernrohr. [Elements.]

Kathöde, der negative Pol eines galvan.

Katholicismus, diejenige kirchl. Form der christl. Religion, welche sich unter der Hierarchie der röm. Päpste entwickelt und ausgebildet hat, im Gegensatz zum Protestantismus. *S. Römisch-katholische Kirche*.

Katholische Briefe, im Gegensatz zu den paulin. Briefen die übrigen Briefe des N. T.s, als zum Vorlesen in der kathol., d. i. allgemein christl. Kirche bestimmt.

Katholische Majestät, Titel der Könige von Spanien, von Alexander VI. an Ferdinand dem Katholischen 1491 verliehen.

Katoptrik (*Anakamptik*, gr.), die Lehre von der Zurückwerfung der Lichtstrahlen.

Katsch (*Cutch*), brit. Schutzstaat in der ostind. Präsid. Bombay, östl. von Sind, 313 QM. Hauptstadt Bhudsch (Bhooj).

Katscha-Gandawa (*Cutch-Gundawa*), Landschaft in der Nordostecke Beludschistans, heiss, wohlbewässert und fruchtbar.

Katte, *Hans Herm. von*, preuss. Lieutenant, Vertrauter Friedrichs II. als Kronprinzen; 6. Nov. 1730 zu Küstrin enthauptet, weil er um den Fluchtplan Friedrichs gewusst u. zu dessen Ausführung beigetragen.

Kattegat, Meerenge zwischen Schweden und Jütland, die Verbindung der Nord- und Ostsee, 9—21 M. br., gefährlich durch Untiefen, Strömungen und Stürme.

Katten (*Chatten*), altgerman. Volk, vorzugsweise im heutigen Hessenlande sesshaft, berühmte Krieger; gehen nach der Zeit Marc Aurels unter den Franken auf.

Kattun, glatter, leinwandartig gewebter baumwollener Stoff; weisser: Cambric und Shirting; einfarbige, gesteifte u. geglättete: Barsenots und Futterleinwand; bedruckte: Calicos, Indiennes. K. kam früher nur aus Ostindien, wurde dann in England, Frankreich, Deutschland etc. nachgeahmt, jetzt einer der wichtigsten Handelsartikel.

Katty, ehin. Gewicht, = 1½ Pfd. Avoird. = 1½ Zollpfund.

Katunjasäulen (*Bjelucha*), höchster Gipfel des Altai, mit 2 Spitzen, 10,320' hoch.

Katwijk op Zee (spr. -weik-), Dorf in der Prov. Südholland, 5824 Ew. Ber. Kanal, der den alten Rhein in das Meer führt.

Katzbach, Nebenfluss der Oder im preuss. Regbz. Liegnitz, mündet bei Parchwitz, 12 M. lang. 26. Aug. 1813 *Sieg* Blüchers über die Franzosen unter Macdonald.

Katze (*Felis L.*), Gattung der Raubthiere: Löwen, Tiger, Panther, Pardel, Geparde, Luchse und Hiäns. Zu letzteren gehört die *wilde K.*, *Steinkatze* (F. catus L.), 2' 2" l., in Wäldern Europas, Vorderasiens, Indiens, dem Wildstand schädlich. *Hauskatze* (F. domestica *Briss.*), soll von der nubischen Falbkatze (F. Rüppelli *Brandt*) abstammen. Varietäten: Cyperkatze, span. K., kartäuser u. Angorakatze. War bei den Aegyptern heilig, im 11. u. 12. Jahrh. in Europa noch selten.

Katze, früher Schirmdach, dessen der Belagerer sich bei Annäherung an die Festungsmauer bediente. *K. mit neun Schwänzen*, Peitsche in der engl. Armee und Marine.

Katzenauge, Schillerquarz, s. *Quarz*.

Katzenellenbogen (lat. *Cattimelibocus*), alte deutsche Grafschaft, zerfiel in die obere (Theil der Bergstrasse und des Odenwaldes) und die niedere (in der Wetterau), etwa 20 QM. Die niedere Grafschaft kam 1803, die obere 1815 an Nassau.

Katzengold, Katzensilber, s. *Glimmer*.

Katzenpfötchen, s. v. a. Gnaphalium dioicum.

Katzenwurz, s. v. a. Baldrianwurzel.

Kaub, Stadt im preuss. Reghs. Wiesbaden (Rheingau), am Rhein, 2064 Ew. Ruine *Gutenfels*. Dabei im Fluss die alte *Pfalz* (1326 erbaut, zur Erhebung des Rheinzolls). Bei K. in der Neujahrsnacht 1814 Uebergang Blüchers über den Rhein (Denkmal).

Kaufbeuren, Stadt im bayer. Regbz. Schwaben, vormals freie Reichsstadt, an der Wertach, 4852 Ew. Wallfahrtsort. In der Nähe das scheidlinger Bad.

Kaufbiel, ziemlich reine Sorte Blei.

Kauffahrer, Kauffahrteischiffe, Handelsschiffe verschiedener Grösse.

Kauffmann, *Angelika*, Malerin, geb. 30. Okt. 1741 zu Chur, bildete sich 1763—65 in Italien, lebte dann in London, kehrte 1785 als Gattin des venetian. Malers Zucchi nach Rom zurück; † das. 5. Nov. 1807. Meist Porträts und histor. Gemälde.

Kaufungen, *Kunz von*, s. *Prinzenraub*.

Kaufungerwald, breite Hochfläche zwischen Werra und Fulda, bis 1500' hoch.

Kaufvertrag (Emtio, Venditio), Vertrag, wonach der eine Theil dem andern eine gegenwärtige oder zukünftige Sache gegen einen bestimmten Preis überlässt, ist geschlossen, sobald beide Theile über Gegenstand und Preis einig sind, begründet aber nur eine Forderung, nicht Eigenthumsrecht an der verkauften Sache, welches erst durch die Uebergabe und Bezahlung des Preises erworben wird. Die Auflösung des K.s erfolgt nach Einwilligung der Parteien.

Kaukasien, das Land des Kaukasus, zwischen dem kaspischen und dem schwarzen Meere, zu Russland gehörig, bildet die sog. kaukas. Statthalterschaft', 7978 QM. und (1865) 4,507,546 Ew. (vorzugsweise Mohammedaner und griech.-kathol. Christen), und zerfällt in a) *Ciskaukasien*, auf der Nordseite des Kaukasus, 4045 QM. und 1,892,382 Ew. (das europ. Gouv. Stawropol, das Land der kubanschen Kosaken und den Landstrich des Terek umfassend), b) *Transkaukasien*, auf der Südseite des Kaukasus, 3931 QM. und 3,115,164 Ew. (mit 5 Gouv.: Tiflis, Elisabethpol, Baku, Eriwan und Kutais). Die Bewohner des Kaukasus ein buntes Gemisch von Bergvölkern, theils kaukas., theils mongol. Race, kräftiger Natur, tapfer und unbändig, von Jagd, Viehzucht, Räuberei lebend. In der heissen Ebene und den untern Thalgründen Anbau subtrop. Produkte (Baumwolle, Wein, Südfrüchte etc.) und Manufaktur von Shawls,

Waffen, Tuch, Seidenwaaren etc. Die wichtigsten Bergvölker: die Adighe (Tscherkessen) und Abega im westl. Kaukasus, die Tschetschenzen im mittl., die Leaghier im östl. Kaukasus. Völlige Unterwerfung derselben durch die Russen erst 1864 nach 68jähr. Kampfe, worauf massenhafte Auswanderung (namentl. der Völker des westl. Kaukasus, ca. 470,000 Köpfe) nach der Türkei erfolgte. Vgl. *Wagner* (1850), *Petshold* (1867), *Radde* (1870); *Bodenstedt*, „Die Völker des Kaukasus", 2. Aufl. 1855.

Kaukasus, Alpengebirge auf der Landenge zwischen dem kaspischen und schwarzen Meere, von SO. nach NW. ziehend, 150 M. lang, 30 M. breit, ca. 4000 QM.; zerfällt a) in den *hohen K.*, mit mehreren parallelen Ketten, 10—11,000' h. Kamm, engen und sehr tiefen Thalspalten, die den Verkehr hindern, zahlr. Hochgipfeln (Kasbek 15,500', Elbrus 17,400') und an den äussersten Enden (den Halbinseln Apscheron im SO., Taman im NW.) Schlammvulkanen, Naphthaquellen etc.; b) in die *kaukas. Vorberge*, im S. wenig bekannt, im N. niedrige Plateauflächen (z. B. die gr. und kl. Kabarda) voll Klippen und Schluchten und dicht bewaldet. Nur 2 Gebirgspassagen: Thal des Terek (Tifliastrasse) und der Pass von Derbent. Vgl. *Kaukasien*.

Kaulbach, *Wilh.* (von), Maler, geb. 15. Okt. 1805 zu Arolsen, seit 1821 in Düsseldorf unter Cornelius gebildet, folgte diesem 1826 nach München, ward später das. Hofmaler und Direktor der Akademie, seit 1847, vom König von Preussen berufen, in Berlin. Am glänzendsten in seinen satir. Kompositionen (bes. „Reineke Fuchs") und den symbol.-histor. Darstellungen (im Treppenhaus des neuen berliner Museums: Thurmbau zu Babel, Blüthe Griechenlands, Zerstörung Jerusalems, Hunnenschlacht, die Kreuzfahrer, die Reformation). Andere Hauptwerke: das Narrenhaus (1825, Begründer seines Ruhms), Amor und Psyche (16 Wandgemälde in München), die Freska an der neuen Pinakothek in München, die Illustrationen zu Shakespeare u. zu Goethe, Ermordung Cäsars (Kohlenzeichnung) u. a.

Kaulbarsch (Acerina *Cuv.*), Fischgattung der Brustflosser. Gem. K. (A. cernua *L.*), 6—8" l., in europ. Flüssen; Schrätz (A. Schraitzer *Bl.*), 10' l., in der Donau.

Kaulquappen, die anfangs helmlosen, fischähnlichen Jungen der Batrachier, mit Ruderschwanz und Kiemen, die erst nach und nach verkümmern.

Kaumittel, Reizmittel für die Mundschleimhaut, welche die Geschmacksnerven anregen, ohne zu sättigen, bes. Kokablätter, Tabak, Betel, Kolanüsse, Mastix. Medic. wurden früher als K. Salbei, Ingwer etc. gegen Mundkrankheiten verwendet.

Kaunitz, *Wenzel Anton, Fürst von*, Graf von Rietberg, österreich. Staatsmann, geb. 2. Febr. 1711 zu Wien, wurde 1735 Reichshofrath, 1744 österr. Minister am Hofe der Generalgouverneurs der österr. Niederlande, des Herzogs Karl von Lothringen, dann wirklicher Staatsminister, bewirkte

1750—52 als Gesandter am franz. Hofe die Allianz zwischen Oesterreich u. Frankreich. Seit 1753 Hof- und Staatskanzler. Seit 1756 zugleich niederländ. und italien. Kanzler, war er fast 40 Jahre lang Leiter der inneren und äusseren Angelegenheiten Oesterreichs, bes. unter Maria Theresia von grossem Einfluss; † 27. Juni 1794.

Kauri, s. *Porzellanschnecke.*

Kausal (lat.), ursächlich, begründend. *Kausalverhältniss*, Ursache und Wirkung. *Kausalität*, Ursächlichkeit. *Kausation*, das Vorschützen einer Ursache; *kausativ*, ursächlich.   [Speisegesetzen gemäss.

Kauscher (hebr., kescher), den jüd.

Kaustisch, ätzend; *k.e Lauge*, Aetzlauge, Lösung von Aetzkali oder Aetznatron in Wasser; *k.e Linie* und *Fläche*, s. v. a. Brennlinie und Brennfläche.

Kautel (lat.), Vorsichtsmassregel, wodurch man sich bei Rechtsgeschäften, Abfassung von Urkunden etc. vor möglichem Schaden schützt, Einreden n. dergl. vorbeugt.

Kauterisation (gr.), Anwendung von Aetzmitteln, des Glüheisens, der Moxa bei Geschwülsten, Brand, Wundvergiftungen.

Kaution (lat.), Sicherstellung durch feierliches Versprechen (*Verbalkaution*) oder Hinterlegung einer Geldsumme, Bestellung einer Hypothek etc. (*Realkaution*).

Kautschuk (*Federharz*, Gummi elasticum), Verbindung von 8 Aeq. Kohlenstoff mit 7 Aeq. Wasserstoff, findet sich im Milchsaft vieler Pflanzen, wird bes. aus der südamerikan. Siphonia elastica *Pers.* und den indischen Urceola elastica *Roxb.* und Ficus elastica *L.* gewonnen. Der Milchsaft, aus dem verwundeten Baum fliessend, wird auf Thonformen gestrichen und getrocknet. K. ist in dünnen Lagen durchsichtig farblos, vollkommen elastisch, spec. Gew. 0,925, leitet nicht die Elektricität in der Kälte hart, aber nicht spröde, beim Erwärmen weich, schmilzt bei 200⁰ und erstarrt nicht wieder, brennt mit russender Flamme, ist unlöslich in Wasser und Aether, widersteht dem Chlor, den ätzenden Alkalien und verdünnten Säuren, löst sich in Terpentinöl, Steinkohlentheeröl (Benzol), in den eigenen Destillationsprodukten, am besten in Schwefelkohlenstoff. Man verarbeitet das K. durch Kneten und Walzen bei gelinder Wärme. Durch Kneten und Erhitzen mit Schwefel, durch Eintauchen in geschmolzenen Schwefel oder in eine Mischung von Schwefelkohlenstoff n. Chlorschwefel (s. d.) wird das K. *vulkanisirt*, behält dann seine Elasticität auch in der Kälte und widersteht den Lösungsmitteln und dem Zusammendrücken im hohen Grade. Durch stärkeres Vulkanisiren und geeignete Zusätze entsteht das *hornisirte K., Ebonit*, mit einer dem Horn und Fischbein fast gleichkommenden Härte und Elasticität. Verwendung des K.s zu Platten, Fäden, Schnüren, elastischen und wasserdichten Geweben, Röhren, Gefässen, Buchdruckerwalzen, Puffern, Schuhen, Kämmen, Knöpfen etc. Produktion: Java 50,000, Para 30,000, Guatemala, Cartagena 18,000,

Venezuela, Neugranada, Afrika 2000 Ctr. K. wurde 1740 durch Condamine bekannt, die Kautschukindustrie entwickelte sich seit 1849. Vgl. *Harzer* (1864).

Kavallerie, s. *Reiterei.*

Kavery (engl. *Cauwery*), Fluss im südl. Ostindien, entspringt auf den Westghats in Kurg, durchfliesst Maisur, mündet in den bengal. Meerbusen; 80 M. lang.

Kaviar (lat.), eingesalzener Rogen des Störs und Hausens; der beste ist der astrachaner mit grossen glasigen Körnern, der schlechteste der Presskaviar. K. ist reicher an Eiweiss, aber ärmer an Fett als Hühnereier.

Kaviren (lat.), für etwas bürgen, haften; sich hüten; beim Fechten Art Parade.

Kawass, türk. Polizeisoldat, Gendarm.

Kawi, die alte hell. Literatursprache der Javanesen, ihrem Organismus nach an den malayischen Sprachen gehörig, mit zahlr. Wörtern aus dem Sanskrit. Vgl. *W. von Humboldts* her. Werk „Ueber die Kawisprache" (1836—40, 3 Bde.).   [dianer.

Kasike, Häuptling der südamerikan. Indianer.

Kean (spr. Kihn), *Edmund*, engl. Schauspieler, geb. 4. Nov. 1787 in London, seit 1814 auf der Bühne das. thätig und Liebling des Publikums; † 15. Mai 1833 zu Richmond. — Sein Sohn *Charles*, geb. 18. Jan. 1811 zu Waterford (Irland), seit 1851 Direktor des Prinzesstheaters in London; † 23. Jan. 1868, ebenfalls namhafter Schauspieler.   [spieler.

Kebsche, s. *Konkubinat.*

Kecskemét (spr. Kätsch-), ungar. Marktfl. südl. von Pesth, 39,434 Ew., mit Landbesitz von 10 QM.; Weinbau, Produktenhandel. Die *kecskemeter Heide*, eine 50 M. lange Sandsteppe zwischen Donau und Theiss.

Kef (*Cirtha nova*), Stadt in Tunis, an der Strasse nach Konstantine; ca. 13,000 Ew.

Kegel (Conus), mathemat. Körper, welcher von einer ebenen, gewöhnl. kreisförmigen Fläche, der Basis oder Grundfläche, und einer gekrümmten, der Kegelfläche (Mantel), begrenzt wird und nach oben in eine Spitze ausläuft. Die gerade Linie von der Spitze des K.s nach dem Mittelpunkt der Basis heisst die *Axe*, jede gerade Linie von der Spitze zum Umfang der Basis eine Seite des K.s. Steht die Axe senkrecht auf der Basis, so ist der K. ein senkrechter oder gerader; ist dies nicht der Fall, ein schiefer (ungleichseitiger). Unter der Höhe des K.s versteht man die Länge der senkrechten Linie, welche man von der Spitze des K.s auf dessen Basis herabgelassen denkt; sie fällt beim geraden K. mit der Axe zusammen. Der Kubikinhalt des K.s beträgt ⅓ eines Cylinders, welcher mit ihm gleiche Grundfläche und Höhe hat. Der Mantel des K.s ist im Allgem. gleich dem Produkt aus der Seite des K.s mit dem Halbmesser der Grundfläche, multiplicirt mit der ludolfischen Verhältnisszahl (π). — Die *Kegelschnitte* sind krumme Linien oder auch Flächen, welche entstehen, wenn ein K., dessen Basis eine Kreisfläche ist, von einer ebenen Fläche geschnitten wird. Gewöhnl. werden darunter nur die Parabel (s. d.), Ellipse (s. d.) und Hyperbel (s. d.)

begriffen. In der Buchdruckerkunst bezeichnet K. die Dicke der Lettern der Länge nach bei den verschiedenen Schriftgrössen.

Kegelräder, Zahnräder, deren Zähne in Form eines abgestutzten Kegels gestellt sind und welche unter rechtem Winkel ineinandergreifen.

Kegelschnäbler (*Hopser*, Conirostres), Familie der Singvögel mit starkem Schnabel: Meisen, Lerchen, Finken etc.

Kegelschnitte, s. *Kegel.*

Kehdingen, Landsch. in der preuss. Prov. Hannover, links an der Elbe bis zur Nordsee, 5 QM. und ca. 20,000 Ew. Im S. das *kehdinger Moor,* 1,8 QM.

Kehl, Stadt und vormals Reichsfestung, später kleine Bundesfestung mit Brückenkopf und 2 Forts, im bad. Kr. Offenburg, am Rhein, Strassburg gegenüber, 1920 Ew. Die Gittereisenbahnbrücke am 22. Juli 1870 gesprengt und die Stadt im Aug. und Sept. von Strassburg aus stark bombardirt.

Kehle, Inbegriff der im oberen Halstheile gelegenen Schling- und Athemwerkzeuge, in welchen eine Sonderung in Luftwege und Speiseröhre noch nicht eingetreten ist; auch die Luftröhre allein.

Kehlkopf (*Larynx*), der oberste Theil der Luftröhre, vor der Speiseröhre im Halse gelegen, ist als harter, kantiger Knoten von aussen fühlbar und sichtbar (Adamsapfel), besteht aus dem Schild-, Ring- und Giesskannenknorpel und den Stimmbändern, die durch Muskelwirkung in verschiedene Stellung und Spannung und beim Durchtreten der Luft in tönende Schwingungen versetzt werden können. Oben befindet sich der *Kehldeckel,* welcher beim Schlingen über den K. klappt und das Eintreten von Speisen in die Luftröhre (unrechte Kehle) verhindert. Vgl. *Luschka* (1871).

Kehlkopfkrankheiten (Entzündung, Croup, Kehlkopfschwindsucht, Stimmritzenkrampf), meist von Heiserkeit begleitet. Allgem. Behandlung: Vermeidung des Sprechens, Athmung reiner Luft, milde Getränke.

Kehlkopfspiegel (*Laryngoskop*), kleiner gestielter Spiegel, der zur Besichtigung des Kehlkopfs in den Schlund eingeführt wird. Vgl. *Czermak* (2. Aufl. 1863).

Kei, Fluss an der Ostgrenze der Kaplandes, mündet in den ind. Ocean; 36 M. lang.

Keighley (spr. Kihli), Stadt in der engl. Grafschaft York, am Air, 15,000 Ew.

Keil, in der Baukunst Schlussstein eines Gewölbes.

Keilbein, s. *Schädel.*

Keilpresse, Presse, bei welcher die Pressplatten einander durch die Wirkung von Keilen genähert werden.

Keilschrift, auf den Ruinen und Denkmälern des alten babylon., assyrischen und pers. Reiche vorkommende Schriftart mit aus Keilen und Winkelhaken bestehenden Charakteren; nach Oppert zum Theil Begriffs-, z. Th. Silben-, z. Th. Lautschrift; von *Grotefend, Burnouf, Lassen, Benfey, Oppert, Rawlinson, Hincks, Spiegel* u. A. entziffert.

Keim, die entwickelungsfähige Anlage organ. Gebilde, im Pflanzensamen der Embryo, dessen Entwickelung das Keimen.

Keim, *Theodor,* protestant. Theolog, geb. 17. Dec. 1825 zu Stuttgart, seit 1860 Prof. an der Universität Zürich. Schr. ,Der geschichtliche Christus' (3. Aufl. 1866); ,Geschichte Jesu' (1867—71. 3 Bde.).

Keimbläschen, der Theil des unbefruchteten thierischen Eies, von welchem die erste Zellbildung ausgeht.

Keith, 1) *George,* schott. Feldherr, geb. 1685 zu Kincardine, gewöhnl. ,Lord Marschall' genannt, diente 1712 unter Marlborough als Brigadier, musste als Jakobite flüchten, ward von Friedrich d. Gr. zum Gouverneur von Neufchatel, dann zum Gesandten in Madrid ernannt, durch dessen Vermittelung in seine Güter und Würden restituirt; † 25. Mai 1778 zu Potsdam. — 2) *Jak.,* preuss. Feldmarschall, Bruder des Vor., geb. 11. Juni 1696 zu Kincardine, musste ebenfalls als Jakobite flüchten, stand 1728—44 in russ. Kriegsdienst, ward 1734 Generallieutenant, zeichnete sich im Türkenkrieg 1736 und 1737 aus, ward zum Feldmarschall ernannt, trat 1747 in preuss. Dienste, focht als Befehlshaber eines Corps bei Lowositz und Rossbach, belagerte Olmütz, fiel 14. Okt. 1758 bei Hochkirch. Biogr. von *Varnhagen von Ense* (1844).

Kelat, befestigte Stadt im nordöstl. Beludschistan, Resid. des Oberkhans, 12,000 Ew.

Kelch (*Calix*), in der Botanik der äusserste Blüthendeckenkreis, welcher zunächst die Blumenkrone umgibt.

Kelheim, Stadt in Niederbayern, an der Mündung der Altmühl und des Ludwigskanals in die Donau, 2736 Ew. Auf dem *Michelsberg* die dem Andenken an die Befreiungskriege gewidmete ,Befreiungshalle', 18eckige Rotunde mit Kuppel im byzantin. Stil.

Keller, 1) *Adalbert (von),* Gelehrter, geb. 5. Juli 1812 in Heidelsheim bei Marbach, seit 1844 Prof. der deutschen Literatur und Oberbibliothekar in Tübingen. Gründlicher Kenner der älteren deutschen und roman. Literatur, Herausgeber zahlr. Werke ders.; übersetzte mit *Rapp* auch den Shakespeare (1843—46) n. A. — 2) *Gottfr.,* schweiz. Dichter, geb. 19. Juli 1815 zu Glattfelden bei Zürich, erst Maler, lebt in Zürich, seit 1861 Staatsschreiber daselbst. Frischer und origineller Lyriker (,Gedichte' 1846; ,Neuere Gedichte', 2. Aufl. 1854), auch treffl. Novellist (,Der grüne Heinrich', 1854; ,Die Leute von Seldwyla', 1856).

Kellerhals, s. *Daphne.*

Kellermann, 1) *François Christophe von K., Herzog von Valmy,* franz. Marschall, geb. 28. Mai 1735 zu Wolfsbuchweiler bei Rothenburg an der Tauber, trat 1750 in die franz. Armee, war beim Ausbruch der Revolution Maréchal-de-camp, ward 1792 Divisionsgeneral, bald darauf Oberbefehlshaber der Moselarmee, nöthigte die Preussen durch die Kanonade von Valmy zum Rückzug. 1794 Oberbefehlshaber der Alpenarmee, 1797 mit der Organisation der Gendarmerie beauftragt, 1804 Marschall, befehligte 1806 und 1813 die Reservearmee am Rhein, später zum Pair erhoben; † 12. Sept. 1820. — 2) *François Etienne von K.,* franz. General, geb. 1770 zu Metz, Sohn des Vor., befehligte

1796 unter Bonaparte eine Kavalleriebrigade, ward nach der Schlacht bei Marengo Divisionsgeneral, focht 1805 bei Austerlitz, 1807 in Portugal, 1813 bei Bautzen, ward nach der ersten Restauration Generalinspektor der Kavallerie, 1815 Pair; † 2. Juni 1835.

Kellerwald (*Hainagebirge*), Bergrücken im preuss. Regbz. Kassel, zwischen der Eder und Schwalm, bis 2057' h., erreich.

Kellgren, Jos. *Hendrik*, schwed. Dichter, geb. 1. Dec. 1751 zu Floby (Westgotbland), Privatsekretär Gustavs III.; † 20. April 1795. Bedeutender Lyriker, weniger ausgez. als Dramatiker und Epiker; angesehener Kritiker. ,Samlade skrifter' (1837 f., 3 Bde.).

Kelp, in England und Schottland halbverglaste Asche von Meerestangen (Fucus serratus, F. nodosus, Laminaria digitata), zur Gewinnung von Chlorkalium, schwefelsaurem Kali, Chlornatrium, Schwefel und Jod benutzt; in Frankreich *Varech*.

Kelpie, in Schottland ein Flussgeist, in Gestalt eines weissen Pferdes, der den Tod eines im Wasser Umkommenden vorher verkündet.

Kelten (lat. *Celti*), altes, einst weitverbreitetes Volk indogerman. Abkunft, dessen Hauptsitze Gallien und die brit. Inseln waren; Zweige: die eigentl. K. oder Gallier und die Belgen, die Bretonen (Britanni), Kaledonier und Hibernier. Von Gallien aus verbreiteten sie sich nach Spanien (s. *Celtiberier*), nach Norditalien und Süddeutschland (5. Jahrh. v. Chr.), nach Illyrien und Serbien (4. Jahrh.), von wo aus sie verheerend bis nach Griechenland (280 v. Chr. nach Delphi) vordrangen und sich später in Kleinasien (Galatien) niederliessen. In ihren Hauptsitzen durch die Eroberungen der Römer, später der Germanen vermindert, oder mit andern Stämmen gemischt, verschwanden sie allmählig; jetzt nur noch Reste im äussersten NW. Europas (Bretagne, Wales, Insel Man, in Irland, Hochschottland), ca. 10 Mill. mit eigenthüml. Sprache in 2 Abtheilungen: *Gadhelisch*, mit dem irischen, Hochschottischen und dem Manx, und *Kymrisch*, mit dem Cornisch (in Cornwallis, seit ca. 80 Jahren erloschen), dem Bas-Breton oder Armorikanischen. Vgl. *Zeuss*, ,Gramm. celtica', 1853; *Brandes*, ,K. und Germanen', 1857; *Holtzmann*, ,K. u. Germanen'.

Kelter, s. *Wein*. [manen'.]

Kem, Fluss im russ. Gouv. Archangel, entspr. aus der Pischta, mündet bei der *Stadt K.* (1732 Ew.) ins weisse Meer, 57 M.

Kemble (spr. Kämb'l), Name einer verzweigten engl. Schauspielerfamilie. Am berühmtesten: *John Phil.* K., geb. 1. Febr. 1757 zu Preston, seit 1783 in London, wo er sich einen Antheil am Coventgardentheater erwarb, verliess 1817 England; † 20. Febr. 1823 in Lausanne. In heroischen Rollen (Hamlet, Othello, Lear, Macbeth etc.) unerreicht. — Sein jüngerer Bruder *Charles* K., geb. 27. Nov. 1775 zu Brecknock, ebenfalls in London thätig; † 12. Nov. 1854; feiner Komiker. Seine Schwester die ber. Schauspielerin S. Siddons. Sein Sohn *John Mitchell* K., geb. 1807 zu London; † 26. März 1857 zu Dublin, namhafter Geschichts- und

Sprachforscher. Hauptwerke: ,Beowulf' (mit Uebersetzung 1837) und ,The Saxons in England' (1851; deutsch 1853, 2 Bde.).

Kemi, Fluss in Finnland, entspringt aus dem See Kuolajärwi, durchströmt den *Kemisee* (6 M. lang), mündet bei dem *Ort K.* in den botnischen Meerbusen; 55 M. lang.

Kemnäte (mittellat. *caminata*), im Mittelalter heisbares Zimmer auf einer Burg, bes. Frauengemach, dann das gewöhnl. Wohnhaus innerhalb der Ringmauern der Burg; überhaupt kleinerer Burgstall, befest. Haus.

Kempen, 1) Kreisstadt im preuss. Regbz. Düsseldorf, 4803 Ew. Geburtsort von Thomas a Kempis. — 2) Stadt im preuss. Regbz. Posen, Kr. Schildberg, 5804 Ew.

Kempenland, s. *Campine*.

Kempten, Stadt im bayer. Kr. Schwaben, an der Iller, 10,971 Ew.; kathol. Neustadt auf dem Berge, luther. Altstadt im Thale (ehedem Reichsstadt). Weberei, Papierfabr., bed. Speditionshandel.

Kendal (spr. -dall), Fabrikstadt in der engl. Grafsch. Westmoreland, am Kent, 12,029 Ew. Zumeist Tuchfabrikation.

Kenilworth (spr. -north), Stadt in der engl. Grafsch. Warwick, 3140 Ew. Dabei die Trümmer des *Schlosses* K., durch W. Scotts gleichnamigen Roman berühmt.

Kennebec, Fluss in Maine (Nordamer.), entspr. aus dem Mooseheadsee, mündet in die *Kennebecbai* des atlant. Oceans; 40 M. l.

Kennedy, 1) *Grace*, engl. Romanschriftstellerin, geb. 1782 zu Pinmore, lebte meist in Edinburgh; † das. 28. Febr. 1825. Sämmtl. Werke (neue Ausg. 1858, deutsch von *Flessinger* 1846, 3 Bde.). — 2) *John Pendleton*, amerik. Schriftsteller und Staatsmann, geb. 1795 in Baltimore, Advokat daselbst, mehrmals Kongressdeputirter und unter dem Präsidenten Fillmore Marineminister. Schr. die Romane ,Swallow Barn' (1832, Schilderung des Pflanzerlebens in Virginien); ,Horse Shoe Robinson' (1834), ,Rob of the Bowl' (1838); die polit. Satire ,Annals of Quodlibet' (1840) und ,Life of Wirt' (1849) u. A.

Kennek (*Kinneh*), Stadt in Oberägypten, rechts vom Nil, 10,000 Ew. Stapelplatz für den Karawanenhandel über Kosseir.

Kennung, die Merkzeichen, welche zur Altersbestimmung der Pferde dienen, bes. der sog. *Kern* (*Bohne*), schwarzer Punkt auf den Zahnen, der im 12. Jahr schwindet; die Furchen des Gaumens; der innere empfindliche Theil des Fusses.

Kenotaph (gr., d. i. leeres Grabmal), zu Ehren eines Verstorbenen, aber nicht auf dessen Grabstätte errichtetes Monument.

Kensington (spr. -singt'n), eigentl. Dorf in der engl. Grafsch. Middlesex, jetzt Vorstadt von London, mit königl. Lustschlosse (*Kensington House*) und grossem öffentl. Park.

Kent, Grafsch. im südöstl. England, am Meer, 76,5 QM. und 733,887 Ew.; spielt in der engl. Geschichte seit Casar und der Gründung des ersten *angelsächs. Königr.* K. eine bedeutende Rolle. Hauptst. Canterbury.

Kent, *Eduard*, Herzog von, geb. 2. Nov. 1767, 4. Sohn des Königs Georg III. von Grossbritannien, Vater der Königin Victoria, diente in Canada und in Gibraltar, ward Feldmarschall, vermählte sich 29. Mai 1818 mit Victoria, verwittweten Fürstin von Leiningen, lebte anfangs zu Amorbach am Odenwalde, dann zu Sidmonth in Devonshire; † 23. Jan. 1820 das. Biogr. von *Erskine Neal* (1850). Seine Gemahlin, *Marie Luise Victoria, Herzogin von K.*, geb. 17. Aug. 1786 zu Koburg, Tochter des Herzogs Franz von S.-Koburg-Saalfeld, 1803 mit dem Erbprinzen Emich Karl von Leiningen-Amorbach († 1814) vermählt, ward für den Fall, dass ihre Tochter noch unmündig auf den Thron berufen werden sollte, 1825 vom Parlament zur Regentin erklärt; † 16. März 1861 zu Frogmore bei Windsor.

Kentern, umwälzen, umkehren, bes. von Schiffen, wenn sie von einem heftigen Windstoss umgeworfen werden.

Kentucky, nordamerikan. Freistaat, östl. am Ohio, 1772 QM. und (1870) 1,320,407 Ew. (ca. 130,000 Deutsche); im W. ziemlich eben, zum Theil unfruchtbar (Barrens); der SO. bergig (Ausläufer der Cumberlandberge), im Uebrigen fruchtbare, wellige Hochebene. Zahlr. Flüsse: Cumberland, Greenriver, der Fluss K. (76 M.) etc., sämmtl. zum Ohio. Klima angenehm, mittl. Temperatur 10º R. Hauptbeschäftigung Landwirthschaft. Konstitution von 1850. Staatsschuld (1867): 4,611,100 Doll. Im Kongress durch 9 Repräsentanten vertreten. 109 Counties. Hauptst. Frankfort. Seit 1789 Territorium, seit 1792 Unionsstaat.

Keokuk, Hafenstadt in Iowa (Nordamer.), am Mississippi, 12,000 Ew.

Kepler, *Johannes*, ber. Astronom, geb. 27. Dec. 1571 in Magstatt bei Weil in Würtemberg, ward 1593 Prof. der Mathematik in Grätz, 1598 Gehülfe von Tycho de Brahe in Prag, 1601 kaiserl. Mathematikus das., 1613 Prof. in Linz, seit 1628 im Dienste Wallensteins zu Sagan und durch diesen Prof. in Rostock; † 15. Nov. 1630 in Regensburg. Berühmt durch die Entdeckung der 3 *(keplerschen) Gesetze:* die Bahnen der Planeten sind Ellipsen, in deren einem Brennpunkt die Sonne steht; in gleichen Zeiten beschreibt der Radius vector eines Planeten gleiche Flächenräume; die Quadrate der Umlaufszeiten der Planeten verhalten sich wie die Kuben ihrer mittleren Entfernungen von der Sonne. K. hat auch grosse Verdienste um die Optik, erfand das nach ihm benannte Fernrohr u. verbesserte den Kalender. ,Opera omnia' (herausg. von *Frisch* 1858 ff.). Biogr. von *Reitlinger* (1868).

Kerak (*Karak*), kleine Insel im pers. Meerbusen. Hafen. Perlenfischerei.

Keramik (*Keramentik*, gr.), Töpferkunst; *keramisch* (*keramentisch*), dazu gehörig. *Keramographik*, Malerei auf Thongefässe.

Kerbel, s. *Anthriscus.* [Vasenmalerei.

Kerbela (*Meschhed - Hossein*), Stadt im türk. Ejalet Bagdad, westl. vom Euphrat, wegen des Grabmals Imam-el-Hosseins das Mekka der Schiiten.

Kerbthiere, s. v. a. Insekten.

Kercha, linker Nebenfluss des Schat-el-Arab in Persien, entspr. am Elwendgebirge, durchströmt Luristan, mündet unterh. Basra.

Keren (gr.), Schicksals-, Todesgöttinnen.

Kerfe, s. v. a. Insekten.

Kerguelenland (spr. Kerklang-), Insel im ind. Ocean (49½º s. Br.), etwa 100 QM., von Eisschollen umgebener Felsen, ohne Landthiere und Bew.; reich an Kohlen und durch ausgezeichn. Hafen wichtige Station für Walfischfänger. 1772 vom franz. Seemann *Kerguelen-Tremärec* († 1797) entdeckt.

Kerkuk, Stadt im türk. Ejalet Bagdad, am Kisseh-Su, 12—15,000 Ew. Hauptmarkt für das südl. Kurdistan.

Kerl, *Georg Heinrich Bruno*, ber. Metallurg und Technolog, geb. 24. März 1824 zu Andreasberg, seit 1867 Prof. der Metallurgie in Berlin. Schr. ,Metallurg. Hüttenkunde' (2. Aufl. 1862—65, 6 Bds.), Mehreres über die harzer Hüttenprozesse, redigirt mit *Wimmer* die ,Berg- und hüttenmänn. Zeitung' und gab die 2. Aufl. von Muspratt-Stohmanns ,Technolog. Encyklopädie' heraus.

Kermán (*Kirmán, Karamanien*), südöstl. Prov. Persiens, meist öde, mit dem heissen Küstenstrich *Mogistan,* etwa 3000 QM. Die *Hauptstadt K.* (*Sirdschan*), am Südrande der Wüste und am Westende einer fruchtbaren Ebene, 30,000 Ew. Teppich- u. Waffenfabr.

Kermanschah, feste Hauptstadt des pers. Kurdistan, am Kercha, 30,000 Ew.

Kermes (*Alkermes, Kermesbeeren, Kermeskörner*), die getrockneten Weibchen der Kermesschildlaus (Coccus ilicis *Fabr.*), welche auf der Kermeseiche lebt und mit Eiern erfüllt gesammelt wird; uraltes Färbemittel, von demselben Farbstoff wie Cochenille, ist aber weniger ergiebig. [timon.

Kermes minerale, Mineralkermes, s. *Antimon*, s. *Kennung.*

Kernbeisser (Coccothraustes), Gattung der Sperlingsvögel (Finken). *Gemeiner* k., *Kirschfink* (C. vulgaris *Pall.*), 7—7½" l., in Europa, Zug- und Strichvogel. *Kardinal, virginische Nachtigall* (C. cardinalis *Ouv.*), 8" l., in Nordamerika. *Reisvogel, javan. Sperling* (C. crucivora *Cuv.*), 5" l., in Ostindien und China, bei uns Stubenvogel.

Kerner, *Andr. Justinus*, schwäb. Dichter, geb. 18. Sept. 1786 zu Ludwigsburg, 1819—1851 Oberamtsarzt zu Weinsberg; † das. 21. Febr. 1862, in den letzten Jahren erblindet. Schr. sinnige und seelenvolle Lieder, oft wehmüthig, oft lebensfrisch und voll kräftigen Humors; treffl. Romanzen und den humorist. Roman ,Reiseschatten'. Dichtungen (1841, 2 Bde.), ,Lyrische Gedichte' (5. Aufl. 1854), ,Letzter Blüthenstrauss' (1852), ,Winterblüthen' (1859). Merkwürdig seine Erörterungen über die Geisterwelt: ,Gesch. zweier Somnambulen' (1824), ,Die Seherin von Prevorst' (4. Aufl. 1846, 2 Thle.) u. A. Biogr. von *Reinhard* (1862).

Kernfäule, Krankheit der Bäume, besteht im Vermorschen des Kerns, wobei aber der Baum noch lange fortbreibt.

Kernholz, s. *Holz.*

Kernobst, Aepfel, Birnen, Quitten.

Kernschuss, jeder Schuss, bei welchem die Visirlinie parallel der Seelenaxe läuft und die Kugel das Ziel mit dem ersten Aufschlag erreicht.

Kerry, Grafschaft in der irländ. Prov. Munster, am atlant. Meere, 87 QM. und 201,968 Ew.; Bergland, die „irische Schweiz' genannt, mit dem Carantual (3200' h.) und den Seen von Killarney. Viehzucht und Milchwirthschaft. Hauptstadt Tralee.

Kertsch, die östl. Landzunge der Halbinsel Krim, an der *Strasse von K.* (zwischen dem schwarzen und asowschen Meer), ein au histor. Erinnerungen reicher Boden. Die *Stadt K.* (*Woslor*, das alte *Bosporus, Pantikopäum*, die Hauptstadt des bosporanischen, dann des pontischen Reichs), an der Ostseite der Halbinsel, bildet mit dem nahen *Jenikale* ein Stadtgouvern., mit 19,850 Ew.; bis 1475 den Genuesen, dann den Türken gehörig, seit 1774 russ., im Krimkriege 11.—14. Juni 1855 vollständig zerstört.

Keryktik (gr.), s. v. a. Homiletik.

Kerzen, werden aus Talg, Stearinsäure, Paraffin, Mischungen der beiden letzteren (Melanylkerzen), Walrath, Erdwachs (Belmoutinkerzen), Wachs in Metallformen, in welchen der Docht (aus Baumwollgarn) ausgespannt ist, auf Maschinen gegossen, nur selten noch gezogen (durch Eintauchen des Dochtes in die geschmolzene Masse gebildet). Die leichtere Verbrennung des Dochtes wird durch Beizen (Borsäure, phosphersaures Ammoniak) unterstützt.

Kasch (*Osch, Tsien*), chin. Landesmünze, durchlöchert, 14—1700 = 1 Tael = 2½ Thlr.

Kescho (*Cachao*), Stadt in Annam, Prov. Tonkin, am Song-ka, 80—150,000 Ew.

Kesselbraun (*kasseler Braun, kasseler Erde, kölner Braun*, köln. *Umbra*), braunkohlenartige Masse aus der kasseler und kölner Gegend, Wasser-, Oel- und Kalkfarbe.

Kesselsdorf, Dorf im sächs. Regbz. Dresden, bei Wilsdruf. 15. Dec. 1745 *Sieg* der Preussen über das sächs.-österr. Heer.

Kesselstein, steinartige Kruste, welche sich bei längerem Kochen und Verdampfen von hartem Wasser bes. in Dampfkesseln bildet, besteht im Wesentlichen stets aus kohlensaurem oder schwefelsaurem Kalk, kann die Entstehung von Dampfkesselexplosionen veranlassen. Der Bildung des K.s wird vorgebeugt durch mechanische Mittel (Poppers Kesseleinlagen), welche die Festsetzung der abgeschiedenen Substanzen auf dem Kesselblech verhindern, oder durch chemische (Ausfällung des kohlen- oder schwefelsauren Kalks durch Kalkwasser, Soda, Chlorbaryum etc.), durch Austrich der inneren Kesselwandung mit Theer etc.

Kette, eine Reihe kurzer mit einander verbundener beweg. Glieder. Die stärksten bestehen aus stabeisernen, ineinandergreifenden Ringen (oft mit gusseisernen Querstücken), oder aus länglichen, durch Bolzen verbundenen Platten (Gelenkketten). Kleine K.n letzterer Art verbinden in der Uhr das Federhaus mit der Schnecke. Zu Maschinen dienen auch die vaucansonschen oder Baudketten ans ⊔förmigen Gliedern zusammengebogen. Von den feinsten Goldketten (venetianer) wiegt 1 Meter nur 1,4 Grm. — In der Weberei heisst K. die Gesammtheit der nach der Länge des Stoffs laufenden

Fäden, die mit den Querfäden (*Einschuss, Einschlag*) das Gewebe bilden.

Ketteler, *Wilh. Emanuel, Freiherr von*, Bischof von Mainz, geb. 25. Dec. 1811 zu Münster, war bis 1837 preuss. Regierungsreferendar, trat in den geistl. Stand, ward 1846 Pfarrer zu Hoxter, 1848 Mitglied des frankfurter Parlaments, 1849 Propst an der Hedwigskirche in Berlin, Juli 1850 Bischof von Mainz; Hauptvertreter der Forderungen des Episkopats den oberrhein. Regierungen gegenüber. 8chr. Mehreres gegen den kirchl. und polit. Radikalismus.

Kettenbruch (*kontinuirlicher Bruch*), Bruch, welcher zum Zähler eine einfache ganze Zahl, zum Nenner eine Summe hat, die aus einer ganzen Zahl und einem Bruch besteht, welcher letztere zum Zähler wieder eine einfache ganze Zahl und zum Nenner eine aus einer ganzen Zahl und einem Bruch bestehende Summe hat etc. Um einen gemeinen Bruch in einen K. zu verwandeln, dividire man mit dem Zähler in den Nenner, dann mit dem Rest in den Zähler und so fort immer mit dem letzten Rest in den vorigen Divisor, bis die Division aufgeht. Die erhaltenen Quotienten bilden nach der Reihe die Partialnenner des K.s, während die Zähler desselben stets der Einheit gleich sind. Geht die Division nicht auf, so entsteht ein unendlicher K., der beliebig abgebrochen werden kann und eine irrationale Grösse repräsentirt. Mittelst der Kettenbrüche lassen sich gemeine Brüche mit grossen Zählern und Nennern annähernd in solche mit kleineren Zählern und Nennern verwandeln.

Kettenbrücke, s. *Brücke.*

Kettengarn, ziemlich stark gedrehtes Garn, das die Kette des Gewebes bildet.

Kettenkugeln, zwei durch eine 3—4' lange Kette mit einander verbundene Halbkugeln; dienen jetzt nur noch zur See zum Zerreissen der feindlichen Segel.

Kettenlinie, in der höheren Geometrie und Mechanik eine Linie, welche ein ganz gleichförmiges, biegsames Seil annimmt, wenn man es an 2 Punkten, deren Entfernung von einander kleiner ist als die Länge des Seils, frei aufhängt; in der Baukunst von Wichtigkeit, indem Gewölbe, nach derselben aufgeführt, auf ihre Widerlager den geringsten Druck ausüben; findet auch bei Kettenbrücken Anwendung.

Kettenregel (*Kettensatz*), s. *Proportionsrechnung.* [rechnung.

Kettenschluss, s. *Sorites.*

·Ketzer (v. gr. *Katharer* [s. d.], auch *Häretiker*), Alle, welche von der als rechtgläubig anerkannten (orthodoxen) Kirchenlehre abweichen. Ihre Strafe seit 2. Jahrh. Ausschliessung aus der Kirchengemeinschaft durch die Bischöfe, seit Konstantin d. Gr. auch Verbannung, Verlust der bürgerlichen Rechte. Wiederaufnahme in die Kirchengemeinschaft fand statt nach langer Busszeit und Verfluchung der Irrlehren. Die *Ketzergerichte*, bis zur Einführung der Inquisition unter den Bischöfen stehend, konnten nur unter Mitwirkung der weltlichen Gewalt über K. die Todesstrafe verhängen, die dann von der weltlichen Gerichtsbarkeit vollstreckt ward. Seit Anfang des 13. Jahrh. wurden fast in allen christl. Ländern besondere *Ketzermeister* mit unumschränkter Vollmacht zu Gütereinziehung und Hinrichtung bestellt. Seit der Reformation wurden vornehml. die Protestanten als K. verfolgt, namentlich in Frankreich, Spanien und in den Niederlanden. Auch in der protest. Kirche hielt man zur Zeit der Reformation, entgegen dem Princip des Protestantismus, strafendes Einschreiten gegen Häretiker (s. *Servet*) für geboten.

Keuchhusten (*Stickhusten*), epidemische Kinderkrankheit, mit häufigen krampfhaften Hustenanfällen, Nasenbluten, Erbrechen. Beginnt mit einem ca. 3 Wochen anhaltenden Katarrh, nach weiteren 4 Wochen bleiben die Anfälle allmählig aus und der Husten verliert sich. Behandlung: Aufenthalt in geräumigen, oft zu wechselnden und zu lüftenden Zimmern, reichl. Milchgenuss. **Keuler**, s. v. a. Eber.

Keuperformation, oberes Glied des Triasgebirges, System verschiedener Sandsteine und bunter Thone mit Mergeln, Dolomiten, Kalksteinen, Gyps- und Steinsalzstöcken, lagert über dem Muschelkalk und wird vom **Keuchbaum**, s. *Vitex*. [Lias bedeckt.

Keuschberg, Dorf im preuss. Regbz. und Kr. Merseburg, an der Saale. 15. März 933 *Sieg* Heinrichs I. über die Ungarn.

Kevelaer (spr. -ahr), Flecken im preuss. Regbz. Düsseldorf, Kr. Geldern, unfern der Niers, 1700 Ew.; ber. Wallfahrtsort.

Kew (spr. Kjuh), Dorf in der engl. Grafschaft Surrey, an der Themse; ber. durch seinen botan. Garten (den reichsten der Welt, 1730 gegr., seit 1840 Staatseigenthum und durch *W. Hooker* zu seiner jetzigen Bedeutung erhoben); Museum vegetabil. Produkte.

Key-West (spr. Kih-Uest, span. *Cayo-Hueso*), kleine befest. Insel zwischen Havaña und Florida, den Eingang zum mexikan. Golf beherrschend. Klimat. Kurort für Brustleidende; wichtiger Seeplatz. Vgl. *Florida*.

Khalif, Titel der Nachfolger Mohammeds in der Herrschaft über die Gläubigen und im Hohenpriesterthume. *Khalifat*, das durch die Araber gegründete Reich derselben. Mohammeds nächste Nachfolger: *Abubekr* (632—634). *Omar* (634—644) vollendet 638 die Unterwerfung Syriens und erobert 638—640 Aegypten. *Othman* (644—656); Verbreitung des Islam in Kleinasien, Persien und Armenien; Unterwerfung der Nordküste von Afrika bis über Tunis hinaus. Unter *Ali ben-Abi-Taleb* (656—660) und *Hassan* (661) innere Zerwürfnisse. Dynastie der *Omajjaden: Moawijah I.* (661—680); Verlegung des Sitzes des Khalifats von Medina nach Damascus: Belagerung von Konstantinopel 669; Eroberung in Mittelasien und Afrika. Das Khalifat erblich. Unter *Jesid I.* (680—683), *Moawijah II.* (683) und *Merwan I.* (683—685) Aufstände der Statthalter. *Abdulmelik* (685—705) wieder Herrscher aller Moslemn. *Welid I.* (705—715); Blüthe des Reichs; 707 Eroberung Turkistans, 710 Galatiens, 711 Spaniens.

Suleiman (715—717); Belagerung von Konstantinopel; Eroberung Georgiens. *Omar II.* (717—720). *Jesid II.* (720—724). *Hischem* (724—743); Niederlage der Araber bei Tours 732 und Narbonne 736 durch Karl Martell. Sinken der Macht der Omajjaden unter *Welid II.* (743—744), *Jesid III.* (744), *Ibrahim* (744) und *Merwan II.* (744—750) infolge von Aufständen. *Abd-ur-Rahman* gründet in Cordova in Spanien ein unabhängiges Khalifat. Dynastie der *Abbasiden: Abul-Abbas* (750—754). *Abu-Dschafar*, genannt *Al-Mansur*, d. i. der Siegreiche, Freund der Wissenschaften, Erbauer der Stadt Bagdad, wohin er 768 den Sitz des Khalifats verlegt. *Al-Mahdi* (775—785). *Al-Hadi* (785—786). *Harûn*, genannt *Al-Raschid*, d. i. der Gerechte (786—809), Freund der Kunst und Wissenschaft, um die Wohlfahrt des Reichs verdient. Unter *Mohammed al-Amin* (809—813) und *Al-Mamun* (813—833) Schwächung des Reichs durch Abfall einzelner Statthalter (Aghlabiden in Kairawan 800, Edrisiden in Fez, Tahiriden in Khorasan 831). 830 Eroberung Siciliens und Sardiniens durch die Araber von Afrika aus. *Motasim Billahi* (833—842) verlegt die Residenz nach Samira, zieht zuerst türk. Soldner herbei. Unter *Alwathik Billahi* (842—847), *Mutawakkil Billahi* (847—861) und *Muntassir* (861—862) steigender Einfluss der türk. Leibwache, die *Mustain Billahi* (862—866), *Mutas Billahi* (866—869) und *Muhtadi Billahi* (869—870) auf den Thron erhebt. *Mutamid Billahi* (870—892) beschränkt die Leibwache, verlegt den Sitz des Khalifats 873 wieder nach Bagdad. Ahmed ben-Tulun macht sich 877 in Syrien und Aegypten zum unabhängigen Herrscher, Gründer der Dynastie der Tuluniden. Beginnender Verfall des Khalifenreichs. *Mutadhid Billahi* (892—902). *Mutasi Billahi* (902—909) unterwirft 905 Syrien und Aegypten wieder. Unter *Muktadir Billahi* (909—931) Zerrüttung des Reichs durch innere Zerwürfnisse. Erhebung der Fatimiden in Afrika 910, der Buiden in Persien 925, der Ichschiden in Aegypten. Unter *Kahir Billahi* (931—934), *Radhi Billahi* (934—941), der die Würde eines Emir-al-Omra (d. i. Befehlshaber der Befehlshaber) einführt, deren Träger bald die unumschränkte Gewalt an sich reissen, und *Muttaki Billahi* (941—944) Uebermuth der türk. Soldner. *Mostakfi Billahi* (945) ruft gegen den Emir Ibn-Schiraad die Buiden zu Hülfe, die jene Würde in ihrem Hause erblich machen. Erhebung unabhängiger Fürsten in den entlegeneren Provinzen. Drei Khalifate in Bagdad, Kairo u. Cordova. 998 Gründung der Herrschaft der Ghasnewiden in Khorasan. Seit 1036 das Khalifat in Bagdad unter der Herrschaft der Seldschuken. 1171 Saladin Gründer der Dynastie der Ejubiden in Aegypten. 1258 Bagdad unter dem 56. Khalifen *Mostasem* von den Mongolen erobert. Nach dem Tode des letzten ägypt. Schattenkhalifen 1538 nehmen die türk. Sultane den Khalifentitel an. S. *Türkisches Reich*. Vgl. *Weil*, 'Gesch. der K.en', 1846—62, 5 Bde.

Khalkas (*Chalchas*), Mongolenvolk im N. der Wüste Gobi, mit der Hauptst. Urga.

Khan (türk.), Fürst, Herrscher; *Khakhan*, K. der K.e, Titel der mongol. Souverane; *Ilkan*, Grosskhan; *Khanat*, Gebiet eines K.s. K. auch s. v. a. Haus, bes. Einkehrhaus.

Khanpur (*Cawnpore*), Stadt in der brit.-ostind. Prasid. Agra, am Ganges, Hauptmilitarstation der Briten, 108,760 Ew.

Kharasm, s. *Khiwa*.

Khartûm, Hauptstadt von Nubien, in der Landschaft Sennaar, am Zusammenfluss des weissen und blauen Nil, 30—40,000 Ew., Sitz des Gouverneurs und Hauptort des Handels mit dem Sudan (Elfenbein, Tamarinden, Straussenfedern, Gummi, Goldsand etc.), auch des Sklavenhandels. Erst 1823 gegründet. [Aegypten.

Khedive, Titel des jetzigen Vicekönigs von

Khelber, Kette der südl. Vorberge des Hindu-khn, bis 5100' hoch, mit den von Vorderindien nach Afghanistan führenden wichtigen *Khelberpässen* (3373').

Khiung-tschéu, Stadt, s. *Hainan*.

Khiwa (*Kharesm*), Khanat in Turkistan, am untern Amu, seit 1854 unter russ. Oberherrschaft, ca. 2500 QM. (zum Theil fruchtbar und wohlbebaut) und 1½ Mill. Ew. (Usbeken, Turkmenen, Karakalpaken, Tadschik etc.). Im 12. und 13. Jahrb. Mittelpunkt des türk.-seldschuk. Reichs *Khowaresmien* (vom Tigris bis zum Indus), das später den Mongolen erlag. Die *Hauptst.* K., 23,000 Ew. Hauptsklavenmarkt.

Khlesl (*Klesel*), *Melchior*, Minister des Kaisers Matthias, geb. 1553 zu Wien, trug wesentlich zum Sturz des Kaisers Rudolf II. bei, ward 1616 Kardinal, bekämpfte die Nachfolge Ferdinands II., 1618—23 (Gefangener auf Schloss Ambras; † Sept. 1630 zu Wien. Vgl. *Hammer-Purgstall* (1850, 4 Bde.), *Kerschbaumer* (1865).

Khodawendikjar, türk. Ejalet in Kleinasien, südl. vom Marmarameer, Hauptstadt

Khokand, Khanat, s. *Kokan*. [Brussa.

Khorassan, pers. Prov., der Osttheil des Landes (das alte Hyrkanien und Parthien), mit der ca. 2000 QM. gr. Salzwüste, im N. gebirgig, wald- und quellenreich; etwa 2 Mill. Ew. Hauptstadt Meschhed.

Khorsabad, Dorf bei Mossul in Mesopotamien, am *Tigris*; bekannt durch Bottas Ausgrabungen der Ruinen von Ninivo.

Khotan (*Iltschi*), Stadt in der kleinen Bucharei, an der gr. Karawanenstrasse,

Khunduz, s. *Kundus*. [40,000 Ew.

Khusistan, pers. Prov., im SW., vom Kuren durchflossen. Hauptstadt Dizful.

Kiachta (*Kiächta*), befest. Stadt im asiat.-russ. Gebiete Transbaikalien, an der chines. Grenze (Maimatschin gegenüber), 500 Ew. Hauptplatz für den russ.-chines. Handel. Jährl. Waarenumsatz ca. 80 Mill. Rubel.

Kiang, Strom, s. v. a. Jang-tse-kiang.

Kiang-si, Prov. im südöstl. China, 3395 QM. u. 43,8 Mill. Ew. Hauptst. Nantschang.

Kiang-su, blühende und gewerbthätige Prov. im östl. China, 2090 QM. und 54,5 Mill. Ew. Hauptstadt Nanking.

Kibitke, russ. Fuhrwerk mit Mattendach.

Kibitz (*Vanellus L.*), Gattung der Regenpfeifer. *Gemeiner* K. (*V. cristatus M.*), ca. 12'' l., in Europa, Nordafrika, Asien, bei uns vom März bis Sept.; wohlschmeckende **Kichererbse**, s. *Cicer*. [Eier.

Kickelhahn, Bergkuppe des Thüringerwaldes, bei Ilmenau, 2694' h.; Aussichtsthurm. Das „Goethehänschen" Aug. 1870 abgebrannt.

Kidderminster, Stadt in der engl. Grafschaft Worcester, 29,614 Ew. Teppichfabr.

Kidron (*Kedron*), Regenbach in Palästina, bildet nordl. bei Jerusalem das ber. Thal Josaphat, senkt sich dann, in öder, oft 2000' tiefer Schlucht, zum todten Meer; meist wasserlose steinbesate Rinne.

Kiefer (*Maxilla, Mandibula*), Gesichtsknochen, welche die Zähne tragen. Die Oberkieferknochen sind unbeweglich, der Unterkiefer hat Gelenkflächen an jeder Seite, die verschiedene Bewegungen (Kaubewegung) gestatten, welche durch die Kaumuskeln bewerkstelligt werden.

Kiefer, Unterabtheilung der Koniferengattung Pinus. *Gemeine* K., Fohre, Forle, Kienbaum (*P. sylvestris L.*), europ. Waldbaum, von Lappland bis zu den Alpen, östl. bis ins mittlere Russland; liefert Terpentin, Waldwolle, Nutz- und Brennholz; ebenso die *Schwarzkiefer*, Schwarzföhre, österr. K. (*P. Laricio Poiret*), in Oesterreich. *Krummholzkiefer*, Knieholz, Legföhre, Latsche (*P. Pumilio Hänke*), niedriger, selbst am Boden hingestreckter Strauch, im Hochgebirge und auf Hochmooren der deutschen Mittelgebirge, liefert das Krummholzöl und Drechslerholz; *Zirbelkiefer*, Arve (*P. Cembra L.*), in den Alpen zwischen 4000 und 7000', Resonanzholz; *italien*. K., Strandkiefer (*P. maritima Lam.*, *P. pinaster Ait.*), an den ital. und frans. Küsten, vorzügl. Torpentin; *Pinie*, Piniole, wälscher Zirbelbaum (*P. Pinea L.*), in Italien, Spanien, Nordafrika, die ölreichen essbaren Piniennüsse und Nutsholz; *Weihrauchskiefer*, Fackelbaum, Newjerseypechkiefer (*P. Taeda L.*), in Nordamerika, vorzüglichen balsamischen Terpentin und Nutzholz; ebenso die *Weymouthskiefer*, Tanneufichte, weisse K. (*P. Strobus L.*), Zierhanm.

Kiel, der lange Grundbalken eines Schiffes; seine Höhe der 8. Theil der Länge, nach Fussen in Zollen ausgedrückt.

Kiel, preuss. Regbz., fast das ganze frühere Herzogthum Holstein umfassend, 154 QM. und 577,491 Ew. Die *Hauptstadt* K., an der *Kieler Fohrde* (jetzt wichtigster deutscher Kriegshafen), 24,270 Ew. Schloss. Universität (1665 gegr.), Seekadetenschule, Akademie (seit 1866). Zahlr. Fabriken, Eisengiessereien, Maschinen-, Schiffbau; regelmässige Dampfschifffahrt nach Kopenhagen, Christiania, Stockholm. Bedeutender Handel. Im Januar Messe (*zur Umschlag*), bes. für Geldgeschäfte. Seebad. Ehedem Hansestadt und im Besitz der Stapelgerechtigkeit des ganzen Handels zwischen Deutschland und Dänemark. 14. Jan. 1814 *Friede* zwischen Dänemark und Schweden.

Kiel, *Friedrich*, Komponist, geb. 7. Okt. 1821 zu Puderbach an der Lahn, Lehrer am sternschen Konservatorium zu Berlin,

Bedeut. Kontrapunktist. Hauptwerke: „Requiem" (1861), „Tedeum", „Stabat mater" (für Frauenchor, 1864), „Missa solemnis"; auch Instrumental- und Klavierwerke.

Kielholen, ein Schiff auf die Seite legen, dass der unterste Theil desselben behufs der Ausbesserung ausser Wasser kommt. Auch schwere, jetzt abgeschaffte Strafe, wobei der Verbrecher an Tauen unter dem Kiel des Schiffs hindurchgezogen wurde.

Kielwasser, die Furche, welche ein fahrendes Schiff hinter sich lässt.

Kiemen, Athemorgane der im Wasser lebenden Thiere, finden sich bei den Fischen, einigen Reptilien, den Krusten- und Weichthieren, Ringelwürmern und einigen Insektenlarven, vermitteln die Uebertragung des im Wasser gelösten Sauerstoffs auf das in ihnen fein vertheilte Blut.

Kienbaum, s. v. a. gemeine Kiefer.

Kienöl, s. v. a. Terpentinöl.

Kienruss, s. *Russ.*

Kiepert, *Heinr.*, ber. Geo- und Kartograph, geb. 31. Juli 1818 zu Berlin, 1845—52 in Weimar, seit 1865 in Berlin am statist. Bureau. Hauptwerke: „Atlas von Hellas" (neue Ausg. in 15 Bl. 1871), „Neuer Handatlas über alle Theile der Erde" (2. Aufl. 1867 ff., 40 Bl.); „Bibel-Atlas" (3. Aufl. 1854); „Atlas antiquus" (5. Aufl. 1869); „Erdkarte" (1863, 38 Bl.) und viele einzelne Karten.

Kies, kleinkörnige Geschiebe, gröber als Sand; metallglänzende Verbindungen von Schwefel mit Metallen, z. B. Arsenkies, Kupferkies etc.

Kiesel, chemisch einfacher Körper, s. v. a. Silicium; abgerundete Brocken von Bergkrystall. Quarz oder quarzartigen Mineralien.

Kieselerde, s. *Kieselsäure.*

Kieselfluorwasserstoffsäure, s. *Fluorkiesel.*

Kiesel- oder Silikatgesteine, Gesteine, welche aus Quarz oder Verbindungen der Kieselsäure (Silikaten) bestehen.

Kieselguhr (*Infusorienerde*, *Bergmehl*), lose, farblose oder gefärbte, magere Masse, besteht aus den Panzern von noch gegenwärtig existirenden Infusorien (Diatomeen), bildet Lager von grosser Mächtigkeit in der lüneburger Heide, bei Berlin, in Ungarn etc.; techn. vielfach verwendet.

Kieselholz, harte Hölzer von Acacia-Arten aus Westindien etc.; treffl. Nutzholz.

Kieselmangan (*Mangankiesel*), Mineral aus der Klasse der wasserfreien Metallolithe, kieselsaures Manganoxydul, dunkelroth bis braun, in Schweden, Hannover, Ungarn, im Ural; Schmuckstein.

Kieselsäure (*Kieselerde*), chemische Verbindung von 1 Aeq. Silicium mit 3 Aeq. Sauerstoff, einer der wichtigsten und verbreitetsten Bestandtheile der Erdrinde, findet sich als Quarz, Opal, Chalcedon und Feuerstein, Sandstein, Sand und mit Basen verbunden in den zahlreichen Silikaten, auch in allen Pflanzen (Gräser, Schachtelhalm etc.), bei niederen und höheren Thieren (s. *Kieselguhr*). Krystallisirte K. ist unlöslich in Wasser und Säuren, löslich in Fluorwasserstoffsäure u. Alkalien, schmelzbar nur im Knallgas. Amorphe K. ist bei ihrer Abscheidung aus Silikaten in Wasser löslich (deshalb in vielen Quellwässern), ebenso in Alkalien und kohlensauren Alkalien. K. ist feuerbeständig und treibt in der Hitze selbst Schwefelsäure aus. Ihre Salze (Silikate) finden vielfache Verwendung. Vgl. *Glas, Schlacken, Wasserglas.*

Kieselschiefer, Gestein aus dichter dickschiefriger Thon-, Eisenoxyd- und kohlehaltiger Quarzmasse, dunkelgrau bis schwarz (Lydit), auch roth, findet sich bes. in der Uebergangsformation, bildet ganze Gebirgslager, ist treffliches Chausseematerial; der Lydit dient als Probirstein.

Kieselsinter (*Kieseltuff*), aus heissen Quellen abgeschiedene amorphe Kieselsäure, farblos oder gefärbt, wenig glänzend, durchscheinend, am Geiser, auf den Azoren, in Neuseeland, Kamtschatka.

Kieserit, Mineral aus der Klasse der wasserhaltigen Haloïde, besteht aus schwefelsaurer Magnesia, findet sich im stassfurter Abraumsalz, dient als Dünger und zur Verwandlung des Chlorkaliums in schwefelsaures Kali.

Kiesewetter, *Raphael Georg*, musikal. Schriftsteller, geb. 29. Aug. 1773 zu Holleschau (Mähren), † 1. Jan. 1850 in Wien. Schr. „Gesch. der europ.-abendländ. Musik" (2. Aufl. 1846); „Guido von Arezzo" (1840); „Der weltl. Gesang vom frühen Mittelalter bis zur Erfindung des dram. Stils" (1841) u. A.

Kiew (*Kijew*, poln. *Kijow*), kleinruss. Gouvernement, 924.4 QM. und 2,012,095 Ew. Die *Hauptst.* K., am Dnjepr (Kettenbrücke), 70,820 Ew.; zerfällt in 4 Städte: Thalstadt *Podol*, Sitz des Handels und der Industrie, *Altkiew* mit der Wladimiruniversität, *Petschersk* (Höhlenstadt) mit Kloster (besuchter Wallfahrtsort), beide auf Höhen, und *Neukiew* zwischen den Höhen, der elegante Stadttheil. Sophienkathedrale, Andreaskirche. Messe. Eine der ältesten Städte Russlands. 1037—1169 Hauptstadt des Reichs.

Kildare (spr. Kildähr), Grafsch. in der irischen Prov. Leinster, 30,7 QM. und 90,946 Ew. Die *Stadt* K., in der fetten Wiesenebene *Curragh of K.*, 4000 Ew. Wettrennen.

Kilia, die nördlichste Mündungsarm der Donau, 15 M. lang, Seeschiffen unzugängl. Daran die *Stadt* K., 5570 Ew. Flusshafen.

Kilian, *der Heilige*, Apostel der Franken, Schotte, kam mit Coloman und Totnan im 7. Jahrh. nach Bayern, taufte Goshert, Herzog der Franken; 689 ermordet. Seine Gebeine in Würzburg, wo er erster Bischof gewesen sein soll. Tag 8. Juli.

Kilima-ndschäro (d. i. Schneeberg), der höchste Berg Afrikas, in der Gebirgslandschaft Dschagga (s. d.), $3\frac{1}{2}°$ s. Br. und $55\frac{1}{2}°$ ö. L., 18,827' h., mit ewigem Schnee bedeckt; von Rebmann 1848 zuerst gesehen, vom Decken 1862 bis über 12,000' Höhe erstiegen.

Kilkenny, Grafsch. in der irischen Prov. Leinster, 37,5 QM. und 110,341 Ew. Die *Hauptst.* K., am Nore, 17,441 Ew. Schloss der Grafen von Ormond (Gemäldegalerie).

Killarney (spr. -nih), Marktfl. in der irischen Grafsch. Kerry, 5187 Ew., am vielbesuchten *See von K.* (3 Bassins, 7 QM.).

Killen, das Hin- und Herflattern der Segel, wenn ihre Fläche mit der Richtung des Windes gleichgestellt ist.

Kilmarnock (spr. -nök), Marktfl. in der schott. Grafsch. Ayr, am Irvine, 22,619 Ew. Bedeut. Wollenindustrie.

Kilogramm, = 1000 Gramm.
Kilogrammmeter, s. v. a. Fusspfund.
Kiloliter, = 1000 Liter.
Kilometer, = 1000 Meter.

Kiltgang, in der Schweiz die durch die Sitte geheiligten nächtlichen Besuche der Jünglinge bei Mädchen, die gewöhnl. der Verlobung und Heirath vorausgehen.

Kimolo (*Argentiera*), griech. Insel, nordöstl. bei Milos, 1 QM. und 500 Ew. Heisse Quellen. Ber. die *kimolische Erde*, ein Seifenstein.

Kimmung, s. *Luftspiegelung.*

Kinäd (gr.), Knabenschänder; Weichling. **Kinädie,** s. v. a. Päderastie.

Kincardine (*Mearns*), Grafsch. im nordöstl. Schottland, 18,6 QM. und 34,466 Ew. Hauptst. Stonehaven.

Kind, das neugeborne, ist 50 Cm. l., wiegt 3—4 Kilo, athmet sofort nach der Geburt ein, so dass sich die Brust erweitert, die Lunge sich mit Luft füllt (leichter als Wasser wird). Die Haut ist mit dem Kindesschleim bedeckt, der Nabelschnurrest fällt am 4.—6. Tage ab. In den ersten Tagen wird das *Kindspech* (meconium), eine grünliche oder schwärzliche schleimartige Masse, aus dem Mastdarm entleert. Die normale Nahrung, Muttermilch, wird im Nothfall durch Ammenmilch oder liebigsche Suppe ersetzt. Vgl. *Auffütterung der Kinder.*

Kindbett, s. *Wochenbett.*

Kindbettfieber (*Puerperalfieber*), gefährliche Krankheit der Wöchnerinnen, bestehend in Entzündung der Gebärmutterumgebung und des Bauchfells, beginnt meist mit Schüttelfrost, verläuft nebst hohem Fieber, Athemnoth; kann von einer Wöchnerin auf andere übertragen werden, erfordert sofortige ärztliche Behandlung.

Kindbettfluss, s. *Lochien* und *Wochenbett.*

Kinderbewahranstalten, Anstalten, worin Kinder bis in das 3. oder 4. Jahr, während die Eltern ihrer Berufsarbeit obliegen, gegen geringe Vergütung Aufnahme und Pflege finden. Als Fortsetzung derselben sind die *Kleinkinderschulen* zu betrachten, welche Kinder vom 3. oder 4. bis zum 6. oder 7. Jahre meist unentgeltlich oder gegen ein geringes Schulgeld aufnehmen. Beide Anstalten, seit 1801 bestehend, werden grösstentheils durch milde Gaben unterhalten. Die sogen. *Kindergärten,* ursprüngl. für die Kinder mehr bemittelter Eltern bestimmt, wurden von dem Pädagogen *Friedrich Fröbel* (geb. 21. April 1782 zu Oberweissbach im Schwarzburgischen, † 21. Juni 1852 zu Marienthal bei Liebenstein) 1837 ins Leben gerufen, bezwecken die Erziehung und Entwickelung der Kinder durch methodische Spiele unter weiblicher Anleitung (*Kindergärtnerinnen*), erfuhren aber sehr verschiedene Beurtheilung und wurden in Preussen 7. Aug. 1851, dann auch in Sachsen, als von socialist. und atheistischen Principien aus-

gehend, verboten, später wieder erlaubt. Um diese Anstalten auch Aermeren zugänglich zu machen, hat man neuerlich *Volkskindergärten* empfohlen, die von den Gemeinden und vom Staat unterhalten werden sollen. Vgl. ausser den Schriften *Fröbels* die von *Middendorff, Diesterweg, Georgens, Marquart, Pösche, Köhler, Schmidt, Seidel* ("Katechismus der Kindergärtnerei', 1863)u.A.

Kinderblattern, s. *Pocken.*

Kindergärten, s. *Kinderbewahranstalten.*

Kinderkrankheiten, besonders die sogen. akuten Exantheme, Masern, Scharlach, Spitzpocken, dann Keuchhusten, Croup, engl. Krankheit, Darmkatarrhe der Säuglinge.

Kindesmord, die von dem Vater oder der Mutter mit Vorbedacht verübte Tödtung eines Kindes, wird von unwillkürten Völkern als gleichgültige Handlung angesehen, bei gebildeten Völkern als Verwandtenmord bestraft, jetzt, wenn von ausserehelich Gebärenden gleich nach der Geburt des Kindes verübt, in Ansehung ihrer geringeren Zurechnungsfähigkeit nicht mehr mit dem Tode, sondern mit mehrjähriger Zuchthausstrafe.

Kindspech, s. *Kind.*

Kindswasser, s. v. a. Fruchtwasser.

Kinetik (gr.), Lehre von der Bewegung. *Kinetische Künste,* s. v. a. mimische Künste.

Kinesiatrik oder *Kinesitherapie,* Benutzung der Turnübungen zu Heilzwecken, Heilgymnastik.

King (engl.), König.

Kings-Bench (jetzt *Queens-B.,* spr. Kiuhns-Bentsch, d. i. Bank des Königs, der Königin), Oberhofgericht, das eine der 3 engl. Obergerichte in Westminster.

Kings-County (spr. -Kaunti), Grafsch. in der irischen Prov. Leinster, 36,4 QM. und 90,043 Ew. Hauptort Tullamore.

Kingston (spr. Kingst'n), 1) K.-upon-Hull, s. *Hull.* — 2) *Kingstown,* befestigte Hafen- und Handelsstadt in Westcanada, am Ausflusse des Lorenzostroms aus dem Ontariosee, 20,000 Ew. — 3) Befest. Hafenstadt auf der Südküste von Jamaika, 32,000 Ew.

Kingstown (spr. -taun), Hafenstadt in der irländ. Grafsch. Dublin, 10,453 Ew.; schwebende Eisenbahn nach Dublin.

King-te-tschin, Ort in der chin. Prov. Kiang-si, einst die grössten Porcellanmanufaktur der Welt, doch nicht mehr von der alten Bedeutung (1700: 3000 Schmelzöfen).

Kinkel, Joh. *Gottfried,* Dichter u. Schriftsteller, geb. 11. Aug. 1815 in Oberkassel, seit 1836 Privatdocent in Bonn, nahm 1848 an der polit. Bewegung, insbes. 1849 an dem bad. Aufstand thätigen Antheil, ward gefangen und zu lebenslänglicher Festungsstrafe verurtheilt, entfloh Nov. 1850 aus Spandau nach England; seit 1866 Prof. der Kunstgeschichte in Zürich. Werke, theils poetisch: "Gedichte' (6. Aufl. 1859, 2. Sammlung 1868), "Otto der Schütz' (poet. Erzählung, 1846; 23. Aufl. 1859), "Nimrod' (Drama, 1857) etc.; theils kunsthistorisch: "Die altchristl. Kunst' (1845), "Die brüsseler Rathhausbilder des Rogier van der Weyden.' (1867) u. A. — Seine Gattin, Johanna K., geb. Mockel, geb. 8. Juli 1807 in Bonn, zuerst mit dem Buchhändler Matthieux, seit

1843 mit K. verheirathet; † 17. Nov. 1858 in London infolge eines Sturzes aus dem Fenster. Gab mit K. ‚Erzählungen‘ (2. Aufl. 1851) heraus, schr. ‚Briefe über Klavierunterricht‘ (1852) und den Roman ‚Hans Ibeles in London‘ (1860).

Kinnbacken, s. v. a. Kiefer.

Kinnbackenkrampf, s. *Mundklemme.*

Kinnekullen, Berggipfel am Wenersee, 856' hoch, der schwed. Blocksberg.

Kino, eingetrockneter Saft von Pterocarpus Marsupium *Martius*, dunkelroth, in kochendem Wasser und Alkohol löslich, enthält 50—40% Gerbsäure; bengalisches K. von Butea frondosa *Roxb.* und das K. von Eucalyptus resinifera sind nur mit Farbstoff gemengtes Gummi; officinell, Lösung in Wasserglas zu Firniss brauchbar.

Kinross (spr. Kinn-), Grafsch. im südwestl. Schottland, 3,6 QM. und 7977 Ew. Die *Hauptst.* K., am Loch Leven, 2063 Ew.

Kinzig, 1) Nebenfluss des Rheins, entspr. bei Freudenstadt in Würtemberg, mündet bei Kehl; 12½ M.; — 2) rechter Nebenfluss des Mains, mündet bei Hanau, 9 M.

Kiosk (türk.), auf Säulen ruhendes Gartenzelt; erkerartiger Vorbau an Palästen.

Kipper und Wipper, im 17. Jahrh. Münzfälscher, Münzbeschneider; auch s. v. a. wucherische Geldwechsler.

Kirchbach, *Hugo Ewald von*, preuss. General, geb. 1809, ward 1827 Lieutenant, 1855—58 Lehrer an der allgem. Kriegsschule, dann Chef des Generalstabs des 3. Armeecorps, 1863 Generalmajor, erhielt 1865 das Kommando der 10. Division in Posen, focht 1866 siegreich bei Nachod, Skalitz, Schweinschädel und Königgratz, übernahm dann wieder das Kommando der 10. Division, erhielt bei Ausbruch des Kriegs mit Frankreich 1870 den Oberbefehl über das 5. Armeecorps, focht an der Spitze desselben bei Weissenburg, Wörth, Sedan.

Kirchberg, Stadt im sächs. Regbz. Zwickau, 5668 Ew.

Kirche, der christl. Gottesverehrung geweihtes Gebäude; im weiteren Sinne religiöse Genossenschaft; im engeren Sinne die christl. Religionsgesellschaft, nach röm.-kathol. Lehre die Gesammtheit der unter dem Papst zu Rom als dem Stellvertreter Christi stehenden Christen, nach evangel. Lehre die Gesammtheit der Bekenner der reinen evangelischen Lehre; die zum Christenthume sich bekennende Bevölkerung eines Landes oder Staats in Hinsicht auf ihre besondere Verfassung (Landeskirche); durch besondere Glaubenssymbole, Rechte, Ceremonien etc. von anderen sich unterscheidende grössere christl. Religionsgesellschaft (röm.-kathol., griech.-kathol., luther., reformirte K.) im Gegensatze zur Sekte.

Kirchenbann (*Exkommunikation*), die feierliche Ausschliessung aus der Kirchengemeinschaft als Strafe für den Abfall vom kirchlich sanktionirten Glauben oder für schwere Vergehen gegen die Sittlichkeit, seit Mitte des 3. Jahrh. von den Bischöfen vornehmlich gegen Ketzer und Schismatiker, seit der Erhebung des Christenthums zur Staatsre-

ligion auch mit bürgerl. Nachtheilen verknüpft und seitdem als *kleiner Bann* oder *Exkommunikation* über Diejenigen verhängt, welche im Glauben und Leben durch Nichtbeachtung der kanon. Bestimmungen Aergerniss erregten, bestehend in der Ausschliessung von der Theilnahme an den Sakramenten, und als *grosser Bann* oder *Anathema* über Abtrünnige und hartnäckige Sünder, bestehend in der völligen, mit Verwünschung und Fluch verbundenen Ausschliessung aus der Kirche; seit dem 10. Jahrh. immer ausschliesslicher von den Päpsten in Anspruch genommen, mit dem Verfall der päpstl. Macht allmählig wirkungslos geworden (1860 Exkommunikation des Königs Victor Emanuel). Die protestant. Kirche verwarf den grossen Bann als leicht zu hierarch. Uebergriffen führend und behielt nur den kleinen Bann bei, den anfangs die Pfarrer, dann die Konsistorien, namentl. bei fleischlichen Vergehen aussprachen.

Kirchenbücher, von den Geistlichen zu führende Bücher, in welche die Taufen, Aufgebote, Trauungen, Begräbnisse und Beichten eingetragen werden.

Kirchenbusse (*Poenitentia*), Genugthuungen und Strafen, welchen die Exkommunicirten (s. *Kirchenbann*) behufs der Absolution und Wiederaufnahme in die Kirchengemeinschaft sich unterwerfen mussten, seit dem 3. Jahrh. 4 Grade: Weinen und Flehen in Trauerkleidern an den Kirchthüren (proclausis); Anhören biblischer Abschnitte und der Predigt, nicht des Gebets, gewöhnlich 3 Jahre lang (acroasis); Knieen beim Gebete (hypotyposis), 7 Jahre lang; öffentliche Ablegung des Sündenbekenntnisses; später in der Praxis auf geheime Beichte vor dem Priester und gewisse von diesem auferlegte Leistungen (Gebet, Fasten, Almosen, Wallfahrten etc.) beschränkt, für Geistliche in Klosterhaft mit strengem Fasten bestehend; in der protestant. Kirche nur als Ausschliessung vom Abendmahle beibehalten, jetzt meist abgeschafft, von der modernen Orthodoxie wieder empfohlen.

Kirchengeschichte, Geschichte des Christenthums und der christl. Kirche, Bestandtheil der allgemeinen Kulturgeschichte, insbes. der Religionsgeschichte; eingetheilt in: *alte* K., bis zur Aufrichtung des röm. Reichs deutscher Nation, 800; *mittlere* K., bis zur Reformation 1517, *neuere* K., bis auf die Gegenwart. Zuerst bearbeitet von *Eusebius* (s. d.) *von Cäsarea*, kritisch von *Laurentius Valla*; vom protestant. Standpunkte in den ‚Magdeburger Centurien‘ von *Flacius Illyricus* und Genossen, *Arnold, Mosheim, Cramer, Semler, Schröckh, Spittler, Henke, Schmidt, Engelhardt, Danz, Gieseler, Stäudlin, Augusti, Neander, Guerike, Niedner, Hagenbach, Hase, Baur*; vom reformirten Standpunkte von *Hottinger, Spanheim, Basnage, Turretin, Jablonski, Münscher, Merle d'Aubigné*; vom kathol. Standpunkte von *Baronius, Page, Natalis Alexander, Fleury, Bossuet, Tillemont, Sarpi, Dannenmayr, Graf Stolberg, Katerkamp, Ritter, Locherer, Hortig, Döllinger, Hefele, Alzog.*

Kirchengewalt (*Potestas ecclesiastica*), die Machtvollkommenheit der Kirche zu Verwaltung der Sakramente, Ausübung des Lehramts und Feststellung und Handhabung der kirchlichen Disciplin. Die K. ist eine gesetzgebende u. eine vollziehende. Erstere begreift das Recht, die heil. Schrift auszulegen, die Auslegung zu bekennen, den öffentlichen Lehrbegriff zu sanktioniren und diesen selbst, sowie nach demselben auch Kultus und Verfassung zu reformiren; letztere das Recht, Kultus und Kirchenregiment zu ordnen, die Kirche zu regieren, die Lehrer des Evangeliums und Verwalter der Sakramente zu wählen, zu berufen und zu weihen und das Korrektionsrecht oder das Recht, Ungehorsame und offenkundige Sünder von der kirchl. Gemeinschaft auszuschliessen (s. *Kirchenbann*). Inhaber der K. waren in der ältesten Kirche die Bischöfe, nach Erhebung des Christenthums zur Staatsreligion die Kaiser unter Zurathziehung der Bischöfe und der Reichs- und Provinzialsynoden, nach dem Aufkommen der röm. Hierarchie die Päpste erst neben dem Kaiser, seit Innocenz III. fast ausschliesslich, seit Anfang des 14. Jahrh. auch die Landesherren, deren Befugnisse durch Konkordate mit dem röm. Stuhl geregelt wurden. Die kirchl. Jurisdiktion stand, mit Ausnahme der dem Papst reservirten Fälle, den Bischöfen zu. Die Reformation gab die Leitung der äusseren Kirchenangelegenheiten in die Hände der Landesherren, die Konsistorien einsetzten, denen die gesammte K. zufiel. Die Neuzeit strebt eines Theils entschieden nach völliger Trennung des Kirchenregiments und sogen. Majestätsrechte, andern Theils nach Uebertragung des ersteren an die Landesgemeinde als Gesammtheit, welche es durch freigewählte Synoden und Synodalausschüsse ausüben lassen soll.

Kirchenjahr, der jährl. Cyklus der Sonn- und Festtage, beginnt in der röm.-kathol. und protest. Kirche mit dem ersten Advent, in England mit Mariä Verkündigung (25. März), in der griech. Kirche mit dem Feste der Erscheinung Christi (6. Jan.).

Kirchenordnungen, von evangel. Landesherren kraft der ihnen zustehenden Kirchengewalt früher erlassene Verfügungen über Verfassung und Verwaltung der Kirche. Seit Ende des 17. Jahrh. sind keine neuen K. erlassen worden. Vgl. *Richter*, ,Die evang. K. des 16. Jahrh.', 1846, 2 Bde.

Kirchenrath, die für die Verwaltung der kirchlichen Angelegenheiten eines Landes oder einer Provinz eingesetzte Behörde mit demselben Wirkungskreis wie die Konsistorien, oft nur mit berathender Stimme.

Kirchenraub (Sacrilegium), Entwendung von geweihten, sowie von profanen, an geweihter Stätte aufbewahrten Gegenständen, wird in der Carolina mit dem Tode, auch nach den neueren Gesetzbüchern strenger als der gewöhnl. Diebstahl bestraft.

Kirchenrecht (Jus ecclesiasticum), Inbegriff der Normen, wonach die Rechtsverhältnisse zu beurtheilen sind, welche die Kirche als Ganzes und den Einzelnen als

Glied derselben betreffen, zerfällt in das *natürliche*, aus dem Begriff und Wesen der Kirche sich ergebende, und *positive*, in den Gesetzen der bestehenden Kirchengewalt enthaltene, sowie in das *allgemeine*, für alle Kirchen, und *besondere*, für bestimmte Kirchen oder Gemeinden geltende. Quellen des allgemeinen K.s sind das N. T., das natürl. K., das Herkommen, die weltlichen Gesetze und das kanonische Recht; des kathol. K.s insbes. die Tradition, die Bestimmungen der Kirchenväter, die Beschlüsse der Koncilien und der Päpste und die Konkordate (s. d.); des protestant. K.s die symbol. Bücher, die Beschlüsse des evangel. Reichskörpers (Corpus evangelicorum), die Kirchenordnungen und die Verfassungsurkunden der einzelnen Länder. Vgl. *Walter* (13. Aufl. 1861), *Eichhorn* (1831, 2 Bde.), *Richter* (6. Aufl. 1865).

Kirchenregiment, s. *Kirchengewalt*.

Kirchenstaat, das bisher. päpstl. Gebiet in Italien, früher 750 QM. mit 3½ Mill. Ew., seit 1860 auf Rom mit der Comarca di Roma und die 4 dem Mittelmeer zunächst liegenden Delegationen Civita Vecchia, Velletri, Viterbo und Frosinone, 214 QM. mit ca. 700,000 Ew., beschränkt, seit Sept. 1870 gänzlich dem Königr. Italien einverleibt. Der K. war eine unumschränkte Wahlmonarchie, Regent derselben der Papst (gegenwärtig Pius IX., seit 1846), dem als Ministerrath das Kollegium der Kardinäle (1869: 56) zur Seite stand; Haupt desselben der Kardinal-Staatssekretär. Budget 1868: 28,845,859 Lire Einnahme, 73,949,803 Lire Ausgabe (zur Verzinsung der Staatsschuld 1867: 37,402,695 Lire). Armee 1869: 15,670 Mann (meist Fremde), jetzt aufgelöst. Handelsflotte 1869: 315 Schiffe mit 382,023 Tonn. Orden: Christusorden, Orden vom goldnen Sporn, Orden des heil. Johann vom Lateran, des heil. Gregor, Pinsorden. Landesfarben: Gold und Silber. Jetzige Eintheilung in 5 Distrikte: Rom, Civita Vecchia, Viterbo, Velletri, Frosinone.

Geschichte. 755 Entstehung des K.s aus Theilen des Exarchats (s. *Exarch*), welche Pipin der Kleine dem röm. Bischof Stephan II. überliess, welche Schenkung Karl d. Gr. bestätigt haben soll. 1053 Erwerbung des Herzogthums Benevent von Kaiser Heinrich III. 1115 bedeutende Vergrösserung des K.s durch die Erbschaft der Güter und Besitzungen der Markgräfin Mathilde von Toskana. Papst Innocenz III. († 1216) als Souverän von Rom anerkannt. Aufstände daselbst; daher 1305 Verlegung der päpstl. Residenz nach Avignon, wo sie bis 1376 bleibt. 1348 Erwerbung Avignons durch Kauf, 1509 Ravenna, 1512 Bologna, 1532 Anconas, 1598 Ferraras, 1626 Urbinos. 1783 hebt Neapel seine Lehnsverbindlichkeit gegen den päpstl. Stuhl auf. Im Frieden von Tolentino 23. Febr. 1797 Abtretung Avignons zu Frankreich, der Romagna, Bolognas und Ferraras an die cisalpin. Republik. 10. Febr. 1798 Einnahme Roms durch die Franzosen und 18. Febr. Erklärung des K.s zur röm. Republik. Juli 1800

58

Rom mit Hülfe der Oesterreicher wieder in Besitz des Papstes Pius VII. 1807 Einverleibung der Provinzen Ancona, Urbino, Macerata und Camerino in das Königreich Italien. 17. Mai 1809 Einverleibung des K.s in das franz. Reich und Erklärung Roms für eine freie kaiserl. Stadt. 1814 Herstellung des K.s durch die wiener Schlussakte in seiner Ausdehnung vor 1797 mit Ausnahme Avignons und eines kleinen Ferrares. Landstrichs jenseits des Po. Darauf Neubegründung der hierarch. Absolutismus unter Pius VII., Leo XII. (1823—29), Pius VIII. (1829—30) und Gregor XVI. (1830—46). Dem gegenüber Geheimbünde, Verschwörungen und Aufstände. Die weitere Gesch. des K.s geht in der Italiens (s. d., Gesch.) auf. Vgl. Sugenheim, ,Gesch. der Entstehung und Ausbildung des K.s', 1854. [busse.

Kirchenstrafen, s. Kirchenbann u. Kirchen-**Kirchentag,** evangelischer, freie Versammlung evangel. Geistlichen und Laien zu Berathung kirchlicher Angelegenheiten und Fragen, veranlasst durch den 21.—23. Sept. 1848 in Wittenberg gestifteten Kirchenbund als kirchl. Konfoderation auf dem Boden der kirchl. Bekenntnisschriften stehenden Kirchengemeinschaften (mit Ausnahme der Altlutheraner), seitdem in mehreren grösseren Städten Deutschlands abgehalten.

Kirchenväter (Patresecclesiae), die Lehrer und Schriftsteller der alten Kirche, deren Schriften als Quelle der rechtgläubigen Lehre gelten, und zwar in der kathol. Theologio vom 2. bis ins 13. Jahrh., in der protestant. nur bis zum 6. Jahrh. Berühmteste griech. K.: Clemens Alexandrinus, Irenäus, Origenes, Athanasius, Basilius d. Gr., Gregor von Nyssa, Gregor von Nazianz und Chrysostomus; latein.: Tertullian, Cyprian, Ambrosius, Hilarius, Augustinus, Hieronymus und Gregor d. Gr. Sammlungen: Leyden (1677, 27 Bde.), von Galland (1765—90, 13 Bde.), Dressel (2. Aufl. 1863), Hurter (1868 f.); Uebersetzungen in Reithmayrs ‚Bibliothek der K.' (1869 f.).

Kirchenverfassung, die gesammte äussere, auf Gesetz und Herkommen beruhende Organisation der kirchlichen Gemeinschaft. Das anfänglich bestehende Episkopalsystem gestaltete sich in der röm.-kathol. Kirche zum absolut monarchischen Papalsystem, zur Hierarchie mit dem Papst an der Spitze, in der griech.-kathol. Kirche zur hierarchischen Aristokratie mit mehreren gleichberechtigten, nicht unumschränkten Patriarchen an der Spitze, in der luther. Kirche zum landesherrlichen Episkopat mit Konsistorien und zum Territorialsystem (s. d.) und Kollegialsystem, in der reformirten Kirche zum Presbyterial- und Synodalsystem mit überwiegend geistlichem oder theolog. Gepräge, während die neuerlich in vielen Ländern eingeführte Presbyterial- und Synodalverfassung das Gemeindeprincip zur Geltung zu bringen und ebensowohl hierarch. Uebergriffe als staatl. Bevormundung abzuwehren sucht. Vgl. Kirchengewalt.

Kirchenversammlung, s. Koncil.

Kirchenvisitationen, die von den oberen

Kirchenbehörden durch besondere Abgeordnete an Ort und Stelle vorzunehmenden Untersuchungen des gesammten kirchl. Zustandes einer oder mehrerer Gemeinden und der amtlichen Thätigkeit ihrer Geistlichen, in der alten Kirche Befugnisse der Bischöfe, die sie ihren Vikaren überliessen, seit Gregor VII. auf päpstliche Legaten übertragen, 1537—29 in Sachsen durch weltliche und geistliche Abgeordnete behufs der Durchführung der Reformation abgehalten, jetzt in der kathol. Kirche von dem Bischofe oder dessen Abgeordneten, in der protestant. alljährlich oder alle 3 Jahre von Dekanen, Superintendenten und Inspektoren in ihre Sprengeln vorgenommen.

Kirchenzucht (Kirchendisciplin), Inbegriff der Mittel, deren sich das Kirchenregiment bedient, um das Gemeindeleben in seinem christl. Bestande zu erhalten oder wiederherzustellen und die Mitglieder der Kirche zu Erfüllung ihrer kirchl. Pflichten anzuhalten. Vgl. Kirchenbann und Kirchenbusse.

Kirchhain, Kreisst. im preuss. Regbz. Kassel, an der Ohm, 1713 Ew.

Kirchheim-Bolanden, Stadt in der bayer. Rheinpfalz, nahe dem Donnersberg, 2376 Ew. Quecksilberwerke. Die Herrsch. K., 10¾ QM. und 51,000 Ew., früher Besitz der Fürsten von Nassau und Weilburg.

Kirchheim unter Teck, Stadt im württemberg. Donaukreis, an der Lauter, 5525 Ew.

Kirchhoff, Gustav Robert, Physiker, geb. 12. März 1824 zu Königsberg, seit 1854 Prof. der Physik in Heidelberg; entdeckte mit Bunsen die Spektralanalyse, lieferte ausgezeichnete Untersuchungen über das Sonnenspektrum (1861 und 1863, 3. Aufl. 1866).

Kirchspiel, Kirchsprengel, s. Parochie.

Kirchthurmrennen, s. Steeple-Chase.

Kirgisenland (Kirgisensteppe), Land im russ. Asien, zwischen der untern Wolga, dem Kaspisee, Sibirien, China und Turan, bisher 40,800 QM. und 1,484,500 Ew., meist Nomadenland und ohne eigentl. Städte. Die Kirgisen (Kirghis-Kaisak) sind ein Volk von mongol. Typus, mit türk. Dialekt, äusserlich sich zum Islam bekennend, Nomaden; zerfallen in Adel und Volk, mit grossem Viehreichthum. Man unterscheidet von W. gen O.: a) die kleine Horde (orenburg. Kirgisen), 17,355 QM. und ca. 800,000 Ew., dem Gouverneur von Orenburg untergeben; b) die mittlere Horde (sibir. Kirgisen), 14,544 QM. mit über 266,750 Ew.; c) die grosse Horde (Distr. Semipalatinsk), 8450 QM. mit 397,780 Ew., wovon jedoch der südl. Theil 1867 zum Gouv. Turkistan geschlagen wurde. Vgl. Zaleski (1865).

Kirid, türk. Name der Insel Kandia.

Kirkcaldy (spr. Kerkkaldi), Hauptstadt der schott. Grafsch. Fife, am Forth, 5093 Ew.

Kirkcudbright (spr. Kerkkuhbreit, East Galloway), Grafsch. im südl. Schottland, 44,6 QM. und 42,495 Ew. Die Hauptst. K., am Liman des Dee, 2552 Ew.

Kirkilisse, Stadt im türk. Ejalet Adrianopel, 16,000 Ew. (viel Juden). Bed. Butter- und Käsehandel nach Konstantinopel.

Kirmán, s. v. a. Kermán.

Kirmânschah, s. v. a. Kermânschah.

Kirnberger, *Jos. Phil.*, Musiktheoretiker, geb. 1721 zu Saalfeld; † 1783 zu Berlin. Schr. "Die Kunst des reinen Satzes" (1774 f.), "Grundsätze des Generalbasses" (2. Aufl. 1805).

Kirner, *Joh. Baptist*, Genremaler, geb. 1806 zu Furtwangen (Baden), 1832—37 in Italien, dann in München; † 1866 zu Furtwangen. Schweizersoldat, Raphael und Michelangelo, Rückkehr vom landwirthschaftl. Feste, schwäb. Landwehr u. A.

Kirschäther, Mischung gleicher Theile Essigsäureäthyläther und Benzoësäureäthyläther mit wenig Chloroform, Fruchtessenz für Konditoreien und Liqueurfabrikation.

Kirschbaum (Cerasus *Theophr.* et *Juss.*), Obstbaum aus der Familie der Amygdaleen. *Vogelkirsche*, Süsskirschbaum (C. Avium *Mönch*), aus dem Orient, in Gebirgswäldern Europas. *Glaskirschenbaum*, rothe Sauerkirsche, Amarelle, Ammerkirsche, Baumweichsel (Prunus Cerasus *L.*, C. caproniana *Dec.*), aus Kleinasien, und *Strauchweichsel*, Sauerkirschbaum (Prunus acida *Dum.*, C. collina *Lej.* et *Court.*), Vaterland unbekannt, werden in vielen Varietäten kultivirt, liefern Nutzholz und süsse und saure Kirschen. *Mahaleb[?]kirsche*, Steinweichsel, Weichselkirsche (C. Mahaleb *Mill.*), aus Südeuropa und dem Orient, liefert feines wohlriechendes Nutzholz, Pfeifenrohre, bittere Früchte (als die St. Lucienholz früher officinell. *Kirschsorten:* saure Kirschen, Sauerweichseln (Loth-, Nonnen-, Forellenkirsche), süsse saure (Glaskirschen oder Amarellen, Süssweichseln oder Malkirschen), Süsskirschen (Herzkirschen, süsse runde Edelkirschen, Knorpelkirschen, wilde kl. Süsskirschen oder Knebeeren).

Kirschgeist, s. v. a. Kirschwasser.

Kirschgummi, aus der geborstenen Rinde älterer Kirschbäume fliessendes Gummi, ist in Wasser nicht vollständig löslich, dient als Verdickungsmittel in der Zeugdruckerei.

Kirschlorbeer (Prunus Lauro-Cerasus *L.*), immergrünes Bäumchen aus der Vorderasien, enthält in den Blättern Amygdalin und liefert bei Destillation ders. mit Wasser das officinelle blausäurehaltige Aqua Lauro-Cerasi; im Süden dienen die Blätter als Küchengewürz.

Kirschratafia (*Kirschlíqueur*), Mischung von Kirschsaft, Alkohol und Zucker, wird noch gewürzt; der beste aus Grenoble.

Kirschwasser (*Kirschgeist*), Destillat aus Kirschsaft, welcher mit den zerstampften Kernen gegohren hat, im Schwarzwald und in der Schweiz dargestellt.

Kischem (*Kisch[?]*), arab. Insel im pers. Golf, 30½ QM. und 5600 Ew., dem Imam von Maskat gehörig. Getreide- und Dattelbau.

Kischinew, Hauptst. des russ. Gouvern. Bessarabien, am Byk, 94,124 Ew. (meist Juden). Industrie, Weinbau, Getreidehandel.

Kisfaludy (spr. *Kisch-*), *Sándor*, ungar. Dichter, geb. 22. Sept. 1772, † 30. Okt. 1844; hat als Lyriker ausgezeichnet (s. B. "Himfys Liebe"). Werke (1833—38, 8 Bde.). — Sein Bruder *Karl K.*, geb. 19. März 1790, † 21. Nov. 1830 zu Pesth, hervorragender Drama-

tiker (bes. nationale Lustspiele) und Novellist. Werke (1831, 10 Bde.).

Kisil-Irmak (der *Halys* der Alten), bedeutendster Strom Kleinasiens, entspr. am Ildisdagh, mündet östlich von Sinope ins schwarze Meer; 100—120 M. lang.

Kis-Kalessi (d. i. Mädchenthurm, auch *Thurm des Leander*), Thurm (früher Leuchtthurm) an der asiat. Seite des Bosporus, wo Lord Byron letzteren durchschwamm.

Kislär (*Kisljär*), feste Kreisstadt im russ. Gouv. Stawropol, am Terek, 8585 Ew. Wein- und Seidenbau, bed. Handel mit Persien.

Kiss, *Aug.*, Bildhauer, geb. 11. Okt. 1802 zu Paprotau bei Pless (Schlesien), seit 1822 in Berlin, Schüler von Rauch und Tieck; † das. 24. März 1865. Hauptwerke: die ber. Amazonengruppe (1839, vor dem berliner Museum), Reiterstatue Friedrichs II. (1847, Breslau), Statue Friedr. Wilhelms III. in Potsdam und Reiterstandbild desselben in Königsberg, hell. Georg (Schlosshof in Berlin), hell. Michael (Babelsberg) u. a.

Kisseelew, *Nikolai*, russ. Diplomat, geb. um 1800, ward Legationssekretär zu Berlin, 1838 Legationsrath in London, 1839 in Paris, 1841 Geschäftsträger das., 1853 bevollmächtigter Minister das., 1855 Bevollmächtigter beim päpstl. Stuhle, 1864 Gesandter bei der Regierung des Königreichs Italien; † 8. Dec. 1869 in Florenz.

Kistenien, das Land der Kisten (s. d.).

Kissingen, Stadt im bayer. Regbz. Unterfranken und Aschaffenburg, an der fränk. Saale, 2591 Ew.; seit den letzten 50 Jahren eines der renommirtesten deutschen Bäder. 5 Mineralquellen: Pandur (16. Jahrh. entdeckt, 8° R., bes. zum Baden benutzt) und Ragoczi (1737 entdeckt, 9° R., zum Trinken), eisenhaltige Säuerlinge; der Maxbrunnen (8° R.) und die Theresienquelle (8—9° R.), kochsalzhaltige Säuerlinge; Soolensprudel (16° R., zu Wannen-, Douche- und Wellenbädern gebraucht). 1871 fast 11,000 Gäste. Unfern bei Hausen königl. Salzwerk mit artes. Brunnen (Schönbornsbrunnen) von 1800' Tiefe. 10. Juli 1866 siegreiches Gefecht der Preussen gegen die Bayern.

Kisten, Völkerschaft in Kaukasien, tschetschenzischen Stammes, in den Thalschluchten des Makaldon u. Argun wohnend.

Kistnah (sanskr. *Krischna*), Strom des Dekan in Vorderindien, entspringt an den Westghats, strömt in tiefem Bette durch weite Stufenländer ins indi. Meer, südwestl. von Masulipatam; 178 M. l., nicht schiffbar.

Kitfuchs, s. *Fuchs*.

Kithäron (a. G.), Berg in Böotien, 4340' hoch, dem Bacchus heilig; jetzt Elatea.

Kithâra (gr.), Saiteninstrument der alten Griechen, die neuere Zither. *Kitharist*, Zitherspieler. *Kitharöd*, Zithersänger.

Kits, Fahrzeug mit grossem Besahnmast, in England und Schweden zum Ueberfahren, im Kriege als Bombenschiff.

Kitt. *Oelkitt:* Bleiglätte, Mennige mit Leinölfirniss, erhärtet langsam, wird aber sehr fest, luft- und wasserdicht. *Harzkitt:* Harz mit Wachs, Terpentin, Englisch Roth etc., luft- und wasserdicht, aber gegen Wärme empfindlich. *Marineleim* für Holz, Metall, Mauerwerk: Lösung von Keutschuk und Schellack in Steinkohlentheeröl. *Diamantkitt* für Glas, Porzellan: Hausenblase, Mastix, Ammoniecum in Alkohol gelöst, widersteht der Nässe nicht, ebenso *Gummikitt*: Gummi arabicum mit gebranntem Gyps. *Feuerfester Eisenkitt*: Thon, Eisenfeilspäne, Schmelztiegelpulver und Kochsalzlösung. K. *für Porzellan* und *Glas* zum Einbrennen: Glasfluss aus Mennige, Borax und Kreide.

Kitzingen, Stadt im bayer. Regbz. Unterfranken, am Main, 5931 Ew.

Kitzler, s. *Klitoris*.

Kiuprili (*Köprili*), türk. Stadt in Macedonien, am Wardar, 22,000 Ew.

Kiusiu, eine der Hauptinseln Japans, mit den umliegenden kleinern Inseln 812 QM., Hauptstadt Nagasaki.

Kiwi (*Schnepfen-*, *Zwergstrauss*, Apteryx *Shaw*), Gattung der Laufvögel. *Austral.* K. (A. Owenii *Shaw*), von der Grösse eines Huhns, auf der Südinsel, und *A. Mantelli*, auf der Nordinsel von Neuseeland, mit haarartigen Federn, fast ausgerottet.

Kjöbenhavn (dän.), Kopenhagen.

Kjölen, Theil der skandinav. Alpen, auf der polit. Grenze von Schweden und Norwegen, von 68—63° n. Br., 2000' mittl. Höhe, im Syltopen 5500' h. Schneegrenze 3500'.

Klabautermann, Art Kobold in Schiffen.

Kladde (*Strazze*), bei den Kaufleuten das Memorial, in welches die täglichen Geschäftsvorfälle vorläufig eingetragen werden.

Kladno, Stadt im Böhm. Kr. Prag, 5500 Ew. Bed. Bergbau auf Steinkohlen u. Eisen.

Klärung (*Läuterung*, *Schönung*), die Abscheidung sehr fein vertheilter fester Partikelchen aus einer trüben Flüssigkeit meist durch Erzeugung von Niederschlägen in der letzteren. So klärt man Wein und Bier durch Hausenblase, welche durch die Gerbsäure des Weins oder Biers gefällt wird und dabei die Flüssigkeit trübenden Stoffe mit sich niederreisst. Häufig klärt man mit Eiweiss, welches beim Erhitzen durch Gerinnung einen Niederschlag gibt.

Klafter, Längenmass, meist = 6 Fuss; Flächenmass in Oesterreich = 36 QFuss = 1/1600 Joch; Brennholzmass:

	Landes- Kub.-F.	Kubik- meter	Verhalten zur preuss. K.
Preussen .	108	3,339	1,000
Oesterreich	108	3,412	1,022
Bayern .	126	3,183	0,953
Sachsen .	108	2,455	0,735
Würtemberg	144	3,386	1,014
Baden . .	144	3,888	1,164

Klage(*Actio*), jeder mündliche oder schriftliche Antrag an ein Gericht auf Verurtheilung eines Andern zu einer Leistung oder Unterlassung in einer Civilprozesssache. *Klageschrift* (libellus), die Prozessschrift, worin ein solcher Antrag gestellt wird. Jede K. muss ein gesetzliches, konkretes Recht des Klägers (*Klaggrund*) und eine Störung oder Verneinung desselben durch den Beklagten behaupten und hieraus einen Anspruch (*Klagbitte*) ableiten, welchen der

Richter dem Kläger zuerkennen soll. Die K. ist eine *persönliche*, wenn sie eine Forderung an eine bestimmte Person betrifft, eine *dingliche* (*Realklage*), wenn sie das Recht an einer bestimmten Sache zum Gegenstand hat.

Klagenfurt, Hauptstadt von Kärnthen, an der Glan, nahe dem *k.er* oder *wörther See*, 13,479 Ew. Sitz des Fürstbisch. von Gurk. Gr. Marktplatz (Statuen K. Leopolds und Maria Theresias), altes Landhaus mit bed. Sammlungen. Bleiweissfabr. (5000 Ctr.).

Klamm, Engpass im Salzburgischen, von der Ache durchflossen, bildet den Eingang zum gasteiner Thal.

Klandestin (lat.), heimlich, versteckt.

Klangfarbe,   } s. **Schall**.
Klangfiguren,   }

Klanggeschlecht, s. *Tongeschlecht*.

Klankularier (lat.), Einer, der sein Wesen im Verborgenen treibt; heiml. Wiedertäufer.

Klapka, *Georg*, Führer im ungar. Revolutionskriege, geb. 7. April 1820 zu Temesvar, ward 1847 Oberlieutenant im 12. Grenzregiment, nach der Märzbewegung 1848 Hauptmann des 6. Honvedbataillons. Ende Nov. Generalstabschef des im Banat unter Kis operirenden Armeecorps, 1849 Oberst, war an der Schlacht bei Kapolna (26. — 28. Febr.) und an den siegreichen Aprilfeldzuge wesentlich betheiligt und führte in der Schlacht bei Komorn (26. April) den linken Flügel. Provisorisch zum Kriegsminister, dann zum Kommandanten in Komorn ernannt, war er in den Gefechten an der Waag (20. und 21. Juni) und vor Komorn (2. und 11. Juni) neben Görgei der Held des Tags. Seine glänzendste Waffenthat der Ausfall vom 3. Aug., infolge dessen er sein Hauptquartier nach Raab verlegte. Durch Görgeis Waffenstreckung zum Rückzug nach Komorn genöthigt, kapitulirte er 27. Sept.; lebte seitdem in Frankreich, in der Schweiz und Italien. Schr. ,Der Nationalkrieg in Ungarn und Siebenbürgen' (1851, 2 Bde.).

Klappen (*Valvulae*), in der Anatomie faltenförmige Verdoppelungen innerer Häute zur Regelung des Blutstroms, z. B. im Herzen, in den beiden grossen Artorienstämmen etc.

Klapperschlange(Crotalus *L.*), Schlangengattung der Grossmäuler, Giftschlangen. *Schreckliche* K. (C. durissus *L.*), 6' l., im südöstl. Nordamerika, Mexiko bis Surinam, klappert mit hornigen Ringen an der Schwanzspitze. Fleisch geniessbar.

Klar, in der Seemannssprache s. v. a. bereit, fertig, z. B. zum Gefecht.

Klaret, durch Aufguss von Gewürzen bereiteter und versüsster Wein.

Klarinette, hoboeähnl. Blasinstrument mit dickem schnabelförmigem Mundstück, vom kleinen e bis zum 3gestrichenen f reichend.

Klariren (d. i. klären, bereinigen, freimachen), im Seewesen ein Schiff verzollen und dadurch zum ungehinderten Absegeln frei machen. *Klarirungsschein*, Quittung über bezahlten Zoll. *Klarirer*, Schiffsmäkler, der die Klarirung besorgt.

Klarissinnen (*Ordo sanctae Clarae*), weiblieber Orden, nach der heil. Clara benannt, welche, 1145 zu Assisi im Kirchenstaat geb., im Kloster zu St. Damian neben Portiuncula einen streng ascetischen Orden (daher auch *Damianistinnen* genannt) gründete und 12. Aug. 1253 †. 1255 heilig gesprochen. Der Orden breitete sich in Italien, Frankreich, Spanien und Deutschland aus, stand unter der Oberaufsicht der Minoriten und besass 2000 Klöster, nach der Reformation noch 900. Die jetzt noch bestehenden sind Erziehungsanstalten. Kleidung das graue Gewand der Minoriten.

Klasse (lat. *classis*), Abtheilung einer Mehrheit nach gewissen übereinstimmenden Merkmalen; in der Naturgeschichte höchste Abtheilung, in Ordnungen zerfallend.

Klassifikation, Eintheilung nach K.n, Ordnungen, Familien, Gattungen und Arten.

Klassiker (lat. *classici*), im alten Rom diejenigen Bürger, welche zur 1. der 6 Klassen nach der Eintheilung des Volks durch Servius Tullius gehörten; seit dem 2. Jahrh. Bezeichnung der besten Schriftsteller des griech. und röm. Alterthums; *klassisch* daher s. v. a. antik, auch s. v. a. mustergültig, meisterhaft im Allgem., wie auch die Blüthezeit jeder Literatur die klassische genannt zu werden pflegt.

Klatschrose, s. *Papaver*.

Klattau, St. im böhm. Kr. Pilsen, 7383 Ew.

Klaubarbeit, das Trennen der metallhaltigen Erze vom tauben Gestein durch Ausklauben nach der Schwere.

Klaue, die Hornumgebung der Zehen (Füsse) bei den Wiederkäuern; auch die hornige, verschieden gestaltete Zehenspitze der Vögel.

Klauenfett, fettes Oel aus dem Mark der Beinknochen von Rindern, Pferden, Schafen, gutes Schmier- und Haaröl.

Klauenseuche, Krankheit des Rindviehs, der Schafe und Schweine, zeigt sich in Blasen und Geschwüren im Klauenspalt, Ablösen der Klauenkapsel; besondere Form (*Klauenflule, chronische* K.) bei Merinoschafen; kontagiös, Behandlung mit Chlorkalk, Holzessig, Kupfersalzen, Reinlichkeit.

Klausenburg, Komitat in Siebenbürgen, 90 QM. Die *Hauptstadt* K., am kleinen Szamos, 20,615 Ew., Salzbergwerk.

Klausthal, Berghauptstadt im preuss. Regbz. Hildesheim, auf dem Plateau des Oberharzes, 9311 Ew. Bergakademie, Münze, grossartige Blei- und Silbergruben.

Klavier, s. *Pianoforte*.

Kleber (*Gluten*), die Proteïnkörper der Getreidesamen, welche in erster Linie deren Nahrungswerth bedingen. K. des Weizens, eine gelblichgraue, klebrige, zähe, plastische, getrocknet hornartige Masse, bei der Stärkefabrikation als Nebenprodukt gewonnen, bildet mit Mehl vermischt, gekörnt und vorsichtig getrocknet ein kräftiges Nahrungsmittel, welches als Gluten, Proteïn, Kraftsuppenstoff in den Handel kommt, auch zur Fabrikation von Nudeln, als Viehfutter und, durch Fäulniss etwas verändert, als Leim, Schlichte, zur Appretur etc. dient.

Kleber, *Jean Baptiste*, franz. General, geb. 6. März 1753 zu Strassburg, trat 1772 als Lieutenant in österr. Dienste, 1792 unter die Freiwilligen des Oberrheins, ward 1793 Divisionsgeneral, focht in der Vendée, dann in der Nordarmee bei Fleurus und führte 1795 und 1796 Jourdans linken Flügel. Mit der Direktorialregierung zerfallen, entging er kaum der Verbannung, nahm dann an der Expedition nach Aegypten Theil, begleitete Bonaparte nach Syrien, nahm Jaffa und Gaza, focht siegreich am Berge Tabor und erhielt nach Bonapartes Abgang den Oberbefehl. Nach Verwerfung der mit dem brit. Commodore Sidney Smith abgeschlossenen Konvention durch den Admiral Keith schlug er die Türken 20. März 1800 bei Heliopolis und war in Kurzem wieder Herr von ganz Aegypten; 14. Juni in Kairo von einem Türken ermordet. Denkmal in Strassburg. Biogr. von *Ernouf* (1867).

Kleberklee, s. v. a. Onobrychis sativa.

Klebkraut (*Labkraut*), s. v. a. Galium.

Klebleim, Lösung von 1½ Leim, 3 Zucker, ⅛ arab. Gummi in 6 Wasser, zum Bestreichen von Marken, Couverts etc.

Klee (*Trifolium L.*), Pflanzengattung der Leguminosen. *Gemeiner rother* K., Wiesenklee, Kopfklee (T. pratense L.), vorzügliche Futterpflanze, liefert 20—60 Ctr. Heu vom preuss. Morgen, dessen Nahrungswerth etwas höher ist als der des guten Wiesenheus. *Fleischrother* K., Inkarnatklee, Blutklee (T. incarnatum L.), aus Italien, wird in Süddeutschland, Frankreich, England gebaut. *Weisser* K., Feldklee, Schafklee (T. repens L.), nahrhafter als rother K. *Bastardklee*, schwed. K. (T. hybridum L.), ebenfalls kultivirt. K. wurde schon vor dem 16. Jahrh. in Italien gebaut, kam dann nach Frankreich, England, im 16. Jahrh. nach Deutschland, erhielt aber seine jetzige Bedeutung erst durch Schubart von Kleefeld 1770.

Kleesäure, s. v. a. Oxalsäure.

Kleesalz, s. v. a. saures oxalsaures Kali, [s. *Oxalsäure*.

Kleiderlaus, s. *Laus*.

Kleie, die beim Mahlprozess abgesonderten zerrissenen Fruchtschalen, Samenhüllen und äusserste Zellenschicht des Albumens der Getreidesamen.

enthält	Roggenkleie	Weizenkleie
Zellstoff	21,35	30,8
Stärke	38,19	26,11
Dextrin	7,79	5,52
Kleber	14,60	13,46
Fett	1,86	2,46
Wasser	14,65	14,07
Asche	5,85	6,52

K. besitzt hohen Nährwerth, ist aber schwer verdaulich; treffl. Viehfutter, auch in der Färberei, Gerberei etc. benutzt.

Klein, 1) *Joh. Adam*, Maler, geb. 24. Nov. 1792 zu Nürnberg, lebt das., seit 1867 Mitglied der münchner Akademie. Ausges. in der Darstellung von Thieren, namentlich des Pferdes, und im charakterist. Genre- und Landschaftsbild. Auch treffl. Radirungen. — 2) *Bernhard*, Kirchenkomponist, geb. 1794 in Köln, Schüler Cherubinis; † 9. Sept. 1832 als Lehrer des königl. Instituts für

Kirchenmusik in Berlin. Schr. die Oratorien ‚Hiob‘ (1820), ‚Jephtha‘ (1828), ‚David‘ (1830), eine treffl. Messe, Psalmen und Hymnen für Männerchor.

Kleinasien, die grosse vorderasiat. Halbinsel zwischen dem mitteländ. und dem schwarzen Meer, ein Plateau, im O. gegen 4000, in der Mitte und gegen W. ca. 2000' h., von mannichfachen Bergreihen durchzogen (am höchsten der Erdschisch der Kaisarieh, 11,800') und mit Randgebirgen rings umsäumt. Der Nordrand (4—6000' h.) und der Südrand (Taurus, bis 11,000' h.) steil zum schmalen Küstensaum, mit sanften Gehängen nach innen abfallend und im O. durch den Antitaurus (mit den cilicischen Pässen) verbunden; der Westrand vielfach durchbrochen (Olymp 5940', Ida 5400' h.). Flüsse: der Kisil-Irmak und Sakaria zum schwarzen Meer, Sarabat und Menderes (Maander) zum Mittelmeer (keiner schiffbar). In alten Zeiten Sitz der Bildung und blühender Staaten: das Reich der Lyder und an der Westküste eine Reihe griech. Kolonien; jenes erlag Cyrus, um letztere langer Kampf zwischen Persern und europ. Griechen, bis Alexander d. Gr. K. in Besitz nahm. Nach dessen Tode ward K. theils syr. Provinz, theils zerfiel es in einzelne kleine Königreiche. Später entstand das Reich des Mithridat 123—64 v. Chr.; nach dessen Besiegung ward K. dem röm. Reiche einverleibt, 395 n. Chr. zum Ostreiche geschlagen; nach dem Aufkommen des Islam von Arabern und Türken angegriffen und stückweise besetzt, um 1400 vollständig von den Türken erobert. Seitdem türk. Prov. (*Natolien*), 9625 QM. mit 10,907,000 Ew. (Türken, Griechen, Armenier).

Kleindeutsche, s. *Grossdeutsche.* [*italien.*]
Kleinkinderschulen, s. *Kinderbewahran-*
Kleinpolen, s. *Grosspolen.*
Kleinrussland, Landschaft im südl. Russland, die 4 Gouv. Kiew, Charkow, Tschernigow und Poltawa umfassend, 3679,8 QM. mit 7,001,835 Ew., sehr fruchtbar; früher zu Lithauen, später zu Polen gehörig, 1667 (der Rest 1793) Russland einverleibt.

Kleist, 1) *Ewald Christian von K.,* Dichter, geb. 3. März 1715 zu Zeblin bei Köslin, erst in dän., seit 1740 in preuss. Kriegsdiensten, ward als Major in der Schlacht bei Kunnersdorf tödtlich verwundet; † 24. Aug. 1759 zu Frankfurt a/O. Am berühmtesten das beschreibende Gedicht ‚Der Frühling‘ (1749); sehr. ausserdem Oden, Elegien und bes. treffl. Idyllen und Erzählungen. Werke herausg. von *Körte* (1803, 2 Thle.). — 2) *Heinrich von K.,* Dichter, geb. 10. Okt. 1776 zu Frankfurt a/O., 1795—96 in Militärdiensten, ging 1801 nach Paris, dann in die Schweiz, trat 1804 auf kurze Zeit in Staatsdienste, ward 1807 in Berlin von den Franzosen gefangen genommen, nach Frankreich abgeführt und erst im nächsten Jahre entlassen; lebte dann in Berlin, wo er sich, schon seit längerer Zeit von Schwermuth befallen, 21. Nov. 1811 zugleich mit einer Freundin erschoss. Grossartiges, nicht zu voller Entfaltung gelangtes Talent im Drama wie in der Novelle. Hauptwerke: die Dra-

men ‚Käthchen von Heilbronn‘, ‚Prinz von Homburg‘, ‚Hermannsschlacht‘, ‚Der zerbrochene Krug‘ (Lustspiel) und die Erzählung ‚Michael Kohlhaas‘. Werke herausg. von *Tieck* (1826, 3 Bde.; rev. von *Jul. Schmidt*, 2. Aufl. 1863), *Kurz* (1867, 2 Bde.). Vgl. ‚K.s Briefe an seine Schwester Ulrike‘ (1860). Biogr. von *Wilbrandt* (1862).

Kleist von Nollendorf, *Emil Friedrich, Graf,* preuss. General, geb. 9. April 1762 zu Berlin, machte als Hauptmann im Generalstab die Rheinfeldzüge 1792 und 1793 mit, war 1803—7 Generaladjutant des Königs, befehligte im russ. Feldzuge 1812 die Infanterie des preuss. Hülfscorps, 1813 als Generallieutenant ein preuss.-russ. Corps, focht bei Bautzen und schloss als preuss. Bevollmächtigter den Waffenstillstand ab. Dann Befehlshaber des 2. preuss. Armeecorps, focht er bei Dresden, Kulm, hier wesentlich zum Siege beitragend, und Leipzig, 1814 bei Laon, ward dann General der Infanterie, in den Grafenstand erhoben und dotirt. Später Generalkommandant der Provinz Sachsen und 1821 zum Feldmarschall ernannt; † 17. Febr. 1823.

Klemm, *Friedr. Gustav,* Kulturhistoriker, geb. 12. Nov. 1802 zu Chemnitz, ward 1834 Bibliothekar zu Dresden, 1852 Oberbibliothekar; † 26. Aug. 1867. Schr. ‚Allgem. Kulturgeschichte der Menschheit‘ (1843—52, 10 Bde.); ‚Allg. Kulturwissenschaft‘ (Bd. 1 u. 2, 1854—55); ‚Die Frauen‘ (1854—59, 6 Bde.) u. A.

Klenze, *Leo, Ritter von,* Baumeister, geb. 1784 im Fürstenthum Hildesheim, in Paris und Italien gebildet, ging 1815 als Hofarchitekt des Königs Max nach München, ward 1819 Oberbaulntendant das., entfaltete nach dem Regierungsantritt Ludwigs I. eine grossartige Wirksamkeit, ging 1834 nach Griechenland, wo er die Pläne für die neue Stadt Athen und das königl. Schloss entwarf, wurde 1839 nach Petersburg berufen, um den Ausbau der Isaakskirche zu leiten und den Bau des Kaiserpalasts zu begründen; † 27. Jan. 1864 zu München. Schöpfer fast aller neuern monumentalen Bauten in München: Glyptothek (1816—30), Odeon, Kriegsministerium, Palast des Herzogs Max, Arkaden mit Bazar, alte Pinakothek (1826—36), Königsbau und Festsaalbau, byzant. Allerheiligenkapelle, Walhalla (1830—42), Ruhmeshalle (1853), Propyläen

Klephten (gr.), s. *Armatolen.* [(1862).

Klerus (gr., d. i. Eigenthum, Erbtheil), in der griech.- und röm.-kathol. Kirche Bezeichnung des geistl. Standes, als vorzugsweise Gott angehörig und geweiht. *Kleriker,* kathol. Geistlicher; *regulirter Kleriker,* Klostergeistlicher; *klerikal,* die Geistlichkeit und ihre Interessen betreffend oder vertretend.

Klette, s. *Lappa.* [tretend.
Klettenwurzelöl, Haaröl, rothgefärbtes und parfumirtes Baum- oder Mandelöl.

Klettgau (*Kleggau*), Landschaft im südl. Baden, 5½ QM., bis 1806 fürstl. schwarzenberg. Landgrafschaft, seit 1812 badisch. Hauptort Thiengen.

Kleve (*Cleve*), ehedem Herzogtum im westphäl. Kreise, zu beiden Seiten des

Rheins, 40 QM. und 100,350 Ew. Durch Heirath Herzogs Johann III. von K. 1511 mit Jülich, Berg und Ravenstein vereinigt, fiel es infolge des k.schen Erbfolgestreits 1609 zu Brandenburg, durch den luneviller Frieden und 1805 an Frankreich und nach Napoleons I. Sturz wieder an Preussen. Die *Stadt* K. im preuss. Regbz. Düsseldorf, 1 Std. vom Rhein (Kanal dahin), 9209 Ew. Schloss (jetzt Gefängniss).

Kliefoth, *Theodor Friedr. Detlef,* protest. Theolog, geb. 18. Jan. 1810 zu Körchow bei Wittenburg; ward 1840 Prediger in Ludwigslust, 1844 Superintendent in Schwerin, 1850 Mitglied des Oberkirchenraths, eines der Häupter der streng konfessionellen Lutheraner. Schr. ,Theorie des Kultus der evangel. Kirche' (1844); ,Acht Bücher von der Kirche' (Bd. 1, 1854); ,Liturg. Abhandlungen' (1854—67, 8 Bde.; 2. Aufl. 1869 f.) etc.

Klientél (lat.), bei den Römern Schutzverhältniss, in welchem ein Geringerer *(Klient)* zu einem Mächtigeren *(Patron)* stand, erhielt, mit Verleihung von Ackerland an den Klienten und Vertretung desselben vor Gericht verbunden; daher *Klient* jetzt der von einem Rechtsanwalt vor Gericht Vertretene im Verhältniss zu diesem heisst; später lediglich Privatverhältniss.

Klima, die Gesammtheit der Temperaturverhältnisse eines Ortes nach Wärme und Feuchtigkeit, nach Winden und Witterung; zerfällt in *mathemat.* oder *solarisches* K., insofern es von dem Sonnenstand, also von dem Breitengrade des Ortes abhängt, und in *phys.* oder *wirkliches* K., insofern jenes durch andere Umstände und Verhältnisse beeinflusst und verändert wird. In Bezug auf letzteres treten bes. 3 wichtige klimat. Gegensätze hervor: 1) Gegensatz des *oceanischen (See-, Küstenklima,* auf Inseln und in allen gegliederten, busen- und halbinselreichen Festländern, z. B. Westeuropa, mit kühleren Sommern, wärmeren Wintern) und des *kontinentalen* K.s (in grossen Binnenländern, z. B. Osteuropa, Innerasien, Afrika, durch Trockenheit, grössere Heiterkeit, strenge Winter und heisse Sommer ausgezeichnet, daher auch *excessives* K. genannt); 2) Gegensatz der Ost- und Westküsten (jene unter gleichem Parallel mit strengeren Wintern und heisseren Sommern als diese); 3) Gegensatz des Hoch- und Tieflandes (Abnahme der Wärme mit der höheren Lage eines Ortes). Die beiden bekannten Extreme der Lufttemperatur: +45° R. zu Murzuk in Fezzan (Afrika) und − 46° zu Jakutsk, wie − 45° R. zu Reliance (am Sklavensee in Nordamerika). Niedrigste mittl. Jahrestemperatur: − 14,8° R. auf der Melvilleinsel und − 15½° am Smithsund (Westgrönland), höchste: + 24,8° R. zu Massaua (Abessinien) und 26,2° zu San Fernando de Apure (Venezuela). Sonstige mittl. Temperaturen: Nordkap fast 0°, Petersburg 2,5, Königsberg 5,2, Berlin 7,2, Basel 7,8, Wien 8,4, Mailand 10,2, Madrid 11,4, Rom 12,5, Neapel und Lissabon 13,1, Palermo 13,7, Gibraltar und Tunis 16, Havana 20, Maracaibo 23,6° R.

Klimaktérisch (gr.), stufenartig; *k.e Jahre,* diejenigen Lebensjahre, in denen wichtige Veränderungen im Körper eintreten sollen.

Klimax (gr.), Leiter, Treppe; rednerische Steigerung; vgl. *Gradation.*

Klingemann, *Ernst Aug. Friedr.,* Bühnendichter, geb. 31. Aug. 1777 zu Braunschweig, † das. 24. Jan. 1831. Beliebteste Stücke: ,Faust', ,Heinrich der Löwe', ,Deutsche Treue' etc. Dramat. Werke (1817—18, 2 Bde.).

Klinger, *Fr. Maxim. (von),* Dichter, geb. 18. Febr. 1752 zu Frankfurt a/M., erst in österr., seit 1780 in russ. Kriegsdiensten, zuletzt Universitätskurator und Generallieutenant; † 25. Febr. 1831 zu Dorpat. Ein Dichter der sogen. ,Sturm- und Drangperiode', die nach seinem Drama ,Sturm und Drang' (1776) den Namen erhielt. Seine Werke theils Dramen: ,Die Zwillinge' (1775), ,Das leidende Weib' (1775), ,Konradin' (1784), ,Der Günstling' (1785), ,Roderico' (1790) etc.; auch Lustspiele (,Der Derwisch' 1779, ,Die falschen Spieler' 1780 u. a.); theils Romane: ,Fausts Leben, Thaten und Höllenfahrt' (1791), ,Geschichte Giafars' (1792), ,Geschichte Raphaels de Aquilas' (1793), ,Der Faust der Morgenländer' (1797), ,Der Weltmann und der Dichter' (1798) etc. Werke (neue Ausg. 1812, 12 Bde.).

Klingsor, s. *Klinsor.*

Klingstein, s. v. a. Phonolith.

Klinik (gr.), Unterricht in der prakt. Medicin am Krankenbette; auch die Anstalt, wo solcher ertheilt wird. Drei Arten: *stehende* oder *stationäre* K., Unterricht im klinischen Hospital; *städtische* oder *Poliklinik,* Unterricht der Studirenden durch Krankenbesuche in Privatwohnungen; *ambulatorische* K., Anstalt, wo nicht bettlägerige Kranke sich ärztlichen Rath erholen können. [pflasterung.]

Klinker, verglaste Ziegel zur Strassen-

Klinométer (gr.), Instrument zur Messung der Neigung einer Linie oder Ebene gegen die Horizontale, z. B. die Setzwage.

Klinsor *(Klingsor),* sagenhafter Dichter und Zauberer in Ungarn, spielt im Gedicht vom Sängerkriege auf der Wartburg als Schiedsrichter eine Rolle.

Klio, Muse der Geschichte und des Epos, Symbol halbgeöffnete Bücherrolle.

Klipperschiffe, nordamerik. schnell segelnde Kauffahrteischiffe. [Kabeljau.]

Klippfisch, gesalzener und getrockneter

Klippschiefer, s. *Schiefer.*

Klitoris (gr., *Kitzler*), Zäpfchen zwischen den äusseren Schamlippen.

Kloake, kugelige Höhle oder Erweiterung des Darmkanals bei einigen Säugethieren, den Vögeln, Amphibien und einigen Fischen, in welche mit dem Mastdarm auch Harn- und Geschlechtswerkzeuge münden.

Kloaken, unterirdische Abzugskanäle zur Hinwegschaffung der Exkremente und Abfälle aus den Städten. Berühmt sind die römischen aus der Zeit der Könige, unter den neueren die londoner, deren Inhalt sich in die Themse ergiesst und durch Ebbe und Fluth fortgeschafft wird.

Kloasma (gr.), gefärbter Hautausschlag.

Kloben, s. v. a. Flaschenzug, s. *Rolle*.

Klöber, *August von*, Maler, geb. 1793 in Breslau, 1823 — 30 in Italien, dann in Berlin; † das. 1864. Hauptwerke: Perseus und Andromeda, griech. Blumenmädchen, Sakontala, Amor Pfeile schärfend u. A. Auch treffl. Porträts (u. B. Beethoven).

Klöppeln, s. *Spitzen*.

Klonisch, s. *Krampf*.

Klopfhengst, ein durch Klopfen mit dem Hammer auf die Hoden zum Wallach gemachter Hengst.

Klopfkur, Behandlung des Rheumatismus durch Kneten und Klopfen der schmerzhaften Theile; von Balfour empfohlen.

Klopstock, *Friedr. Gottlieb*, Dichter, geb. 2. Juli 1724 zu Quedlinburg, studirte in Jena und Leipzig Theologie, 1748 Hauslehrer in Langensalza (Fanny Schmidt), 1750 bei Bodmer in Zürich, dann in Kopenhagen, verheirathete sich 1754 in Hamburg mit Meta Moller (Cidli), die schon nach 4 Jahren †; darauf abwechselnd in Braunschweig und Quedlinburg; 1763—71 wieder in Kopenhagen, seitdem in Hamburg; verheirathete sich 1791 mit Joh. Elisabeth von Winthem, geb. Dimpfel; † 14. März 1803, am 22. feierlich zu Ottensen beerdigt. Von grossem Einfluss auf die Literatur durch die Wahl seiner Stoffe (Religion, Vaterland) und seine poet. Sprache. Hauptwerke: ,Messias' (christl. Epos, 1747—73) und die lyr. Gedichte (Oden, Hymnen, Elegien, Epigramme). Sehr. auch bibl. und vaterländ. Dramen (,Tod Adams', ,Hermannsschlacht', ,Hermanns Tod' etc.) und prosaische Schriften (,Deutsche Gelehrtenrepublik'). Sämmtl. Werke (1799—1817, 12 Bde., u. öft.; Auswahl 1869, 6 Bde.). Vgl. *Cramer*, ,K.', 2. Aufl. 1782—93, 5 Bde.; K.s Briefwechsel herausgeg. von *Klamer-Schmidt* (1810), *Lappenberg* (1867).

Kloset (fr.), kl. Geheimzimmer, Kabinet.

Kloster (v. lat. *claustrum*, d. i. abgeschlossener Ort, gr. *monasterium*), mit einer Kirche verbundene gemeinsame Wohnung von Mönchen und Nonnen, die nach bestimmten Ordensregeln leben, gewöhnlich ein Viereck bildend und einen Hof oder Garten umschliessend, mit nach diesem hin offenem Kreuzgang, in den oberen Stock mit dem *Refektorium*, dem Speise- und Konventsaal, in den oberen Stockwerken mit den Zellen der Mönche oder Nonnen, die meist nur Ein Fenster, eine Lagerstelle, einen Tisch und einen Stuhl enthalten. Die ordinirten Klostergenossen heissen *patres*, Väter, die nicht ordinirten *fratres*, dienende Brüder. Der Vorgesetzte eines grösseren K.s heisst *Abt* (*Aebtissin*), eines kleineren *Propst*, *Prior*, *Superior* (*Guardian*), *Rektor*. Die Klöster stehen entweder unter dem Bischof des betreffenden Sprengels oder als eximirte unmittelbar unter dem Ordensgeneral und dem Papste. Klöster entstanden zuerst um Mitte des 4. Jahrh. Das Klosterleben wurde im Morgenlande von Basilius († 379), im Abendlande von Benedikt von Nursia geregelt. Die Zahl der Klöster minderte sich zuerst infolge der Reformation, dann

infolge besserer Staatsverwaltung. In Oesterreich hob Joseph II. 1781 viele Klöster auf. In Frankreich ward 2. Nov. 1789 ihre völlige Aufhebung dekretirt, welchen Beispiele nach und nach die meisten kathol. Länder folgten. Papst Pius VII. stellte die in Italien während der franz. Herrschaft aufgehobenen Klöster wieder her, sicherte durch Konkordate mit Frankreich, Neapel und Bayern das Fortbestehen der hier erhaltenen und bewirkte zum Theil Wiederherstellung aufgehobener Klöster. In Frankreich wurden unter der Restauration und später viele Klöster hergestellt, in Bayern bes. unter der Regierung Ludwigs I.. In Oesterreich seit dem Konkordat von 1855. Auch in vorzugsweise protestant. Ländern, wie in Preussen, England, wurden neuerlich wieder viele Klöster errichtet. In Russland ist die Zahl der Klöster gering, ebenso in Griechenland. In Portugal wurden sie durch Dekret vom 28. Mai 1834, in Spanien durch das vom 9. Mai 1837, in Italien 1866 aufgehoben.

Kloster-Bergen, ehedem ber. Benediktinerkloster, ½ Std. von Magdeburg, 937 vom K. Otto gegr., 1565 in ein protestant. Stift mit Schule verwandelt, 1812 zerstört. Hier 1577 die Konkordienformel entworfen.

Klostergelübde, die von Solchen, die sich dem Klosterleben widmen wollen, abzulegenden Gelübde des Gehorsams, der Keuschheit und der Armuth, zu Anfang des 6. Jahrh. durch Benedikt von Nursia aufgekommen. Der Bruch der K. wird nach den Bestimmungen des trident. Koncils mit strengster Busse bedroht. Busse für die ganze Lebenszeit bindend, binden sie jetzt auf Grund der Staatsgesetze in deutschen Klöstern nur auf 3 Jahre.

Klostergrab (*Grab*), Ort im böhm. Kr. Saaz, im Erzgebirge, 900 Ew. Silberbergbau. Protestant. Kirche 1618 zerstört.

Klosterneuburg, Stadt in Unterösterreich, an der Donau, 4767 Ew.; ber. Augustinerstift mit vielen Merkwürdigkeiten.

Klosterschulen, bei Klöstern errichtete Unterrichtsanstalten mit Klostergeistlichen als Lehrern, entstanden seit Anfang des 5. Jahrh., bezweckten zunächst Bildung der Geistlichen, dann allgem. höhere Unterrichtsanstalten, lehrten anfangs bloss das Trivium (Grammatik, Rhetorik und Dialektik) und die geistl. Disciplinen, später auch das Quadrivium (Musik, Arithmetik, Geometrie und Astronomie), also die 7 freien Künste. Der Vorsteher hiess Rektor oder Scholasticus, die übrigen Lehrer Magistri. Berühmt die K. in Tours, Köln, Trier, Fulda, Hirsau, Paderborn, Würzburg etc. An Bischofssitzen befindliche und unter bischöfl. Aufsicht stehende K. hiessen *Domschulen*. Mit dem Verfall der Klöster wurden die K. geschlossen.

Kloster-Seven (*Zeven*), Flecken in der preuss. Prov. Hannover, Herzogth. Bremen, 1290 Ew. 8. Sept. 1757 *Konvention* zwischen den Franzosen und den Verbündeten, worauf erstere Hannover besetzten.

Klotho, eine der drei Parzen.

Klüsen, die beiden Löcher vorn im Schiff, durch welche die Ankertaue gehen.

Klüver, das vorderste dreieckige Segel eines Seeschiffes, wird an der Vorstenge aufgezogen und mit seinem Hals an das Ende des Klüverbaums, die Verlängerung des Bugspriets, befestigt.

Klumpfuss (Knollfuss), fehlerhafte Stellung des Fusses, wobei der äussere Rand desselben sich nach unten wendet, während der innere sich erhebt. Behandlung in früher Jugend durch passende Verbände.

Klystier (fr. lavement), in den Mastdarm einzuspritzende Flüssigkeit zur Entfernung des Kothes oder zur direkten Einbringung von Arznei- und Nahrungsmitteln.

Knabenkraut, s. v. a. Orchis.

Knabl, Jos., Bildhauer, geb. 17. Juli 1819 bei Laudeck in Tirol, in München gebildet, seit 1852 Prof. der christl. Skulptur daselbst. Hauptwerke (streng kathol. gehalten): die Figuren und Gruppen am neuen Altar im Dom zu Augsburg, Taufe Christi in Marrentheim, Hochaltar der Franciskanerkirche in Passau, heil. Franciscus (Cincinnati) und bes. der Hochaltar (in Holz, Krönung der heil. Maria) der Frauenkirche zu München.

Knackmandeln, s. Mandeln.

Knackweide, s. v. a. Salix fragilis L.

Knallgas, Mischung von 2 Vol. Wasserstoff und 1 Vol. Sauerstoff, verbrannt, durch den elektr. Funken oder eine Flamme entstündet, unter heftiger Explosion zu Wasser; fein vertheiltes Platin bewirkt Verbindung der Gase ohne Explosion. Die mit Sauerstoff angeblasene Wasserstoffflamme (Knallgasgebläse) schmilzt Platin und Kieselsäure, dient zum Löthen der Bleiplatten ohne Loth, leuchtet selbst sehr wenig, bringt aber einen kleinen Kalk- oder Magnesiacylinder zum blendenden Glühen. Dies höchst intensive Licht (Siderallicht, drummondsches Licht, Kalklicht) dient zu Signalen und wird bei der Laterna magica, den Nebelbildern und dem Hydrooxygengasmikroskop angewandt. Für letztere Zwecke wird oft Wasserstoff durch Leuchtgas ersetzt.

Knallpulver, Mischung von 3 Salpeter mit 2 kohlensaurem Kali und 1 Schwefel, explodirt heftig beim Erhitzen.

Knallquecksilber, s. Knallsäure.

Knallsäure, chemische Verbindung von 1 Aeq. Cyan mit 1 Aeq. Sauerstoff, im freien Zustande unbekannt, entsteht als Silberoder Quecksilbersalz, wenn man auf die Lösung dieser Metalle in Salpetersäure Alkohol einwirken lässt. Beide Salze sind farblos, schwer löslich und explodiren ungemein leicht und heftig. Das Quecksilbersalz (Knallquecksilber) dient mit Salpeter oder Pulver gemischt zur Füllung der Zündhütchen, das Silbersalz (Knallsilber) zu Knallfidibus, Knallerbsen etc.

Knallsilber, s. Knallsäure.

Knapp, 1) Albert, geistl. Liederdichter, geb. 25. Juli 1798 zu Tübingen, seit 1845 erster Stadtpfarrer zu Stuttgart; † das. 1865. Suchte den herzlichen Ton des alten Kirchenliedes zu erneuern. ,Geistl. Gedichte' (1829—34, 4 Thls.; neue Folge 1843; Auswahl, 2. Aufl.

1868). — 2) Friedrich, ber. Technolog, geb. 22. Febr. 1814 in Michelstadt, zuerst Prof. der Technologie in Giessen, 1854 in München, seit 1863 Prof. der Chemie in Braunschweig. Verdient um viele Zweige der Technologie, bes. Gerberei. Schr. ,Lehrbuch der chem. Technologie' (3. Aufl. 1865 ff.); übersetzte Percys ,Metallurgie' (1862 ff.).

Knappe (Schildknappe), im Mittelalter Einer, der sich im Dienst eines Ritters für den Ritterdienst ausbildete, ward durch den Ritterschlag zum Ritter gemacht. K.n, Arbeiter beim Bergbau; daher Knappschaft, sämmtliche Hüttenleute eines Bergreviers.

Knauelgras (Dactylis L.), Pflanzengattung der Gramineen. Gemeines K., Hundsgras (D. glomerata L.), in Deutschland, treffl. Schnittgras, bes. auf Rieselwiesen.

Knaus, Ludw., Genremaler, geb. 5. Okt. 1829 zu Wiesbaden, in Düsseldorf gebildet, 1852—60 in Paris, seitdem in Berlin. Feiner Humorist und Meister in der Charakterisirung. Werke: ländl. Leichenzug im Walde; die Taschenspieler; Durchlaucht auf der Reise; Kinderbanket etc.

Knebel, Karl Ludw. von, geb. 30. Nov. 1744 zu Wallerstein (Franken), bis 1773 in preuss. Kriegsdiensten, dann Erzieher des Prinzen Konstantin von Weimar, Freund Goethes, 1773 pensionirt, zuletzt in Jena lebend; † das. 16. Febr. 1834. Schr. Elegien und Hymnen; übers. Propers (1798), Lukres (1821), ,Liter. Nachlass' (2. Aufl. 1840, 3 Bde.); ,Briefwechsel mit Goethe' (1851, 2 Bde.).

Knetmaschinen, mechan. Vorrichtungen verschiedener Art zur Bearbeitung des Kautschuks, des Lehms und Thons für die Ziegelfabrikation, zur Bereitung des Brodteigs etc.

Knie (Genu), Gelenk zwischen Ober- und Unterschenkel, dessen Biegung nach vorn durch die Kniescheibe (patella) verhindert wird. Durch die von Sehnen gebildete Kniekehle treten Blutgefässe und Nerven zum Unterschenkel.

Kniebis, Gipfel des Schwarzwaldes, auf der bad.-würtemberg. Grenze, 2996' hoch, mit strateg. wichtigem Pass (2500') aus dem Kinzig- in das Murgthal.

Knieholz, Krummholzkiefer, s. Kiefer.

Knep, Christ. Heinr., Zeichner, geb. 1748 in Hildesheim, lebte in Hamburg, Berlin, in Italien, begleitete Goethe durch Sicilien; † 9. Juli 1825 als Prof. in Neapel. Geschätzte Sepia- und Kreidezeichnungen.

Knieschwamm (Fungus genu), chronische Entzündung des Kniegelenks, zeigt sich als grosse weisse Schwellung. Behandlung durch feste Verbände; in schlimmen Fällen bei Vereiterung des Knies Amputation.

Knigge, Adolf Franz Friedr. Ludw., Freiherr von, Schriftsteller, geb. 16. Okt. 1752 zu Bredenbek bei Hannover, erst Hofjunker und Assessor der Domänenkasse in Kassel, dann Kammerherr in Weimar, ward 1790 Oberhauptmann und Scholarch in Bremen; † das. 6. Mai 1796. Bekannt durch seine Verbindung mit den Illuminaten. Schr. ,Ueber den Umgang mit Menschen' (1788, 15. Aufl. 1869); den kom. Roman ,Die Reise nach Braunschweig' (7. Aufl. 1839) und

,Der Roman meines Lebens' (1803, 4 Bde.). Biogr. von *Gödeke* (1844).

Knight (engl., spr. Neit, d. i. Knappe), in England s. v. a. Ritter.

Kniphausen, Herrsch. im Grossherzogth. Oldenburg, früher nebst der Herrschaft Varel gräfl. aldenburgisches Fideikommiss, kam durch Vermählung der Erbtochter des letzten Grafen von Aldenburg gegen Mitte des 18. Jahrh. an die englische Linie des Hauses Bentinck und nach Ablösung der standesherrlichen Rechte durch Patent vom 1. Aug. 1854 an den Grossherzog von Oldenburg; 0,82 QM. mit 5035 Ew.

Knipperdolling, *Bernh.*, Führer der Wiedertäufer zu Münster, geb. das., nahm die holländ. Wiedertäufer Matthys und Johann Bockold von Leyden bei sich auf, ward Febr. 1534 zum Bürgermeister erwählt, übte eine Schreckensherrschaft aus, nach Johanns Erhebung zum König Statthalter, 23. Jan. 1536 mit jenem hingerichtet und sein Leichnam in einem eisernen Käfig aufgehängt.

Knjäs (falsch *Knees*), in Russland s. v. a. Fürst. Von den 38 Knjäsenfamilien daselbst leiten 31 ihren Ursprung von der Herrscherdynastie, den Rurikiden, in legitimer männlicher, direkter, 3 in nicht legitimer weiblicher Linie ab. Eine zweite Knjäsenreihe bilden diejenigen Fürsten, welche von fremden fürstl. Häusern abstammen und vom Kaiser die russ. Fürstenwürde erhalten haben; eine dritte die erst in neuerer Zeit zur Knjäsenwürde erhobenen.

Knoblauch, s. *Lauch*.

Knochen, bestehen aus dichter oder schwammiger, stets mit Mark, Gefässen und Ernährungsflüssigkeit durchzogenen Knochensubstanz, welche mit der gefässreichen Beinhaut (periosteum) überzogen ist. Die Knochensubstanz besteht zu $\frac{1}{3}$ aus organischer leimgebender Masse, zu $\frac{2}{3}$ aus phosphorsaurer Kalk- und Bittererde; zu viel leimgebende Masse macht den K. biegsam (engl. Krankheit), von zu viel mineralischer Substanz wird er spröde, brüchig. Die Röhrenknochen enthalten in ihrer Höhlung gelbes oder rothes, aus Fett und Blutgewebe bestehendes Knochenmark. K. werden zu Schnitz- und Drechslerarbeit entfettet und gebleicht, geben beim Erhitzen unter Luftabschluss Knochenöl und Beinschwarz, bei Kalcination Knochenasche.

Knochenbrand (Nekrosis), örtlicher Tod eines Knochenstückes, entsteht infolge mangelnden Nahrungszuflusses zu demselben. Das brandige Stück gleicht im Aeusseren dem gesunden, ist schmerzlos, aber stets von entzündetem Knochen umgeben, von dem es durch Eiterung allmählig abgestossen wird (Sequester).

Knochenbreccie, Trümmergestein aus Knochen und Kalkbrocken bestehend, findet sich bes. in den Mittelmeerländern.

Knochenbrüche (Fracturen) sind einfache, ohne, oder komplicirte, mit äusserer Wunde, bedürfen Einrichtung in die normale Lage und Fixirung durch Gypsverband, event. Abflussvorrichtung für das Wundsekret. Heilung erfolgt durch Bildung von Callus (s. d.).

Knochenfrass (*Knochenverschwärung*, Caries), Entzündung, namentlich kurzer, schwammiger Knochen, mit Eiterung und Lostrennung mikroskopischer Knochensplitter. Der kariöse Knochen ist schmerzhaft. K. der Wirbelkörper ist die Ursache von Knickungen der Wirbelsäule; entsteht häufig bei Kindern tuberknöser Eltern und nach Verletzung.

Knochenkohle, s. *Beinschwarz*. [zen.

Knochenlehre, s. *Osteologie*.

Knochenmark, s. *Knochen*.

Knochenmehl, mit Stampfwerken, aufrecht stehenden Steinen oder Zahnwalzen aus gedämpften (entfetteten) Knochen dargestellt, kräftiges Düngemittel, wirkt um so schneller, je feiner es ist, enthält 4,8—7,5 % Stickstoff und 48,5—54,0 % Phosphate und wird häufig mit Schwefelsäure behandelt, um löslichen sauren phosphorsauren Kalk zu erzielen, der noch schneller wirkt. Feiner Zusatz von K. zum Futter begünstigt die Ausbildung des Knochensystems.

Knöterich, s. *Polygonum*.

Knolle (Tuber), unterirdischer, zusammengezogener, blattloser, fleischiger Ast, der auf seiner Oberfläche Knospen (Augen) treibt und nur mit Epidermis bedeckt ist, z. B. die Kartoffel.

Knollfuss, s. *Klumpfuss*. [Kartoffel.

Knoppern, durch den Stich von Gallwespen erzeugte, unregelmässig gestaltete Auswüchse an den Fruchtbechern und der Frucht von Quercus sessiliflora und pedunculata (ungarische K.), enthalten 40—50 % Gerbsäure; *orientalische K.*, *Ackerdoppen*, *Valonen*, die unveränderten Fruchtbecher von Quercus Aegilops und Q. Valonea, enthalten 19—26,75 % Gerbsäure; dienen zur Gerberei und Färberei.

Knorpel (Cartilagines), zwischen Knochen und Weichtheilen mitten inne stehende thierische Gewebe, bilden Ueberzüge der Gelenkenden der Knochen oder stützen halbfeste Gebilde (Ohr, Kehlkopf), bestehen aus Zellen, die in einer theils homogenen, theils faserigen Grundsubstanz eingebettet sind; chemischer Bestandtheil: Chondrin gebende Substanz. (Fische (s. d.).

Knorpelfische, Hauptabtheilung der **Knorpelleim**, s. v. a. Chondrin.

Knospe (Gemma), die Anlage zu einem Stamm oder Ast, mit Blattanskizen versehen und unmittelbar ohne vorhergegangene Befruchtung entstanden. [des Minos.

Knossos (a. G.), Hauptst. von Kreta, Resid.

Knoten, die Durchschnittspunkte der Bahnen der einzelnen Körper unseres Sonnensystems mit der Ebene der Erdbahn oder Ekliptik. *Aufsteigend* (☊) heisst der K., durch welchen der betreffende Himmelskörper sich nördlich über die Ekliptik erhebt, der andere heisst *niedersteigend* (☋).

Knowles (spr. Nohls), *James Sheridan*, engl. Schauspieler und Bühnendichter, geb. 12. Mai 1784 in Cork, zog sich 1843 von der Bühne zurück; † Ende Dec. 1862. Dramat. Werke (1847, 3 Bde.); schr. auch Lyrisches und Novellen.

Knownothings (engl., Nohnöthings), d. i. Nichtswisser, polit. Partei in den Vereinigten Staaten, trat unter diesem Namen zuerst im Winter 1854—55 auf, früher als ,Nativisten' bezeichnet, nahm den Namen K. an, weil sich die Mitglieder Uneingeweihten gegenüber Nichtswissen gelobt hatten, suchte die Eingewanderten von der Theilnahme an den polit. Angelegenheiten auszuschliessen (,Amerikaner sollen Amerika regieren'), bekämpften bes. die bestehenden Naturalisationsgesetze, infolge des Bürgerkriegs vom polit. Schauplatz verschwunden.

Knox (spr. Nacks), *John*, schott. Reformator, geb. 1505 zu Gifford bei Haddington, ward Lehrer der Theologie und scholast. Philosophie an der Akademie St.-Andrews, gerieth 1547 mit der Besatzung des Platzes in franz. Gefangenschaft und kam nach Frankreich auf die Galeere. Seit 1551 Kaplan König Eduards VI. setzte er die Abschaffung der Hostienverehrung und die Transsubstantiationslehre durch, floh nach Marias Thronbesteigung nach Genf, ward 1554 Prediger der engl. Emigranten zu Frankfurt a/M., kehrte 1555 nach Schottland zurück, wo er eifrig für die Reformation wirkte. Seit 1556 wieder Prediger in Genf ward er von den schott. Bischofen in contumaciam zum Feuertod verurtheilt. Nach Schottland zurückgekehrt und geächtet erklärte er, dass man Königen in ungerechten Dingen nicht zu gehorchen habe, und erregte dadurch einen Volksaufstand, der zum Bürgerkrieg führte. Nach Einführung der Presbyterialkirche in Schottland (1560) Prediger zu Edinburgh übte er als gewaltiger Redner grossen Einfluss, betrieb als Gegner der Maria Stuart deren Absetzung; † 24. Nov. 1572. ,Werke' (herausgeg. von *Laing*, 1855). Vgl. *Brandes* (1863).

Knüll, Gebirgszug in Hessen, westl. bei Hersfeld, 4 M. l., im *Knüllköpfchen* 1939' h.

Knut (*Kanut*), *der Grosse*, als König von Dänemark K. II., von England K. I., Sohn des Königs Sueno von Sven, folgte diesem 1014 in Dänemark, 1016 auch in England, vollendete die Eroberung dieses Landes, stellte die Gesetze Alfreds d. Gr. wieder her, sicherte Dänen und Engländern gleiche Rechte zu, vermählte sich mit Etheireds II. Wittwe Emma, erbaute Kirchen und Klöster, einer der mächtigsten Fürsten seiner Zeit; † 1036 zu Shaftesbury.

Knute, russ. Peitsche, noch unter Peter I. und Elisabeth Züchtigungsinstrument für die höchsten Würdenträger, selbst für Frauen, seit Katharina II. nur für gemeine Verbrecher, unter Nikolaus I. abgeschafft und durch die Pleti, eine Art Strippe, ersetzt.

Ko (*Istan Köi*, das alte Cos), türk. Sporadeninsel, vor dem *Golf von K.*, 4½ QM. und 8000 Ew.; Weinbau. Im Alterthum ber. Aeskulaptempel u. das Venusbild von Apelles.

Koacervation (lat.), Anhäufung; in der Rhetorik Häufung vieler Beweise, ohne Durchführung derselben.

Koälin (lat.), gleichhaltig. [*Coagulum.*

Koaguliren, gerinnen, s. *Gerinnung* und **Koaks**, s. *Steinkohlen*.

Koaktion (lat.), Zwang, gewaltsame Nöthigung; *koaktiv*, zwingend.

Koalescenz (lat.), das Zusammenwachsen, Verschmelzen.

Koalition (lat.), Vereinigung mehrerer Mächte zu Bekämpfung eines gemeinsamen Gegners; Annäherung antgegengesetzter polit. Parteien zum Sturz einer andern. *Koalitionsministerium*, aus den Führern mehrerer Parteien zusammengesetztes Ministerium.

Koaptation (lat.), Anpassung.

Kobalt, Metall, findet sich in Verbindung mit Arsen im Speiskobalt, mit Schwefel und Arsen im Glanzkobalt und in einigen andern Erzen, stets zugleich mit Nickel. Die gerösteten Kobalterze (*Saffler, Zaffer*) enthalten im Wesentlichen Kobaltoxyd und Oxydul und dienen zur Darstellung der Kobaltfarben. Das Metall ist grau, hart, dehnbar, sehr fest, spec. Gew. 8,7, Aeq. 29,5, nimmt Magnetismus an, schmilzt schwer, löst sich in Säuren mit rother Farbe. *Kobaltoxydul*, 1 Aeq. K. und 1 Aeq. Sauerstoff, sowie *Kobaltoxyd*, 2 Aeq. K. und 3 Aeq. Sauerstoff, färben Glasflüsse intensiv blau und dienen zur Darstellung blauer Farben auf Porzellan und Steingut, blauer Gläser und Emaillen. Vgl. *Smalte*. Phosphorsaures Kobaltoxydul wird als *Kobaltviolett* beim Tapeten- und Zeugdruck, salpetrigsaures Kobaltoxydulkali als *Kobaltgelb* in der Oel- und Aquarellmalerei angewandt. *Kobaltchlorür* gibt rothe wasserhaltige und blaue wasserfreie Krystalle, dient in Lösung als sympathetische Dinte.

Kobaltblau (*Kobaltultramarin, Thénardsblau*), blaue Farbe, besteht aus Thonerde und Kobaltoxydul, ist bei künstl. Licht schmutzig violett, luft- und feuerbeständig.

Kobaltblüthe, rother Erdkobalt, Mineral aus der Klasse der wasserhaltigen Chalcite, arseniksaures Kobaltoxydul, schön roth, Zersetzungsprodukt kobalthaltiger Kiese; bei Schneeberg, Saalfeld, Richelsdorf; wird auf Kobaltfarben verarbeitet.

Kobaltglanz (*Glanzkobalt*), Mineral aus der Klasse der Kiese, Verbindung von Kobalt mit Schwefel und Arsen, röthlich silberweiss, metallisch glänzend, in Norwegen, Schlesien, Mähren, wichtiges Kobalterz.

Kobaltglas, s. *Smalte*.

Kobaltgrün (*Rinmanns Grün, Gellerts Grün, Zinkgrün*), schöne grüne Farbe, besteht aus Zinkoxyd und Kobaltoxydul, dauerhafte, gut deckende Wasser-, Oel- und Kalkfarbe.

Kobaltschwärze (*Kobaltmanganerz, schwarzer Erdkobalt*), Mineral aus der Klasse der wasserhaltigen Metalloxyde, Verbindung von Kobaltoxydul mit Mangansuperoxyd, schwarz; wird auf Kobaltfarben verarbeitet.

Kobaltultramarin, s. *Kobaltblau*.

Kobell, *Franz von*, geb. 19. Juli 1803 in München, seit 1834 Prof. der Mineralogie daselbst. Verf. werthvoller fachwissenschaftl. Werke, Erfinder der Galvanographie, bes. aber bekannt durch seine ,Gedichte in oberbayer. Mundart' (6. Aufl. 1862) und ,Gedichte in pfälz. Mundart' (5. Aufl. 1862).

Koberstein, *Karl Aug.*, Literarhistoriker, geb. 10. Jan. 1797 zu Rügenwalde, seit 1824 Lehrer zu Schulpforta; † das. 8. März 1870. Hauptwerk: ,Grundriss der Geschichte der deutschen Nationalliteratur' (4. Aufl. 1847—1868, 3 Bde.).

Koblenz, Regbz. in der preuss. Rheinprovinz, 112,4 QM. und 555,882 Ew. Die Haupt- und Kreisstadt K., zugleich Hauptstadt der Rheinprovinz, Festung ersten Rangs, in reizender Lage am Einflusse der Mosel (steinerne und Eisenbahnbrücke) in den Rhein (Schiff- u. Eisenbahngitterbrücke), 27,112 Ew.; zerfällt in die finstere Alt- und die freundliche Clemens- oder Neustadt. Schloss, Kastor- und Florinskirche. Lackirte Blechwaarenfabr. Handel, Schifffahrt. Dabei die Forts Alexander, Konstantin und Franz, mit Ehrenbreitstein auf dem rechten Rheinufer eine Festung bildend. [haft.

Kobolde, Haus-, auch Berggeister, zwerg-

Koburg, Hauptstadt des Herzogtums S.-Koburg und abwechselnd mit Gotha Resid. des Herzogs von Koburg-Gotha, an der Itz, 11,439 Ew. Dabei die geschichtlich denkwürdige Veste K. (Lutherzimmer) und die Lustschlösser Kallenberg und Rosenau.

Kochelsee, See in Oberbayern, bei Benediktbeuren, 1 M. l., ½ M. br., 258' tief, 1831' üb. M., von der Loisach durchflossen. Oestl. die Benediktenwand (5686').

Kochemer Sprache (jenische Sprache), Gaunersprache.

Kocher, Nebenfluss des Neckar in Würtemberg, mündet bei Kochenheim, 20 M. lang.

Kochheim (Kochem), Kreisstadt im preuss. Regbz. Koblenz, an der Mosel, 2547 Ew.

Kochpunkt, s. Siedepunkt.

Kochsalz, s. Salz.

Kock, Paul de, franz. Romanschriftsteller, geb. 21. Mai 1794 zu Passy, † 28. Aug. 1871 zu Paris. Schildert in seinen vielgelesenen Romanen bes. das pariser Volks- und Gesellschaftsleben der unteren Schichten in nackter Wirklichkeit. Werke (1844—45, 56

Kockelskörner, s. Cocculus. [Bde.).

Kocytus (gr.), ein Strom der Unterwelt, der in den Acheron mündet.

Kodicill (lat.), letztwillige Verfügung, entweder als Zusatz zu einem Testament oder statt Erben nur Legatare einsetzend. Kodicillarklausel, die ausdrückliche Erklärung des Testators, dass, falls sein Testament als solches rechtlich nicht gelten könne, dasselbe als K. aufrecht erhalten werden solle, verbindet den Intestaterben.

Kodifikation (lat.), Zusammenstellung der eine ganze Rechtsabteilung umfassenden Gesetze zu einem systematisch geordneten

Kodirektion (lat.), Mitdirektion. [Ganzen.

Koëfficient (lat.), in der Arithmetik der gegebene oder konstante Faktor einer unbekannten oder veränderlichen Grösse.

Koekkoek (spr. Kukuk), Bernard Cornelis, Landschaftsmaler, geb. 11. Okt. 1803 zu Middelburg, † 5. April 1862 zu Kleve. Seine Bilder durch Naturtreue u. poet. Auffassung ausgez., bes. geschätzt seine Waldpartien.

Kölleda, Kreisstadt im preuss. Regbz. Merseburg, Kr. Eckartsberga, 3597 Ew.

Köln, ehemals deutsches Erzstift im kurrhein. Kreise, mit der dazu gehörenden Grafsch. Recklinghausen und dem Herzogthum Westphalen 120 QM. und 230,000 Ew.

Der Erzbischof von K. war der dritte geistl. Kurfürst des deutschen Reichs und Erzkanzler desselben in Italien. Seine Residenz Bonn, Sitz des Domkapitels K. Jährl. Einkünfte 600,000 Thlr. Schon im 4. Jahrh. Bisthum, ward es um 800 zum Erzbisthum erhoben und wuchs trotz steter Feindseligkeiten mit den benachbarten Dynasten und Städten, insbes. der Stadt K. Philipp von Heinsberg († 1191) erwarb Westphalen und den westl. Theil des alten Engern. Maximilian Heinrich (1642—50) Schöpfer des kölnischen Landrechts. Durch den luneviller Frieden 1801 säkularisirt, fiel das Erzstift 1814 an Preussen. Erzbischöfe des neuorganisirten Erzstifts: Graf Spiegel zum Desenberg und Canstein (seit 1824), Clemens August, Freiherr zu Droste-Vischering (seit 1835), Geissel (seit 1845), Paul Melchers (seit 1866). Vgl. Kessel, 'Monumenta hist. ecclesiae Colon.', 1862 ff.

Köln, Regbz. der preuss. Rheinprovinz, 72,1 QM. und 596,493 Ew. Die kreisexemte Hauptstadt K. (lat. Colonia Agrippina, fr. Cologne), auch Kreisstadt des Landkreises K., Festung ersten Rangs, linke am Rhein (Gitterbrücke nach Deutz), 125,172 Ew. Sitz des Appellationshofs für das Rheinland, des Erzbischofs u. Domkapitels. Die Strassen, wenige neue ausgenommen, eng. Gebäude: der Dom (in Kreuzesform, 433' l., 144' br., das grösste und erhabenste Werk goth. Bauart, 1248 unter Erzbischof von Hochstaden durch H. Suerre begonnen, seit 1824 unter Leitung von Frank und Ahlert, dann Zwirner reparirt, seit 1842 mittelst Zuschüsse des Königs von Preussen und Sammlungen des Dombauvereins seiner jetzt nahen Vollendung entgegengeführt); Gereonskirche (die älteste), Marienkirche, Apostelnkirche, Severinkirche (reich an altdeutschen Gemälden), Kunibertskirche (byzant.-maur. Stil) etc.; Synagoge (maur. Stil); goth. Rathhaus (imposanter Säulenvorhan), Gürzenich (altes Kaufhaus, jetzt städtischen Zwecken gewidmet), Wallraf-Richartzmuseum, das ehemal. Jesuitenkollegium, Regierungsgebäude, das Lagerhaus (altdeutscher Stil), Centralbahnhof, neues Theater. Anstalten: viele wissenschaftl. u. Kunstinstitute, Musikschule, permanente Industrieausstellung, botan. und zoolog. Garten. Freihafen, Sicherheitshafen. Dampfschifffahrts- und Dampfschleppschifffahrtsgesellschaft, Börse, Handelskammer, Handelsgericht. Schwunghafte Metallindustrie, Maschinenspinnerei und Weberei, Spitzenklöppelei, Fabrikation von köln. Wasser, Gerberei, Bierbrauerei, Zuckerraffinerie. Kommissions- und Speditionshandel. Von den Ubiern gegründet, ward K. durch Julia Agrippina 50 n. Chr. röm. Kolonie. Im Mittelalter freie Reichsstadt und reiche Quartierstadt der Hansa, 1388—1798 Universitätsstadt. Vgl. Ennen, 'Gesch. der Stadt K.', 1863—68, 3 Bde.

Kölner Braun, s. v. a. Kasselbraun.

Kölner Gelb, s. v. a. Chromgelb, s. Chrom.

Kölner Schwarz, gereinigte Knochenkohle.

Kölnisches Wasser (Eau de Cologne), Lösung von ätherischen Oelen in Alkohol,

Zusammensetzung Geheimniss. Das ächte trägt die Firma: Jean Maria Farina, Köln, gegenüber dem Jülichsplatz.

Kölnische Umbra, s. v. a. Kesselbraun.

Koëmtion (lat.), bei den Römern Form der Ehe, wobei die Frau infolge eines Scheinkaufs in die Gewalt des Mannes kam.

König (altd. *Chunig* oder *Kuning*), Erbfürst, insbes. erblicher Herrscher eines grösseren Staats mit besonderen Vorzügen (königl. Ehren), wie Führung der Königskrone im Wappen, Anrede Ew. Majestät etc., zuweilen auch Titel von Wahlfürsten, wie in Polen; im ehemal. deutschen Reich *römischer K*. Titel des noch bei Lebzeiten eines Kaisers gewählten Nachfolgers. Vgl. *Hinrichs*, ‚Die K.‘, 2. Aufl. 1853. [reine Metall.

König (Regulus), das aus Erz dargestellte

König, 1) *Friedrich*, Erfinder der Schnellpresse, geb. 17. April 1775 in Eisleben, war merst Buchdrucker u. Buchhändler, baute in England mit Andreas Friedrich Bauer [s. d. 4)] 1810 eine Flachdruckmaschine, 1811 eine Cylinderdruckmaschine, 1816 eine Schön- und Wiederdruckmaschine; gründete 1818 mit Bauer die Maschinenbauanstalt in Oberzell bei Würzburg; † 17. Jan. 1833. — 2) *Heinr. Jos.*, Schriftsteller, geb. 19. März 1790 in Fulda, 1816 — 47 in hess. Staatsdiensten, privatisirte seitdem meist in Hanau; † 30. April 1869 zu Wiesbaden. Kirchl. und polit. freisinnig, bes. als Romandichter ausgezeichnet: ‚Die hohe Braut‘ (1833), ‚Die Klubisten in Mainz‘ (1847), ‚Die Waldenser‘ (1836), ‚Williams Dichten und Trachten‘ (1839; 4. Aufl. unter dem Titel ‚Will. Shakespeare‘ 1864), ‚Jérômes Karneval‘ (1855) u. A.; schr. auch die Tragödie ‚Die Bussfahrt‘ und die biograph. Werke ‚Haus und Welt‘ (Biogr. Forsters, 1852), ‚Auch eine Jugend‘ (1852) und ‚Ein Stillleben‘ (1861, autobiogr.) u. A. ‚Gesammelte Schriften‘ (1854—69, 20 Bde.).

Könige, *zwei Bücher der*, 2 alttestamentl. Geschichtsbücher, aus dem 5. oder 4. Jahrh. v. Chr. herrührender Auszug aus älteren Reichsannalen der Könige von Juda und Israel, schliessen sich an die Bücher Samuelis an und gehen bis etwa 570 v. Chr.

Könige, *die heil. drei*, s. *Drei Könige*.

Königgrätz, böhm. Kreis, an der schles. Grenze, 53,8 QM. und 333,153 Ew. Die befest. *Hauptst.*, an der Mündung der Adler in die Elbe, in weiter Ebene, 5061 (mit den Vorstädten ausserhalb der Festungswerke 9689) Ew. Hier 3. Juli 1866 entscheidender *Sieg* der Preussen über die österr.-sächs. Armee unter Benedek.

Königinhof, Stadt im böhm. Kr. Königgrätz, an der Elbe, 5370 Ew. Danach benannt die *königinhofer Handschrift*, eine Sammlung altböhm. Heldengedichte, von Hanka im dortigen Kirchthurm 1817 aufgefunden (herausg. 1819) Ew. deren Aechtheit jedoch sehr zweifelhaft ist. Am 29. Juni 1866 von der preuss. Garde erstürmt.

König Karls Südland, s. *Feuerland*.

Königsau, Grenzfluss zw. Schleswig u. Jütland, mündet nördl. von Elbe in die Nordsee.

Königsberg, 1) preuss. Regbz., 414,7 QM.

und 1,063,340 Ew. Die kreisexemte befestigte *Hauptst.* K., Krönungs- und dritte Residenzstadt der Monarchie, am Pregel, 1 M. vor dessen Ausflusse ins frische Haff, auf hügeligem Boden, 106,296 Ew. Sitz des Oberpräsidiums für Ostpreussen, des Generalkommandos der 1. Armeecorps, eines Konsistoriums; zerfällt in Altstadt, Löbenicht mit alterthüml. Gepräge, Kneiphof auf der Pregelinsel, den vornehmsten Stadttheil, Schlossbezirk und viele Vorstädte (Freiheiten). 47 Morgen grosser Schlossteich inmitten der Stadt. Königs- oder Paradeplatz mit Reiterstatue Friedr. Wilhelms III. Citadelle (Friedrichsburg), neuerdings sehr erweitert, bes. durch Fort Herzogsacker. Schloss (Statue Friedrichs I.), Universitätsgebäude (Statue Kants), goth. Dom mit den Gräbern der deutschen Hochmeister und ersten Herzöge von Preussen, Bibliothekgebäude, Stadtmuseum mit ausges. Gemäldesammlung, Sternwarte, Börse, Schauspielhaus, 3 Bahnhöfe, botan. Garten. Universität (seit 1544), Kunstakademie, viele milde Anstalten. Schwunghafte Industrie, Handel mit 22 eignen Seeschiffen und 180 Stromfahrzeugen; es laufen jährl. ein 1000—1900 Seeschiffe und 8000 Stromfahrzeuge. Gegr. 1255 vom deutschen Orden; 1457—1525 Residenz der Hochmeister desselben, später der ersten preuss. Herzöge. — 2) (*K. in der Neumark*) Kreisstadt im preuss. Regbz. Frankfurt, an der Röbrike, 6102 Ew. Goth. Marienkirche. [Roth fallendes Blau.

Königsblau, hochblaue Farbe, bes. ein in

Königsfelden, ehemal. Abtei im Kant. Aargau, bei Brugg; 1310 an der Stelle, wo Albrecht I. ermordet ward, begründet, 1528 aufgehoben, jetzt Kranken- und Irrenhaus. [gelb, Bleigelb.

Königsgelb, s. v. a. Chromgelb, Mineral-

Königsgrün, s. v. a. schweinfurter Grün.

Königshofen, *Jakob Twinger von*, geb. 1348 zu Strassburg, † das. 1420. Verf. einer ‚Elsäss. und strassburger Chronik‘ (herausg. von *Schilter*, Strassb. 1698).

Königshütte, 1) Eisen- und Zinkhütte im preuss. Regbz. Oppeln, bei Beuthen, mit der schwientochlowitzer Bergfreiheit fiskal. Eigenthum, umfasst die eigentl. K., die Alvensleben- und Lydogniahütte, 1500—1600 Arbeiter. — 2) Eisenhüttenwerk im preuss. Regbz. Hildesheim, im Harz, unweit Lauterberg. — 3) Eisenhüttenwerk in der bayer. Oberpfalz, bei Waldsassen.

Königskanal, Kanal in den westruss. Gouvern. Minsk und Grodno, verbindet den Muchawetz (Weichsel) mit der Pina (Dnjepr), 8 M. l., nur bei hohem Wasser schiffbar.

Königskerze, s. v. a. Verbascum.

Königslutter, Stadt in braunschweig. Kr. Helmstedt, an der Lutter, 2423 Ew. Bierbrauerei (Ducksteln). Dabei das vormal. *Stift* K. (mit dem Grabmal König Lothars und seiner Gemahlin Richenza).

Königsmarck, 1) *Hans Christoph von K.*, schwed. General, geb. 25. Febr. 1600, vollbrachte mit Erstürmung der Kleinseite von Prag die letzte grössere Waffenthat des dreissigjähr. Kriegs; † 20. Febr. 1663. —

2) *Aurora, Gräfin von K.*, geb. um 1066 zu Stade, Enkelin des Vor., kam 1694 nach Dresden, ward die Geliebte des Kurfürsten August II., von dem sie 1696 den nachherigen Marschall Moritz, Grafen von Sachsen, gebar, ward 1700 Pröpstin des Stifts zu Quedlinburg; ausgezeichnet durch Schönheit und Geist; † 16. Febr. 1728 zu Quedlinburg. Vgl. *Cramer*, ,Denkwürdigkeiten', 1836, 2 Bde. — 3) *Philipp Christoph von K.*, geb. um 1660, Bruder der Vor., kam als schwed. Oberst nach Hannover, suchte mit der Erbprinzessin Sophie Dorothea, Gemahlin des nachmal. Königs Georg I. von Grossbritannien, ein Liebesverhältniss anzuknüpfen; ward 1. Juli 1694 auf Anstiften des Erbprinzen in den Vorzimmern der Prinzessin ermordet. Letztere blieb lebenslang gefangen auf dem Schlosse zu Ahlden.

Königsroth, s. v. a. Englisch Roth.

Königssee (*Bartholomäussee*), Alpensee in Oberbayern, an der Ostseite des Watzmanns, 2 Std. l., ½ Std. br., 636 tief, von imposanten Kalkfelsenwänden eingeschlossen. Darin die Wallfahrtskirche St. Bartholomäi.

Königsstuhl, 1) von Quadern errichtetes, auf 7 Schwibbögen ruhendes Gebäude bei Rense am Rhein, wo sich ehedem die Kurfürsten versammelten (zuletzt 1496), um den deutschen König zu proklamiren; 1794 von den Franzosen zerstört, jetzt restaurirt. — 2) (*Kaiserstuhl*) Berg bei Heidelberg, 1752' h., am Abhang des heidelberger Schlosses. — 3) Gipfel der Stubbenkammer auf Rügen, 409' h.

Königstein, Stadt im sächs. Regbz. Dresden, am Einflusse der Biela in die Elbe, 3155 Ew. Dabei auf 1113' h. Sandsteinfelsen die für uneinnehmbar geltende *Festung K.*, jetzt zugleich Staatsgefängniss.

Königswart, Hauptort einer fürstl. metternichschen Herrschaft im böhm. Kreise Eger, 7494 Ew. Schloss, Mineralquellen.

Königswasser (*Aqua regis, Aqua fortis*), Mischung aus 1 Th. Salpetersäure mit 2—4 Th. Salzsäure, dunkel- oder rothgelbe Flüssigkeit, welche infolge gegenseitiger Zersetzung der beiden Säuren freies Chlor enthält und daher Gold zu lösen vermag; dient auch zur Lösung von Platin.

Königswinter, Städtchen im preuss. Regbz. Köln, am Rhein, 3437 Ew. Bed. Steinhauerei (jährl. für 20,000 Thlr.).

Köper, Gewebe, bei welchem der Schussfaden nicht abwechselnd über je einen und unter je einen Kettenfaden weggeht, sondern zwei oder mehr Kettenfäden überspringt und unter zwei oder mehr Kettenfäden hinweggeht. Der nächste Kettenfaden verläuft ähnlich, aber über und unter andern Kettenfäden, und so scheinen sich die Fäden wechselweise unter schiefen Winkeln zu kreuzen.

Koërcibel (lat.), erzwingbar; zusammendrückbar, von Gasen; *koërciren*, einzwängen, bewältigen.

Körner, *Karl Theodor*, Dichter, geb. 23. Sept. 1791 zu Dresden, Sohn von Schillers Freund, dem Regierungsrath K. († 1831), studirte auf der Bergakademie in Freiberg und in Leipzig, ward später in Wien Hof-

theaterdichter, trat 1813 in das lützowsche Freicorps, fiel im Treffen bei Gadebusch 26. Aug. 1813. Am bedeutendsten in seinen Kriegs- und Schlachtenliedern (,Leyer und Schwert'); unter seinen dram. Arbeiten sind ,Zriny' und ,Rosamunde' und die Possen ,Der Nachtwächter' und ,Die Gouvernante' bes. beliebt. Werke (1838, 4 Bde., u. öfter).

Körnerküste (*Pfeffer-, Malaghettaküste*), s. *Guinea*.

Körnerlack, s. *Lack*.

Körös (spr. -ösch), linker Nebenfluss der Theiss in Ungarn, entsteht aus der *weissen*, *schwarzen* und *schnellen* K., mündet bei Csongrad, 60 M. l.   [Pesth, 19,954 Ew.

Körös (spr. -ösch), Marktfl. im ungar. Kom.

Körpermass, s. v. a. Kubikmass.

Kösen, Dorf und Soolbadeort im preuss. Regbz. Merseburg, an der Saale, 1555 Ew. Holzflösse. Gr. Saline; auch Mineralquelle.

Koesfeld (spr. Kohs-), Kreisstadt im preuss. Regbz. Münster, 3718 Ew. Schloss.

Köslin, preuss. Regbz., 254,9 QM. und 554,464 Ew. Die *Hauptstadt* K., Kreisstadt des Kr. Fürstenthum, 2 Std. von der Ostsee, 13,575 Ew. Statue Friedrich Wilhelms I.; auf dem nahen Gollen Denkmal zu Ehren der 1813—15 gefallenen Pommern.

Kösseln, vielbesuchter Gipfel des südl. Fichtelgebirgs, 2900' hoch.

Köthen, Stadt im Herzogthum Anhalt, an der Ziethe, Eisenbahnknotenpunkt, 12,894 Ew. Ehemal. Residenzschloss (mit Sammlungen), neues Schloss. Bed. Industrie.

Koëxistenz (lat.), das gleichzeitige Vorhandensein mehrerer Dinge in Raum und Zeit, s. v. a. Kaffeïn.   [Zeit.

Koffeïn, s. v. a. Kaffeïn.

Kogitâbel (lat.), denkbar; *kogitiren*, denken, erwägen.   [ten.

Kognaten (lat.), Blutsverwandte, s. *Agnaten*.

Kognition (lat.), Erkenntniss, Untersuchung, bes. gerichtliche; *kognosciren*, erkennen, gerichtlich untersuchen.

Kohärenz (lat.), Zusammenhang; *kohäriren*, Zusammenhang bewirken oder zeigend.

Kohäsion (lat.), die Kraft, welche die Theilchen der Körper, wenn sie ein einiges Ganzes bilden, zusammenhält und beim Zerreissen etc. überwunden werden muss. Auf der Stärke der K. beruht der Unterschied der verschiedenen Aggregatformen.

Koháry, ungar. Magnatengeschlecht, 1816 in den Fürstenstand erhoben, 1826 mit dem Fürsten Franz Joseph von K. erloschen. Dessen einzige Tochter, *Antonie*, geb. 1797, trug Namen und Güter auf ihren Gemahl über, den Herzog *Ferdinand von Sachsen-Koburg-Kohary* (geb. 1785, † 1851 als österr. General der Kavallerie). Kinder: *Ferdinand*, geb. 29. Okt. 1816, Gemahl der 15. Nov. 1853 verstorbenen Königin Maria II. von Portugal; *August*, geb. 13. Juni 1818, königl. sächs. General, Gemahl der franz. Prinzessin Clementine, Tochter Ludwig Philipps; *Victorie*, geb. 14. Febr. 1822, Gemahlin des Herzogs Ludwig v. Nemours; † 10. Nov. 1857; *Leopold*, geb. 31. Jan. 1824, österr. General.

Koheleth (hebr.), Prediger, insbes. das bibl. Buch ,Prediger Salomo'.

Kohibiren (lat.), zurückhalten, mässigen. *Kohibition*, Verbot, Einhalt.

Kohl (*Brassica L.*), Pflanzengattung der Kruciferen. *Gemeiner Garten-* oder *Gemüsekohl* (B. oleracea *L.*), wild am Mittelmeer, kultivirt seit dem Alterthum in zahlreichen Varietäten: *Blumen-, Kasskohl, Karviol* (B. ol. botrytis) und *Broccoli* oder *Spargelkohl* (B. ol. asparagoides), mehr verzweigt als der vorige, beide mit monströsen Bluthen; *Kopfkohl*, *Weisskraut* (B. ol. capitata) in vielen Spielarten, auch roth, wird eingemacht; *Wirsing* (B. ol. Sabauda), mit weniger geschlossenem Kopf, und *Rosenkohl*, mit zahlreichen kleinen Köpfen in den Blattwinkeln; *Grün-, Braunkohl* (B. ol. acephala), mit krausen nicht geschlossenen Blättern; *Schnittkohl*, junge Pflanzen von B. napus (Raps) und von der Steckrübe; *Kohlrabi*, Oberkohlrabi (B. ol. gongylodes), mit knolligem Stengel, und *Kohlrübe*, Unterkohlrabi, Steckrübe, Wrake (B. napus rapifera), mit fleischiger Wurzel. Ueber Nahrungswerth und Literatur s. *Gemüse*; über Raps s. d.

Kohl, *Joh. Georg*, Schriftsteller, geb. 28. April 1808 in Bremen, lebt das. Bekannt durch zahlr. Reisebeschreibungen (Oesterreich, Ungarn, England, Schottland, Dänemark, die Niederlande, Dalmatien, Deutschland, Nordamerika etc.); schr. ausserdem ,Der Verkehr der Menschen' (1841), ,Gesch. der Entdeckung von Amerika' (1861), ,Das Haus Seefahrt zu Bremen' (1862), ,Nordwestdeutsche Skizzen' (1864), ,Am Wege. Blicke in Gemüth und Welt' (1866), ,Gesch. der Erforschung des Golfstroms' (1868) u. A.

Kohle, schwarzes, im Wesentlichen aus Kohlenstoff bestehendes Zersetzungsprodukt organischer Stoffe, bildet sich bei Erhitzung der letzteren unter Abschluss der Luft. Graphitartige K. ist *Retortengraphit*, in Leuchtgasretorten aus ölbildendem Gas abgeschieden, metallisch glänzend, in galvanischen Apparaten dienend, und *Koaks* aus Steinkohlen (s. d.). Thierische Substanzen geben beim Verkohlen *stickstoffhaltige* K., z. B. Blut- und Knochenkohle. *Holzkohle* wird in Meilern oder Oefen, als Nebenprodukt bei Holzessig- und Holzgasfabrikation gewonnen; Holz gibt bei 280° rothbraune, bei 340° schwarze K., im Mittel 24—27 % Gute K. verbrennt aus mit dem bläulichen Flämmchen des Kohlenoxyds und geruchlos; sie leitet Elektricität, absorbirt 90 Vol. Ammoniak, 55 Vol. Schwefelwasserstoff, 35 Vol. Kohlensäure, 9,25 Vol. Sauerstoff, aus Lösungen Farbstoffe, Alkaloïde etc. Durch Auswaschen, Glühen kann mit absorbirten Stoffen beladene K. wieder wirksam gemacht (wiederbelebt) werden. K. dient (bes. Koaks und Holzkohle) zur Erzeugung intensiver Hitze und als Brennmaterial, wo die Verbrennungsgase von Wichtigkeit sind; sie reducirt in der Hitze Metalle und dient deshalb zur Gewinnung ders. Holzkohle dient zur Bereitung von Schiesspulver, zum Entfuseln, Desinficiren, Filtriren (auch Torf- und Meeresalgenkohle), als fäulnisswidriges Mittel, thierische K. zum Entfärben (s. *Beinschwarz*).

Kohlenblende, s. v. a. Anthracit.

Kohlendunst, s. v. a. Kohlenoxyd.

Kohleneisenstein, durch Kohle dunkel gefärbter Sphärosiderit, wichtiges Eisenerz für England und die Ruhrgegenden.

Kohlengas, s. v. a. Leuchtgas, s. Gas.

Kohlengebirge (*Kohlenformation*), alle Ablagerungen, welche Flötze von fossilem Brennstoff, Anthracit, Stein-, Braunkohle führen. Kohlen finden sich im Kulm, im Steinkohlengebirge, im Rothliegenden, in der Trias, im Jura, in der Wealdengruppe, in der Kreide und im Tertiärgebirge.

Kohlenhydräte, gewisse chemische Verbindungen des Kohlenstoffs mit Sauerstoff und Wasserstoff, in welchen die beiden letzteren Elemente sich in demselben Verhältnisse vorfinden wie im Wasser, namentlich Zellstoff, Stärke, Gummi, Zucker, Pflanzenschleim etc. Sie heissen *Fettbildner*, weil im thierischen Organismus das Fett aus K.n gebildet wird.

Kohlenoxyd, farbloses, permanentes, geruch- und geschmackloses Gas, Verbindung von 1 Aeq. Kohlenstoff mit 1 Aeq. Sauerstoff, bildet sich, wenn Kohlensäure mit glühender Kohle in Berührung kommt, bei Verbrennung der Kohle unter ungenügendem Luftzutritt (Kohlendunst), verbrennt mit blauer Flamme zu Kohlensäure, wenig in Wasser löslich, leicht löslich in saurer Kupferchlorürlösung, wirkt in kleiner Menge eingeathmet erstickend.

Kohlensäure, farbloses Gas, Verbindung von 1 Aeq. Kohlenstoff mit 2 Aeq. Sauerstoff, bildet sich bei Verbrennung von Kohlenstoff und dessen Verbindungen, also auch beim Verbrennen organischer Körper, bei deren Fäulniss, Verwesung und beim Athmungsprocess, entströmt an zahlreichen Orten dem Erdboden (s. *Gasquellen*), findet sich auch in der Atmosphäre und gelöst in allen Gewässern, an Kalk gebunden als Kalkstein ganze Gebirge bildend. Man stellt K. dar durch Verbrennung von Koaks, durch Zersetzung eines kohlensauren Salzes (meist Marmor oder Magnesit) mit Salz- oder Schwefelsäure. K. riecht und schmeckt stechend säuerlich, spec. Gew. 1,52, wird durch Kompression auf 1/36 ihres Volumens flüssig. Die flüssige K. erstarrt an der Luft infolge der Verdunstungskälte. Die schneeähnliche feste K. bildet mit Alkohol oder Aether gemischt die kräftigste Kältemischung. 1 Vol. Wasser löst nahezu 1 Vol. K. und unter u Atmosphärendruck das 2fache Gewicht von jenem (Champagner, Sodawasser etc.). In K. verlöschen brennende Körper und ersticken Thiere, dagegen ist K. Nahrungsmittel der Pflanzen. K. dient zur Fällung des Kalks aus dem Dünnsaft in der Zuckerfabrikation, zur Darstellung von Mineralwässern, Bleiweiss, doppeltkohlensaurem Natron, zu Gasbädern etc.

Kohlensaures Wasser, s. *Mineralwasser*.

Kohlenschiefer, die Schieferthone des Kohlengebirgs.

Kohlenstickstoffsäure, s. v. a. Pikrinsäure.

Kohlenstoff, chemisch einfacher Körper, findet sich krystallisirt als Diamant und Graphit und amorph in der Kohle, im Russ etc. Diese 3 Modifikationen zeigen sehr ungleiches physikalisches, aber gleiches chemisches Verhalten. Der K. ist unschmelzbar, nicht flüchtig, löslich nur in geschmolzenem Eisen, Aeq. 6, verbrennt an der Luft zu *Kohlensäure*, bei ungenügendem Luftzutritt zu *Kohlenoxyd*, verbindet sich direkt mit Stickstoff zu *Cyan*, mit Schwefel zu *Schwefelkohlenstoff*, mit einigen Metallen zu *Karbureten*, welche in ihren Eigenschaften den reinen Metallen gleichen. Sehr zahlreich sind die Verbindungen des K.s mit Wasserstoff und bes. die mit Wasserstoff und Sauerstoff. Diese heissen *organische Verbindungen*, weil sie den Pflanzen- und Thierorganismus zusammensetzen oder aus dessen Bestandtheilen gebildet werden können.

Kohlensulfid, s. *Schwefelkohlenstoff*.

Kohlentheer, s. *Theer*.

Kohlenwasserstoffe, chemische Verbindungen des Kohlenstoffs mit Wasserstoff; gasförmige: Acetylen, Elayl und Grubengas oder Methylwasserstoff; flüssige K. in grosser Zahl in den ätherischen und Theerölen, im Erdöl etc.; feste: Paraffine, Naphthalin.

Kohlenziegel, s. *Steinkohlen*.

Kokobiren, ein Destillat in die Retorte etc. zurückgiessen und von Neuem destilliren.

Kohortation (lat.), Ermahnung.

Kohorte (lat.), Truppenabtheilung der Römer, der 10. Theil der Legion, in der Kaiserzeit durchschnittl. 500 Mann stark.

Koimbatur, Landschaft in der angloind. Präsid. Madras, südlich von Maisur, 381 QM., seit 1799 britisch. Die *Hauptst.* K., am Noyel (zum Kavery), 12,000 Ew.

Koïncident, zusammentreffend, zusammenfallend. *Koïncidens*, das Zusammenfallen.

Koïnspektor (lat.), Mitaufseher.

Koïnvestitur (lat.), Mitbelehnung.

Kojen, auf Handelsschiffen Verschläge, die den Seeleuten zu Schlafstellen dienen.

Koka, s. *Erythroxylon*.

Kokan (*Khokand*, *Fergana*), Khanat in Turkistan, ursprüngl. 3–4000 QM., hat neuerdings ein bedeutendes Gebiet (mit den Städten Khodschend, Taschkend etc.) an Russland abtreten müssen, das den Hauptbestandtheil der russ. Prov. Turkistan bildet. Die *Hauptst.* K., am Syr, 40,000 Ew.

Kokarde (fr.), rosettenartige Bandschleife, zuerst in Frankreich als Parteiabzeichen, später als Nationalzeichen am Hute getragen, in Preussen (*Nationalkokarde*) Zeichen des Besitzes bürgerlicher Ehre.

Kokett (fr.), gefallsüchtig; *Kokette*, gefallsüchtiges Frauenzimmer. *Koketterie*, Gefallsucht.

Kokosinseln, Gruppe kleiner Koralleninseln im indischen Ocean, südl. von Sumatra, 1857 von den Engländern besetzt.

Kokospalme, s. *Cocos*.

Kokotte (fr., d. i. Hühnchen), Schmeichelwort für Mädchen; s. v. a. Lorette.

Koktion (lat.), Kochung.

Kola, Hafenstadt im grossruss. Gouvern. Archangel, auf der *Halbinsel* K., unweit der *Kolabai*, 551 Ew. Hauptort des aitruss. Lappland; Aug. 1854 von den Engländern in Brand geschossen.

Kolanüsse (*Gurunüsse*), Samen von Kola

acuminata *R. Br.* und K. macrocarpa *R. Br.* (Sterouliaceen), von der Grösse einer kleinen Kastanie, röthlich violett, schwach bitter, nicht adstringirend, enthalten Kaffeïn, dienen in Afrika als schlafminderndes, appetiterregendes Kaumittel; wicht. Handelsartikel.

Kolation (lat.), Durchseihung, Filtrirung.

Kolb, *Georg, Friedr.*, Publicist, geb. 14. Sept. 1808 zu Speier, ward Bürgermeister das., 1848 Mitglied des Parlaments, seit 1849 der bayer. Kammer, oppositionell, siedelte 1853 nach Zürich, 1860 nach Frankfurt über; 1830–53 Redakteur der ‚Speierschen Zeitung‘. Schr. ‚Handb. der vergleichenden Statistik‘ (6. Aufl. 1871); ‚Gesch. der Menschheit und der Kultur‘ (1843, 2 Bde.); ‚Die Schweiz in ihren bürgerlichen und polit. Zuständen‘ (1857); ‚Die Nachtheile des stehenden Heeres‘ (3. Aufl. 1862); ‚Kulturgeschichte der Menschheit‘ (1868–70, 2 Bde.).

Kolbe, *Karl Wilh.*, Historienmaler, geb. 1781 in Berlin, † das. 3. April 1853. Hauptwerke: die Wand- und Fenstergemälde im Schlosse zu Berlin und Marienburg.

Kolbengras, s. *Alopecurus*.

Kolberg, Stadt im preuss. Regbz. Köslin, Festung 2. Rangs, ¼ Std. von der Mündung der Persante, 12,850 Ew. Marienkirche, goth. Rathhaus. Salzwerk, Sool- und Seebäder, Seehandel. Vor der Stadt das Festungswerk *Maikuhle*. Ber. Vertheidigung der Stadt 1807 durch Nettelbeck (s. d.).

Kolding, Stadt auf der Ostseite von Jutland, am *Koldingerfjord*, 3978 Ew. Ruinen des Schlosses *Koldinghuus*. 23. April 1849 *Sieg* der Schleswig-Holsteiner über die Dänen.

Kolibri (*Honigvogel, Fliegenvogel*, Trochilus *L.*), Gattung der Sperlingsvögel, Insektenfresser, mit prachtvollem Gefieder, an 300 Arten, in Amerika; der kleinste: *Mückenvogel* (T. minimus *L.*), nur 16‴ l., 20 Gran schwer. *Deutscher* K., s. v. a. Goldhähnchen.

Kolik (*Leibschmers, Bauchgrimmen*), Bauchschmerzen rein nervöser Natur, bes. im Dickdarm auftretend. Wegen der zahllosen Ursachen verschiedene Unterarten mit eignen Benennungen. Bei der im Dickdarm vorkommenden K. findet sich Auftreibung und heftige Bewegung im Darm, die nach Entweichen v. Darmgasen meist rasch verschwindet.

Kolliren, durch ein Seihtuch giessen.

Kolkothar, s. v. a. Caput mortuum.

Kollabescent (lat.), hinfällig.   [lehrer.

Kollaborator (lat.), Mitarbeiter;   Hülfs-

Kollateral (lat.), seitlich. *Kollateralverwandte*, Seitenverwandte, im Gegensatz zu den Verwandten in gerader Linie.

Kollation (lat.), Zusammentragung, das Einwerfen von Vermögensgegenständen in eine gemeinsame Masse; Uebertragung eines Kirchenamts; einfaches Mahl; Vergleichung einer Abschrift mit der Urschrift, daher *kollationiren*, vergleichen.

Kollatur (lat.), das Recht, eine geistliche Stelle zu besetzen, eine Präbende, Pfründe etc. zu vergeben.   [amtsbrüderlich.

Kollege (lat.), Amtsgenosse; *kollegialisch*.

Kollegialsystem, im Kirchenrecht dasjenige System, wonach die Kirche eine vom Staat verschiedene, durch Vertrag gebildete

...ständige Vereinigung sein soll, welche die Ausübung der in ihr liegenden Gewalt dem Landesherrn übertragen habe; im Gegensatz zur bureaukrat. Verfassung einer Behörde eine solche, bei welcher mehrere gleichberechtigte Mitglieder angestellt sind, die ihre Beschlüsse nur in gemeinsamer Berathung fassen.

Kollegiaten (lat.), Stiftsgenossen.

Kollegiatkirche, Pfarrkirche neben der Kathedrale in einer Bischofsstadt.

Kollegiatstift, Vereinigung der Pfarrgeistlichkeit grösserer Städte zu gemeinschaftlichem Leben nach den kanon. Regeln.

Kollektaneen (lat.), Lesefrüchte, Sammlung von Bemerkungen, die man bei der Lektüre gemacht hat.

Kollekte (lat.), Geldsammlung zu milden Zwecken; in der Liturgie Gebet, welches am Altar abgesungen wird. *Kollektani,* sammler. [Einlagensammler.

Kollektear (fr., spr. -ör), Loos- oder **Kollektion** (lat.), Sammlung, bes. von Schriftstellern in einem grösseren Werke.

Kollektiren (lat.), sammeln, beisteuern.

Kollektiv (lat.), sammelnd, zusammenfassend; Sammelwort, eine Mehrheit gleichartiger Dinge bezeichnendes Wort.

Kollektivgesellschaft, nach franz. Recht die dauernde Vereinigung Mehrerer zur einen Betreibung von Handelsgeschäften unter gemeinschaftlicher Firma.

Kollektivglas, Sammelglas, s. *Linse.*

Koller, chronische Krankheit des Nervensystems bei Pferden. Dummkoller äussert sich in Betäubung und Unvermögen der willkürl. Bewegung. Der rasende K., mit plötzlich ausbrechender Tobsucht, entsteht durch Ueberfütterung und übermässige Anstrengung, Einwirkung grosser Hitze, vielleicht auch durch Nichtbefriedigung des Geschlechtstriebes (Samenkoller, Mutterkoller); Prognose ungünstig.

Kolleradar, bei Pferden Ader zwischen den Ohren, beim Menschen im Zorn erschwellende Hauptvene auf der Stirn.

Kollidiren (lat.), widerstreitend zusammentreffen.

Kolligiren (lat.), sammeln. [zusammentreffen.

Kollimation (lat.), das Zusammenfallen zweier Linien, deren Richtung dieselbe sein soll, namentlich bei winkelmessenden Instrumenten die Uebereinstimmung der Angabe der Eintheilung mit der wirklichen Grösse des gemessenen Winkels. *Kollimationslinie,* die gerade Linie, in deren Richtung man auf einen zu messenden Gegenstand mit dem Instrument visirt; bei Fernrohren die Linie, welche durch den Brennpunkt des Okularglases und durch den Mittelpunkt des Objektivglases geht, die sog. optische Axe. *Kollimationsfehler,* der konstante Fehler, um den der wirkl. Horizontalpunkt des Meridiankreises von dem Nullpunkt der Theilung des Instruments abweicht.

Kollin, Stadt im böhm. Kr. Caslau, an der Elbe, 7787 Ew. 18. Juni 1757 *Sieg* der Oesterreicher unter Daun über Friedrich II.

Kolliquation, Zerfliessen, beginnende Fäulniss, kann bei allen Fiebern, chronischen Krankheiten, zunehmender Lebens-

schwäche auftreten. Die dabei erzeugten Ausleerungen heissen *kolliquative.*

Kollision (lat.), das Zusammenstossen, Gegeneinanderwirken verschiedener Kräfte. *Kollisionsfälle,* Fälle, in denen anscheinender Widerspruch zwischen Rechten und Pflichten stattfindet. *K. der Gesetze,* Widerspruch zwischen mehreren Gesetzen oder Entscheidungen desselben Gesetzes.

Kollokation (lat.), Stellung; im Konkurs Bestimmung der Reihenfolge, in welcher die Gläubiger befriedigt werden sollen.

Kollusion (lat.), rechtswidrige Täuschung, insbes. Vereitelung der Entdeckung der Wahrheit bezweckende Verabredung; *kolludiren,* durch K. vereinbart, abgekartet.

Kolluvien (lat.), Zusammenfluss von Unrath etc.

Kolmar, Kreisstadt im obern Elsass, früher Hauptst. des franz. Depart. Oberrhein, an der Lauch, 23,669 Ew. Bod. Baumwollfabr.

Kolobom, angeborne Spaltung des oberen Augenlides. [schrift von Herzen (s. d.).

Kolokol (russ.), Glocke; Titel einer Zeit-

Kolokolik (russ.), Glockenthurm.

Kolombinlack, s. v. a. Florentinerlack.

Kolomea, Stadt im östl. Galizien, am Pruth, 14,839 Ew. (meist Juden).

Kolomna, Stadt im russ. Gouv. Moskau, am Einflusse der *Kolomenka* in die Moskwa, 16,418 Ew. Industrie, Produktenhandel.

Kôlon (gr.), Glied, bes. Satzglied; Interpunktionszeichen (Doppelpunkt).

Kolonät (lat.), Bauerngut, wovon dem Gutsherrn ein jährlicher Zins zu entrichten ist, entweder Erbzinsgut oder Leibgut.

Kolonialwaaren, die Rohprodukte der ost- u. westind. Kolonien: Kaffee, Zucker, Thee etc.

Kolonien (lat.), grössere Ansiedelungen ausserhalb des heimatlichen Staatsgebiets: *Ackerbaukolonien,* die ältesten, in unbewohnten oder schwach bevölkerten Gegenden zu gründen; *Pflanzungskolonien,* von Europäern in trop. Ländern angelegt zum Anbau nutzbarer tropischer Gewächse; *Industriekolonien,* für weniger kultivirte Gegenden angemessen, zu Einbürgerung eines Industriezweigs bestimmt; *Handelskolonien,* ebenfalls für weniger kultivirte Gegenden geeignet, sollen den Produkten des Mutterlandes neue Absatzwege eröffnen, entstehen in der Regel aus Handelsstationen und Faktoreien; *Fischereikolonien,* zu Betreibung geregelten Fischfangs; *Eroberungskolonien,* infolge von Eroberung fruchtbarer Landesstrecken gegründet. Ueber *Militär- und Strafkolonien* s. diese Artikel. *Kolonialpolitik,* die Politik, welche das Mutterland in Hinsicht auf die K. befolgt. *Kolonisiren,* eine Kolonie anlegen. *Kolonist,* Ansiedler, Angehöriger einer Kolonie.

Kolonnade (fr.), Säulengang, Säulenhalle.

Kolonne (lat.), Säule; taktische Formation einer Truppe in mehrere hintereinander gereihte Einheiten (Kompagnien, Züge etc.).

Kolonnenwege, die Wege, auf denen Heereskolonnen ziehen, oft querfeldein.

Kolophonium (*Geigenharz*), der entwässerte Rückstand von der Destillation des Terpentins, glasglänzend, fast geruch- und geschmacklos, löslich in Alkohol und Aether, theilweise auch in Steinöl, dient zum Leimen des Papiers, zum Bestreichen der Geigenbögen, zur Darstellung von Siegellack, Harzseifen, Firniss, Kitt etc. Bei trockner Destillation liefert es *Harzessenz* (Surrogat des Terpentinöls), welche mit Alkali behandelt ein wie Kamphin zu benutzendes Oel gibt.

Koloquinten (*Alhandal, Elaaäpfel*), Früchte von Citrullus Colocynthis, geruchlos, bitter, officinell und gegen Ungeziefer dienend.

Koloratür (ital.), Gesangsverzierung, namentlich brillanter Art (Läufer, Triller etc.), bes. in ital. Opernmusik häufig; daher *kolorirter Gesang*, verzierter Gesang.

Kolorimeter (*Chromoskop*), Instrument zur Bestimmung der Farbe von Rohzucker, Säften, Syrupen, beruht im Wesentlichen auf Vergleichung einer Lösung von bestimmter Gehalt und in bestimmter Dicke der Schicht mit verschieden dicken Schichten einer Normallösung.

Koloriren (lat.); s. v. a. illuminiren.

Kolorit, die Farbengebung; die Färbung in ihrem Gesammteindruck, von Gemälden, dann auch übertragen (z. B. in der Musik Instrumentalkolorit etc.).

Koloss (gr.), etwas Riesengrosses, bes. derartiges Standbild (z. B. der ‚K. von Rhodus‘). *Kolossal*, riesig, übergross.

Kolporteur (fr., spr. -öhr), Hausirer, bes. mit Kunst- und Presserzeugnissen.

Kolsun (*Buansu*, Canis primaevus *Hodgs.*), Art der Gattung Hund, in Nepal, in den Wäldern von Dekan, von Einigen als der Stammvater der zahmen Hunde betrachtet.

Kolumne (lat.), Säule; Druckseite.

Koluren, diejenigen 2 Meridiane der Himmelskugel, von denen der eine durch die Aequinoktial-, der andere durch die Solstitialpunkte geht.

Kolymá, Fluss in Sibirien, kommt vom Stanowoigebirge, durchfliesst die Provinz Jakutsk, mündet in das Eismeer; 150 M. l. An der Mündung die Stadt *Kolymsk*, 450 Ew.

Kolywán, Bergstadt im asiat.-russ. Gouv. Tomsk, am Ob, im *k.schen Erzgebirge* und *k.schen Hüttenbezirk*, 2172 Ew. Gold-, Eisen- und Silberbergwerke.

Kolzow, *Alexei Wasiljewitsch*, russ. Dichter, geb. 1809 zu Woronesch, † 1842; ausgezeichnet als volksthüml. Lyriker. Gedichte (herausg. von *Belinsky* 1846).

Kombabus, ein Syrier, der, vom König Antiochus Soter zum Reisebegleiter seiner Gemahlin ernannt, sich selbst entmannte, um sich gegen jede Versuchung zu sichern.

Kombattanten, diejenigen Mitglieder der Armee, welche zur direkter Theilnahme im Kampfe bestimmt sind. Zu den K. rechnen auch die Stäbe und die Spielleute aller Waffen und die Pioniere, Pontoniere etc.

Kombination (lat.), im sog. Sinne Verbindung mehrerer Begriffe sammt den daraus sich ergebenden Schlüssen; in der Mathematik Zusammenstellung gleichartiger Elemente ohne verbindende Rechnungszeichen. *K.svermögen*, die Gabe, Einzelnes zusammenfassend zu verbinden, um Vermuthungen und Schlüsse daraus zu ziehen.

Kombliren (fr.), häufen.

Kombüse, auf Seeschiffen der Ort, wo die Speisen zubereitet werden.

Komburiren (lat.), verbrennen. *Kombustibilien*, brennbare Stoffe. *Kombustion*, Verbrennung.

Komedönen (lat.), s. *Mitesser*.

Komestibilien (lat.), Esswaaren.

Kometen (*Schweif-, Haarsterne*), Gestirne mit Nebelhülle und meist auch mit Schweif, tauchen plötzlich am Himmel auf und verschwinden meist, da ihre Bahn eine Parabel (oder Hyperbel) ist, nach kurzer Zeit und für immer; nur wenige (*periodische K.*) kehren zurück, und deren Bahn ist eine elliptische von sehr grosser Excentricität. Der Kopf des K. zeigt sich als eine nicht scharf abgegrenzte Dunstmasse meist mit hellem, verhältnissmässig sehr kleinem Kern, welcher, wie die ihn umgebende sehr veränderliche Nebelmasse erkennen lässt, sich fortwährend umbildet. Der periodische bielasche Komet theilte sich in 2 K. und erschien endlich gar nicht wieder. Manchen K. fehlt der Schweif, andere haben 2 und mehrere. Die Länge des Schweifs des K. von 1680 betrug 90 Mill. M. Der Schweif ist nie scharf abgegrenzt. Von 1800–1871 sind 171 K. beobachtet worden. Die K. sind wahrscheinlich Ansammlungen von Sternschnuppen und Feuerkugeln, und die Annäherung oder der Durchgang der Erde durch einen K. stellt sich uns als Sternschnuppenregen dar. Vgl. *Oppolzer* (1870 f.).

Komisch, im Allgem. lächerlich, possierlich; insbes. was den Gesetzen der Aesthetik gemäss Lachen erregt, kommt in der Malerei (Genremalerei), bes. aber in der Poesie und Musik (Komödie, kom. Roman, kom. Oper etc.) zur Erscheinung. Vgl. *Vischer*, ‚Ueber das Erhabene und Komische‘.

Komitation (lat.), Trinkgelag. [1807.

Komität (lat., *Gespanschaft*, d. i. Grafschaft), Name der ungar. Bezirke, von denen jeder unter einem Obergespan eine selbständige Verwaltung hat. Die Komitatsverfassung, bis 884 zurückreichend, hatte ursprüngl. einen militär. Zweck, wie noch in neuerer Zeit der Obergespan in Kriegszeiten der Chef der Adelsinsurrektion war. S. *Ungarn*. K. heisst auch Geleit.

Komitien (lat.), die Bürgerversammlungen in Rom zur Abstimmung über fragweise gestellte Anträge, nach dem *Comitium*, einem Platze zwischen dem Forum und der Kurie, genannt; die ältesten, die *Kuriatkomitien* (comitia curiata), ursprüngl. nur den Patriciern zugänglich nach ihrer Eintheilung in 30 Kurien, traten nach der Verfassungsreform des Servius Tullius gegen die *Centuriatkomitien* (comitia centuriata) in den Hintergrund, die von der Bürgerschaft nach ihrer militär. Gliederung auf dem Marsfelde abgehalten wurden, und bei denen sämmtliche unbescholtene Bürger von 17 bis 60 Jahren stimmten. Das Recht, über Gesetze, sowie über Krieg und Frieden zu beschliessen, theilten sie mit den *Tributkomitien* (comitia tributa), bei welchen nach den 35 Tribus, in welche das röm. Gebiet zerfiel, abgestimmt ward.

Komma (gr.), Einschnitt; Interpunktionszeichen (Strich).

Kommandant, Befehlshaber eines festen Platzes, in grossen Festungen oft Gouverneur genannt, während dann der Titel K. dem zweiten Offizier zufällt. *Kommandantur*, Amtswohnung, Bureau des K.en.

Kommandeur (fr., spr. -öhr), Befehlshaber einer Truppenabtheilung; s. v. a. Komthur.

Kommandite, eine von einem Handlungshaus an einem anderen Orte errichtete Zweighandlung. *Kommanditgesellschaft*, Handelsgesellschaft, bei welcher Einige mit ihrem gesammten Vermögen haften (Komplementäre), Andere bloss mit Geldeinlagen betheiligt sind und nicht über diese hinaus für die Gesellschaftsschulden einstehen (Kommanditisten). Vgl. Allgem. deutsches Handelsgesetzbuch, B. 2, Tit. 2, Art. 170 ff.

Kommando (lat.), militär. Befehl und das Recht, einen solchen zu ertheilen; kleinere Truppenabtheilung, welche zu Vollziehung eines Auftrags ausgesendet wird (Requisitions-, Streif-, Exekutionskommando etc.).

Kommassation (lat.), in Oesterreich s. v. a. Separation. [weise.

Kommatismus (gr.), aphoristische Schreib

Kommemorabel (lat.), denk-, merkwürdig. *Kommemoration*, Erwähnung; Gedächtniss.

Kommendabel (lat.), empfehlenswerth. *Kommendation*, Empfehlung; Gebet für Todte. *Kommendatorien*, Empfehlungsbriefe.

Kommende (lat.), Bezug und Genuss der Einkünfte eines Kirchenamts ohne dessen wirklichen Besitz, entweder durch einen das Amt interimistisch verwaltenden Geistlichen oder durch einen mit den Einkünften des Amts belehnten Laien (Kommendatarabt, -prior etc.); das einem Ordensritter (Komthur) zur Verwaltung und Nutzniessung zugewiesene Gebiet (Komthurei).

Kommensurabel (lat.), nach einem und demselben Maase messbar, in der Arithmetik Bezeichnung gleichartiger Grössen, welche sich durch eine und dieselbe Grösse ohne Rest theilen lassen.

Kommentar (lat.), erklärender, erläuternder Bericht über etwas; Auslegung, Erklärung einer Schrift. *Kommentator*, Erklärer.

Kommérs, Trinkgelag, namentl. studentisches; *kommersiren*, ein solches mitmachen.

Kommers (lat.), Handel; Verkehr.

Kommerzlast, = 1½ Schiffslast.

Kommination (lat.), Bedrohung.

Kommiscibel (lat.), mischbar.

Kommiss (lat.), was den Soldaten geliefert wird an Brod, Kleidung etc.

Kommission (lat.), zu Besorgung eines Geschäfts ertheilter Auftrag, auch dieses Geschäft selbst, sowie die damit beauftragten Personen; zu Besorgung ausserordentlicher oder nur periodisch wiederkehrender Geschäfte niedergesetzte Behörde (Rekrutirungs-, Prüfungs-, Untersuchungskommission etc.); Ausschuss eines Kollegiums. *Kommissar (Kommissär)*, der Beauftragte; *Kommittent*, der Auftraggebende. *Kommissionär*, s. *Kommissionshandel*. *Kommissionsbureau*, Anstalt, wo Aufträge verschiedener Art gegen Gebühren besorgt werden.

Kommissionshandel, gewerbsmässiger Betrieb des Handels für Rechnung eines Anderen (des Kommittenten), aber in eignem Namen; *Kommissionär*, der damit Beauftragte. Ueber das buchhändlerische Kommissionsgeschäft s. *Buchhandel*.

Kommissoriät (lat.), die bei einer Armee angestellten Verpflegungsbeamten, in Deutschland *Armeeintendantur*. [Fuge

Kommissur (lat.), Zusammenfügung, Naht.

Kommittiren (lat.), beauftragen, bevollmächtigen. *Kommittiv*, schriftl. Vollmacht.

Kommodät (lat.), Leihvertrag, die unentgeltliche Ueberlieferung einer Sache zu bestimmtem Gebrauch; *Kommodant*, der Leiher; *Kommodatär*, der Entleiher. [tritt.

Kommodität (lat.), Bequemlichkeit; Ab

Kommonition (lat.), Ermahnung. *Kommonitorium*, Erinnerungsschreiben.

Kommoration (lat.), das Verweilen.

Kommotau, Bergstadt im böhm. Kr. Saaz, am Fusse des Erzgebirgs, 5823 Ew.

Kommotion (lat.), Anregung, Rührung.

Kommūn (lat.), gemeinschaftlich; gemein, niedrig. *Kommune*, Gemeinde.

Kommunicirende Röhren, oben offene, unten mit einander in Verbindung stehende Röhren oder Gefässe. Flüssigkeiten von gleichem specif. Gewicht stehen darin gleich hoch, mag der Durchmesser der Röhren gleich sein oder nicht; die Höhen von Flüssigkeiten von ungleichem specif. Gewichte verhalten sich umgekehrt wie ihre specif. Gewichte.

Kommunikant (lat.), Theilnehmer, bes. am Abendmahle. *Kommunikät*, schriftliche Mittheilung einer Behörde. *Kommunikation*, Mittheilung; Verbindung, freier Zugang. *Kommuniciren*, mittheilen, in Verbindung stehen; das Abendmahl empfangen.

Kommunion (lat.), Gemeinschaft, bes. kirchliche; Feier des Abendmahls.

Kommunismus (lat.), Aufhebung des Einzelbesitzes und des Privateigenthums durch allgemeine Gütergemeinschaft. Insofern der K. das Privateigenthum an sich oder wenigstens dessen Vertheilung nach dem bisher geltenden Privatrechte abgeschafft wissen will, unterscheidet er sich vom *Socialismus* (s. d.), welcher, von der Idee der Gleichberechtigung der Arbeit und des Kapitals ausgehend, das bisherige Verhältniss zwischen diesen beiden Faktoren der Produktion umgestaltet wissen will. Kommunistische Bestrebungen, schon früher sporadisch auftauchend (Hussiten, Wiedertäufer in Münster 1534), wirkten in Frankreich zur Zeit der Schreckenregierung in der Pöbelherrschaft als bedeutendes Moment mit. Dann durch die Direktorialverfassung von 1795 zurückgedrängt, wurden sie in Geheimbünden fortgesetzt. Hauptvertreter derselben: Babeuf (s. d.) und Genossen, deren Ziel vollkommne Gleichheit des Besitzes und Aufhebung aller persönl. Eigenthumsrechte, Beseitigung von Staat und Kirche, Wissenschaft und höherer Bildung, Beschränkung aller gewerblichen Thätigkeit auf das landwirthschaftliche Gebiet, geistige Nivellirung durch völlig gleiche Erziehung und Reducirung des Unterrichts anf Lesen, Schreiben, Rechnen, Erklärung der Gesetze, Geschichte, Geographie und Statistik der kommunistischen Republik; später die St.-Simonisten (s. d.), insofern sie das Privateigenthum in blosses Besitz verwandelt wissen wollten, dessen Grenzen fort und fort nach der Arbeitsfähigkeit und nach der Arbeit durch eine hierzu eigens eingesetzte Behörde bestimmt werden sollten, und die Fourieristen, insofern sie nach Beseitigung des Uebergewichts des Kapitals über Arbeit und Talent strebten; nach der Julirevolution unter dem der Bourgeoisie feindlich gegenüberstehenden Proletariat durch Barbès, Blanqui, später Cabet (*ikarischer* K.), Louis Blanc u. A. wach erhalten und befördert, von Proudhon (s. d.) literarisch vertreten, mit den socialdemokratischen Tendenzen sich mehrfach berührend und verbindend, seit den Junikämpfen 1848 in Paris in geheimen Verbindungen fortdauernd, bes. durch die Internationale (s. d.) verbreitet, in Paris bei der Erhebung der Kommune (18. März 1871) von Neuem an die Oeffentlichkeit tretend.

Kommutation (lat.), Veränderung, Tausch.

Kommutator (lat.), Apparat zu Vertauschung elektr., magnet. etc. Ströme.

Komnénen, byzant. Herrscherfamilie, reg. 1057—1204 zu Konstantinopel, 1204—1461 zu Trapezunt (s. *Oströmisches Reich* und *Trapezunt*). Den letzten K. in Trapezunt, *David Komnenus*, liess Sultan Mohammed II. in Adrianopel 1462 hinrichten. Ein Glied der Familie, *Georg Nicephorus*, soll nach Maina in Lakonien geflüchtet und ein Nachkomme desselben, *Konstantin Komnen*, 1675 nach Genua und von da nach Korsika übergesiedelt sein, einer seiner Söhne, *Kalomeros*, sich in Toskana niedergelassen haben und Stammvater der Familie Bonaparte sein; *Demetrius Komnen*, geb. 1750 auf Korsika, ward als Nachkomme des David Komnen von der franz. Regierung aus polit. Gründen anerkannt; † 8. Sept. 1821.

Komödie (gr.), Lustspiel, eine der 3 Untergattungen der dramat. Poesie, zeigt den Menschen in ergötzlichen Verwickelungen von Absicht und Zufall, die zu einem heiteren und befriedigenden Schluss führen; zerfällt in 1) die *phantast.* oder *idealist.* K. (Aristophanes, Shakespeares „Sturm‘ und ‚Sommernachtstraum‘, Gozzi, Raimund etc.); 2) die *realistische* K. (Menander, Plautus, Terenz) mit 2 Unterabtheilungen: *Intriguenlustspiel* (Lope, Calderon, Moreto, Scribe) und *Charakterlustspiel* (Shakespeare, Ben Jonson, Sheridan, Molière, Holberg, Kotzebue); 3) die *histor.* K., die Vereinigung des idealist. und realist. Lustspiels (z. B. Gutzkows ‚Zopf und Schwert‘).

Komorn, Komitat in Ungarn, Kr. jenseits der Donau, 53,9 QM. und 101,900 Ew. Die stark befest. *Hauptstadt* K., auf der Insel Schütt, 11,951 Ew. Weinbau.

Komos (gr. *Omos*), Gott der Zechgelage, des Scherzens und Lachens; Zechlied.

Komparisciren (lat.), einen Vertrag, Pakt, auch Frieden schliessen.

Kompagnie (fr.), Gesellschaft, Genossenschaft, insbes. Handelsgesellschaft; **Kompagnon** (spr. Kongpanjong), Mitglied einer solchen. Im Militärwesen Truppenabtheilung von 100—250 Mann unter Führung eines Hauptmanns oder Rittmeisters mit 3—4 Lieutenants. Die Infanteriekompagnie in Preussen 250, in Frankreich 100 Mann, hauptsächlich administrative Eintheilung, doch häufig, bes. im zerstreuten Gefecht auch von taktischer Bedeutung.

Kompakt (lat.), derb, gedrungen, dicht. **Kompaktät** (lat.), Vertrag, Vergleich. Ueber die *prager* K.en s. *Hussiten.*

Komparation (lat.), Vergleichung; insbes. Steigerung des Adjektivs; *Komparativ*, erste Steigerungsstufe desselben. (schiefener.

Komparént (lat.), ein vor Gericht Erscheinender.

Komparse (fr.), stumme Person auf der Bühne, Statist. *Komparserie*, das Statistenwesen, Anordnung des Gefolges, der Aufzüge, Volksscenen etc. auf der Bühne.

Kompass, horizontal schwingende Magnetnadel zur Bestimmung der Abweichung einer beliebigen Richtung vom magnetischen Nordpol. Bei der zu Winkelmessungen in der Feldmesskunst dienenden *Boussole* schwebt die Magnetnadel in einer mit Glas bedeckten Büchse über einer Kreistheilung; beim Seekompass trägt die Magnetnadel selbst eine Windrose und dreht sich auf einem Stift, der aus einem schweren, in einem cardanischen Ring aufgehängten Kessel hervorragt. Magnetische Wagen finden sich im 7. Jahrh. v. Chr. bei den Japanesen. Die Chinesen bedienten sich im 13. Jahrh. der Magnetnadel, ebenso die Franzosen. Der Seekompass ist eine europ. Erfindung (des Italieners Gioja, um 1300?).

Kompassion (lat.), Mitleid, Mitgefühl.

Kompaternität (lat.), Gevatterschaft.

Kompatibel (lat.), vereinbar, verträglich. *Kompatibilität* und *Inkompatibilität*, Vereinbarkeit und Unvereinbarkeit, Bezeichn. der Zulässigkeit oder Unzulässigkeit der Uebertragung mehrerer Aemter auf Eine Person.

Kompatiren (lat.), Mitleid, Nachsicht haben; womit vereinbar sein. (Landsmann.

Kompatriöt (lat.), Vaterlandsgenosse.

Kompelliren (lat.), antreiben, zwingen.

Kompensation (lat.), Ausgleichung; Aufrechnung einer Forderung durch eine Gegenforderung; in der Physik Ausgleichung der Wirkung einer Kraft, welche ohne dieselbe störend eingreifen würde.

Komperendination (lat.), Verschiebung eines Termins auf ‚übermorgen‘, im Allgem. Terminshinausschiebung.

Kompeténz (lat.), Zuständigkeit, der gesetzmässige Wirkungskreis einer Behörde, s. v. a. Ressort; etwas, was einem von Rechts wegen ankommt. *Rechtswohlthat der K.* (*beneficium competentiae*), Bestimmung, wonach gewissen Schuldnern gewissen Gläubigern (z. B. Ehegatten, Eltern den Kindern, Schenkgebern Beschenkten) gegenüber bei der Hülfsvollstreckung von ihrem Vermögen so viel gelassen werden muss, als sie zum Lebensunterhalt nothwendig brauchen. *Kompetént*, befugt, zuständig.

Kompilation (lat.), aus verschiedenen Werken zusammengetragenes literar. Produkt; auch die Herstellung eines solchen. *Kompilator*, Büchermacher.

Komplanation (lat.), Ebnung, Ausgleichung; Ausmessung krummer Flächen mittelst ebenen Flächenmasses. [halten.

Komplektiren (lat.), in sich fassen, enthalten.

Komplement (lat.), Ergänzung; *K. eines Bogens* oder *Winkels*, derjenige Bogen oder Winkel, welcher mit ersterem zusammen 90° ausmacht. *Komplementär, s. Kommandite.*

Komplementärfarben, Ergänzungsfarben, s. *Farben*. [vollständig.

Komplettiren (lat.), ergänzen; *komplet*,

Komplex (lat.), Inbegriff, Vereinigung. *K. Grössen*, aus mehreren durch Plus (+) und Minus (—) verbundenen Gliedern bestehende Grössen.

Komplexion (lat.), Zusammenfassung; den Gesundheitszustand bedingende Leibesbeschaffenheit und demgemässes Aussehen.

Komplikation (lat.), Verwickelung, Verflechtung. *Komplice* (fr., spr. Kongplis'), Theilnehmer an einem Verbrechen. *Komplicität*, Mitschuld.

Kompliment (fr.), Verbeugung, Hochachtungsbezeigung, Schmeichellob. *K.e*, Umstände, Ceremonien.

Komplot (fr.), Geheimbund zu Begehung eines Verbrechens, bes. polit. Verschwörung.

Komponiren (lat.), zusammensetzen; den Plan zu einem Kunstwerke und die Anordnung der Theile im Ganzen und Grossen entwerfen; in Musik setzen, auch ein Tonwerk schaffen. *Komponist*, Tonsetzer.

Komportabel (lat.), verträglich, friedlich; *sich komportiren*, sich vertragen.

Komposition, Zusammensetzung, Verdauung von Einzelheiten zu einem Ganzen; Musikstück, Tonwerk; Metallmischung.

Kompositum, etwas Zusammengesetztes, bes. zusammengesetztes Wort.

Kompost, Mengedünger, aus verschiedenartigen verwesenden Stoffen bereiteter Dünger. [ger.

Kompotation (lat.), Trinkgelag.

Kompott (fr.), eingemachte Früchte.

Komprehendiren (lat.), zusammenfassen; begreifen, verstehen. *Komprehensibel*, begreiflich; *Komprehension*, Fassungsvermögen.

Kompress (lat.), eng, dicht zusammengedrängt. *Kompresse*, mehrfach über einander gelegtes Stück Leinwand zum Auflegen auf Wunden.

Kompressibilität, das Vermögen, durch äusseren Druck in einen engeren Raum gebracht werden zu können; Gegensatz von Ausdehnbarkeit (s. d.).

Kompression (lat.), Zusammendrückung. *Kompressionspumpe, s. Luftpumpe.*

Komprimiren (lat.), zusammenpressen.

Komprobiren (lat.), billigen, gutheissen.

Kompromiss (lat.), gegenseitige Uebereinkunft, insbes. zwischen streitenden Theilen über die Art der Führung des Rechtsstreits, über Unterwerfung unter den Spruch eines Schiedsrichters. *Kompromittiren*, einen K. eingehen; Jemanden unangenehmer Verantwortung, dem Tadel etc. aussetzen.

Kompulsion oder **Kompulsation** (lat.), Antreibung, Nöthigung, Zwang. *Kompulsatorium*, Mahnschreiben einer höheren Behörde an eine niedere zu Beschleunigung einer Angelegenheit, bes. einer Rechtssache.

Komputabel (lat.), berechenbar. *Komputation*, Berechnung. *Komputiren*, berechnen.

Komthur, Komthurei, s. *Kommende.*

Konät (lat. *conātus*), Versuch, bes. eines Verbrechens. [räumen.

Koncediren (lat.), etwas zugestehen, ein-

Koncentrisch (lat.), einen gemeinsamen Mittelpunkt habend. *Koncentriren*, in einen Mittelpunkt zusammendrängen; in einen Brennpunkt sammeln; zusammenziehen; eine Lösung durch Verdampfen des Lösungsmittels gehaltreicher machen.

Konception (lat.), Empfängniss als Anfang der Schwangerschaft; Begriff, Begriffsvermögen, Fassungskraft; Abfassung eines Schriftstücks. *Konceptio*, empfänglich; *konceptibel*, begreiflich.

Koncert (lat.), Uebereinstimmung, Tonstück für ein oder mehrere Soloinstrumente, mit Orchesterbegleitung, meist von sonatenähnlicher Form; öffentl. Musikaufführung.

Koncertiren (lat.), wetteifernd streiten;

Koncessibel (lat.), zulässig. [verabreden.

Koncession (lat.), Zugeständniss, Bewilligung, insbes. Regierungserlaubniss zum Betrieb eines nicht freien Gewerbes, zu Herausgabe einer Zeitschrift etc. *Koncessionär*, Inhaber einer solchen K.

Konchylien, s. *Mollusken.*

Koncil (lat. *concilium*, *Synode*, *Kirchenversammlung*), in der kathol. Kirche Versammlung kirchlicher Würdenträger zur Verhandlung und Entscheidung über kirchliche Angelegenheiten. Seit Erhebung des Christenthums zur Staatsreligion unterschied man: *Reichs-* oder *ökumenische Synoden* oder *K.ien*, welche vom Kaiser berufen, der Idee nach als Vertretung der ganzen christl. Welt galten, *Diöcesansynoden*, Versammlungen der Bischöfe einer polit. Diöcese, d. i. mehrerer Provinzen, von dem Erzbischof berufen, und *Provinzialsynoden*, Versammlungen der Geistlichen einer Provinz, vom Bischof berufen. In den christl.-german. Staaten traten an die Stelle der Reichssynoden die *Nationalsynoden*, welche von den Königen meist in Verbindung mit den Reichsständen einberufen wurden. Als ökumenische K.ien erkennt die röm.-kathol. Kirche, ausser dem angeblich von den Aposteln zu Jerusalem berufenen, 18 an: das zu Nicäa (325), zu Konstantinopel (381), Ephesus (431), Chalcedon (451), Konstantinopel (553), Konstantinopel (681), Nicäa (787), Konstantinopel (869), 4 im Lateran abgehaltene (lateranensische, 1122, 1139, 1179, 1215), 2 zu Lyon (1245 und 1275), das zu Vienne (1311), Konstanz (1414—18), Basel (1431—49), Trient (1545—63). Aus neuerer Zeit ist zu erwähnen das K., welches in Rom 20. Nov. 1854 das Dogma der unbefleckten Empfängniss der Jungfrau Maria, sowie das 1869—70 zu Rom abgehaltene, welches das Dogma von der Infallibilität des Papstes annahm. Die protestant. Kirche hat keine K.ien aufzuweisen. Als

Versuch gemeinsamer Entscheidung einer dogmat. Streitfrage ist die Synode zu Dortrecht (1618) zu erwähnen. Vgl. *Hefele*, ‚Konciliengesch.', 1855—69, Bd. 1—7.

Koncinn (lat.), gefällig und ebenmässig zusammengefügt, bes. vom Satzbau.

Koncipiren (lat.), empfangen, schwanger werden; ein Schriftstück abfassen.

Koncis (lat.), kurz gefasst, bündig.

Koncitiren (lat.), anfregen, aufwiegeln.

Kondemnation (lat.), Verurtheilung.

Kondensation (lat.), Verdichtung, bes. von Dämpfen durch Druck und Abkühlung.

Kondensator (lat.), Verdichter, Vorrichtung zu Verdichtung von Dämpfen, z. B. Fingstaubkammern, Giftfänge; auch Bestandtheil der Dampfmaschine; Apparat zur Verstärkung der elektrischen Spannung.

Kondiktion (lat.), Aufkündigung; Klage auf Zurückgabe einer Sache oder eines Rechts; auch jede persönliche Klage.

Kondiment (lat.), Würze, Gewürz.

Kondirektion (lat.), Mitdirektion.

Kondition (lat.), Bedingung; Beschaffenheit, Zustand; Stelle eines Handlungsgehülfen, daher *konditioniren*, in einer solchen sich befinden. S. *A condition*.

Konditionirung, die probeweise Trocknung der Seide in Anstalten, welche unter öffentlicher Autorität stehen, um ihren Feuchtigkeitsgehalt zu bestimmen. Zu dem bei 110° C. nach 3½—4 Stunden erzielten Trockengewicht schlägt man 10 % und erhält so das gesetzmässige, für Käufer und Verkäufer verbindliche Handelsgewicht.

Konditor (lat.), Zuckerbäcker. [gung.

Kondolenz (lat.), Beileid, Beileidsbezeigung.

Kondominat, Gebiet, welches mehreren Herren gemeinsam angehört.

Kondonation (lat.), Schenkung, Erlassung.

Konder, s. *Geier*. [begängnisse.

Kondukt (lat.), Geleit, bes. bei Leichenbegängnisse.

Konduktor (lat.), Leiter der Elektricität.

Koufekt (lat.), Zuckerbäckerwaare. *Konfektion*, Verfertigung; fertige Garderobestücke, auch das Geschäft in solchen.

Konferenz (lat.), Berathschlagung; Versammlung zu einer solchen, insbes. Zusammenkunft von Diplomaten (z. B. die K.en zu Wien 1820 und 1831, zu Dresden 1851 und zu London 1864). *Konferenzminister*, Minister ohne Portefeuille.

Konferven, Fadenalgen, s. *Algen*.

Konfession (lat.), Bekenntniss, insbes. schriftlich abgefasstes Glaubensbekenntniss; auch s. v. a. christliche Glaubenspartei. *Konfessionsverwandte*, die Anhänger einer solchen. *Konfessionarius*, Beichtvater. *Konfessionell*, auf Glaubensbekenntnisse bezüglich.

Konficiren (lat.), vollenden. [lich.

Konfident (lat.), der Beichtende.

Konfidenz (lat.), Vertrauen, Zuversicht; geheime Verabredung, namentlich in Bezug auf Pfründenkauf. *Konfidentiell*, vertraulich.

Konfiguration (lat.), Gestaltung; Gestalt.

Konfination (lat.), Verstrickung; Einschliessung eines Angeschuldigten auf ein nicht zu überschreitendes Gebiet.

Konfinien (lat.), Grenzlande; *Konfinität*, Grenznachbarschaft.

Konfirmation (lat.), Bestätigung, z. B. eines Rechtsgeschäfts durch das Gericht; feierliche Bestätigung des Taufbundes durch die Katechumenen (*Konfirmanden*) vor dem ersten Genusse des heil. Abendmahls. *Konfirmativ*, bestätigend, bekräftigend.

Konfiskation (lat.), Beschlagnahme des Vermögens für den öffentlichen Schatz, Wohlthätigkeitsanstalten etc., Strafmass.

Konfitüren (fr.), Konditorwaaren. [regel.

Konflagration (lat.), Verbrennung.

Konflikt (lat.), Zusammenstoss, Streit, bes. bei entgegenstehenden Interessen.

Konfluens (*Konflux*, lat.), Zusammenfluss, das Zusammenströmen. [Staatenbund.

Konföderation (lat.), Verbündung, bes.

Konform (lat.), gleichförmig, übereinstimmend; *Konformität*, Uebereinstimmung. *Konformisten* (*Conformers*), in England Diejenigen, welche sich mit den 39 Artikeln der Hochkirche von 1562 einverstanden erklärten; ihre Gegner *Dissenters*.

Konfrater (lat.), Amtsbruder; *Konfraternität*, Brüderschaft, Erbverbrüderung.

Konfrontation (lat.), Gegenüberstellung (Stirn gegen Stirn), im Strafprozesse Gegenüberstellung mehrerer Angeschuldigten oder Zeugen behufs der Aufklärung der Widersprüche in ihren Angaben etc.

Konfundiren (lat.), vermengen, verwirren; verblüffen. *Konfus*, wirr (im Kopfe); *Konfusion*, Verwirrung, Bestürzung; *Konfusionsjahr*, Jahr der Verwirrung, das Jahr, in welches bei der Kalenderverbesserung durch Julius Cäsar 2 Monate eingeschaltet wurden. *Konfusionarius* (scherzhaft *Konfusionsrath*), verwirrter Kopf.

Konfutation (lat.), Widerlegung, Ueberführung.

Kon-fu-tse, s. *Confucius*.

Kong, Gebirge im westl. Nordafrika, zwischen Sudan und Obergninea, das Quellgebiet des Senegal, Gambia und Niger.

Kongelation (lat.), das Gefrieren, Erstarren, Gerinnen; Stumpfwerden der Zähne.

Kongenial (lat.), geistesverwandt.

Kongeriren (lat.), häufen. [perämie.

Kongestion, Blutaudrang, z. v. a. Hyperämie.

Kong-fu-tse, s. *Confucius*.

Konglomerät (lat.), aus verkitteten, abgerundeten, gleichartigen oder ungleichartigen Geröllen bestehendes Gestein; *Reibungskonglomerate* finden sich auf den Grenzen eines vulkan. und sedimentären Gesteins. *Konglomeration*, Zusammenballung.

Konglutination (lat.), Zusammenklebung; *Konglutinät*, s. v. a. Konglomerät.

Kongo (*Zaïrè*), gr. Strom in Niederguinea, im Oberlauf noch wenig bekannt, nimmt den Kasai auf, bildet vor dem Eintritt in das flache Küstenland bed. Stromschnellen und Wasserfälle, mündet breit und tief in den atlant. Ocean. Im S. die *Landschaft* K.

Kongregation (lat.), Vereinigung, insbes. mehrerer Klöster zu einer organisirten Einheit; Name der Abtheilungen des Kardinalkollegiums zu Rom zu Verwaltung geistlicher und weltlicher Angelegenheiten. In Frankreich hiessen K.en Genossenschaften der ultramontanen Partei zu Befestigung der röm. Hierarchie.

Kongregationalisten, in England Art Independenten.

Kongress (lat.), Zusammenkunft zur Berathung über gemeinsame Angelegenheiten, bes. in Bezug auf Politik; in Nordamerika Name der gesetzgebenden Versammlung.

Kongruénz (lat.), Uebereinstimmung. *Kongruent*, übereinstimmend; *k.e Figuren*, solche, deren Seiten auf einander fallen.

Kongsberg, grösste norweg. Bergstadt, südl. Christiania, am Louven, 4417 Ew. Ber. Silberbergwerk (jährl. 24,370 Pfd.).

Konieh (das alte *Iconium*), Stadt in Kleinasien, Ejalet Karamanien, etwa 30,000 Ew. Hauptplatz für Karawanenzüge. Ehedem Residenz des Seldschukenreichs. [hölzer.

Koniféren (lat., d. i. Zapfenträger), Nadel-

Konigloblum (lat.), Darstellung einer Kurvfläche in Projektion auf 2 Kegelflächen.

Konisch (lat.), kegelförmig.

Konisektor (lat.), die einen Kegel schneidende Ebene, wodurch nach Verschiedenheit der Lage die Kegelschnitte (s. *Kegel*) entstehen.

Konitz, Kreisstadt im preuss. Regbz. Marienwerder, 6569 Ew. [Dinge, Allerlei.

Konjektaneen (lat.), zusammengeworfene

Konjektúr (lat.), Vermuthung, insbes. die muthmaasslich richtige Lesart in verderbten oder lückenhaften Stellen der alten Schriftsteller; daher *konjekturiren*, dergl. Lesarten

Konjugál (lat.), ehelich. [aufstellen.

Konjugation (lat.), Verbindung; Abwandlung der Zeitwörter.

Konjunktion (lat.), Verbindung; Bindewort. In der Astronomie heisst K. oder Zusammenkunft diejenige Stellung zweier Himmelskörper, in welcher sie gleiche Länge haben, bes. Planeten mit der Sonne.

Konjunktiv (lat.), die ,verbundene Redeweise', Form des Zeitworts, durch welche das Verhältniss der log. Möglichkeit einer Handlung bezeichnet wird; vgl. *Indikativ*.

Konjunktúr (lat.), das Zusammentreffen von Umständen; im Handel die Ansichten, welche sich nach der Lage des Marktes, bes. nach dem jeweiligen Angebot und der Nachfrage für geschäftl. Unternehmungen darbieten. [*Jurant*, Verschworner.

Konjuration (lat.), Verschwörung; *Kon-*

Konkan, Landstrich auf der Westküste Ostindiens, 73 M. l., mit der Stadt Bombay.

Konkav (lat.), Gegensatz von konvex; hohlrund; von Winkeln kleiner als 2 Rechte.

Konklamation (lat.), Zusammenruf, insbes. der Jammerruf bei Jemandes Tode.

Konkludiren (lat.), schliessen, beschliessen. *Konklusion*, Redeschluss; Folgerung; *Beschluss*; *konklusiv*, schliessend.

Konkomitanz (lat.), nach der Lehre der röm.-kathol. Kirche die Enthaltensein des Blutes Christi im Abendmahlsbrode.

Konkordanz (lat.), Uebereinstimmung; *Lexikon*, welches sämmtliche in einem Schriftwerke vorkommenden Wörter in alphabet. Ordnung und mit Angabe der Stellen, wo sie sich finden, enthält; von der Bibel: *Real-* und *Verbalkonkordanzen*, neuere von *Büchner* (13. Aufl. 1869), *Bernhard* (3. Aufl. 1869, 2 Bde.); in der Buchdruckerei Quadrat zum Ausschluss.

Konkordát (lat.), Uebereinkunft, Vergleich, insbes. jeder zwischen dem Papste und einer weltlichen Regierung über Verhältnisse und Angelegenheiten der röm.-kathol. Kirche geschlossene Vertrag. Unter den älteren sind die bekanntesten das wormser vom 23. September 1122 (s. *Investitur*), das vom 2. Mai 1418, das aschaffenburger oder wiener vom 17. Febr. 1448; von den neueren: das franz. vom 15. Juli 1801 und 11. Juli 1817, das bayerische vom 5. Juni 1817, das preuss. vom 16. Juli 1821, das mit den Staaten der oberrhein. Kirchenprovinz 11. April 1827 abgeschlossene, das niederländ. vom 18. Juni 1827, das span. vom 16. März 1851, das russ. vom 15. Aug. 1847, das österreich. vom 18. Aug. 1855, das würtemb. und badische vom 28. Juni 1859.

Konkordienformel (Formula concordiae, Eintrachtsformel), symbolisches Buch der luther. Kircho, 1576 von Jak. Andreä, Dav. Chyträus, Mart. Chemnitz, Andr. Musculus und Christoph Körner unter Zuziehung von 12 kursächs. Theologen auf dem Konvent zu Torgau auf Grund älterer Formeln als *torgauisches Buch* im Geiste des strengen Lutherthums verfasst, 1577 in Kloster-Bergen bei Magdeburg (daher *bergisches Buch*) von den Genannten unter Zuziehung Nik. Selneccers aus Leipzig umgearbeitet, kirchl. anerkannt in Kursachsen, Kurbrandenburg, 20 Herzogthümern etc., verworfen in Hessen, Zweibrücken, Anhalt, Pommern, Dänemark, Schweden etc.; ursprüngl. deutsch verfasst, später von Osiander ins Latein. übersetzt. Vgl. *Heppe*, ,Gesch. der luther. K.', Bd. 3 u. 4, 1858. — *Konkordienbuch*, Vereinigung sämmtlicher luther. Bekenntnisschriften (s. *Symbolische Bücher*), hrsg. von *Hase* (3. Aufl. 1845) und *Francke* (1846).

Konkrement (lat.), durch blosse Kohäsion vereinigte verschiedenartige Stoffe.

Konkrescénz (lat.), das Zusammenwachsen.

Konkret (lat.), das wirklich Vorhandene, der besondere Fall, im Gegensatz zum Abstrakten (dem bloss Gedachten, Allgemeinen).

Konkretionen (lat.), die in verschiedenen Gesteinen vorkommenden Zusammenhäufungen fremdartiger Mineralien.

Konkubinát (lat.), das ausserehliche' Zusammenleben zweier nicht anderweit verehelichten Personen behufs geschlechtlicher Gemeinschaft, im Mittelalter erlaubt, in Deutschland durch die Polizeiordnungen von 1530 und 1577 verboten, wird nicht eigentl. bestraft, sondern bloss polizeilich getrennt. *Konkubine*, Kebsweib. *Konkubiren*, (*konkambiren*), den Beischlaf vollziehen.

Konkupiscénz (lat.), Begehrlichkeit.

Konkurrenz (lat.), Zusammenlauf, das Zusammentreffen von Dingen und Ereignissen, im Verkehr Mitwerben, das gleichzeitige Anbieten und Begehren gleichartiger Gegenstände von Seiten Mehrerer (Konkurrenten), tritt bei jeder Art des Austausches von Leistung und Gegenleistung, bei der Miethe von Arbeit und Kapital, beim Kauf und Pacht von Grundstücken, am meisten beim Waarenhandel ein. *K. der Verbrechen* (concursus delictorum) liegt vor, wenn Jemand sich zugleich mehrerer Gesetzesübertretungen schuldig gemacht hat. *Konkurriren*, zusammenlaufen oder -treffen; gleiche Ziele erstreben.

Konkurs (lat.), das Zusammenlaufen oder Bewerben Mehrerer um etwas, eine Sache, ein Amt, einen Preis etc. *K. der Gläubiger* (*Gant*, *Gantprozess*), das Auftreten mehrerer Gläubiger vor Gericht gegen einen nicht zahlungsfähigen Schuldner; auch der Zustand (*Falliment*) des zahlungsunfähigen Gemeinschuldners (*Cridarius*, *Fallit*). Der Konkursprozess soll die vorhandenen Deckungsmittel (Aktiva) sammeln u. flüssig machen, die darauf haftenden Forderungen (Passiva) feststellen und die Gläubiger mit der Wirkung klassificiren, dass jede nachfolgende Klasse erst nach völliger Auszahlung der vorhergehenden bei Vertheilung der Konkursmasse Berücksichtigung findet.

Konkussion (lat.), Erschütterung; Gelderpressung durch Amtsmissbrauch.

Konnektiren (lat.), verknüpfen; verbunden sein, zusammenhängen. *Konnexion*, Verbindung, Zusammenhang, bes. (im Plural) einflussreiche Verbindungen und Bekanntschaften. *Konnexität*, Verbindungsverhältniss, insbes. das gegenseitige Insinuiren mehrerer an sich getrennten streitigen Rechtssachen auf einander.

Konniviren (lat.), ein Auge zudrücken, Einem etwas nachsehen; *Konnivenz*, Nachsicht, stillschweigende Vergünstigung.

Konnotation (lat.), Mitanzeige; *K.stermin*, Termin zur Anzeige sämmtlicher Schuldforderungen beim Konkurs.　　[terkegel.

Konoïd (gr.), kegelähnlicher Körper, Af-

Konquassation (lat.), Erschütterung, Zerquetschung, Zertrümmerung.

Konqueriren (lat.), erobern.

Konquiesciren (lat.), verbleiben, beruhen.

Konrad, 1) *deutsche Kaiser und Könige:* a) *K. I.*, Herzog von Franken, ward nach Aussterben der Karolinger 911 von den Franken und Sachsen zum deutschen König gewählt, hatte, um sein Ansehen zur Geltung zu bringen, mit den Herzögen, insbes. mit Heinrich von Sachsen, schwere Kämpfe zu bestehen, vertrieb den Herzog Arnulf von Bayern aus seinem Lande, empfahl bei seinem Tode 23. Dec. 917 seinen Gegner Heinrich von Sachsen als König (s. *Heinrich* 1) a)). — b) *K. II., der Salier*, Sohn des Herzogs Heinrich von Franken, ward nach Aussterben des sächs. Kaiserhauses 1024 auf einer Rheininsel zwischen Mainz und Oppenheim durch die Fürsten aus 8 Herzogthümern zum deutschen König gewählt, stellte Recht und Ordnung her, ordnete den Gottesfrieden (s. d.) an, unterdrückte 1026 die Unruhen in Italien, ward 1027 als röm. Kaiser gekrönt, hatte in Deutschland aufrührerische Grosse, darunter seinen Stiefsohn, Herzog Ernst von Schwaben, zu bekämpfen, erwarb die Anwartschaft auf Burgund und setzte sich 1033 mit Gewalt in dessen Besitz. 1036 abermals in Italien, suchte er Mailand vergebl. zu bezwingen, erliess im Heerlager vor Mailand die Konstitution vom 28. Mai 1037, wodurch die

kleineren, nicht unmittelbar vom Reich genommenen Lehen für erblich erklärt wurden; † 4. Juni 1039. Um Herstellung des kaiserl. Ansehens in Deutschland und Italien sehr verdient. — c) *K. III.*, Sohn des Hohenstaufen Friedrich von Schwaben, geb. 1093, erhielt von Kaiser Heinrich V. das Herzogthum Franken, trat als Gegenkönig des von der welf. Partei erhobenen Lothar auf, liess sich 1128 zu Monza zum König von Italien krönen, unterwarf sich aber dann dem Kaiser. 22. Febr. 1138 von den rhein. Fürsten zum deutschen König erwählt, ward 6. März zu Aachen gekrönt. Seinen Rivalen Heinrich den Stolzen, Herzog von Bayern und Sachsen, erklärte er in die Acht, verlieh Sachsen an Albrecht von Askanien, Bayern an den Markgrafen Leopold von Oesterreich, schlug Welf VI., Heinrichs des Stolzen Bruder, bei Weinsberg und eroberte 21. Dec. 1140 die Stadt. Von Rom aus zu Einmischung in die ital. Händel aufgefordert, leistete er keine Folge, nahm aber 1146—48 an dem zweiten Kreuzzuge Theil; † 15. Febr. 1152 zu Bamberg. Vgl. *Jaffé* (1845). — d) *K. IV.*, 2. Sohn Kaiser Friedrichs II., ward 1237 zum röm. König erwählt und führte die Regierung in Deutschland, bekämpfte die nach Unabhängigkeit strebenden Fürsten, dann den auf Betrieb des Papstes von den rhein. Bischöfen 1246 zum Gegenkönig erhobenen Landgrafen Heinrich Raspe, sog. nach Friedrichs II. Tode mit dem Bann belegt und von dem neuen Gegenkönig, Wilhelm von Holland, bedrängt, 1251 nach Italien, unterwarf Apulien, eroberte Okt. 1253 Neapel; † 21. Mai 1254 im Lager bei Lavello.

2) *K. der Grosse*, Markgraf von Meissen 1127—56, Sohn des Grafen Thimo von Wettin, Markgrafen von Meissen, geb. um 1098, folgte seinem Vetter, Heinrich dem Jüngern, in der Markgrafschaft Meissen, erwarb die Niederlausitz; † 5. Febr. 1157 als Mönch im Peterskloster bei Halle.

Konrad, Name mehrerer mittelhochd. Dichter. 1) *Pfaff K.*, wahrscheinl. Kastellan bei Heinrich dem Löwen (1139—95); brachte das 'Rolandslied' in deutsche Reime (Ausg. von *W. Grimm* 1838). — 2) *K. Fleck*, aus Schwaben gebürtig, um 1220, Verf. des lieblichen Gedichts 'Flore und Blanscheflur' (Ausg. von *Sommer* 1846; Uebersetzung von *Wehrle* 1856). — 3) *K. von Würzburg*, lebte am Oberrhein, † 31. Aug. 1287 zu Basel. Werke, durch Formvollendung ausgezeichnet: die Legenden 'Heil. Alexius' (Ausg. von *Massmann* 1843), 'Silvester' (Ausg. von *Grimm* 1841) u. A.; kleine treffl. Erzählungen: 'Das Herze' (Ausg. von *Roth* 1846), 'Engelhart und Engeltrut' (Ausg. von *Haupt* 1844), 'Kaiser Otto' (Ausg. von *Hahn* 1838) etc.; 'Die goldene Schmiede' (Lob der heil. Jungfrau, Ausg. von *W. Grimm* 1840), Lieder (Ausg. von *Pfeiffer* 1870) etc.

Konradin von Schwaben, Sohn des deutschen Königs Konrad IV., geb. 1252, von den ital. Ghibellinen eingeladen, 1267 mit seinem Freunde Friedrich von Baden und 10,000 Mann über die Alpen, kämpfte anfangs glücklich, ward 23. Aug. 1268 bei Tagliacozzo geschlagen, gefangen und auf Befehl Karls von Anjou 29. Okt. 1268 mit seinem Freunde zu Neapel enthauptet.

Konrad von Marburg, fanat. Priester, erst Beichtvater der Landgräfin Elisabeth von Thüringen, seit 1231 Inquisitor und Ketzerrichter in Deutschland, wüthete als solcher am Rhein, in Thüringen und Hessen, bes. nach gegen die Stedinger; ward 31. Juli 1233 von Edelleuten erschlagen.

Konsanguinität (lat.), Blutsverwandtschaft.
Konscendiren (lat.), besteigen. [schaft.
Konscienz (lat.), Bewusstsein, Gewissen.
Konsekration (lat.), Einsegnung, bes. des Weins und Brods beim Abendmahl.
Konsekution (lat.), Folge, Reihenfolge. *Konsekutiv*, der Aufeinanderfolge gemäss.
Konsens (lat.), Einwilligung; Erlaubniss einer gerichtlichen Behörde zur Verpfändung eines Grundstücks. *Konsensualverträge*, Verträge, welche durch blosse Einwilligung der zu Schliessenden Gültigkeit erlangen, z. B. Kauf-, Mieth-, Gesellschaftsverträge etc. *Konsentiren*, beistimmen.
Konsequenz (lat.), Folgerichtigkeit, Uebereinstimmung im Denken und Handeln.
Konservativ (lat.), erhaltend; am Hergebrachten festhaltend, bes. im Staatsleben. *Konservativismus*, Anhänglichkeit an die althergebrachten Staatsformen.
Konservator (lat.), Bewahrer, Aufseher. *Konservatorium*, höhere Musikschule, die ältesten zu Neapel, Mailand und Paris (seit 1795); Kunst- oder Naturaliensammlung.
Konserven (lat.), Mischungen von Zucker mit frischen Kräutern, Blumen oder Früchten, meist als Medikamente benutzt.
Konserviren (lat.), aufbewahren, erhalten.
Konsiderabel (lat.), beträchtlich. *Konsideration*, Betrachtung, Beachtung.
Konsignation (lat.), Niederlegung, Deponirung bei Gericht. Im Handelswesen Sendung von Waaren nach einem entfernten Platze für eigne Rechnung, um sie daselbst verkaufen zu lassen; der Absender (*Konsignant*) erhält dabei meist das Recht, einen Theil des Betrags, 2 — 3 Monate dato, auf den *Konsignatar* (Den, der die Waare verkauft) zu trassiren. Befehl an Truppen, sich in den Kasernen zu versammeln und zum Ausrücken bereit zu halten.
Konsistent (lat.), fest, haltbar, derb.
Konskription (lat.), Aushebung zum Kriegsdienst, auf Grund der allgemeinen Militärpflichtigkeit, im Gegensatz zu der Anwerbung und dem Aufrufe Freiwilliger, altröm. Ursprungs, in Preussen nach 1813, jetzt in allen deutschen Staaten angenommen. *Konskriptionspflichtig*, kriegsdienstpflichtig.
Konsolation (lat.), Tröstung. [pflichtig.
Konsole (fr.), Kragstein, ein an der Wand befindlicher Vorsprung zum Tragen einer Büste etc.; kleiner Spiegeltisch.
Konsolidiren (lat.), befestigen, sichern, begründen; zu einer in sich geschlossenen Gesammtheit vereinigen, z. B. Grundstücke, Sachen. *Konsolidirte Renten, Staatsschulden*, welche, zu deren Deckung bestimmte Einkünfte angewiesen sind.

Konsolidirende Mittel, adstringirende Mittel, wenn sie äusserlich benutzt werden.
Konsonant (lat.), Mitlauter, Buchstabe, welcher nur in Verbindung mit einem Vokal ausgesprochen werden kann.
Konsonanz, befriedigender Zusammenklang zweier oder mehrerer Töne; Gegensatz von Dissonanz (s. d.). [Gefährten.
Konsorten (lat.), Genossen, Theilnehmer. **Konspiciren** (lat.), erblicken; *Konspekt*, Ansicht, Uebersicht, Verzeichniss.
Konspikuität (lat.), Anschaulichkeit.
Konspiration (lat.), Verschwörung.
Konstabel (*Konstabler*, lat.), Zeltbruder; in England Polizeibeamter, früher Grosswürdenträger (Lord high Constabel, s. *Constable*); ehedem Kanonier.
Konstant (lat.), beständig, unveränderlich. *K.e Grössen*, in der Mathematik solche Grössen, deren Werth sich nicht ändert.
Konstantin, 1) *K. der Grosse*, Cajus Flavius Valerius Aurelius Claudius, röm. Kaiser, geb. 28. Februar 274 zu Naissus in Obermösien, Sohn des Constantius Chlorus, ward nach dessen Tode 306 vom Heere zum Augustus ausgerufen, nach dem Tode des Galerius 311 und nach Besiegung des Maxentius 312 und des Licinius 323 Alleinherrscher des röm. Reichs, erhob das Christenthum zur Staatsreligion, verlegte 330 den Sitz des Reichs nach Byzanz; † 22. Mai 337 in Nicomedia; von den Heiden unter die Götter, von den Christen unter die Heiligen versetzt. Unter ihm neue Organisation des Reichs nach Diocletians Anfängen. Vgl. *Burckhardt*, ‚Die Zeit K.s d. Gr.‘, 1853. [römisches Reich.
2) Name mehrerer oström. Kaiser, s. *Ost-*
3) *Grossfürsten von Russland*: a) *K. Paulowitsch*, geb. 8. Mai 1779, 2. Sohn Kaiser Pauls I., focht 1799 unter Suworow, 1805 bei Austerlitz und in den Feldzügen 1812-1814, ward dann Militärgouverneur und Generalissimus der polnischen Truppen und Generalstatthalter oder Vicekönig von Polen, leistete durch Akte vom 14. Jan. 1822 auf die Thronfolge Verzicht, ward zwar 9. Dec. 1825 in Warschau zum Kaiser ausgerufen, beharrte aber bei seinem Verzicht. Wegen übertriebener militär. Strenge verhasst, ward er bei Ausbruch der poln. Revolution 29. Nov. 1830 vertrieben; † 27. Juni 1831 zu Witebsk. — b) *K. Nikolajewitsch*, geb. 21. (9.) Sept. 1827, 2. Sohn des Kaisers Nikolaus, widmete sich vorzugsweise dem Seewesen, ward 1853 Grossadmiral, befehligte während des russ.-orientai. Kriegs in der Ostsee, seit 1862 Statthalter in Polen, trat nach Ausbruch der Insurrektion Okt. 1863 zurück.
Konstantine, östl. Prov. der franz. Kolonie Algier, 5050 QM. und 139,910 Ew. Die Hauptst. K., auf hohem Kalkplateau, 25,417 Ew.; zerfällt in das unsaubere Quartier der Eingebornen und das der Europäer; Citadelle. Industrie gegen früher gesunken, Handel ins Innere Afrikas bedeutend. Zahlr. röm. Ruinen. Im Alterthum *Cirta*; 1837 von den Franzosen erobert.
Konstantinopel (türk. *Stambul, Istambul*),

Hauptst. des osman. Reichs, am südl. Eingange zum Bosporus amphitheatralisch auf dreieckiger Landzunge zwischen dem goldnen Horn (gr. und treffl. Hafen) und dem Marmarameer, 2¹/₂ M. im Umfang, 1,075,000 Ew. (¹/₂ Mehammed., ¹/₆ Griechen, ¹/₈ Armenier, ¹/₂₄ Franken, ¹/₂₄ Juden). Im Innern Gewirr enger schmutziger Gassen; grösster Platz Atmeidan (ägypt. Obelisk). Gebäude: Serail, Residenz des Sultans (die südöstl. Landspitze einnehmend, mit 10,000 Ew.); Eski-Serail oder altes Serail; Citadelle der 7 Thürme (Gefängnls); 344 Moscheen (Sophienmoschee, ehemal. Sophienkirche, unter Justinian erbaut, und Suleimanje, ein Meisterwerk saracen. Baukunst); zahlr. Bazars, Karawanserais. 18 Vorstädte (Galata, Hauptsitz des Handels; Pera, Wohnsitz der Europäer, und Top-Hana jenseits des goldnen Horns; Skutari auf asiat. Boden, Hassim-Pascha am Hafen mit Seearsenal; Fanar, Quartier der Griechen); 300 höhere Lehranstalten (Medresses) und 1200 niedere; 85 öffentl. Biblioth.; zahlr. Wohlthätigkeitsanstalten. Gewerbfleiss in den dem Orient eigenthüml. Fabrikationszweigen, See- und Landhandel. Das alte Byzanz (s. d.); seit 396 Residenz der oström. Kaiser, 1453 von den Türken erobert. Vgl. Krause, „Die Eroberungen K.s", 1870.

Konstanz (Kostnitz), bad. Kreis, 37,3 QM. und 126,916 Ew. Die Hauptst. K., am Austritt des Rheins aus dem Bodensee, mit den 3 Vorstädten Petershausen, rechts am Rhein (Eisenbahnbrücke), Kreuzlingen und Paradies (zahlr. Gärten) 9424 Ew. Münster (Koncil 1414—18), ehemal. Dominikanerkloster, jetzt Fabrik (mit Huss Gefängnis); Kaufhaus; Rathhaus (Fresken). Schon im 6. Jahrh. Bisthum, später freie Reichsstadt. Das gegen das päpstl. Schisma und den Reformator Huss gerichtete ber. kostnitzer Koncil setzte drei Päpste ab und verurtheilte Huss und Hieronymus zum Feuertode. 1548 K. wegen Verweigerung der Annahme des Interims in die Acht erklärt und vom Kaiser seinem Bruder Ferdinand geschenkt. 1802 ward das Bisthum säkularisirt, 1805 fiel die Stadt an Baden. [feststellen.

Konstatiren (lat.), etwas als Thatsache feststellen.

Konstellation, die Stellung der Sterne zu einander, also auch s. v. a. Aspekten (s. d.).

Konsternation (lat.), Bestürzung.

Konstipirende Mittel, stuhlganghemmende Mittel (Opium, Tannin).

Konstituiren (lat.), etwas festsetzen, bes. staatliche Einrichtungen; etwas in seiner Ganzheit oder Wesenheit mit darstellen; Jemanden in eine Würde oder Stellung einsetzen; sich als zu einem bestimmten Zweck zusammengetretener Verein proklamiren; Jemanden zur Verantwortung ziehen, belangen. Konstituent, Vollmachtgeber, Mandant, in Engl. Parlamentswähler. Konstituirende Versammlung, Konstituante, eine das Staatsgrundgesetz feststellende Versammlung.

Konstitution (lat.), Festsetzung, Anordnung, Einrichtung; Staatsgrundgesetz; in der Medicin die gesammte Körperbeschaffenheit eines Menschen, nach gewissen Eigenschaften als sanguinische, phlegmatische, cholerische und melancholische unterschieden; besser noch gegenüber der Aufstellung einer normalen K. als reizbare mit erhaltener Kraft und reizbar-schwache, torpide mit erhaltener Kraft und torpidschwache. Vgl. Habitus. Konstitutionalismus, das System der verfassungsmässigen Staatsform und das Festhalten an demselben; konstitutionell, verfassungsmässig, im Staatsgrundgesetz begründet; Konstitutioaelle, Verfassungsfreunde; konstituiir, dem Wesentlichen nach bestimmend, festsetzend.

Konstitutionisten, s. Jansen.

Konstriktion (lat.), Zusammenziehung, Beschränkung. Konstriktor, Schnürer, Name verschiedener Schliessmuskeln. Konstringiren, zusammenziehen.

Konstruiren (lat.), ein Ganzes aus den dazu gehörigen Theilen aufbauen oder darstellen, z. B. eine geometr. Figur aus gegebenen Linien und Winkeln; in der Grammatik das Abhängigkeitsverhältniss der einzelnen Wörter eines Satzes angeben.

Konstruktion (lat.), geordnete Zusammensetzung eines Ganzen aus seinen einzelnen Theilen; konstruktiv, das Ganze aus den Theilen entwickelnd, darstellend.

Konsul (lat.), in Rom während der Republik Titel der beiden obersten Staatsbeamten. Ihre Amtsdauer ein Jahr; ihre Machtbefugniss ursprüngl. die der alten Könige, seit 365 v. Chr. auch Repräsentation des röm. Volks nach Innen und aussen, Berufung und oberste Leitung des Senats und der Volksversammlungen, Oberaufsicht über die ganze Staatsverwaltung, Aushebung und Vereidigung des Heeres und Oberbefehl im Kriege (Imperium) beschränkt. Das Konsulat, anfänglich nur den Patriciern anschliesslich vorbehalten, ward durch das licinische Gesetz (366) auch den Plebejern zugänglich. Die Wahl erfolgte in der Volksversammlung. Ehrenrechte: Bezeichnung ihres Regierungsjahrs mit ihrem Namen, kurulische Sessel, Elfenbeinscepter, Toga praetexta und Begleitung von 12 Liktoren mit Ruthenbündeln (fasces). Nach ihrem Rücktritt führten sie den Titel Consulares und übernahmen die Verwaltung einer Provinz. Ihre Würde, das Konsulat, bestand auch in der Kaiserzeit noch fort, doch ohne die alte Macht, ward erst von Justinian 541 aufgehoben. Im Mittelalter war K. Amtstitel des Stadtvorstands, bes. in Hafen- und Handelsstädten. Jetzt Titel von Beamten (Handelskonsuls), welche ein Staat zum Schutze seines Handels an auswärtigen Handelsplätzen unterhält. Von der betreffenden Staatsregierung durch ‚Patent' ernannt, werden sie von dem Staate, in dessen Gebiet sie fungiren sollen, durch das ‚Exequatur' anerkannt. Geschäftskreis: Unterstützung der ihrem Schutze anempfohlenen Fremden durch Rathschläge, Nachweise, Verwendung bei den Behörden, im Nothfall selbst mit Baarmitteln, Ertheilung und Visirung von Pässen, Registrirung der in Hafenstädten ein- und auslaufenden Fahrzeuge ihrer Nation, Ausstellung von Ursprungs- und Landungscertifikaten, Sorge für Aufrechterhaltung der bestehenden Handelsverträge etc. In Hinsicht auf die Wichtigkeit ihrer Stellung unterscheidet man *Generalkonsula*, K.n für ganze Staaten oder grössere Bezirke und von jenen abhängige *Vicekonsuln* oder blosse *Konsularagenten* für einzelne Orte.

Konsulent (lat.), Berather, Anwalt; *konsuliren*, Jemanden zu Rathe ziehen.

Konsult (lat.), Beschluss.

Konsultation (lat.), Berathung; *konsultiren*, zu Rathe ziehen, namentl. Aerzte.

Konsumiren (lat.), verzehren, verbrauchen; *Konsument*, der Verbrauchende; *Konsum*, *Konsumtion*, Verbrauch, Gegensatz zu Produktion; *Konsumtibilien*, Gegenstände des Verbrauchs, bes. Nahrungsmittel.

Konsummation (lat.), Zusammenrechnung; Vollendung, Vollziehung.

Kontabescens (lat.), Auszehrung.

Kontabulation (lat.), Täfelung, Dielung.

Kontagion (lat.), Ansteckung, Uebertragung einer Krankheit durch Berührung, s. *Ansteckung*; *kontagiös*, ansteckend.

Kontakt (lat.), Berührung, Betastung.

Kontamination (lat.), Befleckung, Besudelung.

Kontemniren (lat.), verachten. [lung.

Kontemplation, Betrachtung, Beschaulichkeit; *kontemplativ*, beschaulich.

Kontemporär (lat.), gleichzeitig.

Kontemtion (lat.), Verachtung.

Kontenten (*Kontentenzettel*), in Seestädten Verzeichnisse der einlaufenden Schiffe.

Kontention (lat.), Streit, Wetteifer; *kontentiös*, streitsüchtig; Streitsachen betreffend.

Kontentiren (lat.), befriedigen, zufrieden stellen.

Konterbande, s. *Contrebande*.

Konterfei (fr.), Abbildung, Porträt.

Kontermination (lat.), Angrenzung.

Kontestation, Bestätigung durch Zeugen.

Kontext (lat.), Redeverbindung, Gedankenzusammenhang. *Kontextur*, Verwebung, Verbindung. [work.

Kontignation (lat.), Balken- oder Sparrenwerk.

Kontiguität (lat.), Berührung, Angrenzung, *kontiguirlich*, angrenzend, anstossend.

Kontinent (lat.), Festland, im Gegensatz zu Insel; insbes. das europ. Festland im Gegensatze zu England. *Kontinental*, das Festland betreffend, dazu gehörig; *Kontinentalmächte*, die Staaten auf dem europ. Festlande, im Gegensatz zu England.

Kontinentalsperre (*Kontinentalsystem*), die Massregel Napoleons I., wodurch dem engl. Handel der europ. Kontinent verschlossen werden sollte, begann mit dem Dekrete Napoleons aus Berlin vom 21. Nov. 1806, welches die brit. Inseln in Blokadezustand, jeden Engländer, der sich in einem von franz. Truppen oder deren Verbündeten besetzten Lande betreffen lasse, für kriegsgefangen, alle Engländern gehörige Waaren für gute Prise erklärte und allen Handel mit engl. Waaren verbot. Zur Vergeltung verbot ein engl. Geheimrathsbefehl vom 7. Jan. 1807 allen neutralen Schiffen die Fahrt nach Häfen, die unter franz. Einflusse ständen, und ein anderer vom 11. Jan. 1807 erklärte alle Häfen und Plätze

Frankreichs und seiner Verbündeten für blokirt. Franz. Dekrete aus Mailand vom 17. Dec. 1807 und aus Paris vom 11. Jan. 1808 verfügten neu, dass jedes Schiff, welches von einem engl. Schiffe visitirt worden sei oder sich einer Fahrt nach England unterzogen habe, denationalisirt sei. Auf den Tarif von Trianon vom 3. Aug. 1810 für die Kolonialwaaren folgte 18. Okt. das Dekret von Fontainebleau, betreffend die Verbrennung aller engl. Waaren in Frankreich und den verbündeten Staaten. Mit dem Sturz Napoleons I. fiel auch die K.

Kontinenz (lat.), Enthaltsamkeit.

Kontingent (lat.), Antheil, insbes. was in einem Staatenbunde jeder Bundesstaat behufs gemeinsamer Kriegführung an Truppen zu stellen oder sonst zu leisten hat.

Kontingens (lat.), Berührung, Zufälligkeit.

Kontinuation (lat.), Fortsetzung; *kontinuirlich*, fortdauernd, beständig, *k.e Grösse*, stetige, in beliebige, gleichartige Theile zerlegbare Grösse. *Kontinuität*, Stetigkeit, Ungetrenntheit im Raume und in der Zeit; das mittl. Hauptstück eines Röhrenknochens.

Kontor (ital. *contoro*, fr. *comptoir*, engl. *counting-house*), Schreibstube oder Kassenstube und anderer Geschäftsleute; Handelsniederlassung im Auslande, Faktorei. *Kontorist*, Handlungsgehülfe, bes. Buchhalter.

Kontorquiren (lat.), verdrehen, verrenken; *Kontorsion*, Verrenkung.

Kontrabass (*Violone*, *Contraviolon*), das grösste und tiefste der Geigeninstrumente, im 16-Fusston stehend, Fundament des Orchesters; meist mit 4 Saiten besogen, die in Quarten gestimmt sind: E, A, D, G. Lehrbücher von *Hause* und *Fröhlich*.

Kontradiktion (lat.), Widerspruch; *Kontradiktor*, Widersprecher, Anwalt der Masse eines Gemeinschuldners im Konkurs; *kontradiktorisch*, widersprechend; *k.e Urtheile*, einander aufhebende Urtheile. [günstig.

Konträr (lat.), entgegen, widrig, ungünstig.

Kontrafacient (lat.), Uebertreter einer Verordnung. *Kontrafaktion*, auf Täuschung oder Betrug berechnete Nachahmung.

Kontrahent (lat.), Einer, der einen Vertrag schliesst. *Kontrahiren*, zusammenziehen, einen Vertrag schliessen; ein Duell eingehen. *Kontraktion*, s. v. a. Kontraktur.

Kontraindikation (lat.), Gegenanzeige.

Kontrakt (lat.), Vertrag.

Kontraktilität (lat.), das Vermögen der Körper, sich zusammenzuziehen.

Kontraktär (lat.), Zusammenziehung elastischer Theile des Körpers, der Muskeln, wodurch die Glieder in dauernd bestimmte Stellungen gebracht werden. Die Ursachen der K. liegen in dem betroffenen Theile selbst oder sind durch nervöse Einflüsse, bes. des Hirns bedingt. Behandlung durch Uebung im Gebrauch, Bäder, Elektricität, Sehnendurchschneidung.

Kontraposition (lat.), Gegenstellung.

Kontrapunkt (lat., Mus.), im weitern Sinne des Kunst des harmon. Satzes, Tonsetzkunst; im engern Sinne die Kunst des polyphonen Satzes, das Verbinden einer Mehrheit von gleichzeitig erklingenden Melodien, daher zwei-, drei-, vierstimm. K. Lehrb. von Fux (1742), Kirnberger (1774), Dehn (1859), Bellermann (1862) u. A.

Kontrarietät (lat.), Widerstreit, Minderniss, Widerwärtigkeit.

Kontrasignatur (lat.), Gegenzeichnung, Mitunterschrift namentl. des Ministers in konstitutionellen Staaten; kontrasigniren, gegenzeichnen. [gegen etwas abstechen.

Kontrast (lat.), Gegensatz; kontrastiren,

Kontrastfarben, s. Farben.

Kontravallationslinien, befestigte Linien, mit welchen ehedem der Belagerer gegen ein heranrückendes Entsatzheer seine die Festung umschliessende Stellung sicherte.

Kontravenient (lat.), der Zuwiderhandelnde; Kontravention, das Zuwiderhandeln.

Kontravotiren (lat.), entgegenstimmen.

Kontreapprochen (fr., spr. Kongtr'approschen), Laufgräben mit Brustwehren und Batterien, welche der Belagerte von der Festung aus gegen die Belagerungsarbeiten eröffnet. [zurücknehmen.

Kontremandiren (fr.), einen Befehl etc.

Kontremarke, zur Kontrole dienendes Zeichen; Stempelabzeichen auf Münzen.

Kontretanz (fr., spr. Kongtr'-), quadrillenähnl. Tanz, von 4, 6 oder mehr Paaren, mit verschiedenen Touren getanzt.

Kontribuent (lat.), ein Beisteuernder, Steuerpflichtiger.

Kontribution (lat.), Steuer, Beisteuer; Erhebung an Geld und and. Bedürfnissen, welche eine Militärbehörde in Feindesland durch die Behörden des Landes veranstaltet.

Kontrition (lat.), Zerreibung; Reue, vgl. Attrition.

Kontrôle (fr., Kontrolle), Gegen- oder Nachrechnung zu Vermeidung sowohl des Irrthums, als des Betrugs; überhaupt eine aufsichtführende Behörde und Aufsicht. Kontroleur (spr. -öhr), der Aufsichtsbeamte der Zoll- und Steuerbehörden; kontroliren, Gegenrechnung führen, beaufsichtigen.

Kontroverse (lat.), Streitfrage.

Kontski, Apollinary von, Violinvirtuos, geb. 23. Okt. 1825 zu Krakau, Schüler Paganinis, seit 1859 Direktor der Musikakademie zu Warschau. Sehr. Violinkompositionen. — Sein Bruder Anton von K., geb. 1817, ausgezeichneter Pianist.

Kontumaz (contumacia, lat.), Beharrlichkeit; im Rechtswesen Ungehorsam gegen einen richterl. Befehl, insbes. das beharrliche Nichterscheinen eines vor Gericht Geladenen; daher in contumaciam verurtheilen (kontumaciren), Jemanden in die durch sein Nichterscheinen verwirkten Folgen verurtheilen. K. auch s. v. a. Quarantäne.

Kontûr (fr. contour), Umriss einer Figur; konturiren, die Umrisse einer Figur zeichnen.

Kontusien (lat.), s. Quetschwunden.

Konvenâbel (lat.), passend, schicklich. Konveniens, Uebereinkunft, das durch Herkommen als schicklich Festgesetzte und die Rücksicht darauf; konveniren, passend, bequem sein, übereinkommen.

Konvent (lat.), Zusammenkunft, Versammlung, insbes. von Landesabgeordneten, Klostergeistlichen; daher auch s. v. a.

Kloster, und Konventualen, s. v. a. Klosterbrüder; auch die eine mildere Regel beobachtenden Zweiggesellschaften von Mönchsorden. Nationalkonvent, parlamentar. Versammlung in der ersten franz. Revolution.

Konventikel (lat.), heimliche Zusammenkunft religiöser, bes. pietist. Sekten.

Konvention (lat.), Uebereinkunft; Vereinbarung über bestimmte Angelegenheiten (s. B. Militär-, Münz-, Schifffahrts-K.); in England Parlamentssitzung bei Nichtvorhandensein eines Königs. Konventionell, auf Uebereinkunft beruhend, herkömmlich. Konventionalstrafe, Leistung, zu der sich Jemand einem Andern gegenüber für den Fall anheischig macht, dass er eine übernommene Verbindlichkeit nicht oder nicht gehörig erfüllen sollte; befreit in der Regel nicht von Erfüllung der Hauptverbindlichkeit.

Konventionsfuss, s. Münzfuss.

Konvergiren, sich zu einander neigen, nähern; konvergent oder konvergirend heissen in der Geometrie 2 nicht parallele Linien auf der Seite, wo sie sich einander nähern.

Konversation (lat.), gesellige Unterhaltung, bes. durch Gespräch. Konversationssprache, Umgangssprache; Konversationston, Gesprächs- oder Umgangston der gebildeten Gesellschaft. Konversationsstück, bürgerl. Schauspiel. Konversationsoper, moderne kom. Oper mit gesprochenem Dialog. Konversationslexikon, allgem. Sachwörterbuch, alphabetisch geordnete Realencyklopädie. Konversatorium, Unterhaltungszimmer.

Konversion (lat.), Umwandlung, Bekehrung. Konvertit, ein Bekehrter, zu einem andern religiösen Glauben Uebergetretener.

Konvex (lat.), gewölbt, linsenförmig; von Winkeln grösser als 2 Rechte. Konvexgläser, Gläser, welche entweder auf einer oder auf beiden Seiten erhaben gerundet sind. Konvexspiegel, Kugelspiegel.

Konvikt (lat.), das Zusammenessen; Freitisch auf Universitäten, auch Ort desselben.

Konviciren (lat.), überweisen, überführen. Konviktion, Ueberführung.

Konvociren (lat.), zusammenrufen. Konvokation, Zusammenberufung, in England Versammlung von Abgeordneten des Klerus zu Berathung geistl. Angelegenheiten.

Konvolut (lat.), etwas Zusammengerolltes, Pack Schriftstücke. [Jenkapitäl.

Konvolute (lat.), Schnecke am jon. Säu-

Konvulsion (lat.), s. Krampf.

Konvulsionärs, Verzückte, schwärmer. Partei der Jansenisten in Paris seit 1730.

Kooperiren (lat.), gemeinsam wirken. Kooperation, Mitwirkung. Kooperator, Mitarbeiter, Amtsgehülfe eines Pfarrers.

Kooptation (lat.), Ergänzung eines Vereins etc. durch Wahl neuer Mitglieder.

Koordination (lat.), Beiordnung, Gleichstellung dem Range nach. Koordinaten, gemeinschaftl. Benennung einer Abscisse und der zugehörigen Ordinate.

Kapaïsee (See von Topolias), Sumpfsee in der griech. Monarchie Böotien, im Alterth. durch das hier wachsende Flötenrohr berühmt; seit 1857 trocken gelegt.

Kopaivabalsam (Balsamum Copaivae), aus

mehreren Arten der Cäsalpinieengattung Co-
psifera *L.*, Bäumen in Brasilien, Paraguay,
Bolivia und Westindien, ausfliessender
Harzsaft, ist gelblich, riecht unangenehm
aromatisch, schmeckt scharf kratzend, bitterlich, enthält bis 80 % äther. Oel und
Harz; dient als Firniss in der Oelmalerei.

Kopal, Harze verschiedener Abstammung
aus Afrika (fälschlich ostind. K. genannt)
und Südamerika, von denen die härtesten
als die besten gelten, gelb oder bräunlich
roth, geruch- und geschmacklos, wenig oder
gar nicht löslich in Alkohol, leicht löslich
in Rosmarin- und Kajeputöl, wichtigstes
Harz für die Firnissbereitung.

Repartition (lat.), Nebeneintheilung.

Kopeke, russ. Kupfermünze, = 3,88 Pf.

Kopenhagen (dän. *Kjöbenhavn*), Haupt-
und Residenzst., zugleich bedeutendste
Festung von Dänemark, auf der Westküste
von Seeland, am Sund, durch schmalen
Meeresarm (ausgez. Hafen) von der Insel
Amager getrennt, 155,143 Ew. Ausser 3 Vorstädten (Oester-, Nörre-, Vesterbro) 3 von
Festungswerken eingeschlossene Haupttheile: die westl. Altstadt, die nordwestl.
schöne Neustadt (Citadelle Frederikshavn)
und der südl. Christianshavn auf Amager.
Gr. Seearsenale u. Werften auf der Schloss-
und alten Insel. Innerhalb der Wälle 13
Plätze u. Märkte (Königsneumarkt mit Reiterstatue Christians V.). Gebäude: Kirche Unserer Frau (griech.-röm. Stil, mit Werken
Thorwaldsens), prächt. Frederikskirche; Residenzschloss Christiansborg (Gemäldegalerie, Museum für nord. Alterth. und Kupfer-
stichkabinet), Schloss Charlottenborg (Kunstakademie und botan. Garten), Schloss Ro-
senborg (Zeughaus), Thorwaldsens Museum
(mit Sammlung ägypt., röm., griech.Alterth.),
Kunstmuseum, ethnograph. Museum. Treffl.
Armenanstalten. Hauptsitz der Wissenschaften und Künste Dänemarks (Universität seit 1475, Militärhochschule) und
Mittelpunkt der im Steigen begriffenen Industrie, sowie des dän. Handels (Sitz der
Nationalbank und der asiat. Handelsgesellschaft, 352 eigne Schiffe mit über 90,000
Kommerzlasten). — Dabei 2. April 1801 gr.
Seesieg Nelsons über die Dänen; 2.—5. Sept.
1807 Bombardement K.s durch die Engländer.

Kopernikus (*Koppernik*), Nikolaus, Begründer der heut. Astronomie, geb. 19. Febr.
1473 in Thorn, ward 1499 Lehrer der Mathematik in Rom, 1502 (1510?) Kanonikus in
Frauenburg; † zwischen dem 7. und 21. Mai
1543 (in Frauenburg?). Sein System, nach
welchem sich die Erde und die übrigen Planeten um die Sonne drehen, entwickelte er
in „De orbium coelestium revolutionibus'
(1543, 1854). Seine Bestimmungen der Umlaufszeiten des Mondes dienten der von
Gregor XIII. angeordn. Kalenderverbesserung zur Grundlage. Biogr. von *Westphal*
(1822), *Czynski* (1846), *Prowe* (1853).

Kopf (lat. *caput*), der oberste Theil des
Thierkörpers, ist als Träger des Gehirns
der wichtigste Theil desselben; er fehlt nur
bei den hirnlosen Thieren (Acephala); seine
Form ist durch das Verhältniss der Schädel-

hohle zu den Gesichtsknochen, bez. zu den
Fresswerkzeugen bedingt.

Kopfgenickkrampf (Meningitis cerebro-
spinalis epidemica), schwere Affektion des
Gehirns und Rückenmarks, befällt bes.
junge kräftige Männer, beginnt mit Frost-
anfall, dann starke Hitze, heftiger Kopf-,
Rücken- und Lendenschmerz, die willkürl.
Muskeln bes. des Nackens werden starr
und steif; Krämpfe; der Tod erfolgt in 1—2
oder 10 Tagen. Heilung selten, Ursache unbekannt, tritt epidemisch auf, nicht ansteckend. Behandlung wesentlich symptomatisch.

Kopfgicht, s. *Kopfschmerz*. [matisch.

Kopfrose (*Rothlauf*), s. v. a. Erysipelas.

Kopfschmerz ist stets nur als Symptom,
nicht als selbständige Erkrankung anzusehen; entsteht meist nach Ueberanstren-
gungen des Gehirns, Magenerkrankungen,
Verletzungen des Kopfes, bisweilen auch
infolge von Gicht (Kopfgicht). Man unterscheidet *vaskulären* und *nervösen* K., je nachdem er veranlasst wird durch reine Störungen des Gefässapparats oder vorübergehende Reizung der Nerven. Langanhal-
tender K. oft Vorbote schwerer Hirnerkran-
kungen, bes. syphilit. Natur. Behandlung:
in allen Fällen absolute Ruhe, kühle Umschläge, Abführmittel etc. [suchl.

Kopfwassersucht, s. v. a. Gehirnwasser-

Kopialien (lat.), Gebühren für Abschriften.

Kopie (lat.), Abschrift, Nachbildung.

Kopiös (lat.), reichlich, zahlreich.

Kopisch, *Aug.*, Dichter und Maler,, geb.
26. Mai 1799 zu Breslau, lange in Italien
(Freund Platens), seit 1838 in Berlin; †
das. 3. Febr. 1853. Unter seinen ,Gedich-
ten' (1836) die humorist. und necklschen
märchenhaften am gelungensten. Gab ital.
Volkslieder (,Agrumi', 1837) heraus, übers.
den Dante (1837). Ges. Werke (1856, 5 Bde.).

Kopist, Abschreiber, Kanalist.

Koppel, Feldschlag bei jeder Mehrfelder-
wirthschaft; Gemeinschaft für Jagd, Fischerei etc.; Degengehenk; zwei oder mehrere
mit einem Hundekuppel vereinigte Jagdhunde, auch eine Reihe hinter einander
zusammengebundener Pferde.

Koppelwirthschaft (*Feldgras-, Weidewech-
selwirthschaft*), System des Ackerbaus, bei
welchem man die mehrere Jahre mit Getreide bestellten Boden eine Zeitlang (3—12
Jahre) mit Futterpflanzen besäet und als
Weide benutzt, findet sich noch in Mecklenburg, Westphalen, in der Schweiz, in Tirol etc.

Koppen (*Kücken, Aufsetzen, Krippen-
setzen*), eine Art Rülpsen, bei welchem die
Pferde die Schneidezähne auf den Rand der
Krippe oder Raufe setzen. Folge von zu
hastigem Fressen, wobei Luft verschluckt
wird, oder von Gasentwicklung im Magen.

Koprolithen (gr.), versteinerte Exkremente vorweltlicher Thiere, finden sich in
der silurischen Formation, im Kohlengebirge,
im Muschelkalk, Keuper, Lias etc., sind für
die Paläontologie von grossem Werth und
werden wegen ihres Gehalts an phosphorsaurem Kalk in England als Dünger benutzt.

Kopten, Volksstamm in Aegypten, die
christl. Nachkommen der alten Aegypter,

ca. 200,000, Kaufleute und Handwerker, der Religion nach meist Monophysiten (unter einem Metropoliten, zu Kairo), etwa 15,000 mit der röm. Kirche unirt. Die *kopt. Sprache* nicht mehr gesprochen; die Literatur fast nur aus Abschriften der Bibel, Leben der Heiligen etc. bestehend; die Schrift die griech., mit Verwendung von 6 Buchstaben aus der einheim. hierat. Schrift. Grammatiken von *Schwartze*, *Uhlemann* u. A.; Lexiken von *Tattam*, *Parthey*.

Kopula (lat.), Band, in der Grammatik Wort oder Flexion, welches Subjekt und Prädikat verbindet, Satzband. [*edelung.*

Kopulation, kirchliche Trauung; s. *Ver-*

Korah (*Korach*), Sohn des Leviten Jezear, Verschwörer gegen Moses, ward mit seinen Genossen von der Erde verschlungen.

Korall, rother künstlicher Glasfluss.

Korallen, die meist festen kalkigen Gerüste oder Stöcke der Korallenthiere (Polypen oder Zoophyten, s. d.), auch die dendritischen, blatt- oder rindenähnlichen Kolonien der Bryozoen oder Moosthiere, je nach ihrer Vermehrungsart von sehr verschiedener Gestalt, bilden Riffe und Inseln, dienen als Kalk- und Bausteine, einzelne, bes. die *rothe Edelkoralle* (*Corallium rubrum*), zum Schmuck. Diese lebt zwischen Algier und Tunis, bei den Balearen, an den Küsten von Frankreich, Spanien, Italien, wird durch Netze oder Taucher gewonnen und zu Perlen, Knöpfen etc. verarbeitet. Vgl. *Lacaze Duthiers*, ‚Hist. nat. de corall‘, [1864.

Korallenbaum, s. *Erythrina*.

Korallenkalk, dichter weisser Jurakalk.

Koran (*Alkoran*, d. i. der K.), das Religionsbuch der Mohammedaner, arabisch geschrieben, gesammelt erst nach Mohammeds Tode von Abubekr, Mohammeds Schwiegervater, unter dem Khalifen Othman redigirt und verbreitet, die Quelle der mohammedan. Theologie und Jurisprudenz. Den Inhalt bilden Reden Mohammeds an seine Anhänger, Lobpreisungen Gottes, Dogmen, Gesetze, Ermahnungen, Polemik gegen Götzendiener, Juden und Christen, sowie zahlreiche Legenden. Besteht aus 114 Kapiteln (*Suren*); s. *Mohammedanische Religion*. Ausgaben von *Fleischer* (1844), *Flügel* (1870). Uebersetzung von *Ullmann* (5. Aufl. 1865). Vgl. *Weil*, ‚Einleitung in den K.‘, 1844; *Nöldeke*, ‚Geschichte des K.‘, 1863.

Kord, s. *Manchester*.   [lich.

Kordial (lat.), herzlieb, vertraut, brüderlich.

Kordofan, Landschaft in Nubien, südl. von Darfur, früher selbständig, seit 1821 unter türk. Herrschaft, 1332 QM.; gr. Savannenland; Hauptst. El Obeid. [ähnl. Seide.

Kordonnirte Seide, stark gezwirnte schnurähnl. Seide.

Kordonsystem, Absperrung einer Grenze durch regelmässig vertheilte Militärposten, auch System der Vertheidigung einer grösseren Strecke durch vertheilte Kräfte.

Korduan, s. *Maroquin*.

Korea (*Tschao-Sjan*, chin. *Kao-li*), Halbinsel in Ostasien, zwischen dem gelben und japan. Meer, 4130 QM. und 8—9 Mill. Ew.; von ähnlicher Kultur wie China, aber noch weniger zugänglich, daher noch sehr un-

bekannt. Unumschränkter Erbkönig, der an China und an Japan Tribut zahlt. Die Bewohner eine Mischung von Mandschu und Chinesen, Bekenner der Religion des Fo; Ackerbau und Viehzucht, Hanf- und Baumwollweberei. Hauptstadt Han-jang.

Koreischiten, arab. Stamm in Hedschas, aus dem Mohammed hervorging.

Korfu (im Alterth. *Corcyra*, das ‚Land der Phäaken‘)? nördlichste und beträchtlichste der jon. Inseln, am Eingange des adriat. Meeres, 12,9 QM. und 69,414 Ew. Gebirgig (bis 3500′ h.), im N. sehr fruchtbar, vom Messongi bewässert. Produkte: Oel, Wein, Feigen, Südfrüchte. Die *Hauptstadt* K., auf der Ostküste, 25,000 Ew.; Freihafen, Citadelle, Schiffswerfte. Universität (1824 — 65, jetzt nur Lyceum), wenig Industrie (Salzgewinnung), bed. Handel. K. bis 11. Jahrh. byzant., dann venetian., theilte seit 1797 das Schicksal der jon. Inseln.

Koriander, s. *Coriandrum*.

Korinth, im Alterthum ber. griech. Stadt in Argolis, auf dem *Isthmus von K.* (zwischen Attica und dem Peloponnes), mit einer Burg (*Akrokorinth*), 3 Häfen und gegen 300,000 Ew. Ber. Tempel des Apollo, der Diana, Aphrodite etc. Die Ew. ausgezeichnet durch Erfindungsgeist, Schönheitssinn und Kunstfertigkeit (*korinth. Säulenordnung*). Der Mittelpunkt des Handelsverkehrs Griechenlands, Asiens und Italiens. Zahlreiche Kolonien. 1350 v. Chr. vom Aeolier Sisyphus gegründet, ward K. 1074 von den Dorern genommen, war 657—584 Tyrannis, dann Aristokratie. Der *korinth. Krieg* (394—387) vernichtete Spartas Uebergewicht in K. Nach Vertreibung der Macedonier (243) hielt es zum achäischen Bund, ward 146 v. Chr. von den Römern unter Mummius zerstört, 46 v. Chr. durch Cäsar wieder aufgebaut. — Das *heutige* K., bes. seit dem Erdbeben von 1858 eine grosse Trümmermasse, 4000 Ew.; die Citadelle (Akrokorinth)

Korinthen, s. *Rosinen*. [noch sehr fest.

Korinthisches Erz, antike Bronze.

Korjäken, Volk im nordöstl. Sibirien, an der Indigirka und Kolyma bis zum Meer im N. von Kamtschatka; Rentbiernomaden.

Kork, regelmässiger Bestandtheil aller Rinden, liegt unter der bald zerplatzenden Epidermis, findet sich häufig als Narbengewebe und entwickelt sich sehr reichlich bei einzelnen Pflanzen, beim Massholder, bei der Korkulme, bes. bei der Korkeiche (*Quercus suber L.*). Diese in Spanien, Portugal, Sardinien, Sicilien, Südfrankreich, Nordafrika und Quercus occidentalis im südwestl. Frankreich und Portugal liefern den K. des Handels (*Pantoffelholz*). Der K. wird alle 3 — 8 Jahre geschält und in den Produktionsländern, in England, bei Bremen auf Korkstöpsel verarbeitet. Abfälle dienen als Polstermaterial, zu Kohlenschwarz,

Korn, s. v. a. Roggen.   [Zündorn etc.

Korn, der dreitausendste Theil des Zollvereinspfundes, = ¹⁄₆₀ Gramm; das Gewicht des in einer Münze enthaltenen feinen Silbers oder Goldes; an Schiessgewehren länglliche Erhöhung nahe der Mündung, s. *Visir*.

Kornblume, s. *Centaurea*.

Kornelkirschbaum, s. *Cornus*.

Kornfäule, s. v. a. Weizenbrand, s. *Brand*.

Kornfuselöl, Getreidefuselöl, s. *Fuselöle*.

Kornkäfer (*Kornmotte*), s. *Kornwurm*.

Kornrolle (*Kornfege*), Getreidereinigungsmaschine, ein System von Sieben, welche in rüttelnde Bewegung versetzt werden und eine Trennung des Getreides von Unkrautsämereien etc. bewirken, während Spreu und Kaff durch den Luftstrom eines Ventilators entfernt werden.

Kornwurm, schwarzer oder brauner, Kornkäfer (Sitophilus granarius L.), Rüsselkäfer, 1½‴ l., aus dem Orient eingeschleppt, pflanzt sich nur auf Kornböden fort, wo seine Larve im Roggen-, Weizen- oder Maiskorn sich entwickelt; der Käfer ist durch Sieben abzuscheiden, die Larve durch Erhitzen des Getreides zu tödten. *Weisser K.*, *Kornmotte* (Tinea granella L.), Schmetterling, 2½‴ l., die Raupe frisst die Getreidekörner auf Kornböden an und spinnt dabei Gänge. Vertilgung durch Umschaufeln, Aufstellen von Gefässen mit Wasser, in welchen die Motten ertrinken.

Koromandel, der südl. Theil der Ostküste des Dekan.

Korōn, befest. Stadt auf Morea, Nomarchie Messenien, am *Golf von K.*, 2000 Ew.

Koronēa (a. G.), griech. Stadt in Boötien, westl. vom Kopaissee, ber. durch das in böotische Bundesfest und durch den *Sieg der Spartaner* unter Agesilaos über die Thebaner und Athener 394 v. Chr.

Korporāl (fr. *caporal*), Unteroffizier zur speciellen Anzicht über eine kleine Abtheilung Soldaten (Korporalschaft) hinsichtlich des innern Dienstes. [lunung.

Korporatīon (lat.), Körperschaft, Zunft, **Korpulenz** (lat.), Zunahme des Körperumfangs durch Fettablagerung; in stärkeren Graden wegen gleichzeitiger Verfettung innerer Theile gefahrbringend.

Korreāl (lat.), auf Mitschuld beruhend. *Korrealverbindlichkeit*, Rechtsverhältniss Mehrerer, wonach einer von ihnen auch das Ganze zu fordern oder zu leisten hat.

Korreferent, Mitberichterstatter.

Korrekt (lat.), fehlerlos, regelrecht. *Korrektion* oder *Korrektur*, Fehlerverbesserung. *Korrektionshaus*, Besserungsanstalt. *Korrektionär*, Züchtling.

Korrelatiōn (lat.), Wechselbeziehung, wonach das Eine das Andere voraussetzt und bedingt. *Korrelativ*, in K. stehend.

Korreptiōn (lat.), Beyrelfung, Kürzung in der Aussprache; Tadel, Verweis.

Korrespondént, Einer, mit dem man in Briefwechsel steht, Geschäftsfreund; regelmässiger Berichterstatter einer Zeitung. *Korrespondenz*, Briefwechsel. *Korrespondiren*, in Briefwechsel stehen; entsprechen.

Korridōr (fr.), schmaler, bedeckter Gang mit Thüren zu Zimmern, Theaterlogen etc.

Korrigiren (lat.), verbessern.

Korrodiren (lat.), zernagen. *Korrodirende Korrosiv*, zernagend. [*Mittel*, Aetzmittel.

Korrugatiōn (lat.), Runzelung.

Korrumpiren (lat.), verderben, verfäl-

schen, bestechen; *Korruption*, Verderbniss, Bestechung. *Korruptibilität*, Bestechlichkeit.

Korsakow, *Alex. Michailowitsch Rimskoi-*, russ. General, geb. 24. Aug. 1753, focht 1794 in den Niederlanden gegen die Franzosen, 1796 unter Subow gegen Persien, ward 1799 als Generallieutenant mit 30,000 Mann in Suworows Unterstützung in die Schweiz gesandt, 25. Sept. bei Zürich von Masséna geschlagen, 1801 Generalgouverneur von Lithauen; † als Mitglied des Reichsraths 25. Mai 1840 zu Petersburg. [Seeräuber.

Korsär (ital.), kreuzender (bes. maur.)

Kornett (fr.), Schnürleib, Mieder.

Korsika (fr. *Corse*), franz. Insel im Mittelmeer, besonderes Depart., 158,9 QM. und 260,860 Bew.; gebirgig (Mt. Rotondo 8500′ h.) und stark bewaldet, Ostküste flach und sandig, Westküste steil und zerrissen; Thäler sehr fruchtbar, schlecht angebaut. Holz und Metalle (wenig benutzt); Viehzucht und Fischfang (Thunfische, Sardellen), Korallen. Die *Korsen* nach Sprache und Charakter italienisch. Hauptst. Ajaccio. — Im Alterthum von Griechen, dann von Tyrrhenern und Karthagern besiedelt, später röm. Kolonie (Seneca das. als Verbannter) im Mittelalter unter Herrschaft der Vandalen, der Ostgothen, der Araber etc., seit 1284 genuesisch. 1729 Ausbruch eines 40 Jahre dauernden Kriegs gegen Genua; 1736—41 Theodor von Neuhof (s. d.) unter dem Namen Theodor I. König von K.; seit 1756 Paoli an der Spitze der Korsen, bis Genua die Insel 1768 an Frankreich abtrat. 1794—96 Okkupation K.s durch die Engländer. Vgl. *Gregorovius*, ,K.', 2. Aufl. 1870.

Korsör, dän. Hafenstadt auf Seeland, am gr. Belt, 2957 Ew. Ueberfahrt nach Fünen.

Kortüm, *Karl Arnold*, humor.-satir. Dichter, geb. 5. Juli 1745 zu Mühlheim a. d. Ruhr, † 15. Aug. 1824 als Arzt zu Bochum. Hauptwerk ,Die Jobsiade' (kom. Heldengedicht in Knittelversen, 1784; 11. Aufl. 1865).

Korúnd, Mineral aus der Klasse der Erden, wasserfreie Thonerde, farblos oder durch wenig Eisenoxyd etc. gefärbt, nächst dem Diamant das härteste Mineral. Werthvolle Edelsteine: *Sapphir*, hell- bis indigblau, aus Flussand und Schuttland in Hinterindien, auf Ceylon, in Siam; weniger werthvolle (occidentalischer Sapphir) aus basaltischer Lava in Sachsen, Böhmen Frankreich, und *Rubin*, feurig karminroth, aus Birma, dient auch zu Zapfenlagern in Uhren. Violblauer K. s. v. a. orientali. Amethyst (s. d.), gelber s. v. a. oriental. Topas; grüner oriental. Smaragd, wasserheller Luchssapphir. *Gemeiner K.*, Diamantspath, auf Ceylon, in China, Sibirien, Piemont, dient zu Schleifpulver, ebenso der derbe, körnige K., *Smirgel*, bläulich grau bis indigblau, auf Naxos, bei Smyrna, im Erzgebirge etc. [*Koruskation*, Silberblick.

Koruscīren (lat.), blitzend aufleuchten;

Korvei, ehedem gefürstete Benediktinerabtei im preuss. Regbz. Minden, an der Weser, bei Höxter; Koloule des Klosters Corvie in der Picardie, erhielt 816 durch Ludwig den Frommen Ländereien u. grosse

Vorrechte; Hauptansgangspunkt des Christenthums für das nördl. Deutschland und Pflegstätte der Bildung und klass. Wissenschaft. 1794 zum Bisthum erhoben, kam 1802 an das Haus Oranien, 1815 an Preussen, bildet seit Vereinigung des Domkapitels mit dem zu Paderborn ein Mediatfürstenthum (6 QM. mit 23,000 Ew.), jetzt Besitz des Hauses Hohenlohe - Schillingsfürst. Das *Chronicon Corbejense* von 768—1187 (herausg. von *Wedekind* 1823) ist unächt.

Korvette (fr.), kleines schnellsegelndes Kriegsschiff mit ca. 20 — 24 Geschützen, neuerdings oft gepanzerter Dampfer.

Korybanten (gr.), Priester der Cybele in Phrygien, verrichteten deren Dienst mit rauschender Musik und Waffentänzen.

Korymbe (gr.), Dolde. *Korymbiferen*, Doldengewächse.

Koryphäe (gr.), Chor- oder Reigenführer; der Erste, Hervorragendste.

Kosaken (*Kosak*), slav. Kriegervolk in Südrussland, das früher eine bed. Rolle spielte, noch jetzt wichtiger Theil der russ. Armee und in verschiedenen Gegenden des Reichs sesshaft oder stationirt. 2 Hauptstämme: 1) die *malo-* oder *kleiruss.* K. (darunter die *Saporoger*, am Dnjepr, räuberisch und zügellos); 2) die *donschen* K., deren Steppenland ein eigenes Gouvern. bildet, 2806 QM. mit 949,682 Ew., militär. organisirt, unter einem Hetman (mit Generalsrang); Hauptst. Nowo - Tscherkask. Ausserdem als stationirte Grenzwächter: die *sibir.* K. (an der Südgrenze Sibiriens), die *kaukasischen* Linienkosaken (1860: 254,415 Köpfe, 12 Regimenter) etc.

Kosciuszko (spr. Koschzuschko), *Thaddäus*, poln. Feldherr, geb. 12. Febr. 1746 zu Mereczowszczyzna im ehemal. Palatinat Nowogrodek, trat 1777 als Washingtons Adjutant in nordamerikan. Dienste, stieg bis zum Generalmajor und kehrte 1786 nach Polen zurück. Bei der Organisation der Armee 1789 zum Generalmajor ernannt, erklärte er sich für die Konstitution vom 3. Mai 1791 und focht als Generallieutenant unter dem Prinzen Jos. Poniatowski. Bei Dublenka vertheidigte er sich mit 4000 Mann gegen 16,000 Russen in einem schwach verschanzten Lager 5 Tage lang. Nach der zweiten Theilung Polens privatisirte er in Leipzig. Von der poln. Revolutionspartei mit der Leitung eines projektirten Aufstandes betraut, erschien er 23. März 1794 in Krakau, ward 27. März von der Nationalversammlung zum obersten Heerführer und Diktator ernannt und rief in einem Manifest die Polen zur Herstellung der Konstitution von 1791 auf. Nachdem er 6000 Russen mit 4000 schlecht bewaffneten Polen bei Raciawice geschlagen, setzte er in Warschau eine provisor. Regierung ein, vermochte aber der zunehmenden Anarchie nicht zu steuern und legte die Diktatur nieder. Bei Szczekoczyn von den vereinigten Preussen und Russen geschlagen zog er sich nach Warschau zurück, ging dann den Russen wieder entgegen, unterlag aber ihrer dreifachen Uebermacht bei Maciejowice

10. Okt. 1794. Verwundet und gefangen ward er von Paul I. 1796 freigelassen und begab sich über England nach Nordamerika. Durch sein dem Kaiser Paul I. gegebenes Wort, nicht wieder gegen die Russen zu kämpfen, gebunden, nahm er trotz Napoleons I. Anträgen an den folgenden Kämpfen keinen Antheil. Er lebte bis 1814 in Fontainebleau, bereiste dann Italien und liess sich 1816 zu Solothurn nieder; † 15. Okt. 1817. Denkmal im Dom zu Krakau, wo er 1818 beigesetzt ward. Biogr. von *Falkenstein* (2. Aufl. 1834) und *Chodzko* (1837).

Kosegarten, *Ludwig Theobul*, Dichter, geb. 1. Febr. 1758 zu Grevismühlen (Mecklenburg), erst Pfarrer zu Altenkirchen auf Rügen, seit 1808 Prof. zu Greifswald; † das. 26. Okt. 1818. Hauptwerke die idyll. Epen ,Jukunde' (7. Aufl. 1855) und ,Die Inselfahrt' (1804). Dichtungen (1824—27, 12 Bde.).

Kosel (*Kosle*), Kreisstadt und Festung im preuss. Reghz. Oppeln, an der Oder, 4490 Ew. Speditionshandel, bes. in Kohlen und den Produkten der Bergwerks- u. Hüttengegend Schlesiens. Im 30- und 7jähr. Kriege, sowie 1807 vergeblich belagert.

Koslow, 1) Stadt im grossruss. Gouv. Tambow, am Lessnoi - Woronesch, 22,613 Ew. (Ir. Talgschmelzereien; — 2) s. *Eupatoria*.

Koslowsky, 1) *Mich. Iwanowitsch*, russ. Bildhauer, † 1803 als Prof. an der Akademie zu Petersburg. Werke: die Statuen Suworows (Petersburg), Simsons (Peterhof), Katharina II. als Minerva u. a. — 2) *Ossip Antonowitsch*, russ. Komponist, † 27. Febr. 1831 als kaiserl. Musikdirektor zu Petersburg. Musik zu Oserows ,Fingal'; Messe.

Kosmetik (gr.), die Kunst, die Schönheit des Körpers zu erhalten oder zu erhöhen; daher *kosmetische Mittel*, s. v. a. Schönheitsmittel. Vom Geheimmittelschwindel beherrschtes Gebiet. Vgl. *Reclam*, ,Des Weibes Gesundheit und Schönheit', 1864.

Kosmisch (gr.), das Weltall betreffend, darauf bezüglich. *K. er Auf-* und *Untergang* der *Gestirne*, der mit dem Auf- und Untergang der Sonne zugleich stattfindende.

Kosmogonie (gr.), Lehre von der Entstehung der Welt. [Weltalls.

Kosmographie (gr.), Beschreibung des

Kosmologie (gr.), Lehre von den das Weltall beherrschenden Gesetzen.

Kosmopolit (gr.), Weltbürger. *Kosmopolitismus*, Weltbürgerthum. [norama.

Kosmorama (gr.), Weltgemälde, Art Pa-

Kosmos (gr.), Schmuck; die ,geordnete Welt', Weltordnung (Gegensatz von Chaos); Weltall; ein dieses umfassendes Werk, s. *Humboldt* 2).

Kosmosophie (gr.), vermeintl. Erkenntniss des Weltganzen durch mystische innere Anschauung. [gründete Gotteslehre.

Kosmotheologie (gr.), auf Kosmologie ge-

Kossak, *Karl Ludwig Ernst*, Schriftsteller, geb. 4. Aug. 1814 zu Marienwerder, lebt in Berlin. Geistvoller Humorist; schr. ,Aus dem Wanderbuche eines literar. Handwerksburschen' (1856); ,Historietten' (2. Aufl. 1859); ,Berliner Silhouetten' (1859); ,Humoresken' (2. Aufl. 1859); ,Berliner Federzeichnungen' (1859 — 65, 6 Bde.); ,Reise-humoresken' (1862, 2 Bde.) u. A.

Kossogol, Gebirgssee in der Mongolei, südwestl. vom Baikalsee, ca. 56 M. l., 7 M. br. Sein Abfluss die Iga (zur Selenga).

Kossuth (spr. Kosch-), *Ludwig*, ber. ungar. Agitator, geb. 16. Sept. 1802 zu Monok im zempliner Komitat, Advokat das, und seit 1831 in Pesth, 1840—44 Redakteur des ,Pesti hirlap', des Organs der radikalen Opposition, ward 1847 Landtagsabgeordneter des pesther Komitats, drang als Führer der Opposition auf Befreiung des Bauern-, Hebung des Bürgerstandes, Pressfreiheit etc., nach der pariser Februarrevolution 1848 aber auf eine selbständige Regierung für Ungarn und ein verantwortliches Ministerium, ward in Batthyanyis Ministerium März 1848 Finanzminister, Sept. Präsident des Landesvertheidigungsausschusses, organisirte den Kampf gegen die südslav. Bewegung und die österr. Centralregierung und betrieb April 1849 auf dem Reichstag zu Debreczin die Entsetzung des Hauses Habsburg-Lothringen u. die Unabhängigkeitserklärung. Zum regierenden Präsidenten ernannt, sog er 5. Juni in Pesth ein, musste alsb nach dem Einrücken der Russen nach dem Süden zurückziehen und ward von Görgei zur Abdankung 11. Aug. gezwungen. 17. Aug. auf türk. Gebiet übergetreten, ward er Febr. 1850 zu Kutahia in Kleinasien internirt, 9. Sept. 1851 freigelassen, begab sich über England nach Nordamerika, lebte seit Juni 1852 in London im engen Verkehr mit den übrigen Häuptern der ungar. Emigration. Vgl. *Szemere*, ,Graf L. Batthyanyi, A. Görgei und L. K.', 1853, 3 Bde.

Kosten, Kreisstadt im preuss. Regbz. Oppeln, an der Obra, 3716 Ew.

Kostroma, grossruss. Gouv., 1451 QM. und 1,073,971 Ew. Die wohlgebaute Hauptstadt K., am Einflusse des *Flusses* K. in die Wolga, 21,415 Ew. Schöne Kathedrale.

Köswig, Stadt im Herzogthum Anhalt, an der Elbe, 4088 Ew. Akademie für landwirthschaftl. u. techn. Gewerbe. Mineralbad.

Kothbrechen (ileus, Miserere), die Entleerung kothartiger Massen durch den Mund, infolge von theilweisem oder vollständigem Verschluss eines tieferen Darmtheils. Stets sehr schweres Symptom, welches sofortige ärztliche Hülfe fordert.

Kothe (*Kathe*), in Niedersachsen Bauernhaus ohne dazu gehörigen Hof und Ländereien; *Kothsassen* (*Kossäten*), Hintersassen.

Kothurn (gr.), bei den Alten hoher, am Schienbein festgeschnürter Schuh der Gemsenjäger auf Kreta, von Aeschylus den Schauspielern in der Tragödie zugetheilt (daher *tragischer* K.), mit vierfach über einander gelegter Korksohle, zu Vergrösserung der Gestalt; später Sinnbild der Tragödie, auch s. v. a. tragische Ausdrucksweise.

Kothvogel, s. v. a. Wiedehopf.

Kotlin, Insel, s. *Kronstadt*.

Kotschin (*Cochin*), brit. Schutzstaat, westl. auf der Südspitze Ostindiens, 95 QM. Die *Hauptst.* K., am Meer, 20,000 Ew.

Kottbus, Kreisstadt im preuss. Regbz.

Frankfurt, an der Spree, 13,370 Ew.; Tuch-, Papier-, Maschinenfabr. Braunkohlenwerke.

Kotyledonen, Samenlappen, die ersten Blattgebilde des Embryo, finden sich nur bei den Phanerogamen, welche, je nachdem sie einen oder mehrere Samenlappen besitzen, in Mono- und Dikotyledonen zerfallen. *Akotyledonen*, s. v. a. Kryptogamen.

Kotzebue, *Aug. Fr. Ferd.* (*von*), Dichter und Schriftsteller, geb. 3. Mai 1761 zu Weimar, erst Advokat in Jena, seit 1781 in russ. Diensten, ward 1785 Präsident des Gouvernementsmagistrats von Esthland, 1797 Hofdichter in Wien, 1801 auf einer Reise nach Russland verhaftet und nach Sibirien gebracht, nach 4 Monaten wieder freigelassen und zum Direktor des deutschen Hoftheaters in Petersburg ernannt, ging nach Kaiser Pauls Ermordung zurück nach Weimar, 1802 nach Berlin, floh bei Napoleons Ankunft (1806) nach Riga, wurde 1813 russ. Staatsrath, lebte seit 1816 mit einem Jahrgehalt von 15,000 Rubeln an verschiedenen Orten Deutschlands, um über die polit. Zustände nach Petersburg zu berichten; 23. März 1819 in Mannheim von K. Sand erdolcht. Fruchtbarer Bühnendichter, durch Bühnenkenntniss und die Kunst, Effekt hervorzubringen, ausgezeichnet, am glücklichsten in der Posse. Hauptwerke die Schauspiele ,Menschenhass und Reue' (1789) und ,Die Verwandtschaften' (1798); die Lustspiele ,Die Indianer in England' (1790), ,Das Epigramm' und ,Die beiden Klingsberg' (180'), und die Possen: ,Die deutschen Kleinstädter', ,Don Ranudo de Callbrados' (gegen Fichte), ,Pagenstreiche' (1804), ,Die Zerstreuten', ,Das Intermezzo' (1809), ,Die Verkleidungen' (1818) u. a. Werke (1840 — 42, 40 Bde.; Auswahl 1868, 10 Bde.). Biographie von *Döring* (1840). — Sein 2. Sohn, *Otto von* K., geb. 19. Dec. 1787 zu Reval, machte mehrere Reisen um die Welt, entdeckte den nach ihm benannten *Kotzebuesund* in der Nähe der Beringsstrasse; † 5. Febr. 1846 zu Reval.

Kotzen, starke wollene, gewalkte und geraubte, aber nicht geschorene Gewebe; *Kovent*, Dünnbier. [Pferdedecken.

Kowno (*Kowen*), westruss. Gouvern., 767,7 QM. und 1,052,164 Ew. Die *Hauptst.* K., am Niemen, 23,937 Ew. Methbraunerei, Schifffahrt.

Kraal, Hüttendorf der Hottentotten.

Krabben (*Taschenkrebse*, *Kurzschwänze*, Brachyura), Gruppe der Krebse. *Gemeiner Taschenkrebs* (Platycarcinus pagurus *L.*), in der Nordsee, bis 5 Pfd. schwer, wird gegessen. *Strandkrabbe* (Carcinus maenas *L.*), 2—8'' breit, bei Venedig, ein schmackhaft, wichtiger Handelsartikel. *Flusskrabbe* (Thelphusa fluviatilis *Belon*), 2'' lang, in Südeuropa, Aegypten, beliebtes Volksnahrungsmittel, ebenso die *Meerspinne* (Maja squinado *Host.*), 5'' lang, in Italien.

Krabben (*Knollen*, *Bossen*), in der Gothik die Steinblumen, welche auf schrägen Flächen und Ecken überall emporkriechen.

Krähe, s. *Rabe*.

Krähenaugen, s. *Strychnos*.

Krähenbeere, s. *Empetrum*.

Krätze (Scabies), ansteckende Hautkrankheit, bedingt durch eine unter die Haut gelangende, sich dort vermehrende Milbe (Acarus scabiei oder Sarcoptes hominis). Sie veranlasst 1—2 Mm. lange, schmale Gänge, meist zwischen den Fingern, verbreitet sich von hier über den ganzen Körper, veranlasst heftiges Jucken und führt nicht selten (durch Aufkratzen) zu Verschwärungen. Behandlung: Einseifen des ganzen Körpers mit grüner Seife, Abwaschen mit rauhem Lappen, Einreibung der Haut mit Perubalsam, Terpentinöl, Schwefelsalben, oder Storax, Bäder, vollständiger Wechsel der Bett- und Leibwäsche.

Krätze, die graue Haut auf geschmolzenem Letternmetall, besteht aus Metalloxyden.

Krätzer, Werkzeug zum Aussiehen der Ladung aus einem Schiessgewehr; schlechter Wein.

Krätzmilbe, s. Krätze.

Kränselwerk, Vorrichtung zur Bildung der Randschriften etc. an Münzen.

Krafft, Adam, Bildhauer, geb. 1429 zu Nürnberg, † 1507 zu Schwabach; zahlreiche Arbeiten in den Kirchen von Nürnberg, Schwabach, Fürth, Ulm (das ber. Ciborium). Vgl. Wanderer, 'A. K. und seine Schule', 1870.

Kraftmehl, s. v. a. Stärkemehl.

Kraftmesser, s. v. a. Dynamometer.

Krafto (Sachalin, Tarakai), russ. Insel an der Küste des nördl. Ostasien, durch die Lapeyronsestrasse von der japan. Insel Jeso getrennt, 2244 QM.; langgestreckt, schwach von Ainos bewohnt; kohlenreich.

Kraftstuhl, durch Wasser- oder Dampfkraft in Bewegung gesetzter Webstuhl.

Krahn, Maschine zum Heben und Fortbewegen grosser Lasten, um seine Axe drehbarer Ständer mit Rolle und Zahnrädern, schräg ansteigendem Balken und einem Flaschenzug in dessen Spitze. Erreichbarer Effekt bei 2 Arbeitern 50,000 Pfd. Auch durch Dampf u. Wasserkraft betrieben. Laufkrahne, auf Schienen bewegliche K.e.

Kraich, rechter Nebenfluss des Rheins in Baden, mündet unterhalb Speier, 9 M.

Krain, Herzogthum, österr. Kronland, 181 QM. und 473,393 Ew. (meist Slowenen, ca. 30,000 Deutsche); Gebirgsland, im N. von den karnischen Alpen (mit Terglou), im S. von dem Karst (krainer Alpen) durchzogen, von der Save mit Kulpa, Feistritz, Gurk etc. bewässert. Seen: Ozirknitzer-, Feldoser- und Wocheinersee. Hauptbeschäftigung: Acker- und Weinbau, Viehzucht und Eisenbearbeitung, Waldkultur. Bed. Zwischen- und Transithandel. Wientriester Eisenbahn. Hauptstadt Laibach. K. seit 972 unter eigenen Markgrafen, seit 1245 und 1364 zu Oesterreich gehörig.

Krainer Alpen (julische Alpen), s. Karst.

Krajowa, Hauptst. der kleinen Walachei, 21,521 Ew. Salzwerke, lebh. Handel.

Krakau (Krakow), Regbz. des Königr. Galizien (Westgalizien), 400 QM. u. 1,575,569 Ew. Die befest. Hauptstadt K., an der Weichsel, 41,086 Ew. (⅓ Juden); zerfällt in Altstadt (linkes Weichselufer), Podgorze (rechtes) und die Judenstadt Kasimierz (Weichselinsel) und 14 Vorstädte; 4 öffentl. Plätze (Ringplatz mit Tuchbaute, einem grossartigen Bazar). Goth. Schlosskirche (Grabmäler poln. Könige); Schloss auf dem Felsen Wawel (einst königl. Residenz, jetzt Kaserne und Citadelle), bischöfl. Palast; Universität (jagellonische, 1364 gegründet). Industrie weniger bedeutend als der Handel (Johanniskontrakte). In der Nähe der Hügel Bronislawa mit Denkmal Kosciuszkos. — K. war frühzeitig Erzbisthum, dann Bisthum, 1320—1609 Haupt- und Residenzstadt Polens, fiel bei der 3. Theilung Polens 1795 an Oesterreich, bildete 1809—15 einen Theil des Herzogthums Warschau, seitdem die auf dem wiener Kongress geschaffene Republik K. (22 QM.); ward 1846 als der Hauptwaffenplatz der poln. Insurrektion von Oesterreich trotz der Protestation Englands und Frankreichs Galizien einverleibt.

Krakowiak, poln. Nationaltanz, aus 2 Theilen im ¼-Takt bestehend, von scharfaccentuirtem und markirtem Wesen.

Kralowa-Hola (Königsberg), Gipfel im ungar. Erzgebirge (liptauer Gebirge), 6000' h.

Krambambuli, s. v. a. Grog.

Krameria L. (Kramerie), Pflanzengattung der Polygalaceen. K. triandra Ruis et Pav., Ratanhiapflanze, Strauch in Peru und Brasilien, liefert die gerbsäurereiche Ratanhiawurzel, woraus ein Extrakt bereitet wird; officinell, dient zu Zahnpulver etc.

Krammetsvogel, s. Drossel.

Krampf (Spasmus), krampfhafte Muskelzusammenziehung, fast stets durch abnorme Nerveneinwirkung auf die Muskeln bedingt. Sehr rasch auf einander folgende Zusammenziehungen heissen Konvulsionen; ohne äusseren Anlass auftretende sind meist durch Gehirnerkrankung bedingt; Reflexkrämpfe werden durch einen geringen Reiz an irgend einer Körperstelle hervorgerufen; lang anhaltende Zusammenziehung heisst Tetanus oder Starrkrampf, dem ähnliche Formen heissen tonische, ruckweise folgende klonische Krämpfe. Ueber Krämpfe der Kinder s. Eklampsie. Behandlung: Ruhe, Eisumschläge auf den Kopf, Fussbäder, Baldrian, Moschus, Zinkoxyd.

Krampfader (Aderknoten, Varix), Venenerweiterung, namentlich an den Unterschenkeln, bei Leuten, die viel stehen, nach Schwangerschaften, gibt durch Berstung oder durch Reibung Anlass zum K.geschwür, dessen Heilung durch hohe Lagerung, längere Ruhe und Wasserumschläge erfolgt. Zur Vermeidung dienen Gummistrümpfe.

Krampfaderbruch, Erweiterung der Venen des Samenstranges od. des Hodensackes, kann zu beträchtlicher Schwellung der letzteren führen. Behandlung meist erfolglos; erfordert Tragen eines Suspensoriums.

Krampfhusten, s. Keuchhusten.

Krampfstillende Mittel, s. Antispasmodica.

Kranabitsattel, aussichtreicher Gipfel des Höllengebirgs in Oberösterreich, 4852'.

Kranich (Grus Pall.), Gattung der Sumpfvögel. Gemeiner K. (G. cinerea Bechst.), 4' h., der grösste deutsche Vogel, in Nordeuropa, Asien, zieht im Herbst bis Nordafrika, Fleisch geniessbar.

Kranichschnabel, s. *Pelargonium*.

Kranion (gr.), Hirnschädel, Hirnschale. *Kraniognomik*, Schädelkunde. *Kraniologie*, Schädellehre.

Krankheit (Morbus, in Zusammensetzungen Patho-), die Abweichung des Befindens und der Funktionen von der Norm, sowie die Störungen in Bezug auf normale Form und Mischung der Gewebe. Viele Uebergänge zum Normalen, daher ist ‚K.‘ auch nicht als strenger Gegensatz zu ‚Gesundheit‘ aufzustellen. Man unterscheidet zwischen *akuten* (meist fieberhaften) und *chronischen* K.en, je nach dem rascheren oder langsameren Verlauf derselben; unter beiden *endemische*, *epidemische*, *ansteckende*, *vorgeschützte* K.en. *Entwickelungskrankheiten* als eigenartige und nur in der Entwickelung vorkommende K.en gibt es nicht, wohl aber gestalten sich in die Entwickelungsperiode fallende K.en oft eigenthümlich.

Krapp, Farbdrogue, Wurzel der Färberröthe (Rubia tinctorum), welche im Orient, in Frankreich, Holland, Belgien und Schlesien kultivirt, im 2. oder 3. Jahr geerntet, dann getrocknet, gepulvert und fest eingestampft 2—3 Jahre aufbewahrt wird. K. enthält Purpurin und Ruberythrinsäure, welche leicht in Alizarin und Zucker zerfällt. Purpurin und Alizarin sind die beiden Pigmente des K.s. Durch Auswaschen und Gährenlassen des K.s erhält man die besser verwendbaren *Krappblumen*, durch Behandlung mit Schwefelsäure das koncentrirtere *Garancin* und auf gleiche Weise aus den Färberrückständen *Garanceux*. Noch koncentrirtere Präparate sind das *Colorin*, das *grüne* und *gelbe Alizarin*. K. gibt schönes haltbares Roth und mit Beizen Braun, Lila und Schwarz; dient bes. zum Färben und Drucken baumwollener Waaren und zur Türkischrothfärberei.

Krapplack, Verbindung von Thonerde mit Alizarin und Purpurin (s. *Krapp*), rosenrothe, nicht giftige Wasser- und Oelfarbe.

Krasinski, *Sigismund*, *Graf*, poln. Dichter, geb. 19. Febr. 1812 zu Paris, Sohn des damal. Adjutanten Napoleons I. (nachber. russ. Generals) *Vincens K.* († 1858), lebte abwechselnd in Warschau, Petersburg, in Deutschland, in der Schweiz, in Italien und Frankreich; † 21. Febr. 1859 zu Paris. Poet von wesentlich socialer Richtung. Hauptwerke: ‚Nieboska Komedya‘ ‚Ungöttliche Komödie‘ (phantast. Drama in Prosa, deutsch 1841), ‚Iridion‘ (Drama in Prosa, den Kampf der christl. Weltanschauung gegen die römische Staatsidee darstellend, deutsch 1847) und die ‚Psalmy przyszlosci‘ (5. Aufl. 1851).

Krasiologie (gr.), Lehre vom Mischungsverhältnisse der Säfte im thier. Körper.

Krasis (gr.), die richtige Mischung der Körperbestandtheile; Gegentheil: Dyskrasie.

Krasnoi, Stadt im grossruss. Gouvern. Smolensk, 2135 Ew.; 2. Aug. und 4.—6. Nov. 1812 *Kämpfe* zw. Franzosen und Russen.

Krasnojarsk, Hauptstadt des ostsibir. Gouv. Jenisejsk, am Jenisei, in fruchtbarer Gegend, 9997 Ew. Goldwäschereien.

Kraso, ungar. Komitat, Kr. jenseits der Theiss, 94,9 QM. und 254,200 Ew.; Kohlen, Silber- und Kupfergruben. Hauptort Lugos.

Kraszewski (spr. Krasch-), *Ignaz*, poln. Schriftsteller, geb. 29. Nov. 1812 in Warschau, lange Zeit Kurator der Schulanstalten in Volhynien, siedelte 1863 nach Dresden über. Vielseitiger Autor, namentl. als nationalster Novellist bedeutend (‚Ostap und Jaryna‘, ‚Pan Walery‘ etc.); schr. auch Dramen etc.

Kraszna, ungar. Komitat, Kr. jenseits der Theiss, 20,8 QM. und 60,000 Ew. Quellgebiet des *Flusses* K.; wald- und metallreich. Hauptort Szilagy - Somlyo.

Krater, s. *Vulkan*. [von Metallen etc.

Kratzbürste, Drahtbürste zum Abreiben

Kratze, s. *Krempelmaschine*.

Krausemünze, s. v. a. Mentha crispa.

Kraut, s. v. a. Kopfkohl; Obstmus.

Kreatin und Kreatinin, stickstoffhaltige Bestandtheile des Fleisches, bilden farblose, in Wasser und Alkohol lösliche Krystalle, galten früher als sehr werthvoll für die Ernährung, sind aber nur Schlacken des Stoffwechsels und verlassen nach geringen Wandlungen den Körper.

Kreation (lat.), Schöpfung. *Kreatur*, Geschöpf, Mensch, oft im veräcitl. Sinne.

Krebs, 4. Zeichen im Thierkreis, auch Sternbild dabei, zwischen Zwillingen und Löwen.

Krebs (Carcinoma, Cancer), bösartige Neubildung von Zellen, die aus normalen Gewebebestandtheilen hervorgegangen sind, sich als Geschwulst oder Infiltration der Gewebe darstellen, rasch wachsen und wieder zerfallen, auch in Gestalt sogen. sekundärer Knoten an anderen Körperstellen auftreten. Der K. führt stets, wenn er nicht im ersten Stadium durch Operation entfernt wird, zum Tode. Hauptarten: der Epithelkrebs, an Lippen, Augenlidern, im Munde, an Zunge, Speiseröhre, Handrücken, Gebärmutter vorkommend; *Drüsenkrebs* des Magens, Darms, der Brustdrüse, des Hodens; *sekundäre K.s* bes. der Leber, der Knochen, des Hirns, der Lungen etc.

Krebs, eiserner Harnisch des Mittelalters.

Krebsaugen (*Krebssteine*), linsenförmige, aus kohlensaurem, phosphorsaurem Kalk, organischer Materie etc. bestehende Konkremente im Magen der Krebse.

Krebsblume, s. *Crotos*.

Krebse (*Zehnfüsser*, Decapoda), Familie der Krustenthiere. 1) Langschwänze: Gemeiner *Flusskrebs* (Astacus fluviatilis *Fabr.*), 6" l., in Europa, wird gezüchtet und gemästet. *Hummer* (s. d.), *Languste*, *Heuschreckenkrebs* (Palinurus vulgaris *Latr.*), 1½' l., an Europas Süd- und Westküste, ersetzt den Hummer. *Granatkrebs* (P. squilla *Fabr.*), 2—3" l., und *Sägekrebs* (P. serratus *Penn.*), 2—3" l., an den frans. Küsten, werden wie *Garneele*, *Granate* (Crangon vulgaris *Fabr.*) 2—3" l., in der Nordsee, massenhaft verzehrt. 2) Halbschwänze: *Einsiedler*, *Bernhardskrebs* (Pagurus Bernhardus *Fabr.*), 3" l., lebt mit dem welchen Schwanz in der Schale einer Schnecke an den europ. Küsten. 3) Kurzschwänze, Krabben (s. d.).

Kredénz (lat.), Beglaubigung; *K.schrei-*

ben, s. v. a. Kreditiv. Kredenzen, Getränke oder Speisen darreichen.

Kredibilität (lat.), Glaubwürdigkeit.

Kredit (lat.), das Vertrauen, welches Jemand in Betreff seiner Zahlungsfähigkeit geniesst; daher *auf K. geben (kreditiren)*, s. v. a. auf Borg geben. Der K. beruht entweder auf einem Unterpfande *(Real-, Hypothekar-, Grundkredit)* oder auf der Persönlichkeit *(Personalkredit)*.

Kreditanstalten, Institute, welche sich entweder mit disponibeln Kapitalien zum Zwecke der Ansiehung verleben oder zwischen dem kapitalbedürftigen Gewerbtreibenden und den Kapitalisten die Vermittelung übernehmen, also: Banken, insbes. Hypothekenbanken, zur Beförderung des Grundkredits; Leibbanken, welche gegen Bürgschaft, Wechsel oder Faustpfand Darlehen geben; Crédit mobiliers zu Betreibung verschiedener Geschäfte, namentl. solcher, die ein bedeutendes Aktienkapital erfordern und bedeutende Gewinne in Aussicht stellen (der erste die 18. Nov. 1852 zu Paris gegründete Société générale de crédit mobilier); landwirthschaftliche Kreditvereine, welche verbundenen grösseren Landwirthen Kredit verschaffen; sogen. Hülfskassen oder Rettungsinstitute, welche armeren kreditbedürftigen und kreditwürdigen Personen mit kleinen, meist unverzinsl. Darlehen helfen; Leihhäuser, welche Kapitalien gegen Faustpfand ausleihen etc.

Kreditbrief *(Akkreditiv)*, Beglaubigungsbrief, dessen Inhaber für Rechnung des Ausstellers bei dessen Geschäftsfreunden Geld erheben kann, ist ein *offener*, wenn er auf keine bestimmte Summe lautet.

Kreditiv (lat.), Legitimation u. Vollmacht eines Gesandten.

Kreditmasse, s. v. a. Konkursmasse.

Kredulität (lat.), Leichtgläubigkeit.

Kreen, s. v. a. Meerrettig.

Krefeld, Kreisst. im preuss. Regbz. Düsseldorf, ½ Std. links vom Rhein, 53,821 Ew. Eine der gewerbsamsten Städte Preussens, Hauptort für Seiden- und Sammtfabr. (Absatz 1870: über 20,57 Mill. Thlr.).

Kreide, weisser feinerdiger abfärbender Kalkstein, im Wesentlichen aus den Kalkgehäusen mikroskopischer Foraminiferen und Polythalamien gebildet, findet sich als oberstes Glied der Kreideformation und enthält in regelmässigen Lagen Feuersteinknollen; in England, Frankreich, Belgien, auf Rügen, Seeland, in Russland; wird in chemischen Fabriken als kohlensaurer Kalk benutzt, namentl. aber geschlämmt *(Schlämmkreide*, die feinste Sorte: *Spanisch-, Wiener-, Dänischweiss*, Malerfarbe) und auf *Schreibkreide* verarbeitet. Schlämmkreide dient zum Putzen und Polliren, zum Neutralisiren von Säuren, in der Krappfärberei etc.

Kreide, *spanische*, s. v. a. Speckstein.

Kreidegruppe *(Kreideformation)*, Gebirgsformation über dem Jura und unter der tertiären Formation, mit meist erdigeren, weicheren und heller gefärbten Gesteinen als die älteren Gruppen, charakterisirt durch die weisse Kreide in den oberen und die die Mergel- und Sandsteinschichten häufig grün färbenden Körner von Eisenkiesel (Glaukonit) in den unteren Gliedern zerfällt von unten nach oben in Neocomoder Hilsbildung, Gault, Cenomanbildung (oberer Grünsand, Quadersandstein), Turonbildung (Kreidemergel) und Senonbildung (Kreide). Die K. führt im Wesentlichen Sandsteine, Sand, Kalksteine, Mergel, Thone, Schieferthone, Feuersteine, Steinkohlen und Eisenerze. Fast in allen Ländern der Erde.

Kreis *(Circulus)*, in der Geometrie in sich selbst zurücklaufende krumme Linie, deren einzelne Punkte sämmtlich von einem mit ihnen in derselben Ebene liegenden Punkt *(Mittelpunkt* oder *Centrum)* gleich weit abstehen. Die von der Kreislinie oder Peripherie begrenzte Fläche heisst *Kreisfläche*; jede durch den Mittelpunkt gezogene, von der Peripherie begrenzte Gerade *Durchmesser* oder *Diameter*; jede vom Mittelpunkt nach irgend einem Punkt der Peripherie gezogene gerade *Halbmesser* oder *Radius*, jede 2 Punkte der Peripherie verbindende, aber nicht durch den Mittelpunkt gehende Gerade *Sehne* oder *Chorde*, wenn über den Kreis hinausgehend, *Sekante*; jeder von einer Sehne und einem Kreisbogen begrenzte Theil der Kreisfläche *Kreisabschnitt* oder *Segment*; jeder von 2 Radien und einem dazwischenliegenden Kreisbogen begrenzte Theil der Kreisfläche *Kreisausschnitt* oder *Sektor*; jede den K. nur in Einem Punkte berührende Gerade *Tangente*; jeder von 2 Radien als Schenkeln gebildete Winkel *Mittelpunkts-* oder *Centriwinkel*; jeder von 2 Sehnen, wovon die eine auch ein Durchmesser sein kann, gebildete Winkel, dessen Scheitel in der Peripherie liegt, *Peripherie-* oder *Umfangswinkel*. Das Verhältniss des Durchmessers zur Peripherie ist für alle K.e dasselbe. Setzt man den Durchmesser = 1, so ist der Umfang auf 10 Decimalstellen = 3,1415926535... (ludolfsche Verhältnisszahl, mit π bezeichnet, neuerlich bis auf 200 Decimalstellen berechnet). Dieselbe, mit dem Durchmesser multiplicirt, gibt den Umfang, mit dem Quadrat des Halbmessers multiplicirt die Flächeninhalt des K.es (Quadratur des K.es); bezeichnet r den Radius, so ergeben sich die Formeln $2 r \pi$ für die Peripherie, $r^2 \pi$ für den Flächeninhalt des K.es.

Kreischa, Marktflecken bei Dresden, der Lockwitz, 1353 Ew. Hauptsitz der sächs. Strohwaarenfabr. Kaltwasseranstalt.

Kreislauf des Blutes. Von den beiden Herzkammern aus gehen zwei Blutströme durch den Körper. Von der linken Kammer wird hellrothes Blut durch die grosse Körperpulsader getrieben, verbreitet sich zuletzt im Haargefässsystem durch den ganzen Körper, wird infolge der Ernährung und Absonderung dunkel und kehrt durch die Venen nach dem rechten Vorhof zurück *(grosser K.)*. Aus dem rechten Vorhof gelangt das Blut nach der rechten Kammer, von wo es als dunkles Blut durch die Lungenpulsader nach der Lunge getrieben wird, um hier von Kohlensäure befreit und mit Sauerstoff beladen zu werden. Als hellrothes Blut kehrt es durch die Lungenblutadern und den linken Vorhof zur linken Herzkammer zurück (*kleiner K.* mit ¼ der gesammten Blutmenge).

Kreistheilmaschine, mechanische Vorrichtuag, um Kreise für astronom. und physikal. Apparate mit grösserer Genauigkeit zu theilen, als dies mit einem Zirkel geschehen kann. Grösster Fehler in dem Abstand zwischen 2 Theilstrichen ¹⁄₁₀₀₀₀ Zoll.

Kremenetz, Stadt im westruss. Gouvern. Volhynien, an der Ikwa, 10,449 Ew.

Krementschug, Stadt im kleinruss. Gouv. Poltawa, am Dnjepr, 23,100 Ew. Liqueurfabr.

Kreml (russ.), Festnug; innerer, mit Wall und Mauer umgebener Stadttheil, insbes. der K. in Moskau.

Kremnitz, Bergstadt im ungar. Kom. Bars, in tiefem Thale, 8403 Ew. Reichhaltige Gold- u. Silberbergwerke. Münzamt.

Krempelmaschine (*Kratze*, *Kardätsche*), Maschine zur vollständigen Entwirrung der Baum- und Schafwolle, arbeitet mit gegeneinander wirkenden cylindrischen, mit hakenförmigen feinen Drahtspitzen dicht besetzten Flächen und legt die Haare parallel neben einander (*krempeln*).

Krempeln, s. *Krempelmaschine.*

Krems, Stadt in Unteröstereich, am Einflusse der *Krems* in die Donau, 6857 Ew. Fabrikation von Senf, Pulver und Farben.

Kremserweiss, s. *Bleiweiss.*

Kremsier, Stadt im mähr. Kr. Hradisch, an der March, 9910 Ew. Sommerresidenzschloss des Erzbischofs von Olmütz (Gemäldegalerie). 15. Nov. 1848 bis 7. Mars 1849 Sitz des ersten österr. Reichstags.

Kremsmünster, Marktflecken in Oberösterreich, an der Krems, 1100 Ew. Prachtv. Benediktinerstift mit bedeut. Sammlungen.

Krenelirte Mauern, Mauern mit Schiessscharten für Infanteriefeuer.

Kreole (v. span. *criollo*), in den ehemal. span. nnd portugies. Kolonien Amerikas, Afrikas und Ostindiens ein Eingeborner von rein europäischem Blute im Gegensatz zu den in Europa selbst gebornen Eiuwanderern.

Kreophäg (gr.), Fleischesser.

Kreosot, Bestandtheil des Holztheers, farbloses Oel, riecht durchdringend nach Rauch, schmeckt brennend scharf, siedet bei 203°, in Wasser wenig, in Alkohol und Aether leicht löslich, zerstört die Haut, ist giftig, bildet den wirksamen Bestandtheil des Rauchs, schützt Fleischwaaren vor Zersetzung, dient zum Konserviren des Holzes. Im Handel häufig Karbolsäure.

Kreosotnatron, schwach riechende, in Wasser lösliche salbenartige Masse, fäulnisswidriges, blutstillendes Mittel, dient zum Waschen, Desinficiren, gegen Hausschwamm, Zahnschmers, Warzen etc.

Krepiren (lat.), sterben, von Vieh gebraucht; ärgern; zerspringen, von Bomben und Granaten. [etc. tönen.

Krepitiren (lat.), knisternd, knirschend

Krepp, seidenes, gaseartiges, krauses Gewebe, dient zu Damenkleidern. *Crepons*, ähnliche, dichtere, meist wollene Gewebe.

Krescens (lat.), Wachsthum, Gewächs.

Kresse, s. *Lepidium.*

Kressling, Fisch, s. v. a. Aesche.

Krethi und Plethi (hebr.), die Leibwache des Königs David; s. v. a. allerlei Gesindel.

Kretinen, s. *Cretin.*

Kreuth (*Wildbad im K.*), ber. Kurort in Oberbayern, nahe dem Tegernsee; Sool- und Schwefelbad, Molkenkuranstalt. Denkmal Maximilians I. Vgl. *Hauck*, ,K.', 1853

Kreuz (*Körös*), früher Hauptstadt von Kroatien, 2100 Ew. Erzbischofssitz.

Kreutzer, 1) *Rud.*, Violinvirtuos, geb. 1766 zu Versailles, Schüler von Viotti, lange Zeit Prof. am pariser Konservatorium; † 16. Jan. 1831. Für ihn schrieb Beethoven seine A-moll-Sonate, Op. 47. Treffl. Violinetuden (herausg. von *David*). — 2) *Konradin*, Komponist, geb. 22. Nov. 1782 zu Mösskirch in Baden, Schüler Albrechtsbergers, Kapellmeister in Stuttgart, Wien, Köln, Riga; † das. 14. Okt. 1849. Hauptwerke die Oper ,Das ,Nachtlager von Granada' und Lieder für Männerchor (bes. zu Texten von Uhland).

Kreuz, Verbindung eines Balkens mit einem Querholz, im Alterthum Werkzeug der Todesstrafe; dem ähnl. Figur (das heil. Zeichen der Christen und Grundform der Kirche), entweder *griech.* oder *Andreaskreuz* (s. *Andreas*), *byzantin.* K., mit 4 gleichlangen quadrat. Schenkeln, oder *latein.* K., mit betrachtl. nach unten verlängertem Stamm. In der Mus. Vorzeichnung (♯), die Erhöhung einer Note um einen halben (*Doppelkreuz ♯ ♯* um einen gauzen) Ton bedeutend.

Kreuzbaum, s. v. a. Massholder, s. Ahorn.

Kreuzbeeren, s. *Rhamnus.*

Kreuzbein, Knochen zwischen den beiden Beckenbeinen, durch Verschmelzung von 5 Kreuzbeinwirbeln gebildet; vgl. *Becken.*

Kreuzberg, Gipfel der Rhön, bei Bischofsheim, 2835' h. Franciskanerkloster (s. 1692).

Kreuzblume, goth. Verzierung, aus der Gruppirung von 4 Krabben um einen gemeinsamen Mittelpunkt sich bildend, dient zur Bekrönung der Thürme etc.

Kreuzburg, Kreisstadt im preuss. Regbz. Oppeln, an der Stober, 4770 Ew.

Kreuzdorn, s. *Rhamnus.*

Kreuzen, sich auf hoher See halten und in einer bestimmten Gegend hin- und herfahren, um feindliche Schiffe wegzunehmen. Häfen zu sperren etc. In der Viehzucht zwei verschiedene Thierracen zur Paarung verwenden, um deren Eigenschaften in der Nachkommenschaft zu vereinigen.

Kreuzer, Scheidemünze bei Guldenwährung, in Süddeutschland = ⁴⁄₁₀₀ Gulden = 3½ preuss. Pf., in Oesterr. (*Neukreuzer*) = ¹⁄₁₀₀ Gulden = 2⅔ preuss. Pf. Zuerst 13. Jahrh. in Tirol geprägt (mit einem Kreuze).

Kreuzerfindung, d. i. Kreuzesauffindung, Fest der kathol. Kirche zum Andenken an die Auffindung des Kreuzes Jesu in Jerusalem durch Helena, Konstantins d. Gr. Mutter, 3. Mai. *Kreuzeserhöhung*, Fest zum Andenken an die Wiedereroberung des Kreuzes Christi durch Kaiser Heraclius 628 und die Wiederaufrichtung desselben nach dessen Entführung durch die Perser, 14. Sept.

Kreuzfahrer, s. *Kreuzzüge*.

Kreuzgänge, bedeckte Hallen, welche einen viereckigen Raum, Garten, Kirchhof etc. umschliessen und sich nach demselben durch Säulenstellungen öffnen.

Kreuzgegend (*Heiligbeingegend*), die Gegend hinten am Becken zwischen den beiden Darmbeinen.

Kreuzgewölbe, s. *Gewölbe*.

Kreuzherren (*Kreuzträger*), geistl. Ritterorden, zur Zeit der Kreuzzüge als *bethlehemit. Orden* in Palästina entstanden, siedelte 13. Jahrh. nach Oesterreich, Böhmen, Mähren, Polen und Schlesien über, widmete sich dem Klosterleben, 1328 von P. Gregor IX. bestätigt; noch jetzt im Besitz ansehnlicher Pfründen in Bohmen; der Ordensgrossmeister residirt in Prag.

Kreuzkraut, s. v. a. *Senecio*.

Kreuznach, Kreisst. und besuchter Badeort im preuss. Regbz. Koblenz, an der Nahe, 12,278 Ew. Brom- und jodhaltige Mineralwasser(Elisenbrunnen, Karlshallerbr., Quelle zu Münster am Stein). Vgl. *Schweegans* (1862).

Kreuzotter (*gemeine Viper*, *Pelias berus Merr.*), giftige Schlangenart der Grossmäuler, über 2' l.; in Mitteleuropa, Vorderasien. Die Bisswunde ist sofort zu unterbinden, auszusaugen, mit Ammoniak zu waschen und dann dem Arzt zu überlassen.

Kreuzschnabel (*Christvogel*, *Loxia L.*), Gattung der Sperlingsvögel (Kegelschnäbler). *Gemeiner K.*, Krinitz (*L. curvirostra L.*), 7'', in Europa, Nordasien, Nordamerika, zieht in Gesellschaften. *Kiefernkreuzschnabel* (*L. pitiopsittacus Bechst.*), 7½'', in Nord- und Mitteleuropa, bei uns selten.

Kreuzsegel (*Kreuzmarssegel*), am ersten Ansatz des Besahnmastes (der Kreuzstenge) befindliches Segel, über demselben das Kreuzbrahm- und Kreuzoberbrahmsegel.

Kreuzspinne (*Epeira L.*), Gattung der Weberspinnen. *Gemeine K.* (*E. diadema L.*), 6-8''', Gegenstand vieler Fabeleien.

Kreuzung, s. *Kreuzen*.

Kreuzweh, s. v. a. Hüftweh.

Kreuzzüge, die von den christl. Völkern des Abendlandes seit Ende des 11. bis gegen Ende des 13. Jahrh. zur Eroberung Palästinas unternommenen Kriegszüge. Die Theilnehmer an denselben *Kreuzfahrer*, von dem rothen Kreuz, das sie an der Kleidung auf der rechten Schulter trugen. Peter von Amiens fordert auf der Kirchenversammlung zu Clermont (1095) zum Zug nach Palästina auf. Mai 1096 Aufbrechen eines tumultuar. Haufens unter Peter von Amiens und Walther von Habenichts, der theils auf dem Zuge durch Ungarn und Serbien, theils in Kleinasien aufgerieben wird. Aug. 1096 Aufbruch eines geordneten Heeres unter Gottfried von Bouillon, Herzog von Niederlothringen, und dessen Bruder Balduin (*1. Kreuzzug*), zu welchen in Konstantinopel noch Hugo von Vermandois, Bohemund von Tarent, Tankred von Apulien, Raimund von Toulouse und Robert von der Normandie stossen, wodurch das gesammte Kreuzheer auf 600,000 Mann anwächst. Nach bedeutenden Verlusten Eroberung von Nicäa (1097), An-

tiochia und Edessa (1098) und von Jerusalem (15. Juli 1099). Gottfried König von Jerusalem. Errichtung von Lehnstaaten zu Tripolis, Edessa und Antiochia. Nach der Eroberung Edessas durch die Türken (1144) fordert Bernhard von Clairvaux zu einem neuen Kreuzzug auf, der, vom deutschen König Konrad III. und König Ludwig VII. von Frankreich unternommen (1147, *2. Kreuzzug*), erfolglos blieb. Infolge der Eroberung Jerusalems durch Sultan Saladin 1187 Aufbruch des Kaisers Friedrich I. (1189) und der Könige Philipp August von Frankreich und Richard Löwenherz von England (1191, *3. Kreuzzug*); Eroberung von Ptolemais (Acre); Entzweiung und Rückkehr der beiden letzteren. Ein von Papst Innocenz III. angeregter Kreuzzug endet mit der Eroberung Konstantinopels und der Gründung des latein. Kaiserthums daselbst (1204). 1217 Kreuzzug des Königs Andreas II. von Ungarn, fortgesetzt 1218 vom Grafen Wilhelm von Holland (*4. Kreuzzug*); Eroberung von Damiette. 1228 10jähr. Waffenstillstand des Kaisers Friedrich II. mit dem Sultan von Aegypten (*5. Kreuzzug*) und infolge dessen Ueberlieferung Jerusalems und der heil. Stätten an die Christen. 1244 Wiedereroberung Jerusalems durch die Khowaresmier. 1248 Landung des Königs Ludwig IX. (des Heiligen) von Frankreich an der Küste von Aegypten (*6. Kreuzzug*); 1270 Expedition desselben nach Tunis (*7. Kreuzzug*). 1268 Eroberung Antiochias, 1289 Tripolis, 18. Mai 1291 Ptolemais durch die Türken. Räumung Palästinas von Seiten der abendländ. Christen. Die Gesch. der K. schrieben *Wilken* (1807—32, 7 Bde.), *Michaud* (neue Ausg. 1867, 4 Bde.; deutsch 1827—32, 7 Bde.), *Sybel* (1. Kreuzzug, 1841), *Kugler* (2. Kreuzzug, 1866), *Fischer* (3. Kreuzzug, 1870).

Kriebelkrankheit (*Krampfsucht*, *Kornstaupe*), nach anhaltendem Genuss mutterkornhaltigen Mehls entstehende Krankheit, zeigt sich in Krämpfen, Erbrechen, Rückenschmerzen, Beeinträchtigung des Gesichts und Gehörs, kann zum Tode führen. Behandlung: Entfernung der Schädlichkeiten, Brech- und Abführmittel, kräftige Nahrung.

Krieg, Kampf zwischen Völkern und Staaten oder auch zwischen feindlichen Parteien eines und desselben Staats (*Bürgerkrieg*). Je nach Ursache, Zweck und Charakter des K.s unterscheidet man *Volkskrieg*, zu Wahrung wirklicher oder vermeintlicher nationaler Interessen; *Kabinets-* oder *Fürstenkrieg*, im dynastischen Interesse, aus Ruhm- oder Eroberungssucht etc. unternommen; ferner Eroberungs- und Vertheidigungs-, Invasions-, Erbfolge-, Religions-, Unabhängigkeitskrieg etc.; nach der Art der Kriegführung den Angriffs- (Offensiv-) und den Vertheidigungs- (Defensiv-) krieg; *grossen K.*, Verwendung der Truppen in grossen zusammengehaltenen Massen zu entscheidenden Operationen, und *kleinen K.*, Auftreten kleiner Truppenabtheilungen zu Wegnahme von Transporten etc. und sonstiger Schädigung des Feindes, *Guerillas-*

krieg genannt, wenn das aufgestandene Volk sich daran betheiligt; nach dem Schauplatz und den Objekten, um die es sich handelt, Land- und See-, Gebirgs-, Küsten-, Festungs- (Minen-) und Feldkrieg.

Kriegsartikel (*Kriegsgesetze*), die Gesetze, unter welchen alle zum Heere gehörigen Personen im Frieden und Kriege stehen.

Kriegsbaukunst (*Befestigungskunst*), die Kriegszwecken dienende Baukunst. Man unterscheidet *bleibende* oder *permanente* und *passagère* oder *provisorische* Befestigungen. Von ersteren handelt die Festungsbaukunst, die besonders seit Anwendung des Schiesspulvers ausgebildet worden ist. Zu Anfang des 16. Jahrh. entstand die italienische (spanische) Manier, dann nach den niederländ. Freiheitskriegen die altniederländische (Freitag), auf welche in der 2. Hälfte des 17. Jahrh. die neuniederländ. (Coehoorn) berichtert durch die Grundsätze des Deutschen Speckle († 1589) folgte. In Frankreich war Bar le Duc Anfang des 17. Jahrh. Vater der K. Von A. Dürer an bis Anfang des 19. Jahrh. war die *bastionäre* Befestigung vorherrschend, nach welcher noch sämmtliche franz. Festungen konstruirt sind (Vauban, † 1707, Cormontaigne, † 1752); andere Staaten (Deutschland) haben neuerdings die *polygonale* (Montalembert, † 1799) angenommen. Letztere hat nur ausspringende Winkel und bewirkt die Seitenbestreichung durch Kaponnieren, daher auch *Kaponnierenbefestigung*, während erstere ein- u. ausspringende Winkel hat. Die *Tenaillenbefest.* (Landsberg) hat zangenförmige, sich gegenseitig flankirende Linien. Die *passagère* K. oder *Feldbefestigungskunst* lehrt die Benutzung des günstigen und die Veränderung des ungünstigen Terrains, stellt die Normen über Grundriss und Profil der Schanzen in ihrer verschiedenen Form, über das Material, über Arbeitskräfte fest, lehrt Städte und Dörfer in kurzer Zeit vertheidigungsfähig machen. Vgl. *Prittwitz* und *Gaffron*, ‚Lehrbuch der Befestigungskunst', 1865.

Kriegsbereitschaft, s. *Mobilmachung*.

Kriegsehren, die Ehrenbezeigungen, welche einer Besatzung nach tapferer Vertheidigung bei der Kapitulation bewilligt werden: Ansmarsch mit Waffen, Musik etc.

Kriegsgefangene wurden und werden bei Völkern von niedriger Kultur oft roh, oft grausam behandelt, oft getödtet, in die Sklaverei geführt. Noch im 30jähr. Kriege war der K. Eigenthum des Feindes und kaufte sich durch Ranzion los. Jetzt stehen die K.n unter dem Völkerrecht; ihre Waffen werden Eigenthum des feindlichen Staates. Sie werden in Festungen gebracht oder unter der Bedingung, in einem gewissen Zeitraum nicht gegen den bisher. Feind zu dienen, entlassen, ausserdem nach geschlossenem Frieden.

Kriegsgericht, militär. Gericht, welches die von Militärpersonen begangenen schwereren Vergehen aburtheilt; besteht aus 2—3 Mitgliedern jeder Charge bis zu dem Grade des Angeklagten herab und einem Präses; urtheilt klassenweise nach vorhergegangener Instruktion durch den Auditeur.

Kriegsgeschrei, der Ruf, mit welchem die Truppen zum Angriff vorzugehen pflegen.

Kriegskunst, die Kunst, seine Streitmittel so zu verwenden, dass der Kriegszweck erreicht wird. Bestimmte immer gültige Regeln lehrt die Kriegswissenschaft (s. d.). Perser, Griechen, Macedonier (Alexander), Römer (Scipio, Cäsar), Karthager (Hannibal) besassen eine sehr ausgebildete K.; dann aber begann eine neue Epoche erst im 16. Jahrh. bei Spaniern, Franzosen, Deutschen, Schweden. Friedrich II. machte im 18. Jahrh. Epoche, dann schuf die Revolution u. Napoleon I. eine neue K., deren Principien Preussen auszubilden verstand, um 1866 und 1870—71 eine neue Epoche zu begründen. Vgl. *Berneck*, ‚Gesch. der K.', 3. Aufl. 1867.

Kriegsmaschinen der Alten, zur Deckung im Festungskriege: Schirm (pluteus), Sturmdach (vinea), Schildkröte (testudo), Mauerbohrer (terebra), Mauerbrecher (aries); Wurfmaschinen, Katapulte, Balliston. K. standen oft in Verbindung mit dem Thurme (turris).

Kriegsrakete, s. *Rakete*.

Kriegsrath, die Versammlung hoher Offiziere, welche in schwierigen Fällen der Feldherr zur Berathung versammelt; Titel eines Beamten im Kriegsministerium.

Kriegsrecht, die für die Armee gültigen Gesetze (s. *Kriegsartikel*). Vgl. *Bluntschli* (1866), *Dahn* (1870).

Kriegsschulen, s. *Militärschulen*.

Kriegsspiel, ein von Reiswitz erfundenes Spiel zur Uebung im Manövriren. Die Parteien agiren auf einem Situationsplan (1 : 8000) mit Truppenzeichen gegen einander.

Kriegswissenschaft, die Theorie des Kriegs, systemat. Entwickelung der Gesetze der Kriegskunst, sowohl die *Kriegszwecke*, als auch die *Kriegsmittel* (Organisation, Bewaffnung etc.) und die *Anwendung* derselben (Operations- und Gefechtslehre) umfassend. Vgl. *Willisen*, ‚Theorie des grossen Kriegs', 2. Aufl. 1869, 4 Bde.; *Rüstow*, ‚Feldherrnkunst des 19. Jahrh.', 2 Aufl. 1867; *Ders.*, ‚Der Krieg und seine Mittel', 1856.

Krim (taurische Halbinsel), Halbinsel in Südrussland, zwischen dem schwarzen und asowschen Meere, durch die schmale Landenge von Perekop mit dem Festland zusammenhängend, 360 QM.; der Südrand gebirgig (Jailagebirge), reich an Orten, Klöstern, Gärten etc. mit subtrop. Vegetation, der N. öde Steppe mit zahlr. Salzgründen. 1475—1783 tatar. Khanat unter türk. Oberherrschaft, von Katharina II. dem russ. Reiche einverleibt. 1854—56 Schauplatz des russ.-türk. Kriegs. Vgl. *Koch* (1854).

Kriminalprozess (*Strafverfahren*), das gerichtliche Verfahren, durch welches festgestellt wird, ob eine unter das Strafgesetz fallende Handlung vorliege. Das strafrechtliche Verfahren hat sich je nach dem polit. und Kulturzustande anders gestaltet. Zuerst Anklage vor der Volksgemeinde, einem despot. Haupte oder einem Beamten (Grafen), Beweisführung durch Berufung auf die öffentliche Meinung oder durch Gottesurtheil oder erzwungenes Geständniss. Neuerlich principieller Gegensatz zwischen dem Untersuchungs- und dem Anklageverfahren (s. *Anklage* und *Inquisitionsprocess*), sowie zwischen schriftlichem (mittelbarem) und mündlichem (unmittelbarem), heimlichem und öffentlichem Verfahren; Gebundensein an gesetzl. feststehende Beweisregeln oder nicht. In Deutschland war seit dem 16. Jahrh. das schriftliche und heimliche Inquisitionsverfahren üblich. Der franz. ‚Code d'instruction criminelle' führte mündliches und öffentl. Anklageverfahren ein, welches seit 1848 in der Gesetzgebung der deutschen Staaten unter Modifikation Geltung gewonnen hat. Hiernach 3 Stadien des K.s: 1) geheime Voruntersuchung durch den Instruktionsrichter zur Feststellung des Verdachts einer Uebertretung des Strafgesetzes gegen eine gewisse Person und der Beweismittel zur Ueberführung derselben; 2) Berathung über das Resultat der Voruntersuchung in einer aus Mitgliedern des Gerichtshofs gebildeten Anklagekammer, welche entweder Einstellung des Verfahrens oder Verweisung der Sache zur Hauptverhandlung verfügt; 3) Schluss- oder Hauptverfahren mit unmittelbarer Vorführung des Angeklagten und der Beweise vor den Gerichtshof und Urtheilssprechung durch diesen oder Geschworne (s. *Schwurgericht*). Ueber den früheren gemein-deutschen Strafprozess etc. vgl. die Werke von *Martin*, *Müller*, *Bauer*, *Abegg* und *Mittermaier*; über den neueren die von *Planck* und *Zachariä*.

Kriminalrecht (*Strafrecht*), Inbegriff der rechtlichen Vorschriften, nach denen für gesetzwidrige Handlungen Strafe eintreten soll. Die *Kriminalrechtswissenschaft*, derjenige Theil der Jurisprudenz, welcher sich mit dem Strafrechte beschäftigt, ist entweder eine philosophische, welche sich mit Untersuchung der Natur des Verbrechens und der Strafe, sowie der Gründe, welche den Staat zur Strafverhängung berechtigen (s. *Strafrechtstheorien*), beschäftigt, oder eine dogmatische (positive), welche es mit den Strafgesetzgebungen bestimmter Staaten zu thun hat. *Kriminalist*, Lehrer (Kenner) des K.s.

Kriml, Dorf im Zillerthal (Salzburg); dabei der grossartige Wasserfall (über 1000') der *krimler Ache*, die aus den Gletschern des *krimler Tauern* kommt.

Krimmitzschau, Stadt im sächs. Regbz. Zwickau, an der Pleisse, 13,670 Ew. Wollenindustr. [fabr.

Krinitz, s. v. a. Kreuzschnabel.

Krinoïdeen, s. v. a. Enkriniten.

Krippen (fr. *crêches*, spr. kresch), Anstalten, in denen Kinder der arbeitenden Klasse bis zum 2. Lebensjahre Aufnahme und Verpflegung finden; die erste 1844 in Paris gegründet; in Deutschland seit 1849. Auch geschnitzte Darstellungen der Geburt Jesu nebst der Anbetung der Hirten etc.

Krisis (gr.), in der Medicin der deutliche und schnelle Ausgang einer Krankheit in Genesung, nach der Meinung der Alten der Moment, in welchem die Krankheit durch das Naturheilbestreben des Körpers beseitigt wird; in diesem Sinn sprach man von kritischen Tagen.

Kriterium (gr.), Merkmal oder Unterscheidungszeichen.

Kriticismus (gr.), seit Kant diejenige philos. Methode, welche die philos. Forschung auf die Untersuchung des Erkenntnissvermögens basirt, im Gegensatz zum Dogmatismus, welcher von einer solchen absieht, und zum Skepticismus (s. d.).

Kritik (gr.), die prüfende und beurtheilende Untersuchung eines Gegenstandes, dann die Kunst der Beurtheilung, sowie die Wissenschaft, welche die Regeln für dieselbe darlegt. *Kritiker*, ein K. Uebender, Kunstrichter. *Kritikaster*, Afterkritiker.

Kroatien, Königr., bildet mit Slavonien ein österreich. Kronland von 350 QM. und 952,823 Ew.; der westl. Thail des letztern, von der Save und Kulpa bewässert, im W. gebirgig (Uskokengebirge), in der Mitte fruchtbare Ebene und Hügelland; im N. das Iwanchiczagebirge. Produkte: viel Getreide (bes. Mais), Wein, Kastanien. Die Ew. vorzugsweise Kroaten u. Raizen (Serben), grösstentheils röm.-kathol. 4 Komitate: Agram, Fiume, Warasdin, Kreutz. 640 Einwanderungen der slav. *Kroaten* (Horwaten, d. 1. Bewohner der Karpathen), die 10 Jahrh. ein selbständ. Königreich unter griech. Oberhoheit bildeten, das in seiner weitesten Ausdehnung auch bedeutende Theile von Bosnien, Dalmatien und die Herzegowina umfasste. 1091 ward das Land bis zur Savo vom König Ladislaw von Ungarn erobert, 1312 nebst Dalmatien und Slavonien mit Siebenbürgen vereinigt, 1527 der Habsburger Ferdinand I. als König von K. anerkannt. Ein Theil K.s wurde 16. Jahrh. von den Türken erobert; doch traten sie im karlowitzer Frieden 1699 das links der Unna gelegene Stück wieder an Oesterreich ab. Seit 1745 gehörte K. nebst Slavonien zu Ungarn; 1849 wurden beide Länder zum selbständ. Kronland vereinigt. [*Militärgrenze*.

Kroatisch-slavonische Militärgrenze, s.

Krodo, angebl. heidnischer Gott der alten Deutschen, dessen Haupttempel auf der Harzburg gestanden haben soll. [1677 Ew.

Kröben, Kreisst. im preuss. Regbz. Posen.

Kröte (Bufo *Laur.*), Reptiliengattung der Batrachier. *Gemeine* oder *Feldkröte*, *Lork* (B. vulgaris *Laur.*), 3—4" l., an feuchten dunkeln Orten, kann lange fasten (Fabeln von lebenden K.n in Gesteinen), vertilgt Insekten, früher als Volksheilmittel benutzt, nicht giftig. *Kreuzkröte*, *Rohrkröte*, *Hausunke* (B. calamita *Laur.*), 3" l., oft in Häusern, Gegenstand vieler Fabeleien.

Krötensteine, versteinerte Zähne verschiedener Fische; die versteinerte Muschel Terebratula vulgaris; versteinerte Seeigel.

Krokodile (*Panzereidechsen*, Loricata), Reptilienfamilie der Saurier mit den Gattungen Krokodil, Gavial und Alligator, meist gefährl. Raubthiere. *Gemeines* K., *Nilkrokodil* (Crocodilus vulgaris *Cuv.*), 30' l., in Oberägypten, Fleisch und Fett wird von den Berbern gegessen; war den alten Aegyptern heilig. *Spitzschnauziges* K. (C. acutus *Cuv.*), 20' l., in Süd- und Centralamerica, Westindien. Vom *Kaiman* (C. rhombifer *Cuv.*)

ist das Fleisch in Yukatan Fastenspeise. *Leistenkrokodil* (C. biporcatus *Cuv.*), 33' l., in Südasien, auch im Meer. *Ganges-* oder *Schnabelkrokodil* (Gavialis gangeticus *Gm.*), 20' l., im Ganges, den Indiern heilig. *Kaiman*, *Alligator* (Alligator Lucius *Cuv.*), 14' l., in Nordamerika bis 33° n. Br., folg. Die Haut mehrerer K. wird auf Leder verarbeitet. Vgl. *Strauch*, „Die Krokodilideu", 1869.

Krokodilsthränen, heuchlerische Thränen, nach der Sage, dass das Krokodil, wann es auf Raub lauere, die Stimme eines weinenden Kindes nachahme.

Kronach, Stadt im bayer. Kr. Oberfranken, am Zusammenflusse des *Flusses* K., der Rodach und Haslach, 3779 Ew. Bergamtssitz. Schiefer-, Steinkohlen- und bes. Holzhandel. Dabei die alte Veste *Rosenberg*.

Kronbein, am Pferdefuss das kurze viereckige Bein unter der Krone, bildet mit dem Fessel- und Hufbein das *Kronbeingelenk*.

Kronberg, Festung auf der dän. Insel Seeland, dient zur Befestigung des Sundes.

Krone, 2 Sternbilder, die *nördl.*, *östl.* vom Bootes; die *südl.*, unter dem Schützen.

Krone, 1) deutsche Goldmünze, = enthält $^1/_{10}$ Pfd. feines Gold, = 34½ Goldfrancs, Silberwerth je nach dem Kurs zwischen 9 und 10 Thlr. — 2) Silbermünze in England, = ¼ £ = 1 Thlr. 17 Sgr. — 3) Portugies. Goldmünze à 10,000 Reis = 56 Goldfrancs.

Kronenberg, Stadt im preuss. Regbz. Düsseldorf, 7874 Ew. Eisen- und Stahlfabr.

Kronenthaler (*Krone*), alte österr. und süddeutsche Silbermünze, = 1 Thlr. 16 Sgr. 0,7 Pf. = 2 Gld. 30,5 Neukr. = 2 Gld. 41,5 Kr.

Kronenwerke, s. *Hornwerk*.

Kronstadt, 1) russ. Seestadt und Festung auf der Insel *Kotlin* im kronstädter Busen (östl. Theil des finn. Meerbusens), erster Hafenplatz des Reichs, Station der russ. Ostseeflotte, zugleich Vormauer und Seehafen für Petersburg, 48,413 Ew. 3 Hafenbassins (für die Kauffahrteischiffe; jährl. über 5000; für die Ausrüstung der Kriegsschiffe; Kriegshafen; der Katharinen- und Peterskanal reichen in die Stadt bis zu den Magazinen. K. zerfällt in die Kommandanten- und Admiralitätsstadt. Regelmässige Strassen, gr. Plätze, grossartige Seearsenale, Docks, Schiffswerfte. Auf einer nahen Insel das Fort *Kronslot* (Kronschloss). — 2) K. (ungar. *Brassó*), erste Fabrik- und Handelsstadt Siebenbürgens, Land der Sachsen, 26,626 Ew. (zur Hälfte Deutsche). Goth. evang. Kirche, grossartiges Kaufhaus. Die Citadelle in den Kämpfen 1848—49 wichtig.

Kropf (Struma), dauernde Anschwellung oder Vergrösserung der Schilddrüse, führt meistens zu Athembeschwerden, Blutüberfüllung des Kopfes. Ursache unbekannt; häufiger beim weiblichen Geschlecht, erblich, an Oertlichkeiten gebunden, entsteht oft durch heftige Anstrengungen. Behandlung mit Jodpräparaten.

Kropfgans, s. v. a. Pelekan.

Kropfperlen, s. v. a. Barockperlen.

Krossen, Kreisstadt im preuss. Regbz. Frankfurt, an der Mündung des Bober in die Oder, 7064 Ew. Tuchfabr., Weinbau.

Kröteschia, Kreisst. im preuss. Regbz. Posen, Hauptort des thurn- und taxisschen *Fürstenth.* K., 8425 Ew.

Krucifix (lat.), plastische Abbildung des gekreuzigten Christus.   [verdaulichkeit.

Krüd (lat.), roh. *Kruditât*, Rohheit, Unverdaulichkeit.

Krüdener, *Juliane*, Freifrau von, geb. 21. Nov. 1764 zu Riga, Tochter des Barons von Vietinghoff, ward im 16. Jahre mit dem Freiherrn von K. verheirathet, lebte nach Auflösung ihrer Ehe zu Riga, Petersburg und Paris, machte sich dem Pietismus der Brüdergemeinde zu, hielt zu Basel Konventikel in ihrem Hause, ward deshalb hier wie anderwärts polizeilich ausgewiesen, 1808 über die russ. Grenze gebracht; † 25. Dec. 1824 zu Karasu-Basar in der Krim. Schr. auch den Roman „Valéria" (neue Ausg. 1855). Vgl. *Eynard* (1849, 2 Bde.), „Frau v. K., ein Zeitgemälde" (1868).

Krüger, *Franz*, Maler, geb. 1797 in Dessau, seit 1825 königl. Hofmaler zu Berlin; † das. 21. Jan. 1857. Ausgezeichnet im Porträt wie in der Darstellung von Kriegs-, Jagd- und Thierscenen.

Krümelzucker, s. *Traubenzucker*.

Krumau, Stadt im böhm. Kr. Budweis, an der Moldau, 6093 Ew., Hauptort des schwarzenberg. *Herzogth.* K. (22 QM.).

Krummacher, *Friedrich Adolf*, Schriftsteller, geb. 13. Juli 1768 zu Tecklenburg (Westphalen), † 4. April 1845 als Prediger zu Bremen. Bedeutend als Parabeldichter: „Parabeln" (1805, 8. Aufl. 1850), „Apologen und Paramythien" (1810). Schr. auch „Festbüchlein" (1808—19), „Das Wörtlein Und" (1811) u. A. Biogr. von *Möller* (1849, 2 Bde.).

Krummholz, s. *Kiefer*.

Krummstab, s. *Bischofsstab*.

Krummzapfen, s. *Kurbel*.

Krupp, *Alfred*, ber. Industrieller, geb. 11. April 1812 in Essen, setzte seines Vaters († 1827) Bemühungen um Verbesserung des Stahls fort und leistete namentl. in der Darstellung grosser Gussstahlblöcke (bis 4000 Ctr.) Ausserordentliches; lieferte seit 1846 gezogene Gussstahlgeschütze (für Preussen und Russland), eine Riesenkanone von 1000 Ctr. Rohrgewicht, Gussstahlgeschosse und konstruirte einen Verschluss für Hinterlader. K.s Fabrik in Essen beschäftigt über 10,000 Arbeiter. Jahresproduktion für 12 Mill. Thlr.

Kru (engl. *Kru-men*), Negervolk auf der Pfeffer- und Elfenbeinküste in Guinea.

Krusenstern, *Adam Joh.* von, russ. Seemann und Reisender, leitete 1803—6 die erste russ. wissenschaftl.-merkantile Reise um die Welt, machte verschiedene Entdeckungen, ward 1826 Commodore; † 12. Aug. 1846 zu Ass in Esthland. Schr. „Reise um die Welt" (1811—12, 3 Bde.).

Krustenthiere (Crustacea), Klasse der Gliederthiere, mit meist verwachsenem Kopf- und Bruststück (Cephalothorax), an welchem 2 Fühlerpaare entspringen, zahlreichen Fusspaaren, meist auch am Hinterleib (die vorderen Füsse enden häufig mit Haken oder Scheeren), einfachen oder Facettenaugen u. häufig durch Kalkablagerungen erhärteter Körperbedeckung. Wasser-

bewohner, athmen meist durch Kiemen,
pflanzen sich durch Eier fort, häuten sich
und machen zum Theil eine Metamorphose
durch, leben fast alle von thierischen Stoffen,
einige schmarotzend. Eintheilung: 1) *Schalenkrebse* (Thoracostraca), zusammenhängende harte Schale auf Kopf- und Bruststück (Zehnfüsser, Krebse); 2) *Ringelkrebse*
(Arthrostraca), Brust und Hinterleib deutlich geringelt (Flohkrebse, Asselkrebse,
Tausendfüsser); 3) *Schildkrebse* (Aspidostraca), Brust und Hinterleib nicht geringelt
(Pfeilschwänze etc.); 4) *Schmarotzerkrebse*
(Syphonostomata), Mundtheile saugend
(Fischläuse); 5) *Weichthierkrebse* (Testacostraca), Rankenfüsser.

Krylow, *Iwan Andrejewitsch*, russ. Dichter, geb. 2. (13.) Febr. 1768 zu Moskau, †
11. April 1844 als russ. Staatsrath. Schr.
Dramen und treffl. „Fabeln‘ (deutsch 1842).

Kryolith, Mineral aus der Klasse der
wasserfreien Haloïde, farblos oder gefärbt,
besteht aus Fluornatrium mit Aluminiumfluorid, in Westgrönland; dient zur Darstellung von Soda, Thonerdehydrat, Thonerdesalzen, Aluminium, Fluorcalcium, künstl.
Marmor etc. Jährl. Produktion 200,000 Ctr.

Kryóphor (gr.), physikal. Apparat, zwei
durch eine Glasröhre mit einander verbundene luftleere Kugeln, von denen die eine
Wasser erhält. Dies verdampft sehr schnell
und gefriert infolge der Verdunstungskälte,
wenn man die andere Kugel stark abkühlt.

Krypte (gr.), unterirdischer Raum unter
dem Chor älterer Kirchen (bis 13. Jahrh.)
mit Altären, zum Gottesdienst bestimmt.

Kryptisch (gr.), versteckt. *Krypto-*, in Zusammensetzungen, s. v. a. geheim.

Kryptocalvinisten, bei den orthodoxen
Lutheranern die Anhänger Melanchthons
in Sachsen, welche sich nach Luthers
Tode in der Abendmahlslehre der calvin.
Ansicht zuneigten.

Kryptogamen (gr.), blüthenlose Pflanzen,
die 24. Klasse des linnéschen Systems, umfasst Algen, Pilze, Flechten, Moose, Farrenkräuter, Schachtelhalme, Rhizokarpeen und
Lykopodiaceen; vgl. *Pflanze*.

Krystall, jeder feste, von Natur von ebenen
Flächen regelmässig begrenzte Körper. Alle
Krystallformen lassen sich auf Systeme von
3 oder 4 geraden Linien beziehen, welche
sich in einem Punkt schneiden. Danach
theilt man die K.e in 6 Systeme:
I. Dreiaxige K.e:
A. 3 Axen stehen senkrecht auf einander:
  1) alle gleich: *tesserales System*,
  2) zwei gleich: *tetragonales System*,
  3) alle ungleich: *rhombisches System*;

B. 3 Axen bilden wenigstens 1 schiefen
Winkel und sind ungleich:
  4) 2 Axen senkrecht auf einander, die
  3. gegen sie geneigt: *monoklin. System*,
  5) keine Axe senkrecht auf der anderen:
  triklinisches System.
II. Vieraxige K.e:
  6) *hexagonales System*.

Die in der Natur vorkommenden K.e
zeigen selten die reine Grundform, ein Theil
ihrer Flächen kann so gross werden, dass
die übrigen ganz aus der Begrenzung verschwinden (*hemiëdrische* und *tetartoëdrische*
K.e), es treten zusammengesetzte Formen
auf, und bisweilen scheint ein K. den anderen zu durchdringen: *Zwillingskrystalle*.
Ueber Afterkrystalle s. *Pseudomorphosen*.
Vgl. *Naumann*, ‚Lehrbuch der Krystallographie‘, 1830, 2 Bde.; ‚Anfangsgründe‘, 2. Aufl.
1854; ‚Elemente‘, 1856; *Martius-Matsdorf*

Krystallglas, s. *Glas*.   (1871).

Krystallinisch, aus nicht vollständig ausgebildeten Krystallen bestehend.

Krystallisation, die Bildung der Krystalle, erfolgt gewöhnlich aus genügend
koncentrirten Lösungen, am leichtesten von
rauhen Körpern aus und am schönsten bei
vollkommener Ruhe und langsamem Verlauf des Prozesses.   [*Krystallen*.

Krystallographie, die Lehre von den

Krystallwasser, das in Krystallen enthaltene und einen wesentlichen Bestandtheil
derselben bildende chemisch gebundene
Wasser, entweicht beim Erhitzen, oft schon
bei gewöhnlicher Temperatur (Verwittern
der Krystalle), wobei der Krystall zerfällt.

Kschattriyas, bei den brahman. Hindu
die Angehörigen der Kriegerkaste.

Ktesiphon (a. G.), feste Stadt am Ostufer
des Tigris, zuletzt Hauptst. des parth. Reichs.
Jetzt *El Modain*, mit zahlr. Trümmern.

Kuang-si, Prov. im südl. China, 3681 QM.
und 10,680,429 Ew. Hauptst. Kuei-lin.

Kuang-tung, chines. Prov., s. *Kanton*.

Kuban (der *Hypanis* der Alten), Fluss in
Kaukasien, kommt vom Elbrus, fliesst erst
nördl., dann westl., mündet in vielen Armen
ins schwarze Meer, 70 M. l. *Kubanische
Steppe*, vom K. bis zum Manytsch.

Kubani, Gipfel des Böhmerwaldes, 4294′;
an ihm vorbei führt die *Lukenstrasse* (seit
1800).

Kubében, s. *Pfeffer*.

Kubenskoje, See im grossruss. Gouvern.
Wologda, von der *Kubina* (50 M. l.) gebildet, die ihm im O. als *Suchona* verlässt.
Der *Kubenskojekanal* verbindet die Porosowiza, einen Zufluss des K., mit der Schaksna,
dadurch Dwina und Wolga.

Kubikmass (*Körpermass*):

Baden *Kubikfuss*	Bayern *Kubikfuss*	England *Kubikfuss*	Frankreich *Kubikmeter*	Oesterr. *Kubikfuss*	Preussen *Kubikfuss*	Sachsen *Kubikfuss*	Würtemb. *Kubikfuss*
1	1,038	0,954	0,027	0,855	0,873	1,139	1,143
0,931	1	0,875	0,025	0,787	0,804	1,095	1,057
1,049	1,139	1	0,029	0,896	0,918	1,247	1,204
37,057	40,224	35,317	1	31,857	32,343	44,032	42,523
1,170	1,270	1,118	0,032	1	1,092	1,391	1,343
1,146	1,244	1,092	0,031	0,979	1	1,331	1,315
0,841	0,914	0,802	0,023	0,719	0,735	1	0,986
0,871	0,946	0,830	0,024	0,744	0,781	1,035	1

Baden Kubikruthe	Bayern Kubikruthe	England Kubikruthe	Frankr. Kubik-dekameter	Oesterr. Kubik-klafter	Preussen Kubikruthe	Sachsen Kubikruthe	Würtemb. Kubikruthe
1·	1,066	0,212	0,027	3,957	0,505	0,641	1,148
0,931	1	0,199	0,025	3,644	0,465	0,314	1,057
4,711	5,116	1	0,127	18,642	2,361	1,605	5,409
37,037	40,224	7,642	1	146,564	18,719	12,621	42,526
0,253	0,274	0,064	0,007	1	0,128	0,086	0,290
1,979	2,149	0,490	0,053	7,650	1	0,674	2,273
2,935	3,167	0,636	0,079	11,612	1,468	1	3,670
0,871	0,945	0,185	0,024	3,446	0,440	0,297	1

Kubital (lat.), den Vorderarm betreffend. *Kubitalbuchstaben*, s. v. a. Uncialbuchstaben.

Kubus (gr.), in der Geometrie s. v. a. Würfel; in der Arithmetik und Algebra s. v. a. die 3. Potenz einer Zahl; *kubisch*, von der Form eines Würfels; *kubische Gleichung*, Gleichung des 3. Grades.

Küchenlatein, fehlerhaftes Latein, wie es etwa in den Küchen zu Rom gesprochen ward; bes. das mittelalterl. Mönchslatein.

Küchenschelle, s. *Anemone*.

Kücken, *Friedr.*, Komponist, geb. 16. Nov. 1810 in Bleckede (Lüneburg), 1851—62 Kapellmeister in Stuttgart, seitdem in Schwerin. Schr. Opern, Klavierssachen und zahlr. sehr beliebte Gesangsstücke.

Küen-lün (*Kulkun*), Gebirg im innern Hochasien, auf der Nordgrenze von Tübet, mit Schneegipfeln bis 20,600' H. und dem Elisebipass (16,300'), von Tübet nach Khotan.

Kügelgen, *Gerhard* und *Karl von*, zwei Maler, Zwillingsbrüder, geb. 25. Jan. 1772 zu Bacherach, beide in Rom gebildet; *Gerhard*, bes. als Porträtmaler ausgezeichnet, erst in München, seit 1805 in Dresden; das. 27. März 1820 von dem Raubmörder Kaltofen ermordet. *Karl*, durch Kaiser Paul nach Petersburg berufen; † 9. Jan. 1832 zu Reval; Landschaftsmaler (Gemälde aus der Krim und aus Finnland).

Kühlapparate, Vorrichtungen verschiedener Art, in welchen die bei Destillationen sich entwickelnden Dämpfe abgekühlt werden, meist von kaltem Wasser umströmte Rohre. Auch zur Abkühlung der Bierwürze dienen K. und werden oft mit Eis gespeist; daher auch s. v. a. Eismaschinen, welche man direkt auf die Würze wirken lässt.

Kühlende Mittel (Temperantia), Mittel zur Beschränkung krankhaft erhöhter Körperwärme, kühle Luft, Wasser, äusserlich Bleisalbe, Bleiwasser, innerlich Salpeter, Weinstein, Pflanzensäuren, Fruchtsäfte.

Kühlschiff, das grosse flache Gefäss, in welchem die Bierwürze abgekühlt wird.

Kühlte, leichter Wind, je nach der Stärke kleine, lebhafte, frische, steife K.

Kühne, *Gustav*, Schriftsteller, geb. 27. Dec. 1806 in Magdeburg, lebt seit 1856 zu Dresden. Einst Mitführer des ,jungen Deutschland'. Schr. lyr. Gedichte, Novellen (,Klosternovellen' 1838, ,Die Rebellen von Irland' 1843, ,Die Freimaurer' 1854), Dramen (,Kaiser Friedrich II.' u.s.w.), treffl. Kritiken und Charakteristiken (,Männl. und weibl. Charaktere' 1838, ,Porträts und Silhouetten', ,Deutsche Männer u. Frauen' etc.), Skizzen etc. Schriften (1862—65, 7 Bde.).

Kuei-tschéu, Prov. im südl. China, 3036 QM. und 7,615,095 Ew. (darunter Lolo und Miaotse, Reste der chines. Urbevölkerung). Hauptstadt Kuei-jang.

Kümmel, s. *Carum*.

Kündigung, Erklärung des Rücktritts von einem eingegangenen Vertrage.

Küpe, der grosse Arbeitskessel der Färber; die Färberflotte selbst, bes. die zum Färben mit Indigo bereiteten Präparate, welche reducirten Indigo enthalten.

Kürace (fr. *cuirasse*), Brustpanzer, aus Eisen geschmiedet, meist mit Rückenstück.

Kürassiere, schwere, mit Kürassen versehene Reiter, mit Pallasch und Pistolen oder Karabiner bewaffnet; Kopfbedeckung der Helm. Die K. nehmen an Bedeutung in den modernen Heeren ab; in Oesterreich ganz abgeschafft, in Deutschland etwa $\frac{1}{10}$, in Frankreich 1870 $\frac{1}{6}$ der Reiterei.

Kürbis (Cucurbita *L.*), Pflanzengattung der Cucurbitaceen. *Gemeiner K.*, *Feldkürbis* (C. Pepo *L.*), aus Indien, trägt bis 100 Pfd. schwere Früchte, in vielen Varietäten kultivirt, dient als Gemüse, Zusatz zu Brod, Viehfutter, zur Spiritusbereitung; die Samen liefern fettes Oel. Auch Zierpflanzen.

Kürbisbaum, s. v. a. Carica.

Kürenberger, *der*, Minnesänger, wahrscheinl. aus dem Breisgau (nach And. aus Oesterreich) stammend, um 1150. Gedichten in volksthüml. Ton und voll seelenvoller Tiefe; Form der Nibelungenstrophe. Von Pfeiffer für den Dichter der Nibelungen gehalten. Ausg. von *Wackernagel* (1827).

Küssnacht, Flecken im Kant. Schwyz, am Rigi u. an einer Bucht des vierwaldstätter Sees (*k.er See*), 2733 Ew. Dabei die *hohle Gasse* (Tell) und die Trümmer der Burg Gesslers, sowie Neuhabsburg.

Küstrin, Stadt und Festung im preuss. Regbz. Frankfurt, an der Mündung der Warthe in die Oder, 10,015 Ew. Morastige Umgebung, nur durch 2 Dämme zugänglich.

Kufa (syr. *Akula*), ehedem Stadt im türk. Ejalet Bagdad, am Euphrat, Residenz der Khalifen mit ber. Schule. Vgl. *Kufische Schrift*.

Kufe, gr. Holzgefäss, auch Biermass, in Preussen = 400 Quart = 4,56 Hektol., in Sachsen = 840 Kannen = 7,86 Hektoliter.

Kuff, zweimastiges Handelsfahrzeug der Holländer und der nordischen Staaten.

Kufische Schrift, arab. Schrift, welche in der Stadt Kufa in Gebrauch war, verbreitete sich von da in andere Länder des Reichs der Khalifen, bes. bei Koranabschriften, auf Münzen und Inschriften, erhielt sich bis ins 10. Jahrh.

Kufstein (*Kuefstein*), Stadt im tirol. Kr. Innsbruck, am Inn, 1400 Ew. Dabei Veste *Josephsburg* (Staatsgefängniss).

Kugel, mathemat. Körper, der von einer einzigen Fläche (*Kugelfläche*) so umgeben ist, dass jeder Punkt der letzteren von einem innerhalb der K. liegenden Punkt, dem Mittelpunkt, gleich weit entfernt ist. Jede durch den Mittelpunkt der K. gehende und 2 Punkte der Kugelfläche verbindende gerade Linie heisst *Durchmesser* oder *Diameter*, jede vom Mittelpunkt bis zu einem beliebigen Punkt der Kugelfläche gezogene Linie *Halbmesser* oder *Radius*. Alle Durchmesser und Halbmesser einer K. sind einander gleich. Durchschneidet man eine K. mit einer Ebene, so bildet die Schnittfläche einen Kreis, der desto grösser ist, je näher seine Ebene dem Mittelpunkt liegt. Kugelschnitte, deren Ebenen durch den Mittelpunkt der K. gehen, heissen *grösste Kreise*, *Haupt-* oder *Normalkreise*; ihre Durchmesser sind Kugeldurchmesser. Alle grössten Kreise sind einander gleich und halbiren die K. und deren Oberfläche. Alle Kreise, deren Ebenen nicht durch den Mittelpunkt der K. gehen, sind *kleinere* oder *Nebenkreise*; sie sind desto kleiner, je weiter ihre Ebene vom Mittelpunkt der K. absteht. Ein von einem Theil der Kugeloberfläche und einer Ebene begrenztes Stück der K. heisst *Kugelabschnitt* oder *Kugelsegment* (*Calotte*, Kugelmütze), ein von 2 parallelen Kugelkreisen begrenztes Stück der Kugelfläche *Kugelzone*; ein von 3 Bögen grösster Kreise begrenztes Stück der Kugelfläche sphärisches Dreieck oder *Kugeldreieck*. Die Kugelfläche ist 4mal so gross als die Fläche des grössten Kreises; da ein solcher (s. *Kreis*) $= r^2 \pi$, so ist die Kugelfläche $= 4 r^2 \pi$. Da man sich die K. aus einer unendlichen Zahl schmaler Pyramiden, deren Spitzen im Mittelpunkt der K. zusammentreffen und deren Grundflächen zusammen die Kugelfläche bilden, zusammengesetzt denken kann, und der Kubikinhalt einer jeden solchen Pyramide gleich dem 3. Theil ihrer Grundfläche multiplicirt mit der Höhe, die Höhe der einzelnen Pyramiden aber gleich dem Radius der K. ist, so ist der Kubikinhalt der K. $= \dfrac{4 r^2 \pi}{3}$. Errichtet man auf einem Halbkreise mit dem Radius r einen Kegel, eine Halbkugel und einen Cylinder von gleicher Höhe r, so ist der Kubikinhalt des Cylinders $= r^2 \pi$, der Halbkugel $= \frac{2}{3} r^2 \pi$, des Kegels $= \frac{1}{3} r^2 \pi$, und es verhält sich demnach der Kubikinhalt dieser 3 Körper zu einander wie 1 : 2 : 3.

Kugelbarsch, s. v. a. Kaulbarsch.

Kugelgelenk, Gelenkverbindung, bei welcher der halbkugelförmige Kopf des einen Knochens von der Gelenkhöhle des anderen aufgenommen wird.

Kugler, *Franz Theodor*, Kunsthistoriker, Geschichtschreiber und Dichter, geb. 19. Jan. 1808 in Stettin, Prof. in Berlin, seit 1849 vortragender Rath im Kultusministe-

rium; † das. 18. März 1858. Hauptwerke: ,Handb. der Kunstgeschichte' (4. Aufl. 1861); ,Handbuch der Gesch. der Malerei' (3. Aufl. 1867); ,Gesch. der Baukunst' (1855 – 60, 3 Bde.); ,Kl. Schriften zur Kunstgeschichte' (1853 – 55; 3 Bde.); ,Gesch. Friedrichs d. Gr.' (7. Aufl. 1870); ,Belletrist. Schriften' (1852, 8 Bde., darunter das Drama ,Jakobäa').

Kuguar (*Puma*), amerikan. oder Silberlöwe (Felis concolor *L.*), Raubthier aus der Familie der Katzen, $3\frac{1}{2}$ – $3\frac{3}{4}'$, in Südamerika, Mexiko, den Vereinigten Staaten; folg.

Kuhbaum (*Milchbaum*, Galactodendron utile *Hb.*), Baum aus der Familie der Urticeen, an der nördl. Küstencordillere von Südamerika, liefert aus Einschnitten in den Stamm wohlschmeckenden Milchsaft.

Kuhländchen, Landschaft im mähr. Kr. Neutitschein u. in Oesterr.-Schlesien, 4 QM. und ca. 30,000 Ew. Letztere (meist Deutsche) haben eine eigene Mundart, besondere Gebräuche und grosse Liebe zur Musik.

Kuhpocken (Vaccina, Variola vaccina), Pustelausschlag am Euter der Kuh, erscheint nach Verminderung der Fresslust am 3. Tage, erreicht am 9. und 10. grösste Ausbildung und heilt dann mit Hinterlassung einer Narbe. Der Inhalt der Pustel (Lymphe), in einen kleinen nicht stark blutenden Hautritz auf den Menschen übertragen, ruft an der Impfstelle gleiche Pusteln hervor, nach deren Abheilen der Geimpfte 7 – 10 Jahre vor Ansteckung mit der wahren Menschenpocke geschützt ist. Nach dieser Zeit ist Revaccination, bes. bei Epidemien erforderlich. Die Impfung kann auch vom Menschen auf den Menschen geschehen. Zuerst empfohlen durch *Jenner* (s. d.).

Kuhreihen (*Kuhreigen*), alte Nationalmelodie der schweizer Alpenhirten.

Kuhstall, Felsenbogen bei Wildenstein in der ,sächs. Schweiz', vielbesuchter Punkt.

Kuhvogel, s. v. a. Beutelstaar.

Kujavien, Landsch. in Posen, ehem. poln. Fürstenthum; Hauptst. Inowraclaw.

Kuka (*Kukawa*), Hauptstadt von Bornu in Centralafrika, westl. vom Tschadsee, 80,000 Ew. Hauptsklavenmarkt. Erst 1835 erbaut.

Kuku Hote (*Kuku Khota*, d. i. blaue Stadt), Stadt in der Mongolei, nahe der chines. Mauer, an einem Zuflusse des Hoang-ho; Neustadt mit dem Grenzschutzheere von 10,000 M. und Altstadt mit bedeut. Handelsverkehr. In 20 Klöstern etwa 20,000 Mönche.

Kukuk (Cuculus *L.*), Gattung der Klettervögel. *Gemeiner* K. (C. canorus *L.*), 12" l., Zugvogel in Europa, Nordafrika, Sibirien, legt seine Eier in die Nester der Bachstelzen, Fliegenfänger, Grasmücken.

Kukuksblume, s. v. a. Orchis Morio, Lychnis flos cuculi.

Kuku-nor (d. i. blauer See), chines. *Tsinghai*), Alpensee in der südl. Mongolei, im NO. der Hoang-hoquellen, 96 QM.

Kukuruz, s. v. n. Mais.

Kuldscha (*Ili*), Hauptstadt der Dsungarei, am Ili, unweit der sibir. Grenze, 70,000 Ew. Wichtiger Handels- und Karawanenort.

Kulilabanöl, ätherisches Oel der Kulilaban- (Onilawan-) Rinde (s. *Cinnamomum*), bräunlichgelb, dient zum Parfümiren der Seife. [bezüglich.

Kulinarisch (lat.), auf Küche u. Kochkunst

Kulis (ind.), Lastträger, Leute aus den untersten ind. Kasten, auf vielen Punkten der Erde als Arbeiter verwendet, namentl. von den Engländern auf den westind. Inseln (1843—66: 191,076 M. eingeführt).

Kulissen (fr. *coulisses*), im Theater die die Seitenwände der Dekoration bildenden Theile, Klappen-, Roll-, Schiebekulissen. *Kulissenreisser*, Schauspieler, der durch übertriebene Deklamation und Gestikulation nach dem Beifall der Masse strebt.

Kullak, *Theodor*, Pianist, geb. 12. Sept. 1818 zu Krotoschin, Schüler von Dehn und Taubert in Berlin, seit 1850 Mitdirektor des marxschen Konservatoriums das., gründete 1855 die neue Akademie der Tonkunst. Schr. schwierige Klaviersachen, bes. treffl. Etuden und Salonstücke.

Kulm, 1) (böhm. *Chlumec*) böhm. Dorf, nördl. bei Teplitz. 29. und 30. Aug. 1813 *Sieg* der Verbündeten unter Ostermann über die Franzosen unter Vandamme (3 Denkmäler); — 2) (poln. *Chelmno*) Kreisstadt im preuss. Regbz. Marienwerder, unweit der Weichsel, 8663 Ew. Domkapitel. Tuchweberei. Einst Hansestadt, 1466—1772 polnisch. *Das kulmische Recht* (kulm. Handfeste), aus dem 13. Jahrh., Sammlung der Satzungen der Landmeister des deutschen Ordens für das kulmer Land.

Kulmann, *Elisabeth*, Dichterin, geb. 5. (17.) Juli 1808 in Petersburg, † das. 19. Nov. (1. Dec.) 1825. Frühreifes Talent, durch Einfachheit des Ausdrucks und der Form ausgezeichnet. „Dichtungen‘ (1844, 3. Aufl. 1857).

Kulmbach, Stadt im bayer. Regbz. Oberfranken, am weissen Main, 4743 Ew. Ber. Bierbrauerei. Dabei die geschleifte Veste *Plassenburg* (Strafanstalt).

Kulmination (lat.), der Augenblick, in welchem ein Stern die Mittagslinie passirt. *Kulminationspunkt*, Hohen-, Gipfelpunkt.

Kulpa, Nebenfluss der Save, kommt vom krainer Schneeberg, wird bei Karlstadt schiffbar, mündet bei Sissek; 40 M.

Kultivator (*Reihenschaufler, Pferdehacken*), landwirthschaftl. Maschine zum Behacken der in der geraden Linie gesäeten Gewächse während der Vegetationsperiode.

Kultiviren (lat.), anbauen, bearbeiten, urbar machen; pflegen; unterhalten (z. B. Umgang); bilden, verfeinern.

Kultur (lat.), Urbarmachung des Landes; Anbau und Pflege von Gewächsen (Kulturpflanzen); Veredelung des Menschen durch Ausbildung seiner Anlagen, Geistesbildung. *Kulturgeschichte*, Darstellung der fortschreitenden Entwickelung der Menschengeschlechts; *Kulturvölker*, Völker, die an dieser Entwickelung Antheil genommen haben.

Kultus (*Kult*, lat.), religiöse oder der dieser ähnliche Verehrung (K. des Genius, Goethekultus); öffentl. Gottesverehrung; in der Staatsverwaltung Alles, was die Geistesbildung (Kultur) des Volks betrifft.

Kuloglis (türk.), in Nordafrika die Abkömmlinge von Türken u. maur. Sklavinnen.

Kum, Stadt in der pers. Prov. Irak Adschemi, südl. vom Teheran, am Badlan-Rud, 10,000 Ew. Ehedem prächtig und stark bevölkert, jetzt grösstentheils in Trümmern.

Kuma, Fluss in Kaukasien, kommt vom Elbrus, durchfliesst die salzhaltige, baumlose kumas. *Steppe*, mündet bei *Kumak* ins kasp. Meer; 72 M. l.

Kumanien, Name zweier Distrikte im mittl. Ungarn: *Gross-K.*, östl. von der Theiss, im Kom. Ausser-Szolnok, 21,8 QM., und *Klein-K.*, zwischen Donau und Theiss, im Kom. Pesth-Pilis, 44 QM. Die Ew. Nachkommen der *Kumanen*, die 11. Jahrh. von der Wolga her sich über Europa verbreiteten und 13. Jahrh. den Mongolen erlagen; in Gross-K. seit 1124, in Klein-K. seit 1240 angesiedelt. [Oberguinea, ca. 80,000 Ew.

Kumassi, Hauptstadt der Aschanti in

Kummt (*Kummet*), aus zwei krummen Holzern zusammengesetztes Geschirr zur Befestigung der Zugriemen, wird den Pferden über den Hals gelegt.

Kumuliren (lat.), häufen, vermischen; mehrere Aemter zugleich bekleiden. *Kumulation*, Häufung, Vereinigung.

Kumyken, tatar. Volkerschaft in Kaukasien, nach dem Kaspisee zu.

Kumys, gegohrene Stutenmilch, dient den asiatischen Steppenvölkern als Nahrung und bildet, in der Steppe getrunken, ein bewährtes Heilmittel bei Phthisis, Blutarmuth etc.; durch Destillation erhält man daraus den Araca und Arsa, Branntweine von kühlem, angenehmem Geschmack.

Kunaxa (a. G.), Ort in Babylonien, links am Euphrat. 401 v. Chr. *Sieg* des Artaxerxes über den jüngeren Cyrus.

Kundus (*Khundus*), Khanat in Turkistan, reichbewässertes Thalland am oberen Amu, nach S. und W. zum Hindu-khu und Belurtagh steil ansteigend, mit Badakhschan 2000 QM. und en. ⅓ Mill. Ew. Die *Hauptstadt* K., nur im Winter stark bewohnt.

Kunersdorf, Dorf bei Frankfurt a/O.; 12. Aug. 1759 *Sieg* der Oesterreicher und Russen unter Soltikow u. Loudon über Friedrich II.

Kungur, Stadt im ostruss. Gouv. Perm, an der Sulwe, 11,812 Ew. Dabei Eisenund Kupferwerke und Alabasterhöhlen.

Kunigunde, Heilige, Gräfin von Luxemburg, Gemahlin des deutschen Kaisers Heinrich II., reinigte sich von einem Verdachte dadurch, dass sie barfuss über glühende Pflugscharen schritt, ohne verletzt zu werden; † 3. März 1040; im Dom zu Bamberg beigesetzt, 1200 kanonisirt.

Kunkel, Spinnrocken, Spindel; *Kunkellehn*, Weiberlehn. *Kunkeladel*, Adel von mütterl. Seite.

Kunktation (lat.), Zögerung. [terl. Seite.

Kunst (von *Konnen*), im Allgem. jede Fertigkeit (z. B. Schreib-, Koch-, Schwimmkunst etc.); insbes. die Fähigkeit des Menschen, Dinge hervorzubringen, welche den Eindruck des Schönen machen oder machen sollen (*Kunstwerke*), sowie die Gesammtheit der letztern. Je nach dem natürl. Stoffe, dessen sich die K. dabei bedient, unterscheidet man *tönende Künste* (Poesie, Tonkunst) und *bildende Künste* (Baukunst, Plastik, Malerei), denen sich noch in gewissem Sinne als Künste anschliessen: einerseits Gartenkunst, Tanz- und Schauspielkunst, andererseits die sogen. *nachbildenden Künste:* Kupferstech-, Holzschneidekunst, Lithographie etc. Die Darstellung der Entwickelung der K., insbes. der bildenden Künste, je nach den verschiedenen Völkern, ist Gegenstand der *Kunstgeschichte,* eines Zweigs der Kulturgeschichte; Begründer derselben *Winckelmann,* der in der K. der Alten zuerst die Perioden unterschied und mit der Weltgeschichte in Zusammenhang brachte. Hauptwerke über allgem. Kunstgeschichte von *Kugler, Schnaase, Lübke;* Specialarbeiten von *Waagen, Passavant, Reumont, Kinkel, Springer, Grimm* u. A.

Kunstakademien, Anstalten, in denen die Kunst methodisch gelehrt wird; entstanden gegen Ende des 16. Jahrh. in Italien (Akademie der Caracci in Bologna), um dem Verfall der Kunst zu steuern. Muster für die späteren K. wurde die 1648 von Ludwig XIV. gestiftete Akademie zu Paris. Deutsche K.: in Nürnberg (1662 gest., die älteste), Berlin (s. 1694), Dresden (1697), Wien (1716), München (1770), Düsseldorf (1830) etc.

Kunstfeuerwerkerei *(Pyrotechnik),* die Darstellung und Benutzung von Feuerwerkskörpern. Letztere sind aus den Feuerwerksstücken zusammengestellt; diese bestehen aus Mischungen von Schwefel, Salpeter oder chlorsaurem Kali mit Kohle in verschiedenen Verhältnissen, enthalten auch Metallspäne für Brillantfeuer oder die Flamme färbende Salze. Je nach Beschaffenheit und Anordnung der Hülsen hat man stehende (Sonnen, Sterne, Lichter, Fontänen), umlaufende und bewegliche Feuerwerkskörper (Schwärmer, Raketen, Leuchtkugeln, Tourbillons). Vgl. *Websky* (1858).

Kunstgestänge *(Stangenkunst),* Verbindung von Stangen zur Uebertragung der Kraft von der Betriebsmaschine auf die ansäuenden Maschinentheile.

Kunsthefe, kleine Mengen von Maische, welche man milchsauer werden lässt, dann anstellt und in der Hefenbildungsperiode zum Anstellen der Hauptmaische benutzt; im Gährungsgewerbe statt Bier- und Presshefe jetzt fast allgemein gebräuchlich.

Kunstvereine, Verbindungen von Kunstfreunden, zur Beförderung eines lebendigen Kunstinteresses, zugleich auch um Künstlern Gelegenheit zur Ausstellung und Verwerthung ihrer Werke zu verschaffen. Der erste Kunstverein 1823 in München gegr.

Kunstwolle, s. *Shody.*

Kuntz, *Karl,* Maler, geb. 28. Juli 1770 zu Mannheim, † 8. Sept. 1830 als Galeriedirektor in Karlsruhe. Bes. ausgezeichnete Landschaften und Thierstücke.

Kunzen, *Friedr. Ludwig Emil,* Komponist, geb. 1763 in Lübeck, † 28. Jan. 1817 in Kopenhagen. Einst ber. durch seine Opern („Fest der Winzer"), Kantaten, geistl. Lieder (von Cramer) etc.

Keopio, russ. ßnu. Gouvern., 786,4 QM. und 724,719 Ew. Die *Hauptst.* K., 4779 Ew.

Kupellation (lat.), Abtreibung des Silbers,

die auf der Kapelle bewirkte Scheidung des Silbers von Blei.

Kupfer, Metall, findet sich *gediegen* am Obersee und in Chile (Kupfersand, Kupferbarilla), oxydirt als *Rothkupfererz* (Kupferoxydul) mit 88 % K. in Südaustralien, Spanien und Peru, *Kupferschwärze* (Kupferoxyd) mit 80 % K. am Obersee und in Südaustralien, *Malachit* (s. d.) mit 57 %, *Lasur* (s. d.) mit 55 % und *Atakamit* (s. d.) mit 56 %, geschwefelt als *Kupferkies* (Schwefelkupfer mit Schwefeleisen) mit 34,4% K. in Norwegen, Schweden, bei Dillenburg, am Harz, in Ungarn, *Kupferglanz* (Schwefelkupfer) mit 80 % K. in Cornwall, Toskana, Chile, Südaustralien, am Kap, *Buntkupfererz* (s. d.), *Fahlerz* (s. d.). Man gewinnt das K. meist aus geschwefelten Erzen. Diese werden geröstet und mit Schlacken oder Flussspath verschmolzen. Das Produkt (Kupferstein, Gemisch von Schwefeleisen und Schwefelkupfer) wird wiederholt geröstet und geschmolzen und liefert Spurstein und endlich Schwarz- oder Rohkupfer, welches in Herden oder Flammöfen gaar gemacht, raffinirt, von fremden Metallen befreit wird. K. ist roth, ziemlich hart, sehr dehnbar, stark glänzend, spec. Gew. 8,9 (1 preuss. Kubikf. = 456—476 Pfd.), Aeq. 63,4, schmilzt bei 12—1400° C., eignet sich nicht zu Gusswaaren, wird durch Kupferoxydulgehalt kaltbrüchig, bedeckt sich in feuchter Luft mit kohlensaurem Kupferoxydhydrat (edler Grünspan), in der Hitze mit abspringendem Oxydul und Oxyd (Kupferasche, Kupferhammerschlag), löslich in Salpetersäure, heisser koncentrirter Schwefelsäure, bei Luftzutritt auch in verdünnter, in Essigsäure, nicht in Salzsäure. K. dient zu Kesseln, Kühlapparaten, zum Beschlagen der Schiffe, zu Scheidemünze, Druckplatten, Legirungen, Farben. Die Lösungen des K.s sind blau, Eisen fällt aus ihnen das K. *Kupferoxyd,* 1 Aeq. K., 1 Aeq. Sauerstoff, schwarz, entsteht beim Erhitzen von K. an der Luft oder von salpetersaurem Kupferoxyd, dient zur Darstellung blauer und grüner Gläser und Emaillen. *Kupferoxydul,* 2 Aeq. K., 1 Aeq. Sauerstoff, roth, durch Reduktion aus Kupferoxydsalzen erhalten, dient zum Rothfärben des Glases. *Schwefelsaures Kupferoxyd,* Kupfervitriol, cyprisches Vitriol findet sich in den *Cämentwässern* (aus welchen K. durch Einlegen von Eisen gewonnen wird, *Cämentkupfer*) und wird aus diesen durch Auflösen von metallischem K. in Schwefelsäure oder durch Rösten von Schwefelkupfer gewonnen, blaue Krystalle mit 4 Aeq. Wasser, löslich in 4 Th. Wasser, unlöslich in Alkohol; dient zur Darstellung von Kupferfarben, zum Verkupfern, zur Erzeugung galvanoplast. Abdrücke, in der Färberei, zur Konservirung des Holzes, zum Ausbringen des Silbers. *Basisch-schwefelsaures Kupferoxyd* ist das schöne *casselmannsche Grün.* Aetzkali fällt aus Kupfervitriol schön blaues *Kupferoxydhydrat,* kohlensaures Kali, basisch kohlensaures Kupferoxyd; derartige Verbindungen bilden das *Braunschweiger-, Bre-*

mer- und *Berggrün*, *Bremerblau* und *Berg-*
blau. Ueber *Arsenigsaures Kupferoxyd* s.
Scheeles Grün und *Schweinfurter Grün*,
über *essigsaures* s. *Grünspan*. *Kupferoxydam-*
moniak ist tief dunkelblau, lost Cellulose.
Kupferproduktion: England 350,000, Chile
280,000, Nordamerika 200,000, Russland
130,000, Oesterreich 60,000, Preussen 57,000,
Spanien, Schweden, Cuba je 40,000, Bolivia
und Peru 30,000, Belgien 20,000 Ctr. Vgl.
Bischoff, „Das K. und seine Legirungen", 1865.

Kupferamalgam, Legirungen von Kupfer
mit Quecksilber, je nach den Verhältnissen
hämmer-, streck-, prägbar, goldähnlich, oder
knetbar zu Zahnkitt dienend.   [*Kupfer*.

Kupferasche (*Kupferhammerschlag*), s.

Kupferausschlag (*Venusblümchen, kupfrige*
Nase), ohron. Hautkrankheit des Gesichts,
geht von der Nase aus, zeigt sich als Röthung, Erweiterung der Venen, Knötchen-
bildung, häufiger bei Männern als bei
Frauen, meist Folge unregelmässiger Lebensweise, nach starkem Alkoholgenuss;
selten heilbar, Behandlung durch Regelung
der Diät, Waschmittel.

Kupferblau, s. *Lasur*.

Kupferdruck, das Verfahren, eine auf
eine Kupfer- oder Stahlplatte gearbeitete
Zeichnung abzudrucken, geschieht vermittelst
der *Kupferdruckpresse*, indem die gehörig
eingeschwärzte Platte auf dieselbe gebracht,
mit dem Druckstoff (*Kupferdruckpapier*) belegt, mit Tüchern bedeckt und dann, vermöge des Mechanismus der Presse, zwischen
2 Stahlcylindern unter starkem Druck durch-
gezogen wird. Die ersten Abdrücke, die
sogen. Künstlerabdrücke (Épreuves d'artiste)
und Abdrücke „vor der Schrift" (avant la
lettre) sind die werthvollsten.

Kupfererze, s. *Kupfer*.

Kupferlegirungen, die wichtigsten aller
Legirungen. Kupfer mit Zink gibt Messing,
Tombak, Similor, Talmigold, Sterrometall
etc.; mit Zink und wenig Zinn und Blei
moderne Statuenbronze, Hartloth etc.; mit
Zink und ziemlich viel Zinn das gelbe La-
germetall; mit Zinn Bronze, das Glocken-
metall, Kanonengut etc.; mit Nickel und
Zink Neusilber; mit edlen Metallen die
Münzmetalle; Zink, Zinn und Antimon mit
untergeordnetem Kupfer gibt das Lagor-,
Britannia- und Letternmetall; Kupfer mit
Quecksilber gibt Kupferamalgam, mit Alu-
minium Aluminiumbronze, mit Silicium
Kupferstahl. Vgl. *Bischoff*, „Das K. und
seine Legirungen", 1865.

Kupferminenfluss (*Coppermine River*),
Fluss im brit. Nordamerika, kommt aus dem
Point-Lake, mündet ins nördl. Eismeer.

Kupferotter, s. v. a. Kreuzotter.

Kupferoxyd u. **Kupferoxydul**, } s. *Kupfer*.
Kupfersalze,   }

Kupferschiefer, im Zechstein vorkom-
mender bituminöser Mergelschiefer, enthält
geschwefelte Kupfererze eingesprengt, findet sich im Mansfeldschen, am Harz und
in Hessen; wird auf Kupfer verarbeitet.

Kupferstechkunst, die vollkommenste der
nachbildenden Künste, besteht ihrem Princip nach darin, dass in eine Kupferplatte

eine Zeichnung derartig vertieft wird, dass
die Schattenlinien und Flächen breiter und
tiefer, die feineren Stellen aber durch dün-
nere und flachere Linien oder weniger ver-
tiefte Flächen übertragen werden, worauf
die so eingegrabene Zeichnung, kunstgerecht
mit Farbe versehen (eingeschwärzt), auf der
Kupferdruckpresse zum Abdruck gelangt
(*Kupferstich*). Verschiedene Sticharten:
Grabstichelverfahren oder sogen. *Linien-*
manier (Schraffirung durch Parallel- oder
vergitterte Linien, oft mit Hülfe der
Schraffirmaschine, die älteste und bedeutendste Art), das *Radiren* (Aetzkunst), die
Punktirmanier (Schattengebung durch Aneinanderreihung von Punkten), die *Schab-*
oder *Schwarzkunst* und *Aquatinta* (s. diese
Art.). Mangelhaftere Abarten der K. sind
die übrigen Metallstiche (bes. in Stahl und
Zink). Wahrscheinl. eine deutsche Erfindung des 15. Jahrh. (älteste Blätter, mit
E. S. bezeichnet, von 1451); in Deutschland
dann vervollkommnet bes. durch *M. Schon-*
gauer, *A. Dürer*, *Beham*, *M. Wohlgemuth*,
Pens, *Altdorfer* u. A., in Italien durch
Mantegna und bes. *Marcanton*, in den Niederlanden durch *Luk. v. Leyden* und später *H.*
Goltzius, worauf hier bes. die Radirung ge-
pflegt wurde: *Rembrandt*, *Van Dyck*, *Ostade*,
Dunart, *Waterloo* etc. Vollendete Ausbil-
dung der K. in Frankreich im 17. Jahrh.
durch *Masson*, *Nanteuil*, *Audran*, *Dorigny*,
Edelink etc., denen sich im 18. Jahrh. die
Deutschen *G. F. Schmidt*, *G. Wille*, *G. v.*
Müller etc. anschliessen; Blüthe derselben
in Italien im 18. und 19. Jahrh.: *Cunego*,
Volpato, *Raff*, *Morghen*, *Toschi* etc. Engl.
Stecher des 18. Jahrh.: *Strange*, *Bartolozzi*
(Punktirmanier), *Sharpe*, *Woollet*. — Die
Kupferstichkunde, ein besonderer und um-
fangreicher Theil der Kunstwissenschaft;
Anleitungen dazu von *Bartsch* („Le peintre-
graveur", neue Ausgabe 1866 f.), *Passavant*,
Nagler, *Dumenil*, *Andresen* u. A.

Kupfervergiftung (*Kuprismus*), nach Genuss löslicher Kupfersalze: Zusammen-
schnürungen im Schlund und Magen, Erbrechen, Athemnoth, Krämpfe, Lähmung,
durch Brechmittel zu bekämpfen; chronisch
bei Arbeitern auf Kupferhämmern (Gelb-
und Rothgiessern als *Kupferkolik*, zeigt
grünliche Färbung der Haare, Augen, Zähne,
Entkräftung, Niedergeschlagenheit, Bauchschmerz, Diarrhöen. Behandlung: Entfernen der Schädlichkeit, gute Diät, Opiate etc.

Kupfervitriol, s. *Kupfer*.

Kupferwasser, s. v. a. Eisenvitriol.

Kupffer, *Adolf Theodor*, Physiker, geb.
18. Jan. 1799 in Mitau, seit 1848 Direktor
der magnetisch-meteorologischen Centralanstalt für Russland; † 4. Juni (23. Mai)
1865 in Petersburg. Höchst verdient um
Physik und Meteorologie, führte die Sturm-
signale in Russland ein. Schr. „Handbuch
der Alkoholometrie" (1865).

Kupfrige Nase, s. v. a. Kupferausschlag.

Kupidität (lat.), Begierde, Lüsternheit.

Kupolöfen, s. *Schachtöfen*.

Kuppel (*Kesselgewölbe*), s. *Gewölbe*. Aelteste
K. die des Pantheons in Rom. Die moderne K.

ruht auf einem cylindrischen, mit Fenstern versehenen Unterbau (Tambour).

Kuppelei (Lenocinium), das Gelegenheitschaffen zu ausserehelichem Geschlechtsgenuss, wird in den neueren Rechten mit Gefängnisse in verschiedenen Graden bestraft, am härtesten bei Verführung unschuldiger Mädchen und Verletzung anderweiter Pflichten, z. B. wenn Männer ihre Frauen oder Eltern ihre Töchter preisgeben.

Kuppenheim, Stadt im bad. Kr. Baden, an der Murg, 1800 Ew. Hier 5. Juni 1796 *Sieg Moreaus* über die Oesterreicher unter Latour; 29. und 30. Juni 1849 *Sieg* der Reichstruppen über die bad. Insurgenten.

Kur (lat.), ärztliche Behandlung eines Kranken; dadurch bewirkte Heilung: daher *kuriren*, heilen. Auch die dazu dienlichen Heilmittel, z. B. Brunnen-, Traubenkur.

Kur (*Cyrus*), Zufluss des Kaspisees, entspr. in Armenien bei Kars, fliesst südöstl. durch Georgien, mündet südlich der Halbinsel Apscheron; über 100 Meilen l. Bedentendster Nebenfluss der Aras.

Kurabel (lat.), heilbar.

Kurant, s. *Courant*.   [tholischer.

Kurat (lat.), Pfarramtsverweser, bes. katholischer.

Kuratel (lat.), obrigkeitlich angeordnete Ueberwachung einer Person oder ihrer Vermögensrechte wegen deren Unfähigkeit zu selbständigem, rechtsgültigem Handeln (nicht wegen Unmündigkeit).

Kurator (lat.), rechtlicher Vertreter einer Person; im Besonderen einer Universität betrauter höherer Staatsbeamter.

Kurbel, Krummzapfen, Maschinenstück zur Aufnahme von Menschenkräften, zweimal unter einem rechten Winkel umgebogene (gekröpfte) Verlängerung einer Welle, gestattet eine Arbeitsleistung von 288,000 Meterkilogr. in 8 Arbeitsstunden. Die K. dient bes. auch zur Umsetzung der Kreisbewegung in eine geradlinig wiederkehrende und umgekehrt.

Kurden, Volk in Vorderasien, zwischen Armenien und Mesopotamien, iran. Ursprungs, grösstentheils nomadisirend, kriegerisch und räuberisch, Bekenner des Islam; gegenwärtig theils den Türken, theils den Persern, einige Stämme nominell auch den Russen unterworfen. Ihr Gebiet (*Kurdistan*) ca. 2000 QM. gr. mit 2–3 Mill. Ew.; Hauptst. des türk. Theils ist Bitlis, des pers. Kirmanschah. Die Sprache der K. entstanden aus Pers., Türk. und Arabisch.

Kureten, Söhne des Apollo und der Thalia, Priester der Rhea und des Zeus auf Kreta, führten lärmende Waffentänze auf.

Kurfirsten (*Kuhfirsten*), 7 nackte Felshörner an der Nordseite des wallenstädter Sees, im Kant. St.-Gallen. Die höchsten der Scheibenstoll (7000') und Hinterruck (7059').

Kurfürsten, im deutschen Reiche diejenigen Fürsten, welche den Kaiser zu wählen (küren) hatten, nach der goldenen Bulle die Erzbischöfe von Mainz, Trier und Köln, der Pfalzgraf am Rhein, der Herzog von Sachsen, der Markgraf von Brandenburg und der König von Böhmen. Im westphäl. Frieden wurde für die Pfalz,

deren Kur infolge der Aechtung Friedrichs V. an Bayern gekommen war, eine 8. Kur errichtet, die aber 1777 beim Aussterben des Hauses Bayern wieder erlosch. 1692 kam eine 9. Kur für Braunschweig-Lüneburg hinzu, welches aber erst 1710 in das Kurkollegium eingeführt ward. Die K. entwarfen die Wahlkapitulation, bildeten auf den Reichstagen ein besonderes Kollegium, hatten königl. Rang (doch ohne den Titel Majestät) und waren von der Gerichtsbarkeit des Reichskammergerichts und des Reichshofraths befreit. Der Kurfürst von Mainz war Erzkanzler in Deutschland und hatte als solcher das Direktorium der Reichstage und des Kurfürstenraths und die Leitung der Kaiserwahl. Ueber die übrigen Erzämter s. d. Der Kurfürst von der Pfalz war bei Erledigung des Kaiserthrons Reichsvikar in Franken, Bayern, Schwaben und am Rhein, der Kurfürst von Sachsen in den Ländern sächs. Rechts und erster evangel. Reichsstand. Der Reichsdeputationshauptschluss von 1803 liess nur Einen geistl. K., den von Mainz als Reichserzkanzler fortbestehen, schuf aber 3 neue weltl. K., von Baden, Würtemberg und Hessen-Kassel, zu welchen dann noch der von Salzburg (Grossherzog von Toskana) kam, der 1805 nach Würzburg versetzt ward. Mit der Stiftung des Rheinbundes und der Auflösung des deutschen Reichs verlor die Kurfürstenwürde ihre Bedeutung; die noch übrigen K. nahmen den königl. oder grossherzogl. Titel an; nur Hessen-Kassel führte den kurfürstl. Titel bis zur Einverleibung des Landes in Preussen (1866) fort.

Kurie (lat.), s. *Curia*; Lokal einer berathenden, richtenden etc. Versammlung, Rathhaus; insbes. der päpstliche Hof mit den päpstlichen Regierungs- und Justizkollegien; auch s. v. a. erste Kammer, Herrenhaus; *Kurial*, kanzleimässig; *Kurialstil*, Kanzleistil. *Kurialist*, Beamter, insbes. eifriger Anhänger der päpstlichen K.

Kurier (fr. *courrier*, spr. Kurrjeh), Eilbote, bes. von einem Hofe oder Kabinet mit wichtigen Nachrichten abgesandter.

Kurilen, Kette von mehr als 30 Eilanden zwischen Kamtschatka und Japan, theils zu Russland, theils zu Japan gehörig; vulkan., unfruchtbar; für den Pelzhandel von Werth. Die Bew. ca. 1000, den Ainos verwandt.

Kuriös (lat.), neugierig; seltsam. *Kuriositäten*, seltsame Sehenswürdigkeiten.

Kurisches Haff, Strandsee in Ostpreussen, 16 M. l., etwa 4½ M. br., 29,4 QM. Durch die *kurische Nehrung*, einen 100–150' hohen Sandrücken, von der Ostsee geschieden, im äussersten Norden durch das *memeler Tief* (18' tief) mit derselben in Verbindung.

Kurkumé, s. *Curcuma*.

Kurland, russ. Gouv., eine der Ostseeprovinzen, 495 QM. und 573,856 Ew. (meist evang.); reich an Waldung und fruchtbarem Boden. Die Ew. in den Städten fast nur Deutsche, auf dem Lande *Kuren* (lithauisch) und Esthen. Hauptst. Mitau. Zerfiel ehemals in 2 Herzogthümer: K.

(der südwestl.) und Semgallen (der südösti. Thail), kam 13. Jahrh. nebst Livland an die Schwertritter, bildete seit 1561 ein eigenes Herzogthum, seit 1795 russisch.

Kurmark, der Haupttheil der ehemal. Mark Brandenburg (im Gegensatz zur Neumark), 447 QM., zerfiel in die Altmark, Vormark (Priegnitz), Mittelmark, Uckermark und die Herrschaften Beeskow und Storkow.

Kurrende (lat.), von Haus zu Haus singendes Schülerchor; Umlaufschreiben.

Kurrent (lat.), laufend. *Kurrentschrift*, die gewöhnl. deutsche Schreibschrift.

Kurs (fr. *cours*, spr. *Kuhr*), s. v. a. Kursus; Lauf, Richtung, z. B. eines Schiffs, einer Post etc.; Umlauf einer Münzsorte; laufender Preis der Geldsorten, Wechsel, Staatspapiere, Aktien etc. *Kurszettel*, Verzeichniss der für einen bestimmten Tag an der Börse geltenden Kurse. *Kursiren*, umlaufen, im Kurs sein.

Kurschmied (*Fahnenschmied*), der jeder Eskadron zum Beschlagen der Pferde und zur Heilung kl. Schäden beigegebene Schmied.

Kursivschrift, s. v. a. Kurrentschrift; in der Buchdruckerei schräge, der Schreibschrift ähnliche lat. (Antiqua-) Schrift.

Kursk, grossruss. Gouv., 812,8 QM. und 1,827,068 Ew.; sehr fruchtbar. Die *Hauptst.* K., am Tuskara, 26,565 Ew. Erzbischofssitz.

Kursorisch lesen, einen Autor rasch ohne eingehende Erklärung des Einzelnen lesen, im Gegensatz zu statarisch.

Kurtáne, das Schwert Eduards des Bekenners, wird den engl. Regenten bei deren Krönung vorgetragen.

Kurulischer Stuhl (*Sella curulis*), im alten Rom Ehrensitz der Könige, später der Konsuln, Prätoren und der patricischen (kurulischen) Aedilen.

Kuruman (*Neu-Lattaku*), Stadt d. Betschuanen in Südafrika; Station der Missionäre.

Kurve (lat.), krumme, nach bestimmten Gesetzen beschriebene Linie, insbes. Kegelschnittslinie. *Kurvatur, Kurvation*, Krümmung; *Kurvilineär*, krummlinig.

Kurvereine, im deutschen Reich ausserordentliche Vereinbarungen der Kurfürsten behufs der Wahrung ihrer gemeinsamen Rechte oder im Rücksicht auf bestimmte Ereignisse abgeschlossen. Am bekanntesten der zu Rense 1338 abgeschlossene, welcher die Wahlfreiheit der Kurfürsten dem Papst gegenüber wahren sollte.

Kurz, 1) *Heinr.*, Literarhistoriker, geb. 28. April 1805 in Paris, seit 1839 Prof. in Aarau. Hauptwerke: „Gesch. der deutschen Literatur" (5. Aufl. 1869 ff., 4 Bde.) und „Leitfaden zur Gesch. der deutschen Literatur" (3. Aufl. 1870). Besorgte krit. Ausgaben von Schillers „Sämmtl. Werken", Goethe, Lessing, Wieland, Herder u. And. — 2) *Hermann*, Dichter, geb. 1813 zu Reutlingen, lebt als Bibliothekar in Tübingen. Werke: „Gedichte" (1836), „Dichtungen" (1839), die Romane „Schillers Heimatsjahre" (2. Aufl. 1857) und „Der Sonnenwirth" (2. Aufl. 1862), gelungene Uebersetzungen des Gottfr. von Strassburg („Tristan und Isolt") und der „Zwischenspiele" des Cervantes (1868) u. A.

Meyers Hand-Lexikon.

Kursolariinseln, s. *Echinaden*.

Kurzsichtigkeit (*Myopie*), Fehler des Auges, wobei die parallel einfallenden Lichtstrahlen nicht auf der Netzhaut, sondern vor derselben vereinigt werden; durch zu grosse Länge des Augapfels bedingt. Infolge dessen müssen Gegenstände sehr nahe ans Auge gebracht werden; für ferne Gegenstände dient eine Konkavlinse. Meist angeboren oder durch zu grosse Anstrengung der Augen in der Jugend erworben.

Kuschádassi (*Scala nuova*), Hafenstadt in Kleinasien, am ägäischen Meere, der Insel Samos gegenüber, 10,000 Ew. Handel.

Kusel, Stadt in der bayer. Rheinpfalz, an der Glan, 2836 Ew. Steinkohlengruben. 1794 von den Franzosen niedergebrannt.

Kusnezk, Stadt im ostruss. Gouv. Saratow, an der Trusswa, 12,314 Ew.

Kuso (*Kosso*), s. *Brayera*.

Kutáhia (*Kjutahia*, das alte *Cotidium*), Stadt im nordwestl. Kleinasien (Natolien), 28,960 Ew. (4317 Griechen). Sitz des Pascha.

Kutais, russ. Gouvern. in Transkaukasien, westl. von Tiflis, die Landschaften Imerethi, Mingrelien und Ghurien umfassend, 750 QM. und 615,713 Ew. Die uralte *Hauptst.* K. (*Cytäa*), am Rion, 11,807 Ew. (bes. Armenier); Handel mit Getreide, Wein und Seide.

Kutteln, die Eingeweide der Schlachtthiere. *Kuttelhaus*, Schlachthaus.

Kuttenberg, Bergstadt im böhm. Kr. Czaslau, 12,764 Ew. Berghauptmannschaft. Goth. Barbarakirche. Bergbau auf Kupfer und Blei, früher auch Silber.

Kutter, einmastiges, nach Art der Jacht aufgetakeltes Fahrzeug.

Kutúsow, *Michail Larionowitsch Golenischtschew-*, Fürst *Smolenskij*, russ. Feldmarschall, geb. 16. Sept. 1745, focht 1769 in Polen, 1770 unter Rumjansow gegen die Türken, ward 1787 Generalgouverneur in der Krim, 1791 Generallieutenant, schlug die Türken 14. Juni 1791 bei Babadagh. 1801 zum Generalgouverneur von Petersburg ernannt, erhielt er 1805 den Oberbefehl über das erste russ. Armeecorps, befehligte unter Kaiser Alexander das verbündete Heer in der Schlacht bei Austerlitz, die gegen seinen Rath unternommen ward. 1806—11 Generalgouverneur von Kiew, dann Oberbefehlshaber des russ. Heeres, siegte er bei Smolensk über Davoust und Ney, rief die Deutschen in der Proklamation von Kalisch 25. März 1813 zum Kampfe auf; † 28. April 1813 zu Bunzlau.

Kux, bestimmter ideeller Antheil an einer gewerkschaftlichen Grube (s. *Gewerk*), in der Regel 128 ausser den sogen. *Freikuxen*, die keine Zubusse entrichten, aber Ausbeute gewähren. Der Grund- oder Erbkux steht Dem zu, auf dessen Boden sich der Grubenschacht befindet. K.e sind volles Eigenthum und frei veräusserlich.

Kuxhaven, Hafenort im hamburger Amt Ritzebüttel, an der Elbmündung, 1719 Ew. Sicherer Seehafen für 150 Schiffe, Leuchtthurm, Schiffswerfte, Lootsenstation, Seebad.

Kwas, bierartiges Getränk aus geschrotenem Getreide, in Russland gebräuchlich.

Kyanisiren, imprägniren des Holzes mit Quecksilberchlorid, zumSchutz vor Fäulniss.

Kyffhäuser, isolirter Vorberg des Unterharzes, an der Südgrenze der goldnen Aue, 1468' hoch. Berühmt durch die Volkssage des darin verzauberten Kaisers Friedrich I., die Burgruine *Kyffhausen* (oft Wohnsitz der Hohenstaufen) nnd die Barbarossahöhle.

Kyllösis (gr.), Verkrümmung der Wirbelsäule, Buckel.

Kymmeneelf, Fluss in Finnland, mündet zwischen Frederikshamm und Lowisa in den finn. Meerbusen; 45 M. l. Auf zwei seiner Mündungsinseln die Festungen Rotschensalm und *Kymmenegrod*. [Wales.

Kymren (*Cymry*), die kelt. Bewohner von

Kyuast, Granitkegel des Riesengebirgs, bei Hirschberg, 1810' h., mit Schlossruinen (prächtige Aussicht). Danach benannt die *Standesherrschaft* K. des Grafen Schaffgotsch.

Kynegetik (gr.), Jägerei, Jagdkunst.

Kyniatrie (gr.), Hundeheilkunst.

Kynorexie (gr.), Wolfshunger.

Kynoskephalä (a. G., lat. *Cynoscephalä*), 2 Hügel in Thessalien; hier 197 v. Chr. Sieg des T. Quinct. Flamininus über Philipp II. von Macedonien.

Kyrie eleison (gr.), d. i. Herr, erbarme dich! bibl. Worte, erster Satz der musikal. Messe der kathol. Kirche.

Kyritz, Kreisst. des Kreises Ostprignitz im preuss. Regbz. Potsdam, 4398 Ew.

L.

L, als röm. Zahlzeichen = 50; abbr. L. s.v.a. *Lex* (Gesetz), *Liber* (Buch), *Lira* und *Livre*, Münze; £ Zeichen für Pfund Sterling; L. anf franz. Münzen die Münzstätte Bayonne.

L. a., anf Recepten abbr. für lege artis, nach Vorschrift der Kunst.

Laachersee, See in Rheinpreussen, bei Andernach, 180' tief, mit bläulichem, widerlich schmeckendem Wasser, ohne natürl. Abfluss; Centrum einer vulkan. Region mit ca. 50 Basalt- und Phonolithkegeln. An der Ostseite eine Grube (4' tief), welche Kohlensäure entwickelt; an der Südseite die ehem. *Abtei Laach* (1093 gegr., 1802 aufgehoben; schöne roman. Kirche mit 6 Thürmen).

Laaland (*Lolland*), dän. Insel, südl. von dem gr. Belt. 21½ QM., sehr fruchtbar; Hauptst. Maribo; bildet mit Falster n. and. Eilanden das *Stift* L., 30½ QM. und 86,797 Ew.

Laar, *Peter van*, holl. Maler, geb. um 1613, bildete sich in Italien; † 1674 zu Harlem; stellte bes. Scenen des niedrigen ital. Volkslebens dar, daher das ganze niedere Genre nach seinem ital. Beinamen *Bamboccio* (d. i. Krüppel) die Bezeichn. *Bambocciaden* erhielt.

Lab (*Kälberlab*), die innere Haut des 4. Magens junger säugender Kälber, besitzt die Fähigkeit, frische (nicht saure) Milch zum Gerinnen zu bringen, dient zur Bereitung des Süssmilchkäses und der Molken. *Labenzym*, ein wirksamer Anszug des L.

Laban, Heerdenbesitzer in Haran, Vater der Lea und Rahel, der Gattinnen seines Schwestersohnes Jakob, den er nach dessen Flucht vor Esau bei sich aufnahm.

Labärum (lat.), in der spätröm. Zeit die Hauptfahne des Heeres, von Konstantin d. Gr. mit dem Zeichen des Kreuzes versehen.

Labdrüsen, schlauchförmige Drüsen der Magenschleimhaut, Magensaft bildend.

Labedoyère (spr. Labedoajär), *Charles Angélique Huchet, Graf von*, franz. General, geb. 17. April 1786 zu Paris, machte die franz. Feldzüge 1806—13 mit, trat nach Napoleons erster Abdankung in die königl. Armee, schloss sich dann wieder an Napo-

leon an, ward nach der 2. Restauration 19. Aug. 1815 kriegsrechtlich erschossen.

Labefaciren (lat.), ermüden, schwächen.

Laberdan, eingesalzener Kabeljau.

Labes, Kreisst. im preuss. Regbz. Stettin, an der Rega, 4712 Ew. [stichios; ermattet.

Labet (fr. *la bête*), im Kartenspiel verloren.

Lablal (lat.), zu den Lippen gehörig. *Labiales*, Lippenlaute.

Lablau, Kreisst. im preuss. Regbz. Königsberg, unweit des kur. Haffs, 4555 Ew. Im *Vertrag von L.* 20. Nov. 1656 erhielt der Grosse Kurfürst von Schweden die Souveränetät über Ostpreussen.

Labienus, *Titus*, Redner und Geschichtschreiber unter Augustus, heftiger Gegner der Monarchie, daher *Rabienus* (der Wüthende) genannt. Sein Name ward infolge des von A. Rogeard unter dem Titel ,Les propos de L.' (1865) verfassten Pamphlets gegen Napoleon III. der Vergessenheit entrissen. [rissen.

Labkraut, s. *Galium*.

Lablache, *Luigi*, ber. Bassist, geb. 1794 in Neapel, seit 1830 Mitglied der grossen Oper in Paris; † 23. Jan. 1858 zu Neapel.

Laboriren (lat.), arbeiten; chemische Arbeiten mit Hülfe des Feuers vornehmen; an etwas leiden; *Laboratorium*, Lokal zur Ausführung chem. Arbeiten, zur Anfertigung von Feuerwerk, Munition etc.

Laboulaye (spr. -bulä), *Edouard René Lefèbvre*, franz. Rechtslehrer und Publicist, geb. 18. Jan. 1811 zu Paris, ward 1845 Mitglied der Akademie der Wissenschaften, 1849 Professor am Collége de France; Begründer der rechtsgeschichtlichen Studien in Frankreich. Schr. ,Histoire politique des Etats-Unis de l'Amérique' (1854—55, 3 Bde.), sowie zahlr. Essays jurist., geschichtl. und kulturgeschichtl. Inhalts, auch Belletristisches (,Contes bleu', das satir. Märchen ,Le prince caniche' etc.) u. A. Gesammelte Werke (deutsch 1869 ff.).

Labourdan, Landschaft in Südfrankreich (Niederpyrenäen) und Spanien, meist von Basken bewohnt; Hauptort Bayonne.

Labradōr, Halbinsel an der nordamer. Ostküste, zwischen der Hudsonsbai und dem Ocean, zu Brit.-Amerika gehörig, ca. 20,000 QM. und 4—5000 Ew. (Eskimo, Indianer); felsiges, rauhes und unwirthbares Hochland, reich an Pelzthieren und Fischen. An der Ostseite Herrnhuterkolonien seit 1771 (Nain, Okkak, Hoffenthal, Hebron). 1501 von den Portugiesen entdeckt.

Labradōr (Labradorit), polychromatischer Feldspath (s. Feldspathe), in vielen kieselarmen Gesteinen, farblos oder gefärbt, oft mit prächtigem Farbenspiel (Labrador; Norwegen, Sachsen etc.) und dann als Changeant und Œil de bœuf Schmuckstein.

Labradorthee (Canadathee), s. Gaultheria.

Labrayère (spr. -brüjähr), Jean de, franz. Schriftsteller, geb. 16. Aug. 1645 zu Paris, † 10. Mai 1696 zu Versailles. Hauptwerk: ‚Les charactères ou les mœurs de ce siècle‘ (1688), durch klassische Sprache und feinste Charakterzeichnung ausgezeichnet (beste Ausg. von Depping 1818, Walckenaer 1845, Servois 1866 u. A.; Uebers. von Eitner 1870).

Labuan, brit. Insel an der Nordwestküste von Borneo, 3 QM.; wichtig als Schifffahrtsstation und Kohlendepot.

Labyrinth (gr.), Irrgang; im Alterth. Name gewisser Gebäude und unterirdischer Aushöhlungen mit vielgewundenen Gangen und nur Einem Ein- und Ausgang; die berühmtesten das ägypt. L., am See Möris (Ruinen bei Howâra), und das kretische L. bei Knossus (Wohnung des Minotaurus). In der Anatomie der innerste Theil des Gehörorgans, s. Ohr.

Labyrinthodonten, ausgestorbene Saurierfamilie der Trias mit Zähnen, die im Querschnitt labyrinthartige Zeichnungen zeigen.

Lacedämon, s. Sparta.

Laceration (lat.), Zerreissung, Zerfleischung; laceriren, zerreissen; verlästern.

Lacessiren (lat.), reizen, necken.

Lachaise (spr. -schähs), François d'Aix de, franz. Jesuit, geb. 25. Aug. 1624 zu Aix im Dep. Loire, Provinzial des Ordens und seit 1675 Beichtvater Ludwigs XIV., an der Zurücknahme des Edikts von Nantes betheiligt; † 20. Jan. 1709. Sein Garten am Mont-Louis, nach seinem Tode Besitzthum der Jesuiten, seit 1804 der Friedhof Père-Lachaise.

Lachaussée (spr. -schosseh), Pierre Claude Nivelle de, franz. Dramatiker, geb. 1692 zu Paris, † das. 14. März 1754. Begründer der ‚Comédie larmoyante‘ (des weinerlichen Lustspiels) durch sein ‚Le Préjugé à la mode‘ (1735); schr. noch die beliebten Stücke ‚Mélanide‘, ‚L'école des mères‘ etc.

Lachbaum, Grenzbaum mit eingehauenem Zeichen.

Lachen (Risus), eigenthümlich stossweise Ausathmung unter gleichzeitiger Hebung eines der beiden Mundwinkel durch die Gesichtsmuskeln. Krankhaft ist der sogen. Lachkrampf, bes. bei hysterischen Frauen. Der Lachmuskel liegt am Mundwinkel und ist beim L. mit thätig.

Lachesis, eine der drei Parzen.

Lacheté (fr., spr. Lasch'teh), Schlaffheit, Trägheit. Lachiren, loslassen, nachgeben.

Lachkrampf, s. Lachen.

Lachmann, Karl, Philolog, geb. 4. März 1793 zu Braunschweig, seit 1825 Prof. in Berlin; † das. 13. März 1851. Besorgte werthvolle Ausgaben altklass. und insbes. altdeutscher Literaturwerke, so des Nibelungenlieds (7. Aufl. 1871), Walthers von der Vogelweide (4. Aufl. 1864), Wolframs von Eschenbach (2. Aufl. 1854) u. A.; zugleich scharfsinniger Kritiker; ‚Zu den Nibelungen etc.‘ (1836); ‚Betrachtungen über die Ilias‘ (1847) etc. Gab Lessings ‚Sämmtl. Schriften‘ (1836—40) heraus. Vgl. Hertz (1851).

Lachner, Franz, Komponist, geb. 2. April 1804 zu Rain (Bayern), seit 1836 Hofkapellmeister in München, 1852—67 Generalmusikdirektor das. Gediegene symphon. Werke (Symphonien, Suiten); Opern (bes. ‚Catarina Cornaro‘, ‚König Oedipus‘), Requiem, zahlr. Lieder u. A. — Seine Brüder: Ignaz L., geb. 11. Sept. 1807, seit 1861 Kapellmeister zu Frankfurt a/M.; Vincenz L., geb. 1811, seit 1836 Kapellmeister in Mannheim.

Lachs (Salm, Salmo L.), Gattung der Bauchflosser. Gemeiner L. (S. Salar L.), 2—5' l., im Eismeer, nordatlant. Ocean, in der Nord- und Ostsee, geht zum Laichen in die Flüsse bis zu deren Quellen, bes. zahlreich in Skandinavien, Russland, England etc. Das Fleisch ist vor dem Laichen fett, roth, wohlschmeckend (Rheinlachs), nach dem Laichen blass, mager (Rheinsalm).

Lachter (Bergluchter, Klafter), beim Bergbau übliches Längenmaass, in Preussen = 2,092, in Sachsen = 2, in Oesterreich L. von Idria = 1,967, von Joachimsthal = 1,915, von Schemnitz = 2,022 Meter.

La Ciotat, Seestadt im franz. Depart. Rhonemündungen, 10,017 Ew., ber. durch Wein, Oliven und Mandeln.

Laciren (fr., spr. -si-), schnüren, mit Band durchflechten. [100,000 Rupien à 19½ Sgr.

Lack, Rechnungsgeld in Ostindien, =

Lack (Gummilack), Gemische von Harz und Farbstoff, hervorgebracht durch den Stich der Lackschildlaus (Coccus Lacca Kerr.) auf verschiedenen Bäumen (Croton, Butea, Ficus etc.), indem das hervordringende Harz das Thier einschliesst und der Farbstoff des letzteren das Harz durchdringt; kommt aus Ostindien roh als Stocklack, zerkleinert und ausgesucht als Körnerlack in den Handel, dient zur Bereitung des Schellack etc.

Lack, Pflanzengattung, s. Cheiranthus; s. v. a. Firniss; lackiren, mit Firniss überziehen.

Lack-dye (spr. -dei), rother Farbstoff aus Lack, wird in Indien bereitet; bildet dunkelbraunschwarze, geruch- und geschmacklose Kuchen, im Wesentlichen identisch mit dem Farbstoff der Cochenille.

Lackfarben (Locke, Farblacke), chemische Verbindungen oder Gemische von Farbstoffen mit Thonerde, Zinnoxyd, Bleioxyd, werden in der Malerei zum Tapetendruck, in der Zeugdruckerei und als Anstrichfarben benutzt.

Lackfirniss, s. Firniss. [farben benutzt.

Lack-lack, dem Lack-dye ähnlicher, aber unreinerer Farbstoff.

Lackmus, blauer Farbstoff, wird aus denselben Flechten wie Orseille (s. d.) dargestellt, bildet quadratische dicke Täfelchen, dient zur Darstellung von Reagenspapier, da er durch Säuren roth und der rothe Farbstoff durch Alkalien blau wird. L.*läppchen*, Tournesolläppchen mit dem Saft der Samen von Crosophora tinctoria (Euphorbiacee, in Frankreich kultivirt) getränkte und Ammoniakdämpfen ausgesetzte Läppchen, werden durch Säuren roth, dienen zum Färben von Käse, Konfitüren, Wein.

Laclos (spr. -kloh), *Pierre Ambr. Franç. Choderlos de*, geb. 1741 zu Amiens, ward 1778 Geniekapitän, 1793 als Freund des Herzogs von Orléans verhaftet, unter Napoleon Brigadegeneral der Artillerie; † 5. Nov. 1803 in Tarent. Verf. des berüchtigten Romans ,Les liaisons dangereuses' (1784).

Lacordaire (spr. -ähr), *Jean Baptiste Henri*, ber. franz. Kanzelredner, geb. 12. Mai 1802 zu Recey-sur-Ource (Côte-d'Or), ward 1822 Advokat in Paris, 1827 zum Priester geweiht, 1830 Prediger am Collège Henri IV, gab mit Lamennais das demokrat.-kathol. Journal ,L'Avenir' heraus, begann 1835 stark besuchte Vorträge in Notre-Dame, liess sich 1842 im Kloster Bosco in Piemont als Dominikaner einkleiden, ward 1848 Mitglied der Konstituante, beschränkte sich seit 1853 auf die Leitung seiner Schule zu Sorrèze, ward 1861 Mitglied der Akademie; † 21. Nov. 1861. Werke (1858, 6 Bde.). Biogr. von *Foisset* (1870).

Lacrymae Christi, s. *Lagrima de Gallitti*.

Lactantius, *Lucius Cölius Firmianus*, lat. Kirchenschriftsteller, Lehrer der Beredsamkeit in Nikomedien; † um 330. Wegen seiner reinen Schreibweise der ,christl. Cicero' genannt. Hauptwerk ,Institutiones divinae'. Werke herausg. v. *Fritzsche* (1842—44, 2 Bde.).

Lactüca und Lactucarium, s. *Lattich*.

Lacus (lat.), See. L. *Benácus*, Gardasee; L. *Brigantinus*, Bodensee; L. *Larius*, Comersee; L. *Lemänus*, Genfersee; L. *Verbánus*, Lago Maggiore.

Ladakh (*Westtübet*), ostind. Alpenlandsch., das Thal des obern Indus umfassend, etwa 1430 QM., früher zu Tübet, jetzt zu Kaschmir gehörig. Die Bevölkerung tübetanisch und theilweise mohammedanisch. *Hauptst.* L. (*Leh*), in 11,000' Höhe, 12,000 Ew., Hauptmarkt für die Kaschmirwolle.

Ladänum (*Labdanum*), wohlriechendes Harz von mehreren Cistus-Arten (s. *Cistus*), braunroth bis schwarz, von bitter-balsamischem Geschmack, früher officinell.

Ladenkrankheiten, durch schlechte Lagerung der Gebisse bei Pferden entstehend, z. B. die Ladenschwiele, Ladenquetschung.

Ladikieh (*Latakiah*, das alte *Laodicea*), Hafen- und Handelsst. in Syrien, 14,000 Ew. Ber. Tabakbau. Hafen für Aleppo.

Ladiner, die in der Schweiz (Engadin) und in Südtirol (enneberger Thal, um Gröden etc.) wohnende roman. Bevölkerung. *Ladinisch*, der von ihr gesprochene Dialekt.

Ladino, ein von den Juden der pyrenäischen Halbinsel ausgegangener weitverbreiteter Jargon, mit eigener Literatur.

Ladinos, in Centralamerika getaufte Indianer und Mischlinge.

Ladis, Badeort in Tirol, Kr. Innsbruck, Schwefelquelle. Dabei Bad *Obladis*, kräftige Säuerling.

Ladislaw, s. *Wladislaw*. [ger Säuerling.

Ladögasee, grösster Landsee, Europas im nordwestl. Russland, 25 M. l., 15 M. br., 332 QM. Sehr fischreich. 70 Zuflüsse, einziger Abfluss die Newa. Doppelte period. Veränderung des Wasserstandes, nach den Jahreszeiten und in einer 7jähr. Periode. Lebh. Schifffahrt von Mai bis November.

Ladronen, Inseln, s. *Marianen*.

Lady (engl., spr. Lehdy), früher Ehrentitel der Königinnen von England, dann der Prinzessinnen von Geblüt, jetzt der Frauen der engl. Peers, Baronets, Ritter und der Töchter der Herzöge, Marquis und Grafen.

Lägel, Stabigewicht, in Steiermark = 140 — 150, in Preussen = 100 preuss. Pfd.

Lähmung (Paralysis), früher die Verminderung der Thätigkeit eines Organs überhaupt, jetzt nur von Nerven und Muskeln gebraucht. Bei den Empfindungsnerven zeigt sich die L. als Empfindungslosigkeit (s. *Anästhesie*), bei den motorischen als Unfähigkeit Muskelzuckungen hervorzubringen (P. im engern Sinne, Akinesie). Die L. ist entweder *central*, wenn die Ursprünge der Nerven im Gehirn und Rückenmark erkrankt sind (wobei sie eine Körperseite, hemiplegia, oder die untere Hälfte, paraplegia, betreffen kann), oder *peripherisch*, wenn die Nervenbahnen oder die Muskeln selbst gelitten haben. Behandlung stets ärztlich, häufig mittelst Elektricität.

Lämmergeier, s. *Bartgeier*.

Län (schwed.), Provinz, Distrikt.

Länge, in der Geographie derjenige Bogen des Aequators, welcher zwischen dem 1. Meridian und dem Meridian irgend eines Ortes liegt und mit der Breite die Lage des Ortes auf der Erde bestimmt. Dabei wird vom 1. Meridian bis 180° nach O. (östl. L.) und bis 180° nach W. gezählt (westl. L.). Vgl. *Meridian*. In der Astron. der zwischen dem Breitenkreise eines Gestirns und dem Frühlingsäquinoktialpunkte enthaltene Bogen in der Ekliptik (stets in der Richtung nach O. gerechnet). *Längenbureaux*, Institute in Paris und London, zu geograph.-astronom. Bestimmungen behufs der Schifffahrt eingerichtet.

Lärchenbaum (*Lärche*, Larix L.), Gruppe der Koniferengattung Pinus mit abfallenden Nadeln. *Gemeiner* L., Lärchentanne, europ. Ceder (Pinus Larix L., L. europaea Dec.), in Süd- und Mitteleuropa, Sibirien, Waldbaum des Gebirges, liefert Nutzholz, venetian. Terpentin, in südl. Ländern Manna; auch wächst auf ihm der Lärchenschwamm. L. americana, in Canada, eins der wichtigsten Holzgewächse.

Laërtes, Vater des Odysseus, Theilnehmer an der kalydon. Jagd und am Argonautenzuge, erlebte hochbetagt die Rückkehr seines Sohnes von Troja.

Läsäre (schwed., d. i. Leser), religiöse Partei in Schweden, gestiftet von Hans Nielsen Hange (geb. 3. April 1771, † 29. März 1824), streng luther.-orthodox und ascetisch.

Laesio (lat.), Verletzung, insbes. Bevortheilung, Rechtsverletzung. *L. enormis* oder *ultra dimidium*, Benachtheiligung über die Hälfte des Werths, tritt bei einem Kaufvertrag auf Seiten des einen Theils ein, wenn der bezahlte Kaufpreis weniger als die Hälfte oder über das Doppelte des Werths der verkauften Sache beträgt. Dem auf solche Weise Benachtheiligten steht noch gemeinem Rechte die Aufhebung des betreffenden Vertrags zu.

Lätäre (lat., d. i. freue dich), der 4. Fastensonntag, weil der Gottesdienst an demselben ehedem mit dem Gesange 'L. Jerusalem' (nach Jes. 66, 10) begann.

Läusekörner, die Samen von Cocculus suberosus, Delphinium Staphisagria und Veratrum officinale.

Läusekrankheit, s. v. a. Läusesucht.

Läusekraut, die Läusekörner liefernden Pflanzen, und Daphne Mezereum, Helleborus foetidus und Ledum palustre.

Läusesalbe, Salbe mit Stephanskörnern und Nieswurz oder graue Quecksilbersalbe.

Läusesucht (Phthiriasis), massenhafte Anhäufung von Kleiderläusen auf der menschlichen Haut, die von denselben durchlöchert und geschwürig wird; bes. bei mageren Menschen möglich; kann durch allgemeine Schwächung des Körpers tödtlich werden (Tod des Sulla, Herodes; oft verwechselt mit Medenanhäufung auf Geschwüren).

Lafayette (spr. Lâfajett), Stadt in Indiana (Nordamerika), am Wabash, über 11,000 Ew.

Lafayette (spr. Lâfajett), *Marie Jean Paul Roch Yves Gilbert Motier, Marquis de*, franz. General und polit. Charakter, geb. 6. Sept. 1757 im Schlosse Chevagnac (Oberloire), begab sich bei Beginn des nordamerikan. Befreiungskriegs 1777 nach Nordamerika, ward vom Kongress zum Generalmajor ernannt, trat in Washington in engen Verkehr und zeichnete sich bei mehreren Gelegenheiten aus. Bei den Ereignissen in Paris 1789 eifrig betheiligt, gründete er die Nationalgarde, rettete 6. Okt. die königl. Familie in Versailles, verdarb es aber durch seine Mittelstellung mit beiden extremen Parteien. Beim Ausbruch des Kriegs mit den Verbündeten mit dem Oberbefehl über die Ardennenarmee betraut, erfocht er die ersten Siege bei Philippeville, Maubenge und Florennes, erschien nach den Ereignissen vom 20. Juni 1792 in Paris vor der Nationalversammlung, um Bestrafung der Anstifter jener Verbrechen zu fordern, gedachte den König nach Compiègne in Sicherheit zu bringen, ward angeklagt, aber 8. Aug. freigesprochen. Von den Republikanern geächtet, weil er die Abgesandten der Nationalversammlung zu Sedan hatte verhaften lassen, floh er nach Flandern, ward zu Rochefort von den Oesterreichern verhaftet und nach Olmütz abgeführt. Erst 1797 infolge der Verhandlungen zu Leoben freigelassen, kehrte er nach 18. Brumaire nach Frankreich zurück und lebte zurückgezogen auf seinem Landgute Lagrange. Nach der Schlacht bei Waterloo setzte er als Mitglied der Deputirtenkammer die Permanenz der Kammer durch und

drang auf Napoleons Abdankung. 1818—24 und 1825—30 Mitglied der Deputirtenkammer, sass er auf der äussersten Linken. Nach Ausbruch der Julirevolution 1830 verlangte er einen auf Volkssouveränetät gestützten und mit republikan. Institutionen umgebenen Thron, liess sich dann für die Wahl des Herzogs von Orléans gewinnen und ward 26. Aug. zum Oberbefehlshaber der Nationalgarden des Reichs ernannt, nahm aber schon 27. Sept. seine Entlassung; † 20. Mai 1834. Vgl. *Regnault Warin*, 'Mémoires', 1834. 2 Bde.; 'Mémoires, correspondance et manuscrits du général L.', 1836—37, 6 Bde.; *Büdinger* (1870).

Laffete, das Gestell, auf welchem das schwere Geschütz ruht, enthält die Richtmaschine zum Richten des Geschützes.

Laffitte (spr. -fitt), *Jacques*, franz. Staatsmann und Bankier, geb. 24. Okt. 1767 zu Bayonne, ward 1805 Geschäftsnachfolger des Bankiers Perregaux, 1814 Gouverneur der Bank, nach der Restauration Mitglied der Deputirtenkammer, wo er zur Opposition gehörte, schlug 30. Juli den Herzog von Orléans als Generallieutenant des Reichs vor und bewog diesen zur Annahme des Programms der Julirevolution, ward Minister, trat März 1831 zurück und wieder in die Kammer, wo er eine schroff oppositionelle Haltung annahm; † 26. Mai 1844.

Lafontaine (spr. -fongtähn). 1) *Jean de L.*, franz. Dichter, geb. 8. Juli 1621 zu Château-Thierry, † 13. April 1695 in Paris. Hauptwerk die ber., naiv-leichtfertigen 'Contes' (1665) und die 'Fables' (Ausg. von *Nodier*, 4. Aufl. 1839; deutsch von *Jäger* 1857); schr. auch 'Les amours de Psyché' (erzählendes Gedicht) u. A. 'Oeuvres' (neue Ausg. 1857—1860, 4 Bde.). Vgl. *St. Marc Girardin*, 2 vol.). — 2) *August Heinrich Jul.*, Schriftsteller, geb. 1759 zu Braunschweig, † 20. April 1831 in Halle. Verf. zahlreicher, einst sehr beliebter Rührromane.

Lager, Ort im freien Felde zum Aufenthalt einer Truppe. *Friedens*- oder *Uebungslager* in Frankreich (Châlons seit 1857, Sathonay, St. Maur, Lannemezan), Russland (34 L.), Oesterreich (Bruck), England (Aldershot), Dänemark (Viborg) etc. *Kriegslager*, häufig verschanzt, schon von den Römern angewandt, viereckig, zuweilen kreisrund mit 4 Thoren.

Lager, in der Geologie fremdartige Gesteins- oder Erzmassen innerhalb mächtiger geschichteter Gesteine, und zwar in gleicher Erstreckung mit denselben.

Lager, Maschinentheile, welche die Zapfen sicher unterstützen und ihnen möglichst leichte Axendrehung gestatten sollen, werden aus Holz, Metall, Legirungen, Glas und Edelsteinen gefertigt und mit Schmiervorrichtungen versehen. *Lagermetall*, Legirungen zu L.n für Wellen und dergl., müssen fest und widerstandsfähig gegen Druck sein, möglichst geringen Reibungswiderstand darbieten, sich wenig erwärmen und abnutzen; 73—94% Kupfer und 2—14% Zinn und Zink oder Zinn, Zink, Antimon mit wenig Kupfer,

Lago Maggiore (spr. Madschöre, *Langensee*, bei den Römern *Lacus Verbanus*), reizender See am Südfusse der Alpen, theils zu Italien, theils zum Kant. Tessin gehörig, 620' üb. M., 15 M. l., 1—2 M. br., 4⅔ QM.; vom Tessin durchströmt. Die Ufer durch roman. Wildheit wie üppige Vegetation n. südl. Farbenpracht ausgezeichnet. Darin die borromeischen Inseln (s. d.).

Lagrange (spr. ·grangsch), *Jos. Louis*, ber. franz. Mathematiker, geb. 25. Jan. 1736 zu Turin, 1766—87 Direktor der mathemat. Klasse der berliner Akademie, später Prof. an der polytechn. Schule in Paris, Mitglied des Instituts und des Längenbureaus das., von Napoleon zum Senator und Grafen ernannt; † 10. April 1813. Schr. ,Théorie des fonctions analytiques'; ,Traité de la résolution des équations numériques de tous degrès'; ,Mécanique analyt.'; ,Oeuvres' (neue Ausg. von *Serret* 1868 ff.).

Lagrima de Galilti (*Lacrymae Christi*), feiner, an Fuse des Vesuv wachsender Wein.

Laguéronnière (spr. -ghéronniähr), *Louis Etienne Arthur de*, franz. Publicist, geb. 1816 im Poitou, seit 1841 Journalist, ward 1848 Kabinetschef Lamartines, übernahm die Vertheidigung des Staatsstreichs vom 2. Dec., ward 1861 Senator, bis 1870 Gesandter in Brüssel. Schr. ,Etudes et portraits politiques contemporains' (1856), angeblich auch die anonymen polit. Broschüren, welche die Ansicht der franz. Regierung über gewisse Fragen der Zeit ausdrücken sollten, redigirte dann das imperialist. und kathol. Journal ,La France', agitirt seit 1871 für die Restauration der Napoleoniden.

Lagunen (ital.), sumpfige Küstenniederungen, insbes. die inselreichen Sümpfe am nordwestl. Gestade des adriat. Meers, von der Isonzomündung bis zum Po-Delta, inmitten deren Venedig (,Stadt der L.') liegt.

Laharpe (spr. -harp), *Frédéric César*, geb. 1754 zu Rolle im Waadtlande, ward 1783 Lehrer der russ. Grossfürsten Alexander und Konstantin, als Reformfreund in Bern geächtet und auch aus Petersburg verwiesen, bekämpfte das berner Patriciat in Flugschriften, unterstützte die Revolution, welche die Gründung der helvet. Republik zur Folge hatte, trat in das Direktorium derselben, ward 2. Juli 1800 auf Veranstalten der berner Regierung verhaftet, entfloh nach Frankreich; 1814 zum russ. General ernannt; † 30. März 1838.

Lahire (spr. Lähihr), *Etienne Vignoles*, kühner Bandenführer König Karls VIII. von Frankreich, stellte sich an die Spitze der Armagnaken, schloss sich dann an Jeanne d'Arc an, drang, um sie zu retten, bis Rouen vor, verheerte die von den Engländern besetzten Provinzen, nahm Soissons; † 11. Jan. 1443 zu Montauban.

Lahn, s. *Draht*.

Lahn, rechter Nebenfluss des Rheins, kommt vom Edderkopf (Westerwald), wird bei Giessen schiffbar, mündet bei Niederlahnstein; 29 M. l. Das *Lahnthal* reich an Naturschönheiten.

La-Hogue (spr. -Hogh), Vorgebirge an der Nordküste Frankreichs, Depart. Manche; Fort mit Rhede. 29. Mai 1692 *Seesieg* der engl.-niederl. Flotte über die Franzosen.

Lahore (*Lahari*), brit.-ostind. Stadt im Peudschab, ehedem Residenz des Grossfürsten der Sikhs, am Rami, 95,000 Ew. Festung. Neben vielen Ruinen des alten Glanzes noch zahlr. prächtige Paläste, Moscheen, Mausoleen (Schah-Dura), Bazare etc. Lebh. Industrie. Febr. 1846 von den Engländern besetzt, 22. März 1849 mit dem ganzen Pendschab dem Indobrit. Reich einverleibt. [der Schntter, 7461 Ew.

Lahr, Stadt im bad. Kr. Offenburg, an Laibach (slav. *Ljubljana*), Hauptstadt von Krain, am *Flusse* L. (nahe deren Mündung in die Save) und an der wien-triester Eisenbahn, 20,747 Ew. Domkirche. Anerspergscher Palast (Museum). Bedeut. Speditionshandel. Schlossberg mit Kastell (1813 zerstört). L. 1809 bis 1813 Sitz des franz. Generalgouverneurs der illyr. Provinzen. 1821 *Monarchenkongress* zur Sicherung der Ruhe in Italien.

Laich, die Eier der Fische und froschartigen Amphibien; *laichen*, den L. absetzen.

Laien (v. gr. laos, Volk), in der kathol. Kirche alle Nichtgeistlichen im Gegensatz zu dem Klerus (s. d.). *Laienbrüder* und *Laienschwestern*, zur Bedienung der Ordensbrüder in den Klöstern angenommene Personen. *Laienpriester*, s. v. a. Weltgeistlicher. *Laienrang*, kirchl. Strafe, Zurückversetzung eines Geistlichen in den Laienstand. Die protest. Kirche kennt den Gegensatz zwischen L. und Geistlichen nicht. L. auch s. v. a. Ungelehrter im Gegensatz zum Gelehrten.

Lais, Name von 2 berühmten griech. Hetären; die ältere, gegen Ausgang des peloponnes. Kriegs lebende diente dem Maler Apelles als Modell, zog in Korinth Redner, Dichter und Philosophen in ihr Netz, soll in Thessalien von eifersüchtigen Frauen ermordet worden sein. [bes. Klagelied.

Lais, im Provençal. s. v. a. Lied, Weise,

Lakediven (*Lakkadiven*), Koralleninselgruppe im Ind. Ocean, an der Küste Malabar, in 20 Haufen gegen 14,000 Eilande, zum Theil blosse Felsen, 10,000 Bewohner (Indotaraber). Produkte: Kokos, Kauris.

Lake-School (spr. Lehk-Skuhl), *Lakisten*, *Seeschule*), engl. Dichterschule, benannt nach den Seen (Lakes) Westmorelands, an denen die Häupter derselben (Wordsworth, Coleridge und Southey) wohnten.

Lakhno (*Lahnau*, *Lucknow*), Hauptstadt von Audh in Ostindien, am Gumti, 300,000 Ew.; reich an prachtvollen Palästen, had. Tempeln, Moscheen und Grabdenkmälern.

Lakonien, altgriech. Landschaft, s. v. a. Sparta; im heut. Griechenland Nomarchie, 87 QM. und 127,864 Ew., Hauptstadt Sparta. *Lakonisch*, nach der Art der alten Lakonier, namentl. kurz im Ausdruck; daher *Lakonismus*, prägnante Kürze.

Lakonischer Meerbusen, Bucht zwischen den beiden Halbinseln Lakoniens.

Lakrimäbel (lat.), beweinenswerth.

Lakritzen (*Süsskholzsaft*, *Christensaft*), das durch Auskochen der Süssholzwurzel und Verdampfen des Auszugs erhaltene feste

Extrakt, wird in Spanien, Frankreich, Sicilien, Kalabrien und im südl. Russland dargestellt, bei uns durch Auflösen, Filtriren, Abdampfen gereinigt.

Laktometer (*Laktoskop*, gr.), s. *Milch*.

Lalande (spr. -langd), *Joseph Jérôme Lefrançois de*, ber. Astronom, geb. 11. Juli 1732 zu Bourg (Depart. Ain), ward 1761 Prof. am Collège de France, 1768 Direktor der pariser Sternwarte; † 4. April 1807 in Paris. Schr. ,Traité d'astronomie' (3. Aufl. 1790, 4 Bde.); ,Bibliographie astronomique, (1803). Der von ihm herausgegebene grosse Sternkatalog ,Histoire céleste Française' gründet sich auf Beobachtungen seines Neffen Jérôme Lofrançois († 1839) und Burkberds.

Lalenbuch (*Die Schildbürger*), altes Volksbuch, worin allerlei Lächerlichkeiten in der Städteverwaltung gesammelt und den Bürgern des sächs. Städtchens Schilda aufgebürdet sind. Erste Ausg. 1598.

Lama (tübetan., s. v. a. Oberer), ehrendes Prädikat der buddhistischen Priester in Tübet, bei den Mongolen und Kalmücken. *Lamaismus*, die spätere Entwickelung des Buddhismus, insbes. die Umgestaltung desselben durch Tsonkhapa, dessen Anhänger von ihrer Kopfbedeckung Gelbmützen heissen. Hauptsitz seiner Lehre das von ihm 1409 bei Lhassa gestiftete Kloster Galden. Ueber Verbreitung und Erhaltung der Lehre wacht der Bodhisattwa Avalokitesvara, dessen stets wieder geboren werdende Inkarnation der *Dalai-Lama* ist. Nach dem Abgang eines solchen entscheidet das Loos, wer von den mit der erforderl. Eigenschaften versehenen neugebornen Knaben als seine Wiedergeburt gelten soll.

Lama (*Schafkamel*), Gattung der Wiederkäuer (Kamele). *Guanaco, Huanaco* (Auchenia Huanaco H. Sw.), 7¼' l., in Rudeln auf den Anden von Patagonien bis Peru, Wildpret. *Lama* (A. Lama L.), etwas grösser, nur noch gezähmt, in Peru und Chile, Lastthier, liefert Milch, Fleisch, Wolle, Leder, der Mist dient als Brennmaterial. *Paco, Zwerglama, Alpaca* (A. Alpaca Gm.), kleiner als das Lama, auf den Hochebenen Perus und Bolivias, seit 1858 in Australien, wird gezüchtet, liefert Wolle. *Vicuña, Figognethier* (A. Vicunia L.), von Schafgrösse, nothweilse auf den höchsten Anden, lässt sich nicht züchten, liefert feine Wolle.

Lama, glatte, flanellähnliche, bisweilen auch geköperte Stoffe aus Streichwolle.

La Manche (spr. - Mangsch, d. i. Aermel), frans. Name des Kanals. Danach benannt das frans. Depart. *Manche* (s. d.).

Lamarck, *Jean Bapt. Ant. Pierre Monet de*, ber. franz. Naturforscher, geb. 1. Aug. 1744 zu Barentin (Picardie), seit 1792 Prof. der Naturgeschichte am Jardin des plantes; † 20. Dec. 1829. Lieferte in seiner ,Flore française' (3. Aufl. von *Decandolle*, 1805—15, 6 Bde.) ein natürliches System und förderte die Zoologie durch seine ,Histoire des animaux sans vertèbres' (2. Aufl. von *Deshayes* und *Milne Edwards*, 1835—45, 10 Bde.).

La Marmora, *Alfonse Ferraro, Marchese de*, ital. General und Staatsmann, geb. 17. Nov.

1804 zu Turin, ward 1823 Artillerielieutenant, 1845 Major und machte den Feldzug von 1848 mit. Zum Brigadegeneral befördert, fungirte er Okt. und Nov. 1848 und Febr. 1849, und zum Generallieutenant befordert, Nov. 1849 bis Jan. 1860 als Kriegsminister, sehr verdient um die Reorganisation der Armee. April 1855 Oberbefehlshaber des in die Krim gesandten Truppencorps, 1859 beim Feldzug in der Lombardei Chef des Generalstabs; nach dem Frieden von Villafranca bis Jan. 1860 und wieder 1864—66 Ministerpräsident, brachte er das Bündniss mit Preussen zu Stande, war im Krieg gegen Oesterreich Chef des Generalstabs, trat nach dem Abschluss des Waffenstillstands mit Oesterreich zurück.

Lamarque (spr. -mark), *Maximilien, Graf*, frans. General, geb. 22. Juli 1770 zu St.-Sever (Depart. Landes), trat 1791 in die Armee und focht mit Auszeichnung, 1807 zum Divisionsgeneral ernannt, in allen Feldzügen Napoleons I. Nach der 2. Restauration floh er nach Belgien, kehrte 1818 nach Frankreich zurück, ward 1828 Kammerdeputirter, erhielt 1830 den Oberbefehl in den westl. Departements, ward wegen seiner oppositionellen Haltung desselben enthoben; † 1. Juni 1832. Bei seinem Leichenbegängniss blutige republikan. Emeute zu Paris 5. und 6. Juni. Schr. ,Mémoires' (1855).

Lamartine, *Marie Louis Alphonse, Prat de*, frans. Dichter und Staatsmann, geb. 21. Okt. 1790 zu Mâcon, erregte durch seine zarten Jugenddichtungen ,Méditations poétiques' (1820), die ,Nouvelles méditations' (1823) und ,Harmonies poétiques et religieuses' (1830) grosses Aufsehen, erhielt durch den Tod seines Oheims L. ein bedeutendes Vermögen, bereiste 1832 den Orient, betrat 1831 die polit. Laufbahn, einer der glänzendsten Redner der Deputirtenkammer, machte sich durch seine ,Histoire des Girondins' (1847, 8 Bde.; deutsch 1847) allgemein populär, ward nach der Februarrevolution 1848 Mitglied der provisor. Regierung und Minister des Auswärtigen, zog sich Herbst 1851, unzufrieden mit den polit. Zuständen Frankreichs, ins Privatleben zurück; † in zerrütteten äussern Verhältnissen 1. März 1869 zu Passy. Schr. noch die Gedichte ,Jocelyn' (1830) und ,La Chute d'un Ange' (1838), die Romane ,Raphaël' und ,Geneviève' und das Drama ,Toussaint l'Ouverture'; ferner ,Souvenirs, impressions etc. pendant un voyage en Orient' (1835). Seine spätern histor. Arbeiten unbedeutend. ,Werke' (deutsch von *Herwegh* u. A. 1843—53, 30 Bde.); ,Mémoires' (1871). Biogr. von *Pelletan* (1869), *Janin* (1869).

Lamb (spr. Lähm), 1) *Charles*, engl. Dichter, geb. 18. Febr. 1775 in London, † 27. Dec. 1834 zu Edmonton. Gemüthvoller Lyriker, auch Dramatiker; am beliebtesten seine humorist. ,Essays' und ,Tales from Shakespeare'. Pros. Schriften (1835, 3 Bde.); ,Poetical Works' (neue Aufl. 1870). Biogr. von *Cornwall* (1869). — Seine Schwester *Mary Ann L.* († 1847), bekannte Jugendschriftstellerin. — 2) *Karoline*, geb. 13. Nov. 1785, Tochter des Grafen Bessborough, † 25. Jan. 1828 in London, von ihrem Gemahl William L., Lord Melbonrne, getrennt; bekannt als Freundin Lord Byrons und als Romanschriftstellerin.

Lambach, Marktflecken in Oberösterreich, an der Traun und der linz-gmundener Eisenbahn, 2400 Ew. Benediktinerabtei.

Lamballe (spr. Langball), *Marie Thérèse Louise von Savoyen-Carignan, Prinzessin von*, geb. 8. Sept. 1749 zu Turin, Tochter des Prinzen Ludwig Victor Amadens von Carignan, ward nach dem Tode ihres Gemahls, des Prinzen Louis Alex. Jos. Stanislas von Bourbon-L., Intendantin der Königin Marie Antoinette, verliess bei dem Fluchtversuch des Königs Mai 1791 Frankreich, kehrte Febr. 1792 nach Paris zurück, theilte seit Aug. die Gefangenschaft der Königin, ward dann in das Gefängniss la Force gebracht; hier 3. Sept. niedergemetzelt. Vgl. *Lescure* (1864).

Lambda, das griech. L; *Lambdacismus* oder *Lallation*, Unfähigkeit das L auszusprechen.

Lambertsnuss, s. *Haselstrauch*. (sprechen.

Lambessa (*Lambése*, das alte *Lambäsis*), Stadt in Algerien, am Auresgebirge; viele röm. Alterthümer. Seit 1852 franz. Strafort.

Lambeth (spr. Läm-), Kirchspiel und Stadttheil von London, südl. der Themse.

Lambris (fr., spr. Langbri), Getäfel, Bekleidung einer Wand mit Holz.

Lambruschini (spr. -bruski-), *Luigi*, Kardinal, geb. 16. Mai 1776 zu Genua, trat in den Barnabitenorden, ward 1831 Kardinal, dann Staatssekretär des Auswärtigen, Minister des Unterrichts, erhielt bei der Papstwahl 1846 im ersten Skrutinium die meisten Stimmen, ward unter Pius IX. Mitglied des Staatsconsulta; † 12. Mai 1854.

Lamego, Stadt in der portugies. Prov. Beira, 9500 Ew. Hier 1143 die ber. Versammlung der ersten Cortes, welche dem Lande ein Staatsgrundgesetz gaben.

Lamelle (lat.), dünnes Plättchen.

Lamennais (spr. Lamm'nä), *Hugues Felicité Robert de*, franz. Schriftsteller, geb. 19. Juni 1782 zu St.-Malo, 1816 zum Priester geweiht, erst Vertheidiger des Katholicismus und der restaurirten Königthums, in seinem ‚Essai sur l'indifférence en matière de religion' (1817—23, 4 Bde.), nach der Julirevolution 1830 in seinem Journal ‚L'Avenir' und in den ‚Paroles d'un croyant' (1834; deutsch von *Börne* 1834; in alle europ. Sprachen übers.) Vertheidiger der Revolution und Demokratie, nach der Februarrevolution Mitglied der Konstituante und Legislative; † 27. Febr. 1854. ‚Oeuvres complètes' (1844, 12 Bde.) und ‚Oeuvres posthumes' (1855—59).

Lamentationen (lat.), Jammer-, Klagelieder, bes. die 3 Abschnitte der Klagelieder des Jeremias, welche in der kathol. Kirche an den 3 letzten Tagen der Charwoche in den Trauermetten abgesungen werden. *Lamentabel*, kläglich, jämmerlich.

Lameth, 1) *Charles Malo François, Graf von L.*, franz. General, geb. 5. Okt. 1757 zu Paris, nahm Theil am nordamerikan. Befreiungskrieg, trat als Mitglied der Generalstaaten

an dem 3. Stande über, ging dann als konstitutioneller Royalist ins Ausland, gründete mit seinem Bruder Alexandre in Hamburg ein Handelshaus, kehrte nach dem 18. Brumaire nach Frankreich zurück, ward 1814 Generallieutenant, 1827 Kammermitglied; † 28. Dec. 1832. — 2) *Alexandre, Graf von L.*, geb. 28. Okt. 1760 zu Paris, Bruder des Vor., focht in Amerika, dann Vertreter des Konstitutionalismus in der Nationalversammlung, entfloh mit Lafayette und theilte dessen Gefangenschaft in Olmütz, kehrte nach dem 18. Brumaire nach Frankreich zurück, ward nach der ersten Restauration Generallieutenant und Präfekt, 1819 Mitglied der Kammer; † 18. März 1829.

Lamettrie, *Julien Offray de*, franz. Atheist und Charlatan, geb. 25. Dec. 1709 zu St.-Malo, fand, wegen seiner materialistischen Schriften verfolgt, unter Friedrich d. Gr. in Berlin ein Asyl, ward Mitglied der Akademie das.; † 11. Nov. 1751. Schr. ‚Histoire naturelle de l'âme' (1745); ‚L'homme machine' (1748); ‚L'homme plante' (1748) u. A.

Lami, grösster und fruchtbarster Dichter der Osmanen, † 1531. Hauptwerke die 4 romant.-orient. Epen ‚Wamik und Afra' (von *Hammer-Purgstall* 1833), ‚Absal und Selman', ‚Weise und Ramin' und ‚Ferhädnämeh' (von *Hammer-Purgstall* 1812). Kleinere Gedichte (herausg. von *Pfizmaier* 1839).

Lamia (*Zeituni*), Hauptstadt der griech. Nomarchie Phthiotis, 4700 Ew.; bed. Messe.

Lamia, Geliebte des Zeus, ward von Here aus Eifersucht ihrer Kinder beraubt und tödtete im Wahnsinn die Kinder anderer Frauen. *Lamien*, schöne gespenstische Frauen, welche Jünglinge an sich locken, um vampyrähnlich deren Blut auszusaugen.

Laminaria *Lamour.* (*Riementang, Blattang*), Algengattung. L. saccharina *L.*, *Zuckerriementang, Neptunsgürtel*, 6' l., in der Nord- und Ostsee, enthält Mannit, wird als Salat gegessen. L. digitata *L.*, in der Nordsee und im atlant. Ocean, wird auf Kelp und Quellbougies für Chirurgen verarbeitet. L. esculenta *Lamour.*, *Flügeltang, Bandklöder*, bis 20' l., das. Gemüse.

Lamischer Krieg, Krieg der Athener und ihrer Bundesgenossen zu Befreiung von der macedon. Herrschaft nach Alexanders d. Gr. Tod, endete mit dem Sieg Antipaters.

Lammfelle, s. *Baranken*. [bei Cranon 322.

Lamont (spr. -mong), *Johann von*, Astronom und Physiker, geb. 13. Dec. 1805 zu Bracmar in Schottland, ward 1835 Konservator, 1852 Direktor der Sternwarte in Bogenhausen bei München. Verdient um die Kenntniss der Nebelflecken und Sternhaufen, des Erdmagnetismus u. um die Meteorologie. Schr. ‚Handbuch des Magnetismus' (1867).

Lamoricière (spr. -risjähr), *Christophe Léon Louis Juchault de*, franz. General, geb. 5. Febr. 1806 zu Nantes, diente seit 1830 in Algerien, ward 1840 Brigadegeneral, focht 1844 bei Isly, zwang 1847 Abd-el-Kader zur Unterwerfung, proklamirte bei der Februarrevolution 1848 die Regentschaft der Herzogin von Orléans, half den Juniaufstand niederschlagen, war Juni bis Dec. Kriegsminister, in der Legislative Gegner Ludwig Napoleons, ward daher beim Staatsstreiche 2. Dec. 1851 verhaftet und über die Grenze gebracht. Seit April 1860 Oberbefehlshaber der päpstlichen Armee, ward er bei Castelfidardo geschlagen; † 11. Sept. 1865 auf seinem Schlosse Prouzel bei Amiens. Biogr. von Pougeois (1866).

Lamormain (spr. -mäng), eigentl. _Lämmermann_, Jesuit, geb. um 1570 bei Luxemburg, als Beichtvater Kaiser Ferdinands II. Haupturheber der Verfolgungen der Protestanten in Böhmen; † 22. Febr. 1648 zu Wien.

Lamothe, _Jeanne de Luz, de St. Remy_, _Gräfin de_, Hauptperson in der berüchtigten Halsbandgeschichte, geb. 22. Juli 1756 zu Fontète in der Champagne, illegitimer Sprössling des Hanses Valois, mit einem Grafen L. verheirathet, wusste ihrem Gönner, dem Kardinal Prinzen Rohan, der die Königin Marie Antoinette liebto, den Glauben beizubringen, dass sie im Vertrauen der Königin stehe und ihm deren Gunst verschaffen könne, veranlasste ihn Febr. 1785 angeblich in deren Namen zum Ankauf eines Diamantschmuckes für 1,600,000 Livres, liess sich denselben einhändigen, um ihn der Königin, mit der sie dem Kardinal eine fingirte Zusammenkunft verschafft hatte, zu übergeben, verwerthete mit ihren Komplicen die Steine, ward, nachdem die Klage der Juweliere Böhmer nnd Bassenge wegen nicht erfolgter Zahlung die Intrigue ans Licht gebracht, 18. Ang. 1785 verhaftet, zum Staupbesen und in die Galeeren auf Lebenszeit verurtheilt nnd gebrandmarkt, entfloh Juni 1787 nach England; † 23. Aug. 1791 in London. Vgl. _Campardon_, ‚Marie Antoinette et le procès du collier‘, 1864.

Lampe. Die Lichtentwickelung ist abhängig von dem richtigen Verhältniss zwischen Oel- und Lichtzufuhr, welches durch den Docht, das Niveau des Lenohtmaterials und den Cylinder bestimmt wird; am ungünstigsten bei der L. mit massivem Runddocht (_Antiklampe_, _Küchenlampe_), am günstigsten beim _Argandbrenner_ mit eingeschnürtem Cylinder, bei dem die Flamme, ohne zu stark abgekühlt zu werden (wie beim flachen Docht), starke Luftzufuhr erhält. Das Niveau des Oels wird geregelt durch die Kapillarität des Dochtes und unabhängig davon durch eine _Sturzflasche_, durch ein Uhrwerk (_Carcel_), oder durch den Druck einer sich ausdehnenden Spiralfeder (_Moderateurlampe_, beste Oellampe). _Mineralöllampen_ erfordern sehr starken Luftzug, vertragen nicht wie Oellampen beliebige Verkleinerung der Flamme. L. zum Erhitzen: _Berzelius_ Spiritnslampe; _Devilles_ L. brennt mit Luft gemischte Terpentinöldämpfe, schmilzt Platindraht; _Schiffs_ Gebläselampe mit Terpentinöl, Aether und Spiritus. Dampflampen s. d. Vgl. _Buchner_, ‚Mineralöle und Mineralöllampen‘, 1864.

Lampe, in der Thierfabel Name des Hasen.

Lamprecht (_Pfaffe L._), mittelhochd. Dichter, um 1175, Geistlicher, wahrscheinl. vom Niederrhein; gilt für den Verf. des ‚Alexanderlieds‘ (Ausg. von _Weismann_ 1850).

Lampröte, s. _Neunauge_. [am Hellespont.

Lampsäcus (a. G.), Stadt in Kleinmysien, [am Hellespont.

Lamscheid, Dorf in Rheinpreussen, 3 Std. von Koblens, mit starker alkal.-erdiger Eisenquelle (_lciminger Sauerbrunnen_).

Lamüten, tungus. Volksstamm, nomadisirt am ochotskischen Meere (daher auch _lamut. Meer_ genannt) und in Kamtschatka.

Lana caprīna, Ziegenwolle, bei den Römern sprichwörtl. von geringfügigen Dingen gebraucht, daher _Streit de l. c._, s. v. a. ‚Streit um des Kaisers Bart‘.

Lana philosophica, durch Verbrennen von Zink erhaltenes Zinkoxyd.

Lanark (spr. _Lännärk_, _Clydesdale_), Grafschaft im südl. Schottland, 41,2 QM. und 631,566 Ew.; ungemein fruchtbar, reich an Steinkohlen, Biel und Eisen, daher bedeutende Industrie (Centrum Glasgow). Die gewerbsame _Hauptst._ L., am Clyde, 5047 Ew.

Lancade (fr., spr. Langsahd), Lanzenstich; bogenförmiger Luftsprung der Reitpferde.

Lancaster (spr. Lännkäst'r, _Lancashire_), 1) Grafsch. im nordwestl. England, 89,3 QM. und 2,429,440 Ew.; mit ungeheuren Kohlenlagern, daher Sitz der grossartigsten Industrie (Centrum derselben Manchester, Hauptemporium Liverpool). Die _Hauptst._ L., am Lune und _Lancasterkanal_ (von Houghton bis Kendal 16½ M. l.), 14,487 Ew. Segeltuch- und Linnenfabr. Hafen, Seehandel. — 2) Stadt in Pennsylvanien (Nordamer.), 20,233 Ew. (meist Deutsche). Franklincollege; bed. Eisenindustrie. 1730 gegr.

Lancaster (spr. Lännkäst'r), _Joseph_, einer der Erfinder des gegenseitigen Unterrichtssystems (s. _Bell-lancastersches Unterrichtssystem_), geb. 25. Nov. 1778 in London, eröffnete 1798 in London eine Armenschule, errichtete dann ein eignes Schulhaus, worin an 1000 Kinder unentgeltlich Unterricht empfingen, gründete eine Normalschule zur Ausbildung von Lehrern, ging, als Quäker von der anglikan. Geistlichkeit angefeindet, 1816 nach Amerika, wirkte in Columbia unter Bolivar, dann in Newyork; † 24. Okt. 1838. Schr. ‚Improvement in education‘ (1805).

Lancastersund, der Eingang zum westl. Polarmeer, zw. Norddevon u. Baffinsland, benannt nach Sir _James Lancaster_ († 1620), dem ersten engl. Ostindienfahrer und Begründer des engl. Verkehrs mit Ostindien.

Lancělot vom See, einer der Helden aus dem Sagenkreis von König Artus und der Tafelrunde. Seine Geschichte deutsch bearbeitet von _Ulrich von Zatzichofen_, um 1210.

Lancerōta, die östlichste der kanar. Inseln, 14 QM. und 17,000 Ew. Vulkan.

Lanciano (spr. -tschano), Stadt in der ital. Prov. Abruzzo citra, am Foltrino, 9728 Ew.

Lanciers (fr., spr. Langsieh, Lanzenreiter, Ulanen), schwere Kavallerie, mit Lanzen, auch mit Säbel, Pistolen etc. bewaffnet; zahlreich in der österr., russ. und deutschen Armee; in Frankreich 1871 aufgehoben.

Lanciren (fr., spr. langs-), schleudern, werfen; einem Wilde mit dem Hunde (_Lancirhunde_) so lange auf der Fährte folgen, bis man es aufsprengt.

Lancirte Stoffe, Gewebe mit getrennten

Mustern, bei denen jeder Figurschnes gleich dem Grundschuss durch die ganze Kette läuft, aber nur in der Figur sichtbar ist und sonst auf der unrechten Seite flott liegt.

Landammann, s. *Ammann.*

Landau, befest. Stadt in der bayer. Rheinpfalz, an der Queich, 11,081 Ew. Seit 1291 freie Reichsstadt, 1680—1815 französisch. Die Festung 1688 erbaut, 1703—14 viermal erobert, 1793 von den Verbündeten, 1814 von den Russen belagert, 1871 geschleift.

Landauer, viersitziger Reisewagen mit in der Mitte sich theilendem, nach vorn und hinten niederlegbarem Verdeck.

Landdrost, s. *Drost.*

Landeck, Stadt und Badeort im preuss. Regbz. Breslau, an der Biel, 2165 Ew. Erdig-salin. Schwefelquellen (23° R.).

Landen, Dorf in der belg. Prov. Lüttich, an der Vereinigung der aachen-maestrichter mit der köln-brüsseler Eisenbahn, 1310 Ew.; ehemals feste Stadt und Aufenthalt Pipins von L., der 640 hier †.

Lander, *Rich.*, engl. Afrikareisender, geb. 1804 in Cornwall, begleitete 1825 Clapperton ins Innere von Afrika, erforschte 1830 mit seinem Bruder *John L.* († 1839) den untern Lauf des Niger und dessen Zufluss Tschadda, ward von den Eingebornen verwundet; † 27. Jan. 1834 auf Fernando-Po. Beschreibung der ersten Reise 1832, 3 Bde. (deutsch 1833), der letztern 1837, 2 Bde.

Landes (fr., spr. Langd), Steppen, Heiden, insbes. die längs der Küste des biskeyischen Meerbusens in Frankreich, zwischen der Gironde und den Pyrenäen, 16 M. l., 8—10 M. br.; jetzt meist mit Kiefernpflanzungen bedeckt. Das *Depart.* L., 169,2 QM. und 306,693 Ew. Hauptst. Mont de Marsan.

Landeshoheit (*Landesherrlichkeit*), im vormaligen deutschen Reich die Regierungsgewalt der Reichsfürsten in ihren Landen, insbes. die im westphäl. Frieden ihnen gewährte Unabhängigkeit im Gegensatz zu ihrer ursprüngl. blossamtsmässigen Stellung, daher s. v. e. Souveränetät, und *Landesherr*, s. v. e. Souverän. Vgl. *Berchtold*, ‚Die Entwickelung der L. in Deutschland‘, 1863.

Landesverrath, Verbrechen, dessen sich der Angehörige eines Landes schuldig macht, wenn er gegen dessen Selbständigkeit und Sicherheit im Interesse einer auswärtigen Macht etwas unternimmt.

Landesverweisung, s. *Verbannung.*

Landfriede, Zustand öffentlicher Sicherheit und Ruhe, insbes. der innere allgemeine Friede, welcher in Deutschland mit dem Aufhören des Faustrechts eintrat. Nachdem man dasselbe durch Einigungen (Fürsten-, Adels- und Städteverbindungen) vergebens zu steuern gesucht hatte, verkündigte auf Andringen des Reichstags zu Worms Kaiser Maximilian I. 25. Juli 1495 den vom Reichs wegen zu handhabenden *ewigen* L. und setzte zur Entscheidung der Streitigkeiten der Reichsunmittelbaren das Reichskammergericht ein.

Landfriedensbruch, im alten deutschen Reiche die Störung des Landfriedens durch eine mit bewaffneter Hand ausgeführte Gewaltthat; jetzt von Mehreren mittelst Zusammenrottung an Personen oder Eigenthum verübte Gewaltthet.

Landgerichte, die nach Auflösung der Gauverfassung an die Stelle der Grafengerichte getretenen Gerichte, theils kaiserl., theils landesherrl.; jetzt über Distrikte des platten Landes gesetzte Untergerichte.

Landgraf, seit dem 12. Jahrh. Titel der Inhaber der alten Grafenämter im Gegensatz zu den Lehnsgrafen, erhielt sich als erblicher Titel nur im hessischen Fürstenhause, wo ihn von den Regierenden nur der von Hessen-Homburg und in der Kurlinie die nachgebornen Prinzen und die Chefs der Nebenlinien führten.

Landkarten, planimetrische Darstellungen der Erdoberfläche. Die Uebertragung der Kugelgestalt geschieht vermittelst der Projektion und heisst orthographische (auch *Mercators* Projektion, wenn die Meridiane senkrecht vom Aequator aufsteigen, stereographische, wenn sie an den Polen zusammentreffen. Erstere wird meist auf Erdkarten, letztere auf Planigloben und Karten einzelner Erdtheile und Länder angewendet und gibt eine perspektivische Darstellung der betreffenden Kugelschnitte. Im Alterthum sind L. seit 500 v. Chr. nachweisbar (Probe der röm. L. die Tabula Peutingeriana); im Mittelalter gefördert durch die Araber und Venetianer, im 16. Jahrh. durch *Behaim*, *Seb. Münster*, *Ortelius* und bes. *Mercator*, werden in der Neuzeit auf geodät. und topograph. Aufnehmen basirt. Bedeutendste Kartenzeichner: *Berghaus*, *Kiepert*, *v. Sydow*, *Dufour*, *Petermann* u. A.

Landmiliz, ehedem wehrbare Klasse der Bevölkerung, zur Vertheidigung des Heimatsorts bestimmt, entstand im 30jähr. Kriege.

Landquart, Nebenfl. des Rheins im Kant. Graubünden, durchfliesst den Prättigau, mündet oberhalb Maienfeld.

Landrath, in Preussen Vorsteher eines der Verwaltungsdistrikte (landräthlichen Kreise), in welche die Regierungsbezirke zerfallen, besoldeter Staatsbeamter, wird von den Rittergutsbesitzern des Kreises erwählt, von der Regierung bestätigt.

Landrecht, im Mittelalter das gemeine Recht im Gegensatz zu den Stadt- und Hofrechten und den Lehnsgewohnheiten. Am bekanntesten das *preuss. allgem.* L., welches das gesammte, im preuss. Staate geltende Privat- und Staatsrecht umfasst, unter dem Titel ‚Allgem. preuss. Gesetzbuch‘ Juni 1791 beendigt, 1. Juni 1794 als ‚Allgem. L.‘ publicirt, seitdem durch königl. Verordnungen und Ministerialentscheidungen ergänzt. Herausg. von *Koch* (5. Aufl. 1870).

Landrecy (spr. Langdr'sih), Festung im franz. Depart. Nord, an der Sambre, 4071 Ew.; 1794 von den Verbündeten, 1815 vom Prinzen August von Preussen erobert.

Landrentenbank, zu Ablösung der Grundsteuer und zu Erleichterung der Abtragung der Ablösungsgelder in Sachsen 1. Jan. 1834 errichtete Anstalt, in anderen Ländern, Preussen etc. nachgeahmt, steht unter staatlicher Verwaltung und Garantie und zahlt dem Berechtigten das Ablösungskapital in sog. *Landrentenbriefen*, veranlichen, einer allmähligen Tilgung durch Auslosung unterliegenden und auf den Inhaber lautenden Papieren, aus und zieht von den Pflichtigen die Ablösungsrenten ein, welche so berechnet sind, dass sie die Zinsen der Rentenbriefe decken und in einer Reihe von Jahren deren Einziehung und die Amortisation des Ablösungskapitals ermöglichen.

Landsassen, früher die Besitzer grösserer Güter, namentl. insofern sie zu den Landständen gehörten; jetzt solche, welche einer bestimmten Gerichtsbarkeit oder Landeshoheit nur als Besitzer bestimmter, unter derselben belegener Grundstücke unterstellt sind, Wohnsitz und sonstiges Forum aber anderwärts haben. Kann der in einem andern Staat Begüterte auch in persönlichen Rechtssachen vor den Gerichten dieses Staats belangt werden, so ist dies *volles*, im anderen Falle *mindervolles Landsassiat*.

Landsberg, 1) (*L. an der Warthe*) Kreisst. im preuss. Regbz. Frankfurt, 13,241 Ew. Rege Industrie, Getreide- und Wollhandel. — 2) Stadt im preuss. Regbz. Merseburg, 1936 Ew.; ehedem Hauptort der *Markgrafschaft L.*, welche die Trümmer der alten nordthüring. Mark umfasste, 1210 an Meissen und 1815 an Preussen kam.

Landschaftsmalerei, die malerische Darstellung der Natur als der äussern Erscheinungswelt, den Alten unbekannt, tritt erst gegen Ende des Mittelalters auf, zunächst als Staffagegrund für die Historienmalerei, vervollkommnet sich denn im 16. und 17. Jahrh. (in Italien durch Tizian, Caracci, Salv. Rosa etc., in den Niederlanden durch P. Breughel, Rubens, Weowermann, Ruysdael, Everdingen etc., in Frankreich durch Poussin, Claude Lorrain u. A.) zu einem selbständigen Kunstgenre, geräth im 18. Jahrh. in Verfall, um erst im allgemeinen Kunstaufschwung des 19. Jahrh. zu neuer Blüthe sich zu entfalten (düsseldorfer Schule). Je nach Auffassung der Natur seitens des Künstlers gibt es 3 Arten der L.: 1) die *Ansicht*, das treue Spiegelbild der wirklichen Natur (Bauwerke, Städte, Ruinen etc.), in der Wirkung wesentlich von der Wahl des Standpunktes abhängig; 2) die *Ideallandschaft* (auch *histor.* oder *heroische* L.), welche die wirkliche Natur idealisirt, aus der Blüthe der ital. Malerei erwachsen, fast ausschliesslich der roman. Race angehörig (*Poussin, Claude Lorrain, Schirmer, Preller* etc.); 3) das *Stimmungsbild*, welches die Natur, wie sie ist, in poetischer Stimmung auffasst, durch die alten Niederländer (*Ruysdael*) entwickelt, jetzt vorzugsweise in der L. herrschend (*Rottmann, Calame, Diday, Lessing, A. Achenbach, M. Schmidt, A. Weber* etc.). Vgl. *Carus*, ,Briefe über L.', 1835.

Landseer (spr. Ländsihr), *Sir Edwin*, engl. Genremaler, geb. 1803 in London, Sohn des Kupferstechers *John L.* († 1852), bes. in Thierstücken ausgezeichnet. [Englands.

Landsend (*Kap*), südwestlichste Spitze

Landshut, 1) Hauptst. von Niederbayern,

an der Isar und der münchen-regensburger Bahn, 14,554 Ew., von malerisch alterthüml. Aussehn. Martinskirche (416' h. Thurm), Dominikanerkloster (Universitätssitz 1800—1826), Schloss Transnitz. 1353—1506 Residenz der Linie Bayern-L. — 2) Kreisst. im preuss. Regbz. Liegnitz, am Bober, 5256 Ew. 26. Juni 1760 *Sieg* Laudons über ein preuss. Corps unter Fonqué.

Landsknechte, deutsche Söldner des 15. und 16. Jahrh., bewaffnet mit Hellebarte und Schlachtschwert, zum Theil mit Muskete; dienten in Regimentern zu 10—16 Fähnlein, jedes zu 400 Mann, unter vornehmen Anführern (Georg von Frundsberg). Jedes Fähnlein stand unter einem Hauptmann, hatte bestimmte Chargen, eigne Rechtspflege.

Landskron, Stadt im böhm. Kreise Chrudim, 4870 Ew. Bed. Leinenindustrie.

Landskrona, feste Hafenst. in der schwed. Landsch. Schonen, am Sund, 6598 Ew. Gegenüber im Sund die Insel *Hveen* mit den Ruinen des Schlosses Uranienborg (einst Tycho de Brahes Sternwarte).

Landsmannschaften (*Corps*), Studentenverbindungen auf den deutschen Universitäten ohne landsmannschaftlichen Charakter, bloss an gemeinsamem Leben unter Beobachtung herkömmlicher Regeln (Comment), bes. bei Ehrensachen und Duell, und unter selbstgewählten Oberen (*Chargirten: Senior* etc.). Die Mitglieder ordentl. (*Corpsburschen*) und ausserordentl. (*Renoncen*) ohne Stimme bei den Corpsangelegenheiten.

Landstände, seit dem 14. Jahrh. die Vertreter der Stände in den deutschen Ländern, nämlich der Prälaten, Grafen und Herren und der Städte; ihre Versammlung der *Landtag*. Sie hatten das Recht der Beschwerdeführung über Verwaltungsmissbräuche und der Einbringung von Gesetzesvorschlägen, bes. aber das der Steuerbewilligung, auch in der Regel eigne Verwaltung der von ihnen bewilligten Steuern unter Aufsicht des Landesherrn. Seit dem 17. Jahrh. infolge des veränderten Kriegs- und Steuerwesens und des egoistischen Verhaltens des Adels in Verfall, behaupteten sie sich nur in Sachsen, Mecklenburg und Würtemberg in ihrer alten Bedeutung. Die durch Art. 13. der Bundesverfassung von 1814 verheissene und nach und nach in verschiedenen deutschen Staaten eingeführte landständische Vertretung ist von der alten, aus privilegirten Notabeln bestehenden wesentl. verschieden und fällt unter den Begriff des Repräsentativsystems (s. d.). Vgl. *Unger*, ,Gesch. der deutschen L.', 1844—45, 2 Bde.; *Campe*, ,Die Lehre von den L.', 2. Aufl. 1864.

Landstuhl, Stadt in Rheinbayern, 2873 Ew.; dabei die Ruine der *Burg* L. (wo Franz von Sickingen 1523 †). [vgl. Preussen.

Landsturm, Landwehr, s. *Volksbewaffnung*,

Landwirthschaft, Gewerbe, welches Pflanzenbau und Thierzucht verbindet, um die grösstmöglichen Mengen pflanzlicher und thierischer Stoffe mit möglichst hohem Reingewinn hervorzubringen. Die *Landwirthschaftslehre* zerfällt in die *allgemeine* oder die Lehre von den zum Betrieb erforderlichen Mitteln, die *specielle* oder die Lehre von der vortheilhaftesten Produktion, und in die Betriebslehre oder Lehre von der Organisation und Direktion der Wirthschaft. Erstere ist nationalökonomisch, die zweite naturwissenschaftlich zu begründen, die letztere fasst jene zum organischen Ganzen zusammen. *Betriebssysteme:* Graswirthschaft (ohne Getreidebau, Alpen, Niederungen), Waldbrand oder Hackwirthschaft (ohne Viehzucht, Odenwald, Siegen), Plaggen- oder Moorbrandwirthschaft (Nordwestdeutschland), einfache Felder- oder Körnerwirthschaft, meist Dreifelderwirthschaft [s. d.], Binnenland und Ebene), einfache Feldgraswirthschaft (das Feld dient mehrere Jahre als Weide, dann ebenso lange als Acker, Gebirge und Küstenland), verbesserte Feldgraswirthschaft (Kleegrassaat zur Weide, auch Mäheklee, Handelsgewächse), verbesserte Körnerwirthschaft (sucht die Brache durch Futtergewächse und Hackfrüchte abzuschaffen), Fruchtwechselwirthschaft (erzielt durch zweckmässige Fruchtfolge die günstigsten Bodenverhältnisse für jede Frucht), freie Wirthschaft (baut die Früchte, welche jeweilig den höchsten Gewinn versprechen). Wissenschaftliche Förderung der L. durch die Versuchsstationen, in welchen die den Pflanzenbau und die Viehzucht beherrschenden Naturgesetze erforscht werden; daneben wirthschaftliche durch die landwirthschaftl. Vereine, durch die Wandergesellschaft (seit 1837) und den norddeutschen landwirthschaftl. Kongress (seit 1867). — *Geschichte.* Die L. war in Aegypten hoch entwickelt, künstl. Bewässerung, kein Dünger. Die Griechen be- und entwässerten, düngten und mergelten. Die Römer vervollkommneten die Geräthe (intensive Wirthschaft, zahlreiche Schriftsteller). Deutschland verdankt die erste Hebung der L. Karl dem Gr., später förderten sie niederländische Kolonisten und die Städte; in Süddeutschland Dreifelder-, im Norden Feldgraswirthschaft. Weit ausgebildetere L. in Spanien zur Zeit der Mauren. Die englische L. hob sich ungemein seit Vertreibung der Stuarts, Einführung der Rübe, Kartoffel, des Klees, der Reihenkultur und Pferdehacke, Begründung der Viehzucht durch Bakewell. In Deutschland Förderung durch die Kameralisten, dann mächtiger Aufschwung im 18. Jahrh. Einführung des Klees, der Runkeln und Rüben; Stallwirthschaft und Futterbau. Gesetzgebung Josephs II. und Friedrichs d. Gr. Eingreifen der Naturwissenschaften: *Saussure*, *Senebier*, *Ingenhouss*, *Davy*. Bei uns *Thaer*, Gründer der Landwirthschaftslehre und der ersten Lehranstalt in Celle. Der neueste Umschwung angebahnt durch *Liebig* (1840) und ermöglicht durch die Verkehrserleichterungen, die Dampfkraft und das Maschinenwesen. Vgl. die Lehrbücher von *Thaer* (4. Aufl. 1845, 4 Bde.), *Pabst* (6. Aufl. 1865), *Hlubek* (1853, 3 Bde.), *Birnbaum* (1858—62, 3 Bde.), *Boussingault* (1844—1845, 4 Bde.), *Hamm* (1850, 2 Bde.); Ge-

schichte der Landbau- und Forstwissenschaft[1] von *Fraas* (1865).

Landwirthschaftliche Lehranstalten, zerfallen in höhere: Akademien, jetzt meist mit Universitäten verbunden, u. niedere: Mittelschulen für kleinere Gutsbesitzer und Hilfsbeamte, Ackerbauschulen für den Bauernstand, Specialschulen für einzelne Zweige der Landwirthschaft (Obstbau, Flachsbau).

Langbein, *Aug. Friedr. Ernst*, Dichter, geb. 6. Sept. 1757 zu Radeberg bei Dresden, seit 1820 Censor in Berlin; † das. 2. Jan. 1835. Bes. durch seine launigen poet. Erzählungen in Balladenform bekannt; schr. auch Romane. Sämmtl. Schr. (1835—37, 31 Bde.).

Lange, *Ludw.*, Architekt, geb. 21. März 1806 in Darmstadt, Schüler Mollers das., später in München thätig; † das. 31. März 1868. Hauptbauten: Museum in Leipzig, Villa des Königs Max II. in Berchtesgaden etc.

Langeland, dän. Insel im grossen Belt, 5 QM. mit 18,590 Ew. Fruchtbar, bewaldet.

Langenbeck, 1) *Konrad Johann Martin*, ber. Anatom und Chirurg, geb. 5. Dec. 1776 zu Horneburg im Hannöverschen, ward 1804 Prof. in Göttingen, errichtete 1807 das klinische Institut für Chirurgie und Augenheilkunde das.; † 24. Jan. 1851. Schr.: ,Nosologie und Therapie der chirurg. Krankheiten' (1822—40, 5 Bde.); ,Icones anatomicae' (1826—39, 8 Bde.); ,Handb. der Anatomie' (1831—47, 4 Bde.). — 2) *Maximilian Adolf*, Chirurg und Augenarzt, geb. 21. Jan. 1818 in Göttingen, Sohn des Vor., seit 1845 Prof. das., seit 1858 prakt. Arzt in Hannover. Schr. ,Klinische Beiträge' (1840—49, 2 Thle.); ,Impfung der Arzneikörper' (1856); ,Insolation des menschl. Auges' (1859). — 3) *Bernh. Rudolf Konrad von L.*, Vetter des Vor., ber. Chirurg und Arzt, seit 1866 Generalstabsarzt der preuss. Armee, sehr verdient um die Lehre von den Resektionen.

Langenbielau, grösstes preuss. Dorf in Preussen, Regbz. Breslau, 12,710 Ew. Baumwoll- und Wollindustrie, Zuckerfabr.

Langenbrücken, Badeort im bad. Kr. Karlsruhe, 1496 Ew. Erdig- salin. Schwefelquelle.

Langensalza, Kreisst. im preuss. Regbz. Erfurt, an der Salza, 9182 Ew. Schwefelbad. 27. Juni 1866 *Kampf* zwischen Preussen (Flies) und Hannoveranern, der zur Kapitulation der letzteren führte.

Langenschwalbach, Kreisst. des Untertaunuskreises im preuss. Regbz. Wiesbaden, 2385 Ew. Ber. Stahlquellen (Wein-, Paulinenbrunnen) mit treffl. Badeanstalten.

Langerooge, Insel an der ostfries. Küste (Regbz. Aurich), 1 M. l., 150 Ew.

Langnau, Hauptort des Emmenthals im Kant. Bern, 5500 Ew.

Langres (spr. Langg'r), befest. Stadt im franz. Depart. Obermarne, auf dem eisenreichen *Plateau von L.*, 8320 Ew.

Languedoc, ehemal. Prov. des südl. Frankreich, jetzt die 6 Depart. Obergaronne, Tarn, Aude, Hérault, Gard und Ardèche bildend, 652 QM. und 2,382,082 Ew. Benannt nach der südfranz. Mundart (Langue d'oc, oc statt oui), im Gegensatz zur nordfranz. (Langue d'ouï). Hauptst. Toulouse.

Languedockanal (*Canal du midi*), Kanal in Südfrankreich, verbindet die Garonne unterhalb Toulouse mit dem Strandsee von Thau (Mittelmeer), 80 M. L., mit 64 Schleussen und 100 Brücken; 1666 von Andréossy begonnen, 1680 von Riquet vollendet.

Languedocweine, die in Languedoc erzeugten Weine, feurige, geistreiche, parfumarme Rothweine (Cante Perdrix) und Liquenrweine ersten Ranges (Frontignan, Lunel).

Languid (lat.), matt, träge, schlaff. *Languidität*, Mattigkeit, Abgespanntheit.

Languste, s. *Krebse*. [Zerfleischung.

Laniiren (lat.), zerfleischen; *Laniation*, **Lanner**, *Jos.*, ber. Walzerkomponist, geb. 11. April 1802 zu Wien, † das. 30. März 1843; Begründer der modernen Tanzmusik.

Lannes (spr. Lann), *Jean, Herzog von Montebello*, franz. Marschall, geb. 11. April 1769 zu Lectoure (Dep. Gers), trat 1792 in die Armee, ward 1795 Oberst, begleitete Bonaparte nach Aegypten, leistete ihm am 18. Brumaire wichtige Dienste, zeichnete sich bei Montebello (9. Juni 1800) und Marengo aus, ward 1804 zum Marschall und Herzog von Montebello ernannt, focht 1805 bei Austerlitz, 1806 bei Saalfeld und Jena, 1807 bei Friedland, schlug 1808 Castaños bei Tudela und belagerte Saragossa. Im Krieg gegen Oesterreich 1809 befehligte er zwei Divisionen, bei Regensburg (19.—23. April), bei Aspera und Essling (22. Mai) das Centrum, ward durch eine Geschützkugel beider Beine beraubt; † 31. Mai zu Wien. — Sein Sohn, *Napoléon Auguste*, Herzog von Montebello, geb. 30. Juli 1801, ward 1815 Pair, nach der Julirevolution 1830 Gesandter in Stockholm, dann in der Schweiz und in Neapel, in Guizots Kabinet Marineminister, 1849 Mitglied der Legislative, 1858—64 Gesandter in Petersburg, dann Senator.

Lansdowne (spr. Länsdaun), 1) *Will. Petty, Graf Shelbourne, Marquis von L.*, brit. Staatsmann, geb. 2. Mai 1737, erst Mitglied der parlamentar. Opposition, 1766—68 Minister, dann heftiger Gegner der ministeriellen Politik in Betreff der nordamerikan. Kolonien, ward 1782 Staatssekretär des Auswärtigen, trat dann an die Spitze des Kabinets, 1793 zurück, stürzte mit dem jüngeren Pitt das Koalitionsministerium; † 7. Mai 1805. — 2) *Lord Henry Petty, Marquis von L.*, brit. Staatsmann, geb. 2. Juli 1780, Sohn des Vor., trat 1806 in das von Fox und Grenville gebildete Koalitionsministerium, 1809 ins Oberhaus, hier Führer der Whigpartei, ward 1827 Minister des Innern, 1830—41 und 1846 bis Febr. 1852 Präsident des Staatsraths, Dec. 1852 bis Febr. 1858 Mitglied des Kabinets; † 31. Jan. 1863 zu Bowood.

Lantana *L.* (*Bergsalbei*), Pflanzengattung der Lippenblumen, Sträucher des trop. Amerika, viele Arten bei uns Zierpflanzen.

Lanuvium (a. G.), Stadt in Latium, an der appischen Strasse; ber. durch die Frühlingsfeier zu Ehren der Juno Sospita.

Lanze, Waffe, welche aus einem 7—11' langen Stabe mit eiserner Spitze besteht. Hauptwaffe des Alterthums und Mittelalters, jetzt nur noch von den Ulanen geführt.

Lanzette (*Wundnadel, Lanceole*), chirurgisches, zum Einstich und Schnitt bestimmtes Instrument, sehr dünn, zweischneidig.

Laokoön, nach Virgil Priester in Troja, warnte die Trojaner vor dem hölzernen Pferde der Griechen und ward deshalb von zwei ungeheuren Schlangen mit seinen beiden Söhnen getödtet. Die ber. *Gruppe des L.*, von den rhodischen Bildhauern Agesander, Polydorus und Athenodorus 1506 bei Rom ausgegraben, jetzt im Vatikan, eins der bedeutendsten Werke spätgriech. Plastik.

Laodicea, Stadt in Phrygien; das. Koncilien 363 und 476. Ruinen bei Eski-Hissar.

Laomëdon, König von Troja, betrog Apollo und Poseidon um den bedungenen Lohn für Erbauung der Mauern von Troja, weshalb jener eine Pest, dieser ein Seeungeheuer sandte, welchem L.s Tochter Hesione preisgegeben werden sollte, ward von Hercules getödtet, als er auch gegen diesen wortbrüchig geworden war.

Laon (spr. Lahng), befest. Hauptst. des franz. Depart. Aisne, 10,262 Ew. 9. und 10. März 1814 *Sieg* Blüchers über Marmont. 9. Sept. 1870 Sprengung der Citadelle durch die Franzosen nach Abschluss der Kapitulation und Einmarsch der Preussen.

Laos (*Laua*), Volk im Innern von Hinterindien, am Mekhong und in den Gebirgen, vom Stamme der Shan, ca. 2⅔ Mill., bilden 7 Siam zinspflichtige Staaten.

La Paz (*La Pas de Ayacucho*), Stadt in der südamerikan. Republik Bolivia, zwischen dem Illimani und dem Titicacasee, 11,500' üb. M., 80,000 Ew. Bischofssitz, Universität.

Lapeyrouse (spr. -peruhs), *Jean Franç. Galoup de*, franz. Seefahrer, untersuchte 1785 die nordöstl. Küste Asiens, zwischen Japan und Kamtschatka, kam 1788 nach Botanybai in Australien, verunglückte darauf, wie später nachgewiesen wurde, mit seinen Schiffen an der Insel Malicolo. Nach seinem Tagebuch wurde der Bericht ,Voyage autour du monde' (1797) zusammengestellt.

Lapeyrousestrasse, die Meerenge zwischen der japan. Insel Jeso und der Insel Krafto.

Lapidarschrift, Lateinschrift in Uncialen, Nachahmung der Inschriften auf Denksteinen. *Lapidarstil*, die den röm. Inschriften eigene Fassung und Ausdrucksweise.

Lapis causticus, geschmolzenes, in Stengel gegossenes Kalihydrat.

Lapis divinus, zusammengeschmolzene Mischung von Kupfervitriol, Salpeter, Alaun und Kampher; Augenheilmittel. [eisenstein.

Lapis haematitis, Blutstein, faseriger Roth-**Lapis infernalis**, s. v. a. Höllenstein.

Lapithen, Sohn des Apollo und der Stilbe, mystischer Ahnherr der Lapithen, eines wilden Volksstammes in Thessalien, der mit den Centauren in Zwietracht lebte.

Laplace (spr. -plahs), *Pierre Simon, Marquis de*, ber. Mathematiker und Astronom, geb. 28. März 1749 zu Beaumont-en-Auge, ward Lehrer der Mathematik das., dann in Paris Examinator beim Artilleriecorps, 1803 Kanzler des Erhaltungssenats; † 5. Mai 1827 in Paris. Wies die Existenz einer Mondatmosphäre nach, bestimmte die Störungen der Hauptplaneten und entwickelte ein Weltsystem in der berühmten „Mécanique céleste' (1799—1825, 5 Bde.), in populärer Bearbeitung als „Exposition de systéme du monde' (deutsch 1797, 2 Bde.).

Lappa *Tournef.* (*Klette*), Pflanzengattung der Kompositen. L. vulgaris *Kth.*, gemeine K., und L. Bardana *Kth.*, *filzige* K., in Europa, Nordasien, Nordamerika, liefern die officinelle Klettenwurzel, in den jungen Sprossen auch Gemüse.　　　　[Bagatellen.

Lappalien, unbedeutende Kleinigkeiten, **Lappen** (*Same*, *Sumeladz*), finn. Volk, im nördl. Theile der skandinav. Halbinsel, zwischen dem bottn. Meerbusen, dem Eismeer und dem weissen Meere; von Gestalt klein, aber kraftvoll, mit breitem Gesicht und spitzem Kinn, gutartig, träge und feig, früher Fetischverehrer, jetzt Christen, aber höchst abergläubisch; zerfallen in *Renthier-* oder *Berglappen*, nomadisch umherziebend, der eigentl. Typus des Volks, und *Fischer-* oder *Küstenlappen*. Einziger Reichtbum Renthiere (für eine Familie mindestens 3—600 Stück). Das Gebiet der L.(*Lappland*) politisch getheilt zwischen Schweden (*Lappmark*, mit ca. 5000 Köpfen), Norwegen (*Finnmarken*, mit 13,000 Köpfen) und Russland (Theil von Finnland, ca. 10,000 Köpfe). Die *lappische Sprache* neuerdings von *Friis*, *Castrén* u. A.

Lappland, s. *Lappen*.　　　[bearbeitet.

Laprade, *Victor de*, franz. Dichter, geb. 15. Jan. 1812 zu Montbrison, seit 1858 Mitglied der franz. Akademie. Werke: „Psyché' (1841), „Odes et Poëmes' (1844), „Poëmes évangéliques' (2. Aufl. 1857), das satir. Gedicht „Pro aris et focis', „Les symphonies' (1855), „Le sentiment de la nature avant le christianisme' (1866) u. A.

Lapsi (lat.), Abgefallene, in den ersten Jahrhunderten der christl. Kirche Diejenigen, welche unter den Verfolgungen von Seiten der heidn. Obrigkeit dem christl. Glauben nicht treu blieben.

Lapsus (lat.), Fall; Vergehen, Irrthum.

Lar, Hauptst. der pers. Landsch. Laristan, 12,000 Ew. Waffenfabr., Seidenweberei.

Lard-oil (*Speckol, Olëyn*), flüssiges Fett aus Schmalz, wird in Cincinnati dargestellt, dient als Brennöl und zur Seifenbereitung.

Lären, bei den Römern Schutzgötter des Hauses und der Familie, nach dem Volksglauben die Seelen abgeschiedener Vorfahren, deren Bilder in den Wohnungen, im Atrium oder in einer besonderen Kapelle (Lararium) aufgestellt waren. Vgl. *Penaten*.

Largition (lat.), Freigebigkeit; Geschenk.

Largo (ital., Mus.), gedehnt, feierlich-langsam; *larghetto*, etwas weniger langsam.

Larissa (türk. *Jenischehr*), türk. Stadt in Thessalien, am Salembria, 25,000 Ew. (³⁄₄ Türken). Griech. Erzbischof. Saffianfabr., Seiden- und Baumwollenweberei, Weinbau.

Laristän, pers. Landschaft, die südöstl. Theil der Prov. Fars. Hauptst. Lar.

Laroche (spr. -osch), *Sophie von*, Romanschriftstellerin, geb. 6. Dec. 1731 zu Kaufbeuren, Tochter des Arztes Gutermann, Wielands Jugendgeliebte, später Gattin des kurtrierschen Konferenzrathes L., seit 1789

Wittwe; † 18. Febr. 1807 zu Offenbach. Hauptwerk: „Gesch. des Fräuleins von Sternheim' (1771). Vgl. *L. Assing* (1859).

Larochefoucauld (spr. -roschfukoh), *François*, franz. Schriftsteller, geb. 15. Dec. 1613, spielte in den Intriguen gegen Richelieu, zog sich dann ins Privatleben zurück; † 17. März 1680. Verf. der treffl. „Mémoires de la régence d'Anne d'Autriche' (1662) und der ber. „Maximes et réflexions morales'.

Larrönen, chines. Inseln, im Golf von Kanton, 40,000 Ew. (Seeräuber).

Larve (lat.), bei den Römern gespensterhafte Erscheinung; Gesichtsmaske; ein der Verwandlung unterworfenes, zur Fortpflanzung noch nicht fähiges Thier, bes. Insekt in der 2. Entwickelungsperiode.　　[kopfes.

Laryngitis (gr.), Entzündung des Kehl-
Laryngophthisis (gr.), Kehlkopfschwindsucht, s. *Lungenschwindsucht*.

Laryngoskop (gr.), Kehlkopfspiegel, s. d.

Larynx (gr.), Kehlkopf.

Lasaulx (spr. Lasoh), *Ernst von*, Philolog und Alterthumsforscher, geb. 16. März 1805 zu Koblenz, ward 1835 Prof. zu Würzburg, 1844 zu München, 1848 Mitglied des frankfurter Parlaments, Grossdeutscher, 1849 Mitglied der bayer. Abgeordnetenkammer, beredter Verfechter des Katholicismus; † 10. Mai 1861. Schr. „Die Philosophie der schönen Künste' (1860); „Ueber die theolog. Grundlagen aller philosoph. Systeme' (1856); „Des Socrates Leben' (1857); „Die prophet. Kraft der menschl. Seele etc.' (1858).

Las Casas, *Fray Bartolomé de*, Philanthrop, geb. 1474 zu Sevilla, begleitete um 1502 den zum Gouverneur von S. Domingo ernannten Don Nicolas de Ovando nach der neuen Welt, nahm sich hier der Indianer an, reiste in deren Interesse mehrmals nach Spanien, ward Bischof von Chiapas; † Juli 1566 zu Madrid. Schr. „Relacion de la destruccion de las Indias' (deutsch 1790). Biogr. von *Helps* (1868).

Las-Cases (spr. -kahs), *Emmanuel Augustin Dieudonné*, Historiograph Napoleons I. auf St. Helena, geb. 1766 auf dem Schlosse Las-Cases unweit Revel, emigrirte 1791, machte 1792 den Feldzug in Condés Armee und die Expedition bei Quiberon mit, ward 1808 zum Reichsbaron und dann zum Requetenmeister im Staatsrath, während der 100 Tage zum Staatsrath ernannt, begleitete Napoleon nach St. Helena, wo er zum Theil dessen Memoiren nach Diktaten niederschrieb, musste 27. Nov. 1816 die Insel verlassen; nach der Julirevolution Kammermitglied; † 15. Mai 1842. Schr. „Mémorial de Ste. Hélène' (1823—24, 8 Bde., und öfter). — Sein Sohn *Emmanuel Pons Dieudonné, Graf de L.*, geb. 8. Juni 1800 zu St. Maen (Dep. Finistère), fungirte auf St. Helena als Napoleons Sekretär, trat nach der Julirevolution 1830 in die Kammer, begleitete 1840 den Prinzen von Joinville zur Abholung der Ueberreste des Kaisers nach St. Helena, ward 1852 Senator; † 8. Juli 1854. Gab heraus „Journal écrit à bord de la Frégate la Belle-Poule'.

Laschitzen, weisse Wieselfelle. [(1841).

Lasciv (lat.), üppig, wollüstig, muthwillig. *Lascivität*, Üppigkeit, Geilheit. [farben.

Lasirfarben (*Lasurfarben*), s. v. a. Saft-

Lassalle, *Ferd.*, socialdemokrat. Agitator, geb. 11. April 1825 zu Breslau, machte sich zuerst durch sein Auftreten für die mit ihrem Gemahl im Scheidungsprozess begriffene Gräfin Hatzfeld bekannt, betheiligte sich dann an der socialdemokrat. Bewegung zu Düsseldorf, ward mehrmals zu Gefängnisstrafe verurtheilt, erklärte die von der Fortschrittspartei empfohlenen Spar- und Konsumvereine für ungenügend und empfahl dagegen die Produktivassociation mit Staatshülfe, sowie behufs der Betheiligung des Arbeiterstandes am polit. Regimente allgemeines direktes Wahlrecht, gab 1863 in zum Theil stürmischen Versammlungen Anstoss zur Gründung des allgem. deutschen Arbeitervereins. Die Untreue seiner Verlobten verwickelte ihn in ein Duell mit dem walach. Bojaren Racowitza bei Genf, in dem er fiel (31. Aug. 1864). Schr. ausser zahlr. Agitationsschriften „Die Philosophie Herakleitos des Dunkeln von Ephesos" (1858, 2 Bde.); „Das System der erworbenen Rechte" (1861, 2 Bde.).

Lassberg, *Jos. Freiherr von*, geb. 1770 in Donaueschingen, 1804—17 Landesforstmeister beim Fürsten von Fürstenberg, lebte dann zu Meersburg ganz der Literatur und Wissenschaft; † 15. März 1855. Besitzer reicher Sammlungen deutscher Alterthümer und altdeutscher Literaturwerke, Herausgeber des „Liedersaals" (1830, 5 Bde.). „Briefwechsel mit Uhland" herausg. von *Pfeiffer* (1870).

Lassen, *Christian*, Orientalist und Sprachforscher, geb. 22. Okt. 1800 zu Bergen in Norwegen, seit 1830 Prof. der altind. Sprache und Literatur in Bonn, Begründer der ind. Alterthumswissenschaft. Hauptwerk: „Indische Alterthumskunde" (1844—62, 4 Bde.). Schr. ausserdem „Die ältpers. Keilinschriften" (1836) u. A.; gab heraus „Hitopadesa" (mit *A. W. von Schlegel*, 1829—31, 2 Bde.); Jayadevas „Gitajovinda" (1837); „Anthologia Sanscrita" (1838; neu bearb. von *Gildemeister* 1865); „Institutiones linguae Pracriticae" (1837) u. A.

Lasso, langer, an dem einen Ende mit einer Kugel versehener Riemen, dient in Südamerika zum Einfangen der Büffel und wilden Pferde, wird so geworfen, dass er den Gegenstand umschlingt; auch Waffe.

Lasso, *Orlando di* (*Orlandus Lassus*), ber. Komponist, geb. 1530 zu Mons im Hennegan, eine Zeitlang Kapellmeister bei St. Lateran in Rom, seit 1557 Hofkapellmeister in München; † das. 1599. Ausgezeichnete geistl. und weltl. Gesangswerke, gesammelt von seinen Söhnen: „Magnum opus musicum", (1604, 17 Bde.). Biogr. von *Dehn* (1837).

Last, *Getreidemass*, in Preussen = 60 Scheffel, in Hamburg = 60 Fass = 32,976 Hekt., in Bremen = 40 Sch. = 29,642 Hekt., in Lübeck = 96 Sch. = 33,806 Hekt., in den Niederlanden = 30 Zak = 30 Hekt., in Dänemark = 96 Sch. = 16,695. Hekt., in England = 80 Imbush. = 29,078 Hekt., in Russland = 16 Tschetwert = 33,584 Hekt.,

in den Vereinigten Staaten = 80 Bush. = 28,190 Hekt. — *Schiffsfrachtgewicht*, in Deutschland = 2000 Kilogr., die Kommerzlast der Hansestädte = 3000 Kilogr., in Belgien (Tonneau) = 1000 Kilogr. oder 40 engl. Kubikfuss, in England s. *Ton*, in den Niederlanden = 1976,36 Kilo = 2,637 Kubmtr.

Lastigkeit, Tonnengehalt der Schiffe.

Lasting (*Kalmank*), Wollatlas aus hartem Kammgarn, meist nur schwarz zu Möbelstoffen, Schuhen, Kleidern etc. Paramatta, L. mit Kette aus Baumwollzwirn.

Lasur (*Kupferlasur*), Mineral aus der Klasse der wasserhaltigen Chalcite, lasurblau, Kupferoxydhydrat mit kohlensaurem Kupferoxyd; auf Kupferlagerstätten (s. *Kupfer*), wichtiges Kupfererz, dient auch zur Bereitung von Kupfervitriol und als blaue

Lasurblau, s. v. a. Ultramarin. [Farbe.

Lasurstein (*armenischer Stein*, Lapis lazuli), Mineral aus der Klasse der wasserfreien Geolithe, meist körnig oder dicht, prachtvoll lasurblau, oft mit gelben Schwefelkiespunkten, kieselsaures Natron mit kieselsaurer Thonerde und Schwefelnatrium, in Kalkstein Sibiriens, Tübets, Chinas etc. Schmuckstein, lieferte früher das Ultramarin.

Latakiah, s. v. a. Ladikieh.

Latania borbonica *Lam.*, s. *Livistonia*.

Lateiner (*Latini*), s. *Latium*.

Lateinisch, auf Latium bezüglich, insbes. s. v. a. römisch; auch s. v. a. abendländisch, im Gegensatz zu byzantinisch (morgenländisch), daher *latein. Kirche*, die röm.-kath. Kirche im Gegensatz zur griech.-kath. (morgenländ.) Kirche.

Latent (lat.), verborgen; gebunden; *l. Wärme*, s. *Wärme*. [tenerben.

Lateral (lat.), seitlich; *Lateralerben*, Sei-

Lateran, s. *Rom*.

Laterna magica (lat.), physikalischer Apparat zur Vergrösserung kleiner, durch Lampe und Hohlspiegel beleuchteter Transparentbilder im Dunkeln und Darstellung derselben an der Wand. Mit 2 Apparaten, die beide ihr Licht auf denselben Punkt werfen, erzeugt man die *Nebelbilder* (*Dissolving views*), bei welchen ein Bild durch Vorschiebung eines Schirms allmählig verschwindet, während ein anderes durch Entfernung eines Schirms hervortritt.

Laterne, Sicherheitslampe der Bergleute, besteht aus einem allseitig geschlossenen Cylinder aus feinmaschigem Drahtgewebe, in welchem ein Oellämpchen brennt; dient zur Sicherung gegen die schlagenden Wetter (s. *Bergbau*), indem die brennbaren Gase sich wohl in dem Cylinder an der Flamme entzünden, das Drahtgewebe aber die Fortpflanzung der Flamme nach aussen verhindert. Oeffnung des Cylinders verursacht mithin in schlagenden Wettern sofortige Explosion. Müsiers Sicherheitslampe erlischt in schlagenden Wettern.

Laterne, bei Dächern (bes. Kuppeldächern) und Räumen, welche das Licht von oben einlassen, kleiner thurmähnl. Aufsatz aus leichten Säulen mit Glasfenstern dazwischen.

Laternenträger (*Leuchtcirpe*, Fulgora L.), Gattung der Halbflügler (Zirpen) mit grossen buntfarbigen Arten, in den Tropen; fälschlich als leuchtend bezeichnet.

Lathўrus *L. (Platterbse)*, Pflanzengattung der Leguminosen. L. sativus L., *Kicherling, Saatplatterbse*, in Südenropa, mit geniessbaren erbsenähnlichen Samen, wird als Viehfutter viel kultivirt. L. tuberosus *L., Erdnuss* (Erdmandel, Ackernuss, Saubrod), in Mitteleuropa, Westasien, hat knollige, wie Kastanien schmeckende Knollen.

Latifundium (lat.), Grossgrundbesitz.

Latimer (spr. Lätimer), *Hugh*, Märtyrer der Reformation in England, geb. 1490 zu Thurcaston (Leicester), erklärte sich unter Heinrich VIII. für die Reformation, ward 1535 Bischof von Worcester, trat zurück, als er die 6 vom König aufgestellten Artikel beschwören sollte, dann mit Cranmer Führer der Protestanten; 16. Okt. 1555 zu Oxford verbrannt. „Sermons' (neue Ausg. 1845).

Latinisiren, nach dem Lateinischen formen, umgestalten. *Latinismus*, Besonderheit der latein. Sprache. *Latinist*, Lateinkenner. *Latinität*, der latein. Stil; im alten Rom Recht und Stand eines Latiners.

Latitudinarier, Partei der engl. Episkopalen zur Zeit Karls I., welche durch weitere Fassung und freiere Deutung der streitigen Dogmen die strenge Kirchenlehre zu mildern suchten; überhaupt Solche, welche in Moral und Religion minder strenge Grundsätze befolgen.

Latium (a. G.), Landschaft in Mittelitalien, am tyrrhen. Meere zwischen den Flüssen Tiber und Liris. Die Ew. *Latiner (Latini)*, Ackerbauer und zu Eidgenossenschaften verbündet. Aelteste und wichtigste Stadt Alba longa. 330 v. Chr. kamen alle Städte L.s unter Roms Gewalt, und die Ew. erhielten ein eigenthüml. Recht (*Jus Latii*), verschieden von dem Recht der Bundesgenossen und der Fremden.

Latomia (gr.), Steinbruch; Freimaurerei.

Latona (gr. *Leto*), Tochter des Cöus und der Phöbe, von Zeus Mutter des Apollo und der Artemis.

Latour d'Auvergne (spr. Lätuhr d'Owärnj), *Théophile Malot Corret de*, gen. der „erste Grenadier von Frankreich', geb. 23. Nov. 1743 zu Carhaix (Finistère), Abkömmling einer Bastardlinie des herzogl. Hauses Bouillon, ward 1767 Unterlieutenant, that sich 1792 als Grenadierhauptmann im pyrenäischen Feldzug so hervor, dass er zum General befördert werden sollte, begnügte sich aber mit dem Kommando der Grenadierkompagnien, fiel 1795 in engl. Gefangenschaft, machte 1799 den Feldzug in der Schweiz unter Masséna als Freiwilliger mit, erhielt 1800 vom ersten Konsul obigen Ehrentitel; fiel 27. Juni 1800 bei Neuburg.

Latrie (gr.), Verehrung, Anbetung.

Latrine (lat.), Abtrittsgrube.

Latrocinium (lat.), Raubmord.

Latsche, s. v. a. Zwergkiefer; *Latschenöl*, das ätherische Oel derselben.

Lattich (Lactuca L.), Pflanzengattung der Kompositen. L. sativa L., vielleicht durch Kultur hervorgegangen aus dem *wilden* oder *Zaunlattich* (Lederdistel, L. sca-

riola *L.*), in Mittel- und Südeuropa, wird als Kopf-, Bind- und Stechsalat kultivirt. Vom *Giftlattich* (L. virosa *L.*), in West- und Südeuropa, ist das Kraut officinal; der eingetrocknete Milchsaft bildet das bittere, narkotische und officin. *Lactucarium*.

Lattum (*Latum*), s. v. a. Messingblech.

Latus (lat.), Seite, in Rechnungsbüchern etc. der Betrag des auf einer Seite oder einem Folio Befindlichen (s. *Transport*). *L. per se*, der Betrag einer einzelnen Seite.

Latwerge (Electuarium), Arzneiform, mit Zuckerlösung zu einem dicken Brei angerührte Pulver; am gebräuchlichsten das Electuarium e Senna, im Wesentlichen Sennesblätter und Tamarinden enthaltend.

Lauban, Kreisstadt im preuss. Regbz. Liegnitz, am Queis, 8165 Ew.

Laube, *Heinrich*, Schriftsteller, geb. 18. Sept. 1806 zu Sprottau, seit 1831 als Schriftsteller in Leipzig (eine der Häupter des „Jungen Deutschland'), 1848 bis März 1849 Mitglied des frankfurter Parlaments (erbkaiserl. Partei), 1849—67 artist. Direktor des Hofburgtheaters in Wien, 1868—70 Direktor des Stadttheaters in Leipzig, lebt seitdem wieder in Wien. Fruchtbar und vielseitig. Dramat. Werke (1845—68, 11 Bde.): „Monaldeschi', „Rococo', „Struensee', „Gottsched und Gellert', „Die Karlsschüler', „Prinz Friedrich', „Graf Essex', „Böse Zungen' (Lustspiel) u. A. Romane: „Das junge Europa' (1833—37), „Gräfin Chateaubriant' (2. Aufl. 1846), „Reisenovellen' (1834—37, 6 Bde.), „Der deutsche Krieg' (histor. Roman, 3. Aufl. 1867—69). Schr. ausserdem „Moderne Charakteristiken' (1835, 2 Thle.), „Gesch. der deutschen Literatur' (1840), „Franz. Lustschlösser' (1840), „Drei nordische Königstädte' (1845), „Das erste deutsche Parlament' (1849), „Gesch. des Hofburgtheaters von 1848—67' (1868) u. A.

Laubenheim, Dorf in Rheinhessen, am Rhein, unweit Mainz, 1023 Ew. Vorzügl. Wein.

Laubhüttenfest, das 3. der hohen Feste der Juden, 15.—22. Tisri (Okt.) als Erntefest und zum Andenken an das Wohnen der Israeliten in Hütten beim Zug durch die Wüste gefeiert.

Laubfrosch, s. *Frösche*.

Laubgrün, s. *Grüner Zinnober*.

Laubmoose, s. *Moose*.

Laubsäge, s. *Säge*.

Laubsänger (Ficedula *Koch*), Gattung der Sperlingsvögel (Pfriemenschnäbler). *Bastardnachtigall*, Gelbbrust (F. hypolais *L.*), 5½'' l., in Europa, bei uns von April bis Aug. *Weidenzeisig* (F. sibilatrix *Bechst.*), 5'' l., in Süd-u. Mitteleuropa, bei uns v. April bis Sept.

Laubthaler, franz. Silbermünze, = 6 Livres Tournois = 1 Thlr. 17 Sgr. 5⁴⁄₇ Pf.

Lauch (Allium L.), Pflanzengattung der Liliaceen. *Knoblauch* (A. sativum L.), aus dem Orient, in Südeuropa kultivirt und verwildert, liefert die bei Juden, Türken, Russen beliebten Zwiebeln, welche *Knoblauchöl* (Schwefelallyl) enthalten. Feiner schmecken die Zwiebeln der *span. Roggenbolle*, Rocambole (A. Ophioscorodon *Don*). *Gemeiner L.*, *Borré*, *Porree* (A. Porrum *L.*), aus dem Orient, bei uns verwildert, als Küchengewürz und Gemüse kultivirt. *Sommerporree* (A. ampeloprasum L.), liefert die *Perlzwiebel*. Schnittlauch, Graslauch (A. Schoenoprasum L.), in Mitteleuropa, Küchengewürz. *Schalote*, Eschlauch (A. ascalonicum L.), aus Palästina, liefert fein schmeckende Zwiebeln, wird kultivirt. *Gemeine Zwiebel*, Sommerzwiebel, Zipolle (A. cepa L.), uralte Kulturpflanze, enthält in der Zwiebel schwefelhaltiges Äther, Oel, nicht ohne Nahrungswerth. Weniger gebräuchlich ist die *Winterzwiebel*, Schnittzwiebel (A. fistulosum L.), aus Sibirien. *Lange Siegwurz* (A. victorialis L.), in Mitteleuropa, liefert die Allermannsharnischwurzel, die unverwundbar machen sollte.

Lauchhammer, Dorf im preuss. Regbz. Merseburg, Kr. Liebenwerda; gr. Eisenwerk des Grafen Einsiedel, ber. als Kunstgiesserei (Lutherdenkmal in Worms).

Lauchstädt, Stadt im preuss. Regbz. Merseburg, an der Laucha, 1813 Ew. Schloss. Erdig-salin. Eisenquelle mit Badeanstalt.

Laud (spr. Lahd), *William*, geb. 7. Okt. 1573 zu Reading in Berkshire, ward 1633 Erzbischof von Canterbury, suchte die reaktionären Ideen Karls I. auf den kirchl. Gebiete durchzuführen, veranlasste, indem er den Schotten seine modificirte engl. Liturgie aufzwang, deren Aufstand und die engl. Revolution; ward nach dem Sieg des Parlaments als Hochverräther 10. Jan. 1645 hingerichtet. [Schluss der Vesper.

Lauda (lat.), kirchl. Lobgesang, zum

Laudábel (lat.), lobenswerth. *Laudation*, Lobrede. *Laudátor*, Lobredner.

Laudánum, ehedem (bes. seit Paracelsus) jedes Beruhigungsmittel, bes. Opiat.

Laudemium (lat.), Lehngeld, Lehnwaare, nach deutschem Rechte Abgabe, die im Lehnsverbande dem Lehnsherrn für die ertheilte oder erneuerte Investitur entrichtet ward; später Abgabe, auf die Veräusserung bäuerlicher Grundstücke zu zahlen war; jetzt abgelöst.

Laudes (lat., Plur. von *laus*, Lob), Lobeserhebungen, Lobgesänge.

Laudiren (lat.), loben; in Vorschlag bringen; gepressten Tuchen mittelst Baumöl ein schönes Ansehn geben.

Laudon (spr. Lahd'n, früher *Loudon* geschrieben), *Gideon Ernst*, *Freiherr von*, österreich. General, geb. 10. Okt. 1716 zu Totzen in Livland, trat 1742 in österreich. Kriegsdienste, ward bei Ausbruch des 7jähr. Kriegs Oberstlieutenant, focht bei Prag und Kollin, ward 1757 zum General, 1758 zum Feldmarschalllieutenant befördert, half zum Sieg bei Hochkirch mit und entschied durch rechtzeitiges Eingreifen den Sieg bei Kunnersdorf. Als Feldzeugmeister mit dem Oberbefehl über ein eigenes Corps von 30,000 Mann betraut, siegte er bei Landshut in Schlesien (29. Juni 1760), erstürmte Glatz, ward bei Liegnitz (15. Aug.) geschlagen, nahm 1. Okt. 1761 Schweidnitz durch Handstreich. Auch im Türkenkriege 1788 siegreich, ward er Generalissimus; † 14. Juli 1790 zu Neutitschein. Biogr. von *Janko* (1869).

Lauenburg, ehemals unter dän. Hoheit

stehendes deutsches Herzogth., am rechten Elbufer zwischen Holstein und Mecklenburg, seit Aug. 1865 preuss., 20 QM. und 49,878 Ew. Stifter des askan. Hauses *Sachsen-L.* ist Johann (1260), Sohn Alberts I. von Sachsen, dessen Nachkommenschaft über 400 Jahre regierte. Nach dem Erlöschen derselben mit dem Herzog Julius Franz 1689 kam das Land in den Besitz des Herzogs Georg Wilhelm von Braunschweig-Lüneburg-Celle, nach dessen Tode 1705 an die kurfürstl. Linie des Hauses Braunschweig. 1803 von den Franzosen, 1805 von den Preussen, 1806 wieder von den Franzosen in Besitz genommen, ward es 1810 dem franz. Depart. Elbmündungen einverleibt. Nach der Schlacht bei Leipzig 1813 wieder hannöverisch, ward es 29. Mai 1815 an Preussen, von diesem 4. Juni an Dänemark tauschweise abgetreten. Nach dem Tode König Friedrichs VII. (15. Nov. 1863) ward es von Bundesexekutionstruppen besetzt, im Frieden zu Wien 30. Okt. 1864 vom König Christian IX. von Dänemark an Oesterreich und Preussen abgetreten, von ersterem im Vertrag von Gastein 14. Aug. 1865 gegen 1,875,000 Thlr. ganz an Preussen überlassen und vom König Wilhelm I. durch Patent vom 13. Sept. 1865 in Besitz genommen. Vgl. *Kobbe* (1821), *Duve* (1857), *Knauth* (1866). — Die *Hauptstadt* L., an der Mündung der Delvenau in die Elbe, 4101 Ew. 17.—19. Aug. 1813 Gefecht der Alliirten (Tettenborn) und Franzosen.

Lauenburg, Kreisst. im preuss. Regbz. Köslin, an der Leba, 6580 Ew.

Lanfach, bayer. Dorf bei Aschaffenburg, an der Eisenbahn, 1072 Ew. Eisenwerk. 13. Juli 1866 siegr. *Gefecht* der preuss. Brigade Wrangel gegen hess. Truppen.

Laufen, Dorf im Kanton Zürich, am Rhein, der hier den sogen. Rheinfall von Schaffhausen bildet, 300' breit, 60—80' tief. Felsenschlösschen mit Aussicht auf denselben. Eisenbahnbrücke oberhalb des Falls.

Laufgräben (*Tranchéen*), die vom Belagerer zur Annäherung an eine Festung angelegten Gräben, insofern sie der Angriffsfront parallel laufen, Parallelen genannt, durch Zickzackwege, Approchen etc. mit einander in Verbindung stehend.

Lanfkäfer (Carabicina *Latr.*), Familie der fünfzehigen Käfer: Cicindelen und eigentliche L., Raubkäfer, durch Vertilgung von Raupen, Larven, Würmern etc. sehr nützlich.

Lanfvögel (Cursores), Vögelordnung der Nestflüchter mit zum Fliegen untauglichen Flügeln und kräftigen Beinen und Zehen: Strauss, Nandu, Kasuar etc.

Laugen, Salzlösungen, bes. die Lösungen von Aetzkali und Aetznatron (Aetzlaugen).

Laugensalz, mineralisches, s. v. a. Soda; flüchtiges, s. v. a. anderthalbkohlensaures Ammoniak; vegetabilisches, s. v. a. Potasche.

Laura, Petrarcas Geliebte, von ihm in Gedichten gefeiert, gewöhnl. für die Tochter des Edelmanns Audibert de Noves und die Gemahlin Hugues de Sade gehalten, soll 1348 zu Avignon an der Pest gestorben sein.

Laureátus (lat.), ein mit dem Lorbeerkranz Geschmückter; gekrönter Dichter.

62

Laurin (*Zwerg L.*, *Kleiner Rosengarten*), Titel einer mittelhochd. Dichtung, mit dem Sagenkreise Dietrichs von Bern verknüpft. Ausg. von *Schade* (1854).

Laurion (a. G.), Gebirge im südl. Attica, mit ber. Silberbergwerk der Athener (uncrdings Verschmelzung der alten Schlacken, Produktion 1870: 10,000 Tonnen Blei, 0,04% Silbergehalt).

Lauriston (spr. Lohristong), *Alex. Jacques Bernard Lew, Marquis de*, franz. Marschall, geb. 1. Febr. 1768 zu Pondichery, ward 1800 Adjutant Napoleons I., 1805 Divisionsgeneral, begleitete den Kaiser 1808 nach Spanien, befehligte 1809 unter dem Vicekönig von Italien in Ungarn, wirkte an der Spitze der Gardeartillerie zum Sieg bei Wagram mit, befehligte 1813 das 5. Armeecorps, ward mit Macdonald an der Katzbach geschlagen, bei Leipzig gefangen. Aug. 1815 zum Pair, 1817 zum Marquis, Febr. 1820 zum Minister des königl. Hauses, 1821 zum Marschall ernannt, befehligte er beim Zug nach Spanien das 2. Reservecorps; † 10. Juni 1828.

Laurus, s. *Lorbeerbaum*.

Laus (*Pediculus L.*), Insektengattung der Hemipteren, Schmarotzer mit Saugrüssel. Nur auf dem Menschen: *Kopflaus* (P. capitis *L.*), ¼—1''' l., kann Bläschenausschlag verursachen. Ebenso die *Filzlaus* (P. pubis *L.*), 1''' l., in den Haaren um die Geschlechtstheile, unter den Armen, in den Augenbranen. *Kleiderlaus* (P. vestimenti *Nits.*), schmäler und länger als die Kopflaus, lebt auf den unbehaarten Körpertheilen und in den Kleidern, verursacht die Läusesucht.

Lausanne (spr. Losánn, deutsch *Losen*), Hauptst. des Kantons Waadt, ½ Std. vom Genfersee, reizend auf drei Hügeln, 20,515 Ew. Schöne goth. Kathedrale (von 1275), Schloss, Akademie (mit Museum), gr. Strafhaus. Weinbau. Seehafenort Ouchy.

Laus Deo (lat., abbr. *L. D.*), Gott sei Lob.

Lausigk, Stadt im sächs. Regbz. Leipzig, 3415 Ew. Braunkohlenbergwerke. Mineralbad (Hermannsbad).

Lausitz (*Lusatia*), Landschaft im mittl. Deutschland, ca. 200 QM., zerfiel ehedem in die beiden selbständ. Markgrafschaften *Oberlausitz* und *Niederlausitz*, die beide 13. und 14. Jahrh. durch Kauf und Heirath an Brandenburg fielen. Nach dem Erlöschen des askan. Hauses huldigte die Oberlausitz dem Könige Johann von Böhmen, die Niederlausitz ward 1364 von Karl IV. käuflich erworben. Das Land theilte fortan die Geschicke Böhmens, seit 1526 Oesterreichs, bis es im prager Frieden 1635 dem Kurfürsten von Sachsen abgetreten ward. 1815 kam der nordöstl. Theil der Oberlausitz und die ganze Niederlausitz an Preussen (Regbz. Frankfurt); der sächs. gebliebene Theil bildet den Regbz. Bautzen.

Lausitzer Gebirge, Theil des Sudetensystems, von der Nordostecke Böhmens südöstl. bis zur görlitzer Neisse ziehend, Plateau mit zahlr. Kegeln; am höchsten die Lausche 2500' und der Jeschkenberg 3000' h. Im W. das Elbsandsteingebirge (sächs. Schweiz).

Laute, durch bestimmte Bewegungen der Stimm- und Mundorgane hervorgebrachte Geräusche; insbes. die Bestandtheile der Silben und Worte, die in der Lautschrift durch Buchstaben ausgedrückt werden, eingetheilt in Vokale (s. d.) und Konsonanten. Letztere theilt man bei den indogermanischen Sprachen neuerlich in momentane (Tennes: k, t, p; Mediae: g, d, p) und Dauerlante (Spiranten: j, s, v; Nasale: n, m; R- und L-Laute); nach den bei ihrer Hervorbringung thätigen Organen in Kehllaute (Gutturales: g, k), Gaumenlaute (Palatales: a), Zungenlaute (Linguales: r), Zahnlaute (Dentales: d, t, s, n) und Lippenlaute (Labiales: p, b, v, m).

Laute (ital. *liuto*), guitarrenähnl., vierzehnsaitiges Instrument, mit besonderem sechssaitigem Notensystem; jetzt veraltet.

Lauterbrunnen, Dorf im Kanton Bern, im Angesicht der Jungfrau, an der Lütschine, im engen reizenden *Lauterbrunnenthale*, mit dem 925' hohen Staubbachfalle.

Lauterburg, feste Stadt im untern Elsass, an der *Lauter* (zum Rhein), 2005 Ew.

Lautlrmethode, s. *Lesen*.

Lautverschiebung, das von Jak. Grimm entdeckte Gesetz des Wechsels der stummen Konsonanten in den germanischen Sprachen, wonach im Gothischen aus ursprünglicher Tennis Aspirata, aus ursprüngl. Media Tennis, aus ursprüngl. Aspirata Media geworden ist und im Althochdeutschen stets gothischer Aspirata althochdeutsche Media, gothischer Tennis althochdeutsche Aspirata, gothischer Media althochdeutsche Tennis entspricht. Vgl. *Bezzenberger*, „Die Aspiration und die L.", 1837.

Lava, die bei vulkanischen Eruptionen aus dem Krater sich ergiessende geschmolzene Masse, erstarrt zum Theil in zusammenhängenden Steinen oder wird durch Dämpfe bei der Eruption zerrissen und bildet Blöcke, Bomben etc. L. ist aussen blasig, porös, innen dicht und oft sehr hart, porphyr- oder mandelsteinartig, körnig, glasig, von sehr verschiedener mineralog. Beschaffenheit (Trachyt-, Phonolith-, Obsidianlava etc.). Dient als Baustein, zu Mühlsteinen (Niedermendig), Platten, Cämsel, bisweilen zu Schmucksachen. Verwitterte L. bildet sehr fruchtbaren Ackerboden.

Lavagna, *Graf von*, s. *Fiesco*.

Laval (spr. -wáll), Hauptstadt des franz. Depart. Mayenne, an der Mayenne, 27,189 Ew.; Kastell. 1792 Hauptsitz der Chouans.

Lavalette (spr. -walett), starkbefestigte Hauptstadt der Insel Malta, auf der Südostseite, 60,000 Ew. Prachtvolle Kathedrale; Fort St. Elmo, geräumige Häfen. Universität. 1530—1798 Sitz des Johanniterordens.

Lavalette (spr. -walett), *Charles Jean Marie Felix, Marquis de*, franz. Diplomat, geb. 25. Nov. 1806 zu Senlis, ward 1841 franz. Generalkonsul in Alexandria, 1846 bevollmächtigter Minister am Hofe zu Kassel, 1851 ausserordentl. Gesandter in Konstantinopel, 1853 Senator, 1861—62 bevollmächtigter Minister am päpstl. Hofe, 1865—67 Minister des Innern, 1870 Gesandter in Wien.

Lavandüla L. (*Lavendel*), Pflanzengattung

der Lippenblumen. L. officinalis *Chaix*, L. vera *Dec.*, *Spike*, im westl. Mittelmeergebiet, bis Norwegen verwildert, Zierpflanze und bes. in England und Frankreich im Grossen kultivirt, mit officinellen Blüthen, liefert das ätherische, gelbliche oder grünliche, zu Parfümerien dienende *Lavendelöl*. Das Oel von L. *Stoechas L.* in Südeuropa und im Orient ist feiner, das *Spiköl* von L. *Spica Chaix* das. (in Frankreich kultivirt) weniger fein.

Laväter, *Joh. Kaspar*, Schriftsteller, geb. 16. Nov. 1741 in Zürich, seit 1786 erster Pfarrer an der Peterskirche das., trat 1798 muthig gegen die Gewaltthaten der Franzosen auf, ward beim Einzug derselben 26. Sept. von einem Soldaten durch einen Schuss verwundet; † nach langem Leiden 2. Jan. 1801. Genial, von lebhafter Phantasie und poet. Talent, aber ohne Klarheit und künstlerische Mässigung. Hauptwerke: ,Aussichten in die Ewigkeit' (1769—73), ,Tagebuch' (1772), ,Schweizerlieder' (1767), ,Pontius Pilatus' (Epos, 1782—85), bes. aber ,Physiognom. Fragmente' (1775—78, 4 Thle.) u. A. Ausgew. Schriften (1841—45, 9 Bde.). Biogr. von *Bodemann* (1856).

Lavation (lat.), Waschung, Bad; *Lavatorium* (fr. *lavoirs*), Waschbecken.

Lavement (fr., spr. Law'mang), Klystier.

Lavendelöl, s. *Lavendula*.

Laves, *Georg Ludw. Friedr.*, Architekt, geb. 17. Dec. 1789 zu Uslar, seit 1838 Oberhofbaurath in Hannover; † 30. April 1864. Bauten: neues Residenzschloss zu Hannover, Waterloosäule und Theater das., Mausoleum der Gemahlin Ernst Augusts zu Herrenhausen. Erfinder eines neuen Konstruktionssystems in Holz und Eisen für Brücken und grosse Bedachungen ohne Widerleger.

Lavinium (a. G.), Hauptstadt von Latium, der Sage nach von Aeneas seiner Gattin Lavinia zu Ehren gegründet.

Laviren, bei widrigem Winde im Zickzack segeln, um den Kurs zu halten; bedächtig zu Werke gehen. In der Malerei eine aufgetragene Farbe mit Wasser vertreiben.

Lavis (*Avisio*), linker Nebenfluss der Etsch in Tirol, durchfliesst das Fassa- und das Fleimserthal, mündet beim *Flecken* L.

Lavoisier (spr. -woasieh), *Antoine Laurent*, ber. Chemiker, geb. 16. Aug. 1743 in Paris, ward 1768 Generalpächter, 1776 Verwalter der königl. Pulver- und Salpeterfabriken, 1791 einer der Kommissare des Nationalschatzes; 8. Mai 1794 in Paris guillotinirt. Durch Benutzung der priestleyschen Schriften Entdecker des Sauerstoffs und durch Beachtung der Gewichtsverhältnisse Begründer der antiphlogist. Theorie und damit der neueren Chemie. Hauptwerk: ,Traité élémentaire de chimie' (neue Ausg. 1864, deutsch 1792). Vgl. *Volhard* (1870).

Law (spr. Lah), *John*, berüchtigter Finanzmann, geb. 1671 zu Edinburgh, errichtete 1716 in Paris eine Privatbank auf Aktien, die 1718 in eine Staatsbank verwandelt ward, dann eine Handelskompagnie auf Aktien zu Ausbeutung und Kolonisirung der Länder am Mississippi (Compagnie des Indes), welche das Tabaksmonopol, den Generalpacht, das Münzregal und die Verwaltung der Generalstaatseinnahme erhielt, führte 1719 das Börsenspiel in grösstem Massstabe ein, steigerte den Kredit seiner Bank aufs fabelhafte (mehr als 3½ Milliarden Bankzettel), ward 1720 Staatsrath und Generalkontroleur der Finanzen, beschleunigte den Ruin des öffentlichen Kredits durch Gewaltmassregeln, welche die Konversion des Papiergeldes unmöglich machen sollten, floh, vom Volkshasse verfolgt, Dec. 1720 nach Brüssel; † Mai 1729 zu Venedig. Vgl. *Levasseur* (1857), *Horn* (1858).

Lawinen (*Lauinen*), grosse von Bergen herabstürzende Schneemassen: *Staub*- oder *Wind*-L., wenn frischer tiefer Schnee plötzlich von den Abhängen herabstürzt und im Falle zerstiebt; *Grund*- oder *Schnee*-L., wenn der Schnee durch seine eigene Schwere rutscht und stürzt und den Untergrund mit fortschiebt; *Schlag*-L., die heftigsten und gefährlichsten; *Eis*- oder *Gletscher*-L., aus losgerissenen Gletschertheilen bestehend, die sich durch die Sommerwärme von den grossen Eismassen ablösen.

Lawrence (spr. Lährens), Stadt in Massachusetts, am Merrimac, (1870) 28,921 Ew.

Lawrence (spr. Lährens), 1) *Sir Thomas*, engl. Maler, geb. 13. April 1769 zu Bristol, ward 1792 Hofmaler und nach Wests Tode Präsident der Akademie zu London; † das. 7. Jan. 1831. Bes. im Porträt ausgezeichnet. — 2) *Sir John Laird Mair*, brit. Staatsmann, geb. 4. März 1811 zu Richmond in Yorkshire, ward 1831 Assistent des Oberkommissars in Delhi, dann Steuereinnehmer, 1849 Mitglied der mit der Verwaltung und Reorganisation des Pendschab betrauten Kommission, hielt hier während des Aufstands der Sepoys 1857 die Ruhe aufrecht, daher als Retter Indiens gefeiert; ward 1858 zum Baronet, später zum Mitglied des indischen Konsells, Dec. 1863 zum Vicekönig von Indien ernannt.

Lawsonia *L.* (*Lawsonie*), Pflanzengattung der Lythrarieen. L. alba *Lam.*, *Hennastrauch*, indian. Ochsenzunge, in Nordafrika, im Orient, in Südasien, dort und in Westindien kultivirt, liefert die orientalische, zum Gelbfärben dienende *Alkannawurzel*; mit den Blättern (*Henna*) färben sich die Frauen der Türkei, Arabiens, Aegyptens Nägel, innere Handfläche und Fusssohlen gelb; wichtiger Handelsartikel.

Lax (lat.), schlaff, locker; ungebunden.

Laxamentum (lat.), Erleichterung; gewährter Nachlass, bes. Frist für Vormünder zum Ausliefern der Mündelgelder.

Laxantia, s. *Abführende Mittel*.

Laxenburg, Marktflecken, 3 Std. von Wien, an der Schwechat, 900 Ew.; kaiserl. Lustschloss und ber. Park (darin n. And. die neue goth. Frauensburg).

Layard, *Austen Henry*, engl. Reisender, Alterthumsforscher und Staatsmann, geb. 5. März 1817, veranstaltete seit 1845 die berühmten Ausgrabungen der Städte Niniveh und Babylon, deren Ergebnisse er in ,Niniveh and its remains' (1848, deutsch

1850), „Discoveries in the ruins of Babylon and Niniveh' (1853) und „Second expedition to Assyria' (1867) veröffentlichte, ging 1853 mit dem engl. Gesandten Lord Stratford Canning nach Konstantinopel, spielte seit 1854 eine hervorragende Rolle im Parlament, ward 1861 Unterstaatssekretär des Auswärtigen, trat 1866 zurück.

Laynez (spr. Laïnes), *Jakob*, 2. General des Jesuitenordens seit 1556 und der eigentliche Gründer des Ordensstatuts, geb. 1512 zu Almancario in Kastilien, Loyolas Genosse, klüger und wissenschaftl. gebildeter als dieser, bes. auf Reisen für Ausbreitung des Ordens thätig; † 19. Jan. 1565 zu Rom.

Lazareth, s. v. a. Hospital; s. *Lazarus 2).*

Lazárus, 1) Bruder der Maria und Martha von Bethanien, von Jesus vom Tode auferweckt. — 2) Mit Aussatz behafteter Armer, nach der Parabel Luc. 16, 20, in der röm.-kathol. Kirche Schutzpatron der Kranken, bes. der Aussätzigen, daher der Name *Lazareth* für Krankenhaus. *Lazarusorden* oder *Hospitalritter des heil. L.,* zur Zeit der Kreuzzüge Ritterorden in Palästina, nach Mitte des 13. Jahrh. in Europa, namentl. in Frankreich verbreitet, vom Papst Innocenz 1490 aufgehoben, von Leo X. wiederhergestellt, erhielt sich unter mancherlei Schicksalen in Frankreich bis 1830. *Lazaristen,* von Vincent de Paula 1624 gestifteter Orden, dem Volksunterricht und der Seelsorge (daher *Priester der Mission* genannt), später auch der Krankenpflege gewidmet; noch jetzt in Frankreich, Spanien, Oesterreich, auch in China verbreitet.

Lasen (*Lazen*), Volk in der asiat. Türkei, am schwarzen Meer, von Trapezunt bis zur russ. Grenze; Christen, beschäftigen sich mit Bergbau und Erzgewinnung.

Lazulith, s. *Siderit.*

Lazzari, *Donato,* gewöhnl. *Bramante* genannt, ital. Künstler, geb. 1444 zu Urbino, erst in Mailand, dann in Rom thätig; † 1514. Bes. hervorragend als Architekt (Begründer der röm. Schule, Meister der Hochrenaissance; Hauptwerke: die Cancellaria, Palazzo Giraud, Cortile di San Damaso etc. in Rom); auch Maler und Schriftsteller.

Lazzaróni (ital.), die unterste, müssig sich umhertreibende Volksklasse Neapels.

Lazzi (ital.), Harlekinspossen.

Lea, Labans ältere Tochter, Jakobs erste Frau, gebar diesem Ruben, Simeon, Levi, Juda, Issachar, Sebulon und Dina. [3 Miles.

League (spr. Lihk), engl. Wegemass, =

Leake (spr. Lihk), *William Martin,* engl. Reisender und Archäolog, geb. 1777, † 6. Jan. 1860 zu Brighton. Bes. verdient durch seine Forschungen in Griechenland und Kleinasien. Hauptwerke: „Researches in Greece' (1814), „Journal of a tour in Asia minor' (1824), „Topography of Athens' (2. Aufl. 1843, deutsch 1844), „Travels in Morea' (1830, 3 Bde.), „Numismata Hellenica' (1841) u. A.

Leamington (spr. Liimingt'n), Stadt in der engl. Grafschaft Warwick, am *Leam* (zum Avon), 17,960 Ew. Bes. Mineralquellen.

Leander, s. *Hero.*

Lear (spr. Lihr), mystischer König von

Britannien, Haupt...
Tragödie Shakespeare...

Leavenworth (spr. ...
Kansas (Nordamer.), ...

Leba, Küstenfluss ...
bei der *Stadt* L. (1236 ...

Lebadéa (a. G.), ...
Helicon, ber. Orakel...
Trophonius'; jetzt Li...

Lebédin, Stadt im ...
Charkow, an der Olse...

Lebédos (a. G.), ...
Kleinasien, mit ber. ...

Leben, die Gesamm...
sirten Geschöpfen e...
gänge, insbes. ihre B...
tigkeiten, die durch ei...
und physikalischer, g...
der Prozesse bedingt ...
von ist die Physiolog...
den *Pflanzen* äussert s...
Wachsthum, die Fort...
schränkte Bewegung...
cher gefiederten Blätt...
schaft, oxydirte Verbin...
Salpeter-, Schwefel...
zu reduciren und San...
und dadurch Kräfte ...
das *Thier* durch Oxyd...
theile und Nahrungst...
und dadurch zu Lei...
fähigt wird (Kreislat...
des Individuums unt...
latens oder Keimlebe...
vegetative L. (Wachs...
Thätigkeiten zu Erhal...
und Art, Mangel de...
das *thierische* oder as...
dung, willkürliche Be...

Lebende Bilder, Da...
ken der Malerei und I...

Lebensbaum, s. *Thu...*

Lebenselixir (*Unive...*
schung, unter vielen I...
Auszug aus Aloë, Lä...
barber, Enzian, Galga...

Lebensfähigkeit, die ...
ner Kinder, der das E...
Lebensalters möglich ...
L. sind erforderlich mi...
gerschaftstage und ...
alter Organe. Missbild...
Kunsthülfe beseitigt v...
schluss der Harnröhre...
schliessen unter Umst...
L. aus (Caspar).

Lebensknoten, nach ...
Stelle des verlängerte...
dessen Verletzung sofo...
da Stillstand der Ath...

Lebenskraft, bei Äl...
Ursache der Lebenser...
man nicht aus physika...
als sen abzuleiten glau...
von der L. ist durch ...
vom organ. Leben ber...

Lebensluft, Sauerst...
Lebensmagnetismus...
Lebensverlängerung...
Lebensversicherung...

Leber (Hepar), in der Bauchhöhle hinter den rechten unteren Rippen gelegene rothbraune Drüse, besteht aus balken- und läppchenartig (Leberinseln) angeordneten Zellen, zwischen denen sich massenhafte Blutgefässe hinziehen. Beim Menschen überragt der linke Rand der L. einen Theil des Magens, der untere Rand berührt den Dickdarm. Hinten befindet sich der Eintritt der Blutgefässe und die Ausmündung der Gallengänge (Leberpforte), sowie die Gallenblase. Die L. ist überzogen vom Bauchfell, von dem eine Falte das *Aufhängeband* der L. bildet. Die Leberpfortader sammelt das Venenblut der Darms, Magens und der Milz und führt dasselbe durch ein Haargefässsystem, welches zwischen den Leberzellen liegt, worauf es sich in den *Lebervenen* sammelt, um von hier nach dem Herzen zu gehen. Ausserdem ist noch eine Leberarterie zur Ernährung des Organs vorhanden. Hauptfunktion der L. ist die Bildung der Galle, die sich in sehr feinen Röhrchen ansammelt und durch die Gallengänge nach Gallenblase und Darm geführt wird.

Leber, früher gebräuchlicher Name für mehrere Schwefelverbindungen, der Alkalien, alkalischer Erden etc.

Leberblümchen, s. *Anemone.*

Leberfleck, kleine dunkelgefärbte Hautverdickung, wird durch Aetzung mit Sublimatlösung oder Bestreichen mit Nieswurztinktur, auch durch Ausschneiden entfernt.

Leberkrankheiten sind bei den nahen Beziehungen der Leber zu den Verdauungsorganen, sowie zu Herz und Lungen sehr häufig und bilden oft Theilerscheinungen anderer Erkrankungen. Die wichtigsten sind: 1) *Entzündung* des Leberüberzugs (peribepatitis), eine Art von Bauchfellentzündung (s. d.), bes. durch Stoss, Druck auf die Leber entstehend; schmerzhaft, führt zu Verdickung und Anheftung an die Bauchwand. 2) *Blutüberfüllung* der Leber, entsteht entweder durch zu reichliche Blutzufuhr, bes. durch vieles Essen und Trinken, oder durch gehinderten Abfluss des Blutes nach dem Herzen (bei Herzfehlern, Lungenemphysem); veranlasst Schwellung der Leber, Gefühl der Schwere, Ablagerung von Farbstoffen und Fettentartung der Leber, die dadurch ein muskatnussartiges Ansehen bekommt (Muskatleber). 3) *Entzündung* des Lebergewebes, entweder infolge von Verletzungen oder als Theilerscheinung der Pyämie, führt zu schlimmen Fällen zu grossen Eiteransammlungen. 4) *Interstitielle Leberentzündung* (cirrhosis hepatis), entsteht durch fortgesetzten Alkoholgenuss und besteht in Bindegewebsvermehrung, Schwund der Leberzellen und Einziehung des Leberüberzugs, wodurch das ganze Organ schrumpft und wie mit Schubwecken besetzt erscheint (granulirte oder Schubweckenleber). In ihrem Gefolge tritt stets Bauchwassersucht, hochgradiger Magenkatarrh, Abmagerung auf; die Mastdarmvenen schwellen (Hämorrhoiden), ebenso die Bauchvenen (Medusenhaupt), bes. oberhalb des Nabels. 5) *Syphilitische Leberentzündung* ist durch Bildung von Knoten ausgezeichnet, die bei ihrer Rückbildung tiefe Narben (Lappung) veranlassen und ähnliche Symptome erzeugen wie 4); oft auch gleichzeitig Speckentartung. 6) *Fettleber*, theils durch zu reichliche Fettzufuhr, theils durch Fettentartung, theils infolge von Phosphorvergiftung entstehend. Im letzten Falle nimmt die Leber in wenigen Tagen um das doppelte Gewicht zu, wird blass und sehr fettreich; oft folgt sodann rasche Auschwellung, stets ist Gelbsucht vorhanden (akute gelbe Leberatrophie). 7) *Speckleber*, eine eigenthümliche Umwandlung der Gefässe in eine durchscheinende Masse, die dem ganzen Organ ein speckähnliches Aussehen gibt, nach langanhaltenden Eiterungen. 8) *Leberkrebs*, theils primär, häufiger jedoch sekundär bei Vorhandensein von Krebsen anderer Organe.

Lebermoose, s. *Moose.*

Leberreime, zweizeilige Scherzgedichte, deren erste Zeile heisst: ‚Die Leber ist von einem Hecht und nicht von einem —‘, worauf ein Thier genannt wird, auf dessen Namen die folgende Zeile reimen muss.

Leberthran (Oleum Jecoris aselli), flüssiges Fett aus den Lebern des Kabeljau, des Dorsch und Köhler, wird durch Auspressen, nur der dunklere durch Auskochen gewonnen; klar, dünnflüssig, strohgelb, von schwachem Fischgeruch, schwach sauer, wenig in Alkohol, leicht in Aether löslich, trocknet langsam an der Luft, enthält nicht über 0,06 % Jod. Wird in der Medicin benutzt, die schlechteren Sorten in der Gerberei.

Lebid, *Abu - Okil*, arab. Dichter, geb. 575, † 662, Verf. einer ber. Moallaka.

Leboeuf (spr. -böff), franz. Marschall, geb. 1809, that sich als Artillerieoffizier zuerst 1837 bei der Belagerung von Konstantine hervor, ward im Krimfeldzug 1854 Brigadegeneral, befehligte im ital. Feldzug die Gardeartillerie, ward kaiserl. Adjutant, Aug. 1869 Kriegsminister und Marschall, führte die von Niel begonnene Reorganisation der Armee durch, erklärte Anfang Juli 1870 in der Kammer die Kriegsbereitschaft der Armee, fiel bei der Kapitulation von Metz 29. Okt. in Kriegsgefangenschaft.

Lebrija (spr. -cha), Stadt in der span. Prov. Sevilla, am Guadalquivir, 10,240 Ew.

Lebrun (spr. - bröng), 1) *Charles*, franz. Maler, geb. 22. März 1619 zu Anteuil, † 12. Febr. 1690 als Hofmaler Ludwigs XIV. und Präsident der Akademie; fruchtbar und von grosser Begabung, aber einem falschen theatral. Pathos huldigend, wodurch er den Verfall der Kunst herbeiführte. — 2) *Ponce Denis Ecouchard*, genannt L.-Pindare, franz. Dichter, geb. 10. Aug. 1729 zu Paris, huldigte erst Ludwig XVI., dann mit Begeisterung den Ideen der Revolution; † 2. Sept. 1807. Der bedeutendste Lyriker der klass. Schule. ‚Oeuvres‘ (1811, 4 Bde.); ‚Oeuvres choisies‘ (1821, 2 Bde.).

Lebrun (spr. -bröng), *Charles François, Herzog von Piacenza*, franz. Staatsmann, geb. 19. März 1739 zu St.-Sauveur-Landelin bei

Contances, ward Mitglied der Nationalversammlung u. des Raths der Fünfhundert,
Febr. 1796 dessen Präsident, leistete als
solcher Bonaparte 18. Brumaire wichtige
Dienste, ward von diesem zum 3. Konsul,
bei Errichtung des Kaiserthrons zum Erz-
schatzmeister des Reichs und Generalgouverneur von Ligurien ernannt, nach Ludwig
Bonapartes Abdankung Gouverneur in
Holland, nach der ersten Restauration Juni
1814 zum Pair ernannt; † 16. Juni 1824. Sein
Sohn, *Anne Charles L., Herzog von Placenza*,
geb. 29. Dec. 1775, ward Adjutant Desaix,
1807 Brigadegeneral, focht 1811 in Spanien,
seit Jan. 1852 Senator; † 21. Jan. 1859.
Gab seines Vaters „Mémoires' (1829) heraus.

Lebus, Kreisst. im preuss. Regbz. Frankfurt, an der Oder, 2903 Ew.

Lecanóra *Ach. (Schüsselflechte),* Gattung
der Flechten. **L.** esculenta *Everm.* und L.
affinis *Everm.*, in den Wüsten und Steppen
Nordafrikas, Hochasiens und Südrusslands
oft massenhaft, wird vom Winde weit fort-
getragen, ist geniessbar, wahrscheinlich
die *Manna der Bibel.*

Lecce (spr. Lettsche), Hauptstadt der
ital. Prov. Terra d'Otranto, 17,836 Ew. Industrie in Baumwoll- und Seidenwaaren.

Lech *(Licus),* linker Nebenfluss der Donau,
kommt aus dem Formarinsee in Vorarlberg,
tritt bei Füssen in die Ebene, wird bei
Schongau schiffbar, mündet bei *Lechsend;*
38 M. l. Histor. merkwürdig das *Lechfeld*
(5 M. lange Ebene zwischen L. und Wertach); 10. Aug. 955 das. *Sieg* Ottos I. über
die Ungarn; 15. April 1632 *Gefecht* zwischen
Gustav Adolf und Tilly, welcher hier fiel.

Leche, Steine, Schwefelmetalle, die bei
Ausbringung mancher Metalle aus ihren
Erzen als Zwischenprodukte entstehen.

Leck *(Lek),* ein Hauptarm des Rheins in
Holland; berührt Rotterdam.

Leck, in der Schiffersprache durch gewaltsame Veranlassung, auch Abnutzung
entstandene Beschädigung des Schiffs,
welche starkes Eindringen des Wassers
gestattet. *Lecken,* das fast unmerkliche,
aber schwer zu hinderende Austräufeln der
Flüssigkeiten aus Fässern; *Leckagie* (fr.
coulage), der dadurch verursachte Verlust.

Leckwein, aus freiwillig ausgeflossenem
Traubensaft bereiteter Wein (Strohwein).

Leclerc, *Michel Théodore,* franz. Dichter,
geb. 1. April 1777 in Paris, † das. 15. Febr.
1851; Verf. der witzigen, allgemein beliebten
ten Sprichwörterspiele „Proverbes drama-
tiques' (1834—48, 8 Bde.) und „Nouvelles
proverbes etc.' (1859, 2 Bde.).

Leclerc d'Ostin (spr. Leklähr d'Ostäng),
Victoire Emmanuel, franz. General und
Schwager Napoleons I. als Gemahl von
dessen Schwester Elise, geb. 17. März 1772
zu Pontoise bei Paris, ward 1797 Brigadegeneral, leistete Bonaparte 18. Brumaire
wichtige Dienste, focht als Divisionsgeneral
3. Dec. 1800 bei Hohenlinden, erhielt 1802
den Oberbefehl über die Expedition nach
Hayti, unterwarf binnen 3 Monaten die
Insel; † 2. Nov. 1802 daselbst.

Lectisternium (lat.), feierliche öffentliche

Mahlzeit, wobei die Götterbilder an die
mit Speisen besetzten Tische gestellt wurden.

Leda, Gemahlin des spartan. Königs
Tyndareus, Geliebte des Jupiter, der ihr
als Schwan beiwohnte, gebar den Pollux
und die Helena in einem Ei, nach Andern
von Jupiter den Castor und Pollux.

Ledebur, *Leop. Karl Wilh. Aug. von,* Geschichtsforscher, geb. 2. Juli 1799 zu Berlin, Direktor der königl. Kunstkammer etc.
das. Hauptwerke: „Archiv für die Geschichtskunde des preuss. Staats' (1830—36, 2 Bde.);
„Preuss. Adelslexikon' (1854—57, 3 Bde.).

Leder, die gegerbte Thierhaut, wird zu-
gerichtet zum Behuf der Verdichtung (Le-
derkopfmaschinen), Entfernung zu starker
Stellen (Dollirmaschinen), des Hervortre-
tenlassens der Narbe (Krispeln) etc. Starkes
L. wird auf Maschinen gespalten; feines L.
mit Blaulack (Leinöl mit Berlinerblau gekocht) lackirt. Abfälle werden auf Leim
oder, wie Lumpen im Holländer zerkleinert,
auf Pappe verarbeitet. *Ledertuch* ist mit
eigenthümlichen Firnissmischungen über-
zogenes Gewebe. Lohiges L. producirt
Deutschland im Jahr 1,119,900 Ctr., Russland 933,200, England 783,200, Frankreich
597,800, Belgien und Holland 74,700 Ctr.
Produktion der anderen Ledersorten:
933,000 Ctr. [stäbchen zum Poliren.

Lederfeilen, mit Leder bekleidete Holz-
Ledermacker *(Althcepaste,* Pasta gummosa),
Heilmittel gegen Husten, schaumig schwammige Masse aus Zuckerpulver, Gummi
arabicum und Eiweiss bereitet.

Ledru-Rollin (spr. Ledrü-Rolläng), *Alex.
Auguste,* franz. Radikaler, geb. 2. Febr. 1808
zu Paris, ward Advocat, plaidirte am Kassa-
tionshofe in vielen polit. Prozessen, trat
1844 in die Kammer der Deputirten, betheiligte sich lebhaft bei der Reformagita-
tion von 1847, ward Febr. 1848 Mitglied der
provisor. Regierung und Minister des Innern, dann Mitglied des Regierungsaus-
schusses der Fünfmänner, infolge des Juni-
aufstands 1848 vom Staatsruder entfernt.
Koryphäe der socialdemokrat. Partei und
Mitglied der Legislative, floh n. nach der
misslungenen Meuterei Juni 1849 nach England, ward abwesend zur Deportation verurtheilt, lebte seitdem zu London, Mitglied
des dortigen Revolutionskomités, 1857 mit
Mazzini eines Komplots gegen Napoleon III.
angeklagt und abermals verurtheilt, kehrte
erst 26. März 1870 infolge der Amnestie nach
Paris zurück, ohne sich aber an den dortigen Ereignissen hervorragend zu betheiligen.

Ledum *L. (Porst),* Pflanzengattung der
Ericeen. **L.** palustre *L., Sumpfporst,* wilder
Rosmarin, Wanzen-, Mottenkraut, in Europa,
Nordasien, Nordamerika, mit narkot. officin.
Blättern, die auch zur Vertilgung des Un-
geziefers dienen. **L.** latifolium *Lam.* in
Nordamerika, liefert den Jamesthee.

Lee (spr. Lih), *Robert Edmund,* General
der Südstaaten im nordamerik. Bürgerkrieg,
geb. 1808 in Virginien, ward 1838 Kapitän,
machte den mexikan. Krieg als Chef des
Stabs des Generals Wool mit, ward April
1861 zum Oberbefehlshaber der secessionist.

Truppen Virginiens ernannt, befehligte erst in Westvirginien, seit Dec. 1861 in Südcarolina und Georgien, übernahm Juni 1862 den Oberbefehl über die Südarmee, fiel Aug. in Maryland ein, ward 17. Sept. bei Antietam geschlagen und zum Rückzug gezwungen, rückte, nachdem er bei Frederiksburg 13. Dec. 1862 und Chancellorsville 3. Mai 1863 über Burnside und Hooker gesiegt, wieder nach Norden, ward 1. bis 3. Juni 1863 bei Gettysburg in Pennsylvanien zurückgeschlagen. Im Feldzug 1864 sich auf Richmond zurückziehend, unterlag er den vereinigten Streitkräften Shermans und Grants, musste 2. April 1865 Richmond räumen und sich 9. April dem General Grant ergeben. Nach dem Kriege Präsident des Washington-College in Lexington in Virginien; † 12. Okt. 1870. Vgl. Mc Cabe (1868).

Leeds (spr. Lihds), Stadt in der engl. Grafschaft York, an der Mündung des Leeds-Liverpoolkanals (1770—1816 erbaut, 28 M. l.) in den Aire, 207,165 Ew. Eisenbahnknotenpunkt u. Centrum der Tuchfabrikat.

Leer, Stadt im preuss. Regbz. Aurich, an der Leda, 8567 Ew. Industrie und Schifffahrt.

Leere (Vacuum), ein Raum, in welchem sich keine Materie befindet. *Guerickesche* und *Torricellische L.* (s. diese Art.).

Leesegel, Segel, die bei mässigem, aber günstigem Winde am Ende der Raaen befestigt werden, um mehr Wind zu fangen.

Leeseite, die vom Winde nicht getroffene Seite des Schiffs, im Gegensatz zur *Luvseite*, die vom Winde getroffen wird.

Leewarden (spr. Lee-uwardn), Hauptst. der niederländ. Prov. Friesland, am Ee und am Kanal zwischen Haarlingen und Gröningen, 25,373 Ew. Prinzenhof (Park), königl. Palast, prachtv. Rathhaus, Münze.

Leeuwenhoek (spr. Lee-awenhuk), *Anton van*, holl. Naturforscher, geb. 24. Okt. 1632 in Delft, † das. 26. Aug. 1723. Verfertiger der ersten Mikroskope und Entdecker vieler mikroskop. Verhältnisse. *Opera omnia*'(1724).

Leewärts (*unter dem Winde*), nach der Seite, nach welcher der Wind weht.

Leeward-Islands (spr. Lihuard-Eilands, *Inseln unter dem Winde*), die nördlichsten der kleinen Antillen, zw. Dominica u. Portorico.

Lefebvre (spr. Löfäh'wr), *François Joseph, Herzog von Danzig*, franz. Marschall, geb. 25. Okt. 1755 zu Ruffach im Elsass, trat 1773 in die franz. Garden, stieg im Revolutionskriege schnell zum Divisionsgeneral, übernahm 1797 den Oberbefehl über die Sambre- und Maasarmee, unterstützte Bonaparte am 18. Brumaire und ward 1800 Prätor im Senat. Mai 1804 zum Marschall ernannt, befehligte er 1806 bei Jena die Gardeinfanterie, dann in Polen das 10. Armeecorps, nahm 26. Mai 1807 Danzig, befehligte 1808 ein Armeecorps in Spanien, im Feldzug von 1809 die bayer. Armee, unterdrückte die Insurrektion in Tirol und focht bei Wagram. Im Krieg 1812 und 1813 Befehlshaber der franz. Garden, erhielt er nach dem Einrücken der Verbündeten in Frankreich 1814 den Oberbefehl über den linken Flügel des Heeres, unterwarf sich

nach Napoleons Abdankung den Bourbons und ward Juni 1814 zum Pair erhoben; † 14. Sept. 1820 zu Paris.

Lefèvre (spr. Löfäh'wr), *Rob.*, franz. Maler, geb. 1756 in Bayeux, † 3. Okt. 1830. Historien und bes. gelungene Porträts (z. B. Napoleon und Josephine, in zahlr. Kopien).

Lefkoscha, s. *Nicosia*.

Lefort (spr. Löfohr), *Franz Jak.*, geb. 1656 zu Genf, erst in franz., dann in holländ., seit 1675 in russ. Diensten, gewann die Gunst des jungen Zaaren Peter I., vereitelte den Aufruhr der Strelitzen 1689, organisirte das Heerwesen auf franz. Fuss, legte den Grund zur russ. Seemacht, suchte Gewerbe und Landeskultur zu heben, ward 1694 Admiral und Obergeneral des russ. Heeres, 1697 Gouverneur von Nowgorod; † 12. März 1699 zu Moskau. Biogr. von *Posselt* (1866).

Legal (lat.), gesetzlich, gesetzmässig; *Legalität*, Gesetzmässigkeit; *legalisiren*, etwas gesetzlich gültig machen.

Legat (lat.), Vermächtniss, letztwillig vermachtes Geschenk; *Legatar*, der dasselbe Empfangende. Um die Erben vor zu grosser Belastung durch L.e zu sichern, bestimmt das röm. Recht, dass ihnen wenigstens der 4. Theil der Verlassenschaft, die sogen. *falcidisches Quart*, verbleiben müsse.

Legaten (lat.), bei den Römern zur Zeit der Republik die Gehülfen der Feldherren und Statthalter, in der Kaiserzeit die Oberbefehlshaber der einzelnen Heere; jetzt Titel der Bevollmächtigten der röm. Kurie, die sich seit 11. Jahrh. bedeutende Eingriffe in die Rechte der Bischöfe und Landeskirchen, Gelderpressungen etc. erlaubten; mit einzelnen Geschäften betraut, *Delegati*, zur Vollziehung wichtiger Aufträge an grosse Höfe gesandt und als Vertraute des Papstes, *Legati a latere* genannt; *Legati missi*, jetzt gewöhnl. Titel der apostol. Nuntien. *Legation*, Gesandtschaft; Name der Provinzen des früheren Kirchenstaats. [Kunst

Lege artis (lat.), nach den Regeln der Legger, holländ. Flüssigkeitsmass, = 563 Liter, in Holländ.-Ostindien = 578½ Liter.

Legio fulminatrix (lat.), s. *Donnerlegion*.

Legion, Truppenkörper im alten Rom, von verschiedener Stärke, unter Cäsar etwa 5000 Mann stark und in Kohorten und Manipeln, sowie in die nach Bewaffnung und Kriegserfahrung verschiedenen Hastati, Principes und Triarii eingetheilt. Oft, doch nicht immer war der L. Reiterei zugetheilt; ihr Befehlshaber war der Tribun. Jede L. hatte ihren Adler. Es dienten in den L.en nur röm. Bürger, erst in der Kaiserzeit wurden Freigelassene, Provinzialen und Barbaren in dieselben aufgenommen. Jetzt heisst L. ein aus Fremden oder Einheimischen geworbener Truppenkörper, welcher ausserhalb der regulären Armee formirt wird (Kings ,deutsche L.' in den napoleonischen Kriegen; Garibaldis, Charettes L. 1870—71).

Legirungen, Verbindungen oder Mischungen von zwei oder mehreren Metallen mit einander, sind meist härter, leichter schmelzbar (Kadmium u. Wismuth drücken namentl. den Schwerpunkt herab) und speciflsch schwerer, als ihre Zusammensetzung erwarten lässt, finden ausgedehnte Anwendung in der Technik, besonders die L. von Kupfer mit Zink, Zinn, Antimon, Nickel.

Legislation (*Legislatur*, lat.), Gesetzgebung, gesetzgebende Gewalt; *Legislative*, gesetzgebende Versammlung.

Legitim (lat.), gesetzmässig. *Legitimität*, Gesetz- oder Rechtmässigkeit eines Besitzes, Anspruchs etc., insbes. einer Staatsregierung; *legitimer Regent*, der nach dem Thronfolgegesetz berufene Regent, im Gegensatz zum Usurpator. *Legitimisten*, in Frankreich die Anhänger des Grafen von Chambord, als des letzten Sprösslings der legitimen Dynastie der Bourbons. *Legitimiren*, beglaubigen, z. B. einen Gesandten, Bevollmächtigten etc., dann gesetzmässig machen, z. B. ausser der Ehe erzeugte Kinder für legitime, d. l. in gesetzlicher Ehe erzeugte erklären; *sich legitimiren*, seine Berechtigung zu etwas darthun.

Legnago (spr. Lenj-), Festung in der ital. Prov. Verona, an der Etsch, 10,318 Ew.

Legnano (spr. Lenj-), Ort bei Mailand, an der Olona, 5431 Ew.; 29. Mai 1176 Sieg der Mailänder über Friedrich Barbarossa.

Legoa, brasilian. und portug. gr. Meile, = 3 Milhas = 6196,00 Meter = 0,837 geogr. Meile. [0,903 geogr. M.

Legua, span. Meile, = 6687,24 Meter =

Leguan (*Kammeidechse*, Iguana *Daud.*), Gattung der Eidechsen. Gemeiner L. (*I. tuberculata Laur.*), 4—5' lang, im tropischen Amerika, mit schmackhaftem Fleisch und Legumen, s. v. a. Hülse. [Eiern.

Legumin, Erbsenstoff, Pflanzenkaseïn, der eiweissartige Stoff in den Hülsenfrüchten, in Wasser löslich, die Lösung gerinnt nicht beim Erhitzen, gibt aber beim Verdampfen eine Haut wie Milch. [gende Pflanzen.

Leguminosen (lat.), Hülsenfrüchte tra-

Leh, Stadt, s. *Ladakh*.

Lehde, unfruchtbares, bloss als Weideplatz dienendes Stück Land.

Lehe (*Bremerlehe*), Flecken im preuss. Reghz. Stade, bei Bremerhafen, 4972 Ew.

Lehesten, Stadt in S.-Meiningen, an der Loquitz, 1517 Ew. Bed. Schieferbrüche.

Lehm, sehr inniges Gemenge von Thon, höchst feinem Sand und Eisenoxydhydrat, oft gröberen Sand enthaltend, fühlt sich mager an, bleibt beim Trocknen mulmig, wird beim Brennen braunroth und schmilzt zu einer blaugrauen oder schwarzen Schlacke. Entsteht meist aus glimmerreichen Gesteinen, findet sich bes. im Diluvium, dient bes. zu Mauersteinen etc.

Lehmann, 1) *Joh. Georg*, Kartograph, geb. 11. Mai 1765 in der Johannismühle bei Baruth, erst Mühlknappe, dann Soldat, Feldmesser, Strassenaufseher, † als Major und Direktor der Plankammer 6. Dec. 1811 zu Dresden; Erfinder der allgemein angenommenen Methode der Terrainzeichnung, nach welcher der Neigungsgrad der Bodenfläche durch hellere oder dunklere Schraffirung bezeichnet wird. Hauptwerk: 'Die Lehre vom Situationszeichnen' (1812—16, 2 Bde.). — 2) *Peter Martin Orla*, dän. Staatsmann, geb. 19.

Mai 1810 zu Kopenhagen, agitirte für Einführung einer liberalen Verfassung in Dänemark, ward 1844 Advokat beim höchsten Gericht in Kopenhagen, März 1848 Minister ohne Portefeuille in dem sog. Casino-Ministerium, Nov. Amtmann in Veile, Sept. 1861 bis Ende 1863 Minister des Innern, privatisirte seitdem in Kopenhagen; † 13. Sept. 1870. — 3) *Theodor Heinr. Wilh.*, Begründer der deutsch-nationalen Partei in Schleswig-Holstein, geb. 22. Nov. 1824 zu Rendsburg, Vetter des Vor., ward 1851 Advokat in Kiel, 1859 Abgeordneter der holstein. Provinzialstände, stritt für die Zusammengehörigkeit der Herzogthümer, wirkte mit bei der Stiftung des Nationalvereins zu Frankfurt a/M. (Sept. 1859) und trat in den Ausschuss; † 29. Juli 1862 zu Kiel.

Lehmbau, s. *Pisébau*.

Lehmsteine, s. *Mauersteine*.

Lehn, Grundstück, welches ein Grosser dem sich ihm zu besonderer Treue verpflichtenden Dienstmanne statt des Soldes zu Besitz und Genuss verlieh, anfangs mit Vorbehalt beliebigen Widerrufs, dann auf Lebenszeit, endlich vererblich, so lange noch lehnsfähige Nachkommen des Lehnsmannes vorhanden waren. Das ächte oder Obereigenthum (dominium directum) behielt der Dienst- oder Lehnsherr; der Lehnsmann (basmus, vassus, vasallus) erhielt nur das Eigenthum an den Nutzungen des Guts (dominium utile), welches er jederzeit wieder aufgeben, späterhin, nachdem die L. erblich geworden, unter Beschränkungen auch veräussern durfte. Indem selbst freie Grundbesitzer ihre Güter, um den Schutz der Mächtigen zu gewinnen, von einem Grossen, Bischof, Abt etc. zu L. nahmen (*aufgetragenes* L., feudum oblatum, im Gegensatz zum *gegebenen* L., feudum datum) und die grossen Vasallen (Grafen, Herzöge) ihren Grundbesitz zum Theil als *Afterlehn* an Afterdienste (subvasalli) überliessen, die ihnen dem Oberlehnsherrn dienstpflichtig waren, durchdrang das Lehnswesen im Mittelalter nach und nach alle Eigenthums- und Besitzverhältnisse. Durch das Aufkommen der stehenden Heere und der absoluten Monarchie in Deutschland und Frankreich wurde die polit. Macht der Feudalaristokratie gebrochen, und nur in privatrechtlicher Beziehung hat sich das Lehnswesen noch länger, bis zur ersten franz. Revolution erhalten. Seitdem sind die Principien von der Freiheit der Person und des Eigenthums, von der Gleichberechtigung aller Stände zu allen Aemtern allmählig zur Geltung gelangt, womit die Lehnsnexus fast allenthalben sich löste. In Preussen ist durch die Verfassung von 1850 die Errichtung von L.en untersagt und bestimmt, dass der in Bezug auf die vorhandenen L.e noch bestehende Lehnsverband nach gesetzlicher Anordnung aufgelöst werden soll. Das Obereigenthumsrecht des Oberlehnsherrn ist, wo ein solches noch bestand, durch das Ablösungsgesetz vom 2. März 1850 bei allen innerhalb des Staats gelegenen L.en, mit alleiniger Ausnahme der Thronlehne, für aufgehoben erklärt worden, während das Rechtsverhältniss der Mitbelehnten und Agnaten, resp. der Anwärter bei L.en noch fortbesteht. Die wichtigste Sammlung für das Lehnrecht bilden die sogen. Libri feudorum aus dem 12. Jahrh., die aus kaiserl. Konstitutionen und Aufzeichnungen über das Gewohnheitsrecht verschiedener Lehnhöfe in der Lombardei zusammengebracht und dem Corpus juris civilis beigegeben wurden.

Lehnin, Marktfl. im preuss. Regbz. Potsdam, 1576 Ew.; Ruinen des Cistercienserklosters Himmelpfort, mit der Gruft der Askanier. Die *lehninsche Weissagung*, latein.Gedicht in 100 leoninischen Versen, die Schicksale des hohenzollernschen Hauses prophezeiend, wird dem Mönch *Hermann von L.* (um 1230) zugeschrieben, stammt aber aus dem 17. Jahrh. (herausg. v. *Gieseler* 1859). Vgl. *Heffter*, ‚Gesch. des Klosters L.‘, 1851.

Lehnwaare, s. *Laudemium*.

Lehrgedicht (*didaktische Poesie*), eine der epischen Gattung untergeordnete Dichtform, welche Kenntnisse, Urtheile, Lehren etc. vorträgt; zerfällt in 1) den *Spruch* (Sinnspruch, Epigramm); 2) das *eigentl. L.*, das einen Gegenstand der Moral, Religion, Wissenschaft etc. ausführlich behandelt (*Freidanks* ‚Bescheidenheit‘,Rückerts ‚Weisheit des Brahmanen‘ etc.); 3) das *beschreibende Gedicht* (Kleists ‚Frühling‘ etc.); 4) die *Epistel* und 5) die *Satire*.

Lehrgerüst, Bogengerüst, die hölzerne Unterstützung, auf deren Rücken ein Bogen oder Gewölbe gemauert wird.

Lehrsatz (*Theorem*), im System der Erkenntnisse ein Satz, welcher aus den Grundsätzen einer Wissenschaft bewiesen, d. h. durch Schlüsse abgeleitet ist; in den empir. Wissenschaften Satz, der sich durch eine hinreichende Anzahl übereinstimmender Thatsachen belegen lässt.

Leibeigenschaft, Verhältniss, dem zufolge Jemand für sich und seine Nachkommen einem Herrn zu Diensten und Abgaben verpflichtet und unter Schmälerung seiner persönlichen Freiheit von ihm abhängig ist, meist mit Rücksicht auf ein dem Herrn gehöriges, aber von ihm dem Leibeigenen zur Benutzung überlassenes Grundstück; bei den german. und slavischen Völkern mildere Form der Sklaverei, entstand durch Kriegsgefangenschaft, Geburt von einer leibeigenen Mutter, Verheirathung an einen Leibeigenen, freiwillige Ergebung u. Kauf, insofern die Leibeigenen durch solchen aus einer Hand in die andere übergingen. Der Leibeigene war hinsichtlich des Wegzugs und der Berufswahl für sich und seine Kinder, der Verheirathung und der Vererbung von seinem Herrn abhängig, unterlag körperlicher Züchtigung, war aber im Uebrigen durch die Gerichte geschützt, rechts- und erwerbsfähig und musste im Fall der Erwerbsunfähigkeit vom Herrn ernährt werden. In England ward die L. schon zu Ende des 16. Jahrh. aufgehoben, in Frankreich erst infolge der Revolution von 1789, in Deutschland zum Theil Ende

des 18. Jahrh., in Preussen in der Regenerationsepoche nach 1806, in den Mittel- und Kleinstaaten grossentheils erst nach den Revolutionen von 1830 und 1848, zu letzterem Zeitpunkt auch in Oesterreich. In Russland, wo noch im 16. Jahrh. bis dahin freie Bauern leibeigen gemacht wurden, ist neuerlich durch die energische Initiative Kaiser Alexanders II. trotz des Widerstrebens des Adels die vollständige Emancipation der Leibeigenen durchgeführt und durch kaiserl. Manifest vom 19. Febr. (3. März) 1861 verkündigt, ihr faktischer Eintritt auf 17. März 1863 festgesetzt worden. Vgl. *Engelheim*, ‚Gesch. der Aufhebung der L. in Europa‘, 1861.

Leibesbeschaffenheit, s. *Konstitution*.

Leibeserben, s. v. a. Descendenten.

Leibesfrucht, s. v. a. Embryo.

Leibesverstopfung, s. *Obstruktion*.

Leibgarde, s. *Garde*.

Leibgedinge (*Leibgut*, *Leibzucht*), für die Lebensdauer eines Menschen bedungenes Verhältniss, z. B. Nutzniessung, Rente etc.; insbes. das einer Wittwe nach manchen Partikularrechten zustehende Recht, aus den Lehngütern ihres verstorbenen Mannes gewisse lebenslängliche Renten zu geniessen.

Leibniz, *Gottfr. Wilhelm*, *Freiherr von*, scharfsinniger Denker, geb. 6. Juli 1646 zu Leipzig, ward 1672 Rath beim höchsten Gericht des Kurfürsten von Mainz, besuchte dann Paris, wo er Ludwigs XIV. Eroberungspläne durch seine Schr. ‚Consilium Aegyptiacum‘ von Deutschland auf Aegypten abzulenken suchte, und London, ward 1676 Bibliothekar und Rath zu Hannover, erster Präsident der durch ihn mit ins Leben gerufenen Akademie der Wissenschaften in Berlin, geh. Justizrath und Historiograph, Freiherr und Reichshofrath; † 14. Nov. 1716 zu Hannover. Mathematiker (Erfinder der Differentialrechnung), Philosoph, Rechtsgelehrter, Staatsmann und Theolog. ‚Deutsche Schr.‘ (herausg. von *Guhrauer* 1838—40, 2 Bde.); ‚Philosoph. Schr.‘ (von *Erdmann* 1840); Gesammtausgabe der Werke begonnen von *Pertz* (1843—63, Bd. 1—11) und *Onno Klopp* (1864—66, Bd. 1—5). Biogr. von *Guhrauer* (1846, 2 Bde.). Seine Philosophie, in zahlreichen Abhandlungen mehr umrissweise angedeutet, als methodisch ausgeführt, im Gegensatz zum Spinozismus (s. *Spinoza*) und Lockes Empirismus Monadologie: Monaden die allem Zusammengesetzten zu Grunde liegenden letzten einfachen, unauflösbaren Bestandtheile, das wahrhaft Seiende; Raum und Zeit nur Bezeichnungen einer gewissen Ordnung der Monaden; Gott die ursprüngl. Monade; die Einwirkung der Monaden auf einander durch göttl. Vermittlung zu Stande kommend; jede Monade ein Spiegel des Universums; die Veränderungen der einzelnen Monaden durch die von Gott angeordnete (prästabilirte) Harmonie geregelt. Der Satz des Widerspruchs und des zureichenden Grundes Basis aller philosoph. Forschung. Vgl. *L. Feuerbach*, ‚Darstellung etc. der L.schen Philosophie‘, 1837; *Fischer* (1867), *Pfleiderer* (1870).

Leibrenten, die Einkünfte eines Kapitals, welches unter der Bedingung übergeben wird, dass der Empfänger dem Darleiher lebenslängliche, und zwar höhere als die sonst übliche Zinsen zahle, mit dem Darleibers Tode aber das Kapital erbt.

Leicester (spr. Läster), Grafsch. in Mittelengland, 37,3 QM. und 237,412 Ew. Die *Hauptst.* L., am schiffbaren Soar und am *Leicesterkanal*, 68,056 Ew., Eisenbahnknotenpunkt; Hauptsitz der engl. Strumpfwirkerei.

Leicester (spr. Läster), *Rob. Dudley, Graf von*, Günstling der Königin Elisabeth von England, Sohn des Herzogs von Northumberland, ward trotz seiner Unfähigkeit von seiner Gönnerin zum Geheimrath und 1585 zum Oberbefehlshaber der den Niederlanden gegen Spanien zu Hülfe gesandten Truppen, von den Niederländern Febr. 1586 zum Generalstatthalter und Befehlshaber ihrer Kriegsmacht zu Wasser und zu Land ernannt, Dec. 1587 zurückgerufen und mit dem Oberbefehl über die Besetzung der Hauptstadt betraut; † 4. Sept. 1588.

Leich, altdeutsche lyr. Dichtform, seit 9. Jahrh. eingeführt, von den mittelhochd. Dichtern vielfach angewendet, seit 15. Jahrh. ausser Gebrauch.

Leichdorn, s. v. a. Hühnerauge.

Leichenfett, s. *Adipocire.*

Leichengift, Substanz, die sich rasch nach dem Tode im Körper entwickelt und in Wunden gelangend daselbst heftige Entzündung hervorruft, die sich auch auf die Lymphgefässe und Lymphdrüsen fortsetzen kann und schwere Vereiterungen derselben veranlasst. Besonders sind kleinste, nicht blutende Verletzungen der Aufnahme des Giftes günstig. Biswellen führt die Infektion mit L. zum Tode, der unter den Erscheinungen der Pyämie (s. d.) erfolgt.

Leichenöffnung, s. *Sektion.*

Leichenschau, s. *Todtenschau.*

Leichenvogel, s. v. a. Steinkauz, s. *Eulen.*

Leichtlingen, Fabrikort in preuss. Regbz. Düsseldorf, an der Wipper, 4900 Ew.

Leichter (*Leichterschiff*), Fahrzeug, welches den Waarenverkehr zwischen grossen Seeschiffen und dem Lande besorgt und jene erleichtert, falls sie durch ihren Tiefgang am Einlaufen gehindert sind. *[stand.*

Leidenfrosts Tropfen, s. *Sphäroidaler Zu-*

Leier, 1) s. *Lyra.* — 2) Sternbild östl. vom Hercules, mit der Wega, einem Stern 1. Gr.

Leierschwanz (*Leiervogel, Menura Shw.*), Gattung der Sperlingsvögel (Pfriemenschnäbler). *Schweifhuhn* (*M. superba Shw.*), von der Grösse des Huhns, in Neuholland, mit langem, beim Männchen leierförmigem Schwanze.

Leihhaus, Leihbank, s. *Lombard.*

Leihkontrakt (Commodatum), Vertrag, vermöge dessen eine Sache unentgeltlich zu einem bestimmten Gebrauche nur unter der Bedingung der Rückgabe derselben von Seiten des Empfängers (Kommodatars) an den Leihenden (Kommodanten) übergeht.

Leim (*Thierleim, Glutin*), wird durch anhaltendes Kochen von Hautabfällen, Flechsen, Gedärmen mit Wasser oder Hochdruckdampf, Durchseihen der Lösung, die beim Erkalten zu einer Gallerte erstarrt, Zerschneiden der letzteren in Tafeln und Trocknen an der Luft dargestellt. Ausbente 25%. *Knochenleim, Patentleim*, wird durch Schmelzen entfetteter und mit Salzsäure von den mineralischen Bestandtheilen befreiter Knochensubstanz erhalten. L. ist löslich in heissem Wasser, gelatinirt beim Erkalten, verliert aber diese Eigenschaft und einen Theil der Bindekraft durch Behandeln mit Salpeter- oder Essigsäure (*flüssiger L.*). Durch Zusatz erdiger Pulver (Kreide, Zink- oder Barytweiss) soll die Bindekraft des L. erhöht werden. Ueber *Kleber-* und *Eiweissleim* s. *Kleber*. *Kaseinleim* ist eine Lösung von Kasein in Boraxlösung (gutes Surrogat des L.). *Elastischer* L. enthält Glycerin und dient zu Buchdruckerwalzen etc.

Leimgebende Materien, Grundsubstanz vieler thierischen Gewebe, bes. der knöchernen, knorpligen und häutigen Theile, sind stickstoff- und schwefelhaltig, liefern bei anhaltendem Kochen mit Wasser Leim oder Chondrin, bilden $\frac{1}{15}$ — $\frac{1}{20}$ des Fleisches unserer Hausthiere, sind als Nahrungsstoffe zu betrachten und werden zur Darstellung von Leim benutzt.

Lein, s. *Flachs.*

Leindotter, s. *Camelina.*

Leine, Nebenfluss der Aller, kommt vom Eichsfelde, wird bei Hannover schiffbar, mündet unterhalb Schwarmstedt; 25½ M. l.

Leinengarn, aus Flachsfaser gesponnenes Garn, Maschinen- oder Handgespinnst. Ersteres ist gleichmässiger, letzteres glatter, glänzender. L. dient zur Darstellung von Leinwand, Zwirn etc. England hat 1,500,000, Frankreich 600,000, Oesterreich 326,000, Belgien 280,000, Deutschland 250,000, Russland 130,000, Schweiz und Norwegen 20,000 mechan. Spindeln.

Leinfink, s. *Hänfling.*

Leiningen, altes Dynastengeschlecht, 1220 im Mannsstamm erloschen. Die Besitzungen erhielt der Sohn der Erbtochter Lukardis, Friedrich von Hardenburg, der sich nun Graf von L. nannte. Seit 1317 2 Hauptlinien, die *friedrichsche*, 1467 im Mannsstamm erloschen, in weiblicher Linie als L.-*Westerburg* fortgesetzt, und die *joffriedsche*, nach Erwerbung der Grafschaft Dachsburg L.-*Dachsburg* genannt, später in 2 Linien zerfallend. Die Linie L.-*Hardenburg-Dachsburg*, 1779 in den Reichsfürstenstand erhoben, verlor durch den Frieden von Luneville ihre Besitzungen im Worms- und Speiergau und auf dem linken Rheinufer, etwa 12 QM., und ward dafür durch den Reichsdeputationshauptschluss 1803 mit Besitzungen im Mainzischen, Würzburgischen und in der Rheinpfalz entschädigt, zus. gegen 25 QM., welche in ein Fürstenthum L. vereinigt, durch die Rheinbundsakte 1806 aber als Standesherrschaft unter badische, 1810 zum Theil (5 QM.) unter bayerische, zum Theil unter grossherzogl. hessische Oberhoheit gestellt wurden. Gegenwärtiger Standesherr Fürst *Ernst*, geb. 9. Nov. 1830, erbliches Mitglied der bayer. Kammer der Reichsräthe, Sohn des Fürsten *Karl von L.*, geb. 12. Sept. 1804, † 13. Nov. 1856, der seinem Vater, dem Fürsten Emich Karl, 4. Sept. 1814 unter Vormundschaft seiner Mutter Victoria, geb. Prinzessin von Sachsen-Koburg, nachmaliger Herzogin von Kent, der Mutter der Königin Victoria von England, folgte und 9. Aug. bis 5. Sept. 1848 Präsident des Reichsministeriums war. Die Linie *L.-Dachsburg-Heidesheim-Falkenburg* blüht noch in dem gräflichen Haus L. fort, das in 2 Linien zerfällt, die sich nach den durch den Reichsdeputationshauptschluss erhaltenen Gütern *L.-Billigheim* und *L.-Neudenau* nennen und durch die Rheinbundsakte der Oberhoheit Badens unterstellt wurden. Das gräfliche Haus *L.-Westerburg* theilt sich seit 1695 in die Linien *Alt-L.-Westerburg*, welche die Standesherrschaft Ilbenstadt unter hess. Oberhoheit, die Hälfte der Grafsch. Westerburg und der Herrschaft Schadeck, und *Neu-L.-Westerburg*, welche die andere Hälfte von Westerburg und Schadeck besitzt.

Leinöl, fettes Oel, durch warmes Pressen aus gemahlenen Leinsamen gewonnen, goldgelb, etwas dickflüssig, von unangenehmem Geruch und Geschmack, erstarrt bei — 34° C., löst sich leicht in Aether, schwer in Alkohol, trocknet an der Luft, dient in der Medicin, zur Darstellung von Firniss, Buchdruckerschwärze, Wachstuch etc. Das meiste L. kommt aus Russland, Holland, Belgien, Aegypten, Ostindien.

Leinölfirniss (*Oelfirniss, Malerfirniss*), durch Kochen mit Bleioxyd, Manganoxydulsalzen, Bleizuckerhein von Schleim und fremden Materien gereinigtes Leinöl, trocknet schneller als dieses und dient zur Darstellung der Oelfarben, Lackfirnisse, Buchdruckerschwärze, von Ledertuch, Kitt.

Leinpfade, die längs schiffbarer Flüsse hinlaufenden Wege für Menschen oder Pferde, welche die Schiffe stromaufwärts an Seilen ziehen.

Leinsamen, die Samen der Flachspflanze, enthalten ca. 27% fettes Oel, 15% Pflanzenschleim etc., dienen in der Medicin und zur Darstellung des Leinöls. Die *Presskuchen* von der Bereitung des letzteren werden gepulvert und dienen dann zu Umschlägen. Werthvolles Viehfutter.

Leinster (spr. Linnster), Prov. im südöstl. Irland, 358 QM. und 1,457,635 Ew., enthält 12 Grafschaften: Dublin, Louth, East-Meath, West-Meath, Longford, Kings-County, Queens-County, Kildare, Wicklow, Wexford, Carlow, Kilkenny.

Leinwand, glattes Gewebe aus ungebleichtem oder gebleichtem Flachs, Hanf und Werg. Halbleinwand enthält eine Kette aus Baumwollgarn. Die gröbste L. heisst Segeltuch. L. aus Handgespinnst nutzt sich unter gleichen Verhältnissen leichter ab, bleibt aber beim Waschen glänzender und glatter als L. aus Maschinengespinnst. Taucht man ausgekochte und getrocknete L. ½—2 Minuten in engl. Schwefelsäure und spült sofort mit Wasser, so fehlen nach dem Trocknen etwaige Baumwollfäden. England, Holland, Belgien, Westphalen, Hannover, Sachsen, Schlesien, Böhmen, Mähren liefern die meiste L. Mechanische Webstühle hat England 20,000, Frankreich 4000, Belgien 3000, Deutschland 1800.

Leiokom (*Leiogomme*), s. *Dextrin*.

Leipa, Stadt, s. *Böhmisch-Leipa*.

Leipzig, sächs. Regbz., 64,9 QM. und 553,589 Ew. Die *Hauptst.* L., an der Elster, Pleisse und Parthe, 91,000 (1850: 64,000) Ew. (über ⅝ luth.), zerfällt in die innere Stadt und die Vorstädte, dazwischen (auf den ehemal. Festungswerken) schöne Promenaden; 17 öffentliche Plätze (Augustus-, Ross- und Königsplatz). *Gebäude:* Thomas-, Nikolai-, Pauliner-, Johanniskirche, neue kath. Kirche, Synagoge (maur. Stil); Pleissenburg (Luthers Disputation 1519), Universitätsgebäude (Augusteum), neue Sternwarte, städt. Museum, neues Theater, Gewandhaus (ehem. Kaufhaus, jetzt ber. Koncertsaal), neues Johannis-Hospital, Krankenhaus, Buchhändlerbörse, 5 Bahnhöfe etc. Ber. reiche Universität mit ausgezeichneten und grossartigen Hülfsanstalten (1409 gegr., Okt. 1871: 2095 Stud.), Zeichenakademie, Musikkonservatorium (seit 1843), zahlr. Anstalten für wohlthätige Zwecke. Sitz des Bundesoberhandelsgerichts. Schwunghafte Industrie, bes. in Pianofortes, allen graphischen Künsten (49 Buchdruckereien mit 261 Schnellpressen, 104 Handpressen und 1073 Gehülfen), Cigarren (jährl. für 2 Mill. Thlr.), Hüten, äther. Oelen etc. Die wichtigste Stadt Deutschlands für den Waarenhandel (seit 12. Jahrh. jährlich 3 Messen, die bedeutendsten Deutschlands, jedesmal 25 bis 30,000 ständige Verkäufer); Centralplatz des deutschen Buchhandels (250 Buchhandlungen, darunter gegen 100 Kommissionsgeschäfte für ca. 2400 auswärtige Handlungen); 3 Banken. Zwischen Elster und Pleisse das Rosenthal (Park). Um die Stadt ein Gürtel von volkreichen Dörfern mit grösstentheils städt. Bevölkerung (Stötteritz, Reudnitz, Neuschönefeld, Lindenau, Plagwitz etc.), mit ca. 50,000 Ew. Zuerst 1015 als Stadt erwähnt. *Schlachten* bei L. 7. Sept. 1631 und 23. Okt. 1642 (s. *Breitenfeld*), 16.—19. Okt. 1813 (Völkerschlacht).

Leisewitz, *Joh. Ant.*, Dichter, geb. 1. Mai 1752 zu Hannover, † 10. Sept. 1806 als Präsident des Obersanitätskollegiums zu Braunschweig. Verf. der Preistragödie „Julius von Tarent" (1776). Werke (1838, 1870).

Leisnig, Stadt im sächs. Regbz. Leipzig, an der freiberger Mulde, 6947 Ew. Dabei Schloss *Mildenstein*, mit Heilanstalt.

Leistendrüsen, kleine Lymphdrüsen in der Schenkelbeuge, die bei Krankheiten des Fusses und der Geschlechtstheile enorm anschwellen können und vereiternd die Leistenbeule (bubo) bilden.

Leistengegend (Regio inguinalis), die seitliche Partie der Unterbauchgegend, nach dem sog. *Leistenband* so genannt. Letzteres grenzt Bauch und Oberschenkel von einander ab. Es befinden sich hier zwei Oeffnungen, durch welche sich Ausstülpungen des Bauchfells drängen und Anlass zu Bruchbildung geben können. Die obere derselben ist der *Leistenkanal*, in welchem beim

Manne der Samenstrang liegt; der untere der *Schenkelkanal*, durch welchen die Blutgefässe für den Oberschenkel gehen. Je nachdem Vorlagerungen von Därmen in dem einen oder andern Kanal vor sich gehen, unterscheidet man L-isten- u. Schenkelbrüche.

Leistengeschwülste, verschiedenartige Hervortreibungen der Leistengegend, meist Brüche, Drüsenschwellungen oder Abscesse.

Leistenwein, s. *Frankenweine.*

Leitakkord, Akkord, der zur unmittelbaren Ueberleitung in eine andere Tonart bes. geeignet ist, vorzugsweise der Dominantakkord der neuen Touart.

Leiter, Körper, welche Elektricität, Wärme, Schallwellen fortleiten, im Gegensatz zu den *Nichtleitern.*

Leiter, in der Musik s. v. a. Tonart. *Leitereigen*, solche Töne, welche zur Tonart, in der man sich eben befindet, gehören; das Gegentheil *leiterfremd.*

Leitfossilien, Versteinerungen, von weiter horizontaler, aber nur geringer vertikaler Verbreitung, auf bestimmte Formationen oder Schichten beschränkt und zur Erkennung derselben dienend.

Leith (spr. Lihs), Stadt in der schott. Grafsch. Edinburgh, 33,678 Ew.; Hafen der Stadt Edinburgh (jährl. 2600 Schiffe einlaufend).

Leitha, rechter Nebenfluss der Donau, entspringt bei Hadersworth in Unterösterreich, bildet auf eine Strecke die Grenze gegen Ungarn (daher die neuere Bezeichnung von cis- und transleithan. Oesterreich, s. *Cisleithanien*), mündet bei Ungarisch-Altenburg in die kleine Donau, 42½ M. l. Am rechten Ufer auf der ungar. Grenze das *Leithagebirge*, 1500 bis 2200' hoch.

Leitmeritz, Kreis im nordwestl. Böhmen, 57,8 QM. und 454,789 Ew., sehr industriereich. Die *Stadt* L., in obst- und weinreicher Gegend (böhm. Paradies), an der Elbe, 10,023 Ew. Schöne Kathedrale.

Leitmuscheln, s. v. a. Leitfossilien.

Leitomischl, Stadt im böhm. Kr. Chrudim, an der Lautschna, 7087 Ew. Schloss.

Leitrim (spr. Liltrim), nordöstl. Grafsch. der irländ. Prov. Connaught, 28,8 QM. und 104,615 Ew. Hauptort Carrick-on-Sbannon.

Leitton, ein Ton, der, wenn er unter gewissen Verhältnissen zur Tonart in der Melodie oder Harmonie anftritt, eine bestimmte Fortschreitung in die nächsthöhere oder nächsttiefere Stufe fordert, bes. die Septime.

Leman (*lemanischer See*), der Genfersee. *Lemanische Republik*, die Republik Genf während der franz. Revolution.

Lemberg (*Ostgalizien*), Regbz. des Königr. Galizien, 1025,7 QM. und 3,021,901 Ew. Die *Hauptst.* L. (poln. Lwow), in tiefem Gebirgskessel, am Peltew, 87,105 Ew. (fast ½ Juden); Sitz eines kathol., griech., armen. Erzbischofs und protest. General-superintendenten. Universität (seit 1784), techn. Akademie. Industrie in Tuch und Leinwand. Nach Brody Haupthandelsplatz Galiziens. Früher polnisch, seit 1772 österreichisch.

Lemgo, Stadt in Lippe, an der Bega, 4640 Ew. Palais Lipphof. Meerschaumindustrie.

Lemming (*Lemnus Lk.*), Gattung der Mäuse. *Norweg.* L. (L. norvegicus *Worm*), 6" lang, wandert schaarenweise im Hochgebirge Norwegens, richtet selten Schaden an. Gegenstand vieler Fabeleien.

Lemna *L.* (*Wasser-, Meerlinse, Entengrütze*), Pflanzengattung der L-mnaceeu, Kräuter auf stehenden Gewässern Europas, Amerikas, dienen den Enten zur Nahrung.

Lemnos (*Lemni, Stalimene*), türk. Insel im ägäischen Meere, südöstl. von der Halbinsel Athos, 9,2 QM. und 24,000 Bew. (meist Griechen), 2 durch eine Landenge verbundene Halbinseln, bergig, unfruchtbar. Die sogen. *lemnische Erde* (*Siegelerde*, weil in versiegelten Beuteln versandt), eine Art Bolus.

Lemuren (lat.), bei den Römern die Seelen der Verstorbenen; Nachtgespenster.

Lena, Strom in Sibirien, entspr. westl. vom Baikalsee, strömt über Jakutsk gen N., mündet mit grossem Delta ins Eismeer; 540 M. l., Stromgebiet 36,800 QM.

Lenäus, Keltergott, Beiname des Bacchus; daher die *Lenäen*, Bacchusfest in Athen.

Lenape, s. v. a. Algonkin.

Lenau, s. *Strehlenau.*

Lendemain (fr., spr. Langd'mäng), der folgende Tag, insbes. Tag nach der Hochzeit.

Lenden, die weichen Seitentheile des Unterleibs mit Inbegriff der Hüften.

Lenitivmittel (*Lenientia*), lindernde Arzneimittel, schwacho Abfuhrmittel.

Lenne, Nebenfl. der Ruhr in Westphalen, entspr. am Kahlenastberg, mündet unterh. Westhofen; 17½ M. l. Das *Lennegebirge*, ein Theil des sauerländ., im Hommert 2030' h.

Lenné, *Peter Joseph*, bar. Landschaftsgärtner, geb. 29. Sept. 1789 in Bonn, † als Direktor der königl. Gärten zu Potsdam 23. Jan. 1866; Schöpfer der dortigen Anlagen, des berliner Thiergartens etc.

Lennep, Kreisst. im preuss. Regbz. Düsseldorf, am *Flusse* L., 7595 Ew. Tuch-, Kasimir- und Sianoisenfabr. Bahnhof.

Lennep, *Jan van*, holländ. Dichter, geb. 25. März 1802, Sohn des Philologen und Kammerredners *Jakob van* L. († 1853), lange Zeit Staatsanwalt der Prov. Nordholland; † Aug. 1868 zu Oosterbeck bei Arnheim. Bannerträger der Romantik in Holland. Schr. ausgezeichn. poet. Erzählungen: ,Jacoba', ,Adeglid', ,De streed mit Flanderen' etc. (gesammelt in ,Nederlandsche Legenden'), zahlr. histor. Romane: ,De roos van Dekama', ,Haarlems Verlossung' etc., auch Dramen.

Leno (lat.), Kuppler, Hurenwirth. *Lenocinium*, Kuppelei, Hurenwirthschaft.

Lenormand (spr. -mang), *Marie Anne Adelaïde*, ber. Kartenschlägerin und Wahrsagerin, geb. 27. Mai 1772 zu Alençon, spielte unter dem ersten Kaiserreich eine Rolle, ward 1809 wegen Einlassung in polit. Umtriebe des Landes verwiesen, lebte später in Brüssel, dann wieder in Paris; † 25. Juni 1843 das. Schr. ,Souvenirs prophétiques d'un Sibylle sur les causes de son arrestation', worin sie Napoleons Sturz prophezeite, und ,Mémoires historiques et secrètes de l'impératrice Joséphine' (1830).

Lenôtre, *Andr.*, Schöpfer der franz. Gartenkunst, geb. 1613 zu Paris, † 1700; legte die Gärten zu Versailles, St. Cloud, Meudon, Fontainebleau, St. Germain etc. an.

Lens, s. Linse.

Lentement (fr., spr. langt'mang), langsam.

Lentescirend (lat.), schleichend.

Lentigo (lat.), Linsenmaal, Leberfleck; *lentiginös,* sommersprossig.

Lentikular (lat.), linsenförmig.

Lentitis, s. v. a. grauer Staar.

Lento (ital., Mus.), langsam, gedehnt. *Lentando (lentante),* zögernd.

Lenz, dichterisch s. v. a. Frühling.

Lenz, 1) *Jakob Mich. Reinhold*, Dichter, geb. 12 Jan. 1750 zu Sesswigen in Livland, lernte in Strassburg Goethe und Herder kennen, führte umherziehend (1776 in Weimar) ein unregelmässiges Leben, verfiel 1778, nach dem Elsass zurückgekehrt, in Wahnsinn, ward 1779 in die Heimat zurückgeschafft; † im tiefsten Elende 24. Mai 1792 in Moskau. Seine Werke (darunter die Dramen: ,Der Hofmeister', ,Der neue Menoza', ,Die Soldaten' etc.) merkwürdige Denkmale der Sturm- und Drangperiode, herausg. von *Tieck* (1828), *Gruppe* (mit Biogr., 1861). Vgl. *Dorer*, ,L. und seine Schriften', 1857. — 2) *Harald Otmar*, Naturhistoriker, geb. 1799 zu Schnepfenthal, † als Lehrer das. 13. Jan. 1870. Bekannt durch seine ,Gemeinnützige Naturgeschichte' (3. Aufl. 1851—56, 5 Bde.), ,Schlangenkunde' (3. Aufl. 1870), ,Nützliche und schädliche Schwämme' (4. Aufl. 1870).

Lenzen, Stadt im preuss. Regbz. Potsdam, unweit der Elbe, in der fruchtbaren *lenzer Wische,* 3032 Ew. 929 *Sieg* der Deutschen unter Heinrich I. über die Rhedarier.

Lenzin, feiner weisser geschlämmter Thon, Zusatz zur Papiermasse.

Leo, Name von 13 Päpsten: *L. I., der Grosse,* 440—461, suchte zuerst die Idee des röm. Primats zu realisiren, unterwarf die afrikan. Kirche der geistlichen Oberhoheit Roms, vermittelte 451 den Frieden mit Attila, rettete Rom bei Genserichs Einfall 455 vor völligem Verderben; † 461. Werke 1755—57, 3 Bde. Vgl. *Arendt* (1835), *Perthel* (1843). — *L. II.,* 682—683, verbesserte den gregorian. Gesang. — *L. III.,* 795—816, floh vor einer feindlichen Partei zu Karl d. Gr., der ihn restituirte, krönte diesen 25. Dec. 800 zum röm. Kaiser. — *L. IV.,* 847—855, ohne kaiserl. Bestätigung erhoben. — *L. V.,* erwählt 907, reg. nur 40 Tage, vom Papst Christoph vertrieben. — *L. VI.,* 928—929, und *L. VII.,* 936—939, beide in den stürmischen Zeiten der Theodora und Marosia (Pornokratie). — *L. VIII.,* 963—965, von Kaiser Otto I. an der Stelle Johanns XII. zum Papst erhoben, sprach dem Kaiser das Recht zu, den Papst einzusetzen und die Bischöfe zu investiren. — *L. IX.,* 1049—54, durch Kaiser Heinrichs III. Einfluss in Worms gewählt, begann auf Hildebrands Veranlassung den Kampf gegen Simonie und Ehe der Kleriker, ward 1053 von den Normannen gefangen genommen; † 1054. — *L. X.,* geb. 1475 zu Florenz, 2. Sohn Lorenzos von Medici, erst Legat von Bologna,

Freund und Förderer der Wissenschaften und Künste, ward 1513 Papst, stellte die Universität zu Rom her, veranlasste, um seine Finanzen zu verbessern, den Ablasshandel; vereinigte Urbino mit dem Kirchenstaate, schloss, um die Macht Frankreichs in Italien zu brechen, 1521 einen Bund mit Kaiser Karl V.; † 1. Dec. 1521. Prachtliebend, leichtsinnig und verschwenderisch, aber fein gebildet. Biogr. von *Audin* (deutsch von *Brug* 1845, 2 Bde.). — *L. XI.,* 1. April 1605 zum Papst gewählt, † schon nach 27 Tagen. — *L. XII.,* vorher Annibale della Genga, geb. 1760 zu Genua, päpstl. Nuntius zu Augsburg und Köln, ward 28. Sept. 1823 zum Papst erwählt, streng hierarchisch, verdammte die Freimaurerei und die Bibelgesellschaften, begünstigte die Jesuiten, schrieb 1825 ein Jubeljahr aus; † 10. Febr. 1829.

Leo, 1) *Leonardo,* ber. Musiker der neapolitan. Schule, geb. 1694 zu Neapel, seit 1717 Kapellmeister zu S. Onofrio daselbst; † 1756. Schr. zahlr. Messen etc., Opern, Intermezzi u. A. Auch als Theoretiker verdient. — 2) *Heinrich,* Historiker, geb. 19. März 1799 zu Rudolstadt, seit 1830 Prof. der Geschichte zu Halle, Mitglied des preuss. Herrenhauses, von schroff konservativer Gesinnung. Hauptwerke: ,Gesch. des Mittelalters' (1830); ,Geschichte der ital. Staaten' (1829—32, 5 Bde.); ,Zwölf Bücher niederländ. Geschichte' (1832—1835, 2 Bde.); ,Lehrb. der Universalgesch.' (3. Aufl. 1849—56); ,Vorlesungen über die Gesch. des deutschen Volks und Reichs' (1854 ff.) etc. Auch um das Altdeutsche, Angelsächsische und Keltische verdient.

Leöben, Stadt in Steiermark, an der Mur, 5091 Ew. Oberbergamt, Bergbau auf Stein- und Braunkohlen. 8. April 1797 Friedenspräliminarien zw. Oesterreich u. Frankreich.

Leobschütz (*Leubscyca*), Kreisst. im preuss. Regbz. Oppeln, unweit der Zinna, 10,242 Ew.

Leodicum, neulat. Name für Lüttich.

Leon, Landsch. (Königr.) im nordwestl. Spanien, 716,8 QM. und 878,194 Ew. Sehr fruchtbar, doch nur 3/5 angebaut; 3 Provinzen: L. (269,8 QM. und 348,437 Ew.), Zamora und Salamanca. L. entstand 712—718 aus den Trümmern des Gothenreichs, ward 1037 von Ferdinand I. mit Kastilien vereinigt. Die *Stadt* L., 10,040 Ew.; prachtv. Kathedrale.

Leon, ehemal. Hauptst. von Nicaragua (Centralamer.), zwischen dem Managuasee und stillen Ocean, mit der altindian. Stadt Subtiaba 35,000 Ew. Gr. Kathedrale. Zahlr. Trümmer der ehemal. Pracht.

Leonardo da Vinci, s. *Vinci.*

Leonberg, Stadt im würtemberg. Neckarkreis, unweit der Glems, 2134 Ew. Geburtsort Schellings. Pferdemärkte, ber. Hundezucht. [tanisetta, 11,900 Ew.

Leonforte, Stadt auf Sicilien, Prov. Caltanisetta

Leonidas, König von Sparta, 491 v. Chr., besetzte beim Anzug der Perser 480 den Engpass Thermopylä mit 300 Spartanern und etwa 6000 Mann Hülfsvölkern, warf sich, als die Perser auf einem ihnen von Ephialtes verrathenen Pfade ihm in den Rücken kamen, mit dem Rest seiner Truppen auf die Perser und fiel im Kampfe.

Leoninischer Vertrag (*Löwengesellschaft*), Gesellschaftsvertrag, nach welchem ein Theilnehmer allen Nutzen, der andere allen Nachtheil hat, als Vertrag gesetzl. ungültig.

Leoninische Verse, Hexameter und Pentameter, deren Mitte und Schluss sich reimen, genannt nach dem Dichter *Leonius* († 1187). Poet.

Leonische Waaren, Borten, Tressen etc. aus leonischem Draht, s. *Draht*.

Leontodon, s. *Taraxacum*.

Leopard (*Pardel*, *Panther*, Felix Leopardus Schreb., F. Pardus L.), Raubthier aus der Familie der Katzen, 4' l., in Afrika, Südasien, auf Ceylon; die Römer brauchten ihn zu Kampfspielen.

Leopardi, *Giacomo*, *Graf*, ital. Dichter, geb. 29. Juni 1798 zu Recanati, † 18. Juni 1837 zu Neapel. Gefeierter patriot. Lyriker, von weltschmerzlicher Richtung: „Canti" (1831; deutsch von *Hamerling* 1867). Poet. Werke, herausg. von *Pellegrini* (1845, 2 Bde.).

Leopold, 1) *deutsche Kaiser:* a) *L. I.*, geb. 9. Juni 1640, 2. Sohn des Kaisers Ferdinand III., wurde 1655 zum König von Ungarn, 1658 zum König von Böhmen und 18. Juli d. J. zum deutschen Kaiser erwählt. Unter ihm 1662 Einbruch der Türken in Ungarn und Niederlage derselben bei St.-Gotthard an der Raab (1. Aug. 1664) durch Montecuculi; 1682 Aufstand der Ungarn unter E. Tökely; 14. Juli bis 12. Sept. 1683 Belagerung Wiens durch die Türken und Rettung der Stadt durch den König Joh. Sobieski von Polen und das Reichsheer; 1687 Unterwerfung der Ungarn und Verwandlung ihres Wahlkönigreichs in ein Erbkönigreich des Hauses Oesterreich; erfolgreicher Kampf gegen die Türken und nach der Niederlage derselben bei Zenta an der Theiss (11. Sept. 1697) durch Prinz Eugen Friede von Karlowitz (29. Jan. 1699). Krieg mit Ludwig XIV. von Frankreich 1679–79, durch den Frieden von Nymwegen, und wieder 1688–97, durch den Frieden von Ryswijk beendigt; dann seit 1701 span. Erfolgekrieg, während dessen L. 5. Mai 1705 †. — b) *L. II.*, geb. 5. Mai 1747, ward nach seines Vaters, Franz I., Tode 1765 Grossherzog von Toskana, folgte 1790 seinem Bruder Joseph II. auf dem Kaiserthron, unterdrückte die durch Josephs II. Reformen hervorgerufenen Unruhen, verglich sich mit Preussen 27. Juli 1790 in der reichenbacher Konvention, gab den Türken im Frieden von Szistowa 4. Aug. 1791 die bisher gemachten Eroberungen zurück, beschränkte aus Besorgniss vor dem Eindringen revolutionärer Ideen von Frankreich her die von Joseph II. gestattete Pressfreiheit, schloss nach der pillnitzer Zusammenkunft (27. Aug. 1791) mit dem König von Preussen mit diesem 7. Febr. 1792 ein Schutz- und Trutzbündniss zu Unterdrückung der Revolution in Frankreich; † 1. März 1792.

2) *Könige der Belgier:* a) *L. I.*, *Georg Christ. Friedr.*, geb. 16. Dec. 1790, 3. Sohn des Herzogs Franz von Sachsen-Koburg, stand 1808–10 und dann 1813 u. 1814 in russ. Militärdienst, vermählte sich 2. Mai 1816 mit der engl. Thronerbin Charlotte Auguste, ward zum brit. Feldmarschall und Mitglied des geheimen Raths ernannt, lebte nach dem Tode seiner Gemahlin (6. Nov. 1817) auf seinem Landsitze Claremont. Nachdem er die ihm von den Griechen und den Grossmächten angebotene Krone von Griechenland 11. Mai 1830 abgelehnt, ward er vom belg. Nationalkongress 4. Juni 1831 zum König der Belgier erwählt, willigte 12. Juli ein und ward nach Beschwörung der Konstitution 21. Juli als König inaugurirt. Seit Aug. 1832 mit der Prinzessin Luise († 11. Okt. 1850), Tochter Ludwig Philipps, Königs der Franzosen, vermählt. Wahrhaft konstitutioneller Regent, hochverdient um die geistige und materielle Entwickelung des Staats (s. *Belgien*, Gesch.); † 10. Dec. 1865. Vgl. *Juste* (deutsch 1869). — b) *L. II.*, geb. 9. April 1835 zu Brüssel, Sohn des Vor., erhielt als Kronprinz 1840 den Titel Herzog von Brabant, seit 22. Aug. 1853 mit der Erzherzogin Marie Henriette (geb. 1836), der Tochter des Erzherzogs Joseph, Palatins von Ungarn, vermählt, folgte 10. Dec. 1865 seinem Vater auf dem Throne.

3) *L.*, *Karl Friedrich*, *Grossherzog von Baden*, geb. 29. Aug. 1790 zu Karlsruhe, Sohn des Grossherzogs Karl Friedrich aus dessen 2. Ehe mit Karoline, Freiin Geyer von Geyersberg, späterer Reichsgräfin von Hochberg, vor seiner Anerkennung als grossherzogl. Prinz von Baden Graf von Hochberg, folgte 30. März 1830 seinem Halbbruder Ludwig als Grossherzog, reg. trotz der reaktionären Politik des Bundestags konstitutionell und suchte bereits vor 1848 durch verständige Koncessionen dem Zeitfortschritt Genüge zu leisten, ging März 1848 mit freisinnigen Reformen voran, verliess nach dem Aufstande vom 13. Mai Karlsruhe, kehrte Aug. dahin zurück; † 24. April 1852. Vgl. *Baden*, Geschichte.

4) *L. II.*, *Joh. Jos. Franz Ferd. Karl*, *Grossherzog von Toskana*, *Erzherzog von Oesterreich*, geb. 3. Okt. 1797, 2. Sohn des Grossherzogs Ferdinand III., folgte diesem 17. Juni 1824 in der Regierung, reg. liberal, betheiligte sich 1848 mit seinem Contingent am Krieg gegen Oesterreich, floh 21. Febr. 1849 nach Neapel, kehrte, unter der Bedingung konstitutioneller Regierung zurückgerufen, Juli ins Land zurück, das aber inzwischen von österr. Truppen besetzt war, unter deren Schutz die Reaktion auch hier ihr Werk begann. Nachdem er 27. April 1859 abermals das Land verlassen, dankte er zu Vöslau 21. Juli zu Gunsten seines Sohnes ab, lebte seitdem auf Schloss Schlackenwerth in Böhmen; † 29. Jan. 1870 in Rom. Vgl. *Baldasseroni* (1871).

5) *Fürsten und Herzöge von Anhalt-Dessau:* a) *L. I.*, der „alte Dessauer", geb. 3. Juni 1676, Sohn Joh. Georgs II., trat 1693 in brandenburg. Kriegsdienste, übernahm 1698 die Regierung seines Landes, verdient um die wirthschaftl. Hebung desselben, aber hart und gewaltthätig, brachte die Güter des Adels mit Gewalt und Chikanen in seinen Besitz. Er focht 1701 und 1702 an der Spitze preuss. Hülfstruppen am Nieder-

rhein gegen die Franzosen, ward 1702 General der Infanterie, entschied 1704 in der Schlacht bei Hochstädt, 1706 bei Turin den Sieg, half 1707 Toulon berennen und eroberte Susa, wohnte 1709 dem Feldzug in den Niederlanden bei, erhielt den Oberbefehl über die in engl. und holländ. Sold stehenden preuss. Truppen, ward Dec. 1712 Feldmarschall, eroberte 1715 Rügen und Stralsund. 1742 mit dem Kommando in Oberschlesien betraut, sching er 1745 die Oesterreicher bei Neustadt und Jägerndorf und die Sachsen bei Kesselsdorf; † 7. April 1747. Vermählt mit Anna Luise Föse, der Tochter eines Apothekers, welche später in den Reichsfürstenstand erhoben und für ihre Kinder mit Successionsrechten beliehen ward. Vgl. *Varnhagen von Ense*, „Biograph. Denkmale‘, 1845, Bd. 2. — h) *L., Friedrich Franz, Herzog von Anhalt-Dessau*, geb. 10. Aug. 1740, Enkel des Vor., reg. seit 1758, hob das Schulwesen, errichtete 1774 das Philanthropin zu Dessau, beförderte die Landeskultur, nahm beim Beitritt zum Rheinbunde den Herzogstitel an; † 9. Aug. 1817. — e) *L., Friedrich, Herzog von Anhalt*, geb. 1. Okt. 1794 zu Dessau, Enkel und seit 1817 Nachfolger des Vor., gab Okt. 1848 seinem Lande eine Verfassung, die aber schon 1851 wieder aufgehoben und erst Sept. 1859 durch eine ständische Repräsentation ersetzt ward (s. *Anhalt*, Gesch.), trat nach Erlöschen von Anhalt-Köthen (23. Nov. 1847) laut Vertrag mit Bernburg vom 2/7. Mai 1853 auch die Regierung in diesem Herzogth. und nach dem Erlöschen von Anhalt-Bernburg (19. Aug. 1863) auch hier an, † 22. Mai 1871. Vermählt seit 1818 mit Friederike († 1849), Tochter des Prinzen Ludwig von Preussen.

6) *L., Paul Friedr. Emil, Fürst zur Lippe*, geb. 1. Sept. 1821 zu Detmold, Sohn des Fürsten Paul Alex. Leopold, folgte diesem 1. Jan. 1851 in der Regierung, seit April 1852 mit Elisabeth, Tochter des Prinzen Albert von Schwarzburg-Rudolstadt, vermählt.

7) *L., Maximilian Julius, Prinz von Braunschweig*, geb. 10. Okt. 1752 zu Wolfenbüttel, jüngster Sohn des Herzogs Karl und Bruder des Herzogs Karl Wilh. Ferdinand, ward 1776 Chef eines Infanterieregiments zu Frankfurt a/O., ertrank 27. April 1785 beim Eisgange der Oder, der Sage nach ein Opfer der Menschenliebe, nach Raumers „Histor. Taschenbuch‘ infolge seiner Verwegenheit.

Leopölis, neulat. (gr.) Name für Lemberg.

Lepánto (*Naupactus, Epakto*), Stadt in der griech. Nomarchie Akarnanien und Aetolien, am Meerbusen von L., 1500 Ew. Erzbischofssitz; festes Schloss, kleiner Hafen; 2 feste Schlösser, die *kleinen Dardanellen*. 5. Okt. 1571 *Seesieg* der ital. Flotte unter Don Juan von Oesterreich über die Türken.

Lepídium *L.* (*Kresse*), Pflanzengattung der Kruciferen. L. latifolium *L., Pfefferkraut*, in Europa, früher als Gewürzpflanze viel gebaut. L. sativum *L., Gartenkresse*, als Salatpflanze kultivirt; die Samen geben fettes Oel.

Lepidöd (*lepidodisch*, gr.), schuppig.

Lepidoptĕra (gr.), Schuppenflügler, d. i.

Schmetterlinge. *Lepidopteriten*, versteinerte Schmetterlinge (meist Abdrücke). *Lepidopterologie*, Schmetterlingskunde.

Lepidösis (gr.), Schuppenaussatz.

Lepĭdus, *Marcus Aemilius*, röm. Triumvir, war 46 Jul. Cäsars Kollege im Konsulat, vereinigte sich nach Cäsars Ermordung mit Antonius und ward dann in das Triumvirat aufgenommen, spielte in demselben eine untergeordnete Rolle, verwaltete 40—36 Afrika, wollte sich dann in Sicilien gegen Octavian mit gewaffneter Hand vertheidigen, musste sich, von seinen Soldaten verlassen, an diesen ergeben; † 13 v. Chr.

Lepontii (a. G.), rhät. Volk im NW. des jetzigen Kant. Tessin. Danach benannt die *lepontischen Alpen*, s. *Alpen*.

Lepra (*Leprose*, gr.), Aussatz. *Leprosenhaus*, Hospital für Aussätzige. [heilsall.

Lepsis (gr.), angenommener Satz; Krank-

Lepsĭus, *Karl Richard*, ber. Aegyptolog, geb. 23. Dec. 1810 zu Naumburg, 1842—46 Oberleiter der gr. wissenschaftl. Expedition nach Aegypten, seit 1846 Prof. in Berlin. Hauptwerke: „Briefe aus Aegypten etc.‘ (1852), „Denkmäler aus Aegypten und Aethiopien‘ (1849—60, 12 Bde.); schr. ausserdem „Das Todtenbuch der Aegypter‘ (1842), „Das Königsbuch der alten Aegypter‘ (1858), „Chronologie der Aegypter‘ (1849). Auch um die Ermittelung der Lautverhältnisse der verschiedensten Sprachen verdient.

Leptographisch (gr.), fein, klein geschrieben; *les Papier*, dünnes, gesilbertes Papier zu Photographien.

Leptologie (gr.), Spitzfindigkeit.

Leptophonie (gr.), Dünn-, Feinstimmigkeit.

Leptotrichie (gr.), Dünn-, Feinhärigkeit.

Lerche (*Alauda L.*), Gattung der Sperlingsvögel (Kegelschnäbler), gute Sänger. *Feldlerche* (A. arvensis *L.*), 7" l., in Europa, Vorderasien, Sibirien, bei uns von Febr. bis Okt.; wird gegessen (leipziger L.). *Haubenlerche* (A. cristata *L.*), 6¼" l., in Europa, Sibirien, Aegypten, zieht Winters nicht fort. *Baumlerche*, Tütlerche (A. arborea *L.*), 6" l., in Europa, bei uns von März bis Nov. *Kalanderlerche* (A. calandra *L.*), 7½"‘ l., in Europa, Nordafrika, selten bei uns.

Lerchenfeld, *Gustav, Freiherr von*, bayer. Staatsmann, geb. 30. Mai 1806, Sohn des bayer. Finanzministers *Maximilian, Freiherr von L.* (geb. 1779, † 17. Okt. 1843), ward nach dem Rücktritt des Königs Ludwig 1. März 1848 Finanzminister, Nov. Minister des Innern, trat 14. Dec. zurück, dann als Mitglied der bayer. Abgeordnetenkammer Führer einer Centrumspartei, Grossdeutscher, 1860 Mitgründer des deutschen Reformvereins; † 10. Okt. 1866 zu Berchtesgaden. Schr. „Gesch. Bayerns unter Max Joseph 1.‘ (1854).

Lerída, span. Prov. (Katalonien), 234,4 QM. und 329,122 Ew., wildes Hochgebirgsland. Die *Hauptst. L.* (das alte *Ilerda*), an der Segre, 19,000 Ew.; starke Citadelle.

Lerinische Inseln (fr. *Lerins*), franz. Inselgruppe im Mittelmeer, Cannes gegenüber, reich an Kaninchen und Rebhühnern. Die grössten: *Ste. Marguerite* (Fort und Staatsgefängniss) und *St. Honorat* (*Lerina*).

Lermontow, *Michail Jurgewitsch*, russ. Dichter, geb. 1811, war russ. Gardeoffizier, fiel 27. Juli 1841 im Kaukasus in einem Duell. Die selbständigste und männlichste poet. Erscheinung in Russland, gross in der Lyrik und poet. Erzählung (,Tscherkessenknabe‘, ,Ismail Bey‘, ,Der Dämon‘, ,Hadschi-Abrek‘, ,Lied vom Zaaren Iwan Wasiljewitsch‘). Schr. auch den Roman ,Der Held unserer Tage‘ u. A. Dichtungen übersetzt von *Bodenstedt* (1852, 2 Bde.).

Lerna (a. G.), Sumpf in Argolis, bei Argos; Sitz der hundertköpfigen *lernäischen Schlange*, die Hercules tödtete.

Lero (*Leros*), Insel im ägäischen Meere, an der kleinasiat. Küste, vor dem Golf von Mendelia, 1,1 QM. und 3000 Ew. Die *Hauptstadt* L., 1500 Ew.; Kastell, Hafen.

Leroy de St.-Arnaud (spr. Leröa de Sängt-Arnóh), *Jacques*, franz. Marschall, geb. 20. Aug. 1796 zu Bordeaux, zeichnete sich in Algerien aus, ward 1850 Kommandant in Konstantine, für Erwählung Ludwig Napoleons zum Präsidenten thätig, 1851 Kommandant der 2. Division der Armee in Paris, 26. Okt. 1851 Kriegsminister, bereitete als solcher den Staatsstreich vor, ward 1852 Marschall, erhielt 1854 über die franz. Armee im Orientkriege den Oberbefehl, befehligte zuletzt in der Schlacht an der Alma, musste aber wegen Krankheit das Kommando Sept. niederlegen; † auf der Fahrt nach Konstantinopel 29. Sept. 1854. Schr. ,Lettres‘ (1855, 2 Bde.).

Lesage (spr. -ahsch), *Alain René*, franz. Dichter, geb. 8. Mai 1668 zu Sarseau, † 17. Nov. 1747 in Paris. Am bekanntesten durch die kom. Romane ,Le diable boiteux‘ (deutsch von *Schücking* 1868, u. And.) und ,Gil Blas de Santillane‘ (1715; deutsch 1842 u. öfter). Schr. auch Theaterstücke. ,Oeuvres complètes‘ (1828, 12 Bde.).

Lesbos (*Mytilene*, *Metelino*, türk. *Midilli*), türk. Insel des ägäischen Meeres, an der asiat. Küste, 12½ QM. und 30,000 Bew. (meist Griech.). Produkte: Oel, Wein, Südfrüchte, Galläpfel. Hauptstadt Kastro. Im Alterth. mächtige Demokratie mit 5 blühenden Städten: Methymna, Antissa, Cressus, Pyrrha, Mytilene. Die *Lesbier* hoch gebildet, doch unnatürlicher Wollust (*lesbische Liebe*) ergeben. Im 14. Jahrh. ward L. von Byzanz an die genues. Familie Gatelnzo abgetreten, von dieser 1462 an Mohammed II. verloren; 1867 furchtbares Erdbeben. Vgl. *Conze* (1865).

Lesche (gr.), Ort zu geselliger Unterhaltung; Rathsversammlung.

Lesen, Zeichen, gewöhnl. Buchstaben, in Laute übertragen. *Lesemethoden*: Buchstabir- und Syllabirmethode, früher allgemein üblich; ihr stellte Olivier 1808 die *Laut- oder Lautirmethode* entgegen, wobei beim Aussprechen der Buchstaben jedem Konsonanten der unerlässlich nöthige Hülfslaut nur in einem mehr hauch- als tonähnlichen e zugesellt wird, was die unmittelbare Verbindung der Konsonanten unter einander und mit den Vokalen sehr erleichtert. Die mit dem ganzen Wort anfangende und davon ausgehende *Wort-*methode schliesst die Lautirmethode in sich und hat sich als die das Kind am schnellsten zur Lesefertigkeit führende erwiesen.

Lesghier (*Leki*), kaukas. Volk, in Daghestan, ca. 341,000 Köpfe (meist Mohammedaner, gefürchtete Räuber und gesuchte Arbeiter), mit eigener Sprache in vielen Mundarten, zerfällt in zahlr. polit. Genossenschaften.

Lesina (slav. *Ver*), österr. Insel im adriat. Meere, au der dalmat. Küste, 5½ QM. und 12,750 Ew. Gebirgig; reich an Südfrüchten. Bedeutendster Ort *Cittavecchia*, 3000 Ew.

Lesinerie (fr.), Knauserei, Knickerei.

Leskowatz (*Leskofdscha*), Stadt im europ.-türk. Ejalet Nissa, an der Morawa, 12,000 Ew.

Lesseps (spr. Lesssep), *Ferdinand de*, franz. Diplomat, geb. 19. Nov. 1805 zu Versailles, erst Konsul in Kairo, Rotterdam, Malaga und Barcelona, seit 1848 franz. Gesandter in Madrid, ward 1854 von Said-Pascha, Vicekönig von Aegypten, zum Besuch eingeladen, empfahl hier den Plan einer Kanalisirung des Isthmus von Suez, brachte ein Baukapital von mehr als 200 Mill. Frcs. zusammen und liess nach Ueberwindung grosser Schwierigkeiten 1859 die Arbeiten beginnen; s. *Suez*.

Lessing, 1) *Gotth. Ephraim*, ber. Schriftsteller, geb. 22. Jan. 1729 zu Kamenz (Oberlausitz), kam 1741 auf die Fürstenschule in Meissen, studirte seit 1746 in Leipzig (Umgang mit Mylius und Weisse), ging 1748 nach Berlin, 1751 nach Wittenberg (Magister), 1753 wieder nach Berlin (Freundschaft mit Nicolai, Mendelssohn und Ramler), begleitete 1760 den General von Tauentzien als Gouvernementssekretär nach Breslau, kehrte 1765 nach Berlin zurück, ging 1767 nach Hamburg (beabsichtigte Gründung eines Nationaltheaters), wurde 1769 Bibliothekar und Hofrath in Wolfenbüttel, reiste 1775 nach Italien; † 15. Febr. 1781 in Braunschweig. Statue von Rietschel (seit 1853). Genialer Kritiker und Forscher, von unermesslichem Einfluss auf die nächste Entwickelung der deutschen Literatur. Seine Werke theils *ästhetisch-kritisch* (in Form, Sprache, Methode und Inhalt unerreichte Muster): ,Abhandlungen über die Fabel‘ (1759), ,Anmerkungen über das Epigramm‘ (1771), ,Laocoon oder über die Grenzen der Malerei und Poesie‘ (1766), ,Theatral. Bibliothek‘ (1754), ,Literaturbriefe‘ (1753), ,Hamburgische Dramaturgie‘ (Hauptwerk über dramat. Poesie, 1767—1768), ,Rettungen‘ (1753 ff.), ,Wie die Alten den Tod gebildet‘ (1769) u. A.; theils *polemisch*: ,Antiquarische Briefe‘ (1768—69), ,Anti-Göse‘ (1778); theils *theologisch u. philosophisch*: ,Berengarius‘ (1770), ,Ueber den Beweis des Geistes und der Kraft‘ (1778), ,Testament Johannis‘ (1777), ,Ernst und Falk‘ (1778), ,Die Erziehung des Menschengeschlechts‘ (1780); theils *poetisch*: Anakreont. Lieder, Fabeln, Lehrgedichte, Epigramme und bes. Dramen (am bedeutendsten ,Miss Sara Sampson‘ 1755, ,Minna von Barnhelm‘ 1763, ,Emilia Galotti‘ 1772, ,Nathan‘ 1779). Sämmtl. Schriften zuerst

1774—94, 30 Bde.; krit. Ausg. von *Lach-mann* (1838—40, 13 Bde.), von *Maltzahn* (1853—55, 12 Bde.); in Auswahl von *Kurz* (1870—71, 4 Bde.). Biogr. von seinem Bruder *Karl L.* (1793), *Danzel* und *Gahrauer* (1850—54), *Stahr* (5. Aufl. 1868). Vgl. *Vonbrink* (über ‚Laocoon‘ 1856), *Schwarz* (‚L. als Theologe‘ 1854); über die Dramen *Nodnagel* (1842), *Hölscher* (1843); insbes. über ‚Nathan‘ *Niemeyer* (1855), *Rönnefahrt* (1863), *Strauss* (2. Aufl. 1866), *K. Fischer* (1864). — 2) *Karl Friedr.*, Maler, geb. 15. Febr. 1808 zu Wartenberg (Schlesien), Grossneffe des Vor., Schüler Schadows in Düsseldorf, ward 1858 Direktor der Kunsthalle in Karlsruhe. Bes. ausgezeichnet in der strengern Historienmalerei: Schlacht bei Iconium, Hussitenpredigt, Huss zu Kostnitz (1844) und vor dem Scheiterhaufen (1850), Luther die Bannbulle verbrennend (1856), Kreuzfahrer, Luther und Eck u. A.; auch Landschaften.

L'Estocq, *Joh. Herm.*, Günstling der Kaiserin Elisabeth von Russland, geb. 29. April 1692 zu Celle im Hannöverischen, trat 1713 als Wundarzt in die Dienste Peters d. Gr., leitete die Palastrevolution, durch welche 5. Dec. 1741 Elisabeth auf den Thron gelangte, ward zum Geheimrath erhoben, 1753 seiner Würden und Güter beraubt und verbannt, von Peter III. zurückgerufen und restituirt; † 27. Juni 1767.

Lesueur (spr. -süöhr), 1) *Eustache*, franz. Maler, geb. 1617 zu Paris, † 1655 das. Mitbegründer der Akademie der Malerei; Hauptwerk: Scenen aus dem Leben des heil. Bruno (für die Karthäuser in Paris). — 2) *Jean François*, franz. Komponist, geb. 1763 bei Abbeville, seit 1804 Kapellmeister Napoleons I., seit 1817 Prof. am pariser Konservatorium; † 6. Okt. 1837 zu Chaillot. Komponirte die Krönungsmesse für Napoleon. Hauptwerk die Oper ‚Die Barden‘.

Letal (lat.), tödtlich; *Letalität*, Tödtlichkeit.

Lethargie (gr.), schlafartiger Zustand Kranker, aus welchem dieselben nicht zum vollständigen Erwachen zu bringen sind, meist gefahrdrohend.

Lethe (gr.), der Strom der Vergessenheit in der Unterwelt, aus dem die Verstorbenen tranken, ehe sie in die elyseischen Gefilde kamen.

Leto, s. *Latona*.

Lette, *Wilh. Adolf*, preuss. Staatsmann, geb. 10. Mai 1799 zu Kienitz in der Neumark, ward 1840 Oberregierungsrath und Dirigent der landwirthschaftl. Abtheilung zu Frankfurt a/O., April 1843 geh. Oberregierungsrath und vortragender Rath im Ministerium des Innern, 1845 Präsident des Revisionskollegiums für Landeskultursachen, 1848 Mitglied des frankfurter Parlaments, 1853—58 Mitglied der zweiten preuss. Kammer, wo er namentl. für Befreiung der Landgemeinden von der gutsherrlichen Bevormundung sprach, 1851 wegen seiner oppositionellen Haltung in der Kammer als Mitglied des Staatsraths aus den Landesökonomie-Kollegiums entlassen; † 3. Dec. 1868. Schr. ‚Die Landeskultur-Gesetzgebung des preuss. Staats‘ (mit *Rönne*, 1853—55, 4 Bde.) u. A.

Letten (*Sandthon*), sand- und eisenoxydreicher Thon von erdigem, fast schiefrigem Bruch, mager und rauh, wird erst bei längerer Berührung mit Wasser plastisch; im Schwemmlande und in verschiedenen Formationen, bes. im Keuper, in der Wealden- und Braunkohlenformation.

Letten, Volksstamm in Kurland und im südl. Livland, den Lithauern und alten Preussen (Borussen) verwandt, ca. 900,000 Köpfe stark, Ackerbauer, mit eigener Sprache und Literatur (bes. reicher Volkspoesie).

Lettenkohlenformation, unteres Glied der Keuperformation, lagert über dem Muschelkalk, Sandstein, schiefrige Thone und Mergel; *Lettenkohle*, schiefrige Schwarzkohle, wird auf Alaun verarbeitet.

Lettern (*Typen*), die in der Buchdruckerkunst benutzten prismatischen Stäbchen mit verkehrter Reliefdarstellung eines Buchstabens auf der obern Endfläche, werden aus einer Blei-, Antimon-, Zinnlegirung (Letternmetall) auf Maschinen gegossen.

Lettner, in manchen Kirchen ein Querbau (Art Empore) unterhalb des sogen. Triumphbogens, welcher das Chor vom Schiff absondert, zum Vorlesen des Evangeliums, auch zur Aufstellung von Sängerchören bestimmt.

Lettre (fr., spr. Lätt'r), Brief; *L. de change* (spr. -schangsch), Wechsel; *L. de créance* (spr. -kreangs), Beglaubigungsschreiben; *L. de récréance* (spr. -rékreangs), Abberrufungsschreiben eines Gesandten etc.; *L. de grace* (spr. -grass), Bodmereibrief; *L. de marque* (spr. -mark), Kaperbrief; *L. de répit* (spr. -repi), Anstandsbrief, s. *Moratorium*; *L. de voiture* (spr. -woatühr), Frachtbrief.

Lettres de cachet (fr., spr. Lätt'r dö kaschè), in Frankreich vor der Revolution versiegelte, geheimzuhaltende königl. Schreiben, insbes. Verhaftsbefehle, mittelst deren man mit Umgehung der Justiz missfällige Personen aus der Hauptstadt oder aus dem Lande entfernte oder in der Bastille einsperren liess; durch Dekret der Nationalversammlung 1789 abgeschafft.

Letzte Dinge, in der Dogmatik jüngster Tag, Auferstehung, Weltgericht; vgl. *Eschatologie*.

Letzte Oelung, s. *Oelung*.

Letzter Wille, s. *Testament*.

Leuca, *Capo di*, äusserste Südostspitze Italiens.

Leucadia, Insel, s. *Santa-Maura*.

Leuchämie (*Leukämie*, gr.), Weissblütigkeit.

Leuchtenberg, ehem. gefürstete Landgrafschaft in der Oberpfalz, an der Nab, 4 QM. mit 7300 Ew. Hauptort Pfreimdt. Das *Bergschloss* L., Stammsitz der Grafen (1646 im Mannsstamme erloschen). 1817 trat der König von Bayern L. nebst dem Bisthum Eichstädt an Eugen Beauharnais ab.

Leuchtenberg, 1) *Eugen, Herzog von L.*, *Fürst von Eichstädt*, geb. 3. Sept. 1781, Sohn des 1794 guillotinirten Vicomte Beauharnais und der Josephine Tascher de la Pagerie, der nachmaligen Kaiserin der Franzosen, wohnte den Feldzügen Bonapartes in Italien und der Expedition nach Aegypten bei, ward 1805 zum franz. Prinzen und Vicekönig von Italien ernannt, 1807 von Napo-

63

leon als Sohn und Erbe des Königreichs Italien adoptirt, nach Napoleons Scheidung von Josephine zum Grossherzog von Frankfurt ernannt, befehligte im russ. Feldzuge das 3. Armeecorps, übernahm nach Napoleons und Murats Abgang den Oberbefehl, entschied 2. Mai 1813 durch Umgehung des rechten feindl. Flügels den Sieg bei Lützen, erhielt dann den Oberbefehl in Italien, schloss 23. April 1814 mit den Oesterreichern eine Konvention, wonach er die Lombardei räumte, erhielt von seinem Schwiegervater, dem König Maximilian Joseph von Bayern, die Landgrafschaft Leuchtenberg und das Fürstenthum Eichstädt; † 21. Febr. 1824 zu München. Denkmal von Thorwaldsen in der Michaelskirche zu München. Seine Gemahlin, *Amalie Auguste*, älteste Tochter des Königs Maximilian Joseph von Bayern, geb. 21. Juni 1788, † 13. Mai 1851. Aus ihrer Ehe gingen ausser 4 Söhnen 4 Töchter hervor: *Josephine*, geb. 1807, vermählt 1823 mit dem König Oskar von Schweden, seit 1859 Wittwe; *Eugenie*, geb. 1808, Gemahlin des Fürsten Friedrich von Hohenzollern-Hechingen, † 1847; *Amalie*, geb. 1812, vermählt 1829 mit dem Kaiser Pedro I. von Brasilien, seit 1834 Wittwe; *Theodolinde*, geb. 1814, vermählt 1841 mit dem Grafen Wilhelm von Würtemberg, † 1857. — 2) *Karl August Eugen Napoleon, Herzog von L.*, geb. 9. Dec. 1810, Sohn des Vor., vermählte sich 25. Jan. 1835 mit der Königin Donna Maria von Portugal; † schon 28. März 1835. — 3) *Max Eugen Joseph Napoleon, Herzog von L.*, geb. 2. Okt. 1817 zu München, Bruder des Vor., vermählte sich 14. Juni 1839 mit der russ. Grossfürstin Maria Nikolajewna, der ältesten Tochter des Kaisers Nikolaus; † 20. Okt. (1. Nov.) 1852 zu Petersburg. Aus dieser Ehe 2 Töchter: *Maria*, geb. 1841, vermählt mit dem Prinzen Wilhelm von Baden, und *Eugenie*, geb. 1845, und 4 Söhne. Diese Kinder führen den Titel kaiserl. Hoheit und seit 1852 als Glieder des russ. Kaiserhauses den Zunamen Romanowski. Haupt der Familie gegenwärtig Herzog *Nikolaus Maximilianowitsch von L.*, Fürst Romanowski, geb. 23. Juli (4. Aug.) 1843. Die Besitzungen der L.schen Familie im Kirchenstaat sind 1845 um 20 Mill. Frcs. der päpstl. Regierung überlassen worden, wogegen die Herrschaft Tambow in Russland erworben ward.

Leuchtgas, s. *Gas*.　　　　[ward.]

Leuchtkäfer (Lampyridae), Käfergruppe der Sägehörner, nächtliche Thiere mit der Willkür unterworfenen Leuchtorganen im Hinterleib; auch die Larven leuchten. Bes. zahlreich in Amerika. *Johanniswürmchen*, Leuchtwurm (Lampyris noctiluca L.), 6''' l., in Deutschland; die Männchen fliegen im Juni und Juli, die Weibchen und Larven halten sich im Grase auf.

Leuchtkraft, s. *Leuchtmaterialien*.

Leuchtkugeln, Geschosse mit hellbrennender Pulvermischung zur Beleuchtung der nächtlichen Arbeiten des Feldes, jetzt moist durch elektrisches Licht verdrängt.

Leuchtmaterialien, Substanzen, welche mit leuchtender Flamme verbrennen und unschädliche Verbrennungsprodukte geben. Die *Leuchtkraft* der Flamme ist davon abhängig, dass in ihr Dämpfe von grosser Dichtigkeit verbrennen, oder feste Körper zum lebhaften Glühen gelangen. In den gewöhnlichen Flammen verbrennen sehr dichte Kohlenwasserstoffdämpfe, im drummondschen Licht glüht Kalk, im Magnesiumlicht Magnesia. Tabelle über Konsum, Leuchtkraft und Kosten der Beleuchtung:

Beleuchtungsmaterial	Konsum pro Stunde	Kosten pro Stunde Kreuzer	Leuchtstärke in Kersen	Kosten für das Licht v. 1 Kerze pr. St. Kreuzer
Wachskerze	7,75 Gramm	1,48	1,0	1,48
Stearinkerze	9,95 "	0,81	1,0	0,81
Paraffinkerze	7,30 "	1,57	1,1	1,42
Amerikanisches Erdöl . . .	15,10 "	0,61	3,2	0,19
Photogen	14,30 "	0,68	3,0	0,22
Rüböl	19,90 "	0,76	2,8	0,27
Leuchtgas bei 21 Millim. Druck	4,5 Kub.' engl.	1,62	6,0	0,27
" "	4,5 "	1,62	10,0	0,16

Drummondsches Kalklicht mit Knallgas aus Kautschuksäcken war gleich dem Licht von 488 Stearinkerzen, Magnesiumlicht von einem 0,297 Millimeter starken Draht gleich 75 Stearinkerzen, elektrisches Licht, mit 250 bunsenschen Elementen entwickelt, war gleich 10—12,000 Walrathkerzen.

Leuchtsteine (*Lichtmagnete*), Körper, welche, dem Sonnenlicht ausgesetzt, im Dunkeln leuchten: Flussspath, Kalkspath, Schwefelbaryum, Schwefelcalcium, Chlorcalcium, Verbindungen von Kalk mit Realgar und Schwefelantimon etc.

Leuchtthurm, hohes Gebäude an Häfen oder gefährlichen Küstenpunkten, auf welchem mit argandschen Oellampen, elektrischem, drummondschem oder Magnesiumlicht und mit Spiegel- oder Linsensystemen ein intensives Licht erzeugt wird, und zwar entweder ein gleichmässiges (festes Feuer) oder nach bestimmten Gesetzen veränderliches (Dreh-, Blinkfeuer), so dass der Schiffer ohne Weiteres verschiedene Leuchtthürme unterscheiden kann. Der L. auf der Insel Pharus bei Alexandria eins der 7 Wunderwerke der alten Welt.

Leuckart, *Friedrich Rudolf*, Zoolog, geb. 7. Okt. 1823 in Helmstädt, 1850 Prof. der Zoologie in Giessen, seit 1869 in Leipzig, lieferte viele wichtige zoolog. Untersuchungen und schrieb: ‚Die menschlichen Parasiten‘ (1862—68, 2 Bde.), über ‚Trichina spiralis‘ (2. Aufl. 1866) u. A.

Leuctra (a. G.), Stadt in Böotien, südwestl. von Theben. 371 v. Chr. Sieg der Thebaner unter Epaminondas über die Spartaner.

Leuk (fr. *Loußche les Bains*), Flecken im Kanton Wallis, an der Rhone, 545 Ew. 2 St. davon, am Fusse der Gemmi, 4356' üb. M. das *Leukerbad*, 20 eisenhaltig-salin. Schwefelthermen (37—42° R.). 1719 durch eine Lawine gänzlich verschüttet.

Leukäthiops (gr.), weisser Mohr, Albino.

Leuköm (gr.), weisser Fleck auf der Hornhaut des Auges, Rest früherer Entzündung.

Leukomorie (gr.), hypochondr. Menschen-

Leukopathie (gr.), Bleichsucht. [schen.

Leukorrhoë (gr., lat. *fluor albus*, weisser Fluss), schleimig-eitriger Ausfluss aus den weiblichen Geschlechtstheilen; sehr häufig bei Entzündungen der Scheide, bei Gebärmutterkrankheiten. Behandlung erfordert örtliche ärztliche Untersuchung und ist meist eine lokale, durch Sitzbäder, Aetzungen etc.

Leuterung, nähere Erörterung einer Rechtssache; auch s. v. a. Appellation.

Leuthen, Dorf bei Neumarkt im preuss. Regbz. Breslau, 879 Ew. 5. Dec. 1757 *Sieg* Friedrichs II. über die Oesterreicher.

Leutschau (ungar. *Löcse*), Hauptstadt des ungar. Komitats Zips, 5729 Ew.

Levåde (fr.), die schulgerechte Hebung der Vorderfüsse des Pferdes.

Levåna (lat.), röm. Schutzgöttin neugeborener Kinder; daher Titel von Jean Pauls Schrift über Erziehung.

Levante (ital., d. i. Morgenland), abendländ. Bezeichnung der Küsten Kleinasiens, Syriens und Aegyptens; daher *levantinischer Handel*, levantin. *Kaffee* etc. [von Syrien.

Levanter, heftiger Westwind an der Küste

Levantine, geköpertes Seidenzeug.

Levation (lat.), Aufhebung; *Levator*, Aufhebemuskel. *Levatorium*, Hebewerkzeug.

Levée (fr., spr. Löweh), das Wegnehmen von etwas Zusammengefasstem; Aushebung von Kriegsmannschaft. *L. en masse*, allgemeines Aufgebot, Landsturm.

Leventina, Bezirk im Kanton Tessin, umfasst das romant. *Livinenthal* (Thal des Tessin), vom St. Gotthard bis zur Brücke von Biaska, und das Bedrettothal.

Lever (fr., spr. Löweh), das Aufstehen am Morgen; Morgenaufwartung bei Fürsten.

Leverrier (spr. -werrieh), *Urbain Jean Joseph*, ber. Astronom, geb. 11. März 1811 zu Saint-Lô, seit 1853 Direktor der pariser Sternwarte, 1870 vom Amte suspendirt. Berühmt durch seine Vorausberechnung des Neptun, seine Sonnen- und Planetentafeln.

Levi, Sohn Jakobs von Lea.

Leviathan, im Buch Hiob Name des Krokodils, in der späteren jüd. und christl. Sage dämonisches Ungethum.

Levigation (lat.), Glättung; Zerreibung zu Pulver. *Levigator*, Art Rasirmesser; Reibcylinder bei der Zuckerfabrikation.

Levir (lat.), Schwager. *Levirathsehe*, Schwagerehe, Verheirathung mit der kinderlosen Wittwe des Bruders, zu welcher der überlebende unverheirathete Bruder nach dem mosaischen Gesetz verpflichtet war.

Leviren (fr.), das Pferd eine *Levade* (s. d.) machen lassen; einen Wechselprotest l., s. v. a. gerichtlich aufnehmen lassen.

Levis notae macula (lat.), kleiner Schandfleck, Anrüchigkeit wegen schlechten Lebens oder Gewerbs.

Levisticum *Koch* (*Liebstöckel*), Pflanzengattung der Umbelliferen. L. officinale *Koch*, *Lebenstockkraut*, in Südeuropa, kultivirt.

Leviten, bei den Juden mit dem Tempeldienste betrauten Nachkommen Levis, besonderer israelit. Stamm, aber ohne Landbezirk, eigentl. Gehülfen der Priester aus der Familie Aarons beim Gottesdienste, bezogen den Zehnten und bewohnten 35 in den Stammesgebieten zerstreut liegende Städte; bei den Katholiken s. v. a. Diakonen. *Leviticus*, Priesterbuch, Name des 3. Buche Moses, weil es vornehmlich Verordnungen für die Priester und L. enthält.

Levkoje, s. *Matthiola*.

Lewald, 1) *August*, Schriftsteller, geb. 14. Okt. 1792 zu Königsberg, ursprüngl. Kaufmann, 1835—48 Redakteur der 'Europa', ward 1848 Regisseur am Hoftheater zu Stuttgart; † 10. März 1871 zu München. Bes. bekannt durch seine 'Aquarellen aus dem Leben' (1836—40, 6 Bde.) und 'Novellen' (1831—33, 5 Bde.), die Romane 'Clarinette' (1863) und 'Der Insurgent' (1858); schr. auch Reisehandbücher und dramaturgische Schriften. — 2) *Fanny*, Schriftstellerin, Verwandte des Vor., geb. 24. März 1811 zu Königsberg, israelit. Abkunft, ward 1828 getauft, seit 1854 mit Adolf Stahr verheirathet. Schr. zahlr. Romane: 'Clementine' (1842), 'Eine Lebensfrage' (1845), 'Prinz Louis Ferdinand' (2. Aufl. 1859), 'Wandlungen' (1853), 'Diogena' (2. Aufl. 1847, Persiflage auf die Gräfin Hahn-Hahn), 'Adele' (1855), 'Das Mädchen von Hela' (1860) etc.; ferner 'Ital. Bilderbuch' (1847), 'Bunte Blätter' (1862), 'Meine Lebensgeschichte' (2. Aufl. 1871) u. A. 'Gesamm. Werke' (1871, 10 Bde.).

Lewes (spr. Lu-is), Stadt in der engl. Grafsch. Sussex, an der Ouse, 10,000 Ew.

Lewes (spr. Lu-is), *George Henry*, engl. Schriftsteller, geb. 18. April 1817 zu London, erst Kaufmann, seit 1865 Herausgeber der 'Fortnightly Review'. Verf. einer Biogr. Robespierres (1849) u. mehrerer Romane und Dramen, am bekanntesten durch seine 'Life and works of Goethe' (2. Aufl. 1864; deutsch 5. Aufl. 1859) und 'Biographical history of philosophy' (1857, 8 Bde.); schr. auch naturwissenschaftl. Werke: 'Seaside-Studies' (1858, deutsch 1859), 'Physiology on commou-life' (deutsch 1860), 'Aristotle' (1864, deutsch 1865); 'Geschichte der Philosophie' (3. Aufl. 1867, 2 Bde.; deutsch 1871).

Lewis (spr. Lu-is), grösste der Hebrideninseln, mit Harris 37,5 QM. und 20,546 Bew., gebirgig, reich an Morästen und Seen.

Lex (lat.), Gesetz, Vorschrift, Verordnung.

Lexikon (gr.), Wörterbuch. *Lexikologie*, Lehre von der gehörigen Zusammenstellung des Sprachschatzes; *Lexikographie*, Uebersicht der bezüglichen literar. Erscheinungen.

Lexington, 1) Stadt in Kentucky (Nordamerika), am Kentucky, 12,000 Ew. Universität (1798 gest.). — 2) Ort in Virginien, dabei die ber. natürliche Felsenbrücke über den Cedar Creek. — 3) Ort in Massachusetts, bei Middlesex; 19. April 1775 *Sieg* der Amerikaner über die Engländer. — 4) Ort in Missouri, 6300 Ew.; 24. Sept. 1861 *Treffen* zwischen den Unionisten und Konföderirten.

Lexis (gr.), das Aufhören, Nachlassen.

Leyden, Stadt in der Prov. Südholland, oberhalb der Mündung des alten Rheins, 39,294 Ew.; Peterskirche (Grabmäler ber. Männer), Pankraskirche, alte Burg, goth. Rathhaus, Kornbörse. Universität (1575 gegr., mit reichem botan. Garten, Museum etc.). Hauptmarkt Hollands für Wolle und wollene Waaren; Salzsiederei. Das alte *Lugdunum Batavorum*. 1807 Pulverexplosion.

Leydener Flasche (*Kleistische Flasche*), Apparat zur Anhäufung von Elektricität, besteht aus einer innen und aussen mit Stanniol belegten Flasche, deren nicht belegter Rand gefirnisst ist. Aus der innern Belegung ragt ein in eine Metallkugel endender Metallstab hervor. Die Flasche wird mit Elektricität geladen, wenn man die äussere Belegung mit dem Erdboden, die Innere mit dem Konduktor einer Elektrisirmaschine in Verbindung bringt. Eine Zusammenstellung von l. F.n, deren gleichnamige Belegungen mit einander verbunden sind, heisst *elektrische Batterie* und gibt die stärksten Wirkungen.

Leyen, *von und zu der*, mediatisirtes deutsches Fürstengeschlecht, dessen Stammschloss zur *L.* an der Mosel im Trier'schen liegt, 1653 in den Freiherrenstand erhoben, 1705 mit der Reichsherrschaft Hohengeroldseck in der Ortenau am Schwarzwald belehnt und in den Reichsgrafenstand, 1806 in den Fürstenstand und zur Souveränetät erhoben, durch die wiener Schlussakte 1815 der Oberhoheit Oesterreichs unterstellt, das sie 1819 an Baden abtrat. Gesammtbesitz 8 QM. Jetz. Standesherr *Fürst Erwin* (geb. 1798).

Leys, *Jean Aug. Henry*, belg. Maler, geb. 18. Febr. 1815 zu Antwerpen, seit 1865 barouisirt; † 26. Aug. 1869 in Brüssel. Bes. im histor. Genrebild ausgezeichnet. Sehr zahlr. Werke: Geusenfamilie, Rembrandts Atelier, Spaziergang (aus Goethes 'Faust'), Neujahr in Flandern, Gretchen aus der Kirche kommend, Fresken im gr. Saal zu Antwerpen etc.

L'Hallue, Flüsschen im franz. Depart. Somme, nordöstl. von Amiens; 23. Dec. 1870 *Sieg* der I. deutschen Armee (Mantenffel) über die franz. Nordarmee (Faidherbe).

Lhassa (*H'lassa*), Hauptst. Tübets und der buddhal. Welt überhaupt, 80,000 Ew. (²⁄₃ Geistliche); Kloster- und Tempelstadt mit weissen Häusern und goldschimmernden Dächern. Residenz des obines. Statthalters und Centrum des Handels. Dabei das gr. Hauptkloster *Potala*, Sitz des Dalai-Lama, ein Komplex von Palästen und Klöstern.

Lherzolit (*Augitfels*, Pyroxenit), Gestein, besteht aus grobkörniger bis dichter Augitmasse, grün oder braun, in den Pyrenäen.

Li, *Gewicht* in China, = 37,8 Milligramm. *Münze*, = ¹⁄₁₀₀ Tael. *Wegmass*, = 445,19 Meter = ⁵⁄₆₀ geogr. Meile. [Liebesverhältniss.

Liaison (fr., spr. -äsong), Verbindung, **Liakura**, Gipfel des Parnass, 7570' hoch. **Liänen**, Schlinggewächse der Tropenwälder: Bignonia, Dolichos, Paullinia etc.

Lias, s. v. a. unterer oder schwarzer Jura.

Liasse (fr.), in der Kaufmannssprache Bündel angereihter Zettel, bes. Preisanzeigen.

Libanomantie (gr.), Wahrsagung aus dem Weihrauchdampfe.

Libanon (d. i. weisses Gebirge), Gebirge in Syrien, zwischen den Ebenen von Tripolis und Tyrus, im Kamm 7000' h., waldreich, kultivirt und dicht bewohnt (400,000 Köpfe, bes. Drusen und Maroniten). Höchste Gipfel: Dhor el Khodib 9440', Dschebel Machmel 8796' h.; unweit der letztern die Reste der altber. Cedernwaldungen. Oestl. der Antilibanon.

Libation (lat.), bei den Alten Trankopfer, das Ausgiessen von Wein aus dem Becher vor dem Trinken; auch s. v. a. Gelag.

Libau, Stadt in Kurland, auf einer Nehrung zwischen dem libauschen See und der Ostsee, 9090 Ew. Hafen (seit 1865). Seebad.

Libell (lat.), bei den Römern Klag- oder Bittschrift, jetzt s. v. a. Pasquill (s. d.); nach engl. Recht wörtlich begangene oder durch die Presse verbreitete Injurie.

Libelle, Wasserspiegel, Wasserwage; *libelliren*, mit der Wasserwage messen.

Libellen, s. *Wasserjungfern*.

Liber (lat.), altital. Gott der Befruchtung; bei den Römern Beiname des Bacchus. *Liberalia*, altröm. Fest 17. März, an welchem die Jünglinge die männliche Toga erhielten.

Liber (lat.), der Bast des Papyrus; Buch. **Libera** (lat., d. i. befreie), das Todtengebet der Katholiken nach dem Anfangsworte.

Liberal (lat.), freigebig, gütig, vorurtheilslos; freisinnig. *Liberale*, nach den Befreiungskriegen Parteiname der Verfechter freierer Ideen in Staat und Kirche, insbes. die Vertreter des Konstitutionalismus, seit 1848 im Gegensatz zu den Radikalen die Anhänger 'gemässigter' Freiheit, auch als *Altliberale* bezeichnet. *Liberalismus*, l.e Gesinnung, Richtung. *Liberalität*, Freisinnigkeit, Freigebigkeit.

Liberation (lat.), Befreiung. [gebigkeit.

Liberia, Negerrepublik auf der Körnerküste in Oberguinea, 450 QM. und (1867) 717,500 Ew. (darunter 175,000 civilisirte Neger). Boden fleissig angebaut; Ausfuhrartikel: treffl. Kaffee, Palmöl und Palmnüsse, Arrowroot, Zucker, Ingwer, Elfenbein. Christenthum verbreitet (amerikan. Episkopalkirche, Baptisten etc.). Hauptstadt Monrove. Ursprüngl. eine 1822 von Nordamerikanern für befreite Sklaven gegründete Negerkolonie, seit 1847 souveräner Freistaat.

Liberius, Papst von 352 bis 366, als Freund des Athanasius 355 abgesetzt und verbannt, 358 restituirt, Heiliger. Tag 27. Aug.

Libertas (lat.), Freiheit; Göttin der Freiheit, auf Münzen mit einer Mütze in der Hand, Lanze und Füllhorn dargestellt.

Liberté, Fraternité, Egalité (fr.), d. h. Freiheit, Brüderlichkeit, Gleichheit, Losungswort der Franzosen zur Zeit der Revolution.

Libertin (fr., spr. -täng), leichtsinniger, genusssüchtiger Mensch; Wüstling.

Libertiner, Partei in Jerusalem, Gegner des Stephanus (Apostelgesch. 6, 9); pantheist.-antinomist. Sekte des 16. Jahrh., mit der Tendenz auf Emancipation des Fleisches, bes. in Frankreich.

Libidinist (lat.), Wollüstling; *libidinös*, wollüstig, unzüchtig.

Libitina (lat.), altital. Leichengöttin.

Libourne (spr. -barn), Handelsstadt im franz. Depart. Gironde, an der Isle und Dordogne, 14,639 Ew. [händler.

Librarius (lat.), Bücherabschreiber; Buch-

Libration des Mondes, das periodische Sichtbarwerden und Wiederverschwinden gewisser Theile der uns im Allgemeinen abgewandten Seite des Mondes.

Libretto (ital.), kleines Buch; Operntext.

Libri feudorum, s. *Lehn*.

Libussa (*Libuscha*), sagenhafte Gründerin Prags, jüngste Tochter Kroks, ward nach dessen Tode (700) zur Königin von Böhmen erhoben, vermählte sich mit Przemysl, gab Gesetze, war Seherin; † um 738.

Libyen, der früheste Name von Afrika, meist aber nur für den nördl. Theil desselben gebraucht. *Libysche Wüste*, der östl. Theil der grossen nordafrikan. Wüste zwischen Fezzan und Aegypten.

Lic., abbr. s. v. a. Licentiat.

Licent (lat.), Accise, Zoll.

Licentia (lat.), Erlaubniss, Freiheit, die man sich nimmt. *L. concionandi*, Befugniss zu predigen; *L. docendi*, Befugniss, Vorlesungen an einer Universität zu halten; *L. maritalis*, Ehekonsens; *L. poëtica*, dichterische Freiheit. *Licentiiren*, Erlaubniss zu etwas ertheilen; verabschieden.

Licentiat (lat.), akadem. Grad zwischen Baccalaureus und Doctor; nur noch in der theolog. Fakultät üblich, gibt das Recht, akadem. Vorlesungen zu halten.

Licenz (lat., *Licenzschein*), Freibrief, Erlaubnissschein; vgl. *Licentia*.

Licet (lat.), es ist erlaubt.

Lichenes (lat.), s. v. a. Flechten.

Lichenin, Flechten-, Moosstärke, der nährende Bestandtheil mancher Flechten, geschmacklos, in heissem Wasser leicht löslich; die Lösung gelatinirt beim Erkalten.

Lichnowski, fürstliche, in Oesterreich und Preussen begüterte Familie, 1702 in den Freiherrenstand, 1727 in den Reichsgrafenstand, 1773 in Preussen, 1824 in Oesterreich in den Fürstenstand erhoben, besitzt im österr. Schlesien die Alledialherrschaft Grätz (4 QM.), im preuss. Schlesien die Majoratsherrschaften Kuchelna, Grabowka, Krzyzasowitz und Bolatitz (zus. 6½ QM.). *Eduard Maria*, Fürst, geb. 19. Sept. 1789, Verf. der unvollendet gebliebenen „Geschichte des Hauses Habsburg" (Bd. 1–8, 1836–44); † 1. Jan. 1845 zu München. — 2) *Felix*, Fürst, geb. 5. April 1814, Sohn des Vor., trat 1838 aus preuss. in die Dienste der span. Prätendenten Don Carlos, ward Brigadegeneral, nach seiner Rückkehr in die Heimat Landdessaltester und Kreisdeputirter, 1847 Mitglied der Herrenkurie des ersten preuss. Landtags, 1848 Mitglied des frankfurter Parlaments, hier hervorragender Redner der Rechten; ward beim Aufstande 18. Sept. nebst dem General Auerswald auf der bornheimer Heide von einem fanatisirten Pöbelhaufen ermordet. Vgl. *Köstlin* (1855).

Licht, die objektive Ursache der Sicht-barkeit der Körper, indem L. von jedem mit dem Auge wahrnehmbaren Körper ausgeht, ist nach der *Emanations*- oder *Emissionstheorie* eine feine unwägbare Materie, deren Theilchen sich gegenseitig abstossen; nach der jetzt herrschenden *Undulationstheorie* hervorgerufen und fortgepflanzt durch Schwingungen der Moleküle einer alle Körper durchdringenden unwägbaren Materie (*Aether*). Die Schwingungen erfolgen senkrecht auf der Richtung des Lichtstrahls und im *polarisirten* L. in einer und derselben Ebene. Die Weite der Schwingungen bedingt die *Intensität* des L.s, die Schwingungsdauer oder die Länge der Wellen die *Qualität* oder *Farbe* desselben. Das L. pflanzt sich nach allen Seiten hin geradlinig mit einer *Geschwindigkeit* von 42,000 Meilen in 1 Sekunde fort. Die *Intensität* des L.s nimmt mit dem Quadrat der Entfernung ab. Die Helligkeit einer beleuchteten Fläche ist am stärksten, wenn die Lichtstrahlen rechtwinklig einfallen. Trifft der Lichtstrahl auf seinem Wege auf einen andern Körper, so geht er entweder durch diesen hindurch (durchsichtige Körper) oder wird zurückgeworfen (*reflektirt*) oder geht für das Auge verloren (*absorbirt*). Keiner dieser Fälle tritt aber ganz rein auf, stets wird ein Theil des L.s absorbirt und reflektirt und ein Theil dringt in den Körper ein. Von Körpern mit rauher Oberfläche wird das L. nach allen Seiten hin zurückgeworfen (*zerstreut, diffundirt*). Ein auf einen Spiegel fallender Strahl wird unter demselben Winkel, welchen er mit dem im Einfallspunkt errichteten Loth bildet (*Einfallswinkel*), in derselben Ebene (*Einfalls*- oder *Reflexionsebene*) reflektirt. Bei sphärischen Spiegeln (konvexen oder konkaven, je nachdem die äussere oder innere Seite spiegelt) sind die von den Einfallspunkten gezogenen Radien die Einfallslothe; bei konkaven Spiegeln konvergiren, bei konvexen divergiren diese Lothe, und daher wird das L. von ersteren koncentrirt, von letzteren zerstreut. Tritt ein Lichtstrahl aus einem dünneren in ein dichteres Medium oder umgekehrt, so weicht er von seiner bisherigen Richtung ab (wird *gebrochen*), bleibt in der Einfallsebene. Das Verhältniss des Sinus der Winkel, welche der Strahl vor und nach der Brechung mit dem Loth einschliesst, ist der relative *Brechungskoëfficient* (der absolute ergibt sich beim Uebergang des L.s aus dem leeren Raum in eine Substanz). Im Allgemeinen wird der Strahl beim Uebergang in ein dichteres Mittel nach dem Lothe zu, im entgegengesetzten Fall abgebrochen. In gewissen Fällen kann dem Brechungsgesetz nicht mehr genügt werden, der Strahl wird dann von der Oberfläche des brechenden Mediums zurückgeworfen (*totale Reflexion*). Ueber Brechung des L.s durch *Linsen* s. d. Fällt ein Sonnenstrahl durch ein Prisma, so wird er von seinem Wege abgelenkt und gibt auf einer weissen Fläche ein verbreitetes Bild, das *Spektrum*, in welchem der Reihe nach Roth, Orange,

Gelb, Grün, Blau, Indigo, Violett auf einander folgen (*prismatische Farben*). Das weisse L. ist also durch das Prisma in seine Bestandtheile zerlegt und kann durch Vereinigung der prismat. Farben von Neuem erzeugt werden. Die farbigen Strahlen unterscheiden sich von einander durch die Länge der Wellen oder die ungleiche Zahl der Schwingungen, welche in 1 Sek. erfolgen; die langsamsten Schwingungen (welche das Auge überhaupt noch wahrnimmt: 430 Billionen in 1 Sek.) machen den Eindruck des rothen, schnellere den des grünen, die schnellsten (667 Bill. in 1 Sek.) den des violetten L.s; die rothen Strahlen erleiden die geringste, die violetten die stärkste Ablenkung (*Dispersion*). L. aus verschiedenen Quellen giebt verschiedenartige charakteristische Spektra. Durch Prismen nicht weiter zerlegbares L. heisst *homogenes*. In dem Spektrum erscheinen dunkle parallele Linien (*fraunhofersche*), welche von der Beschaffenheit der Lichtquelle abhängig sind (*Spektralanalyse*). — Je zwei derselben Lichtquelle entspringende Lichtstrahlen können sich bei ihrem Zusammentreffen je nach der Differenz des durchlaufenen Weges verstärken, schwächen oder vernichten, je nachdem zwei Wellenberge und zwei Wellenthäler oder ein Wellenberg und ein Wellenthal auf einander fallen (*Interferenz*). Auf einer von den Strahlen beleuchteten Fläche erscheinen dem entsprechend abwechselnd helle und dunkle Streifen, und bei Anwendung von nicht homogenem, z. B. weissem L., Farben (vgl. *Farben*). Dünne durchsichtige Blättchen erscheinen durch Interferenz des von der oberen und inneren Seite gespiegelten L.s je nach ihrer Dicke in homogenem L. hell oder dunkel, in nicht homogenem lebhaft gefärbt. Vgl. *Pisco*, ‚L. und Farbe‘, 1869.

Lichten, in der Schiffersprache s. v. a. heben, z. B. den Anker aus dem Grunde heben. Ein Schiff l., es mittelst kleiner Schiffe (*Lichter*) entladen.

Lichtenberg, ehemal. deutsches Fürstenthum, jetzt preuss. Kreis (St. Wendel) des Regbz. Trier, 10½ QM.; 1816 von Preussen an den Herzog von Koburg für geleistete Kriegsdienste abgetreten, von diesem 1834 gegen 80,000 Thlr. Jahresrente an Preussen zurückgegeben.

Lichtenberg, *Georg Christoph*, Physiker und satir. Schriftsteller, geb. 1. Juli 1742 zu Oberramstädt bei Darmstadt, † 24. Febr. 1799 als Prof. zu Göttingen. Feind jeglicher Schwärmerei, von grossem Scharfsinn und beissendem Witz. Schr. zahlr. kleine Aufsätze, gesammelt in den ‚Vermischten Schriften‘ (1800—6, 9 Bde.; neue Ausg. 1867, 8 Bde.). Berühmt seine ‚Erklärung der hogarthschen Kupferstiche‘ (1794—1809, 11 Thle.; neue Ausg. 1850—53, 6 Bde.).

Lichtenfels, Stadt im bayer. Regbz. Oberfranken, am Main, 2128 Ew. Korbflecht. Knotenpunkt der bayer. Staatsbahn. Werra-

Lichtfreunde, s. *Freie Gemeinden*. [bahn.

Lichtmesse, das Fest der Reinigung Marias (2. Febr.), an welchem in der kathol.

Kirche die Kerzen für das ganze Jahr geweiht werden.

Lichtnelke, s. *Lychnis*.

Lichtwer, *Magnus Gottfr.*, Fabeldichter, geb. 30. Jan. 1719 in Wurzen, † 7. Juli 1783 zu Halberstadt als preuss. Regierungsrath. Schr. ‚Vier Bücher äsopischer Fabeln‘ (1748).

Licinius, röm. Kaiser, aus Dacien gebürtig, schwang sich im Kriegsdienst rasch empor, ward von Galerius 307 n. Chr. zum Augustus erhoben, von Konstantin d. Gr. 323 geschlagen und getödtet.

Licitation (lat.), öffentliche Versteigerung, bes. von Immobilien; *Licitum*, Angebot; *licitando*, durch L.; *licitiren*, bieten bei Versteigerungen; versteigern.

Liebenstein, besuchter Badeort im Herzogthum S.-Meiningen, am thüring. Walde, 3 St. von Eisenach, 952 Ew. Herzogl. Sommerresidenz. Erdig-salin. Eisenquelle. Molkenkur- und Kaltwasserheilanstalt. Ruinen der *Burg L.* und unfern Schloss Altenstein.

Liebenwerda, Kreisstadt im preuss. Regbz. Merseburg, an der schwarzen Elster, 2546 Ew.

Lieberkühnsche Drüsen, schlauchförmige Drüsen, massenhaft im Darme, liefern den zur Verdauung nöthigen alkalischen Saft.

Liebesapfel, s. *Lycopersicum*. [saft.

Liebeshöfe (*Minnegerichte*, *Courts d'amour*), zur Zeit der Troubadours in Südfrankreich Art scherzhafter Gerichte (d. h. gesellige Unterhaltungen der höfischen Kreise), zur Entscheidung über Liebeshändel und die Liebe betreffende Fragen. Aus einer Sammlung von Aussprüchen solcher L. (‚Regulae amoris et amoris vera judicia‘ des Kaplans Andreas, 14. Jahrh.) entstand ein förmliches Liebesgesetzbuch (*Martial d'Auvergne* ‚Arrêts d'amour et parlement d'amour‘). Vgl. *Aretin* (1803), *Capefigue* (1863).

Liebesmahle (*Agapen*), in der ersten christl. Kirche gemeinsame Abendmahlzeiten, bei denen die vermögenderen Gemeindeglieder für Speise und Trank sorgten, anfangs mit der Abendmahlsfeier verbunden. Ende des 4. Jahrh. abgeschafft, von den Brüdergemeinde wieder aufgenommen.

Liebeswahnsinn, s. *Erotomanie*.

Liebfrauenbettstroh, s. *Galium*.

Liebfrauenein, s. v. a. blättriger Gyps.

Liebfrauenmilch, geschätzter Rheinwein, wächst rings um die Kirche des Liebfrauenstifts und im Kapuzinergarten in Worms.

Liebig, *Justus, Freiherr von*, ber. Chemiker, geb. 13. Mai 1803 in Darmstadt, seit 1824 Prof. der Chemie in Giessen, seit 1852 in München. Lieferte ausserordentlich zahlreiche Untersuchungen in der organischen und physiologischen Chemie, benutzte die erhaltenen Resultate zum Ausbau der theoretischen Chemie (Lehre von den zusammengesetzten Radikalen), begründete die neue Lehre von der Pflanzenernährung u. durch die aus derselben gezogenen Konsequenzen eine neue Epoche in der Landwirthschaft. Schr. ‚Die Chemie in ihrer Anwendung auf Agrikultur und Physiologie‘ (1840; 8. Aufl. 1865, 2 Bde.); ‚Organ. Chemie in ihrer Anwendung auf Physiologie und Pathologie‘ (7. Aufl. 1862, 2 Bde.); ‚Chemische Briefe‘

(5. Aufl. 1865); „Naturwissenschaftl. Briefe über moderne Landwirthschaft" (1859); „Suppe für Säuglinge' (2. Aufl. 1866); L. begründete auch das „Handwörterbuch der reinen und angewandten Chemie' (1842 — 1856, 6 Bde.), die „Jahresberichte über Fortschritte der Chemie' (1849—57) etc.

Liebstöckel, s. *Levisticum*.

Liebwerda, Badeort im böhm. Kr. Bunzlau, 800 Ew. Alkal.-erdige Säuerlinge.

Liechtenstein, deutsches Fürstenthum, zwischen der Schweiz und Vorarlberg, 2,9 QM. und 8367 Ew.; seit 1862 mit konstitutioneller Verfassung, gehört seit 1852 zum österr. Zollverband; Einnahme 60,000, Ausgabe 56,000 Guld. Militär seit 1868 aufgelöst; Staatsschuld nicht vorhanden. Hauptort Vadus, Sitz des Fürsten Wien. — Bei der Regelung der deutschen Verhältnisse 1866 blieb L. ausser Frage und ist seitdem faktisch von Deutschland ausgeschieden. (Die fürstl. Mediatbesitzungen in Oesterreich, Preussen und Sachsen ca. 104 QM. mit 350,000 Ew. und jährl. 1,4 Mill. Gulden Einkünften.) Die *Dynastie* L. theilte sich zu Anfang des 16. Jahrh. in die *karlsche* und *gundakarsche* Linie, 1618 und 1623 in den Fürstenstand erhoben. Jene erhielt 1614 das Fürstenthum Troppau und 1623 Jägerndorf, erkaufte 1699 und 1708 von den Grafen von Hohenembs die reichsunmittelbaren Herrschaften Vadus und Schellenberg und erlosch 1712. Die andere Linie erhielt 1723 Sitz und Stimme auf dem Reichstag, nachdem Kaiser Karl VI. Vadus und Schellenberg unter dem Namen L. zu einem unmittelbaren Fürstenthum erhoben hatte. Franz Joseph und Karl Borromeus († 1789) stifteten die beiden noch blühenden Linien, von denen die ältere das Fürstenthum L. nebst dem grossten Theile der österr. und schles. Güter, diese das karlsche Majorat besitzt. Joh. Joseph von der älteren Linie, geb. 25. Juni 1760, focht in den franz. Kriegen am Rhein und in Italien, trat 1815 dem deutschen Bunde bei; † 20. April 1836. Jetziger Fürst Johann II., geb. 5. Okt. 1840.

Lied (fr. *chanson*). lyr. Gedicht in singbarer Form, der dichterische Erguss der Empfindung (Stimmung). Vgl. *Reissmann*, „Das L. in seiner histor. Entwickelung', 1861; *Schneider*, „Das musikal. L.', 1863—65, 3 Bde.

Liederspiel, Art Vaudeville, Schauspiel mit eingeflochtenen Liedern, nicht zu verwechseln mit Singspiel und Operette. Schöpfer des deutschen L.s *Reichardt* und nach diesem *Holtei* (,Der alte Feldherr', ,Lenore').

Liedertafeln, Gesangvereine, vorzugsw. für Männergesang. Die erste 1809 in Berlin von Zelter gegr., seitdem (namentl. in den letzten Jahrzehnten) zu Tausenden über ganz Deutschland verbreitet.

Liederung, bei Saug- und Druckwerken das Lederwerk, womit der Kolben belegt ist.

Lieferungsgeschäft, s. *Differenzgeschäft*.

Liège (fr., spr. Liähsch), Lüttich.

Liegendes, s. *Bergbau*.

Liegnitz, Regbz. in der preuss. Prov. Schlesien, 246,9 QM. und 979,800 Ew. Die *Hauptstadt* L., an der Mündung des Schwarz-

wassers in die Katzbach, 23,094 Ew. Königl. Schloss, Ritterakademie, Tuchfahr., lebh. Handel. 1164—1675 Residenz der Herzöge des *Fürstenth.* L. (34 QM.), das dann an Oesterreich, 1757 an Preussen kam. Bei L. 9. April 1241 gr. *Mongolenschlacht.*

Lienterie (*Speiseruhr*), Durchfall, wobei die Nahrungsmittel fast unverdaut abgehn.

Lier (*Lierre*), Stadt in der belg. Prov. Antwerpen, an der grossen und kleinen Nethe, 15,082 Ew. Spitzen-, Seiden- und **Liesehgras**, s. *Phleum*. [Indienstmehr.

Liespfund, in Norddeutschland, Schweden, den russ. Ostseehäfen etc. = ¹/₂₀ Schiffspfd.

Liestal, Hauptstadt des Kantons Basel-Landschaft, an der Ergolz, 3368 Ew.

Lieue (fr., spr. Lióh), franz. Meile, die alte = 0,6 geogr. M., die neue = 10 Kilom. = 1,35 geogr. M. Officiell das Kilometer.

Lieukhieu-Inseln, s. *Lu-tschu-Inseln.*

Lieutenant (fr.), Stellvertreter; die unterste Rangstufe im Offizierstande, rangirt nach dem Hauptmann, Rittmeister oder Kapitän. Bei jeder Kompagnie, Eskadron oder Batterie sind ein Ober- und 2—3 Unterlieutenants.

Liga (fr. *Ligue*, spr. Lihk), im 16. und 17. Jahrh. Bezeichn. eines polit. Bündnisses.

Ligament (lat.), Band, Gelenkband.

Ligatur (lat.), chirurg. Operation, s. *Unterbindung*; in der Musik Bindung zweier Noten über einen Takt hinaus.

Ligiren (fr.), beim Fechten dem Gegner die Waffe aus der Hand winden.

Ligne (spr. Linj'), altes belg. Geschlecht; am berühmtesten *Karl Joseph*, *Fürst von L.*, geb. 12. Mai 1735, österreich. Feldherr und Staatsmann, geistreicher Schriftsteller, seit 1808 Feldmarschall; † 13. Dec. 1808 während seiner Anwesenheit auf dem Kongress zu Wien. Schr. „Mélanges militaires, littéraires etc.' (1795—1811, 34 Bde.); „Vie du Prince Eugène de Savoie' (1809); „Oeuvres posth.'

Lignit, s. *Braunkohle*. [(1817, 6 Bde.).

Lignum (lat.), Holz.

Ligny (spr. Linji), belg. Dorf, nordwestl. von Namur, 350 Ew. 16. Juni 1815 *Sieg* Napoleons I. über die Preussen unter Blücher.

Ligroïn, s. *Erdöl.*

Ligue (fr., spr. Lihk), s. *Liga.*

Liguóri, *Alfonso Maria de*, der Stifter der Lignorianer oder Redemptoristen (s. d.), geb. 26. Sept. 1696 zu Neapel, ward 1726 Priester, stiftete 1732 zu Villa-Scala den Orden vom Erlöser (Il santo redentore), ward 1762 Bischof von Sta.-Agatha Gotici; † 1. Aug. 1787 zu Nocera de Pagani; 26. Mai 1839 kanonisirt. Vgl. *Jeancard* (1829; deutsch 1840).

Ligurier (a. G.), Volk im südl. Gallien und westl. Italien, 150 und 125 v. Chr. von den Römern unterworfen.

Ligurische Republik, Name der Republik Genua, als sie 1797 während der franz. Invasion eine demokrat. Verfassung annehmen musste. — *Ligurischer Apennin*, s. *Apenninen.* — *Ligurisches Meer*, der um Genua liegende Theil des Mittelmeers.

Ligustrum L. (*Hartriegel*, *Rainweide*), Pflanzengattung der Oleaceen. L. vulgare, *Beinholz*, *Zaunriegel*, in Mittel- und Südeuropa, liefert gutes Drechslerholz.

Lüren (fr.), verbinden, vereinigen.

Lijmfjord, Meerarm an der Ostküste Jütlands, 21 M. lang. Die ihn von der Nordsee trennende Nehrung ward 1825 vom Meer durchbrochen (Nordjütland seitdem Insel).

Lila, stark mit Weiss vermischtes Violett.

Liliak, span. Flieder.

Lilie, s. *Lilium*.

Lilienstein, Gipfel der sächs. Schweiz, rechts an der Elbe, dem Königstein gegenüber, 1297'; weite Aussicht.

Lilionese, kosmet. Mittel gegen Hautflecken etc., schwach weingeistige und parfümirte Lösung von kohlensaurem Kali in Wasser.

Liliput, märchenhaftes, von Däumlingen bewohntes Land, nach *Swift*s, Gulliver'.

Lilium *L.* (*Lilie*), Pflanzengattung der Liliaceen. *L.* candidum *L.*, weisse *Lilie*, aus dem Orient, uralte Zierpflanze, früher officinell. *L.* bulbiferum *L.*, Feuer-, Gold-, rothe *Lilie*, in Mittel- und Südeuropa. *L.* Martagon *L.*, *Türkenbund*, aus China und Japan. *L.* tigrinum *Gawl.*, *Tigerlilie*. Zierpflanzen.

Lille (spr. Lill, niederl. *Ryssel*), Hauptst. des franz. Norddepart., wichtige Festung, am Deulekanal, 154,749 Ew. Hübsch gebaut; die Citadelle ein Meisterwerk Vaubans; Akademie der Musik, Kunst- und naturwissenschaftl. Museen. Lebh. Industrie, Blumen- und Gemüsezucht, Handel.

Lily, John, engl. Dichter, geb. 1553 in Kent, Zeitgenosse Shakespeares; † um 1600; Dramatiker (,Dramatic Works' 1858), bes. bekannt aber durch seinen Roman ,Euphues, the anatomy of wit', wodurch er den sogen. Euphuismus (s. d.) begründete.

Lilybäum (a. G.), westl. Landspitze Siciliens (jetzt Kap Boco); darauf die karthag. Stadt **L.**, Ueberfahrtsort nach Afrika.

Lima, Hauptstadt von Peru, 1¼ M. vom Meere, am Rimac, 121,360 Ew. Prächtige Kathedrale, Erzbisthum, Universität. Handel über Callao (s. d.). Gegr. 1535; 28. Okt. 1746 durch Erdbeben fast ganz zerstört.

Limaille (fr., spr. -malj), Feilspäue.

Liman, in Russland s. v. a. Haff, auch erweiterte Flussmündung mit Inseln.

Limatur (lat.), Feilspäne, Metallpulver.

Limburg, ehemal. Herzogthum, ward im westphäl. Frieden zwischen den Generalstaaten der Niederlande und den österr. Niederlanden getheilt, kam 1797 an Frankreich, 1814 an die Niederlande zurück, schloss sich 1830 der belg. Revolution an, ward 1839 in die jetzige belg. und niederländ. Gebiete getheilt. Die niederländ. Prov. **L.**, südöstl. Theil des Königreichs, zu beiden Seiten der Maas, 40 QM. und 223,532 Ew.; Hauptstadt Mastricht. Die belg. Prov. **L.**, nördl. Theil des Landes, 43,8 QM. und 199,693 Ew.; Hauptstadt Hasselt.

Limburg, 1) Stadt im preuss. Regbz. Wiesbaden, an der Lahn, 4487 Ew. Herrl. Dom (13. Jahrh.); Bischof; Marmorbrüche; Bahnhof. Die *limburger Chronik*, angebl. vom Stadtschreiber Gensbein, nach And. von Adam Emmel um 1370 — 1400 verfasst (herausg. von *Vogel* 1828), wichtig für die Kulturgeschichte des 14. Jahrh. — 2) (*Hohenlimburg*) Stadt im preuss. Regbz. Arnsberg,

an der Lenne, 3802 Ew. Hauptort der mediat. *Grafschaft* **L.** der Fürsten von Bentheim-Tecklenburg-Rheda (3,3 QM.). — 3) Stadt in der belg. Prov. Lüttich, ehedem Hauptst. des *Herzogth.* L., 2065 Ew.; ber. Käse.

Limbus (lat.), Raum, Rand; in der kathol. Kirchenlehre der Höllenrand als Aufenthaltsort der nicht zur Hölle Verdammten, aber auch noch nicht Erlösten.

Limenarch (gr.), Hafenaufseher.

Limerick, Grafschaft der irischen Prov. Munster, 50 QM. und 172,801 Ew. Die *Hauptstadt* L., am Shannon, 44,636 Ew. Protestant. und kathol. Bisch. Guter Hafen.

Limettenbaum, s. *Citrus*.

Limfjord, s. *Lijmfjord*. [jung.]

Limitation (lat.), Begrenzung, Beschränkung.

Limite (ital.), festgestelltes, nicht zu überschreitendes Aeusserstes; festgestellter niedriger Preis, für den gewissen Berechtigten etwas geliefert wird.

Limmat, Nebenfluss der Aar, Abfluss des Zürichersees, durchströmt Zürich, mündet unweit Brugg; 19 M. l. [Schwefelquelle.

Limmer, Badeort bei Hannover, 540 Ew.

Limos (lat.), schlammig, sumpfig.

Limoges (spr. -mohsch), Hauptstadt des franz. Depart. Oberrienne, an der Vienne, 55,022 Ew. Kathedrale. Münze. Bed. Industrie in Porzellan und Tuch, früher bes. in Email (*Emaux de L.*, *Limousines*).

Limotomie (gr.), Tödtung durch Hunger.

Limonade, kühlendes Getränk aus Wasser, Zucker und Citronensaft.

Limonen, s. *Citrus*.

Limonengrasöl, s. v. a. Grasöl.

Limonenöl, s. v. n. Citronenöl. [urs.

Limonit, s. v. a. Rasaneisenstein, Wiesen-

Limousin (spr. -musäng), altfranz. Prov. (Grafschaft) mit der Hauptstadt Limoges, seit 1589 mit dem Kronlande vereinigt; bildet das Depart. Oberrienne u. Corrèze. Die *limousin. Mundart* voll Anmuth und Wohlklang, reich an Sinnsprüchen und

Limpidität (lat.), Klarheit. [Wortspielen.

Limpopo, Strom im östl. Südafrika, kommt aus dem Hochlande der transvaalschen Republik, durchbricht die Drachenberge, mündet in die Iubambanabai; gegen 200 M. l.

Limpurg, ehemal. Grafsch. im württemb. Jaxtkreise, gehört jetzt theils dem Staate, theils mehreren Standesherren.

Linament (lat.), Zupfleinwand, Charpie.

Linares, Flecken in der span. Prov. Cordova, 6600 Ew. Reiche Bleiminen.

Lincoln (spr. Lingkönn), Grafschaft im östl. England, 130,4 QM. und 412,246 Ew.; sehr fruchtbar. Die uralte *Hauptstadt* L., am Witham, 20,999 Ew. Imposante Kathedrale (12. Jahrh.). Kamelotfabr.

Lincoln (spr. Lingkönn), *Abraham*, 16. Präsident der Vereinigten Staaten von Amerika, geb. 12. Febr. 1809 in einem Blockhause in Hardin-County in Kentucky, war Ackerknecht, Bootsmann, Holzhacker und Ladengehülfe, führte im Indianerkrieg 1832 eine Kompagnie Freiwilliger, liess sich 1836 als Advokat in Springfield nieder und war bis 1840 Mitglied der Staatslegislatur, 1847 für Mittelillinois in den Kongress gewählt, sprach er im Sinne der Freiboden-politik, ward als entschiedener Gegner der Sklaverei von den Mai 1860 in Chicago zu-sammengetretenen Republikanern des gan-zen Landes als Präsidentschaftskandidat aufgestellt und 6. Nov. gewählt, was den Sklavenstaaten den Vorwand gab, aus der Union auszutreten und den schon vorberei-teten Bürgerkrieg zu beginnen. Nachdem er die Freiheit der Sklaven proklamirt, führte er den Krieg bis zur gewaltsamen Niederwerfung der Südstaaten energisch weiter, ward 1864 von Neuem als Präsident-schaftskandidat aufgestellt, von 23 Staaten gewählt und trat 4. März 1865 zum zweiten Male sein Amt an; 14. April 1865 von dem Schauspieler J. Booth in Fords Theater in Washington erschossen. Biogr. von *Bancroft* (1866), *Würzburger* (1868).

Lind, *Jenny,* Sängerin, geb. 6. Okt. 1821 in Stockholm, unter Berg und Lindblad das., 1841 unter Garcia in Paris gebildet, machte seit 1849 Kunstreisen in Deutsch-land, England und Frankreich, 1850—51 in Nordamerika bis Havana, überall hoch-gefeiert, verheirathete sich 1852 in Boston mit O. Goldschmidt, lebte 1853—58 in Dres-den, später in London und Hamburg. Gleich ausgezeichnet auf der Bühne wie im Konzertsaal und in der Kirche.

Lindau, Stadt im bayer. Regbz. Schwa-ben, auf 3 Inseln des Bodensees (1015' l. Brücke und 1900' l. Eisenbahndamm), 5311 Ew.; Maximilianshafen (seit 1812), Leucht-thurm, Statue König Max II. (seit 1856). Lebh. Speditions- und Transithandel. End-punkt der bayer. Südnordbahn, Dampfboote nach Rorschach, Romanshorn und Konstanz. Bis 1803 freie Reichsstadt.

Lindblad, *Adolf Frederik,* schwed. Kom-ponist, geb. 1804 in Stockholm, Kapellmeister das. Schr. bes. treffl. Lieder (durch J. Lind Vortrag bekannt), auch Opern etc.

Linde (Tilia *L.*), Pflanzengattung der Tiliaceen. *Kleinblättrige* oder Winterlinde, Steinlinde (T. parvifolia *Ehrh.*), in Europa bis zum Ural und Kaukasus; Waldbaum, er-reicht nächst den Eichen unter den deutschen Bäumen das höchste Alter, liefert weiches Nutzholz, Bast, officinelle Blüthen. Ebenso die *grossblättrige* oder Sommerlinde (T. gran-difolia *Ehrh.*), aus Osteuropa. Diese und andere Arten Zierbäume, die schönste L.: T. euchlora *C. Koch* aus dem Orient.

Lindenau, *Bernh. Aug. von*, Staatsmann und Astronom, geb. 11. Juni 1779 zu Alten-burg, ward 1801 Kammerrath das., 1804 Direktor der Sternwarte auf dem Seeberg bei Gotha, 1820 Minister in Sachsen-Gotha, 1828 Landschaftsdirektor in Altenburg und Geheimrath in königl. sächs. Diensten, 1829 Mitglied des geheimen Raths in Dres-den, 1830 Kabinetsminister, 1831 Staats-minister des Innern, dann Vorsitzender im Gesammtministerium, nahm 1843 seine Ent-lassung; † 21. Mai 1854 auf dem Pohlhof bei Altenburg. Schr. ,Gesch. der Stern-kunde im 19. Jahrh.' (1811); ,Tabulae Ve-neris' (1813); ,Tabulae Martis' (1811) u. A.

Lindenschmit, 1) *Wilh.*, Maler, geb. 1806 in

Mainz, Schüler von Cornelius in München, † 1848. Res. geschätzt seine histor. Ge-mälde auf Schloss Hohenschwangau, Kampf der cimbr. Frauen, Schlacht auf dem Idi-staviusfeld u. A. Sein Sohn, *Wilh. L.*, geb. 1829 in München, ebenfalls ausgez. Histo-rienmaler(Fischer u. Meerfrau, Reformatoren in Marburg etc.). — 2) *Ludwig*, Bruder des Vor., geb. 1809, Direktor des röm.-german. Centralmuseums zu Mainz, Verf. verschie-dener archäolog. Schriften, auch Maler.

Lindesnäs, südlichste Spitze von Norwegen.

Lindpaintner, *Peter Jos. von*, Komponist, geb. 8. Dec. 1791 in Koblenz, seit 1819 Hof-kapellmeister in Stuttgart; † 21. Aug. 1856 zu Nonnenhorn am Bodensee. Schr. Opern (,Vampyr', ,Lichtenstein' etc.), treffl. Lieder (,Fahnenwacht'), Musik zu Schillers ,Glocke'.

Lindos (a. G.), Hafenstadt auf Rhodus, bar. Tempel der Athene und des Hercules.

Lindwurm, fabelhaftes Ungeheuer, Drache, Krokodil od. vierfüssige, geflügelte Schlange, vom Ritter St. Georg erlegt.

Linea (lat.), Linie; *lineal*, linienförmig.

Lineamente (lat.), Züge, Gesichtszüge; die Linien der innern Fläche der Hand.

Lineär (lat.), auf Linien sich beziehend, durch solche darstellbar; *Linearzeichnung*, Linien-, Umrisszeichnung.

Lingam (sanskr.), Nachbildung der männl. und weibl. Geschlechtstheile in Vereinigung, im ind. Siwadienste Symbol der zeugen-den und schaffenden Naturkraft.

Lingen, Grafsch. des ehemal. westphäl. Kreises, hatte mit der Grafsch. Tecklenburg gemeinschaftl. Regierung, fiel 1810 an Frank-reich, 1814 an Preussen (Regbz. Münster); doch ward ein Theil 1815 an Hannover ab-getreten. Die *Hauptst.* L., unweit der Ems, 4783 Ew.; früher Univers. (1819 aufgehoben).

Lingg, *Herm.*, Dichter, geb. 22. Juni 1820 zu Lindau, seit 1846 bayer. Militärarzt, ward 1851 pensionirt, lebt in München. Talent von grossartiger Bildnerkraft, originell, oft auch seltsam. Schr. ,Gedichte' (1854, 5. Aufl. 1864); ,Neue Gedichte' (1868), ,Catilina' (Drama, 1857); ,Die Walkyren' (1865); ,Die Völkerwanderung' (1866—68, 3 Thle.) u. A.

Lingotten (fr., spr. Läng-), gegossene Stangen von edlen Metallen, bes. Silber.

Lingua (lat.), Zunge, Sprache.

Linguales, Zungenlaute, s. *Laute*.

Linguist (lat.), Sprachkenner; *Linguistik*, Sprachenkenntniss.

Linie, in der Geometrie Ausdehnung in die Länge ohne Breite und Dicke, entweder gerade oder krumm; in der Geographie und Nautik s. v. a. Erdäquator. Längenmass, der 10. oder 12. Theil des Zolles.

Linie, in der Taktik diejenige Ordnung der Truppen, wobei die einzelnen Abthei-lungen neben einander stehen; Bezeichnung des stehenden Heeres im Gegensatz zur Laudwehr, sowie zu den Garden.

Linienschiffe, sämmtliche Kriegsschiffe von zwei oder mehr Decken, welche früher in der Schlacht in Linie gereiht wurden.

Liniensystem, die 5 übereinander gezoge-nen Parallellinien, auf und zwischen wel-chen die Noten geschrieben werden.

Liniment (lat.), zum Einreiben in die Haut bestimmte Arzneiform.

Linke (*linke Seite*), in der parlamentarischen Sprache die Oppositionspartei im Gegensatz zur Regierungspartei oder der Rechten, dann überhaupt die liberale, auch radikale Partei im Gegensatz zur konservativen und reaktionären.

Linköping (spr. -schöping), Hauptst. der schwed. Landschaft Ostgothland, 6558 Ew.

Linlithgow (spr. -lithgho, *West-Lothian*), Grafsch. im südl. Schottland, 5,9 QM. und 38,645 Ew. Die *Hauptst.* L., 3693 Ew.; Geburtsort Maria Stuarts.

Linné, *Karl von*, ber. Naturforscher, geb. 13./24. Mai 1707 in Rashult in Smaland, ward nach mehreren Reisen in Schwoden Garteninspektor in Hartecamp in Holland, 1738 Prof. der Mineralogie in Stockholm, 1741 Prof. der Medicin und Botanik in Upsala; † das. 10. Jan. 1778. L. war von grösstem Einfluss auf die Entwickelung der Naturwissenschaften und bes. der Botanik. Er begründete das noch jetzt vielfach benutzte Sexualsystem und die neuere Nomenklatur. Hauptwerke: ,Systema naturae‘ (1735), ,Species plantarum‘ (1754; neue Ausg. 1797—1830). ,Eigenhändige Aufzeichnungen‘ (1823) u. A. Biogr. von *Stöver* (1792), *Schleiden* (1871).

Linnenlegen, in Hannover und Westphalen Anstalten, in welchen die Leinwand von vereideten Sachverständigen geprüft und nach Befund gestempelt wird.

Linon (fr., spr. -ong), Schleierleinwand, Battistlinon, wenig oder nicht appretirtes glattes, feines, lockeres Gewebe aus Leinen oder Baumwolle, dient zu leichten Kleidern, Hauben etc. [Bilder aus Papiermaché.

Linophanien, den Lithobanien ähnliche

Linse (*Ervum L.*), Pflanzengattung der Leguminosen. *Gemeine* L. (*E. Lens L.*), aus Südrussland, uralte Kulturpflanze. Die Samen (Gemüse) enthalten 26,5 % Proteïnstoffe (bes. Legumin), 60 % Stärkemehl, 2,4 % Fett. Andere Arten, bes. *Ervum Ervilia* (Saaterve, Erveulinse), gutes Viehfutter.

Linsen, durchsichtige, einseitig oder völlig von gekrümmten Flächen begrenzte Körper. Sind die L. in der Mitte dicker als am Rande, so heissen sie Konvex- oder Sammellinsen, im entgegengesetzten Fall Konkav- oder Zerstreuungslinsen. Man unterscheidet plankonkav ⌒, bikonkav)(, konvex-konkav ⊃, plankonvex ⌣, bikonvex ⊂⊃, konkav-konvex ⊂. Konvexe L. machen divergirende Lichtstrahlen konvergent, konkave L. verhalten sich umgekehrt; erstere dienen zur Erzeugung vergrösserter Bilder (Fernrohr, Mikroskop), letztere geben verkleinerte Bilder. Ueber achromatische L. s. *Achromasie*.

Linth, Fluss im Kanton Glarus, kommt vom Tödi, fliesst durch den 19,000' langen Molliskanal in den Wallenstädtersee und von diesem durch den 62,000 l. *Linthkanal* in den Zürichsee. Der Schöpfer dieser grossartigen Wasserbauten *Escher von der Linth*. Vgl. *Weyrauch*, ,Der Escher-Linth-

Linum, s. *Flachs*. [Kanal‘, 1868.

Linus, myth. Sänger der Griechen, aus

Theben, Lehrer des Orpheus und Hercules, von diesem mit der Leier erschlagen.

Linus, Heiliger, angebl. Nachfolger des Apostels Petrus auf dem röm. Stuhle.

Linz, Hauptst. von Oberösterreich, rechts an der Donau (840' l. Brücke), 30,519 Ew. Dom. Schiffbau, Produkten- und Speditionshandel. Klugs um L. 32 sogen. maximilian. Thürme, Art befestigten Lagers.

Lion (fr., spr. -ong; engl., spr. Leien), Löwe, in London jede Merkwürdigkeit des Tages; in Paris s. v. a. Elegant, Roué; *Lionne*, dergl. weibl. Individuum.

Lipärische Inseln (*Aeolische I.*), 11 vulkan. Inseln nordöstl. bei Sicilien, das Verbindungsglied zwischen Vesuv und Aetna, 18—20,000 Bew.; reich an Wein, Oel, Baumwolle, Südfrüchten. Die grösste, *Lipari*, 5½ QM. und 15,000 Ew.; die nördlichste, *Stromboli*, mit immer brennendem Vulkan.

Lipezk, Stadt im russ. Gouv. Tambow, am Woronesch, 14,653 Ew.; Heilquellen.

Lipinski, *Karl*, Violinvirtuos, geb. 4. Nov. 1790 zu Radzyn (Polen), machte grosse Kunstreisen (Wettkoncerte mit Paganini), 1838—59 Koncertmeister in Dresden; † 16. Dec. 1861 zu Urlow bei Lemberg. Auch Komponist (Violinkoncerte, Phantasien etc.).

Lipogrammatisch (*Leipogrammatisch*, gr.), mit Vermeidung gewisser Buchstaben abgefasst.

Lipöma (gr.), s. *Fettgeschwulst*. [gefasst.

Lipona, Gräfin, s. *Bonaparte*.

Lipopsychie (gr.), Ohnmacht.

Lipowaner (*Filipponen*), Sektirer in der Bukowina, von der griech.-orthodox. Kirche getrennt, ca. 8000 Köpfe; 1783 vom schwarzen Meer her eingewandert.

Lippe, rechter Nebenfl. des Rheins in Westphalen, entspr. bei Lippspringe am Osning, mündet bei Wesel; 30 M. L.

Lippe, norddeutsches Fürstenthum, umfasst die Grafsch. L., Schwalenberg und Sternberg, 20,4 QM. und 113,118 Ew. (96583 Kathol.); bergig und waldig (*lippescher Wald* oder *Osning*), aber fruchtbar. Ackerbau (bes. Flachs) und Viehzucht (treffl. Pferde). Verfassung vom 6. Juli 1836. Einnahmen 1868: 185,213 Thlr., Ausgaben 178,280 Thlr. Landesschuld: 368,505 Thlr. Kontingent seit 1867 aufgelöst. Hauptst. Detmold.

Geschichte. Als Stammvater der lippeschen Dynastie gilt Bernhard, Edler von der L., welcher 1130 von Kaiser Lothar mit dem Territorium als Grafschaft belehnt ward. Bernhard VIII. († 1563) nannte sich zuerst Graf von der L., führte 1556 die luther., Simon VI. aber 1600 die reformirte Konfession ein. Die letzteren 3 Söhne Simon VII., Otto und Philipp gründeten die Linien L., Brake und Bückeburg (s. *Schaumburg-Lippe*). Auf Simon VII. († 1627) folgte in L. Hermann Adolf († 1666), Simon Heinrich († 1697); Friedrich Adolf nahm nach Erlöschen der brakeschen Linie (1709) deren Land in Besitz, das aber 1748 zwischen L. und Bückeburg getheilt ward († 1718); Simon Heinr. Adolf erhielt 1720 die fürstl. Würde († 1734); Simon August († 1782); Friedr. Wilh. Leopold († 1802). Darauf vormundschaftl. Regierung der Fürstin Pauline; unter ihr 1707

Beitritt L.s zum Rheinbund, 1815 zum deutschen Bund; Abschaffung der Leibeigenschaft. Ihr Sohn Paul Alex. Leopold übernahm 1830 die Regierung selbst, gab 6. Juli 1836 eine neue Verfassung, gestattete 1848 Erweiterung des Wahlrechts und dem Volke eine entscheidende Stimme bei der Gesetzgebung; † 1. Jan. 1851. Sein Sohn und Nachfolger Leopold Friedr. Emil stellte durch Verordnung vom 26. März 1853 die Verfassung von 1836 wieder her. Der Bundestag wies die vom Landtagsausschusse deshalb erhobene Beschwerde zurück, die Regierung aber an, sich mit den Ständen von 1836 über deren Rechte in Gesetzgebung und Finanzen zu verständigen. Seitdem keine Einigung zwischen Regierung und Ständen in der Verfassungsfrage. 1866 stand L. von vornherein zu Preussen. Seit 1. Okt. 1867 Militärkonvention mit Preussen. Vgl. *Falkmann*, ‚Beiträge zur Gesch. des Fürstenth. L.‘, Heft 1—3, 1847—69.

Lippen *(Labia)*, Hautränder der Mundöffnung, einen Muskel einschliessend, der die Bewegungen derselben ermöglicht. Missbildungen der L. sind die *Lippenspalte* (s. *Hasenscharte*) und die *Doppellippe*; Krankheiten sind Geschwüre aller Art, bes. auch Krebs. *Defekt der L.* kann durch Lippenbildung *(Cheiloplastik)* gehoben werden.

Lippenpomade, parfümirte Mischung von Kakaobutter mit Schmalz und Wachs, dient zum Bestreichen aufgesprungener Lippen.

Lippi, *Fra Filippo*, ital. Maler, geb. 1412 in Florenz, † nach einem abenteuerl. Leben 1469 zu Spoleto durch Gift. Hauptwerk die Wandgemälde im Dom von Prato. Anderes von ihm in Florenz, Berlin, München etc. — Sein Sohn *Filippino L.*, geb. 1460, † 1505, ebenfalls her. Freskenmaler. Werke von ihm in Rom, Florenz, London etc.

Lipplappen, auf Java etc. die Abkömmlinge von Europäern und Eingeborenen.

Lippspringe, Badeort im preuss. Regbz. Minden, am Ursprung der Lippe, 1250 Ew.; *Arminiusquelle* (für Brustleidende).

Lippstadt, Kreisst. im preuss. Regbz. Arnsberg, an der Lippe, 7404 Ew.

Lipsĭna *(gr.)*, Reliquien; *Lipsanographie*, Reliquienbeschreibung; *Lipsanothēk*, Reliquienbehältniss.

Lipsia, neulat. Name für Leipzig.

Liptau, ungar. Komitat, Kr. diesseits der Donau, an der oberen Waag, 41 QM. und 73,420 Ew.; auf der Südseite von Ausläufern der Karpathen *(Liptauergebirge 6000' h.)* umschlossen. Bergbau und Viehzucht *(liptauer Käse)*. Hauptort Szent-Miklos.

Liquābel *(lat.)*, schmelzbar; *Liquation*, Schmelzung, bes. der Metalle.

Liquēnt *(lat.)*, flüssig; *Liquefaktion*, Flüssigmachung, Auflösung; *Liquescent*, schmelzend.

Liquet *(lat.)*, es ist klar, leuchtet ein.

Liquēure *(fr., spr. -köhre)*, Branntwein mit Zucker und aromatischen Körpern; feine *Rosoglio*, ordinäre *Aquavite*, mit Zucker versetzte öllige *Crèmes*, mit angepressten Fruchtsäften bereitete *Ratafia*. Der Alkohol wird über Pflanzensubstanzen destillirt oder mit deren ätherischem Oel nur vermischt (kalter Weg); andere L. enthalten Tinkturen, Auszüge der Pflanzensubstanzen mit Spiritus.

Liquid *(lat.)*, flüssig; von Forderungen erwiesen, verfügbar; *Liquidiren*, gegenseitige Forderungen abrechnen; die Zahlungen einstellen, ein Geschäft aufgeben, abwickeln; die Kosten berechnen. *Liquidation*, Kostenberechnung. *Liquidationstermin*, für die Gläubiger einer Konkursmasse gerichtlich festgesetzter Termin zu Anmeldung ihrer Forderungen. *Liquidant*, der seine Forderung einreichende Gläubiger; *Liquidat*, dessen Schuldner. *Liquidator*, der die Richtigkeit einer Forderung prüfende Gerichtsbeamte. [l, m, n, r; s. *Laute.*

Liquidä *(lat.)*, die flüssigen Konsonanten

Liquidambar L. *(Amberbaum)*, Pflanzengattung der Balsamifluä. L. orientale *Miller*, Baum in Kleinasien und Syrien, liefert den flüssigen Storax.

Liquirĭtia, s. v. a. Glycyrrhiza.

Liquirĭtiensaft, s. v. a. Lakritzen.

Liquer *(lat.)*, Flüssigkeit, Name mehrerer Arzneimischungen, jetzt am gebräuchlichsten für Hoffmanns Tropfen.

Lira, nordital. Silbermünze, = 1 Franc.

Liria, Stadt in der span. Prov. Valencia,

Liriodendron, s. *Tulpenbaum*. [12,000 Ew.

Lis *(lat.)*, Streit, bes. Rechtsstreit, Prozess; *l. pendens* oder *l. sub judice*, schwebende, unentschiedene Rechtssache.

Liscow, *Christian Ludw.*, Satiriker, geb. 26. April 1701 zu Wittenburg (Mecklenburg), ward 1745 kursächs. Kriegsrath, 1749 wegen freimüthiger Aeusserungen abgesetzt; † 30. Okt. 1760 auf dem Gute Berg bei Eilenburg. Schr. Satiren gegen die Feinde der Aufklärung, Verketzerungssucht, pedant. Gelehrsamkeit etc.; am bekanntesten die von der ‚Vortrefflichkeit und Nothwendigkeit der elenden Skribenten‘. Schriften (1739). Biogr. von *Helbig* (1844), *Lisch* (1846) u. Aud.

Lisēnen *(Lisern)*, in der Baukunst flach vortretende vertikale Wandstreifen, oder pilasterartige Verstärkungen der Mauer.

Lisière *(fr.)*, Einfassung, Saum.

Lisieux *(spr. -öh)*, Fabrikstadt im franz. Depart. Calvados, am Orbe, 12,617 Ew.

Lissa, 1) dalmat. Insel im adriat. Meer, 1,8 QM. und 6800 Bew.; stark befestigter Kriegshafen. 20. Juli 1866 *Seesieg* der Oesterreicher (Tegetthoff) über die Italiener (Persano). — 2) *(Leszna)* Fabrikstadt im preuss. Regbz. Posen, Kr. Fraustadt, 10,138 Ew. (4000 Juden). Lebh. Handel. — 3) Dorf in Schlesien, bei Neumarkt, 1288 Ew. Nach L. wird oft die Schlacht bei Leuthen genannt.

Lissabon *(portug. Lisbôa)*, Hauptst. Portugals, Centrum des portug. Handels u. Kolonialverkehrs, amphitheatralisch am rechten Tajoufer unweit dessen Mündung gelegen, 224,063 Ew. Der östl. alte Theil (Alhama) finster, der westl. neue freundlich. Kommerz-, Markt-, Rocioplatz; Patriarchalkirche (mit mächtiger Kuppel), Palast Ajuda, Residenzschloss Necessidades; grossartige Wasserleitung, Kastelle und Festungswerke. Industrie in Juwelier-, Gold- und Silberwaaren, Spinnerei, Weberei, Tabaksfabr., Schiffswerfte, bed. Schifffahrt (2400 Schiffe jährl. einlaufend). L., das alte *Olisippo*, als röm. Municipalstadt *Felix Julia*, im Mittelalter erster Handelsplatz Europas. 1. Nov. 1755 und 11. Nov. 1858 furchtb. Erdbeben.

List, *Friedr.*, Nationalökonom und Publicist, geb. 6. Aug. 1789 zu Reutlingen, 1817—19 Prof. der Staatswirthschaft zu Tübingen, dann Konsulent des deutschen Handelsvereins, siedelte sich 1825 in Pennsylvanien an, ward 1832 Konsul der Vereinigten Staaten zu Leipzig, wirkte für Eisenbahnbauten, fasste zuerst den Plan zu einem deutschen Eisenbahnnetze ins Auge, war seit 1837 von Paris aus für sein handelspolit. System thätig, das er, 1841 nach Deutschland zurückgekehrt, als das ‚Nationale System der polit. Oekonomie‘ (1841, 2. Aufl. 1851) den Freihandelslehren entgegenstellte, gründete in Augsburg 1843 das ‚Zollvereinsblatt‘, stritt für Erweiterung des Zollvereins, Errichtung eines nationalen Handelssystems, einer deutschen Flotte etc.; † 30. Nov. 1846 in Kufstein durch Selbstmord. ‚Gesammelte Schriften‘ nebst Biogr. herausg. von *Häusser* (1850—51, 3 Bde.). (Tempo wie vorher).

L'isteuso tempo (ital., Mus.), dasselbe

Liszt, *Franz*, Klaviervirtuos und Komponist, geb. 22. Okt. 1811 in Raiding bei Oedenburg, Schüler von Czerny und Salieri in Wien, studirte seit 1823 in Paris unter Paer und Reicha weiter, ging dann nach London, später nach der Schweiz, 1837 nach Italien, machte 1839—47 seine Konzertreisen durch ganz Europa, überall unbeschreiblichen Enthusiasmus erregend; war 1847—61 Hofkapellmeister in Weimar, lebte seitdem in Rom (seit 1865 Abbé), seit 1870 in Pesth. Als Klavierspieler bahnbrechend und bis jetzt unerreicht; als Komponist eins der Häupter der sogen. romant. Schule. Hauptwerke: die symphon. Dichtungen für Orchester (14 an Zahl: Bergsymphonie, Dante, Prometheus, Faust, Hunnenschlacht, Hamlet etc.), die Graner Messe, die ‚Heil. Elisabeth‘ (Oratorium) und andere Vokalkompositionen; Fugen, Koncerte, treffl. Transskriptionen, Phantasien etc. Auch Schriftsteller: ‚Chopin‘ (1852), ‚Die Zigeuner und ihre Musik in Ungarn‘ (deutsch 1861) u. A.

Litanei (gr.), Bittgebet, insbes. feierliches, an Buss- und Bettagen gebräuchliches Gebet mit Responsorien. Die *kleine* L. der kathol. Kirche von Mamertus, Bischof von Vienne, die grössere von Gregor d. Gr.

Lit de justice (fr., spr. Li de schüstihs), d. i. Gerechtigkeitsbett, der erhöhte Sitz, worauf sitzend die alten franz. Könige Gericht hielten; später feierliche Parlamentssitzung, worin der König persönl. seinen Willen zu erkennen gab.

Liter, (Hohlmass) = 1 Kubikdecimeter = 10 Deciliter = 100 Centiliter. 10 L. = 1 Dekal., 100 L. = 1 Hektol., 1000 L. = 1 Kiloliter.

Litera (lat.), Buchstabe; *literas*, Buchstaben; Brief; Wissenschaften; *literal*, schriftl., buchstäblich; *Literalismus*, das Haften an Buchstaben. *Literalist*, Wortkrämer, Silbenstecher. [bezüglich.

Literär, **literarisch** (lat.), auf Literatur **Literat** (lat.), Einer, der eine wissen-

schaftl., namentl. Universitätsbildung hat; Schriftsteller, bes. gewerbsmässiger.

Literator (lat.), Sprachgelehrter; Bücher-, Literaturkenner; s. v. a. Literat.

Literatur (lat.), Schriftenthum, die Gesammtheit der schriftstellerischen Denkmäler des menschl. Geistes überhaupt oder in Bezug auf bestimmte Völker, Perioden, Fächer etc.; *Literaturgeschichte*, die Darstellung ihrer geschichtl. Entwickelung. Lehrbücher der allgemeinen Literaturgeschichte von *Wachler, Gräsel, Merleker* (‚Musologie‘ 1857), *Scherr, Fr. von Raumer*.

Lithagögen (gr.), steinabführendes Heilmittel; Zange zu Steinoperationen.

Lithanthraciten (gr.), Pflanzenversteinerungen in Steinkohlen.

Lithauen, ehem. poln. Grossherzogthum, aus dem eigentl. L. (*Litwa*), Samogitien und dem litthauischen Russland bestehend, ca. 5000 QM., von Düna, Dnjepr, Niemen und Bug bewässert; kam bei der Theilung Polens theils an Russland (Gouvern. Wilna, Grodno, Mobilew, Witebsk und Minsk) und an Preussen (Regbz. Gumbinnen). Die *Lithauer*, mit den Letten und alten Preussen die lettoslav. Völkergruppe bildend, machten sich 12. Jahrh. von Russland unabhängig. Erster Grossherzog Ringold 1235; seine Nachfolger eroberten 14. Jahrh. Volhynien, Kiew, Tschernigow etc. und drangen sogar bis Moskau vor; 1569 vollständige Vereinigung mit Polen. Die *lithauische Sprache*, noch jetzt in Theilen von Polen, Ostpreussen und Russland von mehr als 1 Mill. Menschen gesprochen, seit 16. Jahrh. Schriftsprache, reich an Liedern (Dainos) und Rathsein (Misla); Wörterbuch von *Nesselmann* (1850), *Kurschat* (1869); Grammatik von *Schleicher* (1856).

Lithauischer Balsam, s. v. a. Birkentheer.

Lithiasis (gr.), Steinkrankheit.

Lithium, weisses geschmeidiges Metall von spec. Gew. 0,6 (das leichteste), findet sich oxydirt im Lithionglimmer, in Quellwasser bei Redruth, gehört zur Gruppe der Alkalimetalle u. hat medicin. Wichtigkeit.

Lithobiblion (gr.), versteinertes Pflanzen- **Lithobolie** (gr.), Steinigung. [blatt.

Lithochromie (*Chromolithographie*), farbiger Steindruck, s. *Farbendruck*.

Lithodendron (gr.), versteinertes Holz.

Lithofracteur (spr. -öhr), Sprengpräparat, aus Nitroglycerin, Kieselguhr, Steinkohle, Natronsalpeter und Schwefel bestehend, leistet 6—7mal mehr als Pulver und ist weniger gefährlich als dieses; empfindlich gegen Feuchtigkeit.

Lithoglyph (*Lithoglypt*, gr.), Steinschneider, Verfertiger von Gemmen. *Lithothoglyphik* (*Lithoglyphik*), Steinschneidekunst.

Lithograph (gr.), Zeichner für den Steindruck. *Lithographie*, Steindruck (s. d.).

Lithokollietisch (gr.), mit eingekitteten Edel- und Schmucksteinen verziert. *Lithokollet*, derartiges Kunstwerk. [Steine.

Lithomorphen (gr.), seltsam geformte **Lithopädion** (gr.), Steinkind, anstatt im Uterus in einer Muttertrompete entwickelt; abgestorbene verwelkte Leibesfrucht.

Lithophanie (gr.), bildliche Darstellung in nicht glasirten Porzellanplatten, zeigt bei durchfallendem Licht infolge der zweckmässig abgestuften Dicke der Masse schöne Uebergänge von Licht und Schatten.

Lithophyllon (gr.), s. v. a. Lithobiblion.

Lithophyten (gr.), Steinkorallen, Pflanzenversteinerungen.

Lithoponien, s. *Email ombrent*.

Lithostéon (gr.), Knochenversteinerung.

Lithostrátum (gr.), Fussbodenmosaik.

Lithotomie (gr.), Blasensteinschnitt; *Lithotripsie*, Zertrümmerung des Blasensteins, *Lithotritie*, Zerbröckelung des Blasensteins.

Lithoxylon (gr.), versteinertes Holz.

Lithozoon (gr.), Korallentbler.

Lithurésis (gr.), Stein- oder Griesharnen.

Lithurgik (gr.), Lehre von der Anwendung der Mineralien, techn. Mineralogie.

Litigation (lat.), Rechtsstreit, Prozess; *litigiös*, streitsüchtig, streitig.

Litiskonsorten (lat.), Streitgenossen, Theilnehmer an einem Prozess; *Litiskontestation*, Einlassung auf die Klage von Seiten des Beklagten. *Litisdenunciation*, Ankündigung eines Rechtsstreits.

Litoràle (ital.), Küstenland; insbes. österreich. Kronland, bestehend aus 1) Grafsch. Görz und Gradiska, 2) Markgr. Istrien und 3) Stadtgebiet Triest, 145 QM. und 562,875 Ew. (bes. Slowenen, Romanen und Kroaten).

Litótes (gr.), Redefigur, bestehend im Gebrauch eines scheinbar schwacheren Ausdrucks.

Litteratur etc., s. *Literatur*. [drucks.

Little-Rock, Hauptst. von Arkansas (Nordamerika), am Arkansas, (1870) 12,380 Ew.

Littré, *Max. Paul Emile*, franz. Gelehrter, geb. 1. Febr. 1801, Arzt, Philosoph und bes. Sprachforscher; Hauptwerke: „Hist. de la langue franç.' (5. Aufl. 1869, 2 Bde.) und bes. „Diction. étymol. de la langue franç.' (seit 1863).

Littrow, *Joseph Johann von*, bes. Astronom, geb. 13. März 1781 zu Bischofteinitz in Böhmen, ward 1807 Prof. der Astronomie in Krakau, 1809 in Kasan, 1816 Kodirektor der Sternwarte in Ofen, 1819 Direktor der Sternwarte in Wien; † das. 30. Nov. 1840. Schrieb: „Theoretische und praktische Astronomie' (1821—27, 3 Bde.); „Wunder des Himmels' (5. Aufl. 1866);„Atlas des gestirnten Himmels' (3. Aufl. 1867).—Sein Sohn *Karl Ludwig von L.*, geb. 18. Juli 1811 in Kasan, seit 1842 Direktor der wiener Sternwarte, lieferte viele wichtige Untersuchungen. [schriebenem.

Litur (lat.), das Ausstreichen von Geschriebenem.

Liturgie (gr.), das beim öffentlichen Gottesdienste zu befolgende Ritual; Altargebet vor und nach der Predigt; *Liturg*, Verwalter, Leiter des Gottesdienstes; *Liturgik*, die Wissenschaft vom gottesdienstl. Ritual.

Livadien, der nördl. Theil Griechenlands (Romanien), nach der Stadt *Livadia* (Lebadea) am Helicon benannt.

Liverpool (spr. Liwwerpuhl), Stadt in der engl. Grafsch. Lancaster, erster Seehafen des Reichs, nach London wichtigste Handelsstadt der Erde, an der Mündung des Mersey, (1870) 517,567 Ew. Georgs-, Lucas-, Pauls- und Martinskirche, riesenhafter Verkehrsbazar,

Börse, prachtv. Zollgebäude, Stadthaus; vortreffl. Hafen mit 36 Docks und dem grössten Schiffsverkehr der Welt (L. hat 2450 eigene Schiffe von über 1 Mill. Tonnen). Königl. Institut mit Kunstsammlung und naturhistor. Museum, Athenäum, Mechanic Institution, reicher botan. Garten, 2 Sternwarten. Lebhafte Industrie, vorzugsw. mit dem Schiffbau und der Rhederei zusammenhängend (Seilerei, Segel-, Chronometerfabr., Schiffsbrodbäckerei etc.). Dampfschiffverbindung mit den wichtigsten Hafenplätzen aller Welttheile. Hauptimporte Thee und Rohseide (China), Baumwolle, Wolle und Tabak (Amerika); Exporte (70 Mill. Pfd. St.), bes. Baumwoll- u. Eisenwaaren. Wichtigster engl. Auswanderungshafen (1868: 119,873 Menschen).

Livia Drusilla, 2. Gemahlin des röm. Kaisers Augustus, geschiedene Gemahlin des Tiberius Claudius Nero, übte grossen Einfluss auf Augustus aus, sicherte ihrem Sohn Tiberius die Nachfolge durch Hinwegräumung mehrerer Glieder des julischen Geschlechts; † 29 n. Chr. Vgl. *Aschbach* (1864).

Livid (lat.), bleifarbig, fahl; neidisch.

Livingstone, *David*, engl. Afrikareisender, geb. 1817 bei Glasgow, seit 1840 Missionär im Kapland, drang 1849 durch die Kalihariwüste bis zum Ngamisee vor, 1851 bis zum Zambesi, durchschnitt 1853—56 den ganzen südl. Kontinent von Loanda bis Quilimane, machte 1858—64 eine neue Reise zur Erforschung des Zambesigebiets (Entdeckung des Schirwasees), trat 1866 von Zansibar aus seine letzte grosse Reise an: den Rufuma aufwärts, dann zum Südende des Nyassasees und nordwestl. weiter nach Cazembe, südl. vom Tanganjikasee (Entdeckung des Liemba und Moroseee, Ankunft in Cazembes Hauptstadt Dec. 1867, Entdeckung des Bangoweolosees 1868, Mai 1869 in Udschidschi; seitdem fehlen direkte Nachrichten). Missionary travels in South-Africa' (2. Aufl. 1868; deutsch 1858); „Expedition to the Zambesi etc.' (1865, deutsch 1866). Biogr. von *Adams* (1866).

Livistonia *R. Br.*, Palmengattung Ostasiens und Australiens, Zierpflanzen, bes. L. *australis R. Br.* (Corypha australis) und L. chinensis *Mart.* (Latania chinensis *Jacq.*).

Livius, *Titus*, röm. Geschichtschreiber, geb. 59 v. Chr. zu Padua, lebte unter Augustus in Rom; † 11 n. Chr. zu Padua. Hauptwerk: Römische Gesch. von Erbauung der Stadt bis 9 v. Chr., ausgezeichnet durch anmuthige, kunstvolle Darstellung, ursprüngl. 140 Bücher, später nach Dekaden, d. i. Abtheilungen von 10 Büchern, geordnet; erhalten 35 Bücher, nämlich 1—10 und 21—45, ausserdem Fragmente und kurze Inhaltsangaben (Epitomae). Neueste Ausgaben von *Hertz* (1858—60, 4 Bde.), *Madvig* (1861—66, 4 Bde.), *Weissenborn* (1853—68, 10 Bde.), Uebers. von *Oertel* (3. Aufl. 1844, 8 Bde.) und *Klaiber* (1861, 6 Bde.).

Livius Audronicus, Vater der röm. dramat. und epischou Poesie, wahrscheinl. aus Tarent, Freigelassener des Marcus Livius Salinator, 3. Jahrh. v. Chr. Fragmente herausgeg. von *Düntzer* (1835) und *Ribbeck* (1852 und 1855).

Livland (*Liefland*), russ. Gouv., eine der Ostseeprovinzen, 883 QM. und 925,275 Ew. (fast nur Lutheraner); reich an Waldungen und Seen (Peipussee), fruchtbar. Die Bevölkerung im N. Esthen, im S. Letten; in den Städten meist Deutsche. Die eigentl. *Liven*, ein finn. Volksstamm, gingen bis auf geringe Reste unter jenen auf. Hauptstadt Riga. L. ward 1158 von bremer Kaufleuten gleichsam entdeckt; 1201 Gründung des Ordens der *livländ. Schwertritter*, der später in Verbindung mit dem deutschen Orden ganz L., Kurland und Esthland unterwarf, aber 1561 durch Iwan Wasiljewitsch II. auf Kurland beschränkt ward; 1660—1721 mit Esthland schwed. Prov., seitdem russisch.

Livorno, mittelital. Prov., 5,9 QM. und 119,349 Ew. Die befestigte *Hauptst.* L., wichtigster Handelshafen Italiens, am Mittelmeere, 83,543 Ew. (viele Juden). Hafen mit Statue Ferdinands I. und ber. Leuchtthurm (1303 erb.), Wasserleitung. Wichtige Fabr. für Korallenarbeiten, Rosoglio, Leder. Handel, bes. nach der Levante (über 5000 Schiffe jährl. einlaufend, Ausfuhr 84 Mill. Thlr.).

Livre (fr., spr. Lihwr), altfranz. Silbermünze à 20 Sous, Einheit des franz. Münzwesens bis 1795. Die L. Tournois = 7 Sgr. $9\frac{3}{10}$ Pf. (81 = 80 Frcs.); altfranz. Pfund = 489,808 Grm. L. Sterling, s. *Sterling*.

Livrée, in Frankreich ursprüngl. Tracht der kongl. Dienerschaft bei grossen Hoflagern; jetzt überh. Bedientenkleidung.

Liwa (arab.), Banner, Brigade, Brigadegeneral; Unterabtheilung eines Ejalet.

Liwny, Stadt im grossruss. Gouvern. Orel, an der Sosna, 13,715 Ew.   [laugung.

Lixivia (lat.), Lauge; *Lixiviation*, Aus-

Lizard, Vorgebirge an der Südwestspitze der engl. Grafsch. Cornwall; 2 Leuchtthürme.

Llanelly (spr. Län-), Hafenstadt im engl. Fürstenthum Wales, Grafsch. Caermarthen, am Aestuar des Burry, 11,446 Ew. Kohlengruben, Kupfer- und Eisenwerke.

Llanos (span., spr. Lja-), Ebenen, insbes. die weiten baumlosen Steppen Südamerikas; *Llaneros*, die Bewohner derselben.

Lloyd austriaco (österreich. *Lloyd*), Handelsgesellschaft in Triest, 1833 auf Anregung Karl Ludwig von Brucks durch den Zusammentritt von Versicherungsanstalten und Kaufleuten gebildet, um als gemeinsames Organ der triester Seeversicherungskammern die das Assekuranzwesen betreffenden Angelegenheiten zu besorgen, 1836 durch Errichtung einer Aktiengesellschaft für Dampfschifffahrt nach der Levante erweitert, besteht gegenwärtig aus 3 Sektionen: aus der der 29 Assekuranzkammern, aus der für die Dampfschifffahrt und aus einer literarischartistischen Sektion, besitzt in Triest 2 Arsenale mit grossartigen Etablissements für Schiff- und Maschinenbau, hatte 1864 63 Dampfer mit 12,530 Pferdekraft. Aehnliche Vereine bildeten sich 1857 zu Bremen (*norddeutscher Lloyd*), bes. für die Schifffahrt nach England und Nordamerika, und 1856 zu Odessa (russ. *Lloyd*), für die Schifffahrt auf dem schwarzen und mittelländ. Meere.

Lloyd's, ursprüngl. Restauration im Bor-

sengebäude zu London, bereits zu Anfang des 18. Jahrh. Versammlungsort der bedeutendsten Kaufleute und der bei der Seeversicherung Betheiligten, wo die genauesten Listen über Ankunft und Abgang von Schiffen in allen Erdtheilen geführt werden; seit Okt. 1844 im neuen Borsengebäude.

Loanda (*Sao Paulo da L.*), Hauptst. von Angola in Niederguinea, 12,230 Ew.; Sitz des portugies. Generalkapitäns. Befest. Hafen.

Loango, Landschaft in Niederguinea, südschau den Flüssen Mayumba und Kongo, 800,000 Ew. (Fetischanbeter). *Hauptort L.* (*Boaly*), an der Küste, 30,000 Ew. Engl. und nordamerik. Faktoreien. Dazu gehört *Kakongo* mit dem Hauptorte Kinguela.

Lobaria *Hoffm.* (*Lungenflechte*), Gattung der Flechten. L. pulmonaria *Bauh.*, *Baumlungenmoos*, Eichenlungenmoos, auf Buchen und Eichen, officinell als Lichen pulmonarius.

Lobau, Donauinsel, unfern Wien; hier 1809 Uebergang der Franzosen über die Donau.

Lobau, *Graf von*, s. *Mouton*.

Lobe, *Jos. Christian*, musikal. Schriftsteller, geb. 30. Mai 1797 in Weimar, lebt seit 1846 in Leipzig. Schr. ein vorzügl. ,Lehrbuch der musikal. Komposition' (1850—67; 4 Bde.); ,Katechismus der Musik' (13. Aufl. 1871); ,Vereinfachte Harmonielehre' (1861); ,Musikal. Briefe eines Wohlbekannten' (2. Aufl. 1860) u. A. Auch Komponist (Opern ,Die Flibustier', ,Fürstin von Granada', Klaviersachen u. A.).   [ca. 12,000 Ew.

Lobeld (el *Obeld*), Hauptst. von Kordofan.

Lobelia *L.*, Pflanzengattung der Lobeliaceen. L. inflata *L.*, *Lobeliakraut*, in Nordamerika, officinell. Auch Zierpflanzen.

Lobenstein, Stadt im Fürstenth. Reuss j. L., früher Hauptst. der Linie Reuss-L.-Ebersdorf, an der Lemnitz, 2843 Ew. Schloss.

Loboinseln, 3 kleine Inseln, an der Küste von Peru; reiche Guanolager.

Lobositz, Stadt im böhm. Kr. Saaz, an der Elbe, 2209 Ew. Schloss, Bahnhof. 1. Okt. 1756 *Sieg Friedrichs d. Gr.* über die Oestreicher unter Brown.

Locarno (deutsch *Luggarus*), Stadt im Kanton Tessin, am Einfluss der Maggia in den Lago Maggiore (*Locarnersee*), 2969 Ew. Schloss (Longobardenbau). Hafen.

Loccum, Dorf im preuss. Regbz. Hannover, Fürstenthum Kalenberg; Cistercienserstift, 1163 gegr., seit 1593 lutherisch (Männerstift). Der jedesmal. Abt war erster Prälat und Landstand im Fürstenthum Kalenberg.

Loch (gael.), in Schottland s. v. a. See.

Lochauer Heide, s. *Annaburg*.

Locheisen, kurzer, hohler Stahlcylinder, an einer Seite scharfschneidig zugeschliffen, dient zur Durchlöcherung von Blech, Papier, Leder etc. Vgl. *Durchschnitt*.

Lochien (gr.), Kindbettfluss, Wochenreinigung, blutiger, später wässriger Ausfluss aus den Geburtstheilen nach erfolgter Geburt, hält ca. 4 Wochen an.   [plätze.

Loci (lat.), Stellen; *l. communes*, Gemein-

Lociren (lat.), wohin setzen, stellen; ausleihen, verpachten; die Gläubiger einer Konkursmasse ordnen.

Locke (spr. Lack), *John*, engl. Philosoph,

geb. 29. Aug. 1632 zu Wrington in Somersetshire, ward Erzieher des Grafen Shaftesbury, stieg und fiel mit diesem, begleitete ihn 1683 nach Holland, ward von den Stuarts verfolgt, kehrte 1689 nach England zurück, erhielt eine Anstellung im Ministerium der Kolonien; † 28. Okt. 1704. Schr. ‚Essay concerning human understanding‘ (1690, 25. Ausg. 1868; deutsch von Tennemann 1795—97, 3 Bde.). Alle angebornen Begriffe leugnend, suchte er die Quellen unserer Begriffe entweder aus der sinnl. Empfindung (Sensation) oder aus der Reflexion, d. i. der Fähigkeit des Geistes, sich seiner eigenen Thätigkeiten bewusst zu werden, herzuleiten und verwarf alles nicht auf Erfahrung und Induktion beruhende Wissen; Begründer einer besseren empirischen Psychologie. ‚Werke‘ (neue Ausg. 1835, 9 Bde.). Vgl. *Schürer* (1860).

Lockhart (spr. Lackört), *John Gibson*, engl. Schriftsteller, geb. 1792 zu Glasgow, Advokat in Edinburgh, Schwiegersohn W. *Scotts*, seit 1825 Redakteur der ‚Quarterly Review‘; † 25. Nov. 1854. Hauptwerke: ‚Life of Sir W. Scott‘ (1838, 7 Bde.) und ‚Life of Rob. Burns‘ (5. Aufl. 1853). — Sein einziger Sohn *Walter L.-Scott*, Erbe des Majorats Abbotsford, † 10. Jan. 1853.

Lockport, Fabrikst. im Staate Newyork, am Eriekanal, 15,000 Ew.

Locle, *le* (spr. Lok'l), Marktfl. im Kanton Neuenburg, 9304 Ew. Hauptsitz der schweizer Taschenuhrenfabrikation.

Loco (lat.), an Stelle, anstatt; *l. citato* (abbr. *l. c.*) und *l. laudato* (abbr. *l. l.*), am angeführten Orte (eines Buchs); *l. sigilli* (abbr. *L. s.*), an Ort oder anstatt des Siegels.

Locus (lat.), Ort, Stelle; *l. apprehensionis*, Ort, wo der Verbrecher ergriffen worden ist; *l. delicti*, Ort, wo das Verbrechen begangen worden ist.

Loden, das zu Tuch bestimmte Gewebe, wie es vom Webstuhl kommt; Wurzeltriebe der Laubhölzer.

Lodève (spr. -däw'), Stadt im franz. Depart. Hérault, am Fusse der Cevennen und an der Ergue, 10,571 Ew.

Lodi, Stadt in der oberital. Prov. Mailand, an der Adda, 18,150 Ew.; gr. Marktplatz mit Bogengängen; altes Kastell (von Friedrich Barbarossa erbaut, jetzt Spital), ber. Fräuleinstift. Majolikafabr., Handel (bes. mit Parmesankäse). Bei L. 10. Mai 1796 *Sieg* Bonapartes über die Oesterreicher.

Lodoicea *Commers.* (*Meereskokos*), Palmengattung. L. Sechellarum *Labill.*, auf den Scehellen, trägt die grösste Baumfrucht (40—50 Pfd. schwer). Die Blätter dienen als Gemüse, zum Dachdecken etc.

Lodomerien, lat. Name des ehemal. Fürstenthums Wladimir in Volhynien, seit 1772 mit Galizien (s. d.) vereint.

Lodz (*Lodzi*), Stadt im russ.-poln. Gouv. Pietrkow, 32,535 Ew. (meist Deutsche); das ‚poln. Manchester‘, bed. Tuchfabr. (1865: 6½ Mill. Rubel, 9000 Arbeiter) und Baumwollenindustrie (1¾ Mill. Rubel, 6000 Arb.).

Löbau, 1) (poln. *Lobawa*) Kreisstadt im preuss. Regbz. Marienwerder, an der Sen-

della, 4020 Ew.; — 2) (wend. *Löbija*) Stadt im sächs. Regbz. Bautzen, am *lobauer Wasser* und an der sächs.-schles. Bahn, 5741 Ew. Handel mit Bergkrystallen (*löbauer Diamanten*). Dabei der *lobauer Berg* mit eisernem *Löffelgans*, s. *Löffelreiher.* [Thurm.

Löffelkraut, s. *Cochlearia.*

Löffelreiher (Platalea *L.*), Gattung der Reiher mit plattem, spatelformigem Schnabel. *Weisser L.*, Löffelgans (P. leucorodia *L.*), 2½' l., am schwarzen und kasp. Meer, in Mittelasien, mit schmackhaftem Fleisch.

Lönnrot, *Elias*, finn. Literator, geb. 9. April 1802 zu Sammatti, seit 1854 Prof. der finn. Sprache in Helsingfors; Herausgeber des finn. Nationalepos ‚Kalewala‘ (s. d.) und and. Erzeugnisse der finn. Volkspoesie.

Lörrach, südwestl. Kreis Badens, 17,4 QM. und 90,986 Ew. Die *Kreisstadt L.*, 5527 Ew., Hauptort des Wiesenthals.

Löschen (*losen, lossen*), in der Schiffersprache s. v. a. Waaren aus einem Schiffe ausladen. *Löschplatz, Losplatz*, Auslade- *Löserdürre*, s. *Rinderpest.* [platz.

Löss (*Brüs*), grauer bis bräunlicher feinerdiger Mergel mit 15—30 %% Kalk, lagert meist auf Geröllschutt, ist älter als Lehm, findet sich bes. in der Rheingegend.

Lössnitz, Stadt im sächs. Regbz. Zwickau, 5477 Ew. In der Nähe gr. Schieferbrüche.

Lösung, s. *Auflösung.*

Löthen, s. *Loth.*

Löthigkeit, s. *Silber.*

Löthkolben, s. *Loth.*

Löthrohr, rechtwinklig gekrümmtes, etwas konisches Metallrohr zum Anblasen der Flamme, dient zum Löthen und zur chemischen Analyse, indem das Verhalten der Körper im oxydirenden und im reducirenden Theil der Löthrohrflamme auf Kohle, Draht und bei Gegenwart einiger Reagentien geprüft wird. Vgl. *Plattner* (1865), *Scheerer* **Löthwasser**, s. *Loth.* [(1857).

Lötzen, Kreisstadt im preuss. Regbz. Gumbinnen, in der ‚masurischen Schweiz‘, am Löwentinsee, 3569 Ew. Schloss.

Löwe (Felis Leo *L.*), Raubthier aus der Familie der Katzen, in mehreren Varietäten in ganz Afrika und Westasien, 5½' l., früher viel zahlreicher als jetzt, seit den Viehheerden verderblich sein Fleisch wird gegessen. In Rom kämpften L.n im Circus, unter Pompejus 600 auf einmal. Mehrere Varietäten, von denen der *L. der Berberei* mit schwarzer Mähne die grösste.

Löwe, *Karl*, Komponist, geb. 30. Nov. 1796 in Löbejün, seit 1821 Musikdirektor in Stettin, siedelte 1866 nach Kiel über; † das. 20. April 1869. Am bedeutendsten in seinen ‚Balladen‘. Schr. ausserdem Oratorien (‚Zerstörung Jerusalems‘, ‚Siebenschläfer‘, ‚Huss‘ etc.), Klaviersachen, Streichquartette etc. ‚Selbstbiographie‘, herausg. von *Bitter* (1870).

Löwe, ber. Schauspielerfamilie. Am bedeutendsten: *Ferd. L.*, geb. 1787 zu Rathenow, † 1832 zu Magdeburg, bes. im höhern Trauerspiel ausgezeichnet. — Seine Tochter *Sophie L.*, geb. 24. März 1815 in Oldenburg, seit 1832 auf den Bühnen Wiens und Berlins als Sängerin glänzend, seit 1848 mit dem Fürsten Friedr. v. Liechtenstein verheiratbet. Deren Bruder, *Feodor L.*, geb. 5. Juli 1816 in Kassel, seit 1840 Mitglied der Hofbühne in Stuttgart, treffl. Charakterspieler, auch Dichter (,Gedichte', 2. Aufl. 1860). — *Ludw. I.*, Vetter des Vor., geb. 29. Jan. 1795 zu Rinteln, Regisseur am Burgtheater in Wien, ber. Helden- und Charakterspieler; † 7. März 1871.

Löwen (niederl. *Leuven*, franz. *Louvain*), Stadt in der belg. Prov. Brabant, an der Dyle, 32,976 Ew. Alterthümlich; Peterskirche, goth. Rathhaus, prächt. Invaldenhaus; Universität (1426 gegr., im 16. Jahrh. die bedeutendste in Europa mit 6000 Studenten, jetzt streng kathol.). Bierbrauerei. Im 14. Jahrh. Haupt- und Residenzstadt Brabants mit 4000 Tuchmanufakturen.

Löwenberg, Kreisstadt im preuss. Regbz. Liegnitz, am Bober, 5619 Ew. Steinkohlen.

Löwenbund (*Gesellschaft von Leuen*), Ritterbund, welcher 1379 zu Wiesbaden zusammentrat, um dem Fehdeunwesen zu steuern, scheint sich gleichzeitig mit dem schwäb. Städtebund aufgelöst zu haben.

Löwengesellschaft, s. *Leoninischer Vertrag.*

Löwengolf (*Golf de Lion*), gr. Bucht des mittelländ. Meers, an der südöstl. Küste Frankreichs, mit den Städten Toulon, Marseille, Cette und Agde.

Löwenklau (*Bärenklau*), s. v. a. Acanthus.

Löwenmaul, s. *Antirrhinum.*

Löwenzahn, s. v. a. Taraxacum.

Lofö, Insel im Mälarsee, ½ QM. Darauf königl. Lustschloss *Drottningholm* (s. 1661).

Lofoten (*Lofodden*), Inselgruppe an der Küste des nördl. Norwegen, 46 QM. mit ca. 17,300 Ew. Baumlos, mit wilden, felsigen Küsten u. vielen Schneegipfeln. Fischerei.

Log, Instrument zur Messung der Geschwindigkeit eines Schiffes, besteht aus dem *Logbret,* welches ausgeworfen wird nnd einen festen Punkt im Wasser bildet; an ihm ist die *Logleine* befestigt, welche auf dem Schiff von einer Rolle abläuft und durch farbige Zeichen (Knoten) regelmässig getheilt ist. Das *Logglas* (eine kl. Sanduhr) gestattet, zu bestimmen, wie viel Knoten in einer bestimmten Zeit ablaufen. Ein Knoten entspricht einer Fahrt von ca. 1½' in der Sekunde. *Logbuch,* Schiffstagebuch.

Logarithmus (gr.), die Darstellung der natürlichen Zahlen in der Form von Potenzen einer und derselben Grundzahl, Erleichterungsmittel bei Ausführung grösserer numerischer Rechnungen. Drückt man alle Zahlen durch eine u. dieselbe Grundzahl u. die dazu gehörigen Exponenten aus, so erhält man ein *logarithmisches System.* Danach ist L. ein einem solchen System angehöriger Exponent einer Grundzahl, welche, auf die durch den Exponenten angegebene Potenz erhoben, eine dritte Zahl gibt. Das gebräuchlichste logarithm. System ist das von *Briggs* (1624) berechnete, welches 10 zur Grundzahl hat, und dessen Logarithmen in den vorgsehen Tafeln für die Zahlen 1 bis 10,000 aufgeführt sind. Danach ist log. 10 $= 1$, denn $10 = 10^1$, log. 100 $= 2$, denn $100 = 10^2$, log. 1000 $= 3$, denn $1000 = 10^3$ etc.

Der L. von 1 $= 0$, weil $10^0 = 10^1 = {}^{10}/_{10}$ $= 1$ ist. Die Logarithmen der Zahlen von 2 bis 9 sind grösser als 0 und kleiner als 1, folglich ächte Brüche, weil 10^1 schon $= 10$ ist; die Logarithmen der Zahlen von 10 bis 100 liegen zwischen 1 und 2, die der Zahlen von 100 bis 1000 zwischen 2 und 3, als Irrationalzahlen nur Näherungswerthe in der Form von Decimalbrüchen. In den neuerer vorgschen Tafeln sind die Ganzen vor dem Komma, die sogen. *Kennziffern* oder die *Charakteristik*, nicht angegeben, indem es sich aus Obigem leicht ergibt, dass die Kennziffer einer ganzen Zahl immer ein Ganzes weniger enthält, als die Zahl Ziffern hat. Der dazu gehörige Decimalbruch heisst *Mantisse,* und nur diese ist in den vorgschen Tafeln verzeichnet. Die Logarithmen lassen sich zur Multiplikation, Division, Potenzirung und Wurzelausziehung verwenden. Handbücher von *Vega* (55. Aufl. 1870), *Lalande* (neue Ausg. 1870), *Schrön* (10. Aufl. 1870) u. A.

Logan, *Friedrich, Freiherr von,* Dichter, geb. Juni 1604 zu Nass-Brokut (Schlesien), † 25. Juli 1655 als Kanzleirath in Liegnitz. Ausgezeichn. Epigrammatist, bes. die polit. und sittl. Zustände der Zeit geisselnd; *Salomons von Golau* ,Deutscher Sinngedichte Drey Tausend' (1654; neue Ausg. 1870).

Loge (fr., spr. Lohsche), ein nach einer Seite offenes Kabinet; offener, mit Arkaden versehener Gang, Säulen-, Bogenlaube; in Theatern die vorn offenen und mit Brüstung versehenen Kabinete für Zuschauer (*Parterre-, Proseniumslogen* etc.); Hütte, Bauhütte, namentl. der Freimaurer, sowohl der Versammlungsort, als die Versammlung, auch die Gesammtheit der Mitglieder.

Logement (fr., spr. Lohschmang), die Verschanzung, welche der Belagerer in irgend einem eroberten Theile eines Festungswerkes anlegt, um sich dort zu behaupten und weitere Fortschritte zu machen.

Loggia (ital., spr. Lodscha), s. v. a. Loge.

Logik (gr.), die Lehre von den Gesetzen und Formen des Denkens, Denklehre, sowie die Anwendung derselben. Begründer der L. als Wissenschaft ist Aristoteles. Neuerlich wird die L. im engsten Zusammenhang einerseits mit der Psychologie und andererseits mit der Metaphysik behandelt, in letzterer Weise von *J. G. Fichte* (,Wissenschaftslehre' 1794), *Bardili, Krause, J. J. Wagner* (,Organon' 1830), *Schleiermacher, Frans von Baader,* bes. aber von *Hegel.* Kritiken der hegelschen L. lieferten *Trendelenburg* (,Log. Untersuchungen', 3. Aufl. 1870), *Lotze, J. S. Fichte, Weisse, Ulrici* (,System der L.' 1852) u. A. Bleibender Kern der L. ist die aristotelische Grundlehre von den Formen der Begriffe, Urtheile und Schlüsse. Um die L. als wissenschaftl. Methodenlehre haben sich bes. *Baco, Locke, Leibniz, Wolf* u. A. verdient gemacht. *Kants transscendentale* L. ist der erste Anfang von der von *Hegel* im Grossen durchgeführten metaphys. Anwendung der Denkgesetze. Dagegen suchte die herbartsche Schule, namentl. *Drobisch, Beneke* und *Lotze,* die aristotel. L. in ihrer Eigenthümlichkeit wieder harzustellen, ihr Gebiet streng abzugrenzen und alles Ungehörige von ihr fern zu halten. Vgl. *Rosenkranz*, ‚Die Modifikationen der L.‘, 1846.

Logis (fr., spr. -schih), Wohnung; *logiren*, **wohnen**; auch beherbergen. [sprechend.

Logisch, den Gesetzen der Logik entsprechend. **Logismus** (gr.), Vernunftschluss.

Logist (gr.), Rechner; *Logistik*, Rechenkunst, bes. Buchstabenrechnung.

Logographen (gr.), die ältesten griech. Geschichtschreiber, welche die Sagen zuerst in Prosa aufschrieben, 6. und 5. Jahrh. v. Chr. Bruchstücke gesammelt in *Müllers* ‚Historicorum graec. Fragm.‘ (1841).

Logogriph (gr.), Buchstabenräthsel, wobei ein Wort durch Hinzufügen oder Wegnehmen, auch Versetzen eines oder mehrerer Buchstaben eine andere Bedeutung erhält.

Logolatrie (gr.), übertriebene Verehrung des Worts oder der Vernunft.

Logomachie (gr.), Wortstreit.

Logometer (gr.), Massstab zur mechan. Lösung trigonometrischer Aufgaben.

Logophör (gr.), Wortträger, Sprachrohr.

Logos (gr.), Wort, Vernunft; in der jüdisch - alexandrin. Religionsphilosophie der zum Zwecke der Weltschöpfung aus Gott hervorgetretene, aber von Ewigkeit her bestehende Gedanke Gottes von sich selbst, das Princip aller Gottesoffenbarung im Endlichen; im Evangelium Johannis der von Ewigkeit her gezeugte Sohn Gottes.

Logomphie (gr.), Wortkenntniss. [Jesus.

Logothet (gr.), Rechnungsführer; im byzantin. Reich der Kanzler; in der Moldau etc. Titel der höchsten Bojarenklasse.

Logroño, span. Prov. (Altkastilien), 91,4 QM. und 180,677 Ew.; rauh, reich an Mineralien. Die *Hauptst.* L., am Ebro, 8000 Ew.

Lohbeete, mit unvergohrner Lohe gefüllte Kästen oder Gruben in Treib- u. Warmhäusern, entwickeln anhaltende Wärme; dienen zur Kultur zarter tropischer Pflanzen.

Lohe, gemahlene Fichten- oder Eichenrinde zum Gerben, wird auf Lohmühlen (meist nach dem Princip der Kaffeemühlen) hergestellt. *Lohextrakt*, wässriger und verdampfter Auszug von L. *Lohkuchen*, bestimmt zusammengepresste L., Brennmaterial.

Lohengrin, Name eines um 1300 verfassten mittelhochd. Gedichts, in welchem die Sage vom Schwanenritter mit der Gralsage und andern Zusätzen verbunden ist; Ausg. von *Rückert* (1858). Stoff zu *R. Wagners* Oper ‚L.‘.

Lohenstein, *Kasp. Dan. von*, Dichter der 2. schles. Schule, geb. 1635 zu Nimptsch (Schlesien), † 28. April 1683 als kaiserl. Rath zu Breslau. Ungezügelte Phantasie, in Schwulst und Uebertreibung ausartend. Schr. lyr. Gedichte (‚Blumen‘), Dramen, mit Chören und nach dem Gesetz der Einheit der Zeit (‚Kleopatra‘, ‚Sophonisbe‘ etc.) und den Roman ‚Arminius und Thusnelda‘.

Lohgerberei, s. *Gerberei*. [(1689).

Lohr, Stadt in bayer. Regbz. Unterfranken, am Main, 4243 Ew. Schloss, Papiermühlen, Eisenhämmer, Schiffbau.

Loibl, Berg in den karn. Alpen, 4300‘; darüber eine Hauptstrasse nach Italien (4085‘).

Loimiater (gr.), Pestarzt. *Loimologie*, Lehre von der Pest und ansteckenden Krankheiten überhaupt. *Loimopyra*, Pestfieber.

Loir (spr. Löahr), Fluss in Frankreich, mündet oberhalb Angers in die Sarthe; 87 M. Das *Depart. L.- Cher*, 115 QM. und 275,757 Ew., Hauptstadt Blois.

Loire (spr. Löahr), grösster Fluss Frankreichs, entspringt auf d-n Cevennen, fliesst nördl. über Nevers bis Orléans, dann gegen W. über Blois, Tours und Nantes, mündet bei Paimboeuf in den atlant. Ocean. Länge 135 M. (103 M. schiffbar), Stromgebiet 2350 QM. Nebenflüsse: rechts Mayenne. Iluka Allier, Cher, Vienne, Sèvre etc. Danach benannt die *Depart. L.*, 84,4 QM. u. 537,106 Ew., Hauptstadt Montbrison; *Oberloire*, 90,1 QM. und 312,661 Ew., Hauptstadt Le-Puy; *Unterloire*, 124,2 QM. und 596,598 Ew., Hauptstadt Nantes.

Loiret, Nebenfluss der Loire im mittleren Frankreich; danach ben. das *Depart. L.*, 122,8 QM. und 357,110 Ew., Hauptst. Orléans.

Loisach, Nebenfluss der Isar in Oberbayern, entspringt bei Lähn in Tirol, durchfliesst den Kochelsee, mündet bei Wolfratshausen. [bausen.

Loja, Stadt, s. *Lozr*.

Lokal (lat.), als Adjektiv örtlich, auf einen Ort bezüglich, auf ihn beschränkt, als Substantiv Oertlichkeit, zu bestimmtem Zweck eingerichtete Räumlichkeit.

Lokalien (lat.), in Oesterreich Seelsorgerstationen in zu ausgedehnten Pfarreien; *Lokalisten*, deren Seelsorger.

Lokalisation (lat.), Anweisung einer Stelle; Beschränkung auf einen gewissen Raum; Beschränkung auf einen gewissen Lokao, s. v. a. chines. Grün. [Raum.

Lokatär (lat.), Miethsmann, Pächter.

Lokation (lat.), Dienst-, Mieth- oder Pachtvertrag; Anordnung der Reihenfolge der Konkursgläubiger.

Lokator (lat.), Vermiether, Verpachter.

Lokeren, Stadt in der belg. Prov. Ostflandern, an der Durme, 16,912 Ew. Flachsbau, Bleichen, Kornhandel.

Loki, skandinav. Gott, ursprüngl. Gott des Feuers, später Gott der Vernichtung und Vertreter des bösen Princips, arbeitet an Herbeiführung des Untergangs der bestehenden Welt.

Lokomobilen (lat.), bewegliche Dampfmaschinen, theils Strassendampfwagen zur Beförderung von Lasten auf Strassen ohne Schienen (haben sich bisher nicht bewährt), theils Betriebsmaschinen für die Landwirthschaft, welche nur gelegentlich als Transportmaschinen wirken und für gewöhnlich zum Betrieb der Dampfpflüge, Mühlen etc. dienen; haben meist stehende Kessel, im Uebrigen den Lokomotiven ähnlich. Vgl. *Weber* (1871).

Lokomotive (lat.), ein mit Steinkohlen geheizter Röhrendampfkessel und eine Dampfmaschine auf einem Wagen; die Kolbenstangen der beiden Cylinder der Dampfmaschine sind mit den Axen der beiden grossen Treibräder verbunden und bewirken bei jedem Kolbenspiel eine Umdrehung der Räder. Diese legen durch ihre Umdrehung die Angriffspunkte immer weiter

64

vorwarts und bewirken so das Fortgehen des Zuges. Schnellzuglokomotiven erhalten sehr grosse Treibräder, bei L.n für schwere Züge und Gebirgsbahnen werden 4 und mehr Treibräder durch Kuppelung der vorderen mit den hinteren Rädern geschaffen, auch die Räder des Tenders gezwungen, als Treibräder zu wirken. Die lebhafte Verbrennung der Steinkohle in der L. wird ermöglicht durch Erzeugung eines sehr starken Zuges, indem man in den Schornstein einen Dampfstrom bläst, welcher die Luft durch den Rost hindurch mit sich fortreisst. Vgl. *Kretschmer* (1866).

Lokrer (a. G.), die Bewohner der griech. Landschaft *Locris*, zerfallend in *ozolische*, *opuntische* und *epiknemidische* L.

Lola Montes, s. *Montes*.

Lolium L. (*Lolch*), Pflanzengattung der Gräser. L. *perenne* L., *Wiesenlolch*, engl. *Raygras*, eins der wichtigsten Futtergräser; ebenso L. italicum *Braun*, *italien*. *Raygras*. L. *temulentum* L., *Taumellolch*, *Schwindelkorn*, Unkraut bes. unter Hafer und Gerste, wurde lange für giftig gehalten.

Lollharden (*Lollarden*), ursprüngl. religiose Genossenschaft zum Dienst der Kranken und Todten, um 1300 in Antwerpen gebildet, auch in Deutschland verbreitet, von dem Klerus als ketzerisch verfolgt; daher Spottname der Ketzer (bes. Wicliffiten).

Lombard (fr., spr. Longhahr, *Leih-* oder *Pfandhaus*), Staats- oder Gemeindeanstalt, welche gegen genügendes Unterpfand Geld auf kurze Zeit (höchstens 6 Monate) und gegen billige Zinsen ausleiht. Die erste zu Perugia in Italien 1464, in Deutschland zu Nürnberg 1498. Den Namen L. erhielten diese Anstalten, weil sich ausser den Juden besonders Lombarden mit dem Darleihen von Geld gegen Zins und Unterpfand beschäftigten. *Lombards* heissen gegenwärtig Leihbanken, welche gegen Unterpfänder (Werthpapiere, edle Metalle, auch Rohprodukte etc.) oder Bürgschaftsleistungen Darlehn geben. Der Zinsfuss richtet sich gewöhnl. nach dem Wechseldiskont des Platzes.

Lombardei (*Lombardie*), der westl. Theil der nordital. Tiefebene, benannt nach den Longobarden, die 568 hier ihr Reich gründeten; im Mittelalter in einzelne Herzogthümer, Markgrafschaften und Republiken zerfallend, 1714—97 zum grössten Theil (Mailand und Mantua) österreichisch (*Österreich. L.*), dann unter franz. Gouvernement, 1814 wieder mit Oesterreich vereinigt und durch Hinzufügung von Venetien zum *lombard.-venetian. Königreich* (826 QM.) erweitert; 1859 zum grössten Theil und 1866 gänzlich mit dem Königr. Italien vereinigt, umfasst gegenwärtig die 8 Prov. Bergamo, Brescia, Como, Cremona, Mantua, Mailand, Pavia, Sondrio, 427 QM. und 3,261,000 Ew.

Lombok, eine der kleinen Sundainseln, östl. von Bali, mit 10,500' h. Vulkan, 71 QM. und 200,000 Ew. Hauptst. Mataram.

Lomellina, fruchtb. Landsch. in der ital. Prov. Pavia; Hauptst. Mortara.

Loménie de Brienne (spr. -Briänn), *Etienne Charles de*, Kardinal und franz. Mini-

ster, geb. 1727 zu Paris, ward 1763 Erzbischof von Toulouse, 1787 nach Calonnes Entlassung Generalkontroleur der Finanzen, trotz seiner Unfähigkeit 1788 Premierminister, musste, nachdem er die Krone stark kompromittirt hatte, 24. Aug. 1788 Necker weichen, ward zum Kardinal erhoben, leistete den Eid als konstitutioneller Priester, verlor seine Würde; † 15. Febr. 1794 im Gefängnis.

Lommatzsch, Stadt im sächs. Regbz. Dresden, in der fruchtbaren *lommatzscher Pflege* (10 QM.), 2935 Ew.   [ges., 8094' h.

Lomnitzer Spitze, Gipfel des Tatragebir-

Lomond (*Loch L.*), grösster See Schottlands, in den Grafsch. Dumbarton und Stirling, 5 M. lang, 2 M. br. Darin über 30 Inseln.

London, Hauptstadt des brit. Reichs, grösste Stadt und wichtigster Handelsplatz der Erde, in den 3 Grafschaften Middlesex, Surrey und Kent, zu beiden Seiten der Themse (600—900' br.), von O. nach W. 2, von N. nach S. bis 1½ M. sich erstreckend, (1861) 362,890 Gebäude (1097 gottesdienstl.) und (1871) 3,252,000 Ew. (ca. 24,000 Deutsche). *Hauptheile:* 1) die *City*, der eigentl. Kern L.s, Sitz des Welthandels; 2) *Westend*, mit breiten, regelmässigen Strassen, Sitz der obersten Behörden und der vornehmen Welt; beide auf der Nordseite der Themse; 3) der südl. der Themse gelegene Theil (Southwark, Lambeth etc.), Mittelpunkt des Manufaktur- und Fabrikwesens; 4) *Ostend*, längs dem Hafen auf dem nördl. Themseufer, Sitz des Seehandels, und 5) *Nordend*, in den letzten Jahrzehnten entstanden und eine Menge grosser Ortschaften umfassend, die mit dem immer wachsenden Riesenkörper verschmolzen. — *Hauptstrassen* (im Ganzen 3000): Regentstreet (5196' l.), Oxfordstreet (6912'), Piccadilly (5082'), St. Jamesstreet, Fleetstreet, Cornhill, Drurylane, Newbondstreet (das Modewaarenmagazin). — *Oeffentliche Plätze:* die 4 gr. Parks (Hydepark, James-, Green-, Regentspark mit botan. und zoolog. Garten), 34 Marktplätze (Coventgardenplatz), 80 Squares (Lincolnsinnfield, Trafalgar, St. James, Eaton, Russell, Belgrave etc.). — *Themsebrücken:* Londonbrücke (erb. 1825, mit 5 Bögen, der Hauptverkehrsplatz), Southwarkbrücke (seit 1817, von Gusseisen), Blackfriarsbrücke (1866—69 neu erbaut), Waterloobrücke (1811 — 17 erb., 1380' l., 51' br., 9 Bögen), Westminsterbrücke (1160' l., 85' br.), Hungerfordbrücke (1863 nen erb.), Lambethbrücke (1862 erb., 1040' l.), Chelseabrücke (1857 erbaut, 951' l.) u. a. Dazu Eisenbahntunnel unter der Themse weg (seit 1843, 1300' l., 2 Gänge von 17' Höhe und 14' Br. für Hin- und Herfahrt). — *Paläste und andere Gebäude:* königl. Residenz (früher Buckinghambonse, zwischen Green- u. Jamesplatz, gleich den andern Schlössern von geringer architekton. Schönheit), St. Jamespalast (frühere Residenz, mit werthvoller Gemäldesammlung), Whitehall (Residenz bis 1649), Kensingtonpalast (Gemäldesammlung der byzant., ital., deutschen und niederländ. Schule vom 14. bis 16. Jahrb.), Apsleyhouse (Wohnung des Herzogs von Wellington, mit zahlr. Kunstwerken), Bethhouse (Gemälde der niederländ. und span. Schule), Bridgewaterhouse (ber. Gemäldegalerie), goth. Westminsterpalast (Parlamentshaus, 1834 erb., reich an Kunstwerken) und Westminsterhall (koloss. goth. Saal), Schatzmeisteramt, Admiralitätsgebände, Postgebäude, Somersethouse (1776 erb., mit den Bureaux der Finanz- und Marinebehörden), Burlingtonhouse (Hauptsitz der wissenschaftl. Vereine), mehrere Inns of Court (Temple, Lincoln's Inn, Halle), Münze, Tower (alte Festung an der Themse mit Zeughaus, Rüstkammer, Kleinodienkammer, Kapelle), Rathhaus der City (Guildhall), Industrie- oder Krystallpalast in Sydenham (1851 erb., mit Kunstschätzen, Park, Wasserkünsten), Börsengebäude, Zollhaus, zahlreiche Theater (die königl. Kings-, Coventgarden- u. Drurylanttheater, ferner Haymarket-, Princess-, Surreytheater), Exeterhalle (für Musik), 15 Gefängnisse (Newgate, Kingsbench, Fleet, Penitentiary). — Die *Kirchen* ohne vorstechende architekton. Bedeutung; am bemerkenswerthesten: die kolossale St. Paulskathedrale in der City (in Kreuzesform, mit prächtiger Kuppel), die goth. Westminsterabtei (Krönungs- und Begräbnissstätte der Könige, zahlr. Monumente berühmter Männer), Bartholomäus-, Savienr-, Tempel-, goth. St. Gileskirche. — *Denkmale*: Waterloodenkmal (Thurm von 3 Säulenordnungen), Wellingtondenkmal (150' h. Dreieck mit Statue), Yorkssäule, Nelsonssäule u. v. a. — *Wissenschaftl.* und *Kunstanstalten*: Universität (1828 gegr., neues Gebäude s. 1870), University-, Kings-College, New College; Militärakademie, oriental. Kollegium, polytechn. Institut, 13 medic. Schulen (in Verbindung mit Spitälern), brit. Museum (reichste Sammlung der Welt: Bibliothek von 450,000 Bdn., 29,626 Manuskr., 23,772 Urkunden, 10,220 Karten; Kunstwerke, Naturalien, Gemäldegalerie, ostind., chines., assyr., ägypt. etc. Alterthümer, gelehrte Gesellschaften (Royal Society, astronom. Gesellsch., Institution of Great Britain), Akademien der Künste, zahlr. Museen; 1869: 632 öffentl. und 1069 Privatschulen. — *Wohlthätigkeitsanstalten*: grossartige Bibel- und Missionsgesellschaft (die ganze Erde umspannend), Findelhäuser, 150 Krankenhäuser (Bartholomäus-, Thomas-, Bethlehem-, Chelseahospital), 156 Armenhäuser, 5 Irrenheilanstalten. — Eigenthümlich sind L. die allen hässlichen Komfort bietenden, oft in wahren Palästen eingerichteten *Klubs* (Atheäum-, Travellers-, Reform-, Carlton-, Conservative-, Garrick-Klub etc., im Ganzen 75). Die *Industrie* im Verhältniss nicht von sehr hervorragender Bedeutung; wichtigste Zweige Bierbrauerei (110 gr. Etablissements) und Zuckerfabr., dazu Schiffbau, Fabr. für Waaren in Seide, Gold, Stahl, Silber, Wolle, Baumwolle, Leder, Glas. — Ungleich grossartiger der *Handel* L.s (³/₅ des gesammten brit. Handels). Wichtigste Handelsinstitute und Förderungsmittel: die *Bank von England* (Beherrscherin des engl. Geldmarkts, 1694 gegr., von einem Gouvernor und 24 Direktoren verwaltet, mit über 900

Beamten, durchschnittl. Dividende 7%, Stammkapital 14,553,000 Pfd. St., Werth des deponirten Metalls über 20 Mill. Pfd. St. Banknoten 1870: 24 Mill. Pfd. St.), daneben 51 koloniale, 43 Privat- u. 17 Lokalbanken; die königl. Börse (mit dem Lloyd, dem Mittelpunkt des Verkehrs aller an der Rhederei Betheiligten), die Aktienbörse (für den Handel mit Staatspapieren und Aktien); die Kohlen-, Korn-, Hopfen- und Malzbörse; 7 Docks nördl. der Themse (die grössten der Erde, sämmtl. Privateigenthum: London-, Katharina-, Westindien-, Ostindien-, Victoria-, Millwall- und Neusüdlondon-Docks), dazu noch 2 (Surrey- und Commercial-Docks) auf der Südseite der Themse; ferner Dampfschifffahrtsgesellschaften, zahlr. Handels-, Versicherungsgesellschaften etc. Jährl. Ausfuhr und Spedition L.s (im Ganzen der Einfuhr gleich) über 200 Mill. Pfd. St. Zahl der zum londoner Hafen gehörigen Seeschiffe: 3000 (darunter 550 transatlant. Dampfer). Eingelaufene Seeschiffe 1865: 11,690 mit 3,501,749 Tonn. Gehalt. — Der *städtische Verkehr* gefördert durch den elektr. Centraltelegraphen, 15 städt. Eisenbahnen (theils in Tunneln oder in tiefen Einschnitten, theils auf hohen Viadukten über die Häuser hinweg führend und die Stadt in den verschiedensten Richtungen durchkreuzend), die pneumatische oder Lufteisenbahn (s. 1865), Themsedampfboote, ca. 25,000 Omnibus, ausgezeichn. Beleuchtung (150,000 öffentl. u. 1 Mill. Privatflammen, jährl. 10,000 Mill. Kubikf. Gas). L. (*Londinium*), schon zur Römerzeit eine bedeutende Stadt, erhielt von Konstantin d. Gr. Mauern, ward früh Bischofssitz, 884 von Alfred d. Gr. zur Hauptstadt seines Reichs erhoben, erhielt 1210 durch König Johann die Grundzüge seiner jetzigen Verfassung. Grosser Aufschwung unter Elisabeth. 1665 Pest, die fast 70,000 Menschen wegraffte, 1666 gr. Brand (13,200 Wohnhäuser in Asche gelegt). Stetiges Zunehmen der Bevölkerung: 1600: 150,000 Ew., 1801: 804,000, 1821: 1,225,694, 1841: 1,870,727, 1861: 2,803,921 Ew. Neuerdings häufig Sitz der Konferenzen der Grossmächte, z. B. Febr. 1830 (Unabhängigkeitserklärung Griechenlands), Jan. 1831 (Unabhängigkeitserklärung Belgiens), Juli 1850 und Mai 1852 (Schleswig-Holstein betreffend), Mai 1867 (wegen Luxemburg), Jan. 1871 (Pontusfrage). Vgl. *Bädeker* (3. Aufl. 1868), *Ravenstein* (2. Aufl. 1871), *Allen*, 'Hist. of L.', 1829; *Norton*, 'Hist. and constitution of L.', 3. Aufl. 1869.

London clay (spr.-kleh), Londonthon, versteinerungsreiche Thonschichten der Miocenformation, bilden u. a. den Boden Londons.

Londonderry (spr. Lond'nderri, *Derry*), Grafsch. in der irischen Prov. Ulster, 38,2 QM. und 184,209 Ew. Die *Hauptst.* L., am Foyle, 20,153 Ew. (meist Protest.). Kathedr.

Longanimität (lat.), Langmuth. [tagtheil.

Longävität (lat.), langes Leben, Wohlbe-

Longe (fr., spr. Longsch), Lauflinie für Pferde; *longiren*, ein Pferd an der L. reiten, es zureiten.

Longfellow, *Henry Wadsworth*, amerik.Dich-

64 *

ter, geb. 27. Febr. 1807 zu Portland (Maine), machte mehrere Reisen nach Europa, 1835 bis 1854 Prof. der neueren Sprachen zu Cambridge, privatisirt seitdem. Hauptwerke: die Dichtungen ‚The spanish Student‘ (Drama, 1842, deutsch 1854), ‚Evangeline‘ (Idyll. Epos, 1850; deutsch 1854), ‚The golden legend‘ (1851, deutsch 1880) und bes. ‚The song of Hiawatha‘ (1855, deutsch 1857) etc.; die Novellen: ‚Hyperion‘ (1839, deutsch 1856) und ‚Kavanagh‘ (1849, deutsch 1851). Seine lyr. Gedichte gesammelt in ‚Voices of the night‘ (1840), ‚Ballads and poems‘ (1841, deutsch 1857), ‚Seaside and fireside‘ (1850), ‚The Poets and Poetry of Europe‘ (1871), ‚Poetical works‘ (1863, 3 Bde.).

Longford (spr. Langförrd), nordwestl. Grafsch. der irischen Prov. Leinster, 19,8 QM. und 71,694 Ew. Die Hauptst. L., 4535 Ew.

Longhi, Jos., ital. Kupferstecher, geb. 13. Okt. 1766 zu Monza, † 2. Jan. 1831 zu Mailand. Meister in der Manier des freien Stichs, bes. in der Behandlung des Fleisches.

Longimän (lat.), langhändig.

Longimetrie (gr.), Längen- oder Linienmessung, Theil der Planimetrie.

Long Island (spr. -Eiländ), Insel an der Südküste des nordamerikan. Staats Newyork, 48 QM. County-Hauptstadt Brooklin.

Longitūde (lat.), Länge; *longitudinal*, der Länge nach, sie betreffend.

Longobarden (eigentl. *Langobarden*), deutsche Völkerschaft suev. Stammes, um Chr. Geb. an der Niederelbe, wahrscheinl. im heutigen Lüneburgischen wohnend, drang im Laufe des 4. Jahrh. gegen das Donauland vor, wo es das arian. Christenthum annahm, zerstörte 512 das Reich der Heruler, 566 oder 567 das Reich der Gepiden und besetzte Pannonien. Von da unter Alboin in Italien einfallend, besetzte es bes. den nördl. Theil des Landes (*Lombardei*). Dem inneren Zwiespalt erlagen Alboin (574) und dessen Nachfolger Kleph (575). Erst unter des letzteren Sohn Authari (585—590), Gemahl der bayer. Fürstentochter Theodelinde, bildeten sich feste staatliche Zustände. Die Rechtsansprüche der röm. Kaiser aufhebend, ward Authari Schutzherr der Städte und überh. seiner röm. Unterthanen. Durch die kathol. Theodelinde, die eifrige Verbündete des Papstes Gregor d. Gr., machte die Katholisirung der L. rasche Fortschritte. Sie überlebte ihren zweiten Gemahl Agilulf († 615) und hatte zu Nachfolgern die beiden mit ihrer Tochter nach einander vermählten Könige Ariowald († 636) und Rotbari († 652). Mit Aribert († 663), ihrem Brudersohne, beginnt die Reihe der kathol. Herrscher. Theodelindes Nachkommen regierten bis 702, indem nur Grimoald, Herzog von Benevent (662—671), als Usurpator deren Reihe unterbrach. Parteiungen und Anlehnungen der Herzöge ließen es zu keiner ruhigen Entwickelung kommen. Wichtig ist die Aufzeichnung des *longobardischen Volksrechts* in lat. Sprache, 22. Nov. 643 als Edictum promulgirt und später revidirt, erweitert und fortgebildet, das lange nach dem Untergange des lombard. Reichs

die Grundlage des Studiums des german. Rechts ward. Allmählige Romanisirung der L. infolge ihrer Annahme des Katholicismus und des Konnubiums mit der röm. Bevölkerung. Nach dem Erlöschen der Familie Theodelindes und darauf folgender 10jähr. Zerrüttung erhob Liutprant (713 bis 744) das Reich auf den Gipfel seiner Macht. Aber die Eroberung und staatliche Einigung Italiens wussten die Päpste mit fremder, namentl. fränk. Hülfe zu hintertreiben. Liutprants Nachfolger, Ratchis (744—749), gab auf Anrathen des Papstes Zacharias den begonnenen Eroberungskrieg auf und † als Mönch im Kloster Monte-Casino. Aistulf (749—756) ward an der Eroberung Italiens mit Rom durch den Frankenkönig Pipin (754 und 755) gehindert. Sein Nachfolger Desiderius (756—774) beschützte den Papst Stephan III., der dafür die Feindschaft zwischen ihm und dem fränk. Königshause schürte. Als Karl d. Gr. seine erste Gemahlin, des Desiderius Tochter, verstieß und dieser die Wittwe und die von der Regierung ausgeschlossenen Kinder Karlmanns, des verstorbenen Bruders Karls d. Gr., aufnahm und den Papst Hadrian I. nötbigen wollte, dieselben zu Königen der Franken zu krönen, zog Karl dem bedrängten Papste zu Hülfe (773) und machte Mai 774 dem longobard. Reiche nach 205jähr. Bestande durch die Eroberung von Pavia ein Ende. Ein Aufstandsversuch einiger longobard. Herzöge (776) hatte die Aufhebung der longobard. Verfassung und die Einführung des fränk. Verwaltungssystems zur Folge. Vgl. *Flegler* (1851), *Abel* (1858), *Bluhme* (1868).

Longuette (fr., spr. -gott), lange, schmale Kompresse.

Longwood (spr. -wudd), Meierei auf St. Helena, Aufenthaltsort Napoleons I. 1815—21, 1858 von England Napoleon III. geschenkt.

Longwy, befestigte Stadt im franz. Dep. Mosel, an der Chiers, 3353 Ew., 25. Juni 1871 nach 28tägiger Beschießung durch Kapitulation von den Deutschen genommen.

Lonicēra L. (*Heckenkirsche*), Pflanzengattung der Caprifoliaceen. L. caprifolium L., *Geisblatt*, *Je länger je lieber*, Strauch in Südeuropa, Zierpflanze für Lauben. Ebenso L. Periclymenum (Je länger je lieber).

Lons-le-Saulnier (spr. Long-lö-Sohnieh), Hauptst. des franz. Depart. Jura, 9943 Ew.

Loosbaum, s. *Clerodendron*.

Lope de Rueda, s. *Rueda*.

Lope de Vega, s. *Vega*.

Lopez, Vorgebirge an der Westküste von Südafrika, zwischen Ober- u. Niederguinea.

Lopez, Diktator von Paraguay, geb. 1831 in Ascension, Sohn von Carlos Antonio L., des Nachfolgers von Dr. Francia in der Diktatur von Paraguay, verwüstete 1849 im Auftrag seines Vaters die Missionen von Corrientes, kam 1852 als ordentlicher Gesandter nach Europa, folgte 1862 seinem Vater in der Regierung des Landes, erklärte 1864 an Brasilien den Krieg, behauptete sich der Tripelallianz zwischen Brasilien und den Argentinern gegenüber bis Febr. 1868, unterlag im Kampf um Angostura, salste aber einen Guerrillaskrieg fort, in welchem er 1. März 1870 kämpfend †.

Loquacität (lat.), Geschwätzigkeit.

Loquitz, Nebenfluss der Saale, kommt vom Frankenwald, mündet bei Kaulsdorf.

Loranthus *L.* (*Riemenblume*), Pflanzengattung der Loranthaceen. *L. europaeus L.*, Eichenmistel, Schmarotzer auf Eichen und Kastanien in Süd- und Osteuropa.

Lorbeerbaum (*Laurus L.*), Pflanzengattung der Laurineen. *Edler L.* (*L. nobilis L.*), Baum in den Mittelmeerländern; die Blätter dienen als Küchengewürz, die Früchte enthalten äther. und grünes, salbenartiges fettes Oel (*Lorbeeröl*, *Lorböl*), welches die Fliegen vertreibt. Der L. war dem Apollo heilig und Symbol des Ruhms.

Lorbeerkraut, s. v. a. Daphne Mezereum.

Lorbeeröl, s. *Lorbeerbaum*.

Lorbeerrose, s. v. a. Oleander.

Lorca, Stadt in der span. Prov. Murcia, am Sangonera, 31,000 Ew. Saidanweberei.

Lorch, 1) Flecken im württemberg. Jaxtkreis; dabei das ehem. *Benediktinerkloster L.* (roman. Kirche, naperl. restaurirt, Erbbegräbniss der Hohenstaufen). — 2) Flecken im preuss. Regbz. Wiesbaden, im Rheingau; treffl. Rothwein. — 3) Dorf in oberösterr. Traunkreis, unweit Ens, seit 3. Jahrh. Bischofssitz; das röm. *Lauriacum*.

Lord (engl., spr. Lohrd), d. i. Herr, in England allgemeiner Titel der Peers, im engeren Sinne nur der Barone; im gewöhnl. Leben auch der Söhne der Herzöge und Marquis, sowie der ältesten Söhne der Grafen; in Schottland der Richter an den höhern Tribunalen. — *L. der Admiralität und des Schatzes*, Titel der Mitglieder des Marine- und des obersten Finanzkonseils. *L.-Lieutenant* (spr. Livtänänt), Titel des Vicekönigs von Irland, in England des obersten Verwaltungsbeamten und Miliskommand. einer County. *L.-Mayor* (spr. -Mehär), Titel der jährl. neu zu wählenden Stadthäupter oder ersten Bürgermeister der Städte London, Dublin und York. *L.s spirituals*, Titel der engl. Bischöfe im Parlament. *Lordship* (spr. -schipp), die Würde eines L.s; Herrschaft, auf der diese Würde ruht. [Rückgrats.

Lordosis (gr.), Vorwärtskrümmung des

Lorelei, s. *Lurlei*.

Lorenzostrom, s. *St. Lorenzostrom*.

Loreto, Stadt in der mittelital. Prov. Ancona, am Musone, nahe dem adriat. Meer, 6721 Ew.; durch das nach der Legende von Engeln 1295 aus Nazareth hierher gebrachte Haus der Maria (La casa santa, in der prachtv. Domkirche) berühmter Wallfahrtsort.

Lorette (jetzt gewöhnl. *Kokotte*), in Paris auf eigene Hand lebendes Frauenzimmer, das ihre Gunst verkauft, auch mit einem Liebhaber eine längere Verbindung eingeht.

Lorgnette (fr., spr. Lornj-), Augengläser für Kurzsichtige, die vor die Augen gehalten werden, Klemmer (Binocle); *lorgnetiren*, durch eine L. betrachten. *Lorgnon*, einfaches Augenglas, Zwicker (Monocle).

Lorica (lat.), Brustharnisch, Panzer, auch schirmender Thonbeschlag für Retorten.

Lorient (spr. -lang, *L'Orient*), befest. See-

und Handelsstadt im franz. Depart. Morbihan, an der Bai von St. Louis, 37,655 Ew.

Loris, s. *Papageien*.

Lorrain, s. *Claude Lorrain*.

Lorraine (fr., spr. -ähn), Lothringen.

Lortzing, *Gust. Alb.*, Komponist, geb. 23. Okt. 1803 in Berlin, zuerst Schauspieler und Sänger, dann Musikdirektor am leipziger Theater, später in Wien; † 21. Jan. 1851 in Berlin. Schr. beliebte Opern: ,Undine', ,Waffenschmied', ,Die beiden Schützen', ,Hans Sachs', ,Zaar und Zimmermann'.

Loschwitz, Weinbergsdorf bei Dresden, an der Elbe. Im Sommer 1786 Aufenthaltsort Schillers, daſ den grössten Theil des Don Carlos das. dichtete. Denkmal (seit 1855).

Losprechung, s. *Absolution*.

Losung, Wort oder Sache, die als Parteizeichen dient, Feldgeschrei; in der Jägersprache die Exkremente des Wildes.

Lot (spr. Loh), Nebenfluss der Garonne im südl. Frankreich, kommt von den Cevennen, wird bei Entraigues schiffbar, mündet bei Aiguillon; 59 M. Danach benannt die Depart. L., 94,6 QM. und 288,919 Ew., Hauptstadt Cahors; und *L.-Garonne*, 97,2 QM. und 327,962 Ew., Hauptstadt Agen.

Lot, Sohn Harans, zog mit seinem Oheim Abraham aus Ur in Chaldäa nach Kanaan, wohnte dann zu Sodom, floh bei dem Untergang dieser Stadt nach Zoar, wobei sein Weib, gegen das Verbot sich umsehend, zur Salzsäule ward.

Loth, Gewicht, ehemals $1/32$ Pfd., jetzt $1/30$ Zollpfd. = $16\frac{2}{3}$ Grm. = 10 Quentchen; 1 L. = $1/18$ der Mark als bisher gebräuchliches Silbergewicht. Auch das an einem Faden hängende Blei der Zimmerleute etc. zur Bestimmung der senkrechten Richtung; daher *lothrecht*, s. v. a. senkrecht.

Loth, Metall oder Metallegirung zur festen Verbindung zweier gleich- oder ungleichartiger Metallstücke. Das L. darf niemals schwerer schmelzbar sein als das zu löthende Metall. Mit Zinn lothet man Zinn, mit *Blei* Blei, mit *Kupfer* Eisen, mit *Gold* Platin. *Weichloth*, für Weissblech, Zinn, Messing, ist eine Bleizinnlegirung; *Hartloth*, Hart-, *Messingschlagloth*, für Eisen, Stahl, Kupfer, Messing, ist eine sinkreiche Kupferlegirung; mit Argentan löthet man Eisen und Stahl; *Silberloth* enthält Silber, Kupfer, Zink, *Goldloth* Gold, Silber, Kupfer. Blei löthet man auch ohne L. mit dem Knallgasgebläse. Die zu löthenden Metalle müssen rein metallisch sein; um sie so zu erhalten, dient die Feile, Säuren zum Aetzen, *Löthwasser* (Chlorzinklösung mit Salmiak) und als schützende Decke in der Hitze Talg, Kolophonium, Salmiak, Borax, Glas; zum Erhitzen der mit Weichloth zu löthenden Stellen dient der *Löthkolben*.

Lothar, *römischer Kaiser:* 1) *L. I.*, ältester Sohn Ludwigs des Frommen, geb. um 795, erhielt 817 bei der Theilung des Reichs Karls d. Gr. die Mitregentschaft des Reichs nebst dem Kaisertitel, 820 auch Italien, wollte nach seines Vaters Tode das ganze Reich in Besitz nehmen, ward aber von seinen Brüdern Ludwig und Karl bei Fonteney (26. Juni 841) geschlagen, erhielt im Vertrag von Verdun (843) ausser der Kaiserwürde und Italien den nach ihm Lothringen (s. d.) genannten Landstrich; † 28. Sept. 855 im Kloster Prüm. Sein Sohn Ludwig II. erhielt Italien, Lothar II. das sog. lothring. Reich, Karl die Provence mit Lyon.

2) L. II., *der Sachse, römisch-deutscher Kaiser*, Graf von Suplinburg, seit 1106 Herzog von Sachsen, 1125 zum Kaiser gewählt, gab die kirchlichen Wahlen frei, verzichtete auf den Heimfall aller eingezogenen Lehen an die Kaiserkrone, forderte von den hohenstauf. Brüdern Friedrich und Konrad die von Heinrich V. eroberten Reichsgüter zurück und überzog sie auf ihre Weigerung mit Krieg, vermählte seine Erbtochter Gertrude mit Heinrich dem Stolzen, Herzog von Bayern, und verlieh ihm das Herzogthum Sachsen (Anlass des Kampfs zwischen Welfen und Hohenstaufen), machte 1125 die Herzöge von Böhmen und von Polen zu Vasallen. 30. April 1133 zu Rom zum Kaiser gekrönt, nahm er vom Papste die mathildischen Erbgüter zu Lehen, trat denn dieselben an Heinrich den Stolzen ab, gab den Hohenstaufen nach ihrer Unterwerfung die streitigen Güter als Reichslehen zurück, machte 1136 einen zweiten Zug nach Italien; † 3. Dec. 1137 unweit Trient; in Königslutter beigesetzt. Vgl. *Jaffé* (1845).

Lothian (spr. -änn), fruchtb. Landschaft in Schottland, im S. des Forthbusens, zerfällt in *Ost-L.* (Grafsch. Haddington), *West-L.* (Linlithgow) und *Mid-L.* (Edinburgh).

Lothringen (fr. *Lorraine*), ursprünglich deutsche, seit 1766 franz. Landschaft, die Depart. Maas, Mosel, Meurthe, Vogesen und einige Kantone vom Depart. Niederrhein umfassend, 479 QM. mit ca. 1,300,000 Ew., wovon jedoch der Theil mit deutsch redender Bevölkerung (s. *Deutsch-Lothringen*) 1871 an Deutschland zurückgekommen ist.

Die *Geschichte* L.s beginnt mit Lothar II., dem Sohne Kaiser Lothars I., der 855 bei der Theilung mit seinen Brüdern (s. *Karolinger*) die Länder zwischen Schelde, Rhein, Maas und Saône, das sogen. *lotharingische Reich* (Lotharii regnum), erhielt. Zwischen den deutschen und franz. Karolingern Gegenstand des Streits, blieb es seinem Haupttheile nach deutsches Lehn. Kaiser Otto I. verlieh es 953 seinem Bruder, dem Erzbischof Bruno von Köln, der es 959 in zwei Herzogthümer, Ober- und Niederlothringen, theilen musste. Oberlothringen, zwischen Rhein und Mosel und bis an die Maas (Lotharingia Moselliana), erhielt der Graf Friedrich von Bar, Niederlothringen, zwischen Rhein, Maas und Schelde (Lotharingia Mosana oder Riparia), ein Herzog Gottfried. In *Oberlothringen* starben die Nachkommen Friedrichs 1048 aus, worauf der Kaiser das Land an den Grafen Albrecht von Elsass verlieh, dessen Bruder Gerhard (seit 1048) als Stammvater der lothring. Dynastie gilt. Der letzte unmittelbare Sprössling derselben, Karl II., starb 1431 als Connetable von Frankreich, worauf

Kaiser Sigismund L. an dessen Tochter Isabella, vermählt mit Renatus von Anjou, Titularkönig von Neapel, verlieh. Karls II. Neffe Anton, Graf von Vaudemont, machte zwar die weibl. Nachfolge streitig, ward aber dadurch zufriedengestellt, dass sein Sohn Friedrich die Tochter Isabellas und Anjous, Jolanthe, heirathete. Beider Sohn, Renatus II., erhielt beim Aussterben des anjouschen Geschlechts (1473) das Herzogthum und gilt daher als Stammvater der neueren lothring. Dynastie. Unter ihm Einfall Karls des Kühnen und Eroberung Nancys (1475), dann Niederlage desselben bei Nancy (1477). Renatus' ältester Sohn, Anton, folgte 1508 in Oberlothringen; der jüngste, Claudius, stiftete die Nebenlinie Guise (s. d.). Antons Sohn und Nachfolger seit 1544, Franz I., überliess 1545 das Herzogthum seinem 2jährigen Sohne, Karl III., während dessen Minderjährigkeit Heinrich II. von Frankreich die Bisthümer Metz, Toul und Verdun an sich riss. Der Sohn Karls III., Heinrich II. (seit 1608), hatte 1624 seinen Neffen Karl IV. zum Nachfolger. Derselbe verlor 1634 sein Land an die Franzosen, erhielt es zwar zurück, ward aber 1642 abermals vertrieben und † 1670. Sein Sohn Karl V., kaiserl. General und Belagerer der Türken, forderte sein Erbe 1666 und 1667 von Ludwig XIV. vergeblich zurück. Erst sein Sohn, Leopold Joseph Karl, erhielt es im Frieden zu Ryswijk 1697 wieder, doch unter drückenden Bedingungen. Ihm folgte 1729 sein Sohn Franz Stephan IV. (s. *Franz 1) a*)). Unter ihm nahm Frankreich im polnischen Erbfolgekriege 1733 das Land abermals in Besitz und behielt es zufolge des wiener Friedens von 1735 einstweilen für den König Stanislaus von Polen, der 1737 die Regierung antrat. Nach dessen Tode (23. Febr. 1766) ward Oberlothringen Frankreich einverleibt. Die dortigen Grossen behielten bis 1801 Sitz und Stimme auf den deutschen Reichs- und Kreistagen. Durch den Frieden von Versailles (1. März 1871) kam ⅓ des Landes (Deutsch-L.) mit Metz an das deutsche Reich zurück. — *Niederlothringen* kam nach und nach in Besitz verschiedener Häuser. Seit Heinrich II. (1248) nannten sich die dortigen Herzöge nach Brabant, ihrer Haupthsitzung, *Herzöge von Brabant*. Nach Philippe I. kinderlosem Absterben 1429 fiel das Land an Burgund (s. d.). Vgl. *Digot* (1856, 4 Bde.).

Lotion (*Lotur*, lat.), Abwaschung, Bad.

Lotos, bei Theophrast Zizyphus Lotus; bei den Aegyptern Nymphaea Lotus; bei den Indiern Nelumbium speciosum.

Lotterie und Lotto, öffentliche, vom Staat oder unter dessen Aufsicht veranstaltete Glücksspiele. Bei der *Lotterie* (Klassenlotterie) entfallen auf eine planmässig bestimmte Anzahl Loose eine gewisse Anzahl Gewinne meist von verschiedenem Betrag, und der Zufall entscheidet, ob ein Gewinn oder eine Niete auf einen Einsatz trifft. Zur Erleichterung der Betheiligung werden nicht nur neben den gasen Loosen auch halbe, Viertel- und Achtelloose ausgegeben, sondern es wird auch die Ziehung der Loose in mehrere Zeitabschnitte verlegt, und es kann der Mitspielende den Betrag seines Looses ratenweise für jede Ziehung (Klasse) entrichten, auch beliebig nach jeder vom Spiel zurücktreten. Die Vortheile des Unternehmens bestehen in gewissen Procenten, die von den Gewinnsten abgezogen werden. Bei dem *Lotto* (Zahlenlotterie) besetzt der Mitspielende von den Zahlen 1—90 eine (Aus= zug) oder 2 (Ambe) oder 3 (Terne) oder 4 (Quaterne) oder 5 Nummern (Quinterne) mit einem beliebigen Einsatz und erhält, wenn dieselben in dem Glücksrade, worin sich ebenfalls die Nummern 1—90 befinden, gezogen werden, einen fortgesetzten Betrag, der stets ein Vielfaches des Einsatzes ist. Das Lotto ist wegen der durch die niedrigen Einsätze erleichterten Theilnahme und wegen der verlockenden hohen Gewinne noch verderblicher als die Klassenlotterie, daher die Theilnahme daran verboten.

Lotus *L.* (*Schotenklee, Hornklee*), Pflanzengattung der Leguminosen. *L. corniculatus L.*, gelber Honigklee, gutes Futter.

Lotze, *Rud. Hermann,* Philosoph und Mediciner, geb. 21. Mai 1817 zu Bautzen, seit 1844 Prof. zu Göttingen; knüpfte an Herbarts System an, nahm aber bald eine selbständige Stellung ein. Schr. „Metaphysik" (1841); „Allgem. Pathologie u. Therapie als mechan. Naturwissenschaften' (2. Aufl. 1848); „Logik' (1843); „Allgem. Physiologie' (1851); „Mediein. Psychologie' (1852); „Mikrokosmus' (2. Aufl. 1869, 3 Bde.); „Geschichte der Aesthetik' (1868) u. A.

Louden, *Gideon Ernst von, s. Laudon.*

Lougen (*Laugenelf*), Nebenfluss des Glommen in Norwegen, durchströmt Gudbrandsdalen, bildet den Mjösensee, verlässt diesen als Vormen; 45 M. l. [buseu, Haff.

Lough (irisch, spr. Lock), See, Meer-

Loughborough (spr. Loffbörro), Stadt in der engl. Grafsch. Leicester, am Soar, 10,830 Ew. Wollen- und Baumwollenmanufaktur.

Louisd'or, frans. Goldmünze seit 1640, (doppelte *L. Doublons*), ehemals = 24 Livres Tournois, seit 1785 = 24 franz. Goldfres. 15 Cent., 1795 verdrängt durch 20- und 24-Francsstücke. In Deutschland die goldenen Fünfthalerstücke nichtpreuss. Staaten.

Louis Ferdinand, *Prinz, s. Ludwig* 12).

Louisiade, austral. Inselgruppe, südöstl. von Neuguinea, mit sehr feindseligen Bewohnern; wenig erforscht.

Louisiana, einer der nordamerikan. Südstaaten, am Golf von Mexiko, 1945 QM. und (1870) 734,420 Ew.; weite Ebene, vom Mississippi begrenzt und bewässert, in der Mitte Prairieland, an der Küste Salzsümpfe. Klima im Winter streng, im Sommer heiss und ungesund. Produkte: Baumwolle und Zucker; auch Reis, Mais, Tabak. Lebhafter Handel (Centrum Neworleans). Ausfuhr (1868): 3,721,127 Doll., Einfuhr: 1,475,657 Doll. Konstitution von 1852. Im Kongress durch 5 Repräsentanten vertreten. 48 Counties. Hauptstadt Baton-Ronge. — Bis 1762 frans.,

daun span., kam L. 1800 wieder an Frankreich, 1803 für 15 Mill. Doll. an die Verein. Staaten abgetreten, einschliessl. des Landes zwischen Mississippi und dem Grossen Ocean, dem brit. und span. Amerika. Im Bürgerkrieg stand L. auf Seite der Konföderirten.

Louisville (spr. Lülswill), bedeutendste Handels- und Fabrikstadt Kentuckys (Nordamerika), am Ohio, (1870) 100,754 (1850: 43,194) Ew. Centralpunkt für den Tabakhandel der umliegenden Staaten (Verkauf gesetzlich geregelt, oft für 6 Mill. Doll.).

Loulé, Stadt in der portugies. Prov. Algarve, 12,156 Ew. Ber. Wallfahrtskirche.

Louth (spr. Lauth), 1) Grafschaft in der irischen Prov. Leinster, 36,7 QM. u. 75,973 Ew. Hauptstadt Dundalk. — 2) Stadt in der engl. Grafschaft Lincoln, 11,500 Ew.

Louvain (spr. -wäng), Stadt, s. *Löwen.*

Louvel (spr. Luwell), *Pierre Louis,* geb. 7. Okt. 1783 zu Versailles, diente unter Napoleon I. in der Kavallerie, dann Sattlergeselle, ermordete aus Hass gegen die Bourbons 13. Febr. 1820 den Herzog von Berri; ward 7. Juni 1820 hingerichtet.

Louviers (spr. -wieh), Stadt im frans. Depart. Eure, an der Eure, 11,707 Ew.

Louvois (spr. Luwöa), *Frans. Michel Letellier, Marquis de,* franz. Staatsmann, geb. 18. Jan. 1639 zu Paris, fungirte seit 1666 als Kriegsminister, veranlasste Ludwig XIV. zu den Kriegen gegen Holland und das deutsche Reich, liess die Pfalz verheeren, bewog den König nach dem Frieden von Nymwegen zu den berüchtigten Reunionen, nahm 30. Sept. 1681 Strassburg, brachte nach Colberts Tode (1683) durch masslose Erpressung Frankreich an den Rand des Abgrundes, verschuldete die Verfolgung der Protestanten; † 16. Juli 1691.

Louvre (spr. Luhw'r), s. *Paris.*

Lowat (*Lowot*), Fluss in Westrussland, mündet in den Ilmensee, 56 M.

Lowe (spr. Loh), *Sir Hudson,* geb. 28. Juli 1769 in Irland, ward 1806 Kommandant der Insel Capri, die er 1808 den Franzosen übergeben musste, 1813 engl. Kommissar in Blüchers Hauptquartier, 1814 Generalmajor, 1815 Gouverneur auf St. Helena und hier Hüter Napoleons I., 1825 Oberbefehlshaber in Ceylon, 1830 Generallieutenant; † 10. Jan. 1844. Wegen seiner Härte gegen Napoleon vielfach angefeindet, schrieb er zu seiner Vertheidigung „Mémorial relatif à la captivité de Napoléon à Ste.-Hélène' (1830, 2 Bde.). Aus seinen Tagebüchern (1853, 3 Bde.) schöpfte *Forsyth* seine „History of the captivity of Napoleou' (1853, 2 Bde.; deutsch 1853).

Lowell (spr. Loh'l), Stadt in Massachusetts, am Merrimac und Concord, (1870) 40,928 (1825: 200) Ew. Wichtigster Ort für die Baumwollfabrikation Neuenglands.

Lowestoft (spr. Lohs-), Hafenstadt in der engl. Grafschaft Suffolk, 10,663 Ew.

Lowry (engl., spr. Lohrl), auf Eisenbahnen die oben offenen, zum Transport von Kohlen, Steinen etc. dienenden Waggons von gleichem Kubikinhalt; daher Kohlenmass = 90 Ctr. = ca. 50 sächs. Scheffel.

Loxa (*Loja*), Stadt in der span. Grafsch. Granada, am Xenil, 14,000 Ew.

Loxodromische Linie (gr.), d. i. Linie des schiefen Laufs, eine auf einer Kugelfläche oder der Oberfläche eines elliptischen Sphäroïds gezogene Kurve von doppelter Krümmung, welche alle aus einem Pole gezogenen grössten Kreise unter demselben Winkel schneidet, ist die Linie, welche ein Schiff durchlaufen würde, welches immer nach derselben Windrichtung fortsegelte, ohne einem der 4 Hauptstriche des Kompasses zu folgen.

Loyâl (fr.), gesetz-, pflichtmässig, bieder; poliſ. ,regierend', es mit der herrschenden Partei haltend; *Loyalität*, Gesetzlichkeit.

Loyôla, *Ignas von* (eigentl. *Inigo Lopes de Recalde*), Stifter des Jesuitenordens, geb. 1491 auf dem Schlosse L. in der span. Prov. Guipuzcoa, anfangs Page, dann Offizier in span. Kriegsdiensten, ward infolge schwerer Verwundung religiöser Schwärmer und Ascet, pilgerte nach Jerusalem, wollte sich hier der Bekehrung der Mohammedaner widmen, studirte dann und entwarf mit Lainez, Bobadilla u. A. den Plan des nach ihm genannten Ordens (s. *Jesuiten*), ward 1541 dessen erster General, widmete sich als solcher dem Unterricht kleiner Kinder, der Bekehrung von Freudenmädchen etc., während schon damals Lainez die Seele des Ordens war; † 31. Juli 1556, 1622 kanonisirt. Tag 31. Juli.

Lozère (spr. -sähr), Depart. in Südfrankreich, 93,9 QM. und 137,263 Ew., Hauptstadt Meade; im O. erfüllt vom *Lozèregebirge*, zur Centralmasse der Cevennen gehörig.

L. s., abbr. *loco sigilli*, s. *Loco*.

Lublin (*Ljublin*), russ.-poln. Gouvern., 295 QM. und 619,284 Ew., sehr fruchtbar. Die *Hauptstadt* L., an der Bistritza, 21,514 (früher über 40,000) Ew.; nächst Warschau grösste und schönste Stadt Polens. Prächt. Kathedrale. Handel mit Tuch und Getreide; 3 ber. Messen. [Oppeln, 2571 Ew.

Lublinitz, Kreisstadt in preuss. Regbz.

Lubricantia (lat.), geschmeidig, schlüpfrig machende Mittel, s. *Emollientia*.

Lucânus, *M. Annäus*, röm. Dichter, geb. um 38 n. Chr. zu Corduba in Spanien, Senecas Neffe, Quästor und Augur zu Rom, ward wegen Betheiligung an einer Verschwörung gegen Nero zum Tode verurtheilt; entleibte sich zuvor 65. Verf. des Epos ,Pharsalia' (die Ereignisse des Bürgerkriegs zwischen Cäsar und Pompejus und die Schlacht bei Pharsalus schildernd; herausg. von *Weise* 1835, übersetzt von *Krais* 1863).

Lucas, nach der kirchl. Ueberlieferung Verf. des 3. Evangeliums und der Apostelgeschichte, soll zu Antiochia geboren und zu Theben oder Ephesus 80 Jahre alt gestorben und Maler gewesen sein, Begleiter des Paulus auf dessen Missionsreisen; kanonisirt, Tag 18. Okt. Die neuere Kritik setzt die Abfassung des Evangel. und der Apostelgesch. in den Anfang des 2. Jahrh.

Lucayos, Inseln, s. v. a. Bahamainseln.

Lucca, bis 1847 souveränes, dann zu Toskana gehöriges ital. Herzogthum, seit 1860

ital. Prov., 27,1 QM. und 261,654 Ew. Die *Hauptstd.* L., unweit des Serchio, 21,266 Ew. Erzbischofssitz; Kathedrale, Schloss. Universität. Seiden-, Wollen- und Baumwollenfabr. Dabei (Ponte Seraglio) heisse Bäder. — Das Gebiet von L. kam durch Otto I. unter deutsche Hoheit, erkaufte sich 1286 von Rudolf I. die Freiheit, ward 1797 von den Franzosen erobert und zum Fürstenthum Piombino geschlagen, vom wiener Kongress der Infantin Marie Luise, ehemal. Königin von Etrurien, überlassen, bis dieselbe zum Besitz Parmas gelangen würde, worauf es an Toskana fallen sollte. Ihr Nachfolger Karl entsagte am 7. Okt. 1847 der Regierung zu Gunsten Toskanas.

Lucca, *Pauline*, Sängerin, geb. 1841 in Wien, das. gebildet, kam 1859 an die Bühne zu Olmütz, 1860 nach Prag, seit 1861 die Primadonna der Hofoper in Berlin; seit 1865 mit dem Freiherrn v. Rhaden verheirathet.

Lucchesini (spr. Luckesini), *Girolamo, Marchese*, preuss. Staatsminister, geb. 1752 zu Lucca, ward Bibliothekar und Vorleser Friedrichs II., dann mit diplomat. Missionen betraut, 1793—97 Botschafter in Wien, glag Sept. 1807 als ausserordentl. Gesandter nach Paris, unterzeichnete nach der Schlacht bei Jena zu Charlottenburg einen Waffenstillstand mit Napoleon, den der König nicht genehmigte, ward infolge dessen entlassen, später Kammerherr bei der Fürstin von Lucca, Napoleons Schwester; † 19. Okt. 1825 zu Florenz. Schr. über den Rheinbund (deutsch von *Hulem* 1821—25, 3 Bde.).

Lucêna, Stadt in der span. Prov. Cordova, 12,000 Ew. [Prov. Foggia, 14,187 Ew.

Lucera (spr. -tschera), Stadt in der südital.

Luchon (spr. Lüschong), s. *Bagnères* 2).

Luchse (*Luchskatzen*), Gruppe der Katzen. *Gemeiner* Luchs (*Felis Lynx L.*), 3¹⁄₂—4' l., in Nordeuropa, Russland, in der Schweiz, Fleisch geniessbar, Pelzwerk (jährl. 24,000 Stück). *Polarluchs* (*F. canadensis Desm.*), 3' l., und *Rothluchs* (*F. rufa Güldst.*), in Nordamerika. liefern Pelzwerk (jährl. 26,000 Stück). *Karakal* (*F. caracal Schreb.*), 2' l., in Afrika, Westasien, wird zur Jagd abgerichtet.

Luciânus, griech. Schriftsteller, geb. 117 n. Chr. zu Samosata, erst Sachwalter in Antiochia, später in Athen, zuletzt Prokurator der Prov. Aegypten. Schr. erzählende, philos., rhetor. und bes. satir. Werke, herausg. von *Bekker* (1853, 2 Bde.); übersetzt von *Wieland* 1788 und *Fischer* 1866—67). Vgl. *Jacobs*, ,Charakteristik L.', 1839.

Lucid (lat.), leuchtend, hell. *Lucidität*, Helle, Durchsichtigkeit.

Lucienholz, das Holz des Mahalebkirschbaums, s. *Kirschbaum*.

Luciensteig, Engpass in Graubünden, bei Maienfeld am Rhein, nach Tirol führend; neuerlich nach Dufours Plan befestigt.

Lucifer (lat., gr. *Phosphoros*), Lichtbringer, Name des Planeten Venus, wenn er des Morgens vor der Sonne aufgeht (Morgenstern); auch der Teufel als Fürst der Finsterniss.

Lucilius, *Caj. Ennius*, röm. Dichter, geb. 149 v. Chr. in Kampanien, † um 103 zu Neapel; Begründer der röm. Satire. Bruch-stücke herausg. von *Gerlach* (1846).

Lucina (lat.), Lichtgöttin, Name der Geburtsgöttin Juno oder Diana.

Lucius, Name von 3 Päpsten: *L. I.*, 252—253, † als Märtyrer unter Gallus. — *L. II.*, 1144—45, erst papstl. Legat, suchte die durch Arnold von Brescia angeregten republikan. Bewegungen zu unterdrücken, fiel bei Erstürmung des Kapitols durch einen Steinwurf. — *L. III.*, 1181—85, gerieth in Konflikt mit K. Friedrich I., mehrmals flüchtig, sprach den Bann über die Waldenser aus.

Luck (*Lusk*), Stadt im westruss. Gouvern. Volhynien, am Styr, 10,321 Ew.; neuerdings zur bedeutenden Grenzfestung erhoben.

Luckau, Kreisst. im preuss. Regbz. Frankfurt, an der Berste, 5027 Ew. Teppich- und Czarrenfabr. Alte Hauptst. der Niederlausitz.

Luckenwalde, Industriestadt im preuss. Regbz. Brandenburg, an der Nuthe und der berlin-anhalter Eisenbahn, 12,741 Ew. Bed. Tuchfabr. Ehemals Kloster *Luck im Walde*.

Luckner, *Nik.*, franz. General, geb. 1722 zu Kampen in Bayern, stand erst in hannöv., dann in preuss. Kriegsdienst, führte im 7jähr. Krieg als Husarenoberst ein Parteigängercorps, focht bei Rossbach, trat 1763 als Generallieutenant in franz. Dienste, ward 1791 Marschall, erhielt den Oberbefehl an der Nordgrenze gegen Oesterreich, liess sich von Lafayette in dessen kontrerevolutionäre Pläne zur Rettung des Königs verstricken; ward 4. Jan. 1794 guillotinirt.

Lucknow (*Lukaow*), Stadt, s. *Lukhno*.

Luçon (*Luzon*), Insel, s. *Manila*.

Lucretia, Gemahlin des Lucius Tarquinius Collatinus, ausgezeichnet durch Schönheit und Tugend, tödtete sich, von Sextus Tarquinius entehrt, selbst und veranlasste so 509 v. Chr. den Sturz der Tarquinier.

Lucretius, *Tit. Carus*, röm. Dichter, geb. 95 v. Chr., Todesjahr unbekannt; Verf. des Lehrgedichts ,De rerum natura' in 6 Büchern (die Principien der epikur. Philosophie darstellend), herausg. von *Lachmann* (2. Aufl. 1860), *Bernays* (1852) und *Bossart* (1855); übers. von *Knebel* (2. Aufl. 1831).

Lucrum (lat.), Gewinn. *L. cessans*, Verlust, der in Einbusse eines Gewinns besteht.

Lucullus, *Lucius Licinius*, röm. Feldherr, Legat des Sulla im 1. Kriege gegen Mithridates, ward 74 v. Chr. Konsul, erhielt dann Cilicien zur Verwaltung, focht siegreich gegen Mithridates, ward 66 abberufen und lebte fortan, den Staatsangelegenheiten fern, in verschwenderischem Luxus (lucullische Gastmähler sprichwörtlich); brachte aus Cerasus in Pontus den Kirschbaum nach Europa.

Lucus a non lucendo (lat.), sprichwörtl. Verspottung schlechter Etymologien und unzutreffender Benennungen; als sei Lucus (d. i. Hain) von ,Nichthellseiu' hergeleitet.

Ludimagister (lat.), Schulmeister.

Ludmilla, Gemahlin Borsiwojs, des ersten christl. Herzogs von Böhmen, eifrige Christin, als Wittwe auf Anstiften ihrer heidnischen Schwiegertochter Drahomira 15. Okt. 927 erdrosselt, später kanonisirt und zur böhm. Landespatronin erhoben; Tag 16. Sept.

Ludolf'sche Zahl, die mit π bezeichnete Verhältnisszahl (3,141) des Durchmessers zur Peripherie; s. *Kreis*.

Ludwig, 1) *römisch-deutsche Kaiser:* a) *L. I.*, *der Fromme*, geb. 778, 3. Sohn Karls d. Gr. von dessen 3. Gemahlin Hildegard, einer aleman. Fürstin, ward schon 783 König von Aquitanien, 813 Mitregent, 28. Jan. 814 Alleinherrscher im Frankenreiche, wehrte anfangs energisch dem Gewaltmissbrauch der Grossen, räumte dann dem Klerus mehr und mehr Einfluss ein, theilte schon 817 das Reich unter seine 3 Söhne Lothar, Pipin und Ludwig, änderte später zu Gunsten Karls, des ihm von seiner 2. Gemahlin Judith geborenen Sohnes, die Theilung ab, ward deshalb von seinen Söhnen erster Ehe bekriegt, abgesetzt und zu entehrender Kirchenbusse gezwungen, dann von Ludwig und Karl restituirt, theilte 837 abermals, wobei Karl Neustrien erhielt; † 20. Juni 840 zu Mainz. Vgl. *Funck* (1832). — b) *L. II.*, geb. um 822, ältester Sohn des Kaisers Lothar I., ward 850 Mitregent, 855 Nachfolger desselben in Italien und in der Kaiserwürde, demüthigte die ital. Grossen, erbte nach dem kinderlosen Tode seines Bruders Karl von Burgund die Hälfte von dessen Land; † 15. Aug. 875 ohne Erben. — c) *L. III., das Kind*, geb. 893, Sohn des deutschen Kaisers Arnulf, ward 900 deutscher König, 908 Kaiser; † 911 unvermählt. Unter ihm Wiedervereinigung Lothringens mit Deutschland, innere Fehden (babenbergische 902 — 905) und verheerende Einfälle der Ungarn. — d) *L. IV.*, *der Bayer*, geb. 1286, Sohn Ludwigs des Strengen, Herzogs von Bayern, ward 1314 von 5 Kurfürsten zum Kaiser erwählt, kriegte 8 Jahre gegen seinen Gegenkönig, Friedrich [s. d. 1) c)] den Schön n von Oesterreich, nach dessen Niederlage und Gefangennehmung bei Mühldorf (1322) gegen dessen Bruder, den Herzog Leopold von Oesterreich, verlieh seinem Sohne Ludwig 1327 die erledigte Mark Brandenburg, zog, von Papst Johann XXII. mit dem Bann belegt, 1327 nach Italien, liess sich zu Mailand zum König von Italien, in Rom zum Kaiser krönen, setzte an Johanns XXII. Statt Nikolaus V. als Papst ein, ward aber durch gefahrdrohende Bewegungen in Italien (1330) zur Rückkehr nach Deutschland veranlasst. Durch die Kurfürsten vom Banne losgesprochen und durch den Kurverein zu Rense (15. Juli 1338) vor den Uebergriffen des Papstes gesichert, nahm er 1341 Niederbayern in Besitz, brachte durch eigenmächtige Scheidung der Margarethe Maultasch und Vermählung derselben mit seinem Sohne Ludwig Tirol an sein Haus und erbte von seiner Gemahlin Margarethe Holland, Seeland, Friesland und Hennegau. Vom Papst Clemens VI. von Neuem mit dem Bann belegt und bei einem Theil der deutschen Fürsten missliebig, erhielt er 11. Juli 1346 zu Rense in dem Markgrafen Karl [s. d. 2) a)] von Mähren einen Gegenkönig; † 11. Okt. 1347.

2) *Deutsche Könige:* a) *L. I.*, *der Deutsche*,

geb. um 805, Sohn Ludwigs des Frommen, erhielt bei der ersten Theilung 817 Bayern und die östl. angrenzenden Länder, 843 durch den Vertrag von Verdun Deutschland bis zum Rhein nebst Mainz, Speier und Worms, nahm 858 Frankreich in Besitz, räumte es aber wieder, erwarb nach Lothars I. Tode die Hälfte von Lothringen; † 28. Aug. 876 zu Frankfurt a/M. — b) L. II., der Jüngere, 2. Sohn des Vor., erhielt 878 bei der Theilung mit seinen Brüdern Karlmann und Karl dem Dicken Franken, Thüringen, Sachsen, Friesland, nach Karlmanns Tode 880 auch Bayern; † 882.

3) Könige von Bayern: a) L. I. Karl Aug., geb. 25. Aug. 1786 zu Strassburg, Sohn des Königs Maximilian Joseph aus dessen erster Ehe mit Marie Wilh. Auguste, Prinzessin von Hessen-Darmstadt, folgte jenem 13. Okt. 1825 in der Regierung, Freund und Beförderer der Künste und Wissenschaften, berief ausgezeichnete Künstler u. Gelehrte, liess prachtvolle Bauten (Königsbau, Basilika, Ludwigskirche, Ruhmes- und Feldherrnhalle, Siegesthor, Bibliothek, neue Pinakothek etc. in München, die Walhalla bei Regensburg, Restaurationen der Dome zu Bamberg, Regensburg, Speier etc.) ausführen, Schöpfer des Ludwigskanals; auch Dichter („Gedichte', 3. Aufl. 1839, 4 Bde.) und Prosaist („Walhallas Genossen', 1843), in den 30er Jahren in polit. und kirchl. Dingen Reaktionär (Herstellung zahlreicher Klöster, Begünstigung des Ultramontanismus, Missachtung des Konstitutionalismus); dankte 20. März 1848 ab, lebte seitdem als Privatmann seinen künstlerischen Neigungen; † 29. Febr. 1868 zu Nizza. — b) L. II. Otto Friedr. Wilh., geb. 25. Aug. 1845 zu Nymphenburg, Sohn des Königs Maximilian II. und Marias, Tochter des Prinzen Wilhelm von Preussen, folgte seinem Vater 10. März 1864 auf dem Throne, berief den Komponisten Richard Wagner nach München, der grossen Einfluss auf ihn gewann, freisinnig, daher von den Ultramontanen verdächtigt, von der Fortschrittspartei gefeiert, für die 1866 im Konflikt zwischen Oesterreich und Preussen befolgte Politik kaum verantwortlich; beantragte 1870 die Erhebung des Königs Wilhelm von Preussen zum deutschen Kaiser. Vgl. Bayern, Geschichte.

4) Könige von Frankreich: a) L. I., s. Ludwig 1) a). — b) L. II., der Stammler (le Bègue), geb. 846, Sohn Karls des Kahlen, folgte diesem 877 in Lothringen und Frankreich; † 10. April 879. — c) L. III., Sohn des Vor., reg. 879—882, † kinderlos; Gegenstand des Ludwigsliedes. — d) L. IV. übers Meer (Transmarinus oder d'Outremer), weil in England erzogen, geb. 901, Sohn Karls des Einfältigen, reg. seit 936, hatte heftige Kämpfe mit dem Grafen Hugo von Paris zu bestehen; † 954. — e) L. V., der Faule (le Fainéant), geb. 966, Sohn Lothars II., reg. 986—987, letzter Karolinger (s. d.). — f) L. VI., der Dicke (le Gros), geb. 1077, Sohn Philipps I., folgte diesem 1108, hatte erst widerspenstige Vasallen, dann Heinrich I.

von England zu bekämpfen; † 1. Aug. 1137. — g) L. VII., der Jüngere (le Jeune), geb. 1120, des Vor. Sohn und Nachfolger seit 1137, ward vom Papst mit dem Bann belegt, machte 1147—49 einen erfolglosen Kreuzzug, kriegte gegen Heinrich II. von England; † 1180. — h) L. VIII., der Löwe (le Lion), geb. 1187, Enkel des Vor., Sohn Philipp Augusts, reg. seit 1223, fiel in Poitou und Guyenne ein, machte einen Kreuzzug gegen den Grafen Raimund von Toulouse und die Albigenser; † 8. Nov. 1226 zu Montpensier. — i) L. XI., der Heilige, geb. 25. April 1215, Sohn des Vor., folgte diesem 1226 unter Vormundschaft seiner Mutter Bianca von Castilien, unternahm Aug. 1248 einen Kreuzzug, eroberte Juni 1249 Damiette, rückte den Nil bis Mansura hinauf, musste sich 5. April 1250 mit seinen Brüdern Karl und Alfons gefangen geben, ward 7. Mai gegen ein Lösegeld von 100,000 Mark Silber freigelassen, schiffte sich mit dem Reste seines Heeres nach Acre ein und kehrte erst 1254 nach Frankreich zurück. Vereinigte viele Provinzen durch Vertrag und Heimfall mit der Krone, unterwarf die Grossen den Instanzen seiner Domanialländer, verfasste ein Gesetzbuch; unternahm Juli 1270 einen Zug gegen Tunis; † 25. Aug. 1270 im Lager vor Tunis. Vgl. Joinville (neue Ausg. 1870; deutsch von Driesch). — k) L. X., der Zänker, geb. 1289, Sohn Philipps des Schönen, reg. 1314—16. — l) L. XI., geb. 3. Juli 1423, ältester Sohn Karls VII., nahm als Dauphin Theil an der Empörung der Grossen (Praguerie), entwich nach Brabant, bestieg 1461 den Thron, unterdrückte die Häuser Burgund und Bretagne, was zu einer Koalition des Adels (Ligue du bien public) führte, ward Okt. 1268 zu Péronne von Karl dem Kühnen gefangen genommen, verband sich dann mit den Schweizern und dem Herzog Renatus von Lothringen gegen jenen, nahm nach Karls Tode das Herzogthum Burgund als erledigtes Mannslehn und die Franche-Comté, dann die Grafschaften Provence und Forcalquier, sowie Anjou und Maine in Beschlag, schloss sich, von Furcht gepeinigt, zuletzt in der Veste Plessis-les-Tours ein; † 30. Aug. 1483; hinterliess die königl. Macht gestärkt und das Reich geordnet; Freund der Wissenschaften. Vgl. Duclos (1745). — m) L. XII., geb. 27. Juni 1462, Sohn des Herzogs von Orléans und der Maria von Kleve, Urenkel Karls V., bestieg 1498 als erster Prinz von Geblüt den franz. Thron, mild und gerecht, ermässigte die Steuern, verbesserte die Rechtspflege, nahm 1499 Mailand in Besitz, verband sich mit Ferdinand von Aragonien zur Eroberung Neapels, trat zu der Demüthigung Venedigs Dec. 1508 geschlossenen Ligue von Cambray bei, verband sich nach Vertreibung seiner Truppen aus Italien und Verlust des Herzogthums Mailand März 1513 mit Venedig, suchte Mailand vergebl. wieder zu erobern. Von den Engländern 17. Aug. bei Guinegate (Sporenschlacht gen. wegen der eiligen Flucht der Franzosen) geschlagen, von Schweizern und Deutschen in Burgund angegriffen, schloss er März

1514 Waffenstillstand mit dem Kaiser und 7. Aug. Frieden mit Heinrich VIII. von England, mit dessen Schwester Maria er sich vermählte; † 1. Jan. 1515. — o) *L. XIII.*, geb. 27. Sept. 1601, Sohn Heinrichs IV. und der Maria von Medici, reg. seit 14. Mai 1610 unter Vormundschaft seiner Mutter, ward Sept. 1614 mündig erklärt, berief Okt. eine Reichsversammlung, vermählte sich 25. Nov. 1615 mit Anna von Oesterreich, stand, nachdem seine Mutter durch eine Palastrevolution gestürzt worden, seit 1624 unter Leitung des Kardinals Richelieu, der die königl. Gewalt nach innen unumschränkt zu machen suchte, nach aussen die Demüthigung des Hauses Habsburg wieder anfnahm. Darauf Krieg gegen die Protestanten, die 28. Okt. 1628 La-Rochelle verloren, Febr. 1629 Eroberung Mantuas für den Herzog von Nevers, Beschränkung der Parlamente, 1633 Eroberung Lothringens, Betheiligung am 30jähr. Krieg gegen Oesterreich und Beschlagnahme der Eroberungen Bernhards von Weimar, sowie der Grafschaft Roussillon. L. † 14. Mai 1643. Vgl. *Bazin* (2. Aufl. 1846, 4 Bde.). — o) *L. XIV.*, geb. 5. Sept. 1638, Sohn des Vor. und Annas von Oesterreich, stand erst unter Vormundschaft seiner Mutter und Mazarins, ergriff nach dessen letzteren Tode 9. März 1661 das Staatsruder selbst und gründete seine Herrschaft auf das Princip 'L'état c'est moi' (d. i. der Staat bin ich), umgab seinen Thron mit Glanz, gewann in Colbert (s. d.) ein bedeutendes Verwaltungstalent, das den Staatshaushalt ordnete, Handel und Schifffahrt hob und den königl. Schatz bereicherte. Von Louvois auf die Bahn des Eroberers geführt, griff er Mai 1667 die span. Niederlande an, eroberte die Franche-Comté und sicherte sich im Frieden von Aachen den Besitz vieler Grenzplätze. Nach Besetzung Lothringens eroberte er seit Mai 1672 die Hälfte der span. Niederlande, nahm die 10 elsässischen Reichsstädte in Besitz, liess das Land zwischen Saar, Mosel und Rhein zur Wüste machen und erhielt im Frieden von Nymwegen (1678) neue Plätze und die Franche-Comté. Durch die berüchtigten Reunionskammern sein Raubsystem fortsetzend, nahm er Territorien im Elsass und an der niederländ. Grenze in Besitz, Strassburg 30. Sept. 1681 durch Ueberfall. Seit 1685 heimlich mit der Marquise von Maintenon vermählt, stand er unter jesuitischem Einfluss, trieb durch Aufhebung des Edikts von Nantes mehr als ½ Million Protestanten aus dem Lande und veranlasste den Aufstand der Camisarden in den Cevennen (s. d.). Infolge der Ansprüche, die er im Namen seiner Schwägerin Elisabeth Charlotte von Orléans auf die Pfalz erhob, und seiner Einmischung in die kölner Kurfürstenwahl 1688 von Neuem mit Deutschland, den Seemächten, Spanien und Savoyen in Krieg verwickelt, liess er die Unterpfalz und die anliegenden Lande verwüsten, musste im Frieden von Ryswijk die geraubten Territorien, mit Ausnahme Strassburgs, herausgeben. Im span. Erbfolgekrieg wieder gegen Oesterreich, das

deutsche Reich und die Seemächte kämpfend, erlitt er grosse Verluste, sicherte aber im Frieden von Utrecht seinem Enkel Philipp die span. Krone; † 1. Sept. 1715, sein Reich in völliger Zerrüttung hinterlassend. Vgl. die Schr. von *Voltaire, Lemontey* (1818; deutsch 1830), *Saint-Simon* (1829, 16 Bde.), *Cosmac* (1866 — 68, 2 Bde.), *Krohn* (1865). — p) *L. XV.*, geb. 15. Febr. 1710, Urenkel des Vor., Sohn des Dauphins Ludwig, Herzogs von Bourgogne, übernahm 1723 die Regierung, berief erst den Herzog von Bourbon, dann 1726 den Kardinal Fleury an die Spitze der Geschäfte. Seit 16. Aug. 1725 vermählt mit Maria Leszczinska, der Tochter des entthronten Königs Stanislaus von Polen, verband er sich in dessen Interesse mit Spanien und Savoyen gegen den Kaiser, sandte 1733 Truppen an den Rhein und nach Italien und liess Lothringen besetzen, gab im Frieden zu Wien (31. Dec. 1738) die am Rhein gemachten Eroberungen zurück, erhielt für seinen Schwiegervater Lothringen. Von Mätressen beherrscht, versank er mehr und mehr in stumpfe Unthätigkeit. Theilnahme Frankreichs an den beiden schlesischen Kriegen gegen Oesterreich (1741 — 45), dann Fortsetzung des Kampfs gegen Spanien und England in den Niederlanden. 11. Mai 1745 Sieg der Franzosen über die Verbündeten bei Fontenoy und Eroberung der österr. Niederlande durch den Marschall Moritz von Sachsen. 18. Okt. 1748 Friede zu Aachen. Frankreichs Wohlstand zerrüttet, die Seemacht zu Grunde gerichtet. L. unter der Herrschaft der Marquise Pompadour (s. d.), die ein Bündniss mit Oesterreich gegen Preussen durchsetzt. Ruhmlose Betheiligung Frankreichs am 7jährigen Kriege. Im Frieden zu Paris (1763) Verlust Canadas, der meisten westind. Inseln und ostind. Besitzungen. Darauf Streit mit den Parlamenten, die die Einregistrirung der Steueredikte verweigern, und 3. März 1766 Herabsetzung derselben durch eine Lit de justice zu blossen Gerichtshöfen. L. unter der Herrschaft der Mätresse Dubarri (s. d.), die Choiseul stürzt und willkürlich über den Schatz verfügt. L. † 10. Mai 1774. Vgl. die Schriften von *Barbier* (1866, 8 Bde.), *Tocqueville* (1847, 2 Bde.) und *Michelet* (1866). — q) *L. XVI., August*, geb. 23. Aug. 1754, 2. Sohn des Dauphins Ludwig, Enkel des Vor., seit 10. Mai 1770 mit Marie Antoinette, der jüngsten Tochter der Kaiserin Maria Theresia, vermählt, bestieg 10. Mai 1774 den Thron, ward 11. Juni 1775 zu Rheims gekrönt. Geneigt zu Reformen, berief er Vergennes, Malesherbes und Turgot an die Spitze der Geschäfte, fand aber Widerstand von Seiten der Aristokratie und der restituirten Parlamente, die die beabsichtigten Reformen hintertrieben. Juni 1777 bis Mai 1781 Necker an der Spitze der Finanzverwaltung. Frankreichs Theilnahme am nordamerikan. Freiheitskriege, hes. aber Calonnes leichtfertige Finanzwirthschaft vergrössern die Schuldenlast. Febr. 1787 Berufung der Notabeln. Mai 1787 Loménie de Brienne an die Spitze der Finanzverwaltung berufen; die Einführung einer allgem. Grundsteuer und Stempeltaxe gegen den Widerspruch des Parlaments durch Lit de justice vom 6. Aug. 1787 erzwungen. 5. Mai 1789 Eröffnung der Reichsversammlung. Weiteres s. Frankreich, Gesch. Vgl. Droz (1839—40, 3 Bde.; deutsch 1843), Feuillet de Conches (1865—69, 5 Bde.). — r) L. XVII., Karl, geb. 27. März 1785 zu Versailles, Sohn Ludwigs XVI. und der Marie Antoinette, erst Herzog von der Normandie, nach dem Tode seines Bruders 4. Juni 1789 Dauphin, folgte nach der Katastrophe vom 10. Aug. 1792 seinen Eltern in den Templethurm, ward nach der Hinrichtung seines Vaters von seinem Oheim, dem spätern Ludwig XVIII., zum König von Frankreich erklärt, theilte noch mehrere Monate die Gefangenschaft seiner Mutter, ward dann dem Schuster Simon zur Pflege und Erziehung übergeben, physisch und geistig zu Grunde gerichtet; † 8. Juni 1795. Vgl. Eckard, ‚Mémoires histor. sur Louis XVII', 1817, und Beauchesne (7. Aufl. 1868, 2 Bde.). — s) L. XVIII., Stanislaus Xaver, geb. 17. Nov. 1755 zu Versailles, 4. Sohn des Dauphins Ludwig, Bruder Ludwigs XVI., erhielt den Titel eines Grafen von Provence, seit 1771 vermählt mit Marie Josephine Luise, der Tochter Victor Amadeus III. von Sardinien, nahm nach Ludwigs XVI. Regierungsantritt den Titel Monsieur an, floh in der Nacht vom 20. zum 21. Juni 1791 zugleich mit dem König, entkam glücklich nach Brüssel, rief die Hülfe der fremden Mächte zu Herstellung der alten Monarchie an, ernannte nach Ludwigs XVI. Hinrichtung in einem Manifest den Dauphin Ludwig zum König, sich selbst zum Regenten und den Grafen von Artois zum Generallieutenant des Reichs, nahm nach Ludwigs XVII. Tode 1795 den Königstitel an. Aus Verona, wohin er seinen Hof verlegt hatte, 1796 ausgewiesen, begab er sich zu dem Corps der Prinzen Condé, lebte seit 1798 in Mitau und Warschau, seit 1807 in England, wo 1810 seine Gemahlin starb. Mit dem Grafen von Artois verhiess er in einer Proklamation vom 1. Febr. 1814 liberale Institutionen, landete 26. April zu Calais, zog 3. Mai in Paris ein und verlieh 4. Juni eine konstitutionelle Charte. Bei der Annäherung Napoleons begab er sich in der Nacht vom 19. zum 20. März nach Gent, verliess nach der Schlacht bei Waterloo in einer Proklamation vom 28. Juni allgem. Amnestie und neue Bürgschaften zur Sicherung der Charta, liess sich aber, 9. Juli 1815 unter dem Schutze des Herzogs von Wellington nach Paris zurückgekehrt, von seiner Umgebung abermals zu reaktionären Gewaltschritten fortreissen (s. Frankreich, Gesch.); † 16. Sept. 1824. Vgl. ‚Mémoires de Louis XVIII', 1822. — t) L. Philipp, König der Franzosen, geb. 6. Okt. 1773 zu Paris, ältester Sohn des Herzogs Ludwig Philipp Joseph von Orléans (s. d.) und der Prinzessin Luise Maria Adelaïde von Penthièvre, ward 1785 zum Herzog von Chartres ernannt, trat nach Ausbruch der Revolution in die Nationalgarde und Nov. 1790 in den Klub der Jakobiner. Mai 1792 zum Maréchal-de-camp ernannt, befehligte er in der Armee Lucknors eine Kavalleriebrigade, ward unter Kellermann Generallieutenant, wohnte 20. Sept. der Kanonade von Valmy bei, focht in Dumouriez Armee 6. Nov. bei Jemappes und trat, in den Verhaftsbefehl gegen seinen Obergeneral mit eingeschlossen, mit demselben 4. April 1793 auf das österr. Gebiet über. Nach amouatischem Umherirren in der Schweiz fungirte er unter dem Namen Chabaud-Latour 8 Monate als Lehrer an der Schule zu Reichenau bei Chur. Nach seines Vaters Hinrichtung Herzog von Orléans, begab er sich nach Hamburg, bereiste Skandinavien bis ans Nordkap, lebte Okt. 1796 bis Anfang 1800 in Nordamerika, dann bis 1807 im Dorf Twickenham bei London. Zu Palermo am Hofe des vertriebenen Königs Ferdinand I. von Neapel verweilend, ward er von demselben nach der span. Küste gesandt, um hier die Sache der Bourbons gegen Joseph Bonaparte aufrecht zu erhalten, ward aber Sept. 1808 nach London gebracht. Nachdem er sich 25. Nov. 1809 zu Palermo mit Ferdinands Tochter Marie Amélie vermählt hatte, schiffte er sich, von der Junta zu Sevilla wieder nach Spanien berufen, 21. Mai 1810 dahin ein, kehrte aber Okt. unverrichteter Sache nach Sicilien zurück. Nach dem ersten pariser Frieden nach Paris zurückgekehrt, ward er 15. Mai 1814 von Ludwig XVIII zum Generaloberst der Husaren ernannt und nach Napoleons Rückkehr zu Unterstützung der Operationen des Grafen von Artois gesandt. Nach der zweiten Restauration wegen seines Liberalismus und seiner Popularität am Hofe verhasst, lebte er seit Okt. 1815 wieder in Twickenham und kehrte erst Anfang 1817 nach Paris zurück, wo er im Palais royal Hof hielt und Mittelpunkt der liberalen Opposition war. An der Julirevolution 1830 sich nicht betheiligend, ward er 30. Juli auf Laffittes Vorschlag zum Generallieutenant des Reichs erwählt, nahm das sogen. Juliprogramm an, berief 3. Aug. die Kammern, beschwor 9. Aug. die reformirte Charte und bestieg kraft Kammerbeschlusses vom 7. Aug. als König der Franzosen den Thron. Ueber seine Regierung s. Frankreich, Gesch. Durch die Februarrevolution 1848 gestört, floh er 24. Febr. aus Paris, landete 3. März an der engl. Küste und lebte seitdem unter dem Titel eines Grafen von Neuilly zu Claremont, wo er 26. Aug. 1850 †. Ueber seine Familie s. Orléans. Vgl. Birch (3. Aufl. 1851, 3 Bde.), Billault de Gérainville (1871, 2 Bde.), Guizot, ‚Mémoires', 1858—67.

5) L. Napoleon, s. Napoleon III.

6) L. I., Dom Luis Felippe, König von Portugal, geb. 31. Okt. 1838 zu Lissabon, 2. Sohn der Königin Maria II. da Gloria aus deren Ehe mit König Ferdinand, Herzog von Sachsen-Koburg-Kohary, bestieg nach dem Tode seines ältern Bruders Dom Pedro (11. Nov. 1861) den Thron; seit 6. Okt. 1862

mit Maria Pia, der 2. Tochter des Königs Victor Emannel von Italien, vermählt.

7) *Könige von Ungarn:* a) *L. I., der Grosse,* geb. 5. März 1326, Sohn des Königs Karl Robert von Ungarn und der Prinzessin Elisabeth von Polen, folgte 1342 seinem Vater, eroberte 1350 Neapel, das er jedoch der Königin Johanna, der Wittwe seines Bruders Andreas, überliess, entriss den Venetianern Dalmatien, ward 1370 zum König von Polen erwählt; beim Zusammenstoss mit den Osmanen nicht glücklich; † 1382. — b) *L. II.,* geb. 1506, Sohn Ladislaws II., folgte diesem 1516 unter Vormundschaft des Kaisers Maximilian I., fiel 29. Aug. 1526 bei Mohacz gegen die Türken.

8) *Markgrafen und Grossherzöge von Baden:* a) *L. Wilhelm I.,* geb. 8. April 1655 zu Paris, Sohn des Erbprinzen Maximilian von Baden-Baden, reg. seit 1677 in Baden-Baden, trat in kaiserl. Dienste, focht 1683 vor Wien, erhielt 1689 den Oberbefehl in Ungarn, kämpfte hier siegreich gegen die Türken, dann an der Spitze der Reichsarmee am Rhein gegen die Franzosen, ward Reichsfeldmarschall; † 4. Jan. 1707 zu Rastadt. — b) *L. Aug. Wilh., Grossherzog von Baden,* 3. Sohn des Grossherzogs Karl Friedrich, folgte 1818 seinem Neffen, dem Grossherzog Karl Ludwig; † 30. März 1830. 8. *Baden, Geschichte.*

9) *Grossherzöge von Hessen-Darmstadt:* a) *L. I.,* geb. 14. Juni 1753 zu Prenzlow in der Uckermark, Sohn des Landgrafen Ludwig IX., folgte diesem 4. April 1790, erhielt 1803 für seine Verluste jenseits des Rheins das Herzogthum Westphalen, trat 1. Aug. 1806 dem Rheinbunde bei, wurde souveräner Grossherzog, schloss sich Nov. 1813 durch die Konvention von Frankfurt den Verbündeten an, erhielt durch den wiener Kongress für Westphalen Rheinhessen, gab 17. Dec. 1820 eine Verfassung; † 6. April 1830. — b) *L. II.,* geb. 26. Dec. 1777, Sohn des Vor., folgte diesem 6. April 1830, gerieth wegen seiner Privatschulden mit den Ständen in Konflikt, nach 1830 reaktionär, nahm bei Beginn der Märzbewegung 1848 seinen ältesten Sohn zum Mitregenten an; † 16. Juni 1848. — c) *L. III.,* geb. 9. Juni 1806, Sohn des Vor., seit 5. März 1848 Mitregent, folgte jenem 16. Juni 1848, seit 1833 vermählt mit Mathilde, Tochter König Ludwigs I. von Bayern; † 25. Mai 1862 kinderlos. 8. *Hessen-Darmstadt, Geschichte.*

10) *Landgrafen von Thüringen:* a) *L. II., der Springer* (Saliens), geb. 1042, Sohn Ludwigs des Bärtigen, erbaute der Sage nach die Wartburg, liess den Pfalzgrafen Friedrich von Sachsen ermorden, um sich mit dessen Gemahlin Adelheid zu vermählen, ward auf die Klage der Verwandten desselben vom Kaiser auf dem Schlosse Giebichenstein bei Halle gefangen gesetzt, entkam durch einen kühnen Sprung in die Saale, ward wieder gefangen, später freigelassen, stand in den Kämpfen zwischen Heinrich IV. und dem Papst meist auf Seiten des erstern, trat unter Kaiser Heinrich V. zur sächs. Partei über, was ihm

vorübergehende Haft zuzog; † 1123 als Mönch in dem von ihm gegründeten Kloster Reinhardsbrunn. — b) *L. IV., der Eiserne,* geb. um 1129, Sohn Ludwigs III., Enkel des Vor., stand 1140—44 unter Vormundschaft seiner Mutter, durch seine Vermählung mit Judith, der Tochter des Herzogs Friedrich von Schwaben, Schwager Kaiser Friedrichs I., nahm an mehreren Heereszügen desselben Theil; † 1172. Soll nach der Sage durch einen Schmied, zu dem er sich auf der Jagd verirrt hatte, durch die bei jedem Schlag auf das Eisen wiederholten Worte: ,Landgraf, werde hart!' auf die Bedrückung des Volks durch die Edelleute aufmerksam gemacht, dieselben zu Pflüge gespannt und gezwungen haben, in der Gegend von Freiburg einen Acker zu pflügen. — c) *L. VI., der Heilige,* geb. 1200, ältester Sohn des Landgrafen Hermann, folgte diesem 1217, ward 1226 vom Kaiser Friedrich II. mit Meissen, dem Pleissnerlande und der Lausitz belehnt; † 1227 zu Otranto auf einer Kreuzfahrt; Gemahl der heil. Elisabeth [s. d. 5)].

11) *L. Joseph Anton, Erzherzog von Oesterreich,* geb. 13. Dec. 1784 zu Florenz, jüngster Bruder des Kaisers Franz I., führte 1809 ein österr. Truppencorps, ward bei Abensberg 20. April von Napoleon geschlagen, 1822 zum Generaldirektor der Artillerie ernannt u. in der Folge vom Kaiser vielfach zu den Regierungsgeschäften beigezogen, 1835 Chef der aus dem Erzherzog Franz Karl, dem Fürsten Metternich und dem Grafen Kolowrat zusammengesetzten geheimen Staatskonferenz, als der Hauptträger der alten Politik März 1848 seines Einflusses verlustig; † 21. Dec. 1864 in Wien.

12) *L. Friedr. Christian,* gewöhnl. *Louis Ferdinand* genannt, *Prinz von Preussen,* geb. 18. Nov. 1772, Sohn des Prinzen Ferdinand von Preussen, des Bruders Friedrichs d. Gr., Kunst-, und Musikliebhaber, machte den Feldzug von 1792 mit, ward 1795 Generallieutenant, 1806 Wortführer der kriegslustigen Partei und Befehlshaber der 8000 Mann starken Avantgarde des hohenlohe'schen Corps, liess sich bei Saalfeld 10. Okt. mit dem doppelt überlegenen Feind in Kampf ein, ward von einem franz. Offizier erstochen, sein Corps fast aufgerieben.

Ludwig, 1) *Otto,* Dichter, geb. 11. Febr. 1813 in Eisfeld, seit 1845 in Meissen, später in Dresden; † das. 25. Febr. 1865 nach langer Krankheit. In seinen Trauerspielen ,Der Erbförster' und ,Die Makkabäer' durch Energie der Charakterdarstellung und acht dramat. Ausdruck hervorragend; sehr. auch Novellen (,Zwischen Himmel und Erde', ,Die Heiterethei'). ,Shakespeare-Studien' (1871). Werke (1870). — 2) *Karl Friedr. Wilh.,* Physiolog, geb. 29. Dec. 1816 zu Witzenhausen, ward 1846 Prof. zu Zürich, 1855 zu Wien, 1865 zu Leipzig; verdient durch treffl. Untersuchungen über den Einfluss der Nerven auf die Speichelsekretion, über die Blutgase und über die Lymphbildung. Hauptwerk: ,Lehrbuch der Physiologie des Menschen' (2. Aufl. 1858—61, 2 Bde.).

Ludwigsburg, zweite Residens Würtembergs, Hauptst. des Neckarkreises, 12,423 Ew. Gr. Schloss; kgl. Gewohrfabrik. Rege Industrie: grösste Orgelfabrik der Welt (mit Dampf betrieben), Blechblechdr-, Metallwaaren-, Korsett-, Baumwollenwaarenfabr. Lustschlösser Favorite, Monrepos, Solitude.

Ludwigsdor, bad. Goldmünze, = 5 Thlr.

Ludwigshafen, Stadt im bayer. Regbz. Pfalz, Mannheim gegenüber, am Rhein (Eisenbahnbrücke mit Strassenbahn), früher ‚Rheinschanze‘ genannt, 4887 Ew. Freihafen. Rheinhandel und Schiffahrt.

Ludwigskanal (*Maindonaukanal*), verbindet durch die Regnitz (bei Bamberg) und die schiffbar gemachte Altmühl (bei Beilngries) Rhein und Donau, 23½ M. l., von König Ludwig I. 1836—45 ausgeführt (Kosten 10 Mill. Gulden); 94 Schleussen, 22 Häfen.

Ludwigslied, althochd. Gedicht auf den Sieg Ludwigs III. über die Normannen bei Sancourt (881), vor Ludwigs Tode (882) abgefasst, nach seinem Tode aufgezeichnet im Kloster St. Amand; herausgeg. von *Hoffmann von Fallersleben* in ‚Elnonensia‘ (1837).

Ludwigslust, grossherzogl. Sommerresidens in Mecklenburg-Schwerin, 5585 Ew.

Lübbecke, Kreisstadt im preuss. Regbz. Minden, am Mühlbach, 2672 Ew.

Lübben, Kreisst. im preuss. Regbz. Frankfurt, an der Spree, 5593 Ew.

Lübbenau, Stadt im preuss. Regbz. Frankfurt, Kr. Kalau, an der Spree, 3241 Ew. Residenzschloss des Grafen Lynar.

Lübeck, freie Stadt und Bundesstaat des deutschen Reichs, 5,2 QM. und 48,538 Ew. (364 Kathol. und 609 Juden); besteht aus einer Hauptmasse und 9 Exklaven im Holsteinischen, Lauenburgischen und Ratzeburgischen. *Hauptbeschäftigung* Ackerbau und Viehzucht (bes. Rindvieh und Schafe); Industrie ohne Bedeutung, nur der Schiffbau wichtig. *Verfassung* auf dem Bürgerrecess vom 9. Jan. 1669 beruhend, 29. Dec. 1851 revidirt, wesentlich demokratisch. Höchste Staatskörper: Senat (14 Mitgl. auf Lebenszeit) und Bürgerschaft (120 Mitgl. auf 6 Jahre). *Finansbudget* 1870: 676,800 Thlr. Einnahme und ebenso viel Ausgabe. *Staatsschuld* 1869: 7,847,520 Thlr. Matrikularbeitrag an den Bund 1870: 18,718 Thlr. *Rechnung* nach Mark (2½ M. = 1 Thlr.). Das lübeckische *Militär* seit 1. Okt. 1867 aufgelöst; die Militärpflichtigen L.s bilden seitdem das Füsillerbataillon des 2. hanseat. Infanterieregiments Nr. 76. *Wappen:* Getheilter Schild, oben Silber, unten Roth. — Die *Stadt L.,* an der Trave, 36,998 Ew., theilweise von alterthüml. Ansehn, mit breiten Strassen (Königs- u. Breitestrasse); 3 Vorstädte und 4 Thore (merkw. das Holstenthor). *Gebäude:* goth. Marienkirche (1276 erb.; Todtenkapelle mit Todtentanz, astronom. Uhr), Dom (1170 erb.), Jakobikirche, Peterskirche (5 Schiffe), Katharinenkirche (goth. Meisterbau), sämmtlich reich an Kunstschätzen; Rathhaus (Hansearchiv), Börse, Haus der Schiffergesellschaft. Sitz des Oberappellationsgerichts für die freien Städte. Reich ausgestattete Wohlthätigkeits-

anstalten (Heiligengeisthospital). *Industrie:* Schiffbau, Brauerei, Cigarrenfabrikat., Maschinenbau; auch lebh. Fischereibetrieb. Weit bedeutender der *Handel,* bes. nach den skandinavischen und baltischen Ländern. Der Hafen von L. *Travemünde,* den grossten Seeschiffen zugänglich, durch regelmässige Dampfschiffahrten mit schwed., dän., russ. Häfen verbunden. Gesammteinfuhr jährl. ca. 80 Mill. Mark. L. besitzt 45 Seeschiffe von 5190 Last (à 4000 Pfd.); eingelaufen 1869: 1775 Schiffe von 122,200 Lasten (574 Dampfer), abgegangen: 1770 von 122,647 Lasten (569 Dampfer). Stand der Rhederei 1869: 47 Seeschiffe (23 Dampfer) von 5622 Last. — L. 1143 erbaut, 1226 von Friedrich II. zur freien Reichsstadt erklärt, ward dann Haupt der Hansa. Macht und Reichthum sanken seit 16. Jahrh., bes. aber seit dem 30jähr. Krieg. Am 6. Nov. 1806 von den Franzosen erobert und geplündert, erhielt L. erst 1813 durch die Schweden die Freiheit zurück. Vgl. *Becker,* ‚Gesch. der Stadt L.‘, 1783—1805, 3 Bde.; *Asmus* (1860), ‚Urkundenbuch der Stadt L.‘, 1854—70, 4 Bde.

Lübeck, zu Oldenburg gehöriges Fürstenthum in Holstein, 9,4 QM. und 34,546 Ew., Hauptstadt Eutin; früher Bisthum, seit 1802 oldenburgisch. [ntrs, 4464 Ew.

Lüben, Kreisst. im preuss. Regbz. Liegl.

Lübische Bucht, s. *Trave.*

Lübisches Recht, das der Stadt Lübeck von Heinrich dem Löwen 1067 ertheilte Stadtrecht. Das älteste noch vorhandene lübische Rechtsbuch von 1235.

Lübke, *Wilh.,* Kunsthistoriker, geb. 17. Jan. 1826 zu Dortmund, früher Prof. in Zürich, seit 1866 Prof. der Kunstgeschichte an der Kunstschule zu Stuttgart. Hauptwerke: ‚Vorschule zur Gesch. der Kunst‘ (5. Aufl. 1866), ‚Gesch. der Architektur‘ (4. Aufl. 1870), ‚Gesch. der Plastik‘ (2. Aufl. 1871), ‚Grundriss der Kunstgeschichte‘ (5. Aufl. 1871), ‚Geschichte der Renaissance in Frankreich‘ (1868), ‚Kunsthistor. Studien‘ (1869) u. A.

Lüdenscheid, Stadt im preuss. Regbz. Arnsberg, 7324 Ew. Eisen-, Stahl-, Messing-, Wollwaaren-, Knopffabrikation.

Lüdinghausen, Kreisst. im preuss. Regbz. Munster, an der Stever, 2045 Ew.

Lueg, Pass im Salzburgischen, 1 St. von Golling, von der Salzach durchströmt, 2 St. lang, 25' br., neuerdings befestigt.

Lüneburg, ehedem hannoversches Fürstenthum, seit 1866 preuss. Regbz., 211 QM. und 381,712 Ew. Darin die L.er Heide (90 QM.). Die alterthüml. *Hauptst.* L., an der Ilmenau, 15,916 Ew. Goth. Johanniskirche, Schloss, Rathhaus (Fürstensaal), gr. Kaufhaus. Tapeten-, Karten-, Tabaksfabr., Lüneneleggen, Saline. Handel mit Produkten der L.er Heide (Wolle, Honig, Wachs, Torf, Buchweizen etc.); 2 Messen. 1267—1369 Residenz der Herzoge von Braunschweig-L., seit 1367 Hansestadt.

Lüster, geköpertes Gewebe von schillerndem, changirendem Ausehen mit Kette aus Baumwollgarn und Einschuss aus hartem Kammgarn, Alpaka oder Mohair. Die Kette ist stets dunkler gefärbt als der Einschuss.

Lüster, Metalllüster, zarter metallischer Anflug auf Fayence, wird durch Auftragen und Einbrennen verschiedener Metallpräparate, zum Theil auf gefärbter Unterlage, erzeugt und erhält bisweilen seine Färbung durch Einwirkung reducirender Dämpfe.

Lütke, *Feodor,* russ. Admiral, geb. 17. Sept. 1797 zu Petersburg, leitete die russ. Weltumsegelung 1826 — 29 zur Erforschung der russ. Küsten Asiens und Amerikas, machte 1830 eine neue Reise in die Gewässer Islands, später Erzieher des Grossfürsten Konstantin, seit 1855 als wirkl. Admiral Mitglied des Reichsraths und seit 1864 Präsident der petersburger Akademie der Wissenschaften; Gründer der russ. geograph. Gesellschaft (1845).

Lüttich, belg. Prov., 52,5 QM. und 570,524 Ew., im N. reich an Getreide, im S. an Mineralien, bes. Kohlen, Eisen, Zink. Die *Hauptst.* L. (fläm. *Luyk,* franz. *Liège*), am Einfluss der Ourthe in die Maas, Hauptstation der rhein.-belg. Bahnlinie, 101,710 Ew.; Citadelle; zahlr. Kirchen: goth. St. Paulskathedrale, Jakobskirche, Basilika (12. Jahrh.); Justizpalast (ehem. Residenz der Fürstbischöfe); Universität (seit 1817) mit Bergwerksschule; Bischofssitz. Grossartige Industrie in Stahl- und Eisenwaaren, bes. Waffen (Kanonengiesserei), in Wolle, Leder, Papier. Lebh. Handel. L. im ganzen Mittelalter in steter Fehde mit seinen Bischöfen, kam durch den lüneviller Frieden an Frankreich, 1815 an die Niederlande, 1831 an Belgien.

Lüttringhausen, Stadt im preuss. Regbz. Düsseldorf, 9207 Ew. Industrie in Stahl-, Eisen- u. Messingwaaren, Tuch, Kasimir etc.

Lützelburg, s. v. a. Luxemburg.

Lützelstein, kl. Festung im untern Elsass; 9. Aug. 1870 von den Deutschen besetzt.

Lützen, Stadt im preuss. Regbz. Merseburg, am Flossgraben, 2718 Ew. Schloss. 6. Nov. 1632 *Sieg* Gustav Adolfs († das.) über Wallenstein (,Schwedenstein' und Denkmal); zweite *Schlacht* bei L. s. *Grossgörschen.*

Lützow, *Ludw. Adolf Wilh.,* *Freiherr von,* Führer der nach ihm benannten Freischaar, geb. 18. Mai 1782 in der Mittelmark, diente seit 1795 in der preuss. Garde, machte den Krieg von 1806 mit, betheiligte sich 1809 an dem schillschen Zuge und errichtete 1813 ein Freicorps (*Lützower*), das er als Chef, unter ihm der Major von Petersdorff, kommandirte. Zu Führung des kleinen Kriegs bestimmt, verstärkte es sich nach und nach bis zu 2000 M. Infanterie und 4 Eskadrons Kavallerie. Während des Waffenstillstandes auf dem Rückmarsch nach der Elbe begriffen, ward es 17. Juni bei Kitzen unweit Leipzig von dem würtemberg. General Normann überfallen und fast ganz aufgerieben. Nach dem Waffenstillstand neu organisirt und Tettenborns Corps an der untern Elbe beigegeben, focht es ruhmvoll 16. Sept. an der Göhrde und in vielen Vorpostengefechten, konnte aber nichts Grösseres ausführen, da es nie vereinigt war. Erst im Dec. wieder gesammelt, zog es mit dem preuss. Kronprinzen gegen die Dänen, dann nach dem Rhein und nach Frankreich, wo es

aber nicht mehr zum Kampfe kam. Nach dem Frieden zum Oberstlieutenant befördert, erhielt L. 2. März das Kommando eines Ulanenregiments, ward Okt. 1815 Oberst, 1817 Kommandeur der 13. Kavalleriebrigade, 1822 Generalmajor, April 1830 zur Disposition gestellt; † 6. Okt. 1834 zu Berlin. Ueber seine Gattin *Elisa* s. *Ahlefeldt.* Vgl. ,Gesch. des L.schen Freicorps', 1827.

Lützow, *Therese von,* geb. von *Struve,* Schriftstellerin, geb. 4. Juli 1804 in Stuttgart, zuerst mit dem russ. Generalkonsul von *Bacharacht,* seit 1849 mit dem niederl. Oberst von *L.* vermählt; † 16. Sept. 1852 auf Java. Verf. zahlr. Romane und Reisebilder.

Luft, *Axe,* s. v. a. Kohlensäure. [werke.

Luftbad, Apparat, in welchem man eine Substanz durch gleichmässig erwärmte Luft anhaltend einer bestimmten Temperatur aussetzen kann.

Luftballon (*Aërostat*), Vorrichtung, welche in der Luft aufsteigt, weil sie weniger wiegt als ein dem ihrigen gleiches Volumen dieser Luft. In Montgolfiers L. wurde die Luft durch direktes Feuer erhitzt, dadurch verdünnt und leichter (1783), Charles füllte seinen L. mit Wasserstoff (1783); jetzt baut man die L.s meist aus luftdicht gemachter Seide und füllt sie mit Leuchtgas. Pilâtre de Rozier war der erste Luftschiffer. Zum Herablassen aus dem L. dient dem einem Regenschirm ähnlich gebaute *Fallschirm* von 20 und mehr Fuss Durchmesser. Den L. zu lenken ist noch nicht gelungen. Die Luftschifffahrt, *Aëronautik,* erwartet deshalb auch mehr von den schiff- oder vogelähnlich gebauten *Flugmaschinen,* welche durch die Arbeit einer kleinen Dampfmaschine sich selbst heben. Der L. diente mehrfach zu militärischen Rekognoscirungen und zu wissenschaftl. Zwecken. Vgl. ,Travels in the air by Glaisher, Flammarion, de Fonvielle und Tissandier', 1871.

Luftbetten, aufgeblasene Kissen aus luftdichtem (mit Kautschuk überzogenem) Gewebe.

Luftdruck, s. *Atmosphäre.* [webe.

Luftpresse, s. *Aërostatische Presse.*

Luftpumpe, Apparat zur Erzeugung eines luftverdünnten oder luftleeren Raums, wirkt nach Art der Pumpen durch Bewegung eines Kolbens in einem Cylinder (Stiefel) mit Hähnen oder Ventilen (höchste Verdünnung 20,000fach). Bei der *Quecksilberluftpumpe* wird der luftleer zu machende Raum wiederholt mit einer immer von Neuem wiederhergestellten grossen Barometerleere verbunden, bei der *Wasserluftpumpe* wird die Barometerleere kontinuirlich hergestellt und erhalten. *Chemisch* erzeugt man den luftleeren Raum, indem man ein Gefäss ganz mit reiner Kohlensäure füllt, dann verschliesst und die Kohlensäure durch Aetzkalk absorbiren lässt. Die L. dient zum Verdampfen von Flüssigkeiten bei niederer Temperatur (bes. in der Zuckerfabr.), zum Auswaschen von Niederschlägen, Filtriren, Trocknen, zur Beförderung von Packeten in Röhren und bei der Dampfmaschine.

Luftröhre (*Trachea*), der zwischen Kehlkopf und Lungen gelegene Theil der Athemwerkzeuge, ein fast zollweites Rohr, welches am unteren Theil des Halses durchfühlbar ist; seine Verzweigungen nach den Lungen heissen Bronchien. Staub, Rauch, schädliche Gase, die mit der Luft eingeathmet werden, veranlassen oft Entzündung der Schleimhaut der L. *schwindsucht.*

Luftröhrenschwindsucht, s. *Lungen-*

Luftschifffahrt, s. *Luftballon.*

Luftspiegelung (*Kimmung*, Mirage), optische Erscheinung, welche durch sehr starke Erwärmung der untersten ruhenden Luftschichten hervorgebracht wird. Die auf letztere fallenden Lichtstrahlen werden reflektirt, der Boden wird also unsichtbar und alle höher liegenden Gegenstände spiegeln sich in der wärmeren Schicht, die einem leise bewegten See gleicht. Bei der *Fata Morgana* (Seegesicht) werden unter dem Horizont liegende Gegenstände sichtbar und durch die schwankenden Luftschichten abenteuerlich verzerrt.

Luftsteine, nicht gebrannte Mauersteine.

Luftverdichtungsmaschine, nach Art von Luftpumpen, aber umgekehrt wirkende Maschine, liefert komprimirte Luft, welche, in Röhren fortgeleitet, zum Betrieb von Arbeitsmaschinen, in Bergwerken, bei Tunnelarbeiten (Mont Cenis) dient.

Luftwege, alle bei der Athmung direkt von der Luft getroffenen Organe.

Luganersee, See am südl. Abhang der Alpen, ⅓ dem Kanton Tessin, ⅔ der ital. Prov. Como angehörend; dim 1 St. br., 6 St. lang, 0,9 QM.; buchtenreich, mit steilen Ufern von malerischer Schönheit.

Lugano (deutsch *Lauis*), grösste Stadt des Kantons Tessin, am Luganersee, 5557 Ew. Seidenindustrie. Lebh. Messe. Wegen Schönheit seiner Lage und seines Klimas beliebter Aufenthalt der vornehmen Reisewelt.

Lugau, Dorf im sächs. Regbz. Zwickau, 2103 Ew. Steinkohlenbergwerke, worin 1867 durch Schachtbruch 102 Arbeiter den Tod fanden. [vorm für Leyden.]

Lugdūnum, lat. Name für Lyon; *L. Batavorum*

Lugger, schnellsegelndes Schiff mit langem Bugspriet, 2 oder 3 Masten und besonderer Art Segel (*Luggersegel*).

Lugo, span. Prov. (Gallicien), 187 QM. und 419,457 Ew. Die *Hauptstadt* L., am Minho, 8246 Ew.; Schwefelquellen (30° R.).

Lugos (spr. -osch), Hauptort des ungar. Kom. Krasso, an der Temes, 10,385 Ew.

Luhatschowitz, besuchtes Bad in Mähren, am Abhange der Karpathen, 800 Ew. Jod- und bromhaltige Kochsalzquellen.

Luini, *Bernardino*, ital. Maler, geb. um 1460, † nach 1530; bedeutendster Schüler Leonardo da Vinci's, Stolz der mailänd. Malerschule', lieferte bes. zahlr. Fresken, durch kindlich naive Auffassung und blühendes Kolorit ausgezeichnet.

Luise, *Auguste Wilhelmine Amalie*, Königin von Preussen, geb. 10. März 1776 zu Hannover, Tochter des Herzogs Karl von Mecklenburg-Strelitz, 24. Dec. 1793 mit dem Kronprinzen von Preussen, nachmaligem König Friedrich Wilhelm III., vermählt, bestieg mit ihm 1797 den Thron, folgte ihm

1806 nach Königsberg; suchte im franz. Hauptquartier zu Tilsit durch persönl. Dazwischenkunft von dem Sieger vergeblich mildere Bedingungen für Preussen zu gewinnen; † 19. Juli 1810 zu Strelitz. Ihr und ihres Gemahls Mausoleum mit Sarkophag von Rauch im Schlossgarten zu Charlottenburg. Vgl. *Adami* (4. Aufl. 1868).

Luxemburg (*Luxenburg*), Berg im Fichtelgebirg, bei Wunsiedel, 2400' h., grossartiges Labyrinth von Granitblöcken, topograph. und geognost. von Interesse.

Luisenorden, preuss. Damenorden, 3. Aug. 1814 von König *Friedr. Wilhelm* III. zur Erinnerung an die Königin Luise gestiftet für hervorragende Bethätigung der Vaterlands- und Menschenliebe, wird ohne Unterschied des Standes und der Religion an in Preussen geborne Frauen verliehen und wurd 15. Juli 1850 erneuert.

Luise Ulrike, Königin von Schweden, geb. 24. Juli 1720, Schwester Friedrichs d. Gr., seit 1744 mit dem Kronprinzen, nachmaligem König Adolf Friedrich von Schweden, vermählt, stiftete 1753 die Akademie der schönen Literatur und Geschichte zu Stockholm, förderte Industrie, beeinflusste ihren Gemahl, den sie vom Reichsrathe unabhängiger zu machen suchte; † 16. Juli 1782.

Lukanien (a. G.), Landschaft in Unteritalien, am tarentin. Meerbusen, mit den Städten Pästum, Heraclea, Sybaris etc.

Lukas von Leyden (eigentl. *Luk. Damesz*), ber. niederländ. Künstler, geb. 1494, Schüler des Cornel. Engelbrechtsen, Zeitgenosse Dürers und Holbeins; † 1533. Ausgezeichnet als Kupferstecher und Holzschneider, sowie als Maler, lieferte zahlr. Gemälde, zum Theil genrehaften Inhalts. Hauptwerke: jüngstes Gericht (Leyden), Madonna (München), K. Maximilians Porträt (Wien) etc.

Lukmanier, Alpenpass in der Schweiz, 5740', führt aus dem Medelserthal (Graubünden) in das Blegno- und Tessinthal, sowie zur St. Gotthardstrasse.

Lukow, Stadt, s. *Lukhno.*

Lukrativ (lat.), gewinnbringend.

Luksor (*Luxor*), Dorf in Oberägypten, rechts am Nil, auf den Ruinen des alten Theben, mit Trümmern des Tempelpalastes, mehreren Obelisken und Pylonen.

Luktuös (lat.), trauervoll, kläglich.

Lukubration (lat.), Nachtarbeit, bes. nächtl. Studiren; auch Erzeugniss desselben.

Lukulent (lat.), lichtvoll, deutlich. *Lukulenz*, Helle, Deutlichkeit.

Luleå (spr. Luleö), Fluss in Schweden, entspringt in der Nähe des Sulitelma, bildet kolossale Katarakten und eine Kette von Landseen, mündet bei der *Stadt* L. (1737 Ew.) in den bottn. Meerbusen; 39 M. l.

Lullus, *Raimundus*, Alchemist, geb. 1234 zu Palma auf der Insel Mallorca, Ascet und Missionär in Asien und Afrika; † 1315. Die Ars magna Lulli (*lullische Kunst*) ist ein Versuch zu schematischer Anordnung der Begriffe zum übersichtlicher Erkenntniss und leichter Mittheilung, wobei Buchstaben zur Bezeichnung der Grundbegriffe und geometr. Figuren zur Andeutung der Beziehungen derselben gebraucht werden. Vgl. *Helfferich* (1858).

Lully, *Giov. Battista*, Komponist, geb. 1633 zu Florenz, Begründer und Direktor (seit 1672) der grossen Oper in Paris; † 22. März 1687. Zahlr. beliebte Opern („Isis‘, „Armida‘ etc.), durch Gluck verdrängt.

Lumbal (*lumbar*, lat.), die Lenden betreffend. *Lumbāgo*, Lenden-, Hüftweh.

Lumen (lat.), Licht; heller Kopf. *L. mundi*, Weltlicht, Welterleuchter. *Luminōs*, *luminarisch*, den Mond betreffend. [lichtvoll.

Lumme, Vogelart, s. *Alken*.

Lumpaci (deutsch-lat.), Lump; *Lumpobratis*, Herrschaft der Lumpe.

Luna (lat.), Mond; Mondgöttin (gr. *Selene*); *lunar*, *lunarisch*, den Mond betreffend.

Lunarium (lat.), Apparat zur Veranschaulichung der Bewegung des Mondes um die Erde. [*tiger*; *lunatisch*, mondsüchtig.

Lunaticus, **Lunambulist** (lat.), Mondsüchtiger.

Lunation, Mondwechsel, die Zeit, in welcher der Mond die ganze Reihe seiner Phasen durchmacht. [holländ.

Lunatismus, Mondsüchtigkeit, Somnambulismus.

Lunch oder **Luncheon** (engl., spr. Lönsch, Lönschon), Frühstück, auch Zwischenessen.

Lund, Stadt in der schwed. Landschaft Schonen, 9437 Ew.; Dom (altsächs. Stil, 1145 erbaut), Universität (1668 gegr.). Bis 1533 Sitz des Erzbischofs der 3 nord. Reiche.

Landenburg, Flecken im mähr. Kreis Brünn, 3680 Ew.; Liechtenstein. Schloss; Einigungspunkt der österreich. Nordbahnen.

Lunel (spr. Lünél), Stadt im franz. Depart. Hérault, am Vidourle und am Kanal L. (*Robin de L.*), 6089 Ew. Treffl. Muskatwein.

Lunette (fr.), Angenglas, Brille; kleines Befestigungswerk im Hauptgraben.

Luneville (spr. Lünwill), Stadt im franz. Depart. Meurthe, an der Meurthe, 15,184 Ew. Gr. Schloss. Calicot-, Handschuh-, Zuckerfabriken. Entrepot der Leinwand und der Weine des Depart. 1735 — 60 Residenz des lothring. Herzogs Stanislaus Lesczcinski. 9. Febr. 1801 *Lüneviller Friede* zwischen dem deutschen Reich und der frans. Republik, durch den Belgien und das linke Rheinufer an Frankreich, Mailand und Mantua an die cisalpin. Republik, Venedig, Istrien und Dalmatien an Oesterreich kamen.

Lunge (*Pulmo*), der wesentlichste Theil der Athemwerkzeuge höherer Thiere, liegt in Gestalt zweier halbkegelformiger, schwammiger Organe in beiden Hälften der Brusthöhle. Tiefe Einschnitte theilen die linke Hälfte in 2, die rechte in 3 *Lungenlappen*, die wieder in *Lungenläppchen* (*lobuli*) zerfallen. Der Ueberzug der L. besteht aus dem *Brustfell* (s. d.). Die L. besteht aus den strahlenformigen Verästelungen der Luftröhrenäste (*Bronchien*), deren feinste Zweige in zahlreiche bläschenartige zarte Ausstülpungen enden, die durch die Elasticität ihrer Wandung das Bestreben haben, sich zusammenzuziehen. Diese Bläschen (*Lungenalveolen*, Luftzellen) sind mit einem Netzwerk zarter Blutgefässe umstrickt, welche aus der *Lungenarterie* stammen und sich zu den *Lungenvenen* vereinigen. Sie vermitteln die Ausscheidung der Kohlen-

säure aus dem Blut und die Aufnahme von neuem Sauerstoff in dasselbe.

Lungenabscess, Eiteransammlung im Lungengewebe, meist Folge der Pyämie (s. d.), selten infolge von gewöhnlichen Lungenentzündungen entstehend; meist unheilbar.

Lungenbläschen, s. *Lunge*. [heilbar.

Lungenblume, s. *Gentiana*.

Lungenbluten, s. *Bluthusten*.

Lungenbrand, das Absterben einzelner Lungentheile, wobei sich dieselben in eine jauchige, breiige, übelriechende Masse verwandeln, die der ausgeathmeten Luft einen penetranten Geruch ertheilen. Gewöhnl. im Anschluss an Pyämie, Typhus, Pocken, Lungenschwindsucht; meist unheilbar.

Lungenemphysēm, der Zustand übermässiger Luftansammlung in der Lunge, bedingt durch das Unvermögen derselben, sich genügend zusammenzuziehen, entsteht infolge von Ueberausdehnung der Lunge bei Athmungshindernissen, z. B. nach Keuchhusten, Cronp, aber auch nach Ueberanstrengung, bes. bei Turnern, Posaunisten etc.; veranlasst fassförmige Gestalt des Brustkorbs, Stauungen im kleinen Kreislauf, infolge dessen Bluterfüllung der Unterleibsorgane, Wassersucht, Athemnoth. Behandlung: Vermeidung jeder Anstrengung, nahrhafte, leicht verdaul. Kost, reine Luft.

Lungenentzündung (*Brustentzündung*, lat. pneumonia), Erfüllung der Lungenbläschen mit Eiterkörpern (*katarrhalische L.*) oder mit einem cronpösen Ausscheidungsprodukt (*cronpöse L.*), erstreckt sich entweder nur auf einzelne Lungenläppchen (*lobuläre L.*) oder auf ganze Lungenlappen (*lobäre L.*). Die erstere Form entsteht meist in Anschluss an Katarrhe der Luftwege (Bronchitis), findet sich also häufig bei allen Krankheiten, die diese im Gefolge haben (Masern, Scharlach, Typhus, Pocken), bes. für Kinder gefahrbringend. Die cronpöse lobäre Form tritt bes. nach heftigen Erkältungen auf, beginnt mit Schüttelfrost, dann dauernd hohes Fieber, kurzer Athem, erschwertes Sprechen, stark geröthetes Gesicht, Delirien, der Harn ist spärlich. Nach ca. 7 Tagen verschwindet in günstigen Fällen das Fieber, und allmählig stellt sich der Luftgehalt der Lunge wieder her. Beide Arten der L. erfordern ruhige Lage im Bett, warme Ueberschläge, bisweilen Blutentziehungen. Bei sehr hohem Fieber Eisumschläge auf die Brust. Die katarrh. L. lässt bisweilen Reste zurück, die als sogen. *käsige* L. eine Theilerscheinung der Lungenschwindsucht bilden und Anlass zu Tuberkelbildung geben können.

Lungenfäule, s. *Lungenseuche*.

Lungenflechte, s. *Lobaria*.

Lungenkrampf, s. v. a. Asthma.

Lungenkraut, s. v. a. Eupatorium cannabinum und Pulmonaria officinalis.

Lungenlähmung, s. v. a. Lungenödem.

Lungenmagennerv (Nervus vagus), das zehnte Paar der Hirnnerven, das wichtigste im Körper, entspringt im verlängerten Mark, verläuft neben der Halsschlagader und verzweigt sich nach dem Rachen, Kehlkopf, Herzen, der Lunge, Speiseröhre, dem Magen; beiderseitige Durchschneidung führt den Tod herbei, seine Hauptfunktionen sind: Einfluss auf die Herzbewegung (verlangsamend), Athmung, Verdauung.

Lungenödēm (*Stickfluss*), Erfüllung der Lungenbläschen mit wässriger Flüssigkeit, hebt bei grösserer Verbreitung über die Lunge die Athmung auf und wird hierdurch tödtlich (Lungenlähmung). Biswelien ist Rettung durch Brechmittel möglich.

Lungenprobe, der Versuch, ob die Lunge eines neugeborenen Kindes in Wasser schwimmt oder nicht, zur Beurtheilung, ob das Kind nach der Geburt geathmet hat oder nicht, dient in gerichtlichen Fällen zur Beurtheilung des Kindsmordes.

Lungenschwindsucht (Phthisis oder Tuberculosis pulmonum), Gesammtbegriff verschiedener chronischer Lungenerkrankungen, die durch weitgreifende Zerstörungen der Lunge endlich an allgemeiner Konsumption des Körpers führen. Die L. ist die häufigste aller Erkrankungen. Den ersten Anlass geben meist Katarrhe der Luftwege (Bronchitis), denen sich Lungenentzündungen zugesellen. Reste der letzteren bleiben als käsige Massen zurück. Mit der eingeathmeten Luft gelangt Staub (Kohletheilchen) in die Lunge, setzt sich fest und führt zur *Pigmentirung*. Ferner bilden sich auf noch unermittelte Weise kleine hirsekorngrosse Knötchen, sogen. *miliare Tuberkel*. Bilden sich diese plötzlich in allen Theilen der Lunge (ausserdem noch in anderen Organen), so zeigt sich eine typhusähnliche Erkrankung, die meist tödtlich ist (sogen. *akute Miliartuberkulose*); findet die Bildung dieser Knötchen unausgesetzt statt und wird dadurch (bes. durch Erweichung derselben) rasch die Lunge zerstört und verfällt der Kranke unter beständig wiederkehrendem Fieber in wenigen Wochen oder Monaten, so nennt man dies *galoppirende Schwindsucht*; ist der Verlauf ein langwieriger, zeigen sich gleichzeitig chronische Heiserkeit, die von Geschwüren in Kehlkopf und Luftröhre herrühren (*Luftröhren-, Kehlkopfschwindsucht*), treten Diarrhöen (durch Darmgeschwüre) ein und zeigt sich zeitweiliger Stillstand, so heisst die Krankheit *chronische L. oder chronische Tuberkulose*. Letztere ist die häufigste, und es kann bei genügender diätetischer Behandlung relatives Wohlbefinden bestehen. Erblichkeit, Arbeiten in staubiger, schlechter Luft, ausschweifendes Leben bieten den Hauptanlass der Erkrankung, oft sind Bluthusten und Blutsturz im Verlauf der Krankheit vorhanden. Behandlung erfordert Athmen gleichmässig reiner warmer (16°) Luft, Milchdiät, Tragen eines Respirators, Vermeidung aller Anstrengung, wollene Unterkleider; bei chronischem Verlaufe ist alljährlich längerer Aufenthalt in waldiger Gegend (Nadelholz) zweckmässig.

Lungenseuche (*Lungenfäule*), ansteckende, in einer Entzündung des Bindegewebes zwischen den Lungenläppchen bestehende Erkrankung des Rindviehs, beginnt mit Husten, dann tritt Beschleunigung des Athmens, Fieber, Abmagerung, endlich durch Erstickung oder Abzehrung der Tod ein. Ursache: Erkaltung, verdorbenes Futter, Ansteckung; Ausgang meist ungünstig. Behandlung: Isoliren der kranken Thiere, warmer trockner Stell, Fütterung mit gutem Heu, Kleie etc., anfänglich Blutentziehungen. Zur Vermeidung ist Impfung der gesunden Thiere mit Lymphe aus von L. befallenen Thieren empfohlen (Willems).

Lungensucht, s. *Lungenschwindsucht*.

Lungenwürmerseuche, Krankheit der Lämmer, bestehend in Anhäufung massenhafter, zolllanger, fadenförmiger Würmer in den Luftwegen; führt meist zu Erstickung.

Lunte, lose gedrehter Strick von Flachsoder Haufwerg, der angezündet fortglimmt, diente ehemals zur Entzündung der Geschützladung. Die L. der modernen Feuerzeuge sind mit chromsaurem Kali getränkt.

Luuǔla (lat.), kleiner Mond, halbmondförmige Verzierung; der weissliche, halbrunde Fleck an der Wurzel der Fingernägel.

Lupanarium (lat.), Bordell.

Lupe, konvexe Glaslinse von 1/2—2'' Brennweite, welche als Vergrösserungsglas dient; oft werden 2 L.n kombinirt, um eine stärkere Vergrösserung zu erzielen.

Lupercus, altital. Heerdengott, später mit Pan identificirt; sein Fest *Lupercalia*.

Lupiǔus L. (*Lupine*, *Wolfs-*, *Feigbohne*), Pflanzengattung der Leguminosen. L. luteus L., *gelbe Lupine*, aus Südeuropa, seit ca. 30 Jahren bei uns kultivirt, liefert dem Klee gleichstehendes Viehfutter und proteïnreiche, bittere, aber leicht vom Bitterstoff zu befreiende und dann als Viehfutter sehr werthvolle Samen. Am häufigsten dient sie nur als Kulturmittel auf ödem Sand und wird bei voller Entwickelung untergepflügt. Nur zur Körnergewinnung baut man L. angustifolius L., blaue L., [aus Südeuropa.

Lappen, s. *Eisen*.

Lupulin, s. *Hopfen*.

Lupǔlus, s. *Hopfen*.

Lupus (lat.), Wolf. Sprichw.: *L. in fabula*, der Wolf in der Fabel, d. h. wenn man von Einem redet, pflegt er zu kommen.

Lurche, s. v. a. Reptilien oder Batrachier.

Lure (spr. Lühr), Stadt im franz. Depart. Obersaône, unweit des Oignon, 3747 Ew. Steinkohlenlager und Hüttenwerke. 9.—12. Jan. 1871 von Werder gegen Bourbaki besetzt.

Luristan, Landschaft im südwestl. Persien: *Gross-L.*, Bergland der Bachtiaren, und *Klein-L.*, von den *Luren* bewohnt.

Lurlei (*Lorelei*), steiler Fels am rechten Rheinufer, zwischen Kaub und St. Goarshausen, an der engsten Stelle des Durchbruchthales, mit vielfachem Echo, früher den Schiffern gefährlich, jetzt durch Sprengung unschädlich gemacht; Tunnel der Rhein-Lahnbahn hindurch. Die Sage von der Fee L. ist modernen Ursprungs.

Lusatia (lat.), Lausitz.

Lusiaden, Epos, s. *Camoens*.

Lusignan (spr. Lüsinjang), Stadt im franz. Depart. Vienne, an der Vonne, 2470 Ew.; einst ber. Schloss (Melusine).

Lusignan, s. *Guido von Lusignan.*

Lusitanien, lat. Name Portugals.

Lussac (spr. Lüs-), Flecken im franz. Depart. Gironde, 2356 Ew.; treffl. Rothwein.

Lussin (*Ossero*), österr. Insel im Golf von Quarnero, 3,2 QM. und 10,600 Ew. Hauptort *L. Piccolo,* mit frequentem Hafen, 7053 Ew.

Lustration (lat.), sühnende Reinigung, Waschung; Durchsicht, Musterung.

Lustre (fr., spr. Lüst'r), das feinste Schmelzglas; Kronleuchter; s. v. a. Lüster.

Lustrum (lat.), das von den röm. Censoren beim Amtsschluss alle 5 Jahre für das Volk dargebrachte Sühnopfer, daher **Lustseuche,** s. *Syphilis.* [Jahrfünft.

Latament (lat.), Kitt- oder Lehmwerk.

Latation (lat.), Verkittung; *lutiren,* ver- **Lutetia,** s. v. a. Waa. [kitten.

Lutetia (*L. Parisiorum*), lat. Name für Paris.

Luther, 1) *Martin,* deutscher Reformator, geb. 10. Nov. 1483 zu Eisleben, Sohn des Bergmanns Hans L., der von Möhra nach Eisleben und von da nach Mansfeld übersiedelte. Hauptdata aus L.s Leben: Nach Besuch der Schulen zu Magdeburg und Eisenach 1501 Abgang zur Hochschule nach Erfurt; 1503 Erlangung der Magisterwürde; 17. Juni 1505 Eintritt ins Augustinerkloster zu Erfurt; 1507 Empfang der Priesterweihe; 1508 Berufung an die Universität Wittenberg; 1510 Reise nach Rom; 19. Okt. 1512 Erlangung der theolog. Doktorwürde; Okt. 1515 Berufung als Prediger an die Stadtkirche zu Wittenberg; 31. Okt. 1517 Anschlagung der 95 Sätze gegen Tetzels Ablasskram an die Schlosskirche zu Wittenberg; Okt. 1518 Rechtfertigung vor dem Kardinal Cajetan in Augsburg; 28. Nov. 1518 Appellation an ein allgem. Koncil; Jan. 1519 beschwichtigende Unterredung mit Karl von Miltitz in Altenburg und infolge davon 3. März 1519 Ergebenheitsbezeugung dem Papst gegenüber; 27. Juni bis 16. Juli 1519 Disputation Karlstadts und L.s mit Eck; Nov. 1520 Veröffentlichung der päpstl. Bannbulle gegen L. durch Eck; 10. Dec. 1520 Verbrennung der Bannbulle und der päpstl. Dekretalen vor dem Elsterthore in Wittenberg; 17. und 18. April 1521 L. auf dem Reichstag zu Worms; 4. Mai Internirung L.s auf der Wartburg; 26. Mai Achterklärung L.s; 7. März 1522 Rückkunft L.s nach Wittenberg zu Unterdrückung der dortigen radikalen Bewegungen; 9. Okt. 1524 Ablegung des Mönchsgewands; 13. Juni 1525 Verheirathung mit Katharina von Bora; 1527—29 Reformation der Kirche im Kurfürstenth. Sachsen. Juni 1530 L. zu Koburg und Betheiligung desselben an Feststellung der augsburg. Konfession; 1537 Abfassung der schmalkald. Artikel; 18. Febr. 1546 L.s Tod zu Eisleben. Vgl. *Reformation.* Bibelübersetzung 1521—34; ausserdem eine Menge Abhandlungen über die wichtigsten Gegenstände des Glaubens, ausgebreiteter Briefwechsel mit Fürsten, Gelehrten und Freunden (herausg. von *Burckhardt* 1866); geistl. Lieder (,Ein' feste Burg', ,Wir glauben all' an einen Gott', ,Aus tiefer Noth' u. A.). L.s Söhne: *Johann,* geb. 7. Juni 1526, Rath bei den Söhnen des Kurfürsten Johann Friedrich, dann in Diensten des Herzogs Albrecht von Preussen; † 28. Okt. 1575 in Königsberg; *Martin,* geb. 7. Nov. 1531, Theolog., † 3. Mai 1565; *Paul,* geb. 28. Jan. 1533, kuräch. Leibarzt, † 8. März 1593 zu Leipzig, Stammhalter der Familie. L.s männliche Nachkommenschaft erlosch 1759 mit Mart. Gottlob L., Rechtskonsulent in Dresden. Vgl. *Nobbe,* ,Geneal. Hausbuch der Nachkommen L.s', 1871. L.s Werke, am vollständigsten herausgeg. von *Walch* (Halle 1740—51, 24 Bde.); neue erlanger Ausg. (deutsche Werke, 1826—57, 67 Bde.; 2. Aufl. 1863 ff.; latein. Werke, 1829—61, 23 Bde.); in Auswahl, 3. Aufl. 1844, 10 Bde., in 1 Bd. (,L. als deutscher Klassiker', 1871) u. A. Biogr. von *Mathesius* (neu herausg. von *Rust* 1841); neuere von *Pfizer* (1836), *Jürgens* (1846—1847, 3 Bde.), *Meurer* (3. Aufl. 1870; Auszug 2. Aufl. 1869), *Lang* (1870). — 2) *Karl Theodor Robert,* Astronom, geb. 16. April 1822, seit 1851 Direktor der Sternwarte in Bilk bei Düsseldorf, entdeckte 18 kleine Planeten und lieferte viele Berechnungen und Beobachtungen.

Lutheraner (*Lutherisch*), Bezeichnung der aus der deutschen Reformation hervorgegangenen Kirchen, welche in der ,ungeänderten' augsburg. Konfession und in Luthers schmalkaldischen Artikeln die reine evangel. Lehre ausgedrückt fanden und an der eigenthümlichen Lehre Luthers im Gegensatze zu den calvinischen und melanchthonischen Modifikationen festhielten. Von Jena aus, dem Hauptsitz des strengen Lutherthums, fand dasselbe nach und nach in den meisten deutschen Landeskirchen Eingang, während sich diejenigen, welche dasselben erwehrten, wie Hessen, Nassau, Anhalt, mit den Calvinisten vereinigten. Nach der Auflösung der kirchlichen Orthodoxie im Aufklärungszeitalter zählte die strengluther. Lehre zu Ende des 18. und Anfang des 19. Jahrh. keine namhaften Vertreter mehr. Erst durch Friedrich Wilhelms III. von Preussen Unionswerk und insbes. durch die Einführung der neuen Agende (1822) ward der orthodoxe Eifer wieder wach gerufen. Es bildeten sich separatistische, sogen. *altlutherische* Gemeinden, welche, anfangs durch die Staatsgewalt verfolgt, durch die königl. Generalkoncession vom 23. Juli 1845 Korporationsrechte erhielten. Seitdem lebhafte Agitation sowohl der aus der unirten Landeskirche ausgetretenen, als der in ihr zurückgebliebenen L. gegen die Union und Forderung gesetzlicher Vertretung der rechtgläubigen luther. Kirche in der obersten Kirchenbehörde. Durch Kabinetsordre vom 6. März 1852 wurden der Oberkirchenrath und die Konsistorien in Mitglieder des luther. und reformirten Bekenntnisses getheilt. Seitdem immer offensiveres Hervortreten der orthodox-luther. Partei sowohl in der unirten preuss. Landeskirche, als auch ausserhalb Preussens.

Luton (spr. Ljuten), Stadt in der engl. Grafschaft Bedford, am Lea, 15,329 Ew. Hauptsitz der Strohhutfabrikation.

Lu-tschu-Inseln (*Liéukiéu-Inseln*), Inselgruppe im Grossen Ocean, zwischen Kiusiu und Formosa, 85 QM. und 200,000 Ew. (den Japanesen ähnlich, gastfreundlich und gutmüthig). Trefflich angebaut; Gewerbthätigkeit, Schiffbau, Seehandel. Die grösste Okinawa. Der Erbkönig ist Japan tributpflichtig.

Lutter, s. *Spiritus*.

Lutter am Barenberge, Dorf im braunschweig. Kr. Gandersheim, 1634 Ew. Bahnhof. 27. Aug. 1626 *Sieg* Tillys über Christian IV. von Dänemark.

Lutterworth, Marktflecken in der engl. Grafsch. Leicester, 2536 Ew.; das. Wiclef Pfarrer (Denkmal).

Lutum, s. v. a. **Kitt**.

Luvseite, s. *Leeseite*.

Luxation (lat.), Verrenkung.   [s. *Paris*.

Luxembourg (spr. Lüxangbuhr), Palast, **Luxembourg** (spr. Lüxangbuhr), *Franç. Henri de Montmorency, Herzog von,* franz. Feldherr, geb. 8. Jan. 1628, Sohn des Grafen von Bonteville, heirathete die Erbin des Hauses Luxembourg, dessen Namen er annahm, hielt in den Unruhen der Fronde zu Condé, seinem Vetter, focht 1668 unter Condé in Flandern, erhielt 1672 in Holland den Oberbefehl, ward 1675 zum Marschall ernannt, nahm Mömpelgard, schlug 11. April 1677 den Prinzen von Oranien bei Mont-Cassel, ward infolge der intriguen Louvois 1678 in die Bastille gesetzt, nach 14 Monaten freigelassen, erhielt 1690 wieder den Oberbefehl in Flandern, schlug Wilhelm III. von England 29. Aug. 1693 bei Neerwinden; † 4. Jan. 1695.

Luxemburg, 1) Grossherzogthum, bis 1866 Glied des deutschen Bundes, seitdem unabhängiger (neutraler) Staat, durch Personalunion mit der Krone der Niederlande verbunden, aber zum deutschen Zollverein gehörig, 47 QM. und 199,958 Ew. deutschen Stammes (361 Protest., 565 Juden; Ardennenlandschaft, von Our, Sure und Mosel begrenzt; reiches Getreideland mit beträchtl. Viehzucht, auch Weinbau (Mosel). Bed. Eisenwerke und Eisensteingruben, Kork-, Handschuh-, Fianell-, Papierfabr. Eisenbahnen (1868): 23 M. Volkssprache die deutsche, die officielle (z. Th. euch die der höheren Stände und des Grosshandels) die franz. Eigene konstitut. Verfassung und Verwaltung unter einem vom König der Niederlande ernannten Statthalter (Prinz Heinrich). Einnahme (1869): 5,238,387, Ausgabe 4,508,140 Frcs. Staatsschuld (für Eisenbahnen) 12 Mill. Frcs. Militär: 1 Bataillon Jäger (513 M.) und ein Gendarmeriecorps. Orden der Eichenkrone (seit 1842). Drei Bezirke: L., Diekirch, Grevenmachern. — Die *Hauptstadt* L. (*Lützelburg*), an der Alzette, 14,634 Ew.; bis 1866 starke deutsche Bundesfestung mit preuss. und niederländ. Besatzung (soll nach Beschluss der londoner Konferenz von 1867 geschleift werden). — 2) Südöstl. Prov. Belgiens, 89,2 QM. und 196,166 Ew. (meist Wallonen); bergig und waldig; Viehzucht; reich an Eisengruben und Waldungen. Hauptstadt Arlon.

Geschichte. Das Land hat seinen Namen von der Burg Lützelburg, aus der die Stadt L. entstand. Heinrich, Graf von L., 1309 als Heinrich VII. zum deutschen Kaiser erwählt, brachte durch Vermählung seines Sohnes Johann mit Elisabeth, der Tochter des Königs Wenzeslaw von Böhmen, 1311 dieses Königreich an sein Haus. Johanns Sohn Karl, als Karl IV. 1347 zum deutschen Kaiser erwählt, erhob 1354 L. zum Herzogthum. Sein Sohn, Kaiser Wenzel, überliess es seiner Nichte Elisabeth, die, in 2. Ehe mit dem Grafen Johann von Holland vermählt, 1443 ihre Rechte auf L. an den Herzog Philipp den Gütigen von Burgund abtrat. 1477 kam L. mit der burgund. Erbschaft an das Haus Habsburg-Oesterreich, 1555 mit den Niederlanden an Spanien, 1713 infolge des Friedens von Utrecht wieder an Oesterreich, 1795 ward es von Frankreich erobert. Durch den wiener Kongress ward es als deutscher Bundesstaat und Grossherzogthum dem König der Niederlande zugetheilt, 1839 infolge der belg. Revolution mit Ausnahme der Bundesfestung L. und ihres Rayons mit Belgien vereinigt, 1839 aber für das an Belgien abgetretenen von L. ein entsprechender Theil von Limburg zu L. als deutsches Bundesland geschlagen. König Wilhelm II. gab dem Lande 12. Okt. 1841 eine ständische Verfassung. April 1842 Anschluss des Landes an den deutschen Zollverein. 1848 erhielt es eine neue, der belgischen nachgebildete Verfassung, die aber König Wilhelm III. zu beschwören sich weigerte. Seitdem Streit zwischen Regierung und Volksvertretung, bis 1. Dec. 1856 eine neue Verfassung oktroyirt ward, welche die Rechte der Kammer sehr beschränkte. Anfang 1867 franz. Annexionspläne, die in Form eines Kaufs realisirt werden sollten, aber infolge des Protestes Preussens wieder fallen gelassen wurden. Mai 1867 Neutralisirung des Landes durch die londoner Konferenz, darauf Räumung der Festung L. von Seiten der preuss. Besatzungstruppen.

Luxeuil (spr. Lüssölj), Stadt im franz. Depart. Obersaône, 3959 Ew. Mineralquellen

Luxor, Dorf, s. *Luksor*.   [(36—46° R.).

Luxus (lat.), Üppigkeit, Schwelgerei, Prunksucht; über den Bedarf hinausgehender Aufwand. *Luxuriös*, üppig, verschwenderische Pracht zeigend oder liebend; *luxuriren*, üppig wachsen, wuchern; L. treiben.

Luynes (spr. Lüihn), 1) *Charles d'Albert, Herzog von L.*, Günstling Ludwigs XIII. von Frankreich, geb. 5. Aug. 1578 zu Pont-St.-Esprit (Depart. Gard), kam als Page an den Hof Heinrichs IV., veranlaste die Ermordung des Marschalls d'Ancre, ward 1619 zum Herzog und Peir, sowie zum Kanzler erhoben; † 15. Dec. 1625. — 2) *Honoré Théodoric Paul Joseph d'Albert, Herzog von L.*, Archäolog, geb. 15. Dec. 1802 zu Paris. Nachkomme des Vor., Besitzer einer reichen Antiquitätensammlung, die er 1863 der grossen pariser Bibliothek überliess; † im Dec. 1867 in Rom.

Luzérn, Kanton der mittl. Schweiz, 22,8

QM. und (1870) 132,337 Ew. (128,337 Kath.); im N. hügelig, im S. Alpenland (Pilatus 6740'), von der Reuss und Wigger durchflossen, in den Thälern (Wiggergau, Entlebuch, Marienthal) sehr fruchtbar. Verfassung von 1847. Staatseinnahme 1863: 943,748, Ausgabe 1,214,597 Frcs., Staatsschuld 1,4 Mill. Frcs., Vermögen 6,3 Mill. Frcs. Die *Hauptstadt* L., am Ausfluss der Reuss (3 Brücken) aus dem Vierwaldstättersee und am Pilatus, 14,616 Ew., Vorort der kathol. Schweiz, Sitz des päpstl. Nuntius. Stiftskirche St. Leodegar, Jesuitenkolleg, Zeughaus. Dabei der „Löwe von L.', Monument der 10. Aug. 1792 in Paris gefallenen Schweizergarde. — Stadt und Gebiet L. ursprüngl. geistliches Land, kam 1298 zu das Haus Habsburg; 1332 Verbindung mit den Urkantonen (Bund der 4 Waldstätte). 1844 Berufung der Jesuiten, L. Haupt der Sonderbundskantone.

Luzerne, s. *Medicago*.

Luzon, Insel, s. *Manila*.

Luzula Dec. (*Hainbinse, Hainsimse*), Pflanzengattung der Juncaceen. L. pilosa *Willd.*, Wurzel früher officinell. L. campestris *Dec.*, in Europa, Schaffutter.

Lwoff (spr. Lyoff), *Alexis von*, russ. Musiker, geb. 25. Mai 1799 zu Reval, russ. Senator und seit 1854 Chef aller kaiserl. Musikanstalten in Petersburg; † 28. Dec. 1870. Komponist der russ. Nationalhymne, Oper „Undine', Motetten etc.; Violinvirtuos.

Lyaebettus (a. G.), Berg bei Athen.

Lykāon, Sohn des Pelasgus, König in Arkadien, setzte dem Zeus mit Menschenfleisch vermischte Speisen vor, weshalb dieser ihn und seine Söhne in Wölfe verwandelte.

Lychnis L. (*Lichtnelke, Rade*), Pflanzengattung der Caryophylleen. L. chalcedonica L., *Brennende Liebe, Jerusalemsblume, Malteserkreuz*, Zierpflanze aus Nord- und Mittelasien, Wurzel dient zum Waschen. L. flos cuculi L., *Kuckuksblume*, in Europa auf Wiesen. L. Githago *Scop.*, Agrostemma Githago L., *Kornrade*, zwischen Getreide; der Same macht das Mehl bläulich und bitter, früher officinell.

Lycien (a. G.), Landschaft an der Südküste Kleinasiens, stand unter pers., macedon. und syr. Herrschaft, bildete später, von den Römern für frei erklärt, einen Städtebund, ward unter K. Claudius röm. Prov. Zahlr. Reste von Skulpturen (Xanthian Marbles), Bauten etc. deuten auf eine hohe Kulturstufe der Lycier.

Lycium L. (*Bocksdorn, Teufelszwirn*), Pflanzengattung der Solaneen. L. barbarum L., in den Mittelmeerländern, Zierstrauch.

Lyck, Kreisstadt im preuss. Regbz. Gumbinnen, am See L., 5380 Ew. Alte Hauptst.

Lycoperdon, s. *Bovista*. [von Masuren.

Lycopersicum Mill. (*Liebesapfel*), Pflanzengattung der Solaneen. L. esculentum *Dunal.*, aus Südamerika, in Ostindien, den Mittelmeerländern allgemein kultivirt, auch bei uns in Gärten, hat geniessbare Früchte.

Lycopodium L. (*Bärlapp*), Pflanzengattung der Lycopodiaceen. L. clavatum L., in Europa, Asien, Nordamerika auf Heiden

und Gebirgen. Der staubförmige hellgelbe Inhalt der Sporangien, Semen Lycopodii, *Drudenmehl*, dient zum Bestreuen der Pillen, wunder Stellen, zu Blitzfeuer etc.

Lydien (a. G.), Landschaft in Kleinasien, südl. von Mysien, mit reichen Goldbergwerken. Die *Lyder* Erfinder nützlicher Künste (z. B. Wolle zu färben, Erze zu schmelzen), aber infolge des Wohlstandes verweichlicht und sittenverderbt. Hauptst. Sardes. Der letzte König der Lyder Crösus, der sich 546 v. Chr. dem Perserkönig Cyrus unterwerfen musste. *Lydischer Stein*, der Kiesel als Probirstein. *Lydische Tonart*, alte Kirchentonart: f, g, a, h, c, d, e, f (seit der Reformation nicht mehr im Gebrauch).

Lyell (spr. Leïel), *Sir Charles*, ber. Geolog, geb. 14. Nov. 1797 zu Kinnardy in Schottland, ward Sachwalter in London, 1831 Prof. am Kings-College. Begründete eine neue Epoche in der Geologie durch die Lehre, dass alle Veränderungen, welche die Erdoberfläche erlitten hat, nur das Produkt der noch gegenwärtig thätigen Kräfte seien. Werke: „Elements of Geology' (6. Aufl. 1865; deutsch 1857–58, 2 Bde.); „Principles of Geology' (10. Aufl. 1869, 2 Bde., deutsch 1842); „Antiquity of Man' (1863; deutsch 1864).

Lykanthropie (gr.), s. *Werwolf*. (deutsch 1867).

Lykaonien (a. G.), Landsch. im Innern von Kleinasien, Hauptst. Iconium.

Lykorexie (gr.), Wolfshunger.

Lykurg, 1) spartanischer Gesetzgeber, mythisch, um 880 gesetzt, Königssohn, führte die Regierung eine Zeitlang als Vormund seines Neffen Charilaus, ward durch die Intriguen einer feindlichen Partei zur Auswanderung veranlasst, besuchte Kreta, Kleinasien und Aegypten, ordnete nach seiner Rückkehr die Verfassung Spartas neu (s. *Griechenland*, Gesch.), liess die Spartaner schwören, dass sie während seiner Abwesenheit an der Verfassung nichts ändern wollten, verliess dann Sparta wieder und kehrte nie dahin zurück. Biogr. von *Plutarch*. — 2) Attischer Redner und Staatsmann, geb. um 390 in Athen, trat nach der Schlacht bei Chäronea an die Spitze der Finanzverwaltung, führte grosse Bauten (Theater, Rennenghaus etc.) auf; † 323. Von seinen 15 Reden ist eine erhalten (herausg. von *Scheibe* (1853), übers. von *Bender* (1870).

Lymphdrüsen, an fast allen Körpertheilen liegende erbsen- bis bohnengrosse Knoten, die mit den Lymphgefässen (s. d.) in Verbindung stehen, zahlreiche Haarblutgefässe enthalten und aus einem zarten Bindegewebsnetz bestehen, in dessen Massen dicht gelagert freie Zellen (Lymphkörper) liegen. Die L. erzeugen weisse Blutkörper. Erkrankungen bestehen meist in entzündlichen Schwellungen, bes. in Anschluss an Erkrankungen der Organe, aus denen die zu ihnen führenden Lymphgefässe stammen. Anhaltende Reizungen dieser Art führen zu Vereiterungen (L.abscess, Bubo). Bei skrophulösen Kindern bilden sich in den L. Tuberkel (s. d.), die ebenfalls zu Vereiterung führen können. Behandlung je nach der Ursache verschieden.

Lymphe, Inhalt der Lymphgefässe, klare, farblose Flüssigkeit, von alkalischer Reaktion, besteht aus den Bestandtheilen des Blutes, enthält statt der rothen Blutkörper farblose *Lymphkörper*.

Lymphgefässe (*Saugadern*), einsaugende Gefässe, dünne zartwandige Röhren, die theilweise mit den Blutgefässen verlaufen, in den Körpergeweben selbst ihre Ursprünge haben und in die Venen einmünden. Sie saugen das überschüssige Ernährungsmaterial aus demselben, sowie die dem Körper selbst zugeführten Nahrungsstoffe auf und führen diese dem Blute wieder zu, nachdem dieselben mehrfach die Lymphdrüsen passirt haben. Entzündungen der L. erfolgen leicht in Anschluss an Hautentzündungen.

Lynchburgh (spr. Lintschbörgh), Stadt in Virginien (Nordamer.), am Jamesriver und Kanawbakanal, 12,000 Ew. Lebh. Industrie, bes. in Eisenwaaren und Tabak.

Lynchjustiz (engl., spr. Lintsch-), in Nordamerika Volksjustiz, wobei das Volk gegen wirkliche oder vermeintliche Verbrechen eigenmächtig strafend eingreift.

Lynn, Stadt in Massachusetts, 28,233 Ew. Gr.Schuhfabr. (1860: 6 Mill. P.Damenschuhe).

Lynn Regis (spr. -Rihdschis, *King's Lynn*), Hafen- und Handelsstadt in der engl. Grafsch. Norfolk, an der Mündung der Ouse, 16,170 Ew.

Lyon (spr. -öng), Hauptst. des franz. Depart. Rhone, 2. Stadt Frankreichs, an der Saône und Rhone, von starken Festungswerken und 18 detachirten Forts eingeschlossen, 323,954 Ew. Zerfällt in die Rhonsund die weniger freundl. Saônestadt und 6 Vorstädte (darunter Croix Rousse, die Stadt der Seidenweber). St. Irenenkirche (Katakomben), erzbischöfl. Palast, Justizpalast, Stadthaus, Hotel der Präfektur, Palais der schönen Künste (archäol. Museum und Gemäldegalerie), Massif des Terreaux, Borse; Hospitäler (Hôtel de Dieu und de la Charité), 5 Bahnhöfe; Akademie, Sternwarte, ber. Thierarzneischule. Industrie in Seide (noch immer die bedeutendste der Erde, ca. 140,000 Arbeiter und 70,000 Webstühle, 1868 für 459 Mill. Frcs. Waaren), Teppichen, Shawls, Hüten, Bijonterie- und Quincaillieriearbeiten, Silberdraht, chem. Fabrikaten, Stickereien. Beträchtl. Handel. — L. (*Lugdunum*), schon zur Römerzeit bed. Handelsplatz und Knotenpunkt -der Verkehrsstrassen, hatte die erste christl. Kirche in Gallien, ward dann Hauptstadt der Grafsch. *Lyonnais*, kam 1054 zum deutschen Reich, 1173 unter die Macht der Erzbischöfe und 1363 an Frankreich. Im Okt. 1793 von einer Armee des Konvents erobert und furchtbar verwüstet. {Draht.}

Lyonischer Draht (*leonischer Draht*), s.

Lyons (spr. Lrïöns), 1) *Edmund, Lord L. of Christchurch*, brit. Admiral, geb. 21. Nov. 1790, focht 1828 als Befehlshaber einer Fregatte in den griech. Gewässern, war 1833—49 Gesandter in Athen, dann Gesandter in Stockholm, ward 1850 Contreadmiral, 1854 Zweitkommandirender der Mittelmeerflotte unter Dundas, nach dessen Abberufung Oberbefehlshaber, nahm 24. Mai 1855 Kertsch, wirkte 18. Juni beim Angriff auf Sebastopol mit, eroberte 17. Okt. Kinburn, ward 1856 Peer, 1857 Viceadmiral; † 23. Nov. 1858. — 2) *Richard Bickerton Pemell, Lord*, geb. 26. April 1817, Sohn des Vor., ward 1858 Gesandter bei den Vereinigten Staaten, beugte während des Bürgerkriegs durch umsichtige Klugheit dem drohenden Zerwürfniss zwischen jenen und England vor, ward 1865 Botschafter in Konstantinopel.

Lyra (*Leier*), nächst der Harfe das älteste Saiteninstrument, mit dem schon die alten Aegypter, bes. aber die Griechen ihre Gesänge begleiteten, zuerst 3saitig, später bis auf 11 Saiten erweitert. *Lyrisch*, zur Begleitung mit der L., d. i. zum Singen geeignet.

Lyrik (*lyrische Poesie*), eine der Hauptgattungen der Poesie, der unmittelbare dichterische Ausdruck von Gefühlen oder Seelenstimmungen; zerfällt in L. der Empfindung (Lied, Ballade etc.), L. der Begeisterung (Ode, Hymne etc.) und L. der Reflexion (Elegie, moderne Reflexionspoesie).

Lyriodendron, s. *Tulpenbaum*.

Lys (Leye), Nebenfluss der Scheide, entspr. im franz. Depart. Pas de Calais, mündet bei Gent, 22 M. lang; bildete ehemals die Grenze zwischen Frankreich u. Deutschland.

Lysander, spartan. Feldherr, erhielt 407 v. Chr. den Oberbefehl über die spartan. Flotte, schlug die Athener beim Vorgebirge Notion, 405 bei Aegospotamos und beendete 404 mit der Eroberung Athens den peloponnes. Krieg; fiel 394 bei Haliartus in Böotien. Biogr. von *Plutarch* und *Nepos*.

Lysias, attischer Redner, geb. 458 v. Chr. zu Athen, lebte seit 443 zu Thurii in Unteritalien, kehrte 411 nach Athen zurück, flüchtete während der Herrschaft der 30 Tyrannen; † 378. Erhalten sind von 425 ihm zugeschriebenen Reden 33, einige unvollständig; herausg. von *Scheibe* (1855) und *Rauchenstein* (5. Aufl. 1869), übers. v. *Baur* (1868).

Lysimachus, Feldherr Alexanders d. Gr., erhielt nach dessen Tode Thracien, nahm den Königstitel an, focht bei Ipsus (301 v. Chr.) mit gegen Antigonus, eroberte ganz Vorderasien diesseits des Taurus, kämpfte unglücklich gegen die Geten, fiel im Kampfe gegen Seleucus Nicator bei Kurupedion in Phrygien (282 v. Chr.).

Lysippus, ber. griech. Bildhauer (in Erz), geb. um 330 v.Chr. zu Sicyon, Hauptder sicyon. Schule; schuf zahlr. Porträtstatuen (Alexander d. Gr.), Heroenbilder (Herculus) etc.

Lysis (gr.), Lösung; allmäblige Genesung.

Lyterien (gr.), Anzeichen günstiger Wendung bei Krankheit.

Lytton, s. *Bulwer*.

M.

M., abbr. s. v. a. Marcus; M' in schott. Namen s. v. a. Mac; auf Recepten s. v. a. misceatur, man mische; als Zahlzeichen im Lat. abbr. für Mille = 1000, MM = 2000; auf franz. Münzen Toulouse.

Maal, Erinnerungszeichen; Grenzzeichen; s. v. a. Muttermaal. Maalstatt, Gerichtsstätte.

Maas (fr. Meuse), linker Nebenfluss des Rheins, entspr. im franz. Depart. Marne, auf dem Plateau von Langres, wird bei Sedan schiffbar, durchbricht zwischen Mézières und Lüttich die Ardennen, durchströmt Belgien, vereint sich bei Gorkum in Holland mit der Waal, vgl. Rhein. Länge 88 M. Das franz. Depart. M., 113 QM. und 301,653 Ew., Hauptst. Bar le duc.

Maasym, Fixstern 4.—5. Grösse (λ im Hercules), nach Herschel derjenige Stern, auf welchen zu die Bewegung unseres Sonnensystems gerichtet ist.

Maat, auf Schiffen s. v. a. Gehülfe.

Maatjeshäringe, s. Häringe.

Maatschappij (holl., spr. Mahtschappei), Gesellschaft, bes. Handelsgesellschaft; auch die gesammte Bemannung eines Schiffes. Niederländ. Handels-M. in Amsterdam, gegr. 1824, monopolisirt den Handel mit den Produkten der ostind.-niederländ. Kolonien.

Mabille, Jardin (fr., spr. Schardäng Mabill), berüchtigter Belustigungsgarten für öffentliche Frauenzimmer in Paris, glänzende Sommerballe.

Mac (gael., spr. Mäck), Sohn, abbr. M' dem Namen vorgesetzt, um das Andenken berühmter Vorfahren zu erhalten.

Macadamisiren, s. Strassenbau.

Macao (spr. -käu), portug. Niederlassung (seit 1563) auf der chines. Insel Hiang-schan, an der Mündung des Perlflusses, 18 M. von Kanton, 1 QM. und ca. 96,000 Ew. (5—6000 Portugiesen). Die befestigte Stadt M. einst Hauptstapelplatz des Handels mit China, seit dem Aufblühen Hongkongs verödend.

Macaulay (spr. Mäckahleh), Thom. Babington, Lord, brit. Geschichtschreiber, geb. 25. Okt. 1800 zu Rothley-Temple in Leicestershire, ward 1830 Mitglied des Unterhauses, 1832 Sekretär des indischen Amtes im Ministerium, 1834 Mitglied des obersten Rathes zu Kalkutta und Gouverneur von Agra, 1839 wieder Mitglied des Unterhauses, Juli 1846 bis Mai 1848 Kriegszahlmeister mit Sitz und Stimme im Kabinet, 1857 Peer; † 28. Dec. 1859 zu Kensington. Schr. „History of England from the accession of James II" (1848—62, 3 Bde.; „Critical and historical essays" (neue Ausg. 1869); „Speeches" (neue Ausg. 1866) u. A. Werke (neue vollständ. Ausg. 1866, 8 Bde.; deutsch 1861—62, 25 Bde.).

Macbeth, schott. Heerführer im 11. Jahrh., bemächtigte sich durch Ermordung des Königs Dunkan VII. der Krone Schottlands, ward nach 10 Jahren durch Macduff und Malcolm (Sohn Dunkans) besiegt und getödtet; Held der ber. shakespeareschen Tragödie „M.".

Maccaroni, Nudeln aus Weizenmehl, die

besten aus Neapel; Nachbildung bei uns schwierig, weil unser Weizen nicht reich genug an Kleber ist.

Maccaronische Poesie, scherzhafte Dichtart in lat. Sprache, in die auf burleske Weise Wörter einer neueren Sprache mit lat. Flexion gemengt sind; überhaupt eine auf Vermischung der Sprachen gestützte Art der kom. Poesie. Hauptvertreter derselben: T. Folengo († 1544, „Maccaronicon", die Epen „Baldo da Cipada" und „Orlandino"); im Deutschen die „Flohiede". Vgl. Genthe, „Geschichte der maccaron. Poesie", 1836.

Macchiavelli (spr. Macklawelli), Niccolò di Bernardo dei, ber. ital. Staatsmann, geb. 1469 zu Florenz, ward Staatssekretär das., mit wichtigen diplomat. Missionen betraut, unter Lorenzo Medici wegen Verdachts der Theilnahme an einer Verschwörung seines Amtes entsetzt, eingekerkert und verbannt; † 22. Juni 1527. Schr. „Istorie florentine 1215—1492" (1532; deutsch von Reumont 1844), Hauptwerk; „Discorsi sopra la prima decade di Tito Livio" (1532, deutsch von Grünmacher 1870); „Il principe" (1515 u. öfter; deutsch von Grünmacher 1870), worin er zeigt, wie unbeschränkte Fürstenmacht, durch welche allein Italien zu retten sei, gegründet und erhalten werden könne, von Friedrich d. Gr. in seinem „Antimacchiavell" bekämpft, von Ranke („Zur Kritik neuerer Geschichtschreiber", 1824) vertheidigt. Gesammelte Schriften (neue Ausg. in 1 Bd. 1843; deutsch von Ziegler, 1832—41, 8 Bde.). Macchiavellismus, Staatskunst, die sich bei Verfolgung ihrer Zwecke an kein Gesetz der Moral gebunden glaubt.

Mac-Clellan (spr. Mäck-Klellän), George Brinton, nordamerik. General, geb. 3. Dec. 1826 zu Philadelphia, machte den mexikan. Feldzug mit, ward Mai 1861 Generalmajor in der Unionsarmee und mit der Organisation der Streitkräfte am Ohio betraut, nach der Niederlage bei Bull-Run Obergeneral der Potomacarmee, nach Scotts Rücktritt Oberbefehlshaber der Unionsarmee, kämpfte 24. Juni bis 1. Juli 1862 um den Besitz Richmonds, schlug Lee 16. und 17. Sept. bei Antietam, benutzte aber den Sieg nicht und ward deshalb 7. Nov. des Oberbefehls enthoben, gab Nov. 1864 seine Dimission ein.

Macclesfield (spr. Mäckis-), Stadt in der engl. Grafsch. Chester, am Bollin, 36,101 Ew. Seiden- und Baumwollfabriken.

Mac-Clure (spr. Mäck-Cljuhr), Robert John, engl. Seefahrer, geb. 28. Jan. 1807 in Wexford, wohnte 1836—37 und 1848—49 den Nordpolexpeditionen unter Back und J. Ross bei, drang 1850 an der Spitze einer neuen Expedition durch die Beringsstrasse in das arktische Amerika ein und entdeckte die lange gesuchte sogen. nordwestl. Durchfahrt (Mac-Clurestrasse), kehrte 1854 über die Baffinsbai nach England zurück; befehligte später in den ostasiat. Gewässern.

Macdonald (spr. Makdonäl), Etienne

Jacques Joseph Alexandre, Herzog von Tarent, franz. Marschall, geb. 17. Nov. 1765 zu Sancerre (Depart. Cher), focht 1792 als Oberst bei Jemappes, ward 1795 Divisionsgeneral, befehligte 1796 am Rhein, dann in Italien, 1798 und 1799 in Rom und Neapel, ward 18. und 19. Juni 1799 von dem österr.-russ. Heere unter Suworow und Melas an der Trebbia unweit Piacenza geschlagen. 1809 bei Wagram zum Marschall ernannt, befehligte er seit Mai 1810 das 7. Armeecorps in Spanien, 1812 das 10. Armeecorps, wohnte 1813 den Schlachten bei Lützen und Bautzen bei und ward von Blücher an der Katzbach geschlagen. In der Schlacht bei Leipzig focht er im Centrum und deckte dann den Rückzug des Heeres. Nachdem er im Feldzug von 1814 vergebliche Anstrengungen gemacht, rieth er Napoleon zur Abdankung, ward Pair, begleitete Ludwig XVIII. auf dessen Flucht nach Gent; † 25. Sept. 1840 zu Courcelles.

Macedonien (a. G.), Landsch. nördl. von Griechenland, vom Olympus bis zur Mündung des Lydias, später von weit grösserem Umfange; fruchtbar, reich an Bergwerken, mit zahlr. blühenden Städten: Pella (Hauptst.), Thessalonike, Philippi, Olynthus etc. Die Macedonier ein Hirtenvolk, von den Griechen nicht als stammverwandt angesehen. Die beglaubigte *Geschichte* M.s beginnt erst mit der Unterwerfung des Landes durch den pers. Feldherrn Mardonius (490 v. Chr.). Nach der Schlacht bei Platää (479) ward auch M. wieder frei. König Perdiccas II. (454—413) hielt es im peloponnes. Krieg bald mit Sparta, bald mit Athen. Sein Sohn und Nachfolger Archelaus (413—399) beförderte Ackerbau, Künste und Wissenschaften. Dann innere Verwirrung, bis Philipp II. als Vormund seines Neffen Amyntas den Thron bemächtigte (359). Er machte durch die Schlacht bei Chäronea (338) Griechenland von sich abhängig. Sein Sohn Alexander d. Gr. (336—323) erhob M. zum Weltreiche. Nach seinem Tode Kriege unter seinen Heerführern (Diadochen) und Zerstückelung der Monarchie in kleinere Reiche. Philipp III. (IV) mischte sich in die Angelegenheiten der Griechen, ward von den Römern bei Kynoskephalä 197, sein Nachfolger Perseus bei Pydna 168 völlig geschlagen. Nach Unterdrückung einer Empörung des macedon. Adels ward das Land 146 zur röm. Provinz gemacht. Vgl. *Flathe*, ,Gesch. M.s', 1832—34, 2 Bde.; *Born* (1858).

Macerata, mittelital. Prov. (Marken), 49,7 QM. und 231,892 Ew. Die *Stadt* M., nahe der Potenza, 10,066 Ew. Universität.

Maceriren, Ausziehen löslicher Stoffe aus einer Substanz durch Behandeln derselben mit kaltem Wasser, Spiritus etc.

Machäon, Sohn des Aeskulap, Bruder des Podalirius, beide als Wundärzte im griech. Heere vor Troja thätig.

Machötik (gr.), Gefechtslehre.

Machicotage (fr., spr. Maschikotahsch), Verzierung, bes. des Kirchengesangs.

Machination (lat.), hinterlistiges Treiben zu Erreichung schlimmer Zwecke; *machiniren*, Ränke schmieden.

Maciejowice, Ort im poln. Gouv. Lublin; 10. Okt. 1794 entscheidender *Sieg* der 3fach überlegenen Russen über die Polen (Kosciuszko).

Macies (lat.), Magerkeit.

Macisblüthen, s. *Myristica*.

Mackenzie (spr. Mäckkönsi), Strom im brit. Nordamerika, fliesst aus dem grossen Sklavensee nach NW., mündet, in viele Arme getheilt, in das nördl. Eismeer.

Mackintosh (spr. Mäck'ntösch), *Charles*, Chemiker, geb. 1766 in Glasgow, † 25. Juli 1843 in Dunhattan; verdient um die technische Chemie, bekannt durch den nach ihm benannten wasserdichten Kleiderstoff.

Mac-Mahon (spr. -hong), *Marie Edme Patrice Maurice, Graf von, Herzog von Magenta*, franz. Marschall, geb. 13. Juni 1808 auf dem Familiengute Sully bei Autun, Sprössling einer irischen Familie, machte 1830 die Expedition nach Algier, 1837 den Sturm auf Konstantine mit, ward 1845 Oberst, Juni 1848 Brigadegeneral, 1852 Divisionsgeneral und Generalinspektor der Infanterie. 1855 an Canroberts Stelle mit dem Oberbefehl über das 2. Corps der oriental. Armee betraut, führte er den Sturm auf den Malakow aus. 1856 zum Senator ernannt, erhielt er den Oberbefehl über die gesammten Streitkräfte in Algerien. 1859 Befehlshaber des 2. Corps der ital. Armee, entschied er 4. Juni die Schlacht bei Magenta, indem er sich auf eigne Verantwortung in die Flanke des Feindes warf; ward zum Marschall und Herzog von Magenta erhoben. Nach dem Frieden von Villafranca erhielt er den Oberbefehl über das 7. Territorial-Armeecorps zu Lille, 1864 das Kommando im Lager bei Châlons, ward dann Generalgouverneur von Algerien. Im Krieg 1870 gegen Deutschland Befehlshaber des 1. Armeecorps, ward er bei Wörth (6. Aug.) vom Kronprinzen von Preussen geschlagen. Von Châlons, wohin er sich zurückgezogen, wandte er sich 21. Aug. gegen Thionville und Metz, um die dortige Belagerungsarmee von aussen anzugreifen, ward bei Sedan, wo er Stellung genommen, schwer verwundet, trat den Oberbefehl an den General Wimpffen ab, der mit der ganzen Armee kapituliren musste.

Maçon (fr., spr. -sóng), Maurer, Freimaurer; *Maçonnerie*, Freimaurerei.

Mâcon (spr. -kong), Hauptst. des franz. Depart. Saône-Loire, an der Saône, 18,352 Ew.; vor den Religionskriegen und der Revolution blühende, durch Alterthümer interessante Stadt (Ruinen des alten *Matisco*).

Macpherson (spr. -förs'n), *James*, schott. Gelehrter, geb. 1738 bei Ruthven, † 17. Febr. 1796 zu Belville bei Inverness; Herausgeber der angebl. aus dem Gaelischen übersetzten ,Fragments of ancient poetry' (1761) und der angebl. Gedichte Ossians ,Fingal' (1762) und ,Temora' (1763). [selgruppe, 54? .° s. Br.

Macquarie-Inseln, südlichste austral. In- [selgruppe.

Macula (lat.), Fleck.

Madagaskar (*Madagasch*), grösste afrik. Insel, von der Ostküste durch den Kanal von Mozambique getrennt, 10,927 (nach Aud. 8500) QM. und ca. 5 Mill. Ew.; von einer langen Bergkette durchzogen (Spitzen bis 8000' Höhe), mit angenehmen Thälern und breiten sumpfigen Küstenebenen; überaus reich ausgestattet, aber wegen des Fieberklimas den Europäern sehr gefährlich. Die Bevölkerung: im Innern Hovas, das herrschende Volk, mit despot. feudaler Regierung und der Hauptst. Tananarigo; im O. und im Innern *Madegassen* (Westmalayen, ca. 3 Mill.), in mehrere heidn. Stämme zerfallend, theils von Jagd und Fischfang, theils von Viehzucht und Ackerbau lebend, auch im Schmieden und Weben und im Töpferei geschickt; im S. Kaffern, im W. Sakalawes (ächte Neger), im N. Araborstämme. Christl. Niederlassungen nicht mehr geduldet, doch treiben Engländer und Franzosen Handel (Ausfuhr von Schlachtvieh und Reis nach den Maskarenen). — Der Hovashäuptling Radova († 1828) reichnete sich durch Liebe zu europ. Kultur aus, schaffte 1821 den Sklavenhandel ab, nahm engl. Missionäre bei sich auf; ihm folgten seine grausame, den Europäern abgeneigte Gemahlin Ranavalo; dann Radama II. (1863 wegen seiner den Europäern gemachten Zugeständnisse ermordet); die Königin Rasuberina oder Raboda († 1868) schloss 27. Juni 1865 einen Handelsvertrag mit England; ihr folgte ihre Base Ranavalo Manjaka. Französ. Einfluss scheinbar jetzt vorherrschend. Die Franzosen, die seit 1642 Anspruch auf M. erheben, besitzen an der Ostküste die Insel Ste. Marie, und an der Nordwestküste Nossi-Bé. Vgl. die Werke von *Ellis* (1858 und 1867), *Barbier du Booage* (1859), *Ida Pfeiffer* (1861), *Lyons M'Leod* (1865), *Sachot* (1864), *Oliver* (1866) etc.

Madame, s. *Dame.*

Maddaloni, Stadt in der süditalien. Prov. Caserta, 17,798 Ew. Wasserleitung (178' h.).

Madegassen, Volk, s. *Madagaskar.*

Madeira (span. *Madéra*), port. Insel an der Westküste Afrikas, unter 32° n. Br., 15,7 QM. und 111,764 Ew. portug. Abkunft. Von vulkanischer Bildung, mit senkrecht ansteigenden Felsenufern, bis ins Innerste zerrissen von Schluchten und Abgründen, überaus fruchtbar, doch erst ⅓ angebaut. Klima sehr konstant und gesund (mittl. Temperatur 15°, Schwanken zwischen 14 u. 19° R.). Produkte: Südfrüchte, Kaffee, Zuckerrohr, die Weinkultur durch die Traubenkrankheit fast ganz vernichtet. Hauptverkehr mit England und Amerika (Export 1866: 551,993 Thlr., Import 1,611,041 Thlr.). M. steht unmittelbar unter dem portug. Ministerium. Hauptst. Funchal. Vgl. *Schultze* (1864). Zur Madeiragruppe gehören noch: die *Desertas, Porto-Santo-Gruppe, Salvages* und *Pitons.*

Madeira, rechter Nebenfluss des Amazonenstroms, entsteht durch den Zusammenfluss des Mamore, Guapore, Beni und and. Gewässer, mündet unweit Serpa in der brasil. Prov. Alto-Amazonas; 340 M. l.

Madeirawein, starke feurige Weine von angenehmem Geschmack: Malvasier (Malmsey), Liqueurwein, sehr süss, geistig, fein, balsamisch; dry Madeira (der beste Sercial), milde Weine von hochfeinem Aroma, entfalten erst nach ca. 30jähr. Lagerung ihren vollen Reichthum; vgl. *Madeira.*

Madelonetten (fr.), Freudenmädchen, die im Kloster ihr sündiges Leben abbüssen; auch diese Klöster selbst.

Mademoiselle (fr.), Jungfer, Fräulein.

Maden, die fuss- u. kopflosen Larven mehrerer Insektengattungen, bes. der Fliegen.

Maderaneerthal (*Kerstelenthal*), wild prachtiges Alpenthal im Kanton Uri, mündet bei Amsteg rechts in das Reussthal, 4 St. lang.

Madia *Mol.* (*Madie*), Pflanzengattung der Kompositen. M. sativa *Mol.*, aus Chile, bei uns kultivirt, liefert fettes, mildes Oel.

Madison (spr. Mäddis'n), Hauptst. von Wisconsin (Nordamerika), 6611 Ew.

Madison (spr. Mäddis'n), *James*, 4. Präsident der Vereinigten Staaten von Amerika, geb. 16. März 1751 in Montpelier in Virginien, als einflussreiches Kongressmitglied bei Gründung der neuen Verfassung der Union thätig, ward 1808 Staatssekretär unter Jeffersons Verwaltung, 1809 Präsident, als solcher Gegner der Föderalisten, trotz der Gegenbestrebungen derselben nach Ablauf seiner Amtsperiode von Neuem gewählt, unterzeichnete 1. März 1817 die Navigationsakte; † als Friedensrichter in Virginien 28. Juni 1836. Vgl. *Rives* (1859—69, 3 Bde.).

Madras, brit.-ostind. Präsid., den S. und SO. des Dekan umfassend, 6667 QM. und 24,93 Mill. Ew. Die *Hauptst.* M., an der Küste Koromandel, 427,771 Ew. (darunter 16,338 Europäer und Mischlinge); Kathedrale St. George; Universität, Sternwarte. Wichtiger Handel (Ausfuhr an Landesprodukten 7 — 8 Mill. Pfd. St.), guter Geldinstitute. M. die älteste feste Niederlassung der Engländer in Ostindien (seit 1639).

Madraskuaf, s. *Sumakwaf.*

Madrid, Hauptst. Spaniens und der Prov. M. (140,8 QM. und 493,234 Ew.), am Manzanares, 298,426 Ew. Meist breite, schöne Strassen (Calle mayor, Calle de Alcala, Calle de Montera, etc.), schöne Promenaden (Prado und la Delicias), 70 Plätze (Puerta del Sol, Plaza mayor, Plaza de Oriente, Plaza de Toros für Stiergefechte); 95 Kirchen, ohne architekt. Bedeutung; königl. Palast (1737 erbaut, kostbare Gemäldesammlung), die alte Residenz Buen Retiro (jetzt Artilleriemuseum), Cortespalast, Zollhaus, San-Fernandohospital (1400 Personen), Theater, Triumphbogen der Puerta de Alcala. Universität (1836 gegr.), gr. Bibliothek (200,000 Bde.), königl. Museum (ber. Gemäldesammlung), Nationalmuseum und and. Gemäldegalerien. Industrie und Handel unerheblich.

Madrigal (ital.), kurzes lyr. Gedicht mit epigrammat. Wendung, gewöhnl. aus 3 durch Reime verbundenen Absätzen bestehend; veraltetes Gesangsstück lyr.-idyll. Charakters, aus einer Reihe 3—5stimmiger Sätze bestehend, im 16. und 17. Jahrh. sehr kultivirt (Lasso, Lotti, Gabrieli etc.).

Madschiko-Sima, der südl. Theil der Gruppe der Lu-tschu-Inseln im Gr. Ocean.

Maduosee, Landsee in Pommern, bei Stettin, durch die Plöne mit dem Plösersee verbunden, 2½ M. l., ber. durch seine Maränen.

Madūra, niederl. Insel im ind. Ocean, nordöstl. von Java, 97 QM. und 160,000 Ew. Reisben. Hauptst. Bakalan.

Mäander (*Meinder*), Fluss in Kleinasien, durchströmt Karien und Lydien, fällt bei Milet ins Meer; wegen seiner Krümmungen bekannt. Daher in der Baukunst M. eine sich schlängelnd windende Verzierung (Irrgang). *Mäandrisch*, schlängelnd gewunden.

Mächtigkeit, s. *Bergbau*.

Mädler, *Johann Heinrich von*, ber. Astronom, geb. 29. Mai 1794 in Berlin, 1836 bei der Sternwarte das. angestellt, 1840—66 Direktor der Sternwarte in Dorpat, privatisirt seitdem in Bonn. Lieferte mit Baer eine vorzügliche Mondkarte und schrieb: ‚Allg. vergleichende Selenographie‘ (1837, 2 Bde.); ‚Populäre Astronomie‘ (8. Aufl. 1867); ‚Die Centralsonne‘ (2. Aufl. 1846); ‚Astron. Briefe‘ (1846); ‚Die Fixsternwelt‘ (2. Aufl. 1861); ‚Reden und Abhandlungen‘ (1870).

Mäeutik (gr.), Entbindungskunst.

Mägdesprung, Felsenklippe des Selkethals im Harz. Dabei das *Eisenhüttenwerk M.*, Obelisk zur Erinnerung an Herzog Friedr. Albert. In der Nähe *Alexisbad* (s. d.).

Mähen, des Getreides, Wiesengrases etc., geschieht jetzt meist mit der Sense oder mit Maschinen. 1 Mann schneidet mit der Sichel in 12 St. ¼—⅓ Morg., mäht mit der Sense 1½—3 M.; die Maschine mäht mit 4 Pferden und 1—2 Arbeitern 16—20 Morg. Vgl. *Perels*, ‚Die Mähemaschinen‘, 1869.

Mähren, Markgrafschaft, österr. Kronland, 405,7 QM. und (1870) 2,030,783 Ew.; Plateau, im NO. vom *mähr. Gesenke* (südöstl. Abschnitt der Sudeten, bis 2300‘ h.) begrenzt, von NO. gegen SW. in 3 Terrassen (2000‘, 1500‘, 1100‘ h. mit Gipfeln bis 5400‘, 2500‘, 1700‘ Höhe) zur Marchebene absinkend, von March, Schwarzawa, Igiawa, Thaya bewässert. Ungemein fruchtbar (⅓ Ackerland, ¼ Wald, 1/12 Wiesen und Gärten, 1/10 Weideland) und wohlkultivirt. Produkte: Getreide, Runkelrüben, Klee, Hanf, Flachs (im Gebirge), Obst und Wein. Ansehnliche Schaf-, auch Pferde- und Gänsezucht (in der ‚Hanna‘); Bergbau auf Eisen, Kohlen, Graphit, Meerschaum, Alaun. Fabrikation von Rübenzucker (steigend), Leinenwaaren (abnehmend) und Wollenwaaren (bes. Brünn, Iglau, Zwittau etc.); auch Baumwollenindustrie (Prossnitz, Sternberg, Trühan), Tabaks-, Glas-, Maschinenfabr. Die Ew. Czechen (fast 1½ Mill.) und Deutsche (540,000), der Religion nach vorzugsweise Katholiken (nur ca. 55,000 Evang. und 42,000 Juden). Lebh. Transithandel, durch Eisenbahnen und gute Strassen gefördert. 6 Kreise: Brünn, Znaim, Iglau, Olmütz, Hradisch und Neutitschein. Hauptstadt Brünn. — Im 9. Jahrh. selbständ. Reich (*Grossmähren*), das auch Nordungarn umfasste und unter Zwentibold am mächtigsten war; 894 Besiegung des letztern durch die Magyaren unter Arpad; bald darauf Zerfall des Reichs. M. auf seinen jetzigen Umfang beschränkt, kam 1029 mit Böhmen

in Lehnsverbindung und so mittelbar zum deutschen Reich. 1182 Erhebung des Landes zur Markgrafschaft durch K. Friedrich I. Im 14. Jahrh. kam M. unter die Regentschaft des luxemburg. Hauses; später wieder mit Böhmen vereinigt, fiel es 1526 an Oesterreich. Seit 1849 österr. Kronland. Vgl. *Wolny*, ‚Topogr. M.s‘, 1835—40, 7 Bde.; *Koristka* (1861); *Dudik*, ‚Gesch. M.s‘, 1860—65, 4 Bde.

Mährische Brüder (*Böhmische Brüder*), christl. Religionsgesellschaft, bildete sich im 15. Jahrh. aus den Resten der strengen Hussiten (Taboriten), erhielt 1453 das Gebiet von Lititz bei Leitomischl als Freistätte angewiesen und breitete sich trotz harten Drucks bes. in Böhmen und Mähren aus. 1548 ihrer Kirchen beraubt, wandten sie sich zum Theil nach Polen und Preussen (Marienwerder); in Böhmen mit den Lutheranern und Reformirten vereinigt, wurden sie nach der Schlacht am weissen Berge gänzl. unterdrückt. Aus den Resten derselben ging 1722 die *Brüdergemeinde* (s. d.) hervor. Vgl. *Gindely* (1857, 2 Bde.).

Mälar, reizender See im südöstl. Schweden, 12 M. l., 33½ QM. (ohne seine 1200 Inseln nur 22½ QM.); zahlr. schöne Buchten, reich belaute Ufer; Abfluss zur Ostsee.

Maelstrom (*Moskoestrom*), Meeresstrudel zwischen den norweg. Inseln Moskoe und Moskoenäs in der Lofotengruppe, bes. bei Nordweststürmen gefährlich.

Märchen, von den Erinnerungen der Göttermythen, bes. unter dem Einfluss des Christenthums, entstandene und im Volksmund sich fortpflanzende Art der Erzählung, von der Sage dadurch verschieden, dass es weder an bestimmte Orte, noch an geschichtl. Personen oder Ereignisse anknüpft (*Volksmärchen*: Brüder Grimm, Bechstein etc.); dann dem ähnlich, mit Bewusstsein geschaffene phantastische Erzählung (*Kunstmärchen*: Göthes ‚Märchen‘, E. T. A. Hoffmann etc.).

Märtyrer (gr., d. i. Zeugen), in der alten Kirche diejenigen, welche während der Christenverfolgungen als Opfer ihrer Glaubenstreue den Tod erlitten, wurden meist kanonisirt, ihre Ueberreste als Reliquien heilig gehalten. Das *Fest aller M.* seit dem 4. Jahrh., in der röm.-kathol. Kirche 26. Dec. Die Märtyrerlegenden sind in dem *Martyrologien* enthalten.

März (lat. Martius), 3. Monat des Jahres.

Märsfeld (Campus Martius), unter den meroving. Königen der Franken die regelmässig im März abgehaltene Volksversammlung, von Pipin dem Kleinen 755 in den Mai verlegt, daher *Maifeld* (Campus Majus) genannt, zur Heerschau, Berathung über Krieg und Frieden etc. bestimmt.

Maëstoso (ital., Mus.), majestätisch, feierlich.

Maëstro (ital.), Meister, bes. Musiklehrer. *M. di capella*, Kapellmeister. *M. di camera*, der päpstl. Finanzminister.

Mäusethurm, s. *Bingen*.

Maffei, *Franc. Scipione, Marchese*, ital. Dichter, geb. 1. Juni 1675 zu Verona, † 11. Febr. 1755. Hauptwerke das Trauerspiel ‚Meropo‘ (1713) und das Lustspiel ‚La ceremonia‘. Opere (1790, 21 Bde.).

Mafra, Flecken in der portug. Prov. Estremadura, 3500 Ew. Ber. Kloster, 1717 erbaut, jetzt Sitz der Kriegsschule.

Magalhaens (spr. -galjäns, *Magellan*), *Fernando de*, portug. Seefahrer, geb. um 1470, trat in die Dienste Karls V. von Spanien, versprach diesem einen neuen Weg von W. nach den Molukken aufzufinden, durchfuhr Okt. 1520 die nach ihm benannte Meerenge zwischen Patagonien und Feuerland (*Magellansstrasse*, 70 M. l.), entdeckte Nov. 1520 das Stille Meer, sah März 1521 die Marianen; † 27. April 1521 in einem Gefecht gegen den König der Insel Matan.

Magazine (fr.), Vorrathshäuser, gestatten nach gewöhnlicher Konstruktion nur Ausnutzung von ⅓ ihres Kubikinhaltes. Vortheilhafter ist das System von Devaux mit Kästen aus durchlöchertem Eisenblech und Ventilationsröhren in denselben und bes. der sinclairsche Fruchtthurm (vgl. *Bujanowics*, ‚Aufbewahrung des Getreides‘, 1846). *Silos* sind flaschenförmige, durch Heizung ausgetrocknete unterirdische Gruben, in südlichen Gegenden sehr gebräuchlich.

Magdaléna (Maria von Magdala), Begleiterin Jesu, angebl. die Luc. 7, 36 — 50 erwähnte, vom Heiland begnadigte Sünderin, in der religiösen Kunst als heilige M. oft dargestellt. Der Orden der Klosterfrauen von der Busse der heil. M., in Spanien, Frankreich, Italien etc. verbreitet, nahm anfangs nur Buhldirnen, später auch ehrbare Jungfrauen auf. Die aus der katbol. Zeit herrührenden *Magdalenenstifte* in protestant. Ländern widmen sich der Krankenpflege.

Magdalenenstrom (span. *Rio Madalena*), Strom in Neugranada (Südamerika), entspr. am Gebirgsknoten de los Robles, durchbricht die Cordilleren, entströmt geu N. durch ein breites Stufenland, ergiesst sich in mehreren Armen ins karaib. Meer; 188 M. l.

Magdeburg, Hauptst. der preuss. Prov. Sachsen und des *Regbz.* M. (208,7 QM. und 832,141 Ew.), Festung ersten Rangs, links an der Elbe (3 Arms mit 3 Brücken), mit der Vorstadt Neustadt 102,122 Ew. (7456 Mann Militär). Zerfällt in die eigentl. Stadt, das Werder mit der Citadelle, die Friedrichsstadt mit der Thurmschanse und Sudenburg. 180 Strassen (Breiter Weg 5450′ l.) und Plätze (Domplatz, Alter Markt mit Reiterstatue Ottos d. Gr.). Goth. Dom (13. Jahrh., 1825—85 restaurirt), kathol. Marienkirche, Domdechanei, Sternschanze, die Wasserkunst. Liebfrauenkloster (Pädagogium) und Domgymnasium, Kunst- u. Baugewerkschule. Grosses Handels- und Industriecentrum; Hauptsitz der deutschen Rübenzuckerfabr., Fabriken in Wolle, Baumwolle, Maschinen, Tabak, Chokolade etc., Eisengiessereien. Ausgangspunkt von 4 Eisenbahnen. — M. erhielt schon von Karl d. Gr. Stapelgerechtigkeit. Stiftung des Erzbisthums 967. Das *magdeburger Recht* im Mittelalter weithin in Ansehn. Wegen Verweigerung der Annahme des Interims geächtet und 1551 von Moritz von Sachsen genommen. Im Mai 1631 durch Tilly erstürmt und fast gänzlich zerstört, 1648 nebst dem Erzstift Kurbranden-

burg einverleibt. 8. Nov. 1806 schmachvolle Uebergabe der Festung mit 22,800 Mann Besatzung an die Franzosen (Nay). Vgl. *Wolter*, ‚Gesch. der Stadt M.‘, 1845; *Hoffmann*, ‚Chronik der Stadt M.‘, 1845—50, 3 Bde.

Mage (*Magen*), Geselischaft, Glied einer solchen; Verwandte; *Schwert-* und *Spillmagen*, männl. und weibl. Verwandtschaft.

Magelône, Heldin eines mittelalterl., ursprüngl. franz. Volksbuchs, das deutsch von Veit Warbeck (zuerst 1585) bearbeitet ward.

Magen (Ventriculus, Stomachus, Gaster), sackformige Erweiterung des Verdauungskanals, zwischen Speiseröhre und Zwölffingerdarm, liegt im obersten Theil der Bauchhöhle nach links und wird theilweiss von den untern Rippen bedeckt: der Raum zwischen den beiderseitigen untern Rippen heisst *Magengrube*. Grösse des M.s wechselnd, je nach der Füllung, Länge ca. 30 Ctm., Inhalt ca. 2000 Gramm. Theile: *Einmündung* der Speiseröhre (Magenmund, cardia); *Magengrund*, unten und links (fundus) und *Ausmündung* in den Darm oder *Pförtner* (pylorus). Die Magenwandungen sind dreifach, die innerste Schicht ist die an *Labdrüsen* (welche den *Magensaft* ausscheiden) reiche *Schleimhaut*, dann folgt eine *Muskelhaut*, die die Zusammenziehung des M.s ermöglicht und den Inhalt in den Darm presst; über dieser ein Ueberzug des Bauchfells. Weiteres s. *Verdauung.*

Magenblutung, s. *Blutbrechen.*

Magenbrennen, s. *Sodbrennen.*

Magenentzündung (Gastritis), häufig vorkommende Krankheit in Gestalt des Magenkatarrhs (s. d.); seltener in den schwereren Formen, mit starken Auflagerungen auf die Schleimhaut und Vereiterungen (nach Typhus), entsteht am häufigsten bei Vergiftungen mit Mineralsäuren, Arsenik etc., äussert sich dann in Verschorfung, Erweichung, Durchreissung der Magenwandung und führt in den schwersten Fällen zum Tode.

Magengeschwür, das *kleine* (sog. Erosion) tritt häufig auf und heilt meist bald; das *chronische*, runde oder *perforirende* M. entsteht ohne bekannte Ursache bes. zur Zeit der Geschlechtsreife, namentlich bei Mädchen von 15 — 20 Jahren, wird bis 5 Ctm. gross, kann ein vollkommen rundes Loch in die Magenwand herbeiführen und endet, wenn es in die Bauchhöhle durchbricht, tödtlich, kann aber (in den meisten Fällen) durch Verwachsung mit Nachbarorganen heilen. Symptome: haftiger Schmerz nach Mahlzeiten, Bluterbrechen, Magenkatarrh (s. d.), dabei blasses Aussehen, Abmagerung. Behandlung wie Magenkatarrh, Trinken von karlsbader Wasser, Milchdiät.

Magenkatarrh, übermässiger Blutandrang, Schleimabsonderung und Epithelabstossung der Magenschleimhaut, meist infolge von Ueberladung des Magens. Der *akute* M. (‚verdorbener Magen‘), wesentlich in verminderter Absonderung von Magensaft bestehend, ist Folge von Diätfehlern oder von fieberhaften Erkrankungen. Kennzeichen: Abmattung, Appetitlosigkeit, Erbrechen, bisweilen Fieber (gastr. Fieber). Letzteres vergeht meist rasch, tritt aber als heftige, gefährliche Krankheit bei Kindern auf. Der *chronische* M. entwickelt sich meist in späteren Jahren, besteht in Schwellung und Röthung der Schleimhaut und hält Jahre lang an. Der Leib ist aufgetrieben, Sodbrennen, Appetitlosigkeit, Brechreiz (bes. früh als ‚Wasserkolik‘), Heisshunger, dabei gänzliche Unfähigkeit, Speisen vollständig zu verdauen. Behandlung: wochenlanges Geniessen von lauwarmer breiweicher Nahrung, die öfters, aber in kleinen Mengen genommen werden muss, Vermeidung von kaltem Wein, Bier, Wasser, von fetten und sauren Speisen; innerlich doppeltkohlensaures Natron, Mineralkur in Karlsbad und Marienbad.

Magenkrampf (Cardialgia), schmerzhafte Empfindung im Magen, die nicht von Geschwüren, Katarrhen etc. abhängt, sondern rein durch Nervenreiz bedingt ist. Oft bei blutarmen Menschen, tritt meist zu bestimmten Zeiten ein. Behandlung: Diät wie beim Magenkatarrh, Eisenmittel, Nux vom., salpetersaurer Wismuth, Trinkkur in Pyrmont.

Magenkrankheiten, s. *Magengeschwür*, *Magenkatarrh*, *Magenkrampf*, *Magenkrebs*, *Magenschmerz*.

Magenkrebs (Carcinoma ventriculi), im späteren Alter häufig beobachtete Krankheit, besteht in Wucherung und Entartung der Magenschleimhaut und führt durch allgemeinen Kräfteverfall zum Tode. Ursachen unbekannt. Der M. zeigt die Symptome des chronischen Magenkatarrhs (s. d.), führt aber stets rasche Abmagerung mit sich. Oft entsteht in der Folge Leberkrebs. Von aussen lässt sich der Krebs meist als harter Knoten in der Magengegend durchfühlen. Behandlung meist diätetisch, sehr nahrhafte, flüssige Kost (Ei, Fleischbrühe), gegen

Magenmund, s. *Magen*. [Blutungen Eis.

Magensaft, s. *Magen* und *Verdauung*.

Magenschmerz, tritt theils als Gefühl der Leere, theils der Ueberfüllung des Magens mit Speisen auf, ohne dass derselbe erkrankt ist. Zeigt sich unmittelbar nach dem Essen M., so deutet dies auf Vorhandensein von Magengeschwür (s. d.); tritt der M. periodisch auf, auch ohne Füllung des Magens, so nennt man den Zustand *Magenkrampf* (s. d.).

Magenta (spr. -dschenta), Marktfl. in der ital. Prov. Pavia, 5260 Ew. 4. Juni 1859 *Sieg* der Franzosen (Mac-Mahon) und Piemontesen über die Oesterreicher.

Magenverhärtung, Verdickung der Magenwände infolge von verheilten Geschwüren.

Maggia (spr. Mádscha, *Main*), Finss im Kant. Tessin, durchfliesst das Lavizzara- und das *Maggiathal*, mündet bei Locarno in den Lago Maggiore. [Ständchen.

Maggioláta (ital., spr. Mádscho-), Mailied;

Magie, vermeintliche Kunst, durch geheimnissvolle, übernatürliche Mittel wunderbare Wirkungen hervorzubringen, im Allg. s. v. a. Zauberei. *Natürliche* M., die Kunst, durch physikal., mechan. und chemische Mittel Wirkungen hervorzurufen, über welche der Ununterrichtete staunt.

Magier, bei den Medern und Persern die Mitglieder der Priesterkaste, die einem

bestimmten Stamme angehörten, im ausschliessl. Besitz wissenschaftl. Kenntnisse waren u. die Religionsgebräuche ausübten.

Magister (lat., vollständ. *M. liberalium artium*, d. i. Meister der freien Künste), akadem. Würde der philosoph. Fakultät, aus der ältesten Zeit des Universitätswesens vor Ausbildung der Fakultäten herstammend, wo sich der Kreis der akadem. Lehrthätigkeit noch auf die sog. *freien Künste* (s. d.) beschränkte, muss von Denen erworben werden, welche akadem. Vorlesungen halten wollen, auf manchen Universitäten mit dem Titel Doktor der Philosophie verbunden. *M. disciplinae*, in Klöstern Lehrer der für das Klosterleben bestimmten Kinder. *M. sancti palatii*, der vom Papste mit der Censur der Druckschriften beauftragte Dominikaner.

Magister equitum (lat.), Befehlshaber der Reiterei bei den Römern, dem Diktator zugeordneter Gehülfe oder Stellvertreter.

Magisterium (lat.), Meisterstück; in der ält. Pharmacie Niederschlag. Vgl. *Alchemie*.

Magister matheseos (lat., d. i. Meister der Mathematik), Name des pythagor. Lehrsatzes.

Magistratus (lat.), bei den Römern obrigkeitl. Amt, auch die dasselbe bekleidende Person; jetzt bezeichnet *Magistrat* die Gesammtheit der städt. Verwaltungsbehörden.

Magna Charta (the great charter), in England der 19. Juni 1215 dem König Johann ohne Land von Adel und Klerus abgenöthigte Staatsgrundvertrag, welcher als Grundlage der engl. Verfassung gilt. Die M. Ch. ordnete in 60 Artikeln zunächst die Feudalverhältnisse, milderte die Lehnspflichtigkeit, befreite den Klerus von der weltlichen Gerichtsbarkeit, gewährte dem Adel und Klerus Steuerbewilligungsrecht, bestätigte die Privilegien der Städte, sicherte die Freien vor Strafe ohne Urtheil, verhiess Abschaffung der fremden Miethstruppen, gestattete den Ausländern freien Handel etc. Sie ward später zu wiederholten Malen ausdrücklich bestätigt und selbst von den despot. Fürsten des Hauses Tudor respektirt und erst von den Stuarts zu umgehen gesucht. Ursprüngl. latein. abgefasst, ward sie zuerst 1507 und dann sehr oft gedruckt. Am besten herausg. von *Blackstone* (1759).

Magnanim (lat.), gross, hochherzig.

Magnáten (lat. magno-nati), in Ungarn die vornehmsten adeligen Geschlechter, die Reichsbarone, die vermöge ihrer Geburt Antheil an der Vertretung des Landes haben; in Polen die geistlichen und weltlichen Senatoren oder Reichsräthe und der hohe Adel.

Magnesia (a. G.), Stadt in Lydien; 190 v. Chr. *Sieg* der Römer über Antiochus III.

Magnesia, Talkerde, Bittererde, das Oxyd des Magnesiums (1 Aeq. M. 1 Aeq. Sauerstoff), findet sich in der Natur als Magnesit und Dolomit, als Silikat in sehr vielen Mineralien (Meerschaum, Serpentin, Speckstein, Hornblende), in Salzsoolen, Steinsalzlagern und im Meerwasser. *Reine* M., *gebrannte* M. (M. usta), wird aus kohlensaurer M. durch Erhitzen dargestellt, ist fast geschmacklos und unlöslich in Wasser, sehr locker, officinell. *Schwefelsaure* M., *Bitter-*

salz, findet sich in den Bitterwässern (s. d.), als Kieserit, entsteht als Nebenprodukt bei Kohlensäurebereitung aus Magnesit, farblose Krystalle, bitter, in Wasser leicht löslich, officinell, gibt durch Fällung mit Soda basisch-kohlensaure M. (M. alba), fast geschmacklos und unlöslich in Wasser, höchst locker, officinell. Unterchlorigsaure M. dient als Bleichmittel. Chlormagnesium findet sich in den Abraumsalzen u. im Meorwasser, zerfliesslich, dient zur Darstellung des Magnesiums.

Magnesiaglimmer, s. Glimmer.

Magnesit, Mineral aus der Klasse der wasserfreien Haloïde, farblos, gelblich oder grau, krystallinisch oder dicht, kohlensaure Magnesia, in Schlesien, Mähren, Steiermark, dient zur Darstellung von Kohlensäure, Magnesiasalzen, in der Porzellanfabrikation.

Magnesium, Metall der Bittererde oder Magnesia, wird aus Chlormagnesium mittelst Natrium dargestellt, ist silberweiss, dehnbar, spec. Gew. 1,748, Aequivalent 12, verhält sich an der Luft und in der Hitze etwa wie Zink und verbrennt in einer Gasflamme mit höchst intensivem und chemisch wirksamem Licht zu Magnesia, dient zu Signallichtern und zur Photographie im Dunkeln.

Magnet, s. Magnetismus. [Eisen.]

Magneteisenerz, Magneteisenstein, s.

Magnetelektrische Maschinen, Apparate, welche durch magnetische Induktion (s. Induktion) Elektricität erzeugen und dieselbe in einen ziemlich kontinuirlichen Strom verwandeln, dienen zu physiol. und techn. Zwecken, bes. zur Erzeugung von elektr. Licht, bei der Galvanotechnik, zur Ozonbereitung etc. Die wirksamsten m.n M. wurden von Siemens, Ladd und Wilde konstruirt.

Magnetismus, der Inbegriff aller magnetischen Erscheinungen und die Ursache derselben, die magnetische Kraft. Manche Stücke des Magneteisenerzes ziehen Eisen, Stahl, Nickel, Kobalt, Chrom an und halten sie nach eingetretener Berührung fest (natürliche Magnete). Mit Hülfe dieses Erzes kann man einen Stahlstab bleibend magnetisch machen (künstlicher Magnet); derselbe zeigt an seinen Enden (Polen) das Maximum der magnetischen Kraft und ist in der Mitte unmagnetisch (Indifferenzpunkt); frei beweglich aufgehängt, weist der eine Pol (Nordpol) nach N., der andere (Südpol) nach S. Werden 2 frei bewegliche Magnete einander genähert, so ziehen sich ungleichnamige Pole an und gleichnamige stossen sich ab. Ein Magnet wirkt auf einen ihn berührenden Eisenstab vertheilend, d. h. erzeugt an der Berührungsstelle den ungleichnamigen, an dem entgegengesetzten Ende den gleichnamigen Pol. Dieser M. erlischt im weichen Eisen mit der Berührung sofort, hält sich dagegen im Stahl. Auch durch Elektromagnetismus kann Stahl dauernd magnetisch gemacht werden. Mehrere Magnete vereinigt bilden ein magnetisches Magazin. Die grösste Tragkraft erzielt man mit Hufeisenmagneten, bei denen die Pole neben einander liegen. Konservirt wird der M., indem man beide Pole durch ein Stück weiches Eisen verbindet (Anker, Armatur). Einpfündige

Magnete können bis 96 Pfd. tragen, aber die Tragkraft wächst keineswegs im Verhältniss zu der Masse. Beim Erhitzen verliert das Eisen seinen M. Zerbricht man einen Magnetstab im Indifferenzpunkt, so erhält man 2 Magnete mit je 2 Polen. Die magnetische Kraft wirkt in demselben Verhältniss abnehmend, wie die Quadrate der Entfernungen zunehmen; sie wird nicht gehemmt durch eine Glas-, Papp- oder Messingblechscheibe. Man hat das Wesen des M. in einem eigenthümlichen unwägbaren Fluidum gesucht; jetzt betrachtet man ihn als die Wirkung kleiner paralleler elektrischer Kreisströme, welche jedes Eisenatom umfliessen. Die oben genannten Körper (Eisen, Stahl etc.) stellen sich zwischen den Polen eines kräftigen Magnets axial, andere stellen sich äquatorial, d. h. senkrecht zur magnetischen der Pole, und heissen diamagnetisch, auch die Flammen sind diamagnetisch. Eine in horizontaler Ebene frei schwingende Magnetnadel stellt sich mit ihrer Axe in den magnetischen Meridian, welcher mit dem astronomischen Meridian desselben Ortes einen Winkel macht (Deklination). Eine in ihrem Schwerpunkt aufgehängte Magnetnadel (s. d.) macht mit der Horizontalen einen Winkel (Inklination), welcher mit der Annäherung an die Pole zunimmt und unter 70° 5' n. Br. und 263° 14' östl. v. Gr. = 90° ist (magnetischer Nordpol). Diese Erscheinungen des Erdmagnetismus entsprechen der Vorstellung, dass in der Erde gewissermassen ein Magnet stecke, dessen Pole nicht mit der Erdaxe zusammenfallen, dessen Südpol im N. und dessen Nordpol im S. liegt. Die Intensität des Erdmagnetismus, welche au den Schwingungen der Nadel gemessen wird, nimmt im Allgemeinen mit der Entfernung von den magnetischen Polen ab. Der Erdmagnetismus ist säkularen, jährlichen und täglichen Variationen unterworfen und zeigt ausserdem bei Polarlichtern, vulkanischen Eruptionen und Erdbeben Störungen (magnetische Gewitter). Die Ursache des Erdmagnetismus ist unbekannt. Der M. findet Anwendung in der Boussole und im Kompass, zur Erzeugung elektrischer Ströme und als Elektromagnetismus bei Telegraphen etc.; magnetische Respiratoren dienen zum Auffangen feinen Eisenstaubes; auch trennt man metallurgisch durch Magnete Kupferkies von Magneteisenstein. Vgl. Lamont, „Handbuch des M.", 1867.

Magnetkies, Mineral aus der Klasse der Kiese, bronzegelb, metallglänzend, magnetisch, enthält 61 Theile Eisen und 39 Th. Schwefel, in Schlesien, Bodenmais, Breitenbrunn, Andreasberg, Schweden, dient zur Darstellung von Eisenvitriol.

Magnetnadel, dünnes, an einem Coconfaden aufgehängtes oder auf einer feinen Spitze schwebendes Magnetstäbchen, welches infolge der Einwirkung des Erdmagnetismus an jedem Orte eine bestimmte Lage annimmt; s. Magnetismus und Kompass.

Magnetometer, grosse freischwebende Stabmagnete mit genauer Messvorrichtung zur Bestimmung der periodischen Variationen des Erdmagnetismus und zur Messung der Intensität desselben.   [*Eisenstein*.

Magnetsand, Titaneisensand, s. *Titan-*

Magnificat (lat.), Kirchengebet, nach den Anfangsworten: ‚M. anima mea dominum‘ (meine Seele erhebet den Herrn).

Magnificenz (lat.), Herrlichkeit, Hoheit, Titel der Rektoren (*rector magnificus*, wenn es ein Fürst ist: magnificentissimus) und Kanzler der Universitäten, sowie der Bürgermeister in den freien Städten.

Magniloquenz (lat.), Erhabenheit im Ausdruck; Grosssprecherei.

Magnolia *L.* (*Biberbaum*), Pflanzengattung der Ranunculaceen, Bäume und Sträucher aus Amerika und Ostindien, Zierpflanzen.

Magot, Affe, s. *Makako*.   [afrika.

Magrib (arab.), Abendland, insbes. Nord-

Magus aus Norden, s. *Hamann*.

Magyar (spr. Madjar), *Ladislaw*, Afrikareisender, geb. 1817 in Theresiopol, ging als Marinelieutenant nach Südamerika, 1848 nach den poring. Besitzungen in Benguela (Westafrika), 1849 nach Bihe, wo er sich mit der Tochter des Negerhäuptlinge verheirathete, bereiste seit 1850 das Innere von Südafrika zwischen 8° — 20° s. Br.; † 9. Nov. 1864 zu Dombo Grande in Benguela. Sein Reisewerk ‚Magyar Laszló délafrikai utazásí‘ (1. Bd., deutsch 1859) blieb unvollendet.

Magyaren (spr. Madjaren), s. *Ungarn*.

Mahaballpuram, Ort in Ostindien, bei Madras, bekannt durch die ‚sieben Pagoden‘ (grossartige Felsentempel).

Mahábhárata, eine der beiden grossen ind. Nationalepopöen, aus 18 Gesängen bestehend, enthält fast alle epischen Sagen der Inder, verflochten in den Kampf der Bharatiden (Pandus und Kurus) um den Thron von Hastinapura, bis die Kurus mit Krischnas Hülfe besiegt werden. Episoden daraus: die ‚Nalas‘ (‚Nal und Damajanti‘, deutsch von *Bopp*, *Rückert*, *Meier* etc.), Hidimbas Tod, Sawitri (deutsch von *Rückert*), Sundas und Upasundas u. A.

Mahadëwa (*Mahadö*), Beiname des indischen Gottes Siwa (s. d.).

Mahagonibaum, s. *Swietenia*.

Mahalebkirsche, s. *Kirschbaum*.

Mahanaddy, Fluss in Bengalen, entspr. in den Gebirgen von Bundelkund, durchströmt Berar und Orissa, mündet in den Meerbusen von Bengalen, östl. von Kuttak; über 100 M. l.   [Küste Malabar, 6000 Ew.

Mahé, franz.-ostind. Hafenstadt, auf der

Mahéinseln, s. v. a. Sechellen.

Mahlmann, *Siegfr. Aug.*, Dichter, geb. 13. März 1770 in Leipzig, † das. 16. Dec. 1826. Schr. die Posse ‚Herodes vor Bethlehem‘ (Parodie von Kotzebues ‚Hussiten‘, 1803); ‚Marionettentheater‘ (1806); ‚Lustspiele‘ (1810); gemüthliche ‚Erzählungen und Märchen‘ (1802). ‚Sämmtl. Schriften‘ (1859, 8 Bde.). ‚Sämmtl. Gedichte‘ (1863).

Mahlschatz, Brautschatz, Aussteuer.

Mahlzähne, s. v. a. Backenzähne, s. *Zähne*.

Mahmud II., Sultan der Osmanen, geb. 20. Juli 1785, 2. Sohn des Sultans Abdul-Hamid, bestieg 1. Aug. 1808 nach dem Sturz

seines ältern Bruders Mustapha IV. den Thron, schloss mit Russland 24. Mai 1812 den Frieden von Bukarest, hatte die Serbier und rebellische Statthalter, sowie die Perser zu bekämpfen, vernichtete 1826 die Janitscharen, musste im Frieden von Adrianopel mit Russland (14. Sept. 1829) die Unabhängigkeit Griechenlands anerkennen, begann durchgreifende Reformen im Sinn europäischer Civilisation, ward von Mehemed-Ali von Aegypten an den Rand des Verderbens gebracht, durch Russlands Beistand gerettet, erklärte 1839 jenen in die Acht und sandte ein Heer gegen ihn nach Kleinasien, das aber 24. Juni 1839 bei Nisib geschlagen ward; † 1. Juli 1839. Biogr. von *Münch* (1839).

Mahmudiéh, Kanal in Unterägypten, vom westl. Nilarm zum Hafen von Alexandria, 10 M.

Mahon (spr. Maón), Hafenstadt und bed. Festung auf der span. Insel Minorca, 12,500 Ew. Goth. Dom, gr. Molo, Marinehospital.

Mahratten, krieger. Volk in Vorderindien, in den Gebirgslandschaften zwischen Gwalior und Goa, gründete unter Sewndschi († 1680) ein mächtiges Reich, das nach Sewadschis Tode in 2 Hälften, später (18. Jahrh.) in eine Anzahl mehr oder minder mächtiger Staaten zerfiel, die bald mit der engl.-ostind. Handelskompagnie in Fehde geriethen, aber den Sieg den Briten lange streitig machten. Erst 1818 waren alle Mahrattenstaaten unter brit. Herrschaft gebracht und ihre Fürsten brit. Vasallen, bis auf Scindiah, dessen Gebiet erst 1843 die Selbständigkeit verloren. Wichtigste Staaten: das Reich des Scindiah Gwalior, des Guicowar (Baroda), des Holkar (Indur), des Maharadscha von Sattarah, Nagpur etc. Die Sprache der M. eine Enkelsprache des Sanskrit und seit 17. Jahrh. zur Schriftsprache erhoben.

Mai (*Wonnemonat*, altd. Wünns-, d. i. Weidemonat), 5. Monat des Jahres.

Maiblume, s. *Convallaria*.

Maidstone (spr. Mehdstön), Stadt in der engl. Grafsch. Kent, am Medway, 23,016 Ew. Zwirnfabr., Produktenhandel nach London.

Maier (lat. major), im Mittelalter der Vorgesetzte der Gutsunterthanen; in manchen Gegenden Bauer, der kein volles Eigenthum

Maifeld, s. *Märzfeld*.   [an seinem Gute hat.

Maikäfer (Melolontha *L.*), Gattung der blattförmigen Käfer, 12—13‴ lang, in Europa; die Larven (Engerlinge) brauchen 4 Jahre zur Entwickelung, leben in der Erde und zerfressen die Wurzeln der Feld- und Gartengewächse; ihr grösster Feind der Maulwurf. *Walker*, *Müller* (M. fullo *L.*), 18‴ l.. Laub- und Nadelhölzern schädlich.

Mailänder Gold, platter, einseitig vergoldeter Silberdraht zu Stickereien.

Mailand (ital. *Milano*, lat. *Mediolanum*), oberital. Prov., 54,3 QM. und 963,866 Ew. Die *Hauptst*. M., an der Olona, Hauptort der Lombardei, Sitz eines Erzbischofs, (1862) 196,109 Ew. Unter den Thoren der prachtvolle Friedensbogen, die Porta Vercellina u. Porta orientale; unter den Strassen der Corso Grande, unter den wenigen Plätzen der Waffenplatz und die Arena hervorzuheben. Merkwürdige Kirchen: der Dom (1386 begonnen, 1805 vollendet, nächst der Peterskirche die grösste Europas, 454' l., 270' br., Kuppel 232' h., Thurm 335' h., von weissem Marmor, mit reicher unterirdischer Kapelle, vielen Monumenten und Kunstwerken, Mosaikboden, 5000 Statuen an den Aussenseiten), die Kirchen San Lorenz, San Ambrogio (Basilika aus 4. Jahrh., alte Denkmäler), die Alessandrokirche (prachtv. Gemälde), Borromeokirche (Nachbildung des Pantheons), S. Maria delle Grazie (Leon. da Vincis „Abendmahl"); die Brera (s. d.), Sternwarte, der botan. Garten; zahlr. Privatpaläste mit Kunstschätzen; Hospital (3000 Kranke), Amphitheater (30,000 Zuschauer), das ber. Theater della Scala; Castello (ehemal. Resid. der Visconti und Sforzas, jetzt Citadelle). Zahlr. Bildungs- und Kunstanstalten: Akademie der schönen Künste mit Gemäldegalerie, königl. Institut der Wissensch. und Künste, Musikkonservatorium, ambrosian. Bibliothek (zahlr. Manuskr. und Palimpseste). Fabr. in Seiden- und Sammtwaaren, Teppichen, Gold- und Bijouteriew.; Handel, bes. mit Seide (Hauptemporium von Norditalien), Reis und Parmesankäse. — M., um 580 v. Chr. von Kelten gegr., ward 222 v. Chr. röm. Provinzialstadt, 539 von Burgundern und Gothen zerstört; stand später als Haupt des lombard. Städtebundes den Kaisern feindlich gegenüber, ward 1162 von Friedrich I. dem Erdboden gleich gemacht und litt fortan unter den innern Fehden der Ghibellinen u. Guelfen. Seit 1395 Hauptst. des von Kaiser Wenzel gegründeten *Herzogthums* M., das den Visconti, dann den Sforzas geborte, nach Aussterben der letztern (1535) an Spanien, 1713 an Oesterreich kam, 1797 zur cisalpinischen Republik, 1805 zum italien. Königreich geschlagen ward, 1814 theils an Sardinien, theils (mit der Stadt M.) an Oesterreich fiel, 1859 mit dem Königreich Italien vereinigt ward.

Maillechort, s. v. a. Neusilber.

Maimatschin, Stadt in der Mongolei, an der russ. Grenze, Kiächta gegenüber, Hauptverkehrsplatz zwischen China u. Russland.

Main (*Moenus*), rechter Nebenfluss des Rheins, Hauptfluss des Frankenlandes, entsteht bei Kulmbach aus der Vereinigung des weissen M.s (vom Ochsenkopf) und rothen M.s (vom fränk. Jura), fliesst in grossen Windungen von O. nach W. über Bamberg, Würzburg, Aschaffenburg, Offenbach und Frankfurt, mündet bei Kastel, Mainz gegenüber; Länge 66 M. Stromgebiet 576 QM. Nebenflüsse rechts: Rodach, Itz, fränk. Saale, Kinzig, Nidda; links: Regnitz, Tauber, Erfa. Die Dampfschifffahrt jetzt eingestellt.

Main (fr., spr. Mäng), Hand.

Mainau, bad. Insel im Ueberlingersee, ehedem Kommende des deutschen Ordens.

Maine (spr. Mähn), Nebenfluss der Loire im westl. Frankreich, aus der Mayenne und Sarthe gebildet, nur 1½ M. lang. Das Depart. *M.-Loire*, 129 QM. mit 533,325 Ew., Hauptstadt Angers.

Maine (spr. Mähn), alte franz. Prov., die jetzigen Depart. Sarthe und Mayenne um-fassend, seit 955 unter erbl. Grafen, 1481 Frankreich einverleibt.

Maine (spr. Mähn), *Louis Auguste de Bourbon*, *Herzog von*, natürlicher Sohn Ludwigs XIV. von Frankreich und der Frau von Montespan, geb. 31. März 1670 zu Versailles, ward 1673 legitimirt, erhielt 1682 das Fürstenthum Dombes, später den Titel eines Herzogs von M., 1694 den Rang unmittelbar hinter den Prinzen von Geblüt, ward 1714 für thronfolgefähig im Falle des Aussterbens der legitimen Bourbons erklärt, liess sich in eine Verschwörung zum Sturz des Regenten Philipp von Orléans ein, ward mit seiner Gemahlin, einer Enkelin Condés, nach Sceaux verwiesen; † 14. Mai 1736.

Maine (spr. Mehn), nordamerik. Freistaat, Gruppe der Neuenglandstaaten, 1616 QM. und (1870) 628,719 Ew.; Küste (352 M. l.) buchtenreich, das Innere bergig (bis 5000' h.); reich bewässert (Penobscot, Kennebec, St. John; grösster See: Moosehead); extremes Klima (zwischen —25° und +30° R.). Viel Wald, daher die Industrie bes. auf Holzschlag und Schiffbau gerichtet (M., der erste schiffbauende Staat der Union, baut ca. 1/9 der gesammten Tonnage); auch Ackerbau. Ausfuhr 1865: über 10½ Mill. Doll. Konstitution von 1820. Ausgaben 1867: 1,836,866 Doll., Staatsschuld 5,090,500 Doll. 5 Repräsentanten im Kongress. 16 Counties. Hauptstadt Augusta. M. 1630 kolonisirt, seit 1820 Unionsstaat. [westl. vom Spessart.

Maingau, Gau im bayer. Unterfranken,

Mainland (spr. Mehnländ), die bedeutendste der Shetlandsinseln, 13½ M. l., bis 4 M. br., 21,615 Bew.; Hauptort Lerwick.

Mainóten, die Bewohner der Gebirgsgegend *Maina* auf der griech. Halbinsel Morea (zwischen den Meerbusen von Kolokythia und von Koron), etwa 60,000 Köpfe, kühn, freiheitsliebend, räuberisch, dabei gastfrei und mässig. [unfrecht erhalten.

Maintairen (fr., spr. mäng-), behaupten,

Maintenon (spr. Mängt'nong), *Françoise d'Aubigné*, *Marquise von*, Geliebte Ludwigs XIV. von Frankreich, geb. 27. Nov. 1635 zu Niort, verheirathete sich im 16. Jahre mit dem Dichter Scarron, ward nach dessen Tode (1660) Erzieherin der Söhne Ludwigs XIV. von der Montespan, nannte sich nach einem von ihr gekauften Gute M., erlangte grossen Einfluss auf den König, machte ihn zum Frömmler, bewog ihn, sich 1685 heimlich mit ihr zu vermählen, betrieb die Aufhebung des Edikts von Nantes und die Verfolgung der Protestanten; † 15. April 1719 in der Abtei St.-Cyr. Ihre Briefe herausg. von *Lavallée* (1865 — 66, 4 Bde.). Biogr. von Frau v. *Genlis* (1806, deutsch 1807).

Mainz, Hauptstadt der hess. Rheinprovinz, links am Rhein (Pontonbrücke, 766' l., und eiserne Eisenbahnbrücke), mit *Kastel* jenseits des Rheins eine der stärksten Festungen, 43,140 Ew., anschliessl. der preuss. Garnison von 8130 Mann. 27 Plätze: Schlossplatz, Gutenbergsplatz (Gutenbergsstatue von Thorwaldsen), Schillerplatz (Schillerstatue), neue Anlage (vor dem neuen Thor); 130 meist enge Strassen (grosse Bleiche).

Restaurirte Domkirche, Ignatius- und Stephanskirche; das herzogl. Schloss (ehemals Deutschordenshaus), das vormals kurfürstl. Schloss mit Kunst- und Alterthümersammlung, bischöfl. Palast, Fruchthalle, Schauspielhaus; Citadelle. Freihafen. Sitz einer Handelskammer und einer Filiale der darmstädter Bank. Zahlr. Fabriken (für Möbel, Leder- u. Schuhwaaren, Schaumwein, Glas- und Wachsperlen, Hüte, Chemikalien etc.). Bed. Rheinschifffahrt, Handel mit Getreide, Holz und namentl. Wein. — M. 612 auf den Trümmern eines von Drusus angelegten Kastells (*Moguntiacum*) erbaut. 750 Stiftung des *Erzbisthums* M. durch Bonifacius; die Erzbischöfe seit 998 Kurfürsten des deutschen Reichs. Letzter Kurfürst Friedrich Karl von Erthal († 1802), dem der bisherige Koadjutor Karl Theodor von Dalberg als Reichserzkanzler folgte. 1486 Einverleibung der Stadt ins Erzstift. 1631 Eroberung der Stadt durch die Schweden, 1635 durch die Kaiserlichen, 1644 durch die Franzosen; 14. Okt. 1792 Uebergabe an dieselben (Custine) durch Verrath; 22. Juli 1793 Zurückeroberung durch die Preussen; 1801 Abtretung an Frankreich, 1814 Erhebung derselben zur Bundesfestung und Uebergabe an das Grossherzogth. Hessen. Die Besatzung seit 1866 ausschliesslich preussisch. 18. Nov. 1857 Pulverexplosion, welche den Stadttheil Kästrich zerstörte. Vgl. *Klein* (1861), *Hennes* (1857).

Maipu, Vulkan der Andes in Chile, 17,664' h.

Maire (fr., spr. Mähr), in Frankreich der Vorsteher eines Gemeindebezirks, zugleich Richter und Verwaltungsbeamter. *Mairie*, Wohnung, auch Bezirk eines M.

Mais (*Zea L.*), Pflanzengattung der Gramineen. *Wälschkorn*, *türkischer Weizen*, *Kukurus* (*Z. Mais L.*), aus Amerika, dort und in einem grossen Theil von Asien und Afrika die herrschende Brodfrucht, auch in Süd- und Mitteleuropa viel gebaut; zahlreiche Varietäten. Enthält 63,7 Stärkemehl, 7,9 Kleber, 2,3 Dextrin, 1,8 Zucker, 4,8 Fett, 1,3 Salze. Das Korn wird zu Gries und Mehl gemahlen, liefert schnell trocknendes Brod, dient als Viehfutter und wird auf Spiritus verarbeitet; die unreifen Kolben werden als Gemüse benutzt. Bei uns dient M. meist als Grünfutter, aus den Stengeln wird in Aegypten und Mexiko Zucker gewonnen, die den Kolben umgebenden Hüllblätter dienen als Polstermaterial und zur Papierfabrikation.

Maische, s. *Spiritusfabrikation*.

Maischwamm, s. v. a. Mussaron.

Maisöl, das fette Oel der Maiskörner, scheidet sich beim Einmaischen ab, goldgelb, dient als Schmier- und Brennöl etc.

Maison (fr., spr. Mäsong), Haus.

Maitrank, mit Waldmeister (Asperula odorata) gewürzter Wein; *Maitrankessenz*, starker Extrakt von Waldmeister.

Maître (fr., spr. Mät'r), Lehrmeister, z. B. in Musik, Tanzen, Fechten. *M. d'école* (spr. dékohl), Schulmeister; *M. de plaisir* (spr. pläsihr), Hofbeamter, Anordner der Festlichkeiten und Lustbarkeiten. *M.s de*

requêtes (spr. Rekäht), beim Parlament zu Paris Beamte, welche eingegangene Bittschriften etc. zum Vortrag brachten.

Maitresse (fr., spr. Mätress'), Gebieterin, Herrin; Geliebte oder Konkubine eines Fürsten oder sonst hochgestellten Mannes.

Maiwurm (*Oelkäfer*, *Meloë L.*), Gattung der Halskäfer. *Blauer M.* (*M. proscarabaeus Marsh*), 1" l., in Europa, enthält Kantharidin, war früher officinell, die Larve schmarotzt auf den Bienen.

Maja, d. i. Täuschung, Schein, in der ind. Myth. die aus der Urgottheit hervorgegangene Zeugerin aller Dinge, Weltmutter (Bhawani); in der griech. Myth. die älteste der Plejaden, Mutter des Hermes.

Majano, *Benedetto da*, florent. Bildhauer, geb. 1424, † 1498; Hauptwerke: die Kanzel in Sta. Croce und Grabmal des Filippo Strozzi (Florenz); auch Architekt.

Majella, Gebirge in den südl. Abruzzen, im Monte Amaro 8444' hoch.

Majestät (lat. *majestas*), Hoheit, Erhabenheit, in Rom zur Zeit der Republik die der Gesammtheit der Bürger zukommende Macht und Würde, auf die röm. Imperatoren und von diesen auf die röm.-deutschen Kaiser übertragen, dann auch von den Königen von Frankreich und England, jetzt von allen europ. Königen geführt. Die Sache, d. h. die persönl. Würde, steht jedem Souverän zu; ihr Ausfluss sind die *Majestätsrechte*, die im Wesentlichen in der Unverletzlichkeit (Unverantwortlichkeit) u. Heiligkeit der Person des Monarchen bestehen. *Majestätisch*, herrlich, erhaben.

Majestätsbrief, die von Kaiser Rudolf II. 11. Juni 1609 den böhm. Protestanten verliehene Gnadenakte, durch deren Aufhebung durch die Kaiser Matthias 1618 den Anstoss zum Ausbruch des 30jähr. Kriegs gab.

Majestätsverbrechen (*Crimen laesae majestatis*), im röm. Recht jedes Verbrechen gegen den Staat als solchen und gegen dessen Oberhaupt, daher z. v. a. Hochverrath, kann nur von einem Angehörigen des betreffenden Staates begangen werden u. ist schon vollendet, wenn ausserordentliche Mittel zur Vereitelung des hochverrätherischen Unternehmens in Anwendung kamen; in der neueren Strafgesetzgebung jede dolose Verletzung der Ehre des Regenten oder der demselben schuldigen Ehrerbietung. Die M. werden in den neueren Gesetzgebungen mit Freiheitsstrafe in verschiedenen Abstufungen, die schwersten mit dem Tode oder lebenslänglicher Haft bedroht.

Majolika, Art von Terrakotten, ursprüngl. aus Majorca; auch s. v. a. Fayence.

Major und Minor (lat., d. i. grösser und kleiner), s. v. a. älter und jünger. *Majorität* und *Minorität*, Mehrheit und Minderheit, Bezeichnung des numerischen Ausfalls bei Abstimmungen. *Majorisiren*, durch Majorität vergewaltigen.

Major (lat.), Titel des Stabsoffiziers, welcher zunächst vor dem Hauptmann rangirt, in der Regel Befehlshaber eines Bataillons, in der österr. und preuss. Armee offiziell *Oberwachtmeister* genannt.

Majorān, s. *Origanum.*

Majorāt (lat.), im weiteren Sinne jede Erbfolgeordnung, welche durch die frühere Geburt bestimmt wird, sowie das hiernach dem Aeltesten zustehende Vorzugsrecht, also die *Primogenitur* (s. d.) und das *Seniorat* (s. d.) begreifend; im engeren Sinne diejenige Erbfolge, welche unter den dem Grade nach gleich nahen Verwandten den Aeltesten zur Erbfolge beruft, um die Güter bei den Familien zu erhalten; auch Gut, das sich nach dieser Ordnung vererbt.

Majorca, Insel, s. *Mallorca.*

Major domus (lat., *Hausmaier*), im fränk. Reiche zur Zeit der Merovinger Titel des ersten Hof- und Staatsbeamten, Derselbe war ursprüngl. Aufseher der königl. Domänen, stand an der Spitze des Dienstadels und führte im Krieg den Oberbefehl über diesen. Unter den späteren Merovingern, meist Schwächlingen, war der M. d. der eigentl. Regent, so Pipin von Heristall, Karl Martell und Pipin der Kleine; s. *Karolinger.*

Majorenn (lat.), grossjährig, mündig. *Majorennität*, Grossjährigkeit, Mündigkeit.

Majorianus, *Julius Valerius*, röm. Kaiser seit 456, erliess zweckmässige Gesetze, ward von Ricimer 461 gestürzt und ermordet.

Majos (span.), die Bewohner einiger Gebirgsthäler Andalusiens, mit bunter Tracht, verrufene Raufer. Die Frauen *(Majas)* als schön und leichtfertig bekannt.

Majuskeln, die im späteren Mittelalter aufgekommenen grossen Anfangsbuchstaben, zuerst bei Eigennamen, seit dem letzten Drittel des 17. Jahrh. bei allen Substantiven gebraucht, im Gegensatz zu den *Minuskeln* oder kleinen Buchstaben.

Makake (Innus *Cuv.*), Affengattung der Schmalnasen. *Gemeiner* M., *Hutaffe* (I. sinicus L.), 1' l., in Ostindien, auf Malabar heilig. *Türkischer, gemeiner Affe, Magot* (I. sylvanus L.), 2—3' l., in Nordafrika, Gibraltar, gewöhnl. Begleiter der Bärenführer. *Schweinsschwanzaffe* (I. nemestrinus L.), 2'l., auf Sumatra, Borneo, zum Pflücken der Früchte abgerichtet. *Bartaffe, Wanderu* (I. Silenus L.), 2' l., auf Ceylon.

Makâme (arab.), eigentl. Konversationssaal, Unterhaltung, dann Art Vortrag in gereimter Prosa, humoristisch erzählenden Inhalts. Am berühmtesten die M.n des Hariri und des Chariri.

Makarismen (gr.), Seligpreisungen, bes. die 7 zu Anfang der Bergpredigt.

Makart, *Hans*, Maler, geb. zu Salzburg, Schüler Pilotys in München, jetzt in Wien. Genialer Kolorist, erregte bes. durch seine ,Modernen Amoretten' und ,Sieben Todsünden' (Pest zu Florenz) ungemeines Aufsehen.

Makassar (*Mangkassar*, *Vlaardingen*), niederl. Freihafen auf der Insel Celebes, 20,000 Ew. (Chinesen und Niederländer). Bis 1668 Hauptstadt des Reiches M., der bedeutendsten malayischen Seemacht.

Maki (*Fuchsaffe*, Lemur L.), Gattung der Halbaffen, auf Madagaskar und den benachbarten Inseln, leicht zähmbar.

Makkabäer, die Glieder der Familie des jüd. Helden Judas Makkabi (s. d.), dessen

Brüder Johannes, Jonathan und Simon den jüd. Staat (135 v. Chr.) auf kurze Zeit wiederherstellten (s. *Juden*). Dies der Inhalt der zwei *Bücher der M.* im A. T.

Makō, Hauptort des ungar. Kom. Csanad, an der Maros, 25,595 Ew. Weinbau.

Makrân, Landschaft in Beindschistan, ca. 4730 QM.; dürftig bevölkert.

Makrele (Scomber L.), Gattung der Bruststachelflosser. *Gemeine* M. (S. Scombrus L.), 18'' l., in der Nordsee, mit schmackhaftem Fleisch; wird auch gesalzen.

Makrobiótik (gr.), die Kunst, durch zweckmässige Lebensweise ein hohes Lebensalter zu erreichen. Vgl. *Hufeland*, ,Die Kunst, das menschl. Leben zu verlängern', 8. Aufl. 1860.

Makroglossie (gr.), abnorme Vergrösserung der Zunge, entstehet langsam; nur durch Operation zu heilen.

Makrokosmos (gr.), die grosse Welt, das Weltall, im Gegensatz zum *Mikrokosmos*, der Welt im Kleinen, insbes. dem Menschen.

Makrologie (gr.), Weitschweifigkeit der Rede, Wortschwall.

Makrophonie (gr.), Lautstimmigkeit.

Makropnöe (gr.), Langathmigkeit.

Makrostichisch (gr.), langzeilig.

Makulatūr (lat.), eigentl. die beim Druck eines Werks schadhaft gewordenen Bogen; auch durch Unverkäuflichkeit oder neue Auflagen werthlos gewordene Drucksachen; *makuliren*, Drucksachen zu M. machen.

Malabar, ostind. Landschaft, der südl. Theil der Westküste des Dekan, 780 QM. und ca. 3 Mill. Ew., meist *Malabaren* (Malayala), ein Volk dravid. Stamms mit eigener Sprache. Städte: Kotschin, Kalikut etc.

Malachit, Mineral aus der Klasse der wasserhaltigen Chalcite, meist in traubigen, nierenförmigen Aggregaten, derb, smaragdbis spangrün, wasserhaltiges basisch-kohlensaures Kupferoxyd, in Sibirien, am Ural, in Siebenbürgen, Cornwall, bei Dillenburg etc., wichtiges Kupfererz und Schmuckstein.

Malacie (gr.), Erweichung, die Konsistenzverminderung thierischer Organe, z. B. Magenerweichung; *Osteomalacie*, Erweichung der Knochen durch Schwund der Kalksalze.

Malàde (fr.), krank, siech. *Maladie*, Krankheit. *Maladerie*, Krankenhaus.

Maladetta, Gebirgsstock der Centralpyrenäen, auf der Grenze von Frankreich und Spanien, im Pico de Nethou 10,578' h.

Maladresse (fr.), Ungeschicklichkeit, Unanstelligkeit; *maladroit* (spr. -droä), ungeschickt, plump. [und Gewissen, arglistig.

Mala fide (lat.), wider besseres Wissen

Malaga, span. Provinz (Andalusien), 123,7 QM. und 473,016 Ew. Gebirgsland mit äusserst fruchtbaren Thälern. Die *Hauptstadt* M., am Mittelmeer, 94,732 Ew. Kathedrale, manr. Bauwerke. Handel und Industrie sehr lebhaft; Hafen durch Fort Gibralfaro geschützt. Sehr bed. Wein-, Oel-, Mandelban, Cigarrenfabr., Baumwollspinnereien. Beträchtl. Ausfuhr von Wein (1865: 387,000 Arroben, dazu 1,260,000 Kisten Trauben, 1,334,000 Kisten Rosinen), Oel (1,905,000 Arroben à 23 Pfd.), Feigen, Citronen etc.

Malagawein, feuriger, feiner, körpervoller

Liquenrwein von höchst aromatischem Bouquet aus der Umgegend von Malaga. Die besten M.e Pedro Ximenez und Lagrima kommen selten oder nie in den Handel.

Malaghettaküste, s. *Guinea*.

Malaghettapfeffer, Meleguetta, Maniguetta, Paradieskörner, s. *Amomum*.

Malagma (gr.), erweichender Breiumschlag; *Malaktika*, erweichende Heilmittel.

Malakanen (*Milchesser*), relig. Sekte in Russland, geniesst zur Fastenzeit Milch, was bei der orthodoxen Kirche verpönt ist.

Malakka, Halbinsel, der südl. Theil von Hinterindien, 100 M. lang, 1491 QM., durch die *Malakkastrasse* von der Insel Sumatra getrennt, reich an allen Produkten Ostindiens, zerfällt in theils unabhängige, theils von Siam abhängige Malayenstaaten. Das brit. Gebiet M. (*Straits settlements*), 54½ QM. und (1867) 278,314 Ew. (ca. 109,000 Chinesen). Die befest. Hafenstadt M., an der Strasse von M., 12,120 (früher 150,000) Ew. 1509 von den Portugiesen erobert und zerstört, 1642—1824 in Besitz der Holländer, seitdem englisch.

Malakolith, s. *Augit*.

Malakow (*Kornilow*), Theil der Festungswerke von Sebastopol, ward erst nach mehreren vergeblichen Stürmen 8. Sept. 1855 unter Pélissier (,Herzog von M.') genommen.

Malakozoën (gr.), Weichthiere, Mollusken.

Malamocco, schmale, stark befestigte Insel, zwischen den Lagunen von Venedig und dem adriat. Meere, 2 M. l.

Malandria (lat.), Pferdekrankheit, Mauke.

Malandrino (ital.), Strassenräuber.

Malapäne, rechter Nebenfluss der Oder, in Schlesien, mündet unterhalb Oppeln, 16 M. Daran (Kr. Oppeln) das *Hüttenwerk* M. (mit 500 Arb.), Sitz eines Hüttenamts.

Mal-à-propos (fr., spr. -poh), zur Unzeit.

Mala punica, Granatäpfel.

Malaria (ital.), schlechte Luft, insbes. die Krankheiten erzeugende Luft sumpfiger Gegenden.

Malaxiren (lat.), kneten.

Malayen, Name der oceanischen Menschenrace, deren Gebiet sich von Madagaskar bis zu den Philippinen über fast alle Küsten und Inseln des Ind. Oceans sowie über ganz Australien erstreckt und ca. 209,400 QM. umfasst; ihre Anzahl auf 32 Mill. geschätzt. Charakterist. Merkmale: braune Hautfarbe (vielfach schattirt), dichtes, weiches, lockiges, schwarzes Haar, weitgeschlitzte Augen, breite Nasen, grosser Mund; Körperbau an die europ. Race erinnernd. Urheimat der M. Sumatra, von wo aus sie 13. Jahrh. auf Malakka ein Reich gründeten, dessen Macht im 16. Jahrh. durch die Portugiesen gebrochen wurde. 2 Hauptgruppen: westl. M., von Madagaskar bis zu den Philippinen (die eigentl. M., Javaner, Sundaer, Battas, Bugis, Makassaren, Formosaner, Tagalen, Madegassen etc.), und östl. M. oder *Polynesier* (Südseeinsulaner), auf der ganzen Südsee von der äussern austral. Inselreihe und den Marianen bis Neuseeland und den Sandwichsinseln. Die eigentl. M. im Allgemeinen thätige Handelsleute, zum Theil auch gefürchtete Seeräuber; ihre Sprache als Handelssprache über ganz

Oceanien verbreitet; die Literatur reich, aber wenig original, meist an das Indische und Arabische sich anlehnend. Vgl. *Waitz*, ,Anthropol. der Naturvölker', 5. Bd., 1869.

Malchen, s. *Melibocus*.

Malchin, Stadt in Mecklenburg-Schwerin, Herzogthum Güstrow, an der Peene, zwischen dem *Malchinersee*, dem Kummerowersee. 5115 Ew. Rathhaus (Ständesaal). Bahnhof.

Malchow, Stadt in Mecklenburg-Schwerin, am *Malchowersee*, 3131 Ew. Gegenüber das reiche *Jungfrauenkloster* M. (1298 gegr.).

Malczeski, *Antoni*, poln. Dichter, geb. 1792 in Volhynien, Offizier, † 2. Mai 1826 zu Warschau. Verf. der ukrain. Erzählung ,Marja' (1826, deutsch von *Vogel* 1845), der populärsten neuern poln. Dichtung.

Mal de Naples (fr., spr. -Napl), früheste Bezeichnung der Syphilis. [um 400 v. Chr.

Maleachi, der letzte der hebr. Propheten.

Malebranche (spr. Malbrangsch), franz. Philosoph, geb. 6. Aug. 1638 in Paris, trat in die Kongregation des Oratoriums, ward 1699 Mitglied der Akademie der Wissenschaften; † 13. Okt. 1715 zu Paris. Schr. ,De la recherche de la vérité' (1674, 3 Bde. u. öfter; deutsch 1776—86, 4 Bde.); ,Traité de morale' (1684; deutsch von *Reidel* 1831 u. A. ,Oeuvres' (1712, 11 Bde.; 1859, 2 Bde.)

Malediciren (lat.), verwünschen, verfluchen, schmähen. *Malediktion*, Schmähung etc.

Malediven (*Maloja-dira*), Kette von 12—15,000 Koralleninseln (50 bewohnt) im süd. Ocean; 17 Gruppen (Atolls), 130 M. l., 10 M. br. Die Bew. ca. 200,000 mohammed. Malayen unter einem Sultan, der auf Male residirt. Hauptprod. Kokosnüsse u. Kauris.

Malefikant (lat.), der Angeklagte. *Malefiz*, Missethat, Verbrechen, in der ältern Rechtssprache häufig in Zusammensetzungen statt Kriminal, z. B. Malefizgericht.

Malerei, diejenige der bildenden Künste, welche vermittelst Linien und Farben auf einer Fläche Gegenstände des menschlichen und des Naturlebens zur Darstellung bringt, und zwar so, dass sie den Schein voller Wirklichkeit erhalten. Hülfsmittel dazu: die Perspektive, die Schattengebung und die Färbung (Kolorit). In Bezug auf das Material und die Darstellungsweise unterscheidet man: 1) *Zeichnungen* (Malgrund: Papier, Pergament und dgl.; Malstoffe: Bleistift, Kohle, Kreide, Wasserfarben): Hand-, Federzeichnungen, Skizzen, Kartons (Kohlenzeichnungen), farbige Kreidezeichnungen, Pastellgemälde, Aquarellbilder; 2) *Tafelbilder* (Malgrund: Holz und Leinwand; Malstoffe: Temperafarben, zum Theil auf Goldgrund, seit 15. Jahrh. vorzugsweise Oelfarben); 3) *Wandmalereien* (Malgrund: Mauerfläche; Malstoffe: trockne Farben, Wasser-, Tempera-, Wachsfarben etc.): die enkaustischen Gemälde der Alten, Frescomalereien (Stereochromie). Dazu als Nebenarten: die *Mosaik* die *Porzellan-* nebst *Emailmalerei*, die antike *Vasenmalerei*, die *Glasmalerei* (s. diese Art.). Arten der M. nach den dargestellten Gegenständen: 1) *Historienmalerei*, zerfallend in *religiöse* M. (Darstellung symbol. und histor.-religiöser Stoffe aus der Bibel, der Legende, der christl. Mythologie etc.) und geschichtl. M. im engern Sinne (histor. treue Darstellung geschichtl. bedeutsamer Thaten und Ereignisse), nebst der neuern *ideal-histor.* M. (Kaulbach), der *allegor.* und der *mytholog.* M.; 2) das *Porträt;* 3) die *Genre-malerei* (histor., humorist., ethnograph. Genrebild und Sittenbild im höheren Sinne); 4) *Thiermalerei* (Thier- und Jagdstücke, Genrebilder mit Thieren, Thierfabelbilder); 5) das *Stillleben* (Darstellung lebloser Gegenstände, wie Früchte, Wild, Fische etc.) nebst der *Blumenmalerei* und *ornamentalen* M. (Arabesken etc.); 6) *Landschaftsmalerei* mit der *Seemalerei* (Marinen). Die Geschichte der M. s. beifolgende *Tabelle* S. 1044—46. Vgl. *Völker,* ‚Die Kunst der M.‘, 2. Aufl. 1861; *Kugler,* ‚Gesch. der M.‘, 1837, 3. Aufl. von *Blomberg* 1867; *Görling,* ‚Gesch. der M.‘, 1865—68, 2 Thle.; *Crowe* und *Cavalcaselle,* ‚Gesch. der ital. M.‘, deutsch von *Jordan* 1869—71, 4 Bde.; *J. Meyer,* ‚Gesch. der modernen franz. M.‘, 1867.

Malerfarben, s. *Mineralfarben, Saftfarben, Deckfarben, Pigmente.*

Malesherbes (spr. Mal'serb), *Chrétien Guillaume de Lamoignon de,* franz. Minister, geb. 6. Dec. 1721 zu Paris, ward 1750 Präsident der Steuerkammer, widersetzte sich den drückenden Steueredikten des Hofes, forderte die Berufung der Reichsstände, ward deshalb auf seine Güter verbannt, 1775—76 Minister des Innern, 1787 abermals ins Kabinet berufen, übernahm mit Tronchet und Desèze die Vertheidigung Ludwigs XVI. vor dem Konvente, ward Dec. 1793 verhaftet, der Verschwörung gegen die Republik angeklagt und 22. April 1794 guillotinirt. Biogr. von *Roset* (1831) u. *Dupin* (1841).

Malevolenz (lat.), Uebelwollen.

Malgré (fr.), ungern, wider Willen.

Malhabil (fr.), ungeschickt; *Malhabileté,* Ungeschicklichkeit.

Malherbe, *Franç. de,* franz. Dichter, geb. 1555 zu Caen, † 16. Okt. 1628. Chorführer der sogen. ‚klass. Dichter‘ Frankreichs, durch Korrektheit u. nüchterne Eleganz ausgezeichnet. ‚Oeuvres‘ (neue Ausg. 1862—70, 6 Bde.). Vgl. *Gournay* (1852), *Laur* (1869). [Unfall.

Malheur (fr., spr. Mälöhr), Missgeschick, **Malhonnet** (fr.), unanständig, ehrwidrig, unedel; *Malhonnèteté,* unanständiges, ehrloses Betragen.

Malibran (spr. -brang), *Maria Felicita,* dramat. Sängerin, geb. 24. März 1808 in Paris, Tochter und Schülerin von Manuel Garcia (s. d.), mit dem Bankier M., dann (1836) mit dem Violinvirtuosen Bériot verheirathet; † bald darauf (23. Sept.) zu Manchester infolge eines Sturzes vom Pferde.

Malice (spr. -lihs), Bosheit, Tücke; boshafte Aeusserung; *malitiös,* boshaft, tückisch.

Malignität (lat.), Bosheit, Bösartigkeit.

Malines (fr.), Mecheln.

Malle (fr., spr. Mall), Reisekoffer, Felleisen; *Mallepost,* Briefpost. [streckbar.

Malleabel (lat.), hämmerbar, dehn- oder

Mallet (spr. Mallä), *Claude François de,* franz. General, geb. 28. Juni 1754 zu Dôle

in der Franche-Comté, ward 1799 Brigadegeneral, 1805 Gouverneur von Pavia, als Republikaner abgesetzt, als Theilnehmer an Komplotten 1808 verhaftet, entwarf 1812 mit mehreren Royalisten den Plan, Napoleon während dessen Abwesenheit zu stürzen, entfloh 23. Okt., verkündigte in den Kasernen Napoleons Tod, ward mit seinen Genossen überwältigt, 29. Okt. 1812 erschossen. Vgl. *Lafon* (1814).

Malleus (lat.), Hammer, Schlägel.

Mallorca (spr. Maljórka, *Majorca*), span. Königreich, die balearischen und pithynischen Inseln umfassend, 87½ QM. und 278,660 Ew. Die *Insel* M., die grösste der Balearen, 22 M. von der span. Küste, 61 QM. und 229,197 Ew.; im NW. gebirgig, sonst fruchtbar, mild, reich an Getreide, Oel, Wein, Südfrüchten. Hauptst. Palma.

Malmaison (spr. -mäsóng), Lustschloss, 1½ M. westl. von Paris. Elust Napoleons I. u. Josephinens Lieblingsaufenthalt (letztere † das.). 21. Okt. 1870 Stützpunkt eines Ausfalls der pariser Armee.

Malmédy, Kreisstadt im preuss. Regbz. Aachen, 4012 Ew. Starke Stahlquelle.

Malmö, Hafenst. in der schwed. Landsch. Schonen, am Sund, 21,730 Ew. Kastell, Bahnhof. Lehh. Seehandel. 26. Aug. 1848 7monatl. Waffenstillstand zw. Dänemark u. Preussen.

Maloggia (spr. -odscha, *Maloja*), Berg der rhät. Alpen in Graubünden, an der Innquelle, mit Pass (5593') nach Chiavenna.

Malornasen, die sogen. Kleinornasen.

Malpighi, *Marcello,* Anatom und Physiolog, geb. 10. März 1628 zu Crevalcuore bei Bologna, Prof. der Medicin das.; † 29. Nov. 1694 in Rom. Berühmt durch seine mikroskop. Untersuchungen des Blutumlaufs, des Gehirns, der Nerven etc. ‚Opera‘ (1687).

Malpighische Haut, die untere Schicht der Epidermis. [körperchen.

Malpighische Körperchen, s. v. a. Milz-

Malpliciren (fr., spr. -siren), schlecht setzen, an den unrechten Ort stellen.

Malplaquet (spr. -pläkä), Dorf im franz. Norddepartement. 12. Sept. 1709 *Sieg* der Oesterreicher (Eugen) und Engländer (Marlborough) über die Franzosen (Villars).

Malpropre (fr., spr. -prop'r), unreinlich.

Malta, brit. Insel im Mittelmeer, zwischen Sicilien und Afrika, 5 QM. und 135,559 Ew.; Kalkfelsplateau (1200' h.), südwärts zur Steilküste abfallend, nach N. von Buchten durchschnitten; heiss, wasserarm, durch Kunst fruchtbar gemacht. Hauptprodukte Raumwolle, Südfrüchte. Lebh. Handel. Hauptstation für die Dampfschifffahrt. Als Hauptstützpunkt im Mittelmeer zur unclnnehmbaren Festung gemacht. Hauptstadt Lavaletto. Zur *Maltagruppe* gehören noch *Gozzo* (s. d.) und die Felseninsel *Comino.* M. ehedem phönic. Kolonie (Ogygia), dann im Besitz der Griechen (Melite), Karthager, Römer, Vandalen, Gothen, Byzantiner, Araber (870), Normannen auf Sicilien (1090), des Johanniterordens (*Malteserorden,* seit 1530), der Franzosen (seit 1798) und der Engländer (seit 1800). Vgl. *Adams* (1870), *Seddall* (1870).

MALEREI.

A. Alterthum.

Vorstufe der Geschichte der Malerei.

Orient (ornamental). Chinas. und Japan. M. (naive Darstellungen aus dem Thier- u. Pflanzenleben, Landschaftliches, Genrebilder, — ohne Perspective und Schatten). Indische und ägypt. M. (groteske Wand- u. Säulenmalerei).

Griechenland. Etwa seit 7. Jahrh. v. Chr. Inhalt: Göttormythus und Heroensage. Arion: Wandgemälde u. Tafelbilder (anfangs einfarbig). Attische Schule (Tempelgemälde): Polygnot (463 v. Chr.), Agatharchus, Apollodor (um 400). Jon. Schule (anmuthige Naturnachahmung. Tafelbilder): Zeuxis, Parrhasius, Timanthes. Schule von Sicyon: Eupompus, Pamphilus, Pausias (Blumenmaler, um 360). Apelles († 308, Apivollte), Protogenes, Aëtion, Antiphilus (Lichteffekte), Theon. Vasenmalerei. Mosaiken (Fussböden).

Etrurien. Katakombenmalereien, Vasengemälde. Rom. Griech. Ueberlieferung vorherrschend (Gemälde von Pompeji u. Herculanum). Timomachus, Fabius Pictor, Ludius u. A. Bildnisse: Lala, u. A.

B. Mittelalter.

Altkirchliche Malerei. 4. bis 10. Jahrh.

Symbol. Wandgemälde in den Katakomben (an antike Vorbilder anknüpfend), 3. und 4. Jahrh. (bes. in Rom).

Mosaikgemälde (einfach erhaben), 5. und 6. Jahrh. bes. in Rom (S. Paolo, S. Cosma e Damiano) und Ravenna (S. Giovanni in Fonte, S. Vitale).

Byzantin. Kunst (höchste äussere Prachtentfaltung, Gemälde auf Goldgrund, konvention. Starrheit der Formen), seit 7. Jahrh.

Islamitische Kunst. Arabische Polychromie (Wanddekorationen in der Alhambra und der Moschee zu Tabris).

Romanische Epoche. 11. bis 13. Jahrh.

Miniaturmalerei in Handschriften, seit 9. Jahrhundert, bes. in Irland, Deutschland, der Schweiz (St. Gallen) u. Oberitalien ausgebildet.

Wandgemälde (streng erhaben) i Kirche zu St. Savin in Poitou (11. Jahrh.), zu Schwarzrheindorf bei Bonn (1159), Soest, Dom zu Braunschweig etc. In Italien nahr. glänzende Mosaiken (anfangs noch byzantinisch starr); frotero Richtung der Kunst angebahnt durch Giov. Cimabue († 1302) und Buoninsegna († 1330).

Gothische Epoche. 13. und 14. Jahrhundert.

Blüthe der Glasmalerei in Frankreich (13. Jahrh.) und in Deutschland (14. und 15. Jahrh., kölner Dom).

Prager-Schule (unter Karl IV.). Nikol. Wurmser, Kunze etc.

Nürnberger Schule (seit 1350). Das imbhoffsche Altarbild (1370), der tucherische Hochaltar (1365) u. A.

Schule von Köln. Meister Wilhelm (um 1380), Stephan Lochner (kölner Dombild 1450).

Schule von Florenz (Einwirkung der german. Richtung). Giotto († 1336) und Orcagna († 1389); Simone di Martino († 1344) Angel. da Fiesole († 1455).

Das 15. und 16. Jahrhundert.

Aufschwung und Glanzperiode der Malerei.

Italien.

15. Jahrhundert.

Schule von Toskana. Masaccio († 1443, Fresken in S. Maria del Carmine), Filippo Lippi († 1469) und Filippino Lippi († 1505), Aless. Filippi († 1515), Cosimo Roselli, Benozzo Gozzoli († 1485), Ghirlandajo († 1494), Luca Signorelli (um 1504), Pier della Francesca u. A.

16. Jahrhundert.

Leonardo da Vinci (1452—1519). Bisohldor (lombard. Schule): Bernard. Luini, Franc. Melzi, Cesare da Seste, G. Ferrari († 1549), Andr. Solario, Baus (Bouleoma). Michel Angelo (1475—1564). Nachfolger (florentin. Schule): Seb. del Piombo († 1547), Dan. da Volterra, Marco, Fra Bartolomeo, ...

Niederlande.

Flandern: Hubert van Eyck († 1426) u. Jan van Eyck († 1441). Schüler: Rogier van der Weyden († 1464), Hans Memling († 1495).

Deutschland.

Schwäbische Schule (flandrische Einflüsse): Mart. Schongauer († 1499), Barth. Zeitblom († um 1520), Martin Schaffner († 1535), H. Holbein d. Aelt., Hans Burgkmair († 1559), Hans Holbein d. J. ...

Frankreich.

Miniaturen: Jean Fouquet (um 1460).

Tafelgemälde (sehr spärlich): König Rend van Eyck, Jean Clouet, Franç. (Portraits, um 1550).

Die Malschulen Oberitaliens. ... Mailand. ... A. Montorfano (Bramantino), A. Luini (Borgognone). — Venedig: Giov. Bellini († 1516), Cima da Coneglano († 1517).

Umbrische Schule (Perugia): P. Perugino († 1524), Pinturicchio († 1513), Gior. Santi († 1494), Franc. Francia (1517).

Schule von Neapel: Coldantonio del Fiore († 1441), Ant. Solario (um 1440).

... Mazzolino ... († 1543). Nachfolger ... Correggio (1494—1534). Nachfolger Parmigianino († 1540), Baroccio († 1612).

Die Venetianer: Giorgione († 1511), Palmarecchio, Tizian (1477—1576), Moretto († 1547), Pordenone († 1539), Bordone († 1570), Tintoretto († 1594, P. Veronese († 1588, Jacopo da Ponte († 1592, liegt der Genremalerei).

... Alexis († 1531). Joh. Mabuse († 1532) u. A.

Holland: Lukas von Leyden († 1533); Hieron. Bosch, Joach. Patenier († 1524, Schöpfer der nord. Landschaftsmalerei).

Franz. ... Michael Wohlgemuth († 1519), A. Dürer (1471—1528), Sebald Beham, Albr. Altdorfer, Hans Schäuffelin etc.

Nieder. Schule. Lukas Kranach († 1553).

Spanien.

Flandrische Richtung: Luis Morales († 1586), Pedro Campaña († 1580).

Italienische Richtung: Alonso Berruguete († 1562), L. de Vargas († 1568), Vicente Joanes († 1579), Coello, Fern. Navarrete u. A.

Das 17. und 18. Jahrhundert.

Vielseitige und ausgedehnte Pflege der Kunst. Absonderung der Historienmalerei; daneben Genrebild, Landschaft, Thierstück und Stillleben als selbständige Gattungen. Im 18. Jahrh. allgemeiner Verfall der Kunst.

A. Historienmalerei.

Italien.
Zwei Richtungen:

Eklektiker (Studium der ältern grossen Meister): Lodov. Caracci († 1619, Gründer der „Schule von Bologna). Schüler: Agostino Caracci († 1601) und Annibale Caracci († 1609), Domenichino († 1641), Guido Reni († 1642), Guercino († 1666), Sassoferrato († 1685), Christ. Allori († 1621), Carlo Dolci († 1686).

Naturalisten (Streben nach dramatischer Naturwahrheit). M. Caravaggio († 1609), Spagnoletto († 1656), Salv. Rosa († 1673), Mom...res, G. Honthorst (Beleuchtungseffekte); die Schlachtenmaler M. Cerquozzi und Bourguignon († 1678); der Schmelzmaler L. Giordano († 1705).

Spanien.
Blüthe der Malerei.

Schule von Sevilla. Juan de las Roelas († 1625), Franc. de Herrera († 1656), Franc. Zurbaran († 1662). Die Hauptmeister: Diego Velasquez († 1660) und Murillo (1618—82).

Schule von Madrid. Ant. Pereda († 1669) und J. Car. de Miranda († 1665); Claudio Coello († 1693).

Schule von Valencia. Franc. Ribalta († 1628).

Niederlande.
Reiche Kunstentfaltung.

Schule von Brabant (Festhalten an der Ueberlieferung bei naturalistischer Darstellungsweise). Hauptmeister: P. P. Rubens (1577—1640) und sein Schüler Van Dyck († 1641, bes. Porträt), Jak. Jordaens u. A.

Schule von Holland (treue Wiedergabe der Wirklichkeit). Van der Helst († 1670); Hauptmeister: P. Rembrandt (1606—69, auch Porträts und Radirungen), Eeckhout, Ferdin. Bol, G. Flinck, J. Livens, Sal. Koning u. A.

Deutschland.
Darniederliegen der Kunst.

Vereinzelte bessere Bestrebungen im 17. Jahrh.: Sandrart († 1688), Kupetzky († 1740), B. Denner. († 1749); im 18. Jahrh. Chr. Dietrich († 1774), Tischbein († 1789), Raph. Mengs († 1774), Ant. Graff (Porträt, † 1813), Angelika Kauffmann († 1808).

Frankreich.
Eklekticismus ohne nationale Basis.

Nic. Poussin († 1665), Phil. Champaigne (Porträt, † 1674), Lesueur († 1655), Mignard, Lebrun, Boucher, Rigaud (Porträt).

England.

Jam. Thornhill († 1734), Shakespeare-Galerie. J. Reynolds († 1792), Benj. West († 1820), Porträt: Peter Lely († 1680), G. Kneller († 1723).

B. Genremalerei.

Niederlande (Begründung und Vollendung des Genrebildes). Niederes Genre: Peter Breughel († 1625), Dav. Teniers († 1694), Isaak und Adrian van Ostade († 1685), Adrian Brouwer († 1641), Jan Steen († 1679), Peter van Laar († 1673), Jan le Ducq (†1695), Rugendas (†1742). — Höheres Genre: Gerhard Terburg († 1681), Gerh. Dow († 1640), Gabr. Metsu († 1667), Fr. van Mieris († 1681), Netscher († 1684), G. Schalcken, Adr. van der Werff, Peter van Hooghe († um 1670) u. A.

Frankreich. Jacq. Callot († 1635), Ant. Watteau († 1721), Chardin († 1779), Greuze († 1805).

England. Will. Hogarth († 1764).

C. Landschaft.

Italien. Fr. Grimaldi († 1680 Landschafter der bologneser Schule), Paul Bril († 1626). — Heroische Landschaft: Nic. Poussin, Kaspar Dughet (Poussin, † 1675); Claud. Lorrain († 1682); H. Swanevelt, Joh. Both, Salv. Rosa († 1673). — Jos. Vernet († 1789).

Niederlande. Anfänge: H. de Bles, Joh. Breughel († 1625), R. Savery († 1639). Vollender: Rubens. — Holländ. Schule (Darstellung der heimatlichen Natur): Joh. van Uoyen († 1656), Van der Kabel, Rembrandt, Van der Neer († 1683), A. Waterloo († 1660). — J. Ruysdael († 1681), Hobbema († 1669), A. van Everdingen († 1675). Peters, Van der Velde (†1707), Lud. Backhuysen († 1709). Architekturen: Peter Nefs († 1651), Canale und B. Beloto (Canaletto). — Vermengung von Genre und Landschaft: Ph. Wouwerman († 1669), Joh. Miel. Idyllen: A. Cuyp, Nic. Berchem, Heinr. u. Phil. Roos.

Deutschland. Ph. Hackert († 1788), F. Kobell († 1799).

D. Thier- u. Blumenmalerei.
(Niederlande.)

Thierstück. Rubens, P. Potter († 1654), Fr. Snyders († 1657), Joh. Fyt († 1700), Joh. Weenix (Geflügel). M. Hondekoeter (Hühner), F. Ridinger (Jagdstücke).

Blumenmalerei. Joh. Breughel († 1625), David de Heem († 1674), Rachel Ruysch († 1705), Joh. v. Huysum († 1749).

Stillleben. Will. v. Aelst († 1679), Adriänsen, P. Nason.

Das 19. Jahrhundert.
Neuer Aufschwung der Malerei.

Deutschland.

Antikisirende Richtung. A. Carstens († 1798), E. Wächter († 1852), H. Füssli († 1834), G. Schick († 1816); B. Genelli († 1865).

Romantische Richtung. I. Religiöse Malerei: Fr. Overbeck († 1869), Phil. Veit, Ed. Steinle, Führich, Kuppelwieser, H. Hess († 1863), Schraudolph, E. Deger.

II. Geschichts- u. Genrebild. Münchner Schule: P. Cornelius (1783—1865), Jul. Schnorr, W. Kaulbach, M. v. Schwind († 1871), Piloty, Makart; die Schlachtenmaler A. Adam († 1852), P. Hess († 1871), D. Monten († 1843), Horschelt († 1871); die Genremaler Kirner, Bürkl († 1869), Hiltensperger, Ramberg, Volts etc. — Düsseldorfer Schule: W. Schadow († 1862), E. Bendemann, Th. Hildebrandt, K. Sohn, J. Hübner, Lessing, A. Rethel († 1859), Leutze; die Genremaler: A. Schrödter, J. Becker, R. Jordan, Ritter, Tidemand, Hasenclever, L. Knaus; die Schlachtenmaler Bleibtreu, Camphausen u. A. — Berlin: W. Kolbe († 1853), Fr. Krüger, E. Magnus, K. Schorn, Adolf Menzel. — Frankfurt: J. Schrödter, Ed. Meyerheim. Myen u. Bremen: F. Kretschmer, K. Becker, Buschmann etc. Wien: C. Kraft († 1860), P. Waldmüller († 1865), J. Danhauser, K. Kahl († 1865) nebst ...

Frankreich.

Klassicismus. J. L. David († 1825), Regnault († 1829), Gérard († 1837), Girodet († 1824), Guérin, Ingres († 1870). Romantik. Hèricault († 1824), H. Vernet († 1863), Ary Scheffer († 1859), E. Delacroix († 1863), P. Delaroche († 1856), L. Robert († 1835), R. Fleury, L. Cogniet, Hippol. Flandrin († 1864), E. Hubert u. A. — Genre: Biard, Meissonier, Ch. Comte. — Landschaft: P. Flandrin, Daubigny, Th. Rousseau, Gudin. — Thierstück: Troyon, Couture, Rosa Bonheur etc.

Schweiz.

Calame. († 1864) und Böcklin, Landschafter. R. Koller, Thiermaler.

Italien.

Nigwel. Appiani. Rom. Camuccini. Minardi etc. — Venedig. Schiavoni, ...

Belgien.

Durchaus realistische Richtung. L. Gallait, E. de Biefve, Wappers, N. de Keyser etc.; Leys (Genre), C. Koekok (Landschafter), E. Verboekhoven u. Robelhood (Thiermaler).

England.

Historienmalerei: Ch. Eastlake († 1865). — Genre: Dav. Wilkie († 1841. — Portrait: Lawrence († 1830). — Landschaft: Turner († 1859), Bonington († 1828). — Thierstück: Landseer. — Blumenmalerei: Miss Mutrie.

Malter, Getreidemass, = ⅟₄ Wispel, in der Schweiz, in Baden à 10 Viertel = 150 Liter.

Malteserorden, s. *Johanniterorden*.

Malträtiren (fr.), misshandeln.

Maltzan, *Heinr., Freih. von*, Reisender, geb. 1826 in Dresden, bereiste seit 1852 zuerst Algier und Marokko, dann Syrien und Palästina, drang über Aegypten hinaus bis zum obern Lauf des Nil vor, bereitete sich darauf in Algier auf eine Reise nach Mekka vor, die er 1860 in arab. Verkleidung glücklich ausführte, verweilte 1867 längere Zeit auf Sardinien, bereiste 1868 Tunesien und Tripolitanien und nahm schliesslich sein Standquartier in Tripolis, von wo er 1871 einen Ausflug nach Südarabien (Aden) machte. Schr. ,Drei Jahre im Nordwesten von Afrika' (2. Aufl. 1868, 4 Bde.); ,Wallfahrt nach Mekka' (1865); ,Die Insel Sardinien' (1869); ,Reise in die Regentschaften Tunis und Tripolis' (1870, 3 Bde.); gab heraus *Wrede's* ,Reise in Hadhramaut' (1870).

Malum (lat.), Uebel, Unglück; Krankheit.

Malva *L.* (*Molve, Käsepappel*), Pflanzengattung der Malvaceen. M. vulgaris *Fries* und M. sylvestris *L., Waldmalve,* in Europa, Vorderasien, Nordamerika, mit schleimigen officinellen Blättern und Blüthen; Zierpflanzen. *Stockmalve*, s. v. a. Althaea rosea *L.*

Malvasier, aus Malvasierreben erzeugter, edler, süsser und lieblicher Wein aus Madeira, Sardinien, Sicilien, der Provence etc.

Malvenblumen, die dunkelrothen Blüthen der Althaea rosea *L.*, bes. bei Bamberg und Nürnberg kultivirt, dienen in der Färberei u. zum Färben von Rothwein, Essig etc.

Malversation (lat.), Veruntreuung.

Malwa, vorderind. Landschaft, 1850 QM. und ca. 5 Mill. Ew., im Besitz der Mahrattenfürsten von Gwalior, Indur und Bhopal.

Malz, s. *Bier*. [tete Bonbons.

Malzbonbons, mit Malzabkochung bereitete Bonbons.

Malzextrakt, zur Syrup- und Honigkonsistenz eingedampfter Auszug von Malz, leicht verdauliches Nahrungsmittel, bes. für Kinder, häufig als diätet. Heilmittel benutzt. Gegenstand vieler Schwindeleien.

Malzsyrup, koncentr. Lösung von Dextrin.

Maisteig, der kleberreiche Absatz aus Bierwürze, hat hohen Nahrungswerth.

Mamertiner, kampan. Samniten, früher Söldlinge des Agathocles von Sicilien, nach dessen Tode 289 v. Chr. entlassen, bemächtigten sich der Stadt Messana und bildeten einen Räuberstaat. Von Hiero II. (s. *Hiero*) 265 hart bedrängt, wandten sie sich zum Theil an die Karthager, zum Theil an die Römer um Hülfe, was die Veranlassung zum ersten punischen Krieg 264 gab.

Mamluken (arab.), d. i. Sklaven, die stehende Miliz des Paschas von Aegypten, ursprüngl. aus Sklaven gebildet, welche der Sultan Nedschmeddin Ejub von Dschingis-Khan gekauft hatte, im zügellosen, rebellisches Corps, welches nach Ermordung des Sultans Turan-Schah (1251) aus seiner Mitte Elbek zum Sultan von Aegypten erhob und dem Lande zwei Dynastien, die der BaharIden (1254–1390) und die der BordscIiten (1390–1517), gab. Selim I. stürzte

1517 ihr Reich, setzte einen türk. Pascha über Aegypten und 24 M.-Beis über die einzelnen Provinzen. Letztere, seit Mitte des 18. Jahrh. (s. *Ali-Bei*) unumschränkte Beherrscher des Landes, wurden 1811 von Mehemed-Ali, dem nachherigen Vicekönig von Aegypten, gestürzt und vernichtet.

Mamma (lat.), die weibl. Brust; *Mammilla*, die Brustwarze; *Mammositäd*, Vollbusigkeit.

Mammalia (lat.), Säugethiere; *Mammaliolithen*, fossile Ueberreste vorweltlicher M.

Mammillaria *Haworth* (*Warzencactus*), Pflanzengattung der Kakteen, viele Arten aus Mexiko und Westindien, mit geniessbaren Früchten; Zierpflanzen. [als Götze.

Mammon (chald.), Reichthum, personificirt

Mammuth (*Mammont*), Elephas primigenitus *Blumenb.*), fossile Art der Gattung Elefant, grösser als der Elefant, im Diluvium Europas und Asiens, sehr zahlreich in Nordsibirien, liefert das fossile oder gegrabene Elfenbein (jährlich 40,000 Pfd. nur aus Nordsibirien). [d. i. eine Handvoll.

Man., auf Recepten abbr. *Manipulus* (lat.),

Man (spr. Män), engl. Insel im irischen Meere, 10¾ QM. und 52,469 Ew. (*Manks*), welche die gaelische Sprache reden und eine eigene Verfassung haben. Hauptstädte Castleton u. Douglas. [torca, 10,500 Ew.

Manacor, Stadt im Innern der Insel Mallorca.

Managua, Hauptst. von Nicaragua (Centralamerika), am *See* M., 10,000 Ew.

Manassas Junction, Ort in Virginien, unfern dem Flusse *Bull Run* (zum Potomac); hier 21. Juli 1861 und 29.–30. Juli 1862 *Siege* der Konföderirten (Beauregard) über das Unionsheer.

Manasse, 1) Sohn Josephs, Bruder Ephraims, Gründer des gleichnamigen Stammes der Israeliten. — 2) König von Juda, Sohn des Hiskias, folgte diesem 699 v. Chr., ward nach Assyrien in Gefangenschaft abgeführt, wo er das apokryph. *Gebet M.* verfasst haben soll.

Manati (*Lamantin*, Manatus *Ouv.*), Säugethiergattung der Cetaceen. *Seekuh*, *Meerweibchen* (M. australis *Tiles.*), bis 20' l., im atlant. Ocean bei den Antillen und in Südamerika, mit geniessbarem Fleisch.

Manation (lat.), das Fliessen, Ausfluss.

Mancando (ital., Mus.), abnehmend.

Mancha (*la Mancha*, spr. -tscha), span. Landsch. (Neukastilien), etwa die jetzige Prov. Ciudad Real (s. *Ciudad*); als Heimat des Don Quixote weltberühmt geworden.

Manche (spr. Mangsch), Küstendepart. in Nordfrankreich, Theil der Normandie, 107,7 QM. und 573,899 Ew. Hauptstadt St. Lô.

Mánchester (spr. Mäntsch-), 1) Stadt in der engl. Grafsch. Lancaster, am Einfluss des Irk in den Irwell und am Bridgewaterkanal (Kohlenzufuhr), (1870) 374,993 (1786: 30,000) Ew., mit dem damit vereinigten gegenüberliegenden *Salford* 496,373 Ew.; bedeutendste Fabrikstadt Englands, Mittelpunkt der engl. Baumwollenindustrie: über 2000 Etablissements, über 100 Dampf- und Spinnmaschinen (4 Mill. Spindeln), 200 Kattundruckereien etc.; auch Seidenfabr., Maschinenbau etc. Im 17. Jahrb. bereits lebhafter Industrieort. — 2) Stadt in Newhampshire (Nordamer.), am Merrimac, (1870) 23,536 (1838: 50) Ew. Bed. Baumwollenfabr.

Manchester (*Velveis, Velveret*s), baumwollene, sammtartige Gewebe; die feinsten *Sammtmanchester*, ungerissene *Satin, Satinet*, durch eigenthümliche Anordnung der Sammtkette gestreift erscheinender *Kord*.

Manchesterpartei(*Manchesterschule*), polit. Partei in England, welche die Interessen des modernen engl. Industriestaats gegenüber der alten Grundaristokratie vertritt, ging als Partei aus der Anti-Cornlaw-League (s. d.) hervor, bezweckt jetzt bes. Reform des parlamentar. Systems und verficht Friedens- und Nichteinmischungsprincipien. Häupter: *Cobden* (s.d.) u. *Bright* (s. d.).

Mancini (spr. Mantschini), *Hortensia*, Dichterin, geb. 1646 in Rom, berühmte Schönheit, Nichte Mazarins, heirathete auf dessen Willen den Marquis de la Meilleraie, den Erben des Kardinals, entfloh demselben, lebte nach vielen Abenteuern in London im Verkehr mit Dichtern und Gelehrten; † 1699.

Mancipation (lat.), Einhändigung, Ueberlieferung einer Sache zum Eigenthum in Form Rechtens. *Mancipium*, durch M. erworbenes Eigenthumsrecht; auch Leibeigener etc. Vgl. *Emancipation*. [der Waaren.

Manco (ital.), das Fehlende am Gewicht etc.

Mandarin (von den Portugiesen aus dem sanskrit. *mantrin*, d. i. Rathgeber, gebildet), europ. Benennung der chines. Staatsbeamten.

Mandat (lat.), Vollmacht, *Mandatskontrakt*, Bevollmächtigungsvertrag, Uebereinkommen, mittelst dessen Jemand (*Mandatar*) die Besorgung einer Angelegenheit für einen Anderen (*Mandant*) unentgeltlich oder gegen Honorar übernimmt; auch die darüber aufgesetzte Urkunde, namentl. die in Prozessen den Anwälten ertheilte; allgem. landesherrliche Verordnung; richterliche Verfügung, durch welche auf einseitiges Anbringen des Klägers der Gegenpartei etwas befohlen oder untersagt wird; daher *Mandatsprozess*, summarischer Prozess, welcher mit einem solchen M. beginnt. *Mandaten*, in Frankreich zur Zeit der Direktorialregierung Papiergeld, welches die entwertheten Assignaten ersetzen sollte.

Mandel, s. v. a. 15 Stück.

Mandel, *Eduard*, Kupferstecher, geb. 15. Febr. 1810 zu Berlin, seit 1842 Prof. und Vorsteher der Kupferstecherschule das. Zahlr. treffl. Stiche, z. B. Lorelei (Begas), Karl I. (Van Dyck), Madonna della Sedia (Raphael), die Schöne Tizians u. A.

Mandelbaum (Amygdalus *L.*), Pflanzengattung der Amygdaleen. *Gemeine* M. (A. communis *L.*), aus Mittelasien (?), in den Mittelmeerländern, Persien, China kultivirt, liefert bittere Mandeln und bei längerer Kultur süsse. Varietäten *Krach-, Knackmandeln* mit dünner Schale. Die Mandeln kommen bes. aus den Mittelmeerländern, enthalten bis 54% fettes Oel, 24-30% Emulsin, 6% Zucker, 3% Gummi, die bitteren Amygdalin, welches beim Zerkleinern derselben mit dem Emulsin Blausäure und Bittermandelöl liefert; daher sind bittere Mandeln giftig. Die Mandeln dienen zur Gewinnung

von fettem Oel (s. *Mandelöl*) u. **Mandelmilch**; die zerstossenen Presskuchen geben **Mandelkleie**, durch Destillation der Presskuchen von bittern Mandeln mit Wasser erhält man Bittermandelöl und Bittermandelwasser.

Mandelkrähe (*Rake*, Coracias *L.*), Gattung der Eisvögel. *Gemeine* M., Blaurake (C. Garrula *L.*), 12" l., in Süd- und Mitteleuropa.

Mandeln, die Früchte des Mandelbaums (s. d.); in der Anatomie (amygdalae, tonsillae) drüsige, etwa bohnengrosse Organe von welligem Aussehen rechts und links am weichen Gaumen. Die *Mandelentzündung* veranlasst durch Schwellung und Vereiterung der M. Schlingbeschwerden (Angina), ist leicht durch Gurgelwässer zu heilen. Ueber die schlimmere Form s. *Bräune*. Durch Verkalkung des Eiters kommt es zur Bildung der *Mandelsteine*, die gefahrlos sind.

Mandelöl, süsses M., fettes Oel der bittern und süssen Mandeln, geruchlos, hellgelb, von mildem, süsslichem Geschmack, wird leicht ranzig, erstarrt bei —10 bis 20° C., löslich in Alkohol, trocknet nicht, dient in der Medicin, als Kosmetikum, Speiseöl.

Mandelseife, aus Mandelöl bereitete Seife, häufiger mit Bittermandelöl parfümirte Kosmetik. [kosseife.

Mandelsteine, s. *Mandeln*. [kosseife.

Mandelsteine, blasige Silikatgesteine, deren Hohlraume mit Quarz, Kalkspath, Zeolithen, Grünerde ausgefüllt sind.

Mandement (fr., spr. Mangd'mang), Verfügung, Verordnung, bes. bischöfliche.

Mandibula (lat.), Kiefer, Kinnlade.

Mandingo, Negervolk in Senegambien, am Nordabhang von Hochsudan, südl. vom Gambia, einheimisch, aber als Kolonisten, Kaufleute, Verkündiger des Koran, Künstler etc. in allen Nachbarländern verbreitet, ganz schwarz, aber gleich den Fellah von fast kaukas. Typus und durch Intelligenz und Fleiss ausgezeichnet; ihr Dialekt Verkehrssprache vom Senegal bis Timbuktu. Staaten der M.: Dentila, Manding, Koukodu etc.

Mandioca, s. *Manihot*.

Mandoline (*Mandola*), guitarrenähnl. Instrument, mit 4 Doppelsaiten, in Quinten gestimmt (g, d, a, e); in Italien gebräuchlich.

Mandragora *L.* (*Alraunpflanze*), Pflanzengattung der Solaneen. M. autumnalis *Spr.*, in Südeuropa, mit gewürzigen Beeren und narkotisch betäubender Wurzel, wegen ihrer menschenähnlichen Gestalt (als Alraun-, Erd-, Galgenmännchen) Gegenstand vieler Fabeleien.

Mandrill, s. *Pavian*. [Fabeleien.

Mandschurei, chines. Nebenland, der nordostl. Theil des Reichs, im N. bis an den Sachalin (Amur) reichend, während der jenseits des Stromes gelegene Theil (s. *Amurgebiet*) seit 1856 russ. ist, so dass nur noch ca. 23,150 QM. mit 2-3 Mill. Ew. (meist ackerbautreibende Chinesen) chines. sind. Hauptst. Mukden. Die eigentl. *Mandschu*, ein kriegerisches Jägervolk tungus. Stamms, eroberten 1644 China, begründeten die noch jetzt herrschende Dynastie, nahmen allmählig chines. Kultur und Sprache an und sind seitdem das herrschende Volk geblieben, als Soldaten, Handwerker, Beamte, Kaufleute im ganzen Reich verbreitet.

Mandukation (lat.), das Kauen. *Mandu-catores*, Kaumuskeln. [schule.

Manège (fr., spr. -ähsch), Reitbahn, Reit-

Manen (*Manes*), bei den Römern die Seelen der Verstorbenen; auch s. v. a. Unterwelt.

Manes (eigentl. *Mani*, lat. *Manichäus*), oriental. Religionsstifter, geb. 214 n. Chr. in Ktesiphon, trat 238 als der im Evangelium Johannis verheissene Paraklet auf; ward unter Bahram I. 274 lebendig geschunden. Vgl. *Flügel* (1862). Ueber seine Lehre s. *Manichäer*.

Manessche Handschrift, kostbare deutsche Liederhandschrift aus dem 14. Jahrh., mit 7000 Strophen von 140 Dichtern und 137 Miniaturen, früher in Heidelberg, seit 17. Jahrh. in Paris; benannt nach dem züricher Ritter *Rüdiger Manesse* († 1325), von dem sie herrühren sollte. Vollständig abgedruckt in *Hagens* ‚Minnesängern‘ (1838).

Manethos, ägypt. Oberpriester und Archivar zu Heliopolis, lebte unter den beiden ersten Ptolemäern; schr. ‚Ueber das Alterthum und die Religion der Aegypter‘ und eine ‚Aegypt. Geschichte‘. Unter den Fragmenten der letzteren (in *Müllers* ‚Fragm. historic. graecor.‘ 1848) die vollständigen Listen der einzelnen Dynastien, mittelst deren man die ägypt. Chronologie wieder hergestellt hat. Vgl. *Böckh*, ‚M. und die Hundssternperiode‘, 1846; *Unger*, ‚Chronologie des M.‘, 1867.

Manfred, Fürst von Tarent, geb. 1231, eholicher, aber nicht ebenbürtiger Sohn Kaiser Friedrichs II. von Blanca, der Tochter des Grafen Bonifacius Lauzia, erhielt 1250 das Fürstenthum Tarent und war bei seines Halbbruders Konrad IV. Abwesenheit Reichsverweser in Italien, übernahm dann im Namen seines Neffen Konradin die Verwaltung Apuliens, ward von den Päpsten Innocenz IV. und Alexander IV. aufs ärgste angefeindet und mit dem Banne belegt, machte sich trotzdem zum Herrn des ganzen sicilischen Reichs und liess sich 11. Aug. 1258 zu Palermo zum König krönen, regierte mit Kraft und Milde, gründete Manfredonia und hielt einen glänzenden, von Dichtern und Künstlern verherrlichten Hof. Papst Urban IV. erneuerte den Bann über ihn und gab seine Länder Karl von Anjou zu Lehn, der 1265 mit einem franz. Heere ankam und 6. Jan. 1266 als König beider Sicilien gekrönt ward. M., durch den Abfall der Neapolitaner geschwächt, ward 26. Febr. 1266 bei Benevent geschlagen und getödtet. Seine 3 Söhne schmachteten 31 Jahre in Fesseln. Vgl. *Schirrmacher*, ‚Die letzten Hohenstaufen‘, 1871.

Manfredonia, Hafenstadt in der ital. Prov. Capitanata, am *Golf von M.*, unfern dem Gebirge Gargano, 7172 Ew.

Mangalore, Hauptst. der Prov. Canara in der britisch-ostind. Präsid. Madras, 11,600 Ew. Handel mit Sandelholz.

Mangan, Metall, findet sich oxydirt als Braunstein (s. d.) etc., röthlich grau, sehr hart und spröde, höchst strengflüssig, spec. Gew. 8, Aeq. 27,5, oxydirt an der Luft, wirkt günstig bei der Darstellung des Eisens und Stahls. Eisen- und Kupferle-girungen des M.s sind technisch gut verwerthbar. *Schwefelsaures Manganoxydul*, schwach rosarothe Krystalle, leicht in Wasser, nicht in Alkohol löslich, wird in der Farberei benutzt; *borsaures Manganoxydul* dient als Sikkativ. Mangansuperoxyd (s. *Braunstein*) bildet, mit Kalihydrat und Salpeter geschmolzen, eine schwarze Masse (*Chamaeleon minerale*), welche mit wenig Wasser eine grüne Lösung von *mangansaurem Kali* gibt. Letztere zersetzt sich durch viel Wasser und gibt Manganoxydhydrat und rothes *übermangansaures Kali*. Dies ist ein kräftiges Oxydationsmittel und dient in der Analyse, als Desinfektionsmittel, zu Mundwässern, zum Bleichen (s. d.) etc. Manganaperoxyd entwickelt, mit Chlorwasserstoffsäure übergossen, Chlor, zu Lösung bleibt rosarothes krystallinisches zerfliessliches *Manganchlorür*. Die Chlorbereitungsrückstände dienen als Desinfektionsmittel, auch fällt man aus ihnen *kohlensaures Manganoxydul* und verwandelt dies in Superoxyd (*Regeneration des Braunsteins*), um es wieder zur Chlorbereitung zu benutzen.

Manganent (gr.), Zauberer, Gaukler.

Mangarevaarchipel, s. *Gambierinseln*.

Mange, s. v. a. Kalander; deutsche, im Mittelalter gebräuchliche Wurfmaschine.

Mangfall, Nebenfl. des Inn in Oberbayern, fliesst bei Gmund aus dem Tegernsee, mündet bei Rosenheim.

Mangifera L. (*Mangobaum*), Pflanzengattung der Terebinthaceen. *M. indica L.*, *indischer M.*, aus Ostindien, überall in den Tropen kultivirt, liefert Obst und heilkräftige Samen, Rinde, Blätter. *M. gabonensis Aubr. Lec.*, auf Sierra Leone bis Gabun, mit ölreichen Samen, die das Dikabrod, Hauptnahrungsmittel der Eingebornen, liefern.

Manglebaum, s. v. a. Rhizophora.

Mangold, s. v. a. Beta.

Mangostane, s. Garcinia.

Mangrove, s. v. a. Rhizophora.

Manhartsberg, Bergzug in Unterösterreich, von der Thaya zur Donau, 1665' h., scheidet die Kreise *Obermanhartsberg* (91,7 QM. und 250,519 Ew., Hauptst. Krems) und *Untermanhartsberg* (85,6 QM. und 264,785 Ew., Hauptst. Korneuburg).

Mani, s. *Manes*.

Manichäer, die Bekenner der von Manes (s. d.) verkündigten Religion, des *Manichäismus*. Hauptlehre: zwei gleich ewige Grundwesen, ein gutes oder Gott im Reiche des Lichts und ein böses, der Teufel, in der Finsterniss der Materie; Kampf zwischen dem Reich des Lichts und dem der Finsterniss, in welchem ein Theil des Lichts in die Finsterniss hinabgerissen wird. Zur Wiederaufnahme desselben lässt Gott das Weltall sich gestalten und sendet Christum in einem Scheinkörper auf die Erde, der durch seine Lehre die Freimachung des Lichts beginnt. Zuletzt allgem. Weltbrand, Rückkehr der erlösten Seelen in das Reich des Lichts und Fall des Teufels in Ohnmacht und ewige Fesseln. Die M. bestanden als geschlossener Verein unter hierarchischen Formen aus Vollkommnen und Katechumenen oder Zuhörern. Jene enthielten sich des Weins, des Fleisches, des Beischlafs, des Besitzes irdischer Güter, auch der Arbeit, und wurden von den Zuhörern ernährt. Die M. verbreiteten sich seit dem 4. Jahrh. in Vorderasien, Afrika und Italien, unterlagen aber im 6. Jahrh. dem gleichen Hasse der pers. Magier und der christl. Bischöfe. Spuren eines geheimen Manichäismus finden sich noch im Mittelalter.

Manie (gr.), Tollheit, Zustand geistiger Uebererregung, tritt theils als Tobsucht, theils als Wahnsinn auf. In Zusammensetzungen: z. B. Eratomanie, Kleptomanie, Pyromanie, krankhafte Neigung zu Liebesäusserung, zum Stehlen, zu Brandstiftung; auch s. v. a. leidenschaftl. Liebhaberei (z. B. Gallomanie für frans., Anglomanie für engl., Gräkomanie für griech. Wesen).

Manier (fr.), Art und Weise; Benehmen; feine Lebensart; in Bezug auf künstler. Erzeugnisse die eigenthüml. Behandlungsweise eines Künstlers, einer Kunstschule etc., oft mit tadelndem Nebenbegriff das nur äusserlich Angepassten und Nachgeahmten; daher *manierirt*, gekünstelt, übertrieben.

Manifest (lat.), öffentl. Erklärung, bes. einer Staatsregierung über ergriffene oder zu ergreifende Massregeln und die Beweggründe dazu; im Seerecht der Frachtbrief über die gesammte Ladung, welcher die Auszüge aus den einzelnen Frachtbriefen enthält.

Manifestation (lat.), Offenbarung; in der Naturphilosophie die Erscheinung des Unendlichen im Endlichen. *Manifestationseid*, Eid, den ein Schuldner darauf ableistet, dass er seinen Vermögensstand richtig angegeben habe.

Manihot (*Maniok*), Pflanzengattung der Euphorbiaceen. M. utilissima *Pohl* (Jatropha *M. L.*, bitterer Maniok, bittere Juka, Cassavastrauch), im trop. Amerika und in Westindien wichtige Kulturpflanze mit stärkemehlreicher Wurzel, die wegen des Gehalts an Blausäure vor dem Genuss erhitzt werden muss, liefert Mandiocamehl (*Cassava, Cipipamehl, Moussacke, brasil. Arrowroot*, gekornt Tapioca). M. Aipi *Pohl* (süsser Maniok), das., ebenfalls kultivirt, enthält keine Blausäure. Ueber die ähnliche *Arralootscha* s. *Arrowaria*.

Manila (*Lugon, Luzon*), grösste Insel der Philippinen, 2014 QM. mit 2½ Mill. Ew. (ausschliessl. der unabhängigen *Tagalen* im Innern). Die befest. *Hauptst.* M., an der *Bai von M.*, 160,000 Ew. (4000 Spanier); span. Generalkapitän, Erzbischof, Universität, gr. Tabaksfabriken. Wichtigster Handelshafen des Archipels (Einfuhr 12 Mill., Ausfuhr 10 Mill. Doll.).

Manilahanf, s. *Pisangfaser*.

Manin, *Daniele*, ital. Patriot und Staatsmann, geb. 13. Mai 1804 zu Venedig, als Sachwalter daselbst Gegner der österr. Herrschaft und mit Tommaseo Führer der nationalen Partei, Leiter der unblutigen Revolution vom 22. März 1848, trat nach der Proklamirung der Republik zur Kabinetspräsident an die Spitze der provisor. Regierung zu Venedig, dann Diktator bis zum Falle der

Stadt (24. Aug. 1849), schiffte sich, von der Amnestie ausgeschlossen, nach Frankreich ein, lebte als Sprachlehrer in Paris, wirkte erfolgreich zur Versöhnung der republikan. und konstitutionellen Partei mit; † 22. **Maniok**, s. *Manihot*. [Sept. 1857.

Manipulation (lat.), der kunstgerechte Gebrauch der Hände und Finger, bes. bei gewissen heilkünstler. Verrichtungen, z. B. bei Friktionen, beim Magnetisiren etc.

Manipulum (lat.), der von der linken Schulter herabhängende stolaähnliche Theil des Messornats der kathol. Geistlichen.

Manipulus (lat.), eine Handvoll; altröm. Truppenabtheilung, der 3. Theil einer Kohorte, der 30. einer Legion.

Manis, s. *Schuppenthier*.

Manisa, Stadt in Kleinasien, nordöstl. von Smirna, 45,000 Ew.; Baumwollenwebereien, Safranbau. Das alte *Magnesia*.

Manitou (*Manitulis*), brit. Inselgruppe im Huronsee, 2000 Bew. (meist Indianer).

Manna, zuckerartige Substanz, welche von mehreren Pflanzen ausgeschieden wird. *Eschenmanna* ist der aus dem verwandten Stamm von Fraxinus Ornus *L.* (Mannaesche) ausfliessende und erhärtete Saft, gelbliche krystallinische, geruchlose, süsse Masse, in Wasser löslich, enthält 60 — 80% Mannit, officinell. *Sinaimanna*, durch eine Schildlaus (Coccus manniparus *Ehrbg.*) auf dem Tarfaastrauch (Tamarix gallica) erzeugte Ausschwitzung, enthält Zucker und Dextrin, wird von den Mönchen des Sinai gesammelt. Viele ähnliche Substanzen sind im Orient als Arzneimittel und Leckereien gebräuchlich. M. der Bibel, s. *Jeanora*.

Mannagras, s. *Glyceria*.

Mannbarkeit, s. *Pubertät*.

Mannequin (fr., spr. -käng), Gliederpuppe als Modell für die Gewandung.

Mannequinage (fr., spr. -kinahsch), Bildhauerarbeit an Gebäuden.

Mannheim (*Monheim*), bad. Kreis, 8,7 QM. und 94,185 Ew. Die *Hauptstadt* M., an der Mündung des Neckars in den Rhein (Eisenbahnbrücke), 34,017 Ew. Regelmässig gebaut (112 Quadrate); Markt mit Gruppe von Van de Branden, herrliche Anlagen, (ehemal.) Jesuitenkirche, Schloss (Antikensammlung), Sternwarte, Theater. Fabriken für Spiegel, Tabak, Steingut, Tapeten, Wagen, Anilin, Soda etc. Wichtigster Handelsplatz Badens; Speditionshandel durch Rhein- und Neckarschifffahrt. 1689 von den Franzosen (Melac) niedergebrannt; 1699 neu erbaut und befestigt; am blühendsten als Residenz des Kurfürsten Karl Theodor.

Mannheimer Gold, Similor, tombakartige Kupferzinklegirung.

Mannit (*Mannazucker*), findet sich in der Manna und mehreren Pflanzentheilen, bildet sich bei der Milchsäure- und schleimigen Gährung aus Zucker, farblos, süsslich, im Wasser und Alkohol löslich, gibt mit koncentr. Salpetersäure explosiven *Nitromannit*.

Mannjungfrauschaft (Viraginitas), Entwickelungsfehler, wo bei Gegenwart weiblicher Geschlechtstheile Körperbau und Wesen männlichen Charakter zeigt.

Mannstollheit, s. *Nymphomanie*.

Mannus, bei den Germanen Sohn des Gottes Tuisko, von dessen 3 Söhnen die Hauptstämme der Ingävonen, Iskävonen und Herminonen abstammen sollten.

Mano dritta (ital., Mus.), abbrev. M. d., mit der rechten Hand; *mano sinistra* (M. s.), mit der linken Hand zu spielen.

Manöver (fr. *manoeuvre*), die Bewegung einer Truppenmasse; insbes. die Uebungen, welche mit vereinten Waffengattungen vorgenommen werden, um denselben Ordnung und Schnelligkeit im Zusammenwirken gegen den Feind zu verleihen.

Manöverkrieg, eine im 17. und 18. Jahrh. viel angewandte Kriegführung, welche mit künstlichen Bewegungen sich beschäftigte und die Entscheidungsschlacht zu verzögern und zu vermeiden strebte. Die Theorie des M.s gipfelt in dem Satze Bülows: Gefechte und Schlachten seien im Kriege entbehrlich.

Manometer (*Danymeter*, gr.), Dampfmesser, Instrument zur Messung des Gas- oder Dampfdrucks in einem abgeschlossenen Raum, besteht aus einem vertikalen Glasrohr, in welchem eine Quecksilbersäule dem auf ihre Basis ausgeübten Druck entsprechend steigt, oder aus einem am Ende geschlossenen Glasrohr, in welchem eine durch Quecksilber abgesperrte Luftsäule zusammengepresst wird. Auch die Ausbiegungen einer Stahlplatte durch den auf sie wirkenden Gasdruck (Schäffer von Budenberg's M.) und das Princip des Aneroïds (s. *Barometer*) hat man zur Konstruktion von M.n benutzt. Jeder Dampfkessel muss mit einem M. versehen sein.

Manrésa, Gewerbstadt in der span. Prov. Barcelona, am Llobregat, 9000 Ew. Seidenund Tuchmanufaktur.

Mans (*Le M.*, spr. Mang), Hauptstadt des franz. Depart. Sarthe, an der Sarthe, 45.930 Ew. Kathedrale, 3 röm. unterirdische Aquädukte. Lebh. Industrie (Kerzen, ca. 3000 Ctr.) und Handel, bes. mit Getreide und Geflügel. 13. Dec. 1793 *Sieg* der Konventstruppen über die Chouans; 12 Jan. 1871 *Sieg* der Deutschen (II. Armee) über die franz. Westarmee (Gen. Chanzy) und Erstürmung der Stadt.

Mansardendach, s. *Dach*.

Manschette (fr.), Handkrause, Handärmel. *Manschettenfieber*, scherzhaft s. v. a. Furchtfieber; *M.n haben*, Furcht haben.

Manschinellenbaum, s. *Hippomane*.

Mansfeld, ehemal. Grafsch. des obersächs. Kreises, 20 QM. und 50,000 Ew., gegenwärtig in den *mansfelder Gebirgskreis*, mansf. Seekreis und Kreis *Sangerhausen* des preuss. Regbz. Merseburg zerfallend. Die *Stadt* M., Hauptort des Gebirgskreises.

Mansfeld, altes deutsches Grafengeschlecht, nach dem Schlosse M. genannt, theilte sich in mehrere Linien, die erloschen sind, die eislebensche, protestantische, 1710, die bornstädtische, katholische 1780. *Ernst, Graf von M.*, geb. 1585, natürlicher Sohn des Grafen Peter Ernst von M., Statthalters von Luxemburg und Brüssel, und einer niederländ. Dame, leistete nebst seinem Bruder Karl dem König von Spanien in

den Niederlanden und dem Kaiser in Ungarn wichtige Dienste. Von Kaiser Rudolf II. legitimirt, schlug er sich doch, weil ihm die Güter seines Vaters vorenthalten wurden, zu den protestant. Fürsten, trat zur reform. Kirche über, führte 1618 den aufständischen Böhmen Truppen zu, focht hier und am Rhein für die Sache des geächteten Kurfürsten von der Pfalz, ward 1625 mit engl. und franz. Gelde ein Heer, ward von Wallenstein bei Dessau 25. April 1626 geschlagen, wandte sich nach Ungarn, um sich mit dem Fürsten Bethlen Gabor von Siebenbürgen zu vereinigen; † 20. Nov. 1626 in einem Dorfe unweit Zara. Vgl. *Reuss* (1865), *Villermont* (1867, vom kathol. Standpunkt).

Mansûra, blühende Stadt in Unterägypten, am östl. Hauptarm des Nil, 10—11,000 Ew.; ein Handelscentrum des Landes; Fabrikation von Segeltuch-, Krepp- und Baumwollstoffen. Eisenbahn nach Alexandria.

Mantegna (spr. -euja), *Andrea*, ber. ital. Maler, geb. 1431 zu Padua, † 1506 zu Mantua; das Haupt der paduan. Malerschule. Bedeutendste Werke: die Fresken in der Kirche der Eremitani zu Padua und im Castello di Corte zu Mantua, das Altarbild von S. Zeno in Verona, Christus Leichnam (Berlin), Cäsars Triumphzug (Hamptoncourt) etc. Auch tüchtiger Kupferstecher.

Mantelkinder, von Verlobten vor der Trauung erzeugte Kinder, welche durch die nachher geschlossene Ehe gleiche Rechte mit den ehelich gebornen erlangt haben.

Manteuffel, 1) *Otto Theodor, Freiherr von M.*, preuss. Staatsmann, geb. 3. Febr. 1805 zu Lübben, ward 1841 Oberregierungsrath zu Königsberg, 1843 Vicepräsident der Regierung zu Stettin, 1844 Mitglied des Staatsraths, 1845 Direktor im Ministerium des Innern, erklärte sich beim ersten vereinigten Landtag 1847 und 1848 entschieden gegen den Konstitutionalismus, ward 8. Nov. 1848 Minister des Innern, nach der Erkrankung des Grafen Brandenburg interimistisch auch des Auswärtigen, begab sich 27. Nov. 1850 zur Konferenz nach Olmütz, infolge deren Preussen seine deutsche Reformpolitik aufgab und in die Reaktivirung des Bundestags willigte. Dec. 1850 zum Ministerpräsidenten ernannt, suchte er die Entwickelung des Konstitutionalismus nach Kräften zu hemmen und den alten bureaukratischen Absolutismus wieder geltend zu machen, ward nach Einsetzung des Prinzen von Preussen zum Regenten 5. Nov. 1858 entlassen. — 2) *Edwin Hans Karl, Freiherr von M.*, preuss. General, geb. 24. Febr. 1809, ward 1848 Flügeladjutant des Königs, trat 1857 als Chef des sogen. Militärkabinets in das Kriegsministerium, ward 1861 zum Generallieutenant und Generaladjutanten des Königs ernannt. In seiner Thätigkeit von dem Stadtgerichtsrath Twesten in einer Schrift angegriffen, forderte er diesen zum Zweikampf und verwundete ihn. Nach dem Vertrag von Gastein 1865 zum Civil- und Militärgouverneur von Schleswig ernannt, liess er auf des österreich. Stathalters General Gablens Weigerung, die Verwaltung der

Herzogthümer mit ihm gemeinschaftlich zu übernehmen, 7. Juni 1860 preuss. Truppen in Holstein einrücken, ging dann über die Elbe und befehligte unter dem General Vogel von Falckenstein eine kombinirte Division in Hannover, wirkte mit bei der Cernirung der hannöv. Truppen, die deren Kapitulation bei Langensalza herbeiführte, und bei den Operationen in Hessen und Franken, übernahm dann den Oberbefehl der Mainarmee, welche in Verbindung mit der 2. Reservearmee unter dem Grossherzog von Mecklenburg-Schwerin gegen die süddeutschen Truppen erfolgreich operirte. Nach Abschluss des Waffenstillstands Anfangs Aug. erhielt er eine Mission nach Petersburg und ward dann zur Disposition gestellt. Im Krieg gegen Frankreich 1870 Befehlshaber des 1. Armeecorps, focht er bei Courcelles und Noisseville, erhielt dann den Oberbefehl über die I. Armee, nach dem Friedensschluss den über die deutschen Besatzungstruppen in

Mantik (gr.), Wahrsagekunst. [Frankreich.

Mantilla (span., spr. -llja), Schleiertuch der span. Frauen, welches den Kopf und einen Theil des Gesichts verhüllt.

Mantille (fr.), leichter Damenmantel.

Mantinëa (a. G.), Stadt in Arkadien. 418 v. Chr. Sieg der Spartaner über Argos; 362 v. Chr. Sieg der Thebaner unter Epaminondas über die Spartaner.

Mantiqueira (spr. -kéira), Gebirgskette im südl. Brasilien, im Orgelpik 7300' h.

Mantisse (lat.), s. Logarithmus.

Mantua (ital. Mántova), ehemal. Herzogth. in der Lombardei (42 QM. und 270,000 Ew.), jetzt ital. Provinz, 22,7 QM. und 151,222 Ew. Die Hauptstadt M., sehr starke Festung, auf einer Insel im Mincio, nur durch 2 Dämme erreichbar, 29,884 Ew. Citadelle mit weit vorgeschobenen Forts u. gewaltigem Schleussenwerke zu Ueberschwemmungen des Terrains. Schöne Plätze (Piazza di Virgilio, mit Virgils Statue); Kathedrale, Akademie (Virgiliana), Museum, botan. Garten. Seiden- und Wollweberei. M., unter den Römern blühende Stadt und Pflegerin der schönen Künste, ward 1530 Herzogthum, 1785 von Oesterreich mit den mailänd. Landschaften zur Lombardei vereinigt, Juli 1859 zu Venetien geschlagen.

Manual (lat.), zum Handgebrauch dienend; s. v. a. Memorial, s. Buchhaltung; bei der Orgel das Griffbret, die Klaviatur. Manualakten, Privatakten, die vom Anwalt aufbewahrten Prozessakten beider Parteien.

Manubien (lat.), Beute; Wuchergewinn.

Manubrium (lat.), Griff, Handhabe, namentlich der Orgelregister.

Manschum, lat. Name von Manchester.

Manuduktion (lat.), Hand-, Anleitung.

Manuel, Nikolaus, Dichter und Maler, geb. 1484 in Bern, Schüler Holbeins und Tizians, 1512 Mitglied des grossen Raths, nahm 1522 Kriegsdienste, wohnte der Schlacht bei Pavia bei, nach seiner Rückkehr Mitglied des kleinen Raths; † 30. April 1530. Thätiger Förderer der Reformation im Staatsmann wie auch als Maler (Todtentanz) und als Dichter (in seinen kernigen Fastnachtsspielen). Biogr. von Grüneisen (1837).

Manufaktüren (lat.), Werkstätten, worin durch Menschenhand oder dieselbe ersetzende Maschinen Rohstoffe verarbeitet werden, die daher Manufakte heissen, vornehml. Spinnereien und Webereien; auch s. v. a. Fabriken.

Manukaption (lat.), handschriftliche Bürgschaft; Manukaptor, Bürge durch Handschrift.

Manniektor (lat.), Apparat zu spiritistischen Wahrsagungen.

Manumission (lat.), Entlassung, insbes. Freilassung eines Sklaven.

Manus (lat.), Hand; Macht, Gewalt.

Manuskript (lat.), Handschrift; jedes geschriebene Schriftstück im Gegensatz zum gedruckten, insbes. aus der Zeit vor Erfindung der Buchdruckerkunst herrührendes handschriftliches Buch.

Manustupration (lat.), s. v. a. Onanie.

Manutenénz, (Manutention, lat.), Beschützung, namentlich im Besitze.

Manutius, Aldus, ital. Manucci, auch Aldus der Aeltere genannt, ber. Buchdrucker, geb. 1449 zu Bassano, legte 1488 zu Venedig eine Druckerei an; † 6. Febr. 1515; Verbesserer der Buchdruckerkunst, führte die Antiqua ein, liess 28 griech. Klassiker zum ersten Mal drucken. Sein Sohn, Paulus M., geb. 12. Juni 1511 zu Venedig, übernahm 1533 die Druckerei seines Vaters; † 6. April 1574 das. Aldus M., der Jüngere, Sohn des Vor., geb. 13. Febr. 1547, verkaufte die väterl. Druckerei; † 28. Okt. 1597 zu Rom. Die aus der Officin der M. hervorgegangenen Drucke, Aldinen, meist Ausgaben alter Klassiker, empfehlen sich durch inneren Werth und schöne äussere Ausstattung.

Manytsch, linker Nebenfluss des unteren Don, kommt aus dem Gouvern. Astrachan, bildet den See Boltchol-Liman, mündet bei Staro-Tscherkask. Behufs einer Kanalisirung des kaukas. Isthmus neuerdings wieder in Betracht gekommen.

Manzanáres, Fluss in der span. Prov. Madrid, durchfliesst die Stadt Madrid, mündet in den Jarama, 11 M.

Manzóni, Alessandro, ital. Dichter, geb. 1784 zu Mailand, lebt auf seiner Villa Brusuglio bei Mailand, seit Febr. 1860 ital. Senator. Hauptwerke: die Tragödie ‚Il conte di Carmagnola‘ (1820) u. der Roman ‚I promessi sposi‘ (‚Die Verlobten‘, 1827 und 1842; deutsch von E. Schröder 1868 u. A.), ‚Opere‘ (1828—29, 5 Bde.). Biogr. von Sauer (1871).

Maori, Eingeborne auf Neuseeland (s. d.).

Mappiren (lat.), Landkarten zeichnen.

Mara, Gertrud Elisabeth, geb. Schmeling, ber. Sängerin, geb. 23. Febr. 1749 in Kassel, seit 1770 in Berlin angestellt, heirathete das. den Kammermusikus Jos. M., machte später grosse Kunstreisen; † 20. Jan. 1830 in Reval.

Marábu, s. Storch.

Marábut (arab.), ein Gottbegeisterter, Priester, Heiliger (bes. bei den Berbern); auch das Grab eines solchen.

Maracáibo, befest. Stadt in Venezuela (Südamerika), an der Mündung des Sees von M. (700 QM.) in den Golf von M., 25,000 Ew. Hafen. Schiffbau, Handel mit Kakao.

Maräne (Coregonus Cur.), Gattung der Lachse. Grosse M. (C. Maraena Bl.), 2' l., in grossen Seen Pommerns und Mecklenburgs, sehr schmackhaft. *Kleine* M. (C. Albula *L.*), 6—8″ l., in Seen Mitteleuropas. *Schnäpel* (C. oxyrhynchus *L.*), 16—18″ l., steigt zur Laichzeit aus der Ost- und Nordsee in die Flüsse. *Renke*, Blaufelichen (C. Wartmanni *Bl.*), bis 28″ l., in den schweiz., österr. und bayer. Seen der Alpen.

Maragha, Stadt in der pers. Prov. Aserbeidschau, am *Fluss* M., 15,000 Ew.

Marais (fr., spr. -äh), Sumpf, Morast; auch Parteiname der ersten franz. Revolution.

Maranhão (spr. -anjáung), Prov. im nordöstl. Brasilien, 4400 QM. und (1867) 500,000 Ew. Die gleichnam. Hauptst. (*San Luis de M.*), auf der durch den Mosquitofluss vom Festland getrennten *Insel* M., 36,000 Ew.

Marañon, s. *Amazonenstrom.*

Maranta *L.* (*Pfeilwurz*), Pflanzengattung der Scitamineen. M. arundinacea *L.*, in Westindien und Südamerika, kultivirt auch in Afrika und Westindien, mit stärkemehlreicher geniessbarer Wurzel, liefert Arrowroot; ebenso M. indica *Tussac*, vom indischen Archipel. Warmhauspflanzen.

Maraschino, aus dalmat. Kirschen durch Gährung und Destillation bereiteter Liqueur.

Marasmus (gr.), Entkräftung, bes. *M. senilis*, Altersschwäche, allmähliger Rückgang der Organe ohne eigentl. Krankheit. Der Tod erfolgt schliesslich durch Unvollkommenheit der Athmung u. Herzthätigkeit.

Marat (spr. -rah), *Jean Paul*, berüchtigter franz. Revolutionsmann, geb. 24. Mai 1744 zu Vaudry in Neufchatel, sogleich beim Ausbruch der Revolution wilder Demagog, in seinem Blatte ,Ami du peuple‘ Vertreter der Pöbelherrschaft, als schamloser Denunciant öfters angeklagt, Miturheber der Septembermetzeleien, Mitglied des Konvents, forderte Masseuhinrichtungen, rief die Sektionen gegen die Girondisten zu den Waffen, Werkzeug Dantons und Robespierres zur Aufregung des Pöbels; 13. Juli 1793 von Charlotte Corday ermordet.

Marathon (a. G.), Flecken an der Ostküste von Attica. 490 v. Chr. *Sieg* der Athener unter Miltiades über die Perser.

Marátti, *Carlo*, ital. Maler, geb. 1625 zu Camerino, † 1713 zu Rom; der sogen. letzte Maler der röm. Schule. Von ihm die Restauration der Fresken Raphaels im Vatikan. Seine Tochter *Maria*, Malerin und Dichterin, mit dem Dichter *Zappi* vermählt.

Maraugie (gr.), das Flimmern vor den Augen, Funkenscheen.

Maravédi, altspan. Münze, = 0,83 Pf.

Marbach, Stadt im würtemberg. Neckarkreise, am Neckar, 2226 Ew. Geburtsort Schillers (Denkmal seit 1859). Der *marbacher Bund*, Bündniss der schwäb. Stände und Städte gegen Kaiser Ruprecht von der Pfalz, 14. Sept. 1405 geschlossen.

Marbach, *Gotth. Oswald*, Dichter und Schriftsteller, geb. 1810 zu Jauer (Schlesien), Prof. der Philosophie zu Leipzig. Schr. (mit *Cornelius*) ,Physikal. Lexikon‘ (2. Aufl. 1858 — 1860, 6 Bde.); ,Lehrb. der Gesch. der Philosophie‘ (1838—41, 2 Bde.); ,Ueber moderne Literatur‘ (1836—39, 3 Bde.); ,Buch der Liebe‘

(Gedichte, 1859); die Trauerspiele ,Papst und König‘ (1843), ,Hippolyt‘ (1858), ,Ein Weltuntergang‘ (1861) etc.; übersetzte das Nibelungenlied (1858) und den Sophocles (1862); gab die ,Altdeutschen Volksbücher‘ (1838—42, 34 Bdch.) heraus. [aus Marmor.

Marbles (engl., spr. Mârble), Kunstwerke

Marbod (*Marobod*), König der Markomannen, führte dieselben aus ihren Sitzen am Main nach Böhmen und gründete hier ein grosses Reich, ward von dem Cherusker Arminius 17. n. Chr. bekriegt, von den Gothen Catualda gestürzt, erhielt von Tiberius ein Asyl zu Ravenna, wo er nach 18 Jahren †.

Marburg, 1) Kreisstadt im preuss. Regbz. Kassel, an der Lahn u. der Main-Weserbahn, 8590 Ew. Goth. Elisabethkirche (im 13. und 14. Jahrh. vom deutschen Ritterorden erbaut, mit Sarg der heil. Elisabeth), Schloss (1529 Religionsgespräch der Reformatoren über die Abendmahlslehre); Universität (1527 gestiftet). Töpferei (,marburger Geschirr‘). — 2) Kreisstadt in Steiermark, an der Drau und der Südbahn (353 Klafter langer Tunnel), 13,065 Ew.; deutsche Insel im slavonischen Lande. Merkw. Kathedrale.

Marcato (ital., Mus.), markirt, hervor-

Marc Aurel, s. *Antoninus* 2). [gehoben.

Marceau (spr. -soh), *François Severin Desgraviers*, General der franz. Republik, geb. den 1. März 1769 zu Chartres, trat 1786 in die Armee, befehligte 1794 eine Division in der Ardennen-, dann in der Maas- und Sambrearmee, entschied den Sieg bei Fleurus (26. Juni), nahm dann Aachen, Bonn und Koblenz, führte 1795 die Arrièregarde beim Rückzug auf das linke Rheinufer, befehligte 1796 unter Moreau und blokirte Mainz, warf sich dann dem Erzherzog Karl entgegen und rettete dadurch das Heer, fiel 20. Sept. tödtlich verwundet in die Hände der Oesterreicher; † 23. Sept. 1796.

Marcellin, glatte, taftartig gewebte, meist schwarze Seidenstoffe zu Kleidern.

Marcellinus, Papst 296—304, soll in der diokletian. Verfolgung vom Christenthum abgefallen, dann hingerichtet worden sein.

Marcello, *Benedetto*, Kirchenkomponist, aus der Schule Palestrinas, geb. 1686 zu Venedig, † 1739 als Kanzler in Broscia; bes. berühmt durch seine 50 Psalmen.

Marcellus, Name von 2 Päpsten: M. *I.*, 305—310. — M. *II.*, seit 1540 Kardinal, ward 9. April 1555 zum Papst gewählt; † schon nach 22 Tagen. Nach ihm ist Palestrinas ber. ,Missa Marcelli‘ benannt.

Marcéna, noulat. Name für Marburg.

Marcesciren (lat.), welken, erschlaffen; *marcid*, welk, schlaff.

March (*Morawa*), Hauptfluss Mährens, entspringt am glatzer Schneegebirge, fliesst über Olmütz und Göding (hier schiffbar), dann durch das Marchfeld, mündet oberhalb Pressburg in die Donau; 52 M. l.

March, fruchtbare Landschaft im Kant. Schwyz, längs der Linth bis zum Züricher-see; Hauptort Lachen.

Marche (*La M.*, spr. Marsch), Berglandschaft im mittl. Frankreich, ca. 60 QM. dem Depart. Creuse entsprechend,

Marchése (ital., spr. -kése), s. *Marquis*.

Marchesi (spr. -kési), *Pompeo*, ital. Bildhauer, geb. 1790 in Mailand, Schüler Canovas; † 6. Febr. 1858 als Prof. an der Akademie zu Mailand. Zahlr. Statuen, z. B. Volta, die Mailbran, Goethe (fraukf. Bibliothek), Franz I. (Grätz) etc.; Mater dolorosa (Mailand), Venus Urania u. a.

Marchfeld, Ebene in Unterösterreich, zwischen der Donau und der March. Das 13. Juli 1260 *Sieg* Ottokars von Böhmen über Bela IV. von Ungarn; 26. Aug. 1278 *Sieg* Kaiser Rudolfs über Ottokar, der hier fiel. Auch die Schlachtfelder von Aspern und Wagram liegen auf dem M.

Marciano (spr. -tschano), ital. Dorf im Toskanischen; 3. Aug. 1554 *Sieg* Karls V. über die Franzosen. *(Oströmisches Reich.)*

Marciánus, oström. Kaiser 450 — 457; s.

Marcipan (Marcipanis, *Marcabrod*), Gebäck aus zerriebenen Mandeln und Zuckerpulver, das beste aus Königsberg.

Marco, Gold- und Silbergewicht in Portugal und Brasilien, = 1/2 Arratol Handelsgewicht = 229½ Gramm.

Marcus, Evangelist, wahrscheinl. identisch mit dem in der Apostelgeschichte erwähnten *Johannes M.*, aus Jerusalem, mit Barnabas Begleiter des Apostels Paulus, soll 62 oder 66 den Märtyrertod gestorben, sein Leichnam nach Venedig gebracht worden sein, daher Schutzheiliger dieser Stadt. Tag 25. April. Das *Evangelium des M.* ward früher als Auszug aus den Evangelien des Matthäus und Lucas angesehen, gilt jetzt aber bei Vielen als das Urevangelium. Vgl. *Weiss* (1871).

Marcus, Papst, 336 Nachfolger Sylvesters I., † nach 9 Monaten.

Marder (*Mustela L.*), Gattung der Raubthiere. *Edel-* oder *Baummarder* (M. Martes *L.*), 20" l., in Europa, Asien, vertilgt Ratten und Mäuse, aber auch Federvieh, liefert Pelzwerk (jährlich 180,000 Stück). Ebenso der *Haus-* oder *Steinmarder* (M. Foina *Briss.*), 17" l., in Mitteleuropa (jährlich 400,000 Stück). *Frett, Hermelin, Illis, Wiesel, Zobel*, s. diese Art. [Fastnachtsdienstag.]

Mardi (fr.), Dienstag. *M. gras* (spr. -grä).

Mare (lat.), Meer. *M. Britannicum*, der brit. Kanal; *M. Cantabricum*, der biskayische Meerbusen; *M. Cronium*, das weisse Meer; *M. Erythraeum*, das die Südküste von Arabien bespülende Meer; *M. Etruscum*, das tyrrhen. Meer; *M. Hibernicum*, die irische See; *M. Liguticum*, der Meerbusen von Genua; *M. mediterraneum*, das Mittelmeer; *M. pacificum*, das stille Meer; *M. Suevicum*, die Ostsee; *M. superum*, das adriat. Meer.

Maréchal (fr., spr. -eschall), Marschall. *M. de camp*, Generalmajor. *M. de France* (unter Napoleon I. *M. de l'empire*), Marschall von Frankreich, s. v. a. Feldmarschall.

Maremmen, sumpfige und sehr ungesunde Küstenstriche im mittl. Italien, am mittelländ. Meere, von der Mündung des Cecina bis gegen Orbitello, 20 M. l., 1½—4 M. br.; im Alterthum dicht bewohntes Land, seitdem fast gänzlich entvölkert.

Marengo, Dorf in der ital. Prov. Alessan-

dria, an der Bormida; hier 14. Juni 1800 *Sieg* Bonapartes über die Oesterreicher (Melas).

Marennes (spr. -enn), Stadt im franz. Depart. Unter-Charente, an der Küste, der Insel Oléron gegenüber, 4426 Ew. Austern.

Mareótis (jetzt *Birket-Mariut*), Strandsee in Unterägypten, südl. von Alexandria.

Maret (spr. -äh), *Hugues Bernard, Herzog von Bassano*, geb. 1. März 1763 zu Dijon, Advokat zu Paris, trat 10. Aug. 1792 als Divisionschef ins Ministerium des Auswärtigen, ward 1790 Mitglied des Raths der Fünfhundert, nach dem 18. Brumaire Generalsekretär der Konsuln, Napoleons I. Vertrauter, nach dem Rückzug aus Russland kurze Zeit Kriegsminister, während der 100 Tage Staatssekretär, 1816 aus Frankreich verwiesen, kehrte 1819 dahin zurück, nach der Julirevolution 1830 Pair, Nov. 1834 Ministerpräsident, trat nach 3 Tagen zurück; † 13. Mai 1839 zu Paris.

Marforio, Name einer verstümmelten Statue (Flussgott) auf dem Marsfeld in Rom, der des Pasquino (s. d.) gegenüberstehend.

Margarethe, 1) *Königin von Dänemark, Norwegen und Schweden*, geb. 1353, Tochter des Königs Waldemar IV. Atterdag von Dänemark, ward 11 Jahrs alt mit dem König Hakon VIII. von Norwegen vermählt, nach ihres Sohnes Olaf Tode (3. Aug. 1387) Königin von Dänemark und Norwegen, nach dem Sturz König Albrechts 1388 auch von Schweden, brachte 13. oder 20. Jan. 1397 die sogen. *kalmarische Union* zu Stande, nach welcher die drei skandinav. Reiche unter Einem Könige stehen sollten; † 28. Okt. 1412. — 2) *M. von Anjou* (spr. Angschuh), Gemahlin des Königs Heinrich VI. von England seit 1445, geb. 1425, Tochter des Renatus von Anjou, Titularkönigs von Sicilien, Sprössling des Geschlechts der Valois, beherrschte ihren Gemahl völlig, nahm energisch Antheil an dem Kampf der weissen und rothen Rose, schlug den Herzog von York bei Wakefield (31. Dec. 1460), den Grafen von Warwick bei St. Albans (15. Febr. 1461), floh nach der Niederlage ihres Heeres bei Towton (29. Mai 1461 nach Frankreich zu Ludwig XI., drang von diesem mit Soldaten unterstützt, aus Schottland in Northumberland ein, ward bei Hexham (15. Mai 1463) völlig geschlagen, rettete sich unter vielen Gefahren nach Lothringen. Nach der Schlacht bei Barnet (14. April 1471) mit ihrem Sohne in Dorset landend, ward sie von Eduard IV. mit ihrem Anhang bei Tewkesbury (4. Mai 1471) geschlagen und gefangen, mit ihrem Gemahl, der 22. Mai ermordet ward, im Tower eingekerkert, nach 4 Jahren von Ludwig XI. um 50,000 Kronen ausgelöst; † 25. Aug. 1482 in Frankreich. — 3) *M. von Frankreich* oder *von Valois*, geb. 14. Mai 1553 zu St.-Germain en-Laye, Tochter Heinrichs II. von Frankreich und der Katharina von Medici, ward 18. Aug. 1572 mit dem König von Navarra, spätern Heinrich IV. von Frankreich, vermählt, ausschweifend, lebte von ihrem Gemahl getrennt in der Auvergne, ward 1599 von jenem geschieden, seit 1606 in Paris; † 27. März 1615, letzter Sprössling des Geschlechts der Valois. Schr. ,Mémoires' (1628, neue Ausg. 1842; deutsch von *F. von Schlegel* 1803). — 4) *M. von Valois* oder *von Navarra*, geb. 11. April 1492 zu Angoulême, Tochter Karls von Orléans, Herzogs von Angoulême, und Schwester Franz I. von Frankreich, seit 1509 mit Karl, letztem Herzog von Alençon, Connetable von Frankreich († 1525), seit 1527 mit Henri d'Albret, König von Navarra († 1550), vermählt, von letzterer Mutter der Jeanne d'Albret, der Mutter Heinrichs IV. von Frankreich, Freundin der Wissenschaften und Künste; † 21. Dec. 1549; wegen ihrer Poesien und ihrer Schönheit die zehnte Muse und vierte Grazie genannt; schr. ,Heptaméron des nouvelles' (herausg. von *Jacob* 1858) u. A. Biogr. von Miss *Freer* (1855, 2 Bde.). — 5) *M. von Oesterreich*, geb. 10 Jan. 1480, Tochter Kaiser Maximilians I., ward als Kind mit dem Dauphin, nachherigen Karl VIII. von Frankreich, verlobt, kehrte nach dessen Vermählung mit Anna von Bretagne zu ihrem Vater zurück, ward 1496 mit dem Infanten Johann von Spanien, der in dems. Jahre †, 1501 mit dem Herzog Philibert II. von Savoyen († 1504) vermählt, später Statthalterin der Niederlande; † 1. Dec. 1530 zu Mecheln. — 6) *M. von Parma*, geb. 1522, natürliche Tochter Kaiser Karls V., 1538 mit Octavio Farnese, Herzog von Parma, vermählt, 1559—67 Statthalterin der Niederlande, regierte umsichtig; † 1586 zu Ortona. — 7) *M. Maultasch*, so genannt von dem Schlosse Mantitasch bei Terlan in Tirol, Gräfin von Tirol, zuerst mit dem böhm. Prinzen Johann, Bruder Kaiser Karls IV., nach der Scheidung von diesem seit 1342 mit Ludwig, dem Sohne des Kaisers Ludwig des Bayern, vermählt, vermachte nach ihres Sohnes Meinhard IV. Tode Tirol an Oesterreich; † 1366 zu Wien.

Margarin, natürliches, sehr verbreitetes Fett, besteht aus Tripalmitin und Tristearin; die daraus abgeschiedene fette Säure, *Margarinsäure*, ist ein bei 60° C. schmelzendes Gemisch von 1 Th. Stearinsäure mit 9 — 10 Th. Palmitinsäure.

Margate (spr. -geht), Hafenstadt auf der Insel Thanet in der Themsemündung, 8874 Ew. Vornehmes und luxuriöses Seebad.

Margaux (spr. -goh), franz. Dorf bei Bordeaux; baut her. Rothwein (*Chateau-M.*).

Marggraff, *Herm.*, Dichter und Schriftsteller, geb. 14. Sept. 1809 zu Züllichau, seit 1853 Herausgeber der ,Blätter für literar. Unterhaltung' in Leipzig; † das. 11. Febr. 1864. Schr. humorist. Romane (,Fritz Beutel' 1855), Dramen (,Täubchen von Amsterdam' 1839), ,Gedichte' (1857); gab heraus ,Hausschatz der deutschen Humoristik' (1858—60, 2 Bde.) u. A. — Sein Bruder *Rudolf* (geb. 1805), 1842—55 Prof. an der Akademie zu München, geschätzter Kunstschriftsteller.

Marginalien (lat.), Randbemerkungen, bes. in Handschriften und älteren Drucken zur Erläuterung des Textes dienend.

Maria, 1) *biblische Personen*: a) *M.*, die Mutter Jesu, in der Kirchensprache *Unsere Liebe Frau* (abbr. U. L. F.), auch die *heilige Jungfrau*, franz. zuweilen Notre-Dame genannt, in den Evangelien ausser der Geburtsgeschichte Jesu nur beiläufig erwähnt, von der Legende verherrlicht (Himmelfahrt der M.), seit dem 5. Jahrh. als *Mutter Gottes* oder *Gottesgebärerin* verehrt, an die Spitze der Heiligen gestellt (*Marialatrie*) und als Fürbitterin bei Gott angebetet, als Schutzpatronin und durch besondere Feste (s. *Marienfeste*) gefeiert, im Mittelalter Gegenstand eines ritterlichen Frauendienstes, von den Kirchenlehrern, namentl. Bonaventura, aufs ausschweifendste gepriesen, 8. Dec. 1854 durch das Dogma von ihrer ,unbefleckten Empfängniss, d. h. dass sie von ihrer (angeblichen) Mutter ohne Erbsünde empfangen worden sei, der Sphäre des Menschlichen entrückt, als Madonna (Gegenstand der herrlichsten Kunstschöpfungen. — b) *M. von Bethanien*, Schwester des Lazarus und der Martha. — c) *M. von Magdala*, s. *Magdalena*. — d) *M.*, Gattin des Kleophas, Mutter des Apostels Jacobus d. J.

2) *M. Theresia*, röm.-deutsche Kaiserin, Königin von Ungarn und Böhmen, Erzherzogin von Oesterreich, geb. 13. Mai 1717 zu Wien, Tochter Kaiser Karls VI., ward durch die pragmat. Sanktion zur Thronfolgerin bestimmt, 12. Febr. 1736 mit Franz Stephan, Grossherzog von Toskana [s. *Franz* 1) a)], vermählt, folgte ihrem Vater 20. Okt. 1740 in der Regierung der österr. Länder und nahm 21. Nov. ihren Gemahl als Mitregenten an, ohne ihm aber jemals einen bedeutenderen Einfluss einzuräumen. Nachdem sie sich im österr. Erbfolgekrieg einer grossen Koalition gegenüber, der Frankreich, Preussen, Bayern, Kurpfalz, Sachsen, Sardinien, Neapel und Spanien beitraten, mit Hülfe Englands und der Ungarn behauptet und nur Schlesien und Glatz, sowie die Herzogthümer Parma, Piacenza und Guastalla eingebüsst hatte, suchte sie durch eine Allianz mit Russland und Frankreich im siebenjähr. Kriege vergebl. das Verlorne wieder zu gewinnen. Nach dem Tode Franz I. nahm sie ihren Sohn Joseph II. dem Namen nach als Mitregenten an, überliess ihm aber nur das Kriegswesen, erwarb bei der ersten Theilung Polens (1772) Galizien und Lodomerien, im Frieden mit der Türkei (25. Febr. 1777) die Bokowina, im Frieden zu Teschen (13. Mai 1779) das Innviertel. Ihr Bestreben Besserung der Verwaltung und Hebung und Kräftigung der Monarchie durch vorsichtige Reformen; grössere Centralisation der deutschen Erblande, während Ungarn und die ital. und belg. Provinzen ihre gesonderte Administration behielten; Aufhebung der Leibeigenschaft in jenen und Beschränkung der Frondienste; Beförderung des Ackerbaus, der Gewerbe und des Handels. † 29. Nov. 1780. Vgl. *Duller* (1844), *Arneth* (1863—70).

3) *M. Luise*, zweite Gemahlin Napoleons I., geb. 12. März 1791, älteste Tochter des Kaisers Franz I. von Oesterreich aus dessen

2. Ehe mit Maria Theresia von Neapel, 2. April 1810 mit Napoleon I. vermählt, gebar 20. März 1811 einen Sohn, den König von Rom, späteren Herzog von Reichstadt, ward 1813 zur Reichsregentin ernannt, begab sich auf Napoleons Befehl 29. März 1814 mit ihrem Sohne von Paris nach Blois, nach Napoleons Abdankung nach Schönbrunn, wo sie auch während der 100 Tage blieb, übernahm 17. März 1816 die Regierung der ihr im Vertrag von Fontainebleau zugesicherten Herzogthümer Parma, Piacenza und Guastalla; † 18. Dec. 1847 zu Wien; soll mit ihrem Oberhofmeister Grafen von Neipperg morganatisch vermählt gewesen sein.

4) *M. I.*, *Königin von England*, geb. 18. Febr. 1516, Tochter Heinrichs VIII. aus dessen Ehe mit Katharina von Aragonien, eifrige Katholikin, weshalb ihr Stiefbruder Eduard VI. auf Betrieb des Herzogs von Northumberland Johanna Grey zu seiner Nachfolgerin ernannte, bestieg, von der Mehrzahl der Nation gehalten, 3. Aug. 1553 den engl. Thron, begann eine blutige katholische Reaktion, vermählte sich 25. Juli 1554 mit Philipp II. von Spanien, verlor im Krieg mit Frankreich Calais; † 17. Nov. 1558. Vgl. *Tytler*, ,England under Edward VI and Mary', 1839, 2 Bde.

5) *Königinnen von Frankreich*: a) *M. von Medici*, geb. 26. April 1573 zu Florenz, Tochter des Grossherzogs Franz II. Medici von Toskana, seit 16. Dec. 1600 mit König Heinrich IV. von Frankreich vermählt, riss nach dessen Ermordung die Regentschaft an sich, nahm die kathol. Politik wieder auf, zerrüttete die Finanzen durch grenzenlose Verschwendung, ward von ihrem Sohne Ludwig XIII. nach Blois verwiesen, entfloh 1619, bereitete den Bürgerkrieg vor, unterwarf sich dann und kehrte nach Paris zurück, brachte Richelieu an die Spitze der Verwaltung, der ihr aber die Macht aus den Händen wand und ihre Verbannung durchsetzte; † 3. Juli 1642 zu Köln. Vgl. *d'Estrées*, ,Mémoires etc.', 1666, neue Ausg. 1852. Biogr. von *Miss Pardoe* (1852). — b) *M. Antoinette Josephe Johanna*, Gemahlin Ludwigs XVI., geb. 2. Nov. 1755, Tochter des Kaisers Franz I. und der Maria Theresia, seit 16. Mai 1770 mit dem Dauphin vermählt, bestieg mit diesem 10. Mai 1774 den Thron, setzte sich über die strenge Etikette hinweg, ward deshalb von Gegnern am Hofe verleumdet und als ,Oesterreicherin' beim Volke unpopulär. Nach dem Ausbruch der Revolution von dem fanatisirten Pöbel gehasst, trieb sie ihren schwachen Gemahl zu energischem Einschreiten gegen die Bewegung an und veranlasste dadurch dessen unentschiedenes Schwanken, begleitete beim Aufstande vom 10. Aug. den König in die Nationalversammlung, theilte dessen Gefangenschaft im Temple, ward Jan. 1793 von diesem, Juni auch von ihren Kindern getrennt und 2. Aug. in der Conciergerie eingekerkert. 13. Okt. von dem Revolutionstribunal als Verrätherin des Landes angeklagt, vertheidigte sie sich mit Würde und Freimuth, ward 16. Okt. zum Tode verur-

theilt und an demselben Tage guillotinirt. Vgl. *Madame de Campan*, ,Mémoires sur la vie privée de la reine M. A.', 1823, neue Ausg. 1849; *Goncourt*, ,Hist. de M. A.', 3. Aufl. 1863, deutsch von *Schmidt-Weissenfels* 1867; *Lescure*, ,M. A. et sa famille', 1865; *Arneth*, ,M. Theresia und M. A.', 2. Aufl. 1866; *Derselbe*, ,M. A., Joseph II. und Leopold I.', 1866.

6) *M. II. da Gloria*, *Königin von Portugal*, geb. 4. April 1819 zu Rio-do-Janeiro, Tochter des Kaisers Pedro I. von Brasilien aus dessen erster Ehe mit der Erzherzogin Leopoldine von Oesterreich, sollte nach dem Tode ihres Grossvaters Johann VI. von Portugal infolge der Entsagungsakte ihres Vaters 2. Mai 1826 den portugies. Thron besteigen und sich mit Pedros I. Bruder Dom Miguel vermählen. Da dieser, 26. Febr. 1828 zum Regenten ernannt, 30. Juni 1828 den Thron usurpirte und als König in Portugal anerkannt ward, so gelangte sie erst nach dessen Vertreibung Mai 1834 auf den Thron, ward 20. Sept. 1834 für mündig erklärt, vermählte sich 26. Jan. 1835 mit dem Herzog Karl August Eugen Napoleon von Leuchtenberg [s. d. 2)], nach dessen schon 28. März d. J. erfolgtem Tode 9. April 1836 mit dem Prinzen Ferdinand August Franz Anton von Sachsen-Koburg-Kohary; † 15. Nov. 1853 zu Lissabon; s. *Portugal*, Geschichte.

7) *M. Stuart*, *Königin von Schottland*, geb. 8. Dec. 1542 zu Linlithgow bei Edinburgh, Tochter Jakobs V. von Schottland und Marias von Lothringen, ward 29. April 1558 mit dem Dauphin, nachmaligen König Franz II. von Frankreich, vermählt, kehrte nach dessen Tode Aug. 1561 nach Schottland zurück, nahm als Enkelin Margarethes, der Schwester Heinrichs VIII., den engl. Königstitel an, vermählte sich 29. Juli 1565 mit ihrem Vetter Henry, Lord Darnley, der 9. April 1566 ihren Sekretär und Vertrauten, den Sänger Riccio, ermorden liess und 9. Febr. 1567 durch eine Pulverexplosion umkam, 15. Mai 1567 mit dem Grafen Bothwell, den die öffentliche Meinung als Mörder Darnleys anklagte, ward vom aufständischen protestant. Adel im Schloss Lochleven gefangen gesetzt und dankte 24. Juli 1567 zu Gunsten ihres Sohnes Jakob VI. ab. Von George Douglas 4. Mai 1568 befreit, widerrief sie ihre Abdankung und floh nach der Niederlage ihrer Anhänger bei Langside (15. Mai) nach England. Von der Königin Elisabeth als Nebenbuhlerin gefangen gesetzt, ward sie nach mehreren Befreiungsversuchen, die ihre Anhänger machten, und infolge mehrerer von Spanien aus gegen Elisabeth angestifteten Komplotte Okt. 1586 vor eine Untersuchungskommission gestellt, als Hochverrätherin zum Tode verurtheilt und 18. Febr. 1587 im Schlosse Fotheringhay enthauptet. Vgl. *Mignet* (3. Aufl. 1865, deutsch 1863), *Miss Strikland* (1864), *Hoseck* (1869).

8) *Königinnen von Spanien:* a) *M. Luise*, geb. 9. Dec. 1751, Tochter des Herzogs Philipp von Parma, ward 1765 mit dem Infanten Don Carlos, nachmaligen König Karl IV., vermählt, beherrschte denselben, regierte mit Godoy (s. d.) unumschränkt,

warf sich nach der Thronbesteigung ihres Sohnes Ferdinand VII. 1807 Napoleon I. in die Arme, trat in Bayonne als Anklägerin ihres Sohnes auf; † 2. Jan. 1819 in Rom. — b) *M. Christine*, Königin-Wittwe von Spanien, geb. 27. April 1806 zu Neapel, Tochter des Königs Franz I. von Neapel, 11. Dec. 1829 mit König Ferdinand VII. von Spanien als dessen 4. Gemahlin vermählt, bewog denselben, durch die pragmat. Sanktion vom 29. März 1830 den weiblichen Descendenten je nach dem Grade der Verwandtschaft das Erbfolgerecht zuzusprechen, ward nach dem Tode Ferdinands VII. 29. Sept. 1833 Regentin während der Minderjährigkeit ihrer Tochter Isabella II., durch Zugeständnisse, die sie während des Bürgerkriegs zwischen ihren Anhängern (Christinos) und denen des Don Carlos (Karlisten, s. *Spanien*, Gesch.) jenen machte, die Begründerin des Konstitutionalismus in Spanien, vereinbarte mit den Cortes die Konstitution vom 18. Juni 1837, hielt sich aber nicht frei von absolutist. Gelüsten, erregte durch ihr Privatleben Anstoss und bereicherte sich auf Kosten des Staats. Durch einen Aufstand 12. Okt. 1840 zur Abdankung genöthigt, begab sie sich nach Frankreich, kehrte 1844 nach Spanien zurück, übte auf ihre Tochter und die Angelegenheiten des Landes schädlichen Einfluss aus, lebte seit 1853 in Frankreich und Italien, seit 1864 auch wieder zeitweilig in Spanien; seit 1844 vermählt mit dem ehemaligen Leibgardisten Don Fernando Muñoz, der zum Herzog von Rianzares und Granden von Spanien erhoben ward, von ihm zahlreicher Kinder.

9) *M. Luise, Königin von Etrurien*, geb. 6. Juli 1782 zu Madrid, Tochter Karls IV. von Spanien, Schwester Ferdinands VII. und des Don Carlos, 1795 mit dem Infanten Ludwig von Bourbon, dem ältesten Sohne des Herzogs Ferdinand von Parma, vermählt, der 1801 durch Vertrag mit dem Titel eines Königs von Etrurien Toskana erhielt und 27. Mai 1803 †, kehrte nach Einverleibung Etruriens in Frankreich 1807 nach Spanien zurück, lebte in Fontainebleau, Compiègne und Nizza unter Aufsicht, ward nach einem Fluchtversuch in einem Nonnenkloster in Rom eingesperrt, erhielt 1814 als Entschädigung Lucca und die Anwartschaft auf Parma; † 13. März 1824. Hinterliess ,Memoiren', herausg. von *Lemierre d'Argy* (1814).

10) *M.*, früher *Königin von Neapel*, geb. 4. Okt. 1841, Tochter des Herzogs Maximilian in Bayern, Schwester der Kaiserin Elisabeth von Oesterreich, 3. Febr. 1859 mit dem Kronprinzen Franz von Neapel, nachmaligem König Franz II., vermählt, folgte dem entthronten Gemahl nach Gaëta, wo sie bei der Belagerung hohen Muth bewies, lebte dann mit jenem in Rom.

11) *M., Herzogin von Burgund*, geb. 13. Febr. 1457 zu Brüssel, Tochter und Erbin Karls des Kühnen, Gemahlin des Erzherzogs Maximilian von Oesterreich, nachmal. Kaisers Maximilian I.; † 1482.

12) *M., Herzogin von Württemberg*, Tochter Ludwig Philipps von Orléans, s. *Orléans*.

Meyers Hand-Lexikon.

Mariage (fr., spr. -asch), Heirath, Vermählung. [ber. Wallfahrtsort.

Maria Kulm, Marktfl. im böhm. Kr. Eger;

Marianen (*Ladronen, Diebsinseln*), span. Inselgruppe in Australien, östl. von den Philippinen, eine von N. nach S. langgestreckte Reihe von ca. 16 Inseln, 20 QM. und 5600 Ew.; Produkte wie die der Philippinen. Die Bew. meist Spanier und von den Philippinen übergesiedelte Malayen; die Ureinwohner (1670 ca. 100,000) durch den relig. Vertilgungseifer der Spanier ausgerottet. Sitz des Gouverneurs Guahan (Gnajan). 1521 von Magalhaens entdeckt, seit 1668 span.

Maria Taferl, Wallfahrtsort in Unterösterreich, bei Marbach; jährl. 100,000 Wallfahrer.

Mariazell, ber. Wallfahrtsort in Steiermark, Kr. Bruck, an der Salza, 900 Ew.; eine der grössten und reichsten Kirchen. Dabei kaiserl. Eisengusswerk. [*Gouadeloupe.*

Marie Galante (spr. -langt), Insel, s.

Marienbad, s. *Wasserbad.*

Marienbad, böhm. Badeort, Kr. Eger, an der Anschowitz, 1200 Ew.; seit 1818 eingerichtet. Zahlr. Quellen (davon 8 benutzt), vorzugsw. eisenhaltige Säuerlinge (7—10° R.): obenan der Kreuzbrunn (7° R., jährl. ca. 180,000 Flaschen versandt); dann Ferdinandsbrunnen, Marienquelle, Wiesen- und Waldquelle etc. Gas- und Schlammbäder. Jährl. ca. 6000 Gäste. Vgl. *Kratsmann* (6. Aufl. 1862). [Zwickau, 5518 Ew.

Marienberg, Bergstadt im sächs. Regbz.

Marienblume, s. *Chrysanthemum.*

Marienborn (*Schmeckwitz*), Schwefel- und Schlammbadeanstalt bei Kamenz in Sachsen.

Marienburg, Kreisst. im preuss. Regbz. Danzig, an der Nogat (prächt. Eisenbahnbrücke, 890' L.), 8267 Ew. Das 1817—20 restaurirte Schloss M., 1309—1457 Sitz der Hochmeister des deutschen Ritterordens, dann poln. Woiwoden.

Marienfeste, der Jungfrau Maria zu Ehren gefeierte Feste der christl. Kirche: *Mariä Reinigung*, 2. Febr., zum Andenken des Kirchgangs Marias zum Tempel; *Mariä Verkündigung*, 25. März, und *Mariä Heimsuchung*, 2. Juli, zum Andenken des Besuchs Marias bei Elisabeth, wenn in der kathol. Kirche noch *Mariä Geburt*, 8. Sept., und *Mariä Himmelfahrt*, 15. Aug., feiern.

Mariengarn, s. v. a. Alterweibersommer.

Marienglas, s. *Gyps.*

Mariengras, s. v. a. Bandgras, s. *Phalaris.*

Mariengroschen, alte Silbermünze, zuletzt ⅜ M. = 1 Thlr. [singör, jetzt Seebad.

Marienlyst, früher Lustschloss bei Hel-

Marienstern, Cisterciensernonnenkloster im sächs. Regbz. Bautzen, bei Kamenz, 1264 gegr., mit 3½ QM. Besitzungen (darunter die preuss. Stadt Wittichenau).

Marienthal, Cisterciensernonnenkloster im sächs. Regbz. Bautzen, an der Neisse, 1234 gestiftet, mit bed. Besitzungen.

Marienwerder, Regbz. der preuss. Prov. Preussen (Westpreussen), 318,8 QM. und 767,62J Ew. Die Hauptstadt M., an der Nogat, 7471 Ew. Dom, Schloss. Zwischen der Stadt und der Weichsel die fruchtbare marienwerdersche Niederung, 6 QM.

Marignano (*Melegnano*, spr. -njano), Ort südöstl. bei Mailand, am Lambro, 4000 Ew.; 13. und 14. Sept. 1515 *Sieg* Franz I. von Frankreich über die Schweizer; 8. Juni 1859 *Gefecht* zwischen Franzosen u. Oesterreichern.

Marine (lat.), Seewesen; die gesammte Seemacht eines Staates; Seebild (s. *Seemacht*).

Marineleim, s. *Kitt*.   (*lerei*).

Marini (*Marino*), *Giambattista*, ital. Dichter, geb. 18. Okt. 1569 zu Neapel, † 25. März 1625. Tonangeber der schwülstigen und süsslichen Poesie, welche im 17. Jahrh. in Italien aufkam (*Marinismus*). Hauptwerke die Epen: ,Adone' und ,La strage degli Innocenti'; schr. auch zahlreiche Sonette, Eklogen etc.

Mariniren, Einlegen von gesottenen oder gebratenen Fischen, Fleisch etc. in Essigsauce mit Gewürzen.

Mario, *Giuseppe*, ,Marchese di Candia' genannt, her. Tenorist, geb. 1808 in Turin, in Paris gebildet, machte seit 1855 Reisen in Nordamerika, gegenwärtig der Glanz der Coventgardenoper in London; Gemahl der Grisi (s. d.).   [theatern.

Marionette (fr.), Gliederpuppe in Puppen-

Mariotte, *Edme*, franz. Physiker, geb. in Bourgogne, war Prior von St. Martin sous Beanne bei Dijon; † 12. Mai 1684 in Paris; bereicherte die Mechanik durch zahlreiche Untersuchungen. Werke (1717, 2 Bde.).

Mariotte'sches Gesetz, s. *Gase*. [treffend.

Maritim (lat.), Meer und Schifffahrt be-

Maritza (der *Hebrus* der Alten), Floss in der Türkei, entspringt auf dem Rilo Dagh in Bulgarien, wird bei Adrianopel schiffbar, mündet in 2 Armen bei den Sümpfen von Enos in das Aegäische Meer, 63 M. l.

Marius, *Cajus*, röm. Feldherr, geb. 157 v. Chr. zu Arpinum, Sohn eines Landmanns, ward 107 Konsul, bekleidete diese Würde bis 85 siebenmal, schlug 107 und 106 den Jugurtha, 102 die Teutonen bei Aix, 101 die Cimbern bei Verona (Vercellä), wollte seinem Rivalen Sulla den diesem übertragenen Oberbefehl gegen Mithridates entreissen und veranlasste dadurch den ersten grossen Bürgerkrieg in Rom. Von Sulla geächtet, entkam er mit Lebensgefahr nach Minturnä und von da nach Afrika, ward von Cinna 87 zurückgerufen, drang mit Heeresmacht in Rom ein, liess hier 5 Tage hindurch morden, erhielt für 86 mit Cinna das Konsulat; † nach 17 Tagen.

Mark, Gold- und Silbergewicht, meist = ½ Pfd. Handelsgewicht. Die kölnische M. à 288 Gran à 16 As, im 1857 im Zollverein gebräuchlich, = ½ Pfd. preuss. = 233,855 Grm.; in Oesterreich 1 M. à 16 Loth = 280,64 Grm. M. Banco, s. *Banco*; Courantmark, s. *Courant*. *Feine* M. ist ½ Pfd. reines unvermischtes Gold oder Silber, *rauhe* M. ½ Pfd. legirtes Edelmetall. M. die neue deutsche Reichssilbermünze, = 10 Sgr. in 100 Pfennige getheilt.

Mark, im Allgemeinen die in festwandigen Kanalen oder Höhlen befindliche weiche Substanz: Knochenmark, Nervenmark, Pflanzenmark, s. *Knochen*, *Nerven*, *Pflanze*.

Mark, altdeutsch s. v. a. Grenze (auch *Markung*), daher *Markstein*, Grenzstein;

dann s. v. a. Grenzbezirk, namentl. im deutschen Reiche Name der nach und nach den Slaven, Ungarn und anderen Nachbarvölkern entrissenen Gebiete, die unter *Markgrafen* (s. d.) standen: Oesterreich, Nordsachsen und Brandenburg, Meissen, Lausitz, Schleswig, Mähren, Steiermark, Kärnthen, Baden etc.; jetzt Name kleinerer, geschlossener, einer Gemeinde gehöriger Bezirke, daher Markgenossen, Markordnungen etc.

Mark, ehem. Grafsch. im westphäl. Kreise, 40 QM., jetzt Theil des preuss. Regbz. Arnsberg, von der Ruhr durchflossen, kam 1666 an Brandenburg.

Markasit, s. v. a. Speerkies oder Wismuth.

Marke, Zeichen, Erkennungszeichen; Rechenpfennig; *markiren*, bezeichnen; stempeln; mit Nachdruck hervorheben.

Marken, mittelital. Landsch., umfasst die 4 Prov. Ancona, Ascoli Piceno, Macerata, Pesaro, 176,4 QM. und 883,073 Ew.

Marketender (ital.), Personen, welche privatim einer Truppe ins Feld folgen, um für Verpflegung derselben, meist nur in kleinem Massstabe, auf eigene Rechnung zu sorgen.   [sorgen.

Markgräfler, s. *Rheinweine*.

Markgraf (Marchio), seit Karl d. Gr. der Befehlshaber in einem Grenzbezirke (s. *Mark*) mit herzogl. Befugnissen; die Würde der M.en, seit 11. und 12. Jahrh. erblich, seit 13. Jahrh. reichsfürstlich, rangirte vor der Grafen- und nach der Herzogswürde.

Markirch (fr. *Ste. Marie aux Mines*), Stadt im Oberelsass, 12,245 Ew. Siamoisenfabr., Türkischgarnfärberei, Strumpfwirkerei.

Markneukirchen, Stadt im sächs. Voigtlande, südöstl. von Oelsnitz, 4216 Ew., Sitz der sächs. Musikinstrument- u. Saitenfabr.

Markomannen, alte deutsche Völkerschaft, um 10 v. Chr. von Marbod aus ihren Wohnsitzen am Main nach Böhmen geführt, dehnten sich später bis an die Donau aus, kamen 166 n. Chr. mit den Römern in Kampf (*markomannischer Krieg*) und wurden erst 180 von Marc Aurel, noch einmal 270 von Aurelian zum Frieden genöthigt; verschwinden 4. Jahrh. aus der Geschichte.

Markscheide, im Bergbau Grenze zwischen zwei Gruben. *Markscheidekunst*, bergmänn. Feld- und Grubenmesskunst; vgl. *Borchers*, ,Praktische Markscheidekunst', 1870.

Markschwamm (Fungus medullaris), die durch Wucherung hindegewebiger Theile entstehende Krebsart, welche sich durch grossen Zellreichthum, Weichheit u. rasches Wachsthum auszeichnet; bes. gefährlich der M. des Gehirns (Gliom), Auges (bei Kindern) und der Lymphdrüsen. Vgl. *Krebs*.

Markstrahlen, schmälere oder breitere Streifen von Parenchym, welche im Holz strahlenförmig vom Mark nach der Rinde verlaufen (Hauptmarkstrahlen), zum Theil auch schon in der Mitte enden oder erst hier beginnen; erscheinen auf gespaltenem Holz als glänzende Bänder.

Marktschreier, medicinische Charlatans, welche früher auf Märkten und Messen, gewöhnl. in Begleitung eines Possenreissers, durch angebl. Arcana die Menge anlockten.

Marlborough (spr. Mahlbörö), *John Chur-*

chill, *Herzog von*, ber. engl. Feldherr und Staatsmann, geb. 24. Juni 1650 zu Aehe (Devonshire), diente erst unter Turenne im franz. Heere, ward nach Jakobs II. Thronbesteigung General, ging nach der Landung des Prinzen von Oranien zu diesem über, focht 1690 und 1691 mit Auszeichnung in den Niederlanden, ward dann als heimlicher Jakobit im Tower eingekerkert. Nach der Thronbesteigung Annas, die von seiner Gemahlin Sarah Jennings beherrscht ward, erhielt er 1702 den Oberbefehl über die Truppen der Verbündeten in den Niederlanden, ging 1703 zur Unterstützung des Kaisers nach Deutschland, eching mit dem Prinzen Eugen vereint 13. Aug. 1704 die Franzosen bei Blenheim, 19. Mai 1706 bei Ramillies, 11. Sept. 1709 bei Malplaquet, ward durch die Tories gestürzt, 1. Jan. 1712 seiner Aemter entsetzt, von Georg I. wieder zum Generalissimus erhoben; † geisteskrank 17. Juni 1722. Vgl. *Coxe*, ‚Memoirs‘ etc., neue Aug. 1847, 3 Bde.; deutsch 1820, 6 Bde. Biogr. von *Macfarlane* (1852).

Marlitt, *Eugenie* (eigentl. *E. John*), Schriftstellerin, geb. 1825 in Arnstadt, längere Zeit Gesellschafterin der Fürstin von Schwarzburg-Sondershausen, lebt seit 1864 in Arnstadt; Verf. der allbeliebten Romane ‚Goldelse‘ (4. Aufl. 1869), ‚Das Geheimniss der alten Mamsell‘ (1868), ‚Reichsgräfin Gisela‘ (2. Aufl. 1870), ‚Thüringer Erzählungen‘ (1869), ‚Das Haideprinzesschen‘ (1871).

Marlowe (spr. -lo), *Christopher*, engl. Dramatiker, geb. Febr. 1563 zu Canterbury, † 16. Juni 1593 in London (erstochen). Vorgänger Shakespeares, genial und wild leidenschaftlich im Dichten wie im Leben. Hauptwerke: ‚Doctor Faustus‘, ‚Jew of Malta‘, ‚Edward the Second‘ etc. Werke (von *Dyce* 1850, 2 Bde.). Vgl. *Bodenstedt*, ‚Shakespeares Zeitgenossen‘, 3. Bd. 1860.

Marly, grossmaschige Gaze, meist aus Zwirn oder Leinengarn, zum Theil auch mit Baumwolle, Wolle, Seide, zu Fenstervorsetzern, Unterlage in Hüten etc.

Marmarameer (bei den Alten *Propontis*), Binnenmeer zwischen Europa und Asien, durch die Dardanellenstrasse mit dem ägäischen, durch die Strasse von Konstantinopel mit dem schwarzen Meere verbunden, 30 M. lang, 10 M. br., 220 QM.

Marmaros (spr. -osch), ungar. Komitat, Kr. jenseits der Theiss, 188 QM. u. 184,000 Ew. (meist Ruthenen); rauhes Bergland in den Karpathen, wald- und metall-, bes. salzreich. Hauptstadt Szigeth.

Marmelade (v. portugies. *marmelo*, Quitte), Schachtelsaft, mit Zucker vermischter und zu Muskonsistenz verdampfter Fruchtsaft.

Marmont (spr. -móng), *Auguste Frédéric Louis Viesse de*, *Herzog von Ragusa*, franz. Feldherr, geb. 20. Juli 1774 zu Châtillon-sur-Seine, focht 1795 am Rhein, begleitete Bonaparte nach Aegypten, ward nach der Schlacht bei Marengo Divisionsgeneral, wirkte 1805 bei der Einnahme von Ulm mit, verwaltete bis 1809 das raguan. Gebiet, siegte 1809 bei Znaim und ward zum Marschall ernannt. Dann Gouverneur der

illyr. Provinzen, erhielt er 1811 den Oberbefehl in Portugal, befehligte 1813 das 6. Armeecorps, focht 16. Okt. bei Möckern, vertheidigte am 18. und 19. Okt. die Vorstädte von Leipzig, befehligte 30. März 1814 mit Mortier die zur Vertheidigung von Paris bestimmten Corps, unterwarf sich 5. April der provisor. Regierung, wodurch Napoleon genöthigt ward, seine Abdankung zu unterzeichnen. Von Ludwig XVIII. zum Pair und zum Majorgeneral der Garde erhoben, begann er 27. Juli 1830 an der Spitze der 1. Militärdivision den Kampf gegen die aufständischen Parteer, zog sich am 29. aus Paris zurück, ging mit Karl X. ins Ausland. Lebte seitdem meist zu Wien und auf Reisen; † 2. März 1852 zu Venedig. Schr. ‚Mémoires‘ (1856—57, 9 Bde.; deutsch 1858, 4 Bde.).

Marmontel, *Jean Franç.*, franz. Schriftsteller, geb. 11. Juli 1723 zu Bort (Limousin), † 31. Dec. 1799 zu Abbeville bei Evreux. Verfasser der süsslichen ‚Contes moraux‘ und mehrerer Romane (‚Bélisaire‘, ‚Les Incas‘) etc. Werke (1819—20, 7 Bde.).

Marmor, Marmelstein, saliniscer Kalkstein, Urkalk, krystallinisch-körniger Kalkstein, findet sich vorzüglich im Gebiet des Gneises, Glimmer- oder Thonschiefers und des Grauwackengebirges, Nester, Lager und Stöcke bildend. In der Technik heissen M. anch dichte, weisse oder bunte (wolkige, flammige, adrige), politurfähige Kalksteine, die sich gut verarbeiten lassen. *Weisser* oder *Statuenmarmor* bricht in der Gegend von Carrara, auf Paros, dem Pentelikongebirge etc. Tirol, Erzgebirge, Fichtelgebirge und Odenwald liefern geringeren weissen M. *Bunter* M. stammt ebenfalls meist aus südl. Ländern, der schönste aus der Maina, *schwarzer* aus Bergamo, Carrara, Lüttich, Sachsen, *grüner* aus Genua, der *verde antico* (Serpentinbreccie mit M. als Bindemittel) aus Griechenland, ebenso der *rosso antico* (mit weissen und schwarzen Adern und schwarzen Punkten). Zu dem *Breccienmarmor* gehört der florentiner *Ruinenmarmor* mit ruinenähnlichen Zeichnungen. *Muschelmarmor* ist reich an Versteinerungen (Bleiberg in Kärnthen, *Granitmarmor* aus Toskana, Oberbayern). Savoyen, Sardinien, Korsika, Algerien, Spanien, Belgien, England, Sachsen, Böhmen, Bayern, Schlesien, Nassau liefern viel M. bes. zu kleineren Kunstsachen. Mit Hülfe von Weingeist und Pigmenten lässt sich M. färben, Anstrich mit Wasserglas konservirt ihn.

Marmorchronik (*Arundelscher Marmor*), um 263 v. Chr. verfertigte. 17. Jahrh. zu Paros ausgegrabene Marmortafel, welche ein chronolog. Verzeichniss der Hauptbegebenheiten der griech. Geschichte von 1582 bis 264 v. Chr. enthält, ward von dem engl. Grafen Thom. Arundel 1627 erkauft und von dessen Enkel der Universität Oxford geschenkt; erklärt von *Böckh* im ‚Corpus inscriptionum graecarum‘ (Bd. 2, 1843).

Marmorweiss, fein geschlämmte Kreide.

Marmotte, s. v. a. Murmelthier.

Marne, Nebenfluss der Seine, entspringt

auf dem Plateau von Langres (Depart. Obermarne), fliesst über Châlons und Epernay,
mündet bei Charenton; 59 M. Danach benannt das *Depart. M.* (Theil der Champagne),
148,6 QM. und 390,808 Ew., Hauptstadt
Châlons; und *Depart. Obermarne* (südöstl.
Theil der Champagne), 113 QM. u. 259,096
Ew., Hauptstadt Chaumont.

Marnix, *Philipp von, Herr von Mont-St.-
Aldegonde,* niederländ. Diplomat, geb. 1538
zu Brüssel, eifriger Förderer des Aufstandes der Niederländer 1565, unterhandelte
als Bevollmächtigter der Republik mit den
Höfen zu Paris und London und 1578 mit
dem Reichstag zu Worms, ward 1584 Bürgermeister von Antwerpen, das er 13 Monate
gegen den Prinzen von Parma vertheidigte,
1590 wieder Gesandter in Paris; † 15. Dec.
1598 in Leyden. ,Oeuvres', herausg. von
Lacroix (1859). Biogr. von *Juste* (1858).

Marochetti, *Charles, Baron,* ital. Bildhauer, geb. 1805 in Turin, in Paris (Bosio)
gebildet, seit 1848 in England; † 4. Jan.
1868 zu Passy bei Paris. Treffl. Porträt-
büsten, minder gut seine Standbilder.

Marode (fr.), erschöpft, ermattet, bes.
von Soldaten, die beim Marsch zurück-
bleiben (*Marodeurs*) und dann in Ortschaften plündern (*marodiren*).

Marokko, Kaiserthum (Sultanat) auf der
Nordwestküste Afrikas (Berberei), 12,210
QM. mit wahrscheinl. nur 2¾ (n. And. 11)
Mill. Ew.; vom Atlas durchzogen und von
zahlr. Flüssen bewässert. Hauptbeschäftigung etwas Ackerbau, starke Viehzucht, Gewerbe in Wollen-, Seiden-, Leder-, Kupfer-
und Töpferwaaren (Teppiche, Maroquin,
Saffian); lebh. Karawanen- und etwas Seehandel (Ausfuhr 1867: 18,11, Einfuhr 21,25
Mill. Frcs.). Gegenwärtiger Sultan: Sidi-
Mohammed. 2 Hauptstädte: Fez und die
befest. *Stadt M.,* 40—50,000 Ew.; gewöhnliche Residenz: Mekinez. Hafenstädte: Mogador, Tetuan, Tanger. Im O. die Oasen-
länder Tafilet, Tuat u. a. Vgl. die Reisewerke von *Hodgkin* (1867), *Maltzan* (2. Aufl.
1866, 4 Bde.), *Rohlfs* (2. Aufl. 1869).

Geschichte. Die Geschichte von M. ist bis
Ende des 15. Jahrh. eng mit der der ganzen
Berberei verflochten. Um diese Zeit Sturz
der Meriniden durch die Saaditen, denen zu
Anfang des 16. Jahrh. die Scherife von
Tafilet folgen. Blüthezeit des Reichs, das
gegen Ende des 16. Jahrh. den westl. Theil
von Algerien umfasst und im Süden bis
Guinea reicht. Um 1603 Zerfall desselben
durch innere Kämpfe. Um Mitte des 17.
Jahrh. gründet Mulei-Scherif die Dynastie
der zweiten Scherife (Aliden). Mulei-Ismail
(1672—1727) nimmt den Spaniern Tanger
und El-Arisch; grausamer Wütherich. Darauf innere Kriege. Beginn besserer Zustände unter Mulei-Sidi-Mohammed (1757—
1789), Mulei-Soliman (1794—1822) und Mulei-
Abd-ur-Rahman (1822—59). Differenzen mit
Frankreich führen Mai 1844 zum Krieg. 6.
Aug. Bombardement von Tanger, 15. Aug.
von Mogador, 14. Aug. Niederlage der Marokkaner bei Isly. 10. Sept. Friede von Tanger.
Darauf Gefährdung der Herrschaft des Sul-

tans durch Abd-el-Kader, dem sich die nördl.
und östl. Provinzen 1847 anschliessen. Nach
Abd-el-Kaders Sturz (Dec. 1847) neue Differenzen mit Frankreich und Anstände. 25.
Nov. 1851 Bombardement von Saleh. 6.
Sept. 1859 folgt Sidi-Mohammed auf dem
Thron. 22. Okt. 1859 erklärt Spanien wegen
verweigerter Genugthuung für angethane
Unbilden an M. den Krieg; 4. Febr. und
23. März 1860 Siege der Spanier bei Tetuan.
26. April Friede. M. zahlt 20 Mill. Piaster
Kriegskosten und tritt Landstriche an Spanien ab.

Maronen, s. *Kastanienbaum.* [nien ab.

Maroniten, christl. Sekte in Syrien, entstand aus den Monotheleten auf dem Libanon, genannt nach dem Mönche Johannes
Maro, ihrem ersten Oberhaupte, zahlreich
bes. im nördl. Libanon und in den Küstenstädten, ca. 120—130,000 Köpfe, oft mit den
Drusen im Kampfe, 1861 dem Paschalik des
Libanon einverleibt. Sie unterwarfen sich
1445 dem Papste, nahmen 1736 die Beschlüsse
des Concils von Trient an, behielten aber
ihren besonderen Kult bei, verehren einige
ihnen eigenthümliche Heilige, darunter bes.
Mar Marûn. Ihr Oberhaupt, Patriarch von
Antiochia genannt, residirt im Kloster
Kanôbin auf dem Libanon. Unter ihm
stehen zahlreiche Bischöfe, die in 7 Graden
aufsteigenden Geistlichen und die Mönchs-
und Nonnenklöster im Libanon. Seit 1584
besteht ein maronitisches Kollegium zu Rom.

Maroquin (fr., spr. -käng), s. *Saffian.*

Maros (lat. *Marisus*), Fluss in Siebenbürgen und Ungarn, entspringt auf den
östl. Karpathen, unfern der moldauischen
Grenze, wird bei Karlsburg schiffbar, mündet bei Szegedin links in die Theiss, 56 M. l.

Maros-Ujvar, Dorf in Siebenbürgen, Land
der Ungarn, an der Maros, 3717 Ew. Bedeut.
Steinsalzbergwerk (700,000 Ctr. jährl.).

Maros-Vasarhely (*Neumarkt*), Stadt in
Siebenbürgen, Land der Szekler, an der
Maros, 11,217 Ew. Schloss.

Marotte (fr.), wunderliche Meinung, Grille,
Schrulle, Steckenpferd.

Marozia, vornehme berüchtigte Römerin,
Tochter der Theodora, dreimal verheirathet;
Geliebte des Papstes Sergius III. und von
ihm Mutter des Papstes Johann XI., herrschte
in Rom fast unabhängig, liess 928 den Papst
Johann X. erdrosseln, ward von ihrem
Sohn Alberich gestürzt.

Marpurg, *Friedr. Wilh.,* Musiktheoretiker,
geb. 1. Okt. 1718 zu Seehausen (Altmark),
† 22. Mai 1795 als Lotteriedirektor zu Berlin. Verf. der noch jetzt geschätzten ,Ab-
handlung von der Fuge' (1753).

Marquesasinseln (*les Marquises, Mendañaarchipel*), franz. Inselgruppe im östl. Australien, 22½ QM. und 10,000 Ew. Produkte
Brod- und Pisangbäume, Kokospalmen,
Zuckerrohr. Die Bewohner schön und kräftig gebaut, bis jetzt der Kultur nicht zugänglich. Auf *Nukahiva* (7,8 QM.) kleine
franz. Garnison (seit 1842); die frühere
Strafkolonie ist eingegangen.

Marqueterie (fr., spr. -ket'rih, ital. *Intar-
sia*), Verzierungen an Kunsttischlereien,
bestehen in eingelegten Holzstückchen von

verschiedener Farbe (auch Gold, Silber, Perlmutter, Elfenbein etc.), welche Arabesken, Blumen, Thiere etc. darstellen.

Marqueur (fr., spr. -köhr), beim Billard markirender Aufwärter, dann s. v. a. Kellner.

Marquis (fr., spr. -kih), Adelstitel, aus dem latinisirten Marchio (Markgraf) entstanden, aber von anderer Bedeutung, bildet in Frankreich die Uebergangsstufe vom hohen zum niederen Adel, rangirt in Italien (*Marchese*) vor dem Grafen, in England (*Marquess*) und in Spanien (*Marques*) zwischen Herzog und Graf. *Marquisat*, Würde und Gebiet eines M.

Marquise (fr., spr. -kis), Frau oder Tochter eines Marquis; Zeltdach von Leinwand vor Fenstern und Thüren zur Abhaltung der Sonnenstrahlen.

Marranen, die getauften, aber insgeheim ihrer Religion treu gebliebenen Juden und Mauren in Spanien.

Marrons (*Marons*, spr. -ong), s. v. a. Buchneger. Auch die auf dem grossen St. Bernhard zur Aufsuchung der Verunglückten abgerichteten Spürhunde.

Marrubium L. (*Andorn*), Pflanzengattung der Labiaten. M. vulgare L., *Mariennessel*, weisser Dorant, Berghopfen, in Vorderasien, Europa, officinell.

Marryat (spr. Märriät), *Frederick*, engl. Novellist, geb. 10. Juli 1792, seit 1806 in engl. Seediensten; † 9. Aug. 1848 zu Langham (Norfolk) als Flottenkapitän. Verf. zahlreicher und vielgelesener Seeromane.

Mars (*Mavors*), Kriegsgott der Römer und anderer altital. Völker, gewöhnl. mit dem griech. Ares identificirt, Sohn des Zeus und der Here, zeugte mit Venus die Harmonia, auch den Eros und Anteros (Liebe und Gegenliebe), sowie den Deimos und Phobos (Schrecken und Furcht), dargestellt als jugendl. kräftige Mannesgestalt mit Helm und Chlamys, bärtig und bartlos.

Mars, Planet, dessen Bahn diejenige der Erde zunächst umschliesst, hat 910—990 M. Aequatorialdurchmesser, ist 8—54 Mill. M. von der Erde entfernt. Seine Dichte beträgt ³/₄ von der der Erde. Man erkennt auf ihm deutlich Kontinente und Meere und in seinen Sommern schwindende Eisansammlungen an den Polen; er hat eine Atmosphäre wie die Erde, aber keinen Mond. Er dreht sich in 24 Stdn. 37 Min. 23 Sek. um sich selbst und in 686 Tagen 23 Stdn. 30 Min. um die Sonne. Der M. leuchtet als Stern 1. Gr. mit rothem Licht.

Mars, s. v. a. Mastkorb, s. *Mast*.

Marsala, Stadt auf der Westküste Siciliens, östl. vom Vorgebirge Boëo, 17,732 Ew. Handel mit Getreide und Wein, Oel, Salz. 11. Mai 1860 Landung Garibaldis zu seinem Siegeszug gegen Franz II. von Neapel.

Marsberg (*Stadtberge*), Stadt im preuss. Regbz. Arnsberg, an der Diemel, 3879 Ew. Ber. goth. Kirche; Rolandssäule. Hier ehedem die Sachsenveste Eresburg.

Marsbraun (*Marsgelb*), künstlicher Ocker.

Marsch (v. Fr.), schlagfertige Bewegung einer Truppe nach gegebenem Ziele. Der gewöhnliche M. beträgt täglich 1¹/₂—3 Meilen, der forcirte M. täglich 4—5 M., der Eilmarsch täglich 6—8 M. Die *Marschordnung* regelt und erleichtert den M. und wird durch die *Marschdisciplin* aufrecht erhalten. *Marschroute*, die der Truppe vorbezeichnete Strasse. *Marschquartier*, auf 1 oder 2 Tage bezogenes Quartier. *Abmarsch*, Aufbruch, taktisch die Kolonnenformation, während *Aufmarsch* die Linienformation ist. — Tonstück, nach welchem die Truppen marschiren, gewöhnl. aus 2 Reprisen mit Trio bestehend, in ⁴/₄-Takt: Parademarsch, Geschwind- und Sturmmarsch (³/₄- oder ⁶/₈-Takt), Festmarsch, Trauermarsch etc.

Marschall (*Marschalk*), ursprüngl. Aufseher über Pferde, im deutschen Reiche unter den sächs. Kaisern Oberstallmeister, dann eins der Erzämter (s. d.) mit der Obliegenheit, bei feierl. Gelegenheiten für Aufrechthaltung der Ordnung zu sorgen, dem Kaiser das Schwert vorzutragen etc.; in Frankreich höchste militär. Würde (s. *Maréchal*). *Hofmarschall*, Oberaufseher über die fürstliche Hof- und Haushaltung. Auch heisst M. ein bei Festlichkeiten mit Führung eines Zugs etc. betrauter Mann.

Marschall von Sachsen, s. *Moritz* 3).

Marschland, im nordwestl. Deutschland der in Flussthälern und Küstenniederungen angeschwemmte, meist fruchtbare Boden, im Gegensatz zum Geestlande (s. d.).

Marschner, *Heinr.*, Komponist, geb. 16. Aug. 1795 zu Zittau, seit 1823 Musikdirektor in Dresden, 1832—59 Generalmusikdirektor in Hannover; † das. 14. Dec. 1861. Hauptwerke: die Opern ,Vampyr', ,Templer und Jüdin', ,Hans Heiling' etc.; zahlr. Lieder.

Marseillaise (spr. -säljähs), die bekannte franz. Revolutionshymne! ,Allons enfants, de la patrie etc.', gedichtet von Rouget de Lisle zu Strassburg nach der Kriegserklärung April 1792. Die Melodie ist, nach neuerem Nachweis, einer deutschen Messe (von Holtzmann in Meersburg) entnommen.

Marseille (spr. -säij, *Massilia*), Hauptst. des franz. Depart. Rhonemündungen, am Mittelmeere, 300,131 Ew.; durch die Cannebière-Strasse in die unfreundl. Altstadt und die prachtv. Neustadt geschieden. 3 Häfen: der alte oder Freihafen (für 1000 Kauffahrteischiffe, mit schönen Kais), der künstl. angelegte neue Hafen la Joliette (bes. für die gr. Dampfboote mit 3 Bassins und den grossartigen Docks de la Joliette, seit 1864), der Quarantänehafen (zwischen den mit Batterien versehenen Felseninseln Ratonneau u. Pomègue). Vor der Rhede die Insel If (s. d.). Akademie, Sternwarte, botan. u. zoolog. Garten, Museum. Blühende Industrie, bes. Seife, Tabak, Leder, Oel, Parfümerien. Der bedeutendste Seehandelsplatz Frankreichs, den levant. und algierischen Handel beherrschend (jährl. 16,000 Schiffe ein- und auslaufend). Grossartige Wasserleitung, 21 M. l. Ringsum ca. 5000 blendend weisse Landhäuser. Ausgezeichnete Seebäder. M. 546 v. Chr. von Phocäern gegr., ward bald aristokrat. Freistaat mit blühendem Handel, gehörte später zum fränk. Reiche, um 1200 Republik, seit 1481 Frankreich einverleibt.

Marsen, Volk in Mittelitalien, sabellischen Stammes, bewohnte die Hochebene um den Fucinersee, meist mit den Samnitern gegen die Römer verbündet, 91 v. Chr. an der Spitze des Aufstandes der Bundesgenossen (*marsischer Krieg*). Auch germanisches Volk, am Niederrhein von Germanicus bekämpft.

Marsfeld, im alten Rom (*Campus Martius*) und dem entsprechend in Paris (*Champ de Mars*) grosser Platz zu militär. Uebungen, Versammlungen etc. Vgl. *Märzfeld.*

Marshalls-Archipel, austral. Inselgruppe, östl. von den Karolinen; 2 Abtheilungen: die östl. *Raduk-* und die westl. *Ralikkette.*

Marshscher Apparat, von James Marsh († 1846 in London) angegebener Apparat zur Nachweisung von Arsenik (s. d.).

Marslaterne, s. v. a. Leuchtthurm.

Mars la Tour, Schlacht, s. *Vionville.*

Marsroth, s. v. a. Englisch Roth.

Marston (spr. -st'n), John, engl. Dichter, geb. um 1570, † 1634, bes. als Dramatiker ausgezeichnet, Zeitgenosse Shakespeares. Werke (von *Halliwell,* 1856, 3 Bde.).

Marston-Moor (spr. -st'n-Muhr), engl. Dorf, bei York; 2. Juli 1644 entscheidender *Sieg* der Parlamentstruppen über die Königlichen.

Marsupialia, s. v. a. Beutelthiere.

Marsyas, Sohn des Olympus, forderte als Meister des Flötenspiels den Apollo zum Wettkampfe heraus, ward von diesem mit dem Lyraspiel und Gesang besiegt und zur Strafe lebendig geschunden. Der Wettstreit Gegenstand künstlerischer Darstellung.

Martaban, Landsch. auf der Westküste Hinterindiens, zu Britisch-Birmanien gehörend. Die befest. *Stadt* M., an der Mündung des Saluen in den *Golf von M.,* 7000 Ew., 15. April 1852 von den Briten mit Sturm genommen. [Staccato.]

Martellato (ital., Mus.), gehämmert, Art

Martellos, runde, mit Kanonen besetzte Thürme auf den Küsten von Sardinien und Korsika, unter Karl V. zum Schutz gegen die Seeräuber angelegt.

Martha, Schwester des Lazarus und der Maria von Bethanien, bewirthete Jesum.

Martialgesetz, Inbegriff kriegsgesetzlicher Bestimmungen. Vgl. *Standrecht.*

Martialis (lat.), zum Eisen gehörig, Eisen enthaltend; *Martialia,* Eisenmittel.

Martialis, *Marcus Valerius,* röm. Epigrammendichter, geb. um 40 n. Chr. zu Bilbilis in Spanien, kam unter Nero nach Rom, Schmeichler und Günstling der Kaiser; † um 100. Verf. von 14 Büchern Epigramme, herausgeg. von *Schneidewin* (1841 und 1853); deutsch von *Willmann* (1825), *Berg* (1864).

Martialisch (lat.), kriegerisch, streitbar. *Martialität,* kriegerisches Wesen.

Martigny (spr. -tinjih, *Martinach*), Stadt im Kanton Wallis, an der Mündung der Dranse in die Rhone und am Beginn der Strasse über den gr. Bernhard, 1403 Ew. Ruine *La Batia.* Röm. Aquädukt (restaur.).

Martin, heiliger, geb. zu Sabaria in Pannonien (jetzt Stein in Niederungarn) um 316, ward Soldat, dann Christ, Muster aller Tugenden, seit 375 Bischof von Tours; † 400 in dem von ihm gegründeten Kloster von Marmoutiers. Tag 11. Nov. (*Martini*), an welchem die Geistlichkeit ihre Zinsen an Hühnern u. Gänsen (*Martinsgänsen*) empfing.

Martin, Name von 5 Päpsten: *M. I.,* 649 bis 653, ward, weil er auf der ersten Laterausynode die Monotheleten und den Kaiser Heraclius verdammte, gefangen genommen und nach dem Chersones verbannt; † 655 das., später kanonisirt. — *M. II.* (*Marinus I.*), 882—884, und *M. III.* (*Marinus II.*), 942—946, oft nicht mitgezählt in der Reihe der Päpste. — *M. IV.* (*II.*), 1281—85. — *M. V.,* aus dem Geschlecht der Colonna, ward 1417 nach Gregors XII. Entsagung und Benedikts XIII. Absetzung während des Koncils zu Kostnitz zum Papst gewählt, wusste die reformator. Bestrebungen der letzteren zu paralysiren, schloss Soparatkonkordate mit Deutschland, Frankreich u. England; † 1431.

Martinez de la Rosa (spr. -nes-), *Francoisto,* span. Staatsmann und Dichter, geb. 10. März 1789 zu Granada, ward 1820 Ministerpräsident, nach dem Einmarsch der Franzosen (1823) verbannt, 1834—35 wieder Ministerpräsident, brachte das Estatuto real zu Stande, 1840 Gesandter in Paris, 1842—43 in Rom, 1844 Minister des Auswärtigen, 1847 Gesandter in Paris, seit Ende 1852 wiederholt Präsident der Cortes, Okt. 1857 erster Staatssekretär, Juli 1858 Präsident des Staatsraths; † 7. Febr. 1862 zu Madrid. Schr. Dramen im span. Nationalstil (,Aben Humeya'), lyr. Gedichte (2. Aufl. 1847) u. A. Sämmtl. Schr. (1844—46, 5 Bde.); ,Auserlesene Schr.', übers. v. *Schäfer* (1835, 2 Bde.).

Martinique (spr. -nik), Insel der kleinen Antillen, zwischen S. Lucia und Dominica, 18 QM. und 139,110 Ew. (12,000 Weisse, 16,000 Kulis; nur ½ knittlivirt. Produkte Zucker und Kaffee; Ausfuhr 5½ Mill. Thlr. Hauptort Fort de France. Seit 1635 franz.

Martinswand, hohe Felswand am Innthal bei Innsbruck, bekannt durch Kaiser Maximilians Gefahr (Kreuzbild zur Erinnerung).

Martius, *Karl Friedrich Philipp v.,* ber. Botaniker, geb. 1794 in Erlangen, bereiste 1817—20 Brasilien, dann Prof. der Botanik in München; † das. 13. Dec. 1868. Schrieb: ,Reise nach Brasilien' (1823—31, 3 Bde.); ,Genera et species plantarum' (1824—36, 3 Bde.); ,Nova genera et spec. plant.' (1824 bis 1832, 3 Bde.); ,Historia naturalis palmarum' (1823—45, 3 Bde.); ,Flora brasiliensis' (1840—71, Liefg. 1—54); ,Pflanzen und Thiere des tropischen Amerika' (1831); ,Beiträge zur Ethnographie u. Sprachenkunde' (1863—1866, 2 Bde.). Biogr. v. *Schramm* (1869, 2 Bde.).

Martos, Stadt in der span. Prov. Jaen (Andalusien), 14,000 Ew. Röm. Alterthümer.

Marum verum, s. v. a. Teucrium marum.

Marwar, Staat, s. *Dschodpur.*

Marx, 1) *Adolf Bernh.,* Musiktheoretiker, geb. 27. Nov. 1799 zu Halle, ursprüngl. Jurist, 1824—32 Redakt. der ,Allg. musik. Zeitung', seit 1832 Prof. und Universitätsmusikdirektor zu Berlin; † das. 17. Mai 1866. Schr. ,Lehre von der musik. Komposition' (7. Aufl. 1868, 4 Bde.); ,Allgem. Musiklehre' (8. Aufl. 1869); ,Die Musik des 19. Jahrh.' (1855); ,Beethovens Leben und Schaffen' (2. Aufl.

1863); ,Vollständ. Chorschule' (1860); ,Gluck und die Oper' (1862, 2 Bde.); ,Erinnerungen' (1865, 2 Bde.) u. A. Auch Komponist: Oratorien (,Moses'), Melodramen etc. — 2) *Karl*, Publicist und Socialpolitiker, geb. 1818 zu Köln, studirte in Berlin Rechtswissenschaft und Philosophie, redigirte nach 1841 die oppositionelle ,Rheinische Zeitung' in Köln, nach deren Unterdrückung er in Paris mit Ronge die ,Deutsch-französ. Jahrbücher' herausgab und mit den franz. Socialisten sich verband. Ausgewiesen ging er nach Brüssel, kehrte 1848 nach Köln zurück, wo er die ,Neue rheinische Zeitung' herausgab, und nahm 1849 seinen dauernden Aufenthalt in London. 1867 gründete er daselbst die ,Internationale' (s. d.), in welcher er seitdem den Vorsitz führt. Sein System geht auf eine Arbeiterdiktatur hinaus, die eine neue, wesentlich kommunistische gesellschaftliche Ordnung einführen soll. Sein theoret. Hauptwerk: ,Das Kapital, Kritik der polit. Oekonomie' (1867), ausserdem viele Flugschriften.

Maryland (spr. Märriländ), nordamer. Freistaat, 523 QM. und (1870) 790,095 Ew. (meist Kathol.); das Land um die Chesapeakbai (Westgrenze der Potomac), der Boden flach und sandig, aber ergiebig. Landwirthschaft (Baumwolle, Mais, Tabak); Schifffahrt und Handel bedeutend. Ausfuhr(1865): 12,2 Mill., Einfuhr: 4,8 Mill. Doll. Konstitution von 1854. Ausgaben (1867): 2,575,855 Doll., Staatsschuld 500,000 Doll. Im Kongress durch 5 Repräsentanten vertreten. 22 Counties. Hauptst. Annapolis; wichtigste Stadt Baltimore. Seit 1634 kolonisirt, seit 1776 Unionsstaat.

Masaccio (spr. -atscho), eigentl. *Tommaso Guidi*, florent. Maler, geb. um 1402, † 1443 in Florenz; her. seine Fresken in der Karmeliterkirche zu Florenz (Gesch. des Petrus).

Masada (a. G.), Felsenfestung in Judäa, westl. am todten Meer, unter Titus von den Römern nach tapferer Gegenwehr erobert.

Masanderan, s. *Masenderan*.

Masaniello, eigentl. *Thomas Aniello*, Fischer aus Amalfi, Führer des Aufstandes Juli 1647 in Neapel gegen den span. Vicekönig, Herzog von Arcos, erhielt 13. Juli grosse Zugeständnisse, ergab sich dem Trunke, ward als launenhafter Despot vom Volke 16. Juli ermordet. Haupttheld in Aubers Oper ,Die Stumme von Portici'.

Mascára, Binnenstadt in Algier, Prov. Oran, 9500 Ew., ehedem Resid. der Beis; Fabriken (Burnus) und Handel. 6. Dec. 1835 vom franz. Marschall Clauzel erobert und niedergebrannt.

Maschinen, mehr oder weniger zusammengesetzte Werkzeuge oder Instrumente zur Unterstützung, Ersparung oder zum Ersatz von Menschenkräften, zur Erhöhung der Quantität, Qualität und Wohlfeilheit der Arbeit. Man unterscheidet an den M. den Theil, welcher die Kraft (Muskelkraft, Kraft des bewegten Wassers oder der Luft, Spannkraft des Dampfes, der erhitzten oder komprimirten Luft, von Gewichten, Federn, Elektromagnetismus) aufnimmt, einen zweiten zur Fortpflanzung, Richtungsveränderung und Regulirung, und einen dritten, welcher die beabsichtigte Form- oder Ortsveränderung ausführt. Die M. ermöglichten die jetzt so weit getriebene Theilung der Arbeit, schufen das moderne Fabrikwesen und haben die früher gegen sie gehegten Vorurtheile durch ihre Leistungen besiegt. *Maschinenlehre*, die Lehre vom Bau und von der Wirkung der M. Wichtigste Werke von *Weisbach* (1870), *Rühlmann* (1862 ff.), *Redtenbacher* (1859 u. 1869), *Wiebe* (1858), *Bernoulli* (1865), *Scholl* (1870), *Reiche* (1869 ff.). — *Maschinerie*, s. v. a. Maschine, auch Verbindung mehrerer M.; im Theaterwesen die Vorrichtungen zur Befestigung und Bewegung der Dekorationen etc. *Maschinist*, Maschinenmeister.

Masculinum (lat.), männlich, in der Grammatik s. v. a. männliches Geschlecht.

Masenderan, pers. Prov., an der Südküste des kasp. Meers, grösstentheils fruchtbares, aber ungesundes Marschland, das alte Hyrkanien; die Bewohner z. Th. Angesiedelte (Schilten), z. Th. Nomaden (Suniten). Einst (bes. um 1660 unter Schah Abbas d. Gr.) in hoher Blüthe. Hauptst. Sari.

Maser, abnorme Bildung an manchen Holzarten (Ahorn, Pappeln, Birken), entsteht durch Bildung von Adventivknospen in den Markstrahlen, welche zu holzigen und mit Jahresringen umgebenen Anschwellungen auswachsen. Maserholz wird von Tischlern und Drechslern verarbeitet.

Masern (Morbilli), fieberhafte, durch eigenthümlichen Hautausschlag charakterisirte Krankheit, namentl. des Kindesalters, entsteht infolge von Ansteckung 12 Tage nach derselben, beginnt mit Frösteln, Husten, Schnupfen, Thränen der Augen, bisweilen Irrereden; nach weiteren 3 Tagen stärkeres Fieber, in der Umgebung des Mundes, dann am ganzen Körper rothe Flecken mit kleiner Erhöhung in der Mitte; mit dem Hautausschlag erreicht das Fieber die grösste Höhe, und mit dem allmähligen Erbleichen verschwindet es. Ca. 6 Tage später beginnt sich die Haut zu schuppen, und die Heilung erfolgt unter Verschwinden des Katarrhs. Tödtlicher Ausgang kann durch zu hohes Fieber, Lungenentzündung, Hautbrand (Noma) und Lungentuberkulose erfolgen. Man lege die Erkrankten ins Bett, sorge für reine, 15° warme Luft, leicht verdauliche Kost und schreite gegen abnorm hohes Fieber mit fiebermindernden Mitteln ein. Einmaliges Ueberstehen der Krankheit schützt zur nochmaligen Ansteckung.

Masinissa, König der Massylier in Numidien, Bundesgenosse der Karthager im 2. punischen Kriege, später der Römer, ward nach der Schlacht bei Zama von diesen als König von Numidien anerkannt; † 148 v. Chr.

Maskarenen, die östl. von Madagaskar im ind. Ocean gelegenen Inseln Mauritius und Rodrigues (engl.) und Réunion (franz.).

Maskat (*Imamat von M.*, Oman), der einzige bedeutende Staat Arabiens, umfasst die Südostecke des Landes, landeinwärts his Hadramaut (der schönste und kultivirteste Theil der Halbinsel), nebst den Inseln Ormuz,

Kischem u. a. am pers. Golf und an den Küstenstrichen der pers. Landschaften Laristan und Mogulstan. Der Fürst (Imam) verbindet die höchste geistl. und weltl. Macht und ist der erste Kaufmann seines Landes (mit ansehnl. Flotte), steht aber unter starkem Einfluss der Engländer. Die früher dem Imam ebenfalls gehörenden Ostküsten Afrikas (bis Quiloa) fielen 1856 einem Bruder desselben zu. Die *Hauptst.* M., am ind. Meere, 50,000 Ew., Hauptstapelplatz arab. Waaren und Negersklaven.

Maske (fr.), künstl. hohles Gesicht, hinter dem man das eigene versteckt, auf der antiken (griech. und röm.) Bühne und noch jetzt auf dem ital. Volkstheater (Graziano, Pantalone, Arlecchino, Brighella etc.) gebräuchlich, daher auch Symbol der Schauspielkunst; allgemeiner auch die ganze Tracht, in die man sich hüllt, um sich unkenntlich zu machen, und bildlich die maskirte Person selbst. *Maskerade* (Maskenball), Ball, auf dem die Tänzer maskirt erscheinen. *Maskenspiel*, Art Schauspiel, worin namentl. allegor. und mythol. Personen in Maskentracht auftreten. *Maskiren*, durch eine M. unkenntlich machen; verhüllen.

Maskopei, s. v. a. Maatschappij.

Masliebe, s. *Bellis.*

Masora (hebr.), Name einer Sammlung krit. Anmerkungen zum Text des A. T.s. *Masoréten*, deren Verfasser und Sammler.

Masovien, poln. Landsch., von der Weichsel, dem Bug und Narew bewässert, mit den Städten Warschau und Lodz; die Ew. *Masuren.* 1207—1526 selbständig. Herzogthum, seitdem mit Polen vereinigt. [Kahira, Kairo.

Masr (arab.), s. v. a. Aegypten; M.-el-

Mass, die bestimmte Einheit zur Vergleichung verschiedener Grössen, ist eine Linie, Fläche oder ein Körper und entweder willkürlich festgesetzt oder einem unveränderlichen natürlichen Verhältniss hergenommen. Die Länge des Sekundenpendels in Berlin bildet die Basis des preussischen Fusses; der 10,000,000ste Theil eines Erdmeridianquadranten, wie er nach den franz. Messungen seit 1791 berechnet wurde, ist die Einheit des Decimalsystems (s. d.). Vgl. *Dove* (1835) und über die Masssysteme der verschiedenen Länder *Noback* (1851 und 1852), *Wagner & Struckerjan* (1855).

Mass, s. *Flüssigkeitsmass.* [Herren.

Massa, Anrede der Negersklaven an ihre

Massa (lat.), Menge, Stoff, das Ganze; *M. bonorum*, Vermögensbestand.

Massa-Carrära, ehemal. Herzogth. in Oberitalien, seit 1741 zu Modena gehörig, seit 1860 Theil der *Prov.* M.-C., 32 QM. und 144,088 Ew. Die Stadt *Massa*, 4953 Ew.

Massachusetts (spr. -tschuh-), nordamerik. Freistaat (Neuengladst.), 337 QM. u. (1870) 1,457,351 Ew.; flacher, sandiger Küstensaum mit zahlr. Buchten (*Massachusetts-bai*), im W. Bergland (Alleghanies); Hauptflüsse Connecticut und Merrimac. Blühende Landwirthschaft, bedeut. Industrie (Fabr. für Woll-, Baumwoll- und Strumpfwaaren, Leleuen, Seide, Maschinen, Schuhe, Nagel, Papier etc.); Handel und Schifffahrt (Ausfuhr 1865:

gegen 22 Mill., Einfuhr über 25½ Mill. Doll.), Walfisch- und Stockfischfang. Zahlr. und treffliche Unterrichtsanstalten. Verfassungsrevision von 1840. Im Kongress 10 Repräsentanten. Ausgaben 1867: 6,371,860. Staatsschuld: 24,954,879 Doll. 14 Counties. Hauptst. Boston. Seit 1620 kolonisirt, seit 1776 Unionsstaat.

Massacre (fr., spr. -ákk'r), Gemetzel, Blutbad; *massakriren*, niedermetzeln.

Massagéten, im Alterth. scyth. Nomadenvolk, nördl. vom Flusse Jaxartes (Sir), gegen deren Königin Tomyris der Perserkönig Cyrus 530 v. Chr. gefallen sein soll.

Massaua (*Massówah*), wichtige ägypt. Hafenstadt an der Küste Abessiniens, auf einer Insel im rothen Meer, 5—6000 Ew.; Haupthandelsplatz für Abessinien und Darfur.

Massena, *André, Herzog von Rivoli, Fürst von Essling,* franz. Marschall, geb. 6. Mai 1758 zu Nizza, trat 1775 in die franz. Armee, ward 1793 Divisionsgeneral, focht unter Bonaparte in Oberitalien, dann in der Schweiz, siegte 25. Sept. 1799 bei Zürich über die Russen, ward 1800 Oberbefehlshaber der italien. Armee, 1804 Marschall, nahm 1805 das neapolitan. Gebiet für Joseph Bonaparte in Beschlag, deckte während der Schlacht bei Aspern und Essling (21. u. 22. Mai 1809) den Uebergang über die Donau, befehligte 1810 und 1811 in Spanien. Von Ludwig XVIII. Dec. 1814 zum Pair ernannt, blieb er den Ereignissen der 100 Tage fern; † 4. April 1817. Schr. ,Mémoires', herausg. von General Koch (1849—50, 7 Bde.). Biogr. von *Toselli* (1869).

Maséter (gr.), der Kaumuskel.

Massholder, Feldahorn, s. *Ahorn.*

Massicot, s. *Bleigelb.*

Massilia, alter Name für Marseille.

Massillon (spr. -ljong), *Jean Baptiste*, ber. franz. Kanzelredner, geb. 24. Juni 1663 zu Hières (Provence), ward 1704 Hofprediger Ludwigs XIV., 1717 Bischof von Clermont, 1719 Mitglied der Akademie; † 18. Sept. 1742. Schr. ,Sermons' (1745—49, 15 Bde., neue Ausg. 1867, 3 Bde.; deutsch in Ausw. von *Lutz* 1848). Vgl. *Theremin*, ,Demosthenes und M.', 1845; *Bayle*, ,M.', 1867.

Massinger (spr. Massiudsch'r), *Phil.*, engl. Dramatiker, geb. 1584 zu Salisbury, † 17. März 1639 zu London. Hauptstücke: ,The duke of Milan', ,The renegado', ,Virgin martyr' etc. Werke herausg. v. *Gifford* (1869).

Massiren, den Körper nach dem Bade mit den Händen bearbeiten, kneten, zur Erzeugung erhöhten Wohlbefindens.

Massiv (fr.), massig, derb; ganz aus der aussen sichtbaren Masse bestehend; steinern.

Massmann, *Hans Ferd.*, Sprachforscher, geb. 15. Aug. 1797 in Berlin, 1826 Turnlehrer und später Professor in München, seit 1846 Prof. in Berlin. Zahlr. literar. Arbeiten, bes. Ausgaben älterer deutscher Sprachdenkmäler, z. B. ,Goth. Urkunden' (1834), die Schriften des Ulfilas (1855—56, 2 Bde.) etc.

Massoliren (fr.), mit der Keule todtschlagen, früher in Italien u. Spanien Art Todesstrafe.

Masson, *Michel*, franz. Schriftsteller, geb. 31. Juli 1800, lebt in Paris; schrieb alttesta-

schildernde Romane und Novellen, bes. beliebt „Maçon" (1828) und „Contes de l'atelier" (1833), „Une couronne d'épines' (1836), „La lampe de fer" (1835) etc. [rerei.

Massonei, Genossenschaft, bes. Freimaurerrad, Instrument zum Messen, Rad, auf dessen Peripherie in gleichen Abständen Stacheln angebracht sind, welche beim Rollen des Rades über eine Fläche gleiche Abschnitte markiren.

Massstab, linealähnlicher Stab mit markirter Masseinheit und deren Unterabtheilungen; *verjüngter* M., der in einem gewissen Verhältniss zu dem wirklichen verkleinerte M.; der *Transversalmassstab* ist nach geometrischen Gesetzen durch horizontale, perpendikuläre und diagonale Linien dergestalt abgetheilt, dass man mit möglichster Genauigkeit Längeneinheiten und Unterabtheilungen derselben danach bestimmen kann.

Mast (*Mastbaum*), Gerüste von Tannenholz oder Eisen, an welchem das Takelund Segelwerk eines Schiffes angebracht ist, meist aus mehreren Stücken zusammengesetzt, indem an dem Ende (Top) des unteren M.es die Stenge und an deren Top die Brahmstenge angesetzt wird, welche letztere in die obere Brahmstenge ausläuft. Ein liegender M. ist das Bugspriet (s. d.). Linienschiffe, Fregatten und Korvetten haben 3 M.en, von denen der vordere Fockmast (⁹⁄₁₀), der mittlere grosser M. (1), der hintere Besahnmast (⁵⁄₇) heisst. Die Summe der Länge des unteren Decks und der grössten Breite eines Linienschiffs giebt die doppelte Länge des grossen M.es. In den Topen der M.en sind beiderseitig Balken befestigt, auf denen ein hölzerner Rost (Saling) ruht, von welchem aus die Stengen Unterstützung erhalten. Die mit Bretern bedeckte Saling heisst Mars (Mastkorb).

Mast, Mästung, s. *Viehzucht*.

Mastdarm (Intestinum rectum), unterster Theil des Dickdarms, mündet in den After, steigt von links und oben nach der Mitte und hinten herab, entsprechend der Kreuzbeinkrümmung; gewöhnlich durch den *Schliessmuskel* verschlossen. Die Schleimhaut des M.s ist sehr reich an Venen (Hämorrhoidalvenen, s. *Hämorrhoiden*).

Mastdarmblutfluss, s. *Hämorrhoiden*.

Mastdarmfistel, eiternder Gang aus dem Mastdarm nach der äusseren Haut, erfordert stets Operation zur Heilung.

Mastdarmvorfall (Prolapsus ani), Hervordrängung der Schleimhaut, auch eines ganzen Stückes des Mastdarms selbst, bes. infolge sehr harten Stuhls. Kann zu Brandigwerden des Stückes führen, wird durch Zurückbringung u. kühle Umschläge behandelt.

Master (engl., spr. Mäster), Meister, abbr. Mr.; Anrede aller Gentlemen, welche keinen anderen Rangtitel haben.

Mastikation (lat.), das Kauen.

Mastix, Harz von Pistacia Lentiscus *Dec.*, einem baumartigen Strauch, welcher auf Chios kultivirt wird, farblos oder gelblich, erweicht bei 99° C., wird beim Kauen knetbar, schmeckt dann schwach aromatisch,

theilweise in Alkohol löslich; dient zu Räucher-, Zahnpulver, Kitt etc., im Orient als Kaumittel.

Mastkorb, s. *Mast*.

Mastödon *Cuv.*, Gattung der Vielhufer, Rüsselthiere der Vorzeit mit Stosszähnen im Ober- und Unterkiefer. M. giganteum *Cuv.*, 14—15' h., im nordamerikan. Diluvium.

Mastricht (*Maastricht*), stark befestigte Hauptstadt der holl. Prov. Limburg, an der Maas, 28,679 Ew. Glas- und Lederfabr. Auf dem Pietersberg (Kreidetuff) Citadelle; in demselben grosser Steinbruch, Labyrinth von etwa 20,000 Gängen. Ausgedehnte Ueberschwemmungsvorrichtungen.

Masturbation (lat.), s. v. a. Onanie.

Masulipatám, befest. Seestadt in der brit.-ostind. Präsid. Madras, an einem Mündungsarm des Krischna, 28,000 Ew.

Masuren, poln. Volksstamm, die Bewohner der Landschaft Masovien, auch in der Provinz Preussen zahlreich (ca. 470,000). Vgl. *Toppen*, „Geschichte M.s", 1870.

Masurka (*Mazurek*), poln. Nationaltanz im ³⁄₄-Takt, feurig lebhaften Charakters, aus mehreren Theilen zu 8 Takten bestehend, liebt scharfe, rhythmische Einschnitte, Synkopen etc. in der Melodie.

Matadör (span., vom lat. *mactator*, Schlächter), bei den Stiergefechten der Hauptkämpfer, der dem Stier den Todesstoss gibt; in Kartenspielen Name der höchsten Trümpfe; etwas in seiner Art Vorzügliches.

Matamóros, Hafenstadt im mexik. Staate Tamaulipas, am Rio del Norte, 41,000 Ew. Aus- und Einfuhr 3—4 Mill. Dollars.

Matanzas, Hafenstadt auf der Nordküste Cubas, 36,000 Ew. [Griechenlands.

Matapan, Kap (*Tänarum*), südl. Spitze

Matarah (*Mutrah*), Hafenstadt in der arab. Landschaft Oman, dicht bei Maskat, 20,000 Ew.; Sitz der Weber, Waffenschmiede etc.

Mataró, Hafenstadt in der span. Prov. Barcelona, 25,000 Ew. Weinbau, wichtige Industrie (Baumwolle, Seide, Segeltuch).

Matassin (fr., spr. -säng), Gankler, Seiltänzer; *Matassinaden*, Gauklerpossen.

Maté, Paraguaythee, s. *Ilex*. [knecht.

Matelot (fr., spr. Mat'loh), Matrose, Boots-

Mater (lat.), Mutter; Schraubenmutter; auch s. v. a. Matrize. M. *dolorósa*, Schmerzensmutter, Darstellung der über den Tod des Sohnes trauernden Mutter Jesu.

Matéra, Stadt in der südital. Prov. Basilicata, 14,225 Ew. Erzbischof. Gewehrfabr. Dabei der höhlenreiche Monte Scaglioso.

Material (lat.), Stoff, woraus etwas gefertigt, geformt oder gebildet ist oder dessen man zu Ausführung eines Werks bedarf; Mehrzahl *Materialien* (Bau-, Kriegs-, Schreibmaterialien etc.); auch s. v. a. materiell. *Materialwaaren*, Rohstoffe als Gegenstände des Handels, bes. Kolonialwaaren und Farbstoffe, in Süddeutschland auch Droguen.

Materialismus (lat.), die Ansicht, wonach die Materie oder das sinnlich wahrnehmbare Dasein als die Grundursache alles Lebens gilt und auch die psychische Erscheinungen auf materielle Ursachen zurückgeführt werden. Der reine M. leugnet alles Geistige und sieht das psychische

Leben als Ergebniss der Funktionen des organischen Lebens an, vertreten im Alterthum durch Leucippus, in der Neuzeit durch Hobbes, Helvetius, Lamettrie, Moleschott, Büchner u. A. M. heisst auch die rohe, grobstoffliche Ansicht der Dinge und ihr gemässe Lebensweise. *Materialist*, Anhänger des M.; auch Materialwaarenhändler. **Materialität** (lat.), Körperlichkeit, Stofflichkeit; das Bestehen aus blosser Materie. **Materialiter** (lat.), dem Stoff, Inhalt nach; wesentlich.   [*macie*.

Materia medica, Heilmittellehre, s. *Pharmacie*.

Materiation (lat.), Stoffbildung.

Materie (lat.), Stoff, im Gegensatz zur Form; Ur- oder Grundstoff, in der Philosophie das dem Wechsel der Erscheinungswelt als Unveränderliches zu Grunde Liegende; Gegenstand der Behandlung, der Rede; auch s. v. a. Elter.

Materiell (lat.), stofflich; auf die Körperwelt bezüglich, darin nur Erscheinung kommend; auf den Stoff, im Gegensatz zur Form, bezüglich, sachlich, wesentlich; an der Körperwelt hängend, grobsinnlich.

Materiiren (lat.), das Meisterstück machen.

Matern (lat.), mütterlich. *Maternität*, Mütterlichkeit; *Maternitätsprincip*, der Grundsatz, dass die Erhaltung eines unehelichen Kindes der Mutter obliege. *Materne*, s. v. a. Matrize.   [tischer.

Mathēma (gr.), Lehrsatz, bes. mathema-

Mathematik (gr.), die Wissenschaft von den verschiedenen Formen der Grössen, Grössenlehre, entweder *reine* M. (Arithmetik und Geometrie) oder *angewandte* M. (Feldmessen, Nivelliren, Markscheidekunst; Mechanik, Dynamik, Statik, Hydraulik, Hydrostatik, Aërometrie, Aërostatik; Optik, Dioptrik, Katoptrik, Perspektive; Astronomie, Chronologie, Gnomonik. *Mathematische Gewissheit*, die jeden Zweifel ausschliesst.

Mathēsis (gr.), Mathematik. *Mathesiologie*, Wissenschaftskunde.

Mathilde, Markgräfin von Toskana, geb. 1046, Tochter des Markgrafen Bonifacius, vermählte sich mit Gottfried dem Buckeligen, Prinzen von Lothringen, war, im 30. Jahre verwittwet, Papst Gregors VII. Hauptstütze in dessen Kampfe gegen Kaiser Heinrich IV., indem ihre grosse Territorialmacht und ihre Schätze demselben stets zu Gebote standen, schenkte 1077 (oder 1079) alle ihre Besitzungen der Kirche, setzte auch noch nach Gregors Tode den Kampf gegen den Kaiser fort; † 1115. Der über jene Schenkung (mathild. Erbschaft) ausbrechende Streit ward dahin entschieden, dass der Kaiser dem Papste einen Theil der mathild. Güter, die in Toskana und dem grössten Theil Mittelitaliens bestanden, abtrat.

Mathy, *Karl*, bad. Staatsmann, geb. 17. März 1806 zu Mannheim, nach 1830 in der Kammer und in der Presse eifriges Mitglied der liberalen Opposition, siedelte 1833 nach der Schweiz über, war hier als Publicist und seit 1838 als Lehrer der neuen Bezirksschule zu Grenchen im Kanton Solothurn thätig. 1840 nach Baden zurückgekehrt, war er seit 1842 wieder Kammermitglied,

1848 Mitglied des Vorparlaments und des Parlaments, hier hervorragendes Mitglied der gagernschen Partei, dann Unterstaatssekretär im Reichsministerium der Finanzen, im Volkshause an Erfurt Vertreter der Unionspolitik. Nach Beginn der Reaktion aus dem Staatsdienste ausgeschieden, ward er 1855 Direktor der gothaer Bank, 1860 der deutschen Kreditanstalt in Leipzig; trat 1863 wieder in bad. Staatsdienst, ward Präsident des Handelsministeriums und 1866 Chef des Gesammtministeriums; † 3. Febr. 1868 zu Karlsruhe. Vgl. *Freytag* (1870).

Matico, die Blätter von Artanthe elongata *Miquel* und A. adunca *Miquel*, südamerikan. Sträuchern aus der Familie der Piperaceen, sind als blutstillendes Mittel officinell, die Samen dienen als pfefferartiges Gewürz.

Matinée (fr.), Morgenunterhaltung.

Matra, Berggruppe des ungar. Erzgebirgs, zwischen den Flüssen Zagyva und Tarna, im

Matricaria, s. *Kamille*.   [Dasko 280' h.

Matrikel (lat.), jedes schriftl. Verzeichniss von Personen oder Einkünften; auf Universitäten das Verzeichniss der Studenten, daher *immatrikuliren*, in dasselbe eintragen; das Verzeichniss der einer Pfarrstelle angewiesenen Einkünfte und Bezüge. Die *deutsche Reichsmatrikel* war das Verzeichniss aller Reichsstände mit Angabe ihrer Beiträge an den Reichsbedürfnissen. Die *wormser* M. von 1521 bestimmte die zu stellenden Kontingente und die Kriegssteuer; *Bundesmatrikel* die Stärke der von jedem Bundesgliede zu stellenden Truppen. *Matrikular*, auf die M. gegründet, bes. auf die Bundes- oder Reichsmatrikel in Bezug auf die Beiträge an Geld, Truppen.

Matrimonium (lat.), Ehe. *Matrimonial*, auf die Ehe bezügl.; *Matrimonialien*, Ehesachen.

Matrize, Form zum Abguss oder Prägen für graphische Zwecke, auf welcher das Bild vertieft ist, im Gegensatz zur *Patrize*, auf welcher es erhaben ist.

Matrosen, Seeleute zur Bedienung des Schiffes, je nach ihrer Dienstzeit: befahrene, halbbefahrene und Ausläufer oder unbefahrene. *Matrosenpressen*, das gewaltsame Aufgreifen v. Menschen zum Matrosendienst.

Matrosenleinen (*Bonlen*), gestreifte Leinwand zu Vorhängen, Möbelüberzügen etc.

Matrosentuch (*Singonne, Angoline*), langhaariges, dicht gewalktes wollenes Zeug.

Matruëlis (lat.), Mutterbruderssohn; Verwandter mütterlicherseits.

Matterhorn (*Mont Cervin*), obeliskartiger Alpenkegel auf der Grenze von Wallis und Piemont, 13,901' h.; zum ersten Male 14. Juli 1865 von Mitgliedern des londoner Alpenklubs (Whymper, Lord Douglas, Hudson etc.) erstiegen, von denen drei nebst einem Führer auf dem Rückwege in den Abgrund stürzten; wenige Tage später auch von ital. Seite her erklommen. Aus dem *Matterthale*, dem obern Theile des Visp-thales, führt ein Pass über das 10,380' h. *Matterjoch* (höchster Pass in Europa) nach dem Tournanchethale in Piemont.

Matthäus, Apostel und Evangelist, aus Galiläa gebürtig, erst Zolleinnehmer am See

Tiberias, von Jesus selbst zum Apostelamt berufen; † nach der Legende als Märtyrer; angebl. Verfasser des ersten Evangeliums im N. T. Kanonisirt, Tag 21. Sept.

Matthias, Jünger Jesu, durch das Loos an Judas Ischarioths Stelle berufen; † nach der Legende als Märtyrer in Jerusalem; kanonisirt, Tag 24. Febr.

Matthias, deutscher Kaiser, geb. 24. Febr. 1557, 4. Sohn des Kaisers Maximilian II., ward 1595 Statthalter in Oesterreich, dann von seinen Brüdern zum Chef des Hauses ernannt, nöthigte 1608 seinen Bruder, den Kaiser Rudolf II., ihm Mähren, Oesterreich und Ungarn, 1611 auch Böhmen, Schlesien und die Lausitz abzutreten, ward nach Rudolfs Tode 24. Juni 1612 zum Kaiser erwählt, schloss 1615 mit den Türken Frieden, ernannte Erzherzog Ferdinand zum König von Böhmen und 1618 zum König von Ungarn; † 20. März 1619.

Matthias Corvinus, *der Grosse,* König von Ungarn, geb. 1443, 2. Sohn Joh. Hunyads, ward 1458 zum König von Ungarn erwählt, zwang den Kaiser Friedrich III., ihm die Krone des heil. Stephan auszuliefern, schlug den Einfall der Türken zurück, nahm dem König Georg Podiebrad von Böhmen Schlesien, Mähren und die Lausitz, besiegte die Polen und eroberte selbst einen Theil Oesterreichs mit Wien; † 1490 zu Wien. Sein natürlicher Sohn, *Johannes Corvinus,* bemühte sich vergebl. um die Nachfolge.

Matthiöla *R. Br. (Levkoje),* Pflanzengattung der Kruciferen. M. annua *Sweet,* Sommerlevkoje, und Mincana *R. Br., Winterlevkoje,* aus Südeuropa. Zierpflanze.

Matthisson, *Friedr. (von),* Dichter, geb. 23. Jan. 1761 zu Hohendodeleben bei Magdeburg, seit 1794 Reisegefährte der Fürstin von Anhalt-Dessau, 1812—24 Oberintendant des Theaters und Oberbibliothekar in Stuttgart, seit 1824 in Wörlitz bei Dessau; † das. 12. Dec. 1831. Durch seine wohllautenden, naturschildernden und sentimentalen ‚Gedichte‘ (1787, 15. Aufl. 1851) lange der Liebling des Publikums. ‚Schriften‘ (1825—1833, 9 Bde.). Schr. auch ‚Erinnerungen‘ (1810—15, 5 Bde.). Literar. Nachlass (1839).

Matto Grosso (d. i. grosser Wald), Prov. im westl. Innern von Brasilien, 23,714 QM. und (1867) 100,000 Ew. Hauptst. Cuyaba.

Mattra *(Muttra, Mathura),* Stadt in der brit.-ostind. Präsid. Agra, am Dschamna, 49,670 Ew. Als Geburtsstätte des Krischna ber. Wallfahrtsort. (16,000 Ew.)

Matura, Hafenst. auf der Südküste Ceylons.

Maturesciren (lat.), reifen; *maturiren,* reif machen, beschleunigen. *Maturität,* Reife.

Maturitätsprüfung, Abiturientenprüfung, Prüfung nach beendigtem Gymnasialkursus vor dem Abgang auf die Universität.

Matutine (lat.), Frühmesse in der kathol. Kirche; *matutinal,* morgendlich.

Maubeuge (spr. Moböhsch), feste Stadt im franz. Depart. Nord, an der Sambre, 10,877 Ew. Bis 1678 Hauptort von Hennegau.

Mauch, *Karl,* Afrikareisender, geb. 1837 in Ludwigsburg, durchwanderte 1865—66 die transvaalische Republik, überschritt die

Wasserscheide zwischen Zambesi und Limpopo und gelangte bis in die Nähe von Tete am Zambesi, drang 1867 weiter nordwestl. gegen den Zambesi (Entdeckung von 2 gr. Goldfeldern), auf einer 3. Reise 1868—1869 von der transvaal. Republik aus über den Limpopo durch Moellekatses Reich bis zur Missionsstation Inyati vor und unternahm 1870 eine Reise nach der Delagoabai; entwarf treffl. Karten der von ihm durchwanderten Gebiete.

Mauerbrecher, s. v. a. Sturmbock.

Mauerfrass, Auswittern von Salzen, bes. salpetersaurem Kalk, aus Mauern, zeigt sich als weisser Beschlag und entsteht durch Aufsaugen der Salzlösung aus einem zu verwesenden vegetabil. und animal. Stoffen reichen Boden. Beseitigung durch Entfernung des Putzes und Theeren der Steine; Vorbeugung durch Isolirschichten.

Mauerschwamm, s. v. a. Hausschwamm.

Mauersteine *(Backsteine, Ziegel),* werden aus Thon, welcher nach dem Graben und längerem Lagern eingesumpft, dann durchgetreten, mit rollenden Rädern, auf Thonschneidemaschinen oder zwischen Walzen bearbeitet worden ist, mit der Hand oder auf Maschinen geformt. Bei letzteren wird der Thon aus der vierseitigen Oeffnung eines Cylinders in Form eines Bandes hervorgepresst, von einem fortrollenden Blatt aufgenommen und durch eine Abschneidevorrichtung in Ziegel getheilt. Andere Maschinen pressen trocknen Thon in Formen zusammen. Die lufttrocknen M. (Lehmsteine, Luftziegel) werden in Oefen von verschiedener Konstruktion gebrannt. Vollkommenster Ziegelofen der ringförmige mit kontinuirlichem Betrieb. Dachziegel werden meist mit der Hand, Drainröhren auf Maschinen ebenso wie M. gefertigt und erfordern nur eine Platte mit ringförmiger Austrittsöffnung. Vgl. *Heusinger von Waldegg,* ‚Kalk-, Ziegel- und Röhrenbrennerei‘, 2. Aufl. 1867.

Mauke, rosenartige Entzündung der Haut an dem untern Ende der Hufe der Pferde und des Rindviehs, mit Anschwitzung einer klebrigen, faulig riechenden Flüssigkeit, tritt bisweilen brandig und seuchenartig auf. Behandlung mit Bädern, Belladonna, Zinksalbe, trocknenden Pulvern etc.

Maulbeerbaum (Morus *L.),* Pflanzengattung der Urticeen. *Weisser* M. (Morus alba *L.),* baumartiger Strauch aus Vorderasien, in Südeuropa verwildert, mit geniessbaren Früchten, häufig kultivirt. Ebenso der *schwarze* M. (Morus nigra *L.).* Die Blätter des ersteren Futter der Seidenraupe.

Maulbeerfeigenbaum, s. v. a. Ficus Sycomorus *L.,* s. Feigenbaum.

Maulbronn, Oberamtsort im würtemberg. Neckarkreis, 867 Ew. Roman. Klosterkirche des chemal. Cistercienserklosters (1148 gegr.).

Maule, Prov. von Chile, 300 QM. und 109,568 Ew. Hauptst. Caûquenes.

Maulesel und Maulthier, Bastarde vom Pferd u. Esel. *Maulesel* (Equus hinnus), vom Pferdehengst und von der Eselstute, ist dem Esel ähnlicher und wird seltener gezüchtet als das *Maulthier* (E. mulus), vom Eselhengst

n. von der Pferdestute, wegen seines sicheren Trittes bes. in Gebirgsgegenden verwendbar.

Maulmein (spr. Mălmen), Hafenst. in der engl. Prov. Tenasserim in Hinterindien, an der Saluenmündung, 45,000 Ew.; Reisansfuhr.

Maulwurf (Talpa *L.*), Gattung der Insektenfressenden Raubthiere. *Gemeiner* M. (Talpa europaea *L.*), 6" l., in Europa, Nord- und Mittelasien, frisst Insekten u. Würmer.

Maulwurfsgrille (*Werre, Reutwurm, Erdwolf, Erdkrebs*, Gryllotalpa *Latr.*), Insektengattung der Heuschrecken. *Gemeine* M. (G. vulgaris *Latr.*), 1½—1¾" l., in Europa, lebt unter der Erde, dem Pflanzenwuchs schädlich.

Maund (spr. Mabnd, *Man*), ostind. Handelsgewicht à 40 Seer = 37,³² Kilo.

Maupertuis (spr. Mohpertül), *Pierre Louis Moreau de*, franz. Mathematiker, geb. 17. Juli 1708 zu St.-Malo, vollendete 1737 eine Gradmessung in Lappland, ward 1740 Präsident der Akademie zu Berlin; † 27. Juli 1759 zu Basel. ,Oeuvres' (1752, 4 Bde.). Biogr. von *Angliviel de la Beaumelle* (1856).

Mauren, ursprünglich die Bewohner des alten Mauritanien, den Numidiern verwandt; nach Eroberung des Landes durch die Moslems die aus arab. und altmauritan. Blute entsprossenen Mischlinge; dann in Spanien überhaupt s. v. n. Araber.

Maurepas (spr. Mohr'pa), *Jean Frédéric Phélypeaux, Graf von*, franz. Staatsmann, geb. 9. Juli 1701, ward 1725 Marineminister, durch die Pompadour gestürzt, nach Ludwigs XVI. Thronbesteigung Premierminister, stellte das alte Parlament her; † 21. Nov. 1781.

Maurer, *Georg Ludw., Ritter von*, Rechtsgelehrter und Staatsmann, geb. 2. Nov. 1790 zu Erpolsheim bei Dürkheim, seit 1826 Prof. zu München, 1829 Staatsrath, 1831 Reichsrath, 1832—34 Mitglied der Regentschaft in Griechenland, Febr. bis Nov. 1847 Minister des Aeussern und der Justiz. Hauptwerke: ,Gesch. der Markenverfassung in Deutschland' (1856); ,Gesch. der Fronhöfe, Bauerhöfe etc. in Deutschland' (1862—63, 4 Bde.); ,Gesch. der Dorfverfassung etc.' (1865—66); ,Gesch. der Städteverfassung in Deutschland' (1869—71, 4 Bde.).

Mauritanien (*Mauretania*, a. G.), der nordwestl. Theil Afrikas, von den *Mauren* (Maurusii) bewohnt, zuletzt von der Dynastie des Bocchus beherrscht, nach deren Aussterben 42 v. Chr. das Land von Augustus an Juba II. von Numidien verliehen ward; 43 n. Chr. durch Kaiser Claudius zur röm. Prov. gemacht und in 2 Theile getheilt, mit den Hauptstädten Tingis und Cäsarea; 7. Jahrb. von den Arabern erobert.

Mauritia *L. fil.* (*Mauritius-, Weinpalme*), Palmengattung. M. flexuosa *L. fil.* (Miriti), in Südamerika, liefert sagoartiges Mehl (Ipuruma) und, wie M. vinifera *Mart.* (Buriti) in Brasilien, Wein und geniessbare Früchte.

Mauritius (*Isle de France*), brit. Insel im Ocean, zu den Maskarenen gehörig, 20,6 QM. und (1868) 326,955 Ew.; gebirgig, mit tiefen Thälern und fruchtbaren Feldern; Produkte: alle trop. und europ. Kulturpflanzen (bes. Zucker). Einfuhr 2,141, Ausfuhr

2,679 Mill. Pfd. St. Die Bevölkerung Franzosen, Engländer, Juden, Malayen, Chinesen, Neger, ind. und chines. Kulis. Hauptst. Port Louis. — M. 1595 von Portugiesen entdeckt, 1598 von den Holländern besetzt, seit 1721 franz. und Isle de France genannt, 1810 von den Engländern erobert, 1814 formlich an sie abgetreten.

Maurokordatos, *Alexander*, griech. Freiheitskämpfer, geb. 15. Febr. 1791 zu Konstantinopel, war unter König Ottos Regierung mehrmals Minister, auch Gesandter an den Höfen zu München, Berlin, London, zuletzt 1850—54 in Paris; † 18. Aug. 1865.

Maury (spr. Mohri), *Mathew Fontaine*, amerikan. Astronom und Geograph, geb. 14. Jan. 1806 in Spottsylvania in Virginien, 1833—42 Astronom der Südseeexpedition, Direktor des Depot of charts and instruments, später des Naval Observatory in Washington. Berühmt durch seine ,Wind and current charts' (8. Aufl. 1859). Schr. ,The physical geography of the sea' (14. Aufl. 1869; deutsch 1856), ,Nautical monographs' (1859 f.) n. a.

Maus (Mus *L.*), Gattung der Nagethiere. *Hausmaus* (M. musculus *L.*), 3½'' l., überall; die weissen sind Kakerlaken. *Waldmaus* (M. sylvaticus *L.*), 4½'' l., in Europa, Asien, und *Zwergmaus* (M. minutus *Pall.*), 2'' 7''' l., in Europa, Sibirien, schaden den Feldern; letztere baut ein Nest. *Feld-, Beil-* oder *Scheermaus* (Hypudaeus arvalis *Pall.*), 3'' l., in Europa, Sibirien, das schädlichste Nagethier.

Mauser (*Mauserung*), die Ablösung und Abstossung veralteter Gewebsbestandtheile, Zellen und zellenartiger Gebilde zu Verjüngung des Körpers durch Erzeugung neuer Gebilde; Abwerfung der Vogelfedern, Ausfallen der Haare bei Säugethieren, Häutungen, Abschilferungen der Oberhaut etc.

Mausolos, König von Karien, † 353 v. Chr., bekannt durch das ihm von seiner Gemahlin Artemisia errichtete prachtv. Grabmal (*Mausoleum*), dessen werthvolle Trümmer 1857 von Newton ausgegraben wurden.

Maui (*Maui*), eine der Sandwichsinseln, 28½ QM. und 18,700 Ew.; kultivirt. Hafenstadt Lahaina.

Mavors, s. *Mars*.

Maxen, sächs. Dorf, bei Pirna, 694 Ew. Merkwürdig durch den sogen. ,Finkenfang', d. h. die Gefangennahme eines preuss. Corps von 11,000 M. unter General Fink durch die Oesterreicher (Daun) 21. Nov. 1759.

Maxentius, röm. Kaiser, Sohn des *Maximianus*, ward 306 n. Chr. von den Prätorianern zum Augustus erhoben, üppiger, grausamer Despot, von Konstantin d. Gr. in der Schlacht am Pons Milvius 27. Okt. 312 geschlagen, ertrank im Tiber.

Maxilla (lat.), Kinnbacke, Kiefer; *maxillar*, darauf bezüglich.   [des Verhaltens.

Maxime (fr.), Grundsatz als Richtschnur

Maximiānus, *Marius Aurelius Valerianus*, gen. *Herculius*, röm. Kaiser, aus der Gegend von Sirmium gebürtig, ward von Diokletian 285 n. Chr. zum Cäsar, 286 zum Augustus erhoben, erhielt bei der Theilung des Reichs 292 Afrika und Italien und nahm seinen Sitz zu Mailand, musste vor seinem Sohne

Maxentius nach Gallien fliehen, suchte Konstantin d. Gr. zu stürzen, ward von diesem zur Abdankung genöthigt, 310 getödtet.

Maximilian, 1) *deutsche Kaiser:* a) *M. I.,* geb. 21. März 1459, Sohn Kaiser Friedrichs III., erwarb durch seine Vermählung mit Karls des Kühnen von Burgund Tochter Maria (1478) seinem Hause die burgund. Besitzungen, ward 1486 röm. König, folgte seinem Vater 1493 als Kaiser, suchte der Rechtslosigkeit durch Errichtung des ewigen Landfriedens und Einsetzung des Kammergerichts (1495) zu steuern. Durch seine Vermählung mit Bianca Sforza, der Tochter des Herzogs Galeazzo Sforza von Mailand (1493), in die italien. Händel verwickelt, nahm er Theil an der Ligue von Cambray gegen Venedig, dann an der sog. heiligen Ligue gegen Frankreich, musste aber im Frieden zu Brüssel (1515) Mailand den Franzosen überlassen; † 12. Jan. 1519 zu Wels. Freund der Wissenschaften und Künste, auch selbst Schriftsteller und Dichter (s. *Theuerdank* und *Weisskunig*). Vgl. *Klüpfel* (1864). — b) *M. II.,* geb. 1. Aug. 1527 zu Wien, Sohn und Nachfolger Kaiser Ferdinands I., 3 Jahre Vicekönig von Spanien, ward 1562 König von Böhmen und röm. König, 1563 König von Ungarn, 1564 Kaiser, den Protestanten freundlich, gestattete ihnen freie Religionsübung; † 12. Okt. 1576.

2) *M., Ferdinand Joseph, Erzherzog von Oesterreich und Kaiser von Mexiko,* geb. 6. Juli 1832 zu Wien, 2. Sohn des Erzherzogs Franz Karl und der Prinzessin Sophie von Bayern, trat 1854 als Contreadmiral an die Spitze der österr. Marine, ward 1857 Generalgouverneur des lombard.-venetian. Königreichs, vermählte sich 27. Juli 1857 mit der Prinzessin Charlotte, Tochter des Königs Leopold I. von Belgien, machte 1860 eine wissenschaftliche Reise nach Brasilien. Unter franz. Einflusse von einer Notabelnversammlung zu Mexiko 10. Juli 1863 zum Kaiser erwählt, nahm er 10. April 1864 die Wahl an, hielt 12. Juni seinen Einzug in Mexiko, suchte hier die innere Verwaltung und das Militärwesen zu organisiren, vermochte aber nicht das mexikan. Volk mit der ihm aufgedrungenen Monarchie zu versöhnen, ward, ohne eigne Hülfsmittel und von den Franzosen verlassen, von den Republikanern in Queretaro eingeschlossen, gefangen und 19. Juni 1867 erschossen. Schr. ‚Aus meinem Leben' (1867, 7 Bde.). Biogr. von *Hellwald* (1868).

3) *Kurfürsten und Könige von Bayern:* a) *M. I.,* Kurfürst von Bayern, geb. 17. April 1573 zu Landshut, Sohn des Herzogs Wilhelm V. von Bayern, übernahm 1597 nach Abdankung seines Vaters die Regierung, stellte sich an die Spitze der kathol. Liga, brachte, mit Kaiser Ferdinand II. gegen Friedrich V. von der Pfalz verbündet, Oberoesterreich zum Gehorsam, besiegte die aufständischen Böhmen am weissen Berge bei Prag, eroberte die Ober- und Unterpfalz und erhielt 1623 die der Pfalz genommene Kurwürde, im westphäl. Frieden die Oberpfalz; † 27. Sept. 1651 zu Ingolstadt. — b) *M.*

(II.), Maria Emanuel, Kurfürst von Bayern, geb. 11. Juli 1662, Enkel des Vor., folgte seinem Vater Ferdinand Maria 1679, half 1683 Wien befreien, focht dann in Ungarn und am Rhein für Oesterreich, vermählte sich 1685 mit Kaiser Leopolds I. Tochter Maria Antonia und ward 1692 Gouverneur der span. Niederlande. Nachdem mit dem Tode seines einzigen Sohnes die Ansprüche seines Hauses auf die span. Krone erloschen waren, liess er sich in das frans. Interesse ziehen, räumte nach Ausbruch des span. Erbfolgekrieges den Franzosen die Niederlande ein, musste nach der Schlacht bei Hochstädt 1704 sein Land verlassen, ward 1706 mit seinem Bruder, dem Kurfürsten Joseph Clemens von Köln, in die Reichsacht erklärt, erhielt im Frieden von Baden 1714 seine Länder zurück; † 26. Febr. 1726. — c) *M. (III.), Joseph,* Kurfürst von Bayern, geb. 28. März 1727, Sohn Kaiser Karls VII., entsagte im Frieden zu Füssen 22. April 1745 allen Ansprüchen auf Oesterreich, suchte durch weise Staatswirthschaft dem Lande aufzuhelfen, gründete 1759 die Akademie der Wissenschaften zu München; aufgeklärt; † 30. Dec. 1777. Mit ihm erlosch die jüngere Hauptlinie des Hauses Wittelsbach. — d) *M. I., Joseph,* Kurfürst von Bayern seit 1799 und König seit 1806, geb. 27. Mai 1756 zu Schwetzingen, Sohn des Prinzen Friedrich von Zweibrücken-Birkenfeld, folgte 1. April 1795 seinem Bruder, dem Herzog Karl II. von Zweibrücken, ward nach dem Tode des Kurfürsten Karl Theodor 16. Febr. 1799 Kurfürst von Bayern, trat 1805 dem Rheinbunde bei, nahm 1. Jan. 1806 den Königstitel an. Gestattete den Protestanten freie Religionsübung, beförderte die öffentlichen Unterricht, Wissenschaften u. Künste, stiftete 1808 die Akademie der bildenden Künste zu München; trat im Vertrag von Ried 8. Okt. 1813 auf die Seite der Verbündeten, gab 26. Mai 1818 seinem Lande eine Verfassung; † 13. Okt. 1825 zu Nymphenburg. Vgl. *Söltl* (1837). — e) *M. II., Joseph,* König von Bayern, geb. 28. Nov. 1811, Sohn König Ludwigs I. und der Prinzessin Therese von Sachsen-Hildburghausen, vermählte sich 1842 mit der Prinzessin Marie Hedwig, Tochter des Prinzen Wilhelm von Preussen, folgte nach Abdankung seines Vaters demselben 21. März 1848 auf dem Thron. Freund der Wissenschaften, berief er ausgezeichnete Gelehrte, auch Dichter (Geibel, Bodenstedt) trotz der Opposition der ultramontanen Partei an seinen Hof, rief wissenschaftliche Untersuchungen (‚histor. Kommission') ins Leben, verschönerte München (Maximiliansstrasse); † 10. März 1864 zu München. Vgl. *Bayern,* Gesch. Biogr. von *Söltl* (1867).

4) *M. Joseph, Herzog in Bayern,* geb. 4. Dec. 1808 zu Bamberg, Sohn des Herzogs Pius in Bayern († 3. Aug. 1837), vermählt seit 1828 mit Ludovika, Tochter des Königs M. Joseph, besuchte 1838 Aegypten etc.; schr. ‚Wanderung nach dem Orient' (2. Aufl. 1840) u. A.

5) *Kurfürsten von Köln:* a) *M. Heinrich,* geb. 6. Okt. 1621, Sohn des Herzogs Albrecht VI. von Bayern, ward 1650 Erzbischof

von Köln und Bischof von Lüttich und Hildesheim, schloss 1669 mit Ludwig XIV. von Frankreich ein Schutzbündniss, brach mit den Franzosen in die Niederlande ein, schloss 22. April 1674 mit den Generalstaaten Frieden, erhielt Rheinberg; † 3. Juni 1688; eifriger Alchemist. — b) M., *Franz Xaver Joseph*, Erzherzog von Oesterreich, geb. 8. Dec. 1756, jüngster Sohn Franz I., ward 1769 Deutschmeister, 1780 Erzbischof von Köln, 1784 auch Bischof zu Münster, suchte Finanzwesen und Rechtspflege zu ordnen. Freund und Kenner der Wissenschaften; † 27. Juli 1801 zu Hetzendorf bei Wien; letzter Kurfürst von Köln. Vgl. *Seida* (1803). (6) M., *Alex. Philipp, Prinz von Wied*, s. *Wied*.

Maximilianische Thürme, einzelnstehende, mit Graben und Glacis umgebene Befestigungen, bestehend aus einem Erdgeschoss, 2 Etagen und einer Plattform mit Brustwehr und 10 schweren Geschützen, vom Erzh. Maximilian von Este († 1863) erfunden u. bei der Befestigung von Linz angewendet.

Maximinus, Name zweier röm. Kaiser: 1) *Cajus Jul. Verus M.*, der Thracier genannt, ward vom Kaiser Alexander Severus zum Oberbefehlshaber des Heeres ernannt, nach dessen Ermordung 235 zum Kaiser ausgerufen, rief durch Härte in Rom und in den Provinzen Aufstände hervor, drang 238 in Italien ein, ward von seinen meuterischen Soldaten erschlagen. — 2) *Cajus Galerius Valerius M.*, der Dacier, ward unter Galerius 305 Cäsar und mit Verwaltung des Orients betraut, nahm 307 den Augustustitel an, tödtete sich, von Konstantin d. Gr. bei Adrianopel 313 geschlagen, selbst.

Maximum (lat.), das Grösste, der höchste Werth im Gegensatz zu *Minimum*, dem Kleinsten; in der Mathematik derjenige Werth einer veränderlichen Grösse, welcher grösser ist als die unmittelbar vorangehenden oder nachfolgenden Werthe. *Maximiren*, aufs Höchste treiben, ein M. feststellen.

Mayen, Kreisst. im preuss. Regbz. Koblenz, an der Nette, im *Mayenfelde*, 6443 Ew.

Mayenne (spr.-jänn), Depart. im nordwestl. Frankreich, benannt nach dem *Fluss M.* (s. *Maine*), 95,2 QM. und 367,855 Ew.; Hauptstadt Laval. Die *Stadt* M., 10,894 Ew.

Mayer, *Julius Robert*, ber. Naturforscher, geb. 25. Nov. 1814 in Heilbronn, Arzt das.; Entdecker des mechan. Wärmeäquivalents (1842). Schr. „Mechanik der Wärme" (1867).

Maynooth (spr. Mehnút), Stadt in der irischen Grafsch. Kildare, am Royalkanal, 2091 Ew. Ber. Priesterseminar (seit 1854 zur röm.-kath. Universität umgewandelt).

Mayo (spr. Meh-o), Grafsch. in der irischen Prov. Connaught, am atlant. Ocean, 100,1 QM., 254,449 Ew. (97 % kath.). Hauptst. Castlebar.

Mayonnaise (fr., spr. -jonnáhs), Gericht von kaltem Geflügel oder Fisch mit *M.-Sauce*.

Mayor (engl., spr. Mëorr), oberste Magistratsperson einer engl. Stadt, Bürgermeister (in London, Dublin u. York *Lord-M.*).

Mayotte, Insel, s. *Comoren*.

Mayr, *Simon*, Komponist, geb. 1763 zu Mendorf bei Ingolstadt, seit 1802 Kapellmeister in Bergamo; † 2. Dec. 1845. Zahlr. Opern.

Mazamet (spr. -sämä), Stadt im franz. Depart. Tarn, an der Molle, 12,864 Ew.

Mazarin (spr. -saráng), *Jules*, franz. Staatsmann, geb. 14. Juli 1602 zu Rom, stand daselbst erst im Militär-, dann im Staatsdienst, trat 1639 in franz. Dienste, ward 1641 Kardinal, von Richelieu zu seinem Nachfolger empfohlen, wusste sich der Königin-Mutter unentbehrlich zu machen, musste, während der Unruhen der Fronde 1649 vom Parlament geächtet, Febr. 1651 aus Paris fliehen, kehrte nach dem Friedensschluss der Parteien 3. Febr. 1653 nach Paris zurück, nahm das Staatsruder wieder in die Hand, hob Frankreichs Macht nach aussen, während er im Innern Richelieus despot. Regierungssystem befestigte; † 9. März 1661 zu Vincennes. Vgl. *Bazin* (1842), *Cousin* (1865). [Cinalca, 15,000 Ew.

Mazatlán, Hafenstadt im mexikan. Staat **Mazeppa**, *Joh.*, Hetman der Kosaken, geb. um 1645, ward Page des Königs Johann Kasimir von Polen, dann mit diplomat. Missionen betraut, von einem poln. Edelmann wegen Umgangs mit dessen Frau nackt auf sein eignes Pferd gebunden, das ihn, freigegeben, auf sein entlegenes Gut brachte, begab sich 1663 in die Ukraine, wo er 1687 Kosakenhetman und von Peter d. Gr. zum Fürsten der Ukraine erhoben ward, näherte sich dann Karl XII. von Schweden, um sich mit dessen Hülfe der Oberherrschaft des Zaaren zu entziehen, war bei Karls XII. Zug in die Ukraine betheiligt, floh nach Bender, wo er 1700 †. Poetisch von *Byron* verherrlicht. [Flachlandes, ca. 1½ Mill.

Mazuren, die poln. Bewohner des gali[z].

Mazzàra, Hafenstadt an der Westküste Siciliens, am Salemi, 10,239 Ew.

Mazzarino, Stadt auf Sicilien, Prov. Caltanisetta, 10,300 Ew. Schwefelquellen.

Mazzini, *Giuseppe*, ital. Demagog, geb. 28. Juni 1805 zu Genua, ward als Mitglied der Carbonaria 1831 verbannt, gründete Anfang 1832 in Marseille den Geheimbund „das Junge Italien" zur Herstellung eines demokrat. Nationalstaats in Italien und ward in contumaciam zum Tod verurtheilt. Nach dem verunglückten Savoyerzug 1834 schlug er seinen Sitz in London auf, entwickelte hier eine grosse publicist. Thätigkeit und hatte bei allen revolutionären Bewegungen in Italien die Hand im Spiele. Nach der Februarrevolution 1848 in Paris, dann in Mailand, Florenz und Rom für seine Zwecke thätig, ward er 30. März 1849 in das röm. Triumvirat gewählt. Nach dem Falle Roms nach London zurückgekehrt, gründete er hier ein ital. National- und ein europ. Revolutionskomité zur Anrichtung der republikan. Staatsform allerorten. Unausgesetzt in Italien konspirirend und immer wieder auf dem Schauplatz erfolgloser Putsche erscheinend, wusste er doch stets seine Verfolger zu täuschen. Die Ereignisse von 1859 und 1860 befriedigten ihn nicht, und obgleich Sept. 1866 vom König begnadigt, leitet er nach wie vor die Umsturzpläne der republikan. Partei. Sein Aufenthalt wechselt meist zwischen London und Lugano.

Behr. „Scritti editi e inediti" (1861—71, 8 Bde.; Auswahl, deutsch von *Assing* 1867, 2 Bde.). Vgl. *Simoni* (1870). [cardine.

Mearns (spr. Mihrns), Grafschaft, s. *Kin-Meath* (spr. Miht), Grafschaft, s. *East-Meath* und *West-Meath*.

Meaux (spr. Moh), Stadt im frans. Depart. Seine-Marne, an der Marne, 11,343 Ew.; Produktenhandel (Fromages de Brie).

Mechanik (gr.), die Lehre von den Bewegungsgesetzen physischer Körper, Theil der Physik, zerfällt in Geomechanik, Hydromechanik oder Hydraulik und Aëromechanik, je nachdem es sich um feste, flüssige oder gasförmige Körper handelt; jeder dieser Theile zerfällt wieder in Statik oder die Lehre vom Gleichgewicht und in Dynamik oder die Lehre von den Bewegungen, und man unterscheidet daher Geostatik, Hydrostatik, Aërostatik und Geodynamik, Hydrodynamik und Aërodynamik oder Pneumatik. Die Theorie der M. entwickelte zuerst Archimedes, die neuere M. ward ausgebildet durch *Newton, Leibnis, Bernoulli, Hermann, Euler, d'Alembert* und *Lagrange*. Lehrbücher von *Lagrange* (1788, neue Aug. 1855), *Duhamel* (1861), *Wernicke* (1850), *Schellbach* (1860), *Rühlmann* (1860), *Wenck* (1866).

Mechanisch, maschinenmässig.

Mechanische Kräfte, Schwerkraft, Expansivkraft, Elasticität; Werkzeuge, vermittelst deren Kraft erspart wird, Hebel, Schraube etc.

Mechanismus, die innere Einrichtung einer Maschine, mittelst welcher sie ihre Wirkung hervorbringt; im weiteren Sinn überhaupt die Art und Weise, in welcher eine materielle Ursache zur Wirkung gelangt.

Mechanurgie (gr.), Kunst des Maschinenbaus; der die unblutigen Operationen umfassende Theil der Chirurgie.

Mecheln (fr. *Malines*), Stadt in der belg. Prov. Antwerpen, an der Dyle, Mittelpunkt des belg. Eisenbahnnetzes, 35,520 Ew. Kathedrale (12.—15. Jahrh.), Johannis- und Liebfrauenkirche (Gemälde von Rubens); Rathhaus (15. Jahrh.), Kaufhalle (1340 erb.), Hauptwache). Baumwoll- u. Maschinenfabr.

Mechitaristen, Kongregation armen. Christen auf der Insel San-Lazaro zu Venedig, von dem Armenier Peter Mechitar (d. i. Tröster, geb. 1676, † 1749) 1701 zur Hebung der armen. Nationalliteratur und Verbreitung der Kenntniss der altarmen. Sprache in Konstantinopel gegründet, dann nach Venedig übergesiedelt, nahm eine der des Benediktinerordens nachgebildete Regel an, ward 1712 von Clemens XI. bestätigt. Seit 1811 besteht ein Mechitaristenkollegium zu Wien, ein Zweigverein in München, beide mit Erziehungsanstalten. Vgl. *Bové* (1837).

Mechoacan (spr. Metsch-), Staat im westl. Mexiko, 1016 QM. und 618,079 Ew.; Tafelland, 6000' h. mit Schneegipfeln (im S. der Jorullo), vom Boisas und Lerma bewässert, fruchtbar; Klima sehr gesund. Hauptst. Morelia.

Mecklenburg, Name zweier Grossherzogth. und Bundesstaaten des deutschen Reiche:
1) *M.-Schwerin*, an der Ostsee, 244 QM. (99,8 QM. Domänen, 100 QM. ritterschaftl. Güter) und 560,618 Ew. (1195 Kathol., 3065 Juden); eben, reich an Seen (Müritz-, Schweriner See etc.) und Gewässern (Warnow, Elde). Fruchtbar, bes. die Osthälfte (70% Acker, 9% Wiesland, 11% Wald). *Hauptbeschäftigung:* Landwirthschaft, Viehzucht (bes. (Pferde), Fischerei. Industrie ohne Belang (Schiffbau); wichtig der Handel (Handelsflotte 1869: 449 Seeschiffe von 57,543 Lasten). Seit 11. Aug. 1868 zum Zollverein gehörig. — Die *Bevölkerung* der Städte niedersächs. Stamms, auf dem Lande germanisirte Slaven; im Theil des Adels wend. Ursprungs; Mundart plattdeutsch (Fritz Reuter). Infolge der eigenthüml. Vorhältnisse des ländl. Grundbesitzes (Mangel eines freien, selbständ. Bauernstandes infolge der ‚Bauernlegungen', d. h. Einziehung von Bauernstellen in den gutsherrl. Besitz) und der früheren Leibeigenschaft starke Answanderung des Landvolks (1849—64: 93,000 Menschen). Landesuniversität Rostock, 5 Gymnasien (Schwerin, Güstrow, Parchim, Rostock, Wismar), Seminar (Neukloster), Schifffahrtschule (Wustrow). — *Verfassung* feudal mittelalterlich, beruhend auf dem Erbvergleich von 1755; die Landstände beider Grossherzogthümer seit 1523 in unzertrennlicher Verbindung, bestehend aus Ritterschaft und Landschaft. Oberappellationsgericht zu Parchim. Jetziger Grossherzog Friedr. Franz (seit 1842). Allgemeines Staatsbudget fehlt. Einnahme 1869: 354,950 Thlr., Ausgaben ebenso. Staatsschuld 7,009,132 Thlr. — Das *Militär* der beiden M., zur 17. Division und zum 9. Armeecorps gehörig, besteht aus 2 Infanterieregimentern und 1 Jägerbataillon, 2 Dragonerreg. (17. und 18.), Artillerieabtheilung (4 Batterien). — *Orden* der wend. Krone (seit 1864). Wappen: gespaltener und 3mal getheilter Schild, mit schwarzem Büffelkopf und goldnem Greif. Landesfarben: roth, gold, blau. Flagge: blau, weiss, roth, oben mit dem Büffelkopf. Eintheilung: Herzogth. Schwerin (mecklenb. Kreis), Herzogth. Güstrow (wend. Kreis), Distr. Rostock, Fürstenth. Schwerin, Herrschaft Wismar. Hauptstadt Schwerin.

2) *M.-Strelitz*, aus 2 getrennten Theilen (Herrschaft Stargard und Fürstenth. Ratzeburg) bestehend, 49,8 QM. (30 QM. Domänen und 11,8 QM. ritterschaftl. Privatbesitz) mit 98,770 Ew. (160 Kathol. und 466 Juden). Bodenverhältnisse, Produkte, Beschäftigung der Ew., Verfassung, Wappen etc. wie in M.-Schwerin. 3 Gymnasien (Neu-Strelitz, Neu-Brandenburg, Friedland) und 3 höhere Realschulen. Jetziger Grossherr. Friedr. Wilhelm (seit 1860). Ueber die Finanzen fehlen Angaben. Staatsschuld 1860: 1,655 Mill. Thlr. Hauptstadt Neu-Strelitz.

Geschichte. Die Bewohner M.s ursprüngl. german. Stämme. Zur Zeit der Völkerwanderung eindrangen des slavischen (wendischen) Stammes der Obotriten. Um 1160 Unterjochung derselben durch Heinrich den Löwen. Der Obotritenfürst Pribislaw, Stammvater des jetzigen Fürstenhauses, als Beherrscher M.s Vasall des deutschen Reichs. Seitdem unter Mitwirkung deutseber Kolonisten allmählige Germanisirung des Landes. 1229 Landestheilung und Entstehung von 4 Linien, von denen die älteste noch fortbesteht. 1348 Erhebung der mecklenburg. Fürsten zu Herzögen. Durch den Vertrag von Wittstock 12. April 1442 erhält das Brandenburg. Kurhaus die Eventualsuccession im Fall des Aussterbens der mecklenburg. Dynastie im Mannsstamme. 1471 Vereinigung der mecklenburg. Lande unter Einem Fürsten. 1523 Union der Prälaten, Herren und Städte, Grundlage der ständischen Verfassung in M. Infolge der Theilung vom 9. Juli 1611 und 3. März 1621 Entstehung der Linien *Güstrow* und *Schwerin*. 1627 Aechtung und Vertreibung der Herzöge Joh. Albrecht von M.-Güstrow und Adolf Friedrich I. von M.-Schwerin wegen ihres Bündnisses mit Christian IV. von Dänemark gegen den Kaiser. 1628 Belehnung Wallensteins mit den mecklenburg. Landen. 1635 Restitution der Herzöge durch den prager Frieden. Nach Aussterben der Linie Güstrow 1695 und nach längerem Streite Theilungsvertrag vom 8. März 1701, wodurch Adolf Friedrich II. der Stifter der Linie *M.-Strelitz* wird. Einführung der Primogenitur und Linealsuccession. In M.-Schwerin regierten: Friedrich Wilhelm (1692—1713), Karl Leopold (1713—46), Christian Ludwig (1746 — 56), Friedrich (1756—85), Friedrich Franz I. (1785—1837), Paul Friedrich (1837 bis 1842) und Friedrich Franz II. [s. *Friedrich* 11) a)]; in M.-Strelitz: Adolf Friedrich II. (1701 — 8), Adolf Friedrich III. (1708 - 52), Adolf Friedrich IV. (1752 — 94), Karl Ludw. Friedrich (1794—1816), Georg (1816—60) und Friedrich Wilhelm [s. *Friedrich* 11) b)]. Infolge der Eingriffe Karl Leopolds von M.-Schwerin in die ständischen Rechte langwierige Irrungen, Reichsexekutionen etc. 18. April 1755 landesgrundgesetzlicher Erbvergleich zu Rostock, dem 30. Sept. 1755 M.-Strelitz beitritt (Grundlage der noch bestehenden Landesverfassung). 1806 Beitritt der Herzöge von M. zum Rheinbunde. März 1813 Anschluss derselben an die Allianz gegen Napoleon. 1815 Erhebung der Herzöge zu Grossherzögen und Anschluss an den deutschen Bund. Dann Konservirung der alten Zustände in Gesetzgebung und Verwaltung durch Regierung und Landstände. 18. Jan. 1820 Aufhebung der Leibeigenschaft; trotzdem sehr gedrückte Zustände der Bauern und Taglöhner auf den Domänen und adeligen Gütern; daher zahlreiche Auswanderung. Absperrung des Landes gegen den deutschen Zollverein. Infolge der Bewegungen 1848 31. Okt. Berufung einer konstituirenden Versammlung nach Schwerin. 10. Okt. 1849 Publikation eines neuen Staatsgrundgesetzes für M.-Schwerin und Aufhebung der alten landständ. Verfassung. Infolge des Protestes des Grossherzogs von M.-Strelitz und der übrigen Agnaten, sowie Preussens gegen dieselbe und der Rechtsverwahrung der Ritterschaft 11. Sept. 1850 Annullirung derselben durch ein auf Grund eines Bundesbeschlusses vom 11. Jan. 1850 niedergesetz-

tes Schiedsgericht und 14. Sept. 1850 Aufhebung derselben durch den Grossherzog. Unterdrückung der Opposition durch reaktionäre Ausnahmsmassregeln. 15. Febr. 1851 Wiederzusammentritt des altständischen Landtags. Resultatlosigkeit der von den Grossherzögen beantragten Wiederaufnahme der Verfassungsreform, sowie der darauf gerichteten Bemühungen einzelner bürgerlichen Gutsbesitzer. Wiedereinführung der 1848 abgeschafften Prügelstrafe. Polizeiliche Verfolgung der Mitglieder des Nationalvereins. Bei Auflösung des deutschen Bundes Juni 1866 treten die Grossherzöge von M. auf Preussens Seite; dann Anschluss ders. an den norddeutschen Bund. Okt. 1871 Ventilirung der mecklenburg. Verfassungsfrage im deutschen Reichstag. Die Gesch. M.s schrieben *Lützow* (1827—35, 3 Bde.) und *Boll* (1855—56, 2 Bde.).

Meconium, s. v. a. Opium; Kindspech.

Medaillen (fr.), Schau-, Denk-, Ehrenmünzen, kommen schon bei den Römern vor, seit 14. Jahrh. wieder in Italien gebräuchlich, wurden gegossen, später auch getrieben, seit 16. Jahrh. geprägt. Vorzügl. Stempelschneider (*Medailleurs*) der Neuzeit D. Fr. Loos († 1819) und G. B. Loos († 1843) und der Engländer W. Wyon († 1851).

Medēa, Tochter des Königs Aeëtes von Kolchis, verhalf dem Jason zum goldnen Vliess und entfloh mit ihm, ward später von ihm verstossen, indem er ihr die Kreusa vorzog, vernichtete diese durch ein vergiftetes Gewand, tödtete ihre mit Jason erzeugten Kinder und entfloh auf einem Drachenwagen, den ihr Helios geschickt, ward unsterblich gemacht und in den elysischen Gefilden Gemahlin des Achilles. Der Stoff von den alten Tragikern, von Corneille und Grillparzer dramat. bearbeitet.

Medellin, Hauptst. des Staats Antioquia (Neugranada), 13,700 Ew. Lebh. Handel.

Medelserthal, Alpenthal in Graubünden, 5½ St. lang, bis zum Lukmanier, mündet bei Disseutis ins Vorderrheinthal. [Tempo.

Medesimo tempo (ital., Mus.), im gleichen

Mediä (lat.), die weichen Mitlaute b, d, g.

Medial (lat.), in der Mitte befindlich.

Mediān (lat.), die Mitte haltend, Papierformat zwischen dem gewöhnlichen und Regal (M.-Folio, -Quart, -Oktav etc.).

Mediante (ital., Mus.), der Mittelton zwischen Grundton und Quinte (Terz).

Mediasch, königl. Freistadt in Siebenbürgen, Land der Sachsen, am Kokel, 6375 Ew.

Mediastinum (lat.), die Brusthöhle in 2 gleiche Theile theilendes Häutchen.

Mediät (lat.), mittelbar, hiessen im deutschen Reiche Herrschaften, die nicht unmittelbar dem Kaiser, sondern einem Reichsstand als Zwischenherrn untergeordnet waren. Daher *Mediatisirte*, diejenigen Fürsten, Grafen und Herren, welche durch den Reichsdeputationshauptschluss 1803, sowie bei der Stiftung des Rheinbundes (1806) und des deutschen Bundes (1815) ihre Reichsunmittelbarkeit verloren und der Souveränetät eines grösseren Staats unterworfen wurden.

Mediateur (fr., spr. -töhr), Vermittler.

Mediation (lat.), Vermittelung; *Mediationsakte*, s. *Schweiz*, Gesch. [vermittelnd.

Mediator (lat.), Mittelsperson; *mediatorisch*,

Medicăgo *L.* (*Luzerne, Sichelklee*), Pflanzengattung der Leguminosen. *M. sativa L.*, Luzerne, blauer, ewiger Klee, *Schneckenklee*, aus Persien oder Medien, wird als Futterpflanze kultivirt, dauert bei uns 5—7 Jahre, dem Klee gleichwerthig. *M. falcata L.*, gelber Schneckenklee, schwed. Luzerne, u. *M. lupulina L.*, Wolfs-, Hopfenklee, Viehfutter.

Mĕdici (spr. -ditschi, *Medicäer*), ber. florentin. Geschlecht, tritt zuerst gegen Ende des 13. Jahrh. auf, ward im Laufe des 14. Jahrh. durch Handelsunternehmungen reich und mächtig. *Salvestro dei M.*, 1378 Gonfaloniere oder oberster Vorstand der Republik. *Cosimo dei M.*, geb. 1389, Führer der Volkspartei, schwang sich zum Haupt der Republik empor, zierte Florenz mit öffentl. Bauten, freigebig gegen Künstler und Gelehrte, Freund und Kenner der Wissenschaften, umsichtiger Staatsmann und Politiker; † 17. Nov. 1464. *Lorenzo I. dei M.*, Magnifico, d. i. der Erlauchte, geb. 1448, Enkel des Vor., 1469 — 78 Haupt der Republik, schützte dieselbe durch Bündnisse mit Venedig und Mailand gegen die feindlichen Absichten des Papstes Sixtus IV. und des Königs Ferdinand von Neapel, gewann letzteren zum Bundesgenossen gegen den Papst und Venedig und stellte durch kluge Politik unter den Hauptmächten Italiens ein Gleichgewicht her; Freund der Wissenschaften und Künste; † 8. April 1492. Werke (1826, 4 Bde.). Infolge der unklugen Haltung seines Sohnes Piero Vertreibung der M. 1494. Restitution derselben Sept. 1512. *Pieros* Sohn, *Lorenzo II.*, geb. 1492, ward von seinem Oheim, dem Papst Leo X., 1516 zum Herzog von Urbino ernannt, Vater der Katharina von M. (s. d.); † 28. April 1519. *Alessandro dei M.*, angeblich ein natürlicher Sohn Lorenzos II., 1527 vertrieben, ward 1531 von Kaiser Karl V. als erblicher Herzog eingesetzt, herrschte als Tyrann, ward von seinem Vetter Lorenzino 7. Jan. 1537 ermordet. Sein Nachfolger *Cosimo* (*Cosmus*) *I.*, geb. 11. Juni 1519, Sprössling einer jüngeren Linie der M., befestigte durch kluge, aber gewissenlose Politik die Monarchie, eroberte 1555 Siena; Freund der Wissenschaften und Künste, Gründer der Akademie zu Florenz; ward 1570 vom Papst Pius V. zum Grossherzog ernannt; † 21. April 1574. Seine Nachfolger: *Francesco* (geb. 1541), † 19. Okt. 1587; *Ferdinand I.*, † 1608; *Cosimo II.*, † 1621; *Ferdinand II.*, † 1670; *Cosimo III.*, † 1723; *Giovanni Gaston*, † 9. Juli 1737, letzter Sprössling der regier. Linie. Vgl. *Toskana*, Gesch.

Medicin (lat.), Heilkunde, Heilkunst, die Wissenschaft vom gesunden und kranken Zustande des Menschen, und die Kunst, Krankheiten vorzubeugen und entstandene zu heilen. Die M. zerfällt in Pathologie und Therapie der inneren Krankheiten, Chirurgie, Geburtshülfe, Lehre von den Frauenkrankheiten, Augen- und Ohrenheilkunde, Psychiatrie. In den ältesten Zeiten übten Priester die Heilkunde. Eine wissenschaftliche M. beginnt unter den Griechen mit Hippocrates (460 v. Chr.) und Aristoteles (384—322 v. Chr.). Unter den Römern ragten Celsus (30 v. Chr. bis 38 n. Chr.) und Galenus (131 bis ca. 200 n. Chr.) am meisten hervor, und namentlich herrschten die letzteren Ansichten durch das ganze Mittelalter. Die Araber förderten besonders die Arzneimittellehre und Chirurgie. In der christl. Welt gewann die M. erst durch ital. und franz. Aerzte, die namentlich die Anatomie ausbildeten, neuen Boden (*Mondini de Luzzi* 1315, *Jacques du Bois [Sylvius], Andreas Vesal* († 1564), *Fallopia*). *Paré* († 1590) wurde Begründer der neueren Chirurgie und Geburtshülfe. *Paracelsus* trat als Gegner *Galens* auf, ebenso *Fernel* († 1558). Neuauftretende, früher unbekannte Seuchen (Syphilis, Flecktyphus, engl. Schweiss, Exantheme) regten zu Forschungen an. Im 17. Jahrb. macht bes. *Harvey* (s. d.) mit seiner Entdeckung der Lehre vom Kreislauf des Blutes Epoche. Das Mikroskop brachte neue Thatsachen (*Malpighi*), und die reine Beobachtung erlangte nachhaltige Bedeutung (*Sydenham*, 1689). Besonders im 18. Jahrb. zeigte sich bedeutende Einwirkung der Naturwissenschaft auf die M. Viele Systeme entstanden (*Hoffmann, Stahl, Boerhave, Haller, Sauvages* etc.), die neue Ideen anregten, aber auch viel Verwirrung brachten, bis durch reelle Forschungen Aufklärung kam (*Morgagni*, † 1772, *Hunter*, † 1793). Im Anfang des 19. Jahrb. bekämpften sich wieder neue Systeme (*Brown, Bichat, Broussais*), die Naturphilosophie suchte sich geltend zu machen, die Homöopathie wurde von *Hahnemann* erfunden, Specialitäten wurden ausgebildet. Die durch *Rokitanski* und *Virchow* begründete neue pathologische Anatomie, sowie die Ausbildung der Auskultation und Perkussion durch *Skoda* und *Oppolzer* schuf endlich der M. den Boden, auf dem die Forschungen der Jetztzeit beruhen. Vgl. *Sprengel* (1821—1828), *Hecker* (1822—29), *Häser* (1859—64), *Wunderlich* (1859), *Hirschel* (2. Aufl. 1862) und *Leupoldt* (1863).

Medicinalgewicht, 1 Pfd. à 12 Unzen à 8 Drachmen à 3 Skrupel à 20 Gran = 350,783 Grm., durch das Decimalgewicht verdrängt.

Medicinalkollegium, ein aus Aerzten zusammengesetztes Kollegium zur Ueberwachung des Sanitätswesens eines Landes.

Medicinalpolizei, hat die Aufgabe, die Bewohner von Ortschaften vor Krankheiten zu schützen, überwacht die Güte der Nahrungsmittel, Wohnungen, Brunnen, Schuleinrichtungen, sorgt für prophylakt. Massregeln (Desinfektion etc.) bei nahenden Epidemien und darf zwangsweise die Behandlung von mit ansteckenden Krankheiten (Syphilis, Krätze) Behafteten etc. anordnen. Vgl. *Pappenheim*, „Handbuch der Sanitätspolizei", 2. Aufl. 1870, 2 Bde.

Mediciniren (lat.), Arznei nehmen oder **Medicus** (lat.), Arzt. [gebrauchen.

Medien (a. G.), der gebirgige NW. des heutigen Iran, von den *Medern* bewohnt, riss sich 700 v. Chr. von Assyrien los, gelangte unter eigenen Königen zu bedeutender Macht, ward endlich 560 v. Chr. nach Besiegung des letzten Königs Astyages durch Cyrus dem pers. Reiche einverleiht. Nach Alexanders d. Gr. Tods ward das Land zu Syrien geschlagen und 152 v. Chr. durch Mithridates I. mit Parthien vereinigt.

Medikament (lat.), Arzneimittel.

Medikaster, Quacksalber, medic. Pfuscher.

Medina (*Medinet el Nebi*, d. i. Stadt des Propheten), Stadt in der arab. Landsch. Hedschas, zweite heilige Stadt der Mohammedaner, Christen und Juden unzugänglich, 20,000 Ew. Ber. Moschee mit dem Grabe Mohammeds. Sitz eines türk. Oberpascha.

Medina de Rioseca, Stadt in der span. Prov. Valladolid, 5500 Ew.; im Mittelalter Hauptstapelplatz des span. Handels.

Medina Sidonia, Stadt in der span. Prov. Cadiz, 10,000 Ew. Fabr. von Alcarrazas.

Medinet el Fayûm, Hauptst. der Landsch. Fayum, in Mittelägypten, 15,000 Ew.

Medio (lat.), in der Mitte; auf Wechseln, s. v. a. in der Mitte des Monats.

Mediokrität (lat.), Mittelmässigkeit.

Mediolânum, lat. Name für Mailand.

Mediomatrica, lat. Name für Metz.

Médisance (fr., spr. -sangs), Schmähsucht; Schmährede; *mediziren*, schmähen, lästern.

Meditation (lat.), das Nachdenken, Nachsinnen; *meditiren*, nachdenken.

Mediterrän (lat.), mittelländisch.

Medium (lat.), Mitte; Mittel; etwas Vermittelndes; im Griech. zwischen Aktiv und Passiv in der Mitte stehende, etwa dem Reflexiv entsprechende Form des Zeitworts.

Médoc, Landschaft im franz. Depart. Gironde; ber. Rothwein (s. *Bordeauxweine*).

Medresse, im Orient höhere Schule.

Medschidieh, Stadt in der Dobrudscha, an der pont. Eisenbahn, 20,000 Ew.; erst 1859 von Tataren des Krim gegründet.

Medulla (lat.), Mark; *medullös*, markhaltig.

Medusa, s. *Gorgo*.

Medusen, s. *Quallen*.

Medusensterne, s. *Seesterne*.

Meer, die zusammenhängende, die Tiefen der Erdoberfläche bedeckende Wassermasse, nimmt ⁷⁷/₁₀₀ (ca. 6,882,000 QM.) der bekannten Erdoberfläche ein, verhält sich zur Landfläche wie 15:7; zerfällt in 5 Haupttheile: nördl. und südl. Eis- oder Polarmeer, atlant. Ocean, grosser oder stiller Ocean, ind. Ocean. Der *Meeresspiegel* im Allgem. überall gleich hoch, daher geographisch als vollkommene Ebene angesehen (nur in einzelnen Binnenmeeren und Meerbusen findet sich eine geringe Verschiedenheit des Niveaus, hervorgebracht durch örtl. Ursachen, z. B. im rothen Meer, in der Ostsee, im schwarzen Meer etc.). Die *Tiefe* des M.es sehr verschieden, noch wenig ergründet, in Binnenmeeren viel geringer als im offenen Ocean (z. B. Ostsee durchschnittl. nur 200', Nordsee 600', Mittelmeer 10,000'); die mit Sicherheit ermittelte grösste Tiefe 25,784'. *Farbe* und *Durchsichtigkeit* hängt von der Tiefe und der zufälligen Beschaffenheit des Bodens ab. — Das *Leuchten* des M.es rührt von der Phosphorescens unsichtbarer gallertartiger Thierchen (Quallen, Mollusken) her, die nebst dem animalischen Stoff nach ihrer Zerstörung das ganze Meerwasser zu einer nährenden Flüssigkeit für grössere Seethiere machen. — Die *Temperatur* des M.es im Allgem. geringer als die der Luft, allein auch weit weniger dem Wechsel unterworfen; sie nimmt sowohl mit der wachsenden geogr. Breite als mit der Tiefe ab (höchste beobachtete Temperatur 27,6° bei Aden); in den Polarmeeren beständige Eismassen, theils feststehende Eisfelder (durchschnittlich bei 71° n. und 67° s. Br. beginnend), theils Treibeis (Eisschollen, Eisberge, die von Strömungen oft bis 40° n. und 36° s. Br. getrieben werden). — Der *Salzgehalt* nicht überall derselbe (z. B. bedeutend in den stark verdampfenden Tropenmeeren, sehr gering in derOstsee), durchschnittl. auf 1 Pfd. Wasser 2 Loth Salz; er erhöht die specifische Schwere des Meerwassers, wodurch es im Stande ist, desto grössere Lasten zu tragen. — *Bewegung* des M.es dreifach: 1) Wellenschlag (unregelmässig und vorübergehend, hauptsächlich durch den Wind verursacht, am stärksten am Kap Horn), 2) Ebbe und Fluth (s. d.), regelmässig und periodisch, 3) die Meeresströmungen (beständig, aber in ungleicher Stärke stattfindend); sie bewegen sich theils mit bestimmten uferähnlichen Grenzen (oft 15 — 65 M. br.), theils mit unbestimmten Grenzen zwischen dem ruhigen Wasser, als oceanische Fahrbahnen wichtig für die Schifffahrt und von grossem Einfluss auf die klimat. Verhältnisse der Küsten. Zu unterscheiden: a) *allgemeine* oder *Hauptströmungen:* die beiden Polarströmungen (die allgem. Bewegungen der kälteren und schwereren Polargewässer nach den Tropengegenden) und die Aequatorial- oder Westströmung (die allgemeine Bewegung der trop. Meere gegen W., infolge der Rotation der Erde); b) *lokale Strömungen*, zu erklären theils aus der durch den Widerstand der Kontinente, Inseln etc. veränderten Richtung der Hauptströmungen, theils aus dem Ausmünden grosser Landgewässer, aus Niveauverschiedenheiten etc. Am merkwürdigsten der *Golfstrom*, der sich als ein Strom warmen Wassers aus dem Golf von Mexiko durch die Floridastrasse mit grosser Geschwindigkeit (30 M. in 24 Stdn.) nordöstl., parallel der Küste Nordamerikas, fortbewegt, bei Neufundland vor der andringenden Polarströmung östl. abbiegt, dann in 3 untergeordneten Strömungen auseinandergeht, deren eine sich nordöstl. gegen Irland, Schottland und Norwegen wendet, während die zweite in den Golf von Biscaya eindringt und von da als gefährlicher Wirbelstrom (Rennelströmung) zurückprallt bis an die Südwestküste Englands, die dritte an der Westküste Nordafrikas entlang nach S. führt (Guineastrom); ferner die südatlant., die Brasil-, Guiana-, Kap-, Mozambik-, Humboldtströmung (an der Westküste Chiles und Perus) u. a. Vgl. *Maury*, „Physical geography of the Sea“, 14. Aufl. 1869, deutsch von *Böttger* 1856.

Meeräsche (*Mugil L.*), Gattung der Brustflosser. *Gemeine M.*, Goldharder (M.

Cephalus *Cuv.*), 1—2' l., im Mittelmeer, wird gegessen, liefert Botarga (s. d.).

Meerane, Fabrikstadt im sächs. Regbz. Zwickau, 16,904 Ew.; Bahnhof. Ein Hauptsitz der sächs. Wollwaarenfabrikation.

Meerbarbe (*Seebarbe*, Mullus *L.*), Gattung der Bruststachelflosser. *Grosse* M. (M. surmuletus *L.*), 1½' l., im Mittelmeer, von den Römern sehr geschätzt.

Meerbrassen (Sparoidei), Familie (früher Gattung) der Bruststachelflosser. *Gemeine Geissbrasse* (Sargus Rondeleti *Cuv.*), im Mittelmeer, schon bei den Alten beliebt; ebenso die *Goldbrasse, Dorade* (Chrysophrys aurata *Cuv.*), bis 1½' l., das.; *gemeine Sackbrasse* (Pagrus vulgaris *Cuv.*), 1—2' l., im Mittelmeer, den Aegyptern heilig.

Meereicheln (Balanidae), Gruppe der Weichthierkrebse. *Gemeine Seetulpe*, Seeglocke (Balanus tintinnabulum *L.*), 2—3" h., im atlant. und chines. Meer, wird gegessen.

Meergötter, in der griech. Mythol. nach den Erscheinungen des Meeres gebildete Gottheiten, dem Poseidon (Neptun) untergeordnet, die wichtigsten: Oceanus und seine Gattin Tethys, Nereus und Doris nebst ihren 50 Töchtern, den Nereiden, Triton u. die Tritonen, Proteus, Glaucus, Scylla, die Syrenen.

Meerholz, Marktfl. im preuss. Regbz. Kassel, Kr. Hanau, nahe der Kinzig, 694 Ew.; Schloss des Grafen von Isenburg-M.

Meerkalb, s. v. a. gemeine Robbe.

Meerkatze (Cercopithecus *Erzl.*), Affengattung der Schmalnasen, in Afrika, leben truppweise, schaden den Pflanzungen, sind leicht zähmbar. *Grüne* M. (C. sabaeus *L.*), 1' 10" lang, in Senegal.

Meerkohl, s. *Crambe.*

Meerlilie, s. v. a. Pancratium maritimum.

Meeronessein, s. *Seeanemonen.*

Meerrettig, s. *Cochlearia.*

Meersburg, s. *Mörsburg.*

Meerschaf, s. *Albatros.*

Meerschaum, Mineral aus der Klasse der wasserhaltigen Zeolithe, derb und knollig, gelblich weiss, wasserhaltige kieselsaure Magnesia, in Mähren, Spanien und der Krim, bes. in Griechenland und Kleinasien als Zersetzungsprodukt des Serpentins. Der zu Pfeifenköpfen (in Wien und Ruhla) verarbeitete M. stammt vom Dorfe Kilitschik bei Eski-Scheher am Sakarija. Die Köpfe sind in Talg, Wachs oder Oel gesotten, die schwarzen alsdann noch geröstet. Aus geZusammensetzung der Hauptmehlsorten:

mahlenen Abfällen werden die sogen. *Massököpfe* hergestellt. *Künstlicher* M. wird aus Magnesia mit Wassergias etc. bereitet.

Meerschwein, s. *Delphin.*

Meerschweinchen (*Ferkelmaus*, Cavia *Ill.*), Gattung der Nagethiere. *Gemeines* M. (C. cobaya *Pall.*), 8—9" l., aus Südamerika, wird wie das Kaninchen als Hausthier gehalten; soll von dem *braunen* M. (C. aperea *Erzl.*), in Paraguay und Brasilien, abstammen.

Meerzwiebel, s. v. a. Scilla.

Meeting (engl., spr. Mihting), in England und Nordamerika amtlich oder von Privatpersonen berufene Versammlung; gottesdienstl. Zusammenkunft der Dissenters.

Megära, s. *Eumeniden.*

Megara (a. G.), Hauptstadt der griech. Landschaft *Megaris*, zwischen Attica und Korinth, Sitz der Philosophenschule des Euclides (*megarische Schule*); besteht jetzt noch als Stadt (5000 Ew.).

Megaspiläon, griech. Kloster in Achaja, unweit des korinth. Meerbusens, durch romant. Lage und Reichthum berühmt.

Megatherium (*Riesenfaulthier*, M. Cuvieri *Desm.*), Säugethier aus der Ordnung der Zahnlücker, von mittlerer Elefantengrösse, nur fossil im Diluvium Südamerikas.

Megerle, s. *Abraham a S. Clara.*

Mehadia, Marktfl. in der österr. Militärgrenze, serb.-banat. Grenzgebiet, an der Belareka, 1770 Ew.; 1 St. davon im Czernathale die altber. *Herculesbäder* (warme Schwefel- und Eisenquellen, 35—44° R.).

Mehemed-Ali, Vicekönig von Aegypten, geb. 1769 zu Kavala in Macedonien, von niederer Herkunft, kam 1800 mit einem Truppenkontingent nach Aegypten, ward Befehlshaber des dortigen Albanesencorps, 1806 Pascha von Aegypten, begründete eine neue Epoche in der Geschichte dieses Landes (s. *Aegypten*); † in Stumpfsinn verfallen 2. Aug. 1849. Vgl. *Mouriez* (1855, 2 Bde.).

Mehl. Getreidemehl enthält um so weniger Stickstoff und phosphorsaure Salze, je feiner es ist, je vollständiger die Kleientheile abgeschieden sind. Vgl. *Kick*, ,Die Mehlfabrikation', 1871.

100 Theile geben	Mehl	Kleie	Abgang
Weizen . . .	85—86	10—11	4—5
Roggen . . .	85	9—10	5—6
Gerste . . .	81—82	18—19	
Hafer . . .	73	27	

	Wei- zen fein	Wei- zen grob	Roggen	Gerste	Hafer	Reis	Mais	Buch- weizen
Proteinkörper	11,16	8,23	11,78—13,29	12,33—14,38	16,03—19,39	7,22— 7,48	11,53	2,64
Zucker . . .	2,88	3,46— 3,93	3,20— 3,04	2,34— 1,19	0,59— 0,5	—	0,91
Gummi . . .	6,23	6,50	4,1 — 6,82	6,74— 6,88	3,5 — 2,8	1,57— 2	—	2,88
Fett . . .	1,07	1,26	1,8 — 2,9	2,17— 2,29	6,88— 5,67	0,9 — 0,87	—	0,94
Stärke . . .	63,84	61,79	64,29—67,87	59,9 —60,88	59,93—58,14	75,92—75,09	67,13	79,59
Wasser . . .	15,54	14,25	14,6 —14,53	15—14	13,35—11,7	14 —14,5	13,56	12,75

Mehlbaum, s. v. a. Elsebeerbaum, s. *Sorbus*; Weissdorn, s. *Crataegus*. [Sorbus.]

Mehlbeerbaum, s. v. a. Arolsbeere, s.

Mehlkäfer (*Müller*, Tenebrio Molitor *L.*), Käfer aus der Familie der Schwarzflügler,

7''' l., häufig bei Bäckern, Müllern etc. Die Larve, *Mehlwurm*, lebt von Mehl, Kleie, Brod etc., wird als Futter für Nachtigallen, Rothkehlchen etc. in Töpfen gezüchtet.

Mehlthau, weisslicher Ueberzug auf Blättern und Früchten vieler Pflanzen, besteht aus verschiedenen Arten der zur Familie der Kornpilze gehörenden Gattung Erysiphe, welche sich besonders bei grosser Feuchtigkeit entwickeln. E. (Oïdium) Tuckeri verursacht die Traubenkrankheit. Bekämpfung durch Bepudern mit Schwefelpulver. Vgl. **Mehlwurm**, s. *Mehlkäfer.* [*Blattläuse.*

Méhul (spr. - hül), *Etienne Henri*, franz. Opernkomponist, geb. 24. Juni 1763, seit 1795 Professor am Konservatorium zu Paris; † 18. Okt. 1817. Hauptwerk: ‚Joseph in Aegypten'.

Meibomsche Drüsen, Talgdrüsen am Augenlid; ihre Entzündung stellt sich als sogen. *Gerstenkorn* (s. d.) dar.

Meidling, Badeort bei Wien, 5882 Ew.; besuchte warme und kalte Schwefelquelle.

Meile, Längen- oder Wegmass für weitere Entfernungen: .

Frankreich Kilometer	England u. Nordamerika *Statute Mile*	*Seemeile* aller Nationen	Russland *Werst*	Preuss., Dänemark *Meile*	Deutsche od. geogr. *Meile*	Oesterreich *Meile*	Spanien *Legua nueva*	Portugal *Legoa nova*	Norddeutsche *Meile* v. 15. Juli 1868
1	0,621	0,539	0,867	0,133	0,166	0,132	0,160	0,200	0,133
1,609	1	0,866	1,509	0,214	0,217	0,212	0,241	0,322	0,215
1,855	1,156	1	1,739	0,246	0,250	0,245	0,277	0,371	0,247
1,067	0,666	0,576	1	0,142	0,144	0,141	0,160	0,213	0,142
7,532	4,861	4,060	7,061	1	1,015	0,998	1,126	1,506	1,004
7,420	4,611	4,000	6,956	0,985	1	0,978	1,110	1,464	0,989
7,566	4,714	4,089	7,111	1,007	1,021	1	1,184	1,517	1,011
6,667	4,156	3,605	6,269	0,688	0,901	0,882	1	1,337	0,891
5,000	3,107	2,695	4,687	0,604	0,674	0,659	0,746	1	0,664
7,600	4,660	4,043	7,081	0,996	1,011	0,989	1,102	1,500	1

Meiler, mit Moos und Erde bedeckter, regelmässig geschichteter Haufen Holz, worin letzteres verkohlt.

Meinberg, Badeort in Lippe-Detmold, bei Pyrmont, 1040 Ew.; 6 Mineralquellen, reich au Kohlensäure, Eisen und Schwefel.

Meineid (vom mittelhochd. *mein*, d. i. falsch), eidliche Bestätigung einer dem Schwörenden als unwahr bekannten Angabe, jetzt mit Freiheitstrafe, hier und da selbst mit Todesstrafe bedroht, wenn ein Unschuldiger auf wissentlich falsches Zeugniss hin mit dem Tode bestraft worden ist.

Meinhold, *Joh. Wilhelm*, Dichter, geb. 27. Febr. 1797 zu Netzelkow auf Usedom, 1844–50 Pfarrer zu Rehwinkel bei Stargard; † 30. Nov. 1851 zu Charlottenburg. Verf. der Romane ‚Die Bernsteinhexe' (1843) und ‚Sidonia von Borck' (1847) und treffl. Gedichte. Ges. Werke (1846—52, 8 Bde.).

Meiningen, Haupt- und Residenzstadt des Herzogth. S.-Meiningen, an der Werra und Werraeisenbahn, 7012 Ew. Schloss (Elisabethenburg, 1681 erbaut) und andere herzogl. Paläste. Sitz der mitteldeutschen Kreditbank. Unfern Burg *Landsberg* (Neubau).

Meiringen, Marktfl. im Kant. Bern, Hauptort des Hasilthals, 2500 (reform.) Ew., Kreuzungspunkt von 6 Alpenstrassen.

Meise (Parus *L.*), Gattung der Sperlingsvögel (Kegelschnäbler). *Kohl-, Finkenmeise* (P. major *L.*), 5–6" l., in Europa, Kleinasien, bei uns Strichvogel; ebenso die *Blaumeise* (P. coeruleus *L.*), 5" l.; *Haubenmeise* (P. cristatus *L.*), 4½" l., in Mitteleuropa; *Bartmeise* (P. biarmicus *L.*), 6½" l., in Südeuropa, Süddeutschland; *kleine Kohlmeise* (P. ater *L.*), 4½" l., in Europa, bei uns Strichvogel; *Beutelmeise* (P. pendulinus *L.*), 4½" l., in Italien, Süddeutschland, baut ein hängendes Nest.

Meisenheim, Stadt im preuss. Regbz. Koblenz, bis 1867 Hauptort einer hess.-homburg. Herrschaft, an der Glan, 2500 Ew.

Meissen, Stadt im sächs. Regbz. Dresden, an der Elbe, in schönem, weinreichem Thale, 11,263 Ew. Alterthüml. Ansehen; Domkirche (goth. Meisterwerk, 936–1342 erbaut); Schloss (Albrechtsburg, 1471—83 erbaut); Fürstenschule (im St. Afrakloster); Domkapitel. Ber. Porzellanfabrik (älteste in Europa, 1710 gegr.); Eisengiesserei, Bahnhof. Wein- und Speditionshandel, Schifffahrt. 928 als Kastell gegen die Wenden gegr. — Die *Markgrafsch.* M., 928 von Kaiser Heinrich I. gegr., kam um 1090 an das Haus Wettin (seit 1270 erblich), aus ihr ging das Kurfürstenth. Sachsen hervor. — Das *Bisthum* M., 965 durch Otto I. gestiftet, zum Erzbisth. Magdeburg gehörig, infolge der Reformation säkularisirt. — Das *Burggrafenthum* M., seit 1011, zuletzt den Grafen Reuss zu Plauen gehörig, 1446 aufgehoben.

Meisner, isolirter basalt. Tafelberg zwischen Werra und Fulda im preuss. Kreise Eschwege, 2303' h., höhlenreich.

Meisner, *Alfred*, Dichter, geb. 15. Okt. 1822 zu Teplitz, lebt als Arzt in Prag. Als Dichter ausgezeichnet durch glänzende Form und warmen Patriotismus; schrieb das Epos ‚Ziska' (10. Aufl. 1867), das humor. Gedicht ‚Sohn des Atta Troll' (1851), die Trauerspiele ‚Weib des Urias' (1850), ‚Reginald Armstrong' (1858) etc., ‚Gedichte' (10. Aufl. 1867) u. zahlr. Romane (‚Neuer Adel', 2. Aufl. 1863, u. a.). ‚Gesammelte Schriften' (1871 f.).

Meissnerweine, angenehme, leichte, weisse und rothe Weine aus den Elbgegenden von Meissen und Pirna, werden grossentheils zu Schaumwein verarbeitet.

Meissonier (spr. Mässonjēh), *Jean Louis Ernest*, franz. Maler, geb. 1815 in Lyon, lebt in Paris. Meister im histor. Genre; Napoleon und sein Stab 1814, Schlacht bei Solferino, Detail bei der Moselarmee etc.

Meisterkraut (*Meisterwurz*), s. *Imperatoria.*

Meistersänger, die deutschen Dichter bürgerl. Standes, die seit 14. Jahrh. die von den **Minnesängern** begründete lyrische Kunstdichtung fortführten, bildeten zunftmässig geschlossene Vereine, worin die Kunst handwerksmässig und vorzugsweise mit strengster Beobachtung der für das Formelle festgesetzten Regeln (Tabulatur) ausgeübt wurde. Die letzte Singschule der M. wurde 1839 zu Ulm geschlossen.

Mekiang (*Mekhong, Kambodscha*), gr. Strom im östl. Hinterindien, soll im höchsten Tübet entspringen (Quelle noch unerforscht), mündet vielarmig ins südchines. Meer; ca. 400 M. lang. 1867 u. 1868 von einer franz. Expedition bis in die chines. Prov. Jün-nan befahren.

Meknäs (*Mekinaa*), Stadt im innern Marokko, Sommerresidenz des Sultans, 15,000 (im Sommer 55,000) Ew. Oelbaumpflanzungen.

Mekka, Stadt in der arab. Landsch. Hedschas, als Mohammeds Geburtsort die relig. Hauptstadt der mohammed. Welt, in öder Thalsohlucht, 45,000 Ew.; Hauptwallfahrtsort (jährl. 100,000 Pilger). In der grossen Moschee (Beit Allah) die heil. Kaaba mit dem ber. schwarzen Stein (Meteorstein). Waarendepot für Syrien, Aegypten etc.

Mekkabalsam, Balsam von Balsamodendron Gileadense *Kunth*, gelblich, wohlriechend, dient als Kosmetikum etc.

Melaleuca *L.* (*Kajeputbaum*), Pflanzengattung der Myrtaceen. M. minor *Smith* und M. Leucadendron *Smith*, auf den Molukken, liefern das Kajeputöl.

Melanämie (gr.), schwarzes Blut, Erkrankungszustand, wobei schwarzer Farbstoff innerhalb der Blutgefässe vorkommt; bes. nach Wechselfiebern; veranlasst oft schwere Gehirnstörungen; die Haut der Kranken ist aschgrau, die Ernährung leidet; unheilbar, jedoch ist durch gute Diät ein relatives Wohlbefinden möglich.

Melancholie (gr., ,*schwarze Galle*‘), Schwermuth, Seelenkrankheit; äussert sich in krankhaft gehemmtem Streben (Willenlosigkeit), in trägem Denken und Abgestumpftsein gegen die Aussenwelt; entsteht meist nach einem traurigen Vorfall, hält oft sehr lange an. Vgl. *Temperament.*

Melanchthon (*Malanthon*, deutsch *Schwarzert*), Gehülfe Luthers am Reformationswerke, geb. 16. Febr. 1497 zu Bretten in der Pfalz, Sohn des Waffenschmieds Georg Schwarzert, lehrte seit 1514 zu Tübingen, ward 1518 als Prof. der griech. Sprache und Literatur nach Wittenberg berufen, trat seit 1519 für Luthers Sache in Schriften auf, war durch seine 1527 in Auftrag des Kurfürsten Johann von Sachsen abgefassten Visitationsartikel bei Durchführung der Reformation in Sachsen betheiligt, verfasste die augsburg. Konfession und die Apologie derselben, nahm 1541 in Worms und Regensburg an den Vergleichsverhandlungen mit den Katholiken Theil, ward wegen seiner Annahme des leipziger Interims und seiner Hinneigung zu der calvinischen Abendmahlslehre und zum Synergismus von den strengen Lutheranern aufs heftigste angefeindet; † 19. April 1560 zu Wittenberg. Wegen seiner umfassenden Gelehrsamkeit Praeceptor Germaniae (Lehrer Deutschlands) ge-

nannt. Seine ,Opera‘ (theolog., philosoph. und philolog. Inhalts, Bas. 1541, 5 Bde.) neu herausg. von *Bretschneider* und *Bindseil* (1834 – 60, 28 Bde.). Vgl. *Schmidt* (1861), *Meurer* (2. Aufl. 1869), *Culisich* (1866).

Melanesien, die westl., meist., von dunkelfarbigen Menschen bewohnten Inseln Polynesiens.

Mélange (fr., spr. -langsch), Mischung. *Mélanges*, Schriften vermischten Inhalts.

Melanöse (gr.), die schwarze Färbung thierischer Organe, krankhafter Geschwülste (Krebs), besteht in Ablagerung von Melanin in die Gewebe. M. der Lunge ist durch Anhäufung eingeathm. Kohlenstaubes bedingt.

Melaphyr, schwarzer Porphyr, Trapp, Trappporphyr (nicht Augitporphyr), Porphyrit, Basaltit, Gestein, körnig krystallinisches, dichtes bis erdiges, auch porphyrisches, grünlichbraunes bis fast schwarzes, hartes und zähes, oft dem Basalt sehr ähnliches Gemenge von Labrador mit Titaneisenerz, meist auch mit Kalkspath, Eisenspath, Delessit, ungeschichtet, in mächtigen Lagern mit platten- oder säulenförmiger Absonderung, auch in Gängen, bes. in den Formationen der Steinkohlen, des Rothliegenden und des untern Zechsteins; am Hunsrück, im Harz, Thüringerwald, in Sachsen, Böhmen, Schlesien, England, Nordamerika; liefert bei der Zersetzung fruchtbaren Ackerboden, dient als Chausseestein.

Melas, *Michael, Baron von*, österr. General, geb. 1730, operirte 1799 als Oberbefehlshaber der österr. Armee in Italien gemeinsam mit Suworow, ward 14. Juni 1800 bei Marengo geschlagen; später kommandirender General in Böhmen; † 31. Mai 1806.

Melasse, das letzte Produkt der Zuckerfabrikation, enthält neben unverändertem Zucker Salze, schleimige Substanzen und schwer oder nicht krystallisirende Zuckerarten, wird auf Spiritus verarbeitet (die Schlempe gibt nach dem Eindampfen und Kalciniren Potasche), dient als Viehfutter etc.

Melbourne (spr. -börn), Hauptst. u. Haupthandelsplatz der engl. Kolonie Victoria in Südaustralien, unweit der Mündung des Yarra in die Hobsonsbai, (1869) 170,000 (1856: 63,235) Ew. Schöne Kathedrale, Universität, zahlr. Banken, prächtiger Basar (,Queens Arcade‘), 4 Theater. Eisenbahn nach dem Seehafen *Williamstown*. Einfuhr 1867 über 11½ Mill., Ausfuhr (d. i. Gold und Wolle) gegen 12¾ Mill. £. Gegr. 1837.

Melchisedek, Priesterkönig von Salem (Jerusalem), galt den Juden als vorbildliche Erscheinung des Messias.

Melchthal, Alpenthal im Kant. Unterwalden. Nach ihm benannt *Arnold aus dem M.* (Arnold an der Halden), mit Werner Stauffacher und Walther Fürst einer der Gründer der schweiz. Freiheit.

Melcombe-Regis, stark befest. Hafenstadt in der engl. Grafschaft Dorset, an der Mündung des Wey in den Kanal, 11,883 Ew.

Melde, s. *Atriplex.*

Meleāger, Sohn des Oeneus, Königs von Kalydon, Theilnehmer am Argonautenzuge, berühmter Jäger, erlegte den kalydonischen Eber, tödtete den Bruder seiner Mutter

Althäa, worauf diese ein Scheit Holz, woran einem Orakelspruch anfolge M.s Leben gebunden war, ins Feuer warf und dadurch seinen Tod herbeiführte.

Meléda, Insel an der Küste Dalmatiens, zu Cattaro gehörend, 1,7 QM. und 900 Ew.; gebirgig und höhlenreich; 1821—24 war ein unterirdisches Krachen merkwürdig.

Melée (fr.), Handgemenge, Wortstreit.

Melegnáno, Stadt, s. Marignano.

Melek (hebr.), König.

Meletemáta (gr.), Studien, Untersuchungen, Abhandlungen.

Meli, Giovanni, ital. Dichter, geb. 4. März 1740 in Palermo, † 20. Dec. 1815. Verf. treffl. Lieder im sicil. Dialekt (übers. von Gregorovius 1856).

Meliböeus (Melchem), Gipfel des Odenwaldes, östl. von Zwingenberg, 1625' hoch.

Melilla (Mlila), Hafenstadt auf der Küste von Marokko, ca. 3000 Ew.; seit 1496 span.

Melilotengras, Anthoxanthum odoratum.

Melilotenpflaster, Wachs- und Oelmischung mit Melilotenkrautpulver, erweichendes Mittel.

Melilötus Tournef. (Steinklee), Pflanzengattung der Leguminosen. M. officinalis Lam., gelber Steinklee, Honig-, Melilotenklee, überall, als Viehfutter kultivirt, officinell. M. coerulea Lam., blauer Honigklee, aus Afrika, als Viehfutter kultivirt, dient zur Bereitung des Kräuterkäses.

Melioration (lat.), Verbesserung, namentl. von Grundstücken durch darauf verwandte Kosten und Bemühungen. Notbwendige und nützliche M.en begründen für den Pächter eines Grundstücks Anspruch auf Ersatz.

Meliren (fr.), mischen.

Melis, mittlere Sorten Zucker.

Melisch (gr.), gesangartig, singbar; daher m.e Poesie, s. v. a. lyr. Dichtkunst.

Melisma (gr.), Gesangsverzierung. Melismatik, Lehre von der Verzierung des Gesangs; melismatisch, verziert.

Melissa L. (Melisse), Pflanzengattung der Labiaten. M. officinalis L., Citronenmelisse, Mutterkraut, aus Südeuropa, Gartenpflanze, offidenell, liefert äther. Oel; Theesurrogat.

Melk (Mölk), Marktflecken in Unterösterreich, an der Donau, 2897 Ew.; alte ber. Benediktinerabtei (1089 gegr.) mit schöner Kirche (Gruft der Babenberger) und wissenschaftl. Sammlungen.

Melliférisch (lat.), Honig tragend oder erzeugend. Mellifikation, Honigbereitung.

Melnik, Stadt in böhm. Kr. Prag, an der Mündung der Moldau in die Elbe, 3252 Ew.; Schloss, ber. Weinbau (seit K. Karl IV. 1348 durch Anlegung von Burgunderreben).

Melocactus Dec. (Melonencactus, Schöpffackeldistel), Pflanzengattung der Kakteen, viele Arten, aus Westindien und Südamerika, mit geniessbaren Früchten, Zierpflanzen.

Melodie (gr.), Gesang, eine nach den Gesetzen des Rhythmus und der Modulation geordnete Folge von Tönen; Sang-, Tonweise. Melodik, Lehre von der Melodienbildung; auch die einem Komponisten eigenthümliche melodische Gestaltungsart. Melodico (melodioso), gesangvoll.

Melodion, der Harmonika verwandtes, wohlklingendes Toninstrument.

Melodráma, Drama, das durch eine von Zeit zu Zeit eintretende, bisweilen auch die Rede begleitende Musik (auch mit Chorgesängen) unterbrochen wird, in Deutschland durch Georg Benda eingeführt.

Melográph (gr.), Notenschreiber; Vorrichtung, wodurch auf dem Klavier Gespieltes sogleich notirt wird.

Melöne (Cucumis Melo L.), Art der Gattung Gurke, aus Asien, in vielen Varietäten, als Mistbeetpflanze kultivirt; ebenso die Wassermelone (C. citrullus Sering.), aus Afrika und Ostindien.

Melonenbaum, s. Carica.

Melonendistel, s. v. a. Melocactus.

Melos, Insel, s. Milo. [lieben Lettern.

Melotypie (gr.), Notendruck mit beweg-

Melpoméne (gr.), eine der 9 Musen, Vorsteherin des Trauerspiels.

Melsungen, Stadt im preuss. Regbz. Kassel, an der Fulda, 3513 Ew. Forstlehranstalt.

Melun (spr. Mölöng), Stadt im franz. Depart. Seine-Marne, an der Seine, 11,408 Ew.; lebh. Schifffahrt nach Paris.

Melusine, in der Sage eine Meernixe, Stammmutter des franz. Hauses Lusignan, deren Geschichte den Inhalt eines beliebten Volksbuchs (deutsch zuerst 1474) bildet.

Melville (spr. -will), 1) Insel an der Nordküste Australiens, vor der Vandiemenabai. — 2) Halbinsel in der Hudsonsbai, zwischen dem Foxkanal und dem Melvillegolf. — 3) Insel des Parryarchipels, im NW. des arkt. Amerika, 75° n. Br., 50 M. l., 10 M. br., unbewohnt; 1819 von Parry entdeckt. [Haut; auch s. v. a. Pergament.

Membran (lat.), s. v. a. Haut, bes. zarte

Membrum (lat.), Glied; M. genitale, Zeugungsglied. [gungsglied.

Memel, Fluss, s. Niemen.

Memel, befest. Kreisst. im preuss. Regbz. Königsberg, am kur. Haff, 19,003 Ew. Schiffbau, Bernsteindreherei, Eisengiessereien. Vortreffl. Hafen; bed. Holz- und Getreidehandel. [denke des Todes.

Memento (lat.), gedenke! M. mori, ge-

Memleben, Dorf im preuss. Regbz. Magdeburg, Kr. Eckartsberga, an der Unstrut, 660 Ew.; einst reiche Benediktinerabtei.

Memmingen, Stadt im bayer. Regbz. Schwaben, ehedem freie Reichsstadt, an der augsburg-lindauer Bahn, 7109 Ew. Tuchfabr., Hopfenbau, Glockengiesserei etc.; Handel nach Italien und der Schweiz.

Memnon, Sohn der Eos, Aethiopierfürst, ward von Achilles vor Troja getödtet; angeblicher Urheber grosser Bauten (Memnonia). Memnonssäulen, 2 mächtige sitzende Kolosse vor dem Tempel des Königs Amenophis III. in Theben, Monolithen aus sehr hartem und sprödem Kieselkonglomerat, von welchem bei plötzlichem Temperaturwechsel bei Sonnenaufgang kleinere und grössere Stücke absprangen, wobei ein zitterndes Tönen vernehmbar war. Daher die Sage von Tönen der (jetzt noch stehenden) Bildsäulen.

Mémoire (fr., spr. -moahr), Denkschrift, bes. über eine staats- oder völkerrechtliche Frage. Memoiren, Denkwürdigkeiten, Aufzeichnungen von Selbsterlebtem; bes. zahlreich in der engl. (seit Elisabeth) und der franz. Literatur (seit Ludwig XI.).

Memoräbel (lat.), mark-, denkwürdig. *Memorabilien*, Denkwürdigkeiten.

Memorandum (lat.), etwas zu Notirendes; dazu bestimmtes Buch; auch s. v. a. *Mémoire*.

Memoration (lat.), Erwähnung.

Memoria (lat.), Gedächtniss, Andenken, Erinnerung; *memoriren*, auswendig lernen.

Memorial (lat.), zur Erinnerung dienend; Denkschrift; Gesuch etc.; Notizenbuch. *Memorialiter*, denk-, bittschriftlich.

Memphis (ägypt. *Mennuphi*, a. G.), älteste Hauptstadt Unterägyptens und 2. Residenz der älteren Könige, am westl. Nilufer, gegen 4 M. im Umfang, von König Menes erbaut; Phthatempel (Nationalheiligthum Aegyptens), jetzt in Trümmern.

Memphis, aufblühende Stadt in Tennessee (Nordamerika), am Mississippi, (1870) 40,296 Ew. Wichtiger Stapelplatz (Baumwolle).

Menaciren (fr., spr. -air-), bedrohen.

Menade, holländ. Stadt auf der nordöstl. Halbinsel von Celebes, 6000 Ew., Freihafen.

Menächmen (gr.), in einem Lustspiele des Plautus Name zweier zum Verwechseln ähnlichen Brüder; daher s. v. a. Zwillinge.

Menage (fr., spr. -ahsch), Haushalt, Wirthschaft; Tisch- und Wirthschaftsgenossenschaft; Feldküche; Einsatzschüsseln zum Speisetransport. *Menagiren*, zu Rath halten; *sich menagiren*, sich mässigen.

Menagerie (fr., spr. -asch'rib), Sammlung lebender ausländ. Thiere in Käfigen etc.

Menaistrasse (spr. -neh-), Meerenge zwischen Wales und der Insel Anglesey, 4 M. l., 1200' br.; darüber die Britanniabrücke (s. d.).

Menam, gr. Strom in Hinterindien, entspringt als *Maping* an der Südgrenze Chinas, mündet, vielfach getheilt, unterhalb Bangkok in den Golf von Siam; 214 M. lang.

Menander, griech. Dichter, geb. 342 v. Chr. zu Athen, soll sich 291 aus Verdruss über die grösseren Erfolge seines Nebenbuhlers Philemon ertränkt haben. Bedeutendster Vertreter der sogen. ‚neueren‘ griech. Komödie (Darstellung der socialen Thorheiten, ohne polit. Beziehungen). Von seinen Stücken sind nur Fragmente übrig in *Meinekes* ‚Fragm. comicorum graec.‘ (4. Bd. 1841).

Mendacität (lat.), Lügenhaftigkeit.

Mendañaarchipel, s. *Marquesasinseln*.

Mende, Hauptst. des franz. Depart. Lozère, am Lot, 6453 Ew. Sarsche- und Wollfabr.

Mendeligebirge, s. *Pentelikon*.

Mendelsohn, *Moses*, philosoph. Schriftsteller, geb. 6. Sept. 1729 in Dessau, jüd. Abkunft, ward 1750 Hauslehrer und 1754 Buchhalter bei einem reichen jüd. Fabrikanten (Bernard), später dessen Handelsgenosse, Freund Lessings und Nicolais; † 4. Jan. 1786. Hauptwerke: ‚Phädon oder über die Unsterblichkeit der Seele‘ (1767, neue Ausg. 1870); ‚Jerusalem oder über religiöse Macht und Judenthum‘ (1783, neue Ausg. 1870); ‚Morgenstunden oder Vorlesungen über das Dasein Gottes‘ (1785) etc. Schriften (1843–45, 7 Bde.). Biogr. von *Kayserling* (1862). — Seine Söhne Jos. († 1848)

und *Abrah. M.* († 1835) gründeten das Bankhaus ‚M. und Komp.‘ in Berlin. Seine älteste Tochter *Dorothea* Gattin Fr. Schlegels.

Mendelssohn-Bartholdy, *Felix*, ber. Komponist, geb. 3. Febr. 1809 in Hamburg, Enkel von Moses Mendelssohn, seit 1835 Musikdirektor in Leipzig (Gewandhauskoncerte), 1841 als Generalmusikdirektor nach Berlin berufen, seit 1843 wieder in Leipzig, wo er auch die Leitung des neugegründeten Konservatoriums übernahm; † das. 4. Nov. 1847. Am genialsten seine früheren Werke (bis etwa Op. 40); namentl. die Musik zum ‚Sommernachtstraum‘, Oktett für Streichinstrumente und mehrere Piano- und Violinquartette, die charakterist. Ouverturen ‚Fingalshöhle‘, ‚Melusine‘, ‚Meeresstille‘, die sog. ‚schott. Symphonie‘ (A moll), die Kantate ‚Walpurgisnacht‘, die Oratorien ‚Paulus‘ und ‚Elias‘, die Psalmen, die Lieder und Gesänge (ein- und mehrstimmig), die Koncerte, die beliebten ‚Lieder ohne Worte‘, Capriccios und viele andere Klavierstücke. Dabei grosser Pianist und bed. Orgelspieler. Vgl. seine ‚Briefe‘ (neue Ausg. 1870). Biogr. von *Reissmann* (1867). — Seine Schwester *Fanny*, s. *Hensel*.

Mendikanten (lat.), Bettelmönche.

Mendoza, Staat der argentin. Konföderation, 3187 QM. und 65,413 Ew. Die *Hauptst.* M., am Fusse der Andes, 10,000 Ew. Weinbau. Erdbeben 20. März 1861.

Mendoza, *Don Diego Hurtado de*, span. Staatsmann, Feldherr und Schriftsteller, geb. 1503 in Granada, bis 1554 Statthalter von Siena, lebte dann zu Madrid, seit 1568 in Granada; † 1575 zu Valladolid. Hauptwerke: der ber. Schelmenroman ‚Vida de Lazarillo de Tormes‘ (deutsch 1810) und die Geschichte der ‚Guerra de Granada‘ (1610, deutsch von *Spazier* 1832); schr. treffl. poet. Episteln etc.

Ménehould (spr. -huh), Stadt im franz. Depart. Marne, am Aisne, 4320 Ew. Hier Juni 1791 Festnahme Ludwigs XVI. auf seiner Flucht durch den Postmeister Drouet.

Menelaus, König von Sparta, Bruder Agamemnons, Gemahl der Helena, einer der tapfersten Kämpfer vor Troja, irrte nach dessen Fall, durch Sturm verschlagen, 8 Jahre an der Küste von Phönicien, Aegypten und Libyen umher, lebte dann in Glück und Reichthum mit Helena zu Sparta.

Menenius Agrippa, Gesandter, ward von den röm. Patriciern bei der ersten Secession der Plebejer auf den heil. Berg 496 v. Chr. an diese abgeschickt, bewog sie durch die Erzählung von den Gliedern, die sich gegen den Magen empörten, zur Einigung eines Vergleichs, welcher die Einsetzung der Tribunen zur Folge hatte.

Menestrels (engl. *Minstrels*, vom lat. *Ministeriales*), im Mittelalter in Frankreich und England herumziehende Volkssänger.

Mene Thekel (vollständig: Mene Mene Thekel Upharsin), im Buche Daniel die dunkeln, den nahen Sturz des Königs Belsazar von Babylon verkündenden, von Geisterhand an die Wand geschriebenen Worte.

Mengs, *Anton Raphael*, Maler, geb. 12. März 1728 zu Aussig, in Rom gebildet, dann

in Dresden Hofmaler des Königs August III.,
ward 1754 Direktor der Malerakademie auf
dem Kapitol in Rom, 1761—76 am Hofe
Karls III. in Madrid; † zu Rom 29. Juni
1779. Seine einst viel gepriesenen Werke
sind mehr eklektisch als originell. Seine ber.
Sammlungen von Handzeichnungen, Gypsab-
güssen etc. jetzt in Dresden und Madrid.

Menin (spr. -äng, *Meenen*), befest. Stadt
in der belg. Prov. Westflandern, 9778 Ew.

Meningitis (gr.), Hirnhautentzündung: 1)
Entzündung der harten Hirnhaut (Pachyme-
ningitis), bestehend in Anflagerung von
zartem Bindegewebe und Gefässen auf der
Innenseite derselben; in geringer Menge
ungefährlich, führt aber durch Blutaustritt
zu der Hirnhautblutung (Hämatom der Dura
mater); 2) Entzündung der weichen Hirn-
häute (*eigentl.* M.) mit Ausscheidung von
Eiter in die Häute, entsteht in Ausschluss
an akute Krankheiten (Scharlach, Lungenentzündung, bei Kindern nach Durchfällen,
meist tödtlich); 3) *epidemische* M. (M. cerebro-
spinalis), die eitrige Entzündung der weichen Hirnhaut des Gehirns und Rückenmarks, deren hervorstechendstes Symptom
der Genickkrampf ist; s. *Kopfgenickkrampf*;
4) *tuberkulöse* M., bes. an der Schädelbasis
vorkommend, hat die Entstehung des sogen.
akuten Wasserkopfes zur Folge (s. *Gehirn-*).

Meninx (gr.), Hirnhaut.　　[*wassersucht*].

Meniscus (gr.), auf der einen Seite erhaben, auf der anderen hohl geschliffenes Glas;
auch halbmondförmiger Kreisabschnitt.

Mennige, s. *Bleiglätte*.

Menno, *Simons*, Stifter der Mennoniten (s.
Wiedertäufer), geb. 1496 zu Witmarsum in
Friesland, Bischof zu Gröningen; † 13. Jan.
1561 zu Oldesloe in Holstein. Schr. ,Funda-
mentbuch von dem rechten christl. Glauben'
(1539) u. A. Biogr. von *Cramer* (1837) und
Harder (1846).

Menologium (gr.), Heiligenkalender.

Menopausis (gr.), Aufhören der Menstrua-
tion. *Menorrhagie*, übermässige Menstruation.
Menorrhöe, Menstruation; *Menostasie*, Still-
Menorea, s. *Minorca*.　[stand derselben.

Menou (spr. -unh), *Jacques François, Baron de*, franz. General, geb. 1750 zu Boussay
in Touraine, war beim Ausbruch der Revolution bereits Maréchal de camp, machte
die Expedition nach Aegypten mit, trat zum
Islam über, übernahm nach Klebers Ermordung den Oberbefehl, musste 2. Sept. 1801
zu Alexandria kapituliren; † 13. Aug. 1810
als Gouverneur von Venedig.

Mens (lat.), Sinn, Geist, Verstand.

Mensa (lat.), Tisch, Tafel.

Menzaleh, Strandsee in Aegypten, östl.
vom Damiette-Nilarm, 10 M. lang.

Mensch (Homo sapiens *L.*), einzige Art
aus der Säugethierfamilie der Zweihänder,
charakterisirt durch die in ununterbrochener
Reihe stehenden Zähne mit nicht hervorragendem Eckzahn, den mit platter Sohle
auftretenden Fuss, den aufrechten Gang,
die eigenthümlich beschränkte Behaarung
und durch die Sprache, über die ganze Erde
verbreitet (vgl. *Erde*). Racen nach Blumen-
bach: weisse *kaukasische*, braune *mongolische*

und schwarze *äthiopische*. Zwischenvarietä-
ten: *amerikanische* zwischen der kaukas. und
mongol., und *malayische* zwischen der kaukas.
und äthiop. Retzius unterscheidet Dolicho-
cephalen (Langköpfe) und Brachycephalen
(Kurzköpfe) und, je nachdem das Kieferge-
rüst vorspringt oder nicht, Prognathe und
Orthognathe; die Kaukasier sind im Allgemeinen dolichocephale Orthognathen, die
Aethiopier dolichocephale Prognathen. Die
Racen sind unter einander fruchtbar, aber
nicht in gleichem Grade. *Mischracen* sind:
Mulatten (Weisse u. Neger), *Mestizen* (Weisse
und amerik. Indianer), *Zambos* (Neger und
Amerikaner), *Lipplappen* (Weisse und Malayen). (Vgl. das Kärtchen *Verbreitung der
Menschenracen*.) Die ältesten Spuren menschlicher Thätigkeit finden sich in den jüngsten
Tertiärgebilden (Thierknochen mit Kritzen
und Einschnitten). Was die neuerlich mehrfach behauptete Abstammung des M.en von
einem niedriger stehenden Thier betrifft, so
gipfelt die Aehnlichkeit der dem M.en am
nächsten stehenden Thiere nicht in einer,
sondern in 5 Arten, welche auf einen gemeinsamen Ursprung hinzudeuten scheinen.
Die Abstammung der M.en von Einem Paar
ist unwahrscheinlich. Vgl. *Huxley*, ,Die
Stellung des M.en', 1863; *Vogt*, ,Vorlesun-
gen über den M.en', 1863; *Rolle*, ,Der M.',
1866; *Lyell*, ,Das Alter des Menschengeschlechts', 1864; *Bastian*, ,Das Beständige
in den Menschenracen', 1868; *Darwin*, ,Ab-
stammung des M.en', 1871.

Menschenfresser, s. *Anthropophagen*.

Menschenfreunde, s. *Philanthropen*.

Menschenhass, s. *Misanthropie*.

Menschenraub (Plagium), nach dem röm.
Rechte Verbrechen, wodurch ein freier
Mensch widerrechtlich zum Sklaven gemacht ward; jetzt Abart des Verbrechens
der Gewalt (crimen vis), bes. diejenige
widerrechtliche Handlung, wodurch Jemand
seiner Freiheit beraubt und in dauernde Abhängigkeit von fremder Gewalt versetzt
wird, die sogen. Seelenverkäuferei, Verkauf
in fremden Kriegsdienst etc.; mit Freiheitsstrafe in verschiedenen Abstufungen bedroht.

Menschenrechte, die Gesammtheit derjenigen Rechte, welche jedem Menschen
auf Grund seiner menschlichen Natur und
Würde zukommen und unveräusserlich sein
sollen. Der Kongress der Vereinigten Staaten erkannte 1776 die M. als leitende Grundsätze des Staatsrechts an. Die franz. Nationalversammlung erhob Aug. 1789 die
Erklärung der Rechte des Menschen und
des Bürgers zum Beschluss und verleibte
sie der Konstitution vom 3. Sept. 1791 ein.
Die Charte Ludwigs XVIII. vom 4. Juni
1814 erkannte die M. als Principien des
öffentl. Rechts an. Eine Erklärung der M.
waren auch die deutschen Grundrechte
von 1848.　　　　　　　　　　　　[ten.

Menschenversteinerungen, s. *Anthropoli-*

Menschikow (spr. -koff), 1) *Alex. Danilo-
witsch*, russ. Staatsmann und Feldherr, geb.
17. (27.) Nov. 1672 zu Moskau, aus niederem
Stande, stieg vom Bäckerlehrling im Dienste
Peters d. Gr. zum Minister und Feldmar-

schali empor, ward 1706 zum deutschen Reichsfürsten, 1707 zum russ. Fürsten ernannt, wirkte zur Erhebung Katharinas I. auf den Thron bedeutend mit, übte nach deren Tode im Namen des minderjährigen Peter II. die unumschränkteste Gewalt aus, ward, im Begriff, seine Tochter dem Kaiser zu vermählen, durch die Dolgorukij gestürzt und nach Sibirien verbannt; † 21. Okt. (2. Nov.) 1729 zu Berezow. — 2) *Alex. Sergejewitsch*, *Fürst*, geb. 1789, Urenkel des Vor., machte als Flügeladjutant des Kaisers die Feldzüge 1812—15 mit, stieg bis zum Generalmajor, befehligte im türk. Feldzuge von 1828 die Expedition nach Anapa, belagerte Varna, ward 1834 Admiral und 1836 Marineminister. März 1853 nach Konstantinopel gesandt, um die wegen der heil. Stätten entstandenen Differenzen zu schlichten und die Pforte zur Anerkennung des russ. Protektorats über die griech.-kathol. Bevölkerung zu bewegen, brach er, als der Sultan darauf einzugehen sich weigerte, die Unterhandlungen ab, ward dann zum Oberbefehlshaber der russ. Land- und Seemacht in der Krim ernannt, 20. Sept. 1854 an der Alma geschlagen, vertheidigte dann Sebastopol mit Erfolg, trat März 1855 zurück, erhielt 1850 den Oberbefehl in Kronstadt; † 2. Mai 1869.

Mensdorff-Pouilly, *Alex., Graf von, Fürst Dietrichstein zu Nikolsburg*, österr. Staatsmann und General, geb. 4. Aug. 1813, nahm 1848 und 1849 am Feldzug in Ungarn Theil, leitete 1850 bis Febr. 1852 in Gemeinschaft mit einem preuss. und holstein. Kommissar die Verwaltung Holsteins, war April 1852 bis Nov. 1853 Gesandter am russ. Hofe und machte 1859 als Divisionsgeneral den Feldzug in Italien mit. Seit März 1861 Statthalter in Galizien, ward er 27. Okt. 1861 Minister des Aeussern, trat 30. Okt. 1866 zurück; † als Statthalter in Böhmen 15. Febr. 1871 in Prag. [Menstruation.

Mensis (lat.), Monat; *Menses*, s. v. a.

Menstruation (lat., *monatliche Reinigung, Regel, Periode*), der in regelmässigen Zeiträumen sich wiederholende Blutabgang aus den weiblichen Geschlechtstheilen während der Zeit der Zeugungsfähigkeit, bei uns vom ca. 14.—45. Jahre, ist bedingt durch die Loslösung eines reifen Eichens, was alle 4 Wochen erfolgt; Dauer der M. 2—5 Tage. Die M. setzt während der Schwangerschaft und des Stillens aus. Vor und während der M. meistens Abspannung, Ziehen in den Schenkeln, Verdauungsstörungen. *Menstruationsstörungen*, meist die Folge von Krankheiten der Geschlechtsorgane, fordern stets ärztliche Behandlung. Mangel der M. s. *Amenorrhöe*. *Vikariirende M.*, Blutungen aus anderen Organen (bes. der Nase), anstatt der M.

Mensur (lat.), Mass, insbes. in der Musik Takt- und Zeitmass; bei Saiteninstrumenten das richtig eingetheilte Mass des Griffbrets; bei Orgeln das Verhältniss der Grösse und Weite der Pfeifen; beim Fechten der Abstand, den die Gegner von einander einzuhalten haben; in der Tonkunst die

richtige Entfernung der einzelnen Tänzer von einander; in der Bildhauerei ein eckiger Rahmen mit lothrecht niederhängenden Fäden zur Uebertragung der Masse des Modells auf den Marmor.

Mensurabel (lat.), messbar.

Mensurai (lat., Mus.), aus Noten verschiedenen Zeitwerths takt(mensur-)gemäss zusammengesetzt. *Mensuralmusik*, insbes. die in taktisch und rhythmisch geordneter Art auftretende Musik in ihren verschiedenen Entwickelungsstufen (13.—17. Jahrh.), im Gegensatz zu *Choralmusik*, deren Noten alle einerlei Zeitdauer haben; daher *Mensuralisten*, die Musiker, die an dieser Entwickelung mitgewirkt haben. *Mensuralnoten*, unsere jetzige Notenschrift.

Mentagra (gr.), Kinn-, Bartflechte.

Mental (lat.), den Geist betreffend; gedacht, nicht in Worten ausgesprochen. *Mentalreservation*, s. *Reservation*.

Mentana, ital. Ort, unfern Rom u. der Mündung der Allia in den Tiber. 3. Nov. 1867 Niederlage der Garibaldiner durch die Frans.

Mente captus (lat.), blöd- oder wahnsinnig.

Mentha *L.* (*Münze*), Pflanzengattung der Labiaten. M. piperita *L.*, *Pfeffermünze*, bes. in England und in Nordamerika kultivirt, officinell, liefert äther. Oel zu Liqueur etc. Als M. crispa, *Krausemünze*, werden in Deutschland M. aquatica *L.*, M. sylvestris *L.* und M. viridis *L.* kultivirt; sie sind officinell und liefern ebenfalls ätherisches Oel.

Mentöne, Stadt im franz. Depart. Seealpen, am Golf von Genua, 5000 Ew.; ber. als klimat. Kurort (mittl. Temperatur 15°—16° C., Schwankungen zwischen 8° u. 36° C.).

Mentor, Führer des Telemach; überhaupt Leiter, Führer eines Jünglings.

Menu (fr., spr. Menü), Speisezettel. *Menus plaisirs* (spr. - plehsir), kleine Vergnügungen und die Ausgaben dafür; in Frankreich früher die Privatkasse des Königs.

Menuet (*Menuetto*), aus Frankreich stammender, jetzt veralteter graziöser Tanz und dem gemässen Musikstück in langsamem Tempo und ³/₄-Takt, aus 2 Theilen von je 8 Takten bestehend; kommt schon in den alten deutschen Suiten vor und wurde von Haydn (meist mit angehängtem Trio) als 3. Satz den Symphonien und Sonaten zugefügt (später durch das „Scherzo" verdrängt).

Menuiserie (fr.), Tischlerarbeit.

Menyanthes *L.* (*Zottenblume, Bitterklee*), Pflanzengattung der Kontorten. M. trifoliata *L.*, *Biberklee*, in Europa, Asien, officinell.

Menzel, 1) *Karl Adolf*, Geschichtschreiber, geb. 7. Dec. 1784 zu Grünberg, seit 1824 Konsistorial- und Schulrath zu Breslau; † 19. Aug. 1855. Schr. „Gesch. der Deutschen" (1815—23, 8 Bde.); „Neuere Gesch. der Deutschen" (2. Aufl. 1854—56, 6 Bde.) u. A., setzte Beckers „Weltgeschichte" fort. — 2) *Wolfgang*, Geschichtschreiber und Literarhistoriker, geb. 21. Juni 1798 zu Waldenburg (Schlesien), privatisirt seit 1825 in Stuttgart. Geistvoller, aber parteiischer und leidenschaftlicher Kritiker, berüchtigt durch seine Angriffe auf das junge Deutschland und auf Goethe (bes. in „Die deutsche

Literatur', 2. Aufl. 1836, und im ‚Literaturblatt' 1825—48, 1852—69). Sonstige Werke: ‚Gesch. der Deutschen' (5. Aufl. 1855, 6 Bde.); ‚Gesch. Europas von 1789—1815' (2. Aufl. 1866); ‚Furore' (Roman, 1851); ‚Gesänge der Völker' (1851); ‚Christl. Symbolik' (1854); ‚Gesch. der letzten 40 Jahre' (3. Aufl. 1865); ‚Die letzten 120 Jahre der Weltgesch. von 1740—1860' (1860, 6 Bde.), Forts. 1860—1866 (1869, 2 Bde.), 1866—70 (1871); ‚Allgem. Weltgeschichte' (1862—63, 12 Bde.); ‚Der deutsche Krieg 1866' (1867, zu Gunsten der Neugestaltung Deutschlands); ‚Unsere Grenzen' (1868); ‚Deutsche Dichtung' (1858—59, 3 Bde.) u. A. — 3) *Adolf*, Maler und Zeichner, geb. 8. Dec. 1815 in Breslau, seit 1853 Prof. und Akademiker zu Berlin. Bedeutend als Illustrator der Zeit und des Lebens Friedrichs d. Gr. (Zeichnungen zu Kuglers ‚Geschichte Friedrichs d. Gr.' und ‚Aus König Friedrichs Zeit', 1854—56, 12 Bl.); auch Oelbilder und treffl. Lithographien (‚Künstlers Erdenwallen' 1833 u. a.).

Meo voto (lat.), nach meinem Wunsche, insofern es auf mich ankommt.

Mephistopheles (*Maphisto*), der Volkssage entlehnter Name des Teufels, von Goethe im ‚Faust' adoptiert.

Mephitis (lat.), Schwefelgeruch, auch Name einer röm. Göttin, welche als Schützerin wider schädliche Ausdünstungen angerufen ward; daher heisst *mephitisch* jede Luft, die eingeathmet schädlich wirkt.

Meppen, Stadt im preuss. Regbz. Osnabrück, Hauptstadt des mediat. Herzogthums *Arenberg-M.* [s. *Arenberg* 1)], an der Mündung der Hase in die Ems, 2960 Ew.

Merän, Stadt im tiroler Kreise Brixen, an der Mündung der Passeyer in die Etsch, 1000' üb. M., 3083 Ew.; heilsehter Kurort, bes. von Brustkranken zu aller Jahreszeit besucht. Dabei Schloss Tirol. Im Mittelalter Sitz der Grafen von Andechs, deren Besitzungen 1248 an die Grafen von Tirol fielen. Vgl. *Stampfer*, ‚Chronik von M.', 1865.

Merasch, Stadt im kleinasiat. Ejalet Adana, am Südfuss des Taurus, 20,000 Ew.

Mercadante, *Saverio*, ital. Komponist, geb. 1798 zu Altamura, in Neapel unter Zingarelli gebildet, seit 1839 Direktor des Konservatoriums das.; † erblindet 18. Dec. 1870. Schr. zahlr. brillant instrumentierte Opern (‚Il Giuramento'), auch Kirchensachen.

Mercätor, *Gerhard*, Geograph und Kartenzeichner, geb. 5. März 1512 zu Ruremonde (Flandern), Kosmograph des Herzogs von Jülich; † 2. Dec. 1594; bes. bekannt durch die von ihm zuerst (1569) angewendete und nach ihm benannte Projektion (bes. für Seekarten). Vgl. *Breusing* (1869).

Mercenär (lat.), käuflich, feil; Söldner.

Mercia (a. G.), angelsächs. Reich in Britannien, vom Meer an beiden Seiten des Trent bis Wales reichend, kam 825 nach Besiegung des Königs Wiglaf unter die Herrschaft der Westsachsen (König Egbert).

Merck, *Joh. Heinr.*, geb. 11. April 1741 zu Darmstadt, seit 1768 Kriegsrath das., erschoss sich infolge unglücklicher Spekulationen 27. Juni 1791. Mittelpunkt eines Kreises geistreicher Männer, Freund Goethes, auf den er bed. Einfluss übte. Schr. Erzählungen, Fabeln, Recensionen (in ‚Frankf. Anzeigen', im ‚Deutschen Merkur' etc.); ausgedehnter Briefwechsel (‚Briefe' 1835, 1838 und 1847). Schriften (herausg. von *Stahr* 1840). Vgl. *Zimmermann* (1871).   [mittel.

Mercuriälia, Quecksilberpräparate als Heilmittel.

Mercuriälis *L.* (*Bingelkraut*), Pflanzengattung der Euphorbiaceen. *M. perennis L.*, *Waldbingelkraut*, in Europa, scharf giftig.

Mercurii dies (lat.), Mittwoch.

Mercurius (gr. *Hermes*), Gott des Handels und Verkehrs bei Griechen und Römern, Sohn des Zeus und der Maja, Bote der Götter, Erfinder der Lyra und Syrinx, Vorsteher der gymnastischen Uebungen, Gott der Beredsamkeit, Führer der Abgeschiedenen in die Unterwelt, dargestellt als blühender Jüngling mit Flügeln am Heroldsstabe, am Reisehut und an den Füssen.

Mercurius (*Merkur*), der der Sonne nächste Planet mit 644 M. Aequatorialdurchmesser, ist 10—29 Mill. M. von der Erde entfernt; seine Dichte beträgt 1,6 von der der Erde, er zeigt Phasen wie der Mond, ist wahrscheinlich gebirgig und hat eine dichte Atmosphäre; dreht sich etwa in 24 St. 5½ Min. um sich selbst und in 87 Tagen 23 St. 15 Min. um die Sonne; erscheint nur kurze Zeit in der Abend- oder Morgendämmerung.

Merétrix (lat.), Buhldirne.

Mergel, dichtes bis erdiges, auch schieferiges Gemenge von kohlensaurem Kalk mit Thon, oft auch Bittererde, Eisen- und Manganoxyd, Quarz und Glimmer enthaltend, bisweilen bituminös, findet sich in den verschiedenen Kalk- und Sandsteinformationen, bes. den jüngeren; gibt äusserst fruchtbaren Boden und dient als Dünger.

Mergentheim, Stadt im württemberg. Jaxtkreise, an der Tauber, bis 1809 Balleri des deutschen Ordens und Sitz der Hochmeister, 2999 Ew. Schloss. Besuchtes Soolbad.

Mergui, Hafenstadt in Brit.-Birmanien, Landschaft Tenasserim, 8000 Ew. An der Küste der *Merguiarchipel*, Hauptfundort für essbare Vogelnester.

Merida, 1) Stadt in der span. Prov. Badajoz, am Guadiana, 9000 Ew.; die alte röm. Kolonie Augusta Emerita. — 2) Hauptstadt des mexikau. Staats Yukatan, 5 M. vom Meer, 24,000 Ew. Kathedrale, Universität.

Meridiän, Mittagskreis, derjenige grösste Kreis der Erdkugel, welcher durch die beiden Pole und einen bestimmten Ort geht. Die Ebene eines M.s bis zum Durchschnitt mit der scheinbaren Himmelskugel erweitert gedacht, bildet den *Himmelsmeridian* des betreffenden Orts. Alle Orte, welche unter demselben M. liegen, haben zu gleicher Zeit Mittag. Beim Durchgang der Gestirne durch den M. eines Orts haben dieselben ihre grösste Höhe über dem Horizont erreicht und die Hälfte ihres Tagebogens zurückgelegt. Als 1. M. (*Nullmeridian*) gilt bei uns meist der durch die Insel Ferro gehende, in England der von Greenwich (17½° östl. von Ferro), in Frankreich der von Paris (20° östl. von Ferro), in Nordamerika der von Washington (50° westl. von Ferro). Vgl. *Länge.*

Meridiankreis, Hauptinstrument der neueren Astronomie, ein Passageinstrument mit einem in der Ebene des Meridians befindlichen Kreis zur Bestimmung der Deklination.

Meridies (lat.), Mittag; *meridional,* mittägig, südlich. [Schwitzen.

Meridrosis (gr.), theilweises oder örtliches

Mérimée, *Prosper,* franz. Schriftsteller, geb. 28. Sept. 1803 in Paris, wurde 1834 Inspektor der histor. Denkmale Frankreichs, 1853 Senator, 1858 Präsid. der Kommission für Reorganisation der kaiserl. Bibliothek; † Okt. 1870 zu Cannes. Ausgezeichneter Novellist: ,Mosaïque' (1833), ,Contes et nouvelles' (1846), ,Nouvelles' (1852); Auswahl deutsch von *Laun* 1873) etc.; auch Geschichtsforscher: ,Hist. de Dom Pedro I' (neue Ausg. 1865; deutsch 1852), ,Études sur l'histoire romaine' (neue Ausg. 1870), ,Les faux Demetrius' (1852, deutsch 1865).

Merimnophronist (*Merimnosophist,* gr.), Grübler, Grillenfänger.

Merino, leichtes geköpertes Gewebe aus Kammwolle, mit Glanz appretirt, jetzt verdrängt durch die volleren und weicheren ohne Glanz appretirten Tibetiks.

Merinos, span. Schafrace, s. *Schaf.*

Mérioneth, Grafschaft im engl. Fürstenthum Wales, 26,4 QM. und 38,963 Ew.; Hauptst.

Merisma (gr.), Theil, Antheil. [stadt Bala.

Meritum (lat., fr. *mérite,* spr. -riht), Verdienst; *Meriten,* Verdienste; *meritorisch,* verdienstlich. [treffend; kaufmännisch.

Merkantilisch (lat.), den Handel be-

Merkantilsystem, nationalökonomisches System, wonach der Reichthum eines Volks vorzugsweise in der Masse des in seinem Besitz befindlichen baaren Geldes ,oder edlen Metalls beruhen soll, daher es besonders die industrielle Produktion und den Ausfuhrhandel begünstigt wissen wollte, bes. seit Colbert entwickelt, von den Physiokraten bekämpft, von A. Smith wissenschaftlich überwunden.

Merkur, s. *Mercurius.*

Merlan, s. *Schellfische.*

Merle, s. *Drossel.*

Merlin (*Myrdin, Merddin*), Zauberer, Gestalt der altbrit. Sage, Stifter des Ordens der Barden. Aelteste Nachrichten über ihn von *Nennius* und *Gottfr. von Monmouth,* der auch die ,Prophetiae Merlini' mittheilte. Vgl. *Fr. Schlegel* (1804), *San Marte* (1853), *Wheatley* (1869).

Meröde, *Friedrich Xaver Ghislain, Graf von,* geb. 26. März 1820, Sohn des Grafen *Felix von M.* († 1857), belg. Staatsministers 1831, erst Militär, trat 1847 in den geistl. Stand, ward geheimer Kämmerer des Papstes, 1860 belg. Kriegsminister, eifriger Beförderer der weltlichen Interessen des röm. Stuhls, 14. Okt. 1865 entlassen.

Meröe (a. G.), altäthiop. Priester- und Handelsstaat, zwischen den Nilquellflüssen Astapus und Astaboras (Atbara). Die reiche und mächtige *Hauptstadt* M., am Astapus, lag bereits in der vorchristl. Zeit in Trümmern; ausgedehnte Ruinen.

Merope (gr.), theilweise Gesichtsverdunkelung.

Merovinger (*Merowinger*), die erste Dynastie der fränk. Könige in Gallien, nach König *Merwig* oder *Meroväus* (um 450) genannt. Die Geschichte derselben voll blutiger Familienzwiste und Grenel, die letzten Sprösslinge des Geschlechts schwach und entnervt, daher Emporkommen der karoling. Hausmaier; der letzte Sprössling Childerich III. durch Pipin d. Kl. enttbront. Vgl. *Thierry* (neue Ausg. 1871, 2 Bde.), *Montenon* (1863).

Merrimac (spr. -mäck), Fluss in Neuengland (Nordamerika), entsteht in Newhampshire, durchströmt Massachusetts, mündet unterhalb Newburyport in den atlant. Ocean; nur für Boote schiffbar.

Merseburg, preuss. Regbz., 185,2 QM. und 864,853 Ew. Die *Hauptstadt* M., an der Saale und der thüring. Eisenbahn, 13,052 Ew.; goth. Domkirche (ber. Orgel), Schloss (J. Regierungsgebäude); evangel. Domkapitel. Gr. Obstbaumschule. 933 *Sieg Kaiser Heinrichs I.* über die Ungarn. — Das *Bisthum* M., 968 von K. Otto I. gestiftet und dem Erzbisthum Magdeburg untergeordnet, 1648 dem Kurfürstenth. Sachsen zugesprochen, seit 1815 grösstentheils preuss. Vgl. *Schmekel,* ,Beschreibung des Hochstifts M.', 1858.

Mersen, Marktflecken in der niederländ. Prov. Limburg, bei Mastricht, bekannt durch die *Verträge* zwischen Ludwig dem Deutschen und Karl dem Kahlen 847 und 851, und zwischen Ludwig dem Stammler und Ludwig dem Deutschen 878.

Mersey (spr. -si), Fluss in England, mündet bei Liverpool in das Irland. Meer, 15 M.

Merthyr-Tydvill, Stadt im engl. Fürstenthum Wales, Grafschaft Glamorgan, am Taff u. am Cardiffkanal, 83,875 Ew.; reiche Steinkohlen- und Eisengruben; gr. Eisenwerke. Vor 100 Jahren noch ärml. Dorf.

Meru, in der ind. Mythologie Berg im Mittelpunkt der Welt, Wohnsitz der Götter.

Merveille (fr., spr. -wellj), Wunder; *merveilleux* (spr. -welljöh), bewundernswürdig.

Merxleben, Dorf im preuss. Regbz. Erfurt, bei Langensalza. 27. Juni 1866 *Kampf* zwischen Preussen und Hannoveranern.

Merz, *Kaspar Heinrich,* Kupferstecher, geb. 1806 in St.-Gallen, seit 1825 in München, lieferte treffl. Stiche von Kaulbachs Narrenhaus, Cornelius jüngstem Gericht, Zerstörung Jerusalems und Genellis Hexe etc.

Merzig, Kreisstadt im preuss. Regbz. Trier, an der Saar, 4021 Ew. Schiffbau.

Mésalliance (fr., spr. -liangs), Missheirath.

Meschhed (*Mesched*), Hauptstadt der pers. Prov. Khorassan, am Tedschend, 100,000 Ew. Prachtv. Moschee, ber. Wallfahrtsstätte der Schiiten. Seiden-, Tepploh-, Waffenfabr.

Meschede, Kreisstadt im preuss. Regbz. Arnsberg, an der Ruhr, 2415 Ew.

Mesembryanthemum L. (*Zaserblume, Mittagsblume*), Pflanzengattung der Mesembryanthemeen. M. crystallinum L., *Eisblume,* am Kap, in Südeuropa, Zierpflanze; giebt beim Verbrennen sodareiche Asche.

Mesen, Fluss im nördl. Russland, entspr.

im Gouvern. Wologda, mündet in das weisse Meer *(Mesenbucht)*; 120 M. l., ½ schiffbar. Nahe der Mündung die *Stadt M.*, 1432 Ew.

Mesenterialdrüsen *(Gekrösdrüsen)*, Lymphdrüsen, welche zwischen beiden Blättern des Gekröses (s. d.) liegen. Durch sie gehen die Chylusgefässe (s. *Chylus);* bei jeder Darmerkrankung schwellen sie an und können, wenn die Schwellung eine dauernde (sogen. käsige) wird (Tabes mesaraica), Anlass zu schwerer Allgemeinerkrankung werden (nach Typhus, chron. Darmkatarrhen).

Mesenterium, s. v. a. Gekröse.

Meseritz, Kreisstadt in preuss. Regbz. Posen, an der Obra, 4933 Ew.

Mesmer, *Friedrich Anton (Franz.),* Begründer des thierischen Magnetismus *(Mesmerismus),* geb. 23. Mai 1733 zu Itzmang am Bodensee, lebte als Arzt in Wien, seit 1778 in Paris; † 5. März 1815 in Meersburg. Schr. „Sendschreiben an einen auswärtigen Arzt über die Magnetkur" (1775).

Mesocarpium (lat.), in der Botanik die mittlere Fruchthaut, bildet bei dem Kern- und Steinobst das Fleisch.

Mesocephälum (gr.), das Mittelgehirn.

Mesödus (gr.), Zwischengesang.

Mesogastrium (gr.), Bauchmitte.

Mesolabium (gr.), Instrument zum Finden mittlerer Proportionallinien zwischen 2 gegebenen Linien.

Mesopotamien, im Alterthum das Land zwischen dem Euphrat und Tigris bis an die Randgebirge Armeniens; im engeren Sinn nur der grössere nördl. Theil desselben (arab. *el Dschesireh,* d. i. Insel), während der südl. Theil Babylonien genannt wird (jetzt *Irak Arabi);* jetzt unter türk. Herrschaft. Bis zum Mittelalter ein Reich von grossem Einfluss; am bedeutendsten unter den assyr. und babylon. Königen, sowie später als Sitz der Khalifen; seit dem Einfall der Seldschuken, Tataren und Türken (11. Jahrh.) im Verfall. [den Schenkeln.

Mesoncelon (gr.), die Gegend zwischen

Mesontylon (gr.), Raum zwischen 2 Säulen.

Mesotyp *(Bergmannit, Natrolith),* Mineral aus der Klasse der wasserhaltigen Zeolithe, farblos, kieselsaurer Kalk mit kieselsaurer Thonerde (Skolezit, hermophaner Kuphonspath), in Blasenräumen basaltischer Gesteine, oder kieselsaures Natron mit kieselsaurer Thonerde (Natrolith, prismatischer Kuphonspath), in Blasenräumen basalt. und phonolithischer Gesteine.

Mespilus *L. (Mispel),* Pflanzengattung der Rosaceen. M. germanica *L.,* gemeine Mispel, Strauch in Europa (kultivirt) und im Orient, mit geniessbaren Früchten. [melfahrt.

Mesra(arab.), Mohammeds nächtliche Him-

Mesräta *(Mesurata),* Handelsstadt in Tripolis, am Rand der grossen Syrte, 10,000 Ew.

Messager (fr., spr. -aschëh), Bote, Botschaft, Titel von Zeitungen. *Messagerie,* Art Personenpost und dazu dienende Wägen.

Messäla Corvinus, *Marcus Valerius,* röm. Redner, geb. um 70 v. Chr., 30 Konsul; † um 3 n. Chr. Fragmente seiner Reden in *Meyers* „Oratorum rom. fragmenta" (2. Aufl. 1842).

Messalianer *(Euchiten,* d. i. Betbrüder),

myst. Sekte im 4. — 7. Jahrh. in Mesopotamien und Syrien, suchte die angeborene böse Lust durch unablässiges Beten zu ertödten.

Messalina, *Valeria,* Tochter des Konsuls Marcus Valerius Messala Barbatus, erste Gemahlin des röm. Kaisers Claudius, grausam und schamlos ausschweifend, ward 48 n. Chr. auf Anstiften des Freigelassenen Narcissus [getödtet.

Messäna, s. *Messina.*

Messapier, Zweig der Japygier im äussersten SO. Italiens *(Messapia),* mit eigener Sprache *(messapische Inschriften,* noch unentziffert).

Messbuch, s. *Missale.*

Messe (lat. *missa),* in der alten lat. Kirche der öffentliche Gottesdienst überhaupt, später das bei der Feier des Abendmahls gebräuchliche Gebet vor dem Altar (daher der Ausdruck „M. lesen") und insbes. das sogen. *Messopfer,* d. h. die Verwandlung des Brodes und Weines in den Leib und das Blut Christi und die Darbringung desselben als ein Versöhnungsopfer für die Lebendigen und die Todten, sinnbildliche Wiederholung des Opfertodes Jesu, besteht aus 2 Theilen: dem *Offertorium,* der *Wandlung* oder Konsekration der Hostie und des Weines, welche der Priester geniessen soll, und der *Sumtion* oder dem Genuss des geweihten Brodes und Weines. Mit Musik verbunden heisst die M. *Hochamt.* Ausserdem gibt es hohe oder grosse und niedrige oder stille M.n, sowie Handmessen, welche tägl. gelesen werden, und wofür der Priester das Geld auf die Hand empfängt. Die *Seelen-* oder *Todtenmessen* werden für Errettung der Seelen der Verstorbenen aus dem Fegfeuer, die sogenannte *trockne M.* wird unter Weglassung des Kelchs auf der See gelesen. Der griech. Messritus weicht von dem latein. mehrfach ab. Die Reformatoren verwarfen die Lehre vom Messopfer. — Die beim Hochamt aufgeführte Musik, ebenfalls M. genannt, besteht aus 6 Stücken: „Kyrie eleison", „Gloria" (Lobgesang), „Credo" (Glaubensbekenntniss), „Sanctus" (Heilig), „Benedictus" (Segensspruch) und „Agnus dei" (Bittgesang).

Messen *(Handelsmessen),* entstanden aus den mit Ablass verbundenen alten Kirchenmessen, an die sich Jahrmärkte anschlossen, und erlangten grosse Bedeutung, insofern durch dieselben ferne Länder mit einander in Verkehr traten, haben gegenwärtig infolge der veränderten Handels- und Verkehrsverhältnisse und der vervollkommneten Kommunikationsmittel an Bedeutung verloren. *Messfreiheiten,* Befreiungen von Zöllen und Abgaben, freies Geleit für die Messbesucher, beschleunigtes Verfahren bei Rechtsstreitigkeiten etc. Für gewisse Gegenstände (Tuch, Leder) gibt es besondere M. Für jede Messe besteht eine *Messordnung,* sowie eine Art von *Messrecht* für den Handelsverkehr zwischen den Messbesuchern. An den letzten Tagen der Messe, den Zahltagen, finden die Abrechnungen statt. Die wichtigsten deutschen M. sind die zu Leipzig und Frankfurt a/O., denen sich die zu Braunschweig und Frankfurt a/M. anschliessen; von ausserdeutschen die zu Lyon und Beau-

entre in Frankreich, zu Sinigaglia u. Bergamo
in Italien, zu Pesth in Ungarn, zu Nischnij-
Nowgorod in Russland, zu Usundschowa in
der Türkei; von aussereurop. die zu Tanta
in Aegypten, zu Mekka in Arabien, zu Hurdwar
in Ostindien, zu Irbit und Kiachta in Sibirien.

Messenien, griech. Nomarchie, der südwestl. Theil von Morea, 62½ QM. und
117,161 Ew. Hauptstadt Kalamata. Die alte
Landschaft M., mit den Städten Messene,
(Bergveste Ithome), Pylos, Pherä, Methone
etc., seit der dorischen Wanderung ein eigenes
Reich, unterlag in drei Kriegen (*messenische
Kriege*, 743—724, 685—668, 465—455 v. Chr.)
gegen die Spartaner, erhielt durch Epaminondas 369 ihre Selbständigkeit zurück, verlor diese 146 n. Chr. wieder an die Römer.

Messenischer Golf, alter Name des Busens
von Koron im südwestl. Peloponnes.

Messiade, religiöses Epos von Klopstock.

Messias (hebr., gr. *Christus*), d. i. der Ge-
salbte, im A. T. der erwartete Retter aus
Davids Geschlecht, welcher die alte Herrlichkeit Israels, als deren Ideal die davidsche
Herrschaft galt, zurückführen werde. Die
Idee des M. eignete sich Jesus an, indem er
sie vertieft und vergeistigt auf seine Person
bezog. *Messianische Weissagungen*, Stellen
des A. T.s, in denen man Weissagungen auf
die Person und das Schicksal Jesu erblickte.

Messidor, der 10. Monat des franz. republikan. Kalenders, 18. Juni bis 17. Juli.

Messin (spr. -säng), die Umgebung von Metz.

Messina, Prov. Siciliens, 83,2 QM. und
416,067 Ew. Die *Hauptstadt* M., am Fuss
des pelorischen Gebirgs zu. an der *Strasse
von M.* reizend gelegen, 62,014 Ew.; zerfällt
in See- und Hügelstadt. Starke Citadelle und
4 Kastelle, vortreffl. Hafen. Prachtvolle
Strassen; Kathedrale (aus der Normannen-
zeit), Kapuzinerkirche, königl. u. erzbischöfl.
Palast. Erzbischof, Universität, Akademie
der Wissenschaften. Bed. Industrie (bes.
Seidenweberei, Korallenarbeiten, Essenzen),
Fischerei; Handel mit Wein, Seide, Südfrüchten, Schwefel u. Bimsstein; ber. Messe.
Im frühesten Alterthum *Zankle*, 668 v. Chr.
von flüchtigen Messeniern bevölkert (daher
Messana); 289 v. Chr. von Mamertinern
(*Mamertina*), 264 v. Chr. von den Römern
erobert; theilte dann das Geschick Siciliens.
1282 Ausbruch der sicil. Vesper; 1860 die
letzte neapolitan. Stadt auf Sicilien.

Messing, Kupferzinklegirung, wurde von
den Alten durch Zusatz von Galmei beim
Kupferschmelzen erhalten und wird jetzt
durch Zusammenschmelzen von Kupfer und
Zink in Graphittiegeln dargestellt. Roth-
messing, Rothguss enthält weniger als 20%,
Gelbguss 20—50%, Weissmessing 50—80%
Zink. M. ist kalt hämmerbar und streckbar,
oxydirt weniger, ist härter und steifer,
schmilzt leichter und ist dünnflüssiger und
billiger als Kupfer. Spec. Gew. ist höher
als die berechnete mittlere Dichtigkeit. M.
wird zu Guss-, Blech- und Drahtwaaren
verarbeitet und ist nächst dem Eisen das
meist benutzte Metall. Vgl. *Bischoff*, „Das
Kupfer und seine Legirungen‘, 1865.

Messis (*Metsys*), *Quintin*, ber. niederländ.

Maler, geb. 1450 zu Antwerpen, † das. 1529.
Seine Bilder meist ausgezeichnet durch
grossartiges Pathos und Schärfe der Cha-
rakteristik. Hauptwerke: Kreuzabnahme
(Antwerpen), Madonna ihr Kind küssend
(Berlin), die beiden Geizhälse (Windsor) u. a.

Messkatalog, das halbjähri. zu Ostern
und Michaelis ausgegebene Verzeichniss der
erschienenen Bücher, Kunstsachen, Landkarten etc., zuerst 1564 von G. Willer in
Augsburg, dann von dessen Söhnen bis
1610 gedruckt. Der M. von Albr. Lamberg
in Leipzig 1800—16, zuletzt von der weid-
mannschen Buchhandlung das. bis 1850 fortgesetzt, seit 1851 von G. Wigand das., seit
1852 von Avenarius und Mendelssohn das.
verlegt, seit 1853 in erweiterter Gestalt
als „Bibliographisches Jahrbuch für den
deutschen Buchhandel‘ herausg., 1860 abgeschlossen.

Messkette, aus Drahtstäben (1' l.) zusammengesetzte Kette von 5 Ruthen Länge, dient
zum Messen grösserer Längen auf dem Felde.

Messkunst (*Feldmesskunst, Geodäsie*), Theil
der prakt. Geometrie, handelt von der Ausmessung grösserer oder kleinerer Theile der
Erdoberfläche, theilt sich danach in *niedere*
(Ausmessung oder bildliche Darstellung ter-
restrischer Räume bis höchstens 1 QM.) und
höhere M. (Ausmessung grösserer Räume
unter Berücksichtigung der sphäroidischen
Gestalt der Erde). Operationen: Abstecken
gerader Linien und Messen derselben mit
Maasstäben, Messketten etc.; Messung und
graphische Darstellung von Winkeln mittelst der verschiedenen Winkelmessinstru-
mente, des Messtisches, des Horizontalkrei-
ses, Sextanten etc.; bei Aufnahme einer
grösseren Fläche Triangulirung oder Ueber-
ziehung derselben mit einem trigonometr.
Netz von Dreiecken durch Signale etc. und
dieselben verbindende Linien; bei Höhen-
messungen Nivelliren und geometr. und trigonometr. Messungen mit dem Theodoliten etc.
Lehrbücher von *Bauernfeind* (3. Aufl. 1869),
Schlieben (6. Aufl. 1870).

Messtisch, auf 3 Füssen ruhendes Tisch-
chen, dessen mit Papier überzogene Platte
genau horizontal gestellt werden kann,
dient zum Anstellen der Diopterlineale etc.
und zum Aufzeichnen der gemessenen Linien.

Mestizen, s. Farbige.

Mesua *L.* (*Kastanienrose*), Pflanzengattung
der Guttiferen. M. ferrea *L.*, auf den ostind. Inseln, liefert das ceylon. Eisenholz.

Meta, linker Nebenfluss des Orinoco,
bildet auf eine Strecke die Grenze zwischen
Columbia und Venezuela; 130 M. lang.

Metachromatypie (gr.), die Kunst, auf
Papier gedruckte Bilder auf Porzellan, Metall, Holz etc. dauernd zu übertragen; erfordert besonders zubereitetes Papier, welches sich von dem aufgedruckten Bilde leicht
trennen lässt, und als Klebstoff Oelfirniss oder
Dextrin, wird zur Darstellung von Galanteriewaaren, Theebretern, zum Unterdruck
für Porzellanmalerei etc. angewandt.

Metachronismus (gr.), s. v. a. Anachro-
nismus.

Metakritik (gr.), Kritik einer anderen

Kritik, z. B. Herders M. zur Kritik der reinen Vernunft von Kant.

Metalepsie (gr.), rhetor. Figur, bestehend in Vertauschung des zu Bezeichnenden mit Vorausgehendem oder Nachfolgendem.

Metallage (*Metalldxis*, gr.), Vertauschung.

Metallbad, geschmolzenes Metall, in welches man Gefässe mit Substanzen einsenkt, die einer bestimmten hohen Temperatur ausgesetzt werden sollen.

Metallbäume, baumartige verzweigte Metallabscheidungen aus Salzlösungen, z. B. Bleibaum, aus Bleizuckerlösung durch Zink abgeschiedenes Blei.

Metalle, diejenigen Elemente, welche in ihren physikalischen Eigenschaften dem Blei, Kupfer, Eisen etc. mehr oder weniger nahe stehen. Alle M. zeigen eigenthümi. Glanz (Metallglanz), leiten Wärme und Elektricität, sind unlöslich in Wasser und Alkohol. Den *edlen* M.n, die im Feuer ihren Glanz behalten (Gold, Silber, Platin) stehen die *unedlen* gegenüber; den *leichten* M.n die *schweren* (spec. Gew. mindestens 5,0); den *hämmerbaren* (s. *Dehnbarkeit*) die *Halbmetalle*, welche unter dem Hammer zerspringen. *Metalloxyde* sind Verbindungen von M.n mit Sauerstoff (Basen oder Säuren); *Metallsalze*, Verbindungen der Oxyde der schweren M. mit Säuren. [reich.

Metallführisch (gr.), metallführend, metall-

Métalliques (fr., spr. - lihk) oder *Rescriptions métalliques*, d. i. Scheine für klingende Münze, in Frankreich die vom Direktorium 1797 ausgegebenen, die Mandate ersetzenden Staatspapiere; in Oesterreich die auf Konventionsmünze ausgestellten Staatsobligationen, deren Zinsen in Silbergeld bezahlt werden sollen.

Metallisiren, nicht metallische Gegenstände mit Metall bedecken, durch Imprägniren fester, dauerhafter machen, z. B. Holz durch Imprägniren mit Salzen. [talle.

Metallochromie, galv. Färbung der Me-

Metallodynie (gr.), Metallschmerz, Symptom bei Blei-, Quecksilbervergiftungen.

Metallographie (gr.), Beschreibung der Metalle; die Kunst, Druckplatten aus Metall mit erhabenen Zeichnungen herzustellen.

Metalloïde, die nicht metallischen Elemente: Sauerstoff, Wasserstoff, Stickstoff, Schwefel, Selen, Chlor, Brom, Jod, Fluor, Phosphor, Kiesel, Bor, Kohlenstoff.

Metallurgie (gr.), die Lehre von den chemischen und mechan. Prozessen, durch welche die nutzbaren Metalle, manche Metalloïde (z. B. Schwefel) und gewisse Verbindungen derselben (z. B. Schwefelantimon) aus ihren natürlichen Verbindungen (Erzen) dargestellt werden. Die M. im engern Sinne lehrt die wissenschaftl. Grundsätze kennen, auf welchen die Gewinnung der genannten Substanzen im Grossen (*hüttenmännisch*) durch chem. Operationen (*Hüttenprozesse*) oder durch mechan. Manipulationen (Gold) beruht. Die *Hüttenkunde* beschreibt die auf diesen Grundsätzen basirenden metallurg. Operationen. Vgl. die Werke von *Karsten* (1831—32), *Rammelsberg* (2. Aufl. 1865), *Scheerer* (1846—53, 2 Bde.), *Plattner* (1860 — 63,

2 Bde.), *Kerl* (2. Aufl. 1861—63, 4 Bde.), *Percy* (1863 ff.). [morphose.

Metamorphismus der Gesteine, s. *Meta-*

Metamorphose (gr.), Verwandlung, in der Zoologie Entwickelungsprozess, bei welchem das Thier bis zu seiner vollständigen Ausbildung der Reihe nach sehr verschiedene Gestalten annimmt; findet sich bei Fischen, Amphibien, Krebsen, am ausgeprägtesten bei Insekten (Raupe, Puppe, Imago); verwandt ist der Generationswechsel, s. *Ammenerzeugung*. In der Botanik ist M. der Prozess, durch den z. B. das Blattorgan, welches zuerst als Samenblatt auftritt, als Laubblatt, Deckblatt, Kelchblatt, Blumenblatt, Staub- und Fruchtblatt erscheint; in der Geologie die Umwandlung namentlich unkrystallinischer Gesteine in krystallinische (metamorphische) durch einsickerndes salzhaltiges Wasser, oft unter Mitwirkung von Hitze und hohem Druck.

Metapher (gr.), bildlicher Ausdruck; *metaphörisch*, uneigentlich, bildlich. [bung.

Metaphräse (gr.), Uebertragung; Umschrei-

Metaphysik (gr.), ursprüngl. Titel eines Werks von Aristoteles, die Wissenschaft von den Grundprincipien der Erscheinungswelt, beschäftigt sich insbes. mit den Begriffen des Seins und Werdens, der Kraft und des Stoffs, des Raumes und der Zeit etc., seit Kant Kriticismus.

Metastase (gr.), Umstellung, Versetzung; in der Medicin das Auftreten einer Krankheit an einem anderen Organe, besonders von Eiterherden, Krebs etc.

Metastasio (eigentlich *Trapassi*), *Pietro*, italien. Dichter, geb. 13. Jan. 1698 zu Assisi, † 12. April 1782 als Hofdichter zu Wien. Vollender der ernsten Operndichtung (opera seria) der Italiener; seine Stücke ausgezeichnet durch melodische Sprache, aber ohne poet. Gehalt. ‚Opere' (beste Ausg. 1816—20, 20 Bde.). [der Buchstaben.

Metathesis (gr.), Umstellung, Versetzung

Metauro, Fluss in Mittelitalien (Marken), fällt bei Fano ins adriat. Meer, 16 M.

Metempsychose (gr.), Seelenwanderung.

Meteore (gr.), Lufterscheinungen; Hydrometeore: Thau, Nebel, Wolken, Regen, Schnee etc.; elektrische: Gewitter, Nordlicht; feurige: Sternschnuppen, Feuerkugeln; optische: Regenbogen, Nebensonnen.

Meteoreisen, s. *Meteoriten*. [kungen.

Meteorismus (gr.), Windsucht, s. *Blä-*

Meteoriten (*Meteorsteine*, *Aërolithen*), aus dem Weltraum auf die Erde gefallene mineralische Massen, erscheinen oft als schnell sich bewegende Feuermeteore, aus welchen unter Detonation ein oder mehrere heisse Steine herabfallen. Alle M. haben eine graue oder schwarze Rinde und sind Eisen- oder Steinmeteoriten. Zu ersteren gehört das *Meteoreisen* (Eisen, Nickel und Phosphornickeleisen oder Schreibersit), der Pallasit (ästiges Meteoreisen und Mesosiderit, Nickeleisen, Magnetkies, Olivin, Augit\ Die Steinmeteoriten sind Silikate (Olivin, Angit, Anorthit, Labrador) mit Schwefeleisen, Chromeisen, Magneteisen, selten Zinn. Die kohligen M. bestehen aus erdiger Kohle und enthalten paraffinähnliche Substanzen. Grösster Meteorstein 30,000 Pfd. Die M. sind höchst wahrscheinlich kosmischen Ursprungs. Vgl. *Chladni* (1819), *Büchner* (1863), *Rammelsberg* (1870).

Meteorologie (gr.), Witterungskunde, die Lehre von den in der Atmosphäre vorgehenden Veränderungen des Luftdrucks, der Temperatur, Feuchtigkeit, der elektrischen Verhältnisse etc., sowie von den hieraus sich ergebenden Folgen, den Winden, wässerigen Niederschlägen etc., eng verbunden mit der *Klimatologie*, der Lehre von der Beschaffenheit der Atmosphäre in verschiedenen Gegenden der Erde. Die M. beschränkt sich gegenwärtig noch fast ausschliesslich auf Beobachtung und Erklärung der Witterungserscheinungen. Die Möglichkeit, das kommende *Wetter vorherzusagen*, hat gegenwärtig noch sehr geringe wissenschaftliche Begründung, ist aber durch die aus zahlreichen Beobachtungen abgeleiteten Gesetze und durch die Benutzung des Telegraphen angebahnt worden und für kurze Fristen dargethan (*Sturmwarnungen*). Meteorologische Beobachtungen, Deutungen und Witterungsregeln finden sich reichlich bei den Alten. Aristoteles, Theophrastus, Plinius u. Seneca lieferten zum Theil umfassende Werke über M. Im Mittelalter war die M. ein Zweig der Astrologie; Wissenschaft wurde sie erst nach Erfindung des Barometers und Thermometers, und im 18. Jahrh. lieferte *Muschenbroek* die ersten Zusammenstellungen. Weitere Förderung fand die M. durch *Saussure*, Kurfürst *Karl Theodor* von der Pfalz als Stifter der mannheimer meteorologischen Gesellschaft, und besonders durch *A. v. Humboldt*, welcher zuerst Isothermen zog und für Errichtung meteorolog. Stationen wirkte. *Schouw*, *Schübler*, *Kämtz*, vor Allem aber *Dove* sind die Begründer der neueren M. Lehrbücher von *Kämtz* (1831—36, 3 Bde., n. 1840), *Schübler* (1849), *Müllry* (1860), *Schmid* (1861), *Helmes* (1858), *Gräger* (1871). Wichtigste Quellenwerke die Arbeiten von *Dove*.

Meteoroskop (gr.), ein aus Barometer, Thermometer, Hygrometer etc. zusammengesetzter Apparat zu meteorologischen Beobachtungen; *Meteorograph*, ein solcher, welcher die Angaben der einzelnen Apparate selbstthätig registrirt.

Meteorstaub, s. v. a. Passatstaub.

Meteorsteine, s. *Meteoriten*.

Meter (fr. *mètre*) oder Stab, Längenmass, Einheit des neuen franz. (seit 1800) und deutschen (Gesetz vom 17. Aug. 1868, eingeführt 1. Jan. 1872) Mass- und Gewichtssystems (s. *Decimalsystem*), mit decimaler Theilung und Vervielfachung: 1/100 M. = 1 Centimeter oder Neuzoll, 1/1000 M. = 1 Millimeter oder Strich, 10 M. = 1 Dekameter oder Kette, 1000 M. = 1 Kilometer. Vergleichung mit anderen Längenmassen s. *Fuss*.

Meth, aus gewürztem Honig durch Gährung bereitetes alkohol. Getränk, bes. in England und den ostslav. Ländern gebräuchlich.

Methfessel, *Albert*, beliebter Liederkomponist, geb. 6. Okt. 1784 in Stedtilm (Thüringen), 1830—43 Hofkapellmeister in Braun-

schweig, seitdem pensionirt; † 23. März 1869 zu Heckenbeck bei Gandersheim.

Methode (gr.), planmässig geregeltes Verfahren zur Erreichung eines bestimmten Zwecks, insbes. beim Unterricht (*Lehr-, Unterrichtsmethode*). Man unterscheidet hes. die akroamatische (s. d.), heurist. (s. *Heuristik*) und katechet. (s. *Katechese*) M.; beim wissenschaftl. Vortrag die progressive oder synthet. und die regressive oder analyt. M. **Methodisch**, planmässig. *Methodik* oder *Methodologie*, Anweisung zu einem planmässigen Verfahren bei Erlernung oder beim Vortrag einer Wissenschaft. *Methodiker*, Einer, der methodisch an Werke geht.

Methodisten (gr.), christliche Religionspartei, entstand in der anglikan. Kirche, von *John Wesley* (s. d.) und dem Prediger *Whitefield* (s. d.) 1729 gestiftet, M. genannt, weil sie nach „der in der Bibel aufgestellten Methode" leben wollten; traten erst unter den Verfolgungen, die sie von Seiten der bischöfl. Geistlichkeit zu erdulden hatten, zu besondern Gemeindeverbänden unter Synoden und Superintendenten zusammen. 1741 trennte sich Whitefield, der die calvin. Prädestinationslehre vertrat, von Wesley, welcher arminianisch gesinnt war. Die Gemeindeorganisation ermöglicht die genaueste Beaufsichtigung der einzelnen Gemeindeglieder. Die M. verbreiteten sich besonders in England, Schottland, Irland, Westindien, Britisch-Amerika und in den Vereinigten Staaten. Die Leitung des Ganzen hatte anfangs Wesley, seit 1744 mit Hinzuziehung einer jährlichen Konferenz, die seit Wesleys Tode als alleinige kirchl. Oberbehörde mit fast uneingeschränkten Befugnissen über Lehre, Disciplin etc. fungirt. Die Bedeutung des Methodismus besteht besonders in seinem grossen Einflusse auf die niederen Volksklassen. In Deutschland ist Bremen Hauptstation der M., ausserdem Frankfurt a/M., Heilbronn und Ludwigsburg, in der Schweiz Zürich. Ueber die Gesch. des Methodismus vgl. *Jackson* (deutsch v. *Kuntze* 1810), *Jakoby* (2. Aufl. 1855), *Stevens* (1868).

Methusalah (unrichtig *Methusalem*), Sohn Henochs und Vater Lamechs, erreichte unter den Erzvätern das höchste Lebensalter, 969 Jahre; daher sprichwörtlich.

Methyl, sauerstofffreies Radikal des Holzgeistes (Methylalkohol), dem das Formyl, das sauerstoffhaltige Radikal der Ameisensäure, in ähnl. Weise entspricht wie das Acetyl, das Radikal der Essigsäure dem Aethyl, dem Radikal des Alkohols und Aethers.

Methylalkohol (*Methyloxydhydrat*), Holzgeist, dem Alkohol ähnliche Flüssigkeit, wird aus der neutralisirten wässerigen Flüssigkeit, welche bei trockner Destillation des Holzes entsteht, durch Destillation gewonnen, farblos, spec. Gew. 0,81, siedet bei 61° C., ist brennbar und besitzt dieselben Lösungs- und Löslichkeitsverhältnisse wie der Alkohol, wird häufig an dessen Stelle benutzt.

Methylwasserstoff (*leichtes Kohlenwasserstoffgas, Sumpfgas, Grubengas*), Verbindung von 2 Aeq. Kohlenstoff mit 4 Aeq. Wasserstoff, farb- und geruchloses Gas, entsteht bei Fäulniss und Verwesung und bei trockner Destillation organischer Substanzen, findet sich daher in Leuchtgas und bildet in Steinkohlenbergwerken die schlagenden Wetter. Hauptbestandtheil vieler Gasquellen (s. d.), brennt mit bläulicher, wenig leuchtender Flamme, explodirt mit Luft gemischt durch eine Flamme, ist in Wasser und Alkohol wenig löslich.

Methymna (a. G.), bedeut. Hafenstadt auf Lesbos, mit ber. Weinbau; jetzt Molivo.

Methyologie (gr.), Zechkunde.

Metidscha, fruchtbare Ebene in Algerien, südl. von Algier, 12½ M. lang. [werk.

Metier (fr., spr. Metjeh), Gewerbe, Hand-

Metis (gr., d. i. Klugheit), Tochter des Oceanus und der Tethys, erste Gemahlin des Zeus, wurde von diesem, mit Athene schwanger, verschlungen, worauf er diese aus seinem Haupte gebar.

Metöken (gr.), im alten Athen angesessene Fremde; Schutzverwandte.

Möton, Athener, Begründer der nach ihm benannten Zeitrechnung (metonischer Cyclus), wonach seit 432 v. Chr. der Anfang des Jahres auf den Neumond nach dem Sommersolstitium angesetzt ward.

Metonomasie (gr.), Veränderung eines Namens, bes. durch Uebersetzung desselben in eine fremde Sprache.

Metonymie (gr.), rhetor. Figur, Vertauschung des eigentlichen oder allgem. Begriffs mit nothwendigen oder zufälligen Merkmalen desselben. .

Metöpen (gr.), im dorischen Fries die Zwischenfelder zwischen den Triglyphen.

Metra (gr.), Gebärmutter.

Metrik (gr.), Lehre vom Versbau, Verskunst; metrisch, in gebundener Rede.

Metritis (gr.), Gebärmutterentzündung.

Metroblennorrhöe (gr.), eitriger Ausfluss aus der Gebärmutter. Metrocèle, Gebärmutterbruch. [und Gewichten.

Metrologie (gr.), Lehre von den Massen

Metronom (gr.), Taktmesser, Werkzeug zur genauen Bestimmung der Taktgeschwindigkeit eines Musikstücks, von Mälzel erfunden. [Mutter gebildete Eigennamen.

Metronymika (gr.), nach dem Namen der

Metropole (gr. Metropolis), Mutterstadt von Kolonien; Hauptstadt, Hauptsitz. Metropolit, Metropolitän, Erzbischof; auch Pfarrer an einer Hauptkirche.

Metrosidéros Smith, Pflanzengattung der Myrtaceen. M. vera Lindl., Nalibaum, auf den Molukken, liefert Eisenholz.

Metroskóp (gr., Speculum), Mutterspiegel, Instrument zur Untersuchung der Gebärmutter, weisses, an einem Ende trichterförmig sich erweiterndes Porzellanrohr.

Metrotomie (gr.), Kaiserschnitt.

Metrum (gr.), Mass, bes. Vers-, Silbenmass. [mass.

Metsched (arab.), s. v. a. Moschee.

Mette (v. lat. matutina), Frühmesse. Christmette, Frühgottesdienst am Weihnachtsfeste.

Metternich, Clemens Wenzel Nepomuk Lothar, Fürst von M.-Winneburg, österr. Staatskanzler, geb. 15. Mai 1773 zu Koblenz aus einem rheinländ. Adelsgeschlecht, fun-

girte auf dem Kongress von Rastadt 1797-1799 als Gesandter des westphäl. Reichsgrafenkollegiums, ward 1801 österr. Gesandter in Dresden, 1803 in Berlin, 1806 in Paris, Okt. 1809 Minister des Auswärtigen, 25. Mai 1821 Haus-, Hof- und Staatskanzler, Okt. 1826 Präsident der Ministerialkonferenzen für innere Angelegenheiten, fast 40 Jahre lang die Seele der auswärtigen und inneren Politik Oesterreichs, Vertreter der althergebrachten habsburg-lotbringischen Hauspolitik, Begründer des Stabilitätssystems und entschiedener Gegner jeglicher nationalen und liberalen Regung, in diesem Sinne auf den Kongressen zu Wien (1814-1815), Aachen (1818), Karlsbad (1819), Troppau und Laibach (1821) und Verona (1822) wirksam. Durch die wiener Erhebung 13. März 1848 zum Rücktritt gezwungen, ging er nach England, lebte seit Juni 1851 auf Schloss Johannisberg und kehrte Sept. 1851 nach Wien zurück, lebte hier zurückgezogen; † 11. Juli 1859. Biogr. von Schmidt-Weissenfels (1859-60, 2 Bde.). — Sein Sohn Richard Clemens Lothar Hermann, Fürst von M., geb. 7. Jan. 1829, vermählt seit 1856 mit der Gräfin Pauline von Sandor, wirkte 1859-71 als österr. Botschafter in Paris.

Mettmann, Stadt im preuss. Regbz. Düsseldorf, Kr. Elberfeld, 6333 Ew. Seiden-, Tuch-, Baumwollenfabr. Neanderhöhle.

Metz, Festung und Kreisstadt in Deutsch-Lothringen, bis 1870 Hauptstadt des franz. Depart. Mosel, am Einflusse der Seille in die Mosel und an der Eisenbahn von Nancy nach Saarbrücken, 54,817 Ew. (viele Juden). Alterthümliches Ansehen; goth. Kathedrale (schöner, 350' h. Thurm). Als Festung einer der stärksten Plätze Europas, mit 11 Bastionen und einer Citadelle, neuerdings verstärkt durch 8 detachirte Forts (St. Julien, St. Quentin, Plappeville etc.). Rabbin. Centralschule. Woll- und Baumwollspinnereien, Fabriken für Mouliton, Droguet und Decken, Eisen- u. Kupferhütten, Färbereien, Stickereifabrikat. etc. Unfern Ruinen einer röm. Wasserleitung und eines Amphitheaters. — Das alte gallische Divodurum, Hauptstadt der Mediomatrici, später Hauptstadt Austrasiens, nach der Theilung der karoling. Lande freie deutsche Reichsstadt. April 1559 von Heinrich II. von Frankreich (infolge heimlichen Vertrags mit Kurfürst Moritz von Sachsen) besetzt und im westphäl. Frieden förmlich an Frankreich abgetreten. Bei M. 14., 16. und 18. Aug. 1870 die entscheidenden Siege der I. und II. deutschen Armee, infolge deren Einschliessung Bazaines und seiner Armee in M. und Cernirung der Stadt; 31. Aug. und 1. Sept. erfolglose Versuche Bazaines, nach Nordosten durchzubrechen; 27. Okt. Kapitulation (173,000 Mann, 3 Marschälle, über 600 Offiziere gefangen); durch den Frieden an Deutschland zurückgegeben. Vgl. Ooster, "Geschichte von M.", 1871.

Metz, Aug., geb. 30. April 1818 zu Dreieichenhain in Hessen-Darmstadt, seit 1848 Hofgerichtsadvokat zu Darmstadt, als Landtagsmitglied der liberalen Opposition zugehörig, eifriges Mitglied des Nationalverdas und der Fortschrittspartei im Grossherzogthum Hessen.

Metze, Hohlmass, in Preussen u. Sachsen = ¹¹⁄₁₆, in Bayern = ¹⁄₂ Scheffel; s. *Hohlmasse.*

Metzu, *Gabr.*, niederländ. Maler, geb. 1615 zu Leyden, † 1658 zu Amsterdam; Meister im Genrebild in der Richtung Terburgs.

Meuchelmord, s. *Mord.*

Meudon (spr. Mödóng), Marktflecken im franz. Depart. Seine-Oise, unweit der Seine, 5417 Ew. Lustschloss. Hier 16. Jan. 1871 erfolgloser Ausfall der pariser Armee.

Meum *L.* (*Bärwurz*), Pflanzengattung der Umbelliferen. Das Kraut von M. athamanticum *Jacq.*, *Mutterwurz*, auf Bergwiesen, macht als Viehfutter Milch und Butter [aromatisch.

Meurs, Stadt, s. *Mors.*

Meurthe (spr. Möhrt), rechter Nebenfluss der Mosel, kommt von den Vogesen, mündet unterhalb Nancy bei Frouard, 48 M. l. Vom ehemal. franz. *Depart.* M., 110,6 QM. und 428,387 Ew., mit der Hauptst. Nancy, gehört ein Theil (die Bezirke Chateau-Salins und Saarburg) jetzt zu Deutschland.

Meuse (spr. Möhs), franz. Name der Maas.

Meute, Koppel Jagdhunde.

Mexikanischer Meerbusen (*Golf*), Theil des atlant. Oceans, Binnenmeer an der Küste von Mexiko und den Vereinigten Staaten, von den Halbinseln Florida und Yukatan eingeschlossen; aus demselben führt die Strasse von Yukatan in das karaib. Meer. Städte am Golf: Neworleans, Veracruz, Havana.

Mexiko (*Mejiko*), Föderativrepublik im südl. Nordamerika, zwischen dem stillen Ocean und dem mexikan. Meerbusen, 35,825 QM. und (1868) 9,173,052 Ew.; gr. Tafelland von 6200' mittl. Höhe mit erhöhtem Ost- und Westrande und zahlr. Gipfeln (Popocatepetl 16,690', Pic von Orizaba 16,780', vgl. *Cordilleren*); vom Rio del Norte und Colorado bewässert. Aeusserst fruchtbar, Kultur mangelhaft. 3 klimatische Stufen: 1) Tierra calliente (die feuchtheissen Küstensäume, 26° C. mittl. Temperatur; die Gegend des Zuckerrohrs, Indigo, Kakao, der Baumwolle); 2)Tierra templada (gemässigte Zone, zwischen 3000 und 7000' Höhe, ⁵⁄₁₂ des Landes mit den bedeutendsten Städten, Klima mild und gesund, die Gegend der europ. Südfrüchte); 3) Tierra fria (die höher gelegene kühle Zone, das Land der Cerealien, des europ. Obstes und der Kartoffeln). Grosser Reichthum an edlen Metallen (Ausbeute 1870: 1,188 Mill. Doll. Gold und 19,818 Mill. Doll. Silber), auch Blei, Quecksilber, Schwefel etc. Die Bevölkerung, ca. 1 Mill. Kreolen, 4¹⁄₂ Mill. ansässige christl. Indianer (Comanches, Apaches), ca. 70,000 Neger (Zambos), 2¹⁄₂ Mill. Mischlinge; sehr ungleich vertheilt, am spärlichsten im N. und in den heissen Küstenstrichen; ³⁄₄ dürftiges Proletariat. Herrschende *Kirche* die röm.-kathol., mit 3 Erzbischöfen (Mexiko, Mechoacan und Guadalajara) u. 8 Bischöfen. — *Finanzbudget* 1869—70: Einnahme 14,421 Mill., Ausgabe 13,047 Mill. Doll. (3¹⁄₂ Mill. für die Staatsschuld); Staatsschuld 317.867 Mill. Doll. (doch erkennt die republikan. Regierung die von Maximilian I. gemachten Anleihen,

sowie seine Verpfändung der Seezölle nicht an). — Angaben über die jetzige Stärke der *Armee* fehlen. — Der *Handel* hauptsächl. in den Händen der Engländer, Franzosen und Nordamerikaner; Ausfuhr ca. 26 Mill. Doll. (davon ca. ⁴⁄₅ Gold und Silber; ausserdem Kakao, Vanille, Cochenille, Indigo, Jalapa, Sassaparilla, Farbhölzer, Tabak, Istle etc.); Einfuhr 26 Mill. Doll. Verkehrswege äusserst mangelhaft; Eisenbahnen 1871: 46,8 M. in Betrieb. Regelmässige Dampfschiffverbindung mit Neworleans, Frankreich, San Francisco. — *Eintheilung* in 27 Staaten (darunter der *Staat* M., 451,5 QM. und 650,663 Ew., Hauptst. Toluca), ein Territorium und den *Bundesdistrikt* M. (4 QM.). — Die *Landeshauptstadt* M., 7255' h. auf dem Plateau von Anahuac, nahe dem See von Tezcuco, 205,000 Ew.; Kongressort, schön gebaut, Universität, Erzbischof, grosse Wasserleitung; Industrie in Gold- und Silberwaaren, Leder-, Tabaks-, Woll- und Seidenfabr., Pulquebrennerei. Ehed. *Tenochtitlan*, die Hauptst. der Azteken.

Geschichte. Aelteste Bewohner des Landes Tolteken, dann Chichemeken, Acolhuer, Tlascaler, Azteken. 1508 Entdeckung Yukatans durch Solis und Pinzon, 1518 der Ostküste von Anahuac durch Grijalva, 1519—21 Eroberung des Aztekenreichs durch Ferdinand Cortez für Spanien. Seit 1540 M. als Königreich Neuspanien von Vicekönigen regiert. Abschliessung des Landes gegen allen Verkehr mit Fremden; die Bewohner ledigl. auf die Erzeugnisse der Mutterlandes angewiesen. 1809 Bildung einer Regierung im Namen Ferdinands VII., die sich später gegen die hohe Junta in Spanien erklärt. Sept. 1810 Aufstand des Pfarrers Hidalgo, der 27. Juli 1811 mit des Führers Hinrichtung endet. Neuer Aufstand infolge der Grausamkeiten des Vicekönigs Calleja. Fortgang der Revolution; Bildung von Provinzialjuntas und Kongressen; Guerrero, Hauptführer der Erhebung, im Verein mit Iturbide, der 18. Mai 1822 als Kaiser Augustin I. den Thron besteigt, 20. März 1823 abdankt und verbannt und, nachdem er 16. Juli 1824 den mexikan. Boden wieder betreten, 19. Juli erschossen wird. 4. Okt. 1824 Einführung der neuen Konstitution. 13. Jan. 1825 Abschaffung des Sklavenhandels. 1. Jan. 1825 Anerkennung der Republik M. von Seiten Grossbritanniens, darauf auch von Seiten der meisten anderen europ. Mächte. Die folgende Geschichte 2 Jahrzehnte hindurch ein trostloses Gewirre von Parteikämpfen und Umwälzungen. 19. Nov. 1825 Kapitulation der Veste San Juan de Ulloa bei Veracruz, des letzten von den Spaniern behaupteten Punktes. 1. Sept. 1828 Wahl Pedrazzas zum Präsidenten; 4. Dec. Sturz desselben durch Santa-Anna. 1. Jan. 1829 Guerrero Präsident. Ausweisung aller Spanier aus dem Lande. 1. Jan. 1830 Bustamente Präsident. Jan. 1832 Insurrektion Santa-Annas und infolge des Sieges desselben bei Puebla (1. und 2. Okt.) Erhebung Pedrazzas zum Präsidenten, dem nach Uebereinkunft 1.April 1833 Santa-Anna folgt. 23. Okt. 1835 Umwandlung der Republik aus einer föderativen in eine centralistische. Darauf Abfall von Texas, das sich 2. März 1836 für unabhängig erklärt. Gegen Ende 1836 Anerkennung der Republik von Seiten Spaniens. Differenzen mit Frankreich infolge von Rechtsverletzungen franz. Bürger führen zum Krieg, der mit Einnahme von Veracruz durch die Franzosen 5. Dec. 1838 endigt. 9. März 1839 Friede. Darauf innere Kämpfe zwischen Centralisten und Föderalisten. Sept. 1841 Santa-Anna Präsident, strebt nach der Diktatur, wird Anfang 1845 gestürzt und verbannt. General Herrera Präsident. 16. Juli 1845 infolge von Streitigkeiten über die Grenze zwischen M. und Texas Kriegserklärung M.s an die Vereinigten Staaten. 16. Sept. Sturz Herreras und Erhebung des Generals Paredes zum Präsidenten. 15. Aug. Rückkehr Santa-Annas und 1. Okt. Ernennung desselben zum Generalissimus. 22. und 23. Febr. 1847 Niederlage der Mexikaner bei Buenavista durch die Nordamerikaner unter Taylor. 26. März Veracruz durch Scott zur Kapitulation gezwungen. April Santa-Anna in M. zum Diktator ernannt. Nach den Niederlagen desselben bei Contreras und Churubusco (19. und 20. Aug.) Beschiessung und Erstürmung von M. 14. und 15. Sept. Im Frieden von Guadalupe-Hidalgo (2. Febr. 1848) verliert M. die jenseits des Rio Grande del Norte gelegenen Theile, die Staaten Tamaulipas, Cohahuila und Chihuahua, sowie Neumexiko und Neukalifornien (etwa 30,500 QM.). Herrera Präsident behauptet sich gegen mehrere Aufstände des Exprässidenten Paredes. Jan. 1851 Arista Präsident; 1852 Sturz desselben durch General Cevallos; darauf Anarchie und 27. April 1853 Rückkehr Santa-Annas in die Hauptstadt, der darauf 2 Jahre als Diktator schaltet. Sommer 1855 Sturz desselben durch Alvarez; Dec. Erhebung Comonforts zum Präsidenten. Derselbe sucht einen Kompromiss zwischen den Liberalen und dem Klerus zu Stande zu bringen, verdirbt es aber mit beiden Parteien. Erhebung Juarez durch die Liberalen zu Veracruz, Zuloagas in der Hauptstadt durch die Priesterpartei. Nach der kurzen Diktatur Miramons 1859 infolge der Siege Ortegas Jan. 1861 Einzug Juarez in die Hauptstadt. Derselbe proklamirt völlige Religionsfreiheit, hebt die Mönchsklöster auf und erklärt das Kirchenvermögen für Nationaleigenthum, wird Juni 1861 vom Kongress zum Präsidenten erwählt und 1. Juli mit der Diktatur bekleidet. 31. Okt. im Vertrag von London Vereinigung Spaniens, Englands und Frankreichs, um Genugthuung für Beschwerden ihrer Unterthanen zu erhalten. Gegen Ende 1861 ihr Geschwader an der Küste. 9. April 1862 Rücktritt Englands und Spaniens vom Bündnisse infolge der Eroberungspläne Napoleons III. ('Reorganisation der latein. Race'). 5. Mai missingegener Sturm der Franzosen auf Puebla, das sich erst 27. Mai 1863 nach 2monatlicher Belagerung ergibt. 10. Juni Einzug der Franzosen in M. Eine vom franz. General Forrey berufene sogen. No-

tabeln versammlung proklamirt das mexik. Kaiserreich und bietet auf Betrieb Napoleons III. dem österr. Erzherzog Maximilian [s. d. 2)] die Krone an, die derselbe 10. April 1864 nach angeblicher Wahl durch das Volk annimmt. 12. Juni 1864 Einzug desselben in die Hauptstadt. Darauf wechselvoller Kampf zwischen den durch eine österr. und belg. Fremdenlegion verstärkten Imperialisten und der republikan. Regierung zu San-Luis-Potosi. Nach Beendigung des nordamerikan. Bürgerkriegs trostlose Lage Maximilians. Napoleon III. macht sich April 1866 der Union gegenüber verbindlich, die franz. Truppen bis Nov. 1867 aus M. zurückzuziehen. Sept. 1866 Beschränkung der Kaiserlichen auf die Hafenstädte Veracruz und Acapulco, im Inneren auf M. und Puebla. Febr. 1867 Einschliessung Maximilians in Queretaro, darauf Gefangennahme und 19. Juni 1867 Erschiessung desselben nebst den Generälen Miramon und Mejia. Wiederwahl Juarez zum Präsidenten. Santa-Anna erregt einen Aufstand in Yukatan (bis Febr. 1868) und sucht dann Ortega zum Präsidenten zu erheben. Auch nach Santa-Annas Abgang Fortdauer der Parteikämpfe. Seit 30. Sept.) 1871 Revolution infolge der Wiederwahl Juarez zum Präsidenten. Vgl. *Prescott*, 'History of the conquest of M.', 1844, 3 Bde.; deutsch 1845, 2 Bde.; über die neuere und neueste Geschichte die Werke von *Zavala* (1831), *Torrente* (1829–30), *Mora* (1836), *Alaman* (1849–1852), *Labédollière* (1866), *Lefèvre* (1870, 2 Bde.).

Meyer, 1) *Joh. Heinr.*, Maler, geb. 16. März 1759 zu Stäfa (Schweiz), Freund Goethes, der ihn in Italien kennen lernte, seit 1807 Direktor der Zeichenakademie in Weimar; † das. 14. Okt. 1832. Schr. 'Gesch. der bildenden Künste bei den Griechen' (1824–36, 3 Bde.). — 2) *Johann Georg*, Genremaler, geb. 28. Okt. 1813 in Bremen, in Düsseldorf gebildet, seit 1852 in Berlin. Bes. gelungen seine Darstellungen aus der Kinderwelt (daher 'Kindermeyer'). — 3) *Joseph*, Buchhändler, Publicist und Industrieller, geb. 9. Mai 1796 zu Gotha, war 1816–19 Kaufmann in London, widmete sich dann in Gotha liter. Unternehmungen (Shakespeare-Uebers.) und gründete das 'Bibliographische Institut', mit dem er 1828 nach Hildburghausen übersiedelte und durch Einführung des Subskriptionswesens und lieferungsweisen Erscheinens reformatorisch im Buchhandel wirkte. Seinem Wahlspruch folgend: 'Bildung macht frei', dienten zahl- und erfolgreiche Unternehmungen der Verbreitung liberaler Ideen, humaner Bildung und nützlicher Kenntnisse, so namentlich seit 1832 das ber. Bilderwerk 'M.s Universum' (Text von ihm), 'Bibliotheken deutscher Klassiker', viele Bibelausgaben, das 'grosse Konversationslexikon', Volksbibliotheken für Natur- und Geschichtskunde, grosse Kartenwerke, vorzügl. Kunstblätter etc. In den 40er Jahren wandte er sich der Bergbau-Industrie zu, für welche er in Thüringen werthvolle Quellen erschloss, gründete darauf 1845 mehrere Aktiengesellschaften, scheiterte aber mit dem Ausbau grosser Eisen - und Kohlenwerke an der Revolution von 1848; † 27. Juni 1856.

Meyerbeer, *Giacomo* (eigentl. *Jak. Meyer Beer*), ber. Komponist, geb. 5. Sept. 1794 zu Berlin, Schüler Zelters das. und (seit 1810) des Abte Vogler in Darmstadt, ging 1815 nach Italien, wo er eine Reihe von Opern im neuital. Stile schrieb, 1824 nach Paris, wo er mit ,Robert dem Teufel' (1831) die moderne grosse franz. Oper begründete. 1842 zum Generalmusikdirektor von Preussen ernannt, lebte er abwechselnd in Paris und Berlin; † 2. Mai 1864 in Paris (in Berlin beerdigt). Grossartiges Talent, von souveräner Herrschaft über die gesammte Kunsttechnik, aber zu ausschliesslich dem Effekt nachstrebend. Hauptopern: ,Die Hugenotten' (1835), ,Der Prophet' (1849), ,Der Nordstern' (1854), ,Dinorah' (1859), Musik zum Trauerspiel ,Struensee' (1844), ,Die Afrikanerin' (1865). Vgl. *Mendel* (1869).

Meyerheim, *Eduard*, Genremaler, geb. 7. Jan. 1808 in Danzig, seit 1838 Mitglied der Kunstakademie in Berlin; bes. hervorragend durch seine Schilderungen des Familienlebens der untern Stände. - Sein jüngerer Bruder *Wilh. Alexander M.*, ebenfalls Maler, liefert Pferdestücke, Lagerscenen etc. Auch seine Söhne, *Eduard Frans* (geb. 1838) und *Friedrich Paul* (geb. 1842), seit 1869 Mitglieder der Akademie zu Berlin, treffl. Genremaler.

Meyern, *Wilh. Friedr. von*, Schriftsteller, geb. 1762 zu Ansbach, österr. Offizier; † 13. Mai 1829 zu Frankfurt e/M. Verf. des geistvollen Romans ,Dya-Na-Sore oder die Wanderer' (2. Aufl. 1840), ,Hinterlassene kleine Schriften' (1842, 3 Bde.).

Meyr, *Melchior*, Schriftsteller, geb. 28. Juni 1810 zu Ehringen bei Nördlingen, 1840-1852 in Berlin, seitdem in München; † das. 24. April 1871. Verf. der treffl. ,Erzählungen aus dem Ries' (2. Aufl. 1868, 2 Bde.; neue Folge 1870), des polit. Romans ,Vier Deutsche' (1861), der ,Gespräche mit einem Grobian' (1867, anonym); schr. ausserdem ,Gedichte' (1857). die Dramen ,Herzog Albrecht' (1852) und ,Karl der Kühne' (1853), ,Novellen' (1863) und die philosoph. Schriften: ,Gott und sein Reich' (1860), ,Emilie' (1863), ,Die Fortdauer nach dem Tode' (1869) und ,Die Religion des Geistes' (Gedichte, 1871); ,Dramatische Werke' (1868).

Mézières (spr. -siähr), feste Hauptstadt des franz. Depart. Ardennen, an der Maas, 5818 Ew.; kapitulirte 2. Jan. 1871.

Mezza voce (ital., spr. -wohtsche, Mus.), abbr. *M. v.*, mit halber, gedämpfter Stimme.

Mezzo (ital.), halb, in Zusammensetzungen häufig. *M. soprano*, halber (oder tiefer) Diskant; *M.-tinto* (*Mezza-tinta*), in der Malerei gebrochene oder Mittelfarben; beim Kupferstich *Mezzatintamanier*, s. v. a. Schabmanier oder Schwarzkunst.

Miako (*Kio*), Reichshauptort und heil. Stadt der Japaner, auf der Insel Nipon, 500,000 Ew., Residenz des Mikado; 137 Paläste, unzählige Buddhatempel. Hauptsitz japan. Gelehrsamkeit (Akademie, kaiserl. Bibliothek), Mittelpunkt der Industrie (Porzellan, Goldweberei) und des Handels.

Miaotse, Volksstamm in den Gebirgen von Südchina, fast unabhängig.

Miasma (gr.), Luft- und Wasserverunreinigung, durch welche Krankheiten (Typhus, Cholera, Wechselfieber) hervorgerufen werden können, ohne dass der Betroffene mit Kranken zusammengekommen ist. Meist kann auch der durch das *M.* Erkrankte selbst die Krankheit nicht weiter verbreiten. Vgl. *Malaria*.

Micha, einer der 12 kleinen Propheten im A. T., weissagte 740-720 v. Chr. unter den Königen Ahas und Hiskias.

Michael, einer der 3 Erzengel im A. T. Ihm zu Ehren 29. Sept. das *Michaelsfest*.

Michel Angelo (*M. A. Buonarotti*, spr. Mikel Andschélo), ber. ital. Künstler, geb. 1474 zu Settiguano, Schüler von Ghirlandajo in Florenz, wetteiferte das. mit Leonardo da Vinci, ward 1508 vom Papst Julius II. nach Rom berufen; † das. 17. Febr. 1564 (in Sta. Croce zu Florenz beigesetzt). Als Bildhauer, Maler und Baumeister gleich bewunderswürdig, charakterisirt durch einfache Grösse und Erhabenheit, lange Zeit die ganze Ital. Kunstrichtung beherrschend. Hauptwerke in der Skulptur: Grabmal der Mediceer (Florenz), Grabmal des P. Julius II. (mit der ber. Statue des Moses), heil. Jungfrau (Brügge), Christus mit dem Kreuz (Rom), Apollo (Florenz) etc.; in der Malerei: die Decken- und Wandgemälde der sixtinischen Kapelle zu Rom (bes. die Sündflut, die Propheten u. Sibyllen, das jüngste Gericht), Bekehrung des Saulus (Vatikan), Petri Kreuzigung u. a.; in der Baukunst: die Kuppel der Peterskirche in Rom (s. 1546). Schr. auch Gedichte von ächt danteschem Geiste (deutsch von *Witte* 1823, *Regis* 1842 u. A.). Biogr. von *Condivi* (1553 u. öft.) und von *H. Grimm* (3. Aufl. 1868). Vgl. *Lang*, ,M. A. als Dichter' 1861.

Michelet (spr. Mischläh), 1) *Jules*, franz. Geschichtschreiber, geb. 21. Aug. 1798 zu Paris, seit 1838 Prof. der Geschichte am Collège de France, nach dem Staatsstreich vom 2. Dec. 1851 wegen Verweigerung des Huldigungseids wegen zu stark republikan. Färbung ausser Thätigkeit gesetzt. Schr. ,Histoire de France' (1833-66, 17 Bde.), als Fortsetzung dazu ,Histoire de la révolution française' (3. Aufl. 1869, 6 Bde.); ,Précis de l'histoire moderne' (9. Aufl. 1864) u. A. - 2) *Karl Ludwig*, Philosoph, geb. 4. Dec. 1801 zu Berlin, seit 1829 Prof. der Philosophie das. Schr. ,System der philosoph. Moral' (1828); ,Gesch. der letzten Systeme der Philosophie in Deutschland' (1837-38, 2 Bde.); ,Entwickelungsgeschichte der neuesten deutschen Philosophie' (1843); ,Vorlesungen über die Persönlichkeit Gottes etc.' (1841); ,Die Epiphanie der ewigen Persönlichkeit des Geistes' (1844-52, 3 Thle.); ,Geschichte der Menschheit' (1859-60, 2 Bde.); ,Naturrecht' (1866, 2 Bde.) u. A.

Michigan (spr. Mitschigän), nordamerikan. Freistaat, 2655 QM. und (1870) 1,184,653 Ew. (über ⅓ Deutsche), besteht aus 2 Halbinseln: *Unter-M.*, zwischen Michigan - und Huronsee, wellenförmig und bewaldet, und *Ober-*

M., zwischen Michigan- und Oberensee, gebirgig, reich an Erzen. Haupterwerbszweige: Landwirthschaft, Bergbau (auf Kupfer und Eisen), Handel, bes. mit Holz (Ausfuhr 2,354 Mill., Einfuhr 1,477 Mill. Doll.; Hauptbafen Detroit). Konstitution von 1850. Ausgaben 1867: 924,387 Doll.; Staatsschuld: 2,836,754 Doll. Im Kongress 6 Repräsentanten. 62 Counties. Hauptst. Lansing. — Von Franzosen kolonisirt, seit 1763 engl., seit 1783 Theil der Union, seit 1837 Staat.

Michigansee (spr. Mitschigän-), einer der canad. Seen, im Gebiets der Verein. Staaten, 74 M. l., bis 18 M. br., 1140 QM. mit dem Huron durch die Mackinawstrasse verbunden.

Mickiewicz (spr. Miskjähwitsch), *Adam*, poln. Dichter und Schriftsteller, geb. 1798 zu Nowogrodek (Litbauen), 1823 als politisch verdächtig ins innere Russland verbannt, seit 1829 im Ausland, erhielt 1840 die Professur der slav. Literatur am Collège de France in Paris; † 26. Nov. 1855 in Konstantinopel. Der Reformer der poln. Literatur. Hauptwerke die epischen Dichtungen ‚Konrad Wallenrod‘ (1828; deutsch von *Kannegiesser* 1834) und ‚Pan Tadeusz‘ (1834; deutsch von *Spazier* 1836) und ‚Gedichte‘ (7. Anfl. 1844; deutsch von *Blankensee* 1836). ‚Werke‘ (1860—61, 11 Bde.); ‚Korrespondenz‘ (1870, 3 Bde.). Biogr. von *Chardon* (1866).

Midas, phryg. König, Sohn des Gordius und der Cybele, dem Dionysus den Wunsch gewährte, alles, was er berühre, in Gold zu verwandeln, befreite sich von dieser lästigen Wohlthat durch ein Bad im Flusse Pactolus, der seitdem Gold führte. Nach einer anderen Sage entstellte ihn Apollo durch Eselsohren (*Midasohren*), weil er in einem Wettstreite Apollos mit Pan diesem den Preis zuerkannt hatte.

Middelburg, befest. Hauptst. der niederländ. Prov. Seeland, auf der Insel Walcheren, 16,180 Ew. Prächtiges Rathhaus (25 Statuen der Grafen von Flandern und Seeland); Marienabtei, Museum. Schiffbau.

Middendorf, *Alex. Theodor von*, russ. Naturforscher und Reisender, geb. 6. (18.) Aug. 1815 in Livland, seit 1845 Mitglied der Akademie in Petersburg, zog sich 1859 nach Livland zurück. Schr. schätzbare zool. Werke und gab in seiner ‚Reise in den Norden und Osten Sibiriens‘ (1847—67, 1.—4. Bd.) Aufschlüsse über die Jakuten.

Middlesex, engl. Grafsch., 13,3 QM. und 2,206,485 Ew. Hauptstadt London.

Middleton (spr. -t'n), Fabrikstadt in der engl. Grafsch. Lancaster, am Irk, 9880 Ew.

Midi (fr.), s. v. a. Süden, Mittag. *Canal du M.*, s. v. a. Languedockanal. *Dent du M.*, Gipfel der Berneralpen in Wallis, 10,137'. *Pic du M.*, Gipfel der Pyrenäen, im Depart. Niederpyrenäen, 8960'.

Midianiter, arab. Volksstamm, nomadisirte zum Theil in der arab. Wüste, trieb Handel, bes. nach Aegypten, Feinde der Israeliten, von Gideon gedemüthigt.

Midilly, türk. Name von Lesbos.

Mid-Lothian (spr. -än, *Edinburghshire*), schott. Grafsch., 17,2 QM. und 273,997 Ew., ausges. Kulturland. Hauptst. Edinburgh.

Midshipmen, **Mitschiffmänner**, in der engl. Marine die Kadeten der Kriegsschiffe, avanciren zu Schiffslieutenants.

Mieris, *Frans van*, holl. Genremaler, geb. 16. April 1635 zu Delft, † 12. März 1681 zu Leyden; äusserst fruchtbar und elegant. Auch sein Sohn *Willem van M.* († 1747) geschätzter Künstler.

Miesmuschel (Mytilus *L.*), Muschelgattung. Gemeine M. (M. edulis *L.*), 2" l., an den europ. Küsten, werden an Pfählen gezüchtet und gegessen, bes. in England. Vgl. *Möbius*, ‚Austern- und Miesmuschelzucht‘, 1870.

Miete, flache Grube auf dem Felde zur Aufbewahrung von Kartoffeln, Rüben etc., wird mit Stroh ausgefüttert, mit Luftkanälen versehen und mit Erde geschlossen.

Miethvertrag, s. *Pacht*.

Miglie (spr. Milje), die italien. Meile, jetzt in ganz Italien = 1 Kilom.

Mignard (spr. Minjär), *Pierre*, franz. Maler, geb. 1610 zu Troyes, in Rom (bes. nach Tizian) gebildet, Hofmaler Ludwigs XIV.; † 31. Mai 1695. Bes. treffl. Porträts, auch Fresken.

Mignet (spr. Minjeb), *François Auguste Alexis*, franz. Geschichtschreiber, geb. 8. Mai 1796 zu Aix, seit 1821 zu Paris als Journalist thätig, ward nach der Julirevolution 1830 Staatsrath und Archivar im Ministerium des Auswärtigen, seit der Februarrevolution 1848 amtlos. Schr. ‚Histoire de la révolution française‘ (10. Anfl. 1868, 2 Bde.; deutsch von *Köhler* 1860); ‚Antonio Peres et Philippe II‘ (3. Aufl. 1854, deutsch von *Birch* 1845); ‚Hist. de Marie Stuart‘ (3. Aufl. 1865, 2 Bde.; deutsch von *Bülow* 1852); ‚Charles V‘ (3. Anfl. 1858) u. A.

Mignon (fr., spr. Minjong), Liebling, Günstling; *Mignonne*, zierliches weibliches Wesen; kleinste franz. Schriftgattung.

Migräne (fr., aus *Hemicranie* gebildet), halbseitiger, d. h. die rechte oder die linke Kopfhälfte betreffender, nach längeren Pausen heftig auftretender Kopfschmerz, der oft mit Erbrechen gepaart ist. Meist im mittleren Lebensalter, bisweilen erblich. Behandlung: Ruhe, Ortswechsel; beim Anfall Aufenthalt in dunklem Raume.

Migration (lat.), Wanderung, bes. der Zugvögel; *migriren*, wandern, ziehen.

Miguel (spr. Mighel), *Dom Maria Evarist*, portugies. Usurpator, geb. 26. Okt. 1802 zu Lissabon, 3. Sohn des Königs Johann VI. von Portugal, galt bei der absolutist. Partei als der rechtmässige Thronerbe, ward von seinem Bruder Dom Pedro, der 2. Mai 1826 zu Gunsten seiner Tochter Donna Maria da Gloria [s. *Maria* 6)] dem Thron entsagte, mit dieser verlobt, übernahm Febr. 1828 die Regentschaft, löste 13. März die konstitutionellen Cortes auf, berief die alten Cortes und liess sich von diesen 25. Juni als legitimen König von Portugal proklamiren. Von Dom Pedro 1833 durch Waffengewalt bezwungen, musste er 26. Mai 1834 zu Evora auf den Thron verzichten und ward aus Portugal verwiesen. Seit 1834 meist in Rom lebend, vermählte er sich 24. Sept. 1851 mit der Prinzessin Adelheid von Löwenstein-Wertheim-Rosenberg, lebte zu Heuberg bei

Miltenberg, seit 1856 auf Schloss Bronnbach bei Wertheim; † das. 15. Nov. 1866.

Mijass, bez. Hüttenwerk im russ. Gouvern. Ufa; Goldwäscbereien, Kupferbergwerke, Waffenfabr., Eisenhämmer.

Mikado, Name des Kaisers von Japan.

Mikation (lat.), flirrende Bewegung; auch s. v. a. Blutcirkulation.

Mikrakustisch (gr.), schallverstärkend.

Mikro . . . (gr.), klein.

Mikrocephalus (gr., d. i. Kleinkopf), Miss- bildung, welche in einer Hemmung der Entwickelung des Gehirns während des Fötallebens besteht. Die Mikrocephalen besitzen ein sehr kleines, wesentlich vom normalen abweichendes Gehirn, sprechen höchstens einzelne Worte, sind von sehr geringer Intelligenz. [skop. Gegenstände.

Mikrographie (gr.), Beschreibung mikro-

Mikrokosmos (gr.), die kleine Welt, insbes. der Mensch im Gegensatz zum Makrokosmos (s. d.). [Silbenstecherei.

Mikrologie (gr.), Kleinigkeitskrämerei.

Mikrometer (gr.), Vorrichtung zur Messung sehr kleiner Objekte oder Winkel bei Beobachtungen mit dem Mikroskop oder Fernrohr. *Glasmikrometer* sind Glasscheibchen mit äusserst feiner eingravirter Skala, deren von dem Objekt bedeckte Theilstriche bei der Beobachtung gezählt werden. Beim *Schraubenmikrometer* wird ein im Gesichtsfeld des Instruments ausgespannter Faden mittelst einer Mikrometerschraube (s. d.) erst dem einen, dann dem anderen Rand des Objekts genähert. Das *Kreismikrometer*, ein im Sehfeld des Fernrohrs schwebender Ring, dient zur Beobachtung des Zeitunterschiedes zwischen dem Ein- und Austritt zweier Sterne.

Mikrometerschraube, Schraube zur Ausführung von Messungen und Theilungen. Die unbewegliche Schraube bewegt bei einmaliger Umdrehung die Mutter um eine Ganghöhe, d. h. um die Steigung des Gewindes bei einem Umgange fort. Ein mit der Schraube verbundener und auf einer Skala gleitender Zeiger gestattet, die Schraube jeden beliebigen Theil einer Umdrehung machen zu lassen und so in der Richtung der Axe der Schraube auch die kleinste Fortbewegung der Mutter zu bestimmen.

Mikrometerzirkel, Zirkel, welche durch bedeutende Verlängerung ihrer Schenkel über den Drehungspunkt hinaus sehr feine Abmessungen gestatten.

Mikrophotographien, photograph. Aufnahmen der durch das Mikroskop vergrösserten Bilder kleiner Gegenstände, im Gegensatz zu *mikroskop. Photographien*, mikroskop. kleine Photographien grosser Gegenstände.

Mikrophthalmie (gr.), Atrophie, Schwinden des Augapfels.

Mikroskóp (gr.), optisches Instrument, welches durch Linsenwirkung kleine und nahe Gegenstände dem Auge vergrössert darstellt. Das *einfache* M. besteht aus einer od. aus mehreren unmittelbar hinter einander stehenden Konvexlinsen (Lupe) und bildet mit passenden Vorrichtungen zum Präpariren von Objekten das *Präparirmikroskop*.

Das *zusammengesetzte* M. besitzt als Objektiv eine Sammellinse, die von dem etwas jenseits ihres Brennpunktes liegenden Gegenstand ein vergrössertes Bild entwirft, welches nun durch eine zweite Linse, das Okular, abermals vergrössert wird. Bei den neueren M.en bestehen Objektiv u. Okular aus Kombinationen mehrerer achromatischer Linsen. Der zu beobachtende Gegenstand wird mit Hülfe eines Spiegels mit durchfallendem oder auffallendem Licht beleuchtet. Das *photograph.* M. steht auf einer Camera obscura, u. das Bild wird auf einer photograph. empfindlichen Platte entworfen. Beim *Sonnenmikroskop* wird das Objekt durch Knallgaslicht intensiv beleuchtet, und das vergrösserte Bild fällt auf einen weissen Schirm. Die Leistungen der M.e werden in Linearvergrösserung angegeben; stärkste erreichbare Vergrösserung 1500fach, bei welcher man aber nicht mehr sieht als bei 450facher. Anleitungen zur Benutzung des M.s von *Schacht* (3. Aufl. 1862), *Harting* (2. Aufl. 1866, 3 Bde.), *Nägeli u. Schwendner* (1864—67, 2 Bde.), *Huger* (3. Aufl. 1870), *Frey* (4. Aufl. 1871).

Mikrosphyxie (gr.), schwacher Puls.

Mikrotrophie (gr.), schwache Ernährung.

Miktologie (gr.), Lehre v. den Mischungen.

Milan (*Milvus Briss.*), Gattung der Falken. *Rother* M., Gabel- oder Königsweih, Schwalbenschwanz (M. regalis *Briss.*), 2' 2" l., in Europa, bei uns von Febr. bis Okt., stellt dem Hausgeflügel nach. *Schwarzbrauner* M. (M. niger *Briss.*), 1' 10" l., in Afrika, Mittelasien, Südeuropa, reinigt die Städte von Aas. [von Aas.

Milane (ital.), Mailand.

Milanollo, 2 Schwestern aus Savigliano bei Turin, Wunderkinder im Violinspiel, die 1839—46 Europa durchreisten: *Therese*, geb. 28. Aug. 1827, seit 1857 mit dem Kapitän Parmentier verheirathet, zur Zeit in Belgien lebend; und *Maria*, geb. 19. Juni 1832, † 21. Okt. 1848 in Paris.

Milazzo (das alte *Mylä*), befest. Hafenstadt auf Sicilien, Prov. Messina, 7389 Ew.; von Garibaldi 20. Juli 1860 erobert.

Milben (Acarina *Latr.*), Ordnung der Spinnenthiere. 1) Land- oder *Pflanzenmilben:* Gemeine Erdmilbe (Trombidium holosericeum *L.*), 1¼''' l., blutroth, verzehrt junge Raupen. Milbenspinne (Tetranychus telarius *L.*), auf vielen Kulturpflanzen, in Gewächshäusern, sehr schädlich, durch Tabaksrauch zu vertreiben. 2) *Krätzmilben:* Käsemilbe (Acarus Siro *L.*), ⅓—¼''' l., in altem Käse, andere Arten in Mehl, auch Zwetschen. *Krätzmilbe*(Sarcoptes scabiei *Dug.*), ¹/₁₀—½'''l., erzeugt die Krätze des Menschen, andere Arten die Räude der Hausthiere. Mehrere Arten der Gattung Phytopus *Duj.* erzeugen Gallen auf Pflanzen. P. vitis *Land.* verursacht Traubenmisswachs. 3) *Schildmilben:* Vogelmilbe (Dermanyssus avium *Dug.*), ⅓''' l., auf Tauben, Hühnern etc. Balgmilbe (Acarus follicolorum *Sim.*), ¹/₁₀''' l., leit als Biltesser in den Haarbälgen des Menschen.

Milch, Lösung von Käsestoff, Milchzucker und Salzen, welche durch äusserst fein vertheilte Butterkügelchen undurchsichtig erscheint. Mittlere Zusammensetzung:

in 1000 Theilen	Frau	Kuh	Ziege	Schaf	Eselin	Stute
Käsestoff . .	28,11	54,04	46,59	53,42	20,18	16,41
Butter . . .	35,84	43,05	43,57	58,90	12,56	68,78
Zucker . . .	48,17	40,37	40,04	40,96	} 57,02	86,19
Salze . . .	2,42	5,46	6,22	6,81		
Wasser . . .	885,68	857,06	863,66	839,89	910,24	828,37

Der Gehalt der M. wechselt nach Race, Nahrung, Alter, Gesundheit des betr. Thieres und nach der seit der Geburt verflossenen Zeit. Gemüthsbewegung kann die M. schädlich machen. Zum Melken hat man durch Luftverdünnung wirkende Melkmaschinen. Die Beschaffenheit der M. wird meist nach ihrer Undurchsichtigkeit (Galaktometer, Laktoskop etc.) oder mit dem Aräometer geprüft. Zur längeren Aufbewahrung wird M. im Vacuum verdampft und mit Zucker vermischt (kondensirte M., Milchextrakt). Bei der Säuerung wird der Käsestoff aus seiner Lösung ausgeschieden und schliesst die Butter ein (Beendigung der Rahmbildung). Bei alkoholischer Gährung des Milchzuckers entsteht der Kumys. Surrogat der M. für Säuglinge, s. *Auffütterung der Kinder. Hexenmilch*, Absonderung aus der Brust Neugeborener. *Pflanzenmilch* enthält statt der Butter meist Kautschuk oder ähnliche Stoffe. Vgl. *Martiny* (1871).

Milchborke, s. *Milchschorf.*
Milchfleisch, s. *Thymus.*
Milchglas, s. *Glas.*
Milchmesser, s. *Galaktometer.*
Milchner, die Männchen der Fische.
Milchsäure, farb- und geruchlose, stark sauer schmeckende Flüssigkeit, in Wasser und Alkohol löslich, entsteht in grosser Menge bei gewissen Gährungsprozessen des Milchzuckers und Stärkemehls, beim Sauerwerden von Gemüse, Reis und findet sich in anderen Modifikationen im Fleischsaft; besitzt hohen physiologischen Werth.
Milchsaft, s. *Chylus.*
Milchschorf (*Milchborke, Ansprung*, Crusta lactea), Bläschenausschlag auf Wange und Kopfhaut der Kinder, lässt beim Austrocknen eine gelbliche Kruste zurück und heilt oft lange Zeit nicht. Behandlung: sorgfältiges Entfernen des mit lauem Wasser erweichten Schorfs, Ueberschläge mit kaltem Wasser, dann Aufstreichen von Talg.
Milchstrasse, s. *Fixsterne.*
Milchzähne (*Wechselzähne*), die bis zum 7. Jahr bestehenden, dann wechselnden Zähne: die Schneide- u. Eckzähne, 8 Backenzähne (im Ganzen 20).
Milchzucker, Zuckerart, die sich nur in der Milch findet, krystallisirt aus eingedampfter süsser Molke, farblos, schmeckt wenig süss und sandig, löslich in Wasser, schwer löslich in Alkohol, gährt mit Fermenten (Kumys), ist officinell. [s. *Meile.*
Mile (engl., spr. Meil), die engl. Meile.
Milétus (a. G.), blühende See- u. Handelsstadt in Karien (Kleinasien), jon. Kolonie, Wohnsitz der ältesten griech. Philosophen; durch Darius und Alexander d. Gr. zerstört. *Milesische Märchen*, Art antiker Romane.
Milhau (spr. Miljo, *Millau*), Stadt im

franz. Depart. Aveyron, am Tarn, 13,663 Ew.; Brücke von Jul. Cäsar. Ber. Käse.
Miliaria (lat.), s. *Friesel.*
Militär (lat.), die Gesammtheit der zum Kriegsdienst bestimmten und bewaffneten Mannschaft. Seit den Kriegen 1866 und 1870 — 71 ist fast in allen Staaten die allgemeine Wehrpflicht eingeführt, welche dem Militärstande eine bestimmte Stärke im Verhältniss zur Einwohnerzahl des Landes gibt, nämlich etwa 2½ %. Das Budget für das M. ist in den konstitutionellen Staaten der Genehmigung der Landesvertretung unterworfen, während der Oberbefehl, die ganze *Militärverfassung*, speciell die Ernennung der Offiziere, dem Staatsoberhaupte zusteht (*Militärhoheit*). Das M. steht unter den allgemeinen Landesgesetzen, ausserdem auch unter dem Kriegsgesetz (*Militärgerichtbarkeit*). Die *Militärökonomie* oder *Militärverwaltung* hat es mit der Ausrüstung und Verpflegung des M.s zu thun.
Militärakademie, s. *Militärschulen.*
Militärgerichtsbarkeit, s. *Militär.*
Militärgrenze, der schmale Landstrich der österr.-ungar. Monarchie, welcher dieselbe von der Türkei trennt, vom adriat. Meere bis nach Siebenbürgen, 609 QM. und 1,197,187 Ew. (¾ Kroaten, ausserdem Serben und Rumänen etc.); zerfällt in das *kroatisch-slavon. Grenzgebiet* (354 QM.) mit 10 Grenzregimentern und das *serbisch-banat. Grenzgebiet* (255 QM.) mit 5 Regimentern, jenes unter dem Generalkommando von Agram, dieses unter dem von Temesvar. Das Land wird vom gemeinschaftlichen Kriegsministerium in Wien rein militärisch verwaltet. Neues Grundgesetz von 1850. Festungen: Altgradiska, Brood, Peterwardein, auch mehrere Häfen. Die *siebenbürg. M.* seit 1851 aufgehoben. — Im 16. Jahrh. begründet zum Schutz gegen die Türken.
Militärheilkunde, Kriegsheilkunde, die gesammte Medicin in ihrer Anwendung im Heere. Vorwiegend ausgebildet ist die *Kriegschirurgie*, welche von der Einrichtung der Verbandplätze, dem Kranken- und Verwundetentransporte, den Lazarethen und den Eigenthümlichkeiten in der Behandlung frischer Verletzungen handelt; wichtig auch die *Kriegsmedicin*, die Behandlung der im Kriege vorkommenden epidemischen Krankheiten, Typhus, Ruhr, Cholera, Pocken. Ausgeübt wird die M. durch das Sanitätscorps, bestehend aus Aerzten, denen die *Sanitätssoldaten* als Hülfe beigegeben sind.
Militärkarten, Landkarten, welche in grossem Massstabe, von 1 : 250,000 an, mit Rücksicht auf alle für den Krieg wichtigen Terraineigenschaften angefertigt sind.
Militärschulen, Bildungsanstalten für Militärpersonen: *Bataillons*- und *Regimentsschulen* für Mannschaften und Unteroffiziere;

Kadetenhäuser, Militärakademien und *Divisionsschulen*, höhere Lehranstalten zur Bildung künftiger Offiziere; *Ingenieur-* und *Artillerieschulen* schon seit dem 7jähr. Kriege.

Militzsch, Kreisst. im preuss. Regbz. Breslau, 3348 Ew.; Hauptort der *Standesherrschaft* M. (11½ QM.) der Grafen Maltzan.

Milium L. *(Hirsegras, Flattergras)*, Pflanzengattung der Gramineen. M. effusum *L.*, in Europa, Sibirien, dient zu Flechtereien.

Miliz (lat.), die bewaffnete Mannschaft, welche ausserhalb der Armee und der Landwehr Kriegsdienst leisten soll; in Preussen *Landsturm*; in Frankreich die 1871 aufgelöste *Garde nationale*; in England die Mehrzahl der bewaffneten Macht überhaupt. Vgl. **Milian,** s. *Milhau*. [*Volksbewaffnung.*

Mille (lat.), tausend.

Millefiori, Glasmosaik aus zusammengeschmolzenen, verschiedenfarbigen Glasstäbchen gebildet, alte venetian. Kunst, 1864 von *Fuss* neu erfunden. [s. *Chittagong.*

Millennium (lat.), das tausendjähr. Reich;

Miller, *Joh. Martin*, Dichter, geb. 3. Dec. 1750 zu Ulm, † das. 21. Juni 1814 als Dekan und geistl. Rath. Mitstifter des göttinger Dichterbundes, Verf. des sentimentalen Romans ‚Siegwart, eine Klostergeschichte‘ (1776), und treffl. volksthümlicher Lieder.

Millesimo, Stadt in der ital. Prov. Genua, an der Bormida, 1537 Ew.; 13.—15. April 1796 siegr. *Gefechte* Napoleons gegen die Oesterreicher.

Milliarde (fr.), tausend Millionen.

Milliarium (lat.), röm. Meilenstein, bezeichnete eine Strecke von 1000 Schritten.

Milligramm, Gewicht, = ¹⁄₁₀₀₀ Gramm.

Millimeter, Mass, = ¹⁄₁₀₀₀ Meter.

Million (lat.), tausend mal tausend. *Millionär*, Besitzer von einer M. und mehr.

Millnachamer, s. *Böhmisches Mittelgebirge.*

Milo (das alte *Melos*), griech. Insel, die westlichste der Cykladen, 3 QM. und 10,000 Ew.; vulkanisch, mit heissen Quellen und Schwefeldämpfen, sehr fruchtbar. Die *Hauptst.* M. (*Kastro*), an der Nordseite, treffl. Hafen; zahlr. Reste des Alterthums. Die ‚Venus von M‘, jetzt im Louvre zu Paris.

Milosch Obrenowitsch, Fürst von Serbien, geb. 1784 im Dorfe Dobrinja im serb. Kreis Uschica, Sohn eines Tagelöhners, schloss sich Czerny Georg im Kampfe gegen die Türken an, stellte sich bei der Erhebung des Volks 1815 an dessen Spitze, ward im Frieden 1816 vom Sultan als Woiwode von Serbien anerkannt und 6. Nov. 1817 von den Knjäsen zum Fürsten von Serbien erwählt. 13. Juni 1839 zum Rücktritt gezwungen und aus Serbien verbannt, lebte er seitdem in der Walachei und in Wien, ward nach dem Sturze des Fürsten Kara Georgewitsch 23. Dec. 1858 wieder zum Fürsten erwählt; † 26. Sept. 1860. Vgl. *Serbien*, Geschichte.

Milreïs (spr. -reesz, d. i. 1000 Reïs), Goldmünze, in Portugal 10 M. = 14 Thlr. 29 Sgr. 4 Pf., in Brasilien = 7 Thlr. 17 Sgr. 2 Pf.; als Silbermünze in Portugal = 1 Thlr. 14 Sgr. 11 Pf., in Brasilien = 22 Sgr. 6 Pf.

Milseburg, isolirte Bergkuppe der westl. Vorderrhön, 2654′ h.; mit Wallfahrtskapelle.

Miltenberg, Stadt im bayer. Regbz. Unterfranken, am Main, 3208 Ew., fürstl. leiningensche Besitzung. Röm. Ursprungs, im Mittelalter Festung (1552 zerstört) und wichtiger Handelsplatz, noch jetzt bed. Schifffahrt.

Miltiades, ber. athen. Feldherr, schlug 490 v. Chr. bei Marathon die an Zahl weit überlegenen Perser; † 481 im Kerker, weil er wegen des misslungenen Angriffs auf Paros die ihm auferlegte Geldstrafe nicht bezahlen konnte. Biogr. von *Cornelius Nepos.*

Milton (spr. -t'n), *John*, ber. engl. Dichter, geb. 9. Dec. 1608 zu London, studirte in Cambridge Theologie, bereiste 1637 das Festland bis Italien, erregte nach Ausbruch der engl. Revolution durch scharfe Streitschriften gegen die Staatskirche, bes. aber durch die ber. ‚Defensio pro populo Anglicano‘ ausserordentl. Aufsehen, ward 1652 von Cromwell zum Geheimschreiber des Staatsraths ernannt, bekämpfte, 1652 erblindet, auch nach Cromwells Tode noch die Anhänger des Königthums, lebte seit dem Falle der Republik in dürftiger Zurückgezogenheit der Dichtkunst; † 8. Nov. 1674. Hauptwerk: ‚The paradise lost‘ (Epos, 1655—1665 gedichtet, gedruckt zuerst 1667; deutsch von *Bottger*, 8. Aufl. 1863, *Eitner* 1868 u. A.), dem 1671 das ‚Paradise regained‘ folgte. Unter seinen übrigen Gedichten die treffl. Schilderungen ‚L'allegro und il Penseroso‘ und das Trauerspiel ‚Samson Agonistes‘. ‚Complete works‘ (von *Mitford* 1851, 8 Bde.). Biographie von *Keightley* (1855) und *Masson* (1859—71, 3 Bde.).

Milutinówics, *Simeon*, serb. Dichter, geb. 14. Okt. 1791 zu Sarajewo, † 30. Dec. 1847 zu Belgrad, Mittelpunkt der neuerwachten literar. Thätigkeit in Serbien; besang in ‚Serbianska‘ (1820, 4 Bde., einer Reihe lyr. epischer Gedichte) die serb. Freiheitskämpfe von 1804—15, schr. die Tragödie ‚Obylicx‘; ferner ‚Gesch. Serbiens 1813—15‘ (1837) u. A.

Milwaukee (spr. -wahkih), bedeutende Stadt Wisconsins (Nordamer.), an der Mündung des Flusses M. in den Michigansee, (1870) 71,499 (1840: 1700) Ew. (½ Deutsche). Bedeut. Getreidehandel (jährl. 18 Mill. Bushel Weizen); Ausfuhr von Bleierzen.

Milz (Lien, Splen), Blutgefässdrüse von bohnenförmiger Gestalt, vom Bauchfell überzogen und bedeckt von den linken unteren Rippen, am linken Ende des Magens, besteht aus einem festen, netzartigen Balkengerüst, zwischen welchem sich eine weiche röthliche Masse mit mehr vielen Blutgefässen befindet. An den Gefässen sitzen kleine weisse Anschwellungen, die *malpighischen Körperchen.* Das Blut in der M. mit sehr zahlreichen weissen Blutkörpern versehen und strömt durch die Pfortader in die Leber. Bei Typhus, Wechselfieber etc. schwillt die M. an.

Milzbrand (*Milz-, Blutseuche*, Anthrax), ansteckende Krankheit des Rindviehes, der Pferde, Schweine, Schafe, entsteht theils durch Miasmen, theils durch direkte Uebertragung der Ansteckung. Der Sektionsbefund zeigt theerartiges, pilzhaltiges Blut, zahlreiche Hautvereiterungen, Brandherde im Inneren. Die Erkrankung ist theils eine örtliche (mit Karbunkelbildung), theils eine allgemeine, deren akuteste Form (*Milzbrandblutschlag*) den Tod nach wenig Minuten unter Konvulsionen herbeiführt; meist tritt hohes Fieber, Zuckungen und Tod, jedoch erst nach längerer Dauer ein. Gelangt von dem Blute oder dem Eiter der Geschwüre etwas in Wunden, so entstehen auch beim Menschen (nicht ansteckende) *Milzbrandkarbunkel*, bösartige, oft tödtlich endende Geschwüre, die am besten rasch mit Aetzmitteln, innerlich mit Chinin behandelt werden.

Milzkörperchen, s. *Milz*.

Milzsucht, s. v. a. Hypochondrie.

Mimen (gr.), bei den Griechen Art dram. Spiele meist komischen Inhalts; auch s. v. a. Schauspieler, bes. Darsteller niedrig-kom. Charaktere, *Pantomimen* gen., wenn sie durch blosses Geberdenspiel agiren ohne Worte.

Mimesis (gr.), Geberdennachahmung.

Mimik (gr.), die Kunst der Geberdensprache, neben der Deklamation Hauptbestandtheil der Schauspielkunst; auch s. v. a. Schauspielkunst überhaupt. Vgl. *Engel*, ,Ideen zu einer M.', 1785; *Agn. Schebest*, ,Rede und Geberde', 1861.   [betreffend.

Mimisch (gr.), zur Mimik gehörig, Mimen

Mimnermus, griech. Lyriker, um 630 v. Chr.; die Bruchstücke seiner erot. Elegien in *Bergks* ,Poetae lyrici graeci' (2. Bd., 1866), übersetzt von *Herder* (,Zerstreute Blätter') und von *Weber* in ,Eleg. Dichter der Hellenen' (1826).

Mimodramen (gr.), die von Kunstreitergesellschaften aufgeführten Schaustellungen.

Mimolog (gr.), Mimenspieler, durch Mimik sich auszeichnender Schauspieler.

Mimoplast (gr.), Einer, der durch Geberdenspiel etwas plastisch darzustellen weiss.

Mimosa *L.* (*Sinnpflanze*), Pflanzengattung der Leguminosen. M. pudica *L.*, Halbstrauch in Brasilien und Westindien, zeigt hohe Reizbarkeit der Blätter, Warmhauspflanze.

Mimulus *L.* (*Gauklerblume*), Pflanzengattung der Skrophularineen, aus Nordamerika. M. moschatus *Dougl.* aus Columbien mit kräftigem Moschusgeruch.

Minacität (lat.), drohende Beschaffenheit.

Minaret (arab.), der schlanke Thurm an der Seite einer Moschee, von dessen Zinne der Muezzin das Volk zum Gebete aufruft.

Minas Geraes (spr. -Dscheräes), Binnenprov. Brasiliens, 10,280 QM. und 1,600,000 Ew. (viele Indianer). Gebirgig, die Gold- und (seit 1746) Diamantenprovinz. Hauptst. Ouro-Preto.   [Mienenspiel.

Minauderie (fr., spr. -ohd'rih), affektirtes

Mincio (spr. -tschio), Nebenfl. des Po, entspr. als *Sarca* in Tirol, durchfliesst den Gardasee, mündet bei Governolo. 26. Dec. 1800 *Sieg* der Franzosen über die Oesterreicher.

Mindanao (*Magindanao*), südl. Insel der Philippinen, 1680 QM. und 1 Mill. Bew. (Malayen); zerfällt in den span. Antheil (in NO. und SW., 88,000 Ew.) und das *Sultanat* M. (in SO., mit der Stadt Selangam), nebst kleineren unabhängigen Reichen.

Mindelheim, Stadt im bayer. Reghs. Schwaben, im Algäu, 2946 Ew. Mineralbad.

Minden, Reghs. der preuss. Prov. Westphalen, 95,4 QM. und 477,153 Ew. Die alter-

thüml. *Hauptst.* M., Festung 2. Ranges, an der Weser, 16,863 Ew. (3179 Milit.). Domkirche (12. Jahrh.), Flusshafen, Bahnhof. Rege Industrie (Cigarrenfabr.), Handel. 1. Aug. 1759 *Sieg* des Herz. Ferdinand von Braunschweig über die Franzosen (Broglio). — Das ehemal. *Bisthum* M. ward 1648 säkularisirt und kam als weltl. Fürstenthum (20 QM. und 70,000 Ew.) an Brandenburg.

Minderer *Geist* (Liquor Mindereri), Lösung von essigsaurem Ammoniak, Schwitzmittel, erfunden von Raim. Minderer († 1621).

Mindoro, Philippeninsel, 600 QM. und 35,100 Bew. Hauptort Calapan.

Mine, unterirdisches, mit Pulver gefülltes Behältniss, durch dessen rechtzeitige Explosion man Kriegszwecke zu erreichen sucht; horizontale Galerien, welche mit einer Pulverkammer enden, sind *Flatterminen*, *Fougaden*, wenn sie den Feind im offenen Felde vernichten sollen, *Demolirungsminen*, wenn sie der Feind unter Befestigungstheile getrieben hat, um diese zu zerstören; *Kontreminen* legt der Vertheidiger an, um die M.n des Angreifers zu zerstören. Schon die Römer untergruben feindliche Befestigungswerke, um sie zum Einsturz zu bringen.

Mineral, jedes homogene, starre und tropfbarflüssige anorganische Naturprodukt, sowie auch einige Zersetzungsprodukte organischer Stoffe, wie Braun- und Steinkohle, Bernstein, Polirschiefer etc. Die M.ien bilden im Wesentlichen die äussere Kruste unseres Planeten, sind krystallinisch oder amorph, von Durchsichtigkeit, Härte, Glanz, Farbe etc. in den verschiedensten Abstufungen, meist in Wasser unlöslich und von der verschiedenartigsten chemischen Zusammensetzung; einzelne, wie Schwefel, gediegene Metalle, sind chemisch einfache Körper. Eintheilung: 1) Metalloīdoxyde (Wasser, Quarz etc.); 2) Erden (Korund, Fluoride, Chloride); 3) Haloīde (Sauerstoffsalze vorherrschend leichter Metalle ohne Silikate und Aluminate); 4) Chalcite (Sauerstoffsalze, deren Basis oder Säure von schweren Metallen sich ableitet, ohne Sil. u. Alum.); 5) Geolithe (Silikate und Aluminate mit Alkalien und alkal. Erden als Basen); 6) Amphoterolithe (Sil. oder Alum., deren Basen z. Th. schwere Metalloxyde sind); 7) Metallolithe (Sil. oder Alum. der schweren Metalloxyde); 8) Tantalotoīde; 9) Metalloxyde, Chloride u. Fluoride; 10) Metalle; 11) Glanze (schwarze oder graue Schwefel-, Selen-, Tellurmetalle); 12) Kiese (Schwefel-, Arsen-, Antimonmetalle); 13) Blenden; 14) Metalloīde; 15) Anthracite. Mineralaggregate sind Gesteine (s. d.).

Mineralogie (früher auch *Oryktognosie*), die Lehre von den Mineralien, ihren Eigenschaften, ihrem Vorkommen, ihrer Bildung und Umbildung, zerfällt in *Mineroguosie*, Beschreibung der Mineralien; *Minerogenie*, Bildungs- oder Entwickelungsgeschichte der Mineralien; *Paragenesis*, Lehre von der Gesetzmässigkeit ihres Zusammenvorkommens; und *Lithurgie* oder ökonomische M. Die Minerognosie zerfällt in Physiologie, Terminologie, Systematik und Physiographie als applikativer Theil. Aristoteles legte den ersten Grund zur wissenschaftlichen M., Avicenna gab die Grundzüge der Klassifikation, Agricola eine genauere Feststellung der äusseren Kennzeichen. Die Neubegründung der Chemie förderte auch die M., namentlich waren die Analysen von *Bergmann*, *Scheele* und *Hahn* von grosser Bedeutung. *Fuchs*, *Berzelius*, *Rose*, *Rammelsberg* erforschten die Zusammensetzung der Mineralien mit den neueren Hülfsmitteln. *Romé de l'Isle*, *Hauy*, *Werner*, *Weiss* förderten die Krystallographie, welche durch *Mohs*, *Naumann* u. A. weiter ausgebildet wurde. *Haidinger*, *Naumann*, *Quenstedt*, *Karsten*, *Leonhard*, *Hausmann*, *Dana* verdankt man die neuesten Fortschritte. Lehrbücher: *Naumann* (8. Aufl. 1871), *Dana* (1871), *Leonhard* (2. Aufl. 1860), *Girard* (1862), *Quenstedt* (2. Aufl. 1863); Mineralohemie von *Rammelsberg* (1860), *Plattner* (4. Aufl. 1865); Paragenesis: *Breithaupt* (1849); Minerogenie: *Bischof* (2. Aufl. 1863—66), *Volger* (1855); Geschichte: *Kobell* (1864).

Mineralwässer, Mineralquellen, an mineralischen Substanzen reiche Quellen, werden nach dem in ihnen vorwaltenden Stoff benannt: Salz-, Jod-, Stahlquellen, Bitterwässer (bittersalzhaltige), Schwefelwässer (schwefelwasserstoffhaltige), Säuerlinge (kohlensäurereiche), alkalische (kohlensaures Natron haltige) M. etc. Sie entstehen durch chemische Prozesse im Innern der Erde und erhalten oft durch die bei diesen Prozessen frei werdende Wärme eine höhere Temperatur. Sie dienen als Heilmittel und werden, auf Flaschen gefüllt, versandt. Genaue chemische Kenntniss ihrer Zusammensetzung ermöglicht erfolgreiche Nachbildung, bes. durch *Struve*; künstliche M., jetzt gebräuchlicher als die natürlichen. Das „Sodawasser" ist mit Kohlensäure unter hohem Druck gesättigte sehr schwache Lösung von Soda oder reines Brunnenwasser. Zur Darstellung dienen Apparate, in denen die Kohlensäure aus Magnesit und Schwefelsäure entwickelt und ins Wasser gepresst wird. Das Abfüllen auf Flaschen geschieht unter hohem Druck. Vgl. die Werke von *Schultz* (1870), *Gressler* (1867), *Hirsch* (1871).

Minerva, altröm. Göttin, identifieirt mit der griech. *Athene* (Pallas Athene), aus dem Haupte des Zeus als erwachsene Jungfrau hervorgegangen, Göttin der Klugheit und Weisheit, Beschützerin der Künste und Wissenschaften, auch Kriegsgöttin, dargestellt mit langem Gewande und ruhig ernstem Gesichtsausdruck, als Kriegsgöttin mit Aegide, Helm und Speer.

Minette, s. *Eisen*.

Mineur (fr., spr. -öhr), Mineur-, Schanzengräber. *Miniren*, untergraben, unterhöhlen.

Mingolsheim, Badeort im bad. Kr. Karlsruhe, 1756 Ew. Schwefelquelle.

Mingrélien, Landsch. in Transkaukasien, am schwarzen Meer, ca. 100 QM. und 70,000 Ew.; früher selbständ. Fürstenthum, seit 1804 russ., jetzt Theil des Gouvern. Kutais.

Minho (spr. Minjo), span. Fluss, entspr. in der Prov. Lugo, fliesst südöstl., im Unterlauf die Grenze zwischen Spanien und Portugal

bildend, mündet bei Caminha in den atlant. Ocean; 50 M. l. Die portug. *Provinz* M., 132 QM. und 915,430 Ew., Hauptst. Oporto.

Miniaturmalerei (eigentl. *Rothmalerei*, v. lat. *Minium*, d. i. Zinnober), Art der Malerei, die sich auf kleine Darstellungen, namentl. auf Randzeichnungen (auf Pergament, Elfenbein etc.) beschränkt; erfordert möglichste Sauberkeit u. feinste Ausführung im Kleinen, daher ein punktirartiges Arbeiten mit der Pinselspitze angewendet wird. Am vollendetsten in Bibeln, Mess- und Gebetbüchern etc. des 15. Jahrh., dann vom Holzschnitt und Kupferdruck verdrängt. *Miniatoren*, die Ausführer von dergl. Bildern.

Minié, *Claude Etienne*, geb. 1805 in Paris, franz. Militär, seit 1858 Direktor einer Waffenfabrik und Schiessschule in Aegypten, Erfinder des nach ihm benannten Expansionsgeschosses mit Spiegel.

Minimen (lat., *Mindeste Brüder*, *Paulaner*), von Franz von Paula gestifteter und 1474 von Sixtus IV. bestätigter Mönchsorden, fordert ausser den drei Klostergelübden gänzliche Enthaltung vom Fleischgenuss, besteht noch in Italien. [satz zu Maximum.

Minimum (lat.), das Kleinste, im Gegensatz zu Maximum.

Minister (lat.), Diener, jetzt Titel derjenigen höchsten Staatsbeamten, welche, zunächst unter dem Regenten oder sonstigen Staatsoberhaupte stehend, die Staatsverwaltung in ihren einzelnen Zweigen leiten und überwachen. Diese Zweige sind gewöhnlich das Innere, das Auswärtige, der Kultus und öffentl. Unterricht, die Justiz, die Finanzen und der Krieg, wozu in manchen Staaten noch die Polizei, der Handel, Ackerbau und öffentliche Arbeiten, in Seestaaten das Marinewesen kommen. Sämmtliche M. bilden das *Staatsministerium* (*Ministerrath*, *Conseil*) als oberste Staatsbehörde, in welchem entweder das Staatsoberhaupt oder ein besond. *Ministerpräsident* od. *Premierminister* präsidirt. In absoluten Staaten sind die M. nur dem Monarchen, in konstitutionellen meist auch der Volksvertretung verantwortlich. *Bevollmächtigter* M. heisst ein Gesandter 2., *Ministerresident* ein solcher 3. Klasse; s. *Gesandte*. *Ministeriell*, was vom Ministerium ausgeht, auch Parteibezeichnung.

Ministerialen (lat.), im Mittelalter die Hausbeamten der Könige und ihrer Statthalter, sowie der Bischöfe, die für ihre Dienste im Besitz von Hoflehen waren, die Ahnherren des niederen Adels.

Ministriren (lat.), dienend zur Hand gehen, bes. dem Messe lesenden Geistlichen, daher *Ministrant*, Messdiener. [Bedroher.

Minitation (lat.), Drohnng. *Minitator*, **Minnegesang**, die lyr. Poesie des 12. und 13. Jahrh.; die Dichter (*Minnesänger*) gröstentheils dem Ritterstande angehörig, theils an Fürstenhöfen lebend, theils umhersiehend (fahrende Sänger). Vorzügl. Pflanzstätten der Hof der österr. Herzoge zu Wien und der des thüring. Landgrafen Hermann auf der Wartburg. S. *Deutsche Literatur* (Tabelle). Vgl. *Von der Hagen*, „Minnesänger" (Samml. sämmtl. noch übrigen Minnelieder, 1838, 4 Bde.); *Lachmann* und *Haupt*, „Minnesangs

Fröhling' (1857); Auswahl von *Simrock* (neuhochdeutsch 1857).

Minnehöfe, s. v. a. Liebeshöfe.

Minnesöta, nordamerikan. Freistaat, im W. des Mississippi, nördl. von Iowa, 3929 QM. und (1870) 439,706 Ew. (17,900 Indianer); Prairie- und Waldgebiet mit dem Quellbezirk des Mississippi (nebst dem *Fluss* M.) und zahlr. Seen. Landwirthschaft; ansehnliche Ausfuhr von Getreide (1867: 4½ Mill. Bush. Weizen), Mehl (für 4½ Mill. Thlr.), Holz, Häuten etc. Ausgaben (1867) 704,683 Doll., Schuld (1871) 350,000 Doll. 2 Repräsentanten und 2 Senatoren im Kongress; 64 Counties. Hauptst. St. Paul. — Von franz. Missionären 1680 besiedelt, 1849 als Territor. von Michigan abgezweigt, seit 1858 Unionsstaat.

Minor (lat.), der Kleinere, Jüngere.

Minorat (lat.), Vorrecht des Jüngeren in der Erbfolge, im Gegensatz zum Majorat, namentl. bei Bauergütern das Vorrecht des jüngsten Sohnes auf das väterliche Gut.

Minoration (lat.), gelinde Abführung.

Minorca, die kleinere der Balearen, 18 QM. und 45,000 Ew. Hauptort Mahon.

Minore (ital.), s. v. a. Moll.

Minderen (lat.), minderjährig; *Minorennität*, die der Majorennität oder Grossjährigkeit vorhergehende Lebensperiode. Letztere tritt nach röm. Rechte mit zurückgelegtem 25. Jahre ein, in Preussen, Oesterreich und Oldenburg mit dem 24., in Sachsen, Bayern, Würtemberg, Baden, England und Frankreich mit dem 21.; bei regierenden Fürsten und dem hohen Adel mit dem 18. Auch kann das Recht der Majorennität auf Ansuchen vom Staatsoberhaupte ertheilt werden.

Minorität (lat.), Minderzahl, s. *Majorität*.

Minoriten, s. *Franciskaner*.

Minos, zwei mythische Könige von Kreta: *M. I.*, Sohn des Zeus und der Europa, ward nach seinem Tode mit Aeacus und Rhadamanthys Richter in der Unterwelt. — *M. II.*, Enkel des Vor., Gemahl der Pasiphaë, getödtet bei Verfolgung des Dädalus durch den König Cocalus; ihm wird die ber. minoische Gesetzgebung zugeschrieben.

Minotaurus (d. i. Stier des Minos), der Sage nach Sohn der Pasiphaë und eines Stieres, Mensch mit Stierkopf, ward von Minos im knossischen Labyrinth mit Jünglingen und Jungfrauen gefüttert, welche Athen jährl. als Tribut liefern musste, von Theseus mit Hülfe der Ariadne getödtet.

Minsk, westruss. Gouv., 1621,5 QM. und 1,001,335 Ew.; ⅝ Wald, ⅓ Wiesland. Die *Hauptst.* M., 31,816 Ew.; griech. Erzbischof und röm. Bischof. Starker Getreidehandel.

Minstrels, s. *Menestrels*.

Minturnä (a. G.), Seehafen der Ausoner in Latium, am Liris, ward 297 v. Chr. röm. Kolonie. zu verringernde Zahl.

Minuenden (lat.), die bei der Subtraktion

Minus (lat.), weniger, kleiner, zeigt, einer Grösse vorgesetzt (−), an, dass dieselbe von einer andern voranstehenden abgezogen werden soll; bezeichnet bei entgegengesetzten Grössen die negative, während die mit Plus (+) oder gar nicht bezeichnete die positive ist.

Minuskeln, s. *Majuskeln*.

Minute (lat.), als Mass von Kreisbögen und Winkeln = 1/60°, als Zeitmass = 1/60 Stunde, in der Baukunst = 1/30 des Moduls, = 1/18 Säulendurchmesser; in der Malerei und Bildhauerei 1/12 einer Partie = 1/48 Kopflänge.

Minutenglas, kleine Sanduhr, welche nur 1 Minute läuft, auf Schiffen gebräuchlich.

Minutien (lat.), Geringfügigkeiten; *minutiös*, auf solche Gewicht legend, pedantisch. *Minution*, Verminderung. *Minutirer*, *Minutist*, Detailhändler; *Minuterie*, Detailhandlung.

Minyer, die Argonauten, weil die meisten derselben von den Töchtern des Minyas aboder aus der Landschaft der M. in Thessalien stammten.

Minze, s. v. a. Mentha.

Miocen, s. *Tertiärgebirge*.

Mio conto (ital.), auf meine Rechnung.

Miquelets (spr. Mik'läh), die Bergbewohner der Pyrenäen in Katalonien und dem franz. Depart. Hochpyrenäen, Fremdenführer.

Miquelon (spr. -k'long), franz. Insel im St. Lorenzbusen, südl. von Neufundland, 5 QM. und 800—900 Ew. Stockfischhandel.

Miquelet (fr., spr. Mik'lö), bettelnder Pilger, heuchlerischer Bettler.

Mirabeau (spr. -rábo), *Honoré Gabriel Riquetti, Graf*, geb. 9. März 1749 zu Bignon bei Nemours, Sohn *Victor Riquettis, Marquis de M.* (geb. 1715, † 1789), Verf. des „Ami des hommes" (1755, 5 Bde.), ward auf Veranstaltung seines Vaters wegen zügellosen Lebens 1768 auf die Insel Ré und 1775 auf Schloss If gefangen gesetzt, entfloh mit seiner Geliebten, Sophie de Ruffey, der jungen Gattin des 80jähr. Marquis von Monnier, nach Holland, ward abwesend zum Tode verurtheilt und 1777 nach Vincennes in strenge Haft gebracht. Ende 1780 freigelassen, griff er Calonnes Finanzverwaltung aufs heftigste an, begab sich 1784 nach England, erhielt dann eine geheime Mission an den berliner Hof, musste aber mehrerer Denkschriften wegen die preuss. Lande verlassen. Im Rufe eines Volksfreundes stehend, ward er 1789 als Vertreter von Marseille in die Generalstaaten gesandt, erhob 23. Juni den kühnen Protest gegen die befohlene Auflösung der Nationalversammlung, suchte aber dann die konstitutionelle Monarchie zu retten und setzte seine Popularität ein, um die Macht der Krone so viel möglich zu erhalten und den Hof mit der Revolution zu versöhnen, erhielt Dec. 1790 die Präsidentschaft im Jakobinerklub, Febr. 1791 in der Nationalversammlung; † 2. April 1791. Verf. zahlreicher Flugschriften, auch eines Werks „De la monarchie prussienne sous Frédéric le Grand" (1788, 8 Bde.; deutsch 1794—96, 4 Bde.). Werke herausg. von Mérilhou (1825—27, 9 Bde.). Biogr. von Montigny (2. Aufl. 1841, 8 Bde.), Pipitz (1850, 2 Bde.), Vermorel (1865, 5 Bde.).

Mirabellen, rundliche Pflaumen.

Mirabilien (lat.), Wunderdinge, Wunderwerke. *Mirabilität*, Wunderbarkeit.

Mirabilis L. (*Wunderblume*), Pflanzengattung der Nyctagineen. M. *Jalapa* L., in beiden Indien und Südamerika, mit stärkemehlreicher Wurzel (häufig mit der Jalapenwurzel verwechselt); Gartenpflanze.

Miracles (spr. -räk'ls), in der engl. Literatur dramatisirte Legenden.

Mirage (fr., spr. -ahsch), s. *Luftspiegelung*.

Mirakel (lat.), Wunder, Wunderwerk, Wunderthat; *mirakulös*, wunderbar, wunderthätig.

Mirza (pers., spr. -sä, d. i. Fürstensohn), in Persien, hinter den Namen gesetzt, Titel der Mitglieder der herrschenden Dynastie, vor den Namen gesetzt s. v. a. unser „Herr".

Mirzapur, Stadt in der brit.-ostind. Präsidentsch. Agra, am Ganges, 79,500 Ew., der grosse Baumwollenmarkt Ostindiens.

Mirza Schaffy, arab. Schriftgelehrter in Tiflis, von dem *Bodenstedt* in der arab. Sprache und Literatur sich unterrichten liess und den Namen für seine daselbst gedichteten „Lieder des M. S." entlehnte, für deren Verfasser M. S. früher irriger Weise galt; † 6. Juni 1856.

Misandrie (gr.), Männerscheu, Männerhass.

Misanthropie (gr.), Menschenhass.

Miscellaneen (*Miscellen*, lat.), Aufsätze vermischten Inhalts, abgerissene Notizen etc.

Mischling, s. *Farbige*. [son aus Damask.

Mischmisch (arab.), eingemachte Apriko-

Mischna, s. *Talmud*.

Mischungsgewicht, s. *Aequivalent*.

Mischungsrechnung, s. *Alligationsrechnung*.

Miscibel (lat.), mischbar; *misciren*, mischen.

Misdroy, Seebad auf der Insel Wollin.

Mise (fr., spr. Mihs), Einsatz beim Spiel, Einlage bei einem Handelsgeschäft.

Misenum (a. G.), Vorgebirge in Kampanien, unfern Puteoli; dabei die *Stadt* M.

Miserabel (lat.), elend, bejammernswerth.

Miseration (lat.), Erbarmen. [Jammer.

Misère (fr., spr. -sähr), Elend, Noth,

Miserere (lat., d. i. Erbarme dich), ein nach den Anfangsworten benannter Kirchengesang (Psalm 57, 2), ber. durch die Komposition von Allegri, seit 17. Jahrh. alljährl. in der Charwoche zu Rom (päpstl. Kapelle) aufgeführt; auch s. v. a. Darmgicht. [keit.

Misericordia (lat.), Mitleid, Barmherzig-

Misericordias Domini (lat., d. i. die Barmherzigkeit des Herrn), Name des 2. Sonntags nach Ostern von den Anfangsworten der für denselben bestimmten Messe.

Miskolcz (spr. Misch-), Hauptort des ungar. Kom. Borsod, 17,672 Ew.; bed. Weinhandel.

Misnia, nenlat. Name für Meissen.

Misogäm (gr.), Ehehasser, Hagestolz.

Misogamie, Ehescheu. [Walberscheu.

Misogyn (gr.), Weiberfeind; *Misogynie*,

Misolog (gr.), Hasser, Verächter der Vernunft, des Denkens, der Wissenschaft.

Misoponie (gr.), Arbeitsscheu.

Misopsychie (gr.), Lebensüberdruss.

Misoxenie (gr.), Fremdenhass, Ungastlichkeit. [heiratheter Damen, Fräulein.

Miss (engl.), in England Prädikat unver-

Missa (lat.) Messe; Heiligentag.

Missale (lat.), *Messbuch*, in der röm.-kathol. Kirche liturg. Buch, welches die Sonn- und Festtage vorgeschriebenen Messen, Perikopen etc. enthält. Die alten M.n aus der Zeit vor Erfindung der Buchdruckerkunst sind oft prächtig geschrieben; daher *Missalbuchstaben*, eine gewisse Art grösserer Typen.

Missbildungen, im Fötalleben entstehende abnorme Formveränderungen, schliessen die Lebensfähigkeit aus (Monstrositäs, Missgeburt, Monstrum) oder sind nur Naturspiele (lusus naturae). Zur ersteren Art gehören bes. Mängel des Hirns oder Schädels, Defekte an der Wirbelsäule und am Rückenmark; zur letzteren Wolfsrachen, Hasenscharte, Mangel oder Ueberzähligkeit einzelner Organe oder Glieder. Vgl. *Förster*.

Missgeburt, s. *Missbildungen*. [(1861).

Misshelrath (fr. *mésalliance*, lat. *disparagium*), Heirath zwischen Personen ungleichen Standes, jetzt in Betreff der Rechte der in solcher Ehe erzeugten Kinder nur noch beim hohen Adel und bei regierenden Häusern von Bedeutung; s. *Ebenbürtigkeit*.

Missilien (lat.), bei feierlichen Gelegenheiten unter das Volk zum Aufgreifen geworfene Dinge. [Churchill.

Missinippi, indian. Name des Flusses

Mission (lat.), Sendung, insbes. Aussendung christlicher Lehrer (*Missionäre*) zu Verbreitung des Christenthums unter nicht christlichen Völkern. Seit 6. Jahrh. rege Missionsthätigkeit der röm. Kirche unter den germanischen und westslavischen Volksstämmen. Die neueren Bemühungen der röm. Kirche um Heidenbekehrung datiren aus dem 17. Jahrh. 1622 Stiftung der Congregatio de propaganda fide in Rom durch Gregor XV. und 1627 des Collegium de propaganda fide durch Urban VIII. Die bedeutendsten M.en der kathol. Kirche die nach China, Ostindien und Japan. Unter den Protestanten eifrig betriebene Heidenmission seit Anfang des 18. Jahrh.; Mittelpunkt derselben bes. Halle und die Brüdergemeinde. Seit Anfang des 19. Jahrh. Zurücktreten des gemeinsam Evangelischen gegen das Konfessionelle. Der 1795 von evangel. Christen aller Denominationen gegründeten grossen londoner Missionsgesellschaft tritt 1797 die kirchliche (bischöfl.) Missionsgesellschaft gegenüber. Andere neuere protest. Missionsgesellschaften: baptistische seit 1792; grosse amerikan. seit 1810 (1864 mit 324 Stationen); niederländ. seit 1797; baseler seit 1815; berliner seit 1823; rheinische seit 1828, wie die baseler pietistisch, aber konfessionell weltherzig; norddeutsche seit 1836; leipziger (früher dresdener) seit 1848, streng lutherisch; bayer. Centralverein seit 1844, ebenfalls streng lutherisch; Gesammtverein für chines. M. seit 1856; pariser Missionsgesellschaft seit 1824. Die Resultate fast nirgends im Verhältniss zu den darauf verwendeten Arbeitskräften und Geldsummen (in England allein jährl. au 2 Mill. £, in Amerika gegen 2 Mill. Dollars). Ueber die Gesch. des protestant. Missionswesens s. *Wiggers* (1845—46, 2 Bde.), des kathol. *Hahn* (1858, 2 Bde.), über die Mängel *Langhans* (1864, Th. 1). Vgl. *Grundemann*, Missionsatlas' 1867—71.

Missioniren (lat.), für Missionszwecke, als Missionär wirken. [bare Tasche für solche.

Missive (lat.), Sendschreiben; verschliess-

Mississippi, grösster Strom Nordamerikas, die Hauptpulsader des Verkehrs der Verein. Staaten, entsteht aus dem See Itaska in

Minnesota, strömt gegen S. durch das gr. nordamerikan. Prairiebecken (Oberlauf bis zu den St. Anthonyfällen, 45° n. Br., Mittellauf bis zu den Vorhöhen der Ozark- und Alleghanyberge unweit St. Louis), mündet, ein vielarmiges, jährlich überschwemmtes schlammiges, mit undurchdringlicher Baum- und Schilfwaldung bedecktes Delta bildend, bei Neworleans in den Golf von Mexiko. Länge 680 M. (ohne die Krümmungen nur 380 M.), Stromgebiet 36,000 QM. (mit dem Missouri 970 M. l., 70,000 QM. Stromgebiet); 484 M. schiffbar. 57 gr. Nebenflüsse (Missouri, Illinois, Ohio, Rio Grande del Norte) etc.

Mississippi, nordamerik. Freistaat, am Golf von Mexiko, westl. vom Fluss M. begrenzt, 2218 QM. und (1870) 842,056 Ew.; im W. sumpfige Niederung (zur Zeit des Hochwassers unterseeische Waldung), gegen O. ansteigend; sehr fruchtbar, bes. die aus der Niederung ragenden Bluffs. Haupterwerbszweig Plantagenbau (Baumwolle, Rohrzucker, Mais, Reis, Tabak). Konstitution von 1817. Im Kongress vertreten durch 5 Repräsent. u. 2 Senatoren. 61 Counties. Hauptst. Jackson. — Ehedem in span. u. franz. Besitz, dann an die Union abgetreten und mit Alabama ein Territorium bildend; seit 1817 souveräner Unionsstaat; im Bürgerkrieg von 1861 auf Seite der Südstaaten.

Missolunghi, feste Hauptst. der griech. Nomarchie Akarnanien und Aetolien, am Golf von Patras, 5059 Ew. Im griech. Freiheitskampfe 1825 heldenmüthig vertheidigt.

Missouri, grösster Nebenfluss des Mississippi, entspringt in den Rocky Mountains, durchbricht dieselben zwischen 1200' hohen Steilwänden, bildet 3 grossartige Wasserfälle, durchsetzt weiterhin die sogen. schwarzen Hügel, mündet oberhalb St. Louis, wasserreicher als der Hauptfluss; 730 M. l. Nebenflüsse: Platte (Nebraska), Kansas, Osage.

Missouri, nordamerikanischer Freistaat, zu beiden Seiten des Flusses M., 3074 QM. und (1870) 1,691,693 Ew. (sehr viele Deutsche). Im S. des Missouri metallreiches Hügelland (Ozerkberge) und Prairien, im N. flach und fruchtbar. Hauptbeschäftigung Landwirthschaft (Mais, Weizen, Tabak). Bed. Binnenhandel (Centrum St. Louis). Konstitution von 1820. Ausgaben 1867: 10½, Schuld 1867: 17,866 Mill. Doll. Im Kongress vertreten durch 9 Repräsentanten. 112 Counties. Hauptstadt Jefferson. Seit 1821 Unionsstaat; im Bürgerkriege von 1861 auf Seite der Union.

Missunde, Dorf in Schleswig, an der Schlei. 12. Sept. 1850 Gefecht zwischen Schleswig-Holsteinern und Dänen; 2. Febr. 1864 Gefecht zwischen Preussen und Dänen.

Mist (Stallmist), der Hauptdünger unserer meisten Wirthschaften, oft entwerthet durch Aussickern der flüssigen Bestandtheile und Auswaschen durch Regen. Frischer M. enthält 20 — 24% feste Substanzen, 1 — 2% Mineralstoffe, ½% Stickstoff. 10 Fuder frischer M. geben 5 Fuder stark verrotteten. 1 Stück Rindvieh gibt 12 Fuder à 20 Ctr., 1 Pferd 8 — 9 Fuder M. Das Trockengewicht von Futter und Streu mit 2,3 multiplicirt ergibt die Mistmenge.

Mistbeet, zur Ansucht feinerer oder frühzeitiger Gemüse, erhält Bodenwärme durch eine Schicht von unvergohrenem Pferdemist, Laub oder Lohe und wird mit Glas bedeckt.

Mistel, s. Viscum.   [küste Frankreichs.

Mistral, kalter Nordwestwind an der Süd-Mistress (abbr. Mer.), Herrin, Frau vom Hause, in England Prädikat verheiratheter Damen bürgerl. Standes oder niederen Adels.

Mitau, Hauptst. von Kurland, an der Aa, 23,100 Ew.   [verbände.

Mitella (lat.), dreieckiges Tuch für Arm-Mitesser (Komedonen), Anhäufung von Sekret in den Talgdrüsen, bes. der Stirn, Nase und Ohren, kleine Anschwellung mit schwarzem Punkt. Bei Vereiterung des M.s entsteht die Finne (acne), in deren Eiter eine Milbe (acarus folliculorum) lebt. Behandlung durch Ausdrücken (mittelst Uhrschlüssel) und häufige Waschungen.

Mitford, Mary, engl. Dichterin, geb. 16. Dec. 1786 zu Arlesford, † 10. Jan. 1855 bei Reading; bes. bekannt durch ihre Skizzen vom engl. Landleben (,Our village', neue Ausg. 1863, 2 Bde., und ,Belford Regis', neue Ausg. 1849). ,Dram. Works' (1854, 2 Bde.); ,Tales and stories' (1865).

Mitgift (lat. dos), der Frau zur Unterstützung des ehelichen Hausstandes bei der Verheirathung mitgegebene Werthsachen, baares Geld, Forderungen, Gewerbsanlagen, Grundstücke etc. Vgl. Ausstener.

Mithras, altpers. Gottheit des Lichts, der erste der Izeds (s. Parsismus), später Hauptgegenstand des Kultus, als die Sonne selbst verehrt; ihr Dienst (Mithrasdienst) in Rom unter den späteren Kaisern weit verbreitet; zahlreiche Denkmäler (Mithrasdenkmäler).

Mithridat, altes Universalmittel, Latwerge aus erhitzenden Substanzen, opiumhaltig.

Mithridátes, Name mehrerer Könige von Pontus. Der berühmteste M. VI., der Grosse, geb. 136 v. Chr. zu Sinope, folgte seinem Vater M. V. 121, dehnte sein Reich über die Ost- und Nordküstenländer des schwarzen Meeres aus (s. Bosporus), eroberte 88—88 Kappadocien, Bithynien, Phrygien und das röm. Kleinasien, wo er alle Römer (80,000) ermorden liess, auch die Inseln des ägäischen Meeres, sendete seinen Feldherrn Archelaus nach Griechenland (erster mithridatischer Krieg), der die Athener, Achäer, Böotier und Spartaner zu Bundesgenossen gewann, aber nach der Eroberung Athens durch Sulla (86) bei Chäronea und Orchomenus (85) geschlagen ward, worauf M. (84) Frieden schliessen, alle in Asien gemachten Eroberungen herausgeben und 2000 Talente zahlen musste. Wegen eines von ihm nicht herausgegebenen Theils von Neuem von den Römern bekriegt (zweiter mithridat. Krieg, 83 — 81), verband er sich mit Tigranes II. von Grossarmenien, siegte anfangs, ward aber von den Römern unter dem Konsul Lucullus (dritter mithridat. Krieg) 73 und 72 zurückgetrieben und 71 zur Flucht zu Tigranes genöthigt, eroberte Pontus 67 wieder, ward von Pompejus am Euphrat 66 geschlagen und musste in sein bosporan. Reich flüchten, tödtete sich, von seinen eigenen

Söhnen verrathen, 63 selbst. Freund der Künste und Wissenschaften, 32 Sprachen kundig, von sicherster Ausdauer und klarem polit. Blick. [Mittel; Milderungsumstände.

Mitigantia (lat.), besänftigende, lindernde **Mittlgrün**, s. v. a. Schweinfurter Grün.

Mitla, Stadt im mexik. Staat Oaxaca; mit Palast- und Tempelruinen aus der Zeit der **Mitlauter**, s. *Konsonant*. [Zapoteken.

Mitra (gr.), Binde, bes. Kopfbinde; Kopfbedeckung, namentl. Bischofsmütze; auch Name einer Schnecke. *M. Hippocratis*, wundärztl. Kopfverband. *Mitral*, mützenförmig.

Mitraille (fr., spr. -tralj), Kartätschenschuss; *Mitraillade*, Niederschiessung durch Kartätschen; *mitrailliren*, niederkartätschen.

Mitrailleuse (fr., spr. -tralljöhs), Kugelspritze, von den Franzosen 1870 zuerst angewandtes Geschütz, schiesst 25 Kugeln auf einmal, jede aus einem besonderen Lauf.

Mitralklappe (Valvula mitralis), s. *Herz*.

Mittag (*Süden*), diejenige Weltgegend, in welcher die Sonne von der nördl. Halbkugel aus betrachtet steht, wenn sie ihren höchsten Standpunkt hat.

Mittagsfernrohr, s. *Passageinstrument*.

Mittagskreis, s. v. a. Meridian.

Mittagslinie, die Durchschnittslinie der Ebene des Meridians mit dem Horizont, dient zu astronom. und geograph. Messungen, zur Bestimmung der Zeit etc.

Mittagspunkt, der Durchschnittspunkt des Meridians mit dem Horizont nach der Mittagsgegend hin.

Mittagszeit, der Moment, in welchem der Mittelpunkt der Sonne in den Meridian tritt (wahre M.). *Mittlere M.*, der Moment, in welchem der Mittelpunkt einer sich im Aequator vollkommen gleichmässig bewegenden Sonne in den Meridian treten würde, fällt 4mal im Jahr mit der wahren M. zusammen.

Mittel, in der Mathematik: *arithmetisches* M. zweier oder mehrerer Zahlen wird gefunden durch Addition derselben und Division der Summe durch die Anzahl der Zahlen; *geometrisches* M. zweier Zahlen durch Multiplikation derselben und Ziehung der Quadratwurzel aus dem Produkt; *harmonisches* M. zweier Zahlen durch Division des doppelten Produkts ders. durch ihre Summe.

Mittelalter, der grosse histor. Zeitraum zwischen dem Alterthum und der neueren Zeit, beginnt mit dem Ende des weström. Reichs (476 n. Chr.), endigt mit dem 15. Jahrh., erhält sein eigenthümliches Gepräge bes. durch die germanischen Völker, die Hierarchie und das Lehnswesen. Die Gesch. des M.s schrieben *Leo* (1830, 2 Bde., n. 1859), *Kortüm* (1836, 2 Bde.), *Rückert* (1853).

Mittelamerika (*Centralamerika*), das schmale Verbindungsglied zwischen Nord- und Südamerika, umfassend die 5 Freistaaten: Guatemala, San Salvador, Honduras, Nicaragua und Costa-Rica, die früher Einen Staatenbund bildeten, später aber sich trennten, 8225 QM. n. 2¼ Mill. Ew. S. *Amerika*.

Mittelfleischgegend, s. *Perinäum*.

Mittelfranken, bayer. Regbz., 137,7 QM. und 597,688 Ew. (über ⅘ Protest., 10,523 Juden); die Oberfläche hügelig (fränk. Jura),

von der Regnitz und Altmühl bewässert. Getreide-, Obst-, Hopfenbau, Industrie in Baumwolle, Metallarbeiten, Leinenspinnerei, bed. Bierbrauerei. Hauptst. Ansbach.

Mittelgebirge, s. *Böhmisches Mittelgebirge*.

Mittelländisches Meer (*Mittelmeer*), grösstes Binnenmeer der alten Welt, zwischen Europa, Asien und Afrika, durch die Strasse von Gibraltar mit dem atlant. Ocean verbunden, 515 M. l., 240 M. br., 47,500 QM.; Tiefe (zw. Aegypten und Kleinasien) 10,000'. Glieder: Busen von Valencia, Löwengolf, Busen von Genua, das toskan. Meer, adriat. Meer, ägäische Meer, die Meerenge der Dardanellen, das Marmarameer, das levant. Meer, die gr. und kl. Syrte, die Bai von Tunis. Einmündende Flüsse: Nil (Afrika), Etsch, Po, Rhone, Ebro (Europa). Wichtigste Inseln: Balearen, Korsika, Sardinien, Sicilien, Malta, die jon. Inseln, die dalmat. Inseln, der griech. Archipel, Kreta, Cypern. Im Alterthum (Phönicier, Karthager, Griechen, Römer) und im Mittelalter (Venetianer und Genuesen) Mittelpunkt des Völkerverkehrs, bis mit Entdeckung Amerikas etc. der Handel andere Bahnen einschlug; gegenwärtig (durch die Eröffnung des Suezkanals) zu neuer Bedeutung sich erhebend. Vgl. *Böttger* (1859—59).

Mittelmark, Theil der alten Kurmark, mit der Hauptst. Brandenburg, jetzt zu den Regbz. Potsdam, Frankfurt und Magdeburg

Mittelwald, s. *Waldkultur*. [gehörend.

Mittelwort, s. *Participium*.

Mittermaier, *Karl Joseph Anton*, Rechtslehrer, geb. 5. Aug. 1787 zu München, seit 1821 Prof. zu Heidelberg, seit 1831 Mitglied der bad. Ständeversammlung. Führer der Gemässigten, 1848 Präsident des Vorparlaments, in der Nationalversammlung Mitglied des Verfassungsausschusses und für Gründung eines Bundesstaates aufgestellt. Weze thätig, von grossem Ruf als akadem. Lehrer und Schriftsteller; † 28. Aug. 1867 zu Heidelberg. Schr. ,Grundsätze des gemeinen deutschen Privatrechts' (7. Aufl. 1847, 2 Bde.); ,Der gemeine deutsche bürgerliche Prozess' (1.—4. Beitrag, 1820—26; 2. Aufl. 1825—45); ,Das deutsche Strafverfahren etc.' (4. Aufl. 1845—1846, 2 Bde.); ,Die Gesetzgebung und Rechtsübung im Strafverfahren' (1856); ,Der gegenwärtige Zustand der Gefängnissfrage' (1860); ,Die Todesstrafe' (1862, fast in alle europ. Sprachen übersetzt); ,Die Schwurgerichte' (1864) u. A.

Mitternacht, der Zeitpunkt, in welchem die Sonne den tiefsten Stand unter dem Horizont eines Orts erreicht hat und zum zweiten Mal dessen Meridian passirt.

Mitternachtspunkt (*Nordpunkt*), der Durchschnittspunkt des Meridians mit dem Horizont nach der Mitternachtsgegend hin.

Mittfasten, s. *Lätare*.

Mittlere Zeit, s. *Sonnenzeit*.

Mittweida, Stadt im sächs. Regbz. Leipzig, an der Chemnitz-Riesa-Eisenbahn, 8265 Ew. Tuch- und Flanellindustrie.

Mittwoch, der 4. Wochentag, früher Wodanstag, lat. *Dies Mercurii*.

Mitwissenschaft um ein verübtes Ver-

brechen verpflichtet nur in besond. persönlichen Verhältnissen, nach manchen Gesetzgebungen auch wenn ein Unschuldiger statt
des Schuldigen in Untersuchung gekommen
ist, zur Anzeige vor Gericht; M. um ein erst
zu verübendes Verbrechen in allen schwereren Fällen zur Anzeige oder wenigstens
zur Warnung des Bedrohten.

Mitylene, Stadt, s. *Mytilene*.

Mixed pickles (engl., spr. Mix'd pick'ls),
mit Essig und einer scharfen Gewür-
mischung eingemachte Gemüse, Gurken etc.

Mixolyse (gr.), Erzeugung gemischter
Farbstoffe durch gleichzeitige Fällung der
sie zusammensetzenden einfachen Farbstoffe
aus derselben Lösung.

Mixteken (*Misteken*), altes Indianervolk,
bewohnte neben den Zapoteken den heut.
Staat Oaxaca; wurde ca. 100 Jahre vor der
span. Eroberung v. den Azteken unterworfen.

Mixtion (lat.), Mischung; *Mixtum*, etwas
Gemischtes; *Mixtum compositum*, Mischmasch.

Mixtur, Gemisch, bes. aus mehreren Ingredienzien zusammengesetzte flüssige Arznei; gemischte Orgelstimme, die neben dem
Grundton noch die Oktave, Quinte und 2.
Oktave erklingen lässt.

Mjösen, See im südl. Norwegen; 8 M. l.,
6½ QM. vom Losnaelf durchströmt.

M. m., abbr. *mutatis mutandis* (lat.), mit
den nöthigen Abänderungen.

Mnemonik (*Mnemotechnik*, gr.), Gedächt-
nisskunst, die Kunst, mittelst einer bes.
Methode die Kraft des Gedächtnisses zu un-
gewöhnlichen Leistungen zu steigern, angebl.
von dem griech. Dichter Simonides erfunden, in neuerer Zeit bes. von *Aimé Paris*
(„Principes de la mnémotechnie', 7. Aufl.
1833), den Gebrüdern *Castilho* („Traité de
mnémotechnie', 5. Aufl. 1835), von *Karl Otto*,
gen. *Reventlow* („Lehrb. der Mnemotechnik',
2. Aufl. 1847, und „Wörterbuch', 1844) und
H. Kothe („Lehrbuch', 1852 u. 1862) weiter ausgebildet. *Mnemoniker*, Gedächtnisskünstler.

Mnemosyne, Tochter des Uranus und der
Gäa, Göttin des Gedächtnisses, von Zeus
Mutter der Musen (*Mnemosyniden*).

Moabit, preuss. Dorf dicht bei Berlin, an
der Spree, mit grossem Zellengefängnis,
Borsigs her. Maschinenfabr. und vielen anderen Industrieetablissements.

Moabiter, Volk östl. vom todten Meere,
von David zinsbar gemacht, seit 900 v. Chr.
wieder frei, vermischte sich in der nach-
exil. Zeit zum Theil mit den Juden.

Moallakât, s. *Arabische Literatur*.

Mob (engl.), Pöbel, Gesindel.

Mobil (lat.), beweglich, rüstig, kriegbereit.

Mobile (spr. -bihl), Handelsstadt in Alabama (Nordamer.), am *Flusse* M., oberhalb
dessen Mündung in den mexikan. Meerbusen,
(1870) 32,034 Ew. Bed. Baumwollenmarkt.

Mobile Kolonnen, je nach ihrem speciellen Zweck zusammengesetzte Detachements,
welche zu selbständigen Unternehmungen
oft im Rücken des Feindes entsandt werden, oder die Verbindungen der eigenen
Truppentheile sichern sollen.

Mobiliär (neulat.), Gesammtheit von beweglichen Gütern, fahrende Habe.

Mobilien (lat.), s. v. a. Mobiliär.

Mobilisirung, Bereitmachung der Armee
zum Kriege, wohin namentl. die Einberufung der Manuschaften, Ankauf der Pferde,
und Anschaffung des Materials, wie auch die
Durchführung der Ordre de bataille gehört.

Mobilität (lat.), Beweglichkeit; Rührigkeit.

Mobilmachung, s. v. a. Mobilisirung.

Modal (v. lat. modus), durch Verhältnisse
bedingt, davon abhängig. *Modalität*, die
Art und Weise, wie etwas existirt, geschieht
oder gedacht wird; in der Philosophie Bestimmung des Urtheils, wonach dasselbe entweder etwas Mögliches oder Wirkliches oder
Nothwendiges aussagt (*Modalitätsbegriffe*).

Mode (lat.), das dem wechselnden Zeit-
geschmack augenblicklich Gemässe, bes. in
Bezug auf Kleidertracht.

Modul (*Modul*, lat. *modulus*), in der Baukunst die Hälfte des untern Säulendurch-
messers, welche in 30 Theile (Minuten) getheilt, als relatives Mass für die einzelnen
Theile der Säulenordnungen dient.

Modell (lat.), Vor-, Musterbild, in der
Malerei lebende Person, welche nackt dem
Künstler zum Gegenstande des Studiums
dient (*M. stehen*); in der Bildhauerei das
aus Thon, Wachs etc. (meist in verjüngtem
Massstabe) gebildete Vorbild, nach welchem
die Arbeit im Grossen ausgeführt werden
soll; in der Baukunst und Technik Darstellung eines Baues, einer Maschine etc. im
Kleinen. *Modelliren*, M.e entwerfen; *Model-
lirer (Modelleur)*, Vorformer, Mustermacher.

Modena, ital. Prov., 45,4 QM. und 262,943
Ew. Die *Hauptstadt* M. (das alte *Mutina*),
32,248 Ew.; prachtvolles Schloss, Kathedrale, Universität, Kunstakademie. Das
Herzogthum M. (110 QM.), seit 1452 vom
Hause Este, seit 1814 von Oesterr.-Este
regiert, 1860 Italien einverleibt.

Moder, unter Wasser faulende Pflanzensubstanz, entwickelt besonders Grubengas.

Moderados (span.), die Gemässigten, als
polit. Partei den Exaltados entgegengesetzt.

Moderamen (lat.), Lenkung, Mässigung.

Moderantismus (lat.), gemässigte Gesinnung, nementl. in der Politik; *Moderation*,
Mässigung, ruhige Fassung, Gleichmuth.

Moderateur (fr., spr. -öhr), der etwas regelt, mässigt, Name von so wirkenden Ma-
schinentheilen.

Modern, der Mode gemäss, modisch; in
der Kunst- und Literaturgeschichte Gegensatz des Antiken (s. d.); *modernisiren*, der
Mode anbequemen. (*dessen*, Beinkleider.)

Modest (lat.), ehrbar, bescheiden. *Mo-
dica*, Stadt auf Sicilien, Prov. Noto,
am Scicli, 27,449 Ew. Baumwollenbau.

Modice (lat.), mässig, sparsam.

Modifikation (lat.), Aenderung nach Massgabe der obwaltenden Umstände ohne wesentliche Umgestaltung.

Modillon (fr., spr. -iljong), Sparrenkopf,
Verzierung unter der Kranzleiste.

Modist, Putzverfertiger, Putzhändler;
Kalligraph; *Modistin*, Putzhändlerin.

Modlin (russ. *Nowgeorgiewsk*), starke Festung im russ. Gouvern. Warschau, am Einflusse des Bug in die Weichsel.

Modulation (lat., Mus.), der kunstgemässe Wechsel der Harmonien und Akkorde. Vgl. *Breslg*, ‚Modulationstheorie', 1865.

Moduliren (lat.), messen, regeln.

Modillus, s. Model.

Modus (lat.), Mass, Art und Weise; in der Grammatik die Art, wie das Prädikat dem Subjekten beigelegt wird, Redeweise (s. *Indicativ, Konjunktiv*); in der Musik s. v. a. Tonart (m. *major*, dur; m. *minor*, moll).

Möckern, 1) Stadt im preuss. Regbz. Magdeburg, an der Ehle, 1663 Ew. 5. April 1813 siegreiches *Gefecht* der Preussen (York) gegen die Franzosen (Eugen). — 2) Stadt im sächs. Regbz. Leipzig, 1637 Ew.; ökonom. Musterwirthschaft. 16. Okt. 1813 *Sieg* der Preussen (Blücher) über die Franzosen (Marmont).

Mödling, Marktfl. in Niederösterreich, unfern Wien, 3796 Ew. Besuchte Schwefelquellen. In der Nähe Schloss *Liechtenstein*, die Felsenthäler *Klause* und *Brühl*.

Möen, dän. Insel, südöstl. von Seeland, 3,8 QM. und 12,369 Ew. Hauptort Stege.

Möglin (*Mögelin*), Dorf im preuss. Regbz. Potsdam, Kr. Oberbarnim, 200 Ew. Landwirthschaftl. Akademie.

Möhra, Dorf bei Salzungen im Meiningischen, 492 Ew. Wohnhaus der Eltern Luthers (Standbild).

Möhre, s. *Daucus*. [Luthers (Standbild).

Mölln, Stadt im preuss. Herzogth. Lauenburg, an der Stecknitz, 3500 Ew. Eulenspiegels Grab und Leichenstein.

Mömpelgard, Stadt, s. *Montbéliard*.

Mönch (v. gr. *monachus*), Klostergeistlicher; s. *Kloster*. Auch s. v. a. Walach.

Mönch, Gipfel der Berneralpen, nordöstl. von der Jungfrau, 12,609' h.

Mönchengladbach, s. *Gladbach* 1).

Mönkgut, die südöstl. Halbinsel Rügens, vielfach gegliedert und zerrissen.

Mörike, *Eduard*, Dichter, geb. 8. Sept. 1804 zu Ludwigsburg, längere Zeit Pfarrer, lebt in Nürtingen. Angesehen als Lyriker, bes. im humorist. Gedichten (‚Gedichte', 4. Aufl. 1867); schr. den Roman ‚Maler Nolten' (1832), ‚Idylle vom Bodensee' (3. Aufl. 1856), ‚Das Stuttgarter Hutzelmännlein' (1853), ‚Mozart auf der Reise nach Prag' (1856) u. A.

Möris, Landsee im alten Aegypten, auf der Westseite des Nil (jetzt *Birket el Kerun* in der Prov. El Fayûm), nach der Sage vom König Möris (um 2150 v. Chr.) angelegt.

Mörs (*Meurs*), Stadt im preuss. Regbz. Düsseldorf, Kr. Geldern, 3136 Ew., Hauptstadt des ehemal. *Fürstenthums M.* (6 QM.).

Mörser, kurze schwere Geschütze zum Werfen verschiedener Geschosse, bes. der Bomben in sehr hohen Bögen. Der neue preuss. gezogene M. ist ein 72-Pfünder aus Bronze mit 4 Pfd. Pulverladung und 5000 Schritt Wurfweite, die Geschosse sind guss-eiserne, 154 Pfd. schwere Granaten, die 10 Pfd. Sprengladung enthalten.

Mörtel (*Mauerspeise*), Mischung von (1 Kubikfuss) gelöschtem eingestampftem, steifem Kalkbrei mit (1½ — 2½ Kubikfuss) Sand, bindet die Ziegelsteine zunächst durch Flächenansiehung und erhärtet durch Aufnahme von Kohlensäure aus der Luft. *Hydraulischer M.*, s. *Cäment*.

Mosca, Nebenfluss des Ticino, entspr. am Bernhardin in Graubünden, durchfliesst das Misoccothal, mündet bei Arbedo.

Möser, *Justus*, Schriftsteller, geb. 14. Dec. 1720 zu Osnabrück, bekleidete eine Reihe von Staatsämtern das.; † 8. Jan. 1794 (Denkmal seit 1836). Gross als Schriftsteller für das Volk und als Geschichtschreiber, vom reinsten Patriotismus erfüllt. Hauptwerke: ‚Osnabrückische Geschichte' (1768) und ‚Patriotische Phantasien' (1775—86, 4 Bde., n. öfl.). Werke (neue Ausg. 1858, 10 Bde.). Biogr. von *Nicolai* (1797), *Kreyssig* (1857).

Mösien (lat. *Moesia*), röm. Prov. zwischen der Donau und dem Hämus, von der Savemündung bis an den Pontus, durch den Ciabrus (jetzt Zibria) in das westl. *Obermösien* und das östl. *Niedermösien* getheilt. Seit 2. Jahrh. Einfälle der Gothen, denen nach der Schlacht bei Konstantinopel 378 Theodosius I. das Land überliess. 7 Jahrh. Einwanderung der Serbier in Obermösien, der Bulgaren in Niedermösien.

Mösskirch (*Messkirch*), Stadt im bad. Kr. Konstanz, an der Ablach, 1913 Ew. 5. Mai 1800 *Sieg* der Franzosen (Moreau) über die Oesterreicher (Kray).

Möven (*Laridae*), Familie der Schwimmvögel. Gattung Möve (Larus *L.*): *schwarzköpfige* oder *Lachmöve* (L. ridibundus *L.*), 15'' l., an den europ. Küsten, gemeinste Art; *dreizehige* oder *Wintermöve* (L. tridactylus *L.*), 15'' l., in der arktischen Zone, Ostsee, im Mittelmeer, beide kommen Winters auf unsere Seen; *Sturmmöve* (L. canus *L.*), 15'' l., an europ. Meeren; *Silbermöve* (L. argentatus *Brünn.*), 21'' l., daselbst. Die M. liefern schmackhafte Eier.

Mofetten, Exhalationen von Kohlensäure am Fusse der Vulkane nach grösseren Ausbrüchen derselben; auch Kohlensäure liefernde Gasquellen (s. d.) im Allgemeinen.

Mogador (*Suirah*), Seehafenstadt in Marokko, am atlant. Ocean, 12,000 Ew., wichtig für den Handel nach dem Sudan.

Moghistan, pers. Küstenlandsch. am pers. Golf, z. Th. dem Imam von Maskat unterthan.

Mogilalie (gr.), erschwertes Sprechen.

Mogilien (russ.), mongol. Grabhügel.

Mogilno, Kreisstadt im preuss. Regbz. Bromberg, an einem See, 1701 Ew.

Mogul, s. *Grossmogul*. [Mainz.

Moguntia (*Mogusiacum*), lat. Name von

Mohács (spr. -atsch), Marktfl. im ungar. Kom. Baranya, an der Donau, 10,899 Ew. 29. Aug. 1526 *Sieg* der Türken (Soliman II.) über die Ungarn; 12. Aug. 1687 *Sieg* Karls von Lothringen über die Türken.

Mohair (spr. -hēr), Angorawolle und die daraus gewebten reinen oder gemischten Stoffe. *Mohairspitzen*, schwarze Wollspitzen.

Mohammed (arab., d. i. der Gepriesene), Stifter der mohammed. Religion, geb. April 571 in Mekka, Sohn des Abdallah und der Amina, trat 25 Jahre alt in die Dienste der Kaufmannswittwe Chadidscha und verheirathete sich mit ihr, war dann als Kaufmann thätig, widmete sich aber vornehmlich religiöser Betrachtung. An visionären Zuständen und epileptischen Zufällen leidend,

gab er die Resultate seiner Reflexion für göttl. Offenbarungen aus (nach seinem Tode als Koran zusammengestellt). Nach 5 Jahren in Mekka öffentl. als Prophet hervortretend, fand er kein Gehör, musste sich 3 Jahre verbergen, gewann dann besonders unter den Einwohnern von Medina Anhang und floh mit seinem Freunde Abubekr 622 (*Hedschra*, s. d.) dahin. Von hier aus machte er mit seinen Anhängern Kriegszüge gegen die Mekkaner und zwang sie, mit ihm Frieden zu schliessen. Er begann darauf seine Missionen in Arabien und den angrenzenden Ländern und eroberte das friedensbrüchige Mekka für die neue Religion, womit deren Herrschaft in Arabien entschieden war; † 8. Juni 632 zu Medina und ward in dem Hause, worin er gestorben, begraben. Nach dem Tode der Chadidscha verheirathete er sich wieder und hinterliess bei seinem Tode 9 Frauen, darunter Aïscha (s. d.) und Hafssa, die Tochter des nachherigen Khalifen Omar. Vgl. *Weil* (1843), *Sprenger* (2. Ausg. 1868—69, 3 Bde.), *Nöldeke* (1863), *Muir* (1858—61, 4 Bde.).
Mohammed, Name von 4 türk. Sultanen: *M. I.*, geb. 1387, Sohn Bajazeds I., einigte das durch Timurs Einfälle zerrüttete Reich wieder; † 1421. — *M. II., Bujuk*, d. i. der Grosse, geb. 1430 zu Adrianopel, Sohn und Nachfolger Murads II., eroberte 1453 nach 53tägiger Belagerung Konstantinopel, gewährte den Griechen Religionsfreiheit, bevölkerte und befestigte Konstantinopel (Anlage der Dardanellen). In seinem weiteren Siegeslaufe durch Joh. Hunyad aufgehalten, musste er 1456 die Belagerung von Belgrad nach grossen Verlusten aufgeben, focht dann gegen die Venetianer und Gennesen, unterwarf 1473 die Krim, griff Rhodus vergeblich an, eroberte die jon. Inseln; † 1481 auf dem Zuge gegen Persien. — *M. III.*, geb. 1566, Sohn und 1596 Nachfolger Murads III., hart und grausam, eroberte 1596 Erlau, kriegte gegen Oesterreich; † 1603. — *M. IV.*, Sohn des von den Janitscharen gestürzten Sultans Ibrahim, bestieg 1648 7 Jahre alt den Thron, ward infolge des Unglücks der türk. Waffen vor Wien (1683) und bei Mohacz (1687) gestürzt und † 1691 im Kerker.
Mohammedanische Religion (*Mohammedanismus, Islam*, d. i. Hingabe an Gott), die von Mohammed (s. d.) verkündigte, angeblich auf göttlicher Offenbarung beruhende, im Koran (s. d.) enthaltene Religion, lehrt den Glauben an den Einen, wahren, allmächtigen und allwissenden Gott, an Mohammeds göttl. Sendung und an den einstigen Tag des Gerichts und gibt gute moralische Vorschriften. Der Koran enthält als Fundamentalgesetzbuch Staats-, Civil-, Kriminal-, Polizei- und Ceremonialgesetze. Verbreitung des Islam mit dem Schwerte war von Anfang an Staatsgesetz. Daher im Verlaufe eines Jahrhunderts Herrschaft des Islam in Syrien, Persien, Aegypten und Nordafrika bis nach Spanien hinein. Seit 16. Jahrh. Sinken der Macht desselben. Gegen 130 Mill. Bekenner, 72 häretische Sekten. Gegensatz zwischen den Orthodoxen und den Denkgläubigen, welche als Ketzer (Mnta-

siïch) verstossen werden. *Schiïten*, die Anhänger Alis und seiner Nachkommen, denen sie die ausschliessliche Nachfolge im Khalifat zusprachen, mit myst. Elementen, in Persien und Marokko; ihnen gegenüber die *Sunniten*, Anhänger der herrschenden Khalifen, im osman. Reich etc. Zügellosem Independentismus huldigen die *Chawaridsch*.
Mohammedanismus, s. *Mohammedanische*
Mohar, s. *Hirse*.   [*Religion*.
Mohawks (spr. -häks), nordamerik. Indianerstamm, zu den Irokesen gehörig, einst die berühmtesten Krieger der Indianer; Reste davon in Westcanada.
Mohikaner, ausgestorbener Indianerstamm im östl. Nordamerika (zw. Saco und Hudson), zu den Algonkins gehörig, bes. durch *Coopers* Roman berühmt geworden.
Mohilew (russ. *Mogilew*), 1) westruss. Gouvern., 867,7 QM. (⅓ Kulturland, über ⅓ Wald) und 924,080 Ew. Die Hauptst. M., am Dnjepr, 37,576 Ew. (18,000 Juden). Sitz des röm. Erzbischofs für ganz Russland. Produktenhandel. — 2) Stadt im westruss. Gouvern. Podolien, am Dnjestr, 2948 Ew.
Mohl, 1) *Robert von M.*, ber. Rechtslehrer, geb. 17. Aug. 1799 zu Stuttgart, ward 1827 Prof. der Staatswissenschaften zu Tübingen, 1847 Prof. der Rechte zu Heidelberg, 1848 Mitglied des Vorparlaments und des Parlaments, Aug. 1848 Reichsjustizminister, trat mit Gagern 17. Mai 1849 zurück und übernahm wieder sein Lehramt; Juli 1861 bis Aug. 1866 bad. Gesandter beim Bundestage. Schr.: ,Staatsrecht des Königr. Würtemberg‘ (2. Aufl. 1846); ,Die Polizeiwissenschaft‘ (3. Aufl. 1866, 3 Bde.); ,Geschichte und Literatur der Staatswissenschaft‘ (1855—58, 3 Bde.); ,Encyklopädie der Staatswissenschaft‘ (1859); ,Staatsrecht, Völkerrecht u. Politik‘ (1860—69, 3 Bde.). — 2) *Julius von M.*, Orientalist, geb. 28. Okt. 1800, Bruder des Vor., ward 1826 Prof. zu Tübingen, 1845 Prof. des Persischen am Collège de France zu Paris, 1852 Inspektor des oriental. Druckes in der kaiserl. Druckerei und Sekretär der asiat. Gesellschaft. Hauptwerk die Ausgabe von Firdusis ,Schahnameh‘ (1838—55, Bd. 1—4). — 3) *Moritz*, geb. 1802 in Stuttgart, Bruder des Vor., ward 1841 Oberstaatsanwalt das., 1848 Mitglied des Vorparlaments und des Parlaments, hier der gemässigten Linken, dann in der würtemberg. Kammer der Opposition zugehörig; entschiedener Grossdeutscher. Verf. kleinerer Schriften nationalökonom. Inhalts. — 4) *Hugo von M.*, Botaniker, geb. 8. April 1805 zu Stuttgart, Bruder des Vor., seit 1835 Prof. zu Tübingen, verdienter
Mohn, s. *Papaver*.   [*Pflanzenphysiolog.*
Mohnöl, fettes Oel der Mohnsamen, blassgelb, dünnflüssig, erstarrt bei — 20° C., trocknet langsam, löslich in Alkohol; Speiseöl, dient zur Firnissfabrikation.
Mohr, *Karl Friedrich*, Chemiker, geb. 4. Nov. 1806 in Koblenz, seit 1867 Prof. der Pharmacie in Bonn; Verf. von Kommentaren zur preuss. Pharmakopöe (3. Aufl. 1863—1865, 2 Bde.), vervollkommnete die chemisch-analytische Titrirmethode (Lehrbuch 3. Aufl. 1870); schrieb noch: ,Der Weinstock und der

Wein' (1864); ,Geschichte der Erde' (1866), ,Mechanische Theorie der chemischen Affinität' (1866, Nachtrag 1869). Erfinder zahlreicher chem. und techn. Apparate.

Mohrrübe, s. v. a. Möhre.

Mohrungen, Kreisstadt im preuss. Reghs. Königsberg, am *Mohrungersee*, 3917 Ew.; Geburtsort Herders.

Moiren (*Mören*, gr.), s. v. a. Parzen.

Moirirung (*Moiré*, spr. Moar-), der wellenartige Schimmer auf Seiden- od. Wollgeweben (gewässerte Zeuge), wird hervorgebracht, indem man zwei zu einander liegende noch feuchte Stücke zusammen zwischen scharf pressenden Walzen hindurchgehen lässt; die starken, verschiedentlich übereinander greifenden Kettenfäden pressen sich dann ungleich breit u. erzeugen dadurch den Effekt.

Moitié (fr., spr. Moatjé), die Hälfte.

Mokka (*Mokha*), Hafenstadt in der arab. Landschaft Jemen, am arab. Meerbusen, 6000 Ew. Bed. Kaffeekultur (*Mokkakaffee*).

Mokkastein, Chalcedon mit farbigen pflanzenähnlichen Zeichnungen (Infiltrationen von Metalloxyden), Schmuckstein.

Mokscha, Stadt im russ. Gouvern. Pensa, an der *Mokscha* (zur Oka), 17,241 Ew.

Mola, Hafenstadt in der unterital. Prov. Bari, am adriat. Meere, 12,500 Ew.

Molasse, feinkörniger grauer Sandstein in der Schweiz aus dem Tertiärgebirge, Baustein.

Molassengebirge, s. v. a. Tertiärgebirge.

Molay, *Jak. Bernh. von*, letzter Grossmeister der Templer seit 1298, tapfer, rechtschaffen und klug, begab sich 1306 von Cypern, wo er eine Rüstung gegen die Saracenen betrieb, auf Einladung des Papstes Clemens V. und des Königs Philipp des Schönen von Frankreich dahin, ward 13. Okt. 1307 mit allen in Frankreich lebenden Templern eingekerkert; nach grausamen Martern 18. März 1314 in Paris verbrannt.

Molche (*Schwanzlurche*, Caudata), Familie der Batrachier (s. d.), zerfällt in eigentliche M. oder Salamander (s. d.) und Fischmolche: *Riesenmolch*, *Hellbender* (Salamandrops giganteus *Harl.*), 2' l., lu den Gewässern des Alleghanygebirges; Aalmolch, s. d.; *Axolotl*, *Kolbenmolch* (Siredon *Wagl.*), in Mexiko, ist nur die Larve eines Salamanders (Amblystoma), pflanzt sich aber im Larvenzustande fort; Olm, s. d.

Moldau (*Moldawa*, czech. *Ultawa*), Hauptfluss Böhmens, entspr. auf dem Böhmerwalde am Vogelstein, fliesst über Budweis (schiffbar) und Prag, mündet bei Melnik in die Elbe (grösser als diese); 44 M. l. Zuflüsse: rechts Luschnitz, Sásawa; links Wottawa, Beraun.

Moldau, eins der beiden Vereinigten Donaufürstenthümer (s. *Rumänien*), umschliesst das Delta der Donau, 867 QM. u. ca. 2 Mill. Ew.; Hauptstadt Jassy. Das Land, früher von grösserem Umfang, steht seit 16. Jahrh. unter türk. Lehnsherrschaft und erhielt von der Pforte fanariotische Griechen zu Fürsten (Hospodare); 1777 wurde ein Theil der oberen M. (die Bukowina) an Oesterreich abgetreten; 1812 (Friede zu Bukarest) kam die untere M. (Bessarabien) an Russland. Im russ.-

Meyers Hand-Lexikon.

türk. Krieg Besetzung des Landes durch die Russen 1828 bis 11. Mai 1834. Vgl. *Walachei*.

Mole (Mola, *Windei*, *Mondkalb*), fehlerhafte Entwickelung eines befruchteten Eies im Mutterleibe, wobei es sich meist zu einer formlosen Masse umwandelt und frühzeitig ausgestossen wird. Drei Arten: *Abortivei*, die mit trüber Masse gefüllten Eihäute; *Fleischmole*, kompaktes Gewebe bis Faustgrösse; *Blasenmole*, blasenartige Anschwellung der Eihautzotten (Chorionzotten). Die *Molenschwangerschaft* wird oft durch Blutungen bei der Ausstossung der M. gefährlich.

Moleküle, s. *Atome*.

Moles (lat.), drückende Last, Masse; kolossales Bauwerk, z. B. Stein-, Hafendamm. *M. Hadriani*, die Engelsburg in Rom.

Moleschott, *Jakob*, ber. Physiolog, geb. 9. Aug. 1822 in Herzogenbusch, ward 1845 Arzt in Utrecht, 1847 Privatdocent in Heidelberg, 1856 Prof. der Physiologie in Zürich, 1861 in Turin; ber. durch seine materialist. Auffassung aller Lebensthätigkeit. Schr. ,Physiologie der Nahrungsmittel' (2. Aufl. 1859); ,Lehre der Nahrungsmittel' (3. Aufl. 1857); ,Physiologie des Stoffwechsels' (1851); ,Kreislauf des Lebens' (4. Aufl. 1863); ,Physiolog. Skizzenbuch' (1861); ,Georg Forster' (2. Aufl. 1862).

Moleskin, baumwollener Westenstoff mit Mustern aus feinster Wolle; feiner, dichter, gerauhter und geschorener Barchent.

Molestiren (lat.), belästigen.

Moletten, gehärtete Stahlprägwalzen zur Erzeugung von Druckplatten oder Druckcylindern für den Zeugdruck.

Molfetta, Hafenstadt in der unterital. Prov Bari, am adriat. Meere, 24,648 Ew.

Molfetten, Salpeterhöhlen, Höhlen, an deren Wänden Salpeter ausblüht.

Molière (spr. -iähr), *Jean Baptiste Poquelin* da, ber. franz. Lustspieldichter, geb. 15. Jan. 1620 in Paris, durchzog seit 1646 an der Spitze einer Schauspielertruppe die Provinzen, nach Gelegenheit Dichter und Schauspieler, erhielt 1658 nach einem glücklichen Debut im Louvre die Erlaubniss, sich mit seiner Truppe (,troupe de Monsieur') in Paris niederzulassen; † das. 17. Febr. 1673. Denkmal in der Rue Richelieu (s. 1845). Am bedeutendsten im Sitten- und Charakterlustspiel: ,L'école des maris' (1661) und ,L'école des femmes' (1662), ,Les précieuses ridicules' (1669), ,Les femmes savantes' (1672), ,Le Misanthrope' (1666) und ,Le Tartuffe' (1664). ,Oeuvres' (von *Auger* 1819, 9 Bde., von *Aimé Martin* 1845, *Lefèvre* 1854 u. A.); Uebersetzung von *Baudissin* (1865—1867, 4 Bde.), in Auswahl von *Laun* (1865, 3 Bdchn.) u. A. Biogr. von *Taschereau* (2. Aufl. 1828). Vgl. *Bazin*, ,Notes histor. sur M.', 1851.

Mollique (spr. -lik), *Bernh.*, Violinvirtuos und Komponist, geb. 7. Okt. 1802 in Nürnberg, 1826—49 Musikdirektor in Stuttgart, dann bis 1866 in London; † 10. Mai 1869 in Kannstadt. Schr. Violinkoncerte, Quartette, Trios, das Orator. ,Abraham', eine Messe u. A.

Molise (*Campo Basso*), unteritalien. Prov., 83,6 QM. u. 347,065 Ew. Hauptst. Campo Basso.

Molken (*Wadicke*, *Schotten*), die nach dem

Gerinnen des Käsestoffs der Milch zurückbleibende Flüssigkeit, enthält neben eiweissartigen Stoffen (die sich z. Th. beim Kochen ausscheiden, Zieger) Milchzucker und Salze; Nebenprodukt bei der Käsebereitung, dient zur Bereitung von Milchzucker oder als Viehfutter; wird zu medicinischem Gebrauch (*Molkenkur*) aus Milch mit Weinstein (saure M.) oder Lab (süsse M.) dargestellt.

Moll (lat., Mus.), weich, bezeichnet diejenige der 2 Haupttonarten, in welcher die Terz des Grundtons eine kleine ist; daher *Mollakkord*, der Dreiklang mit kleiner Terz.

Moller, *Georg*, Architekt, geb. 21. Jan. 1784 zu Diepholz, † 13. März 1852 als grossherzogl. Hofbaumeister zu Darmstadt. Bes. ausgezeichn. Meister in der Dachkonstruktion. Werke: kathol. Kirche, Opernhaus (neuerl. abgebrannt) in Darmstadt, Schloss in Wiesbaden u. A. Schr.: ,Denkmäler deutscher Kunst' (1815–45, 3 Bde.); ,Der Münster zu Freiburg im Breisgau' (1826) etc.

Molesciren (lat.), weich werden.

Mollientia (lat.), erweichende Heilmittel.

Mollification, Erweichung, Linderung.

Mollusken, s. *Weichthiere*.

Mollwitz, Dorf in Schlesien, bei Brieg, 619 Ew. 10. April 1741 *Sieg Friedrichs II.* über die Oesterreicher (Neipperg).

Molo (*Hafenbrücke*), Steindamm, vom Lande in die See hinaus errichtet, dient zum Abschluss der Häfen, zum Schutz ders. vor Versandung u. der Schiffe vor Wellenschlag.

Moloch (*Molech*, d. i. König), Gott der semit. Stämme, dem Menschen, bes. Kinder geopfert wurden (Molochdienst). [*Verafuss*.]

Molossus (gr.), aus 3 Längen bestehender

Molsheim, Kreisst. im Unterelsass, an der Breusch, 3560 Ew. Gr. Stahlwaarenfabr.

Moltke, 1) *Karl von M.*, geb. 15. Nov. 1800, ward 1846 nach Erlass des offenen Briefs von Friedrich VII. Präsident der schleswigholstein-lauenburg. Kanzlei, suchte der fortschreitenden Bewegung in den Herzogthümern mit Strenge Einheit zu thun, führte 1851–54 als Minister für Schleswig die dän. Reaktion mit rücksichtsloser Härte durch, ward 1864 auf kurze Zeit Minister ohne Portefeuille; † 12. April 1866. — 2) *Hellmuth Karl Bernhard, Graf von M.*, preuss. Feldmarschall und Chef des Generalstabs der Armee, geb. 26. Okt. 1800 zu Gnewitz in Mecklenburg, trat 1822 aus dem dän. in den preuss. Kriegsdienst, kam 1832 in den Generalstab, wohnte 1839 dem türk. Feldzug in Syrien bei, ward 1848 Abtheilungsvorstand im grossen Generalstab, 1849–55 Chef des Generalstabs vom 4. Armeecorps, 1858 Chef des Generalstabs der Armee, 1859 Generallieutenant, half bei Ausbruch des Krieges mit Dänemark den gemeinsamen Operationsplan feststellen, ward Ende April Chef des Generalstabs der allirten Armee, Juni 1866 General der Infanterie, Haupturheber der Feldzugspläne von 1866 und 1870; 1870 zum Feldmarschall und Grafen ernannt. Schr.: ,Der russ.-türk. Feldzug' (1835); ,Briefe über Zustände und Begebenheiten in der Türkei 1835–39' (1841); ,Der ital. Feldzug von 1859' (3. Aufl. 1870).

Molten, weiches, wolleues, langhaariges, leinwand- oder köperartiges, geraubtes und mit einem Schnitt geschorenes Gewebe.

Molukken (*Gewürzinseln*), die östlichsten ostind. Inseln, zwischen Celebes, den kleinen Sundainseln u. Neuguinea, 3895 QM., 1 Mill. Bew. (ackerbautreibende Malayen und Papuas). Etwa 100 Inseln in 3 Gruppen: die *eigentl. M.* im N. (Dschilolo, Morotai, Batschian, Ternate etc.), die *Amboinagruppe* in der Mitte (Ceram, Buru, Amboina etc.) und die *Bandainseln* (s. d.) im S. Hauptexport: Gewürznelken und Muskatnüsse. 1511 von den Portugiesen entdeckt, seit 17. Jahrh. im Besitz der Niederländer, die aber nur einige kleine Inseln (Menado, Ternate, Amboina und Banda) besetzt halten.

Molybdän, chemisch einfacher Körper, findet sich im Molybdänglanz (Wasserblei) und im Gelbbleierz. *Molybdänsäure*, 1 Aeq. M., 3 Aeq. Sauerstoff, weiss, in Wasser schwer löslich; das Ammoniaksalz ist Reagens auf Phosphorsäure. Aus Molybdänsäurelösungen fällt Zinnchlorür molybdänsaures Molybdänoxyd mit molybdänsaurem Zinnoxyd (mineral. Indigo, blauer Karmin).

Mombaça, Insel an der Küste von Ostafrika (Zanzibar). Der *Hafenort* M., 8600 Ew.

Moment (lat.), eigentl. etwas Bewegendes; dann etwas den Ausschlag Gebendes; wesentlicher Umstand, Bewegrund; Augenblick.

Momiers (fr., spr. -mieh, d. h. Vermummte, Heuchler), Spottname einer Methodistenpartei in der Schweiz (seit 1817).

Mommsen, *Theodor*, ber. Alterthumsforscher und Geschichtschreiber, geb. 30. Nov. 1817 zu Garding in Schleswig, ward 1848 Prof. der Rechte in Leipzig, 1850 wegen Betheiligung an den Bewegungen von 1848 und 1849 abgesetzt, 1852 Prof. des röm. Rechts zu Zürich, 1854 zu Breslau, 1858 zu Berlin. Schr. ausser Monographien über Gegenstände der röm. Antiquitäten und des röm. Rechts: ,Röm. Geschichte' (5. Aufl. 1868–70, 3 Bde.); ,Die röm. Chronologie bis auf Cäsar' (2. Aufl. 1859); ,Gesch. des röm. Münzwesens' (1860); ,Röm. Forschungen' (Bd. 1, 2. Aufl. 1865) und gab mehrere Werke über röm. Inschriften heraus.

Momordica L. (*Balsamapfel*, *Balsamgurke*), Pflanzengattung der Cucurbitaceen. M. Balsamina L., aus Ostindien, liefert die geniessbaren und als Heilmittel benutzten Balsam- oder Wunderäpfel. M. Elaterium L., *Springkürbis*, *Eselsgurke*, in Südeuropa, uralte Arzneipflanze, enthält Elaterin (s. d.).

Momus (gr.), Gott des Spottes und Tadels.

Monachium, neulat. Name für München.

Monáchus (gr.), Mönch.

Monáco (lat. Monoeci portus), souveränes Fürstenth. im franz. Depart. Seealpen, 0,2 QM. und 8127 Ew. (bis 1861, wo Frankreich die Gemeinden Mentone und Roccabruna für 4 Mill. Frcs. kaufte, 2½ QM. und 5700 Ew.). Die Fürsten stammen seit 968 aus dem Hause Grimaldi. Der *Hauptort* M., bei Nizza auf steilem Felsen, 1207 Ew.

Monade, s. *Monadologie*.

Monadelphus (gr.), einbrüderig, von einer Blüthe, in welcher alle Staubfäden zu einer

Röhre verwachsen sind; *Monadelphia*, die 16. Kl. von Linnés Pflanzensystem.

Monadologie (gr.), spekulative Naturansicht, wonach die letzten Gründe aller Erscheinungen *Monaden*, d. h. einfache, unkörperliche Wesen sein sollen, die von den als körperl. ausgedehnten und als gegenseitig undurchdringlich aufgefassten Atomen unterschieden werden; bes. vertreten durch Leibniz und Herbart.

Monaghan, Grafsch. der irischen Prov. Ulster, 23½ QM. u. 126,482 Ew. Die *Hauptst.* M., 3484 Ew. Leinwandhandel.

Monaldeschi (spr. -ki), *Giovanni Marquese*, aus Ascoli in Italien, ward 1652 Stallmeister der Königin Christine von Schweden, 1653 und 1654 mit diplomat. Sendungen nach Polen und Italien betraut, später erklärter Günstling der Königin und nach deren Abdankung ihr steter Begleiter, ward in der Hirschgalerie des Schlosses zu Fontainebleau wahrscheinlich wegen entdeckter Untreue 10. Nov. 1657 auf Befehl der Königin hingerichtet.

Monándrus (gr.), einmännig, von einer Blüthe mit nur einem Staubgefäss; *Monandria*, die 1. Kl. von Linnés Pflanzensystem.

Monarchie (gr.), Einherrschaft, diejenige Staatsform, nach welcher ein meist erblicher Herrscher (Monarch) an der Spitze des Staates steht (*Erbmonarchie* im Gegensatz zur *Wahlmonarchie*, die, wie z. B. in Polen, eigentl. Republik ist). In der *absoluten* (unumschränkten) M. ist alle Gewalt in der Person des Monarchen vereinigt; die *konstitutionelle* (beschränkte) M. sucht durch Theilung der Staatsgewalten, namentl. der die Gesetzgebung und Besteuerung betreffenden Befugnisse, zwischen dem Monarchen und einer auf verschiedene Weise gebildeten Volksrepräsentation die Vortheile der monarchischen und republikan. Staatsverfassung zu vereinigen. *Monarchismus*, das System der Einherrschaft und die Anhänglichkeit an dasselbe.

Monas (gr.), s. v. a. Monade. [an dasselbe.]

Monasterium (gr.), Münster, Kloster.

Monastir, 1) (*Toli Monastir*, *Bitolia*) türk. Stadt in Macedonien, an der Bistritza, 20,000 Ew. Bed. Handelsverkehr (Kolonial-, Manufakturwaaren) mit Konstantinopel. — 2) Hafenstadt auf der Ostküste von Tunis, 40,000 Ew.

Monat, im Allgem. die Umlaufszeit des Mondes um die Erde. *Siderischer* M., die Zeit, nach deren Ablauf der Mond wieder vor demselben Fixsterne erscheint, 27 Tage 7 St. 43 Min. 12 Sek.; *tropischer oder periodischer* M., die Umlaufszeit des Mondes vom Frühlingsäquinoktialpunkte bis wieder zu demselben, wegen des Vorrückens der Aequinoktien um 7 Sekunden kürzer als der siderische; *synodischer* M., die Zeit von einem Neumonde zum anderen, wegen des Vorrückens der Erde in ihrer Bahn der längste, 29 Tage 12 St. 44 Min. 3 Sek.; *Drachen- oder Knotenmonat*, die Umlaufszeit des Mondes von den aufsteigenden Knoten bis wieder zu demselben, 27 Tage 5 St. 5 Min. 29 Sek.; *anomalistischer* M., die Umlaufszeit des Mondes vom Perigäum oder Apogäum bis wieder dahin, 27 Tage 13 St. 21 Min. 3 Sek. Da 12 Mondwechsel beinahe ein Sonnenjahr ausmachen,

so nennt man den 12. Theil eines solchen (= 30 Tage 10 St. 29 Min. 4 Sek.) einen *Sonnenmonat*. Die sogen. *bürgerl.* M.e haben 30 oder 31 Tage mit Ausnahme des Febr.

Monatliche Reinigung, s. *Menstruation*.

Moncey (spr. Mong-ä), *Bon Adrien Jeannot, Herzog von Conegliano*, franz. Marschall, geb. 31. Juli 1754 zu Besançon, ward 1794 Divisionsgeneral, focht in Spanien, zeichnete sich bei Marengo aus, ward 1801 Inspecteur der Nationalgensdarmerie, 1804 Marschall und Herzog, befehligte dann wieder in Spanien. Der Kriegspolitik Napoleons I. entgegentretend, erhielt er 1812 und 1813 nur die Inspektion über die Reservecadres, ward 8. Jan. 1814 Majorgeneral, von Ludwig XVIII. zum Pair ernannt, befehligte im span. Feldzuge 1823 das 4. Armeecorps, ward 1833 Gouverneur des Invalidenhauses; † 20. April 1842.

Mond, der Satellit oder Trabant unserer Erde, mit 468 M. Aequatorialdurchmesser, ist 47,000—54,650 M. von der Erde entfernt; seine Dichte beträgt ⅗ von der der Erde; sein Licht ist 618,000mal schwächer als das Sonnenlicht. Er ist gebirgig, die dunkleren Theile sind im Allgemeinen die ebeneren; die Terrainbildung ist meist kreisformig, man sieht viele Ringgebirge, lang hinziehende Rillen und unzählige Krater. Man misst Höhen bis 27,000 und Tiefen bis 10,000'. Wasser fehlt auf dem M., höchst wahrscheinlich auch eine Atmosphäre. Veränderungen auf der Mondoberfläche sind beobachtet worden. Die Bahn des M.es um die Erde ist eine Ellipse, er dreht sich während jedes Umlaufes um sich selbst und wendet uns deshalb stets dieselbe Seite zu, von der anderen erblicken wir nach und nach noch ⅛ (*Libration des M.es*). Die Lichtgestalten oder Mondphasen hängen von der Stellung des M.es ab; beim Neumond steht er zwischen Sonne und Erde und ist für uns unsichtbar, beim ersten Viertel ist er um 90° nach O. vorgerückt und erscheint als halb erleuchtete Scheibe, beim Vollmond steht die Erde zwischen M. und Sonne und befindet sich im letzten Viertel steht er wieder 90° westl. von der Sonne; die 4 Phasen (Mondwechsel) verlaufen im synodischen Monat (s. *Monat*). Die wahre siderische Umlaufszeit des M.es beträgt 27 Tage 7 St. 43 Min. 11,5 Sek.

Mondblindheit, Augenentzündung der Pferde, Esel und Maulthiere, kehrt öfter wieder und führt endlich zu Blindheit. Gewährzeit 28 Tage. [nehme Welt.]

Monde (fr., spr. Mongd), die Welt; vornehme Welt. *Mondaine* (*Mondjaren*), s. v. a. Morisken.

Mondfinsterniss entsteht, wenn die Erde geradlinig zwischen Sonne und Mond steht (also zur Zeit des Vollmondes) und der Mond in den Erdschatten tritt. Nicht jeder Vollmond ist von einer M. begleitet, weil die Ebene der Mondbahn einen Winkel mit der Ebene der Erdbahn macht. Die M. ist eine totale oder partielle, je nachdem der Mond ganz oder nur z. Th. durch den Erdschatten geht. In 18 Jahren und 10—11 Tagen wiederholen sich die M.e in derselben Reihenfolge.

Mondgebirge (arab. *Dschebel-el-Komr*), nach alter Annahme sagenhaftes Gebirge im östl.

Afrika, mit den Quellen des Nil; jetzt mit den Hochgebirgsländern Dschagga u. Ukamba.

Mondjahr, s. *Jahr*.   [identificirt.

Mondkalb, s. *Mole*.

Mondkarten, kartographische Darstellungen der uns zugewandten Mondseite; die erste von *Hevel* (1645), spätere von *Cassini*, *La Hire*, *Tob. Mayer*, *Lohrmann* (1824, nur ⅓ der Mondfläche), *Beer* und *Mädler* (1836). *Warren de la Rue* lieferte seit 1857 Photographien des Mondes, welche Messungen mit dem Mikroskop gestatten; auch stereoskopische Mondbilder sind erschienen.

Mondovi, Stadt in der oberital. Prov. Cuneo, am Ellero, 10,754 Ew. **22**. April 1796 *Sieg* Napoleons über die Sardinier.

Mondstein, s. *Adular*.

Mondsucht, s. *Somnambulismus*.

Mondtafeln, tabellarische Zusammenstellungen, aus denen man den Ort des Mondes am Himmel für jede Zeit finden kann. Die ersten M. lieferten *Halley* und *Euler*, die genauesten *Hansen*, die neuesten *Delauney*.

Monemerisch (gr.), s. v. a. ephemer.

Monepigraphisch (gr.), von Münzen: nur Schrift, kein Bild enthaltend.

Moneta (lat.), Münzstätte, Geldmünze.

Monfalcône, Stadt in der österr. Grafsch. Görz, nahe dem adriat. Meere, 3071 Ew., Hafen Ponto Rosega, Mineralthermen.

Mongibello (spr. -dschi-), s. v. a. Aetna.

Mongolei, chines. Nebenland, der grosse Nordtheil des Reichs, 61,360 QM. mit 3–4 Mill. Ew.; im S. weldereiches Gebirgsland, in der Mitte Steppe (Wüste Gobi), im N. Berglandschaft des Altai. Hauptheil der Bevölkerung die *Mongolen*, grösstentheils Anhänger des Buddhismus, einst kriegerische Eroberer, jetzt friedliche Nomaden, die ausser Viehzucht (Kamele, Pferde, Rinder) auch Jagd und Fischerei treiben und in 9 grosse Gruppen zerfallen: die eigentlichen oder *Ostmongolen* (die Khalkas im N. und die Scharra- od. Grenzmongolen im S. der Wüste), die *Westmongolen* oder Kalmücken (s. d.) in der Dsungarei etc.; die 3. Gruppe, die *Buräten* (s. d.), nomadisiren auf russ. Gebiete. Die Mongolen stehen unter mehr als 200 Erbfürsten, die vom chinesischen Kaiser abhängig sind, aber von diesem Geschenke und Gehalte erhalten. Sitz des geistlichen Oberhauptes (Bogdo-Lama) in Urga (im Lande der Khalkas). Handelsverkehr mit Russland über Maimatschin nach Kiachta; infolge der neuen Verträge gehen auch russ. Karawanen durch die Gobi bis Peking; russ. Einfluss überhaupt immer weiter greifend. — Die *Geschichte* der Mongolen gewinnt welthistor. Interesse erst mit Dschingis-Khan († 1227), der sie zur herrschenden Macht erhob und wie später Tamerlan († 1405) als Eroberer in fremde Länder führte. Sie verbreiteten ihre Herrschaft bald über China, Vorderasien, Russland, drangen bis Deutschland vor (Schlacht bei Wahlstatt 9. April 1241); wurden aber bereits 1368 aus China (durch die Mandschu), 15. Jahrh. aus Russland vertrieben, während in Mittel- und Vorderasien durch Timur 1369 ein neues mongol. Reich errichtet ward, das bis 1468

dauerte. Ein Sprössling aus der Dynastie Timurs gründete 1519 von Babur aus das Reich des Grossmogul (s. d.). Mit 16. Jahrh. erlischt die geschichtl. Bedeutung der Mongolen.

Moniren (lat.), warnen, erinnern; Ausstellungen an etwas machen, es bemängeln.

Monismus (gr.), Einheitslehre, stellt im Gegensatz zum Dualismus (s. d.) nur Ein Princip des Seins auf; ihre Anhänger *Monisten*.

Moniteur (fr., spr. -tör), franz. Staatszeitung, 24 Nov. 1789 als „Gazette nationale ou le M. universel" begründet.

Monition (lat.), Ermahnung, Erinnerung; *Monitorium*, Mahnschreiben; *Monitum* (Plur. *Monita*), erinnernde Bemerkung, Ausstellung.

Monitor (lat., d. i. Warner), ursprüngl. Name eines 1861 beim Ausbruch des nordamerik. Bürgerkrieges durch den Ingenieur Ericsson für die Nordstaaten erbauten Panzerschiffes, dann gemeinsamer Name ähnlicher Fahrzeuge (s. *Panzerschiffe*).

Monk, *George, Herzog von Albemarle*, engl. Heer- und Flottenführer, geb. 6. Dec. 1608 zu Potheridge bei Torrington, ward unter Cromwell Generallieutenant, focht bei Dunbar, dann gegen die Holländer, ward 1654 Gouverneur in Schottland, vereinigte sich Anfangs 1660 zu York mit Fairfax und zog 3. Febr. in London ein, restituirte die Dec. 1648 vertriebenen presbyterianischen Parlamentsglieder, trat dann mit Karl II. in Unterhandlung und rief ihn 8. Mai zum König aus; befehligte 1666 unter dem Herzog von York die engl. Flotte gegen die Holländer, ward von Ruyter bei Dünkirchen geschlagen, schlug ihn 25. Juni bei North-Foreland; † 3. Jan. 1670.

Monmouth (spr. -muth), Grafsch. im westl. England, 27 QM. und 174,633 Ew. Die *Hauptst.* M., am Wye, 5783 Ew.

Monmouth (spr. -muth), *James, Herzog von*, geb. 9. April 1649 zu Rotterdam, natürlicher Sohn Karls II. von England, unterdrückte als Gouverneur von Schottland den dortigen Aufstand durch seinen Sieg an der Brücke bei Bothwell (21. Juni 1679), erhob als Gegner Jakobs II. Anspruch auf die Thronfolge, landete mit Emigranten 11. Juni 1685 zu Lyme in Dorsetshire, nahm 20. Juni den königl. Titel an, ward gefangen und 15. Juli 1685 auf Tower-Hill hingerichtet.

Monochórd (gr.), einsaitig; Name eines Instrumentes mit einer gespannten Saite, von der mittelst eines beweglichen Stegs Theile von bestimmter Länge in Schwingung versetzt werden können, um das Verhältniss der Tonhöhe und der Schwingungen danach zu bestimmen.

Monochroïsch (gr.), einfarbig. *Monochroma*, einfarbiges Gemälde (gewöhnlich roth auf schwarzem Grunde). *Monochromie* (Monochroïsmus), Einfarbigkeit.

Monodrama (gr.), Drama, worin nur Eine Person handelnd und redend auftritt, gewöhnl. mit Musikbegleitung (Melodrama).

Monöcus (gr.), einhäusig, von Pflanzen mit zweierlei eingeschlechtigen Blüthen; *Monöcia*, die 21. Klasse von Linnés Pflanzensystem.

Monogamie, Ehe Eines Mannes mit Einer Frau, Gegensatz Polygamie; *monogamisch*, von Pflanzen, einweibig, linnésche Ordnungsbezeichnung, *Monogamia.*

Monogenĕsis (gr.), Abstammung verschiedener Individuen von Einem Urpaar.

Monogramm (gr.), einfache, aus blossen Angaben der Umrisse bestehende Zeichnung, Schattenriss; dann Handzeichen, Zeichen, das die Buchstaben eines Namens etc. in Eins verschlungen enthält; bes. wichtig die M.e der Künstler auf Gemälden etc. Vgl. *Heller,* ,Monogrammenlexikon', 1831; *Nagler,* ,Die Monogrammisten', 1857—70, Bd. 1—4.

Monographie (gr.), Schrift über einen einzelnen Gegenstand einer Wissenschaft.

Monogynie (gr.), Ehe mit Einem Weibe; *monogynisch*, einweibig, von Pflanzen, linnésche Ordnungsbezeichnung, *Monogynia.*

Monoklinisch (gr.), einbettig; von Pflanzen mit Staubgefässen und Stempel in derselben Blüthe, Zwitterblüthen. [hendes Gedicht.

Monokōlon (gr.), aus Einer Versart bestehen-

Monokotyledōnen, einsamenlappige Pflanzen, phanerogamische Gewächse, deren Keim nur einen Samenlappen (Kotyledon) besitzt: Aroideen, Orchideen, Irideen, Liliaceen, Juncaceen, Cyperaceen, Gramineen, Scitamineen, Musaceen, Palmen etc.; in den Tropen ⅓, im höheren Norden ⅓ aller Phanerogamen.

Monokratie (gr.), s. v. a. Monarchie.

Monolemma (gr.), Schluss, welchem ein Satz fehlt. [des Denkmal.

Monolīth (gr.), aus Einem Stein bestehen-

Monolōg (gr.), Selbstgespräch, kommt bes. im Drama vor (Gegensatz des Dialogs).

Monomachie (gr.), Einzel-, Zweikampf.

Monomanie (gr.), Wahnsinnsart, die nur auf Eine Handlungsweise gerichtet ist, z. B. auf das Stehlen, Morden etc. Vgl. *Manie.*

Monomerie (gr.), Eintheiligkeit; *monomerisch*, aus einerlei Theilen bestehend.

Monomēter (gr.), ein nur aus Einem Metrum (s. d. aus einer jamb. oder troch. Dipodie bestehender Vers; *monometrisch*, einmassig, aus M.n bestehend. [Typus, Einförmigkeit.

Monomorphie (gr.), Gestaltung nach Einem

Monomotāpa, ehem. grosses Reich im östl. Südafrika, Landsch. Sofala, von Kaffern bewohnt, seit Mitte des 18. Jahrh. zerfallen.

Monopathie (gr.), ein auf Einen Körpertheil sich beschränkendes Leiden.

Monopetalisch } (gr.), einblätterig.
Monophyllisch

Monophysiten (gr.), kirchl. Partei, welche nur Eine, Mensch gewordene göttliche Natur in Christi Person annahm. Ihre Lehre, auf der sog. Räubersynode zu Ephesus 449 bestätigt, ward zu Chalcedon 451 als ketzerisch verurtheilt; daher trennte sich die Partei von der Staatskirche und behauptete in blutigen Kämpfen ihre Unabhängigkeit; besonders in Aegypten, Syrien und Mesopotamien vertreten. Aus ihr gingen die armen., abessin. und kopt. Kirche hervor.

Monopodie (gr.), Abtheilung der Verse nach einzelnen Versfüssen.

Monopōl (gr.), Alleinhandel, das ausschliessliche Recht auf einen Handels- oder Fabrikbetrieb, von der Regierung für Salz, Tabak etc. in Anspruch genommen. *Monopolisiren*, ein M. auf Etwas verleihen.

Monopŏli, Hafenst. in der unteritalien. Prov. Bari, am adriat. Meere, 12,377 Ew.

Monoptĕrisch (gr.), einflügelig, einflossig.

Monoptĕron (gr.), ein nur von Einer Säulenreihe umgebener Rundbau, namentl. Tempel.

Monoptŏton (gr.), Wort mit Einer Form für alle Casus.

Monorchit (gr.), ein Einhodiger.

Monospermisch (gr.), einsamig.

Monosyllăbum (gr.), einsilbiges Wort.

Monotheïsmus (gr.), Verehrung Eines Gottes, im Gegensatz zu *Polytheismus.*

Monothelĕten (gr.), christl., den Monophysiten verwandte Partei, welche in Christo zwar zwei Naturen, aber nur Einen Willen annahm. Ihre Lehre vom 6. ökumen. Koncil zu Konstantinopel 680 verworfen, aber nicht völlig unterdrückt. Aus ihnen gingen die Maroniten (s. d.) hervor.

Monotŏn (gr.), eintönig, einförmig. *Monotonie*, Eintönigkeit.

Monotrēmen (gr.), Thiere mit nur Einer Oeffnung für Harn und Koth; Vögel, auch die Schnabelthiere.

Monrad, *Ditlev Gothard*, dän. Theolog und Staatsmann, geb. 24. Nov. 1811 zu Kopenhagen, erst liberaler Publicist, spielte als Abgeordneter Kopenhagens für die Provinzialständeversammlung zu Roeskilde bei der Märzbewegung 1848 eine bedeutende Rolle, trat als Kultus- und Unterrichtsminister in das sogen. Ossinoministerium (22 März bis 15. Nov. 1848), ward Febr. 1849 Bischof des Stifts Laaland - Falster, 1854 entlassen, ward April 1855 Departementschef im Kultusministerium, Mai 1859 Kultusminister, bildete 31. Dec. 1863 ein neues Kabinet, in welchem er den Vorsitz, die Finanzen und die Verwaltung Holstein-Lauenburgs übernahm, musste 8. Juli 1864 zurücktreten, wanderte 1865 nach Neuseeland aus, kehrte später nach Dänemark zurück und ward Pfarrer.

Monreale (*Morreale*), Stadt auf Sicilien, unweit Palermo, 12,076 Ew. Prächt. Dom.

Monroe (spr. Monnroh), *James*, Präsident der Vereinigten Staaten, geb. 2. April 1759 in Virginien, focht im Befreiungskrieg mit, ward nach verschiedenen diplom. Stellungen 1811 Staatssekretär, 1817 u. wieder 1821 Präsident; verdient um Stärkung der Unionsregierung u. um das Seewesen, legte Europa gegenüber die Stellung der Vereinigten Staaten in der sog. *Monroe-Doktrin* 2. Dec. 1823 dar, wonach die amerik. Kontinente nicht mehr als Kolonisationsgebiet europ. Mächten offen stehen sollen und jeder Versuch der Unterdrückung einer unabhängigen amerikan. Regierung oder der Einmischung in ihre Angelegenheiten als Zeichen unfreundlicher Gesinnung gegen die Union angesehen werden soll, leitender Grundsatz seiner Nachfolger. War nach seinem Rücktritt 1825 Friedensrichter in Virginien; † 4. Juli 1831 zu Newyork.

Monrovia, Hauptst. der Republik Liberia (Oberguinea), auf dem Kap Mesurado, 3000 Ew.

Mons (lat.), Berg. *M. Alaunus*, Waldalpgebirge. *M. Cetius*, Kahlenberg bei Wien. *M. Pyrenaeus* (*Brennus*), Bronner. *M. Serenus*, Petersberg bei Halle. *M. Spivius*, Monte Rosa.

Mons (fr., spr. Mong, flam. *Bergen*), feste

Hauptst. der belg. Prov. Hennegan, an der Trouille, 23,128 Ew. Goth. Kathedrale; Baumwollfabr. Handel mit Getreide und Steinkohlen. Ursprüngl. römisches Kastell.

Monseigneur (fr., spr. Mongssönjöhr), Plur. *Messigneurs*, gnädiger Herr, Prädikat für Prinzen, Herren hohen geistlichen und weltlichen Standes.

Monsieur (fr., spr. Mosjö), Plur. *Messieurs*, Höflichkeitstitel, s. v. a. Herr; früher in Frankreich Titel des ältesten Bruders des Königs, wie *Madame* der der Gemahlin des ersteren.

Monstranz (lat., *Allerheiligstes*), bei den Katholiken das meist aus edlem Metall kunstvoll verfertigte Gefäss für die geweihte Hostie.

Monstrum (lat.), organ. Missbildung, Missgeburt, Ungeheuer, auch im moral. Sinne. *Monströs*, unförmlich, missgebildet; *Monstrosität*, Ungeheuerlichkeit, Ungestalt.

Monssne (fr. *Moussons*), die im nördl. Theile des ind. Oceans period. Winde.

Montag, der 2. Tag der Woche, nach dem Monde benannt (Dies Lunae).

Montagnarde (fr., spr. Mongtanjahr), Bergbewohner, insbes. die Mitglieder der sogen. Bergpartei (Äusserste Linke) in der ersten franz. Nationalversammlung.

Montaigne (spr. Mongtänj), *Michel de*, franz. Schriftsteller, geb. 28. Febr. 1533 auf Schloss Montaigne im Périgord, einige Jahre Maire von Bordeaux; † 13. Sept. 1592. Skeptisch-weltmännischer Philosoph; Verf. der geistvollen ,Essais' (1580, neue Ausg. 1865, 3 Bde.; deutsch von *Bode* 1793), bestehend aus 107 Abhandlungen über die verschiedensten Gegenstände. Vgl. *Grün* (1855), *Payen* (1856), *Leveaux* (1870).

Montalembert (spr. Mongtálangbähr), 1) *Marc René, Marquis de M.*, Ingenieur, geb. 16. Juli 1714 in Angoulême, franz. Militär, berühmt durch das von ihm erfundene Befestigungssystem, konstruirte auch die niedrigen Rahminseten. † 26. März 1800 in Paris. Schr. ,La fortification perpendiculaire' (2. Aufl. 1796, 11 Bde.; deutsch 1818—1820); ,Mémoire historique sur la fonte des canons' (1785). — 2) *Charles Forbes du Tryon, Graf von M.*, franz. Staatsmann und Publicist, geb. 29. Mai 1810 zu London, Enkel des Vor., in der Pairskammer Vertreter der kathol. und klerikalen Interessen, bekämpfte Villemains Unterrichtsplan, pries die Jesuiten, ward 1848 Mitglied der Konstituante und Legislative, vertrat nach dem Staatsstreich vom 2. Dec. 1851 fast allein die Opposition, trat 1857 vom parlamentar. Schauplatz ab; † 13. März 1870. Mitglied der franz. Akademie. Schr. ,Vie de Sainte-Elisabeth' (12. Aufl. 1868; deutsch 5. Aufl. 1862) u. A. Werke (1861—68, 9 Bde.).

Montalvan, *Don Juan Peres de*, span. Dichter, geb. 1602 zu Madrid, apostol. Notar der Inquisition; † 25. Juni 1638. Schr. ,Comedias' (1638), treffl. Novellen und ein Werk über Lope de Vega (1636). [treffend.

Montan (lat.), gebirgig, den Bergbau betr.

Montaña (spr. -anja), span. Landschaft, zwischen dem Golf von Biscaye, dem kantabr. Gebirge und dem Ebro.

Montana, nordamerikan. Territorium, östl. von Oregon, 6762 QM. n. (1870) 20,595 Ew.; gebirgig (Rocky Mountains), überaus reich an Gold; Hauptst. Virginia. 1864 organisirt.

Montanist (lat.), ein des Bergwesens Kundiger; *montanistisch*, bergmännisch.

Montanisten, christl. Sekte des 2. Jahrh., nach *Montanus*, der als Prophet in Phrygien um 170 auftrat, genannt, beanspruchte göttl. Autorität für ihre Prophetie, strengste Busssucht; in Asien mit eigener Kirchenverfassung bis ins 6. Jahrh. Vgl. *Schwegler* (1841).

Montauban (spr. Mongtobáng), Hauptst. des franz. Depart. Tarn-Garonne, am Tarn, 25,991 Ew. Weinbau. Im 16. und 18. Jahrh. einer der Sicherheitsplätze der Hugenotten.

Mont Avron, befestigtes Plateau östl. bei Paris, den Forts vorgelagert; 21. Dec. 1870 Stützpunkt eines heftigen Ausfalls der pariser Armee unter Trochu, 29. Dec. vom 12. deutschen Armeecorps (Sachsen) besetzt.

Montbard (spr. Mongbar), Stadt im franz. Depart. Côte d'Or, 2805 Ew., Geburtsort Buffons. 3 Jan. 1871 Schauplatz eines Gefechts.

Montbéliard (spr. Mongbeljahr, *Mömpelgard*), Stadt im franz. Depart. Doubs, an der Alsine und dem Rhone-Rheinkanal, 6479 Ew. Bed. Uhrenfabr. (jährl. 1 Mill. Frcs.). 1395—1793 Hauptort einer würtemberg. Grafschaft unter franz. Oberhoheit. Januar 1871 Hauptstützpunkt der festen Stellungen Werders nud Schauplatz blutiger Gefechte.

Montblanc (spr. Mongbláng), höchster Berg Europas, Mittelpunkt des Alpensystems und südwestl. Eckpfeiler der Centralalpen, 51/2 M. weit die franz. Prov. Faucigny vom italien. Piemont scheidend, mächtige, im N. und S. von tiefen Längenthälern (Chamouni, Montjoie, Allée blanche) eingefasste Granitmasse mit steilen Felspyramiden (Aiguilles); die Kuppe 150' l., 50' br., 14,807' h. Zuerst 1786 (bis 1865 293mal) erstiegen. Die Besteigung kostet 2—3 Tage und ca. 700 Frcs.

Montbrison (spr. Mongbrisóng), Hauptst. des franz. Depart. Loire, am Vizezy, 6475 Ew.

Mont Cenis (spr. Mong Seni), Berg der grajischen Alpen zwischen dem franz. Depart. Savoyen und der ital. Prov. Turin, in der Roche Michel 11,058' h. Ueber das Plateau (6195' h.) führt eine berühmte Alpenstrasse (1802—5) und seit 1866 eine provisor. Eisenbahn nach Fells System. Der seit 1859 durch den Col de Fréjus gebohrte, 1,64 M. l. sogen. *M.-C.-Tunnel* Sept. 1871 dem Verkehr übergeben. [Anvergne, 5800' h.

Mont d'Or (spr. Mong-), Berggruppe der **Monte Baldo**, Berg östl. am Gardasee.

Montebello, ital. Dorf, südl. bei Pavia am Coppa, 1475 Ew.; 9. Juni 1800 *Sieg der Franzosen unter Lannes über die Oesterreicher*; 20. Mai 1859 *siegr. Gefecht der franco-sard. Armee gegen die Oesterreicher*.

Monte-Casino, älteste und vornehmste Abtei des Benediktinerordens, bei Aquino in der ital. Prov. Terra di Lavoro, festungsartig auf einem Berge gelegen, 535 vom heil. Benedikt gegr. [kan. Apennin, 6860' h.

Monte Cimone (spr. -schi-), Gipfel des toc-**Monte Cristo**, Felseneiland, südl. bei Elba (Roman von *Alex. Dumas*).

Montecucŭli, *Raimund*, *Graf von*, österr. Feldherr, geb. 1608 im Modanesischen, focht als Rittmeister 7. Sept. 1631 bei Breitenfeld, 1639 in Böhmen gegen Banér, ward 1658 Feldmarschall, schlug die Türken 1. Aug. 1664 bei St. Gotthard in Siebenbürgen, ward 1672 Oberbefehlshaber der kaiserl. Armee am Rhein, eroberte Bonn, stand dann Turenne gegenüber u. schloss mit der Belagerung von Philippsburg seine militär. Laufbahn. 1674 zum deutschen Reichsfürsten ernannt und vom König von Neapel mit dem Herzogthum Melfi dotirt, † er 16. Okt. 1681 zu Linz. Schr. ,Commentarii bellici' (zuletzt 1821).

Monte d'Oro, Berg auf Korsika, 8505' h.

Montefiascōne, Stadt in der ital. Prov. Viterbo (im bisher. Kirchenstaat), am See von Bolsena, 5000 Ew. Ber. Muskatellerwein (,Est, est, est'). [Name des Aetna.

Monte Gibelle (spr. Dschi-), in Sicilien

Montains, Vorrichtung zur Hebung von heissen Flüssigkeiten, geschlossener Kessel, in welchen man oben gespannten Dampf eintreten lässt, während die Flüssigkeit durch ein vom Boden des Kessels aufsteigendes Rohr entweicht.

Monte Libretto, Ort bei Rom, auf einem Ausläufer der Apenninen; Okt. 1867 Kämpfe zwischen Garibaldinern und päpstl. Truppen.

Montélimart (spr. -mahr), Stadt im franz. Depart. Drôme, am Roubion, 11,100 Ew. (meist Reform.). Ber. Weinbau.

Montemayor, *Jorge de*, span. Dichter, geb. um 1520 in Portugal, Krieger, † um 1562. Begründer des Schäferromans durch seine ber., aus Prosa und Liedern gemischte Dichtung ,Diana' (1545, in alle Sprachen übers.).

Montemolin, Graf von, s. Carlos 2).

Montenégro (slav. *Czernagora*, türk. *Karadagh*, d. i. Schwarzberg), Fürstenth. unter türk. Oberhoheit, 80 QM. und 196,238 Ew.; wildes, unzugängliches Gebirgsland auf der Westseite der Balkanhalbinsel, zwischen Albanien, Bosnien und Dalmatien (Kom 7500', Dormitor 7400' h.); im östl. Thale *Zerda* genannt; Hauptort Cettinje. Die Ew. (*Montenegriner* oder *Czernagorzen*) serb.-slav. Stammes, griech.-kathol. Glaubens, sehr kriegerisch und ein, vorzugsw. von Viehzucht und Jagd lebend; früher unter einem Wladika (Fürstbischof), seit 1852 unter einem weltl. Landesherrn stehend, der seit 1855 erblicher Fürst ist, wogegen die oberste geistl. Gewalt einem Bischof übertragen ist, der seine Weihen von dem russ. Synod erhält. Die Macht des Fürsten beschränkt durch einen Senat von 16 Mitgl.; die sonstigen Einrichtungen patriarchalisch. Nachdem die Montenegriner in oft wiederholten blutigen Kämpfen ihre Unabhängigkeit lange zu behaupten gewusst, haben sie endlich infolge des Kriegs von 1861 und 1862 die Oberhoheit der Pforte anerkennen müssen.

Montenotte, Dorf bei Savona in Piemont; 12. April 1796 *Sieg* Napoleons über die Oesterreicher unter Argenteau.

Monteréy (spr. -rih), 1) Hauptst. des mexik. Staats Neuleon, am See Juan, 14,000 Ew.; die blühendste Stadt des nördl. Mexiko. — 2) Hafenst. in Kalifornien, an der Bai von M.,

südl. von S. Francisco; vor 1848 der lebhafteste Handelsplatz des Landes.

Monte Rosa (*Mons Sylvius*), zweithöchster Gebirgsstock der Alpen, der Ostpfeiler der penninischen Alpen, mit 7 Gipfeln (am höchsten das Gornerhorn, 14,284' h.); zahlr. Gletschern (Gorner-, Lysgletscher) und dem höchsten Alpenpasse (Matterjoch, 10,322'); 1852 zum ersten Male von 2 Engländern (seitdem fast alljährl.) bestiegen.

Monte Motondo, Berg auf Korsika, 8230' h.

Monte-San-Angelo (spr. -Andschélo), Stadt in Unteritalien, Prov. Capitanata, 14,750 Ew.

Monte-San-Giuliano (spr. -Dschul-), Stadt auf Sicilien, Prov. Trapani, auf dem gleichnam. *Berge* (Eryx), 12,340 Ew.; Ruinen von

Monte Santo, s. *Athos*. [Drepanum.

Montespan (spr. Mongtespang), *Françoise Athenaïs, Marquise de*, Geliebte Ludwigs XIV. von Frankreich, geb. 1641, Tochter Rochechouarts, Herzogs von Mortemart, ward 1663 mit dem Marquis von M. verheirathet, kam als Ehrendame an den Hof, beherrschte den König 5 Jahre lang, ward durch Frau von Maintenon verdrängt; † 27. Mai 1707.

Montesquieu (spr. -skiöh), *Charles de Secondat, Baron de*, philos.-polit. Schriftsteller, geb. 18. Jan 1689 auf Schloss Brède bei Bordeaux; bis 1726 Präsident des Parlaments zu Bordeaux; † 10. Febr. 1755 zu Paris. Hauptwerke: die oppositionellen ,Lettres persanes' (1721, neue Ausg. 1864, 2 Bde.; deutsch von *Strodtmann* 1866), ,Considérations sur les causes de la grandeur et de la décadence des Romains' (1734, neue Ausg. 1848; deutsch 1842) und der ber. ,L'esprit des lois' (1748, neue Ausg. 1844; deutsch 1851) u. A. ,Oeuvres' (neue Ausg. 1865, 3 Bde.).

Monte Tonale, Berg auf der Westgrenze Tirols, 6297' h.; darüber Strasse aus dem Sulzbergthal nach dem Val Camonica.

Monteur (fr., spr. Mongtöhr), Mechaniker, welcher Maschinen neu anstellt.

Monteverde, *Claudio*, ital. Komponist, geb. um 1565 zu Cremona, Kapellmeister an der Marcuskirche zu Venedig; † Okt. 1649. Einer der Meister der venetian. Schule, von grossem Einfluss auf die Entwickelung des Harmoniesystems, der Oper etc.

Montevidéo, Hauptstadt von Uruguay (Südamerika), an der Mündung des Rio de la Plata, 1726 gegründet, (1870) 126,000 Ew.; Citadelle; wichtiger Hafenplatz (1869 liefen ein: 1567 Schiffe mit 636,380 Tonnen).

Monte Viso, isolirter Berg der cottischen Alpen, auf der franz.-ital. Grenze, 12,269' h.

Montez (spr. -tes), *Lola*, Tänzerin, geb. 1820 zu Montrose in Schottland, uneheliche Tochter eines schott. Offiziers Gilbert, kam nach einem abenteuerlichen Leben in London, Paris u. Brüssel 1846 nach München, gewann die Gunst des Königs Ludwig I., ward von ihm zur Gräfin Landsfeld erhoben, erregte durch ihren Uebermuth Anfang Febr. 1848 in München Unruhen, ward vertrieben, begab sich nach England, von da 1852 nach Nordamerika, machte dort als Schauspielerin Furore, schiffte sich 1855 nach Australien ein, hielt dann in Newyork vielbesuchte Vorlesungen; † das. 30. Juni 1861.

Montezūma, letzter eingeborner Herrscher von Mexiko seit 1502, ward bei dem Aufstande der Mexikaner gegen die span. Eroberer durch einen Steinwurf verwundet u. † 1526. Sein ältester Sohn erhielt von Kaiser Karl V. den Titel eines *Grafen von M.* Der letzte Sprössling des Geschlechts, *Don Marsillo de Teruel*, Graf von M., span. Grande, als Liberaler von Ferdinand VII. verbannt, † 22. Okt. 1836 zu Neworleans.

Montferrat, alte Markgrafsch. (seit 1574 Herzogthum) in Oberitalien, 50 QM., seit 1703 an Sardinien geschlagen, jetzt Theil der Prov. Turin. Hauptstadt Casale. Geschichtlich ber. als Heerführer sind die Markgrafen *Wilhelm* († 1179) und *Konrad*, welch letzterer 1192 zum König von Jerusalem erwählt, aber bald darauf ermordet ward (daher der sardin. Königstitel von Jerusalem).

Montgelas (spr. Mongsch'la), *Maximilian Jos., Graf von*, bayer. Minister, geb. 12. Sept. 1759 zu München, seit 1787 Legationsrath in Pfalz-Zweibrücken, ward 1796 wirkl. Geheimrath, 1799 nach Max Josephs Thronbesteigung bayer. Minister des Auswärtigen, 1806 des Innern, 1809 der Finanzen, 1817 als der Konstitution abgeneigt entlassen, 1819 erbl. Reichsrath; † 13. Juni 1838 zu München.

Montgolfier (spr. Monggolfiéh), *Joseph Michel*, geb. 1740 in Vidalon-les-Anonay, Papierfabrikant in Anonay, Erfinder der durch erwärmte Luft gehobenen Luftballons (*Montgolfiéren*) 1783, des Fallschirms, des Stosshebers und eines Verdampfapparates; † 26. Juni 1810 in Balaruc. Schr.: „Discours sur l'aérostat" (1783). — Sein Bruder, *Jacques Étienne M.*, Theilnehmer an seinen Erfindungen, geb. 1745, † 2. Aug. 1799 in Servières.

Montgomery, 1) Grafsch. im engl. Fürstenthum Wales, 35,4 QM. und 66,919 Ew., mit der *Hauptstadt M.*, am Severn, 1276 Ew. — 2) Hauptstadt von Alabama (Nordamerika), am Alabama, 36,000 Ew. Baumwollenhandel.

Montgomery (spr. Mong-), 1) *Gabriel de M.*, franz. Ritter, Sprössling einer schott. Familie, diente zu Paris als Offizier in der schott. Leibgarde, stiess 30. Juni 1559 bei einem Turniere den König Heinrich II. mit seiner zersplitterten Lanze ohne Absicht ins Auge, infolge dessen derselbe starb, ging nach England, ward hier Protestant, focht seit 1562 in Frankreich auf Seite der Protestanten, floh nach der pariser Bluthochzeit nach England, landete 1573 mit einer Schaar Hugenotten an der Küste der Normandie, musste sich im Schlosse Domfront 27. Mai 1573 ergeben; ward 25. Mai 1574 enthauptet. — 2) *James*, engl. Dichter und Schriftsteller, geb. 4. Nov. 1771 zu Irvine (Schottland), † 30. April 1854 zu Sheffield; Verf. des Gedichtes „The common lot", der poet. Erzählungen „The world before the flood", „The pelican island" etc. und einer Umschreibung der Psalmen („Songs of Zion". „Poems" (neue Ausg. 1866). Biogr. v. *Ellis* (1864).

Montholon (spr. Mongtōlong), *Charles Tristan de*, Graf von Lee, treuer Anhänger Napoleons I., geb. 1782 zu Paris, wohnte dessen Feldzügen in Italien, Oesterreich und Preussen bei, stieg zum Brigadegeneral,

war während der 100 Tage Napoleons Generaladjutant, begleitete denselben nach St. Helena, ward von ihm zu einem der Testamentsvollstrecker ernannt; gab mit General Gourgaud die „Mémoires pour servir à l'histoire de France sous Napoléon, écrits à Ste. Hélène sous sa dictée" (1823, 8 Bde.) heraus, ward als bei Ludwig Napoleons Landung bei Boulogne betheiligt zu 20jähr. Einsperrung verurtheilt, später begnadigt, 1848 Mitglied der Legislative; † 21. Aug. 1853. Schr.: „Récits de la captivité à Ste. Hélène" (1846, 2 Bde.; deutsch 1846).

Monti, *Vincenzo*, ital. Dichter, geb. 19. Febr. 1754 bei Fusignano, † 13. Okt. 1828 zu Mailand. Schr. das formell ausgezeichnete, gegen die franz. Revolution gerichtete Gedicht „Basvilliana", zahlr. Tragödien und die Dichtungen „Musagonia", „Mascheroniana" etc. „Opere" (1825—27, 6 Bde.).

Montignies (spr. Mongtinji), Fabrikort in der belg. Prov. Hennegau, an der Sambre, 10,410 Ew., einer der Mittelpunkte der Steinkohlenbergwerke und Eisenindustrie.

Montiren (fr.), etwas in die Höhe bringen; ausrüsten, in gehörigen Stand setzen.

Montjoie (spr. Mongschöa), Kreisstadt im preuss. Regbz. Aachen, an der Roer, 2707 Ew.

Montlivault (spr. -woh), franz. Ort, 2 M. nordöstl. von Blois; 9. Dec. 1870 siegr. Gefecht des 9. Armeecorps gegen die Franzosen.

Montinçon (spr. Monglüssóng), Stadt im franz. Depart. Allier, am Cher, 18,675 Ew. Chemikalien-, Glas-, Leinwandfabr.

Montmartre (spr. Mongmárt'r), Anhöhe nördl. bei Paris, 400' h., mit ber. Steinbrüchen und dem *Dorfe M.* (seit 1860 zu Paris gehörend); 30. März 1814 von Blücher erstürmt.

Montmédy (spr. Mong-), feste Stadt im franz. Depart. der Maas, am Chiers, 2135 Ew. Seit 16. Nov. 1870 cernirt, kapitulirte 14. Dec.

Montmorency (spr. Mongmorångsi), Städtchen im franz. Depart. Seine-Oise, 3226 Ew.; von Parisern viel besucht u. bewohnt. Dabei die „Eremitage", einst Wohnort Rousseaus.

Montmorency (spr. Mongmorángsi), altes franz., weitverzweigtes Adelsgeschlecht, das bis Ende des 19. Jahrh. unter seinen Gliedern 6 Connetables, 11 Marschälle und 4 Admiräle zählte. *Anne de M.*, Pair, Marschall und Connetable von Frankreich, geb. 15. März 1493, focht unter Franz I. gegen Karl V., gerieth 1525 bei Pavia mit Franz in Gefangenschaft, ward 1538 zum Connetable ernannt, bei St. Quentin 1557 von den Spaniern geschlagen und gefangen, nach Ausbruch der Hugenottenkriege einer der Führer der kathol. Partei, schlug die Hugenotten unter Condé 1562 bei Dreux und 1567 bei St. Denis; † 11. Nov. 1567 zu Paris. — *Henri, Herzog von M.*, geb. 30. April 1595 zu Chantilly, Enkel des Vor., focht gegen die Hugenotten, ward Marschall, nahm den aus Frankreich vertriebenen Herzog Gaston von Orléans in seinem Gouvernement auf, ward deshalb 23. Aug. 1632 zum Majestätsverbrecher erklärt, seiner Würden und Güter beraubt, von den königl. Truppen 1. Sept. 1632 bei Castelnaudary besiegt und gefangen, 30. Okt. zu Toulouse hingerichtet.

Montpelier (spr. -pßlir), Hauptst. des nordamerikan. Staats Vermont, 2411 Ew.

Montpellier (spr. Mongpelljéh), Hauptstadt des franz. Depart. Hérault, 1 M. vom Mittelmeere, 55,606 Ew.; Kathedrale; Universität (1299 gegr.) mit ber. botan. Garten (1598 gegr.), medic. Schule (s. 13. Jahrh.). Fabr. für Chemikalien, Stearinkerzen (10 Mill. Frcs.), Wein, Branntwein, Essenzen, Chokolade etc., Korkschneidereien; Handel mit Wein, Oel, Seide, Südfrüchten. Im Alterthum *Mons puellarum* genannt, später zum Königr. Aragonien gehörig; 1162—1256 Sitz von 5 Koncilien. Seit 1349 franz. [son, s. *Orléans*.

Montpensier (spr. Mongpangsiéh), *Herzog*

Montperdu (spr. Mongpérdü), Pyrenäengipfel im franz. Dep. Oberpyrenäen, 10,482' h.

Montreal, Stadt in Untercanada, auf einer Insel im S. Lawrence-Strom (Eisenbahnbrücke 7000' l.), 90,323 Ew.; Kathedrale (1829 vollendet, 6 Thürme, für fast 10,000 M.), Nelsons Denkmal; Universität. Wichtigster Handelsplatz des brit. Nordamerika, Centrum für das Eisenbahnnetz Canadas. Bed. Rhederei u. Handel (bes. mit Bauholz u. Pelzwerk).

Montretout (spr. -t'rtu), Ort südwestl. bei Paris; hier und bei *Garches* und *Buzenval* 19. Jan. 1871 letzter Ausfallsversuch der pariser Armee unter Trochu, Bellemare und Ducrot.

Montreux (spr. -trö), Stadt im Kant. Waadt, am Westrande des Genfersees, 8000 Ew.; Mittelpunkt eines Cyclus von Dörfern (Clarens, Vernex, Clion etc.), welche besuchte Sanitarien (bes. für Brustkranke) sind.

Montrose, Hafenst. in der schott. Grafsch. Angus, an der Mündung des Esk in die Nordsee, 14,563 Ew.; Schiffswerfte, Leinenindustrie.

Mont-Saint-Jean (spr. Mong-Säng-Schang), belg. Dorf, zwischen Waterloo und Belle-Alliance, nach welchem die Franzosen die Schlacht bei Waterloo benennen.

Montserrat (d. i. gesägter Berg), zackiges Felsengebirge in der span. Prov. Barcelona, am Llobregat, 3800' h.; darauf das ehemals ber. *Benediktinerkloster* M. mit 13 Einsiedeleien auf Felsenspitzen (jetzt aufgehoben). — Danach benannt die *Insel* M. der kleinen Antillen, 2 QM. u. 8000 Einw., seit 1667 englisch.

Montür (*Montirung*, fr.), Soldatenkleidung.

Monza, Stadt in der ital. Prov. Mailand, südl. vom Comersee, 15,587 Ew.; einst Residenz lombard. Könige, uralte Kathedrale, Schloss, Reste von Barbarossas Palast (Magazin). Seidenzeug- und Baumwollfabriken.

Moor (in Oberdeutschland auch *Moos*), moorastiges Land. Man unterscheidet *Grünmoors*, mit hohem Gras bewachsen; *Hochmoors*, hochliegend; *Schwarz-* u. *Heidemoors*, bloss mit Heide bewachsen; vgl. *Torf*.

Moore (spr. Muhr), *Thomas*, engl. Dichter, geb. 28. Mai 1779 zu Dublin, † 26. Febr. 1852 zu Sloperton-Cottage in Wiltshire. Hauptwerke: ,Lalla Rookh' (1817), ,Sacred Songs' (1816) und ,Irish Melodies' (1817—37); ,History of Ireland' (1839); ,Travels of an Irish gentleman' (1833, deutsch 1852) u. A. ,Memoirs' herausg. von Lord *J. Russell* (1855—56, 8 Bde.; Ausz. 1860). Poet. Werke (neue Ausg. 1869; deutsch von *Oelkers* 1843); Einzelnes von *Freiligrath, H. Kurz, Menke* u. A.

Moorhirse, s. *Sorghum*.

Moorrauch, s. v. a. Höhenrauch.

Mooschokolade, isländ. Moos (s. *Cetraria*) enthaltende Chokolade.

Moose (Musci), Pflanzenfamilie der Kryptogamen, Zellpflanzen ohne Gefässbündel mit Wurzelhaaren, Stengel und Blättern; aus dem Sporn bildet sich gewöhnlich ein Vorkeim und aus diesem die geschlechtliche Generation (Thallus, thallusähnlicher Stamm oder beblätterter Stengel) mit Archegonien und Antheridien. Die befruchtete Eizelle entwickelt die häufig gegen. Frucht (gestielte Kapsel), welche die zweite ungeschlechtliche Generation darstellt und die Sporen erzeugt. Die *Lebermoose* lassen Ober- und Unterseite deutlich erkennen, die Kapsel springt longitudinal auf; die *Laubmoose* haben stets beblätterten Stengel, und die Kapsel öffnet sich mit einem Deckel. Die M. wachsen meist gesellig, sammeln Feuchtigkeit und Humus und tragen z. Th. wesentlich zur Torfbildung bei. Vgl. *Bruch, Schimper* und *Gümbel* (1838 — 56, 65 Thle.), *Karl Müller* (1849—51, 2 Bde.), *Derselbe* (1853), *Rabenhorst* (1853—69).

Moosstärke, s. v. a. Lichenin.

Moplahs, die Bewohner der Lakedivén, ursprüngl. arab. Herkunft, ein feindseliger Stamm. [Stamm.

Mops, s. Hunde.

Mopsus, Sohn des Ampyx und der Nymphe Chloris, ber. Seher unter den Argonauten, Theilnehmer an der kalydon. Jagd.

Moquant (fr., spr. -chang), spottlustig; *moquerie* (spr. mockrih), Spötterei; *moquiren* (spr. mock-), sich über etwas lustig machen.

Mora (*Morra*), Fingerspiel, beliebtes ital. Volksspiel, wobei es gilt, in rascher Folge die Zahl der ausgestreckten Finger zu errathen. [rathen.

Moränen, s. *Gletscher*.

Moral (v. lat. *mores*, die Sitten), Inbegriff der sittlichen Principien und ihre Beobachtung im Leben (*Moralität*), als Lehre oder Wissenschaft s. v. a. Sittenlehre. *Moralisch*, der Sittenlehre angehörig, darauf bezüglich; dem Sittengesetze gemäss; *moralischer Zwang*, Einwirkung auf den Willen durch Schreckmittel etc.; *moralische Ueberzeugung*, im Gefühl, nicht auf klaren Verstandesgründen beruhende Uebersengung. *Moralprincip*, oberster Grundsatz, woraus sich die einzelnen Pflichtgebote ableiten lassen. *Moralische Weltordnung*, nach Fichte der sittl. gesetzmässige Zusammenhang der Welt. *Moralische Person*, Gesammtheit, die in rechtlicher Beziehung als Person, Rechtssubjekt gilt. *Moralist*, Sittenprediger; *moralisiren*, Sitten predigen, rügen.

Moralitäten (lat.), im späteren Mittelalter Art geistl. Schauspiele, worin Sittenlehren durch erfundene Beispiele dramatisch veranschaulicht wurden.

Moratin, *Leandro Fernandez de*, span. Dichter, geb. 10. März 1760 in Madrid, † 21. Juni 1828 in Paris als polit. Flüchtling; schr. Lustspiele (am besten ,El si de los Niñas') und lyr. Gedichte, auch eine Geschichte der Entstehung des span. Theaters. ,Obras completas' (1830—31, 6 Bde.).

Moratorium (lat., *Anstandsbrief, Indult*),

richterliche Verfügung, wodurch einem
Schuldner eine Frist zur Zahlung gestattet
wird, innerhalb deren er von seinen Gläubigern nicht belangt werden kann.

Moravia, lat. Name für Mähren.

Moräwa, 1) bed. Fluss Serbiens, entsteht
aus der bulgar. und serb. M., theilt sich zuletzt wieder und mündet bei Semendria in die
Donau; 45 M. l. — 2) Slav. Name der March.

Morawiese, Wiese bei Upsala, wo in alter
Zeit die schwed. Könige von der Versammlung der Richter (*Morathing*) gewählt wurden.

Moray-Firth, Meerbusen an der Nordostküste Schottlands; nimmt den Ness auf.

Morbihan (spr. -bang), franz. Depart., in
der Bretagne, am *Meerbusen* M., 123,4 QM.,
501,084 Ew.　Hauptst. Vannes.

Morbilli (lat.), s. *Masern*.

Morbus (lat.), Krankheit.

Morcheln, Pilzfamilie mit den Gattungen
Morchella *Dill.* u. Helvella *L.*, *Speisemorchel*
(M. esculenta *Pers.*), in Europa, Asien, Nordamerika; *Früh-* oder *Stockmorchel* (H. esculenta *L.*), in Nadelwäldern, beide essbar.

Mord, rechtswidrige, mit Ueberlegung
vollbrachte Tödtung eines Menschen; wenn
hinterlistig, *Meuchelmord*; die vorsätzliche,
aber im Affekt verübte Tödtung ist *Todtschlag*.

Mordant, s. *Färberei*.

Mordent (fr., spr. -dang), Pralltriller, ver-
kürzter Triller ohne Nachschlag.

Mordschläge, ehedem an einem Ende zu-
geschmiedete, mit Zündloch versehene und
geladene Flintenlaufstücke, wurden in Brand-
u. Leuchtgeschosse gesteckt, um das Löschen
derselben durch den Feind zu verhindern.

Mordwinen (*Mordwa*), finn. Völkerschaft
in den russ. Gouv. Simbirsk, Pensa und
Astrachan, ca. 500,000 Köpfe.　　[loponnes.

Morea, seit dem Mittelalter Name des Pe-

Moreau (spr. -roh), *Jean Victor*, franz.
General, geb. 11. August 1761 zu Morlaix in
der Bretagne, ward 1794 Divisionsgeneral,
1796 Oberbefehlshaber der Rhein- und Moselarmee, schlug die Oesterreicher unter dem
Erzherzog Karl 9. Juli bei Etzlingen, zog
sich dann durch das Donauthal und die
Schwarzwaldpässe geschickt zurück, überschritt 20. April 1797 den Rhein
und nahm Kehl und Offenbach, befehligte
1798 erst unter Scherer, dann selbständig in
Italien gegen die Oesterreicher und Russen,
ward bei Cassano von Suworow geschlagen
und musste den Oberbefehl an Joubert abtreten. Nach dem 18. Brumaire Oberbefehlshaber der Rheinarmee, schlug er die Oesterreicher unter Kray bei Engen, Möskirch,
Biberach und Memmingen, warf sie aus
ihrer festen Stellung bei Ulm, drang nach
den Siegen bei Hochstädt, Nördlingen und
Neuburg bis Regensburg vor, gewann dann
über den Erzherzog Karl den entscheidenden
Sieg bei Hohenlinden und schloss 25. Dec.
mit ihm den Waffenstillstand von Steyer.
Gegen Bonaparte in Opposition, ward er
15. Febr. 1804 verhaftet, des Einverständnisses mit Pichegru angeklagt und nach
Amerika verbannt. Im August 1813 begab er
sich von dort nach Prag zu Kaiser Alexander,
begleitete denselben auf dem Marsch gegen
Dresden, ward 27. Aug. 1813 auf der Höhe bei
Recknitz durch eine Kanonenkugel beider
Beine beraubt; †2. Sept. zu Laun in Böhmen.

Morelia (*Valladolid*), Hauptst. des mexikan.
Staats Mechoacan, 25,000 Ew.

Morellen, s. Amarellen, s. *Kirschbaum*.

Morena (*Sierra M.*), span. Gebirge, auf
der Grenze von Kastilien und Andalusien,
kuppig und bewaldet, bis 3000' h.

Morende (ital., Mus.), sterbend, erlöschend.

Mores (lat., Plur. von *mos*, Sitte), Sitten.

Moresken, s. v. a. Arabesken.

Moreto (*M. y Cabaña*), *Augustino*, span.
Dramatiker, †28. Okt. 1669 zu Toledo. Unter
seinen Tragödien ,El valiente justiciero',
unter den Komödien ,El desden con el
desden' (deutsch als ,Donna Diana' bekannt)
am besten. Werke (1676—1703, 3 Bde.).

Morgagni, *Giovanni Battista*, Begründer der
patholog. Anatomie, geb. 25. Febr. 1682 zu
Forli, seit 1711 Prof. der Anatomie zu Padua;
†5. Nov. 1771. Nach ihm benannt die *morgagnische Feuchtigkeit* zw. der Krystalllinse des
Auges und ihrer Kapsel; die *morgagnische
Höhle*, die kahnförm. Grube der Harnröhre etc.

Morgan (spr. -gän), *Sidney*, Lady, engl.
Schriftstellerin, geb. 1778 zu Dublin, Tochter
des Schauspielers Owenson, Gattin des Arztes
M. (†1843), machte viele Reisen; †13. April
1859 in London. Vorzügl.Reisewerke: ,France'
(1817), ,Italy' (1821); die irländ. Zeit- und Sittengemälde ,O'Donnell', ,Florence M'Carthy',
,The O'Briens und O'Flahertys', ,Wild Irish
girl' u. a.　Memoirs' (2. Aufl. 1863).

Morganatische Ehe, Ehe zur linken Hand,
standesungleiche Ehe, bei der die nicht
ebenbürtig Frau und ihre Kinder von den
Standesvorrechten des Mannes und der vollen
Erbfolge ausgeschlossen bleiben; nach gemeinem Rechte nur den regierenden Häusern
und dem hohen Adel, nach preuss. Landrechte auch dem niederen Adel gestattet.

Morgarten, Bergabhang östl. am Egerisee
im Kanton Zug.　6. Dec. 1315 *Sieg* der Eidgenossen über die Oesterreicher (Erzherzog
Herzog, s. Flächenmass.　　[Leopold).

Morgengabe, urspr. Geschenk, welches
der Ehemann der Frau am Morgen nach
der Hochzeit machte, wird in der Regel
in den Ehepakten bestimmt.

Morgenland, s. *Orient*. *Morgenländische
Kirche*, s. v. a. griechische Kirche. *Morgen-
ländisches Reich*, s. v. a. byzantinisches
Reich, s. *Oströmisches Reich*.

Morgenpunkt (*Ostpunkt*), Durchschnittspunkt des Aequators mit dem Horizont, Auf-
gangspunkt der Sonne zur Zeit der Tag-
und Nachtgleichen.

Morgenstern, der Planet Venus, wenn er
vor der Sonne aufgeht; Art Streitkolben.

Morgenstern, *Christian Ernst Bernh.*, Landschaftsmaler, geb. 29. Sept. 1805 zu Hamburg,
seit 1829 in München; †das. 27. Febr. 1867.
Stimmungsvolle Darstellungen der nord.
Natur, der Alpenwelt, der Elbgegend (Mond-
scheinnächte) etc.

Morgenweite eines Gestirns, Entfernung
des Aufgangspunktes vom Morgenpunkt.

Morghen, ital. Kupferstecherfamilie. Am
berühmtesten *Raphael*, geb. 19. Juni 1758 zu

Florenz, Schüler Volpatos in Rom, Prof. an der Akademie zu Florenz; † das. 8. April 1853. Treffl. Stiche der berühmtesten Werke der grossen ital. Maler; im Ganzen 234. Katalog von Fulmerini (3. Aufl. 1834).

Morgue (fr., spr. Mork), in Paris Gebäude, wo aufgefundene Leichen zur Rekognoscirung ausgestellt werden. [oder Blödsinn.

Moria (Morsia, gr.), Thorheit, Stumpf-

Moringerbäure (Maclurin), das Pigment des Gelbholzes, röthlichgelbe Krystalle, in Wasser, Alkohol, Aether löslich, Färbemittel.

Morioplastik (gr.), die chirurg. Wiederherstellung von Substanzverlusten am Körper.

Morisken (Moriscos, Mudejaren), in Spanien die nach der Eroberung von Granada unter christl. Herrschaft gefallenen Mauren, bes. in Thälern der Sierra Morena, 60—70,000.

Morisonsche Pillen, Geheimmittel, enthält Aloë, Gutti, Scammonium und Jalape, kann ohne ärztl. Ueberwachung sehr schädl. wirken.

Moritz, 1) erst Herzog, dann Kurfürst von Sachsen, geb. 21. März 1521 zu Freiberg, Sohn des Herzogs Heinrich des Frommen, trat 1539 zur protestant. Kirche über, folgte 1541 seinem Vater in der Regierung des Herzogthums Sachsen albertin. Linie, zog dem Kaiser Karl V. 1542 mit einem Corps gegen die Türken und 1543 gegen die Franzosen zu Hülfe. Nicht Mitglied des schmalkald. Bundes, trat er beim Ausbruch des Krieges 1546 auf die Seite des Kaisers, der ihm in einem geheimen Vertrag zu Regensburg 19. Juni 1546 die sächsische Kurwürde nebst dem Kurlande verhiess und ihn nach der Niederlage und Gefangennehmung des Kurfürsten Joh. Friedrich damit belehnte. Da aber der Kaiser seinen Schwiegervater, den Landgrafen Philipp von Hessen, gefangen hielt und die Rechte der deutschen Fürsten zu gefährden schien, erklärte sich M., nachdem er insgeheim ein Bündniss mit Heinrich II. von Frankreich geschlossen, gegen den Kaiser, rückte in Eilmärschen gegen denselben und zwang ihn zu Unterhandlungen, die 22. Aug. 1552 zum Vertrag von Passau führten. Nachdem er darauf noch einem Feldzug gegen die Türken in Ungarn beigewohnt, zog er gegen seinen früheren Bundesgenossen, den Markgrafen Albrecht (s. d. 4) c)] von Brandenburg, schlug ihn 9. Juli 1553 bei Sievershausen; † 11. Juli infolge einer Verwundung. Vgl. Langenn (1841, 2 Bde.).

2) M., Prinz von Oranien, Graf von Nassau, geb. 14. Nov. 1567 zu Dillenburg, Sohn Wilhelms I. von Oranien, ward nach dessen Ermordung in Holland, Seeland, Utrecht zum Statthalter gewählt, nahm 1590 Breda, befreite Geldern, Oberyssel, Friesland und Gröningen von den Spaniern und erhielt nebst dem Oberbefehl über die Land- und Seemacht der vereinigten Provinzen zugleich die Statthalterschaft von Geldern und Oberyssel, nahm den Spaniern darauf noch gegen 40 Städte und schlug sie in drei Feldschlachten. Sich in die theolog. Streitigkeiten zwischen den Gomaristen und Remonstranten zu Gunsten jener einmischend, suchte er sich zum unumschränkten Gebieter des

Landes zu machen, musste aber davon abstehen; † 23. April 1625 im Haag.

3) M., Graf von Sachsen, gen. Marschall von Sachsen, geb. 28. Okt. 1696 zu Goslar, natürlicher Sohn des Kurfürsten August II. von Sachsen und der Gräfin Aurora von Königsmark, focht 1709 in Flandern unter Eugen und Marlborough, ward von seinem Vater legitimirt und zum Grafen von Sachsen ernannt, trat 1720 in franz. Dienste und ward zum Maréchal de camp ernannt. 1726 von den Ständen von Kurland zum Fürsten gewählt, ward er vom poln. Reichstag als solcher nicht bestätigt. 1734 unter dem Marschall Berwick befehligend, ward er Generallieutenant, nahm 26. Nov. 1741 Prag und Eger, ward 1744 zum Marschall von Frankreich ernannt, entschied 11. Mai 1745 die Schlacht bei Fontenoy, eroberte Febr. 1746 Brüssel, dann Antwerpen und Namur und gewann 11. Okt. den glänzenden Sieg bei Raucoux. 1747 zum Generalmarschall ernannt, erstürmte er Bergen-op-Zoom, ward Oberbefehlshaber in den eroberten Niederlanden, nahm 1748 Mastricht; † 30. Nov. 1750 auf Schloss Chambord. Sein Monument in der Thomaskirche zu Strassburg von Pigalle (seit 1776). Schr. ,Rêveries militaires' (1757, 2 Bde.); ,Lettres et mémoires' (1794). Biogr. von von Weber (2. Aufl. 1870); Taillandier (1865); Wellsien (1867).

Moritz, Karl Philipp, Schriftsteller, geb. 15. Sept. 1757 zu Hameln, Prof. an der Kunstakademie zu Berlin, † 26. Juni 1793. Hauptwerke: ,Versuch einer Prosodie' (1786), ,Götterlehre' (1791; 10. Aufl. 1861) und der autobiogr. Roman ,Anton Reiser' (1785—90).

Moritzburg (Dianenburg), königl. Jagdschloss bei Dresden, im Friedewalde, vom Kurf. Moritz 1542 erbaut, unter August II. und August III. Schauplatz glänzender Feste.

Morlaix (spr. -läh), See- und Handelsst. im franz. Depart. Finisterre, unweit der Mündung des Flusses M., 14,066 Ew.

Morlakken (slav. Primorci), die serb.-kroatischen Bewohner des nordöstl. Theils von Dalmatien, tüchtige Seeleute.

Mormon, s. Alken.

Mormonen (Latter-Day-Saints, d. i. Heilige des jüngsten Tags), religiöse Sekte, gestiftet 1827 von Joë Smith (geb. 26. Dec. 1805 zu Sharon im Staat Vermont in Nordamerika), der angeblich 22. Sept. 1827 von einem Engel eine auf Metallplatten eingegrabene Schrift empfing, das ,Book of the Mormons' (1830, deutsch 1852). Inhalt: Uebersiedelung eines jüdischen Patriarchen Jehi mit Familie (Nephiten) zur Zeit des jüd. Königs Zedekia nach Amerika; Verkündigung des Evangeliums durch Christus nach seiner Auferstehung; 330 n. Chr. Besiegung der gottlosen Lamaniten durch Mormon. Vollendung der von Jehis Sohne Nephi begonnenen Mormonenbibel durch Moroni, Mormons Sohn, 420 n. Chr. Joë Smith liess sich mit seinen Anhängern Jan. 1831 westl. von Missouri in Independence nieder, wo etwas Tempel und die Stadt Far-West erbauten. Von hier vertrieben, zogen sie nach Illinois und gründeten 1840 die Stadt Nauvoo am Mississippi. Nach der Ermordung Jos Smiths u. seines Bruders Hiram 27. Juni 1844 in einem Pöbelaufstande begannen die M. 1845, von ihren ‚heidnischen‘ Nachbarn fortwährend befehdet, nach dem fernen Westen auszuwandern und liessen sich 1847 jenseits der Rocky Mountains im Thal des Salzsees (Salt Lake) nieder, wo sie ‚Neu-Zion‘ oder ‚Neu-Jerusalem‘ gründeten und das Land mit grossem Erfolg kolonisirten. Ihr Staat, 1850 unter dem Namen Utah (s. d.) als Territorium in die Union aufgenommen, von ihnen selbst Deseret genannt, zählte 1850: 11,354, 1870: 86.786 Ew. Ihr Staat eine theokratisch regierte Gemeinde mit einem Präsidenten, jetzt Brigham Young (geb. 1801), an der Spitze. Hierarchische Gliederung: 12 Apostel (Missionäre), hoher Rath (für jede Ansiedelung), Siebziger, Hohepriester, Aelteste, Priester, Lehrer und Diakonen. Eintheilung der ganzen Hierarchie in 2 Klassen, die melchisedeksche, die höchsten Aemter bis zum Aeltesten einschliessl. umfassend, und die aaronsche Priesterschaft, die übrigen; daneben ein Patriarch. Die Religion polytheistisch; Erhebung der Heiligen nach dem Tode zu Göttern nach der Rangordnung ihrer Würdigkeit. Angestrebt wird Vermehrung der Heiligen wie der Sand am Meere zur Ausbreitung ihrer Herrschaft über die Welt; daher die Polygamie gesetzlich. Brigham Young, 1850 von der Regierung zu Washington zum Gouverneur ernannt, ward wegen feindseliger Haltung gegen die Union abgesetzt. Darauf gewaltsame Vertreibung der Bundesbeamten durch die fanatische Bevölkerung. 1857 Sendung eines neuen Gouverneurs mit 2500 Soldaten. 1860 Generalamnestie. 1862 Kongressgesetz gegen die Polygamie. Brigham Young kirchliches und weltliches Oberhaupt des Staates, der trotz hoher Besteuerung seiner Angehörigen (Zehnten) zu hoher materieller Blüthe gelangt und die meisten Einwanderer aus dem nördl. Europa, namentl. aus Schottland und Schweden erhält. Neuerlich ernstliche Differenzen mit der Unionsregierung, welche die Polygamie zu unterdrücken sucht; infolge davon Flucht Brigham Youngs. Vgl. Ferris (1854), Olshausen (1855), Busch (1855).

Morning (engl.), morgen. [u. 1870.]

Mornay, Charles Auguste Louis Joseph, Herzog von, franz. Staatsmann, geb. 23. Okt. 1811 zu Paris, Sohn der Königin Hortense, Gemahlin Ludwig Bonapartes, und ihres Grossstallmeisters, Grafen Flahault, diente in Algerien, widmete sich seit 1838 industriellen Unternehmungen, ward 1842 Mitglied der Kammer, 1849 der Legislative, wo er mit der monarchisch gesinnten Majorität stimmte, unterstützte den Präsidenten Ludwig Napoleon beim Staatsstreich vom 2. Dec. 1851, ward Minister des Innern, trat Jan. 1852 zurück und in den gesetzgebenden Körper, seit 1854 Präsident desselben, 1856–1857 Gesandter in Petersburg, vermählte sich 19. Jan. 1857 mit einer Prinzessin Trubetzkoi; † 10. März 1865 zu Paris.

Morbus (morbus, lat.), mürrisch. Morosität, mürrisches Wesen; auch Saumseligkeit.

Morpheus (gr.), Gott der Träume, dargestellt als Greis und geflügelt.

Morphium (Morphin), Alkaloïd aus dem Opium, farb- und geruchlos, schmeckt stark bitter, löslich in Wasser und Alkohol, nicht in Aether, reagirt alkalisch; officinell, Morphologie, s. Botanik. [giftig.

Mors, dän. Insel im Lijmfjord, 6,3 QM. und 15,817 Ew., Hauptst. Nykjöbing.

Morschansk, Fabrikst. im grossruss. Gouv. Tambow, an der Zna, 19,699 Ew. Bedeut. Stapelplatz für Getreide; Tuchfabr.

Morse, Sam. Finley Breese, Erfinder des nach ihm benannten Schreibtelegraphen, geb. 27. April 1791 in Charlestown in Massachusetts, seit 1858 Prof. in New-Haven.

Morsellen (neulat., d. l. Bissen), würzige magenstärkende Mischungen mit Zucker, in Form von Täfelchen. [Kartenspiel.

Mort (fr., spr. mohr), todt; Strohmann beim

Mortalität (lat.), Sterblichkeit, insbes. das Verhältniss der Anzahl der jährlichen Sterbefälle zur Gesammtheit der Lebenden. Mortalitätstabellen, Tabellen, aus denen sich die Sterblichkeitsziffer ergibt.

Mortara, Stadt in der ital. Prov. Pavia, 4611 Ew.; 21. März 1849 Sieg der Oesterreicher über die Piemontesen.

Mortier (spr. -tiéh), Edouard Adolphe Casimir Joseph, Herzog von Treviso, franz. Marschall, geb. 13. Febr. 1768 zu Château-Cambresis, machte die Feldzüge 1792–96 mit, ward 1804 Marschall, deckte 1805 die Donauübergänge, besetzte 1806 Hessen, Hannover und die Hansestädte, focht 1807 bei Friedland, ward 1808 zum Herzog von Treviso ernannt und dotirt, befehligte 1808–1811 in Spanien, im russ. Feldzuge, sowie 1813 die junge Garde, ward März 1814 mit Marmont mit der Deckung von Paris beauftragt, von Ludwig XVIII. zum Pair erhoben, 1816 Kommandant zu Rouen, Nov. 1834 Kriegsminister, kam 28. Juli 1835 durch Fieschis Höllenmaschine um.

Mortificiren (lat.), ertödten, absterben lassen; demüthigen, kränken; eine Urkunde für ungültig erklären. Vgl. Amortisation.

Mortuarium (lat.), der dem Gutsherrn zukommende Haupt- und Sterbefall.

Morumbidschal, rechter Nebenfluss des Murray im östl. Australien, 160 M. lang.

Morungen, Heinr. von, s. Heinrich.

Morus, s. Maulbeerbaum.

Morus, Thomas, eigentl. More, engl. Kanzler, geb. 1480 zu London, ward Sachwalter, unter Heinrich VIII. Mitglied des geheimen Raths. 1529 Lordkanzler, legte, als Heinrich VIII. mit dem röm. Stuhle brach, seine Aemter nieder, ward 1534 wegen Verweigerung des Supromateids eingekerkert, 6. Mai 1535 nach schmählicher Procedur zum Galgen verurtheilt, 6. Juli im Tower enthauptet. Vgl. Rudhart (2. Aufl. 1852).

Mos (lat.), Sitte.

Mosaik (musivische Arbeit), Art Malerei, deren Verfahren darin besteht, dass die Bilder aus kleinen farbigen Stiften (von Stein, Glas, Thon oder Holz) zusammengesetzt und durch einen auf die Rückseite gebrachten Kitt oder Mörtel zu einer Fläche verbunden werden; in Griechenland und später in Rom zu hoher Vollkommenheit gebracht u. vielfach angewendet (vorzugsw. als Fussböden, z. B. die ber. ‚Alexanderschlacht'), dann auch im Mittelalter, bes. während der byzantin. Kunstperiode, zur Ausschmückung der Kirchenwände benutzt; gegenwärtig noch in Rom (meist in Glas) und Florenz (in Stein) gepflegt.

Mosaisches Gold, messingähnliche Legirung, auch s. v. a. Musivgold.

Mosaismus, Inbegriff der von Moses herrührenden politischen und religiösen Institutionen der Israeliten.

Moschatae nuces, Muskatnüsse.

Moschee (v. arab. *mesdsched*, d. i. Anbetungsort), mohammedan. Bethaus, charakterisirt durch Kuppeln und schlanke, mit dem Halbmond an der Spitze gezierte Thürme (Minarets), mit Vorböfen und Brunnen zu Waschungen, ohne Bilder, bloss mit Koransprüchen. Arabesken versiert. Vgl. *Dschami*.

Moschéles, *Ignas*, Klaviervirtuos und Komponist, geb. 30. Mai 1794 zu Prag, israel. Abkunft, Schüler Albrechtsbergers in Wien, seit 1825 Prof. der Musik zu London, seit 1846 Lehrer des Klavierspiels am leipziger Konservatorium; † das. 10. März 1870. Hauptwerke: Pianofortekoncerte und Etüden.

Moschelhorn, Berggipfel, s. *Adulagebirge*.

Moscherosch, *Hans Mich.*, gen. *Philander von Sittewald*, geb. 5. März 1601 zu Wilstädt (Elsass), eine Zeitlang Fiskal in Strassburg, seit 1656 Geheimrath in Kassel; † 4. April 1669 auf einer Reise in Worms. Verf. der ‚Wunderlichen und wahrhaftigen Gesichte Philanders von Sittewald' (1644 u. öft.).

Moschelatrie (gr.), Anbetung eines Kalbes, insbes. des goldenen durch die Israeliten.

Moschus, griech. Idyllendichter aus Syrakus im 3. Jahrh. v. Chr., Nachahmer des Theokrit; seine vorhandenen Poesien meist in den Ausgaben des Theokrit und Bion.

Moschusthier (*Bisamthier,* Moschus L.), Gattung der Wiederkäuer. *Bisambock, ächtes* M. (M. moschiferus L.), 2½' l., auf den Gebirgen Hinterasiens, bes. in Tübet, der Mongolei, am Baikalsee; das Männchen liefert in einem zwischen Nabel und Geschlechtstheilen liegenden Beutel den *Moschus* (ca. 1 Loth), bräunliche schmierige Substanz von sehr durchdringendem Geruch; dient als Arzneimittel und in der Parfümerie.

Mosdok, Festung in Kaukasien, am Terek, 10,895 Ew. Wein- und Seidenbau.

Mosel (fr. *Moselle*), linker Nebenfluss des Rheins, entspr. auf den Vogesen am Elsassbeichen, fliesst nordwestl. durch die lothring. Hochebene über Toul und Metz (von Pont-à-Mousson an schiffbar), dann gegen NO. über Trier in zahllosen Windungen zwischen engen Steilufern, mündet bei Koblenz; 80 M. l. Hauptzuflüsse Meurthe und Saar. Das ehemal. franz. Depart. M:, bis zum Friedensschluss 1871 : 97,3 QM., und 452,157 Ew., ist zum grössten Theil jetzt deutsch.

Moselweine, bouquetreiche, milde Weissweine von den Ufern der Mosel, bes. aus der Gegend von Trier bis Kochem; halten sich nicht über 12 Jahre.

Mosen, *Julius*, Dichter, geb. 8. Juli 1803 zu Marienei im Voigtland, zuerst Advokat, seit 1844 Dramaturg in Oldenburg; † das. nach langer Krankheit 10. Okt. 1867. Hauptwerke die epischen Dichtungen: ‚Lied vom Ritter Wahn' (1831) und ‚Ahasverus' (1838), die Dramen: ‚Cola Rienzi' und ‚König Otto III.' und der Roman ‚Kongress von Verona' (1842). Mehrere seiner ‚Gedichte' (2. Aufl. 1843) sind zu Volksliedern geworden. Werke (1863, 8 Bde.).

Mosenthal, *Salom. Herm.*, dram. Dichter, geb. 14. Jan. 1821 in Kassel, lebt als Beamter in Wien. Hauptwerke die wirkungsvollen, oft gegebenen Stücke ‚Deborah' (1850) und ‚Der Sonnenwendhof' (1857); ausserdem ‚Bürger und Molly' (1858), ‚Das gefangene Bild' (1858), ‚Düweke' (1860), ‚Die deutschen Komödianten' (1863), ‚Pietra' (1865), ‚Isabella Orsini' (1869), ‚Maryna' (1870). ‚Gesammelte Gedichte' (1866) u. a.

Moser, *Jos. Jakob,* Staatsmann, geb. 18. Jan. 1701 in Stuttgart, seit 1751 Landschaftskonsulent in Stuttgart, 1750—64 wegen freimütiger Aeusserungen Gefangener auf der Festung Hohentwiel; † 30. Sept. 1785. Schr.: ‚Deutsches Staatsrecht' (1737—54, 50 Bde.) und ‚Neues deutsches Staatsrecht' (1761—75, 21 Bds.). Seine ‚Selbstbiographie' (1777—83, 4 Bde.; neue Ausg. von *Schmid*, 1868) von grossem Interesse. — Sein Sohn *Friedrich Karl (von)* M., geb. 18. Dec. 1723, 1772—1760 Kanzler des Landgrafen von Hessen-Darmstadt, † 10. Nov. 1798 in Ludwigsburg; Patriot und fruchtbarer Schriftsteller: ‚Der Herr und der Diener' (1761), ‚Vom deutschen Nationalgeist' (1765) etc.

Moses, Befreier u. Gesetzgeber der Israeliten, ward, als neugeborenes Kind ausgesetzt, von einer ägypt. Königstochter an Kindesstatt angenommen, am Hofe erzogen und in ägypt. Kunst und Wissenschaft unterrichtet. Wegen Todtschlags eines Aegyptiers flüchtig geworden, kehrte er nach langer Abwesenheit in Midian auf Jehovahs Geheiss nach Aegypten zurück, nöthigte dem Pharao durch Landplagen, mit denen ihm Jehovah zu Hülfe gekommen war, die Erlaubniss zum Auszug der Israeliten ab, führte diese 40 Jahre in der Wüste umher, gab ihnen die auf dem Berge Sinai von Jehovah empfangenen Gesetze, führte sie in das Ostjordanland und † 120 Jahre alt. Sein Leben und Wirken ist durch die spätere Dichtung mit wunderbaren Zügen ausgeschmückt worden. Die mosaische Gesetzgebung in ihrer jetzigen Gestalt jedenfalls das Werk mehrerer Jahrhunderte. *Bücher M.,* s. *Pentateuch*.

Moskau (*Moskwa*), grossruss. Gouvern., 601,7 QM. und 1,678,784 Ew.; wellig, reich an Steinkohlen, blühende Industrie (bes. Weberei, 1200 Fabr., jährl. Produktion 55 Mill. Rubel). — Die *Hauptst.* M., alte Hauptst. des russ. Reichs und 2. kaiserl. Residenz, Mittelpunkt aller altruss. Sympathien, an der Moskwa, 5 M. im Umfang, (1870) 359,391 Ew. Theile: der Kreml (Festung, 1367 erb.), Kitai-Gorod (Chinesenstadt), Beloi-Gorod (Weissstadt) und Semianoi-Gorod (Erdstadt), dann 39 Vorstädte. 356 Kirchen (viele mit vergoldeten Kuppeln) und 21 Klöster; zahlr. Spaziergänge (Boulevards, Alexandergarten, Garten von Samsonoff); gr. Wasserleitung (2 M. l.). Der *Kreml*, im Herzpunkt der Stadt, mit 3 Hauptzugängen, umschliesst mehrere der heiligsten Kirchen (Krönungskathedrale, Nikolauskirche mit dem Glockenthurm Iwan u. 4000 Ctr. schwerer Glocke), den alten Zaarenpalast, Winterpalast (prachtv., Krönungssaal) und and. Paläste, Arsenale etc., alles im altruss. Baustil. *Kitai-Gorod*, der Mittelpunkt des russ. Landhandels, mit dem grössten russ. Bazar und Tausenden von Buden. Universität (1755 gegr.), Akademie der Künste, Museum etc.; grossartiges Erziehungs- und Findelhaus. Hauptsitz der russ. Industrie, bes. im Geweben aller Art. — M., 1147 gegründet, seit 1328 Hauptst. von Russland, bis 1703 Peter d. Gr. die Residenz nach Petersburg verlegte. 14.—21. Sept. 1812 der welthistor. „Brand von M.", der ⅘ der Stadt in Asche legte. Vgl. *Schnitzler*, „M.", 1834.

Moskowiten, s. v. a. Russen.

Moskwa, s. v. a. Mosken.

Moskwa, linker Nebenfluss der Oka in Russland, fliesst über Moskau gegen SO., mündet bei Kolomna; 61 M. „Schlacht an der M.", s. v. a. Schlacht bei Borodino (s. d.).

Moslem, in der Mehrzahl *Moslemin*, korrumpirt Muselmänner, Bekenner des Islam.

Mosquitoküste (*Mosquitia*), Küstenstrich in Mittelamerika, am karaibischen Meere, zu Nicaragua gehörig, ca. 300 QM., flach und heiss, von den *Mosces* (Mosquitos), den Abkömmlingen von weissen Abenteurern aller Nationen, Indianern und Negern bewohnt, die bis 1860 unter einem sogen. Könige standen (Residenz Bluefields).

Mosquitos, stechende Mückenarten, bes. aus den Gattungen Stech- (Culex) u. Kriebelmücke (Simulia), zahlr. in heissen Amerika.

Mossul (*Mosul*), türk. Stadt in Irak Arabi, am Tigris, 30,000 Ew.; Stapelplatz für orientel. Droguen, Kaffee und pers. Waaren; Fabrik. von Kupfer-, Baumwoll- (daher Musselin) Most, s. *Wein*. [und Lederwaaren.

Mostar, türk. Stadt in der Herzegowina, an der Narenta, 10,000 Ew. Weinbau.

Mostaganem, Hafenstadt in Algerien, Mostrich, s. *Senf*. [Prov. Oran, 11,000 Ew.

Mostwage, s. v. a. Aräometer.

Motala, schwed. Dorf mit ber. Eisen-, Guss- und Hammerwerk, in Ostgothland, am Wettersee, Centralpunkt für den Götakanal, mit Hafen, Werften und Docks.

Motenebbi, ber. arab. Dichter, geb. 915 in Kufa, † 965 im Kampfe gegen Beduinen. Sein „Divan" herausg. von *Dieterici* (1858 —1861), übers. von *Hammer-Purgstall* (1824).

Motette (ital.), kürzeres geistl. Chorgesangstück, meist ohne Begleitung, Muster die von Palestrina und von S. Bach.

Motilität (lat.), Beweglichkeit.

Motion (lat.), Leibesbewegung, bes. diätetische; in der Grammatik s. v. a. Flexion; ein von einem Mitglied einer parlamentar. Versammlung eingebrachter Antrag.

Motiv (lat.), Beweggrund zu einer Handlung; etwas, wodurch eine spätere Handlung oder Begebenheit herbeigeführt erscheint;

die einem Tonstücke zu Grunde liegende, darin weiter ausgeführte Idee. *Motiviren*, ein M. zu etwas geben, etwas begründen.

Motor (lat.), Beweger, jede mechanische Vorrichtung, welche Bewegung erzeugt, bes. die Dampfmaschine.

Motril, Stadt in der span. Prov. Granada, am Mittelmeer, 10,800 Ew. Zuckerrohr- und Baumwollenplantagen.

Motten (*Schaben*, Tineadae), Schmetterlingsfamilie der Kleinfalter. Die Raupe der *Pelzmotte*, Haarschabe (T. pellionella *L.*), 3‴ l., zerstört Pelzwerk, die der *Kleidermotte* (T. sarcitella *L.*), 3‴ l., wollene Kleider, beide auch Polsterungen. Vertilgung durch trockene Hitze, Vorbeugung durch sorgfältige Verpackung. *Kornmotte* s. *Kornwurm*. Viele Arten miniren die Blätter der Laubbäume. Die *Honig-* oder *Wachsschaben* (Galleria cerella *Hb*), 3‴ l., zerfressen die Waben.

Motto (ital.), Denkspruch; Stelle aus einem Autor, die man als auf das Nachfolgende bezüglich einem Aufsatz vorsetzt.

Motus (lat.), Bewegung; Empörung; *motu proprio*, aus eignem Antriebe, in Rescripten von Souveränen etc., auch substantivisch das *Motuproprio*, Rescript mit dieser Formel.

Mouchard (fr., spr. Muschahr), Polizeispion; *mouchardiren*, spioniren.

Moucheron (fr., spr. Muschrong), s. *Mucoren*.

Mouches (Mehrzahl von *Mouche*, fr., spr. Musch), Fliegen; Schönpflästerchen; *M. volantes* (spr. wolang), fliegende Mücken, Erscheinung vor krankhaften Augen.

Mouchetiren (fr., spr. Musch-), fleckig machen, sprenkeln.

Moufton, s. *Schaf*.

Mouilliren (fr., spr. mullj-), benetzen; das l weich, mit nachklingendem Jod aussprechen.

Moulinage (fr., spr. -ahsch), das Seidenzwirnen nebst dem dazu gehörigen Geräthe.

Moulinet (fr., spr. Mulinä), das kreisförmige Schwingen des Degens zur Abwehr mehrerer Gegner zugleich.

Moulins (spr. Muläng), Hauptst. des franz. Depart. Allier, an Allier, 19,800 Ew. Seidenweberei, Fabr. von Damasten, Drainageröhren. Wein- und Getreidehandel.

Mount (engl., spr. Maunt), Berg.

Mount Vernon (spr. Maunt Wernön), Landgut in Virginien, am Potomac; einst Besitzung Washingtons († das. 1799), Denkmal.

Mourmelon (*Gross-M.*, spr. Murmelong), Dorf bei Chalons (s. d. 1)). [ketier.

Mousquetaire (fr., spr. Musketähr), Musketier.

Moussiren, das Schäumen von Getränken, welche, unter hohem Druck mit Kohlensäure beladen, dies Gas entweichen lassen, sobald der Druck aufgehoben wird. *Mousseux* (fr., spr. Mussöh), Schaumwein.

Moussons (fr. -ong), s. *Monsune*.

Moutarde (fr., spr. Mutard), Mostrich, Senf.

Mouton (fr., spr. Mutong), Schöps, spottweise s. v. a. Mouchard.

Mouton (spr. Mutong), *Georges, Graf von Loban*, franz. Marschall, geb. 21. Febr. 1770 zu Phalsburg in Lothringen, ward 1805 Adjutant Napoleons I., 1807 Divisionsgeneral und Generalinspektor der Infanterie, befehligte 1808 unter Bessières, dann unter Soult in Spanien, trug 1809 bei Aspern wesentl. zur Rettung des auf der Insel Lobau zusammengedrängten franz. Heeres bei, begleitete Napoleon auf dem Rückzuge aus Russland, focht 1813 bei Lützen und Bautzen, gerieth bei Dresden in österr. Gefangenschaft, befehligte bei Waterloo auf dem rechten Flügel das 6. Armeecorps und ward von den Engländern gefangen. Seit 1823 Kammerdeputirter, ward er nach der Julirevolution 1830 Pair und nach Lafayette Befehlshaber der Nationalgarde, 1831 Marschall; † 21. Nov. 1838 zu Paris. [gung, Unruhe.

Mouvement (fr., spr. Muw'mang), Bewe-Mövens (lat.), das Bewegende.

Movimento (ital.), Bewegung, Takt.

Moviren (lat.), bewegen; reflexiv sich regen, rühren, mausig machen etc.

Moxa (span., spr. Mocha, *Brenncylinder*, *Brennkegel*), Baumwollenbausch, der auf die Haut gelegt und angebrannt wird, um Krankheiten (Rheumatismen) abzuleiten; veraltet.

Moyen (fr., spr. moajeng), Mittel; Mehrzahl *Moyens*, Hülfsquellen, Vermögen.

Mozambique (*Mossambik*), Küstenstrich auf der Ostküste Südafrikas, von den Portugiesen beansprucht. Die *Niederlassung* M., 6000 Ew., Sitz des portug. Gouverneurs.

Mozaraber (*Mostaraber*, d. i. unächte Araber), Name der Fremden unter den Arabern, bes. die Christen unter den span. Mauren.

Mozart, *Wolfg. Amadeus*, ber. Tondichter, geb. 27. Jan. 1756 in Salzburg, Sohn des Vicekapellmeisters *Leop. M.* († 1787), ein frühreifes Talent, erregte bereits als 6jähriger Knabe auf seiner ersten Concertreise, die er in Begleitung seines Vaters und seiner Schwester *Marianne* († 1829) über München, Wien, Frankreich und England (1763—66) machte, als Klavier- und Violinspieler ungemeines Aufsehen, ward nach wiederholten Reisen nach Italien und Paris 1778 Concertmeister in Salzburg, lebte seit 1781 als Musiklehrer und Concertist in Wien, verheirathete sich 1782 mit der Sängerin Konstanze Weber († 1842 in Salzburg), ward 1787 zum Kammerkomponisten ernannt; † das. 5. Dec. 1791. Einer der reichbegabtesten und eigenthümlichsten Komponisten, die je gelebt, gleich gross durch unvergleichl. Frische und Anmuth der Melodien wie durch seine Gewalt in der musikal. Charakteristik und der Meisterschaft in der kontrapunkt. Schreibweise. Hauptwerke: die 7 Opern ,Idomeneo' (1781), ,Entführung' (1782), ,Figaro' (1786), ,Don Juan' (1787), ,Cosi fan tutte' (1790), ,Zauberflöte' und ,Titus' (1791); das ,Requiem' (1791), die Symphonien in C dur, G moll, Es dur u. a., die Klavierkoncerte, die Quintette und Quartette, die Messen, das ,Ave Verum', zahlr. Gesänge u. Lieder etc. Themat. Katalog von v. *Köchel* (1862). Denkmal in Salzburg (s. 1852). Biogr. von *Nissen* (1828), *Ulibischeff* (2. Aufl. 1859), *Jahn* (Hauptwerk, 2. Aufl. 1867), *Nohl* (2. Aufl. 1870). — M. hinterliess 2 Söhne: 1) *Karl*, geb. 1784, † 1850 in Mailand; 2) *Wolfg. Amadeus*, geb. 1791 in Wien, eine Zeitlang Musikdirektor in Lemberg, † 30. Juli 1844 in Karlsbad. — *Mozarteum*, nach M. genannte städt. Musik-

lehranstalt in Salzburg, verbunden mit einer Institution für Kirchen- und Koncertmusik und Sammlung mozartischer Reliquien. — *Mozartstiftung* in Frankfurt a. M., 1838 gegr., zu dem Zweck, musikal. Talente zu ihrer weiteren Ausbildung zu unterstützen.

Mozzetta (ital.), Art kurzer Tunica.

M. pr., abbr. für *Manu propria* (lat.), d. i. mit eigner Hand (geschrieben).

Mr. (fr.), abbr. s. v. a. Monsieur, Mister; *Mrs.*, s. v. a. Messieurs, Mistress.

M. sin., abbr. für *Mano sinistra* (ital., Mus.), mit der linken Hand (zu spielen).

Ms., abbr. für *Manuscripte*, Handschriften. [werden.

Mucesciren (lat.), kahnig, schimmelig

Mucilage (lat.), Schleim, bes. Lösung von Gummi arabicum; *mucilaginös*, schleimig. *Mucilaginösa*, schleimige Arzneimittel.

Mucius, *Cajus M. Scaevola* (d. i. Linkhand), Römer, ging 507 v. Chr., als der Etruskerkönig Porsenna Rom belagerte, ins feindliche Lager, um den König zu tödten, stiess aber aus Irrthum den Schreiber, verweigerte, vor den König geführt, weitere Auskunft und liess zum Zeugniss seiner Standhaftigkeit seine rechte Hand auf einem Kohlenbecken braten. Der König, durch die Angabe erschreckt, dass sich 300 gleich muthvolle röm. Jünglinge zur Tödtung Porsennas verschworen hätten, schloss darauf Frieden.

Mucker, im Volksmunde s. v. a. Frömmler, kam zuerst in Königsberg auf, wo man die Theilnehmer der von den Predigern Diestel und Ebel geleiteten Konventikel so nannte. Der 1835 gegen jene eingeleitete Prozess endete mit ihrer Absetzung 1842. Vgl. Graf *Kanitz*, ,Aufklärung etc.', 1862.

Mudania, Stadt in Kleinasien, am Marmarameere, 20,000 Ew.; Thermen, Meer-**Mudejares**, s. *Morisken*. [schaumgruben.

Mücken (Nematocera), Insektenfamilie der Zweiflügler. 1) *Stechmücken*; *Gemeine Stechmücke* (Culex pipiens *L.*), 2½—3''' l., in Europa, nur das Weibchen sticht, *Plakschnake* (Ceratopogon pulicaris *L.*), 1''' l., Plage in Lappland. 2) *Gallmücken*; *Getreideverwüster: Hessenfliege* (Cecidomyia destructor *Say.*), 2''' l., in Europa, Nordamerika, verwüstet Roggen- und Weizenfelder, wie die (mit der identischen) *Weizenmücke* (C. tritici *Kirby*), 1''' l., das. Gegenmittel: Beseitigung des Gerstennachwuchses und späte Aussaat. *Kohlgallmücke* (C. brassicae *Winnertz*), ½—⅔''' l., zerstört die Schoten der Rübsaat; andere Arten auf Obstbäumen. Zu den dickhörnigen Fliegen und der Gattung Kriebelmücke (Simulia *M.*) gehört die kolumbaczer M. (S. maculata *M.*), 1½''' l., Landplage in Serbien. Ueber Mosquitos s. d.

Müffling, *Fried. Ferd. Karl, Freiherr von*, mit dem Familiennamen *Weiss*, preuss. Feldmarschall, geb. 12. Juni 1775 zu Halle, trat 1790 in die preuss. Armee, wohnte 1792 dem Feldzug in Frankreich und dem von 1806 bei, ward 1813 Generalquartiermeister der schles. Armee und betheiligte sich an den Kämpfen ders. bis zur Einnahme von Paris, ward dann Chef der unter Kleist am Rhein zurückgebliebenen Armee, 1815 preuss. Bevollmächtigter iu Wellingtons Hauptquartier, dann Gouverneur von Paris. 1820 zum Chef des Generalstabs der Armee ernannt, führte er mehrere Gradmessungen aus, vermittelte 1829 den Frieden zwischen Russland und der Türkei, ward 1841 Präsident des Staatsraths, erhielt als Generalfeldmarschall 1841 seinen Abschied; † 16. Jan. 1851 zu Erfurt. Schr. kriegsgeschichtl. Werke unter der Chiffre C. von W. und ‚Aus meinem Leben‘ (3. Aufl. 1852, 2 Bde.).

Mügge, *Theod.*, Schriftsteller, geb. 8. Nov. 1806 in Berlin, † das. 18. Febr. 1861. Schr. die Romane ‚Toussaint‘ (1830), ‚Der Majoratsherr‘ (1853), ‚Afraja‘ (1854) etc., Novellen (1842, 6 Thle., und 1845—48, 6 Thle.), Reisebeschreibungen, auch polit. Schriften ‚Romane‘ (1862—67, 33 Bde.).

Mühlberg, Stadt im preuss. Regbz. Halle, an der Elbe, 3387 Ew. 24. April 1547 *Sieg Karls V. über den Kurf. Johann Friedrich von Sachsen*, wodurch der schmalkaldeusche Bund und damit die politische Macht des evangel. Deutschland gebrochen wurde. Vgl. *Reformation*.

Mühlen, Maschinen zum Mahlen, Quetschen, Zerreiben, Zerkleinern, Sägen etc., im engeren Sinne Getreidemahlmühlen, auf welchen die Körner zunächst zwischen weitläufig gestellten Mühlsteinen ihrer Spitzen beraubt (gespitzt), mit Reibeisen, Bürsten bearbeitet und abgestäubt u. dann zwischen eng gestellten Mühlsteinen in Mehl verwandelt werden. Die neuen engl., amerikan. oder Kunstmühlen gewähren gegenüber den alten deutschen viele Vortheile, gestatten namentl. die Verarbeitung von trockenem Getreide und liefern ein haltbareres Mehl (*Dauermehl*). Die Beseichnung *Dampfmehl* hat keinen Sinn, weil es gleichgültig ist, ob die M. durch Dampf- oder Wasserkraft betrieben werden. Das Beutelgeschirr, Beutelwerk der neuen M. ist stets ein liegender, mit Beutelgase bespannter Cylinder. Man lässt das Getreide entweder nur einmal die Mühle passiren und erhält so kleichaltiges Provantmehl (*Flachmüllerei*), od. man mahlt zunächst auf Gries, sieht dieses ab u. mahlt ihn weiter (*wiener* oder *Griesmüllerei*). Die Walzmühlen, welche mit rotirenden Walzen mahlen, haben wenig Verbreitung gefunden. Vgl. die Werke von *Wiebe* (1861), *Fairbairn* (1861—63, 2 Bde.), *Neumann* (1864), *Mühlmann* (Maschinenlehre, 2. Bd. 1865), *Kick* (1871), *Anton* (1866—67).

Mühler, *Heinrich von*, geb. 4. Nov. 1812, Sohn *Heinr. Gottlob von M.s* (geb. 1780, preuss. Justizministers 1832—44, dann bis 1852 Chefpräsidenten des Obertribunals, † 15. Jan. 1857), seit 18. März 1862 preuss. Minister des Kultus u. öffentl. Unterrichts, reaktionär. Schr.: ‚Gedichte‘ (1842); ‚Geschichte der evangel. Kirchenverfassung etc.‘ (1846).

Mühlhausen, 1) Kreisstadt im preuss. Regbz. Erfurt, an der Unstrut, 17,696 Ew., Blasiuskirche; Tuchfabriken, Färbereien, Getreide- und Wollhandel. Ehedem freie Reichsstadt. — 2) s. *Mülhausen*.

Mühlheim (*Mülheim*), 1) (*M. am Rhein*) Kreisstadt im preuss. Regbz. Köln, Haupt-

ort des berg. Oberlandes, 9500 Ew., Sammt-, Seide-, Lederfabr. — 2) (*M. an der Ruhr*) Stadt im preuss. Regbz. Düsseldorf, 13,327 Ew., Papier-, Tuch-, Baumwollfabr., Kattundruckereien, Eisen- und Kohlenwerke.

Mühlsteine wurden früher allgemein aus Sandstein gefertigt, jetzt bevorzugt man Porphyr, verschlackten Basalt (Mühlstein-lava, rheinische M.) und bes. poröses Quarzgestein von La Ferté sous Jouarre (Depart. Seine-Marne) und aus Ungarn. Die M. erhalten durch die *Mühlpillen* (eiserne Werkzeuge) scheerenartig wirkende Rinnen, welche zugleich das Getreide nach dem Umfang des Steines treiben.

Mülhausen (fr. *Mulhouse*), Kreisstadt im oberen Elsass, an der Ill, 56,773 Ew.; Centrum eines grossen Baumwollindustriebezirks, Fabr. in Kattun, Calicot, Zits, nebst Färbereien und gr. Zeugdruckereien, Fabr. in Leinwand u. Tuch, Spinn- und Webemaschinen etc. Ein- u. Ausfuhr 6 Mill. Frcs. Industriegesellschaft mit 700 Arbeiterhäusern.

Müller, 1) *Joh. Gottwerth*, Schriftsteller, geb. 17. Mai 1744 zu Hamburg, † 23. Juni 1828 zu Itzehoe. Schr. den einst sehr beliebten Roman ‚Siegfried von Lindenberg‘ (1779, neue Ausg. 1857) und ‚Kom. Romane aus den Papieren des braunen Mannes‘ (1784—91, 8 Bde.). — 2) *Joh. Gotthard (sen)*, Kupferstecher, geb. 4. März 1747 zu Bernhausen, Prof. der Kunstschule zu Stuttgart; † das. 14. März 1830. Treffl. Stiche nach Raphael, Domenichino, Honthorst, Trumbull etc. und bes. ausgezeichnete Porträts (Ludwig XVI., Dalberg, Kön. Hieronymus Napoleon etc.). — Sein Sohn *Friedr. Wilh. M.*, geb. 1782, seit 1814 Prof. zu Dresden, † 3. Mai 1816 auf dem Sonnenstein bei Pirna, ebenfalls ber. Kupferstecher. Hauptwerk: Raphaels sixtin. Madonna. — 3) *Friedrich*, genannt *Maler M.*, Dichter, geb. 1750 zu Kreuznach, Hofmaler des Herzogs von Zweibrücken, seit 1778 in Rom; † daselbst 23. April 1825. Eins der ‚Originalgenies‘ des vor. Jahrh.; Hauptwerke die wild-leidenschaftlichen Dramen:- ‚Faust‘ (1778), ‚Niobe‘ (1778), ‚Golo und Genoveva‘ (1780), und die treffl. Idyllen ‚Ulrich von Cossheim‘, ‚Das Nusskernen‘, ‚Die Schafschur‘ etc. Werke (1811, 3 Bde.); Dichtungen (neue Ausg. von *Hettner* 1868). — 4) *Johannes von M.*, Geschichtschreiber, geb. 3. Jan. 1752 zu Schaffhausen, ward 1781 Prof. zu Kassel, 1786 Hofrath und Bibliothekar in Mainz, 1788 geh. Legationsrath, dann geh. Staatsrath, 1791 geadelt, 1792 wirkl. Hofrath zu Wien, 1800 erster Custos der kaiserl. Bibliothek das., trat 1804 als geh. Kriegsrath und Historiograph in preussische Dienste, 1807 als Ministerstaatssekretär in westphäl. Diensts; † 29. Mai 1809. Hauptwerk: ‚Schweizergeschichte‘ (Bd. 1—5, Abth. 1, 1806—8), fortges. von *Glutz-Blotzheim* (Bd. 5, Abth. 2, 1816) und *Hottinger* (Bd. 6 und 7, 1825—29) u. ‚Vierundzwanzig Bücher allgemeiner Geschichte‘ (neue Ausg. 1852, 4 Bde.). ‚Sämmtliche Werke‘ (neue Aufl. 1831—35, 40 Bde.). Biogr. von *Woltmann* (1810) und *Heß* (1811). — 5) *Wenzel*, Komponist, geb. 26. Sept. 1767 zu

Turnau (Mähren), lehte in Wien, † 3. Aug. 1835 in Baden bei Wien. Schr. ca. 220 Bühnenstücke, darunter die weltbekannten Operetten ‚Die Zauberslther‘, ‚Das Sonntagskind‘, ‚Die Schwestern von Prag‘. — 6) *Wilhelm*, Dichter, geb. 7. Okt. 1794 zu Dessau, Gymnasiallehrer und Bibliothekar das.; † 1. Okt. 1827. Gemüthvoller Lyriker: ‚Gedichte eines reisenden Waldhornisten‘, ‚Lyr. Reisen‘, ‚Lieder der Griechen‘ etc. Schr. auch ‚Homer. Vorschule‘ (1824) u. A. Vermischte Schriften (1830, 5 Bdchn.), ‚Gedichte‘ (neue Ausg. 1849). — Sein Sohn *Max M.*, geb. 6. Dec. 1823, seit 1854 Prof. zu Oxford, ber. Sprachforscher, ausgezeichn. Kenner des Sanskrit. Hauptwerke: ‚Hist. of ancient Sanscrit literature‘ (2. Aufl. 1860), ‚Vorlesungen über die Wissenschaft der Sprache‘ (deutsch von *Böttger* 1863 — 66, 2 Thle.); die gr. Ausgabe des Rigveda (1849 — 56, 5 Bde.), die ‚Handbooks for the Study of Sanscrit‘ (s. 1865) ‚Essays zur vergleichenden Religionswissenschaft und Mythologie‘ (1869 — 71, 3 Bde.); schr. auch die Novelle ‚Deutsche Liebe‘ (3. Aufl. 1871) u. A. — 7) *Karl Otfried*, Alterthumsforscher, geb. 28. Aug. 1797 zu Brieg, ward 1819 Prof. zu Göttingen; † 1. Aug. 1840 zu Athen. Schr.: Geschichte hellen. Stämme u. Staaten‘ (2. Aufl. 1844, 3 Bde.); ‚Etrusker‘ (1828, 2 Bde.); ‚Handb. der Archäologie der Kunst‘ (3. Aufl. 1848); ‚Denkmäler der alten Kunst‘ (1832); ‚Gesch. der griech. Literatur bis auf Alex. d. Gr.‘ (2. Aufl. 1857, 2 Bde.). — 8) *Johannes*, ber. Physiolog u. Anatom, geb. 14. Juli 1801 in Koblenz, ward 1826 Prof. der Physiologie in Bonn, 1833 in Berlin; † das. 28. April 1858. Begründer der physikalisch-chemischen Schule in der Physiologie; schr.: ‚Handbuch der Physiologie des Menschen‘ (3. Aufl. 1837 — 40, 2 Bde.); ‚Ueber den feineren Bau der krankhaften Geschwülste‘ (1838); beide Werke waren epochemachend. — 9) *Johann Heinrich Jakob*, Physiker, geb. 30. April 1809 zu Kassel, seit 1844 Prof. der Physik in Freiburg, lieferte zahlreiche Untersuchungen und ist bes. bekannt durch sein ‚Lehrbuch der Physik und Meteorologie‘ (7. Aufl. 1869, 2 Bde.); ‚Lehrbuch der kosmischen Physik‘ (2. Aufl. 1865); ‚Grundriss der Physik und Meteorologie‘ (10. Aufl. 1870). — 10) *Wolfg.*, Dichter und Schriftsteller, geb. 5. März 1816 zu Königswinter, früher Arzt in Düsseldorf, jetzt in Köln. Bes. als Lyriker ausgezeichnet; schr.: ‚Gedichte‘ (8. Aufl. 1868, 2 Bde.); ‚Lorelei‘ (2. Aufl. 1857); ‚Die Maikönigin‘ (1852); ‚Prinz Minnewin‘ (1854); ‚Der Rattenfänger von St. Goar‘ (1857); ‚Johann von Werth‘ (1858); ‚Erzählungen eines reisenden Chronisten‘ (1861), ‚Vier Burgen‘ (1862); ‚Von drei Mühlen‘ (1865); ‚Zum stillen Vergnügen‘ (Künstlergeschichten, 1865); ‚Der Pilger in Italien‘ (Sonette, 1868); Reisebücher ‚Rheinland‘ 1865), Kunstgeschichtliches etc. — 11) *Otto*, Schriftsteller, geb. 1. Juni 1816 zu Oberschotten (Oberhessen), jetzt in Stuttgart. Schr. die Romane ‚Bürger‘ (3. Aufl. 1870), ‚Charlotte Ackermann‘ (1854), ‚Stadtschultheiss v. Frankfurt‘ (2 Aufl. 1859), ‚Klosterhof‘ (2. Aufl. 1862), ‚Die Försterbraut‘ (1867) u. A.

Müllner, *Amadeus Gottfr. Adolf*, Dichter, geb. 18. Okt. 1774 zu Langendorf bei Weissenfels, seit 1798 Advokat das.; † 11. Juni 1829. Verf. der verrufenen Schicksalstragödien: ‚Der 29. Februar‘ (1812) und ‚Die Schuld‘ (1816). Dram. Werke (1828, 7 Bde.); Vermischte Schriften (1824 — 26, 9 Bde.).

Mülsener Grund, Thalgrund im sächs. Regbz. Zwickau mit 7 Dörfern in 3½ St. l. Häuserreihe, 12,000 Ew., meist Weber und Strumpfwirker.

Mümling, linker Nebenfluss des Mains in Hessen-Darmstadt, durchfliesst eins der reizendsten Thäler des Odenwaldes, mündet bei Obernburg, 8 M. l.

Münch-Bellinghausen, *Eligius Franz Jos. von*, pseudonym *Friedr. Halm*, Dichter, geb. 2. April 1806 zu Krakau, ward 1845 Custos an der Hofbibliothek in Wien, 1848 Mitglied der Akademie der Wissenschaften, 1867 Generalintendant der kaiserl. Hoftheater; † 22. Mai 1871. Vorzüglicher Dramatiker; Hauptstücke: ‚Griseldis‘ (1834), ‚Der Sohn der Wildniss‘ (1842), ‚Der Adept‘, ‚Der Fechter von Ravenna‘ (1854), ‚Iphigenie in Delphi‘ (1864), ‚Begum Somru‘ (1803), ‚Wildfeuer‘ (1864) etc.; schr. auch ‚Gedichte‘ (2. Aufl. 1857, Auswahl 1865) und ‚Neue Gedichte‘ (1864). Werke (1856—64, 8 Bde.).

München, Haupt- und Residenzstadt Bayerns, an der Isar (4 Brücken) in weiter Ebene, 1597′ üb. M., mit 10,573 Gebäuden und 170,688 Ew. — *Vorstädte*: St. Annen-, Schönfelds-, Maximilians-, Ludwigs-, Josephs- und Isarvorstadt (am linken), Auvorstadt, Haidhausen u. Giesing (am rechten Isarufer). — *Plätze*: Max-Josephsplatz (Statue des Königs Max Joseph I.), Wittelsbacherplatz (Statue des Kurfürsten Max I.), Odeonsplatz (Reiterstatue König Ludwigs I.), Promenadeplatz (5 Statuen: Kurfürst Max Emanuel, Gluck, Orlando di Lasso etc.), Gärtnerplatz (Statuen Gärtners u. Klenzes), Karolinenplatz (Obelisk), Maximilians- oder Dultplatz (Statuen von Goethe und Schiller), Karlsplatz, Marienplatz (Mariensäule, ältester Stadttheil). — *Strassen*: Ludwigs-, Maximilians-, Karls-, Kaufinger-, Prangers-, Sendlinger-, Weinstrasse. — *Gebäude*: goth. Frauenkirche (Dom, 1468—88 erb.), Michaels-Hofkirche (Jesuitenstil, 16. Jahrh.), Theatinerkirche (Rococo, 17. Jahrb.), Hofkapelle (byzant. Stil, 1837 von Klenze erb.), die prachtv. Basilika (1835—40 von Ziebland erb.), Ludwigskirche (ital. Rundbogenstil, 1829—43 von Gärtner erb.), die goth. Mariahilfkirche (1830 — 39 von Ohlmüller erb.); die königl. Residenz (Schatzkammer), erweitert durch den neuen Königsbau (nach Klenze 1826—35) und den Festsaalbau (von Klenze 1832—36, Thronsaal), am sogen. Hofgarten mit den freskengeschmückten Arkaden; das Hof- und Nationaltheater (1823 von Fischer erb.); das alte Residenztheater (Rococo, neuerl. restaurirt); das Kunstausstellungsgebäude, der Glaspalast; das Maximilianeum (v. Bürklein erb., noch unvollendet); der ehemal. leuchtenbergsche Palast (kostbare Gemäldegalerie); wittelsbacher Palast (nach Gärtner 1843 erb.); das neue Regierungsgebäude und bayer. Nationalmuseum (1858—63 erb.), davor die Statuen Schellings, Fraunhofers u. A.; die Münze, Kriegsministerium, Zeughaus, Getreidehalle. — *Monumentale Bauwerke*: Siegesthor (1844—50 erb.), die Propyläen (griech. Stil, 1853 — 62 von Klenze erb.), Feldherrnhalle (toskan. Stil), Ruhmeshalle (dor. Stil, von Klenze 1843—53 erb.) mit der Statue der Bavaria (54' h., von Schwanthaler). — Sitz der obersten Staatsbehörden, der Handelskammer, eines Erzbischofs. — *Anstalten für Wissenschaften und Künste*: Akademie der Wissenschaften (mit reichen Sammlungen und Reichsarchiv), Staatsbibliothek (florent. Stil, 1834 erbaut, 800,000 Bde. u. 25,000 Handschriften in 77 Sälen); Ludwig-Max-Universität (1826 von Landshut hierher verlegt, mit Sternwarte und Bibliothek von 300,000 Bdn.), ethnograph. Museum, Akademie der bildenden Künste, Glyptothek (1816 — 30 im griech. Stile von Klenze erb., Museum kostbarer antiker Skulpturen: Apollo von Tenea, Aegineten, Statuen der Ceres und Diana, schlafender Satyr, Hochzeit des Neptun etc.), die alte Pinakothek (von Klenze 1836 erb., 1300 Gemälde älterer Meister) und neue Pinakothek (erb. 1840—43, Gemälde aus dem 19. Jahrh.), das Nationalmuseum (grossart. kulturgeschichtl. Sammlung), Musikkonservatorium, Baugewerkschule, Centralveterinärschule, zahlr. wissenschaftl. Vereine, das physikal. und polytechn. Kabinet, naturhistor. Sammlungen, Antiquarium, Münzkabinet, Kupferstichsammlung etc. — Treffl. Armen - und Krankenanstalten. Industrie hochentwickelt, namentlich die kunstgewerbliche: Glasmalerei und Erzgiesserei, Fabrikat. von optischen (Fraunhofers Institut, von Merz fortgeführt) und mathemat. Instrumenten, Thurmuhren; Holzschnitzerei, Silberarbeiten; photograph. und xylograph. Anstalten; Maschinenfabr. (Maffei), 15 gr. Bierbrauereien (1869: 1,4 Mill. Eimer), Katton-, Tapeten-, Gewehr-, Porzellaufabriken. Auf der Theresienwiese jährl. her. Centrallandwirthschaftsfest (Oktoberfest). — M., 1152 von Heinrich dem Löwen zu einer Münz- und Zollstätte erhoben, durch Karl Theodor (1772—99) erweitert und durch Ludwig I. und Maximilian II. bedeutend verschönert. Vgl. *Berlepsch* (1870).

Münchengrätz, Stadt im böhm. Kr. Bunzlau, an der Iser, 3440 Ew. 28. Juni 1866 *Treffen zwischen Preussen u. Oesterreichern.*

Münchhausladen, die abenteuerl. Erlebnisse des hannover. Freih. und russ. Rittmeisters *Hieron. Karl Friedr. von Münchhausen* (geb. 1720, † 1797 auf Bodenwerder in Hannover), grotesk-kom. Aufschneidereien, sollen *R. E. Raspe* († 1794 in London) zum Verfasser haben. Uebers. von *Bürger* (10. Aug. von

Händel, s. *Vormundschaft*. [*Ellissen* 1870).

Münden, Stadt im preuss. Regbz. Hildesheim, am Zusammenflusse der Werra (Eisenbahnbrücke) und Fulda, 4687 Ew.; Forstakademie, Speditionshandel, Schiffbau. Unfern Braunkohlen- und Alaunbergwerk.

Münster (v. lat. *monasterium*, d. i. Kloster), Stift, dann Stiftskirche; auch s. v. a. Dom.

Münster, 1) Regbz. in der preuss. Prov.

Westphalen, 131,6 QM. und 439,213 Ew. Die *Hauptstadt* M., 25,453 Ew.; mittelalterl. gebaut; Dom (1225—91 erb.), goth. Lambertskirche (am Thurm die aus der Zeit der Wiedertäufer [1536] bekannten 3 Eisenkäfige), Rathhaus (24. Okt. 1648 westphäl. Friedensschluss), Schloss, goth. Krankenhaus Bischofssitz; Akademie (philos. und theolog. Fakultät, bis 1818 vollständige Universität), mehrere Klöster. Glasmalerei, Leinwandund Baumwollfabr.; Handel mit Bildwerken aus baumberger Sandstein, Schinken und Pumpernickel. — Das ehemal. *Hochstift* M., 180 QM. mit 350,000 Ew., von Karl d. Gr. gestiftet, 1803 säkularisirt. — 2) Stadt im oberen Elsass, an der Fecht, 4761 Ew. Kattunfabr., Zweigbahn nach Colmar.

Münsterberg, Kreisstadt im preuss. Regbz. Breslau, an der Ohlau, 6640 Ew.

Münsterthal, Thal im schweizer Jura, von der Birs durchflossen (von *Tavannes* bis Delsperg), mit dem Flecken *Münster* (*Moutier*); groteske Felspartien.

Münze, s. *Mentha*.

Münzen werden hauptsächlich aus Gold, Silber und Kupfer und deren Legirungen dargestellt; das Gewicht der M. heisst ihr *Schrot* (Rauhgewicht), das Gewicht des darin enthaltenen edlen oder feinen Metalls ihr *Korn* (Feingewicht). Der *Metallwerth* der M. entspricht dem Werth ihres Feingewichts, *Nennwerth* heisst derjenige, zu welchem die Münzstätte ihre M. ausgibt, und der *Cirkulationswerth* ist entweder durch bes. Tarifirung (*Valvationen*) oder durch den jeweiligen Handelswerth bestimmt. Die Differenz zwischen dem Metallwerth und dem landesüblichen Münzfuss (Schlag- oder Prägeschatz) deckt die Prägungskosten (bei Goldmünzen 1/4 — 1/2, Silbermünzen 1 1/4—3, Scheidemünzen bis über 70%). Die vordere Seite der M. heisst *Avers*, die hintere *Revers*. Der einzelne Buchstabe unten auf der Bildseite bezeichnet die Münzstätte. *Kursmünzen* sind nach dem Hauptmünzfuss des Landes geprägt, *Scheidemünzen* nach einem etwas geringeren Fuss. — Münzverfahren: Das zu M. bestimmte Metall wird in Barren oder Platten gegossen, diese werden auf dem Streckwerk in Bleche ausgewalzt, in Streifen zerschnitten und zu runden Platten ausgeschlagen. Diese werden gewogen und mit einer Schabemaschine (Justirmaschine) berichtigt, dann geglüht (um sie weich zu machen), mit Cremor tartari und Kochsalz oder mit Schwefelsäure gebeizt (von der Oxydhaut befreit), mit Kohlenpulver und Sägespänen in einem Fass geschönert, abermals gewogen und dann geprägt, indem man sie in einer Presse zwischen den Prägstempeln und im Prägring einem momentanen, aber kräftigen Druck aussetzt. Uhlhorns Prägmaschine prägt in der Minute 30—36 grobe, 40—50 mittlere, 60—75 kleinere M. Da vollkommene Gleichheit im Gehalt der M. nur annähernd erreicht werden kann, so ist in der Regel eine sehr kleine Abweichung der M. von ihrem gesetzl. Gehalt u. Gewicht gestattet; der dafür offengelassene Spielraum heisst *Remedium* oder *Toleranz*.

Vergleichende Tabelle der wichtigsten Münzen.

Land	Münzsorte	In 30-Thlr.-Fuss Thlr	Sgr.	Pf.	In 52½-Fl.-Fuss Fl.	Kr.	In 45-Fl.-Fuss Fl.	Nkr.
Nordamerika . . .	*Dollar* à 100 Cents	1	11	3	2	24¼	2	6
Griechenland . . .	*Drachme* à 100 Lepta	—	7	3	—	25⅓	—	36
Neapolit. Provinzen	*Ducato* à 10 Carlini à 10 Grani	1	4	5	2	1½	1	72
Frankreich, Belgien, Schweiz	*Franc* à 100 Centimes	—	8	—	—	28	—	40
Süddeutschland . .	*Gulden* à 60 Kreuzer à 4 Pfennige	—	17	2	1	—	—	86
Oesterreich-Ungarn	*Gulden* à 100 Neukreuzer. . .	—	20	—	1	10	1	—
Niederlande . . .	*Gulden* à 100 Cents	—	17	—	—	59½	—	85
Oberitalien	*Lira* à 100 Centesimi	—	8	—	—	28	—	40
Hamburg, Schlesw.-Holstein, Lübeck	*Mark* (Courant) à 16 Schillinge à 12 Pfennige	—	12	—	—	42	—	60
Deutsches Reich . .	*Mark* à 10 Groschen à 10 Pfennige	—	10	—	—	35	—	50
Portugal	*Milreis* à 1000 Reis	1	14	6	2	35¾	2	22½
Brasilien	*Milreis* à 1000 Reis	—	22	7	1	19	1	63
Sicilien	*Oncia* à 30 Tari à 20 Grani. . .	3	13	—	6	—	5	15
Grossbritannien . .	*Pfund Sterling* à 20 Schillinge à 12 Pence	6	20	10	11	43	10	4
Spanien	*Piaster* à 20 Reales	1	12	7	2	29	2	15
Mexiko, Chile, Peru	*Piaster* à 8 Reales à 4 Cuartos	1	13	6	2	32	2	18
Türkei	*Piaster* à 40 Para.	—	2	—	—	7	—	10
Dänemark	*Reichsthaler* à 6 Mark à 16 Schill.	—	22	8	1	19	1	13
Schweden	*Rixdaler* (Reichsmünze) à 100 Oere	—	11	6	—	40	—	57½
Russland	*Rubel* (Silber) à 100 Kopeken . .	1	2	4	1	53	1	62
Römische Provinzen	*Scudo* à 10 Paoli à 10 Bajocchi	1	13	4	2	32	2	17
Norwegen	*Species* à 5 Mark à 24 Schillinge .	1	15	5	2	39	2	27
Norddeutschland .	*Thaler* à 30 Silbergroschen à 12 Pfennige	1	—	—	1	45	1	50
Sachsen	*Thaler* à 30 Neugroschen à 10 Pf.	1	—	—	1	45	1	50
Mecklenburg . . .	*Thaler* à 48 Schillinge à 12 Pfennige	1	—	—	1	45	1	50
Bremen	*Thaler* (Gold) à 72 Grote à 5 Schwaren	1	2	8	1	54	1	63

Münzer, *Thomas*, Schwärmer zur Zeit der Reformation, geb. 1489 zu Stolberg, seit 1523 Prediger in Allstedt, forderte eine radikale Reformation der kirchl. und polit. Zustände, gewann in Mühlhausen das niedere Volk, verkündigte allgem. Gütergemeinschaft, sammelte einen Haufen Bauern und Bergleute und zog, während er einen anderen Schwärmer Namens Pfeifer zum Statthalter in Mühlhausen einsetzte, nach Frankenhausen, ward hier 15. Mai 1525 von den Truppen der benachbarten Fürsten geschlagen, gefangen und nebst 24 anderen Rädelsführern enthauptet. Vgl. *Seidemann* (1842).

Münzfälschung (*Falschmünzerei*), die widerrechtliche Nachahmung gesetzlich geprägter Geldmünzen, um sie als ächte in Umlauf zu setzen, wird mit Zuchthaus- oder sonstiger schwerer Freiheitsstrafe bedroht.

Münzfuss, gesetzliche Bestimmung über den durch Gewicht und Feingehalt bedingten Werth der Münzen. Der *Konventions-* oder *20-Guldenfuss* von 1748 bestimmte für Oesterreich die feine Mark (s. d.) zu 20 Gulden; in Süddeutschland galt der *24-Guldenfuss* von 1766, welcher 1838 in den Zollvereinsstaaten in den *24½-Guldenfuss* (die feine Mark zu 14 Thaler oder 24½ Gulden) umgewandelt wurde. Durch den wiener Münzvertrag vom 24. Jan. 1857 ward für Norddeutschland der *30-Thalerfuss* (30 Thlr. = 1 Pfd. fein Silber), für Oesterreich der *45-Guldenfuss* (45 Gulden = 1 Pfd. fein Silber), für Süddeutschland der *52½-Guldenfuss* (52½ Gulden = 1 Pfd. fein Silber) festgesetzt. Je nachdem die Hauptmasse des in einem Lande umlaufenden Geldes in Gold- oder in Silbermünzen besteht, unterscheidet man *Gold-* und *Silberwährung*. Frankreich, Italien und Belgien haben dem Namen nach Silberwährung, in der That aber Goldwährung; England, Portugal und Nordamerika Goldwährung; die deutschen Staaten (bis 1872), Oesterreich, Schweden, Russland, Dänemark, Spanien, die Niederlande Silberwährung.

Münzkunde, s. *Numismatik*.

Münzregal, das ausschliessliche Recht des Staats, Geld zu prägen.

Müritzsee, grösster Landsee Norddeutschlands, in Mecklenburg-Schwerin, 2,4 QM., durch die Elde mit der Elbe in schiffbarer Verbindung.

Muffe, Verbindungsstücke für Röhren, Axen etc.

Muffel, halbcylindrisches Gefäss aus Thon oder Eisen, mit flachem Boden und hinten geschlossen, dient zum Erhitzen von Substanzen unter Luftzutritt in Muffelöfen, bes. beim Probiren der Erze, beim Einbrennen von Porzellanmalereien etc.

Mufti (arab.), Entscheider oder Ausleger des Gesetzes, d. i. des Korans. Der *Grossmufti* (türk. auch Scheikh-ul-Islam) hat die oberste Leitung des Kultus und der Gesetze, folgt im Rang nach dem Grossvesier.

Muggendorf, Marktfl. im bayer. Regbz. Oberfranken, in der fränk. Schweiz, an der Wiesent, 425 Ew. Kaltwasser- und Molkenkuranstalt. In der Umgegend 24 Tropfsteinuhöhlen (Rosenmüllershöhle, Oswaldshöhle, Witzenhöhle, Zoolithen-, Sophienhöhle etc.).

Muhammed, s. v. a. Mohammed.

Mulahacen, s. *Cumbre de Mulahacen*.

Mulatas (*Bastimentos*), Inselgruppe im karaib. Meere, nahe dem Isthmus, zu Neu-Mulatten, s. *Farbige*. [grenada gehörend.

Mulcta (lat.), Strafe, bes. Geldstrafe; *mulctiren*, mit Geldstrafe belegen.

Mulde, rechter Nebenfluss der Elbe, entsteht unterhalb Kolditz in Sachsen aus der Vereinigung der *zwickauer* (17 M.) und *freiberger* M. (12½ M.), mündet bei Dessau, 34 M. L.; vielfach Industriezwecken dienend.

Mulder, *Gerardus Johannes*, ber. Chemiker, geb. 27. Dec. 1802 in Utrecht, seit 1840 Prof. der Chemie das. Sehr verdient um die organische Chemie. Schr.: ‚Versuch einer allgemeinen physiolog. Chemie‘ (1844—1851); ‚Chemie des Weins‘ (1856); ‚Chemie des Bieres‘ (1858); ‚Chemie der Ackerkrume‘ (1861—62, 2 Bde.); ‚Ernährung in ihrem Zusammenhang mit dem Volksgeist‘ (1847) u. A.

Mulemaschine, s. *Spinnmaschine*.

Mulgravearchipel (spr. Mölgrehw-), Gesammtname für die Marshalls- und die Gilbertsinseln im Grossen Ocean.

Muliebria (lat.), die weiblichen Geschlechtstheile; auch s. v. a. *Menstruation*.

Mull, eine der südl. Hebriden, 16 QM. und **Muil**, feiner klarer Musselin. [684 Ew.

Mulm, trockne lockere Erde; ausgewittertes staubformiges Erz; Fäulniss im Holz, zu humusartigem Pulver zerfallenes Holz.

Mulsum (lat.), mit Honig gemischter Wein.

Multan, brit.-ostind. Stadt, im Pendschab, am Tschnab, 80,900 Ew.; Citadelle, besuchter Handelsplatz, 1849 von den Briten erobert.

Multangulär (lat.), vieleckig.

Multiform (lat.), vielgestaltig.

Multigenérisch (lat.), vielartig.

Multiplex (lat.), vielfältig.

Multiplikation (lat.), Vervielfältigung. *Multiplicität*, Vielfältigkeit. *Multiplicandus*, die zu vervielfältigende Zahl; *Multiplikator*, die vervielfältigende Zahl (s. auch *Galvanometer*); *Multiplum*, ein Vielfaches.

Mumien, durch Einbalsamirung vor Verwesung geschützte und erhaltene organische Körper, namentl. menschl. Leichname, bes. in Aegypten in den Nekropolen von Memphis, Abydus, Theben etc. aufgefunden. *Mumification*, Umwandlung in eine Mumie.

Mumme, starkes, syrupartiges, gewürzhaftes braunschweiger Bier; zuerst von Christ. Mumme 1492 gebraut (*Stadt- u. Schiffsmumme*).

Mummelsee, See im Schwarzwalde, 3186′ h. auf dem Seekopf; ohne Fische. Abfluss die Acher. [siehe Maskenaufzüge.

Mummenschanz (*Mummerei*), mittelalter-

Mummius, *Lucius*, röm. Konsul, unterdrückte 146 v. Chr. den Aufstand der Achäer und eroberte und zerstörte Korinth.

Mumps, s. *Parotitis*.

Mund (*Os*), von den Lippen gebildete Oeffnung der *Mundhöhle*, des Anfangstheils des Verdauungsrohrs. Knöcherne Grundlage der Mundhöhle sind die Kiefern mit den Zähnen; ihre Auskleidung wird von der zahlreiche Schleimdrüsen, Nerven und Ge-

fässe enthaltenden Mundschleimhaut gebildet. In die Mundhöhle münden die Speicheldrüsen. Ueber die Erkrankung der Mundhöhle s. *Mundfäule, Schwämmchen, Skorbut* etc.

Mundän (lat.), weltlich; *Mundanism.*, *Mundation* (lat.), Reinigung. [Weltsinn.

Mundfäule, Entzündung der Mundschleimhaut mit Geschwürsbildung, veranlasst durch Fäulniss der losgestossenen Theile üblen Geruch. Behandlung durch Mundwässer mit übermangansaurem Kali.

Mundificantia (lat.), reinigende Heilmittel.

Mundiren (lat.), reinigen, insbes. ins Reine schreiben; daher *Mundum*, Reinschrift.

Mundium (mittellat.), im Mittelalter der Vormundschaft ähnliches Schutzverhältniss, Grundlage des Familien- und Eherechts.

Mundklemme (*Mundsperre*, *Trismus*), krampfartiges Zusammenbeissen der Kiefern, Theilerscheinung des Starrkrampfes, bisweilen noch schweren Körperverletzungen. Meist schwere Erkrankung. Behandlung durch Narcotica, bes. auch Aconit.

Mundt, *Theodor*, Schriftsteller, geb. 19. Sept. 1808 zu Potsdam, Universitätsbibliothekar in Berlin, † das. 30. Nov. 1861. Ward seit 1831 dem ‚Jungen Deutschland‘ (s. d.) zugezählt. Schr. theils ästhet. u. literarhistor. Werke: ‚Kunst der deutschen Prosa‘ (2. Aufl. 1843), ‚Gesch. der Literatur der Gegenwart‘ (2. Aufl. 1853), ‚Gesch. der Gesellschaft‘ (2. Aufl. 1856), ‚Die Götterwelt der alten Völker‘ (2. Aufl. 1854) etc.; theils Romane: ‚Thomas Münzer‘ (3. Aufl. 1860), ‚Graf Mirabeau‘ (2. Aufl. 1860), ‚Robespierre‘ (1859), ‚Czar Paul‘ (1861) etc.; auch Schilderungen und Charakteristiken, ‚Italien. Zustände‘ (1859—60, 4 Bde.) etc. — Seine Gattin *Clara*, geb. 2. Jan. 1814, unter dem Namen *Luise Mühlbach* bekannte fruchtbare Romanschreiberin.

Mundus (lat.), die Welt.

Mungo, s. *Rhody*.

Municipal (lat.), städtisch. *Municipium*, die polit. Gemeinde, sowie die sie vertretende und ihre Angelegenheiten verwaltende engere Körperschaft, der Municipalrath.

Municipien (lat.), röm. Bürgergemeinden.

Munificénz (lat.), Freigebigkeit.

Muniment (lat.), Befestigungs-, Schutzmittel; im Rechtsstreit Umstand, welcher der einen Partei günstig ist. [bedarf.

Munition (lat.), Kriegs-, namentl. Schiessbedarf.

Munjeet (*Mongister*, ind. *Krapp*), Wurzel von Rubia munjista, enthält Munjistin, wird wie Krapp benutzt, liefert lebhaftere, aber weniger haltbare Farben als dieser.

Munkács (spr. -ahtsch), Hauptort des ungar. Komitats Beregh, an der Latorcza, 3800 Ew., Eisenbergwerke. Dabei die historr. merkwürd. *Festung* M. (Staatsgefängniss).

Munster (spr. Mönst'r, irisch *Mown*), südwestl. Prov. Irlands, 445,8 QM. mit 1,542,700 Ew.; 6 Grafsch.: Clare, Cork, Kerry, Limerick, Tipperary, Waterford. [Schiffsbeschläge.

Muntzmetall, schmiedbares Messing für

Munychia (a. G.), Hafen der alten Athen.

Munzinger, *Werner*, Afrikareisender, geb. 1832 zu Olten (Schweiz), ging 1854 als Chef einer Handelsexpedition nach dem rothen Meere, bereiste seit 1855 bes. die nördl. und nordwestl. Grenzländer Abessiniens und machte 1870 einen Ausflug nach Arabien (Hadramaut). Schr. „Die Sitten und das Recht der Bogos' (1859), „Ostafrikan. Studien' (1864), „Die deutsche Expedition in Ostafrika' (1864) u. A.

Muotta, Flues im Kant. Schwyz, durchfliesst das 5 St. l. pittoreske *Muottathal*, mündet in den Vierwaldstättersee; 8 M. l.

Mur, linker Nebenfluss der Drave, entspr. in den radstädter Tauern, fliesst durch Steiermark (über Gratz), mündet bei Legrad; 60 M. lang. Zufluss die Mürz.

Muräne, s. *Aal*.

Muralle (spr. Müralj), Mauer; *Angriff en m*. (spr. ang-), Angriff (bes. der Kavallerie) in innerer, geschlossener Linie.

Murano, Marktflecken auf einer Insel in den Lagunen von Venedig, 3611 Ew.; ber. Dom, grosse Glas- und Glasperlenfabr.

Murat (spr. Mürá), *Joachim*, König von Neapel, geb. 25. März 1771 in Bastide bei Cahors, trat 1791 in die Armee, ward 1796 Bonapartes Adjutant und Brigadegeneral, begleitete denselben nach Aegypten, sprengte 14. Brumaire den Rath der Fünfhundert, erhielt den Oberbefehl über die Konsulargarde und 1800 Bonapartes Schwester Karoline zur Gattin. 1804 zum Gouverneur von Paris, Marschall und Grossadmiral ernannt, befehligte er bei Austerlitz, sowie 1806 im Kriege gegen Preussen und 1808 in Spanien die Kavallerie. Seit 1806 Grossherzog von Berg, bestieg er 1. Aug. als *Joachim I. Napoleon* den Thron von Neapel. 1812 wieder Oberbefehlshaber der gesammten Kavallerie, zeichnete er sich in der Schlacht an der Moskwa aus und erhielt auf dem Rückzug den Oberbefehl über die Heerestrümmer, übergab denselben aber dem Prinzen Eugen und kehrte nach Neapel zurück. 1813 wieder bei der Armee, eilte er nach der Schlacht bei Leipzig nach Neapel, schloss 11. Jan. 1814 mit Oesterreich einen Vertrag, in welchem er gegen Anerkennung seiner Stellung den Verbündeten ein Hülfscorps zu stellen versprach. Nach dem Sturze Napoleons von zweideutiger Haltung und mit dem Exkaiser in geheimer Verbindung, begann er nach dessen Rückkehr, den Friedensantrag des wiener Kongresses vom 31. März 1815 zurückweisend, Feindseligkeiten gegen Oesterreich, ward 2. Mai bei Tolentino geschlagen und floh nach Frankreich, nach der Schlacht bei Waterloo nach Korsika, schiffte sich hier mit 250 Anhängern zur Wiedereroberung seines Königreichs ein, landete 8. Okt. bei Pizzo, ward gefangen, kriegsrechtlich als Usurpator verurtheilt und 13. Okt. 1815 erschossen. Ueber seine Wittwe *Marie Annunciata Karolina*, s. *Bonaparte 8*).

Murawjew, 1) *Nikolai*, russ. General, geb. 1794, machte die Feldzüge 1812—15 mit, stieg im peru. Kriege zum Generalmajor, focht mit Auszeichnung bei Kars und Achalzik, ward 1831 im poln. Kriege Generallieutenant, 1848 Mitglied des Militärkonseils, 1853 General der Infanterie, 1854 Statthalter in Kaukasien, führte 1856 die dortigen Truppen gegen die Türken und eroberte 28. Nov.

Kars. 1856 in den Reichsrath berufen; † 4. Nov. 1866. — 2) *Michail*, Graf, geb. 1796, Bruder des Vor., ward als tüchtiger Mathematiker 1842 Oberdirektor des Feldmessercorps, Generallieutenant und Jan. 1850 Mitglied des Reichsraths, April 1857 Minister der Reichsdomänen, that viel für Hebung der Landwirthschaft, erhielt Dec. 1861 seine Entlassung, ward Mai 1863 als Generalgouverneur nach Lithauen gesandt, unterdrückte hier die Insurrektion mit grausamer Strenge, ward April 1865 abberufen und in den Grafenstand erhoben; † 10. Sept. 1866.

Murchison (spr. Mörtschis'n), *Sir Roderick Impey*, ber. Geognost, geb. 19. Febr. 1792 in Taradale in Schottland, seit 1851 Präsident der londoner geogr. Gesellschaft; † 23. Okt. 1871. Schr.: „The silurian system' (1839, 2 Bde.); „Siluria' (4. Aufl. 1867, 8 Bde.); „Geology of Russia' (1846, 2 Bde.); „Geological Atlas of Europe' (1856).

Murcia, ehemals maur. Königr. in Spanien, am Mittelmeer, 690,1 QM. und 681,726 Ew., umfasste die jetzige *Prov.* M., 310,4 QM. und 407,500 Ew. und die Prov. Albacete. Die *Hauptst.* M., an der Segura, 87,803 Ew. Kathedrale; wichtige Seidenwaberein.

Murexid, Zersetzungsprodukt der Harnsäure, wird durch Erwärmen von Alloxan mit kohlensaurem Ammoniak dargestellt, rothe, grünschimmernde Krystalle, löslich in heissem Wasser, unlöslich in Alkohol und Aether, wurde eine Zeitlang in der Färberei benutzt, ist aber wenig beständig, durch die Theerfarben verdrängt.

Murfreesborough (spr. Mörfrihsbörro), Stadt in Tennessee (Nordamerika), 3600 Ew.; 1.–3. Jan. 1863 *Sieg* der Unionisten (Rosecrans) über die Südbundtruppen (Bragg).

Murg, Nebenfluss des Rheins, entspr. am Kniebis im Schwarzwalde, mündet unterhalb Rastadt; 11 M. lang. Das *Murgthal* (7 M. l.), eine der romantischsten Partien des Schwarzw.

Muriätisch, salzsäurehaltig. [waldes.

Murillo (spr. -ljo), *Bartolomé Esteban*, ber. span. Maler, geb. 1. Jan. 1618 zu Sevilla, † das. 3. April 1682. Der Hauptmeister der Malerschule von Sevilla, ausgezeichnet durch Anmuth und Innigkeit wie durch Kraft, Erhabenheit und leidenschaftl. Gluth. Seine zahlr. Werke theils histor. (religiöse) Gemälde, theils humor. Genrebilder und Porträts.

Murky, veraltetes heiteres Tonstück für Klavier mit Trommelbass.

Murmelthier (Arctomys *Schrb*.), Gattung der Nagethiere. *Alpenmurmelthier, Marmotte* (A. marmota *L.*), F l., auf den Alpen, Pyrenäen, Karpathen, mit schmackhaftem Fleisch, schlechtem Pelzwerk; das Fett dient als Hausmittel; wird gezähmt.

Murner, Name des Katers in der Thierfabel.

Murray (spr. Mörreh), 1) (*Moray*) schott. Grafsch., s. *Elgin*; — 2) (*Gulba*) grösster Fluss Australiens, entspr. am Koscinskoberge, in den austral. Alpen, durchströmt Victoria und Südaustralien, mündet bei Wellington in den Victoriasee (von wo ein unfahrbarer Kanal ins Meer führt); 320 M. l. (175 M. schiffbar). Sein Thal im Oberlauf romantisch, im Unterlauf fruchtbar, aber verheerenden Ueberschwemmungen ausgesetzt. Nebenfl.: Morumbidschi und Darling.

Murray (spr. Mörrah), *James Stuart, Graf von*, natürl. Sohn Jakobs V. von Schottland, geb. 1531, ward von seiner Halbschwester Maria Stuart legitimirt und zum Grafen erhoben, klagte diese und Bothwell des an Darnley verübten Mordes an, nahm sie 15. Juni 1567 bei Carberry gefangen, zwang sie zur Abdankung und zur Flucht, liess sich von den protestant. Baronen die Regentschaft für den jungen Jakob VI. zusprechen; ward 23. Jan. 1569 zu Linlithgow von James Hamilton ermordet.

Murschidabâd, brit.-ostind. Stadt, in Bengalen, am Kossimbazar; 147,000 Ew.; 1704—1771 Hauptst. Bengalens, Sitz des pensionirten Nabobs von Bengalen.

Mursuk (*Mursuk*), Hauptort der Oase Fezzan (Tripolitanien), Sammelpunkt der Karawanen.

Marten (fr. *Morat*), Stadt im Kanton Freiburg, am *See von M.* (2 St. l., ²⁄₄ St. br.), 2266 Ew. 22. Juni 1476 *Sieg* der Eidgenossen über Karl den Kühnen von Burgund (Obelisk).

Murviedro, Stadt in der span. Prov. Valencia, am Palancia, 7000 Ew.; an der Stelle des alten Sagunt.

Musa *L.* (*Pisang, Banane, Paradiesfeige*), Pflanzengattung der Musaceen. M. sapientium *L.*, *Bananenpisang*, und M. paradisiaca *L.*, *gemeine Banane*, wohl die ältesten Kulturpflanzen, aus Indien, überall in den Tropen in vielen Varietäten kultivirt, geben auf gleichem Raum 133mal mehr Nahrungsstoff als Weizen. Die Früchte sind gurkenähnlich, schmecken säuerlich, selbst herb. Die Blattscheiden liefern den Manilahanf. Diese und andere Arten, bes. M. Ensete *Gmel.*, aus Abessinien, Warmhauspflanzen.

Musäus, 1) griech. Dichter der mythischen Zeit. — 2) Griech. Grammatiker, Anfangs 6. Jahrh. n. Chr., Verfasser des erotischen Epos „Hero und Leander" (herausgeg. und übers. von *Passow* 1810, von *Torney* 1859).

Musäus, *Joh. Karl August*, Schriftsteller, geb. 1735 in Jena, seit 1770 Prof. am Gymnasium zu Weimar; † 28. Okt. 1787. Hauptwerk: „Volksmärchen der Deutschen" (1782—1786, n. A. 1868); schr. noch: „Der deutsche Grandison" (1776; Verspottung der empfindsamen Romane), „Physiognomische Reisen" (1778; Verspottung Lavaters) u. A. Biogr. von *Müller* (1867).

Musagétes (gr.), Musenführer, Beiname des Apollo, Ehrenname für hohe Gönner der Wissenschaft und Kunst.

Muschelgold (*Malergold, ächte Goldbronze*), fein vertheiltes Gold, in Lösungen gefällt, oder aus Blattgold bereitet, mit Gummi angerieben und in Muscheln eingetrocknet, dient zum Malen, Vergolden.

Muschelkalk, mittleres Glied der Triasformation, mächtige, an Versteinerungen reiche Kalkablagerung, graues oder gelbliches, dichtes, oft dolomitisches Gestein, vom bunten Saudstein durch bunte Mergel getrennt, auf welche zunächst der Wellenkalk, dann die salzreiche Anhydritgruppe und zuletzt der obere M. folgt. In Thüringen, Schwaben, Hannover, bei Berlin, in

Schlesien, Polen (mit Bleiglanz, Galmei, Eisenerzen), in den Vogesen und in den Alpen. Liefert Bausteine, grauen Marmorkalk zum Brennen, oft fruchtbaren Ackerboden, aber auch nackte und öde Flächen.

Muschelseide (*Muschelbart*), s. Byssus.

Muschelsilber (*ächtes Silberbronze*), aus Blattsilber dargestelltes, fein vertheiltes, mit Gummi angeriebenes, in Muscheln eingetrocknetes Silber, zum Malen, Versilbern.

Muschelthiere (*Muscheln, Konchylien, Acephala Cuv.*, Conchifera *Lam.*), Ordnung der Weichthiere, kopflose Thiere mit 2 meist kalkigen Schalen und einer schildförmigen Verdickung der Haut, deren Ränder die die Schalen bildende kalkige Substanz ausschwitzen (Wasserthiere, athmen durch blattförmige Kiemen (Blattkiemer) und besitzen als Bewegungsorgan einen beil- oder zungenförmigen Muskelfortsatz (Fuss); im Innern zeigen die Schalen 1 oder 2 Vertiefungen zur Anheftung der Schliessmuskeln; danach Eintheilung in 1) *Einmuskler* (Monomya), 2) *Verschiedenmuskler* (Heteromya), 3) *Zweimuskler* (Dimya). Bei den Röhrenmuscheln (Tubicola) steckt das Gehäuse meist in einer von demselben verschiedenen Kalkscheide.

Muschir (arab. und türk.), in der Türkei Titel der Staatsminister u. Feldmarschälle.

Muselmann, korrumpirt s. v. a. Moslem.

Musen (gr.), die Göttinnen der schönen Künste und Wissenschaften, nach Hesiod 9, Töchter des Zeus und der Mnemosyne: Erato, Euterpe, Kalliope, Klio, Melpomene, Polyhymnia, Terpsichore, Thalia, Urania.

Musenalmanach, Sammlung von Originalgedichten, kalenderartig alle Jahre erscheinend. Am wichtigsten der „Göttinger M." (1770 von *Boie* und *Gotter* gegr.), der „Hamburger M." (von *Voss*, seit 1776), der „schillersche M." (1796—1801), der „M." von *Wendt* (1830 gegr., 1834—39 von *Chamisso* und *Schwab* redigirt), von *Schad* (1851—59).

Musette (fr., spr. Müsett), Sackpfeife, Dudelsack; ländl. Tanz in ⅜-Takt.

Museum (gr.), eine wissenschaftlichen oder Kunstzwecken gewidmete öffentl. Anstalt; insbes. darauf bezügl. Sammlung (von Kunstwerken, Alterthümern, naturhistor. Gegenständen etc.); auch s. v. a. Studirzimmer; Titel von Zeitschriften.

Musik (gr.), bei den Griechen Gesammtname für alle Musenkünste; bei den christl. Völkern speciell die Tonkunst (s. d.).

Musivgold, goldglänzendes krystallinisches Schwefelzinn, dient zu unächten Vergoldungen auf Papier, Pappe, Golddruck etc.

Musivische Arbeit, s. v. a. Mosaik.

Musivsilber, gepulvertes Zinnamalgam zu unächten Versilberungen etc.

Muskardine, Krankheit der Seidenraupen, wobei sich dieselben mit weissem Schimmel bedecken und absterben, veranlasst durch einen Schimmelpilz (Botrytis Bassiana), wird durch nasse Witterung begünstigt.

Muskatellerweine (*Muskatweine*), mehrere Arten süsser, rother und weisser Weine aus Frankreich (Rivesaltes, Roussillon, Lunel, Frontignac), Neapel (Lacrymae Christi), von den griech. und kanar. Inseln, vom Kap,

Muskatnussbaum, s. *Myristica*.

Muskau, Standesherrschaft im preuss. Rgbz. Liegnitz, zwischen Neisse u. Spree, 9 QM. und 14,000 Ew. In 36 Ortschaften, früher dem Fürsten Pückler gehörig, jetzt Besitz des Prinzen Friedrich der Niederlande. Der *Hauptort* M., an der Neisse, 2909 Ew.; Schloss (Gemäldesammlung) mit ber. Park (vom Fürsten Pückler angelegt); erdig-salin. Eisenquelle (*Hermannsbad*).

Muskelatrophie, progressive, schwere Erkrankung der Muskeln und des Rückenmarkes, wobei erstere nach n. nach schwinden, bes. an der Schulter, den Oberarmen, den Oberschenkeln und den Daumen, unheilbar, doch durch Elektricität aufzuhalten.

Muskelelektricität, die den lebenden leistungsfähigen Muskel eigenen elektromotorischen Kräfte, zeigen sich wesentlich verschieden im ruhenden und thätigen (kontrahirten) Muskel, werden durch Temperaturerhöhung und Erniedrigung, gewisse chem. Stoffe und durch Ermüdung vermindert oder ganz aufgehoben.

Muskeln (*Musculi*, *Mäuschen*), die aktiven Bewegungsorgane des thierischen Körpers, sind meist zwischen zwei gegeneinander beweglichen Knochen befestigt, so dass durch ihre Verkürzung der eine Knochen nachgezogen wird (die Flexores bengen, die Extensores strecken ein Glied); erscheinen als faserige röthliche Masse (Fleisch) und bestehen aus feinen Röhren, die mit einer weichen, nach Quersteifen angeordneten Masse (*kontraktile Substanz*) gefüllt sind. Die Zusammenziehung der quergestreiften M. erfolgt durch die Erregung der an ihnen gehenden motorischen Nerven und ist mit Ausnahme des Herzmuskels vom Willen abhängig. Die glatten M., aus spindelförmigen, zu Zügen angeordneten Zellen bestehend, zeigen unwillkürliche Zusammenziehbarkeit, sie finden sich im Darm, in den Gefässen etc. Nach dem Absterben der M. gerinnt die kontraktile Substanz und der Muskel wird starr (Todtenstarre). Erst nachdem dieser Zustand vorüber ist, lässt sich das Fleisch weich kochen. Chemische Bestandtheile der M.: Eiweiss, Syntonin, leimgebende Substanz, Kreatin, Kreatinin, Inosit, Milchsäure, Blutsalze etc. (vgl. *Fleisch*).

Muskete (v. Ital.), im 16. Jahrh. das Feuergewehr der Infanterie, welches die Hakenbüchse verdrängte und zuerst mit dem Lunten-, später mit dem Radschloss versehen war. Ward beim Zielen auf die *Musketengabel* gestützt. *Musketiere*, die mit der M. bewaffneten Soldaten.

Musketon (*Musketoner*), kleines Geschütz, welches 20 Loth Eisen oder 28 Loth Blei auf 300 Schritt schoss; dann Art Karabiner mit trichterförmigem Lauf, welcher 10—12 Kugeln streuend schoss. (bes. Musikwuth.)

Musomanie (gr.), leidenschaftl. Kunstliebe.

Muspilli (d. i. Weltbrand), Bruchstück eines althochd. Gedichts vom 9. Jahrh., enthaltend eine Beschreibung des jüngsten Gerichts in christl. Sinne, aber mit heidnischen Anklängen, herausgeg. von *Schmeller* (1832).

Musselin, feines, durchscheinendes Baum-

wollengewebe, glatt, gestreift, durchbrochen etc., aus wenig gedrehtem Garn und deshalb mit zartem Flaum, muss in feuchten Kellern gewebt werden. Der ostindische von Decca soll noch immer den Vorzug verdienen.

Mussêron (*Moucheron*, *Rossling*, *Maischwamm*, Agaricus prunulus *Fries*, Trichotoma graveolens *Pers.*), essbarer Blätterpilz, in Deutschland, Frankreich und Italien.

Musset (spr. Müssê), *Alfred de*, franz. Dichter, geb. 11. Nov. 1810 in Paris, seit 1852 Mitglied der Akademie das.; † 2. März 1857. Hervorragendes Glied der romant. Schule, durch Kraft der Schilderung und Kühnheit der Sprache und des Versbaues ausgezeichnet. Hauptwerke: ‚Contes d'Espagne et d'Italie‘ (1830) und andere poet. Erzählungen; ‚Les Nuits‘ (Gedichtcyclus); ‚Un spectacle dans un fauteuil‘ (1833); ‚Les Comédies injouables‘ (1836); ‚Proverbes‘ (kleine Dramen 1856) und der Roman ‚Confessions d'un enfant du siècle‘ (1836); ‚Oeuvres complètes‘ (1865, 10 Bde.); ‚Poésies complètes‘ (1851). Ausgewählte Gedichte (deutsch 1871, anonym). Biogr. von *Ujfalvy* (1870).

Mustangs, halbwilde Pferde in den amerikanischen Prairien.

Mustapha, *Kara*, Grossvezier des Sultans Mohammed IV. seit 1676, gewaltthätig gegen die Christen, beförderte die Erhebung der Ungarn unter Tököly gegen Oesterreich, drang verheerend in die österr. Erblande ein, begann 14. Juli 1683 mit 200,000 Mann die Belagerung Wiens, ward 12. Sept. von dem Entsatzheere der Polen und Deutschen völlig geschlagen, nach weiteren Niederlagen in Ungarn 25. Dec. 1683 hingerichtet.

Muster, Zeichnung, welche gewebte, gewirkte etc. Waaren durch die Art des Gewebes erhalten. *Musterschutz*, gesetzlicher Schutz gegen die Nachbildung eines von einem Anderen erfundenen oder erworbenen M.s von Fabrikaten, in Frankreich und England schon seit längerer Zeit bestehend, in Deutschland angestrebt.

Musterrolle, Namenverzeichniss der Mannschaft eines Schiffes mit Angabe der Gage etc.

Mustie, s. *Fustie*.

Mutabel (lat.), veränderlich. *Mutabilität*, Veränderlichkeit; *Mutation*, Veränderung, bes. der Stimmenwechsel bei Eintritt der Pubertät; *mutiren*, verändern, wechseln.

Mutae (lat., d. i. stumm), Laute, bei deren Bildung die Mundhöhle geschlossen bleibt.

Muthen (altdeutsch), um etwas nachsuchen; *eine Grube m.*, um die landesherrliche Erlaubniss zum Bau einer aufgefundenen Lagerstätte nutzbarer Mineralien nachsuchen.

Mutilation (lat.), Verstümmelung.

Mutina (a. G.), röm. Kolonie im cispadan. Gallien (a. O.), das heutige Modena; im Bürgerkrieg 44 v. Chr. hier Brutus von Antonius belagert (*mutinensischer Krieg*).

Mutterei (fr., spr. müt-), Meuterei.

Nutschirung, im Mittelalter die abwechselnde Regierung zweier oder mehrerer nachgelassenen Söhne über ein Land, das man auf Grund bestehender Hausverträge nicht theilen durfte, aber auch nicht gemeinschaftlich regieren wollte.

Mutterkirche, s. *Filialkirche*.

Mutterkorn (Secale cornutum), durch einen Pilz (Claviceps purpurea *Tulasne*) in Grasähren, besonders im Roggen erzeugtes eckigwalzenförmiges, dunkelviolettes Gebilde, entsteht reichlich in feuchten Jahren, riecht und schmeckt ranzig, dumpf, enthält Ergotin, fettes Oel etc., officinell, scharf narkotisch, verursacht, in grösserer Menge dem Brodmehl beigemischt, Kriebelkrankheit (s. d.).

Mutterkrankheit, s. v. a. Hysterie (s. d.).

Mutterkraut, s. *Panorium*.

Mutterkuchen, flaches, rundes, vorwiegend aus Blutgefässen bestehendes Gebilde, verbindet mittelst des Nabelstranges das Kind mit der Gebärmutter, saugt die Nahrung für dasselbe aus dem mütterl. Blut auf, bildet mit den Eihäuten die Nachgeburt.

Mutterlauge, die Flüssigkeit, aus welcher Salz auskrystallisirt ist, enthält stets noch von demselben Salz und kann unter Umständen eine zweite Krystallisation geben. Die letzten M.n enthalten die Salzgemischen die löslichsten Salze, z. B. die M.n von Soolquellen Chlormagnesium, Jod- und Bromverbindungen etc., und werden deshalb medicinisch zu Bädern benutzt.

Muttermaal (Naevus), örtlich begrenzte, abweichend gefärbte Hautstellen; *Pigmentmaale* sind dunkel, oft mit Haaren besetzt, *Blutmaale* roth oder blau, ohne Haare, ebenso die Feuermaale des Gesichts.

Mutterspiegel, s. *Metroskop*.

Muttertrompeten, Eileiter, zwei häutige, röhrenförmige Organe zwischen den beiden Eierstöcken und der Gebärmutter, haben die Bestimmung, das reife Ei aus erstern in die letztere zu leiten. Gelangt das befruchtete Ei nicht in die M., so entsteht eine gefährliche *Bauchschwangerschaft*; bleibt es in den M. sitzen, so entsteht die durch Zerreissen der M. gewöhnlich tödlich ablaufende *Trompetenschwangerschaft*.

Mutterwuth, s. *Nymphomanie*.   [9550'.

Mutthorn, Berg der St. Gotthardgruppe,

Mutual (lat.), gegen-, wechselseitig.

Mutuum (lat.), Darlehn.

M. v., abbr. = *mezza voce*, s. d.

Myasthenie (gr.), Muskelschwäche.

Mycale (a. G.), Berg in Kleinasien, der Insel Samos gegenüber; 479 v. Chr. *Seesieg* der Griechen (Xantippus) über die Perser.

Mycenä (a. G.), uralte Stadt in Argolis, Residenz des Agamemnon.

Mydesis (gr.), Fäulniss durch Schleim; Eiterausschwitzung aus der inneren Augenfläche.   [weiterung.

Mydriasis (gr.), krankhafte Pupillener-

Myelalgie (gr.), Rückenmarksschmerz. *Myelitis*, Rückenmarksentzündung. *Myelomalacie*, Rückenmarkserweichung. *Myelophthisis*, Rückenmarksschwindsucht.

Myiopie (gr.), Mückensehen.

Mykologie (gr.), Lehre von den Pilzen.

Mykono, eine der Cykladen, 1,5 QM. und 7000 Ew., tüchtige Seeleute; die Stadt M., mit dem Hafen *Panormus*, 6000 Ew.

Mykosis (gr.), schwammiges Fleischgewächs.   [*phonie*, nasales Sprechen.

Mykteres (gr.), die Nasenlöcher; *Mykter-*

Mylady (engl., spr. Milledi), gnädige Frau, gnädiges Fräulein; *Mylord*, gnädiger Herr.

Mylä (a. G.), Stadt an der Nordwestküste Siciliens. Dabei 260 v. Chr. *Seesieg* der Römer über die Karthager; 36 v. Chr. *Seesieg* Agrippas über S. Pompejus.

Myologie (gr.), Muskellehre.

Myoma (gr.), Muskelgeschwulst, aus glatten Muskelfasern bestehende Geschwulst, meist als sog. *Uterusfibroid* auftretend.

Myopie (gr.), Kurzsichtigkeit.   [reizung.

Myorrhexis (gr.), Muskel-, Schmenzer-

Myosis (gr.), Pupillenverengerung.

Myosotis, s. *Vergissmeinnicht*.   [tausend.

Myriade (gr.), Gesammtheit von zehn-

Myriagramm, Gewicht, = 10 Kilogramm.

Myrioliter, Mass, = 10 Hektoliter.

Myriameter, franz. Mass, = 10,000 Meter.

Myriapoden, s. *Tausendfüsse*.   [meter.

Myriare, Flächenmass, = 1 Quadrathekto-

Myrica L. (*Gagel, Wachsmyrte*), Pflanzengattung der Myriceen. M. cerifera *L.*, *Kerzenbeerstrauch*, in Nordamerika, mit kräftiger Wurzel u. Früchten, die mit Wachs überzogen sind, welches zu Kerzen benutzt wird. M. Gale *L.*, *brabanter Myrte*, in Europa, Amerika, liefert die brabantischen Myrtenblätter (gegen Ungeziefer).

Myriomorphoskop (gr.), s. v. a. Kaleidoskop.

Myriorama (gr.), Art Kaleidoskop zur Zusammensetzung verschiedener Landschaftsbilder.   [salbe.

Myrisma (gr.), Salbe. *Myrisma*, Ein-

Myristica L. (*Muskatnussbaum*), Pflanzengattung der Myristiceen. M. moschata *Thunb.*, *ächter M.*, auf den östl. Inseln des ind. Archipels, auch mehrfach kultivirt, liefert die Muskatnüsse, aus welchen in Indien der bei 45° C. schmelzende Muskatbalsam und das ätherische Muskatnussöl gewonnen wird, und in dem Samenmantel die sogen. Muskatblüthe (Macis), aus welcher das ätherische Muskatblüthöl (Macisöl), gewonnen wird. Beide Oele werden in der Parfümerie benutzt und sind officinell.

Myrmecismus (gr.), s. *Ameisenkriechen*.

Myrmidonen, thessal. Volksstamm, nach der Sage aus Ameisen entstanden; kämpfte unter Achill vor Troja.

Myrobalane, gerbsäurereiche Früchte mehrerer Terminalia-Arten und von Emblica officinalis *Gärtn.*, aus Ostindien, früher als Arzneimittel, seit Kurzem in grosser Menge zur Gerberei und Färberei benutzt.

Myron, griech. Bildhauer und Erzgiesser, aus Eleutherä, arbeitete um 450 v. Chr. in Athen. Ber. seine Athleten (Diskuswerfer) und Thiergestalten (M.s Kuh).

Myroxylon L. (*Balsamholz*), Pflanzengattung der Leguminosen. M. Sonsonatense *Klotzsch*, Baum in Centralamerika, liefert den Perubalsam, ebensowohl auch M. pereiferum *Mutis*, in Südamerika; M. toluiferum *Hb.* et *B.* das. den Tolubalsam.

Myrrha, Gummiharz von Balsamodendron Ehrenbergianum *Berg.*, bräunlichgelb oder rothbraun, von balsamischem Geruch und etwas bitterem Geschmack, weder in Wasser, noch in Alkohol ganz löslich, officinell; alkohol. Ausszug, die *Myrrhentinktur*.

Myrtus *L. (Myrte)*, Pflanzengattung der Myrtaceen. M. communis *L., gemeine Myrte,* in Südeuropa, Asien, Afrika, Zierpflanze, früher officinell, war der Aphrodite geweiht.

Mysien, Landsch. an der Westküste Kleinasiens, mit dem Berg Ida, den Flüssen Granicus und Skamander und den Städten Lampsacus, Troas und Pergamum; seit 130 v. Chr. röm. Provinz.

Myslowitz, Marktflecken im preuss. Regbz. Oppeln, 1780 Ew. 27. Juni 1866 *Gefecht.*

Mysore *(Maisur)*, Staat im südl. Vorderindien, unter einem von der brit. Regierung abhängigen Radscha, 1457 QM. und 5¼ Mill. Ew.; 1799 von den Briten erobert. Die *Hauptst.* M., 55,000 Ew.

Mystagog (gr.), bei den alten Griechen Priester, welcher die in die Mysterien Einzuweihenden einführte; Geheimnisskrämer.

Mysterien (gr., d. i. Geheimnisse), bei den Griechen und später auch bei den Römern religiös-politische Geheimlehren und Geheimkulte, bestehend in Legenden von den Thaten und Schicksalen der Gottheiten, denen die M. geweiht waren, und in dramatischen Darstellungen der Göttergeschichten. Die berühmtesten waren die *eleusinischen, samothracischen, bacchisch-orphischen* M. und die der *Isis,* die von Aegypten aus in Rom Eingang fanden. Die M. geriethen, wie die Orakel, mit der weiteren Verbreitung des Christenthums in Verfall.

Mysterien, im Mittelalter geistl. Schauspiele aus der heiligen Geschichte, bes. aus der Passion, anfangs nur in Kirchen und von Geistlichen und Chorknaben, später, mit weltlichen und niedrig-komischen Elementen vermischt, auf Strassen und Plätzen von eigenen Gesellschaften aufgeführt, bis ins 11. Jahrh. und weiter zurückreichend, erst seit dem 15. Jahrh. schriftl. aufgezeichnet, noch jetzt in kathol. Ländern hier und da üblich (Passionsspiel in Oberammergau). Vgl. *Pichler* (1860), *Mone* (1856).

Mysteriös (gr.), geheimnissvoll.

Mysticismus, s. *Mystik.*

Mystificiren, die Leichtgläubigkeit und Beschränktheit eines Menschen benutzen, um ihn zum Besten zu haben.

Mystik, nach kirchlichem Sprachgebrauch das Anschauen Gottes vermöge innerer unmittelbarer Erleuchtung im Gegensatz zum überlieferten Glauben (Pistis) und zur spekulativen Vernunfterkenntniss (Gnosis); im modernen Sinne *(Mysticismus)* krankhafte Hinneigung zum Geheimnissvollen und damit verbundener Hang, sich in Beziehung auf die übersinnliche Welt einem regellosen Spiel der Phantasie zu überlassen. Die M. des Mittelalters, als Gegensatz zu der scholastischen Begriffszergliederung, bes.

vertreten durch *Hermann von Fritzlar, Eckhart, Tauler, Suso, Thomas a Kempis* etc.; als neuere Mystiker sind bes. *Jakob Böhme* und *Swedenborg* zu nennen. Vgl. *Helfferich* (1842, 2 Bde.), *Görres* (1836—42, 4 Bde.), *Noack* (1853, 2 Bde.), *Pfeiffer* (1845—57, 2 Bde.).

Mystisch, in geheimnissvolles Dunkel gehüllt; der Mystik ergeben.

Mytacismus (gr.), das zu häufige Vorkommen des Lautes m.

Mythe, s. *Mythus.* [als solche behandeln.

Mythificiren, etwas zur Mythe machen.

Mythographen (gr.), Schriftsteller des späteren klassischen Alterthums, welche die griech. und röm. Mythen in Prosa zusammenstellten, auch zu deuten suchten. Die griech. M. herausg. von *Westermann* (1843), die röm. von *Muncker* (1681, 2 Bde.).

Mythologie (gr.), s. *Mythus.*

Mythus (gr.), im Allgem. s. v. a. Erzählung, Ueberlieferung, im engeren Sinn Ueberlieferung aus vorhistor. Zeit, in der modernen wissenschaftl. Sprache das in konkreter Erzählungsform auftretende Dogma der griech.-röm. Religion; daher *Mythologie,* der Inbegriff aller Erzählungen der Alten von ihren Göttern und Halbgöttern. Aufgabe der wissenschaftlichen Mythologie ist Aufstellung eines Religionssystems der Griechen und Römer. Die Götter und Göttinnen der Griechen waren ursprünglich physische Gottheiten, erhielten aber dann meist eine ethische Bedeutung. Die Gottheiten der Römer sind entweder altitalische, eigenthümlich römische oder von den Griechen überkommene oder Personifikationen abstrakter Begriffe nach griech. Weise. Vgl. die Werke von *Creuzer* (,Symbolik etc.', 3. Aufl. 1836—43, 4 Bde.), *Voss* (,Antisymbolik', 1824—26, 2 Bde.), *O. Müller* (,Prolegomena', 1825), *Baur* (,Symbolik etc.', 1824 f., 3 Bde.), *Buttmann* (,Mythologus', 1828—29, 2 Bde.); neuere *Braun* (,Griech. Götterlehre', 1854), *Preller* (,Griech. Mythologie', 2. Aufl. 1861—62, 2 Bde., und ,Röm. Mythologie', 2. Aufl. 1865), *Gerhard* (,Griech. Myth.', 1854—55, 2 Bde.), *Welcker* (,Griech. Götterlehre', 1857—63, 3 Bde.), *Stoll* (,Die Götter und Heroen des klass. Alterth.', 3. Aufl. 1867, 2 Bde.) u. A.; *Kuhn* (1869), *Seemann* (1869) *Overbeck* (1871). Ueber die Mythologie der Inder, alten Deutschen und Skandinavier s. *Indische Religion* und *Nordische Mythologie.*

Mytilene (a. G.), Stadt auf der Insel Lesbos, Sitz der Künste und Wissenschaften.

Myxöma (gr.), Schleimgeschwulst, früher *Gallertsarkom,* an Speicheldrüsen, Hoden.

Mzensk, Stadt im russ. Gouvern. Orel, an der Susche, 13,319 Ew., Stapelplatz für landwirthschaftl. Produkte.

N.

N, als röm. Zahlzeichen = 900, N̄ = 900,000; N. im Handel s. v. a. Netto; auf franz. Münzen die Münzstätte Montpellier.

Nab (Naab), linker Nebenfl. der Donau in Bayern, entspr. im Fichtelgebirge am Ochsenkopf, mündet bei Mariaort oberhalb Regensburg; 23 M. l.

Nabatäer (a. G.), Volk im peträischen Arabien, seit 308 v. Chr. herrschender Stamm der Araber; ihr Reich unter Trajan 105 n. Chr. zerstört.

Nabel (Umbilicus), entsteht durch Vernarbung der durch die abgestossene Nabelschnur gebildeten Wunde. Der Nabelstrang (Nabelschnur) enthält die aus dem Mutterkuchen entspringende Nabelvene und führt durch diese dem Fötus das Ernährungsblut zu. Die Vene mündet theils in die untere Hohlvene, theils in der Pfortader des Fötus, das Blut geht dann nach dem Herzen und durch die Arterien; zwei Aeste ders. (Nabelarterien) führen es nach dem Mutterkuchen zurück (fötaler Kreislauf). Schliesst sich der N. nicht vollständig, so drängen sich leicht das Bauchfell und Darmschlingen durch (Nabelbruch).

Nabi (Nebi, hebr.), Prophet.

Nablus (Nabulus), Binnenstadt in Syrien, nördl. von Jerusalem, 15,000 Ew.; vermittelt s. Th. den Verkehr von Damascus nach dem Meer. Das alte Sichem.

Nabob (elg. Nuwwáb, d. i. Abgeordneter), im Reich der Grossmoguln s. v. a. Administrator einer Provinz, dann Titel der brit. Vasallen in Indien; überh. reicher Inder.

Nabonassar, König von Babylon 747—733 v. Chr. Aera des N., s. Aera.

Nachbilder, s. Augentäuschungen.

Nachdruck, die widerrechtliche Vervielfältigung literarischer oder artistischer Produkte ohne den Willen des Autors und zum Schaden des rechtmässigen Verlegers. Verbote des N.s 1686 und 1773 in Sachsen, 1710 in England, 1775 in Oesterreich, 1791 in Frankreich, 1794 in Preussen, 1806 in Baden, 1813 in Bayern; die nach dem preuss. Gesetze vom 11. Juni 1837 ergangenen Bundesbeschlüsse gegen den N. vom 9. Nov. 1837 und vom 19. Juni 1845 (Schutz des Autorrechts auf die Dauer des Lebens des Verfassers und bis auf 30 Jahre nach dessen Tode, 1856 auch auf die Werke der vor 1837 verstorbenen Verfasser ausgedehnt). Im Anschluss an diese Bestimmungen erschienen seitdem in den meisten deutschen Staaten Specialgesetze gegen den N., welche aber durch das 1. Jan. 1871 in Kraft getretene, die 30jährige Schutzfrist allgemein gewährende Reichsgesetz gegen den N. in Uebereinstimmung gebracht worden sind. Seit 1840 internationale Gegenseitigkeitsverträge zwischen Staaten, so zwischen England und Preussen 13. Mai 1846 mit Zusatzvertrag vom 14. Juni 1855, welchem zugleich Sachsen u. andere deutsche Staaten beitraten; zwischen Frankreich und Eng-

land 3. Nov. 1851 und zwischen Frankreich und Belgien 22. Aug. 1852; zwischen dem deutschen Zollverein und Frankreich 2. Aug. 1862 (ratificirt 9. Mai 1863); zwischen Preussen und Belgien 28. März 1863; zwischen Frankreich und Oesterreich 11. Dec. 1866; zwischen dem norddeutschen Bund und Italien 12. Mai 1869; zwischen jenem und der Schweiz 13. Mai 1869. Vgl. Wächter (1858), Klostermann (1867), Dambach (1871).

Nachfolge Christi, s. Thomas a Kempis.

Nachgeboren, nach dem Tode des Vaters geboren (posthumus); später geboren im Gegensatz zum Erstgebornen.

Nachgeburt, der Mutterkuchen mit Eihäuten und Nabelschnur, wird meist bald nach der Geburt des Kindes unter Wehen ausgestossen. Unvollständige Austreibung gibt Anlass zu gefährlichen Nachblutungen.

Nachimow, Paul Stepanowitsch, russ. Admiral, geb. 1803 im Gouvern. Smolensk, 1853 Oberbefehlshaber der russ. Seemacht im schwarzen Meere, vernichtete 30. Nov. ein türk. Geschwader bei Sinope, half bei der Vertheidigung von Sebastopol, ward April 1855 Admiral; fiel 10. Juli.

Nachitschewan, Stadt im südruss. Gouv. Jekaterinoslaw, am Don, 16,550 Ew. (Armenier). Seiden-, Baumwoll- und Saffianfabr.

Nachlassvertrag, Uebereinkommen, wobei der Gläubiger auf seine Forderung ganz oder theilweise verzichtet.

Nachod, Stadt im böhm. Kr. Königgrätz, an der Mettau, nahe der preuss. Grenze, 3317 Ew. Schloss, Bahnhof. 27. Juni 1866 hartnäckiger Kampf zwischen den Preussen (Steinmetz) und den Oesterreichern.

Nacht, im astronom. Sinne der Zeitraum vom Untergang bis zum Wiederaufgang der Sonne, während dessen die Sonne sich für den betreffenden Ort unter dem Horizont befindet, verschieden nach den Jahreszeiten und nach der Lage der Orte. Die kürzeste N. 21. Juni, die längste 21. Dec. Die Verschiedenheit in der Dauer der N. desto grösser, je näher ein Ort nach den Polen zu liegt. Unter den Polen selbst dauert die N. ein halbes Jahr, ihr folgt am Nordpol um die Zeit des Frühlingsäquinoktiums, am Südpol um die Zeit des Herbstäquinoktiums ein ebenso langer Tag; zwischen den Polarkreisen und den zugehörigen Polen geht die Sonne im Winter mehrere Tage, Wochen und Monate, je nach der näheren Lage der Orte dem Pole an, gar nicht auf und im Sommer gar nicht unter. — In der Mythologie ist N. (gr. Nyx, lat. Nox) Tochter des Chaos und Schwester des Erebus, mit welchem sie den Tag und den Aether zeugt. — Heilige N., in der alten Kirche die N. vor Weihnachten, Ostern und Pfingsten.

Nachtbogen eines Gestirns, der unter dem Horizont des Beobachters befindliche Theil des von ihm beschriebenen Parallelkreises.

Nachtfalter, s. Schmetterlinge.

Nachtfernrohr, s. Fernrohr.

Nachtgleiche, s. *Aequinoctium*.

Nachtigall (Motacilla Luscinia *L.*, Curruca Luscinia *Bechst.*), Vogelart aus der Gattung der Sänger, 6" l., in Europa, nördlich bis Dänemark, in wärmeren Lagen, bei uns April bis Aug., das Männchen singt bis Johannis. *Sprosser, Bastard*- oder polnische N. (L. Philomela *Bechst.*), 7" l., in Osteuropa. [Oenothera.

Nachtkerze, s. v. a. Verbascum und

Nachtmahlsbulle, s. *In coena Domini*.

Nachtrab (*Nachhut*), s. *Arriéregarde*.

Nachtschatten, s. v. a. Solanum.

Nachtschwalbe, s. *Schwalbe*.

Nachtsehen, s. *Nyktalopie*.

Nachtviole, s. v. a. Hesperis. [lismus.

Nachtwandeln (*Mondsucht*), s. *Somnambu-*

Nachwehen, schmerzhafte Zusammenziehung der Gebärmutter nach Austreibung der Nachgeburt; nageführt, wenn sich nicht Schmerzhaftigkeit des Leibes bei Druck zeigt.

Nacken (*Genick*, Cervix), hinterer Theil des Halses, beim Manne muskulöser, anhengsamer (Stiernacken), beim Weibe schlanker und welliger gebogen. In der Mitte oben die *Nackengrube*, eine durch 2 Muskeln gebildete Vertiefung.

Nackenstarre, krampfhafte Zusammenziehung der Nackenmuskeln, zeigt sich als starke Rückwärtsbiegung des Halses, Symptom der Meningitis (s. d.). [Colchicum.

Nackte Jungfrau, s. v. a. Herbstzeitlose.

Nadelgeld (*Spillgeld*), jährl. Geldsumme, welche der Mann der Frau zur Bestreitung ihrer kleinen Ausgaben aussetzt. [landes.

Nadelkap (*Aguihas*), Südspitze des Kap-Nadeln. Nähnadeln werden aus Gussstahl-, Cämentstahl- od. Eisendraht geschnitten, auf sehr schnell rotirenden Sandsteinen trocken gespitzt, unter einem Fallwerk mit der Furche versehen, dann auf einem Durchschnitt gelocht, gefeilt, polirt, gehärtet und geschliffen. Stecknadeln aus Messingdraht spitzt man auf einer scheibenförmigen Feile, verbindet sie unter einem Fallwerk mit dem aus feinerem Draht gewundenen und geschnittenen Kopf und verzinnt sie.

Nadeln der Cleopatra, zwei altägypt. Obelisken zu Alexandria von roseurotem Granit, 60' h., 7' 7" im Quadrat, der eine umgestürzt und halb verschüttet.

Nadir, s. *Zenith*.

Nadir, Schah von Persien, geb. 1688 in Khorasan, focht unter dem Schah Thamasp II. gegen die Afghanen und Türken, stürzte jenen, übernahm im Namen des unmündigen Abbas III. die Regierung, eroberte Georgien und einen grossen Theil von Armenien, usurpirte 1736 den Thron, drang in Indien bis Delhi vor und erweiterte die Grenzen seines Reichs bis an den Indus, das kasp. Meer und den Euphrat; grausamer, argwöhnischer Despot, ward 1747 ermordet.

Näfels, Dorf im Kant. Glarus, an der Linth. 9. April 1388 *Sieg* der Schweizer (550 M.) über die Oesterreicher (12,000 M.); daher die *s. or Fahrt* (jährl. Volksfest).

Nägel (*Ungues*) der Finger und Zehen, bestehen aus dichtgehäuften und vertrockneten Epidermiszellen, liegen auf dem *Nagelbett*. Die Nagelwurzel liegt versteckt unter einer Hautfalte (*Nagelwall*) und ragt als weisser halbmondförmiger Fleck (lunula) aus derselben hervor. Das *Einwachsen* der N. besteht in Ueberwachsen der Haut und erfordert chirur. Behandlung.

Nägel werden mit der Hand aus Schmiedeeisen geschmiedet, aus gewalztem Blech mit der Maschine geschnitten und durch Stanchung mit einem Kopf versehen oder gegossen u. durch Cämentation (s. d.) schmiedbar gemacht. Drahtstifte, s. d.

Nägeli, *Hans Georg*, Musiker, geb. 1768 in Zürich, Musikalienhändler; † das. 26. Dec. 1836. Der Begründer der schweiz. Männerchöre und Gesangfeste, Komponist zahlr. Motetten und Lieder (z. B. „Freut euch des Lebens"), auch Verf. musik.-didakt. Schriften.

Näherrecht, s. *Retrakt*.

Nähmaschine, mechan. Vorrichtung von sehr verschiedenartiger Konstruktion, liefert im Wesentlichen drei ,von der Handnaht abweichende Nähte. Diese werden mit einer Nadel genäht, deren Oehr nahe der Spitze steht. Der Faden bildet stets unter dem Stoff eine Schleife, welche entweder von der darauf folgenden (Tambourirnaht, Kettennaht, leicht aufflöslich, nur Ziernaht) oder von einem zweiten Faden festgehalten wird. Dieser geht entweder einfach durch die Schlinge hindurch (Steppnaht, zeigt auf beiden Seiten Steppstich, Schiffchen- oder Greifermaschine, Singer, Wheeler und Wilson), oder bildet eine zweite Schlinge, die wieder von der folgenden Schlinge des ersten Fadens festgehalten wird (Doppelkettenstich, Grover und Baker, zeigt auf der Rückseite ein Schnürchen). Im Allgemeinen sind Schiffchenmaschinen für gröbere, Greifermaschinen für leichtere Arbeit geeigneter. Erfinder *Elias Howe* in Massachusetts 1846, fabrikmässige Herstellung seit 1850. Vgl. *Hersberg*, „Die N.", 1863.

Nänie (lat.), Klage-, Trauerlied, bei Begräbnissen von Klageweibern gesungen.

Nagasaki (*Nungusaki*), Hafen- und Handelsstadt auf der japan. Insel Kiusiu, 70,000 Ew., der älteste den Fremden geöffnete Hafen, neuerdings zurückgegangen.

Nagelflue (*Nagelstein*), Gestein aus Kalku. Sandsteintrümmern, Grauwacke, Granit-, Porphyrgerölle etc., die durch ein kalkigsandiges Bindemittel verkittet sind, bildet an der Nordseite der Alpen einen von Oesterreich bis zum Bodensee und Genfersee sich hinziehenden, 3–5000' hohen Gebirgswall.

Nagethiere (*Pfotenthiere*, Glires, Rosores), Ordnung der Säugethiere mit zwei meisselförmigen, sich abnutzenden, aber fortwährend nachwachsenden Schneidezähnen im Ober- und Unterkiefer, ohne Eckzähne, mit freibeweglichen bekrallten Zehen, kleine, meist rasch bewegliche Thiere, nähren sich fast alle von vegetabilischen Stoffen und sind sehr fruchtbar. 8 Familien: Eichhörnchen (Sciurina), Mäuse (Murina), Maulwurfsmäuse (Cunicularia), Halbhufer (Subungulata), Schwimmfüsser (Palmipedia), Hasen (Leporina), Hasenmäuse (Lagostomi), Stachelschweine (Aculeata).

Nagold, Oberamtstadt im württemberg. Schwarzwaldkreise, am Fluss N. (zur Enz, 8 M.), 2556 Ew. Dabei Burgruine N.

Nagpur (Nagpore), Hauptstadt der brit. ostind. Landsch. Berar, 111,231 Ew. Industr. in Baumwolle, Brokat, Metallwaaren.

Nagy (ungar., spr. nadj), gross.

Nahe, linker Nebenfl. des Rheins, mündet bei Bingen; 16 M. L

Nahpunkt, in der Lehre vom Sehen derjenige Punkt, in dem ein dem Auge nahegebrachter Gegenstand noch deutlich erkannt werden kann, beim normalen Auge ca. 10 Centimeter vom Auge entfernt. Gegensatz: Fernpunkt. Der zwischen beiden liegende Raum heisst die Weite des deutlichen Sehens.

Nahr (arab., spr. Naohr), s. v. a. Fluss.

Nahrungsmittel (Alimenta, Nutrimenta), Ersatzmittel für die im Körper verbrannten oder ausgeschiedenen Bestandtheile und Stoffe, aus denen sich Blut- und Gewebstheile neu zu bilden im Stande sind. Die wesentlichen Bestandtheile der N. nennt man auch Nahrungsstoffe und sondert sie von denen, die ungelöst durch den Darm gehen und sich im Koth wiederfinden. Blut- und Gewebsbildner sind die stickstoffhaltigen N., Eiweisskörper des Fleisches, der Eier, der Milch, der Getreidekörner und Hülsenfrüchte; Wärmbildner sind die Fette und Kohlenhydrate (Zucker, Stärke, Dextrin) vorwiegend in pflanzlichen N.n; wichtig sind ausserdem Salze und Wasser. — Das wachsende Individuum bedarf relativ mehr stickstoffhaltige N.; fehlen dieselben in koncentrirtem Zustande (Ei, Milch), so werden sie aus grossen Mengen vegetabilischer Kost beschafft (ähnlich wie beim Pflanzenfresser); beim Erwachsenen sind zum Ersatz der Körpersubstanz wenig Eiweisskörper erforderlich, und bezweckt die Nahrungsaufnahme wesentlich Wärmeproduktion (zur Umsetzung in Muskelkraft etc.). Diese kann durch Kohlenhydrate erreicht werden; da letztere aber zur vollkommenen Verbrennung weniger Sauerstoff verbrauchen, bedarf es einer grösseren Gewichtsmenge derselben, als wenn sich dieselbe Menge Wärme durch Eiweissverbrennung bildet. Sämmtliches in den N.n enthaltenes Eiweiss stammt aus Pflanzen (die Fleischfresser nähren sich in letzter Linie von pflanzenfressenden Thieren). Die Zubereitung der N. bezweckt theils Entfernung der untauglichen Stoffe, theils Zugänglichmachung für die Verdauung. Gewürze und Salze sind als Reizmittel für die Absonderung von Speichel, Magen- und Darmsaft nothwendig. Sämmtliche Nahrungsstoffe vereint die Milch, es folgen dann der Nahrhaftigkeit nach Ei, Fleisch, Hülsenfrüchte, Mais, anderes Getreide, Kartoffeln.

Nahrungssaft, Speisesaft, s. Chylus.

Nahrungsstoff, s. Nahrungsmittel.

Nahum, israelit. Prophet um 720 v. Chr.

Nairn (spr. Närn), Grafschaft im nördl. Schottland, 19,1 QM. und 10,065 Ew. Die Hauptst. N., an der Mündung des Flusses N., 3455 Ew., Hafen, Seebäder.

Naiv (fr., vom lat. nativus, angeboren), natürlich, ungekünstelt, im Gegensatz gegen das Konventionelle; nach Schiller (,Ueber naive und sentimentale Dichtung') Bildungsstand, welcher Natur ist, während das Sentimentale den nach Natur suchenden bezeichnet; daher die Kunst des Alterthums n., die der Neuzeit sentimental.

Naja, s. Brillenschlange. [Flüsse.

Najaden (gr.), Nymphen der Quellen und Nalas, in der ind. Mythologie Fürst von Biduchadha, Gatte der Damajanti, dessen Geschichte eine reizende Episode des Mahâbhârata (s. d.) bildet.

Namaquas, Stamm der Hottentotten (s. d.).

Name, Bezeichnung eines Einzelwesens zur Unterscheidung desselben von andern: daher Eigenname (nomen proprium), im Gegensatz zum Gemeinnamen (nomen commune). Die Griechen führten ursprüngl. nur Einen N.n, unter Beisetzung des Vaters; die Römer seit den ältesten Zeiten der Republik drei, einen Vornamen (praenomen), einen Geschlechts- (nomen) und einen Familiennamen (cognomen), z. B. Marcus Tullius Cicero, zuweilen auch noch einen von ausgezeichneten Thaten, Adoption herrührenden Zu- oder Beinamen (agnomen), z. B. Africanus. Bei den alten Deutschen war nur Ein N. üblich, entweder ein althergebrachter oder (seit Annahme des Christenthums) ein biblischer oder kirchlicher. Familiennamen kamen zuerst beim Adel im 12. u. 13. Jahrh., von den Stammsitzen hergenommen, bei dem Bürgerstande erst seit dem 14. Jahrh. auf, allgemein üblich erst seit dem 16. Jahrh. Vgl. Pott, ,Die Personennamen', 2. Aufl. 1859; Förstemann, ,Altdeutsches Namenbuch', 1855—59, 2 Bde.

Namenstag, der im Kalender dem Heiligen, dessen Namen man führt, geweihte Tag, bei den Kathol. statt des Geburtstags gefeiert. [Breslau.

Namslau, Kreisstadt im preuss. Regbz.

Namur (spr.-mür), belg. Provinz, 66,4 QM. und 311,134 Ew. (meist Wallonen). Die Hauptst. N. (fläm. Namen), am Einflusse der Sambre in die Maas, Knotenpunkt von 5 Eisenbahnlinien, 23,389 Ew. Kathedrale, prachtv. Lupuskirche, starke Citadelle, der Beifried (11. Jahrh., jetzt Justizpalast). Bed. Industrie (Messerschmiede-, Metallarbeiten-, Lederfabr.). — Die Grafsch. N. kam 1261 an Flandern, 1420 an Burgund, bildete hierauf eine der 17 niederl. Provinzen; seit 1801 franz., seit 1814 an den Niederlanden, seit 1831 zu Belgien gehörig.

Nancy (spr. Nāngsai, deutsch Nanzig), Hauptst. des franz. Depart. Meurthe, an der Meurthe, 49,993 Ew.; Altstadt (goth. Schloss, Museum) und prächtige Neustadt (Königsplatz und Platz la Carrière mit Triumphbögen), Universitätsakademie. Weltberühmte Stickereien (an 400 Fabr.), Wollspinnerei, Fabr. für Tuch, Strumpf- und Messingwaaren, Hüts. Bis 1766 Residenz der Herzöge von Lothringen, seitdem franz.

Nandu, s. Strauss.

Nangasaki, s. Nagasaki.

Nanking (Kiang-ning), grösste Manufakturstadt Chinas, Hauptst. der Prov. Kiang-su, am Jang-tse-kiang, 500,000 Ew.; der ber. Porsellanthurm (200' h., 9 Stockwerke), 1853 bei der Eroberung der Stadt durch die Taipings zerstört. Viele Bibliotheken, Manufakturen in Seide, Baumwolle, Papier.

Nankings, chines. kattunartiges, aber stärkeres Gewebe aus gelber Baumwolle (s. d.), vielfach bei uns nachgeahmt und modificirt.

Nantes (spr. Nangt), Hauptst. des franz. Depart. Niederloire, an der Loire (10 M. von der See), eine der wichtigsten Hafen- und Handelsstädte Frankreichs, 111,956 Ew. Alterthüml., große Vorstädte, Kathedrale, Schloss, Börse, schöne Kaie, Hafen (Schiffe über 100 Tonnen kommen nur bis Paimboeuf), Schiffswerfte. Blühende Industrie (bes. die eingemachten Nahrungsmittel u. die Schiffsdampfmaschinen), bed. Seehandel. Edikt von Nantes, 1598 von Heinrich IV. erlassen, 1685 von Ludwig XIV. widerrufen; 1793 Carriers berüchtigte Noyaden.

Nantucket, Insel im atlant. Ocean, zu Massachusetts (Nordamerika) gehörig, 2,8 QM. Die Hafenst. N., 12,000 Ew. Mittelpunkt eines schwunghaft betriebenen Walfischfangs.

Napäen (gr.), Thalnymphen. [handels.

Naphtali, 7. Sohn Jakobs, Stammvater des israelit. Stammes N., dessen Gebiet nördl. vom Antilibanon begrenzt ward.

Naphtha, älterer Name für sehr verschiedene flüchtige Flüssigkeiten, wie Aether, Essigäther, Steinöl etc.

Naphthalin, Kohlenwasserstoff, entsteht bei trockner Destillation organischer Substanzen, findet sich bes. im Steinkohlentheer, farblose Krystalle von penetrantem Geruch und brennendem Geschmack, leicht sublimirbar, wenig in kochendem Wasser, leicht in Alkohol, Aether und fetten Oelen löslich, löst Schwefel, Jod, Schwefelantimon, Indigo, schmilzt bei 79,25° C., siedet bei 218° C., brennt mit leuchtender, stark russender Flamme. N. verstopft häufig die Gasleitungsröhren, liefert wie Anilin zahlreiche brillante Farbstoffe, dient zur Darstellung der Benzoësäure. Vgl. Ballo, ‚Das N.‘, 1870.

Napier (spr. Nehpier), 1) Sir Charles James, brit. General, geb. 10. Aug. 1782 in London, focht in Spanien, 1812 gegen die Amerikaner, ward 1841 Militärchef in Bombay, dann Oberbefehlshaber der Armee in Sind und Beludschistan, vernichtete Febr. und März 1843 die Macht der Emire von Sind, bezwang die Beludschen u. vollendete durch den Feldzug gegen die Bergstämme am rechten Indusufer 1845 die Unterwerfung von Sind, ward 1847 abberufen, März 1849–1851 wieder Oberbefehlshaber in Ostindien; † 29. Aug. 1853. — Sein Bruder, Sir William Francis Patrick N., geb. 17. Dec. 1785, focht in den span.-franz. Feldzügen; † als General 12. Febr. 1860. Schr.: ‚History of the Peninsular War‘ (neue Ausg. 1867, 8 Bde.); ‚Life of Sir Charles James N.‘ (1857, 4 Bde.) u. A. Biogr. von Bruce (1864, 2 Bde.). — 3) Sir Charles, brit. Admiral, Vetter des Vor., geb. 6. März 1786 zu Falkirk, ward 1809 Flottenkapitän, trat 1832 in Dom Pedros Dienste, siegte 5. Juli 1833 beim Kap St. Vincent über Dom Miguels Flotte, trat in brit. Dienste zurück, ward 1854 Oberbefehlshaber der brit.

Flotte in der Ostsee, richtete hier wenig aus, rügte im Parlament die üble Verwaltung der Marine, ward 1855 Admiral der blauen Flagge; † 6. Nov. 1860. Schr.: ‚The war in Syria‘ (1842, 2 Bde.). Biogr. von Elers Napier (1862, 2 Bde.). [Griechenland.

Napisten, Spottname der russ. Partei in Napoleon, 1) N. I., Kaiser der Franzosen, König von Italien, geb. 15. Aug. 1769 zu Ajaccio auf Korsika, 2. Sohn des Patriciers Carlo Bonaparte (s. d. 1)] und der Maria Lätitia Ramolini, besuchte seit 1779 die Kriegsschule zu Brienne, seit 1784 die zu Paris, trat 1. Sept. 1785 als Lieutenant in das Regiment Lafère, ward 6. Febr. 1792 Artilleriehauptmann, als Kämpfer gegen die Aufständischen auf Korsika von diesen geächtet. Seit 12. Sept. 1793 Oberbefehlshaber des Belagerungsgeschützes von Toulon, zwang er den Platz zur Kapitulation (19. Dec.), ward 6. Febr. 1794 zum Brigadegeneral der Artillerie befördert und diente in der Armee von Italien. In Robespierres Sturz verwickelt, ward er nach der Katastrophe vom 9. Thermidor angeklagt und verlor sein Kommando. Auf Barras Empfehlung 4. Okt. 1795 mit dem Oberbefehl über die pariser Garnison betraut, warf er den Aufstand der Sektionen nieder, ward 16. Okt. zum Divisionsgeneral, 2. Febr. 1796 zum Oberbefehlshaber der Armee von Italien ernannt, reorganisirte die Armee, eroberte in Kurzem die Lombardei bis zur Etsch, schlug die Oestreicher 3. und 4. Aug. bei Lonato und Castiglione, 4. und 8. Sept. bei Roveredo und Bassano, 14. und 17. Nov. bei Caldiero und Arcole, 14. und 17. Jan. 1797 bei Rivoli und Favorita, zwang Wurmser 2. Febr. in Mantua zur Kapitulation, drang in Istrien, Kärnthen, Steiermark vor u. schloss 18. April die Friedenspräliminarien zu Leoben ab. Weiteres über seine Erfolge s. Frankreich, Gesch. Seit 9. März 1796 mit Josephine (s. d.) Beauharnais vermählt, liess er sich durch Senatsbeschluss vom 16. Dec. 1809 von ihr scheiden und vermählte sich 2. April 1810 mit Marie Luise, der Tochter Franz I. von Oestreich. Nach der Schlacht bei Waterloo begab er sich 29. Juni von Malmaison nach Rochefort, um sich nach Amerika einzuschiffen, fand 3. Juli den dortigen Hafen durch engl. Kriegsschiffe gesperrt, stellte sich unter den Schutz Englands und begab sich an Bord des Linienschiffs Bellerophon, ward nach Beschluss der alliirten Mächte als ‚General Bonaparte‘ nach St. Helena gebracht, wo er 16. Okt. 1815 anlangte. Hier zu Longwood wohnend, fasste er seine Denkwürdigkeiten ab; † 5. Mai 1821 am Magenkrebs; 15. Sept. 1840 Beisetzung im Dom der Invaliden zu Paris. ‚Oeuvres‘ (neue Ausg. 1840); ‚Dictées de Ste. Hélène‘ (herausgegeben von Gourgaud u. Montholon, 2. Aufl. 1830; deutsch 1823–25, 9 Bde.); ‚Correspondance de N. I‘ (1858–69, 28 Bde.; deutsch im Auszug von Kurz 1868–70, 3 Bde.). Biogr. von Norvins (21. Aufl. 1851, deutsch 1841), Walter Scott (neue Ausg. 1846), Laurent (neue Ausg. 1868, deutsch 1865), Hugo (1833), Thibaudeau (1867–28), Mitchell (1859), St.-Hilaire

(1846), *Michaud* (1844), *Regnault* (1846), *Pégin* (1853 — 54), *Martin de Gray* (2. Aufl. 1868), *Leynadier* (1865 f.), *Lanfrey* (1869 ff., deutsch 1869 ff.) u. A.; ferner von *Bergk* (1825), *Kolb* (1826 — 27), *Buchholz* (1827 — 29), *Schlosser* (1832—35), *Bucker* (1838 — 39), *Roth* (1843) u. A.

2) *N. II.*, s. *Reichstadt, Herzog von.*

3) *N. III.*, *Kaiser der Franzosen*, geb. 20. April 1808 zu Paris, 3. Sohn des Königs Ludwig Bonaparte und der Hortense Beauharnais [s. *Bonaparte* 8)], folgte 1815 seiner Mutter in die Verbannung, besuchte 3 Jahre das Gymnasium zu Augsburg, lebte seit 1824 zu Arenenberg, machte unter Dufours Leitung einen Kursus der Militärschule zu Thun durch. 1830 in Rom wegen Betheiligung an einer polit. Demonstration ausgewiesen, trat er Febr. 1831 mit seinem älteren Bruder, Napoleon Ludwig, in das Insurgentenheer in der Romagna ein, ward aber von der provisor. Regierung zu Bologna ausgewiesen. Sein Bruder † 17. März zu Forli an den Masern. Von der Mutter in Ancona verborgen und dann in Verkleidung über Genua nach Frankreich gebracht, begab er sich über Paris nach London und von da Aug. 1831 wieder nach der Schweiz und beschäftigte sich zu Arenenberg und auf Schloss Gottlieben unweit Konstanz mit schriftstellerischen Arbeiten. Bei dem Versuch, in Strassburg sich mit Hülfe einer Militärverschwörung zum Kaiser proklamiren zu lassen (30. Okt. 1836), verhaftet, ward er von der franz. Regierung März 1837 nach Nordamerika gebracht. Auf die Nachricht von der Erkrankung seiner Mutter in demselben Jahre nach Arenenberg zurückgekehrt, begab er sich, als die franz. Regierung seine Ausweisung aus der Schweiz verlangte, Okt. 1838 nach London. 6. Aug. 1840 bei Boulogne landend, um sich durch verwegenen Handstreich des franz. Throns zu bemächtigen, ward er gefangen und 6. Okt. von der Pairskammer zu lebenslängl. Haft verurtheilt, die er in Ham verbüsste. Nach seiner Flucht von da (25. Mai 1846) in London lebend, begab er sich nach dem Ausbruch der Februarrevolution 1848 nach Paris, kehrte aber Ende Febr. nach London zurück, ward 4. Juni 1849 in Paris und in 5 Departements zum Mitglied der Nationalversammlung gewählt, lehnte die Wahl ab und trat erst, nachdem er 17. Sept. abermals in Paris und von 5 Departements gewählt worden, 26. Sept. in dieselbe ein, ward 10. Dec. mit 6,048,872 Stimmen von 7,941,161 als Präsident der Republik gewählt und 20. Dec. installirt. Weiteres s. *Frankreich*, Gesch. Nachdem sich N. 2. Sept. 1870 dem König von Preussen als Gefangener ergeben, lebte er bis 19. März 1871 auf Schloss Wilhelmshöhe bei Kassel, seitdem zu Chislehurst bei London. Ueber seine Gemahlin *Eugenie* s. d. Schrieb: „Histoire de Jules César" (1865—66, 2 Bde., deutsch 1865) u. A. „Oenvres" (1854 — 69, 5 Bde.). Vgl. *Gottschall* (2. Aufl. 1871), *Delord* (3. Aufl. 1869, deutsch 1870).

4) *N., Joseph Karl Paul Bonaparte*, *Prinz*, geb. 9. Sept. 1822 zu Triest, jüngster Sohn des vormaligen Königs Jérôme [s. *Bona-*

parte 9)] und der Prinzessin Katharina von Würtemberg, besuchte die würtembergische Kriegsschule zu Ludwigsburg, ward 1848 auf Korsika zum Mitglied der Konstituante gewählt, wirkte eifrig für die Wahl seines Vetters Ludwig N. zum Präsidenten, ward März 1849 Gesandter zu Madrid, 17. April, weil er ohne Urlaub seinen Posten verlassen, seines Amtes entsetzt. Beim Staatsstreich nicht betheiligt, erhielt er doch durch Dekret vom 18. Dec. 1852 mit seinem Vater den Titel eines franz. Prinzen u. eventuelles Thronfolgerecht. Während des Orientkriegs zum Divisionsgeneral ernannt, machte er seit Mai 1854 an der Spitze der 3. Division den Sommerfeldzug in der Türkei und die Schlachten an der Alma und bei Inkerman mit, erhielt 1858 das Ministerium für Algerien und die Kolonien, legte dasselbe bald wieder nieder, gerirte sich als Repräsentant des demokrat. Kaiserthums. 30. Jan. 1859 vermählte er sich mit Klotilde, der Tochter des Königs Victor Emanuel von Italien. Im ital. Krieg mit dem Oberbefehl über das 5. Armeecorps betraut, kam er mit demselben nicht zur Aktion. 24. Dec. 1864 zum Mitglied u. Vicepräsidenten des geheimen Raths ernannt, sah er seine öffentl. Reden mehrmals vom Kaiser gemissbiligt, trat aus dem geheimen Rath aus, ward Herbst 1866 Mitglied der zu Ausarbeitung eines neuen Wehrsystems niedergesetzten Kommission. Bemühte sich Aug. 1870 in Florenz vergebl. um Italiens Hülfeleistung für Frankreich. Okt. 1871 zu Korsika zum Mitglied des Generalraths erwählt, lehnte er ab und schiffte sich nach Livorno ein.

Napoleond'or, goldene 20-Francsstücke.

Napoleoniden, die zur Thronfolge berechtigten Glieder der Familie Bonaparte, nach kaiserl. Dekret vom 18. Dec. 1852 in Ermangelung direkter männlicher Nachkommen des Kaisers die direkten männlichen legitimen Nachkommen Jérômes aus dessen Ehe mit Katharina von Würtemberg.

Napoléon Vendée (spr. -ong Wangdeh, bis 1848 *Bourbon-Vendée*), Hauptstadt des franz. Depart. Vendée, 8710 Ew.

Napoli di Romania, Stadt, s. v. a. Nauplia.

Napolitaines (fr., spr. -tähn), weiche, feine wollene Gewebe (Lama), auch mit baumwollener Kette und dann geköpert.

Narbe (*Cicatrix*), das nach der Wundheilung zurückbleibende Bindegewebe, entsteht durch Schrumpfung der Granulationen (s. d.), so dass bei Vernarbungen stets Verkleinerung des Substanzverlustes durch Herbeiziehung benachbarter Gewebe (*Narbenretraktion*) stattfindet.

Narbe (*Cicatrix, Stigma*), in der Botanik das oberste Ende des Fruchtknotens oder, wenn er vorhanden ist, des Griffels, ist mit Papillen bedeckt, zur Aufnahme des Pollens bestimmt und zur Leitung desselben in die Höhlung des Fruchtknotens vom *Narbenkanal* durchbohrt.

Narbonne (spr. -nn, das alte *Narbo*), Stadt im franz. Depart. Aude, unweit des Mittelmeeres (Kanal dahin), 17,179 Ew. Kathedrale; merkwürdige röm. Alterthümer.

Narcissus *L. (Narcisse)*, Pflanzengattung der Amaryllideen, aus Südeuropa und Nordafrika. Gemeine Narcisse, *gelbe Märzblume* (N. pseudonarcissus *L.*), Zierpflanze, früher officinell; ebenso die *weisse* Narcisse (N. poeticus *L.*), Jonquille (N. Jonquilla *L.*) und Tacetta (N. Tacetta *L.*) in vielen Varietäten.

Narcissus, schöner Jüngling, Sohn des Flussgottes Cephissus und einer Nymphe, verliebte sich beim Anblick seines Bildes im Wasser in sich selbst, siechte dahin oder tödtete sich selbst, woranf auf der Stätte seines Todes die Narcisse aufspross.

Narde, bei den Alten wohlriechende (Baldrianarten, das *Nardengras* (Andropogon Nardus, s. *Grasöl*) und die *ostind.* N. (Nardostachys Jatamansi *Dec.*, Familie der Valerianeen), woraus die Nardensalbe und das Nardenöl bereitet wurden; Handelsartikel.

Narenta, Fluss in Dalmatien, kommt aus der Herzegowina, mündet in 12 Armen ins adriat. Meer; 50 M. l. Sehr fischreich.

Narew, Nebenfl. des Bug in Polen, entspr. in Litbauen, mündet bei Sierock; 64 M.

Nargileh, türk. Wasserpfeife zum Rauchen, bei welcher der Rauch mittelst eines Schlanches durch Wasser geht.

Narisker, zum snev. Stammegehöriges Volk im südl. Germanien, um das Fichtelgebirge.

Narkeïn (Opiam), Alkaloïd aus dem Opium, farblose Krystalle, fast unlöslich in kaltem Wasser, leichter löslich in heissem Wasser, Alkohol und Aether, geruch- und geschmacklos, die weingeistige Lösung und die wässerige Lösung der Salze aber intensiv bitter; giftig, officinell.

Narkotische Mittel (Narcotica), betäubende Mittel, Arzneimittel, die oft schon in geringer Dosis durch Einwirkung auf Gehirn und Rückenmark theils die Empfindlichkeit sensibler Nerven herabsetzen, theils die Thätigkeit der ersteren verringern. (Opium und seine Alkaloïde, bes. Morphium, Narceïn, Coveïn, Narkotin, Atropin, Hyoscyamin, Coniin; Blausäure, Bittermandelund Kirschlorbeerwasser; Chloroform, Elaylohlorär, Aether). Die Anwendung der n.n M. ist theils innerlich, theils durch Einspritzung unter die Haut; einzelne werden eingeathmet (Chloroform, Aether).

Narragonien, Narrenland. (ähnlung).

Narrâta (lat.), Erzähltes. *Narration*, Erzählung. — **Narrenfest**, früher Volksfest nm Weihnachten, seit dem 12. Jahrh. erwähnt, von Geistlichen u. Laien unter den lächerlichsten Possen gefeiert, bes. in Frankreich; oft verboten (von der Sorbonne noch 1544); wahrscheinl. aus den Saturnalien entstanden.

Narses, oström. Feldherr, Ennuch, ward 538 n. Chr. mit einem Heere su Unterstützung Belisars im Kampf gegen die Ostgothen gesandt, 539 zurückgerufen, 552 wieder dahin beordert, besiegte 553 die ostgoth. Könige Totilas und Tejas, 554 die Alemannen bei Capus, verwaltete dann Italien als Statthalter, ward 567 abgesetzt, soll aus Rache dafür die Longobarden ins Land gerufen haben; † bald darauf.

Nartheclum *Huds.* et *Möhr. (Ackerullile)*, Pflanzengattung der Koronarien. N. ossifragam *Huds.*, Beinbreck, Sumpfährenlilie, in Europa, früher officinell.

Narthex, Doldenpflanze (Ferula), in deren Stengel Prometheus die Feuerfunken vom Himmel holte, wurde von den Bacchanten getragen; das Mark diente als Zunderschwamm. In der Baukunst schmale Vorhalle am westl. Ende der Basiliken.

Narvaes (spr. -waes), *Ramon Maria*, Herzog von Valencia, span. General, geb. 5. Aug. 1800 zu Loja, focht gegen die Karlisten, half 1843 zum Sturz Espartero's mit, stand Mai 1844 bis Febr. 1846 an der Spitze eines Moderadoministeriums, ward Marschall, Okt. 1847 bis Jan. 1851, Okt. 1856—57, Sept. 1864 bis Juni 1865 und zuletzt seit Juli 1866 wieder Ministerpräsident, suchte Isabellas Thron zu stützen; † 23. April 1868 zu Madrid.

Narwa, Hafenstadt im russ. Gouvern. Petersburg, an der Mündung des *Flusses* N. in den finn. Meerbusen, 5921 Ew. 30. Nov. 170) *Sieg* Karls XII. über die Russen.

Narwal (Monodon *L.*), Säugethiergattung der Cetaceen. *Gemeiner* N., Seeeinhorn (M. monoceros *L.*), 16—20' l., in den nördl. Meeren, bes. in der Davisstrasse, mit 10' l. Stosszahn, welcher wie Elfenbein verarbeitet wird, liefert Thran u. hat wohlschmeckendes Fleisch. [Nasallaute, s. *Laute*.

Nasal, auf die Nase Bezug habend, z. B. **Nascéns** (lat.), Geburt, das Entstehen.

Nase (Nasus), hat hinten eine knöcherne (Nasenbein), vorn eine knorplige Stütze. In der *inneren* N. finden sich knöcherne, gekrümmte Vorsprünge, die *Nasenmuscheln*, zwischen denen die *Nasengänge* liegen. Diese sind mit Schleimhaut überkleidet, die sehr reich an Blutgefässen und mit Flimmerepithel bedeckt ist. Nach hinten führen die Nasengänge direkt in die oberen Rachentheile; die Nasenhöhle kommuniziert noch mit den Keilbein-, Stirn- und Oberkieferhöhlen, und es münden in sie die Thränenkanäle. Die Ausbreitung des *Riechnerven*, der durch die Siebbeinplatte aus der Schädelhöhle in die N. tritt, liegt oben (*Riechgegend* der N.), während der grösste Theil der Nasenschleimhaut nur sensible Fasern (von neuus trigeminus) besitzt, deren Reizung *Niessen* veranlasst. — Krankheiten der N.: Katarrh der Schleimhaut (s. *Schnupfen*), Nasenbluten (Zerreissung kleiner Blutgefässe der Nasenschleimhaut), Polypen (Wucherungen der Schleimhaut), Syphilis. Letztere führt oft zu Zerstörung der äusseren N.

Naseby (spr. Nésbi), Dorf in der engl. Grafsch. Northumberland; 15. Juni 1645 *Sieg* der Parlamentstruppen über Karl I.

Nasenthier, s. *Coati*.

Nashik *(Nassuck)*, Stadt in der brit.-ostind. Präs. Bombay, am Godavery, 25,000 Ew.; einer der heiligsten Hinduorte. Unfern 13 alte buddhist. Höhlentempel.

Nashorn, s. *Rhinoceros*.

Nashua (spr. Näschuä), Stadt in New-hampshire (Nordamerika), nahe dem Merrimac, 10,000 Ew., Baumwoll-, Eisenwaaren-, Maschinenfabr.

Nashville (spr. Näschwill), Hauptstadt von Tennessee (Nordamerika), am Cumberland, (1870) 25,872 Ew. Universität (s. 1785); bed. Produktenhandel.

Nasiräer (d. i. Geweihte), bei den Juden Asceten, welche sich aller berauschenden Getränke enthielten und das Haupthaar nicht scheeren liessen.

Nassau, bis 1866 deutsches Herzogtbum, 85,5 QM. und 456,567 Ew., jetzt Theil der preuss. Prov. Hessen-Nassau. Die Herzöge von N. stammen von den Grafen von Laurenburg ab. Walram I. († 1020) 2 Söhne Walram II. und Otto Stifter der Linie N. (seit 1160 so genannt) und N.-Geldern (1425 im Mannesstamm erloschen). 1255 Theilung der nassauischen Erblande zwischen den Söhnen des Grafen Heinrich II. des Reichen, Walram IV., dem Stifter der walramschen Linie, welche sich dann in mehrere Zweige theilte und bis 1866 in N. regierte, und Otto, dem Stifter der ottonischen Linie, die auf den Thron der Niederlande gelangte. Infolge seines Beitritts zum Rheinbunde 1806 erhielt der damalige Senior der walramschen Linie, Fürst Friedr. August von N.-Usingen, mit der Souveränetät den Herzogstitel und einen Länderzuwachs von 21 QM. mit 84,500 Ew. Durch Tauschverträge mit Preussen erwarben 1815 der genannte und der Fürst von N.-Weilburg fast alle Besitzungen der otton. Linie, und nach Erlöschen der Linie N.-Usingen 1816 fielen die gesammten Besitzungen der walramschen Linie an N.-Weilburg. Fürst Wilhelm, dadurch alleiniger Regent in N. und Herzog, gerieth 1818 über die Domänen mit den Landständen in einen langwierigen Konflikt, indem er dieselben als ausschliessliches Eigenthum des herzogl. Hauses in Anspruch nahm; † 20. Aug. 1839. Ihm folgte sein Sohn Adolf [s. d. 3)]. Infolge der Märzbewegung neues Wahlgesetz mit Einkammersystem und allgemeinem Stimmrecht. Ende 1849 Vereinbarung einer Verfassung zwischen Landtag und Regierung, kraft deren die Domänen für Staatseigenthum erklärt wurden. 1850 Lossagung der Regierung von dem preuss. Unionsprojekt und Anschluss an Oesterreich. Nov. 1851 Oktroyirung eines neuen Wahlgesetzes, Restituirung der Herrenkammer, Beseitigung oder Revision aller seit 1848 gemachten Einrichtungen und Gesetze. Infolge des Konflikts der Regierung mit dem Bischof von Limburg 1858 Annäherung der Regierung an die liberale Minorität des Landtags. Bei den Neuwahlen 1864 errangen die Liberalen in beiden Kammern die Majorität; daher Konvention der Regierung mit dem Bischof und Vereinigung mit den Klerikalen und Auflösung der Kammer. Bei den Neuwahlen erlangen die Liberalen trotz gouvernementaler Beeinflussung wieder die Majorität; daher 1865 abermalige Auflösung der Kammer. Die Neuwahlen ergeben den Klerikalen und Gouvernementalen von 33 nur 5 Stimmen. 11. Mai 1866 die Mobilmachung der Truppen im Oesterreich. Interesse verfügt. 14. Juni Zustimmung der Regierung zu dem gegen Preussen gerichteten Bundesbeschluss. Ablehnung der Kriegskreditforderung durch die liberale Majorität. 7. Juni Auflösung des Landtags. Koncentrirung der nassauischen Brigade in der Wetterau. 15. Juli Flucht des Herzogs. 16. Juli Besetzung Wiesbadens durch preuss. Trappen. 3. Okt. Einverleibung N.s in das Königreich Preussen. Vgl. Keller (1864), Schliephake (1866—70, 3 Bde.).

Die jüngere Linie N., die ottonische, durch den Grafen Otto († 1292) gestiftet, wird erst seit Mitte des 16. Jahrh. geschichtl. wichtig. Wilhelm I. erbte 1544 von seinem Vetter Renatus das Fürstenthum Oranien u. nannte sich nun Prinz von Oranien. 1574 von den inaurgirten Niederländern zum Generalkapitän und Statthalter erwählt; † 1584. Ueber seine Nachkommen und Nachfolger in der Statthalterwürde s. Niederlande, Geschichte. Sein Bruder Johann († 1606) und dessen Söhne sind die Stifter der Linien N.-Siegen (erloschen 1743), N.-Dillenburg (erloschen 1739), N.-Hadamar (erloschen 1711) und N.-Dietz. Der letzteren Linie gehören die Statthalter von Friesland und Gröningen an. Ein Sprössling dieser Linie war Wilhelm IV., der 1748 Erbstatthalter ward und 1751 †. Sein Sohn Wilhelm V. floh beim Eindringen der Franzosen 1795 nach England, ward für den Verlust seiner Würden und Besitzungen in den Niederlanden 1802 mit dem Fürstenthum Fulda entschädigt; † 1806. Sein Sohn ward als Wilhelm I. 1815 König der Niederlande und Grossherzog von Luxemburg; † 1843, s. Niederlande, Geschichte.

Nasser Weg, s. Trockener Weg.

Nasturtium R. Br. (Brunnenkresse), Pflanzengattung der Kruciferen. N. officinale R. Br., gemeine Brunnenkresse, Quellenraule, wird als Salatpflanze in fliessendem Wasser kultivirt, früher officinell.

Natal (Natalia), brit. Kolonie, an der Ostküste Südafrikas, südl. vom Lande der Zulukaffern, 910 QM. und (1869) 269,551 Ew. (18,000 Weisse), fruchtbar n. wohlbewässert; steht unter einem Vicegouverneur der Regierung vom Kaplande. Ausfuhr (Wolle, Zucker, Häute, Baumwolle, Elfenbein, Straussenfedern) ca. 800,000 £. Hauptstadt Pietermaritzburg, Hafenort: d'Urban (Port Natal). 1498 zuerst von den Portugiesen besucht, seit 1835 von den Briten besetzt.

Natal, befest. Hauptstadt der brasil. Prov. Rio Grande do Norte, am Mearo, 20,000 Ew.; stärkste Festung Brasiliens.

Natalis (näml. dies, lat.), Geburtstag. Natalitia, Sterbetag eines Märtyrers als Geburtstag für das höhere Leben. [beseit.

Natation (lat.), das Schwimmen; Schwimm-

Nathan, hebr. Prophet, rügte mit Freimuth Davids Sünden, namentl. dessen Ehebruch mit Bathseba, salbte Salomo zum König.

Nathusius, 1) Gottlob, Industrieller, geb. 30. April 1760 zu Baruth, legte, als nach dem Tode Friedrichs II. das Tabaksmonopol aufgehoben ward, eine Tabaksfabrik an, kaufte später das Kloster Althaldensleben und das Gut Hundisburg, wo er grossartige landwirthschaftl. industrielle Etablissements errichtete; † 23. Juli 1835. — 2) Hermann von N., geb. 1809 in Magdeburg, Sohn des

Vor., bes. als Thierzüchter, Mitglied des Landesökonomiekollegiums zu Berlin, schr. über Hausthierzucht. — 3) *Phil. Engelhard von N.*, geb. 5. Nov. 1815, Bruder des Vor., eine Zeitlang Redakteur des ‚Volksblatts für Stadt und Land‘, lebt in Nelustedt am Harz, wo er ein Knabenrettungshaus gründete; hervorragendes Mitgl. der Kreuzzeitungspartei; geadelt. — Seine Gattin *Marie von N.*, geb. *Scheele*, geb. 10. März 1817, † 22. Dec. 1857, schr. treffl. Erzählungen mit pietist. Färbung: ‚Tagebuch eines armen Fräuleins‘ (11. Aufl. 1869), ‚Ellsabeth‘ (9. Aufl. 1870) etc. ‚Gesammelte Schriften‘ (1858—69, 15 Bde.).

Nation (lat.), s. v. a. Volk, besonders in Rücksicht auf das Gemeinsame im Charakter (*Nationalcharakter*), in der Lebens-, Denk-, Empfindungs- und Handlungsweise (*Nationalität*), das Resultat der gemeinsamen Staatseinrichtungen und Gesetze, der geschichtl. Entwickelung, des religiösen Glaubens etc. *Nationalitätsprincip*, polit. Theorie, wonach Völker von derselben Abstammung und Sprache auch in polit. Beziehung zusammengehören sollen.

Nationale (lat.), Verzeichniss der bei einem Truppentheile befindlichen Individuen nach Namen, Konfession, Profession, Alter etc.

Nationalfarben, Farben, welche einer Nation als eigenthümliche Abzeichen (auf Kokarden, Fahnen, Flaggen etc.) dienen.

Nationalgarde, s. *Volksbewaffnung*.

Nationalisiren (lat.), einer Nationalität als zugehörigen Theil derselben einverleiben; vgl. *Naturalisation*.

Nationalität (lat.), s. *Nation*.

Nationalkonvent, s. *Frankreich*, Gesch.

Nationalliteratur, die Gesammtheit der Schriftwerke einer Nation, in denen sich der eigenthümliche (individuelle) Charakter derselben vornehml. ausprägt, bes. Dichtkunst, Geschichte und Beredsamkeit. [lehre.

Nationalökonomie, s. *Volkswirthschafts-*

Nationalverein, *deutscher*, polit. Verein, 16. Sept. 1859 zu Frankfurt a/M. konstituirt, Sitz zu Koburg, R. von Bennigsen Vorsitzender, gab eine ‚Wochenschrift‘ und ‚Flugblätter‘ heraus, über 20,000 Mitglieder. Zweck: Vereinigung aller liberalen Fraktionen zu gemeinsamer Agitation für den deutschen Bundesstaat unter preuss. Führung. Sein Rivale der 28. Okt. 1862 zu Frankfurt a/M. gegründete grossdeutsche *Reformverein* mit föderalistischer Tendenz. Beide wurden mit der Katastrophe von 1866 gegenstandslos.

Nationalvermögen, die Summe aller wirthschaftl. Güter, welche ein Volk als Gesammtheit sowie in seinen einzelnen Gliedern besitzt; auch Gesammtheit der Staatsgüter.

Nationalversammlung, s. *Frankreich, Deutschland, Preussen*, Geschichte.

Nativ (lat.), angeboren. *Nativismus*, Ansicht, wonach den Inländern und Eingebornen der Vorzug vor den Fremden und Eingewanderten gebühren soll, in Amerika von einer Partei (*Natives*, spr. Nehtiws) vertreten, aus der 1854 die Knownothings (s. d.) hervorgingen. [s. v. a. Horoskop.

Nativität, Geburt, Geburtsstunde; dann

Natolien (*Anatolien, Anadoli*), s. v. a. Kleinasien.

Natrium, Metall, findet sich in den Natronsalzen, wird durch Erhitzen von kohlensaurem Natron mit Kohle und Kreide gewonnen, ist silberweiss, bei 60° C. knetbar, schmilzt bei 95,6° C., destillirt, Aeq. 23, oxydirt schnell an der Luft, ist leichter als Wasser, zersetzt dasselbe, indem es darauf rotirend schwimmt, bildet mit Quecksilber Amalgam (s. d.), dient als wirksames Reduktionsmittel bes. zur Darstellung des Aluminiums. *Natriumoxydhydrat*, Natronhydrat, Natron, Aetznatron, wird aus N., aus kohlensaurem Natron und Aetzkalk oder bei der Sodafabrikation gewonnen, ist farblos, sehr hygroskopisch, stark ätzend, zerstört Haut und Horn, leicht löslich in Wasser und Alkohol, zieht begierig Kohlensäure aus der Luft an, dient zur Seifenbereitung (Seifensiederlauge) und ersetzt gegenwärtig das Kalihydrat (s. *Kalium*) überall da, wo es nur auf die basischen Eigenschaften ankommt. *Kohlensaures Natron*, Soda, findet sich in vielen Mineralquellen (Karlsbad jährl. über 6½ Mill. Kilo), in den Sodaseen Ungarns, Aegyptens, der Araxesebene, Tübets, Chinas, Südamerikas, als Trona (Baustein in Aegypten) und in vielen Pflanzen. Aus diesen gewonnene Asche bildet die Barilla oder Alicante-Soda, Salicor, Blanquette, Kelp und Varecsoda Spaniens, Frankreichs und Englands. Künstlich wird Soda bereitet, indem man Kochsalz (Chlornatrium) mit Schwefelsäure zersetzt (Nebenprodukt Chlorwasserstoff oder Salzsäure), das gewonnene schwefelsaure Natron (Sulfat) mit kohlensaurem Kalk und Steinkohle gemischt im Flammofen zersetzt (leblanc'scher Prozess), die Schmelze (rohe Soda) mit Wasser auslaugt, die Lösung, welche Aetznatron und Schwefelnatrium enthält, verdampft, den Rückstand kalcinirt, auflöst und die Lösung wieder verdampft. So erhält man kalcinirte Soda und aus dieser durch Auflösen und Krystallisiren die krystallisirte Soda des Handels. Durch Vermehrung der Kohle beim leblanc'schen Prozess, schnelles Auslaugen der Rohsoda, Verdampfen der Lösung und Reinigung mit Salpeter erhält man Aetznatron (Seifen- oder Sodastein). Die Rückstände von dem Auslaugungsprozess enthalten 13% Schwefel und werden auf unterschwefligsaures Natron, Cäment, künstliche Steine verarbeitet. Die Wiedergewinnung (Regeneration) dieses Schwefels ist von grosser Wichtigkeit für die Industrie. Kopp bereitet Soda aus Glaubersalz, Eisenoxyd und Kohle, auch aus Kryolith, und bei der Verwandlung von Natronsalpeter in Kalisalpeter wird Soda gewonnen. Soda krystallisirt mit 10 Aeq. Wasser (62,8%), verwittert an der Luft, ist unlöslich in Alkohol, 100 Th. Wasser lösen bei 10° C. 62 Th., bei 30° C. 241,57, bei 104,6° C. 420,7 Th. Die Soda reagirt und schmeckt alkalisch und findet mannichfache Verwendung, bes. zur Darstellung von Glas, Seife, zum Bleichen, Färben, zu Glasuren etc. *Doppelt-kohlensaures Natron* wird durch Einwirkung von

Kohlensäure auf feuchte Soda erhalten, reagirt und schmeckt schwach alkalisch, löst sich bei 10° C. in 10 Th. Wasser, verliert an der Luft Kohlensäure und wird beim Erhitzen und beim Kochen der Lösung vollständig in Soda verwandelt; es dient zur Entwickelung von Kohlensäure (1 Grm. gibt 270 Kubikcentimeter Kohlensäure), zur Bereitung moussirender Getränke, in der Kryolith- und Bauxitindustrie, zum Vergolden und zum Entschälen und Waschen der Seide und Wolle, ist officinell. *Schwefelsaures Natron*, s. *Glaubersalz*. *Unterschwefligsaures Natron* wird aus Sodarückständen oder Glaubersalz bereitet, krystallisirt mit 5 Aeq. Wasser, ist in Wasser leicht, in Alkohol nicht löslich, löst Chlor- und Jodsilber, Malachit und Kupferlasur, dient als Antichlor (s. d.), in der Photographie, Metallurgie, Kattundruckerei, zur Darstellung von Antimouzinnober, Auflingrün. *Salpetersaures Natron*, s. *Chilisalpeter*; *unterchlorigsaures Natron* ist gelöst in Eau de Javelle, s. *Eau* und *Chlorsilber*; *kieselsaures* findet sich in vielen Mineralien, vgl. *Wasserglas*. *Borsaures Natron*, s. *Bor*; *Chlornatrium*, s. *Salz*; *phosphorsaures Natron* dient in der Kattundruckerei als Ersatz des Kuhkothbades, officinell.　　[Kochsalz, s. *Salz*.

Natriumchlorid, s. v. a. Chlornatrium, Natriumoxydhydrat, } s. *Natrium*.
Natron.

Natronkalk, Gemisch von Aetznatron mit Aetzkalk, dient zur Bestimmung des Stickstoffgehalts organischer Körper.

Natronkoaks, Produkt der Verbrennung von Kreosotnatron im Flammofen, welches bei der Verarbeitung des Braunkohlentheers auf Leuchtöle als Nebenprodukt erhalten wird, enthält kohlensaures Natron und wird auf Aetznatron verarbeitet.

Natronsalpeter, s. *Chilisalpeter*.

Natronthal, Thal in Unterägypten, am Nilarm von Rosette, 22 M. lang, 2–5½ M. br., mit 6 Natronseen und 6 kopt. Klöstern.

Natterkopf, s. *Echium*.

Nattern (Colubrini Cuv.), Familie der nicht giftigen Schlangen. *Gemeine Natter, Ringelnatter, Unke* (Tropidonotus natrix L.), 2–4' l., in Mittel- und Nordeuropa. *Vierstreifige Natter* (T. elaphis Shw.), 6' l., grösste europ. Schlange, in Südeuropa. *Gelbliche Natter* (Coluber flavescens Gm.), 5' l., in Süddeutschland, häufig bei Schlangenbad. *Aesculapschlange* (C. Aesculapii Shw.), 3–4' l., bei den Aegyptern Symbol einer wohlthätigen Gottheit.

Natürliches Kind, nuebel. Kind; auch leibl. Kind im Gegensatz zum adoptirten.

Natur (lat., von *nasci*, werden, entstehen), die gesammte Körperwelt, welche den Gesetzen einer unbewussten und unwandelbaren Nothwendigkeit unterworfen ist. Die Beschreibung der Naturkörper ist Gegenstand der *Naturgeschichte*. Die *Naturlehre* beschäftigt sich mit den Naturgesetzen, und beide Disciplinen zusammen bilden die *Naturwissenschaft*, welche die Erkenntniss der ganzen N. anstrebt. Die Naturkenntniss des Alterthums fand in *Aristoteles* ihren

Sammelpunkt. Durch *Baco von Verulam* wurde der Naturforschung ihre wissenschaftl. Basis gegeben. *Linné* war der Begründer der Systematik. Die heutige Forschung ist besonders auf Ergründung des inneren Zusammenhangs der Erscheinungen und der Entstehung und Entwickelung der Naturkörper gerichtet. Dabei wird die Theilung der Arbeit unter den Naturforschern immer weiter getrieben; *Humboldts* „Kosmos" ist der letzte Versuch geblieben, die Gesammtheit des Naturwissens einheitlich vorzuführen.

Natural (lat.), natürlich, alles, was in *natura* geliefert wird (Getreide, Holz etc.). *Naturalien*, Naturerzeugnisse, namentl. als Bestandtheile naturgeschichtl. Sammlungen.

Naturalisation (lat.), Aufnahme eines Fremden in den Staatsverband, vgl. *Indigena*.

Naturalismus (lat.), die Ansicht, wonach der Mensch zu Erkenntniss der religiösen Wahrheiten keiner übernatürlichen Offenbarung, sondern nur seiner natürlichen Gaben, namentl. der Vernunft bedarf; Ausübung einer Kunst nicht nach erlernten Regeln, sondern nach natürlicher Anlage; in den bildenden Künsten die Ansicht, wonach die treueste Nachahmung der Natur deren höchste Aufgabe ist.

Naturdienst, göttliche Verehrung der Naturwesen und Naturkräfte.

Naturell, die auf natürlicher Begabung beruhende Eigenthümlichkeit eines Menschen oder sonstigen Geschöpfes. Vgl. *Temperament*.

Naturlehre, s. *Physik*.

Naturphilosophie, Theil der philosoph. Forschung, welcher die Erscheinungen des gesammten Naturlebens auf ihre Grundprincipien zurückzuführen sucht, beruht auf den Ergebnissen der Naturwissenschaft und der Metaphysik. Vgl. *Schaller* (1841–1845, 2 Bde.).

Naturrecht, s. *Rechtsphilosophie*.

Naturreligion, s. v. a. Naturalismus.

Naturselbstdruck, Verfahren, von flachen Gegenständen (Blättern, Geweben etc.) vermittelst Prägung Druckformen herzustellen; wenig verwendbar.

Nauarch (gr.), Schiffsbefehlshaber. *Nauarchie, Schiffsführung.*

Nauen, Hauptst. des Kreises Osthavelland im preuss. Regbz. Potsdam, am havelländischen Luch, 5742 Ew.

Naugard, Kreisst. im preuss. Regbz. Stettin, 5082 Ew. Schloss (Strafanstalt).

Nauheim, bad. Soolbad in Oberhessen, 6435 Ew.; 2 grosse Sprudel von 26 und 30° R. (der eine 56' b.), ergiebige Saline; Bahnhof.

Naumachie (gr.), Seeschlacht; auch als Schauspiel, sowie das dazu bestimmte Bassin.

Naumann, 1) *Joh. Friedrich*, her. Ornitholog, geb. 14. Febr. 1780 in Ziebigk bei Köthen, Landwirth, später Professor in Köthen; † das. 15. Aug. 1857. Schr. „Naturgeschichte der Vögel Deutschlands" (2. Aufl. 1822–44, 12 Bde.; Nachträge 1846–60); „Taxidermie, (2. Aufl. 1848); „Haushalt der nördl. Seevögel Europas" (1824). — 2) *Karl Friedrich*, her. Mineralog und Geognost, geb. 30. Mai 1797 in Dresden, seit 1826 Prof. in Freiberg, 1842 — 70 in Leipzig. Schr. „Lehrbuch der Krystallographie‘ (1880, 2 Bde.); „Elemente der Mineralogie‘ (3. Aufl. 1871); „Lehrbuch der Geognosie‘ (2. Aufl. 1857—67, 3 Bde.); auch lieferte er eine Karte des erzgebirg. Kohlenbassins (1866).

Naumburg, Kreisst. im preuss. Regbz. Merseburg, an der Saale, 14,700 Ew.; Schloss, Dom (1027 — 1249 erb.); Appellationsgericht, evangel. Domkapitel. Woll-, Leder-, ehem. Fabr., Weinbau und Weinhandel. Messe (seit 1514). — Das Bisthum N., seit 1029 (von Zeitz nach N. verlegt), wurde 1564 in ein evangel. Domkapitel verwandelt.

Naupactus (a. G.), feste Hafenstadt am korinth. Meerbusen, jetzt Lepanto.

Nauplia (Napóli di Romania), feste Seestadt in der griech. Nomarchie Argolis und Korinth, 10,000 Ew., Citadelle und 2 Forts. Ausfuhrhafen; Schwammfischerei. 1824—34 Sitz der griech. Regierung.

Nausēa (lat.), Seekrankheit, Erbrechen.

Nausicăa, Tochter des Alcinous, König der Phäaken, nahm den Ulysses freundlich auf, später Gemahlin des Telemach.

Nautik (gr.), Schifffahrtskunde.

Nautīlus L. (Schiffsboot), Weichthiergattung der Kopffüsser. Perlboot (N. Pompilius L.), in den ind. Gewässern, das Gehäuse dient zur Zierde, zu Trinkgefässen.

Nauvoo City (spr. -wuh-Sitti), Stadt in Illinois (Nordamer.), am Mississippi, 1840 von den Mormonen gegr. und bis 1846 ihr Hauptsitz, damals über 20,000 Ew., jetzt in Verfall.

Navarino (Neokastro), befestigte Hafenst. in der griech. Nomarchie Messenien, 3000 Ew.; in der Bai von N. 20. Okt. 1827 Sieg der engl.-franz.-russ. Flotte über die ägypt.-türk.

Navárra, ehemal. Königr. in Spanien, auf den Vorterrassen der Pyrenäen, jetzt Prov., 190 QM. und 299,654 Ew.; Hauptst. Pampelona. Kam 1284 durch Heirath an Frankreich, 1445 an Johann von Aragonien; seit 1512 span. Ein Theil (Nieder - N.) gehört seit 1589 zu Frankreich (Depart. Niederpyrenäen).

Navassaphosphat (Navassaguano), thonerde- und eisenoxydhaltiger phosphorsaurer Kalk (mit 51,2 % Phosphorsäure) von der Insel Navassa im karaibischen Meer, dient als Dünger, wird bes. auf Superphosphat verarbeitet.

Navigābel (lat.), schiffbar.

Navigation (lat.), Schifffahrt.

Navigationsakte, vom republikan. Parlament in England 9. Okt. 1651 zur Förderung der engl. Schifffahrt erlassenes Gesetz, wonach alle in fremden Erdtheilen erzeugten Waaren nur auf engl. Schiffen nach England und den engl. Kolonien eingeführt und alle aus europ. Ländern herrührenden Waaren nur auf engl. oder dem ausführenden Lande angehörigen Schiffen in England eingeführt werden sollten, 1787 von Seiten Nordamerikas als Repressalie und England nachgeahmt, 1821 und 1825 durch Aufnahme des sogen. Reciprocitätssystems wesentl. gemildert, 15. Nov. 1848, mit Ausnahme der Beschränkungen der Küstenschifffahrt und der Fischerei zu Gunsten des einheimischen Gewerbes, ganz aufgehoben.

Navigationsschulen, höhere Schifffahrts-

schulen, welche für das Steuermannsexamen befähigen, während die Seemannsschulen nur für den Matrosendienst ausbilden. Renommirte N. in Bremen.

Navikularbein, s. v. a. Kahnbein.

Naxos (jetzt Naxia), die grösste der Cykladen, 8,2 QM. und 22,000 Ew.; gebirgig (Zeos, 3000' h.), wasserreich, sehr fruchtbar (Wein und Südfrüchte). Im Alterthum dem Bacchus heilig (Ariadnes Schicksal). Die Hauptst. Naxia, 5000 Ew. Citadelle, Hafen, 1207—1566 Residenz eigner Herzöge aus dem venetian. Hause Sanudo.

Nazaröner, Name der ersten Christen als jüdischer Sekte; in der neueren deutschen Malerei die Anhänger der religiös-romantischen Schule Overbecks.

Nazāreth (Nasrah), Ort in Galiläa, einst Wohnort der Eltern Jesu, 3120 Ew. (¼ Christen). Franciskanerkloster (1620 gegr.).

Neander, Joh. Aug. Wilh., protestant. Theolog, geb. 16. Jan. 1789 zu Göttingen, jüd. Abkunft, seit 1812 Prof. an der Universität Berlin; † 14. Juli 1850 das. Schr.: „Denkwürdigkeiten aus der Geschichte des Christenthums etc.‘ (3. Aufl. 1845—46, 2 Bde.); „Allgem. Gesch. der christl. Religion und Kirche‘ (4. Aufl. 1863—65, 9 Bde.); „Gesch. der Pflanzung u. Leitung der Kirche durch die Apostel‘ (5. Aufl. 1862); „Leben Jesu Christi etc.‘ (5. Aufl. 1852), „Werke‘ (1862— 1845, 13 Bde.). *[beider.*

Neāpel, Königreich, s. Sicilien, Königreich **Neāpel** (Napoli), bis 1860 Hauptstadt des Königr. N., jetzt der ital. Prov. N. (20,2 QM. und 879,949 Ew.), amphitheatralisch am Meerbusen von N., zwischen dem Vesuv im O. und dem Pansilippo im W. gelegen, reichste und belebteste Stadt Italiens, 418,968 Ew.; 5 Kastelle: Castello S. Elmo, C. nuovo, C. del Ovo, C. Capuano und C. del Carmine; prachtvolle öffentl. Plätze: Piazza S. Caterina, Pl. dello spirito santo, Pl. de Plebiscito, Corso Vitt. Emanuele, Pl. del Mercato (Konradin von Schwaben enthauptet) etc.; Hauptstrassen: Strada Toledo (die Pulsader des Verkehrs), Riviera di Chiaja (beliebtester Spaziergang), S. Lucia (Uferstrasse), Strada nuova (Tummelplatz für Wägen und Reiter) u. a. — Kirchen (reich an Kunstschätzen): Kathedrale S. Gennaro (1290 erb.), S. Domenico, S. Chiara (1340 erb.), S. Giovanni a Carbonara (1344 erb.), S. Maria del Carmine (Grabmäler Konradins und Friedr. von Oesterreich) u. a.; zahlr. Paläste: königl. Palast, Schloss Capo di Monte (ehemal. Sommerresidenz), Nationalmuseum (eine der bedeutendsten u. umfangreichsten Kunstsammlungen Europas); Palazzo Cassano, P. Santangelo, Monticelli etc.; grossartiges Armen- u. Erziehungshaus (Albergo dei Poveri) und zahlr. andere Humanitätsanstalten. Bildungsanstalten: Universität (1224 von K. Friedrich II. gegr.), medicin. Kollegium, Bildhauerschule, polytechn. Schule, mehrere Akademien, Sternwarte, botan. Garten, 10 Theater (San Carlo das grösste und schönste). Industrie (neuerdings bed. entwickelt) in Gold-, Seiden-, Korallen- und Bijouteriewaaren, Wollen- und Leinenstoffen, Por-

72*

zellen, Handschuhen, künstlichen Blumen, musikal. Instrumenten und vorzügl. Darmsaiten, Parfümerien, Maccaroni, Gemmen etc. Bed. Handel (Wein, Oel, Mandeln, Schwefel etc.). Die Umgegend mit Villen bedeckt und reich an Merkwürdigkeiten. Im Alterthum *Neapolis*, eine Kolonie der Griechen; wurde unter Karl von Anjou Hauptst. des Reichs N., später bes. durch Peter von Toledo, Vicekönig Karls V., vergrössert und verschönert.

Neapelgelb, s. *Antimon.*

Neapolitanum malum (lat.), s. v. a. Syphilis.

Nearchus, Flottenführer Alexanders d. Gr., führte während dessen Feldzugs nach dem westl. Indien 327—326 v. Chr. die Flotte vom Indus aus durch das erythräische Meer in den persischen Meerbusen, fand in dieser Fahrt die Mündungen des Euphrat und Tigris. Schr. einen Reisebericht ‚Periplus', im Auszug in Arrians ‚Indischer Gesch.' erhalten.

Nebel, Anhäufung von Wasserbläschen, die durch Verdichtung des in der Atmosphäre enthaltenen Wasserdampfes entstanden sind. Die Verdichtung erfolgt bei Abkühlung durch Wärmeausstrahlung gegen den klaren Himmel oder durch einen kälteren Luftstrom. Am häufigsten ist N. ein dem von warmen Meeren umgebenen England. N. in höheren Schichten der Atmosphäre bildet die Wolken.

Nebelbilder, s. *Laterna magica.*

Nebelflecken, wolkenähnliche Gebilde am nächtlichen Himmelsgewölbe, welche nur mit Fernrohren wahrnehmbar und nicht aus einzelnen Sternen zusammengesetzt sind, von unregelmässiger oder regelmässiger (kugel-, ring-, wirbel-, sichelförmiger) Gestalt, s. Th. Doppel- oder mehrfache N., bestehen aus glühender leuchtender Gasmasse, in welcher Stickstoff und Wasserstoff vorwalten. Die planetarischen N. erscheinen als planetarische Scheiben von mattem bläulichen Licht und bilden den Uebergang zu den *Nebelsternen*, mit ziemlich scharf begrenztem hellen Kern und nebelartiger Umhüllung. Die Natur der N. ist erst durch die Spektralanalyse mit Sicherheit ermittelt worden.

Nebenhoden, s. *Hoden.*

Nebennieren (Glandulae suprarenales), flache, etwa 4 Centimeter grosse halbtellerförmige Organe, welche oben und vor den Nieren liegen, aus Mark- u. Rindensubstanz mit sehr reichl. Gefässen und Nerven bestehen, von unbekannter Funktion. Erkrankungen: Blutungen (bei Pocken und Skorbut), Tuberkulose und Krebs. In letzteren Fällen zeigt die Haut der Kranken öfters bronzefarbenes Aussehen (Bronzekrankheit, addisonsche Krankheit).

Nebenplaneten (*Trabanten, Monde, Satelliten*), diejenigen Weltkörper unseres Sonnensystems, welche sich um einen Planeten und mit diesem um die Sonne bewegen: 1 Mond der Erde, 4 des Jupiter, 8 des Saturn, 4 des Uranus und 1 des Neptun.

Nebensonnen und **Nebenmonde,** glänzende, prismatisch gefärbte Lichterscheinungen, welche sich an den Durchschnittspunkten der die Sonne oder den Mond umgebenden farbigen Ringe bilden (s. *Höfe*).

Nebentöne, s. v. a. Aliquottöne.

Nebenwohner, s. *Antipoden.*

Nebraska, der jüngste nordamerikan. Freistaat, westl. von Iowa, 3574 QM. und (1870) 116,888 Ew.; vom Missouri (Grenzfluss) und Platte bewässert, herrl. Prairieland, ganz zur Landwirthschaft geeignet. Hauptstadt Omaha. 1854 als Territorium organisirt, 1867 in die Union aufgenommen.

Nebris (gr., Mehrzahl *Nebriden*), Hirschfell, Bekleidung des Bacchus und der Bacchanten.

Nebukadnesar (gr. *Nabuchodonosor*), König von Babylon 604—561 v. Chr., Sohn Nabopolassars, schlug den ägypt. König Nechao bei Circesium am Euphrat (606), unterwarf Syrien und Palästina, zerstörte 587 Jerusalem, belagerte später 13 Jahre lang Tyrus, verschönerte Babylon durch Prachtbauten.

Nebula (lat.), Nebel; *N. corneae*, Nebelfleck auf der Hornhaut des Auges. *Nebulistisch*, nebelhaft; *nebulös,* nebelig.

Nécessaire (fr., spr. Nessessähr), Besteck; Reisetoilette. (dige Dinge.

Necessaria (lat.), unumgänglich nothwendige Dinge. **Necessitas** (lat.), Nothwendigkeit; Nothstand. *Necessitation,* Nöthigung.

Neckar, rechter Nebenfluss des Rheins, entspr. auf dem Schwarzwald bei Schwenningen (2150' h.), durchströmt Würtemberg über Tübingen, Kannstadt (schiffbar) und Heilbronn in einem tiefgefurchten, oft kesselartig erweiterten, fruchtbaren, im Durchbruche des Odenwaldes (Heidelberg) romantischen Thale, mündet bei Mannheim; 53 M. lang. Nebenflüsse: Kocher, Jaxt, Enz.

Neckarbischofsheim, s. *Bischofsheim* 2).

Neckarkreis, nordwestl. Kreis Würtembergs, 60,4 QM. und 583,994 Ew. (ca. 32,000 Kath.); überaus fruchtbar n. industriereich; 16 Oberämter; Hauptst. Ludwigsburg.

Neckarweine, die Weine des Neckarthals und der Seitenthäler, bes. von Esslingen bis Gundelsheim, leicht und angenehm, dienen vielfach zur Schaumweinbereitung.

Necker, *Jacques*, franz. Finanzmann, geb. 30. Sept. 1732 zu Genf, erst Bankier zu Paris, dann Ministerresident Genfs das., ward 1777 franz. Generaldirektor der Finanzen, 1781 entlassen, Nov. 1788 zum Generalkontroleur und Staatsminister ernannt, beantragte die Berufung der Reichsstände u. gewann grosse Popularität, ward 11. Juli 1789 abermals entlassen, was die Unruhen vom 12.—14. Juli veranlasste. Wieder zurückgerufen, vermochte er den Gang der Revolution nicht aufzuhalten, nahm Sept. 1790 seine Entlassung; † 9. April 1804 zu Coppet. Schr. ‚Compte rendu au roi' (1787); ‚Sur l'administration de N.' (1791); zur Rechtfertigung des Königs ‚Réflexions adressées à la nation française' (1792) u. A. Seine Tochter war Frau von *Staël* (s. d.). Seine Gemahlin, *Susanne*, geb. 1739, † 1794; geistreiche Schriftstellerin.

Nectandra *Roxb.*, Pflanzengattung der Laurineen. N. Puchury major *Ness et Mart.* nud N. Puchury minor *Ness et Mart.*, brasilian. Waldbäume, liefern die Pichurimbohnen.

Nedschd, Landsch. im Innern Arabiens, wenig bekannt, ‚das Vaterland des Pferdes und des Kamels'; mit *Rijad*, Festung und Hauptstadt des Sultans der Wahabiten.

Neefs, *Pieter (der Aeltere)*, bel. Architekturmaler, geb. 1580 zu Antwerpen, † 1651, bes. ausgezeichnet in der Darstellung des beleuchteten Innern von Kirchen.

Neerwinden, Dorf in der belg. Prov. Lüttich, 419 Ew. 29. Juli 1693 *Sieg* der Franzosen über die Holländer und Engländer; 18. März 1793 *Sieg* der Oesterreicher und Preussen (Josias von Koburg) über die Franzosen (Dumourier). [glückstage.

Nefas (lat.), Unrecht. *Nefasti dies*, Un-

Neffen, s. v. a. Blattläuse, Aphidä.

Neftgil, s. *Ozokerit*.

Negation (lat.), Verneinung; *negativ*, verneinend, Gegensatz positiv; *negativer Begriff*, solche, deren Bedeutung auf Verneinung eines anderen beruht (z. B. *Finsterniss* = Abwesenheit von Licht); *negative Grössen*, in der Mathematik anderen (positiven) entgegengesetzte Grössen. Vgl. *Position*.

Negativer Pol, s. *Galvanische Batterie*.

Neger, die Hauptmasse der Bevölkerung Afrikas, zerfallend in zahlr., unter sich sehr verschiedenartige Völkerstämme der äthiop. Race, die südl. vom Senegal, der Wüste und Abessinien ganz Mittel- und Südafrika mit Einschluss von Hoch- und Flachsudan bewohnen, charakterisirt durch schwarze Hautfarbe, krauses Haar, platte Nase, aufgeworfene Lippen etc. (die ächtesten N. zwischen 13. und 6.° n. Br.). Seit 16. Jahrh. starke Ausfuhr von N.n (als Sklaven) nach Amerika, wo jetzt ca. 9 Mill. der äthiop. Race angehören.

Negerhirse, s. v. a. Pennisetum typhoideum.

Neglektion (lat.), Vernachlässigung, Versäumniss. *Neglektengelder*, Strafgelder für Versäumniss. *Negligiren*, vernachlässigen.

Négligé (fr., spr. -scheh), Morgenkleidung.

Négligence (spr. -schange), Nachlässigkeit, *negligent* (spr. -schang), nachlässig.

Negotium (lat.), Geschäft. *Negotiorum gestor*, Geschäftsführer. *Negotiiren*, den Abschluss eines Geschäfts vermitteln. *Negociant* Geschäfts-, Handelsmann; *Négociateur* (spr. -töhr), *Negocianl*, Vermittler, Unterhändler. *Négociation*, Unterhandlung.

Negresse, Negerin.

Negretti, s. *Schaf*.

Negrites (*Papuas, Australneger*), zur oceanischen Race gehöriges wildes und halbwildes Negervolk, auf dem austral. Kontinent, Neuguinea und den Inneren austral. Inselreihe von Neuguinea gegen SO. bis Neukaledonien; unterscheiden sich von den afrikan. Negern durch die Schädelbildung und den schwächern, zum Theil affenähnl. Körperbau; die hässlichsten und rohesten Menschen der ocean. Race, ohne Kleidung und feste Wohnsitze, träge und thierisch.

Negrophil (gr.), Negerfreund.

Negroponte, Insel, s. *Euböa*.

Negus, Name der äthiopischen Herrscher.

Nehemia, vornehmer Hebräer, Mundschenk des pers. Königs Artaxerxes Longimanus, 444—432 v. Chr. als Statthalter in Jerusalem, um den Wiederaufbau der Stadt und des Tempels und am Sammlung der mosaischen Gesetze verdient. Von seiner Thätigkeit handelt das *Buch N.* im A. T.

Neher, *Bernhard*, Historienmaler, geb. 1806 zu Biberach, seit 1846 Prof. in Stuttgart; Werke: Siegeseinzug Ludwigs des Bayern nach der Schlacht bei Ampfing (Isarthor in München), die Gemälde der Goethe- und Schillerzimmer im Schloss zu Weimar u. A.

Nehrung, Name der langen schmalen Halbinseln an der preuss. Ostseeküste; s. *Frisches Haff* und *Kurisches Haff*.

Neidenburg, Kreisst. im preuss. Regbz. Königsberg, an der Neide, 3710 Ew. Strohhut. [betfahr.

Neigung, s. *Inklination*.

Neisse, 2 Nebenflüsse der Oder: die lausitzer N., entspr. oberhalb Reichenberg in Böhmen, durchfliesst die sächs. Oberlausitz mündet unterhalb Guben; 30 M. l. Die, *schlesische (glatzer)* N., entspr. am glatzer Schneeberge, berührt Glatz und die Stadt N., mündet unterhalb Schurgast; 26 M. l. — Die *wüthende* N., Nebenfluss der Katzbach.

Neisse, Kreisst. und Festung im preuss. Regbz. Oppeln, an der glatzer N., 19,051 Ew. (4895 M. Milit.); goth. Jakobskirche, Schloss, Bahnhof; Woll- und Leinweberei, Pulver- und Gewehrfabr., chem. Fabr. gr. Wollmärkte. Dabei Mineralbad *Heinrichsbrunnen.* — N., früher Hauptort des schles. *Fürstenth.* N. (40 QM.), das 1901 an das Bisthum Breslau und 1742 zum grössern Theil (24 QM.) an Preussen fiel. Der österr. (16 QM.) Theil gehört dem jedesmaligen Bischof von Breslau.

Neith, ägypt. Göttin, vornehml. in Saïs verehrt, erscheint neben Phtha als Göttermutter, oft mit Isis identificirt.

Nekation (lat.), Tödtung.

Nekroanstie (gr.), Todtenverbrennung. *Nekrolatrie*, Todtendienst.

Nekrologien (gr.), Todtenbücher, zur Einzeichnung der Namen derjenigen an den betreffenden Tagen, deren Andenken man durch Einschliessung in die öffentl. Fürbitte ehren wollte. *Nekrolog* betitelte *Schlichtegroll* seine 'Nachrichten von dem Leben merkwürdiger verstorbener Deutschen 1790—1800' (1791—1801, 22 Bde.), sowie der *Nekrolog der Deutschen für das 19. Jahrh.*' (1802—1806, 5 Bde.) folgte. Der *Neue Nekrolog der Deutschen* erschien 1823—52 unter F. A. Schmidt, dann unter *Voigts* Leitung.

Nekromantie (gr.), im Alterthum das Heraufbeschwören der Todten, um sie über die Zukunft zu befragen, bes. Art der Wahrsagung. *Nekromant*, Todtenbeschwörer.

Nekropolen (gr.), Todtenstädte, Name der Begräbnissplätze in der Nähe alter Städte; am berühmtesten die ägypt. bei Memphis u. Theben wegen ihrer grossen Ausdehnung.

Nekropompes (gr.), Todtenführer, Beiname

Nekrösis (gr.), s. *Knochenbrand.* [Merkurs.

Nekroskopie (gr.), vgl. *Nekromantie* und *Leichenschau.*

Nektar (gr.), bei den Griechen der Trank der Götter, der Unsterblichkeit verlieh; Honigsaft der Blüthen. *Nektarium*, s. *Honigdrüse.*

Nelke, s. *Dianthus.* [nigdrüse.

Nelken, s. v. a. Gewürznelken (s. d.).

Nelkenpfeffer, s. *Pimenta.*

Nelkenwurz, s. *Geum.*

Nellur (*Nellore*), Stadt in der brit.-ostind. Präsidentsch. Madras, 20,000 Ew. Hafen, Fort.

Nelson, Fluss im brit. Nordamerika, fliesst aus dem Winipegsee, mündet in die Hudsonsbai, 70 M. lang.

Nelson (spr. -s'n), *Horatio, Viscount*, ber. engl. Seeheld, geb. 29. Sept. 1758 zu Burnham-Thorpe (Norfolkshire), ward 1777 Schiffslieutenant, zeichnete sich im amerikan. Krieg aus, ward 1795 Commodore, trug 14. Febr. 1797 in der Schlacht am Kap St. Vincent wesentl. zum Sieg bei, befehligte dann das Blokadegeschwader vor Cadix, vernichtete 17. Aug. 1798 die franz. Flotte bei Abukir, ward zum Baron N. vom Nil erhoben. Die Reaktionspolitik des Hofs von Neapel unterstützend, geleitete er denselben bei der Invasion der Franzosen nach Palermo, führte nach dem Sturz der parthonopeïschen Republik die königl. Familie nach Neapel zurück, befleckte aber seinen Ruhm durch den Bruch der Kapitulation, welche die Republikaner mit dem Kardinal Ruffo geschlossen, von Lady Hamilton [s. d. 2)], in deren Fesseln er lag, dazu angetrieben. Zum Admiral der blauen Flagge ernannt, bombardirte er 1801 Kopenhagen, griff Aug. d. J. vergebl. die franz. Flotte vor Boulogne an, erfocht 21. Okt. über die franz. u. span. Flotte den grossen Seesieg beim Kap Trafalgar, fiel im Kampfe. Biogr. von *Clarke* (neue Ausg. 1843, 3 Bde.), *Southey* (neue Aufl. 1867), *Pettigrew* (1849, 2 Bde.).

Nelumbium *Juss.*, Pflanzengattung der Nymphäaceen. N. speciosum *Willd.*, in Asien und Afrika, mit grossen, nussähnl. Früchten (ägypt. Bohnen), der Lotos der Alten, spielt als Symbol in den Mythologien eine grosse Rolle, wird noch jetzt kaltivirt.

Nemēa (a. G.), Ort in der griech. Landsch. Argolis, mit prachtv. Zeustempel, bekannt durch den *nemeïschen Löwen*, den Hercules besiegte, und die diesem zu Ehren gestifteten *nemeïschen Spiele* (zweimal in jeder Olympiade); jetzt Etuöde mit Tempeltrümmern.

Nemēsis, griech. Göttin der strafenden Gerechtigkeit, auch *Adrastēa* und *Rhamnusia* genannt, dargestellt in sinnender Haltung mit Rad, Zaum, Geisel, Schwert.

Nemi, See bei Rom, trichterförmig, von steilen Waldbergen eingeschlossen.

Nemo (lat.), Niemand.

Nemoralien (lat.), Wald-, Hainfeste.

Nemours (spr. -nuhr), Stadt im franz. Depart. Seine-Marne, 3739 Ew. Bahnhof. Ehemals (s. 1404) Herzogthum, das 1689 der Familie Orléans (s. d.) verliehen ward.

Nenndorf, Badeort im preuss. Regbz. Kassel, Kr. Rinteln, 730 Ew.: Schloss; Nenner, s. *Bruch*. [Schwefelquellen.

Nennwerth, s. *Nominalwerth*.

Nennwort, s. *Nomen*.

Neocomien, s. *Gebirgsformation*.

Neograd, ungar. Komitat, Kr. diesseits der Donau, 79,3 QM.; gebirgig, von der Eipel bewässert; Hauptort Balassa-Gyarmath.

Neográph (gr.), orthograph. Neuerer.

Neologie (gr.), unnöthige Sprachneuerung; neue Lehre auf religiösem Gebiete, mit dem Nebenbegriff des Gefährlichen und Verderblichen; *Neolog*, Verbreiter einer solchen. *Neologismen*, neue Wörter und Redensarten.

Neophobie (gr.), Scheu vor Neuerungen.

Neophyten (gr.), Neugepflanzte, in der alten Kirche die Neugetauften; später die in einen Mönchsorden Neuaufgenommenen.

Neoplasma, s. *Neubildung*.

Neoterismus (gr.), Neuerungssucht, bes. in Staatsangelegenheiten.

Nepal, Land, s. *Nipal*.

Nepenthes *L. (Kannenträger)*, Pflanzengattung der Aroideen, 30 Arten, von Madagaskar bis Neukaledonien, bes. auf Borneo; die Blätter tragen an einer Ranke einen mit Flüssigkeit gefüllten Krug, der bis 15" l. wird und 2' im Umfang erreicht. Warmhauspflanze. [Feste ohne Weingenuss.

Nephalien (gr.), Trankopfer ohne Wein;

Nephelium (gr.), Nebelfleck auf der Hornhaut des Auges; Wölkchen im Urin; weisser Fleck auf dem Nagel.

Nephralgie (gr.), Nierenschmerz, Symptom von Erkrankung der Nieren etc.

Nephrit (*Beilstein*), Mineral aus der Klasse der wasserfreien Geolithe, lauchgrün, grünlichgrau, besteht aus kieselsaurer Magnesia mit kieselsaurem Kalk, in der Türkei, in China etc., dient zu Siegelsteinen, Amuleten, zu Waffen und Hausgeräthen; Werkzeuge aus N. in Gräbern und Pfahlbauten.

Nephritis (gr.), Nierenentzündung, s. *Brightsche Krankheit*. [Osiris und der Isis.

Nephthys, ägypt. Göttin, Schwester des

Nepomuk, *Joh.*, Heiliger, Schutzpatron Böhmens, geb. 1330 zu Pomuk, ward 1381 Domherr, dann Generalvikar zu St. Veit; wahrscheinlich als eifriger Anhänger des prager Erzbischofs Johann von Jenstein in dessen Streit mit König Wenzel auf Befehl des letzteren 20. März 1393 in der Moldau ertränkt; nach der im 15. Jahrh. entstandenen Legende Beichtvater der Königin und 29. April 1383 ertränkt, weil er das ihm von der Königin Gebeichtete dem König zu verrathen sich weigerte; 1729 kanonisirt. Sein prachtvolles Grabmal in der St. Veitskirche zu Prag. Tag 16. Mai. Nach *Abel* ('Legende des heil. N.', 1855) ist die Legende aus Umwandlung der keiserlichen Volkshelden Huss und Ziska in einen kathol. Nationalheiligen entstanden.

Nepos, *Cornelius*, röm. Geschichtschreiber, jüngerer Zeitgenosse Ciceros, † unter Augustus; Verf. der noch vorhandenen 22 'Vitae excellentium imperatorum', eines vielgelesenen Schulbuchs, herausg. von *Nipperdey* (1863) und vielen And.; übers. von *Dehlinger* (1859).

Nepotismus (v. lat. *nepos*, Neffe), Neffengunst, ungerechte Bevorzugung der Verwandten einflussreicher Staatsbeamten bei Verleihung von Aemtern und Würden, bes. von den Päpsten geübt. *Nepoten*, natürl. Söhne u. nächste Anverwandte der Päpste.

Neptūn, altröm. Gott des Meeres und der fliessenden Gewässer, mit dem griech. Poseidon identificirt, danach Sohn des Kronos und der Rhea, Gemahl der Amphitrite, Herrscher des Meeres, hat in dessen Tiefe seinen Palast, fährt mit Amphitrite über die Meereswellen in einem von Rossen gezogenen Wagen, von den Meergöttern umgeben; dem Zeus ähnlich dargestellt mit dem Dreizack.

Neptūn, der äusserste bekannte Planet unseres Sonnensystems mit 7880 M. Aequatorialdurchmesser, 595 — 643 Mill. M. von der Erde entfernt; seine Dichte beträgt ²²/₁₀₀ von der der Erde; er wird von einem Mond umkreist und dreht sich in 164 J. 225 T. 17 St. um die Sonne. [mentgesteine.

Neptunische Gebirgsarten, s. v. a. Sedi-

Neptunismus, geolog. Ansicht, wonach die Erdrinde durch alleinige Mitwirkung des Wassers gebildet worden sein soll, von Werner zuerst aufgestellt; ihre Vertreter *Neptunisten*. Vgl. *Vulkanismus*.

Nequam (lat.), Taugenichts, Nichtsnutz.

Nequitien (lat.), Niedertrautsigkeiten.

Nerbudda (*Nermada*), Fluss in Vorderindien, fliesst westwärts am Südabhange der Vindhyas, mündet in den Golf von Kambay; 130 M. l., 20 M. schiffbar.

Nereïden, schöne Meernymphen, s. *Nereus*.

Neresheim, Stadt im würtemberg. Jaxtkreise, 1161 Ew.; dabei die ehemal. Benediktinerabtei N. (1085 gegr.), seit 1803 im Besitz des Fürsten von Thurn und Taxis.

Nereus, Sohn des Pontus und der Gäa, Gemahl der Doris, Vater von 50 Töchtern (*Nereïden*), wohnt mit diesen in der Tiefe des Meeres, ward von Hercules genöthigt, ihm den Weg zu den Hesperiden zu zeigen.

Néris (spr. Nehri), ber. Badeort im franz. Depart. Allier, 2000 Ew. Sehr kräftige heisse alkalisch-salin. Quellen.

Nerium *L.* (*Oleander, Lorbeerrose*), Pflanzengattung der Kontorten. N. Oleander *L.*, *Rosenlorbeer*, Strauch in Ostindien und den Mittelmeerländern, narkotisch scharf, mit vielen anderen Arten Zierpflanze.

Nero, *Lucius Domitius*, nach der Adoption durch seinen Stiefvater, den Kaiser Claudius, Claudius Drusus genannt, röm. Kaiser 54—68 n. Chr., geb. 37 n. Chr., Sohn des Cnejus Domitius Ahenobarbus und der jüngeren Agrippina, der Tochter des Germanicus, ward 54 von den Prätorianern als Kaiser ausgerufen, ausschweifender, grausamer Tyrann, liess 59 seine Mutter und seine Gemahlin Octavia ermorden, trat öffentlich als Sänger, Schauspieler und Wettkämpfer auf, verfolgte die Christen als angebl. Urheber des gr. Brandes in Rom (64), ward durch Galba gestürzt, tödtete 15. Juni 68 sich selbst; letzter Sprössling aus Cäsars Geschlecht.

Nero antico (ital.), ein schwärzl. Marmor.

Neroliöl, s. v. a. Pomeranzenblüthenöl.

Nerterologie (gr.), Kunde von der Unterwelt.

Nerthus, altgerman. Göttin der Erde, irrthümlich mit Hertha identificirt.

Nertschinsk, Bergwerksstadt in Ostsibirien, Prov. Transbaikalien, an der Schilka, 4000 Ew.; Mittelpunkt des transbaikal. Bergbaus und Hüttenbetriebs.

Nerva, *Marcus Coccejus*, röm. Kaiser 96—98 n. Chr., ward 18. Sept. 96 vom Senat als Kaiser proklamirt, schaffte die Untersuchungen wegen Majestätsverbrechen ab, verbesserte die Rechtspflege, erleichterte die Steuerlast, adoptirte den Trajanus, seinen Nachfolger; † 27. Jan. 98.

Nerven (Nervi), lange weisse Stränge von verschiedener Stärke, die aus Gehirn und Rückenmark entspringen (*centrales Ende*), durch den ganzen Körper sich hinziehen und in Muskeln oder Empfindungsorganen (der Haut, dem Auge, Ohr, der Nase, Zunge, *peripherisches Ende*) enden. Jeder Nervenstrang besteht aus einem Bündel feinster Fasern (*Primitivfasern*) mit zarter Hülle (*Neurilemma*) u. von weicher, gleichförmiger Masse (*Nervenmark*), deren Mitte von einem bandartigen Streifen (*Axencylinder*) durchsogen ist. Letzterer ist der wesentliche Theil der N., verzweigt sich in den Endorganen u. steht im Gehirn u. Rückenmark mit den *Ganglienzellen* (s. *Ganglien*) in Verbindung. Die N. sind *Leitungsorgane*, und zwar: *motorische* N., welche Anregungen zu Bewegungen vermitteln und in den Muskeln enden, und *sensible* N., welche Reize von den peripherischen Theilen (Sinnesorganen) nach Gehirn und Rückenmark leiten und dort zum Bewusstsein bringen. Die motorischen N. erhalten ihre Anregung entweder durch den Willen, oder sie erfolgt auf einen Reiz, der einen sensiblen N. trifft (*Reflexionserregung*). Durchschneidung von N. unterbricht die Leitungsfähigkeit und äussert sich bei den motorischen N. in Lähmung, bei den sensiblen in Empfindungslosigkeit (Anästhesie) der betr. Theile; fortdauernde Reize, wie Druck von Geschwülsten etc. veranlassen das Gegentheil: Krämpfe und Ueberempfindlichkeit (Hyperästhesie). *Erkrankungen der N.* sind bes. Geschwülste an denselben (s. *Neurom, Neuralgie*), Nervenentzündung bes. nach Verletzungen.

Nervenelektricität, die von den kleinsten Theilchen des Nerven erzeugten elektrischen Ströme, sind im Stande, die Magnetnadel abzulenken, chemische Zerlegungen zu veranlassen, Reiz auf andere Nerven und auf Muskeln auszuüben. Wird durch ein Stück eines Nerven ein konstanter elektr. Strom geleitet, so erleidet der ganze Nerv Aenderungen seiner elektromotorischen Eigenschaften u. seiner Erregbarkeit (*Elektrotonus*).

Nervenfieber, s. *Typhus* u. *Nervöse Fieber*.

Nervenschwäche, Zustand von Ueberempfindlichkeit der sensiblen und Sinnesnerven, bes. bei hyster. Frauen; erzeugt Unbehaglichkeit, wird aber oft auch simulirt.

Nervensystem, Gesammtheit der Organe der Empfindung, des Seelenlebens, der Anregung der Bewegung, der Thätigkeiten der Verdauung, Absonderung, der Blutbewegung etc. Als *centrale* Theile des N.s bezeichnet man Gehirn und Rückenmark (s. d.), als *peripherischen* Theil die Nerven (s. d.). Die Vermittelung des vegetativen Lebens (Verdauung, Absonderung etc.) liegt dem Nervus sympathicus ob, einem beiderseits der Wirbelsäule gelegenen Nervenstrang mit vielen Anschwellungen (Ganglien) und Verbindungsästen mit dem Rückenmark. [behaftet.

Nervös (lat.), mit Nervenschwäche (s. d.)

Nervöse Fieber u. **Krankheiten** nannte man früher alle Erkrankungen, bei denen Kopfsymptome (Delirien, Schlafsucht, Krämpfe, Bewusstlosigkeit etc.) in den Vordergrund treten, also z. B. Typhus, Pocken, Scharlach.

Nervus (lat.), Nerv. *N. probandi*, Haupt-

t-eweisgrund. *N. rerum (gerendarum)*, s. v. a.
die Hauptsache, nämlich das Geld.

Nerz, s. *Zobel*.   [Nichtwissen.

Nescio (lat.), ich weiss nicht. *Nesciens, das*

Neschin, Stadt, s. *Njeschin*.

Neski (*Neschi*), die arab. Kurrentschrift.

Nesologie (gr.), Insellehre, Theil der
physikal. Geographie.   [spitze.

Ness, in brit. Lokalnamen s. v. a. Land-

Ness, Fluss im nördl. Schottland, durchfliesst den 5 M. l. *Loch-N.*, mündet bei Inverness in die Nordsee.

Nessel, Brennnessel, s. *Urtica*.

Nesselausschlag, s. *Nesselsucht*.

Nesselrode, *Karl Robert, Graf von*, russ.
Staatsmann, geb. 14. Dec. 1780 in Lissabon,
wo sein Vater, *Max Jul. Wilh. Franz, Graf
von N.* (geb. 1724, † 1810), damals russ. Gesandter war, ward 1807 Gesandtschaftsrath
in Paris, bei den Verträgen zwischen den
Alliirten 1813 und 1814 thätig, unterzeichnete
den pariser Frieden vom 30. Mai 1814, spielte
auf dem wiener Kongresse, sowie auf denen
zu Aachen, Troppau, Laibach und Verona
eine Hauptrolle, glücklicher Vertreter der
Interessen Russlands in den Verhandlungen
mit Griechenland und der Türkei, in der
oriental. Verwickelung 1853 Vertreter einer
friedlichen Politik, zog sich April 1856 von
den Geschäften zurück; † 23. März 1862 zu
Petersburg. Selbstbiogr. (deutsch 1866).

Nesselsucht (*Urticaria*), Hautausschlag mit
Quaddeln, flachen, stark juckenden, meist
bleichen Anschwellungen mit geröteter Umgebung. Ursache: Hautreize, z. B. Brenn-
nesseln, Flohstiche, bei einzelnen Menschen
Genuss mancher Speisen (wie Erdbeeren,
Pilze, Käse), nervöse Einflüsse; tritt bisweilen mit hohem Fieber auf, vergeht meist
ohne ärztlichen Eingriff.

Nesseltuch, ursprünglich feines Gewebe aus
den Fasern der grossen Nessel, jetzt feine
und mittelfeine Battiste und Musseline.

Nestel, Riemen, Band oder Schnur mit
Stift oder blecherner Einfassung am Ende,
zum Behuf leichten Durchziehens. Durch
das *Nestel*- oder *Senkelknüpfen*, die Schürzung eines Knotens in vorgeschriebener
Weise, verbunden mit Hersagen eines Spru-
ches, glaubte man die Zeugungsfähigkeit von
Ehegatten aufheben zu können.

Nestor, Sohn des Neleus, König von Pylos,
betheiligte sich als Greis mit 90 Schiffen am
Krieg gegen Troja, als erfahrener Rathgeber
bei den Griechen hochgeehrt, gelangte
glücklich in seine Heimat zurück; sprichwörtl.
s. v. a. hochbejahrter, erfahrener Mann.

Nestorianer, Anhänger des Nestorius (s. d.),
kirchl. Partei seit der 1. Hälfte des 5. Jahrh.,
gründeten 489 in Persien die Separatkirche
der *chaldäischen Christen* od. *Thomaschristen*,
die bes. in Arabien und Indien sich verbreitete und den Bischof von Ktesiphon als
ihr Oberhaupt (Katholikos) anerkannte. Ein
Theil der N. unterwarf sich 1551 dem päpstl.
Stuhle; dies die *unirten* N. oder *chaldäischen
Christen*, an 90,000 Seelen, mit eigenem
Dogma und griech. Ritus. Die *nichtunirten*
N. haben nur 3 Sakramente (Taufe, Abendmahl und Priesterweihe), etwa 70,000 Seelen.

Nestorius, Patriarch von Konstantinopel
428—431, ward, weil er zwischen der göttlichen und menschlichen Natur in Christo
scharf unterschied, als Leugner der Gottheit
Christi auf der Kirchenversammlung zu
Ephesos 431 abgesetzt; † um 440.

Nestroy, *Joh. Nepomuk*, Schauspieler und
Bühnendichter, geb. 7. Dec. 1802 zu Wien,
seit 1831 am Theater an der Wien das. thätig, seit 1854 Leiter des Karltheaters; † 31.
Mai 1862. Bes. bekannt durch seine Possen
und Zauberstücke; ,Lumpacivagabundus',
,Zu ebener Erde und im ersten Stock' etc.

Netscher, *Kaspar*, Maler, geb. 1639 zu
Heidelberg, in Holland gebildet, † 15. Jan.
1684 im Haag; ber. durch seine Genrebilder.

Nettelbeck, *Joachim*, geb. 20. Sept. 1738
zu Kolberg, war erst Schiffer, liess sich
1782 als Branntweinbrenner in Kolberg
nieder, ward Bürgerrepräsentant, hoch gefeiert wegen seiner aufopfernden Thätigkeit
bei der Vertheidigung des 1807 von den
Franzosen belagerten Platzes; † 13. Juni
1824. Selbstbiogr. (3. Aufl. 1863).

Nettesheim, s. *Agrippa von Nettesheim*.

Netto (ital., d. i. rein), das Gewicht,
welches eine Waare ohne beigegebene Umhüllung hat. *Nettoeinnahme*, reine Einnahme
nach Abzug der Unkosten. *Nettoprodukt*
(*Net-provenu*, fr.), Reinertrag eines Verkaufs, nach Abzug der Provision und Spesen.

Netz (Omentum), Falte des Bauchfells
(s. d.), die vom Quergrimmdarm ausgeht
und sich schürzenartig über die übrigen
Därme hinweglegt (sogen. grosses N.); in
demselben eine zweite Falte (das kleine N.).
Gelangt das N. in einen Bruchsack, so entsteht der *Netzbruch*.

Netze, schiffbarer Nebenfluss der Warthe,
entspr. in Polen, durchfliesst den moorgrün-
digen *Netzebruch*, mündet bei Landsberg.

Netzflügler, s. v. a. Neuropteren.

Netzgewölbe, Gewölbe, dessen zahlreiche
Rippen Ähnlichkeit mit einem Netze haben,
der späteren Gothik angehörig.

Netzhaut, s. *Auge*.

Neu-Almaden, Ort in Kalifornien, bei
San Francisco; ber. Quecksilberminen (Ausbeute 1850—66: 432,315 Flaschen).

Neuarchangel, Stadt, s. *Sitka*.

Neubeck, *Valerius Wilhelm*, Dichter, geb.
29. Jan. 1765 zu Arnstadt, Arzt, † 30. Sept.
1850 zu Altwasser; Verf. des Lehrgedichts
,Die Gesundbrunnen' (1795 u. öfter).

Neuber, *Friederike Karoline*, Schauspielerin, geb. 9. März 1697 zu Reichenbach im
Voigtland, Tochter des Advokaten Weissenborn, entfloh mit dem Gymnasiasten N.,
ging 1718 zur Bühne, seit 1727 an der Spitze
einer Schauspielertruppe in Leipzig; † 30.
Nov. 1760 zu Laubegast bei Dresden. Die
erste deutsche Schauspielerin von Bedeutung, Bundesgenossin Gottscheds gegen die
Hanswurstiaden etc.

Neubildung (Neoplasma), krankhafter-
weise entstehendes Gewebe, Organe oder
Organtheile, den Geweben des normalen
Organismus in Bezug auf Anordnung ihrer
Elemente, Form, Funktion (*Hypertrophie,
Homöoplasie, homologe N.*) gleichend oder von

demselben abweichend (*Heteroplasie, heterologe N.*). Die krankhaften N. sind theils *diffus* oder *infiltrirt*, wenn ihre Elemente keine scharfe Grenze gegen die normalen Theile bilden, theils *umschrieben*, meist in Form kugliger Gebilde (*Geschwülste, Geschwülste*).

Neublau, mit Stärkemehl vermischtes Pariserblau oder mit Indigkarmin gefärbte Stärke, dient zum Bläuen der Wäsche.

Neubrandenburg, Stadt in Mecklenburg-Strelitz, am Tollensesee, 7800 Ew. Marienkirche, Palais. Dabei Lustschl. Belvedere.

Neubraunfels, Stadt in Texas, 2000 Ew.; deutsche Ackerbaukolonie.

Neubraunschweig, brit. Kolonie in Nordamerika, am St. Lorenz, 1272 QM. und (1860) 215,637 Ew.; rauh, aber gesund, reich an Seen und Flüssen, mit dichten Waldungen, im S. kultivirt. Schwunghafter Handel mit Holz und Fischen. Ausfuhr 1865: 1,156,068 £., Einfuhr 1,476,974 £. Hauptstädte: Frederickton, St. John, St. Andrew. Seit 1763 englisch, seit 1784 bes. Kolonialprovinz, 1867 mit der ‚Dominion of Canada‘ vereinigt.

Neu-Breisach, s. *Breisach* 2).

Neubritannien, austral. Inselgruppe, durch die Dampierstrasse von Neuguinea getrennt, etwa 800 QM.; vulkanisch, mit üppiger Vegetation. Die Bevölkerung feindseelige Negritos. Die grössten Inseln N.s *Pivara*, 484 QM., und *Neuirland*, 205 QM.

Neubruch, aus Umrodung von Wald-, Heide- oder Weideboden gewonnenes Ackerland.

Neuburg, Stadt im bayer. Regbz. Schwaben und Neuburg, an der Donau, 8034 Ew.; seit 1508 Hauptstadt des reichsunmittelbaren Fürstenthums N.-Pfalz (*junge Pfalz*, 50 QM.), das 1799 an die Linie Pfalz-Zweibrücken, somit an Bayern fiel.

Neudietendorf (*Gnadenthal*), Herrnhuterkolonie in S.-Gotha, an der Thüringerbahn (Zweigbahn nach Arnstadt), 583 Ew.; Woll- und Baumwollindustrie.

Neue Hebriden, austral. Inselgruppe, nordöstl. von Neukaledonien, etwa 250 QM.; die Bewohner feindseelige Negritos. Grösste Inseln: *Espiritu Santo, Malikolo, Tanna.* 1606 von Quiros entdeckt.

Neuenbürg, Stadt im würtemberg. Schwarzwaldkreis, an der Enz, 2413 Ew.; grosse Sensen- und Siebelfabr.

Neuenburg (*Neufchâtel*), Kanton der südwestl. Schweiz, bestehend aus dem Fürstenthum N. und der Grafschaft Valangin, 14,7 QM. und (1870) 97,286 Ew. (11,329 Kath., 674 Juden); Jurabergland mit dem Neuenburgersee (Lac d'Yverdon, 4½, QM., 450' tief; Abfluss die Zihl; am See kalt. Pfahlbauten). Hauptindustriezweige Uhrenfabr. und Anfertigung gedruckter Kattune. Ehedem Theil von Burgund, kam 1032 an das deutsche Reich, 1707 durch Erbschaft an Preussen, seit 1814 zugleich Kanton der Schweiz, sagte sich 1848 von der Verbindung mit dem preuss. Königshause los, das 26. Mai 1857 auf die Souveränetätsrechte verzichtete. Vgl. Majer, ‚Gesch. des Fürstenthums N.‘, 1857. — Die Hauptstadt N., am Neuenburgersee, 13,181 Ew.; altes Schloss, ausgezeichnete Lehr- und Wohlthätigkeits-

anstalten (David-Pury, † 1786, stiftete dazu 4 Mill. Frcs.); Fabr. für Kattun, Spitzen, Uhren, Spieldosen, Bijouteriewaaren etc.

Neuengland, ebem. (seit Jakob II.) brit. Provinz an der Ostküste von Nordamerika, die jetzigen Staaten Newhampshire, Massachusetts, Rhode-Island, Connecticut und Vermont (die *Neuenglandstaaten*) umfassend.

Neues Testament, s. *Bibel.* [Weinbau.

Neufahrwasser, Flecken an der Mündung der Weichsel in die Ostsee, der Hafen von Danzig (1½ St. davon), 1490 Ew. Neuer Molo, Leuchtthurm, Seebad. [Breisach.

Neuf-Brisac (fr., spr. Nöf-), s. v. a. Neu-Neufchâtel (spr. Nöfschatell), s. *Neuenburg.*

Neufürstliche Häuser, solche, welche auf den Reichstagen Sitz und Stimme hatten, aber nicht im Fürstenkollegium sassen. Vgl. *Altfürstliche Häuser.*

Neufundland, brit.-nordamerikan. Insel, vor dem St. Lorenzbusen, 1891 QM. und 130,000 Ew. (122,638 Weisse); mit Wald bedeckt, reich an Thieren (*neufundländer Hund*); grossartigste Seefischerei der Welt auf den sogen. ‚Stockfischwiesen‘. Steht unter einem Gouverneur; Hauptst. St. Johns. Von G. Cabot entdeckt, seit 1583 britisch.

Neugranäda (*Verein. Staaten von Columbia*), Föderativrepublik in Südamerika, den nordwestlichste Theil desselben, umfasst die 9 Staaten: Antioquia, Bolivar, Boyaca, Cauca, Cundinamarca, Magdalena, Panama, Santander, Tolima, 24,178 QM. und (1864) 2,794,473 Ew. (darunter ca. 1½ Mill. Weisse und 126,000 unabhäng. Indianer). Von den Cordilleren (s. d.) durchzogen, mit Hoch- u. Tiefebenen, und vom Magdalenenstrom, Cauca und Orinoco bewässert, reich an Produkten des tropischen und gemässigten Amerika, auch an Gold (lässig ausgebeutet, jährl. 10—12 Mill. Pesos), Platin (bes. bei Chocó), Silber, Kupfer, Kohlen, Bernstein etc. — *Industrie* beschränkt auf Flechten von Hängematten und Hüten Zuckersiederei, Cigarrenfabr. — *Handel*, trotz der günstigen Lage des Landes, noch unbedeutend: Ausfuhr (ohne den Transithandel) und ca. 8 Mill. Pesos edle Metalle) 1867: 5,464 Mill., Einfuhr 5,525 Mill. Pesos. Hauptexport: Tabak (bes. von Ambalema und Palmira) und Kaffee (bes. von Ocaña). Schiffsverkehr 1867: eingelaufen 703 Schiffe mit 374,713 Tonnen, ausgelaufen 730 Schiffe mit 252,265 Tonnen. Eisenbahnen 14,6 M. (darunter die wichtige über die Landenge von Panama, 10,8 M.). Münze: der neue Peso (Piaster) à 10 Reales (à ½ Frc.); Mass und Gewicht franz. — Religionsfreiheit (kath. Kirche unter 1 Erzbischof u. 5 Bischöfen). — *Konstitution* vom 8. Mai 1863. Exekutivgewalt: Präsident (auf 2 Jahre) und 4 Minister; Legislative: Kammer der Volksrepräsentanten (jetzt 56) u. Senat der Bevollmächtigten (27 Mitgl.).- *Finanzen* (1866): Einnahme 2,715 Mill., Ausgabe 3,030 Mill. Pesos; Schuld 49,646 Mill. Pesos. *Armee* (im Frieden): 1490 Mann; im Kriegsfall vermehrt durch 1% der Bevölkerung. Bundeshauptstadt Bogota.

Erste Niederlassungen (auf dem Isthmus) 1508; darauf 1536—37 Eroberung des Landes durch die Spanier; 1718 Bildung des span.

Vicekönigreichs N., das in die 3 Bezirke Panama, Bogota und Quito zerfiel. Nach der Losreissung von der span. Herrschaft bildete N. mit Venezuela und Ecuador (seit 1819) die Republik Columbia, konstituirte sich aber 1831 wieder als selbständige Republik unter dem Namen N. Seitdem unaufhörliche Parteikämpfe, Revolutionen und Verfassungsänderungen, bis durch Staatsgrundgesetz vom 15. Juli 1858 der frühere Provinzialverband (36 Prov.) aufgelöst und an dessen Stelle erst 8, dann 9 souveräne Einzelstaaten gesetzt wurden, welche durch Unionsvertrag vom 20. Sept. 1861 den Namen ‚Vereinigte Staaten von Columbia‘ führen. 1851 Abschaffung der Sklaverei und Einführung der Religionsfreiheit. Jetziger Präsident: General E. Salzar.

Neugriechen, das die neugriech. Sprache redende Volk, hauptsächlich über das Königreich Griechenland, die südl. Provinzen der griech. Türkei, den griech. Archipel, Kandia und Cypern und die Küsten Kleinasiens verbreitet, sämmtlich Bekenner der oriental.-orthodoxen (daher griech.-kathol.) Kirche. Vgl. *Griechenland*.

Neugriechische Sprache und Literatur. Die neugriech. *Sprache* unterscheidet sich von der altgriech. theils durch fremde Zusätze, theils durch veränderte Bedeutung mancher Wörter, theils durch Verminderung der alten reichen Formen der Deklination (Verlust des Dativs) und der Konjugation sowie durch bedeutende Abweichungen in der Syntax. Sie wurde in ihrer heutigen Gestalt in der 2. Hälfte des 18. Jahrh. bes. durch Korais unter Berücksichtigung des Altgriechischen fixirt; die Aussprache derselben ist im Wesentlichen die sogen. reuchlinische (Itacismus). Grammatiken von *Mullach* (1856), *Peucker* (1863), *Vlachos* (1864) u. A.; Lexikon von *Byzantios* (2. Aufl. 1852), *Kind* (2. Aufl. 1870) u. A.

Die neugriech. *Poesie* zerfällt in Volkspoesie (bes. treffl. Klephtenlieder) und Kunstpoesie. Aeltere Dichter der letzteren: *Th. Prodromos* (Roman ‚Dosikles und Rhodante‘, 12. Jahrh.), *Kornaros* (16. Jahrh., ‚Rhotokritos‘, gr. romant. Epos), der Schäferdichter *Drymitikos* (17. Jahrh.) und der patriot. *Allatios* (‚Hellas‘, 1638); aus neuerer Zeit die Freiheitssänger: *K. Rhigas* († 1798) und *Adam. Korais* († 1833), die Patrioten *Al. Ypsilanti* († 1828) und *Sp. Trikupis* (‚Dimos‘ 1821), der Anakreontiker *Christopulos*, die Dramatiker *J. Sabelios* (‚Timoleon‘, ‚Rhigas‘), *N. Pikkolos* (‚Tod des Domosthenes‘), *Riso-Nerulos* (‚Aspasia‘), der vielseitige *Al. Sutsos* und sein Bruder *Panagiotis Sutsos*, *A. R. Rangawis* (Epiker und Dramatiker), die Lyriker *Th. Orphanidis*, *J. Karasutsos* u. A. — Die wissenschaftl. Literatur erhielt erst seit 18. Jahrh. Pflege, so namentlich die Theologie durch *Th. Pharmakidis*, *K. Oikonomos*; die Philosophie durch *D. Philippidis*, *St.* und *N. Dukas*; die Archäologie durch *Pittakis* und *Rangawis*; die Philologie durch *Korais*, *N. Dukas*, *Asopios* (Syntax), *Z. Pop* (Metrik), *Kontogonas* (Mythologie), *Sk. Byzantios* u. A.; die Geschichte durch *Philippidis*

(‚Geschichte Rumäniens‘), *Surmelis* (‚Gesch. Athens‘), *Philemon* (‚Die Hetärie‘), *Germanos* (‚Freiheitskrieg‘), *Schinas* (‚Gesch. der alten Nationen‘), *Trikupis* n. A.; die Politik durch *Paläologos* (Staatsökon.), *Trikupis* (polit. Reden) u. s. — Vgl. *Rizo-Neralos*, ‚Cours de la littérature grecque moderne‘, 1827; *Ellisen*, ‚Analekten der mittel- und neugriech. Literatur‘, 1855—62, 5 Bde.; *Firmenich*, ‚Neugriech. Volksgesänge‘, 1840; *Kind*, ‚Anthol. neugriech. Volkslieder‘, 1861; *Hahn*, ‚Griech. und alban. Märchen‘, 1864.

Neugrün, s. v. a. Schweinfurter Grün.

Neuguinea (*Papua*), grosse austral. Insel nördl. von Neuholland (dasw. die Torresstrasse), etwa 12,000 QM.; gebirgig (im SO. der Owen Stanley 12,390‘ h., im N. Arfak 8930‘ h.) mit hafenreichen Steilküsten. Die Bewohner, ca. ½ Mill., meist Australneger, den Europäern feindselig, im westl. Innern Ackerbau treibende Harafuren, im NO. Malayen von den Molukken. Der geringe Handelsverkehr in den Händen der Chinesen.

Neuhäusel, Marktflecken im ungar. Komitat Neutra, an der Neutra, 7062 Ew.; ehedem wichtige Festung (1764 geschleift).

Neuhaldensleben, Kreisstadt im preuss. Regbz. Magdeburg, an der Ohre, 5915 Ew.

Neuhaus, Stadt im böhm. Kr. Budweis, 8620 Ew.; Schloss, Gymnas., Baumwollfabr.

Neuhof, *Theodor*, *Baron von*, Abenteurer, geb. 1686, Sprössling einer westphäl. Adelsfamilie, musste aus Köln, wo er studirte, eines Duells wegen fliehen, fiel als span. Offizier als Gefangener in die Hände des Deis von Algier, soll 18 Jahre als dessen Dolmetscher fungirt haben, ward 1735 als Führer algierscher und tunesischer Hülfstruppen nach Korsika gesandt, hier 1736 als *Theodor I.* zum König ausgerufen, musste 1738 bei der Unterwerfung der Insel durch die Franzosen fliehen; † als Flüchtling 4. Dec. 1756 in England. Vgl. *Varnhagen von Ense*, ‚Biogr. Denkmals‘, Bd. 1, 1845.

Neuholland, der austral. Kontinent.

Neuilly (spr. Nöiji), Marktflecken im franz. Depart. Seine, ½ St. von Paris, an der Seine (her. steinerne Brücke), 17,545 Ew.; zahlr. Villen. Das Schloss (Sommerresidenz Louis Philippe) 25. Febr. 1848 zerstört.

Neuirland, Insel, s. *Neubritannien*.

Neukaledonien (*Baladea*), austral. Insel, südwestl. von den neuen Hebriden, 315 QM. und ca. 39,000 Australneger (wild, hässlich, z. Th. Anthropophagen); gebirgig (im SO. bis 3900‘); Steinkohlen. 1853 von Frankreich besetzt und zur Deportationskolonie bestimmt (1867: 1550 Sträflinge). Kolonisirt nur einzelne Punkte, bes. an der Südwestküste; Produkte: Zucker, Kaffee, Reis, Baumwolle. Kathol. Missionen seit 1843. Hauptort: Port de France. Etwas östl. die *Loyalitätsinseln*, 39 QM. und 15,000 Ew.

Neukastilien, s. *Kastilien*.

Neukomm, *Sigismund (von)*, Komponist, geb. 10. Juli 1778 zu Salzburg, Schüler Jos. Haydns, lebte in Petersburg, Brasilien, England; † 3. April 1858 in Paris. Schr. Messen, Psalmen, die Oratorien ‚Berg Sinai‘, ‚Grablegung Christi‘, ‚Ostermorgen‘ etc.

Neukreuzer, nach dem neuen österr. 45-Guldenfuss der 100. Theil eines Guldens.

Neu-Leon, Staat im nordöstl. Mexiko, 676 QM. und 171,000 Ew.; fruchtbar, wenig angebaut; reich an Metallen. Hauptst. Monterey.

Neumann, *Herm. Kentbert*, Dichter, geb. 12. Nov. 1806 zu Marienwerder, seit 1856 Garnisonsverwaltungs-Oberinspektor zu Neisse. Formgewandter Epiker: ‚Des Dichters Herz‘ (3. Aufl. 1859), ‚Nur Jehan‘ (2. Aufl. 1859), ‚Dinarah‘ (1865), ‚Die Atheisten‘ (1865) etc.; schr. auch Lyrisches (‚Lazarus‘, 1858) und Dramatisches. ‚Ges. Dichtungen‘ (1856).

Neumark, Haupttheil der alten Mark Brandenburg, 205 QM. und ca. 340,000 Ew.; Hauptstadt Küstrin; bildet jetzt die Hauptmasse des Regbz. Frankfurt.

Neumarkt, Kreisst. im preuss. Regbz. Breslau, 6318 Ew.; Tabaksbau. Bahnhof.

Neumen (gr.), die im Mittelalter gebräuchl. aus Häkchen, Strichen, Punkten, Kreisabschnitten etc. bestehenden Tonzeichen.

Neunauge (*Lamprete, Bricke*, Petromyzon *Dum.*), Fischgattung der Rundmäuler; *Gemeines* N. (P. fluviatilis *L.*), 1—1½' l., in den europ. Meeren, steigt im Frühjahr zum Laichen in die Flüsse, wird marinirt; *kleines* N. (P. Planeri *Bl.*), 4½—18" l., in allen Flüssen Deutschlands. Beide machen eine Metamorphose durch, Larve der *Querder* oder *Loinaal* (Ammocoetes branchialis *L.*), 6—8" l. *Seelamprete* (P. marinus *L.*), bis 3' l., in den europ. Meeren, steigt zum Laichen in die Flüsse, wohlschmeckend.

Neunkirchen, 1) Fabrikort in Unterösterreich, Kreis unter Wienerwald, an der Schwarza, 5945 Ew. Eisengiesserei, Baumwollspinnerei. — 2) Stadt im preuss. Regbz. Trier, Kr. Ottweiler, 6482 Ew.; Bahnhof; Eisenwerke, Fabr. von Eisenkochgeschirr.

Neuntödter, s. *Würger*.

Neuorleans, Stadt, s. *New-Orleans*.

Neuplatoniker, s. *Alexandrinisches Zeitalter*.

Neuralgie (gr., *Nervenschmerz*), selbständig auftretender Schmerz im Verlaufe einzelner Nerven, der ohne äussere Veranlassung entsteht und ein periodisches An- und Abschwellen erkennen lässt. Ursachen: Verletzungen, Druck von Geschwülsten, Vergiftungen, Infektion mit Malaria (s. d.). Der Verlauf ist chronisch, oft schwinden die N.n alle. Behandlung: bei Malariainfektion mit Chinin; Beseitigung der Ursachen, Anwendung des konstanten galvanischen Stroms; Ausschneiden des kranken Nervenstückes.

Neureuther, *Eugen Napoleon*, Zeichner u. Radirer, geb. 1806 in Bamberg, Prof. an der Akademie zu München; lieferte treffl. Randzeichnungen zu deutschen Dichtungen (Goethes Balladen, ‚Cid‘, ‚Oberon‘, Zedlitz ‚Waldfräulein‘, ‚Dornröschen‘ etc.), auch grössere Bilder (Cornelius und seine Zeitgenossen, ‚s falsche Dirndl u. A.).

Neurilemma, s. *Nerven*.

Neuritis (gr.), Nervenentzündung.

Neurobát (gr.), Seiltänzer.

Neurode, Kreisst. im preuss. Regbz. Breslau, an der Walditz, 6136 Ew. Tuchfabr.

Neurogamie (gr.), Vermählung der Nerventhätigkeit, Bezeichn. des thier. Magnetismus.

Neurologie (gr.), Nervenlehre, Theil der Anatomie, erhielt ihre Ausbildung erst in der neueren Zeit, namentlich durch Fallopia, Eustachius, Bichat, Sömmering, Bell.

Neurom (gr., *Nervengeschwulst*), an dem Nervenstamm sich bildende Geschwulst, besteht meist aus Bindegewebe etc., veranlasst Lähmungen, Hyper- und Anästhesien.

Neuron (gr.), Nerv. (Nervenkrankheiten.

Neuropathologie (gr.); Lehre von den

Neuroptéren (gr., *Netz-* oder *Gitterflügler*), Ordnung der Insekten mit beissenden Mundwerkzeugen, 4 gleichartigen, netzförmig geaderten Flügeln und vollkommener Verwandlung: *Pfriemenhörner* (Libellen, Eintagsfliegen), *Langhörner* (Faltflügler, Plattflügler), *Nager* (Termiten).

Neurósen (gr.), Funktionsstörungen des Nervensystems, bei den Bewegungsnerven Lähmungen und Krämpfe, bei den Empfindungsnerven als Hyper- und Anästhesie, bei dem Organ des Seelenlebens: *psychische* N.

Neuruppin, Kreisst. im preuss. Regbz. Potsdam, am Ruppinersee, 11,711 Ew.; Tuchfabr., Wollspinnerei, Fabr. von Bilderbögen, die durch alle Welttheile gehen.

Neusalz, Stadt im preuss. Regbz. Liegnitz, an der Oder, 5002 Ew. Eisengiesserei, Maschinenbau, Schifffahrt.

Neusatz, Freistadt im ungar. Kom. Bacs, an der Donau, Peterwardein gegenüber, 15,829 Ew. Lebh. Handel nach Deutschland.

Neuschottland (*Nova Scotia*), brit.-nordamer. Kolonie, mit der Insel Cape Breton, zur ‚Dominion of Canada‘ gehörig, 878 QM. und (1869) 382,360 Ew. (meist engl. Ursprungs); Hauptbeschäftigung Landbau und Viehzucht, Fischerei und Handel. Einfuhr 2,833, Ausfuhr 1,744 £.; Hauptst. Halifax. Bildete ehedem mit Neubraunschweig die franz. Prov. *Acadia* (seit 1713 englisch).

Neuseeländischer Flachs, s. *Phormium*.

Neuseeland, austral. Inselgruppe, 245 M. südwestl. vom austral. Kontinent, bestehend aus einer grossen Doppelinsel (dazwischen die Cooksstrasse) und der kleinen Insel Stewart im S.; brit. Kolonie (seit 1840), 4998 QM. mit (1870) 256,369 Bew. (ca. 192,000 Ansiedler, 11,100 M. Garnison). Auf der Nordinsel Mt. Egmont (7800' h.), Ruapahu (8600' h.) u. der Vulkan Tongariru (6100' h.); auf der Südinsel das gletscherreiche Hochland mit Südalpen mit Mt. Cook (12,400' h.) und reichen Goldlagern. Die Ureinwohner *Maori* (nur noch ca. 35,000, im Aussterben begriffen), schöne, starke und bildsame Polynesier, früher Menschenfresser, jetzt meist protest. Christen. Ausfuhr bes. Gold (1857 — 67: 13,810 Mill. £) und Schafwolle. Hauptst. Auckland. Vgl. *Hochstetter*, ‚N.‘, 1863, und ‚Geologie von N.‘, 1864.

Neusibirien, russ. Inselgruppe im N. von Ostsibirien, pflanzen- und menschenleer, merkw. durch ungeheure Mengen von Mammuths-, Büffel- und andern Zähnen und Knochen; 1761 von Lächow entdeckt.

Neusiedlersee, See im westl. Ungarn, von der Leitha umflossen, 7½ QM., 3—15' tief.; das Wasser brackig; auf Soda versiedbar und als Bad benutzt heilkräftig. Geht östl. in den Sumpf Hansag (s. d.) über und verlor nach dessen Austrocknung 1865 sein Wasser, welches neuerlich wiederkehrt.

Neusilber (*Argentan*), Legirung aus 55% Kupfer, 25% Zink und 20% Nickel, fester und fast so dehnbar wie Messing, härter und zäher als Silber, silberweiss mit einem Stich ins Gelbgraue, von schönem Glanz, politurfähig, spec. Gew. 7,1—8,85, ist wenig oxydirbar und verhält sich gegen Essig und Fette fast wie 12löthiges Silber. Es wird zu Platten gegossen, gewalzt und zu allerlei Geräthen verarbeitet, häufig anch galvanoplastisch versilbert (berliner Alfenid). Aehnliche Legirungen sind: chines. Tutenag und Paekfong, Elektrum, Alfenid, Argyroïde, Argyrophän, Semilargent etc. Silberhaltig ist Alpacasilber, Perusilber.

Neusohl, Hauptstadt des ungar. Kom. Sohl, an der Mündung der Bistritz in die Gran, 6150 Ew.; Bischofssitz, Bergstadt, grosse Kupfer- und Eisenwerke.   [Herrschaft.

Neuspanien, Name Mexikos unter span.

Neuss, Kreisstadt im preuss. Regbz. Düsseldorf, ⅛ St. vom Rhein, 12,603 Ew.; Quirinskirche (Rundbogenstil), 13. Jahrh.). Wichtigster Getreidemarkt der Rheinprovinz.

Neustadt, 1) (*N. an der Hardt*) Stadt in der Rheinpfalz, am Hardtgebirge und am Speyerbache, Knotenpunkt der pfälz. Eisenbahnen, 8606 Ew. Fabr. für Buntpapier, Gold- und Silberwaaren; bed. Wein- und Holzhandel. — 2) (*N.-Magdeburg*) Fabrikstadt, ½ St. nördl. von Magdeburg, 17,388 Ew.; zerfällt in die alte (von der Zerstörung 1813 verschonter Theil) und neue N. — 3) Kreisstadt im preuss. Regbz. Oppeln, an der Prudnika, 11,015 Ew.; Lein- und Baumwollwaarenfabr., Färberei, Seidenweberei, Bleichen (Produktion jährl. 1¼ Mill. Thlr.). — 4) Kreisstadt im preuss. Regbz. Danzig, an der Rheda, 3715 Ew.; Kalvarienberg mit 30 Kapellen. — 5) Stadt im preuss. Regbz. Kiel, an der Ostsee, 4074 Ew.; Schifffahrt, Handel. — 6) *N.-Eberswalde*, Stadt im preuss. Regbz. Potsdam, an der Finow, 8044 Ew.; Forstakademie; Stahl- und Eisenwaarenfabr., erdig-salin. Mineralquelle. — 7) (*N. an der Orla*) Kreisst. im S.-Weimar-Eisenach, an der Orla, 4860 Ew. Tuch- und Lederfabr.; dabei Schloss *Arnshaugk*. — 8) *N.-Harzburg*, s. *Harzburg*.   [Köslin, 6364 Ew.

Neustettin, Kreisstadt im preuss. Regbz.

Neustrelitz, Hauptstadt von Mecklenburg-Strelitz, zwischen dem Zierker- und Glombeckersee, 8440 Ew.; in Form eines achtstrahligen Sterns gebaut. Im Schloss Sammlung obotritischer Alterthümer.

Neustrien (*Westfrancien*), Name des westl. Theils des alten Frankreichs im Gegensatz zu Austrasien (s. d.).

Neusüdwales (spr. -wehls), brit. Kolonie im südöstl. Neuholland, 14,518 QM. mit (1871) 501,611 Ew.; grösstentheils Weidedistrikte, etwa 85 QM. unter Kultur. Hauptbeschäftigung: Ackerbau, Viehzucht (Schafe), Bergbau auf Gold (1851 entdeckt), Kupfer und Kohlen. Hauptstadt Sidney. Seit 1788 durch Anlage einer Verbrecherkolonie an der Botanybai in Aufnahme gekommen, allmählig erweitert und europäisirt, 1859 von dem nördlicher gelegenen Queensland getrennt und als bes. Kolonie organisirt. Vgl. *Flanagan*, 'Hist. of New South Wales', 1862.

Neutitschein, Kreishauptstadt in Mähren, im sogen. Kuhländchen, 8645 Ew.

Neutra, ungar. Komitat, Kr. diesseits der Donau, 104,4 QM. und 422,545 Ew. Die *Hauptstadt* N., am *Flusse* N. (zur Waag), 9967 Ew.; Bergschloss; Viehhandel, Weinbau.

Neutral (lat.), keiner von zwei streitenden Parteien zugethan, parteilos. *Neutralität*, Nichtbetheiligung eines Staats am Kriege anderer Staaten. Durch die Neutralitätserklärung verpflichtet sich ein Staat, sich nicht nur nicht am Kriege zu betheiligen, sondern auch nicht durch Subsidien, Lieferung von Kriegsmaterialien, Stellung von Transportmitteln, Gestattung von Werbungen, kriegsbaulichen Anlagen und Truppenbewegungen auf seinem Gebiete einen der streitenden Theile zu begünstigen. Die Anerkennung der von einem Staate erklärten Neutralität seitens der kriegführenden Parteien bringt es mit sich, dass dieselben von dem betreffenden Staate keine Begünstigung fordern dürfen und sich jeder feindseeligen Behandlung seines Gebiets und seiner Angehörigen enthalten müssen. Auch ist der n.e Staat befugt, zu Aufrechthaltung seiner Neutralität geeignete Massregeln zu treffen und sich nöthigenfalls zu rüsten (*bewaffnete Neutralität*). Die durch völkerrechtliche Akte zu solchen Staaten, z. B. Belgien und der Schweiz, verbürgte 'immerwährende' Neutralität soll nur die garantirenden Mächte verpflichten, denselben nicht Eingehung eines Kriegsbündnisses mit einer oder mehreren derselben zuzumuthen, nicht aber denselben jede freiwillige Parteinahme in einem Kriege verbieten.

Neutral, in der Chemie jede Substanz, welche weder das blaue Lackmuspapier röthet noch das rothe bläut, also weder sauer, noch alkalisch reagirt.

Neutralisiren (*abstumpfen, sättigen*), das Säure mit einer Base oder eine Base mit einer Säure so lange versetzen, bis die saure oder die alkalische Reaktion verschwunden ist. Das Resultat ist eine Verbindung der Base mit der Säure, ein Salz.

Neutralsalze, s. *Salze*. [sächl. Geschlecht.

Neutrum (lat.), in der Gramm. s. v. s.

Neuwales (spr. -wehls), brit.-nordamerik. Landstrich im W. der Hudsonsbai.

Neuwerk, zu Hamburg gehörige Insel vor der Elbmündung; Leuchtthurm.

Neuwied, Kreisst. im preuss. Regbz. Coblenz, am Rhein, 8534 Ew.; Schloss des Fürsten von Wied (brasilian. Naturaliensammlung); Erziehungsanstalt der Brüdergemeinde. In der Nähe Schloss *Monrepos*.

Neuwieder Blau, s. v. a. Bergblau, Bremerblau. [Grün.

Neuwieder Grün, s. v. a. Schweinfurter

Newyork, s. *Newyork*.

Nevada, nordamerikan. Freistaat, durch die Sierra Nevada von Kalifornien getrennt, 5972 QM. und (1870) 42,456 Ew.; umfasst das liebliche und fruchtbare Carsonthal neben weiten Einöden; reich an Quecksilber, Blei und bes. Silber (1867 für 20 Mill. Doll.), auch gr. Salzlager. Ausgaben 1867: 46,116 Doll. Im Kongress 1 Repräsentant; 10 Counties. Hauptst. Virginia-City. — 1861 aus dem westl. Theile von Utah als Territorium (mit 6857 Ew.) errichtet, seit 1864 Staat.

Nevers (spr. -währ, das alte *Noviodunum*), Hauptst. des franz. Depart. Nièvre, an der Nièvre und der Loire, 20,700 Ew.; Kathedrale, Schloss; Fabriken für Fayence, Email, Glasperlen, Eisen- und Strumpfwaaren, Chemikalien; Geschützgiesserei für die Marine; Handel mit Wein, Getreide, Eisen, Quincailleriewaaren. Die *Grafsch. N. (Nivernais)*, seit 1588 Herzogthum; der letzte Herzog von N. Mancini-Mazarini, † 1798 zu Paris.

Nevis (spr. Niwis), eine der kleinen Antillen (brit.), 2 QM. und 10,000 Ew. Produkte: Zucker und Kaffee. Hauptort Charlestown.

Newa, Abfluss des Ladogasees zum finn. Meerbusen, durchströmt Petersburg in mehreren Armen, mündet unterhalb der Stadt; 30 Mill. Ganz schiffbar, 7 Monate eisfrei.

Newalbany (spr. Njuahlbéni), Stadt in Indiana (Nordamer.), am Ohio, 14,973 Ew.

Newark (spr. Njuahrk), 1) (*Newon Trent*) Stadt in der engl. Grafschaft Nottingham, am Trent, 11,515 Ew.; schöne goth. Kirche. — 2) Wichtigste Stadt in Newjersey (Nordamerika), am Passaic, 2 M. von New-York, (1870) 105,078 Ew. Bed. Industrie (Wagen-, Leder-, Wachstuch-, Tapeten-, Schmuckwaarenfabr.), reger Schiffsverkehr.

Newbedford (spr. Nju-), Hafenstadt in Massachusetts (Nordamerika), am atlant. Ocean, (1870) 21,320 Ew. Bed. Handelsmarine, bes. Wallfischfahrer (1868 für 4 Mill. Doll. Thran, Fischbein etc.).

Newbrunswick (spr. Njubröns-), Stadt in Newjersey (Nordamerika), (1870) 15,059 Ew.

Newburyport (spr. Njuböripohrt), Hafenstadt in Massachusetts (Nordamerika), am Merrimac, (1870) 13,595 Ew.

Newcastle (spr. Njukássl), 1) (*N. upon Tyne*) Hauptstadt der engl. Grafschaft Northumberland, am Tyne (1357' lange Eisenbahnbrücke), (1870) 133,367 Ew.; ber. durch seine Kohlengruben (25 grosse Werke, am bedeutendsten die von Wallsend u. Hartley; jährl. Produktion 24 Mill. Tonnen), grossartige Maschinenfabriken und Eisengiessereien, Glashütten, ebem. Fabr., Schiffbau, Schifffahrt. Ausfuhrhafen Sunderland. — 2) (*N. under Lyne*) Stadt in der engl. Grafschaft Stafford, am Grandtrunkkanale, 12,938 Ew.; Hauptmarkt für das stafforder Töpferland. [gefängniss in London.

Newgate (spr. Njugebt), das Kriminal-

Newhampshire (spr. Njuhämschir), nordamerikan. Freistaat, Gruppe der Neuenglandstaaten, 436 QM. und (1870) 317,710 Ew.;

liebliches Hügelland, vom Merrimac bewässert („nordamerikan. Schweiz" mit Mount Washington, 5690' h., und dem pittoresken Winipiseogee-See), bes. zur Viehzucht geeignet; Klima gesund, aber streng. Schwunghafte Industrie (Baumwoll- und Wollfabr., Eisengiesserei etc.); Handel über Portsmouth und Boston. Ausgaben (1867): 3,036,399 Doll., Schuld (1871) 2,360,088 Doll. Im Kongress 3 Repräsentanten; 10 Counties; Hauptst. Concord. Erste Ansiedelung 1623, seit 1679 brit. Provinz; seit 1776 Unionsstaat.

Newhaven (spr. Njuhöwn), Hafenstadt in Connecticut (Nordamer.), am Long-Island-sund, (1870) 50,840 Ew.; Yalecollege (die zweitbedeutendste Univers. Nordamerikas); Industrie in Wägen, Waffen, Uhren, Leinen-, Baumwollenwaaren; bed. Seehandel.

Newjersey (spr. Njndschörsib), nordamer. Freistaat, 356 QM. und (1870) 903,044 Ew. (holländ., deutscher und engl. Abkunft); im N. Bergland, im S. flacher, sandiger Küstenstrich. Haupterwerbszweige Landwirthschaft, Garten- und Obstbau (vorzügl. Cider) und Viehzucht, auch metallurg. Industrie; Seehandel und Schifffahrt unerheblich. Konstitution von 1844. Ausgaben (1867): 434,929 Doll., Schuld (1870): 2,808,900 Doll. Im Kongress 5 Repräsent.; 21 Counties. Hauptst. Trenton. Zuerst von Holländern besiedelt, seit 1664 englisch, seit 1776 Unionsstaat.

Newlondon (spr. (Nju-), Hafenstadt in Connecticut (Nordamerika), an der Thames, unweit deren Mündung in den Long-Island-sund, (1870) 9576 Ew. Wallfischfang.

New-Orleans (spr. |Nju-Orlihns), befestigte Hafenstadt in Louisiana (Nordamer.), links am Mississippi, 25 M. von dessen Mündung, (1870) 191,521 Ew. (sehr gemischt); von Morästen umgeben, aber durch Dämme (Promenaden) vor Ueberschwemmung geschützt; zerfällt in die enge Altstadt und die modernen Vorstädte; Univers. (1849 gest.). Zweitwichtigster Handelsplatz der Union und Haupthafenplatz am Golf von Mexiko; in regster Dampfschiffverbindung mit den nordamerikan. Häfen und Europa (auch Hamburg). Grösster Baumwollmarkt der Erde (jährl. 160 Mill. Thlr.); andere Exporte Tabak, Zucker, Mais, Weizen, Schweinefleisch. 1717 von den Franzosen gegründet; im Bürgerkriege April 1864 von den Truppen und der Flotte der Union genommen.

Newport (spr. Njnpohrt), 1) Hafenstadt in der engl. Grafsch. Monmouth, am Usk, 23,249 Ew. Kohlen- und Eisenausfuhr. — 2) Befest. Hauptst. der engl. Insel Wight, am Medham, 7934 Ew. — 3) Feste Hafenstadt in Rhode-Island (Nordamerika), (1870) 12,521 Ew.; Baumwollfabr., Bleibütten; starke Fischerei.

Newredsandstone (spr. Nju-), zoolog. Formation in England, entspricht dem deutschen Rothliegenden und bunten Sandstein.

Newry (spr. Njuri), Hafenst. in der irischen Grafsch. Armagh, 11,436 Ew. Leinenindustrie, Glasmanufaktur, Eisengiessereien.

Newstead-Abbey (spr. Njusted-Aebbi), prächt. Landsitz (ehem. Abtei) in der engl. Grafsch. Nottingham, am Lynn, einst Lord Byrons Besitzung.

Newton (spr. Njubt'n), *Isaak*, *Sir*, Begründer der neueren mathem. Physik und der physischen Astronomie, geb. 5. Jan. 1643 zu Woolsthorpe in Lincolnshire, ward 1669 Prof. der Mathematik in Cambridge, 1699 königl. Münzmeister, 1703 Präsident der Royal Society; † 31. März 1727 in London. Entdeckte die Methode der Fluxionen, die Zusammensetzung des Lichts, das Gravitationsgesetz, die Theorie der Lichtbrechnng, der Schallfortpflanzung und der Wasserwellen, baute das erste Spiegelteleskop. Sein Hauptwerk ‚Philosophiae naturalis principia mathematica‘ (1686, mit Kommentar 1739—42, 3 Bde., zuletzt vollständig 1802). ‚Opera omnia‘ (1779—85, 5 Rde.). Biogr. von *Brewster* (1831, 1858, 2 Bde.); ‚Correspondance‘ von *Eddlestone* (1850).

Newyork (spr. Nju-), nordamerik. Freistaat, am atlant. Ocean, 2210 QM. und (1870) 4,574,703 Ew. (58,000 Farbige), von Zügen der Alleghanies erfüllt, vom Hudson bewässert, im NO. der Champlainsee, an der Küste die Insel Long-Island; der bevölkertste, reichste und gleichsam tonangebende Staat der Union. Landwirthschaft und Industrie gleich ausgedehnt und schwunghaft betrieben; der Handel N.s der bedeutendste der Union. Ausfuhr (1865): 247,487, Einfuhr 175,988 Mill. Doll. Ausgelaufen: 11,079 Schiffe mit 3,561 Mill. Tonnen, eingelaufen 11,595 Schiffe mit 3.879 Mill. Tonn. Eisenbahnen 603 M., Kanäle 186 M. (Erie- und Champlainkanal). Ausgaben (1867): 20,704, Schuld (1870): 38,642 Mill. Doll. Im Kongresse 2 Senatoren und 31 Repräsentanten. 60 Counties. Officielle Hauptst. Albany. — Ursprünglich niederländ. Kolonie (Novum Belginm), 1664 von den Engländern erobert, einer der 13 ältesten Unionsstaaten (seit 1776).

Die *Stadt* N., grösste Stadt Amerikas und Hauptbandelsplatz der Verein. Staaten, auf der Manhattaninsel, an der Mündung des Hudson, (1870) 922,292 Ew. (1731: 4622, 1850: 515,647 Ew.), mit den jenseitigen Vorstädten Brooklyn, Williemsburg, Hoboken etc. über 1½ Mill. Ew. Zahlr. *Plätze* und Spaziergänge: auf der Südspitze die Battery an der Bai, nördl. der Park, viele Squares in der übrigen Stadt; prächtige *Central-Hauptstrassen:* der Broadway (die grosse Pulsader des Verkehrs), Pearl Street und Maiden Lane (Centrum für das Geschäft in Schnitt- und kurzen Waaren), Southstreet (Mittelpunkt der Rhederei), Waterstreet und Frontstreet (Kolonialwarenhändler u. Kommission), Wallstreet (Sitz der Finanzwelt), fifth Avenne (Wohnsitze und Corso der fashionablen Welt). — *Gebäude:* City-Hall (Lokal der städt. Behörden), Börse (nach dem Parthenon), Zollhaus, die goth. Dreifaltigkeitskirche (im Ganzen ca. 300 Kirchen), das Arsenal, grossartige Hotels (Astorbouse, St. Nicolas, Metropolitanhotel u. a.); Croton-Wasserleitung 9 M. lang (tägl. 40 Mill.Gall.). — *Bildungsanstalten:* Universität (1831 gegr.), Columbiacollege (1764 gegr.), freie Akademie, bed. Bibliotheken, Bibel- oder Traktatgesellschaft, zahlr. Buchhandlungen und ausgebreitetste Journalliteratur. — Die *Industrie* unterhält über 3000 Fabrik-

etablissements (bes. für Maschinen, Tischlerwaaren, Pianofortes, Schiffe). — Der *Handel* N.s nur von London, Liverpool und Hamburg übertroffen. Im Hafen (durch Forts geschützt) stets 6—800 Schiffe aller Flaggen und jährl. Verkehr von über 8000 Schiffen. Import 1869: 306,853 Mill. (⅓ Webstoffe), Export 227,888 Mill. Doll. Direkter Verkehr mit allen grossen Seebäfen der Welt. Hauptziel der Einwanderung (1847 — 67: 3,343 Mill. Köpfe, darunter 1,488 Mill. Irländer, 1,317 Mill. Deutsche). Die Umgebung reizend, die Ufer des Hudson und die der Südspitze gegenüber liegende Insel Staten Island mit Villen und Anlagen bedeckt. — 1612 von Holländern gegründet (Neuamsterdem), nach der Eroberung durch die Engländer N. genannt.

Nexus (lat.), Zusammenhang, Verbindung, Geschäfts-, Lehnsverbindung.

Ney, *Michel*, *Herzog von Elchingen*, *Fürst von der Moskwa*, franz. Marschall, geb. 10. Jan. 1769 zu Saarlonis, trat 1787 in die franz. Armee, zeichnete sich 1794 unter Kleber aus, ward 1796 Brigadegeneral, 1799 Divisionsgeneral, focht 1800 unter Moreau. Bei Errichtung des Kaiserthrones zum Marschall ernannt, schlug er 10. Okt. 1805 den Erzherzog Ferdinand bei Günzburg und veranlasste durch seinen Sieg bei Elchingen die Kapitulation von Ulm. Nicht weniger ruhmvoll focht er 1806 und 1807 im Feldzug gegen Preussen, sowie 1808 in Spanien. 1812 Oberbefehlshaber des 3. Armeecorps, zeichnete er sich bei Smolensk und an der Moskwa aus und befehligte auf dem Rückzug die Nachhut des Hoeres, focht 1813 bei Lützen, Bautzen und Dresden, ward bei Dennewitz von Bülow geschlagen. Nachdem er bei Leipzig und im Feldzug 1814 die höchste Ausdauer bewiesen, unterwarf er sich Ludwig XVIII., ward zum Pair und zum Oberbefehlshaber der 6. Militärdivision ernannt. Nach der Rückkehr Napoleons von Elba rückte er demselben entgegen, ging dann an ihm über und focht bei Quatrebras, dann bei Waterloo mit verzweifeltem Muthe, ward nach der Kapitulation von Paris geächtet, zu St.-Alban verhaftet, von der Pairskammer 6. Dec. 1815 zum Tod verurtheilt und 7. Dec. erschossen. Schr. ‚Mémoires‘ (1833).

Ngami, Binnensee in Südafrika, im N. der Kalihariwüste, 3450′ üb. M., 14 QM.; 1849 von Livingstone und Murray entdeckt.

Niagara (spr. Neiähgärä), der Verbindungsstrom zwischen dem Erie- und dem Ontariosee, auf der Grenze zwischen Canada und Newyork, 7 M. l., bildet 1 M. unterhalb der Insel Grand-Island den grossartigsten Wasserfall der Welt, durch die *Ziegeninsel* in zwei ungleiche Arme getheilt: den östl. oder amerikan. Fall (1069′ br., 153′ h.) und den westl. *Horseshoefall* (2000′ br., 144′ h.). ½ M. oberhalb eine Hängebrücke für Eisenbahn und Wägen, 235′ über dem Wasserspiegel.

Niam-Niam, angebl. geschwänzte Menschen im Innern von Afrika.

Nibelungenlied (*Der Nibelunge Nôt*), mittelhochdeutsches Volksepos, die ‚deutsche Ilias‘ genannt, behandelt auf dem Grund alter Sagen und Volksgesänge die Geschichte einer altburgund. Heldenfamilie, zerfällt in 2 Hälften (Siegfrieds Tod und Chriemhildens Rache), ausgezeichnet durch eiufache Grösse, wirkungsvolle Komposition, grossartige Charakterzeichnung, mächtige, stets wahre Leidenschaft; stammt in seiner jetzigen Form aus der Zeit von 1175 bis 1200; zuerst von *Bodmer* (1751) und von *Müller* (1782) aus Licht genogen, jetzt in mehreren und verschiedenen Handschriften vorliegend. Ueber die Entstehung des Gedichts (nach *Lachmann* blosse, durch mehr oder minder geschickte Interpoisionen verbundene Aneinanderreihung alter Lieder) und den unbekannten Verf. oder Ueberarbeiter (nach *Fr. Pfeiffer* der Kürenberger, nach *Mosler* Friedr. von Hausen) noch ungeschlichteter Streit. Ausgaben von *Hagen* (1810), *Lachmann* (4. Aufl. 1867), *Vollmer* (1845), *Hahn* (1851), *Schönhut* (3. Aufl. 1862), *Zarncke* (4. Aufl. 1871), *Holtzmann* (2. Aufl. 1865). Uebersetzungen von *Simrock* (17. Aufl. 1867), *Marbach* (1867), *Bartsch* (2. Aufl. 1870) u. A. Vgl. *Lachmann*, ,Ueber die ursprüngl. Gestalt des N.s', 1816; *von der Hagen* (1819), *Rosenkranz* (1829), *Müller* (1841 und 1845), *Twam* (1862), *Bartsch* (1865). Gegen Lachmann: *Holtzmann* (1854 und 1855), *Zarncke* (1854 und 1857), *Herrmann* (1855), *Fischer* (1859). Für Lachmann: *Müllenhoff* (1855), *Rieger* (1855), *v. Lilhncron* (1856), *Pusch* (1863).

Nicãa, im Alterthum blühende Stadt in Bithyuien, 1200—61 Hauptstadt des von Th. Laskaris gegr. griech. Kaiserthums, seit 1330 türkisch (*Isnik*). Kirchenversammlungen 325 gegen die Arianer (*nicänisches Symbolum*), 787 gegen die Bilderstürmer.

Nicarágua, mittelamerikan. Freistaat, 3756 QM. u. 400,000 Ew.; im SW. Niederung mit dem Managna- und dem *Nicaraguasee* (190 QM., nur 124' üb. M., Abfluss der San Juan zum Antilleumeer), im Uebrigen Abfall der Tafelländer von Costa-Rica und Honduras; am Antillenmeer die Mosquitoküste. Temperatur meist zwischen 20 und 25° R. Produkte: Zuckerrohr, treffl. Kakao, Baumwolle, alle trop. Pflanzen, auch Gold und Silber (namentl. bei Choutales, neuerdings entdeckt). Die Bevölkerung 1/3 Ladinos, 1/3 Iudianer, 1/6 Mulatten und Schwarze. Kathol. Bischof in Leon. Konstitution vom 19. Aug. 1858. Präsident (gegenwärtig F. Gusman) auf 4 Jahre, mit Senat und Deputirtenkammer. Einkünfte 1865: 632,471 Doll., Ausgaben 680,120 Doll. Staatsschuld 4 Mill. Doll. Die militär. Verhältnisse unbekannt. Einfuhr (1865) 1,144 Mill. Doll., Ausfuhr 792,000 Doll. 4 Departimentos. Hauptstadt Managua, früher Leon. — 1521 durch Gil Gonzales de Avila entdeckt, riss sich 1821 von Spanien los, trat 1823 dem Bunde der Vereiu. Staaten von Mittelamer ka bei, seit 1833 selbständ. Staat. Schauplatz wiederholter Revolutionen. 1855 — 57 die Flibustierzüge des Oberst Walker.

Niccolini, *Giovanni Battista*, ital. Dichter, geb. 31. Okt. 1785 bei Pisa, Prof. an der Akademie zu Florenz, † das. 20. Sept. 1865. Hauptvertreter der modernen ital. Tragödie, schr. bes. vaterländ.-histor. Stücke (,Arnaldo da Brescia', ,Antonio Foscarini', ,Giovanni da Procida', ,Filippo Strossi' u. A.).

Nice (fr., spr. Nihs), Nizza.

Nicer, röm. Name des Neckar.

Nichtigkeit, s. *Nullität*.

Nichtigkeitsbeschwerde, Rechtsmittel, wodurch ein ergangenes gerichtl. Erkenntniss als nicht vorhanden dargestellt wird, weil es der gesetzl. Gültigkeit ermangelt, bezweckt Kassirung des Urtheils und Wiederholung des Verfahrens.

Nicias, athen. Staatsmann und Feldherr, vermittelte 423 v. Chr. einen 15jähr. Frieden mit Sparta, nahm als Flottenführer an der Expedition nach Syrakus Theil, ward auf dem Rückzug durch Sicilien getödtet.

Nickel, Metall, steter Begleiter des Kobalts, findet sich mit Arsen verbunden im Kupfernickel, Weissnickelkies und Nickelglanz, mit Antimon im Antimonnickel und im Nickelantimonkies, oft in Magnetkies, Schwefelkies, Kobaltspeise in Kupfererzen, stets im Meteoreisen etc.; wird nach vorhergehendem Koncentrationsschmelzen mit Schwefeleisen oder Arsen auf trocknem oder nassem Wege dargestellt und kommt in kleinen Würfeln oder mit Kupfer legirt in Scheiben in den Handel. Produktion: im Zollverein (Sachsen, Nassau, Hessen, Siegen) 6500 Ctr., Oesterreich 1800, Belgien 900, Frankreich 650 Ctr. Verwendung zu Legirungen (Neusilber, Münzen). N. ist fast silberweiss, stark glänzend, politurfähig, dehnbar, fast so weich wie Kupfer, zäh, schweissbar, magnetisch, spec. Gew. 8,2—9,2, Aeq. 29, schmilzt bei 2000° C., hält sich an der Luft, ist in Schwefel- und Salzsäure schwer, in Salpetersäure leicht löslich (mit grüner Farbe) und in seinen Verbindungen dem Kobalt sehr ähnlich. Nickeloxyd findet in der Glas- und Porzellanmalerei Verwendung, die Lösung von Nickeloxydulhydrat in Ammoniak löst Seide, aber nicht Cellulose (Baumwolle), schwefelsaures Nickeloxydul dient in der Galvauoplastik zum Vernickeln anderer Metalle.

Nickellegirungen, Mischungen von Nickel mit Kupfer zu Münzen, bes. mit Kupfer und Zink, Neusilber und ähnl. Kompositionen.

Nickhaut (*Blinzhaut*), dünnes, halbdurchsichtiges, drittes Augenlid der Vögel, kann sich vom innern Augenwinkel über das ganze Auge ziehen.

Nicolai, 1) *Christoph Friedr.*, Schriftsteller, geb. 18. März 1733 in Berlin, Buchhändler das., Freund Lessings und Mendelssohns, seit 1784 Mitglied der münchener, seit 1790 auch der berliner Akademie; † 8. Jan. 1811. Begründete die Zeitschriften ,Bibliothek der schönen Wissenschaften' (s. 1757), ,Literaturbriefe' (1759 — 66) und ,Allgem. Deutsche Bibliothek' (1765 — 96); schr. die Romane ,Sebaldus Nothanker' (1773—76, gegen Orthodoxie und Unduldsamkeit), ,Die Freuden des jungen Werther etc.' (1775, gegen Goethe), ,Gesch. eines dicken Mannes' (1794, gegen die Originalgenies), ,Sempron. Gundibert' (1798, gegen die kautsche Philosophie); ,Reise durch Deutschland etc.' (1783 — 96, 12 Bände), biographische Werke über

E. v. Kleist (1760), Abbt (1767), Möser (1799)
u. A. Biogr. von *Göckingh* (1890). — 2) *Otto*,
Komponist, geb. 9. Juni 1810 in Königsberg,
Schüler von B. Klein in Berlin, seit 1848
daselbst Hofkapellmeister; † 11. Mai 1849.
Zahlr. Opern (Hauptwerk „Die lustigen
Weiber von Windsor'), Kirchensachen, Sym-
phonien etc. Biogr. von *Mendel* (1866).

Nicomedia (a. G.), Hauptstadt Bithyniens,
an der Propontis, später öfters Residenz
der röm. Kaiser; jetzt Ismid.

Nicosia, 1) Stadt auf Sicilien, westl. vom
Aetna, 14,251 Ew. — 2) (*Leukosia*, *Lefkod-
scha*) Hauptstadt der Insel Cypern, an der
Nordküste, 15,000 Ew. Griech. Erzbischof;
Fabr. in Seide, Leder und Baumwolle.

Nicotiana, s. *Tabak*.

Nidda, Kreisstadt in der hess. Prov. Oberhessen, am *Fluss N.* (zum Main), 1704 Ew.

Nidifikation (lat.), Nesterban.

Nidor (lat.), Brodem, brenzlicher Geruch;
fauliger Geruch beim Aufstossen aus dem
Nidwalden, s. *Unterwalden*.   [Magen.

Niebuhr, 1) *Karsten*, geb. 17. März 1733
zu Lüdingworth im hannöv. Lande Hadeln,
trat 1760 als Ingenieurlieutenant in dän.
Dienste, bereiste im Auftrag der Regierung
Arabien; † als Etatsrath 26. April 1815. — 2)
Barthold Georg, ber. Geschichtsforscher und
Kritiker, geb. 27. Aug. 1776, Sohn des Vor.,
trat 1806 aus dem dän. in den preuss. Staatsdienst über, ward 1808 Staatsrath und im
Finanzministerium beschäftigt, 1816 preuss.
Gesandter zu Rom, hielt seit 1823 in Bonn
akadem. Vorlesungen; † 2. Jan. 1831. Hauptwerk „Röm. Geschichte' (1811—32, n. A. 1853),
epochemachend in der Behandlung der röm.
Gesch. u. der histor. Forschung überhaupt,
fortges. vom Engländer *Schmitz* (1844, 2 Bde. ;
deutsch von *Zeiss* 1844—46); „Beschreibung
der Stadt Rom' (1830—37, 4 Bde.); „Kleine
histor. Schriften' (1828—43, 2 Bde.). Nach
seinem Tode erschienen seine „Histor. und
philolog. Vorträge' (1846—58, 8 Bde.) und
seine „Gesch. des Zeitalters der Revolution'
(herausg. von *M. Niebuhr* 1845, 2 Bde.).
Begründete mit *Böckh* und *Brandis* 1827 das
„Rheinische Museum für Philologie'. Biogr.
von *Susanne Winkworth* (1852, 3 Bde.). Vgl.
Mejer, „Erinnerung an N.', 1867. — 3) *Marcus
Karstens Nikolaus von N.*, preuss. Staatsmann,
geb. 1. April 1817 zu Rom, Sohn des Vor.,
vor 1848 eifriger Vertreter der liberalen
Reformen Friedrich Wilhelms IV., dann
eifriger Anhänger der Adelspartei und Begründer der konservativen Presse, ward
1854 Kabinetsrath und Staatsrath; †, seit
1857 geisteskrank, 1. Aug. 1860 zu Ober-
weiler bei Badenweiler. Schr. „Gesch. Assurs
und Babels' (1857).

Niederalpen, Depart., s. *Oberalpen*.

Niederbayern, bayer. Regbz., der östl.
Theil des Landes zu beiden Seiten der Donau,
196 QM. n. 594,511 Ew. (3136 Prot., 56 Israel.);
im N. gebirgig u. rauh, sonst Hügelland u.
getreidereiche Ebene. Hauptstadt Landshut.

Niederbronn, Ort im Elsass, bei Hagenau;
26. Juli 1870 erster Zusammenstoss der Deutschen (würtemberg.-bad. Rekognoscirungs-
patrouille) mit den Franzosen.

Niederdeutsch, s. v. a. plattdeutsch.

Niederdruckmaschine, s. *Dampfmaschine*.

Niederländische Sprache und Literatur.
Die niederl. *Sprache*, ein Zweig des Niederdeutschen, im Mittelalter aus der Verschmelzung der Sprache der alten Franken
mit der der Sachsen hervorgegangen, zerfällt
in 2 Hauptmundarten: die *flämische Sprache*
(s. d.) im S. (Flandern und Brabant) und
die eigentl. *holländische* im N.; letztere seit
16. Jahrh. In ihrer jetzigen Gestalt ausgebildet, Schrift- und Amtssprache des Landes.
Aelteste Denkmäler: Stadtrechte und Chroniken, Nachbildungen ausländischer roman.
Dichtungen; Bibelübersetzung (Delft 1477).
Grammatiken von *Weiland* (1805), *Ahn* (1839),
Brill (1864), *Groot* (1868) etc.; Lexikon von
Weiland (1799 — 1811, 11 Bde.), *Tross-Over-
mann* (1837), *Mieg* (1867), *Alvold* (1870 ff.) u. A.

Die *poetische Literatur* hat ihrem Entstehen
beeinflusst einestheils von der franz. (Kunst-
poesie), anderntheils von der deutschen
Dichtung (Volkspoesie). Das Hauptzeug-
niss der niederl. Volksdichtung ist das
Thierepos von Reineke (Reinhard) Fuchs
(s. d.); ausserdem Volkslieder. Vater der
niederl. Kunstdichtung (nüchtern lehrhaft):
Jak. von Maerlant († 1300, Reimchronik,
„Wapen Martijn' etc.; seine Nachfolger die
Reimchronisten *Jan van Heelu*, *Clerc*,
Stocke u. A.; *Willem van Hildegaersbergh*
(† 1400, „Sente Gertrudem minne'); daneben
Spruchgedichte („Laienspiegel', das „Dietsche
Doctrinael', 1345), religiöse Mysterien und
weltliche Moralitäten. Seit 16. Jahrb. Aus-
bildung der Kammern (Zünfte) der Meister-
sänger oder Rederijker (Rhetoriker); am
bedeutendsten die amsterdamer Kammer,
aus der 16. Jahrh. die ersten holl. Muster-
dichter hervorgingen: *D. Coornhert* († 1590),
Marnix († 1598), *Spiegel* († 1612), *Vischer*
(† 1625) und *P. K. Hooft* († 1647), der eigentl.
Schöpfer der holländ. Sprache. Begründer
der Komödie *G. A. Brederode* († 1608), der
Tragödie *S. Coster* (1617). Darauf höchster
Aufschwung der Poesie durch *J. van den
Vondel* (1587—1679), Lyriker, Satiriker und
Tragödiendichter; *J. Cats* († 1660), Lieb-
lingsdichter des Volks. Mit Ende des 17.
Jahrh. Verfall der Poesie; wachsende Macht
des franz. Einflusses; dann gegen Ende des
18. Jahrh. Erstehen einer neuen Dichter-
generation, die aber auch nur selten die
alten Geleise der Literatur verliess: *S. Fei-
tama* († 1758, franz.-klass. Tragödien), *P.
Langendijk* († 1756, launige Komödien),
J. Bellamy († 1786), *P. Nieuland* († 1794),
Elis. Wolff († 1804) und *Agathe Deken* († 1804),
W. Bilderdijk († 1831), der Lyriker *Feiners*
(† 1813), der Didaktiker *J. Kinker*, die Idyl-
liker *Lulofs* und *A. Loosjes* n. A. Mit Beginn
des 19. Jahrh. Opposition der Romantik
gegen die franz. Klassik; Hauptvorkämpfer:
J. van Lennep († 1868); nach ihm *J. van der
Hage* (histor. Roman), *Bogaerts* (poet. Er-
zählung), *Korn. van Schaik* (Dorfnovellen),
J. ten Brink (Erzählungen) n. A.

Die *wissenschaftl.* Bestrebungen der Niederländer gross und umfassend und von bed.
Einfluss auf die allgem. literar. Kultur.

Namentl. die Philologie und alte Literatur fand frühzeitige und wirksame Pflege durch *Geert Groote* (14. Jahrh.), *Th. a Kempis*, die *Agricola*, *Erasmus*, *Lipsius*. *Voss*, *Scaliger*, *Spanheim*. *Heinsius*, *Gronov*. *Burmann*, *Drakenborch*, *Wesseling*, *Hemsterhuis*, *Valkenaer*, *Bakhius*, *Wyttenbach* etc.; daneben die Theologie und Jurisprudenz durch *Hugo Grotius*; vaterländ. Geschichte durch *Hooft*, *Brandt* († 1685), *Wagenaar* († 1773), *Bilderdijk* u. A.; die Mathematik durch *Huyghens*; die Philosophie durch *Spinoza*; die Naturwissenschaften (bes. auch Anatomie) durch *Camper*; die Medicin durch *Boerhaave* etc. — Die Literaturgesch. behandelten *de Clerq* (1825), *Lobroeguy* (1827), *Bowring* (1829), *Jonckbloet* (1868 ff., deutsch 1870 ff.), *Hofdijk* (1864), *Mone* (über die ältere Volksliteratur, 1858) u. A.

Niederlande, *Königreich der*, (*Holland*), an der Nordsee, zwischen Belgien und Preussen, 596 QM. n. (1870) 3,688,337 Ew. (6184 : 1 QM.). Der nordwestl. Theil des german. Tieflandes, von Schelde, Maas und Rhein nebst vielen kleineren Flüssen bewässert, im N. und W. durch Dünen gegen das Meer geschützt. Im Ganzen fruchtbar (bes. Seeland und Geldern) und wohl angebaut, auch gr. Torflager (Eisen und edle Metalle fehlen). — Die *Bevölkerung* fast durchweg niederdeutscher Abkunft: Holländer (bes. im W., 72 %), Friesen (im NO., 14 %), Flamänder (im N., 13 %), dazu ca. 68,000 Juden; der Volkscharakter scharf ausgeprägt: ruhig, nüchtern - berechnend, ausdauernd, sparsam, ordnungsliebend. Der Konfession nach: 61,34 % Protest., 36,67 % Kathol. (unter dem Erzbisch. von Utrecht). Bildungsanstalten: Universitäten zu Leyden, Utrecht und Gröningen; zahlr. Akademien u. Speciallehranstalten. — *Hauptbeschäftigung*: Landwirthschaft (sehr blühend, Produkte: Getreide, Flachs, Hauf, Krapp, Oelfrüchte, Tabak, Hopfen, Gemüse, Blumenzwiebeln), Viehzucht und Fischerei (beschäftigt 20,000 Familien; der einst grossartige Häringsfang jetzt verfallen). *Industrie*: bes. Schiffbau u. die darauf bezügl. Gewerbe (Seilereien, Segeltuchfabr. etc.), neuerdings auch Eisengiessereien und Maschinenfabrik., altber. Leinen - und Tuchfabr., Fahr. von Leder, Baumwolle, Zucker, Tabak und Cigarren, Brauereien u. Brennereien (Genever), Diamantschleiferei etc. — Der *Handel*, einst mit dem engl. rivalisirend, noch jetzt von gr. Bedeutung, vorzugsw. Seehandel; gefördert durch zahlr. Handels- und Assekuranzgesellschaften (insbes. die ,niederl. Handelsmaatschappij', 1824 auf den Trümmern der ostind. Kompagnie gegr.) und stetig sich hebend. Einfuhr 1869: 461,18 Mill., Ausfuhr 391,91 Mill., dazu Durchfuhr 116,08 Mill. Gulden. Hauptexporte: Vieh, Käse, Butter, Tabak, Leinwand, Spitzen, Leder, Papier, Genever, Fische, Thran; Importe: Getreide, Holz, Metall-, Seiden-, Wollwaaren, Wein etc. Schiffsbewegung 1869: eingelaufen 8222 Schiffe mit 2,176,823 Tonnen, ausgelaufen 8330 Sch. mit 2,349,011 Tonn. Handelsmarine: 2059 Sch. mit 490,145 Tonn. Eisenbahnen 1870: 108,6 M. im Betrieb, 10 M. im Bau; dazu zahlr. Kanäle (Nordkanal). Münzen und

Masse nach metr. System: Gulden à 100 Cent (= 17 Ngr.), Elle (Meter), Pond (Kilogramm), Vat (Hektoliter) etc. — *Verfassung* (nach Grundgesetz vom 24. Aug. 1815, Revision vom 14. Okt. 1848) konstitutionell-monarchisch. Die Krone erblich im Mannsstamm, nach dem Recht der Erstgeburt. Civilliste 750,000 Gulden. Die Legislative zerfällt in 1. Kammer (Staten general) (39 Mitglieder) und 2. Kammer (72 Mitgl., direkt gewählt); Wahlgesetz vom 28. Dec. 1858. Oberster Gerichtshof der ,Hooge Raad' im Haag. — *Finanzen* (Budget 1871): Ausgabe 96,206,717 Gulden, Einnahme 87,363,480 Gulden; Schuld 966,610,776 Gulden (Zinsen: 26,085,606 Gulden). — *Armee* (1871): 43,703 M. Infant., 4318 M. Kavall., 10,705 M. Artill., zusammen 62,128 M. (dazu in Ostindien 25,786 M.). — *Flotte*: 70 Dampfer mit 649 Kanonen, 45 Segelschiffe mit 656 Kan.; Marinemannschaft 5749 M. Zahlr. Festungen. — *Wappen*: goldener gekrönter Löwe in blauem, mit goldenen Schindeln bestreutem Felde. — *Orden*: Wilhelmsorden (milit., seit 1815), Orden des niederl. Löwen (civil., seit 1815), Hausorden vom goldn. Löwen (seit 1858). *Landesfarben*: roth-weiss-blau. — *Eintheilung*: 11 Provinzen (Drenthe, Friesland, Geldern, Limburg, Gröningen, Nordbrabant, Nord-, Südholland, Oberyssel, Seeland, Utrecht); Hauptstadt: Amsterdam, 1. Residenz Haag. — *Kolonialbesitz*: 33,253 QM. mit ca. 27,890 Mill. Ew.; davon in Ostindien (Java, Sundainseln, Molukken, auf Sumatra, Borneo, Celebes etc.) 28,923 QM. und 23,684 Mill. Ew., das Uebrige in Amerika (Holländ.-Guiana, die westind. Inseln Curaçao, St. Eustachius, St. Martin, Saba), in Afrika (auf der Goldküste) und Australien. Vgl. die Werke von *Heusden* (1867), *Kupper* (1868).

Geschichte. Die jetzigen N. zu Cäsars Zeit ein Theil Germaniens, von den Batavern (s. d.) bewohnt, dann zum Reich Karls d. Gr., nach dessen Theilung grösstentheils zum deutschen Reiche gehörig. Infolge des Lehnswesens Entstehung von Grafschaften und Herzogthümern (Brabant, Flandern, Geldern, Holland, Seeland, Hennegau etc., und Stift Utrecht). Seit 1384 und im Laufe des 15. Jahrh. Vereinigung der N. unter den burgund. Herzögen Philipp dem Guten und Karl dem Kühnen und dessen Erben aus dem Hause Habsburg. Unter Karl V. 1548 Vereinigung der 17 Provinzen (Brabant, Limburg, Luxemburg, Geldern, Flandern, Artois, Hennegau, Holland, Seeland, Namur, Zütphen, Ost- und Westfriesland, Mecheln, Utrecht, Oberyssel und Gröningen) zu einem Kreise des deutschen Reichs. Die angestrebte Verschmelzung derselben zu einem Staate unter Philipp II. von Spanien vereitelt durch die Erhebung des Landes gegen dessen Religionsverfolgungen. Aug. 1566 Beginn des Aufstandes (Bildersturm). 1567—73 Herzog Alba Statthalter in den N.u (blutiges Schreckensregiment). 1572 Eroberung Hollands und Seelands durch die Meergeusen und Erwählung des Prinzen Wilhelm I. von Oranien zum Statthalter der aufständischen Provinzen. 1576 Anschluss der südl. (belg.) Provinzen an die nördlichen durch die Pacifikation von Gent an Aufrechthaltung ihrer Freiheiten und Privilegien. 5. Jan. 1579 Errichtung des kathol. Bundes der wallonischen Landschaften Artois, Hennegau und Donai; 23. Jan. Stiftung der *utrechter Union* durch den Prinzen von Oranien, welcher Holland, Seeland, Utrecht, Geldern (nebst Zütphen) und die gröningische Landschaft, dann auch Friesland, Oberyssel und Stadt Gröningen beitreten. Darauf Aussöhnung der wallon. Provinzen mit Spanien. 15. Sept. 1580 Bildung der *Republik der Vereinigten N.* (Holland), an deren Spitze erst der Herzog Franz von Anjou, seit Jan. 1584 der Prinz Wilhelm von Oranien und nach dessen Ermordung (10. Juli) sein Sohn Moritz steht. Unter letzterem Fortsetzung des Kampfes gegen die Spanier und Siege der Niederländer zur See in Verbindung mit den Engländern. 9. April 1609 Abschluss eines 12jährigen Waffenstillstands mit Spanien und Anerkennung der Unabhängigkeit der Republik von Seiten des letzteren. Darauf innere Zwistigkeiten zwischen den sog. Patrioten (Republikanern) unter Oldenbarneveldt und den Oraniern, den Anhängern des Hauses Oranien. Moritz von Oranien, zum erblichen Statthalter ernannt, ergreift in dem kirchl. Streit zwischen Gomaristen und Arminianern, um seine Macht zu vermehren, die Partei der ersteren (Hinrichtung Oldenbarneveldts 1619). Nach Ablauf des Waffenstillstands Wiederaufnahme des Kriegs mit Spanien durch Moritz und nach dessen Tode (1625) durch seinen Bruder Friedrich Heinrich. 1632 Eroberung Mastrichts. 1635 Schutz- und Trutzbündniss der Republik mit Frankreich. 1637 Eroberung Bredas. 1638 Vernichtung einer span. Flotte durch Tromp. 1648 im westphäl. Frieden Anerkennung der Vereinigten niederl. Provinzen (Generalstaaten) von Seiten Spaniens und des deutschen Reichs. Wilhelm II. (Statthalter seit 1618) strebt nach Alleinherrschaft, † 1650. Die Brüder Cornelis und Jan de Witt an der Spitze der Republik, die sich zu einer Macht ersten Rangs emporschwingt. 1652—54 und 1665—67 Krieg mit England. Dec. 1668 Erlass des ewigen Edikts durch die Generalstaaten, wonach der Generalkapitän der See- und Landmacht nie zugleich Statthalter sein soll. 1672 Bündniss zwischen Ludwig XIV. von Frankreich und Karl II. von England gegen die Republik. Während Ruyter die Engländer zur See besiegt, dringen die Franzosen in Geldern, Oberyssel und Utrecht ein. Der von der oranischen Partei aufgehetzte Pöbel erzwingt die Aufhebung des ewigen Edikts und die Ernennung des Prinzen Wilhelm III. von Oranien zum Statthalter (Ermordung der Brüder de Witt). Erfolgreicher Kampf desselben gegen die Franzosen und deren Verbündete. 1674 die Würde des Statthalters, Generaladmirals und Generalkapitäns für erblich erklärt. 1678 Friede von Nimwegen. Seitdem Wilhelm III. 1689 den engl. Thron bestiegen, übt er in den N.n fast unum-

schränkte Gewalt aus. 1690 Allianz der Generalstaaten mit England, Spanien und Oesterreich gegen Frankreich. 1692 Sieg der vereinigten holländisch-engl. Flotte bei la Hogue. 1697 Friede von Ryswijk. Nach Wilhelms kinderlosem Tode 1702 Abschaffung der Statthalterwürde und Herstellung der Gewalt der Generalstaaten. Theilnahme derselben am span. Erbfolgekrieg gegen Frankreich und Einfluss derselben auf die Friedensverhandlungen von Utrecht (1713) und Rastadt (1714). Umtriebe der Oranier; infolge deren 1718 Erhebung des Prinzen Wilhelm von Oranien, des nächsten Erben Wilhelms III., zum Statthalter von Gröningen, 1722 auch von Drenthe und Geldern. 1743 unglückliche Betheiligung der Generalstaaten am österreich. Erbfolgekrieg zu Gunsten Maria Theresias. 1745 Niederlage des englisch-österreichisch-niederländ. Heeres bei Fontenoy und Besetzung fast der ganzen N. durch die Franzosen. Infolge davon Volksaufstände in den Städten Hollands und Seelands zu Gunsten der Oranier. 1747 Erhebung Wilhelms IV. von Oranien zum erblichen Statthalter der sieben Provinzen. 1748 Friede von Aachen und Rückgabe der von den Franzosen in den N.n gemachten Eroberungen. Nach Wilhelms IV. Tode (1751) Regentschaft seiner Wittwe, einer Tochter Georgs II. von England, nach deren Tode (1759) vormundschaftliche Regierung des Herzogs Ludwig von Braunschweig. Zunehmender Verfall des Staats und seiner Seemacht. 1766 Wilhelm V. Erbstatthalter. Störung des Handels der N. durch England, das 1781 den N.n den Krieg erklärt. Die Parteikämpfe zwischen den Patrioten und Oraniern führen nach Absetzung Wilhelms V. in Holland und Utrecht zum Bürgerkrieg. 1787 Wiedereinsetzung des Erbstatthalters durch preuss. Truppen und Erweiterung seiner Rechte. Im Winter 1794 auf 1795 Eroberung des Landes durch die Franzosen unter Pichegru und infolge davon 16. Mai 1795 Proklamirung der *batavischen Republik*. Abhängigkeit derselben von Frankreich, Schwächung der holländ. Seemacht, Verheerung der Kolonien, Beschränkung des Handels auf Küsten- und Schleichhandel. Nach mehrmaliger Aenderung der Verfassung 5. Juni 1806 Umwandlung der Republik in ein *Königreich Holland* für Ludwig Bonaparte. 1809 Landung der Engländer auf Walcheren. 1. Juli 1810 Abdankung König Ludwigs und 10. Juli Vereinigung Hollands mit Frankreich. 1811 bis Nov. 1813 Lebrun des Kaisers Stellvertreter in Holland. Ende Nov. 1813 Proklamirung der Freiheit der N. und Wilhelms I., des Sohnes Wilhelms V. von Oranien, als souveränen Fürsten des Landes. Nach Beschluss des wiener Kongresses vom 9. Juni 1815 Vereinigung ‚Belgiens und Hollands‘ zum *Königreich der N.* unter Wilhelm I. Derselbe erhält für die in Deutschland abgetretenen nassauischen Länder Luxemburg als Grossherzogthum und zum deutschen Bunde gehöriges Territorium. 24. Aug. Annahme der neuen Verfassung. Verbesserung der Rechtspflege; Hebung der Finanzen; Forderung des Ackerbaus und Gewerbfleisses; Belebung des Handels; Wiederherstellung des Kolonialsystems und der Seemacht. Fortdauernder feindlicher Gegensatz zwischen Belgiern und Holländern. Die londoner Konferenz erklärt 20. Dec. 1830 die Trennung Belgiens von Holland. 12. Juli 1831 Protest des Königs Wilhelm dagegen und bewaffnetes Vorschreiten Hollands gegen die abgefallenen Provinzen. Der von der londoner Konferenz 20. Okt. 1831 vorgelegte Friedenstraktat (24 Artikel), welcher dem König der N. das deutsche Luxemburg und einen Theil von Limburg als Entschädigung für das an Belgien abgetretene wallonische Luxemburg anweist, wird vom König der N. erst 4. Febr. 1839 angenommen. 19. April Unterzeichnung der definitiven Friedensverträge von Seiten der N., Belgiens und der fünf Grossmächte. 7. Okt. 1840 Abdankung des Königs Wilhelm 1. zu Gunsten seines Sohnes Wilhelm II. Letzterer beendigt den langen Streit zwischen den Generalstaaten und der Regierung, indem er die Minister für verantwortlich erklärt. 18. Sept. 1848 Zusammentritt einer konstituirenden Kammer und 3. Nov. Verkündigung eines neuen Staatsgrundgesetzes. Wilhelm II. † 17. März 1849. Sein Nachfolger Wilhelm III. beruft 20. Okt. das liberale Ministerium Thorbecke. Erlass wichtiger organischer Gesetze über Provinzial- und Gemeindeordnung, Rechtspflege etc. und zweckmässiger Finanzgesetze. Anlage von Kanälen, Eisenbahn- und Telegraphenverbindungen. März 1853 antikatholische Agitation infolge der von dem Papste angekündigten Wiederherstellung von Bischofssitzen in den N.n. 1857 Annahme des von der Regierung vorgelegten Unterrichtsgesetzes (Errichtung von konfessionslosen Primärschulen). 30. Jan. 1862—66 zweites Ministerium Thorbecke. 9. Juli und 6. Aug. Annahme des Antrags der Regierung auf Abschaffung der Sklaverei in Surinam und auf den westind. Inseln (Termin der Freilassung der Sklaven 1. Juli 1863). 1865 zweckmässige Reformen im Steuersystem u. in der Verwaltung der Kolonien. 1866 Differenzen mit Belgien infolge der Abdämmung der Osterschelde u. Entscheidung ders. durch engl., franz. u. preuss. Sachverständige. Mai 1867 Lösung der Verbindung des Herzogthums Limburg mit Deutschland durch die londoner Konferenz. Juni 1868 Berufung eines liberalen Kabinets von Anhängern Thorbeckes und Sept. Erlass der kathol. Bischöfe gegen das konfessionslose Schulgesetz von 1857. Febr. 1869 lebhafte Agitation für und gegen die Aufrechthaltung desselben. Seit Dec. Misstrauen der öffentl. Meinung in den N.u wegen künftiger Uebergriffe Deutschlands. Juli 1870 Rüstungen zur Wahrung der Neutralität im Kriege zwischen Frankreich und Deutschland; Ende Juli Einstellung derselben. Nov. Ministerkrisis. 3. Jan. 1871 neues liberales Ministerium Thorbecke. 7. Juli 1871 Annahme des Gesetzes betr. die Abtretung von Niederländ.-Guinea an England in der Abgeordneten-

kammer; 10. Juli Vertagung der Verhandlungen darüber in der ersten Kammer. Die Geschichte der N. bearbeiteten neuerlich *Bilderdijk* (1832—39, 13 Bde.), *van Kampen* (1831—33, 2 Bde.), *Groen van Prinsterer* (3. Aufl. 1866, 4 Bde.), *Wijnne* (1865—66, 2 Bde.), *Leo* (1832—35, 2 Bde.), *Motley*, 'History of the United Netherlands', 2. Aufl. 1869, 4 Bde., und 'Rise of the Dutch Republic', neue Ausg. 1869, 3 Bde.

Niederlangenau, schles. Badeort, bei Habelschwerdt, an der Neisse, 600 Ew. Alkal.-erdige Eisenquelle, seit 1819 benutzt.

Niedernau, Badeort im würtembergischen Schwarzwaldkreis, am Neckar, 455 Ew. Bittersalzhaltige Quelle. [unter der Enns.

Niederösterreich, s. v. a. Oesterreich

Niederpyrenäen (*Basses Pyrénées*), Depart. im südwestl. Frankreich, 138,4 QM. und 435,486 Ew.; Hauptstadt Pau.

Niederrhein (*Bas Rhin*), bis 1871 Depart. im nordöstl. Frankreich, 82,6 QM. u. 588,970 Ew.; Hauptstadt Strassburg. Jetzt deutsches Reichsland (Unterelsass).

Niedersachsen, der nach der Nordsee zu liegende Theil des alten Sachsen.

Niederschlag (*Präcipitat*), in der Chemie ein fester Körper, welcher aus einer Flüssigkeit durch Temperaturveränderung oder durch Einwirkung eines andern Körpers abgeschieden wird. Oft entstehen Niederschläge durch Vermischung zweier Lösungen, indem sich die beiden gelösten Stoffe gegenseitig zersetzen und einen in dem vorhandenen Lösungsmittel unlöslichen Körper bilden.

Niederschlagende Mittel, Arzneimittel, die auf Nerven- und Gefässsystem beruhigend wirken sollen, bes. kühle Getränke mit Säuren, Salpeter, Weinstein.

Niederschlagarbeit, metallurgische Operation zur Gewinnung mancher Metalle aus ihren natürlich vorkommenden Schwefelverbindungen, wird ausgeführt, indem man auf letztere ein anderes Mittel einwirken lässt, welches grössere Verwandtschaft zum Schwefel besitzt. Vgl. *Antimon*. [s. Seine.

Niederseine (spr. -sähn), franz. Depart.

Niederwildungen, Stadt und Badeort in Waldeck, an der Wilde, 2183 Ew.

Niederwörth, Donauinsel bei Regensburg.

Niedrige Inseln (*Tuamōtu-*, früher *Paumōtuinseln*), austral. Archipel, östl. von den Gesellschaftsinseln, 121 QM. und 8000 Ew.; meist niedrige Koralleneilande, unter franz. Schutze. Die Ew. zum Theil Christen; Hauptstation der Missionäre Anna.

Niel (spr. Ni-el), *Adolphe*, franz. Marschall, geb. 4. Okt. 1802 zu Muret (Depart. Obergaronne), trat 1825 in das Geniecorps ein, ward 1835 Kapitän, führte bei Erstürmung von Konstantine eine der Genieabtheilungen, 1849 Generalstabschef des Generals Vaillant bei der röm. Expedition, 1850 Chef des Geniedepartements im Kriegsministerium, ward 1853 Divisionsgeneral, begleitete 1854 die Expedition unter Baraguay d'Hilliers nach der Ostsee, leitete die Belagerung von Bomarsund, zuletzt die Belagerungsarbeiten von Sebastopol. 1857 zum Senator ernannt, befehligte er im ital. Kriege 1859 das 4. Armeecorps, focht bei Solferino mit Auszeichnung, erhielt dann den Befehl über das 6. Armeecorps zu Toulouse, ward Jan. 1867 Kriegsminister, als solcher bei der Reorganisation der Armee wesentlich betheiligt; † 14. Aug. 1869.

Niello, Kunsttechnik, um auf Silberwaaren Zeichnungen zu erzeugen, welche eingravirt und mit einer Art schwarzem Email (Niello) ausgefüllt werden. Sehr alte Kunst, bes. im Mittelalter in Italien (Florenz) beliebt, wird jetzt als schwarze Kunst in Russland (Tula, Wologda und Ustjug-Weliki) geübt. Vgl. Duchesne (1826).

Niemen (spr. Njämen), Fluss, entspr. im russ. Gouvern. Minsk, tritt als Memel bei Schmalleningken in das preuss. Gebiet, mündet in 2 Hauptarmen (Gilge und Russ) ins kurische Haff; 115 M. l. (³/₄ schiffbar).

Nienburg, Kreisstadt im preuss. Regbz. Hannover, an der Weser, 5222 Ew.; Tabaks- und Chokorienfabr., Eseuglaserei.

Niepce, 1) Joseph Nicéphore, Erfinder der Photographie, namentl. derjen. mit Asphalt, geb. 7. März 1765 in Châlons-sur-Saône, Kavallerieoffizier, später Privatmann; † 3. Juli 1833 in Gras bei Châlons-sur-Saône. — 2) N. de St. Victor, Abel, Neffe des Vor., geb. 26. Juli 1805 in Châlons-sur-Saône, Militär, seit 1854 zweiter Kommandant des Louvre; † 7. April 1870. Höchst verdient um die Photographie in natürlichen Farben und um die Heliographie, stellte die erste Negation auf Glas her.

Nieren (Harndrüsen, Renes), die Organe der Harnbildung, liegen rechts und links von der Wirbelsäule, unter dem Zwerchfell, sind ca. 10 Centimeter l., 6 Ctm. br., 4 Ctm. dick, grauroth und von der Nierenkapsel überzogen, die sich leicht von der darunter liegenden Nierenrinde trennen lässt. Letztere besteht aus den Verzweigungen feiner Kanälchen (Harnkanälchen) u. Blutgefässen, die theilweise zu Knäueln aufgerollt sind und sich als sogen. malpighische Körperchen in Gestalt rother Punkte zeigen. Jedes derselben stülpt in das blinde Ende eines Harnkanälchens ein. Letztere bilden den Hauptbestandtheil des Nierenmarkes oder der Nierenpyramiden, deren Spitzen in einen Hohlraum, das Nierenbecken, und in die Nierenkelche münden. Hier sammelt sich der in den Harnkanälchen gebildete Harn und fliesst durch den Harnleiter (Ureter) nach der Blase ab. — Erkrankungen: Nierenentzündung (Nephritis, s. Brightsche Krankheit); Speckausartung der N. (bes. nach langwierigen Eiterungen und Tuberkulose); Tuberkulose der N. (bei allgemeiner Tuberkulose); Erweiterung des Nierenbeckens (Hydronephrose) infolge gehinderten Abflusses des Harns; Nierensteine, Konkremente, die sich im Nierenbecken bilden und meist Anlass zur Nierenbeckenentzündung, Pyelitis, und der sogen. Nierenkolik geben. Erkennung und Behandlung von Nierenkrankheiten gehören zu den schwierigsten ärztl. Leistungen.

Nierensteine, s. Nieren.

Nierstein, Dorf in Rheinhessen, am Rhein, 2761 Ew. Vorzügl. Weinbau; Schwefelquelle.

Niesen (Sternutatio), krampfhaftes kurzes Ausathmen infolge von Reiz der Nasenschleimhaut. Anhaltendes N. heisst Nieskrampf. Mittel, die N. erregen, heissen Niesmittel (Sternutatoria); sie müssen entweder in Pulver- oder Dampfform die Schleimhaut treffen (Nieswurz, Tabak, Malblumen, auch Kitzeln der Nasenschleimhaut).

Niessbrauch (Usus fructus), das dingliche Recht auf die unmittelbare Benutzung einer fremden Sache und den Genuss aller Früchte derselben, gründet sich auf Vertrag, letzten Willen oder gerichtliche Zuerkennung.

Nieswurz, s. Helleborus.

Nieten, Vereinigung zweier Metallstücke durch Niete, kleine cylindrische Nägel, welche durch entsprechende Löcher gesteckt und dann an beiden Enden breit geklopft werden. Grössere Niete werden gleich mit einem Kopf angefertigt; zu grossen Werkstücken (Dampfkessel, Gitterbrücken etc.) werden die Niete geglüht und mit Nietmaschinen eingetrieben.

Nièvre (spr. Niähw'r), Depart. im innern Frankreich, mit dem Flusse N. (zur Loire), 123,o QM. und 342,773 Ew. Hauptst. Nevers.

Niflheim (d. i. Nebelheim), in der altnord. Mythol. s. v. a. Unterwelt, Aufenthaltsort der Todesgöttin Hel, Gegensatz von Muspelheim, dem Reiche des Lichts.

Nigella L. (Schwarzkümmel), Pflanzengattung der Ranunculaceen. N. damascena L., Kapuzinerkraut, Braut in Haaren, am schwarzen Meer, Zierpflanze. N. sativa L., röm. Koriander, Nardensame, Nonnennägelein), in Kleinasien, Süd- und Mitteleuropa kultivirt, hat gewürzhafte, officinelle Samen.

Niger, Hauptstrom Mittelafrikas, entsteht in Hochsudan, fliesst als Dscholibe nördl. über Bammaku, dann in seinem sehr langen Mittellauf als Isa nordöstl. über Sego an Kabara (dem Hafen von Timbuktu) vorüber bis zum Südrand der Sahara, wendet sich östl. und südöstl., nimmt den Namen Qworra (Kuwára) an, durchbricht zwischen Jaari und Rabba mit Stromschnellen eine Bergkette, fliesst dann wieder ruhig und von Handelsschiffen belebt bis Kakunda, durchbricht weiterhin, südl. gewendet, das Konggebirge, beginnt bei Idda seinen Unterlauf und mündet, ein ungeheures vielarmiges Delta bildend, im Lande Benin in den Golf von Guinea; Hauptarm der Nun, zwischen den Armen Formosa (Benin) im W. und Boang im O. Länge 650 M. (direkt 250 M.), Stromgebiet 34,000 QM. Nebenflüsse: Strom von Haussa (Sokoto), Binné, Gambia, Senegal. Zuerst 1796 von Mungo Park befahren; 1853-54 von Barth im Mittellauf, 1854 von Baikie im Unterlauf erforscht.

Nigra, Constantino, ital. Diplomat, geb. 12. Juni 1827 bei Ivrea, fungirte 1856 als Cavours Sekretär während des Kongresses von Paris, ward mit mehreren Missionen 1859 nach Paris betraut, wohnte dann als sardin. Bevollmächtigter den Friedensverhandlungen zu Zürich bei, ward 1860 bevollmächtigter Minister am franz. Hofe, hatte wesentl. Antheil an der ital.-franz. Konvention vom 15. Sept. 1864.

Nigresciren (lat.), schwarz werden. [Land.

Nigritien, das vom Niger durchströmte

Nihil (nīl, lat.), nichts. *Nihilismus*, eine auf nichts hinauslaufende Theorie; *moralischer N.*, Aufhebung des Unterschieds zwischen gut und böse; *theologischer N.*, e. v. a. Atheismus. *Nihilisten*, socialdemokrat. Verbindung in Russland, mit dem nächsten Zweck, alle von Sitte, Kultur und Politik aufgestellten Ordnungen der menschlichen Gesellschaft umzustürzen. *Nihilität*, Nichtigkeit.

Nihilum album (lat.), weisses Nichts, unreines Zinkoxyd, Augenheilmittel.

Nike (gr., Sieg), Siegesgöttin, in der Regel geflügelt dargestellt, mit Tempel auf der Akropolis zu Athen, dessen Ueberreste 1835 ausgegraben wurden.

Niketerien (gr.), Siegesfeste, Siegespreise.

Nikobaren, Inselgruppe im südöstl. Theile des Meerbusens von Bengalen, 9 grössere (Gross- und Klein-Nikobar, Kar-Nikobar etc.) und 11 kleinere Inseln, 34 QM. und 5000 Bew. (Malayen). Sehr fruchtbar, Klima ungesund. Bis 1848 unter dän., seitdem unter brit. Oberhoheit. Verübte Seeräuberei 1867 von England blutig gerächt. Vgl. *Maurer* (1867).

Nikodémus, Pharisäer und Mitglied des Synedriums zu Jerusalem, Verehrer Jesu, kam des Nachts zu ihm, um sich von ihm belehren zu lassen. Das *Evangelium Nicodemi*, richtiger *Acta Pilati*, apokryphisch.

Nikolájew, Stadt im südruss. Gouvern. Cherson, an der Mündung des Bug, 64,406 Ew. Sitz der Admiralität fürs schwarze Meer; Werften, Holz- und Getreidehandel.

Nikolájewsk, befestigte Hauptstadt des ostsibir. Küstengebiets, am Amur, 5500 Ew., wichtigster Exporthafen für die Produkte des Amurlandes (6 Monate lang zugefroren).

Nikolaus, Name von 6 rom. Päpsten: *N. I.*, *der Grosse*, 858–867, herrschsüchtig, belegte Photius, den Patriarchen von Konstantinopel, mit dem Banne und veranlasste dadurch die erste (vorübergehende) Trennung der morgenländ. und abendländischen Kirche, verurtheilte den Kaiser Lothar II. zur Kirchenbusse. — *N. II.*, 1058–61, strebte nach unbedingter Herrschaft des Papstthums über die Kirche, übertrug die Papstwahl ausschliesslich den Kardinälen, suchte den Cölibat durchzuführen. — *N. III.*, 1277–80, Freund der Wissenschaften, Beförderer des Nepotismus, suchte vergebl. die morgenländ. Kirche mit der abendländ. wieder zu vereinigen, ward von Kaiser Rudolf von Habsburg als uneingeschränkter Herr des Kirchenstaates anerkannt. — *N. IV.*, 1288–92, suchte vergebl. einen neuen Kreuzzug zu Stande zu bringen. — *N. V.*, (Gegenpapst Johannes XXII., 1328 von Kaiser Ludwig dem Bayer eingesetzt; † im Kerker, in der Reihe der Päpste nicht mitgezählt. — *N. VI.*, 1447–55, zog gelehrte Griechen nach Rom, erweiterte die vatikan. Bibliothek, schloss mit Kaiser Friedrich III. das sogen. aschaffenburger (wiener) Konkordat (17. Febr. 1448).

Nikolaus Pawlowitsch, Kaiser von Russland, geb. 6. Juli 1796 im Schloss Gatschina bei Petersburg, 3. Sohn des Kaisers Paul I., aus dessen 2. Ehe mit Maria Feodorowna (Sophia Dorothea), Tochter des Herzogs Eugen von Würtemberg, folgte 1. Dec. 1825 nach der Resignation seines Bruders Konstantin (s. d. 3) a)] auf Alexander I., unterdrückte die beim Thronwechsel ausbrechende Militärverschwörung energisch und hielt seitdem mit strenger Konsequenz die absolute Herrscherautorität aufrecht. Hauptthatsachen seiner Regierung: 1827—46 Systematisirung der russ. Gesetzbuchs; Regelung und Erleichterung der Stellung der Leibeigenen; Gebietsvergrösserung 1828 durch den Frieden von Turkmantschai mit Persien und 1829 den von Adrianopel mit der Türkei; Verwandlung des Königreichs Polen in eine russ. Provinz; Abschliessung Russlands gegen die westeurop. Staaten; Einschränkung der wissenschaftl. Thätigkeit auf das prakt. Bedürfniss und demgemäss Herabdrückung des Unterrichts und der Bildung zu blosser Abrichtung für den öffentl. Dienst; Streben nach Russificirung der übrigen Nationalitäten und systemat. Bekehrung der Protestanten und Katholiken zur orthodoxen Kirche; Bekämpfung der kaukasischen Bergvölker; Juni 1849 Intervention in Ungarn zu Gunsten Oesterreichs; 1850 Schlichtung des preuss.-österr. Zerwürfnisses; Vereinigung der russ. Eroberungspläne gegen die Türkei durch die Koalition der Westmächte und Oesterreichs. N. † 2. März 1855. Seit 1817 vermählt mit Charlotte (Alexandra Feodorowna), der ältesten Tochter des Königs Friedrich Wilhelm III. von Preussen († 1. Nov. 1860). Vgl. *Korff* (1857), *Lacroix* (1864 ff.).

Nikolsburg, Stadt im mähr. Kr. Znaim, 8732 Ew. (zahlr. Juden); Schloss des Fürsten Dietrichstein auf hohem Felsen. Weinbau. 16. Juli 1866 Präliminarfriede zwischen Oesterreich und Preussen; 28. Juli 1866 Waffenstillstand zw. Preussen und Bayern.

Nikopóli, türk. Stadt in Bulgarien, an den Mündungen der Aluta in die Donau, 15,000 Ew. Griech. Erzbischof. Donauhandel.

Nikotin, Alkaloïd aus Blättern u. Samen des Tabaks, findet sich im Tabaksrauch und im Tabaksaft der Pfeifen, farbloses Oel, riecht und schmeckt wie Tabak, in Wasser, Alkohol, Aether und fetten Oelen löslich, verbreitet heftig reizende Dämpfe, ist höchst giftig (Prozess Bocarmé), bildet geruchlose Salze.

Nil, der bedeutendste Strom Afrikas und des Mittelmeergebiets, entsteht bei Khartûm in Obernubien aus 2 grossen Flüssen: 1) dem *weissen Strom* (Bahr el Abiad), der aus den vom Aequator durchschnittenen grossen Seen Victoria- und Albert-Nyanza gegen N. abfliesst, dann nordwestl. strömt, unter 9½° n. Br. mit dem Gazellenfluss (Bahr el Gasal) in Verbindung steht und von da ab (rechts verstärkt durch den Sobât) nordöstl. über die ehemal. Missionsstation Gondokoro, wo er schiffbar wird, und zuletzt gegen N. fliesst; 2) den *blauen Strom* (Bahr el Azrek) oder *abessin. N.* (Abaï), der 8500' h. im abessin. Alpenlande Godscham entspringt, den Tsanasee (5730' h.) in Gondar durchströmt, seine Quelle in einem grossen Bogen umkreissud das Terrassenland Fazokl durchbricht und über Sennaar nach Khartûm (1200' h.) fliesst. Der vereinigte Strom nimmt auf seinem weitern Lauf (350 M.) durch heisse und dürre Länder nur Einen Nebenfluss, den Atbara, auf, bildet 10mal Wasserfalle oder Stromschnellen und tritt bei Assuan (330' h.) in Aegypten ein. Als majestätischer Strom durchfliesst hier der N. 155 M. weit ein durch seine jährl. Ueberschwemmungen ausserordentl. fruchtbares Thal (eine nur bis 3 M. breite Felsspalte im Wüstenplateau) und theilt sich unterhalb Kairo in 2 Hauptmündungsarme (Arm von Damiette im O., Arm von Rosette im W.), welche das fruchtbare Delta einschliessen und vielfach durch Seitenarme und Kanäle verbunden sind. Die Küste von Salzlagunen eingefasst, Länge des N. wahrscheinl. 845 M. (davon 720 schiffbar), Stromgebiet 55,000 QM. — Das 2 Jahrtausende alte Problem der Entdeckung der Nilquellen fand erst in neuester Zeit durch *Speke* und *Grant* (1860—63), aber durch *Baker* (1863—65) seine Lösung, wodurch zugleich die alten traditionellen Angaben des Ptolomäus in überraschender Weise bestätigt wurden. Vgl. die betr. Werke von *Burton* (1860), *M'Queen* (1865), *Baker* (neue Ausg. 1870), Nilpferd, s. *Flusspferd*. [deutsch 1868).

Nimbus, Regenwolke; das Haupt umstrahlender Lichtschein, Heiligenschein.

Nimes, Stadt, s. *Nismes*.

Nimptsch, Kreisstadt im preuss. Regbz. Breslau, an der Lohe, 2154 Ew.

Nimrod, Abkömmling des Ham, Sohn des Kusch, Gründer des babylon. Reichs und gewaltiger Jäger, nach späterer Sage Erbauer des babylon. Thurms (s. d.).

Nimwegen (holländ. *Nijmegen*), befestigte Stadt in der niederl. Prov. Geldern, an der Waal (fliegende Brücke), 22,860 Ew.; Rathaus (röm. Alterth.), Hafen. Viele Fabr., Bierbrauereien, Handel. *Friede zu N.* 10. Aug. 1678 zwischen Frankreich, Spanien u. den Niederlanden; 5. Febr. 1679 zwischen Frankreich, Deutschland und Schweden.

Ning-po, Handelsstadt in der chines. Prov. Tsche-kiang, unweit der Küste, 500,000 Ew. Treffl. Hafen (Traktatshafen). Mittelpunkt der chines. Seidenindustrie.

Ninive (*Ninus*, s. G.), Hauptstadt des assyr. Reichs, der Sage nach von Ninus (Nimrod) gegr., links am Tigris, dem heutigen Mossul gegenüber, 7 M. im Umfang; 604 v. Chr. von den Medern und Babyloniern zerstört. Seit 1843 Nachgrabungen in den Ruinen durch Botta, Layard u. a. A.

Ninus, sagenhafter Gründer des assyr. Reichs, Gemahl der Semiramis, um 2000 v. Chr., angebl. Erbauer von Ninive.

Niobe, Tochter des Tantalus, Gemahlin Amphions, Königs von Theben, beleidigte Leto durch ihren Stolz auf ihre 14 Kinder, weshalb diese durch Apollos und Artemis Pfeile getödtet wurden, ward von Zeus in ein Steinbild verwandelt. Ber. die *Gruppe der N.* aus dem Giebelfelde des Tempels des Apollo Soslanus zu Rom, 1583 in Rom aufgefunden, jetzt in Florenz. Vgl. *Stark* (1863).

Niort (spr. Niohr), Hauptstadt des franz. Depart. Deux-Sèvres, an der Sèvre-Niortaise, 20,775 Ew. Goth. Kirche; Wollindustrie.

Nipa *Thunb.* (*Nipapalme*), Palmengattung. N. fruticans *Thunb.*, in Ostindien, auf den Südseeinseln, mit geniessbaren Früchten, liefert Palmwein, die Blätter dienen zu Matten etc.

Nipal (*Nepaul*), unabhängiger Staat in Ostindien, am Himalaya, 2565 QM. und fast 2 Mill. Ew.; sehr produkten-, insbes. metallreich. Die Bevölkerung theils brahmin. Hindu (*Parabatija*), theils buddhistische *Niwaris* (ind.-tibet. Mischvolk), theils *Bhutijas* (als Hirten im Hochgebirge herumziehend). Zerfiel früher in zahlreiche kleine Staaten, jetzt von einem Radscha aus dem Stamm der kriegerischen Ghorkas despotisch beherrscht. Hauptst. Khatmandu.

Nipon, Hauptinsel von Japan (s. d.).

Nippes (fr., spr. Nipp), kleine Schmuckgegenstände zum Aufstellen auf Nipptischen etc.

Nirwâna (ind.), buddhist. Begriff: das Erlöschen oder Erloschensein, die endliche Auflösung in die wunsch- und begierdelose Seligkeit des Nichts.

Nisami (eigentl. *Abu Mohammed Ben Jusuf Scheich Nizameddin*, gen. *Nizamani*), ber. pers. Dichter, aus Gendsche, † das. 1180. Schr. 5 grosse Dichtungen (Pendsch Kendsch): ,Machsen ul errâr' (Buch der Geheimnisse, moralisirend), ,Iskandername' (Alexanderbuch), ,Chosru u Schirin' (deutsch von *Hammer-Purgstall* 1809), ,Medsohnun u Leila' u. ,Heftpeiger' (romant. Epen); ausserdem einen Divan von ca. 20,000 Versen.

Nisan (hebr.), jüd. Frühlingsmonat, die letzte Hälfte des März und die erste des April.

Nisch (*Nissa*), türk. Stadt und Festung in Bulgarien, an der *Nischawa* (zur Morawa), 13,000 Ew., früher Hauptst. von Serbien. Knotenpunkt des türk. Eisenbahnsystems.

Nischabur, Hauptst. der pers. Prov. Khorasan, 10,000 Ew. Ehedem blühende Hauptstadt der Seidschuken.

Nische, halbrunde, oben halbkuppelförmige Vertiefung in Mauern zum Aufstellen von Statuen, Vasen etc.; überhaupt Wandvertiefung, Blende.

Nishnij-Nowgorod, grossruss. Gouverne., 923,8 QM. und 1,285,196 Ew. Die befest. *Hauptst.* N. (*Nishegorod*, d. i. Nieder-Neustadt), am Einflusse der Oka in die Wolga. 40,343 Ew. Hauptstapelplatz für den europ. asiat. Grosshandel (Peter-Paulsmesse seit 1817, 40 Tage vom 18. Juli an); Hauptwaaren: russ. Industrieprodukte, Getreide, Vieh, europ. und Kolonialwaaren, Drogues, Thee und Seide aus China; 1869 Umsatz 128,006,000 Rubel. In der Nähe das ber. *petscherskische Höhlenkloster*.

Nishnij-Tagilsk, Ort im ostruss. Gouvern. Perm, den Demidows gehörig, am Tagil, 28,133 Ew. Wichtigster Bergwerks- und Hüttenort des Ural (Gold, Platin, Kupfer).

Nisib, Dorf in Syrien, am Euphrat; 23. Juni 1839 entscheidender *Sieg der Aegypter* (Mehemed-Ali) über die Türken.

Nisibis (s. G.), Hauptst. von Mygdonia in Mesopotamien, wichtiger Handelsplatz; jetzt der Flecken *Nisibin*.

Nismes (*Nîmes*, spr. Nihm, das alte *Nemausus*), Hauptst. des franz. Depart. Gard, 60,240 Ew.; die Altstadt durch Boulevards von der freundlichen 8 Vorstädten geschieden; Kathedrale, Citadelle (jetzt Gefängniss). Bed. Fabriken, bes. für Seidenwaaren, Leder, Parfümerien, Maschinen; Handel mit Languedocweinen, Absynth, Cocous u. Seide. Zahlr. röm. Alterthümer: ber. Amphitheater, Tempel („maison quarrée", jetzt Alterthumsmuseum), Dianentempel, Aquädukt.

Nissa, Stadt, s. *Nisch*.

Nithart (*Neidhart von Reuenthal*), Minnesänger, bayer. Ritter, nahm an dem Kreuzzug Leopolds VII. von Oesterreich (1217–19) Theil; † 1240 in Wien; schildert in grotesken Zügen das Treiben des Landvolks, sehr fruchtbar. Ausg. von *Haupt* (1858).

Nitrate, salpetersaure Salze.

Nitrobenzin (*Nitrobenzöl*), Produkt der Einwirkung koncentrirter Salpetersäure auf Benzin, gelbliche ölige Flüssigkeit, riecht nach Bittermandelöl, schmeckt süss, löslich in Alkohol und Aether, nicht in Wasser, erstarrt bei + 3° C., wird durch Schwefelammonium, Salzsäure und Zink, Essigsäure und Eisen etc. in Anilin verwandelt. Dient zur Darstellung des letzteren und als künstl. Bittermandelöl in der Parfümerie.

Nitrogenium, s. v. a. Stickstoff.

Nitroglycerin (*Glonoïn*), Produkt der Einwirkung koncentrirter Salpetersäure auf Glycerin, blassgelbe ölige Flüssigkeit von 1,6 spec. Gew., geruchlos, von süssem, würshaftem Geschmack, unlöslich in Wasser, löslich in Alkohol und Aether, erstarrt in der Kälte, zersetzt sich bei längerer Aufbewahrung unter Gasentwicklung, ist giftig, verbrennt an freier Luft, explodirt aber mit äusserster Heftigkeit durch Stoss und Schlag und bei plötzlicher Erhitzung; wurde als *nobelsches Sprengöl*, *Nitroleum*, zum Sprengen benutzt. Vgl. *Dynamit*.

Nitromannit, s. *Mannit*.

Nitrum, s. v. a. Salpeter; N. cubicum, s. v. a. Chilisalpeter; N. flammans, s. v. a. salpetersaures Ammoniak; N. tabulatum, in Plätzchen ausgegossener Salpeter.

Niu-tschwang, chin. Stadt, an der Küste der südl. Mandschurei, am Golf von Liaotong, 50,000 Ew.; Traktatshafen. Ausgangspunkt grosser Karawanen. [Wasserspiegels.]

Niveau (fr., spr. -woh), die Ebene des

Nivelliren, das Höhenverhältniss nicht weit von einander entfernter Punkte bestimmen. Als Nivellirinstrumente benutzt man die Setzwage, die Libelle oder Wasserwage und bes. die Kanalwage, welche auf dem Gesetz der kommunicirenden Röhren (s. d.) beruht. Das Nivellirdiopter besteht aus einer mit Diopter (s. d.) versehenen Libelle; das Nivellirfernrohr hat im Gesichtsfeld ein Fadenkreuz und lässt sich auf einem Stativ mittelst einer Libelle horizontal einstellen. Die Nivellirlatte ist eine in die gebräuchlichen Längenmasse getheilte Latte mit einer verschiebbaren Zieltafel. Vgl. *Stampfer* (6. Aufl. 1869).

Niversais, franz. Grafschaft, s. *Nevers*.

Nivose (fr., spr. -whs), Schneemonat, im franz. republikan. Kalender die Zeit vom 21. Dec. bis 19. Januar. [Wassergeister.]

Nix (weibl. *Nixe*), altgerman. Name der **Nizam** (spr. Nisam, ind., d. i. Anordner), Titel des Radscha von Hyderabad.

Nizza (franz. *Nice*), Hauptst. des franz. Depart. Seealpen, amphitheatral. am Golf von Genua, 50,180 Ew.; zerfällt in Alt- und Neustadt nebst mehreren Vorstädten (am Meer); ber. klimat. Kurort, bes. Winteraufenthaltsort für Brustkranke (mittl. Jahrestemp. 15,9° C., durchschnittl. 53 Regen-, 178 heitere Tage); ausgez. Seebäder. Fabr. von Essenzen, eingemachten Früchten, künstl. Blumen, Strohhüten; Hafen (seit 1751); Anchovis- und Thunfischfang. Bis 1860 Hauptst. der sardin. Prov. N. (75,9 QM.).

Njegosch, Beiname der (seit 1700) in Montenegro herrschenden Familie der Petrowitsch, aus dem Stamme N. Danilo *Petrowitsch N.*, geb. 25. Mai 1826, ward 21. März 1852 als erblicher weltlicher Fürst von Montenegro anerkannt, 12. Aug. 1860 ermordet. Ihm folgte sein Neffe Nikizza *Petrowitsch N.* als Fürst unter dem Namen *Nikolaus I.*, geb. 1840. Ahnherr *Daniel Petrowitsch N.*, um 1700 Metropolit (slav. *Wladika*), der seit 1516 die geistl. und weltl. Gewalt in seiner Person vereinigte, gewählt. [der Deutschen.

Njemetz (d. i. Stumme), slav. Bezeichnung **Njeshin** (*Neshin*), Stadt im kleinruss. Gouvern. Tschernigow, 21,203 Ew.

Noah, nach der hebräischen Sage zweiter Stammvater der Menschen, Sohn Lamechs, rettete sich auf Jehovahs Geheiss bei der Sündfluth in einem Kasten (Arche), Urheber des Weinbaus, Vater von Sem, Ham und Japhet, den Stammvätern der semit., afrikan. und indogerman. Völker.

Nobel (lat.), edel, adelig; hochsinnig; in der Thierfabel Beiname des Löwen.

Nobelgarde, aus Adeligen bestehende Leibgarde eines Fürsten, des Papstes etc.

Nobiles (lat.), Edle, bei den Römern die Nachkommen derjenigen, welche ein kurulisches Amt bekleidet hatten, ihre Gesammtheit, die *Nobilität*, welche patricische und plebejische Familien in sich schloss, erblicher, vom Amt ausgehender Adel. *Nobilis*, im Mittelalter s. v. a. Adeliger. *Nobilissimus*, Titel der byzantin. Kaiser. *Nobili*, in der Republik Venedig die zum höheren Adel Gehörigen, zur Theilnahme an der Regierung Berechtigten. *Nobility*, in England der hohe Adel. *Nobilitiren*, in den Adelstand erheben.

Noble Passionen, Liebhabereien der vornehmen Welt, Jagd, Hunde, Pferde etc.

Noblesse (fr.), Adel, Gesammtheit der Vornehmen an einem Orte. *N. oblige* (spr. obblihsch), Adel verpflichtet (edel zu handeln).

Noctambulus (lat.), ein Nachtwandler. *Noctambulismus*, das Nachtwandeln, s. *Somnambulismus*. Ehnlich.

Nodus (lat.), Knoten; *nodös*, knotig, beknotet.

Noël (fr.), Weihnachten, Weihnachtslied.

Noëma (*Noëm*, gr.), Gedanke, bes. ein witziger; *Noësis*, die Vernunfterkenntniss.

Nördlingen, Stadt im bayer. Regbz. Schwaben, im sogen. Ries, 6873 Ew.; Teppich- („tiroler Teppiche") und Korduanfabr. Ehe-

mals freie Reichsstadt. 7. Sept. 1631 *Sieg*
der Oesterreicher über die Schweden (Bern-
Nörz, s. *Zobel.* [hard von Weimar).
Nogaier, Hauptstamm der türk.-tatar.
Bevölkerung des russ. Reichs, am untern
Dujepr *(nogaische Steppe)*, am Kubanfluss und
in der Krim; fast sämmtl. Mohammedaner.
Nogent (spr. -schang, *N.-le-Rotrou*),
Stadt im franz. Depart. Eure-Loire, an der
Huisne, 7105 Ew. Goth. Schloss, Bahnhof.
21. Nov. 1870 heftiges *Gefecht* zwischen den
Deutschen und franz. Mobilgarden.
Noir animalisé, künstl. Dünger, mit Zusatz
von Kalk u. Kohle getrocknete Exkremente.
Noirmoutier (spr. Noahrmuthiö), Insel an
der Küste des franz. Depart. Vendée, 6128
Bew.; Salzbereitung, Austernfang.
Noisseville (spr. Noass'will), Dorf nord-
östl. bei Metz; während der Belagerung von
Metz 31. Aug. und 1. Sept. 1870 heftiger *Aus-
fallskampf* der cernirten franz. Armee unter
Bazaine, der vergeblich nach N. durchzu-
brechen versuchte, und den Deutschen (1.
und 0. Corps) unter Prinz Friedrich Karl.
Nokturnen (lat.), Nachtgesänge, -gebete.
Nola, Stadt in der unterital. Prov. Terra
di Lavoro, 8085 Ew. Eine der ältesten
Städte Kampaniens, 313 v. Chr. von den
Römern erobert; Sterbeort des Kaisers Augustus († 14 v. Chr.). [oder nicht.
Nolens volens (lat.), man mag wollen
Noli tangere, s. v. a. Mimosa pudica; Impatiens noli tangere.
Nollendorf, Dorf im böhm. Kr. Leitmeritz; 30. Aug. 1813 *Sieg* der Preussen
unter Kleist (daher ,von N.' genannt) über
die Franzosen (Vandamme).
Noma (*Wasserkrebs*), eigenthümliche Form
des Brandes der äusseren Haut, besonders
bei Kindern in Anschluss an Masern, auf
Wangen- und Mundgegend, führt zu grossen
verstümmelnden Zerstörungen derselben.
Meist tödtlich durch Erschöpfung.
Nomaden (gr.), Hirtenvölker, Völker,
welche sich hauptsächl. mit Viehzucht beschäftigen und mit ihren Heerden von Weide
zu Weide ziehen, stehen in Bezug auf Bildung
höher als die Jäger- und Fischervölker,
aber niedriger als die Ackerbau- und Ge-
werbetreibenden, in Europa nur noch in den
Steppen am schwarzen Meere und im hohen
Norden (Lappen), in Asien und Afrika noch
weit verbreitet, in Südamerika durch die
Gauchos und einige Indianerstämme ver-
treten. [Buchstaben.
Nomantie (gr.), Wahrsagung aus Namen.
Nomarchie (gr.), in Griechenland s. v. a.
Provinz. *Nomarch*, Vorsteher einer D.
Nomen (lat.), Name; Nennwort. *N. sub-
stantivum*, Hauptwort, *N. adjectivum*, Eigen-
schaftswort. Im Rechnungswesen Geld-
posten; *nomina activa*, Aussenstände; *n.
passiva*, Schulden.
Nomenclator (lat.), Namennenner, bei den
Römern Sklave zum Ansagen der Personen.
Nomenklatur, Verzeichniss der in einer
Wissenschaft etc. gebräuchlichen Namen.
Nominal (lat.), den Namen betreffend, im
Gegensatz zu *real*. *Nominalismus*, diejenige
philosoph. Ansicht, wonach die allgemeinen

Begriffe (Universalien) lediglich Produkte
der Abstraktion, nicht wirkliche Dinge
(Realien) sind. *Nominalist*, Anhänger des N.
Nominalwerth, Nennwerth, der einer
Sache, bes. Geldsorte, beigelegte (aufge-
druckte oder ausgeprägte) Werth im Gegen-
satz zu ihrem wirklichen oder Realwerth
und wechselnden Preise.
Nominatim (lat.), namentlich; *Nomination*;
Benennung, Ernennung. *Nominatus*, der
Nominativ (lat.), s. *Casus.* [Ernannte.
Nomine (lat.), im Namen (eines Andern).
Nominell, s. v. a. Nominal.
Nominiren (lat.), nennen, namhaft machen.
Nomlón (gr.), Lied, bes. abgemessenes
Liebeslied; *nomisch*, abgemessen, melodisch.
Nomos (gr.), Gesetz; Ordnung, Herkom-
men; Distrikt; Tonart. *Nomodidakt*, Gesetzes-
kundiger. *Nomothänon*, Gesetzsammlung.
Nomokratie, Gesetzesherrschaft, Regierungs-
form, wonach der Machthaber, selbst unter
dem Gesetze stehend, nur Vollstrecker des-
selben ist. *Nomologie*, Gesetzgebungslehre
oder -kunst. *Nomophylax*, Gesetzeshüter,
Name einer obrigkeitl. Behörde in altgriech.
Republiken. *Nomothesie*, Gesetzgebung.
Nomothet, Gesetzgeber, obrigkeitl. Würde
im alten Athen.
Nona (*None, lat.*), in Klöstern die 9. Stunde
des Tages, von Mitternacht an gerechnet,
das das Stundengebet für diese Zeit.
Nonä, im altröm. Kalender im März, Mai,
Juli und Okt. der 7., in den übrigen Monaten
der 5. Tag, gehörte zu den Dies nefasti.
Nonagium (lat.), der 9. Theil der bewegl.
Habe eines Verstorbenen, ward im Mittel-
alter für milde Stiftungen in Anspruch ge-
Nonagön (gr.), Nonneck. [nommen.
Nonchalance (fr., spr. Nongschalangs),
Nachlässigkeit, rücksichtsloses Wesen.
None (lat., Mus.), der 9. Ton vom Grund-
ton aufwärts. *Nonenakkord*, bestehend aus
Tonika, Terz, Quinte, Septima und Nona,
ist dissonirender Art. *Nonett*, Kammer-
musikstück für 9 Instrumente.
Non ens (lat.), ein Nichtseiendes, Etwas,
dessen Sein unmöglich ist.
Nonintercoursacte (engl., spr. -kors-),
Gesetz der nordamerik. Unionsregierung
vom 1. März 1809, wodurch den engl. und
franz. Schiffen die nordamerik. Häfen verschlossen wurden.
Nomintrusionisten, presbyterian. Partei
in Schottland, erkennt das den Gutsherren
1709 ertheilte Recht, die Pfarrer zu ernennen,
nicht an, sondern spricht es den Gemeinden zu.
Nonius (*Vernier*), mit sehr feiner Theilung versehener Schieber an einem Maasstab, mit dessen Hülfe man kleinere Theile,
als die Eintheilung des letzteren enthält,
ablesen kann. Benannt nach dem angeblichen Erfinder *Nuñes* (1566) oder dem
wahren Erfinder *Peter Vernier* (1631).
Nonjurors (engl., spr. -dschuhrers), Eid-
verweigerer, Bezeichnung der Jakobiten in
England, welche den nach dem Sturz der
Stuarts das regierenden Königen den Unter-
thaneneid verweigerten.
Nonkonformisten, s. *Dissenters.*
Nonnengeräusch (bruit de diable), eigen-

thümliches, mit dem Hörrohre wahrnehmbares Geräusch in den grossen Venen des Halses, bes. bei Blutarmuth deutlich.

Nonnenwörth, Rheininsel im preuss. Regbz. Koblenz, alte Abtei (1802 säkular.).

Nonnus, griech. Dichter, aus Panopolis in Aegypten, um 400 n. Chr.; Verf. des Heldengedichts ‚Dionysiaca' (in 48 Büchern, herausgeg. von *Köchly* 1858). [urkunde.

Nonobstans (neulat.), Wiederherstellungs-

Nonpareille (fr., spr. Nongpareilj), etwas ohne Gleichen, von ausgezeichneter Beschaffenheit; kleine Schriftgattung von 6 Punkten; *grosse* N., sehr grosse Druckschrift.

Non plus ultra (lat.), nichts darüber, das Höchste, Vollkommenste seiner Art.

Non possumus (lat.), d. i. wir können nicht, urspr. Antwort des Papstes Clemens VII. auf die drohende Aufforderung des Königs Heinrich VIII. von England, ihn von seiner Gemahlin Katharina zu scheiden; danach allgemeine Weigerungsformel des kathol. Klerus.

Nonresident (engl.), in der anglikan. Kirche Geistlicher, welcher, nicht am Orte seiner Pfründe wohnend, dort einen Vikar hält. [kar hält.

Nonsens (lat.), Unsinn.

Nonus (lat.), der neunte.

Nonvalenz (lat.), Zahlungsunfähigkeit.

Noochirie (gr.), Seelenmord. [begriffen.

Noologie (gr.), Lehre von den Vernunft-

Noppen, die kleinen aufrechtstehenden Schleifen oder Bläschen beim ungeschnittenen Sammet; das Entfernen aller fremdartigen Körper aus einem Gewebe, geschieht mit dem Noppeisen oder der Noppzwischlue.

Norbert, Heiliger, Kanonikar zu Xanten und Köln, Busaprediger, gründete 1121 in Prémontré bei Laon den Prämonstratenserorden, ward 1126 Erzbischof von Magdeburg; † 6. Juni 1134.

Nord (*Depart. du Nord*), franz. Depart., Theil der franz. Niederlande, 103,1 QM. und 1,392,041 Ew. Hauptstadt Lille.

Nordalbingien, ehedem das von Sachsen bewohnte Land im NO. der Elbe, bestand zu Karls d. Gr. Zeit aus Holstein, Stormarn und Dithmarschen.

Nordamerika, s. *Amerika*.

Nordamerikanische Literatur, s. *Vereinigte Staaten von Amerika*.

Nordamerikanische Seealpen, gr. Längengebirge an der nordamerik. Nordwestküste (von Kalifornien bis Alaschka), Fortsetzung der Cordilleren, mit pyramidalen Schneegipfeln und zahlr. Vulkanen (24, davon 5 thätig), die sich durch die Halbinsel Alaschka bis auf die Aleuten fortsetzen; nur an 2 Stellen von Stromthälern (Columbia und Fraser) durchbrochen. Einzelne Theile der Sierra Nevada von Kalifornien, das Kaskadengebirge etc. Höchste Gipfel der Schönwetterberg 13,800' und St. Eliasberg 14,000' (auf Alaschka). [*Staaten von Amerika*.

Nordamerikanische Union, s. *Vereinigte*

Nordbrabant, niederl. Prov., 93 QM. und (1869) 436,798 Ew. Hauptst. Herzogenbusch.

Nordcarolina, nordamer. Freistaat, am atlant. Ocean, 2585 QM. und (1870) 1,016,954 Ew.; umfasst ein Stück der Alleghanies

mit dem Ostabfall zur Küste; letztere flaches Sandland. Haupterwerbszweig Gewinnung von Terpentin (aus Pinus palustris, jährl. ca. 800,000 Barrels) und Bereitung von Terpentinspiritus; Plantagenbau (Reis und Baumwolle). Fabrikthätigkeit, Handel und Seefahrt minder bodeutend. Verfassung von 1857. Im Kongress vertreten durch 7 Repräsentanten. 89 Counties. Hauptst. Raleigh. Einer der 13 ältesten Unionsstaaten (seit 1776). Vgl. *Carolina*. [schichte.

Norddeutscher Bund, s. *Deutschland*, Ge-

Norden, Hafenstadt im preuss. Regbz. Aurich, an der Nordsee, 5975 Ew.

Norderney, Insel an der ostfries. Küste, 0,2 QM. und 798 Ew.; Seebad (seit 1801).

Nordhausen, Kreisst. im preuss. Regbz. Erfurt, am Anfange der goldenen Aue, an der Zorge, 20,183 Ew.; Rathhaus (Rolandsäule); grossart. Branntweinbrennerei (jährl. Ausfuhr ca. 100,000 Oxhoft); auch bedeut. Brauereien, Maschinen- und chem. Fabr.

Nordheim (*Northeim*), Stadt im preuss. Regbz. Hildesheim, an der Ruhme und der hannover. Staatsbahn, 5291 Ew.; ausgez. Schuhmacherei, Tabaksbau; Schwefelbad.

Nordholländischer Kanal (*Nordkanal*), einer der wichtigsten Kanäle der Niederlande, 120' br. von Amsterdam nach dem Nieuwe Diep, 12 M. l., 1819—25 erbaut.

Nordholland, niederl. Provinz, 49,6 QM. und (1869) 590,454 Ew. Hauptst. Amsterdam.

Nordische Mythologie, der altheidnische Glaube und Kult der nordgermanischen oder skandinavischen Völker, bes. in norwegischen und Island. Quellen enthalten. Wesentlicher Inhalt: Scheidung von Nifilheim u. Muspelheim aus gähnendem Schlund (Ginnungagap); Ymir, Urvater aller Wesen; Bildung der Welt durch Odin, Vili und Ve aus Ymirs Gliedmassen; der Baum Yggdrasil Träger der Welt; um die scheibenförmige Erde legt sich das Meer als riesenhafte Schlange; Asgard, Wohnung der Götter, Jötunheim der Riesen, Midgard der Menschen; Asen (s. d.), die Gottheiten der zweiten Dynastie, von Odin abstammend; Loki, als Feuergott Vertreter des bösen Princips, lässt Baldur (s. d.) tödten; darauf Vernichtungskampf mit den Riesen und Versinken der Erde ins Meer, Erhebung einer neuen Erde mit neuen Göttern und Erschaffung eines neuen Menschengeschlechts. Alles dies groteskeste Personifikation gewaltiger Naturphänomene. Dabei uralter Glaube an persönl. Unsterblichkeit und Vergeltung jenseits; Kampf und Gelage der abgeschiedenen Männer in Odins Todtenhalle, Valhöll (Walhalla); Nornen, Schicksalsgöttinnen; Zwerge und Elben (Alfen, Elfen, s. d.) als Elementargeister. Kultusformen Gebote und Opfer (Frucht-, Thier- und Menschenopfer); wahrscheinlich kein besonderer Priesterstand, aber weissagende Priesterinnen. Vgl. die Werke von *Mone* (1822—23, 2 Bde.), *Finn Magnussen* (1824—26), *Munch* (1847), *Keyser* (1847), *Simrock* (3. Aufl. 1869), *Petersen* (2. Aufl. 1865), *Ettmüller* (1870).

Nordischer Krieg, der im europ. Norden und Osten 1700—21 zwischen Schweden auf

der einen und Polen, Sachsen, Russland und Dänemark, zuletzt auch Preussen und Hannover onf der anderen Seite geführte Krieg, brach die Macht Schwedens und begründete das Uebergewicht Russlands im Norden von Europa, ward beendigt durch den Frieden von Stockholm 20. Nov. 1719 zwischen Schweden und Hannover, 1. Febr. 1720 zwischen Schweden und Preussen, durch den Frieden von Frederiksborg 14. Juli 1720 zwischen Schweden und Dänemark, durch vorläufigen Vertrag zwischen Schweden und Polen 7. Nov. 1719 und durch den Frieden von Nystad 10. Sept. 1721 zwischen Schweden und Russland. Hauptbetheiligte Karl XII. von Schweden [s. Karl 7) f)], Peter der Grosse von Russland (s. *Peter*) und August II. von Sachsen und Polen [s. *August* 1) b)].

Nordkap, Vorgebirge auf der norweg. Insel Mageró, nördlichste Spitze Europas, 71° 11' n. Br.   [*Nord*.

Nordküsten, franz. Depart., s. *Côtes du Nordkyn,* nördl. Spitze Norwegens und des europ. Festlands, unter 71° 5' n. Br.

Nordland *(Norrland),* Amt im norweg. Stift Tromsö, 687,6 QM. und 77.587 Ew.

Nordlicht, eigenthümliche Lichterscheinung, geht etwa von dem Punkt aus, wo der Horizont vom magnetischen Meridian durchschnitten wird, breitet sich mit röthlichem Schein am Himmel aus, zeigt bei höchster Entwickelung einen hellleuchtenden Bogen, aus welchem zuckend bis zum Zenith hinaufsteigen, und gipfelt in der Bildung der Corona aus diesen Strahlen. Am häufigsten in hohen Breiten (auch am Südpol, Südlicht, Australschein), zeigt sich im mittleren Europa etwa 10mal im Jahr, aber unregelmässig, ist stets von starken Störungen der Magnetnadel begleitet. Einfluss auf die Witterung unwahrscheinlich.

Nordpolarländer *(Arktische Länder),* die Länder jenseits des nördl. Polarkreises, insbes. der grosse arktisch-amerikan. Archipel, umfassend Grönland, Grinnelland, die Parryinseln, das sogen. Baffinsland, Nord-Somerset und Prinz-Walesland, das Prinz-Albert- und Victorialand u. das Banksland.

Nordpolexpeditionen, Entdeckungsreisen in die arktischen Regionen, zunächst zur Auffindung einer nordwestl. Durchfahrt (s. d.), zuerst von *Forbisher* (1577), *Davis* (1587), *Hudson* (1610) und *Baffin* (1622) unternommen, in neuerer Zeit, bes. seit das brit. Parlament 1818 bed. Preise auf jene Entdeckung gesetzt hatte, mit Eifer und nicht ohne wichtige Resultate fortgesetzt, namentl. von *Back, Beechey, Franklin, M'Clure*(1850—51), *Belcher, Rae* (1846—47), *Kane* (1853—55, Entdecker des offenen Polarmeeres), *M'Clintock* (1857—1859), *Hall, Hayes* (1861), *Long* (1864, Entdecker des Wrangellslandes) etc. Nach den östl. Polarregionen wandten sich die Russen *Kotzebue* und *Lütke, Wrangell, Middendorf,* neuerdings, der Schwede *Nordenskiöld* (1868), die beiden ersten „deutschen N.‘ unter *Koldewey* (1868, bis 81° 5' n. Br., und 1869—70, bis 77° 1' n. Br.), *Lamont* (1869), *Heuglin* und *Zeil* (1870, Gillisland), *Weiprecht* (1871, Nowaja-Semljameer, bis 78° n. Br.) u. A.

Nordpunkt, s. *Mitternachtspunkt.*

Nordsee *(Deutsches Meer,* bei den Dänen und Norwegern *Westsee),* Theil des atlant. Oceans, zwischen Grossbritannien, Holland, Deutschland und Dänemark, 12,000 QM.; durch die Meerenge von Calais mit dem Kanal, durch das Kattegat mit der Ostsee verbunden. Tiefe z. Th. 600', im Uebrigen geringer. Hauptzuflüsse: im S. Elbe, Weser, Ems, Rhein, Schelde; im W. Themse, Humber, Tay; im O. Elder. Meerbusen im S.: Zuidersee, Dollart, die Mündungsbusen der Jahde, Weser und Elbe, im W. die Ausflüsse des Wash, Murray, Forth, im O. der Buckefjord. Die Küsten z. Th. sehr niedrig, durch Dünen und Deiche, sowie durch vorgelagerte sandige Eilande und Watten (Untiefen) gegen die Fluthen geschützt.

Nordstrandische Inseln, die Reste der 1634 durch eine Sturmfluth zerrissenen Insel Nordstrand an der Westküste Schleswigs: *Nordstrand,* 1 QM., 2100 Ew., *Pelworm, Nordmarsch, Hoge* und mehrere *Halligen.*

Nordwestgebiet, früher Name eines Gebiets im brit. Nordamerika, zwischen dem Felsengebirge und den Seealpen; seit 1862 der südl. Theil (Britisch-Columbia) als Kolonie organisirt worden, *Stekinterritorium* genannt.

Nordwestliche Durchfahrt, der bereits seit 16. Jahrh. vermuthete und aufgesuchte Seeweg um die Nordküste Amerikas nach dem stillen Ocean, erst 1850 von *M'Clure* wirklich entdeckt (vom Lancastersund durch die Barrowstrasse, den Melvillesund und die Banksstrasse); daneben geht eine 2. äussere Durchfahrt durch den Jonessund nördl. am Parryarchipel vorbei, und eine 3. innere zwischen der Küste des Kontinents und den Gestadeinseln hindurch. Alle 3 sind jedoch für die Schifffahrt (wegen der Eismassen selbst in den meisten Sommern) nutzlos.

Nordwestprovinzen, Name einer brit.-ostind. Präsid., das mittlere Hindostan umfassend, 3936 QM. und 30,086,898 Ew. Hauptstadt Allahabad (früher Agra).

Norfolk (spr. -fok), 1) engl. Grafsch., an der Nordsee, 99,4 QM. und 434,798 Ew. Hauptstadt Norwich. — 2) Erste Seestadt Virginiens (Nordamerika), an der Chesapeakbai, (1870) 19,276 Ew., eine Hauptstation der Unionsflotte. — 3) Brit.-austral. Insel, zwischen Neuseeland und Neukaledonien; früher Verbrecherkolonie (jetzt aufgelöst).

Noria, Wasserhebungsmaschine, besteht aus einem rotirenden Rade, an dessen Peripherie Kästen angebracht sind, die beim tiefsten Stand sich mit Wasser füllen und beim höchsten sich entleeren.

Noricum, im Alterth. das heutige Oesterreich südl. der Donau (Salzburg, Kärnthen und Steiermark). Die *Noriker,* ein Zweig der Tauriskor, wurden 14 n. Chr. von den Römern unterjocht.   [*Alpen.*

Norische Alpen, Theil der Ostalpen, s.

Norm (lat.), Regel, Richtschnur; in der Buchdruckerei abgekürzte Titelangabe neben der Signatur; *normal,* der N. gemäss, regelmässig. *Normale,* eine senkrechte Linie auf der Berührungslinie einer Kurve. *Normalien,* als N. geltende Bestimmungen.

Normaljahr, das im westphäl. Frieden für den Besitzstand der geistl. Güter und Rechte als Norm festgesetzte Jahr 1624.

Normandie (spr. -mangdih), alte franz. Prov., das schöne und fruchtbare Mündungsland der Seine, die Halbinsel Cotentin und den nordöstl. Theil des Gebirgssystems der Bretagne umfassend, jetzt in die Depart. Niederseine, Eure, Orne, Calvados und Manche getheilt, 536 QM. und 2,650,661 Ew.; Hauptstadt Rouen. Das Land ward 912 von Karl dem Einfältigen dem Normannenführer Rollo zum Lehn gegeben. Seit 1066 (Wilhelm der Eroberer) waren die Herzöge der N. auch Könige von England, bis 1203 Philipp August den Johann ohne Land der N. verlustig erklärte und Heinrich III. sie feierlich an Ludwig den Heiligen abtrat; doch kam Frankreich erst 15. Jahrh. nach 3 engl.-franz. Kriegen in dauernden Besitz des Landes. Vgl. *Licquet* (1835), *Barthélemy* (3. Aufl. 1866).

Normannen (d. i. Nordmannen), ursprüngl. Name der Bewohner Skandinaviens, insbes. Norwegens, dann namentl. der kühnen Seeräuber, welche vom 9.—11. Jahrh. die europ. Küstenländer heimsuchten, *Wikinger* (d. i. Krieger) genannt. 787 dän. N. an den Küsten Englands; seit 832 fast alljährl. Raubzüge derselben; seit 866 fassen sie festen Fuss im Lande und nehmen das Christenthum an. Seit 1013 Eroberung Englands durch die Normannenkönige Sven und Kanut (s. *Grossbritannien*, Gesch.). Während der Zwietracht unter den Karolingern plündern und verheeren die N. die Küsten des nordwestl. Deutschlands, 841 Rouen, 845 Hamburg, 847 Bordeaux etc., seit 843 die Küsten Spaniens, 860 Pisa, 851 und 882 die Rhein- und Maasufer bis Koblenz und Trier, 885 und 886 Paris. 891 grosse Niederlage derselben durch Kaiser Arnulf. 912 Abtretung der Normandie (s. d.) an den Normannenhäuptling Rollo (getauft Robert), der den franz. König als Oberlehnsherrn anerkennt. 1066 Eroberung Englands durch Wilhelm, den Nachkommen Rollos. N. als Söldner in Unteritalien, wo die Nachkommen Tancreds von Hauteville das Königreich beider Sicilien gründen, indem Robert Guiscard 1059 vom Papst zum Herzog von Apulien u. Roger II. 1130 zum König von Sicilien erhoben wird. An den Ostseeküsten hausen schwedische N., *Wäringer* oder *Warägen* (d. i. Verbündete). 862 der Waräge Rurik Gründer des russ. Reichs. 865, 906, 941 und 1043 Raubzüge der Warägen bis in die Gegend von Konstantinopel. Ueber die Geschichte der N. vgl. *Depping* (2. Aufl. 1843, 2 Bde.); *Worsaae* (deutsch 1852), *Freeman* (2. Aufl. 1871).

Normannische Inseln (*Kanalinseln*), brit. Inseln im Kanal, an der Westküste der Normandie: Jersey, Guernsey, Alderney, Serk etc., 3,5 QM. und ca. 9100 Ew. normann. Abkunft mit eigner Verfassung; wohl angebaut und fruchtbar (Obstbau); als stark befestigte Wachtposten wichtig.

Normatage, in der kathol. Kirche hohe Festtage mit Verbot öffentl. Lustbarkeiten.

Normiren (lat.), regeln, als Norm festsetzen; auch als Norm gelten.

Nornen, die nord. Schicksalsgöttinnen, spinnen u. weben die Fäden der Geschicke: Urdhr, Verdhandi und Skuld.

Norrige (schwed.), s. v. a. Norwegen.

Norrköping (spr. -tjöp-), schwed. Stadt in Ostgothland, an der schiffbaren Motala, 23,034 Ew. Bed. Ausfuhr von Holz, Getreide, Tuch, Papier. In der Nähe Kanonengiesserei. Dampfschiffverbindung mit Lübeck.

Norrland, der nördlichste und grösste, aber wenigst bevölkerte von den 3 Haupttheilen Schwedens, 4705 QM. und 496,563 Ew.

North, *Frederick, Lord, Graf von Guilford*, brit. Staatsmann, geb. 13. April 1733, ward 1770 leitender Minister, veranlasste durch Aufrechterhaltung des Theezolls in den nordamerikan. Kolonien den Kampf derselben gegen das Mutterland, trat 19. März 1782 zurück, bildete April 1783 mit Fox das sogen. Ministerium der Talente, übernahm das Innere, musste 18. Dec. 1783 Pitt weichen, trat zur Opposition über; † 5. Aug. 1792.

Northampton (spr. -ämmt'n), Grafsch. im mittleren England, 46,3 QM. und 227,704 Ew. Die *Hauptstadt* N., am Nen, 32,813 Ew., Hauptsitz der engl. Schuhfabr.

North-Bierley, Stadt in der engl. Grafsch. York, 12,786 Ew.; bed. Wollwaarenindustrie.

Northeim, Stadt, s. Nordheim.

Northern Circars (spr. -Sirkärs), der nordöstl. Theil der Indobrit. Präsi. Madras.

North-Uist (spr. -Eust), eine der mittleren Hebriden, 5,5 QM. und 3034 Ew.

Northumberland (spr. -ömberländ), nördlichste Grafsch. Englands, 91,7 QM. und 343,025 Ew. Hauptst. Newcastle.

Northwich (spr. -nitsch), Stadt in der engl. Grafsch. Chester, 1300 Ew.; Hauptsitz des Salzhandels.

Norwegen (dän. *Norge*, schwed. *Norrige*), Königreich, der westl. und nördl. Theil der skandinav. Halbinsel, 5751 QM. und (1868) 1,729,691 Ew.; kompakte, durch zahllose schmale Golfe (Fjorde) gegliederte Gebirgsmasse (bis 6000' h.) mit zahlr. Seen und Flüssen (Hauptstrom der Glommen) und mächtigen Wäldern. — *Nahrungszweige:* Ackerbau (unbedeutend, nur ca. 53 QM. wirkl. Kulturland), Viehzucht, Fischerei (7—8 Mill. Spec.-Thlr.), bes. Häringsfang (beschäftigt ca. 40,000 Menschen), grossart. Waldwirthschaft, Bergbau auf Eisen (im S.), Silber (Kongsberg: 30,000 Mark), Kupfer, Kobalt (Modum), Chromerze (zu Farben), Schwefelkies, Kohlen (bei Andön); Waschgold (seit 1867 im Gebiet des Tanaelf). — *Industrie* noch wenig entwickelt, doch im Zunehmen; vorzugw. Verarbeitung der Rohprodukte (Säge- und Kornmühlen, Gerberei etc.). — Der *Handel* meist Seehandel, im Lande bes. durch Kanäle gefördert; im N. fast nur Tauschhandel. Hauptverkehrsländer Deutschland (Hamburg), Grossbritannien und Dänemark. Einfuhr 1869: 23,9 Mill., Ausfuhr (bes. Produkte der Fischerei und Waldwirthschaft) 19,6 Mill., dazu Gewinn aus der Frachtschifffahrt: 16,2 Mill. Spec.-Thlr. Schifffahrtsbewegung 1869: 12,015 Schiffe mit 711,083 Lasten angekommen, 12,434 Schiffe mit 759,203 Lasten abgegangen. Handelsflotte (1869): 6833 Schiffe von 465,831 Kommerzlasten (à 2 engl. Tons) mit 47,008 Mann Besatzung. Eisenbahnen 49,5 M. im Betrieb. Rechnung nach Speciesthalern (= 1 Thlr. 15½ Gr.) à 5 Ort (Mark) à 24 Schillinge. — Die *Bevölkerung* ist nordgerman. Stamme, bis auf ca. 25,000 Lappen (Finnen) im N., ein kräftiger, stattlicher, sittlich und geistig tüchtiger Menschenschlag, vorwiegend zur luther. Staatskirche gehörig, unter 5 Bischöfen (5105 Personen ausserhalb derselben, darunter 1038 Mormonen und 1114 Mitglieder der apostol. Freikircha). 1 Universität (Christiania) und 8 gelehrte Schulen. Die norweg. *Sprache* mit der schwed. und dän. verwandt, aber noch ohne ausgebildete selbstständ. Literatur (von Bedeutung *B. Björnson*, s. d.). Schrift- und Umgangssprache meist noch die dänische. Auswanderung 1856—68: ca. 96,000 M., 1869: 15,600 Menschen. — Der *Verfassung* nach konstitutionelles Erbkönigreich, mit Schweden (seit 4. Nov. 1814) unter Einem König (jetzt Karl III.) stehend, aber selbständig und unabhängig; die Freiheit des Volkes fast republikanisch, Adel und Standesunterschiede nicht vorhanden. Legislative der Storthing (Versammlung der Volksabgeordneten), dem gegenüber der König ein suspensives Veto hat. — *Finanzen* (1869): 5,188,500 Spec.-Thlr. Einnahmen; Ausgaben ebenso viel. Staatsschuld (Ende 1869): 7,867,100 Spec.-Thlr. (Aktiva 7,731,600 Spec.-Thlr.); dazu neue Eisenbahnanleihe 1871: 25,000 Spec.-Thlr. — *Militär* (seit 1867): 1) Landbewaffnung: Linientruppen (im Frieden 12,000 Mann) mit Reserve, Train, Landwehr, Bürgerwehr und Landsturm (bis zum 45. Jahre); Dienstzeit 10 Jahre (5 in der Linie); 2) Seebewaffnung (ca. 15,000 Mann): ständ. Flottenmannschaft, Distriktsseetruppen etc. Kriegsflotte (1867): 16 Dampfer (1 Monitor, 2 Fregatten etc.) mit 156 Kanonen und 103 Segelschiffen. — *Eintheilung:* 6 Stifter (18 Aemter): Akershuus, Hamar, Christiansand, Bergen, Trondheim, Tromsö (Nordland). — *Orden:* Olafsorden (seit 1847), Ehrenzeichen (seit 1819). Handelsflagge: roth, durch ein dunkelblaues, weissgerandetes Kreuz quadrirt, mit dem Unionszeichen. — Im Ganzen nur 24 Städte (darunter 4 über 10,000 Ew.); Hauptstadt Christiania.

Geschichte. Anfang der beglaubigteren Gesch. mit Einführung des Christenthums unter Olaf I. Tryggvason gegen Ende des 10. Jahrh. Seezüge der Normannen (Wikingsfahrten). Sturz der alten Stammeshäuptlinge durch Harald Harfagr und Olaf II. Vertreibung desselben durch Kanut d. Gr. von Dänemark und dän. Herrschaft bis 1035. Dann von Olafs II. Sohn Magnus an einheimische Könige bis zum Erlöschen des Mannsstammes derselben mit Hakon VII. Darauf Wahl des erst 3 Jahre alt schwed. Königs Magnus Eriksson zum König von N., der später N. an seinen Sohn Hakon abtritt, dem 1380 sein Sohn Olaf IV. folgt. Nach dessen unbeerbtem Tode 1387 vereinigt seine Mutter Margarethe [s. d. 1)] die Kronen von N., Dänemark und Schweden durch

die kalmar. Union 1397. Seitdem N. unter dän. Herrschaft als eroberte Provinz behandelt und ausgebeutet. Im Frieden von Kiel 14. Jan. 1814 Abtretung N.s an Schweden; in N. Erhebung des dän. Prinzen Christian [nachmal. Königs Christian VIII., s. *Christian* 1) e)] zum König von N. und 17. Mai d. J. Annahme des von demselben vorgelegten Verfassungsentwurfs durch Abgeordnete des Volkes zu Eidsvold. Nach dem Eindringen schwed. Truppen unter dem Kronprinzen Konvention von Moss 14. Aug., wonach N. unter Beibehaltung seiner Verfassung als selbständiges Reich Karl XIII. von Schweden als König anerkennt, welcher 4. Nov. das eidsvolder Grundgesetz mit den nöthigen Modifikationen annimmt. Unter Karl XIV. Johann fortdauernder Kampf des norweg. Storthings gegen die königl. Gewalt, die jener an erweitern sucht. Aufhebung des Adels durch dreimaligen Beschluss des Storthings 1815, 1818 und 1821 und Verwerfung der beantragten Einführung des absoluten König. Veto 1821 und 1836. Unter Oskar I. treue Befolgung der Verfassung und Bewilligung eines eigenen Reichswappens und Ordens. 1865 — 67 Revision der Unionsverhältnisse. März 1869 Einführung jährlicher Storthings. Febr. 1870 Verschiebung der schwedisch-norweg. Unionsakte. Vgl. *Munch* (1851—59, 6 Bde.; bis 1319), *Blom* (1858), *Fays* (1851).

Norwich (spr. Nórritsch), 1) Hauptst. der engl. Grafsch. Norfolk, an der schiffb. Yare, (1871) 80,390 Ew. Normann. Kathedrale (1094 erb.). 14—18. Jahrh. ber. Tuch- und Wollstoffabr.; jetzt Fabr. von Shawls, Borten, Krepp, Damast etc.; auch Eisengiesserei, Schuhfabr. — 2) Stadt in Connecticut (Nordamerika), am Thames, (1870) 16,653 Ew.

Nosodochium (gr.), Kranken-, Siechenhaus.

Nosogeographie (gr.), Darstellung der geograph. und klimat. Krankheitsverbreitung.

Nosokomialfieber, das Hospitalfieber.

Nosokomie (gr.), die Krankenpflege; *Nosokomium,* das Krankenhaus, s. *Hospital.*

Nosologie (gr.), Krankheitslehre.

Nosonomie (gr.), Lehre von den Gesetzen der Krankheitsentwickelung.

Nossairier (*Ansarier*), syr. Völkerschaft mit eigenthümlichen Religionsformen, im Küstengebirge (Dschebel-Nossairieh), westl. vom Orontes, sesshaft, ca. 75,000 Seelen.

Nosal Bé, Insel an der Nordwestküste von Madagaskar, 3 QM. und 15,000 Ew.; reich an Schiffbauholz. 1840 von den Franzosen besetzt. Hafenstadt Helliville.

Nostalgie (gr.), Heimweh.

Nostoc *Vauch (Zittertang)*, Algengattung. *N.* commune *Vauch, Erdgallerte,* erscheint plötzlich nach Regen, galt als Sternschnuppensubstanz und heilkräftig.

Nostos (gr.), Rück-, Heimkehr; Gedicht, welches die Heimkehr der griech. Helden von Troja behandelt, z. B. die Odyssee.

Nostradámus (eigentl. *Michel de Notre-Dame*), geb. 14. Dec. 1503 zu St.-Remy, Astrolog, Leibarzt Karls IX. von Frankreich, machte durch seine Prophezeiungen Aufsehen; † 2. Juli 1566 zu Salon.

Nostraten (lat.), Unsrige, Landsleute.

Nostrifikation (lat.), Aufnahme in die akadem. Gemeinschaft einer Universität.

Nota (lat.), Merkmal, Anmerkung, Erläuterung; kurz ausgestellte Rechnung. *In nota nehmen*, eine Bestellung zur Ausführung annehmen. Sich etwas *ad notam nehmen*, es sich merken etc. *Nota bene*, merke wohl an!

Notabeln (fr.), durch Vermögen, Bildung und Rang ausgezeichnete Personen. Die *Notabelnversammlungen* (assemblées des Notables) in Frankreich sollten unter dem wachsenden Despotismus der Könige die Reichsstände ersetzen und in Vergessenheit bringen; zuletzt 22. Febr. bis 25. Mai 1787 thätig und wieder 5. Nov. 1788 berufen.

Notabilität, Angesehenheit; *Notabilitäten*, angesehene Personen.

Notalgie (gr.), Rückenschmerz.

Notär (lat.), in Amt und Pflicht stehende Person, welche Urkunden über Rechtsvorgänge (Verträge, Erklärungen, Wechselproteste etc.) mit öffentl. Glaubwürdigkeit ausstellt, meist ein Rechtsanwalt. *Notariāt*, das Amt eines N.; *Notariatsinstrument*, von einem N. beglaubigte Urkunde. Vgl. *Merkel* (1860), *Delius* (1861).

Notäten (lat.), Bemerkungen, Ausstellungen. *Notatiōn*, das Anmerken.

Note (lat., Mus.), Tonzeichen, gibt durch seine Stellung auf dem Liniensystem die Höhe und durch seine Gestalt die Daner des betr. Tones an. Der *Notendruck* mit beweglichen Metalltypen vom Italiener *Ottav. Petrucci* aus Fossombrone († 1539) erfunden, später durch Breitkopf in Leipzig um 1760 wesentlich verbessert. *Notenschlüssel*, das am Anfang eines Liniensystems befindliche Zeichen zur Feststellung der Tonhöhe der Notenlinien. Gegenwärtig 3 in Gebrauch: der G- (Violinschlüssel), der C- und der F-Schlüssel, welche also bestimmen, welche Notenlinie die Tonhöhe von g (resp. c und f) haben soll. *Notenschrift* (*Notensystem*), die Summe aller Zeichen, mittelst welcher ein Musiksatz zu Papier gebracht wird; umfasst das Liniensystem, die Noten, die Schlüssel, die Zeichen für die Pausen, die Kunstwörter und ihre Abbreviaturen.

Notel (lat.), schriftliche Aufzeichnung; Notariatsinstrument, z. B. *Kaufnotel*.

Noten (lat.), Anmerkungen; im diplomat. Verkehr officielle Mittheilungen der Regierungen unter einander, sowohl mündliche als schriftliche. *Cirkularnote*, von einer Regierung an ihre sämmtlichen Gesandten an fremden Höfen erlassene Note zu Darlegung ihrer Ansichten oder Entschliessungen über wichtige internationale oder sonstige Fragen, innere Vorgänge etc.

Nothadresse, auf Wechseln Angabe einer Firma, welche denselben im Nichtbezahlungsfall seitens des Bezogenen am Platz

Notherbe, s. *Erbrecht*. [einlöst.

Nothhelfer, in der kathol. Kirche diejenigen 14 Heiligen, von denen man in besonderen Nöthen Hülfe erwartet.

Nothrecht, die sittliche und rechtliche Zulässigkeit einer im Nothfall begangenen Rechtsverletzung.

Nothtaufe, an neugebornen Kindern, für deren Leben zu fürchten ist, von der Hebamme od. einer and. Person vollzogene Taufe.

Nothwehr, die erlaubte Gewaltübung zur Abwehr eines widerrechtl. und die Möglichkeit, die Staatshülfe anzurufen, ausschliessenden Angriffs auf Person oder Vermögen.

Nothwendigkeit, die Unmöglichkeit des Gegentheils. Die *logische* oder *formale* N. lässt einen anderen Gedanken ausser dem als nothwendig bezeichneten als sich selbst widersprechend erscheinen. Die *reale* oder *physische* N. ist die gesetzmässige Bedingtheit der Erscheinungen und Ereignisse. Die *moralische* N. ist die zwingende Gewalt der moral. Verpflichtung. Die *relative* oder *hypothetische* N. ist von gewissen Bedingungen oder Voraussetzungen abhängig, die *absolute* N. nicht. Die *Naturnothwendigkeit* beruht auf gewissen empirisch gegebenen Bedingungen und ist stets eine hypothetische.

Nothzucht, s. *Unzuchtsverbrechen*.

Notifikation (lat.), Bekanntmachung, Meldung; *notificiren*, anzeigen, kundthun.

Notiologie (gr.), s. v. a. *Hygrologie*.

Notion (lat.), Begriff, insbes. Verstandesbegriff. [in Rechnung bringen.

Notiren (lat.), anmerken, aufschreiben; [in Rechnung bringen.

Notist (lat.), Notenschreiber, insbes. Einer, der die Einzelstimmen aus der Partitur ausschreibt. [schriftlicher Vermerk.

Notiz, Kenntnissnahme von etwas; kurzer [schriftlicher Vermerk.

Noto, Stadt auf Sicilien, Prov. Syrakus, mit 12,534 Ew.; Anbau von Zuckerrohr.

Notorisch (lat.), allgemein bekannt, *Notorität*, das Allgemeinbekanntsein.

Notre Dame (fr., spr. -t'r Dahm), franz. Benennung der Jungfrau Maria, wie das deutsche Unsere Liebe Frau.

Nottingham (spr. -hām), Grafsch. im mittl. England, 38,6 QM. und 393,867 Ew. Die *Hauptstadt* N., am Trent und Grandtrunkkanal, (1871) 86,608 Ew.; Centrum der engl. Bobbinet- und Spitzenmanuf., insbes. der Seiden- und Baumwollstrumpfwirkerei; auch Eisen- und Messingwaarenfabr. In der Nähe Druidenhöhlen und bedeutende Kohlenlager.

Nourse-River, Fluss, s. *Oranse*.

Nouveautés (fr., spr. Nuwotē), Neuigkeiten, bes. Tagesereignisse, Modeartikel. *Nouvelles* (spr. Nuwell), interessante Neuigkeiten.

Nova, Neuigkeiten; *Novitäten*, neu erschienene Verlagswerke; in Fabriken neue Muster.

Novalis, Dichter, s. *Hardenberg* 2).

Novantik (lat.), neualt, von einer Kunstrichtung, welche die Antike zu erneuern sucht.

Novara, oberital. Provinz (Piemont und Ligurien), 118,8 QM. und 590,194 Ew. Die *Hauptstadt* N., 14,385 Ew. Kastell, Kathedrale (6. Jahrh.). 23. März 1849 entscheidender *Sieg* Radetzkys über die Sardinier.

Novation (lat.), Neuerung, Aufhebung einer Rechtsverbindlichkeit dadurch, dass an die Stelle derselben eine andere, neue tritt.

Novelle (ital.), Neuigkeit, auch s. v. a. Zeitung (veraltet). In der Literatur prosaische Erzählung, dem Roman verwandt, aber weniger breit und einfacher als dieser; Hauptmeister der N.: *Boccaccio*, *Cervantes*, *Goethe*, *Tieck*, *L. Schefer*, *P. Heyse* u. A.

Novelle (lat.), neue Verordnung zu Ergänzung oder Umgestaltung einer älteren. *N.n*, als Theil des Corpus juris die dem justinianeischen Codex nachträglich angefügten Gesetze.

Novello, *Clara*, Sängerin, geb. 12. Juni 1818 in London, Tochter des Kirchenkomponisten *Vincent N.* († 1861 in Nizza), lebt in London; bes. ausgezeichnet im Oratorium.

November (v. lat. *novem*, neun, weil der N. im röm. Kalender der 9. Monat war), jetzt der 11. Monat (Reif- oder Windmonat).

Novi, Stadt in der ital. Prov. Alessandria, am Fusse der Apenninen, 8563 Ew.; Bergschloss, wichtiger Seidenhandel. 15. Aug. 1799 *Sieg* Suworows über Joubert.

Novibazar, Stadt in Bosnien, 15,000 Ew.; Schloss, warme Bäder. Bed. Messen.

Noviodūnum, röm. Name für Nevers.

Noviomǎgus, röm. Name für Nimwegen.

Novität, s. *Nora*.

Noviziät (lat.), Prüfungszeit, welche die *Novizen*, d. h. die, welche in ein Kloster eintreten wollen, bestehen müssen (1—2 Jahre). *Novizenmeister*, mit Ueberwachung der Novizen beauftragter Ordensgeistlicher.

Novum (lat.), etwas Neues; im Rechtswesen ein zu neuer Verhandlung Anlass gebender Thatumstand.

Nówaja-Semlja (*Nova-Zembla*, d. i. Neuland), unwirthbare Insel im nördl. Eismeere, zum russ. Gouv. Archangelsk gehörend, 2101 QM.; durch die Strasse Matoschkin in 2 Hälften getheilt; von Renthieren, weissen Seebären, Füchsen etc. und nur im S. von Fischern und Jägern bewohnt.

Nowgórod, grossruss. Gouv., 2139 QM. und 1,016,414 Ew.; im N. morastig, im S. fruchtbar u. reich an Steinkohlen. Die *Hauptst. N.* (*N. Wélikij*, d. i. Grossennstadt), am Ausfluss des Wolchow aus dem Ilmensee, 17,665 Ew.; einst Residenz Ruriks und Hauptstadt des *Fürstenthums N.* (1478 Russland einverleibt), dazu blühende Handelsst. u. östlichstes Mitgl. des Hansebundes (und 400,000 Ew.); jetzt gesunken. Kathedrale (ber. Bronzethüre).

Nowotscherkask, Hauptst. des Landes der don. Kosaken in Südrussland, am Tuslow (zum Donetz), 17,656 Ew. Gr. Kathedrale.

Noxa (lat.), Schaden, Beschädigung, namentlich durch ein Wesen, für welches dessen Besitzer zu haften hat.

Noyaden (fr.), Ertränkungen politisch Beschuldigter in Masse, vom Konventsdeputirten Carrier in Nantes angeordnet.

N. St., abbr. für *neuen Stils*, Zeitrechnung nach dem gregorian. Kalender.

N. T., abbr. für Neues Testament.

Nubien, das Ländergebiet zwischen Aegypten u. Abessinien, ödes Wüstenplateau mit der fruchtbaren, dattelreichen Thalfurche des Nil; bildete bis 14. Jahrh. ein blühendes Reich, erlag dann den Arabern, seit 1820 vom Vicekönig von Aegypten abhängig. Die *Nubier* (*Nuba, Barabra*) dunkelbraun, von kaukas. Typus, mit eigener Sprache (Nobinga), Mohammedaner, treiben Feldbau, Handel, Jagd; durch den Schifffahrtsverkehr und den Sklavenraub verderbt. Auch zahlr. Araber- und Mischstämme.

Nubil (lat.), mannbar, heirathsfähig. *Nubilität*, Mannbarkeit. [wölkt, trübe.

Nubiliren (lat.), umwölken; *nubilös*, bewölkt.

Nucléus (lat.), Kern, Nusskern.

Nudation (lat.), Entblösung, Enthüllung. *Nudität*, Nacktheit, Blösse, bes. von der menschl. Gestalt und Darstellung derselben.

Nürnberg, Stadt im bayer. Regbz. Mittelfranken, an der Pegnitz (8 Brücken, 4 Inseln), (1871) 81,707 Ew. (meist Protestanten); mittelalt. Ansehens, mit hohen Mauern (jetzt zum Theil abgetragen) und hohen Thorrundthürmen (1555—68 erbaut), die hohen Wohnhäuser mit Erkern und Vorsprüngen. *Gebäude*: goth. St. Lorenzkirche (1274—1332 erb., 242' h. Thürme, 8 Schiffe, Sakramentshäuschen von Krafft, der engl. Gruss' von V. Stoss, herrl. Glasmalereien), goth. St. Sebalduskirche (12.—15. Jahrh., Grabmal des St. Sebaldus von P. Vischer, schreyersches Grabmal von Krafft, Glasmalereien), goth. Frauenkirche (1355—61 erb.), Aegidienkirche (ital. Stil, 1711—18 erb., Altarblatt von Vandyck); die Burg (ehemal. kaiserl. Residenz, Gemäldegalerie, 482' tiefer Brunnen), Rathhaus (ital. Stil, 1616—19 erb.), zahlr. Privatgebände im goth. Stile. — *Denkmäler*: der schöne Brunnen (1355—61 erb., eine 60' hohe Steinspitzsäule), das Gänsemännchen (2' h. eherne Brunnenfigur), Standbilder Dürers und Melanchthons; auf dem Johanniskirchhof die Grabmäler von Dürer, V. Stoss, Pirkheimer, H. Sachs u. A.; auf dem Weg dahin die ber. Stationen von A. Krafft. — *Sammlungen*: germanisches Museum (s. d.), städt. Museum (im Rathhaus), Gemäldegalerie (bes. altdeutscher Schule, in der Moritzkapelle); Stadtbibliothek. — Polytechn. Schule; ber. Kunstgewerbeschule (seit 1868 Centralanstalt für ganz Bayern); königl. Bank. — Von Alters her durch Gewerbthätigkeit und Handel ausgezeichnet. Weltberühmt die Lebkuchen und Spielsachen ("n.er Waaren"); daneben Fabr. von Metall-, Holz- und Hornwaaren, Bleistiften und Goldplättchen, Bierbrauerei; grossartige Ultramarinfabr. (Zeltner), Maschinenund Waggonfabr. (Kramer-Klett); von Bedeutung der Hopfenhandel und das Wechselgeschäft. — N. zuerst 1050 erwähnt, seit 1112 freie Reichsstadt. Das *Burggrafthum N.* kam 12. Jahrh. ans Haus Hohenzollern; Friedrich VI. verkaufte 1427 die Burg an die Stadt. *Reichstage*: 1324, 1356, 1390, 1522—24. 1532 u.er *Religionsfriede*. 1806 fiel N. (23 QM. und 80,000 Ew.) an Bayern. Vgl. *Mayer* (1852), *Rettberg* (1854), *Soden* (1860), *Voigt* (1862), *Hagen* (3. Aufl. 1867).

Nürtingen, Oberamtsstadt im würtemberg. Schwarzwaldkreise, am Neckar, 4520 Ew.

Nugä (lat.), Possen, Albernheiten.

Nugget (spr. Nögg-), in Kalifornien und Australien ein in der Erde gefundener Klumpen oder Stück Gold.

Nuisance (engl., spr. Njusäus), Beeinträchtigung, öffentliches Aergerniss.

Nuits (spr. Nüih), Stadt im franz. Depart. Côte d'Or, an der Eisenbahn von Dijon nach Lyon, 3656 Ew.; ber. Burgunderwein. 18. Dec. 1870 siegr. *Gefecht* des 14. dentschen Armeecorps gegen die Franzosen (Cremer).

Nukahiwa, grösste Insel des Mendaßas-archipels, 7,8 QM. und 10,000 Ew.; franz. Garnison. [erklären.

Nullificiren (lat.), für null und nichtig **Nullität** (lat.), Nichtigkeit, die gänzliche Wirkungslosigkeit eines Rechtsgeschäfts aus Gründen, die gleich bei dessen Vornahme seiner Gültigkeit entgegenstehen.

Nullpunkt, Gefrierpunkt, s. *Thermometer*.

Numantia (a. G.), Stadt der Celtiberier in Spanien, am Durius (Duero), beim heut. Soria; nach langer Belagerung durch die Römer 133 v. Chr. von Scipio d. J. erobert und zerstört (*numantin. Krieg*).

Numa Pompilius, sagenhafter zweiter König von Rom, soll 715—672 v. Chr. geherrscht haben, Sohn des Sabiners Pompo Pompilius, ward von Cures im Sabinerlande nach Rom als Herrscher berufen, befestigte den Staat durch Erhaltung des Friedens und Einrichtung des röm. Religionswesens, verbesserte den Kalender, hob den Feldbau etc. Seine Rathgeberin die Nymphe Egeria.

Numeralia (lat.), Zahlwörter. *Numérator*, Zähler (eines Bruchs); *Numeration*, Zahlung.

Numéri (lat.), Zahlen; das 4. Buch Moses, weil es die Volkszählung enthält. [zeichnen.

Numeriren (lat.), zählen, mit Ziffern be-**Numérisch** (lat.), zählbar, durch Zahlen bestimmbar, auf bestimmte Zahlen bezügl., im Gegensatz zu *algebraisch*, was sich auf Buchstaben als allg. Grössenzeichen bezieht.

Numerosität (lat.), das Zahlreichsein, rhythm. Wohllaut der ungebundenen Rede.

Numérus (lat.), Zahl; Anzahl, Menge; in der prosaischen Rede das Ebenmass der Sätze und ihrer Glieder und der darauf beruhende Wohlklang; in der Grammatik s. v. a. Zahlform.

Numidien (a. G.), Land in Nordafrika, etwa das heut. Algerien; seit 46 v. Chr. röm. Provinz. Die *Numidier* vom Stamme der Berbern, als treffl. Reiter bekannt.

Numismätik (gr.), Münzkunde, die Lehre von den Münzen in technischer oder artistischer, sowie in geschichtl. Beziehung. *Numismatiker*, Münzkundiger. Vgl. die Schr. von *Eckhel* (1792—98), *Mionnet* (1806—13, 6 Bde.), *Mader* (1803—15, 6 Bde.), *Lelewel* (1836, 2 Bde.), *Grässe* (1852), *Leitmann* (1865—68, 4 Thle.) u. A.

Numitor, Sohn des Procas, König von Alba, von seinem Bruder Amulius entthront, durch Rhea Sylvia Grossvater des Romulus und Remus, durch letztere wieder in sein Reich eingesetzt.

Nummarisch (lat.), das Geld betreffend.

Nunciren (lat.), verkündigen, melden, anzeigen. *Nunciant*, der von etwas Anzeige macht, *Nunciāt*, den dieselbe betrifft; *Nunciation*, Anzeige, Meldung.

Nundinae (lat.), Jahrmarkt, Messe.

Nunkupiren (lat.), ernennen, bes. in rechtl. verbindlicher Form, z. B. zum Erben einsetzen; *Nunkupation*, Ernennung, bes. feierl. Einsetzung zum Erben; *Nunkupativ*, mündliche letztwillige Verordnung.

Nuntius (lat.), päpstlicher Gesandter; *Nuntiatur*, Amt und Sitz eines solchen. Nuntiaturen seit 1583 zu Wien und zu Köln, seit 1536 zu Luzern, seit 1559 zu Brüssel, seit 1785 zu München. Die Nuntien fungirten in ihren Bezirken als geistliche Oberrichter und hatten, bes. in Dispensationssachen, erzbischöfl. Befugnisse. Vergeblich erhoben die Erzbischöfe und Reichsbehörden Beschwerden gegen deren Uebergriffe. Der emser Kongress (s. *Emser Punktation*) beantragte vergebens die Aufhebung der Nuntiaturen. Jetzt sind die Nuntien bloss polit. Geschäftsträger des Papstes. Vgl. v. *Moser* (1788).

Nuphar *Smith* (*Teichrose*, *Nixblume*), Pflanzengattung der Nymphäaceen. N. luteum *Sm.*, gelbe Teichrose, *Mummel*, in Europa in stehendem Wasser, früher officinell, dient zum Gerben und zur Schweinemast. Wurzel und Samen sind geniessbar.

Nupta (lat.), eine Verheirathete. *Nuptiae*, Hochzeit; *nuptiäl*, hochzeitlich.

Nurhagen (*Noraghes*), alte Steinbauten auf Sardinien von kegelförm. Gestalt, keine Grabstätten, sondern festungsartige Wohnungen für Zelten der Kriegenoth. Vgl. *Maltzan*, Reisen auf der Insel Sardinien', 1869.

Nuss (Nux), in der Botanik mehrsamige oder durch Abortus einsamige Frucht mit verholztem Fruchtgehäuse.

Nussbaumholz, s. *Wallnussbaum*.

Nussgelenk (Enarthrosis), Gelenk, welches aus einer in einer Hohlkugel beweglichen Kugel gebildet wird, so dass diese über die Hälfte von jener umschlossen wird.

Nusshäher, s. *Häher*.

Nussöl, s. *Wallnussbaum*.

Nutation (lat.), Wanken der Erdaxe, Folge der Anziehung des Mondes auf die abgeplattete Erde, äussert sich in kleinen Verschiebungen der Richtung der Rotationsaxe der Erde im Raum. Die N.en sind periodisch und verhalten sich so, als wenn der Himmelspol in 18⅔ Jahren die Peripherie einer kleinen Ellipse durchliefe, deren Mittelpunkt um den Pol der Ekliptik einen Kreis von 23⅔° Halbmesser beschreibt.

Nutria (*Affenfell*, *Racundafell*, amerikan. *Otternfell*), der Pelz des Koipu oder Sumpfbibers (Myopotamus coypus *Geoffr.*), 2' l., in den La-Platastaaten, dient zu Hutfilzen (jährl. 3 Mill. Stück).

Nutrimént (lat.), Nahrungsmittel.

Nutriren (lat.), ernähren, *Nutrientia*, nährende Heilmittel; *Nutrition*, Ernährung; *Nutritor*, Ernährer; *Nutrix*, Ernährerin, Amme. [thorrhöa.

Nuttharz, s. v. a. Acaroïdharz, s. *Xan-* **Nutzniesser**, der, welcher den Niessbrauch (s. d.) einer Sache hat. [s. *Strychnos*.

Nux (lat.), Nuss; *Nux vomica*, Brechnuss.

Nyassa (*Nyandscha*), Binnensee im östl. Südafrika, 12° s. Br., 51° ö. L., über 80 M. l., 4—12 M. br.; Abfluss der Schiro, der südwärts in den Zambesi fliesst. 1859 von Roscher und Livingstone entdeckt.

Nyborg (*Nyeborg*), feste Hafenstadt auf der dän. Insel Fünen, am grossen Belt, 3800 Ew. Ueberfahrt nach Seeland.

Nyköping (spr. -tjöp-), Hauptst. der schwed. Landsch. Södermanland, an der Ostsee, 5016 Ew. Baumwollspinnereien, Papierfabr., lebh. Handel, Hüttenwerke.

Nyktalopīe (gr.), Nachtsehen, Tagblindheit, Sehstörung, bei welcher die Kranken bei hellem Tageslicht nicht oder undeutlich, bei künstlicher Beleuchtung oder Mondlicht dagegen gut sehen; tritt bes. infolge zu starker Lichtreize (z. B. von Schneefeldern) ein.

Nyland, finn. Gouvern., 210 QM. und 174,388 Ew. Hauptst. Helsingfors.

Nymwegen, s. *Nimwegen.*

Nymphǟa L. (*Seerose*), Pflanzengattung der Nymphäaceen. N. alba L., *weisse Seerose, Wasserlilie,* in Europa, in stehendem Gewässern, früher officinell; die geniessbare Wurzel dient zum Gerben und Färben, die Samen als Kaffeesurrogat. N. lotus L., im Nil, der Lotos der Aegypter, spielt in der Mythologie als Symbol eine grosse Rolle; Wurzel und Samen geniessbar.

Nymphen (gr.), in der griech. Mythologie weibliche Naturgottheiten niederen Ranges, im Meere, in Strömen, Hainen, Quellen, Bäumen etc. wohnend, Repräsentantinnen der nährenden Feuchtigkeit der Erde, dargestellt als schöne Jungfrauen, nackt oder halb bekleidet.　　　[s. *Geschlechtstheile.*

Nymphen (gr.), die kleinen Schamlippen, **Nymphenburg,** königl. Lustschloss bei München (1663 erbaut); Park (mit gr. Wasseranlagen), adeliges Institut, Porzellanfabr.

Nymphomanīe (*Andromanie,* gr., *Mutterweh, Mannstollheit*), beim weiblichen Geschlecht vorkommende krankhafte Steigerung des Geschlechtstriebs, oft mit Delirien verbunden; Ausgang meist in Melancholie. Behandlung: gute Ernährung, Beschäftigung.

Nystad, Hafenst. im finn. Gouvern. Abo-Björneborg, am bottn. Meerbusen, 3258 Ew.; 10. Sept. 1721 *Friede* zw. Schweden und Russland, beendete den nord. Krieg.　　[Nacht.

Nyx (gr., lat. *Nox*), Nacht, Göttin der

O.

O, auf neueren franz. Münzen Riom; abbr. s. v. a. Ost. **O'**, vor irländ. Familiennamen Bezeichnung des Adels.

Oakham (spr. Ohkham), Hauptstadt der engl. Grafsch. Rutland, 2528 Ew.

Oasen, die in den Wüsten (bes. Nordafrikas) vorkommenden fruchtbaren und bewohnten Stellen, gleichsam Inseln im Sandmeer; auch bildlich gebraucht.

Oath (engl., spr. öth), Eid; *O. of allegiance* (spr. -ällidscheläns), Huldigungseid.

Oaxáca (spr. -obáca), Staat im südl. Mexiko, am stillen Ocean, 1288 QM. und 646,725 Ew. Die Hauptst. O., 25,000 Ew., Hauptort für Chokolade- und Cochenilleproduktion.

Ob (*Obi*), Hauptstrom Westsibiriens, entsteht am Altai aus der Katunja und Bija, strömt, bald schiffbar, erst nordwestl., dann nördl. zwischen niedrigen Ufern, mündet in den *obischen Meerbusen;* 580 M. l., Stromgebiet 58,000 QM. Hauptnebenfl. der Irtysch.

Obadja, hebräischer Prophet zur Zeit der Zerstörung Jerusalems durch Nebukadnezar.

Obfirirt (lat.), übersohmidet.

Obdorsk, Stadt in Westsibirien, am Ob; Messe für die Samojeden und Ostjaken.

Obduktion (lat.), gerichtl.-medicin. Untersuchung, bes. Leichenöffnung zur Ermittelung der Todesursache. Das darüber aufgenommene Protokoll *Fundschein* (visum repertum).

Obduration (lat.), Verhärtung; Verstocktheit.

Obediénz (lat.), Gehorsam; Ergebenheitsbezeigung dem Papste gegenüber mit der Versicherung des Gehorsams gegen die Kirche.

Obeïd (*El - O.*), Stadt, s. *Lobeid.*

Obelisk (gr.), Spitzsäule, bes. Gattung altägypt. Monumente, meist Monolithen.

Obelus (gr.), Spiess; Zeichen verdächtiger Stellen in älteren Ausgaben der Klassiker.

Oberalpen (*Hautes Alpes*), Depart. im südöstl. Frankreich, 101,5 QM. und 122,117 Ew. Hauptst. Gap. Südl. daranstossend das Depart. *Niederalpen* (*Basses Alpes*), 126,2 QM. und 146,000 Ew. Hauptst. Digne.

Oberalpstock, Gipfel der Glarneralpen, 10,251' hoch; Pass aus dem Reuss- in das Vorderrheinthal. Südl. der fischreiche *Oberalpsee,* am Weg von Andermatt nach Dissentis.

Oberammergau, Dorf in Oberbayern, an der Ammer, 1100 Ew. (viele Bildschnitzer); ber. durch das originelle ,Passionsspiel', das seit 17. Jahrb. (auf Anlass der Pest) alle 10 Jahre (zuletzt 1870 und 1871) auf einer Bühne unter freiem Himmel vom Volke aufgeführt wird. Vgl. *Devrient* (1851).

Oberbayern, bayer. Regbz., der südöstl. Theil des Landes, 311,5 QM. und 827,669 Ew. (fast nur Kathol.); im S. von den bayer. Alpen (s. d.) erfüllt. Hauptstadt München.

Oberdeutschland, im Gegensatz zu *Niederdeutschland* die deutschen Länder am obern Rhein, einschliessl. des Maingebiets, an der obern Donau und der Etsch. *Oberdeutsche Mundart,* vorzugsweise die alemannische, schwäb. und bayerisch-österreich. Dialekt.

Oberfranken, bayer. Regbz., der nordöstl. Theil des Landes, 127,5 QM. und 535,060 Ew. (2/3 Protest.). Hauptst. Baireuth.

Obergährung, s. *Bier.*

Obergaronne, franz. Depart., Theil von Languedoc, 114,2 QM. und 495,777 Ew.; im S. Pyrenäenlandschaft. Hauptst. Toulouse.

Obergerichte, höhere kollegialisch besetzte Gerichte, welche über Berufungen von den Gerichten unterer Instanz erkennen und letztere beaufsichtigen.

Oberhalbstein (*Val - Sursess*), Thal in Graubünden, am Septimer beginnend, vom *oberhalbsteiner Rhein* durchflossen, mündet bei Tiefenkasten in das Thal der Albula. 8 St. lang. Strasse von Chur über den Malojapass nach Sondrio.

Oberhaus, Festung, s. *Passau.*

Oberhaus und **Unterhaus**, s. *Parlament.*

Oberhaut, s. *Haut.*

Oberhessen, hess. Prov., die Nordhälfte des Landes, 59,7 QM. und 257,900 Ew. Hauptst. Giessen; gehörte seit 1866 zum norddeutschen Bunde.

Oberingelheim, s. *Ingelheim.*

Oberlahnstein, Stadt im preuss. Regbz. Wiesbaden, an der Mündung der Lahn in den Rhein, 3518 Ew. Dabei Ruine *Lahneck.*

Oberleutensdorf (*Leitensdorf*), Stadt im böhm. Kr. Saaz, am Erzgebirge, 4870 Ew.; gr. Spielwaarenfabrik.

Oberloire (spr. -loar), franz. Depart., Theil von Languedoc, 90,1 QM. und 312,661 Ew.; gebirgig (Cevennen). Hauptstadt Le Puy.

Obermarne, franz. Depart., Theil der Champagne, 112,0 QM. und 259,096 Ew.; reich an Eisen. Hauptst. Chaumont.

Oberndorf, Stadt im württemberg. Schwarzwaldkreis, 1900 Ew.; gr. Gewehrfabrik.

Oberzell (*Hafnerzell*), Ort in Niederbayern, an der Donau, 1376 Ew.; Fabr. der her. feuerfesten „passauer Schmelztiegel‘, Eisenhämmer, Porzellanfabr., Baumwollspinnerei. [tbum.)

Oberösterreich, s. *Oesterreich* (Erzherzog-

Oberon (vom franz. *Auberon*, d. i. Alberich), König der Elfen, Gemahl der Titania, bes. bekannt durch Shakespeares ‚Sommernachtstraum‘ und Wielands Epos ‚O.‘.

Oberpfalz (*O. und Regensburg*), bayer. Regbz., 176,1 QM. und 491,295 Ew. (fast nur Kathol.). Hauptst. Regensburg.

Oberpyrenäen (*Hautes Pyrenées*), Depart. in Südfrankreich, Theil von Guyenne, 82,2 QM. und 240,359 Ew. Hauptst. Tarbes.

Oberrhein (*Haut-Rhin, Oberelsass*), franz. Depart., 74,6 QM. und 530,235 Ew.; jetzt mit Ausschluss des Arrondissements Belfort deutsches Reichsland.

Obersaone (spr. -sohn), franz. Depart., Theil der Franche-Comté, 96,9 QM. und 317,706 Ew.; Eisenhütten. Hauptst. Vesoul.

Obersavoyen, franz. Depart., 78,4 QM. und 273,768 Ew. Hauptst. Annecy.

Obersee (engl. *Lake superior*), der westlichste der canad. Seen, 1520 QM. (grösster Süsswassersee der Erde), 90 M. l., bis 35 M. br., bis 1000′ tief, 580′ üb. M.; die Ufer meist felsig und hoch, nur im Osten niedrig. Abfluss der St. Mary (zum Huronsee).

Oberst (früher *Obrist*), Stabsoffizier, im Rang unmittelbar unter dem Generalmajor stehend, meist Regimentskommandeur. Ehedem ein höherer Kommandirender, *Kriegs-, Feldoberster*, s. v. a. Feldherr. *Oberstlieutenant*, im Range dem O.en zunächst stehend, Vertreter desselben. *Oberstwachtmeister*, Höflichkeitsbenennung des Majors.

Oberstein, Stadt im oldenburg. Fürstenth. Birkenfeld, an der Nahe, 3989 Ew.; in Felsen gemeisselte Kirche. Mit Idar Sitz der bes. Achatindustrie (seit 17. Jahrh., beschäftigt ca. 2800 Menschen; Einfuhr roher Achate aus Brasilien jährl. für 30,000 Thlr.).

Oberstlieutenant, s. *Oberst.*

Oberwesel, alte Stadt im preuss. Regbz. Koblenz, links am Rhein, 2654 Ew.; Weinbau, Fischfang. Ehedem freie Reichsstadt.

Oberyssel (*Overyssel*), niederländ. Prov., 60,3 QM. und 259,263 Ew.; Hauptst. Zwolle.

Oberzell, ehem. Kloster im bayer. Regbz. Unterfranken, beim Dorfe Zell am Main, ½ St. unterhalb Würzburg; seit 1817 Sitz der ber. Schnellpressenbauanstalt von König und

Obesität (lat.), Fettleibigkeit. [Bauer.

Obi, Fluss, s. v. a. *Ob.*

Obit (lat.), in der kathol. Kirche Beerdigungsgottesdienst; jährliches Todtenamt am Sterbetage einer um die Kirche verdienten Person. *Obituarium*, Seelenmess-

Obiter (lat.), flüchtig, obenhin. [buch.

Objekt (lat.), der Gegenstand einer Vorstellung oder Erkenntniss im Gegensatz zum vorstellenden Subjekt; das *Objektive*, das Wirkliche, für Jedermann sinnlich Wahrnehmbare, im Gegensatz zu dem *Subjektiven*, dem Subjekt Angehörigen, von ihm Empfundenen, Gedachten etc.; einen Gegenstand *objektiv betrachten* (*objektiviren*) heisst ihn nach seiner Natur und Beschaffenheit, *subjektiv*, ihn in seinem Verhältnisse zu uns betrachten. In der Grammatik ist O. der Gegenstand, auf welchen sich die durch ein transitives Verb ausgedrückte Handlung bezieht.

Objektion (lat.), Einwand, Einwurf.

Objektiv, die in Fernrohren und Mikroskopen dem zu beobachtenden Gegenstand zugewandte Linse. [gatorisch, scheltend.

Objurgation (lat.), Verweis, Tadel; *objur-*

Obkonisch (gr.), von Form eines umgekehrten Kegels.

Obladis, s. *Ladis.* [kehrten Kegels.

Oblation (lat.), Darreichung, Anerbietung. *Oblatorium* (lat.), gedrucktes, kaufmann. Anerbietungs- oder Empfehlungsschreiben.

Obligat (lat.), unerlässlich, wozu man verpflichtet ist. *Obligation*, Verpflichtung, Rechtsverhältniss, auf Grund dessen Jemand von Einem eine bestimmte Leistung zu fordern berechtigt und dieser dazu verpflichtet ist; auch die darüber ausgestellte Urkunde, bes. Schuldverschreibung, Schuldbrief. Das *Obligationenrecht* bildet neben dem Sachen-, dem Familien- und dem Erbrecht den vierten Hauptbestandtheil des bürgerl. Rechtes. *Obligatorisch*, womit man verbunden, verpflichtet ist, z. B. von Unterrichtsfächern, von der Civilehe, Gegensatz *fakultativ*.

Obligo (ital.), Verbindlichkeit, Gewähr, Garantie. *O. stehen*, Gewähr stehen.

Oblimiren (lat.), verschlämmen. [Wegen.

Oblique (lat.), schräg, schief; auf krummen

Obliteration (lat.), das Auslöschen, Tilgen, zunächst von Buchstaben, dann allgem.; in der Medicin Verwachsung der Wände natürlicher Gänge oder Höhlungen.

Oblivion (lat.), Vergessenheit.

Oblong (lat.), länglich; *Oblongum*, längliches Viereck, Rechteck. [Gegenrede.

Obloquium (lat., *Oblokution*), Ein- oder

Obmann, derjenige, welchen bei Errichtung eines Schiedsgerichts die beiden von den Parteien gewählten Schiedsrichter als Dritten wählen, und dessen Stichentscheid den Ausschlag gibt; Leiter von Volksversammlungen; bei Geschworenengerichten der den Wahrspruch der Geschworenen dem Gerichtshof mittheilende Geschworne.

Obmutescénz (lat.), das Verstummen.

Oboe (*Hoboe*, fr. *Hautbois*), wichtiges Orchesterholzblasinstrument, der Klarinette verwandt, Umfang vom kleinen h bis 3gestrichenem f. *Oboist*, Oboenbläser; auch s. v. a. Militärmusiker.

Obólus (gr.), altgriech. Münze, ⅙ Drachme, mit dieser von wechselndem Werthe.

Obornik, Kreisst. im preuss. Regbz. Posen, an der Warthe, 2075 Ew.

Obotriten, alter wend. Volksstamm, in Mecklenburg, der nördl. Uckermark und den angrenzenden Theilen Pommerns wohnhaft.

Ohovál (lat.), verkehrt elförmig.

Obra, Nebenfluss der Warthe im Regbz. Posen, bildet den 7 M. langen *Obrabruch*, mündet bei Schwerin; 31 M. lang.

Obrenowitsch, s. *Milosch Obrenowitsch*.

Obreption (lat.), Erschleichung, namentl. durch Verschweigen von etwas, zu dessen Mittheilung man verpflichtet war, wie *Subreption* durch Angabe falscher Thatsachen.

Obrogiren (lat.), ein bestehendes Gesetz ganz oder theilweise aufheben. *Obrogation*, Vorschlag zu einem Gesetz, wodurch ein bestehendes aufgehoben wird.

Obruiren (lat.), überhäufen, überschütten.

Obscön (lat.), unzüchtig, zotenhaft; *Obscönitäten*, Unzüchtigkeiten, Zoten.

Obsediren (lat.), belagern, mit Bitten bestürmen. [schwörung.

Obsekration (lat.), dringende Bitte, Beschwörung.

Obsequénz (lat.), Gehorsam, Willfährigkeit.

Obsequien (lat.), Seelenamt, Todtenfeier.

Observabilien (lat.), sinnlich wahrnehmbare Gegenstände.

Observanten, die die Ordensregel streng beobachtenden Mönche; s. *Franciskaner*.

Observánz (lat.), was sich durch Herkommen als verbindlich festgesetzt hat.

Observation (lat.), Beobachtung. *Observationscorps*, zu Beobachtung des Feindes dienende Truppenabtheilung.

Observatorium (lat.), Sternwarte.

Obsidián (*Glasachat*), Mineral aus der Klasse der wasserfreien Geolithe, schwarz oder farbig, ein natürliches Glas aus kieselsaurer Thonerde mit Alkalien, Kalk u. Eisenoxyd bestehend, bildet in vulkan. Gegenden Ströme und geflossene Ablagerungen, in Ungarn, Sicilien, auf Teneriffa, Island, in Sibirien, Mexiko, Quito, diente früher zu Pfeilspitzen, Messern, jetzt zu Knöpfen, Dosen, Vasen, Schalen etc. Vgl. *Bimsstein*.

Obsignation (lat.), gerichtl. Versiegelung; Besiegelung, Bestätigung.

Obsistenz (lat.), Widerstand.

Obskúr (lat.), dunkel, unbekannt, unberühmt. *Obskurant*, Dunkelmann, Finsterling; *Obskurantismus*, das Streben eines solchen; *Obskuration*, Verdunkelung.

Obsolesciren (lat.), ausser Gebrauch kommen, veralten; *obsolét*, veraltet, ausser Gebrauch. *Obsolénz*, höchster Grad des Schwindens eines Organs.

Obst enthält 77 (Heidelbeeren) bis 97% (Gurken) Wasser, 1,6 (Pfirsiche) bis 15% (Trauben) Zucker, 0,07 (Birnen) bis 2% (Johannisbeeren) freie Säure, 0,2 (Birnen) bis 0,9% (Zwetschen) eiweissartige Körper, ausserdem Pektinkörper, Gummi, Cellulose und eigenthüml. Geruch und Geschmack bestimmende ätherische Oele oder ätherartige Verbindungen. Das O. südlicherer Gegenden, wie Feigen, Bananen, Datteln, Brodfrüchte, ist bedeutend reicher an Nahrungsstoff.

Obstäkel (lat.), Hinderniss. |Geburtskunde.

Obstétrix (lat.), Hebamme. *Obstetricia ars*.

Obstinat (lat.), hartnäckig, halsstarrig.

Obstipatio, s. v. a. Obstruktion.

Obstipität (lat.), Schiefheit des Halses.

Obstringiren (lat.), zu etwas verpflichten. *Obstriktion*, Verpflichtung.

Obstruentia (lat.), verstopfende Mittel.

Obstruktion (lat.), Verstopfung, bes. des Darms; erschwerter od. gehinderter Abgang der Kothmassen, entsteht durch mechanische Hindernisse (Druck benachbarter Organe, bei Frauen bes. der Gebärmutter; durch Darmverschlingungen), durch habituelle Anlage, durch den Genuss von vielem Unverdaulichen, durch Darmlähmung. Behandlung je nach der Ursache, durch Klystiere.

Obstwein (*Cider*, *Fruchtwein*), gegohrener Saft unserer Obstarten, bes. der Aepfel und Birnen; Frühobst gibt angenehmes, aber wenig haltbares Getränk, Herbstobst liefert den schönsten, Spätobst den haltbarsten Wein. Das Obst wird durch Mühlsteine, Walzen oder Reiben zerkleinert, der Brei gepresst und der Most zur Gährung zu Fässer gebracht. Zusatz von eingekochtem Most verbessert den O. bedeutend. Vgl. *Grüger* (1871). [horsam.

Obtemperation (lat.), Willfährigkeit, Gehorsam.

Obtenebration (lat.), Verfinsterung.

Obtention (lat.), Erreichung eines Zwecks.

Obtestation (lat.), inständige Bitte.

Obtiniren (lat.), behaupten, etwas durchsetzen. [setzen.

Obtorquiren (lat.), verdrehen.

Obtrektation (lat.), Verkleinerung, Verleumdung.

Obtrudiren (lat.), aufnöthigen.

Obtrunkation (lat.), Verstümmelung.

Obtrusion (lat.), Aufnöthigung.

Obtundiren (lat.), abstumpfen; *Obtundentia*, abstumpfende Mittel. *Obtusion*, Abstumpfung.

Obturation (lat.), Störung, Verwirrung.

Obturiren (lat.), verstopfen. [dunkelung.

Obumbration (lat.), Beschattung, Verdunkelung.

Obvention (int.), das Entgegenkommen; Einkünfte; freiwillige Gaben.

Obvolution (lat.), Umwickelung mit Binden.

Obvolventia (lat.), einhüllende Arzneimittel.

Obwalden, s. *Unterwalden*. [tel.

Ocaña (spr. -nja), Stadt in der span. Prov. Toledo, in der ,Mesa de O.', 12,000 Ew.

Occident (lat.), Westen, das Abendland; *occidentalisches Reich*, s. v. a. weström. Reich.

Occipital (lat.), das Hinterhaupt betreffend.

Occision (lat.), Tödtung. [guedac.

Occitanien, im Mittelalter s. v. a. Languedoc.

Occulta (lat.), verborgene Dinge, Geheimnisse.

Ocean (gr.), Weltmeer. [nisse.

Oceanien (gr.), s. v. a. Australien.

Oceánus (gr.), in der griech. Mythologie Titane, umschliesst als mächtiger Strom die Welt, Vater der *Oceaniden*, der Göttinnen der unterirdischen Wasseradern. [schaft.

Ochlokratie (gr.), Massen-, Pöbelherrschaft.

Ochotsk, Hafenort im ostsibir. Küstengebiet, am nchotskischen Meer (Meerbusen des stillen Oceans zwischen Kamtschatka und den Kurilen), 1600 Ew.; Walfischfang.

Ochrida, türk. Stadt in Albanien, am See von O., 8000 Ew.; starker Fischhandel.

Ochs, s. Rind.

Ochsenfrosch, s. Frösche.

Ochsenhausen, Dorf im würtemberg. Donaukreise, 1853 Ew.; Schloss, Ackerbauschule. Ehemals reichsfreie Benediktluerabtei (2¾ QM.), seit 1803 metternichsche Standesherrschaft, seit 1825 Domäne. [hoch.

Ochsenkopf, Berg des Fichtelgebirgs, 3160'

Ocimum L. (Basilicum, Hirnkraut), Pflanzengattung der Labiaten. O. Basilicum L., aus Ostindien, officinell, Küchengewürz.

Ocker, rechter Nebenfl. der Aller, entspr. am Brocken, mündet unterhalb Meinersen, 14 M. lang. Daran der Hüttenort O., theils braunschweig., theils Preussen und Braunschweig gemeinschaftlich, 1505 Ew.

Ocker (Ocher), natürlich vorkommendes Eisenoxydhydrat, mit Thon gemengt, gelb bis braun, wird gemahlen, geslebt, bisweilen erhitzt und gebrannt, als dauerhafte Anstrichfarbe (Siena-, Gelberde, Berliner-, Preneslsch-, Nürnbergerroth) und zum Färben des sämlschgaren Ledors benutzt.

O'Connell (spr. O'Käu-), Daniel, irländ. Agitator, geb. 6. Aug. 1775 zu Cahir bu der irischen Grafsch. Kerry, ward 1798 Advokat zu Dublin, wirkte für Emancipation der Katholiken in Volksversammlungen und Zeitschriften, trat Febr. 1830 ins Unterhaus, gründete einen Verein zu Auflösung der legislativen Union zwischen England und Irland, seit 1840 Repealassociation genannt, ward 1842 Lordmayor von Dublin, hielt grosse Volksversammlungen (Monster-Meetings), ward durch die Partei des Jungen Irland' bei Seite geschoben; †, auf einer Reise nach Rom begriffen, 15. Mai 1847 zu Genua. Schr.: ‚A memoir of Ireland, native and Saxon‘ (2. Aufl. 1846) u. A. — Sein Sohn John O., geb. 1808, stand nach ihm an der Spitze der Repealassociation, die er 1852 auflöste; † 24. Mai 1858. Schr. ‚Life and speeches of D. O.‘ (1846, 2 Bde.).

Octandria, die 8. Klasse des linnéschen Pflanzensystems, Pflanzen mit 8 freien Staubgefäss. [faden.

Octagulum (lat.), Achteck.

Octavia, Schwester des Octavianus, des nachmal. Kaisers Augustus, in zweiter Ehe mit dem Triumvir Marcus Antonius verheirathet, verhinderte lange den Bruch zwischen diesem und ihrem Bruder, ward von Antonius der Cleopatra zu Liebe verstossen;

Octavianus, s. Augustus. [† 11 v. Chr.

Octidi (fr.), im franz. republ. Kalender der 8. Tag einer Dekade.

Octiduum (lat.), Zeit von 8 Tagen.

Octroi (Octroy, fr., spr. -troá), Handelsprivilegium; auch s. v. a. städtische Accise; oktroyiren, aus höherer (rechtl. begründeter oder angemasster) Machtvollkommenheit Bestimmungen treffen; daher oktroyirte Verfassungen, oktroyirte Gesetze, solche die einseitig aus fürstl. Machtvollkommenheit gegeben werden, im Gegensatz zu den mit einer Volksvertretung vereinbarten.

Ocüli (lat., d. i. Augen), 3. Fastensonntag, so genannt nach dem Anfang der an demselben gebräuchlichen Messe (Ps. 25, 15).

Oczakow (Otschakow), befest. Hafenstadt im russ. Gouvern. Cherson, am Dujeprliman, 4825 Ew.; bis 1788 wichtige türk. Festung.

Od, nach Reichenbach († 1869) eigenthüml., zwischen Elektricität, Magnetismus, Wärme und Licht stehende Kraft, für welche wir bis jetzt als Reagens nur den Nerven sensitiver Personen haben. Die meisten Naturforscher leugnen die Existenz des O.

Odaliske (Odalik, türk.), Frauenzimmer, insbes. Sklavin im Harem des Sultans, welche noch keinen Sohn geboren hat.

Ode (gr.), Gesang, insbes. schwungvolles lyr. Gedicht, meist in kunstvollen Rhythmen

Odelsthing, s. Storthing. [abgefasst.

Odenkirchen, Stadt im preuss. Regbz. Düsseldorf, an der Niers, 7211 Ew.

Odense, Hauptstadt der dän. Insel Fünen, an der kanalisirten Odense-Aa, 14.255 Ew. Goth. Dom (1086—1301 erb., Gräber dän. Könige), Schloss, grosses Hospital.

Odenwald, Gebirge im westl. Deutschland, zwischen Neckar und Mainthal, 1300—1500' hohe hügeliges Plateau mit wilden Thälern; Kuppen: Hardberg 1900' und Katzenbuckel 1680' im SO., Melibocus 1800', Königsstuhl 1800' u. a. im W. längs der Bergstrasse.

Oder, ein Hauptfluss Deutschlands, entspringt (2000' h.) im mähr. Gesenke, östl. von Olmütz, tritt bei Oderberg (600') ins preuss. Gebiet, durchfliesst Schlesien über Ratibor, Kosel, Brieg, Breslau (344'), Glogau, dann die Prov. Brandenburg über Frankfurt (62') und Küstrin, umschliesst mit 2 Armen (alte und neue O.) den 7½ M. langen, 1½— 4 M. breiten Oderbruch, bildet bei Stettin den dammschen See, tritt dann ins stettiner Haff und ergiesst sich aus diesem in 3 Mündungen (Peene, Swine, Divenow), welche die Inseln Usedom und Wollin bilden, in die Ostsee. Länge 120 M., Stromgebiet 2400 QM. Schiffbar bei Ratibor für kleine, bei Breslau für grosse Oderkähne, bei Stettin für grössere Seeschiffe. Hauptnebenflüsse rechts: Warthe, links: Katzbach, Bober, görlitzer Neisse, Ucker. Vgl. Becker (1868 f.).

Odermenuig, s. Agrimonia.

Oderwitz, Fabrikort in der sächs. Oberlausitz, 6373 Ew. Weberei.

Odessa, blühende Handelsstadt im russ. Gouvern. Cherson, am schwarzen Meere, drittgrösste Stadt des russ. Reichs, 119,376 Ew. (meist Griechen); Sitz der Centralregierung von Neurussland und eines Erzbischofs. Universität (1865 gestiftet), orientat. Institut, Museum (südruss. Alterth.), botan. Garten. Rege Industrie (Tabaks- und Lichtefabrikation, Seilereien, Eisengiessereien, Brauereien etc.). Freihafen, namentl. den Handel in Getreide und Wolle vermittelnd; Ausfuhr 30—40 Mill. Rubel; Dampfschiffverbindung mit den bedeutendsten Häfen. Ber. Seebäder. Erst 1794 gegründet.

Odéum (Odéon, gr.), bei den Griechen ein zu musikal. Wettstreiten und Spielen bestimmtes öffentl. Gebäude, Tonhalle.

Odeur (fr., spr. -döhr), Geruch, Parfüm.

74 *

Odilon-Barrot, s. *Barrot*.

Odin (skandinav.), s. v. a. Wodan, der oberste Gott in der nord. Mythologie, Ordner der Welt und Gesetzgeber, auch Kriegsgott, Gemahl der Frigga, Stammvater der Asen.

Odiem (lat.), Hass; *odiös*, verhasst.

Odoäker, deutscher Heerführer in weström. Diensten, zwang den letzten weström. Kaiser Romulus Augustulus zur Abdikation (25. Aug. 476), nahm den Königstitel an, ward vom byzant. Hof als Patricius von Rom anerkannt, vom Ostgothenkönig Theodorich in 3 Schlachten 489 und 490 besiegt und 493 bei einem Gelage erschlagen.

O'Donnell, *Don Leopoldo, Graf von Lucena, Herzog von Tetuan*, geb. 12. Jan. 1809 zu Sta. Cruz auf Teneriffa, Sprössling eines altirischen Geschlechts, focht seit 1833 gegen die Karlisten, war 1844—48 Gouverneur von Cuba, stand an der Spitze des Militäraufstandes vom 28. Juni 1854, ward zum Kriegsminister und 14. Juli 1856 zum Premierminister ernannt, musste 12. Okt. Narvaez weichen, kam Juni 1858 durch die sogen. liberale Union von Neuem ans Ruder, machte 1860 einen glücklichen Feldzug nach Marokko, trat 21. Juni 1865 zum dritten Male en die Spitze der Regierung, suchte der eingerissenen Anarchie zu steuern, ward 11. Juli 1866 von Narvaez verdrängt; † 5. Nov. 1867 zu Bayonne.

Odontägra (gr.), gichtischer Zahnschmerz. **Odontalgie** (gr.), Zahnschmerz. [Kinder.] **Odontiasis** (gr.), schweres Zahnen der **Odontine**, Mischung ätherischer Oele gegen Zahnschmerz; Seife mit gebrannten Austerschalen, Veilchenwurzel, Bimsstein, parfümirt u. gefärbt, zum Reinigen der Zähne. **Odontösis** (gr.), die Zahnbildung.

Odontotherapie (gr.), Zahnheilkunde.

Odor (lat.), Geruch, Duft. *Odoramént*, Räucherwerk.

Odysseus (bei den Römern *Ulysses*), König von Ithaca, Sohn des Laërtes und der Anticleia, Gemahl der Penelope und Vater des Telemach. tapferer Kämpfer vor Troja und gewandter Unterhändler und Kundschafter, vornehml. ber. durch seine 10jährigen abenteuerl. Irrfahrten bei der Rückkehr von Troja, von Homer in der *Odyssee* besungen.

Oedém (gr.), Anschwellung, Geschwulst; krankhafte Ausschwitzung von Blutserum in die Gewebe, bedingt durch Stauung im Rückfluss des Blutes nach dem Herzen, oder durch zu wässerige Beschaffenheit des Blutes bei Gefässverstopfungen, Herzkrankheiten, Lungenemphysem, nach Ruhr etc.

Oedenburg (ungar. *Soprony*), ungar. Komitat in Ungarn, Kr. jenseits der Donau, 60 QM. und 194,000 Ew. Die *Hauptstadt* O., 1 St. vom Neusiedlersee, an der Südbahn, 18.808 Ew. Starke Viehmärkte, Weinbau.

Oedéran, Stadt im sächs. Regbz. Zwickau, 5907 Ew., Kaltwasserheilanstalt.

Oedipus, Sohn des Lalos, Königs von Theben, und der Epicaste, ward wegen eines Orakelspruchs, wonach er seinen Vater tödten und seine Mutter heirathen würde, ausgesetzt und in Korinth erzogen, tödtete, nach Theben wandernd, seinen Vater, löste

das Räthsel der Sphinx und erhielt zum Lohn die Hand seiner Mutter, mit der er den Eteocles und Polynices, die Antigone und Ismene zeugte, blendete sich selbst, nachdem er seine Herkunft erfahren, fand nach langem Umherirren im Hain der Eumeniden bei Kolonos Ruhe; Held der attischen Tragödie. Vgl. *Schneidewin* (1850).

Oehlenschläger, *Adam Gottlob*, dän. Dichter, geb. 14. Nov. 1777 zu Vesterbro bei Kopenhagen, seit 1810 Prof. der Aesthetik in Kopenhagen; † 20. Jan. 1850. Hauptwerke seine nationalen Tragödien (,Hakon Jarl', ,Palnatoke', ,Axel und Walborg' etc.) und epischen Dichtungen (,Die Götter des Nordens', ,Hrolf Krake', ,Helge'); schr. ausserdem das dramat. Märchen ,Aladdin', das Künstlerdrama ,Correggio', dramat. Idyllen, Novellen, ,Lebenserinnerungen' (deutsch 1850, 4 Bde.) u. A. Dän. Ausg. seiner Werke 1848—54, 42 Bde., deutsche (von ihm selbst bearbeitet) 1839, 21 Bde.

Oehringen, Stadt im württemberg. Jaxtkreise, 3380 Ew.; Hauptort der *Standesherrschaft* O. (34½ QM. und 115,000 Ew.), dem Fürsten von Hohenlohe-O. gehörig.

Oeil (fr., spr. Oeil), das Auge. *O. de boeuf* (spr. -böf), Ochsenauge, rundes oder ovales Fenster für von oben einfallendes Licht; insbes. eine durch ein solches Fenster erhellte Antichambre im Schloss zu Versailles; daher ,Chronik des O. de boeuf', Skandalchronik des versailler Hofes.

Oekolampadius, *Joh.*, eigentl. *Heussgen* oder *Hussgen* (nicht *Haussschein*), schweizer Reformator, geb. 1482 zu Weinsberg in Schwaben, ward Prediger daselbst, dann in Basel, Augsburg, Schlossprediger bei Franz von Sickingen. 1522 wieder in Basel, wo er 1523 die Reformation durchführte, disputirte 1529 zu Marburg mit Luther über die Abendmahlslehre; † 24. Nov. 1531 zu Basel. Biogr. mit Ausw. seiner Schriften v. *Hagenbach* (1859).

Oekonomie (gr.), Haushaltung; Land- und Feldwirthschaft; Sparsamkeit, Wirthschaftlichkeit; Anordnung, zweckmässige Einrichtung, z. B. eines Staats, Kunstwerks etc. *Oekonom*, Wirthschafter, Landwirth; *ökonomisch*, wirthschaftlich, sparsam. *Oekonomisten*, die Anhänger des physiokratischen Systems in der Nationalökonomie.

Oekuménisch (gr.), allgemein; auch s. v. a. katholisch. *O.e Koncilien*, s. *Koncil*.

Oeland, 1) schwed. Insel in der Ostsee, an der Küste von Småland, 21 M. l., 1½ M. br., 23 QM. mit 40,000 Ew.; Kalkfelsen bis 140' h.; gr. Alaunwerk. Hafenstadt Borgholm. — 2) Dän. Insel im Limfjord, 630 Ew.

Oelbad, Vorrichtung zur anhaltenden Erhitzung von Substanzen auf den Siedepunkt von Oelen, ein mit Oel gefüllter Kessel, in den man Gefässe einhängen kann.

Oelbaum (*Olive, Olea L.*), Pflanzengattung der Oleaceen. *Aechter* O. (O. europaea L.), asiat. Strauch, wird als Baum in Südeuropa und Nordafrika in vielen Varietäten kultivirt, liefert Nutzholz und Früchte, welche beim Pressen das Olivenöl liefern. Der O. war der Athene heilig und wurde als Symbol vielfach benutzt. Von O. fragrans Th., in China und Japan, werden die Blätter dem ehines. Thee beigemischt.

Oelbaumgummi, s. v. a. Elemi.

Oelberg, Berg östl. bei Jerusalem, jenseits des Thals Josaphat, 2556' h.

Oelbildendes Gas, s. v. a. Elayl.

Oelblau, s. v. a. Berlinerblau.

Oele, bei gewöhnlicher Temperatur flüssige Fette (wohl zu unterscheiden von den ätherischen Oelen [s. d.] und den Mineralölen, die sich als Erdöl in der Natur finden oder als Theeröle bei der Destillation von Stein- und Braunkohlen, Torf, Holz etc. auftreten), werden aus ölhaltigen Samen und Früchten gewonnen, indem man diese durch Stampfer, eiserne oder Steinwalzen zerquetscht und in hydraulischen Pressen, oft bei höherer Temperatur, presst oder mit Schwefelkohlenstoff in geschlossenen Apparaten extrahirt. Oft werden auch erst die Pressrückstände mit Schwefelkohlenstoff behandelt. Das extrahirte Oel ist reiner als das gepresste. Letzteres wird mit 1—1½ % Schwefelsäure innig gemischt, um die fremden Beimischungen zu verkohlen, dann mit Wasser gewaschen und filtrirt. Das so raffinirte Oel eignet sich zu allen Zwecke besser als rohes Oel. Ueber die Chemie der O. vgl. Fette. Alle O. werden an der Luft dunkler, dickflüssiger, einige bleiben stets schmierig und werden ranzig (sauer), andere trocknen an der Luft (Leinöl, Haselnuss-, Wallnuss-, Mohn-, Hanf-, Ricinus-, Sonnenblumen-, Leindotter- und Baumwollsamenöl). Diese enthalten eine andere Oelsäure als jene. Die O. dehnen sich beim Erwärmen um 1° um ¹⁄₁₀₀₀ — ¹⁄₈₀₀ ihres Vol. aus, das spec. Gew. schwankt von 0,91 bis 0,96, sie kochen bei 250° — 300° unter Zersetzung. Ueber thierische O. s. Thran. Vgl. Löbe, „Anbau der Oelgewächse", 1815 und 1868; über Oelmühlen: Rühlmann (1865), Fontenelle (1864), Barth (1862); Mulder, „Chemie der austrocknenden O.", 1867.

Oelfarben, mit Oelfirniss angeriebene Farbstoffe, werden auf Maschinen dargestellt; nasse Farbstoffe (en pâte) können direkt mit dem Oel gemischt werden.

Oelgrün, s. v. a. Berggrün und Zinnober-grün.

Oelkäfer, s. v. a. Maiwurm. [grün.

Oelkuchen, Pressrückstände von der Oelbereitung aus den Samen des Raps, Leins, Mohns, der Palmen, Baumwolle, Sonnenblumen, Erdnüsse, des Sesam, enthalten 20—60% eiweissartige Stoffe und 5—14% Oel, werden zwischen Zahnwalzen zerkleinert und dienen als sehr kräftiges, gut mästendes Viehfutter und Dünger, oder man entzieht ihnen das Oel mit Schwefelkohlenstoff und verwerthet den Rückstand in gleicher Weise.

Oelmalerei, die Kunst mit Oelfarben zu malen, gestattet die grösste künstlerische Vollendung, da die Oelfarben neben allen guten Eigenschaften der anderen Farbstoffe noch einen eigenthümlichen Glanz und Saft nebst bedeutender Transparenz und obendrein einen ausserordentlichen Umfang von Farbentönen besitzen; ist in techn. Beziehung bequemer als jedes ältere Verfahren und liefert die dauerhaftesten Bilder, die ihren

Ton mit der Zeit nur etwas tiefer färben (nachdunkeln). Versuche der O. bereits um 1000 n. Chr. (Mönch Theophilus); erste wirkl. künstlerische und gelungene (in mancher Beziehung noch heute nicht wieder erreichte) Anwendung der O. durch Hubert und Jan van Eyck (s. d.). Um 1440 war dieselbe in den Niederlanden bereits allgemein in Gebrauch, wurde 1450 durch Antonello da Messina nach Italien verpflanzt und bildet seitdem die Grundlage der ganzen modernen Maltechnik. Vgl. Bouvier (4. Aufl. 1861), Völker (2. Aufl. 1861), Pettenkofer (1870).

Oelpflanzen, Kulturpflanzen mit ölreichen Samen, behufs der Oelgewinnung kultivirt.

Oels, Kreisst. im preuss. Regbz. Breslau, an der Oelse, 8375 Ew.; Schloss, reiches Gymnasium; Hauptstadt des Mediatfürstenthums O., 35,5 QM., dem Hause Braunschweig gehörig.

Oelsäure, s. v. a. Oleïnsäure. [gehörig.

Oelschwarz, von brennenden Lampen gesammelter Russ zur Oelfarbenbereitung.

Oelsnitz, Stadt im sächs. Regbz. Zwickau, an der Elster, 5723 Ew.; Industrie in Strumpf-u. Weisswaaren. 1859 fast ganz abgebrannt.

Oelsteine, s. Schleifsteine.

Oelsüss, s. v. a. Glycerin.

Oelung, letzte, seit dem 12. Jahrh. eines der 7 Sakramente der kathol. Kirche, wird an Todtkranken mit Salbung der Augen, Ohren, der Nase, des Mundes etc. mit geweihten Oele unter Gebet vollzogen, soll Vergebung der Sünden, auch leibliche Genesung bewirken. [benes Bleiweiss.

Oelweiss, s. v. a. mit Oelfirniss abgeriebenes

Oenanthäther (Weinbeeröl, Drusenöl), s. Pelargonsäure.

Oenanthe L. (Rebendolde), Pflanzengattung der Umbelliferen. O. Phellandrium Lam., Phellandrium aquaticum L., Wasser-, Rossfenchel, in Europa, Nordasien, mit officinellem Samen (Peersame).

Oenanthsäure, s. v. n. Pelargonsäure.

Oenocarpus Mart. (Mostpalme), Palmengattung. O. Batava Mart., Waldbaum im nördl. Brasilien, trägt geniessbare Früchte, woraus ein Getränk bereitet wird, liefert fettes Speise- und Brennöl. [Behandlung.

Oenologie, Lehre von den Weinen und ihrer

Oenothera L. (Nachtkerze), Pflanzengattung der Onagrarieen. O. biennis L., Gartenrapunzel, aus Virginien, wird der geniessbaren Wurzel halber kultivirt. Zierpflanzen.

Oenotrer, die ältesten Bewohner der Südwestspitze Italiens, pelasgischen Ursprungs, früh theils durch die Griechen, theils durch die Lukanier unterworfen.

Oerebro, Hauptstadt der schwed. Landsch. Nerike, am Hjelmarsee, 8993 Ew.; grosse Destillationen, Wagen- und Schwefelhölzerfabr. Durch viele Reichstage bekannt.

Oersted, Hans Christian, Naturforscher, geb. 14. Aug. 1777 in Rudkjöbing auf Langeland, seit 1829 Direktor des polytechnischen Instituts zu Kopenhagen; † das. 9. März 1851. Entdecker des Elektromagnetismus (1820). „Gesammelte Schriften" (deutsch 1850—53, 6 Bde.); „Der Geist in der Natur" (1850—51, 2 Bde.) n. A. Biogr. von Hauch und Forckhammer (deutsch 1853).

Oertel, *Phil. Friedr. Wilh.*, pseud. *W. O. von Horn*, Volksschriftsteller, geb. 15. Aug. 1798 zu Horn im Hunsrück, 1835—63 Superintendent zu Sobernheim an der Nahe, lebte später in Wiesbaden; † 16. Sept. 1867. Gab heraus das Volksbuch ‚Die Spinnstube‘ (seit 1846), ‚Gesammelte Erzählungen‘ (1860—63, 15 Bde., darin die ‚Rheinischen Dorfgeschichten‘) u. A.

Oesel, Insel am Eingange des rigaer Meerbusens, 90 QM. u. 35,000 Ew. (meist Esthen). Ackerbau, Viehzucht, Fischerei, eisenhaltige Schlammbäder. Hauptstadt Arensburg. Bis 1645 dän., dann schwed., seit 1721 russ.

Oeser, *Adam Friedr.*, Maler, geb. 1717 in Petersburg, in Wien und Dresden gebildet, später Direktor der Zeichenakademie zu Leipzig; † das. 18. März 1799. Freskon in der Nikolaikirche zu Leipzig.

Oesophagus (gr.), die Speiseröhre.

Oesterüe, Färöerinsel, 5 QM. n. 2067 Ew.

Oesterreich, Kaiserthum, seit 14. Nov. 1868 officiell ‚*Oesterreich.-ungar. Monarchie*‘, dem Umfang nach der zweitgrösste Staat Europas, 11,306 QM. u. (1869) 35,904,435 Ew.; besteht (seit 1867) aus 2, nur durch die Einheit der Dynastie und einige gemeinsame Institutionen verbundenen Ländergruppen: 1) *Cisleithanien* (die im Reichsrath vertretenen deutsch.-slav. Kronländer, diesseits der Leitha: Nieder- u. Oberösterreich, Salzburg, Steiermark, Kärnthen, Krain, das Litorale, Tirol, Böhmen, Mähren, Schlesien, nebst Galizien, Bukowina, Dalmatien), 5482 QM. u. 20,394,980 Ew.; 2) *Transleithanien* (die Länder der ungarischen Krone: Ungarn, Siebenbürgen, Kroatien und Slavonien, Militärgrenze), 5853 QM. und 15,509,455 Ew. Zunahme der Bevölkerung 1857—69: 10,4%. Das Land umfasst den südöstl. Theil Mitteleuropas und weit über die Hälfte des Donaugebiets, bildet ein räumlich zusammenhängendes, wohlabgerundetes Ganzes, überwiegend Kontinentalstaat, nur an einer Seite an ein Binnenmeer (adriat. Meer) stossend. Weiteres über Bodengestaltung, Flüsse etc. s. die einzelnen Länder.

Bevölkerung. Die Volksdichtigkeit (1869): 3183 Ew. auf 1 QM.; am stärksten in Niederösterreich (3529:1 QM.), Schlesien (3499) und Böhmen (3416), am schwächsten in Tirol (1657) und Salzburg (1173). — Vertheilung der *Nationalitäten* (ohne die Armee):

	Cisleithan.	Transleith.	Summa
Deutsche . . .	7,230,000	1,810,000	9,040,000
Slaven	11,556,000	4,663,000	16,219,000
Romanen . . .	805,000	2,649,000	3,454,000
Magyaren . .	18,000	4,513,000	5,431,000
Andere Stämme	742,000	612,000	1,354,000.

Die Slavenstämme sind: Czechen, Mähren, Slowaken (6,730,000, in Böhmen, Mähren und Nordungarn vorherrschend), Polen (2,380,000) und Ruthenen (3,104,000, in Galizien und der Bukowina), Slovenen oder Winden (1,260,000, in Krain, Steiermark etc.), Kroaten (1,424,000), Serben oder Raizen (1,520,000) und Bulgaren (26,000, in Kroatien und Slavonien, Südungarn, Militärgrenze, Dalmatien). Die Romanen: Italiener (550,700, in Südtirol), Friauler (51,200, im Litorale), Ladiner (16,000, in Tirol), Rumänen (2,805,700,

in Siebenbürgen, Bukowina etc.), Albanesen (3500), Griechen (3900). Die andern Stämme: Armenier (18,000), Juden (1,167,500), Zigeuner (156,000, in Ungarn etc.), Ausländer (26,000). — Vertheilung der *Konfessionen*:

	Cisleithan.	Transleith.	Summa
Röm.-kathol.	16,396,000	7,559,000	23,955,000
Griech.-kathol.	2,345,000	1,605,000	3,950,000
Orient. Griech.	462,000	2,590,000	3,052,000
Evangelische	361,000	3,145,000	3,509,000
Andere Sekten	5,000	58,000	63,000
Israeliten . . .	822,000	554,000	1,376,000.

Die *kath.* Kirche hat 11 Erzbisthümer vom lat. Ritus: Wien, Salzburg, Görz, Prag, Olmütz, Lemberg, Gran (Primas von Ungarn), Kalocsa, Erlau, Agram, Zara; 2 vom griech. Ritus: Lemberg und Blasendorf in Siebenburgen; 1 vom armen. Ritus: Lemberg; im Ganzen 47 Bisthümer (darunter 7 vom griech. Ritus), 3 Generalvikariate und 1 Feldvikariat (für die Armee). Die *orient.-griech. Kirche* hat 2 Erzbischöfe und Metropoliten: Karlowitz (Patriarchat, unter dem 6 serb. Bischöfe und in Glaubenssachen die beiden Bischöfe von Bukowina und Dalmatien-Istrien stehen) und Hermanustadt (mit 2 rumän. Bischöfen). Oberste Behörde der *evangelischen* Kirche (diess. der Leitha), durch Patent vom 8. April 1861 mit der kathol. gleichberechtigt, ist der Oberkirchenrath in Wien mit 5 Superintendenten der augsburg. (Wien, Oberösterreich, Böhmen, Mähren und Schlesien, Lemberg) und 3 der helvet. Konfession (Wien, Böhmen, Mähren).

Die *Volksbildung* infolge des bisher vernachlässigten Elementarunterrichts selbst in den deutsch. Kronländern geringer als im übrigen Deutschland, in den übrigen Reichsgebieten auf sehr tiefer Stufe stehend. Volksschulen (1867): 32,000 (4540 akathol.). Höhere Unterrichts- und Bildungsanstalten: 7 Universitäten (Wien, Prag, Gratz, Krakau, Pest, Innsbruck und Lemberg, die beiden letztern ohne medic. Fakultät), 7 techn. Hochschulen (Wien, Prag, Gratz, Brünn, Lemberg, Krakau, Ofen). Akademien für Handel (Wien), Handel und Nautik (Triest), Handel und Industrie (Gratz), für Bergbau und Hüttenwesen (Schemnitz, Leoben und Pribram), für Forstwirthschaft (Schemnitz und Mariabrunn); 3 Kunstakademien (Wien, Prag, Gratz), Musikkonservatorien (Wien und Prag), Militärakademien (Wiener-Neustadt, Weisskirchen für Artillerie, Klosterbruck für Genie), Marineakademie (Flume); 286 Gymnasien, 71 Oberrealschulen, 7 Realgymnasien, ca. 100 Lehrerseminarien etc.

Nahrungszweige. Am wichtigsten und verbreitetsten die *Landwirthschaft*, die ⅘ der Bevölkerung beschäftigt. Hauptprodukte: Getreide (Ausfuhr 1868: 31,631,786 Ctr., das meiste aus Ungarn), Hanf (jährl. 1,860,000 Ctr.) u. Flachs (1,200,000 Ctr.), Tabak (ca. 1 Mill. Ctr. Rohtabak, bes. in Ungarn), Hopfen (in Böhmen 40—50,000 Ctr.), Wein (33½ Mill. Eimer = 143 Mill. Gulden, davon 44% in Ungarn), Obst, Kartoffeln, Zuckerrüben, Raps etc. Die *Viehzucht* verschieden entwickelt, in den Alpenländern Rindviehzucht mit Milchwirthschaft, in Ungarn bes. Pferde- u. Schweine-

sucht, in Böhmen und Mähren bes. Schaf-
und Gänsezucht (12,000 Ctr. Federn), im 8.
Seidenraupenzucht (280,000 Cocons). — Wichtig auch die *Seefischerei* und die *Waldnngen*,
die 28½% des Bodens bedecken (jährl.
36 Mill. Klafter Holz). — Der *Bergbau* bedeutend, aber dem Mineralreichthum des
Landes noch nicht entsprechend (jährl.
Produktion für ca. 90 Mill. Gulden); betrieben
auf Kohlen (über 100 Mill. Ctr., bes. in
Böhmen), Eisen (über 8 Mill. Ctr., in Steiermark, Kärnthen etc.), Gold (3700 Münzpfund)
und Silber (82,000 Pfd., bes. in Ungarn und
Siebenbürgen), Kupfer, Zinn, Quecksilber
(ca. 6000 Ctr., in Krain), Zink, Blei (150,000
Ctr.), Schwefel (35,000 Ctr., in Gallizien),
Graphit (100,000 Ctr., in Böhmen), Petrolenm
(200,000 Ctr., Karpathen), Salz (8 Mill. Ctr.),
Porzellanerde etc.

Die *Industrie* fast nur auf die Westhälfte
des Reichs beschränkt, seit den letzten Jahren
in grossem Aufschwung begriffen (Gesammtwerth 1400 Mill. Gulden). Am wichtigsten
die Wollwaaren (Böhmen, Mähren, Wien),
die Glas- und Porzellanwaaren (Böhmen),
die Industrie in Leinwand (Böhmen, Mähren,
Schlesien, für 150 Mill. Gulden), in Baumwolle (ebenda und in Niederösterreich, für
120 Mill. Gulden, Einfuhr an Baumwolle
ca. 800,000 Ctr.) und in Eisenwaaren (Steiermark, Kärnthen, Oberösterreich, Böhmen,
ca. 100 Mill. Gulden); dann Seidenweberei
(Niederösterreich, Südtirol), Fabr. von Leder
(Prag, Wien), Papier (Niederösterreich,
Böhmen, Flume), Rübenzucker (Böhmen,
Mähren, Ungarn, für 32 Mill. Gulden),
Thonwaaren (Niederösterreich und Böhmen,
25 Mill. Gulden), Chemikalien (50 Mill.
Gulden) etc.; Bierbrauerei (Wien, Böhmen,
40 Mill. Gulden), Branntweinbrennerei (Gallizien, Ungarn); bed. Tabaksfabr. (27 Staats-
etablissements, Reinertrag: 55 Mill. Gulden),
Schiffbau (Triest) etc. Allgemeine Gewerbe-
freiheit seit 1. Mai 1860.

Auch der *Handel* in stetem Wachsthum
(bes. seit Abschluss von Handelsverträgen,
zuerst 1853). Es betrug (in Mill. Gulden):

	1854	1869	1870
Einfuhr:	220,5	429,6	424,7
Ausfuhr:	212,9	438,1	395,9

Exportartikel: Woll- und Baumwollwaaren,
Leinwand, Glas-, Seiden-, Eisen-, Stahl- u.
Lederwaaren, Musikinstrumente, Tabak, Ge-
treide, Wein, Salz, Oel, Holz; Importe:
Baumwolle, Kolonialwaaren, Pelzwerk etc.
Am bedeutendsten ist der Handel zwischen
den einzelnen Kronländern; im ausländ.
Verkehr steht der deutsche Zollverein (60%
des Gesammthandels) obenan. Sehr erheb-
lich der Durchfuhrhandel (Donau); der über-
seeische Handel noch wesentlich auf das
mittelländ.- und schwarze Meer beschränkt.
Bedeutendste Plätze des Landhandels: Wien,
Prag, Brünn u. Botzen, Pesth, Szegedin und
Debreczin in Ungarn, Brody, Lemberg und
Krakau in Gallizien, Czernowitz (Bukowina),
Kronstadt (Siebenbürgen), Semlin (Militärgrenze). Wichtigste Seehäfen: Triest und
Fiume (Freihäfen), Spalato, Ragusa. Schiffsverkehr von Triest 1870: angekommen 8054

Schiffe mit 960,103 Tonnen, abgegangen 8023
Schiffe mit 1,012,776 Tonn. Handelsmarine
1871: 7843 Schiffe mit 375,822 Tonn. (darunter
91 Dampfer von 17,749 Pferdekraft). Beförderungsmittel des Handels: 921 M. schiffbare
Flüsse und Kanäle, Eisenbahnen (1871:
1372 M. im Betrieb, 805,9 M. im Bau); die
Donaudampfschifffahrtsgesellschaft (in Ofen)
1869 mit 145 Dampfern von 13,000 Pferdekraft, 560 Transportschiffen mit 180,000
Tonn. Gehalt, welche die Donau, die Save,
Theiss, Dran, den Prath und das schwarze
Meer bis Odessa befahren; ferner zahlr.
Banken: österr. Nationalbank in Wien (1816
gegr., 90 Mill. Kapital, Notenumlauf 29 März
1871: 263,474,060 Gulden, Metalldeckung
116,775,546 Gulden.), Kreditanstalt für Handel
und Gewerbe in Wien (seit 1855, 105 Mill.
Gulden Kapital), die anglo-österr. Bank in
Wien (seit 1863, 20 Mill. Gulden Kapital),
die Centralbank in Wien (seit 1869), die
Kommerzbanken in Pesth und Triest, die
Hypothekenbank in Prag etc. — *Münze* bisher (nach Münzvertrag mit dem Zollverein
von 1857, 1867 gekündigt) der österr. Gulden
à 100 Neukreuzer = ⅔ Thlr. preuss. (45 =
1 Zollpfd. fein Silber). 1869 die Einführung
neuer Goldmünzen à 8 Gulden = 20 Frcs.
und à 4 Gulden = 10 Frcs. beschlossen.

Verfassung. O. ist nach der pragmat.
Sanktion vom 6. Dec. 1724 ein einiges, un-
theilbares Kaiserthum, erblich nach dem
Rechte der Erstgeburt in männl. u. weibl.
Linie der Dynastie Habsburg-Lothringen,
seit 20. Okt. 1860 mit konstitutioneller Staatsform und durch kaiserl. Reskript vom 17.
Febr. 1867 dualistisch in 2 Hälften zerfallend:
die deutsch-slav. Länder und die Länder
der Krone Ungarn (s. oben); beide Reichs-
hälften haben nur die Person des Monarchen,
die Dynastie, die Finanzen, das Heer und
die diplomat. Vertretung gemeinsam. Titel
des Monarchen (gegenwärtig Franz Joseph,
seit 1848) ,Kaiser von O.', als König von
Ungarn mit dem Prädikat ,Apostol. Majestät'.
Das Reichsministerium, dem der Reichskanzler vorsteht, besteht aus den Ministern
des kaiserl. Hauses, des Aeussern, der
Finanzen, des Kriegs. In beiden Reichs-
hälften bestehen für die Gesetzgebung eigene
Parlamente und für die Verwaltung bes.
Ministerien. Das Parlament der cisleithan.
Länder ist der *Reichsrath* (zu Wien), bestehend aus Herren- (175 Mitglieder) und
Abgeordnetenhaus (203 Mitglieder); das Parlament der transleithan. Länder der *Reichstag* (zu Pesth), bestehend aus der Magnaten-
tafel (410 Mitglieder, hoher Klerus, Adel
und Obergespane der Komitate), und die
Stände- oder Repräsentantentafel (438 Mitglieder, vom Lande direkt gewählt). Zur
Gesetzgebung in Provinzialangelegenheiten
bestehen in den deutsch-slav. Landen wie
auch in Kroatien und Slavonien besondere
Provinziallandtage (sämmtl. einkammerig).

Finanzen. A) Budget der Gesammtmonarchie
(in österr. Gulden): 1871   1872

	1871	1872
Erforderniss	122,501,173	110,817,498
Deckung	17,867,859	17,208,883
Rest:	104,833,314	93,438,615.

Die Reste gedeckt von den cisleithan. Ländern 1871 mit 73,383,390 Gulden, 1872 mit 65,145,402 Gulden, von den transleithan. Ländern 1871 mit 31,449,994, 1872 mit 28,293,213 Gulden. Unter dem Erforderniss sind 104,997,476 Gulden für die Landarmee, 11,353,700 Gulden für die Marine. B) Budget der cisleithan. Länder 1871:

     Einnahmen 338,084,609 Gulden
     Ausgaben . 349,811,642 -

     Deficit : 11,727,033 Gulden.

Unter den Ausgaben 3,650,000 Gulden für den Hofstaat, 15,461,303 für das Ministerium des Innern, 11,631,676 für das Kultus- und Unterrichtsministerium, 14,650,659 Gulden für das Justizministerium etc. — C) Budget der transleithan. Länder 1871:

     Einnahmen 159,136,536 Gulden
     Ausgaben . 197,126,520 -

     Deficit : 37,989,984 Gulden.

Unter den Ausgaben 3,650,000 Gulden für Hofstaat, 10,848,688 für Ministerium des Innern, 3,244,190 für Kultus- u. Unterrichts-ministerium, 3,925,300 für das Justizministe-rium. — Staatsschuld der im Reichsrath ver-tretenen Länder, 31. Dec. 1870: 2,503,269,591 Gulden. Dazu noch die vom Reiche garan-tirte Grundentlastungsschuld der cisleithan. Länder: 241,106,955 Gulden und die galiz. Landesschuld 785,580 Gulden.

Armee. Nach dem Wehrgesetz vom 28. Doc. 1866 (seit 1868 vollkommen durchge-führt) allgemeine Wehrpflicht; 3jähr. Dienst-zeit in der Linie, 7 Jahre in der Reserve, 2 in der Landwehr. Stand der Armee 1871:

	Frieden.	Krieg.
Infanterie	141,691 M.	544,223 M.
Kavallerie	43,973 -	58,999 -
Artillerie	25,658 -	62,741 -
Techn. Truppen etc.	10,561 -	45,529 -
Feldtruppen:	221,903 M.	711,491 M.
Grenzregimenter: .	10,799 -	54,667 -
Tiroler Schützen: .		13,810 -
Militär-Anstalten:	21,329 -	40,843 -
Summa:	254,031 M.	820,811 M.

Stand der *Marine* 1871:

	Schiffe	Tonnen	Geschütze
Dampfer .	47	95,700	408
Segelschiffe	20	13,190	112
Tender .	5	930	2
Summa:	72	109,820	522

Matrosencorps im Frieden 5702, im Kriege 11,532 Unteroffiziere und Mannschaften.

Orden: Orden des goldnen Vliesses und Sternkreuzorden (seit 1668), Hoforden; Ver-dienstorden: der milit. Maria-Theresiaorden (seit 1757), der ungar. Stephansorden (seit 1764), Leopoldsorden (seit 1808), Orden der eisernen Krone (seit 1805), Franz-Josephs-orden (seit 1849), das milit. Elisabeth-The-resia-Stiftkreuz (seit 1750), Verdienst- und Ehrenzeichen etc. — *Wappen:* der doppel-köpfige Adler, auf den ausgebreiteten Flügeln und dem Schwanze die 11 Wappenschilde der österr. Provinzen. — *Landesfarben:* Schwarz und Gold. Reichshauptstadt Wien.

Vgl. über die Geographie von O. v. *Heufler* (1854—56), *Meynert* (1853), *Brachelli* (1867),

Klun (5. Aufl. 1869), *Becker* (1855); über die Statistik v. *Czörnig* (1861), *Ficker* (1860), *Hain* (1852—53), *Schmitt* (3. Aufl. 1867), ,Statist. Jahrbuch 1861—69' (1863—70).

Geschichte. Die Grundlage der österr. Monarchie bildet das Erzherzogthum O. Unter Karl d. Gr. 791 Vereinigung des Lan-des unter der Enns als avarischer oder östl. Mark (Austria) mit Deutschland. 983 *Leo-pold I.* von *Babenberg* Markgraf, † 994. Unter seinem Sohne Heinrich I. († 1018) erstes Vorkommen des Namens O. (Ostarrichi) in einer Schenkungsurkunde von 996. Weitere Markgrafen: Adalbert, Heinrichs I. Bruder (bis 1050), Ernst (bis 1075), Leo-pold II. (bis 1096), Leopold III. (bis 1136), Leopold IV. (bis 1141). Letzterer erhält von Kaiser Konrad III. das Herzogth. Bayern, welches aber sein Bruder und Nachfolger, Heinrich II. Jasomirgott, 1156 an Heinrich den Löwen zurückgeben muss, wofür er beide Marken, ob und unter der Enns, als Herzogthum erhält. Heinrich II. † 1177. Unter seinem Sohn Leopold V. (bis 1230) Vereinigung Steiermarks mit O. Friedrich der Katholische (bis 1198); Leopold VI. (bis 1230); Friedrich der Streitbare, letzter Spröss-ling der Babenberger, erwirbt Krain, † 1246. Darauf bis 1282 das sogen. *österr. Inter-regnum* und Parteikämpfe. Erwählung Otto-kars von Böhmen zum Herzog von O., der 1262 von dem röm. König Richard mit O. und Steiermark belehnt wird und 1269 Kärnthen nebst Krain erwirbt, aber diese gesammten Erwerbungen 1276 *Kaiser Ru-dolf von Habsburg* überlassen muss. 27. Dec. 1282 Belehnung der Söhne Rudolfs, Albrecht und Rudolf, mit O., Steiermark u. Kärnthen, welches letztere dem Grafen Meinhard von Tirol überlassen wird. Durch Vergleich von 1283 wird Albrecht, der spätere deutsche Kaiser *Albrecht I.*, alleiniger Besitzer jener Lande, die er 1301 durch die schwäb. Mark-grafschaft vermehrt. Albrechts Söhne, Friedrich der Schöne, Leopold, Heinrich, Albrecht und Otto, müssen die Belehnung mit den väterlichen Ländern von Kaiser Heinrich VII. um 20,000 Mark Silber erkaufen. Friedrich der Schöne 1314 Gegenkönig Lud-wigs des Bayern. 1335 Rückfall Kärnthens an das österr. Haus. 1344 Vereinigung der gesammten österr. Lande unter Albrecht (II.). Sein Sohn Rudolf erwirbt Tirol durch Ver-mächtniss der Margarethe Maultasch, † 1365. 1379 Theilung zwischen seinen Brüdern Albrecht III., der O., und Leopold, der das Uebrige erhält und 1382 Triest erwirbt. Albrecht III. † 1395; sein Sohn Albrecht IV. † 1404. Dessen Sohn *Albrecht V.* wird als Schwiegersohn des Kaisers Sigismund 1437 deutscher Kaiser und 1438 König von Ungarn und Böhmen; † 1439. Mit seinem Sohn La-dislaw (Posthumus) erlischt 1457 die österr. Linie, deren Länder an die steiermärkische fallen, während Ungarn und Böhmen sad die habsburg. Stammgüter in der Schweiz in fremden Besitz übergehen. Dafür blei-bende *Vereinigung der deutschen Kaiser-krone mit dem Hause O.* Friedrich IV., das Haupt der steiermärk. Linie, 1439—93 deutscher Kaiser, erhebt 6. Jan. 1153 O. zum Erzherzogthum. Sein Sohn *Maximilian I.* erwirbt durch Vermählung mit Maria von Burgund 1477 die Niederlande, die er 1493 an seinen Sohn Philipp abtritt, dessen Vermählung mit Johanna von Spanien das Haus Habsburg auf den Thron von Spanien bringt. Philipps Sohn, Karl I. von Spanien, wird 1519 als *Karl V.* deutscher Kaiser, überlässt durch die Theilungsverträge von Worms (28. April 1521) und Gent (17. Mai 1540) die deutschen Erblande mit Ausnahme der Niederlande seinem Bruder *Ferdinand I.* Derselbe erwirbt durch seine Vermählung mit Anna, der Schwester des ungar. Königs Ludwig II., 1526 Ungarn u. Böhmen nebst Mähren, Schlesien und der Lausitz. Die Besitzungen des österr. Hauses deutscher Linie betragen um diese Zeit 5400 QM. Unter *Maximilian II.* Verbreitung des Protestantismus in den österr. Ländern. Unter *Ferdinand II.* kathol. Reaktion und 30jähriger Krieg, s. d. und *Deutschland*, Geschichte, mit der die O.s seitdem meist zusammenfällt. 1648 im westphäl. Frieden Abtretung des Elsass an Frankreich. Unter *Leopold I.* Tökelys Aufstand in Ungarn; 1683 Belagerung Wiens durch die Türken. 1687 Verwandlung Ungarns in ein Erbreich. 1699 im Frieden von Karlowitz Rückgabe des Landes zwischen Donau und Theiss von der Türkei an O. 1714 in den Friedensschlüssen von Rastadt und Baden Erwerbung der span. Niederlande, Mailands, Mantuas, Neapels und Sardiniens (1720 gegen Sicilien vertauscht); Grösse der Monarchie 9043 QM. mit fast 29 Mill. Einw. 1718 im Frieden von Passarowitz Erwerbungen in Ungarn. 1735 und 1738 im Frieden von Wien Verlust Neapels und Sicilions an den Infanten Karl von Spanien und eines Theils von Mailand an Sardinien, Entschädigung durch Parma und Piacenza. 1739 im Frieden von Belgrad Verlust Belgrads, Serbiens, Bosniens etc. an die Pforte. Sicherung der Erbfolge *Maria Theresias* in O. durch die pragmat. Sanktion Karls VI. (1724), mit dem 1740 der habsburgische Mannsstamm erlischt. Infolge des österr. Erbfolgekriegs (s. d.) und der schlesischen Kriege (s. d.), durch die Friedensschlüsse von Breslau (1742) und Dresden (1745) Verlust Schlesiens nebst Glatz an Preussen, im Frieden von Aachen (1748) der Herzogthümer Parma, Piacenza und Guastalla an den Infanten Philipp von Spanien. Im 7jährigen Krieg (s. d.) vergebl. Bemühen Maria Theresias um Wiedergewinnung Schlesiens. Seit 18. Aug. 1765 *Joseph II.* Mitregent im Erbstaaten; Entstehung österr. Nebenlinien in Toskana und Modena durch Josephs Brüder Ferdinand und Leopold. 1772 Erwerbung Galiziens und Lodomeriens in der 1. Theilung Polens; 1777 der Bukowina von der Pforte; 1779 im Frieden von Teschen Erwerbungen im Innviertel, der Grafsch. Falkenstein etc. Grösse der Monarchie 1780 11,070 QM. mit 24 Mill. Ew. Josephs II. zu rasche Reformen in der Verwaltung, Rechtspflege und Gesetzgebung veranlassen Unruhen in Ungarn und in den

Niederlanden, die *Leopold II.* beilegt. Seit 1792 Krieg gegen Frankreich. 1797 im Frieden von Campo Formio Verlust der Lombardei und der Niederlande und Entschädigung durch Venedig. 1801 im Frieden von Luneville Verlust der Grafschaft Falkenstein und des Frickthals. 1803 durch den Reichsdeputationshauptschluss Erwerbung der Erzstifter Trient und Brixen. 11. Aug. 1804 Franz II. (I.) *Erbkaiser von O.* 1805 im Frieden von Pressburg Verlust der noch übrigen ital. Besitzungen an Frankreich, Tirols, Vorarlbergs, Eichstädts etc. an Bayern, des Breisgaus etc. an Würtemberg und Baden, Entschädigung durch Salzburg und Berchtesgaden. 1809 im Frieden von Wien Verlust Salzburgs mit Berchtesgaden, des Innviertels, des westl. Hausruckviertels, Krains mit Görz, Triests, des villachter Kreises, fast ganz Kroatiens, Istriens, Westgaliziens etc. Im 1. pariser Frieden 1814 Rückgabe Mailands und Venedigs und der verlorenen Erblande nebst Dalmatien an O. Dann unter Metternichs Leitung Vertretung des Systems der Stabilität und Legitimität durch O. 1822 Herstellung der alten Zustände in Neapel u. Piemont durch Intervention O.s. 1831 u. 1832 Unterdrückung der Aufstände in Modena, Parma und im Kirchenstaat. Dann Reaktion O.s gegen Entwickelung des Konstitutionalismus in Deutschland. 2. März 1835 Thronbesteigung *Ferdinands I.* 1840 Theilnahme O.s am Kampfe gegen Ibrahim-Pascha in Syrien in Verbindung mit England. Nov. 1846 Einverleibung der Republik Krakau in O. Aufstand der Bauern in Galizien gegen den Adel. Innerer Verfall der Monarchie durch bureaukratischen Mechanismus und Rivalität zwischen den verschiedenen Nationalitäten. Opposition gegen die Regierung in Böhmen und Ungarn. Infolge der franz. Februarrevolution 13. März 1848 Volksbewegung in Wien. Metternich entlassen, Volksbewaffnung und freie Presse gewährt. 15. März Einberufung einer berathenden Versammlung aus allen Theilen der Monarchie verheissen, Ungarn ein selbständiges, dem Landtag verantwortliches Ministerium bewilligt. 22. März Aufstand in Mailand und Venedig, Abzug der Oesterreicher aus beiden Städten. In Wien Herrschaft der Volksmassen, der Bürgerwehr und der Studentenlegion (Aula). 17. Mai Flucht des kaiserl. Hofs nach Innsbruck. 2. Juni Aufstand in Prag, von Fürst Windischgrätz mit blutiger Strenge unterdrückt. 25. Juli Radetzkys Sieg über die Sardinier bei Custozza und infolge davon Waffenstillstand und Wiederunterwerfung der Lombardei unter O. 22. Juli Eröffnung des konstituirenden Reichstags durch Erzherzog Johann. Aug. Rückkehr des Kaisers Ferdinand nach Wien. 6. Okt. Aufstand in Wien. Der Reichstag erklärt sich für permanent; Flucht des Hofs nach Olmütz. 31. Okt. Unterwerfung Wiens durch Fürst Windischgrätz. Berufung des Reichstags auf den 15. Nov. nach Kremsier. 2. Dec. Abdankung des Kaisers Ferdinand I. und Erhebung *Franz Josephs I.* auf den Thron.

4. März 1849 Auflösung des Reichstags und Oktroyirung einer Verfassung (Reichstag mit 2 gewählten Kammern, Provinziallandtage, Verantwortlichkeit der Minister etc.). 21. und 23. März Siege Radetzkys über die Sardinier bei Mortara und Novara. Erfolglose Operationen Windischgrätz und Weldens in Ungarn. 14. u. 15. April Entsetzung des Hauses Habsburg-Lothringen durch den ungar. Reichstag. Mai Ofen und Pesth in Besitz der Ungarn. Bündniss O.s mit Russland und Einrücken eines russ. Hülfsheeres in Ungarn. 27. Sept. Kapitulation Klapkas in Komorn und Beendigung des Kriegs in Ungarn (s. d.). Beginn der Restaurationspolitik. Zerrüttung der Finanzen und des Staatskredits. Ungarn in eine Provinz des Gesammtstaats verwandelt und neu organisirt. Sommer 1850 erfolglose Verhandlungen mit Preussen über die Auflösung der preuss. Union. Okt. Verständigung O.s mit Bayern und Würtemberg zu Bregenz über die im Namen des Bundes zu vollziehende Exekution in Kurhessen und Holstein. 29. Nov. Fügung Preussens in die Forderungen O.s zu Olmütz und Auflösung der Union. 1. Jan. 1852 Aufhebung der Verfassung von 1849, Beseitigung der Schwurgerichte, Umgestaltung der Gemeindeverfassung, Einsetzung berathender Ausschüsse aus dem Erbadel u. den Grundbesitzern an der Stelle der Provinziallstände. Begünstigung des Klerus und der Jesuiten. 2. Jan. Zollkongress zu Wien behufs einer Zolleinigung mit den süddeutschen Staaten. 19. Febr. 1853 Abschluss eines deutsch-österr. Handelsvertrags. Fortdauer der revolutionären Gährung in Ungarn und Italien; infolge davon Differenzen mit der Schweiz, die erst Mai 1855 ausgeglichen werden, und mit Sardinien, die fortdauern. Nach fruchtlosen Vermittelungsversuchen im Streit Russlands mit den Westmächten durch O. Okt. 1853 Neutralitätserklärung des letzteren. 20. April 1854 Abschluss eines gegenseitigen Garantievertrags mit Preussen, welchem 24. Juli auch der deutsche Bund beitritt. Nach Abzug der Russen aus den Donaufürstenthümern Besetzung derselben durch österr. Truppen. 2. Dec. Abschluss einer eventuellen Allianz zwischen O. und den Westmächten. Verschärfung des Antagonismus zwischen O. und Sardinien seit den pariser Friedenskonferenzen. 18. Aug. 1855 Abschluss eines Konkordats mit dem röm. Stuhle, welches die ultramontanen Forderungen völlig befriedigt. Ausführung grosser Eisenbahnbauten; Regelung des Staatshaushaltes und Hebung des Staatskredits durch Bruck. 1. Jan. 1859 bedenkliche Neujahrskundgebung Napoleons III. Nach Ablehnung des österr. Ultimatums von Seiten Sardiniens 29. April 1859 Ueberschreitung der Grenze durch ein österr. Heer. Schlechte Führung desselben, daher siegreiches Vordringen der franz.-sardin. Armee. Nach der Niederlage bei Magenta (4. Juni) Rückzug der Oesterreicher auf das Festungsviereck Mantua - Legnago - Verona - Peschiera. Nach der Niederlage bei Solferino (24. Juni) Abtretung der Lombardei in den Friedenspräliminarien von Villafranca (11. Juli), die im Frieden von Zürich 10. Nov. bestätigt werden. Vernichtung des österr. Einflusses in Italien. Isolirung O.s und gespanntes Verhältniss desselben mit Russland. Beginn des inneren Umschwungs. Die Majorität des Reichstags empfiehlt eine neue föderative Organisation der Monarchie. Im Sinne derselben durch kaiserl. Diplom vom 20. Okt. 1860 als unwiderrufliches Staatsgrundgesetz Scheidung der öffentl. Angelegenheiten in Reichs- und Landesangelegenheiten, von denen erstere (Finanzen, Handel und Verkehr, Krieg, Aeusseres) zur Kompetenz des Reichsraths, letztere zur Kompetenz der Landtage gehören sollen. 26. Febr. 1861 Verkündigung einer neuen Reichsverfassung für den Gesammtstaat und neuer Landesstatute für die slav.-deutschen Kronländer (2 Kammern des Reichsraths: Herrenhaus, aus erblichen oder lebenslängl. Pairs, und Abgeordnetenhaus, aus 343 von den Einzellandtagen gewählten Mitgliedern bestehend). In Ungarn passiver Widerstand gegen die neue Verfassung. 3 Sessionen des Reichstags Mai 1861 bis Dec. 1862, Juni 1863 bis Febr. 1864 und Nov. 1864 bis Juli 1865 ergeben geringfügige legislatorische Resultate. Wachsendes Deficit. Ueber die Betheiligung O.s an den damaligen deutschen Angelegenheiten s. Deutschland, Gesch. 11. April 1865 Abschluss eines neuen Handelsvertrags zwischen O. und dem deutschen Zollverein. 20. Sept. Sistirung der Wirksamkeit der Februarverfassung und Herstellung des Absolutismus im Gesammtstaate durch kaiserl. Manifest. Uebermuth der slav. Majoritäten in den Ländern gemischter Bevölkerung, namentlich in Böhmen und Galizien. Bei Eröffnung des ungar. Landtags 14. Dec. Anerkennung der territorialen Integrität der St.-Stephanskrone und der alten Landesverfassung in der Thronrede. Ueber den Bruch mit Preussen 1866 und den dadurch herbeigeführten preuss.-deutschen Krieg s. Preussen, Gesch., vgl. Deutschland, Gesch. Der Krieg mit Italien für die österr. Waffen günstig (24. Juni Sieg bei Custozza), der in Böhmen und am Main entschieden ungünstig (3. Juli Niederlage bei Königgrätz). 12. Aug. Waffenstillstand mit Italien und 23. Aug. zu Prag definitiver Friedensschluss zwischen O. und Preussen auf Grundlage der nikolsburger Friedenspräliminarien vom 26. Juli: O. scheidet aus dem deutschen Staatenbunde aus und anerkennt den unter Preussens Führung zu gründenden norddeutschen Bund. 3. Okt. zu Wien definitiver Friede mit Italien und Abtretung des lombard.-venetian. Königreichs an Italien und Anerkennung des letzteren als Königreich. 19. Okt. Räumung Venedigs. Nov. 1866 abermaliger Umschwung in den inneren Verhältnissen O.s. Beust, Minister des Auswärtigen, seit 7. Febr. 1867 Ministerpräsident, sucht die Monarchie auf der Grundlage des Dualismus zu rekonstruiren. Demnach Theilung der reorganisirten Monarchie in zwei gleichberechtigte Hälften, die Länder der St.-Stephanskrone

unter dem ungar. Ministerium (seit 23. Febr. 1867) und dem Landtage zu Ofen-Pesth, und die slav.-deutsche Staatengruppe unter dem Ministerium und Reichsrath zu Wien; über beide die Centralregierung zu Wien zur Besorgung der gemeinschaftl. Angelegenheiten. 6. Juni Krönung des Kaisers als Königs von Ungarn. Sept. Agitation gegen das Konkordat. 28. Sept. Adresse der in Wien versammelten 25 Bischöfe um Aufrechterhaltung desselben. 30. Dec. Berufung eines parlamentar. Ministeriums (Auersperg, Taaffe, Plener, Hasner, Giskra, Herbst, Potocki, Brestel, Berger). 21. März 1868 Annahme des Ehegesetzes (Herstellung des bürgerl. Rechts in Ehesachen und Beseitigung des kanon.), 31. März des Schulgesetzes (Befreiung der Schule von der Obhut des Klerus), 3. April des interkonfessionellen Gesetzes über Mischehen etc. im Abgeordnetenhause. 25. Mai Sanktionirung dieser 3 konfessionellen Gesetze durch den Kaiser. Opposition der Bischöfe dagegen. Der Papst bezeichnet in einer Allokution vom 22. Juni die österr. Staatsgrundgesetze vom 31. Dec. 1867 (Ministerverantwortlichkeit, Rechte der Staatsbürger, richterl. Gewalt etc.) sowie die 3 konfessionellen Gesetze als ,wahrhaft unselige', die 3 konfessionellen Gesetze als ,abscheuliche' und erklärt letztere für null und nichtig. 26. Sept. Rücktritt des Fürsten Auersperg. Nov. Maassregeln gegen die Ausschreitungen czechischer Agitation. Die Bestrebungen der Czechen, Slovenen, Polen etc. sind darauf gerichtet, das bisherige Uebergewicht des deutschen Kronländer und des deutschen Elements überhaupt zu brechen, die Decembervaerfassung zu beseitigen und O. in eine Art Föderation deutscher und slavischer Länder umzuwandeln, jedes selbständig, nur durch gemeinsame Diplomatie und Militärorganisation verbunden sein sollen. Okt. 1869 Insurrektion in Dalmatien (Zupa) infolge der Einführung des Wehrgesetzes. Spaltung im Ministerium über die Frage eines Ausgleichs mit den Czechen, Polen etc. und über die Frage der Reform der Reichstagswahlen. 11. Jan. 1870 Friede von Kneslac mit den Insurgenten, Amnestie. 15. Jan. Rücktritt Taaffes, Potockis und Bergers. 12. April Entlassung des Ministeriums Giskra-Herbst-Hasner. Potocki Ministerpräsident. Einleitung von Unterhandlungen mit den Führern der verschiedenen Nationalitäten behufs eines Ausgleichs auf der Grundlage der Verfassung. 30. Juli förmliche Aufhebung des Konkordats vom 18. Aug. 1855 infolge der päpstlichen Infallibilitätserklärung. 9. Aug. Wiedereinführung des Placetum regium. Sept. verweigert die Majorität des böhm. Landtags die Reichstagswahlen und will einen föderalist. Ausgleich mit den übrigen Kronländern. 4. Febr. 1871 Rücktritt Potockis; föderalistisches Ministerium Hohenwart-Habietinek-Jireczek-Schäffle. März Verbot der Feier der deutschen Siege in Deutsch-Oesterreich. 11. Aug. Zusammenkunft des Kaisers Franz Joseph mit Kaiser Wilhelm in Ischl. Bedrohung des Deutschthums und der freiheitlichen Institutionen

durch das föderalistisch-feudal-klerikale Ministerium. Ein königl. Erlass für den böhm. Landtag (14. Sept.) erkennt die sogen. Staatsrechte Böhmens an und erklärt die Bereitwilligkeit des Königs, diese Anerkennung mit dem Krönungseid zu erneuern. Ein deutscher Abgeordnetentag zu Wien erklärt, dass die Schranken der Verfassung durchbrochen seien. Okt. der böhm. Ausgleich, dem Landtag in Prag vorgelegt, bezweckt Beseitigung der Verfassung und Einführung des Föderalismus. 17. Okt. Berufung eines Kronraths zur Prüfung der gesammten Ausgleichsvorschläge. Darauf Scheitern des böhm. Ausgleichs. Nov. Entlassung des Ministeriums und Aufgebung der Ausgleichspolitik; zugleich Entlassung Beusts. Andrassy Minister des Auswärtigen; Fürst Auersperg Präsident des cisleithan. Ministeriums. Jan. 1872 Scheitern des galizischen und kroatischen Ausgleichs. — Die Geschichte O.s schrieben: *Mailath* (1834—50, 5 Bds.), *Lichnowsky* (1836—44, 8 Bde.). Einzelne Perioden behandelten ausser *Chmel, Hurter, Gindely, Wolf, Arneth* u. A. *Büdinger* (bis zu Anfang des 13 Jahrh., 1858), *Springer* (seit dem wiener Frieden, 1863—65, 2 Bde.), *Helfert* (seit 1848, 1869 ff.), *Hegge* (,Von Villaggo bis zur Gegenwart', 1872 f.) und *Bidermann* (,Gesch. der österr. Gesammtstaatsidee', Bd. 1, 1867); ,Archiv für österr. Geschichte' (Bd. 1—44, 1848—71).

Oesterreich (*Oestreich*), Erzherzogthum, der Kern der österr.-ungar. Monarchie, 708,8 QM. und (1869) 2,880,424 Ew., fast durchgehends Katholiken und deutschen Stamms, zerfällt in die beiden Kronländer:

1) Erzherzogth. *O. unter der Enns* (*Niederösterreich*), 360 QM. und 1,990,708 Ew.; von der Donau (mit Enns, March, Leitha etc.) durchflossen, ¾ Bergland (bes. im S. Ausläufer der Alpen mit dem Schneeberg, Wienerwald, Leithagebirge, im N. der Manhartsberg; dabei grosse Ebenen zu beiden Seiten der Donau (wiener Becken, Marchfeld, Tulnerfeld, neustädter Steinfeld). 40% des Areals Ackerland, 34% Wald, 14% Wiesen und Gärten. Bed. Getreide- (doch nicht ausreichend) und Weinbau (8 QM., jährl. 2 Mill. Eimer); Viehzucht (im W.), Bergbau (Steinkohlen, Eisen, Graphit etc.). — Die *Industrie* die wichtigste der Monarchie, bes. in Wien und Umgegend: Seidenwaaren, Galanteriewaaren, Modewaaren, Maschinen, physikal. und musikal. Instrumente, chem. Produkte; anderwärts Baumwollgespinnste (50 gr. Spinnereien mit ca. 600,000 Spindeln), Wollwaaren, Papier, Zucker, Eisenwaaren, Tabak-, Leinen-, Oel-, Spiegelfabr., Glashütten. Auch in merkantil. Hinsicht das erste der Kronländer (Wien). Zahlr. und bed. Unterrichtsanstalten. 18 Vertreter im Reichsrath. 4 Kreise: Ober- und Untermanhartsberg, Ober- und Unterwienerwald. Hauptstadt Wien.

2) Erzherzogthum *O. ob der Enns* (*Oberösterreich*), 217,9 QM. und 736,557 Ew.; grösstentheils Gebirgsland (Salzkammergut mit Dachsteingruppe, 9490', Hausruckwald), von der Donau mit Inn, Traun und Enns bewäs-

sert; die weiser Heide. Getreidebau (über 30%, Ackerland) und treffl. Viehzucht; Bergbau auf Braunkohle (Wolfsegg etc., über 1 Mill. Ctr.) und Salz (Hallstadt, Ischl, Ebensee, über 1 Mill. Ctr.). — *Industrie* bes. in Eisen- und Stahlwaaren (Sensen und Sicheln, Messer etc., Centrum: Steier), in Baumwolle, Leinwand, Wolle, Leder, Papier, Holzwaaren (Schnitzereien, Schiffbau), Bierbrauerei. Der *Handel* durch die Schifffahrt auf der Donau, Enns etc. und mehrere Eisenbahnen gefördert; Ausfuhr von Boden- und Industrieerzeugnissen. 3 Obergymnasien (Linz, Freienberg, Kremsmünster), Oberrealund Handelsschule (Linz). 10 Vertreter im Reichsrath. 4 Kreise: Hausruck-, Traun-, Mühl- und Innkreis. Hauptstadt Linz.

Oesterreichischer Erbfolgekrieg, Krieg um die österr. Erblande, zwischen Preussen (s. *Schlesische Kriege*), Bayern [s. d., Gesch., und *Karl* 1) d)], Frankreich etc. auf der einen und Oesterreich [s. *Maria* 2)] auf der andern Seite seit 1741 geführt, 1748 durch den Frieden von Aachen beendigt.

Oeta, Gebirgskette in Griechenland, auf der Grenze von Thessalonien und Macedonien, Fortsetzung des Pindus, 4000' h.

Oettingen, Stadt im bayer. Regbz. Schwaben, 2889 Ew.; Hauptort der ehemal. *Grafsch.* O., 16 QM., die, in die Linien *O.-Spielberg* und *O.-Wallerstein* getheilt, jetzt theils unter bayer., theils unter würtemberg. Hoheit steht.

Oettingen-Wallerstein, *Ludw. Kraft Ernst, Fürst von*, bayer. Staatsmann, geb. 31. Jan. 1791 zu Wallerstein, trat seiner Mediatisirung in den bayer. Hof- und Staatsdienst, war 1819 und 1822 Mitglied der Kammer der Reichsräthe, verlor wegen Eingehung einer unebenbürtigen Ehe seinen Sitz in der Kammer, ward nach Ludwigs I. Regierungsantritt restituirt, 1831 Minister des Innern, 1837 entlassen, bildete mit Berks Ende Nov. 1847 das , Lolaministerium', ward 12. März 1848 wieder entlassen, Wortführer der Opposition in der Kammer, schied später zerrütteter Vermögensverhältnisse wegen aus, begab sich nach Schuldhaft in die Schweiz; † 22. Juni 1870 in Luzern.

Oettinger, *Edmund Maria*, geb. 19. Nov. 1808 in Breslau, früher Redakteur verschiedener humorist.-satir. und anderer Blätter in Berlin, Hamburg, Leipzig etc., lebt jetzt in Dresden. Schr. ,Buch der Liebe' (Gedichte, 5. Aufl. 1860), mehrere Romane (,Ring des Nostradamus', ,Onkel Zebra', ,Venet. Nächte', ,Jérôme Napoleon und sein Capri'), Gesch. des dän. Hofes etc.' (1857—59, 8 Bde.); gab heraus ,Bibliographie biographique' (1850) und ,Monitour des Dates' (1866—68, 6 Thle.).

Oetzthal, romant. Alpenthal in Tirol, Kreis Innsbruck, beginnt am *Oetzthalerferner*, wird von der *Oetz* durchflossen, mündet Imst gegenüber in das Innthal. Vgl. *Sonklar*, ,Die ötzthaler Gebirgsgruppe', 1860.

Oeynhausen, Soolbad im preuss. Regbz. Minden, an der köln.-mindener Eisenbahn, kohlensaure Salzquelle (28° R.).

Ofanto (im Alterthum *Auf[idus]*), Fluss im südl. Italien (Apulien), mündet nördl. von Barletta ins adriat. Meer; 14 M. lang.

Ofen, Apparat zur Entwickelung von Wärme oder zur Behandlung verschiedenartiger Stoffe bei hoher Temperatur. In den *Herd*- u. *Schachtöfen* pflegt das Erz etc. mit dem Brennmaterial in unmittelbarer Berührung zu sein; in den *Flammöfen* wird es nur von der Flamme getroffen; in den *Gefässöfen* befindet sich der zu erhitzende Körper in Tiegeln etc. Heizöfen s. *Heizung.*

Ofen (*Buda*), Hauptstadt Ungarns, rechts an der Donau (Kettenbrücke von 1230' Spannung), Pesth gegenüber, 54,577 Ew.; zerfällt in die Oberstadt (Festung) mit dem königl. Schloss n. der Schlosskirche (Reichskleinodien) und die unteren Stadttheile; durch den Festungsberg ein Tunnel. Sitz der ungar. Landesbehörden und eines griech. Bischofs; Josephs-Polytechnikum, Gymnasium und Realschule; Arsenal, Schiffswerfte. Am Fuss des Blocksbergs warme Schwefelquellen; in der Umgegend ausgezeichn. Weinbau. Die Festung in 300 Jahren 20mal belagert, noch im Revolutionskriege durch Hentzi (Monument) tapfer vertheidigt. Die Stadt 1541—1686 türkisch.

Offenbach, Kreisstadt in der hess. Prov. Starkenburg, linke am Main, 1 St. von Frankfurt, (1871) 22,691 Ew. (465 Mann Militär). Schloss. Blühende Industrie in Portefeuillewaaren, Portemonnaies, Reisentenaillen etc.; ferner Maschinenfabr., Eisen- und Messinggiessereien, Fabr. für Firniss und Druckerschwärze, Hüte, Glanzleder, Parfümerien, Chemikalien, Dünger, Knöpfe etc.

Offenbach, *Jacques*, franz. Komponist, geb. 20. Juli 1822 in Köln, Schüler des Konservatoriums zu Paris, Violoncellist, seit 1850 Kapellmeister am Théâtre français das., gründete 1855 in den Champs élysées ein eigenes Theater, das er bis 1866 leitete; seitdem nur mit Komposition beschäftigt. Allbekannt durch seine frivolen Opernburlesken ,Orpheus in der Unterwelt', ,Verlobung bei der Laterne', ,Genoveva', ,Die Grossherzogin' etc. (im Ganzen über 50).

Offenbarung des Johannes, s. *Johannes* 2).

Offenburg, Kreisstadt in Baden, an der Kinzig, 5381 Ew. Spinnerei, Hut-, Cigarrenfabr.; Weinbau. Ehemals freie Reichsstadt.

Offensiv (lat.), angreifend. *Offensive*, der Angriff, insbes. Kriegführung, welche den Feind durch Angriff zu besiegen trachtet; strateg. und takt. O., je nachdem der Angriff im Zusammenhange mit dem Kriegsplan oder nur als Truppenverwendung im besondern Falle erscheint.   [erblaten.

Offeriren (lat.), anbieten. *Offerte*, das Anerbieten. *Offertorium* (lat.), der erste Haupttheil der kathol. Messe, wo der Priester unter Gebet den Wein und das Brod und sich selbst zur Konsekration vorbereitet.

Official (lat.), der Vikar eines Bischofs in weltl. Angelegenheiten, z. B. Ehesachen, für die geistl. n. Kirchensachen *Weihbischof* genannt. *Officialät*, bischöfl. Gericht, dem ein **Officialim**, Amtsarbeiten.   [O. vorsteht.

Officiant (neulat.), Beamter niederen Ranges.   [direkt ausgehend.

Officiell (lat.), amtlich, von einer Behörde **Officin** (lat.), Werkstatt bei fabrikmässig betriebenen Gewerben; chemisches Laboratorium, Apotheke. *Officinell*, Bezeichnung von Natur- oder Kunstprodukten, wenn sie als Heilmittel benutzt und nach gesetzlicher Vorschrift in den Apotheken vorräthig sein müssen, bes. Pflanzen.

Officiös (lat.), dienstfertig; durch amtl. Einwirkung veranlasst, ohne direkt von einer Behörde ausgegangen (officiell) zu sein.

Officium (lat.), Pflicht; Amts-, Dienstpflicht; Amtshandlung; der Gottesdienst in der kathol. Kirche. *Heiliges O.*, s. v. a. Inquisition. *Ex officio*, von Amts wegen.

Offizier, die höhere Klasse der militär. Vorgesetzten vom Lieutenant aufwärts. Die dem Range nach unter dem Lieutenant stehenden Vorgesetzten heissen *Unteroffiziere*. *Subalternoffiziere*, der Lieutenant und Hauptmann; vom Major bis zum Generalmajor *Stabsoffiziere*.

Ofterdingen, s. *Heinrich*.

Og, König von Basan, ward von den Hebräern besiegt und sein Land dem Stamme Manasse überlassen. [3124 Ew.

Oggersheim, alte Stadt in Rheinbayern,

Oglio (spr. Oljo), Nebenfluss des Po, entspringt an der tiroler Grenze, bildet den Isosee, mündet oberhalb Borgoforte, 25 M. l.

Ogyges, alter sagenhafter König in Attica und Bootien, unter welchem eine grosse Fluth (*ogygische Fluth*) beide Länder heimsuchte. Nach ihm hiess Bootien auch *Ogygia*.

Ohio (spr. Oheio), linker Nebenfluss des Mississippi und nächst diesem die Hauptverkehrsstrasse Nordamerikas, entsteht bei Pittsburg aus der Vereinigung des Allegbany und Monongahela, strömt zwischen den Staaten Ohio, Indiana und Illinois im N. und Virginia und Kentucky im S.; 250 M. l., durch den *Ohiokanal* (von Portsmouth an) mit dem Eriesee verbunden.

Ohio (spr. Oheio), nordamerik. Freistaat, zwischen dem Eriesee und Ohio, 1880 QM. und (1870) 2,665,002 Ew. (ca. 1 Mill. Deutsche); hügelig, im NW. Prärieland, vom Ohio mit Miami, Scioto etc. bewässert, fruchtbar; Klima gemässigt. Ueberwiegend Agrikulturstaat, insbes. das beste Weizenland der Union; Fabrikthätigkeit im Aufblühen. Konstitution von 1851 (sehr demokratisch). Ausgaben 1867: 5,498,864 Doll. Staatsschuld 1870: 9,732,078 Doll. Ausfuhr 1865: 1,483,691 Doll., Einfuhr 396,709 Doll. Im Kongress 2 Senatoren und 19 Repräs. 88 Counties. Hauptst. Columbus. Seit 1778 kolonisirt, Theil des sogen. Nordwestgebiets, seit 1802 Unionsstaat.

Ohlau, Kreisstadt im preuss. Regbz. Breslau, an der Mündung des *Flusses* O. (11 M.) in die Oder, 7054 Ew. Gr. Schloss, Bahnhof.

Ohlmüller, *Jos. Daniel*, Architekt, geb. 10. Jan. 1791 zu Bamberg, † 22. April 1839 als bayer. Reg.-Baurath in München; kultivirte bes. den goth. Stil. Hauptwerk die Ankirche in München.

Ohm, Flüssigkeits-, bes. Weinmass, in Baden u. Schweiz à 10 Stutzen = 150 Liter,

Bremen . . . à 4 Anker	= 144,96	-
Dänemark . . . à 4	= 149,75	-
Hamburg . . . à 4	= 144,80	-
Preussen . . . à 4	= 137,40	-
Sachsen . . . à 4 Anker	= 134,71 Liter,
Hessen-Nassau à 20 Viertel	= 160,0	-
Russland . . . à 8 Wedro	= 147,6	-

Ohm, *Georg Simon*, Physiker, geb. 16. März 1787 in Erlangen, seit 1849 Prof. der Physik in München; † das. 7. Juli 1854. Bekannt durch das nach ihm benannte Gesetz: die Stärke des galvan. Stroms wächst direkt proportional mit der elektromotor. Kraft u. umgekehrt proportional mit dem Leitungswiderstand.

Ohnmacht (Lipopsychia), das Aufhören der Aeusserung der Gehirnthätigkeit (des Bewusstseins, der Sinnenempfindung etc.). Leichtester Grad die *gewöhnl.* O. (Eclipsis), schwerer die *tiefe* O. (Syncope), am längsten dauernd der *Scheintod* (Asphyxie). Bedingt durch plötzliche Blutarmuth oder Blutüberfüllung des Gehirns, bes. infolge von heftigen Erregungen, Schmerz, Erschütterung etc.; namentl. häufig bei schwächl., reizbaren und blutarmen Menschen. Behandlung: horizontale Lage des Körpers, Riechen an Essig, Ammoniak, Reiben des Körpers. Schwere O.en erfordern ärztl. Beistand.

Ohr (Auris), besteht aus den schalleitenden Apparaten im äusseren und mittleren O. und den schallempfindenden im inneren O., dem sogen. Labyrinth. Das äussere O. besteht aus der *Ohrmuschel* u. dem *Gehörgang*, einem ca. 2 Ctm. langen, gebogenen Kohr mit den *Ohrenschmalzdrüsen*. Es wird von dem *Trommelfell*, einer schiefgestellten dünnen Haut, begrenzt. Dieses scheidet den Gehörgang vom *Mittelohr* oder von der *Paukenhöhle*, einer bohnengrossen Höhle des Felsenbeins, die Luft enthält und mit dem Rachen durch ein Rohr, die *eustachische Trompete*, in Verbindung steht. Durch die Paukenhöhle hindurch zieht sich ein aus 3 *Gehörknöchelchen* (dem *Hammer*, *Amboss* und *Steigbügel*) bestehendes Hebelwerk, dessen eines Ende (der Hammergriff) am Trommelfell, dessen anderes (die Fussplatte des Steigbügels) an einem häutigen Ueberzuge des Labyrinths, dem *ovalen Fenster*, befestigt ist. Diese Vorrichtung pflanzt die das Trommelfell treffenden Schallschwingungen auf das innere O. fort. Letzteres besteht aus einem knöchernen Röhrensystem, *Labyrinth*, in welchem die Ausbreitung des Hörnerven sich befindet, und an dem man das *Vorhof*, die 3 *halbcirkelförmigen Kanäle* u. die *Schnecke* unterscheidet. In letzterer enden die Nervenfasern in den sogen. *cortischen Organe*, dem man als Funktion die Tonunterscheidung zuschreibt. Da das ganze Labyrinth mit Flüssigkeit erfüllt ist, müssen sich die Schallschwingungen erst auf diese, dann auf die Nervenenden fortsetzen. Vgl. *Helmholtz*, „Lehre von den Tonempfindungen", 3. Aufl. 1870. Das O. der *höheren Thiere* ähnelt dem des Menschen, bei den niederen besteht es zum Theil nur aus einer Blase, in welcher der Hörnerv endet, und die meist kalkige Massen, die sogen. *Hörsteine*, Otolithen, enthält.

Ohrdruf, Stadt im Herzogth. S.-Gotha, am thüringer Walde, 5486 Ew.

Ohrenbeichte, s. *Beichte*.

Ohrenkrankheiten, betreffen entweder das äussere Ohr, in welchem Falle sie nur dauu das Gehör beeinträchtigen, wenn Verschluss des Gehörgangs durch sie bedingt wird, oder das mittlere und innere Ohr. Zur Erkennung der O. dient der Ohrenspiegel; ein kleiner Trichter wird in den Gehörgang gesteckt, und mittelst eines Hohlspiegels werden die inneren Theile beleuchtet. Durch ein im Spiegel befindliches Loch kann man das Trommelfell, Theile der Paukenhöhle etc. erkennen. Sodann prüft man die Durchgängigkeit der eustachischen Rohre. Erweisen sich diese Theile normal, so kann die Schwerhörigkeit nur von Erkrankung des Hörnerves selbst herrühren. O. sind Verstopfung des Gehörgangs durch fremde Körper oder durch verhärtetes Ohrenschmalz; Abscesse müssen geöffnet werden. Mittelohrkatarrhe, bestehend in Eiteransammlung in der Paukenhöhle, kommen bei Rachenkatarrhen vor und veranlassen, indem der Eiter das Trommelfell durchbricht, *Ohrenfluss*. Wunden des Trommelfells heilen sehr rasch, Zerstörungen desselben führen an sich noch nicht zu Schwerhörigkeit, wenn das mittlere und innere Ohr noch funktionirt. Vgl. *Taubheit*.

Ohrenschmalz, s. *Ohr*.

Ohrentönen (*Ohrenklingen*), subjektive Klangempfindungen, oft in lästigem Summen, Brausen, Pfeifen etc. bestehend; begleiten verschiedene Ohrenkrankheiten; in neuester Zeit erfolgreich durch den konstanten elektr. Strom behandelt. Vgl. *Brenner*, ,Elektrotherapie'.

Ohrenzwang, s. *Otalgie*.

Ohrspeicheldrüse (Glandula parotis), grosse flache, auf beiden Seiten des Gesichts (vor dem Ohr und auf dem Unterkiefer) gelegene Drüse, welche den Mundspeichel liefert.

Ohrwurm (*Oehrling*, Forficula L.), Insektengattung der Geradflügler. *Gemeiner O.* (F. Auricularia L.), 7—10''' l., durch Benagen von Obst, Zerfressen von Nelken, Georginen &c. schädlich. [etc.

Oise (spr. Oahs), Nebenfluss der Seine in Frankreich, kommt von den Ardennen, mündet bei Conflans St. Honorino, 35 M. l. — *Das Depart.* O., Theil von Ile de France, 106 QM. u. 401,274 Ew., Hauptstadt Beauvais.

Oka, Nebenfluss der Wolga, entspringt im Gouvern. Orel, wird bei Kaluga schiffbar, mündet bei Nishnij-Nowgorod; 190 M. l.

Oka, Gewicht, in der Türkei = 1,281 Kilogr., in Aegypten = 1,235 Kilogr.

Oken (*Ockenfuss*), *Lorenz*, ber. Naturforscher, geb. 1. Aug. 1779 in Bohlsbach in Schwaben, 1812—19 Prof. in Jena, seit 1828 in München, seit 1832 in Zürich; † das. 11. Aug. 1851. Begründer der neueren Naturphilosophie. Schr.: ,Lehrbuch der Naturgeschichte' (1813—27, 3 Bde.); ,Lehrbuch der Naturphilosophie' (3. Aufl. 1843, 3 Bde.); ,Allgem. Naturgeschichte für alle Stände' (1833—45, 14 Thle.); gab heraus: ,Isis, encyklop. Zeitschr.' (1817—48, 32 Bde.).

Oktachord (gr.), 8saitiges Tonwerkzeug.

Oktaëder (gr.), Achtflach, von 8 gleichseit. Dreiecken begrenzter geometr. Körper.

Oktaëtéris (gr.), Zeitraum von 8 Jahren.

Oktant (lat.), der 8. Theil des Kreisumfangs; auch Winkelmessinstrument.

Oktápla (gr.), in 8 Sprachen auf 8 Spalten gedruckte Bibel.

Oktav (lat., in octāvo), Druckformat in Achtelbogen. [einer Quarterone.

Oktavönen, Kinder eines Europäers und

Oktōber (lat.), bei den Römern der 8., jetzt der 10. Monat, deutsch Weinmonat.

Oktogōn (gr.), Achteck.

Oktogynisch (gr.), 8weibig, von Pflanzen mit 8 gesonderten Pistillen in einer Blüthe.

Oktostylon (gr.), Reihe von 8 Säulen.

Oktupliren (lat.), 8fach nehmen. *Oktuplum*, das Achtfache.

Okulär (*Augenglas*), die in Fernrohren u. Mikroskopen dem Auge nächste Linse.

Okuliren, s. *Veredeln*.

Okulist (lat.), Augenarzt.

Okygraphie (gr.), Schnellschreibkunst; auch s. v. a. Stenographie.

Olaf, Könige von Norwegen, s. d., Gesch.

Olbers, *Heinrich Wilhelm Matthias*, Astronom, geb. 11. Okt. 1758 in Arbergen bei Bremen, Arzt in Bremen; † 2. März 1840. Entdeckte mehrere Kometen u. kleine Planeten, bes. verdient durch die ,Abhandlung über die leichteste und bequemste Methode, die Bahn eines Kometen zu berechnen' (1797).

Oldbury, Stadt in der engl. Grafschaft Worcester, 16,000 Ew.; Eisenwaarenfabr.

Oldenbarneveldt, *Jan van*, niederländ. Staatsmann, geb. 1547 zu Amersfoort (Prov. Utrecht), ward 1586 Grosspensionär (Landsyndikus) der Prov. Holland. Als Führer der republikanisch-ständischen Partei Gegner des Prinzen Moritz von Oranien, zu dessen Erhebung zum Statthalter er mitgewirkt, setzte er gegen dessen Willen den Abschluss des 12jähr. Waffenstillstands mit Spanien durch, ward von Moritz des Eingriffs in seine Rechte als Statthalter beschuldigt, 29. Aug. 1618 mit H. Grotius u. A. durch ein parteiisches Gericht verurtheilt und 13. Mai 1619 hingerichtet. Seine Söhne *Wilhelm* und *René* betheiligten sich 1623 an einer Verschwörung gegen Moritz; Wilhelm entfloh, René ward 1623 ebenfalls hingerichtet. Vgl. *Deventer* (1862—65, 3 Bde.).

Oldenburg, Grossherzogthum und Bundesstaat des deutschen Reichs, 116,3 QM. und 315,995 Ew., besteht aus 3 getrennten Theilen: dem *Herzogthum* O. (Hauptland, 97,7 QM. und 245,981 Ew.), dem Fürstenthum Lübeck und dem Fürstenth. Birkenfeld. Das Hauptland, Theil der norddeutschen Tiefebene, von der Weser (mit Hunte), der Jahde, Leda und Haase bewässert, zum Theil fruchtbares Marschland (durch Deiche geschützt), zum Theil sandiges Geest-, zum Theil auch (49 QM.) Moorland. Am fruchtbarsten das Butjadingerland, das Stedingerland und die Herrschaft Jever. — *Hauptbeschäftigung*: Ackerbau, Rindvieh- und Pferdezucht, Bergbau (Eisen), Schifferei und Fischerei. Die Industrie beschränkt auf Garnspinnerei und Leinweberei, Fabr. von Zucker, Tabak, Lederwaaren. Schiffsverkehr 1870: eingegangen 696 Schiffe mit 76,000 Tonnen, abgegangen 653 Schiffe mit 105,000 Tonn. Handelsflotte Jan. 1871: 576 Schiffe mit 64,714 Tonnen (darunter 366 Küstenfahrer von 12,232 Tonn.).

Eisenbahnen 1870: 20 M.; Anlagekapital 5,550 Mill. Thlr. — Die *Bevölkerung* im W. Friesen, im übrigen Theil n. in Lübeck Niedersachsen, in Birkenfeld Rheinfranken; der Religion nach vorwiegend evangelisch (daneben 72,077 Kathol. unter einem Official zu Vechta; 984 Sektirer, 1527 Juden); Kirchenverfassung von 1853. Bildungsanstalten: 4 Gymnasien, 12 höhere Bürgerschulen, 1 Seminar, 560 Volksschulen. — Die *Verfassung* konstitutionell-monarchisch, beruhend auf dem Staatsgrundgesetz vom 18. Febr. 1849 (revidirt 22. Nov. 1852); die Thronfolge in männl. Linie nach dem Rechte der Erstgeburt erblich. Regierender Herzog Peter (seit 1853). Landesvertretung gebildet durch den gemeinsamen Landtag, dessen Mitglieder (47) aus indirekten Wahlen hervorgehen; für Lübeck und Birkenfeld bestehen noch besondere ,Provinzialräthe'. — Die *Finanzen* jedes der drei Theile werden gesondert verwaltet und ebenso verwendet. Die Domänen theils Kron-, theils Staatsgut. Budget für 1771:

Centraletat:	Einnahme:	Ausgabe:
	304,700 Thlr.	304,700 Thlr.
Oldenburg	1,427,000 Thlr.	1,427,000 Thlr.
Lübeck	190,150 -	194,150 -
Birkenfeld	137,300 -	161,800 -
Sa.	1,754,450 Thlr.	1,782,950 Thlr.

Matrikularbeiträge zum deutschen Reich 209,000 Thlr.; Beitrag zur Civilliste 85,000 Thlr. Die *Staatsschuld* betrug Ende 1870:

Oldenburg	7,118,000 Thlr.
Lübeck	240,000 -
Birkenfeld	6200 -
Sa.	7,364,200 Thlr.

Militär: 1 Infanterieregiment (Nr. 91), 1 Dragonerregiment (Nr. 19), 2 Batterien (zur 1. Fussabtheilung des 10. Feldartillerieregiments gehörig). Infanterie und Kavallerie sind der 19. Division, die Artillerie der 10. Artilleriebrigade, beide dem 10. Armeecorps überwiesen. — *Orden:* Haus- und Verdienstorden (seit 1838). *Landesfarben:* blau, roth, gelb; Handelsflagge blau mit rothem rechtwinkelig stehendem Kreuz.

Die *Haupt-* und *Residenzstadt* O., an der Hunte, 14,226 Ew. (901 M. Militär); Schloss, Lambertskirche (1270 erbaut, ohne Thurm), Augusteum (Kunstsammlungen); Bahnhof; die früheren Werke abgetragen. Spinnerei, Eisengiesserei, Tabaks-, Lederfabr., ber. Pferdemärkte, Schiffbau und Schifffahrt (auf der Hunte nach der Weser). Ward 1155 durch Heinrich den Löwen befestigt.

Geschichte. Grafen von O. erscheinen unter den Vasallen Heinrichs des Löwen u. beim Kreuzzug gegen die Stedinger (s. d.). Graf Otto erbaute 1247 die Burg Delmenhorst. Nach wiederholten Theilungen vereinigte Graf Dietrich der Glückliche († 1440) wieder den ganzen Familienbesitz. Sein ältester Sohn Christian ward 1448 zum König von Dänemark gewählt und überliess die Stammlande seinen Brüdern Gerhard dem Streitbaren und Moritz. Ersterer setzte den Stamm in O. fort. Sein Sohn Johann XIV. (1466—1526) erwarb 1517—23 das fries. Stedinger- u. Butjedingerland. Unter Anton I. (1505—73)

Einführung der Reformation. Unter seinem Enkel, Anton Günther (1603—67) definitive Vereinigung der mehrmals getheilten Lande. Als der Letzte seines Stammes setzte derselbe seine Agnaten, den König von Dänemark u. den Herzog von Schleswig-Holstein-Gottorp, zu seinen Lehnserben ein, welche nach seinem Tode 1667 Besitz ergriffen. Durch Traktat vom 1. Juni 1773 überliess König Christian VII. 1773 die Grafsch. O. u. Delmenhorst dem Grossfürsten von Russland u. Herzog von Holstein-Gottorp, Paul (später Kaiser Paul I.), der sie aber 14. Dec. d. J. dem gottorp. Prinzen Friedrich August abtrat, unter dem 29. Dec. 1774 die Grafschaften zu einem Herzogthum *Holstein-O.* erhoben wurden. Auf Friedrich August († 6. Juli 1785) folgte wegen der Geisteskrankheit seines Sohnes sein Neffe Peter Friedr. Ludwig als Landesadministrator, nach seines Vetters Tode 1823 als Herzog, Stammvater des jetzt regierenden grossherzogl. Hauses. Durch den Reichsdeputationshauptschluss 1803 erhielt er das säkularisirte Bisthum Lübeck als weltl. Fürstenthum. Durch Napoleons I. Dekret vom 22. Jan. 1811 Einverleibung des Herzogthums in das franz. Kaiserreich. 1. Dec. 1813 Rückkehr des Herzogs; 1815 Beitritt desselben zum deutschen Bunde. 18. April 1818 Erwerbung der Herrschaft Jever von Russland. Auf Peter Friedr. Ludw. († 21. Mai 1829) folgte dessen Sohn Paul Friedr. August, welcher 28. Mai d. J. den 1815 seinem Vater verliehenen, aber nicht geführten grossherzogl. Titel annahm. März 1848 Volksbewegung, infolge deren das stark demokratisch gefärbte Staatsgrundgesetz vom 18. Febr. 1849 zu Stande kam, aus dessen Revision das vom 22. Nov. 1852 hervorging. Auf Paul Friedr. August († 27. Febr. 1853) folgte sein Sohn Nikolaus Friedr. Peter. Durch Verträge vom 20. Juli u. 1. Dec. 1853, sowie vom 16. Febr. 1864 Abtretung des Jahdegebiets an Preussen zu Anlegung eines Kriegshafens. Aug. 1854 Erwerbung des reichsgräfl. oldenburg. Fideikommisses gegen 2 Mill. Thlr. u. der Herrschaft Kniphausen. 1866 Theilnahme der oldenburg. Truppen am Krieg auf preuss. Seite. 18. Aug. d. J. Beitritt O.s zum norddeutschen Bunde. 27. Sept. d. J. Verzichtleistung des Grossherzogs auf seine Ansprüche auf Schleswig-Holstein zu Gunsten Preussens gegen eine Entschädigungssumme von 1 Mill. Thlrn. und Abtretung einiger kleinen holstein. Distrikte. Mai 1867 Zustimmung des Landtags zur neuen Landesverfassung. 1868 neue Organisation der Verwaltung. Vgl. *Halem* (1796, 3 Bde.), *Runde* (3. Aufl. 1862), *Böse* (1863)

Oldenburg (*Aldenburg*), Stadt in Holstein, unweit Heiligenhafen, 2721 Ew.; im 9. und 10. Jahrh. eine der wichtigsten Städte im N., Hauptst. von Wagrien, 952—1163 Bischofssitz.

Oldesloë (*Odesloë*), Stadt in Holstein, an der Trave, 4421 Ew. Salzwerk (7000 Tonnen jährl.), Salz- u. Schwefelbäder, Bahnhof.

Oldham (spr. -häm), Stadt in der engl. Grafschaft Lancaster, am Medlock, (1871) 82,619 Ew. Wichtige Baumwoll- u. Wollfabr.

Oléa, s. *Oelbaum*.

Oleaginös (lat.), ölig, öllcht.

Oleander, s. *Nerium*.

Oleaster, s. *Eldagnus*.

Olein (*Elaïn*), flüssiges Fett, findet sich in den meisten natürl. Fetten, ist bel 4° noch flüssig, löslich in Alkohol und Aether, verändert sich leicht an der Luft, liefert bel der Zersetzung Glyceriu und Oleïnsäure.

Oleïnsäure (*Elaïnsäure*, *Oelsäure*), findet sich im Olein, farb-, geruch- u. geschmacklose Flüssigkeit, unlöslich in Wasser, löslich in Alkohol und Aether, absorbirt Sauerstoff und wird dann gelb, übelriechend, sauerreagirend; Nebenprodukt bel der Kerzenfabrikation, dient als Schmieröl, zum Einfetten der Wolle, zur Bereitung von Seife.

Oléron (spr. -róng), franz. Insel im biskayischen Meerbusen, vor der Mündung der Charente, 4 QM. und 22,000 Ew. Weinbau, Salzlagunen, Schiffahrt. Städte: St. Plerre u. Château d'Oléron. Das *oléronische Recht* (Rôles, Lols d'O.), eine uralte Sammlung seerechtl. Bestimmungen (vlell. aus 12. Jahrh.).

Oletzko, Kreisstadt im preuss. Regbz. Gumbinnen, am *See* O., 4225 Ew. Schloss.

Oléum, s. v. a. Oel.

Olibānum, s. *Weihrauch*.   [Ritter.

Olifant (altfr.), das Hiefshorn der fahrenden

Oligämie (gr.), Blutmangel.

Oligarchie (*Oligok afie*, gr.), Herrschaft Weniger, Art der Aristokratie.

Oligoklās (*Natronkalkfeldspath*), Mineral aus der Klasse der wasserfreien Geolithe (vgl. *Feldspathe*), farblos oder gefärbt, häufiger Gemengtheil krystallinischer Gesteine.

Oligotrichie (gr.), Haarmangel.

Olim (lat.), einst, ehemals; *seit O.s Zeiten*, seit undenklicher Zelt.

Olitäten, Oele, Essenzen etc., als Hellmittel oder Parfümerien Handelsgegenstand.

Olitorisch (lat.), in Küchengärten wachsend, Küchengewächse betreffend.

Oliva, Flecken im preuss. Regbz. Danzig, am Karlsberge, 1408 Ew.; ehedem ber. Cistercienserabtei (1829 aufgehoben). Hier 3. Mai 1660 Friedensschluss zwischen Schweden, Polen, Kaiser und Brandenburg.

Oliven, die Früchte des Oelbaums (s. d.).

Olivenöl, fettes Oel aus den Oliven, wird durch Pressen oder Extrahiren mit Schwefelkohlenstoff gewonnen, hellgelb (Jungfernöl, Provenceröl) bis grün (Baumöl), geruchlos, von mildem Geschmack, sehr wenig in Alkohol, leicht in Aether löslich, trocknet nicht an der Luft, dient als Speise-, Brennund Schmieröl, zur Bereitung von Seifen, Salben, Pflastern etc. Das feinste O. aus Frankreich, Italien, Afrika, geringer das span.; oft mit Baumwollsamenöl verfälscht.

Olivenza, Stadt in der span. Prov. Badajoz, Grenzfestung gegen Portugal, 10,000 Ew.

Olivetten, länglich runde Glasperlen, werden als Tauschartikel nach Afrika exportirt; olivenförmige Korallen.

Olivin, s. *Chrysolith*.

Olla potrida (span., d. l. fauliger Topf), span. Nationalgericht, Gemisch von verschiedenen Fleischsorten u. Gemüse; s. v. a. Allerlei, Miscellen etc.

Ollivier (spr. -wleh), *Emile*, franz. Staatsmann, geb. 2. Juli 1825 zu Marseille, ward 1847 Advokat zu Paris, freisinniger Vertheidiger, 1857 Mitglied des gesetzgebenden Korpers, gesellte sich hier der Opposition zu, als Redner bedeutend, 1865 Mitglied des Generalraths des Depart. Var and Jurist. Beirath des Vlcekönigs von Aegypten. 2. Jan. im sogen. parlamentar. Ministerium Minister der Justiz und des Kultus, Juli 1870 im gesetzgebenden Körper eifriger Sprecher für den Krieg, durch die Katastrophe vom 4. Sept. 1870 (vgl. *Frankreich*) mit seinen Kollegen gestürzt.

Olm (Proteus anguineus *Laur.*), Amphiblengattung der Batrachier, über fusslang, in den unterirdischen Gewässern Krains.

Olmütz, Kreishauptstadt in Mähren, an der March, 15,237 Ew.; Festung, Erzbisth.; schöne Kirchen (goth. Dom, Moritzkirche); erzbischöfl. Residenz; früher Universität (1855 aufgehoben), Gymnasium; Handel mit Leder, Vieh, Flachs etc. 28. und 29. Nov. 1850 Ministerkonferenzen zwischen Preussen, Oesterreich und Russland zur friedlichen Schlichtung der deutschen Wirren.

Olönek (Olenek), Fluss im sibir. Gouvern. Irkutsk, entspringt auf dem Jeniseigebirge, mündet bei Olensk ins Eismeer.

Olönez, grossruss. Gouvern., 2717,2 QM. (gegen 2000 Seen; ¾ Wald) und 296,593 Ew. Hauptstadt Petrosawodsk. [berg. 2240 Ew.

Olpe, Kreisstadt im preuss. Regbz. Arns-

Olten, Stadt im Kanton Solothurn, an der Aar. 2500 Ew.; Eisenbahnknotenpunkt.

Oltenitza, Stadt in der Walachel, an der Donau, 1500 Ew.; 4. Nov. 1853 *Schlacht* zwischen den Russen und Türken.

Olympia (a. G.), anmuthiges Thal in der peloponnes. Landschaft Ells, nahe dem Meere, vom Alpheus durchflossen, Schauplatz der olymp. Spiele und Nationalheiligthum der Griechen mit den knstbarsten Schätzen griech. Knust. Im heil. Haine (*Altis*) der Tempel Olympéum (mit der Zeusstatue des Phidias), das Heräum (Tempel der Here), die Schatzhäuser der griech. Staaten, das Prytaneum (zur Speisung der Sieger); nahe dabel der Hippodromus und das Stadium (für gymnastische Wettkämpfe).

Olympiāde, bel den Griechen Zeitabschnitt von 4 Jahren, die Zeitrechnung von O.u begiunt 776 v. Chr. Behufs der Umwandlung einer Zeitangabe nach O.n in Jahre v. Chr. Geb. multiplicirt man die der gegebenen O. vorhergehende Zahl mit 4, addirt dazu das betreffende Jahr derselben O. und subtrahirt die Summe von 777; der Rest giebt das Jahr v. Chr.

Olympias, Gemahlin König Philipps II. von Macedonien, Mutter Alexanders d. Gr., Tochter des Königs Neoptolemus von Epirus, ränkevoll und herrschsüchtig, von Philipp geschieden, trug zu dessen Ermordung (336) bel, suchte nach Alexanders Tode bel den Streitigkeiten der verschiedenen Thronbewerber ihre eigenen Ansprüche auf den Thron geltend zu machen, liess Alexanders Stiefbruder Philippus Arrhidäus nebst 100 vornehmen Macedoniern hinrichten (317); ward auf Befehl Cassanders 316 getödtet.

Olympische Spiele, die berühmtesten unter den altgriech. Nationalspielen, in jedem 5. Jahre am 1. Vollmond nach der Sommersonnenwende (Anfang Juli) bei Olympia zu Ehren des Zeus gefeiert, nach der Mythe von Hercules gestiftet, 884 von Iphitus und Lykurg erneuert, historisch beglaubigt seit 776 v. Chr., bis 394 n. Chr. regelmässig fortgesetzt, 5 Tage dauernd, bestehend in Wettrennen zu Wagen, zu Pferd und zu Fuss, Springen, Diskuswerfen, Ringen und Faustkampf. *Olympioniken*, Sieger in den o.n 8.n.

Olympus (a. G.), Gebirge zwischen Macedonien u. Thessalonien, als Göttersitz hochberühmt, durch das Thal Tempe vom Ossa getrennt, 9150' h., steil, vielzackig, Gipfel meist schneebedeckt. Jetzt *Elymbos*.

Olynthus (a. G.), griech. Kolonie in Macedonien, auf der Chalcid. Halbinsel; 348 v. Chr. von Philipp von Macedonien zerstört (darauf bezögl. die 3 *olynthischen Reden* des Demosthenes).

Omāgra (gr.), Schultergicht, s. *Gicht*.

Omajjaden, Khalifendynastie; s. *Khalif*.

Oman, Landschaft, s. *Maskat*.

Omar I., der zweite der Khalifen, s. *Khalif*.

Ombrés (fr., spr. Ongbreh), ombrirte Zeuge, Wollenstoffe mit farbigen Streifen, welche in ihrer Mitte am dunkelsten sind und gegeneinander verlaufen.

Ombrometer, Regenmesser.

Ombrōne, Küstenfluss in Mittelitalien, mündet bei Grossetto ins Mittelmeer; 25 M.

O'Meara (spr. Omīrä), *Barry Edward*, geb. 1770 in Irland, diente als Schiffswundarzt an Bord des Bellerophon, auf welchem Napoleon I. 1815 sich an die Engländer ergab, ging als dessen Leibarzt mit nach St. Helena, musste 25. Juli 1818 die Insel verlassen; gab nach Napoleons Tode sein daselbst geführtes Tagebuch, ,Napoléon in exile' (1822, 2 Bde.; deutsch 1822), heraus; † 3. Juni 1836 zu London.

Omēga, das lange oder gedehnte griech. o (ω), der letzte Buchstabe des griech. Alphabets, daher bildlich s. v. a. Ende.

Omeletten (fr.), dünne Eier-, Pfannkuchen.

Omen (lat.), Glück oder Unglück bedeutendes Zeichen. *Omīnös*, ein O. enthaltend, insbes. von schlimmer Vorbedeutung.

Omentum (lat.), das Netz (s. d.).

Omer-Pascha, türk. General, Renegat, geb. 1806 zu Plaski im oguliner Grenzbezirk, hiess eigentl. Lattas, ward Schreiblehrer des Prinzen, späteren Sultans Abd-ul-Medschid, 1840 im syr. Feldzug Brigadegeneral, 1848 Militärgouverneur in den Donaufürstenthümern, unterdrückte 1850 und 1851 die Unruhen in Bosnien und in der Herzegowina, befehligte 1853 die fruchtlose Expedition nach Montenegro, überschritt Okt. 1853 mit der bulgar. Armee die Donau, führte 1855 ein türk. Corps in der Krim. Nov. 1857 zum Generalgouverneur in Irak Arabi ernannt, nahm er seinen Sitz zu Bagdad, ward 1859 nach Kutahia verbannt, 1861 Generalgouverneur in Rumelien, operirte 1862 gegen Montenegro, befehligte seit 1864 als Feldmarschall das 3. Armeecorps, 1867 auf Kreta; † 18. April 1871 zu Konstantinopel.

Omittiren (lat.), etwas weglassen, versäumen; *Omissa*, Ausgelassenes, Uebergangenes; *Omission*, Unterlassung. [Auge.

Ommatophyllon (gr.), ein Fell auf dem

Omnibus (lat., d. i. für Alle), Gesellschaftswagen, der auf einer bestimmten Tour zu einer bestimmten Zeit fährt.

Omniparität (lat.), allgemeine Rechtsgleichheit.

Omnipotenz (lat.), Allmacht. [gleichheit.

Omniprāsenz (lat.), Allgegenwart.

Omnisciēnz (lat.), Allwissenheit.

Omnium (lat., Genitiv von *Omnes*, Alle), in England die den Staatsgläubigern zugewiesenen Stammgelder des Staatsschatzes.

Omnivōren (*Allesfresser*), Thiere, welche animal. und vegetabil. Kost geniessen.

Omophāg (gr.), Mensch, welcher rohes Fleisch isst.

Omotokie (gr.), Fehlgeburt.

Omphāle, Königin von Lydien, wusste den Hercules so zu fesseln, dass er unter ihren Sklavinnen weiblich gekleidet am Rocken spann.

Omphaloneurēn (gr.), Nabelsehnar.

Omphalóptron (gr.), nabel- oder linsenförmig geschliffenes Vergrösserungsglas.

Omphālos (gr.), Nabel. *Omphalisch*, den Nabel betreffend. *Omphalocēle*, Nabelbruch. *Omphalotomie*, das Abschneiden der Nabelschnur. [bigen nach Mekka.

Omra (arab.), die Pilgerfahrt der Gläubigen

Omsk, Stadt im sibir. Gouvern. Tobolsk, Hauptfestung der Kosakenlinie des Irtysch, am Irtysch, 17,400 Ew. (viele Verbannte); Sitz des Gouverneurs von Westsibirien.

Onanie (gr., *Selbstbefleckung*), widernatürliche Befriedigung des Geschlechtstriebes, benannt nach Onan (1. Mos. 38, 9).

Oncus (gr.), harte, feste Geschwulst. *Oncotomie*, Aufschneidung eines O. [Gerücht.

On dit (fr., spr. ong di), man sagt, s. v. a.

Onégasee, Binnensee im russ. Gouvern. Olonez, 231,3 QM. Abfluss der Swir (zum Ladogasee). Der *Fluss* O. kommt aus dem Latschasee, mündet bei der *Stadt* O. in das weisse Meer; 60 M. l. [genden Träumen.

Oneirodynie (gr.), krankhaftes, beängstigenden Träumen.

Oneiromantie (gr.), Traumdeuterei.

Onēra (lat., Mehrzahl von *onus*), Lasten, Beschwerden. *O. publica*, Staatslasten etc.; *onerābel*, steuerpflichtig; *Oneration*, Belastung; *onerös*, lästig, beschwerlich.

Onobrÿchis *Tournef.* (*Esparsette*), Pflanzengattung der Leguminosen. *O. sativa L.*, Esper, Süssklee, türk. Klee, in Europa, als Futterpflanze kultivirt (5- bis 7jährig).

Onolatrie (gr.), Eselanbetung.

Onoidinum, lat. Name für Ansbach.

Onoisbach, älterer Name für Ansbach.

Onomastikon (gr.), Namen- oder Wörterverzeichnis, bes. ein sachlich nach Materien geordnetes; Geburtstagsgedicht.

Onomātik (gr.), Lehre von der Bedeutung und Bildung der Eigennamen; Aufstellung des Sprachschatzes nach etymolog. Ordnung.

Onomatopöie (gr.), Tonnachbildung, Bildung von Wörtern nach Naturlauten etc.; *Onomatopoetika*, so gebildete Wörter.

Onōnis *L.* (*Hauhechel*), Pflanzengattung der Leguminosen. *O. spinosa L.*, Hornkraut, in Europa, mit officineller Wurzel.

Onslow (spr. -ló), *George*, Komponist, geb. 27. Juli 1784 zu Clermont-Ferrand (Puy-de-Dôme), engl. Abkunft, Schüler Dusseks, lebte meist in Paris; † 5. Okt. 1853. Schr. gediegene Quintette u. Quartette für Streichinstrumente, Klaviertrios etc., auch Opern.

Ontariosee (spr. -tehrío-), der östlichste und kleinste der 5 grossen canadischen Seen, zwischen Canada und Newyork, 49 M. l., bis 15 M. br., 600' tief, 375 QM. Inselreich, nie ganz zufrierend. Hauptzufluss der Niagara, Abfluss der St. Lorenzo.

Ontographie (gr.), Beschreibung der seienden Dinge. *Ontologie*, Wesenlehre, Theil der Metaphysik, die Lehre von dem allen Erscheinungen zu Grunde liegenden Sein und Wesen; *ontologischer Beweis* für das Dasein Gottes, wonach aus dem Begriff Gottes auf dessen Existenz geschlossen wird.

Ontostatik (gr.), Lehre vom Gleichgewicht.

Onus (lat.), Last, Beschwerde, Abgabe.

Onyx, Achat mit weisser und dunkler Streifung: *Chalcedonyx*, weiss mit grau, *Sardonyx*, mit ins Rothe fallenden dunkeln Streifen; dient zu Kameen, Intaglios, Ringsteinen, wobei das Bild, Wappen etc. sich hell oder dunkel von der nächst folgenden dunkeln oder hellen Schicht abhebt; wird durch künstliche Färbung von Chalcedon bereitet.

Oojein, Stadt, s. *Udschain*. [nachgeahmt.

Oolith (*Rogenstein*), Kalkstein, in welchem hirsen- bis erbsengrosse kugelrunde Kalkkörner durch eine dichte oder erdige Kalksteinmasse zusammengekittet sind, im Gebiet des Zechsteins, Buntsandsteins und Juras, bildet bisweilen mächtige Bergzüge (Schönberg bei Freiburg), wird zu Tischplatten etc. verarbeitet (Aderstedt).

Oolithformation, s. v. a. Jura.

Oomantie (gr.), Wahrsagung aus Eiern.

Opak (lat.), undurchsichtig, dunkel; *Opacität*, Undurchsichtigkeit.

Opal, Mineral aus der Klasse der Metalloïdoxyde, amorphe Kieselsäure mit gewöhnl. 5—13% Wasser, meist gefärbt, oft mit schönem Farbenspiel (Opalisiren). *Edler O.*, milchweiss, prachtvoll schillernd, in vulkanischem Gestein bei Czerwenitza in Ungarn, Kalifornien; Edelstein. *Opalmutter*, hartes, edlen O. einschliessendes Gestein. *Perlmutteropal*, Kascholong, milch- oder röthlichweiss, von geringerem Glanz, am Kasch in der Bucharei, auf Island, Schmuckstein; ebenso der *gemeine O.*, in Sachsen, Schlesien, Ungarn, und der *Glasopal*, *Hyalith*, in Böhmen, Schlesien, Ungarn, im Breisgau. *Hydrophan*, Weltauge, O., der mit Wasser auch Glanz und Farbenspiel verloren hat und es unter Wasser wieder gewinnt (Amulet in Ostindien), in Hubertusburg, Ungarn. *Halbopal*, häufig als Versteinerungsmittel des Holzes und von Holzstruktur, in Siebenbürgen, Ungarn, wird zu Dosen etc. verarbeitet.

Opalisiren, s. Opal. [Rath und That.

Ope (lat.), mit Hülfe. *O. et consilio*, mit

Opar (lat.), musik. Drama, Verbindung von Handlung, dramat. Gesang und Instrumentalmusik, zugleich die Malerei und Architektonik, oft auch die Tanzkunst zur Darstellung eines Kunstwerks beran-

ziehend. Der Keim der O. liegt in den mittelalterl. Mysterien; die ersten Versuche (bestehend in recitativ. und Chorsatzen) machten die Italiener *Jac. Peri* (1594) und *Vecchi* (1597), seitdem blieb bis 18. Jahrh. die Ausbildung der O. in den Händen der Italiener (bes. verdient darum *A. Scarlatti*). Das 18. Jahrb. brachte zuerst die steife italien. Prunk- und Hofoper zur höchsten Blüthe (bes. ausgez. *Ad. Hasse*), später das eigentl. musik. Drama (dessen Schöpfer *Gluck*). *Mozart*, theilweise Glucks Bahnen verfolgend, verlegte den Schwerpunkt in die musik. Charakteristik der Personen und Situationen. Im 19. Jahrh. neue Belebung der O. durch das romant. Element (*K. M. v. Weber*), später Versuch eines konsequenten Ausbaues des gluckschen Musikdramas durch *R. Wagner* (vgl. dessen „Oper und Drama", 2. Aufl. 1869). Ueber die Theorie der O. vgl. *Lobe* (1867), *Zopff* (1868 ff.).

Opéra (lat.), Mühe, Arbeit; Mehrzahl *Operae*, Leistungen. *O. et studio*, durch Mühe u. Fleiss. *O. operata*, s. *opus operatum*.

Opéra (lat., Mehrzahl von *opus*), Werke, gesammelte Werke eines Schriftstellers.

Operation (lat.), in der Wundarzneikunde das mechanische Eingreifen in den Organismus des Körpers, um darin gewisse Veränderungen zu bewirken, bes. vermittelst chirurg. Instrumente; man unterscheidet *blutige* und *unblutige O.en. Operateur* (fr., spr. -töhr), der eine O. vornehmende Chirurg. Im Kriegswesen sind O.en als Unternehmungen zu Erreichung des Kriegszwecks, strategische oder taktische, je nachdem sie auf die Entscheidung des Kriegs oder nur auf einzelne Erfolge berechnet sind. *Operationsplan*, die Anordnung der kriegerischen Unternehmungen in allgemeinen Umrissen. *Operationsfeld*, das Terrain für die O. *Operationslinie*, die allgem. Richtung der O.en.

Operatismus (lat.), das Streben, das göttl. Wohlgefallen durch sogen. Opera operata (s. *Opus operatum*) zu erlangen. *Operativ* (lat.), wirksam; wundärztlich. *Operette*, kleine Oper, Singspiel. *Operiren* (lat.), wirken, eine Operation vornehmen. *Operment*, s. *Auripigment*.

Opfer, der Gottheit dargebrachte Gabe, nach dem Objekt *Brandopfer*, von Rindern, Ziegen, Schafen, Tauben etc., *Speise-* und *Trankopfer*, von Oelkuchen, Wein etc.; nach dem Zweck *Dank-, Schuld-* und *Sühnopfer*; in allen heidnischen Religionen, sowie in der mosaischen vorgeschrieben, im Christenthum von Anfang an abgeschafft.

Ophidia (gr.), Schlangen.

Ophikleïde (gr., *Basse d'harmonie*), Bassblasinstrument von Messing, zweiröhrig wie das Fagott, von starkem Ton und dem Umfang vom Contra-C bis zum kleinen g; bes. bei Militärmusikchören gebräuchlich.

Ophiolatrie (gr.), Schlangenanbetung.

Ophiolith (gr.), s. v. a. Serpentin.

Ophir (*Supara*), in der Bibel Name eines reichen Goldlandes (wahrscheinl. Vorderindien).

Ophiûchus (gr., *Schlangenträger*), Sternbild zwischen Hercules, Wage, Adler und Antinous, enthält zwei Sterne 2. Grösse.

Ophthalmiátrik (gr.), Augenheilkunde.

Ophthalmie (gr.), Augenentzündung, besond. Bindehautentzündung (Conjunctivitis): *katarrhalische* nach Einwirkung von Staub, Rauch etc. mit Röthung, Schwellung, Eiterabscheidung; *akute Blennorrhöe* mit hochgradiger Eiterung; *granulirende* O. mit Schwellung der unterliegenden Follikel und Wärzchenbildung (eine Form ders. die *kontagiöse* O., Trachom, ist ansteckend). Augenentzündung der Neugebornen, s. d. Behandlung bei leichteren Graden kühlende Augenwässer, bei schweren ärztliche Hülfe.

Ophthalmitis (gr.), Augenentzündung, bes. des inneren Auges.

Ophthalmoblötik (gr.), Augenpflege.

Ophthalmophthisis (gr.), Schwund des Augapfels (durch Vereiterung).

Ophthalmoskóp (gr.), Augenspiegel.

Opiáte, opiumhaltige Präparate.

Opitz, *Martin*, Dichter, geb. 23. Dec. 1597 zu Bunzlau, studirte zu Frankfurt, Heidelberg und Leyden, lebte dann in verschiedenen Ländern und Aemtern, ward 1625 in Wien als Dichter gekrönt, trat 1625 in die Dienste der Burggrafen von Dohna, ward 1628 geadelt (*O. von Boberfeld*); † 20. Aug. 1639 als poln. Sekretär und Historiograph zu Danzig. Lange Zeit verehrt als ,Vater und Wiederhersteller der deutschen Dichtkunst', Begründer der 1. schles. Dichterschule, wirkte ersprieslich für Reinheit der Sprache, stellte die modere Prosodie fest, führte die Nachahmung fremder Formen und Stoffe ein. Hauptwerke: ,Trostgedanken in Widerwärtigkeiten des Kriegs' (Lehrgedicht, 1633), ,Vesuvius' (das erste deutsche beschreibende Gedicht, 1633), ,Dafne' (das erste deutsche Singspiel, 1627); ,Von der deutschen Poeterei' (1624). Biogr. von *Strehlke* (1856); Bibliogr. seiner Schriften von *Hoffmann v. Fallersleben* (1858). ,Ausgew. Schriften' herausg. von *Tittmann* (1869).

Opium (*Laudanum, Meconium*), der aus unreifen geritzten Mohnkapseln ausfliessende u. an der Luft getrocknete Milchsaft, braune Masse, riecht eigenthümlich narkotisch, schmeckt rein und scharf bitter, brennend, in Wasser u. Alkohol nur theilweise löslich, enthält als wesentliche Stoffe mekonsauren Morphium, Narkotin, Codeïn, Narceïn, Thebaïn, wird besonders in Kleinasien, Indien und China gewonnen, eins der wichtigsten Arzneimittel, dient im Orient, in China etc. auch als Berauschungsmittel, indem man es raucht oder in Pillenform geniesst. Indien exportirte O. 1864—65 nach China für 9,911,804 £. [balsam.

Opobalsámum verum, s. v. a. Mekka-

Opodéldoc, Volksheilmittel gegen rheumat. Schmerzen etc., gelatinirte, mit Kampher, Ammoniak u. ätherischen Oelen vermischte Lösung von Seife in Alkohol.

Opopánax *Koch* (*Gummimöhre*), Pflanzengattung der Umbelliferen. O. *Chironium Koch*, in Südeuropa, mit dicker Wurzel, deren eingetrockneter Milchsaft als Panaxgummi, O., officinell ist.

Oporto (*Porto*), Hauptstadt der portug. Prov. Minho, 2. Stadt Portugals, am Duero,

1 M. oberhalb seiner Mündung, 80,000 Ew.; Kathedrale; treffl. Hafen (ca. 2000 Schiffe jährl. ein- und auslaufend). Hauptsitz der portug. Industrie, bes. in Baumwollgeweben, Seide, Stahlarbeiten, Korkpfropfen-, Tan-, Tabaksfabr. Lebh. Handel mit Wein (Portwein), Früchten etc. (Einfuhr ca. 40 Mill., Ausfuhr über 44½ Mill. Frcs.).

Opossum (*Vieraugo*, Didelphys Opossum *L.*), Säugetbier aus der Gattung Beutelratte, 1½' l., in Nordamerika, blutdürstiges Raubthier, liefert Pelzwerk (jährl. 280,000 Stück).

Oppeln, Regbz. der preuss. Prov. Schlesien, 239,9 QM. und 1,241,520 Ew. — Die *Hauptstadt* O., an der Oder n. der oberschles. Eisenbahn, 11,879 Ew.; altes Schloss.

Oppenheim, alte Stadt in Rheinhessen, am Rhein (fliegende Brücke), 2926 Ew.; ber. goth. Katharinenkirche (1262—1317 erbaut, mit prächt. Glasmalereien). Weinbau, Schiffahrt. Ruine *Landskron*. Früher Reichsstadt.

Oppermann, *A.*, Rechtsgelehrter, geb. 22. Juli 1812 in Göttingen, 1849—66 liberales Mitglied der hannöver. 2. Kammer; † 16. Febr. 1870 als Obergerichtsanwalt zu Nienburg. Schr. über hannöver. Geschichte, ,Hundert Jahre, 1770—1870' (1870, 9 Bde.) u. A.

Oppidáni (lat.), Städter, bes. Kleinstädter; auch s. v. a. Externen, s. *Extern*.

Opplétion (lat.), An-, Ueberfüllung.

Oppolzer, *Johann*, ber. Mediciner, geb. 3. Aug. 1808 in Gratzen in Böhmen, ward 1841 Prof. der medicin. Klinik in Leipzig, 1850 in Wien; † das. 17. April 1871. Einer der bedeutendsten Vorkämpfer der physiolog. Medicin und Reformator der ärztl. Praxis.

Opponiren (lat.), sich widersetzen, etwas einwenden. *Opponént*, Gegner, bes. bei einer Disputation.

Opportún (lat.), gelegen, rechtzeitig; *Opportunität*, bequeme, gelegene Zeit; Krankheitsdisposition. *Opportunist*, der die Gelegenheit zu benutzen weiss.

Opposition (lat.), Entgegensetzung, Widerstand; einem herrschenden Regierungssystem widerstrebende polit. Richtung; in der Astronomie Gegenschein, s. *Aspekten*.

Opprimiren (lat.), unterdrücken; *Oppression*, Unterdrückung.

Opprobrium (lat.), Schimpf, Beschimpfung.

Oppugniren (lat.), bestürmen. *Oppugnation*, Bestürmung, Angriff, auch vor Gericht, daher *Oppugnationsschrift*, Schrift desjenigen, gegen den der Beweis geführt worden ist, zu Darlegung der Mangel des letzteren.

Ops, röm. Göttin der Fruchtbarkeit, Gemahlin Saturns, Beschützerin des Feldbaus.

Optica (lat.), Augenmittel.

Optik (gr.), Lehre von allem, was durch das Licht bedingt wird, zerfällt in die Lehre von der geradlinigen Fortpflanzung und Verbreitung des Lichts, seiner Intensität (Photometrie) und Geschwindigkeit, seiner Reflexion (Katoptrik), Brechung (Dioptrik), in die Lehre von farbigen Licht (Chromatik), von der Interferenz, Polarisation, vom Sehen und von den optischen Instrumenten.

Optimäten (lat.), Bestgesinnte, in Rom die Aristokraten und Konservativen im Gegensatz zu den *Popularen*, den Volksfreunden.

Optime (lat.), am besten, vortrefflich.

Optimismus (lat.), im Allgem. die Neigung, die Dinge und Verhältnisse für besser anzusehen, als sie wirklich sind; insbes. die Lehre des Leibniz, dass Gott unter allen möglichen Welten die beste zur Schöpfung angewählt habe; Gegensatz Pessimismus (s. d.). *Optimist*, Einer, welcher Alles von der besten Seite nimmt.

Optimus Maximus (lat.), der Beste und Grösste, Beiname Jupiters. [Wahlrecht.

Option (lat.), freie Wahl; *jus optionis*,

Optisch (gr.), was sich auf das Sehen bezieht; *o.e Instrumente*, Fernrohre, Mikroskope; *o.e Meteore*, Morgen- und Abendröthe, Höfe; *o.e Täuschungen*, Augentäuschungen.

Optometer, Instrumente von sehr verschiedener Konstruktion zur Bestimmung der deutlichen Sehweite des Auges.

Opulent (lat.), mächtig; reich; *Opulens*, Machtfülle, Reichthum.

Opuntia *Haw.* (Feigendistel), Pflanzengattung der Kakteen. O. Ficus indica *Haw.*, *indian. Feige*, aus Südamerika, und O. vulgaris *Mill.*, in Südeuropa, Nordafrika als Heckenpflanzen und der wohlschmeckenden Früchte (Feigen der Berberei, Cactusfeigen) halber kultivirt, auch verwildert. O. coccinellifera *Mill.* (Nopalpflanze), aus Mexiko, wird dort, in Spanien, Algerien, auf den Kanaren und Java zur Zucht der Cochenillo kultivirt. Zierpflanzen.

Opus (lat., Mehrzahl *opera*), Werk, Arbeit; schriftsteller. Produkt; *Opusculum*, kleineres schriftsteller. Produkt.

Opus operatum (lat., d. i. gethanes Werk), ein Werk, bei dem es nur auf das äussere Thun angesehen ist, ohne moral. Gehalt, insbes. derartige relig. Werke (Fasten, gedankenloses Beten, Wallfahrten etc.). [für uns.

Ora (lat.), bete, bitte; *o. pro nobis*, bitte

Orakel (lat.), angebl. Götterausspruch über die Zukunft, von Priestern ertheilt; auch Ort (Tempel), wo dergl. Aussprüche ertheilt wurden; am berühmtesten im Alterthum die O. zu Dodona und Delphi; auch s. v. a. Weissagung überhaupt.

Oral (lat.), mündlich; *Oralsubmission*, mündl. Nachsatz zu einem Erkenntniss.

Orale (lat.), das päpstl. Kopftuch.

Oran, westl. Prov. Algiers, 1852 QM. und 146,302 xesshafte Ew. (71,523 Europäer). Die befest. Hauptst. O., am *Golf von O.*, 34,058 Ew. (ca. 20,000 Europäer), Sitz eines Militärgouverneurs; 2 Häfen; Stapelplatz für Landesprodukte des Westens. 1509—1792 span., dann türk., seit 1831 franz. [s. Citrus.

Orange, die Frucht des Orangenbaums,

Orange (spr. -angsch, *Orenie*, das alte *Arausio*), Stadt im franz. Vaucluse, 10,622 Ew.; Seidenspinnerei; röm. Alterthümer (Triumphbogen, Theater). — Das ehemalige burgund. Fürstenth. O. (*Oranien*) kam 1531 durch Erbschaft an die ottonische Linie des Hauses Nassau (daher Nassau-Oranien), im utrechter Frieden 1713 an Frankreich.

Orangelogen (engl., spr. Orendsch-), polit. Vereine der engl.-protestant. Partei in Irland, bezweckten Wahrung des protest. Uebergewichts u. Befestigung des Hauses Braun-schweig auf dem Thron von Grossbritannien, zuerst 21. Sept. 1795 gebildet, nach 1832 als Geheimbund fortbestehend, 1836 der Form nach durch ihren Grossmeister (Herzog von Cumberland, nachmaliger König Ernst August von Hannover) aufgelöst, zählte 300,000 Mitglieder (*Orangemen*), die jetzt noch fortgesetzt ihren Einfluss bemerklich machen, zuletzt den Feniern entgegenwirkend.

Orangenbaum, s. *Citrus*. [kend.

Orangerie, die zur Gattung Citrus gehörigen und einige bei der Kultur ähnlich zu behandelnde Pflanzen; das Gewächshaus, worin sie im Winter aufbewahrt werden.

Orang-Utang (*asiat. Waldmensch*, *Pongo*, Pithecus Satyrus *L.*), Affenart der Schmalnasen, bis 4' h., auf Borneo, baut auf Bäumen ein Nest.

Oranienburg, Stadt im preuss. Regbz. Potsdam, an der Havel, 3849 Ew. Schloss.

Oranjefluss (*Oranje-Rivier*, *Garip*), Fluss im Kapland, entsteht aus dem Nu-Garip (schwarzer Fluss) im S. u. dem Key-Garip (gelber Fluss, Vaal) im N., durchfliesst in westl. Richtung die Einöden an der Nordgrenze des Kaplandes, mündet (ohne Delta) in den atlant. Ocean; Länge 240 M.; wegen ungleichen Wasserstandes nicht schiffbar.

Oranjefluss-Republik, Bauernrepublik im Innern Südafrikas, zwischen den beiden Quellarmen des Oranjeflusses (s. d.), ostwärts bis an die Drachenberge, 2260 QM. und ca. 50,000 Ew. (1868: 37,000 Weisse). Verfassung von 1854. Ausfuhr (bes. Wolle, Straussenfedern, Häute) 265,000 £. Hauptst. Bloemfontein. Von aus dem Kaplande ausgewanderten Boers (s. d.) gegründet, seit 1854 von den Briten als unabhängig anerkannt.

Oratio (lat.), Rede. *Orator*, Redner; *Oratorik*, Redekunst; *oratorisch*, rednerisch. O. dominica, s. v. a. Vaterunser.

Oratorium (lat.), Betsaal mit Altar und Krucifix. *Priester vom O.*, geistl. Verbrüderung, von Philipp von Neri 1548 in Rom gestiftet zu Andachtsübung und Studium, bes. in Italien verbreitet. In der Musik geistl. Drama, ohne wirkliche Aktion, nur zur Aufführung durch Gesang und Orchester bestimmt, meist bibl. Stoffe behandelnd und wie die Oper aus Ouverture, Arien, Chören etc. bestehend; bes. ausgebildet durch Händel, Haydn, Mendelssohn-Bartholdy etc. Vgl. *Böhme* (1861), *Bitter* (1871).

Orb, Stadt im preuss. Regbz. Kassel, bis 1866 bayer., zu der Orb u. Hassel, 3727 Ew. Saline (40,000 Ctr. jährl.), Mineralquelle.

Orbe, Fluss in der Schweiz, kommt aus dem Lac de Rousses (franz. Depart. Jura), durchfliesst den Lac de Joux, verliert sich später 1 St. lang unter einer Kalkschicht ('Trichter der O.') und fällt dann in den Neuenburgersee. Daran die *Stadt* O., einst Hauptort von Kleinburgund, 1970 Ew.

Orbikular (lat.), kreisförmig, rund.

Orbis (lat.), Kreis; *O. terrarum*, Erdkreis, Weltkreis; *O. pictus*, gemalte Welt, Titel von Büchern mit veranschaulichenden Bildern (das erste von *Amos Comenius* 1657 herausgegeben). [Augenhöhle.

Orbita (lat.), Bahn, bes. der Weltkörper;

Orbität (lat.), das Verwaistsein.

Orchéster (gr.), im altgriech. Theater der für den Chor bestimmte Platz vor der Bühne (*Orchestra*); jetzt in Theatern und Koncertsälen der Raum für Musiker; auch die Gesammtheit der letztern, sowie der bei Musikaufführungen üblichen Instrumente (grosses und kleines O., Militär-O. oder Harmoniemusik). *Orchestral*, zur Orchestermusik gehörig, darauf bezüglich; *orchestriren*, für Orchestermusik arrangiren. [kunst.

Orchéstik (gr.), die höhere theatral. Tanz-

Orchéstrion (gr.), mechan. Tonwerkzeug von orchestraler Zusammensetzung, 1851 von Kaufmann jun. in Dresden erfunden.

Orchidéenöl (Ylang-Ylang, Oleum anonae odoratissimae), hyacinthenartig riechendes äther. Oel aus Manila, wird in der Parfümerie benutzt.

Orchídes (gr.), die Hoden. [beuutzt.

Orchis *L.* (*Knabenkraut, Ragwurz*), Pflanzengattung der Orchideen. O. Morio *L.*, *Kukuksblume*, O. mascula *L.*, militaris *L.*, maculata *L.*, latifolia *L.*, in Europa, Vorderasien, mit officinellen Knollen (*Salep*), welche bes. im Taunus, Westerwald, Odenwald und in der Rhön gesammelt werden.

Orchítis, Hodenentzündung, s. *Hoden*.

Orchoménos(a. G.), uralte Stadt in Böotien, am Cephissus, einst Mittelpunkt eines nordböot. Reichs, mit dem ber. Schatzhause des Mynias; 371 v. Chr. von Theben zerstört. Trümmer bei dem Dorfe *Skripon*.

Orcus, Unterwelt, Todtenreich.

Ordalien, Gottesurtheile, im Mittelalter Urtheile über Schuld oder Unschuld durch vermeintliche Hülfe Gottes: gerichtl. Zweikampf, Feuer- und Wasserprobe, Probe des geweihten Bissens, das heil. Abendmahls, Kreuzgericht, Bahrrecht. Vgl. *Pfalz* (1865).

Orden, Verbindungen von Personen zu einem durch gewisse Regeln (*Ordensregeln*) bestimmten Zweck: *Geistl.* O., verbunden bes. durch die Gelübde der Armuth, der Keuschheit und des Gehorsams (vgl. *Kloster*); *geistl.* und *weltl. Ritterorden*, und nach dem Muster der letztern zahlr. Gesellschaften zu verschiedenen Zwecken, z. B. zu literarischen (bes. 17. Jahrh.: Blumen-, Palmenorden etc.). — Auch äussere, in Sternen, Kreuzen und Bändern bestehende Auszeichnung für Verdienste im Civil- u. Militärdienst.

Ordinär (lat.), gewöhnlich, gemein. [wörter.

Ordinalia (lat.), Ordnungszahlen, s. *Zahl*-

Ordinarius (lat.), Klassen-, Hauptlehrer einer Klasse; ordentl. Prof. einer Universität (*Professor o.*); Geistlicher als Vorsteher eines Sprengels, bes. Bischof. *Ordinariät*, die im Namen des Bischofs die Gerichtsbarkeit über dessen Sprengel ausübende Behörde und deren Geschäftslokal.

Ordinäten (lat.), parallele Linien, die von einer geraden Linie, der Abscissenlinie, oder Ebene, deren Lage gegeben ist, an eine andere gerade oder auch krumme Linie oder Fläche gezogen sind. [geistl. Amte.

Ordination (lat.), die Einweihung zum

Ordines (lat., Mehrzahl von *ordo*), die 7 Stufen der kathol. geistl. Weihen; *O. minores*, die 4 niederen; *O. majores*, die 3 höheren.

Ordonnanz (lat.), militärisches Gesetz,

inshes. Vorschrift für einzelne Zweige des Dienstes; zu Meldungen, Ueberbringen von Befehlen etc. einem höheren Truppenführer beigegebener Soldat. *Ordonnanzoffiziere*, von jedem Truppentheile zum Oberbefehlshaber einer Armee zeitweise, gewöhnlich auf 24 Stunden abkommandirte Offiziere. Auch s. v. a. ärztl. Verordnung.

Ordonnanzen (fr.), in Frankreich vor 1789 die Erlasse des Königs oder Regenten; processleitende Dekrete der Gerichtshöfe, bes. in Strafsachen.

Ordre (fr., spr. Ord'r), Verordnung, Befehl, Auftrag; Losungswort, Parole, Tagesbefehl. *Kabinetsordre*, s. *Kabinet*.

Ordre de bataille (fr., spr. -talj), Eintheilung einer Armee in bestimmte Unterabtheilungen mit Besetzung der Stäbe, entweder für einen Feldzug (allgemeine) oder für einen bestimmten Operationszweck (specielle).

Oréaden (gr.), Bergnymphen.

Orégon, nordamerikan. Freistaat, Gruppe der westl. Staaten, 4481 QM. und (1870) 90,923 Ew. (3330 Chinesen); vom Kaskadengebirge durchzogen. Landwirthschaft aufblühend (bes. Schafzucht), Jagd und Handel mit den Indianern zurücktretend; westl. am Kaskadengebirge Goldwäschen. Konstitution von 1857. Ausgabe (1867): 55,831 Doll.; Schulden (1870): 106,633 Doll. Im Kongress 1 Repräsentant; 22 Counties. Hauptstadt Salem. — Seit 1848 als Territorium organisirt, von dem der nördl. Theil 1853 als Territorium Washington abgetrennt wurde; 1859 zum Staat erhoben.

Oreïde, messingartige, goldähnl. Kupferzinklegirung zu Ornamenten, Beschlägen etc.

Orel, grossruss. Gouvern., 859,1 QM. und 1,576,013 Ew.; fruchtbar und wohlangebaut. Die *Hauptstadt* O., an der Oka, 43,260 Ew.; Stapelplatz für den Getreidehandel im Innern des Reichs, Leinwand-, Lederfabr.

Orenburg, ostruss. Gouvern., 3478 QM. und 840,704 Ew. Die *Hauptstadt* O., am Ural, 28,410 Ew., Hauptwaffenplatz der orenburg. *Kosakenlinie* gegen die Kirgisen (Reihe hölzerner Festungen vom Tobol bis zum kasp. Meer) und Hauptpassagerort des Handels von Centralasien nach Russland (Einfuhr 1865: 12,091 Mill. Rubel, seit 1861 sehr gestiegen, bes. Baumwolle).

Orense, span. Prov. (Galicien), 126,7 QM. und 394,658 Ew. Die *Hauptstadt* O., am Minho, 6872 Ew.; heisse Schwefelbäder.

Oreodóxa *Mart.* (*Kohlpalme*), Palmengattung. O. oleracea *Mart.*, auf den Antillen, in Südamerika, bis 170' h., liefert Sago, Oel, in den jungen Blättern Gemüse, die innere Blattstielhaut dient als Schreibpapier. O. regia *Hb.* et *Kth.*, Palma real de la Havaña, auf Cuba, Teneriffa, liefert Nutzholz, Blätter zum Dachdecken, Blüthenscheiden zum Emballiren und Früchte zu Viehfutter.

Oréstes, Sohn Agamemnons und der Clytämnestra, erschlug diese und ihren Buhlen Aegisthus, verfiel als Muttermörder den Eumeniden, die ihn in Raserei stürzten, ging auf Apollos Geheiss mit seinem Freunde Pylades nach Taurien, um von da das Bild der Artemis zu holen, sollte dort nach Landeshraucht mit seinem Freunde von seiner Schwester Iphigenia (s. d.) der Artemis geopfert werden, ward von jener erkannt und gerettet. Seine Freundschaft mit Pylades ist sprichwörtlich geworden.

Orfila, *Matthieu Joseph Bonaventura,* Toxikolog, geb. 24. April 1787 in Mahon auf Minorca, seit 1819 Prof. in Paris; † das. 12. März 1853. Hauptwerke: ,Traité des poissons' (1813—15, nene Bearb. als ,Traité de toxicologie', 5. Aufl. 1852, 2 Bde.; deutsch 1853); ,Eléments de chimie' (8. Aufl. 1851, 3 Bde.); ,Traité de médecine légale' (4. Aufl. 1847, 4 Bde.; deutsch 1848—50, 3 Bde.).

Organ (gr.), Werkzeug; in der Naturwissenschaft ein bestimmten Funktionen dienender Theil eines lebenden Wesens, welches als Gesammtheit verbundener O.e *Organismus* genannt wird. *Organisation,* die Art und Weise, wie die einzelnen O.e unter einander verbunden sind. *Organische Körper,* die durch die Lebensthätigkeit von Organismen entstandenen Körper, im Gegensatz zu den *anorganischen.* — Auch versteht man unter O. die menschliche Stimme; im uneigentl. Sinne den Vertreter einer bestimmten Ansicht, z. B. Zeitungen.

Organdy (*Organdin*), feines glattes Baumwollgewebe, etwas dichter als Musselin, aber ebenso fein im Faden und steifer appretirt.

Organon (gr.), Werkzeug; Hülfsmittel zur Erkenntniss, Titel von Schriften, insbes. der Logik des Aristoteles.

Organsin, gezwirnte Seide, welche in den Geweben die Kette bildet.

Orgasmus (gr.), schwellende, strotzende Fülle; starke Blutwallung; heftiger Trieb.

Orgeade (fr., spr. -schahd), aus süssen Orangen etc. mit Zucker bereitetes Getränk.

Orgel (lat. organum), das grösste und volltönendste musikal. Instrument, vorzugsweise zum Kirchengebrauch geeignet, besteht aus Zinn- und Holzpfeifen, deren Erklingen mittelst einer Tastatur (meist 2 oder 3 Manuale nebst einem Pedal für die tiefsten Stimmen) durch einen künstl. bereiteten Wind hervorgebracht wird; Umfang vom grossen C bis zum dreigestrichenen c oder f (in Wirklichkeit aber noch 2 Oktaven tiefer und 2 Oktaven höher reichend). Die verschiedenen Stimmen der O. heissen *Register,* deren jedes aus einer bestimmten Anzahl Pfeifen von ununterbrochener Tonfolge besteht, und zerfallen in a) Grundstimmen (die einfach den betreffenden Ton angeben; Principale, Oktaven, Flöten, Gedackte, Rohrwerke; b) Nebenstimmen (welche die Terz oder Quinte miterklingen lassen); c) gemischte Stimmen (Mixturen, die aus mehreren Pfeifen verschiedene Töne zugleich hören lassen). Die älteste in Deutschland bekannte O. wurde 1361 in Halberstadt gebaut. Vgl. *Seidel* (1844), *Topfer* (1855), *Eicker* (1868), *Sattler* (4. Aufl. 1868).

Orgelgeschütz, Geschütz mit mehreren Gewehrläufen anstatt des gewöhnl. Rohrs, für anhaltendes Kartätschfeuer; im 16. Jahrh. zuerst gebräuchlich, neuerlich als *Mitrailleuse* bei der franz. Armee eingeführt.

Orgien (gr.), s. v. a. Mysterien, insbes. die

mit trunkener Wildheit gefeierten Bacchusfeste; daher s. v. a. nächtl. Trinkgelage.

Orient (lat.), Morgen, Ost, im Gegensatz zu Occident. *Orientalisches Kaiserthum,* das byzantin. oder oström. Kaiserthum; *orientalische Kirche,* griech.-kathol. Kirche. **Orientalist** (lat.), Kenner der morgenländ. Sprachen und Literaturen.

Orientiren, *sich,* sich nach dem Ostpunkt stellen; sich zurechtfinden; *einen Globus o.,* demselben seine richtige Stellung nach den Weltgegenden geben.

Oriflamme, urspr. Kirchenfahne der Abtei St.-Denis, wurde unter Philipp I. franz. Reichsfahne, seit Karl VII. ausser Gebrauch.

Origanum *L.* (*Dosten*), Pflanzengattung der Labiaten. O. majorana *L.,* *gemeiner Majoran, Wurstkraut,* in Griechenland, Asien, wird bei uns als Küchengewürz kultivirt, liefert officinelles äther. Oel. O. vulgare *L.,* *wilder Majoran,* in Europa, officinell. Von O. creticum *Huyne* und O. hirtum *Link,* in Südeuropa, liefern die Blüthenähren (spas. Hopfen) ein Oel, Mittel gegen Zahnschmerzen.

Origenes, gelehrter Kirchenvater, geb. 185 n. Chr. zu Alexandria, Katechet das., wegen heterodoxer Lehren vielfach angefeindet, bei den Christenverfolgungen unter Decius eingekerkert und gemartert; † 254 zu Tyrus. Suchte das Christenthum philosophisch zu rechtfertigen. Werke herausg. von *Lommatzsch* (1831—48, 25 Bde.). Biogr. von *Thomasius* (1837), *Redepenning* (1846).

Original (lat.), Ursprüngliches, Urbild, Urschrift, im Gegensatz zur Kopie; auch s. v. a. seltsamer Mensch, Sonderling. *Originalität,* Ursprünglichkeit, Eigenthümlichkeit. *Originell* (originäl), eigenthümlich; *originär,* ursprünglich. *Origination,* Ursprung, Entstehung, Abstammung.

Orihuela (spr. -uela), befest. Stadt in der span. Prov. Alicante, am Segura, 16,478 Ew.

Orinoco, grosser Strom in Venezuela (Südamerika), entsteht im Südrand des Hochlandes von Guiana, umkreist dasselbe in einem über 300 M. langen Bogen, entsendet unterhalb Esmeralda einen Arm (den Casiquiare) zum Rio Negro, wendet sich dann nördl. und durchbricht die vortretenden Gebirgsäste mit Wasserfällen (s. B. von Maypares u. Atures), fliesst im Unterlauf nordostl. und mündet in zahlreichen Armen (südlichster die ,Bocca de Navios', 12 M. br.) in den atlant. Ocean. Länge 336 M., Stromgebiet 16,100 QM. Nebenfl. (links) Meta und Apure von den Anden. [ter Jäger.

Orion, nach dem griech. Mythus riesenhafter Orion, Sternbild südl. vom Stier, enthält zwei Sterne 1. (Betigeuze und Rigel), vier 2. (von diesen bilden drei den *Jakobsstab*), vier 3. Grösse etc.

Orissa, Küstenlandsch. in Ostindien, südwestl. vom Gangesdelta; Hauptstadt Kattak.

Orizaba, Stadt im mexikan. Staate Veracruz, 37,200 Ew. Dabei der *Vulkan von O.*

Orkaden, s. Orkneys.   [17,378 h.

Orkan, die heftigste Art des Windes, mit einer Geschwindigkeit von 100—140' in der Sekunde, am stärksten in Westindien, auf den chines. und japanes. Meeren, am Kap

Orkneys (spr. -ulbs, *Orkadm*), Inselgruppe an der nördl. Spitze von Schottland, durch die Pentlandstrasse vom Festlande geschieden, 77 Inseln (29 bewohnt), 90⅓ QM. und 32,395 Ew.; bilden mit den Shetlandinseln eine Stewartry (Vogtei) und gehören der schott. Familie Dundas. Spärlicher Getreidebau, ergiebige Jagd und Fischerei, Weberei, Sodagewinnung aus Seetang. Grösste Inseln: Mainland, Hoy, Westra, Sanda etc.

Orlamünde, Stadt in S.-Altenburg, am *Fluss* O. (nahe seiner Mündung in die Saale), 1206 Ew.; bis 1447 Sitz der *Grafen von* O.

Orlando furioso (ital., d. i. rasender Roland), ber. Epos von Ariost; O. *inamorato* (d. l. verliebter Roland), Epos von Bojardo.

Orléan (*Achiot*, *Anotto*, *Urucu*), orangegelber Farbstoff, wird aus den Früchten von Bixa orellana (s. d.) gewonnen; telgige, meist übelriechende, rothe Masse, wenig in Wasser, leicht in Alkohol und Aether löslich, dient zum Färben von Wolle, Seide, Papier, Firniss, Gloucesterkäse etc.

Orléans (spr. -ang), Hauptstadt des franz. Depart. Loiret, an der Loire, 49,100 Ew.; Place du Martroy mit Reiterstatue der Jungfran von O. (s. *Jeanne d'Arc*), Kathedrale; bed. Spinnereien, Fabr. für Wollwaaren (bes. feine Tücher), Zucker, Chemikalien etc.; Weinbau; Stapelplatz für überseeische Waaren und Landesprodukte. 11. Okt. 1870 nach siegreichem Gefechte vom General von der Tann erstürmt, am 9. Nov. wieder geräumt, am 5. Dec. von Prinz Friedrich Karl von Neuem besetzt. — Das Gebiet von O. (*Orléanais*), ein Theil des Herzogth. Francien, war immer Kronland. [*d'Arc*.

Orléans (spr. -ang), Jungfrau von, s. *Jeanne*.

Orléans (spr. -ang), *Haus*. Die Stadt O. mit Gebiet, früher Lehn der Krone Frankreich, ward unter den Königen aus den Häusern Valois und Bourbon an Seitenzweige des königl. Hauses als Herzogthum und Apanagegut verliehen. Das jetzige Haus O. stammt ab von *Philipp I.*, dem Bruder Ludwigs XIV., geb. 21. Sept. 1640, dem letzterer das Herzogthum O. verlieh und von dessen verschiedenen anderen Besitzungen die Titel der Prinzen und Prinzessinnen des Hauses herrühren. Philipp, seit 1671 in zweiter Ehe mit der Prinzessin Elisabeth Charlotte von der Pfalz vermählt, † 9. Juni 1701. Sein Sohn, *Philipp II., Herzog von* O., geb. 2. Aug. 1674, vermählt seit 1692 mit einer natürl., legitimirten Tochter Ludwigs XIV. u. der Montespan, Françoise Marie de Bourbon, Mademoiselle de Blois, während der Minderjährigkeit Ludwigs XV. Regent von Frankreich; † 25. Dec. 1723. *Louis, Herzog von* O., geb. 4. Aug. 1703, Sohn und Erbe des Vor.; † 4. Febr. 1752. *Louis Philippe, Herzog von* O., geb. 12. Mai 1725, Sohn u. Erbe des Vor., Gouverneur der Dauphiné; † 18. Nov. 1785. *Louis Philippe Joseph, Herzog von* O., geb. 13. April 1747, Sohn des Vor., nannte sich als eifriger Revolutionär ‚Bürger Egalité', ward 6. Nov. 1793 guillotinirt. *Louis Philippe, Herzog von* O., später König der Franzosen [s. *Ludwig* 4) t)], aus seiner Ehe mit Maria Amalie

von Sicilien Vater von 8 Kindern: 1) *Ferdinand*, erst Herzog von Chartres, seit 1830 Herzog von O. und Kronprinz, geb. 3. Sept. 1810 zu Palermo, wohnte 1831 und 1832 den Feldzügen in Belgien, 1836, 1839 und 1840 denen in Algier bei; † 13. Juli 1842 infolge eines Sprungs aus dem Wagen beim Durohgehen der Pferde. Seit 1837 vermählt mit Helene Luise Elisabeth, geb. 24. Jan. 1814, Tochter des 1819 verstorbenen Erbgrossherzogs Friedr. Ludwig von Mecklenburg-Schwerin, von König Ludwig Philipp bei dessen Abdankung 24. Febr. 1848 zur Regentin ernannt, suchte ihre Rechte in der Deputirtenkammer vergeblich geltend zu machen, lebte dann zu Eisenach, später in England; † 18. Mai 1858 in Richmond. Vgl. *Schubert* (7. Aufl. 1862). Kinder: a) *Louis Philippe von* O., *Graf von Paris*, geb. 24. Aug. 1838, vermählt 1864 mit Maria Isabella, der Tochter solnes Oheims, des Herzogs von Montpensier; b) *Robert Philippe von* O., *Herzog von Chartres*, geb. 9. Nov. 1840, vermählt 11. Juni 1863 mit Franciska von O., der Tochter seines Oheims, des Prinzen von Joinville. — 2) *Louis von* O., *Herzog von Nemours*, geb. 25. Okt. 1814, wohnte 1831 und 1832 den Feldzügen in Belgien, 1836 und 1837 denen nach Konstantine bei, floh Febr. 1848 nach England; vermählt seit 1840 mit Victorie, Tochter des Herzogs Ferdinand von Sachsen-Koburg-Gotha-Kohary. Kinder: a) *Louis Philippe von* O., *Graf von Eu*, geb. 28. April 1842, vermählt 15. Okt. 1864 mit der Kronprinzessin Isabella von Brasilien, Tochter des Kaisers Dom Pedro II.; b) *Ferdinand von* O., *Herzog von Alençon*, geb. 12. Juli 1844. — 3) *François von* O., *Prinz von Joinville*, geb. 14. Aug. 1818, widmete sich dem Marinedienst, holte 1840 die Asche Napoleons I. von St. Helena, ward 1846 Viceadmiral, ging beim Ausbruch der Februarrevolution 1848 nach England, 1861 nach Newyork, 1870 nach Frankreich; vermählt 1. Mai 1843 mit Donna Franciska, der Tochter des Kaisers Dom Pedro I. von Brasilien. Sohn: *Pierre von* O., *Herzog von Penthièvre*, geb. 4. Nov. 1845. — 4) *Henri von* O., *Herzog von Aumale* (s. d.). — 5) *Antoine von* O., *Herzog von Montpensier*, geb. 31. Juli 1824, vermählt 10. Okt. 1846 mit der Infantin Maria Luise Ferdinanda von Spanien, Schwester der Exkönigin Isabella II., erhielt 1859 den Titel eines Infanten von Spanien, ward Okt. 1869 als span. Thronkandidat genannt, erschoss 12. März 1870 den Infanten Don Enrique de Bourbon im Zweikampf, ward infolge davon 12. April zu einem Monat Verbannung und 30,000 Frcs. Geldentschädigung verurtheilt. — 6) *Louise von* O., geb. 3. April 1812, vermählt 9. Aug. 1832 mit Leopold I., König der Belgier, † 11. Okt. 1850. — 7) *Marie von* O., geb. 12. April 1813, vermählt 1837 mit dem Herzog Friedr. Wilh. Alexander von Würtemberg; † 2. Jan. 1839 zu Pisa; lieferte treffl. plastische Werke, z. B. die Statue der Jeanne d'Arc für das histor. Museum zu Versailles. — 8) *Clementine von* O., geb. 3. Juni 1817, vermählt 20. April 1843 mit dem Prinzen August Ludw. Victor von

Sachson-Koburg-Gotha-Kohary. Vgl. *Marchal* (1845), *Bussy* (18. Aufl. 1871). — Unter Napoleon III. ward durch Dekret vom 22. Jan. 1859 die Einziehung der von Ludwig Philipp 7. Aug. 1830 durch gerichtliche Schenkungsakte auf seine Kinder übertragenen orléansschen Privatgüter verfügt, 1871 die Rückgabe derselben in der Familie in der Nationalversammlung beschlossen.

Orléans, *Bastard v.*, s. *Dunois* und *Longueville*.

Orléans, halbwollene glatte Gewebe, einfarbig, melirt, gedruckt, gerippt etc.

Orlog (holl.), Krieg; *Orlogschiff*, Kriegsschiff; *Orlogflotte*, Kriegsflotte.

Orlow, 1) *Grigorij*, russ. General, geb. 17. Okt. 1734, Geliebter der Grossfürstin Katharina, als solcher Hauptwerkzeug beim Sturz Peters III. 9. Juli 1762, ward Sept. d. J. in den Grafenstand, 1772 von Joseph II. in den Reichsfürstenstand erhoben, durch Potemkin verdrängt; † 24. April 1783 zu Moskau. Seiner Verbindung mit Katharina entstammen die Grafen Bobrinskij. — 2) *Alexei*, geb. 1737, Bruder des Vor., soll Peter III. eigenhändig erdrosselt haben, ward 1769 Generaladmiral der russ. Flotte im Archipel, vernichtete 5. Juli 1770 die türk. Flotte bei Tschesme (daher *Tschesmenskij* gen.), ward von Paul I. verbannt; † 5. Jan. 1808 zu Moskau. — 3) *Fedor*, geb. 1741, Bruder des Vor., † 1796 als General en chef zu Moskau, mit Hinterlassung 4 natürlicher Söhne, welche nach Aussterben der legitimen Linie der Grafen O. den Namen fortpflanzten. — 4) *Alexei*, geb. 1787, trug als Oberst der Garde 26. Dec. 1825 viel zur Dämpfung des Aufstandes der Garden bei, ward in den Grafenstand erhoben, befehligte im türk. Feldzuge 1828 eine Kavalleriedivision, ward später General und Mitglied des Reichsraths, Vertrauter und steter Begleiter des Kaisers Nikolaus, schliesslich in den Fürstenstand erhoben und Ministerpräsident; † 21. Mai 1861 zu Petersburg.

Ormuzd; in der Religion des Zoroaster der gute Gott, Gegner des Ahriman.

Ornament (lat.), Schmuck, Verzierung; in der Baukunst Bezeichnung derjenigen Gebilde, welche dem Gebäude und seinen einzelnen Theilen Bedeutsamkeit und Schönheit verleihen, während sie für die Festigkeit desselben entbehrlich sind (gewöhnl. Formen aus der Pflanzen-, auch der Thierwelt). *Ornamentik*, die Lehre von der richtigen Anwendung der O.e; *ornamentiren*, mit Zierrathen versehen, ausschmücken. Vgl. *Jones* (neue Ausg. 1865), *Stegmann* (1866), *Kanitz* (1870), *Pfnor* (1870).

Ornat (lat.), Schmuck, bes. geistl. Amtskleid. *Ornatiön*, Verzierung, Ausschmückung.

Orne (spr. Orn), Fluss im nördl. Frankreich, mündet in den Kanal, 19 M. lang. Das *Depart. O.*, Theil der Normandie, 110,7 QM. und 414,618 Ew. Hauptst. Alençon.

Orniren (lat.), zieren, schmücken.

Ornithologie, die Lehre von den Vögeln.

Orognosie (gr.), Gebirgskunde. *Orographie*, Gebirgsbeschreibung.

Oröntes (jetzt *Asi*), Fluss in Syrien, fliesst nordwärts über Hamah, durchbricht bei Antaki die syr. Bergketten, mündet, sich gegen SW. wendend, ins Mittelmeer.

Oropus (a. G.), Stadt in Attika, am Euripus; das. das Traumorakel des Amphiaraus.

Orosius, *Paulus*, röm. Historiker des 5. Jahrh. n. Chr., Presbyter beim heil. Augustin; schr. „Historiarum libri VII", im Mittelalter vielbenutzter Leitfaden der Weltgeschichte, herausg. von *Haverkamp* (2. Aufl. 1767).

Orphanotrophium (gr.), Waisenhaus.

Orpheus, griech. Sänger der mythischen Vorzeit, zugleich Priester, Seher und Stifter von Mysterien, bezauberte mit seinem Gesange die wildesten Thiere, selbst Bäume und Felsen, holte damit seine Gattin Eurydice aus der Unterwelt zurück, ward von Bacchantinnen zerrissen. Die ihm zugeschriebenen Gedichte (herausg. von *G. Hermann* 1805) sind viel später entstanden. *Orphiker*, die Schüler des O., religiös-myst. Dichter, z. B. Musäus, Epimenides u. A.

Orseille (spr. Orselj', *Orchilla*), violettrother Farbstoff, wird aus Flechten (Roccella-Arten aus Afrika, vom griech. Archipel etc., Variolaria-Arten in den Pyrenäen, Alpen etc.) durch einen Gährungsprozess unter Einwirkung von Ammoniak und Luft gewonnen, ist löslich in Wasser und Alkohol, dient zum Färben von Wolle und Seide.

Orsini, *Felice, Graf von*, geb. 1819 zu Meldola (ital. Prov. Forlì), ward 1844 als Mitglied eines Geheimbundes zur Republikanisirung Italiens zu lebenslänglicher Galeerenstrafe verurtheilt, durch die von Pius IX. erlassene Amnestie befreit, Mitglied der Konstituante und Gouverneur in Ancona, floh nach Unterdrückung der Revolution nach England, dann als Agent Mazzinis in Frankreich, Italien etc. thätig, ward in Wien erkannt und zum Strang verurtheilt, entkam 1857 nach London. Verband sich mit Rudio und Pieri zu einem Attentat auf Napoleon III., welches 14. Jan. 1858 mittelst besonderer Sprenggeschosse (*Orsinibomben*) zur Ausführung gebracht ward, aber misslang, ward ergriffen und 13. März mit Pieri hingerichtet.

Orsowa, Name von 2 Festungen am eisernen Thore der Donau: *Neu-O.* in Serbien, 3964 Ew.; gegenüber das österr. *Alt-O.*, 1010 Ew., röm. Alterthümer.

Ort, im Mittelalter der vierte Theil, bes. von Münzen: *Ortsthaler*, *Ortsgulden* etc.

Ort, *mittlerer*, Punkt einer Planetenbahn, welchen ein gedachter, mit gleichbleibender Geschwindigkeit sich bewegender Planet in einem gegebenen Moment einnimmt; in Bezug auf Fixsterne derjenige Ort, welcher sich aus der Beobachtung und unter Berücksichtigung der Strahlenbrechung, Aberration, Präcession und Nutation ergibt.

Ortelsburg, Kreisstadt im preuss. Regbz. Königsberg, 1923 Ew.

Ortenau, bad. Landschaft, zwischen Rhein und Schwarzwald; Hauptort *Ortenberg*.

Orthobiótik (gr.), die Kunst, sein Leben recht zu führen.

Orthodoxie (gr.), Rechtgläubigkeit, strenges Festhalten am kirchlichen Lehrbegriff.

Orthodromie (gr.), Kurs eines Schiffs nach einer der 4 Himmelsgegenden.

Orthoëpie (gr.), Lehre von der richtigen Aussprache der Buchstaben, Silben etc.

Orthogōn (gr.), Rechteck. [schreibung.

Orthographie (gr.), Lehre von der Recht-

Orthomorphie (gr.), normale Bildung.

Orthopädie (gr.), Lehre von der Behandlung der Verkrümmungen. Letztere betreffen die Wirbelsäule als Seitwärtskrümmungen, *Skoliose*, *Schiefseln*; Rückwärtskrümmungen, *Lordose*; Vorwärtskrümmung und Vorwärtsknickungen, *Kyphose*; der Beine als Einwärtskrümmung (*Säbelbein*) oder Auswärtskrümmung (*X-bein*); der Füsse als *Klumpfuss*, *Plattfuss*. Ursachen: Schwächezustände, Verkürzung der Muskeln, schlechte Haltung und Veränderungen in den Knochen-enden (Gelenken). Die O. verwendet Turnen, Tragen von Bandagen, chirurgische Operationen (Sehnendurchschneidungen), Streckung durch feste Verbände; Kräftigung der Muskeln durch elektr. Reizung.

Orthophonie (gr.), s. v. a. Orthoëpie.

Orthopnöe(gr.), höchsterGrad des Asthmas.

Orthoptĕren (gr., *Geradflügler*, *Helmkerfe*), Insektenordnung mit beissenden Mundtheilen, zwei, meist ungleichen geaderten Flügelpaaren und unvollkommener Metamorphose. I. Geflügelte: Springer oder Heuschrecken, Läufer (Schaben), Oehringe, Blasenfüsse. II. Ungeflügelte: Lappenschwänze (Schneefiöhe), Thierläuse oder Pelzfresser.

Orthotonie (gr.), richtige Betonung.

Ortlesalpen, südl. Vorgruppe der tiroler Alpen, mächtiger Gebirgsstock vom Oglio und Gardasee bis zur Etsch, 23 M. l., 14 M. br., mit *Ortlesspitze* 12,026', und *Stilfserjoch* 8680' (höchste Fahrstrasse Europas).

Ortnit (*Otnit*), mittelhochd. Epos, um 1250 verfasst, behandelt die sagenreiche Geschichte des *Königs O.* von Lamparten (Longobardenland), der ins Morgenland zieht (herausgeg. von *Ettmüller* 1838).

Ortslam, s. *Ammer*.

Oruro, Depart. in Bolivia, 1016 QM. und 11,093 Ew. Die *Hauptst. O.*, 7980 Ew., einst ber. Wollindustrie und Silberminen (jetzt verfallen); Transithandel nach Peru.

Orviéto, Stadt in der Italien. Prov. Umbrien, 7699 Ew. Prachtv. goth. Dom (1290 gegr.). [suchung der Gesteine.

Oryktochemie (gr.), chemische Unter-

Oryktognosie (gr.), s. v. a. Mineralogie.

Oryktographie (*Oryktologie*, gr.), Lehre von der mineralog. Beschaffenheit der Fels.

Oryza, s. *Reis*. [arten.

Osagen, nordamerik. Indianerstamm, ursprünglich am Missouri, durchstreift jetzt das südl. Kansas, berüchtigt als die pfiffigsten Diebe, noch ca. 3000 Köpfe stark.

Osaka (*Ohosaka*), Stadt auf Nipon (Japan), 573,000 Ew., der Hafen von Miako, seit 1865 den Fremden offen (Ausfuhr 1870: 4,89, Einfuhr 2,55 Mill. Doll.).

Osborne, Lustschloss der Königin von England auf der Insel Wight, bei Cowes.

Oschatz, Industriestadt im sächs. Regbz. Leipzig, 6160 Ew.; Wollwaarenfabr.

Oschersleben, Kreisst. im preuss. Regbz. Magdeburg, an der Bode, (1871) 8091 Ew.; Eisenbahnknotenpunkt; Zuckerfabr.

Oscillation (lat.), Schwingung; *oscilliren*,

Oscines (lat.), Singvögel. [schwingen.

Oscische Spiele, s. *Atellanen*.

Oscitation (lat.), Gähnen, Trägheit; miss-achtendes Benehmen gegen Andere.

Osiris, altägypt. Gott, Bruder und Gemahl der Isis, ursprüngl. Lokalgott der Stadt This in Oberägypten, dann in ganz Aegypten verehrt, der ersten Göttern dynastie angehörig, Form des Sonnengottes Ra.

Oskar, *Jos. Franz*, König von Schweden und Norwegen, geb. 4. Juli 1799 zu Paris, Sohn des damaligen Generals Bernadotte, erhielt, als dieser 1818 als Karl XIV. Johann den schwed. Thron bestieg, den Titel eines Herzogs von Södermanland, ward 1824 Vice-könig von Norwegen, 1828 Regent in Schweden, 4. März 1844 König, reg. liberal; † 8. Juli 1859. Seit 19. Juli 1823 vermählt mit Josephine Maximiliane Auguste Eugenie, Tochter des Herzogs Eugen von Leuchtenberg. Komponist (Oper „Ryno", Lieder etc.), Dichter und Schriftsteller (,,Ueber Strafe und Strafanstalten", 1841).

Osker (*Osci*, *Opiker*, s. G.), ital. Volk in Kampanien, mit bes. Sprache, die sich um 90 v. Chr. verlor; noch Inschriften übrig.

Oskol, Nebenfl. des Donez im südl. Russland (Gouvern. Charkow), 43 M. lang.

Osknlation (lat.), eigentl. das Küssen, Berührung zweier Kurven: *Oskulationskreis*, Kreis, der eine Kurve berührt, so dass beide eine gemeinsame Tangente haben.

Osmanisches Reich, s. *Türkisches Reich*.

Osmannstedt, Dorf bei Weimar, 450 Ew.; das Gut das. einst Wielands Besitzthum.

Osmium, Metall, findet sich mit Platin und Iridium legirt, grauweiss, pulverisirbar, verflüchtigt sich bei hoher Temperatur, ohne zu schmelzen. Ueberosmiumsäure und Osmiumamid dienen als Reagentien in der Chemie. [von den Riechstoffen.

Osmologie (lat.), Lehre vom Geruch und

Osnabrück, Regbz. der preuss. Prov. Hannover, 113,7 QM. und 264,475 Ew. Die *Hauptst. O.*, an der Haase, (1871) 23,219 Ew.; bischöfl. Generalvikar, Domkapitel; auf dem Rathhaus die Porträts der Unterhändler des westphäl. Friedens; byzant. Domkirche, davor Mösers Statue (von Drake); goth. evang. Marienkirche (Holzschnitzwerke), Bahnhof. Zucker-, Eisen-, Tabaksfabr., Leder- und Leinwandhandel. — Das ehemal. *Bisthum* O., von Karl d. Gr. 783 gest., 1803 säkularisirt. Aus ihm ging hervor das vormals hannoversche *Fürstenthum* O. (58 QM.), jetzt Theil des Regierungsbezirks O.

Osning, s. v. a. teutoburger Wald, insbes. der lippesche Wald. [mögen.

Osphrasie (gr.), das Riechen, Riechver-

Osphyalgie (gr.), Hüft- oder Lendenweh.

Osrhoëne (a.), *Laudsch*. und Reich im nördl. Mesopotamien. Hauptst. Edessa.

Ossa, Knochen, Gebeine.

Ossa (a. G.), Gebirg in Thessalien, zwischen Olympus und Pelion; jetzt *Kissovo* (6000' h.).

Ossarium (lat.), Beinhaus.

Ossatūr (lat.), Knochenbau.

Osseg, böhm. Dorf, bei Teplitz, 2957 Ew.; ber. Cistercienserabtei; Braunkohlengruben.

Osséro, Insel, s. *Lussin*.

Oséten (*Ossen*), Bergvolk im mittl. Kaukasus, im W. des Kasbek, fremden, noch unerklärten (vielleicht iran.) Ursprungs, meist blond, theils Mohammedaner, theils Christen, ca. 49,000 Köpfe. Ihre Sprache bearbeitet von *Rosen* (1846) und *Müller* (1862).

Ossian (irisch *Oisein*), gael. Barde des 3. Jahrh., nach der Sage Sohn des Königs Fingal, dessen Gedichte, von *Macpherson* (1765, u. Aug. 1844, deutsch von *Böttger* 1852) herausgegeben, das grösste Aufsehen machten, aber später als ünächt nachgewiesen wurden. Die altgael. Urtexte, welche Macpherson zu Grund gelegen, gaben *Sinclair* und *Macfarlan* (1807) heraus. Vgl. *Talvj*, ,Die Unächtheit der Lieder O.s', 1840; *Ebrard*, ,O.s Fingal', 1868.   [chenbildung.

Ossifikation (lat.), Verknöcherung, Knochenbildung. **Ossivörisch** (lat.), Knochenfrass bewirkend, s. *Orient*.   [kend.

Ostade, *Adrian van*, niederl. Maler und Kupferstecher, geb. 1610 in Lübeck, Schüler von Rembrandt und Hals, † 1685 in Harlem; Meister im niedrig-kom. Genre. — Sein Bruder *Isaak O.*, geb. 1617, † um 1654, ebenfalls Genre-, auch Thiermaler. Vgl. *Gäderts* (1869).

Ostära, in der altdeutschen Mythologie die Göttin der Morgenröthe und des Frühlings.

Ostaschkow, Stadt im grossruss. Gouvern. Twer, am Seligersee, 10,816 Ew.

Ostalgie (gr.), Knochenschmerz.

Ostëitis (gr.), Knochenentzündung.

Ostende, befest. Seestadt in der belg. Prov. Westflandern, Ueberfahrtsort nach England, 17,735 Ew. Grossart. Damm, treffl. Hafen; Segeltuch-, Tabaksfabr., Schiffbau, Fischerei, Austernzucht; ber. Seebad.

Ostensibel (lat.), zum Vorzeigen geeignet. *Ostensiv*, etwas anschaulich darstellend, etwas zur Schau tragend, damit prunkend.

Ostentation (lat.), geflissentliches Zurschaustellen, Prunken mit etwas.

Osteoïd (gr.), knochenähnlich, thierisches Gewebe von der Härte, aber nicht vom Bau des Knochens; bes. verkalkter Knorpel.

Osteologie (gr.), Knochenlehre, s. *Anatomie*.

Osteomalacie (gr.), s. *Malacie*.

Osteomyelitis (gr.), Entzündung des Knochenmarkes, meist Folge von Verletzung der Knochen, überaus schmerzhaft, mit hohem Fieber verlaufend; oft tödtlich.

Osterburg, Kreisstadt im preuss. Regbz. Magdeburg, an der Biese, 3463 Ew.

Osterholz, Kreisort im preuss. Regbz. Stade, unweit der Hamme, 1356 Ew.

Osteria (ital.), Wirthshaus, Schenke.

Osterinsel (*Waihu*), östlichste der austral. Inseln, 1,1 QM., ca. 2000 Bew., vulkanisch, Ruinen alter Tempel und koloss. Steinbilder.

Osterland, ehemals das Land östl. der Saale; jetzt die östl. Hälfte von Sachsen-Altenburg.   [Altenburg.

Osterluzei, s. *Aristolochia*.

Ostermann, *Heinr. Joh. Friedr*, russ. *Andrei Iwanowitsch, Graf*, russ. Diplomat, geb. 30. Mai 1686 zu Bochum in Westphalen, trat 1704 in russ. Seedienste, ward von Peter d. Gr. zum Geheimrath und in den Freiherrenstand, von der Kaiserin Katharina I. zum Reichsvicekanzler, von der Kaiserin

Anna Iwanowna 1730 zum Grafen erhoben, nach Elisabeths Thronbesteigung 1741 verhaftet und zum Tode verurtheilt, aber zu Verbannung nach Sibirien begnadigt; † 31. Mai 1747 zu Beresow.

Ostern, Fest der Auferstehung Jesu, wahrscheinl. nach der altdeutschen Göttin *Ostara* (s. d.) benannt. *Osterstreit*, Streit über die Feier des Osterfestes zwischen der morgen- und abendländ. Kirche, seit Mitte des 2. Jahrh., beendet durch Entscheidung des Koncils von Nicäa 325, wonach das O. an den Sonntags gefeiert wird, welcher zunächst auf den Frühlingsvollmond folgt, und wenn dieser Vollmond auf einen Sonntag fällt, am nächstfolgenden Sonntag, also nie vor 22. März und nach 25. April.

Osterode, 1) befest. Kreisst. im preuss. Regbz. Königsberg, 4277 Ew. Holzhandel. — 2) Kreisst. im preuss. Regbz. Hildesheim, am Fusse des Harzes, 5287 Ew.; altes Schloss (Lieblingsaufenthalt der Ottonen), gr. Kornmagazin, bed. Woll-, Baumwoll- und Holzwaarenfabr.. Kaltwasserheilanstalt.

Ostflandern, belg. Prov., 54,5 QM. u. (1870) 829,387 Ew.; Hauptst. Gent. Vgl. *Flandern*.

Ostfriesland (*Emder Land*), ehemaliges Fürstenthum, an der Nordsee, hatte seit 1667 Stimme im Reichsfürstenrathe, fiel nach dem Tode des letzten Cirksena 1744 (s. *Friesen*) an Preussen, ward 1806 Holland, 1810 Frankreich einverleibt, 1815 an Hannover abgetreten, bildet jetzt den preuss. Regbz. Aurich. Vgl. *Klopp* ,Gesch. O.s', 1854—58, 3 Bde.; *Perizonius* (1868—70, 4 Bde.).

Ostgothen, s. *Gothen*.

Ostgothland, Landsch. im südl. Schweden, 195,1 QM. u. 50,797 Ew.; Hauptst. Linköping.

Osthavelland, Kreis im preuss. Regbz. Potsdam, Hauptst. Nauen.

Ostheim *vor der Rhön*, Kreisst. einer weimarischen Exklave in Bayern, 2434 Ew. Vorzügl. Zwergkirschen (*ostheimer Weichseln*, aus der Sierra Morena hierher verpflanzt).

Ostia (a. G.), Hafenstadt in Latium, an der Tibermündung, röm. Kolonie; durch Salzwerke und als Landungsplatz für sicil. und afrik. Schiffe wichtig. Die Ruinen von O. liegen jetzt 2 Meilen vom Meere entfernt. Das jetzige O., mit 250 Ew., Sitz des im Rang höchsten kathol. Bischofs.

Ostiarius (lat.), Thürhüter, Pförtner, der unterste Grad der niederen geistl. Weihen.

Ostinato (ital., Mus.), hartnäckig beharrend; vgl. *Basso ostinato*.

Ostindien, Gesammtname für Vorderindien, Hinterindien und den ind. Archipel, im engern Sinne nur Vorderindien, enthaltend die Alpen- und Terrassenländer des südl. Himalaya, die Tiefebene des Ganges und des Indus (Hindustan) und die Halbinsel Dekan nebst der Insel Ceylon, ca. 73,500 QM. und ca. 201 Mill. Ew.; durch Mannichfaltigkeit, Schönheit und Erhabenheit der Naturformen die ausserordentl. Fruchtbarkeit des Bodens und erstaunliche Fülle von kostbaren Produkten aller Art, die Eigenthümlichkeit der bunt gemischten Bevölkerung und ihre uralte abgeschlossene Kultur (bezeugt durch Ueberbleibsel von prächtigen und riesenhaften Tempeln und anderen Bauwerken und eine reiche Literatur) eines der merkwürdigsten Länder der Erde. — Die *Bevölkerung* zum grössten Theil Ureinwohner, die Hindu oder Indier, etwa 40 Völker mit verschiedenen, aber meist unter sich und mit dem Sanskrit (s. d.) verwandten Sprachen und der brahman. Religion, und die Dravides (im südl. Dekan); im Uebrigen Mongolen (Türk-Tataren), Afghanen oder Patanen (im Pendschab), Beludschen (im Indusdelta), Araber (in den Küstenstädten), sämmtl. Mohammedaner; ferner feueranbetende Parsen (80,000), Juden (10,000), Malayen, Chinesen und Europäer. Das Christenthum im Ganzen gering vertreten: 70,000 syr. Christen, 200,000 Jakobiten, ca. 1 Mill. Röm.-Kathol., ¼ Mill. Protestanten.

In polit. Beziehung zerfällt O. (Vorderindien) in die unabhängigen Staaten (Nipal, Bhutau), das grosse brit.-ostind. Reich und die geringen Kolonialbesitzungen der Portugiesen (72 QM. und 526,000 Ew., Goa) und Franzosen (9¼ QM. und 227,000 Ew., Pondichery und Karikal). Das *brit.-ostind. Reich*, mit Ceylon und den Besitzungen in Hinterindien (s. d.), 74,210 QM. und ca. 190 Mill. Ew. (etwa 126,000 Engländer, davon 84,000 unter der ind. Armee), umfasst 1) unmittelbare Besitzungen (die Präsidentschaften Bengalen, Madras, Bombay, die Nordwestprovinzen und das Pendschab, die Landschaften Audh und die Centralprovinzen in Dekan, Britisch-Birmanien etc.), 46,140 QM. und ca. 151 Mill. Ew.; 2) mittelbare Besitzungen, 28,070 QM. und ca. 48 Mill. Ew. (Vasallen-, zinsbare u. zinsfreie Schutzstaaten und Subsidienbundesstaaten, innerhalb der obengenannten Provinzen; die wichtigsten: Kaschmir mit Baltistan, Sikkim, die Fürstenthümer der Radschputen und der Mahratten, der Staat des Nizam, Maisur, Kotschin etc.). Die allgemeine Aufsicht des indobrit. Reichs führt (mit Ausnahme von Ceylon, das einen selbständigen Gouverneur hat, und den Niederlassungen an der Malakkastrasse, die vom Kolonialamt abhängen) der Generalgouverneur (Vicekönig); ausserdem stehen die Präsidentschaften Madras u. Bombay noch unter besonderen Gouverneurs, Bengalen, die Nordwestprovinzen und Pendschab unter stellvertretenden oder Lieutenant-Gouverneurs, endlich Audh, die Centralprovinzen in Dekan, Britisch-Birmanien unter Oberkommissaren. Brit.-O. macht Grossbritannien zur ersten Grossmacht in Asien und zur Herrscherin in ind. Meere und der Südsee und ermöglicht dem Mutterland den grossartigsten Handels- u. Schifffahrtsverkehr. Verdienste der Engländer um O. Einführung einer ordentl. Rechtspflege, Verbesserung des Volksunterrichts, Herstellung von Strassen, Kanälen, Eisenbahnen (1870: 1060 M. im Betrieb, Kosten ca. 79 Mill. Pfd. St.) und Telegraphenlinien (1869: 3086 M.) etc. — Einnahmen (1870): 52,042, Ausgaben: 56,186 Mill. Pfd. St. Staatsschuld (1869): 102,366,189 Pfd. St. Armee: 63,864 Mann (45,809 Mann Infanterie). Ein fuhr (1870): 46,99, Ausfuhr: 53,51 Mill. Pfd. St.

Die bedeutendsten Verkehrsländer: Grossbritannien und China. Wichtigste Exporte: Baumwolle (19,03), Opium (11,7), Reis (3 Mill. Pfd. St.); Importe: Baumwollwaaren (16,85 Mill. Pfd. St.). Schiffsverkehr 1870 im Seehandel: eingelaufen 4055 Schiffe mit 1,739,000 Tonnen, ausgelaufen 5092 Schiffe mit 1,826,000 Tonn., im Küstenhandel: eingelaufen 10,293 Schiffe mit 1,361,000 Tonn., ausgelaufen 9645 Schiffe mit 1,347,000 Tonn. Vgl. *Lassen*, ‚Indiens Alterthumskunde‘, 1844—62, 4 Bde.; 2. Aufl. 1867 f.; *v. Orlich*, ‚Indien u. seine Regierung‘, 1859—61, 2 Bde.; *Weber*, ‚Ind. Skizzen‘, 1857, und ‚Ind. Studien‘, 1850—67, 10 Bde.; ferner die Reisewerke von *Hoffmeister* (1847), *v. Orlich* (3. Aufl. 1858); *Schlagintweit*, ‚Results of a scientific mission to India, 1854—58‘, 1861—66, 4 Bde., n. ‚Reisen in Indien‘, 1. Bd. 1869; *Graul* (1854—56, 5 Bde.), *Lang* (2. Aufl. 1861) u. A.

Geschichte. Die älteste Gesch. mythisch und dunkel. Zahlr. kleine Staaten unter Radschas (d. i. Königen), von denen mehrere unter einem Maharadscha (Oberkönig) stehen. Einflussreich die Brahmanen oder Priester als Bewahrer der Gesetze. Zwischen 600 und 540 v. Ohr. Verbreitung des Buddhismus. 326 v. Chr. Alexanders d. Gr. Zug nach Indien. Seitdem Handel mit den Griechen zur See und mittelst Karawanen. 50 v. Ohr. Anfang der noch in Indien gebräuchlichen Zeitrechnung mit dem König Vikramaditja, dessen Regierung als die Blütezeit der ind. Kunst und Literatur gilt. Ende des direkten Verkehrs europ. Völker mit Indien infolge der Eroberung Persiens und eines Theils von Vorderindien durch die Araber. Der eindringende Mohammedanismus hemmt die nationale Entwickelung. Erste mohammedan. Dynastie die der Ghasnawiden (s. d.); dann Ghuriden und mehrere afghan. Eroberer, Timur (s. d.), dessen Nachkomme Babar (s. d.) 1526 das Reich des Grossmoguls (s. d.) gründet. Nach Auffindung des Seewegs nach O. (1498) Gründung von Forts und Faktoreien an den Küsten Indiens durch die Portugiesen, die fast 100 Jahre den Alleinhandel mit O. behaupten, aber gegen Ende des 16. Jahrh. durch die Holländer und Engländer verdrängt werden. 1600 Stiftung der englischostind. Kompagnie. Nach Erwerbung einiger Territorialbesitzungen durch die Franzosen Rivalität zwischen diesen und den Engländern und Kampf zwischen beiden. 23. Juni 1757 Sieg Lord Clives bei Plassey über den Nabob von Bengalen, wodurch die brit. Macht in O. begründet wird. Zerfall des Reichs des Grossmoguls in viele kleine Staaten und allgemeiner Kriegszustand. Im Frieden von Paris 1763 verlieren die Franzosen ihre im Süden der vorderind. Halbinsel gemachten Eroberungen. 1767—1769 Kampf der Engländer mit Hyder-Ali, Sultan von Maisur, der im Bund mit den Franzosen den Umsturz der engl. Herrschaft anstrebt. Rettung derselben durch die Energie des Generalgouverneurs Warren Hastings. 1784 Friede zwischen Tippo-Sahib, dem Sohne Hyder-Alis, und den Engländern.

1789—92 neuer Krieg, der Tippo-Sahib die Hälfte seiner Besitzungen kostet, die theils an die Engländer, theils an deren Verbündete, die Mahratten und den Nizam von Hyderabad, fallen. Vereitelung der franz. Machinationen im O. durch die Schlacht bei Abukir. 4. Mai 1799 Fall Tippo-Sahibs bei Seringapatam. Wachsthum der engl. Macht in O. durch die Kämpfe mit den Mahratten (seit Ende des 18. Jahrh.), die 1818 mit ihrem Ruin endigen. Der Radscha von Nipal, die Emire von Sind und der Maharadscha von Lahore die einzigen unabhängigen Fürsten in O. 1824 Krieg mit den Birmanen, beendigt durch den Frieden von Yandabo 24 Febr. 1826, der den Engländern Arrakan und die Tenasserimprovinz an der Küste Hinterindiens verschafft. Russlands Intriguen in Persien und Afghanistan führen Okt. 1838 zum Krieg mit den Afghanen, der Dec. 1841 und Jan. 1842 mit dem verlustvollen Rückzug der Engländer aus Afghanistan endigt (s. Afghanistan). 17. Febr. 1843 Sieg Sir Charles Napiers bei Miani über die Emire von Sind, das nach der Einnahme von Hyderabad zur engl. Provinz gemacht wird. Ende 1843 Unterwerfung des Maharadscha Scindiah. Dec. 1845 Krieg mit den Sikhs, beendigt 9. März 1846 durch den Frieden von Lahore, der die Selbständigkeit dieses Reichs aufhebt. Nach Sir Goughs Sieg bei Gudschorate (21. Febr. 1849) über Dost-Mohammed und seine Verbündeten 29. März 1849 Vereinigung des Pendschab sammt Pischaur und dem Reich der Sikhs mit Britisch-Indien. April bis Okt. 1852 zweiter Krieg gegen die Birmanen und 20. Dec. Erwerbung Pegus. Infolge des Aussterbens regierender Fürstenfamilien 1848—1856 Inkorporirung mehrerer Vasallenstaaten und des Königreichs Audh. Mai 1857 infolge der Allianz zwischen Hindu und Mohammedanern Ausbruch von Meutereien der Sipahis zu Mirut und Verbreitung des Aufstandes über die Garnisonsstädte der Nordwestprovinzen, dann über das Pendschab und über Mittelindien (Juni und Juli). Grausame Metzeleien. Energische Erhebung der Indobriten. Juli und Aug. Havelocks Siege über die Rebellen bei Khanpur etc. 26. Sept. Eroberung Delhis durch Wilson. 19. März 1858 Eroberung Lakhnos durch Campbell. Darauf anstrengender Guerillaskrieg gegen die zersprengten Rebellen durch Campbell. Dec. Unterwerfung von Audh. Febr. 1859 Ende des Aufstands. 1. Nov. 1858 Aufhebung der ostindischen Kompagnie und Uebernahme der unmittelbaren Regierung des angloindischen Reichs durch die Krone und neue Organisation derselben. Vicekönige und Generalgouverneure: Canning 1856—62, Elgin 1862—63, Lawrence 1863—68, Graf von Mayo seit Aug. 1868. Die Geschichte des angloindischen Reichs behandeln die Werke von Mill (neue Ausg. von Wilson 1858, 9 Bde.), Thornton (2. Aufl. 1851—52, 6 Bde.), Wilson (1844—48, 3 Bde.), Elphinstone (5. Aufl. 1866, 2 Bde.), Knightley (deutsch 1857, 2 Bde.), Marshman (1867—68, 3 Bde.), Neumann (1857, 2 Bde.), Wheeler

(1867 ff.); die jüngsten Ereignisse Trotter (1866), Arnold (1862—65, 2 Bde.), Kaye (1866—1870, 2 Hde.), Rennie (1866).

Ostindische Kompagnien, Gesellschaften, welche sich behufs des Handels nach Ostindien bei den grösseren europ. Seemächten gebildet haben und z. Th. bedeutende polit. Macht erlangten. Am mächtigsten die engl.-ostind. Kompagnie, durch Akte vom 31. Dec. 1600 gegr., 1708 und wieder 1773 neu konstituirt, anfangs mit den Rechten des Alleinhandels, später, nachdem sie 1813 alle Sonderrechte in Betreff des Handels verloren, nur noch wichtige polit. Korporation, mit der Souveränetat über die ostind. Kolonien; ihr Freibrief (gewöhnlich auf 20 Jahre verliehen) zum letzten Mal 1854 verlängert, bis 1. Nov. 1858 der Besitz Ostindiens an die Krone überging. — Andere ostind. Kolonien: 1) die holländ.-ostind. Kompagnie, 1602 gegr.; auf den ostind. Inseln (Centrum Batavia) herrschend, 15. März 1795 von der „batav. Republik" aufgehoben, ihre Besitzungen für Staatseigenthum erklärt; 2) die franz.-ostind. Kompagnie, 1664 gestiftet, unbedeutend, 1769 aufgelöst; 3) die dän.-ostind. Kompagnie, 1618 gegr., 1670 neu konstituirt, trat 1729 alle ihre Besitzungen (Trankebar) und Rechte an den Staat ab; 4) die schwed.-ostind. Kompagnie, 1741 gegr., 1806 neu organisirt, nur Handelsgesellschaft.

Ostindischer Archipel, s. Indischer Archipel.

Ostium (lat.), Mündung, Eingang. [chipel.

Ostjaken, finn. Volk in den sibir. Gouvers. Tobolsk und Tomsk, theils Nomaden, theils Ackerbauer, ca. 25,000 Köpfe. Ihre Sprache bearbeitet von Castrén (2. Aufl. 1858).

Ostkap, östlichste Spitze Asiens, an der Behringsstrasse.

Ostöm (gr.), Knochengewächs.

Ostpreussen, der östliche Haupttheil der preuss. Prov. Preussen (s. d.).

Ostpyrenäen (Pyrénées orientales), Depart. im südwestl. Frankreich, 74,8 QM. und 189,490 Ew. Hauptst. Perpignan.

Ostracismus (gr.), Scherbengericht, Art politischer Massregelung in mehreren altgriech. Staaten, wodurch Bürger, von deren Einfluss man eine Störung der demokrat. Gleichheit befürchten zu müssen meinte, auf gewisse Zeit verbannt wurden, benannt nach den Scherben (Ostrakon), worauf man bei der Abstimmung den Namen des zu Verbannenden schrieb.

Oströmisches Reich (byzantin., griech., morgenländ. Reich), entstand 395 n. Chr., als Theodosius d. Gr. das röm. Reich unter seine Söhne Honorius und Arcadius theilte, und umfasste damals Syrien, Kleinasien, Pontus, Aegypten, Thracien, Mösien, Macedonien, Griechenland und Kreta mit der Hauptstadt Konstantinopel. Auf Arcadius folgte dessen Sohn, Theodosius II. (408—450), seit 414 unter Leitung seiner Schwester Pulcheria, die sich 450 mit Marcianus (450—457) vermählte. Hervorragender Herrscher: Leo I. (457—474), Thraeier von niederer Herkunft. Zeno (474—491). Anastasius I. (491—518); unter beiden Zerrüttung des Reichs durch dogmat. Streitigkeiten. Justinus

(518—527), Thracier. Justinianus (527—560), durch seine Gesetzgebung und durch die Siege seiner Feldherren Belisar (s. d.) und Narses (s. d.) berühmt. Justinus II. (565—578). Tiberius II. (578—582). Mauritius (582—602). Phokas (602—610). Heraclius (610—641); Eroberung der Länder am Euphrat, Syriens, Judäas und Aegyptens 635—641 durch die Araber; Bildung slavischer Reiche in Serbien u. Kroatien. Konstans (642—668), Konstantin IV. Pogonatus (668—685). Vordringen der Araber in Afrika, Angriffe derselben auf Konstantinopel seit 669. Justinianus II. (685—711). Leo III. (717—741), der Isaurier. Beginn des Bilderstreits, der über ein Jahrh. lang das Reich zerrüttet. 728 Verlust des Exarchats von Ravenna. Konstantin V. Kopronymos (741—775). Leo IV. (775—780). Konstantin VI. (780—797), von seiner Mutter Irene gestürzt. Nicephorus (802—811). Leo V. (813—820). Michael II. (820—829); Verlust Kretas und Siciliens an die Araber. Theophilus (829—842). Michael III. (842—867); Ende des Bilderstreits. Basilius I. (867—886), Gründer der macedon. Dynastie. Leo VI. (886—912). Konstantin VII. Porphyrogenneta (912—959); Einfälle der Bulgaren und Araber. Romanus I. Lekapenus Mitregent (920—945). Romanus II. (959—963). Johann Tzimisces (969—976), bekämpft erfolgreich Araber, Bulgaren und Russen. Basilius II. (976—1025); Bulgarien byzantin. Prov. bis 1186. Konstantin VIII. (1025—28), Romanus III. (1028—34), von seiner Gemahlin Zoe gestürzt, die nach einander Michael IV. (1034), Michael V. (1041) und Konstantin IX. (1042) auf den Thron erhebt. Vorherrschug des Reichs durch Russen, Petschenegen u. Araber; in Asien Auftreten der seldschuk. Türken als gefährlicher Feinde. Michael VI. (1056—57) letzter Macedonier. Isaak I. Comnenus (1057—59), Stifter der Dynastie der Komnenen. Konstantin X. Dukas (1059—1067). Romanus IV. Diogenes (1067—1071). Michael VII. (1071—78). Nicephorus III. (1078—81). Alexius I. Comnenus (1081—1118). Die Kreuzfahrer in Konstantinopel. Alexius und seine Nachfolger, Kalo-Johannes (1118—1143) u. Manuel I. (1143—80) kämpfen erfolgreich gegen die Türken. Alexius II. (1180—1183). Andronicus (1183—85), letzter Komnene. Isaak II. Angulus (1185) von Alexius III. 1195 gestürzt, von den Kreuzfahrern 1203 wieder eingesetzt. 1204 Eroberung Konstantinopels durch die Lateiner (Venetianer und Franzosen) und Gründung des latein. Kaiserthums (1204—61). Graf Balduin von Flandern Kaiser (1204—6). Bonifacius, Markgraf von Montferrat, König von Thessalonich (Macedonien und ein Theil Griechenlands). Gründung von Herzogthümern, Grafsch. etc. zu Athen, Philippopolis u. a. O. für franz. Ritter. Theodor Laskaris erhebt Nicäa zum Sitz der byzantin. Herrschaft (Kaiserthum Nicäa). Alexius Comnenus, Statthalter von Colchis, macht sich zum unumschränkten Herrn von Trapezunt; einer seiner Nachfolger, Johannes Comnenus († um 1345), nimmt den Kaisertitel an (Kaiserthum Trapezunt). In Konstantinopel herrschen Hein-

rich (1206—16), Balduins Bruder; Peter (1216—21), Graf von Auxerre n. Courtenay; Robert (1221—28), dessen Bruder; Johann von Brienne, Titularkönig von Jerusalem (1228—37); Balduin II. (1237—61). 1242 die Mongolen vor Adrianopel. Johann Vatazes, Kaiser von Nicäa (1222—55), erobert einen grossen Theil des Reichs, Michael VIII. Palaologus mit Hulfe der Genuesen Konstantinopel 1261; Gründer der letzten byzant. Dynastie, der Paläologen. Unter ihm Vereinigung der griech. mit der latein. Kirche auf kurze Zeit. Unter Andronicus II. (1282—1328) Wiedereinführung des griech. Ritus. Verfall des Reichs unter inneren Unruhen u. äusseren Kriegen, bes. gegen die Türken. Andronicus III. (1328—41); Nicäa n. Nicomedia von den Türken 1339 erobert. Johannes Kantakuzenos Vormund Johannes V. (1341—1391). Die Türken erobern 1357 Gallipoli und fassen damit festen Fuss in Europa; 1361 Eroberung Adrianopels durch den türk. Sultan Murad; Beschränkung des Reichs durch dieses und seinen Nachfolger Bajazet auf Konstantinopel. Manuel II. (1391—1425); Rettung Konstantinopels durch Timurs Einfall in die türk. Länder 1402. Johannes VI. (1425—48) muss an Sultan Murad II. Tribut zahlen. Konstantin XI. fällt bei der Eroberung Konstantinopels 29. Mai 1453 durch Sultan Mohammed II. Ende des Reichs. 1461 Unterwerfung Davids, des letzten Kaisers von Trapezunt aus dem Hause der Komnenen, unter türk. Herrschaft. Die Geschichte des oström. R.s bearbeiteten neuerlich Gibbon, ‚History of the decline and fall of the Roman Empire‘, 1782—88, 6 Bde.; neue Ausg. 1869, 3 Bde.; deutsch 4. Aufl. 1862—63; und Zinkeisen, ‚Geschichte Griechenlands‘, 1. Bd., 1832; Buchon (1840), Finlay (1854) und Krause (1869).

Ostrog, Stadt im westruss. Gouvern. Volhynien, 8002 Ew., Hauptst. des früher souveränen poln. Fürstenthums O.

Ostrolénka, Stadt im russ.-poln. Gouvern. Lomsha, an der Narew, 3466 Ew.; 26. Mai 1831 Sieg der Russen unter Diebitsch über die Polen unter Skrzynecki.

Ostrownoje, kleiner Ort in Ostsibirien, am Anjui; hier Ende Jan. Messe (Tauschhandel zwischen russ. Karawanen und den Tschuktschen), wichtig für den Pelzhandel.

Ostrowo, Stadt im preuss. Regbz. Posen, Kr. Adelnau, 7351 Ew.

Ostrya Scop. (Hopfenbuche), Pflanzengattung der Amentaceen. O. carpinifolia Scop., Baum in Illyrien, Südtirol, den österr. Küstenlanden, bei uns in Parkanlagen.

Ostsee (baltisches Meer), Binnenmeer zwischen Deutschland, Skandinavien und Russland, im N. in den finn., botn. und rigaischen Meerbusen angehend, im W. durch das Kattegat, den gr. und kl. Belt mit der Nordsee verbunden, 7370 QM., 190 — 200 M. l., bis 30 M. br., durchschnittl. 800′ tief (grösste Tiefe 900′, sw. Windau und Gottland); Küstenlänge 1100 M. Ebbe und Fluth schwach und unregelmässig, kurzer Wellenschlag, heftige, der Schifffahrt gefährl. Winde; Salzgehalt 5mal geringer als der des Oceans. Die südl. Küsten flach und sandig, die nördl. meist felsig, steil oder klippig, doch hafenreich. Ueber 250 einmündende Flüsse, die bedeutendsten: Oder, Weichsel, Pregel, Niemen, Düna, Newa.

Ostseeprovinzen, die 4 längs der Ostsee gelegenen russ. Gouvern. Kurland, Livland, Esthland und Ingermanland (Petersburg).

Ostsibirien, s. *Sibirien.*

Ostuni, Stadt in der ital. Prov. Terra d'Otranto, nahe dem adriat. Meere, 15,399 Ew.

Oswego, Hafen- und Handelsst. im Staate Newyork, an der Mündung des *Oswegokanals* in den Ontariosee, (1870) 20,910 Ew.

Oswiecym(spr.-wjäsim),Stadt,s.*Auschwitz.*

Osymandyäs, alter ägypt. König, von dessen von Ramses II. (Sesostris) erbautem Grabmal in Theben noch Trümmer vorhanden sind.

Otago, Provinz auf der Südinsel der brit. Kolonie von Neuseeland, 48,570 Ew.; blühende Landwirthschaft; Goldbergwerke. Hauptst. Dunedin (12,776 Ew.).

Otagra (gr.), Ohrenzwang, s. *Otalgie.*

Otaheiti, s. v. a. Tahiti.

Otalgie (gr.), nervöser Ohrenschmerz, in der Tiefe des Ohres, meist nach Erkältungen (in den höchsten Graden *Ohrenzwang); oft* mit Katarrhen des Mittelohrs verbunden und bei Heilung dieser verschwindend; rein nervöser Schmerz schwindet leicht bei Behandlung mit konstantem galvan. Strom.

Otfried, der erste rein christl. deutsche Dichter, ein Franke aus dem Unterelsass, Benediktinermönch zu Weissenburg, um 833—868; Verf. eines ‚Evangelienbuchs‘ in gereimten Langzeilen (herausgeg. von *Graff* 1831, *Kelle* 1856—69, 2 Bde.; übers. von *Rapp* 1858, *Kelle* 1870).

Otho, *Marcus Salvius,* röm. Kaiser, geb. 32 n. Chr., ward 58 Statthalter in Lusitanien, nach Galbas Thronbesteigung Konsul, stürzte 15. Jan. 69 jenen mit Hülfe der Prätorianer, ward von Vitellius geschlagen und tödtete sich 16. April selbst.

Otiatrie (gr.), Ohrenheilkunde; *Otiatros,* **Otica** (gr.), Ohrenmittel. [Ohrenarzt.

Otitis (gr.), Ohrenentzündung, vgl. *Ohrenkrankheiten.*

Otolithen (gr.), Ohrsteine, s. *Ohr.*

Otomäken, wildes Indianervolk in Venezuela, am Orinoco.

Otophön (gr.), Hörrohr. [*krankheiten.*

Otoskop (gr.), Ohrenspiegel, s. *Ohren-*

Otranto, *Terra d',* ital. Prov. (Apulien), 154,2 QM. und 447,962 Ew., Hauptst. Lecce. Die *Stadt* O. (das alte *Hydruntum*), an der *Strasse von O.* (Verbindung des adriat. und des jon. Meers), 9027 Ew.; Erzbischof, merkwürdige Kathedrale (uralter Thierkreis).

Ottava (ital.), s. v. a. Oktave; in der Metrik (*Ottava rima*) achtzeilige Stanze, bei welcher der 1., 3. u. 5., ebenso der 2., 4. und 6., endlich der 7. und 8. Vers mit einander reimen, das epische Versmass der Italiener und Spanier.

Ottawa, 1) Nebenfluss des Lorenzstroms in Canada, scheidet Ost- und Westcanada, mündet oberhalb Montreal; 120 M. lang. — 2) Neuerer Name der Stadt Bytown (s. d.).

Ottensen, Dorf, westl. bei Altona, an der

Elbe, 7623 Ew.; zahlr. Lusthäuser der Hamburger und Altonaer; auf dem Kirchhof Klopstocks Grab.

Otterköpfchen, s. *Porzellanschnecke.*

Ottern (Viperina), Abtheilung der Giftschlangen; s. *Kreuzotter* und *Viper.*

Ottersdorf, Stadt im preuss. Regbz. Stade, 1643 Ew., Hauptort des Landes Hadeln.

Otterfelle, s. *Fischotter* und *Seeotter.*

Otto, 1) *röm.-deutsche Kaiser:* a) *O. I.,* *d. Gr.,* geb. 912, Sohn Heinrichs I., 936 zu Aachen gekrönt, zwang den Böhmenherzog Boleslav zur Unterwerfung, unterdrückte 939 die Empörung der Herzöge von Franken und Lotbringen und seines Bruders Heinrich, verlieh Lothringen an seinen Schwiegersohn Konrad von Worms, Bayern an seinen Bruder Heinrich und Schwaben an seinen Sohn Ludolf; naterwarf die Slaven an der Oder und Spree und in der Lausitz, zwang den Dänenkönig Harald zur Annahme des Christenthums und Unterwerfung unter seine Lehnshoheit. Nachdem er 951 den Usurpator Berengar II. (s. d.) besiegt, vermählte er sich mit Adelheid (s. d.), der Wittwe des Königs Lothar, und ward in Pavia zum lombard. König ausgerufen. Nach Unterdrückung einer Empörung seines Schwiegersohnes Konrad und seines Sohnes Ludolf 954 schlug er die Ungarn 10. Aug. 955 auf dem Lechfelde bei Augsburg, zog 961 abermals nach Italien und .liess sich 2. Febr. 962 in Rom zum Kaiser krönen, züchtigte die aufrührerischen Lombarden und Römer, besiegte die Griechen in Unteritalien; † 7. Mai 973. Vgl. *Vehse* (1827, 3. Aufl. 1867). — b) *O. II.,* geb. 955, Sohn des Vor., 961 zum Röm. König gekrönt, regierte erst unter der Vormundschaft seiner Mutter Adelheid, bezwang den aufrührerischen Herzog Heinrich II. von Bayern, den Dänenkönig Harald und den König Lothar von Frankreich und drang ins Paris vor, unterdrückte Unruhen in Mailand und Rom, entriss den Griechen Neapel, Salerno und Tarent, ward von der vereinigten Macht der Griechen und Araber bei Basantello in Kalabrien 13. Juli 982 geschlagen; † 7. Dec. 983 zu Rom. Vgl. *Giesebrecht* (1840). — c) *O. III.,* geb. 980, Sohn des Vor., folgte diesem 983 unter Vormundschaft seiner Mutter Theophania und seiner Grossmutter Adelheid, ward 21. Mai 996 in Rom zum Kaiser gekrönt, unterdrückte die Unruhen des Crescentius in Rom, setzte seinen Lehrer Gerbert zum Papst (Sylvester II.) ein, gründete 1000 das Erzbisthum Gnesen, ging 1001 wieder nach Italien; † 21. Jan. 1002 zu Paterno bei Viterbo. Vgl. *Wilmans* (1840). — d) *O. IV.,* geb. 1174, Sohn Heinrichs des Löwen [s. *Heinrich* 8)], ward 1197 von der welfischen Partei und Anstiften des Papstes Innocenz III. zum Gegenkaiser Philipps von Schwaben erwählt, nach Philipps Ermordung (1208) allgemein als Kaiser anerkannt und 27. Sept. 1209 in Rom gekrönt. Wegen Aneignung der mit dem päpstl. Gebiet vereinigten Landschaften Ancona u. Spoleto von Innocenz III. mit dem Bann belegt, konnte er gegen den als Gegenkönig aufgestellten Friedrich II.

nichts ausrichten, ward 27. Juli 1214 vom König von Frankreich bei Bovines geschlagen, zog sich nach Braunschweig zurück; † 19. Nov. 1218 auf der Harzburg.
 2) *O. der Reiche, Markgraf von Meissen*, aus dem Hause Wettin, geb. 1116, Sohn des Markgrafen Konrad d. Gr., folgte demselben 1156, stiftete 1162 das Kloster Altenzelle, begründete den Bergbau im Erzgebirge und verlieh Leipzig 2 Märkte, hatte 1188 eine Empörung seines Sohnes Albrecht zu bekämpfen; † 18. Febr. 1190.
 3) *O. von Wittelsbach*, treuer Freund Kaiser Friedrichs I., erhielt von diesem 1180 das Heinrich dem Löwen entrissene Herzogth. Bayern; † 1183. Stammvater des bayer. Fürstenhauses. — Sein Neffe, Pfalzgraf *O. von Wittelsbach*, ermordete 21. Juni 1208 zu Bamberg aus Privatrache den Kaiser Philipp, ward von Kaiser O. IV. für vogelfrei erklärt, von dem Marschall Pappenheim 1209 ermordet.
 4) *O. I., Friedr. Ludw.*, König von Griechenland, geb. 1. Juni 1815 zu Salzburg, 2. Sohn des Königs Ludwig I. von Bayern, regierte seit 25. Jan. (6. Febr.) 1833, erst unter Beiordnung einer Regentschaft, seit 1. Juni 1835 selbst, vermählte sich 22. Nov. 1836 mit der oldenburg. Prinzessin Amalie, vermochte weder die anarchischen Zustände im Innern, noch die Finanznoth zu beseitigen, noch gegen die Intriguen der Schutzmächte mit Erfolg anzukämpfen, ward 24. Okt. 1862 durch eine Revolution gestürzt, lebte seitdem in Bamberg; † 26. Juli 1867 das. Vgl. *Griechenland, Geschichte.*
 Otto, *Friedrich Julius*, Chemiker, geb. 8. Jan. 1809 in Grossenhain in Sachsen, † als Medicinalrath und Direktor des Carolinum in Braunschweig 12. Jan. 1870. Schr. „Lehrbuch der Chemie‘ (4. Aufl. 1863 ff., 3 Bde.) und „Lehrbuch der rationellen Praxis der landwirthschaftl. Gewerbe‘ (6. Aufl. 1865—68, 2 Bde.).
 Ottobeuern, Marktfl. im bayer. Regbz. Schwaben, 1650 Ew.; ber. Benediktinerstift (764 gegr., ehedem Reichsabtei).
 Ottokar II., *Przemysl*, König von Böhmen, Sohn Wenzels I., ward 1246 von den österr. Ständen zum Herzog gewählt, behauptete sich im Besitz des Landes gegen Ungarn und Bayern, folgte 1253 seinem Vater in Böhmen, unternahm 1254 in Verbindung mit den deutschen Rittern einen Kreuzzug gegen die heidnischen Preussen, unterwarf dieselben, gründete Königsberg, schlug die Ungarn 1260 auf dem Marchfelde, eroberte 1275 Kärnthen und Krain. Die ihm angetragene Kaiserkrone ablehnend, verweigerte er auch Rudolf von Habsburg die Huldigung, ward in die Acht erklärt, musste die österr. Lande an Rudolf abtreten, Böhmen und Mähren 1276 von ihm zu Lehn nehmen, erneuerte darauf den Krieg gegen Rudolf, ward 1278 auf dem Marchfelde geschlagen und fiel im Kampfe. Vgl. *Lorenz* (1866).
 Ottomäne, türk. Ruhebett. [*Reich.*
 Ottomänee, s. v. a. Osmanen, s. *Türkisches*
 Otto von Freisingen, Sohn des Markgrafen Leopold IV. von Oesterreich, ward 1137 Bischof von Freisingen; † 22. Sept.

1158. Schr. eine allgem. Geschichte (bis 1153) und eine Geschichte Kaiser Friedrichs I. (deutsch von *Schiller* in den „Memoiren‘, Abth. 2, Bd. 2). Vgl. *Wiedemann* (1849).
 Ottweiler, Kreisstadt im preuss. Regbz. Trier, an der Blies, 3942 Ew. Bahnhof.
 Otway (spr. -weh), *Thom.*, engl. Dramatiker, geb. 3. März 1651 zu Trotton in Sussex, † 14. April 1685. Hauptwerk die heroische Tragödie „The Venke preserved‘. „Works‘ herausgeg. von *Thornton* (1812, 3 Bde.).
 Oublietten (fr.), unterirdische Gefängnisse, Verliesse. [Lausanne (s. d.).
 Ouchy (spr. Uschi), der Hafenort von **Onde** (spr. Aud), Landsch., s. *Audh.*
 Oudenaarde (*Audenarde*), feste Stadt in der belg. Prov. Ostflandern, an der Schelde, 4835 Ew. 11. Juni 1708 *Sieg* Marlboroughs und Eugens über die Franzosen.
 Oudinot (spr. Uhdino), *Charles Nicolas, Herzog von Reggio*, franz. Marschall, geb. 26. April 1767 zu Bar le duc, ward 1794 Brigade-, 1799 Divisionsgeneral. 1800 Chef des Generalstabs der ital. Armee, focht 1805 bei Austerlitz und 1807 bei Friedland, schlug 19. April 1809 die Oesterreicher bei Pfaffenhofen, übernahm nach der Schlacht bei Aspern an Lannes Stelle den Oberbefehl über das 2. Armeecorps, ward zum Marschall ernannt, besetzte 1810 Holland, führte 1812 wieder das 2., 1813 das 12. Armeecorps, ward von Bülow 4. Juni bei Luckau, 24. Aug. bei Grossbeeren und 6. Sept. mit Ney bei Dennewitz geschlagen, befehligte 18. Okt. bei Wachau junge Garden und 1814 ein Corps. Von Ludwig XVIII. zum Pair und Major-General der königl. Garden ernannt, führte er 1823 in Spanien das 1. Armeecorps, ward 22. Okt. 1842 Gouverneur des Invalidenhauses; † 13. Sept. 1847. — Sein Sohn, *Nicolas Charles Victor O., Herzog von Reggio*, geb. 3. Nov. 1791 zu Bar le duc, wohnte seit 1809 den Feldzügen Napoleons I. bei, ward 1824 Maréchal-de-camp, 1835 in Algerien Generallieutenant, 1849 Oberkommandant des nach dem Kirchenstaat geschickten Expeditionscorps, dann Mitglied der Konstituante und Legislative, beim Staatsstreiche 2. Dec. 1851 von dieser zum Befehlshaber der Nationalgarde ernannt; † 7. Juli 1863. Biogr. von *De Persils* (1866).
 Ouessant (spr. Wessang), Insel an der Westküste der Bretagne (Depart. Finisterre), 1 QM. und 2306 Ew. (Piloten und Fischer).
 Ouragans, s. v. a. Hurricanes.
 Ourcq (spr. Urk), Nebenfluss der Marne in Frankreich. Der *Ourcqkanal*, von Mareuil am O. nach Villette bei Paris führend, versorgt dies mit Trinkwasser; mit dem über St. Denis zur Seine gehenden Kanal, 16 M. l.
 Ouro-Preto (ehedem *Villarica*), Hauptst. der brasil. Prov. Minas Geraes, am Fuss des Itacolumi, Mittelpunkt des Gold- und Diamantenbezirks, 6—9000 Ew.
 Ourthe (spr. Urt), rechter Nebenfluss der Maas in Belgien, kommt aus den Ardennen in Luxemburg, mündet bei Lüttich; 22 M. l.
 Ouse (spr. Aus), Fluss in England, verbindet sich mit dem Trent zum Humber, 83 M.
 Outragiren (fr., spr. -schi-), beschimpfen.

Outrīren (fr.), übertreiben.

Ouvertüre (fr., spr. Uwertühr), Oeffnung, Eröffnung; Orchesterstück als vorbereitende Einleit. zu Opern u. a. grössern Tonwerken.

Ouvrier (fr., spr. Uwrieh), Arbeiter.

Ouvrīren (fr.), öffnen, eröffnen, anfangen.

Ovāl (lat.), eirund, länglichrund, elliptisch.

Ovampo, Negervolk im westl. Südafrika, mit dem Hauptort Oudonga; linen verwandt die südl. wohnenden *Ovakerero.*   [knoten.

Ovārium (lat.), s. v. a. Eierstock, Frucht-

Ovatiōn (lat.), bei den Römern kleiner Triumph; jetzt Empfangsfeierlichkeit.

Overbeck, *Joh. Friedr.*, Maler, geb. 3. Juli 1789 zu Lübeck, Sohn des Liederdichters *Christian Adolf O.* († 1821), auf der wiener Akademie gebildet, ging 1810 von Frankfurt aus nach Rom, wo er 1813 zum Katholicismus übertrat und fortan blieb; † das. 12. Nov. 1870. Einer der Hauptführer der romant. Malerschule und der Regeneratoren der deutschen Kunst, jedoch von ausschliesslich kathol.-religiöser Richtung (Nazarenismus). Hauptwerke: Einzug Christi in Jerusalem, Grablegung (Lübeck), Handzeichnungen aus dem Leben Jesu, Triumph der Religion, Maria mit dem Christuskind, die sieben Sakramente u. A. — Sein Neffe *Joh. Adolf O.*, geb. 27. März 1826 zu Antwerpen, seit 1853 Prof. der Archäologie in Leipzig, geachteter Kunsthistoriker; schr. ,Galerie heroischer Bildwerke' (1853); ,Pompeji' (2. Aufl. 1866); ,Gesch. der griech. Plastik' (2. Aufl. 1869—70, 2 Bde.); ,Die antiken Schriftquellen zur Geschichte der bildenden Künste bei den Griechen' (1868); ,Griech. Kunstmythologie' (1871 ff.) u. A.

Overweg, *Adolf*, Afrikareisender, geb. 24. Juli 1822 zu Hamburg, begleitete 1849 Richardson und Barth auf ihrer Reise in Centralafrika: † 27. Sept. 1852 zu Kuka am Tschadsee.

Ovīdius, *Publ.*, mit dem Beinamen *Naso*, röm. Dichter, geb. 20. März 43 v. Chr. zu Sulmo, bis etwa 7 u. Chr. in Rom, dann von Augustus nach Tomi am schwarzen Meer verbannt; † das. 17 n. Chr. Der produktivste und phantasiereichste Poet der Römer; hinterliess zahlr. Werke, am bedeutendsten: die ,Metamorphoses' (Verwandlungen), ,Ars amandi' (Liebeskunst) und ,Remedia amoris' (Heilmittel der Liebe), ,Fasti' (Festkalender), ,Heroiden', ,Tristia' (Klagelieder) ,Epistolae ex Ponto' (Briefe aus Pontus) etc. Neuere Ausg. der sämmtl. Werke von *Merkel* (1850—52, 3 Bde.), *Lindemann* (1853—67, 6 Bde.), Uebers. von *Suchier, Berg* und *Clussmann* (2. Aufl. 1867) u. A. Vgl. *Zingerle* (1869 ff.).

Oviédo, Hauptst. der span. Prov. Asturien, an der Nora, 19,610 (1860: 28,225) Ew.; Kathedrale, Universität (1580 gegr.).

Ovipāra (lat.), Eier legende Thiere.

Owahu (*Oahu Wahu*), zweitgrösste der Sandwichsinseln, 33 QM. und 28,000 Ew. (z. Th. Christen); im N. gebirgig, im S. eben, sehr fruchtbar. Hauptst. Honolulu.

Owaihi (*Oahi*), Insel, s. *Hawaii.*

Owen (spr. Oh'n), 1) *Robert*, engl. Socialreformer, geb. 1771 zu Newton (Montgomery), übernahm 1801 die Leitung einer grossen Baumwollspinnerei zu Newlanark in Schottland, that viel für sittl. und intellektuelle Hebung der Arbeiter, trat dann mit socialist. Ideen hervor, wendete sich, von der Geistlichkeit angefeindet, 1823 nach Nordamerika, kaufte von den Würtemberger Rapp die Kolonie Newharmony in Indiana zu Errichtung einer kommunistischen Gemeinde, die aber bald in sich zerfiel, kehrte 1827 nach England zurück und wirkte hier literarisch für sein System. Mit seinen Schülern, den *Oweniten*, seit 1827 die Seele der Arbeitervereine, aus denen sich der Chartismus (s. d.) entwickelte; † 17. Nov. 1858. Vgl. *Sargant* (1860) und ,Life of R. O.' (1866). — 2) *Richard*, Naturforscher, geb. 1804 in Lancaster, seit 1835 Prof. der Anatomie und Physiologie am College of Surgeons, hoch verdient um die vergleichende Anatomie. Schr. ,Odontography' (1840—45, 2 Bde.); ,Comparative anatomy and physiology of the vertebrated animals' (1866—68, 3 Bde.); ,Palaeontology' (n. Aufl. 1869) u. A.

Oxālis *L.* (*Sauerklee*), Pflanzengattung der Oxalideen. O. acetosella *L.*, *Ampferklee, Kleesalzkraut*, in Europa, früher officinell, enthält viel Klee- oder Oxalsäure.

Oxalsäure (*Kleesäure*), weit verbreitet im Pflanzenreich, bes. in Rheum-, Rumex- und Oxalis-Arten, in Harnkonkrementen, wird durch Oxydation von Zucker, Stärke, Holzfaser mit Salpetersäure, am häufigsten von Sägespänen mit Kali und Natronhydrat bereitet; farb- und geruchlose Krystalle, löslich in Wasser und Alkohol, reducirt Gold aus seinen Lösungen, sehr giftig, dient in Färberei und Zeugdruckerei; *doppelt*- oder *vierfach-oxalsaures Kali, Kleesalz*, zum Entfernen von Rost- u. Dintenflecken aus Wäsche.

Oxenstierna (spr. -schärna), *Axel, Graf von*, schwed. Staatsmann, geb. 16. Juni 1583 zu Fanö in Upland, ward 1608 Mitglied des Senats, nach Gustav Adolfs Thronbesteigung Kanzler, begab sich 1631 nach Deutschland, stand, als der König bei Lützen fiel, mit Truppen in Oberdeutschland, ward auf dem Kongress zu Heilbronn als Direktor des evangel. Bundes, in dessen Interesse er grosse Thätigkeit entwickelte, anerkannt, kehrte 1636 nach Schweden zurück, ward Reichskanzler einer der 5 Vormünder der Königin Christine, suchte diese von der Abdankung abzuhalten; † 28. Aug. 1654.

Oxford (lat. *Oxonia*), Grafsch. im mittleren England, 34,7 QM. und 170,944 Ew. Die *Hauptst. O.*, an der Themse und dem *Oxfordkanal* (vom Coventrykanal hierher), (1871) 31,554 Ew.; zahlr. alte goth. Bauwerke; Kathedrale; berühmteste Universität Grossbritanniens (jährl. ca. 3000 Stud., schon zur Zeit der Angelsachsen gelehrte Schule, seit 1249 Univers.) mit gr. Bibliotheken (z. B. die bodleyanische, 500,000 Bde. und 30,000 Manuskr.), Antiken- (Marmorchronik u. a.), Naturalien- und andern Sammlungen; Sternwarte, 19 Colleges (Christchurchcollege) und 5 Hallen, ber. Druckerei.

Oxhoft, Flüssigkeitsmass für Spirituosen, in Deutschland, Dänemark, Schweden, Russland à 1½ Ohm; in England s. v. a. Hogshead, in Frankreich s. v. a. Barrique = 228 Liter.

Oxonia, lat. Name von Oxford.

Oxus, im Alterth. Name des Amu (s. d.).

Oxycoccus, Moosbeere, s. *Vaccinium*.

Oxyde, chemische Verbindungen verschiedener einfacher oder zusammengesetzter Körper mit Sauerstoff. Die Bildung der O. heisst *Oxydation, Verbrennung* (langsame ohne Feuererscheinuug). Verbindungen eines Körpers mit Sauerstoff in verschiedenen Verhältnissen (Oxydationsstufen) bezeichnet man als Suboxydul, Oxydul, Suboxyd, Oxyd, Super- oder Hyperoxyd, von denen das letztere den höchsten Sauerstoffgehalt besitzt.

Oxydirte Salzsäure, s. v. a. Chlor.

Oxydül, s. *Oxyde*.

Oxygén, s. v. a. Sauerstoff.

Oxygön (gr.), spitzwinkeliges Dreieck.

Oxymel (*Sauerhonig*), Gemisch von Essig und Honig, pharmaceutisches Präparat, enthält oft noch Auszüge von Arzneistoffen.

Oxymŏron (gr.), auf witzige Weise scheinbare Widersprüche verbindende Redefigur.

Oxyopie (gr.), krankhafte Empfindlichkeit des Gesichtssinnes, wobei man bei schwachem Lichte besser sieht als bei hellem.

Oxythymie (gr.), Jähzorn, aufbrausendes Wesen.

Oxytŏnon (gr.), Wort mit betonter Endsilbe.

Oybin, aussichtsreicher isolirter Bergfelsen in der sächs. Oberlausitz, bei Zittau, 1574', mit Schloss- und Klosterruinen; vielbesucht.

Ozäna (gr., *Stinknase*), durch Katarrhe oder Syphilis bedingte Verschwärung in der Nase, mit jauchigem, übelriechendem Ausflusse. Behandlung: Wasserdurchleitung, Einsaugen einer Lösung von übermangansaurem Kali. Syphilitische O. erfordert specifische Behandlung, s. *Syphilis*.

Ozark (spr. -serk), Gebirgszug in Arkansas, Missouri und Indiana (Nordamerika), Mittelglied zwischen den Apallachen und den Rocky Mountains, bis 1200' hoch.

Ozelot (*Pardel*- oder *Pantherkatze*, Felis pardalis *L.*), Säugethierart aus der Gattung Katze, 3' l., in Süd-, Mittel- n. Nordamerika.

Ozokerít (*Bergtalg*, *Erd*-, *Bergwachs*, *Neftgil*), Mineral aus der Klasse der Anthracite, wachsartig, lauchgrün oder braun, Gemisch von Kohlenwasserstoffen, liefert bei der Destillation paraffinartige Massen und wird auf Paraffin zu Kerzen und Leuchtölen verarbeitet; in Truchmenien, Apscheron, in der **Ozon**, s. *Sauerstoff*. [Moldau, in Galizien etc.

P.

P, als röm. Zahlzeichen = 4000. P. auf röm. Inschriften s. v. a. Publius, Populus, Pontifex etc. Auf neueren franz. Münzen die Münzstätte Dijon. In der Musik s. v. a. piano oder poco. In Citaten s. v. a. Pagina.

Paalzow, *Augusta* von, Schriftstellerin, geb. 1788 in Berlin, † das. 30. Okt. 1847; Verf. der vielgelesenen Romane ,Godwie Castle' (6. Aufl. 1849), ,St. Roche' (3. Aufl. 1843) n. a. ,Sämmtl. Romane' (1855, 12 Bde.). Vgl. ,Ein Schriftstellerleben', 1855.

Paar, Nebenfluss der Donau in Oberbayern, mündet unterhalb Ingolstadt, 12. M.

Pabst, *Heinrich Wilhelm*, Landwirthschaftslehrer, geb. 1798 zu Maar in Oberhessen, ward 1845 Direktor der landwirthschaftl. Akademie in Hohenheim, 1850 Direktor der landw. Reichslehranstalt in Ungarisch-Altenburg, 1861 Departementsvorstand im österr. Ministerium für Handel n. Volkswirthschaft; † 10. Juli 1868 in Hütteldorf bei Wien. Schr. ,Lehrbuch der Landwirthschaft' (6. Aufl. 1865); ,Landwirthschaftl. Taxationslehre' (2. Aufl. 1863); ,Rindviehzucht' (3. Aufl. 1859).

Pachomēter (gr.), Werkzeug zum Messen der Dicke der Spiegelgläser etc.

Pacht (*Pachtvertrag*), Vertrag, wodurch Jemand den Gebrauch oder die Nutzniessung einer Sache auf eine bestimmte Zeit und für eine bestimmte Gegenleistung (Pachtzins, Miethgeld) einem Andern überlässt. Besteht die Benutzung des Objekts ausschliessl. oder vorzugsweise in dem Bezug von Früchten und Einkünften, so redet man von P., wo dies nicht der Fall ist, von *Miethe*.

Pachyämie (gr.), Blutverdickung. [äufer.

Pachydermen (gr.), Dickhäuter, s. *Vielhufer*.

Pacificäle (lat.), in der kathol. Kirche Gefäss zur Aufbewahrung von Heiligthümern.

Pacific Ocean (engl., spr. Pässifik Oheshien), s. *Stilles Meer*. P.-*Staaten*, die westl. Staaten der nordamerikan. Union, welche an der Küste des stillen Meeres liegen: Oregon, Nevada, Kalifornien. *Pacificbahn*, welche den O. und W. Nordamerikas verbindet, führt von Omaha am Missouri über die Rocky Mountains nach Promontory am gr. Salzsee, von da über die Sierra Nevada nach Sacramento, der östl. Theil von der Union-P., der westl. von der Central-P.-Comp. gleichzeitig gebaut, 1862 begonnen, 10. Mai 1869 vollendet, 1777 engl. M. lang. Vgl. *Schlagintweit* (1870).

Pacifikation (lat.), Friedensstiftung.

Pacinische Körperchen, die mikroskop. kolbenformigen Enden der Hautnerven der Hände und Füsse. [sich vergleichen.

Paciseiren (lat.), einen Vertrag schliessen,

Pack, Gewicht für Wolle in England, à 12 Score = 108,86 Kilogr.

Packetboot, regelmässig fahrendes Dampfschiff transatlantischer Post- und Passagierverkehr.

Packfong (*Tutenago*), s. *Neusilber*. [linien.

Packmaschine, Schrauben- oder hydraul. Presse zum Verpacken von Garnen etc.

Paco, s. *Lama*.

Pacotille (fr., spr. -tilj), frachtfreies Gepäck auf einem Schiffe, dem Kapitän, der Schiffsmannschaft, auch Passagieren angehörig. *Pacotillehandel*, Handel mit Waaren, die als P. befördert werden.

Meyers Hand-Lexikon.

Pactŏlus (a. G.), goldführender Fluss in Lydien, floss an Sardes vorbei in den Hermus; Pactum (lat.), Vertrag. [jetzt Sarabat.

Pacuvius, Marcus, röm. Tragödiendichter, geb. nm 220 v. Chr., blühte zur Zeit des 2. pun. Krieges; † nm 154 v. Chr. Nur Fragmente übrig (in Ribbeck's ‚Reliquiae', 1852).

Padang, niederl. Stadt auf Sumatra, 25,000 Ew. Freihafen, starke Kaffeeausfuhr.

Paddington (spr. Päddingt'n), früher Dorf in der engl. Grafsch. Middlesex, jetzt Theil von West-London.

Paddy (spr. Päd-), abbr. für Patrick, in England Spitzname der Irländer; in Ostindien unenthülster Reis.

Paderborn, Kreisstadt im preuss. Regbz. Minden, am Fluss Pader (zur Lippe) und der westphäl. Staatsbahn, 12,867 Ew.; byzant. Dom (11.—13 Jahrh.), Bartholomänskapelle (11. Jahrh.); Bischof, Priesterseminar (1592 bis 1819 Universität) bed. Getreidehandel. Dabei das Luselbad (für Brustleidende). — Das ehemal. reichsunmittelbare Hochstift P. (44 QM.), von Karl d. Gr. 795 gegr., seit 1803 säkularisirt und preuss. Erbfürstenthum.

Padilla, Juan de, span. volksthüml. Held, erhielt bei dem Ausbruche des Aufstandes der kastil. Städte (der sogen. Communidades) gegen Karl I. (V.) den Oberbefehl über die bewaffnete Macht derselben, ward 23. April 1521 bei Villalar geschlagen, gefangen und hingerichtet. [türk. Sultans.

Padischah (pers.), Oberkönig, Titel des Padoggen (Batocken), Schläge mit dünnen Stäben, beim russ. Militär üblich.

Padua (ital. Padŏva), oberital. Prov. (Venetien), 37,8 QM. u. 308,329 Ew. Die Hauptstadt P., am Bacchiglione, 53,584 Ew.; Prato della Valle (öffentl. Platz mit 74 Statuen); Dom, goth. Antoninskirche (1256—1307 erb.), Stadthaus (koloss. Saal, 256' l., 86' br.); Universität (1228 gestiftet); Darmsaiten- und Seidenbandfabr., lebh. Handel mit Vieh, Wein, Oel etc. — Im Alterthum Patavium, Hauptst. der Veneter, Geburtsort des Livius; ward 224 v. Chr. röm. Municipium und bald sehr blühend; im 13. Jahrh. von Ghibellinen Ezelin beherrscht; seit 1406 venetian, kam 1797 an Oesterreich, 1866 zum Königr. Italien.

Padua, Herzog von, s. Arrighi.

Padus, alter Name des Po.

Päan (Päon, gr., d. i. der Heilende), bei Homer der Arzt der olymp. Götter; auch Beiname des Aesknlap und des Apollo.

Päan (gr.), bei den Griechen Lied, welches einer Gottheit zu Ehren behufs der Abwendung irgend eines Uebels gesungen wurde; dann Jubelruf, Jubelhymne.

Pädagog (gr.), Erzieher, Lehrer der Jugend.

Pädagogik (gr.), Erziehungslehre, Theorie der Erziehung, ist entweder eine empirische, in der Erfahrung begründete, oder spekulative, aus der reinen Vernunft konstruirte, oder rationale, auf Erfahrung und zugleich auf spekulativem Denken beruhende. Bei den Alten fassten bes. Plato und Aristoteles die P. ins Auge. Die neuere P. beschäftigte sich anfangs vornehml. mit der Methodik des Unterrichts; später suchte sie nach einer philosoph., insbes. psycholog. Grundlage.

Systeme: Humanismus (s. Human), Realismus, Philanthropinismus. Vgl. die Werke von Niemeyer (9. Aufl. 1839, 3 Bde.), Herbart (1806), Kant (1803), Curtmann-Schwarz (7. Aufl. 1866, 2 Bde.), Graser (3. Aufl. 1830, 2 Bde.), Beneke (3. Aufl. 1864, 2 Bde.), Schleiermacher (1849), Gräfe (1845, 2 Bde.), Baur (1844), Palmer (4. Aufl. 1869), Waitz (1852), Rosenkranz (1848), Lübker (1865—66), Schmid, ‚Encyklopädie des gesammten Erziehungs- und Unterrichtswesens', Bd. 1—9, 1859—71; über die Geschichte der P. Cramer (1832—38, 2 Bde.), K. v. Raumer (3. Aufl. 1856—58, 4 Bde.), Schmidt (2. Aufl. 1868—70, 4 Bde.).

Pädagogium (gr.), Name von Schulen, die zugleich Erziehungsanstalten sind.

Pädarthrocace (gr.), Gelenkentzündung an den Händen skrophulöser Kinder.

Pädatrophie (gr.), Darrsucht der Kinder, Abzehrung infolge mangelnder Ernährung.

Päderastie (gr.), Knabenliebe, im altgriech. Staaten als Erziehungsmittel benutztes inniges Verhältniss zwischen einem Manne und einem Jüngling; später in unnatürl. Laster ausartend, im alten Griechenland und Rom sehr verbreitet und geduldet, wie noch jetzt im Orient.

Pädenterium (gr.), s. v. a. Pädagogium.

Pädentik (gr.), Erziehung zur Tugend.

Pädiatrie (gr.), Behandlung der Kinderkrankheiten; Pädiatrik, Lehre davon.

Pädicterus (gr.), Gelbsucht der Kinder.

Pädotrophie (gr.), die zweckmässige Ernährung der Kinder.

Päjäne, See im südl. Finnland, 19 M. l., bis 3 M. br., fliesst durch den Kymmene zum rim. Meerbusen ab.

Päonia L. (Päonie, Gichtrose), Pflanzengattung der Ranunculaceen. P. officinalis L., Pfingstrose, aus Südeuropa, Zierpflanze mit officinellen Samen. P. arborea Don, aus China und Japan. Zierstrauch.

Paër, Fernando, Komponist, geb. 1. Juni 1771 zu Parma, 1801—6 Kapellmeister in Dresden, folgte dann Napoleon I. nach Warschau, 1814—27 Direktor der ital. Oper in Paris, später Direktor der königl. Kammermusik das.; † 3. Mai 1839. Zahlr. Opern, am besten ‚Camilla' und ‚Sargino'.

Pästum (Posidonia, a. G.), blühende Stadt an der Westküste Lukaniens, Kolonie des griech. Sybaris; 10. Jahrh. durch Saracenen, 11. Jahrh. durch Normannen verwüstet; ihre Ruinen erst 1755 entdeckt.

Pagament (mittellat.), Bezahlung; Aufgeld; Scheidemünze; zusammengeschmolzenes Silber. [Fest, 24. Jan. gefeiert.

Pagaulien (lat.), bei den Römern ländl.

Paganini, Niccolo, ber. Violinvirtuos, geb. 18. Febr. 1784 zu Genua, machte 1828—34 Kunstreisen durch Italien, Deutschland, die Niederlande, Frankreich, Grossbritannien, lebte dann zurückgezogen auf seiner Villa bei Parma; † 27. Mai 1840 in Nizza. Als Künstler und Mensch gleich originell, sein Spiel von dämonischer Wirkung, epochemachend für die technischen Fortschritte des Violinspiels. Schr. auch äusserst schwierige Violinkompositionen: Koncerte, Sonaten, Capricen. Biogr. von Fétis (1851).

Paganismus (lat.), Heidenthum, Heidenwelt.

Pagäsä (a. G.), Hafenstadt in Thessalien, am *pagasäischen Meerbusen* (Golf von Volo).

Page (fr., spr. Pahsch), Edelknabe, junger Adeliger zu Bedienung fürstl. Personen.

Pagina (lat.), Seitenzahl, auch Blattseite eines Buchs; *paginiren*, die Blattseiten eines Buchs nach der Reihe beziffern.

Pagōde, Goldmünze in Ostindien, sehr ungleich im Werth, die wichtigste: Star-Pagoda, = 0,37 Kronen im Goldwerth.

Pagōden (sanskr., *Bhagarati*, d. i. heiliges Haus), die frei stehenden Tempel der Hindu und anderer südasiat. Völker; auch kleine, ungestalte Figuren mit bewegl. Kopf und Händen. [strohgelb.

Paille (fr., spr. Palj), Stroh; *Paillefarbe*,

Palmboeuf (spr. Pängböf), Stadt im franz. Dep. Unterloire, 4000 Ew., Hafen von Nantes, wo die grösseren Schiffe umgeladen werden.

Pairs (fr., spr. Pähr, engl. *Peers*, spr. Pihrs, vom lat. *pares*, Gleiche), urspr. die aus den Gefolgschaften hervorgegangenen Vasallen, die in allen die Lehnsverhältnisse betreffenden Sachen nur von ihresgleichen gerichtet wurden; daher in Frankreich bis 1848 auch in Frankreich Bezeichnung des an einer Korporation vereinigten hohen Adels. Zum engl. Pairieadel (Peerage) gehören die Herzöge, Marquis oder Markgrafen, Earls oder Grafen, Viscounts und Baroue, welche kraft ihrer vom Vater auf den ältesten Sohn vererbenden Würde Sitz und Stimme im Oberhaus (die schott. und irländ. Peers nur durch Wahl als Abgeordnete ihres Standes) und in Kriminalfällen ihren Gerichtsstand vor dem Oberhause haben. 1. Jan. 1867 zählte man 381 Peers, von deren Titeln wenige bis ins 15. u. 16., nur 6 bis ins 13. Jahrh. zurückreichen. In Frankreich ging die alte Pairie, eine Art Reichsrath, mehrmals erneuert, aber ohne alle polit. Bedeutung, durch die Revolution unter. Die Charte Ludwigs XVIII. schuf eine neue erbliche Pairie mit einer Pairskammer, die aber ebenfalls zu keiner rechten Wirksamkeit gedieh. Nach der Julirevolution 1830 erhielt der Königsausschliess. Recht, P., aber nur auf Lebenszeit, zu ernennen. Die Februarrevolution 1848 beseitigte diese P., an deren Stelle durch die Verfassung vom 14. Jan. 1852 ein Senat trat.

Paisiello, *Giovanni*, ital. Komponist, geb. 9. Mai 1741 zu Tarent, Schüler von Durante, unter Napoleon I. Direktor der kaiserl. Kapelle zu Paris, zuletzt Direktor des Konservatoriums zu Neapel; † das. 5. Juni 1816. Schr. Kirchenmusiken und über 100 Opern.

Paisley (spr. Pehsli), Fabrikstadt in der schott. Grafsch. Renfrew, am Cart u. an einem nach dem Clyde führenden Kanal, (1871) 48,257 Ew.; wichtige Baumwollfabr., Mannfakt. halbseidener Waaren, Plaids etc.

Paixhans (spr. Pächsang), *Henri Joseph*, franz. Ingenieur, geb. 22. Jan. 1783 in Metz, † als General 20. Aug. 1854 bei Metz. Erfinder der nach ihm benannten Kanonen von grösstem Kaliber, längerer Haubitzen mit kegelförmigen Kammern.

Pakington (spr. Päkingt'n), *Sir John Somerset*, engl. Staatsmann, geb. 1799, Sohn William Russells, ward 1837 Parlamentsmitglied, als eifriger Protektionist und Genosse Peels 1852 Kolonialminister, dann liberaler gesinnt und für Hebung des Volksunterrichts thätig, Febr. 1858 bis Juni 1859 erster Lord der Admiralität.

Palacky (spr. Palázki), *Franz*, böhm. Geschichtschreiber, geb. 14. Juni 1798 zu Hodslawitz in Mähren, seit 1829 böhm. Historiograph, 1848 Führer der slav. Partei auf den Reichstagen zu Wien und Kremsier, jetzt Hauptvertreter der czechischen Bestrebungen den Deutschen gegenüber, 1861 als lebenslängliches Mitglied in das österr. Herrenhaus berufen. Hauptwerk: ‚Geschichte Böhmens‘ (Bd. 1–5, 1836–67), das Czechenthum ungerecht bevorzugend.

Paládin, in den altfranz. u. span. Romanen Name der Helden der Tafelrunde u. am Hofe Karls d. Gr.; dann abenteuernder Ritter.

Paläographie (gr.), Kenntniss der verschiedenen Schriftarten des Alterthums. Vgl. *Silvestre de Sacy* (1839 – 41, 2 Bde.); *Wattenbach* (griech. 1867, latein. 1869).

Paläologen, s. *Oströmisches Reich*.

Paläontologie (*Petrefaktenkunde*), Lehre von den Versteinerungen, zerfällt in Paläozoologie und Paläophytologie, für die Geologie von grosser Wichtigkeit, insofern die Erkennung von Schichten u. Schichtensystemen oft nur durch Auffindung von Petrefakten ermöglicht wird; wissenschaftl. begründet von *Brugière*, *Lamarck*, *Cuvier*, *Sternberg* und *Brongniart*, fortgebildet von *Meyer*, *Owen*, *d'Orbigny*, *Quenstedt*, *Römer*, *Oppel*, *Unger* u. A. Vgl. *Bronn* und *Römer*, ‚Lethaea geogn.‘, 3. Aufl. 1851–56, 3 Bde.; *d'Orbigny* (1852 · 53, 3 Bde.); *Geinitz* (2. Aufl. 1866); *Quenstedt* (2. Aufl. 1865–66).

Palästina (*Kanaan*), das heilige Land des Jordan, der südl. Theil Syriens vom Antilibanon bis zum todten Meer, ca. 500 QM.; Hochland von 1–2000' Höhe, mit dem Tabor (1900'), kleinen Hermon (2740'), Karmel (1500'), Dschebel Hauran (über 5500') und der merkwürdigen Thalspalte, welche der See Tiberias, der Jordan und das todte Meer ausfüllen. Im Alterth. äusserst fruchtbar, wohlkultivirt und reich bevölkert (5 Mill. Ew.), unter der türk. Herrschaft verwahrlost (jetzt ca. 600,000 Ew.); zerfiel zu Christi Zeit in die Prov. Judäa (mit Jernsalem), Samaria und Galiläa, westl. vom Jordan, und die Prov. Peräa, Gauloulitis, Batanäa, Auranitis (Hauran) und Trachonitis, östl. vom Jordan. Ueber die Geschichte P.s s. *Hebräer* und *Juden*. Vgl. *K. von Raumer*, ‚P.‘, 4. Aufl. 1860; *Ritter*, ‚Erdkunde‘, 15. und 16. Bd., 1850–52; *Herzl* (1871); die Reisewerke von *Robinson*, *Smith*, *Tobler*, *Schubert*, *Sepp* u. A.

Palästra (gr.), Ringschule, Theil des altgriech. Gymnasiums, für die Uebungen im Faust- und Ringkampfe bestimmt.

Palamēdes, Sohn des Nauplius und der Clymene, ward vor Troja des Verraths beschuldigt und gesteinigt, angebl. Erfinder des Würfelspiels, des Masses und Gewichts,

Palander, plattes Schiff, auch als Bombardiergaliote dienend.

Palankin, in Ostindien Tragsessel, das dort allgemein übliche Beförderungsmittel.

Palatinischer Berg (*Mons Palatinus*), s. *Rom*.

Palatinus (lat.), Hof- oder Staatsbeamter, bes. in der nächsten Umgebung des Königs; in Ungarn bis 1853 der oberste Würdenträger des Reichs, Stellvertreter des Königs. *Palatinius*, im deutschen Reiche das Gebiet eines Pfalzgrafen, insbes. die Rhein-

Palätum (lat.), Gaumen.   [pfalz.

Palawan, Insel, s. *Paragua*.

Palembang, Hauptsitz der Niederländer auf Sumatra, 40,000 Ew. (viele Chinesen); Drahtflechterei, Elfenbeinschnitzerei.

Palencia, span. Prov. (Altkastilien), 146,9 QM. und 190,574 Ew.; sehr fruchtbar. Die *Hauptstadt* P., am Carrion, 12,811 Ew.; goth. Kathedrale. Weinbau, Handel.

Palenque (spr. -enke), Ort im mexik. Staate Chiapas, am Rio Micol; merkwürd. Ruinen einer alten Indianerstadt (,Pompeji der neuen Welt', 1787 aufgefunden).

Palermo, Hauptstadt der Insel Sicilien und der Prov. P. (92,4 QM. und 598,713 Ew.), an der Nordküste, 167,625 Ew.; 2 Hauptstrassen, bei ihrer Kreuzung die Seckige Piazza Pretoria bildend; zahlreiche schöne Plätze und Promenaden (Piazza Marina, P. Bologni, Via Toledo, gen. ,Il Cassero', der Corso mit P. etc.); Kathedrale der h. Rosalie (1170—85 erb.), Grabmäler der Hohenstaufen Heinrich VI. u. Friedrich II.), Kirche della Martorana, S. Giovanni (sicil. Vesper); königl. Palast (saracen. Ursprungs), Stadtbaus (antike Statuen), erzbisch. Palast, grossartiges Hospital. Doppelter schöner Hafen, durch Festungswerke und einen grossen Molo (1570 erb.) mit Leuchtthurm geschützt. Universität (1394 gegr.), einige Akademien, ber. Museum (altgriech. Skulpturen). Fabr. in Seidenzeug, Baumwollstoff, Gold- und Silberwaaren, Korallenarbeiten und Steinschleiferei, Tischlerei. Lebhafter Handel (in Händen der Engländer und Genuesen). Unfern der Monte Pellegrino mit Wallfahrtskapelle der h. Rosalie. Das *Panormus* der Alten, von Phöniciern gegr., später karthagisch, seit 254 v. Chr. römisch.

Palestrina, *Giovanni Pierluigi*, ital. Kirchenkomponist, geb. 1524 zu Palestrina (dem alten Präneste, daher auch ,Pränestinus' genannt), seit 1555 in Rom Kapellmeister an verschiedenen Kirchen, seit 1571 Komponist der päpstl. Kapelle an St. Peter; † 2. Febr. 1594. Schöpfer des erhabenen Kapell-Gesangstils (Palestrinastil) und dadurch Hauptreformator der Kirchenmusik. Schr. zahlr. Werke (36 Foliobände, nur s. Th. gedruckt); 4 Messen (2–6stimmig), Motetten (5stimmig), Offertorien, Litaneien, Hymnen etc. Biogr. von *Baini* (deutsch von *Kandler* 1834). Vgl. *von Winterfeld* (1832).

Palestro, Dorf in Oberitalien, bei Vercelli; 31. Mai 1859 siegr. *Gefecht* der Franzosen-Piemontesen gegen die Oesterreicher.

Palette (fr.), die gewöhnl. hölzerne, mit Loch für den Daumen versehene Scheibe, auf der die Maler die Farbe mischen.

Pâli, die heil. Sprache der Buddhisten, dem Sanskrit verwandt, als lebende Sprache seit der Unterdrückung des Buddhismus erloschen. Wörterbuch von *Clough* (neue Aufl. 1865). Reiche Literatur.

Palikao, *Cousin de Montauban, Graf von*, franz. General, geb. 1796 zu Paris, bis 1852 Cousin genannt, machte den Feldzug nach Spanien 1823 mit, diente dann in Algerien mit Auszeichnung, ward 1852 Brigade-, 1855 Divisionsgeneral und mit Verwaltung der Provinz Oran betraut, übernahm dann das Kommando der 2. Militärdivision zu Rouen, Jan. 1860 den Oberbefehl über die nach China bestimmten Expeditionstruppen, eroberte und plünderte Okt. 1861 den kaiserl. Sommerpalast bei Peking, ward zum Grafen von P. ernannt, bevorzugter Günstling Napoleons III., Aug. bis 4. Sept. 1870 Ministerpräsident.

Palikären, früher griech. od. albanesische Söldner in türk. Dienst, bewaffnet mit langer Flinte, Pistolen und Handschar; jetzt unregelmässige Truppen in Griechenland.

Palillogie (gr.), nachdrucksvolle Wiederholung eines Wortes oder Satzes zu Anfang eines neuen Satzes.

Palimpsest (gr., *Codex rescriptus*), alte Handschrift, geschrieben auf Pergament, das bereits einmal beschrieben, nachher aber abgerieben oder abgewaschen worden war. Indem man neuerdings mittelst chem. Reagentien die ursprüngliche Schrift mehr oder weniger wieder lesbar machte, hat man in den P. en manche werthvolle Fragmente der alten Literatur entdeckt.

Palindrom (gr.), Räthsel über ein Wort, das vor- und rückwärts gelesen einen Sinn gibt (z. B. Neger, Sarg); Vers, der vor- und rückwärts gelesen dieselben Worte ergibt (*Versus cancrinus*).

Palingenesie (gr.), Wiedergeburt, insbes. die Metamorphose der Insekten.

Palinodie (gr.), Widerruf.

Palinurus, Steuermann des Aeneas auf dessen Fahrt nach Italien, stürzte schlafend ins Meer, rettete sich an der lukan. Küste, ward hier erschlagen. Nach ihm genannt ist das *palinurische* Vorgebirge.

Palisanderholz, s. *Jacaranda*.

Palisaden (*Schanzpfähle*), 8 – 12' lange, oben zugespitzte Pfähle, dienen bei Befestigungen als Annäherungshindernisse und Deckmittel.

Palisadenwurm (Strongylus gigas *Rud.*), Eingeweidewurm aus der Klasse der Rundwürmer, bis 4' l., in und neben den Nieren des Menschen.   [Indien und Ceylon.

Palkstrasse, Meerenge zwischen Vorder-

Palladio, *Andrea*, ber. ital. Baumeister, geb. 30. Nov. 1518 zu Vicenza, † 19. Aug. 1580 zu Venedig. Seine Bauten (die vorzüglichsten in Venedig und Vicenza) ahmen die Antike nach, durch Einfachheit und Würde ausgezeichnet. Schr. auch ein Werk üb. Architektur (beste Ausg. 1776—83, 4 Bde.).

Palladium, angebl. vom Himmel herabgefallenes Bild der Pallas, zu Troja aufbewahrt, von Odysseus und Diomedes geraubt; überhaupt s. v. a. Schutzheiligthum.

Palladium, Metall, findet sich unter den Platinmetallen, in brasilian. Golde und bei Tilkerode, dem Platin ähnlich, aber schmelzbarer, in Salpetersäure löslich, dient zu Skalen, zum Befestigen künstlicher Zähne.

Pallas Athene, s. *Minerva*.

Pallasch (slav.), einschneidiges gerades Seitengewehr, Waffe der Kürassiere.

Palleske, Emil, Schriftsteller, geb. 5. Jan. 1823 zu Tempelburg (Pommern), 1845—51 Schauspieler am Hoftheater zu Oldenburg, wohnt jetzt in Thal bei Eisenach. Gefeierter Vorleser (bes. für Shakespeare); schr. ,Schillers Leben und Werke' (5. Aufl. 1871—72), auch Dramen.

Palliation (lat.), Bemäntelung, Beschönigung.

Palliativ (lat., *Palliativmittel*), die Symptome einer Krankheit, nicht diese selbst beseitigendes Arzneimittel, daher *Palliativkur* im Gegensatz zur *Radikalkur*, die gegen das Wesen der Krankheit gerichtet ist.

Palliatum negotium (lat.), verbotenes Geschäft unter der Form des Erlaubten.

Pallium (lat.), Hülle, Mantel, bes. wie ihn die Griechen trugen, daher *Comoedia palliata*, Komödie als Darstellung griech. Lebens, im Gegensatz zur *C. togata*, der ächt römischen; Theil des Ornates der kathol. Bischöfe, 3—4 Finger breite weisswollene Binde um die Schultern, seit etwa 500 von den Päpsten den abendländ. Bischöfen ertheilt, nach Beschluss der 4. Lateransynode (1215) zu Ausübung des erzbischöfl. Amtes durchaus nothwendig, wird nur gegen eine Taxe (*Palliengelder*) verliehen.

Pall-mall (engl., spr. Pall-mäll), in England mit ,Ball u. Hammer' gespieltes Gesellschaftsspiel; in engl. Städten Strassenname.

Palm, Joh. Phil., Buchhändler zu Nürnberg, geb. 1766 zu Schorndorf, ward als Verbreiter der Flugschrift ,Deutschland in seiner tiefsten Erniedrigung' 26. Aug. 1806 auf Napoleons I. Befehl kriegsgerichtl. zum Tod verurtheilt und erschossen. Sein Denkmal seit 1866 in Braunau. Biogr. 1842.

Palm, Längenmass, in England = ¼', in Holland = 1 Decimeter.

Palma, 1) befest. Hauptstadt der Insel Mallorca, 53,019 Ew.; Universität, Hafen und Seehandel. — 2) Hafenstadt auf der Südküste Siciliens, 10,600 Ew. — 3) Westlichste der kanar. Inseln, 15½ QM. und 30,000 Ew.; Hauptstadt Sta. Cruz.

Palma (lat.), die flache Hand.

Palma, Jacopo (*P. vecchio*), ber. Maler der venet. Schule, geb. 1480 bei Serinalta, † 1548 in Venedig; Hauptwerke: heil. Barbara (Venedig), die Porträts seiner 3 Töchter (Dresden), ,Bella di Tiziano' (Rom) u. A.

Palmarium (lat.), Siegeslohn, bes. des Rechtsanwalts für einen gewonnenen Prozess.

Palmarosaöl, s. *Pelargonium*.

Palmarum (lat.), s. *Palmsonntag*.

Palmblad, Wilh. Fredrik, schwed. Gelehrter u. Schriftsteller, geb. 16. Dec. 1788 zu Liljested (Ostgothland), † 2. Sept. 1852 als Prof. in Upsala. Verdient um Geschichte, Geogr. und Alterthumswissenschaft; auch treffl. Novellist (,Schloss Sternburg', ,Aurora Königsmarck', ,Amala' etc.).

Palmbutter, s. v. a. Palmöl.

Palmen (Palmae), Pflanzenfamilie der Monokotyledonen, Bäume oder Sträucher mit einfachen, fächerförmigen oder gefiederten Blättern, in Europa bis 44°, in Nordamerika bis 34° n. Br., s. Neuseeland bis 38° s. Br., unter den Tropen bis fast zur Schneegrenze aufsteigend, ausgezeichnet durch den Nutzen, welchen sie in allen Theilen dem Menschen gewähren, und bei mehreren Völkern Gegenstand des Kultus. Zahl der Arten 11—12,000, davon sehr viele bei uns in Palmenhäusern (Kew, Berlin) und als dauerhafte Zimmerpflanzen. Vgl. *Seemann*, deutsch von *Bolle* (2. Aufl. 1863) und die Werke von *Martius*.

Palmenholz, hartes, graues, schwarz geadertes Holz aus Guiana, feines Tischlerholz.

Palmenhonig, eingedickter Saft der südamerikan. Palme, Jubaea spectabilis, als Miel de palma Handelsartikel.

Palmenkohl, junge, noch unentwickelte Blätter verschied. Palmen, wie Cocos nucifera, Lodoicea, Maximiliana regia etc.; Gemüse.

Palmenmehl, s. Sago. [schaft.

Palmenorden, s. *Fruchtbringende Gesellschaft*.

Palmenpapier, die Blätter von Borassus flabelliformis und anderen Palmen, werden in Indien seit uralter Zeit als Papier benutzt; auch die Blattstiele von Oreodoxa oleracea *Mart.* liefern Papier.

Palmerston (spr. Pahmerst'n), *Henry John Temple, Viscount*, brit. Staatsmann, geb. 20. Oktober 1784 zu Broadlands in Hampshire, ward 1806 Parlamentsmitglied, 1809 Kriegssekretär, erst Tory, später Whig. Nov. 1830—1841 Minister des Auswärtigen, half die Reformbill durchsetzen, gab der auswärtigen Politik Englands eine liberale Richtung, dann im Unterhaus als schlagfertiger Redner Gegner des Toryministeriums. Seit Juli 1846 wieder Minister des Auswärtigen, vereitelte er die Bemühungen der Grossmächte zu Gunsten des schweiz. Sonderbundes und protegirte die ital. Reformpartei. Dec. 1851 wegen vorzeitiger Billigung des napoleon. Staatsstreiches in auffälliger Weise aus dem Ministerium entlassen, trat er Dec. 1852 als Staatssekretär des Innern in das aus Whigs und Peeliten gebildete Ministerium ein, 1855 an die Spitze eines neuen. Infolge der von ihm eingebrachten Verschwörungsbill Febr. 1858 zum Rücktritt veranlasst, erlangte er durch Koalition der liberalen Fraktionen Juni 1859 die Premierwürde wieder und behauptete sie bis zu seinem Tode, 18. Okt. 1865. Biogr. von *Bulwer* (1870, 2 Bde.; deutsch 1871—72).

Palmipeden, Schwimmvögel.

Palmitin, festes Fett, findet sich in fast allen natürlichen Fetten neben Stearin, farblos, löslich in kochendem Alkohol und in Aether, erstarrt bei 45,5° C.

Palmitinsäure, fette Säure, wird aus Palmitin gewonnen, bildet mit Stearinsäure die Kurzenmasse, farblos, löslich in Alkohol und Aether, schmilzt bei 62° C. [meter.

Palmo, portug. Längenmass, = 22 Centi-

Palmöl, fettes Oel von verschiedenen Palmenfrüchten, bes. von Elais guineensis in Westafrika, kultivirt in Brasilien und Westindien, butterartig weich, orangegelb, schmeckt süsslich, riecht veilchenartig und schmilzt bei 27—36° C., wird schnell ranzig, durch starkes Erhitzen gebleicht und dient zur Seifen-, Kerzenfabrikation, zu Wagen- und Maschinenfett. Ebenso das farb- und geschmacklose, bei 20—22° C. schmelzende Kokosnussöl. [mit dem Horrobr.

Palmoskopie (gr.), Beobachtung des Pulses

Palmsonntag (Palmarum, näml. dies), der Sonntag vor Ostern, so genannt von dem Palmenstreuen beim Einzug Jesu in Jerusalem. In der röm.-kathol. Kirche findet an demselben die Palmweihe statt, die Weihe von Zweigen am Hochaltar, die dann unter die Anwesenden vertheilt werden.

Palmus (lat.), die Breite der Hand, altröm. Laugenmass, = ¼, später ⅓.

Palmwachs, s. Wachs. [caprea.

Palmweide, s. v. a. Sahlweide, Salix

Palmwein, gegohrener Palmensaft, wird durch Ausschneiden des unentwickelten Blütbenkolbens verschiedener Palmen, Anffangen des Saftes (Toddy) und Gährung bereitet. Aus dem P. von Arenga saccharifera wird durch Destillation batavischer Arrak bereitet, Borassus flabelliformis liefert den Goa-Arrak.

Palmyra (syr. Thamar, d. i. Palmenstadt, a. G.), Hauptstadt der obersyr. Landschaft Palmyrene, dann des palmyrenischen Reichs, das, 3. Jahrh. von Odenatus gegr., unter dessen Wittwe Zenobia die höchste Blüthe erreichte, aber schon 275 von Kaiser Aurelian erobert wurde. Die Stadt, 744 n. Chr. abermals durch die Saracenen verwüstet, jetzt ein viel durchforschter Trümmerhaufe. Vgl. die Werke von Wood, Seller, Porter.

Palmyrapalme, s. Borassus. [Irbi n. A.

Palmzucker, wird durch Einkochen von Palmensaft (Toddy, s. Palmwein) bereitet. Den meisten P. liefern Arenga saccharifera, Phoenix sylvestria, Cocos nucifera (Jaggery, Jagrezucker) und Borassus flabelliformis. Produktion jährl. 2,200,000 Ctr. [mor.

Palombino (ital.), weissl. oder gelb. Marmor.

Palotiren (Rekotiren), Pflanzenbaumethode in Belgien, Ueberstreuen der Saat mit Ackererde aus Beetfurchen.

Palpábel (lat.), greifbar, tastbar. Palpation, das Betasten, Befühlen.

Palpébrae (lat.), Augenlider. Palpebration, das Blinzeln, Zwinkern.

Palpen (lat.), Taster, fühlerähnliche Organe am Unterkiefer und an der Unterlippe der Insekten.

Palpitation (lat.), Herzklopfen.

Palndan-Müller, Frederik, dän. Dichter und Schriftsteller, geb. 7. Febr. 1809 auf Fünen; schr. die didakt.-bumor. Dichtung „Adam Homo‘ (Hauptwerk, 3. Aufl. 1856), den Roman „Ivan Lykkes Historie‘ (1866) u. A. — Sein Bruder Kaspar Peter P., geb. 1805, bekannt als Geschichtschreiber.

Paméla, Bezeichnung einer Tugendheldin, nach der Hauptperson in Richardsons gleichnamigem Roman.

Pamir, Gebirgsplateau im Westrand von Hochasien, südl. vom Belurtagh, 15,000‘ h.

Pampas, Ebenen, insbes. die Steppen der La-Platastaaten in Südamerika, theils öde Grasflnren, theils Salzsümpfe und kahle Salzsteppen. Pampéro, der in den P. herrschende Sturmwind.

Pampelóna (Pamplona), feste Hauptstadt der span. Prov. Navarra, am Fusse der Pyrenäen nnd am Flusse Arga, 22,896 Ew.; Fabriken in Leder, Tuch; grosse Messe.

Pamphlét, Fing-, bes. Schmähschrift; Pamphletist, Verfasser von solchen.

Pamphylien (a. G.), Landschaft an der Südküste von Kleinasien, zwischen Lycien und Cilicien, seit 78 v. Chr. römisch.

Pamplegie (gr.), allgemeine Lähmung.

Pän (gr.), das All, Alles.

Pän, altgriech. Gott der Hirten und Heerden, Sohn des Hermes, mit Bocksfüssen u. Hörnern und rauh behaart; auch Dämon des Schreckens, daher panischer Schrecken (Panik), allgemeine plötzliche, doch grundlose Bestürzung.

Panacéa (gr.), die Allesheilende, Göttin der Genesung, Tcchter des Aeskulap, daher auch s. v. a. Universalbeilmittel, s. B. P. Glanberi, Glaubersalz.

Panáma, Hauptstadt des Staats Istmo (Südamerika), an der gleichnam. Bai des stillen Oceans, 15,000 Ew.; wichtig als Ausgangspunkt der von Aspinwall über den Isthmus von P. führenden Eisenbahn (1855 eröffnet, 1866: 31,700 Reisende) und als Knotenpunkt für den Dampferverkehr auf dem stillen Ocean; Freihafen. Gegr. 1521 von den Spaniern, 1671 von Flibustiern zerstört.

Panámahäte, s. Hut. [naria.

Panámarinde, Rinde von Quillaja sapo-

Panámas, halbwollene Gewebe mit dreifadiger Kette und doppelfadigem Einschuss.

Panathénäen, Hauptfest der Athener, im August mit Opfern, Spielen und feierlichen Aufzügen gefeiert zu Ehren der Athene.

Panax L. (Kraftwurz, Ginseng), Pflanzengattung der Araliaceen. P. Schin-seng Nees v. Esenbeck, in Ostindien, China, Japan, liefert die Ginsengwurzel (s. d.). Zierpflanzen.

Panaxgummi, s. v. a. Opopanax.

Pancratium L. (Gilgen, Funkrzalilie), Pflanzengattung der Amaryllideen. P. maritimum L., Meerstrandsgilgen, Meerlilie, am Mittelmeer und in Ostindien, mit officin. Wurzel (Rad. Scillae minoris). Zierpflanzen.

Pancratius, christl. Märtyrer, unter Diokletian enthauptet. Tag 12. Mai, im Volksglauben durch Nachtfröste verrufen, wie auch der 13. Mai (Servatius).

Pancsova (spr. -tschówa), feste Stadt im österr. Militärgrenzland, an der Temes (unweit der Donau), 12,750 Ew.; starke Seidenzucht, lebhafter Handel mit Serbien.

Pandämonium (gr.), allen Dämonen geweihter Tempel; Reich des Satan.

Pandánus L. fl. (Schraubenbaum, Pandang), Pflanzengattung der Pandaneen. P. odoratissimus Jacq., Baum in Ostindien, China, Arabien, auf den Südseeinseln, mit grosser, ananasähnlicher Frucht, Nahrungsmittel auf den Südseeinseln, liefert Flecht- und Spinnfasern. Ebenso P. utilis Bory, auf den Maskarenen u. Madagaskar. Warmhauspflanzen.

Pandekten (*Digesten*), Hauptbestandtheil des Corpus Juris civilis, Excerpte aus 39 Schriftstellern, auf Justinians Veranlassung von 17 Rechtsgelehrten unter Tribonians Leitung anserlesen und 16. Dec. 533 mit gesetzlicher Autorität bekannt gemacht; das darin enthaltene röm. Civilrecht heisst *Pandektenrecht*, bes. von *Puchta*, *Vangerow*, *Windscheidt*, *Arndts* in Lehrbüchern behandelt, von *Glück* kommentirt (1796—1869, 46 Bde.), fortgesetzt von *Mühlenbruch*, *Fein* und *Arndts*.

Pandemie (gr.), eine in einem ganzen Volke verbreitete Krankheit.

Pandémos (gr.), Beiname der Aphrodite als der Göttin der sinnlichen Liebeslust.

Pandōra (gr., d. i. die Allbegabte), nach dem griech. Mythus das erste Weib auf Erden, auf Geheiss der über des Prometheus Feuerraub erzürnten Götter von Hephästus geschaffen, mit allen Reizen ausgestattet, aber auch mit einem Gefäss versehen, aus dem Uebel über die ganze Erde ausströmten, während allein die Hoffnung am Boden zurückblieb. Daher *Büchse der P.*, sprichwörtlich für Quelle alles Uebels.

Pandūren, unregelmässige ungar. Miliz zu Fuss, berüchtigt aus dem österr. Erbfolgekriege durch Grausamkeit u. Raubsucht.

Panegyricus (gr.), Lobrede, Lobschrift zu Verherrlichung einer Person oder Sache. *Panegyrist*, Lobredner.

Panel, hölzernes Tafelwerk zur Bekleidung des unteren Theils der Zimmerwände.

Pangenésis (gr.), bei Darwin Hypothese zur Erklärung des Atavismus (s. d.), insbes. der Erscheinungen, wonach eine individuelle Eigenthümlichkeit der Ahnen, welche Generationen hindurch geschlummert hat, plötzlich in spätern Nachkommen wieder auftritt.

Pangermanismus, das Streben nach Einigung Deutschlands und Germanisirung nicht germanischer Elemente.

Pangium *Reinw.* (*Pangibaum*), Pflanzengattung der Malvaceen. P. edule *Reinw.*, Baum auf den Inseln des Archipelagus, mit ölreichen, gekocht od. geröstet geniessbaren Samen und heilkräftigen Blättern, die wie die Rinde zum Betäuben der Fische dienen.

Panhagia (gr.), die Allheilige, in der griech. Kirche die Jungfrau Maria.

Panharmonisch (gr.), völlig übereinstimmend.

Panicŭla (lat.), Rispe.

Panĭcum *L.*, Hirse, s. d.

Panier, s. *Banner*.

Panifikation, Brodbereitung; Umwandlung in Brod.

Panik, s. *Pan*.

Panis (lat.), Brod. *Panisbrief*, Brodbrief, schriftl. Empfehlung des Kaisers an ein Kloster, Jemanden auf eine bestimmte Zeit oder lebenslänglich zu versorgen.

Panischer Schrecken, s. *Pan*.

Panke, Nebenfluss der Spree, mündet innerhalb der Stadt Berlin; 5 M. lang.

Pankow, Dorf, nördl. bei Berlin, an der stettiner Bahn, Vergnügungsort der Berliner.

Pankration (gr.), Faust- und Ringkampf.

Pankreas (gr., *Bauchspeicheldrüse*), eine in der Oberbauchgegend (hinter dem Magen) quer gelegene, 20 Centimeter l., 4 Ctm. br. Drüse, deren Ausführungsgang (ductus Wir-

sungianus) in den Zwölffingerdarm mündet; liefert den Bauchspeichel, der namentl. zur Umwandlung der Stärke in Dextrin und Zucker dient. Krankheiten des P. seiten.

Panneau (fr., spr. -noh), vertieftes Feld, Füllung an Wandflächen zu Ambringung von Ornamenten, Inschriften etc.

Pannetiergrün, s. *Chrom*.

Panniculus (lat.), feste Haut.

Pannonien (a. G.), röm. Prov., umfassend das heutige Ungarn, rechts der Donau, das nordöstl. Kroatien, Striche von Bosnien, Krain etc.; bewohnt von den *Pannoniern*, die Augustus 35 v. Chr. unterwarf.

Panochezucker, von einem kalifornischen Schilfrohr stammender, wahrscheinl. durch Insekten erzeugter Zucker.

Panophobie (gr.), panischer Schrecken; schreckhaftes Auffahren im Schlaf.

Panophthalmitis (gr.), Entzünd. sämmtl. Theile des Auges, gefährlichste Augenkrankheit, die meist mit vollständigem Schwund des ganzen Auges endet, auch durch Uebergang auf das Gehirn tödtliche Hirnentzündung veranlassen kann. Ist sehr schmerzhaft und äussert sich durch enorme Schwellung, Vereiterung des Augapfels und eigenthümliche subjektive Lichterscheinungen. Erfordert sofortige ärztliche Behandlung.

Panoplia (gr.), die volle Rüstung der schwerbewaffneten Krieger; Waffensamml.

Panóptiken (gr.), Name umfassender Sammlungen, in denen ,Alles zu sehen' ist.

Panorāma (gr.), Landschaftsgemälde, welches auf vertikalen, gewöhnl. in einem Cylinder um den Standpunkt des Beschauers aufgestellten Wänden eine Rundschau gewährt (während beim *Cyclorama* das Längenbild vor den Augen des Beschauers vorübergezogen wird); 1787 von *Barker* erfunden. Dann auch streifenartige Ansichten, die nach rechts und links ein weites Augenfeld nehmen, bes. für die Ansicht von Bergen angewendet.

Panormus (a. G.), das heutige Palermo.

Pansen (*Wanst*), die vorderste Abtheilung des Magens der Wiederkäuer, Dickhäuter und Cetaceen.

Panslavismus, das Streben nach Vereinigung der slav. Völker zu Einem Reiche.

Pantalone (ital.), kom. Charaktermaske der ital. Volksbühne, einen Alten in venetian. Kaufmannstracht (langem schwarzen Mantel, rothen Strumpfhosen und Pantoffeln) darstellend. Davon *Pantalons*, lange Beinkleider.

Pantellaria (*Pantalaria*, das alte *Cossyra*), ital. Insel, zwischen Sicilien und Afrika, 2¼ QM. und 6000 Ew.; vulkan. heisse Quellen.

Pantheïsmus (gr.), die Ansicht, wonach das All der Dinge Gott ist, im Alterthum von der eleatischen Philosophenschule, von Heraklit, den Stoikern und Neuplatonikern, in neuerer Zeit bes. von Spinoza, Schelling, Hegel vertreten. *Pantheïst*, Anhänger des P.

Panthéon (gr.), im Alterth. ein allen (oder den vornehmsten) Göttern gewidmeter Tempel (am berühmtesten das P. zu Rom).

Panther, gemeinschaftl. Benennung der katzenartigen Raubthiere mit geflecktem Fell: Jaguar, Parder, Leopard, Ozelot.

Panticapäum (a. G.), s. *Kertsch*.

Pantoffelbaum, s v. a. Korkeiche.

Pantoffelblume, s. v. a. Calceolaria.

Pantoffelholz, s. v. a. Kork.

Pantograph (gr.), s. v. a. Storchschnabel.

Pantometer (gr.), Allmesser, Instrument zum Messen von Winkeln, Höhen u. Längen, besteht aus 2 mit Theilungen versehenen Armen, die sich auf 2 halben, gleichfalls mit Theilungen versehenen Zirkeln bewegen

Pantomima (gr.), s. *Mimen*. [lassen.

Pantschatantra, ber. ind. Fabelwerk aus 5. Jahrh. n. Chr., angeblich von Vishnu-arma (deutsch von *Benfey* 1859, 2 Bds.). Vgl. *Hitopadesa*.

Pantschmaschine, Art Walkmühle zur Entfernung der Schlichte aus Geweben, die gebleicht und gefärbt werden sollen.

Panzer, Defensivwaffe, aus Metall, Leder oder gewebten Stoffen bestehende Bedeckung des Körpers gegen feindliche Waffen; im Alterth.. und Mittelalter wichtig, oft sehr kunstvoll gearbeitet, in der Neuzeit nur noch als Küraß bei den schweren Reitern in Gebrauch. Der P., im Gegensatz zum Harnisch, bedeckte nur Brust, Rücken u. Leib.

Panzerhemd, aus Draht oder Drahtringen angefertigtes Schutzkleid, bes. für Reiterei, jetzt nur noch bei Asiaten.

Panzerkette, aus Metall- (Stahl-) Ringen bestehende Kette, welche bei den Kavalleriepferden auf den Riemen der Zäumung oben an dem Kopf angenäht wird, um diesen Riemen, sowie den Kopf vor dem Zerhauen zu schützen.

Panzerschiffe, s. *Schiff*.

Panzootie (gr.), Seuche, die sich über alles Lebende erstreckt.

Paoli, *Pascal*, Anführer der Korsen, geb. 1726, orduete, 1755 zum Generalkapitau der Korsan gewählt, die Verwaltung u. Rechtspflege, leistete den Genuesen erfolgreichen Widerstand, begab sich nach Abtretung der Insel an die Franzosen 1769 nach England, kehrte 1789 nach Korsika zurück, ward zum Präsidenten des Depart. erwählt, gedachte bei dem zunehmenden Terrorismus in Frankreich Korsika zu einem unabhängigen Staat zu erheben, beförderte, 17. Mai 1793 vom Konvent für einen Staatsverräther erklärt, 1794 die Landung engl. Truppen, zerfiel dann mit ihnen, begab sich 1796 nach London; † 5. Febr. 1807 das. Vgl. *Klose* (1853) und *Bartoli* (1867).

Paoli, *Betty*, s. *Glück, Elisabeth*.

Paolo, röm. Silbermünze, = 10 Bajocchi.

Papagei en (*Sittiche*, Psittacini), Familie der Klettervögel, enthält die am höchsten entwickelten Vögel; 350 Arten, davon 142 in Amerika, dort von 43º n. Br. bis zur Magellansstrasse. *Nachtpapageien* (Stringopinae), den Raubvögeln ähnlich; *Kakadu* (s. d., Plictolophinae); *Sittiche* oder *langschwänzige P.* (Sittacinae) mit den *Aras* oder *Araras*, aus Süd- und Mittelamerika, als den grössten P., dem *Wellenpapagei* (Melopsittacus undulatus *Shaw*), aus Australien; *kurzschwänzige P.* (Psittacinae), mit dem gelehrigen *Jako* oder *Perroquet* (Psittacus erithacus *L.*), aus Westafrika, und den Unzertrennlichen, *Inséparables* (Psittacula pullaria *L.*),

aus Westafrika, von denen man glaubte, dass sie nur paarweise leben könnten; *Loris* (Trichoglossinae) mit bewimperter Zunge zum Auflecken des Blüthensaftes, aus Australien. Vgl. *Finsch*, ‚Die P.‘, 1.—2. Bd., 1867—69; *Brehm*, ‚Gefangene Vögel‘, 1871; *Russ*, ‚Handbuch‘, 1871.

Papal (lat.), päpstlich; *Papalsystem*, die päpstl. Oberherrschaft über die Kirche. *Papat*, die päpstl. Würde, das Papstthum.

Papaver *L.* (*Mohn*), Pflanzengattung der Papaveraceen. P. *somniferum L.*, *Gartenmohn, Schlafmohn*, aus Kleinasien, wird in schwarz- und weissamigen Varietäten zur Gewinnung des Opiums, der officinellen Samenkapseln (Capita Papaveris) und des ölreichen Mohnsamens in Vorderasien, Ostindien, Aegypten, Algerien, Mitteleuropa kultivirt; auch Zierpflanze. P. Rhoeas *L.*, *Klatschrose*, in Europa, Asien, Afrika zwischen Getreide, mit officinellen Blumenblättern.

Papeïti, Haupthafen der Insel Tahiti.

Papel (lat. *papula*, *Knötchen*), Hautausschlag, in Gestalt kleiner, bis hirsekorngrosser solider (nicht mit Wasser oder Eiter erfüllter) Erhebungen, die durch Vereiterung in Pusteln übergehen.

Papen (*Pfaffen*), Erdkegel, bleiben beim Abtragen von Höhen stellenweise stehen, um die abgetragene Erde danach abzuschätzen.

Papenburg, Stadt im preuss. Regbz. Osnabrück, blühende Fehnkolonie, durch Kanäle mit der Ems verbunden, 5850 Ew.; Bahnhof; lebhafter Seehandel; Schiffbau.

Papeterie (fr.), Papierhandel; Papier- und Pappwaaren; elegante Konvolute mit Briefkouverts, Briefbogen etc.

Paphlagonien (a. G.), kleinasiat. Landschaft, am schwarzen Meer, Hauptst. Sinope; *Paphlagonier*, sprichwörtl. für nichtsnutzige und geschwätzige Menschen.

Paphus (a. G.), Stadt an der Westküste von Cypern, mit ber. Tempel der Aphrodite, die hier zuerst aus dem Meere aus Land gestiegen sein soll (daher *paphische Göttin*); jetzt Kuklia.

Papier, dünner Filz aus kurzen Fasern, wird bes. aus Lumpen u. Spinnereiabfällen, massgemahlenem Holz, Stroh, verschiedenen Gräsern (Esparto, s. d.) etc. dargestellt; die sortirten Lumpen werden zerschnitten, gewaschen und nass auf dem Holländer durch scheerenartig wirkende Messer zertheilt. Der erzielte Halbstoff wird mit Chlor gebleicht, gewaschen und auf einem zweiten Holländer noch weiter zerkleinert. Der Ganzstoff wird dann gebläut, mit harzsaurer Thouerde gemischt (geleimt) und häufig mit Thon, Gyps oder schwefelsaurem Baryt (oft bis 25%) versetzt. Der breiartige Ganzstoff wird auf einer siebartigen Fläche (Form) in dünner Schicht ausgebreitet (geschöpft), der so gebildete Bogen zwischen Filzplatten gelegt (gekautscht), in Stössen gepresst und getrocknet. Aus ungeleimtem Stoff erhält man Lösch-, Fliess-, Druck-, Filtrirpapier, welches noch durch Eintauchen in alaunhaltige Leimlösung geleimt werden kann. Je nach der Bindung des Drahtes in der Form erscheint das P. gerippt oder gewebeartig (Vellnpapier) oder zeigt Wasserzeichen.

Das geschöpfte oder Büttenpapier ist durch das Maschinenpapier verdrängt worden. Bei der Papiermaschine fliesst der Ganzstoff durch den Knotenfänger, wo er gereinigt wird, auf die endlose, aus feinem Drahtgewebe bestehende, sich gleichmässig fortbewegende und dabei seitwärts rüttelnde Form, wird hier durch Filtration, zuletzt unter Anwendung von Luftdruck entwässert, verlässt dann die Form und gelangt als endloses Blatt auf ein endloses Filztuch, auf welchem es zuerst kalte, dann heisse Walzen passirt. Vollständig getrocknet, wird es zwischen Walzen geglättet und zerschnitten. Die Lumpensurrogate erfordern vor der Zerkleinerung meist chemische Behandlung zur Reinigung und Lockerung der Faser. Das beste P. liefern Hanf- und Leinengespinnste. Die Alten benutzten als P. Blätter, Papyrus, Pergament; unser P. ist eine Erfindung des 14. Jahrh.; ein ähnliches Baumwollenpapier fertigten die Araber im 9. und 10. Jahrh.; am vollkommensten und vielseitigsten ist die Papierbereitung in Japan. Vgl. *Müller*, „Fabrikation des P.s", 3. Aufl. 1862; *Exner*, „Eigenschaften des P.s", 1864.

Papiergeld (fr. *papier monnaie*, engl. *paper money*, *Kassenanweisungen*), Werthzeichen, unterscheidet sich von dem baaren Gelde dadurch, dass der Tauschwerth nicht in ihm enthalten, sondern von ihm nur repräsentirt wird, muss jederzeit gegen baares Geld oder Güter von gleichem Werthe umgetauscht werden können, verdankt seine Entstehung dem sehr erweiterten Verkehr, für den theils das vorhandene Metallgeld nicht ausreicht, theils ein leichter transportables, grössere Summen darstellendes Werthzeichen nöthig ist. Seine Grundlage ist der Kredit, der Glaube an die Zahlungsfähigkeit desjenigen Staats, welcher es als Zahlungsanweisung auf sich selbst anstellt.

Papiermaché (fr., spr. Pappihmäscheh), Papierzeug mit Zusätzen, mit Leimwasser zur plast. Masse angerührt u. in Formen gepresst, dann getrocknet, gefirnisst, bemalt etc., liefert Dosen, Teller, Figuren etc. *Steinpappe* ist ein ähnliches Fabrikat mit hohem Thonoder Kreidegehalt. Auch durch innige Vereinigung mehrerer Papierbogen zu einer kompakten Masse erhält man P.

Papiermaulbeerbaum, s. *Broussonetia*.

Papilio (lat.), Schmetterling; auch Tagfaltergattung, zu welcher Schwalbenschwanz (P. Machaon *L.*) und Segelfalter (P. Podalirius *L.*) gehören.   [blume.

Papillaceae *coralla*, Schmetterlings-

Papillargeschwulst (Papilloma, *Zellengeschwulst*), gemeinsamer Name für krankhafte Neubildungen, die aus gefässhaltigem, in Wärzchenform angeordnetem Bindegewebe mit einem Epitheluberzuge bestehen, wie die gewöhnl. Hautwarze, Feigwarze, nässende Warze etc.; bösartig: die *weiche* P. (in der Blase, in der Mutterscheide als *Blumenkohlgewächs*, im Darm), die bes. durch Blutungen Gefahr bringt. Behandlung meist operativ.

Papille (lat.), Wärzchen, s. *Haut*; auch s. v. a. Brustwarze. In der Botanik sind P.n durch Ausdehnung der äussern Wand von

Epidermalzellen an Stellen der Oberfläche, wo die Cuticula fehlt, gebildete Organe, bedingen auf Blumen den Sammtglanz und den Schmelz der Farbe.

Papin (spr. -päng), *Dionys.*, Arzt und Physiker, geb. 22. Aug. 1647 in Blois, 1688—1707 Prof. in Marburg; † etwa 1714. Erfinder des nach ihm benannten Dampfkochtopfes (s. d.) und des Tellers der Luftpumpe, erbaute 1707 auch ein Dampfboot. Biogr. von *La Saussaye* und *Féang* (1869 ff.).

Papinianus, *Aemilius*, ber. röm. Rechtsgelehrter, geb. um 140 n. Chr., bekleidete die ersten Staatsämter, war zuletzt Praefectus praetorio; unter Caracalla 212 hingerichtet.

Papismus (lat.), Papstthum; die Lehre vom Papst als dem unfehlbaren Statthalter Christi auf Erden u. die Parteinahme dafür.

Pappe, wie Papier geschöpft (s. *Papier*) oder durch Vereinigen frisch geschöpfter Papierbogen (gekautschte P.) oder durch Zusammenleimen fertiger Papierbogen (geleimte P.) dargestellt. *Presspan*, die feinste, härteste und glänzendste gekautschte P., dient zum Glätten n. Glanzen von Papier n. Tuch.

Pappel (Populus *L.*), Pflanzengattung der Amentaceen. Nutz- und Brennholz liefern: die *Espe*, *Zitterpappel* (P. tremula *L.*), in Nordeuropa bis Süddeutschland; die *Silberpappel* (P. alba *L.*), aus Südeuropa; die ähnliche *Graupappel* (P. canescens *Smith*), aus Ungarn u. Siebenbürgen; die *Schwarzpappel*, *Pappelweide*, *Rheinweide* (P. nigra *L.*), in Europa, von der die balsamisch-aromatischen Blattknospen officinell sind; die *canadische* P. (P. monilifera *Ait.*), aus Carolina und Canada; die *Balsampappel* (P. balsamifera *Med.*), aus Nordamerika und Sibirien. Von der *italienischen* P. (P. pyramidalis *Rozier*), aus dem Orient, Alleebaum, besitzen wir nur männliche Pflanzen.

Pappelrose, s. *Althäa.*

Pappelsalbe, mit einem Fettauszuge der Pappelknospen bereitete Salbe.

Pappenheim, Stadt im bayer. Regbz. Mittelfranken, an der Altmühl, 2484 Ew.; Hauptort der *Grafschaft* P. (3½ QM.), mit Schloss.

Pappenheim, *Gottfr. Heinrich, Graf zu*, kaiserl. Feldherr im 30jähr. Kriege, geb. 19. Mai 1594, focht als Oberst im Iigulet. Heere 1620 auf dem weissen Berge bei Prag, ward 1623 Chef eines Kürassierregiments, der sogen. *Pappenheimer*, unterdrückte 1626 den Bauernaufstand in Oberösterreich, nahm am Krieg gegen Christian IV. von Dänemark, an der Erstürmung von Magdeburg und an der Schlacht bei Breitenfeld Theil; †, bei Lützen verwundet, 7. Nov. 1632 zu Leipzig. Biogr. von *Hess* (1855).

Pappus (lat., *Haarkrone, Samenkrone*), der den bleibenden oberen Kelch der Blümchen einer zusammengesetzten Blume andeutende, aus Federn, Haaren etc. bestehende Ansatz des Samens.

Paprika, s. *Capsicum.*

Papst (*Pabst*, v. lat. *papa*), ursprüngl. und noch im 5. Jahrh. Ehrenprädikat jedes Bischofs, dann ausschliessl. des Bischofs von Rom, der schon seit Ende des 4. Jahrh. als der erste unter den 5 Patriarchen (s. d.) der Christenheit gelten wollte. Trotz der An-

erkennung des röm. Bischofs durch die abendländ. Synode zu Sardica 343 und ein kaiserl. Dekret Valentinians III. von 445 als Primas der Bischöfe fand diese Machtstellung selbst im Occident bis ins 8. Jahrh. Widerspruch. Umstände, welche dem P.e nach und nach die Herrschaft über die abendländ. Kirche verschafften, waren bes. das Ansehen Roms als einziger apostolischer Kirche im Abendlande und Mutter zahlr. neuer, von röm. Missionären gegründeter Kirchen, die polit. Verwirrung in Italien und Frankreich, die Geltendmachung der pseudoisidor. Dekretalen, der Zwiespalt zwischen der oriental. und occidental. Kirche, infolge dessen sich die letztere immer enger an den P. anschloss, und die persönl. Begabung mehrerer Päpste. Die *Papstwahl* stand seit dem 10. Jahrh. ganz unter dem Einfluss des röm. Adels. Nikolaus II. wies sie 1059 als ausschliessl. Recht den Kardinälen an, deren Kollegium nach einer späteren Bestimmung der zu Wählende angehören musste. Das Bestätigungsrecht behaupteten die deutschen Kaiser bis ins 12. Jahrh. Genauers Bestimmungen über das Verfahren bei der Wahl gab Alexander III., von Gregor X., Julius II., Pius IV., Gregor XV., Urban VIII. und Clemens XII. vervollständigt, gelten dieselben im Wesentl. noch jetzt. Ueber die *Geschichte* der Päpste vgl. *Spittler* (1896), *Ranke* (5. Aufl. 1866—67,
    Papuas, s. *Negritos*.   [3 Bde.]
    Papyrus, s. *Cyperus*.
    Par (lat.), gleich; als Substantiv Paar.
    Pará (*Gröe P.*), Prov. im nordöstl. Brasilien, 24,500 QM. und 850,000 Ew. Die *Hauptstadt* P. (*Belem*), am *Rio P.*, 20,000 Ew.; vermittelt die Ausfuhr der Produkte des Amazonenstromgebietes.   [1¼ Piaster.
    Para, Münze, in Aegypten u. der Türkei =
    Parabase (gr.), in der altgriech. Komödie die ausser Zusammenhang mit der Fabel des Stücks stehende Ansprache des Chors (im Namen des Dichters) an das Publikum; von *Halen* u. A. nachgeahmt. Vgl. *Agthe* (1866).
    Parabel (gr.), Gleichniss; insbes. Erzählung, welche an einem durchgeführten (gewöhnl. volksthümlichen) Gleichnisse eine Wahrheit veranschaulicht (die schönsten P.n im N. T.). *Parabolisch*, vergleichsweise.
    Parabel, in der Mathematik zu den Kegelschnitten (s. *Kegel*) gehörige Kurve, entsteht, wenn ein Kegel von einer Ebene parallel einer Seitenlinie desselben durchschnitten wird, der geometrische Ort aller Punkte, welche von einer gegebenen geraden (Directrix) und einem ausserhalb derselben liegenden festen Punkte (*Brennpunkte*) gleich weit abstehen. Eine durch den Brennpunkt gehende, auf der Directrix senkrecht stehende Gerade heisst die *Axe*; sie theilt die P. in zwei einander gleiche, sich ins Unendliche erstreckende Zweige oder Schenkel. Derjenige Punkt der P., in welchem sie die Axe schneidet, heisst *Scheitel*; er liegt in der Mitte zwischen der Directrix und dem Brennpunkte. Die P. ist die Wurflinie, d. h. diejenige Kurve, welche ein in schräger Richtung geworfener Körper beschreiben

würde, wenn er sich im luftleeren Raum bewegte. *Paraboloid*, Körper, welcher durch die Umdrehung einer P. um ihre Axe entsteht.
    Paracelsus, *Philippus Aureolus Theophrastus von Hohenheim*, gen. *Bombastus*, ber. Arzt und Naturforscher, geb. 17. Dec. 1493 zu Maria-Einsiedeln im Kanton Schwyz, erlangte durch glückliche Kuren hohes Ansehen, lehrte 1526—28 in Basel; † 24. Sept. 1541 in Salzburg. Er führte die Chemie in die Apotheken ein und veranlasste die Aerzte, zur Beobachtung und Erfahrung zurückzukehren. Schriften (Basel 1589, 10 Bde., n. ö.).
    Paracentese (gr.), Durchstechung von Körperhöhlen zum Zweck der Entfernung von krankhaften Flüssigkeitsansammlungen in denselben.   [Zeitrechnung.
    Parachronismus (gr.), Fehler gegen die
    Parade (fr.), Schaustellung, Prunk, bes. Schaustellung von Truppen, wobei diese im besten Schmuck vor dem General (Fürsten) vorbeidefiliren (*Parademarsch*). *Wachtparade*, das Auftreten u. der Abmarsch der Wachtmannschaften in der Garnison. — In der Fechtkunst ist P. die Abwehr des feindlichen Stosses oder Hiebes; in der Reitkunst das plötzliche Anhalten des Pferdes.
    Paradies (sanskr., hebr. *Eden*, d. i. schöner Garten), nach der mosaischen Erzählung Aufenthaltsort des ersten Menschenpaares; später auch s. v. a. Aufenthaltsort der Seligen.
    Paradiesapfel, s. *Citrus*, auch s. v. a. Liebesapfel.   [idslacn.
    Paradiesfeigen, Frucht von Musa para-
    Paradieskörner, s. *Amomum*.
    Paradiesvogel (*Paradisea L.*), Gattung der Rabenvögel, mehrere Arten auf Neuguinea und den benachbarten Inseln, die Männchen mit prachtvollem Gefieder, welches als Schmuck getragen wird.
    Paradigma (gr.), Beispiel, Muster; in der Grammatik beispielsweise deklinirtes oder konjugirtes Wort; Modell bei der bildenden Kunst.   [machen.
    Paradiren (fr.), prunken; Parade (s. d.)
    Paradox (gr.), von der gewöhnlichen Meinung abweichend, sonderbar, auffallend; *Paradoxon*, eine solche Behauptung.
    Paränese (gr.), Ermahnung, Ermunterung als Schluss einer Rede; auch selbständige Rede vermahnenden Inhalts.
    Paraffine (*Belmontin*), feste Kohlenwasserstoffe, welche aus den Produkten der trockenen Destillation von bituminösen Schiefern, Kannel-, Braunkohle, Torf etc., sowie aus Erdöl, natürlich vorkommenden Theeren etc. durch fraktionirte Destillation, abwechselnde Behandlung mit Natronlange und Schwefelsäure etc. gewonnen werden; farblos, wachsähnlich, mehr oder weniger krystallinisch, durchscheinend, schmelzen bei 45—65°, geruch- und geschmacklos, unlöslich in Wasser, löslich in Alkohol, Aether, Benzin, fettem Oel, widerstehen Säuren, Alkalien und der Glühhitze, sieden über 300° C. u. destilliren unzersetzt, dienen zu Kerzen, zum Konserviren von Holz, Fleisch, als Schmiermittel, als Wachs- und Stearinsurrogat, zu Wachspapier, zum Tränken von Gypsabgüssen, zum Wasserdichtmachen von Geweben etc,

Paraffinöl, s. *Erdöl*; der Rückstand der Theeröle nach Ausscheiden des Paraffin.

Paraglium (*Paragirio*, lat.), s. *Apanage*.

Paragöge (gr.), Verlängerung eines Worts durch Anhängen eines oder mehrerer Buchstaben. [Marmor.

Paragöne (ital.), Probirstein; schwarzer

Paragramm (gr.), Zusatz, Einschiebsel; Fälschung durch Buchstabenveränderung.

Paragräph (gr.), das Beigeschriebene, in Gesetzeswerken und wissenschaftl. Schriften Name der behufs leichterer Uebersicht gemachten kleineren Abschnitte (Zeichen: §).

Paragua (*Palawan*), ostind. Insel, nordöstl. von Borneo, 420 QM. und 28,000 Ew. (Malayen); der nördl. Theil spanisch.

Paraguáy, einer der Hauptquellströme des Rio de la Plata, entspringt in Brasilien, an der Serra dos Parecis, durchzieht in südl. Richtung die Sümpfe von Xarayas, die er jährl. auf 3 Monate in einen See (900 QM.) verwandelt, vereinigt sich bei Corrientes mit dem Paraná zum Rio de la Plata; 185 M. l. Nebenflüsse: Pilcomayo und Rio Bermejo.

Paraguáy, Republik in Südamerika, Binnenstaat zwischen der argentin. Republik n. Brasilien, nach offic. Behauptung 16,576 QM., fakt. Besitz nur 5943 QM. Von den Flüssen Paraguay und Paraná bewässert; die östl. Hälfte gebirgig, der W. Flachland; sehr fruchtbar. Klima gesund. Wichtigstes Produkt der Paraguaythee (Ausfuhr 4—5 Mill. Frcs.), ausserdem Bau- und Schmuckhölzer, Kautschuk, Gerb- u. Farbstoffe, Baumwolle, Tabak, Droguen etc.; die Kultur derselben noch sehr ursprünglich. Industrie nicht unentwickelt: Fabr. von Cigarren, Baumwoll- und Wollwaaren, Leder- und Holzgeräthen, Gummipräparaten, Zucker etc. Die Zahl der Bevölkerung (1857: 1,337,431 Ew., meist Indianer, 1/10 Weisse) zur Zeit unbekannt, infolge des Kriegs jedenfalls sehr reducirt. Seit 1870 wieder definitive Regierung: Präsident (Riverola) mit einem legislativen Kongress (Senat u. Deputirtenkammer). Finanzen unbekannt. Militär (1865): 15,000 M. stehend, 46,000 M. Reserve. Marine: 3 Briggs, 21 kleine Dampfer, 15 Kanonenboote. Einfuhr 1859: 8,6 Mill., Ausfuhr 7,7 Mill. Piaster (neuere Angaben fehlen). Flagge: 3 horizontale Streifen roth, weiss, blau. Eintheilung in 25 Depart.; Hauptst. Asuncion.

Erste Niederlassungen der Spanier in P. 1536; seit 1608 Missionen der Jesuiten, welche die Indianer mit grossem Erfolge bekehrten u. alseir. blühende Stationen gründeten. 1768 Vertreibung der Jesuiten, worauf das Land eine Prov. des Vicekönigr. La Plata bildete. 1811 Befreiung von der span. Herrschaft; 1817 Francia zum Diktator auf Lebenszeit ernannt, der strengste Absperrung gegen alle Nachbarstaaten einführte, blühende Finanzen, ein gutes Heer und geordnetes Schulwesen schuf und eine Flottille auf dem Paraguaystrom gründete. Die Unabhängigkeit P.s ward 1852 von den argentin. Staaten, 1853 von Grossbritannien, später von Brasilien und Nordamerika anerkannt. Unter dem Präsid. Lopez d. Jüng. (seit 1862) Beginn einer aggressiven Politik gegen die Nachbarstaaten; 1864 Protest gegen den Einmarsch der Brasilianer in Uruguay, und als dieser unbeachtet blieb, Kriegserklärung an Brasilien, auf dessen Seite Uruguay und die argentin. Staaten traten. Der Krieg endete bei der heldenmüthigen Gegenwehr der Paraguayiten erst 1870 mit dem Falle der Hauptfestung Humaita, der Einnahme von Asuncion und dem Tode des Diktators; Friedensvertrag 20. Juni 1870, der die Schifffahrt auf dem P. und Paraná freigibt. — Vgl. *Du Graty* (2. Aufl. 1865), *Demersay* (1865), *Poucel* (1867), *Estrada* (1865), *Washburn* (1871); über den Krieg *Thompson* (1869), *Schneider* (1871).

Paraguay Roux (Tinctura Spilanthis oleraceae), aus frischer Parakresse (Spilanthes oleracea *Jacq.*), einer Komposite aus Südamerika, und Bertramwurzel bereitete Tinktur; Mittel gegen Zahnschmerz.

Paraguaythee (*Maté, Peruaner Thee, Südseethee*), die gepulverten Blätter von Ilex paraguayensis und anderen Ilexarten, enthält bis 1,7 % Kaffeïn, keinen Gerbstoff, wird in Südamerika wie bei uns der chines. Thee benutzt. Jährl. Konsum 20—30 Mill. Pfd.

Parahyba (*Paranaiba*), Strom im nordöstl. Brasilien, fliesst nördl. zum atlant. Ocean; 180 M. l. Danach benannt die *Prov.* P., 1138 QM. und 300,000 Ew.; die *Hauptstadt* P., an der Mündung des P., 16,000 Ew.

Paraklêt (gr.), Helfer, Beistand; im N. T. der den Aposteln verheissene Geist der Wahrheit, nach Luther „Tröster"; auch Name eines von Abälard gegründ. Klosters unweit Troyes. *Paraklêtikon*, Trostschrift.

Paraköpe (gr.), das Irrereden im Fieber.

Parakúsis (gr.), Gehörtäuschung.

Paralipoména (gr.), Uebergangenes, Ausgelassenes; Nachtrage, in der Septuaginta Name der Bücher der Chronik.

Paralipsis (gr., lat. *praeteritio*), Uebergehung, rhetor. Figur, Erwähnung von etwas, was man übergehen will. [verwirrung.

Paralläge (gr.), Verwechslung; Geistes-

Paralläxe (gr.), im Allgemeinen die Veränderung in dem scheinbaren Ort eines Gegenstandes, wenn man letzteren von zwei verschiedenen Beobachtungspunkten aus betrachtet. Die Grösse dieser Verschiebung oder des parallaktischen Winkels ist gleichzeitig abhängig von der Entfernung des Gegenstandes und der Entfernung der beiden Beobachtungsorte. *Höhenparallaxe* heisst der Winkel, unter welchem die von einem Punkt der Oberfläche der Erde und die von ihrem Mittelpunkt nach einem Gestirn gezogenen Gesichtslinien sich schneiden, wenn das Gestirn in einer gewissen Höhe über dem Horizont des auf der Oberfläche liegenden Punktes sich befindet. Die P. eines Gestirns erreicht ihr Maximum, wenn sich dasselbe in der Horizontalebene des Beobachtungsortes befindet. Aus dieser Horizontalparallaxe u. dem Erddurchmesser berechnet man die Entfernung des Gestirns.

Parallël (gr., d. i. neben einander hin), gleichlaufend, von geraden Linien u. Ebenen, die überall gleichweit von einander entfernt sind; in der Rhetorik, was eine fortgesetzte Vergleichung gestattet, daher *Parallele*, Ver-

gleichung besonders verschiedenor Zeiten
mit ihren Ereignissen und ber. Männer
(Plutarchs P.en). *Parallelismus*, das Verhältniss ähnlicher Dinge zu einander. *Parallel-
stellen*, dem Inhalte nach gleiche oder verwandte Stellen, bes. biblische. *Parallelisiren*,
vergleichend gegenüberstellen.

Parallele, in der Fortifikation der Lauf-
graben, welchen der Belagerer der Angriffsfront der Festung etwa parallel und umfassend anlegt. 1., 2. und 3. P. je nach
der allmähligen Annäherung an die Festung.
Die P. ist ca. 3½' tief mit 4½' h. Brustwehr,
auf der Sohle 7 — 9', oben 15 — 17' breit.

Parallelepipedon (gr.), von 6 Parallelo-
grammen, von denen je 2 einander parallel
und kongruent sind, begreuztes Prisma.

Parallelkreise (*Breitenkreise*), Kreise, die
man sich parallel dem Aequator um die
Erdkugel gezogen denkt, werden immer
kleiner, je mehr sie sich dem Pol nähern.

Parallelogramm (gr.), Viereck, dessen
einander gegenüberliegende Seiten parallel
und daher gleich sind: Quadrat, Rechteck,
Rhombus und Rhomboïd.

Parallelogramm der Kräfte, in der Mechanik Konstruktion, mittelst deren man
die Richtung und Geschwindigkeit eines
Körpers bestimmt, welcher von zwei Kräften
zugleich nach verschiedenen Richtungen
und mit verschiedener Geschwindigkeit getrieben wird. Konstruirt man nämlich aus
den zwei als Linien dargestellten Richtungen
ein P., so gibt die Diagonale die Richtung
und Geschwindigkeit an, in welcher sich
der Körper bewegt.

Paralleltonarten, je eine Dur- und eine
Molltonart mit gleicher Vorzeichnung.

Paralogie (gr.), Vernunftwidrigkeit, Irrthum. *Paralogismus*, Trugschluss. *Para-
logistik*, s. v. a. Sophistik.

Paralyse (gr.), Schlagfluss, Lähmung;
paralysiren, lähmen, unwirksam machen.

Paramagnetismus, im Gegensatz zum Dia-
magnetismus, s. v. a. Magnetismus überhaupt.

Paramaribo, Hauptstadt des niederländ.
Guiana, am Surinam, 22,000 Ew.; ehedem
blühende Handelsstadt.

Paramatta, Stadt in Neusüdwales (Australien), am Port Jackson, 12,000 Ew.; Land-

Paramatta, s. *Lasting*. [handel.

Paramente (neulat.), Schmucksachen für
Kirchen und kirchliche Zwecke.

Parameter (gr.), im Allgem. die in der
Gleichung einer Kurve vorkommende Konstante; bei den Kegelschnitten konstante
Gerade, die sich auf einen Durchmesser
des Kegelschnitts bezieht.

Paramorphismus (gr.), das gleichzeitige
Auftreten der beiden Krystallformen eines
dimorphen Körpers. Vgl. *Scheerer* (1854).

Paramos (span.), kahle Hochebenen, bes.
auf den Cordilleren in Südamerika.

Paramythie (gr.), Nebenart der Parabel,
auf einen alten nur umgedichteten
Mythus gebaut, von Herder eingeführt.

Paraná, Strom, s. *Rio de la Plata*. Danach benannt die brasil. Prov. P., 4300 QM.
und 120,000 Ew.; Hauptst. Curitiba.

Paranomie (gr.), Gesetzwidrigkeit.

Paranüsse, s. *Bertholletia*.

Parapet (fr., spr. -peh), Brustwehr.

Paraphe (gr.), Nameuszug, Handzeichen;
paraphiren, etwas mit dem P. versehen.

Parapherna (gr.), was die Frau ausser der
Mitgift in die Ehe bringt, ihr Eigenvermögen.

Paraphie (gr.), abnorme Beschaffenheit des
Tastsinnes; Verminderung des Hautgefühls.

Paraphimose (gr.), s. *Phimose*.

Paraphrase (gr.), erklärende und verdeut-
lichende Umschreibung eines Textes.

Paraphronesis (gr.), Sinnesverwirrung,
Aberwitz.   [Nebenschössling.

Paraphysis (*Paraphyse*, gr.), wuchernder

Paraplegie (gr.), Lähmung der unteren
Körperhälfte durch Schlagfluss.

Paraschen (hebr.), Abschnitte der Bücher
Moses, welche am Sabbath vorgelesen werden.

Paraselene (gr.), Nebenmond.

Parasiten, Thiere und Pflanzen meist von
niederer oder mangelhafter Organisation,
welche auf oder in anderen Organismen
leben und sich von deren Säften nähren,
sie dadurch schwächen oder Krankheiten
erzeugen. Von Pflanzen sind bes. Pilze (s. d.),
von Thieren die Eingeweidewürmer, Egel,
Krustenthiere, Milben und zahlr. Insekten
oft nur auf bestimmten Entwickelungsstufen
P. Vom Parasitismus unterschieden ist die
Tischgemeinschaft (Kommensalismus), wo ein
Thier auf, aber nicht von dem andern lebt,
z. B. ein Fisch im Maul eines andern, Krebse
in lebenden Muscheln etc. Vgl. *Perty* (1869).

Parasol (fr.), Sonnenschirm.

Paraspadie (gr.), abnorme Oeffnung der
Harnröhre an der Seite des männl. Glieds.

Parathymie (gr.), Gemüthsverstimmung.

Paratrophie (gr.), abnorme Ernährung.

Paravent (fr., spr. -wang), Windschirm,
span. Wand.   [wegen.

Par bricole (fr.), rückprallsweise, auf Um-

Parcelle (lat.), Theil eines Ganzen, bes.
ein Stück Land, welches zu einem grösseren
Ganzen gehört, aber davon abgetrennt liegt;
bei Theilung von Grundeigenthum einer
Gesammtheit dem Einzelnen zufallendes
Parcelliren, s. *Dismembration*.   [Stück.

Parchent, s. v. a. Barchent.

Parchim, Kreisst. im Grossherz. Mecklenburg-Schwerin, an der Elde, 8094 Ew.;
Tuchfabr.; Gesundbrunnen.   [Einschluss.

Par convert (fr., spr. -kuwähr), durch

Parder, s. v. a. Leopard (s. d.).

Pardon (fr.), Verzeihung. Im Kriege Bezeichnung der Schonung des Lebens, welche
der Besiegte vom Sieger erbittet. *P. geben*,
Schonung von Seiten des Siegers.

Pardubitz, Stadt im böhm. Kr. Chrudim,
an der Mündung der *Chrudimka* in die Elbe,
Ausgangspunkt der p.-reichenbacher Eisenbahn, 5197 Ew.; Pferdezucht (kaiserl. Gestüt

Pardunen, s. v. a. Backstage.   [Kladrub).

Parektasis (gr.), abnorme Ausdehnung.

Parencephalis (gr.), das kleine Gehirn.

Parencephalitis, Entzündung desselben.

Parenchym (gr.), weiches Zellgewebe,
woraus sich die Organe eines pflanzlichen
oder thierischen Körpers zusammensetzen.

Parentalia (lat.), Todtenopfer; Begräbniss-
feierlichkeiten. *Parentation*, Leichenrede.

Parentél (lat.), Gesammtheit der Abkömmlinge Eines Stammvaters, Sippschaft.

Parathése (gr.), in einem Satz eingeschobene Bemerkung; auch das Einschaltungszeichen ( ) oder — —; in der Algebra gebraucht, um anzudeuten, dass eine Rechnungsoperation mit einem ganzen mehrgliedrigen Ausdruck, der in Klammern eingeschlossen wird, vorgenommen werden soll.

Parére (ital.), schriftliches Gutachten unparteiischer Kaufleute oder Handelskammern über eine streitige Handelssache.

Parerga (gr.), Nebenwerke, Buchtitel.

Pares (lat.), Gleiche, bes. hinsichtl. des Standes. [theilweise Lähmung.

Parésis (gr.), Erschlaffung, Abspannung;

Paresense (fr., spr. -söhs), Ruhekissen auf einem Sopha. [form.

Parfait (fr., spr. -fä), Perfektum als Zeit-

Parfait amour (fr., spr. -fät amuhr, d. i. vollkommene Liebe), ein rosenrother Liqueur.

Parforce (fr., spr. -fors), mit Gewalt; *Parforcejagd*, Hetzjagd (s. *Jagd*).

Parfümerie, Darstellung wohlriechender Präparate, bes. aus Pflanzenbestandtheilen, Ambra, Moschus, Zibeth und einigen chemischen Präparaten; am ausgebildetsten in Südfrankreich. Die wohlriechenden Pflanzen werden kultivirt und zur Darstellung ätherischer Oele (s. d.) oder parfümirter Fette benutzt. Man bestreut das Fett wiederholt mit Blüthen, deren Duft es aufsaugt (*Enfleurage*), oder extrahirt die Blüthen mit geschmolzenem Fett und benutzt die gewonnenen *Pomaden* oder *Oele* (*Huiles antiques*) als solche oder bereitet aus ihnen durch Extrahiren mit Spiritus die *Extrakte*. Einfache Lösungen ätherischer Oele in Spiritus heissen *Essenzen*, gemischte *Bouquets*. Vgl. *Hirsel* (1866), *Müwes* (1870), *Rimmel* (1870).

Parkellen, s. v. a. Nebensonnen.

Pari (ital., *al pari*), gleichgeltend, ohne Aufgeld (über p.) oder Abzug (unter p.), dem Nennwerth entsprechend.

Paria (lat.), baares Geld. [schäft (s. d.).

Pariation (lat.), Baarzahlung; Einkind-

Paries (lat.), Wolkenbank am westl. Horizont, Zeichen des Uebergewichts von Südwestwinden in den oberen Regionen.

Paries (lat.), Wand; *intra pariétes*, zu Hause.

Parifikation (lat.), Gleichstellung.

Parime, Gebirgssystem in Guiana, eine Reihe von Parallelketten, in westl. und nordwestl. Richtung, zwischen dem Amazonenstrom und Orinoco; höchste Gipfel der Dnida 8300', der Mavaraca 9800' h.

Pariren (lat.), gehorchen; in der Fechtkunst einen Stoss oder Hieb abwenden, s. *Parade*; ein Pferd zum Stillstehen bringen.

Paris L. (*Einbeere*), Pflanzengattung der Sarmentaceen. P. quadrifolia *L.*, *Wolfs-*, *Fuchs-*, *Steinbeere*, in Europa, narkotischscharfe Giftpflanze, früher officinell.

Paris, auch *Alexandros* gen., Sohn des trojan. Königs Priamus und der Hecuba, entschied als Jüngling im durch die Göttin Eris zwischen Here, Athene und Aphrodite hervorgerufenen Streit um den Preis der Schönheit zu Gunsten der letzteren, veranlasste durch Entführung der Helena den trojan. Krieg, tödtete den Achilles durch einen Pfeilschuss in die Ferse, fiel durch einen vergifteten Pfeil des Philoktet.

Paris (lat. *Lutetia Parisiorum*), Hauptstadt Frankreichs und des Depart. Seine insbesondere, in Form eines Kreises, dessen Peripherie fast mit einer Hügelkette (Chaumont 369', Montmartre 315' h.) zusammenfällt, durch die Seine in eine grössere nördl. und eine kleinere südl. Hälfte getheilt; Areal 1,86 QM., Umkreis 6,57 M., grösster Durchmesser 1½ St.; ca. 45,000 Gebäude und (1866): 1,825,274 (1820: 715,000) Ew. Im Centrum der Stadt, auf einer Insel der Seine, die *Cité*, der alte Kern von P.; von hier erstreckt sich die Stadt in 3 konzentrischen Zonen, bezeichnet durch 1) die innern Boulevards (von Ludwig XIV. 1670 auf der Stelle der alten Festungswerke angelegt, die eigentl. ,Ville' umschliessend), 2) die die Faubourgs umfassenden äussern Boulevards (Barrièren, seit 1781, der 1860 abgetragnen Octroimauer folgend) und 3) die bastionirte Umwallung (*Enceinte*, welche die ehemal. Baumeile mit zahlr. Städten und Dörfern umschliesst). Die Ausdehnung bis an die Enceinte, wie überhaupt die durchgreifendste Umgestaltung und Verschönerung erfuhr P. unter Napoleon III. (1852—61: 11,192 Häuser eingerissen und 55,864 neu gebaut, 1864—65: 1942 Häuser niedergerissen und 3351 neu gebaut). Das äussere Weichbild von P. bilden zahlr. Ortschaften jenseits der Festungsmauer. — Eintheilung der Stadt in 20 Arrondissements mit je 4 Quartieren, doch sind auch ältere Namen von Stadttheilen noch im Gebrauch, z. B. Faubourg St. Germain, das Quartier latin oder Université, auf dem linken, Faubourg St. Honoré (Sitz der hohen Finanzwelt u. auswärtigen Diplomatie), das Arbeiterviertel St. Antoine, auf dem rechten Seineufer. Unter den *Strassen* bilden die Hauptpulsader des par. Lebens und Treibens die 32 Boulevards (90—110' br., doppelte und 3fache Alleen mit palastartigen Gebänden, glänzenden Cafés, Restaurants und Kaufläden), z. B. die Boul. Montmartre, Bonne Nouvelle, Poissonière (die Statten des grossen Luxushandels), Boul. des Italiens (vornehmster Spaziergang), Boul. des Capucines, Boul. du Temple, Boul. von Sebastopol etc. Andere Strassen: Avenue de Vincennes, Rue Montmartre, Rue Rivoli, Avenue des Champs Elysées, Rue St. Honoré, Rue Richelieu, Avenue Victoria, Rue St. Denis. — Oeffentl. *Plätze* und *Anlagen*: Place de la Concorde, vor dem Tuilleriengarten (Hinrichtungsstätte Ludwigs XVI., Obelisk von Luksor, 72' h. und 8 koloss. Statuen franz. Städte); Carousselplatz; Place Vendôme (Napoleonssäule, seit 1810, 146' h., 16. Mai 1871 auf Beschluss der par. Commune umgestürzt); Place des Victoires (Reit-ratatue Ludwigs XIV.); Place royale (Reiterstatue Ludwigs XIII.); Grèveplatz (frühere Hinrichtungsstätte); Bastilleplatz (Julisäule, 141'h.); Place du Châtelet; Pl. Sulpice; Pl. du Trône; Pl. du Palais royal; Pl. de l'arc de l'Etoile (Vereinigungspunkt von 12 Boulevards und

Avenuen, mit dem Triumphbogen da l'Étoile, 1806—31 erb.); die elysäischen Felder (Spazlergang der schönen Welt); das boulogner Hölschen (im W.). Wald von Vincennes (im O.); das grosse rechtwinklige Marsfeld (2700' l., 1390' br., für militärische Uebungen etc.); die Gärten des Palais royal, des Palais Luxembourg; der Jardin des Plantes (1635 angelegt, zugleich botan. Garten mit zoolog. Museum), Thiergarten, Park von Monceaux etc.; 37 Quais. — Brücken (23): Pont Napoléon III, P. d'Austerlitz, P. St. Louis (selt 1862), P. St. Michel (1857 neu gebaut), P. d'Arcole oder die l'Hôtel de Ville (selt 1855 eiserne Brücke), P. neuf (die berühmteste, 688' l., 70' br., 1578—1604 geb., 12 Bögen), P. des Arts, P. royal, P. de Solferino (1859 erb.), P. de la Concorde (1787—90 erb.), P. des Invalides (selt 1855 Steinbrücke), P. de l'Alma (selt 1855), P. de Jena (1806—13 erb.) u. a. — Paläste: die Tuilerien am Carousselplatz (1564 begonnen, 1058' l., 3stöckig mit 5 Pavillons, einem Triumphbogen als Eingang und prachtv. Garten; 1871 von den Kommunisten in Brand gesteckt und gänzlich zerstört); der durch Galerie damit verbundene Louvre (von Franz I. erb., 1871 ebenfalls zum grossen Theil niedergebrannt), mit grossartigen Sammlungen von Kunst- und Alterthumsschätzen, darunter die Venus von Milo; 12 Säle neuerer Bildwerke, ausserdem ägypt., etrusk., assyr., amerikan. Alterthümer, Gemäldegalerie, Handzeichnungen und Kupferstiche, ethnograph. Museum etc.); Palais royal (1629 erb., zuletzt von Jérôme Napoleon bewohnt, 1871 ebenfalls in Brand gesteckt; Palais de l'Elysée (1718 erb., von Napoleon I. während der 100 Tage, von Napoleon III. während seiner Präsidentschaft bewohnt); Palais Luxembourg (1615 erb., während des Kaiserreichs Sitz des Senats, mit Museum lebender franz. Künstler; 1871 zum Theil gesprengt); Palais Bourbon oder Palais du Corps législatif (1722 erb.); das Hôtel de Ville oder Rathhaus (1532—1605 erb., selt 1837 wesentlich vergrössert, mit grossartigen, an Fresken reichen Sälen), der Justizpalast (bis Ende des 14. Jahrh. königl. Residenz, beide letztern ebenfalls Opfer der Revolution von 1871); der kolossale Industriepalast (fasst 20,000 M.); das Hôtel des Invalides (1671 erb., von 3500 Mann bewohnt) mit dem „Dom der Invaliden" (Napoleons I. Gebeine); der Palast der Ehrenlegion; Palais de l'Observatoire (Sternwarte, 1667—72 erb.); Palais de l'Institut; das Hôtel der Archive; die Münze; Bank (1820 erb.); Börse (1808—28 erb. in antikem Stil); Bazar mit 300 Buden; die Centralhallen (1851—53 erb., mit 3200 Schrankeu für Gemüse, Fische, Geflügel etc.). Kirchen (65 Parochialkirchen, darunter 7 protest.), wenig ausgezeichnete: goth. Kathedrale von Notre Dame (auf der Cité-Insel, 1163 gegr., mit zwei 206' h. Thürmen und 342 Ctr. schwerer Glocke); die schöne goth. Sainte Chapelle (von 1242, selt 1830 restaurirt); St. Germain des Prés (11. u. 12. Jahrh.); Pantheon oder Genovevakirche (1764 erb.,

mit korinth. Säulen und 255' h. Kuppel, in den Krypten die Ueberreste ber. Männer); St. Sulpicekirche (majestät. Portal); die neue Madeleinekirche etc. — Unter den zahlr. Theatern hervorzuheben: die neue gr. Oper (1861—69 erb.), Théâtre lyrique (1862 erb.), Théâtre français, die kom. Oper, die ital. Oper, das Odéon; ferner: das Vaudeville, die Variétés, Gymnase dramatique, Théâtre de la gaité, das Ambigue comique etc.; ausserdem das Nationalpanorama, Théâtre Séraphin (Puppentheater) etc. — 45 Kasernen (am grössten die ehemal. Militärschule auf dem Marsfelde); 25 gr. Spitäler (Hôtel Dieu, Charité, Hospice de la vieillesse in Bicêtre für Männer, die Salpetrière für Frauen.

Wissenschaftliche Anstalten: das Institut von Frankreich (die oberste Pflegestätte der Wissenschaften in Frankreich, bestehend aus 5 selbständ. Akademien und 225 Mitgliedern); die Sorbonne (1253 gegr.); Universität (1808 gegr.); Kriegsschule (St. Cyr. 1751 gegr.); 10 Collèges (darunter das Collège de France); das Musikkonservatorium; die Centralschule der Künste und Manufacturen; Conservatoire des arts et métiers (für Gewerbtreibende); die Normalschule zur Bildung von Lehrern, polytechn. Schule, Bergwerkschule, Handelsschule, Taubstummen- und Blindeninstitute etc.; die gr. Bibliothek (900,000 Bände und 80,000 Manuskripte), die mazarinsche Bibliothek (100,000 Bde.), 20 Museen (darunter das Musée des Thermes, das naturhistor. Museum, das Artilleriemuseum), botan. und zoolog. Garten (s. oben), Schulen der schönen Künste etc.

In Bezug auf Industrie und Handel die erste Stadt Frankreichs, liefert P. in fast allen nationalen Fabrikationsgattungen und Industrien vorzügl. Produkte; ihm besonders eigenthümlich sind die sogen. „pariser Artikel", Modewaaren, Spielsachen, unnennbare Kleinigkeiten aller Art, daneben ausgezeichnete Bronzen u. feinere Luxusartikel. Die feinen Handschuhe, Goldperlen und künstl. Blumen, die musikal. Instrumente, feineres Schuhwerk und die feinen lackirten Lederserten von P. haben Weltruf; in der Uhrenfabrik. nimmt es in Frankreich die erste Stelle ein; in Stoffen liefert es Shawls (für 14 Mill. Frcs.), Teppiche, Gobelins, leichte Wollzeuge, Baumwollenzeuge. Jährl. Gesammtwerth der pariser Ausfuhrartikel 145 Mill. Frcs. — Centralpunkt des franz. Eisenbahnnetzes, in welchem 8 Bahnlinien zusammenlaufen, unter sich verbunden durch eine Gürtelbahn, welche rings um P. führt. — Ber. Kirchhöfe: Père-Lachaise (auf dem Mont Louis im O.) u. der von Montmartre. — Hauptwasserreservoire zu Villette, durch den Ourcqkanal gespeist. — Jährl. Einnahme der Stadt 55 Mill. Thlr. (Octroi über 21 Mill).

Die Befestigung von P. besteht aus der bastionirten Umwallung (Enceinte) mit 7' br. Graben und 18 detachirten Forts, die 80,000 Mann aufnehmen können und einen Raum umschliessen, der zugleich zum festen Lager dienen kann; 1870 noch durch zahlreiche Redouten und Vorwerke verstärkt. Im O. die Forts Charenton, Nogent, Rosny,

Noisy, Romainville, Fort Aubervilliers mit dem Schloss zu Vincennes als Rückenhalt; im N. Fort d'Este, Lunette de Stains, Fort du Nord, Couronne de la Briche etc., um St. Denis gruppirt, dem 2. Hauptpunkte der Befestigung; im W. das starke Fort Mont Valérien mit der Seine; im S. die Forts Issy, Vanvres, Montrouge, Bicêtre und Ivry. Grossartige Verstärkungen und Erweiterungen der Befestiguug sind im Plan.

Zu Cäsars Zeit *Lutetia* (auf der Cité-Insel), eine Stadt des gall. Volks der Parisier, unter den Römern, die ein Standlager und einen kaiserl. Palast dort errichteten, bereits nicht unbedeutender Handelsplatz; Residenz der Merovinger, später der Capetinger, und seitdem stetes Wachsthum der Stadt. Im 13. Jahrh. bereits durch seine Industrie wie durch den Einfluss seiner Universität eine der wichtigsten Städte Europas (150,000 Ew.). Den Grund des heutigen P., in dem sich das geistige Leben Frankreichs wie alle seine materiellen Interessen koucentriren, legte Ludwig XIV. Seitdem spielte P. in allen grossen Geschicken des Landes die Hauptrolle. 31. März 1814 nach 2täg. Kampf 1. Kapitulation von P., der die Abdankung Napoleons I. u. 30. Mai 1814 der 1. *p.er Friede* folgten; 7. Juli 1815 2. Einmarsch der Verbündeten und 20. Nov. 1815 2. *p.er Friede*. Der *p.er Friede* vom 30. März 1856 beendete den russ.-oriental. Krieg. Seit 19. Sept. 1870 von den Deutschen cernirt, seit 27. Dec. auf der Ostfront, seit 5. Jan. 1871 auf der Südseite bombardirt (die südl. Theile der Stadt wurden bis zum Luxembourg, Pantheon, der Kirche St. Sulpice von den Geschossen erreicht), endlich vom 21. Jan. an auch im N. (St. Denis) beschossen, musste die Stadt, trotz wiederholter verzweifelter Ausfälle der eingeschlossenen Armee (bes. 28.—30. Okt. 1870 gegen Le Bourget, 30. Nov. gegen Brie und Champigny, 21. Dec. gegen Le Bourget, 13. Jan. gegen Meudou, Clamart und Le Bourget, 19. Jan. gegen Versailles), 28. Jan. 1871 kapituliren. 1.—3. März Einzug eines Theils der deutschen Armee in P. und Revue des deutschen Kaisers im Hippodrom zu Longchamps. Ende März bis Mai darauf Schauplatz der Revolution der Kommunisten, welche die obenerwähnten öffentl. Gebäude und den grössten Theil der Rue Rivoli in Asche legten.

Vgl. ,Paris Guide, par les principaux écrivains et artistes de la France', 1867, 2 Bde.; deutsch neue Ausg. 1870, 5 Bde.; *Berlepsch* (1867), *Joanne* (1866), *Bädeker* (1870); über die Geschichte von P. *Lebeuf* (1754—1757, 15 Bde., neue Ausg., bis die Neuzeit fortgeführt, 1863 ff.); *Gabourd* (1863—65, 5 Bde.), *Arago* (das moderne P., 1867, 2 Bde.).

Paris, *Graf von, s. Orléans.*

Pariserblau, *s. Berlinerblau.*

Pariser Formation, tertiäre Gesteine, deren Schichtenfolge bes. im pariser Becken gut ausgebildet ist. [Kasselergelb.

Pariser Gelb, s. v. a. Ohromgelb, Mineral-

Pariser Gold, blassgelbes Blattgold.

Pariser Grün, s. v. a. schweinfurter Grün.

Pariser Kreide, schwarze Kreide, aus feinem, weichem, kohlehaltigem Thonschiefer bereitetes Zeichenmaterial.

Pariser Roth, s. v. a. Zinnober, Mennige.

Parisienne, die pariser Freiheitshymne der Julirevolution (,Peuple français, peuple des braves' etc.'), von *Delavigne* gedichtet.

Pariser (fr., spr. -jöng, *Pariser*), dreischneidige, 2' lange Stossdegen mit Bügel und sehr kleinem Stichblatt.

Paristhmia (gr.), die Mandeln; *Paristhmitis*, Entzündung derselben, Mandelbräune.

Parisyllabisch (gr.), gleichsilbig.

Parität (lat.), Gleichheit, Gleichheit der Rechte, bes. verschiedener Glaubensgenossen, der Katholiken und Protestanten. *Paritätskirche*, solchen gemeinsame Kirche.

Pariter (lat.), auf gleiche Weise. [wärter.

Parition (lat.), Gehorsam. *Par-itor*, Auf-

Park (engl.), eingehegtes Gehölz für Wild; waldartige Gartenanlage mit Rasenplätzen etc., engl. Garten; im Militärwesen Zusammenstellung von Artilleriematerial.

Parker, *Sir William,* engl. Admiral, geb. 1781, ward 1830 Contreadmiral, 1835 Lord der Admiralität, 1841 Oberbefehlshaber der nach China bestimmten Flotte, erzwang durch seine Siege den Frieden von Nanking (26. Aug. 1842); ward 1844 Baronet, befehligte dann die Flotte im Mittelmeer, nöthigte Jan. 1850 durch Blokade der griech. Häfen die dortige Regierung, sich den Forderungen Englands zu fügen, ward April 1851 Admiral der blauen Flagge, 1863 Admiral; † 12. Nov. 1866.

Parkesin, künstlich dargestellte, hornartig harte, zähe, bildsame Masse von nicht genau bekannter Zusammensetzung (enthält Collodium als Bindemittel), dient zu allerlei Gebrauchs- und Schmuckwaaren, zu Platten etc. [ten, Fäden etc.

Parket, s. *Parquet.*

Parkia *R. Br.,* Pflanzengattung der Leguminosen. P. *africana R. Br.,* Baum in Westafrika, auch in Westindien kultivirt, liefert in den Samen den *Kaffee von Sudan,* der wie Chokolade genossen wird. Fruchtmark dient zu Getränken und zur Färberei.

Parlament (fr. *Parlement,* engl. *Parliament,* mittellat. *Parlamentum*), in *England* seit der normann. Herrschaft die Reichsversammlung der Barone, Prälaten und königl. Bannerherren, zuerst 1279 P. genannt, 1143 nach Zulassung der Abgeordneten der Städte und Grafsch. in ein Oberhaus (house of Peers) und ein Unterhaus (house of Commons) geschieden, ständische Vertretung der Nation; 1707 mit dem schott., 1808 mit dem irländ. P. vereinigt und seitdem Imperial parliament (Reichsparlament) genannt, seit der Reformakte von 1832 im Unterhause 658 Abgeordnete (471 für England, 29 für Wales, 53 für Schottland, 105 für Irland) zählend, während die Zahl der Mitglieder des Oberhauses (Peers) wechselt. Vgl. *Todd* (1867—69, 2 Bde., deutsch 1869—71, 2 Bde.). In *Frankreich* der Palrshof, welcher als Reichsrath die Streitigkeiten der Reichsunmittelbaren entschied, durch die Beiordnung rechtskundiger Hofbeamten zu einem königl. Obertribunal umgestaltet, aber dabei eine vom Reichstag abhängige Kommission, erst 1302 von diesen

getrennt mit festem Sitz zu Paris, wo es jährl. 2 grosse Gerichtssitzungen hielt, die 1330 permanent wurden. Nach Einziehung der Kronlehen u. Erwerbung fremder Länder wurden auch in diesen P.e errichtet, welche mit dem zu Paris eine Korporation bildeten, aber geringeres Ansehen hatten, im Ganzen 14. Das pariser P. verlieh von Alters her königl. Ordonnanzen u. Edikten durch Eintragung derselben in die Protokolle (enregistrement) Gesetzeskraft. Seit Franz I. Käuflichkeit, seit Heinrich IV. Vererbung der Parlamentsämter, denen in den Religionswirren bes. die Prozesse gegen die Ketzer übertragen wurden. Unter Ludwig XIII. sich gegen die Willkür des Hofs erhebend, verloren sie durch Richelieu in dem Lit de justice (s. d.) von 1640 alle polit. Gewalt, wurden durch Ludwig XIV. zu gewöhnl. Gerichtshöfen herabgedrückt, Jan. 1771 vom Kanzler Maupeou aufgelöst, von Ludwig XVI. hergestellt, 1788 wieder aufgehoben, von Necker abermals restituirt, durch Dekret vom März 1790 ganz beseitigt. Vgl. *Mérilhou* (1863). *Parlamentarisch*, auf berathende und repräsentative Versammlungen bezügl. *Parlamentarische Regierung*, Regierungsweise, bei welcher der Monarch seinen Willen insofern mit dem Willen der Nation in Einklang bringt, als er seine Minister aus der Mehrheit der Nationalvertretung entnimmt und im Einvernehmen mit derselben regiert. *Parlamentarismus*, polit. System, welches die Nothwendigkeit einer parlamentar. Regierung behauptet.

Parlamentär (fr.), Abgesandter im Kriege zu Mittheilungen verschiedenster Art zwischen den Parteien, in der Regel ein Offizier, mit weisser Fahne, von einem Trompeter begleitet, nach dem Völkerrecht unverletzlich. *Parlamentärschiff*, das Schiff, auf welchem der P. fährt. *Parlamentärflagge*, die weisse Fahne (Flagge) des P.s.

Parliren (fr.), sprechen, schwatzen.

Parma, bis 1860 Herzogth. in Oberitalien, aus den beiden Herzogth. P. und Piacenza und dem Fürstenth. Guastalla bestehend, 112,6 QM.; jetzt *Prov.* der Emilia, 58,6 QM. und 258,368 Ew. — Die *Hauptstadt* P. (im Alterth. *Julia Augusta*), 47,067 Ew.; Kathedrale (12. Jahrh., byzant.-lombard. Stil), starke Citadelle, königl. Palast, das grösste Theater Europas, bedeutische Buchdruckerei (Schriften von mehr als 200 Sprachen); Universität (1422 gegründet, 1855 erneuert), Akademie der Künste, Seiden- und Wollweberei, Fabr. von Spitzen, Strümpfen, Glas-, Thonwaaren etc. *Geschichte.* Die Städte P. und Piacenza theilten im Mittelalter die Schicksale der Lombardei. 1545 Erhebung derselben zu Herzogthümern durch Papst Paul III. für dessen natürl. Sohn Pietro Luigi Farnese, dessen Nachkommen 1731 ausstarben, worauf die Herzogthümer an den span. Infanten Don Carlos kamen, der als 1735 an Kaiser Karl VI. als Entschädigung für das im wiener Frieden 1735 ihm zugefallene Königreich beider Sicilien überliess. Im Frieden von Aachen 1748 trat Maria Theresia die selben

nebst Guastalla an den span. Infanten Don Philipp ab, dessen Sohn Ferdinand (seit 1765) sich 1796 durch einen Frieden mit der franz. Republik den Besitz der Herzogth. zu sichern suchte. 1805 Einverleibung von P. und Piacenza in das franz. Kaiserreich, Guastallas 1806 in das Königreich Italien. Durch die wiener Kongressakte von 1815 kamen die 3 Herzogth. in Besitz der Erzherzogin Maria Luise, Napoleons I. Gemahlin, nach deren Tode sie nach Vertrag vom 10. Juni 1817 an die Nachkommen der Infantin Maria Luise [s. Maria 9)] fallen sollten. Daher folgte auf Maria Luise 17. Dec. 1847 als Sohn der Infantin Karl II. Herzog von Lucca in P. unter neuer Grenzregulirung des Landes. Nach Karls II. Abdankung 14. März 1849 folgte dessen Sohn Karl III., nach dessen Ermordung 26. März 1854 sein Sohn Robert I. unter Vormundschaft seiner Mutter, Juni 1859 Vereinigung P.s mit Modena und der Romagna zum Gouvern. Emilia; 18. März 1860 Vereinigung des letzteren mit Sardinien.

Parma, *Herzog von*, s. *Cambacérès*.

Parmelia *Ach.* (*Schildflechte*), Flechtengattung. P. parietina *Ach.*, *Wandflechte*, an Holzwänden und Steinen überall häufig, früher officinell. Ebenso P. saxatilis *L.*, *Hirnschädelmoos*, *Steinflechte*, an Bäumen.

Parmenides, griech. Philosoph, b. Jahrh. v. Chr., Haupt der eleatischen Schule (s. d.).

Parmesankäse, trockener ital. Käse aus abgerahmter Milch, verdankt seinen feinen Geschmack den guten Weiden am Po. Früher Hauptdepot in Parma, daher der Name.

Parnassus (a. G.), Berg in der griech. Landsch. Phocis, dem Apollo und den Musen heilig, mit den Gipfeln Tithorea u. Lycorea (Liakura, 7570' hoch). Am Südabhang das delph. Orakel und die kastal. Quelle.

Parochie (gr.), bis ins 3. Jahrh. s. v. a. bischöfl. Kirchsprengel; dann s. v. a. Kirchengemeinde, Kirchspiel; *Parochianen*, dessen Mitglieder; *Paröchus*, Geistlicher dessen.

Parodie (gr.), Gedicht, das an ein vorhandenes poet. Produkt sich anlehnt und mit Beibehaltung der ganzen Form durch Aenderung einzelner Ausdrücke den Inhalt auf einen anderen Gegenstand überträgt (vgl. *Travestie*). *Parodiren*, eine P. von etwas machen, etwas scherzhaft nachahmen.

Paröken (gr.), s. v. a. Metöken.

Parömie (gr.), Sprichwort, Sinnspruch; auch Fabel. *Parömiographen*, in der griech. Literatur die Sammler der alten Sprichwörter.

Parönie (gr.), Wein-, Trinklied.

Parole (fr.), Ehrenwort; im Kriege das unter den Truppen ausgegebene Erkennungswort (in der Garnison für die Wachen und Ronden). *Parolebuch*, das den täglichen Befehl enthaltende Buch der Kompagnie etc.

Paroli (span.), beim Pharaospiel die durch einen Kniff in die Karte bezeichnete Verdoppelung des früheren Einsatzes. *Einem ein P. bieten*, ihm in gleicher oder noch überbietender Weise entgegentreten.

Paromologïe (gr.), scheinbares Zugeständniss, das man Einem behufs der Widerlegung macht.

Paronomasie (gr.), s. v. a. Annomination.

Paronychie (gr.), Nagelgeschwür.

Paronym (gr.), gleichen Wortstammes, auch s. v. a. homonym. *Paronymie*, Ableitung eines Wortes aus seinem Stammwort; *Paronymik*, Lehre von der Ableitung der Wörter. [Hindu-khu.

Paropamisus, alter Name des Gebirgs

Paröpion (gr.), Augenschirm; *Paropien*, die äusseren Augenwinkel.

Paröpsia (gr.), Fehler des Gesichtseinnes.

Pàros (jetzt *Paro*), griech. Insel im ägäischen Meere, 4 QM. u. 6000 Ew., im Alterthum ber. durch seinen feinen weissen Marmor; jetzt verfallen. Hauptstadt Parikiâ.

Parosmie (gr.), Abnormität des Geruchs-

Parôtis (gr.), s. *Ohrspeicheldrüse*. [sinnes.

Parotitis (gr.), Entzündung der Ohrspeicheldrüse (s. d.). Formen: 1) die *idiopathische* oder *spontane* P. (*Bauernwetzel, Mumps, Ziegenpeter*), epidemisch, besteht in hochgradiger Schwellung der Drüse und Verunstaltung des Gesichts, die mit Fieber beginnt, ca. 6 Tage anhält u. dann meist rasch verschwindet. Bei Männern oft gleichzeitig Hodenschwellung. Behandlung durch Auflegen warmer Tücher. 2) *Eitrige* P., meist in Anschluss an andere Krankheiten, Typhus, Pyämie, in der Regel gefährlich, führt zu Abscessbildung und Verjauchung.

Paroxysmus (gr.), Krankheitssteigerung.

Paroxytònon (gr.), Wort, welches auf der vorletzten Silbe einen Acutus hat.

Parquet (fr., spr. -kot), aus Tafeln von feinerem Holz zusammengesetzter Fussboden; im Theater die Plätze zwischen Parterre und Orchester; in den franz. Gerichtshöfen Platz und Personal der Richter; an der Börse der Platz der vereidigten Mäkler.

Par renommée (fr.), dem Rufe nach.

Parrhesie (gr.), Freimüthigkeit im Reden.

Parricida (lat.), Vater-, Mutter-, Verwandtenmörder. *Parricidium*, ein solcher Mord.

Parryinseln (spr. Pärry-), Inselgruppe im arkt. Nordamerika, nördl. von der Banksstrasse und dem Melvillesund; die grössten In-ein: Cornwall-, Bathurst-, Melville- und Parry (lat.), Theil. [Patrickinsel.

Pârsen (*Gebern*), die Urbewohner des alten Persiens, welche, nach der Eroberung des Landes durch die Araber (632) der Religion des Zoroaster (s. d.) treu blieben und von den Mohammedanern verfolgt, sich in Persien nur hier und da erhielten (jetzt ca. 7000 Köpfe), meist nach dem nordwestl. Indien auswanderten. Mittelpunkt derselben St dt u. Insel Bombay mit 110,000 Köpfen. Die P., meist Kauflente, Bankiers, Mäkler etc., sind europ. Bildung zugethan. Vgl. *Dosabhoi Framdschi* (1859), *Spiegel* (1860).

Parsi, die Sprache der Parsen (s. *Persische Sprache und Literatur*).

Parsis, s. v. a. Parsen; *Parsismus*, die Glaubenslehre der P.

Part (lat.), Theil, Antheil.

Partage (fr., spr. -ahsch), Theilung.

Partei, Verfolgung von Menschen zu gemeinsamer Verfolgung eines bestimmten Zwecks im polit., kirchl. oder social. Leben; im Rechtsstreit jeder der streitenden Theile.

Parteigänger (*Partisan*), Anführer eines abgesondert von der Armee gegen den Feind operirenden Streifcorps.

Partenkirchen, Marktflecken in Oberbayern, nahe der Zugspitz, 1327 Ew.; im Sommer viel besucht. Dabei Bad *Kains*.

Parterre (fr., spr. -tähr), zu ebener Erde, Erdgeschoss; in Gärten Rasenplatz mit Blumenbeeten; im Theater der halbkreisförmige hintere Raum zu ebener Erde.

Parties (lat.), Theile. [schaft.

Parthenien (gr.), Zeichen der Jungfrau-

Parthénogénesis (gr.), die Entwickelung unbefruchteter Eier, findet sich besonders bei Insekten (Bienen, gewisse Spinner, Schild- und Rindenläuse). Die unbefruchtet gebärenden Generationen der Blattläuse (Aphis) haben Eierstöcke, aber nicht Begattungswerkzeuge, ähnlich wie die ungeschlechtlichen fortpflanzungsfähigen Larven von Cecidomyia (Gallmücken). Vgl. *Siebold*, ,Wahre P.', 1856.

Parthénon (gr.), der unter Pericles auf der Akropolis von Athen erbaute prachtvolle Tempel der Athene (*Athene Parthenos*, d. i. die Jungfräuliche), mit der Statue der Göttin von Phidias (46' h.); erst 1687 durch eine Bombe theilweise zerstört. Vgl. *Michaelis* (1871).

Parthenópe, alter poet. Name von Neapel. Daher *parthenopeische Republik*, der demokrat. Staat, in welchen 21. Jan. 1799 das Königr. Neapel durch die franz. Republikaner umgewandelt wurde; bereits 20. Juni d. J. durch Kardinal Ruffo wieder gestürzt.

Parthien (a. G.), Landschaft im nördl. Persien, etwa der nördl. Theil des heut. Khorasan. Die *Parther*, tapfere Krieger und geschickte Bogenschützen, bildeten seit 156 v. Chr. unter den Arsaciden (s. d.) ein eigenes Reich, das alle Länder zwischen Euphrat u. Indus, dem kasp. u. dem ind. Meer umfasste.

Partial (*partiell*, lat.), einen Theil betreffend; auch s. v. a. parteiisch. *Partialobligationen*, in Theile getheilte u. mit fortlaufenden Nummern versehene Schuldverschreibungen auf ein Anlehn.

Participation (lat.), Theilnahme, Antheil; *Participant*, Theilnehmer.

Participium (lat.), Mittelwort, adjektiv. Konjugationsform des Verbums, dient bes. zur Bildung der zusammengesetzten Zeitformen. [Rentier.

Particulier (fr., spr. -küliéh), s. v. a.

Partie (fr.), Theil, Stück; in der Musik s. v. a. Stimme, der für ein Instrument bestimmte Theil einer Partitur; im Theaterwesen s. v. a. Rolle; zu gemeinsamem Vergnügen zusammengetretene Gesellschaft; Lustfahrt, Lustreise; Heirath, bes. in Bezug auf das dabei zu gewinnende Vermögen.

Partikel (lat.), Theilchen; in der Gramm. flexionsloser Redetheil, Konjunktionen etc.

Partikulär (lat.), einen Theil betreffend, abgesondert, einzeln. *Partikularrechte*, die in den deutschen Einzelstaaten geltenden Rechte im Gegensatz zum sogen. gemeinen deutschen Rechte. *Partikularismus*, Begünstigung der Sonderinteressen, bes. in Deutschland polit. Richtung, welche die Beschränkung der Rechte der deutschen Einzelstaaten zu Gunsten kraftvollerer Einheit des Ganzen verwirft. *Partikularist*, Anhänger dieser Richtung.

Partirerei, strafbare Begünstigung des Diebstahls oder Raubs durch wissentliche Erwerbung u. Vertreibung des gestohlenen **Partisan** (fr.), s. *Parteigänger*. [Guts.

Partisane, alte Stosswaffe mit breiter eiserner, zweischneidiger Spitze, aber ohne den beilartigen Ansatz der Hellebarte.

Partition (lat.), Theilung, Eintheilung.

Partitur (ital., *Spartito*, fr. *Partition*, engl. *Score*), ein nach allen seinen Stimmen übersichtlich zusammengestelltes Tonstück.

Partner, Theilhaber, Kamerad, Genosse.

Partout (fr., spr. -tu), überall; schlechterdings, durchaus. [wehen liegen.

Parturiren (lat.), kreissen, in Geburts-

Partus (lat.), Geburt (s. d.).

Parüle (gr.), Zahngeschwür.

Parüre (fr., spr. -ühr), Schmuck.

Parurie (gr.), krankhaftes Harnlassen.

Parusie (gr.), Gegenwart, Erscheinung, bes. Wiedererscheinung Christi. [ling.

Parvenü (fr., spr. -wenü), Emporkömm-

Parvität (lat.), Kleinheit, Unbedeutendheit.

Parzen (gr. *Moiren*), die Schicksalsgöttinnen, Töchter des Zeus und der Themis: *Klotho*, die Spinnerin (des menschl. Lebensfadens), *Lachesis*, die Zutheilerin (des Lebensloses), *Atropos*, die Unabwendbare (Tod).

Parzival, Epos von Wolfram von Eschenbach (s. d.). [künstl. Tanzschritt.

Pas (fr., spr. Pa), Schritt, Tritt, bes.

Pasargadä (a. G.), ältere Hauptstadt Persiens, 560 v. Chr. von *Cyrus* erbaut, mit dessen Grabmal. Ruinen bei Firuzabad.

Pascal, *Blaise*, Mathematiker und Physiker, geb. 19. Juni 1623 in Clermont-Ferrand, lebte das., in Rouen und Paris; † 19. Aug. 1662 in Paris. Entdecker der Abnahme des Luftdrucks mit der Höhe, der Theorie vom Gleichgewicht der Flüssigkeiten, der Wahrscheinlichkeitsrechnung, der Eigenschaften der Cykloïde etc. Seit 1646 dem Jansenismus zugethan, schr. er gegen die Jesuiten ('Les provinciales', 1658 in mehr als 60. Aufl.); 'Pensées sur la religion' (1692; herausg. von *Faugère* 1844, 2 Bds.; deutsch von *Schwarz*, 2. Aufl. 1865). 'Oeuvres' (neue Ausg. 1858, 2 Bde.). Biogr. von *Reuchlin* (1841), *Maynard* (1850), *Dreydorff* (1870).

Pascha, in der Türkei Titel hoher Civil- und Militärbeamten; P. von einem Rossschweif, s. v. a. Brigadegeneral; P. von 2 Rossschweifen, s. v. a. Divisionsgeneral; P. von 3 R., s. v. a. General en chef. *Paschalik*, die einem P. unterstellte Provinz, Ejalet in der Sprache des Divans.

Paschah, jüd. Fest, s. *Passah*.

Paschalis, Name dreier Päpste: *P. I.*, 817 — 824, soll angebl. von Ludwig dem Frommen die weltl. Herrscherrechte über Rom geschenkt erhalten haben. — *P. II.*, 1099—1118, setzte den Kampf seiner Vorgänger gegen Kaiser Heinrich IV. fort. — *P. III.*, von den kaiserl. gesinnten Kardinälen 1164 gewählter Gegenpapst Alexanders III., in der Reihe der Päpste nicht mitgezählt.

Pas de Calais (spr. Pa dö Kalä), engster Theil des Kanals (La Manche), zwischen Calais und Dover, 42,6 Kilom. br. Danach benannt das franz. *Depart.* P. d. C., 190 QM. und 749,777 Ew. (meist Fläminger); Hauptstadt *Pasewg*, wilde Ziege. [Arras.

Pasewalk, Stadt im preuss. Regbz. Stettin, Kr. Uckermünde, an der Ucker, 8146 Ew.

Pasigraphie (gr.), Allgemeinschrift, allen Völkern der Erde verständliche Schrift, wie *Pasilalie* (*Pasilogie*), eine solche Sprache; beides bis jetzt Problem.

Pasiphaë, Tochter des Helios und der Perseïs, Gemahlin des Minos, entbrannte auf Veranlassung Aphrodites in Liebe zu einem Stier, Mutter des Minotaurus (s. d.).

Paskéwitsch, *Iwan Feodorowitsch*, *Graf von Eriwan*, *Fürst von Warschau*, russ. Feldherr, geb. 19. Mai 1782 zu Poltawa, machte die türk. Feldzüge bis 1812 mit, focht 1812 mit Auszeichnung bei Smolensk und Borodino, 1813 in Deutschland, ward nach der Schlacht bei Leipzig Generallieutenant, 1823 Generaladjutant des Kaisers, schlug 25. Sept. 1826 das pers. Heer bei Elisabethpol, eroberte 1827 das pers. Armenien und Eriwan, 1829 Erzerum, wurde zum Feldmarschall, nach Beendigung des poln. Revolutionskriegs zum Fürsten und Vicekönig von Polen, nach Vollziehung des organ. Statuts (26. Febr. 1832) zum Präsidenten des neuorganisirten Administrationsraths ernannt; befehligte 1849 das russ. Interventionsheer in Ungarn, übernahm 1854 den Oberbefehl an der Donau, ward vor Silistria verwundet; † 1. Febr. 1856 zu Warschau. Biogr. von *Tolstoy* (1835).

Pasma (*Diapasma*, *Katapasma*, gr.), in der Pharmacie Pulver zum Aufstreuen.

Pasquill (ital.), Schmähung durch Schrift oder Bild, bes. anonyme, wird in den neueren Strafgesetzen als qualificirte Injurie mit mehrjähriger Gefängnissstrafe bedroht. Der Name kommt von *Pasquino*, einem Schuhflicker zu Rom, zu Anfang des 16. Jahrh., der sich durch beissende Spöttereien auszeichnete, und dessen Name auf eine in der Ecke des Palastes Orsini aufgestellte Bildsäule übertragen ward, woran man satir. Bemerkungen anzuheften pflegte. *Pasquinade*, s. *Pasquill*. [nade, Spottrede.

Pass (fr. *passeport*), Geleitsbrief, amtliche Reiselegitimation, nur noch im internationalen Verkehr gefordert.

Passäbel (fr.), erträglich.

Passacaglia (ital., spr. -kalja, span. *Pasacalla*), guitarrebegleiteter Gesang, mit dem man durch die Strassen zieht; veraltetes franz. Tanzstück in ³⁄₄-Takt, von ernsthaftem Charakter, Art Chaconne. [Orte.

Passade (fr.), kurzer Aufenthalt an einem

Passage (fr., spr. -sahsch), Durchfahrt; Durchgangsstrasse; der schnurgerechte Gang eines Pferdes; Stelle an einem literar. oder musikal. Werke. *Passagier* (spr. -schihr), Fahrgast, Post-, Eisenbahnreisender.

Passageinstrument (*Mittagsfernrohr*), ein in der Ebene des Meridians aufgestelltes Fernrohr zur Bestimmung der Durchgänge der Sterne durch den Meridian, deren Rektascension und der Zeit.

Passah (Puskah, hebr., d. i. Verschonung), grösstes Fest der Israeliten, zum Andenken an die Verschonung des Volks durch den Würgengel in Aegypten und an den Auszug aus diesem Lande 14.—21. Nisan gefeiert.

Passant (fr.), Durchreisender.

Passarge, Fluss im preuss. Regbz. Königsberg, entspringt bei Hohenstein, mündet ins frische Haff; 16 M. lang.

Passarowitz (serb. Poscharevac), Stadt in Serbien, an der Morawa, 5309 Ew.; 21. Juli 1718 Friede zwischen Venedig und Karl VI. einer - und der Pforte andererseits.

Passatstaub (Meteorstaub), zimmetfarbener Staub aus mineralischen Substanzen und zahlreichen Fragmenten mikroskopischer Organismen, zeigt sich bes. häufig an der Westküste Afrikas zwischen Kap Bojador und Kap Blanco (Nebelküste), über Italien in der Richtung des Mittelmeers und weiter nördl.

Passatwind, s. Wind.

Passau, befest. Stadt in Niederbayern, an der Mündung des Inn und der Ilz in die Donau (675′ l. Brücke), 13,883 Ew.; 3 Vorstädte: Innstadt, Ilzstadt und Anger. Domkirche, Schloss (Sitz des Appellationsgerichts, Blachofs u. Domkapitels), röm. Antiquarium. Zwischen Donau und Ilz die Festung Oberhaus (als Festung seit 1867 aufgehoben). Gerbereien, Porzellanfabr., Bierbrauerei. Die passauer Schmelztiegel werden in Obernzell bei P. gefertigt. Handel u. Schifffahrt. Wallfahrtskirche Mariahilf. Sehr alt; 31. Juli 1552 passauer Religionsfriede. — Das Bisthum P., 7. Jahrh. gegr., seit 985 Reichsfürstenthum, s. 1803 bayer., 1803 säkularisirt.

Passavant (fr., spr. -wang), Durchgangs-, Zollschein, Passirzettel.

Passe-balle (fr.), Kugelmesser, metallener Reif zum Messen des Kugeldurchmessers.

Passementen (fr.), Posamentirarbeiten.

Passe-parole (fr.), Befehl, der in einer Truppe von Mund zu Mund weiter geht.

Passe-partout (fr., spr. Pass-partú), Hauptschlüssel; Passirschein ohne Beschränkung.

Passepoil (fr.), schmale Streifen andersfarbigen Tuches in den Nähten, bes. der Uniformen.

Passeport (fr., spr. Passpohr), s. Pass.

Passéres (lat.), Sperlings- oder Singvögel.

Passevolant (fr., spr. Passwolang), Geschütz der Spanier und Franzosen im 15. Jahrh., 12′ l., schoss 16pfünd. Kugeln; neuerdings Name für die hölzernen Kanonen, welche auf Handelsschiffen zur Zierde dienen; auch Soldaten, welche in den Listen geführt werden, ohne zu existiren.

Passeyerthal, romant. Hochgebirgsthal im tiroler Kr. Botzen, von der Passeyr (zur Etsch) durchströmt; Heimat A. Hofers.

Passibel (lat.), für Eindrücke empfänglich.

Passiflora L. (Passionsblume, Rangapfel), Pflanzengattung der Passifloreen. P. quadrangularis L., auf Jamaica, wird der wohlschmeckenden Früchte halber in England kultivirt; ebenso P. macrocarpa, aus Südamerika, mit 8—9 Pfd. schweren Früchten. Zierpflanzen, deren Blüthentheile Marterinstrumente Christi ähneln sollen.

Passigdrehen, s. Drehbank.

Passion (lat.), Leiden, bes. das Leiden Christi; Leidenschaft. Passionszeit, Fastenzeit.

Passionato (ital., Mus.), leidenschaftlich erregt. [lich einnehmen lassen.

Passioniren, sich, (lat.), sich leidenschaft-

Passionsspiele, s. Mysterien.

Passirdukaten, die um 1—2 As zu leichten, doch noch für voll geltenden Dukaten.

Passiren, durchreisen; als erträglich (passabel) mit durchgehen (von zu leichten Münzen); für etwas gelten; sich ereignen.

Passirgewicht, das Gewicht, welches Goldmünzen mindestens haben müssen, um als vollgültig angenommen zu werden.

Passiv (lat.), leidend; im Zustande der Ruhe; nicht theilnehmend. Passiva, Schulden, im Gegensatz zu Activa. Passivität, leidender Zustand; insbes. eigenthüml. Zustand des Eisens, worin es der Einwirkung von Säuren und Alkalien widersteht, wird erzeugt, wenn man Eisen in sehr starke Salpetersäure, oder als +Pol einer voltaschen Säule in Alkalien oder Salzlosungen, oder nach dem Eintauchen des —Platinpols in Säuren taucht.

Passivhandel, Einfuhrhandel.

Passivum (lat.), Leideform, Form des Verbs, in welcher das Subjekt als die Thätigkeit erleidend dargestellt wird.

Passkugeln, kaliberformässige Kugeln, Kugeln, welche genau den inneren Durchmesser eines Gewehrs oder Geschützes haben.

Passus (lat.), Schritt, die Weite der ausgestreckten Arme oder Beine (5′); Mass von 2 Decimalfuss; 1 Meile = 10,000 Schritt.

Passy, Marktflecken westl. bei Paris, an der Seine, seit 1860 zu Paris gehörig, 13,200 Ew. Erdig-salinische Stahlquelle.

Pasta, Giuditta, ber. dramat. Sängerin, geb. 1798 in Como, glänzte namentl. in Italien, Wien, Paris und London, zwischen 1824 und 1832, lebte dann in Mailand; † 1. April 1865 auf ihrer Villa am Comersee.

Pasta (ital.), Teig, pharmaceut. Präparat.

Pastawaaren, Maccaroni, Nudeln.

Pastellfarben (Teigfarben), Farbenstifte zur Pastellmalerei, werden aus sehr fein vertheilten Farbstoffen unter Zusatz von Gyps und Bindemitteln gepresst.

Pastellmalerei, Malerei mit trockenen farbigen Stiften (s. Pastellfarben) auf Pergament oder Papier, wobei mittelst des sogen. Wischers die Linien in einander verrieben und farbige Flächen von mannichfachen Abtönungen erzeugt werden können; bes. im Portraitfach angewendet. Die Pastellbilder werden am besten unter Glas an einem vor Feuchtigkeit geschützten Orte aufbewahrt.

Pasten, glasartige Massen zur Darstellung künstlicher Edelsteine; Mischungen aus Kreide und Leim, Gyps, Thon, Schwefel zum Abformen von Münzen, Gemmen etc.; auch die aus Glas oder anderer Masse bestehenden Kopien selbst.

Pastéte (fr. pâte, engl. pie), Gebäck mit feiner Fleisch- oder Fischspeise gefüllt.

Pasteur (spr. -öhr), Louis, Chemiker, geb. 27. Dec. 1822 in Dôle, 1849 — 54 Prof. der Chemie in Strassburg, bis 1857 in Lille, seitdem Studiendirektor an der Normalschule in Paris; bekannt durch seine Untersuchungen über die Rolle der niederen Organismen bei Gährungsprozessen, Entdecker der Konservirung des Weins durch Erwärmen.

Pastillen (v. Ital., lat. *trochisci*), Körperchen aus Zucker, Tragant, Chokolade etc., jedes einzelne mit einer genau bemessenen Quantität eines Arzneimittels (Morphin, Kaffeïn, Santonin, Salzo etc.).

Pastinaea L. (*Pastinake*), Pflanzengattung der Umbelliferen. P. sativa *L.*, mit fleischiger Wurzel, in Europa, Gemüsepflanze.

Pastös (lat.), markig, kräftig im Kolorit.

Pastor (lat.), Hirt; Seelenhirt, Pfarrer, bes. evangelischer. *Pastoralia*, pfarramtl. Angelegenheiten. *Pastoral*, Pfarramt. *Pastoralbriefe*, die 3 neutestamentl. Briefe an Timotheus und Titus, so genannt wegen der darin enthaltenen Anweisungen zur bischöfl. Amtsführung. [*Pastoritium*, Hirtengesang.]

Pastorite (lat.), Hirtenflöte, Schalmei.

Pataca, s. v. a. Maria-Theresienthaler in Aegypten und Abessinien, = 1 Thlr. 12 Sgr.

Patache (fr., spr. -asch), Wachtschiff zur Aufrechthaltung der Zollgesetze und Verhinderung des Schleichhandels.

Patagonien, der südlichste Theil des amerikan. Kontinents, zwischen 39° und 54° s. Br., 14,000 QM.; an der Westküste von den patagon. Cordilleren (s. d.) durchzogen, im O. Tiefebene, im Ganzen noch sehr unbekannt; an der buchtenreichen Küste zahlr. Inseln. Die *Patagonier*, unabhängige Indianer, von auffallend hohem Wuchs, wild, tapfer, räuberisch; im S. wohnen Pescherähs. Vgl. *Wappäus* (1871), *Musters* (1871).

Pataken (*Pitulen*), s. v. a. Kartoffeln.

Paläva (a. G.), blühende Handelsstadt an d-r Küste Lyciens; ber. Orakel Apollos.

Patchuli (spr. Pätsch-), s. *Pogostemon*.

Patefaktion (lat.), Eröffnung, Bekanntmachung. [Betrüger, Schleicher.

Patella (fr., spr.-t'läng), schmeichlerischer Patella (lat.), Schüsselchen, Napf; Kniescheibe.

Patéra (lat.), Hostienteller.

Patent (lat.), offener landesherrl. Brief; Bestallungs-, Beförderungsurkunde, bes. für Offiziere (*Offizierspatent*); Urkunde, welche die ausschliessliche Ausbeutung einer Erfindung dem Erfinder auf eine Reihe von Jahren (meist 15) zusichert (*Erfindungspatent*); Gewerbeschein. *Patentiren*, durch ein P. schützen. Vgl. *Klostermann* (1869).

Patentgelb, s. v. a. Mineralgelb, Kasselergelb, Neapelgelb.

Patentgrün, s. v. a. Schweinfurter Grün.

Patentholz, plastische Masse aus verschiedenen Stoffen, Holzsurrogat.

Patentindigo, s. v. a. Neublau.

Patentzinnober, auf nassem Wege bereiteter Zinnober. [milias, Familienvater.

Pater (lat.), Vater; Ordensbruder. P. *familias* (lat.), altröm. flaches Trinkgeschirr.

Paterlein, s. Perlen. [bes. zur Libation.

Paternell (lat.), väterlich. *Paternität*, Vaterschaft. [Fusse des Aetna, 13,961 Ew.

Paterno, Stadt auf Sicilien, am südwestl.

Paternoster, lat. Name des Vaterunser; auch s. v. a. Rosenkranz und jede 10. Kugel darin, bei der das P. gebetet wird.

Paternosterbaum, s. *Staphylea*. [draht.

Paternosterdraht, silberplattirter Kupferdraht.

Paternostererbse (Abrus *L.*), Pflanzengattung der Leguminosen. *Gemeine Kronserbse* (A. precatorius *L.*), Strauch in Ostindien und Arabien, kultivirt in Westindien, mit rothen, schwarz gefleckten Samen zu Halsbändern und Rosenkränzen.

Paternosterwerke, Maschinen zum Heben von Wasser, Schlamm oder festen Körpern, bestehen aus einer Kette oder einem Riemen ohne Ende, die sich um 2 Räder schlingen und woran Eimer neben Eimer befestigt ist. Bei Fortbewegung der Kette schöpfen die am unteren Rade umwendenden Eimer und leeren sich, sobald sie am oberen Rade umwenden. P. dienen zur Bewässerung und Entwässerung, als Bagger (s. d.) etc.

Paterson (spr. Pätters'n), Fabrikstadt in Newjersey (Nordamerika), an den Fällen des Passaicflusses, 33,579 Ew.

Pathéma (gr.), Leiden, Leidenschaft.

Pathen, Taufzeugen, seit dem 2. und 3. Jahrh. den Täuflingen beigegeben, um die vollzogene Taufe ders. zu bezeugen und die religiöse Erziehung ders. zu überwachen. Vgl. *Geistliche Verwandtschaft*.

Pathetisch (gr.), s. *Pathos*.

Pathognomik (gr.), die Kunst, Gemüthsbewegungen und Krankheiten aus ihren äusseren Zeichen zu erkennen. *Pathognomische Zeichen*, Symptome, woraus eine Krankheit erkannt werden kann.

Pathologie (gr.), Lehre von der Krankheit, zerfällt in die Lehre von der Krankheitsentstehung (*Pathogenia*), von der Ursache (*Aetiologie*), von der Erforschung des Vorhergegangenen (*Anamnestik*), von den Krankheitserscheinungen (*Symptomatologie*), von der Erkennung der Krankheit aus diesen (*Diagnostik*) und von der Vorhersage (*Prognostik*). Hauptzweig der P. ist die *pathologische Anatomie*, die Lehre von der anatomischen Veränderung der Organe, namentlich auch dem Einflusse kranker Theile auf den Gesammtkörper. Als Hülfsmittel dieser Disciplin dienen die *Sektionen* und die mikroskopische Untersuchung der kranken Körpertheile (*pathologische Histologie*).

Pathos (gr.), Leiden, Ergriffensein von etwas, Gemüthsbewegung, Affekt. *Pathetisch*, starke Gemüthsbewegung ausdrückend.

Patibel (lat.), leidlich; leidend; empfindungsfähig. [Galg-n.

Patibulum (lat.), Kreuz zu Krenzigungen;

Patience (fr., spr. Pasjangs), Geduld.

Patiënt (lat.), ein Leidender, Kranker.

Patientia (lat.), Geduld.

Patina (lat., *Antilbronze*, Aerugo nobilis, Verde amico), dichter, grüner, mattgläuzender Ueberzug, welcher sich unter Einfluss von Feuchtigkeit und Luft auf Kupfer und Bronze (Statuen) bildet (vgl. *Kupfer*), und dessen Bildung durch chemische Mittel befördert werden kann.

Patisserie (fr.), Pastetenbäckerei.

Patkul, Joh. *Reinhold* (oder *Reginald*) von, Livländer, geb. um 1660, vertheidigte als schwed. Kapitän 1689 die Rechte der livländ. Ritterschaft gegen Karl XI. von Schweden, ward für einen Rebellen erklärt und musste flüchten, trat 1698 als Geheimrath in kursächs. Dienste, dann in die des Zaaren Peter, folgte 1704 als Gesandter dess. August II. nach Dresden, ward Dec. 1705 als des Verraths verdächtig verhaftet, nach dem altranstädter Frieden an Karl XII. ausgeliefert, 10. Okt. 1707 als Landesverräther lebendig gerädert. Gegenstand einer Tragödie *Gutzkows*.

Patmos (jetzt *Patmo*, *Patino*), Sporadeninsel im ägäischen Meere, nahe der kleinasiat. Küste, 10 M. im Umfang, felsig und wenig angebaut, 4000 griech. und armen. Bew.; im Alterthum röm. Verbannungsort, angebl. auch des Apostels Johannes.

Patna, Stadt in der brit.-ostind. Präsidentsch. Bengalen, am Ganges, 284,132 Ew.; Haupthandelsplatz für Opium, das in der Umgegend gebaut wird. [Kanderwälsch.

Patois (fr., spr. -töa), Bauernmundart, **Patow**, *Erasmus Robert*, *Freiherr von*, preuss. Staatsmann, geb. 10. Sept. 1804 zu Mallenchen in der Niederlausitz, ward 1845 Direktor im Ministerium des Aeussern, April 1848 Handelsminister, Juli d. J. Oberpräsident der Prov. Brandenburg, nahm Dec. 1849 seine Entlassung, ward Mitglied der Unionsparlaments zu Erfurt, dann des Abgeordnetenhauses, Nov. 1858 bis März 1862 Finanzminister.

Paträs, befestigte Hauptstadt der griech. Nomarchie Achaja und Elis, am *Golf von P.*, 18,342 Ew.; Hafen, Korinthenhandel. Das alte *Paträ*.

Patres (lat., Mehrzahl von *pater*), Väter, im alten Rom die Senatoren; auch s. v. a. **Patria** (lat.), Vaterland. [Kirchenväter.

Patriarch (gr.), Erzvater, Name Abrahame, Isaaks u. Jakobs als der Stammväter des israelit. Volks; später Ehrentitel der Vorsteher des Sanhedrin; dann Titel der christl. Bischöfe, später anaschliesslich der Bischöfe von Rom, Konstantinopel, Alexandria, Antiochia und Jerusalem als kirchl. Metropolen, in der röm.-kathol. Kirche jetzt noch der Erzbischöfe von Venedig und Lissabon. Auch die armen., abessin., jakohlt. und maronit. Kirche steht je unter einem eignen P.en. Das im 16. Jahrh. entstandene Patriarchat zu Moskau ward 1721 in das heil. Synod verwandelt.

Patricier (lat.), im alten Rom anfangs die freigebornen wirklichen Bürger, im Gegensatz zu den Plebejern (s. *Plebs*) das herrschende Volk, dann besonderer Stand, Erbadel, seit 366 v. Chr. ohne polit. Vorrechte; in den deutschen Reichsstädten und in der Schweiz zum Eintritt in den Stadtrath ausschliessl. berechtigte Geschlechter; noch jetzt einflussreiche, mit der Geschichte einer Stadt verwachsene Geschlechter. *Patricius*, Titel der fränk. Könige Pipin und Karl d. Gr. als Schirmvögte der röm. Kirche. *Patriciät*, Patricierstand.

Patrick (spr. Pätt-), kathol. Heiliger, Apostel Irlands, geb. 372 zu Banaven-Tabernä in Schottland, Gründer von Klostersohulen; † 464 n. Chr. Ihm zu Ehren stiftete Georg III. 5. Febr. 1783 für Irland den *Orden des heil. P.*, dessen Grossmeister der jedesmalige Vicekönig ist.

Patrimonialgerichtsbarkeit, auf Grund und Boden haftende, erb- und eigenthümliche Gerichtsbarkeit, wird durch von dem Gutsherrn ernannte Gerichtshalter ausgeübt, jetzt meist an den Staat abgetreten.

Patrimonium (lat.), väterliches Erbgut, Stammgut; *patrimonial*, ererbt, angestammt. *Patrimonialgut*, Erbgut.

Patrimonium Petri, das Erbtheil Petri, das durch Erbschaft vom Apostel Petrus überkommene Besitzthum der röm. Kirche.

Patriotismus (lat.), Vaterlandsliebe. *Patriöt*, Vaterlandsfreund.

Patriziren (lat.), den Vater nacharten.

Patristik (lat.), Zweig der histor. Theologie, handelt von dem Leben, den Lehren und den Schriften der Kirchenväter.

Patrize (lat.), s. *Matrize*.

Patrocinium (lat.), das Walten und Wirken als Patron, in Beziehung auf einen Klienten Schutz, Rechtsbeistand etc.

Patröclus, Waffengefährte des Achilles, ward vor Troja von Hector getödtet.

Patrologie (gr.), s. v. a. Patristik.

Patron (lat.), Schutz-, Schirmherr (s. *Klientel*); Schutzheiliger; Einer, dem das Recht, gewisse Stellen zu besetzen, zusteht, insbes. *Kirchenpatron*, der Besitzer eines Grundstücks, worin eine Kirche (*Patronatskirche*) gehört, über die jener das *Patronatsrecht* (Präsentationsrecht etc.) hat; auch s. v. a. Schiffsherr.

Patröne (fr.), Muster oder Modell, wonach eine Arbeit verfertigt werden soll; im Militärwesen fertige Ladung für Feuergewehre, enthält in einer Hülle von Papier oder Metall entweder nur Pulver (Platz- oder Exercirpatrone), oder Pulver und Geschoss (scharfe P.), oder auch noch die Zündung (Ganzpatrone).

Patronymica (gr.), nach dem Namen des Vaters gebildete Eigennamen.

Patrouille (fr., spr. -trulj), kleine Abtheilung von 2, 3 und mehr Soldaten unter einem Führer, welche auf Erkundigungen über den Feind oder das Terrain, sowie zur Kontrole der eigenen Posten und zur Kommunikation mit Nebenabtheilungen entsandt wird: Visitir-, Schleich-, Recognoscirungs- etc. P. [licherseits.

Patrueles (lat.), Geschwisterkinder väter-

Patterson (spr. Pärters'n), s. *Bonaparte 9*).

Pattinsoniren, Silber vom Blei durch wiederholte Krystallisation trennen, wobei sich silberärmere Bleikrystalle aus dem geschmolzenen Metall abscheiden.

Pau (spr. Poh), Hauptstadt des franz. Depart. Niederpyrenäen, in romant. Gegend, am *Gave de P.* (Nebenfluss des Adour), 21,563 Ew.; Schloss; beträchtl. Industrie (Weberei von Leinwand, Tischzeug etc., Fabr. von Leder, Messerwaaren), bed. Weinhandel. Ehedem Residenz der Könige von Niedernavarra (Béarn), Geburtsort Heinrichs IV. von Frankreich und Bernadottes.

Pauke (ital. *Timpano*), musikal. Schlaginstrument, kupferner Kessel mit einer Kalbfelldecke, in jedem Orchester gewöhnl. 2 P.n in verschiedenen Stimmungen (meist eine Quinte oder Quarte von einander abstehend); Notirung im Bassschlüssel.

Paukenfell, Trommelfell, s. *Ohr*.

Paul, Name von 5 Päpsten: *P. I.*, 757—767, Bruder und Nachfolger Stephans II., stand mit dem Frankenkönig Pipin in gutem Einvernehmen; kanonisirt, Tag 28. Juni. — *P. II.*, 1464—71, vorher Pietro Barbo, prunksüchtig und schwelgerisch, belegte den Böhmenkönig Georg Podiebrad mit dem Bann, setzte die Feier des Jubeljahrs auf das je 25. Jahr fest. — *P. III.*, 1534—49, vorher Alex. Farnese, bestätigte den Jesuitenorden, eröffnete das Koncil von Trient, ordnete eine allgem. Inquisition zu Unterdrückung des Protestantismus an. — *P. IV.*, 1555—1559, vorher Joh. Petr. Caraffa, protestirte gegen den augsburger Religionsfrieden und gegen Uebertragung der Kaiserkrone auf Ferdinand I., handhabte die Inquisition mit Nachdruck. — *P. V.*, 1605—21, vorher Camillo Borghese, musste im Streit mit Venedig nachgeben, verbot die Fortsetzung des Streits über die unbefleckte Empfängniss Marias.

Paul I., *Petrowitsch, Kaiser von Russland*, geb. 1. Okt. 1754, Sohn Peters III. und Katharinas II., folgte letzterer 17. Nov. 1796, bald mild und grossherzig, bald argwöhn. Despot, 1798 u. 1799 eifrig an der Koalition gegen Frankreich betheiligt, 1800 mit letzterem eng verbunden, 23. März 1801 durch eine Verschwörung Pahlens, von Subows, Bennigsens, Uwarows etc. gestürzt und ermordet. Biogr. (1804).

Paul, *Fried. Wilh., Herzog von Würtemberg*, Reisender und Naturforscher, geb. 25. Juni 1797 zu Karlsruhe in Schlesien, Sohn des 1822 gestorb. Herzogs Eugen, bereiste 1822—1824 das Mississippi- und Missourigebiet, 1852 Mexiko, 1839—40 die Nilländer, 1849—1856 Nord- u. Südamerika, 1857—58 Australien; † 25. Nov. 1860 zu Mergentheim. Schr. ,Erste Reise nach dem nördl. Amerika', 1835.

Paula, s. *Franz von Paula*.

Paulaner, s. *Minimen*.

Paulding (spr. Pahl-), *James Kirke*, nordamerikan. Schriftsteller, geb. 22. Aug. 1778 zu Pleasant-Valley (Newyork), längere Zeit Sekretär im Kriegsministerium, 1837—41 im Kabinet Van Burens angestellt; † 9. April 1860 bei Poughkeepsie am Hudson. Schr. die Romane ,The Dutchmans Fireside' (1831), ,Westward Ho!' (1832), ,The Puritans Daughter' (1850) etc., ,The Life of Washington' (für die Jugend, 1835) u. A.

Paulette (fr., spr. Polett), in Frankreich 1604 eingeführte jährl. Abgabe der Einkommen der Staatsbeamten aus ihren erkauften Stellen, benannt nach ihrem ersten Pächter *Charles Paulet*, durch die Revolution beseitigt; überh. s. v. a. Stellenverkauf.

Paulicianer, gnostisch - manichäische Sekte, entstand um 660 in Armenien, 12. Jahrh. von Alexius Comnenus bekehrt.

Paulinermönche, s. v. a. Minimen.

Paulinzelle, ehem. Cistercienserabtei (jetzt schwarzb. Kammergut), unfern Rudolstadt in Thüringen; 1106 gegr., zur Reformationszeit aufgehoben. Ruinen der prächt. Kirche.

Paullinia L. (*Paullinia*), Pflanzengattung der Sapindaceen. *P. sorbilis Mart.*, Strauch in Brasilien, liefert die Guarana (s. d.).

Paulus, der Apostel der Heiden, geb. zu Tarsus in Cilicien, hebr. *Saul* gen., anfangs als Pharisäer heftiger Gegner des Christenthums, dann nach seiner Bekehrung auf 3 Missionsreisen 44, 51 und 54 n. Chr. in Kleinasien, Macedonien und Griechenland eifriger Verkündiger des Christenthums, 59 in Jerusalem von den Juden angefeindet, vom röm. Statthalter Felix 2 Jahre in Cäsarea gefangen gehalten, 62 nach Rom geschickt, daselbst als Gefangener das Evangelium verkündigend; wahrscheinl. bei Neros Christenverfolgung 64 hingerichtet. Angebl. Verfasser von 14 neutestamentl. Briefen, von denen aber die an die Römer, Korinther u. Galater unzweifelhaft von ihm herrühren. Vgl. *Baur* (2. Aufl. 1866—67), *Hausrath* (1865).

Paulus Diaconus, Geschichtschreiber der Longobarden, geb. um 730 zu Forojulii (Friaul), seit 781 Mönch im Kloster Monte-Casino, bei Karl d. Gr. in hoher Gunst; † um 800. Schr.: ,Historia Romana' (gedr. in *Muratori*, ,Rerum ital. scriptores', Bd. 1, 1723); ,Historia Longobardorum' (deutsch von *Abel* 1849) u. A.

Paumétuinseln, s. v. a. Niedrige Inseln.

Pauperismus (lat.), die um sich greifende Verarmung in einem Lande, Massenarmuth.

Pasportât (lat., fr. *passeraté*, spr. pohw'rté), Armuth, Dürftigkeit.

Pausanias, 1) spartan. König und Feldherr, schlug mit Aristides die Perser bei Platää (479 v. Chr.), dann im verrätherischen Einverständniss mit demselben; † im Tempel der Athene auf der Akropolis von Sparta, wohin er sich geflüchtet, Hungers; Biogr. von *Cornelius Nepos.* — 2) Griech. Geschichtschreiber und Geograph, schr. zwischen 160—180 n. Chr. eine ,Periegesis' als Resultat seiner Reisen in Griechenland, Kleinasien, Syrien, Aegypten und Italien. Hauptquelle für die alte Kunstgeschichte und die Topographie Griechenlands, herausg. von *Dindorf* (1845), *Schubart* (1853, 2 Bde.), *Jahn* (1860), übersetzt von *Schubart* (1865, 2 Bde.).

Pauschäle, in Oesterreich Besoldungs- oder Dienstkostenfonds.

Pause (gr.), das zeitweise Aufhören, Unterbrechen einer Thätigkeit; insbes. das vorschriftsmässige Innehalten im musikal. Spiel oder Gesang, auch das Zeichen dafür.

Panillippo (*Pusillippo*), Berg nordwestl. bei Neapel, merkwürdig durch die *Grotte von P.*, eine 4/4 St. l., 24—30' br., 80—90' h. Felsenweg nach Puzzuoli; am Eingang das sogen. Grab Virgils. [*stein*.

Pauillipptuff, s. v. a. Bimssteintuff, s. *Bims-*

Pauspapier, mit Farbstoff bestrichenes Papier, dient zum Kopiren, indem man die bestrichene Seite auf reines Papier legt und die Linien der auf dem P. liegenden Zeichnung mit einem Stift nachzieht.

Pauvre (fr., spr. pohw'r), arm, armselig.

Pavé (fr., spr. -weh), Estrich, Pflaster; Pflasterstein, in der Sprache der franz. Journalisten s. v. a. ungeschickte Vertheidigung, die den Vertheidigten todtschlägt.

Pavesâde (ital.), früher Art grosser Kriegsschilde; Schanzkleid auf Schiffen.

Pavia, oberital. Prov., 60,5 QM. und 425,590 Ew. Die *Hauptstadt* P., am Ticino

(Brücke auf 7 Marmorbögen), 26,670 Ew.; ber. Universität (4361 gegr., bes. für Mediciner), Kunstschule mit Gemäldegalerie, 2 ber. Kollegien. Reisbau; Handel mit Seide, Hanf, Käse, Wein. P. (*Ticinum*). Im Alterthum röm. Municipium, 568—774 Hauptstadt der Longobarden, im Mittelalter ghibellinisch, 1313 — 1402 von der Familie Beccaria, dann von Mailand beherrscht, 1736—1859 österr.

Pavian (*Hundskopfaffe*, *Cynocephalus Briss.*), Gattung der eigentlichen Affen (Simiae). *Gemeiner* P. (C. Sphinx *L.*), 2—3' l., in Guinea. *Mantelpavian*, *Perückenaffe*, *Tartarin* (C. Hamadryas *L.*), 4' l., in Arabien, Aethiopien. *Bärenpavian* (C. ursinus *Penn.*), 2' 7" l., in Südafrika, verwüstet die Felder. *Mandrill*, *Waldteufel* (C. mormon *L.*), 2½—3' l., in Guinea, sehr gefürchtet.

Pavillon (fr., spr. wiljong), Flagge; zeitähnliches Gebäude; auch Seitenflügel eines Palastes mit zeltartigem (Mansarden-) Dache.

Paviment (lat.), Estrich, Fussboden von Marmorplatten, Mosaik etc.

Pavor und Pallor (lat.), Schrecken und Blässe, altröm. Schlachtgottheiten.

Pawlowsk, Stadt im russ. Gouvern. Petersburg, unfern Zarskoje-Selo, 3416 Ew.; prachtvolles kaiserl. Lustschloss etc.

Pawnees (spr. Pahnis), nordamerikan. Indianerstamm in Nebraska, zu den Sioux gehörig; ca. 14,000 Köpfe.

Pax (lat.), Friede; Friedensgöttin. P. vobiscum, Friede sei mit euch.

Paxo, jon. Insel, südöstl. von Korfu, 1¾ QM. und 5017 Ew.; Wein- und Oelbau.

Paymesiren, Imprägniren des Holzes mit Schwefel- oder Chlorbaryum und dann mit Eisenvitriol zum Schutz gegen Fäulniss.

Pays de Vaud (spr. Pëi dö Woh), s. v. a. **Pas**, Stadt, s. *La Paz.* [Waadtland.

Peakgebirge (spr. Pik-, *Penninische Kette*), Gebirgszug in England, Wasserscheide zw. dem irischen Meer und der Nordsee, von S. gegen N. streichende Reihe von ca. 2000' h. Kaikbergen (Crossfeil 2750' h., Ingleborough 2330' h.), reich an Tropfsteinhöhlen (*Peakhöhle* bei Castleton, 2300' l.).

Pearl-River (spr. -riwwer), s. *Perlfluss 2*).

Peccatum (lat.), Fehler, Vergehen; *peccavi*, ich habe gefehlt. — *Peccathos*, s. *Thos.* [res. sündigen.

Pech, *weisses*, s. v. a. *Fichtenharz*; *schwarzes*, der entwässerte Rückstand von der Destillation des Holztheers, schmilzt in kochendem Wasser, löslich in Alkohol und Lange, brennbar, dient zum Kalfatern der Schiffe, zu Kitten, zum Steifen des Schulmacherhanfs etc. P. aus Steinkohlentheer wird als künstl. Asphalt benutzt. *Fasspech* zum Auspichen der Bierfässer wird durch Kochen von Fichtenharz gewonnen.

Pechgriefen, die bei der Kolophonium- und Pechbereitung erhaltenen Rückstände, dienen zur Kienrussbereitung.

Pechkohle, s. *Steinkohle.*

Pechkuchen (*Treibpech*), Mischung aus Pech, Ziegelmehl, Talg oder Wachs, dient als Unterlage beim Cisellren.

Pechpflaster, Fichtenharz oder Pech enthaltendes Pflaster, Reizmittel.

Pechstein (*Retinit, Stigmit*), Mineral aus

der Klasse der wasserhaltigen Geolithe, dunkelgrün, braun, gelb, ein natürliches Glas, bildet mächtige Gänge und Ablagerungen in Ungarn, Sachsen etc., liefert Bruch- und Chausseesteine, durch Verwitterung treffliche Thone, magere Ackererde.

Pecht, *Friedr.*, Maler und Kunstschriftsteller, geb. 2. Okt. 1814 in Konstanz, bildete sich seit 1839 in Paris unter Delaroche, 1851—54 in Italien, lebt seitdem in München; bes. bekannt durch seine Illustrationen zu den deutschen Klassikern, namentl. die mit *Ramberg* gemeinschaftlich herausgegebene ‚Schiller-Galerie‘ (2. Aufl. 1869), ‚Goethe-Galerie‘ (2. Aufl. 1873), ‚Lessing-Galerie‘ (1866—68), ‚Shakespeare-Galerie‘ (1870 ff.). Schr. ‚Südfrüchte‘ (1854), ‚Kunst und Industrie auf der Weltausstellung‘ (2. Aufl. 1865), zahlr. Aufsätze in Zeitschriften etc.

Pechtanne, s. v. a. gemeine Fichte, s. *Tanne.*

Peck, Getreidemass in England, = ¼ Bushel. [Wiederkäuer.

Pecora (lat., Mehrzahl von *pecus*), Vieh;

Pecten (lat.), Kamm; Schambein.

Pectus (lat.), Brust. *Pectorale*, Brustpanzer; Brustschild der kathol. Geistlichen. *Pectoralia*, Mittel zur Beförderung des Schleimaushustens.

Peculium (lat.), das Eigenthum, Sondergut eines Abhängigen, Sklaven, Haussohnes.

Pecunia (lat.), Geld; *pekuniär*, Geld betreffend.

Pecus (lat.), Vieh. [treffend.

Pedal (lat.), die Fussklaviatur an der Orgel; beim Klavier die Züge zur Hebung der Dämpfer etc. *Pedalflügel*, ein mit einem P. für Passtöne versehenes Pianoforte.

Pedant (ital.), urspr. Erzieher; dann Jemand, der mit peinlicher Genauigkeit an äusserl., nowesentl. Dingen häugt; *Pedanterie*, *Pedantismus*, solche Denk- u. Handlungsweise; *pedantisch*, steif, kleinlich.

Pedell (mittellat.), Gerichtsdiener, insbes. Universitäts-, Schuldiener.

Pedestrian (engl., spr. -län), gewandter Fussgänger, Schnelläufer; *Pedestrianism*, Kunst des Fussgehens, in England als Sport betri ben.

Pedicularis morbus (lat.), Läusesucht.

Pedlar (engl., spr. -lör), Hausirer.

Pedometer, s. v. a. Hodometer.

Pedro, 1) *Kaiser von Brasilien:* a) P. I. de Alcantara, geb. 12. Okt. 1798 zu Lissabon, 2. Sohn Johanns VI., Königs von Portugal und Kaisers von Brasilien, floh mit seinen Eltern bei Napoleons I. Invasion nach Brasilien, ward bei der Rückkehr seines Vaters nach Lissabon 22. April 1821 Regent in Brasilien, proklamirte 7. Sept. die Unabhängigkeit des Landes und ward 12. Okt. 1822 zum ‚konstitutionellen Kaiser‘ ausgerufen, gerieth mit dem brasilian. Reichstag in Konflikt, succedirte 10. März 1826 in Portugal als König P. IV., verlieh diesem Lande eine Konstitution, trat 2. Mai die portug. Krone an seine älteste Tochter, Maria da Gloria [s. *Maria* 6)], ab und ernannte seinen Bruder Dom Miguel (s. d.) zum Regenten. Durch Soldatenaufruhr und Volksaufstand (6. April 1831) veranlasst, dankte er 7. April zu Gunsten seines Sohnes Dom P. II.

ab und schliffe sich mit seiner Tochter Maria nach Frankreich ein. Mit geringen Hülfsmitteln eröffnete er von hier aus Febr. 1832 den Kampf gegen den Usurpator Dom Miguel, setzte 23. Sept. 1833 seine Tochter wieder auf den Thron, ordnete den zerrütteten Staat und ward 23. Aug. 1834 von den Cortes zum Regenten erwählt; † 24. Sept. 1834. — b) *P. II. de Alcantara*, geb. 2. Dec. 1825 zu Rio de Janeiro, Sohn des Vor., bestieg nach dessen Abdankung 7. April 1831 den Thron, reg. erst unter Vormundschaft, seit 23. Juli 1840 selbständig, 18. Juli 1841 gekrönt, seit 1843 mit Therese Christine Maria, Tochter des Königs Franz I. von beiden Sicilien, vermählt, hielt streng seine konstitutionelle Kompetenz inne und ward sehr populär; s. *Brasilien*, Geschichte.

2) *P. V. de Alcantara, König von Portugal*, geb. 16. Sept. 1837 zu Lissabon, Sohn der Königin Maria II. da Gloria aus der Ehe mit Ferdinand, Herzog von Sachsen-Koburg-Gotha-Kohary [s. *Ferdinand 4*)], hestieg 15. Nov. 1853 minderjährig den Thron, trat 16. Sept. 1855 selbst die Regierung an, regierte streng konstitutionell, vermählt seit 1858 mit der Prinz. Stephanie Fried. Wilhelmine Antonie von Hohenzollern-Sigmaringen; † 11. Nov. 1861. Biogr. von *Schelhorn* (1862). Vgl. *Portugal*, Geschichte.

Peduncŭlus (lat.), Blüthenstiel.

Peebles (spr. Pihbls, *Tweeddale*), Grafsch. im südl. Schottland, 14,2 QM. u. 11,408 Ew. Die *Hauptstadt* P., am Tweed, 2045 Ew.

Peel, Morast am linken Maasufer in den holländ. Prov. Nordbrabant und Limburg, 8 M. l., 1½—2 M. breit.

Peel (spr. Pihl), *Sir Robert*, ber. engl. Staatsmann, geb. 5. Febr. 1788 zu Tamworth (Stafford), Sohn des reichen Baumwollfabrikanten und Baronets Robert P. (geb. 1750, † 1830), ward 1809 Mitglied des Unterhauses, 1810 Unterstaatssekretär der Kolonien, war 1822—27 und wieder 1828—30 Minister des Innern, führte, obwohl Tory, die Katholikenemancipation durch, bekämpfte dann die Whigverwaltung und die Reformbill, leitete seit 1835 die konservative Opposition, bildete Herbst 1841 mit Wellington, Aberdeen etc. ein neues Ministerium, das sich bis Sommer 1846 behauptete. Nachdem er schon seit 1842 als Reformator des Schutzzollwesens aufgetreten, setzte er seine freihändlerischen Anträge nach harten Kampfe gegen seine früheren Parteigenossen durch. Nach seinem Rücktritt 29. Juni 1846 Haupt der Mittelpartei der Peeliten, 1847—48 Hauptstütze des Whigministeriums und im Besitz grosser Popularität; † 2. Juli 1850 infolge eines Sturzes mit dem Pferde. Biogr. von *Klünzel* (1851, 2 Bde.) und *Sir Lawrence Peel* (1860). — Sein ältester Sohn, *Robert P.*, geb. 4. Mai 1822, fungirte als Diplomat in Madrid und in der Schweiz, ward 1855 Lord der Admiralität, April 1857 wegen Indiskretion entlassen, 1861—66 Obersekretär in Irland.

Peene, Küstenfluss in Vorpommern, entspringt in Mecklenburg-Schwerin, durchfliesst den Malchiner- und Kummerowersee, mündet unterhalb Wolgast in die Ostsee; 14 M.

Peganum L. (*Harmelkraut, Harmelraute*). Pflanzengattung der Rutaceen. P. Harmala L., syrische Raute, in Südrussland und im Orient, früher officinell, die Samen dienen als Gewürz und enthalten Harmalin (s. d.).

Pegăsus, das aus dem Blute der Gorgo Medusa, als Perseus dieser das Haupt abschlug, entsprungene geflügelte Ross, ward von Bellerophon eingefangen, soll durch seinen Hufschlag auf dem Gipfel des Helicon die Quelle Hippocrene hervorgerufen haben, daher von den neueren Dichtern als Musen- oder Dichterross dargestellt.

Pegăsus, Sternbild zwischen Wassermann, Andromeda und Schwan, mit drei Sternen 2. Grösse: Algenib, Scheat, Markab.

Pegau, Stadt im sächs. Regbz. Leipzig, an der Elster, 4269 Ew. Goth. Kirche.

Pegel, vertikal aufgerichteter Maasstab an Schleussen, Brücken, Mühlen zur Kontrolirung des Wasserstandes. *Pegelrecht*, gesetzl. Bestimmungen über die Höhe, bis zu welcher das Wasser mit Rücksicht auf höher liegende Werke an einer Mühle gepegt werden darf. [stauet werden darf.]

Pegmatit, s. *Granit*.

Pegnitzorden (*gekrönter Hirten- u. Blumenorden*), Sprachgesellschaft in Nürnberg, 1644 von *Ph. Harsdörffer* und *J. Klaj* zur Beförderung der Reinheit der deutschen Sprache gestiftet u. nach dem Flusse Pegnitz benannt, verfiel bald in abenteuerliche Spielereien; besteht noch jetzt (als gemüthl. Verein gelehrter Männer). Vgl. *Tittmann* (1847).

Pegu, Land in Britisch-Birmanien, 1515 QM. u. 1,041,340 Ew., ehemals der reichste und fruchtbarste Theil des birman. Reichs, seit 1852 britisch. Die *Hauptstadt* P., früher blühend, 1757 durch die Birmanen zerstört, jetzt kaum 7000 Ew.; her. Tempel Schomadu.

Pehlwi (pers.), die Schriftsprache in Persien zur Zeit der Arsaciden und Sassaniden, aus pers. und semit. Wörtern gemischt (auch *Huzvaresch* genannt); wahrscheinl. die Sprache der alten Parther.

Pei-ho, Fluss im nördl. China, mündet in den Golf von Pe-tschili; wichtige Wasserstrasse für Peking.

Peilung, im Seewesen Beobachtung der Himmels- od. Kompassrichtung eines Gegenstandes zur Bestimmung des Orts, an welchem das Schiff sich befindet; den *Grund peilen*, mit dem Loth (Senkblei) messen; die *Pumpe peilen*, messen, wie hoch das Wasser im Schiff steht.

Peine, Stadt im preuss. Regbz. Hildesheim, an der Fuse, 4830 Ew.; ehem. Festung.

Peipussee (*Tschudskoje-Osero*), See im nordwestl. Russland, 61,8 QM., fischreich, mit bewaldeten Ufern, fliesst durch Narowa zum finn. Busen ab. Durch die Seeenge Prowk mit dem Pskowersee (7 QM.) verbunden.

Peischwa (ind.), urspr. Minister des Mahrattenherrschers, später mit erbl. Würde, seit 18. Jahrh. Haupt des *Staats des P.* mit der Residenz Puna (seit 1815 britisch).

Peissenberg, isolirter Berg in Oberbayern, zwischen Lech u. Amper, 3145'. Wallfahrtskirche und Observatorium; der ,bayer. Rigi'.

Peitschenwurm (*Haarkopf*, Trichocephalus dispar Götze), Eingeweidewurm aus der

Klasse der Rundwürmer, 3" l., im Diekdarm des Menschen, unschädlich.

Pejeration (lat.), Meineid.

Pejoration (lat.), Verschlechterung.

Pekari (Nabel-, Warzen-, Bisamschwein, Dicotyles C.), Gattung der Schweine. *Tajassu* (D. labiatus C.), 3½' l., in Südamerika, verwüstet Pflanzungen, leicht zähmbar, mit schmackhaftem Fleisch; ebenso P. (D. torquatus C.), in Süd- und Nordamerika.

Peking (d. i. Hof des Nordens, im Gegensatz zu *Nanking*, Residenz des Südens), Hauptstadt des chines. Reichs und Residenz des Kaisers, in der Prov. Pe-tschili, unweit des Pei-ho (zahlr. Kanäle), 4 M. im Umfang, ca. 1½ Mill. Ew.; zerfällt in die äussere oder chines. Altstadt (Hauptsitz des Verkehrs, mit dem ber. Tempel des Himmels, Thiantan, 1420 erbaut) und die innere oder Tatarenstadt (beide ummauert); Kern der letzteren die kaiserliche Residenz (ein durch Backsteinmauern abgeschlossenes Konglomerat von Gebäuden und Anlagen, 3000' l., 2360' br.). Zahlr. (einstöckige) Paläste der chines. Grossen, viele Tempel, 1 griech., 2 kath. Kirchen, Moschee. Kaiserl. Bibliothek, Sternwarte (seit 1279), astronom. u. medicin. Societät, zahlr. Schulen. 13. Okt. 1860 von den Engländern und Franzosen erstürmt; seitdem Sitz vieler europ. Gesandtschaften.

Pektinkörper, stickstofffreie, nicht krystallisirbare, geschmack- und geruchlose, sehr veränderliche, in Alkohol und Aether unlösliche, mit Wasser Gallerte bildende, zum Theil darin losliche Substanzen, finden sich in grosser Menge in den fleischigen Früchten der Pomaceen, in Möhren, Rüben etc. und bilden daher einen wichtigen Bestandtheil unserer Nahrungsmittel.

Pelagianer, Anhänger der nach dem brit. Mönch *Pelagius* († 420 in Palästina) benannten Lehre, welche die Erbsünde in Abrede stellte und die natürl. Kräfte des Menschen für ausreichend zu Erlangung der Seligkeit erklärte; *Pelagianismus* 431 auf dem Koncil zu Ephesus verdammt.

Pelagisch, im Meer gebildet, bes. von Jura- und Kreidebildungen.

Pelagius, Name von 2 Päpsten: P. I., 555—560. — P. II., 578—590.

Pelargonium *Hérit.* (*Kranichschnabel*), Pflanzengattung der Geraniaceen, südafrikan. Sträucher, viele Arten und Varietäten Zierpflanzen. P. Radula *Ait.*, P. roseum *Willd.* u. P. capitatum *Ait.* werden in Frankreich und Algerien kultivirt und liefern das rosenähnlich riechende ätherische Geranium-, Pelargonium- oder Palmarosaöl.

Pelargonsäure, fette Säure, findet sich in Geranium roseum, im Getreidefuselöl, im Wein und in den Quitten, wird durch Oxydation der Fette oder des Rautenöls mit Salpetersäure gewonnen; farbloses, schwach riechendes Oel, in Alkohol löslich, siedet bei 262°. *Pelargonsäure-Aethyläther* verleiht dem Wein seinen charakteristischen Geruch (nicht das Bouquet), wird aus Weinhefe durch Destillation mit Wasser gewonnen und dient als *Drusenöl* zur Bereitung von künstlichem Cognac.

Pelasger, die Ureinwohner Griechenlands, die Erbauer der cyklop. Mauern zu Argos, Mycenä etc. (*pelasgische Bauten*).

Pelekan (*Kropfgans*, Pelecanus L.), Gattung der Schwimmvögel mit grossem Kehlsack. *Gemeiner* P. (P. onocrotalus L.), 5—6' l., in Südosteuropa und Ostindien, wird zum Fischfang abgerichtet; Symbol der aufopfernden Mutterliebe. *Bassangans* (P. Bassanus L.), 2—3' l., an den nordeurop. und sibir. Küsten.

Pele-mele (fr., spr. pähl-mähl), bunt durch einander, gemischt. [für Damen.

Pelerine (fr.), Pilgerin; Ueberwurfkragen

Peleus, Sohn des Aeacus, Beherrscher der Myrmidonen in Phthia in Thessalien, Theilnehmer an der kalydon. Jagd, Gemahl der Nereide Thetis, mit der er den Achilles zeugte.

Pelewinseln (spr. Peljuh-, Pali, Palaos), Inselgruppe in der Südsee, zwischen Karolinen und Molukken, fruchtbar.

Pelias, Sohn des Poseidon und der Tyro, Herrscher von Iolcus durch Verdrängung seines Stiefbruders Aeson, sandte dessen Sohn Jason nach dem goldenen Vliess aus, ward nach dessen Rückkehr auf Anstiften der Medea unter dem Vorwande der Verjüngung getödtet und gesotten.

Pelikan, s. *Pelekan*.

Pelion (a. G.), Waldgebirge in Thessalien, in der Mythe mehrfach genannt.

Pellöais (gr.), Hauterkrankung, besteht im Auftreten von kleinen, rothen Flecken, meist schmerzhaft und lang dauernd, bes. bei jungen Menschen vorkommend, die an Rheumatismos gelitten haben.

Pelissier (spr. -jeh), *Jean Jacques Aimable*, Herzog von Malakow, geb. 6. Nov. 1794 zu Maromme (Niederseine), machte als Adjutant die Feldzüge 1823 in Spanien und 1828 in Morea, sowie 1830 die Expedition gegen Algier mit, focht seit 1839 in Algerien, vernichtete 1846 eine Anzahl Araber in den Daharagrotten, indem er sie im Rauch ersticken liess, ward 1850 Divisionsgeneral und Generalinspektor der Infanterie, Jan. 1855 als Befehlshaber des 1. Armeecorps nach der Krim berufen, Mai zum Höchstkommandirenden und nach Erstürmung des Malakow (8. Sept.) zum Marschall ernannt, 1856 Gesandter in London, 1860 Generalgouverneur von Algerien; † 22. Mai 1864.

Pella (a. G.), Residenzstadt Macedoniens, Geburtsort Philipps und Alexanders d. Gr.

Pellagra (gr., *mailändische Rose*, Lepra lombardica), endemische rosenartige Hautkrankheit in Oberitalien, Südfrankreich etc., entsteht bei Personen, die im Freien anstrengende Arbeiten verrichten, an den der Einwirkung der Sonnenstrahlen ausgesetzten Hautstellen, verschwindet während des Winters, kehrt dann wieder und führt zwischen dem 3. und 7. Jahre zum Tode, oft unter Wahnsinn und Blödsinn. Nur zu helfen durch Wechsel des Aufenthalts.

Pelleterie (fr.), Pelz-, Rauchwaaren.

Pellico, *Silvio*, ital. Dichter und Schriftsteller, geb. 1789 zu Saluzzo, 1822 als des Carbonarismus verdächtig zum Tode verurtheilt, dann zu 15jähr. Gefängniss auf dem

Spielberg begnadigt, 1830 aber freigegeben;
† 21. Jan. 1854 in Turin. Am bekanntesten
die Geschichte seiner Gefängnisleiden: „Le
mie prigioni' (1833, neue Ausg. 1866, deutsch
1837) und die Tragödie ‚Francesca da Rimini'
(1818). ‚Opere' (1831) und ‚Opere inedite'
(1837, 2 Bde.), deutsch von *Kannegiesser* und
Müller (1850). Biogr. von *Bourdon* (1868).

Pellis (lat.), Fell, Haut; Vorhaut.

Pelluridität (lat.), Durchsichtigkeit.

Pelopidas, Feldherr der Thebaner, Freund
des Epaminondas, befreite sein Vaterland
von dem Drucke der Spartaner, half den
Sieg bei Leuctra (371 v. Chr.) erfechten,
drang im Peloponnes ein; fiel 364 bei Kyno-
kephalä gegen Alexander von Pherä.

Pelopiden, die Nachkommen des Pelops.

Peloponnes (seit dem Mittelalter *Morea*
genannt), die grosse südl. Halbinsel Griechenlands (s. d.), mit dem eigentl. Hellas
nur durch den Isthmus von Korinth zusammenhängend, ca. 402 QM. mit 150 M.
Küstenlänge; umfasst die Landschaften Arkadien, Achaja mit Elis, Messenien, Lakonien und Argolis. Die alte Bevölkerung des P.
wurde nach dem trojan. Kriege durch dorische
Einwanderer aus Thessalien verdrängt, die
mehrere Staaten bildeten; am mächtigsten
darunter Sparta. 146 v. Chr. von den Römern unterjocht, bildete der P. mit Mittel-
griechenland die Prov. Achaja, gehörte
dann zum byzantin. Reiche, ward dann später
zu Venedig, ward dann nach und nach von
den Türken erobert, unter deren Herrschaft er bis 1825 blieb; s. *Griechenland*,
Gesch. Vgl. *Curtius* (1851 — 52, 2 Bde.).

Pelops, Sohn des Dardanus und der Dione,
ward von seinem Vater bei einem Besuche
der Götter geschlachtet und diesen als
Speise vorgesetzt, aber von ihnen neu belebt; wanderte später aus Phrygien nach der
nach ihm Peloponnes genannten griech.
Halbinsel, ward Gemahl der Hippodamia
und erbte das Reich ihres Vaters. Seine
Söhne Atreus und Thyestes, seine Enkel
Agamemnon und Menelaus (*Pelopiden*).

Pelerienbildung, die Umbildung im normalen Zustande unregelmässig oder seitlich
symmetrisch gebildeter Blüthen in regelmässige, bes. bei Scrophularineen und Labiaten. Beweis für die Identität des Grund-
plans mancher unter einander sehr abwei-
chender Blüthenbildungen.

Pelotage (fr., spr. -tahsch), geringe Vigogne-
wolle, Wickelwolle für Hutmacher.

Pelóte (fr.), Ball, Knäuel; Bruchbands-
ball oder -knopf.

Peloton (fr., spr. P'lotóng), Unterabtheilung der Schwadron, Kompagnie, s. v. a.
Zug, Rotte. *Pelotonfeuer*, Rottenfeuer.

Pelotte (fr.), kleines Rennschiff.

Pelta (gr.), leichter Schild; *Peltasten*, mit
solchen bewaffnete Krieger.

Peltatus (lat.), schildförmig, von Blättern,
deren Blattstiel, statt an der Basis des
Blattes, in der Blattfläche angeheftet ist.

Pelusium (a. G.), feste Stadt in Unter-
Ägypten, an der östlichsten Nilmündung, in
Sümpfen (beim heutigen Tineh), der Schlüssel
Aegyptens von Osten her.

Pelvimeter (gr.), Beckenmesser, geburts-
hülfliches Instrument zur Bestimmung der
Weite des weiblichen Beckens.

Pelvis (lat.), das Becken.

Pelworm, eine der nordfriesd. Inseln an
der Küste Schleswigs, ⅘ QM. und 2146 Ew.

Pelzen, s. v. a. pfropfen, s. *Veredeln*.

Pelzflatterer (Dermoptera), Familie der
Handflügler (Chiroptera). *Rother Flatter-
maki*, *fliegender Hund* (Galeopithecus rufus
Geoffr.), 1½' l., von Java bis Timor, mit
geniessbarem Fleisch, die Flughaut dient
nur zu Fallschirm.

Pelzwaaren (*Rauchwaaren*), stammen
meist von Raub- und Nagethieren, werden
einer leichten Gerbung unterworfen, häufig
gefärbt, auch gebleicht und geschoren. Die
meisten P. kommen aus der nördlichen gemässigten und kalten Zone, die Produktion
steigt von Jahr zu Jahr, aber viel beträchtlicher der Konsum. Hauptweltmarkt ist
Leipzig. Produktion in

Nordamerika	5,169,600 Felle,	Werth:	5,354,250 Thlr.
Aleuten und Alaschka	184,000	-	} 4,177,500 -
Sibirien und Nordchina	9,143,300	-	
Pers. und tatar. Lammfelle	700,000	-	475,000 -
Frankreich, England, Italien . . .	5,740,000	-	
Deutschland, Dänemark, Holland, Schweiz . . .	3,096,500	-	} 3,817,800 -
Türkei, Ungarn, Galizien	541,000	-	
Europ. Russland, Schweden und Norwegen, Island, Grönland	3,775,600	-	2,387,100 -
Südamerika, Südasien, Afrika, Australien	3,700,500	-	1,245,000 -

Summa: 32,050,500 Felle, Werth: 17,456,650 Thlr.

Vgl. *Lomer* (1864), *Schmidt* (1863).

Pembroke, engl. Grafsch. im Fürstenthum
Wales, 20,8 QM. u. 96,278 Ew. Die *Hauptstadt*
P., im Hintergrund des Milfordhafens, 15,071
Ew.; 7 Forts, gr. Seearsenal, Schiffswerfte.

Pemmikan, Nahrungsmittel der nordamerikan. Indianer, s. *Fleisch*.

Pempelfort, gr. Dorf, dicht bei Düsseldorf; das Schloss *Jägerhof* einst als Wohnsitz F. H. Jacobis viel genannt, seit 1860
Eigenthum des düsseldorfer Künstlervereins
‚Malkasten'.

Pemphigus, Hautkrankheit, mit von selbst
auftretender Blasenbildung auf der äusseren Haut. P. der Neugeborenen ist durch
Syphilis bedingt; beim Erwachsenen mit
chronischem Verlauf sind vorwiegend nervöse Einflüsse zu vermuthen. Meist unheilbar; wichtig gute Ernährung.

Penaten (lat.), bei den Römern Schutzgötter des Staats und des häuslichen Herds;
vgl. *Laren*; auch s. v. a. eigner Herd. [Penny.

Pence (engl., spr. Pens), Mehrzahl von

Pendant (fr., spr. Pangdang), Gehänge, Gehenk; Gegen-, Seitenstück.

Pendel, ein von einem festen Punkt frei herabhangender Faden oder Draht, welcher an seinem unteren Ende einen schweren Körper trägt; ist in Ruhe, wenn die Axe des Fadens gegen den Mittelpunkt der Erde gerichtet ist. Die Pendelschwingungen werden infolge der Reibung und des Luftwiderstandes immer kleiner, aber die Zeitdauer der einzelnen Schwingungen eines und desselben P.s ist unabhängig von der Grösse des Schwingungsbogens, also konstant, auch unabhängig vom Gewicht und von der Natur der Pendelkugel und verhält sich bei ungleich langen P.n wie die Quadratwurzel aus den Pendellängen. Die Länge des P.s, dessen Schwingungsdauer genau 1 Sekunde beträgt, ist in Königsberg = 994,410 Millim. Infolge der Abplattung und der Rotation der Erde verändert sich diese Länge mit der Breite des Beobachtungsortes. Die Länge des Sekundenpendels ist gleich der Geschwindigkeit eines freifallenden Körpers am Ende der ersten Sekunde für deu Beobachtungsort. Die P. zur Regulirung der Uhren dürfen unter den Einfluss der Wärme und Feuchtigkeit ihre Länge nicht ändern (Kompensationspendel). P. dienen auch zur Bestimmung der Dichtigkeit der Erde.

Pendeloque (fr., spr. Pangd'lok), Gehänge, Ohrgehänge etc. [Rechtsstreit.

Pendente lite (lat.), bei noch anhängigem

Pendentifs (fr., spr. Pangdang-, Zwickel), die 3eckigen Gewölbefelder zwischen den grossen, die Kuppel tragenden Bögen.

Pendschab (sanskr., Pentapotamien, d. i. Fünfstromland), der nordwestl. Theil Vorderindiens, von der Dschamna bis an die Grenze von Afghanistan, bewässert vom Setledsch und Tschinab mit 3 Nebenflüssen (Dschelum, Rawi, Bias); früher Hauptbestandtheil des Staats der Sikhs, seit 1849 britisch.

Pendule (fr., spr. Pangdühl), Pendeluhr.

Penelope, Gemahlin des Odysseus, Tochter des Icarius und der Periböa, Mutter des Telemach, wusste sich während der Abwesenheit ihres Gatten der zudringlichen Freier durch Standhaftigkeit und List zu erwehren, bis sie von dem zurückkehrenden Gatten aus ihrer Bedrängnis befreit wurde.

Penetrabel (lat.), durchdringlich; erforschbar. *Penetral*, ein-, durchdringend; *Penetrans*, das Ein-, Durchdringen; *Penetration*, durchdringliche.

Peneus (a. G.), Hauptstrom Thessaliens, durchfloss das Thal Tempe; jetzt Salambria.

Penia (gr.), Armuth; auch personificirt Göttin der Armuth. [sorgsam.

Penibel (fr.), mühsam, peinlich; ängstlich

Penig, Stadt im sächs. Regbz. Leipzig, an der zwickauer Mulde, 5500 Ew.; gr. Papierfabrik (F. Flinsch) und Baumwollspinnerei.

Peninsula (lat.), Halbinsel; *peninsular*, zu einer solchen gehörig.

Penis (lat.), das männliche Glied.

Penn, *William*, ber. Quäker, geb. 14. Okt. 1644 zu London, Sohn des Admirals *Sir William P.* († 1670), ward als eifriger Prediger seiner Sekte mehrmals gefangen gesetzt; erhielt gegen eine Schuldforderung seines Vaters von 16,000 Pfd. St. einen Landstrich am Delaware in Nordamerika als Privateigenthum, bevölkerte die Kolonie, nach ihm Pennsylvanien (s. d.) genannt, mit Verfolgten aus allen Ländern, verlieh derselben auf einer Generalversammlung (März 1683) eine Verfassung in 24 Artikeln, die 1776 der Konstituirung der Verein. Staaten zu Grunde gelegt ward, kaufte den Indianern grosse Landstriche ab und gründete die Stadt Philadelphia; trat 1712 sein Eigenthumsrecht an Pennsylvanien für 280,000 Pfd. St. au die Krone ab; † 30. Mai 1718 auf seinem Landgut Rushamh in der Grafsch. Buckingham. Biogr. von *Dixon* (3. Aufl. 1856).

Penna (lat.), Feder. *Pennäl*, Federbüchse; burschikose Bezeichnung eines unreifen Schülers im Gegensatz zum Studiosus.

Pennalismus (lat.), übermüthiges, tyrannisirendes Benehmen der älteren Studenten (Schoristen) gegen die neuangekommenen (Pennale), bes. im 17. Jahrh. herrschend.

Penninische Alpen, Theil der Centralalpen, vom Montblanc bis zum Simplonpass, mit dem Montblanc (14,800'), gr. St. Bernhard (10,390'), Monte Cervuol (15,900'), Weisshorn (13,900'), dem Mischabelhörnern (14,039'), dem Monte Rosa (14,300') und vielen andern Gipfeln von 10 – 13,000' Höhe. Hauptpass von Martigny über den gr. St.Bernhard nach Aosta.

Penninische Kette, s. v. a. Peakgebirge.

Pennisetum *Rich. (Borstfedergras)*, Pflanzengattung der Gramineen. P. typholdeum *Pers.*, *Negerhirse*, in Ostindien, Aegypten kultivirt, Hauptnahrungsmittel der Negerstämme.

Pennsylvanien, nordamerikan. Freistaat, am atlant. Ocean, 2164 QM. und (1870) 3,519.601 Ew. (in der Mitte und im W. überwiegend Deutsche); von den Alleghanies durchzogen u. von Delaware, Susquehanuah, Alleghany und Potomas bewässert. Erwerbszweige: Landwirthschaft (sehr rationell betrieben), Bergbau auf Eisen (1866: 772,479 Tons Roheisen = 35 Mill. Doll., d. i. 60% der ganzen Roheisenprodukten der Union), Kohlen (1862: 8,295 Mill. Tons), Salz (ca. 1 Mill. Bushel); Gewinnung von Erdöl (1861 entdeckt); lebh. Fabrikthätigkeit. In Bezug auf den auswärtigen Handel der 5. Unionsstaat. Einfuhr (1865): 7,867 Mill., Ausfuhr 11,294 Mill. Doll. Schiffsverkehr: eingelaufen 665 Schiffe mit 178,080 Tonn., ausgelaufen 584 Schiffe mit 161,292 Tonn. Eisenbahnen (1869): 731 M. im Betrieb, Kanäle: 253 M. Konstitution von 1790. Ausgaben (1867): 4,583,697 Doll., Staatsschuld (1871: 29,546,584 Doll. Im Kongress durch 2 Senatoren und 24 Repräsentanten vertreten. 65 Counties. Hauptstadt Harrisburg; wichtigste Stadt Philadelphia. 1681 durch W. Penn und 2000 Ansiedler kolonisirt, einer der 13 ältesten Unionsstaaten (seit 1776).

Penny (Plur. *pence*), Münze in England, = 1/12 Schilling. *Pennybanken*, seit 1850 in England Sparkassen für Arme.

Pennyweight (engl., spr. -weht), engl. Gewicht, = 1/20 Unze troy = 1,55 Grm.

Penobscot (spr. -skött), Fluss in Maine (Nordamerika), mündet in die *Penobscotbai* des atlant. Oceans; 60 M. lang.

Pensa, ostruss. Gouvernement, 688,s QM. und 1,179,080 Ew. Die *Hauptstadt* P., 27,729 Ew.; Fabr. in Leder, Lichten, Seife, Leinwaud.

Pensacola (spr. -säkóla), Hafenstadt in Florida (Nordamerika), am mexikan. Moerbusen, 5000 Ew.; bed. Baumwollexport.

Pensée (fr., spr. Peugeeh), Einfall, Gedanke; in Rothbraun fallendes Violett; Gartenstiefmütterchen (Viola tricolor). *Pensif* (spr. pangs-), seinen Gedanken nachhängend.

Pension (fr., spr. Paugs-), Ruhegehalt; Kostgeld; Erziehungsanstalt, worin die Zöglinge nebeu Erziehung und Unterricht zugleich Wohnung und Kost erhalten (*Pensionät*). *Pensioniren*, in Ruhestand versetzen.

Pensionär (fr., spr. Paug-), in den grossen Städten Hollands der Syndikus mit eualoger Machtbefugniss in diesen Städten wie der *Gross-* oder *Rathspensionär*, der Staatssekretär der Stände oder Staaten der Provinz Holland, gewissermassen der Premierminister derselben, auf 5 Jahre gewählt.

Pensum (lat.), das Zugetheilte, Aufgabe.

Penta (gr.), fünf, in Zusammensetzungen.

Pentachórd (gr.), 5saltiges Tonwerkzeug.

Pentáde (gr.), Gesammtheit von fünfen.

Pentadekagón (gr.), Fünfzehneck.

Pentádik (gr.), Zahlensystem mit der Grundzahl 5. [begrenzter Körper.

Pentaëder (gr.), Fünfflach, von 5 Flächen

Pentagiotte (gr.), Buch, namentlich Bibel

Pentagön (gr.), Fünfeck. [in 5 Sprachen.

Pentagramm (gr.), s. *Drudenfuss.*

Pentagýnus (gr.), Blüthe mit 5 freistehenden Griffeln; *Pentagynia*, die 5. Ordnung mehrerer Klassen des linnéschen Systems.

Pentaméter (gr.), 5füssiger daktyl. Vers, aus 2 durch eine unveränderliche Cäsur geschiedenen Hälften bestehend, bildet mit dem Hexameter das antike *Distichon.*

Pentandrus (gr.), fünfmännig, von Blüthen mit 5 Staubgefässen; *Pentandria*, die 5. Klasse des linnéschen Pflanzensystems.

Pentagónum (gr. u. lat.), s. v. a. Pentagón.

Pentapólis (gr.), Landschaft mit 5 Städten, insbes. die afrik. Landsch. Cyrenaica (s. d.).

Pentaptóton (gr.), Nomen mit 5 Casus.

Pentarchie (gr.), Fünfherrschaft, Bezeichnung des polit. Uebergewichts der 5 europ. Grossmächte, zuerst in der Schrift „Die europ. P.‘ (1839) gebraucht, worin der Plen einer Vertheilung der sämmtlichen kleineren Staaten Europas unter die 5 Grossmächte entwickelt ward. [im Kloben.

Pentaspast (gr.), Flaschenzug mit 5 Rollen

Pentastémum *Hérit. (Bartfaden)*, Pflanzengattung der Personaten, aus Nordamerika u. Mexiko, Zierpflanzen. [von 5 Zeilen.

Pentastichon (gr.), Gedicht oder Strophe

Pentasyllábum (gr.), 5silbiges Wort.

Pentateuch (gr.), aus 5 Büchern bestehender Band; insbes. die 5 Bücher Moses im A. T.

Pentekoste (gr.), der 50., näml. Tag nach Ostern, d. i. Pfingsten.

Pentelicon (jetzt *Mendeligebirge*), Gebirge im alten Attika, nordöstl. von Athen, reich an trefflichem weissen Marmor.

Penthémeron, Zeit von 5 Tagen.

Penthesilea, Tochter des Mars, Amazonenkönigin, von Achilles vor Troja erlegt.

Pentheus, König von Theben, ward wegen seines Widerstands gegen die Einführung des Dionysosdienstes von seiner eigenen Mutter in bacchentischer Wuth zerrissen.

Pentland-Frith, Meerenge zwischen den Orkn-ylnseln und Schottland.

Penultima (lat.), die vorletzte Silbe eines Worts.

Penurie (gr.), Mangel, Noth. [Worts.

Penzance (spr. -sans), südlichste Stadt Englands, in der Grafsch. Cornwall, au der Mountsbai, 9414 Ew.; Hafen, Seebäder.

Penzing, Dorf bei Wien, an der Wien, 5218 Ew.; gr. Seidenbaudfabr.

Peoria (spr. Piohriä), Stadt in Illinois (Nordamerika), am Illinois, (1870) 22,849 Ew.

Peotta (ital.), kleine venetian. Goudel.

Pépinière (fr.), Baumschule; ärztl. Schule, insbes. das medicin.-chirurg. Friedrich-Wilhelminstitut in Berlin.

Pepitas (spec.), natürlich vorkommende Goldkörner in Südamerika.

Peplos (*Peplon*, gr.), grosses Gewand zum Ueberwerfen, Feierkleid der griech. Frauen.

Pepóli, *Gioachino, Marchese*, ital. Staatsmann, geb. 6. Nov. 1825 zu Bologna, trat Juni 1859 an die Spitze der provisor. Regierung das., ward unter Cipriani's Diktatur Minister der Finanzen und des Auswärtigen, von Cavour zum Generalkommissär für Umbrien ernannt, vertrat dann Bologna im ital. Parlament, war März bis Dec. 1862 Minister des Ackerbaus und Handels, dann Gesandter zu Petersburg, ging 1864 als diplomat. Unterhändler nach Paris, schloss die Konvention vom 15. Sept. 1864 ab.

Pepping, s. *Apfelbaum.* [göttin.

Peprömene (gr.), Schicksal, Schicksalsgöttin.

Pepsin, stickstoffhaltiger, fermentartiger Bestandtheil des Magensaftes, welchem dieser seine verdauende Kraft verdankt, löst eiweissartige Stoffe auf und verwandelt sie in nicht koagulirbare *Peptone*, wird aus Labmagen dargestellt; farblos, amorph, in Wasser ziemlich schwer, in angesäuertem Wasser leicht löslich, verliert seine verdauende Kraft beim Kochen, dient als Arzneimittel; beste Form die *Pepsinessenz* von Liebreich. [befördernde Mittel.

Pepsis (gr.), die Verdauung; *Peptica*, diese Peptone, s. *Pepsin.*

Per (lat.), durch, für.

Pera, der meist von Franken bewohnte Stadttheil von Konstantinopel.

Per acquit (fr., spr. -akih), für den Empfang, d. i. quittirt. [des Jordans.

Peraea (a. G.), Theil Palästinas, jenseits

Peräquation (lat.), Ausgleichung, namentl. durch Vertheilung von Lasten einzelner Betroffener unter eine Gesammtheit.

Peraktion (lat.), Durchführung, Vollendung. *Peragiren*, vollenden.

Per ambáges (lat.), auf Umwegen.

Per cassa (ital.), s. v. a. contant.

Perceptibilität (lat.), Wahrnehmbarkeit. *Perception*, sinnl. od. geistige Wahrnehmung.

Perche (spr. Persch), Landsch. in der Normandie, bekannt durch ihre Leinwand und eine eigene Pferderace (*Percherons*).

Percipiren (lat.), empfangen; wahrnehmen, begreifen. *Percipient*, Empfänger.

Per contant, s. *Contant*.

Perdiccas, Feldherr Alexanders d. Gr., dem dieser sterbend seinen Siegelring als Symbol der königl. Gewalt übergeben haben soll, masste sich die Herrschaft an, ward auf einem Zuge nach Aegypten 321 v. Chr. von seinen Truppen erschlagen.

Perdition (lat.), Verderben, bes. ewige

Perdix (lat.), Rebhuhn. [Verdammniss.

Perdrigone (fr., spr. -gong), die besten provençal. Pflaumen.

Perduellio (lat.), Hoch-, Staatsverrath.

Perdurabel (lat.), ausdauernd; dauerhaft.

Pereat (lat.), er gehe unter, verderbe!

Peregrinus (lat.), der Fremde, Ausländer. *Peregrination*, Wandern, Aufenthalt in der Fremde. *Peregrinität*, das Fremdsein.

Péreire, *Emile* und *Isaac*, franz. Bankiers, Israeliten portugies. Herkunft, geb. Emile 3. Dec. 1800, Isaac 25. Nov. 1806, übernahmen den Bau der Eisenbahn nach St. Germain und der franz. Nordbahn, gründeten 1852 den Crédit mobilier, führten mit Hülfe desselben 1852–57 grosse Finanzoperationen und Industrieunternehmungen aus; Abgeordnete im gesetzgebenden Körper.

Perekop (tatar. *Orkapu*), Stadt u. Festung im russ. Gouvern. Taurien, auf der *Landenge von P.*, welche die Krim mit dem Festlande verbindet, 3964 Ew.; Salzbereitung.

Père-Lachaise (spr. Pähr-Laschähs), Kirchhof zu Paris; vgl. *Lachaise*.

Peremtion (lat.), Vernichtung; Verjährung durch Nichtaufnahme des Rechtsverfahrens; endgültiger Bescheid. *Peremtorische Frist*, eine solche, deren Versäumniss den Verlust des innerhalb der betreffenden Zeit geltend zu machenden Rechts nach sich zieht.

Perennirend (lat.), ausdauernd; p. e Pflanzen haben krautartigen Stengel, der im Winter abstirbt, sich aber im nächsten Jahr aus der bleibenden Wurzel neu erzeugt. Zeichen ♃.

Pereskia *Plum. et Haw.*, Pflanzengattung der Kakteen. *P. aculeata Plum.*, in Westindien, liefert Obst. Zierpflanzen.

Per exemplum (lat.), zum Beispiel.

Per expressum (lat.), durch Eilboten.

Per fas (lat.), auf rechtl. Wege (vgl. *Fas*).

Perfekt (lat.), vollendet, vollkommen; *perfektibel*, der Vervollkommnung fähig; *Perfektibilismus*, der Glaube an ein stetes Fortschreiten des Menschengeschlechts zum Perfektum (lat.), s. *Präteritum*. [Bessern.

Perfid (lat.), treulos, hinterlistig. *Perfidie*, Treubruch, Verrath.

Perfoliatus (lat.), durchwachsen, bes. von einem sitzenden Blatt, wenn dessen getheilte Basis um den Stamm herum mit den Rändern zusammengewachsen ist.

Perforation (lat.), Durchbohrung; in der Chirurgie kunstgerechte Eröffnung einer Höhle des Körpers; in der Geburtskunde die Entleerung (Entbirnung) des Schädels des ungebornen Kindes bei zu engem Becken; *freiwillige P.*, die bei Geschwüren etc. eintretende Durchlöcherung von Wandungen.

Perfrikation (lat.), Kälteschauder, Gänse-

Perfusion (lat.), Be-, Uebergiessung. [haut.

Pergament, eigenthümlich zubereitete, nicht gegerbte und daher durch Kochen noch in Leim überführbare Thierhaut. Schreibpergament wird mit magerer Oelfarbe bestrichen. Der Name kommt von Pergamum, wo die Verfertigung des P. s verbessert wurde.

Pergamentpapier (*vegetabilisches Pergament*), wird durch kurze Einwirkung ziemlich koncentrirter Schwefelsäure auf ungeleimtes Papier und sorgfältiges Auswaschen erhalten, ist durchscheinend, hornartig, sehr fest, verträgt Siedehitze, fault nicht und lässt Wasser nur endosmotisch durch. Dient bes. zu wichtigen Schriftstücken.

Pergamum (*Pergamus*, a. G.), Stadt in der kleinasiat. Landsch. Mysien, Hauptstadt des 283 v. Chr. von Philetärus gestifteten *pergamenischen Reichs*, unter dessen Nachfolgern Eumenes I., Attalus I. (der den Königstitel annahm), Eumenes II. (Begründer der berühmten *pergamenischen Bibliothek*, 200,000 Rollen), Attalus II. u. III. sehr verschön-rt; blieb auch, nachdem letzterer das Reich 131 v. Chr. An die Römer vererbt hatte, noch lange die blühende Hauptstadt der Prov. Asia. Jetzt *Bergama*, 12,000 Ew.

Perge, *pergat* (lat.), fahre fort! weiter!

Pergola (ital.), Laube, Laubengang. *Pergolato*, Latten-, Gitterwerk.

Pergolèse, *Gios. Battista*, ital. Komponist, geb. 1710 in Jesi, Schüler Durantes in Neapel; † 1736 zu Puzzuoli. Schr. Opern und Kirchensachen (darunter das ber. ,Stabat mater' und ,Salve regina').

Per gradus (lat.), stufenweise.

Perhorresciren (lat.), mit Schauder abweisen. *Perhorrescenz*, Ablehnung, Erklärung einer Partei, dass sie den kompetenten Richter nicht für unparteiisch halte und daher die Sache einem andern Richter zu übertragen bitte; *Perhorrescenzeid*, der in Bezug hierauf geleistete Eid.

Periander, Tyrann zu Korinth, einer der sogen. sieben Weisen Griechenlands, folgte 627 v. Chr. seinem Vater Cypselus; † 584. Sein Denkspruch: ,Alles mit Vorbedacht.'

Perianthium (gr.), jede die Befruchtungstheile der Blüthe umgebende Hülle.

Periblepsis (gr.), ängstliches Umhersehen; der Blick Irrsinniger.

Periböle (gr.), Umfang, Umkreis; rednerische Anführung, Ausschmückung eines Begriffs, Gedankens.

Pericardium (gr.), Herzbeutel; *Pericarditis*, Entzündung desselben, gleicht anatomisch der Bauchfellentzündung (s. d), mit Flüssigkeitsansammlung im Herzbeutel verbunden. Verläuft bisweilen fast symptomenlos, in anderen Fällen grosse Athemnoth, Fieber, Herzklopfen, Schmerz. Ausgang in Heilung, oft unter Verwachsung der Herzbeutelblätter, bisweilen tödtlich. Behandlung: halbsitzende Lage, grösste Ruhe, Spanischfliegenpflaster, Digitalis, in schweren Fällen Entleerung der Flüssigkeit durch Elastich.

Pericarpium (gr.), Fruchtgehäuse.

Pericholie (gr.), Uebermass an Galle, Gallensucht. [*chondritis*, deren Entzündung.

Perichondrium (gr.), Knorpelhaut; *Peri-*

Pericles, ber. athen. Staatsmann, Sohn des Xanthippus, aus vornehmem Geschlechte, betrat 468 v. Chr. die polit. Laufbahn, ward einflussreicher Führer der demokrat. Partei und nach des Thucydides Verbannung (444) der einzige Leiter der Politik Athens mit fast monarchischer Gewalt, hervorragender Redner, auch Feldherr, unterwarf 445 Euböa, 440 Samoa den Athenern, trug zum Bruch mit Sparta bei; vollendete die von Themistocles begonnene Anlage der Hafenstadt Piräens und die langen Mauern, schmückte Athen, bes. die Akropolis, mit Prachtbauten (Parthenon, Propyläen etc.); † 429 an der Pest. Biogr. von *Plutarch*. Vgl. *Oncken*, ‚Athen und Hellas', Bd. 2, 1866. [dels.

Pericranium (gr.), Knochenhaut des Schä-

Periculum (lat.), Gefahr; *p. in mora*, Gefahr im Verzuge. *Perikulös*, gefährlich.

Peridesmium (gr.), Bänderhaut; *Peridesmitis*, deren Entzündung.

Peridrom (gr.), Säulengang, Galeria.

Periegesis (gr.), das Umherführen eines Fremden behufs des Beschauens von Sehenswürdigkeiten; Titel von Schriften, welche dergl. schildern. *Periegēt*, Fremdenführer.

Périer (spr. Périëh), *Casimir*, franz. Staatsmann, geb. 20. Aug. 1811, Sohn des Ministers der Juliregierung *Casimir P.* (geb. 1777, † 1832), des Begründers des sogen. Juste-Milieu, 1830—48 Geschäftsträger an mehreren Höfen, dann Mitglied der Deputirtenkammer, protestirte gegen den Staatsstreich. ward deshalb verhaftet, dann mit agrarischen Unternehmungen beschäftigt, 1871 bis Febr. 1872 Minister des Innern.

Perigäum (gr.), Erdnähe, derjenige Punkt der Bahn des Mondes, in welchem derselbe der Erde am nächsten ist; liegt dem Apogäum (s. d.) gegenüber. [Zungenhaut.

Periglottis (gr.), das Epithelium der

Perigonium (gr.), Blüthenhülle, oft in Kelch und Blume gesondert.

Perigord (spr. -gohr), Landschaft im südwestl. Frankreich (Depart. Dordogne).

Perigueux (spr. -goh), Hauptstadt des franz. Depart. Dordogne, an der Isle, 20,401 Ew.; röm. Alterthümer, byzant. Kathedrale; her. Trüffeln und Trüffelpasteten.

Perigynus (gr.), um den Fruchtknoten herum eingefügt, wenn Blume und Staubgefässe der freien Kelchröhre oder der Röhre einer Blüthenhülle angewachsen sind.

Perihelium (gr.), Sonnennähe, der Punkt, auf dem ein Planet in seinem Lauf um die Sonne derselben am nächsten ist; entgegengesetzt dem *Aphelium*.

Perikopen (gr.), Abschnitte, insbes. die zum Predigttexte für die Sonn- und Festtage vorgeschriebenen Bibelabschnitte.

Perim, kahler Lavafels am Eingange des rothen Meeres, als Schlüssel zu diesem 1857 von England stark befestigt.

Perimeter (gr.), Umfang, bes. von geradlinigen Figuren.

Perimysium (gr.), Muskelhaut.

Perinäum (gr.), Mittelfleischgegend, Damm; Raum zwischen Mastdarm und Geburtstheilen, wichtig in der Geburtshülfe, wegen leicht möglicher Zerreissung.

Periode (gr.), Umlauf, Kreislauf; die regelmässige Wiederkehr von etwas in bestimmter Zeit; in der Chronologie s. v. a. Cyclus (s. d.),

besonders aber Zusammenfassung mehrerer Cyklen zu Ausgleichung verschiedener Zeitberechnungsarten unter einander; so die *chaldäische P.* oder die *P. der Finsternisse* von 223 synodischen Monaten, nach deren Verlauf die Mondfinsternisse in ders. Ordnung wiederkehren; die *Hundsstern-* oder *sothische P.* der Aegypter, von 1461 Jahren, nach deren Verlauf der Anfang des beweglichen Jahres (Frühaufgang des Hundssterns am 1. Thoth) zu demselben Datum des julian. Kalenders, von dem er ausgegangen (20. Juli), zurückkehrt; die *metonische P.* von 235 Monaten oder nahezu 19 trop. Jahren, rektificirt durch die 76jährige *kallippische P.* von 27,759 Tagen; die *hipparchische P.* von 3760 Mondmonaten oder 304 Jahren; die *julian. P.* von 7980 Jahren etc. Vgl. *Aera, Indiktion*. In der Geschichte ist P. ein durch Epochen (s. d.) gegebener Abschnitt in der geschichtl. Entwickelung; in der Grammatik aus mehreren Gliedern bestehender zusammengesetzter Satz. *Periodicität*. Wiederkehr in gewissen Zeiträumen; *periodisch*, regelmässig wiederkehrend.

Periodeuten (gr.), wandernde Quacksalber; wandernde Gehülfen der Bischöfe.

Periöken (gr.), Umwohner, Nachbarn; Nebenwohner, s. *Antipoden*. [warte.

Periöpe (gr.), Umschau; Ort dazu, Stern-

Periorama (gr.), Rundschaubild.

Periorbita (gr.), Augenhöhlenhaut.

Periostéum (gr.), Knochenhaut, der aus dichtem Bindegewebe bestehende Ueberzug der Knochen, welcher die Gefässe enthält, die den Knochen ernähren.

Periostitis (gr.), Knochenhautentzündung, häufigste Knochenerkrankung: 1) *akute P.*, bes. nach Verletzungen, sehr schmerzhaft, veranlasst Schwellung, Vereiterung, auch Knochenbrand (s. d.). Behandlung: ruhige Lage, Umschläge, bei Eiterbildung Einschnitt. 2) *Chronische P.*, meist nicht schmerzhaft, veranlasst Knochenwucherungen, gesellt sich zu fast allen Knochenkrankheiten. Syphilitische P., s. *Syphilis*.

Peripatetische Philosophie, die Philosophie des Aristoteles (s. d.).

Peripetie (gr.), Umschwung, Schicksalswendung; in der Poetik Wendepunkt des Dramas, Vorbereitung der Katastrophe.

Peripherie (gr.), Umfang, bes. des Kreises (s. d.) oder einer andern krummlinigen Figur.

Periphrase (gr.), Umschreibung, rhetor. Figur, Angabe der Eigenschaften eines Begriffs statt des letzteren selbst.

Periplus (gr.), Umschiffung eines Landes; Titel von Büchern, die davon berichten.

Peripneumonie (gr.), Lungenentzündung.

Peripteros (gr.), von Säulenhallen umgebenes Gebäude, bes. Tempel. [Punkt.

Peripysm (gr.), Elternsammlung um einen

Peris, nach pers. Sage höhere Schutzgeister der Menschen gegen böse Geister (Dews).

Periscell s. *Ascil*. [(Dews).

Periskopisch (gr.), umsichtig; p.e *Gläser*, konvex-konkave Linsen.

Perispermium (gr.), Fruchthülle.

Perispoménon (gr.), Wort mit Circumflex auf der letzten Silbe.

Peristaltische Bewegung, wurmförmige B. der Därme, auch *Periduls* genannt.

Peristōma (gr.), Mundöffnung, Mündung.

Peristȳl (gr.), einen Platz ganz umschliessender Säulengang. [schlägen.

Peristȳle (gr.), Pause zwischen 2 Herz-

Peritonāum (gr.), das Bauchfell.

Peritonitis (gr.), s. *Bauchfellentzündung.*

Peritus (lat.), erfahren.

Perizōma (gr.), Gürtel, Schurz; Bruchband bei Nabelbrüchen; Zwerchfell.

Perjurium (lat.), Meineid.

Perkal (pers.), feines, dichtes, leinwandartiges Baumwollgewebe nach ind. Muster, die gröberen, Druckperkals, s. v. a. Calico, die feinsten, etwas dichter als Musselin.

Perkussion (lat.), Erschütterung; in der Medicin das Beklopfen des Körpers zum Zweck der Krankheitserkennung; besonders zur Lagebestimmung lufthaltiger gegen luftleere Organe, erstere geben beim Klopfen einen vollen, besehendl. trommelähnlichen (*tympanitischen*), letztere einen leeren Ton. Man legt entweder einen Finger oder eine Elfenbeinplatte (*Plessimeter*) auf die betreffende Stelle und klopft mit dem Finger oder dem sogen. *Perkussionshammer.*

Perkussionsschloss, Gewehrschloss, bei welchem das im Zündhütchen enthaltene Knallpräparat durch einen Schlag mit dem Hahn entzündet wird und einen Feuerkegel durch den durchbohrten Zündstift zur Pulverladung sendet. Erfinder *Forsyth* (1807).

Perlasche, die beste Pottasche.

Perleberg, Kreisstadt des Kreises Westpri gnitz, im preuss. Rgbz. Potsdam, 7516 Ew.; Rolandssäule. Bed. Flachsmärkte.

Perlen, rundliche, weisse, seltener gefärbte, perlmutterglänzende Konkretionen der Perlenmuscheln, bestehen wie die Schale aus Kalk und organischer Substanz und bilden sich durch Umrindung fremdartiger, in die Muschel gelangter Körper (Sand, Parasiten). Man gewinnt sie durch Taucher, welche die Muscheln einsammeln, bei Ceylon, an der Koromandelküste, im persischen Golf, im rothen Meer, im Golf von Panama und Nicoya, au der Küste von Columbia und bei Sta. Margarita in Westindien, an der Westküste Australiens. Flussperlen geben den Seeperlen an Schönheit kaum etwas nach. Ganz weisse P. heissen Augen oder Tropfen, unregelmässige Barockperlen, die kleinen Loth- und Saatperlen. Vgl. *Möbius* (1858), *Hessling* (1859). Künstliche P. werden aus Dujongszähnen, Alabaster, meist aus hohlen, innen mit Perlenessenz und Wachs übergossenen Glaskügelchen (Wachs-, Fischperlen, Bourguignons) dargestellt. Am wichtigsten sind die Glasperlen (Stück-, Venetianerperlen), aus dünnen Glasröhrchen geschnitten und in rotirenden Cylindern mit Gyps und Wasserblei geschliffen. Paterlen sind massive Glasperlen aus dem Fichtelgebirge.

Perlenessenz (Essence d'Orient), Gelatinelösung mit den silberglänzenden Theilchen (krystallinische Verbindung von Guanin mit Kalk) der Schuppen des Weissfisches (*Cyprinus alburnus*), dient zur Darstellung der Wachsperlen.

Perlengraupe (*Perlengraupen*), die feinsten Graupen.

Perleninseln, s. v. a. Niedrige Inseln.

Perles d'éther, mit Aether gefüllte Gelatinekapseln, Arzneimittel.

Perlfluss, 1) (*Takiang, Tschukiang*) Strom in China, durchströmt den Süden des Reichs und mündet unterhalb Kanton mit Delta ins chines. Meer; — 2) (*Pearl-River*) Fluss in Missisippi (Nordamer.), mündet durch den Borgnesee in den Golf von Mexiko, 45 M. l.

Perlhuhn (*Numida L.*), Gattung der Hühnervögel. *Gemeines* P. (*Numida Meleagris L.*), 2' l., aus Mittel- und Südafrika, verwildert in Südamerika und auf den Antillen, Hausgeflügel.

Perlmuschel (*Meleagrina Lam.*), Gattung der Muschelthiere. *Seeperlmuschel* (M. margaritifera *Lam.*), 6—12" im Durchmesser, im Ind. und pers. Meer, im mexikan. Meerhusen und im gr. Ocean, liefert Perlen und Perlmutter. *Flussperlmuschel* (Margaritana margaritifera *Bets.*), wird in der Elster, im Fichtelgebirge und in Schottland gezüchtet, liefert ebenfalls Perlen (s. d.).

Perlmutter, Schale der Perlmuschel und anderer Muscheln und Schnecken mit eigenthümlichem, durch Interferenz hervorgebrachtem Farbenspiel, wird bes. bei der Perleuschen gewonnen (jährlich 2—3000 Tonnen) und dient zu Knöpfen, Marken, als Einlage in Holzarbeiten etc.; wird mit Höllenstein und Salmiak schwarz gefärbt.

Perlstein (*Perlit*), Mineral aus der Klasse der wasserhaltigen Zeolithe, grau, von rundkörniger und zugleich schaliger Zusammensetzung, ein natürliches Glas, bildet ganze Berge und mächtige Ablagerungen in Ungarn, Mexiko und in den Euganeen.

Perludiren (lat.), Einem etwas vorspiegeln. *Perlusion*, Vorspiegelung. [sehen.

Perlustriren (lat.), durchwandern, durch-

Perlweiss, basisch-s Chlorwismuth, als Schminke gefährlich; auch s. v. a. Bleiweiss.

Perm (*Permien*), ostruss. Gouvern., 6050 QM. und 2,135,548 Ew. Die *Hauptstadt* P., au der Kama, 22,859 Ew. Kupfer- und Eisenwerke, Handel mit Sibirien.

Permanent (lat.), fortdauernd, ununterbrochen. *Permanenz*, das Verbleiben, z. B. einer repräsentativen Versammlung.

Permanentweiss, s. *Baryum.*

Permeabel (lat.), durchdringbar. *Permeation*, gegenseitiges Durchdringen zweier Körper. (der Kama (vgl. Finnen).

Permier, finn. Volksstamm, im Flussgebiet

Per mille (lat.), für 1000 Stück.

Permisches System, s. v. a. Rothliegendes und Zechsteingebirge. [Vermischung.

Permiscïren (lat.), vermischen. *Permixtion,*

Permiss (*Permission,* lat.), Erlaubniss. *Permissive,* erlaubnissweise. *Permittiren,* erlauben, gestatten, *Permittirte,* Beurlaubte.

Permotion (lat.), Erregung, Rührung.

Permutation (lat.), Vertauschung, Versetzung; in der Mathematik Versetzung der Elemente einer Kombination (s. d.).

Pernambúco, östl. Küstenprovinz in Brasilien, 1815 QM. und 1,221,000 Ew. Die *Hauptstadt* P., am atlant. Ocean, wichtiger

Handelshafen, 90,000 Ew.; zerfällt in die Stadt *Recife da P.* und das fast öde *Olinda*.

Pernambukholz, s. v. a. Fernambukholz.

Pernau, deutsche Handelsstadt im russ. Gouvern. Livland, am rigaschen Meerbusen, 9768 Ew. Hafen, festes Schloss.

Perniciös (lat.), verderblich, schädlich.

Pernicität (lat.), Behendigkeit, Hurtigkeit.

Perniones (lat.), Frostbeulen.   [kelt.

Pernise, s. v. a. Rothhuhn.

Perodell, gelblicher Topas aus Brasilien.

Peroneen (gr.), Wadenbeinmuskeln.

Péronne (spr. -onn), Festung im franz. Depar. Somme, an der Somme, 4262 Ew.; kapitulirte 9. Jan. 1871 nach 7täg. Beschiessung.

Peroriren (lat.), mit Nachdruck reden; *Peroration.* Schulrede.

Per pedes (lat.), zu Fusse.

Perpendikel (lat.), eine Loth- oder Senkrechte auf einer geraden Linie; auch s. v. a. Pendel. *Perpendikulär*, senkrecht. [wägen.

Perpendiren (lat.), genau abwägen; er-**Perpetriren** (lat.), begehen, vollbringen.

Perpetuell (l t), ununterbrochen, unaufhörlich. *Perpetuitäten*, unveräusserl. Güter.

Perpetuum mobile (lat.), ein Ding, das sich fortwährend bewegt; Vorrichtung, welche die Bewegungswiderstände (Reibung etc.) ohne Kraftzuschuss von aussen selbstthätig überwinden soll; Realisirung unmöglich.

Perpignan (spr. -injäng), befest. Hauptstadt des franz. Depart. Ostpyrenäen, 1 M. vom Mittelmeere, am Tet, 25,264 Ew.; Kathedrale; bed Handel mit Roussillonweinen. O l, Seide.

Perplex (lat.), bestürzt.   [Vollmacht.

Per procura (ital.), in Stellvertretung,

Perquiriren (lat.), nachforschen. *Perquisition*, gerichtliche Nachforschung; *Perquisitionsprotest*, Wechselprotest, welcher erhoben wird, wenn der Bezogene zur Verfallzeit am Zahlungsorte nicht aufzufinden ist.

Perron (fr., spr. -ong), steinerne Stufenerhöhung mit Plattform vor einem Hause, insbes. vor Bahnhöfen.

Perroquet (fr., spr. -käh), s. *Papagei*.

Per saldo (ital.), als Ueberschuss oder Guthaben.   [Statue als Träger.

Persan (fr., spr. -ang), eine männliche

Persano, *Carlo Pellione, Graf von*, ital. Admiral, geb. 11. März 1806 zu Vercelli; ward 1841 Kapitän, 1859 Contreadmiral, 1860 Viceadmiral, befehligte die sardin. Flotte vor Ancona und dann vor Gaëta, März bis Dec. 1862 Marineminister, dann Admiral, 1865 Senator. 1866 Oberbefehlshaber der ital. Flotte, blieb er erst bis 8. Juli unthätig vor Ancona liegen, bombardirte erfolglos die Werke von Lissa, focht dann unglücklich gegen die osterr. Flotte unter Tegethoff, musste sich deshalb vor dem Senat verantworten, ward 15. April 1867 wegen Fahrlässigkeit, Ungeschicktheit und Ungehorsam zur Absetzung und Verlust des Admiralsrangs verurtheilt.

Persante, Fluss in Pommern, mündet bei Kolberg in die Ostsee; 22 M. lang.

Persea *Gärtn.*, Pflanzengattung der Laurineen. P. gratissima *Gärtn.*, *Alligator-, Avogato-, Advokatenbirne*, Baum in Südamerika und Westindien, liefert treffl. Obst.

Persekution (lat.), Verfolgung.

Persephône, s. *Proserpina*.

Persepolis, glänzende Hauptstadt des alten Persiens, unweit der Vereinigung des Araxes und Medus, von Alexander d. Gr. zerstört. Prachtvolle Ruinen (*Tschil Minar*).

Perserin (türk. *Prisrend*), Stadt im türk. Albanien, am Kara Dagh, 26,000 Ew.

Perseus, griech. Heros, Sohn des Zeus und der Danaë, kam mit dieser nach der von Polydectes beherrschten Insel Seriphus, schlug auf dessen Verlangen der Medusa das Haupt ab, befreite Andromeda und vermählte sich mit ihr; † als Herrscher von Tiryinth.

Perseus, Sternbild am nördl. Himmel, in der Milchstrasse zwischen Andromeda, Fuhrmann, Stier und Cassiopeja, enthält 79 Sterne, darunter Algol und Algenib (s. d.).

Perseus, König von Macedonien, natürlicher Sohn Philipps III., folgte diesem 171 v. Chr., setzte dessen Rüstungen gegen die Römer fort, ward von Lucius Aemilius Paulus bei Pydna 168 v. Chr. geschlagen; † als Gefangener zu Alba.

Perseveranz (lat.), Beharrlichkeit.

Persiko, aber Pfirsichkerne oder bittere Mandeln destillirter Liqueur.

Persien, Reich in Vorderasien, 30,480 QM. und ca. 5 Mill. Ew.; umfasst den westl. Theil des Hochlandes von Iran (3—4000' mittl. Höhe), mit dem Elbursgebirge (17,300') im N., den Gebirgen von Kurdistan (Elwend) und Loristan im W., den Bergterrassen von Farsistan und Laristan im S.; im NW. das Alpenland von Aserbeidschan (Pawalan 14,800'). Der Boden der Hochfläche vorherrschend thonartig, salzhaltig, wasser- und vegetations-, bes. holzarm; zwischen den Parallelketten der Gebirge paradiesische Längenthäler. Flüsse: Kerka, Karun, Aras (keiner schiffbar); sonst nur Küsten- und zahlreiche Steppenflüsse (im Sommer vertrocknend). Von den zahlr. alten Kanälen jetzt viele verfallen. Landseen: der salzige See von Urmia (76 QM.) und der Hamunsee (56 QM.). — Die *Bevölkerung* der Mehrzahl nach *Tadschiks*, Nachkommen der alten Perser, Meder, Baktrer etc., aber durch Einwanderungen und Fremdherrschaften mit andern Völkern gemischt; grösstentheils ansässig, mit Hülfe künstl. Bewässerung Ackerbau (Reis, Obst, Opium, Tabak etc.), auch Karawanenhandel und Gewerbe (Shawl, Seiden-, Teppich- und and. Webereien, Gold- und Silberstickereien, Färbereien, Lack, schöne Waffen, Rosenöl, Essenzen etc.) treibend; intelligent, Freunde von Kunst und Wissenschaft, von Pracht und Glanz, aber auch verschlagen und treulos, als schiitische Moslemin geschworene Feinde der sunnitischen Nachbarn. Die eigentl. Beherrscher des Landes aber sind die *Iliats* (Kadscharen, zu denen auch die herrschende Dynastie gehört), kriegerische und räuberische Nomadenstämme, turkmenischer n. kurdischer Abkunft, etwa 1½ Mill., theils Schiiten, theils Sunniten; ihre irreguläre Reiterei der Kern der pers. Armee. Ausserdem Parsen (Gebern, bes. in Yezd und Kerman, ca. 7200), nestorian. und armen. Christen (im

W., ca. 50,000, armeu. Bischof in Ispahan) und Juden (ca. 16,000). Der Handel ist in den Händen armen., judischer und europ. Kaufleute; Hauptexport: Seide, Haupteinfuhrartikel Baumwollwaaren. Gesammteinfuhr ca. 17 Mill. Thlr., Ausfuhr 10 Mill. Thlr. Haupthandelsplätze: Tábris, Mesohhed, Abuschehr. Die *Verfassung* völlig despotisch; doch behaupten die Khane der Iliats und die Gouverneure der Provinzen eine sehr unabhängige Stellung. Der Schah (gegenwärtig Nassr-Eddin, seit 1848), mit dem Titel ,Schahyeschah' (d. i. König der Könige), zugleich geistl. Oberhaupt. In Teherau Gesandte von Russland, England, Frankreich und der Türkei. Einnahmen (1868): 4,912,500 Tomans (à 3¹/₂ Thir., = 13.1 Mill. Thlr.), ungerechnet die hes. Einnahmen der Gouverneure; Ausgaben 4,250,000 Tomans (= 11,9 Mill. Thlr.). Hohe Besteuerung: direkte Auflagen auf die Ackerhauprodukte (bis 25 % des Ertrags), Taxen auf Hausthiere, Kopfsteuer und Besteuerung der Kaufleute (bis 20 % der Einnahme). Staatsschuld nicht vorhanden; im Kronschatz 9¹/₂ Mill. Tomans vorräthig(?). — Die *Armee* ca. 100,000 M., darunter 75,000 M. europ. disciplinirte Truppen und 50,000 M. irreguläre Reiterei. Kriegs- oder Haudelsmarine war nie vorhandeu. Eintheilung in 11 Prov.: Irak Adscheml, Masenderan, Taberistan, Ghilan, Aserbeidschan, Kurdistan, Khusistan, Farsistan, Kermau, Khorasan, Kohistan. Hauptstadt Teheran. Vgl. *Polak* (1865—60, 2 Bde.), *Vambery* (1868).

Geschichte. Urgeschichte des *altpers. Reichs* sagenhaft. 680 v. Chr. Unterwerfung der Perser unter medische Herrschaft. *Cyrus* (559—529) erhebt die vereinigten Perser und Meder zum herrschenden Volk in Vorderasien. Sein Nachfolger Cambyses (529—521) erobert Tyrus, Cypern und Aegypten; Darius I. Hystaspes (521—485) Thracien und Macedonien. Ueber des letztern und seines Nachfolgers Xerxes (485—465) unglückliche Kämpfe gegen die Griechen s. *Griechenland, Geschichte.* Unter Artaxerxes I. Longimannus (465—424) beginnender Verfall des Reichs. Unter Darius II. Nothus (423—404), Artaxerxes II. Mnemon (404—362) und Artaxerxes III. Ochus (362—338) Empörungen königlicher Prinzen und Statthalter. Unter Darius Codomannus (seit 336—331) Eroberung des Reichs durch Alexander d. Gr. Nach dem Zerfall der macedon. Monarchie Herrschaft der *Seleuciden* (s. d., 312—128) und Gründung des parthischen Reichs durch die *Arsaciden* (256 v. Chr. bis 226 n. Chr.). Darauf durch Ardschir-Babekan(Artaxerxes) Gründung der Herrschaft der *Sassaniden.* Blüthe des Reichs unter Sapores (Schapur) I. (240—270), Sapores II. (362—381), Sapores III. (383—389) u. Bahram IV. (389—399). Kämpfe mit Arabern, Hunnen und Türken. Unter Chosru I. Nuschirwan (531—579) u. Chosru II. (591—628) Ausdehnung der pers. Herrschaft vom Mittelmeer bis zum Indus, vom Jaxartes bis Arabien, Aegypten und Libyen. Darauf Verfall durch innere Zerwürfnisse. 636 Niederlage Jesdegerds III. durch den Khalifen

Omar und Eroberung des Reichs durch die Araber. Beginn der Geschichte des *neupersischen Reichs.* Die Herrschaft der Khalifen (636—1258) bald eine nominelle, da die Statthalter sich unabhängig machen und pers. und türk. Fürsten in einzelnen Provinzen selbständige Staaten gründen: Dynastien der Thahiriden, Soffariden, Samauiden, Ghasnawiden und Ghuriden (bis 1203) in Khorasan etc.; die Schahs in Khowaresmien (seit 1079) erliegen den Angriffen Dschingis-Khans; die Bujiden im südwestl. P. bis 1055; Seldschuken bis 1220; dann Tataren und Mongolen durch Dschingis-Khan und Timur in P. herrschend bis 1405. Ihnen folgen Turkomanen. *Ismael-Safi* vereinigt seit 1502 Aserbeidschan, Diarbekr, Irak, Fars, Khorasan und Kermau unter seiner Herrschaft, nimmt den Titel Schah an und führt hier die Lehre der Schliten ein. Unter seinen Nachfolgern Kämpfe im Innern und mit den Türken. Herstellung u. Reorganisation des Reichs durch *Schah Abbas* (1557—1628) u. nach Verfall desselben unter seinen Nachfolgern nochmals durch *Schah Nadir* (1735—47). Dann Zerfall desselben, im Osten Gründung des Afghanenreichs (s. *Afghanistan),* im Westen Entstehung kleinerer Reiche und Kämpfe zwischen denselben, bis Kerim-Khan in Schiras zur Macht gelangt. Nach seinem Tode (1779) Thronstreitigkeiten, bis der Kadschare *Aga-Mohammed* sich fast ganz Westirau unterwirft. Ihm folgt 1797 sein Neffe Futh-Ali. der zwar im Innern seine Macht befestigt, aber an Russland 1797 Derbent und einen Theil des Landes am Kur, 1802 Georgien, 1813 die Kaukasusländer, 1828 das pers. Armenien verliert. Auf Futh-Ali († 20. Okt. 1834) folgt sein Enkel Mohammed, Sohn Abbas-Mirzas. Demoralisirung der Regierung durch Englands und Russlands Rivalisation: schliessl. Sieg Russlands und völlige Abhängigkeit P.s von diesem. Auf Schah Mohammed folgt Okt. 1848 dessen Sohn Nassr-Eddin. Aufstände in den Provinzen und Jan. 1850 in Teheran gegen den Vezier Mirza-Taghi-Khan, der Nov. 1851 gestürzt wird. März 1852 und 1855 fruchtlose Expedition g-gen Herat, dessen Einverleibung in P. durch das Erscheinen einer engl. Flotte bei Abuschehr im pers. Meerbusen gehindert wird. 1858 Friede mit England. Kämpfe mit den Turkomanen. 1867 Konflikt mit der Pforte infolge von Grenzverletzung durch letztere, durch die Gesandten Englands und Frankreichs beigelegt. 1871 grosse Hungersnoth. Vgl. *Malcolm*, ,History of Persia', 1829, 2 Bde.; deutsch von *Becker*, 1830; *Bridges*, ,The dynasty of the Kajars', 1833; *Watson* (das 19. Jahrh., 1866).

Persifflage (fr., spr. -flahsch), versteckter Spott; *persiffliren*, einen mittelst solchen lächerlich machen.

Persigny (spr. -sinjih), *Jean Gilbert Victor Fialin, Herzog von*, franz. Staatsmann, geb. 1. Jan. 1908 zu St.-Germain-Lespinasse (Dep. Loire), diente in einem Husarenregimeut, ward 1830 verabschiedet, begab sich 1835 nach Arenenberg zu Ludwig Napoleon, floh, hei dem strassburger Militäraufstande betheiligt, nach England, ward als Theilnehmer der Expedition nach Boulogne zu 20jähr. Gefängnissstrafe verurtheilt, durch die Februarrevolution 1848 befreit, als Hauptmithelfer zur Wahl vom 10. Dec. Adjutant des Präsidenten Ludw. Napoleon, beim Staatsstreich vom 2. Dec. 1851 mitwirkend, Jan. 1852 bis Juni 1854 Minister des Innern, seit Mai 1855 Gesandter in London, Nov. 1860 bis Juni 1863 wieder Minister des Innern, seitdem Mitglied des Senats; † 13. Jan. 1872 in Nizza.

Persimonpflaume (*Persimone*), s. *Diospyros*.

Persio, rother Indigo, s. *Orseilla*.

Persischer Golf, Meerbusen zwischen Arabien u. Persien, durch die Hormusstrasse mit dem arab. Meere in Verbindung; steht faktisch unter der Herrschaft des Imams von Maskat.

Persische Sprache und Literatur. Die *Sprache der Perser* umfasst verschiedene Idiome. Das älteste das *Zend*, in welchem die Religionsbücher Zoroasters (s. *Zendavesta*) verfasst sind; ihm zunächst steht die Sprache der *Keilschriften* aus der Zeit der Achämenidendynastie (560—330 v. Chr.); aus dieser entwickelte sich das *Parsi*, noch unter den Sassaniden (226—651 n. Chr.) Hof- und Geschäftssprache (am reinsten in *Firdusi* ,Schahnameh'); daneben gelangte das *Pehlwi*, ursprüngl. die Sprache des westl. Persiens, zur Herrschaft. Das *Neupersische* ist durchaus modernen Charakters, durch viele arab. Worte bereichert (auch arab. Schrift), durch Anmuth und Geschmeidigkeit ausgezeichnet und neben dem Arabischen Schrift- und Hofsprache aller moslemin. Völker Irans, Indiens, Turkistans und ganz Vorderasiens. Grammatiken von *Mirza-Ibrahim* (deutsch von *Fleischer* 1847), *Chodzko* (1852), *Vullers* (2. Aufl. 1870); Lexiken von *Vullers* (pers.-lat., 1855 — 67, 3 Bde.), *Bergé* (pers.-franz., 1869), *Zenker* (pers.-türk.-arab., 1862 f.) u. A.

Die *poetische Literatur* der neuern Perser entwickelte sich seit der Herrschaft der Samaniden (913) und stand, später bes. von den Ghasnawiden (seit 975), Dschebockiden (s. 1037) etc. gefördert, vom 10. bis 14. Jahrh. in hoher Blüthe. Sieben Perioden (nach Hammer-Purgstall): *1. Periode* (913 — 1100), Blüthezeit der Heidenpoesie; Hauptdichter: *Rudegi* (952), ältester pers. Dichter, *Keikawus* (um 1080), *Anssari* (1029), bes. aber *Firdusi* († 1030), der Sänger des ,Schahnameh'. *2. Periode* (1100 — 1203), die Zeit des panegyr. Hofstons und der Romantik; Hauptdichter: *Enweri* († 1152) und *Nisami* († 1180). *3. Periode* (1203 — 1300), das mystisch-moralische Zeitalter; Beschaulichkeit u. theosoph. Betrachtung vorherrschend. Hauptdichter: *Attar* († 1296), *Dscheleleddin Rumi* († 1262), *Saadi* († 1291). *4. Periode* (1300 — 97), Glansperiode der weltl. Lyrik; *Hafis* († 1389). *5. Periode* (1397 — 1494), Zeit des Stillstands: *Dschami* († 1492), letzter grosser Dichter der Perser, aber mehr durch Korrektheit als durch Schöpferkraft hervorragend. *6. Periode* (1494 — 1591), Abnahme der Poesie: *Hatifi* und *Feisi* († 1595, ,Berre', mystisch-philosoph. Dichtung). *7. Periode* (Neuzeit), besonders reich an Sammlungen von Gedichten aller Art (auch Volksdichtungen), Fabeln, Märchen, Novellen etc. (Fabeln des *Bidpai*, ,Buch der 7 weisen Meister', ,Tausend und eine Nacht' etc.). Daneben dramat. Versuche, ähnlich den altfranz. Mystères. — Unter den pers. Geschichtschreibern (noch wenig gedruckt) am bedeutendsten: *Dschuwaini* († 1275, ,Geschichte Dschingis-Khans'), *Wassaf* (1311), *Kaswini*, *Raschideddin* († 1390, ,Geschichte der Mongolen'), *Dewletschah* (um 1487, Biographien pers. Dichter), namentlich aber *Mirkhond* († 1497, ,Geschichte der Seldschukiden'). Daneben gedeihliche Pflege der exakten Wissenschaften, der Ethik, Rhetorik, Philologie etc. Vgl. *Hammer-Purgstall*, ,Gesch. der schönen Redekünste Persiens', 1818.

Persisch Gelb, s. v. a. Auripigment.

Persisch Roth, s. v. a. Englisch Roth.

Persisténz (lat.), Beharrlichkeit, Dauer; *persistiren*, dauern, auf etwas beharren.

Persius, *Aulus*, genannt *Flaccus*, röm. Dichter, geh. 34 n. Chr. zu Volaterrä (Etrurien), † 62 n. Chr. in Rom; Verf. von 6 her. Satiren wider die Verdorbtheit seiner Zeitgenossen, herausg. von *O. Jahn* (1851 u. 1868), übers. von *Teuffel* (1857) und *Binder* (1866).

Persön (lat.), der Mensch als freies, vernünftiges Wesen. *Juristische P.*, s. d.; *moralische P.*, s. *Moral*. *Persönlichkeit*, Inbegriff alles dessen, wodurch ein Wesen zu einer P., zu einem durch seine Individualität sich von allen anderen unterscheidenden Einzelwesen wird. *Personal*, persönlich. *Personále*, Gesammtheit von P.en, welche durch gemeinsame Thätigkeit in einem Berufs- oder sonstigen Wirkungskreise verbunden sind. *Personalien*, Persönlichkeiten, kurzer Bericht von den Lebensumständen einer P. *Personalitäten*, persönliche Anspielungen und Beziehungen.

Personalunion, s. *Staatenbund*.

Personenrecht, Inbegriff der Bestimmungen über die allgem. Rechtsfähigkeit und deren Modifikationen nach Geschlecht, Alter und Gesundheitszustand, nach dem bürgerl., religiösen und Familienbeziehungen der Einzelnen; insbes. Lehre von der Ehe, väterl. Gewalt und Vormundschaft.

Personifikation (lat., gr. *Prosopopöie*), Darstellung abstrakter Begriffe oder lebloser Dinge als lebender Wesen. [Fernrohr.

Perspektiv (lat.), kleines dioptrisches Perspiciren (lat.), durchschauen, besichtigen. [heit, Deutlichkeit.

Perspikuität (lat.), Durchsichtigkeit, Klar-

Perspiration (lat.), s. *Transspiration*. *Perspirabel*, ausdünstbar.

Perstringiren (lat.), durchziehen, durchhecheln, scharf tadeln.

Persuadiren (lat.), überreden, bereden; *Persuasion*, Ueberredung, bes. listige; *Persuasorien*, Ueberredungsmittel.

Perth, 1) Grafsch. im mittl. Schottland, 133,2 QM. und 133,500 Ew., ein durch Ossians Gesänge, Macbeths Schloss und Druidendenkmäler klassischer Boden. Die *Hauptst. P.*, am Tay, früher Hauptstadt Schottlands, 25,250 Ew.; Hafen, Baumwollspinnerei, Eisengiesserei. — 2) Hauptstadt von Westaustralien, am Schwanflusse, 3000 Ew., mit dem Hafenort *Freemantle*.

Perthes, *Friedr. Christoph*, Buchhändler, geb. 21. April 1772 zu Rudolstadt, gründete 1796 eine Sortimentsbuchhandlung in Hamburg (seit 1837 mit der Firme ,Perthes, Besser und Mauke'), 1822 ein Verlagsgeschäft (bes. für histor. und theolog. Schriften) zu Gotha; † 18. Mai 1843 das. Höchst thätiger, umsichtiger Geschäftsmann, 1813 u. 1814 einer der Leiter der Bewegung zur Befreiung Hamburgs und Norddeutschlands von der franz. Herrschaft. — Sein Sohn *Clemens Theodor P.*, geb. 2. März 1809 zu Hamburg, Prof. der Rechte zu Bonn, † 25. Nov. 1867; schr. die Biographie seines Vaters (5. Aufl. 1861, 3 Bde.) und ,Polit. Zustände und Personen in Deutschland zur Zeit der franz. Herrschaft' (1. Bd., 2. Aufl. 1862, 2. Bd. 1869). — *Joh. Georg Justus P.*, Oheim von Friedrich Christoph P., gründete 1785 in Gotha ein Verlagsgeschäft (Schlichtegroll Nekrolog, Lossius Jugendschriften etc.); † 2. Mai 1816. Die Verlagshandlung übernahm sein Sohn *Wilhelm P.*, geb. 18. Juni 1793 zu Gotha, Gründer eines geograph. Geschäfts; † 10. Sept. 1853; dann dessen Sohn *Bernh. Wilh. P.*, geb. 3. Juli 1821, 1854 Gründer eines geograph. Instituts, in welchem die Kartenwerke von Stieler, H. Berghaus, Spruner, Sydow, die von Petermann geleiteten ,Mittheilungen aus Justus P. geograph. Institut' (seit 1855) u. A. erschienen; † 27. Okt. 1857. [starrigkeit.

Pertinacität (lat.), Hartnäckigkeit, Hals-

Pertinax, *Publius Helvius*, Präfekt in Rom, ward nach Commodus Ermordung 192 n. Chr. z um Kaiser ausgerufen; von den Prätorianern 193 ermordet.

Pertinenzien (lat.), Zubehör, Nebensachen, welche, zu einer Hauptsache gehörig, doch keine integrirenden Bestandtheile derselben ausmachen.

Perturbationen (lat.), Störungen, in der Astronomie die Abweichungen der Himmelskörper von der rein elliptischen Bewegung infolge der gegenseitigen Anziehungen der Himmelskörper unter einander.

Perty, *Anton Maximilian*, Naturforscher, geb. 1804 zu Ohrnbau in Mittelfranken, seit 1833 Prof. der Naturgeschichte in Bern. Schr.: ,Grundzüge der Ethnographie' (1859); ,Die mystischen Erscheinungen der menschl. Natur' (1861, Nachtrag 1862); ,Anthropolog. Vorträge' (1863); ,Realität der magischen Kräfte' (1862); ,Seelenleben der Thiere' (1865); ,Die Natur im Lichte philosoph. Anschauung' (1869) u. A.

Pertz, *Georg Heinr.*, Geschichtsforscher, geb. 28. März 1795 zu Hannover, seit 1842 Oberbibliothekar der königl. Bibliothek in Berlin, begann 1826 die Herausgabe der ,Monumenta Germaniae historica' (Bd. 1—22, 1826—69), gab das ,Archiv der Gesellschaft für ältere deutsche Geschichtskunde' (Bd. 5—11, 1824—58), ,Leben des Ministers Freiherra von Stein' (1849—55, 6 Bde.; Auszug 1856—57, 2 Bde.) und ,Leben des Feldmarschalls von Gneisenau' (Bd. 1—3, 1864—69) u. A. heraus.

Peru, Republik in Südamerika, am stillen Ocean, 23,993 (nach offic. Angabe 29,162) QM. und angeblich 3,199,000 Ew. — *Bodenbeschaffenheit*: 3 Regionen: 1) der schmale, meist wüste Küstensaum; 2) Region der Cordilleren (s. d.), Parallelketten mit 15,000—17,000' h. Gipfeln und langgestreckten Hochthälern (8—12,000' h.); 3) die Montaña, der östl. Abfall des Gebirgs, dichtbewaldet, mit dem Oberlauf des Marañon und dessen zahlr. Zuflüssen (Huallaga, Ucayale, Yavari etc.). Auf der Südostgrenze der Titicacasee. — *Produkte*: Gold (jetzt nur wenig, im Marañongebiet), Silber (noch 4½ Mill. Thir. jährl.), Kupfer (Bergbau bis 15,000' Höhe), viel Salpeter (Ausfuhr 1870: 2,944,000 Ctr., im Werth von 8,832,000 Doll.); China-, Terpentinbäume (peruan. Balsam), Baumwolle (Ausfuhr 1865: 103,769 Ctr.), in den höhern Gegenden Getreide, Kartoffeln, Kuchengewächse (Anbau noch über 12,000' Höhe); europ. Hausthiere, Lamas, Vicuñas und Alpacas (vortreffl. Weiden bis in die Nähe der Schneegrenze, 18,000'); Guano etc. — *Bevölkerung*: eingeborne Weisse 12½ %, Mischlinge (Cholos und Zambos) 23 %, Indianer 57 % (Puris, Omaguas, Maganas etc., bes. in der Montaña, meist unabhängig und beutnisch), Chinesen 1½ % (meist Guanoarbeiter), Neger 3½ % (bes. an der Küste), Ausländer 2½ % (Chilenen, Italiener, Deutsche, bes. Tiroler) etc. In den Cordilleren die Nachkommen der alten Peruaner mit ihrer alten Sprache (Quichua). Einziger Industrieartikel für Ausfuhr Strohhüte. Herrschende Kirche die kathol., jeder andere Kultus untersagt. Erzbischof von Lima mit 6 Bischöfen. — Neueste *Konstitution* vom 31. Aug. 1867. Präsident auf 5 Jahre (gegenwärtig Oberst Balta, seit 1868); Kongress, bestehend aus Senat (18) und Kammer (ca. 100 Mitglieder). — *Finanzen*: Budget für 1871 und 1872 zusammen: 58,982,851 Soles (à 1¼ Doll.) Einnahme, 57,913,701 Soles Ausgabe (Ueberschuss: 1,069,087 Soles). Staatsschuld 1870: 104,855,000 Soles (= 20,971 Mill. Pfd. St.). — *Armee* (1870): 8 Bataillone Infanterie, 3 Regimenter Kavallerie, 2 Reg. Artillerie, zusammen ca. 8000 Mann mit 56 Geschützen; dazu ca. 40,000 Milizen. *Marine*: 20 Schiffe mit 62 Geschützen (darunter 1 Panzerfregatte und 2 Monitors). — *Handel*. Flotte (1861): 110 Seeschiffe mit 24,234 Tonn. Ausfuhr: 58 Mill., Einfuhr 28 Mill. Soles. Hauptexport noch immer Guano (1869 in Callao allein exportirt: 512.557 Tonn. = 20,195 Mill. Doll.; von Febr. 1842 bis Ende 1867 im Ganzen: 7,175,194 Tonn. = 215,494 Mill. Doll.). — *Eisenbahnen* (1870): 32 M. *Flagge*: horizontaler weisser Streifen zwischen zwei inkarnatrothen. — Eintheilung in 13 Departements und 3 Küstenprovinzen. Hauptstadt Lima. Vgl. *Wappäus* (1871), *Tschudi* (1846, 2 Bde., und 1866).

Geschichte. Aeltere Geschichte sagenhaft. Gründung des Reichs der Inkas etwa im 11. Jahrh. n. Chr. durch den ,Sohn der Sonne' Manco Capac auf streng theokrat. Basis. Jan. 1531 Landung Pizarros und 1532 Eroberung des Landes bis Cusco. Darauf Kampf zwischen den Conquistadoren und Bürgerkrieg; 1547 Wiederunterwerfung der

Kolonie unter das Mutterland Spanien. Seit 1810 wechselvoller Unabhängigkeitskampf gegen Spanien. 28. Juli 1821 Verkündigung der Unabhängigkeit P.s. 19. Jan. 1823 Sieg der Spanier über die Patrioten bei Moquehua. 6. Aug. 1824 Sieg des colnmbischen Generals Sucre über die Spanier auf der Hochebene von Junin und 9. Dec. Gefangennahme der span. Armee bei Ayacucho, Ende der span. Herrschaft. Seitdem fortwährende Umwälzungen und Bürgerkriege. Ruhe und Reorganisation des Staats seit dem Regierungsantritt des Präsidenten Ramon Castilla 19. April 1845, dem 20. April 1851 Echénique folgt. Jan. 1854 Aufstand Castilla's, 5. Jan. 1855 Sieg desselben bei Lima und Erhebung desselben zum Präsidenten. 25. Nov. 1860 Annahme einer neuen Verfassung. April 1863 Pezet y Rodriguez Präsident. 14. April 1864 Besitzergreifung der Chinchainseln durch ein span. Geschwader wegen Vorgewaltigung einer Baskenkolonie zu Talambo. Nov. 1864 bis März 1865 ,amerikan. Kongress' zu Lima zu Verabredung gemeinsamer Massregeln gegen Eingriffe von Seiten Europas in die Rechte der südamerikan. Freistaaten; See- und Gefechtsuntüchtigkeit der peruan. Flotte. 27. Jan. Friedenstraktat mit Spanien und Räumung der Chinchainseln von Seiten Spaniens. Infolge davon Aufstand im Süden von P. gegen Pezet und 6. Nov. Sturz desselben. 26. Nov. Prado Diktator. 5. Dec. Abschluss eines Allianzvertrags zwischen P. und Chile gegen Spanien, dem Jan. 1866 Ecuador und 28. Febr. Bolivia beitreten. 14. Jan. 1866 Kriegserklärung der Verbündeten an Spanien, 2. Mai Bombardement von Callao. 10. Mai Abfahrt der span. Flottille aus den peruan. Gewässern. 31. Aug. 1867 Annahme einer neuen Verfassung, Prado konstitutioneller Präsident. Okt. Aufstand in Arequipa. Febr. 1868 Niederlage und Flucht Prados. Sept. Canseco Präsident. Dec. Herstellung der Ruhe. Bestätigung des durch Pezet mit Spanien abgeschlossenen Vertrags. 1. Aug. Oberst Balta Präsident. Mai 1869 Anerkennung der Insurgenten auf Cuba als kriegführender Macht. Vgl. *Prescott*, ,History of the conquest of P.', neue Ausg. 1861, 2 Bde.; deutsch 1848, 2 Bde.

Perubalsam, schwarzer indischer Balsam (Balsamum peruvianum nigrum), dunkelbraunes Oel, welches aus dem Stamm von Myroxylonarten nach Beklopfen und Anschroten der Rinde ausschwitzt, ist mit Alkohol mischbar, riecht nach Benzoë und Vanille, schmeckt scharf kratzend, bitterlich, reagirt sauer von einem Gehalt an Zimmtsäure, dient als Arzneimittel, in der Parfümerie und als Vanillesurrogat.

Perücke (fr.), künstl. Kopfbekleidung von Haaren, als Bedeckung von Glatzen schon im Alterthum gebräuchlich, ward unter Ludwig XIII. von Frankreich in den verschiedensten Formen, auch über der Stirn hoch aufgethürmt und in Locken bis zur Mitte des Rückens herabfliessend (*Allongeperücke*) in ganz Europa allgemeine Modetracht, kam 18. Jahrh. mehr und mehr ausser Gebrauch.

Perugia (spr. -udscha), früher Delegation des Kirchenstaats, jetzt ital. Prov. (Umbria), 175 QM. und 519,054 Ew. Die *Hauptstadt* P., 14,885 Ew.; Kathedrale, Universität (seit 1307), Gemäldesammlung, Seidenweberei. Das alte *Perusia*, eine der Zwölfstädte Etruriens.

Perugummi (*Nouriook*), gepulverte Wurzel einer Asphodelusart aus dem Libanon, geröstet als *Bassorabin* im Handel, vortheilhaftes Surrogat für Tragant und Dextrin.

Perurinde, s. v. a. Chinarinde.

Perusilber, versilbertes Neusilber.

Pervagiren (lat.), durchstreifen.

Pervérs (lat.), verkehrt, verwirrt, stückisch. *Perversion*, Verdrehung, Verschlimmerung; *Perversität*, Verkehrtheit. [spürung.

Pervestigation (lat.), Durchsuchung, Aufspürung.

Pervigilium (lat.), gottesdienstliche Nachtfeier zu Ehren einer Gottheit. *P. Veneris.* lat. Hymnus an die Venus aus 3. Jahrh. n. Chr., herausg. von *Bücheler* (1859), nachgebildet von *Bürger* (,Nachtfeier der Venus').

Pervolviren (lat.), eine Schrift aufrollen; etwas gründlich durchstudiren. [mehrheit.

Per vota majora (lat.), durch Stimmenmehrheit.

Pes (lat.), Fuss. *Stante pede*, stehenden Fusses. [Pferdes.

Pesáde (fr.), bäumendes Erheben des **Pesante** (ital., Mus.), gewichtig, schwerfällig.

Pesáro, mittelital. Prov. (Marken), 53.6 QM. und 204,757 Ew. Die *Stadt* P. (das alte *Pisaurum*), an der Mündung der Foglia ins Meer, 10,740 Ew.; reich an Kunstschätzen u. röm. Alterthümern; Industrie in Fayence, Krystall- und Seidenwaaren; ber. Feigen. Geburtsort Rossinis (daher ,Schwan von P.').

Pescara (der alte *Aternus*), Fluss in Unteritalien, entsteht in den Abruzzen aus der Vereinigung des Aterno und Gizio, mündet bei der *Stadt* P. ins adriat. Meer; 19 M. l.

Peschawer, Prov. und Stadt, s. *Pischaur.*

Pescherähs, die Bewohner des südl. Patagoniens und des Feuerlandarchipels, der amerikan. Race angehörig.

Peschiera (spr. -kiéra), Festung in der ital. Prov. Mantua, am Ausflusse des Mincio aus dem Gardasee, Nordwestspitze des Festungsvierecks der Minciolinie, 1500 Ew.

Peschito, syr. Bibelübersetzung, s. *Bibel.*

Peseta, Silbermünze, in Spanien = 1/5 Duro; in Mexiko = 1/4 Peso duro; in Peru = 1 Frc.

Peso (*P. duro, P. fuerte*), Münze, Silberplaster, s. v. a. Dollar (s. d.) und Duro (s. d.); in Chile, Neugranada, Ecuador, Peru = 5 Frcs.; in Bolivia = 4 Frcs.

Pessárium (lat.), Mutterkranz, Instrument aus Kautschuk zur Ausgleichung von Gebärmutterlageänderungen.

Pessimismus (lat.), die Ansicht, dass die Welt durchaus schlecht sei; Neigung, Alles von der schlechtesten Seite aufzufassen. *Pessimist*, ein dem P. Huldigender.

Pessinus (a. G.), bedeutendste Handelsstadt Galatiens und Hauptsitz des Kults der Cybele (Agdistis). Ruinen bei Balahasar.

Pest, schwere epidemische, akute Krankheit, bei der es zur Bildung grosser Eiterbeulen (Bubonenpest) und zu grossen Karbunkeln kommt. Grosse Epidemien (schwarzer

Tod) im 6., 14., 16. und 17. Jahrh. Unreinlichkeit, Hunger, schlechte Wohnungen begünstigen das Auftreten der P., die bei
einiger Ausdehnung immer rapider um sich
greift. Als einziges Schutzmittel ist die
Quarantäne u. ausgedehnteste Desinfektion
zu bezeichnen. Dauer der Krankheit ca.
5—6 Tage, nach etwa 2wöchentl. Ansteckung.
Ansgang meist tödtlich, Behandlung erfolglos.

Pestalozzi, *Joh. Heinr.*, ber. Pädagog,
geb. 12. Jan. 1746 zu Zürich, unterhielt 1775—
1780 eine Armenerziehungsanstalt (Neuhof)
bei Zürich, gründete dann eine Erziehungsanstalt zu Burgdorf, die er 1804 nach Yverdun verlegte und 1825 aufgeben musste; † 17.
Febr. 1827 zu Brugg. Schr. den treffl. Volks-
roman „Lienhardt und Gertrud" (1781—85);
ferner „Christoph und Else" (1782); „Wie
Gertrud ihre Kinder lehrt" (1801); „Meine
Lebensschicksale etc.' (1826) u. A. Sämmtl.
Schriften (1819—24, 12 Bde.; neue Ausg.
1869—72). Seine Erziehungsideen und seine
Methode fast ein halbes Jahrh. hindurch
in Schriften für und wider behandelt; sein
Ziel Verbesserung der häuslichen Erziehung,
Hebung der ärmeren Volksklasse durch Erziehung und Unterricht, Begründung einer
die Entwickelung des kindl. Geistes fördernden Lehrmethode auf der Basis der Anschauung. Biogr. von *Biber* (1827), *Blochmann*
(1846), *Christoffel* (1846), *Noack* (1861), *Morf*
(1868—69, 2 Bde.).

Pesth (*P.-Pilis-Solt*), ungar. Komitat,
Kr. diesseits der Donau, 197,4 QM. Die
Hauptstadt P., wohlhabendste, lebhafteste
und grösste Stadt Ungarns, links an der
Donau, Ofen gegenüber, (1870) 200,620 Ew.;
Hauptstrassen: Herrenstrasse, Donauzeile,
waltzener Gasse etc.; prächt. Universitäts-
kirche, Pfarrkirche Mariä Himmelfahrt;
Invalidenhaus, grossart. Kaserneu, Invalidenhaus, Nationaltheater, Nationalmuseum (1802
gegr.), Universität (1635 gestiftet), ungar.
Akademie der Wissenschaften (1830 gegr.),
Malerakademie, 3 Gymnasien; hed. Handelsinstitute: Handelskammer, Handelsakademie,
Lloyd, ungar. Kommercialbank etc.; wichtiger Rohprodukenhandel (grösster Getreidemarkt Oesterreichs); grosse industrielle
Etablissements, insbes. Dampfmühlen, Maschinenfabr., Schiffswerfte, Eisengiesserei,
chem. Fabriken etc. Oestl. von P. das Feld
Rakos, ehedem Stätte der Reichstage.

Pestwurz, s. v. a. *Petasites*, (nenblatt.

Petálum (gr.), Blumenblatt, Blumenkro-
Petarde (fr.), mit Pulver gefüllter Mörser,
weicher an das Thor gehängt und entzündet
wird; ausser Gebrauch in der Neuzeit.

Petasítes *Gärtn.* (*Pestwurz*), Pflanzengat-
tung der Kompositen. P. vulgaris *Desf.*,
Giftwurz, *Rosspappel*, *Pestilenzwurzel*, in
Deutschland ber. Pestmittel; Zierpflauze.

Petaurist (gr.), Luftspringer, Seiltänzer.
Petechien (lat., *Petsechen*), kleine Blutungen unter die Haut, bes. bei Skorbut,
Typhus (*Petechialtyphus*), Pocken, Blut-
fleckenkrankheit vorkommend.

Petent (lat.), Bittsteller.

Peter, 1) *Kaiser von Russland*: a) *P. I.
Alexejewitsch, d. Gr.*, der Gründer von Russ-

lands Grösse, geb. 9. Juni (30. Mai) 1672 zu
Kolomanskoe-Selo, einem Dorfe bei Moskau,
Sohn des Zaaren Alexei aus dessen 2. Ehe
mit Natalia Kirilowna, der Tochter des
Bojaren Narischkin, sollte seinem älteren
Bruder Feodor III. (1676—82) in der Regierung folgen, musste dieselbe aber infolge
der Intriguen seiner Halbschwester Sophia
mit seinem geistesschwachen Bruder Iwan
theilen. Nachdem er Sophia als Anstifterin
einer Verschwörung gegen ihn in ein Kloster
verwiesen, schaltete er als Alleinherrscher,
schuf mit Hülfe des Genfers Lefort und des
Schotten Gordon ein Heer, legte den Grund
zu einer Flotte, eroberte (28. Juli 1696) Asow,
bereiste April 1697 bis Sept. 1698 Deutschland, Holland (zu Saardam als Schiffszimmer-
mann arbeitend) und England, hob,1698 das
widerspenstige Streltzencorps auf und begann die durchgreifendsten Reformen. Im
Krieg gegen Karl XII. von Schweden bei
Narwa (30. Nov. 1700) geschlagen, wusste
er dann den Schweden Vortheile abzuge-
winnen und legte 27. Mai 1703 den Grund
zu St. Petersburg. Nach Karls XII. Niederlage bei Poltawa (8. Juli 1709) eroberte er
Livland und Karelien, musste im Krieg
gegen die Türken seine und seines Heeres
Rettung im buscher Frieden (23. Juli 1711)
mit der Hingabe Asows und anderer Orte
erkaufen, erwarb dafür im Frieden von Nystad (10. Sept. 1721) Livland, Esthland,
Ingermanland, Wiborg und Kexholm, im
Krieg mit Persien 1722—23 Derbent u. Bakn.
Alle Regierungsgewalt, als Haupt der heil.
Synods (1720) auch die geistliche, in seiner
Hand vereinigend, nahm er 1. Nov. 1721 den
Titel eines Kaisers aller Reussen an, stellte
(16. Febr. 1722) die Berufung zur Thronfolge dem Belieben des jedesmaligen Herrschers anheim; † 8. Febr. 1725. Vermählt
seit 1689 mit Eudoxia Feodorowna Lepuchin,
nach der Trennung von derselben seit 1707
mit Katharina I. (s. d.). Biographie von
Halem (1803—5, 3 Bde.), *Bergmann* (1823—30,
6 Bde.), *Ustrülow* (1858—63, 6 Bde.), *Mérimée* (1865), *R. v. R.* (anonym, 1866). Wichtig das „Tagebuch P.s d. Gr.' (1770—72,
2 Bde.; deutsch 1773). — b) *P. II. Alexejewitsch*, geb. 23. (12.) Okt. 1715, Sohn Alexeis
(s. d. 2)], Enkel des Vor., folgte 1727 der
Kaiserin Katharina I.; † 2. Febr. 1730 an
den Blattern. — c) *P. III. Feodorowitsch*,
als Herzog von Holstein-Gottorp *Karl P.
Ulrich*, geb. 21. Febr. 1728 zu Kiel, Enkel
P.s d. Gr., entsprossen aus der Ehe seiner
Tochter Anna Petrowna mit dem Herzog
Karl Friedrich von Holstein, ward durch
seine Taute, die Kaiserin Elisabeth, 26. Nov.
1742 zum Grossfürsten und Thronfolger von
Russland ernannt, vermählte sich 1745 mit
der Prinzessin Sophie Auguste von Anhalt-
Zerbst (s. *Katharina II.*), bestieg 5. Jan.
1762 als P. III. den Thron, schloss mit
Friedrich II. von Preussen Frieden und
Bündniss, ward durch eine Verschwörung
der mit seinen Neuerungen unzufriedenen
Grossen und seiner Gemahlin in der Nacht
vom 8. auf 9. Juli 1762 gestürzt u. 17. (6.) Juli
zu Ropscha erdrosselt [s. *Orlow* 2)].

2) *P. der Grausame*, *König von Kastilien und Leon*, geb. 30. Aug. 1334 zu Burgos, Sohn Alfons X. und Marias von Portugal, regierte 1350—69, gerieth durch Bevorzugung seiner Geliebten Maria Padilla vor seiner Gemahlin, Bianca von Bourbon, und durch Legitimirung der mit jener erzeugten Kinder mit Aragonien, Navarra und seinem Halbbruder Heinrich, Grafen von Trastamare, in Kampf, musste nach Bayonne flüchten, ward von dem Prinzen Eduard von Wales (dem schwarzen Prinzen) in sein Land zurückgeführt, wüthete gegen seine Widersacher; ward von Heinrich 14. März 1369 bei Montiel in La-Mancha geschlagen und getödtet. Vgl. *Mérimée* (2. Aufl. 1865, deutsch 1865).

3) *P. Nikolaus Friedr., Grossherzog von Oldenburg*, geb. 8. Juli 1827, Sohn des Grossherzogs August, folgte diesem 27. Febr. 1853 in der Regierung, trat seine gottvorj. Erbansprüche an Schleswig-Holstein durch Vertrag vom 27. Sept. 1866 gegen das Amt Arensböck und 1 Mill. Thir. an Preussen ab. Seit 1852 mit Elisabeth von Sachsen-Altenburg vermählt.

Peterborough (spr. Pihterboro), Stadt in der engl. Grafsch. Northampton, am Nen, 11.735 Ew.; Kathedrale (12. Jahrh.).

Peterhead (spr. Pihterhedd), Seestadt in der schott. Grafsch. Aberdeen, 8000 Ew., einer der Hauptsitze der Wallfischjägerei.

Peterhof, Sommerresidenz des russ. Hofs, am Busen von Kronstadt, 7055 Ew., durch seine Gärten das ,russ. Versailles'.

Petermann, *Aug.*, Geograph und Kartograph, geb. 18. April 1822 zu Bleicherode, früher in England thätig, seit 1854 Redakteur der ,Mittheilungen aus J. Perthes geogr. Anstalt'; bes. verdient durch seine Thätigkeit im Interesse der Reisen Barths, Overwegs etc. nach Innerafrika, Henglins zur Aufsuchung Vogels, Beurmanns nach Bornu u. a., sowie neuerdings der von ihm angeregten deutschen Nordpolexpeditionen.

Peterpaulshafen, Stadt, s. *Petropawlowsk* 2).

Peters, *Christian August Friedrich*, Astronom, geb. 7. Sept. 1806 in Hamburg, ward 1851 Prof. der Astronomie in Königsberg, 1854 Direktor der Sternwarte in Altona. Berühmt durch die vorzüglichen Untersuchungen über die Fixsternparallaxen, über den Sirius und die Bestimmungen der Länge des einfachen Sekundenpendels.

Petersberg (*Mons serenus*), Berg, nördl. bei Halle, 1125'; Ruinen eines ber. Augustinerklosters (1127 gest., 1540 säkul.), mit prächtiger Kirche (1853—57 restaur.). Das ,Chronicon montis sereni', von 1124 bis 1225 reichend, herausg. von *Eckstein* (1844—46). Vgl. *Köhler* (1856), *Ritter* (1857).

Petersburg, 1) Haupt. Russlands, s. *St. Petersburg*. — 2) Hafenst. in Virginien (Nordamer.), am Appomatox, 18.275 Ew.; bed. Tabaksfabr. (jährl. 12 Mill. Pfd.). Im Bürgerkrieg mehrfach Schauplatz blutiger Kämpfe.

Petersilie, s. v. a. *Petroselinum*.

Peterskorn, s. v. a. *Spelz*.

Peterswaldau, gräfl. stolberg-wernigerod. Dorf im preuss. Regbz. Breslau, Kr. Reichenbach, 7397 Ew. (viele Herrnhuter); Schloss.

Peter von Amiens, der Einsiedler, früher Soldat, pilgerte 1093 nach Jerusalem, durchzog dann, zum Kampfe um Befreiung des heil. Laudes auffordernd, Frankreich und andere Länder, wusste auf der Kirchenversammlung zu Clermont 1096 die Menge zu begeistern, brach an der Spitze eines ungeordneten Heeres auf, schloss sich nach dessen Vernichtung durch die Türken dem Heere Gottfrieds von Bouillon an, ward Statthalter zu Jerusalem; † 1115 in dem von ihm gegründeten Kloster zu Huy.

Peterwardein, Grenzfestung in der serb.-banater Militärgrense, an der Donau, Neusatz gegenüber (790' i. Schiffbr.), 3695 Ew. 1716 *Sieg* des Pr. Eugen über die Türken.

Petilliren (fr.), schäumen, sprudeln, perlen.

Pétion de Villeneuve (spr. Petjong de Wilinöw), *Jérôme*, franz. Revolutionär, geb. 1753 zu Chartres, bildete in der Nationalversammlung mit Buzot und Robespierre den Mittelpunkt der republikan. Partei, Mitglied des Jakobinerklubs, ward Juni 1791 Präsident des Kriminalgerichts zu Paris, führte die königl. Familie von Varennes zurück, beantragte die Absetzung des Königs, ward 18. Nov. 1791 Maire von Paris, trat im Konvent zu den Girondisten über, ward 2. Juni 1793 verhaftet, entfloh und ward Juli sein Leichnam bei Bordeaux gefunden.

Petiotisiren, Wein gewinnen aus möglichst frischen Trebern durch Uebergiessen derselben mit einer Zuckerlösung von gleichem Gehalt wie der Traubensaft.

Petit (fr., spr. p'ti), klein, jung; kleine **Petitgrainöl**, s. *Citrus*. [Typengattung.

Petition (lat.), Bitte, Gesuch. *Petitionsrecht*, das Recht der Staatsbürger, Bitten und Anträge an die Staatsgewalt zu richten. Das ständische Petitionsrecht ist in den meisten neuern Verfassungsurkunden ausdrückl. gewährleistet, gewöhnl. mit dem Zusatze, dass die Regierung auf die P. wenigstens einen motivirten Bescheid geben müsse. Von Vielen unterzeichnete P.en heissen *Kollektivpetitionen*. *Petitum*, das, warum man ersucht. *Petiren, petitioniren*, bitten, ansuchen.

Petition of Rights (engl., spr. Petisch'n of Reits), d. i. Bittschrift um Herstellung der Rechte und Freiheiten, die vom engl. Parlament 1628 dem König Karl I. überreichte Beschwerdeschrift. Die Forderungen derselben: keine Abgabe an den König ohne Bewilligung des Parlaments; keine willkürliche Verhaftung und Verurtheilung; keine willkürliche Einquartierung und Exekution; Aufhebung der kriegsrechtl. Kommissionen für immer, wurden 7. Juni 1628 vom König gewährt. Seitdem gilt die Schrift als Staatsgrundgesetz, durch die Habeas-Corpus-Akte und die ,Declaration of Rights' bekräftigt und vervollständigt.

Petitio principii (lat.), Fehler im Beweis, darin bestehend, dass man einen Satz durch einen andern erst zu beweisenden Satz zu beweisen sucht.   [*Stutzer*, Zierbengel.

Petit-maître (fr., spr. P'ti-mäht'r).

Petitor (lat.), Kläger in Civilstreitigkeiten.

Petitorienklagen (*petitorische Rechtsmit-*

tal), solche Klagen, mit denen ein Recht selbst, bes. das Eigenthum an einer Sache, ein Servitut in Anspruch genommen wird, im Gegensatz zu den *possessorischen Klagen*, bei denen es sich um den Besitzstand handelt.

Petits frères (fr., spr. P'tih frär), die Brüder des christl. Unterrichts in Frankreich.

Petitum, s. *Petition*. [reich.

Petőfi, *Alexander*, ungar. Dichter, geb. 1. Jan. 1823 zu Kiskőrös in Kumanien, in der ungar. Revolution 1848—49 Bems Adjutant; fiel 31. Juli 1849 im Gefecht bei Fejoregyhaza. Der nationalste Poet Ungarns, im Vaterlandsgesang, im Liebeslied und in der poet. Erzählung ('Der Dorfhammer', 'Held János' etc.) gleich ausgezeichnet. Sechs Sammlungen lyr. Gedichte (1844—47): 'Gedichte', 'Neue Dichtungen', 'Liebesperlen', 'Cypressenblätter', 'Sternenlose Nächte', 'Wolken' (Uebersetz. von *Kertbeny*, 4. Aufl. 1866, *Searvady* und *Hartmann* 1861, *Opitz*, 2. Aufl. 1868, 2 Bde.). Vgl. *Opitz* (1868), *Trniers* (1866).

Petra (a. G.), alte Hauptst. der Nabathäer in Arabien, danach benannt das *peträische Arabien* (Sinaihalbinsel).

Petrarca, *Francesco*, der zweite der 3 grossen ital. Dichter, geb. 1. Aug. 1304 zu Arezzo, lebte meist zu Vaucluse bei Avignon in Frankreich; † 18. Juni 1374 zu Arqua bei Padua. Seine 'Rime' (mehr als 300mal gedruckt und in alle europ. Sprachen übersetzt) beste Ausg. von *Morand* 1819, deutsch von *Förster*, 3. Aufl. 1851, *Reinhold* [Dichter. Nachlass'] 1853, *Krigar*, 2. Aufl. 1866, *Hübner* 1868 u. A.) enthalten Kanzonen, Sonette, Sestinen, Balladen, Madrigale etc.; am bedeutendsten die Sonette au Laura (s. d.) und über deren Tod, sowie die Kanzonen (denen P. zuerst die bestimmte Gestalt gab). Eine Samml. bisher unbekannter Dichtungen gab *Thomas* (1859) heraus. Auch gr. Gelehrter (schr. das lat. Epos 'Africa') und Alterthumsforscher, um die Wiedererweckung der röm. Literatur sehr verdient.

Petrefakten (lat., *Versteinerungen*), Ueberreste vorweltlicher Organismen mit noch deutlich erkennbarer Form. Am häufigsten sind Knochen, Zähne, Schnecken- und Muschelschalen unter Zerstörung ihrer organischen Bestandtheile erhalten; Pflanzentheile finden sich häufig in Mineralkohle verwandelt. Häufig ist auch die Substanz der Organismen ganz verschwunden, und es sind nur Abdrücke im Gestein oder Ausfüllungen der entstandenen Hohlräume durch mineralische Substanz erhalten. Die Versteinerungsmittel sind meist Kalk, Kieselerde, Schwefelkies. Wasserbewohner sind häufiger erhalten als Landbewohner. Vom innern Bau der Thiere gibt die Form versteinerter Extremente (Koprolithen) einige Auskunft; Pflanzen zeigen oft noch mikroskopische Details gut erhalten.

Petrifikation (gr. und lat.), Versteinerung; *petrificirt*, versteinert.

Petrikau (poln. *Piotrkow*), russ.-poln. Gouvern., 211 QM. und 635,473 Ew. Die *Hauptst.* P., am Strada, 11,810 Ew. [s. *Petrus*.

Petri Kettenfeier und **Petri Stuhlfeier**,

Petriner, kathol. Weltgeistliche, welche in Hof- und Hauskapellen für bestimmte Bezahlung Gottesdienst halten.

Petrographie (gr.), s. *Geologie*.

Petroleum (gr.), s. v. a. *Erdöl*.

Petronell, Dorf in Niederösterreich, bei Hainburg; Ruinen des altröm. *Carnuntum*.

Petronius, *Titus*, röm. Schriftsteller, aus Massilia, Neros Günstling und Hofceremonienmeister; † 67 n. Chr. durch Selbstmord; schr. 'Liber Satiricon', berüchtigtes Sittengemälde von Rom (herausg. von *Büchler*, 2. Aufl. 1871, übers. von *Heinse*, 2. Aufl. 1783, und anonym 1845) n. A.

Petropawlowsk, 1) Stadt im sibir. Gouvern. Tobolsk, am Ischim. 9090 Ew., Haupthandelsplatz für den russ. Verkehr mit Mittelasien. — 2) (*Peterpaulshafen*) Ort im ostsibir. Küstengebiet, auf Kamtschatka, früher wichtiger Hafenplatz, jetzt durch die Amurhäfen überflügelt, nur noch 620 Ew.

Petrosawodsk, Hauptst. des grossruss. Gouvern. Olonez, am Onegasee, 10,876 Ew.; Kanonengiesserei, Jagd auf Pelzthiere.

Petroselinum *Hoffm.* (*Petersilie*), Pflanzengattung der Umbelliferen. P. sativum *Hoffm.*, aus Mittel- und Südeuropa, als Küchengewürz und Wurzelgemüse kultivirt, Samen officinell. Gefahr in der Verwechselung mit Aethusa cynapium (s. d.), daher beste Kulturvarietät die *krause* P.

Petrus, eigentl. *Simon*, Apostel Jesu, geb. zu Bethsaida in Galiläa, Sohn eines Fischers Jona, nach der evangel. Erzählung (Matth. 16, 19) P. (d. i. Fels) genannt wegen seines Bekenntnisses zu Jesu als dem Messias, mit seinem Bruder Andreas und Jacobus und Johannes im engeren Jüngerkreise angehörig, rasch und feurig in Wort und That, in der Urgemeinde zu Jerusalem im höchsten Ansehen stehend, neben Jacobus Vertreter des strengen Judenthums, oft wankelmüthig, nach altkathol. Tradition mit Paulus Gründer der christl. Gemeinde zu Rom und bei der neron. Verfolgung mit dem Kopfe nach unten gekreuzigt, auch erster Bischof von Rom 42—67 und Oberhaupt der Christenheit, welche Würde er auf seine Nachfolger auf dem röm. Bischofsstuhle vererbt haben soll. Die 2 neutestamentlichen *Briefe des P.*, von zweifelhafter Aechtheit, bes. der 2., wahrscheinl. zu Anfang des 2. Jahrh. nach Chr. geschrieben. Bischof Lucius liess die angebl. Gebeine der Apostel P. und Paulus 258 aus den Katakomben aufheben und an den Stätten ihres Todes beisetzen (*Peter-Paulstag* 29. Juni). *Petri Stuhlfeier*, kathol. Fest seit 5. Jahrh., zur Erinnerung an die Errichtung des röm. und antiochen. Bischofsstuhls durch P., 18. Jan. und 22. Febr.; *Petri Kettenfeier*, Fest zur Erinnerung an die Gefangenschaft des P. zu Jerusalem, 1. Aug. Vgl. *Lipsius* (1871).

Petscheuëgen, türk. Nomadenvolk, ursprünglich zwischen Wolga und Jaïk wohnhaft, drängten 883 die Ungarn zwischen Don und Dnjestr, eroberten 1141 einen grossen Theil Bulgariens, verschmolzen später allmählig mit den Magyaren.

Pe-tschili (*Tschili*), Prov. des nordöstl.

China, 2819 QM. und 46,818,360 Ew. Hauptstadt Peking.

Petschōra, Fluss im nordöstl. Russland, entspringt am Ural (Gouvern. Wologda), durchfliesst die sumpfige *Petschorasteppe*, (europ. Tundra), mündet in vielen Armen in das nördl. Eismeer; 187 M. l.

Pettau (das röm. *Petovium*), Stadt in Steiermark, an der Drau, 3000 Ew.; Weinbau; röm. und altslav. Alterthümer.

Pettenkofer, *Max von*, ber. Chemiker, geb. 3. Dec. 1818 in Lichtenheim in Bayern, ward 1847 Professor in der medicin. Fakultät in München, seit 1850 Hofapotheker daselbst. Stellte das Hamatinon- und Aventuringlas dar, erfand die Holzgasbereitung, lieferte wichtige Untersuchungen über Heizung und Ventilation, entdeckte die Beziehungen der Verbreitung der Cholera und des Typhus zu dem Stande des Grundwassers, konstruirte einen Respirationsapparat, lieferte mit Voit wichtige Untersuchungen über die Ernährung und entdeckte ein Restaurationsverfahren für Oelbilder (mit Alkoholdämpfen). Schr. „Ueber Luftwechsel in den Wohngebäuden' (1858); „Ueber Oelfarben' (1870).

Pettinet (engl.), gazeartig gewirkte seidene, leinene oder baumwollene Stoffe, zu Tüchern, Shawls, Spitzen etc.

Pettinetglas (*Filigranglas*), Glasmasse, welche parallele und gewebeartig sich kreuzende feine Stäbchen von gefärbtem Glase eingeschlossen enthält.   [im Stame.

Petto (ital.), Brust; *in p.*, im Herzen, **Petulánz** (lat.), Muthwille, Neckerei.

Petunia *Juss.* (*Petunie*), Pflanzengattung der Solaneen. P. nyctaginiflora *Juss.* und violacea *Hook.*, aus Südamerika, in vielen Hybriden und Varietäten Gartenpflanzen.

Pencedānum *L.* (*Haarstrang*), Pflanzengattung der Umbelliferen. P. officinale *L.*, *Schwefelwurzel*, *Saufenchel*, *Himmelsdill*, in Mittel- und Südeuropa, liefert Gummi Peucedani und die Radix Foeniculi porcini. P. oreoselinum *L.*, *Bergeppich*, *Bergpetersilie*, in Europa, ist officinell.

Peucer, *Kaspar*, Gelehrter, geb. 6. Jan. 1525 zu Bautzen, Melanchthons Schwiegersohn, seit 1554 Prof. der Mathematik zu Wittenberg, dann Leibarzt des Kurfürsten August, als Kryptocalvinist 1574 — 86 eingekerkert; † als fürstl. Leibarzt 25. Sept. 1602 in Dessau. Schr. astronom. Abhandlungen u. A. Vgl. *Henke* (1865).

Peucker, *Eduard von*, preuss. General, geb. 19. Jan. 1791 zu Schmiedeberg in Schlesien, trat 1809 in die Artillerie ein, machte die Feldzüge gegen Napoleon I. in Yorks Corps mit, leitete später die Versuche mit dem Zündnadelgewehr, ward 1842 Generalmajor, fungirte Juli 1848 und wieder Sept. 1848 bis 10. Mai 1849 als Reichskriegsminister, ward Mai 1849 Generallieutenant, befehligte dann die gegen Baden bestimmten Bundestruppen, ward März 1850 Mitglied der Bundescentralkommission, 1854 Generalinspektor des Militärerziehungs- und Bildungswesens, 1858 General der Infanterie. Schr. „Das deutsche Kriegswesen der Urzeit etc.' (1860—64, 3 Bde.).

Peutinger, *Konrad*, geb. 14. Okt. 1465 zu Augsburg, Stadtschreiber das., † 24. Dec. 1547; Verf. der sogen. „Tabula Peutingeriana', einer Karte der Militärstrassen des weström. Reichs, der wahrscheinl. ein Itinerar aus der Zeit Theodosius d. Gr. zu Grunde lag; jetzt auf der k. Biblioth. in Wien (herausg. von *Mannert* 1824, 12 Bl.). Vgl. *Herberger* [(1851).

Pewter, s. v. a. Hartzinn.

Peyersche Drüsen, Anhäufungen von Lymphknötchen unter der Schleimhaut des Dünndarms, schwellen bei Katarrhen, verschwären bei Typhus.

Pezo de Regoa, Stadt in der port. Prov. Entre Douro e Minho, 3000 Ew.; Hauptstapelplatz und Ausfuhrhafen der Dourowains.

Pfäfers, Ort, s. v. a. Pfeffers.

Pfäffikon, gewerbsames Dorf im Kant. Zürich, am *See von P.* (⅓ M. l.), 3321 Ew.

Pfälzer Weine, gute, angenehme, meist weisse Weine ohne Säure, die besten: Forster, Rupertsberger, Deidesheimer.

Pfändung, die eigenmächtige Ergreifung fremder Sachen, um sich dadurch Ersatz eines erlittenen Schadens zu sichern, kommt bes. bei Schadenverursachung an Grundstücken durch fremdes Vieh, Personen etc. vor, darf nur auf frischer That und auf dem betreffenden Grundstücke selbst ohne Gewaltthätigkeit vollzogen werden.

Pfaffe (v. gr. *papas*, d. i. Vater), ursprüngl. Ehrenname jedes Geistlichen, jetzt meist mit dem Nebenbegriff der Herrschsucht.

Pfaffenholz und **Pfaffenhütchen**, s. v. a. Evonymus europaens.

Pfahlbauten, Name der zuerst 1854 im Zürichersee bei Meilen, später auch in den Seen und Torfmooren der ebenen Schweiz, in Italien, Frankreich, Deutschland (Bayern und Mecklenburg), England und Irland, Oesterreich und Ungarn aufgefundenen Ueberreste uralter Menschenwohnungen, auf Pfahlwerken ruhender Hütten, die mit dem Lande mittelst schmaler Brücken verbunden waren. Die ältesten rühren aus der jüngsten Steinzeit her, wo man noch kein Metall kannte, die jüngeren aus der Bronze- u. Eisenzeit. Vgl. *Keller* (1855—66, 6 Berichte), *Rütimann* (1866), *Virchow* (1866), *Desor* (1867) u. A.

Pfahlbürger, im Mittelalter Bewohner des platten Landes, welche das Bürgerrecht in einer Stadt erworben hatten; auch s. v. a. Vorstädter.   [s. *Teufelsmauer*.

Pfahlgraben, altröm. Befestigungswerk,
Pfahlmuschel, s. *Bohrmuschel*.

Pfahlwerk (*Verpfählung*), in der Fortifikation mehrere hinter einander befindliche Reihen zugespitzter Pfähle, welche im Graben oder auf der Contrescarpe die Annäherung des Feindes hemmen sollen.

Pfahlwurzel, Wurzel, deren mittlerer Stamm in vorwiegender Stärke bis zu ihrem unteren Ende ausläuft.

Pfalz (lat. *Palatium*), Palast, insbes. Name der Hofburgen, in welchen sich die alten deutschen Kaiser zur Handhabung des Rechts abwechselnd aufhielten. *Pfalzgraf* (*Comes palatinus*), Titel der Richter und obersten Beamten der deutschen Könige in ihren P.en; kaiserl. Landpfleger.

Pfalz, Name zweier bis 1620 zusammengehörigen deutschen Staaten: 1) die *Oberpfalz* (bayer. P.), Herzogth., 133 QM. und ca. 266,900 Ew., Hauptst. Amberg; 2) die *Unterpfalz* (*Rheinpfalz*, *Pfalzgrafsch.* am Rhein), auf beiden Seiten des Rheins, 150 QM., zerfiel in die eigentl. oder *Kurpfalz*, das Fürstenth. Simmern, Herzogth. Zweibrücken, die Fürstenth. Veldenz und Lautern etc.; Hauptst. Heidelberg.

Die *Pfalzgrafen* am oder bei Rhein, mit ursprüngl. Sitz zu Aachen, seit 11. Jahrh. im erblichen Besitz der Pfalzgrafschaft und der damit verbundenen Gebiete, gehörten zu den angesehensten Reichsfürsten. Konrad von Schwaben, Stiefbruder Kaiser Friedrichs I., Pfalzgraf seit 1156, erhob Haidelberg zur Residenz. 1215 ward Herzog Ludwig von Bayern mit der P. belehnt, die aber erst infolge der Vermählung seines Sohnes Otto II. mit der Erbtochter Agnes, der Enkelin Heinrichs des Löwen, an das bayer. Haus kam. Ottos II. Enkel, Rudolf I., erhielt mit der P. die Kurwürde, wurde aber von seinem Bruder dem Kaiser Ludwig dem Bayer, vertrieben, der sich dann mit Rudolfs Söhnen verglich und ihnen die Oberpfalz überliess. Rudolf II. († 1353) brachte Neuburg und Sulzbach, die sogen. junge P., an die Rheinpfalz und schloss mit Kaiser Ludwig dem Bayer 1329 einen Vertrag, wonach die Kurstimme abwechselnd von Bayern und P. geführt werden sollte. Ruprecht I. († 1390) erhielt gegen Abtretung eines Theils der Oberpfalz von Kaiser Karl IV. die Kurwürde allein. Ruprechts II. († als Kaiser 1410) 4 Söhne theilten und stifteten 4 Linien, von denen aber nur die Kur- und Rheinpfals, gestiftet von Ludwig III., und Zweibrücken-Simmern, gestiftet von Stephan, längeren Bestand hatten. Ludwigs III. Nachkommen erloschen 1559 mit Otto Heinrich, worauf die Rheinpfalz mit der Kur an Friedrich III. von der Linie Simmern fiel. Ihm folgten: 1576 Ludwig VI., 1583 Friedrich IV., 1610 Friedrich V., der infolge der Annahme der böhm. Krone seine Lande nebst der Kur an den Herzog Maximilian von Bayern verlor. Friedrichs V. Sohn, Karl Ludwig, erhielt durch den westphäl. Frieden 1648 die Unterpfalz zurück und die 8. Kurwürde, während die Oberpfalz bei Bayern blieb. Mit Karl Ludwigs († 1680) Sohn Karl starb 1685 die Linie Simmern aus, worauf die Kurlande an dessen Vetter, den Pfalzgrafen Philipp Wilhelm von Neuburg, einen Nachkommen Ludwigs des Schwarzen, Pfalzgrafen in Zweibrücken, 2. Sohnes des oben genannten Stephan, kamen. Ludwigs 2. Sohn Ruprecht († 1544) gründete die Linie *Veldenz*, die 1694 erlosch; seines älteren Bruders Ludwig Sohn Wolfgang († 1569) ward der Stammvater aller übrigen pfälz. Linien, indem sein ältester Sohn, Philipp Ludwig († 1614), die Linie *Neuburg* († 2.), Johann († 1604), die *zweibrückensche*, der 3., Karl († 1600), die Linie *Birkenfeld* stiftete. Von Philipp Ludwigs Söhnen pflanzte Wolfgang Wilhelm († 1653) die Linie Neuburg fort, während August († 1632) die Linie

Sulzbach stiftete. Wolfgang, Wilhelms Sohn, der oben genannte Philipp Wilhelm († 1695), beerbte den letzten Kurfürsten aus der Linie Simmern. Sein Sohn Johann Wilhelm erbte nach Ableben des Pfalzgrafen Leopold Ludwig von Veldenz 1694 dessen Land, † kinderlos 1716; sein Bruder und Nachfolger Karl Philipp † 1742 ebenfalls kinderlos, daher die Kur an Karl Theodor von Sulzbach kam. Dieser folgte nach Erlöschen des bayer. Mannsstammes mit Maximilian III. Joseph auch in Bayern und hatte bei seinem kinderlosen Tode den Herzog von Zweibrücken, Maximilian Joseph 1799 zum Nachfolger. Derselbe musste infolge des lüneviller Friedens 1801 den linksrhein. Theil der Rheinpfalz an Frankreich, die rechtsrhein. Theile an Baden, Hessen-Darmstadt, Leiningen-Dachsburg und Nassau abtreten, erhielt aber 1815 den grössten Theil der linksrhein. P., die bayer. Rheinpfalz, zurück, während das Uebrige an Hessen-Darmstadt und Preussen fiel. Vgl. *Häusser*, „Geschichte der rhein. P.', 2. Aufl. 1856, 2 Bde.

Pfalz (*Rheinpfalz*, *Rheinbayern*), bayer. Regbz., links am Rhein, vom Hauptland getrennt, ein Theil der alten „Pfalzgrafsch. am Rhein', 107,8 QM. und 625,066 Ew.; fruchtbares, treffl. kultivirtes Hügelland (Hardtgebirge, Donnersberg); Obst, Weinbau und Industrie. Hauptstadt Speier. Vgl. *Riehl* (1857), *Becker* (1858), „Bavaria', 4. Bd. (1867).

Pfalzburg, befestigte Stadt im untern Elsass, am Eingange der Defilées in die Vogesen (3000' l. Eisenbahntunnel), 3564 Ew.; kapitulirte 12. Dec. 1870 nach fast 5monatl. Einschliessung.

Pfand, zur Sicherung einer Forderung dienende Sache. Zum Behuf der Sicherstellung einer Forderung durch ein Pfandrecht wird die zum P. bestimmte Sache entweder dem Gläubiger zum Besitz eingehändigt (*Faustpfand*) oder demselben nur ein bestimmtes Befugnis über dieselbe eingeräumt, während sie selbst im Besitz des Schuldners bleibt (s. *Hypothek*). Dem Pfandgläubiger steht die Befugnis zu, das P. zu veräussern, falls die Forderung nicht zu rechter Zeit getilgt wird. Das *Pfandrecht* entsteht entweder durch Vertrag und Testament (freiwilliges) oder durch gesetzlichen oder richterlichenAusspruch (nothwendiges).

Pfandbrief, im Allgem. s. v. a. Schuldschein, insbes. Name der von Hypothekenbanken oder landschaftlichen Kreditvereinen ausgestellten, meist auf den Inhaber lautenden Schuldscheine, für welche die jenen bestellten Hypotheken Sicherheit bieten.

Pfanne (lat. *acetabulum*), in der Anatomie die tiefe, kugelig ausgehöhlte Gelenkgrube im Beckenknochen zur Aufnahme des Kopfes des Oberschenkelknochens.

Pfannenstein, s. v. a. Kesselstein; die beim Verdampfen der Salzlauge an der Kesselwand sich absetzende harte Kruste.

Pfau (*Pavo L.*), Gattung der Hühnervögel. *Gemeiner* P. (P. *cristatus L.*), 4½' l., aus Ostindien; die Jungen und des. Hirn und Zungen Leckerbissen der Römer. Ueber dem P. als Schaugericht legten die altfranz.

Ritter ihre Gelübde ab (Pfauengelübde); Pfauenfedern Rangzeichen der Mandarinen. Prachtvolle Varietät: der weisse P. (P. albus

Pfaueninsel, s. *Potsdam*.   [*Buf.*].

Pfauenstein, irisirender Schmuckstein aus Perlmuschelschale; *Pfauenfeder*, das polirte Schlossband der Perlenmuschel.

Pfebe (Pepo), s. v. a. *Kürbis*.

Pfeffel, *Gottlieb Konrad*, Dichter, geb. 28. Juni 1736 zu Kolmar, seit 1803 Präsident des Konsistoriums das.; † 1. Mai 1809. Besonders durch seine „Fabeln und poet. Erzählungen" (n. A. 1840) und Epigramme populär; schr. auch Episteln, Lieder, Dramen etc. Poet. Werke (1802—5, 8 Bde.); pros. Werke (1810—12, 10 Bde.).

Pfeffer, s. *Piper*.   [und Ribes nigrum.

Pfefferbeere, s. v. a. Daphne Mezereum

Pfefferfremer, s. *Tukan*.

Pfefferkraut, s. v. a. Satureja hortensis.

Pfefferkuchen (*Lebkuchen*), gewürztes Backwerk mit Honig oder Syrup, bes. aus Nürnberg, Basel (Leckerli), Danzig, Thorn.

Pfefferküste, s. *Guinea*.

Pfeffermünze, s. *Mentha*.

Pfefferriude, s. v. a. Daphne Mezereum.

Pfefferrohr, Bambusrohr aus Ostindien, zu Spazier- und Schirmstöcken.

Pfäffers (*Pfäfers*), ber. Bad im Kant. St.-Gallen, in tiefer Schlucht der wilden Tamina; 30—31½° R. warme Quellen reinen Wassers; seit 1442 im Gebrauch gegen skrophulöse, rheumat. und nervöse Uebel, Magen- u. Hämorrhoidalleiden, ohren-, Hautausschläge, Frauenkrankheiten etc. Das Wasser wird durch Holzröhren nach Ragatz (s. d.) geleitet. Nahebei das *Dorf* und die alte *Benediktinerabtei* P. (s. 1838 aufgegeben, jetzt Irrenanstalt *Pirminsberg*).

Pfeifenholz, s. v. a. *Salix caprea*; *türkisches* P., s. v. a. *Viburnum Lantana L.*

Pfeifenstrauch, s. v. a. Philadelphus coronarius und Syringa vulgaris.

Pfeifenthon, s. *Thon*.

Pfeifer, früher die Spielleute, welche Blasinstrumente spielten, auch Spielleute im Allgemeinen. *Stadtpfeifer*, Dirigent von Musikchören in kleinern Städten.

Pfeiffer, 1) *Ida*, geb. *Reyer*, Reisende, geb. 14. Okt. 1797 in Wien, bereiste seit 1842 Palästina und Aegypten („Reise etc.", 1845; 4. Aufl. 1856, 2 Bde.), 1845 Skandinavien und Island (1846, 2 Bde.), unternahm 1846—1848 ihre erste Reise um die Welt (1850, 3 Bde.), 1851—54 ihre zweite (1856, 4 Bde.), besuchte endlich 1856 nochmals Madagaskar (1861, 2 Bde.), wo sie erkrankte; † bald nach ihrer Rückkehr 28. Okt. 1858 in Wien. — 2) *Franz*, Germanist, geb. 27. Febr. 1815 in Solothurn, seit 1857 Prof. der deutschen Sprache und Literatur in Wien; † das. 29. Mai 1868. Besorgte zahlr. Ausgaben älterer deutscher Literaturwerke, schr. „Zur deutschen Literaturgeschichte" (1855), „Ueber Wesen u. Bildung der höfischen Sprache etc." (1861), „Der Dichter des Nibelungenliedes" (1862); „Freie Forschung" (Kleine Schriften, 1867) u. A.; auch Begründer und Redakteur der Zeitschr. „Germania" (seit 1856).

Pfeiler, Stütze von eckiger Grundform,

mit Sockel und Gesims, zum Tragen von Bögen und Gewölben bestimmt. 3 Arten: vollständig freistehende (*Rundpfeiler*), solche, die gleichsam in die Wand eingefügt sind (*Wandpfeiler*, *Pilaster*), und aussen an Gebänden angebrachte P., welche dem Seitendruck der Gewölbe widerstreben sollen (*Strebepfeiler*). Ein P., der aus einer Anzahl dünner Säulen zusammengewachsen zu sein scheint, heisst *Bündelpfeiler* (im goth. Stil gebräuchlich).

Pfeilgift, zum Vergiften der Pfeile, wird auf den ostind. Inseln aus Antiaris toxicaria *Lesch.* (*Upas-Antiar*) oder aus der Wurzelrinde von Strychnos Tieuté *Lesch.* (*Upas-Tieuté*, *Tschettikgift*), am Orinoco aus Strychnos-Arten (*Curare*, *Urari*, *Woorari*), im N. von Südamerika aus den Giftzähnen einer Schlange und aus verschiedenen Reptilien bereitet; in Südafrika Schlangengift mit dem Saft von Euphorbiaceen.

Pfeilnaht (Sutura sagittalis), zackige Verbindung der beiden Scheitelbeine, verläuft von vorn nach hinten am Schädel.

Pfennig, vor dem 12. Jahrh. Silbermünze von etwa 2 Sgr. Werth, dann allmählig geringer; Kupfermünze seit 1494; in Preussen 360. in Sachsen 300 P.e = 1 Thlr.

Pferch (*Hordenschlag*), Einsperrung von Schafheerden in einem Lattengehege auf Ackerfeld zum Zweck der Düngung.

Pferd (Equus L.), einzige Gattung der Einhufer (Solidungula). P. (E. Caballus L.), Heimat unbekannt, nur domesticirt, verwildert in Centralasien u. Südamerika. Gruppen n. Racen: das nackte P. aus Afghanistan und Beludschistan; das zottige orientalische P. (Tscherkessien, Abchasien, Kabarda, Georgien, Kosakenpferd); das kurzhaarige orientalische P. (arab., berber., pers., mongol., ägypt. P. und die aus diesem hervorgegangenen edlen europ. P.e); das leichte P. (in grosser Mannichfaltigkeit fast überall als Landschlag); das schwere P. (die grössten Racen, Percherons, pinzgauer, hannöv., mecklenb., holsteiner etc.); das Zwergpferd (Ponies). Vollblut, ein P., welches allen Anforderungen höchst vollkommen entspricht, bes. das edle P., wie es in England und anderwärts durch Kreuzung heimischer P.e mit Arabern, Berbern etc. erzielt wird. Halbblut, das erste Produkt der Kreuzung edlen Blutes mit gemeinem. Blutpferd, Kreuzungsprodukt von Halbblut mit Vollblut, das engl. Renn- oder Racenpferd von Blutpferd mit arab., berber. oder Vollbluthengsten. Das Fleisch wird von mongol. und tatar. Steppenvölkern gegessen, bei uns ist die Rossschlächterei seit 1847 verbreitet (Berlin 1868 über 4000 P.e). Stutenmilch liefert Kumys (s. d.). Die Haut wird auf Leder verarbeitet, das Haar als Flecht- und Polstermaterial; der Kadaver liefert Fett, leimartige Masse zu Schlichte (Bonsize), Horn- und Fleischmehl als Dünger. *Dschiggetai* (E. hemiönus Pall.), heerdenweise in Mittelasien; *Quagga* (E. Quagga Gm.), in Südafrika; *Tigerpferd*, Quagga (E. festivus Wagn.); *Esel u. Kulan* s. *Esel*; *Zebra* s. d. Vgl. *Dalton* (1812—16, 2 Bde.),

Jacoby (1853), *Löbe* (2. Aufl. 1863), *Löffler* (1863—66, 3 Bde.), *Roloff* (1870), *Baumeister* (6. Aufl. 1870).

Pferde, im Seewesen Leinen an den Rahen und dem Klüverbaum, auf welchen die Matrosen bei ihren Arbeiten stehen können.

Pferdefuss (Pes equinus), Spitzfuss, Verkrümmung des Fusses, bestehend in Erhebung der Hacke und Abwärtsbiegung der Zehen. Heilung nur unvollständig möglich, durch Verbände, Durchschneidung der Achillessehne, bei Muskellähmung durch Elektricität.

Pferdekraft, Mass zur Bestimmung der Grösse einer Arbeitsleistung, bes. bei Dampfmaschinen gebräuchlich.

In	Fusspfund in Landesmass	Kilogrammmeter
Baden . . .	500	75,0
Bayern . .	514	75,01
England . .	530	76,03
Frankreich .	—	75,0
Oesterreich .	430	75,37
Preussen . .	480	75,31
Sachsen . .	529,68	75,0
Schweiz . .	500	75,0
Würtemberg .	525	75,20

Ein Pferd übt per Sekunde nicht mehr als 50 Kilogrammmeter aus, und auf die Dauer ist die Maschinenpferdekraft = der Kraft von 3½ Pferden.

Pfingsten (v. gr. *pentekoste*, d. i. 50), auf den 50. Tag nach Ostern fallendes jüd. Erntedankfest; in der christl. Kirche das 3. hohe Fest, zum Andenken an die Ausgiessung des heil. Geistes und die Stiftung der christl. Kirche.

Pfingstrose, s. v. a. Paeonia officinalis.

Pfingstvogel, s. v. a. Pirol.

Pfirsichbaum (Amygdalus persica *L.*), Obstbaum aus der Familie der Amygdaleen, aus Persien (?), dem Mandelbaum höchst ähnlich und vielleicht nur eine Varietät desselben oder von der *Pfirsichmandel* (Persico-Amygdalus *Rchb.*) abstammend, kultivirt in Südeuropa, Süd- und Mitteldeutschland. Pfirsicharten: wollige oder rauhe, Pêches oder Pavies, und glatte, Nectarines, Brugnons. Getrocknet Handelsartikel; ebenso die Kerne, wie bittere Mandeln benutzt.

Pfirsichessenz, eine Art Fruchtäther.

Pfizer, 1) *Paul Achatius*, Politiker und Schriftsteller, geb. 12. Sept. 1801 zu Stuttgart, Verf. des „Briefwechsels zweier Deutschen" (1830), der ihm eine Rüge seitens der Regierung zuzog, Justizrath in Tübingen, 1831—38 Führer der Opposition in der württemberg. Kammer, 1848 kurze Zeit Kultusminister; seit 1858 im Ruhestand; † 30. Juli 1867. Seine polit. und staatsrechtl. Schriften vertreten den deutschen Konstitutionalismus unter der Führung von Preussen. — 2) *Gustav*, Dichter der schwäb. Schule, des Vor. Bruder, geb. 29. Juli 1807 zu Stuttgart, seit 1847 Prof. am Gymnasium das. Trefflicher Lyriker, voll männlicher und sittl. reiner Gesinnung. „Gedichte" (1831, 1835, 1840).

Pflanze. Das Elementarorgan aller P.n ist die *Zelle*, welche aus Protoplasma besteht, früher oder später von einer mehr oder minder festen *Zellhaut* umschlossen wird und gewöhnlich einen *Zellkern* (Cytoblast) enthält. Die Zellhaut verdickt sich durch Ablagerung von Schichten auf ihrer Innenseite, so dass bisweilen das Lumen der Zelle ganz verschwindet. Die Ablagerungen erfolgen aber ungleichmässig, und so entstehen getüpfelte Zellen, Treppen-, Spiral-, Netz- und Ringfaserzellen. Die Zellhaut ist ursprünglich reine Cellulose und wird häufig in Holzstoff, Korksubstanz, Gummi, Zucker, Schleim verwandelt. Als Zellinhalt finden sich Eiweissstoffe, Zucker, Gerbsäure, Inulin, Oel, Kautschuk, Stärkekörner, Klebermehl, Harze, Krystalle und Farbstoffe, von welchen das Chlorophyll am wichtigsten ist. Die Neubildung von Zellen erfolgt meist durch Theilung vorhandener Zellen, indem sich das Protoplasma in mehrere Portionen trennt, die sich dann mit Zellhaut umkleiden. Einige niedrige P.n bestehen ihr ganzes Leben hindurch nur aus Einer Zelle, die meisten P.n sind aber aus Zellgruppen zusammengesetzt, und die Wandungen der benachbarten Zellen sind fest mit einander verbunden. Wo diese Verbindung aufgehoben wird, entstehen die Intercellularräume, die sich zu Intercellulargängen, Lufthöhlen, Lücken und Luftkanälen ausbilden. Locker vereinigte Zellen bilden die Zellfamilien der niederen P.n; festere Verbindungen sind die *Gewebe*. Man unterscheidet *Merenchym* oder unvollständiges Gewebe mit grossen Intercellularräumen, *Parenchym* oder vollständiges Gewebe aus dichter aneinander geschlossenen Zellen von gleicher Dimension, und *Prosenchym* oder Fasergewebe aus fest aneinander liegenden langgestreckten Zellen. Das Filzgewebe besteht aus langen, unregelmässig verflochtenen Zellen und findet sich bei Pilzen, Flechten und Algen.

Die Neubildung von Zellen, das *Wachsthum* der P.n, erfolgt nicht an allen Stellen gleich stark; die Stelle, an der die Neubildung der Zellen besonders lebhaft erfolgt (Vegetationspunkt oder Vegetationsschicht), enthält ein eigenthüml. Gewebe, das *Bildungsgewebe* oder Urparenchym. Die Neubildung desselben bedingt das Längenwachsthum der P.n, während das *Cambium* das Dickenwachsthum vermittelt. Aus Cambium besteht z. B. diejenige Schicht zwischen Holz und Rinde der Bäume, welche dort jährl. den Jahresring bildet. Das Korkgewebe endlich stirbt stets schnell ab u. bildet für die Nachbarzellen eine schützende Hülle. Durch Verschmelzung mehrerer Zellen, wobei die Berührungsflächen schwinden, entstehen die *Gefässe*, von denen man die eigentlichen Gefässe (enthalten Luft, im Frühjahr Saft, und bedingen das Thränen angeschnittener Reben), Baströhren und Röhrensysteme bildende Schlauch- und Milchsaftgefässe unterscheidet. Die Leit- oder Gefässbündel sind Gruppen bestimmter Zellarten, bes. Gefässe, welche, zu Bündeln oder Strängen vereinigt, die übrigen Gewebe durchziehen und gleichsam ein festeres inneres Gerüst bilden. Die äusserste aus Zellen gebildete Schicht der P.n, die Oberhaut, ist noch von der dünnen strukturlosen Cuticula bedeckt. Die *Epidermis*, d. h. die Oberhaut der mit der Luft in Berührung stehenden Pflanzentheile, besitzt Spaltöffnungen (stomata), welche mit den Intercellularräumen kommuniciren u. den Gasaustausch ermöglichen. Haare, Borsten, Stacheln, Drüsen sind Gebilde der Oberhaut.

Die mehrzelligen P.n sind Zellfäden (*Fadenalgen*, *Pilse*), einschichtige Zellflächen (*Algen*), meist aber Zellkörper. Die niederen bestehen nur aus Zellgewebe (*Zellpflanzen*). Die vollkommeneren allein enthalten Gefässe (*Gefässpflanzen*). An jeder höhern P. unterscheidet man die Axe (Stamm und Wurzel) und die Seitenorgane oder Blätter. Erstere wächst nur an der Spitze, letztere an ihrem Grunde. Die Wurzelspitzen tragen eine Hülle abgestorbener Zellen (Wurzelhaube). Bei den niedrigsten blattlosen Zellpflanzen (Lager- oder Thalluspflanzen) ist der Gegensatz zwischen Axe und Seitenorganen noch nicht ausgebildet; bei den niedrigsten Axenpflanzen oder blattbildenden Zellpflanzen (Armleuchter, Laub- und Lebermoose) fehlt noch die Wurzel, und alle Theile der Axe können Blätter bilden. Die Gefässpflanzen zerfallen in Gefässkryptogamen, Mono- und Dikotyledonen. Der *monokotylische* Stamm hat geschlossene Gefässbündel, welche sich nach ihrem Entstehen wohl verlängern, nach aussen aber nicht fortwachsen und daher stets getrennt bleiben. Nie hat der monokotylische Stamm koncentrische Ringe oder Markstrahlen. Der *dikotylische* Stamm enthält ungeschlossene Gefässbündel, welche nach aussen fortwachsen und durch breite Streifen von Parenchym (Markstrahlen) getrennt sind; beide bilden den Splint oder das junge Holz, aus welchem durch Verdickung der Zellwände das Kernholz entsteht. Der periphorische Theil der Gefässbündel enthält die Baströhren, welche durch das Cambium von dem eigentlichen Holztheil derselben getrennt sind. Sie verwachsen häufig zum Bast und bilden die Innenrinde, welche von der Mittel- und Aussenrinde bedeckt ist. Durch Entwicklung des Cambiums, dessen Zellen mit dem Bildungssaft gefüllt sind, wachsen die Schichten in jedem Jahr weiter fort, und so entstehen die *Jahresringe*, deren im Frühjahr gebildete Elementarorgane grösser und weiter sind als die im Herbst entstehenden. Das *Mark* bildet den centralen Zellentheil des monokotylischen Stammes, es besteht aus Parenchym und stirbt zuletzt ab. Die *Wurzeln* sind stets blattlos, man unterscheidet die Hauptwurzel und die Nebenwurzeln (Adventivwurzeln); alle sind mehr oder weniger verzweigt und oft noch mit feinen Wurzelhaaren bedeckt. Stengel oder *Stamm* ist meist oberirdisch (unterirdische heissen Mittelstöcke); er heisst Holzstamm bei Bäumen und Sträuchern, Halbstrauch, wenn der untere Theil holzig wird und der obere jährlich abstirbt; Stock bei Palmen und einigen andern P.n; Krautstengel, wenn er nicht verholzt;

Schaft, wenn er keine Blätter trägt; Halm bei den Gräsern. Zu den Mittelstöcken gehören die Wurzelstöcke, Knollen und Zwiebeln. Die *Knospen* sind Endknospen, wenn sie einen Zweig abschliessen, Seitenknospen, wenn sie in der Achsel eines Blattes, und Adventivknospen, wenn sie an beliebiger Stelle des Stengels entspringen. Die *Blätter* sind Keimblätter (Samenlappen oder Kotyledonen), Deckblätter (Knospenhüllen, Brakteen, d. h. solche Blätter, in deren Achseln die Blüthen entstehen), Laub- und Blüthenblätter; am Grunde des Blattstiels stehen häufig Nebenblätter. Das Blatt besteht aus Parenchym, in welchem die aus dem Stengel eintretenden Gefässbündel die Nerven und Adern bilden. Die *Blüthe* besitzt entweder nur eine Blüthenhülle (perigonium) oder Kelch und Blumenkrone (corolla), wenn die Blattkreise derselben sich in Gestalt und Färbung wesentlich unterscheiden; die wesentlichsten Blüthentheile sind aber *Staubgefässe* und *Stempel*. Sind beide vorhanden, so heissen die Blüthen zwitterig, fehlen beide, steril, und wenn sie nur Staubgefässe oder nur Stempel enthalten, diklinisch. Trägt eine P. Staubblattblüthen und Stempelblüthen, so heissen diese monöcisch, sind sie auf verschiedenen Individuen vertheilt, diöcisch, und wenn Zwitterblüthen und Blüthen getrennten Geschlechts auf derselben Art vorkommen, polygamisch. Die Blüthen stehen einzeln oder zu mehreren an einem nach bestimmten Gesetzen verzweigten oder verdickten Blüthenstiel und bilden dann einen Blüthenstrauss. An den Staubblättern unterscheidet man Staubfäden und Staubgefässe. Letztere enthalten den Blüthenstaub (Pollen) und springen bei der Reife auf, so dass der letztere frei wird. Er gelangt auf die Narbe, den oberen Theil des Stempels, und treibt hier Pollenschläuche, welche durch den Griffel hindurch wachsen und in den Fruchtknoten gelangen, in welchem sich die Eichen oder Samenknospen befinden. Nach Befruchtung der letzteren durch die Pollenschläuche wächst der *Fruchtknoten* zur Frucht und die *Samenknospe* zum Samen aus. Ausser dieser geschlechtlichen gibt es noch ungeschlechtliche Fortpflanzung durch Stecklinge, Ausläufer, Brutknospen, Sporen etc.

Die *Ernährung* der P. geschieht durch Kohlensäure, Wasser, Stickstoffverbindungen und Mineralstoffe. Die Wurzeln nehmen die flüssigen, die Blätter die gasförmigen Nahrungsstoffe auf, u. zwar tritt in die Blätter sowohl Sauerstoff als Kohlensäure. Letztere wird unter dem Einfluss des Lichts in den chlorophyllhaltigen Zellen zerlegt, und es bildet sich auf noch nicht genauer ermittelte Weise die organ. Substanz, während Sauerstoff frei wird. Wir kennen die chemischen Prozesse noch nicht, durch welche aus den verschiedenen Nahrungsstoffen der P. die zahlreichen Bestandtheile der letzteren entstehen. Jedenfalls wirken dabei die mineralischen Stoffe mit, und ohne Eisen entsteht z. B. kein Chlorophyll. Da aber alle Pflanzenbestandtheile zusammengenommen sauerstoffärmer sind als die Stoffe, aus welchen sie entstehen, so muss die P. im Licht Sauerstoff ausathmen. Der Sauerstoff ist übrigens für das Leben der P. unentbehrlich, er veranlasst in derselben Oxydationsprozesse und bildet dabei Kohlensäure, die im Licht ebenfalls wieder als Nahrungsstoff dient, im Finstern aber ausgeathmet wird.

Pflanzenalbumīn *(Pflanzeneiweiss)*, in Pflanzen vorkommendes Albumīn.

Pflanzenbasen, s. v. a. Alkaloïde.

Pflanzenfaser, s. v. a. Cellulose.

Pflanzenfibrīn, Proteïnkörper, Bestandtheil des Klebers.

Pflanzengallerte, s. v. a. Pektinkörper, auch die schleimige Substanz des Carragēn.

Pflanzengrün, s. v. a. Blattgrün. (gaheen.

Pflanzenkaseïn, Pflanzenkäsestoff, Proteïnkörper, Bestandtheil des Klebers.

Pflanzenleim, Proteïnstoff, Bestandtheil des Klebers.

Pflanzenpapier, ostind., mit Hausenblase überstrichenes Seidenpapier, wird wie engl. Pflaster benutzt.

Pflanzensammlung, s. v. a. Herbarium.

Pflanzentalg, s. *Talg.*

Pflanzenthiere, s. v. a. Polypen, Korallen.

Pflanzenwachs, s. *Wachs.*

Pflanzkamp, Platz, auf welchem junge Waldbäume erzogen werden.

Pflaster (lat. emplastrum), meist s. v. a. Bleipflaster oder dieses mit verschiedenen Arzneistoffen gemischt, auch Wachs-, Harz-, Fett- und Oelmischungen als Vehikel zur Aufnahme der Arzneistoffe.

Pflaumenbaum (Prunus domestica L.), gemeinsamer Name für mehrere Arten Obstbäume: *Zwetschenbaum* (P. pyramidalis *Dec.*), Vaterland unbek., in Europa bis China mit länglicher, welcher Frucht. P., *Haferpflaume* (P. insititia *L.*), in Mittel- und Südeuropa, im Orient, mit rundeu, weichen Früchten (Damascenen). *Reneklode* (P. italica *Borkh.*), aus Syrien (?). *Kirschpflaume*, Myrobalane (Mirabelle, P. cerasifera *Ehrh.*, P. divaricata *Led.*), aus Transkaukasien. Diese Arten werden in zahlreichen Varietäten kultivirt, liefern Nutzholz, aus den Kernen wird fettes Oel gewonnen, die Früchte werden gedörrt, zu Mus verkocht und auf Branntwein(Silbowitz)verarbeitet. Pflaumensorten: längliche Zwetschen (blaue, grüne, gelbe, die grössten Marunken oder Eierpflaumen), rundliche Damascenerpflaumen, runde Renekloden (grün und roth), kleine runde Mirabellen (blau und Perdrigons (blau, roth, schwarz) und rundliche Aprikosenpflaume (gelb und weisslich grün).

Pflichttheil, s. *Erbrecht.*

Pflugscharbein (lat. vomer), kleiner, die beiden Nasenhöhlen von einander trennender Knochen.

Pförtner (Pylorus), Magenmund.

Pfordten, *Ludw. Karl Heinrich, Freiherr von der*, bayer. Staatsmann, geb. 11. Sept. 1811 zu Ried im Innviertel, ward 1834 Prof. des röm. Rechts zu Würzburg, 1841 Appellationsgerichtsrath zu Aschaffenburg, 1843

Prof. des Pandektenrechts zu Leipzig, März 1848 bis Febr. 1849 sächs. Kultusminister, April 1849 bayer. Minister des königl. Hauses und des Auswärtigen, Dec. 1849 Ministerpräsident, als solcher entschiedener Gegner der preuss. Hegemonie, in der innern Verwaltung illiberal, April 1859 entlassen und zum Bundestagsgesandten in Frankfurt ernannt, hier die Seele der gegen die Politik der beiden deutschen Grossmächte gerichteten mittelstaatlichen Bestrebungen, seit Dec. 1864 wieder bayer. Ministerpräsident, Frühjahr 1866 bemüht, den Frieden zu erhalten, lehnte die von Preussen Bayern wiederholt angebotene Bundesgenossenschaft ab, schloss den Frieden mit Preussen (22. Aug.)ab, erhielt 29. Dec. seine Entlassung.

Pforta *(Schulpforte)*, ehedem Cistercienserkloster (1136 gegr.), unweit Naumburg im Saalthale, jetzt ber. preuss. Landesschule (1543 gegr.). Vgl. *Wolf* (1843), *Corssen* (1868).

Pfortader (Vena portae), grosses Blutgefäss, welches das venöse Blut der Milz, des Magens und Darms sammelt und zur Leber führt. In letzterer bildet die P. ein grosses Haargefässnetz, welches die Leberzellen umspinnt. Uebermässige Blutansammlung in der P., welche entsteht, sobald das Lebervenenblut zu langsam nach dem Herzen fliesst, oder sobald zu viel Nahrung aufgenommen wird; ist die Ursache von Abdominalplethora, Unterleibsstockungen und Hämorrhoiden. Bei chronischen Stockungen des Pfortaderblutlaufs entsteht Bauchwassersucht. Entzündung der P. führt zur Verstopfung u. ist unheilbar.

Pforte, *hohe,* der Haupteingang des Serails zu Konstantinopel, Name der türk. Regierung, auch *osmanische* P.

Pforzheim, wichtigste Fabrikstadt Badens, Kr. Karlsruhe, an der Enz, 16,417 Ew. Altes Schloss. Bedeut. Bijouteriendustrie (beschäftigt gegen 7000 Menschen), Chemikalien-, Maschinen-, Ultramarin-, Papierfabriken; Eisenwerke; Handel mit Holz,

Pfriemenkraut, s. *Genista.* [Oel, Wein.

Pfropfen, s. *Veredeln.*

Pfründe (v. lat. praebenda), in der kathol. Kirche Inbegriff gewisser Kirchengüter, deren Ertrag und Genuss bestimmten geistl. Personen *(Pfründner, Präbendarien)* zukommt.

Pfuel, *Ernst von,* preuss. General, geb. 1780 zu Berlin, trat 1797 in die Armee, machte den Feldzug von 1806 mit, trat 1813 in russ. Dienste, fungirte 1813 und 1814 als Chef des Generalstabs bei Tettenborn, trat 1815 in preuss. Dienste zurück, ward 1821 Chef des Generalstabs des 8. Armeecorps, 1831 Gouverneur in Neuenburg, 1832 Generallieutenant, 1837 kommandirender General des 7. Armeecorps, 1843 General der Infanterie, 1847 Gouverneur von Berlin, Mai 1848 mit unumschränkter Vollmacht nach Posen zur Unterdrückung der dortigen Insurrektion abgesandt, 17. Sept. d. J. Ministerpräsident und Kriegsminister, 31. Okt. auf Gesuch entlassen; † 3. Dec. 1866.

Pfullingen, Stadt in württemb. Schwarzwaldkreis, an der rauhen Alp, 6192 Ew. Papier- und Lederfabr. (bes. Treibriemen).

Pfund, Gewicht.

Deutsches Zollpfd. Dänemark Norwegen	Bayern	England Nordamerika	Kilogramm	Oesterreich Wiener P.	Preussen Altes oder kölner P.	Russland	Schweden
1	0,888	1,102	0,500	0,892	1,049	1,221	1,175
1,120	1	1,235	0,580	0,999	1,197	1,367	1,317
0,907	0,810	1	0,454	0,810	0,970	1,107	1,067
2,000	1,785	2,205	1	1,766	2,138	2,442	2,353
1,120	1,000	1,235	0,560	1	1,197	1,367	1,317
0,885	0,835	1,031	0,468	0,835	1	1,142	1,100
0,818	0,731	0,903	0,410	0,731	0,875	1	0,963
0,851	0,760	0,938	0,425	0,760	0,909	1,039	1

Phäacia (*Scheria*), bei Homer gesegnetes Eiland nördl. von Ithaca, von d. gastlichen *Phäaken* bewohnt; das heut. Korfu.

Phädon, aus Elis, Stifter der elischen Schule, Schüler des Socrates; nach ihm betitelte Plato seinen berühmten Dialog über die Unsterblichkeit der Seele.

Phädra, Gemahlin des Theseus, Tochter des kret. Herrschers Minos und der Pasiphaë, verliebte sich in ihren Stiefsohn Hippolytus, verleumdete ihn, als sie keine Gegenliebe fand, bei Theseus, der Poseidons Strafgericht auf ihn herabrief, so dass er von seinen durch ein Meerungeheuer scheu gemachten Pferden zu Tode geschleift ward, worauf sich P. erhängte.

Phädrus, röm. Fabeldichter, Freigelassener des Augustus. Seine „Fabulae' herausg. von *Siebelis* (4. Aufl. 1870), *Eyssenhardt* (1867) u. A., übers. von *Siebelis* (1865) u. A.

Phänakistoskop (gr., d. i. Täuschungsschauer), die sogen. *Wunderscheibe*, auf die Dauer des Lichteindrucks gegründeter optischer Apparat, mittelst dessen mehrere, einen und denselben Gegenstand in verschiedener Stellung und Lage zeigende Bilder als ein sich bewegendes Bild dem Auge vorgeführt werden.

Phänomenologie, Lehre von den Erscheinungen am gesunden und kranken Körper; Lehre von den Erscheinungen, welche die Pflanze im Laufe des Jahres zeigt, Eintritt der Belaubung, Blüthe, Fruchtreife etc. Vgl. *Fritsch* (1858).

Phaëthon (gr., d. i. der Leuchtende), 1) Beiname des Sonnengottes; — 2) Sohn des Helios und der Clymene, ward auf seine Bitte von seinem Vater mit Lenkung des Sonnenwagens betraut, kam der Erde zu nahe und setzte sie in Brand, ward von Zeus durch einen Blitzstrahl in den Eridanus geschleudert. Seine Schwestern, die *Heliaden*, wurden in Erlen oder Pappeln, ihre Thränen in Bernstein verwandelt.

Phaëton (fr.), leichter eleganter Wagen zu Spazierfahrten.

Phagedäna (gr.), das sog. fressende Geschwür (vgl. *Geschwür* und *Syphilis*).

Phäläcische Verse, s. *Hendekasylladen*.

Phalänen (gr.), Nachtfalter.

Phaläniden (*Spanner*), Familie der Nachtschmetterlinge.

Phalanstère (fr., spr. -angstähr), nach dem System des Socialisten Fourier gemeinschaftliche Wohnung und Arbeitsanstalt für eine Phalanx, d. i. 400 Familien.

Phalanx (gr.), geschlossene Schlachtreihe; insbes. in Form eines länglichen Vierecks aufgestellte Schlachtordnung, bestehend aus mehreren, gewöhnl. 8 Gliedern Hopliten oder Schwerbewaffneter; bes. die macedon. P. In der Anatomie das Finger- und Zehenglied.

Phaläris, Tyrann von Agrigent, 565—549 v. Chr.; grausam, bei einem Volksaufstande ermordet. Die ihm zugeschriebenen 48 Briefe (herausgeg. 1777, 2 Bde.; 1823) sind unächt.

Phaläris *L.* (*Glanzgras*), Pflanzengattung der Gramineen. P. canariensis *L.*, *Kanariensame*, *Kanariengras*, von den Kanaren, in Süd- und Mitteleuropa kultivirt, liefert den früher officinellen Semen canariense, der als Vogelfutter, zur Mehl- und Grützebereitung etc. dient. Eine Varietät des heimischen P. arundinacea ist das *Bandgras*.

Phallus (gr.), das männliche Glied, in den Naturreligionen des Orients Sinnbild der Zeugungskraft in der Natur, bei Festen und Prozessionen umhergetragen.

Phantasie (gr.), Einbildungskraft, die Thätigkeit, wodurch Bilder von Gegenständen in der Seele entstehen, ist entweder *reproduktiv*, als Wiedererzeugung der Bilder vergangener Wahrnehmungen (Erinnerung), oder *produktiv*, schöpferische Erzeugung neuer Bilder aus den im Gedächtniss aufbewahrten Spuren früherer, leistet ihr Höchstes in den Künsten. *Phantasiren*, dem Spiel der P. sich hingeben; von Kranken im Fieber irre reden, deliriren. *Phantasma*, Schein-, Trugbild. *Phantasmagorie*, Darstellung von Scheinbildern, z. B. menschlichen Gestalten, durch optische Mittel.

Phantast, Einer, der seine Einbildungen auf die Wirklichkeit überträgt und sich von ihnen leiten lässt; daher *phantastisch*, weit von der Wirklichkeit abliegend, seltsam, abenteuerlich.   [phant.

Phantasus, Traumgott, Bruder des Morph-

Phantom (gr.), Trug-, Scheinbild; zur Unterweisung in der Geburtshülfe dienende Nachbildung der die Unterbauchgegend des Weibes nebst einer die Leibesfrucht darstellenden Puppe.

Pharao, im A. T. Name der ägypt. Könige, bes. desjenigen, unter welchem die Israeliten aus Aegypten auszogen; auch *Faro*, Hazardspiel, wobei die Spielenden auf gewisse Karten gegen den Bankier setzen. [senmoe.

Pharaonsmaus (*Pharaonsratte*), s. Ich-

Pharisäer (d. i. Abgesonderte), religiöspolitische Partei unter den Juden, hielt sich streng an die Buchstaben des mosaischen

Gesetzes, gelangte unter den letzten Makkabäerfürsten, den Sadducäern gegenüber, zur polit. Herrschaft, von Jesus bekämpft.

Pharmacie (gr., *Apothekerkunst*), die Kunst, aus Arzneistoffen Arzneimittel zu bereiten und nach ärztlicher Vorschrift anzutheilen (zu dispensiren), umfasst *Pharmakognosie* oder pharmaceutische Waarenkunde, *pharmaceutische Chemie* und *Pharmaceutik*, die Lehre von den nöthigen Handgriffen und mechanischen Operationen. Der die P. Ausübende heisst *Pharmaceut*. Im Alterthum bereiteten die Aerzte selbst die Arzneimittel. 754 stiftete der Khalif Almansor in Bagdad die erste Apotheke, auch lieferten die Araber die ersten gesetzlich sanktionirten Vorschriften zur Bereitung der Arzneimittel. Im Abendlande datirt die Reform der P. von 1238 durch die Schule von Salerno. Die erste deutsche Apotheke 1404 in Nürnberg. Ihre jetzige Höhe verdankt die P. Deutschen und Franzosen seit dem Aufschwung der Naturwissenschaften. Vgl. *Marquart*, ‚Lehrbuch der P.‘, 2. Aufl. 1864—60, 3 Bde.; *Mohr*, ‚Lehrbuch der pharmaceut. Technik‘, 3. Aufl. 1866; *Ders.*, ‚Receptirkunst‘, 1853; Lehrbücher der Pharmakognosie von *Wiggers* (5. Aufl. 1864), *Berg* (4. Aufl. 1869), *Flückiger* (1867); Jahresbericht von *Canstatt*, fortges. von *Wiggers* und *Husemann*, seit 1842.

Pharmakodyaamik (gr.), die Lehre von den Wirkungen der Arzneimittel auf den Organismus.

Pharmakognosie (gr.), s. *Pharmacie*.

Pharmakologie (gr.), Lehre von den Wirkungen der Arzneimittel.

Pharmakopöe (gr.), von den Regierungen herausgegebenes Sammelwerk, enthält Beschreibung der Droguen, Anleitung zur Darstellung und Prüfung der pharmaceut. Präparate und Vorschriften zur Aufbewahrung und Dispensation der Arzneien. Preuss. P. (7. Aufl. 1862); Kommentare dazu von *Mohr* (1865) und *Huger* (3. Aufl. 1865).

Pharnaces, Könige von Pontus (s. d.).

Pharsālus (a. G.), Stadt im alten Thessalien; hier *Sieg* der Römer über Philipp von Macedonien; 48 v. Chr. *Sieg* Cäsars über Pompejus. Jetzt *Farsala*.

Pharus (a. G.), Insel an der ägypt. Küste, später durch einen Damm mit Alexandria verbunden, her. durch seinen Leuchtthurm; daher überhaupt s. v. a. Leuchtthurm.

Pharyngoskop (gr.), Kehlkopfspiegel.

Pharynx (gr.), Schlund. *Pharyngitis*, Entzündung des Schlundkopfes, s. d.

Phasen (gr.), Lichtgestalten, die verschiedenen regelmässig wechselnden Gestalten, unter welchen uns der Mond und die unteren Planeten infolge ihrer Stellung gegen die Sonne erscheinen. [Phaseolus, s. *Bohne*.

Phasis (a. G.), Strom in Colchis, von dem aus der Argonaute Jason das goldene Vliess holte. Jetzt *Rioni*.

Phelloplastik (gr.), Korkbildnerei, Nachbildung von Baudenkmalen, Ruinen etc.

Phenamid, s. *Anilin*. [in Kork.

Phengit, s. v. a. Marienglas, s. *Gyps*.

Phengophobie (gr.), Scheu vor Glänzendem, z. B. vor dem Wasserspiegel.

Phenylsäure (*Phensäure*, *Phenylalkohol*, *Phenol*, *Karbolsäure*, *Steinkohlenkreosot*), wird aus den zwischen 150° und 200° destillirenden Bestandtheilen des schweren Steinkohlentheeröls bereitet, krystallisirt vollkommen wasserfrei in farblosen, bei 35° C. schmelzenden Nadeln, bildet wasserhaltig ein farbloses Oel von kreosotartigem, lange haftendem Geruch, schmeckt brennend, wirkt ätzend, ist schwerer als Wasser, darin sehr wenig, in Alkohol und Aether sehr leicht löslich, stark giftig, wirkt fäulnisswidrig und dient daher zur Desinfektion (auch als Kalksalz) und als Konservationsmittel. Mit Salpetersäure liefert P. Pikrinsäure und dient zur Darstellung mehrerer Theerfarben (Phenylbraun, Azulin, Corallin). *Phenylsaures Natron*, s. v. a. Kreosotnatron (s. d.).

Phenylwasserstoff, s. v. a. Benzin.

Pherecÿdes, griech. Philosophim 6. Jahrh. v. Chr., von der Insel Syros, schr. unter dem räthselhaften Titel ‚Heptamychos‘ die erste Kosmo- u. Theogenie in Prosa. Fragmente herausgeg. von *Sturz* (2. Aufl. 1824).

Phidias, grösster griech. Bildhauer, geb. um 500 v. Chr., blühte zur Zeit des Pericles in Athen, †, der Gotteslästerung angeklagt, 432 v. Chr. im Kerker. Hauptwerke: das Standbild der Pallas Parthenos (auf dem Parthenon) und das Kolossalbild des Zeus (aus Gold und Elfenbein, zu Olympia).

Phiditien (gr.), die gemeinsamen Mahlzeiten der Männer und Knaben in Sparta.

Philadelphen (gr.), Geheimbund in der franz. Armee, zum Sturz Napoleons I. und zur Herstellung der Republik, um 1812.

Philadelphia, bedeutendste Stadt Pennsylvaniens und nächst Newyork grösste Stadt der Union, zwischen dem Delaware und Schuylkill, mit (1870) 674,022 (1800: 70,000) Ew., darunter ca. 70,000 Deutsche und sehr viele Neger; die ganze Stadt ist schachbretartig gebaut, zerfällt in die City und die Vorstädte: Northern Liberties, Kensington, Spring Garden, Southwark, Mayamensing. Hauptstrassen: Market-, Broad- u. Chesnutstreet. Zahlr. öffentl. Plätze (Washingtonsquare) und Bauwerke (meist wunderliche Nachahmungen antiker Vorbilder): Zollhaus der Union, Münze der Union, Bank, Börse, Marinehospital der Union, das alte Staatenhaus (1774 Unterzeichnung der Unabhängigkeitserklärung der Staaten); Kathedrale St. Stephens, das ber. pennsylvan. Zuchtgefängniss (‚Eastern Penitentiary‘), die grossartigen Fairmount-Wasserwerke. — Anstalten: Universität (1791 gegr.), Jeffersons Medical-College, amerikan. philos. Gesellschaft, Akademie der Naturwissenschaften, Franklin-Institut (für Kunst und Industrie), Missionarseminar etc.; Pennsylvaniahospital, Girard-College (für Waisen). Bed. Fabrikthätigkeit, bes. Baumwoll-, Tuch-, Schuh-, Wagen- und Teppichfabr. Treffl. Hafen; Ausfuhr (jährl. 10—12 Mill. Doll.), bes. Mehl, Weizen, Baumwolle, Petroleum (1866: 39,5 Mill. Gallonen), Fleisch, Butter. Gegr. 1682 von William Penn (s. d.), 1790—1810 Hauptstadt der Union und Sitz des Kongresses.

Philadelphie (gr.), Bruderliebe.

Philadelphus *L.* (*Pfeifenstrauch*), Pflanzengattung der Philadelpheen. P. coronarius L., wilder Jasmin, Flötenbaum, Zierstrauch aus Südeuropa; die jungen Sprösslinge liefern Pfeifenröhre. Zierpflanzen.

Philäni, 2 karthag. Brüder, liessen sich bei einem Grenzstreite zwischen Karthago und Cyrene lebendig begraben, um die durch ihren Wettlauf vorgeschobene Grenze Karthagos zu gewinnen.

Philalethen (gr.), Freunde der Wahrheit, Name von Gesellschaften oder Parteien, die eine aufklärende Richtung verfolgten.

Philander von Sittewald, s. *Moscherosch.*

Philanthropie (gr.), Menschenliebe. *Philanthropen*, Menschenfreunde, insbes. Anhänger der Erziehungsgrundsätze Basedows, Campes, Salzmanns, Wolkes u. A., des sogen. *Philanthropinismus*, welcher als Princip aller Erziehung Naturgemässheit und Menschenfreundlichkeit aufstellt. *Philanthropin*, Name der von Basedow 1774 zu Dessau errichteten Erziehungsanstalt und anderer nach ähnlichen Grundsätzen geleiteten Institute.

Philémon, vom Apostel Paulus bekehrter Christ zu Colossä, dessen Haus der christl. Gemeinde das. als Versammlungsort diente; unter Nero hingerichtet. Tag 22. Nov.

Philémon, griech. Dichter, aus Soli (Cilicien), † 262 v. Chr.; mit Menander Begründer der neuern attischen Komödie. Fragmente in *Meineke*, 'Fragm. comicorum Graec.' (1839).

Philémon und Baucis, wegen noch im hohen Alter treuer Liebe im Alterthum ber. Ehepaar, ward für gastfreundliche Aufnahme Jupiters und Merkurs durch Rettung von einer Wasserfluth belohnt, sie selbst auf seine Bitte um gleichzeitigen Tod in eine Eiche und Linde verwandelt.

Philétas, griech. Epiker, aus Kos, seit 306 v. Chr., Lehrer des Ptolemäus Philadelphus. Fragmente in *Schneidewins* 'Delectus poesis etc.' (1. Bd., 1838), übers. von *Weber* in den 'Elegischen Dichtern der Hellenen' (1826).

Philharmonisch (gr.), musikliebend.

Philhellenen (gr.), Griechenfreunde, bes. die Förderer des griech. Freiheitskampfes.

Philipp, 1) *Könige von Macedonien:* a) *P. II.*, geb. 382 v. Chr., Sohn des Königs Amyntas II., Vater Alexanders d. Gr., bemächtigte sich als Vormund seines Neffen Amyntas III. 359 des Throns, eroberte die griech. Städte Amphipolis, Potidäa und Olynthus an der thrac. Küste, bekriegte im Auftrage der Amphiktyonen die Phocier und Lokrer, setzte sich in Thessalien fest und erlangte durch seinen Sieg bei Chäronea (338) über die verbündeten Griechen die Hegemonie über dieselben, liess sich 337 zu Korinth zu ihrem Oberfeldherrn gegen die Perser erwählen; ward 336 von Pausanias, einem Hauptmann seiner Leibwache, aus Privatrache ermordet. — b) *P. V. (III.)*, Sohn Demetrius II., reg. seit 220 v. Chr., schloss mit den Karthagern ein Bündniss gegen die Römer, ward von diesen und den Achäern bei Kynoskephalä (197) geschlagen, verlor die Hegemonie Griechenlands; † 179.
2) *P. von Schwaben*, deutscher Kaiser, jüngster Sohn Kaiser Friedrichs I. und der

Beatrix von Burgund, seit 1195 Markgraf von Tuscien, seit 1197 Herzog von Schwaben, bemühte sich vergebl., seinem unmündigen Neffen, Friedrich II., die Anerkennung der Reichsfürsten zu verschaffen, liess sich zu Mühlhausen 6. März 1198 zum König wählen und vom päpstl. Legaten krönen, behauptete sich gegen den vom Papst Innocenz III. aufgestellten Gegenkaiser Otto IV.; 21. Juni 1208 auf der Altenburg bei Bamberg von Otto von Wittelsbach erschlagen. Vgl. *Abel* (1853).

3) *Könige von Frankreich:* a) *P. I.*, geb. 1053, Sohn König Heinrichs I., reg. seit 1060 unter Vormundschaft, seit 1067 selbständig, kriegte gegen Wilhelm den Eroberer, ward wegen Trennung seiner Ehe mit Bertha von Flandern vom Papst mit dem Banne belegt; † 1108. — b) *P. II., August*, geb. 25. Aug. 1165, Sohn Ludwigs VII., folgte diesem 1180, stellte die öffentl. Sicherheit her, demüthigte die widerspenstigen Vasallen, machte 1190 einen Kreuzzug, schlug den Kaiser Otto IV. und dessen Verbündete 27. Juli 1214 bei Bovines, vergrösserte das Krongebiet von 1184 bis 1215 durch Einziehung und Eroberung fast um das Doppelte; † 14. Juli 1223. — c) *P. III.*, geb. 1244, Sohn Ludwigs des Heiligen, folgte diesem 1270, kriegte erfolglos gegen Kastilien und Aragonien; † 1285. — d) *P. IV., der Schöne*, geb. 1267, Sohn des Vor., folgte diesem 1285, eroberte 1300 Flandern, ward bei Courtray 11. Juli 1302 von den aufständischen Flamändern geschlagen, musste im Frieden 1305 das jenseits der Lys gelegene Flandern zurückgeben, suchte seiner Geldverlegenheit durch Erpressungen aller Art abzuhelfen, gerieth infolge der Besteuerung des Klerus mit dem Papst Bonifacius VIII. in heftigen Streit, ward von demselben 1303 mit dem Bann belegt, appellirte an ein allgem. Koncil, liess den Papst in seinem Palast zu Anagni gefangen setzen, veranlasste den Papst Clemens V. zur Uebersiedlung nach Avignon, hob mit dessen Genehmigung den Templerorden auf und zog dessen Güter ein; † 29. Nov. 1314. — e) *P. V.*, geb. 1293, 2. Sohn des Vor., folgte 1316 seinem Bruder Ludwig X., liess von den Reichsständen das salische Gesetz (Ausschliessung der Töchter von der Thronfolge) anerkennen, schloss 1320 Frieden mit Flandern, verfolgte die Ketzer in Südfrankreich; † 3. Jan. 1322. — f) *P. VI.*, geb. 1293, Sohn Karls von Valois, des Bruders Philipps IV., folgte Karl IV., ward, der erste Valois, 29. März 1328 zu Rheims gekrönt, vereinigte die Champagne und Brie mit der Krone, eröffnete mit seinem Einfall in Guyenne (1336) die hundertjähr. Kämpfe zwischen Frankreich und England, ward von Eduard III. von England und dessen Verbündeten 26. Aug. 1346 bei Crecy geschlagen, verlor Calais an die Engländer, erwarb 1349 die Dauphiné, Anjou und Maine, erlaubte sich Erpressungen aller Art; † 22. Aug. 1350.

4) *Könige von Spanien:* a) *P. I., der Schöne*, Erzherzog von Oesterreich, geb. 1478, Sohn Kaiser Maximilians I. und der Maria von Burgund, vermählte sich 1496 mit Johanna,

der Tochter Ferdinands des Katholischen und Isabellas von Kastilien, nahm nach deren Tode 1504 den Titel eines Königs von Kastilien an; † 25. Sept. 1506. — b) *P. II.*, geb. 21. Mai 1527, Sohn Kaiser Karls V. und Isabellas von Portugal, bigotter und fanatischer Katholik, erbte 1555 von seinem Vater Spanien, dessen ital. Nebenländer, die Niederlande und die span. Kolonien, schloss mit Frankreich 1559 Frieden zu Château-Cambresis, suchte den Protestantismus und die bürgerl. Freiheiten in den Niederlanden zu unterdrücken, was den Abfall eines Theils derselben von Spanien zur Folge hatte; ward durch Bedrückung der Morisken mit den Türken in Krieg verwickelt (7. Okt. 1571 Sieg Don Juans d'Austria bei Lepanto), unterwarf 1581 Portugal, sandte 1588 gegen England die Armada (s. d.) aus, suchte Heinrichs IV. Thronbesteigung in Frankreich vergebl. zu hindern; † 13. Sept. 1598. Vermählt 1543 mit Maria von Portugal, 1554 mit Maria von England, 1562 mit Elisabeth von Frankreich, 1570 mit der Erzherzogin Anna. Vgl. *Prescott* (n. A. 1861, deutsch 1856 bis 1850, 5 Bde.). — c) *P. III.*, geb. 1578, Sohn des Vor., folgte diesem 1598, schlug durch Austreibung der Morisken aus Granada 1609 dem Wohlstande Spaniens eine unheilbare Wunde; † 28. Febr. 1621. — d) *P. IV.*, geb. 1605, Sohn des Vor., folgte diesem 1621, überliess die Regierung dem Herzog von Olivarez; † 1665. — e) *P. V.*, *Herzog von Anjou*, geb. 19. Dec. 1683, Sohn des franz. Dauphins und Enkel Ludwigs XIV., ward durch das Testament Karls II. auf den span. Thron berufen, zog 1701 in Madrid ein, ward 1705 und 1709 daraus vertrieben, behauptete mit franz. Hülfe die Krone von Spanien, überliess, trägen Geistes, von Günstlingen (Gräfin Orsini) beherrscht, die Regierung später ganz seiner 2. Gemahlin, Elisab. Farnese von Parma, welche den Hülfe Alberonis und Ripperdas Heer und Flotte neu schuf und dem stagnirenden Staate aufhalf; † 9. Juli 1746. 5) *Herzöge von Burgund:* a) *P. II.*, der *Kühne*, geb. 15. Jan. 1342, 4. Sohn des Königs Johann von Frankreich, mit diesem bis 1360 Gefangener in England, erhielt 1363 von jenem das Herzogthum Burgund (s. d.); bemächtigte sich während des Wahnsinns Karls VI. 1392 der Regentschaft in Frankreich; † 27. April 1404. — b) *P. III.*, der *Gütige*, geb. 1396, Sohn Johanns des Unerschrockenen, Enkel des Vor., erkannte als Regent von Frankreich Heinrich VI. von England als König von Frankreich an, schloss 21. Sept. 1435 Frieden mit Karl VII., förderte durch glänzende Regierung die Blüthe des Landes; † 15. Juli 1467 (s. *Burgund*). 6) *P. I.*, der *Grossmüthige, Landgraf von Hessen*, geb. 13. Nov. 1504, Sohn des Landgrafen Wilhelm II., folgte diesem 1509 unter Vormundschaft seiner Mutter Anna von Mecklenburg, trat 1518 selbst die Regierung an, bekriegte 1522 und 1523 mit den Kurfürsten von Trier und von der Pfalz den Ritter Franz von Sickingen, führte 1526 die evangel. Lehre in Hessen ein, schloss mit dem Kurfürsten Johann dem Beständigen

Meyers Hand-Lexikon.

von Sachsen das torgauer Schutzbündniss, gründete 1527 die Universität Marburg, setzte 1533 durch Handstreich den Herzog Ulrich von Würtemberg wieder in Besitz seines Landes, stand seit 1535 mit Johann Friedrich dem Grossmüthigen von Sachsen an der Spitze des schmalkald. Bundes, bekämpfte 1542 siegreich den Herzog Heinrich von Braunschweig, unterwarf sich nach der Schlacht bei Mühlberg 1547 freiwillig dem Kaiser, ward dessen Gefangener, erst nach dem passauer Vertrag 3. Sept. 1552 freigelassen; † 31. März 1567. Lebte 1540 bis 1549 mit Luthers Zustimmung in Bigamie. Vgl. *Rommel* (1830, 3 Bde.), *Hoffmeister* (1846). 7) *P., Aug. Friedr., Landgraf von Hessen-Homburg*, österr. General, geb. 11. März 1779 zu Homburg vor der Höhe, machte seit 1795 die Feldzüge der österr. Armee mit, ward 1813 Feldmarschalllieutenant, focht bei Dresden, Kulm und Leipzig, befehligte 1814 das 6. Armeecorps der Alliirten, 1821 die österr. Interventionstruppen in Neapel, ward 1825 kommandirender General in Illyrien, Innerösterreich und Tirol, 1827 in Galizien, 1832 Generalfeldzeugmeister, trat nach dem Tode seines Bruders Ludwig Wilhelm Friedrich 19. Jan. 1839 die Regierung in Hessen-Homburg an, ward Okt. d. J. Gouverneur von Mainz; † 15. Dec. 1846.

Philippeville, Stadt in Algerien, an der Bai von Stora, 11,500 Ew., Ausfuhrhafen der Prov. Konstantine. Erst 1838 gegründet.

Philippi (a. G.), Stadt in Macedonien, mit ber. Goldbergwerken. 42 v. Chr. *Sieg* des Antonius und Octavius über Brutus und Cassius. Paulus gründete das. eine christl. Gemeinde (Brief an die Philipper).

Philippica (gr.), Name der heftigen Reden des Demosthenes gegen Philipps II. von Macedonien Ränke, sowie der Ciceros gegen Antonius; daher jede heftige strafende Rede.

Philippinen, Inselgruppe des Ind. Archipels, 5388 QM., umfasst die grossen Inseln Luson, Mindanao, Mindoro, Panay, Negros, Samar, Leyte, Zebu, Palawan und zahllose kleine; sämmtlich vulkanisch, reich an Metallen und mit mächtiger tropischer Vegetation; zum grösseren Theil span. Besitzung (3100 QM. mit 4,319,269 Ew.; Hauptstadt Manila). Die Bevölkerung zumeist eingeborene Tagalen (ca. 2 Mill. noch unabhängig, 3,8 Mill. unterworfen und Christen), daneben Chinesen, chines. Mestizen, Negritos, gegen 13,000 Weisse. Produkte: Zucker, Kaffee (jährl. 1¼ Mill. Ctr.), Indigo, Gewürze, Reis, Tabak (200,000 Ctr., bes. Cigarren), Manilahanf (600,000 Ctr.), Wachs, Sandel- u. Ebenholz, Schildkrot etc. Vgl. *Semper* (1869).

Philippömen, russ. Sekte, um 1700 von Philipp Pustoswät gestiftet, Zweig der Raskolniken, in Polnisch-Lithauen verbreitet.

Philippöpel (türk. *Filibe*), Stadt im türk. Ejalet Adrianopel, an der Maritza, 45,000 Ew.; Fabr. in Wolle, Seide, Leder.

Philippsburg, Stadt im bad. Kr. Karlsruhe, am Rhein, 2294 Ew. Die ehemalige Festung 1800 von den Franzosen geschleift.

Philippus, Jünger Jesu, aus Bethsaida in

79

Galiläa, ging nach Jesu Tod nach Phrygien und † in Hierapolis als Märtyrer. Tag 1. Mai.

Philister (*Philister*), krieger. Volksstamm in der Landschaft Philistäa, an der Südwestküste von Palästina, in ununterbrochenen Kämpfen mit den Hebräern oft Sieger, noch zu Sauls und Davids Zeiten mächtig, von leistcrem unterworfen, mit den Städten Gaza, Askalon u. a., triehen semit. Naturdienst. Hauptgottheiten Dagon u. Derceto. In der Studentensprache s. v. s. Nichtstudent; auch spiessbürgerl. gesinnter Mensch.

Phillips, *Georg*, Rechtslehrer, geb. 6. Jan. 1804 zu Königsberg in Preussen, ward 1833 Prof. zu München, trat zum Katholicismus über, 1849 als Prof. nach Innsbruck, 1851 nach Wien berufen. Hauptwerk: „Kirchenrecht' (1845—69, 7 Bde.); schr. noch „Deutsche Reichs- und Rechtsgeschichte' (1845—50, 2 Bde.); „Vermischte Schriften' (1856—60, 3 Bde.). Begann 1838 mit *Görres* die „Histor.-polit. Blätter für das kathol. Deutschland', mit jenem eifrig thätig zur Geltendmachung des kathol. Princips im staatsbürgerl. Leben.

Philo, jüdisch-hellenischer Philosoph, aus Alexandria, ging 42 n. Chr. an der Spitze einer Gesandtschaft der alexandria. Juden nach Rom, um die Juden gegen feindselige Beschuldigungen zu vertheidigen; † gegen 54. Suchte im Pentateuch durch allegor. Interpretation die philosoph., insbes. neuplaton. Lehren seiner Zeit nachzuweisen. Schriften herausge. von *Tauchnitz* (1851 bis 1854, 8 Bde.), *Tischendorf* (1868). Vgl. *Gfrörer* (1831) *Dähne* (1834—35, 2 Bde.).

Philoctétes, trefl. Bogenschütze, zog mit gegen Troja, blieb, durch einen Schlangenbiss verwundet, auf Lemnos zurück, ward, weil nach einem Orakelspruch Troja ohne ihn nicht erobert werden konnte, von Diomedes und Odysseus im 10. Jahre der Belagerung Trojas dahin abgeholt und bewirkte durch Erlegung des Paris Trojas Fall.

Philodoxie (gr.), Ehr-, Ruhmliebe.

Philogynie (gr.), Frauenliebe.

Philologie (gr., d. i. Sprachliebe), die Wissenschaft der Sprachen und Literaturen, insbes. die gelehrte Kenntniss der griech. und röm. Sprache und Literatur, früher von den Humanisten ausschliesslich als sprachliche, kritische und formale P. behandelt, neuerlich seit **F. A. Wolf** und **Böckh** als Alterthumswissenschaft die gesammte Kultur des Alterthums, Geschichte, Religion, staatliches u. Privatleben, Sprache, Kunst und Literatur umfassend und in zahlreiche untergeordnete Disciplinen zerfallend.

Philomathie (gr.), Lernbegierde.

Philoméle, Tochter Pandions, Königs von Athen, Schwester der Procne, ward von deren Gemahl Tereus entehrt und der Zunge beraubt, worauf beide aus Rache des Tereus Sohn Itys tödteten, von den Göttern in eine Nachtigall, wie Procne in eine Schwalbe verwandelt; daher s. v. s. Nachtigall. [liebt.

Philométor (gr.), einer, der seine Mutter

Philomúsos (gr.), Musen-, Kunstfreund.

Philopädie (gr.), Liebe zu Kindern und Neigung zu deren Erziehung.   [liebt.

Philopátor (gr.), einer, der seinen Vater

Philopömen, der letzte grosse Feldherr und Staatsmann Griechenlands, geb. um 253 v. Chr. zu Megalopolis in Arkadien, diente unter dem macedon. Könige Antigonus, focht bei Sellasia, trat 207 als Oberfeldherr an die Spitze des achäischen Bundes, verbesserte dessen Kriegswesen, schlug die Spartauer bei Mantinea und bewog sie zum Hinzutritt zum Bunde, züchtigte die abtrünnigen Messenier, ward von ihnen 183 gefangen und musste den Giftbecher trinken.   [Todesfurcht.

Philopsychie (gr.), Liebe zum Leben.

Philosarkie (gr.), Hang zu fleischl. Lüsten.

Philosophenöl (*Ziegelöl*), Heilmittel, durch trockne Destillation von Fett mit Ziegelmehl erhalten, jetzt meist Mischung aus Rüb-, Stein- und Thieröl.

Philosophie (gr.), d. i. Weisheitsliebe, gewöhl. Weltweisheit genannt, Streben nach Erkenntniss des Wahren. Der Ausdruck P. soll von Pythagoras zuerst gebraucht worden sein und kam von den Griechen zu den Römern und zu den übrigen abendländ. Völkern. *Philosophiren*, einen Gegenstand denkend untersuchen; P. daher die durch das Denken vermittelte und in sich begründete Erkenntniss der durch gewisse Begriffe und Begriffsreihen bezeichneten Objekte, also als Erkenntniss in Begriffen und durch Begriffe die allgemeine Wissenschaft (Erkenntniss göttlicher und menschlicher Dinge, Wissenschaft der Ideen, Wissenschaft von den letzten Gründen des Wissens etc.), deren Einfluss sich keine einzelne Wissenschaft entziehen kann, wie sie auch wieder aus allen übrigen Gebieten des Wissens Nahrung empfängt. Die Eintheilung der P. bei den Griechen seit Plato in Dialektik, Physik und Ethik entspricht im Wesentlichen der neueren Eintheilung in Logik, theoretische und praktische P. Gliederung der P. in eine Mehrheit philosophischer Wissenschaften: Logik, Metaphysik, Psychologie, Natur-, Religions-, Rechtsphilosophie, Ethik und Aesthetik (s. d. Art.). Principielle Gegensätze innerhalb der P. Empirie, Rationalismus, Idealismus, Realismus, Materialismus, Sensualismus, Spiritualismus, Kriticismus, Skepticismus, Pantheismus, Theismus, Deismus (s. d. Art.), Bezeichnungen, deren Bedeutung durch den Charakter der einzelnen Systeme vielfach modificirt wird. Die Geschichte der P. behandelten bes. *Tennemann* (1798 — 1819, 11 Bde.), *Reinhold* (4. Aufl. 1854, 3 Bde.), *Ritter* (1836 — 53, 12 Bde.), *Hegel* (2. Aufl. 1844, 3 Bde.), *Ueberweg* (3. Aufl. 1867—68, 3 Bde.), *Erdmann* (2. Aufl. 1869—70, 2 Bde.), *Schwegler* (7. Aufl. 1870) u. A. Vgl. *Kirchmann*, „Philosophische Bibliothek', 1868 ff.

Philostratus, *Flavius*, der ält., aus Lemnos, griech. Sophist, zu Anfang des 3. Jahrh. in Rom lebend, schr. über Kunst und Biographien; Werke herausg. von *Kayser* (1870—71, 2 Bde.). Ebenso P. der jüng., Neffe des Vorigen; † 264. Vgl. *Friedericks*, „Die philostratischen Bilder', 1860; gegen ihn *Brunn*.

Philotechnie (gr.), Kunstliebe.   [(1861).

Philotimie (gr.), Ehrliebe, Ehrgeiz.

Philoxenie (gr.), Gastfreundlichkeit.

Philtron (gr., lat. *Philtrum*), Liebestrank, vermeintlicher Zaubertrank zur Erregung von Gegenliebe in einer bestimmten Person.

Phimöse (gr.), abnorme Verengerung der Vorhaut, entweder angeboren oder durch Entzündungen, Geschwüre entstanden, hemmt Harnentleerung. Behandlung durch Operation. *Paraphimose* (*spanischer Kragen*), die Anschwellung der hinter die Eichel gesogenen Vorhaut; sehr schmerzhaft, veranlasst Schwellung der Eichel, Harnverhaltung; Behandl. mit Bleiwasserumschlägen.

Phiöle (fr.), bauchige Glasflasche mit langem, engem Halse. [Blutaderknoten.

Phlebektasie (gr.), Venenanschwellung,

Phlebitis (gr.), Venenentzündung, s. *Venen*. [Unterwelt.

Phlegéthon (gr.), der Feuerstrom der Phlegma (gr.), Schleim; *phlegmatisches Temperament*, ruhiges, träges Wesen; in der Chemie der wässerige Rückstand bei der Spiritusdestillation. [Mittel.

Phlegmagöga (gr.), Schleim abführende

Phlegmasie (gr.), Entzündung. *Phlegmasia alba dolens*, schmerzhafte Zellgewebsentzündung am Schenkel, bes. im Wochenbette vorkommend.

Phlegmöne (gr.), Entzündung, bes. eitrige der Haut; s. *Pseudoerysipelas*.

Phlegräische Felder, s. *Solfatara*.

Phleum *L.* (*Lieschgras*), Pflanzengattung der Gramineen. P. pratense *L.*, *Hirtengras*, in Europa, zuerst nach Nordamerika importirt und dort als Fnttergras gebaut, dann als *Thimotygras* zu uns zurückgebracht, eins der besten Wiesenobergräser.

Philus (a. G.), uralte Stadt im nordöstl. Peloponnes, am Asopus, Hauptst. des unabhängigen Gebietes *Phliasia*.

Phlogistisch (gr.), entzündlich.

Phlogiston, nach Stahls Theorie (s. *Chemie*) eigenthümlicher Brennstoff in jedem verbrennlichen Körper, soll beim Verbrennen entweichen und das Feuerphänomen hervorbringen.

Phlogösis (gr.), heftige Entzündung.

Phlox *L.* (*Flammenblume*), Pflanzengattung der Polemoniaceen. Viele Arten und Varietäten, bes. von P. decussata *Lyon.*, aus Georgien und Südcarolina, und P. Drummondi *Hook.*, aus Texas, Gartenpflanzen.

Phlyctäna (gr.), Hitzblätterchen.

Phoca (gr.), Robbe, Seehund.

Phocäa (a. G.), blühende Kolonie der Athener auf der jon. Küste (unfern Smyrna). Die *Phocäer* kühne Seefahrer und Gründer vieler Kolonien (darunter Massilia).

Phocion, athen. Feldherr, geb. um 402 v. Chr., Gegner der Demokratie, focht glücklich gegen Philipp von Macedonien, suchte ein friedliches Verhältniss zwischen Athen und Macedonien herzustellen, mahnte nach Alexanders Tode vergeblich von der Erhebung gegen Macedonien ab, suchte von Antipater mildere Friedensbedingungen zu erhalten, ward des Verraths beschuldigt und musste 318 den Giftbecher trinken; später durch eine Bildsäule geehrt. Biogr. von *Plutarch* und *Nepos*.

Phocis, Landschaft im alten Griechenland, ca. 36 QM., mit dem Parnass (Delphi), vom Cephissus durchströmt; bildet jetzt mit Phthiotis eine *Nomarchie*, 96,8 QM. und (1870) 108,491 Ew. *Phocischer oder heil. Krieg* (355—346 v. Chr.), s. *Griechenland, Gesch.*

Phocylides, griech. Gnomendichter, 6. Jahrh. v. Chr., aus Milet. Das ihm früher zugeschriebene Sittengedicht stammt aus späterer (christl.) Zeit.

Phöbe, Tochter des Uranus und der Gäa, Mutter der Latona; auch Name der Artemis als Mondgöttin. [gntt, s. v. a. Apollo.

Phöbus (gr.), der Leuchtende, Sonnen-

Phönicien (a. G.), der ca. 30 M. lange, 1—2 M. br. Küstenstrich des hent. Syrien, vom Fluss Eleutherus bis fast zum Vorgebirge Karmel, dicht bevölkert; zerfiel in mehrere Staaten je mit einem Könige und wesentl. aristokrat. Verfassung (am mächtigsten Sidon und Tyrus). Die Ew. das grösste Handels- und Fabrikvolk des Alterthums, kühne Seefahrer, Gründer zahlr. Kolonien, angebl. Erfinder des Glases, des Purpurs und der Buchstabenschrift. Ihre Industrieprodukte: Metall- und Glaswaaren, Purpurfärbereien, Bildwerke aus Elfenbein, Ebenholz und Bernstein. Ihre Religion Naturdienst mit Anerkennung einer männl. und einer weiblichen Naturkraft (Gottheiten Baal, Astarte etc.); ihre Sprache ein Ast des semit. Sprachstamms u. dem Hebräischen verwandt (vgl. *Schröder* 1869; Lexikon von *Levy* 1864). Ihr Handel seit der Gründung von Alexandria gänzlich im Verfall. Vgl. *Movers* (1840—56, 3 Bde.).

Phönix, mythischer Vogel der alten Aegyptier, von adlerähnlicher Gestalt, verbrannte sich alle 500 Jahre in seinem Neste, worauf aus der Asche ein junger P. hervorging, Symbol einer bestimmten astronom. Periode des Sternenlaufs, später Sinnbild ewiger Verjüngung.

Phönix *L.* (*Dattelpalme*), Palmengattung. P. dactylifera *L.*, Baum in Nordafrika, Westasien und Südeuropa, in vielen Varietäten kultivirt, wird künstlich befruchtet und liefert die Datteln; die Blätter dienen zu Besen und Bürsten, die Fasern der Blattstiele zu Tauwerk, das Holz als Nutzholz. P. sylvestris *Roxb.*, in Indien, liefert Palmzucker (in Bengalen jährl. 1 Mill. Ctr.) und Palmwein und in den Blättern Flechtmaterial. P. farinifera *Willd.*, in Indien, liefert im Stamm mehlartige Substanz, welche wie Sago benutzt wird.

Phonetik (gr.), richtiger Gebrauch der Stimme beim Sprechen und Singen; Lautlehre. *Phonetisch*, die Sprachlaute betreffend; *phonetische Schrift*, Lautschrift, im Gegensatz zur Wortschrift.

Phonognomik (gr.), Stimmkunde, Kunst, aus der Stimme eines Menschen auf sein Wesen zu schliessen.

Phonolíth (*Klingstein*, *Porphyrschiefer*, *Hornschiefer*), Gestein, inniges undeutliches Gemenge von Sanidin oder Oligoklas und Zeolith oder Nephelin, dunkelgrünlichgrau oder gelblich grau, klingt in dünnen Platten hell, bildet isolirte Kuppenberge, Plateaux

und Ströme oder mächtige Gangmassen, in
Frankreich, Deutschland, Ungarn weit ver-
breitet, treffl. Bruchstein, liefert höchst frucht-
Phorcyden, s. *Gorgo.*   [bare Ackererde.
Phormiax (gr.), tragbare Zither, ältestes
Saiteninstrument der grisch. Sänger.
Phormium *L. (Flachslilie)*, Pflanzengattung der Liliaceen. P. tenax *Forst.*, *neu-
seeländ. Flachs*, auf Neuseeland, liefert eine
sehr feste Blattfaser, welche zu Tauwerk,
Segeltuch etc. verarbeitet wird.
Phorometer (gr.), Instrument zur Bestimmung der Tragfähigkeit.
Phoronomie (gr.), Lehre von den Gesetzen der Bewegung.
Phosphor, chemisch einfacher Körper,
weich wie Wachs, gelblich weiss, durchscheinend, vom spec. Gew. 1,89, Aeq. 31,
schmilzt bei 44°, siedet bei 290° und destillirt,
riecht knoblauchartig, gibt an der Luft weisse
Dämpfe, indem er sich oxydirt, leuchtet dabei im Dunkeln, verwandelt der Gegenwart
von Wasser den Sauerstoff der Luft in
Ozon und bildet Wasserstoffsuperoxyd. Er
entzündet sich sehr leicht (bei 70°), verbrennt dann zu Phosphorsäure und muss
unter Wasser aufbewahrt werden; löst sich
leicht in Schwefelkohlenstoff, schwerer in
Alkohol, Aether, Steinöl, und ist höchst giftig. Am Licht und beim Erhitzen bildet der
P. eine rothe, geruchlose, an der Luft sich
nicht oxydirende oder aber auch nicht
leuchtende, unlösliche, unschmelzbare, nicht
giftige, schwer entzündliche Modifikation.
P. findet sich nur oxydirt als phosphorsaure
Salze im Mineralreich, in den Pflanzen,
Knochen, im Fleisch, Blut etc. Man erhält
ihn durch Behandeln von Knochenkohle mit
Schwefelsäure, Verdampfen der Flüssigkeit
und Erhitzen des Rückstandes mit Kohle in
Destillationsapparaten. P. dient zu Zünd-
waaren, als Arzneimittel, zur Gasanalyse,
als Rattengift. Von den Verbindungen des
P.s ist die *Phosphorsäure* (s. d.) am wichtigsten; *Phosphorwasserstoff* ist ein brennbares,
selbstentzündliches Gas, die Verbindungen
des P.s mit den Metallen sind für die Technik wichtig; *Eisen* wird durch Phosphor-
gehalt kaltbrüchig; *Phosphorbronze* hat viele
Vorzüge vor der gewöhnlichen Bronze; *Jod-
phosphor* dient zur Darstellung von Jodäthyl
und Jodamyl für die Anilinfarbenfabrikation.
Phosphorescénz, schwache Lichtentwick-
lung bei mittlerer Temperatur, zeigt sich bei
den Leuchtsteinen (s. d.), bei Leinwand,
Wachs etc. nach Bestrahlung durch Sonnenlicht, bei andern Körpern auch nach Erwärmung oder Einwirkung des elektrischen
Funkens, ferner bei lebenden Pflanzen
(Tropäolum, Helianthus etc.) und Thieren
(Leuchtkäfer, Leuchten des Meeres), bei der
langsamen Verbrennung des Phosphors, bei
verwesendem Holz, in Zersetzung begriffe-
nem Fleisch, bes. von Fischen etc. Ge-
nügende Erklärung fehlt.
Phosphorit, dichter Apatit (s. d.), wird,
wo er in Massen vorkommt, wie in Estremadura, England, Bayern, Nassau, Hannover, Krageröe im mittleren Russland, als
Dünger benutzt und namentlich auf sauren,

phosphorsauren Kalk verarbeitet. *Navassaphosphat* von der Insel Navassa im karaib.
Meer ist phosphorsaurer Kalk mit etwas
organ. Substanz, Thonerde und Eisenoxyd;
über Baaker- und Sombrero-Guano s. *Guano.*
Phosphornekrose (gr.), eigenthümliche,
die Arbeiter in Phosphorzündholzfabriken
befallende Krankheit, die in Brandigwerden
des Unterkiefers besteht. Besonders geben
schlechte Zähne zur P. Anlass. Behandlung
durch Operation.
Phosphornickeleisen *(Schreibersit)*, Bestandtheil des Meteoreisens.
Phosphorsäure, höchste Oxydationsstufe
des Phosphors (1 Aeq. P., 5 Aeq. Sauerstoff), entsteht als wasserfreie, weisse, zerfliessliche, auf der Zunge wie glühendes
Metall wirkende, feuerbeständige Masse beim
Verbrennen des Phosphors an der Luft,
wird aus den in der Natur vorkommenden
phosphorsauren Salzen (bes. Apatit, Phosphorit), bes. auch aus Knochen (basisch-
phosphorsaurer Kalk) oder durch Oxydation
des Phosphors mit Salpetersäure dargestellt.
Die wässerige P. schmeckt stark sauer, ist
geruchlos, nicht giftig, liefert beim Verdampfen eine glasartige, zerfliessliche Masse
mit 3 Aeq. Wasser. Sie bildet drei Reihen
Salze (basische, neutrale und saure) und
geht bei heftigem Glühen unter Verlust von
Wasser zuerst in Pyrophosphorsäure, dann
in Metaphosphorsäure über, die noch 1 Aeq.
Wasser enthält. P. dient als Arzneimittel,
ihre Salze finden vielfache Verwendung.
Phosphorsalz (Sal microcosmicum), phosphorsaures Ammoniak-Natron, werthvolles
Löthrohrreagens.
Phosphorvergiftung, schwere Erkrankung
nach Genuss von phosphorhaltigen Zünd-
massen, Rattengift etc. Verlauf: heftiger
Schmerz, Erbrechen, Durchfall; später
rascher Kräfteverfall, gelbe Haut, Tod.
Leichenbefund zeigt enorme Fettentartung
aller Organe, bes. der Leber. Gegenmittel:
Mehltrank, Magnesia, Terpentinöl.
Photius, Patriarch von Konstantinopel
seit 857, berief, vom röm. Bischof Nikolaus I.
862 abgesetzt, ein Koncil nach Konstantinopel, beschuldigte die röm. Kirche der
Ketzerei; † 892. Schr. „Bibliotheca' (Auszüge aus fast 300 griech. Prosaikern, herausg.
von *Bekker* 1824, 2 Bde.) n. „Lexicon' (herausg.
von *Hermann* 1808, *Naber* 1864—65, 2 Bde.).
Photogén (*Mineralöl, Hydrokarbür, auch
Schieferöl*), Produkt der Destillation von
Braunkohlen, Torf, auch bituminösen Schie-
fern, ein Gemisch mehrerer Kohlenwasserstoffe, farblos, vom spec. Gew. 0,80 — 0,81,
brennt bei gewöhnlicher Temperatur nicht
ohne Docht, wohl aber bei 45° C.; Leuchtmaterial. Die leichteren P.e dienen als
Benzol, Benzin, Naphtha etc. zum Entfetten
der Wolle, als Surrogat des Terpentinöls etc.
Photographie (gr.), die Kunst, mit Hülfe
chemischer Präparate, welche durch das
Licht zersetzt werden, Bilder zu erzeugen.
Man überzieht eine Glasplatte mit einem
Collodiumhäutchen und einer lichtempfind-
lichen Jodsilberschicht. Auf diese wird das
Bild in der Camera obscura projicirt, wo-

durch die vom Licht getroffenen Partien des Jodsilbers verändert werden. Man entwickelt dann das Bild auf der Platte mit Eisenvitriol und entfernt mit unterschwefligsaurem Natron die nicht vom Licht getroffenen und daher nicht veränderten Jodsilberpartien. So erhält man das Negativ, welches alle Lichter dunkel, alle Schatten hell zeigt. Indem man es auf Papier legt, welches mit lichtempfindlichem Chlorsilber überzogen ist, und dem Tageslicht aussetzt, werden die entsprechenden Partien des Chlorsilbers, welche vom Licht getroffen werden, geschwärzt und man erhält das Positiv, welches durch Entfernen des nicht veränderten Chlorsilbers mit unterschwefligsaurem Natron fixirt wird. Bei diesen Bildern bildet Silber gleichsam den Farbstoff; beim wesentlich abweichenden Kohleverfahren erhält man haltbarere Bilder, deren Substanz aus Kohle oder einem beliebigen Farbstoff besteht (Pigmentdruck). Die P. in natürlichen Farben (Helischromie) ist noch wenig ausgebildet. Von grösster Wichtigkeit ist die Verbindung der P. mit den graphischen Künsten. Man erzeugt photograph. Bilder für die Holzschnitt auf Holz und für den Stein-, Kupfer- und Buchdruck geeignete Platten; die meisten der zahlreichen Methoden beruhen auf der Eigenschaft einer chromsäurehaltigen Leimschicht, an den vom Licht getroffenen Stellen beim Behandeln mit Wasser unveränderlich zu bleiben, an den nicht belichteten dagegen im Verhältnis zu der Tiefe der Schatten aufzuschwellen. Man erhält also durch Belichten einer solchen Leimschicht unter einem Positiv oder Negativ Reliefs des Bildes, welche auf verschiedene Weise zum Druck benutzt werden (Photolithographie, Photoglyptik, Albertotypie etc.; bei der Photogalvanographie werden von dem Relief durch Galvanoplastik Abdrücke hergestellt). Wedgewood und Davy haben um 1799 Sonnenbilder dargestellt; 1814 erfand Niepce die Heliographie, indem er eine mit Asphalt überzogene Platte in der Camera belichtete und die nicht veränderten Asphaltpartien mit Lavendelöl beseitigte; 1839 publicirte Daguerre sein Verfahren der P. auf versilberten und jodirten Kupferplatten (Daguerreotypie); Talbot stellte die ersten Bilder auf Papier her; 1851 wurde das Collodium eingeführt. Handbücher von Kleffel (6. Aufl. 1871), Vogel (1870), Photogr. Mittheilungen, herausg. von Vogel (1864 ff.).

Photometer (gr., Lichtmesser), Instrumente zur Bestimmung des Verhältnisses der Leuchtkraft verschiedener Lichtquellen, sind von sehr verschiedenartiger Konstruktion, am gebräuchlichsten das bunsensche P., bei welchem ein Papierschirm mit einem Fettfleck zwischen den zu vergleichenden Lichtquellen verschoben wird, bis der Fleck von beiden Seiten gleich viel Licht erhält und deshalb unsichtbar wird. Steht dann die eine Lichtquelle L in der Entfernung E, die andere l in der Entfernung e vom Schirm, so verhalten sich die Leuchtkräfte $P_L : p_l = E^2 : e^2$. Vgl. Astrophotometrie.

Photophobie (gr., Lichtscheu), Symptom vieler Augenkrankheiten, in abnormer Empfindlichkeit des Auges gegen helles Licht bestehend. Erfordert Schutz vor solchem.

Photopsie (gr.), s. v. a. Funkensehen.

Phototechnik (gr.), Erleuchtungskunst, bes. bei optischen Darstellungen.

Phrase (gr.), Redewendung, Redensart, oft mit dem Nebenbegriff des Leeren, Nichtssagenden; Phraseologie, Lehre von den einer Sprache eigenthümlichen Redensarten; auch Sammlung solcher. [(der Phyle (s. d.).

Phratrie (gr.), in Athen Unterabtheilung

Phren (gr.), Zwerchfell; Denkorgan, Seele.

Phrenesie (gr.), Gehirnaffektion mit Irrereden; Wuth. Phrenetisch, wüthend.

Phrenologie (gr.), (Geisteslehre; auch s. v. a. Schädellehre (s. d.); Phrenolog, einer, der sich mit P. beschäftigt.

Phrenopathie (gr.), Gehirn-, Geisteskrankheit. [heit.

Phrixus, s. Athamas.

Phronesis (gr.), Verstand, Klugheit, Einsicht. Phronist, Forscher, Grübler.

Phrygien, Landschaft in Kleinasien, am Hellespont, anfangs unter eignen Königen, später unter pers., lyd. und macedon. Herrschaft, seit 130 v. Chr. römisch. Die Phrygier in Weberei, Goldstickerei und im Flötenspiel ausgezeichnet; Kultus der Cybele.

Phrygische Mütze, auf alten Kunstdenkmälern nach vorn überfallende Mütze, in der ersten franz. Revolution Symbol des Jakobinerthums.

Phryne, berühmte Hetäre zu Athen; überhaupt verführerische Buhlerin.

Phrynichus, aus Athen, Thespis Schüler, † 470 v. Chr., einer der ersten Begründer der trag. Kunst bei den Griechen; führte zuerst weibliche Rollen in die Tragödie ein.

Phtha (Ptah), ägypt. Gott, von den Griechen mit Hephästus verglichen.

Phthalsäure entsteht bei der Oxydation des Naphthalins durch Salpetersäure, ist farb- und geruchlos, löslich in Wasser, Alkohol und Aether, dient zur Darstellung von rothen (Naphthazarin) u. gelben (Naphthalingelb) Farbstoffen und Benzoësäure.

Phthiotis, Landsch. in Thessalien; bildet mit Phocis eine griech. Nomarchie, 96,5 QM. und 108,421 Ew.; Hauptstadt Amphissa.

Phthiriasis (gr.), Läusesucht.

Phthisis (gr., Schwindsucht), im Allgemeinen der nach schweren Erkrankungen auftretende Schwund von Körpersubstanz, der sich in fortschreitender Abnahme des Körpergewichts u. allgemeiner Abmagerung zeigt, z. B. nach Typhus, Knocheneiterung, bes. aber nach Tuberkulose (s. Lungenschwindsucht). Behandlung diätetisch.

Phylax (gr.), Wächter, Hüter; Phylacterium, Wachtposten, Wachthaus; Vorwarnungsmittel, Amulet; Gebetriemen der Juden.

Phyle (gr.), Volksabtheilung, Stamm in Attica. [oder Pflanzenabdrücke.

Phylliten (gr.), versteinerte Pflanzenblätter

Phyma (gr.), kleine, schnellentstandene

Physa (gr.), Blase. [Geschwulst.

Physalis L. (Blasenkirsche, Schlotte), Pflanzengattung der Solaneen. P. Alkekengi L., Judenkirsche, Boberelle, in Mittel und Südeuropa, früher officinell, Zierpflanze. P. peruviana *L.* β edulis *Sims.*, aus Peru, in Südafrika u. in England kultivirt, liefert die *Ananaskirschen* oder *Kapstachelbeeren.*

Physēm (gr.), Aufblähung, Trommelsucht.

Physharmonika, Tasteninstrument, dessen Töne durch Metallzungen erzeugt werden, die mittelst künstlich erzengten Windes in Vibration gesetzt werden. 1826 von *Häckel* in Wien erfunden.

Physiatrie (gr.), Naturheilung, Naturheilkraft. *Physiater,* Naturarzt.

Physik (gr.), die Lehre von den Gesetzen derjenigen Naturerscheinungen, welche nicht auf chemischen Veränderungen beruhen, zerfällt in die mechan. P. (allgemeine Eigenschaften der Körper, Gleichgewicht u. Bewegung), Akustik oder Lehre vom Schall, Optik oder Lehre vom Licht, Lehre vom Magnetismus, von der Elektricität und der Wärme. Die heutige P. wurde im 17. Jahrh. durch *Fr. Baco, Galilei, Kepler, Tycho, Descartes, Huyghens, Fermat, Newton* und *Leibnis* begründet. *Torricelli, Guericke, Boyle, Grimaldi, Pascal, Mariotte, Picard* schlossen sich ihnen an. Die Elektricitätslehre wurde durch *Gray, Dufey, Franklin* gefördert und erhielt durch *Galvani* u. *Volta* die grossartigste Erweiterung. *Davy, Faraday, Ampère* bauten sie weiter aus. *Oersted* entdeckte den Elektromagnetismus. Die Optik wurde in der neuesten Zeit bes. durch *Young, Fresnel, Cauchy, Helmholtz* ausgebildet. *Gauss* förderte die Lehre vom Erdmagnetismus, *Weber* die Wellentheorie, *Tyndall* die Wärmelehre. Das hauptsächlichste Streben der Gegenwart geht auf die Durchführung des Beweises, dass Wärme, Licht, Elektricität und Magnetismus nur verschiedene Aeusserungen einer und ders. Grundkraft sind; vgl. die Lehrbücher von *Pouillet-Müller* (Bd. 1–2, 7. Aufl. 1869; 3. Bd., 3. Aufl. 1871); *Ders.,* ,Grundriss', 10. Aufl. 1870; *Wüllner* (2. Aufl. 1870); *Eisenlohr* (9. Aufl. 1863); *Koppe,* ,Anfangsgründe', 11. Aufl. 1871; *Krüger* (15. Aufl. 1870); *Emsmann,* ,Physikal. Handwörterbuch', 2. Aufl. 1868; *Gross,* ,Verwandtschaft der Naturkräfte', 1871; ,Die Naturkräfte', 1869 ff.

Physikfarben, in der Färberei mit Hülfe von Zinnsolution dargestellte Farben.

Physikotheologie (gr.), natürliche Gotteserkenntniss, im Gegensatz zu der geoffenbarten Religionslehre; insbes. Begründung des Glaubens an Gott als den Urheber aller Dinge und Weltregierer auf die Ordnung, Schönheit und Zweckmässigkeit der Natur.

Physikus (gr.), von der Regierung angestellter Arzt zur Ueberwachung eines Bezirks in sanitätspolizeilicher Hinsicht, zur Unterstützung der Gerichte etc.

Physiognomie (gr.), das äussere Ansehn eines Individuums, insbes. Gesichtsbildung, Gesichtsausdruck. *Physiognomik,* die Kunst, aus Gesichtsbildung und Gesichtszügen auf Gemüthsart und Charakter eines Menschen zu schliessen, bes. durch Lavater (s. d.) ausgebildet. Vgl. die Werke von *Maass* (1791), *Sihler* (1829), *Carus* (2. Aufl. 1857).

Physiognosie (gr.), Naturkenntniss, bes. die Kenntniss der körperlichen Natur.

Physiographie (gr.), Naturbeschreibung.

Physiokratie (gr.), Naturherrschaft. *Physiokratisches System,* das von Franç. Quesnoy begründete nationalökonom. System, wonach die Quelle alles Nationalreichthums der Landbau sein soll; *Physiokraten,* Anhänger desselben. *Physiokratismus,* philos. Ansicht, wonach die Natur das höchste Machtprincip ist.

Physiologie (gr.), eigentlich Naturlehre, bes. die Lehre von den Lebenserscheinungen des Thier- und Pflanzenkörpers, die Anwendung der Chemie und Physik auf dieselben. Die P. erforscht die regelmässige Veränderung der chemischen Bestandtheile des Körpers, der in ihm wirksamen Kräfte u. der Form. Die *thierische* (menschliche) P. zerfällt demnach in die P. der *Ernährung* (Lehre von der Blutbeschaffenheit, den Funktionen der Absonderungsorgane, der Verdauung, Athmung), P. der *Leistungen* des Organismus (Muskelwirkung, Wärmebildung) u. P. des *Nervensystems.* Auch die Entwickelung des Thierkörpers (*Entwickelungsgeschichte*) ist ein Zweig der P. Die *Pflanzenphysiologie* handelt von der Entwickelung (Wachsthum), dem Stoffwechsel, den Bewegungen etc. der Pflanzen. Erste Grundlage der thierischen P. bot die harvey'sche Entdeckung des Blutkreislaufs; die Fortschritte der Anatomie durch *Malpighi, Leeuwenhoek* etc., der Chemie bahnten den Uebergang zur P. der neueren und neuesten Zeit, aus welcher bes. *Johannes Müller, E. H. Weber, Du Bois-Reymond, Helmholtz, Ludwig, Brücke* zu nennen sind. Neueste Lehrbücher von *Funke* (5. Aufl. 1869 f.), *Hermann* (3. Aufl. 1870).

Physionomie (gr.), Lehre von den Naturgesetzen.

Physioplastik (gr.), s. *Plastische Operationen.*

Physis (gr.), Natur, Naturbeschaffenheit; *physisch,* natürlich, körperlich, sinnlich.

Physostigma *Balf.*, Pflanzengattung der Leguminosen. P. venenosum *Balf.*, Kletterstrauch in Westafrika, liefert die geschmacklose, höchst giftige Calabarbohne, die in der Heimat zu Gottesurtheilen, bei uns als Augenheilmittel dient.

Phytelephas *Ruis et Pav.* (*Elfenbeinpalme*), Palmengattung. P. macrocarpa *Ruis et Pav.* in Südamerika, liefert die Elfenbeinnüsse.

Phytenma (gr.), Pflanze. *Phytenmakolla,* Pflanzenleim, gummiähnlicher Pflanzenstoff.

Phytochemie (gr.), Pflanzenchemie, Lehre von der stoffl. Beschaffenheit der Pflanzen.

Phytogene (gr.), aus Pflanzen entstandene Mineralien, wie Steinkohle u.

Phytogeographie (gr.), Pflanzengeographie. (abdrücken.)

Phytoglyphen (gr.), Steine mit Pflanzen-

Phytognosie (gr.), Naturgeschichte der Pflanzen; *Phytognost,* Pflanzenkundiger.

Phytographie (gr.), Pflanzenbeschreibung.

Phytolacca *L.* (*Kermesbeere, Scharlachbeere*), Pflanzengattung der Phytolaceen. P. decandra *L.*, amerikan. *Nachtschatten,* aus Nordamerika, in den Mittelmeerländern verwildert, officinell, mit rothen, zum Färben von Weinen, Zuckerwaaren, Woll- und Seidenstoffen dienenden Früchten.

Phytolithen (gr.), versteinerte Pflanzen.

Phytologie (gr.), Pflanzenkunde, Botanik.

Phytonomie (gr.), Lehre von den Lebensverrichtungen der Pflanzen.

Phytopathologie (gr.), Lehre von den Krankheiten der Pflanzen.

Phytophagen (gr.), Pflanzenfresser.

Phytotomie (gr.), Pflanzenanatomie.

Phytozöen (gr.), Pflanzenthiere.

Piacenza (spr. -tschensa), ehemal. Herzogthum in Oberitalien (mit Parma vereinigt), seit 1860 ital. Prov. der Emilia, 45,4 QM. u. 221,100 Ew. Die *Hauptstadt* P. (das alte *Placentia*), am Po, 39,318 Ew.; Citadelle, Schloss, Kathedrale (byzant.-lombard. Stil); Fabrik. in Wolle, Seide.

Piacevole (ital., spr. -tschewole, Mus.), gefällig, anmuthig.

Pia desideria (lat.), fromme Wünsche.

Pia mater (lat.), s. *Gehirn*.

Piano (ital., Mus.), leise, schwach; *pianissimo* (abbr. pp.), sehr leise; *pianoforte* (abbr. pf.), mässig stark.

Pianoforte (*Fortepiano*), bekanntes Tastensaiteninstrument, bei welchem die Erregung der Saitenschwingungen durch Hämmer erfolgt, welche mittelst Hebel, deren vordere Enden die Tasten sind, gegen die Saiten geschnellt werden und nach vollzogenem Anschlag sogleich wieder zurückfallen; ausserdem wird der Klang der Saite durch einen Dämpfungsmechanismus unterdrückt, sobald der Finger von der Taste genommen ist; von dem ältern *Klavier* (Klavichord, Clavecin) dadurch verschieden, dass bei diesem die Saiten durch Tangenten (an den Tasten befindliche Metallzungen) zum Schwingen gebracht wurden und einen äusserst schwachen, geringer Modifikationen fähigen Ton gaben, während die Mechanik des P.s ein beliebig starkes und schwaches Anschlagen der Saiten gestattet (daher auch der Name). Arten: *Flügel, Queer-* oder *Tafelpiano, Pianino*. Das Klavichord bereits um 1520 ziemlich vollkommen ausgebildet. Erfinder des Hammermechanismus der Paduaner *Bart. Christofali* (um 1711) und *Ch. G. Schröter* in Nordhausen (um 1721); Verbesserer *G. Silbermann* in Freiberg (um 1730), *J. A. Stein* in Augsburg (um 1780), *Streicher* in Wien (um 1820), in der Neuzeit *Bütchner* in Leipzig. Vgl. *Bütchner* und *Gretschel*, ‚Lehrbuch des Pianofortebaus‘, 1871; *Paul*, ‚Gesch. des Klaviers‘, 1868, u. A.

Piaristen (*Väter der frommen Schulen*), geistl. Orden, 1607 von dem span. Edelmann *Jos. Casalanza* († 1648) gestiftet, 1621 von Gregor XV. bestätigt, widmet sich dem unentgeltlichen Unterricht der Jugend, mit ähnlicher Organisation wie die Jesuiten, bes. in Ungarn, Polen, Oesterreich verbreitet.

Piassava (*Pikabuhanf*), grobe schwarze Faser der südamerikan. *Attalea funifera Mart.* (Palme), dient zu Tauwerk, Besen und Bürsten. Import in England 400,000 Ctr.

Piast, nach der Sage um Mitte des 9. Jahrh. Bauer aus niedrigem Stande in Krusswica am Goplosee zum Herzog von Polen erhoben, Stammvater der *Piasten*, der ältesten poln. Herrscherfamilie. Sie theilten sich in mehrere Zweige, erloschen in Polen im männl.

Linie mit Kasimir III. 1370, in weibl. mit Hedwig 1399, regierten in Masovien als souveräne Herzöge bis 1528, in Schlesien bis 1675.

Piaster, Münze, s. *Duro* und *Dollar*; in der Türkei = 2 Sgr., in Aegypten = 2¼ Sgr.

Piation (lat.), Versöhnung, Sühne.

Piauhy (spr. Pia-ui), Prov. im nordöstl. Brasilien, 4230 QM. und 250,000 Ew. Hauptstadt *Oeiras*.

Piave, Fluss in Oberitalien, kommt von den karnischen Alpen, mündet nordöstl. von Venedig ins adriat. Meer.

Piazza (*P. Armerina*), Stadt auf Sicilien, Prov. Caltanisetta, 20,310 Ew.

Pibroch, die Schlachtmusik der Bergschotten für die Sackpfeife.

Pic (fr., engl. *Peak*, spr. Pihk, ital. *Pico*), hoher spitzer Berg, Bergkegel.

Picadores, bei den span. Stiergefechten die mit Lanzen bewaffneten berittenen Kämpfer.

Picard (spr. -kahr), *Louis Bénoît*, franz. Lustspieldichter, geb. 29. Juli 1769 zu Paris, unter Napoleon I. Administrator der grossen Oper, übernahm später das Odéon, zuletzt das Theater Favart; † 31. Dec. 1828. ‚Oeuvres‘ (1821 — 27, 10 Bde.).

Picardie, alte Landschaft im nordöstl. Frankreich, das jetzige Depart. Somme umfassend; Hauptstadt Amiens; bildete mit Artois ein Gouvernement. Seit 13. Jahrh.

Picardier, s. *Adamiten*. [franz.

Picaro (span.), Gauner, Schelm; daher *picarischer Roman*, Schelmenroman, wie die von den span. Dichtern Mendoza u. Quevedo.

Piccini (spr. -tschini), *Niccolo*, ital. Komponist, geb. 1728 zu Bari, 1758 in Rom, später in Paris durch seine Opern glänzend, Glucks Nebenbuhler, zuletzt Prof. am Konservatorium das.; † 7. Mai 1800 zu Passy.

Piccolomini, *Ottavio*, *Herzog von Amalfi*, kaiserl. Feldherr im 30jähr. Kriege, geb. 1599, kam als Rittmeister im toskan. Kriegsdienst nach Deutschland, Hauptwerkzeug zum Sturze Wallensteins, erhielt einen Theil von dessen Gütern, focht dann gegen die Franzosen, Holländer und Schweden, ward 1618 Feldmarschall n. in den Reichsfürstenstand erhoben; † 1656 zu Wien.

Pichegru (spr. Pischgrü), *Charles*, General der franz. Republik, geb. 16. Febr. 1761 zu Artois in der Franche-Comté, an der Militärschule zu Brienne einer von Napoleons Lehrern, ward 1794 Oberbefehlshaber der Nordarmee, eroberte im Winter 1794 und 1795 Holland, liess sich als Oberbefehlshaber der Rhein- und Moselarmee mit dem Prinzen Condé in Unterhandlungen über die Zurückführung der Bourbonen ein und verlor wegen lässiger Kriegführung sein Kommando. Seit 1797 Mitglied des Raths der Fünfhundert, wirkte er auf eine Revolution zu Gunsten der Bourbons hin, ward deshalb vom Direktorium zur Deportation nach Cayenne verurtheilt, entfloh und verband sich in London 1803 mit Georges Cadoudal u. A. zum Sturz Bonapartes, kam heimlich nach Paris, ward 28. Febr. verhaftet und noch vor seiner Voruntheilung erdrosselt im Bett gefunden.

Pichler, 1) *Karoline*, geb. *von Greiner*, Schriftstellerin, geb. 7. Sept. 1769, † 9. Juli

1843 in Wien. Schr. die Romane: ‚Agatho-
cles‘, ‚Die Belagerung Wiens‘, ‚Die Schwe-
den vor Prag‘ u. v. a. ‚Werke‘ (1828—45, 60
Bde.). Selbstbiogr. (1844, 4 Bde.). — 2) *Adolf*,
Dichter, geb. 4. Sept. 1819 im Unterinnthal,
seit 1858 Prof. der Naturwissenschaften in
Innsbruck. Bes. im Lyrischen glücklich:
‚Gedichte‘ (1853), ‚Hymnen‘ (2. Aufl. 1858),
‚Epigramme‘ (1869); schr. auch Trauerspiele
(‚Die Tarquinier‘, ‚Rodrigo‘), Novellen und
Reiseschilderungen.

Picholines (fr.), eingemachte Oliven.

Pichurimbohnen, die Kotyledonen von
Nectandra Puchury major und minor, officinell.

Pickel, s. *Celtes*.   [nell, auch Gewürz.

Pickelhäring, s. v. a. Hanswurst.

Pickelhaube, helmartige Kopfbedeckung
von Leder mit Metallbeschlägen, auch von
Eisen, gewöhnlich oben mit einer Spitze und
hinten mit einem Nackenschirme versehen.

Pickenick (fr.), Mahl, wozu jeder Theilnehmer einen Beitrag an Speisen liefert.

Pickles (engl., spr. Pick'ls), in Essig und
Salz eingemachte, scharf gewürzte Pflanzen-
stoffe.   [hohem Vulkan.

Pico, Insel der Azoren, 12 QM. mit 6700'

Picot, *Franç. Edouard*, franz. Maler, geb.
1786 in Paris, Schüler Davids, seit 1836
Mitglied des Instituts; † das. 15. März 1868.
Hauptwerke: Amor und Psyche, Raphael und
die Fornarina, Orest, Verkündigung Mariä,
koloss. Christus mit den Propheten u. a.

Picots (*Picotte*, fr.), Nelke mit einfarbigen
zarten Seitenstrichen am Rande der Blätter
auf weissem oder gelbem Grunde; *Picott-
Bizards*, eine solche Nelke mit verschl. den-
farbigen Strichen.   [zügliche Reden.

Picoterie (*Picanterie*, fr.), Stichelei, an-

Picots (fr.), die Zäckchen an Spitzen;
auch schmale Zwirnkanten.

Picus, altital. weissagender Waldgott, Sohn
des Saturn, Vater des Faunus, von Circe
in einen Specht verwandelt.

Pièce (fr., spr. Pjähs), einzelnes Stück;
Geldstück; Schriftstück, insbes. Bühnen-
stück; Musikstück (gemacht als Theil einer
Pied (fr., spr. Pjeh), Fuss.   [Wohnung.

Piédestal (fr.), Fussgestell, Säulenfuss.

Pieno (ital.), voll; in der Musik s. v. a.
vollstimmig; *p. organo*, mit voller Orgel.

Pieper (Anthus *Bechst.*), Gattung der
Sperlingsvögel (Pfriemenschnäbler). Wiesen-
oder *Zipplerche* (A. pratensis *L.*), 5³⁄₄'' l.,
in Europa, bei uns März bis Nov. Baum-
pieper, *Heidelerche* (A. arboreus *Bechst.*),
6¹⁄₂'' l., in Europa, bei uns März bis Okt.

Pierce (spr. Pihrs), *Franklin*, 14. Präsident der Vereinigten Staaten von Nordamerika, geb. 23. Nov. 1804 zu Hillsborough
in Newhampshire, Advokat das., erhielt als
eifriger Demokrat 1829 einen Sitz in der Legislatur das., seit 1833 Mitglied des Repräsen-
tantenhauses, 1837—42 des Senats, machte
1847 den Krieg gegen Mexiko unter Scott
als Brigadegeneral mit, ward 1850 Präsident
des Konvents zu Revision der Verfassung
von Newhampshire, 4. März 1853 bis 1856
Präsident, als solcher ganz Werkzeug der
Südstaaten, half den Bürgerkrieg vorberei-
ten; † 8. Okt. 1870 in Concord.

Piéri, *Giuseppe*, geb. 1809 in Florenz,
diente in Algerien in der Fremdenlegion,
1848 und 1849 als Offizier in Italien, lebte
dann in Paris, unternahm 14. Jan. 1858 mit
Orsini das Attentat auf Napoleon III., ward
13. März 1858 guillotinirt.

Pieriden, Beiname der Musen von der
macedon. Landschaft Pieria, wo sie Zeus
zeugte; auch die 9 Töchter des Königs
Pieros von Emathia, die von den Musen im
Gesangwettkampfe besiegt und in Vögel
verwandelt wurden.

Pierre pertuis (spr. Pjär pertü), Felsen-
thor im Jura, unweit Tavannes (Kant. Bern).

Pierrot, komische Maske des franz. Theaters, Verschmelzung des Harlekin und Po-
lichinell; von Jareton eingeführt.

Piesport, Dorf im preuss. Regbz. Trier,
Kr. Wittlich, an der Mosel, 570 Ew.; vorzüglicher Wein (*Piesporter*).

Pietà (ital.), Frömmigkeit, Barmherzigkeit; in der bildenden Kunst die Darstellung
der Maria mit Jesu Leichnam im Schoosse.

Pietät (lat. pietas), Frömmigkeit, kind-
liche Liebe und Ergebenheit gegen Eltern,
Wohlthäter.   [Südostafrika, 5000 Ew.

Pieter-Maritzburg, Hauptstadt Natals in

Pietisten (lat.), Frömmler, zuerst Ende
des 17. Jahrh. Name der Anhänger P. J.
Speners (s. d.) wegen ihres Dringens auf
lebendige Herzensfrömmigkeit und werk-
thätiges Christenthum im Gegensatz zu dem
orthodoxen Zelotenthum. *Pietismus*, Denk-
und Lebensweise der P., bes. in Halle durch
A. H. Francke vertreten, artete in der Brüdergemeinde in weichliche Gefühlsschwel-
gerei und Andächtelei aus; jetzt im Allgemeinen s. v. a. Frömmelei. Vgl. *Schmid* (1863).

Pietöso (ital., Mus.), andächtig, feierlich,

Pieve (ital.), Gemeinde, Distrikt. [klagend.

Piezometer (gr.), Druckmesser, Instrument
zur Nachweisung der Zusammendrückbar-
keit tropfbarer Flüssigkeiten.

Pifferari (ital.), Dudelsackpfeifer, insbes.
die Hirten der röm. Campagna als solche.

Pigafetta, *Antonio*, geb. um 1491 zu Vicenza, begleitete 1519—22 Magalhaens auf
dessen Entdeckungsreise, ward 1521 Johan-
niterritter auf Rhodus, später Ordenskom-
mandeur zu Novisa; † nach 1534. Seine
Reisebeschreibung (neue Ausg. von *Amoretti*)
für die Geschichte der Entdeckungen wichtig.

Pigment (lat.), Farbstoff, in thierischen
Geweben theils der des Bluts, theils ein in
den Zellen körnchenförmig abgelagerter
Stoff von meist dunkelbrauner Farbe (in der
Negerhaut, in der Aderhaut des Auges).

Pigmente (lat.), Farbstoffe, sehr verschiedenartige mineralische, animalische, bes. aber
vegetabilische Substanzen. Letztere sind
grossentheils als solche nicht fertig gebildet
in den Pflanzen vorhanden und entstehen
aus sogen. Chromogenen erst unter dem
Einfluss der Luft. Fast alle P. werden
durch Licht, Luft und Feuchtigkeit zersetzt,
Chlor zerstört sie vollständig, schweflige
Säure bringt sie zum Verschwinden, zerstört sie aber nicht. Schädliche Farbstoffe:
Bleiweiss, Schwerspath, Zinkweiss; Zinnober, Mennige, Kupferroth, Chromroth, Eng-

lisch Roth, Schüuroth, Mineralroth, arsen-
haltiges Cochenilleroth; Anripigment, Königsgelb, Kasselergelb, Neapelgelb, Birsgelb,
Englischgelb, Massicot, Mineralgelb, Chromgelb, Neugelb, Gutti, Parisergelb, gelbe
Bronze; Bergblau, Bremerblau, Königsblau,
Smalte, blauer Erz- oder Strengiass, Silber-
blau, Luisenblau, Wieuerblau; Grünspan,
Braunschweigergrün, Berggrün, Bremer-
grün, Schwedischgrün, scheelsches Grün,
Wiener-, Schweinfurter-, Kirchberger-, Pa-
riser-, Berlinergrün, Neugrün, Oelgrün,
grüne Bronze, Kaisergrün, Mittagrün, Eng-
lisch-, Kasseler-, Moosgrün, Chromgrün,
Kobaltgrün, grüner Zinnober, Maigrün, Mi-
neralgrün, Neapel-, Neuwiedergrün, Zinkblende; Terra Siena, Metallgold, Metallsilber,
Schaumgold, Schaumsilber, Gold-, Silber-,
Kupferbronze, rother Spiessglanz, arsen-
haltige Anilinfarben. Vgl. *Gentele* (1860).

Pignerol (spr. Pinjèrol), Stadt, s. *Pinerolo.*
Pignus (lat.), Pfand. *Pignoration*, Ver-
pfandung; *Pignorator*, Pfandleiher.
Pike, Spiess des Fussvolks, welcher von
einem Theil desselben, den *Pikenieren*, noch
bis zum 18. Jahrh. getragen wurde.
Pikes-Pik (spr. Peiks-), Berggipfel der
Rocky Mountains, in Colorado, 13,340' hoch.
Piket (*Piquet*, fr.), Truppenabtheilung
eines Feldlagers oder Divouaks, für die
Nacht zur Unterstützung der Feldwachen
oder der ganzen Vorpostenlinie aufgestellt
oder bereit gehalten.
Pikiren (*piquiren*, fr.), stechen; sticheln,
reizen; sich *auf etwas p.*, seine Ehre in
etwas setzen, etwas eifrigst treiben; *pikirt*,
gereizt, empfindlich; *pikant*, den Geschmack
scharf anregend, reizend.
Pikrinsäure (*Pikrinsalpetersäure, Kohlenstickstoffsäure, Indigbitter*), entsteht beim
Kochen vieler pflanzlichen und thierischen
Stoffe mit Salpetersäure (bes. aus Indigo
und Botanybaiharz), gelb, krystallinisch,
schmeckt sauer und bitter, dient bes. zum
Gelbfärben von Wolle und Seide. Die Salze
explodiren z. Th. sehr heftig beim Erhitzen
und dienen zu Schiesspulversurrogaten.
Pikrocholisch (gr.), bittergallig, jähzornig.
Pikromerit (*Schönit*), Mineral aus der
Klasse der wasserhaltigen Haloïde, Doppelsalz von schwefelsaurem Kali mit schwefelsaurer Magnesia und Wasser, findet sich in
den stassfurter Abraumsalzen u. krystallisirt
aus der ersten Mutterlauge von der Verarbeitung des Karnallits, dient als Dünger.
Pikrotoxin (*Coccolin*), farb- und geruch-
loser, intensiv bitter schmeckender, äusserst
giftiger Bestandtheil der Kockelskörner,
löslich in Wasser, Alkohol und Aether.
Pikten, die kelt. Bewohner von Kaledonien, machten häufige Einfälle in das
röm. Britannien, wo Hadrian zum Schutze
gegen sie den sogen. *Piktenwall* (zwischen
dem Solwaybusen und der Tynemündung,
Reste noch vorhanden) anlegte; gründeten
dann im nördl. Schottland ein Reich, das
839 von den Skoten zerstört wurde, worauf
ihr Name verschwindet.
Pikul, Gewicht in Ostasien, in China, Hinterindien, Sumatra = 60,48 Kilogr., in Japan

= 59,3 Kilogr., in Niederländ.-Ostindien
61,69, in Cochinchina 62,48 Kilogr.
Pila (lat.), Ball, Spielball; Pfeiler.
Pilade (lat.), Holzpfeiler in der Reitbahn,
um den man die zu dressirenden Pferde an
der Longe herumlaufen lässt.
Pilaster (fr.), aus einer Wand hervor-
tretender Pfeiler (s. *Pfeiler*).
Pilatus, Gebirgsstock, südl. bei Luzern,
in mehrere Spitzen gespalten; die höchsten
das Tomlishorn, 6563', und der Esel, 6532' h.
(mit Gasthaus). Der kl. *Pilatussee* auf der
Höhe, nach der Sage das Grab des Pilatus.
Pilatus, *Pontius*, 0. röm. Prokurator in
Judäa, 36 n. Chr. abberufen, soll sich aus
Reue über das an Jesu begangene Unrecht
selbst entleibt haben. Die ihm zugeschriebenen ,Acta et citationes ad Tiberium' sind
unächt (vgl. *Lipsius* 1871).
Pilau, im Orient beliebtes Gericht, in
Wasser oder Fleischbrühe gekochter, mit
zerlassener Butter übergossener Reis.
Pilchard (*Clupea Pilchardus Bl.*), Art der
Häringe, 9–11" l., an der Westküste Eng-
lands und Frankreichs, wird gesalzen oder
in Oel gekocht (Sardinen). Frankreich exportirt jährl. über 200 Mill. Stück.
Pilcomayo, Nebenfluss des Paraguay in
Südamerika, kommt von den Anden in Bolivia, mündet bei Asuncion, ca. 300 M. l.
Pilger (*Pilgrim*, v. lat. *peregrinus*, d. i.
fremd), Wallfahrer, insbes. nach Palästina.
Pillau, befestigte Hafenstadt im preuss.
Regbz. Königsberg, am *pillauer Tief* (Eingang zum frischen Haff), 4051 Ew.; Vorhafen von Königsberg und Elbing (für Seeschiffe), nach Danzig wichtigster Seeplatz
der Provinz (jährl. 4–5000 Schiffe einlau-
fend); Schiffbau, Segelfabr., Kaviarbereitung,
Fischfang (bes. Störe).
Pillen (*Pilulae*), Arzneiform, kleine Kü-
gelchen, von denen jedes eine genau bestimmte Menge eines Arzneistoffes enthält.
Pilliren (fr.) plündern. (blauen, 2653 Ew.
Pilikalien, Kreisst. im preuss. Regbz. Gum-
Pillnitz, Dorf und königl. Lustschloss,
südl. von Dresden, an der Elbe und am
Borsberge (ber. Aussicht). 27. Aug. 1791
pillnitzer Konvention, zur Berathung von
Massregeln gegen die franz. Revolution.
Pillory (engl., spr. -örl), Pranger.
Pilot (fr.), Lootse, Steuermann; *Pilotage*
(spr. -ahsch), Steuermannskunst, Lootsen-
gebühren; *pilotiren*, ein Schiff lootsen.
Pilot (*Lootsenfisch, Naucrates Rafq.*), Gat-
tung der Brustflosser (Makrelen). *Gemeiner*
P. (*N. ductor Rafq.*), 6–12" l., im Mittel-
meer, folgt den Schiffen mit den Haifischen,
wohlschmeckendes Fleisch.
Piloty, *Karl*, ber. Historienmaler, geb. 1.
Okt. 1826 in München, Prof. an der Akademie
das. Energischer Vertreter des Realismus,
Schöpfer und Haupt der neuen münchener
Koloristenschule. Hauptwerke: Galilei im
Kerker, Nero nach dem Brande Roms, Seni
vor Wallensteins Leiche, Tod Cäsars, Maria
Stuart, Columbus, Rienzi im Gefängniss
u. v. a. — Sein jüngerer Bruder *Ferdinand*,
ebenfalls Historienmaler.
Pilsen, Kreis im südwestl. Böhmen,

81,9 QM. und 427,000 Ew. Die *Hauptstadt* P., an der Beraun, 23,681 Ew.; Eisen- und Steinkohlenwerke; Zündwaaren- und Tuchfabr., ber. Bierbrauerei. Wichtiger Handelsplatz; Eisenbahn nach Fürth lu Bayern.

Pilze (Fungi), kryptogamische Pflanzenfamilie mit wenig entwickeltem, oft fadenartigem Thallus (Mycelium), aus welchem sich vielgestaltige Fruktifikationsorgane meist als Hauptmasse der Pflanze erheben. Auf oder in diesen entwickeln sich die Sporen, die bisweilen Sporen zweiter Ordnung (Sporidien) erzeugen. Diese treiben Schläuche (Promycelien), welche desselben Prozess wiederholen oder sich zur vollständigen Pflanze ausbilden. Auch geschlechtliche Fortpflanzung kommt vor und häufig Generationswechsel. Alle P. sind chlorophyllfrei und reich an Stickstoff, ernähren sich nur von organischer Substanz, meist Parasiten, zerstören schnell faulende Materien, sind aber auch Erzeuger vieler Krankheiten von Pflanzen (Kartoffel-, Traubenkrankheit, Rost, Brand etc.) und Thieren (Schwämmchen, Seidenraupenkrankheit, Cholera [?], Milzbrand etc.). Die grossen Fruktifikationsorgane mancher P. sind wohlschmeckend und reich an Nahrungsstoffen. Manche P. dienen in der Technik (Hefe, Feuerschwamm) und Medicin, der Fliegenschwamm im Norden als Berauschungsmittel, der Champignon wird kultivirt. Eintheilung: *Staubpilze* (Rost- und Brandpilze), *Algenpilze* (Hefe), *Fadenpilze* (Schimmel-, Trauben-, Kartoffelpilz), *Bauchpilze* (Bovist, Trüffel), *Kernpilze* (Mutterkorn), *Hautpilze* (Gattungen: Clavaria *L.*, Hirschschwamm, Ziegenbart, Hautpilz, Morcheln, Hausschwamm; Polyporus *Fr.*, Löcherschwamm, Feuerschwamm, Lärchenschwamm; Boletus *Fr.*, Röhrenschwamm, Stein- oder Herrenpilz; Agaricus *Fr.*, Blätterschwamm, Fliegenschwamm, Kaiserling, Brätling, Champignon). Vgl. Lenz (4. Aufl. 1868.; *Büchners* ,Modelle', mit Text von *v. Löncke* u. *Rosemann* (1872); *Ebbinghaus* (2. Aufl. 1868); *Kummer* (1871); *Gonnermann* und *Rabenhorst* (1869 ff.); *Boudier-Husemann*, ,P. lu ökonom., chem. und toxikolog. Hinsicht', 1868, u. *Haller*, ,Pilz-Regulativ', 1870.

Piment, s. v. a. Nelkenpfeffer, s. *Pimenta*; auch s. v. a. Capsicum annuum.

Pimenta *Nees* (*Pimentbaum*), Pflanzengattung der Myrtaceen. P. officinalis *Berg.*, Baum in Westindien und Mexiko, dort, in Südamerika und Ostindien kultivirt, liefert in den unreifen, in ätherischem Oel reichen Früchten den Nelkenpfeffer (Piment, Neugewürz, Amomum, Englisch Gewürz).

Pimentkraut, s. *Chenopodium*.

Pimpernell, s. v. a. Pimpinella. [pflea.

Pimpernuss, s. v. a. Pistacia vera und Staphylea.

Pimpinella *L.* (*Bibernell*), Pflanzengattung der Umbelliferen. P. saxifraga *L.*, *Steinbibernell*, *Bockspeterseilie*, u. P. magna *Pollich.*, in Europa und Vorderasien, liefern die an ätherischem Oel reiche, officinelle Radix Pimpinellae s. Saxifragae (Pfeffer-, Steinbrechwurzel). P. anisum *L.*, s. *Anis*.

Pimpleiden, s. v. a. Musen, nach dem Berg und der Quelle P. in Macedonien.

Pinakothēk (gr.), bei den Römern der mit Statuen, Gemälden etc. geschmückte Ort am Eingang in das Atrium; jetzt s. v. a. Gemäldegalerie (z. B. in München).

Pinang, Stadt, s. *Georgetown* 3).

Pinasse (fr.), Ruderschiff mit Segeln, nach Art des Schoners betakelt; Schaluppe für Offiziere des Oberstabs, zweitgrösstes Boot auf Schiffen, hat 12—16 Ruderbänke.

Pincette (fr., spr. Pängsett), kleine Zange zum Erfassen kleiner Gegenstände.

Pindar, griech. Dichter, geb. 521 v. Chr. zu Kynoskephalä in Böotien. Erhabenster Lyriker der Griechen, sehr vielseitig; von seinen Dichtungen nur 45 ,Siegeshymnen' (zum Preise der Sieger in den olymp., pyth., nemeïschen und isthmischen Wettkämpfen) übrig, herausg. von *Böckh* (1811—22, 4 Bde.), *Bergk* (1866), *Mommsen* (1864, kleine Ausg. 1866) n. A.; übersetzt von *Donner* (1860), *Schnitzer* (1863, 2 Bde.) n. A. Vgl. *Mommsen* (1845), *Schmidt* (1862).

Pindemonte, *Giovanni*, Marchese, ital. Dramatiker, geb. 1751 zu Verona, eine Zeitlang Prätor der Republik Venedig; † 23. Jan. 1812. Seine ,Componimenti teatrali' (1804, 4 Bde.), bes. das Trauerspiel ,Ginevra di Scozia', einst sehr beliebt. — Sein Bruder *Ippolito* P., geb. 1753, † 1824, ebenfalls Dichter, bes. schwärmerischer Lyriker.

Pindus, wilde Gebirgskette im alten Griechenland, zwischen Thessalien und Epirus, bis 8000' h., Apollo und den Musen geweiht.

Pinerōlo (fr. *Pignerol*), Stadt in der oberitalien. Prov. Turin, Endstation der Eisenbahn von Turin, am Fusse der Alpen, 10,687 Ew. Einst wichtige Festung und Staatsgefängniss (Eiserne Maske).

Pineytalg, Wachs aus den Früchten der Vateria indica, weisslich gelb, schmilzt bei 34° C., dient zur Kerzenfabrikation.

Pinguin, s. *Alken*.

Pinie, s. *Kiefer*.

Piniolen, Piniennüsse, s. *Kiefer*.

Pinkcolour (engl., *Nelkenfarbe*), rothe, sehr beständige Maler- und Druckfarbe für Porzellan- und Fayencefabrikation, wird aus Zinnsäure, Kreide, chromsaurem Kali, Kieselsäure und Thonerde bereitet.

Pinke, ein- bis dreimastiges Lastschiff in Italien und Spanien; dreimastiges Schiff mit Raasegeln in der Ostsee; russ. Kriegsschiff.

Pinkoffin, s. v. a. Allzarlu.

Pinksalz, Doppelsalz von Zinnchlorid und Chlorammonium, dient als Beize in der Färberei, bes. zum Rosafärben (*Rosasalz*).

Pinna (lat.), Feder, Flügel, Flosse, Fiederblatt.   [Schwimmfüsser und Wale.

Pinnāta (lat.), Flossensäugethiere:

Pinnātus (*pinnatifidus*, lat.), gefiedert, von getheilten Blättern, bei denen die Nerven für die Abschnitte der Länge nach aus dem Hauptnerven (Spindel) entspringen. Beim doppeltgefiederten (*bipinnatifidum*) Blatt sind die Fiederstücke abermals gefiedert.

Pinneberg, Kreisst. in Holstein, 2862 Ew.; Hauptort der *Herrschaft* P. (10 QM.).

Pinnipedia (lat.), Ruder- oder Schwimmfüsser, Robben (Walrosse).

Pinolīn, durch trockene Destillation des

Fichtenharzes erhaltenes Leuchtmaterial, nebst Surrogat des Terpentinöls, wird auf Harzessenz (s. *Kolophonium*) verarbeitet.

Pinsel, werden aus Menschen-, Biber-, Fischotter-, Fuchs-, Dachs- und Marderhaaren gefertigt, die feinsten aus Zobelhaaren, die grobsten aus Schweineborsten.

Pinsk, Stadt im westruss. Gouvern. Minsk, an der *Pina*, 12,963 Ew. Juftenfabr.

Pint, engl. Hohlmass, = ⅛ Gallon.

Pintscher, s. *Hunde*.

Pinus, Pflanzeugattung, s. *Kiefer* u. *Tanne*.

Pinxit (lat.), er hats gemalt (auf Gemälden neben dem Namen des Malers).

Pinzgau (*Langenthal*), romant. Hochgebirgsthal in den salzburger Alpen, von der obern Salza durchflossen, im S. vom Grossvenediger, Grossglockner etc. beherrscht.

Piombino, ebem. Fürstenthum in der oberital. Prov. Pisa, 6 QM. u. 25,000 Ew. Die befest. *Hauptst.* P., am *Kanal von* P., 2100 Ew.

Pioneers (engl., spr. Peiouhrs), in Nordamerika die ersten Ansiedler in einem noch unkultivirten Gebiete.

Pionniers (fr.), die zum sogen. Geniedienst gehörigen Mannschaften, welche Feldschanzen, Verbaue etc. bauen oder wegräumen, die Tranchéearbeiten leiten etc., zerfallen in eigentliche P., Minirer und Pontoniere.

Pipa, span. und poring. Flüssigkeitsmass, für Spirituosen = 435,59, für Oel 433,42 Liter; auf Madeira = 416,37 Liter.

Pipe (spr. Peip), engl. Flüssigkeitsmass, à 2 Hogshead = 126 Gall. Imperial-P. (neue), = 572,48, alte in Nordamerika = 476,84 Liter.

Piper L. (*Pfefferstrauch*), Pflanzengattung der Piperaceen. Von P. Botte *Miq.*, *Betelpfeffer*, *Gavica*, in Ostindien kultivirt, werden die brennend gewürzhaften Blätter mit Gambir und der Arecanuss in Südasien gekaut. P. Cubeba L. *fil.*, *Kubebenpfeffer*, kletternder Strauch auf Java, kultivirt, liefert die officinellen, dreireihen Kubeben (Stiel-, Schwanzpfeffer); P. longum *Rumph.*, Schlingstrauch auf den Philippinen, Sundainseln und in Indien, kultivirt, den officinellen langen Pfeffer. Von P. methysticum *Forst.*, *Kava*- oder *Awapfeffer*, auf den Südseeinseln, kultivirt, dient die Wurzel zur Bereitung eines berauschenden Getränks. P. nigrum *L.*, *schwarzer Pfeffer*, kletternder Strauch in Travancore und Malabar, dort, in Hinterindien und auf den westl. Inseln des Archipelagus kultivirt, liefert in den unreifen Früchten den schwarzen Pfeffer, dessen Schärfe durch ein Harz bedingt wird (geschält geben die Beeren den weissen Pfeffer). Produktion jährl. 52 Mill. Pfd. (davon Sumatra 25), Konsumtion in Europa 18—20 Mill. Pfd.

Piperin, Alkaloïd aus dem Pfeffer, farb- und geruchlos, in kaltem Wasser kaum löslich und daher fast geschmacklos, die alkoholische Lösung scharf pfefferartig.

Pipette (fr.), Saugröhre, an einem Ende in eine Spitze ausgezogene, in der Mitte bauchig erweiterte Glasröhre, dient zum Herausnehmen kleiner Flüssigkeitsmengen aus einem grösseren Gefäss, bes. in der Massanalyse, oft auch zum Abmessen.

Pipin (*Pippin*), 1) P. *von Landen* (unweit Tongern an der Maas in Belgien), Majordomus in Austrasien unter Dagobert I. (628 bis 638). — 2) P. *von Heristal* (an der Maas, zwischen Maastricht und Lüttich), Enkel des Vor., Majordomus in Austrasien, schaltete als Herzog (dux Francorum), errang durch seinen Sieg bei Testri (687) auch die Majordomuswürde in Neustrien, focht gegen Alemannen, Bayern und Friesen; † 714. — 3) P. *der Kleine*, erst Majordomus in Neustrien, Herzog und Fürst der Franken, vereinigte, nachdem sein Bruder Karlmann, Majordomus in Austrasien, 747 im Monte-Casino Mönch geworden, das ganze Frankreich unter seiner Herrschaft, liess sich 751 (752) zu Soissons durch die Grossen und das Volk zum König wählen, verwies den letzten merovingischen König Childerich III. in das Kloster Fontenelle (Normandia), bekriegte den Longobardenkönig Aistulf 753 und 755 und schenkte das ihm abgenommene Exarchat dem päpstl. Stuhle (*pipinische Schenkung*); † 24. Sept. 768 bei Paris. Vgl. *Oelsner* (1871).

Pippel, Nestflüchter (Hühner-, Lauf-, Sumpf- und Schwimmvögel).

Pips, katarrhalische Krankheit der Hühnervögel, Verstopfung der Nase mit Schleim, Ausfluss etc., soll von unreinem Saufen entstehen; beim Menschen katarrhalischer Zustand mit Anschwellung der Halsdrüsen.

Piqué (fr., spr. -keh, gesteppt), baumwollenes Gewebe mit erhöhtem Muster.

Piqueur (fr., spr. -kör), reitender Jäger; Bereiter; reitender Leibdiener.

Piräeus, Hafen des alten Athen (s. d.); auf seinen Trümmern seit 1835 die neue *Hafenst.* P., 6425 Ew.

Piranesi, *Giambattista*, Architekt und Kupferstecher, geb. 1720 in Venedig, † 9. Nov. 1778 in Rom. Lieferte ein ber. Prachtwerk über die antiken Denkmäler Roms (1836, 29 Bde. mit über 2000 Kupfern, von seinem Sohne *Franc.* P. fortgesetzt).

Pirano, Hafenstadt in Istrien, südwestl. von Triest, 8749 Ew.; gr. Salinen. [herol.

Pirat (lat.), Seeräuber. *Piraterie*, See-

Pirithöus, Sohn des Ixion und der Dia, König der thessalischen Lapithen, Besieger der Centauren, Freund des Theseus, stieg mit diesem in die Unterwelt, um die Proserpina zu entführen, ward dort festgehalten.

Pirmasens, Stadt in Rheinbayern, 8675 Ew.; einst Resid. darmstädt. Landgrafen. Pantoffelfabrik (für Export). 14. Sept. 1793 *Sieg* der Preussen über die Franzosen.

Pirna, Stadt im sächs. Regbz. Dresden, an der Elbe und der sächs.-böhm. Eisenb., 8410 Ew. Handel mit Sandstein aus der sächs. Schweiz. Dabei die ehemal. Bergfestung *Sonnenstein* (jetzt Irrenheilanstalt).

Piroguen, grössere Ruderschiffe der Wilden, kleinere heissen *Canots*.

Pirol (Oriolus *L.*), Gattung der Sperlingsvögel (Pfriemenschnäbler). *Goldamsel* (Golddrossel, Kirsch- oder Pfingstvogel, O. galbula L.), 9″ l., in Süd- und Mitteleuropa, bei uns Mai bis Aug.

Pirouette (fr., spr. Piruétt), kleiner Krei-

sei; in der Tanzkunst das schnelle Um-
drehen auf Einem Fusse; in der Reitkunst
das schnelle Herumwerfen des Pferdes.

Pisa, mittelital. Prov. (Toskana), 55,5 QM.
und 243,370 Ew. Die *Hauptst.* P., am Arno
(schöner Kai), 1 M. vom Meere, 53,676 Ew.;
prachtv. Domkirche (1063 erb., 5 Schiffe und
mit 68 meist antiken Säulen) mit dem bar.
Campo Santo; daneben der cylindr., schiefe
Thurm (1174 erb., 142' h. mit 7 Stockwerken,
15' überhängend); Universität (1307 gest.).
Fabr. in künstl. Blumen, Glas, Seife. Unfern die altber. *Thermen von* P. (24 – 30°
R.). — Im Alterth. *Pisä*, eine der Zwölfstädte
Etruriens, seit 189 v. Chr. röm. Kolonie; im
Mittelalter mächtige, ghibellinisch gesinnte
Republik (mit 150,000 Ew.); 1509 von Florenz
erobert, dessen Schicksal es fortan theilte.

Pisang, s. v. a. *Musa.*

Pisangfaser (*Pinasfaser, Manilahanf,* Aba-
ca), sehr schöner Faserstoff aus der Blatt-
scheide von Musa textilis, wird auf Luzon,
Zebu u. Negros gewonnen, sehr zähe, leicht,
dauerhaft, dient als Surrogat der Pferde-
haare, zu Tauwerk, Papierfabrik., Flechtwer-
ken etc. Jahresproduktion: 630,000 Ctr.

Pisces (lat.), Fische.

Pischaur (*Puschauer, Puschawer*), früher
Khanat im nordöstl. Afghanistan, 338 QM.
und 847,695 Ew.; 1849 dem indobrit. Reiche
einverleibt. Die *Hauptst.* P., 53,295 Ew.;
Citadelle; lebh. Industrie, reger Handel.

Piséban (*Pisé, Stampfbau, Lehmbau*), Bau-
art, nach welcher Erde, mittelfetter Lehm
oder Letten zwischen Bretern zu Wänden
(Wellerwände) aufgestampft wird. Der
Kalksandpiséban verwendet grobkörnigen
Maurersand und Kalk, der *Kalkziegelbau*
aus denselben Materialien gepresste Ziegel.
Vgl. *Engel* (3. Aufl. 1865), *Bernhardi* (1864).

Pisek, Kreis im südwestl. Böhmen, 80,9
QM. und 339,400 Ew. Die *Hauptst.* P., an
der Wottawa, 9822 Ew.

Pisidien (a. G.), kleinasiat. Landsch., am
nördl. Abhang des Taurus; die Ew. tapfer,
aber räuberisch.

Pisistratus (*Peisistratos*), bemächtigte sich
560 v. Chr. der Oberherrschaft (Tyrannis)
in Athen, erhielt Solons Gesetze aufrecht,
ward zweimal vertrieben, behauptete zuletzt
die Herrschaft bis zu seinem Tod (527) und
hinterliess sie seinen Söhnen Hippias und
Hipparchus (*Pisistratiden*). Errichtete prachtvolle öffentl. Gebäude, hob den Wohlstand,
sammelte Homers Gesänge.

Pisolith, s. v. a. Erbsenstein.

Pissevache (spr. -wasch), ber. Wasserfall der Salenche, im Kant. Wallis, am
linken Rhoneufer, 280' hoch.

Pistacia *L.* (*Pistacie, Terpentinbaum*), Pflan-
zengattung der Terebinthaceen. P. Lentiscus
L., Mastixbaum, an den Küsten des Mittel-
meers, in Portugal, auf Chios, liefert den
Mastix und feines Tischlerholz; P. Tere-
binthus *L., Terpentinpistacie,* Baum in den
Mittelmeerländern, den cypr. oder chiot.
Terpentin; P. vera *L., ächte Pistacie, das.,*
die mandelartigen, grünen, zu Konfitüren,
Würsten etc. benutzten Pistacien.

Pistiaki, bed. Fabrikdorf im grossruss.

Gouvoru. Wladimir, 15,000 Ew.; gestrickte
Wollwaaren, Handschuhe.

Pistill, s. v. a. Stempel.

Pistoja (das röm. *Pistoria*), Stadt in der
ital. Prov. Florenz, an den Apenninen,
12,274 Ew.; Kathedrale (12. Jahrh., reich
an Kunstschätzen). Fabr. für Drahergeln,
Gewehre, Nadeln, Tuch etc. In der Umgebung zahlr. Bergkrystalle (*Diamanten
von P.*). Im Mittelalter Herd furchtbarer
Parteikämpfe der Guelfen und Ghibellinen.

Pistole, kurze Handfeuerwaffe; ältere
deutsche Goldmünze zu 5 Thlr.; in Spanien
= ¼ Onza.

Piston (fr., spr. -óng), Pumpenstock, Zieh-
stange; bei Perkussionsgewehren der durch-
bohrte Cylinder, auf welchen das Zündhütchen gesetzt wird.

Pisum, s. *Erbse.*

Pitaval, *Franç., Gayot de*, franz. Rechtsgelehrter, geb. 1673 zu Lyon, Advokat das.;
† 1743. Gab heraus ,Causes célèbres et
intéressantes' (1734 ff., 20 Bde.; deutsch
1747 – 67, 9 Bde.), mehrfach nachgeahmt,
neuerlich von *Hitzig* und *Häring* unter dem
Titel ,Der Neue P.' (fortgesetzt von *Vollert*
1842–65, 36 Bde.; neue Folge 1866 ff.; Auswahl in 6 Bdn. 1872).

Pitcairn, südöstlichste der niedrigen Inseln in Polynesien, 1790 von brit. Meuterern
(Matrosen) und einigen Tahitierinnen besiedelt, deren Nachkommen 1856 nach Norfolk gebracht wurden, neuerdings aber zum
grossen Theil wieder nach P. zurückkehrten.

Pithometer (gr.), Instrument zur Bestimmung der Kapacität eines Fasses.

Pityriasis (gr., *Kleienflechte*), krankhafte
Abscilferung der Haut bei normaler Hautfarbe. Am häufigsten die bräunliche P., auch
bei ganz gesunden Menschen; durch kräftige
der Wucherung eines Pilzes (Microsporon
furfur) unter der Haut. Die sog. *Kopfschabe,*
der *Kleiengrind* (P. capitis), durch Blutüberfüllung der Kopfhaut bedingt, verursacht oft
Haarverlust. Behandlung durch Waschung
und Einreibung der Haut mit Oel.

Pithyusen (*Fichteninseln*), span. Inselgruppe im Mittelmeere, 12 QM. und 21,505
Bew., bildet mit den Balearen das Königreich Mallorca (s. d.). Hauptinseln: Iviza
und Formentera. Getreide- und Weinbau.

Pitt, 1) *William P., Graf von Chatham,
P. der Aeltere,* ber. engl. Staatsmann, geb.
15. Nov. 1708 zu Boconnock in Cornwall,
ward 1735 Mitglied des Unterhauses, 1746
Schatzmeister von Irland, Geheimrath und
Generalzahlmeister der Armee, 1756 Staatssekretär, suchte Frankreich zu schwächen,
unterstützte Friedrich d. Gr., entriss Frankreich Canada und die übrigen Kolonien,
trat 1761 zurück und an die Spitze der
Opposition, stand 1766 – 68 an der Spitze
eines neuen Kabinets, zugleich Mitglied des
Oberhauses, suchte mit den nordamerikan.
Kolonien eine gütliche Ausgleichung herbei-
zuführen, rieth aber April 1778 von einem
schimpflichen Frieden ab; † 11. Mai 1778.
Biogr. von *Thackeray* (1827, 2 Bde.). — 2)
William P., P. der Jüngere, ber. engl. Staatsmann, geb. 28. Mai 1759, 2. Sohn des Vor.,
ward 1781 Mitglied des Unterhauses, 1782

Schatzkanzler, bildete Dec. 1783 ein neues Kabinet, bob die erschütterte See- und Kolonialmacht Englands, nahm als unversöhnlicher Gegner der franz. Revolution seit 1793 an dem grossen Kampfe gegen dieselbe Theil und ward die Seele der kontrerevolutionären Koalition, trat Febr. 1801 zurück, Mai 1804 wieder an die Spitze der Verwaltung, brachte die Koalition von 1805 zu Stande; † 23. Januar 1806. Vgl. *Lord Stanhops* (3. Aufl. 1867, 4 Bde.), *Trautwein von Belle* (1870).

Pittácus, einer der 7 Weisen Griechenlands, geb. um 648 v. Chr. zu Mitylene, befreite sein Vaterland von der Tyrannis, legte die ihm übertragene höchste Gewalt 589 freiwillig nieder. Von ihm ein Gedicht in *Schneidewins* „Dolectus poesis etc.' (1839).

Pittöl (*Kärosin*), Destillationsprodukt des amerikan. Erdöls, dient als Leuchtmaterial.

Pitterésk (ital.), malerisch, bes. von Landschaften. *Pittoresken*, maler. Schilderungen.

Pittsburg, Stadt in Pennsylvanien (Nordamerika), am Ohio, (1870) 86,076 (mit den Nebenorten ca. 116,000) Ew. Einer der wichtigsten Fabrik- und Handelsorte der Union: grossartige Steinkohlenproduktion (jährl. 2½ Mill. Tonnen, 7000 Arbeiter), 50 Glaswerke (9000 Arbeiter, Produktion für 7 Mill. Doll.), Eisen- und Stahlindustrie aller Art, Kupferschmelzereien, Baumwoll-, Bleiweiss-, Hüte-, Wachstuch-, Wollefabr. etc.; Schiffswerften, Dampfschifffahrt (150 eigene Schiffe) auf dem Ohio bis zum Mississippi; wichtiger Markt für Petroleum.

Pituita (lat.), Schleim; *pituitös*, schleimig.

Pityāsen, s. *Filzyasen*. [verschleimt.

Pius, Name von 9 röm. Päpsten: *P. I.*, der Heilige, 142—157, Märtyrer, Tag 11. Juli. — *P. II.*, vorher Aeneas Sylvius Piccolomini, geb. 19. Okt. 1405 zu Corsignano im Sienesischen, auf dem baseler Koncil als Sekretär thätig und mehrmals mit Missionen betraut, seit 1442 Kaiser Friedrichs III. geheimer Sekretär, dann Kardinalbischof von Siena, seit 1458 Papst, suchte das durch die Koncilsbeschlüsse erschütterte päpstl. Ansehen wieder zu befestigen und einen allgemeinen Bund der europ. Fürsten gegen die Türken zu Stande zu bringen; † 14. Aug. 1464. Dichter und Geschichtschreiber. Vgl. *Hugenbach* (1840), *Voigt* (1856—63, 3 Bde.). — *P. III.*, Neffe des Vor., ward 1503 Papst, † 18. Okt. d. J. — *P. IV.*, 1559—65, milderte die Inquisition, schloss 1564 das Koncil von Trient. — *P. V.*, 1566—72, eifriger Verfechter hierarchischer Grundsätze, belegte die Königin Elisabeth von England mit dem Bann, verschärfte die Naobämahlsbulle, suchte der wachsenden Sittenverderbniss zu wehren. — *P. VI.*, vorher Graf Braschi, geb. 27. Dec. 1717 zu Cesena in der Romagna, ward 1775 Papst, suchte das wankende Ansehn des päpstl. Stuhls durch hartnäckige Behauptung aller Prärogative zu stützen, die Reformen Josephs II. in Oesterreich und Leopolds II. in Toskana vergeblich zu hindern, ward 20. Febr. von den Franzosen als Gefangener weggeführt; † 29. Aug. 1798 in der Citadelle zu Valencia. Vgl. *Artaud*

de Montor (1847). — *P. VII.*, vorher Graf Chiaramonti, geb. 14. Aug. 1742 zu Cesena, ward 14. März 1800 unter österr. Einflusse zum Papst gewählt, zog 3. Juli in Rom ein, schloss 15. Juli 1801 mit Frankreich ein Konkordat und nahm 22. Nov. wieder Besitz vom Kirchenstaat, salbte 1804 Napoleon I. zum Kaiser, zerfiel dann mit ihm und verlor, als er dem Kaiser in einem Breve vom 3. April 1809 mit dem Banne drohte, den Kirchenstaat, ward 6. Juli 1809 verhaftet und nach Savona, 1812 nach Fontainebleau gebracht, zog nach Napoleons I. Sturz 24. Mai 1814 wieder in Rom ein und nahm wieder Besitz vom Kirchenstaat, leitete mit Wiederherstellung des Jesuitenordens (7. Aug. 1814) die kirchl. Restaurationspolitik ein, schloss Konkordate mit Frankreich, Bayern und Neapel, protestirte gegen die wiener Kongressakte, gab dem Kirchenstaat 6. Juli 1816 eine neue Verfassung, im Uebrigen tolerant und mild, Freund der Kunst und Wissenschaft; † 20. Aug. 1823. Vgl. *Pacca* (1836), *Artaud de Montor* (3. Aufl. 1839, 3 Bde.), *Henke* (1860). — *P. VIII.*, vorher Graf von Castiglione, geb. 20. Nov. 1761 zu Cingoli (Mark Ancona), ward 31. März 1829 zum Papst gewählt, schloss ein Konkordat mit Holland ab, verfolgte ein retrogrades Regierungssystem; † 30. Nov. 1830. — *P. IX.*, vorher Graf von Mastai-Ferretti, geb. 13. Mai 1792 zu Sinigaglia, ging 1823 als Missionär nach Chile, ward 1827 Erzbischof von Spoleto, 1832 von Imola, 1840 Kardinal, 16. Juli 1846 Papst, wegen seiner in Aussicht gestellten Reformen mit Jubel begrüsst, bald der revolutionären Bewegung abhold und ihr mit Widerstreben in der Bewilligung der Verfassung vom März 1848, in der Kriegserklärung an Oesterreich, in der Bildung eines weltl. Ministeriums etc. nachgebend, floh bei den wilden Volksbewegungen 25. Nov. nach Gaëta; kehrte nach Besetzung Roms durch die Franzosen 12. April 1850 dahin zurück und schritt mit reaktionären Massregeln gegen alle Neuerungen ein. Durch die Herstellung des Königreichs Italien 1859 verlor er 2 Drittel des Kirchenstaats, nach der Niederlage seiner Soldtruppen bei Castelfidardo (18. Sept. 1860) auch Umbrien und die Marken und blieb nur durch franz. Schutz im Besitz des sogen. Patrimonium Petri. Er verschloss sich, von den Jesuiten geleitet, allen liberalen Ideen, verkündigte 8. Dec. 1854 das Dogma von der unbefleckten Empfängniss der Maria, erliess die in mittelalterlichen Anschauungen sich bewegende Encyclica vom 8. Dec. 1864, veranstaltete 29. Juni 1867 ein grosses Kirchenfest zur Feier des 1800jähr. Todestags der Apostelfürsten Petrus und Paulus und berief auf 8. December 1869 ein ökumen. Koncil in den Vatikan, welches 18. Juli 1870 die Infallibilität des Papstes zum Dogma erhob; verlor Sept. 1870 auch das Patrimonium und die Stadt Rom.

Piusverein, April 1848 zu Mainz entstandener kathol. Verein im Dienste des röm. Papst- und Kirchenthums mit Zweigvereinen; *Bonifaciusverein* in Regensburg, und *Vincentiusverein* in Breslau, beide 1819 gestiftet, erhielt Febr. 1849 die päpstl. Sanktion, verfolgt streng römisch-hierarch. Tendanzen, verfügt über bedeutende Geldmittel. 　　　　　[Alpen.

Piz (roman.), Bergspitze, bes. in den rhät.

Pizarro, *Francisco*, span. Conquistador, geb. 1475 zu Truxillo, ging als Glücksritter nach Amerika, begleitete Balboa (s. d.), verband sich mit Diego d'Almagro und Hernando Luque zu einem Entdeckungs- und Eroberungszug nach Süden, ward 28. Juni 1829 von Kaiser Karl V. zum Generalkapitän von Peru ernannt, eroberte dieses Land mit geringer Mannschaft 1532 — 33, treulos und unerhört grausam, gründete 1534 Lima, gerieth 1538 mit Almagro in Kampf, liess ihn hinrichten; ward 26. Juni 1541 von dessen Söhnen ermordet. Vgl. *Helps* (1869).

Placenta (lat.), Mutterkuchen.

Placentia, Stadt auf der Südküste von Neufundland, 6000 Ew., Häfen mit Fort; Station für die Kabelaufscherei.

Placet (lat.), es gefällt, wird angestanden, Formel, womit bes. Bischöfe bei Koncilien ihre Zustimmung zu erkennen geben. *Placetum regium*, das Recht des Landesherrn, kirchl. Massnahmen, insbes. bischöfl. und päpstl. Erlassen, soweit sie sein Land betreffen, seine Bestätigung zu ertheilen oder zu verwelgern; seit 1848 meist aufgegeben oder durch Konkordate abgeschafft.

Placiren (fr., spr. -sihr-), eine Stelle anweisen; anstellen. 　　　[Verordnung.

Placitum (lat.), Gutachten; Beschluss;

Plackwerk, Bekleidung der Brustwehr oder Erdwälle mit guter Erde, auf welcher Rasen angelegt wird.

Pläner, kalkig-mergelige Gesteine und kalkige Sandsteine der Kreideformation in Sachsen, Böhmen, Schlesien u. Westphalen.

Plänterwirthschaft, s. *Plenterwirthschaft*.

Plafond (fr., spr. -fóng), Decke eines Zimmers, bes. wenn sie durch Stukkatur oder Malerei verziert ist.

Plaggenhauen, den Rasen der Heide oder des Waldes abschälen, um ihn zu Kompost zu verwenden; daher *Plaggenwirthschaft*, *Moorbrandwirthschaft*, der landwirthschaftl. Betrieb, bei welchem durch Verbrennung der abgeschälten Pflanzendecke der nötbige Dünger gewonnen wird.

Plagiät (lat.), eigentl. Menschenraub; an geistigem Eigenthum begangener Diebstahl; *Plagiarius*, ein dessen Schuldiger.

Plagiostömi (*Quermäuler*), Ordnung der Fische: Haie, Rochen.

Plagium (lat.), Menschenraub.

Plagoskóp (gr.), Windfahne; Zeiger auf einer Windrose im Zimmer, welcher durch eine Windfahne bewegt wird.

Plagwitz, sächs. Dorf bei Leipzig, an der Elster, 2033 (1864 noch 826) Ew.; von Dr. Heine angelegt; Fabriken.

Plaid (engl., spr. Plehd), grobes, bunt karrirtes Tuch, zum Einhüllen des Körpers, auch zusammengeschlagen als kurzer Mantel getragen, Nationaltracht der Bergschotten, anderwärts bes. auf Reisen getragen.

Plaidiren (fr., spr. pläd-), beim öffentl.

Gerichtsverfahren Jemandes Sache führen; *Plaidoyer* (spr. Plädoajeh), Vertheidigungs-

Plakabel (lat.), versöhnlich. 　[rede.

Plakardiren, bei der Kattunfabr. mit Aetzbeizen bedrucken.

Plakat (lat.), Anschlag an Strassenecken, Thoren etc., obrigkeitl. Anordnung, gewerbliche Anzeige etc.

Planetärium (lat.), mit Räderwerk versehene Maschine zur Veranschaulichung der Bewegung der Planeten um die Sonne.

Planéten (gr., *Wandelsterne*), diejenigen Weltkörper, welche sich in fast kreisförmigen, nur wenig gegen einander geneigten Bahnen um die Sonne bewegen und von ihr Licht und Wärme erhalten. Sie erscheinen mit Ausnahme der Venus in ruhigem, nicht funkeindem Licht und im Fernrohr als Scheiben mit messbarem Durchmesser. Die Hauptplaneten, nach der Entfernung von der Sonne geordnet, heissen: Merkur, Venus, Erde (mit 1 Mond), Mars, Jupiter (mit 4 Monden), Saturn (mit 8 Monden), Uranus (mit 4 Monden), Neptun (mit 1 Mond). Die 4 ersteren oder *inneren* P. sind die dichteren, von mässiger Grösse, nur wenig abgeplattet, in 24 St. um ihre Axe rotirend und bis auf einen mondlos; die *äusseren* P. sind massiger, weniger dicht, grösser, stark abgeplattet, rotiren schneller und sind mondreich. Zwischen den Bahnen des Mars und Jupiter bewegen sich zahlreiche kleine Weltkörper, *Planetoïden* oder *Asteroïden*, von denen seit 1801 bis Herbst 1871 117 entdeckt worden sind. Sie sind sämmtlich ausserordentlich viel kleiner als unser Mond, und nur einer (Vesta) ist bisweilen mit unbewaffnetem Auge sichtbar. Die Alten unterschieden 7 P., rechneten aber Sonne und Mond zu denselben. Aegyptern und Chaldäern galten die P. als Gottheiten ersten Ranges, und auch Griechen und Römer setzten sie mit den Nationalgottheiten in Verbindung. Die Römer benannten die Tage nach ihnen: Dies Solis, Lunae, Martis, Mercurii, Jovis, Veneris, Saturni. Vgl. die Karte *Sonnensystem*, *innere Planetengruppe*.

Planetentafeln, astronomische Tafeln zur leichteren Auffindung der Planeten.

Planetoïden (*Asteroïden*), s. *Planeten*.

Planiglobium (lat.), Darstellung der Erd- oder Himmelshalbkugel auf ebener Fläche.

Planimèter (gr.), Instrument zur mechanischen Bestimmung des Flächeninhalts ebener Figuren, dient zu geodät., geograph., Katastralvermessungen etc.; am gebräuchlichsten das amslersche und hansensche (vgl. *Amsler* 1856, *Bremiker* 1863, *Bauernfeind* 1853).

Planimetrie (gr.), s. *Geometrie*.

Planiren (lat.), ebnen; Druckpapier durch Leimwasser (Planirwasser) ziehen, um nach dem Trocknen darauf schreiben zu können.

Planisphärium (gr.), s. v. a. Planiglobium.

Planitz, sächs. Dorf, bei Zwickau, 5635 Ew.; ber. durch das (seit ca. 1500) brennende Steinkohlenflötz (400 Lachter l., 180 L. br.), darüber grossartige Treibgärtnerei und Pflanzenzucht.

Plankonkav (lat.), flachhohl, s. *Linsen*.

Plankonvex (lat.), flach u. gewölbt, s. *Linsen*.

Planodie (gr.), Irrweg.

Planorbiten (gr.), versteinerte Teller-, Planospiralen, versteinerte Scheibenschnecken.

Planspiegel, ebener Spiegel, s. d.

Planta (lat.), Pflanze.

Plantage (fr., spr. -angtahseh), Pflanzung, Anpflanzung, in Ost- und Westindien Name der Besitzungen der Kolonisten, auf denen Kaffee, Zucker, Baumwolle etc. gebaut wird.

Plantagenet (spr. Plåntådschönet), Zaname des franz. Hauses Anjou, s. Grossbritannien, Gesch., und Heinrich 2) h).

Plantago L. (Wegebreit, Wegerich), Pflanzengattung der Plantaginoen. P. psyllium L., an südeurop. Küsten, liefert, wie auch P. cyaops L., das., und P. arenaria Waldst. et Kit., in Deutschland, Ungarn, Frankreich (kultivirt), schleimreichen, früher officinellen, zur Appretur, Druckerei und Färberei dienenden Flohsamen. (pflanzen, setzen.

Plantation (lat.), Anpflanzung. Plantiren.

Plantigrada (lat., Sohlengänger), Gruppe der Raubthiere: Bären.

Planum (lat.), Ebene, insbes. der geebnete Platz zu einer Chaussée, Eisenbahn etc.

Planzeichnen, räumliche Verhältnisse in verjüngtem Maasstabe in überschaulichen Umrissen darstellen. Plankammern, Sammlungen solcher Darstellungen.

Plas, Dorf im böhm. Kr. Pilsen, 810 Ew.; Eisenwerk, Gusswaarenfabrikation.

Plasma (gr.), die Blutflüssigkeit mit dem in ihr gelösten Faserstoff; s. v. a. Protoplasma; lauchgrüner Chalcedon.

Plassenburg, Bergveste, s. Kulmbach.

Plasticität (gr.), Bildsamkeit.

Plastik (Bildhauerkunst, Skulptur), diejenige der bildenden Künste, welche in mehr oder minder festen Stoffen Gestalten körperlich darstellt, und zwar entweder als rundgearbeitete, freistehende Figuren, oder als halbrunde, aus einer Fläche hervorragende (Reliefs); zerfällt dem technischen Verfahren nach zunächst in zweierlei: in die Herstellung des Modells und in die Ausführung desselben in dem dazu bestimmten Stoffe; für letztere stehen je nach Beschaffenheit des Stoffs wieder zwei Wege offen: der eine, wo aus einem festen Körper durch Abschlagen nach und nach die gewünschte Form herausgebildet wird (eigentl. Bildhauerei), der andere, wo man den flüssigen Körper in eine Gussform giesst und so nach dem Erstarren das Kunstwerk fertig erhält (Bildgiesserei). Die gesammte P. zerfällt hiernach in: 1) Steinbildhauerei (Stoff: Marmor, Sandstein etc., welche mit Meissel und Schlägel, nebst andern Instrumenten bearbeitet werden; zur genauen Uebertragung des Modells dient das sogen. Punktiren, s. d.); 2) Bildschnitzerei (Material meist Lindenholz; die Gestalten gewöhnlich aus mehreren Stücken künstlich zusammengesetzt und oft mit Gold und bunten Farben überzogen; bes. im Mittelalter gepflegt); 3) Goldelfenbeinbildnerei (die Fleischtheile aus Elfenbein, Gewandung und Waffen aus Gold, nur im Alterthum angewendet, aber sehr hoch geschätzt: Zeus des Phidias, Athene im Parthenon); 4) Erztreiberei oder getriebene Arbeit (s. d.), welche den Uebergang bildet zu: 5) Bildgiesserei oder Rothgiesserei (erstes Erforderniss Herstellung der Gussform, welche genau nach dem Gypsmodell gebildet wird und aus Mantel und Kern besteht; zwischen beiden die hohle Raum, in welchen die flüssige Masse einströmt; letztere entweder eine Erzmischung (85—97% Kupfer und 15—3%, Zinn) oder Zink, Gyps, neuerdings auch Stein- und Thonmasse); endlich 6) die Steinschneidekunst (Gemmen, Kameen) und Stempelschneidekunst. — Die von der P. dargestellten Gegenstände sind theils mytholog. Art (z. B. die griech. Gottheiten und Götter zweiten Rangs: Dionysus, Eros, die Musen, Grazien etc.; die Sagenkreise des Alterthums: Niobiden, Laocoon etc.), theils christliche (Darstellungen aus der bibl. Geschichte: bes. die Kreuzigung Christi, Maria mit dem Leichnam, Apostelgestalten, Personifikationen: Glaube, Liebe, Hoffnung etc.), theils historische (Statuen, Büsten, Grabdenkmäler, Gruppenbildwerke), theils Thiers (meist in Verbindung mit dem Menschen: Reiterstatuen, Kampfscenen etc.). Ueber die Geschichte der P. s. umstehende Tabelle 8. 1964—1968. Vgl. Lübke, ,Gesch. der P.', 2. Aufl. 1870, 2 Bde.; Overbeck, ,Gesch. der griech. P.', 2. Aufl. 1869—70, 2 Bde.; Stahr, ,Torso. Kunst, Künstler und Kunstwerke der Alten', 1854 bis 1855, 2 Bde.

Plastische Massen, Mischungen verschiedenartiger Substanzen als Holzsurrogat, bes. zur Nachahmung von Schnitzwaaren mit Hülfe von Stahlformen. Das Holz dazu besteht aus Sägespänen und Blutalbumin und wird stark erhitzt, um das Albumin zum Gerinnen zu bringen und dadurch der Masse Festigkeit zu geben.

Plastische Operationen (Physioplastik), chirurgische Operationen, deren Zweck ist, verloren gegangene Theile zu ersetzen, z. B. Rhinoplastik, Neubildung der Nase; Chiloplastik, Lippenbildung; Blepharoplastik, Augenlidbildung, etc. Die p.n O. bestehen in Loslosung eines benachbarten Hautstückes, Umformung desselben zu dem zu ersetzenden Theil und Anheilung. Auch von fernliegenden Theilen hat man das Material genommen, z. B. zur Nase aus dem Arm etc. Bes. namhafte Operateure: Grüfe und Dieffenbach, gegenwärtig Thiersch in Leipzig.

Plastographie (gr.), Schriftverfälschung.

Plastolög (gr.), Lügner.

Plastron (fr., spr. -ong), Brustharnisch, auch das Lederstück, welches der Fechtmeister beim Stossfechten auf der Brust trägt.

Plata, Rio de la, d. i. Silberstrom, grosser Strom in Südamerika, entspringt als Parand im brasil. Bergland, fliesst als reissender Bergstrom erst in südwestl. Richtung, dann ruhig durch die Pampas gegen S., nimmt bei Corrientes rechts von N. her den Paraguay, weiter südl. links den Uruguay auf, nimmt eigentlich erst von da den Namen Rio de la P. an, mündet in einem bis 40 M. breiten Mündungsbusen (Bai von Buenos-Ayres) in den atlant. Ocean; 573 M. lang, Stromgebiet 61,900 QM.

PLASTIK.

Die Anfänge der plastischen Kunst erscheinen als gestaltete Gedächtniszeichen; so die Monolithen Asiens, Afrikas (Karnak) und Amerikas, die keltischen Steinpfeiler der Bretagne (Menhir und Peulven) und die Denkmäler auf Inseln des grossen Oceans mit charakteristischen plastischen Vornahmen. Eine weitere Stufe der Entwickelung bezeichnet die amerikanische Bildnerei, an Baudenkmälern in den Vereinigten Staaten, Mexiko (Palenque, Xochicalco etc.) und Peru (Cusco, Cayamba etc.).

I. Orientalische Bildnerei.

Indien.

Aelteste Denkmäler ca. 250 v. Chr. Beste Zeit: 13.–17. Jahrh.

Relief zu Sanchi: Kriegsaceenen; Buddhabilder auf Ceylon, an Bamiyan und Boro-Budhur auf Java; Relief zu Mahamalaipur; Statue der Gottin der Schönheit zu Bangalore; Relief an Elefante: Siva und Parvati; Relief zu Eilora: Ramah und Setha.

Aegypten.

ca. 3000–600 v. Chr. Blüthezeit vom 16. bis Ende 13. Jahrh.

Reliefs aus den Gräbern zu Memphis; Sphinxkoloss zu Memphis. Aelteste Freisculptur: die 7 sitzenden Kolossalstatuen Sesofras. Aus der Blüthezeit: Relief aus Theben, Ramses III. zwischen Thot und Horus aus Ibsambul, König nebst seine Feinde tödtend etc.

Vorderasien.

Babylon und Ninive.
(1000–600 v. Chr.)

Reliefs zu Nimrud; Jagdscenen, Königsbilder, Portalfiguren (ca. 950 bis 900 v. Chr.).
Bildwerke zu Khorsabad (ca. 750 bis 720 v. Chr.).
Bildwerke zu Kujjundschik (ca. 720 bis 650 v. Chr.): Kampfbilder, Löwenjagden.

Persien.
(560–330 v. Chr.)

Relief zu Paasargadi: Perserkönige (ca. 559 – 530 v. Chr.).
Relief zu Persepolis (581 bis 467 v. Chr.).
Relief zu Behistan.

Unter orientalischem Einfluss:

Kleinasien und Syrien.

Aegypt. Einfluss: Relief zu Nymphi bei Smyrna. Relief am Nahr el Keb bei Beirut (Louvre). Relief VII, 64.)

Persischer Einfluss: Relief zu Myra. Relief zu Assus (Louvre). Felsenrelief an Pterium.

Italien.

Skulptur der Etrusker und Italer vor dem Eindringen griechischer Kunst.

Reliefs an Sarkophagen in den Museen zu Rom und Perugia.
Erz- und Bronzeskulpturen: Bronzewagen (Glyptothek zu München), Chimära (Florenz), u. s. w. Götterbilder etc.
Thonskulpturen: Vasen, Götterbilder etc.

Griechenland.

Thonplastik, Erzbildnerei, Elfenbein- und Steinarbeit.

Schild des Achilles (Ilias XVIII, 478 ff.).
Schild des Herakles.
Löwenthor von Mycenä (s. Tab. Baukunst).

II. Die klassische Bildnerei.

Beginn mit der dorischen Wanderung 1104 v. Chr.

A. Die griechische Plastik.

Erste Periode.

Bis zu den Perserkriegen, ca. 1000 bis 470 v. Chr.

Erster Abschnitt (bis ca. 570):

Lade des Cypselus, urkundlich ältestes Werk.
Reliefs zu Korinth, (am Alexan-

Zweite Periode.

Bis Ende des peloponnesischen Krieges, ca. 470–400 v. Chr.

Erste Blüthezeit.

1) Der attische Künstlerkreis (Schule von Athen): Phidias. Athene Promachos,

Dritte Periode.

Bis auf Alexander d. Gr., 400 bis 325 v. Chr.

Zweite Blüthezeit.

1) Attische Schule: Scopas (390–350), Ares (Kopie in der Villa Ludovisi),

Vierte Periode.

Bis zur röm. Eroberung Griechenlands, 325–146 v. Chr.

Beginnende Auflösung.

1) Schule von Rhodus: Agesander, Polydorus und Athenodorus; Lacoongruppe (Vati-

...marmortechnik durch *Melas* auf Chios (ca. 550 v. Chr.). Dipönos und Skyllis, berühmte Goldelfenbeintechniker. Metopenrelief zu Selinunt (550 v. Chr., Palermo).

Attische Werke: Grabstele des Aristion: Apollo von Tenea (München). Lykelsche Denkmäler: Harpyien-Denkmal zu Xanthos (London).

Zweiter Abschnitt (bis gegen 470): Schule von Sicyon: *Aristocles* und *Canachus* (um 500, Apollo von Milet). Schule von Argos: *Ageladas* (575—488). Schule von Athen: *Critias, Hegias*. Uebergang: *Calamis, Myron*, Diskuswerfer (Kopie in Rom). Derselben Zeit angehörend: Die Giebelgruppen des Tempels zu Aegina (500—480, in München).

...ryktheion des Erechtheums (ca. 406).

3) Künstler im Peloponnes (Schule von Argos etc.). *Pythagoras* (570 v. Chr.). *Polyklet* (450—410): Herakopf (Villa Ludovisi). *Naucydes*, Goldelfenbeinbild der Hebe. Diskuswerfer (Kopie im Vatikan).

...München), Kroa (Vatikan). Dieser Zeit angehörend: Venus von Milo (Louvre). Niobetus. Niobegruppe (Florenz). Ino Leucothea (München).

Erhaltene Denkmäler aus der attischen Schule: Reliefs vom Niketempel in Athen. Löwe von Chaldea (London). Fries vom Denkmal des Lysicrates. Nereiden-Monument. Skulpturen vom Mausoleum zu Halikarnass.

3) Künstler des Peloponnes: *Lysippus*, Alexanderstatuen. *Eutychides*, Statue der Stadtgöttin von Antiochia. *Bothkes*, Knabe mit der Gans. Dahla gehörend: Dornauszieher (Rom). Barberinischer Faun (München).

2) Schule von Pergamus: *Phyromachus, Stratonicus, Antigonus*.
Dieser Zeit angehörend: Der Galiler (früher sterbender Fechter gen., Kapitol). Galliergruppe (Villa Ludovisi).

B. Die etruskische Plastik.

Pflege der Thonplastik und des Erzgusses; zuerst orientalischer, dann griechischer Einfluss.

Thonbildwerke: Aus den Gräbern von Chiusi (Florenz). Reliefs von Velletri (Neapel). Jüngling mit der Löwenhaut (Perugia).

Erzarbeiten: Die eherne Wölfin (Kapitol): Knabe mit der Gans (Leyden). Rednerstatue (Florenz). Jugendlicher Krieger (Florenz). Statue des Aulus Metellus (Rom).

Aus Stein oder Alabaster: Reliefs an Sarkophagen und Altären. Sarkophag von Chiusi. Viereckiger Altar zu Perugia. Reliefs an Aschenkisten. Sühnopfer an einer Urne (Rom).

C. Die römische Plastik.

Einfluss der Etrusker und Griechen 200 v. Chr.

Erste Periode.
Von der Eroberung Griechenlands bis Augustus (146 v. Chr. bis 14 n. Chr.).

Thorwaldes, Apollo-Statue am Pordlous der Octavia. *Psyche, Hermaphrodit* (Wiederholungen im Louvre). *Adler: Apollonius*, Torso vom Belvedere. *Clomenes*, mediceische Venus (Florenz). Kleinasien: *Agasias*, der borghesische Fechter (Louvre).

Andere Künstler: *Arcesilaus*, her. Thonmodelle, s. B. Venus, 46 v. Chr. *Iteaclous*, Morpeo und Anytus (Villa Ludovisi). Dieser Zeit angehörend: Apollo von Belvedere (Rom). Schlafende Ariadne (Vatikan). Röm. Plastik: Statue der Agrippina (Kapitol).

Zweite Periode.
Von Augustus bis Hadrian (14—138 n. Chr.). Lebhafte Porträtdarstellungen.

Zur Zeit Neros (Rückschritt): *Zenodoro*, Kolossalstatue Neros. Zur Zeit Hadrians (neue Belebung); der schlafende und trunkene Faun (Neapel); der jugendliche und ältere Centaur (Kapitol): Statue des Antinous (Lateran). Ehrendenkmale: Bogen des Titus (81 n. Chr.). Trajanssäule (113 n. Chr.).

Nachbildungen griech. Werke: Pallas; München). Amor (Eros). Psyche (Kapitol). Faun (Kapitol). Porträtsächrerei: Galba-Büste.

Dritte Periode.
Bis zum Untergang Roms (Hinneigen zum Orientalismus).
Isis-Statue des Kapitol. Porträts: Marc Aurel, eherne Reiterstatue. Caracalla. Relieddarstellungen an Sarkophagen: Pamphylischer Sarkophag des Kapitols. Museums. Amazonen-Sarkophag des Kapitols.

III. Die Plastik des Mittelalters.

(4.—15. Jahrh.)

Altchristliche Epoche. Bis 10. Jahrh.

Durch den christl. Kultus zeitweiliges Zurückdrängen der Skulptur.

Reliefdarstellungen an Sarkophagen in den Grotten des Vatikans, der Peterskirche, im Lateran etc.

Sarkophag des Junius Bassus (359).

Statue des heiligen Petrus (Peterskirche zu Rom, 5. Jahrh.).

Reliefkonsolen v. Clivitale (8. Jahrh.).

Elfenbeinarbeiten: Diptychon von ?, Diptychon im Domschatz zu Halberstadt.

Frankreich.
Skulptur im Bogenfelde des Hauptportals der Kathedrale zu Autun.

Skulptur an der Façade der Kathedrale von Chartres.

England.
Skulptur am Portal der Abtei...

Byzantin.-roman. Epoche. 10.—12. Jahrhundert.

Deutschland.
Im 10. Jahrh. bes. Pflege der Elfenbeinschnitzerei.

Reliefstafel des Abtes Tutilo von St.-Gallen (ca. 900).

Prachtmetalle: Altartafel von Basel (Paris).

Erzguss: Thüre am Dom zu Hildesheim (1015).

Holzskulptur: S. Emmeran in Regensburg (1049—64).

Im 13. Jahrh. Aufschwung der Plastik durch die Architektur.

Die Externsteine (ca. 1115).

Erscheinen der Skulptur auf Grabsteinen: Denkmal Wittekinds in Enger.

Erzguss: Taufbecken in S. Barthélemy zu Lüttich.

Denkmal Rudolfs von Schwaben (Dom zu Merseburg, ca. 1080).

Prachtmetalle: Schrein der Heiligen im Dom zu Köln (1198).

Italien.
Nordischer Einfluss: Benedictus, Skulptur am Baptist. zu Parma (1196).

Erzguss: Barisanus, Pforte des Löwen zu ... (1076).

Nordische Bildnerei der goth. Epoche.

13. Jahrh.
Durch die Kreuzzüge und mittelalterl. Poesie neue Belebung der Skulptur.

Deutschland.
Skulptur am Portal von Tischkowitz (nach 1238).

Skulptur an der goldenen Pforte zu Freiberg.

Skulptur des südlichen Portals am Dom zu Bamberg.

Tod der Maria am Münster zu Strassburg.

Porträtplastik an Grabsteinen: Berthold von Zähringen im Münster zu Strassburg (Ende des 13. Jahrh.).

Erzguss: Meister Eckard von Worms, Taufbecken im Dom zu Würzburg (1279).

Prachtmetalle: Marien-Schrein des Münsters zu Aachen.

Frankreich und Niederlande.
Façade der Notre-Dame zu Paris (ca. 1215).

Prachtmetalle: Schrein des heil. Eleutherius in der Kathedrale zu Tournay (ca. 1247).

England.
Skulptur an der Kathedrale von Wells (ca. 1250).

Statue des Königs von der Normandie (Kathedrale...

14. Jahrh.
Ueberschreiten des Höhenpunktes.

Deutschland.
Fränk. Schule: Skulptur am Westportal der Lorenzkirche in Nürnberg.

Meister Sebald Schonhofer, Skulptur am Portal der Frauenkirche zu Nürnberg.

Heinrich der Balier, der schöne Brunnen zu Nürnberg (1385—96).

Schwäbische Plastik: Madonna am Dom zu Augsburg.

Erzguss: Martin und Georg von Clussenbach, Reiterstandbild des h. Georg auf dem Hradschin zu Prag.

Grabsteine (Ritterbilder): Günther von Schwarzburg (Dom zu Frankfurt, 1359).

Eisenbeinarbeit und Prachtmetalle: Sarkophag des h. Emmeran zu Regensburg.

Frankreich und Niederlande.
Chorschranken in Notre-Dame zu Paris von J. Ravy und J. de Bouteiller.

Schule von Tournay: Kgl. Grüss in der Magdalenenkirche zu Tournay.

Claus Sluter, Mosesbrunnen zu Dijon (1399).

England.
Grabmal der Lady Arundel...

Italien. Bildnerei. 1200—1400.

Sonderstellung der italien. Skulptur.

13. Jahr.
Niccolo Pisano (am 1225). Erneuerer der ital. Plastik.

Kanzel zu Pisa (ca. 1260).

Kanzel zu Siena (1266).

Arnolfo di Cambio in Rom, Tabernakel von S. Paolo (um 1285).

Nicc. di Bartolommeo, Kanzel im Dom zu Ravello (1272).

Guidetto, Skulptur am Dom zu Lucca (1204).

Erzguss: Kandelaber im Dom zu Mailand.

Andr. Gusino, Thürflügel des Doms zu Spalato (v. 1214).

14. Jahr.
Giovanni Pisano (am 1270).

Skulptur an der Façade des Domes zu Orvieto (seit 1290).

Madonna del Fiore am Dom zu Florenz.

Andr. di Cione, gen. Orcagna (1376), Skulptur am Altartabernakel in S. Michele zu Florenz.

Erzbildnerei: Andr. Pisano (†1345), südl. Thüre des Baptisteriums zu Florenz.

Giacomo und Pierpaolo delle Masegne zu Venedig, Statuen der Madonna, des heil. Marcus und der Apostel in S. Marco (ca. 1394).

A. Vom 15. Jahrh. bis Michel Angelo.
(1400—1560.)

Beginn einer neuen Zeit für ganz Europa; die Renaissance, ihr architektonisches System der Antike entlehnend, befördert dadurch die Plastik.

Italienische Bildnerei.

Die Plastik, bisher nur dekorativer Theil der Architektur, trennt sich von dieser und gelangt zu selbständiger vollgültiger Wirkung.

15. Jahrh.

I. Toskanische Meister.
Jacopo della Quercia, Reliefs aus S. Petronio, Bologna.
Lorenzo Ghiberti (1381—1455), Skulpturen an den Thüren des Baptisteriums zu Florenz (1424—47).
Donatello († 1466), Skulptur der Sakristei an S. Lorenzo.
Matteo Civitali († 1501), S. Sebastian (Dom zu Lucca).

II. Künstler im übrigen Italien.
Schule von Venedig: Antonio Rizzo, Grabmal des Dogen Niccolo Tron (1473 bis 1476) in S. M. del Frari zu Venedig.
Die Künstlerfamilie der Lombardi, Bronzealtar der Kapelle Zeno in S. Marco. Alex. Leopardo, Grabmal des Dogen Vendramin und Standartenhalter auf dem Marcusplatz (1501).
Schule von Padua: Andrea Briosca, gen. Riccio (1450—1532), Osterkandelaber zu Padua.
Ant. Amadeo, Grabmal des Bartolommeo Colleoni zu Bergamo (1475).

16. Jahrh.

I. Florentiner Meister:
Leonardo da Vinci, Reiterstatue des Francesco Sforza (zerstört).
Rustici († ca. 1550), Erzgruppe des Johannes, nördliches Portal des Baptisteriums (Florenz, 1511).
Andrea Sansovino (1460 bis 1529), Taufe Christi, östl. Portal des Baptisteriums zu Florenz (1510).
Raphael (1483—1520), Jonas in der Kapelle Chigi in S. M. d. Popolo zu Rom.
Benvenuto Cellini (1500—72), ber. Goldschmied, Nymphe von Fontainebleau (Paris).

II. Meister in Oberitalien.
Alfonso Lombardi († 1537), Tod der Maria (Bologna).
Antonio Bagarelli (1565), die Bewölnung des todten Christus im Chor von S. Peter zu Rom.
Jacopo Sansovino († 1570), Loggetta zu Venedig.

Schule von Venedig: Girolamo Campagna, Erzgruppe des Hochaltars in S. Giorgio Maggiore.
Schule von Neapel: Giovanni da Nola (Merliano † 1559), Grabmal des Vicekönigs Pietro di Toledo in S. Giacomo degli Spagnuoli.

III. Michel Angelo und seine Schule.
M. Angelo (1475 bis 1564), Pietà und Moses (in S. Peter zu Rom). Die beiden Sklaven (Louvre zu Paris). Christus in S. M. sopra Minerva zu Rom. Grabmal Gugl. della Porta, Papst Paul III. in S. Peter (1551).

Nordische Bildnerei.
1450—1550.

Deutschland.

a) Holzschnitzerei: Schwäbische Schule: Jörg Syrlin, Chorstühle im Dom zu Ulm (1474). — Nürnberger Schule: Albrecht Dürer (1471—1538), Geburt Johannes (1510, London). Veit Stoss (ca. 1438—1533), Englischer Gruss in der Lorenzkirche zu Nürnberg (1518).

b) Steinskulptur: Adam Kraft (1430—1507), Tabernakel in der Lorenzkirche zu Nürnberg (1500), Riemenschneider (ca. 1460 bis 1531), Grabmal Kaiser Heinrichs II. im Dom zu Bamberg (1499).

c) Erzarbeit: Peter Vischer († 1529), Sebaldus Grab zu Nürnberg (1508 bis 1519), Relief im Dom zu Regensburg (1521), Monument Friedrichs d. Weisen (Schlosskirche zu Wittenberg, 1527).

P. Vischer, Löffler, Lendenstrauch, Boden del Duca u. A.: Denkmal Kaiser Maximilians zu Innsbruck (1508 bis ca. 1582).

Frankreich.

Holzskulptur: Jean Trupin, Chorstühle der Kathedrale zu Amiens (1508).
Steinarbeit: Chorschranken zu Amiens (ca. 1531). J. Juste, Grabm. der Kinder Karls VIII. in Tours und Grabmal Ludwigs XII. in S. Denis (ca. 1530).

Niederlande.

Jan de Baker, Monument der Maria von Burgund zu Brügge (1495).
Holzskulptur: Kamin des Justizpalastes zu Brügge (1529).

England.

Steinskulptur: Taufbecken zu Walsingham (ca. 1470). Torrigiano (Verpflanzer der Renaissance nach England), Grabmal Heinrichs VII. (ca. 1518).

Spanien.

Holzschnitzerei: Damiani und Bernardo Ortega, Hochaltar des Domes von Sevilla (1489—97).
Steinskulptur: Alonso Berruguete (1480—1561), Grabmal des Don Juan de Tavera zu Toledo.

B. Von Michel Angelo bis Bernini.

I. Von Michel Angelo bis Bernini.
(1560—1760.)

Italien: *Giovanni da Bologna* (1524 bis 1608), der eherne Merkur (Florenz), Brunnen vor dem Palazzo Pubblico zu Bologna (1564), *Taddeo Landini*, Fontana delle Tartarughe in Rom.

Frankreich: *Jean Goion* († 1568), Skulptur des Lettner in S. Germain l'Auxerrois (1541—44), *T. Baudin*, Reliefs an den Chorschranken zu Chartres (1611—19).

England: Grabstatuen der Königinnen Elisabeth und Maria Stuart in Westminster (1606), Grabmal der Gräfin von Hertford (Salisbury).

Deutschland: Denkmal des Kurfürsten Moritz von Sachsen zu Freiberg (1588—94).

Erzarbeit: *Hubert Gerhard*, Augustusbrunnen zu Augsburg (1589), *Hans Krumper*, Emportale und Madonna an der Residenz zu München (1612), Denkmal Kaiser Ludwigs (1622) in der Frauenkirche zu München.

Steinplastik: Denkmal Ludwig des Frommen in der Stiftskirche zu Tübingen. Skulptur des Otto-Heinrichsbaus zu Heidelberg.

II. Von Bernini bis Canova.

Uebertriebenes Streben nach effektvoller Darstellung; Verfall der Plastik.

Italien: *Lorenzo Bernini* (1598 bis 1660), Raub der Proserpina (Villa Ludovisi).

Frankreich: *Franç. Girardon* (1628 bis 1715), Raub der Proserpina zu Versailles. *Ch. Antoine Coysevox* (1640—1720), Marmorbüste Richelieus (Louvre).

Niederland: *Arthur Quellinus*, geb. 1607, Karyatide im Rathhaus zu Amsterdam 1648.

Deutschland: *Andreas Schlüter* (1662—1714), Standbild des Grossen Kurfürsten zu Berlin. *J.J. Ifrai*, die schlummernde Uranie (1685, in der Ursulakirche in Köln). *G. R. Donner* († 1741), Brunnen auf dem neuen Markt zu Wien.

C. Die Plastik seit Canova.

Neuer Aufschwung der Plastik durch das Studium der Antike und deren Darlegung durch Winckelmann, Lessing etc.

Italien.

Canova (1757—1822), Hebe in Berlin, Psyche in München, Grabmal Clemens XIII. in Rom, Grabmal der Erzherz. Christine in Wien).

Meister der Folgezeit: *Thorwald, Monti* (Vestalin), *Proccardi, Bartolini, Pinelli, Magni* u. A.

Rom. Schule: *Gibson* (s. England), *Wagner Martin* (Fries der Völkerwanderung an der Walhalla), ...

Frankreich.

Chaudet (1763—1810), Marmorstandbild Napoleons im Museum zu Berlin).

F. J. Bosio (1769 bis 1845, Hyacinth im Louvre), *Pradier* (1790—1852, Niobide 1822, Psyche, Atalante 1850, die verwelfende Sapphr); *Rude* (1785 bis 1855), Jungfrau von Orléans (im Pal. Luxembourg); *F. Duret* (aus polit. Flüchter, 1838); *David von Angers* (1793—1856), Gutenberg-Denkmal ...

Deutschland.

Dannecker (1758—1841), Ariadne in Frankfurt; *J. G. Schadow* (1764—1850), Standbilder von Ziethen und Leopold von Dessau zu Berlin.

Berliner Schule: *Chr. Rauch* (1777 bis 1857, Denkmal der Königin Luise in Charlottenburg (1815) und Friedrichs d. Gr. in Berlin (1839—51). — *Fried. Drake, Schievelbein, Bläser, Hagen, Wolf, Kiss, Begas*. *Ernst Rietschel* (1804—60), Luther (Braunschweig), Goethe und Schiller (Weimar), Lutherdenkmal (Worms). Dessen Schüler: *Ernst Hähnel* (Raphael und Michel Angelo in Dresden, Standbild Karls IV. in Prag).

Münchener Schule: *Schwanthaler* (1802—48), Idealstandbild der Bavaria (München), Giebelfelder der Walhalla etc. — *Widnmann* (Denkmal König Ludwigs I., Orlando di Lasso etc.), *Brugger* (Chiron und Achill), *Ferskora, Gasser* u. A.

Holzschnitzerei: *J. Kehl* (Hochaltar ...

Schweden.

J. T. Sergell (1736 bis 1813, Amor u. Psyche, Mars und Venus im Museum zu Stockholm). Dessen Schüler: *J. N. Byström* (geb. 1783), der trunkene Amor etc.

England.

J. Flaxman (1755 bis 1826), Hofkompositionen zu Aeschylus und Dante, Grabdenkmal Lord Mansfields in Westminster. *Gibson* (Grabmal der Herzogin von Leicester zu Longford, 1859); *Macdowell* (der wachsende Traum, 1851); —(Odysseus, 1855); *F. Chantrey* († 1839), *Wyatt, Campbell, Westmacott, Marshall* u. A.

Dänemark.

Thorwaldsen (1770—1844), (asymod, Alexanderzug (1811), die drei Grazien, Skulpturen in der Frauenkirche zu Kopenhagen.

Belgien.

Fraikin (der gefangene Cupido, 1851), *Geefs* (Chorreliefe im Dom zu Antwerpen), *Simonis* u. A.